Guide de LA MUSIQUE DE CHAMBRE

sous la direction de
FRANÇOIS-RENÉ TRANCHEFORT
avec la collaboration de
ADÉLAÏDE DE PLACE, PIERRE-ÉMILE BARBIER, HARRY HALBREICH,
JEAN-ALEXANDRE MÉNÉTRIER, ALAIN POIRIER, MARC VIGNAL

FAYARD

Les citations musicales ont été établies
par Jean-Louis Sulmon.

AVERTISSEMENT

Le domaine exploré par ce nouveau *Guide* est celui de la musique de chambre, dont la notion même réclame aussitôt un éclaircissement : sont aujourd'hui considérées comme œuvres de musique de chambre celles écrites pour ensembles dont l'effectif ne dépasse pas dix instruments (le dixtuor) et en comporte au moins deux (le duo). Ainsi se trouve exclue toute la musique de piano, et non — cependant — celle destinée au violon ou au violoncelle seul, par exemple, ou encore à tel ou tel instrument à vent soliste. Ce qui paraît relever d'un complet arbitraire n'est, en fait, qu'une sorte de résultante historique — le concept de musique de chambre, comme ses contenus, ayant très sensiblement fluctué au cours des siècles : son évolution justifie donc l'acception actuelle du mot*.

Autre justification : celle de l'entreprise d'un tel *Guide*. N'hésitons pas, dans un tel but, à reprendre les termes que nous avions employés dans un précédent *Guide*, sans crainte aucune de la redondance. L'intention, une nouvelle fois avouée, est d'aider l'auditeur, s'il n'a en mains la partition de l'œuvre qu'il écoute, à « suivre » celle-ci dans son déroulement, à comprendre son organisation générale ainsi que ses structures élémentaires, à l'apprécier d'autant mieux qu'il ne se satisfera pas seulement du plaisir de l'oreille : bref, inviter cet auditeur à une écoute active.

Quelque cent soixante-quinze compositeurs sont représentés dans ce volume — avec une grande variété d'analyses (ou de commentaires plus succincts) enrichies par maintes précisions sur les formes et les « styles », sur les circonstances de composition, sur les dates et lieux de création, souvent aussi sur les durées d'exécution des œuvres les plus importantes ou les plus significatives. On remarquera sans peine qu'une place particulière — sinon prioritaire — a été réservée au *quatuor à cordes*, qui domine sans conteste le genre : « la forme la plus pure de la musique instrumentale, la forme initiale, la source d'Hippocrène », déclarait Gabriel Fauré. Et il est vrai qu'en règle générale, ce sont les quatuors à cordes qui requièrent les analyses les plus détaillées. S'en plaindra-t-on ? Ce sont eux — notamment grâce à la multiplication d'ensembles de haute qualité — qui provoquent l'engouement d'un public toujours plus vaste.

---

* Nous ne pouvons, dans le cadre imparti, retracer cette évolution. Nous recommandons, en français ou traduits en français, et couramment disponibles (outre les articles de dictionnaires ou d'encyclopédies) : S. Gut et D. Pistone, *La musique de chambre en France de 1870 à 1918* (Honoré Champion, Paris, 1985) ; S. Milliot, *Le quatuor* (Presses Universitaires de France, Paris, 1986) ; Ch. Hogwood, *La sonate en trio* (Actes Sud, Arles, 1987).

Il reste à préciser qu'on a volontairement banni de trop savantes et arides considérations musicologiques, ainsi qu'un vocabulaire technique susceptible de rebuter tout lecteur de bonne volonté. Celui-ci constatera qu'on s'en est tenu à des « descriptions » des œuvres parfois un peu prosaïques, mais offrant — les garanties d'exactitude étant acquises — de suffisantes qualités de clarté et de concision. Il s'apercevra également que la chaleur, l'enthousiasme peuvent être présents et chercher à se faire partager.

Indiquons enfin que ce *Guide* n'aurait pu être réalisé sans l'efficace soutien de Jean Nithart à notre « collectif » rédactionnel. Qu'il en soit, ici, amicalement remercié.

F.R.T.

*Le classement adopté est celui des noms de compositeurs dans l'ordre alphabétique. Chacun d'eux est suivi, avant présentation même des œuvres, d'une courte notice biographique permettant de mieux « situer » celles-ci. En fin de volume, l'***index** *procède aussi, pour la commodité, à un classement alphabétique des œuvres sous chaque nom de compositeur. Un bref* **glossaire** *le précède — qui devrait faciliter la lecture dans les cas où subsisterait quelque obscurité.*

TOMASO ALBINONI

Né à Venise, le 14 juin 1671 ; mort à Venise, le 17 janvier 1751. On sait peu de choses sur son éducation musicale. Peut-être fut-il l'élève de Legrenzi. Albinoni se fit surtout connaître comme compositeur d'opéras. La musique vocale profane et la musique instrumentale furent d'ailleurs ses deux pôles d'activité, et il semble qu'il ne remplit jamais aucune charge officielle, — préférant rester un « dilettante » comme il s'appelait lui-même. Il fut cependant suffisamment apprécié par ses contemporains pour que Bach emprunte quelques-uns de ses thèmes en vue de les transformer en sujets de fugue pour clavecin et pour orgue. Son œuvre instrumentale est réunie dans neuf recueils de concertos et de sonates. Sans avoir le génie de Vivaldi, Albinoni occupe néanmoins l'une des premières places parmi les musiciens vénitiens de son époque.

L'œuvre de chambre

Albinoni laisse cinq livres de pièces de musique de chambre (auxquels on peut ajouter le recueil de concertos et sonates *op. 2**) : douze *Suonate a tre, doi violoni e violoncello col basso per l'organo, da Tomaso Albinoni, musico di violino, diletante veneto, opera prima*, dédiées au cardinal Pietro Ottoboni, ont été publiées à Venise en 1694, puis douze *Balletti a tre, due violini, violoncello e cembalo... opera terza*, dédicacés au grand prince de Toscane, Ferdinand III, furent édités en 1704 à Venise chez Giuseppe Sala. Les six *Sonate da chiesa op. 4* pour violon et violoncelle, dédiées au cardinal François-Marie de Médicis, parurent vers 1709 à Amsterdam. Elles furent suivies vers 1712 par un recueil de douze *Trattenimenti armonici per camera divisi en dodici sonate a violino, violone e cembalo... op. 6*, dédicacés à Gio Francesco Zeno, noble vénitien. Les derniers *Balletti e sonate a tre, a due violini, violoncello e cembalo, con le sue fughe tiratte a canone... op. 8* ont été édités en 1722 à Amsterdam chez Jeanne Roger et dédiés au comte de Watzdorff, conseiller du roi de Pologne. A cela doivent s'ajouter diverses œuvres ne portant pas de numéro d'opus, comme ces cinq *Sonates pour violon et basse continue... e uno suario o capriccio* publiés à Amsterdam vers 1717, ou ces six *Sonate da camera pour violon et basse* éditées à titre posthume.

Comme les sonates de l'*op. 4*, les douze Sonates de l'*op. 1* sont construites en quatre mouvements (lent, vif, lent, vif) dans la forme de la sonate d'église classique. Toutes débutent par un *Grave* austère ou mélodique. On notera le beau mouvement de telle ligne mélodique du *Grave* de la *Sonate III* :

Les *Allegros* brillants ont une fluidité et une souplesse toute italienne. Certains énoncent de beaux thèmes de fugue, — tel celui de la *Sonate XII* :

Par leur écriture dépouillée, quelques-uns des mouvements lents centraux, *Largo* ou *Grave*, exigent très certainement un remplissage contrapuntique ou harmonique. D'autres, tel le *Grave* de la *Sonate III* en *la* majeur, sont remplis de beaux chromatismes. Des nuances « piano » ou « forte » apparaissent çà et là. Les morceaux conclusifs, toujours rapides, se jouent comme des *Allegro*, *Vivace* ou *Presto*, à 3/8, 3/4 ou 6/8. Albinoni y pratique volontiers l'écriture canonique.

Les **Balletti** des **op. 3** et **8** sont, comme leur titre l'indique, des suites de danses. Les *Balletti* de l'*op. 3* sont parfois introduits par un prélude majestueux ou mélodique, — auquel succèdent des danses, allemandes, courantes, sarabandes, gavottes, gigues. Remarquablement construites, les *Allemandes* restent très chorégraphiques. Par leur virtuosité, certaines adoptent la forme du mouvement perpétuel où le premier violon s'impose sur le second violon plus rythmique. Les imitations canoniques y sont souvent serrées. Les *Courantes* sont des courantes rapides à l'italienne, de même que les *Sarabandes* qui perdent leur caractère grave.

Les **Trattenimenti... op. 6** sont conçus comme des sonates d'église en quatre mou-

* Voir *Guide de la musique symphonique* (même éditeur).

vements, distribuées dans un ordre croissant de difficulté. Chaque *Trattenimento* (ou, si l'on veut, « guide harmonique ») porte le titre de sonate. Les *Graves* initiaux sont écrits comme des préludes d'introduction presque improvisés (*Sonate III* en *si* bémol majeur), ou reposant sur une écriture rythmique d'une extraordinaire intensité (*Sonate XII* en *si* bémol majeur). Ils précèdent un *Larghetto* en forme d'allemande, ou un *Allegro* brillant et joyeux. Au centre, Albinoni intercale un *Largo* ou un *Adagio* où s'affirme d'emblée son remarquable sens mélodique. Le finale est souvent chorégraphique, dans le style de la gigue ou de la courante.

Le recueil de **Balletti e sonate a tre... op. 8** comprend six paires de sonates et de *balletti*. Chaque sonate est immédiatement suivie d'un *balletto* dans une tonalité différente. Les sonates sont en trois ou quatre mouvements ; les *balletti* regroupent différents mouvements de danses : allemandes, sarabandes, gigues, gavottes. Presque toujours canoniques ou fugués et admirablement construits, les *Allegros* des sonates paraissent remarquables par leur contrepoint et leur rythme. Certains imposent de vrais sujets de fugue :

Les *Allemandes* des *balletti* se présentent comme de belles pièces souvent mouvementées : roulades de triples croches (*Sonate IV* en *sol* majeur), mouvement perpétuel (*Sonate VI* en *ut* mineur), opposition de triolets souples et de rythmes pointés (*Sonate I* en *si* bémol majeur). Les *Courantes* rapides à l'italienne évoluent avec aisance et grâce. Les *Sarabandes* abandonnent leur allure de danse lente et majestueuse pour ressembler à des gigues. Albinoni parsème également ses pièces d'heureux effets d'écho et de nuances que l'on a déjà aperçus dans les recueils précédents.

A.d.P.

CHARLES-VALENTIN ALKAN

Né à Paris, le 30 novembre 1813 ; mort à Paris, le 29 mars 1888. D'origine juive, son véritable nom était Morhange. Le nom d'Alkan, emprunté à son père, Alkan Morhange, fut porté par sa sœur et ses quatre frères, tous musiciens. Admis très tôt au Conservatoire de Paris, Charles-Valentin y reçut plusieurs premiers prix, notamment celui de piano dans la classe de P. Zimmermann. Des débuts prometteurs devant le public parisien laissaient présager une belle carrière. Malheureusement, ce personnage étrange et énigmatique, grand ami et admirateur de Chopin, sombra dans un état de mélancolie et de misanthropie qui devait peu à peu le couper totalement du monde. En dépit d'un voyage à Londres en 1833, il passa toute sa vie à Paris, s'y produisant sporadiquement, mais avec succès. Liszt, qui l'admirait, le considérait comme un brillant pianiste. La nomination d'A.-F. Marmontel comme successeur de Zimmermann au Conservatoire, poste qu'il briguait, semble l'avoir profondément affecté. Alkan n'obtiendra jamais de charge officielle. De plus en plus nerveux et hypocondriaque, il réapparaîtra une dernière fois au concert en 1873 pour une série de Petits Concerts qu'il organisa durant plusieurs années à la salle Érard. Les programmes, éclectiques, étaient très intéressants : Couperin, Rameau, Haendel, Bach, Mozart, Beethoven, Schubert, Saint-Saëns, etc. Fidèle au judaïsme, traducteur de la Bible, il avait une profonde connaissance de l'Ancien Testament et du Talmud, qui influencèrent sa musique. Alkan connut une fin étrange : selon ses proches, il serait mort écrasé par la chute de sa bibliothèque alors qu'il tentait d'attraper un volume haut placé. « S'il est une physionomie d'artiste originale et curieuse à étudier entre toutes, c'est bien certainement celle de Charles-Valentin Alkan, dont l'intérêt se double d'une sorte de mystère et d'énigme à pénétrer », écrivit Marmontel.

La musique de chambre d'Alkan se réduit à trois ouvrages seulement, mais d'une grande importance dans le paysage musical français de l'époque, si pauvre dans ce domaine. Cette musique demeure malheureusement de nos jours quasiment inconnue dans son pays d'origine.

Le **Grand Duo concertant en *fa* dièse mineur pour violon et piano** (op. 21) date de 1840 et frappe par sa tonalité inhabituelle autant que par sa virtuosité technique. Le premier mouvement, ASSEZ ANIMÉ, très concis, adopte une forme sonate au développement bref et à la reprise resserrée, abondant en modulations brusques. Le langage, au contrepoint anguleux, est aussi austère que le matériau, en partie proche du plain-chant. L'étrange LENTEMENT en *ut* dièse majeur est intitulé *l'Enfer*, représenté par d'obscurs agrégats dissonants dans l'extrême-grave du piano, — le violon planant dans les hauteurs en une sorte de cantique marqué *évangéliquement*. L'œuvre se termine par une toccata d'une virtuosité diabolique marquée sadiquement AUSSI VITE QUE POSSIBLE (en *fa* dièse majeur), remarquable par ses déplacements très complexes d'accents rythmiques, ainsi que par le renouvellement incessant de l'invention (les nombreuses idées sont réexposées après le développement central dans un ordre tout différent), et qui contribue à en faire le point culminant de ce *Duo* aussi étrange que fascinant.

Le **Trio en *sol* mineur pour violon, violoncelle et piano** (op. 30) (1841) est beaucoup plus proche des normes de la musique de chambre, bien que ses quatre mouvements, très concis également, témoignent sans cesse de cette imagination tournée vers l'original, et même l'étrange si caractéristique d'Alkan. Exceptionnellement, aucun des quatre mouvements n'a d'autre tonique que *sol*, — seul le troisième (*lentement*) passant au mode majeur. Le premier (ASSEZ LARGEMENT), très court, de forme sonate, pousse le souci du resserrement jusqu'à faire entendre les deux thèmes simultanément, et non pas successivement, dans la réexposition. Le SCHERZO (TRÈS VITE), plein de surprises fantasques, allie la légèreté d'un Mendelssohn, l'humour truculent d'un Beethoven et la rythmique capricieuse d'un Haydn. On notera, dans l'idée initiale, le spirituel contraste entre trois mesures de noires répétées piquées (dont deux en pizzicatos) et cinq mesures de chant lié au piano, — asymétrie bien « alkanienne ». Le sommet expressif de l'ouvrage se trouve dans le LENTEMENT, sorte de libre rondo basé sur l'opposition entre le choral serein des cordes et les éclats de violence passionnée, voire turbulente, du piano (c'est celle, mais inversée dans les termes, que l'on trouve dans le mouvement lent du *Quatrième Concerto* de Beethoven, et, plus tard, au début des *Variations symphoniques* de Franck). Ce sont les cordes, hymniques, qui remportent la victoire, s'adjoignant pour finir leur adversaire en une péroraison grandiose où tout le monde joue fortissimo et en trémolos. Le FINALE (*Vite*, à 6/8) restaure les droits de la virtuosité en une course échevelée et brillante adoptant, une fois de plus, la discipline de la forme sonate. L'*op. 30* est assurément l'un des meilleurs *Trios* de l'époque romantique.

Terminée en 1857, au sommet de la maturité d'Alkan, la **Sonate de concert pour violoncelle et piano en *mi* majeur** (op. 47) atteint à une tout autre envergure : près de quarante minutes ! Le titre indique une œuvre dépassant le cadre de l'intimité, un peu dans l'esprit de la *Sonate « À Kreutzer »* de Beethoven. C'est certainement l'une des plus grandes œuvres jamais écrites pour cette formation (elle fut inspirée par le jeu admirable d'Auguste Franchomme, dédicataire également de la *Sonate* de Chopin), et seule la difficulté transcendante de la partie de piano peut expliquer — non justifier — le fait qu'on ne l'entende jamais.

1. L'élan exceptionnel de l'ALLEGRO MOLTO initial, une forme sonate aux idées mélodiques d'une magnifique ampleur, est souligné par son tempo extrêmement rapide (160 à la noire). Au cours d'un développement dramatique et riche de péripéties harmoniques et modulantes, le compositeur introduit un nouveau thème dans la tonalité éloignée d'*ut* mineur, — lequel vient perturber (toujours dans ce ton !) la régularité apparente de la réexposition.

2. Alkan nous surprend ensuite avec un deuxième mouvement intitulé ALLEGRETTINO, sorte de sicilienne ou de pastorale en un 6/8 berceur, dont la grâce subtile et insidieuse n'est pas sans annoncer des pièces de genre aussi poétiques que le *Simple et sans hâte* du *Quatuor avec piano* de Chausson. En guise de trio, Alkan nous offre une sorte d'enchanteresse fileuse en *ut* mineur, environnée par les doubles croches bourdonnantes du piano. Confirmant son plan tonal par rapports de tierce majeure, le compositeur choisit *ut* majeur pour la vaste et solennelle

méditation religieuse de l'*Adagio* à 12/8, cœur et sommet spirituel de la *Sonate*, — dont le sens nous est donné par la citation biblique figurant en épigraphe : « *Comme une rosée venant de Yahvé, comme des gouttes de pluie sur l'herbe, qui n'espère point en l'homme ni n'attend rien des humains* » (*Michée, 5, 6* ; le prophète hébreu parle du « reste de Jacob » c'est-à-dire des survivants du Peuple élu). Rappelons qu'Alkan, juif pratiquant, fut un des plus grands experts de la Bible, qu'il retraduisit intégralement à partir des originaux hébreux et araméens. Ici, nous sommes tout proches des grands mouvements lents de César Franck, qui assista à la création de cette *Sonate*.

3. Celle-ci s'achève par un étourdissant **Finale alla Saltarella,** *Prestissimo* d'une frénésie saltatoire et d'une truculence populaire orgiaque nous transportant, aux antipodes du morceau précédent, dans quelque saturnale napolitaine. Comme Mendelssohn dans sa *Symphonie italienne*, Alkan termine dans le mode mineur une œuvre commencée en majeur, mais le présent *Saltarello*, en sa virtuosité diabolique, conserve quelque chose de plus « sulfureux » que celui de son prédécesseur. Quand notre vie musicale récupèrera-t-elle ce chef-d'œuvre ?...

H.H.

ANTON STEPANOVITCH ARENSKI

Né le 12 juillet 1861, à Novgorod (Russie) ; décédé le 25 février 1906, à Terioki (Finlande). Ses dons précoces furent encouragés par des parents musiciens : le père, médecin, pratiquait le violoncelle ; la mère était excellente pianiste et le forma jusqu'à l'âge de neuf ans. Il entre au Conservatoire de Saint-Pétersbourg en 1879 dans les classes de Rimski-Korsakov (composition et orchestration) et de Johannsen (contrepoint et fugue). Une fois diplômé, il est nommé professeur d'harmonie et de contrepoint au Conservatoire de Moscou où il forme des élèves tels que Scriabine, Rachmaninov et Glière. Il mène alors une triple carrière de pianiste, chef d'orchestre et pédagogue. Il se fait connaître par son opéra Son na Volga *(« Un Songe sur la Volga ») (Moscou, 1891). En 1894 il prend la succession de Balakirev, sur recommandation de ce dernier, comme directeur de la Chapelle Impériale à Saint-Pétersbourg (1895-1901). Sur ses soixante-quinze partitions complètes et recensées, peu sont restées au répertoire : son* Concerto « russe » pour piano op. 2 *(1882), dans la lignée de Chopin, ses* Essais sur les rythmes oubliés op. 28 *(1893) pour piano seul, les* Variations sur un thème de Tchaïkovski op. 35a, *reprenant la* Légende op. 54 n° 5 *de celui-ci, qui servait de thème au* Largo *du* 2e Quatuor op. 35... *L'essentiel de ses mélodies et chœurs demeure au répertoire des ensembles russes ; sa musique de chambre s'avère la plus intemporelle par la synthèse originale qu'elle propose entre son invention mélodique russe (influence de Rimski-Korsakov et du Groupe des Cinq) et l'influence de Tchaïkovski, — elle-même issue des modèles viennois et italiens. Ses neuf partitions de chambre se révèlent instrumentalement irréprochables et d'un romantisme de bon aloi, en particulier dans les œuvres avec piano, comme le* 1er Trio, op. 32 *et le* Quintette op. 51 *(souvenirs de Mendelssohn et de Schumann).*

Trio avec piano en *ré* mineur (op. 32)

Il est publié en 1894. Sa tonalité de *ré* mineur constitue un hommage au *Trio op. 49*, dans la même tonalité, de Mendelssohn. Il est dédié à la mémoire du violoncelliste, compositeur et pédagogue Karl Davidov (1838-1889), successeur de Friedrich Grützmacher comme professeur de violoncelle au Conservatoire de Leipzig, créateur de l'école russe de son instrument en prenant la succession de son propre professeur, Carl Schuberth, au Conservatoire de Saint-Pétersbourg (1863), dont il devient directeur en 1876. Cette vaste partition comporte les quatre mouvements traditionnels.

1. L'**Allegro moderato** introductif est

construit sur trois thèmes nettement différenciés. Le premier est tendu, dramatique, le second lyrique en son ample et sombre cantilène, le dernier contrasté et dynamique. Sur un murmure du piano (figures en triolets), le violon construit le thème initial, qui rappelle l'ambiance du *Trio en* la *mineur op. 50* de Tchaïkovski. Après une transition assez conflictuelle, le violoncelle propose le thème secondaire d'essence beaucoup plus vocale. Le tempo s'accélère, la tension monte à nouveau jusqu'à l'exposition du dernier thème, volontaire et intense, que le clavier énonce en pleine lumière. Le développement, jouant de la beauté de couleur des trois instruments, d'une qualité fréquemment schumannienne, part du dernier thème pour revenir progressivement au thème initial. La récapitulation juxtapose les trois idées en les métamorphosant quelque peu, pour proposer une première synthèse de leurs climats initialement opposés. Une coda, lyrique et tranquille en son *Adagio* d'amorce, se charge peu à peu de tension pour conclure dans la plénitude sur une reprise, décantée, du thème initial.

2. Le *Scherzo*, **ALLEGRO MOLTO**, est caractéristique de la manière « mendelssohnienne » d'Arenski. Le piano énonce l'essentiel de la matière mélodique haute en couleurs et délicate à la fois du premier épisode en *ré* majeur. Les cordes accompagnent de leurs pizzicatos ce récitatif gracieux, qui ne doit pas tomber dans la sentimentalité. Le « trio » central, un *Meno mosso* en *si* bémol majeur, inverse les rôles en offrant aux cordes l'occasion de proposer une valse romantique, presque pathétique, au tempo lent, — le piano se trouvant relégué au rôle de faire-valoir d'un duo de chanteurs. Le troisième épisode ramène au mouvement de scherzo initial, permettant au piano de développer les idées mélodiques du début et de reprendre sa suprématie.

3. Le troisième mouvement, une **ÉLÉGIE** en *sol* mineur, est un *Adagio* en trois épisodes. Le premier voit violon et violoncelle *con sordino* entretenir un dialogue désenchanté et pathétique, — sur un rythme de marche funèbre du clavier. La couleur sonore est particulièrement suggestive, et forme l'hommage recueilli à Davidov. L'épisode central, en *sol* majeur, plus rapide et détendu, permet au piano de reprendre le discours à son avantage. Mais le tempo se ralentit à nouveau, réintroduisant le thème pathétique initial en le variant entre les deux instruments à cordes.

4. Le finale, **ALLEGRO NON TROPPO**, est un rondo animé qui fait reparaître successivement le thème de l'*Élégie*, puis le premier de l'*Allegro* initial. Ces mutations virtuoses sont l'occasion de découvrir les possibilités de contrastes entre violon et violoncelle, qui s'expriment tour à tour. La première vague est intense et dramatique, la seconde déjà plus lyrique et « tchaïkovskienne ». L'épisode central, plus lent (*Andante*), reprend l'idée mélodique de l'*Élégie*. Le dernier épisode, partant du thème initial, confère l'unité cyclique recherchée.

Durée moyenne d'exécution : 31-32 minutes.

AUTRES ŒUVRES

On classe, un peu arbitrairement, Arenski parmi les membres de l'École de Moscou, — celle qui regroupe, dans la lignée de Tchaïkovski, Taneiev, Rachmaninov, Scriabine, Kallinikov, Liapounov, Medtner, Vassilenko... Mais Arenski est un faux « moscovite » : il y a, dans son style, une imprégnation pessimiste profonde, qui n'est pas simplement musicale comme chez Tchaïkovski, mais celle d'une véritable personnalité, sensible et réellement attachante.

L'ensemble du catalogue de chambre est fort bien écrit pour les instruments, et reste d'un grand agrément pour les musiciens qui veulent déchiffrer des pages de valeur.

Le **1er Quatuor à cordes**, dédié à Tchaïkovski, fait penser à l'œuvre similaire d'Ernest Chausson, si l'on excepte l'*Adagio* dégageant un parfum typiquement russe. Daté de 1888, il est en *sol* majeur, avec le numéro d'*op. 11*. Les deux **Pièces pour violoncelle et piano** (op. 12) (*Petite Ballade*, *Danse capricieuse*) font partie de ces pièces de petite ampleur dans lesquelles Arenski excelle.

Quatre **Pièces pour violon et piano** (op. 30) (1983) — *Prélude*, *Sérénade*, *Berceuse*, *Scherzo* — forment un ensemble moins original que les pièces pour violoncelle ; mais les *Prélude* et *Scherzo* rappellent les *Pièces en style populaire* de Schumann.

Du **2e Quatuor à cordes en *la* mineur** (op. 35), seul le mouvement lent est resté au répertoire dans sa version pour cordes (op. 35a). La partition intégrale comporte quelques longueurs, qu'il est possible d'atténuer.

Les **Quatre Pièces pour violoncelle et piano** (op. 56) (1894-1901) — *Chant de* *printemps, Romance, Chanson triste, Humoresque* — forment sûrement le recueil de pièces de salon le plus réussi, qui n'attend que les sollicitudes d'un nouveau Piatigorsky.

Les **Quatre Pièces pour violon et piano** (op. 72) (1904) possèdent le parfum romantique des *Vospominaniya* (« Souvenirs ») et *Romances op. 71* contemporaines.

Le **Trio en *fa* mineur** (op. 73) pour piano, violon et violoncelle (1905), n'a pas la fraîcheur de celui de 1894, mais présente, en son mouvement lent, un de ces rêves aux racines schubertiennes conduisant hors du temps et formant comme un adieu de cet homme malade qui devait mourir de tuberculose quelques mois plus tard. Dans son *Scherzo*, on découvre — parallèlement — des réminiscences de l'œuvre ultime, la musique de scène *op. 75* qu'il écrivit pour *la Tempête* de Shakespeare. Mais les mouvements extrêmes ne possédent plus la vigueur « tchaïkovskienne », ni la simplicité de traits de l'*Opus 32*.

P.E.B.

JUAN CRISOSTOMO DE ARRIAGA

*Né à Bilbao, le 27 janvier 1806; mort à Paris, le 17 janvier 1826. Surnommé le « Mozart espagnol » en raison de la grande précocité de ses dons, Arriaga, qui s'est illustré par la composition d'un opéra-comique dès l'âge de onze ans, fut envoyé à Paris en 1822 dans le but de parfaire son éducation. Assimilant avec une exceptionnelle rapidité l'harmonie auprès de Fétis, dont il devint le répétiteur au Conservatoire deux ans plus tard, et travaillant le violon avec Baillot dans le même établissement, il attint la pleine maturité — tant compositionnelle qu'instrumentale — à dix-huit ans. Bien que la maladie, la tuberculose semble-t-il, l'ait fauché dans sa vingtième année, son catalogue aborde les genres les plus divers, — avec de la musique symphonique (*Symphonie *en* ré *mineur, 1823),de la musique sacrée, ainsi que la musique de chambre dominée par trois quatuors à cordes plus que prometteurs.*

Les Quatuors à cordes

Le premier et unique Livre de quatuors, qui date de 1824, regroupe trois partitions respectant l'ordonnance traditionnelle en quatre mouvements. Si un *Allegro* répondant aux critères classiques ouvre chacun des trois quatuors, le mouvement lent est plus diversifié tant dans l'expression que dans les formes utilisées : un *Adagio* de forme ternaire dans le *Premier Quatuor*, un *Thème et variations* dans le *Second*, et un *Andantino* très original dans le *Troisième*. Quant aux finales succédant aux *Minuettos*, ils sont précédés dans les deux premiers quatuors par une introduction — *Adagio-Allegretto / Andante-Allegro* —, alors que le troisième se termine par un brillant *Presto agitato*. De façon générale, on ne relève donc aucune innovation marquante (en particulier, recours au Menuet et non au Scherzo beethovénien, et place de ce mouvement en troisième position et jamais en seconde comme on peut déjà le constater chez Mozart), ces quatuors témoignant avant tout d'une parfaite maîtrise des formes et de l'écriture. Comparable à la maturité d'un Mendelssohn au même âge, le style d'Arriaga s'impose tout en puisant ses sources dans un répertoire dont les références privilégiées sont Boccherini et Haydn. Du premier, on retrouvera la texture aérée des quatre parties, un sens de la simplicité, tant dans le choix des lignes mélodiques que dans l'articulation claire de la forme, — le tout au service d'une indéniable efficacité; du second, Arriaga a retenu l'habileté et l'ingéniosité dans la variation (mouvement lent du *Deuxième Quatuor* en *la* majeur), y déployant une invention digne de son aîné (jeu entre majeur et mineur, variation en pizzicato), et, plus encore, sens typique de la surprise harmonique propre à Haydn (voir, au finale du *Premier Quatuor* en *ré* mineur, le retour inattendu de l'introduction *Adagio* dans l'*Allegretto*).

À cet égard, le **Troisième Quatuor** est le plus remarquable et celui qui prend le plus de libertés avec la tradition : le *mi* bémol majeur de mouvements extrêmes encadre un *Andantino* en *sol* majeur et un *Menuet* très original en *ut* mineur. L'*Allegro* initial, bâti sur le modèle des formes sonates de Haydn avec un thème unique — écho du *Premier Quatuor op. 18* de Beethoven — tenant le rôle du second thème, est élaboré à partir d'une écriture instrumentale alternant l'unisson des quatre parties et la libre circulation des éléments entre les pupitres. L'*Andantino* semble découler directement de la *Sixième Symphonie* de Beethoven avec son intensité dramatique croissante, — un «orage» venant troubler la pureté d'un chant de caractère populaire. Le *Minuetto* prolonge le dramatisme du mouvement précédent, multipliant les contrastes internes, avec un trio en *ut* majeur qui tranche par sa simplicité volontaire. Enfin, le *Presto agitato* renoue avec les enchaînements par surprise du premier mouvement (début du développement) qui donnent un relief dynamique à la forme. Ce *Quatuor* supporte parfaitement la confrontation avec les quatuors viennois, et mériterait de bénéficier d'une plus large diffusion : l'équilibre classique y est servi par un incontestable talent.

Durée d'exécution : 22 minutes environ.

A.P.

GEORGES AURIC

*Né à Lodève (Hérault), le 15 février 1899; mort à Paris, le 23 juillet 1983. Élève de Vincent d'Indy, puis d'Albert Roussel à la Schola Cantorum, Auric rejoint le fameux Groupe des Six en 1920, au moment où il écrit ses partitions les plus célèbres pour les Ballets russes de Diaghilev (*les Fâcheux, les Matelots*). Un autre aspect important de son œuvre concerne la musique de film, avec un catalogue imposant de près de quarante partitions, — dont celles écrites pour Cocteau (*l'Éternel retour, la Belle et la Bête, Orphée, *etc.). Toujours attentif à la production contemporaine, Auric a su renouveler son langage sans renoncer pour autant à ses premières options. Son œuvre en fait foi avec les prises de position successives que sont la* Sonate *pour piano (1930), la suite d'orchestre* Phèdre *(1951), ou, pour la dernière période, les* Imaginées *— présentées ci-après — qui pourraient définir, à elles seules, l'ensemble de la démarche originale d'Auric.*

Imaginées

C'est en 1968 qu'Auric a décidé d'entreprendre une série de pièces de musique de chambre associant successivement la flûte, le violoncelle, la clarinette et l'alto avec le piano, — la cinquième et dernière regroupant tout cet ensemble instrumental. Modifié en cours de route, le projet aboutit en 1975 avec les six *Imaginées*, dont le titre au participe passé évoque autant la phase d'élaboration propre au compositeur que l'attitude de l'auditeur, — la version définitive ayant remplacé l'alto par la voix, traitée instrumentalement, dans la quatrième *Imaginée*, donné la parole au piano seul qui avait soutenu les instruments dans les pièces précédentes, enfin, dans la dernière, élargi la formation par ajout d'un quintette à cordes — quatuor plus contrebasse — à l'ensemble des instruments déjà mis en valeur. D'une façon générale, les *Imaginées*, qui peuvent être jouées séparément, et dont les dédicaces sont autant adressées au créateur (le violoncelliste Rostropovitch pour la seconde) qu'en hommage amical (le compositeur Henri Dutilleux pour la cinquième), révèlent une proximité stylistique avec les *Doubles Jeux* pour deux pianos*, composés entre les troisième et quatrième pièces de ce cycle. Chacune d'entre elles repose sur une alternance de tempos contrastés, avec un piano non simplement «accompagnateur» mais pourvu d'une partie qui pourrait être indépendante — comme le prouve la cinquième pièce —, chacune témoigne également d'une concision épousant parfaitement, par endroits, la nervosité quasi «pointilliste» qui caractérise la dernière manière d'Auric.

---

* Voir *Guide de la musique de piano* (même éditeur).

Quant au traitement instrumental, qui reste fondamentalement traditionnel en regard de la production contemporaine, et contrairement, par exemple, à la série des *Sequenze* de Berio, il répond clairement aux choix et intentions du compositeur par la mise en évidence de la dimension essentiellement mélodique, aux lignes souvent très larges favorisant les passages plus libres en récitatif (particulièrement dans *Imaginées II* pour violoncelle, et *III* pour clarinette) ; le recours à la voix (*IV*), exploitant uniquement la souplesse des vocalises sans aucun texte littéraire, vient donc s'inclure naturellement dans cet ensemble. La voix jouera toutefois un rôle différent dans la pièce finale, la plus typiquement « française » de la série : les instruments, plus traités en petit orchestre par le jeu des doublures qu'en véritable musique de chambre, délaisseront la vélocité lors des interventions de la soprano pour adopter un statisme limité aux cordes, — lui conférant ainsi une valeur de soliste.

Durées d'exécution : de 3 minutes environ (pour *Imaginée V*, la plus courte) à 10 minutes (pour *Imaginée VI*, la plus longue).

Trio pour hautbois, clarinette et basson

Écrit en 1938 et créé la même année aux concerts de la Sérénade à Paris, le *Trio* renoue avec la production de l'auteur d'avant la *Sonate* pour piano résolument romantique, en se tournant vers l'esprit du divertissement propre à la musique française de l'entre-deux-guerres. Recherchant la simplicité, la partition se veut agréable et insouciante dans le cadre traditionnel des trois mouvements (vif-lent-vif), aux titres caractéristiques : *Décidé*, *Romance*, *Vif et joyeux*. Cette contribution à l'esthétique première du Groupe des Six ne correspond nullement à une étape majeure dans l'évolution du langage d'Auric : elle n'en constitue pas moins, avec son écriture aérée et frétillante, ainsi que par sa tonalité brillante de *ré* majeur, une pièce favorite du répertoire pour trio d'anches.

Durée d'exécution : environ 10 minutes.

A.P.

CARL PHILIPP EMANUEL BACH

Né a Weimar, le 8 mars 1714 ; mort à Hambourg, le 14 décembre 1788. Deuxième des quatre fils musiciens de Jean-Sébastien, il travailla d'abord avec son père et, après des études de droit, devint en 1738 claveciniste dans l'orchestre du prince héritier de Prusse. Quand celui-ci devint roi sous le nom de Frédéric II (1740), il le suivit à Potsdam et Berlin. A la mort de son parrain Telemann (1767), il lui succéda comme directeur de la musique à Hambourg, — occupant ce poste de 1768 à sa propre mort. Il se révéla rapidement un maître de la musique instrumentale, en particulier du clavier, et , à ce titre, marqua profondément son époque, tant par ses sonates et pièces diverses que par son Essai sur la véritable manière de jouer des instruments à clavier *(1753 et 1762), traité fondamental pour la connaissance du style du XVIIIe siècle. De tous les membres de la famille Bach, il fut le plus célèbre de son vivant, et attacha son nom à l'*Empfindsamkeit *(en français « Sensibilité »), courant musical en réaction contre le rationalisme. « Un musicien ne peut émouvoir que s'il est ému lui-même », disait-il volontiers. Sa musique abonde en surprises harmoniques et rythmiques, son style, souvent heurté et velléitaire, confine parfois à la bizarrerie, et traduit des états d'âme changeants. Il tourna le dos à la galanterie. Haydn et Mozart l'admirèrent beaucoup, et dans son héritage se trouvaient la plupart des documents originaux de la famille Bach. Le catalogue thématique de ses œuvres dressé par Alfred Wotquenne (1905) est à peu de choses près une copie de celui réalisé par un ami du compositeur, l'organiste Johann Jakob Heinrich Westphal (1756-1825). Un autre, dû à Eugène Helm, est actuellement sous presse.*

Les œuvres de musique de chambre de Carl Philipp Emanuel Bach sont nombreuses, couvrent toute sa carrière, et illustrent particulièrement bien l'évolution de la musique en Allemagne du Nord entre le baroque et le classicisme. Comme l'a écrit Eugene Helm, « il donna peu à peu la préférence au clavier obligé et non plus au continuo, contribua à la disparition de la sonate en trio (à partir de 1756 environ dans sa propre production), adopta la clarinette et le piano, et dans ses meilleurs ouvrages finit par abandonner le contrepoint et les canons baroques en faveur non pas d'une simplicité galante, mais du traitement sur un pied d'égalité de plusieurs voix non imitatives ». Cela dit, sa musique de chambre garda souvent un parfum conservateur, et il n'abandonna jamais complètement le solo instrumental avec *continuo*, — tout en ignorant résolument le genre « moderne » du quatuor à cordes.

Outre la sonate en *la* mineur pour flûte seule (*W. 132* ou *H. 562*), composée à Berlin en 1747 et publiée en 1763, existent onze *Sonates pour flûte et continuo* : en *sol* majeur (*W. 134* ou *H. 548*) de 1735 environ, en *sol*, *mi* mineur, *si* bémol, *ré*, *sol*, *la* mineur et *ré* (*W. 123-129* ou *H. 550-556*) de 1735-1740, en *si* bémol et *ré* (*W. 130-131* ou *H. 560-561*) de 1746-1747, et en *sol* (*W. 133* ou *H. 564*) de 1786.

Viennent s'ajouter, comme autres **Sonates pour un instrument et continuo**, celle en *sol* mineur pour hautbois (*W. 135* ou *H. 549*) de 1735 environ, celles en *ut* et en *ré* (*W. 136-137* ou *H. 558-559*) pour viole de gambe, celle en *sol* mineur pour violoncelle (*W. 138* ou *H. 557*) de 1740, — sans oublier le solo de harpe en *sol* majeur (*W. 139* ou *H. 563*) de 1762.

Les **Sonates en trio** au sens ancien, avec deux instruments mélodiques et basse chiffrée, sont au nombre d'un peu plus d'une vingtaine, — avec tout d'abord onze trios pour flûte, violon et basse (*W. 143-153*) et sept trios pour deux violons et basse (*W. 154-160*). Les cinq premiers, en *si* mineur, *mi* mineur, *ré* mineur, *la* majeur et *ut* majeur (*W. 143-147* ou *H. 567-571*), remontent à 1731 et furent révisés en 1747 ; *W. 145* (*H. 569*) en *ré* mineur fut peut-être écrit conjointement par Carl Philipp Emanuel et Jean-Sébastien Bach. Une mention spéciale doit être réservée aux deux trios en *si* bémol pour flûte, violon et basse (*W. 161b* ou *H. 578*) de 1748, et en *ut* mineur pour deux violons et basse (*W. 161a* ou *H. 579*) de 1749, celui en *ut* mineur portant la dénomination « à programme » de « conversation entre un sanguin et un mélancolique ».

Parmi les **œuvres avec clavier obligé** s'inscrivent tout d'abord dix partitions pour violon et clavier : sonate en *ré* (*W. 71* ou *H. 502*), et duetto en *ré* mineur (*W. 72* ou *H. 503*) de 1731, duetto en *ut* (*W. 73* ou *H. 504*) de 1745 environ, sonate en *ré* (*W. 74* ou *H. 507*) de 1754, sonates en *fa*, en *si* mineur, en *si* bémol et en *ut* mineur (*W. 75-78* ou *H. 511-514*) de 1763, arioso avec variations en *la* (*W. 79* ou *H. 535*) de 1781, et fantaisie en *fa* dièse mineur (*W. 80* ou *H. 536*) de 1787.

Les partitions pour flûte et clavier obligé sont au nombre de cinq : sonate en *ré* (*W. 83* ou *H. 505*) de 1747 environ, duetto en *mi* (*W. 84* ou *H. 506*) de 1749 environ, sonates en *sol* (*W. 85-86* ou *H. 508-509*) de 1754-1755, sonate en *ut* (*W. 87* ou *H. 515*) de 1766. Existent également une sonate en *sol* mineur pour viole de gambe et clavier obligé (*W. 88* ou *H. 510*) de 1759, et six petites sonates (les cinq premières en *mi* bémol et la dernière en *si* bémol) pour clavier, clarinette et basson (*W. 92* ou *H. 516-521*) postérieures à 1767.

Deux groupes d'œuvres se distinguent par leur « modernisme », — le premier étant formé de trois séries de **Sonates pour clavier obligé avec accompagnement de violon et de violoncelle** (des « trios » au sens moderne). La première série (*W. 90* ou *H. 522-524* de 1775) comprend trois trios (en *la* mineur, *sol* et *ut*), la deuxième (*W. 89* ou *H. 525-530* de 1776) en comprend six (en *si* bémol, *ut*, *la*, *mi* bémol, *mi* mineur et *ré*), et la troisième (*W. 91* ou *H. 531-534*) quatre (en *mi* mineur, *ré*, *fa* et *ut*).

Le second groupe est formé des trois grands **Quatuors pour clavier obligé, flûte et alto** (et éventuellement violoncelle) *W. 93* ou *H. 537* en *la* mineur, *W. 94* ou *H. 538* en *ré*, et *W. 95* ou *H. 539* en *sol* de 1788. Ces trois chefs-d'œuvre, composés par Carl Philipp Emanuel Bach l'année de sa mort (et de la *Symphonie « Jupiter »* de Mozart, ainsi que des *Quatuors op. 54* et *55* de Haydn) rejoignent en profondeur le style classique viennois.

M.V.

JOHANN CHRISTIAN (JEAN-CHRÉTIEN) BACH

Né à Leipzig, le 5 septembre 1735 ; mort à Londres, le 1er janvier 1782. Dit parfois « le Bach de Milan » ou « le Bach de Londres » pour le différencier de ses frères, il est le dernier fils de Jean-Sébastien Bach et de sa seconde épouse, Anna Magdalena. Il n'avait que quinze ans lorsque mourut son père, et c'est son demi-frère, Carl Philippe Emanuel, qui se chargea de son éducation musicale. Jean-Chrétien se rendit en Italie en 1754 : il devint à Milan maître de chapelle du comte Litta et se perfectionna à Bologne auprès du fameux Padre Martini, qui lui permit d'acquérir une solide technique. C'est de cette époque que datent la plupart de ses compositions religieuses. Il se lia avec Sammartini, se convertit au catholicisme en 1757, et fut nommé organiste de la cathédrale de Milan en 1760. Mais, de plus en plus, il s'orientait vers le théâtre, — genre que tous les Bach avaient jusqu'alors totalement dédaigné. En 1761, il fit représenter Artaserse *à Turin. Le Théâtre San Carlo de Naples lui commanda également* Catone in Utica *et* Allessandro nell'Indie, *joués respectivement en 1761 et 1762. Il passa à Naples de glorieux mois, mais, sollicité par le King's Theatre de Londres, il arriva en Angleterre en 1762 pour un séjour d'un an. Il ne devait pas tarder à s'y installer définitivement. L'année suivante, il y donnait deux opéras,* Orione *et* Zanaida. *Jean-Chrétien, qui connut très vite le succès, devint maître de musique de la reine et participa activement à la vie musicale londonienne. En 1764, il rencontra la famille Mozart en voyage à Londres et, entre 1765 et 1781, il organisa avec son compatriote Karl Friedrich Abel (1723-1787), compositeur et gambiste, les fameux concerts publics Bach-Abel. Outre-Manche, il fit représenter des opéras italiens, puis, en 1772 et 1774, il se rendit à Mannheim pour faire jouer* Temistocle *et* Lucio Silla. *En 1778, on le trouve à Paris pour préparer la représentation d'*Amadis de Gaule, *joué en 1779. Il y revit Mozart, alors âgé de vingt-trois ans. Les dernières années de sa vie furent assombries par de graves difficultés financières et, à l'aube de l'année 1782, l'annonce de sa mort fut accueillie dans l'indifférence générale. Mozart le salua cependant en ces termes : « Le Bach d'Angleterre est mort..., c'est un jour sombre pour le monde de la musique ! ».*

Jean-Chrétien Bach eut pour premiers maîtres son père, Jean-Sébastien, et son frère aîné, Carl Philipp Emanuel. Mais en Italie, sous la direction du Padre Martini, « le Bach de Milan » reprit à son compte l'art du contrepoint savant, du style sévère et de la polyphonie pure et ancienne. En même temps, il découvrait la grâce, la mélodie souple et claire et le raffinement un peu précieux qui faisaient tout le charme de l'opéra napolitain. Jean-Chrétien s'italianisa, et sa musique prit la légèreté et le caractère bouffe de la musique italienne. Mais, chez lui, galanterie et grâce ne furent jamais dénuées de profondeur.

LES SONATES POUR CLAVIER AVEC ACCOMPAGNEMENT DE VIOLON (OU FLÛTE)

C'est avec une série de **Six Sonates pour le clavecin, avec accompagnement d'un violon ou flûte traversière et violoncelle... œuvre 2**, publiées à Londres par ses soins en 1763, que Jean-Chrétien Bach aborda le genre de la musique de chambre. Toutes ces œuvres sont en deux mouvements : un premier mouvement vif (sauf l'*Andante* de la *Sonate n° 4*), suivi d'un *Menuet* ou d'un *Allegro*. Rarement indépendante, la ligne mélodique du violon (ou de la flûte) est conçue comme une partie d'accompagnement. Quant au violoncelle, il se borne à doubler les basses du clavier. Le compositeur suit là la mode d'un genre très florissant dans la seconde moitié du XVIIIe siècle, — en France notamment.

Le genre hybride de la sonate pour clavecin (ou piano-forte) avec accompagnement d'un violon (ou d'une flûte) fut, en effet, d'un usage quasi général dans la littérature musicale des années 1760-1770. Mondonville et ses successeurs en avaient jeté les bases et, comme une grande partie de leurs contemporains, Jean-Chrétien

Bach, et, à sa suite, le jeune Mozart s'y soumirent. Dans ces œuvres, la partie de violon (ou de flûte), parfois non obligée — « ad libitum » — ou ajoutée après coup, se contentait de l'accompagnement ou se bornait à compléter la sonorité du clavier, — donnant à l'ensemble un certain coloris. Malgré quelques interventions dialoguées, le violon ne dominait jamais. Il ponctuait les temps, remplissait discrètement les mesures moins remplies du clavier ou doublait sa mélodie ou sa basse à l'unisson, à l'octave ou à la tierce.

Les **Six Sonates pour clavecin ou piano-forte avec accompagnement de violon, op. 10**, dédiées à Lady Melbourne et publiées à Londres vers 1773, sont toutes écrites dans le mode majeur et dans des tonalités n'excédant pas trois altérations (*ut*, *sol*, *si* bémol, *la*, *fa*, *ré*). Elles comportent deux mouvements : un premier mouvement vif et un second mouvement en forme de rondeau, de menuet ou d'*Allegro assai*. Ici, le violon ne se cantonne plus uniquement dans son rôle d'accompagnement, — car, çà et là, Jean-Chrétien Bach lui confie quelques imitations, une ébauche de dialogue, l'énoncé d'un thème (*Menuet* mineur de la *Sonate n° 1*), ou même un solo (*Rondeau* de la *Sonate n° 2*).

Le premier mouvement de chacune de ces sonates expose deux thèmes courts : l'un énergique, l'autre chantant, soutenus par une main gauche reprenant les procédés d'accompagnement caractéristiques du style « galant » (arpèges et octaves brisés, basse d'Alberti, etc.). Parfois la virtuosité y triomphe (*Sonates n° 4* et *n° 6*).

Est-ce par reconnaissance pour l'art paternel que, dans l'*Allegro* de la *Sonate n° 3* en *si* bémol majeur, Jean-Chrétien reprend le thème du Prélude de la *Partita n° 1* en *si* bémol majeur pour clavecin (*BWV 825*) de Jean-Sébastien, avec quelques modifications rythmiques ? Ce thème passe et repasse de l'aigu au grave du clavier, et se développe dans la seconde partie du mouvement.

Les **Quatre Sonates** et **Deux Duos pour le piano-forte ou clavecin avec accompagnement, op. 15** furent dédicacées à la comtesse d'Abingdon et éditées à Londres vers 1779. Les deux duos pour deux claviers qui composent l'*op. 15* représentent un genre musical nouveau dont Jean-Chrétien Bach fut peut-être l'un des créateurs : celui d'une musique de chambre quasi symphonique pour deux claviers.

Ces sonates furent suivies à la même époque de **Six Sonates pour le clavecin ou le piano-forte, avec accompagnement d'une flûte ou d'un violon, op. 16**, dédiées à Miss Greenlands. Toutes en deux mouvements, elles débutent par un mouvement rapide auquel succède un *Andate gracioso*, une belle *Pastorale* (*Sonate n° 4*), un *Rondo* ou un *Allegretto*. Comme dans les opus précédents, des tonalités majeures peu chargées d'altérations sont respectées. Si le violon y tient le plus souvent son rôle d'accompagnateur, il lui arrive d'esquisser un thème (*Andante gracioso* des *Sonates n° 1* et *n° 2*).

Vers 1780 paraissaient à Paris **Quatre Sonates** et **Deux Duos pour le clavecin ou piano-forte, avec accompagnement de violon ou flûte, op. 18**. Ici encore il s'agit d'œuvres en deux mouvements vifs. Les duos sont écrits pour deux instruments à clavier. Dans les sonates, le violon reste l'accompagnateur du clavecin (ou piano-forte), — même si Jean-Chrétien lui offre quelquefois l'occasion de dialoguer avec le clavier (*Allegro* de la *Sonate n° 1*). Chaque mouvement de ces sonates est fait de joie et de grâce mélangées, mais cette grâce n'est jamais synonyme de platitude. Elle est, au contraire, souvent relevée de passages de virtuosité fougueux (*Sonates n° 3* et *n° 4*). Dans les duos, les deux instruments sont traités à égalité, avec de fréquents effets d'écho (*Allegretto* du *Duetto I*) ou de grands unissons (*Allegro* du *Duetto II*).

Ces pièces furent suivies de *Six Sonates for the piano-forte or harpsichord with an accompaniment for a german flute or violin*, parues à Londres chez James Freemann vers 1785, sous le numéro d'*op. 19*, de *Three Sonatas for the piano-forte or harpsichord with an accompanyment for a violin, op. 20*, parues à Londres chez Joseph Dales après la mort de leur auteur, vers 1790, et de *Trois Sonates pour le clavecin ou piano-forte avec accompagnement de violon, op. 21*, publiées à Paris chez l'éditeur Boüin à une date indéterminée.

LES ŒUVRES POUR TROIS INSTRUMENTS ET PLUS

Les **Six Trios pour deux violons, alto et basse obligée, op. 4** ont d'abord été publiés vers 1784, à Paris chez Huberty, sous le numéro d'*op. 2*, — ce qui amène l'amateur à les confondre encore aujourd'hui avec les *Six Sonates... op. 2*. Ils ont ensuite été réédités à Londres et à Amsterdam. Probablement composés en Italie, à Milan, ces trios révèlent l'influence italienne à laquelle Jean-Chrétien Bach s'était laissé prendre : délicatesse et suavité de la mélodie caractérisent, en effet, ces œuvres en deux mouvements. Chacune débute par un mouvement lent, suivi d'un menuet avec trio ; mais les thèmes des mouvements initiaux suggèrent souvent plus un tempo vif qu'un tempo lent. On notera que l'alto n'est pas relégué au rôle d'accompagnateur discret, — puisqu'il se charge de temps à autre de passages en solo très chantants.

Les **Six Quartettos for a german flute, violin, tenor and violoncello... op. 8**, dédiés à Sir William Young, ont été publiés à Londres chez Welcker vers 1775. Ils comportent deux mouvements : le premier rapide ou lent, le second sous la forme d'un menuet, d'un rondeau ou d'un *Allegro con spirito* (*Quatuor n° 3*). Par certains aspects, Jean-Chrétien Bach respecte encore la tradition de la sonate en trio : la partie supérieure, la plus chantante, domine généralement les autres, — quoique alternant bien souvent avec le deuxième dessus. Le ténor (alto) dialogue quelquefois, — alors que le violoncelle se charge généralement du continuo : il déploie sa virtuosité dans le *Rondeaux* (sic) du *Quatuor n° 5*. On observera l'élégance des thèmes, la ligne mélodique chantante, souvent tendre et sensible, et la vivacité des mouvements rapides (*Allegretto* du *Quatuor n° 5*).

Le sommet de la musique de chambre de Jean-Chrétien Bach a été atteint dans les **Six Quintettos for a flute, hautboy, violin, tenor and bass... op. 11**, dédiés à l'Électeur palatin Carl Theodor, et publiés entre 1772 et 1777 chez l'éditeur londonien Welcker. Bach s'y révèle en pleine possession de ses moyens, son style est des plus gracieux, ses mélodies séduisantes et puissantes à la fois. Il utilise une écriture digne des anciens trios et répartit ses instruments en deux groupes de deux instruments, plus la basse qui joue le rôle d'un continuo chiffré. On peut alors supposer que le compositeur prévoyait l'adjonction éventuelle d'un clavier. L'alternance des instruments à vent et des instruments à cordes, qui donne à l'ensemble une couleur variée, est particulièrement plaisante.

Les six quintettes sont dans une tonalité majeure. Cinq d'entre eux sont en trois mouvements. Le *Quintette n° 2* ne comprend que deux mouvements. Au premier thème carré et énergique énoncé par le hautbois et l'alto dans l'*Allegretto* du *Quintette n° 1*, répond la grâce des triolets de la flûte. Le *Rondo* en *fa* majeur du *Quintette n° 2* expose un refrain joyeux qui se prolonge dans un premier couplet volubile à la flûte, et dans un second couplet en *fa* mineur où la flûte se tait pour laisser la place aux autres instruments chantant dans une tessiture plus grave. L'*Andante* initial du *Quatuor n° 4* propose un ravissant thème gracieux. Le même quintette se termine par un air de chasse *Allegro*. Les dialogues entre les diverses parties sont particulièrement beaux dans l'*Allegro* du *Quintette n° 5*. Le thème de l'*Allegro* du *Quintette n° 6* a inspiré à Mozart le thème de son *Rondo en ré majeur pour piano K. 485*. On sait que Jean-Chrétien fut l'objet de l'admiration de Mozart.

Les six quatuors pour deux violons, alto et basse parus à Paris vers 1779, sont les transcriptions des *Sonates... op. 10*. Quatre autres quatuors ont été publiés juste après la mort de leur auteur sous le numéro d'*op. 19* : ils sont écrits pour deux flûtes, alto et violoncelle, pour deux flûtes, violon et violoncelle, pour flûte, hautbois, alto et violoncelle.

Les **Deux Quintettes pour le clavecin ou piano-forte, avec accompagnement d'un violon, flûte, hautbois, alto et violoncelle, œuvre 22** furent édités à Londres chez Welcker, et dédiés au Comte d'Abingdon. Œuvres de concert, ils représentent de beaux exemples du style concertant pour clavier. Celui-ci s'illustre par plusieurs passages de solo. L'écriture du concerto est frappante dans le développement central de l'*Allegro* du *Quintette n: 2*. Dans le *Menuet* du même quintette, le clavecin (ou piano-forte) dont seule la basse est écrite et chiffrée, n'est qu'un accompagnateur. Ce *Menuet* est suivi d'un trio conçu comme un dialogue entre le violon et le clavier.

Jean-Chrétien Bach est également l'auteur d'un **Sextuor en *ut* majeur pour hautbois, deux cors, violon, violoncelle et piano-forte, op. 3**. Trois mouvements le composent. C'est une œuvre de musique concertante qui s'ouvre *Allegro* par un thème vif énoncé par le hautbois et le violon, et repris par le piano. Comme dans le *Rondo* final, les deux cors ne sont là que pour accompagner, ils se taisent d'ailleurs dans le *Larghetto*. Ce morceau est parfois attribué à Johann Christoph Friedrich Bach (v. ce nom).

A.d.P.

JOHANN CHRISTOPH FRIEDRICH BACH

Né à Leipzig, le 21 juin 1732 ; mort à Bückeburg (Westphalie), le 26 janvier 1795. Il est le plus âgé des fils de Jean-Sébastien et de sa seconde épouse, Anna Magdalena, et le troisième des quatre fils musiciens du Cantor de Leipzig. Il reçut sa formation musicale de son père et, juste avant la mort de celui-ci, en 1750, fut engagé à la cour du Comte de Schaumbourg-Lippe à Bückeburg où il passa le reste de ses jours, — d'où son surnom de « Bach de Bückeburg ». Il fut au service des comtes Wilhelm (jusqu'en 1777) et Friedrich Ernst (1777-1787), puis à celui de la régente Wilhelmine. Le comte Wilhelm était un grand admirateur de la musique italienne, et sa chapelle fut dirigée jusqu'en 1756 par des maîtres italiens. Après leur départ, et après le retour du comte de la Guerre de Sept Ans, en 1763, Jean-Christophe-Frédéric Bach, Concert-Meister depuis 1759, put mettre à ses programmes des œuvres allemandes (Stamitz, Haydn, Gluck). L'écrivain et critique Johann Gottfried Herder, qui séjourna à la cour entre 1771 et 1776, écrivit pour lui des livrets d'oratorios et de cantates. En 1778, il rendit visite à son frère Jean-Chrétien à Londres, et jusqu'à la fin de sa vie continua à travailler sans relâche. Avec son fils Wilhelm Friedrich Ernst (1759-1845), également musicien, s'éteignit la descendance mâle de Jean-Sébastien. Homme aimable et respecté pour sa droiture, Jean-Christophe-Frédéric fut un compositeur fécond et un artiste de talent qui avait hérité dans une large mesure de l'esprit de son père.

L'œuvre de musique instrumentale de Jean-Christophe-Frédéric Bach date surtout de la dernière partie de la carrière du musicien. L'essentiel fut composé après 1780. Le catalogue de sa musique de chambre comprend notamment des trios pour divers instruments, des sonates pour clavier avec accompagnement de violon ou de flûte, des sonates pour violoncelle et basse continue, des quatuors pour flûte, violon, alto et basse chiffrée, des quatuors à cordes, et, surtout, un sextuor pour piano, deux cors, hautbois, violon et violoncelle souvent attribué à Jean-Chrétien Bach (v. ce nom), et un septuor pour deux cors, hautbois, deux clarinettes et deux bassons.

Pages de jeunesse, les **Six Quatuors pour flûte, violon, alto et basse chiffrée**, publiés à Hambourg en 1768, ont été dédiés au Comte Wilhelm de Schaumbourg-Lippe. Morceaux charmants et joyeux, ils paraissent influencés par l'art italien que l'auteur avait appris à connaître à la cour de Bückebourg. La flûte y domine tout en dialoguant avec ses partenaires. La basse chiffrée indique que l'adjonction d'un clavecin était chose possible.

Les **Six Sonates pour clavecin avec accompagnement de flûte ou violon**, parues en 1777 à Riga, ne répondent pas complètement, comme chez Jean-Chrétien Bach, au genre de la sonate pour clavier avec accompagnement d'un instrument, — car leur écriture est concertante. A la flûte (ou au violon) sont dévolus de beaux épisodes de soliste. Dans l'ensemble de ces sonates, on retiendra particulièrement de larges mouvements lents pleins de poésie, et parfois dramatiques.

Jean-Christophe-Frédéric Bach a laissé également des *trios* pour clavier, flûte et violon, pour clavier, violon et alto, ou pour clavier, violon et violoncelle. Ces pièces peu polyphoniques sont légères et équilibrées, de conception toute « classique ». La partie de clavier est très remplie et y sont utilisés des procédés d'accompagnement issus de l'art du piano-forte (basses d'Alberti, par exemple).

Le *Sextuor en* ut *majeur pour hautbois, deux cors, violon, violoncelle et pianoforte*, attribué aussi bien à Jean-Christophe-Frédéric qu'à son frère cadet Jean-Chrétien, aurait été composé dans les années 1780. Le *Septuor en* mi *bémol majeur pour deux cors, hautbois, deux clarinettes et deux bassons*, achevé en 1794, un an avant la mort de son auteur, est un morceau plein de brio proche de l'art de Mozart et de Haydn.

A.d.P.

JOHANN SEBASTIAN BACH

*Né le 31 mars 1685, à Eisenach (en Thuringe); mort le 28 juillet 1750, à Leipzig. Illustre représentant d'une longue dynastie de musiciens — le plus ancien exerça au milieu du XVIe siècle — et fils de Johann Ambrosius Bach, flûtiste et altiste à Erfurt, Jean-Sébastien eut lui-même vingt enfants, — dont cinq furent musiciens : Wilhelm Friedmann, dit « le Bach de Halle », Carl Philipp Emanuel, dit « le Bach de Berlin ou de Hambourg », Johann Gottfried Bernhard, organiste à Mülhausen, Johann Christoph Friedrich, dit « le Bach de Bückeburg », et Johann Christian, dit « le Bach de Milan » ou « de Londres ». On connaît peu de choses sur l'enfance de Jean-Sébastien. Très certainement s'initia-t-il à la musique auprès de son père, qui mourut en 1695. Le jeune Bach, qui avait alors une dizaine d'années, s'installa à Ohrdruf chez son frère aîné Johann Christoph, qui l'aida à se perfectionner dans ses études. Installé à Lüneburg, en Allemagne du Nord, il se familiarisa avec les maîtres allemands (et notamment Buxtehude qu'il rencontra à Lübeck), avec les musiciens italiens (Vivaldi et Frescobaldi) et les musiciens français (l'on sait qu'il admirait Grigny, Lully, Couperin et Marchand). Nommé organiste de la Neue Kirche d'Arnstadt en 1703, il y rencontra celle qui devait devenir sa première épouse : sa cousine Maria Barbara. Après avoir quitté Arnstadt pour Mülhausen en 1707, Bach fut appelé en juillet 1708 à la cour de Weimar, où sa réputation d'organiste l'avait précédé. C'est à Weimar qu'il composa ses premières grandes œuvres pour orgue et quelques-unes de ses œuvres pour clavecin. Pour l'excellent ensemble d'instrumentistes et de chanteurs de la cour, il écrivit aussi de nombreuses cantates. Sollicité par la cour de Coethen, Jean-Sébastien abandonna Weimar en 1717. Cette période aura cependant été l'une des plus fécondes de sa carrière, — celle où se confirma le génie de l'organiste et du compositeur de cantates. Le jeune prince d'Anhalt-Coethen, bon musicien, offrit à Bach un petit orchestre, pour lequel il écrivit la plus grande partie de son œuvre orchestrale et ses grandes pages pour clavecin. C'est à Coethen que Bach atteignit le sommet de son art dans le domaine de la musique instrumentale. Mais des dissensions avec le prince le poussèrent à quitter Coethen pour Leipzig où, en mai 1723, il fut nommé Cantor de l'église Saint-Thomas. Leipzig devait être la dernière et essentielle étape de sa vie. Les obligations du Cantor y étaient dures : chargé de l'enseignement des élèves de l'école Saint-Thomas, il était également contraint de composer une cantate pour chaque dimanche et fête, et d'alimenter en musique nouvelle toutes les solennités officielles. Il lui était en outre interdit de manquer à toutes ses obligations. Les démêlés de Bach avec les autorités de la ville sont connus de tous. Il y écrivit cependant ses chefs-d'œuvre de musique sacrée (oratorios et Passions), et grâce à la protection bienveillante de l'Électeur de Saxe, sa Messe en si mineur. Accueilli à Potsdam en 1747 par le roi Frédéric II de Prusse, il dédia au souverain l'*Offrande musicale*, avant d'entamer la composition de l'*Art de la fugue*. Devenu presque aveugle, Bach dut subir en 1749 une opération douloureuse qui échoua. Il retrouva momentanément la vue, quelques jours avant de mourir en 1750. Bach, qui sut puiser aux sources de l'Allemagne, de l'Italie et de la France, créa une immense variété de formes architecturales, dans lequelles il réussit une magnifique fusion de la polyphonie et de l'harmonie. À cet égard, le violon et le violoncelle qu'il utilisa dans sa musique de chambre sont justement traités comme des instruments polyphoniques et harmoniques, et l'on peut affirmer que les nombreuses œuvres de musique de chambre laissées par Bach comptent parmi les pages les plus inspirées qu'il ait écrites.*

L'ŒUVRE POUR LUTH

L'œuvre pour luth de Bach est restée longtemps dans l'obscurité et, jusqu'à une époque assez récente, son authenticité a souvent été mise en doute. On a trop ignoré que le luth jouissait encore d'une grande considération dans les pays germaniques au temps de Bach, et qu'à Arnstadt, à Coethen, et même à Leipzig, celui-ci eut de nombreux contacts avec des luthistes célèbres.

Bach a laissé sept œuvres pour le luth. Certaines sont des transcriptions effectuées par le maître lui-même : la *Suite en* sol *mineur* (BWV 995) a été établie d'après la *Suite en* ut *mineur pour violoncelle* (BWV 1011) ; la *Fugue en* sol *mineur* (BWV 1000), également transcrite pour orgue et précédée d'un court prélude, est une transcription du second mouvement de la *Sonate en* sol *mineur pour violon* (BWV 1001) ; enfin la *Partita en* mi *majeur* (BWV 1006a) est une adaptation de la *Partita en* mi *majeur pour violon* (BWV 1006). On notera également que le prélude qui ouvre cette *Partita* a été largement utilisé par Bach, — puisqu'on le retrouve en *Sinfonia* d'ouverture de la *Cantate « Wir danken dir »* (BWV 29), et en introduction de la deuxième partie de la *Cantate « Herr Gott, Beherrscher aller Dinge »* (BWV 120a).

Suite en *sol* mineur (BWV 995)

On conserve cette suite en tablature. La transcription à partir d'une suite pour violoncelle seul aurait été effectuée par Bach aux environs de 1730. Son titre original est rédigé en français : « Pièces pour la [*sic*] luth, à Monsieur Schouster, par J.-S Bach ». On ne sait pas qui était le dédicataire.

L'œuvre se compose d'un prélude et des danses qui entrent généralement dans la construction de la suite. Le *Prélude* est une Ouverture à la française en deux parties : un *Grave* au rythme pointé de style français agrémenté d'une riche ornementation, et un *Presto* très architecturé qui rappellera les grands préludes des *Suites anglaises* pour clavecin. Il est suivi d'une *Allemande* grave délicatement ornementée, et que l'on dirait presque improvisée. Une *Courante* à la française très élégante précède la *Sarabande*, chef-d'œuvre de dépouillement et d'émotion intense. Deux *Galanterien*, dans le genre de la gavotte souple et joyeuse, viennent s'intercaler comme des « pièces de galanterie ». Une *Gigue* conclut sur un rythme de canarie.

Suite en *mi* mineur (BWV 996)

Le style de cette œuvre permettrait de la dater des années de jeunesse de son auteur. Elle se caractérise par une écriture de clavecin que certains ont estimée contraire à celle du luth. Peut-être était-elle destinée au *Lautenwerk*, — instrument hybride qui alliait les principes du luth et ceux du clavecin, et dont on sait que Bach possédait un exemplaire.

Le *Prélude* ressemble à une toccata pour clavecin improvisée avec ses grands traits ponctués d'accords et de motifs cadentiels, — qui se développe suivant le procédé imitatif de la fugue. Une *Allemande* tranquille et chorégraphique annonce une *Courante* de style français très ornementée. C'est dans sa jeunesse, à l'époque de Mülhausen, que Bach avait découvert la musique française qui l'influence, encore ici, dans la *Sarabande* sobre et expressive comme un air à la française. Une *Bourrée* gaie, au rythme marqué, évoque la vieille danse française ; et c'est par l'écriture contrapuntique d'une *Gigue* légère et rapide que Bach achève sa suite.

Partita en *ut* mineur (BWV 997)

Copiée à l'époque de Bach sur deux portées (en clefs de *sol* et de *fa*), cette *Partita* semble écrite pour un instrument à clavier. Il s'agit d'une sorte de suite tronquée qui ne possède ni allemande ni courante, et probablement écrite lors du séjour de Bach à la cour de Coethen.

Le morceau d'ouverture est une *Fantasia* à deux voix au mouvement rythmique plein d'énergie ; elle s'enchaîne à une fugue grave dont le sujet semble directement issu du thème de la *Fantasia*, mais brisé par un accord de septième qui se résout en une succession de degrés ascendants chromatiques. Profondément recueillie, la *Sarabande* réveillera le souvenir de quelque sarabande pour clavecin. Une *Gigue* joviale, avec ses appogiatures appuyées, est suivie de son *Double*, — variation ornementale en doubles croches du thème dont elle semble cependant bien éloignée.

Prélude, Fugue et Allegro en *mi* bémol majeur (BWV 998)

Composé dans les années 1740-1745, ce triptyque porte un titre un peu équivoque : « Prélude pour la [*sic*] luth o cembal par J.-S. Bach ». Fut-il dédié, indifféremment, au luth ou au clavecin ? Le titre semble l'indiquer. Avec ses arpègements développés sur une basse stable, le *Prélude* est toutefois tout à fait conforme au langage des luthistes contemporains de Bach. Tout est calme et sérénité dans la *Fugue* da capo, dont le court sujet (huit noires) sert d'assise au déploiement des solides doubles croches du développement central. L'*Allegro* final n'est autre qu'une courante rapide à l'italienne.

Prélude en *ut* mineur (BWV 999)

Cette page célèbre a été intégrée, dans le courant du XIXe siècle, à la série des préludes pour clavier du *Klavierbüchlein* écrit par Jean-Sébastien pour son fils Wilhelm Friedmann. Ils ont ainsi formé le recueil des « Douze petits préludes à l'usage des commençants ». Écrit dans le style du *Prélude en* ut *majeur* du premier livre du *Clavier bien tempéré*, ce morceau progresse sur un rythme régulier par accords brisés de doubles croches, au-dessous desquelles s'affirme une basse qui prend peu à peu la forme d'un choral.

Fugue en *sol* mineur (BWV 1000)

Cette fugue est l'exacte transcription de la fugue de la *Sonate en* sol *mineur pour violon seul* (BWV 1001)*.

Partita en *mi* majeur (BWV 1006a)

Il s'agit de la transcription de la *Partita en* mi *majeur pour violon seul* (BWV 1006), effectuée par Bach vers 1737-1740. Cette adaptation pour le luth reste très proche de l'original pour violon*.

Le célèbre *Prélude* initial est une magnifique page dont la plénitude sonore convient tout à fait au luth. Il précède des pièces de danses, — dont la première, une *Loure*, conserve le caractère pesant caractéristique de la danse du même nom. Une joyeuse *Gavotte en rondeau* et deux *Menuets* lui succèdent heureusement. Le rythme accentué d'une *Bourrée* annonce une *Gigue* rapide et animée, véritable morceau de bravoure plein d'entrain.

L'ŒUVRE POUR FLÛTE

La plupart des pages dédiées par Bach à la flûte sont probablement nées entre 1715 et 1725, c'est-à-dire entre la fin du séjour à Weimar et le début du séjour à Leipzig. Entre-temps, Bach était entré à la cour de Coethen comme maître de chapelle et directeur de la musique de chambre du prince Leopold, grand amateur de musique et musicien lui-même. À Coethen, Bach avait trouvé un orchestre bien formé, et on admet volontiers que c'est pour les musiciens de cet orchestre qu'il aurait composé une partie de sa musique de chambre.

La musique de chambre pour flûte de Bach est abondante : quatre sonates pour flûte et clavecin obligé (*BWV 1020, 1030, 1031, 1032*), trois sonates pour flûte et basse continue (*BWV 1033, 1034, 1035*), une sonate pour deux flûtes et continuo (*BWV 1039*), et une partita pour flûte seule (*BWV 1013*), — auxquels on peut ajouter une sonate pour flûte, violon et continuo (*BWV 1038*). L'authenticité de certaines de ces œuvres est aujourd'hui contestée.

Si Bach a utilisé la flûte à bec (dans le *4e Concerto brandebourgeois* notamment), il éprouva une évidente prédilection pour la flûte traversière, dite « flûte allemande », — instrument élégiaque et pastoral qui atteignit son véritable apogée au XVIIIe siècle en Europe, en France (avec Michel Blavet, par exemple), et en Allemagne (avec Quantz ou le roi Frédéric II de Prusse). Bach aimait la flûte, — il suffit, pour s'en convaincre, d'écouter les admirables pages qu'il confia à l'instrument dans sa musique concertante et dans sa musique sacrée : *5e Concerto brandebourgeois*, *Suite en* si *mineur* pour flûte et orchestre, sinfonias et airs de cantates et de *Passions*, et le magnifique *Qui tollis* de la *Messe en* si *mineur* où les broderies des flûtes font ressortir, par contraste, la sonorité recueillie du chœur.

Les Sonates pour flûte et clavecin (BWV 1020, 1030, 1031, 1032)

Toutes en trois mouvements, les sonates pour flûte traversière et clavecin, dans lesquelles les deux instruments sont traités à égalité, se situent à une époque où Bach a conçu des formes d'une ampleur et d'une richesse inusitées.

Sonate en *sol* mineur (BWV 1020)

C'est une des sonates dont certains contestent à Bach la paternité, — alors que d'autres croient y voir une œuvre de jeunesse.

* Voir l'analyse de cette œuvre, ici même.

1. Allegro à 3/4) : la flûte et le clavecin y possèdent chacun leur thème propre :

Une introduction heureuse et enjouée est confiée au clavecin, — avant que ne s'engage un dialogue ininterrompu entre les deux instruments, sur une basse dont quelques passages sont chiffrés. De légères variantes dans la reprise des thèmes apportent une touche de diversité.

2. Adagio (à 9/8, en *mi* bémol majeur) : la flûte énonce une longue cantilène implorante et un peu douloureuse, que soutient le balancement régulier des croches du clavecin.

3. Allegro (à 2/4) : un mouvement joyeux et plein d'entrain sert ici de finale.

Durée d'exécution : 11 minutes environ.

Sonate en *si* mineur (BWV 1030)

Sans doute œuvre de maturité, composée vers 1735 à l'époque de Leipzig, cette « Sonata a cembalo obligato e traver solo » demeure l'un des chefs-d'œuvre de Bach. Quelques spécialistes de sa musique y ont décelé l'art et la manière de Carl Philipp Emmanuel.

1. Andante (à quatre temps) : morceau d'une ampleur extraordinaire écrit comme un duo concertant pour flûte et clavecin. Sur une basse très solide, Bach fait appel à toutes les ressources rythmiques d'une écriture toujours en mouvement : triolets, duolets, notes répétées, motifs de doubles et de triples croches se succèdent en un travail contrapuntique de plus en plus serré, avec de riches imitations canoniques et de violents chromatismes. Chef-d'œuvre luxuriant de l'art baroque, ce long *Andante* reste l'un des sommets de l'art de la flûte.

2. Largo e dolce (à 6/8, en *ré* majeur) : si le clavecin ne se borne jamais au simple rôle d'accompagnateur, ce mouvement lent paraît cependant plus nettement destiné à la flûte. C'est un épisode chaleureux et passionné, plein de passages techniques délicats pour le flûtiste qui doit couvrir de spectaculaires espaces mélodiques.

3. Presto (à deux temps) : cette ultime page est construite en deux parties. Elle s'ouvre par un *Presto*, courte fugue *Alla breve* à trois voix qui se conclut sur une cadence à la dominante, et s'enchaîne à un finale sur le rythme entraînant d'une *gigue* à 12/16, en un dialogue canonique serré autour d'un thème éternellement syncopé :

La virtuosité est éblouissante.

Durée d'exécution : 18 minutes environ.

Sonate en *mi* bémol majeur (BWV 1031)

Conçue comme un concerto en trois mouvements, cette sonate est une œuvre lumineuse et paisible.

1. Allegro moderato (à quatre temps) : il s'ouvre par un solo du clavecin, qui développe en arpèges les notes clefs du ton. Le dialogue entre les deux partenaires s'engage aussitôt, — chacun avec son thème particulier. Au centre du morceau, la partie de flûte brille de traits de virtuosité. On notera que le thème joyeux et allant du clavecin revient comme un refrain, sur une main gauche traitée en basse continue.

2. Siciliano (à 6/8, en *sol* mineur) : ce mouvement lent très célèbre a fait l'objet de toutes sortes de transcriptions. Le motif de la sicilienne est énoncé par la flûte sur les oscillations immuables du clavier, — parmi lesquelles on relèvera quelques imitations canoniques.

3. Allegro (à 3/8) : une page heureuse, dans laquelle flûte et clavecin se poursuivent inlassablement, vient conclure cette séduisante sonate tout entière basée sur la virtuosité.

Durée d'exécution : 10 minutes environ.

Sonate en *la* majeur (BWV 1032)

On n'a conservé que deux mouvements de cette « Sonata a traversa e cembalo obligato ». Le premier mouvement est malheureusement resté très incomplet.

1. Largo e dolce (à 6/8, en *la* mineur) : il se conçoit comme un dialogue calme et nostalgique entre les deux instruments, — avec développement d'une même cellule mélodique ponctuée de modulations inattendues.

2. Allegro (à 3/8, en *la* majeur) : le finale est un ample mouvement de concerto exubérant, plein de virtuosité et de joie, très construit autour d'un thème dominant où flûte et clavecin se répondent pour conclure en un unisson éblouissant.

Durée d'exécution : 13 minutes environ.

Les Sonates pour flûte et basse continue (BWV 1033, 1034 et 1035)

Les trois sonates pour flûte et basse continue sont des sonates à l'italienne, en quatre mouvements. Seule la basse du clavecin chiffrée est notée par Bach, — ce qui impose au claveciniste une réalisation harmonique adaptée au style et à la technique de chaque mouvement. L'invention de l'instrumentiste rivalisera ici avec l'inspiration du musicien.

Sonate en *ut* majeur (BWV 1033)

La construction de cette sonate et son écriture archaïque ont porté les commentateurs de la musique de Bach à penser que cette œuvre était apocryphe. L'*allegro* final est remplacé par deux menuets. La partie de clavier du premier menuet est entièrement écrite de la main de Bach.

1. Andante (à quatre temps) : mouvement construit en deux parties. Neuf mesures pleines de grâce, où la flûte tisse de souples volutes de doubles croches soutenues par les noires de la basse chiffrée, s'enchaînent à un *Presto* joyeux reposant sur une longue pédale de tonique tenue jusqu'aux deux mesures de cadence.

2. Allegro (à 3/4) : sorte de mouvement perpétuel pour la flûte, dont les doubles croches animées et régulières s'appuient sur une légère basse continue à l'italienne.

3. Adagio (à quatre temps, en *la* mineur) : court intermède durant lequel la flûte s'épanche en un mouvement mélancolique.

4. Menuetto I et II (à 3/4) : un menuet gracieux, où la basse chiffrée a disparu, puis un menuet élégant et rapide concluent cette joyeuse sonate.

Durée d'exécution : 8 minutes environ.

Sonate en *mi* mineur (BWV 1034)

Dans cette sonate, probablement composée à l'époque de Coethen, Bach adopte le style de la sonate d'église. Elle fut publiée pour la première fois en 1865, chez Peters à Leipzig, avec le titre tout à fait trompeur de « sonate pour flûte ou violon ».

1. Adagio ma non tanto (à quatre temps) : sans doute l'une des plus belles pages dédiées par Bach à la flûte, et l'un des plus lyriques de toutes les sonates. Jamais la flûte n'a été si éloquente. Son dessin est toujours en mouvement, et l'instrument développe un thème particulièrement émouvant sur une basse continue qui s'anime volontiers :

2. Allegro (à quatre temps) : on retiendra le caractère concertant de ce long mouvement au thème joyeux. Le clavecin reprend, en canon à la basse, le thème heureux que la flûte déploie bientôt en un contrepoint de doubles croches très hardi.

3. Andante (à 3/4, en *sol* majeur) : il est introduit par six mesures de la basse du clavecin qui, par le balancement de ses croches, décompose des accords. La flûte se fait entendre sur un air tendre et pastoral, repris avec une ornementation plus riche pour conclure.

4. Allegro (à 3/4) : c'est un véritable mouvement de concerto, — dans lequel le thème vif de la flûte, égayé çà et là par un jeu de notes répétées, est repris par la basse du clavecin en de belles imitations.

Durée d'exécution : 14 minutes environ.

Sonate en *mi* majeur (BWV 1035)

Cette sonate, éditée avec la précédente en 1865, est écrite comme une sonate de chambre. Sa date de composition demeure incertaine. Peut-être fut-elle écrite lors du séjour de Bach à Potsdam, chez le roi de Prusse. Elle est en tout cas dédiée à un flûtiste amateur, Michael Gabriel Fredersdorf.

1. Adagio ma non troppo (à quatre temps) : très différent des mouvements d'ouverture des sonates précédentes, celui-ci adopte une écriture quasi improvisée, tourmentée, — avec des traits d'ornementation spectaculaires.

2. Allegro (à 2/4) : bâti comme un mouvement de danse qui adopterait le rythme rapide et affirmé du rigaudon, cet épisode rappellera certains rigaudons de François Couperin. Par son motif alerte, la flûte assure, dès le début, le mouvement joyeux de l'ensemble :

3. Siciliano (à 6/8, en *ut* dièse mineur) : la mélodie agitée de cette scilienne se déploie sur une belle écriture canonique entre les deux instruments.

4. Allegro assai (à 3/4) : l'épisode final ressemble à une polonaise rapide. Ici, comme précédemment, le langage mélodique reste l'élément essentiel de l'œuvre.

Durée d'exécution : 12 minutes environ.

Partita en *la* mineur, pour flûte seule (BWV 1013)

Si l'on ne connaît pas la date de composition de cette œuvre — très vraisemblablement la période où Bach fut directeur de la musique de la cour de Coethen (1717-1723) —, il en existe une copie manuscrite réalisée vers 1722-1723. Longtemps ignorée, la *Partita pour flûte seule* ne fut publiée qu'en 1917.

Cette pièce de haute virtuosité écrite pour un instrument totalement monodique est très singulière, mais on observera que Bach ne fut pas le seul à composer ce genre de musique : quelques contemporains comme Jacques Hotteterre (v. 1684-v. 1760) ou Georg Philipp Telemann (1681-1767) laissèrent des pages pour la flûte seule.

Pleine de sensibilité expressive, la partita abonde en effets décoratifs des plus heureux. Elle est construite comme une suite en quatre mouvements d'une remarquable beauté, avec une curieuse bourrée « anglaise » en guise de conclusion.

1. Allemande (à 4 temps) : ressemblant à un long prélude, elle est faite d'un dessin obstiné de doubles croches qui décomposent d'abord l'accord de *la* mineur :

2. Corrente (à 3/4) : le caractère pétulant de cette danse vive est rehaussé par le contraste entre les doubles croches liées et ascendantes et les grands sauts de croches du thème. Bach utilise ici la technique infaillible du mouvement perpétuel, — en particulier dans la seconde partie du morceau.

3. Sarabande (à 3/4) : l'épisode central est à la fois plein de grâce et de sereine tranquillité.

4. Bourrée anglaise (à 2/4) : qu'y a-t-il d'anglais dans la bourrée, cette vieille danse typiquement française ? Dès l'énoncé de son motif initial,

celle-ci apparaît pleine de joie et d'entrain.

LES ŒUVRES POUR VIOLON SEUL ET VIOLONCELLE SEUL

C'est à Coethen, cour calviniste où la musique religieuse comptait peu, et où il résida entre 1717 et 1723, que Bach abandonna provisoirement l'orgue pour donner libre cours à son génie créateur dans le domaine de la musique instrumentale. Cette période vit naître des œuvres capitales, — entre autres les *Concertos brandebourgeois*, les vingt-quatre premiers préludes et fugues du *Clavier bien tempéré*, les *Suites anglaises* et les *Suites françaises* pour clavecin, et les immenses pages pour violon et violoncelle seuls, sommets de la pensée du musicien.

Le violon, et peut-être plus encore le violoncelle, sont des instruments essentiellement monodiques, mais en prodigieux organisateur des sons, Bach réussit à les faire chanter seuls sans aucun appui harmonique. En ce qui concerne les sonates et partitas pour violon seul, ces pièces ne sont pas les premiers exemples d'un genre musical où le violon est utilisé seul et sans soutien : avant Bach, des musiciens allemands — pour ne citer que Henrich von Biber (1644-1704), Johann Paul von Westhopff (1656-1705), Johann Jakob Walther (v. 1650-1717) ou Thomas Baltzar (1630-1663) — avaient déjà traité le violon en instrument polyphonique. Mais Bach a osé plus en ouvrant à celui-ci des possibilités alors insoupçonnées. Il a transformé cet instrument monodique qui s'épanchait généralement sur l'assise harmonique d'un clavecin ou d'un orchestre à cordes, en un instrument véritablement polyphonique d'une puissance et d'une force dramatique exceptionnelles. Au XXe siècle, des compositeurs comme Hindemith, Bartók ou Ernest Bloch hériteront de sa rigueur et de son imagination.

Les trois Sonates et les trois Partitas pour violon seul (BWV 1001-1006)

Le violon a été l'un des instruments favoris de Bach et l'un des premiers qu'il ait pratiqué au sein des orchestres de chambre de Weimar et de Coethen. Lors de son premier séjour à la cour de Weimar, en 1703, il fut d'abord amené à rencontrer l'un des grands représentants du style polyphonique adapté au violon, Johann Paul von Westhopff qui, sans aucun doute, initia son jeune collègue à la tradition allemande des instruments polyphoniques et le familiarisa avec la technique des doubles cordes qui devaient devenir si importantes dans ses œuvres. Au même moment, Bach découvrait les sonates et les concertos italiens qui constituaient la base du répertoire du petit orchestre de chambre de la cour, qu'à partir de 1714 il dirigea en jouant du violon ou en marquant la mesure. Appelé à Coethen, Bach trouva d'autres conditions favorables. Il entrait au service du prince Leopold d'Anhalt-Coethen, qui avait rapporté de ses voyages en Italie un goût prononcé pour la musique de chambre. Passionné de musique, le jeune prince était aussi un excellent violoniste et jouait avec habileté de la viole de gambe. Dans des circonstances aussi heureuses, le génie de Bach ne pouvait manquer de s'épanouir pleinement.

Les sonates et partitas pour violon seul témoignent de la part de leur auteur d'une haute connaissance du violon, dont il fait à la fois l'interprète de la mélodie chantante et l'interprète de l'expression harmonique, à partir d'une technique qui ressortit à la plus haute virtuosité et crée d'immenses problèmes d'interprétation. Ceux-ci surgissent ici de toutes parts. L'un des plus aigus est celui de l'utilisation de l'archet. Dans le courant du XXe siècle, certains ont pensé que Bach employait pour l'exécution de ces œuvres un archet courbe analogue à celui représenté par l'iconographie du Moyen Age. Celui-ci permettait de jouer simultanément sur trois ou quatre cordes les accords de trois ou quatre sons dont les sonates et partitas abondent. Il a été cependant démontré que ces expériences n'avaient aucune valeur historique. Dans son *Harmonie universelle* publiée cinquante ans avant la naissance de Bach, Mersenne décrivait déjà lui-même des archets droits, et c'est Quantz, contemporain de Bach, qui, dans son *Essai d'une méthode pour jouer de la flûte traversière* (1752), en partie consacré aux instruments à cordes, a peut-être le plus clairement démontré l'exécution des accords dans la musique de violon de son temps : pour lui, les accords de courte durée étaient rapidement arpégés sur quatre cordes.

Bien que l'autographe des sonates et partitas pour violon seul porte l'année 1720, on ne connaît pas la date exacte de composition de ces œuvres. L'année 1720 correspond vraisemblablement à l'époque où, à Coethen, Bach organisa définitivement son recueil. Les pages qui le composent ont donc été conçues avant 1720 à Coethen, ou à la fin du séjour de musicien à Weimar (qu'il quitta en 1717). Quoi qu'il en soit, elles connurent un grand succès tout au long du XVIIIe siècle, mais ne furent éditées qu'en 1802 à Bonn, chez Simrock. Ces pièces furent mal comprises à l'époque romantique et l'on sait, par exemple, que Mendelssohn et Schumann durent leur ajouter une partie d'accompagnement pianistique pour les rendre accessibles au public. Les violonistes Adolf Busch, Georges Enesco, et avant eux Joseph Joachim, furent les pionniers de leur « redécouverte ».

Bach présente ces six œuvres par paires — c'est-à-dire dans l'alternance sonate-partita. Les trois sonates sont construites selon le plan de la sonate d'église en quatre mouvements (lent, vif, lent, vif). Chacune contient une fugue grandiose, précédée d'un prélude lent aux allures d'improvisation noyée dans une richesse polyphonique extraordinaire et suivie d'un morceau lent et mélodique. Chacune se conclut par un finale rapide plein de virtuosité.

Les trois partitas répondent au cadre de la suite de danses dans la tradition de l'époque, — avec toutefois un prélude d'introduction à la place de l'allemande dans la troisième *Partita en* mi *majeur* (BWV 1006).

Sonata I, en *sol* mineur (BWV 1001)

1. ADAGIO (à quatre temps) : le majestueux mouvement d'ouverture (à 4/4) de la *Sonate en* sol *mineur* est une page émouvante aux grands traits rapides de toccata,

ponctués de grands accords de trois et quatre sons. Bach y adopte le style de la fantaisie improvisée.

2. FUGA, ALLEGRO (à quatre temps) : les notes répétées du sujet de cette fugue à trois voix alerte et grandiose à la fois, évoquent la « canzone » italienne :

Ce sujet est ici omniprésent, bien que coupé en plusieurs endroits par des divertissements traités en doubles croches, en tierces ou en sixtes. Deux mesures de conclusion dans le style de la toccata apportent un point final à cette immense fugue.

3. SICILIANO (à 12/8) : ce mouvement de sicilienne est construit sur un motif plein de tendresse, dont la ligne mélodique ou la cellule rythmique réapparaissent régulièrement, simplement interrompues çà et là par quelques traits rapides.

4. Presto (à 3/8) : dans cette heureuse pièce bipartite à reprises, le violon court avec volubilité sur des dessins d'arpèges décomposés :

Sauf dans les accords terminaux, Bach respecte toujours une écriture à une voix souple et brillante.

La fugue de la *Sonate en* sol *mineur* a été transcrite par Bach lui-même pour le luth et pour l'orgue : *Fugue en* sol *mineur pour luth* (*BWV 1000*) (v. les pièces pour luth), et *Fugue en* ré *mineur pour orgue* (BWV 539).

Durée d'exécution : 14 minutes environ.

Partita I, en *sol* mineur (BWV 1002)

Cette *Partita* (ou suite de danses) est constituée de quatre danses, toutes suivies de leur double.

1. Allemande (à quatre temps) : malgré son caractère rythmiquement très mouvementé avec ses notes pointées, ses triolets, ses grupettos et ornements écrits, cette pièce conserve tout le caractère noble de l'allemande. Elle est accompagnée de son *Double* où une seule voix développe des doubles croches régulières.

2. Courante (à 3/4) : c'est une courante rapide à l'italienne écrite pour un violon rapide et agile :

Le *Double (Presto)* est un long mouvement en deux parties essentiellement construit sur des gammes et des arpèges de doubles croches.

3. Sarabande (à 3/4) : Bach a composé ici une courte pièce sur l'opposition de grands accords de trois et quatre sons et de petits motifs plus souples. Le *Double* de cette sarabande ressemble à une gigue à 9/8.

4. Tempo de bourrée (à deux temps) : cette danse rustique et pleine de gaieté se décompose dans son *Double* en brillants traits de croches.

Durée d'exécution : 23 minutes environ.

Sonata II, en *la* mineur (BWV 1003)

1. Grave (à quatre temps) : ce morceau très animé rythmiquement ressemble à une toccata, avec ses grands traits quasi improvisés de gammes et d'arpèges en triples et quadruples croches. Il y a une analogie de style entre cette introduction et l'introduction de la *Sonate I en* sol *mineur*.

2. Fuga (à 2/4) : cette fugue grandiose à 2/4 émaillée d'indications de nuances est une page considérable qui peut sembler destinée au clavier :

Le souci de synthèse qui est ici celui de Bach apparente cette vaste pièce aux abstractions de *l'Art de la fugue*, mais sa force dramatique en fait autre chose qu'une œuvre théorique. Dans son traité *Kern melodischer Wissenschaft* (1737), Matheson en a cité le sujet avec ce beau commentaire : « Qui croirait que ces… quelques notes seraient assez fécondes pour engendrer un contrepoint de plus d'une page de papier à musique, sans rien de trop et tout à fait naturellement ? Et pourtant, c'est exactement cela que l'habile Bach, qui est particulièrement doué pour cette forme, nous a donné, et même, il a, çà et là, introduit le sujet en inversion ».

3. Andante (à 3/4) : le thème délicat de ce mouvement lent semble issu d'une aria sur une basse de notes répétées comme une basse continue qui impose un travail remarquable de doubles cordes :

Marc Pincherle y a vu une « mélodie continue accompagnée par une basse qui semble s'exprimer sur un plan différent, avec un timbre différent ».

4. Allegro (à quatre temps) : dans cette pièce bipartie à reprises ponctuée de nuances, d'heureux traits de doubles croches rehaussés de petits ornements écrits, accentuent l'humeur joyeuse qui vient conclure. Cette sonate a été transcrite par Bach pour clavier (*BWV 964*).

Durée d'exécution : 19 minutes environ.

Partita II, en *ré* mineur (BWV 1004)

1. Allemande (à quatre temps) : contrairement à l'*Allemande* de la première partita, celle-ci est une danse vive écrite pour une seule voix en doubles croches. Quelques triolets et des ornements en triples croches apportent çà et là une brève variété rythmique.

2. **Courante** (à 3/4) : c'est un morceau souple à l'italienne, avec son unique dessin de triolets fluides relevés de rapides traits pointés.

3. **Sarabande** (à 3/4) : avant la gigue et l'immense chaconne qui concluera cette suite, Bach intercale une page très émouvante où de courts passages improvisés paraissent répondre aux longs accords accentués.

4. **Gigue** (à 2/8) : cette pièce volubile à 12/8 est parsemée de nuances « forte » et « piano » voulues par Bach.

5. **Chaconne** (à 3/4) : ce monument immense, complexe et puissant, l'un des plus célèbres de Bach, semble élevé au souvenir de l'orgue. Il s'agit d'un gigantesque ensemble de variations reliées entre elles par une basse simple de quatre mesures et ses dérivés :

Inlassablement, chacune des variations transforme le thème. Celles-ci apparaissent souvent par paires. À la grave majesté du début, succèdent des variations en doubles croches, en triples croches, puis en arpèges rapides, lorsqu'un épisode en *ré* majeur — presque un choral à la religieuse beauté — apporte la paix. De grands arpèges qui sonnent comme un orchestre annoncent le retour vers la tonalité de *ré* mineur qui mène vers la conclusion, après des épisodes de notes répétées et de triolets et la réapparition du thème. Toutes les possibilités harmoniques et contrapuntiques du violon ont ici été utilisées par Bach.

Durée d'exécution : 25 minutes environ.

Sonate III, en *ut* majeur (BWV 1005)

1. **Adagio** (à 3/4) : Bach n'ouvre pas cette dernière sonate par un morceau improvisé comme dans les sonates précédentes, mais par un mouvement lent à 3/4 dont la cellule rythmique et obstinée du motif initial engendre toute la pièce. Celle-ci a été transcrite par Bach pour le clavier (BWV 968).

2. **Fuga, alla breve** (à deux temps) : ce gigantesque morceau développe un sujet de huit mesures tiré du choral *Komm, heiliger Geist,* repris ailleurs par Bach (*Cantates n° 59* et *175*, *Motet BWV 226*, *Chorals BWV 651* et *652*) :

Cette fugue à quatre voix, qui même — si l'on veut — la forme da capo et la forme du rondo, peut être décomposée en sept parties. L'exposition fait entendre les quatre voix, avec une deuxième entrée du sujet sur un contre-sujet chromatique. Un divertissement monodique précède la contre-exposition et un nouveau divertissement monodique sur pédale de dominante. Une exposition polyphonique leur succède avec retour du sujet inversé sur le même contre-sujet chromatique que dans l'exposition initiale, mais sur mouvement ascendant. Un divertissement monodique sur pédale de tonique annonce le da capo de l'exposition.

3. **Largo** (à quatre temps : le mouvement lent central est un épisode chantant sur une basse brève de croches descendantes que viennent conclure quelques traits de toccata.

4. **Allegro assai** (à 3/4) : c'est un très long morceau vif et rapide tout en doubles croches qui termine avec volubilité cette dernière sonate.

Durée d'exécution : 21 minutes environ.

Partita III, en *mi* majeur (BWV 1006)

Cette ultime partita se présente comme un libre arrangement des mouvements traditionnels de la suite de danses. En outre, elle s'ouvre, non par une allemande, mais par un prélude.

1. **Preludio** (à 3/4) : cette pièce animée est une sorte de mouvement perpétuel concertant, dont l'architecture est tout à fait exceptionnelle. Son thème très célèbre

a été pourvu par Bach d'un accompagnement orchestral pour servir de sinfonia dans la *Cantate n° 120a*, et de morceau d'ouverture à la *Cantate n° 29*. L'écriture de Bach est suffisamment légère pour que l'harmonie de ce prélude se dégage clairement sur les notes les plus graves qui dessinent une véritable partie de basse.

2. **Loure** (à 6/4) : cette danse à 6/4 est traditionnelle, sur son rythme pesant et irré-

gulier qui apporte un sentiment de déséquilibre.

3. Gavotte en rondeau (à deux temps) : Bach pratique encore ici le style de la mélodie accompagnée. Cinq présentations de la joyeuse ritournelle de la danse

sont entrecoupées d'épisodes plus brillants.

4. Menuets i et ii (à 3/4) : le premier menuet, au rythme marqué, est une danse gaie à laquelle succède un second menuet plus chantant.

5. Bourrée (à deux temps) : on appréciera les malicieux effets d'écho notés par Bach.

6. Gigue (à 6/8) : Bach termine dans la gaieté sa série de six œuvres pour violon seul.

Durée d'exécution : 15 minutes environ.

Les six Suites pour violoncelle seul (BWV 1007-1012)

Bach n'a pas été le premier à écrire pour le violoncelle seul, puisque les premiers essais d'indépendance du violoncelle se trouvent en Italie dans des œuvres de Domenico Gabrielli (1659-1690) ou de Giovanni Battista Degli Antoni (né vers 1660). Mais il invente réellement un style propre au violoncelle, qui va sonner le glas de celui de la viole de gambe.

On ne connaît pas la date exacte de la composition des six *Suites* pour violoncelle seul. Il n'existe pas de manuscrit autographe de ces pièces, mais plusieurs copies dues notamment à Anna Magdalena, seconde épouse de Jean-Sébastien, à Johann Peter Kellner, organiste et ami de Bach et à Westphall. La copie d'Anna Magdalena contient malheureusement quelques erreurs. Celle de Kellner, réalisée en 1726, est plus exacte, bien qu'il y manque une pièce. Elle donne en tout cas des indications de phrasé extrêmement précieuses. La première édition imprimée de ces *Suites* ne parut qu'en 1825 chez Probst, à Vienne, sous le titre trompeur de *Six sonates ou études pour violoncelle solo*. Le terme d'« études », déjà appliqué aux sonates et partitas pour violon seul dans leurs premières éditions, est ajouté là à des fins commerciales autant que pédagogiques. Il est d'usage de penser que Bach a composé ces œuvres pour deux violoncellistes de l'orchestre de la cour de Coethen : Bernard Linigke et Karl Ferdinand Abel. Linigke en fut sans doute le premier interprète.

La *Suite n° 5* (BWV 1011), qui existe dans une version pour luth transcrite par Bach lui-même (BWV 995), est destinée à un violoncelle « scordato », c'est-à-dire à un violoncelle dont la quatrième corde (*la*) est accordée un ton au-dessous de la normale (*sol*).

La *Suite n° 6* (BWV 1012) est écrite pour un instrument à cinq cordes que l'on a longtemps décrit comme étant la « viola pomposa », dont l'invention était attribuée à tort à Bach. On a abandonné aujourd'hui cette version, mais la destination de cette suite reste assez complexe. Plus aiguë que les cinq autres suites, celle-ci fut sans doute pensée pour un violoncelle piccolo à cinq cordes. Elle est de toute façon difficile à jouer sur un violoncelle normal.

Les *Suites pour violoncelle seul*, qui sont aussi belles que les sonates et partitas pour violon seul, répondent toutes à la forme de la suite de danses, introduite néanmoins par un prélude. Et, ici, la ressemblance étrange de leur structure avec celle des *Suites anglaises* pour clavecin fait supposer que ces deux séries de suites datent de la même époque. Comme les préludes des *Suites anglaises*, les préludes des suites pour violoncelle sont tous différents par leur style comme par leur achitecture. Les danses sont généralement des pièces gaies, transcendées d'une incomparable façon. Danses lentes, les sarabandes gardent toujours leur caractère intensément expressif.

Bach utilise dans ces pages uniques tous les registres du violoncelle, dont il fait un instrument complet. Sa virtuosité brillante ne sacrifie jamais aux tentations du pittoresque. L'usage des doubles cordes est rare, mais il réussit à entretenir l'illusion du contrepoint sur un instrument à archet sans basse chiffrée. Alberto Basso* a relevé dans l'écriture de Bach comme l'« apologie du moment "linéaire" du contrepoint, l'exaltation d'une conception particulière de la polyphonie ».

Suite n° 1, en *sol* majeur (BWV 1007)

1. Prélude (à quatre temps) : un flot tout d'abord léger de doubles croches qui décomposent des arpèges avec omniprésence d'une basse de tonique,

---

* Alberto Basso, *Jean-Sébastien Bach*, t. 1 (Fayard, Paris, 1984).

va s'élargissant avec plus de fluidité, dans des dessins qui reviennent de manière obsessionnelle. Après un point d'orgue, le violoncelle repart sur une gamme montante vers la belle montée chromatique qui précède les quatre mesures finales.

2. Allemande (à quatre temps) : bien que d'allure majestueuse et non dénuée d'intensité expressive, cette allemande toute en doubles croches est presque une paraphrase du prélude.

3. Courante (à 3/4) : le bondissement léger du thème sur une rythmique bien appuyée donne à cette danse légère un caractère fantaisiste et gai.

4. Sarabande (à 3/4) : cette pièce relativement courte est construite en quatre phrases de quatre mesures élégantes et sobres.

5. Menuets I et II (à 3/4) : l'un est posé et s'oppose au second, en *sol* mineur, plus chantant.

6. Gigue (à 6/8) : la note répétée du thème, que Pablo Casals jouait légèrement syncopée, accentue le rythme de cette pièce :

Durée d'exécution : 17 minutes environ.

Suite n° 2, en *ré* mineur (BWV 1008)

1. Prélude (à 3/4) : Bach abandonne l'euphorie du premier prélude pour se livrer à une angoisse atténuée par une brève échappée vers le ton relatif de *fa* majeur :

2. Allemande (à quatre temps) : cette danse majestueuse conserve tout le style douloureux du prélude.

3. Courante (à 3/4) : emportée ici par l'élan fougueux de ses doubles croches rapides.

4. Sarabande (à 3/4) : Bach intercale entre la courante et les menuets une pièce pleine de gravité, de grandeur et de sérénité.

5. Menuets I et II : les accords du début du premier menuet sont presque des accords de viole. Le second menuet en *ré* majeur est gracieux et tendre.

6. Gigue (à 3/8) : ce finale impétueux reste dans la couleur sombre de la suite. On remarquera la quinte et la septième diminuée descendantes qui articulent le thème dès son début.

Durée d'exécution : 20 minutes environ.

Suite n° 3, en *ut* majeur (BWV 1009)

1. Prélude (à 3/4) : cette merveilleuse page admirablement construite sur un mouvement continu de gammes, de marches harmoniques et d'arpèges, impose tout de suite la tonalité d'*ut* majeur :

Le centre de ce très long morceau est superbe avec ses immenses arpèges. La coda débute par un rappel de la gamme du ton, puis de grands accords et un court motif en doubles cordes ramène pour conclure le thème initial.

2. Allemande (à quatre temps) : c'est une longue pièce dans laquelle le retour régulier de rythmes accélérés en triples croches impose à la fois assise et liberté.

3. Courante (à 3/4) : alerte mouvement continu de croches légères.

4. Sarabande (à 3/4) : en contraste avec la pièce précédente, de graves accords introduisent la mélodie simple de cette danse noble et majestueuse.

5. Bourrées I et II : ces deux pièces sont heureuses et claires. La seconde, en *ut* mineur, est plus fluide que la première.

6. Gigue (à 3/8) : Bach conclut sa suite avec la vigueur et l'élan de cette danse gaie.

Durée d'exécution : 21 minutes environ.

Suite n° 4, en *mi* bémol majeur (BWV 1010)

1. Prélude (à quatre temps) : avec les moyens les plus simples Bach donne l'illusion d'une pédale d'orgue sur laquelle reposent des harmonies qui s'écoulent lentement :

Le plan architectural de ce long prélude est admirable. La majesté du début s'interrompt sur un point d'orgue, puis un déferlement de doubles croches vient se briser sur un grand accord de neuvième de dominante en *sol* mineur. Tout s'apaise peu à peu pour laisser la place à la majestueuse sérénité initiale.

2. Allemande (à quatre temps) : page heureuse, d'un calme rayonnant.

3. Courante (à 3/4) : tout le morceau est basé sur l'alternance continuelle du rythme binaire des premières mesures et du rythme ternaire des triolets que Bach a introduits.

4. Sarabande (à 3/4) : contemplative, elle débute avec cet étonnant *ré* bémol dès la première mesure :

5. Bourrées I et II : un petit motif de cinq notes égales engendre tout le mouvement de la première bourrée. La seconde bourrée très courte est pleine de la naïveté qui convient à cette danse ancienne et traditionnelle.

6. Gigue (à 12/8) : ce morceau difficile, conçu comme un mouvement perpétuel, rappelle étrangement le finale du *6e Concerto bandelourgeois*.

Durée d'exécution : 24 minutes environ.

Suite n° 5, en *ut* mineur (BWV 1011)

1. Prélude (à quatre temps) : de dimensions exceptionnelles, il s'ouvre par une introduction pompeuse à la française avec son extraordinaire intensité rythmique. Celle-ci s'enchaîne à un long épisode fugué à 3/8, immense et magistral. Les quatre entrées du sujet

sont successivement exposées sur un contre-sujet, et cette exposition qui semble faire entendre deux voix sur un seul instrument est tout à fait admirable. Divertissements, réexpositions aux tons relatifs, sur pédales de dominante et de tonique, et coda se succèdent ensuite dans une construction toute classique.

2. Allemande (à 4 temps) : d'influence française, elle paraît issue du prélude dont elle conserve le caractère.

3. Courante (à 3/2) : très diversifiée rythmiquement.

4. Sarabande (à 3/4) : la sensibilité la plus délicate s'épanche dans cette danse sobre toute en croches.

5. Gavottes I et II : Bach joue sur l'opposition du rythme binaire de la première gavotte et du rythme ternaire des triolets de la deuxième gavotte en *ut* majeur.

6. Gigue (à 3/8) : par une subtilité d'écriture, le début de la gigue peut s'entendre en *mi* bémol majeur ou en *ut* mineur.

Durée d'exécution : 27 minutes environ.

Suite n° 6, en *ré* majeur (BWV 1012)

1. Prélude (à 12/8) : construction gigantesque emplie des nuances « forte » et « piano » que Bach a notées. La formule rythmico-mélodique des mesures initiales engendre tout le mouvement,

qui s'amplifie avant la fin en un torrent de doubles croches en gammes et arpèges.

2. Allemande (à quatre temps) : sorte de vaste improvisation où Bach s'éloigne totalement de la danse. Elle repose sur de nombreux traits rapides de triples croches.

3. Courante (à 3/4) : une danse gracieuse s'enchaîne, avec une belle envolée rythmique au centre et dans la seconde partie.

4. Sarabande (à 3/4) : la ligne mélodique simple et sereine de la sarabande progresse sur un rythme syncopé. La seconde partie est construite sur le balancement tranquille de ses noires qui oscillent de deux en deux.

5. Gavottes I et II : revêtent toutes deux une allure joyeuse et pittoresque.

6. Gigue (à 6/8) : cette ultime gigue possède le caractère enlevé des mouvements de chasse, accentué par les figurations rythmiques nombreuses et les doubles cordes.

Durée d'exécution : 29 minutes environ.

Les Sonates pour clavecin et violon (BWV 1014-1019)

Le violon fut, pour Bach, l'instrument des plus lyriques épanchements, — celui auquel il a dédié quelques-unes de ses plus belles compositions. Dès sa jeunesse, il pratiqua et aima le violon, mais c'est à Coethen, auprès du prince Léopold, excellent violoniste, que s'ouvrit vraiment à lui le domaine de la musique instrumentale. On peut donc raisonnablement penser qu'il écrivit ses six *Sonates* pour violon et clavecin entre 1718 et 1722, époque des années heureuses de Coethen.

Il est d'usage aujourd'hui de classer ces sonates dans la catégorie des œuvres *pour violon et clavecin*, — ce qui sous-entend, dans le sens large du terme, que l'instrument à archet s'impose sur l'accompagnement du clavecin. Or, toutes les copies contemporaines de Bach portent expressément le titre de *sonates pour clavecin et violon*. Le clavecin n'est donc jamais relégué au simple rôle d'accompagnateur ; au contraire, sous la partie de violon, sa main droite est conçue — si l'on veut — comme une seconde partie de violon reposant sur la basse continue confiée à la main gauche, et éventuellement à une viole de gambe. Il y a donc dialogue permanent entre le violon et la main droite du clavier.

Ces sonates (sauf la *Sonate VI*) sont construites selon le schéma de la sonate d'église — ou *sonata da chiesa* — de type corellien, avec son alternance de quatre mouvements lent-vif-lent-vif. Bach réussit la synthèse entre les diverses influences qu'il avait subies dans ses années d'apprentissage, puis à Weimar et à Coethen. Il mêle le contrepoint sévère que lui avaient appris les musiciens d'Allemagne du Nord et la mélodie souple et pure qu'il avait découverte chez Corelli, pour créer une polyphonie chantante.

Sonate I, en *si* mineur (BWV 1014)

1. **Adagio** (à 6/4) : la première *Sonate* s'ouvre par un récitatif presque déclamé par le violon, sur les figurations de sixtes et de tierces en apparence immuables du clavecin. L'inspiration de Bach est ici presque romantique.

2. **Allegro** (à deux temps barrés) : comme tous les seconds mouvements des cinq premières sonates pour violon et clavecin, cet *Allegro* est une fugue, dont le sujet est énoncé par le violon sur quelques mesures de basse chiffrée du clavier.

3. **Andante** (en *ré* majeur, à quatre temps) : les deux instruments dialoguent d'une façon ininterrompue sur des volutes de doubles croches qui s'enlacent à l'infini.

4. **Allegro** (à 3/4) : le dynamisme des notes répétées du thème, lancé par le violon et bientôt repris par le clavecin, évoquera immanquablement l'art de Vivaldi. On remarquera les fioritures qui ornent ce mouvement heureux.

Durée d'exécution : 12 minutes environ.

Sonate II, en *la* majeur (BWV 1015)

1. Le premier mouvement est une sorte de **Largo** à 6/8, où un motif au lyrisme chaleureux s'affirme en imitations canoniques entre les deux partenaires.

2. **Allegro assai** (à 3/4) : véritable mouvement de concerto brillant, cette fugue développe un sujet joyeux et impétueux à l'italienne :

Au centre, un curieux **Arpeggio** sur une longue pédale harmonique de basse tenue sur un *mi* pendant dix-sept mesures semble nécessiter l'emploi d'une viole de gambe, — le mécanisme du clavecin ne permettant pas à l'instrument de prolonger les sons.

3. **Andante un poco** (en *fa* dièse mineur, à quatre temps) ; cet épisode lent est construit comme un canon à l'unisson entre le violon et la main droite du clavier, sur le « staccato » obstiné de la basse.

4. **Presto** (à deux temps) : c'est un thème fugué et joyeux qui conclut l'ensemble.

Durée d'exécution : 13 minutes environ.

Sonate III, en *mi* majeur (BWV 1016)

1. **Adagio** (à quatre temps) : le long mouvement d'ouverture est une sorte de rêverie où le violon s'épanche en grands traits de récitatif rehaussés de nombreuses fioritures. Sous cette éloquence, le clavecin semble imperturbable.

2. **Allegro** (à deux temps) : Bach a composé ici un vaste trio fugué très dépouillé, dont le long sujet est d'abord exposé par le clavecin, puis repris par le violon.

3. **Adagio ma non tanto** (en *ut* dièse mineur) : sur une véritable basse de chaconne et des accords battus du clavier, le violon déploie une succession de variations ornées qui seront redites par le clavecin avant de se développer en un dialogue de triolets mélancoliques.

4. **Allegro** (à 3/4) : cet *Allegro* de concerto brillant est presque une toccata, détendue en son centre par de souples dessins de triolets.

Durée d'exécution : 15 minutes environ.

Sonate IV, en *ut* mineur (BWV 1017)

1. **Siciliano** (à 6/8) : on est proche en cet *arioso* peu ornementé des airs douloureux de la *Passion selon saint Matthieu*. Le motif du violon se détend sur des mélismes de doubles croches de la main droite du clavecin, soutenus par la basse continue :

2. **Allegro** (à quatre temps) : voici encore une fugue très développée écrite dans le style du concerto, — qui impose d'emblée un thème d'allure populaire. L'art contrapuntique de Bach s'y déploie magnifiquement.

3. **Adagio** (en *mi* bémol majeur, à 3/4) : le violon est ici traité comme une voix humaine qui chante de courtes phrases douces et calmes sur des triolets du clavecin. L'ensemble s'anime tout à coup dans les quatre mesures extrêmes, pour conclure.

4. **Allegro** (à 2/4) : le finale est une fugue dont le sujet résonne comme un thème de concerto italien :

Durée d'exécution : 17 minutes environ.

Sonate V, en *fa* mineur (BWV 1018)

1. **Largo** (à 3/2) : l'un des sommets du recueil. Bach y adopte la forme d'une polyphonie rigide à quatre voix qui contraste complètement avec tous les mouvements lents des cinq autres sonates. À la manière d'un *ostinato* de chaconne, une courte phrase expressive

passe sans interruption d'une voix à l'autre.

2. **Allegro** (à quatre temps) : cet *Allegro* fugué de style concertant s'oppose tout à fait avec ce qui a précédé.

3. **Adagio** (à quatre temps) : le violon évolue constamment en doubles cordes douloureuses sur un dessin d'arpèges rapides de toccata aux deux mains du clavecin.

4. **Vivace** (à 3/8) : le mouvement final fugué est construit sur un beau thème au rythme syncopé et aux chromatismes émouvants :

Durée d'exécution : 21 minutes environ.

Sonate VI, en *sol* majeur (BWV 1019)

Par sa construction autant que par son esthétique, cette ultime *Sonate* diffère totalement des cinq sonates précédentes. Bach abandonne la forme de la sonate d'église et adopte le genre de la sonate de chambre — *sonata da camera* — en cinq mouvements, avec prédominance de tempos rapides, au milieu desquels il intercale un long solo de clavecin.

1. **Allegro** (à quatre temps) : on notera la parenté qui existe entre ce mouvement de toccata de style concertant et le joyeux prélude en *sol* majeur du premier livre du *Clavier bien tempéré*, achevé à Coethen en 1722, à l'époque de la composition des sonates pour violon et clavecin.

2. **Largo** (à 3/4) : c'est un dialogue à deux voix, déclamé en valeurs pointées à la française sur basse continue.

3. **Allegro** (à quatre temps) : entre deux mouvements lents et comme une transition, Bach introduit un long solo bipartite pour clavecin seul.

4. **Adagio** (en *si* mineur, à quatre temps) : ce trio rythmiquement syncopé est extrait de la cantate *Gott, man lobet dich in der Stille* (BWV 120).

5. **Allegro** (à 6/8) : c'est par un mouvement de concerto fugué à deux thèmes d'influence italienne, que Bach conclut avec brio son recueil de sonates pour violon et clavecin.

Durée d'exécution : 16 minutes environ.

Les Sonates pour clavecin et viole de gambe (BWV 1027-1029)

Jusqu'à Bach, la viole de gambe — bientôt supplantée par le jeune violoncelle — avait été l'un des instruments caractéristiques de la musique de chambre : on la retrouvait presque toujours comme soutien de la basse continue réalisée au clavecin. Parallèlement, elle avait aussi connu un grand développement comme instrument soliste en Allemagne et en France. Les suites pour viole de gambe de Marin Marais, l'un de ces compositeurs français que Bach admirait, le touchèrent-elles assez pour le convaincre d'exploiter les ressources de cet instrument au chant doux et profond ?

Les sonates pour viole de gambe et clavecin ont suscité maintes transcriptions pour violoncelle ; mais, à l'époque de Bach, la distinction entre le répertoire du violoncelle et le répertoire de la viole de gambe était bien réelle. Bach sut d'ailleurs confier à la viole de gambe de superbes pages ; il suffit d'écouter le sixième *Concerto brandebourgeois*, ainsi que quelques airs de cantates et des *Passions selon Saint-Jean* et *selon Saint-Matthieu*.

Selon toute vraisemblance, c'est à Coethen que Bach composa ses trois sonates pour clavecin et viole de gambe. Deux gambistes célèbres, Abel, ami de Bach, et le prince Léopold se partageaient alors les pupitres de viole de gambe dans l'orchestre de la cour, — et l'on peut aisément imaginer que c'est à l'un ou à l'autre de ses deux amis qu'il dédia ces œuvres.

Curieusement, aucune source manuscrite ne réunit les trois sonates pour viole de gambe. Le manuscrit autographe de la *Sonate I en* sol *majeur* (BWV 1027) est parvenu jusqu'à nous, avec ce titre de la main de Bach : *Sonata à Cembalo è Viola da Gamba*. Celui-ci indique bien le rôle essentiel du clavecin dans ces sonates comme dans les sonates pour clavecin et violon, — et l'on ne craindra pas d'affirmer qu'il a parfois la prééminence sur la viole de gambe. Les deux autres sonates ont été transcrites dans des copies postérieures à la mort de Bach.

Ces copies séparées tendraient à prouver que les sonates pour viole de gambe et clavecin seraient des adaptations réalisées par Bach d'œuvres composées par lui-même à une époque antérieure, — ce que quelques musicologues ont cherché à démontrer. La première sonate en *sol* majeur existe ainsi dans une version pour deux flûtes et continuo — *Sonate en* sol *majeur pour deux flûtes et basse continue* (BWV 1039) — peut-être version initiale du morceau que Bach aurait remaniée en confiant à la viole de gambe la partie de seconde flûte, à la main droite du clavecin la partie de première flûte, et à sa main gauche la basse continue.

Quoi qu'il en soit, ces trois sonates présentent des caractères de style et d'écriture bien différents et distincts. Les deux premières sont des sonates d'église en quatre mouvements, la troisième est une sonate de chambre en trois épisodes vif-lent-vif.

Sonate I, en *sol* majeur (BWV 1027)

1. ADAGIO (à 12/8) : long mouvement d'une architecture extraordinairement solide, il repose sur un motif expressif d'une grande pureté exposé en imitations par la viole de gambe et le clavecin sur le balancement égal de la basse.

2. ALLEGRO NON TANTO (à 3/4) : dans ce vaste morceau richement écrit, Bach pratique l'art de l'imitation d'une façon exceptionnelle et toujours variée. Il exploite un thème d'allure populaire développé par le clavecin, puis par la viole de gambe :

Celui-ci revient en renversement, avant le retour à l'exposition première à la viole de gambe, puis au clavecin.

3. ANDANTE (en *mi* mineur, à quatre temps) : page brève, mais palpitante, basée sur de lents déplacements d'arpèges poétiques qui prennent appui sur une basse de croches appuyées comme autant de pédales harmoniques.

4. ALLEGRO MODERATO (à deux temps) : la sonate trouve sa conclusion dans cette fugue énergique et gaie que Bach transcrivit pour l'orgue (BWV 1027a) :

Durée d'exécution : 13 minutes environ.

Sonate II, en *ré* majeur (BWV 1028)

1. ADAGIO (à 3/4) : cette brève introduction lyrique à l'aspect d'un air orné traité en imitations entre les deux instruments.

2. ALLEGRO (à 2/4) : le vaste *Allegro* bipartite s'enchaîne immédiatement sur un thème vif et joyeux auquel répondent les spirituels grupettos décomposés de la basse.

3. ANDANTE (en *si* mineur, à 12/8) : ce second mouvement lent impose, en écriture canonique, un thème rempli de fioritures et d'ornements insistants :

On notera que Bach introduit ici quelques mesures de basse chiffrée au clavecin, qui ne perd néanmoins pas son caractère concertant.

4. Allegro (à 6/8) : un finale de concerto vigoureux, plein de brio et d'entrain, conclut cette sonate dans la joie. Au centre, le clavecin déploie quelques arpèges dans le style de la toccata, et la conclusion est annoncée par d'amusantes animations rythmiques.

Durée d'exécution : 15 minutes environ.

Sonate III, en *sol* mineur (BWV 1029)

1. Vivace (à deux temps) : dans les huit premières mesures, le clavecin renonce à son rôle concertant, — car il assume seulement la basse chiffrée sous le thème de concerto de la gambe :

Cet immense mouvement est une étonnante construction polyphonique dont la variété rythmique est exceptionnelle.

2. Adagio (en *si* bémol majeur, à 3/2) : le mouvement lent de cette sonate est extrêmement bref. C'est une pièce aérée d'une grande beauté.

3. Allegro (à 6/8) : Bach choisit encore une fois le style du concerto à l'italienne pour conclure. À l'entrain du thème principal, on opposera le charme d'un petit motif « cantabile » revenant plusieurs fois dans le cours du morceau :

Durée d'exécution : 16 minutes environ.

AUTRES ŒUVRES DE MUSIQUE DE CHAMBRE

Le catalogue de l'œuvre de Bach compte deux sonates pour deux violons et continuo d'authenticité douteuse. La *Sonate en* ré *mineur* est généralement attribuée à Karl Philipp Emanuel Bach, et la *Sonate en* ut *majeur* (BWV 1037) a été définitivement attribuée à J. G. Goldberg, élève de Bach. La *Sonate en* sol *majeur pour deux flûtes et basse continue* (BWV 1038) serait la version initiale — et moins fréquemment jouée — de la *Sonate en* sol *majeur pour clavecin et viole de gambe* (BWV 1027) (v. plus haut).

La **Sonate en *sol* majeur pour flûte, violon et basse continue** (BWV 1038) est conçue dans le style de la sonate d'église en quatre mouvements. Elle s'ouvre par un *Largo* à quatre temps dans lequel Bach exploite à fond le rythme pointé sur une basse très mouvementée, et qui s'enchaîne à un *Vivace* à 3/8, — bref intermède dialogué entre le violon et la flûte soutenus par les balancements de la basse. Un *Adagio* en *mi* mineur à quatre temps, assez tourmenté et déclamé, précède un *Presto* sévère à deux temps construit dans le style fugué de l'*Alla breve*.

L'Offrande musicale (BWV 1079)

Moins productives que les précédentes, les dix dernières années de la vie de Bach virent cependant naître des ouvrages monumentaux dans le domaine de la variation contrapuntique, — qu'il porta à un haut degré de perfection formelle et auquel appartiennent les *Variations Goldberg*, les variations canoniques pour orgue sur le choral *Vom Himmel hoch da komm'ich her*, *l'Offrande musicale* et *l'Art de la fugue*.

Au même titre que *l'Art de la fugue*, (v. plus loin), *l'Offrande musicale* peut être considérée comme l'aboutissement des recherches contrapuntiques d'ordre abstrait auxquelles Bach travailla à la fin de sa carrière. L'œuvre est tout entière construite sur une série de variations canoniques autour d'un thème unique, que le cantor de Leipzig composa en se référant « à des principes de construction datant de la Renaissance, parfois en prenant comme base le "style moderne" mais en le revêtant de contenus n'ayant rien d'actuel »*. Ce thème avait été proposé à Bach par le roi Frédéric II de Prusse qui avait reçu le vieux maître au printemps de 1747. C'est par l'intermédiaire de Carl Philipp Emanuel Bach, musicien du roi depuis 1740, que Jean-Sébastien avait été invité à la cour de Potsdam où il arriva en mai 1747 en compagnie de son fils aîné, Wilhelm Friedmann. On raconte qu'à cette occasion, le souverain fit essayer à Bach ses clavecins et ses instruments nouveaux, les fameux piano-forte construits par Silbermann. Est-ce sur l'un d'eux qu'au soir du 7 mai, Bach improvisa une fugue à trois voix sur le thème royal que Frédéric II l'avait invité à développer ? Ce thème est une longue phrase en *ut* mineur

---

* Alberto Basso, *Jean-Sébastien Bach* t. II (Fayard, Paris, 1985).

qui s'élève en un mouvement ascendant sur un intervalle de sixte, pour retomber sur une septième diminuée et descendre en une succession chromatique plus rapide :

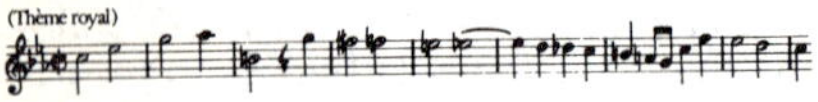

De retour à Leipzig, Bach se mit au travail et composa un cycle de variations sur ce thème qu'il fit parvenir au roi sous le titre d'*Offrande musicale*, avec une dédicace datée du 7 juillet 1747. L'œuvre est formée de deux *Ricercari*, de dix canons (ou, si l'on veut, de neuf canons et d'une fugue), et d'une sonate en trio en quatre mouvements. Sauf exceptions, Bach n'a laissé aucune précision instrumentale.

Le premier des deux *Ricercari* — qui se jouent généralement au clavecin — est une fugue à trois voix qui sert de pièce d'ouverture. Il s'agit vraisemblablement de la reconstitution de l'improvisation fuguée exécutée par le musicien devant le roi de Prusse le 7 mai 1747. La pièce est précédée de cet acrostiche latin qui compose le mot RICERCAR : « Regis Jussu Cantio Et Reliqua Canonicae Arte Resoluta », — que l'on peut traduire par « Morceau réalisé par ordre du roi et autres morceaux résolus suivant l'art du canon » selon Alberto Basso). En réalité, Bach emploie le mot *ricercar* pour une fugue instrumentale dans laquelle il utilise des éléments de style du motet.

Dans l'édition originale, le second *Ricercar a 6* est gravé sur six portées. Cette organisation permet de dégager très nettement les entrées du sujet et les mouvements des voix, et de suggérer éventuellement une interprétation sur plusieurs instruments. Il s'agit là d'une des architectures les plus étonnantes de Bach, — à la fois magnifiquement équilibrée et étonnamment lyrique.

Les neuf canons et la *Fuga canonica in Epidiapente* — qui n'est autre qu'un canon strict à la quinte — sont de courtes pièces reprenant le thème royal comme « cantus firmus » ou comme sujet de la construction canonique. On peut y voir de véritables rébus musicaux. Il y a deux canons perpétuels : le second *Canon perpetuus super thema Regium* est un canon en trio qui se joue sur une flûte traversière et un violon, avec une basse continue. Ils sont suivis par cinq *Canones diversi super thema Regium* : canon à deux voix, canon à deux violons à l'unisson, canon à deux par mouvement contraire, canon à deux par augmentation et mouvement contraire, canon *per Tonos* qui module par tonalité de mesure en mesure. Enfin, le *Ricercar a 6* est accompagné de deux canons, — l'un à deux voix, l'autre à quatre voix. Au-dessus du canon à deux voix, ces deux mots latins placés là par Bach en guise de charade : *Quaerendo invenitis* (« C'est en cherchant que vous trouverez »).

Sonate en trio de l'*Offrande musicale*

La *Sonata sopr'il soggeto Reale a traversa, violino e continuo* s'intercale entre les deux canons perpétuels. C'est une superbe sonate en trio pour flûte traversière, violon et basse continue chiffrée, qui repose sur le thème royal et dans laquelle Bach abandonne la technique contrapuntique abstraite, Karl Geiringer* a vu en cette œuvre le noyau de l'*Offrande musicale*.

1. Largo (à 3/4) : dans ce morceau de forme lied, un thème d'une grande envolée lyrique reposant sur une basse répétée à l'italienne et énoncé par le violon, puis par la flûte, provoque de nombreuses imitations canoniques entre les solistes, relayés parfois par le continuo.

2. Allegro (à 2/4) : c'est un da capo fugué merveilleusement construit sur une écriture canonique d'une richesse extraordinaire. Une grande phrase domine la pièce,

et donne lieu à des imitations serrées, lorsqu'elle ne sert pas elle-même de basse au thème royal qui apparaît plusieurs fois de manière épisodique.

3. Andante (à quatre temps) : cette page recueillie, surchargée d'altérations, s'appuie tout entière sur un thème d'apparence simple mais plein d'intensité.

4. Allegro (à 6/8) : très animé sur son rythme de gigue, ce finale met encore une fois l'accent sur le thème royal.

Ce trio plein de beauté et de noblesse est comme l'aboutissement de tout ce que les musiciens avaient écrit dans ce domaine depuis un siècle.

L'Art de la fugue (BWV 1080)

L'Art de la fugue (« Die Kunst der Fuge »)

---

* K. Geiringer, *Jean-Sébastien Bach* (Éd. du Seuil, Paris, 1970).

est la dernière œuvre monumentale de Bach, — vraisemblablement composée après l'achèvement de *l'Offrande musicale* dont elle semble être la continuation. On notera d'ailleurs la parenté qui existe entre le mouvement mélodique des thèmes principaux de chacune des deux œuvres. Tous les commentateurs de la musique de Bach s'accordent pour voir en *l'Art de la fugue* le testament musical de son auteur et l'un de ses chefs-d'œuvre, — « couronnement, selon le musicologue suisse W. Graeser, d'une évolution qui s'est poursuivie à travers des siècles dans l'histoire de la musique européenne et pendant plusieurs décennies dans la production de Bach lui-même ».

La genèse de *l'Art de la fugue* suscite encore de nos jours des discussions. Inachevée à la mort de son auteur, l'œuvre s'interrompt en effet au milieu d'une phrase au-dessus de laquelle une main (sans doute celle de Carl Philipp Emanuel Bach) a tracé ces quelques mots : « Sur cette fugue, où le nom de Bach est utilisé comme contre-sujet, est mort l'auteur ». Bach a-t-il volontairement suspendu la composition de son œuvre pour s'attacher à d'autres tâches ? La mort l'a-t-il surpris en plein travail ? C'est la première hypothèse qui est aujourd'hui retenue, et l'on admet que Bach aurait momentanément arrêté la composition de son *Art de la fugue* en 1749, à une époque où, presque aveugle, il travaillait encore mais était contraint de dicter ses œuvres à son entourage. Peu après, il dicta son dernier choral d'orgue *Vor deinen Thron tret' ich hiemit* (BWV 668) à son gendre Altnikol.

La gravure de *l'Art de la fugue* avait été commencée du vivant de Bach. On suppose qu'à la mort de son père, Carl Philipp Emanuel chargea l'un de ses élèves, Georg Schübler, d'achever la publication de l'œuvre. Le titre *l'Art de la fugue* est apocryphe, car le recueil parut, sans doute en 1751, sans titre, sans date, sans nom d'éditeur et dans un désordre évident, avec, en guise de conclusion, le dernier choral dicté par Bach peu avant sa mort. Cette édition bâclée se vendit mal, et Carl Philipp Emanuel Bach demanda à Friedrich Wilhelm Marpurg, théoricien et musicien, de rédiger une préface destinée à relancer une seconde édition, publiée en 1752. Marpurg y souligna que la musique « moderne » se montrait peu ouverte à cette forme sévère qu'était la fugue. La seconde édition n'eut pas plus de succès que la première, et *l'Art de la fugue* fut oublié. Il fut cependant réédité dans le courant du XIXe siècle : parmi ces éditions, citons celle de Vogt, parue à Paris en 1801, et qui respectait tout à fait l'édition originale, ainsi que celle qu'en fit Czerny à Leipzig, en 1838, comme troisième livre des œuvres complètes de Bach.

L'Art de la fugue se présente comme un ensemble de vingt-deux fugues, toutes en *ré* mineur, développées autour d'un thème principal,

et écrites sur deux, trois ou quatre portées, sans indications d'instruments. Des musicologues ont démontré que Bach avait probablement songé au clavier pour son œuvre ultime, — bien que certaines fugues soient injouables sur un seul clavier ; Geiringer*, de son côté, a estimé que *l'Art de la fugue* faisait « un effet presque plus impressionnant » lorsqu'il était interprété par un quatuor à cordes ou par un ensemble de cuivres, de vents et de cordes, qui permettent de mettre en relief tel ou tel thème à des endroits bien précis de la partition.

En tête de ses vingt-deux morceaux, Bach n'emploie pas le mot « fugue » ; Il préfère le terme de « contrapunctus ». Il s'agit pourtant bien de fugues, — prétextes, selon Marcel Bitsch**, à une « démonstration des ressources inépuisables de l'écriture contrapuntique ». Chacune, en effet, évoque un problème contrapuntique particulier. Le thème principal (exemple-ci-dessus) est présent dans les vingt-deux fugues, — constamment varié rythmiquement ou mélodiquement. Il apparaît dans sa forme originale, mais aussi par mouvement contraire, par augmentation ou par diminution. Dans les doubles et triples fugues, Bach joint à ce thème principal des thèmes secondaires accompagnés, ou non, d'un contre-sujet. Parmi ces thèmes secondaires, éclate le motif BACH, — notation allemande des notes *si*, *la*, *do*, *si* naturel, et sur lequel s'interrompt brusquement la triple fugue finale.

Les vingt-deux fugues de *l'Art de la fugue* se divisent en quinze fugues à quatre voix, trois fugues à trois voix, et quatre fugues à deux voix : fugues simples, fugues-strettes, fugues-miroir, canons à deux voix (en valeurs diminuées, à l'octave, à la douzième en contrepoint renversable à la quinte, à la

* K. Geiringer, *op. cit.*.

** *L'Art de la fugue*, Introduction, analyse et commentaire de Marcel Bitsch (Durand, Paris, 1967).

dizième en contrepoint renversable à la tierce, par augmentation et mouvement contraire), doubles fugues et une triple fugue.

Marcel Bitsch a magnifiquement démontré que les fugues de *l'Art de la fugue* se présentaient comme les antithèses des fugues du premier livre du *Clavier bien tempéré* : « Là, dans l'œuvre de la maturité, souligne-t-il, vingt-quatre fugues écrites dans tous les tons majeurs et mineurs, à titre de démonstration du système du tempérament égal. Chacune des fugues, précédée d'un prélude créant le climat tonal, est complètement indépendante des suivantes... Chacune d'elles a son thème caractéristique, sa couleur propre, sa signification particulière, tantôt pittoresque, tantôt descriptive ou méditative... Ici, dans l'œuvre de la vieillesse, vingt-deux fugues écrites dans la tonalité générale de *ré* mineur autour d'un seul thème principal... (formant) une chaîne indissoluble dans un long crescendo d'intensité dramatique ».

L'Art de la fugue est certes un ouvrage didactique ; mais l'œuvre est aussi un superbe poème plein de sensibilité et d'émotion, d'une richesse sans égale dans laquelle, selon l'expression de Jacques Chailley, Bach... « commente, souligne, suggère ; l'idée parfois, l'image souvent, le mot toujours. Ainsi sa musique équivaut à la plus ingénieuse explication de textes, à la plus utile des exégèses ».

A. d. P.

WILHELM FRIEDEMANN BACH

Né à Weimar, le 22 novembre 1710; mort à Berlin, le 1er juillet 1784. Fils aîné de Jean-Sébastien Bach et de sa première épouse Maria Barbara, il débuta avec son père, qui lui dédia le fameux Klavierbüchlein, *puis étudia à l'école Saint-Thomas et à l'université de Leipzig. Organiste à Dresde entre 1733 et 1746, il quitta cette ville catholique et trop férue de musique italienne pour Halle où il devint organiste de la Liebfrauenkirche et « Director musices ». Nommé chef d'orchestre de la cour de Darmstadt en 1762, il semble qu'en raison de ses hésitations et de son attitude étrange, il n'occupa jamais ce poste. Il quitta Halle en 1770 pour s'installer à Brunswick où il vendit une partie des manuscrits de son père, puis à Berlin où il passa les dix dernières années de sa vie, vivant d'expédients, enseignant à quelques élèves brillants, et fascinant le public par sa virtuosité sur l'orgue. Il mourut misérablement, — laissant sa femme et sa fille dans le plus complet dénuement. Homme instable, Wilhelm Friedemann est le plus énigmatique des fils de Jean-Sébastien Bach, mais aussi l'un des plus doués. Une légende malveillante, entretenue au XIXe siècle autour d'un roman et plus près de nous autour d'un film, a malheureusement laissé de cet artiste l'image d'un ivrogne débauché et malhonnête. Sa musique originale, très personnelle et parfois surprenante, reste l'un des plus beaux témoignages du nouveau style « moderne » et « sensible » qui s'épanouit au milieu du XVIIIe siècle. Un catalogue de ses œuvres a été dressé en 1913 par Martin Falck.*

La partie la plus intéressante de l'œuvre de Wilhelm Friedemann Bach se situe sans doute dans sa musique instrumentale. On lui doit essentiellement des sonates en trio et des duos pour deux flûtes et pour deux altos.

Les **Sonates en trio pour deux flûtes et basse continue** et **pour deux violons et basse continue** furent vraisemblablement composées avant 1762, à l'époque où le musicien était « director musices » à Halle. Elles témoignent de l'habileté de Wilhelm Friedemann à inventer des mélodies poignantes, mais pleines d'énergie et de grâce.

Les **Duos pour deux flûtes sans basse** ont dû, pour la plupart, être achevés entre 1733 et 1746 durant le séjour de leur auteur à Dresde. Les trois **Duos pour deux altos sans basse** sont plus tardifs, — puisque composés après 1770 lorsque Wilhelm Friedemann quitta Halle pour Brunswick et pour Berlin. Ces petits chefs-d'œuvre sont tout à fait intéressants, car leur instrumentation inhabituelle qui enrichit le répertoire de la flûte et de l'alto les rend très attachants. Leur style est polyphonique et les voix des deux instruments, qui restent indépendants l'un de l'autre, se croisent en dialogues permanents. Wilhelm Friedemann a coutume de faire succéder des petits mouvements rapides à l'intérieur d'un même mouvement; mais on remarquera que dans les duos pour altos, il évite certaines difficultés comme les doubles cordes ou les accords.

Les thèmes des *Duos pour flûtes* sont expressifs (premier mouvement du *Duo en* sol *majeur*) ou rapides (*Vivace* du même *Duo*), avec une variété rythmique extraordinaire. Le compositeur pratique beaucoup l'écriture en canon : le beau *Larghetto* du *Duo en* sol *majeur* est un canon strict à l'octave. Le premier et le troisième mouvement du *Duo en* fa *mineur*, *Un poco allegro* et *Vivace*, sont de véritables fugues. L'ample sujet du premier mouvement est digne des beaux thèmes de Jean-Sébastien Bach. Il est développé dans une superbe construction et avec des chromatismes poignants.

Les trois *Duos pour altos* sont en trois mouvements, comme les duos pour flûtes. Les premiers mouvements vifs sont de style concertant, avec de joyeux effets de dialogue noyés dans la virtuosité. Les seconds mouvements sont plus poétiques, — ainsi en est-il du *Lamento* du *Duo I*. Construits chacun en deux sections de huit mesures, l'*Amoroso* du *Duo II* et le *Scherzo* du *Duo III* sont des canons stricts. Un *Presto* en forme de gigue et en imitations, et un *Vivace* fougueux achèvent les *Duos I* et *III*. Le *Deuxième Duo* se conclut par un *alla breve* sur un long sujet de fugue amplement développé.

A.d.P.

SAMUEL BARBER

Né à Westchester (Pennsylvanie), le 9 mars 1910; mort à New York, le 25 janvier 1981. Élève du Curtis Institute de 1924 à 1932, Barber s'est rapidement affirmé comme un adepte du néo-romantisme, qui caractérise ses premières œuvres. Même si son langage peut paraître plus audacieux après les années 1940, avec des tentatives de polytonalité (Second Essay for orchestra), *voire de dodécaphonisme* (Sonate pour piano), *sa musique n'en conserve pas moins une dimension fondamentalement classique que l'auteur voulait au service de l'expression la plus directe. Couverte d'honneurs aux États-Unis (Prix de Rome américain, Prix Pulitzer, Prix Guggenheim), son œuvre n'a jamais réussi à s'imposer en Europe (si ce n'est en Grande-Bretagne), et se situe, de par son académisme, en retrait par rapport à celle de ses contemporains Copland et, surtout, Carter.*

La musique de chambre de Barber concerne essentiellement les premières années de sa production (*Sonate pour violoncelle et piano*, 1928) et reste secondaire, — le compositeur se montrant beaucoup plus à l'aise dans le répertoire symphonique. Si Barber s'est intéressé à plusieurs reprises à la formation du quatuor à cordes, seul l'Opus 11 peut prétendre à cette appellation : dès 1931, le jeune compositeur avait requis cet ensemble pour soutenir la mise en musique d'un poème de l'auteur victorien Matthew Arnold (*Dover Beach*, op. 3), — partition dans laquelle les cordes soulignent l'expressivité du texte chanté par un baryton. Par ailleurs les catalogues mentionnent un *Second Quatuor*, contemporain de la fameuse *Sonate* pour piano (1947), mais qui a été laissé inachevé par l'auteur.

Le **Quatuor op. 11**, en *si* mineur, fut écrit en 1936 près de Salzbourg, et créé en décembre de la même année, à Rome, par le Quatuor ProArte. Il est conçu en deux parties : le *Molto allegro e appassionato* initial, indéniablement le mouvement le plus original, peut séduire par son aspect dramatique, lointainement beethovénien, mais que colorient une harmonie et un pathos néo-romantique conduisant à un amalgame parfois curieux. La seconde partie débute avec le quelque peu célèbre *Adagio*, réorchestré en 1938 pour Arturo Toscanini (qui lui donna la popularité que l'on sait). Un retour abrégé du premier *Allegro* lui succède, pour fermer cette œuvre inégale qui reste très en marge du répertoire du quatuor à cordes.

Durée d'exécution : 16 minutes environ.

A.P.

BÉLA BARTÓK

Né le 25 mars 1881, à Nagyszentmiklós (Hongrie, actuellement en Roumanie) ; mort à New York, le 26 septembre 1945. Ayant commencé l'étude du piano avec sa mère, le jeune Bartók continue à travailler l'instrument ainsi que l'harmonie avec László Erkel. À partir de 1899, il est élève d'István Thomán à l'Académie royale de Budapest pour le piano et de János Koessler pour la composition. Très impressionné par Brahms, puis par les poèmes symphoniques de Richard Strauss, il écrit Kossuth, *marqué par le courant nationaliste hongrois. C'est en découvrant l'œuvre de Debussy qu'il se détache rapidement de Strauss. Parallèlement à son activité de compositeur, il entreprend de collecter les chants populaires hongrois avec Kodály à partir de 1905 : une quête qui ne cessera jamais, posant les fondements d'une ethnomusicologie de valeur inestimable. Nommé en 1907 professeur de piano à l'Académie de Musique de Budapest, il partage sa vie entre l'étude de la musique populaire et la composition. Peu avant la Première Guerre mondiale, il donne ses premières œuvres importantes avec des pièces pour piano* (Allegro barbaro), *son* Premier Quatuor *et* le Château de Barbe-Bleue. *Le* Sacre du Printemps *de Stravinski et les œuvres atonales de Schönberg constituent les influences majeures qu'il intègre à son langage après la guerre, respectivement dans* le Mandarin merveilleux *et dans les* Sonates pour violon et piano. *La période 1920-1940 voit naître une floraison de chefs-d'œuvre, tant dans le domaine symphonique* (Musique pour cordes, percussion et célesta) *que dans les domaines pianistiques* (En plein air, Sonate, *etc.*) *et de la musique de chambre* (Quatuor n° 3 *à* 6, Sonate pour deux pianos et percussion) . *Poursuivant inlassablement le recensement des musiques folkloriques de tous pays (jusqu'à celles d'Afrique du Nord), sa situation devient de plus en plus difficile en Hongrie où la montée du nazisme le contraint à s'expatrier aux États-Unis. Alors qu'il travaille à l'Université Columbia, les dernières années de sa vie sont douloureusement marquées par la leucémie qui l'emportera en 1945. Ses cendres seront rapatriées en Hongrie en juillet 1988.*

Bartók et la musique de chambre

La musique de chambre de Bartók, à l'égal de l'ensemble de son œuvre, est abondante et diversifiée. N'accordant qu'une place relativement modeste au piano — mises à part la *Sonate pour deux pianos et percussion* et, indirectement, les deux *Sonates pour violon et piano* —, Bartók donne en revanche une importance considérable au répertoire des cordes : outre les deux *Sonates* déjà citées, on retrouve cette prédilection dans les deux *Rhapsodies*, les *Quarante-quatre Duos pour deux violons*, la tardive *Sonate pour violon seul*, et, surtout, dans l'ensemble imposant des six *Quatuors* qui dominent la première partie du XXe siècle avec ceux de l'École de Vienne. Plus encore, ces derniers interviennent régulièrement à un moment fondamental de l'évolution du langage de Bartók, établissant une trajectoire sur plus de trente ans, et tissant, de par leur situation stratégique, un réseau de relations étroites, comme l'a démontré Janos Kárpáti*, avec les partitions qui leur sont contemporaines.

Si le nom de Beethoven revient souvent en tant que référence privilégiée lorsqu'on aborde les *Quatuors* de Bartók, c'est d'abord en raison du caractère essentiel de ces jalons incontournables pour saisir la pensée de leur auteur ; ensuite parce qu'aucun quatuor postérieur à ceux de Beethoven, mis à part ceux des « trois Viennois », ne propose un tel renouvellement et une telle qualité d'invention au travers de la cristallisation des préoccupations du compositeur. Ainsi, toute l'évolution du langage bartokien peut-elle être retracée à partir de ces six partitions, — de la phase de distanciation par rapport au post-romantisme illustrée par le *Premier Quatuor*, la phase « expressionniste » avec le *Second* (déjà caractéristique de la « forme fermée » lent-vif-lent avec un *Scherzo* central typiquement bartokien), la phase de recherche la plus audacieuse avec la concen-

* J. Kárpáti, *Bartok's String Quartets* (Corvina, Budapest, 1975).

tration extrême de l'extraordinaire *Troisième* et la réussite non moins exceptionnelle du *Quatrième* adoptant la fameuse « forme en arche » (cinq mouvements disposés de façon concentrique), la phase plus nettement tonale (dont relève également la *Sonate pour deux pianos et percussion*) avec le *Cinquième*, jusqu'à celle du déchirement avec le *Sixième*, dernière grande partition composée avant l'exil (un septième quatuor avait été projeté par le compositeur).

A côté des genres traditionnels de la musique de chambre que sont les sonates et quatuors, Bartók prête une attention particulière à des combinaisons originales — tout comme le tentent parallèlement Webern et Varèse par d'autres moyens — telle que le propose la magistrale *Sonate pour deux pianos et percussion*, ou, à un degré moindre, les *Contrastes pour clarinette, violon et piano*.

La richesse du langage de Bartók tient dans la conciliation entre une pensée compositionnelle gardant toute son actualité et la dimension de la musique populaire qu'il intégrera à des degrés divers dans son œuvre. Aussi le parfait équilibre formel des grandes partitions de Bartók relève-t-il de la courbe qu'il trace du chromatisme vers le diatonisme, dans un schéma qu'il adoptera souvent (comme par exemple dans la *Musique pour cordes, percussion et célesta*) : une conception formelle et esthétique révélant un confiance et un optimisme dans un art qui se veut avant tout vivant. Pour mieux comprendre la démarche bartokienne dans le rapport entre musique « savante » et musique « populaire », il faut passer par la réhabilitation de cette dernière catégorie qui pourrait apparaître comme étant secondaire pour nos oreilles occidentales, qui en ont perdu depuis longtemps les traces : « Plus une chanson est primitive, affirme Bartók, plus son harmonisation et son accompagnement peuvent être singuliers ». C'est donc de cette richesse latente que la musique de Bartók tirera nombre de sonorités insoupçonnées et trop commodément rattachées aux seules préoccupations d'un compositeur désireux de s'inscrire dans l'évolution du langage du XXe siècle. Si l'atonalité de l'École de Vienne ne le laissera pas indifférent, comme le prouvent certaines partitions telles que les *Sonates pour violon et piano* ou le *Troisième Quatuor*, Bartók, par ses attaches au fonds populaire musical d'une vaste partie de l'Europe, n'y cédera jamais totalement par le fait qu'« une musique populaire atonale est inconcevable ». Les degrés de rapprochement ou d'éloignement entre ces deux mondes ont été longuement décrits par Bartók lui-même dans un texte fondamental*, suivant une trajectoire définie par ce qu'on a appelé les « six manières » de son style, de la simple adaptation d'une mélodie populaire à la recréation originale du « folklore imaginaire », — selon la célèbre formule largement diffusée par Serge Moreux. Au sujet de cette expression, il faut tenir compte des remarques judicieuses de Jean Gergely, qui lui préfère celle de « folklore synthétique » : « un compositeur n'invente pas, dans le sens propre du terme, une mélodie populaire ; il la réalise en combinant les éléments donnés, en appliquant des formules rythmiques, mélodiques ou métriques typiques par leurs fréquences. Il n'imite pas le folklore, il l'incarne. Son travail est d'ordre synthétique, peut-être, mais il se fait sur un terrain réel et nullement imaginaire »**.

Si une approche méthodique selon les différents degrés d'imprégnation de la musique populaire peut être retracée dans sa production pianistique***, elle est moins évidente dans sa musique de chambre qui se situe à un niveau constant de qualité et de concentration, et dans laquelle domine un caractère permanent d'authenticité dû moins à une musique populaire empruntée que *réinventée*, constituant ainsi la partie essentielle — au sens fort du mot — de toute son œuvre. Pour cette raison, nous opterons ici pour une classification par genres, — commençant par les quatuors et poursuivant par les sonates.

L'intransigeance du compositeur à l'égard de sa propre musique l'a amené à ne numéroter son opus 1 (*n° 26* au catalogue de Szöllösy) qu'à partir de 1904, — laissant ainsi de côté des œuvres qu'il a jugées imparfaites comme la *Sonate pour violon et piano* (*Sz. 20*, 1903) ou le *Quintette pour piano et cordes* (*Sz. 23*, 1903-1904), qui sont regroupées ici dans la catégorie « Œuvres diverses ». Signalons enfin que le catalogue chronologique très complet dressé par Philippe A. Autexier**** mentionne diverses pièces de musique de chambre antérieures

* « L'influence de la musique paysanne sur la musique savante contemporaine », in : B. Szabolcsi, *Bartók, sa vie, son œuvre* (Boosey and Hawkes, 1968).

** J. Gergely, *Béla Bartók compositeur hongrois* (troisième partie), in : *La Revue Musicale* n° 333-35 (Richard-Masse, 1980).

*** Voir *Guide de la musique de piano* (Fayard, 1987).

**** In : *Bela Bartok*, *Musique de la vie* (Stock, Paris, 1981).

à 1900 — dont pas moins de trois quatuors et deux sonates pour violon et piano — qui sont pour une bonne partie perdues, et qui présentent un intérêt moins artistique que documentaire.

LES QUATUORS À CORDES

Quatuor n° 1 (op. 7, Sz. 40)

Probablement esquissé dès 1907, ce premier quatuor a été écrit pour l'essentiel en 1908 et terminé le 27 janvier 1909. Il fut créé à Budapest le 19 mars 1910 par le jeune Quatuor Waldbauer-Kerpely, ardent défenseur de Kodály et de Bartók (dont il assurera la création de quatre des six quatuors), dans un concert au cours duquel étaient également joués le *Quintette* (1904), et les *Bagatelles op. 6* avec le compositeur au piano. Première œuvre importante d'un jeune compositeur de vingt-sept ans, ce quatuor occupe une place stratégique dans l'écriture de Bartók en tant qu'œuvre charnière, — réalisant à la fois une synthèse de l'héritage beethovénien et une projection sur l'avenir. Contemporain du *Second Quatuor op. 10* de Schönberg, et précédant de peu les *Cinq Mouvements op. 5* de Webern (1909) et le *Quatuor op. 3* (1910) de Berg, ce quatuor, porte encore les marques d'influences révélant clairement les centres d'intérêt du jeune Bartók : d'une part une influence germanique, en particulier celle de Beethoven ou de Wagner (les tierces parallèles du troisième acte de *Tristan* résonnent encore), ainsi que celle de Reger pour la densité du contrepoint dans le cadre de la musique « pure » ; d'autre part une influence française au travers de la musique de Debussy, que Bartók avait découverte depuis peu grâce à Kodály et qu'il avait ressentie comme une révélation.

Bien qu'enchaînés et reliés par de courtes transitions, les trois mouvements décrivent une accélération graduelle du tempo (*Lento-Allegretto-Allegro vivace*), — trajectoire souvent comparée à celle du *Quatuor op. 131* de Beethoven. Autre parallèle avec la même œuvre (bien que Pierre Citron, dans son excellente étude*, y voie plutôt un écho à l'*Adagio* du *Quinzième Quatuor*), le premier mouvement débute avec une écriture fuguée dont le véritable sujet serait en fait le résultat de la combinaison des deux violons. Tout en prenant appui sur l'histoire, Bartók n'en adapte pas moins le cadre à ses préoccupations du moment en donnant les douze sons du total chromatique dans ce contrepoint imitatif à deux voix, et dont les quatre premières notes proviennent du *Concerto pour violon* dédié à Stefi Geyer (*Sz. 36*, 1907-1908), — véritable « leitmotiv » dans les œuvres de cette période (quatorzième *Bagatelle* pour piano) :

Un long divertissement sur la syncope suit cette exposition fuguée et introduit une nouvelle partie reposant sur une mélodie *rubato*, avant la récapitulation de la première. Oscillant entre *fa* mineur et *la* bémol mineur, ce mouvement contient déjà des ambiguïtés harmoniques qui soulignent la tendance du langage de Bartók à « élargir » le sens tonal. Les tierces parallèles forment un conduit vers le second mouvement de forme sonate à deux thèmes longuement travaillés dans le développement, et conçu autour du pôle *si*, fortement troublé par endroits, — en particulier par la gamme par tons. La transition suivante intitulée *Introduzione*, présente une opposition entre une formule rythmique et une ligne isolée au violoncelle qui constituera le thème principal du troisième mouvement (dérivé lui-même du premier thème du second mouvement). Également de forme sonate, l'*Allegro vivace* annonce la prédilection de Bartók pour les finales utilisant une thématique populaire avec le rythme syncopé du premier thème tiré du folklore hongrois, dominant bientôt l'ensemble du mouvement qui se terminera en *la*.

Durée d'exécution : environ 30 minutes.

Quatuor n° 2 (op. 17, Sz. 67)

Créé par le Quatuor Waldbauer-Kerpely, auquel il est dédié, le 3 mars 1918, le *Deuxième Quatuor* a connu une longue gestation de 1915 à 1917. Pendant les quelques dix années qui le séparent du *Premier*, le langage de Bartók a considérablement gagné en maturité avec les chefs-d'œuvre qui jalonnent cette période — *le Château de Barbe-Bleue* et *le Prince de bois* sur des livrets de son ami Béla Balázs, et, surtout, la *Suite*

* In : *Bartók* (Le Seuil, Paris, 1963).

op. 14 pour piano, marquée par la musique populaire arabe découverte lors de son voyage en Algérie en 1913 (influence que l'on retrouvera dans *le Mandarin merveilleux* et la *Suite de danses* pour orchestre). L'autre point commun entre ces partitions et le *Deuxième Quatuor* réside dans l'adoption d'un mouvement lent en guise de finale, — véritable signature formelle de cette époque (les *Quatre Pièces* pour orchestre *Sz. 51* de 1912 se terminaient déjà par une « marche funèbre »). D'où le plan général en trois mouvements, un *Moderato* et un *Lento* final encadrant l'*Allegro* central, — premier exemple marquant d'un équilibre formel concentrique. Comme l'a noté Serge Moreux, cette trajectoire épouse le schéma « préparation de tension - tension - détente », renforçant la position stratégique de l'*Allegro* central en tant que point culminant de la partition. Enfin, le caractère très lyrique de la partition est à rapprocher à nouveau du *Prince de bois*, constituant ainsi les ultimes retombées romantiques dans la musique de Bartók tout en préfigurant la dimension expressionniste de son second ballet, *le Mandarin merveilleux*.

1. Le premier mouvement, un **MODERATO** de forme sonate traitée librement, est à l'image de l'ensemble du quatuor avec la densité la plus forte située dans le développement central. Tant rythmiquement que mélodiquement, Bartók est parvenu à la concentration des principaux éléments du mouvement dans l'idée initiale, — avec notamment la quarte qui jouera un rôle important dans les mouvements suivants :

2. Si le premier mouvement oscillait entre *la* et *fa* dièse mineur, le second, **ALLEGRO MOLTO CAPRICCIOSO**, est écrit autour de *ré*. A mi-chemin entre l'*Allegro barbaro* et la seconde partie de la *Suite de danses* par l'aspect implacable et sauvage de l'ostinato, le mouvement, souvent décrit comme un Scherzo, relève plutôt d'un rondo varié dont le refrain alterne avec des éléments d'un caractère mélodique totalement opposé. Partant d'un simple *ré* mais scandé de façon obsessionnelle, Bartók parvient à élaborer une thématique progressant par élargissements successifs de la tierce, — avec l'ambiguïté majeur-mineur *ré-fa/ré-fa* dièse typiquement d'origine populaire — à la quarte augmentée (intervalle privilégié dans la musique de Bartók), et impose avec plus de force le refrain modifié à chacune de ses réapparitions, parallèlement à une frénésie croissante, — procédé qui trouvera un écho dans les danses de séduction du *Mandarin merveilleux* :

Plus encore que le profil mélodique du thème, c'est l'intensité du travail rythmique qui révèle l'influence du matériau populaire que le compositeur exploite activement pendant la période 1916-1918 : entre la *Suite op. 14* (*Sz. 62*) et *le Mandarin merveilleux* (*Sz. 73*), pas moins de neuf partitions sont consacrées à des mélodies hongroises et slovaques, soit pour chant et piano, soit pour piano seul, et encadrent le *Deuxième Quatuor* placé au centre de cette production.

Parallèlement, Bartók commence à explorer les multiples sonorités du quatuor avec les pizzicatos, glissandos, jusqu'aux sourdines utilisées dans la coda *Prestissimo*, — ces multiples effets étant entrecoupés de grands accords massifs en tutti produisant de brusques ruptures entre les différentes réapparitions du thème principal.

3. Bien que portant l'indication **LENTO**, le troisième mouvement s'inspire de la variation par augmentation d'intervalle du précédent, et renoue avec le premier mouvement en reprenant le thème initial qui fera, à son tour, l'objet de variantes engendrant des harmonies en quartes, — le tout à l'intérieur d'une forme à nouveau tripartite. Le quatuor se terminera en *la*, l'un des deux pôles du mouvement, — confirmant ainsi ce premier pas vers la forme « en arche » qui sera perfectionnée par la suite, en particulier dans les *Quatrième* et *Cinquième Quatuors*.

Durée d'exécution : environ 25 minutes.

Quatuor n° 3 (Sz. 85)

Composé en 1927, le *Troisième Quatuor* a été créé à Londres par le fidèle Quatuor Waldbauer-Kerpely le 19 février 1929, et donné en seconde audition deux jours plus tard à Francfort par le Quatuor Kolisch, qui a autant contribué à diffuser l'œuvre des compositeurs viennois que celle de Bartók (dont il assurera la création des *Cinquième* et *Sixième Quatuors*). La partition est dédiée à la « Musical Fund Society » de Philadelphie, à la suite du premier prix de musique de chambre qu'elle lui a accordé en 1928.

Pendant les dix années qui séparent ce quatuor du précédent, Bartók a composé les deux importantes *Sonates pour violon et piano*, la *Sonate pour piano* (*Sz. 80*) et la remarquable suite *En plein air* (*Sz. 81*), ainsi que le *Premier Concerto* (*Sz. 83*). C'est également à partir de 1921 qu'il a pu reprendre ses activités de concertiste qui le mènent dans toutes les capitales européennes, et jusqu'aux États-Unis à la fin de l'année 1927. C'est précisément au cours d'une de ses tournées en Allemagne, à Baden-Baden, en juillet 1927, qu'il entend pour la première fois la *Suite Lyrique* de Berg (1926), dont la forte impression qu'elle produit sur lui semble l'avoir incité à revenir vers cette formation : le *Troisième Quatuor* sera écrit en peu de temps dès son retour à Budapest, et terminé à la fin du mois de septembre.

Adoptant la forme en deux parties déjà caractéristique de la *Deuxième Sonate pour violon et piano*, il annonce également celle des *Rhapsodies* qui suivent chronologiquement la composition. Cependant, cette division en *prima* et *seconda Parte* est complétée par une récapitulation condensée de la première, et suivie par une coda *Allegro* consistant elle-même en une récapitulation de la seconde : ainsi l'emprunt au couple formel du « Lassu-Friss » de la *Rhapsodie* est-il élargi au schéma lent-vif-lent-vif. En fait, chacune des deux parties prise isolément répond effectivement à un schéma tripartite de type « exposition-développement-récapitulation », mais dont la dernière section serait *différée* pour n'être donnée *qu'après* les deux expositions-développements : une conception formelle d'une modernité et d'une originalité dignes du Debussy de *Jeux* !

Le plus bref des six quatuors — à peine un quart d'heure alors que les autres quatuors durent de vingt à trente minutes —, est révélateur d'une écriture élaborée à partir de très courts motifs mélodiques que J. Kárpáti a très justement qualifiés de « micromélodies » — procédé incontestablement annonciateur de l'écriture en « micropolyphonie » chère à Ligeti —, et dont l'origine remonte aux extraordinaires « Musiques nocturnes » d'*En plein air*. Le langage de Bartók atteint ici une rare complexité par la tension chromatique accentuée tant par la densité de l'écriture contrapuntique et l'enchevêtrement des lignes que par la grande diversification des modes de jeu (harmoniques, glissandos, martellato, sur le chevalet, etc.) : l'*Allegro misterioso* et le *Presto delirando* de la *Suite lyrique* de Berg n'ont jamais trouvé d'équivalent plus accompli dans l'abondante littérature pour quatuor du XXe siècle.

De même, la conception tonale de l'œuvre est également marquée par le chromatisme entre le pôle *do* dièse de la première partie, évolutant vers celui de *ré* de la seconde — riche en bitonalité (*ré/mi* bémol) —, pour aboutir à *ré* dièse dans les deux récapitulations : de ce point de vue, le *Troisième Quatuor* reste le plus audacieux des six, même par rapport au *Quatrième* dans lequel Bartók tentera d'équilibrer les tensions par le recours à la forme « en arche ». On notera enfin l'évolution des tempos dans les deux parties, — la première ayant tendance à ralentir à partir d'un tempo de référence (*Moderato*), alors que la seconde (*Allegro*) repose sur une accélération progressive : comme dans la *Suite lyrique*, on assiste à l'imbrication de deux discours qui, déjà opposés par leurs caractères respectifs, connaissent des évolutions contraires.

Aussitôt exposé, le thème principal de la première partie (**MODERATO**) fait l'objet d'un traitement fugué par groupes de deux instruments sur le motif générateur du mouvement (à base de quarte ascendante-tierce descendante),

et sera suivi, après une interruption, par une seconde figure au rythme fortement pointé (sur le chevalet), soutenue par le motif principal en ostinato bitonal (*Più Andante*). Le développement, introduit par de grands accords fortissimo des quatre instruments entrecoupant le motif principal, poursuit l'écriture en imitations serrées sur le motif agrandi — exploitant d'ailleurs le total chromatique — (*Più Lento*), et annonce, avant le retour très abrégé du début (*Lento*), le thème principal de la seconde partie en notes répétées et martelées.

L'**ALLEGRO** de la seconde partie repose sur deux thèmes construits en « aller-retour », — le premier en pizzicatos au violoncelle (triples cordes), et le second, superposé au précédent dans un contexte bitonal (*ré* mineur/*mi* bémol mineur). De métrique irrégulière et d'essence fondamentalement diatonique, ce dernier élément, dont le caractère affirmé de danse populaire donnera lieu à de nombreuses variantes par la suite, représente l'antithèse de la saturation chromatique de la première partie :

Autant la récapitulation épuise rapidement le matériel de la première partie, autant la coda intensifie la tension de l'écriture de la seconde (strettes successives, trilles, trémolos, glissandos), jusqu'au magistral échafaudage de quintes final.

Durée d'exécution : environ 15 minutes.

Quatuor n° 4 (Sz. 91)

Composée à Budapest de juillet à septembre 1928, la partition, bien que dédiée au Quatuor Pro Arte, a été créée à Budapest par le Quatuor Waldbauer-Kerpely le 20 mars 1929, puis par les dédicataires en octobre de la même année à Berlin. Écrit à peine un an après le *Troisième*, le *Quatrième Quatuor* se situe dans la chronologie entre les deux *Rhapsodies pour violon et piano* et les recueils de chansons populaires hongroises dont la *Cantate profane* (*Sz. 94*) constituera bientôt le suprême aboutissement. Conçue en cinq mouvements, tous de forme tripartite, l'œuvre adopte la construction en arche concentrique (ABCBA) chère à Bartók, qui l'applique ici pour la première fois à ce contexte instrumental : un mouvement lent central encadré par deux *Scherzos*, eux-mêmes délimités par les deux *Allegros* extrêmes. Ce schéma privilégié, qui inspirera notamment ceux du *Deuxième Concerto pour piano* (*Sz. 95*, 1930-1931) et du *Cinquième Quatuor* (1934), vise incontestablement à contrebalancer la violence du langage qui atteint ici des sommets de complexité, et qui n'est pas si éloigné des préoccupations de l'École de Vienne. Quoi qu'il en soit, et si Bartók n'a pas été indifférent à la musique de Schönberg en particulier, comme en témoignent surtout les deux *Sonates pour violon et piano*, il a toujours conservé son autonomie dans ses recherches compositionnelles. Des six quatuors, le *Quatrième* est le plus directement chromatique, — prolongeant ainsi la démarche du *Troisième*, et décrit, comme c'est souvent le cas chez Bartók à partir des années 1920, un parcours ascendant du chromatisme vers le diatonisme, de la musique « savante » vers la musique populaire en tant que symbole de vérité. Ce principe, qu'on retrouvera magistralement mis en œuvre dans la *Musique pour cordes, percussion et célesta* (*Sz. 106*, 1936), est contraire à celui de « dégradation thématique » propre à des romantiques tels que Berlioz ou Liszt, — le finale correspondant chez Bartók à la *résolution* des tensions accumulées dans le cours de l'œuvre. Au-delà de cette idée, somme toute très « classique », la phase de résolution apparaît chez Bartók dès la seconde moitié de l'œuvre, — épousant ainsi la conception symétrique de la forme globale : les quatrième et cinquième mouvements constitueront les « équivalents diatoniques » des deux premiers, avec pour axe central le troisième qui assurera le passage d'un monde à l'autre.

De proportions plus vastes que le précédent, et dans ce cadre formel qui annonce le « classicisme » de sa dernière période, le *Quatrième Quatuor* prolonge le propos du *Troisième*, — et ce à plusieurs titres : le matériel thématique est également déterminé à partir d'une cellule génératrice qui ouvrira et fermera la partition ; la conception harmonique poursuit et amplifie l'exploitation du total chromatique ; le timbre reste l'une des dimensions de premier plan, — tout ceci parallèlement à une importance accrue du folklore réinventé.

1. Le premier mouvement **Allegro** — plus « autour » de *do* que véritablement en *do* —, de forme sonate à deux thèmes fortement contrastés, est parcouru par une courte cellule chromatique épousant une courbe fréquente chez Bartók en « aller-retour », et qui joue le rôle d'élément unificateur :

Ce motif, si court soit-il, possède une capacité d'infiltration remarquable : quasi omniprésent, il apparaît sous des figurations sans cesse renouvelées tant mélodiquement qu'harmoniquement, — annonçant même, en guise de thème de « pont », la forme « élargie » qui sera à la base du dernier mouvement. Toutes les ressources du contrepoint sont utilisées au travers des nombreux passages canoniques (par mouvements droit et contraire) qui confèrent à la texture une densité polyphonique exceptionnelle, confirmée par l'intensité du travail rythmique : en effet, plus encore que l'aspect mélodique, c'est la dimension rythmique qui domine dans l'enseignement que tire Bartók de l'étude de la musique populaire en tant qu'enrichissement de son écriture « savante ».

2. Le premier Scherzo (**Prestissimo**) a la particularité d'être entièrement écrit avec la sourdine aux quatre instruments. Ce type de timbre, parfois associé avec le chevalet, et dans un niveau dynamique faible (pianissimo presque constant, mis à part quelques rares et brusques accents qui entrecoupent le discours), n'est pas sans évoquer l'*Allegro misterioso* de la *Suite lyrique* de Berg — de même que les glissandos avec le *Presto delirando* —, divers procédés qui avaient déjà marqué le *Troisième Quatuor*. La virtuosité tant compositionnelle qu'instrumentale de ce mouvement en fait un modèle unique dans toute la littérature pour quatuor à cordes.

3. Le troisième mouvement, clef de voûte de l'ensemble (**Non troppo lento**), est entièrement conçu autour d'une longue ligne mélodique donnée au violoncelle dont l'extrême malléabilité — « mélodie-récitatif » dit Pierre Citron* — s'oppose au statisme harmonique des autres parties au centre desquelles le violoncelle s'insère à partir d'un double son-pivot :

La forme ternaire, marquée par l'esprit de la variation, est nettement délimitée par les interventions solistes, avec le violoncelle pour la première section, le « chant d'oiseau » du premier violon (puis du second et enfin de l'alto) dans la section centrale, aboutissant à la combinaison des deux dans la dernière. Plus encore, l'évolution progressive des accords initiaux à base d'intervalles de secondes empilés, vers le total chromatique de la section centrale *Agitato*, jusqu'à la disposition privilégiant les quintes justes dans la coda, souligne la fonction de glissement du chromatisme vers le diatonisme qu'assure ce mouvement. Il est d'autant plus remarquable que cet effet de « filtrage » de la musique glissant de l'autre côté du miroir, offrant par là-même un raccourci saisissant de la trajectoire de toute l'œuvre, ne s'opère pas au détriment de la qualité de tension qui marque encore les deux mouvements à venir, et se réalise au travers de la référence à la musique populaire : l'optimisme de Bartók est *induit* par le caractère quasi improvisé de la conduite mélodique.

* P. Citron, *op. cit.*

4. Au son très feutré du premier Scherzo correspond l'aspect percussif du pizzicato généralisé dans l'**Allegretto**. La symétrie avec le second mouvement concerne également la thématique, puisqu'elle est conservée tout en étant « diatonisée ». On notera également l'utilisation du « pizz-Bartók » (rebondissement sec de la corde sur la touche), — appellation consacrée tant elle est fréquente chez le compositeur, bien que Webern ait été le premier à l'employer dans le premier de ses *Mouvements op. 5* (1909).

5. L'**Allegro molto** final renoue avec l'écriture contrapuntique du premier mouvement, et en récupère la cellule thématique de base présentée sous des contours plus mélodiques, et affirmant, bien que déjà entrevue sous cette forme dans le cours de l'*Allegro* initial, son caractère fortement populaire. C'est toutefois sous sa forme première qu'elle réapparaît pour clore la partition, — double symbole de la forme « en arche » et du chemin parcouru entre les mouvements extrêmes.

Durée d'exécution : environ 23 minutes.

Quatuor n° 5 (Sz. 102)

Suscité par Élisabeth Sprague-Coolidge, célèbre mécène américain auquel il est dédié — et qui commanditera également le *Quatuor op. 28* de Webern peu après —, le *Cinquième Quatuor* a été écrit en un mois pendant l'été 1934, et créé par le Quatuor Kolisch à Washington le 8 avril 1935. Seule composition de l'année 1934, date à partir de laquelle Bartók n'écrit pratiquement plus que sur commande, ce quatuor constitue par ailleurs la première œuvre d'importance capitale depuis le *Deuxième Concerto pour piano* (1931), — l'intense activité déployée par Bartók pendant ces années ayant été consacrée à la production de musique vocale et chorale sur des chants populaires *(Sz. 99* et *101)* ou à des transcriptions instrumentales à partir des mêmes sources *(Sz. 96* et *97)*, ainsi qu'aux œuvres didactiques telles que les *Quarante-quatre Duos pour deux violons* (v. plus loin), et une importante partie des *Mikrokosmos*.

Le *Quatuor n° 5* adopte la même forme « en arche » en cinq mouvements que le *Quatrième Quatuor*, mais avec un renversement par rapport à ce dernier, — le Scherzo central étant encadré par deux mouvements lents (*Adagio* et *Andante*). Cette attention particulière à la symétrie concernant la forme générale se révèle cependant infiniment plus travaillée ici que dans les œuvres précédentes, — chacun des mouvements répondant lui-même à cette organisation concentrique. Moins âpre que le *Quatrième*, le *Cinquième Quatuor* se situe, comme on le verra, à mi-chemin entre *En plein air* pour piano (*Sz. 81*, 1926) et la *Musique pour cordes, percussion et célesta* (*Sz. 106*, 1936), et correspond à une nouvelle phase dans l'évolution du langage de Bartók, phase plus « classique » et plus nettement tonale sans opérer pour autant de concession, ni céder au courant néo-classique qui dominait ces années d'entre-deux-guerres : l'œuvre est d'essence fondamentalement dramatique et porteuse des tensions qui pesaient alors sur l'Europe, — tensions auxquelles Bartók était particulièrement sensible. Même si l'affirmation, fort séduisante, selon laquelle Bartók aurait adressé par la suite une lettre à Goebbels pour lui demander à être inscrit, par pure solidarité, sur la liste des artistes désignés comme « dégénérés » par les nazis (1937) se trouve totalement démentie aujourd'hui*, il n'en reste pas moins que le compositeur s'est toujours distingué par son intégrité tant intellectuelle que politique, — comme le prouve sa correspondance pendant les années qui précédent la Seconde Guerre mondiale. Malgré ce contexte — ou peut-être *à cause* de ce contexte — défavorable à la création, Bartók livre avec le *Cinquième* Quatuor une œuvre puissante et volontaire, affirmant plus que jamais son caractère national au travers d'une écriture sans relâchement.

1. L'**Allegro** initial, de forme sonate, débute directement avec le premier thème qui se déploie par extensions successives jusqu'à la quarte augmentée — procédé bartokien entre tous — à partir d'un *si* bémol obsessionnel, attaché à un rythme implacable dans lequel le silence s'infiltre tragiquement : « Si le Jugement dernier devait être annoncé par des cordes et non par des cuivres — écrit Pierre Citron** —, ce seraient ces premières mesures dont les accents seraient chargés de réveiller les morts » :

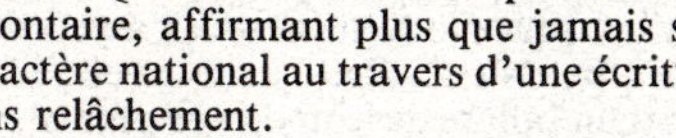

Le même caractère affectera le second thème, rapidement confronté au précédent, — alors que le troisième thème produit une rupture radicale par son tempo *Meno mosso*, ainsi que par la souplesse raffinée des lignes fugaces en chromatismes retournés. Après un développement central très tendu, consacré aux seuls deux premiers thèmes, la réexposition, répondant au principe concentrique, parcourt le chemin inverse, du troisième au premier thème. De plus, l'idée de refermer le mouvement en revenant à son début est accentuée par le fait que les trois thèmes eux-mêmes sont renversés : un principe qui préfigure celui du premier mouvement de la *Musique pour cordes, percussion et célesta* qui procédera de même, jusque dans la coda donnant les dernières bribes du troisième thème en mouvements droit et contraire alternés, puis superposés pour finalement converger sur le *si* bémol initial.

2. L'**Adagio**, de même que *l'Andante* qui lui correspond, reste imprégné par les courtes et mystérieuses figures des « Musiques nocturnes » d'*En plein air* qui avaient déjà tant marqué le *Quatrième Quatuor*. De la même façon que dans cette fascinante pièce pour piano, un « choral » majestueux et très tonal, contrastant avec le chromatisme ambiant, est opposé à l'aspect insaisissable de ces groupes rapides, — l'équilibre des différentes sections obéissant une fois de plus à un schéma concentrique.

3. Le **Scherzo** central emprunte à la métrique bulgare avec ses divisions irrégulières de la mesure que Bartók exploitera notamment dans les six danses finales des *Mikrokosmos* (*n° 148* à *153*). La traditionnelle forme symétrique du *Scherzo* avec *da capo* fait alterner le *Vivace* initial (4 + 2 + 3 croches) avec le trio *Vivacissimo*, placé au centre tant du mouvement que de toute la partition, et dont la métrique est elle-même basée sur une répartition symétrique des valeurs (3 + 2 + 2 + 3 croches). Comme dans le premier mouvement, la récapitulation de la partie scherzo propose les formes renversées des principales idées thématiques alternées avec leurs formes originelles.

4. Le superbe **Andante** reprend très librement les idées du second mouvement, avec en particulier l'utilisation du pizz.-glissando (qui annonce les glissandos de timbales de l'*Adagio* de la *Musique pour cordes, percussion et célesta*), et surtout l'apparition d'un nouveau motif entrecoupant le choral en trémolos, — dont l'aspect implacable renvoie aux premières mesures du quatuor :

* J. Gergely, *op. cit.*
** P. Citron, *op. cit.*

Ce passage donnera lieu à une longue section libérant toute l'énergie jusque-là concentrée, et qui constitue le sommet dramatique du mouvement (*Più mosso, Agitato*), où se confrontent ce motif implorant et les figures rapides en « aller-retour », — avant la réapparition de la première section, toutefois marquée par les souvenirs indélébiles des événements advenus entre-temps.

5. Quant au très long finale **Allegro vivace** adoptant une forme assimilable à un rondo déformé par la forme « en arche » en cinq parties, il mêle une thématique populaire à celle du premier mouvement. L'essentiel du travail est basé sur les nombreuses variantes épousant une suite d'accélérations, jusqu'à un arrêt brutal formant une parenthèse incongrue, peu avant la coda : un *Allegretto « con indifferenza »* propose soudain le second thème de ce finale sous un aspect volontairement naïf, « évoquant un refrain d'orgue de barbarie » (selon György Ligeti, dans sa préface à la partition) dont l'intention s'avère d'une ironie mordante. Ce passage, immédiatement confronté à la forme initiale de ce même thème présenté en strettes successives (*Più presto*, puis *Prestissimo*), débouche sur l'extrême conclusion qui reprend, comme dans le *Quatrième Quatuor*, les dernières mesures du premier mouvement.

Durée d'exécution : environ 30 minutes.

Quatuor n° 6 (Sz. 114)

Initialement destiné au Quatuor Hongrois, le *Sixième Quatuor* fut commencé en août 1939 à Saanen, dans la résidence suisse de Paul Sacher (commanditaire, dédicataire et créateur de la *Musique pour cordes, percussion et célesta*), et terminé à Budapest au mois de novembre. Il sera créé par le Quatuor Kolisch (auquel il sera finalement dédié) le 20 janvier 1941 à New York. Pendant les cinq années qui séparent ce quatuor du précédent, Bartók s'est consacré à plusieurs recueils de chants populaires, a achevé la composition des *Mikrokosmos* et, surtout, composé deux de ses plus grands chefs-d'œuvre avec la *Musique pour cordes, percussion et célesta* (*Sz. 106*, 1936) et la *Sonate pour deux pianos et percussion* (*Sz. 110*, 1937). Dernière partition écrite sur le sol hongrois, et peu après le *Divertimento*, le *Sixième Quatuor* est marqué par un double drame : le début de la guerre (la Pologne est envahie le 1er septembre) et l'état de santé de plus en plus critique de la mère du compositeur (qui mourra au mois de décembre), — deux facteurs qui auront raison de ses dernières forces et qui le contraindront à l'exil tant redouté. Dans une lettre du 13 avril 1938, Bartók avait déjà évoqué, face à l'évolution du contexte politique, l'éventualité de s'expatrier « tant que c'est encore possible » ; mais les difficultés soulevées par un tel projet l'en avaient dissuadé ; « et puis, il y a ma mère : la laisser pour toujours, dans les dernières années de sa vie, non, cela m'est impossible ! ». Avec la succession rapprochée de ces deux événements tragiques, c'est pour lui, comme l'écrit Pierre Citron*, « le début de la vieillesse ».

Chargé de désespoir, le *Quatuor n° 6* diffère fondamentalement des précédents dans la forme globale qui, si elle conserve des traces de la forme concentrique, est organisée en quatre mouvements aux tempos progressivement ralentis : comme guidé par une autre forme « en arche » coiffant l'ensemble des six quatuors, Bartók, qui ignorait qu'il s'agissait de son dernier quatuor, adopte dans le *Sixième* la démarche exactement inverse du *Premier*. De plus, une idée thématique réapparaît en guise d'introduction à chaque mouvement sous l'aspect d'un *Mesto* (« triste »). Cette « ritournelle », qui prend une allure de leitmotiv de plus en plus obsédant, connaît à chaque fois une présentation différente, — étant donnée successivement par l'alto solo, par le violoncelle soutenu par un contrechant en trémolos avant la *Marcia*, par tout le quatuor avant la *Burletta*, jusqu'à irriguer entièrement le quatrième mouvement. L'importance croissante de la « ritournelle », s'imposant de plus en plus à chacune de ses réapparitions au point de devenir l'unique support du finale, n'est apparue que progressivement pendant la composition, — les esquisses de l'œuvre montrant clairement que Bartók avait d'abord envisagé un quatrième mouvement vif dans le caractère populaire. Les modifications apportées au projet initial trouvent bien évidemment leurs justifications dans le contexte psychologique évoqué plus haut : de nombreux commentateurs ont remarqué combien cet ultime quatuor était à rapprocher d'un « journal intime » au même titre

* P. Citron, *op. cit.*

que la *Suite lyrique* de Berg (1926) ou que le *Second Quatuor* de Janáček (1928).

Plus encore que dans les autres quatuors resurgit ici l'ombre de Beethoven, qui restera un modèle pour Bartók jusqu'à la fin de sa vie : on a souvent évoqué le souvenir du « Muss es sein ? » de l'*op. 135* dans le *Mesto* initial ; de même, la première entrée du quatuor (*Pesante*) après la « ritournelle » de l'alto semble faire écho à l'*Ouverture* de la *Grande fugue* en annonçant gravement, en valeurs longues, le thème du *Vivace* qui suit ; et le thème de la *Marcia* n'est pas sans faire référence au *Scherzando* de l'*op. 127*. Quoi qu'il en soit, si cette musique décharnée, exprimant la solitude et le découragement avant l'exil forcé, puise son énergie chez le dernier Beethoven, son évolution se retrouve directement dans le traitement de chacun des mouvements dont les caractères respectifs sont violemment confrontés à la « ritournelle » lourde de sens par son implacable présence :

Le thème principal du *Vivace* qui suit le premier *Mesto* et le *Pesante* introductif est, malgré son allure résolument différente, lié à la fin de la « ritournelle » dont il est issu grâce à un simple motif de trois notes (*sol-la* bémol-*mi* bémol), — établissant ainsi une relation étroite entre ces trois étapes. Les trois parties de la forme sonate sont surtout marquées par diverses variations du tempo (le *Pesante* réapparaissant pour ouvrir le long développement), trahissant une instabilité par l'oscillation entre le *Meno vivo* et le *Vivacissimo* encadrant le tempo principal, pour terminer le mouvement sur un *Lento* décharné.

C'est le violoncelle qui prend en charge la seconde « ritournelle », allongée de douze à quinze mesures, — contrepointé par une ligne élargie sur trois octaves aux autres instruments (dont deux en trémolos) avec la sourdine, introduisant la tonalité de la *Marcia*. Outre la référence à Beethoven mentionnée plus haut, celle-ci se souvient du « Verbunkos » des *Contrastes* tout en pressentant le début du *Troisième Concerto pour piano* (1945) :

Entretenant l'ambiguïté bitonale entre *si* majeur et *sol* dièse mineur, la *Marcia* sera contredite dans son caractère faussement décidé par la section centrale (*Animato, molto agitato*), plus conforme à la réalité tragique, et qui contrastera d'autant plus avec l'ironie du retour de la marche.

De même, l'antithèse est encore plus accusée entre le recueillement de la troisième « ritournelle » (vingt mesures), exposée par le violon (doublé plus loin par l'alto) sur un chromatisme descendant, et la *Burletta* qui lui est enchaînée. Celle-ci renoue avec des racines plus lointaines, — celles des *Burlesques* et autre « danse de l'ours » pour piano, mais surtout avec les caricatures mordantes qui faisaient la saveur du *Prince de bois* et du *Mandarin merveilleux*, et qui résonneront une dernière fois dans l'« Intermezzo » du *Concerto pour orchestre* (*Sz. 116*, 1943). Cet esprit, renforcé par l'usage des quarts de ton entre les deux violons, sera, comme dans la *Marcia*, atténué avec l'*Andantino* médian qui parviendra à se glisser dans le retour de la *Burletta* redonnée en pizzicato.

Le quatrième mouvement restera le plus déchirant par la « ritournelle » qui s'impose désormais dans son tempo *Mesto* auquel la musique, comme figée, semble ne plus pouvoir échapper. Les indications *senza colore* ou, peu après, *lontano* (« lointain ») constituent le reflet de l'extrême pesanteur qui envahit le finale malgré un bref souvenir des deux thèmes principaux du premier mouvement (*Molto tranquillo*), — jusqu'à l'ultime citation de la « ritournelle » dans les toutes dernières mesures, sous la forme d'un adieu irréversible.

Durée d'exécution : environ 29 minutes.

LES SONATES

Sonate pour deux pianos et percussion (Sz. 110)

La *Sonate* la plus célèbre de l'œuvre de Bartók a été composée pendant les mois de juillet et d'août 1937 à Budapest, à la suite d'une commande de la « Société Internationale pour la nouvelle musique » de Bâle pour son dixième anniversaire. La création eut lieu dans cette ville le 16 janvier 1938 avec le compositeur et sa femme Ditta Pasztory aux pianos, Fritz Schiesser et Philipp Rühlig aux percussions. Les instruments à percussion requis sont, pour les peaux, les timbales, grosse caisse et caisses claires, et, pour les métaux, les cymbales (dont deux suspendues), tam-tam, triangle, plus un xylophone.

Après l'expérience orchestrale de la *Musique pour cordes, percussion et célesta* (1936), dans laquelle le piano était intégré et non soliste, Bartók a désiré approfondir la confrontation entre deux familles instrumentales dans cette combinaison rare. L'idée d'écrire pour deux pianos préoccupait déjà le compositeur en ces années 1937-1940, et aboutit à la transcription de sept pièces des *Mikrokosmos* (ainsi que de la *Deuxième Suite* pour orchestre *op. 4* en 1941). Bartók songeait depuis quelques années à associer le piano et la percussion, comme il le déclara dans un article paru en 1938 dans le *Basler Nationalzeitung* : « Cependant, peu à peu se renforçait en moi la conviction que le piano ne contrebalance pas de façon satisfaisante la sonorité très souvent mordante des instruments à percussion. En conséquence, le projet s'est modifié de telle sorte que deux pianos au lieu d'un sont confrontés à la percussion. Lorsque l'été dernier l'Internationale Geselleschaft für neue Musik de Bâle me demanda d'écrire une œuvre pour son concert de jubilé, je saisis l'occasion de réaliser mon projet »*.

Si Stravinski avait déjà exploité cet alliage, cependant dans un tout autre esprit, dans *Noces*, Bartók prolonge et développe l'idée de dialogue entre le piano et la percussion qui caractérisait déjà l'*Andante* du *Premier Concerto* (*Sz. 83*, 1926) ainsi que l'*Adagio* du *Second* (*Sz. 95*, 1931). Car il s'agit bien d'une relation de complémentarité, et non d'opposition, entre les groupes (comme ce sera le cas dans l'œuvre suivante avec les *Constrastes*), — relation permise par le registre étendu des percussions choisies et, surtout, par l'établissement de rapports « d'équivalence » entre les instruments : soit par le prolongement d'un timbre par un autre (voir, par exemple, l'entrée du piano sur un *fa* dièse qui « naît » littéralement du trille de la timbale au début de la partition), soit, comme l'avait réussi Debussy, en parvenant à doter d'une véritable hauteur un instrument à sons non déterminés (voir, par exemple, la première intervention de la cymbale *forte* « sonnant » comme un *ré*). Faut-il enfin rappeler, dans le même ordre d'idées, la prédilection de Bartók pour l'attaque qualifiée justement de « percussive », qui caractérise son jeu pianistique depuis l'*Allegro Barbaro* ? De fait, de par son ampleur et son volume sonore, cette partition majeure se situe aux confins de la musique de chambre et annonce incontestablement de nouvelles orientations avec la conjonction de timbres considérés jusque-là comme apparemment antinomiques ; elle s'inscrit, à ce titre, aux côtés des œuvres les plus neuves de Webern et de Varèse.

La *Sonate* est également — avec la *Musique pour cordes, percussion et célesta* — l'œuvre qui illustre le mieux la conception du langage de Bartók parvenu, à cette époque, à un compromis entre le système tonal et une harmonie riche proposant un élargissement considérable : la théorie du « système d'axes » — exposée clairement par Ernö Lendvaï* — consistant dans l'établissement de degrés « équivalents » aux tonique, sous-dominante et dominante traditionnelles, permet des changements de couleur à partir du triton qui reste l'intervalle privilégié dans l'écriture de Bartók. Ainsi, le premier mouvement repose non seulement sur la tonique *do*, mais également sur son « antipode » *fa* dièse, — l'une de ces deux « toniques » pouvant à tout moment remplacer l'autre.

Enfin, il semble impossible de parler de la *Sonate* sans évoquer l'importance de la section d'or — qui concerne une grande partie de la production de Bartók à cette époque — en tant que mode de structuration délimitant les principales articulations de la forme, jusqu'au choix de certaines formules intervalliques : comme l'a démontré Ernö Lendvaï, son utilisation dans la forme du premier mouvement est d'une précision telle qu'elle définit, à la croche près, les rôles respectifs des instruments dans l'introduction lente initiale.

1. Adoptant la forme sonate bithématique, le premier mouvement est introduit par un **Assai lento** avec un motif en *fa* dièse présenté en chromatisme retourné :

Énonçant rapidement les douze sons, ce motif, entrecoupé par de brutales déflagrations procède par étapes successives conduisant à l'**Allegro molto** avec la

* In : *Bela Bartok, Musique de la vie*, textes choisis et traduits par P. A. Autexier (*op. cit.*)

* « Introduction aux formes et harmonies bartokiennes » in : *Bartók, sa vie, son œuvre* (*op. cit.*)

préparation du thème principal. Celui-ci, donné en *do*, est partagé entre le martèlement des timbales et les syncopes des pianos,

et aboutit rapidement au second thème, plus mélodique, en *mi*, — dont la courbe générale n'est pas sans rappeler le second thème de la *Sonate op. 53* (« Waldstein ») de Beethoven* traité ici en métrique bulgare (4 + 2 + 3 croches). L'exposition se poursuit avec le thème conclusif doublement caractérisé par la sixte et par un travail contrapuntique serré, avant un dernier rappel du second thème. Les trois sections du développement sont conçues concentriquement autour de la section centrale basée sur le dialogue *fortissimo* en contrepoint renversable par mouvement contraire entre les différentes parties, — les sections extrêmes exploitant le rythme initial en ostinato. Le tout mène à une récapitulation totalement renouvelée (le second thème est renversé) avec une coda en fugato sur le thème conclusif, avant la dernière réapparition du thème principal.

2. Introduit par la percussion seule, le **Lento ma non troppo** de forme ternaire est en *si* (« équivalence » de la sous-dominante), et se terminera sur son antipode *fa*. Le mouvement est basé sur l'opposition entre la ligne très conjointe de la première partie — soutenue par les caisses claires avec et sans timbre, et cymbale suspendue (jouées tantôt sur le bord, tantôt au centre, avec des baguettes douces ou en bois) —, et le court motif rythmique obsessionnel de six notes de la partie centrale (*Un poco più andante*) — écho du mouvement lent du *Quatrième Quatuor*, ou peut-être du début du *Cinquième* — qui aboutira à un sommet d'intensité fortissimo (*Agitato*). Les sonorités moirées de gammes évoluant en larges glissandos balayant le clavier, dans un esprit comparable à celui du troisième mouvement de la *Musique pour cordes, percussion et célesta*, ramèneront la première partie.

3. Le finale, **Allegro non troppo**, combine les formes rondo et sonate à partir du thème principal donné au xylophone avec la coloration populaire que lui confère son franc diatonisme ; avec *do* pour tonique, ce refrain est écrit en mode acoustique, appelé aussi « gamme de Bartók », intégrant les harmoniques *fa* dièse et *si* bémol dans son échelle :

Fidèle à la conception d'un finale dans le style populaire, Bartók s'inspire, pour toute la *Sonate*, de la trajectoire caractéristique du chromatisme vers le diatonisme de la *Musique pour cordes, percussion et célesta* et des *Quatrième* et *Cinquième Quatuors* (v. plus haut). On y retrouvera, malgré la simplicité plus évidente du matériau, la même préoccupation « concentrique » dans le développement central que dans le premier mouvement.

La *Sonate* a été enregistrée par Bartók, Ditta Pasztory et deux percussionistes américains en novembre 1940 à New York ; elle a fait, le mois suivant, l'objet d'une transcription par l'auteur sous la forme d'un *Concerto pour deux pianos et orchestre* (*Sz. 115*), — qui reste nettement en-deçà de la version originale et dont la création, le 21 janvier 1943, correspond à la dernière apparition en public du compositeur.

Durée d'exécution : 26 minutes environ.

Sonates pour violon et piano
(Sz. 75 et 76)

Les deux *Sonates* ont été composées respectivement d'octobre à décembre 1921, et de juillet à novembre 1922. Toutes deux dédiées à la violoniste Jelly d'Aranyi dont Bartók appréciait particulièrement le jeu, elles seront jouées par la dédicataire et le compositeur lors des tournées parisienne et londonienne qu'ils effectueront, en 1922 et 1923 (un enregistrement mémorable de la *Deuxième Sonate* a été réalisé par Bartók et Joseph Szigeti à New York, en 1940).

Les dix années qui séparent les *Deuxième* et *Troisième Quatuors* sont marquées par une intense activité dans la recherche et la transcription de la musique populaire : plusieurs partitions s'attachent tant au répertoire slovaque, pour chant ou chœur et instruments (dont les remarquables *Scènes de village Sz. 78*, dans le sillage des *Noces* de Stravinski), que hongrois adapté au piano (dont les *Improvisations op. 20, Sz. 74*), — jusqu'au *Mandarin merveilleux* (*Sz. 73*) et

* Pour la caractérisation de ce thème, voir l'œuvre in : *Guide de la musique de piano* (même éditeur).

à la *Suite de danses* pour orchestre (*Sz. 77*) qui prennent leurs sources dans des fonds folkloriques très divers. À côté de cette importante production, Bartók oriente de plus en plus ses efforts vers une musique savante incontestablement marquée par le dodécaphonisme des Viennois, — comme en témoignent ces deux *Sonates*. Les deux partitions, qui forment un ensemble cohérent comparable à celui des *Troisième* et *Quatrième Quatuors* (1927-1928), se situent en effet au point de convergence de trois influences majeures : Debussy, tant pour la conception du langage que pour l'écriture pianistique (en particulier celle des *Études* que Bartók admirait), Schoenberg (dont Bartók connaissait les *Trois Pièces op. 11* pour piano), et la musique populaire qui, souvent, n'est pas moins riche en ambiguïtés tonales. Il en résulte que Bartók parvient ici à une écriture d'une audace jamais égalée par la suite : bien que rattachées l'une et l'autre à une tonalité principale — respectivement *do* dièse et *do* —, les deux *Sonates* s'en écartent très librement par le biais de la bitonalité fréquente, jusqu'à l'atonalité la plus déclarée. De ce point de vue, les deux *Sonates* se situent dans le prolongement des audacieuses *Études op. 18* (*Sz. 72*, 1918), avec, pour la seconde, la combinaison entre un langage très élargi et la réintégration de la musique populaire dans le sillage des *Improvisations op. 20* déjà citées (1920). Il serait faux de croire que Bartók hésite entre l'influence de la musique à douze sons et l'authenticité de la musique folklorique : ces deux orientations, plus, ou moins dissociées dans cette période, sont en fait capitales pour comprendre la fusion que Bartók opèrera bientôt entre « savant » et « populaire » — dont les *Quatuors* constitueront le magistral aboutissement. Autre caractéristique importante : le traitement instrumental repose sur une grande indépendance entre le violon et le piano — chacun menant son propre discours sans que se produisent de véritables échanges thématiques entre les deux parties. D'exécution très difficile, les *Sonates*, écrites en fonction de deux interprètes, la dédicataire et Bartók lui-même, abondent en grands intervalles tant au violon (qui bénéficie de plusieurs cadences solistes) qu'au piano (où certaines dispositions d'accords nous apportent de précieux renseignements sur la morphologie de la main de Bartók). Partitions délicates (tant à jouer qu'à écouter) elle se rangent, et tout particulièrement la seconde, parmi les chefs-d'œuvre du genre qui, s'il est encore abondamment traité au XXe siècle, se trouve rarement illustré par une telle originalité dans l'invention.

La **Première Sonate**, en trois mouvements, est de loin la plus longue et la plus révélatrice des influences citées plus haut, — même si demeurant la moins convaincante des deux tant par sa durée que par les contrastes stylistiques qui marquent chacun des mouvements. L'*Allegro appassionato*, bien qu'épousant la forme sonate mais traitée librement, est le plus marqué par Schönberg. Quant aux influences debussystes, elles resurgissent plus clairement dans l'*Adagio* central, de forme tripartite, — proche de l'esprit de la *Sonate pour violoncelle et piano* (1915)*. L'*Allegro* final, apparenté à un rondo, renoue avec le premier mouvement, mais avec une coloration populaire en particulier d'origine roumaine, et dans une accélération progressive du tempo qui rapproche ce mouvement de l'*Allegro* central du *Deuxième Quatuor* (v. plus haut).

La **Deuxième Sonate**, plus concise, est écrite « en deux mouvements », comme Bartók a cru bon de le spécifier (en français sur la page de titre de la partition. Elle prolonge l'esprit d'instabilité tonale de la *Première* par le biais de la bitonalité ainsi que de la gamme par tons, — ces deux procédés aboutissant fréquemment à un état de saturation chromatique. Si la démarche formelle de la Sonate s'apparente à l'esprit de la *Rhapsodie* (le *Lassù-Friss* au travers du *Molto moderato-Allegretto*), la conception générale est unifiée par le thème principal exposé dès le début, — d'origine roumaine :

Il réapparaîtra dans les deux mouvements, — jouant un rôle presque comparable à celui de la « ritournelle » du futur *Sixième Quatuor*. L'écriture est plus caractérisée par de petites cellules mélodiques annonçant les « micro-mélodies » du *Troisième Quatuor*. Enfin, et plus encore que dans la *Première Sonate*, Bartók affectionne ici les harmonies présentées en grappes de sons proches du « cluster », que l'on retrouvera dans les « Musiques nocturnes » de la suite pour piano *En plein air* (*Sz. 81*, 1926).

Durées respectives d'exécution : environ 40 et 24 minutes.

* Voir cette œuvre, à *Debussy*.

Sonate pour violon seul (Sz. 117)

Sollicité par le violoniste Yehudi Menuhin, Bartók compose cette remarquable *Sonate* à Asheville aux États-Unis. Terminée en mars 1944, elle sera créée par le commanditaire le 26 novembre de la même année à New York. Dernière partition capitale de Bartók, et seule œuvre importante de la période américaine, elle clôt magistralement sa production de musique de chambre vouée aux cordes. Comme dans le *Troisième Concerto pour piano* (1945), la référence privilégiée est désormais Bach, ne serait-ce que par la simple analogie du genre : bien que la sonate pour violon seul soit à nouveau à l'honneur au XXe siècle, celle de Bartók domine incontestablement la production aux côtés des partitions similaires de Prokofiev, Hindemith, Krenek ou Honegger. Écrite en quatre mouvements, la *Sonate* est équilibrée à partir des deux premiers, — les plus rigoureux (*Tempo di Ciaccona* et *Fuga*) — s'opposant aux deux derniers (*Melodia* et *Presto*), infiniment plus souples, et surtout proches de la Hongrie natale de l'auteur à laquelle il ne cesse de penser au plus fort de la guerre.

La correspondance entre Bartók et Menuhin révèle la crainte du compositeur d'avoir été trop audacieux dans une partition qui réclame une virtuosité peu commune : outre les difficultés inhérentes à la complexité rythmique et polyphonique de l'écriture qui caractérise surtout les deux premiers mouvements, ce sont les passages techniques associant les notes tenues avec l'archet (parfois en trilles) combinées avec un pizzicato de la main gauche, les doubles pizzicatos joués par la main gauche, ou les accords de trois et quatre sons contenant également des harmoniques, qui effrayaient Bartók luimême. Par ailleurs, on notera que le dernier mouvement incluait également les quarts de ton dans une première version qui est restée inédite.

Bien que l'indication *Tempo di Ciaccona* apparente ce mouvement à la variation — dans l'esprit de la fameuse Chaconne de Bach —, la forme correspond plus précisément à une forme sonate, en *sol* mineur, avec la traditionnelle opposition de caractère entre les deux thèmes : à l'écriture très polyphonique du premier correspond celle beaucoup plus mélodique du second qui n'est pas sans annoncer la *Melodia* du troisième :

Mais, si les différentes périodes de la forme répondent effectivement à l'organisation du schéma classique, l'esprit de variation emprunté à l'époque baroque est illustré par la périodicité des retours de chacune de ces périodes faisant l'objet d'une constante réécriture : si le titre du mouvement paraît ainsi comme un « hommage », la musique ne concède en rien au mouvement néo-classique qui a tant marqué les années précédant 1945.

L'extrême virtuosité de l'écriture — tant compositionnelle qu'instrumentale — à quatre voix de la fugue (en *do*) est rendue possible par les silences qui infiltrent le sujet initial. Pierre Citron* a fait justement remarquer que le geste typiquement bartokien d'une progression thématique en expansion est présent, une dernière fois, à l'intérieur du sujet. Plus encore que dans le premier mouvement, l'hommage à Bach est d'autant plus évident que cette fugue constitue une exception dans l'écriture de Bartók.

À la complexité contrapuntique des deux premiers mouvements correspond la transparence des deux suivants, nettement moins marqués stylistiquement par la référence à Bach. De plus, la densité de l'écriture de la première moitié semble trouver sa résolution dans la seconde avec la domination du diatonisme, — reconstituant une fois de plus le schéma tant privilégié par l'auteur de la *Musique pour cordes*. La très pure *Melodia* (*Adagio*) de simple forme ternaire, en *mi* bémol, où perce la nostalgie (renforcée par l'utilisation de la sourdine), débouche sur le brillant *Presto* final en *sol*, basé sur un mouvement perpétuel en trois parties et proche, à plus de vingt ans de distance, de l'*Allegro* concluant la *Première Sonate pour violon et piano* (v. plus haut). On remarquera que l'idée qui ouvre la partie centrale n'est pas sans faire référence au thème initial du premier mouvement, — ce qui constituerait ainsi la dernière application de la forme « en arche » tant privilégiée par Bartók.

Durée d'exécution : 28 minutes environ.

* P. Citron, *op. cit.*

ŒUVRES DIVERSES

Rhapsodies pour violon et piano
(Sz. 86 et 89)

Composées en 1928 entre les *Troisième* et *Quatrième Quatuors*, les deux *Rhapsodies* comptent parmi les œuvres les plus accessibles de la musique de chambre de Bartók. Dédiées respectivement aux grands violonistes Joseph Szigeti et Zoltan Szekely, elles ont bénéficié d'une large diffusion soit sous leur forme originelle, soit dans leurs transcriptions avec orchestre (*Sz. 87* et *89*) qui datent de la même année. Au contraire des deux *Sonates* conçues en tant que duos à parts égales, les *Rhapsodies* sont essentiellement écrites pour le violon avec accompagnement de piano. Loin d'être d'importance secondaire, elles constituent un modèle pour les œuvres suivantes (*Contrastes, Divertimento, Troisième Concerto pour piano*) au travers du schéma ancien du « Verbunkos » : par ce style, qui a puissamment contribué à l'épanouissement national au XIXe siècle, et qui avait une fonction de chant de recrutement, Bartók inclut des danses issues de sources très diverses dans la forme en deux parties lent-vif (*Lassù-Friss*). L'origine des mélodies populaires est puisée dans les fonds roumains et hongrois pour les deux pièces (également ruthènes dans la seconde). L'écriture du violon, hormis le caractère populaire, est en rapport avec l'activité ethno-musicologique de Bartók, s'inspirant largement du jeu des violoneux roumains.

Durées respectives d'exécution : environ 10 et 11 minutes.

Contrastes pour clarinette, violon et piano (Sz. 111)

Seule partition de musique de chambre à utiliser un instrument à vent, les *Constrastes*, terminés en septembre 1938, ont été écrits à la demande du clarinettiste américain Benny Goodman et sur la suggestion du violoniste Joseph Szigeti qui souhaitaient une œuvre courte répondant à l'esprit des *Rhapsodies*, avec leurs deux parties caractéristiques lent-vif (*Lassù-Friss*) : les termes de la commande étaient précis au point de souhaiter non seulement une œuvre en deux parties, mais encore d'une durée de dix minutes « de façon qu'elle puisse être contenue sur un disque 78 tours ». Bien que composée en trois mouvements, l'œuvre a été créée partiellement (premier et troisième mouvements) au Carnegie Hall de New York le 9 janvier 1939 par les deux dédicataires et Endre Petri au piano, sous le titre de *Rhapsodie pour clarinette et violon (deux danses)*. La partition complète a été créée avec le compositeur en avril 1940, et enregistrée par les mêmes un mois plus tard.

Écrits entre la *Sonate pour deux pianos et percussion* datant de l'année précédente et le *Concerto pour violon* (*Sz. 112*) suivi du *Divertimento* (*Sz. 113*), les *Contrastes* restent une œuvre en marge de la production de musique de chambre de Bartók ; en raison de la double destination instrumentale, le piano se trouve volontairement placé en retrait de par son rôle de soutien, alors que clarinette et violon sont privilégiés, — avec pour chacun d'entre eux une cadense soliste dans les mouvements extrêmes. Par ailleurs, deux clarinettes (*la* et *si* bémol) sont requises, ainsi que deux violons, dont un accordé différemment (*sol* dièse-*ré-la-mi* bémol) dans le finale.

La fusion entre la forme binaire issue de la musique traditionnelle hongroise et la forme ternaire habituelle de la musique savante bouleverse la succession des mouvements, avec un *Moderato*, un *Lento* et un *Allegro vivace* : les sources populaires sont ainsi conservées pour les mouvements extrêmes intitulés *Verbunkos* (« chant de recrutement ») et *Sebes* (« danse vive »), encadrant le *Pihenö* (« repos ») central. Comme l'a fait remarquer Jean Gergely*, cette collusion entre formes binaire et ternaire aboutit à un type formel encore inexploré par Bartók, et qui sera réutilisé dans le *Divertimento* et le *Troisième Concerto pour piano* (1945).

Hormis l'aspect virtuose de l'œuvre, la musique reste fortement marquée par une coloration populaire avec les tournures modales et les rythmes d'origine bulgare dans le troisième mouvement.

Durée d'exécution : environ 17 minutes.

Quarante-quatre Duos pour deux violons (Sz. 98)

Les Duos, écrits en 1931, sont dans une certaine mesure au violon ce que sont les soixante dix-neuf pièces de *Pour les enfants* au piano. Le but de la composition a été directement défini par Bartók lui-même : « afin que les élèves, dès leurs premières années d'études, puissent jouer des œuvres dans lesquelles se trouvent la simplicité natu-

* J. Gergely, *op. cit.*

relle de la musique du peuple et aussi ses particularités mélodiques et rythmiques». Réparties en quatre cahiers, ces pièces sont empruntées au répertoire populaire de chansons et danses d'origines hongroise, roumaine, serbe, slovaque ou ruthène, — jusqu'à inclure également un chant d'origine arabe. Délicieuses miniatures destinées à transmettre toute la richesse de la musique populaire aux jeunes instrumentistes, ces pièces n'en contiennent pas moins l'essence de la musique de Bartók par «la multitude d'éléments condensés en quelques mesures et exprimés par des moyens aussi simples que possible» (Jean Gergély).

L'ensemble de l'œuvre se situe à une époque où Bartók transcrit plus qu'il ne compose, à partir de chants et danses qu'il cherche à diffuser sous différentes instrumentations. Cinq de ces *Duos* seront eux-mêmes transcrits pour piano dans la *Petite Suite* (*Sz. 105*, 1936).

Quant aux œuvres plus secondaires de la musique de chambre de Bartók, elles se répartissent en deux catégories : œuvres antérieures à l'époque de son *op. 1* (*Rhapsodie pour piano Sz. 26*, 1904), et considérées en tant qu'«œuvres de jeunesse»*, et les transcriptions.

De la première, mentionnons, pour violon et piano, un *Andante* (1902) ainsi qu'une *Sonate* (1903) qui n'ont que valeur documentaire. Plus intéressant se révèle le **Quintette pour piano et cordes** (*Sz. 23*, 1903-1904), montrant un jeune compositeur de talent ayant assimilé les langages de Brahms et de Liszt en particulier, tout en manifestant son originalité nationale en un finale brillant dans le style d'une «danse hongroise» fortement stylisée (*durée d'exécution : environ 38 minutes*).

La seconde catégorie concerne les diverses transcriptions comme celles de la *Première Rhapsodie* pour violoncelle et piano (*Sz. 88*, 1928), ou de neuf pièces de *Pour les enfants*, pour violon et piano, sous le titre de *Chansons populaires hongroises* (1934). Le catalogue de Szöllösy mentionne enfin une *Sonate pour contrebasse seule* (*Sz. 114b*, 1940?), restée à ce jour inédite.

A.P.

* On se reportera au catalogue dressé par P. Autexier (*op. cit.*) pour constater l'abondance de la production de musique de chambre du jeune Bartók entre 1895 et 1902.

LUDWIG VAN BEETHOVEN

Né à Bonn, le 16 (ou 17) décembre 1770; mort à Vienne, le 26 mars 1827. Son père Johann, ténor à la Chapelle de l'électeur de Cologne, le voulait «enfant prodige» comme Mozart et, après des études générales fort sommaires, le contraignit à une formation musicale d'un rythme effréné; à neuf ans, il était confié à Christian Neefe, organiste de la Cour, — son premier maître sérieux; à quatorze ans, Beethoven était deuxième organiste de la chapelle électorale. Envoyé à Vienne pour y travailler avec Mozart (mais leur rencontre fut infructueuse), il en revint pour s'inscrire en 1789 à l'Université, et y étudier la littérature et la philosophie allemandes. Il quitta définitivement Bonn pour Vienne en 1792, — y travaillant avec Haydn, puis avec Albrechtsberger et Salieri. À l'époque, Beethoven est un mondain et se fait apprécier comme pianiste et improvisateur. Mais sa personnalité est forgée et, hormis une série de voyages à Nuremberg, Prague, Dresde et Berlin, il ne quittera pratiquement plus Vienne à partir de 1796. Les premières années y sont heureuses; toutefois, en 1802, le drame éclate — une surdité naissante — que traduit un document poignant, le «testament d'Heiligenstadt». L'idée de suicide hante le musicien, — qu'il surmontera par la pleine conviction de sa mission artistique. Mais, irrémédiablement, le mal s'accentuera et, en dépit d'une célébrité devenue universelle — visites de Rossini, de Schubert, de Weber, du tout jeune Liszt —, le compositeur, muré de silence, sombrera dans la misanthropie. En 1824, la Missa Solemnis *et la* Neuvième Symphonie *connaissent un triomphe qui le laisse indifférent. À partir de 1825, Beethoven ne cesse d'être malade, mais, conscient de l'œuvre accomplie, semble trouver un apaisement; il mourra deux ans plus tard victime d'une double pneumonie, pendant un violent — et symbolique — orage. À ses obsèques, un cortège de vingt mille personnes,*

— parmi lesquelles Schubert. Ses restes seront exhumés et transportés au Cimetière central de Vienne, aux côtés de Mozart... Il nous paraît tout à fait présomptueux de définir en quelques lignes l'essence du génie beethovénien, qui « a donné l'exemple de tous les dépassements et a si bien agrandi les formes traditionnelles qu'elles paraîtront éternelles et capables de contenir toute invention musicale à venir » (Roland de Candé). Relevons simplement que, placée à la charnière des XVIIIe et XIXe siècles, l'œuvre transcende le classicisme et porte en elle tout le romantisme : cependant elle dépasse également cette alternative, dans laquelle on est trop tenté de l'enfermer. Ce qui se vérifie particulièrement avec la production de chambre. L'éclatement du cadre formel et tonal de la forme sonate — que l'on observe de même dans les œuvres pour piano — précipite une évolution qui bouleverse les schémas établis et les idées reçues pour telle ou telle époque, telle ou telle sensibilité.

L'œuvre de chambre de Beethoven se constitue de quatre groupes principaux, — en tête desquels les dix-sept quatuors à cordes (y compris la Grande Fugue*); viennent ensuite les dix sonates pour violon et piano, les cinq sonates pour violoncelle et piano, et les sept trios pour piano et cordes. S'y ajoutent des partitions plus isolées, mais de valeur, comme tels trios à cordes ou tel septuor. Dans leur ensemble, beaucoup de celles-ci — œuvres de jeunesse ou œuvres de commande plutôt conventionnelles — ne présentent qu'un moindre intérêt. Notre présentation tient compte des divers types de formation instrumentale (par complexité croissante), — pour retenir en dernier lieu (*Œuvres diverses*) des œuvres parfois insolites, et, la plupart du temps, faisant office de simples curiosités.*

LES SONATES POUR VIOLON ET PIANO

Sonate n° 1, en *ré* majeur (op. 12 n° 1)

Elle fut, comme les deux autres sonates de l'*op. 12*, écrite entre 1796 et 1798, assez rapidement semble-t-il, puis publiée, avec elles, en janvier 1799 chez Artaria, à Vienne (donc toutes trois contemporaines, pour la composition, des trois *Trios à cordes op. 9*, et, pour la publication, de la *Huitième Sonate pour piano op. 13 (« Pathétique »)*. Une dédicace commune : à Antonio Salieri, — prudent hommage de l'élève à un maître médiocrement estimé, mais alors investi d'importantes fonctions à la Cour impériale. Il n'apparaît pas que les trois sonates de l'*op. 12*, aient été le fruit d'une commande princière, mais on ne peut douter qu'elles furent souvent jouées dans des soirées musicales où les œuvres de chambre agrémentaient les plaisirs de la société viennoise. Du moins la *Sonate en* ré *majeur* fut-elle jugée par l'*Allgemeine Musikalische Zeitung* avec une extrême sévérité : « Amas de choses savantes sans méthode ; pas de naturel, pas de charme, une forêt dans laquelle on est arrêté à chaque pas par les buissons hostiles, d'où l'on sort épuisé, sans plaisir ; un amoncellement de difficultés tel qu'on en perd patience. Si Beethoven voulait se renier lui-même et entrer dans la voie de la nature, il pourrait, avec son amour du travail, produire beaucoup d'excellentes choses »... Beau tissu d'inepties, — pour cette partition, en particulier, d'une merveilleuse limpidité, encore toute imprégnée des usages précédents, nullement révolutionnaires, et du style purement mozartien. Comme ses deux sœurs de l'*op. 12*, elle ne comporte que trois mouvements.

1. Allegro con brio (à 4/4) : le mouvement initial est traité dans la forme sonate classique, avec l'affrontement de deux thèmes bien distincts quoique en une seule coulée de trois cent vingt-sept mesures (seulement deux interruptions). Le premier thème prend appui sur un motif rythmique de trois notes (deux doubles croches — une noire) qui s'établit fermement jusqu'à la mesure 46, quand apparaît une nouvelle section mélodique, plus fluide. Le développement (mesure 101) commence en *fa* majeur, passe par *ré* mineur, avant de conclure en *ré* majeur : il est court, concis, et exploite à nouveau la formule rythmique du début. La reprise de la première partie se fait intégralement, et à l'identique. Il n'y aura pas de véritable coda exploitant le matériel thématique, mais un bref point final.

2. Andante con moto : tema con variazioni (en *la* majeur) : thème à variations pour ce mouvement central, — forme qu'affectionnera particulièrement Beethoven par la suite. Une comparaison, dès lors, peut s'imposer avec le mouvement correspondant de la future *Sonate « À Kreutzer » op. 47*, et faire mesurer les progrès accomplis entre-temps. Ici même, la variation n'affecte pas encore l'ampleur, ni la diversité de texture, qu'elle acquerra en peu d'années. Le thème est au piano, repris au violon, en une ligne mélodique simple et assez tendue. Il y a quatre variations, — la première d'esprit haydnien, la seconde (mesure 49) extrêmement brillante, — le chant se déployant au violon tandis que le piano accompagne sur un rythme déhanché ; la troisième variation est en *la* mineur et accentue le dramatisme du dialogue entre les partenaires ; la dernière variation, se muant en conversation plus indifférente, ne parviendra pas à résoudre le conflit entrevu dans la précédente, — avec un violon qui se veut élégiaque face au piano qui le retient.

3. RONDO : ALLEGRO (en *ré* majeur, à 6/8) : c'est un motif virevoltant avec un abandon charmant (présentation par le violon) qui constitue le thème-refrain du mouvement conclusif, avec ses différents supens rythmiques, ses sforzandos, ses silences soudains. Un épisode en *ré* mineur fait paraître un sentiment différent, une sorte de tendresse inquiète, — avant que ne soit repris le tempo initial. L'extrême fin du mouvement resserre l'alternance des répliques entre instruments, pour conclure dans la plus franche bonne humeur.

Durée d'exécution : 22 minutes environ.

Sonate n° 2, en *la* majeur (op. 12 n° 2)

Nous ne revenons pas sur les circonstances de composition, ni de publication, qui sont celles de l'*op. 12* dans son ensemble. Il semble que cette *Sonate n° 2* — selon les confidences même de Beethoven — fut écrite « d'un seul jet ». Comme la précédente, celle-ci ne comporte que trois mouvements.

1. ALLEGRO VIVACE (à 6/8) : le premier thème — descente de la gamme par petits bonds de duolets, au piano, sur une base rythmique régulière établie par le violon — revêt un caractère presque humoristique dont semblera s'imprégner la sonate tout entière. Le petit rythme proposé par le violon n'occupe pas moins de cinquante-et-une mesures sur les deux cent quarante-cinq que comporte ce premier mouvement : il crée, de curieuse façon, une impression de rotation sur place, jusqu'à l'infini. La coupe, cependant, demeure très classique, avec ses deux thèmes différenciés et deux fois exposés (changement de thème sur la mesure 61, qui est une mesure de complet silence) ; le second thème en effet, mélodique, se remarque par sa fluidité de ligne (ainsi du doux balancement créé par le violon à partir de la mesure 68). Le développement, bref, incisif, plein de force, se bâtit sur le premier des thèmes, puis fait place à une réexposition sans problèmes. À la fin du mouvement (mesure 234) s'impose le motif de duolets initial, en répliques régulières entre les deux instruments.

2. ANDANTE, PIÙ TOSTO ALLEGRETTO (à 2/4, en *la* mineur) : le dialogue clairement établi à la fin du premier mouvement se prolonge ainsi qu'une image inversée dans le motif initial de cet *Andante* central. Mais l'impact musical proprement dit ne tient pas seulement au profil tourmenté du thème (mesures 1 à 8 : alternance de figures rythmiques à doubles/triples croches et de réponses de tierces et quartes comme implorantes), mais au type de dialogue serré, modulant, qui s'instaure entre les deux protagonistes. Ceux-ci, d'abord, semblent s'interpeller courtoisement, puis gagnent en ardeur (mesure 33), tout en laissant paraître une mélancolie légère avant la reprise des motifs initiaux, hachurés (mesure 69), en imitation quasi canonique. La coda (mesure 108) est moins une conclusion qu'une culmination des moyens expressifs mis en œuvre par Beethoven dans ce mouvement intermédiaire.

3. ALLEGRO PIACEVOLE (« piacevole » : *gracieux, avec charme*) : compromis entre le rondo et le menuet, le finale revêt une sorte d'innocente simplicité contrastant avec la relative complexité du mouvement précédent. Son thème, dynamique, ne manque pas de faire appel à des figurations de triolets que les deux instruments se partagent avec équité ; le rythme est celui d'un menuet. Un épisode central en *ré* majeur (mesure 120) tient lieu de trio : le chant, indiqué dans la nuance *dolce*, est réservé au violon, tandis que le piano à la basse maintient un rythme insistant. On revient, après une courte transition, à l'idée de départ (mesure 230), qui gagne nettement en consistance et amène, par une savante gradation, la conclusion de l'œuvre.

Durée d'exécution : 17 minutes environ.

Sonate n° 3, en *mi* bémol majeur (op. 12 n° 3)

Dates de composition, puis de publication (janvier 1799 chez Artaria, à Vienne), sont les mêmes que celles des deux œuvres précédentes de l'*op. 12*. Des trois sonates formant ce recueil, celle-ci apparaît la plus personnelle, la plus proche, surtout, par son climat sensible, de la *Sonate « Pathétique »* pour piano. Comme dans les deux sonates précédentes, il y a trois mouvements.

1. ALLEGRO CON SPIRITO (à 4/4) : il est dans la forme sonate habituelle, — avec un thème principal d'esprit rhapsodique dans lequel le piano, volubile, joue un véritable rôle concertant ; cette virtuosité, ce « soliloque » de petites notes, au détriment, semble-t-il, d'un violon laconique, ira jusqu'à la violence, voire la brutalité. L'exposition permet d'apprécier (mesure 29), par contraste, la longue et vigoureuse mélodie, chargée d'expression, du second thème. Le développement (mesure 68) s'élabore davantage que dans les deux sonates précédentes : véritable torrent de triolets et sextolets sous les doubles cordes du violon, brillance du discours laissant pressentir, par toutes ses virtualités, la future *Durchführung* beethovénienne. Lors de la réexposition, apparition, en peu de mesures, d'un troisième thème (seulement entendu ici) renforçant la construction de l'ensemble, très unie sous une apparente fragilité.

2. ADAGIO CON MOLT'ESPRESSIONE (en *ut* majeur) : un thème paisible se développe au piano, puis avec le violon qui le chante en une sorte de limpidité aérienne, de tranquillité suggérée par l'indication de tempo (la croche à 58). Le piano poursuit un discours quasi autonome, riche en modulations ; il rejoindra finalement le violon, — avec une interversion de leurs rôles pour l'ultime énoncé du thème avant la coda. Il est aisé de remarquer la beauté de l'expression lyrique échappant à la superficialité d'un mélos simplement gracieux, sans caractère bien marqué.

3. RONDO (ALLEGRO MOLTO) : dès la première mesure, dès le premier sforzando ponctuant les croches piquées, c'est un tourbillon sans fin, au rythme saccadé, d'une débordante gaieté. Le climat, néanmoins, s'altérera plusieurs fois, — l'insistance d'une même note répétée (procédé courant chez Beethoven) laissant entrevoir, notamment, les ombres d'une pensée moins frivole qu'il y paraîtrait. Mais c'est, bien entendu, l'énergie, l'alacrité de l'ensemble — avec les rapides unissons du violon et du piano, ou les méandres impromptus parsemés de trilles et de faibles appogiatures du violon sur un accompagnement régulier, quasi impertinent, des basses du clavier — qui l'emportent décidément.

Durée d'exécution : 18 minutes environ.

Sonate n° 4, en *la* mineur (op. 23)

Peu de temps après la publication des trois sonates de l'*op. 12*, Beethoven entreprit de 1800 à 1801 la composition, concurremment, de deux autres œuvres pour piano et violon. Elles furent dédiées l'une et l'autre au comte Moritz von Fries (dédicataire, également, du *Quintette à cordes op. 29*, et plus tard, de la *Septième Symphonie*). Chambellan à la Cour et banquier, le comte von Fries, grand amateur de musique, fut, avec le Prince Lichnowsky, l'un des grands mécènes du musicien. Les deux nouvelles sonates furent publiées en octobre 1801 chez Mollo, à Vienne, sous le numéro d'opus commun 23. Ce n'est que lors d'une édition postérieure qu'elles furent séparées, — la sonate présentement examinée conservant le numéro 23. Il est notable que les deux œuvres furent contemporaines du *Troisième Concerto pour piano*, ainsi que de la *Symphonie n° 1*. Il est notable, également, qu'elles reçurent un bien meilleur accueil que les sonates de l'*op. 12*. Voici qu'elle fut l'appréciation du critique de l'*Allgemeine Musikalische Zeitung* : « Dans ses premières œuvres, Beethoven s'est lancé parfois avec une allure morose, farouche, sombre et âpre. Maintenant il commence à dédaigner l'excès, il s'explique avec plus de clarté et, sans rien perdre de son caractère, il devient plus aimable... Ces deux sonates, et surtout la première, sont beaucoup moins difficiles à jouer et donc plus accessibles à un grand public que beaucoup d'œuvres antérieures de Beethoven ». À l'auditeur d'aujourd'hui d'en juger : il semble bien, à la vérité, que dans la nouvelle conjonction entre le musicien et son public, ce n'est pas le premier qui changea, mais le second qui accomplit l'effort de mieux l'entendre. Alors que la *Sonate n° 5* — jumelle de celle-ci — atteindra les quatre mouvements, la *Sonate n° 4* se limite encore aux trois mouvements des sonates antérieures.

1. PRESTO (à 6/8) : on observe d'emblée la liberté que prend Beethoven par rapport au cadre formel de l'Allegro de sonate du premier mouvement classique, en lui subs-

tituant un mouvement bâti à la manière de l'ancienne *Suite* en deux parties, — chacune reprise. On remarque, d'autre part, pour la première fois le rôle équivalent que tiennent violon et piano, — tandis que dans les précédentes sonates l'écriture demeurait essentiellement pianistique. Ce *Presto* initial est donc en deux parties, — dont la première expose deux thèmes. Le thème principal, plein d'élan, parcourt allégrement une gamme en arpèges avec les indications, importantes, d'accents *fortepiano* et *sforzando* (présentation au clavier) :

Le second thème, plus mélodique, s'établit sans tarder (mesure 30) sur un rythme ïambique, dans une certaine fluidité. Cette exposition est répétée ; il en sera de même pour la deuxième partie plus développée, qui prend appui sur le second thème, puis impose un nouveau motif rythmiquement affirmé ; elle récapitule ensuite le second thème à travers des tonalités diverses. Et c'est une brève coda (mesures 245 à 252) qui conclura en accords *sforzando*, coupés de pauses, pour s'évanouir dans le pianissimo.

2. Andante scherzoso, più Allegretto (en *la* majeur) : le mouvement central semble avoir été conçu comme un menuet devenu *Andante*. Son thème, en effet, s'établit sur une brève formule rythmique à contretemps (interruptions de demi-soupirs et doubles demi-soupirs), à la basse du piano, tandis que le premier thème semble naître, au violon, de cette donnée initiale. Mais assez rapidement, par une sorte de mimétisme délicat, une main semble entraîner l'autre, et de même chaque instrument. À la mesure 33 le piano fait entrer rapidement un sujet de fugue plein de fierté conduisant, par une série d'imitations, vers une cadence (mesures 49 à 53) signalant le centre axial du mouvement. La seconde partie, déroulant de rapides arpèges du piano pour accompagner le chant du violon, introduit une sorte de douceur nouvelle, et une égalité surprenante après les continuelles brisures de ce qui précédait. Le ton paraît à présent celui d'un badinage excluant toute idée de véritable provocation : le caractère *Allegretto* domine sans conteste.

3. Allegro molto (à 2/2) : le finale est un rondo plein d'entrain, tumultueux, dans lequel le thème-refrain, en valeurs égales, semble d'abord plus calme que l'*Allegretto* qui a précédé ; cependant, il n'en est rien : son tempo contrarie immédiatement cette impression. Les différents couplets forment des « épisodes » contrastés, — l'un d'eux rappelant les rythmes brisés de l'*Andante* (mesures 54 à 73), un autre resserrant les échanges (mesures 74 à 94), un autre faisant rêver le violon dans un registre éthéré, « décoré » par les efflorescences du piano (mesures 114 à 203), le suivant, enfin, affirmant une certaine sauvagerie (mesures 223 à 248). Le retour au thème-refrain n'en paraîtra que plus inattendu, — le rondo, dans une deuxième partie, retournant sur ses pas, et retrouvant les divers couplets dans l'ordre inverse. Ainsi subsiste, au terme du parcours, l'impression d'un panorama musical, — d'autant plus qu'une conclusion brève, insistant sur le thème initial, achève la partition dans un calme un peu étrange, une sorte d'indécision, et, aux ultimes mesures, d'épuisement.

Durée d'exécution : 20 minutes environ.

Sonate n° 5, en *fa* majeur, dite « le Printemps » (op. 24)

Du lot complet des premières *Sonates pour violon et piano*, cette *Sonate n° 5* est sant doute celle dont les origines sont les plus anciennes. Beethoven y reprit des esquisses datant de 1794-1795, qui conservent un parfum mozartien indéniable. C'est cependant la première des sonates à compter quatre mouvements. Achevée, comme la sonate précédente, en 1801, dédiée, comme elle, au comte Moritz von Fries, publiée également en octobre 1801 par l'éditeur viennois Mollo, elle porta d'abord le numéro d'*op. 23 n° 2*. C'est une seconde gravure qui fournit à l'éditeur l'occasion de lui attribuer son numéro d'*op. 24* définitif. Il est à noter aussi que la *Sonate en* fa *majeur* ne reçut le surnom de « Printemps » (allemand *Frühling-Sonate*) qu'après la mort de Beethoven : ce surnom, accrédité tant par les éditeurs que par les critiques, offre, à défaut d'authenticité, l'avantage d'une assez juste valorisation de l'œuvre, remplie en effet d'allégresse printanière et de joie de vivre. Cependant, on ne peut l'écouter sans émotion : cet instant d'euphorie, chez un homme âgé de trente ans, ne laisse pas de présager des orages et les combats contre le Destin de la *Symphonie « Héroïque »*. Nous l'avons dit, l'œuvre est, pour la première fois, en quatre mouvements.

1. Allegro (à 4/4) : on retrouve ici la forme sonate abandonnée dans l'*op. 23*, — avec une double exposition thématique. Le premier thème fluide, qu'on pourrait tenir simplement pour « joli », mais qui respire sans apprêts la plus grande douceur de vivre, est chanté par le violon, le piano se contentant d'accompagner en basse obstinée :

Ce motif se déroule sans discontinuer jusqu'à la mesure 25, en dépit d'une passagère ornementation pianistique et d'une légère brisure de *sol* à la mesure 21. Le second sujet aborde les régions mineures, — contrastant par un coloris différent à partir d'un fortissimo. Une certaine lumière paraît encore (mesure 38), rapidement assombrie dès la mesure 46. L'énergie rythmique est par essence beethovénienne, avec des indications de dynamique (*sforzando*) très caractérisques. À partir de cette *Cinquième Sonate*, le développement connaît une tendance à s'allonger : un ample dialogue s'instaure entre violon et piano, en réponses descendantes et ascendantes, par sous-groupes de deux mesures. La réexposition est régulière, mais la coda (à partir de la mesure 210) est nouvelle, sans exclure des réminiscences du thème initial ; elle ménage, elle aussi, des contrastes de dynamique (du pianissimo au fortissimo), et conclut triomphalement en de puissants accords.

2. Adagio molto espressivo (en *si* bémol majeur) : ce mouvement lent s'avère nettement plus court que le mouvement correspondant de la *Sonate n° 4*. Son thème unique, apparenté à un lied, que l'on pourrait croire emprunté à quelque opéra mozartien, est chanté tour à tour par les deux instruments, pour s'éteindre finalement, telle une confidence interrompue, dans une sorte de vague étrangeté que produisent les trémolos conclusifs. La construction est simple, — consistant en une série de séquences additionnées : la première expose la mélodie, telle une rêverie heureuse, en huit mesures qui se répètent ; la suivante forme un court intermède de dix mesures (18 à 28) ; puis les deux instruments formulent à nouveau le thème, mais le violon opte pour le mode mineur, amenant un court passage modulant (mesures 40 à 51). Le mouvement revient ensuite en majeur, mais émiette la mélodie par fragments et idées dérivées. C'est pour terminer qu'apparaîtront, sur les intervalles de seconde et de tierce, les trémolos (mesures 65 à 69) dont l'effet produit ne cesse de hanter l'esprit alors que le *Scherzo* suivant a déjà pris son essor.

3. Allegro molto (à 3/4, en *fa* majeur, puis *ré* mineur) : le très bref scherzo s'engage dans la danse, conduite à l'unisson par violon et piano avec de subtils contretemps répartis entre les deux ; l'effet syncopé, par saccades quasi mécaniques, en est irrésistible :

Le trio forme un intermède plein d'humour, tourbillonnant sans répit, avec une remarquable précision (noter les indications de nuance *piano* au début de chaque section, ménageant une progression dynamique de chacune d'entre elles). Mais ce trio s'esquive rapidement pour laisser place à un mouvement terminal plus développé.

4. Rondo : Allegro ma non troppo (en *fa* majeur, à 2/2) : il est bâti sur un thème de Mozart (air de Vitellia, « Non più di fiori », de l'opera seria *la Clémence de Titus*), — hommage certainement conscient de Beethoven à son illustre devancier. Ce finale — mouvement le plus original, sans doute, de la partition — présente la même fluidité que l'*Allegro* initial, avec son thème allègre, répété à des registres différents :

La structure d'ensemble est la suivante : premier refrain, en *fa*, et premier couplet avec pont et second thème, en *ut* ; deuxième refrain, en *fa*, et deuxième couplet sur un nouveau matériau mélodique ; troisième refrain, en *fa*, et troisième couplet avec pont et second thème s'évadant dans des tonalités éloignées (*la* bémol, *mi* bémol mineur, *mi* bémol majeur) ; quatrième refrain, concluant dans la forme d'une variation ornementale. L'ensemble (deux cent quarante-deux mesures) ne se départit pas d'une aisance d'écriture et d'une humeur librement abandonnée à l'inspiration du moment. Cette exubérance spontanée, cette insouciance rare font le prix inestimable d'une telle œuvre.

Durée d'exécution : 23 minutes environ.

Sonate n° 6, en *la* majeur (op. 30, n° 1)

Les trois sonates de l'*op. 30* furent composées en 1802, autrement dit très peu de temps après les *Sonates op. 23* et *op. 24*. Les trois ouvrages, publiés en mai 1803 au Comptoir des Arts et de l'Industrie, à Vienne, furent dédiés à l'Empereur Alexandre Ier de Russie ; celui-ci ne songea à remercier le musicien qu'en 1815, par l'entremise de l'Impératrice Élisabeth, au moment du Congrès de Vienne. Mais là n'est pas l'essentiel : depuis quelques années, Beethoven, pressentait le drame de sa surdité. En 1802, il n'a plus d'espoir et l'été qu'il passe dans le silence champêtre du petit village de Heiligenstadt est celui où il lutte contre l'obsédante tentation du suicide (nous pouvons, en cette occasion, renvoyer le lecteur à toutes les biographies du compositeur, — aucune n'omettant de décrire les circonstances du « Testament de Heiligenstadt »). Les sonates de l'*op. 30* furent probablement achevées, ou presque, avant cet été dramatique ; on ne peut toutefois les écouter sans y songer. Il est à noter que le dernier mouvement écrit fut le finale du présent *op. 30 n° 1*, — que Beethoven composa pour remplacer le finale primitif, plus tard utilisé comme mouvement conclusif de la *Sonate « À Kreutzer » op. 47*. Il est à noter également que, lors de la parution des trois sonates de l'*op. 30*, l'*Allgemeine Musikalische Zeitung* passa sous silence les *n° 7* et *n° 8*, pour ne parler que de celle-ci qu'elle estima « pas tout à fait digne de Beethoven ». Aujourd'hui encore, elle est peut-être l'une des moins jouées, — ce qui ne saurait impliquer une dépréciation de ses qualités. La *Sonate op. 30 n° 1* comporte trois mouvements.

1. **Allegro** (à 3/4) : inauguré par un calme accord de *la* majeur, le premier mouvement épouse la coupe toute classique de la forme sonate à deux thèmes distincts, développement, puis réexposition. Les deux thèmes révèlent quelques inflexions mozartiennes, en particulier le second, très brillant et heureux, — ce qui ne peut manquer d'étonner. Le thème principal, cependant, est d'un lyrisme plus chaleureux, parfois inquiet, lorsque les deux instruments précipitent leur dialogue. Le développement impose essentiellement le visage radieux du thème secondaire, — avec, entre autres, ces longues tenues, *pianissimo*, du violon survolant les doux accords du piano. La réexposition est exactement semblable à l'exposition.

2. **Adagio molto espressivo** (en *ré* majeur) : le mouvement central, long de cent cinq mesures, est dans la forme lied en trois parties séparées chacune par un point d'orgue. C'est une mélodie d'une tendresse poignante qui constitue son thème principal, presque exclusivement confié au violon : thème se développant dans sa tranquillité « céleste », — le piano, à la basse, s'essayant à un contrechant tandis que la main droite impose un rythme légèrement syncopé (abondance des indications de soupirs et de contrastes *forte/piano*), telle une respiration haletant faiblement. Le thème secondaire offre une qualité « vocale » toute italienne, et les figures ornementales (triolets de croches, rythmes pointés, petites cadences) apparaissent comme autant de courts motifs destinés à enrichir la texture un peu mince du début. La conclusion, decrescendo, s'évanouit dans le silence.

3. **Allegretto con variazioni** : le mouvement final se construit sur un thème assorti de six variations, — qui sont de courtes formes sans recherches très poussées. Thème de veine populaire, une sorte d'innocence schubertienne, sur le murmure du clavier. Dans la première variation, ce thème semble se dissoudre dans les triolets tourbillonnants du piano, tandis qu'il s'étale en croches égales dans la deuxième variation, — avec les sinuosités du violon. La troisième variation semble se charger de violence, en séries de syncopes que s'alternent les deux instruments. Dans la quatrième variation piano et violon, décalés, paraissent s'interpeller sans aménité, — le violon en accords abrupts (emploi des troisième et quatrième cordes). La cinquième variation, en *la* mineur, comporte deux parties séparées par une très courte cadence *Adagio* en *si* bémol majeur (mesures 128 et 129) : le premier épisode est traité dans un style fugué ; le second est plus bref, uniquement basé sur une cellule rythmique soutenant les accords avec délicatesse. La sixième variation, enjouée (*Allegro ma non tanto* à 6/8), ramène, ainsi que la coda, au thème initial.

Durée d'exécution : 21 minutes environ.

Sonate n° 7, en *ut* mineur (op. 30 n° 2)

Ne revenons pas sur les circonstances de composition de cet *op. 20 n° 2* (voir la *Sonate n° 6*). Des trois œuvres du recueil, néanmoins, celle-ci s'avère sans doute la plus neuve, — celle qui manifeste un nouvel accomplissement personnel. Sur le plan musical, elle correspond, du reste, aux sentiments décrits par Beethoven dans sa lettre de novembre 1801 à son ami Wegeler : « Ô le monde, je voudrais l'étreindre, si j'étais délivré ! Ma jeunesse, je le sens bien, prend son essor juste maintenant... Chaque jour j'approche un peu plus du but que je sens mais que je ne peux décrire... Pas de repos ! Je veux saisir le Destin à la gueule ; il ne réussira sûrement pas à me courber tout à fait ». D'où le conflit héroïque entre une infirmité de vieillesse — la surdité — et l'enthousiasme de la jeunesse qui s'y affronte : voilà ce que reflète particulièrement cette *Sonate en* ut *mineur*. Elle est la seule des trois de l'*op. 30* à comporter quatre mouvements.

1. **Allegro con brio** (à 4/4) : si Beethoven persiste dans l'emploi de la forme sonate dans ce premier mouvement, il s'achemine vers une libération des formes en supprimant, ici, la réexposition et en introduisant un important « développement terminal » en guise de coda. Les deux thèmes concentrent l'un et l'autre toute l'énergie de l'œuvre, — ne laissant que peu de place à un troisième motif mélodique plus réservé, un peu douloureux, au violon. Le motif de tête du thème principal semble une préfiguration en mineur du motif initial de l'*Allegro vivace* de la *Huitième Symphonie* (écrite quelque dix ans plus tard) :

Cette partie de piano initiale introduit d'ores et déjà une tension suggérée par les indications de pause, ainsi que par les martèlements de noires en decrescendo. On écoute aussi une sorte de résonance du son entre les silences, puis les accords qui interviendront fortissimo, alternés par violon et piano (mesures 23 et 24). C'est à la mesure 29 que se profile le second thème, à allure de marche militaire, par le violon : il comporte trois sections distinctes, — les rythmes vifs et pointés de la première précédant une envolée de gammes en doubles croches, avant le chant plaintif du violon qu'on peut tenir pour un motif adjacent de l'exposition. C'est ce second thème qui ouvrira le développement, puis le terminera, — largement modifié à la mesure 137. Il nourrira, de même, abondamment le développement terminal (mesures 131 à 207), pour aboutir (mesures conclusives 251 à 254) à une sorte de formule cadentielle marquée de *sf* et *ff* ; deux accords brefs concluent sur la tonique.

2. **Adagio cantabile** (en *la* bémol majeur) : c'est un grand lied réparti en cinq sections, — caractérisé par la longueur et la plasticité de la ligne mélodique. Il débute au piano telle une plainte pathétique que le violon prolonge ; ce même climat persistera jusqu'à la fin, en dépit d'occasionnelles flambées de révolte (voir, par exemple, mesures 86 à 89 : escalades, *fortissimo*, de quintuples croches, sur la ponctuation de triolets de croches au violon). Les moments de délicatesse ne sont pas moins rares (par exemple, aux mesures 50-52, lorsque les deux instruments réintroduisent la mélodie initiale) ; et ces appels de cor dans une atmosphère limpide (mesures 86 et 95).

3. **Scherzo : Allegro** (en *ut* majeur, à 3/4) : ces appels de cor semblent trouver maints échos dans le brillant mouvement qui succède, bâti sur des motifs incisifs et violemment rythmés. Abondance de *sforzatos* qui doivent être exécutés avec la détermination d'une lutte contre la matière ; abondance, également, de notes piquées et de brefs coups de boutoir imposés par les appogiatures. La mélodie du trio, dans la même tonalité, représente une modification du thème du *Scherzo* : elle y prend une allure curieusement canonique (le violon, puis la main gauche au clavier). Le mouvement prend fin abruptement.

4. **Allegro** (à 2/2) : le finale tout entier, bien qu'épousant la forme sonate, semble se construire sur l'idée initiale essentiellement rythmique, répétitive (cellule de quatre noires piquées, conclues par un accord *ff*). Le climat héroïque du premier mouvement s'en trouve comme décuplé. Ce motif somme toute banal subira d'incroyables métamorphoses de timbre (roulement de « tambour » en crescendo, puissants appels de « trompette ») et de dynamique. S'en dégage une impression d'unité thématique et de souveraine économie de moyens, — comme une intensification permanente du caractère fondamentalement héroïque de la partition. Pour conclure, la coda (*Presto*), dont l'importance ne cesse de croître dans l'œuvre beethovénienne, unit en une éclatante péroraison les thèmes de victoire qu'a fait paraître, sous de multiples aspects, cet *Allegro* final.

Durée d'exécution : 26 minutes environ.

Sonate n° 8, en *sol* majeur (op. 30 n° 3)

Écrite, comme les deux autres sonates de l'*op. 30*, en 1802, contemporaine, comme elles, de la *Deuxième Symphonie*, également dédiée dès sa parution en mai 1803 à l'Empereur Alexandre 1er de Russie, cette dernière sonate du recueil ne comporte, comme la première, que trois mouvements.

1. **Allegro assai** (à 6/8) : c'est une forme sonate dont le premier thème — une sorte d'appel au bonheur — semble vouloir donner le ton à l'œuvre entière. Plein d'énergie, il débute, sur une mesure de sextolets en doubles croches, par une envolée du violon en un large ambitus culminant au *sol* aigu ; le piano, en crescendo, est à l'unisson. En l'espace de quatre mesures, nous tenons un exemple incomparable d'entrée en matière « en fanfare », à laquelle on ne résiste pas. Elle est répétée immédiatement et de façon plus convaincante encore, s'il est possible. L'idée secondaire, plus lyrique, exposée *dolce*, est précédée d'un curieux silence introduisant une légère rupture de ton. Le développement, plus court que dans la sonate précédente, semble hésiter au seuil d'un assombrissement ; mais la réexposition intervient assez vite pour rétablir le ton de l'ensemble. On retrouve, à quelques reprises, le mouvement impétueux de sextolets, — assurant une sorte de rythmique permanente (sur les deux cent deux mesures que comporte cet *Allegro*, quatre-vingt-dix-huit seulement s'en trouvent exemptes). Ce sont deux accords *piano* qui viendront conclure avec presque de l'insouciance.

2. **Tempo di Minuetto** (à 3/4, en *sol* mineur), complété par l'indication « ma molto moderato e grazioso » : en ce deuxième mouvement beaucoup plus énigmatique, semble percer l'angoisse dans laquelle Beethoven vécut alors. Il s'agit en vérité d'un tempo d'Andante (la noire à 80) dont le thème se coule dans une forme lied tripartite : thème d'une grâce un peu languide, au registre grave du violon, que soutient la main gauche du clavier, alors que la main droite ornemente rythmiquement. Compte tenu de la longueur du mouvement (cent quatre-vingt-seize mesures), l'atmosphère qu'il crée semble propice à une sorte de transe de la danse. Le thème secondaire, introduit *dolce* par le violon, n'apporte pas un contraste marqué, alors que le trio, d'allure plus populaire, semble vouloir échapper à ce climat. A la mesure 178 est formulée une dernière présentation du thème principal, fragmentée en alternance par le piano et le violon qui ne s'unissent que dans les mesures cadentielles (188 et 189), — avant la double barre finale par laquelle, sur des trilles conjugués des deux instruments, il paraît s'évanouir à distance.

3. **Allegro vivace**: le mouvement final est une sorte de perpetuum mobile, une suite de farandoles joyeuses, — que le piano conduit d'abord, tandis que le violon s'y accorde avec complicité. On éprouve, par moments (par exemple, mesures 172 à 175 avec leurs tourbillons de doubles croches dans l'intervalle de quinte sur les sforzandos de chaque premier temps) comme un tournoiement sur place, en des rythmes qui paraissent proches de ceux des danses traditionnelles russes : vraisemblable hommage de Beethoven au pays de son dédicataire. Mais l'ensemble reste dominé par un *leggieramente* consciemment prescrit par le compositeur.

Durée d'exécution : 18 minutes environ.

Sonate n° 9 en *la* majeur, « À Kreutzer » (op. 47)

La plus célèbre des dix *Sonates pour piano et violon* de Beethoven fut écrite en toute hâte à l'intention du jeune violoniste mulâtre et d'origine anglo-polonaise, George Polgreem Bridgetower, en vue d'un concert à Vienne dont la date était impérativement fixée au mois de mai 1803. Elle parut à Bonn, en 1805, chez l'éditeur Simrock (avec son numéro d'*op. 47*). Elle porta, dès cette date, la dédicace à l'« habile violoniste » français Rodolphe Kreutzer que le musicien avait rencontré à Vienne dès 1798 et tint en haute estime. Kreutzer, semble-t-il, se serait toujours refusé à jouer cette sonate — qu'il déclara « inintelligible » — en public. Cette opinion rejoignait d'ailleurs celle qui prévalait à Vienne, où l'on parla quant à cette *Neuvième Sonate* de « terrorisme musical ». La dédicace n'en demeura pas moins.

L'œuvre n'a pas été écrite d'un seul jet. Son finale appartenait originellement à la première des trois sonates de l'*op. 30* : Beethoven le trouvant trop brillant pour cette *Sonate*, l'aurait alors remplacé par l'*Allegretto con variazioni* qui achève actuellement la *Sonate n° 6* (v. plus haut) ; ce qui date la composition de la présente sonate de 1802, tandis que les deux autres mouvements sont — comme on l'a dit — de 1803. Ajoutons que la *Sonate « A Kreutzer »* se trouve, dans l'ordre de la composition, contemporaine de la *Symphonie « Héroïque »* et de la *Sonate pour piano op. 31 n° 3*. L'*Allgemeine Musikalische Zeitung* estimait que, dans l'*op. 47*, Beethoven avait « poussé le souci de l'originalité jusqu'au grotesque » ; la postérité n'a nullement ratifié un tel jugement, et ce n'est pas sans raison que l'écrivain russe Tolstoï prit l'œuvre pour symbole de la passion fatale et dévastatrice. Le musicographe français Jean Chantavoine fit plus récemment remarquer que les premier et troisième mouvements de la *Sonate « A Kreutzer »* sont « un véritable corps à corps de deux instruments ». Il ajoutait cependant, à juste titre, qu'« il faut distinguer entre l'accent et la forme, celle-ci rattachant encore Beethoven à l'art classique, celui-là le marquant du cachet romantique. La brusquerie mélodique, le rythme abrupt, l'élan, la fougue, les rafales mêmes, distinguant Beethoven parfois dès ses débuts, inquiétant Haydn dès les Trios de l'*op. 3* de 1793 »... L'œuvre comporte trois mouvements.

1. **Adagio sostenuto** (en *la* majeur, à 3/4) et **Presto** (en *la* mineur) : le bref *Adagio* forme une sorte d'introduction solennelle de vingt mesures où violon, puis piano prennent la parole sur une série d'accords. Cette introduction quelque peu dramatique prépare l'entrée des thèmes du *Presto*, — que les deux instruments vont tenter de s'arracher mutuellement. Le thème principal, d'une inspiration fougueuse, s'élance en noires piquées en un mouvement régulièrement ascendant quoique de faible ambitus, avec une sorte d'énergie rageuse :

Le contraste est marqué par le second thème plus apaisé, presque implorant, en sons soutenus ; le piano y prend un ascendant qu'il ne détenait pas jusqu'alors. La première exposition est reprise suivant le schéma habituel des premiers mouvements de sonate. Mais le développement, beaucoup plus inédit, est une véritable *Durchführung* beethovénienne dans laquelle l'invention se donne libre cours. Le morceau entier n'en reste pas moins « coordonné » par une idée mélodique centrale, très dramatique, directement dérivée du thème principal. La coda (à partir d'un accord *sforzando piano*) accentuera encore ce dramatisme en une longue séquence de figures en octaves passant du piano au pianissimo, pour atteindre le fortissimo.

2. **Andante con variazioni** (en *fa* majeur, à 2/4). Le thème, syncopé, est un véritable lied d'une cinquantaine de mesures, énoncé d'abord par le piano en un épanchement tout intérieur auquel le violon ne participera qu'à la mesure 8 :

L'ensemble apporte une détente poétique que laissait à peine présager le mouvement précédent. Avant tout commentaire original, nous ferons état des quelques remarques formulées par André Boucourechliev* : « Dans la Sonate "A Kreutzer"... l'*Andante con variazioni* peut être considéré comme un modèle très pur de la variation « figurative ». Si l'on prend ce terme non dans son acception musicale courante..., mais dans le sens que lui donne la peinture moderne, un des traits essentiels de l'évolution beethovénienne peut vite apparaître. En effet, c'est d'abord la ressemblance au modèle initial, préservée tout au long du mouvement, qui caractérise les variations de cet *op. 47*. Dans la première variation, le thème, presque semblable à lui-même, est exposé au piano, l'élément ornemental est confié au violon ; dans la seconde, la situation est inversée : le violon déroule le thème, orné, le piano se limitant à un discret accompagnement. Les rôles sont partagés dans la troisième, le thème se schématise davantage, la métamorphose est plus sensible ; la quatrième variation, après un retour au thème, s'épanouit dans une conclusion très schumannienne, et s'estompe dans un climat de recueillement ». Ajoutons quelques indications plus techniques : si la première variation impose une sorte d'exercice de virtuosité au piano, le violon s'effaçant en un murmure de triolets presque monotone, c'est à ce dernier que la seconde variation semble réserver quelques difficultés (usage de la corde de *mi*) en un jeu ininterrompu de triples croches piquées montant jusqu'au *fa* aigu. La troisième variation (en mineur), plus équitable envers les deux instruments, se dramatise presque à l'excès : le thème, en effet, se schématise ainsi que le soulignait notre commentateur. La quatrième variation, qui tourne au *fa* majeur et qui est la plus longue, apporte encore un éclairage nouveau du thème, — alors que l'importante coda, d'où ce thème ressort finalement brisé (intrications rythmiques, longs passages en trilles, parcours simultanés de larges intervalles, emploi du registre aigu au violon), achèvera cet *Andante* dans le pianissimo, aux registres opposés de chaque instrument.

* A. Boucourechliev, *Beethoven* (Éd. du Seuil, Paris, 1963).

3. **Finale : Presto** (à 6/8) : conçu primitivement — comme on l'a vu — pour la *Sixième Sonate*, il est dans une forme sonate ouverte par un thème en contrepoint au piano et au violon, thème opiniâtre, rarement interrompu, — tel un mouvement de tarentelle ; il semble, dès l'abord, une réminiscence de la lente introduction de l'œuvre, réduite ici à un accord inaugural, fortissimo, de *la* majeur. Puis c'est une reprise vertigineuse du corps à corps antérieur entre les deux instruments. Au premier thème, d'une rythmique caractérisée par des successions de valeurs longue/brève (noire/croche) se substituera, en guide de détente, une idée secondaire, plus spirituelle ; motif ascendant, qui ne renie rien de la formule rythmique précédente :

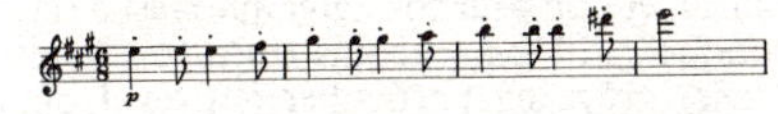

Le développement est vaste, multiple au point de vue rythmique. Une phrase ralentie — *Adagio* —, reprise par deux fois, précède l'extraordinaire coda concluant magistralement un duel incessant, presque épique, entre les deux partenaires.

Durée d'exécution : 34 minutes environ.

Sonate n° 10, en *sol* majeur (op. 96)

C'est en 1816 seulement que fut publiée, chez l'éditeur Steiner de Vienne, la dixième et dernière *Sonate pour violon et piano*. Composée en 1812, et exécutée au cours d'un concert le 29 décembre de cette même année, l'œuvre avait été dédiée par Beethoven à l'archiduc Rodolphe, son élève. 1812 : depuis neuf ans Beethoven avait abandonné le genre, et n'y devait jamais plus revenir durant les quinze années qu'il lui restait à vivre. 1812 : année de la *Septième Symphonie* (achevée le 13 mai) et de la *Huitième* (achevée en octobre). Été 1812, enfin : saison de la lettre à « l'Immortelle Bien-Aimée » (sans doute Joséphine von Brunsvik), — avec la certitude d'un amour partagé et l'espoir — éphémère — d'une vie commune. Ces éléments aident à comprendre l'esprit de cette *Sonate* qui semble marquer un retour à des formes anciennes, et qui n'est pas la moins belle des dix. Elle est en quatre mouvements.

1. **Allegro moderato** (à 3/4) : après l'affranchissement de la forme rencontré dans d'autres œuvres, c'est ici la forme sonate qui reprend ses droits, en sa coupe à deux thèmes. Assujettissement tout volontaire à un cadre dont la convention se brise définitivement sous l'emprise de la profondeur de pensée. Le premier thème, tel un chant d'oiseau, prend son envol à partir d'un trille échangé, à l'octave, entre violon et piano :

Les deux instruments s'élancent avec détermination : ce chant, à la fois tendre et libéré, dominera, en de multiples combinaisons, ce premier mouvement tout entier. Un rythme léger, rapide, de triolets (rythme ïambique) s'en empare (mesures 33 et suivantes), sous-tend le second thème (mesure 41) qui reste dans le même esprit heureux ; il persistera jusqu'à la fin de l'exposition. Le motif initial, quelque peu interrogateur, s'installe au piano dans la première partie du développement qui est presque entièrement construite sur la figure mélodique en notes détachées, apparue avec l'énoncé du second thème. La réexposition emprunte pour l'essentiel le parcours de l'exposition elle-même. On perçoit dans la coda une nuance d'anxiété, d'interrogation apparue déjà au tout début du développement.

2. **Adagio espressivo** (en *mi* bémol majeur) : c'est une forme lied en quatre sections, sorte de « rêverie » amoureuse dans laquelle s'intensifie l'expression. On est immédiatement saisi par l'extension de la ligne mélodique, *mezza voce*, en une double exposition (mesure 1, puis mesure 38) ; la seconde présentation, avec indication *semplice*, fait la preuve d'un dépouillement, d'une économie stylistique incomparable. Les parties de chaque instrument n'en sont pas moins chargées de motifs ornementaux (trémolos en tierces/secondes, et formules de petits arpègements, figures de quartolets, etc.). La « rêverie » sera soudain brisée par les exclamations intempestives de la fête paysanne dont s'emplit le *Scherzo* suivant.

3. **Scherzo** (*Allegro*, à 3/4) : en *sol* mineur, il enchaîne sans discontinuité, avec une sorte de danse rustique, très rythmée (accentuations *sfp* des deux mains au clavier) ; semble flotter ici un parfum de valse viennoise qui, pour la première fois, nous montre le visage d'un Beethoven « descriptif ». À la mesure 33, le trio, conservant le 3/4 initial, crée une ambiance un peu différente : d'une joie plus factice, en longs traits — *dolce* — du violon montant vers l'aigu

sur la scansion à trois temps, plus terrestre, du piano. Reprise toute classique du *Scherzo*, et coda en *sol* majeur, accélérée progressivement, et terminant « en fanfare ».

4. Poco Allegretto (à 2/4) : de veine également populaire, le mouvement final est un rondo de forme très libre, largement constitué par une suite de variations sur un thème du folklore allemand, une simple comptine ressassant le même motif sur deux mesures. Les quatre premières variations sont quelque peu « déboutonnées » (suivant une expression couramment employée par Beethoven dans ses instants de bonne humeur). La première variation (mesure 33) n'est qu'une présentation adoucie, étale du thème ; avec la seconde variation (mesure 48) s'impose un rythme de triolets, tandis que la mélodie, ornée de trilles, alterne en double voix. Des formules syncopées dominent une partie de la variation suivante (voir mesure 82), tandis qu'à la mesure 113 des accords *forte* inaugurent de fluides cascades de doubles croches, *dolce*. La cinquième variation (*Adagio espressivo* à 6/8) prend un caractère tout différent, dans un style *improvisando* plus ornemental (mesures 148 et suivantes), à partir de volubiles chromatisations du piano, puis au violon, qui prennent l'allure de cadences ; cette variation révèle cependant un caractère plus intime. Le thème initial se trouve redit, par fragments, dans la variation suivante en *mi* bémol majeur (mesure 169). Puis c'est l'irruption d'un *Allegro*, où l'on retrouve le *sol* majeur, et qui développe à nouveau le thème de façon prismatique entre les instruments. Un passage pianissimo, chromatisé, précède la septième variation de style fugué, — tandis que la huitième indique le retour définitif au thème folklorique, ici plus rapide que dans son exposé. Une dernière fois il réapparaît en un bref interlude *Poco adagio*, et huit mesures de *Presto* viennent conclure — en triomphe — avec un violon exubérant sur les basses du piano.

Citons rapidement, pour compléter cette analyse, ce bref commentaire d'André Boucourechliev : « Les variations de la *Dixième Sonate*... constituent le point culminant de l'œuvre. Ici, ce n'est plus le contour qui change, mais toute la structure du modèle, dont les relations internes constituent seules le lien entre ses successives interprétations. Les rappels explicites du thème alternent avec ses aspects éloignés ; les changements de tempi, les brusques arrêts et les silences, très beethovéniens, caractérisent l'œuvre, une des plus personnelles de cette époque. »

Durée d'exécution : 27 minutes environ.

LES SONATES POUR VIOLONCELLE ET PIANO

De brèves considérations d'ensemble s'imposent avant toute analyse sous ce chapitre. Il est notable, en effet, que ni Mozart, ni Haydn n'avaient composé de sonates pour piano et violoncelle. À l'extrême fin du XVIIIe siècle, le violoncelle venait seulement de s'affranchir de son rôle traditionnel d'instrument de continuo pour revendiquer ses droits en tant qu'instrument soliste, et l'on peut constater que c'est à cette époque qu'il avait acquis ses titres de virtuose, grâce en particulier à Bréval, aux Duport, ou à Boccherini. Les Sonates de Beethoven furent donc, pratiquement, les premières œuvres importantes dans cette formation comportant, non seulement une partie de piano entièrement écrite, mais inaugurant l'ère de la sonate romantique avec violoncelle et sa construction incluant notamment de vastes introductions *Adagio*. Dès lors, c'est dans les *Sonates pour violoncelle* que l'on observe la liberté avec laquelle Beethoven traite la sonate en tant que forme : remarquons, par exemple, que seule la *5e* et dernière *Sonate* possède un véritable mouvement lent à la place attendue, alors que, dans les *2e* et *4e Sonates*, la lente introduction est bien davantage qu'un simple préambule, mais un mouvement en soi, dans sa propre tonalité, affirmant en outre les intentions dramatiques de chaque œuvre. Incidemment, rappelons que Beethoven apprit le violon, mais jamais le violoncelle : ainsi n'a-t-il écrit aucun concerto pour l'instrument (bien qu'il faille noter que le *Triple Concerto* de 1805 associa le violoncelle au violon et au piano).

Sonate n° 1, en *fa* majeur (op. 5 n° 1)

Beethoven a vingt-six ans lorsqu'il dédie, en 1796 (un an après les premières sonates pour piano de l'*op. 2*), au roi de Prusse Frédéric-Guillaume II les deux sonates de l'*op. 5*. Les circonstances de composition de ces Sonates « pour clavecin ou pianoforte avec violoncelle obligé » nous ont été rapportées par Ries : à l'occasion de son voyage à Berlin en juin 1796, le compositeur joua quelquefois à la cour, devant le roi ; ce fut là qu'il composa pour Duport, premier violoncelliste du roi, et pour le roi lui-même, les deux œuvres dont on présume qu'elles furent jouées publiquement au plus tard en juillet de la même année. Leur publication interviendrait en janvier 1797 chez Artaria, à Vienne. En fait d'*Adagio*, l'*op. n° 1* (comme, du reste, le *n° 2*) n'offre que l'introduction de son premier *Allegro*, — auquel succède un autre *Allegro* de tempo différent. D'emblée se manifeste un esprit symphonique du dialogue, ainsi qu'une écriture instrumentale virtuose, — surtout au piano.

1. Adagio sostenuto-Allegro : la longue, vaste introduction lente, de caractère rhapsodique, de sentiment chaleureux, fait paraître un premier thème énergique au piano, puis répété au violoncelle chantant largement. Après un arrêt, le violoncelle expose le second thème de ce qui devient l'*Allegro* : thème alerte, syncopé, avec un piano plus « décoratif ». Malgré une phrase d'ouverture suggérant une tonalité éloignée, il s'affirme dans le ton attendu d'*ut* majeur (dominante du ton principal). L'exposition est achevée sur de larges et lourds accords : la double barre indique une reprise. La partie développement commence avec le premier thème dans la tonalité fraîche, vivifiante, de *la* majeur : de façon transitoire seulement, car le retour des deux thèmes, atteignant une culmination dramatique, a lieu en *fa* majeur (récapitulation). Faisant fonction de très ample coda, s'instaure un important « développement terminal » incluant, solennellement, plusieurs mesures de l'*Adagio* initial, avant un bref *Presto* et la référence conclusive au thème principal dans sa tonalité (*Tempo I*).

2. Allegro vivace : aucun mouvement lent intermédiaire, donc. Ce qui suit est un finale en forme de rondo alerte. Le thème-refrain, sur une formule rythmique très caractéristique (trois brèves — une longue), se présente au violoncelle avec un piano plus lié en petites notes ; il apparaît d'ailleurs couramment, mais non toujours, en imitations entre les deux instruments. Les couplets — ou ce qui en fait fonction — sont de nature plus mélodique par séquences répétitives ; noter, en particulier, la séquence avec le violoncelle en basse de musette. C'est un court *Adagio*, en longues tenues ralentissant le mouvement, qui ouvre la rapide coda dans laquelle se répercute un écho du thème-refrain, pour conclure avec énergie et brillant.

Durée d'exécution : 22 minutes environ.

Sonate n° 2, en *sol* mineur (op. 5 n° 2)

Nous ne revenons pas sur les circonstances de composition et de création de l'œuvre (v. précédemment). Nous rencontrons ici une structure assez particulière en trois mouvements faisant précéder les deux *Allegros* d'un *Adagio* qui — comme on l'a dit — possède sa complète autonomie. A l'exception du finale, l'œuvre est pleine de gravité, d'un sentiment parfois douloureux.

1. Adagio sostenuto ed espressivo : ce lent et pathétique premier mouvement constitue donc plus qu'une introduction au mouvement suivant, — avec sa double barre finale et sa tonalité indépendante. Le caractère rhapsodique est accentué, et les sonorités instrumentales pleinement assumées. L'entrée en matière a lieu sur un double accord tenu du violoncelle, — le piano répondant en rythmes pointés. Le thème est chanté avec grand lyrisme au violoncelle, le piano répétant sa phrase rythmique à l'unisson de son partenaire ; puis le violoncelle domine en expressifs sforzandos, le piano se contentant d'accompagner. Jusqu'à la fin se remarque, au piano, l'insistant *mi* bémol de la main droite contre le *ré* à l'octave, de la main gauche : procédé harmonique employé avec une implacable efficacité (Schubert s'en souviendra dans son *Erlkönig*). Quelques accords espacés, d'immenses silences forment une transition avec l'*Allegro* suivant.

2. Allegro molto, più tosto presto : la forme en est assez inusuelle. L'exposition, en premier lieu, fait paraître trois idées principales : le thème initial, sur vingt-six mesures, se déploie avec un violoncelle persuasif, presque véhément (en *sol* mineur). L'exposition des deux autres thèmes, en revanche, exigera non moins de quatre-vingt-quinze mesures susceptibles de les différencier nettement : second thème ondoyant au violoncelle, sur les triolets d'un piano vif-argent (*sol* mineur, comme le thème antécédent) ; troisième thème (*si* bémol majeur) s'affirmant d'abord contre une longue note tenue à l'aigu du violoncelle, puis affectant un dramatisme coupé de pauses interrogatives, — avant la conclusion de cette exposition sur quatre accords identiques. Il y a, normalement, reprise. Le bref développement est principalement fondé sur le second thème. Puis, après quelques mesures d'un piano seul, réexposition des trois idées successivement, — cette fois en *sol* mineur, puis *mi* bémol majeur, enfin *sol* majeur. Nouvelle culmination dramatique, avec les quatre accords répétés (en *sol* mineur). On assiste enfin à un nouveau développement — « terminal » — dans la tonalité de *sol* majeur, alors que le mouvement proprement dit semblait achevé : le thème initial reparaît, hésitant, en rythmes brisés, avant de conclure lui-même.

3. **Rondo (Allegro)** : de construction moins élaborée que dans l'*Allegro* précédent, avouant quelques gaucheries ou conventions, le rondo final utilise à cinq reprises un thème-refrain d'un élan joyeux, rythmiquement « typé » en ses trois notes piquées ascendantes que complète une sorte de ritournelle. Les couplets sont assez fondus dans l'ensemble, — apparaissant seulement comme des variations où brille le plus souvent un violoncelle agile. On notera surtout les changements harmoniques apportés par les dernières résurgences du thème-refrain. On notera également, vers la fin du mouvement, la simplification hardie du thème au violoncelle : simplification qui ne peut que suggérer la comparaison, dans sa nature et dans sa réalisation, avec le rondo final du futur *Concerto pour piano n° 4*, de 1807.

Durée d'exécution : 23 minutes environ.

Sonate n° 3, en *la* majeur (op. 69)

Ses dates de composition, 1807-1808, correspondent à une époque de maturation extrêmement féconde (les années, en particulier, des *4e, 5e* et *6e Symphonies*), — celles appelées aussi « seconde période stylistique ». L'œuvre fut dédiée au baron Ignatz von Gleichenstein, originaire de Fribourg-en-Brisgau. Il semble qu'elle ait été jouée pour la première fois avec Joseph Linke au violoncelle et Czerny au piano. La publication en eut lieu en 1809, à Leipzig, par Breitkopf et Härtel. Reproduisons ici deux opinions complémentaires : « La *Sonate op. 69* a la force, l'économie et l'invention originales des œuvres de la maturité. Cela dit, si ce ton est d'une rare vigueur, le compositeur n'y fait nullement éclater le cadre de la sonate ainsi qu'il l'a déjà fait par ailleurs dans ses œuvres pour piano ou quatuors à cordes » (Claude Rostand*). D'autre part : « Les solutions trouvées dans l'*op. 69* aux problèmes d'échelle, de sonorité relative et d'équilibre entre les deux instruments apparaissent comme une réalisation aussi importante que l'originalité et la qualité des idées purement musicales » (Lewis Lockwood*).

Ajoutons qu'à l'inverse des deux sonates précédentes, l'*op. 69* s'ouvre directement par un *Allegro* et que lui fait défaut un véritable mouvement lent. Elle abandonne également le discours pathétique des deux premières sonates ainsi que les conflits thématiques, en faveur d'une respiration plus naturelle, d'un lyrisme tendre qui lui confèrent son cachet particulier. Nul doute que la proximité de la *Symphonie « Pastorale »* (*op. 68*) n'y soit sensible.

1. **Allegro ma non tanto** : « Du mouvement d'ouverture, l'on peut dire... qu'entre bien d'autres premiers mouvements de Beethoven celui de cette Sonate s'est fondu en un monologue expressif de la plus poignante beauté. » Ce jugement de Jean Witold n'a pas perdu sa pertinence. Comme dans le second mouvement de la sonate précédente, l'on reconnaît trois thèmes principaux. Le premier est immédiatement abordé par le violoncelle à découvert en un *dolce* mélodique :

Nous sommes en *la* majeur ; mais sur un point d'orgue du violoncelle (*mi*) a lieu la réponse du piano conduisant à une petite cadence ; un conséquent en *la* mineur amène, en modulant, le second thème en *mi* bémol majeur : celui-ci, énergique, est présenté par le piano. Quelques mesures en pizzicato du violoncelle précèdent l'énoncé de la troisième idée en *mi* majeur. L'exposition, qui doit être reprise, est close aussitôt après. Le développement est inauguré par une figure ascendante en notes lentes sur la basse répétitive, obsessionnelle, du piano. Diverses tonalités seront effleurées avant la récapitulation ramenant les trois thèmes, — tous en *la* majeur. Importante coda basée sur le premier thème.

2. **Scherzo : Allegro molto** (en *la* mineur) : il possède ce caractère « beethovénien » que les autres sonates, en leurs mouvements équivalents, ne présentent pas. La forme est A B A B A, plus coda. Les

* In : *Histoire de la musique* (Encyclopédie de la Pléiade, Gallimard, Paris, 1963).

* Cité par Maynard Solomon, in : *Beethoven* (Éd. Lattès, Paris, 1985).

sections B constrastent par leur tonalité majeure (*la* majeur); l'alternance répétée entre majeur et mineur produit donc un effet intéressant. De même, de par leur caractère pastoral, les sections B prennent-elles l'allure de brefs trios.

3. Adagio cantabile (en *mi* majeur) : mouvement lent extrêmement court, dans lequel piano, puis violoncelle donnent le ton. A peine s'offre-t-il le temps d'une effusion : après dix-neuf mesures, c'est l'*Allegro* final.

4. Allegro vivace : selon l'esprit général de l'œuvre, le caractère mélodique domine. L'exposition fait paraître deux thèmes principaux, à peine antinomiques, tandis que développement et réexposition se révèlent aussi réguliers que remarquablement concis. Cependant, une longue coda fait figure de « développement terminal » apportant une consolidation du premier sujet.

Durée d'exécution : 26 minutes environ.

Sonate n° 4, en *ut* majeur (op. 102 n° 1)

« Dans l'évolution de Beethoven, nous constatons une tension entre le désir de ne pas abandonner les formes classiques reçues et le besoin rebelle de les dissoudre, ou au moins de les remodeler. Cette tension,... c'est après 1815 qu'elle apparaît au grand jour. Les formes classiques restent la pierre de touche à laquelle il retourne inévitablement après chacune de ses incursions (de plus en plus hardies) dans les régions expérimentales. Les formes traditionnelles sont tacitement minées... dans les *Sonates op. 101* et *op. 102* de 1815-1816, ouvrant doucement la porte au romantisme ». Cette excellente appréciation de Maynard Solomon* nous ouvre également la porte d'une assez brève analyse de cette *freie Sonate* (« Sonate libre »), tel que le manuscrit en porta la mention. Si les deux sonates de l'*op. 102* inaugurent la dernière période créatrice du compositeur, elles correspondent à une courte époque où il composa peu : la célébrité était atteinte, les huit premières symphonies achevées, la *9e* ne serait entreprise qu'en 1817. Les deux ouvrages, écrits à l'attention de Joseph Linke, violoncelliste du Quatuor Schuppanzigh, furent dédiés à la comtesse Marie Erdödy, chez qui Beethoven vécut un temps. Leur publication intervint en 1817, chez Simrock (Bonn et Cologne : selon une note de Beethoven, il est possible qu'il ait donné son manuscrit à graver en même temps et ailleurs que chez cet éditeur). Nous ignorons tout des circonstances de leur création, mais nous connaissons la réaction de l'*Allgemeine Musikalische Zeitung* : « Elles appartiennent au goût le plus inaccoutumé et le plus étrange... Nous n'avons jamais pu prendre goût aux deux Sonates : mais ces compositions sont peut-être un chaînon nécessaire dans les créations de Beethoven pour nous conduire là où la main sûre du maître voulait nous mener »... Écrite dans un style succinct, maniant la litote, dissimulant les sentiments profonds sous des apparences fantasques, la *Sonate op. 102 n° 1* est indiquée comme devant être jouée d'un seul tenant, — et qui corresponde le mieux à ses formes épurées comme à sa thématique concise. Les parties de développement sont brèves ; et aussi peut-on dire que sa configuration générale rappelle, de même que les dernières œuvres de Beethoven, la sonate baroque du XVIIIe siècle.

1. Andante : mouvement court mais indépendant, dans sa propre tonalité ; les linéaments en reparaîtront plus tard. Les deux instruments s'équilibrent en une harmonisation fluide. On ne s'y départit pas du ton d'*ut* majeur, — qui reste celui de la calme conclusion, avant la soudaine irruption de l'*Allegro* suivant.

2. Allegro vivace : il est au relatif *la* mineur. Il emprunte une forme sonate libre à deux thèmes marquant, très manifestement, une « distanciation » par rapport à toute donnée subjective. Après la réexposition, c'est un « développement terminal » qui tiendra lieu de vaste coda. C'est à la fin de ce mouvement qu'apparaît la seule rupture évidente dans la continuité de l'œuvre. Quant à la thématique, elle s'appuie uniformément sur un rythme énergiquement pointé (longue-brève) qui assure une impulsion très « symphonique » (cette remarque ne s'appliquera pas moins au second *Allegro* de conclusion).

3. Adagio : il est court et d'allure rhapsodique ; il offre un rappel du thème de l'*Andante* initial, quoique modifié du point de vue harmonique. Sur un trille conjugué des deux instruments, on pénètre directement dans la partie finale.

4. Allegro vivace : mouvement de structure polyphonique, dans lequel l'hésitation feinte de son début laisse présager une forte concentration des idées musicales. On peut songer, de même, à l'amorce du finale

* *Op. cit.*

de la *1re Symphonie*. C'est aussi l'introduction du finale de la *9e Symphonie* qui se fait évoquer, avec semblable rappel du thème initial de l'ouvrage. L'exposition conduit régulièrement d'*ut* majeur vers *sol* majeur. C'est sur un soudain *mi* bémol grave, isolé, que le violoncelle instaure un bourdon de basse continue, sur lequel les indécisions initiales se reflètent à nouveau. S'impose un motif rythmique, en soubassement : brève-brève-longue. Il y aura une réexposition complète du contenu thématique, terminant en *ut* majeur. Mais comme au finale de la *Sonate n° 2* antérieure, nous n'aurons droit là qu'à une fausse sortie : le violoncelle réinstallera les basses, et le discours se prolongera jusqu'à ce que le thème d'ouverture s'affirme finalement en octaves, avec une puissance presque incontrôlée. Digne conclusion « sublimée » d'une œuvre de pleine maturité.

Durée d'exécution : 15 minutes environ.

Sonate n° 5, en *ré* majeur (op. 102 n° 2)

Écrite en 1815, et dédiée, comme la précédente, à la comtesse Marie Erdödy, la *Sonate en* ré *majeur* fut éditée également par Simrock, à Bonn, en 1817. Nous savons qu'elle fit grande impression par la fugue de son *Allegro* final, — indiscutable préfiguration de la fugue de la *Sonate pour piano op. 106* : « Fantastique aventure dans un style qui marque profondément les dernières œuvres de Beethoven » (André Boucourechliev). A Schindler, qui lui avouait un jour ne pas bien comprendre encore le fugato de la *Sonate op. 102 n° 2*, Beethoven — très conscient qu'il créait pour l'avenir — répondit : « ça viendra ! ». On peut néanmoins ajouter que cette fugue n'était pas un événement musical isolé, mais une première expression de ce qui serait, pendant les dix dernières années de la vie du compositeur, une véritable obsession contrapuntique. L'œuvre comporte trois mouvements.

1. Allegro con brio : il est dans la forme sonate, avec un contraste marqué entre les deux thèmes principaux. Le premier, d'allure énergique, procède par brusques sauts dès les premières mesures, et par figures mélodiques rapides ; le second, plus doux, en legato, amorcé au violoncelle dans un registre aigu, — avec une phrase brève, en écho, au piano. Comme à son habitude, Beethoven développe considérablement ce matériel thématique assez simple, mais en contrepoint serré, souvent merveilleusement subtil. La réexposition s'accompagne d'un « développement terminal » que conclura un double accord de dominante-tonique.

2. Adagio con molto sentimento d'affetto : la forme est assez librement rhapsodique. Le discours accorde, dans l'ensemble, la prééminence au violoncelle. C'est d'abord une introduction grave, plutôt solennelle, par l'instrument à archet sur des accords doux et lents du piano (en *ré* mineur). Puis on aborde, en *ré* majeur, une partie plus gracieuse et fluide. Le thème d'introduction est alors repris sous des formes variées et plus agitées. Se remarque, en particulier, un épisode d'une grande richesse dynamique et sonore, — avec des séparations de phrases introduites par des interjections du violoncelle. Une brève section en *si* bémol majeur, en style de variation très lente, mystérieuse, conduira sans interruption vers le troisième mouvement, — sans que puisse disparaître le souvenir de cet *Adagio* parfaitement épanoui, à la fois noble, mobile et plein d'émotions. C'est presque à regret que Beethoven semble l'avoir quitté.

3. Allegro-Allegro fugato : piano et violoncelle occupent chacun son registre, à l'octave. C'est de ce duo que surgira le sujet de la fugue qui termine l'œuvre, — le violoncelle s'adjugeant la « voix » la plus éloquente, et le piano les trois autres, dans son développement contrapuntique. Cette fugue, dont le tempo ne se ralentira qu'une fois, présente un caractère de superbe improvisation. Après une pause, en effet, le violoncelle à découvert, dans un registre central élevé, énonce une figure inédite de quatre notes : mais sans insister. Le sujet de la fugue est repris et sera maintenu dans sa plus vigoureuse expression jusqu'à la double barre finale.

Durée d'exécution : 18 minutes environ.

LES TRIOS À CORDES

Les cinq *Trios à cordes* sont tous de la plume du jeune compositeur, et ne peuvent figurer parmi ses partitions majeures. Il faut toutefois distinguer — quant à l'écriture, quant à la pensée musicale — entre les deux premiers, non exempts de convention, et le groupe des trois derniers (*op. 9*) qui font sûrement la preuve d'une plus grande liberté et d'audaces non éloignées de celles rencontrées dans les *Trios avec piano* (v. plus loin).

La formation instrumentale est uniformément : un violon, un alto, un violoncelle.

Trio n° 1, en *mi* bémol majeur (op. 3)

Sa première rédaction peut être datée de 1792, à Bonn ; mais l'œuvre, publiée seulement en février 1797 à Vienne, chez Artaria, fut entièrement refondue au cours de l'année 1796 (avec une dédicace à la comtesse de Browne). Elle aurait constitué d'abord un essai infructueux de quatuor, pour répondre à une commande du comte Apponyi : dès lors, on peut imaginer qu'elle fait l'économie, dans l'équilibre des voix instrumentales, du second violon. Formellement, elle emprunte au divertimento et à la sonate, — un peu comme, chez Mozart, le *Trio à cordes K.563* (v. l'œuvre), dont elle semble se réclamer. On compte en effet six mouvements — ou parties — se succédant librement.

Le premier est un *Allegro con brio* à 4/4, dans la forme sonate, comportant un premier thème d'accents énergiques, et un second thème plus chantant, néanmoins plein de force. L'*Andante* en *si* bémol qui suit (à 3/8) prend un insistant appui sur un motif rythmique en staccato de quatre notes — trois brèves, une longue — qui annonce, avec une singulière prescience, le thème initial, très fameux, de la *Cinquième Symphonie en* ut *mineur*. Le bref *Menuetto (Allegretto)*, bien rythmé, comprend un charmant trio en *la* bémol majeur ; lui succèdent un *Adagio* (*la* bémol également) très ornementé, puis de nouveau un *Menuetto moderato* dansant dont se remarque un épisode en *ut* mineur dans le style d'une musette, conforme à l'esprit de la suite instrumentale. C'est enfin le ton initial de *mi* bémol qui domine le *Rondo-Allegro* final (à 2/4), plus développé, non dépourvu de pathos, mais qui conclut avec une certaine puissance.

Durée d'exécution : 40 minutes environ.

Trio n° 2 en *ré* majeur, « Sérénade » (op. 8)

Ce trio est à distinguer de la seconde *Sérénade op. 25* écrite pour flûte, violon et alto, également dans le ton de *ré* majeur (v. plus loin). Ainsi l'appelle-t-on parfois « Première Sérénade », — ce qui n'est pas injuste en raison de son aspect formel ressortissant au divertimento, comme à la cassation... « Les *Sérénades* composées par Beethoven pourraient être considérées comme des œuvres mineures, n'était leur originalité. Dans ces petits divertissements, Beethoven renoue avec une tradition où Mozart, avant lui, était passé maître, et il le fait non seulement en respectant l'esprit de la sérénade, mais en servant celle-ci avec finesse, grâce, élégance et fantaisie » (Jean Witold)*. La partition fut publiée par Artaria, à Vienne, en octobre 1797 avec le numéro d'*op. 8* ; mais il est vraisemblable que sa composition fut entreprise à l'époque de Bonn (on a acquis la certitude que celle de l'*Andante* doit être datée de 1795). En 1803, Beethoven tirera de l'œuvre un arrangement sous forme de *Notturno* pour piano-forte et alto (*op. 42*).

C'est un bref *Allegro* (indiqué *Marcia*) qui inaugure la « Sérénade », enchaînant rapidement sur un serein *Adagio* à 3/4. On remarquera notamment les belles sonorités de « harpe », en arpèges, du violoncelle. Un petit *Menuetto* succède, vigoureux d'abord, puis d'une grâce plus adoucie et dansante en son trio central. Une coda en pizzicato amène le mouvement suivant fondé sur l'alternance d'un *Adagio*, dans un *ré* mineur assez âpre, et d'un *Scherzo (Allegro molto)* en *ré* majeur, clair et voletant dans sa course rapide de croches. Tout se termine avec l'*Adagio*, élégiaque, mourant dans un pianissimo. Nouveau contraste apporté par l'*Allegretto alla Polacca* (à 3/4) qui suit, dans la tonalité de *fa* majeur, puis d'un *Andante quasi Allegretto* variant quatre fois un thème d'une grâce toute mozartienne. Ce même thème nourrit un preste *Allegro* à 6/8 et un bel *Andante* à 2/4 qui fait office de conclusion sur un rappel, sans transition, du rythme de marche introductif de l'œuvre.

Durée d'exécution : 29 minutes environ.

Trio n° 3, en *sol* majeur (op. 9 n° 1)

Du groupe des trois *Trios* formant l'*op. 9* (numéro d'opus porté dès leur publication commune par Traëg, à Vienne, en juillet 1798), voici le premier, — qui n'est pas le moins intéressant : il marque un net enrichissement de la matière musicale par rapport aux deux trios antérieurs, et il est significatif que le compositeur ait considéré l'ensemble comme « la meilleure de ses œuvres » à l'époque. La lettre-dédicace adressée au comte Johann Georg von Browne en fait foi, non sans un peu d'emphase : « Monsieur. L'auteur, vivement

* In : *Beethoven* (Hachette, Paris, 1961).

pénétré de votre munificence aussi délicate que libérale, se réjouit de pouvoir le dire au monde, en vous dédiant cette œuvre. Si les productions de l'art, que vous honorez de votre protection en connaisseur, dépendaient moins de l'inspiration du génie que de la bonne volonté de faire de son mieux, l'auteur aurait la satisfaction très désirée d'offrir la meilleure de ses œuvres au premier mécène de sa muse. » Les dates de composition sont difficiles à déterminer précisément : les premières esquisses remontent à 1796, mais on n'en sait guère plus sur leur élaboration et leur achèvement.

La division en quatre mouvements est nettement mieux définie qu'antérieurement. Pour ce qui concerne cet *op. 9 n° 1*, elle est la suivante : *Adagio — Allegro con brio* ; *Adagio ma non tanto e cantabile* ; *Scherzo* ; *Presto*. Comme l'*op. 9 n° 2*, mais à l'inverse de l'*op. 9 n° 3* (v. plus loin), ce trio se signale par sa luxuriance expressive.

1. Adagio-allegro con brio : le court *Adagio* introductif, quasi pathétique (fortissimo) en son accord de *sol* majeur douloureusement arraché au *si* mineur initial sur un unisono enfin apaisé, s'épanouit pianissimo, — faisant paraître un motif conducteur en tant qu'amorce du thème principal de l'*Allegro con brio* qui enchaîne ; ce motif semble définir le caractère entier de l'œuvre, — délié, quelque peu dansant sur sa figure régulière de croches entrecoupées de silences :

Mais il s'élargit aussitôt de *f* à *ff*, en de très larges intervalles (sauts de double octave), suscitant un surprenant effet dramatique, de nature conflictuelle. Le violoncelle domine mélodiquement et ramène à la tonique, — avant qu'un énergique motif adjacent ne s'introduise en un *la* majeur plein de véhémence, puis, soudain, ne se brise. C'est alors que, en un staccato pianissimo, surgit le second thème (*ré* mineur), de caractère lyrique :

Modulation vers *fa* majeur, puis retour en un *ré* mineur, très mystérieux, antithétique de la tonalité principale. Développement tendu et largement modulant (*si* bémol majeur, *sol* mineur, *mi* bémol majeur notamment), — dans lequel les thèmes se combinent, se combattent avec la plus grande conviction. Réexposition à peu près régulière.

2. Adagio ma non tanto e cantabile (en *mi* majeur) : le mouvement lent est indiqué à 3/4, mais l'écriture en triolets et sextolets — dans un tempo d'Andante — impose manifestement une mesure à 9/8. Le thème principal, exprimé d'abord au violon, est calmement chantant. Il passe au violoncelle, avant que ne s'insinue, plaintivement, un motif secondaire au violon (*ut* dièse mineur). Vient un éclaircissement rapide en *si* majeur, dont naît un développement dont la dynamique s'accommode au mieux d'une partie de violoncelle singulièrement expressive, au tout premier plan. Retour au thème principal et à son tempo, — avec une conclusion paisible.

3. Scherzo (Allegro) : d'un style uni, de coupe ternaire, il se déroule dans l'esprit du menuet à trio central. Les parties extrêmes apparaissent finement ciselées, — avec un délicat renversement de la tête du thème, dévolu au violoncelle, dans lequel l'alto intervient en contrepoint. La partie centrale (*ut* majeur) prend appui sur un motif marqué à quatre temps. D'abondantes modulations, richement colorées, font aborder les tonalités de *ré* mineur, puis de *fa* majeur, et, plus loin, sur un rappel du motif central, de *la* mineur ; succèdera encore un *mi* mineur conduisant au *sol* majeur conclusif de la partie principale du scherzo.

4. Presto : l'œuvre se termine non pas sur l'habituelle forme de rondo, mais en un mouvement de sonate. Par son caractère détendu, parfois « bon enfant », ce finale apparaît assez antinomique du reste de la partition. Son thème principal est preste, d'une agilité espiègle (en staccato), en opposition à un thème secondaire beaucoup plus gracieux. Le développement fait apparaître également une idée mélodique très prenante, dans le clair-obscur d'un *si* bémol majeur inattendu ; une autre idée, par unisson du trio instrumental, s'élargit en une vaste séquence. La coda adopte une sorte de perpetuum mobile exploitant le thème principal, amplifié, et achevant l'œuvre en un joyeux tourbillon.

Durée d'exécution : 24 minutes environ.

Trio n° 4, en *ré* majeur (op. 9 n° 2)

Les dates de composition (esquisses, puis achèvement) sont identiques à celles du *Trio* antécédent : 1796-1798. Le dédicataire fut le même, le comte de Browne, ainsi que la date de publication (juillet 1798, chez Traëg, à Vienne). Le caractère général — à l'exception, sans doute, du finale — est celui d'une idylle délicatement évoquée, dans un ton assez intime. Il y a quatre mouvements.

1. Allegretto (à 2/4) : il prend la place, significativement, de l'*Allegro con brio* du trio précédent. Les deux thèmes principaux en sont uniformément lyriques, avec un motif secondaire plus détendu, s'exaltant peu à peu d'accents plus passionnés. Mais, dans l'ensemble, cette entrée en matière demeure assez anodine.

2. Andante «quasi Allegretto» (à 6/8) : le tempo est voisin de celui du mouvement antérieur, et son *ré* mineur ne représente qu'une minorisation de la tonalité principale. Se substituant au traditionnel mouvement lent, il déplace ainsi l'équilibre classique. Il n'en est pas moins très attachant : « romance » d'un sentiment un peu mélancolique, — dont le thème débute par une sombre phrase trouvant une réponse plus claire en *fa* majeur. C'est ensuite un retour à l'ombreux *sol* mineur, et, par deux fois, une chute mélodique vers un *ré* mineur un peu douloureux. Un intermède élégiaque (*la* mineur) amène un thème secondaire très expressif : d'abord avec le violoncelle jouant très lié, dans la nuance *piano* ; puis en octaves par le violon et l'alto. L'ample développement, non moins séduisant, se partage entre les deux thèmes, — avant d'achever *pp* en *ré* mineur.

3. Menuetto (Allegro) : souple mouvement de menuet, découpé en périodes mélodiques que séparent de petites pauses ; le trait dominant est celui d'une élégance un peu froide. Heureux contraste d'un trio central plus lyrique, en staccato.

4. Rondo-Allegro (à 4/4) : le mouvement conclusif est essentiellement rythmique, dans un style « musikant », — autrement dit assez populaire, comme de place publique. Le thème-refrain, en effet, se remarque par son caractère presque improvisé, d'une grande fraîcheur, donnant d'abord la prééminence au violoncelle, avant que ne fusent les répliques à l'octave du violon, à la basse de l'alto. De légères accentuations font place progressivement à des sforzatos de plus en plus passionnés. Le thème secondaire, en revanche, plein de retards et d'errances chromatiques, forme un parfait contraste, — quoique n'effaçant pas complètement l'impression d'intimisme que donnait l'ensemble des mouvements précédents.

Durée d'exécution : 24 minutes environ.

Trio n° 5, en *ut* mineur (op. 9 n° 3)

1796-1798 : bien évidemment, même époque de composition que celle des *op. 9 n° 1* et *n° 2* ; même dédicataire ; même éditeur (juillet 1798, par Traëg, à Vienne). L'œuvre, que dominent un sombre pathos, un sentiment de souffrance, est, à l'inverse des deux précédentes, extrêmement condensée ; par sa tonalité d'*ut* mineur, elle semble aspirer déjà à la logique implacable qui caractérisera les compositions symphoniques dans cette même tonalité. Il faut noter, en tout état de cause, que Beethoven ne reviendra plus, par la suite, au trio à cordes, — sans doute en raison de la supériorité, tant sonore que structurelle, du quatuor à cordes (celui-ci finissant par se substituer à toute autre formation de musique de chambre). Le *Trio à cordes n° 5*, s'il fut bien accueilli par le public jeune de l'époque, ne suscita guère l'admiration des partisans de Haydn. Pour l'anecdote, rapportons le propos de Dolezzalek racontant qu'il venait d'exécuter la partition en présence de Haydn, et comment Kozeluch, un autre musicien, la lui arracha pour la piétiner et apostropher Haydn : « N'est-ce pas, papa, nous l'aurions fait autrement ? » ; et Haydn de répondre, en riant : « Oui, "nous" l'aurions fait autrement ! » L'œuvre comporte quatre mouvements.

1. Allegro con spirito (à 6/8) : mouvement inaugural extrêmement dramatique, dont l'entrée en matière, sombrement dépressive, avec sa quarte descendante en crescendo, amorce le thème principal :

Celui-ci, en un unisono *piano*, tombe à la dominante, puis passe au violon, qui se hausse lui-même par bonds successifs en un ambitus de deux octaves, puis revient, en un parcours de doubles croches, à la tonique. Tandis que ce « prélude » s'évanouit en contre-chant, une sorte de cadence se constitue sur le thème qui, tumultueusement, se répétera, cette fois *forte*, avant un accord brisé. Pause au violon sur un appel lyrique, légèrement harmonisé en *la* bémol majeur : ainsi paraît le thème secondaire, en un effet de contraste saisissant, avec toute sa douceur opposée aux farouches accents du thème principal. Mais, avant même la fin de l'exposition, revient un assombrissement, en puissantes montées d'accords. C'est cependant une éclaircie de *mi* bémol majeur qui précède le développement. Dès lors, le thème principal prend une puissance quasi démoniaque, et tous les motifs semblent emportés dans des tourbillons de tempête, pour terminer en un apaisement, *pp*, d'*ut* mineur. Une véritable élaboration — *Durchführung* —, dans laquelle les thèmes paraissent devenir étrangers à eux-mêmes, distend la forme et admet une omission de la reprise. L'importance coda, sur la tête du thème principal évoluant du *pp* au *forte* et culminant en une conclusion d'*ut* mineur, affiche une sorte de pessimisme passionné.

2. Adagio con espressione (en *ut* majeur, à 4/4) : le thème principal, mélodique et concertant à travers tous les registres instrumentaux, effleure, dès les premières mesures, les tonalités d'*ut* majeur, de *ré* mineur, de *sol* majeur, de *la* mineur, de *sol* majeur encore, puis d'*ut* mineur, de *la* bémol majeur, et de nouveau *sol* majeur ; passage fréquent — on l'aura constaté — par la dominante, justifiant un parcours tonal aussi aventureux. Apparaissent de puissants et profonds contre-chants, d'une intensité toute « romantique ». Par contraste, charmant thème secondaire dans lequel l'alto chante en canon sur le violon, — en séquences irisées de *sol* majeur sur *la* mineur, puis *si* mineur, et *ut* majeur débouchant enfin sur *ré* majeur... Sans transition, par enharmonie, le thème principal atteint mystérieusement *mi* bémol majeur : il prend alors une nouvelle impulsion sur des rythmes pointés. Ainsi le mouvement atteint-il son « essence » mélodico-rythmique, — grâce à quoi le thème peut s'agrémenter de très fines ornementations. Par l'intermédiaire d'une cadence mélodique plusieurs fois répétée, on parvient à une sorte de paix.

3. Scherzo, Allegro molto vivace (à 6/8) : en *ut* mineur (nouvelle minorisation de la tonalité précédente), c'est une sorte de « jeu » effréné, sans répit, sur un rythme puissant aux accentuations syncopées. L'épisode central, en un *ut* majeur un peu pâle, est introduit et tenu dans la nuance *pp*, — qui forme contraste.

4. Presto : finale tempétueux répudiant la forme rondo traditionnelle, et qui se construit en deux parties clairement distinctes avec des éléments de mouvement de sonate. Mouvement adoptant un brio un peu factice, comparativement à l'esprit des mouvements précédents. La coda évoluera vers *ut* majeur en de lumineuses figures, dans la nuance *pp*, — pour clore la partition en une évanescente légèreté.

Durée d'exécution : 23 minutes environ.

LES TRIOS POUR PIANO ET CORDES

Trio n° 1, en *mi* bémol majeur (op. 1 n° 1)

C'est le premier des trois *Trios* (piano, violon et violoncelle) que Beethoven écrivit — sans qu'on ait de certitude absolue sur les dates — de 1793 au plus tôt à 1795 au plus tard. Tous trois furent dédiés au prince Karl von Lischnowsky. Tous trois devaient être publiés en octobre 1795 chez Artaria, à Vienne. Du point de vue de la forme, ils marquèrent une innovation typiquement beethovénienne : l'introduction du *Scherzo* entre l'*Adagio* et le finale, — en lieu et place du *Menuet* déjà désuet. Nous savons également (d'après les souvenirs de Ries) qu'ils firent « grande sensation » lors de leur création chez le prince Lischnowsky, en présence de Haydn. Comme ses successeurs, le *Trio n° 1* offre quatre mouvements d'une égale longueur (en moyenne, onze cents mesures par trio). Remarquons d'autre part, après André Boucourechliev, que « les figures stylistiques, les éléments partiels d'une syntaxe, les techniques d'écriture transmises par Haydn et Mozart apparaissent d'emblée profondément modifiés dans leur mise en œuvre ». En cela, les *Trios op. 1* apparaissent comme de dignes pendants des sonates et quatuors de la même époque.

Le thème initial de l'**Allegro** à 4/4 fait un « mélange de styles » empruntant autant à Haydn qu'à Mozart, mais déjà très beethovénien par ses affirmations d'accords impérieux (*forte*) ; les envolées de croches, en notes piquées vers la sous-dominante (*la* bémol majeur), induisent, par contraste, une profonde tension. Plus loin, le thème secondaire permettra le retour de la mélodie du thème principal dans un doux *sol* mineur, — accentuant l'antinomie thématique, qu'on ne percevait pas jusque-là. Il y a également des idées adjacentes formant contraste, ainsi, au terme de l'exposition, qu'un motif de coda vigoureux qui, dans le développement, jouera un rôle puissant. Les mouvements lents se présentent couramment comme resserrés sur eux-mêmes, se suffisant mélodiquement. Ici, au contraire, l'**Adagio cantabile** (*la* bémol majeur) affirme un grand déploiement de tension intérieure, — telle une poussée élémentaire, tellurique, vers la clarté et la vie, à la tierce supérieure *ut* majeur.

Il en est un peu de même du **SCHERZO (ALLEGRO ASSAI)** (à 3/4, en *ut* mineur), assez normalement construit, mais d'une substance musicale un peu inattendue. Son thème débute en unisono dans le région d'*ut* mineur non dépourvue d'ambiguïté (plusieurs bécarrisations) :

Malgré les accords plaqués, la mélodie s'alanguit en valeurs longues, puis se transforme, avec l'entrée de contre-chants, en *si* bémol majeur, — cette tonalité s'affirmant avec force à plusieurs reprises. De tels changements abrupts, de climats brouillés et d'atmosphères plus réalistes, confèrent son caractère original à ce mouvement. Le finale **PRESTO** est plein d'élan, — avec un thème d'une efficacité remarquable, puis un développement dont la fantaisie ne constitue pas le moindre attrait de cette partition encore inaboutie.

Durée d'exécution : 30 minutes environ.

Trio n° 2, en *sol* majeur (op. 1 n° 2)

Des trois *Trios* de l'*op. 1*, il fut vraisemblablement le premier esquissé, à Bonn, pour être repris en 1793 et achevé, au plus tard, en 1795. Il porte la même dédicace au prince Karl von Lichnowsky, — chez qui il fut créé (en présence de Haydn). Il fut publié, comme les deux autres, en octobre 1795, par Artaria, à Vienne. Il y a quatre mouvements.

Le mouvement initial présente un **ADAGIO** à 3/4 en tant qu'introduction très libre dans laquelle le thème principal est préfiguré, en style concertant, aux mesures 2 et 3. Ce thème, sur lequel débute l'**ALLEGRO VIVACE** à 2/4, part de la septième de dominante et évolue, non sans caprices, vers la tonique; c'est à la tierce inférieure qu'il répète un motif enjoué, piquant :

Le thème secondaire apparaît non moins gracieux, par séquences successives, avec des motifs adjacents d'une grande fraîcheur, habilement variés. Le mouvement suivant est un **LARGO CON ESPRESSIONE** (à 6/8, en *mi* majeur), dont on retrouvera quelque peu le sentiment nostalgique dans la *Deuxième Symphonie*. Il s'agit, à n'en pas douter, d'un des plus beaux mouvements lents qu'ait écrits Beethoven. Le thème, présenté *piano*, s'imprègne de la « sentimentalité » légèrement fébrile d'un *Impromptu* schubertien : alternance serrée de croches pointées et de doubles croches, fluidité un peu nerveuse, comme inquiète. Il se développe expressivement au clavier, effectue avec aisance un parcours tonal aboutissant à une cadence mélodique. S'amorce un développement : répétition du thème avec les cordes sur une idée dérivée amenant un thème secondaire plus clair, — alors que demeure présent un motif-noyau du thème principal amplifié. La conclusion sera toute de paix.

Succèdent un **SCHERZO (ALLEGRO)** extrêmement alerte dont le thème trouvera une libre réponse, en guise de trio, en *si* mineur, et un finale (**PRESTO**) très joyeux retrouvant la légèreté, toute la fantaisie de l'*Allegro* initial.

Durée d'exécution : 32 minutes environ.

Trio n° 3, en *ut* mineur (op. 1 n° 3)

De composition simultanée à celle des *op. 1 n° 1* et *n° 2* (1793-1795), dédié comme ceux-ci au prince Karl von Lichnowsky, cet *op. 1 n° 3* reste le plus connu du recueil, et l'un des meilleurs ouvrages de jeunesse de Beethoven. Ainsi le compositeur le considérait-il, également, comme le meilleur des trois *Trios op. 1*. Cependant, lors de la création chez le prince Lichnowsky, Haydn aurait conseillé au jeune musicien de ne pas publier celui-ci : Beethoven en aurait pris ombrage, et on aurait accrédité l'idée que Haydn, jaloux, ne lui voulait pas que du bien. L'œuvre comporte quatre mouvements.

Un **ALLEGRO CON BRIO** (à 3/4) ouvre l'œuvre non sans éclat. Le trois temps du motif de tête du thème principal provoque un unisson de tous les instruments, très coulants, sur un thème « décoratif » dont le conséquent se répète pianissimo aux registres aigus. Il fait place à une phrase d'un sentiment douloureux (mesures 7 à 10), qui est une libre variante au clavier du motif initial, ponctuée de silences expressifs. Un contre-chant lyrique du violon refrène le *con brio* et confère à l'ensemble le caractère d'un Adagio. La structure de l'*Allegro* proprement dit découle d'une forme sonate à deux thèmes, avec idées secondaires, développement et reprise. Au premier groupe thématique appartient un motif agité, répétitif, en notes piquées « monotones », — avant une coda étendue, répétée en *mi* bémol majeur (violoncelle) ; paraîtra d'autre part un second thème secondaire dans un fluide *mi* bémol également, de signification plus épisodique. Le développement prend appui sur le premier groupe thématique (cellule initiale du thème principal), pour s'amplifier et atteindre une grande intensité lyrique. La coda terminale, tourmentée, à partir du motif « monotone » en notes piquées, s'élève et apporte au mouvement une énergique conclusion en mineur.

L'**ANDANTE CANTABILE CON VARIAZIONE** qui fait suite se constitue d'un beau thème-lied assorti de cinq variations qui répètent obstinément ce thème, avec une coda pleine de chaleur. La facture d'ensemble reste un peu décevante, sans particularités très notables.

C'est un **MENUETTO QUASI ALLEGRO** (*ut* mineur) qui enchaîne : authentique scherzo, avec d'abrupts changements d'humeur ; il sombre, en notes descendantes, dans une certaine mélancolie. Mais le trio (*ut* majeur), fort capricieux, dégage beaucoup de charme.

Le finale est un **PRESTISSIMO** (*ut* mineur), qui reprend l'esquisse du *Menuet* de l'*Octuor op. 103* (v. cette œuvre). C'est à son propos — de même qu'à celui de l'initial *Allegro* — que peut être rappelé ce jugement de Nigel Fortune* selon qui l'*op. 1 n° 3* serait « l'œuvre de Beethoven qui a le plus marqué son époque par son extension à un drame tonal étendu, intensifié par la nature du matériau, par le jeu des contrastes dynamiques et par la création d'un élan ». On retrouve la tonalité principale en une introduction « pathétique », — telle que celle du premier mouvement. Après une pause, entre le thème proprement dit, d'une motricité exceptionnelle (notes égales formant un court dessin répété à intervalle de seconde, de façon quasi mimétique) :

Le mouvement s'anime cependant d'accents dramatiques, — avant l'apparition d'un thème secondaire de nature hymnique, se déployant par larges courbes. La coda présentera une évolution vers *ut* majeur, et s'éteindra doucement dans cette tonalité.

Durée d'exécution : 26 minutes environ.

Trio n° 4, en *si* bémol majeur (op. 11)

Il fut écrit primitivement pour piano, clarinette et violoncelle, puis c'est le violon qui vint remplacer l'instrument à vent ; on peut encore jouer cette partition dans ces deux formations. Elle fut composée en 1798, dédiée à la comtesse von Thun, exécutée en séance privée (date indéterminée) chez le comte de Fries, enfin publiée en octobre 1798 chez Mollo, à Vienne. C'est à propos d'une audition de ce *Trio* qu'en mars 1799 le critique de l'*Allgemeine Musikalische Zeitung* put estimer que Beethoven pourrait « donner beaucoup de bonnes choses » s'il acceptait d'écrire « avec plus de naturel que de recherche ». L'œuvre comporte trois mouvements, — le scherzo étant omis.

Après un **ALLEGRO CON BRIO** virtuose et pathétique, vient un **ADAGIO CON ESPRESSIONE** dont le thème unique est conduit par le violoncelle, — qui se tient dans les limites d'un *cantabile* plus efficace que véritablement ressenti. C'est à coup sûr le mouvement conclusif qui offre le plus grand intérêt. Il s'agit d'un **TEMA CON VARIAZIONI** en forme d'*Allegretto* suivi de neuf variations, ainsi que d'un petit *Allegro* en guise de coda. Le thème fut emprunté par Beethoven à l'opéra de Joseph Weigl *le Corsaire par amour*, représenté en octobre 1797 à Vienne : le prétexte proprement dit en est un air guilleret (« Pria ch'io l'impegno »), ainsi transcrit par Beethoven :

Les premières variations constituent de simples élaborations libres de ce thème, mais la neuvième variation présente soudain un intérêt plus considérable de par son élaboration canonique : d'abord avec le piano aux registres soprano et basse à l'octave, puis le violon et le violoncelle qu'accompagne le clavier. Le court *Allegro* conclusif se divertit avec le thème par brefs motifs fragmentés... Selon Czerny, Beethoven aurait plus tard regretté de n'avoir pas complété sa partition par un finale enchaînant sur ces variations.

Durée d'exécution : 22 minutes environ.

* Cité par Maynard Solomon, *Ibid.*

Trio n° 5 (« Geister-Trio »), en *ré* majeur (op. 70 n° 1)

Écrit en 1808, terminé peut-être au tout début de 1809, cet *op. 70 n° 1* fut dédié à la comtesse Marie von Erdödy. L'archiduc Rodolphe aurait souhaité en recevoir la dédicace : Beethoven le dédommagea, deux ans plus tard, en lui offrant celle du *Trio op. 97* (le fameux « Trio à l'Archiduc »). Il fut publié, avec l'*op. 70 n° 2*, en août 1809 par Breitkopf et Härtel, à Leipzig. Il est intéressant de rapporter ici l'opinion d'un E.T.A. Hoffmann expliquant que ces œuvres nouvelles fournissent la preuve que « Beethoven porte au fond de son âme l'esprit romantique de la musique » et sait l'exprimer « de façon à la fois hautement géniale et réfléchie », — ajoutant que cet *op. 70 n° 1* « est, en un langage sublime, l'expression d'une joie sereine venue d'un monde inconnu ». Mais il est non moins utile de citer un Jean Witold, qui s'exprima ainsi sur l'*op. 70* : « Ces deux Trios, non par leur forme ni par leur structure externe mais par leur substance, doivent être mis en une place à part dans toute sa production et, personnellement, nous leur accordons un rang privilégié. Ils dépassent de loin, en substance, les aimables assauts d'éloquence ou de virtuosité d'œuvres similaires, les plaisirs de la musique intime et même le travail seulement bien fait »... « Trio des esprits » (ou encore « Trio des fantômes ») : ce *Geister-Trio* tire son titre du thème du *Largo* médian, emprunté à un projet inabouti (quelques idées notées sur un cahier d'esquisses de 1808) pour une scène de sorcières dans un *Macbeth*, pièce de J. Heinrich von Collin. Il y a trois mouvements.

1. Allegro vivace con brio (à 3/4) : le mouvement initial est caractérisé par l'extrême diversité d'une écriture ne renonçant à aucun effet de dramatisation. Il est bâti sur deux thèmes bien différenciés. Le premier s'élève énergiquement, *ff*, en unisson des instruments :

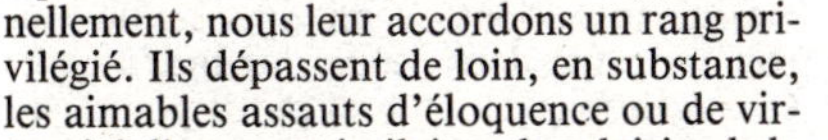

Il s'élance, léger et bondissant, après avoir atteint rapidement le *forte* à la dominante de *si* bémol majeur, en répliques instrumentales. Ici résonne un staccato du quatuor, — avec seulement le violoncelle en *forte*, puis diminuendo. A la mesure 6, se fait entendre distinctement à la basse du clavier le ton de *si* bémol : l'on tient là un bon exemple de « dynamique » beethovénienne, d'esprit symphonique. Fait contraste le second thème, *dolce*, très lyrique (en *ré* majeur) : c'est ce second thème qui possède la véritable ardeur généralement impartie au premier, avec le violoncelle d'abord, puis le violon, plus tard le piano provoquant un changement inattendu d'atmosphère, passionnée. L'ensemble du mouvement donne lieu à une conduite polyphonique, avec l'alternance permanente de culminations dramatiques, de retraits *ppp*, de fugitives effusions *cantabile*. Les seules reprises textuelles prennent place dans la coda précédant le développement et à la fin de la récapitulation, — qui (tout comme le développement) est répétée ! La coda conclusive, commencée *pp dolce*, débouche sur une paire de mesures puissantes, dans lesquelles retentit avec clarté le motif initial, *fortissimo*.

2. Largo assai ed espressivo (en *ré* mineur, à 2/4) : centre de gravité de l'œuvre, c'est une pièce « nocturne », une cantilène mélancolique sans forme très définie, aux contours anguleux et d'un sentiment indécis. Le tissu harmonique tend vers un univers « impressionniste » de couleurs changeantes, de reflets fugaces caractérisant aussi bien la question, aux cordes, que la réponse, au piano, du thème mélodique : celui-ci constitue l'unique motif de quelques notes (deux mesures) fournissant toute la substance thématique, et formant écho au motif initial du premier mouvement, qui a quitté ici sa fierté héroïque. Seul le petit dessin de triolets de la réponse au piano (seconde mesure) semble apporter un frémissement de lumière, ainsi qu'une palpitation rythmique. Aux mesures 3 et 4, un accord altéré (bémolisation de *la*, sur le *si* bémol à la clef) revêt la même signification. Sur *fa* majeur, le discours évolue de même manière vers un retour à *ré* mineur. Élargissement du thème (sur des indications de *crescendo*, de *rinforzando*) : plusieurs questions chaleureuses, et culmination *ff* sur un accord altéré violent, — qui s'épuise par deux fois à la basse du clavier en diminuendo. La seconde « partie » commence, à peine perceptible (*pp*), dans les sombres trémolos du piano. Le motif erre aux cordes. Cette fois, évolution vers des teintes très mystérieuses et un pâle *ut* majeur ; un court, intensif conduit amène de nouveau *ré* mineur. Puis, sur deux vagues sonores, le motif se déplace sans but, d'un instrument à un autre, avant de sombrer. A partir de trémolos, « série » chromatique sur quatre octaves en diminuendo, — avant que

tout ne se dissipe dans le bruissement nocturne.

3. **Presto-Finale** (à 4/4, en *ré* majeur) : retour à la clarté diurne et à l'animation conquérante du premier mouvement. Cependant, dès l'énoncé du thème principal,

intervient une subite modification vers *fa* dièse majeur, avec point d'orgue et tendance à un profil plus mélodique. Plus loin, le thème ne retrouvera pas la tonique, mais restera (de nouveau sur point d'orgue) sans « issue » en un accord de septième de dominante. Présenté *dolce*, le thème secondaire s'enrobe de beaucoup plus de grâce, quoique brisé, lui aussi, de soudaines césures. L'ensemble du mouvement, néanmoins, demeure d'une rythmique aisée, et le crescendo de la péroraison marque une affirmation de triomphe.

Durée d'exécution : 28 minutes environ.

Trio n° 6, en *mi* bémol majeur (op. 70 n° 2)

Il date, lui aussi, de l'année 1808, au plus tard du tout début 1809. Il fut également dédié à la comtesse Marie Erdödy, pour laquelle le musicien éprouva plus une amitié passionnée qu'un véritable amour, mais en qui il trouva une merveilleuse auditrice. La publication eut lieu en août 1809 par Breitkopf et Härtel, à Leipzig. Czerny affirme que dans le finale (partie centrale en *sol* majeur), Beethoven aurait utilisé des mélodies populaires croates entendues en Hongrie. Il nous demeure évident que, de même que l'*op. 70 n° 1*, cet *op. 70 n° 2*, également d'une grande vigueur et d'une certaine beauté d'inspiration, n'atteint pas toute la force des œuvres contemporaines. Sur le plan de l'écriture, les innovations sont d'ailleurs rarement originales. On peut remarquer que l'atmosphère des tempos modérés fait songer à Schubert, — quoi qu'il n'y ait pas de mouvement lent proprement dit. Certains commentateurs y ont décelé pour leur part une sorte de retour à la simplicité haydnienne. Il y a quatre mouvements.

1. **Poco sostenuto** (à 4/4) - **Allegro ma non troppo** (à 6/8) : le *poco sostenuto* ne forme qu'une introduction permettant de présenter le thème en canon, dans un calme recueillement, par violoncelle, violon et piano entrant successivement ; chapelet de trilles au piano. Le thème principal de l'*Allegro*, mi-enjoué, mi-héroïque, surgit dans son élan chaleureux sur un motif trillé (en *mi* bémol) :

Une idée secondaire est atteinte, — dérivée du thème de l'introduction : ce répondant est une ligne mélodique un peu mélancolique. Les archets s'opposent, tant mélodiquement que rythmiquement, aux « couplets » du clavier. Après la reprise, résonne une partie de l'introduction canonique (4/4), en guise de réminiscence (*Tempo primo* introduit en récitatif au piano). Puis une gracieuse coda à 6/8, construite à partir du motif trillé du thème principal, conclut ce mouvement très aisé.

2. **Allegretto** : il est en deux parties, l'une en *ut* majeur, l'autre en *ut* mineur, — donnant lieu à des variations distinctes dans la manière d'un rondo. L'épisode en majeur, insouciant, se voit opposer un couplet (mineur) dans lequel les instruments échangent par jeu un bref motif pointé, au martèlement obsédant, apportant le caractère d'un scherzo. Les sections en sont plus ou moins « variées » à chaque répétition, — bien que la petite figure rythmique — un « cri de caille » — paraisse envahir tout le morceau.

3. **Allegretto ma non troppo** (en *la* bémol, à 3/4) : deux parties de lied, — dont la première sur un mouvement coulant de croches, adoptant la forme d'une aimable survivance de Menuet en trois sections ; la seconde, en échanges mélodiques des cordes et du piano, s'articule en « périodes » librement enchaînées et, par des modulations *ppp*, revient à la première partie. Ce mouvement — « pur cantique de ferveur » (Roger Tellart) — fait transition vers le finale.

4. **Allegro-Finale** : son thème enjoué entre en « dansant » sur les pointes (*p dolce*), en un élan irrésistible. Motif secondaire, — l'un en « marche » prompte, l'autre plus lyrique, aérien. Tout respire la joie, en parcours virtuoses de doubles croches et d'accords péremptoires, en grands traits d'archet. On obtient, à la fin, un paroxysme de vie rythmique : celle-ci se brise sur les trois derniers accords.

Durée d'exécution : 26 minutes environ.

Trio n° 7 (« À l'Archiduc »), en *si* bémol majeur (op. 97)

Ce très important trio à cordes, ébauché en 1810, fut écrit entre le 3 et le 26 mars 1811 (il suivit donc de peu le *Onzième Quatuor à cordes*). Son sous-titre provient de la dédicace adressée à l'archiduc Rodolphe d'Autriche, — lequel s'était ému de ne pas recevoir la dédicace du *Cinquième Trio* (v. plus haut). La première audition privée en eut lieu lors d'une soirée de musique de chambre organisée par Schuppanzigh le 11 avril 1814, à Vienne : Schuppanzigh lui-même était au violon, Linke au violoncelle, le compositeur au piano. La création publique se fit peu après, en mai 1814, au Prater : ce fut la dernière apparition du compositeur comme pianiste. La partition fut éditée en décembre 1816, à Vienne, par Steiner. Le *Trio op. 97* « constitue la page véritablement exceptionnelle du groupe. Non que, là encore, Beethoven fasse preuve d'initiatives singulières sur le plan de la forme ou de l'écriture ; mais son inspiration y est littéralement sublime, et sa fantaisie inventive aux points de vue thématique, tonal et harmonique y est digne de ses plus grands chefs-d'œuvre » (Claude Rostand)*. Comme tel, il est vrai, il a servi de modèle et de référence absolue dans le genre à tout le XIXe siècle. Caractérisons encore de peu de mots cette œuvre inscrite manifestement dans l'orbite des *Septième* et *Huitième Symphonies* : formes larges dans une architecture solide et puissante, thèmes burinés soumis à d'intenses polyphonies, couleurs sonores très éclatantes et nuancées à la fois, — ainsi peuvent se résumer de très essentielles qualités. Ajoutons que la partition comporte douze cents mesures. Il y a quatre mouvements.

1. ALLEGRO MODERATO (à 4/4) : d'après Schindler, Beethoven aurait déclaré : « Le premier morceau ne rêve que de bonheur et de contentement. Il y a là aussi de l'espièglerie, un serein badinage et du caprice... ». C'est une forme sonate bithématique, avec développement central, qui s'impose. Le thème principal, extrêmement connu,

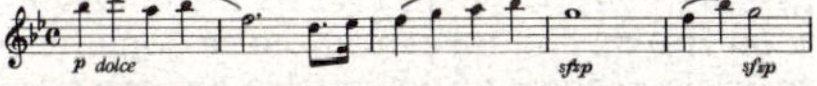

se constitue de groupes lapidaires et symétriques ; il est introduit *dolce* au clavier avec ampleur et noblesse, monte en crescendo (mesure 7) sur une double trille, aborde *fa* majeur, aboutit enfin (mesure 8) à un puissant accord sur lequel entrent les cordes (le violoncelle d'abord, en *cantabile*) ; retour vers *si* bémol majeur, et c'est alors le violon qui s'empare du thème. Le thème secondaire, qui évoluera dans le ton de *sol* majeur, présente une fermeté comparable, en trois longues phrases. Le développement, lui aussi, semble adopter de parfaites symétries en trois « périodes » d'activation rythmique, entrecoupées de repos, comme autant d'incidentes. La très brillante partie de piano rehausse de couleurs changeantes la matière sonore. On assiste à un retour supplémentaire, quasi mnémonique, du thème principal juste avant la conclusion, — selon un procédé couramment mis en œuvre par Beethoven après Mozart.

2. SCHERZO-ALLEGRO (en *si* bémol majeur) : il se développe sur un thème d'une grande simplicité, d'une grâce un peu fantomatique. Il « danse » dans sa tonalité d'origine, au violoncelle à découvert, — tandis que le violon le conduit, comme en spirales, vers le ton de la dominante *fa* majeur. Dès les huit mesures suivantes, on revient au *si* bémol majeur. Grâce à lui, le thème prend son poids, se colore avec le piano, bientôt en accompagnement régulier de pizzicatos des cordes. Puis débute un joyeux dialogue avec le thème, allégeant à nouveau le scherzo, avec de très vives accentuations. Le trio (qui n'est pas nommément désigné) permet un libre échange d'idées avec le scherzo : alternance de ténébreux chromatismes, pleins d'élan, en écriture canonique, et d'invites à la « danse », — avec une culmination de fanfares (dans un très clair *mi* majeur). Achèvement par un bref retour des idées principales du scherzo et du trio : la coda est en effet traversée par les chromatismes du trio, et débouche sur un rappel *pp* du thème principal, presque immobile, et qui s'envole vers *si* bémol en staccato.

3. ANDANTE CANTABILE MA PERO CON MOTO (en *ré* majeur) : c'est un thème et variations, constituant le moment le plus significatif de l'œuvre. « Dans le troisième mouvement, le bonheur se métamorphose en émotion, souffrance, prière... L'*Andante*, je le considère comme l'idéal le plus élevé de la sainteté et de la divinité. Ici les mots ne signifient plus rien, ce sont de mauvais serviteurs de la parole divine, la musique l'exprime » (Beethoven à Schindler). Le thème utilisé se révèle d'une intimité

* C. Rostand, *op. cit.*

toute lyrique, en deux sections répétées. Enchaîne une série de quatre variations avec « développement terminal » (ou cinquième variation) — dont on remarquera la gradation progressive de vitesse. C'est à André Boucourechliev* que nous empruntons, pour une large part, le commentaire de ces variations : « Entre la variation "physique" qui modifie l'image d'un thème, et celle qu'on peut appeler "chimique", qui attaque en profondeur sa substance même, l'*Andante* du *Trio op. 97* représente une étape très importante. Dans la première variation, tous les instruments semblent "accompagner" quelque chose, mais quoi ? C'est l'ombre du thème, qui peu à peu s'épaissit dans la trame, émerge dans notre conscience. De même dans la seconde variation où nous retrouvons, dans un développement purement linéaire, à la fois ses caractères mélodiques et ses changements harmoniques. Dans le champ de contrastes rythmiques (doubles croches — triolets) de la troisième variation, le thème se devine plutôt qu'il ne se découvre, à travers ses harmonies. Ce sont ses durées, sa périodicité caractéristique qui se transforment dans la quatrième variation ; le temps y apparaît beaucoup plus étalé, en longues plages. La cinquième joue un rôle de reprise ; pourtant c'est celle où les liens apparents avec l'"original" sont presque complètement abandonnés. » C'est, en effet, un « développement terminal » plein d'altérations tonales disloquant le thème qui, cependant, dans les dernières mesures évoluant vers *si* bémol majeur et débouchant sans fracture dans le finale, va résonner une fois encore dans toute sa fermeté. La conclusion, à la tonique, le verra s'effacer avant le mouvement final.

4. Allegro moderato-Presto : il s'agit d'une forme mixte rondo-sonate, dont chaque idée offre une forte caractérisation rythmique. Au début, domine un ton léger et dansant (à 2/4), — avant plus de fougue empruntant à la substance thématique des mouvements antérieurs. Un diminuendo amène, sur *pp*, la tonalité de *la* majeur par laquelle s'inaugure le *Presto* (à 6/8) : moyennant cette brève incursion dans une tonalité éloignée, le thème-refrain se transforme rythmiquement en tarentelle ; trilles scintillants du clavier, avant qu'on ne débouche en une course échevelée vers *si* bémol majeur. Toute la puissance déployée tournera court, alors, dans les mesures terminales (cadence), — avant que tout ne s'achève en tourbillon.

Durée moyenne d'exécution : 41-43 minutes.

* A. Boucourechliev, *op. cit.*

Le « cycle » des *Trios avec piano* se clôt avec l'*Archiduc*. Le **Trio n° 8 en *si* bémol majeur** (*WoO 39*, ou *op. posth. 154*), dédié à Maximiliane Brentano, porte la date précise du 26 juin 1812, mais ne fut publié quand 1830 par Dunst, à Francfort. Il ne comporte qu'un seul mouvement *Allegretto* d'un charmant enjouement, sans prétention aucune (environ 5 minutes d'exécution). Le **Trio n° 9 en *mi* bémol majeur** (*WoO 38*), de publication posthume, est une partition de jeunesse (vers 1790-1791). Beethoven aurait dit de l'ouvrage, à Schindler, qu'il était « l'un de ses essais les plus hauts de composition dans le style libre ». Mais on a rapporté aussi qu'après avoir eu l'intention de l'introduire dans l'*op. 1*, il l'aurait finalement rejeté, car le trouvant trop faible (la durée d'exécution avoisine le quart d'heure).

Pour la même formation du trio avec piano, sont à mentionner deux ouvrages à variations : les quatorze *Variations sur un thème original (op. 44)*, ainsi que les dix *Variations « Schneider Kakadu »* (*op. 121 a*). Leur commentaire figure parmi les *Œuvres diverses* (v. plus loin).

LES QUATUORS À CORDES

Les seize *Quatuors à cordes* (complétés par la péremptoire *Grande Fugue*) constituent, dans l'œuvre entière de Beethoven, un « corpus » singulier dont le compositeur lui-même reconnut qu'il revêtait une signification quasi « historique » : non seulement pour sa propre évolution créatrice, mais du point de vue du genre et de son avenir présumé. Car c'est bien en affrontant ce genre et en le façonnant par approches, par recherches et par solutions successives, que Beethoven a livré sa bataille la plus ouverte et la plus décisive contre les conventions. Il assuma non seulement l'héritage important d'un Haydn et d'un Mozart en ce domaine, mais sut réaliser un inventaire des moyens acquis en vue de leur dépassement permanent ; au point de « révolutionner » complètement l'écriture pour quatre instruments et de la projeter jusqu'aux confins du XXe siècle. Car on ne peut douter que les derniers

Quatuors portent témoignage d'un art musical spécifique qui ne put ensuite — sauf grandioses exceptions (nous songeons à Bartok) — que survivre à lui-même. Telle est l'incomparable grandeur des *Quatuors à cordes* de Beethoven.

Il est habituel de répartir ceux-ci entre trois groupes correspondant, chez leur auteur, à des « moments » caractéristiques. « Beethoven, en effet, s'est attaqué au quatuor à trois reprises différentes, on pourrait presque dire au cours de trois crises, alors que le flot des autres courants de sa production — sonates ou symphonies — s'écoulait avec continuité selon un rythme régulier. Il semble qu'à chaque étape de cette production, il éprouve le besoin de se recueillir, de se mettre en tête-à-tête avec lui-même pour faire le point. Et pour cela il choisit le quatuor » (Claude Rostand). Voici cette répartition :

Années 1798-1800 : six quatuors « Lobkowitz » de l'*op. 18*. Stylistiquement dépassés par les *Sonates pour piano* contemporaines, ils opèrent un vaste recensement linguistique.

Années 1806-1810 : cinq quatuors *op. 59* (« Razumowsky »), *74* et *95*. La technique d'écriture, virtuose, fait éclater les traditions formelles du genre, les fonctions instrumentales ont acquis une soudaine liberté ; les changements intervenus sont tels que ces œuvres furent d'abord accueillies avec réserve, tant par les interprètes que par le public.

Années 1822-1826 : cinq derniers quatuors, outre la *Grande Fugue* (*op. 127, 130, 131, 132, 133, 135*), — auxquels Beethoven en vint à se consacrer exclusivement, après une interruption de douze années. La « troisième manière » du compositeur incarne ici le point extrême de ses recherches, de son indépendance et de toutes ses audaces d'invention. Dans les tout derniers *Quatuors*, les polyphonies plus complexes, plus escarpées que jamais (au point — cas de la *Grande Fugue* — de paraître plus satisfaisantes à la lecture qu'à l'audition), et les sollicitations techniques ou expressives réclamées des instruments font qu'on sera parvenu à un degré tel d'émancipation et d'épanouissement du genre qu'on ne pourra plus que s'interroger sur sa « vérité » et les lois de sa propre réalité musicale. Ne nous étonnons pas qu'en dépit de quelques approbations isolées, ces œuvres ultimes soient demeurées profondément incomprises en leur temps.

Quatuor n° 1, en *fa* majeur (op. 18 n° 1)

Le premier des six quatuors dédiés au prince Lobkowitz fut le deuxième composé. Les premières esquisses en apparurent en 1799, — donc postérieures à celles du *Quatuor n° 3 en* ré *majeur*. Primitivement, Beethoven l'avait dédié à son ami, le pasteur Amenda ; le manuscrit en possession de celui-ci porta l'inscription « Quartetto n° II », ainsi que la date du 25 juin 1799. Beethoven a beaucoup travaillé sur ce quatuor : nous savons, de son aveu même, qu'il a considérablement transformé l'œuvre, en particulier le premier mouvement, alors qu'il avait déjà remis la partition originale à son ami. Quant à son emplacement en seconde position dans le recueil de l'*op. 18*, c'est Schuppanzigh, si souvent le créateur des quatuors beethovéniens, qui l'aurait suggéré à ce dernier : le *Quatuor en* fa *majeur* est le plus long et le plus brillant de la série, et possède une vitalité heureuse, — tandis que sa tonalité de *fa*, par ailleurs la plus facile, le qualifiait sans doute pour ouvrir l'ensemble. Il est à noter que c'est aussi un quatuor en *fa* majeur, le seizième, qui achèvera la publication de la totalité des quatuors à cordes. La seconde version de l'œuvre fut écrite au cours de l'année 1800. Comme pour l'ensemble de l'*op. 18*, la date de création publique nous est inconnue. La première exécution privée eut lieu vraisemblablement dès l'achèvement, soit chez le prince Lobkowitz (avec le Quatuor Wranitsky), soit chez le prince Lichnowsky (par le Quatuor Schuppanzigh). La publication eut lieu, chez Mollo, à Vienne, en juin 1801. Il est notable, d'autre part, que Haydn nourrit peu d'estime à l'endroit des quatuors de l'*op. 18*, singulièrement de celui-ci : « Haydn, bien qu'assez content de cette œuvre, n'y découvrit aucune originalité, et ne voulut y voir qu'une fusion de son propre style avec celui de Mozart » (Carponi). Il y a quatre mouvements.

1. Allegro con brio (à 3/4) : tout le mouvement s'imprègne de son motif d'ouverture de deux mesures, énergique, volontaire, énoncé abruptement par les quatre instruments à l'unisson :

Nous savons, d'après les cahiers d'esquisses, que ce thème connut maints changements avant de trouver sa forme définitive, ramassée, — allant de la tonique à la dominante inférieure. Deux temps de silence : le motif jaillit à nouveau, aussi incisif, légèrement transformé dans sa conclusion (chute sur le *ré*, et non sur le *do*). On ne peut douter que Beethoven ait cherché non seulement le meilleur profil de ce thème, mais également sa capacité d'engendrer le développement auquel il l'a destiné. Le reste du mouvement, de forme sonate, est en effet déterminé par cette dynamique mise en condition. Le motif, constamment présent à chaque instrument, soit par deux, soit en imitations, incessamment varié en son parcours mélodique autant que fixe dans sa configuration rythmique, occupera tout le développement médian. Le deuxième thème lui-même échappera peu à son attraction : thème alerte, « heureux », s'accommodant sans difficulté de l'accompagnement au violoncelle du motif initial. Rapide ritournelle ascendante en notes piquées, puis répétées par deux, avec un bref travail polyphonique. Le premier thème paraît encore en imitation du violon au violoncelle, avant quelques accords en sforzando qui ramèneront la ritournelle, cette fois descendante. C'est cette ritournelle qui lance le développement sur le thème initial : développement où s'affirme la tendance au monothématisme, ainsi qu'une exploitation hardie de tous les contrastes. Remarquer l'importance donnée aux silences (quelquefois une mesure entière) ponctuant le discours comme implacablement. La réexposition est à peu près régulière, — avec une coda assez développée où se présente une nouvelle fois le thème sous un aspect plus souriant, avant de s'effacer dans la discrétion.

2. Adagio affettuoso ed appassionato (à 9/8) : retenons d'abord l'anecdote : de ce mouvement Beethoven aurait dit à Amanda, qui, pour sa part, y voyait la description de « deux amants sur le point de se séparer », qu'il s'y était représenté « la scène du tombeau de Roméo et Juliette ». Une des premières esquisses de la fin du mouvement porta également la mention « les derniers soupirs ». Un sentiment personnel a donc fortement inspiré cet *Adagio* passionné; sans compter sa tonalité de *ré* mineur, parfaitement adaptée. C'est la forme sonate à deux thèmes qui domine. Sur la batterie régulière de neuf croches à la mesure (second violon, alto et violoncelle), le premier thème s'élève douloureusement sur le pathétique intervalle de septième diminuée (premier violon) :

La phrase semble ne pas s'achever, puis est reprise plus intensément à l'extrême du registre grave par le violoncelle, et en échos aux deux violons. C'est un nouveau chant, en *fa* majeur, qu'échangent ceux-ci, — entraînant un allègement de l'écriture. Le développement central, encadré de lourds silences, fait reparaître, morcelée, la phrase douloureuse du premier thème en tragiques dessins de triples croches. La plainte s'estompe sur quatre accords atteignant le *ppp*, isolés par de profonds silences. Une belle modulation à l'*ut* mineur inaugure la réexposition dans laquelle reparaissent à la fois l'accompagnement lancinant et funèbre du début du mouvement, ainsi que les dessins tragiques en triples croches. En marge des esquisses pour la grande et splendide coda — comme nous l'avons dit —, cette inscription : « les derniers soupirs », justifiant que Beethoven ait multiplié les indications de nuances et concentré l'émotion dramatique en trémolos, traits de triples croches, brèves arabesques. Tout s'achève *espressivo*, se dissout après un trémolo arraché sur un accord de septième.

3. Scherzo : Allegro molto (à 3/4) : c'est aux lisières du silence que naît le bref *Scherzo*, tout bruissant. Son motif léger et ascendant est souligné de trilles et de staccatos. Il se construit en deux parties, chacune répétée. Le trio, avec ses lourds appels à l'octave suivis d'une ample arabesque du premier violon, avec ses accents enjoués de danse populaire, apporte une sorte de contraste rustique ; il est également en deux sections répétées, — avant la reprise du *Scherzo*.

4. Allegro (à 2/4) : le finale se déploie en un grand rondo-sonate qui veut atteindre l'ampleur des deux premiers mouvements. On y découvre cette surabondance d'idées qui caractérise le Beethoven de l'époque, — bien que l'effet global en paraisse un peu arbitraire, comme dépourvu de motivations. Une progression par longues phrases caractérise son évolution, — qui toutefois ne convient pas à la nature de ses thèmes, « une fête de rythmes et de couleurs » (Brigitte Massin). Le thème-refrain est en succession de triolets, énergiques et tournoyants, s'arrêtant sur trois notes piquées ; son double énoncé est entrecoupé de silences. Le premier couplet, plus développé, semble orienté vers des sonorités orchestrales, avant l'apparition de vives imitations aux deux violons. Le thème principal revient, semblable à lui-même, mais à un degré plus haut ; vers la fin, des imitations annoncent le second couplet faisant office de « développement » : c'est la partie la plus belle, quoique un peu étirée, de ce dernier mouvement, — qui semble ressusciter quelque souvenir de l'*Adagio* (série de battements en croches régulières, douceur du climat, étranges modulations vers *ré* bémol, puis *ut* majeur, puis *mi* bémol majeur). Les deux éléments distinctifs, et qui s'alternent, de cette partie sont un fugato un peu appliqué, fondé sur des éléments du refrain, et une charmante mélodie qui laissera paraître, pour achever ce développement, une brillante ritournelle sur le thème du refrain. Celui-ci reparaît une troisième fois sous sa forme initiale, — avant une réexposition à l'identique... Un passage à *si* bémol majeur (au lieu de *fa*) amènera une dernière fois le refrain entraînant dans sa course échevelée la coda avec un fugato rappelant celui de l'épisode central, — comme un « triomphe de la volonté agissante » (Brigitte Massin).

Durée d'exécution : 28 minutes environ.

Quatuor n° 2, en *sol* majeur (op. 18 n° 2)

Il fut composé immédiatement après le *Quatuor en* fa *majeur*, donc en troisième lieu dans la série de l'*op. 18*. Les esquisses montrent qu'il fut conçu à peu près en même temps que le *Septuor*, en 1799 ; mais celles du dernier mouvement voisinent avec l'ébauche de la *Sonate pour piano en* si *bémol* (*op. 22*), ce qui tend à prouver que ce présent *Quatuor* ne fut achevé qu'en 1800. Il semble également que son élaboration fut laborieuse. Pourtant, dans le groupe des six premiers *Quatuors*, celui-ci semble, à première vue, un des plus facilement venus, en même temps qu'une référence constante à Haydn, maître toujours en vie et admiré. S'il faut chercher la présence de celui-ci dans l'œuvre du jeune Beethoven, c'est bien ici qu'on la trouvera, et c'est la configuration de son premier thème d'*Allegro*, autant que toutes les petites courbettes harmoniques de tonique à dominante de ce mouvement qui ont fourni l'occasion du surnom qu'il a reçu en Autriche : Quatuor « des compliments », ou « des révérences » (*Complimenter-Quartett*). Il est sans doute inutile de préciser à nouveau que le dédicataire fut — comme pour l'ensemble de l'*op. 8* — le prince Lobkowitz, grand admirateur du musicien ; que la création publique eut lieu à Vienne, avec le Quatuor Schuppanzigh, à une date indéterminée ; que la publication, enfin, intervint en juin 1801 chez Mollo, à Vienne.

1. Allegro (à 2/4) : « Le premier mouvement constitue la plus évidente tentative faite par Beethoven pour soumettre sa personnalité rétive à cette comédie des bonnes manières que Haydn avait discernée comme l'essence potentielle du style classique » (Joseph Kerman)*. Le premier sujet est représenté par un groupe de trois motifs que séparent de courts silences, sur huit mesures. Gracieuse volute de triples croches d'abord dessinée par le premier violon, à laquelle le quatuor répond unanimement en une figure dansante, « révérencieuse » en effet (trois petits sauts),

avant que ne s'engage une conversation mélodieuse, de « bonne compagnie » entre les personnages. Les deux premiers motifs sont répétés trois fois, puis cèdent devant une figure de transition (*forte* et *piano*), achevée par un preste arpègement du violon. C'est alors le second thème, non moins galant et « rococo ». Bonds un peu lourds, presque bouffons, de notes piquées dont s'échappent, au premier violon, des traits ascendants et ironiques. Une rapide ritournelle conclut l'exposition, — tandis que le troisième motif du thème initial inaugure, en *ré* mineur, le grand développement central. Celui-ci multiplie toutes les possibilités d'échange et de dialogue entre les quatre instruments, à partir de cellules rythmiques brèves et d'une superposition étonnante d'éléments différenciés (remarquer, notamment, le petit fugato médian bâti sur un motif chromatique et qu'accompagnent les figures rythmiques du premier thème). C'est ensuite une réexposition élargie, agrémentée de fioritures, d'imitations, et prolongeant comme à plaisir le jeu des échanges et des politesses. La coda, toute rêveuse, achève le mouvement sur son thème principal, en pizzicatos un peu inattendus.

* J. Kerman, *Les Quatuors de Beethoven* (Éd. du Seuil, Paris, 1974).

2. **Adagio cantabile** (à 3/4) — **Allegro** (à 2/4) : le mouvement lent qui suit avait été primitivement noté par Beethoven à 4/4. Il est dans la forme lied tripartite, d'abord développé en un chant paisible d'*ut* majeur, lourdement rythmé à 3/4, confié au premier violon qui prédomine ; les trois autres instruments accompagnent plutôt discrètement. La grâce un peu désuète et prétentieuse du mouvement antécédent n'a pas disparu : c'est un style ornementé, non exempt d'inflexions chromatiques, qui la prolonge ici. Après une fausse conclusion à la tonique, brusque rupture d'un *Allegro* joyeux, dans la tonalité de *fa*, où le rythme se casse à 2/4 : c'est un petit motif de doubles croches en staccato, où règne la sous-dominante, qui entraîne la « compagnie » dans sa danse allègre et pleine d'autorité. C'est en fait, selon Joseph Kerman*, l'un des premiers pastiches de danses classiques auxquels se soit livré Beethoven : une imitation de contredanse à 2/4, d'un type — rappelle l'auteur précité — qui reviendra souvent dans les derniers quatuors. La transition ramenant à l'*Adagio* met en valeur le violoncelle, dont le chant s'alterne bientôt avec celui du premier violon : la gravité un peu pompeuse, riche d'ornements, du thème paraît encore accentuée. C'est néanmoins sur un bref rappel de l'épisode *Allegro* que sera conclu ce mouvement ne laissant pas de trace indélébile dans la mémoire.

3. **Scherzo : Allegro** (à 3/4) : « Jeu de marionnettes agiles » (André Boucourechliev), il se construit sur un ensemble de contrastes, avec l'effet requis par la composition tout entière. Il y a contraste, déjà, entre les deux parties du *Scherzo* proprement dit, — la première (*sol* majeur) proposant un dialogue aéré des deux violons sur un bref motif arpégé, la seconde, modulante (*si* majeur, puis *ut*, puis *sol* majeur) associant tous les instruments de façon chorale et répétitive. Nouveau contraste du trio central, en *ut* majeur, sur un thème passablement rudimentaire, quoique d'un solide humour : sa première phrase semble parodier, par écho, la solennité de l'*Adagio* précédent ; sans y insister. Ce thème de trio donne lieu à un développement trillé dans sa seconde partie, d'un amusant effet. Le thème du *Scherzo* reprend ensuite, sans particularité notable.

4. **Allegro molto quasi presto** (à 2/4) : le finale revient à la carrure un peu populaire, — ce « déboutonné » qu'affectionnait parfois Beethoven, qu'il préférait en tout cas aux courbettes du rococo. Il s'établit sur un rythme dynamique de marche en un premier thème qu'annonce discrètement le violoncelle, interrogatif, avant une reprise du quatuor en guise de réponse, puis son affirmation véhémente aux violons. Sa mélodie affecte une liberté, et sa structure une amplitude pratiquement inconnues de tous les thèmes antécédents, — avec la modulation au relatif mineur. C'est une gaieté un peu voyante, lourdaude, qui dominera ce rondo, — adoucie cependant par le caractère de sérénade mozartienne d'un second thème. Les deux tonalités de *fa* et de *mi* bémol modèlent uniformément les deux thèmes, tandis que, dans leur « développement », des éléments d'imitation et de renversement sont utilisés en grande quantité ; les quatre instruments, quant à eux, participent à égalité. Un motif adjacent chante, un instant, avec calme ; il ne résistera pas à l'entrain général qui, après réexposition, triomphera en un ultime crescendo du quatuor unanime.

Durée d'exécution : 23 minutes environ.

Quatuor n° 3, en *ré* majeur (op. 18 n° 3)

Le *3e Quatuor* fut en réalité le premier composé, et sans doute achevé avant la fin de 1798. Beethoven était arrivé à Vienne six années auparavant (fin 1792). C'est probablement sur les conseils de Schuppanzigh que ce *n° 3* céda la place *au n° 2 en* fa *majeur* dans le classement définitif. Il est notable, en tout cas, que ce *Quatuor* est contemporain, pour la composition, de la *Sonate pour piano en* ut *mineur* (« Grande Sonate pathétique »). L'œuvre fut dédiée, comme l'ensemble du recueil, au prince Lobkowitz, et publiée en juin 1801 par Mollo, à Vienne. Les dates de premières exécutions privée et publique nous sont inconnues. Relevons ici, relative à ce premier quatuor de Beethoven, quelques réflexions de Brigitte Massin : « Ce qui frappe..., c'est à quel point l'écriture est d'emblée homogène quant à la conduite des quatre instruments, une véritable écriture de quatuor, refusant l'hégémonie d'un instrument prioritaire... ; l'écriture en trio, pour cordes ou piano et cordes, abondamment pratiquée par Beethoven... l'a tout naturellement acheminé vers le quatuor, vers ce langage si particulier qui marquera toutes ses œuvres

* J. Kerman, *op. cit.*

en ce genre, où l'intériorité d'une pensée se dégage à partir de la fusion des quatre instruments ». Du même auteur, relevons cette pertinente appréciation générale : « Autre caractéristique de cette œuvre et peut-être liée à l'apprentissage d'un nouveau langage, le calme et la douceur de sa démarche d'ensemble, mise à part la verve du finale ; la plupart des indications de nuances visent à accentuer le calme, tandis que les fortissimos sont rares ; il en résulte un climat de rêverie méditative, comme une transcription musicale d'un état qui était souvent celui du musicien dans son adolescence solitaire. Ce n'est pas pour rien sans doute que ce climat apparaît précisément dans ce premier quatuor, genre intérieur entre tous ». Il y a quatre mouvements.

1. Allegro (à 2/2) : le caractère du mouvement est directement issu de son thème principal formé de dix mesures d'une exceptionnelle ampleur ; celui-ci s'ouvre, de façon inattendue, sur la dominante (*la*) répercutée longuement à la septième supérieure (*sol*), — appel tranquille auquel répond, en valeurs plus courtes, la mélodie gracieuse, un peu languide, du violon sur les tenues, en valeurs longues, des autres instruments :

Au motif de dix mesures, répond son conséquent de seize mesures ; la tonique ne sera atteinte que lentement, sur un accompagnement de plus en plus fourni. Après un silence, énoncé d'un nouveau motif, léger, plus dansant, en triolets, sur un accompagnement obstiné de la basse en staccato : le violon récupère ce dessin de basse qui s'adoucit, legato, et amène le second thème rassemblant les instruments en un large chœur polyphonique qui s'exalte, aboutit au premier fortissimo, puis se termine en une vive ritournelle. Ce sont quatre accords majestueux qui ouvrent le développement : celui-ci ne retient que le motif initial du premier sujet, ainsi que les triolets en mouvements inversés, — qui se déploient néanmoins en un langage polyphonique éclatant, d'une grande intensité. Vient la réexposition, sur deux mesures de batteries serrées des quatre instruments. Lentement, pianissimo, remonte depuis le grave le premier thème au second violon, — avec le même appel de septième qui ouvrait le *Quatuor*, mais une octave plus bas ; le second thème sera également exploité dans toute son ampleur avec la ritournelle. De même la coda soulignera-t-elle à la fois la luminosité de l'appel initial et toute la chaleur polyphonique du second thème.

2. Andante con moto (à 2/4, en *si* bémol majeur) : c'est au second violon (sur la corde grave) d'énoncer le thème recueilli de ce mouvement lent, qui a plus de personnalité. C'est un grand lied à compartiments et foisonnant d'idées musicales. Cinq fois, le thème du lied reviendra en développements divers, et la dernière fois confié au violoncelle. La recherche de la polyphonie, déjà manifeste dans le premier mouvement, s'épanouit ici. Schématiquement, deux grandes parties se succèdent, — l'une et l'autre débutant et s'achevant sur le thème (la deuxième comportant même une variation sur le renversement du thème). On voit donc que la forme demeure un peu incertaine ; mais d'une manière volontaire, déjà caractéristique du langage beethovénien : la métamorphose permanente d'un thème unique, et sa densification progressive. Lors de son cinquième et dernier énoncé, ce thème disparaît *smorzando* sur quelques notes étouffées, lentement égrénées à travers des silences expressifs.

3. Allegro (à 3/4) : plus classique est le *Scherzo*, — dont la première partie garde, par le ton de confidence de son thème légèrement dansant, une empreinte du climat de l'*Andante*. Le trio central est en *ré* mineur, d'une belle gravité, presque affectueuse, — avec la souple phrase du violon sur de longues tenues des trois autres instruments. La reprise du *Scherzo*, en majeur, est légèrement modifiée dans sa présentation, allongée d'un fragment à l'octave supérieure. À noter, en dépit de la retenue de ce mouvement, les sforzatos par coups de boutoir et à contretemps qui le ponctuent régulièrement : la signature beethovénienne est bien là.

4. Presto (à 6/8) : c'est le finale le plus élaboré que Beethoven ait composé jusqu'alors. Il semble avoir été conçu longtemps après les trois autres mouvements, — ce que pourraient attester sa virtuosité instrumentale autant que son inaltérable brio. Sa forme sonate contient le germe d'un perpetuum mobile qui est en fait, ici, une véritable tarentelle dans laquelle... « la mélodie n'a point de pouvoir : celui-ci est délégué aux rythmes, aux agglomérations de masses et d'intensités, dans des registres éclatés. C'en est fini de l'espace d'autrefois, aux limites assignées. Comme si Beethoven disait : il me faut *tout*, que j'opposerai au *presque rien*, et même au silence » (André Boucourechliev). Des deux thèmes principaux, le premier, court, léger, est en croches égales et staccato :

Avec les deux violons d'abord, il se répercute aux basses, puis se poursuit en notes répétées, entrechoquées. Le second thème repose sur une succession noire-croche, — avant un retour au premier motif inversé. Ce sont les trois premières notes de celui-ci, échangées d'un instrument à l'autre, dans un chuchotement *pp*, qui fourniront l'amorce du développement : sorte de petite cellule grâce à laquelle Beethoven, par un procédé familier, semblera s'annexer le plus grand espace possible tout en approfondissant son investigation sonore. Le mouvement se déploie sur des appels de quartes répercutés d'une partie à l'autre, puis sur le rythme de tarentelle du second thème envahissant tout avant la réexposition. Au terme de ce *Presto* fougueux et tourbillonnant, s'impose encore la brève cellule de trois notes, tandis que la coda fait triompher une dernière fois le premier thème.

Durée d'exécution : 24 minutes environ.

Quatuor n° 4, en *ut* mineur (op. 18 n° 4)

C'est le dernier composé des six *Quatuors*, probablement d'un seul jet, — car on n'en possède aucune esquisse. Mais son style, ses conventions de forme, font imaginer que Beethoven y a fait usage d'un matériel ancien remontant peut-être à la période de Bonn. On peut aussi considérer qu'il constitue, par ses traits principaux — prééminence du premier violon tout au long de l'œuvre, mélodies accompagnées, caractère répétitif des thèmes, longues redites, coupe du dernier mouvement en particulier — une sorte de « récapitulation » des clichés en vigueur, avant même de leur adresser un définitif adieu. Dernier composé, le *Quatuor en* ut *mineur* passa pour le plus abouti, et fut reçu avec enthousiasme tant par le public que par les critiques. Beethoven, bientôt, s'en exaspéra au point de déclarer crûment : « C'est de l'ordure, c'est juste bon pour ce cochon de public ! » Il est remarquable que l'*ut* mineur fut déjà, à cette époque, une des tonalités favorites du musicien (voir, entre autres, la *Sonate pour piano op. 13 « Pathétique »*, ou les *Trios avec piano op. 1 n° 3* et *op. 9 n° 3*). Sans aller jusqu'au tragique, le *Quatuor op. 18 n° 4* possède un caractère grave qui l'a fait placer par Beethoven en quatrième position lors de l'édition du recueil ; il n'est donc pas sans annoncer la *Malinconia* (finale du *6e Quatuor*) qui achèvera la série. Dédiée, comme tout l'ensemble, au prince Lobkowitz, l'œuvre fut éditée en octobre 1801 par Mollo, à Vienne. Il y a quatre mouvements.

1. Allegro ma non tanto (à 4/4) : le thème initial, chanté par le premier violon, semble monter des profondeurs de l'âme avec des tressaillements d'émotion exprimés par ses furtifs gruppettos et ses brusques sforzandos :

Ce premier élément se fait suivre d'un second qui procède par bonds successifs de sixte, de quinte, de septième, puis retombe, pour aboutir enfin à l'octave, — sur des batteries obsédantes du violoncelle... Ce second élément atteindra une nouvelle fois l'octave fortissimo, avant une chute de tension préparant l'apparition, au deuxième violon, et en *mi* bémol majeur, d'un second thème plus souple, quoique de configuration proche du second élément du premier thème. Ce second thème est repris ensuite par le premier violon à l'unisson de l'alto, sur un contrepoint du second violon, — tandis que la fin de l'exposition produit une reprise de l'ensemble conduisant au *sol* mineur du début du développement. Celui-ci s'engage, à l'aigu du premier violon, dans un éclaircissement passager : l'âpreté des modulations, le dialogue en imitation serrée des deux instruments extrêmes, une sorte de crispation des accords ne peuvent estomper l'impression de sourd dramatisme ressentie jusqu'alors. Lorsque le violoncelle chante dans son registre le plus élevé, la pureté de l'expression est bientôt troublée par des trémolos du second violon et de l'alto provoquant un staccato de l'instrument grave. La réexposition a lieu sur des contre-chants et de puissants sforzandos sur les temps faibles du premier thème ; le second, en revanche, n'est pas modifié. La véhémente coda résume ce matériel thématique et confirme quelque peu l'image pathétique — ce « style tragique de *Coriolan* » (pour reprendre l'expression de Joseph de Marliave) — créée par cet *Allegro* d'ouverture.

2. Andante scherzoso quasi Allegretto (à 3/8, en *ut* majeur) : il est, dans une certaine mesure, en forme de sonate à deux thèmes, et fait un usage presque exclusif du fugato. Il repose en effet sur l'exploitation d'une cellule brève de trois croches piquées sur la même note amorçant le thème initial :

Thème dévolu d'abord au deuxième violon ; l'alto entre ensuite, puis le premier violon, enfin le violoncelle ; gamme descendante de doubles croches, dessin en petits arpèges brisés, — ces éléments contribuent à éloigner tout dramatisme, dans l'esprit (*scherzoso*) d'un jeu à partir de la brève cellule omniprésente : entrées successives en canon, comme pour un fugato. Ce que sera le second sujet, dérivé directement du premier, en éclairage mineur, — faisant office de court développement (toujours en notes répétées, en une formule obstinée, par groupe de trois). La réexposition est sans particularité, — sinon l'entrée, à l'alto, d'un contre-sujet du premier thème, dans une intention quasi humoristique.

3. MENUETTO : ALLEGRETTO (à 3/4) : le thème, jailli en *ut* mineur, prend appui sur les mêmes degrés que le thème principal du premier mouvement, et en possède un peu l'intensité (mêmes sforzandos à contre temps) :

De même, la ligne mélodique est ascendante, tendue, presque héroïque, assurément étrangère à l'ambiance du Menuet traditionnel. Le trio, en *la* bémol, peut paraître en mesure de ressusciter un instant le ton « galant » : par ses hachures de triolets, le premier violon recrée la cellule rythmique du mouvement précédent, — les trois autres instruments dialoguant sur un motif souple qui apparaît aussi comme une déformation rythmique de cette même idée. La reprise du Menuet doit s'opérer *Il tempo più Allegro*, autrement dit plus vite, dans un climat sans doute plus violent, dramatique.

4. ALLEGRO (en *ut* mineur, à 2/2) : le thème-refrain du rondo final est proposé par le premier violon en lignes brisées et sur un crescendo conclusif de quatre noires piquées, plus une blanche *forte*, péremptoire :

Ce thème est en deux parties, chacune répétée. Le premier couplet, en *la* bémol, est, par contraste, un épisode plein de sérénité, en style choral des quatre instruments ; le retour du refrain, vibrant, n'en paraît que plus indomptable, — donnant son élan au deuxième couplet (en *ut* majeur) avec ses groupes en triolets de doubles croches surgis des basses, puis répercutés en cascades d'un instrument à l'autre. Retour du refrain, que suit à nouveau le calme sur de larges arpèges du premier violon ; c'est alors une réapparition du premier couplet s'animant sur un accompagnement précis, en notes piquées du second violon. Cette fois, cependant, le thème-refrain semble hésiter entre les instruments, entre majeur et mineur, puis marque une pause sur de longues notes tenues. Cette pause prépare la ruée vers le *Prestissimo* final, — conclusion tourbillonnante où le majeur élimine définitivement le mineur, où l'œuvre est conclue sur un triple appel, comme disloqué, venu du deuxième couplet du rondo. Rondo qu'un Joseph Kerman* n'en tient pas moins pour « l'un des finales les plus insipides de toutes les œuvres importantes de Beethoven »... Il n'est pas interdit de partager la sévérité d'un tel jugement.

Durée d'exécution : 23 minutes environ.

Quatuor n° 5, en *la* majeur (op. 18 n° 5)

L'avant-dernier quatuor de la série « Lobkowitz » fut composé le quatrième, en 1799 : il fut donc contemporain, tout à la fois, du *Quatuor op. 18 n° 2* et du *Septuor op. 20*. Si des esquisses pour le finale semblent remonter à une époque antérieure de la création beethovénienne, vers 1794-1795, les thèmes des autres mouvements apparaissent étroitement mélangés à ceux des deux œuvres précitées. Si l'*op. 18 n° 2* évoquait Haydn, c'est sans conteste que celui-ci se réfère à Mozart, — un « modèle » à rapprocher du *18e Quatuor en* la *majeur K.464*, cinquième des Quatuors dédiés à Haydn dont Beethoven avait une connaissance intime puisqu'il en avait recopié certains mouvements de sa main : « Voilà ce que j'appelle une œuvre ! », s'était-il écrié un jour devant

* *Op. cit.*

Czerny. La parenté entre les deux œuvres ne se limite pas à leur tonalité commune, ni à des données formelles (Beethoven ayant repris l'ordre adopté par Mozart dans la suite des mouvements, avec le *Menuet* en deuxième place ; les premier et dernier mouvements sont également de forme sonate, et le mouvement lent construit sur un thème à variations). On s'aperçoit également que le thème du *Menuetto* de Beethoven est proche du thème initial du *Quatuor* de Mozart, et que le second groupe thématique de l'*Allegro* final est presque une citation du thème similaire mozartien. Ces considérations amènent à penser que l'*op. 18 n° 5* fut conçu, très consciemment, comme un hommage à l'auteur des Quatuors dédiés à Haydn. Ne négligeons donc pas le fait que, dans chaque cas, les œuvres gravitent autour de ce nom célèbre. La publication eut lieu chez Mollo à Vienne, en octobre 1801 ; les circonstances de la création publique nous demeurent inconnues. Il y a quatre mouvements.

1. Allegro (à 6/8) : le premier mouvement est de rythme ternaire, — avec un premier thème confié au premier violon, en notes piquées à partir d'un *forte* (*la*), puis par écarts de tierces successivement ascendantes :

Ce thème se transforme en une petite chanson alerte, dansante, agrémentée de roulades. Un épisode de transition, à l'unisson ou par mouvements contraires des voix instrumentales, amène le deuxième thème en *mi* mineur (au lieu du *mi* majeur attendu), qui mobilise davantage les quatre instruments en une démarche polyphonique : thème assez peu différencié du précédent, en notes piquées également, évoluant vers une ritournelle terminée en volute de doubles croches au premier violon. Cette exposition est généralement reprise. Le développement, malgré ses attirances vers le mineur et conservant l'élément rythmique de la ritournelle antécédente, prend appui, pour l'essentiel, sur l'élan du premier thème. La réexposition est à peu près régulière, et la coda de sept mesures utilise le mouvement ascendant du thème initial.

2. Menuetto (à 3/4) : de forme et de coupe toutes traditionnelles, il est d'un caractère assez intime, d'une poésie aimable et quelque peu rêveuse. Son thème est énoncé par le premier violon, puis repris, plus intensément, par la voix de l'alto. Dans la seconde partie il s'anime, avec un crescendo amenant un passage de six mesures d'une forte concentration (cinq mesures d'un ton sombre, mélancolique, puis une mesure entière de silence). Passage qui ne peut que retenir l'attention au milieu de ce divertissement. Puis c'est une dernière exposition du thème, cette fois en canon (alto, second violon, enfin premier violon). Le trio, plus proche du Ländler rustique que de la danse de cour, avec sa basse solide, ses sforzandos sur le troisième temps, produit un contraste amusant, — alors que la seconde partie devient plus mélodieuse. Le *Menuet* proprement dit est ensuite repris.

3. Andante cantabile (en *ré* majeur, à 2/4) : c'est un *Andante* varié, dont le thème, simple, tranquille, est exposé par les deux violons. Il comporte deux parties, qui sont reprises, — la première se présentant sous cette configuration :

Une telle mélodie, sur accompagnement de notes tenues, ne peut que justifier la notation de « Pastorale » trouvée en marge des esquisses : quoi de plus naïvement, tendrement mélodique ? À partir d'un matériau si rudimentaire, Beethoven construit cinq variations, toutes en majeur, exploitant systématiquement les ressources de timbre et de dynamique des instruments du quatuor. La première variation utilise le thème en canon, sur un motif de doubles croches piquées dont le violoncelle assure la fermeté. Dans la deuxième variation, virtuose, le premier violon en arpèges et gammes de triolets s'oppose à la scansion obstinée des trois autres cordes. C'est une large mélodie dans laquelle bruissent les violons sur des basses chantantes qui constitue la troisième variation. Par contraste, le thème retrouve sa simplicité, son dépouillement initial dans la variation suivante, très chromatique, où se déploie, dans un style choral assez intime et en étranges harmonies mineures, une belle polyphonie. Nouveau contraste avec la cinquième et dernière variation, d'allure joyeusement populaire, dans laquelle le violon lance ses trilles chaleureux sur un vibrant accompagnement du violoncelle, tandis que semblent, en une conduite toute orchestrale, s'immiscer avec leur couleurs propres un second violon et un alto un peu plus réservés. À la fin de cette variation, une modulation brusque atteint la tonalité de *si* bémol, avant qu'un épisode à la sous-dominante (*sol* majeur) ne permette de revenir à la tonique, *ré* majeur. Ainsi observe-t-on, au passage, que la modulation constitue l'apport le plus personnel de Beethoven au plan formel de la variation légué par Haydn et par Mozart. Le thème, qu'on avait presque perdu de vue, réapparaît à découvert au premier violon dans la brève et lente coda terminale ; le mouvement est alors conclu avec l'extrême simplicité de son début.

4. Allegro (en *la* majeur, à 2/2) : on a vu que ce finale pourrait être à l'origine du *Quatuor*. Relativement brève, cette page d'un grand brio, pour laquelle Beethoven a choisi un thème principal vivement rythmique, en boucle, se prête à un jeu permanent d'imitations, notamment sur ses quatre premières notes :

D'emblée il fuse en demandes et réponses aux « quatre coins » de la formation instrumentale. À l'opposé, le second thème intervient comme un grave choral déployant une majestueuse polyphonie en notes longues, — proche, dans sa facture, du second thème du finale de la *Sonate « Pathétique »* (et quasiment identique au thème de fugue de la *Sonate pour piano op. 110*). Si nous rappelons aussi ses affinités mozartiennes, il deviendra superflu de souligner les assimilations auxquelles Beethoven s'est livré pour ouvrir la pensée musicale vers l'avenir. Une ritournelle en arpèges brisés, entre violon et alto, achève l'exposition (en principe reprise). Le développement prend appui d'abord sur le premier thème, crépitant, — tandis que s'impose soudain, de façon presque insolite, la gravité du second. Le violoncelle, en effet, en restaure la basse continue, en staccato, tandis que les violons poursuivent la course du thème principal, — la superposition de tels éléments suggérant un travail contrapuntique léger, comme d'une simple digression. La réexposition, annoncée par les accords du choral, présente peu de changement ; elle est achevée par une coda sur la tête (quatre notes) du premier thème.

Durée d'exécution : 28 minutes environ.

Quatuor n° 6, en *si* bémol majeur
(op. 18 n° 6)

Le *6e Quatuor « Lobkowitz »* fut vraisemblablement composé l'avant-dernier de la série, de 1799 à 1800 (publication en octobre 1801 par Mollo, à Vienne). Il est notable que la première partie du finale, dont maintes esquisses prouvent qu'il fut à plusieurs reprises remanié, porte le titre de *Malinconia*, devenu par extension le nom du *Quatuor* tout entier. Or, c'est probablement en fonction de ce dernier mouvement que la partition fut choisie pour clore le recueil. Nous reviendrons, dans le cours de l'analyse, sur l'extraordinaire originalité de cette page en particulier. Page d'autant plus étonnante que les autres mouvements de l'œuvre restent d'une écriture manifestement plus conventionnelle.

1. Allegro con brio (à 2/2) : ceci se vérifie plus précisément pour le premier mouvement, dans la forme sonate à deux thèmes. Le premier, en notes piquées, débute sur un vif gruppetto, puis saute allégrement, en lignes brisées, des registres élevés du premier violon au registre grave du violoncelle :

Second violon et alto accompagnent avec une certaine robustesse. Après une reprise dans laquelle les violons dialoguent à égalité, un motif de transition (gamme descendante suivie de notes répétées, ainsi qu'une brève ritournelle) amène un deuxième thème légèrement dansant par petits bonds, discrètement chuchoté, avec les quatre intruments en démarche parallèle. C'est une ritournelle en arpèges qui réintroduit le premier thème au violoncelle associé avec l'alto. L'exposition est reprise, avant le développement jouant d'abord, en échos, sur l'éparpillement du court motif rythmique issu du premier thème ; on passe ensuite à un fugato exploitant le motif de transition précédent (grandes gammes ascendantes depuis les graves, et notes répétées à travers l'espace). Au cœur de ce développement, soudaine mesure de silence, — comme une rupture tragique, prémonitoire. Le premier thème revient pour conclure, poétiquement. Dans la réexposition, le gruppetto initial (v. exemple précédent) est expressément répété par l'alto, avant que ne paraisse un nouveau motif mélodique, bref mais délicieusement évocateur ; le reste sera conservé dans son plan initial, et il n'y aura pas de nouvelle coda.

2. Adagio ma non troppo (en *mi* bémol majeur, à 2/4) : il est dans la forme lied tripartite. Le premier violon expose à découvert, avec une sorte de nonchalance, le chant de la partie A, en son lent déroulement de doubles croches montant puis descendant par intervalles de tierces et s'achevant en une broderie de quadruples croches (destinée à jouer un rôle important par la suite) :

Ce thème est répété essentiellement au second violon sur contre-chant du premier. Le violoncelle à l'unisson du premier violon chantera le second thème, dans son contraste mineur (*mi* bémol) et dans une nuance *pp*; sa reprise aura lieu au second violon sur contre-chant en triples croches au violon. Quatre fois le violoncelle seul, ou associé à l'alto, tentera de le commenter en le prolongeant dans un climat de gravité profonde, sur des syncopes accentuées de sforzandos. Alto, puis violons, ramènent en mineur la seconde partie du thème initial (quadruples croches), — avant un retour de la partie A : le violon chante le thème initial sur les quadruples croches des autres instruments; puis ce thème est repris par eux, sur contre-chant en staccato du violon. C'est donc ici un retour varié, pointilliste dans son contrepoint, du thème principal, — avec modulations d'ut mineur puis d'*ut* majeur sur le second thème. C'est au premier thème qu'il appartiendra de conclure en une brève coda méditative, comme en suspens.

3. Scherzo : Allegro (en *si* bémol majeur) : ce *Scherzo* d'une forte saveur rythmique (usage de la syncope souvent appuyée de sforzandos) est une sorte de divertissement qui ne fera qu'accentuer la rupture avec le prochain mouvement. Le thème, constitué de motifs en notes piquées, possède une grande vivacité. Dans le trio, c'est le premier violon qui déroule son ostinato rythmique en formules de trois notes (succession d'une croche — deux doubles croches), avec de lourds accents du second violon en sforzando sur le temps faible (à la troisième mesure du motif). La transition, en mineur et fortissimo, emprunte le même rythme pour amener la reprise du *Scherzo*.

4. Adagio — Allegretto quasi Allegro — Adagio — Allegretto : sous-titré *Malinconia* («la Mélancolie»), ce finale, aussi complexe qu'énigmatique, porte l'indication suivante (en italien) : «Ce morceau doit être joué avec la plus grande délicatesse». En *si* bémol et à 2/4, c'est une phrase plaintive, indécise, qui s'élève par petits intervalles,

en un registre élevé d'abord (deux violons et alto), puis est reprise dans une tessiture plus sombre (second violon, alto et violoncelle), — avant de s'écarteler, en mouvement contraire, au quatuor tout entier; elle s'achèvera sur cinq accords douloureux (septième diminuée). Une seconde phrase en imitations creusera encore le sentiment de détresse, dans une nuance *pp*; la plainte reparaîtra, s'alourdira de polyphonie, et prendra au violoncelle des accents dramatiques, — montant par degrés une gamme chromatique amenant enfin le repos avec l'accord des quatre instruments sur la dominante. En cet *Adagio* de quarante-cinq mesures — «blessure dans le corps du *Quatuor*» (André Boucourechliev) — auront été atteintes, en des chaînes harmoniques sans issue, les limites acceptables d'éclatement de la forme classique. Et, tout à coup, en «attaca», c'est l'irruption brutale du thème *Allegretto quasi Allegro*, — qui est celui d'une danse paysanne la plus terre-à-terre qui soit, un Ländler d'une franche gaieté, accentué à contretemps en son rythme à 3/8, sur toutes ses notes piquées. Ainsi se prend-on à espérer que la *Malinconia* n'est plus qu'un poignant souvenir. Mais non : en une cassure dramatique, c'est à nouveau l'irruption de cette *Malinconia*, et de sa plainte dans le tempo d'*Adagio* antécédent; c'est ainsi que le cadre formel du finale semble à jamais remis en question sous la pression de sentiments subjectifs; irréparablement, les schémas anciens sont contaminés par de nouvelles exigences de la pensée. Timidement, comme à la dérobée, l'*Allegretto* tente de relancer son thème dansant, — mais en *la* mineur. Nouvelle rupture sur une mesure de pause, et la *Malinconia* surgit encore. Pourtant, la joie triomphera : après quelque hésitation, le thème de danse perd son caractère *Allegretto* pour épouser le tempo d'*Adagio*. Ceci forme une aimable coda, — après quoi Beethoven pourra conclure *Prestissimo*, effaçant, certes, toute trace de mélancolie, sans que soit apportée de réponse au conflit fondamental qu'a fait surgir ce finale... À l'heure où le musicien composait cette page hors de proportions, et si bouleversante de beauté, il n'ignorait plus que la surdité l'emprisonnerait en lui-même sans tarder.

Durée d'exécution : 25 minutes environ.

Quatuor n° 7, en *fa* majeur (op. 59 n° 1)

C'est le premier des trois *Quatuors op. 59* dédiés au comte Andréï Kirilovitch Razumovski, ambassadeur de Russie à Vienne, allié du prince Lichnowsky, grand ami et protecteur de Beethoven. Il fut écrit en 1806, au cours de l'été (du 26 mai au 5 juillet, selon une lettre du compositeur à l'éditeur Breitkopf). La première publique n'en aurait lieu qu'en janvier 1809, à Vienne, par le Quatuor Schuppanzigh, alors que la partition était éditée dès janvier 1808 par le Comptoir des Arts et de l'Industrie. « Une mauvaise farce de toqué, une musique de cinglé », — un tel jugement reflétait l'opinion générale, Beethoven rétorquant à tous ses détracteurs : « Ce n'est pas pour vous, c'est pour les temps à venir ». Ces temps ne tarderaient pas, puisque Schumann devait déclarer à propos du *Scherzo* : « Beethoven trouve ses motifs dans la rue, mais il en fait les plus belles paroles du monde ».

1. ALLEGRO (à 4/4) : il est dans une forme sonate tout à fait classique, — bien que proposant un gigantesque développement, puis un épisode fugué aussi prompt à apparaître qu'à s'évanouir. L'exposition comporte deux thèmes : le premier paraît mystérieusement, *dolce*, dans le grave au violoncelle, et à la dominante au lieu de la tonique (*fa*) :

Batteries régulières du second violon et de l'alto accentuant ce caractère de mystère. Ce premier thème est en deux éléments, avant d'aboutir à un fortissimo à l'accord parfait. Un « pont », en deux éléments également, amène le second thème, en *ut*, une mélodie très pure, ascendante, au violon qui s'exalte sur des trilles, puis s'adoucit en triolets sur un contre-chant descendant du violoncelle. Quatre accords *forte*, ainsi qu'une ritournelle sur le premier thème, achèvent cette exposition qui ne sera pas répétée. Le développement, très important comme nous l'avons dit, se déroule en cinq épisodes. Le premier s'appuie sur l'énoncé du thème initial dans les tonalités de *fa*, de *si* bémol, de *sol* mineur : les instruments inscrivent le thème en imitations serrées. C'est alors que le second élément du thème, en dialogue âpre des instruments, vient buter sur les accords qui concluaient l'exposition du second thème. On assiste, dans le troisième épisode, à des amplifications du motif initial qui ne cède pas et admet des changements de tonalités, — alors qu'on s'achemine vers plus de douceur. Ainsi pénètre-t-on peu à peu dans la partie fuguée du mouvement, à partir de la coda du second thème : tandis que le premier violon poursuit sa marche indépendante (second élément de la ritournelle), le fugato s'élance, au début hésitant, au second violon, passant à l'alto, puis au premier violon, avant de s'enhardir avec le violoncelle : on progresse de *mi* bémol mineur vers la dominante *ut* majeur. Le cinquième et dernier épisode associe, dans un climat apaisé, des éléments mélodiques du premier thème et les figures rythmiques du second. Culminant à l'*ut* suraigu du violon, il introduit enfin, avec force, la récapitulation, très lyrique, dans laquelle le second élément du thème initial passe avant le premier. Une transition de *ré* bémol amène le deuxième thème à l'alto, en *fa* majeur, puis un véritable « développement terminal » splendidement épanoui.

2. ALLEGRETTO VIVACE E SEMPRE SCHERZANDO (à 3/8, en *si* bémol) : le second mouvement tient du scherzo quant à son caractère, mais non en ses dimensions : quatre cent soixante-dix mesures. La structure, il est vrai, en est ambiguë et difficile à cerner exactement, dominée qu'elle est par l'omniprésence d'une formule rythmique constituée par une seule note répétée quinze fois, — présentée d'abord *pp* en notes piquées par le violoncelle :

Un premier motif *scherzando* s'éparpille, également en notes piquées, sur ce rythme, — avant un second, mélodique, qui s'exalte puis conclut énergiquement. Ces deux motifs constituent un premier thème auquel va s'en opposer un autre, en *fa* mineur, — sorte de lied en crescendo passionné retombant ensuite en notes piquées vers le *piano* :

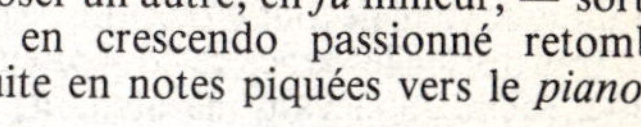

C'est alors un premier développement mélodico-rythmique traversant diverses tonalités bémolisées avant une simplification harmonique du second thème en *sol* bémol. La réexposition commence directement sur le deuxième motif du premier thème dans le ton de *si* bémol majeur, avant d'aborder le second thème dans cette même tonalité : le plan est donc le même que précédemment.

Commence enfin un « développement terminal » en deux sections : l'une sur le rythme initial, l'autre par des réductions du second thème (dans les tons de *si* bémol, *la* bémol, *ut* bémol). Réapparition, par fragments, du second motif du thème principal, — avant une coda tout naturellement rythmique.

3. **Adagio molto e mesto** (en *fa* mineur) : d'une coupe beaucoup plus simple que celle du précédent *Allegretto*, cet *Adagio* est en forme sonate avec l'exposition de deux thèmes binaires, — le premier à la clef indiquée, le second en *ut*. Développement en quatre sections traversant les tonalités de *la* bémol, *ut* dièse mineur, *fa* mineur, *ré* bémol, et réexposition régulière. C'est ici la douleur qui répercute les chants aux divers registres instrumentaux. Le premier violon fait d'abord entendre le sien, à mi-voix, sobrement en dépit de ses accentuations :

Le violoncelle prend le relais, non sans tristesse, dans une tessiture élevée. Le second thème, d'une ligne plus apaisée, s'exprimera de même par la voix du violoncelle sur les triples croches hachurées du premier violon ; reprise de la mélodie par ce dernier, avec la voix grave en mouvement contraire. Enfin, en guise de formule cadentielle, au violon et au violoncelle alternés, petites notes appogiaturées, — comme une brève lamentation ; et l'exposition s'achève en une gamme descendante trouée de silences. Nous ne revenons pas sur la description du développement, — dans lequel il s'impose surtout de remarquer l'apparition d'un *molto cantabile* — variation du second thème — du premier violon, « cœur sensible » du mouvement tout entier. La réexposition transforme le caractère douloureux du premier thème, s'élevant maintenant, avec le premier violon, à l'octave supérieure, s'enrichissant de gruppettos, avec les contrechants en pizzicatos du violoncelle : c'est une nouvelle chaleur qui envahit les contrepoints instrumentaux, — avant le passage au second thème qui n'est pas modifié. Insensiblement, le climat aura donc changé, — le thème initial étant ramené une dernière fois par les deux violons en imitations, puis à l'unisson : apaisement en une douce mélodie descendante sur le rythme du second thème. Amorçant la transition vers le finale, le premier violon, après un long trait en legato, puis en staccato, prépare un trille d'une extraordinaire allégresse...

4. **Allegro** (à 2/4, en *fa* majeur) : le trille se prolonge, s'élève par demi-tons, — avant de laisser le violoncelle exposer avec une feinte candeur un thème d'allure populaire, plus sautillant que véritablement dansant, — ce fameux « thème russe » final qui fut, semble-t-il, proposé à Beethoven par le comte Razumowsky, et que le compositeur accepta volontiers. Ce thème sera repris sans répit et projeté d'un instrument à l'autre, — en imitations, et dans tous les registres. Un thème plus pondéré lui sera cependant opposé, en *ut* majeur, par le second violon avant d'être lui-même absorbé dans une ritournelle bondissante. C'est, bien entendu, le « thème russe » qui nourrira le développement de sa verve rythmique, — jusqu'à la discrète réexposition (*fa* majeur). La coda, préfigurée par deux points d'orgue, d'abord en imitations, triomphera ensuite sur le même rythme trépidant, — avant de conclure par un épisode lent en style choral (*Adagio*) rappelant encore une fois le thème, et d'achever, en apothéose, sur un court *Presto*.

Durée d'exécution : 38 minutes environ.

Quatuor n° 8, en *mi* mineur (op. 59 n° 2)

Beethoven aurait eu le projet de ce *Second Quatuor « Razumowsky »* dès 1804, après la composition de la *Sonate pour piano « Waldstein »* ; mais le manuscrit n'en fut mis au point qu'à l'été de 1806. Après publication, comme l'*op. 59 n° 1*, par le Comptoir des Arts et de l'Industrie de Vienne, la première publique eut lieu en janvier 1809 avec le Quatuor Schuppanzigh. Il s'agit à nouveau d'un quatuor presque entièrement construit en forme sonate, — avec la seule exception de son *Scherzo*. Il est peut-être, dans son ensemble, d'inspiration inférieure à celle de son prédécesseur, — bien qu'il faille en souligner le profond lyrisme et l'instinct mélodique comme une composante essentielle des deux premiers mouvements au moins.

1. **Allegro** (à 6/8) : préalable à l'énoncé du premier thème, une figure constituée de deux accords puissants (accords de tonique mineur et de dominante majeur) suivis de silence, — tels les appels d'une âme souffrante. Le thème principal, surgi *pianissimo*, se présente en une phrase brisée, sans respiration :

Ce thème monte d'un ton, et ses trois premières notes semblent se briser encore davantage, se contracter, alors que paraît une sorte de suffixe mélodique, — comme renversement du premier élément, en guirlandes de doubles croches. Une détente semble se produire, et la tristesse se muer, à travers des gammes ascendantes, puis des arpèges brisés sur des trémolos, en une irrépressible fureur tendant vers la dominante. Mais, somme toute, la mélodie du premier thème ne connaîtra nul épanouissement et ne parviendra à aucune conclusion. Une courte et calme transition la reliera au thème secondaire paraissant sur un murmure dialogué de l'alto, du violoncelle et du premier violon : première phrase douce dérivée du second élément du thème initial, déployée en arabesques heureuses; second motif rythmique, et, à l'issue d'un crescendo, troisième motif en vigoureux arpèges descendants au violon puis à l'alto, symétriquement à l'épisode de transition entre les deux thèmes. Le développement, inauguré sur les accords initiaux, exploite abondamment les éléments du thème principal, — les voix instrumentales se densifiant, par groupes, aux registres extrêmes. Une série de trilles, issus de l'épisode de transition antécédent, introduit la récapitulation qui apparaît comme une amplification expressive des forces contrariées de l'exposition. Il y a un bref « développement terminal », en lentes imitations sur le début du thème, s'avérant incapable d'apporter la réponse souhaitée aux incessantes questions qu'il posait. Toutefois, une coda d'une triomphante allégresse viendra le révéler dans un élan tout nouvellement conquis.

2. Molto Adagio (à 4/4, en *mi* majeur) : « Il faut jouer cette pièce avec beaucoup de recueillement » (Beethoven). Czerny a parlé, très justement, d'une « méditation sur l'harmonie des sphères devant le ciel étoilé, dans le silence de la nuit »... Premier thème, qui est une sorte d'hymne, sur une cellule de type choral, en valeurs longues.

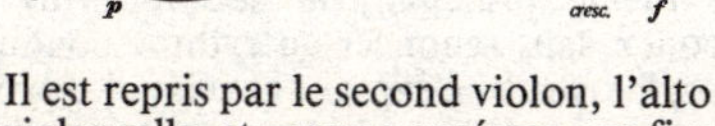

Il est repris par le second violon, l'alto et le violoncelle, et comme orné par une figure rythmique, un peu indécise, en arabesques du premier violon. Ce rythme, gagnant en énergie, induira un second sujet d'une belle ampleur, issu du motif initial, — tandis que les saccades rythmiques envahiront le quatuor. Une période de transition, dans laquelle tout semble s'adoucir mélancoliquement, précède l'apparition du second thème en phrases descendantes, coupées de silences par le mi-voix du second violon. Une arabesque très pure, en croches égales, lancée par le premier violon, descend jusqu'au violoncelle, et s'achèvera en une sorte de péroraison cadentielle sur un motif de trois notes dialogué par les deux violons. Le très court développement, dominé par un sentiment de tristesse, s'ouvre sur le choral initial que préfigure un trille. La cadence de trois notes est répétée, avant de vigoureux arpèges en staccato du premier violon. La cadence tente encore de s'affirmer, mais est rompue par un accord *forte*. Dans le silence recouvré, le violoncelle répète le rythme saccadé paru dans l'exposition, et qui persistera sans répit lors de la réexposition. Celle-ci, plus dense qu'auparavant, permet au violoncelle de récupérer le motif en arabesque du thème principal, tandis que celui-ci se déploie en une large polyphonie. Il reparaîtra cependant, avant de conclure, dans sa configuration initiale (v. exemple musical précédent), mais en fortissimo. Et c'est un élément en arabesque de triolets, qui marquait la transition entre premier et second thèmes, qui viendra clore cet *Adagio* dans l'intériorité, — une intériorité faite de paix, de contemplation, mais dont toute joie véritable paraît absente.

3. Allegretto : ce *Scherzo*, avec sa triple répétition, constitue l'un des premiers exemples de grands scherzos beethovéniens. En un rythme continuellement syncopé, avec tous ses accents à contretemps et ses microcellules incessamment reprises, qui ne parviennent pas à affirmer de véritables dessins mélodiques, il prend l'allure d'un jeu à la fois riant et mélancolique, — dont les règles demeurent inexprimées. Dominante et tonique (*mi-si-mi*) sont sollicitées en une délicate figure pour lancer la danse. Un certain contraste s'instaure avec le robuste trio, où apparaît bien une vraie mélodie, — mais il s'agit encore d'un « thème russe »,

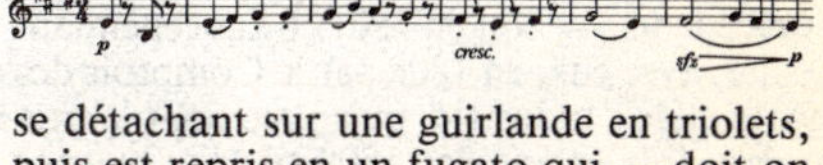

se détachant sur une guirlande en triolets, puis est repris en un fugato qui — doit-on le reconnaître — n'est pas exempt de monotonie. Notons qu'on retrouvera ce thème, très populaire, chez Moussorgski comme chez Rimski-Korsakov (Beethoven a prescrit qu'on reprenne le trio, et tout autant l'*Allegretto*).

4. Finale : Presto (à 4/4) : il tient à la fois de la forme sonate et du rondo. L'armature affirme le ton de *mi* mineur, et c'est toutefois la tonalité d'*ut* majeur qui paraît s'imposer d'emblée. De même est-ce la physionomie d'un rondo qu'on peut reconnaître dès l'entrée du thème principal, — agissant comme un refrain :

Il s'agit, on le voit, d'un motif sec, un peu « militaire », avec son saut de double octave, puis ses notes répétées qui se répercuteront à travers le quatuor. Il sera conclu crescendo en brefs motifs de trois notes ascendantes, — comme une gamme fragmentée, sans véritable issue. Cette issue, cependant, est peut-être celle d'un second sujet mélodique, lui aussi interrompu dans ses gammes ascensionnelles, et ne trouvant pas davantage son achèvement. Le thème initial revient à quatre reprises, avant que ne commence le développement d'une veine plus lyrique, prenant l'aspect d'un beau fugato. Le thème-refrain, en partie dissimulé sous les tenues de l'accompagnement, prend des formes inédites au fur et à mesure qu'il passe aux divers instruments du quatuor. On a ensuite une fausse réexposition renversée (second thème rejoignant la tonalité « officielle », sur le même plan que précédemment). Mais voici, pour la réexposition attendue, le thème initial (toujours *ut* majeur), qui atteindra, vers la fin, une grandeur presque épique. En guise de coda, trémolos suivis d'une montée sur les motifs de trois notes ascendantes amenant, cette fois, le ton principal et emportant le thème dans leur course effrénée, *prestissimo*.

Durée d'exécution : 33 minutes environ.

Quatuor n° 9, en *ut* majeur (op. 59 n° 3)

Ce troisième et dernier *Quatuor « Razumovsky »* fut peut-être composé indépendamment, dans le temps, des deux précédents, — soit en 1807. Il fut cependant édité, avec eux, en 1808 par le Comptoir des Arts et de l'Industrie, puis joué pour la première fois en janvier 1809 par le Quatuor Schuppanzigh, à Vienne. Des trois quatuors, celui-ci, parfois qualifié de « Quatuor Héroïque », fut le seul à trouver grâce aux oreilles de l'*Allgemeine Musikalische Zeitung* : « Il doit plaire à tout esprit cultivé par sa mélodie originale et sa puissance harmonieuse. » C'est également en marge d'une esquisse du finale de ce *Quatuor* qu'on a trouvé cette note : « De même que tu te jettes ici dans le tourbillon mondain, de même tu peux écrire des œuvres en dépit de toutes les entraves qu'impose la société. Ne garde plus le secret sur ta surdité, même dans ton art. » Caractéristique notable : pour la première fois dans les quatuors, Beethoven commence par une introduction lente, — introduction destinée à établir un climat spécifique, en même temps qu'elle incite l'auditeur à une attention recueillie ; ceci deviendra la règle dans presque tous les derniers *Quatuors*.

1. Introduzione : Andante con moto — Allegro vivace : vingt-neuf mesures de préambule, sans tonalité définie, en accords de septième diminuée, précèdent l'apparition d'une figure rythmique sur laquelle va se bâtir le premier thème de la forme sonate qui succède. L'*Allegro vivace* débute donc, comme à voix basse, par une phrase pleine de vivacité, à 4/4, au premier violon :

Le sujet principal ne débute à la vérité qu'un peu plus loin, sur l'accord d'*ut* majeur, en grands éclats joyeux à l'unisson par les violons et l'alto ; on croirait entendre, selon une expression de Jacques Lonchampt, « les trompettes d'une parade militaire ». Ce thème, constitué de deux éléments, se développe et conclut par des arpèges brisés dans un rythme différent. Un « pont » mélodique assure la transition vers le thème secondaire, à la dominante (*sol* majeur), qui procède par trois courtes phrases : y persiste un motif de trois notes issu du premier thème, en un jeu léger d'abord, pianissimo, puis un contre-sujet au violon, très concentré, — avant de retrouver tout le brio antécédent. Il y a une cadence en imitations, avant de pénétrer dans le dévelopement. Celui-ci est en trois sections, — la première (*mi* bémol majeur) utilisant la cellule rythmique initiale et le premier élément du thème principal, la seconde (*fa*) le « pont » sans renoncer au rythme conducteur, la troisième exploitant celui-ci, fortissimo, puis diminuendo, pour triompher progressivement en octaves (croche-noire pointée, en place de noire-noire pointée). La réexposition est annoncée par des trilles et permet une détente, ainsi que des ornementations d'une grâce inattendue. Dans la coda, qui utilise encore le rythme conducteur, une cadence apaisée précède une soudaine accélération qui achève le mouvement avec éclat.

2. **Andante con moto quasi Allegretto** (en *la* mineur, à 6/8) : la construction est la suivante : premier thème-lied avec coda, puis « pont » ; second sujet en une seule phrase ; développement rythmique abordant les obscures tonalités de *fa* mineur, *mi* bémol mineur, *si* bémol mineur, *ut* mineur, *sol* mineur, *ré* mineur ; reprise du second sujet en *la* majeur, puis développement mélodique de celui-ci en *mi* bémol ; récapitulation avec le thème initial amplifié, en *la* mineur. Complétons ce schéma par une description moins austère : c'est à partir d'un pizzicato, dans le grave, que le violon chante, mélancoliquement, une mélodie ondoyante en notes égales :

Le violoncelle à découvert poursuit en crescendo, avant que ne reparaisse la mélodie sur un deuxième couplet marqué d'accents *sforzando-piano* qui terminera sur une plainte discrète cette partie-lied. Les mêmes accents parsèment et dramatisent la transition modulante vers le second, — petite chanson naïve en notes piquées. Le développement — comme le suggérait le schéma précédent — est largement polyphonique, dans les tonalités mineures précédemment indiquées, mais montant peu à peu vers la lumière (retour du second thème sur la tonique majeure). Toutefois le pizzicato tragique du violoncelle se déploie de nouveau et amène la réexposition de la mélodie initiale quelque peu variée ; et c'est le troisième élément de la partie-lied, en triste ritournelle, qui reparaîtra, pour s'effacer peu à peu dans les pizzicatos délicats de l'instrument grave.

3. **Menuetto** (à 3/4, en *ut* majeur) : il est indiqué *grazioso*. Est-ce une survivance du menuet de cour, en ce mouvement mélodieux imprégné d'un charme « féminin » tel qu'on en rencontre rarement chez Beethoven ? Le trio (en *fa*) fait valoir, au contraire, un dessin d'arpèges en notes piquées et répétées d'une certaine alacrité ; cependant, son second élément, plus souple, sur le dessin initial du violon, retrouve l'esprit du menuet. Les deux parties de ce trio sont reprises, ainsi que le menuet achevé par une coda sur le thème, — mais cette fois en mineur ; il n'est pas conclu et enchaîne avec le finale.

4. **Allegretto molto** (à 4/4) : c'est l'alto qui énonce un thème de dix mesures, en traits impétueux de croches, constituant un sujet de fugue (exposé en *ut* majeur) :

Le second violon n'entre qu'ensuite ; puis le violoncelle, enfin le premier violon, qui allonge le thème puis le projette vers un « pont » paroxystique, — une « sonnerie héroïque ». Le second thème (*sol* majeur) se construit sur cinq notes ascendantes que les instruments s'échangent ; sa conclusion est en crescendo. Puis la course échevelée reprend après une pause : « ... Ici c'est le royaume de la vitesse, de la pulsation effrénée, qui transforme les sons en traînées sonores, en matière en fusion » (André Boucourechliev). Le développement est en quatre sections, — avec présentation de la fugue en mouvement contraire, contre-sujets simultanés, modulations dans les tons de *mi* bémol majeur et de *sol* mineur, avant un point d'orgue, puis deux accords indiquant la réexposition de la fugue. Celle-ci conduit à un « développement terminal » (*la* bémol) où se compriment les registres avant un émiettement du thème principal sur un nouveau contre-sujet plein d'élan, — achevant l'œuvre en une sorte de ruée d'arpèges brisés à l'unisson du quatuor et ponctué de trois accords définitifs.

Durée d'exécution : 29 minutes environ.

Quatuor n° 10, en *mi* bémol majeur (op. 74)

Achevé en octobre 1809, le *Dixième Quatuor* est donc postérieur de trois ans aux trois *Quatuors « Razumovsky »*, et contemporains du *Cinquième Concerto pour piano* et de la *Sonate pour piano « les Adieux » op. 81*, — dans la même tonalité de *mi* bémol. 1809 est l'année du bombardement de Vienne, puis de sa seconde occupation par les armées de Napoléon. Le 31 mai, Haydn est mort, et pendant plusieurs mois Beethoven semble avoir été saisi d'un état de prostration qui donne à penser (cela se confirme par les carnets d'esquisses) que le

Dixième Quatuor avait été ébauché avant la guerre. Il fut donc sans doute écrit d'un jet à l'automne, — lorsque le compositeur put enfin sortir de Vienne et séjourner à Baden. Comme les *Six Quatuor op. 18*, celui-ci fut dédié au prince Lobkowitz (ce digne personnage venait de s'associer au prince Kinsky et à l'archiduc Rodolphe pour garantir à Beethoven une pension régulière, sous condition qu'il reste à Vienne). Nous ne sommes pas renseignés sur la date de création privée ou publique ; la partition fut éditée en décembre 1810 par Breitkopf et Härtel, à Leipzig. Rappelons qu'elle a été affublée du surnom « les Harpes », en raison de l'abondance de ses arpègements en pizzicato : n'insistons pas sur une telle naïveté.

1. **Poco Adagio-Allegro** : comme dans le précédent quatuor, le premier mouvement s'ouvre sur une introduction lente, aux harmonies suspendues, aux accords de septième sans issue, aux allusions thématiques encore vagues. Puis un violent accord de tonique jaillit, et c'est un thème d'une tendresse curieusement mozartienne, au premier violon, qui inaugure l'*Allegro* :

Thème qui semble une réponse à la question un peu angoissée de l'introduction, qui passe ensuite à l'alto et fait apparaître bientôt, sur un accompagnement en notes répétées, les pizzicatos, — discrets d'abord, plus affirmés ensuite, sur un accord parfait. Un sombre rappel de l'introduction précède l'allègre transition vers le second thème, qui chante aimablement (guirlandes de doubles croches). Une ritournelle joyeuse conclut l'exposition. Le développement est en progression rythmique constante, sur la cellule du thème croche-noire pointée : dans une sorte de sérénité s'accélèrent peu à peu les arpèges de « harpe » en noires, triolets, croches, triolets. Un crescendo amène la réexposition sans grand changements ; on assiste alors à un « développement terminal », qui bientôt unira splendidement les deux thèmes. Retour conclusif du premier en une sorte de cantique hymnique, pour refermer le mouvement sur ses arpègements.

2. **Adagio ma non troppo** (en *la* bémol majeur, à 3/8) : superbe exemple de lyrisme beethovénien, le mouvement lent est dans la forme lied développée A - B - A' - C - A'', plus coda, — bien que le retour de B dans la coda suggère un rondo-sonate. Calme, un peu triste mais sans traces de sentimentalité, le motif principal est exposé *cantabile* par le premier violon et se prolonge en lourds sforzandos, avant de s'apaiser doucement. Le deuxième motif (minorisation du ton principal) est plus tragique, en dépit de sa progression rythmique par alternance de croches et doubles croches en petits bonds. Le motif A revient plus animé avant de laisser paraître l'épisode C (*ré* bémol majeur) au violon, puis au violoncelle, — qui se déploie, à découvert, comme une amplification du thème d'ouverture, et que suit un court développement de celui-ci (retour de A) ; il est chanté au violon sur un staccato en triples croches du second violon et des pizzicatos de l'alto. La conclusion apporte un écho du premier mouvement, et sur un émiettement du motif A s'évanouit un peu incertainement, en de délicates couleurs.

3. **Presto** (à 3/4) : nouvel exemple de grand scherzo beethovénien, avec trio répété deux fois. Mais, formellement, ce pourrait être un rondo dont le refrain se bâtit sur un rythme martelé en octaves (trois croches-une noire pointée) assimilable à la mesure initiale de la *Cinquième Symphonie* :

La violence n'en est pas absente, avec des roulements de violoncelle. C'est sur un unisson du quatuor répétant neuf fois la formule rythmique qu'un arpège ascendant, puis une double gamme descendante du violon viendront s'inscrire comme un double cri de victoire. Puis toute la seconde partie du scherzo, sur le rythme conducteur, donnera lieu à une reprise avant l'irruption du trio (indiqué *più presto quasi prestissimo*) : une furia, *ff*, du violoncelle sur laquelle se dresse, *f sempre*, un puissant cantus firmus de blanches pointées. Scherzo et trio sont entièrement repris, — avant un éloignement *ppp*, comme après un orage.

4. **Allegretto con variazoni** (à 2/4) : le dernier mouvement, étrangement, s'ouvre sur un aimable thème d'esprit populaire, à la façon d'une cantilène d'allure un peu syncopée :

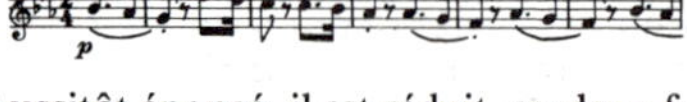

Aussitôt énoncé, il est réduit, en deux fois huit mesures, à son squelette rythmique et harmonique. La découpe est en huit variations. La première est en arpèges sur un staccato quelque peu ironique, la deuxième chante paisiblement avec l'alto, la troisième, en doubles croches tournoyantes, est piquée d'accents syncopés. La quatrième se déroule en une calme évocation d'idylle, — tandis que la cinquième, sur des basses puissantes, prend l'apparence d'une danse campagnarde. C'est sur de faibles trémolos du violoncelle qu'est murmurée, par le reste du quatuor, la mélodie de la sixième variation en notes répétées. La septième variation s'anime à présent de la jubilation du violon, dont surgit une ritournelle en accélération où viennent danser les trois premières notes du thème-cantilène. C'est enfin, en guise de coda, une ultime variation sur de rapides arpèges brisés, avec, pour conclure, un trait de doubles croches à l'unisson et deux accords pianissimo qui font comprendre que l'œuvre ne pouvait s'achever, après les tumultes et les accès d'héroïsme antérieurs, qu'en une aspiration à la sérénité.

Durée d'exécution : 30 minutes environ.

Quatuor n° 11, en *fa* mineur (op. 95)

Les premières esquisses en apparurent en mai 1810, sitôt terminée la musique d'*Egmont*; l'œuvre fut achevée en octobre de la même année. C'est Steiner, à Vienne, qui devait la publier en décembre 1816, après que le Quatuor Schuppanzigh l'eût jouée en 1814. C'est l'année de sa publication que le *Onzième Quatuor* fut dédié par Beethoven à Zmeskall von Domanovecs : « Voici, mon cher Zmeskall, ma dédicace amicale, je souhaite qu'elle soit pour vous un cher souvenir de notre longue amitié; puissiez-vous l'accepter comme une preuve de mon estime, et non comme la fin d'un fil déjà tissé depuis longtemps, car vous êtes au nombre de mes premiers amis à Vienne. » Cependant, l'œuvre était liée à un événement dramatique de la vie sentimentale de Beethoven : l'écroulement de ses projets de mariage avec Thérèse Malfatti. Mais c'est à cette époque que le musicien fit la connaissance de Bettina Brentano, l'amie de Goethe, pour laquelle il éprouva bientôt plus que de l'amitié. Ainsi est-ce dans un état tout particulier de tension que la partition fut écrite et intitulée par Beethoven lui-même, « Quartetto serioso ». Ce quatuor possède une couleur générale plutôt amère que son finale triomphant, dont tous les commentateurs ont souligné l'analogie avec l'ouverture d'*Egmont* (composée quelques mois auparavant), ne peut parvenir à estomper.

1. Allegro con brio (à 4/4) : extrêmement concentré, le premier mouvement s'ouvre par un superbe unisson des instruments sur une puissante figure en gamme retournée; après un silence, voici de véhémentes affirmations d'octaves montant et descendant, sur un rythme violent qui persistera. Les instruments se séparent bientôt pour laisser monter, sur un trait ascendant du violoncelle, une phrase plaintive planant au-dessus du motif initial à l'alto. Le second sujet qui, après une brève transition du premier violon, incline vers le ton de *ré* bémol majeur, présente une belle phrase lyrique à partir d'un saut d'octave en valeurs longues, dérivé partiellement du motif plaintif antécédent. Mais le motif de départ reprend ses droits, suscitant à deux reprises de brusques gammes ascendantes (*la* majeur, puis *ré* majeur), — avant que tout ne s'apaise. C'est un puissant accord de *fa* majeur qui ouvre le bref développement (vingt-quatre mesures) où reparaît — comme il se doit — la figure initiale inlassablement répétée. La réexposition est amenée brusquement, resserrant encore les éléments de l'exposition, — tandis qu'un « développement terminal » ne possède pas moins de concentration que tout ce qui a précédé : son architecture s'édifie sur le premier motif tournoyant en doubles croches et croches et les intervalles d'octaves soulignés de sforzandos, — avec des syncopes et des frottements harmoniques sans ménagement. Et le mouvement prend fin dans un pianissimo exténué, comme à l'issue d'un terrible combat.

2. Allegretto ma non troppo (à 2/4, en *ré* majeur) : ni mouvement lent ni scherzo, cet *Allegretto* emprunte la forme lied à compartiments (ici cinq sections). Il débute par une introduction lente du violoncelle sur une gamme altérée descendante. Sur l'accompagnement du second violon et de l'alto, le premier violon chante à mi-voix une douce mélodie teintée d'un peu de mélancolie :

Elle prend une couleur blême sur les mornes accords qui tentent de l'interrompre; elle se conclut enfin en une large cadence. Elle réapparaîtra dans les troisième et cinquième sections, — tandis que s'impose pour l'instant un thème intermédiaire qui est un sujet de fugue un peu chromatisé, un peu triste, présenté par l'alto, repris par le second violon, le violoncelle, le premier violon enfin. La phrase introductive du violoncelle s'insinue sur de longues tenues des autres instruments ; mais le fugato reparaît, complété d'un contre-sujet en staccato du violon (double fugato). Le premier thème revient à présent à l'octave supérieure, — tandis que sa mélodie, superposée au sujet de fugue, débouchera sur une très ample coda. C'est sur un accord de septième diminuée que cet *Allegretto* enchaîne avec le mouvement suivant.

3. Allegro assai vivace ma serioso (à 3/4, en *fa* mineur) : c'est ce « ma serioso » qui a donné son surnom à l'œuvre. C'est un scherzo dans la forme rondo détournée, — autrement dit avec deux trios distincts dont on peut estimer qu'ils font fonction de couplets intercalaires : le premier oscillant entre le *sol* bémol et le *ré* majeur, le second retenant les tonalités de *ré* et d'*ut* majeur. C'est ici le triomphe des rythmes pointés, durs, fébriles, renouant avec la véhémence de l'*Allegro* initial. C'est un court motif syncopé de quatre notes, troué de silences, qui forme le corps du *Scherzo* :

Il dévale plusieurs octaves, sur les contretemps du second violon et de l'alto, et hache continuellement le discours jusqu'à la barre de reprise. La configuration du double trio apparaît toute différente, en valeurs longues, dans un style choral développé sur arpègements du premier violon :

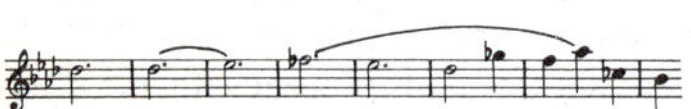

« ... Comme une main divine qui impose la paix sur un front brûlant » (Jacques Lonchampt). Les deux apparitions du trio son coupées par un retour du scherzo, qui constituera également la conclusion en strette.

4. Larghetto espressivo — Allegretto agitato : une magnifique introduction de sept mesures (*fa* mineur) prépare l'entrée du mouvement proprement dit, — sur des octaves montantes qui retombent, découragées. L'*Allegretto* est dans la forme du rondo-sonate, comportant trois refrains et trois couplets. Le thème-refrain est constitué de deux éléments, l'un rythmique (quatre répétitions de doubles croches à la tierce, issues des retombées d'octaves précédentes), l'autre mélodique en motifs tournoyants de croches, — l'ensemble donnant une impression de formulation répétitive, un peu mécanique, comme désenchantée. Cependant, des dessins de trémolos très véhéments humanisent ce langage, de plus en plus fiévreux (gammes chromatiques, accentuations sforzando). Le premier couplet semble une contrepartie du second élément du refrain, sur des trémolos du premier violon : les sforzandos y affectent un temps sur deux. Très vite le refrain reparaît, marqué d'âpres accents, et décomposant son premier élément en formulation implacable de croches descendantes. Retour du couplet, puis du refrain à nouveau souligné d'accents plus violents encore. Un unisson du second violon, de l'alto et du violoncelle en valeurs longues, fortissimo, proclame un temps d'arrêt ; puis tout s'éteint... Soudain, en *fa* majeur, jaillit irrépressiblement une mélodie triomphale (comme dans l'ouverture d'*Egmont*, à juste titre évoquée) : et c'est une conclusion en une formidable accélération, sur un accompagnement en notes répétées, comme d'un finale d'opéra, presque d'opéra-bouffe à la Rossini, et qui contraste de façon quelque peu incongrue avec la sombre et grandiose beauté du mouvement tout entier.

Durée d'exécution : 21 minutes environ.

Quatuor n°12, en *mi* bémol majeur
(op. 127)

Près de quinze années se sont écoulées depuis la composition du *Onzième Quatuor*. Celui-ci, en effet, inaugure la série des cinq derniers quatuors à cordes, écrits immédiatement après la *Neuvième Symphonie*. Le musicien est alors en pleine force créatrice, et compose dans l'enthousiasme : « Beethoven travaille dans le délire de sa joie et dans la joie de son délire », devait dire un de ses amis. L'*op. 127* est le premier des trois quatuors dédiés au prince russe Galitzine. Il fut esquissé dès 1823 et achevé à Gutenbrunn, près de Baden, en octobre 1824. Sa première exécution eut lieu le 6 mars 1825, à Vienne, avec le Quatuor Schuppanzigh : ce fut un échec ; l'œuvre, en général, devait être peu ou mal comprise du public ; Beethoven aurait dit d'elle : « Il faut l'entendre souvent ». Elle fut éditée en mars 1826 chez Schott, à Mayence. Si le *Douzième Quatuor* est bien le premier d'un ensemble qui se signale par la grande maturité artistique du compositeur, il n'en marque pas pour autant une rupture stylistique avec les précédents. En outre, sa proximité avec la *Messe en* ré, ainsi que la *Neuvième Symphonie*, le situe dans une atmosphère assez particulière. C'est sans doute un lyrisme chaleureux, regénéré par les spectacles de la nature dans le site de Baden, et propices à des « élévations » de l'esprit, qui domine dans cet ouvrage.

1. Maestoso (à 2/4) — **Allegro teneramente** (à 3/4) : c'est une forme sonate faisant exception à l'habituel conflit thématique ; ici, les deux thèmes, placés l'un et l'autre sous le signe de la mélodie, ne s'opposent pas. Une certitude semble proclamée dès le début, évitant tous les doutes. La courte, lente et puissante introduction *Maestoso*, qui reparaîtra deux fois au cours du développement, est dans la tonalité héroïque de *mi* bémol, ponctuée d'affirmatifs sforzandos. Sur un trille *piano* se greffe le premier thème de l'*Allegro*, délié, d'une tendre sérénité, *sempre piano* :

Il est repris par l'alto en crescendo, puis par le premier violon en un air joyeux (*forte*). Un « pont », sur ce même motif en imitations, amène le second thème en *sol* mineur, — qui se déroule en une phrase descendante, un peu mélancolique, au violon. S'y combine l'amorce du premier thème (exemple ci-dessus), pour achever l'exposition sur une cadence qu'interrompt à trois reprises, sur trilles aigus, une répétition de trois notes, comme désolées. C'est ensuite un retour au *sol* majeur de l'introduction *Maestoso*, puis un développement régulier sur le premier thème avant d'achever sur les trilles qui terminaient l'exposition. Réapparition triomphale, en *ut* majeur, du *Maestoso*, préludant à la seconde partie du développement : celle-ci assure une prééminence du thème initial sur un contrepoint staccato qu'il allège, — avec un épisode modulant sur un motif marqué de sforzandos comme dans l'introduction. Réexposition variée (*mi* bémol majeur) modifiant surtout le second thème, plus orné. « Développement terminal » sur le premier thème en imitations, tandis que plane une ample phrase achevant dans la sérénité. Le dernier mot reste à l'alto.

2. Adagio, ma non troppo e molto cantabile (à 12/8, en *la* bémol majeur) : voici, avec ce mouvement lent, un exemple de grande variation beethovénienne sur un thème qui fut longuement travaillé, et atteignant une beauté miraculeuse. Ce thème, au rythme constant et irrégulier (noire-croche), surgit de longues tenues avec de légères syncopes ; il gravit tous les degrés de la gamme avant de profiler, en legato, une arabesque qui s'étend sur rien moins qu'une octave et demie :

Le premier violon énonce la seconde partie du thème, toujours sur la même figuration rythmique. Dialogue avec le violoncelle, puis réponses du second violon et de l'alto. Enchaîne une série de variations qui seront de plus en plus sombres harmoniquement.

1re variation : très ornée mais régulière dans toute sa complexité de détail, elle présente un rythme devenu fluide, avec ses doubles croches sur le dessin approximatif du thème au violoncelle. La polyphonie instrumentale permet une intensification du phrasé sur de brefs crescendos et diminuendos, ainsi qu'une expression d'un pathétique contenu.

2e variation (*Andante con moto*, toujours en *la* bémol, à 4/4) : plus tendue, dans un tempo légèrement accéléré, elle disloque le rythme en un dialogue serré, syncopé, des deux violons (apparition de triples croches) ; accompagnement sec des basses.

3e variation (*Adagio, molto espressivo* en *mi* majeur, à 2/2) : la mélodie du thème, soutenue par des accords tranquilles, se trouve ici « dématérialisée, ramenée à ses éléments essentiels, dépouillés de leurs ornements » (Vincent d'Indy). Il s'agit d'un centre de gravité, quintessencié, — selon Joseph Kerman* « le couronnement spirituel de tout le mouvement et, en fait, du quatuor tout entier »... Sorte d'hymne poignant au premier violon, avec une polyphonie concentrée, déployée en d'intenses crescendos dans la seconde partie.

4e variation (*Tempo primo*, à 12/8) : retour de *mi* majeur au *la* bémol original ; retour, également, à la mélodie restituée presque textuellement, sur rythme de triolets. Elle passe du premier violon au violoncelle, contrepointée par arpèges en staccato et trilles abondants, — scintillant « comme une évocation de la nuit étoilée » (Jacques Lonchampt). La seconde partie oppose les trilles du premier violon au lyrisme grave des trois autres instruments en mouvements parallèles.

---

* *op. cit.*

5e variation : c'est une variation de « transition » — épisode à la sous-dominante — marquant le retour au rythme initial. Du thème ne subsistent que les quatre premières mesures en un canon dépouillé, mais d'une intensité d'expression héritée de la variation précédente.

6e variation : la dernière, également la plus simple et la plus courte. Après une montée de trilles du premier violon, grand épanouissement mélodique sur un mouvement incessant de doubles croches. Il est soudain interrompu par une nouvelle formulation en trilles du violon et les triolets rythmiques de la *4e variation*. Au violoncelle résonne, en pizzicatos, la fin du thème, — pour s'effacer prestement.

3. **Scherzando vivace** (à 3/4, en *mi* bémol majeur) : quatre accords légers, « quatre étincelles sonores » (André Boucourechliev) ouvrent le *Scherzo* en fanfares de pizzicatos. C'est un motif rythmique un peu rustique, en staccato, qui anime tout le mouvement, deux fois répété avec de brefs silences au violoncelle :

Il est poursuivi avec des trilles ; l'alto répond en mouvement contraire. Un ferme dessin de trois notes s'interposera, développé en staccato au registre grave tandis que le violon atteindra l'aigu. Cette partie est reprise, — avant un développement en quatre périodes assez brèves : le rythme s'affirme à l'unisson dans la première, s'allège dans la seconde, revient avec obstination dans la troisième, lutte avec les basses grondantes dans la quatrième. Puis c'est une sorte de réexposition sur le dessin de trois notes, — suivie d'une coda toujours sur le même rythme. Cependant il s'évanouit pour laisser place à un trio accéléré surgi en crescendo de notes répétées (*Presto*) dans la lumière douce, quasi féerique, d'un *mi* bémol mineur. Retour textuel du *Scherzo*, dernier rappel du trio, et conclusion sur le motif initial de ce « royaume de Puck » (Jacques Lonchampt).

4. **Finale** (en *mi* bémol majeur, à 4/4 *alla breve*) : il est d'esprit populaire, — avec ses thèmes joyeux enchaînés sans répit. Voici d'abord une mélodie tendre, pastorale, où passe une formule de ritournelle au violon, — puis s'affirmant avec plus d'impatience. Transition par la ritournelle, *pianissimo*, amenant le second thème à l'aigu du violon staccato : c'est à présent une chanson vive et gaie, agrémentée de sforzandos sur ses notes appogiaturées. Elle crée un rythme qu'adopte ensuite une petite marche (*si* bémol) qui procède par brusques sauts du *piano* au *forte*, et devient une vigoureuse danse campagnarde ; elle s'estompe avant le développement (*ut* mineur, puis *la* bémol), où se remarquera surtout l'audacieuse superposition harmonique de la ritournelle et du second thème, toujours en staccato, de même que les imitations pleines de grâce aux deux violons. Réexposition où domine le ton principal, portant les thèmes à incandescence et amenant, à la fin, un long trille du violon en crescendo : c'est une étonnante coda — ou « développement terminal » — sur un nouveau rythme (6/8), dans un autre tempo (*meno vivace*), une autre tonalité (*ut*, qui reviendra au *mi* bémol majeur en empruntant *la* bémol et *mi* majeur). Dans une lumière d'été monte un hymne d'une sérénité parfaite, — avant d'être entraîné vers l'allégresse finale.

Durée d'exécution : 38 minutes environ.

Quatuor n° 13, en *si* bémol majeur
(op. 130)

Il s'agit du troisième quatuor à cordes dédié par Beethoven au Prince Galitzine ; esquissé depuis le début de 1825, il fut composé en deux mois à peine à Baden et terminé avant le 15 octobre de la même année, — date à laquelle le musicien regagna Vienne. La création en eut lieu à Vienne le 21 mars 1826, avec le concours du Quatuor Schuppanzigh. Le succès fut mitigé, — bien que les deuxième et quatrième mouvements fussent bissés ; mais la résistance du public au finale de l'œuvre, jugé trop austère et difficile, incita l'éditeur Artaria à obtenir de Beethoven qu'il détache ce mouvement de la partition. Ce à quoi se résigna avec peine le compositeur en avril 1826. Ainsi la *Grande Fugue* constituant ce mouvement devait-elle connaître un destin autonome : elle parut d'abord, transcrite pour piano à quatre mains, comme *op. 134*, puis en 1830, comme *op. 133* (voir, plus loin, « dix-septième Quatuor »). Quant au *Quatuor n° 13*, il fut édité par Artaria, à Vienne, dès mai 1827. Telle quelle, l'œuvre comporte six mouvements très contrastés (le *Quatorzième Quatuor* et le *Seizième* en comprendront sept chacun), — comme si Beethoven avait tenté d'y associer toutes les formes de l'expression.

1. **Adagio ma non troppo** (à 3/4) —

Allegro (à 4/4) : plus que sur une opposition de thèmes selon la forme sonate traditionnelle, Beethoven mise, dans ce premier mouvement, sur l'alternance de deux « temps » et la simultanéité des contraires : calme de l'introduction, avec ses incessants retours, et résolution de l'*Allegro*. Dès lors, la polyphonie se révèle plus libre et plus audacieuse que jamais. L'introduction concentre tous les éléments du mouvement, par succession serrées de mesures *Adagio*, *Allegro* et *Adagio*. Deux motifs apparaissent comme « antécédents » : l'un méditatif (d'abord à l'unisson), l'autre interrogateur (violoncelle) ; puis sur un trait en doubles croches du premier violon, le thème, très simple, *forte*, est répété (deux noires, deux croches) par le second violon, tandis que repart le trait du premier violon : c'est lui qui marquera l'attaque *Allegro* du quatuor, envahi d'une extrême allégresse : bondissements ininterrompus, fiévreux, des doubles croches en figurations diverses. Puis c'est l'opposition permanente de motifs vigoureux, jubilants : épisode en fugato, mais interrompu au profit du second thème, — phrase grave au violon, dans la nuance *piano*, reproduite ensuite à l'octave supérieure. Dérivé du premier thème, paraît un motif de quatre doubles croches (*scherzando*), — avant une longue cadence que clôt une coda à l'unisson. Après un point d'orgue, voici le développement, très court et concentré, modulant, enchevêtrant tous les motifs morcelés, dynamisés. Réexposition débutant sur le trait de doubles croches *forte* : celui-ci, omniprésent, cèdera, pour finir, devant une cadence plus éclatante. Coda marquée par un retour de l'introduction lente (une octave au-dessus) alternant avec le thème initial d'*Allegro*.

2. Presto (en *si* bémol mineur, à 4/4) : c'est un court, rapide, furtif scherzo, — dont le thème populaire, très rythmé, semble une chanson de fées, murmurée :

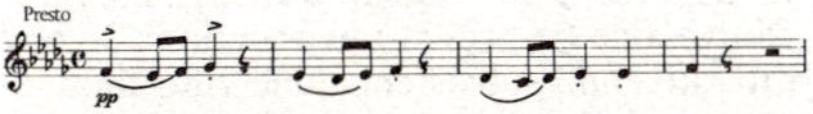

Il y a deux parties, — chacune reprise. Le trio est une danse rustique, aussi rapide (*L'istesso tempo*), vigoureusement rythmée à 6/4 et à contretemps. Son motif, en majeur, monte sans discontinuer au premier violon sur un accompagnement vif de trois notes, — comme d'un humour fruste. Des gammes chromatiques descendantes, au violon, amorcent la reprise du scherzo. La « chanson de fées » est redite avec de petites variantes et des ornements (trilles) au premier violon, puis, pour terminer, avec l'alto sur pizzicatos discrets du second violon.

3. Andante con moto ma non troppo (en *ré* bémol, à 4/4) : ce mouvement est noté « poco scherzoso », dans un esprit humoristique raffiné, parfois ombré de mélancolie, et parfois un peu fantasque, — déjà quelque peu brahmsien. C'est une forme sonate sans développement proprement dit, à l'écriture souple et inventive, et qui module sans cesse dans des tonalités éloignées. Le premier thème est en forme de petite mélodie au dessin ascendant (présenté par l'alto sur un rythme de doubles croches en staccato), — ensuite variée en imitations (par les violons). Le second thème, en *la* bémol (s'orientant vers la sous-dominante), sur le même rythme en staccato, paraît en notes vivement piquées et truffées d'indications, très précieuses, *f, p. mf, sf*... Avec une grâce mozartienne, le violon chante sur deux notes que décorent les gruppetos du second violon. Puis réexposition, avec le premier thème. En guide de coda, assez curieux « développement terminal » sur un rythme haletant de triolets, et procédant par demi-tons comme éplorés. Mais tout se conclura sur un accompagnement frénétique de triples croches avec l'appel de deux notes du second thème, si tendre et si « mozartien » dans sa gaieté dissimulant de furtives inquiétudes.

4. Alla danza tedesca : Allegro assai (en *sol* majeur, à 3/8) : « Comme une danse allemande. » C'est un retour au rustique, à un trois temps bien marqué, avec ses prestes crescendos-diminuendos sur chaque mesure. Une sorte d'« à la manière » haydnienne, — peut-être un très tardif hommage. Le premier motif en est guilleret, en une cellule rythmique brève et ductile ; la seconde partie en trio (modulant de *sol* vers *ut*, puis *mi* mineur) superpose, sur un petit lied sans prétention, ses doubles croches continues. Retour de la première partie, enjolivée à présent. Coda échangeant les éléments du motif entre instruments.

5. Cavatine : Adagio molto espressivo (en *mi* bémol majeur, à 3/4) : un des mouvements les plus émouvants écrits par Beethoven. « Jamais ma propre musique n'aura eu un tel effet sur moi », confia le compositeur... La forme inusitée, en particulier, lui aura coûté un effort d'agencement des motifs : le titre de *Cavatine*, en effet, surprend, — faisant référence à l'opéra. Pour donner une définition brève de cette page, disons que ce terme précise essentiellement la « vocalité » du mouvement : l'espace entier y chante, enrichi d'une émotion à la fois lyrique et dramatique, et tendant simultanément vers la mélodie infinie. La *Cavatine* est construite sur trois idées mélodiques amples et concentrées. Elle déploie sa lente première phrase, en un dessin de croches, sur une ritournelle du second violon formant motif d'introduction (celui-ci reparaîtra au même titre que la formule finale répétée par lui, à la fin de chaque énoncé mélodique). La seconde idée est chantée par le premier violon, en tenues prolongées et vibrantes allant crescendo. Le second violon, de nouveau, se fera l'écho de la conclusion. Un troisième thème paraîtra, *sotto voce*, en accents poignants du premier violon jusqu'à une culmination *forte* (la première depuis ce début). La phrase, là encore, décline peu à peu, et le second violon répète docilement les dernières notes... La partie centrale (en *ut* bémol) se constitue en un récitatif « oppressé » (*beklemmt*) abordé par le premier violon :

En rythme brisé, accompagnement monotone de triolets de notes répétées à l'unisson. Les silences trouent la phrase, lui refusent toute assise : elle s'élève difficilement, retombe, s'élève encore, puis renonce définitivement. C'est ensuite une reprise de la *Cavatine* en *mi* bémol mineur réduite à sa première phrase, — avec de fugaces échos des deuxième et troisième phrases, sur un murmure presque étouffé de la ritournelle initiale.

6. Finale : Allegro (en *si* bémol majeur, à 2/4) : ce mouvement a remplacé la *Grande Fugue*, et, selon maints commentateurs, de façon désastreuse tant ce finale dansant et gai peut paraître inconciliable avec la *Cavatine* antérieure. Notons qu'il fut écrit d'octobre à novembre 1826, à Gneixendorff. C'est une forme rondo-sonate, avec un thème-refrain d'allure populaire exposé d'emblée par le premier violon en alternance de notes liées et détachées :

Il est repris par le second violon. Premier couplet en doubles croches pressées, dialoguées entre premier violon d'une part, second violon et alto d'autre part. Puis nouveau motif en staccato, bref également, avant des traits volubiles d'octaves et de gammes achevant cette exposition. C'est ensuite un « agrandissement » avec retour du thème-refrain, cédant à un très beau second thème (*la* bémol majeur), d'un grand lyrisme calme, en legato du premier violon et de l'alto à l'unisson ; il donne lieu à de profonds et superbes contre-chants. Développement en style fugué, plein de vivacité, sur le thème-refrain. Réexposition régulière ; après le second thème, coda légère prétextant d'un divertissement rythmique pour conclure de façon rayonnante.

Durée d'exécution : 37 minutes environ.

Quatuor n° 14, en *ut* dièse mineur (op. 131)

Il fut esquissé au plus tôt en décembre 1825, à Vienne, et achevé en octobre 1826, quelques mois avant la mort du compositeur ; il est en réalité l'avant-dernier quatuor à cordes. La dédicace en fut adressée au baron von Stutterheim. Beethoven envoya sa partition à la mi-juillet 1826 à son éditeur Schott, à Mayence ; l'œuvre cependant ne parut qu'en avril 1827. Beaucoup tiennent aujourd'hui le *Quatorzième Quatuor* pour le plus beau de tous ; Wagner, en son temps déjà, s'en fit l'exégète très « romantique » : en un texte célèbre, il a parlé à son propos de méditation d'un « saint », muré dans sa surdité, à l'écoute exclusive de ses voix intérieures. Le *Quatorzième Quatuor* constitue l'ultime protestation et l'ultime défi pour briser cet isolement. L'œuvre est bâtie d'un seul tenant, sans interruption entre ses sept mouvements : c'est pour bien affirmer une volonté de continuité que Beethoven a, chaque fois, aboli les doubles barres. Mais existent des liens implicites, très forts, harmoniques et surtout rythmiques, entre chaque partie. Il est remarquable que les troisième et sixième mouvements — qui ne dépassent pas chacun trente mesures — font office de brèves introductions à ceux qui suivent : subsistent donc cinq mouvements réellement indépendants. Dans sa structure, mais aussi par l'écriture, le *Quatuor op. 131* anticipe souvent sur les audaces de l'École de Vienne, comme du plus grand compositeur de quatuors du XXe siècle, Béla Bartók.

1. Adagio, ma non troppo e molto espressivo (à 2/2) : c'est une fugue — forme réputée austère — qui fut ici choisie comme introduction et comme soubassement de l'édifice entier. Le sujet en est le suivant, — avec son premier élément de cinq notes au premier violon (dont l'anacrouse initiale et le sforzando terminal si intense, prolongeant la quatrième note) :

Cette entrée en matière suggère d'emblée une expressivité qu'on ne rencontre pas d'ordinaire dans une fugue. Les entrées sont ensuite échelonnées de cinq en cinq mesures sur une indication *sf* identique à la quatrième note —, en descendant vers le grave, dans un climat sereinement méditatif. Développement en deux épisodes où prédomine d'abord la tête du thème, puis où se déploie son second élément, quasi religieux, en croches. Des figurations plus cursives, en valeurs variées, interviennent dans la péroraison très polyphonique ; à la fin, c'est le violoncelle qui chante le thème en valeurs doubles, pour terminer dans l'apaisement d'un *ut* dièse à l'unisson, et *pp* en point d'orgue. Au total, à peine plus de cent vingt mesures.

2. Allegro molto vivace (à 6/8, en *ré* majeur ; on atteindra *la* majeur, avant de revenir à *ré*) : c'est un petit scherzo vif et dense (moins de deux cents mesures), — dont le thème s'élance *pp*, en rythme souple, sur un saut ascendant d'octave au premier violon, hésitant cependant dès la septième mesure sur un *poco ritardando*, puis repartant crescendo à l'alto et au violon sur les notes répétées du second violon et du violoncelle. Les divers motifs adjacents s'enchaînent avec la même souplesse rythmique, sans paraître se dissocier du thème initital. La forme semble demeurer imprécise, — entre structures de sonate et de rondo : cette dernière plus probablement, avec ses retours réguliers *In tempo*, immuablement précédés par une mesure de *poco ritardando*. Tout est conclu, immatériellement, en un unisson à mi-voix et sur un impalpable pianissimo.

3. Allegro moderato-Adagio (à 4/4, en *si* mineur) : en seulement onze mesures, c'est un « pont » jeté entre deux mouvements plus importants. L'*Allegro*, devenu vite *Adagio*, prélude en effet aux variations du mouvement central. Double accord *forte* du quatuor, auquel succède une sorte de conciliabule *piano* entre instruments. Bref instant recueilli de l'*Adagio* sur lequel, *più vivace*, le premier violon lance une arabesque merveilleuse, sorte de vocalise en triples croches, achevée sur le quatuor plus solennel, en crescendo, et ponctuée d'un accord bref (dont s'exclut le premier violon).

4. Andante, ma non troppo e molto cantabile (en *la* majeur, à 2/4) : ce thème et variations d'une superbe plastique, d'une extrême simplicité de ton, presque un quatuor à lui seul, constitue le centre de gravité de l'œuvre, ainsi qu'une synthèse de la conception beethovénienne de la variation. Le thème est présenté *p dolce* en duo par les violons, sur pizzicatos discrets du violoncelle. Il emprunte une forme binaire très régulière : deux sections de huit mesures chacune, — toutes deux répétées aussitôt. Les deux premières variations sont presque « classiques », ornementales.

1re Variation (mesure 33) : elle est fondée sur une élaboration rythmique. Le rythme, en effet, semble se ralentir d'abord, avec un crescendo à l'aigu du premier violon ; la seconde partie est plus intense, avec une multiplicité de doubles et triples croches contrastant très subitement des nuances *dolce* et *crescendo*.

2e Variation (*più mosso* ; mesure 65) : pianissimo, second violon et alto marquent un tempo régulier (croches coupées de demi-soupirs), tandis que le premier violon s'élance ingénuement en un motif ascendant, immédiatement en écho au violoncelle. Motif ensuite déroulé en « guirlande » ; la seconde partie, plus fluide, présente des unissons de deux ou quatre voix instrumentales, arpégés. C'est d'ailleurs un grand unisson du quatuor qui conclut sur une phrase dérivée du motif de départ.

3e Variation (*Andante moderato e lunsighiero*, à 4/4 ; mesure 98) : elle est polyphonique, et tend, à l'inverse des deux premières, à « oublier » le thème ; la texture se densifie en imitations canoniques présentées d'entrée par le violoncelle, puis l'alto immédiatement (*p dolce*) en rythme monotone. Les deux poursuivent quelque temps, comme par jeu, en répliques crescendo, — avant la reprise simulée des deux violons sur le même motif. La seconde partie affecte le même style fugué à entrées successives, — mais sur un motif beaucoup plus enjoué, voire mutin (trilles, notes piquées). Une débauche de trilles, répercutés d'une voix à l'autre, précède, aux deux dernières mesures, l'entrée de la variation suivante.

4e Variation (*Adagio*, à 6/8 ; mesure 130) : broderie de doubles croches du premier violon, ponctuée d'un pizzicato et reprise par mouvement contraire au second violon et à l'alto en unisson. Cinq fois la phrase reste suspendue sur l'accord pizzicato ; puis un dialogue s'établit aux pupitres, tantôt à l'unisson, tantôt en imitations. Le violoncelle est tenu de jouer constamment dans sa tessiture la plus aiguë. Dernier accord pizzicato...

5e *Variation* (*Allegretto*, à 2/4) : courte variation (vingt-cinq mesures environ) en deux parties, — avec reprise, sorte de « choral immobile » (Jacques Lonchampt), en harmonies figées sur un *p dolce*. Elle forme une simple transition vers l'importante variation suivante.

6e *Variation* (*Adagio, ma non troppo e semplice*, à 4/4 ; mesure 187) : c'est la variation la plus longue tant par sa mesure que par son tempo. *Sotto voce*, lent mouvement de voix parallèles en noires régulières piquées formant un hymne merveilleux, — avant un *cantabile* des deux violons sous lequel va s'introduire, d'abord lointain, un grondement *non troppo marcato* du violoncelle. Il s'impose avec insistance, vient au premier plan, tantôt *f*, tantôt *pp* en effets d'échos, tandis que les autres instruments poursuivent, comme indifférents. Brève cadence-arabesque du premier violon à mi-voix, imitée successivement par l'alto, par le violoncelle, par le second violon ; et tout s'évanouit, *morendo*, sur un trille infini du premier violon.

7e *Variation et coda* (*Allegretto*, à 2/4) : le début du thème à variations est présenté par le premier violon *p dolce*, — aussitôt accéléré en crescendo, puis ralenti, comme hésitant, presque apeuré. Puis c'est un chant éperdu de trilles à divers registres du violon, alors que second violon et alto répètent à l'unisson, royalement, le thème sur de courts arpèges du violoncelle. Nouvelle reprise *Allegretto* sur le début du thème, — avec accélération puis *ritardando*, avant une mesure *cantabile* introduisant la fulgurante coda : grand trait descendant et montant du premier violon sur de simples ponctuations *sf* des autres instruments ; et la conclusion se fera, après un bref crescendo, sur un double pizzicato du quatuor qui demeure en suspens...

5. Presto (en *mi* majeur, à 2/2) : il ne comporte pas moins de quatre cent quatre-vingt-dix-huit mesures ! Mouvement complètement imprévisible en son parcours tissé de répétitions, de retours incessants (sur les indications périodiques *Molto poco adagio* suivies de *Primo tempo*), — jusqu'à effacer tout jalon temporel. Se distingue néanmoins une forme A B A B A. Une sorte de chanson gaie, en notes piquées vivement exposée au premier violon, forme le thème :

Le trio — indiqué *piacevole* — possède le même caractère de danse rustique plus déliée, plus souple, présentée par les deux violons en unisson sur un sautillement d'alto et de violoncelle :

Une seconde figure de danse, plus vigoureuse, mobilisant tout le quatuor dans ses premières mesures à l'unisson (*Ritmo di quattro battute*), fait enfin son apparition. Scherzo et trio seront alors repris intégralement, — avant qu'on ne parvienne à une conclusion longtemps différée, utilisant le thème initial aux registres aigus de tous les pupitres (chacun « sul ponticello » dans la nuance *pp*). Bref accord fortissimo préludant à l'*attacca* qui introduit sans transition l'*Adagio* suivant.

6. Adagio quasi un poco Andante (à 3/4, en *sol* dièse mineur) : très court mouvement de « passage » (vingt-huit mesures), mais d'une extrême densité, constitué par une mélodie d'une beauté poignante — sorte de lied en trois petites parties que chante un alto ému ; le reste du quatuor participe intensément à cette déploration.

7. Allegro (en *ut* dièse mineur, à 2/2) : le mouvement final, qui compte près de trois cent quatre-vingt-dix mesures, relève entièrement de la forme sonate, si soigneusement évitée jusqu'alors, ici propice à une formidable « bataille instrumentale ». Le thème principal se fonde sur une formule combative, rythmiquement implacable, tendue à l'extrême par ses silences, en unisson d'octaves du quatuor :

Un adoucissement *legato*, puis un bref canon précèdent l'entrée fluide, peu assurée (quatre *poco ritardando*, suivis d'*In tempo*) du second thème, — lumineusement lyrique (en *mi* majeur) : gamme descendante de croches et notes tenues (blanches) en arpèges au registre aigu du violon. Le développement débute sur un fugato acéré dans lequel se distingue l'âpre formule du premier thème. La réexposition, quant à elle, s'amorcera sur un grand fortissimo, et permettra au second thème de se déployer plus librement qu'auparavant, non sans véhémence. C'est enfin un vaste « développement terminal » et récapitulatif conduisant vers un assombrissement, un épuisement et une dislocation de la formule rythmique initiale : un *poco adagio* semble immobiliser le mouvement pendant six mesures ; mais il se lance bientôt à l'assaut — fortissimo — des trois derniers accords d'*ut* dièse qui scellent cette pièce grandiose.

Durée d'exécution : 40 minutes environ.

Quatuor n° 15, en *la* mineur (op. 132)

Esquissé dès 1823 (alors que Beethoven travaillait au *Douzième Quatuor*), il fut terminé en août 1825. Il fut donc le deuxième composé dans l'ordre des cinq derniers quatuors, et devrait porter en réalité le n° *13*. Il fut dédié au Prince Galitzine. Sa première publique se déroula le 9 septembre 1825 au Prater, à Vienne, avec le Quatuor Schuppanzigh en un concert organisé par l'éditeur Schlesinger. Le succès fut grand, et justifia une nouvelle exécution deux jours plus tard par les mêmes interprètes. C'est l'éditeur Schott, de Mayence, qui publia l'œuvre en avril 1827. L'appréciation du compositeur lui-même était des plus laconiques : « C'est une des œuvres les plus dignes de mon nom ». Il y a cinq mouvements.

1. Assai sostenuto-Allegro (à 2/2) : le mouvement introductif comprend deux cent soixante-quatre mesures. Il emprunte les principaux traits d'une forme sonate sans s'y conformer à la lettre, — en une conduite thématique singulière procédant souvent par superpositions, brusques ruptures d'*Adagio*, — l'ensemble contribuant à créer une impression de déséquilibre, ou peut-être d'égarement. L'introduction lente fournit au mouvement un de ses thèmes, constitué d'une cellule de quatre blanches, *pp*, qui hantera tout le développement du thème principal ; le violoncelle la présente dès la mesure 1 ; les autres instruments enchaînent immédiatement (seul le premier violon la répète dans sa formulation exacte) :

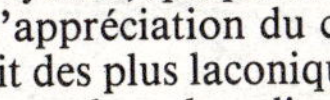

15e quatuor

C'est « l'énigme posée par le Sphinx au nouvel Œdipe » (Romain Rolland) : vaine littérature ? Il est vrai que cette formule-interrogation planera sur tout l'*Allegro*. Celui-ci, qui — on l'a dit — échappe au cadre strict de la forme sonate (avec deux développements consécutifs), paraît à la mesure 22, après une mesure de rétention (*Adagio*) : une arabesque nerveuse en doubles croches du premier violon introduit le premier thème empruntant un rythme martial sur un motif présenté par le violoncelle et le second violon :

Le premier violon s'en empare, avant qu'il ne se répète en dialogue aux divers instruments. Une montée sur le rythme de marche antérieur précède l'entrée — *non ligato* et *p dolce* — du second thème avec le deuxième violon en un doux balancement sur accompagnement de triolets. L'exposition se termine sur quelques mesures *ritardando*. Un premier développement (sur le thème initial) s'engage en un pianissimo du violoncelle et de l'alto énonçant à nouveau la formule-question. Une réexposition complète, en *mi* mineur, précède un second développement varié qui fait triompher, en dernière instance, le thème principal par éléments de doubles croches. Un *morendo* de trois mesures s'insinue juste avant la coda-strette : crescendo de doubles croches serrées, exultantes, — qui semblent une issue à une « action » si longtemps indécise.

2. Allegro ma non tanto (à 3/4, en *la* majeur) : scherzo assez développé (près de deux cent quarante mesures), mais ne constituant qu'une « préparation » à l'important mouvement suivant : somme toute, une digression dont le thème tranquille, pesant, évoquant le climat des Ländler, débute par les mêmes notes que le premier mouvement (*sol* dièse — *la*). Le trio a beaucoup plus de relief et d'originalité : « musette » sur la tonique *la*, — le premier violon développant à l'aigu une mélodie d'un charme naïf sur accompagnement en battements du second violon.

Alto et violoncelle se taisent, puis n'interviennent que pour de brefs dessins arpégés ainsi qu'une longue tenue de basse. Un second élément se compose d'une guirlande de croches échangées entre premier violon et alto sur un accompagnement *sempre staccato*, — lui aussi déplacé d'un registre à un autre. Un retour de la « musette » (*L'istesso tempo*) précède la reprise intégrale du scherzo.

3. Molto adagio (à 4/4) : cet immense

Adagio (deux cent onze mesures, dont la durée d'exécution peut atteindre jusqu'à vingt minutes) porte une épigraphe rédigée en allemand, ainsi qu'en italien : « Chant de reconnaissance offert à la Divinité par un convalescent, dans le mode lydien. » Beethoven, tombé malade de mars à mai 1825 (un épuisement général compliqué d'une grave inflammation intestinale), avait dû momentanément interrompre la composition de ce *Quatuor*. Quant au « mode lydien » indiqué, il s'agit en fait du mode de *fa* sans altération. L'ordonnancement général est A B A B A. La première partie (*Molto adagio*) s'édifie sur les valeurs longues et égales d'un ample hymne-choral, avec un bref moment d'intensité en crescendo :

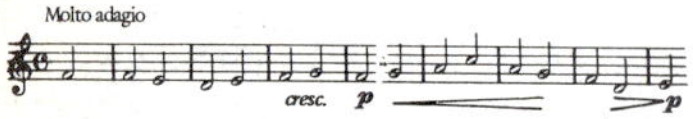

Il se déploie en cinq sections, — chacune introduite par des entrées successives, en valeurs plus brèves (noires), du premier violon au violoncelle (à l'exception de la troisième, — du violoncelle au premier violon). Succède (mesure 31) un *Andante* en *ré* majeur et à 3/8 portant mention *Neue Kraft fühlend* (« éprouvant une nouvelle force ») : inespéré retour à la vie, sentiment de délivrance traduit par un motif bondissant en intervalles d'octave et de dixième au second violon, sous un trille exultant du premier violon. C'est ensuite un dialogue instrumental haletant de joie, tout en contretemps, — avant que l'*Andante* ne s'achève en une phrase montante par degrés conjoints au violon, d'une admirable sérénité. Retour du choral (*Molto adagio*) : il s'énonce, sept fois, à l'octave supérieure (premier violon), jusqu'à l'immatérialité, — tandis que les autres instruments varient leurs interventions en un jeu contrapuntique serré. Réapparition (mesure 115) de l'*Andante* par nouvelles figurations vives et élancées, — avant l'ultime reprise du *Molto adagio* portant mention *Mit innigster Empfindung* (« dans le sentiment le plus intime ») : le choral se colore, lui aussi, de figurations de croches et doubles croches parcourant les divers registres. S'élève une dernière fois le chant extatique marqué d'un *sforzando* sur chaque note, puis d'un *diminuendo*, — avant que d'affirmer encore une fois un crescendo mystique, conclu néanmoins sur deux mesures *piano* : retour au silence.

4. Alla Marcia, assai vivace (à 4/4, en *la* majeur) : c'est une « petite marche » pleine d'entrain qui succède, comme par inadvertance, sur un thème sans apprêt, presque banal, vivement scandé. Il y a deux parties, — dont la seconde plus liée (*dolce*) ; chacune est reprise, avant l'*attacca subito*, fort inattendu, d'un *Più allegro* en croches détachées, isolées par des silences, montant du violoncelle vers l'aigu du second violon. Le premier violon trace alors un récitatif « expressif », marqué de *ritardando, in tempo, crescendo, accelerando*, en une dizaine de mesures d'une forte concentration. Un cursif *Presto* (large arabesque chromatisée du premier violon), puis une mesure étiolée de *Poco adagio* (indiquée *smorzando*), précèdent l'*attacca* du mouvement conclusif.

5. Allegro appassionato (à 3/4, en *la* mineur) : longue de plus de quatre cents mesures, c'est une forme rondo qui prédomine, très élargie. Thème principal — refrain — constitué de deux éléments qui se superposent : le premier rythmique, sur les notes *fa-mi*, présenté d'emblée au second violon, avec réponse au violoncelle ; le second, mélodique, qui s'élance en crescendo à la mesure 3, au premier violon :

et qui reste en suspend avant sa répétition à l'octave supérieure, à l'unisson avec l'alto. Le conséquent est apporté par une formule ascendante de trois notes, qui se répète avec insistance ; cependant, aux voix intermédiaires, s'insinue, *piano*, une figure répétitive de deux notes, qui semble vouloir l'attiser sans y parvenir. C'est sur un rythme analogue que paraît le premier couplet, — une mélodie sereine qu'ornemente, de mesure en mesure, une série de trilles, et montant à l'aigu du violon, très pur. Mais, sur des tenues des trois voix supérieures, le violoncelle s'insurge fortissimo, — avec un motif enroulé (mesures 71-72), dérivé du premier thème. Un unisson en diminuendo précède la rentrée du refrain, identique à lui-même, *espressivo* (mesure 92). Le conséquent, toutefois, verra se substituer un second couplet d'une polyphonie dense, parfois violente, sur des rappels motiviques se combattant avec âpreté. Et le thème-refrain revient encore une fois, avec le motif rythmique initial de deux notes introduit pianissimo au registre aigu, plaintif, du violoncelle ; le premier couplet suit. Puis le climat change complètement : une accélération précède le retour du refrain *Presto*. Le premier violon et le violoncelle, tous deux dans leur registre aigu, clament lyriquement une joie triomphante (un *sforzando* par mesure), — tandis que les voix intermédiaires paraissent trépigner d'impatience. Des guirlandes de croches *più crescendo* et *staccato* semblent conclure. Cependant, violon et violoncelle reprennent leur chant à l'unisson, contrepointé cette fois par les croches, — avant une strette que les deux violons doivent assurer *col punto d'arco* (« avec la pointe de l'archet »). De puissantes affirmations d'octaves sur l'accord parfait concluent en *la* majeur, non sans triomphalisme.

Durée d'exécution : 45 minutes environ.

Quatuor n° 16, en *fa* majeur (op. 135)

Dernier des quatuors à cordes de Beethoven, le *Seizième Quatuor* fut esquissé à la fin de juin 1826 et terminé en octobre suivant ; il fut livré alors à l'éditeur Schlesinger de Berlin (qui ne le publia qu'en septembre 1827). Il fut dédié à Johann Wolfmayer, à qui le *Quatorzième Quatuor* devait être primitivement dédicacé. L'œuvre ne comporta d'abord que trois mouvements, — les deux premiers et le dernier ; c'est peut-être à la demande de Schlesinger que le mouvement lent fut écrit ensuite (en septembre). Une anecdote à peu près authentifiée s'attache au finale, qui a pour titre badin *Der schwer gefasste Entschluss* (« La décision difficilement prise »). Nous verrons, le temps venu, ce qu'on peut en penser. Quoi qu'il en soit, ce dernier quatuor se révèle le plus lapidaire, parfois énigmatique, voire déroutant.

1. Allegretto (à 2/4) : le mouvement initial est dans une forme sonate d'une merveilleuse finesse, — dont le premier thème, qui débute à l'alto en petites notes impertinentes, semble dépourvu de profil mélodique :

Au vrai, c'est une sorte de cellule vivant de sa propre vie, — alors qu'un motif joyeusement ascendant, par groupes de quatre notes rapides, syncopées, constitue une ébauche de thème complet poursuivi en dialogue par les autres instruments sur pizzicatos du violoncelle. Un « pont » est assuré par le duo des violons sur un ton indécis que contrarie la fougueuse énergie du second thème, en arpèges ascendants jusqu'au suraigu, enivré, du premier violon. Une ritournelle ramène le motif par groupes de quatre notes, — avant un développement à première audition incohérent : il s'agit d'un remarquable travail contrapuntique, en « miniaturisation » de tous ses éléments, — et il est impossible, dans le cadre de ce volume, d'entrer dans l'analyse détaillée de son déroulement. Avant la réexposition le motif initial s'impose à la volée, chanté en imitations par l'alto et le premier violon. La réexposition, assez régulière, ne sera « dérangée » que par un curieux dessin de croches liées qu'on pourrait apparenter au motif d'introduction du *Quinzième Quatuor* (celui-là même qui donna naissance à la *Grande Fugue* : v. ces œuvres). C'est la Question du Destin passant comme une inquiétude soudaine, provoquant un rapide conflit vite refoulé... Un « développement terminal » un peu inattendu se présente en écriture contrapuntique serrée ; toutefois, le mouvement s'achèvera de façon plus déliée sur la ritournelle qui terminait l'exposition, puis l'éternel motif de quatre notes, — à présent allégé.

2. Vivace (à 3/4) : il tient lieu de grand scherzo, d'une vigueur et d'une diversité rythmique peu ordinaires. Murmuré d'abord, il se construit sur deux éléments distincts, néanmoins superposés : un tintement de cloches alterné entre premier violon et alto en valeurs longues, — que contrepointe un motif décomposé en notes piquées, ponctuées de silences :

Véritable cas de déstabilisation rythmique, — une sorte de « mécanisme détraqué » (André Boucourechliev). Les instruments échangent leurs rôles, puis seul le motif cité en exemple se développe, *pianissimo*, en un contrepoint d'une grande préciosité, — les instruments se répondant par couples. Il y a une reprise avant la partie centrale, qui tient lieu de trio non contrasté (*la* majeur) : c'est un épisode rythmique également, lancé par une brève formule de croches libérant une envolée de gammes ascendantes en notes piquées, conclues par une petite ritournelle « pastorale ». L'envolée se répète en une sorte d'ivresse incontrôlée, jusqu'à l'infini, — menée presque exclusivement par le premier violon. Enfin celui-ci, grisé, plane, avec la ritournelle, au-dessus d'un unisson frénétique d'octaves des autres instruments sur la formule de croches, et s'exalte au vent, quarante-sept mesures durant. Tout s'apaise jusqu'au pianissimo ; et c'est la reprise textuelle du scherzo proprement dit, dont la conclusion s'exténuera sur de faibles accords.

3. **Lento assai, cantante e tranquillo** (à 6/8, en *si* bémol mineur) : le dernier mouvement écrit par Beethoven est, selon les esquisses, un « doux chant de repos ou chant de paix », d'un sentiment recueilli, d'une sérénité inclinant vers une douce mélancolie. Il emprunte la forme à variations de façon quelque peu camouflée, — avec un thème très simple présenté *sotto voce* au premier violon dans son registre grave, à la fois sobre et désolé, — les autres instruments n'en répétant que des fragments. Un *Più lento* fait paraître ensuite — pianissimo — une mélodie hésitante, un peu oppressée par les silences qui l'entrecoupent. Le « chant de paix » initial revient, traité polyphoniquement : duo en canon, à une mesure d'intervalle, du violoncelle et du premier violon, — auquel les voix intermédiaires apportent un enrichissement contrapuntique par figures dérivées. Et voici, pour terminer, une dernière variation de ce chant, pleine de mystique tendresse (*semplice*) sur la basse complice, doucement balancée, du violoncelle.

4. **Grave ma non troppo tratto** (à 3/4) — **Allegro** (à 4/4 *alla breve*) : c'est « la décision difficilement prise », qui fit couler tant d'encre, et qui peut se résumer à une anecdote plutôt triviale, — révélée par un joyeux canon découvert dans les esquisses du musicien et transmise par Holz. En exergue, en effet, quelques mots : *Muss es sein* ? *Es muss sein* ! (« Le faut-il ? Il le faut ! »). Interrogation du Destin ? Pas vraiment. Un bourgeois viennois, un certain Dembscher, ne s'était pas dérangé pour la première exécution du *Treizième Quatuor*, mais s'était vanté d'en obtenir le manuscrit chez lui, quand il le voudrait et sans bourse délier. Beethoven, furieux, répondit dans un billet confié à Holz qu'il ne prêterait le manuscrit qu'ayant perçu cinquante florins. Le bourgeois reçut le billet et, suffoqué, demanda : « Le faut-il vraiment ? ». Et Beethoven de s'écrier : « Il le faut !... Sors ta bourse ! Il le faut ! ». D'où naquit le canon, dont il reprit le thème dans ce finale... Une autre version circule, plus grave, plus tragique, due à l'éditeur Schlesinger citant une lettre toutefois perdue dans un incendie, et dont il reproduisit les termes de mémoire : « Voyez-vous quel homme malheureux je suis ! Non pas que ce m'ait été difficile à écrire, mais je pensais à quelque chose d'autre et de plus grand, et je n'ai écrit que cela seulement, parce que je vous l'avais promis et que j'avais besoin d'argent, et que cela m'est venu péniblement : voilà ce que vous pouvez déchiffrer sous le *Es muss sein* ! » Le *Muss es sein* ? forme un motif musical emprunté par Beethoven à Jean-Sébastien Bach (*Clavier bien tempéré*, fugue en *ut* dièse du Premier Livre ; *Passion selon Saint Matthieu*, fugato « Lass ihm kreutzigen »). Il est à noter qu'après Beethoven on retrouvera ce motif chez un Liszt (début des *Préludes*), de même que chez un Franck (*Symphonie en* ré *mineur*). Question et réponse sont — l'une et l'autre — des segments de trois notes, — le second en renversement du premier :

Le *Grave* introductif (en *fa* mineur) propose la question aux basses, par deux fois ; violons et alto insistent, en imitations ; les notes répétées *forte* conduisent la question à son urgence, qui ne connaît pas de réponse. Et la voici soudainement, en un *Allegro* (*fa* majeur) que contrepointe un vif dessin des basses. Cette réponse est vigoureusement répétée sur un admirable second élément apaisé, murmuré *piano* en imitations au violon et à l'alto. Vient ensuite le second thème d'un lyrisme heureux et calme, semblant refléter une joie profonde, entrecoupée de silences bienfaisants, et qui prend l'allure d'une marche populaire viennoise :

Une reprise de l'*Allegro* entier précède le développement, qui exaspérera l'affrontement thématique. Lors de la réexposition, la réponse *Es muss sein* ! semble s'être adoucie et chante à la façon d'une ronde insouciante. C'est elle qui terminera, de façon certes propice mais un peu forcée, — associée dans les mesures ultimes à la joie souriante du second thème.

Durée d'exécution : 25 minutes environ.

Grande Fugue (« 17e Quatuor »), en *si* bémol majeur (op. 133)

Elle fut esquissée en 1824 et terminée en octobre 1825, pour servir de couronnement gigantesque du *Treizième Quatuor* ; c'est d'ailleurs comme finale de celui-ci qu'elle fut exécutée le 21 mars 1826, à Vienne, avant d'en être dissociée en avril suivant à la demande expresse de l'éditeur Artaria (qui la publia isolée en 1830). Elle fut dédiée par Beethoven à l'archiduc Rodolphe d'Autriche. Son thème générateur en fut trouvé par le musicien en même temps que celui du *Quinzième Quatuor op. 132* : les deux thèmes, en effet, possèdent un profil presque identique (v. premier exemple figurant dans le commentaire de ce *Quinzième Quatuor*). Les analyses des musicologues divergent parfois, — et le cas en est frappant avec cette *Grande Fugue*. À titre indicatif, nous adoptons ici un plan proposé par Jacques Lonchampt*, reprenant à son compte l'assertion de Vincent d'Indy : « C'est une fugue à deux sujets et à variations », — qui éclaire parfaitement la structure de l'ouvrage. Nous apportons quelques commentaires seulement sur ces grandes divisions : si la partition demeure difficile et ses significations innombrables, une analyse selon les lois du genre, exigeant bien des pages d'une aridité sans doute inévitable, n'aurait guère d'utilité ici. Elle ne pourrait, d'ailleurs, qu'altérer une écoute qui doit rester avant tout attentive à un univers de tensions et de conflits que révèle cette partition grandiose, en quête d'absolu.

Ouverture (*Allegro*) : le thème principal — générateur — est exposé fortissimo par le quatuor à l'unisson en valeurs longues (en *sol* majeur, à 6/8), — « thème herculéen » pour reprendre une expression de J. Lonchampt :

Il est représenté deux fois, toujours à l'unisson en une figuration plus brève, vigoureuse (qu'on retrouvera dans la *seconde fugue*). Troisième présentation, *piano*, en noires régulières (en *fa* majeur, à 2/4), et motif de doubles croches préfigurant sujet et contre-sujet de la *seconde fugue*. Enfin, entrée *Allegro* du thème générateur en croches liées *piano*, dans la vraie tonalité de *si* bémol majeur : c'est sous cette forme qu'il paraîtra comme contre-sujet de la *première fugue*.

Première fugue : le premier sujet s'élance par grands intervalles, *fortissimo*, au-dessus du thème générateur à l'alto :

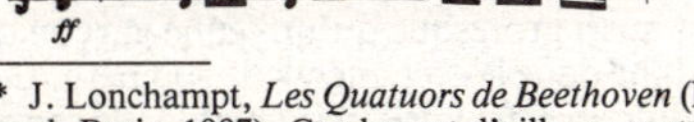

* J. Lonchampt, *Les Quatuors de Beethoven* (Éd. Fayard, Paris, 1987). Ce plan est d'ailleurs contesté par Joseph Kerman, *op. cit.* : nous ne pouvons, dans les limites de ce volume, que renvoyer le lecteur à son analyse très fouillée.

Conflit inévitable entre les deux, — dont sortira vainqueur le sujet très fermement soutenu par les trois variations enchaînées, animées d'une farouche énergie rythmique, triomphant enfin par immenses écarts soulignés de sforzandos terribles, — dans sa forme initiale.

Seconde fugue (*Meno mosso e moderato*, en *sol* bémol majeur) : changements de mouvement et de tonalité, *pianissimo* succédant au *fortissimo*, soulignent une transformation radicale d'atmosphère, cette fois apaisante, dans laquelle le thème générateur, *pp*, reparaît à l'alto, sombre, plaintif, puis plus clair au second violon. Il forme le sujet, avec contre-sujet très doux, « chant consolateur » (J. Lonchampt). De nouveau, trois variations empruntent les tonalités *si* bémol et *la* bémol majeur, — la première d'un élan tout juvénile, la seconde en lignes pures mais tumultueuses, la troisième d'une incroyable pugnacité à travers laquelle le thème générateur ne cesse de s'affirmer.

Développement des deux fugues : il est — on l'a dit — en trois « divertissements » au travers desquels s'intensifie, en couches rythmiques indépendantes et sur une conduite polyphonique implacable, la lutte entre sujet original (*première fugue*) et thème générateur (comme sujet de la *seconde fugue*). Celui-ci se déploie dans toute sa grandeur initiale au détriment du motif de la *première fugue*, naguère si altier, si provoquant. Dans le dernier « divertissement », ce motif s'avoue désormais impuissant, — tandis que le thème générateur, en choral (violon et alto), triomphe. Nouvelle transition soudainement mystérieuse, avant la partie suivante.

Développement sur la seconde fugue : on assiste à une réexposition au ton principal, — tandis qu'est développé sous maints aspects inédits le thème générateur, seul maître du terrain, tour à tour exultant ou recueilli. Soudain résonne encore le sujet original (*première fugue*), auquel répondent le thème générateur et son contre-sujet de la *seconde fugue*. L'ensemble de l'édifice semble ici, un moment, mis à nu, résumé dans sa géniale architecture.

Conclusion : c'est une péroraison dans la tonalité principale propre à réconcilier les antagonistes. D'abord, se déploie le thème générateur en un majestueux et puissant choral, — marqué d'un *sf* par mesure. On perçoit divers échos de variations ainsi que de la *seconde fugue*, — avant la coda mariant premier sujet, en pleine gloire à l'aigu du violon, et thème générateur (second violon et violoncelle). Les dernières mesures exultent sur un rythme de tarentelle.

Durée d'exécution : 17 minutes environ.

LES QUATUORS POUR PIANO ET CORDES

Il existe, de la plume de Beethoven, trois quatuors avec piano, — outre un arrangement original du *Quintette pour piano et vents op. 16* (v. cette œuvre). Les trois quatuors datent de 1785, et constituent les plus anciens exemples du genre, après Mozart, de même que les mises à l'épreuve d'un jeune talent de quinze ans. Ils furent tous trois édités posthumement (1832) par Artaria, à Vienne.

Quatuor n° 1, en *mi* bémol majeur (WoO 36 n° 1)

Il se situe stylistiquement dans la descendance de l'École de Mannheim. Son introduction est constituée par un *Adagio assai* finement travaillé. Au centre, un *Allegro con spirito* de forme sonate (*mi* bémol *mineur* à l'origine), — de caractère douloureux. Le thème principal, assez allant (à 3/4),

est présenté par le piano, *forte*, sur un accord de tonique assuré. Violon et alto empruntent une rythmique syncopée, le violoncelle soutient le piano à la basse. Sur un pathétique unisono, le thème s'alourdit dans les registres graves ; le second thème lui est fortement apparenté, — avant un développement serré. Le mouvement conclusif comporte un thème (*cantabile*) et six variations originales dont voici la description succincte :

1re variation, « con grazia », par le piano au registre du soprano en vives figurations. *2e variation* conduite par le violon en triolets de croches. *3e variation* (*Adagio*) avec l'alto. *4e variation* (*Tempo primo*) que le violoncelle domine. *5e variation*, peut-être la plus intéressante dans sa partie de piano (passages de doubles croches à la basse, rythmes pointés à l'aigu, — les cordes accompagnant en accords). *6e variation* où se rassemblent tous les instruments sous la houlette du violon. Le thème, légèrement modifié, reparaît dans un *Allegretto* qui aboutit à une coda tendue.

Durée d'exécution : 28 minutes environ.

Le **Quatuor n° 2 en *ré* majeur** (WoO 36 n° 2) s'avère une partition très secondaire, sans caractères marqués, — la moins travaillée sans doute du groupe. Elle ne conserve qu'un intérêt pratiquement documentaire à titre de « jalon » dans l'évolution du jeune musicien.

Quatuor n° 3, en *ut* majeur (WoO 36 n° 3)

Voici, en revanche, une musique pleine de sève et de vie. Tandis que dans le *Quatuor en* mi *bémol majeur* deux mouvements lents encadraient un *Allegro*, c'est ici un *Adagio* qui s'entoure de deux mouvements vifs. D'abord, un *Allegro vivace* énergique : le thème initial en est enjoué, rythmé avec légèreté, amenant sans tarder un thème secondaire aimable et coulant. Soudain, de surcroît, paraît un motif plein de charme en *sol* mineur, en un *espressivo* délicatement orné par croches égales (gruppetto, trille). Beethoven le reprendra plus tard, sans changement, dans le premier mouvement de la *Sonate pour piano op. 2 n° 3*. L'*Adagio con espressione* central est un thème varié, présenté à mi-voix (*fa* majeur) :

Il est mélodiquement délié, très uni, quasi méditatif (avec gruppetto, puis notes appogiaturées, sans nulle afféterie). Les variantes sont d'une forte expressivité. Beethoven l'a utilisé à son tour, moyennant quelques modifications, dans sa *Sonate pour piano op. 2 n° 1*. C'est un délicieux *Rondo-Allegro* qui conclut avec une sorte de bonhomie allègre.

Durée d'exécution : 17 minutes environ.

Nous ne résistons pas au besoin de citer un jugement dû à la plume caustique d'Alberto Savinio* : « Ce *Quatuor en* do *majeur* donne la désagréable impression d'un adolescent qui veut faire l'adulte..., et il est aussi grotesque qu'un jeune garçon qui s'exhibe dans les vêtements de son père. Cela produit un effet aussi désagréable, de retrou-

* In : *la Boîte à musique* (Éd. Fayard, Paris, 1989).

ver dans ce *Quatuor* des ébauches de thèmes, sinon des thèmes entièrement développés, qui seront utilisés par Beethoven dans des œuvres ultérieures... Reste l'équivoque qui préside à la naissance de ce nom de quatuor. Nous savons tous ce que sont les *Quatuors* de Beethoven, c'est-à-dire quelques-unes des créations les plus hautes de l'esprit humain... ; mais une fois que ce nom de quatuor a suscité dans notre esprit ces idées de sublime grandeur, comme on retombe bas tout à coup, en découvrant parmi les instruments le piano !... Pour une fois, notre cher piano est allé se fourrer là où il n'aurait pas dû. La sonorité du piano, associée à celle des cordes, ôte au quatuor sa sonorité de salle de concert et lui donne, en fait, une sonorité d'orchestre de café ». Dont acte, pour les trois *Quatuors avec piano* d'un Beethoven mal aguerri. Mais sera-t-il possible d'étendre ce jugement à l'important répertoire de chambre à venir dans cette formation ?

Pour clore ce chapitre, est à mentionner enfin l'arrangement du **Quintette pour piano et vents op. 16**, vers 1810 : il s'agit, en réalité, moins d'un « arrangement » que d'une nouvelle élaboration pour les cordes, la partie de piano ne comportant pas de modifications notables. L'œuvre est présentée comme *Quatuor avec piano n° 4, op. 16 bis.*

LES QUINTETTES

Nous citons, en liminaire, ce judicieux commentaire de Jean Witold* : « Les *Quintettes* de Beethoven, beaucoup moins nombreux que les quatuors et les sonates, peuvent être considérés plus comme des amusements d'écriture ou des exercices intellectuels, que comme des compositions destinées à exprimer un message. C'est pourquoi ils passent dans l'œuvre beethovénienne comme des météores dont on retrouve les étincelles et les idées dans différentes compositions de toute autre nature. Évidemment Beethoven, comme tous ses contemporains, donne à la cinquième voix ou à l'ensemble le maximum de possibilités et de contrastes ». Ne sont à retenir, parmi plusieurs partitions inabouties et réutilisées par ailleurs (dont l'examen est donc exclu), que deux *Quintettes à cordes* — dont l'un représente d'ailleurs un arrangement d'une œuvre de jeunesse — et un *Quintette pour piano et vents.*

Quintette à cordes en *ut* majeur (op. 29)

Sa formation est de deux violons, deux altos et violoncelle. On date sa composition des années 1800-1801, — au plus tard au mois de novembre (dédicace au comte Moritz von Fries). La publication en eut lieu en 1802 par Breitkopf et Härtel, à Leipzig. Pour se référer de nouveau à J. Witold, ce *Quintette op. 29* serait le premier véritable quintette de Beethoven,... « outre qu'il est empreint de cette richesse et de cette fougue qui caractérisent ce qu'il est convenu d'appeler la ''deuxième manière'' du musicien ». Il est de fait que maints fragments s'en retrouveront dans la version originale (1805) de *Fidelio*.

L'ensemble, incontestablement, présente maints agréments de finesse d'écriture, sans exclure des accents vigoureux, dramatiques, parfois « pathétiques ». Des quatre mouvements, les deux premiers affirment le plus d'intérêt. L'*Allegro moderato* initial adopte la forme sonate dans un climat de calme détente, marquée par la fluidité du discours, — alors que l'*Adagio molto espressivo* qui fait suite, dans la forme sonate également, affiche une élégance quasi mozartienne, avec des teintes de mélancolie. Le troisième mouvement, *Scherzo-Allegro*, s'assortit d'un trio aux vives couleurs. Le *Finale-Presto*, robuste, se voit opposer un épisode contrastant *Andante con moto e scherzoso.*

Durée d'exécution : 32 minutes environ.

C'est en août 1817 que Beethoven reprit son *Troisième Trio pour piano et cordes op. 1* (composé entre 1793 et 1795) pour en réaliser un « arrangement original » : le **Quintette à cordes en *ut* mineur** (op. 104). La publication s'en fit chez Breitkopf et Härtel à Vienne, en même temps qu'une édition londonienne le 25 mai 1819.

Une anecdote s'attache à cette réalisation : l'arrangement aurait peut-être été effectué d'abord par un amateur, et le travail repris par Beethoven ensuite, avec cette appréciation humoristique : « Trio arrangé en quintette à trois voix par M. Bonne Volonté et ramené à la lumière du jour de l'apparence de cinq voix véritables, et ainsi élevé d'une grande misérabilité à un aspect présentable par M. Volonté Correcte, 1817, le 14 août. N.B. La partition originale du quintette à trois voix a été offerte en holo-

* J. Witold, *op. cit.*

causte solennel aux dieux infernaux. » Nous ne pouvons, pour une prise de connaissance de l'œuvre, que renvoyer le lecteur à notre commentaire du *Trio pour piano et cordes n° 3* (v. cette œuvre).

Quintette pour piano et vents, en *mi* bémol majeur (op. 16)

Outre le piano, la formation instrumentale est : un hautbois, une clarinette, un cor et un basson. L'œuvre fut écrite vers 1796 (et, vers 1810, Beethoven en réalisa une réduction pour quatuor de piano et cordes). La dédicace fut adressée à « Son Altesse Monseigneur le Prince Régnant de Schwarzenberg ». La première audition en fut donnée le 6 avril 1797 à Vienne, lors d'un concert organisé par Schuppanzigh, — le compositeur étant au piano. La publication intervint en 1801 chez Mollo, à Vienne.

Il y a trois mouvements. Le premier est introduit par un *Grave* qui sonne clair, non sans majesté. L'*Allegro ma non troppo* qui enchaîne offre un thème principal d'un « héroïsme » très caractéristique : ton affirmatif, impérieux, de sa sixte ascendante initiale, de ses quatre noires piquées alternées sur un mouvement lié de croches par degrés conjoints. La présentation par le piano en position soliste est tout à fait impressionnante. L'*Andante cantabile* du mouvement central emprunte sans conteste la mélodie de son thème à l'air si charmant de Zerlina, « Batti, batti », dans le *Don Giovanni* de Mozart. Il se coule dans une forme libre pleine de chaleur, d'émotion sensuelle. Quant au mouvement conclusif, nous trouvons un *Allegro ma non troppo*, — qui est un *Rondo* d'une vivacité enjouée, et d'une écriture remarquablement aérée à l'intention des instruments à vent.

Durée d'exécution : 25 minutes environ.

Sextuor pour vents, en *mi* bémol majeur (op. 71)

Cette œuvre, composée vers 1796, fut créée lors d'une soirée musicale organisée, à Vienne, par Schuppanzigh, en avril 1805 seulement ; de même, sa publication n'intervint qu'en 1810 chez Breitkopf et Härtel, à Leipzig. Beethoven écrivait, dès 1809, à ses éditeurs : « Le Sextuor est l'une de mes premières œuvres, et en plus je l'ai écrite en une nuit, on ne peut réellement rien en dire, sinon qu'il a été écrit par un auteur qui a depuis produit quelques œuvres meilleures. » À ranger parmi les exagérations beethovéniennes, l'affirmation que le *Sextuor* fut écrit en une nuit : des esquisses datant de diverses périodes prouvent le contraire. Retenons ici le jugement d'un Jean Witold : « Le *Sextuor* chez Beethoven est à la fois le type même de l'œuvre de commande ou de circonstance et un exercice de style et de plume qui, malgré les inventions qui fourmillent, n'apportent pas grand-chose à sa production. Du reste Beethoven ne se faisait pas grande illusion... » La formation instrumentale est de deux clarinettes, deux cors, deux bassons.

Le caractère d'ensemble est celui d'une suite, en quatre mouvements. Dans la manière d'une Ouverture, un *Adagio* en style de marche un peu pompeuse forme le prélude. Le premier mouvement — *Allegro* à 3/4 — présente un thème principal d'une grande légèreté, qui résonne comme le renversement, en lignes descendantes, de l'appel de « fanfares » d'ouverture. Le deuxième mouvement (*Adagio*) se bâtit sur un délicieux thème qu'assume le basson. Le troisième mouvement est un *Menuetto, quasi Allegretto* : il est d'une grâce un peu apprêtée. Les cors commencent sur un motif de « chasse », les bois répondent et conduisent ensuite le jeu, très divertissant mais un peu anodin ; dans le trio, les bois sont seuls. Enfin, le quatrième mouvement — *Rondo-Allegro* — est en forme de marche un peu raide ; elle conduit vers une conclusion festive.

Durée d'exécution : 21 minutes environ.

Septuor pour vents et cordes, en *mi* bémol majeur (op. 20)

L'œuvre, dédiée à l'impératrice Marie-Thérèse, est écrite pour trois instruments à vent (clarinette, basson, cor) et quatuor à cordes composé d'un violon, d'un alto, d'un violoncelle et d'une contrebasse... « En vue de l'usage courant — écrivit Beethoven à l'éditeur Hofmeister en décembre 1800 — on pourrait transcrire les trois instruments à vent... pour encore un violon, encore un alto et encore un violoncelle. » Ceci à l'intention des « amateurs » qui, selon toute apparence, furent nombreux : dès sa parution, le *Septuor* obtint en effet un grand succès. De cet accueil chaleureux témoigne, entre autres, l'opinion de l'*Allgemeine Musikalische Zeitung* : « Un septuor qui est écrit avec beaucoup de goût et d'imagination. » Un tel engouement finit par exaspérer le compositeur, qui, plus tard, devait déclarer : « Il y a là-dedans beaucoup d'imagination mais peu d'art... En ce temps-là, je ne savais pas composer ; maintenant je crois que je le sais. » Esquissée en 1799 (en même temps que celle du *Quatuor à cordes n° 2*), la partition en fut achevée en 1800. Le compositeur la produisit en un concert public le 2 avril de la même année au National Hoftheater de Vienne, en même temps que sa *Première Symphonie* notamment. Tout porte à croire qu'elle avait été déjà exécutée en privé chez le prince de Schwarzenberg. Elle fut publiée, d'autre part, en 1802 par Hofmeister et Kühnel à Leipzig (d'ailleurs, et sans doute par erreur, comme *op. 21*). Enfin, c'est en 1802 également que Beethoven en réalisa une transcription pour trio (piano et cordes) qu'il dédia au docteur Schmidt.

L'œuvre épouse la forme ancienne du divertimento ou de la sérénade dont il évoque maintes fois, en ses six mouvements, l'esprit ainsi que la liberté d'agencement, — se révélant en fin de compte très voisin des styles de Mozart et Haydn. Nous reproduirons ci-après trois exemples musicaux parfaitement explicites de ce style, et d'autant plus mémorables qu'ils ont acquis une popularité. Un **Adagio** de dix-huit mesures forme préambule, et introduit l'**Allegro con brio** du premier mouvement. Celui-ci se construit sur un thème conducteur pimpant, en croches piquées répétitives, en un dessin linéaire évitant toute complication polyphonique, vivant de son propre dynamisme. Le second mouvement (**Adagio cantabile**) utilise un thème à 9/8, présenté *dolce*, d'une très intime ferveur :

Tempo di minuetto à 3/4, assorti d'un trio, le troisième mouvement fait paraître un thème syncopé, d'une extrême vigueur :

Quant au quatrième mouvement, il s'agit d'un **Tema con variazioni** (cinq variations, et coda). Le thème d'*Andante* est à 2/4, d'allure populaire (emprunté à une chanson de batelier rhénan), — présenté par le premier violon sur lequel enchaîne la clarinette :

Avec le cinquième mouvement, nous tenons un **Scherzo** indiqué *Allegro molto e vivace*, avec trio. Le thème de ce scherzo à 3/4 fait une entrée presque comique en accord décomposé à l'octave descendante (avec un cor) ; il est répété en notes conjointes, toujours descendantes, dans un registre aigu, — avant d'être repris textuellement par le basson. Le ton est donné : celui d'une plaisanterie ne tirant pas à conséquence, — bien que marquée d'un ton affirmatif déjà bien « beethovénien ». Enfin, le mouvement conclusif s'organise en un **Andante con moto alla marcia**, introductif à un **Presto** (à 2/2) dont le thème principal se présente à la manière d'un perpetuum mobile tout en petites notes vives, volubiles. Ainsi sera conclue l'œuvre, dans la virtuosité la plus brillante.

Durée moyenne d'exécution : 42-44 minutes.

C'est pour mémoire que doit être ici mentionnée la partition d'un **Octuor pour vents** (op. 103), en *mi* bémol majeur. La formation est de deux hautbois, deux clarinettes, deux cors et deux bassons. Cette œuvre appartient à la juvénile période de Bonn (1792). Elle fut remaniée sous forme de *Quintette à cordes op. 4* (1797). Il y a quatre mouvements : *Allegro*, *Andante*, *Menuetto* (avec trio) et *Presto-Finale*. L'intérêt est mineur.

Durée d'exécution : 21 minutes environ.

ŒUVRES DIVERSES

Le **Trio pour piano (ou clavecin), flûte et basson en *sol* majeur** (WoO 37) est difficile à dater (1786-1790) ; il fut écrit à l'intention de la famille musicienne Graff von Westerholt-Gysenberg, et publié par Breitkopf et Härtel, de Leipzig (supplément 3704). Le style, dans ce type de petite formation concertante, en est encore précaire. Les trois mouvements font se succéder un *Allegro* assez virtuose où le clavier domine, — les vents restant soudés pour leur part, et peu mis en valeur ; un *Adagio* contrastant, en mineur, plus richement expressif, où les vents interviennent cette fois en positions solistes ; un *Tema-Andante con variazione* constituant un épisode final d'allure enjouée.

L'**Allegro et Menuet pour deux flûtes en *sol* majeur** (WoO 26) forme un duo daté de Bonn, le 23 août 1792, écrit à l'intention d'un ami de jeunesse, Degenhardt. L'*Allegro con brio* initial, de forme tripartite, est d'une grande fraîcheur : les deux parties extrêmes joyeusement babillantes, la partie centrale (*sol* mineur) plus chantante. Le *Menuetto quasi Allegretto* adopte la forme traditionnelle A B A, — dans laquelle B est un trio divertissant. Le *Menuet*, plein de charme, débute par un appel d'octave en unisson des deux flûtes, qui se répète plusieurs fois de façon presque pathétique. Dans la seconde partie, c'est un plaisant motif qui s'échange entre les deux partenaires, étroitement complices.

La **Sérénade pour flûte, violon et alto en *ré* majeur** (op. 25) peut se dater avec vraisemblance de 1795-1796. En 1802, Beethoven devait en réaliser un arrangement pour piano et flûte ou violon (op. 41). Il existe une double édition originale, par Cappi en 1802 à Vienne, par Hofmeister et Känhel en 1803 à Leipzig. Cette œuvre constitue un intéressant exemple de divertimento dans la manière du premier Beethoven (antérieur au *Trio à cordes op. 8*, le Trio dit « Sérénade »). On rencontre successivement : un *Entrata-Allegro* (*ré* majeur), formant une introduction de ton jovial ; un *Tempo ordinario d'un Minuetto* (*ré* majeur également), que complète un trio où n'interviennent que violon et alto ; un *Allegro molto* à 3/8 (*ré* mineur), plus impatient, plus rapide, avec une partie centrale (en majeur) d'aspect sautillant ; un *Andante con variazioni* à 2/4 (*sol* majeur), dont le thème lyrique s'assortit de quatre variations ornementales ; un *Allegro scherzando e vivace* à 3/4 (de nouveau *ré* majeur), dont le rythme pointé sur une gamme ascendante s'atténuera en une section médiane (en mineur) fluide, en imitations ; enfin un bref et calme *Adagio* à 2/4, précédant un *Allegro vivace disinvolto* (*ré* majeur), qui est un important rondo bâti sur un thème-refrain de la meilleure inspiration. Après une courte accalmie, la coda se constitue en un *Presto* plein de verve.

Durée d'exécution : 25 minutes environ.

Les **Six Allemandes pour violon et piano** (WoO 42) datent également de la même période 1795-1796, et furent peut-être retravaillées en 1814. C'est en tout cas à cette date qu'elles furent publiées à Vienne, par L. Maisch. Reproduisons ici un court commentaire général : « Suivant une mode fort en honneur à l'époque dans toute l'Europe centrale, et en particulier en Allemagne et en Autriche, Beethoven, pour s'amuser sans doute, nous légua un certain nombre d'Allemandes, de Danses, de Contredanses et de Ländler. En l'occurrence héritier de Mozart pour ce genre très particulier de composition, il peut être considéré comme le trait d'union entre le maître de Salzbourg, Joseph Haydn et Franz Schubert » (Jean Witold). Les six *Allemandes* sont, successivement, dans les tonalités de *fa*, *ré*, *fa*, *la*, *ré* et *sol* majeur.

Il existe deux **Sonatines pour mandoline et clavier** (indiqué cembalo). Toutes deux furent écrites en 1796, au cours de tournées musicales à travers l'Europe (leur lieu de composition est donc difficile à situer). La première *Sonatine* (sans dédicace) semble avoir été destinée à Wenzel Krumpholz ; la seconde fut dédiée à la comtesse Joséphine von Clary. Les éditions furent beaucoup plus tardives (fin du XIXe siècle, et 1940 pour l'*Adagio* de la première *Sonatine*). La *Sonatine et Adagio WoO 43* se compose d'une première partie empruntant le ton d'*ut* mineur, dans une forme lied à trois sections, — dont la centrale (en majeur) d'une grâce extrême. L'*Adagio* (en *mi* bémol majeur) qui succède est une musique charmante qui peut émouvoir, — à la manière d'un *Moment musical* schubertien, un peu mélancolique. La *Sonatine et Thème varié WoO 44* s'ouvre en *ut* majeur, mais comporte un thème (*Andante con variazioni*) en *ré* majeur : celui-ci est d'esprit aimable, assorti de six variations conclues par une coda.

La **Sonate pour cor et piano en *fa* majeur** (op. 17) aurait été écrite en moins de deux jours, à l'occasion d'un concert en l'honneur du célèbre corniste Punto de passage à Vienne. Ce concert se déroula le 18 avril 1800, — Beethoven tenant la partie de piano en l'improvisant. Ce fut un immense succès : « La *Sonate* a été jouée si parfaitement et a tant plu qu'en dépit de la nouvelle ordonnance sur les théâtres, interdisant les reprises da capo et les applaudissements bruyants, les virtuoses, quand ils eurent terminé, furent contraints par des bravos forcenés à la recommencer depuis le début, et ils la rejouèrent d'un bout à l'autre » (compte rendu de l'*Allgemeine Musikalische Zeitung*). Cette œuvre fut dédiée à la baronne von Braun, et sa publication intervint en 1801 par Mollo, à Vienne. Il en existe une transcription « arrangée » par Beethoven pour flûte, violon, alto (ou violoncelle) et piano ; elle reste en retrait de la version originale, d'un effet beaucoup plus direct. L'*Allegro moderato* initial (à 4/4) se présente dans une forme sonate pleine d'allant, — avec un thème principal tissant d'emblée des liens amicaux entre le cor (qui attaque *forte*) et le clavier (qui répond *piano*). Le *Poco Adagio quasi Andante* central s'avère plein de grâce : il commence par quelques soupirs du cor (en *fa* mineur), qui trouvent chez le piano des échos chaleureusement compatissants. En peu de mesures d'une forte expressivité, on est conduit au *Rondo-Finale* (*Allegro moderato*) plein de vie : l'agilité de l'instrument à vent est ici sollicitée non sans périls ; le corniste doit faire la preuve de ce qu'il sait, ou de ce qu'il peut faire.

Durée d'exécution : 13 minutes environ.

Trois **Equales pour quatre trombones** (WoO 30) forment une curiosité musicale. Ces pièces furent écrites par Beethoven en 1812 pendant un séjour qu'il effectua à Linz sur l'invitation du maître de chapelle Franz Xaver Glöggl ; elle furent composées sur le modèle des *Equali* ordinairement exécutés pendant les accompagnements mortuaires. Elles le seraient d'ailleurs, également, le jour des funérailles du compositeur. Leur publication se fit en 1821 chez Breitkopf et Härtel. L'étymologie du terme (« égal » en italien) indique que les *equali* étaient conçus pour voix égales exclusivement d'hommes ou de femmes, à l'inverse des voix mixtes ; il explique également la présence, ici, de quatre trombones considérés comme instruments « égaux ». Les trois pièces sont successivement en *ré* mineur, *ré* majeur, et *si* bémol majeur.

Ce sont des chants populaires du Tyrol, de Russie, d'Écosse qui ont inspiré les dix **Thèmes et variations (ou dix thèmes variés) pour flûte et piano** (op. 107). Ils sont indiqués « pour le pianoforte avec accompagnement d'une flûte ou d'un violon ad libitum », et doivent être datés de la période 1817-1818. Leur publication intervint en 1820 chez Simrock, à Bonn et Cologne. Chaque chant emprunté y est varié avec un art subtil, mais sans originalité particulière.

LES VARIATIONS

Pour terminer, nous présentons les diverses *Variations* pour formations instrumentales dans un ordre approximativement chronologique (car des obscurités subsistent sur les dates précises de composition, alors que nous connaissons celles de publication). On peut en dénombrer sept séries, — dont une pour violon et piano, trois pour violoncelle et piano, deux pour violon, violoncelle et piano, une enfin pour harpe. Sauf exception, aucune n'atteint la valeur musicale — encore moins le prestige — des grandes séries de variations pour piano (*Eroica* ou *Diabelli*), ni même des plus modestes. Ce sont pures œuvres de circonstance, des « exercices » pour ainsi dire, — et le jugement suivant d'un Jean Witold ne nous semble pas avoir perdu de sa pertinence : « Étant donné ses richesses d'idées, son bouillonnement imaginatif, ses incessantes recherches vers un langage nouveau, des combinaisons d'écriture originales, il nous paraît tout naturel que, comme presque tous les compositeurs de son époque, Beethoven se soit attaché aux multiples facettes et aux agencements de rythmes, de mélodies et d'expression que lui offrait la *variation*. »

Les **Six variations pour harpe « Sur un air suisse »**, en *fa* majeur (WoO 64), composées vers 1790, sont indiquées également « Six variations faciles pour piano ou harpe sur un lied suisse ». Elles furent éditées en 1798 par Simrock. Elles appartiennent à la veine « pastorale », de feinte innocence, du musicien — telle qu'on la redécouvrira en ses aspects bien plus originaux dans certaines sonates pour piano, dans la *Sonate pour violon et piano op. 96*, dans le second finale du *Treizième Quatuor à cordes op. 130* (v. ces œuvres), sans compter, bien évidemment, la *Symphonie Pastorale*.

Intérêt tout à fait secondaire, également, des **Douze variations pour violon et piano sur l'air « Se vuol ballare » des « Noces de Figaro » de Mozart**, en *fa* majeur (WoO 40). Elles furent achevées en 1793, et dédiées à Eleonore von Breuning ; elles furent éditées par Artaria, à Vienne, cette même année (comme primitif *op. 1*). On ne peut que porter le même jugement sur les **Douze variations pour violoncelle et piano sur un thème de « Judas Maccabée » de Haendel**, en *sol* majeur (WoO 45). Elles furent composées en 1796, et dédiées à la princesse Christine von Lichnowsky, épouse du prince protecteur du musicien, l'une des meilleures pianistes de la noblesse viennoise ; elles furent éditées l'année suivante par Artaria. Le thème choisi par Beethoven est l'air « See the conq'ring hero comes » (dit également aria « Tochter Zion »). Les **Douze variations pour violoncelle et piano sur « Ein Mädchen oder Weibchen » de « la Flûte enchantée » de Mozart**, en *fa* majeur (op. 66), peuvent être datées de 1797, avec publication par l'éditeur viennois Traëg : l'air bien connu de Papageno a inspiré à Beethoven de très courtes variations mettant à l'épreuve la souplesse de jeu de l'instrument à archet ; mais rien de très saillant ne s'en retient.

Adoptant la formation des trios avec piano, se signalent les **Quatorze variations pour violon, violoncelle et piano sur un thème original**, en *mi* bémol majeur (op. 44). Leur esquisse remontait à 1792-1793, mais leur achèvement n'intervint qu'en 1800 au plus tard ; elles furent publiées en 1804 par Hofmeister et Kühnel, à Leipzig. Ce sont des variations plus ou moins libres, soit textuelles, soit manifestant une grande fantaisie des figurations et des échanges entre instruments aux registres extrêmes. Les **Sept variations pour violoncelle et piano sur « Bei Männern, welche Liebe fühlen » de « la Flûte enchantée » de Mozart**, en *mi* bémol majeur (WoO 46), datent probablement de l'année 1801, et furent dédiées au comte de Browne. Elles furent éditées en 1802 par Mollo, à Vienne.

La série la plus intéressante, souvent d'une forte originalité, est incontestablement celle des **Dix variations pour violon, violoncelle et piano sur « Ich bin der Schneider Kakadu » de Müller**, en *sol* majeur (op. 121 a). Nous retrouvons ici la formation du trio avec piano déjà utilisée dans les *Variations sur un thème original.* L'air emprunté par Beethoven est extrait de l'opéra « *Die Schwerstern von Prag* ». L'œuvre fut vraisemblablement écrite dans la période 1815-1816. C'est l'éditeur viennois Steiner qui la publia en 1824. Un puissant *Adagio assai*, dans lequel on entend le « motif » conducteur, introduit l'énoncé mélodique. Celui-ci se prête à dix variations unies en un ensemble solidement construit, — avec ses jeux contrapuntiques plaisants et ses variations de couleurs instrumentales subtiles et variées. Tantôt le clavier tient une partie soliste, tantôt violon et violoncelle chantent en duo à l'exclusion du piano, et tantôt ils évoluent solitaires sur accompagnement agissant du clavier. Doit se remarquer en particulier la neuvième variation (*Adagio espressivo*), qui aborde la tonalité de *sol* mineur, déjà perçue dans l'*Adagio* introductif ; le thème y trouve une formulation particulièrement chaleureuse, émouvante. La variation finale (*Presto* à 6/8) retrouve *sol* majeur en un mouvement dansant, puis se précipite en un large épisode de style fugué où reparaît *sol* mineur, enfin débouche sur un très libre *Allegretto* (à 2/4) au cours duquel le thème, plus incisif, spirituellement enjoué, acquiert un nouveau relief. Mais, encore une fois, est rétabli l'épisode en mineur (quatre mesures) avant que, pour terminer, le thème n'aboutisse à une cadence pleine de panache et soulignant avec force ses contours.

Durée d'exécution : 20 minutes environ.

F.R.T.

ALBAN BERG

*Né à Vienne, le 9 février 1885 ; mort dans cette même ville, le 24 décembre 1935. Élève de Schoenberg à partir de 1904, date de son amitié avec Webern, Berg se révélera vite un élève doué d'un talent unique au service d'une hypersensibilité qui rejaillit à chaque instant dans sa musique. Passionnément attiré par la littérature, en particulier par la poésie, Berg consacrera la moitié de son œuvre à la voix au travers de nombreux lieder (*Altenberglieder op. 4, Der Wein *d'après Baudelaire), ainsi qu'avec l'opéra auquel il a donné deux chefs-d'œuvre du XX*[e] *siècle (*Wozzeck, Lulu*). Quant à sa production instrumentale, elle accorde une large part à la musique de chambre à côté des œuvres orchestrales, dont les magnifiques* Pièces op. 6. *De la* Sonate op. 1 *pour piano de 1908, qui marque la fin de ses études avec son maître, au* Concerto pour violon, *dernière partition achevée (1935), l'œuvre de Berg est révélatrice d'une intense expressivité quelque soit le langage utilisé, du tonal au dodécaphonisme sériel en passant par le non-tonal le plus affirmé : le plus lyrique — et le plus attaché stylis-*

tiquement au passé — des trois compositeurs de « l'École de Vienne », Berg sut aussi s'imposer par son extrême modernité, dont témoigne la prodigieuse Suite lyrique *pour quatuor à cordes. Le plus « abordable » des trois compositeurs viennois n'en est pas moins le plus complexe, — tant par sa musique à interpréter que par sa pensée à analyser.*

Dans une lettre datée de 1910, Schoenberg rappelle les conditions dans lesquelles Berg était venu le trouver six ans auparavant : son imagination refusait manifestement de composer rien d'autre que des *Lieder*. Même les accompagnements de piano de ses mélodies étaient de style chanté : il lui était absolument impossible d'écrire une phrase instrumentale, ou de découvrir un thème « instrumental ». Il peut paraître paradoxal qu'une telle « inaptitude » à la musique instrumentale ait pu déboucher sur une production de musique de chambre, certes réduite en nombre, mais d'une qualité exceptionnelle. C'est pourtant là qu'il faut chercher la source de l'expressivité de la musique de Berg, qui gardera la même acuité jusque dans les dernières œuvres. Outre une *Fugue* pour quintette à cordes et piano écrite en 1907 sous la supervision de son maître, les trois œuvres qui ressortissent au domaine de la musique de chambre relèvent résolument de la tradition germanique du XIXe siècle, — en particulier de la tradition brahmsienne largement transmise par l'enseignement de Schoenberg. Les *Pièces pour clarinette et piano* et les deux *Quatuors* retracent, à eux seuls, l'évolution du langage de l'École de Vienne : de la libération vis-à-vis du système tonal (*op. 3*) à la « petite forme » (*op. 5*), jusqu'à la maîtrise de l'écriture dodécaphonique sérielle (*Suite lyrique*), les trois partitions de Berg constituent autant de jalons essentiels de la musique du XXe siècle, présentés ici suivant l'ordre chronologique. À celle-ci, on ajoutera deux transcriptions d'importance secondaire.

Signalons par ailleurs que la mort prématurée du compositeur nous a peut-être privés d'un troisième quatuor, que Berg avait projeté pour répondre à une commande de la Librairie du Congrès de Washington, et dont il est fait mention dans sa correspondance de 1934.

Quatuor à cordes (op. 3)

Composé en 1909-1910, le *Quatuor op. 3* a été créé à Vienne le 24 avril 1911 par un ensemble formé pour l'occasion, et dédié à Hélène Nahowski (qui devint la femme du compositeur quelques jours plus tard). Le Quatuor Havemann, « qui a ressenti et joué mon Quatuor comme une musique tout à fait normale » (Berg), fît triompher l'œuvre au Festival de Salzbourg de 1923, contribuant ainsi à la reconnaissance internationale de Berg.

Après la *Sonate* pour piano et les *Lieder op. 2*, Berg aborde, avec le quatuor à cordes, le troisième des genres enseignés par Schoenberg dans le sillage de la tradition germanique. De fait, l'*opus 3* constitue la dernière œuvre écrite sous la supervision de son maître, qui avouera son admiration pour « l'originalité significative » de la partition. Suivant de peu le *Premier Quatuor* de Bartók et le *Second* de Schoenberg, ainsi que les *Mouvements op. 5* de Webern, le *Quatuor* de Berg est le premier chef-d'œuvre d'un jeune compositeur de vingt-cinq ans qui maîtrise totalement un langage désormais libéré du système tonal. La partition se situe en effet à la croisée des chemins : alors que le langage s'oriente nettement vers le dodécaphonisme (non sériel), l'œuvre relève encore d'une conception thématique — dimension d'ailleurs propre à la majeure partie de la production ultérieure —, mais une thématique déduite à partir de courtes cellules intervalliques susceptibles d'être traitées isolément, d'être détachées d'un contexte pour engendrer d'autres figures. Ainsi l'ensemble de la thématique non seulement de chaque mouvement mais de l'œuvre entière tire sa substance du même noyau commun, suivant le modèle du développement-variation appris aux côtés de Schoenberg (*Premier Quatuor op. 7*, *Symphonie de chambre op. 9*). Les deux mouvements du *Quatuor* apparaissent donc comme deux interprétations formelles différentes du même matériau.

Enfin, et hormis le caractère très lyrique et la plénitude sensuelle des lignes, l'*op. 3* est révélateur de « gestes » bergiens, — telle sa prédilection pour l'extension progressive à partir d'un petit intervalle pour aboutir à l'épanouissement de l'idée thématique : la musique de Berg est d'autant plus chargée d'expressivité qu'elle nous convie à assister à sa propre naissance. Pour exemple, le début de l'œuvre qui contient déjà l'essentiel des motifs :

Le premier mouvement, *Langsam* (« lent »), adopte la forme sonate, avec un développement central dont la brièveté est justifiée par le procédé du « développement continu » qui affecte la musique depuis le début du mouvement, et une récapitulation entièrement réécrite, suivie d'une coda que Mosco Carner interprète comme le « mouvement lent » du *Quatuor* en raison de son caractère d'adagio*. Quant au second mouvement (*Modéré*), il correspond à un rondo dont le refrain est varié à chacune de ses apparitions, avec le retour du thème initial du premier mouvement pour souligner les liens étroits qui unissent les deux parties.

Durée d'exécution : 20 minutes environ.

Quatre Pièces pour clarinette et piano (op. 5)

Écrites au printemps de 1913, les *Quatre Pièces* ont été créées le 17 octobre 1919 à Vienne lors d'un concert de la « Société d'exéctions musicales privées » fondée par Schoenberg, auquel elles sont dédiées. Sur les traces des deux *Sonates* de Brahms, Berg associe à son tour la clarinette au piano dans le cadre restreint de quatre miniatures dans lesquelles Theodor W. Adorno a relevé, le premier, le schéma en réduction d'une sonate en quatre mouvements : Allegro de sonate, Adagio, Scherzo et Finale. Contemporaines des « petites formes » de Schoenberg (*Six Petites pièces op. 19* pour piano) et de Webern *(Bagatelles op. 9)*, les pièces de Berg sont cependant moins caractéristiques de cet effort de concentration que « d'un geste *amorcé* dont on sent qu'il pourrait se continuer, se diffuser, se multiplier. Telles les amorces de nouvelles que l'on peut lire dans le *Journal* de Kafka, ces pièces nous laissent soupçonner des prolongements non exprimés, au-delà de l'écriture réelle, fermée » (Pierre Boulez).

Mise à part la référence à une tradition germanique de la musique de chambre, ces pièces prennent de toute évidence leurs sources dans un passé récent (Schoenberg), tout en étant porteuses d'une dimension dramatique, d'une forme de « dramaturgie instrumentale » préparant celle de la *Suite lyrique*. À Schoenberg, elles empruntent la démarche non thématique au travers de lignes peu développées, sinon par la répétition avec extension progressive typiquement bergienne (fin de la *quatrième Pièce*), la prédilection pour certaines harmonies à base de quartes (fin « lunaire » de la *première Pièce*), le même goût pour le son raréfié (de *p* à *pppp*) avec de brusques accès de violence, ou encore certains procédés comme le recours à un accord en harmoniques au piano en guise de résonateur, — que Schoenberg avait utilisé dans son *op. 11 n° 1.* Si la *deuxième Pièce* (*Sehr Langsam*, « très lent ») semble dériver directement de la deuxième pièce de l'*op 19* de Schoenberg par la même fixité autour d'une tierce au piano, Berg lui oppose la souplesse de la clarinette qui évoque un autre monde. Le discours peut donc être double, ou plutôt proposer une superposition de deux temps avec les procédés d'éloignement/rapprochement entre les deux instruments, ou de résurgences (« échos » dans la partie de clarinette), — tout comme Wozzeck sera ce personnage tantôt douloureusement présent, tantôt tragiquement halluciné (flatterzunge de la clarinette dans les *première* et *troisième Pièces*). Clarinette et piano procèdent ainsi par échanges fugitifs de courts motifs — allant jusqu'à une interchangeabilité concernant les caractéristiques instrumentales respectives (batteries « pianistiques » à la clarinette, ligne mélodique isolée au piano) —, que par une position plus autonome de chacun des protagonistes.

Musique faite de parenthèses et de temps suspendus (« trio » central de la *troisième Pièce*), tissant parfois des relations par « souvenirs » d'une pièce à l'autre, et qui prend fin à chaque fois dans la paralysie, ces quatre *Pièces* constituent également un jalon fondamental du répertoire du XXe siècle pour clarinette.

Durée d'exécution : environ 7 minutes.

Suite lyrique

Composée entre septembre 1925 et octobre 1926, la *Suite lyrique*, dédiée à Alexander von Zemlinsky, a été créée à Vienne le 8 janvier 1927 par le Quatuor Kolisch (Neues Wiener Streichquartett), remportant immé-

* M. Carner, *Alban Berg* (Éd. Lattès, Paris, 1979).

diatement un grand succès. Quinze ans après l'*op. 3*, ce second quatuor intervient après *Wozzeck* et le *Concerto de chambre*, et constitue l'une des partitions les plus essentielles de la première moitié du XXe siècle. Sa première originalité réside dans l'agencement des six mouvements — d'où le titre de *Suite* —, « six pièces plutôt courtes, d'un caractère plus lyrique que symphonique » (Berg). Les références sont ici multiples : si le cadre général évoque inévitablement le plus fameux antécédent, l'*op. 130* de Beethoven*, l'esprit est plus proche du *Chant de la terre* de Mahler (1908) et de la *Symphonie lyrique* de Zemlinsky (1922), à laquelle Berg emprunte non seulement le qualificatif, mais également un fragment qui composera l'une des deux citations (avec celle de *Tristan*) incluses dans l'œuvre.

Les tempos des six mouvements répondent à un enchevêtrement entre deux trajectoires aux évolutions divergentes : les mouvements impairs au tempo progressivement plus rapide (*Allegretto giovale*, *Allegro misterioso*, *Presto delirando*) alternent avec les mouvements pairs, progressivement plus lents (*Andante amoroso*, *Adagio appassionato*, *Largo desolato*). Outre le contraste de plus en plus accusé au fur et à mesure que l'on avance dans l'œuvre, on relèvera parallèlement l'évolution des caractères qui, décrivant un cheminement de « giovale » à « desolato », souligne l'intensité croissante du drame qui se joue : la comparaison avec *le Chant de la terre* se terminant sur « l'Adieu » (*Der Abschied*) apparaît d'autant plus prégnante. Du reste, la partition — cet « opéra latent » (Adorno) — est liée, comme plusieurs des œuvres de Berg, à une expérience autobiographique qui n'a été révélée par le compositeur et musicologue américain George Perle qu'en 1977, après la mort de la veuve du compositeur : la découverte d'un exemplaire de la partition annotée par Berg lui-même lève le voile sur l'amour qu'a porté Berg à Hanna Fuchs, femme d'un ami pragois. Dimension sans doute importante, qui ne doit cependant pas occulter la musique, et qui illustre plutôt, au-delà de l'anecdote, un trait saillant de la nature de Berg dans l'art de s'infliger des contraintes au travers de codes qui irriguent la partition, aujourd'hui déchiffrables, et qui caractérisaient déjà le *Concerto de chambre*. Citons — entre autres — le recours au symbolisme numérique à partir des chiffres 23 et 10, respectivement ceux de Berg et de Hanna, qui gèrent tant le nombre de mouvements que les indications métronomiques**.

La *Suite lyrique* marque un pas en avant dans l'adoption de l'écriture dodécaphonique sérielle — que Schoenberg avait utilisée pour la première fois en 1923 —, avec laquelle Berg se familiarise : « Cela m'aurait fait grande peine si je n'avais pu m'exprimer musicalement de cette façon-là » (à Schoenberg, le 13 juillet 1926). La série utilisée (empruntée par Berg à son élève Klein) possède la particularité de contenir tous les intervalles de la seconde à la septième autour d'un axe central constitué par le triton. Berg y voyait comme avantage la possibilité de regrouper les sons en quartes et quintes, ou encore de la considérer en deux fois six sons complémentaires : les « touches blanches » et les « touches noires » (en comptant le *do* bémol), — procédé que l'on retrouvera dans *Lulu* pour caractériser le personnage de l'Athlète :

Pour pallier l'inconvénient — selon Berg — de la symétrie de la série, il procédera à des modifications dans la suite de l'œuvre donnant lieu à trois variantes successives, — ce qui, symboliquement, correspond à un éloignement de la situation initiale : « Cette transformation n'est pas essentielle par rapport à la ligne ; elle l'est par rapport aux caractères — « subissant le destin » (Berg). Mentionnons enfin que Berg a employé la série initiale dans le lied *Schliesse mir die Augen beide* datant de 1900, et qu'il réécrivit en 1925. Celui-ci constitue, de ce fait, un brouillon préparatoire à la *Suite lyrique* dans laquelle l'écriture avec série n'apparaît, totalement ou partiellement, que dans quatre des six mouvements (I, III, V et VI). De plus, le musicien a pris soin de relier les mouvements entre eux en réutilisant à chaque fois une composante du mouvement précédent (un thème ou une série, une partie ou une idée), et par le retour du dernier mouvement au premier, « cela en rapport avec l'évolution générale (intensification des sentiments) à l'intérieur de la pièce entière » (Berg).

1. Allegretto giovale : répondant globalement à la forme sonate à deux thè-

* Voir, ici même, à *Beethoven* : *Quatuor à cordes n° 13*.

** Cf. Mosco Carner, *op. cit.*

mes, chacun déterminé par un tempo approprié à son caractère, le premier mouvement correspond, par son absence de développement central, à la série originelle dont les deux moitiés sont équivalentes. L'*Allegretto* privilégie les intervalles de quartes et quintes qui permettaient selon Berg des interprétations tonales (*fa* majeur, *si* majeur) : une combinaison entre dodécaphonisme, sérialisme et tonal, qui sera l'une des caractéristiques du langage de Berg jusqu'à la fin de sa vie.

2. **Andante amoroso** : d'écriture libre, mais le plus souvent dodécaphonique, ce mouvement épouse la forme d'un rondo en sept parties au caractère typiquement viennois, et dont chaque section est à nouveau identifiée par un tempo précis. Malgré la forme concentrique (ABACABA et coda), le « refrain » subira diverses modifications au cours de ses réapparitions, jusqu'à l'effritement total dans la coda.

3. **Allegro misterioso** : le premier scherzo que constitue ce mouvement répond à la prédilection de Berg pour les formes en miroir (voir *Concerto de chambre*, *Lulu*), la troisième partie consistant en la reprise en rétrogradation de la première. Au centre, le *Trio estatico* contraste brutalement, par son exubérance soudain libérée (*sempre f possibile*), avec le caractère fantastique des parties extrêmes. Seules ces dernières sont d'ailleurs basées sur la série qui connaît ici sa première variante, — les quatre premiers sons formant ainsi BAFH (et non pas le BACH révéré !), qui ne sont autres que les initiales des deux protagonistes de ce journal secret (Berg Alban, Fuchs Hanna) :

Enfin, le timbre est ici d'une extrême importance, en particulier, le jeu sur le chevalet soutenant le balayage rapide des doubles croches : procédé qui a probablement marqué Bartók, découvrant la *Suite lyrique* le 16 juillet 1927 à Baden-Baden, et dont on trouve un écho dans ses *troisième* et *quatrième Quatuors*.

4. **Adagio appassionato** : le plus libre des six mouvements, tant au point de vue de la forme que de l'écriture, est aussi l'un des plus tendus, — préparant, par-delà le suivant, le sentiment de profonde déréliction qui envahira le finale. L'enchevêtrement serré des quatre instruments ne se relâchera qu'un instant pour glisser la citation de la *Symphonie lyrique*, en un court fragment qui supportait les mots suivants dans l'œuvre de Zemlinsky : *Du bist mein Eigen* (« tu es à moi »).

5. **Presto delirando** : second scherzo de la partition, celui-ci oppose par trois fois le *Presto* initial à deux trios (*tenebroso*) dans le contraste très « tristanien » de l'ombre et de la lumière. D'une violence extrême, les trois scherzos expriment la révolte par une accumulation de gestes parfois combinés entre eux : grands intervalles distendus, glissandos, passages rapides du grave à l'aigu ou inversement, — le tout souligné par la scansion martelée d'accords qui s'élaborent vivement pour se déconstruire aussitôt. Quant aux deux trios, les seules parties à recourir à l'écriture sérielle (deuxième variante), ils contrastent par une écriture harmonique non moins dramatique et due aux modes de jeu requis (*flautando*, *con legno*).

6. **Largo desolato** : aboutissement tragique de l'œuvre, le finale, écrit intégralement avec la troisième variante de la série, a été composé d'après le *De profundis clamavi* de Baudelaire (que Berg mettra directement en musique dans l'air de concert *Der Wein* — « le Vin » — en 1928), ainsi qu'on a pu récemment le découvrir d'après un autre exemplaire de la partition annotée par Berg. Dès lors, le mouvement s'organise autour d'une ligne « vocale » distribuée entre les quatre instruments avec une introduction (préparant le vers « J'implore ta pitié, toi l'unique que j'aime ») et une conclusion dans laquelle la musique disparaît progressivement avant de se figer dans le silence (suivant le dernier vers « L'écheveau du temps lentement se dévide »), — les deux passages agités commentant successivement le « blasphème » et le « chaos ». C'est dans ce « Lied sans paroles » que s'inclut la citation de *Tristan* qui prend « le triple sens d'un adieu au romantisme, d'un message, ou plutôt d'un rendez-vous donné à l'amour d'Hanna : dans la mort, d'un nirvana, enfin recherché par-delà un quotidien insupportable » (Dominique Jameux)*.

Rappelons, enfin, que c'est à la demande de son éditeur que Berg acceptera de transcrire trois mouvements (II, III, IV) pour orchestre à cordes en 1927.

Durée d'exécution : environ 27 minutes.

* D. Jameux, *Berg* (Éd. du Seuil, Paris, 1980).

Transcriptions

Adagio du Concerto de chambre

C'est en 1935 que Berg effectua cette transcription du mouvement lent de son *Concerto de chambre* écrit, dix ans auparavant, pour piano, violon et treize instruments à vent, — dans lequel le piano était soliste dans le premier mouvement, le violon dans le second, les deux instruments étant associés dans le dernier. Le piano n'intervenant donc pas dans la version initiale de l'*Adagio*, il joue ici la réduction de la partie orchestrale, la clarinette se voyant confier quelques-unes des parties des vents. Si Berg conserve au violon sa partie principale, la dimension concertante se trouve toutefois affaiblie dans cette « mise à plat » qui reste très éloignée de son modèle.

Durée d'exécution : 15 minutes environ.

« Wein, Weib und Gesang »

Dans le but de redresser la délicate situation financière de la « Société d'exécutions musicales privées » fondée en 1918 par Schoenberg, celui-ci aidé de Berg et de Webern transcrivent quelques valses de Johann Strauss en 1921, afin de les vendre aux enchères. C'est donc Berg qui réalisa celle de *Wein, Weib und Gesang* (couramment traduite en français par « Aimer, boire et chanter »), pour piano, harmonium et quintette à cordes. Elle fut créée le 21 mai 1921 à la Société par un ensemble composé de Steuermann (piano), Berg (harmonium), Kolisch, Schoenberg et Rankl (violons), Steinbauer (alto) et Webern (violoncelle), Ce qui n'empêchera cependant pas la dissolution de la Société, après son dernier concert du 5 décembre de la même année...

Durée d'exécution : 13 minutes environ.

A.P.

LUCIANO BERIO

Né à Oneglia (Ligurie), le 24 octobre 1925. Après ses études au Conservatoire de Milan, il profite des conseils de Dallapiccola à Tanglewood (1951), et enseigne à son tour dans le cadre des cours d'été de Darmstadt où il rencontre, entre autres, Boulez, Stockhausen et Maderna. C'est avec ce dernier qu'il fonde le Studio de Phonologie musicale de Milan où il réalisera son fameux Thema, Omaggio a Joyce *(1958). De la même époque date également la première des* Sequenze, *qui ont marqué le répertoire contemporain pour instrument seul. Parallèlement à une importante production dominée par la musique vocale — sa rencontre avec Cathy Berberian ayant été décisive pour des œuvres telles que* Sequenza III *(1966),* Circles *ou le chef-d'œuvre qu'est* Epifanie *(1959-1965) —, Berio déploie une intense activité de professeur aux États-Unis (Tanglewood, Oakland, Harvard, ou la Julliard School), puis de recherche en tant que responsable du département électro-acoustique de l'IRCAM, à Paris (1973-1980). Compositeur essentiel de sa génération, Berio s'est toujours affirmé par un sens unique de la couleur et par un métier d'orchestrateur exceptionnel, ainsi qu'en témoigne sa célèbre* Sinfonia *(1968), — qualités qui, ajoutées à celles d'un harmoniste subtil, justifient la séduction incontestable émanant de sa musique.*

Berio est l'un des compositeurs de sa génération à s'être le plus intéressé à la musique de chambre, et ce, de façon durable. Cette démarche, illustrée en particulier à travers la série des *Sequenze* (au nombre de onze actuellement, avec les dernières en date pour trompette et pour guitare), ne correspond pas seulement à un goût évident pour les formations réduites, mais répond à l'une des orientations principales de son esthétique. Très attiré par une certaine forme d'« ouverture » de l'œuvre (toutefois dans un sens différent de celui qu'entendaient ses contemporains), Berio explore les possibilités de transformation d'œuvre à œuvre : évitant la conception basée sur une « microstructure » élargie dans le temps — l'œuvre étant l'agrandissement à grande échelle d'une formule de base comme chez Stockhausen —, de même que la tentation de la prolifération — l'œuvre s'engendrant d'elle-même en un « work in progress » comme chez Boulez —, Berio opte pour des états successifs et différents de la même œuvre. Ainsi les *Chemins* sont-il conçus comme des « commentaires » sur les *Sequenze* originelles, qui conservent toutefois leur valeur initiale. Cette surenchère par amplification, reposant sur « le développement des virtualités cachées » de l'œuvre première, compose un ensemble de partitions-gigognes, — une pièce pour instrument seul pouvant déboucher, en une ou plusieurs étapes, sur le grand orchestre (*Sequenza VI* en est le meilleur exemple) : forme suprême de la transcription qui correspond, pour Berio, « à faire quelque chose de nouveau en utilisant le matériau de ce que le compositeur veut commenter ou analyser »*.

Parallèlement aux *Sequenze*, plusieurs œuvres de musique de chambre sont révélatrices de l'évolution du langage et des options du compositeur, et trouveront des prolongements dans des partitions plus récentes (*Serenata*, *Différences*). Si les choix instrumentaux de Berio sont très variés, comme le prouvent les *Sequenze*, on peut d'ores et déjà noter son intérêt particulier pour la flûte à la fin des années 50, lié à la personnalité de Severino Gazzelloni ; et celui, plus personnel, pour le violon qu'il manifeste depuis 1975 avec la *Sequenza*, *Corale*, ou encore la série des *Duetti* pour violons commencée en 1979. Parmi les autres œuvres, citons également les *Due Pezzi* pour violon et piano (1951) qui, avec les *Cinque Variazioni* pour piano et *Chamber Music* sur un texte de Joyce (1953), constituent les premières partitions personnelles de Berio, retraçant le passage progressif de l'influence de Luigi Dallapiccola à celle du sérialisme de Darmstadt.

Enfin, mentionnons pour mémoire les arrangements et transcriptions pour petits ensembles (d'après Purcell, en 1969), et les courtes pièces en forme d'hommages (*Autrefois*, à la mémoire de Stravinski, pour flûte, clarinette et harpe, de 1971 ; ou *Les mots sont allés* pour violoncelle, de 1978). Les œuvres commentées ci-dessous sont présentées dans leur chronologie, à l'exception des *Sequenze* qui font l'objet d'un regroupement.

* La plupart des citations qui suivent proviennent de : L. Berio, *Entretiens avec Rossana Dalmonte* (Éd. Lattès, Paris, 1983).

Serenata, pour flûte et quatorze instruments

Le parallélisme des cheminements de Berio et de Maderna correspond à leur attitude vis-à-vis du sérialisme, avec lequel ils ont pris contact à Darmstadt : de leurs *Quatuors à cordes* respectifs (1955), marqués par la combinatoire abstraite de la série généralisée, à leurs *Serenatas*, au titre infiniment plus expressif (1957), on mesure le degré de distance par rapport aux préoccupations purement structurelles au profit d'une volonté d'assouplissement. Même si l'impact boulézien est indéniable, la *Serenata* de Berio, pour flûte et quatorze instruments, est surtout caractéristique de la première manifestation de l'idée de « commentaire » chère au compositeur : « Les quatorze instruments, plutôt que de s'opposer ou de servir d'accompagnement à la flûte, la prolongent dans une interaction continuelle d'éléments. Comment ? Comme toute forme qui comporte ses lumières et ses ombres, et change continuellement d'apparence sous leur influence » (Berio).

Créée par Severino Gazzelloni au Domaine Musical dirigé par Boulez (auquel elle est dédiée) en 1957, la *Serenata* est également la première partition dans laquelle Berio tente de renouveler la relation soliste-orchestre, qui sera travaillée tant dans les *Tempi concertati* (1959) que dans la série des *Chemins*.

Durée d'exécution : 11 minutes environ.

Différences, pour flûte, harpe, clarinette, alto et bande magnétique

Écrit en 1959, et créé la même année par Pierre Boulez, *Différences* tente de développer une relation approfondie entre un ensemble instrumental et les possibilités de l'électro-acoustique. Si le premier exemple d'œuvre mixte est dû à Maderna avec *Musica su due dimenzioni* pour flûte et bande (1952), Berio tire profit, d'une part, de son expérience acquise avec le célèbre *Thema (Omaggio a Joyce)* pour bande (1958), et exploite, d'autre part, l'idée d'une confrontation de type soliste/orchestre. Se situant, en ce sens, dans le prolongement des *Tempi concertati* (dans lesquels Berio travailait sur les rapports entre la flûte et quatre groupes instrumentaux répartis spatialement), *Différences* pose le problème d'une autre façon, la bande magnétique étant pré-enregistrée à partir de l'ensemble instrumental choisi, et, par conséquent, fixée une fois pour toutes : « Le modèle original des cinq instruments coexiste avec son image continuellement modifiée jusqu'à ce que les *différents* stades de transformations en restituent une image entièrement modifiée qui n'a plus rien à voir avec le modèle original. Chaque nouvelle étape de transformation (il y en a cinq) part toujours (et finit toujours) sur un degré maximum d'identité et de fusion avec les événements musicaux développés par le geste instrumental sur scène » (Berio). Le principe de « miroir déformant » qui en résulte sera reconsidéré par le compositeur vingt ans plus tard à l'IRCAM, avec les moyens nouveaux offerts par l'ordinateur, dans un projet qui n'a finalement pas abouti. (*Chemins V* : voir, plus loin, *Sequenza IX*).

Par ailleurs, la sollicitation des instrumentistes par la bande comporte incontestablement une dimension théâtrale qui sera développée, non seulement dans la fameuse *Sequenza III* pour voix, mais plus encore dans la *Sequenza V* pour trombone (voir plus loin, également).

Durée d'exécution : 14 minutes environ.

Sincronie, pour quatuor à cordes

Composé en 1963-1964 et créé aux États-Unis par le Quatuor Lenox, ce second — et dernier — quatuor à cordes de Berio, tout en étant d'une autre nature que le *Quartetto* de 1955, ne s'inscrit pas davantage dans la tradition du genre. Berio tente ici d'utiliser le quatuor en tant qu'*un* seul instrument homophone, — les quatre instrumentistes « développant simultanément la même séquence harmonique en *disant* la même chose de manières différentes ». Cette préoccupation harmonique et son exploitation particulière confèrent à l'œuvre une dimension de « Sequenza pour quatuor », — Berio réalisant ici à quatre parties ce qu'il a tenté de faire notamment dans la *Sequenza VI* pour alto (voir plus loin).

Durée d'exécution : 15 minutes environ.

LES SEQUENZE

Les *Sequenze* constituent la partie la plus importante, et la plus célèbre, de la production de Berio — et de la production contemporaine en général —, étalée sur une trentaine d'années. Les *Sequenze* s'inscrivent également parmi les exemples les plus représentatifs d'une littérature pour instrument seul dont l'abondance quasi pléthorique à l'heure actuelle, est le résultat de l'intérêt nouveau manifesté par les compositeurs pour la musique de chambre : avec le retour en force du quatuor à cordes et l'engouement pour l'ensemble instrumental réduit, ce répertoire pour soliste s'affirme comme l'une des trois orientations privilégiées de la musique contemporaine.

La démarche des *Sequenze* dépend principalement de deux facteurs : tout d'abord la virtuosité évidente de ces pièces, — la grande majorité ayant été écrite et dédiée à des instrumentistes de renom qui, dans la plupart des cas, en ont assuré la création. Cette dimension essentielle est symbolique pour Berio d'un désir de communication : composer pour un virtuose digne de ce nom n'est aujourd'hui valable « que pour consacrer un accord particulier entre le compositeur et l'interprète, et aussi comme témoignage d'un rapport humain ». Il s'agit également, pour Berio, de se confronter à l'histoire — attitude opposée à la tendance du début des années 50 qui prônait « l'amnésie » — , la mission de l'instrumentiste actuel étant, selon lui, « de se placer dans une vaste perspective historique et de résoudre les tensions entre la créativité d'hier et celle d'aujourd'hui ». Le second facteur, qui découle du précédent, concerne la volonté de l'auteur de respecter l'instrument « que l'on ne peut réellement changer, ni détruire, ni réinventer ». Il est donc question d'orienter la composition, soit en fonction d'un aspect technique spécifique à l'instrument (la troisième pédale dans la *Sequenza IV*, ou le trémolo avec l'archet dans la *Sequenza VI*, par exemple), soit en introduisant un degré de théâtralisation dans l'exécution. C'est là une attitude propre à Berio, désirant ainsi « développer musicalement un commentaire entre le virtuose et son instrument en dissociant les comportements pour les recomposer ensuite, transformés en unités musicales ». Hormis la *Sequenza III* pour voix, qui constitue l'exemple le plus élaboré de cette théâtralisation du texte musical, c'est la *Sequenza V* pour trombone qui répond le mieux à cette intention.

Le titre même de *Sequenza* obéit à unc représentation essentiellement harmonique, définissant des « séquences » qui subiront des transformations successives dans le cours de l'œuvre. Le fait d'écrire des pièces reposant sur une conception harmonique pour des instruments monodiques (à l'exception de la harpe et du piano) suppose non seulement l'idée de « polyphonie implicite » telle qu'elle caractérise les *Partitas* de Bach, mais dépend également d'une perception polyphonique « basée en partie sur la transition rapide entre différents caractères et sur leur interaction simultanée », — ce que Philippe Albéra qualifie très justement de « polyphonie d'actions »*. Pour parvenir à l'efficacité des gestes recherchés, Berio est parfois amené à reconsidérer la notation musicale de certaines de ces pièces, soit en adaptant la notation traditionnelle. soit en la repensant de façon symbolique : là encore, les *Sequenze* les plus caractéristiques d'un renouvellement de la partition sont celles qui avoisinent le théâtre.

Rappelons enfin l'importance de plusieurs de ces pièces en tant qu'origine de partitions de plus grande envergure telles que les *Chemins* ou *Corale*, qui amplifient, développent et transforment la matière de la pièce initiale.

Les *Sequenze III* pour voix et *IV* pour piano** ne sont pas commentées ci-dessous.

Sequenza I, pour flûte

Écrite en 1958 et créée à Darmstadt la même année par le dédicataire Severino Gazzelloni, la première *Sequenza* est avant tout révélatrice de l'intérêt que Berio a porté à la flûte, qu'il a largement utilisée dans plusieurs partitions de la même époque, — de la *Serenata* à *Différences*. La *Sequenza* s'inscrit dans le mouvement de « l'œuvre ouverte », telle que décrite par Umberto Eco***, et qui concerne nombre de compositeurs pendant les années 50. Dans cette remise en question, destinée à élargir la responsabilité de l'interprète, et marquée en particulier par les idées d'Earle Brown quant à la dialectique entre « déterminé » et « indéterminé », la position de Berio consiste à introduire un degré de flexibilité en ayant recours à une notation proportionnelle : chaque « barre de mesure » correspondant à une pulsation métronomique, les valeurs rythmiques sont à jouer plus souplement à l'intérieur de ces subdivisions :

Il en résulte une plus grande fluidité du discours, une recherche « d'improvisation discontinue » qui sera prolongée et développée dans les *Tempi concertati* (1959), qui se situent dans le sillage de *Zeitmasse* de Stockhausen. Au-delà de l'intention purement compositionnelle se dégagent les caractéristiques instrumentales, — la *Sequenza* exploitant les trémolos, les premiers exemples de doubles sons franchissant un pas vers une polyphonie plus réelle, les *Flatterzunge* en tant que maximum de rapidité d'articulation, et les bruits de clés (déjà utilisés par Varèse dans *Density 21,5*) en tant qu'approche maximale du bruit. Cette dimension « morphologique » associée à celles des hauteurs, des dynamiques et du tempo, compose l'extrême densité du parcours mélodique, — densité garantie « par le fait qu'à chaque instant il y a *au moins* deux des quatre dimensions qui sont à leur degré de tension maximum ».

Durée d'exécution : 5 minutes environ.

Sequenza II, pour harpe

Écrite en 1963 et créée à Paris la même année par son dédicataire, Francis Pierre. Entre les deux premières *Sequenze* sont nés trois chefs-d'œuvre avec, pour constante, la voix soliste associée à l'orchestre (*Épifanie*, *Passagio*) ou à un ensemble regroupant les percussions et une harpe (*Circles*). Si la *Sequenza III* est plus ou moins directement issue de ces partitions, la *Sequenza II* est le résultat d'une reconsidération de l'instrument qui, à partir de *Circles*, échappe délibérément à « l'image féministe laissée par l'impressionnisme français ». S'appuyant sur la technique de l'instrument repensée par le célèbre harpiste Carlos Salzedo — le cofondateur, avec Varèse, de l'International Composer's Guild en 1921 —, Berio explore de nouveaux modes de jeu tels qu'étouffement de la résonnance, changements rapides et continus des pédales (incluant les bruits qui en résultent), attaques avec le plat de la main, pincement des cordes avec les ongles, ou frapper sur la caisse de l'instrument. Ce renouvellement de l'image de la harpe implique parallèlement une révision de la notation qui procède d'une série de symboles mêlés à la notation traditionnelle, — le tout avec la répartition proportionnelle

* « Introduction aux Sequenzas », in : *Contrechamps n° 1*, consacré à Berio (l'Âge d'Homme, 1983).

** Pour celle-ci, voir : *Guide de la musique de piano* (même éditeur).

*** U. Eco, *L'œuvre ouverte* (Éd. du Seuil, Paris, 1965).

inaugurée dans *Sequenza I*. La pièce décrit très nettement une trajectoire en trois étapes, évoluant de l'écriture monodique vers une présentation harmonique (incluant progressivement les clusters), parallèlement à la densité croissante des événements qui aboutit à la troisième partie avant la dissolution finale. *Sequenza II* donnera lieu au premier des *Chemins* (1965) pour harpe et orchestre*.

Durée d'exécution : 8 minutes environ.

Sequenza V, pour trombone

Destinée à Stuart Dempster, la seconde partie, composée la première à Boston en 1966, a été créée à New York par Vinko Globokar, qui assurera également la création intégrale en juin de la même année à Londres. La plus proche du théâtre de toutes les *Sequenze* instrumentales, la *Sequenza V* repose, comme la *Sequenza III*, sur un processus de dissociation des comportements, au sens d'« œuvres que l'on peut écouter et voir comme des entités dramaturgiques ». De caractère « grotesque et désespéré », la pièce fait explicitement référence au célèbre clown Grock et à son métaphysique « Warum ? » (un « pourquoi ? » que lançait le clown, d'un air désarmé, au public au cours de son numéro). Travaillant sur la grande flexibilité de l'instrument, Berio instaure un jeu entre la voix (à partir de « Why ? ») et l'instrument utilisé avec la sourdine. Cette proximité aboutit à un renversement par la double tentative de « vocalisation de l'instrument » et d'« instrumentalisation de la voix », avec l'unisson pour axe central entre les degrés extrêmes de dissociation. Cette « sorte d'invention à deux voix pour tromboniste » fait appel à une notation particulière et symbolique régissant en particulier l'utilisation de la sourdine avec une extrême précision, ainsi que les dynamiques organisées en une échelle de 1 (aussi *piano* que possible) à 7 (aussi *forte* que possible) :

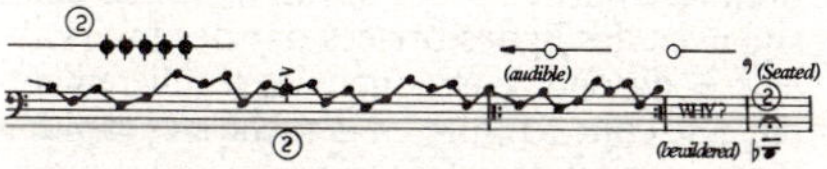

Les deux parties, A et B, sont nettement articulées autour du « Why ? », — prononcé en anglais non seulement en raison de sa destination initiale au tromboniste américain, mais plus encore pour « le glissando de voyelles dont la couleur se marie fort bien avec le son de l'instrument ». Si la partie A (jouée debout) est plus un exposé alternant les jeux avec ou sans sourdine, et conduisant par l'introduction des phonèmes úa à l'identification du mot avec le jeu instrumental, la partie B (jouée assis) correspond à un développement plus dense, mêlant *Flatterzunge* et glissandos jusqu'à la conjugaison finale du parlé et du joué.

Durée d'exécution : 8 minutes environ.

Sequenza VI, pour alto

Composée en 1967 et dédiée à Serge Collot, la *Sequenza VI* a été créée par Walter Traempler à New York la même année. Comme dans la *Sequenza II*, Berio a cherché à donner une image différente de l'instrument, traditionnellement dévolu au rôle d'intermédiaire entre violon et violoncelle. D'une tension physique extraordinaire — Berio l'a qualifiée d'hommage aux *Caprices* de Paganini —, la *Sequenza* décrit le parcours du trémolo intense sur plusieurs cordes à la mélodie qui n'émergera que progressivement. La conception polyphonique propre à toutes les *Sequenza* consiste ici en une conduite parallèle de trois ou quatre voix, à partir d'une séquence harmonique de base qui sera répétée dans des contextes et des modes de jeu différents. On notera que les deux extrêmes de cette trajectoire — harmonie/mélodie, densité rythmique forte/faible — contiennent en eux-mêmes le principe du « commentaire » d'un type de musique par un autre, étalé dans le temps. Le commentaire dans l'espace que constituent les *Chemins II* et *III* n'est que la continuation logique de cette idée : respectivement pour alto et neuf instruments (1967), et pour cette même formation plus orchestre (1968), ces partitions proposent une exploitation de la *Sequenza* en greffant des « couches » supplémentaires de développement parallèlement à l'idée de disparition/résurgence du texte initial : celui-ci sera, en effet, progressivement enfoui sous l'accumulation des transformations jusqu'à disparition, et même suppression pure et simple dans les *Chemins IIB* (1970) et *IIC* (1972) pour orchestre. Considérant rétrospectivement les divers états de l'œuvre, *Sequenza VI* apparaît, dans l'optique de Berio, non seulement comme le point d'origine des *Chemins II* et *III*, mais également,

---

* Pour cette œuvre, voir : *Guide de la musique symphonique* (même éditeur).

et en raison de l'ampleur des développements, comme « l'un des trois aspects d'une même idée ».

Durée d'exécution : 10 minutes environ.

Sequenza VII, pour hautbois

Écrite en 1969 et dédiée à Heinz Holliger, qui l'a créée à Bâle la même année. La dimension de polyphonie implicite concerne les différents degrés d'éloignement/rapprochement par rapport à un son fixe (*si* — en allemand le *H* de Holliger), largement redondant non seulement dans la partie de hautbois, mais également indépendamment de lui, — le *si* pouvant être donné parallèlement par un autre instrument ou une bande (invisible du public). Fondée sur un principe de prolifération mélodique à partir d'une note, annonçant en cela les *Points on a curve to find...* pour piano et vingt-deux instruments (1974), la *Sequenza VII* explore progressivement le total chromatique en hiérarchisant les registres d'apparition de chacun des onze autres sons. La pièce, sous l'apparence de la confrontation entre fixité et mobilité, aboutit ainsi à la fixation des douze sons à des registres déterminés et répartis autour du *si* :

Une fois l'énoncé complet, commence une coda marquée par le souvenir du solo de cor anglais de *Tristan*. L'écriture instrumentale fait appel à la technique la plus récente du hautbois avec les sons multiphoniques — effleurés dans la *Sequenza I* — ou la modification du timbre par changement des doigtés, parallèlement à l'utilisation quasi-constante du *staccato*.

Comme les *Sequenze II* et *VI*, la *Sequenza IV* trouve son prolongement dans *Chemins IV* pour hautbois et cordes (1975), par le développement de l'effet de résonance autour du *si* et des autres sons anticipés par les cordes, — de telle façon que la partie de hautbois semble désormais issue de l'ensemble instrumental.

Durée d'exécution : 8 minutes environ.

Sequenza VIII, pour violon

Écrite en 1975 pour Carlo Chiarappa auquel elle est dédiée, et créée aux États-Unis la même année par Endre Granat. La *Senquenza VIII* s'inscrit délibérément dans le sillage de la *Chaconne* et la *Partita en* ré *mineur* de Bach, tant par la performance instrumentale qu'elle exige que par le procédé formel basé, comme dans la *Sequenza VII*, sur la redondance d'un son-pivot, ici double (*la-si*), qui périodise la pièce d'une façon comparable, ou du moins assimilable, au procédé de la chaconne. Contrairement aux *Sequenze* qui étaient volontairement basées sur un choix restreint de possibilités instrumentales (dont la *Sequenza VI* présentait un cas extrême), la *Sequenza* pour violon entend donner une image plus historique de l'instrument, et peut être perçue comme « un développement de gestes instrumentaux » : chaque section, délimitée par le retour des deux sons de référence, est en effet individualisé par une approche particulière embrassant l'ensemble des possibilités techniques.

Dans le même esprit que les *Chemins*, *Corale* pour violon, deux cors et cordes (1981) constitue la transcription retravaillée de la *Sequenza*.

Durée d'exécution : 13 minutes environ.

Sequenza IX, pour clarinette

Envisagée initialement pour clarinette et filtres digitaux, cette première version de la *Sequenza IX* a été créée à Paris en 1980 par Michel Arrignon. Alors responsable du Département électro-acoustique de l'IRCAM, Berio travaillait sur la possibilité de transformer le timbre de l'instrument en timbre vocal par l'intermédiaire du processeur digital 4X. Ce projet non abouti — qui devait être *Chemin V* —, dérivé lui-même de la seconde partie de l'opéra *La Vera storia* (scène 7 : groupe vocal), a donc resurgi sous la forme de cette *Sequenza* pour clarinette seule.

Utilisant les registres très larges et les qualités de vélocité propres à la clarinette, la première partie repose sur une grande densité avec des lignes brisées par des intervalles très distendus, et ponctuées régulièrement par une courte figure en détaché très rapide. Peu à peu les registres se figent grâce à des trémolos qui hachent le discours, jusqu'à la fixation progressive autour d'un *sol* dièse qui s'impose, et autour duquel la musique se cristallise : une démarche comparable à celle de la *Sequenza VII* avec un son-pivot, qui, cependant, ne se dévoile que tardivement. Quant à l'écriture instrumentale, comme on peut souvent le constater dans les œuvres récentes de Berio, elle reste traditionnelle, semblant se détacher des nouvelles possibilités mises au point depuis les années 60. Signalons qu'il existe une transcription pour saxophone alto, sous le titre de *Sequenza IX B*.

Enfin, il faut mettre en relation la *Sequenza* avec *Lied* pour clarinette seule, composé en 1983, qui prolonge de façon plus intime les mêmes caractéristiques au travers du contraste entre une ligne très souple et étirée et les notes répétées issues de la *Sequenza*.

Durée d'exécution : 13 minutes environ (*Lied* : 4 minutes environ).

A.P.

FRANZ BERWALD

Né à Stockholm, le 23 juillet 1796; mort dans la même ville, le 3 avril 1868. L'œuvre de ce compositeur suédois a connu un destin qui, sans être exceptionnel, fait comprendre combien les idées neuves et les manifestations d'une personnalité originale sont rarement acceptées d'emblée : Berwald, à coup sûr le meilleur compositeur scandinave de son temps, fut pratiquement ignoré de son vivant, et redécouvert seulement à l'aube du XXe siècle (création d'une Fondation Berwald, en Suède, en 1909). D'une famille d'origine allemande, brillant violoniste, Berwald écrivit tôt quoique ignorant à peu près tout de la composition et de l'harmonie. En 1829, il partait pour Berlin où il étudia et où, pour gagner sa vie, il ouvrit un institut orthopédique; il s'y lia d'amitié, également, avec Mendelssohn. C'est à Vienne enfin, qu'il rejoignit en 1841, qu'il connut quelque succès; il y composa notamment, et y fit jouer un opéra, Estrella de Soria, *— qui demeure son meilleur ouvrage lyrique. Il ne rentra définitivement à Stockholm qu'en 1849, pour devenir ensuite professeur au Conservatoire, puis y mourir dans le dénuement. Le génie propre de ce musicien, au reste assez peu abondant, est à rechercher dans ses poèmes symphoniques (tous composés avant ceux d'un Liszt, — d'ailleurs fort impressionné par les dons du musicien nordique), et, plus particulièrement, dans ses quatre symphonies, jouées dans les pays anglo-saxons, trop peu chez nous. Elles manifestent toute la richesse d'une écriture disciplinée par l'esprit classique, mais s'ouvrant à des horizons expressifs qui sont ceux d'un romantisme consciemment assumé. La musique de chambre n'est pas moins digne d'un certain intérêt, pour ces raisons mêmes.*

Berwald a composé quatre *Quatuors à cordes*, — dont les deux premiers en 1818. Le premier, le **Quatuor n° 1 en *sol* mineur**, était terminé en septembre et fut exécuté peu après. Il n'a rien d'une pièce de salon, et, bien que ne pouvant se comparer aux quatuors écrits peu après par Arriaga âgé de seize ans, n'en contient pas moins de nettes audaces (Berwald avait vingt-deux ans). L'*Allegro moderato* initial en *sol* mineur et à 2/2 s'ouvre assez sagement, mais surprend plus loin par ses modulations aventureuses. Suivent un *Poco Adagio* en *si* bémol majeur et à 2/4 de forme lied, un *Scherzo* en *sol* mineur avec trio en *sol* majeur, et un *Allegretto* en *sol* majeur et à 2/4 doté d'un épisode fugué. L'œuvre ne fut éditée qu'en 1942.

Durée d'exécution : 32 minutes environ.

Le second quatuor de 1818, en *si* bémol majeur et, lui aussi, entendu peu après son achèvement, est perdu (non numéroté).

Les deux autres quatuors furent terminés en 1849, — le **Quatuor n° 2 en *la* mineur** portant la date du 28 octobre. Il ne fut joué en privé qu'en 1871, et en public en 1902 seulement. Sa publication intervint en 1903. Il comprend les quatre mouvements traditionnels (précédés d'une introduction), mais ces mouvements s'enchaînent. L'introduction est un *Adagio* à 4/4 de vingt mesures, avec d'abord une succession d'accords chromatiques débouchant sur une arabesque de premier violon prenant fin, quant à elle, en *la* majeur, puis un motif chantant inauguré en *fa* majeur. L'*Allegro* à 4/4 commence à la dominante d'*ut* majeur, pour ne retrouver *la* mineur qu'avec l'énergique thème principal. Divers motifs précèdent le « second thème » chantant, et le développement, relativement bref, n'est pas clairement séparé de l'exposition. La réexposition omet le thème principal. La transition vers le deuxième mouvement, un *Adagio* en *si* bémol majeur et à 4/4 à la mélodie chantée par le premier violon, est subtilement menée ; il en va de même de celle conduisant à l'énergique *Scherzo* (*Allegro assai*) en *fa* majeur, à 6/8, lancé par le violoncelle. Cette page atteint *mi* majeur, et se dirige enfin vers *la* majeur, — tonalité du finale (*Allegro molto* à 2/2).

Durée d'exécution : 22 minutes environ.

Esquissé à Vienne en 1848 et daté du 6 novembre 1849, le **Quatuor n° 3 en *mi* bémol majeur** est l'œuvre de Berwald la plus rigoureusement et la plus originalement construite. Le *Scherzo* s'insère dans le mouvement lent, et celui-ci dans le mouvement rapide, ce qui donne en gros cinq volets, — d'ailleurs de longueurs inégales et joués sans interruption. Il y a, en outre, une introduction en forme de récitatif (*Allegro con brio* à 4/4). Lui succède un *Allegro di molto* à 3/4 dont l'idée principale se déroule au premier violon en croches régulières. Après un retour de cette idée, on entend un « second thème » en *la* bémol (sous-dominante), qui n'interviendra « normalement » à la dominante (*si* bémol) que dans le long développement. Au retour de la tonique ne correspond pas celui de l'idée principale. La réexposition accumule les idées nouvelles. Elle débouche sur un bel *Adagio quasi Andante* à 4/4, en *mi* bémol également, et celui-ci sur un audacieux *Scherzo* (*Allegro assai*) en *ut* mineur. Suivent la conclusion de l'*Adagio*, puis celle du quatuor dans son ensemble, — à savoir un retour abrégé de l'*Allegro di molto* (inauguré par son idée principale). La première audition publique n'eut lieu qu'en 1870, et la publication en 1885.

Durée d'exécution : 20 minutes environ.

Les deux importants *Quintettes pour piano et cordes* reçurent l'approbation enthousiaste de Liszt. Daté de décembre 1853, le **Quintette n° 1 en *ut* mineur** fut dédié par Berwald à son élève la pianiste Hilda Thegerström (1838-1907), qui peu après étudia avec Liszt à Weimar. L'œuvre, jouée sans interruption, s'ouvre par un *Allegro molto* à 4/4, assez court et parcouru par des doubles croches du piano. Il débouche sur un *Scherzo* (*Poco Allegretto*) en *ut* majeur et à 3/4, suivi quant à lui d'un retour modifié de l'*Allegro molto*. S'enchaînent ensuite un *Adagio quasi Andante* en *mi* bémol et à 4/4, enfin un *Allegro assai e con spirito* en *ut* mineur et à 2/2. Conclusion en *ut* majeur.

Durée d'exécution : 24 minutes environ.

Pour remercier Liszt d'avoir accepté Hilda Thegerström comme élève, Berwald lui dédia le **Quintette n° 2 en *la* majeur**, terminé en juillet 1857 et publié la même année à Hambourg (le *n° 1* l'avait été en 1856). Liszt remercia le compositeur par une lettre datée « Weimar 22 février 1858 », et contenant notamment la phrase suivante : « Vos trios et quintettes rencontreraient certainement le succès le plus complet s'ils pouvaient être entendus d'un auditoire capable d'en apprécier les traits ». Et Liszt de vanter leur « invention, magnifiquement disciplinée par une longue expérience », et leur « superbe traitement des instruments ». Le *Quintette en* la *majeur*, joué encore une fois sans interruption, s'ouvre par un puissant *Allegro con giusto* à 4/4. Suit un *Allegro vivace* en *ré* majeur à 3/4 faisant office de scherzo, et s'enchaînant pour sa part à un *Poco Adagio* en *fa* majeur à 3/4, introduit par un rythme déhanché auquel succède une ample mélodie des cordes. Un point d'orgue précède le finale, un *Allegro molto* à 2/2 évoluant de *ré* majeur à *la* majeur.

Durée d'exécution : 29 minutes environ.

De la même époque que les deux quintettes et que les deux derniers quatuors relèvent les quatre *Trios pour piano, violon et violoncelle*. Daté de 1849 et publié à Hambourg en 1852, le **Trio n° 1 en *mi* bémol majeur** comporte trois mouvements enchaînés : *Largo* introductif à 4/4 suivi d'un *Allegro con brio* à 3/4, *Andante grazioso* en *la* bémol à 6/8, *Allegro con spirito quasi Presto* à 2/4.

Dans le **Trio n° 2 en *fa* mineur**, terminé en 1851 et publié l'année suivante à Hambourg, l'*Allegro molto* initial à 4/4 s'interrompt pour laisser place à un *Larghetto* en *fa* mineur, puis réapparaît brièvement en guise de conclusion.

Également de 1851, et publié à Hambourg en 1854, le **Trio n° 3 en *ré* mineur** fait se succéder un *Allegro non molto* à 3/4, un

Adagio quasi Largo en *si* bémol et à 4/4, et un vaste finale en plusieurs sections, principalement en *ré* majeur, faisant alterner mesures à 2/2 (*Allegro molto*), à 3/2 et à 4/4, et se terminant sur une curieuse cadence pianistique qui se perd dans les hauteurs.

Sans doute contemporain des trois autres, le **Trio n° 4 en *ut* majeur** parut à Copenhague en 1896 : à un vaste *Allegro* à 4/4, doté en son centre d'un court passage à 3/4, succèdent sans interruption un *Adagio* en *sol* à 4/4, et un *Finale quasi Presto* à 2/2.

Daté de 1857-1860, le **Duo en *ré* majeur pour piano et violon**, où les deux instruments bénéficient l'un par rapport à l'autre d'une indépendance remarquable, comprend trois mouvements joués d'une seule traite. À l'ample *Allegro risoluto* initial succède une *Romance* en *fa* dièse mineur (*Andante*). Le finale (*Allegro giocoso*) fait alterner épisodes à 6/8 et à 2/4, avant d'en tenter la synthèse (opposition de duolets et de triolets de croches en mesure à 2/4). Un bref *Andante* sert de conclusion.

Durée d'exécution : 19 minutes environ.

On sait que le **Septuor en *mi* bémol majeur pour violon, alto, violoncelle, contrebasse, clarinette, cor et basson** (même formation que l'*op. 20* de Beethoven) fut créé en privé le 6 décembre 1828, et en public en 1833 ; mais il s'agit peut-être de la version ultime d'un septuor entrepris dès 1817. Il y a trois mouvements : *Adagio* introductif puis *Allegro molto*, *Poco Adagio*, enfin *Allegro con spirito* ; mais on trouve, en outre, inséré dans l'*Adagio* central, un *Prestissimo* (*Scherzo*) étourdissant de virtuosité.

Durée d'exécution : 24 minutes environ.

Signalons encore le *Quatuor en* mi *bémol majeur pour piano et vents* de 1819 (avec clarinette, cor et basson), un *Duo concertant pour deux violons* de 1822, un *Concertino pour violon et piano* de 1859, un *Duo pour violoncelle et piano* publié en 1858, et, comme œuvres de jeunesse perdues, une *Sonate pour violon et piano* et un *Trio pour trois violons*.

M. V.

MICHEL BLAVET

Baptisé à Besançon, le 13 mars 1700; mort à Paris, le 28 octobre 1768. Bassoniste, mais surtout célèbre flûtiste, il commença sa carrière à Paris en 1723, au service du duc de Lévis, puis débuta en 1726 au Concert Spirituel. Il en sera l'un des plus brillants virtuoses. Musicien du prince de Carignan, puis du comte de Clermont, Grand Maître de la Franc-Maçonnerie française, il entra comme première flûte dans la musique du roi en 1738 et dans l'orchestre de l'Académie royale de Musique en 1740. Flûtiste éminent à une époque glorieuse pour l'instrument, Blavet fut également un compositeur de valeur qui s'illustra particulièrement dans le domaine de la musique de chambre.

L'œuvre pour flûte

Moins considérable que celle de Boismortier et de Lœillet, ses contemporains, l'œuvre pour flûte de Blavet l'emporte néanmoins certainement par la qualité. On lui doit notamment trois livres de sonates pour flûte et trois recueils de pièces et petits airs pour deux dessus.

La *Première œuvre contenant six sonates pour deux flûtes traversières sans basse*, dédiée au prince de Carignan, parut à Paris en 1728. Quatre ans plus tard, en 1732, Blavet faisant éditer ses *Sonates mêlées de pièces pour la flûte traversière avec la basse... œuvre II*, dédiées à la duchesse de Bourbon, suivies en 1740 par un *Troisième Livre de sonates pour la flûte traversière avec la basse*, dédié au comte de Clermont.

Certaines de ces sonates sont de véritables petits chefs-d'œuvre, qui valent par toutes les qualités qui sont celles de la musique française du temps : les idées mélodiques sont claires, mais expressives, et l'enjouement des mouvements vifs s'oppose à la grâce charmante ou au pathétique tendre des pièces lentes. Blavet sait avec bonheur mêler la manière française et l'art italien, — ces « goûts réunis » chers à ses contemporains.

Les six **Sonates... œuvre II** doivent

autant à la suite de danses française qu'à la sonate italienne de Corelli. Elles reposent, en effet, sur l'alternance de mouvements de sonate, de danses et de pièces sous-titrées à la française. À l'exception de la *Sonate I* en *sol* majeur, ces œuvres portent un sous-titre, sans doute hommage de l'auteur à un protecteur ou à un amateur éclairé : la *Sonate II* en *ré* mineur est intitulée « La Vibraye », la *Sonate III* en *mi* mineur « La D'Hérouville », la *Sonate IV* en *sol* mineur « La Lumagne », la *Sonate V* en *ré* majeur « La Chauvet », et la *Sonate VI* en *la* mineur « La Boucot ». La première et la dernière sonates sont en quatre mouvements, les autres contiennent cinq ou six mouvements, mais toutes respectent l'unité tonale. Chacune débute par une introduction lente, *Adagio*, *Andante* ou *Largo*, suivie par un second morceau brillant, *Allegro* ou *Allemande*. Les *Allemanda*, *Allegros* des *Sonates II* et *VI* sont à la fois des danses et des pièces de virtuosité rayonnante, et l'on remarquera les traits animés de la flûte et de la basse de l'*Allemande* de la *Sonate III* que Blavet jouait pourtant dans un mouvement *Andante*. Ces pages joyeuses précèdent des pièces diverses qui reprennent souvent la forme du rondeau. Les deux *Arias* soustitrés « L'Henriette » de la *Sonate I* sont en réalité des rondeaux à la française avec refrain et couplets. « L'Insinuante » de la *Sonate III* est un rondeau gracieux tout en rythmes pointés et « Le Marc-Antoine », rondeau de la *Sonate V* qui évoque peut-être Marc-Antoine Charpentier, est accompagné d'un rondeau tendre dit « Les Regrets ». Dans la seconde sonate, Blavet remplace le rondeau par une *Gavotte* ou « Les Caquets », dans la quatrième sonate, il intercale une *Ciciliana* [sic] très mouvementée et donne le titre de « Tendres badinages » à l'*Allegretto* de la sixième sonate, suivi de son double ou « L'Invincible ».

Ces six sonates se concluent par des morceaux brillants. La légèreté de ses triolets domine le *Presto* de la *Sonate I*. Dans la *Sonate II* un *Allegro* presque concertant s'enchaîne à une *Sarabande* où le beau chant de la flûte s'est épanché sous une basse continue à l'italienne. Deux tambourins, « Le Mondorge », annnoncent la pimpante *Gigue* de la *Sonate III*. Un *Presto* joyeux et un espiègle *Allegro*, « Le Lutin », terminent la *Sonate IV*, et c'est une courte fugue et une *Gavotte*, dite « Le Dédale », qui mettent un point final à la *Sonate V*.

Les six sonates du **Troisième Livre** ressortissent davantage au style galant. En trois ou quatre mouvements, elles comportent surtout des mouvements de sonates, bien que çà et là Blavet introduise une *Gigue*, un *Menuet* ou une *Gavotte*.

La **Sonate I** en *sol* majeur réunit quatre morceaux, — dont deux *Arias* et une *Gigue*.

La **Sonata II** en *si* mineur s'ouvre par un *Andante spicato* aux intéressants passages chromatiques, et dont le rythme pointé est repris par la basse. La longue pièce de virtuosité centrale est un *Allegro* brillant plein de traits dynamiques de doubles croches, de marches harmoniques, de broderies et d'arpèges. Un *Minoetto* [sic] avec deux variations termine gracieusement cette sonate.

La **Sonate III** en *mi* mineur n'est faite que de trois mouvements : *Vivace* joyeux et espiègle, *Largo poco andante* chantant, et *Allegro* très rapide à 3/8 aux difficultés techniques délicates.

Trois mouvements également dans la **Sonate IV** en *la* majeur : l'*Adagio* initial est une longue et superbe pièce dont la densité d'écriture n'a d'égale que l'extraordinaire intensité rythmique. Il est suivi par un heureux épisode à l'allure chorégraphique, *Allegro ma non presto*, puis par un *Allegro* de virtuosité.

Cinq mouvements se succèdent dans la **Sonate V** en *sol* mineur : un *Adagio* aux notes répétées pleines de suavité, un *Allegro ma non presto*, deux *Gavottes*, un *Allegro* où s'entremêlent rythmes pointés et triolets, et une *Giga*, *Allegro*.

La **Sonate VI** débute par un *Largo* essentiellement construit sur des notes pointées au-dessous desquelles apparaissent quelques nuances « forte » et « piano ». Un *Allegro* et un *Andante affettuoso* précèdent enfin un *Allegro* à 6/8 conçu à la manière d'une *Gigue*.

Les trois **Recueils de pièces, petits airs, brunettes, menuets, etc., avec des doubles et variations, accommodés pour les flûtes traversières, violons, pardessus de viole, etc.**, ont été publiés à Paris entre 1744 et 1751. Ils contiennent des pièces diverses pour deux dessus, organisées en suites très longues. Certaines sont de la main de Blavet, d'autres sont des transcriptions de pages d'auteurs célèbres. De Blavet, on retiendra notamment des *Préludes*, des *Gavottes*, avec leurs doubles, un *Menuet* avec douze variations, des variations sur *La Furstemberg* et une *Marche de la Grande loge de la Maçonnerie*. Blavet a aussi « accommodé » de nombreuses pages de ses contemporains : on y trouve, par exemple, des adaptations de pièces de clavecin de Couperin, de Rameau ou de Haendel, des arrangements de pages fameuses d'opéras de Rameau, ou d'œuvres pour violon de Corelli, Geminiani, Duval, Mondonville ou Telemann.

A. d. P.

ERNEST BLOCH

Né le 24 juillet 1880, à Genève; mort le 15 juillet 1959, à Portland (Oregon). Il étudia le violon avec Louis Rey et la composition avec Émile Jaques-Dalcroze à Genève, puis se rendit à Bruxelles sur le conseil de Marsick pour travailler avec Eugène Isaye et François Rasse. Il prit ensuite des cours avec Ivan Knorr à Francfort et Ludwig Thuille à Munich. Il travailla comme chef d'orchestre en Suisse, avant d'être engagé en 1916 aux USA par la compagnie de danse de Maud Allan. En 1920-1925, il fut directeur de l'Institut musical de Cleveland, et de 1925 à 1930 du Conservatoire de San Francisco. Dans les années 1930, il revint vivre en Europe occidentale, faisant connaître ses œuvres. Mais la montée de l'antisémitisme le fit revenir aux États-Unis où, de 1942 à 1952, il enseigna à l'université de Berkeley. Subissant l'influence de Richard Strauss puis de Debussy, Bloch affirma rapidement dans sa musique les recherches de ses racines hébraïques, tant dans le choix des sujets (Schelomo, Symphonie « Israël ») *que dans les intonations de ses mélodies. Croyant en une dimension philosophique et spirituelle de la musique, il s'est efforcé de transmettre cette foi à ses nombreux élèves. Cependant, à l'exception de quelques œuvres, sa production n'a pas encore réussi à acquérir une réelle popularité.*

Une pièce virtuose pour le violon (*Nigun*), un ouvrage de base du trop rare répertoire concertant du violoncelle (*Schelomo*) : voilà à quoi se résume l'actuelle connaissance, en France, de l'un des créateurs les plus forts et les plus originaux du premier demi-siècle. Et pourtant, dans le domaine qui nous occupe, il aurait pu revendiquer, comme Georges Enesco, le titre de « Berlioz de la musique de chambre » ! Il faut savoir que les cinq *Quatuors*, les deux *Quintettes*, les deux *Sonates pour violon et piano*, la *Suite pour alto et piano* et le testament du compositeur, les six *Suites* pour cordes seules (deux pour violon, une pour alto, trois pour violoncelle) constituent un corpus dont l'importance, au XXe siècle, ne le cède ni à Bartók, ni à Schoenberg. Mais Bloch est demeuré sa vie durant un indépendant, loin de toute école comme de tout système, dont le seul souci aura été — il l'a dit lui-même — d'être sincère et d'être vrai. Parti du post-romantisme flamboyant de ses débuts, il s'est affirmé d'abord comme le chantre des joies et des peines de son peuple — le peuple juif —, et ce sont ces œuvres « ethniques » (bien que sans aucun emprunt littéral à la musique traditionnelle, seul l'esprit de la Bible et des Prophètes inspirant ici le compositeur) qui ont fait le plus pour sa réputation internationale. L'immense *Premier Quatuor* s'y rattache indirectement, et de nombreuses pages brèves illustrent plus littéralement cette veine ; mais la majorité de ses grands ouvrages de chambre sont d'un caractère plus « abstrait », de la musique pure au plus haut sens du terme. Ici, une veine néo-classique (telle qu'on la trouve dans les deux *Concerti Grossi*) se trouve transcendée, magnifiée, intégrée à une pensée résolument moderne, et mise au service d'une expression non moins véhémente et passionnée que dans les œuvres « juives ». Il n'est que de comparer la *Passacaille* tout académique de la *Suite symphonique*, de 1944, et celle couronnant le *Deuxième Quatuor*, de l'année suivante, pour mesurer l'immense saut qualitatif. Passacaille et fugue sont les deux formes où le contrepoint transcendant se cristallise, mais toute la musique de chambre de la vieillesse de Bloch manifeste une tendance croissante à l'abstraction et à la rigueur de l'écriture, sans que l'expression, d'une flamme plus sombre et plus intériorisée seulement, n'y perde ses droits. C'est ainsi que le *Cinquième* et dernier est le plus austère de ses *Quatuors*, — prélude à l'ultime étape des *Suites* pour cordes seules, qui renouent avec la prestigieuse et difficile tradition de Jean-Sébastien Bach.

Malgré la présence (célèbre) de quarts de ton dans le *Premier Quintette*, et celle de séries dodécaphoniques dans les *Deuxième*, *Troisième* et *Quatrième Quatuors*, le langage de Bloch est toujours demeuré fidèle à une pensée harmonique très riche se situant dans le cadre d'une tonalité élargie, à laquelle de nombreux chromatismes, et surtout l'usage intensif (presque excessif parfois) de l'échelle octotonique (le « mode 2 » de Messiaen) donnent une couleur reconnaissable entre toutes. De même, ce très grand inventeur de thèmes au profil mémorable, ce rythmicien si inventif trouve un cadre à sa mesure dans les grandes formes classiques à développement (sonate, rondo, scherzo) traitées avec une ampleur peu commune. Toutes ses grandes œuvres sont de plus cycliques, et leur architecture d'ensemble est aussi solide que leur plan tonal. La musique de Bloch se meut dans un climat expressif en prédominance âpre, voire exacerbée ; mais l'amertume et la révolte finissent toujours par aboutir à ces admirables épilogues lents, si émouvants, qui parlent de réconciliation et de catharsis.

Bloch a abordé relativement tard la musique de chambre, à trente-six ans, alors qu'il était déjà l'auteur de son unique opéra, *Macbeth*, et de nombreux ouvrages symphoniques, — dont les éléments les plus importants de son « cycle juif ». Ce fut alors, en 1916, qu'il dressa un bilan artistique et humain dans son immense, son prodigieux **Premier Quatuor à cordes**, — œuvre exceptionnelle à tout point de vue, et déjà par ses dimensions : il dure tout près d'une heure ! Sa tonalité d'ensemble est *si* mineur.

1. Le premier mouvement, de tempo modéré, s'ouvre par un bref frontispice (MODERATO) présentant un thème plaintif. Tout de suite (LAMENTOSO, AGITATO DOLOROSO) la souffrance se fait plus véhémente avec l'apparition d'un des éléments cycliques principaux,

et l'allure s'anime progressivement au cours de la présentation de plusieurs idées nouvelles, — jusqu'à l'accalmie du véritable « deuxième thème » (*a tempo*, *tranquillo*), calme et diatonique, à la dominante mineure (*fa* dièse). A un grand silence succède le développement, en prédominance lyrique et mélodique lui aussi, s'enchaînant imperceptiblement à la réexposition. Après le retour du frontispice, le morceau s'achève sur le demi-sourire de la tierce picarde, nuancé cependant de secondes mineures lancinantes.

2. Le deuxième mouvement, ALLEGRO FRENETICO (tonalité principale de *mi* bémol mineur) est un grand *Scherzo* d'une férocité démoniaque, vision de cauchemar aux rythmes heurtés et chaotiques sur un thème apparaissant à l'issue de plusieurs appels provocateurs, — thème soulignant à découvert l'importance, pour toute l'œuvre, de l'intervalle de tierce mineure.

Cette frénésie noire et barbare s'interrompt longuement, le temps d'un trio (*Molto moderato*) dont la sombre rêverie retrouve la tonalité, les thèmes et le climat du premier mouvement.

3. Le troisième morceau (ANDANTE MOLTO MODERATO) est intitulé *Pastorale* (tonalité principale : *la* mineur, puis *fa* majeur) : ici, ce seront des thèmes « champêtres » et diatoniques, pleins de fraîcheur (c'est le côté « suisse » de l'inspiration de Bloch), dont les appels réitérés auront peu à peu raison du climat sombrement méditatif. Tout le morceau, d'une grande délicatesse sonore et expressive, est joué avec sourdines, à l'exception du bref épisode central plus vif (*Animato*, *Allegro moderato*).

4. L'immense *Finale* (VIVACE) commence par une grande introduction, — rappel cyclique des thèmes des mouvements précédents, dans l'esprit du début du *Finale* de la *Neuvième Symphonie* de Beethoven, modèle souvent suivi depuis. Le thème principal de ce *Finale, Agitato molto*, est une variante rythmique de l'*Allegro frenetico* du deuxième morceau ; mais il est suivi de deux idées subsidiaires, dans le caractère de mélopées aux accents heurtés effaçant le sentiment de la barre de mesure. Le deuxième groupe principal (*Molto espressivo*, *come un lamento*), beaucoup plus en demi-teintes, possède toute la lancinance d'une litanie fortement hébraïque. Il y a un développement central sous forme d'une longue gradation restaurant peu à peu la frénésie du thème principal, réexposé ; mais surprise : la litanie revient totalement transfigurée, dans l'aigu et dans la lumière sereine de *ré* majeur. C'est le tournant psychologique décisif de l'ouvrage, — lequel s'achemine dès lors vers son vaste épilogue en *si* majeur (*Molto tranquillo*), auquel les secondes mineures persistantes prêtent cependant un caractère peut-être plus résigné que vraiment apaisé.

Le *Finale* du *Premier Quatuor* fut achevé après l'arrivée de Bloch aux États-Unis, et c'est dans ce pays que naquirent les grandes œuvres suivantes.

Tout d'abord la **Suite pour alto et piano** de 1919, dont Bloch réalisa immédiatement une version pour alto et orchestre. Sous les deux formes, c'est l'une des pages les plus importantes jamais écrites pour l'instrument, dans une veine plus colorée et plus « exotique » que les œuvres précédentes de Bloch. Celui-ci pensait aux contrées fabuleuses des Îles de la Sonde (Java, Bornéo, etc.), où il rêva toujours de se rendre, et qui demeurèrent pour lui symboles d'une nature vierge. Aussi avait-il voulu intituler tout d'abord les quatre mouvements : *Dans la jungle*, *Grotesques*, *Nocturnes*, *le Pays du Soleil*; même dans la version, forcément moins colorée, avec piano, l'œuvre conserve une magie sonore rejoignant l'impressionnisme par des moyens cependant tout différents. Par conséquent le climat tragique et angoissé propre à tant d'œuvres de Bloch devient ici nettement moins oppressant. Le premier mouvement est, de loin, le plus long. Après une mystérieuse introduction (*Lento*) s'élance un *Allegro* sauvage, d'allure à la fois dansante et guerrière. Cependant, le morceau se termine dans un sentiment d'ample sérénité (*Moderato*). L'*Allegro ironico* tient lieu de scherzo, avec un trio central repris en guise de coda, et se distingue par sa verve mordante et sarcastique. Par contre, le noble troisième mouvement, un bref *Lento*, est d'essence purement mélodique et d'une simplicité inhabituelle chez Bloch. Le *Molto vivo* conclusif donne libre cours à une allégresse rude et véhémente, mais, ici également, le compositeur intègre un épisode plus calme, faisant allusion au début de l'œuvre.

Durée d'exécution : 37 minutes environ.

De 1920 date la **Première Sonate pour violon et piano**, l'une des pages les plus âpres et les plus violentes de son auteur, l'une des rares où l'on ne puisse reconnaître aucun centre tonal. Il règne ici un climat de révolte, de rage, et même de frénésie noire qui font de cette *Sonate* une œuvre « extrême » et redoutable, à l'égal de la *Première Sonate* que Béla Bartók acheva l'année suivante, et dont elle égale la signification. Bien que Bloch ne lui reconnût aucun « programme », il la qualifiait d'« œuvre tourmentée, écrite peu après la terrible guerre et la terrible paix ». Le premier mouvement (*Agitato*) est un morceau agressif et brutal, ressassant de manière presque maniaque son thème tournant sur trois notes contiguës dans le grave du violon, — thème qui viendra interrompre toutes les tentatives d'évasion vers l'improvisation rhapsodique la plus passionnée, dans le cadre encore tout juste reconnaissable d'une forme sonate. À cette vision de cauchemar succède un *Molto quieto*, d'un calme « tibétain » selon l'auteur, évocation d'un autre monde définie par l'indication liminaire *Molto misterioso*, et qui exprime plutôt une volonté d'évasion qu'une réconciliation véritable. Le *Finale*, *Moderato*, commence par un thème de marche, pesante et barbare, qui traite le piano en instrument de percussion, et s'élève graduellement à un puissant sommet. Mais il faudra le passage par le souvenir du premier mouvement pour que la musique se libère enfin en un épilogue *Lento assai* d'une grande douceur, se terminant en *mi* majeur et exprimant une paix non plus « tibétaine », mais celle, authentique, de la vie intérieure.

C'est le 27 mars 1923, à Cleveland, que Bloch termina son **Premier Quintette avec piano**, — aboutissement de toute la phase créatrice qu'ouvrait le *Premier Quatuor*, et sans doute le sommet absolu de sa musique de chambre, de pair avec le *Deuxième Quatuor* de 1945. Nettement plus ramassé que le *Premier Quatuor*, ce *Quintette*, dans la tonalité principale d'*ut*, est néanmoins une architecture monumentale et une œuvre d'une extraordinaire puissance sonore et expressive.

1. L'AGITATO initial commence par le sombre tourbillon des cordes dans le grave (avec quarts de ton à fonction tant mélodique que de couleur), dont se dégage graduellement au piano le thème principal, cyclopéen, tout en larges intervalles, quartes, quintes et tritons :

Puis la mélodie se déploie, chante éperdument dans l'aigu des archets, se tend sans cesse, pour céder la place enfin à l'étrange deuxième thème, avec ses glissandos pâmés de quarts de ton à l'accent inoubliable, et son environnement d'appels d'oiseaux des tropiques dans l'aigu du violon (on les retrouvera dans toute l'œuvre). Une progression restaure bientôt le tempo initial, et c'est le développement, qui introduit tout de suite un élément nouveau, en croches martelées, — ricanement chromatique, descendant lointain du thème qui ouvre le finale du *Quatuor* de César Franck. Il demeurera présent jusqu'à la fin du morceau, donc aussi pendant la réexposition, et assurera la brusque conclusion.

2. L'ANDANTE MISTICO (en *la*), à 12/8, s'enchaîne sans interruption. C'est une grande méditation d'une sérénité hautaine, orgueilleuse même, « au-dessus de la mêlée », se déroulant sur la scansion régulière des croches du piano, interrompue seulement durant deux intermèdes de caractère mystérieux et « exotique », — transformation de rêve d'éléments du premier mouvement, dont on retrouve les appels d'oiseaux. Mais les deux motifs de quatre notes dominant les parties principales à 12/8 proviennent de ce premier mouvement eux aussi : l'un affirmant la quarte et la quinte, l'autre, aux basses du piano, réitérant le choc sourdement dissonant de la quinte diminuée et de la tierce mineure :

Motif 1

Motif 2

3. Le colossal ALLEGRO ENERGICO est une nouvelle explosion de frénésie barbare, mais infiniment plus maîtrisée que dans la *Sonate* de 1920. Le rythme d'attaque (croche-quatre doubles croches-croche) servira aussi, plus de vingt ans plus tard, à lancer l'immense finale du *Deuxième Quatuor*. Une sorte de joie sauvage émane de tant d'énergie physique, s'affirmant dans un large chant à l'unisson (*Barbarico*) en *ré* mineur, qui ne sera pas repris, puis dans une sorte de fanfare provoquant des heurts bitonaux. Le centre du morceau est une nouvelle rêverie « exotique », où l'on retrouve quarts de ton et appels d'oiseaux dans un contexte d'harmoniques frémissants et mystérieux. Une reprise variée du début s'exalte en une strette vertigineuse aboutissant à un *Allargando* monumental, d'une puissance symphonique. Et c'est alors la lente détente (souvenir ultime des musiques « exotiques »), aboutissant à l'habituel épilogue lent (*Calmo*, puis *Molto calmo*) où toute la tension accumulée se résout enfin en une catharsis libératrice s'exprimant par une claire et simple cadence dominante-tonique d'*ut* majeur : quinze ans plus tard, Béla Bartók terminera sur un geste pareil sa *Sonate pour deux pianos et percussion*. Ici, c'est l'aboutissement de sept années de création ayant produit coup sur coup quatre chefs-d'œuvre de musique de chambre. Bloch n'en offrira plus de cette envergure avant 1945.

Pendant les quelques années suivantes, il va produire une série de pièces brèves, « petite monnaie » de son génie. 1923 voit naître le très (trop) célèbre triptyque pour violon et piano **Baal Shem**, trois scènes de la vie spirituelle juive dont le titre se réfère à Baal Shem Tov, rabbin polonais fondateur au XVIIIe siècle de la secte des Chassidim (ou Hassidim), qui voulaient atteindre Dieu par la joie du chant et de la danse. La popularité du morceau central (*Nigun*, c'est-à-dire « Improvisation ») a d'ailleurs relégué dans l'ombre ceux qui l'entourent (*Vidui*, c'est-à-dire « Contrition », et *Simchas Torah*, danse joyeuse célébrant la bénédiction du Livre sacré).

Durée d'exécution : 13 minutes environ.

À la même veine simple, tonale ou modale, se rattachent des pages isolées pour la même formation : **Mélodie** (1923), **Nuit exotique** et **Abodah** (1929), écrite pour Yehudi Menuhin alors âgé de douze ans. En 1924, Bloch compose des pages de même nature pour violoncelle et piano, **De la Vie juive** (formé de *Prière*, *Supplication* et *Chant juif*), et *Méditation hébraïque*. Moins « faciles » et échappant à l'inspiration juive, les **Trois Nocturnes** de 1925 pour violon, violoncelle et piano présentent bien plus d'intérêt ; il en est de même pour les différentes pièces brèves pour quatuor à cordes de la même année : **Dans les montagnes** (*Aube-Danses rustiques*), **Nuit**, **Paysages** (*Nord-Alpestre-Tongataboo*), et **Prélude** (*Recueillement*).

La **Deuxième Sonate pour violon et piano** (1924), intitulée *Poème mystique*, occupe une position un peu à part : bien que dépassant vingt minutes, elle est conçue d'un seul tenant, dans un esprit très rhapsodique, et contraste complètement avec la sauvage *Première*. C'est une méditation sereine et extatique mêlant curieusement des thèmes religieux hébraïques et d'autres empruntés au plain-chant grégorien (*Credo* et *Gloria* de la *Messe « Kyrie fons bonitatis »*), qui alternent avec de brèves bouffées de passion, cependant bien atténuées. La réussite de cette page attachante est quelque peu compromise par certaines complaisances harmoniques, par l'abus des octaves au violon et des trémolos au piano. Plus tard, Bloch semble l'avoir révisée pour éliminer ces défauts.

Après un long intervalle, le compositeur revient à la musique de chambre en 1938 avec un bref **Andante moderato** pour quatuor à cordes, auquel il n'adjoindra qu'en 1950 un vigoureux **Scherzo** (*Allegro molto*) pour en faire un diptyque fort et concis, — premier témoignage de son style de maturité dans le domaine de la musique de chambre.

Mais, dans l'intervalle, aura vu le jour un nouveau chef-d'œuvre, le monumental **Deuxième Quatuor à cordes**, commencé dès 1940, mais vite abandonné (la Deuxième Guerre mondiale paralysa complètement les facultés créatrices de Bloch) pour n'être repris et achevé qu'en 1945. Si la vieille passion demeure, de même que la poigne de l'architecte et son souffle, le langage s'est fait plus abstrait, plus audacieux, moins tonal aussi. C'est le seul des *Quatuors* de Bloch auquel on ne puisse attribuer une tonalité principale, — du moins avant le sublime épilogue qui affirme sans équivoque *ré* majeur.

1. Le **MODERATO** initial est un bref prologue de caractère méditatif, introduisant d'emblée un important thème cyclique au début du monologue du premier violon servant d'exorde.

2. Un dessin thématique plus essentiel encore est celui qui ouvre le deuxième mouvement, — un **PRESTO** aux rythmes saccadés, à l'expression tourmentée, tenant lieu de scherzo et rappelant de loin l'*Allegro frenetico* du *Premier Quatuor*. Ce nouveau thème nourrira en effet de ses métamorphoses tout la suite de l'ouvrage, — tandis que celui du premier mouvement sera plutôt une sorte de « devise » à l'aspect immuable. Le bref trio lent (*Moderato*), qui reviendra modifié, présente un canon par mouvement contraire qui est la première en date des structures dodécaphoniques que l'on peut trouver chez Bloch. Mais elles s'inscriront toujours dans un contexte largement tonal, grâce à l'importance des intervalles de tierce. Les deux retours du *Presto* proposeront diverses formes de fugato.

3. Le troisième mouvement, **ANDANTE**, est une admirable méditation, suprêmement concentrée sur les deux thèmes cycliques, — l'une de ces réussites rares et parfaites, profondément émouvantes, que l'on peut situer dans la descendance de la *Cavatine* de l'*op. 130* de Beethoven.

4. Cet *Andante* est suivi du plus monumental de tous les finales de Bloch, d'une envergure presque égale à celle des autres morceaux réunis. Un prologue d'une immense énergie (*Allegro molto*), aux rythmes martelés et percussifs rappelant le finale du *Premier Quintette*, introduit une magistrale **PASSACAILLE (DECISO)** sur le thème cyclique transformé du deuxième mouvement. Contrairement à ce qu'on a écrit, il n'est pas dodécaphonique (seize sons, mais seulement neuf différents) :

Ici souffle l'esprit de la *Chaconne* de Bach, que le violoniste Bloch connaissait bien. Après un interlude sur les rythmes martelés du prologue, le thème, un peu transformé rythmiquement, fait l'objet d'une magnifique *Fugue*, et c'est seulement à l'issue d'un dernier retour du prologue qu'un sommet d'intensité grandiose (on dirait tout un orchestre) élargit le tempo pour aboutir enfin, par un grand diminuendo, à l'émouvant épilogue en *ré* majeur, où le thème cyclique chante, transfiguré, — se mêlant pour finir à un dernier rappel de l'appel initial du *Quatuor*.

En 1951, Bloch offre une dernière brassée de petites pièces d'inspiration hébraïque, s'adressant à présent à l'alto, négligé jusque-là. Naissent ainsi une *Rhapsodie hébraïque*, une *Méditation* et trois *Processionnals*. Il a fait ensuite suivre la *Rhapsodie* des deux derniers *Processionnals* (dont le troisième a été rebaptisé *Affirmation*), publiant le tout sous le titre de **Suite hébraïque** : il en existe également une version pour violon et une orchestration. Toutes ces pièces sont des héritières attardées du « *Cycle juif* », expressions très intériorisées d'une haute maturité spirituelle, et seule la *Rhapsodie* retrouve par moments la passion des jeunes années.

La dernière étape créatrice de Bloch s'ouvre en 1952 avec le **Troisième Quatuor à cordes** (en *la*), le plus bref et le plus concentré de ceux qu'il écrivit. Ici, l'unité est assurée par le thème initial enchaînant trois quintes descendantes, — lequel sera amplifié dans le *Finale* aux dimensions d'une série de douze sons. Précédé d'un grand trille, il s'élance dans l'*Allegro deciso* initial, d'une force bandée et ramassée (il dure moins de cinq minutes) rappelant le premier temps de l'*op. 95* de Beethoven :

C'est un morceau prodigieusement chargé d'énergie, voire de turbulence, traitant les instruments avec une richesse sonore peu commune et ne consentant à ralentir quelque peu son rythme impérieux que le temps, très court, d'un deuxième thème purement modal, en *mi*. L'*Adagio non troppo*, unifié par un appel éloquent d'abord confié à l'alto, est l'une des plus belles expressions de l'ardent lyrisme de Bloch, et le thème cyclique en quintes y demeure présent. Suit un *Allegro molto*, *Scherzo* truculent et sarcastique, aux thèmes d'un humour amer. Au cours du trio plus lent et mystérieux, tout environné de sons harmoniques, s'esquisse la série de douze sons du *Finale*, mais c'est le thème du premier mouvement sous sa forme d'origine qui met le vigoureux point final. Sans atteindre, de loin, aux dimensions de celui du *Quatuor* précédent, l'*Allegro* final est néanmoins le plus développé des quatre morceaux. Il élabore la série de douze sons issue du thème cyclique, d'abord en une série de variations contrapuntiques, que vient interrompre un instant un thème nostalgique et modal en *mi*, cousin de celui du premier mouvement, puis en une magistrale *Fugue* couronnant l'ouvrage. Celui-ci, à l'exception du deuxième mouvement, renonce — on l'a vu — à l'habituelle dimension méditative, au point de conclure, pour la première et unique fois, non point par un épilogue apaisé, mais par un fortissimo sonore et triomphal dans le *Tempo* rapide.

Dans le **Quatrième Quatuor à cordes** (en *sol*) achevé dès l'année suivante (1953), cette dimension méditative regagne du terrain, entraînant de constants changements de tempo dans tous les mouvements qu'unifient plusieurs éléments cycliques, — dont le plus important est fait de deux tritons descendants encastrés l'un dans l'autre (*si-fa-sol-do* dièse). Pour le reste, le langage de ce *Quatuor* est proche de celui du précédent, aussi âprement dissonant, avec ici également une série de douze sons sous-jacente, destinée à s'épanouir dans le *Finale*. On observe une certaine intériorisation de l'expression, une écriture contrapuntique de plus en plus rigoureuse et austère, un refus de tout pittoresque et de toute anecdote. Peut-être aussi une certaine lassitude, — se manifestant par le besoin de prendre plus d'une fois son élan pour démarrer un *Allegro*, et par des intermèdes lents plus fréquents qu'autrefois. Ce *Quatuor* est sans doute le plus secret et le moins saisissable de la série, ce qui ne signifie nullement le moins beau ! Les deux mouvements extrêmes présentent la même alternance de tempos (lent-vif-lent-vif-lent), — le *Lent* central étant fort bref. La profonde et douloureuse méditation du *Tranquillo* initial est interrompue par un *Allegro energico* présentant deux thèmes contrastants, et qui retrouve l'élan du *Quatuor* précédent. L'*Andante* s'ouvre sur une simple mélodie diatonique en *mi* mineur, d'allure populaire, mais s'anime en son milieu pour un épisode aux rythmes heurtés et aux sonorités mystérieuses, avant de retrouver son calme initial. Le *Presto* faisant office de scherzo oppose son motif initial en pizzicatos (les tritons « cycliques ») et une mélodie pentaphone simple et naïve, que Bloch, qui la connaissait depuis toujours, aimait à attribuer au folklore esquimau. Elle domine le bref *Moderato* tenant lieu de trio. Et elle est rappelée, une fois encore, dans l'introduction *Calmo* du *Finale*. Celle-ci débouche sur un *Allegro deciso* présentant la série dodécaphonique sous sa forme complète, accompagnée par les tritons. Par la suite, on retrouve divers éléments des mouvements précédents, — notament un *Andante* rappelant le deuxième. Mais le très bel épilogue *Calmo* glisse encore une dernière allusion à la mélodie « esquimau », avant le geste ascendant conclusif terminant l'œuvre en pleine sérénité.

Postérieur de trois ans (1956), le **Cinquième Quatuor à cordes** (en *ut* mineur) est l'œuvre d'un homme déjà gravement marqué par la maladie. C'est une page de grande envergure, plus développée que les deux *Quatuors* précédents, mais très intériorisée et très austère en sa suberpe écriture polyphonique révélant une fois de plus la pratique assidue des grands maîtres de la Renaissance, — que Bloch aimait tant. Il n'y a plus trace ici de série de douze sons, mais l'ouvrage, dont les quatre mouvements sont liés deux par deux, présente plusieurs thèmes cycliques. Le tout premier, ouvrant le *Grave* initial, est semblable au premier thème du *Quatuor à cordes* de Fauré. Il inaugure une longue et profonde méditation d'une impressionnante gravité et d'une pureté d'écriture rappelant le dernier Beethoven, à laquelle il faut cette fois-ci plus de soixante mesures pour parvenir à l'*Allegro*. Et ce morceau, le plus développé des quatre (ce qui est très rare chez Bloch), revient pour finir au *Grave* en *ut* mineur. Celui-ci s'enchaîne à un mouvement lent (*Calmo*) de toute beauté, sur l'accompagnement syncopé, en *la* bémol majeur, digne de soutenir la comparaison avec l'*Andante* du *Deuxième Quatuor*. Le *Scherzo* (*Presto*) en *sol* mineur, retrouve l'humeur sardonique et l'ironie amère typique des scherzos de Bloch, et ressemble fort à celui du *Troisième Quatuor*, dont il rappelle même certains thèmes. Il est suivi sans interruption de l'*Allegro deciso* final, qui affirme d'emblée avec netteté *ut* majeur, en grands blocs d'accords dont le geste ascendant rappelle le début du *Concerto Grosso* de 1925. Mais il y aura encore bien des péripéties troublées, notamment un bref fugato avec mouvements contraires, — avant que la musique n'atteigne l'épilogue rasséréné qu'on attendait (*Calmo*) ; lequel, après un dernier et émouvant rappel du thème cyclique « fauréen », se termine une fois encore, malgré la lassitude croissante de l'âge, en pleine lumière.

La dernière œuvre pour ensemble de la musique de chambre de Bloch, le **Deuxième Quintette avec piano** (en *mi*) de 1957, ne se maintient pas dans le climat de grave méditation, mais retrouve au contraire la turbulence et la vitalité rythmique du *Troisième Quatuor*, dont il surpasse encore la concision : ses vingt minutes de durée en font la plus brève des grandes pages de musique de chambre de son auteur. Comme le *Premier Quintette*, celui-ci est en trois mouvements seulement : un *Animato* aux fortes tensions harmoniques et rythmiques, rappelant, jusque dans son deuxième thème, le premier mouvement du *Troisième Quatuor*, et où l'on retrouve des structures dodécaphoniques ; un *Andante* en *ut* dièse d'un beau lyrisme expressif, et, s'enchaînant sans interruption, un *Allegro* très énergique aboutissant, pour finir, à l'habituel épilogue lent (*Calmo*), le dernier de son auteur, et l'un des plus beaux en sa parfaite concision.

Ce *Deuxième Quintette* avait été précédé, dès 1956, par deux *Suites pour violoncelle seul* écrites à l'intention de la violoncelliste Zara Nelsova et qui inaugurent le dernier chapitre de la vie créatrice de Bloch, entièrement consacrée aux cordes seules, genre difficile entre tous, dans lequel le compositeur renoue avec le grand exemple de Bach. Une *Troisième* et dernière *Suite pour violoncelle* suivit l'achèvement du *Quintette* ; puis, en 1958, ce furent deux *Suites pour violon seul* destinées à Yehudi Menuhin ; enfin une *Suite pour alto seul*, dont l'ultime maladie de Bloch laissa le dernier mouvement inachevé.

La **Première Suite pour violoncelle**, en *la* mineur, reprend la succession lent-vif-lent-vif de l'ancienne *Sonata da chiesa* baroque, — avec un *Prélude* ample et solennel, un *Allegro* de style sévère, une *Canzona* d'une grande beauté mélodique, et une preste *Gigue* à 6/8.

La **Deuxième Suite pour violoncelle**, en *sol* mineur, est plus longue et plus complexe, et de style plus « moderne », — enchaînant sans interruption ses quatre mouvements (*Prélude*, *Allegro*, *Andante tranquillo*, *Allegro*) ; c'est également la plus difficile des trois techniquement.

À nouveau en *la* mineur, la **Troisième Suite**, bien que plus simple, comporte cinq mouvements (*Allegro-Andante-Allegro-Andante-Allegro giocoso*), — dont le troisième est une sorte de gigue avec de nombreux changements de mesure, et le dernier une danse animée et chantante.

Les deux *Suites pour violon* sont de dimensions et d'inspiration semblables.

La **Première Suite pour violon**, en *sol* mineur, fait se succéder un bref *Prélude*, d'allure improvisée, et un *Andante tranquillo* d'une belle éloquence mélodique. Le troisième mouvement, le plus développé, comprend en réalité trois épisodes distincts, — un *Allegro* en *mi*, un bref *Andante* en *ré* dans le caractère d'une *Canzone*, enfin un *Allegro energico* rappelant le *Prélude* et concluant en *sol* majeur.

La **Deuxième Suite pour violon**, en *la* mineur, enchaîne ses quatre parties sans interruption. À un *Énergico deciso* d'allure libre succèdent un *Moderato* rappelant une gigue, un *Andante* et un *Allegro molto* très virtuose dans le caractère d'un mouvement perpétuel.

L'ultime **Suite pour alto**, en *ut* mineur, comporte un *Andante*, un *Moderato*, un deuxième *Andante*, enfin un *Allegro deciso* interrompu à la vingt-cinquième mesure. Ce dernier message du vieux maître malade, et presque octogénaire, révèle cependant une vigueur de pensée intacte.

H.H.

LUIGI BOCCHERINI

Né à Lucques, le 19 février 1743 ; mort à Madrid, le 28 mai 1805. D'abord élève de son père, qui l'envoya étudier à Rome avec un disciple de Tartini, Giovanni Battista Costanzi, il devint célèbre dès l'âge de treize ans. Accompagné ou non de son père, il séjourna à Vienne en 1757-58, en 1760, et en 1763-64. Plusieurs de ses frères et sœurs l'y suivirent. De cette période date sa première œuvre connue, un recueil de six trios à cordes (1760), suivi en 1761 d'un recueil de six quatuors à cordes. Virtuose du violoncelle, il s'associa après la mort de son père (1766) avec le violoniste Filippo Manfredi, et entreprit avec lui des tournées qui le menèrent notamment à Paris (1767), où parurent la même année les premières éditions de ses œuvres. Il se produisit au Concert Spirituel, mais ne fut pas invité à Versailles. Remarqué par l'ambassadeur d'Espagne, il accepta de se rendre à Madrid, et ne devait plus quitter l'Espagne. Il fut mal reçu, dit-on, par Gaetano Brunetti, chargé de la musique à la Cour, mais trouva un soutien décisif auprès du frère du roi Charles III, l'infant Don Luis, qui lui conserva sa protection jusqu'à sa mort (1785). Lorsqu'en 1776, pour avoir contracté un mariage morganatique, Don Luis dut s'exiler au palais de Las Arenas à Avila, Boccherini l'y suivit. À partir de 1786, il envoya au roi Frédéric-Guillaume II de Prusse, lui-même excellent violoncelliste, une grande quantité de musique. De 1786 à 1796, la vie de Boccherini est mal connue. On crut longtemps qu'il s'était rendu en Prusse, mais en réalité il resta à Madrid, — végétant dans une relative obscurité. Après 1796, il renonça également à se rendre en France, mais confia l'édition de ses œuvres à Ignaz Pleyel, établi à Paris depuis 1795. Lucien Bonaparte, ambassadeur de France à Madrid en 1800-01, fut son dernier protecteur, et c'est dans la misère qu'il disparut. Un catalogue de ses œuvres a été dressé par Yves Gérard (1969).

Avec Muzio Clementi (1752-1832), quant à lui spécialiste du piano, Boccherini fut le plus grand compositeur italien de musique instrumentale de sa génération, et, après Haydn et Mozart, le plus grand compositeur de musique de chambre de son temps. Parallèlement à Haydn, avec qui il échangea dans les années 1780 une correspondance malheureusement perdue, il donna au quatuor à cordes ses lettres de noblesse, et ses œuvres dans le genre sont encore plus nombreuses. Il écrivit des concertos pour violoncelle, des symphonies et quelques pages vocales, mais son domaine d'élection fut la musique de chambre : trente-deux sonates pour violoncelle et basse, six sonates pour pianoforte et violon, six duos pour deux violons, dix-huit trios pour deux violons et violoncelle, vingt-quatre trios pour violon, alto et violoncelle, quatre-vingt onze quatuors à cordes, cent treize quintettes à cordes avec deux violoncelles et douze avec deux altos, douze quintettes pour pianoforte et cordes, douze pour flûte et cordes, six pour hautbois et cordes et neuf pour guitare et cordes, six sextuors à cordes et six pour flûte et cordes, six sextuors ou nocturnes pour violon, alto, basson, flûte, cor et contrebasse (parmi lesquels un octuor pour deux violons, alto, deux violoncelles, flûte ou hautbois, cor et basson, paru chez Pleyel en 1798 comme symphonie concertante) ! Cette production est incontestablement dominée par les *quatuors à cordes* et par les *quintettes avec deux violoncelles*. Elle témoigne de très grandes qualités expressives, mélodiques, rythmiques, sonores, mais ne fut pas, comme celle de Haydn, en perpétuelle évolution. Boccherini tint lui-même un catalogue de ses œuvres, avec des numéros d'opus qui ne correspondent que rarement à ceux des diverses éditions, et les divisa, selon leurs dimensions, en « grandes » (*opera grande*) et en « petites » (*opera piccola*).

La musique de Boccherini — que le violoniste Puppo appela « la femme de Haydn » — est à la fois très rythmée et d'une grande sensualité, très séduisante sur le plan de la mélodie et du timbre. Boccherini n'hésita pas à utiliser des thèmes faisant ouvertement appel au folklore, à la « couleur locale » ibérique, — comme avant lui Domenico Scarlatti, autre Italien fixé en Espagne. Ses mouvements lents sont souvent d'une étonnante intensité expressive, plus proches de ceux de Schubert que de n'importe quoi d'autre. Précisons sans plus attendre que le fameux « Menuet », en *la* majeur, provient du *Quintette à cordes en* mi *majeur op. 11 n° 3* de 1771 (*G. 275*, publié à Paris en 1775 comme *op. 13 n° 5*).

LES QUATUORS À CORDES

On peut dire que Haydn et Boccherini créèrent le quatuor à cordes à peu près au même moment, — mais indépendamment l'un de l'autre. Les dix « Quatuors à Fürnberg » de Haydn se situent vers 1757-1760, et les six premiers de Boccherini (*op. 2, G. 159-164*, publiés à Paris en 1767 comme *op. 1*) en 1761. On ignore si, durant ses séjours à Vienne jusqu'en 1764, Boccherini rencontra Haydn ; mais, de toute façon, on les imagine mal discutant ensemble de quatuor à cordes, — d'autant que Haydn ne devait revenir au genre qu'en 1769, avec les six de l'*op. 9* (par beaucoup d'aspects ses premiers quatuors « véritables »). Il en alla d'ailleurs de même de Boccherini, qui fit suivre ses six quatuors *op. 2* de six autres en 1769 (*op. 8, G. 165-170*, parus la même année à Paris comme *op. 6*), et de six autres encore en 1770 (*op. 9, G. 171-176*, parus à Paris comme *op. 10* en 1772).

En trois mouvements seulement, le **Quatuor en *ut* mineur op. 2 n° 1, G. 159** comprend un *Allegro comodo* à 4/4 au développement central fort dramatique, un *Largo* en *mi* bémol majeur à 4/4 entonné par le violoncelle, et un *Allegro* en *ut* mineur à 2/2 démarrant l'unisson des quatre instruments. Plus souriant, le **Quatuor en *si* bémol majeur op. 2 n° 2, G. 160** fait d'abord se succéder un *Allegro non tanto* à 4/4 (avec thème principal doté d'un triolet ascendant caractéristique) et un *Largo* en *mi* bémol également à 4/4. Mais le finale, toujours à 4/4, est une fugue (dont le sujet énonce neuf fois de suite la tonique *si* bémol). Les quatre autres *Quatuors op. 2*, respectivement en *ré*, en *mi* bémol, en *mi* et en *ut* majeur, se limitent eux aussi à trois mouvements, — les *n° 3* en *ré*, *n° 4* en *mi* bémol et *n° 6* en *ut* ayant cependant comme finale un *Menuet*.

Dans l'**op. 8**, les tonalités sont *ré*, *ut* mineur, *mi* bémol, *sol* mineur, *fa* et *la*. Le **Quatuor en *ré* majeur op. 8 n° 1, G. 165** s'ouvre par un *Allegro vivace* à 4/4 aux doubles croches agiles, et se poursuit par un profond *Adagio* en *ré* mineur à 4/4. Le finale est un *Minuetto en Rondeau* (*Allegro grazioso*) de structure originale : menuet proprement dit en *ré* majeur dont seule la première partie est reprise ; trio d'abord en *sol* majeur et évoluant vers la dominante de *sol* mineur (partie non reprise), puis en *si* bémol majeur ; retour de la première partie du menuet (ces deux épisodes formant un tout, quant à lui repris), et coda. Le **Quatuor en *mi* bémol majeur op. 8 n° 3, G. 167** débute par un *Largo* à 4/4 centré sur la beauté mélodique. Suivent un vigoureux *Allegro*, à 2/4, et un *Tempo di Minuetto* souple et lyrique avec trio en *ut* mineur parcouru de syncopes.

Dans l'**op. 9**, les tonalités sont *ut* mineur, *ré* mineur, *fa*, *mi* bémol, *ré* et *mi*.

Les *op. 2*, *8* et *9* étaient des « grands » quatuors. Suivirent deux séries de « petits » quatuors en deux mouvements seulement : les six de l'**op. 15 (G. 177-182)**, composés en 1772 et parus l'année suivante à Paris comme *op. 11*, avec comme tonalités *ré*, *fa*, *mi*, *fa*, *mi* bémol en *ut* mineur et les six de l'**op. 22 (G. 183-188)**, composés en 1775 et parus à Paris, sans doute l'année suivante, comme *op. 26*. La structure est *Allegro Molto* à 4/4 et *Tempo di Minuetto* pour le *n° 1* en *ut*, *Moderato* à 4/4 et *Minuetto* pour le *n° 2* en *ré*, *Adagio* à 4/4 et *Allegro* (*Rondeau*) à 2/4 pour le *n° 3* en *mi* bémol, *Allegro moderato* à 4/4 et *Allegro vivace* à 2/4 pour le *n° 4* en *si* bémol, *Allegro con molto* en *la* mineur et *Menuetto* en *la* majeur avec trio en *ré* pour le *n° 5*, *Andantino* à 3/4 et *Non troppo presto* à 2/4 pour le *n° 6* en *ut*.

Composés en 1776-78, les six « grands » quatuors **op. 24 (G. 189-194)** parurent à Paris (sans doute en 1778) comme *op. 27*, et dans un autre ordre. Ils marquent une étape importante dans l'évolution de Boccherini. Dans le **Quatuor en *ré* majeur op. 24 n° 1, G. 189**, un *Moderato* à 4/4 entonné par l'alto et un *Allegro assai* à 2/2 assez chromatique entourent un émouvant *Grave* en *ré* mineur à 2/2. Très séduisant, le **Quatuor en *la* majeur op. 24 n° 2, G. 190** s'ouvre par un *Larghetto* à 3/4, suivi d'un *Allegro spiritoso* à 4/4 plein d'allant, et d'un *Minuetto* (*Amoroso*) tout à fait charmeur avec trio syncopé. Le **Quatuor en *mi* bémol majeur op. 24 n° 3, G. 191** s'ouvre par un *Allegro moderato* de facture très sobre, et se poursuit par un *Adagio* en *si* bémol à 4/4 bâti sur une marche harmonique descendante, puis par un solide *Minuetto* au parfum de terroir. Le *Moderato* initial à 4/4 du **Quatuor en *ut* majeur op. 24 n° 4, G. 192** est suivi d'un *Larghetto* en *la* mineur à 6/8 et d'un *Minuetto* (avec trio en *ut* mineur) très chorégraphique, — le violoncelle imposant une forte scansion. Le **Quatuor en *ut* mineur** op. 24 n° 5, G. 193 est fait d'un *Allegro moderato* à 4/4 tourmenté, d'un *Larghetto* en *ut* majeur à 3/4 chanté par le violoncelle dans son registre aigu, et d'un dramatique *Allegro* à 2/2. Quant au **Quatuor en *sol* mineur op. 24 n° 6, G. 194,** il culmine en son premier mouvement, un *Allegro vivo assai* à 4/4. Suivent un *Adagio* en *si* bémol à 4/4, et un *Minuetto* très sérieux avec trio en *sol* majeur.

Datés de 1778, les six « petits » quatuors **op. 26**, respectivement en *si* bémol, en *sol* mineur, en *mi* bémol, en *la*, en *fa* et en *fa* mineur (**G.195-200**), parurent en 1781 chez Artaria à Vienne comme *op. 32*. Ils furent transcrits à l'époque pour quatuor avec clavier, et aussi pour deux clavecins.

Les six « grands » quatuors **op. 32 (G. 201-206)**, composés en 1780, parurent à Vienne chez Artaria en 1782 comme *op. 33*. Le **Quatuor en *mi* bémol majeur op. 32 n° 1, G. 201** — le premier de Boccherini en quatre mouvements — s'ouvre par un *Allegretto* à 2/4 à allure de marche, et se poursuit par un *Minuetto* avec trio en *la* bémol. Le *Grave* en *ut* mineur joue un rôle d'introduction au finale, un *Allegro vivace assai* assez virtuose. Également en quatre mouvements, le **Quatuor en *mi* mineur op. 32 n° 2, G. 202** débute par un *Largo sostenuto* à 2/2, de ton pathétique. Le *Minuetto* (sans trio) est en *mi* majeur, et le *Larghetto* à 6/8 en *mi* mineur. Le *Minuetto* est ensuite répété, — ce qui confère a posteriori au *Larghetto* un rôle de trio. Le finale est un vaste *Rondeau* (*Comodo assai*) en *mi* majeur à 2/4. Du **Quatuor en *ré* majeur op. 32 n° 3, G. 203**, les trois mouvements — *Allegro vivo* à 4/4, *Adagio* à 6/8, et *Allegro vivo ma non presto* à 2/4 — sont tous dans la même tonalité. Le finale annonce celui de la *Symphonie n° 88* de Haydn (1787). Le premier des trois mouvements du **Quatuor en *ut* majeur op. 32 n° 4, G.204** porte l'indication inhabituelle d'*Allegro bizarro* (à 4/4) : thème initial à allure de marche symphonique, « second thème » pour violoncelle solo dans le registre aigu, développement contrapuntique, réexposition variée. Le *Larghetto* en *ut* mineur à 6/8 est assez austère, et le finale (*Allegro con brio*) combine la forme sonate avec le rythme du menuet. Le **Quatuor en *sol* mineur op. 32 n° 5, G. 205** s'ouvre par un *Allegro comodo* à 4/4 chantant discrètement, et se poursuit par un *Andantino* en *mi* bémol à 3/4, au ton de sérénade nocturne. Très rythmé, le *Minuetto* (*Con moto*) en *ut* mineur (avec trio en *ut* majeur) est le mouvement le plus dramatique des quatre. Le finale (*Allegro giusto* à 2/4), qui retrouve *sol* mineur, oppose thème principal au parfum populaire « à la Haydn » à un « second thème » plus mélodique. Le **Quatuor en *la* majeur op. 32 n° 6, G. 206** — le plus connu des six —, en quatre mouvements comme le *n° 1*, le *n° 2* et le *n° 5*, s'ouvre par un *Allegro* à 6/8, indication de mesure souvent choisie à l'époque pour clore un recueil de six œuvres. L'*Andantino lentarello*, en *la* mineur et à 2/4, énonce une mystérieuse phrase descendante aux chromatismes appuyés qui jouera ensuite un grand rôle dans un discours marqué également par quelques explosions vigoureuses. Une cadence de violon conduit au *Minuetto*, d'une élégance rare et avec trio en *la* mineur imitant la guitare. Le finale est un *Presto assai* à 2/4.

De 1781 sont datés les six « petits » quatuors **op. 33 (G. 207-212)** en *mi*, *ut*, *sol*, *si* bémol, *mi* mineur et *mi* bémol, — restés inédits du vivant de l'auteur. Daté quant à lui de novembre 1787, et destiné au roi de Prusse, le **Quatuor en *la* majeur op. 39, G. 213** (publié en 1798 par Pleyel comme *op. 39 n° 8*) comprend quatre mouvements, et tout d'abord un *Allegro moderato* à 4/4 d'une exceptionnelle richesse thématique. Cette œuvre remarquable se poursuit par un *Minuetto* énergique (avec trio, au contraire, très chantant), un *Grave* en *ré* mineur à 4/4 (devant être joué « soave assai e con espressione »), et un *Allegro giusto* à 2/2 imitant de franches sonorités de guitare.

Les six quatuors suivants furent conçus en trois groupes de deux : « grands » quatuors **op. 41** *n° 1* en *mi* bémol (*G. 214*) et *n° 2* en *ut* (*G. 215*), composés en mai-juin 1788, et parus en 1798 chez Pleyel comme *op. 39 n° 6* et *n° 5*; « petits » quatuors *op. 42 n° 1* en *la* (*G. 216*) et *n° 2* en *ut* (*G. 217*), composés en février et avril 1789, et restés inédits: « petits » quatuors en *la op. 43 n° 1* (*G. 218*) et *n° 2* (*G. 219*, composés en mars et novembre 1790, et restés inédits. Suivirent les six « petits » quatuors **op. 44 (G. 220-225)**, composés de février à décembre 1792, eux aussi inédits du vivant de l'auteur. Une édition moderne (1952) existe du **Quatuor en *sol* majeur op. 44 n° 4, G. 223**, dit **La Tiranna** (on ignore l'origine de ce titre). Il comprend deux mouvements, — un *Presto* à 3/8 au thème ensorceleur et d'une étonnante activité rythmique, et un *Tempo di Minuetto* très prenant avec trio élégiaque en *sol* mineur. Une copie réalisée pour le roi de Prusse est intitulée *La Tiranna Spagnola*. Les autres ouvrages constituant l'*op. 44* sont en *si* bémol (*n° 1*), en *mi* mineur (*n° 2*), en *fa* (*n° 3*), en *ré* (*n° 5*) et en *mi* bémol (*n° 6*).

De février à décembre 1794 furent écrits les six « petits » quatuors **op. 48**

(G. 226-231) en *fa*, *la*, *si* mineur, *mi* bémol, *sol* et *ut*, — inédits du vivant de l'auteur. Les quatre « grands » quatuors **op. 52 (G. 232-235)** en *ut*, *ré*, *sol* et *fa* mineur, tous en quatre mouvements, sont de 1795, et parurent en 1798 chez Pleyel comme *op. 39 n° 7*, *n° 4*, *n° 1* et *n° 9*. En 1796 suivirent les six « petits » quatuors **op. 53 (G. 236-241)** en *mi* bémol, *ré*, *ut*, *la*, *ut* et *mi* bémol, publiés en 1798 par Pleyel comme *op. 40 n° 2*, *n° 3*, *n° 4*, *n° 6*, *n° 1* et *n° 5*. Le **Quatuor en *mi* bémol majeur op. 53 n° 1, G. 236** s'ouvre par un *Allegro* à 2/2 d'une belle énergie, suivi d'un élégant *Tempo di Minuetto*. Le **Quatuor en *ré* majeur op. 53 n° 2, G. 237** débute au contraire par une des pages les plus sensuelles de Boccherini (*Andantino Pausato* à 2/4), et se poursuit par un *Minuetto* (*Allegro*) très robuste avec trio en *ré* mineur.

En 1799 — l'année des derniers quatuors achevés par Haydn (*op. 77*) —, Boccherini composa son ultime série de six : les « grands » de l'**op. 58 (G. 242-247)**, publiés vers 1803 à Paris par Sieber sous le même numéro d'opus. Le *n° 2* est en quatre mouvements, les cinq autres en trois mouvements. Le **Quatuor en *ut* majeur op. 58 n° 1, G. 242** s'ouvre par un *Allegro* à 2/2 dont le thème initial, avec appoggiatures brèves, évoque l'*op. 33 n°3* de Haydn (dans la même tonalité). L'exposition se fixe en son centre en *mi* bémol majeur, avant d'atteindre vraiment *sol* majeur. Le début du développement, de nouveau en *mi* bémol, est repris. Suit un *Larghetto* en *fa* majeur à 6/8, dont la première partie, non reprise, aboutit à *ré* mineur. La seconde partie est reprise, et il y a une brève coda. Le finale est un *Allegro vivo assai* à 2/4. Le **Quatuor en *mi* bémol majeur op. 58 n° 2, G. 243**, aux sonorités plus orchestrales, débute par un *Allegretto lento* à 2/4 d'une grande densité d'écriture. L'énergique *Minuetto* (*Allegro*) est doté d'un trio en *ut* mineur, — tonalité que l'on retrouve dans le *Larghetto* à 6/8. Le finale, un *Allegro vivo assai* à 2/4, énonce un motif en valeurs longues (quatre blanches), puis des doubles croches rapides, et mêle les deux en un contrepoint aussi ingénieux qu'expressif. Le **Quatuor en *si* bémol majeur op. 58 n° 3, G. 244** commence par un mouvement lent (*Larghetto* à 3/4), se poursuit par un vaste *Allegro vivo assai* à 2/2, et se termine sur un *Allegro giusto* à 6/8. Le premier mouvement du **Quatuor en *si* mineur op. 58 n° 4, G. 245** est un *Allegro molto* à 4/4 frénétique et tendu, affirmant violemment pour finir *si* mineur. Le second, un *Andantino lento* en *sol* majeur à 6/8 de forme sonate, et s'enchaînant directement au finale, un *Allegro ma non presto* en *si* mineur à 2/4 de forme rondo assez complexe. Le **Quatuor en *ré* majeur op. 58 n° 5, G. 246** s'ouvre par un *Andante sostenuto* à 4/4 de vingt mesures agissant comme une introduction, — car il s'enchaîne directement à un *Allegretto Gajo* à 6/8, vaste forme sonate aux intéressantes oppositions majeur-mineur, notamment à la fin de l'exposition. Ce mouvement terminé, on entend non pas une page nouvelle, mais de nouveau l'*Andante sostenuto*, qui sert cette fois d'introduction à un *Presto* à 2/4 (tous les mouvements de l'œuvre sont en *ré* majeur), — vaste rondo à allure de mouvement perpétuel interrompu deux fois (la première fois en *sol* majeur) par un extraordinaire épisode aux sonorités de cornemuse. La conclusion est marquée *fortissimo*, à l'exception des deux dernières mesures (*piano* et *poco rallentando*) : de façon inattendue, l'œuvre prend fin sur la pointe des pieds. L'*Allegretto moderato* initial à 2/4 du **Quatuor en *mi* bémol majeur op. 58 n° 6 G. 247** est une ample forme sonate dont la seconde partie du développement plonge, sans crier gare, en *ut* majeur. Suivent un *Larghetto* en *si* bémol à 6/8, et un *Allegro giusto e sostenuto* à 2/4 bien rythmé et d'un bel élan.

En 1804, Boccherini entreprit une nouvelle série de six « grands » quatuors (*op. 64*), dont il ne mena à bien que le premier et le mouvement initial du deuxième. Ces pages restèrent inédites. Le **Quatuor en *fa* majeur op. 64 n° 1, G. 248** comporte un *Allegro molto* à 4/4 s'élançant en doubles croches après un accord tenu pendant une mesure, puis un *Adagio non tanto* en *si* bémol à 6/8, enfin un *Allegro vivo ma non presto* à 2/4 de forme sonate. Quant au **Quatuor en *ré* majeur op. 64 n° 2, G. 249**, il n'est fait que d'un *Allegro con brio* à 3/4 (indication de mesure rare chez Boccherini pour un premier mouvement), au thème initial bien rythmé et propre à se graver dans les mémoires. Le « second thème » est énoncé sur un accompagnement en pizzicatos. Le parallèle avec Haydn est frappant : après avoir abordé le quatuor à cordes à peu près au même moment et l'avoir cultivé pendant plus de quatre décennies, c'est à un an d'intervalle que chacun des deux compositeurs laissa inachevée sa dernière partition dans le genre.

LES QUINTETTES À CORDES AVEC DEUX VIOLONCELLES

Boccherini n'aborda le genre qu'après celui du quatuor à cordes, et une fois installé en Espagne : les six « grands » quintettes de l'*op. 10* (*G. 265-270*), publiés à Paris en 1774 comme *op. 12*, et les six « grands » de l'*op. 11* (*G. 271-276*), publiés à Paris en 1775 comme *op. 13*, sont de 1771. Ceux de l'**op. 10** sont respectivement en *la*, *mi* bémol, *ut* mineur, *ut*, *mi* bémol et *ré* ; ceux de l'*op. 1* en *si* bémol, *la*, *ut*, *fa* mineur, *mi* et *ré*.

Le **Quintette en *mi* majeur op. 11 n° 5, G. 275** (celui du « célèbre » *Menuet*) s'ouvre par un *Amoroso* (*Andantino*) à 3/8 avec sourdines, de forme sonate, doté de deux thèmes chantants non contrastés, et d'une réexposition étendue avec, aux violoncelles, des effets de cornemuse. Suit un *Allegro con spirito* à 4/4 également de forme sonate. Le troisième mouvement est le « célèbre » *Minuetto*, en *la* majeur et avec sourdines. Son trio, entonné par l'alto, est en *ré* majeur. Le finale est un *Rondeau* vigoureux à 2/4.

Le **Quintette en *ré* majeur op. 11 n° 6, G. 276** porte comme titre **L'Uccelliera** (« la Volière »). Il débute par un *Adagio* à 4/4 tour à tour puissant et recueilli, — servant d'introduction à un *Allegro giusto* à 4/4 énonçant des « chants d'oiseaux » : batteries de deux notes en triolets de doubles croches au premier violon, trilles au second violon, dessin déhanché de l'alto. Suit un bref *Allegro* descriptif en *la* mineur à 6/8, intitulé *I Pastori et li Cacciatori* (« Les Bergers et les Chasseurs »). Le troisième mouvement est un *Tempo di Minuetto* en *la* majeur avec trio en *ré* majeur, — s'enchaînant sur un retour de l'*Allegro giusto* avec chants d'oiseaux.

De 1772 sont datés les six « grands » quintettes **op. 13 (G. 277-282)**, publiés à Paris en 1776 comme *op. 20* (en *mi* bémol, *ut*, *fa*, *ré* mineur, *la* et *mi*). Le **Quintette en *fa* majeur op. 13 n° 3, G. 279** s'ouvre par un *Prestissimo* à 3/8 très léger de ton, en contraste absolu avec le pathétique *Largo* en *fa* mineur à 2/2 qui suit. Le *Tempo di Minuetto* conserve *fa* mineur et l'atmosphère du *Largo*, mais son trio, en triolets de croches, retrouve *fa* majeur. Le finale, un *Presto* à 2/2 en *fa* majeur, tend la main au premier mouvement.

Respectivement en *ut* mineur, *ré*, *mi* bémol, *ut*, *ré* mineur et *mi*, les six « grands » quintettes **op. 18 (G. 283-288)**, composés en 1774, parurent à Paris (sans doute en 1775) comme *op. 17*. Le **Quintette en *ut* mineur op. 18 n° 1, G. 283** débute par un *Allegro moderato* à 4/4 aux gestes amples et à la pulsation inquiète. Suit un *Grave* en *mi* bémol majeur 4/4 inauguré par une phrase pensive de l'alto et des violoncelles, avec réponse des deux violons. Le *Menuet*, toujours en *mi* bémol, est du genre « tendre », avec, dans son trio en *si* bémol, une brusque plongée en mineur. L'impétueux finale (*Allegro assai* à 4/4), doté de syncopes et d'une vaste coda, retrouve *ut* mineur.

Les six « grands » quintettes **op. 20 (G. 289-294)**, en *mi* bémol, *si* bémol, *fa*, *sol*, *ré* mineur et *la* mineur, sont de 1775 et furent publiés à Paris en 1777 comme *op. 23*. Les six « grands » quintettes ***op. 25 (G 295-300)***, en *ré* mineur, *mi* bémol, *la*, *ut*, *ré* et *la* mineur, sont quant à eux de 1778, et furent publiés séparément ; les trois premiers par Artaria vers 1785 comme *op. 36*, les trois derniers par Pleyel au début du XIXe siècle comme *op. 47 n° 9*, *47 n° 17* et *47 n° 5*. Le **Quintette en *la* mineur op. 25 n° 6, G. 300** possède, comme premier mouvement, un *Allegro non molto* de forme sonate et d'atmosphère passionnée, — suivi d'un élégant *Minuetto* en *la* majeur avec trio syncopé en *la* mineur. Le *Largo cantabile* à 4/4, centré sur la beauté mélodique, est en *ré* majeur, et le finale un *Allegro giusto* très dansant en *la* mineur et à 2/4.

Suivirent en 1779 les six « petits » quintettes **op. 27 (G. 301-306)** en *la*, *sol*, *mi* mineur, *mi* bémol, *sol* mineur et *si* mineur, publiés à Venise vers 1782 comme *op. 33*, et par Pleyel en 1813 comme *op. 49* ; en 1779 également, les six « grands » quintettes *op. 28* (*G. 307-312*) en *fa*, *la*, *mi* bémol, *ut*, *ré* mineur et *si* bémol, parus plus tard chez Pleyel comme *op. 37* (les *n° 1*, *2*, *4* et *6*), et chez Janet et Cotelle comme *op. 51* (les *n° 3* et *5*).

Eux aussi de 1779, les six « grands » quintettes **op. 29 (G. 313-318)**, tous publiés par Pleyel en 1813, constituent un des sommets de l'art de Boccherini. Le **Quintette en *ré* majeur op. 29 n° 1, G. 313** (chez Pleyel *op. 47 n° 12*) s'ouvre par un *Andante moderato* à 4/4, de forme sonate, avec (comme souvent chez Mozart) un développement central dominé par du matériau nouveau. L'énergique *Minuetto* possède un trio en *ré* mineur. Suit un *Cantabile* en *ré* majeur (tonalité des quatre mouvements de l'ouvrage) à 2/2, jouant avec séduction sur les timbres. Le finale (*Allegro* à 2/2) fait un usage étonnant des basses de musette. Le

Quintette en *ut* mineur op. 29 n° 2, G. 314 (chez Pleyel *op. 48 n° 1*) relève du « Sturm und Drang », en particulier dans son *Allegro vivo* initial à 6/8, inauguré par le premier violoncelle dans son registre aigu. Le pathétique *Largo* en *fa* mineur à 4/4, assez bref, s'enchaîne directement au *Minuetto*, dont le *fa* majeur produit une bienfaisante impression de détente. Mais son trio est en *fa* mineur. Le finale (*Allegro giusto* en *ut* mineur à 4/4) est une fugue. Le **Quintette en *fa* majeur op. 29 n° 3, G. 315** (chez Pleyel *op. 48 n° 2*) groupe ses trois mouvements, tous en *fa* majeur, de façon originale : deux mouvements lents — un profond *Adagio* à 2/2 et un séduisant *Andante lentarello* à 2/4 en forme de variations — encadrent un énergique *Allegro vivo* à 3/8. Le **Quintette en *la* majeur op. 29 n° 4, G. 316** (chez Pleyel *op. 48 n° 6*) débute avec vigueur (*Allegro moderato* à 4/4), mais se livre bientôt à toutes sortes de jeux de timbre, — avec notamment un « second thème » chanté par le violoncelle dans son registre aigu. L'énergie caractérise aussi le *Minuetto*, avec trio aux doubles croches agiles et effets d'écho. Le noble *Largo cantabile* en *ré* majeur à 2/2 s'enchaîne directement au finale, un *Presto* en *la* majeur à 3/8 intitulé *Ballo Tedesco* (« Danse allemande ») et d'un entrain irrésistible.

Le **Quintette en *mi* bémol majeur op. 29 n° 5, G. 317** (chez Pleyel *op. 47 n° 11*) s'ouvre par un *Allegro moderato* à 4/4 monothématique. Le *Minuetto* (marqué « soave »), très séduisant avec ses chutes de triolets, débouche sur un trio en *ut* mineur. L'*Andante lento* à 6/8 est quant à lui en *sol* mineur, et le finale est un impétueux *Allegro vivo* à 2/4 marqué par l'esprit de la danse. Le **Quintette en *sol* mineur op. 29 n°6, G. 318** (chez Pleyel *op. 48 n° 3*) débute par un mélancolique *Allegro moderato assai* à 4/4, et se poursuit par un *Minuetto* en *sol* majeur faisant alterner la lumière et l'ombre (trio inquiétant en *sol* mineur). Le *Preludio adagio* en *sol* mineur à 4/4, coloré (comme déjà le trio) par le violoncelle, s'enchaîne directement au finale, un *Rondo* (*Allegro giusto*) en *sol* majeur à 2/4.

Composés en 1780, les six « petits » quintettes **op. 30 (G. 319-324)**, en *si* bémol, *la* mineur, *ut*, *mi* bémol, *mi* mineur et *ut*, restèrent inédits du vivant de l'auteur. Le célèbre **Quintette en *ut* majeur op. 30 n° 6, G. 324** dit **La Musica Notturna delle strade di Madrid** (« Musique nocturne des rues de Madrid »), est en cinq mouvements, et constitue — avec l'*op. 11 n° 6* (*l'Uccelliera*) — l'unique incursion de Boccherini dans la musique descriptive. Le premier mouvement, très court et intitulé *Ave Maria delle Parrochie* (on « entend » les cloches de l'*Ave Maria*), sert d'introduction au *Minuetto de ciechi* (« Menuet des mendiants »), où sont imités les sons d'une guitare. Le *Largo assai* en *sol* (*Rosario*) est à 2/2, mais sans battue rigoureuse. À ce « Rosaire », moment de méditation immobile, succède, toujours en *sol* mais à 3/4, *Los Manolos* (passacaille des « chanteurs de rue », où son à nouveau imités les sons d'une guitare (viennent s'y superposer les traits agiles et au parfum quelque peu « arabe » du violoncelle et du violon). L'œuvre prend fin avec la fameuse *Ritirata* (« Retraite »), en forme de variations (en *ut* majeur à 2/4). Boccherini réutilisa ces variations comme troisième mouvement du *Quintette avec piano n° 12 op. 57 n° 6* (*G. 418*) de 1799, puis transcrivit ce dernier en *Quintette avec deux altos* (*G. 390*), et réutilisa la *Ritirata* dans un *Quintette avec guitare* (*G. 453*). Dans sa lettre à Pleyel du 17 juillet 1797, le compositeur s'opposa à la publication de l'*op. 30 n° 6*, car il estimait que hors d'Espagne, sa signification ne serait comprise et appréciée ni des exécutants, ni des auditeurs.

Également composés en 1780, les six « grands » quintettes **op. 31 (G. 325-330)**, en *mi* bémol, *sol*, *si* bémol, *ut* mineur, *la* et *fa*, restèrent inédits du vivant de l'auteur. Le **Quintette en *ut* mineur op. 31 n° 4, G. 328**, paru chez Pleyel en 1813 comme *op. 47 n° 10*, s'ouvre par un *Preludio adagio* à 2/2 servant d'introduction à un *Allegro vivo* en *ut* majeur, lui aussi à 2/2. Le *Preludio adagio* est ensuite repris sous une forme abrégée. Le second mouvement est un *Allegro ma non presto* en *ut* mineur à 3/8, à la polyphonie recherchée.

Durée d'exécution : 15 minutes environ.

Les six « petits » quintettes **op. 36 (G. 331-336)**, en *mi* bémol, *ré*, *sol*, *la* mineur, *sol* mineur et *fa*, restèrent inédits du vivant de l'auteur. Ils datent de 1786, et furent destinés au roi de Prusse.

En 1787 suivirent les trois « grands » quintettes **op. 39 (G. 337-339)**, en *si* bémol, *fa* et *ré*. Les deux premiers furent publiés par Pleyel comme *op. 37 n° 20* et comme *op. 47 n° 4*. Le **Quintette en *ré* majeur op. 39 n° 3, G. 339**, publié par Pleyel en 1811-12 comme *op. 37 n° 23*, débute par un *Allegro vivo* à 4/4 se projetant énergiquement en avant. Le deuxième mouvement (*Pastorale amoroso* ma non lento) est en *sol* majeur avec un rythme de sicilienne à 6/8. Le finale (*Presto* à 2/4), au thème initial syncopé, est une danse populaire endiablée traitant le violoncelle comme une vièle.

Les six « petits » quintettes **op. 40 (G. 340-345)**, en *la*, *ré*, *ré*, *ut*, *mi* mineur et *si* bémol, composés en 1788, restèrent inédits du vivant de l'auteur. Le **Quintette en *la* majeur op. 40 n° 1, G. 340**, paru à Paris vers 1821 comme *op. 50 n° 4*, s'ouvre par un *Non molto presto* à 3/8, et se poursuit par un distingué *Minuetto* avec trio en *la* mineur intitulé *Follia* (triolets rapides de doubles croches). Quant au **Quintette en *ré* majeur op. 40 n° 2, G. 341**, lui aussi en deux mouvements (et dit parfois **Quintette du Fandango**), il est fait d'un *Grave* à 4/4 de neuf mesures servant d'introduction à un *Fandango* en *ré* mineur à 3/4, où tous les instruments, mais en particulier les violoncelles, sont traités en solistes. Le *Minuetto* (*Allegro*) est apparenté thématiquement au *Fandango*, et son trio en *ré* mineur comporte un beau solo d'alto.

Durée d'exécution : 12 minutes environ.

En 1788 furent écrits également les deux « grands » quintettes **op. 41 (G. 346-347)**, en *si* bémol (paru à Paris vers 1822 comme *op. 50 n° 6*) et en *mi* bémol (publié par Pleyel en 1798-99 comme *op. 37 n° 12*). Suivirent en 1789 les quatre quintettes — trois « grands » et un « petit » (*n° 3*) — **op. 42 (G. 348-351)**, en *fa* mineur, *ut*, *si* mineur et *sol* mineur. Le **Quintette en *fa* mineur op. 42 n° 1, G. 348**, publié par Pleyel en 1809 comme *op. 37 n° 19*, s'ouvre par un *Allegro moderato assai* à 4/4. Le *Minuetto* et son trio sont en *fa* majeur, l'*Adagio cantabile* à 4/4. Le *Minuetto* et son trio sont en *fa* majeur, l'*Adagio cantabile* à 4/4 en *si* bémol, et le finale (*Allegro giusto* à 2/4 en rondo) en *fa* majeur. Plus dramatique apparaît le **Quintette en *sol* mineur op. 42 n° 4, G. 351**, paru chez Pleyel vers 1802 comme *op. 37 n° 13*. Le *Moderato* initial à 2/2 témoigne d'un solide travail thématique. Le *Minuetto* est en *sol* majeur, mais son trio en *sol* mineur. Le *Larghetto amoroso* en *si* bémol, au rythme de sicilienne à 6/8, vaut par sa transparence, et le finale (*Allegro ma non presto* en *sol* mineur à 2/4) laisse au premier violon le rôle principal.

Durée d'exécution : 20 minutes environ.

En 1790 furent écrits les trois quintettes **op. 43**, un « petit » (*G. 352* en *mi* bémol) et deux « grands » (*G. 353* en *ré*, et *G. 354* en *fa*). Seul le troisième fut publié par Pleyel en 1813 comme *op. 47 n° 3*.

Les quatre « grands » quintettes **op. 45 (G. 355-358)** de 1792, en *ut* mineur, *la*, *si* bémol et *ut*, parurent chez Pleyel comme *op. 37 n° 18*, *op. 37 n° 4*, *op. 47 n° 1* et *op. 37 n° 1*.

Suivirent en 1793 les six « grands » quintettes **op. 46 (G. 359-364)**, en *si* bémol (Pleyel, *op. 37 n° 10*), *ré* mineur (Pleyel, *op. 47 n° 2*), *ut* (Pleyel, *op. 37 n° 16*), *sol* mineur (Pleyel, *op. 37 n° 2*), *fa* (Pleyel, *op. 37 n° 21*), et *mi* bémol (Pleyel, *op. 37 n° 3*). En 1794, les cinq « grands » quintettes **op. 49 (G. 365-369)**, en *ré* (Pleyel, *op. 37 n° 11*), *si* bémol (Pleyel, *op. 37 n° 9*), *mi* bémol (Pleyel, *op. 47 n° 7*), *ré* mineur (Pleyel, *op. 37 n° 6*), et *mi* bémol (Pleyel, *op. 37 n° 5*). En 1795, les six « petits » quintettes **op. 50 (G. 370-375)**, en *la*, *mi* bémol, *si* bémol, *mi*, *ut* et *si* bémol. Enfin, en 1795, les deux « grands » quintettes **op. 51 (G. 376-377)**, en *mi* bémol (Pleyel, *op. 47 n° 6*) et en *ut* mineur (Pleyel, *op. 37 n° 24*). Cet ultime **Quintette en *ut* mineur** op. 51 n° 2, G. 377 est de structure inhabituelle, — notamment sur le plan tonal : *Grave assai* en *ut* mineur à 2/2 servant d'introduction à un *Allegro assai* en *ut* majeur à 4/4, *Andantino con innocenza* en *ut* majeur à 6/8, *Tempo di Minuetto* en *ré* mineur avec trio en *si* bémol, reprise du *Grave assai* et de l'*Allegro assai*.

ŒUVRES DIVERSES

Les douze premiers **Quintettes à cordes avec deux altos** du catalogue d'Yves Gérard (**G. 379-390**) sont des transcriptions, sans doute réalisées par le compositeur lui-même, des douze quintettes avec piano de 1797 (*op. 56*) et 1799 (*op. 57*). Les douze autres — *op. 60* de 1801 (*G. 391-396*) et *op. 61* de 1802 (*G. 397-402*) — furent écrits directement sous cette forme pour Louis Bonaparte, et ne parurent que dans les années 1960.

Une place de choix doit être attribuée aux douze **Quintettes pour piano, deux violons, alto et violoncelle**. Les six de l'*op. 56* (*G. 407-412*), en *mi* mineur, *fa*, *ut*, *mi* bémol, *ré* et *la* mineur, furent composés en 1797 et publiés par Pleyel vers 1800 comme *op. 46*. Les six de l'*op. 57* (*G. 413-418*), composés en 1799 et dédiés « à la Nation Française», en *la*, *si* bémol, *mi* mineur, *ré* mineur, *mi* et *ut*, restèrent inédits du vivant de l'auteur. Il s'agit de «grands» quintettes. Le troisième mouvement (*La Ritirata di Madrid*) du dernier (*op. 57 n° 6, G. 418*) est une transcription du finale du *Quintette avec deux violoncelles op. 30 n° 6* (*G. 324*) de 1780, et le finale du cinquième (*op. 56 n° 5, G. 411*) traite en variations le thème du premier mouvement du *Quatuor à cordes op. 53 n° 2* (*G. 237*), de 1796.

Existent neuf **Quintettes pour guitare, deux violons, alto et violoncelle (G. 445-453)**, dont un (*n° 8, G. 452*) perdu. Tous sont des transcriptions d'œuvres antérieures. Les six premiers furent transcrits en 1798 : le *n° 1* en *ré* mineur (*G. 445*) à partir du *Quintette avec piano op. 57 n° 4*, le *n° 2* en *mi* (*G. 446*) à partir du *Quintette avec piano op. 57 n° 5*, le *n° 3* en *si* bémol à partir du *Quintette avec piano op. 57 n° 2*, le *n° 4* en *ré* (*G. 448*), dit *Quintette du Fandango*, à partir de mouvements des *Quintettes avec deux violoncelles op. 10 n° 6* et *op. 40 n° 2*, le *n° 5* en *ré* (*G. 449*) à partir de mouvements des *Quatuors à cordes op. 53 n° 2* et *op. 52 n° 1* ainsi que du *Quatuor avec piano op. 56 n° 5*, et le *n° 6* en *sol* (*G. 450*) à partir de mouvements du *Quintette avec hautbois op. 55 n° 1* et du *Quatuor à cordes op. 53 n° 5*. Les trois suivants furent transcrits en 1799 : le *n° 7* en *mi* mineur (*G. 451*) à partir du *Quintette avec piano op. 56 n° 1*, et le *n° 9* en *ut* (*G. 453*) à partir du *Quintette avec piano op. 56 n° 3*, avec en outre comme finale *La Ritirata di Madrid*.

Deux séries de six **Quintettes pour flûte, deux violons, alto et violoncelle** sont d'authenticité certaine : les *Quintettes op. 17* (*G. 419-424*) en *ré*, *ut*, *ré* mineur, *si* bémol, *sol* et *mi* bémol, composés en 1773 et parus à Paris vers 1775 comme *op. 21*; et les *Quintettes op. 19* (*G. 425-430*) en *mi* bémol, *sol* mineur, *ut*, *ré*, *si* bémol et *ré*, composés en 1774 et parus à Paris vers 1776 comme *op. 25*. Suivirent en 1797 les six **Quintettes pour hautbois (ou flûte), deux violons, alto et violoncelle (G. 431-436)** *op. 55*, en *sol*, *fa*, *ré*, *la*, *mi* bémol et *ré* mineur, publiés par Pleyel en 1800 comme *op. 45*. Les dix-huit ouvrages sont des «petits» quintettes, en deux mouvements seulement, sauf l'*op. 19 n° 6*.

En 1776 furent composés les six «grands» **Sextuors à cordes** (pour deux violons, deux altos et deux violoncelles) **G. 454-459 (op. 23)**, en *mi* bémol, *si* bémol, *mi*, *fa* mineur, *ré* et *fa*, publiés à Paris vers 1780 comme *op. 24*. Ils avaient été précédés en 1773 des six «grands» **Sextuors pour flûte, deux violons, alto et deux violoncelles (G. 461-466)** *op. 16*, en *la*, *fa*, *la*, *mi* bémol, *la* et *ut*, parus à Paris en 1775 comme *op. 15*. En 1787 furent composées, comme *op. 38* et pour diverses combinaisons d'instruments, six œuvres dont deux perdues. Ont subsisté le *Sextuor* (ou *Nocturne*) *en* mi *bémol pour violon, alto, basson, flûte (ou hautbois), cor et contrebasse op. 38 n° 1* (*G. 467*), publié en 1798 par Pleyel comme *op. 42 n° 2*, l'*Octuor* (ou *Nocturne*) *en* sol *pour deux violons, alto, deux violoncelles, flûte (ou hautbois), cor et basson op. 38 n° 4* (*G. 470*), publié par Pleyel en 1798 comme «Symphonie concertante op. 41», et le *Sextuor* (ou *Nocturne*) *en* mi *bémol pour deux violons, alto, deux violoncelles et cor op. 38 n° 5* (*G. 471*), publié en 1798 par Pleyel comme *op. 42 n° 1*. Un ouvrage en *si* bémol pour hautbois, basson, deux violons, alto et violoncelle a été publié en 1955 : il s'agit peut-être du *Sextuor* (ou *Nocturne*) *op. 38 n° 6* (*G. 472*).

Comme **Trios pour deux violons et violoncelle** existent tout d'abord les six «petits» de l'*op. 1* (*G. 77-82*), en *fa*, *si* bémol, *la*, *ré*, *sol* et *ut*, composés en 1760 et publiés à Paris en 1767 comme *op. 2*. Suivirent en 1766 les six «grands» de l'*op. 4* (*G. 83-88*), en *mi* bémol, *si* bémol, *mi*, *fa* mineur, *ré* et *la*, publiés en 1768 à Paris comme *op. 4*; en 1769 les six «grands» de l'*op. 6* (*G. 89-94*), en *si* bémol, *mi* bémol, *la*, *fa*, *sol* mineur et *ut*, publiés à Paris en 1771 comme *op. 9*; et, en 1796, les six «grands» de l'*op. 54* (*G. 113-118*), en *ré*, *sol*, *mi* bémol, *ut*, *ré* mineur et *la* (les *n° 1* et *4-6* parurent chez Pleyel à la fin de 1798, ou au début de 1799, comme *op. 44 n° 6*, *n° 3*, *n° 1* et *n° 2*).

Quant aux **Trios pour violons, alto et violoncelle**, ils se divisent en trois séries de six : les «grands» de l'*op. 14* (*G. 95-100*), en *fa*, *ut* mineur, *la*, *ré*, *mi* bémol et *fa*, composés en 1772 et parus à Paris en 1773 comme *op. 14*; les «petits» de l'*op. 34* (*G. 101-106*), en *fa* mineur, *sol*, *mi* bémol, *ré*, *ut* et *mi*, composés en 1781 et publiés à Paris vers 1782 comme *op. 35*; et les «petits» de l'*op. 47* (*G. 107-112*), en *la*, *sol*, *si* bémol, *mi* bémol, *ré* et *fa*, composés en 1793 et publiés par Pleyel en 1798 comme *op. 38*.

M. V.

JOSEPH BODIN DE BOISMORTIER

Né à Thionville, le 23 décembre 1689; mort à Roissy-en-Brie, le 28 octobre 1755. Ce contemporain de Rameau séjourna dans plusieurs villes françaises avant de s'établir à Paris vers 1724. Il y dirigea la publication d'une grande partie de son œuvre, et y conduisit vraisemblablement les orchestres des foires Saint-Laurent et Saint-Germain. Auteur particulièrement fécond, Boismortier composa des opéras-ballets, des cantates françaises, des cantatilles, des pièces de clavecin, quelques pages de musique religieuse, des écrits théoriques, et une somme considérable de sonates, concertos, suites, trios pour toutes sortes de combinaisons instrumentales inattendues et plaisantes qui donnent à sa musique de chambre un attrait particulier.

L'instrument de prédilection de Boismortier reste la flûte, pour laquelle il écrivit de très nombreuses pièces et un traité, les *Principes de la flûte op. 90*, aujourd'hui perdu. Il trouve sa place parmi les musiciens qui, au XVIIIe siècle, œuvrèrent pour l'extension du répertoire de la flûte et pour la popularisation de cet instrument ; mais il s'intéressa également au violon, au violoncelle, au basson, à la viole, à la vielle et à la musette, deux instruments rustiques très en faveur en France au milieu du siècle et auxquels il a destiné quelques pièces joliment sous-titrées, — comme ces six *Gentillesses en trois parties op. 33* pour musette, vielle et basse (1731), ces deux *Divertissements de campagne op. 49* pour musette, vielle, flûte, violon ou hautbois et basse (1734), ou ces quatre *Ballets de village en trio op. 52* pour musettes, vielles, violons, hautbois ou flûtes (1734).

Le catalogue de l'œuvre de Boismortier est impressionnant : sonates pour flûte et basse, pour deux flûtes et basse, pour deux violons et basse, pour deux violes, sonates en trio pour trois flûtes, pour flûte, violon, hautbois et basse, sonates pour deux bassons, vielles ou violes, pastorales pour deux musettes, — auxquelles on peut ajouter *Diverses pièces avec des préludes sur tous les tons pour flûte op. 22* (1728), quatre *Sonates à quatre parties différentes et également travaillées op. 34* pour trois flûtes ou violons et autres instruments (1731), vingt-quatre *Menuets pour l'année 1731* pour flûtes, violons, hautbois et autres instruments, huit *Saltimbanques en trois parties op. 46* pour violon, hautbois ou flûte et basse (1733).

La musique de Boismortier, sans doute composée pour ces nombreux amateurs qui, en son temps, se piquaient de pratiquer un instrument avec des moyens techniques parfois limités, joint le charme et l'élégance à la facilité. Autant de qualités que l'on retrouve, par exemple, dans les six **Sonates en trio pour les flûtes traversières, violons ou hautbois avec la basse op. 12**, publiées à Paris en 1726 par les soins de leur auteur. Celui-ci y déploie une virtuosité nouvelle pour la flûte traversière, avec une technique plus légère et plus chantante. À une époque où la vogue de la musique italienne s'affirmait à Paris, Boismortier tient à rester fidèle à certains éléments mélodiques et décoratifs typiquement français, comme les délicates appogiatures du *Curieusement* de la *Sonate n° 3*. Parmi les quatre ou cinq mouvements de ces charmantes sonates, on trouve pêle-mêle des rondeaux gracieux à la française, une musette, des gavottes et divers mouvements graves, gais ou légers.

La *22e œuvre* comprend **Diverses pièces pour une flûte traversière seule, avec des préludes sur tous les tons, et des seconds dessus ajoutés, propres pour ceux qui commencent à jouer de cet instrument ou pour ceux qui sont dans le goût des brunettes.** Elle fut éditée à Paris en 1728. Ces pièces sont de courts morceaux faciles ou assez faciles, où Boismortier évite l'emploi de tonalités rares toujours difficiles à déchiffrer pour un débutant. Toutes portent un sous-titre : il y a les *brunettes* « *L'Endormeuse* » ou « *Les Angoisses* », très ornementée, une *allemande* rapide dite « *La Gothique* », une *allemande* grave dite « *Les Pédants* », le *rondeau* « *Les Harangères* » auquel succède le charmant *rondeau* « *Les Muguets* », suivis d'une *loure* « *La Castillanne* », d'un mouvement de *canaries* « *Les Fuyards* », d'une *gavotte* « *La Pointilleuse* », toute en rythmes pointés, ou d'un espiègle *canon* « *Les Singes* ».

Les **Diverses pièces de viole avec la basse chiffrée op. 31** datent de 1730. Il s'agit de cinq suites allant de trois à dix mouvements. Chacune débute par un prélude lent auquel succèdent, dans un ordre variable, des danses stylisées et des mouvements divers parfois sous-titrés, — de caractère grave et douloureux comme le *rondeau* « *Le Suppliant* », avec ses valeurs pointées, joyeux et espiègle comme le *rondeau* « *L'Adulateur* », vive et rapide comme la *courante* « *La Moderne* », lourd et pesant comme le *rondeau* « *Le Bruit* ».

A. d. P.

ALEXANDRE BORODINE

Né à Saint-Pétersbourg, le 12 novembre 1833; mort dans cette même ville, le 27 février 1887. Fils naturel du prince caucasien Luka Gedianishvili et d'une Russe, Avdot'ya Konstantinovna Antonova, il prit le nom d'un serf de son père, comme le voulait la coutume, et reçut de sa mère, intelligente et belle, une éducation raffinée. A huit ans, il s'intéressait aux instruments d'une harmonie militaire, reproduisant au piano les marches et fanfares qu'il entendait, si bien que sa mère engagea le flûtiste de la formation pour lui donner des leçons. Lorsqu'il eut treize ans, sa mère le mit en pension avec un adolescent de son âge, Mikhaïl Chiglev : en même temps que ce dernier, il apprit le piano auprès de leur tuteur allemand, Pormann. Les deux jeunes gens s'amusaient alors à déchiffrer à quatre mains les symphonies de Haydn, Beethoven et Mendelssohn, puis apprirent seuls, Chiglev le violon, Borodine le violoncelle, afin de pouvoir jouer de la musique de chambre. En 1847, Borodine écrit un concerto pour flûte et piano en ré *majeur, puis son* 1er Trio à cordes *en* sol *majeur sur des thèmes de* Robert le Diable *de Meyerbeer. En 1850, il entre à l'Académie de médecine tout en poursuivant sa carrière de musicien et de compositeur amateur. Le 20 décembre 1862 il est nommé assistant à l'Académie de médecine, puis professeur titulaire le 28 avril 1864. Ainsi l'auteur du* Prince Igor, *violoncelliste amateur, compositeur à temps partiel, ne laissera que peu de partitions achevées de musique de chambre. Dans la première partie de sa vie furent écrites dix partitions, encore aujourd'hui non publiées parce qu'incomplètes ou perdues, ou uniquement disponibles chez Muzgiz, d'après les manuscrits conservés à Léningrad. A cette époque, Borodine ne cherchait pas à promouvoir une musique spécifiquement russe, malgré les reproches d'un Balakirev regardant d'un mauvais œil son goût pour la musique de chambre, exemple même de rhétorique allemande. Ses années de pleine maturité (à partir de 1862) le virent se rapprocher du groupe Belaiev, animé par Rimski-Korsakov. Il écrivit alors ses deux chefs-d'œuvre, les deux* Quatuors à cordes. *Dans les dernières années d'activité, ses succès internationaux le détournèrent de la pratique du violoncelle. Il ne participa plus qu'à une œuvre collective dédiée à son ami, mécène et éditeur Belaiev, avec sa* Serenata alla spagnola *pour quatuor à cordes. Il n'en demeure pas moins que, du groupe des Cinq Russes, Borodine est le seul qui ait composé deux quatuors qui se sont imposés en regard de ceux de l'école allemande; quant au* Nocturne *du* Deuxième Quatuor, *il a fait, en un siècle, son tour du monde sous divers arrangements.*

Les œuvres de jeunesse

Pendant ses années d'études secondaires avec Chiglev, puis d'études de chimie et de médecine, Borodine s'adonna à la musique de chambre, jouant les quintettes de Boccherini, Gebel, compositeur allemand respecté de Beethoven, professeur à Moscou de 1817 à sa mort, Onslow, Gade, Spohr, ainsi que la musique russe naissante, — tel l'arrangement pour octuor de la *Jota Aragonesa* de Glinka, tant critiquée par les musiciens allemands en poste à Saint-Pétersbourg qui n'y voyaient que de la musique d'opérette populaire ! Ces nombreuses séances de musique de chambre avaient habituellement lieu dans l'appartement des Gavrushkevich donnant place de l'Artillerie, aujourd'hui place Ryléiev.

C'est pour elles que Borodine écrit un **2e Trio à cordes**, sous-titré « le Grand Trio », en trois mouvements : un *Allegro* en *sol* majeur, un *Andante* en *ré* majeur, tandis que le *Scherzo* resta inachevé ; le manuscrit fut édité en 1949 seulement. De la même période (1852-1856) date un **Quatuor pour flûte, hautbois, alto et violoncelle** en *ré* majeur, en quatre mouvements ; successivement : *Allegro* en *ré* majeur, *Adagio* en *si* mineur, menuet (*Moderato*) et trio (*Un poco meno mosso*) en *ré* majeur, puis mineur, et un finale, *Rondo*, en *ré* majeur. Il fut édité en 1949 également, permettant à G. Golovinski de montrer que les premier et dernier mouvements sont des transcriptions de sonates pour clavier de Haydn*. Les archives de Léningrad ont également permis de publier en 1960 la partition d'un **Quintette à cordes** à deux violoncelles, en *fa* mineur, dont le manuscrit ne comportait pas de coda dans le mouvement final. Ce quintette semble avoir été déchiffré chez Gavrushkevich, violoncelliste amateur comme le compositeur (D'autres sources indiquent que ce quintette, au manuscrit incomplet, ne fut jamais donné chez Gavrushkevich).

De la même époque date un **3e Trio à cordes**, qui confirme l'influence de Glinka sur le jeune musicien. L'œuvre est une suite de variations en *sol* mineur sur la chanson populaire « Chem tebya y ogorchila » (Comment ai-je pu te causer tant de chagrin ?). Elle a été éditée à Léningrad en 1946, — en même temps que la transcription pour piano à quatre mains réalisée par Chiglev. Un dernier et **4e Trio à cordes**, en *sol* majeur et en un seul mouvement, demeure à l'état de manuscrit, et ne figure dans aucune correspondance d'époque (*Lettres* de Stassov, ou *Souvenirs* de Chiglev).

Dès le début de ses études médicales, Borodine entreprit fréquemment de grands voyages : en août 1857 à Bruxelles, puis à Paris, — avant de poursuivre ses études à Heidelberg pendant trois ans. En dehors de ses condisciples, comme le célèbre Mendeléiev, il se lia d'amitié avec de nombreux étudiants, en particulier allemands, et partit en voyage avec eux (le Rhin, Rotterdam, Gênes, Rome, enfin Paris). En mai 1861, il fit la connaissance à Heidelberg de la jeune pianiste russe Ekaterina Protopopova, venue soigner en Allemagne une attaque de tuberculose. Le 22 août, ils se fiancèrent et, l'année suivante, se rendirent en Italie, improvisant ensemble sur l'orgue de Pise. Ils jouèrent avec des amis le **Sextuor à cordes** en *ré* mineur, écrit en 1860 à Heidelberg dans le goût (et le style) mendelssohnien, « afin de plaire aux Allemands » ! Dans la même veine, Borodine composa un **Trio pour piano, violon et violoncelle** en *ré* majeur. Ces deux partitions ont été éditées : le *Sextuor* en 1946, avec les deux seuls premiers mouvements retrouvés (*Allegro* en *ré* mineur, *Andante* en *mi* mineur) ; le *Trio* en 1950, limité aux trois premiers mouvements (*Allegro con brio* en *ré* majeur, *Romance-Andante* en *mi* majeur, *Intermezzo-Tempo di minuetto* en *ré* majeur, suivi d'un trio en *ut*).

En mai 1860, enfin, Borodine rencontra à Heidelberg une certaine Madame Stutzmann, d'origine russe, et excellente pianiste. Il écrivit pour elle et pour lui-même une **Sonate pour violoncelle** en *si* mineur, basée sur la fugue de la *1re Sonate en* sol *mineur pour violon seul* de Jean-Sébastien Bach. Le manuscrit, longtemps resté entre des mains privées, est à présent édité. L'œuvre comporte trois mouvements : *Allegro* en *si* mineur, *Pastorale-Andante dolce* en *fa* majeur, *Finale : Maestoso-presto* en *si* mineur, puis majeur.

Quintette pour piano et cordes, en *ut* mineur

Cette partition, de 1862, peut être considérée comme la première œuvre de pleine maturité du musicien. Depuis un an qu'il parcourt l'Italie avec Ekaterina Protopopova, son horizon musical s'est élargi aux partitions pianistiques de Liszt et Schumann.

L'ANDANTE initial, qui doit être pris dans un tempo assez allant, donne la parole au clavier qui introduit le thème prolixe en *ut* mineur. Le violoncelle tente de renvoyer quelques échos de ce brillant exposé pianistique. Il faut attendre le second sujet pour qu'un véritable dialogue s'instaure entre cordes et clavier, — en général à l'initiative du violoncelle. Un vigoureux tutti aux cordes semble avoir mis fin à l'exposé soliste du piano. Le violoncelle relance alors une variante du thème initial, soutenu par les autres cordes ; puis le clavier reprend cette initiative à son compte, sans chercher à exploiter son avantage, ni à conclure ce premier mouvement, brillant et chaleureux.

Le **SCHERZO**, en *la* mineur, est le mouvement le plus original. Un thème dansant est

* Il s'agit de la *Sonate en* ré *majeur* en deux mouvements, publiée en 1805 comme *op. 93* par Breitkopf et Härtel, aujourd'hui classée comme *61e* par R. Landon (ou *Hob. XVI/51*).

lancé par l'alto, propulsé par le clavier, repris par le violon qui le développe et le démultiplie. Beaucoup de commentateurs ont vu dans cet irrésistible Scherzo une musique d'inspiration populaire russe. A l'étude, on pense plus volontiers à la reconstitution d'une musique de danse académique plus proche de la liberté tzigane que des danses russes paysannes. Les cordes continuent à mener la danse, jusqu'à ce que le piano s'empare définitivement du thème et vienne clore cet intermède, sans trio ni coda, sur les cordes en pizzicato.

Le **Finale** prend la forme d'un rondo en *ut* mineur, résolu et volontaire. Basé sur le thème initial de l'*Andante*, il permet au piano de développer à sa manière toutes les ressources de timbres et de contrastes de ce thème allant, que les cordes ne font que relancer et colorer de leurs teintes brillantes (violons) ou plus élégiaques (alto et violoncelle).

Durée d'exécution approximative : 21 minutes.

Quatuor à cordes n° 1, en *la* majeur

Ce n'est que douze années après le *Quintette en* ut *mineur* que Borodine revint à la musique de chambre, — forme musicale que le Groupe des Cinq, et particulièrement Balakirev, n'a guère prisée. Le *Quatuor en* la *majeur* s'est lentement élaboré pendant les quelques moments de loisir dont disposait le professeur Borodine, et parallèlement à d'importants fragments du *Prince Igor*. Ce travail par à-coups fait que, entreprise en 1874, la partition ne fut terminée qu'à l'automne de 1879, le *Scherzo* étant le dernier mouvement élaboré. Le *Quatuor* fut créé le 30 décembre 1880 à Saint-Pétersbourg lors d'un concert de la prestigieuse Société Russe de Musique, dont le quatuor permanent était dirigé par le premier violon N.V. Galkine ; dès le début des répétitions, celui-ci écrivit au compositeur qu'il était « littéralement sous le charme » de l'ouvrage.

1. **Moderato** : le premier violon introduit le thème initial, serein, presque berceur, suivi d'un passage à plusieurs voix qui utilisent des fragments et variantes de ces quatre mesures en jouant sur les tonalités. Le tempo s'accélère, et commence alors l'*Allegro* basé sur un thème à nouveau présenté par le premier violon. Il est habilement emprunté au finale du *Quatuor op. 130* de Beethoven (mesure 109 et suivantes), — hommage plus qu'emprunt, tant Borodine, par une légère modification dans la présentation du second sujet, change l'intonation même de la mélodie. Ce passage, *espressivo ed appassionato*, joué plus lentement, a été précédé d'un « pont » au chromatisme inattendu, créant la surprise ainsi qu'un climat un peu irréel. Ainsi se trouve gommée la tension beethovénienne originelle au profit d'une ouverture lumineuse, intense, qui permet au deuxième sujet, en *la* mineur, de se développer dans sa sombre splendeur. Puis vient le fugato, introduit par les cinq croches initialement intégrées au passage « en pont ». Retrouvant la tonalité de *fa* majeur, les violons relancent les thèmes initiaux, repris par les cordes graves qui tentent de les dramatiser ; une modulation en *la* majeur met fin à cette agitation. La récapitulation se fait sans césure, y compris pour le motif « en pont » qui reparaît dans la tonalité de *fa* dièse mineur. La coda est comme irisée et embellie par les trilles prolongés du premier violon, jusqu'à la cadence finale, très étrange en son diminuendo presque vocal.

2. **Andante con moto** : nous abordons le mouvement le plus intéressant de la partition, sur le plan tant thématique que structurel. Un duo, en contrepoint entre premier violon et alto, propose une présentation thématique en deux parties, violemment interrompue par un passage en triolets descendants du premier violon. Cette intervention, *più vivo animato*, nous rapproche, par sa puissance émotionnelle, des cantilènes du *Prince Igor*, — tandis qu'une nouvelle interruption, un ostinato chromatique, vient clore cet épisode passionné et introduire un fugato mystérieux, frémissant, dans la tonalité d'*ut* dièse. Un véritable jeu de changements de tonalités anime les présentations successives du thème et du contre-thème dans les tonalités opposées d'*ut* dièse et *fa* dièse, le *si* naturel du violon servant de point de retour, pour atteindre finalement *ré* majeur. La récapitulation débute fortissimo, répétant le thème principal. Le premier violon répète sa phrase en triolets par deux fois ; puis une coda plus calme reprend avec sérénité des fragments de ce passage en triolets et de l'ostinato chromatique. Ainsi s'achève la page la plus originale du Borodine musicien de chambre, aussi préoccupé de la pureté du style que de l'ambiance imaginairement russe de son œuvre.

3. **Scherzo** : tant pour Stravinski que pour Ravel, ce mouvement, avec son thème en mode lydien, est longtemps demeuré la plus grande réussite d'écriture de l'auteur du

Prince Igor. Indiqué *prestissimo**, il fait grand effet avec premier violon et violoncelle semblant imiter des elfes joueurs de cornemuse, tandis que second violon et alto simulent le bruissement des bois. Ainsi les mânes d'un Mendelssohn et d'un Schumann semblent-ils invoqués dans cette danse d'elfes immatérielle et virtuose, avec ces staccatos serrés semblant se succéder sans césure entre les quatre instruments. Un trio médian, *Moderato*, dans les tonalités successives de *la* majeur, puis d'*ut* majeur, est basé sur un long thème présenté en harmoniques par le premier violon, tandis que l'alto, *con sordino*, propose un thème pastoral que le second violon accompagne en doubles croches. La récapitulation se fait en *la* majeur, — tandis que le scherzo initial en *fa* se trouve intégralement répété.

4. Finale : il s'ouvre par un intermède presque chorégraphique, basé sur le thème initial de l'*Andante* introductif, transcrit en *la* mineur. Suit une courte cadence avant la reprise du thème principal. Après une brève interruption commence le véritable finale, construit dans la forme sonate. Succédant à une introduction énergique, le premier violon présente le thème dans lequel certains ont vu une danse russe. Il est certainement plus exact d'observer que Borodine utilise en trois présentations successives divers habillages rythmiques des trois mesures thématiques, comportant altérations et syncopes. Plus que des danses russes authentiques, on y découvre un florilège brillant, irrésistible, de ce qu'est la vitalité des rythmes russes réinventés. Un intermède lyrique vient encore ajouter aux contrastes d'un tel feu d'artifice rythmique.

Durée d'exécution : 37 minutes environ.

Quatuor à cordes n° 2, en *ré* majeur

Contrairement à tous les autres ouvrages de longue haleine, le *Quatuor en* ré *majeur* semble avoir été écrit en quelque deux mois, alors que son auteur rentrait d'un voyage en Allemagne en compagnie de Liszt, et qu'il revenait auprès de sa femme Ekaterina. Il semble en effet (hypothèse formulée par son biographe russe S. A. Dianine) que cette partition fut conçue comme un présent du compositeur à son épouse, à l'occasion du vingtième anniversaire de leur mariage. Elle fut donc écrite dans un état de concentration qu'on ne connaissait guère au professeur Borodine, musicien du dimanche. Le *Quatuor* fut donné en première audition lors d'une soirée de la Société Impériale de Musique russe à Saint-Pétersbourg, le 9 mars 1882, par le quatuor permanent toujours dirigé par N. V. Galkine (qui avait créé le *1er Quatuor* en 1880 ; v. plus haut) avec Duegtierev, Rezvetsov et Kouznetsov.

1. L'Allegro moderato initial présente immédiatement le thème principal au violoncelle, repris à la quinte supérieure par le premier violon. Son développement est interrompu par un motif intermédiaire, — transition avant l'exposé du second sujet. Celui-ci, lyrique et passionné, nous parvient enveloppé de parfums orientaux, en sa tonalité de *fa* dièse mineur. Une deuxième idée vient suspendre le développement, et l'envoûtement de ce climat oriental, et sert d'intermède avant l'épisode final, *animato*, construit sur un court motif chromatique de trois mesures. Cet épisode n'est pas répété, et son développement limité, — ne permettant que de revenir, par d'harmonieuses modulations, au climat introductif. La récapitulation, jusqu'à la modulation en *sol* mineur, n'apporte aucune surprise, maintenant ce climat très « rimskien » de mélodie doucement propulsée par un rythme successivement *animato*, puis *tranquillo*, qui permet le passage de la danse lente à la contemplation.

2. Le Scherzo (*fa* majeur) vient en lieu et place du mouvement lent classiquement attendu. On découvre un air de valse confié au violon, après un premier thème aussi brillant qu'entraînant. A la reprise du thème, l'exposé est identique pendant les quatorze premières mesures, puis module en *la* mineur, au lieu du *ré* majeur original. Suit un développement de ce second thème mettant en valeur des choix harmoniques peu courants et la puissance des voix intermédiaires (alto).

3. Survient le fameux **Nocturne** — *Andante* en *la* majeur — dont le thème principal s'énonce au violoncelle, avant sa reprise tendue, *più mosso*, par le premier violon qui poursuit l'exposé, « passioné et résolu », du second thème.

* L'édition originale de Belaiev (1894) indique 144 à la noire, tandis que l'édition soviétique de 1960 précise 114.

Suit un épisode où ce second thème se voit développé sous différents éclairages, dans la tonalité de *ré* mineur. Des fragments du premier thème s'entrelacent alors dans ces développements limités, — dont la récapitulation s'achève en *la* majeur. Puis le violoncelle reprend le thème initial, tandis que le premier violon le répète en canon, décalé d'une noire et à l'octave supérieure. Un nouveau développement limité utilise des éléments du thème principal, — tandis que le deuxième, partiellement cité, n'est jamais entendu intégralement, ni dans sa couleur d'origine. A la fin du *Nocturne*, le thème principal est repris en mineur, puis dans sa forme originale par le premier violon (mode éolien), sur des rythmes syncopés. Une coda vient dissiper le rêve sur un motif dansant emprunté au thème principal.

4. Le **FINALE** s'ouvre sur une reprise au violon de quelques mesures du *Nocturne* dans un *Andante*, bientôt dramatisé par une reprise de la mélodie à l'alto et au violoncelle. A ce jeu de questions et de réponses, légères ou plus insistantes, s'ajoutent deux autres motifs plus vifs conduisant à un *Vivace* qui contraste avec les résurgences fréquentes de fragments du *Nocturne*. Ainsi se voit lancée une sorte de mouvement perpétuel, aérien et virtuose, opposant motifs lents ou dynamisants en un fugato qui débouche sur une coda sans surprise. Ce dernier mouvement, techniquement fort élaboré, peut paraître ne pas offrir la spontanéité des précédents épisodes aux parfums orientaux enivrants. Il prouve, en revanche, la science contrapuntique de ce compositeur « amateur » qui avait pris Beethoven pour modèle.

Durée d'exécution : 28 minutes environ.

Scherzo russe

On ne connaît Mitrovan Petrovitch Belaiev (1836-1903) que par le portrait qu'en a tracé Rimski-Korsakov dans son autobiographie. « B. était un commerçant fortuné, un peu grosse tête, honnête, bon, un homme sincère et droit jusqu'à la rudesse ou même à l'impolitesse, mais son psychisme résonnait de tendresse et de douceur ; par-dessus le marché, il était un maître de maison et un hôte toujours actif ». On sait moins qu'il fut aussi un altiste amateur d'excellent niveau, et qu'il convia à ses soirées du vendredi de jeunes musiciens russes pour jouer de la musique de chambre, tout particulièrement en quatuor. Ainsi, après avoir offert de payer l'édition de la *1re Symphonie* de Glazounov en 1882, forme-t-il un quatuor presque permanent avec Alexandre Gelbke (médecin, premier violon), Nicolaï Gesecous (physicien, second violon), lui-même à l'alto, et Victor Ewald (architecte, violoncelle). Un courrier du 24 octobre 1882 consigne la liste des œuvres de Borodine que Belaiev voulait jouer : le *Scherzo* à 5/8, le *Quatuor en* ré *majeur*, et le *Quintette en* ut *mineur*. En 1885, Belaiev crée sa propre maison d'édition à Leipzig, qui éditera l'essentiel de la musique russe de la fin du siècle, et celle de Borodine à partir du *1er Quatuor*. Le *Scherzo* parut dans le premier des deux volumes intitulés *les Vendredis*, publiés par Belaiev en 1898.

La partition, sans trio final, est composée de trois passages enchaînés *Vivo-Moderato-Tempo di scherzo*, scandés par la peu courante mesure à 5/8, propre au folklore russe. Une suite d'ostinatos passant sans césure d'un instrument à l'autre, de puissantes gradations, font immédiatement penser à l'orchestre (le Stravinski des *Huit Miniatures* s'y reconnaît déjà !). Des intermèdes *sostenuo e pesante* viennent construire ce ballet russe en miniature, d'un modernisme étonnant en sa sobriété et son harmonie cinglante. Ce *Scherzo*, agrémenté cette fois d'un trio, fut orchestré et ajouté par Glazounov aux deux mouvements, connus dans leur réduction pour piano de la *3e Symphonie*, partition laissée à l'état d'esquisses lors de la disparition brutale de Borodine (crise cardiaque lors d'un bal de l'Académie militaire de médecine).

Durée d'exécution approximative : 10 minutes.

Serenata alla spagnola

Écrite en 1886, cette courte pièce en *si* bémol majeur fait partie d'un ouvrage collectif (participèrent également Liadov, Glazounov et Rimski-Korsakov) offert à Belaiev pour son cinquantième anniversaire, et que ce dernier édita en 1887 à Leipzig.

Durée approximative : 6 minutes.

P.E.B.

ANDRÉ BOUCOURECHLIEV

Né à Sofia (Bulgarie), le 28 juillet 1925. S'installant en France, André Boucourechliev étudie l'écriture et le piano à l'École Normale de Musique de Paris où il enseignera lui-même peu après. De 1957 à 1959, il travaille au Studio de Phonologie de Milan auprès de Maderna et de Berio. Parallèlement à son activité de compositeur, Boucourechliev aime à se présenter comme « écrivain de musique » au travers de nombreux articles — il est également le co-traducteur en français de l'essai sur « l'œuvre ouverte » de Umberto Eco —, et surtout de ses trois livres consacrés à Schumann, à Beethoven et à Stravinski qui font autorité. Boucourechliev a toujours manifesté un grand intérêt pour la musique de chambre, depuis Musique à trois *pour flûte, clarinette et clavecin (1957),* Signes *pour deux percussions, flûte et piano (1961), et* Musiques nocturnes *pour piano, clarinette et harpe (1966), jusqu'aux fameux* Archipels *qui constituent eux-mêmes une réflexion sur la notion de musique de chambre. Plus récemment, et parallèlement à ses préoccupations concernant le rapport texte-musique* (le Nom d'Œdipe, Thrène, Lit de neige *ou* Lieder)*, Boucourechliev s'est à nouveau tourné vers la musique de chambre, d'abord dans le sillage des* Archipels (Tombeau)*, puis en cherchant une nouvelle expression dans deux de ses partitions les plus remarquables* (Ulysse *et* Nocturnes) *que la célébrité des* Archipels *ne doit pas occulter.*

La production de musique de chambre de Boucourechliev est dominée par la série des *Archipels* (1967-1972) qui constituent un chapitre important de l'histoire de la « forme ouverte » ; un chapitre néanmoins particulier, et l'un des plus originaux de ce courant. Là où Stockhausen *(Zeitmasse)* et Berio *(Tempi-concertati)* avaient tenté d'introduire un degré de flexibilité dans l'interprétation par la polyphonie de tempos différents entre les parties, Boucourechliev envisage l'œuvre comme étant *mobile*, « c'est-à-dire changeante dans sa forme, sa durée, ses articulations à chaque interprétation. Il ne s'agit pas pour autant d'une œuvre aléatoire : le compositeur insiste sur le *choix* que doit exercer l'interprète. Ce choix exclut toute idée de hasard » (préface aux *Archipels*). Mot-clé de cette démarche, l'*interprétation*, au sens fort du terme, apparaît plus que jamais dans l'œuvre de chambre de Boucourechliev comme la condition même de l'œuvre, au travers de la responsabilité de l'exécutant : « Le choix fait par chaque interprète à chaque instant détermine le cours de l'œuvre, imprévisible ; c'est-à-dire qu'il et fonction d'une infinité de situations collectives, sans cesse renouvelées, que l'*écoute réciproque* apprécie, provoque, conduit ». Là encore, une option qui souligne la véritable dimension des *Archipels* : œuvres complexes, interdisant le recours au chef d'orchestre parce que précisément fondées sur cette « écoute réciproque » qui conditionne la validité même du renouvellement de la musique. Une perception, enfin, qui engage tout autant l'auditeur, au sens où Boucourechliev écrivait, en introduction à son livre sur Beethoven, qu'« écouter n'est pas subir, mais agir ».

Une telle reconsidération de l'exécution implique parallèlement une façon de repenser la partition, tant au travers de la notation que dans la disposition du texte dans l'espace d'une ou plusieurs grandes feuilles permettant à l'interprète de saisir l'œuvre dans sa totalité. Par leur démarche labyrinthique, les *Archipels* introduisent un degré nouveau de sollicitations entre instrumentistes dans le passage d'une structure à l'autre, — soit par signaux (gestes ou indications orales), soit par repères purement musicaux (polarisation sur une structure identifiable à l'oreille) : l'analyse d'un *Archipel* de Boucourechliev passe d'abord par la *description* de son fonctionnement, la préface de chaque partition guidant autant par la signification des codes que par la démarche à suivre pour se mouvoir dans le réseau des « possibles ».

Le titre général provient du fait que « l'on peut comparer l'œuvre à un archipel dont on découvre à chaque fois les îles suivant un autre cours de navigation, sous des angles de vision changeants, — rives sans cesse nouvelles, mais comme surgies d'un même continent englouti, dont on s'approche, dont on s'éloigne, que l'on passe ou que l'on aborde pour y séjourner un temps plus ou moins long... » (Boucourechliev). Chacun des *Archipels* est donc conçu à partir d'un tronc commun à tous les instrumentistes, l'exécution procédant par disparition/résurgence — notion très beethovénienne du « développement » —, ou, si l'on veut, par émancipation d'une des parties entraînant les autres dans son sillage. De ce fait, la durée de chaque œuvre est évidemment variable.

Archipel 1

Bien que proche extérieurement de la *Sonate pour deux pianos et percussion* de Bartók en proposant une confrontation analogue, *Archipel 1* (1967) s'en écarte, ne serait-ce que par la possibilité d'être joué à deux pianos seuls. Si la référence bartokienne — que Boucourechliev avait contournée dans *Signes* pour la même formation plus une flûte (1961) — est inévitable, la partie de percussion privilégie ici les claviers avec vibraphone, marimba, xylophone et Glockenspiel à baguettes. De plus, les percussionnistes sont tributaires du rôle « directeur » des pianistes qui peuvent, à un passage précis, leur imposer le silence. À partir d'un unique point de rencontre entre les deux groupes instrumentaux, chacun détermine sa propre trajectoire dans l'ensemble des structures, — dont certaines sont volontairement insistantes par le *da capo* écrit afin de favoriser le repère auditif.

Archipel 2

Composé en 1968, et dédié au Quatuor Parrenin qui l'a créé le 2 avril 1969 au Festival de Royan, *Archipel 2* est le seul de tous les *Archipels* à faire appel à une formation de chambre constituée — le quatuor à cordes —, qui plus est, porteuse d'une longue tradition. Le symbole de la quintessence musicale qu'est le genre du quatuor depuis Beethoven est traité de façon originale par le compositeur, celui-ci devant prendre en compte l'homogénéité propre à cette famille instrumentale. C'est peut-être au travers de l'héritage beethovénien — tant admiré par Boucourechliev au point de lui rendre hommage explicitement dans *Ombres* pour orchestre à cordes (1970) — que l'auteur a produit ici son œuvre la plus probante de l'ensemble des *Archipels*.

La partition est répartie sur deux grandes pages, A et B, la première constituant l'obligatoire point de départ (et de fin) de l'exécution. Quatre grandes plages, chacune centrée autour d'une note polaire (*do*, *mi*, *la*, *ré*), composent l'essentiel de la partition A, et débouchent sur la partition B. Les sept structures de cette dernière, identifiées par des lettres grecques, proposent autant de solutions d'éloignement vis-à-vis de la partition A. *Archipels 2* intègre une partie du processus d'enchaînement de A à B en incluant la sollicitation orale (grâce à l'énoncé d'une des lettres grecques de B par l'un des instrumentistes, — signal auquel se rallieront les trois autres en confirmant la direction « à voix basse ». A l'inverse, c'est par le retour vers l'un des quatre pôles de A qu'un instrumentiste entraînera l'ensemble du quatuor vers l'autre page. Par ce glissement non simultané, mais *progressif*, de B vers A, *Archipel 2* propose un véritable degré de différenciation entre les deux mondes sonores qu'offrent les deux pages, et surtout l'une des réalisations les plus intéressantes dans l'abondante production pour quatuor à cordes des années soixante.

Archipel 3

Écrit en 1969, *Archipel 3*, pour piano et six percussions, a été composé pour les Percussions de Strasbourg et Georges Pludermacher, qui l'ont créé à Paris la même année. Envisageant la relation entre piano et percussions d'une autre façon que dans *Archipel 1*, la partition introduit surtout une dimension supplémentaire dans le texte en proposant des « matériaux bruts de hauteurs » numérotés que le pianiste associera avec divers schémas rythmiques et dynamiques donnés séparément (de plus, Boucourechliev a augmenté la difficulté d'exécution en destinant certains de ces matériaux « pour chaque main indépendante »). De même que dans *Archipel 1*, le pianiste peut s'imposer en solo au cours d'une « cadenza », prenant également l'initiative du retour progressif des parties de percussions. Quant à celles-ci, elles présentent un éventail très varié d'instruments — en raison de la destination —, de bois, peaux, métaux et claviers. Répondant au même principe de matériau brut, les six groupes de percussions sont traités par « couples » répartis symétriquement (I-VI, II-V, III-IV, avec des parties identiques pour chacun des couples), favorisant des « mouvements stéréophoniques » de par la spatialisation qui en résulte. Enfin, les tempos, les intensités et les durées sont regroupés en trois catégories à l'intérieur desquelles l'instrumentiste peut effectuer un nouveau choix, — par exemple entre « très lent », « lent » ou « assez lent », de *ppp* à *p*, et de valeur « très longue » à « assez longue » pour la première d'entre elles.

Signalons que c'est à partir d'*Archipel 3* que Boucourechliev écrira *Archipel 4* pour piano seul l'année suivante*.

Anarchipel/Archipel 5

Composé en 1972, *Anarchipel*, dernière œuvre de l'ensemble, est également la seule à offrir une combinaison instrumentale originale, avec harpe et clavecin (amplifiés), orgue, piano et deux percussions. Prise séparément, chaque « page » d'*Anarchipel* peut être jouée de façon autonome sous les formes d'*Archipel 5* en adaptant certaines des destinations instrumentales (*5a* pour une ou deux harpes, *5b* pour un ou deux clavecins, *5c*, *5d* et *5e* pour l'instrumentation originelle). Reposant sur les mêmes principes que les deux *Archipels* précédents, *Anarchipel* annonce, par sa plus grande diversification instrumentale, le *Concerto pour piano et orchestre* (1975)... « qui constitue à plus d'un titre un sixième *Archipel* »**.

Tombeau

Écrite en 1971 pour clarinette en *la* et percussion (ou piano), cette partition est dédiée à la mémoire de Jean-Pierre Guézec, disparu prématurément la même année. Basé sur le principe de « matériau brut » utilisé dans les *Archipels*, le texte est composé à partir d'une série de schémas rythmiques et dynamiques destinés à être associés avec le groupe central des hauteurs. Quant à l'autre partie instrumentale (percussion ou piano), elle intervient en fonction des signes du clarinettiste (« mouvements droits ou circulaires » avec son instrument), sous forme de *liaisons*, *initiales* et *finales* favorisant le passage d'une structure à une autre. Le rôle prépondérant du partenaire n'intervient qu'à la fin de la pièce (après trois minutes et avant quatre minutes), où il interrompt la clarinette par la *clausule finale* « qui termine l'œuvre dans l'immobilité et le silence absolus » (Boucourechliev). Outre la qualité de l'hommage qui a motivé la partition, *Tombeau* peut constituer, par son abord simple, une première approche du monde des *Archipels*, — d'une tout autre complexité.

* Voir *Guide de la musique de piano* (même éditeur).

** In : Francis Bayer, *De Schoenberg à Cage* (Klincksieck, 1981).

Ulysse

Composé en 1980 pour flûte et percussion (ou seconde flûte d'accompagnement), *Ulysse* est révélateur de la démarche récente de Boucourechliev en ce qu'elle prolonge le principe de *Tombeau* par le type de notation des parties extrêmes — un matériau brut associé à des schémas placés à la périphérie —, alors que la partie centrale amorce le retour à une notation traditionnelle (voir, plus loin, *Nocturnes*). Le titre fait évidemment référence au héros de l'*Odyssée*, le prodigieux voyageur de ce dérivé des *Archipels*, mais se situe plus encore dans la résonance de l'œuvre de Joyce qui a été l'un des auteurs privilégiés des compositeurs attirés par l'idée de « l'œuvre ouverte »*. De plus, la partition adopte un plan similaire à celui du roman de Joyce, qui s'inspirait lui-même de l'épopée d'Homère : un prélude (la *Telemachie*) et un final (le *Nostos*) reprenant la subdivision du prélude, encadrant les douze chapitres centraux. Dans l'*Ulysse* de Boucourechliev, les parties extrêmes correspondent à la même page (page 1/6) avec, pour seule différenciation, l'utilisation d'une flûte basse au début et d'une flûte alto pour la fin. La partie centrale étant écrite pour grande flûte, *Ulysse* apparaît également comme un *Archipel* dans l'espace instrumental des flûtes dont Pierre-Yves Artaud est le plus illustre et le plus aventureux des « voyageurs » (la version avec flûte d'accompagnement requiert aussi un piccolo).

L'écriture instrumentale, riche et variée, propose un éventail de modes de jeu établissant des degrés d'éloignement ou de rapprochement avec les percussions utilisées : du souffle aux bruits de clés et toutes les étapes intermédiaires (positions d'embouchure, « pizz. » de la langue ou des lèvres), on mesure l'étendue des moyens correspondant respectivement aux métaux frottés ou aux peaux frappées. Quant à la relation entre flûte et percussion, elle amplifie, dans les parties extrêmes, le principe de sollicitation abordé dans *Tombeau* : sur les signes du flûtiste, la percussion intervient en *initiales/finales* d'une séquence, en *nœuds* au milieu d'une phrase. A l'inverse, le percussionniste prend l'initiative d'*interventions* ou de *joints* pendant le passage de la première partie à la partie centrale, permettant notamment au flûtiste de changer d'instru-

* Voir, en particulier, Umberto Eco, *L'œuvre ouverte* (Le Seuil, Paris, 1965).

ment. De même la page 6, qui comporte une séquence au vibraphone n'existant pas dans la page 1, présente une *clausule finale* assurée par la percussion et menant l'œuvre à son terme.

Par la double alternance d'écriture et d'instruments, ainsi que par la qualité des interférences entre flûte et percussion, *Ulysse* s'impose comme l'une des partitions les plus fascinantes de son auteur.

Nocturnes

Les *Nocturnes* pour clarinette et piano, composés en 1984 et dédiés à Michel Lethiec, consacrent le retour à la notation traditionnelle annoncé dans *Ulysse*, ainsi qu'une distance vis-à-vis de la conception de l'œuvre *mobile* qui avait marqué la majeure partie de l'œuvre de Boucourechliev depuis vingt ans. On retrouve ici la préoccupation du compositeur désirant établir une fusion entre les deux instruments, Boucourechliev demandant au pianiste de « jouer sans marteaux » ou encore de produire des attaques imperceptibles (pédale enfoncée *après* l'enfoncement des touches) : piano et clarinette sont ici conçus comme « un même instrument », — impression soulignée par les nombreux phrasés *legato* passant d'un instrument à l'autre.

Les trois *Nocturnes* qui composent la partition sont enchaînés, avec un tempo commun et stable pour les deux extrêmes. Le premier exploite la continuité à partir d'une longue ligne partagée entre clarinette et piano avec une dynamique très faible pour constante (de *ppp* à *p*), le seul *fortissimo* n'intervenant qu'à la fin. Le second *Nocturne*, d'abord « senza tempo », commence par une cadence entrecoupée de traits rapides menant à l'accélération progressive de la vitesse, puis à une dissolution sur une note répétée du piano (avec glissando pratiqué sur les cordes). Enfin, le troisième *Nocturne*, qui renoue avec le tempo initial, se signale par une plus grande abondance de traits rapides aux deux instruments sur un trille continu au piano, la musique naissant et disparaissant dans cette vibration éminemment beethovénienne.

A l'opposé de la violence non contenue des *Archipels*, les *Nocturnes* dévoilent un aspect encore trop peu connu de la personnalité de Boucourechliev, — une sensibilité pudique révélée ces dernières années au travers des œuvres vocales, tel *Lit de neige*.

A.P.

PIERRE BOULEZ

Né à Montbrison (Loire), le 26 mars 1925. Après une première orientation vers les mathématiques, Boulez choisit de se consacrer à la musique, — ce qui le conduit dans la classe d'Olivier Messiaen. Engagé en tant que chef de la musique de scène à la Compagnie Renaud-Barrault en 1946, le jeune compositeur s'affirme avec ses premières œuvres — Sonatine, Sonates n° 1 *et* 2 *pour piano — encore marquées par l'héritage de l'École de Vienne, et bientôt suivies par les deux cantates d'après René Char. Toujours dans le sillage des Renaud-Barrault, Boulez fonde les Concerts du Domaine Musical en 1955, alors qu'il donne le* Marteau sans maître. *Après la* Troisième Sonate *et* Pli selon pli *(1960), le compositeur diversifie ses activités entre l'enseignement (Bâle, Harvard) et la direction d'orchestre qui le conduira à donner, en 1963, un mémorable* Sacre du Printemps *et la création française de* Wozzeck *à l'Opéra de Paris. L'expérience acquise au pupitre servira également le compositeur en particulier pour la composition d'*Éclat *(1965), — l'un de ses plus purs chefs-d'œuvre. La carrière internationale de chef d'orchestre qui s'ouvre alors le conduit de Bayreuth (*Parsifal *en 1967, la* Tétralogie *en 1976-1980), à Cleveland en passant par Londres et New York. Revenant plus activement vers la composition à partir de 1977, date de création de l'IRCAM dont il assure la direction parallèlement à celle de l'Ensemble Intercontemporain, Boulez a développé plusieurs projets qui ont abouti à* Répons *(1981-1988). Si le catalogue de son œuvre n'est pas très important en nombre, il rassemble incontestablement quelques-unes des partitions les plus marquantes de la deuxième moitié du XXe siècle.*

La notion de musique de chambre dans l'œuvre de Boulez, comme dans celle de la plupart des compositeurs de sa génération, a été largement révisée, sous la double influence de Varèse et de Webern, au profit de « l'ensemble instrumental » pouvant varier dans sa nomenclature d'une œuvre à l'autre. De ce fait, nombre de partitions du répertoire récent sont à mi-chemin entre la musique de chambre et la musique d'orchestre : la spécificité de la musique de chambre ne sera conservée le plus souvent qu'en fonction du degré d'*individualisation* des instruments par opposition au sens du « tutti » orchestral. Si Boulez écrit encore une *Sonatine pour flûte et piano* au début de sa production — après un *Quatuor pour ondes Martenot*, de 1945-1946, retiré par l'auteur de son catalogue —, il en vient rapidement à écrire pour des ensembles inhabituels comme dans *le Marteau sans maître* (1955), qu'on ne s'étonnera donc pas de trouver ici, ou dans *Éclat* pour quinze instruments (1965). On notera cependant combien le genre du quatuor à cordes reste vivace et inaltérable dans l'esprit de ces compositeurs, — même si Boulez n'a pas été entièrement satisfait de son *Livre*.

Qu'elle ressortisse à la musique de chambre ou à l'orchestre, l'œuvre boulézienne repose sur des constantes stylistiques dont les deux principales concernent son sens du développement et son attachement à des *stimuli* d'ordre essentiellement littéraire : avec la première constante, Boulez s'affirme comme le musicien de la prolifération, de l'accumulation des développements successifs — l'auteur aime à parler de « tropes » en empruntant au vocabulaire musical du Moyen Age — donnant ainsi lieu à de nombreuses révisions de partitions, et à des stades différents d'une même œuvre (le « work in progress »), une œuvre de chambre pouvant déboucher sur l'orchestre (voir le *Livre pour quatuor* et *Éclat*). Quant à l'influence littéraire, elle ne s'appuie pas seulement sur l'emprunt de textes mis en musique, mais, plus subtilement, elle est susceptible de déclencher (ou confirmer) un procédé de structuration ou une forme musicale, comme dans les degrés d'équivalence d'une rare acuité que Boulez a su trouver chez Joyce et Mallarmé. Ces deux idées sont également interactives lorsque Boulez déclare que les différentes œuvres qu'il écrit, « quel qu'en soit l'effectif d'interprètes, ne sont, au fond, que les faces d'une seule œuvre centrale, d'un concept central »* : à l'idée de transmutation d'une musique d'un support à un autre, se superpose celle, symbolique, du scintillement issu de la diffraction prismatique de l'idée que Mallarmé aimait à voir dans le lustre qui orne le plafond de la salle de concert : « À chaque nouvelle facette se produit un petit éclat de paraître, l'avènement d'un phénomène pur, qui disparaît tout aussitôt pour être remplacé par une autre apparition, par un nouvel éclat »**.

Si les liens étroits et complexes qui relient les différentes œuvres de Boulez ont été mis en évidence, on ne saura trop insister sur l'importance des écrits tant théoriques qu'esthétiques de Boulez (dont la plupart ont été regroupés dans les recueils *Relevés d'apprenti* et *Points de repère*), par la qualité des déductions et surtout par le sens quasi-obsessionnel du *bilan* qui caractérise leur auteur.

Livre pour quatuor

Composé en 1948-49, le *Livre*, qui a connu une publication tardive et incomplète en 1960 seulement, a fait l'objet d'une succession de créations partielles par les Quatuors Hamann à Darmstadt, Parrenin (qui en a enregistré des fragments) au Domaine musical entre 1956 et 1962, — avant que les Quatuors Berg et Arditti (1985) n'en donnent des exécutions quasi intégrales. C'est en raison de l'extrême complexité d'interprétation — « le fait d'utiliser le quatuor à cordes à engendré une certaine réserve et une certaine restriction » —, que Boulez a ressenti la nécessité d'un chef d'orchestre et a développé considérablement les deux premiers mouvements pour orchestre à cordes en 1968 (*Livre pour cordes*).

Partition-clé dans l'œuvre de Boulez, le *Livre pour quatuor* se situe à la croisée des chemins : en tant que dernière manifestation directe d'un hommage au Beethoven des Sonates et Quatuors après la *Deuxième Sonate****, le *Livre* constitue également, avec son sixième et dernier mouvement, le premier pas vers les développements du sérialisme généralisé des *Structures* pour

---

* P. Boulez, in : *Par volonté et par hasard* (Le Seuil, Paris, 1975).

** J.-P. Richard, in : *L'univers imaginaire de Mallarmé* (Le Seuil, Paris, 1961).

*** Voir *Guide de la musique de piano* (même éditeur).

deux pianos (1952). Parallèlement, c'est aussi la première œuvre marquée par l'influence de Mallarmé, — non celle du *Livre* (dont les notes inédites n'ont été publiées qu'en 1957, à l'époque de la *Troisième Sonate*), mais celle d'*Igitur* et du fameux *Coup de dés* aboutissant à l'idée d'un *Livre* constitué au départ de mouvements détachables : « J'avais découvert que le poème n'était plus simplement un petit morceau séparé, mais qu'il pouvait être d'une grande continuité, en même temps qu'une continuité séparable : c'est-à-dire une continuité dont on peut détacher des pièces parce qu'elles ont un sens et une validité, même détachées du conteste continu dans lequel elles se placent*. »

Les six parties (dont les première et troisième sont subdivisées : *Ia/Ib* et *IIIa/IIIb/IIIc*) qui composent le *Livre* répondent à une alternance entre un style « sévère, violent » et un style « souple, flexible » (Dominique Jameux)** d'un mouvement à l'autre, — voire à l'intérieur d'un même mouvement (*II* ou *IIIb*) : il est difficile de ne pas voir la marque des discours croisés de la *Suite lyrique* de Berg, d'autant plus que les différents chapitres du *Livre* proposent une évolution de tempos du vif au lent. Cette oscillation entre deux pôles fondamentalement opposés — autre caractéristique boulézienne pour toute l'œuvre à venir — est également traduite par l'écriture tantôt austère, tantôt « décorative », dont les retombées les plus remarquables concerneront les *Sonatas* pour quatuor à cordes de Ferneyhough (1967).

Œuvre difficile, le *Livre*, tel qu'il nous est offert dans son exécution intégrale enfin permise par l'auteur, reste l'un des jalons les plus essentiels de l'histoire du quatuor à cordes au XXe siècle, au même titre que les *Bagatelles* de Webern, — c'est-à-dire en tant que manifestation d'une concentration et d'un dépouillement aphoristique extrêmes qui ne dévoilent leur lisibilité que restitués dans la trajectoire générale de l'œuvre.

Durée d'exécution (sans *IV*) : environ 42 minutes.

Sonatine pour flûte et piano

Composée en 1946 et créée l'année suivante à Bruxelles par Jan van Boterdael et Marcelle Mercenier, la *Sonatine* est la première partition retenue par Boulez dans son catalogue. Œuvre d'un jeune compositeur de vingt-et-un ans, elle porte clairement les traces de sa double parternité : Messiaen, dont Boulez a déjà assimilé l'apport rythmique, et les compositeurs de l'École de Vienne révélés par l'enseignement de René Leibowitz. De cette synthèse découle une partition en un seul tenant dont le plan formel est directement inspiré par la *Symphonie de chambre op. 9* de Schoenberg, — puisqu'au travers de la continuité de l'œuvre en quatre parties se dégagent les quatre mouvements traditionnels avec un *Rapide*, un *Très modéré, presque lent*, un *Scherzando*, et un finale *Rapide*, encadrés par une introduction et une coda.

Au travers de la référence à cette continuité formelle qui intéressait particulièrement le compositeur à cette époque, s'affirme une autre problématique avec celle de la thématique *unique*, et donc susceptible de s'adapter à des contextes différents : en effet, à l'intérieur du travail, déjà très personnel, sur la série se dégage une pensée motivique — une cellule de trois sons dans l'esprit du *Konzert op. 24* de Webern — qui marquera toute la première période de l'œuvre boulézienne jusqu'à la *Deuxième Sonate* (1948). La *Sonatine* est aussi révélatrice de cette énergie concentrée et nerveuse, autant que fugace, qui caractérise le geste compositionnel dans l'écriture instrumentale riche en modes de jeu variés, principalement dans l'approche pianistique : outre l'abondance du trille hérité de Beethoven en tant que vibration sonore, et non plus simple figure ornementale, on peut noter la prédilection pour l'attaque sèche et rapide que Messiaen indentifiera comme facteur de renouvellement du piano typiquement propre à Boulez (« incisif », « sec, sans pédale », « percuté », etc.). Quant au recours à la flûte pour cette première partition de musique de chambre, il s'inscrit dans le regain d'intérêt pour cet instrument qui donnera lieu à un répertoire immense dans les années suivantes, et dont la *Sonatine* — œuvre hautement virtuose — constitue l'une des étapes les plus importantes après *Density 21,5* de Varèse et les *Incantations* de Jolivet (le catalogue dressé par Dominique Jameux mentionne une œuvre inachevée pour flûte datant de 1957, *Strophe* — titre donné au quatrième formant de la *Troisième Sonate*, également non publié).

Durée d'exécution : environ 12 minutes.

* *Par volonté et par hasard* (*op. cit.*).
** D. Jameux, in : *Pierre Boulez* (Fayard, Paris, 1984).

Le Marteau sans maître, pour voix d'alto et six instruments.

Composée entre 1953 et 1955, la partition la plus emblématique de Boulez a été créée par Hans Rosbaud, à Baden-Baden, l'année d'achèvement. Succédant aux œuvres sévères du sérialisme généralisé (*Structures I et Polyphonie X*), *le Marteau sans maître* s'affirme d'abord par la séduction née de la combinaison originale des timbres, et ouvre une nouvelle période dans l'œuvre de Boulez, due à la conception désormais harmonique du travail sériel. Écrite d'après des poèmes empruntés au recueil du même titre de René Char, la partition est surtout remarquable — du moins du point de vue de la musique de chambre qui nous intéresse ici par la qualité de son écriture instrumentale. Faisant référence de façon avouée au *Pierrot lunaire* de Schoenberg*, *le Marteau sans maître* est conçu pour un ensemble de six instruments modulable d'une pièce à l'autre en fonction de la couleur donnée à chacun des trois poèmes et des développements instrumentaux qui les prolongent. Au travers du choix particulier et original de l'instrumentation, Boulez a spécifiquement cherché à établir une hiérarchie par affinités à partir de la voix : voix-flûte (souffle), flûte-alto (monodie), alto-guitare (cordes pincées), guitare-vibraphone (résonance longue), vibraphone-xylorimba (lames frappées). On ajoutera que cet ensemble est révélateur d'influences extra-européennes — qui marquent également les œuvres de Messiaen de cette époque, en particulier à partir des *Oiseaux exotiques* (1955-1956) —, avec les allusions au balafon africain (xylorimba), au gender balinais (vibraphone), ou au koto japonais (guitare) : cet « enrichissement du vocabulaire sonore européen par l'écoute extra-européenne » (Boulez) doit être évidemment compris plus comme une volonté de renouveler les genres stéréotypés de la musique de chambre que comme une quelconque attirance pour un exotisme récupéré. Ainsi, chacun des trois cycles possède sa propre couleur instrumentale — tout autant que sa propre technique de composition** — à partir de constantes, avec la prédominance de la flûte dans « L'artisanat furieux », la présence du xylorimba et de la percussion (maracas, tambour, etc.) dans « Bourreaux de solitude », ou la combinaison alto et guitare dans « Bel édifice et les pressentiments ».

D'autre part, la partition est conçue formellement autour de neuf pièces à partir d'une interpénétration entre les trois cycles — une des illustrations de la prédilection de Boulez pour « l'œuvre-labyrinthe » — qui sont enchevêtrés et permutés à l'intérieur d'eux-mêmes, — certains développements instrumentaux précédant parfois la pièce chantée : « L'artisanat furieux » (*III*) est prolongé par les première et septième pièces, et « Bourreaux de solitude » (*VI*) est commenté dans les deuxième, quatrième et huitième pièces (on notera que la première version du *Marteau sans maître*, datée de 1954, ne comprenait que ces deux cycles qui se succédaient sans interpolations). Quant à « Bel édifice et les pressentiments » (*V* et *IX*), il fait exceptionnellement l'objet de deux pièces avec chant — présentant ainsi un cas particulier d'une œuvre comportant deux versions musicales d'un même texte : un pas franchi vers une conception « ouverte », — la dernière, « double », faisant également office de synthèse des huit morceaux précédents en tissant un réseau de relations entre les trois poèmes.

La réussite incontestable de l'œuvre, qui a le plus contribué au renom international de Boulez — « le compositeur du *Marteau sans maître* » —, a suscité nombre de partitions s'inspirant du même principe et, par là-même, a puissamment favorisé le renouvellement de la notion de musique de chambre dans le contexte des années 50.

Durée d'exécution : environ 35 minutes.

Éclat, pour quinze instruments

Composée en 1965, cette partition essentielle a été créée à Los Angeles par le compositeur le 26 mars 1965. Conçu dans la résonance de *Pli selon pli* (1957-1962), *Éclat*, au titre très mallarméen, constitue probablement l'œuvre la plus directement abordable de son auteur et la plus immédiatement séduisante. Bien qu'écrite pour quinze instruments, l'essentiel de la partition utilise principalement les sonorités favorites de l'auteur au travers d'un ensemble constitué à partir des capacités de résonances plus ou moins longues des instruments, — des piano, célesta, Glockenspiel, vibra-

* Cf. l'article important, « Dire, jouer, chanter » (1963) repris in *Points de repères* (Bourgois / Seuil, 1981)

** Cf. R. Piencikowski, « René Char et Pierre Boulez, esquisse analytique du *Marteau sans maître* » (Publications de la Société suisse de musicologie, 1980).

phone, cymbalum et cloches, aux harpe, mandoline et guitare (les quatre vents et deux cordes n'intervenant qu'au tout début et dans la dernière section).

Parfois qualifié de « concerto pour chef d'orchestre », *Éclat* — dont la composition coïncide avec les débuts de la carrière internationale de chef de Boulez — se situe dans le sillage de « l'œuvre ouverte », l'interprète (ici le chef) ayant certains choix à opérer dans les trois sections centrales sur les cinq qui composent l'œuvre : en proposant des options variables, Boulez exploite certaines des idées exposées par ailleurs et qui lui tiennent à cœur, en particulier celles de « temps lisse » ou de « bulle de temps » qui offrent l'avantage d'une flexibilité locale (ordre d'apparition des événements, permutations, etc.) à l'intérieur de passages précisément délimités. L'ordonnance concentrique des cinq sections (*I-V* et *II-IV* encadrant la section centrale), constitue un véritable commentaire des sonnets de *Pli selon pli* auquel *Éclat* emprunte son matériau : la première section est d'ailleurs directement issue de la première version de « Don » (*Pli selon pli*), écrite originellement pour piano seul.

Caractéristique de la conception du « work in progress » chère à l'auteur, *Éclat* a été prolongé par *Multiples* pour vingt-cinq instruments*, — le premier état de la nouvelle œuvre ayant, depuis 1970, donné lieu à plusieurs versions augmentées.

Durée d'exécution : environ 10 minutes.

Domaines

Terminé en 1968, et créé la même année par Walter Boeykens à Bruxelles, *Domaines* a la particularité d'exister soit pour clarinette solo, soit pour clarinette et six groupes d'instruments homogènes (A : quatuor de trombones ; B : sextuor à cordes) ou non (C : marimba, contrebasse ; D : flûte, trompette, saxophone, basson et harpe ; E : hautbois, cor, guitare), ou encore en tant que « double » du soliste (F : clarinette basse), et disposés en cercle sur la scène.

Conçue en deux parties, « Original » et « Miroir », la partition propose divers choix aux interprètes, — tant pour le soliste dans l'ordre d'exécution des six feuillets (de A à F) dans la première partie, que pour le chef qui le déterminera dans la seconde. Le clarinettiste se placera donc face au groupe instrumental correspondant au feuillet choisi dans « Original », suscitant le dialogue avec les instruments, — alors que ce sont les groupes qui solliciteront le soliste selon les indications du chef dans « Miroir ». La mobilité de l'œuvre n'a jamais trouvé d'application aussi simple dans la production de Boulez, à tel point que le compositeur a manifesté le désir de réviser la partition, s'avouant insatisfait de « cette constante alternance entre l'intervention de l'instrumentiste et celle du groupe qui joue soit avant, soit après »**. De fait, plutôt que d'une œuvre unitaire, la sensation dominante est celle de six partitions de musique de chambre juxtaposées avec la clarinette soliste pour seul point commun. Quant à la version pour clarinette seule, elle n'offre que la possibilité de permuter les six feuillets, — l'instrumentiste se déplaçant sur la scène dans les mêmes conditions.

Signalons enfin qu'un « domaine », dans le vocabulaire boulézien, est un ensemble de champs harmoniques : la signification de l'œuvre correspond donc à la spatialisation de chaque « domaine » avec une distribution instrumentale appropriée. Intervenant à une époque où les activités de chef de Boulez dominent celles du compositeur, *Domaines* apparaît comme une œuvre quelque peu en marge de sa production, alors que son aspect concertant en fait une des plus abordables de son auteur.

Durée d'exécution : environ 30 minutes.

...Explosante-fixe...

Écrite en 1972 en hommage à Stravinski, *...Explosante-fixe...* a été livrée au public sous forme d'une page de partition accompagnée de commentaires de l'auteur. L'originalité première de cette présentation tenait dans le fait qu'il s'agissait d'une œuvre à réaliser à partir d'un « Originel » de sept sons (avec *mi* bémol pour base) et de sept « Transitoires » jouant le rôle de réservoirs de figures. L'œuvre ainsi présentée, et pour laquelle une instrumentation, « de un à sept instruments », était seulement *suggérée* (deux violons, deux flûtes, deux clarinettes, une harpe), proposait donc des possibilités d'enchaînement (« jouer l'Originel comme début ou fin ; jouer les Transitoires suivant l'ordre des flèches en commençant par n'importe lequel ad libitum »). Hormis la participation demandée

* Voir *Guide de la musique symphonique* (même éditeur).

** *Par volonté et par hasard* (*op. cit.*).

aux interprètes, la partition remet en question la notion traditionnelle de musique de chambre, d'une part en éloignant les musiciens les uns des autres, d'autre part en modifiant l'environnement des sons par un procédé électro-acoustique (le halaphone de Hans-Peter Haller) : « Dans cette œuvre, j'ai tendu à donner à la transformation sonore le principe même de la communication de la musique de chambre, qui n'y existe ni sur le plan géographique, ni sur le plan naturel. La transformation est alors un élément de la composition qui intervient au centre même, non pas des préoccupations sonores, mais de l'organisation de la composition »*.

Créée en 1973, *...Explosante-fixe...* a donné lieu à diverses exécutions qui n'ont pas, semble-t-il, entièrement satisfait le compositeur. La création et la prise en charge de l'IRCAM a conduit Boulez à reprendre le projet en 1979, sans toutefois parvenir à le mener à bien : les possibilités offertes, depuis, par l'ordinateur permettent à l'auteur de réaliser une nouvelle version en 1989 — après *Dialogue de l'ombre double* (pour clarinette et dispositif électronique) —, alors que l'expérience a été par ailleurs largement exploitée, et considérablement développée, dans *Répons* avec la première génération de la machine 4X.

Messagesquisse, pour violoncelle solo et ensemble de violoncelles

Composé en 1976 à la suite d'une commande de Mstislav Rostropovitch pour le concours de violoncelle de La Rochelle l'année suivante, *Messagesquisse* est écrit pour un violoncelle principal et six violoncelles. L'œuvre, très virtuose, s'inscrit également dans la série d'hommages à Paul Sacher à l'occasion de son soixante-dixième anniversaire et, de ce fait, puise son matériau de base parmi les lettres composant le nom du dédicataire (*mi* bémol-*la-do-si-mi-ré*). Les cinq sections très clairement délimitées de la forme sont définies par une alternance quasi régulière entre des plages étales d'où émerge toujours le violoncelle principal (*Très lent,* sections 1 et 3), et des plages caractérisées par un déferlement continu d'une musique qui se déroule en mouvement perpétuel aux sept violoncelles (*Très rapide,* sections 2 et 5), — la section 4 étant réservée au violoncelle solo. Si la partition n'est pas essentielle dans la production boulézienne, elle est plus révélatrice des préoccupations du compositeur dans cette période qui coïncide avec ses premiers travaux à l'IRCAM : tout en se situant dans le prolongement de la problématique de *...Explosante-fixe...* (v. précédemment), elle est surtout annonciatrice de la grande œuvre des années 80, à savoir *Répons,* — les six violoncelles fonctionnant par rapport au violoncelle principal « comme un ordinateur-synthétiseur en effectuant en temps réel certaines opérations telles que la mémorisation, l'amplification et la transformation »*.

Durée d'exécution : environ 8 minutes.

A.P.

* *Par volonté et par hasard* (*op. cit.*).

** Antoine Bonnet, « Écriture et perception, à propos de *Messagesquisse* », in : *Inharmonique*, n° 3 (1988).

JOHANNES BRAHMS

Né à Hambourg, le 7 mai 1833 ; mort à Vienne, le 3 avril 1897. Il fut un enfant prodige : remarquablement doué, dès son plus jeune âge, pour le piano et pour la composition, il fut initié à la musique par son père, qui était corniste et contrebassiste ; celui-ci le confia ensuite à Otto Kossel pour l'étude du piano, puis à Edouard Marxsen pour les techniques de composition : les modèles furent Bach, Mozart et Beethoven. Pour améliorer une modeste condition familiale, le jeune Brahms dut, jusqu'à l'âge de vingt ans, donner des leçons, se faire pianiste de cabaret et, au mieux, se produire dans des récitals. En 1853, la rencontre du violoniste hongrois Eduard Reményi, spécialiste de la musique tzigane, l'entraîna dans une tournée de concerts avec ce dernier, et le conduisit jusqu'à l'illustre Josef Joachim, virtuose du violon également, — dont il devint l'ami. Mais la rencontre décisive fut, cette même année, celle du couple Schumann : on sait que Robert Schumann devait saluer en Brahms un « nouveau messie de l'art »; on sait aussi quelle amitié passionnée s'établit entre Johannes et Clara, jusqu'à la mort de celle-ci. L'année 1853 — décidément faste — devait s'achever par un séjour triomphal à Leipzig, — avec les encouragements de Berlioz et de Liszt. Or Brahms avait encore à peine composé : cependant les années 1853-1859 (la période dite de « Sturm und Drang » du musicien) virent paraître les premières œuvres pour piano, le 1er Concerto pour piano, *de gestation si difficile, ainsi que, dans le domaine qui nous occupe, un* Trio pour piano et cordes *jugé imparfait et destiné à connaître un remaniement tardif. Un moment chef de chœurs à Detmold, puis las de n'obtenir aucun poste stable dans sa ville natale, Brahms se rendit à Vienne en 1862 : le chaleureux accueil qu'il y reçut, en particulier du célèbre critique Hanslick, le détermina à s'y fixer définitivement, — à l'exception de tournées ou de villégiatures estivales (qui furent souvent les lieux privilégiés de son travail créateur). De 1872 à 1875, Brahms dirigea la Société des Amis de la Musique de Vienne; en 1878 il fit la connaissance de Dvořák, qu'il admira et soutint efficacement. Simultanément les chefs-d'œuvre se succédèrent, et sans discontinuer jusqu'à la mort du compositeur, partout fêté, mais quelque peu désabusé, à l'âge de soixante-quatre ans (d'un cancer du foie)... En dépit des beautés de sa musique symphonique et chorale, c'est au piano, à la voix (les lieder) et, plus encore, aux formations de chambre — tous synonymes d'intimité — que Brahms aura confié ses meilleures inspirations. C'est à l'approche de la soixantaine, également, que le lyrisme brahmsien se sera pleinement épanoui, — dans la production de chambre notamment, lorsqu'y parut la clarinette. Épanouissement tardif, donc, — compte tenu du fait que l'ombre inhibante de Beethoven pesa longtemps, comme pour les symphonies, sur cette partie de son œuvre. Au moins sut-il, ensuite, « se rattraper » magnifiquement.*

Brahms et la musique de chambre

La production de chambre compte vingt-quatre numéros d'opus au catalogue brahmsien (qui en comprend, au total, cent vingt-deux) : elle occupe donc une place à peu près comparable à celle de la musique pour piano, — revêtant, comme celle-ci, un caractère de confidence, et parfois de confession ; mais manifestant un souci de la forme beaucoup plus exigeant et parfaitement « classique ».

Chronologiquement, la première moitié de la vie du compositeur — jusqu'à la trentaine — est assez pauvre en ce domaine, bien qu'on puisse observer une prédilection de jeunesse pour une forme d'expression qui lui est déjà toute naturelle : mais, alors, la plupart des partitions resteront inachevées ou ne seront pas publiées. Contraste marqué avec la seconde partie de la vie créatrice du musicien (à partir du *Quintette avec piano op. 34*, daté de 1864), — au cours de laquelle les œuvres de chambre se répartiront avec une certaine régularité. Deux observations s'imposent : Brahms n'abordera le quatuor à cordes qu'au moment de la maturité ; genre difficile certes, mais surtout occulté par Beethoven, — modèle aussi exemplaire qu'intimidant (même phénomène, notons-le, dans le domaine de la symphonie). Brahms, d'autre part, conservera sa vie durant un goût des formations instrumentales assez inusitées (du moins à l'époque) : ainsi des quatuors avec piano, des sextuors à cordes, d'un trio avec cor, ou des tardives sonates pour clarinette et piano.

Comment peut-on décrire en peu de mots la musique de chambre brahmsienne ? Avant d'en caractériser les aspects formels, voyons-en le « sentiment » et citons partiellement le plus sûr exégète français, Claude Rostand* : « Il n'y est, bien entendu, toujours question que de musique pure, sans intentions ou prétextes vraiment littéraires. Toutefois les sources d'inspiration en sont souvent très visibles : tel poème comme dans la *Regen Sonate op. 78*, ou comme dans la *Thuner Sonate op. 100* ; ou bien un sentiment de la nature généralement un peu mélancolique comme dans les deux *Sonates op. 120* pour clarinette et piano,... le *Trio op. 114* pour

* In : *Histoire de la musique, II* (Encyclopédie de la Pléiade, Gallimard, Paris, 1963)

piano, violoncelle et clarinette, le *Quintette op. 115* pour clarinette et cordes, et les deux *Sextuors à cordes op. 18* et *36*; l'inspiration se fait très rarement tragique, exceptionnellement dans le troisième *Quatuor op. 60* pour piano et cordes. » Ajoutons encore les sources d'inspiration populaires, notamment tziganes (ce qu'on dénomme le « hungarisme » de Brahms), et certains éléments — non négligeables — de la biographie : les rencontres féminines, en particulier, et les passions avortées qu'elles suscitèrent; ou les incitations artistiques de personnalités telles que le violoniste Josef Joachim et le clarinettiste Richard Mühlfeld.

Sur le plan formel, Brahms, hanté par le besoin de discipline et d'équilibre des schémas classiques, et contrairement à un Schumann ou à un Liszt, n'apporte aucune innovation particulière. La forme sonate et les techniques de la variation sont exploitées dans un cadre beethovénien, — néanmoins avec une grande richesse d'invention et, surtout, une souplesse d'écriture inespérée (rien, à cet égard, des raideurs d'un Bruckner) : écriture, en effet, reflétant un sens inné de la mélodie — déployé par ailleurs dans le domaine du lied — et très concertante, car s'alliant ici à l'exercice permanent d'une science du contrepoint et de la polyphonie qu'a toujours manifestée avec éclat le musicien. Ainsi a-t-on souvent discerné chez Brahms — et la musique de chambre en porte remarquablement témoignage — d'exceptionnelles facultés de synthèse : synthèse, il est vrai, du classicisme et du romantisme; mais, plus précisément, conciliation du formalisme, de l'expression des sentiments et d'une certaine liberté de l'esthétique; et harmonisation des points de vue fréquemment opposés du logicien et du poète, — comme s'est plu à le souligner un Arnold Schönberg, admirateur inconditionnel.

On ne peut guère — dans les limites d'un tel *Guide* — poursuivre au-delà de ces quelques remarques : il faudrait, sans doute, parler encore de l'abondance des idées thématiques à la lecture de chaque partition, — bien éloignée d'un bi-thématisme strict; ou de la profusion des combinaisons, verticales, horizontales, rythmiques ou ornementales, voire coloristiques, qui nourrissent d'extraordinaires développements, non moins que d'immenses codas. On peut en revanche conclure ce rapide survol par un jugement de C. Rostand, déjà sollicité : « Dans ce domaine de la musique de chambre, Brahms, le premier après Beethoven, a trouvé un équilibre particulier entre l'inspiration et la science. Après lui, en son siècle, il a été imité, mais il ne semble pas abusif de dire qu'il n'a pas été égalé... »

Voici une chronologie, — pour laquelle on a retenu les dates de publication des œuvres :

1854 *Trio pour piano et cordes en* si *majeur, op. 8* (nouvelle version en 1891)
1862 *Sextuor à cordes en* si *bémol majeur, op. 18*
1863 *Quatuor pour piano et cordes en* sol *mineur, op. 25*
1863 *Quatuor pour piano et cordes en* la *majeur, op. 26*
1865 *Quintette pour piano et cordes en* fa *mineur, op. 34*
1866 *Sextuor à cordes en* sol *majeur, op. 36*
1866 *Sonate pour violoncelle et piano en* mi *mineur, op. 38*
1868 *Trio pour violon, piano et cor en* mi *bémol majeur, op. 40*
1873 *Quatuor à cordes en* ut *mineur, op. 51 n° 1*
1873 *Quatuor à cordes en* la *mineur, op. 51 n° 2*
1875 *Quatuor pour piano et cordes en* ut *mineur, op. 60*
1876 *Quatuor à cordes en* si *bémol majeur, op. 67*
1880 *Sonate pour violon et piano en* sol *majeur, op. 78*
1883 *Trio pour piano et cordes en* ut *majeur, op. 87*
1883 *Quintette à cordes en* fa *majeur, op. 88*
1887 *Sonate pour violoncelle et piano en* fa *majeur, op. 99*
1887 *Sonate pour violon et piano en* la *majeur, op. 100*
1887 *Trio pour piano et cordes en* ut *mineur, op.101*
1889 *Sonate pour violon et piano en* ré *mineur, op. 108*
1891 *Quintette à cordes en* sol *majeur, op. 111*
1892 *Trio pour clarinette, violoncelle et piano en* la *mineur, op. 114*
1892 *Quintette pour clarinette et cordes en* si *mineur, op. 115*
1895 *Sonate pour clarinette et piano en* fa *mineur, op. 120 n° 1*
1895 *Sonate pour clarinette et piano en* mi *bémol majeur, op. 120 n° 2*

Regroupés par types de formation instrumentale, se dénombrent par conséquent trois sonates pour violon et piano, deux sonates pour violoncelle et piano, deux sonates pour clarinette (ou alto) et piano, trois trios avec piano, un trio avec cor et un trio avec clarinette, trois quatuors à cordes et trois quatuors avec piano, deux quintettes à cordes, un quintette avec clarinette, un quintette avec piano, deux sextuors à cordes.

Peuvent être réunies en un ensemble indépendant — ainsi procédons-nous ici — les partitions écrites avec et pour la clarinette, — instrument que Brahms privilégia systématiquement sur le tard : le *Trio op. 114*, le *Quintette op. 115*, et les deux *Sonates op. 120 n° 1* et *n° 2*. Ces quatre œuvres sont donc présentées en fin de parcours.

LES SONATES

Sonate pour violon et piano n° 1, en *sol* majeur (op. 78)

La première des trois sonates pour violon et piano fut entreprise vers la fin de l'année 1878, et composée pour l'essentiel pendant le printemps et l'été de 1879 à Pörtschach, en Carinthie, où Brahms — âgé de quarante-six ans et déjà reconnu comme grand musicien allemand — séjournait alors pour la troisième fois. Comme tant d'autres, l'œuvre fut donc conçue dans la solitude et, comme tant d'autres, après plusieurs essais : trois autres sonates également pour violon et piano avaient été écrites antérieurement, puis détruites. Cet *Opus 78* fut donc la première sonate publiée (elle parut peu de temps après la composition, en 1880), et fut créé par Brahms et le violoniste Hellmesberger à Vienne le 20 novembre 1879. Hans von Bülow et le violoniste Norman-Néruda la firent connaître ensuite un peu partout en Europe. Mais le grand inspirateur fut Joachim, — qui venait de faire triompher le *Concerto pour violon* (comme numéro d'opus précédent), et c'est Joachim qui déchiffra la partition pour la première fois. On a parfois donné à l'œuvre le surnom de *Regensonate* (« Sonate de la pluie »), car elle utilise dans les deux mouvements extrêmes un fragment de thème provenant du Lied op. 59 n° 3, *Regenlied*, écrit en 1873 sur un beau poème élégiaque de l'écrivain nordique Klaus Groth. C'est d'ailleurs un sentiment de rêveuse mélancolie — très nordique — qui imprègne une œuvre dont le caractère dominant semble à la fois son lyrisme intense et sa prodigalité thématique.

Il s'agit certainement d'un sommet absolu de l'inspiration brahmsienne, en même temps que de toute la musique de chambre romantique. Les trois mouvements sont un *Vivace*, un *Adagio*, et un *Allegro*.

1. Vivace ma non troppo (à 6/4) : dans la forme sonate à trois thèmes, avec la greffe d'idées secondaires apparentées, — selon la façon typiquement brahmsienne d'un enrichissement progressif du matériel thématique. Avec l'exposition (quatre-vingts mesures environ) s'offre dès l'abord un thème principal très mélodique, en *mezza voce* du violon, sur une réminiscence du *Regenlied* déjà mentionné :

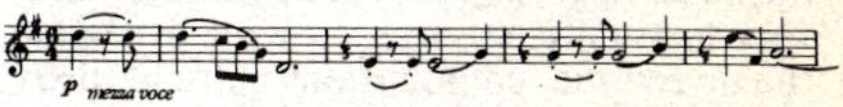

L'idée secondaire apparue dès la dixième mesure en découle directement, — doucement balancée sur la calme et profonde assise du clavier. Une redite du thème principal précède l'introduction, à la dominante et *con anima*, du second thème intensément chanté par le violon, et lui-même assorti d'une nouvelle idée subsidiaire. Le troisième et dernier thème sera présenté, quant à lui, en accords au piano, — alors qu'une troisième idée secondaire viendra clore cette riche exposition, remarquablement agencée dans la fluidité de ses enchaînements et la finesse de ses colorations poétiques. Un libre développement, qui ne retient d'ailleurs que les premier et troisième thèmes sans tendre vers la moindre élaboration de longue haleine, précède la réexposition, un peu plus resserrée que l'exposition, mais qui lui est symétrique (ordre identique des thèmes et des idées secondaires). La coda — vingt mesures — s'effectue sur le thème principal, les quatre mesures conclusives formant cadence.

2. Adagio (en *mi* bémol majeur, à 2/4) : très belle, très émouvante partie centrale de la sonate, — dans la forme A B A' avec coda. Le premier thème de A est exposé d'abord par le piano en un motif expressif de tierces et sixtes, dans le style d'une chanson populaire, que le violon prolonge dès la dixième mesure par une première idée secondaire, d'une effusion mélodique toute schumannienne. Le thème principal revient au violon cette fois, — avant un bref *più andante* du piano seul, apparaissant comme une fugitive réminiscence du *Regenlied*. L'épisode B, en tant qu'axe central du mouvement (en *si* mineur), apporte un sentiment nouveau avec un second thème résonnant tel un cortège funèbre qu'escorte bientôt son

idée subsidiaire exploitant la même formule rythmique. Un vaste « pont » (près de vingt mesures) conduit à A', — répétition de A dans laquelle, toutefois, le violon prend le pas sur son partenaire en une écriture plus ornementée. Et la coda, avec son immense point d'orgue de *mi* bémol, fait régner enfin une sorte de paix infinie...

3. **ALLEGRO MOLTO MODERATO** (en *sol* majeur, à 4/4) : finale tenant simultanément de la forme sonate et de la forme rondo, — sa grande liberté d'allure évitant de l'asservir à l'une ou l'autre. On distingue, schématiquement, trois « épisodes » enchaînés à partir d'un rappel textuel du thème du *Regenlied* ; ce thème laisse la place, vers la trentième mesure, à un deuxième thème lyrique, en imitations entre les deux instruments. La seconde partie du mouvement (vers la mesure 60) répète le premier thème et fait paraître fugacement le thème A de l'*Adagio* précédent ; plusieurs idées adjacentes se profilent, s'effacent, — avant que le troisième et dernier épisode (mesure 124 et suivantes) ne redise une fois encore le thème initial de cet *Allegro*, celui de l'*Adagio*, enfin le thème du *Regenlied* : en dépit du mode majeur, la conclusion ne propose en effet que la formulation d'un souvenir, son écho nostalgique... « Ainsi ne faut-il pas solliciter outre mesure l'imagination pour que l'œuvre entière baigne en la tiède mélancolie d'une pluie de mi-été portant en elle l'espoir ébloui d'un arc-en-ciel. Luirait-il en ces dernières mesures ? À peine » (José Bruyr)*. Certes : c'est dans la discrétion, dans une sorte d'oubli, que s'achève cette *Sonate op. 78*, d'une si prodigieuse richesse mélodique cependant, effusive et concentrée à la fois, à la fois noble et passionnée, — sans doute l'une des plus appréciées des mélomanes (et des interprètes) parmi toutes les partitions de chambre du compositeur.

Durée moyenne d'exécution : 25-28 minutes.

Sonate pour violon et piano n° 2, en *la* majeur (op. 100)

Cette *Deuxième Sonate pour violon et piano* est souvent désignée sous le nom de *Thuner-Sonate*. C'est en effet sur les rives du lac de Thun, en Suisse, dans la paisible localité de Hofstatten, non loin de Berne, que Brahms, quittant Vienne au printemps, passa plusieurs étés merveilleusement propices à sa création : douze ouvrages importants y virent le jour. Pour la seule année 1886, on mentionnera trois séries de lieder, et, dans le domaine de la musique de chambre, la *Sonate pour violoncelle et piano op. 99*, le *Trio avec piano op. 101* (v. ces œuvres), enfin, et surtout, cette remarquable *Sonate op. 100*. C'est l'écrivain poète Widmann, ami bernois du compositeur, et chez qui eut lieu le déchiffrage de ces partitions, qui, après une première lecture de celle-ci, lui attribua son appellation de *Thuner-Sonate* ; il commit à son sujet une sorte de ballade d'une soixantaine de vers d'assez médiocre facture, — que Brahms cependant ne désapprouva pas : du moins cette versification avait-elle le mérite de rendre compte à sa manière de la profonde poésie, souvent en demi-teintes, de l'œuvre. La création eut lieu avec Brahms et le violoniste Hellmesberger le 2 décembre 1886 à Vienne, et l'édition l'année suivante. La *Sonate op. 100* est en trois mouvements.

1. **ALLEGRO AMABILE** (à 3/4) : dans la lumineuse tonalité de *la* majeur, et dans la forme sonate à trois thèmes. Le premier, énoncé avec fraîcheur et simplicité par le piano, semble offrir une ressemblance, purement fortuite au demeurant, avec le fameux *Preislied* — chant de concours — des *Maîtres chanteurs* wagnériens :

L'ample présentation de ce thème (trente mesures) laisse paraître ensuite une première idée secondaire procédant par larges intervalles au violon. Un « pont » amène, après la mesure 50, le deuxième thème, exprimé en un lyrisme *teneramente* par le piano d'abord, tandis que surgira sans tarder une nouvelle idée adjacente, rythmique. C'est un troisième thème, enfin, qui viendra conclure cette exposition de presque quatre-vingt dix mesures, — possédant un caractère énergique, joyeusement exalté. Ce troisième thème, d'ailleurs, domine très largement le développement, — avec plusieurs transformations notables : en canon sur pédale de *sol* dièse, sous forme de *cantabile* orné, ou combiné avec le premier thème en diminution. La réexposition ne bouleverse pas l'ordonnance thématique de l'exposition, mais ménage, pour terminer, une coda d'une étendue peu habituelle (soixante-deux mesures), librement bâtie sur le thème initial et

* J. Bruyr, *Brahms* (Ed. du Seuil, « Solfèges », Paris, 1965).

les deux idées secondaire du mouvement, qui se conclut dans l'héroïsme.

2. Andante tranquillo (en *fa* majeur, à 2/4) — **Vivace di qui Andante** (en *ré* mineur, à 3/4) : le mouvement central, de forme assez complexe mais nullement disparate, fait se succéder plusieurs épisodes en un très habile agencement d'éléments contrastés, — ceux d'un andante et ceux d'un scherzo. Les motifs en sont nettement apparentés, et assurent une unité, — sans qu'il soit possible toutefois de parler d'écriture « cyclique » (ainsi qu'on l'a fait maintes fois). L'*Andante tranquillo* initial prend pour prétexte un thème léger, heureux, chanté *dolce* d'abord par le violon, puis au clavier. Dès la mesure 16, et plus longuement développé, le *Vivace* adopte une allure dansante et beaucoup plus capricieuse, — sur un thème qui connaît successivement trois présentations distinctes. Le retour à l'*Andante* constitue le troisième épisode : le thème initial se trouve modifié, en *ré* majeur. *Vivace di più*, la séquence suivante permet la reprise du thème du *Vivace* antérieur, mais plus fantasque si possible, plus impulsivement poétique. Enfin le cinquième et dernier épisode combine avec une savante concision les deux éléments : bref retour de l'*Andante*, et rappel conclusif du *Vivace*.

3. Allegretto grazioso (quasi Andante), en *la* majeur et à 2/2 : d'un tempo — *alla breve* — relativement lent pour un finale, ce mouvement est une sorte de rondo dont le thème-refrain s'avoue comme une nette réminiscence d'un lied très célèbre du musicien, *Meine Liebe ist grün wie der Fliederbusch* (op.63 n° 5) :

Il est chanté avec tendresse, *espressivo*, à l'archet. Sur des arpèges du piano intervient un contre-sujet d'une couleur plus sombre, fugacement mélancolique, — avant que ne s'impose le thème principal, assorti cette fois de deux autres idées subséquentes. Enfin, dans une troisième partie du mouvement, sont repris ces divers éléments — dont, une nouvelle fois, le thème-refrain —, avec une courte coda (treize mesures) concluant dans un sentiment de bonheur tranquille, absolu, celui d'un arrière-été doucement rayonnant.

« Aucune œuvre de Johannes ne m'a ravie aussi complètement — devait avouer Clara Schumann, alors vieillissante. J'en ai été heureuse comme je ne l'aurai été depuis bien longtemps. »

Durée d'exécution : 21 minutes environ

Sonate pour violon et piano n° 3, en *ré* mineur (op. 108)

Esquissée dès 1886, achevée pendant l'été de 1888 au bord du lac de Thun (le dernier été de Brahms dans ce site helvétique paisible et accueillant), la *Troisième Sonate pour violon et piano*, dédiée par le compositeur « à son ami Hans von Bülow », est écrite d'une autre encre que les deux précédentes. Brahms a atteint cinquante-cinq ans, et déjà plus que la maturité : « la vieillesse vient à pas feutrés » (José Bruyr), le temps des orages et des confidences est passé. Mais non celui d'une inspiration plus souverainement épanchée, en un lyrisme sans contraintes et d'autant plus invisiblement maîtrisé. C'est pourquoi, comme le fit remarquer Claude Rostand*, « le matériel thématique en est particulièrement riche. Cette partition n'offre pas de développements contrapuntiques et symphoniques aussi rigoureux que d'ordinaire, et s'écoule en toute liberté ». À la différence des deux autres sonates, elle est également en quatre mouvements; et le deuxième — *Adagio* — constitue certainement le sommet, très émouvant, de cette œuvre puissante, capricieuse et brillante à la fois, — l'une des plus significatives de la grande « manière » brahmsienne, et de toute la musique de chambre de ce compositeur.

1. Allegro alla breve (à 2/2) : on note, dès l'exposition (quatre-vingt trois mesures), la richesse des composantes mélodiques dont l'agencement s'effectue à partir et autour des deux thèmes principaux, — le premier (présenté par le violon) remarquablement expressif, à la fois ample et traversé de visions épiques, le second (au piano seul d'abord) plus mélodique sans doute, mais à peine moins agité. Sur chaque thème se greffent deux idées secondaires, tour à tour lyriques et rythmiques. L'exposition est conclue sur de larges arpèges du piano. Quoique bref (quarante-six mesures), le développement inclut l'originalité la plus marquée de ce mouvement : le contenu thématique, d'une part, est entièrement différent de celui de l'exposition (bien que le thème essentiel, ici présenté par les deux instruments, dérive sans conteste du contre-

* C. Rostand, *Johannes Brahms* (reéd. Fayard, Paris, 1978).

sujet par lequel le piano accompagnait, dès le début, le premier thème principal). Une pédale de dominante — *la* — à la main gauche du clavier le soutient tout du long tel un puissant point d'orgue : « Contrairement à la tradition classique qui traite le développement comme un épisode destiné à vous faire perdre de vue le ton fondamental de l'œuvre, Brahms, ici, le souligne en s'appuyant sur la dominante. On pourrait donc considérer ce développement comme une sorte de longue cadence attendant l'entrée de la réexposition » (Claude Rostand). Celle-ci est symétrique de l'exposition à peu de variantes près (le thème initial, par exemple, reparaissant une octave plus bas). Enfin l'importante coda (plus de quarante-cinq mesures) forme une sorte de décalque du développement central, — avec son insistante pédale, mais cette fois de tonique. Elle conclut fermement ce premier mouvement foisonnant tant de forme que d'idées.

2. Adagio (en *ré* majeur, à 3/8) : il est, par contraste, de construction limpide et relativement bref (soixante-quinze mesures). C'est une mélodie tendre et passionnée à la fois qui constitue son thème principal, que chante un violon fervent, *espressivo* :

Le second thème, très déclamé, s'enveloppe d'amples accords arpégés du piano. Dans une partie adjacente, les thèmes se présentent différemment : le premier sur un accompagnement pianistique nettement plus étoffé, le second plus orné. La coda, sur le premier thème, achève en sa merveilleuse simplicité cette page du plus grand Brahms, — « l'une des plus effusives rêveries qui soient sorties de sa plume et de son cœur » (José Bruyr)*.

3. Un poco presto e con sentimento (en *fa* dièse mineur, à 2/4) : c'est une sorte de scherzo, distribué en trois épisodes exploitant à profusion deux thèmes. Le premier, qui impressionne par sa nervosité, est essentiellement rythmique et d'allure légèrement fantasque : il est exposé d'abord par le piano, et ne fait intervenir l'archet qu'en ponctuation d'accords incisifs ; à la mesure 17, il s'assortit d'une idée secondaire fort volubile, — avant sa reprise, par le violon cette fois, puis l'apparition tardive et rapide du second thème, qui assure la primauté mélodique du même violon. L'épisode central peut être considéré comme une sorte de développement libre d'une cinquantaine de mesures, — avant le troisième épisode nettement plus court (environ trente-cinq mesures), qui ne constitue qu'une réexposition du thème initial et de son idée secondaire. C'est la structure rythmique de ce même thème que la coda exploite et met en valeur avec une prodigieuse vitalité.

4. Presto agitato (en *ré* mineur, à 6/8) : la forme sonate s'impose dans cet imposant finale, — bien qu'il faille constater encore une extrême mobilité des agencements thématiques telle la conséquence d'une prodigalité de l'invention mélodique caractérisant chacun d'entre eux. Les dimensions sont vastes (trois cent trente-sept mesures), et la facture instrumentale exceptionnellement brillante par son adéquation aux ressources complémentaires — de timbre, de registres, de dynamique — des partenaires. Le thème principal, dès l'exposition, affirme un caractère ardent, conquérant, avec le violon sur une solide assise pianistique. A une idée secondaire qui n'a plus la même vaillance, presque hésitante, sous forme de dialogue entre les instruments, succède un « pont » (mesure 33) amenant le second thème-choral (mesure 39), en beaux accords graves du piano que souligne le chant intense du violon. C'est au déploiement d'un troisième thème qu'on assiste à partir de la mesure 77, en un crescendo appuyé du violon repris en imitation au clavier. Vingt mesures plus loin, thème conclusif — rythmique — de cette vaste exposition (plus de cent dix mesures). Comme dans l'*Allegro* initial, le développement surprend par sa relative brièveté (à peine soixante mesures) et par l'exploitation qu'il fait d'un motif qu'on n'a pas entendu précédemment : sorte d'ample récitatif, que s'adjuge le violon sur des accords du piano. Mais la réexposition elle-même, de bien plus vastes proportions, n'apporte aucun changement notable par rapport à l'exposition. Et la coda, non moins importante que celle du premier mouvement, achève la partition sur les mesures énergiques, d'une spontanéité jaillissante, du thème principal de ce dernier mouvement.

Durée d'exécution : 22 minutes environ.

Sonate pour violoncelle et piano n° 1, en *mi* mineur (op. 38)

Par deux fois Brahms a composé pour le violoncelle avec le seul accompagnement du

* J. Bruyr, *op. cit.*

piano, mais à vingt années de distance : si la *Seconde Sonate* (v. plus loin) eut quelque peine à s'imposer, la *Première Sonate*, entreprise en 1862 (deux premiers mouvements), mais achevée seulement pendant l'hiver 1865 à Karlsruhe, connut un succès public immédiat. Elle fut dédiée au violoncelliste ami Josef Gänsbacher, qui n'avait pas ménagé ses efforts pour faire nommer le compositeur à la tête de la Singakademie de Vienne vers la fin de 1863. Mais, en même temps qu'un gage de reconnaissance, l'œuvre fut un hommage au talent de violoncelliste — qui était grand — de Gänsbacher, et, dans l'absolu, à un instrument dont les sonorités amples, chaleureuses, semblent accordées tout naturellement à l'expression brahmsienne. Il n'y a pas de mouvement lent (Brahms fit disparaître l'*Adagio* initialement prévu, sous réserve de le réutiliser, avec remaniements, dans la future *Sonate n° 2*), et ce n'est pas sans raison que fut attribué le surnom de « sonate pastorale » aux trois mouvements définitifs : outre leur parfaite simplicité de structure, ils offrent chacun la même fraîcheur, la même spontanéité sans emphase de l'inspiration mélodique.

1. **Allegro non troppo** (à 4/4) : le mouvement inaugural est dans une forme sonate à trois thèmes d'une remarquable économie, et nettement individualisés ; ils ne dérogeront jamais à l'ordre initial de leur énoncé, tant dans le développement que dans la réexposition. D'emblée le violoncelle chante, en un *espressivo legato*, le premier thème de l'exposition, — thème dominant tout à la fois par sa force rayonnante, sa noblesse de ton, son incomparable plasticité, et qui fait l'objet d'une double présentation (mesures 1 à 33, puis 34 à 57). Le deuxième thème apparaît plus tendu, plus abrupt et tumultueux, plus rythmique également, favorable à un échange de tessitures entre les deux instruments en présence. De même, le troisième thème fait à son tour contraste, — dévolu d'abord au piano : il est assez mélodique, tendre, et comme enveloppé de mystère. Le développement (mesures 93 à 163), puis la réexposition (mesures 164 à 254), qui comporte à nouveau une double présentation du thème principal, conservent la même évidence de construction, sans mise en valeur particulière du travail thématique. Ample et belle coda de près de trente mesures, bâties sur le thème initial.

2. **Allegretto quasi minuetto** : le mouvement médian (en *la* mineur) présente une semblable clarté d'organisation, en un bi-thématisme sans équivoque : le thème de l'*Allegretto* proprement dit a beaucoup de grâce, voire d'apprêt, — avec son jeu *spicato* un peu mélancolique, à partir d'une cellule-prélude de quatre notes. Le trio central (*fa* dièse mineur), quant à lui, est chantant, d'un lyrisme assez passionné : on ne peut que remarquer la permanence du motif initial de quatre notes, qui prend quasiment valeur de petit leitmotiv. Cet épisode fait l'objet d'une reprise, avant la redite intégrale du *Quasi minuetto*.

3. **Allegro** : le mouvement final fait la preuve d'un souci d'élaboration bien différent ; à cet égard, il s'oppose en quelque sorte aux deux mouvements précédents, dont il ne partage ni la simplicité formelle ni celle de l'écriture. Il marie en effet la structure de la sonate à trois thèmes et leur développement en style fugué, — assez complexe. Néanmoins, rien d'austère, et nulle rigidité : une splendide fantaisie règne ici, préservant et prolongeant les climats changeants de ballade nordique déjà rencontrés. Les trois motifs-sujets sont énoncés avec autorité à la main gauche du piano, — dont le premier ainsi présenté, puissamment, en triolets réguliers :

On ne peut qu'observer l'étroite — sans doute intentionnelle — parenté entre ce thème et celui du *Contrapunctus 13* (fugue-miroir à deux claviers) de l'*Art de la Fugue* de Jean-Sébastien Bach, maître vénéré. Les deux autres sujets paraissent respectivement aux mesures 5 et 9, et se superposent en un contrepoint qui ne faiblira pas, formant de sa vivante polyphonie une vigoureuse conclusion à l'ouvrage, — bien qu'il soit loisible de reprocher au violoncelle de ne pas s'affirmer avec la même suprématie que le piano, extrêmement brillant.

Durée d'exécution : 23 minutes environ.

Sonate pour violoncelle et piano n° 2, en *fa* majeur (op. 99)

La *Sonate n° 2 pour violoncelle et piano* est exactement contemporaine de la *Sonate pour violon et piano op. 100* et du *Trio avec piano op. 101* (v. ces œuvres), — Brahms séjournant, durant l'été de 1886, sur les rives du lac de Thun qui lui inspirèrent, non seulement ces trois partitions de chambre, mais trois séries de lieder (*op. 105*, *106* et *107*) parmi les plus beaux qu'il ait composés.

Merveilleux été, d'une fécondité sans pareille ! Exécutée en première lecture privée chez les Widmann, amis de Berne, l'œuvre fut officiellement créée à Vienne, le 24 novembre suivant, par le violoncelliste Hausmann, Brahms étant au piano.

1. **Allegro vivace** (à 3/4) : le mouvement initial adopte une forme sonate à trois thèmes principaux : le premier, que le violoncelle présente avec vigueur sur des trémolos au clavier, est repris dès la neuvième mesure et s'adjoint une idée subsidiaire dont la mélodie chante également au violoncelle sur des arpègements du piano, très présent, non moins ardent, le plus souvent, que son partenaire. Succède, après un « pont » d'une dizaine de mesures, le deuxième thème (mesure 34), d'ampleur héroïque, avec le piano, puis le violoncelle. Le troisième thème (mesure 48) enchaînera en doubles croches descendantes, — assorti lui-même d'une idée secondaire sur de grands accords pianistiques ; c'est cette idée qui amènera le développement, librement traité et laissant paraître temporairement la tonalité de *fa* dièse mineur (qui provoqua — semble-t-il — la stupeur des premiers auditeurs de l'œuvre, et leur réprobation). Une réexposition sans surprises, parfaitement symétrique de l'exposition, engendre la coda construite sur les deux premiers thèmes.

2. **Adagio affetuoso** : à 2/4 et en *fa* dièse majeur, le mouvement lent — sans doute le plus remarquable — est d'un lyrisme essentiellement brahmsien qu'on peut opposer à l'énergie « beethovénienne » de l'*Allegro* précédent. S'y déroule un lied de structure ternaire : première partie (mesures 1 à 19) faisant entendre un thème de deuil sur un profond, presque douloureux pizzicato du violoncelle, — tandis qu'un motif conséquent chante ensuite à son registre aigu. La section centrale, sur un thème tout uniment mélodique, est en *fa* mineur (mesures 20 à 43) ; un « pont » mène à la reprise, symétrique, de la partie initiale (mesures 44 à 62). La coda (mesures 63 à 71) utilise les deux thèmes principaux.

3. **Allegro passionato** : le mouvement suivant (en *fa* mineur de nouveau, et à 6/8) présente le caractère d'un Nocturne dans la forme du scherzo, agité de frémissements, en une rythmique incessamment mouvante, — le piano, d'abord *mezza voce*, intervenant ensuite avec une efficacité véhémente ; le violoncelle lui réplique bientôt sur le ton héroïque. L'épisode central — trio indiqué *dolce ed espressivo* — est en revanche d'une poésie détendue, discrètement mélancolique, — où s'exprime surtout la voix du violoncelle. Puis le premier épisode fait l'objet d'une reprise textuelle.

4. **Allegro** : en guise de finale, ce second *Allegro* (en *fa* majeur) s'avère relativement concis, en forme de rondo un peu rudimentaire, — qui semble avoir été composé d'un jet, sans retouches. Le thème-refrain (mesures 1 à 22) est exposé d'abord par le violoncelle, puis avec le piano : il emprunte sa tournure populaire, et sa joyeuse simplicité, à un petit air *Ich hab mich ergeben* (« Je me suis rendu »). Une première idée secondaire, quelque peu martiale, fait fonction de couplet initial (mesures 23 à 44) ; puis revient (mesures 45 à 56) le thème-refrain, avant une seconde idée-couplet, mélodique, confiée au violoncelle (mesures 57 à 84). La dernière partie (mesures 85 à 128) est symétrique de la première, avec son thème-refrain et sa première idée-couplet. La coda termine sur le thème traité avec robustesse et fantaisie tout à la fois.

Durée d'exécution : 27 minutes environ.

LES TRIOS

Trio pour piano et cordes n° 1, en *si* majeur (op. 8)

Cette œuvre de jeunesse — la première de musique de chambre dans la production brahmsienne — fut esquissée vers la fin de 1853 et composée à Hanovre dans les premiers mois de 1854. Ce sont là les années de « Sturm und Drang » du musicien (alors âgé de vingt-et-un ans), — celles marquées notamment par l'amitié avec Robert Schumann (dont l'état de santé s'altère alors considérablement, et qui mourra en 1856). La partition qui se joue aujourd'hui est une version remaniée par le compositeur bien plus tard, en 1891, sur le conseil de Hanslick ; comme Brahms l'expliqua lui-même à son vieil ami Grimm, il « ne lui mit pas une perruque, mais se contenta de peigner et d'arranger un peu les cheveux »... Ce qui est quelque peu travestir la réalité : l'exemplaire utilisé pour cette révision a été conservé, et permet de constater que, loin de s'en tenir à des retouches de détail, le compositeur a parfois réécrit des sections complètes, remplacé des thèmes et modifié des développements entiers. Ainsi transformée, pleinement maîtrisée, certainement mieux équilibrée, l'œuvre a néanmoins conservé certaine ardeur juvénile et cette imprégnation de poésie fantastique caractérisant le Brahms hambourgeois beaucoup plus que le viennois. Il semble, malgré tout, que les maladresses de jeunesse, une profusion thématique un peu brouillonne possédaient un charme naturel qui s'est partiellement estompé, — et que certains amis du musicien lui reprochèrent d'avoir perdu. La première audition publique (version primitive) eut lieu — curieusement — à New York, au Dodsworth's Hall, le 27 novembre 1855 ; l'œuvre ne fut créée en Europe, à Breslau, que le 18 décembre suivant.

Le mouvement initial (**ALLEGRO CON BRIO** à 2/2) est dans la forme sonate à trois thèmes assortis d'idées secondaires, — d'un assez libre agencement, bien individualisés et largement développés (avec, dans la rédaction originale, une sorte de développement adjacent sous forme de fugato intercalé dans la reprise !). Ce qui frappe d'emblée — premier thème de l'exposition, d'une grande beauté mélodique et d'une solide assise rythmique, introduit par le clavier —,

c'est l'extrême plénitude, voire la sensualité, du son ; c'est une force vitale, également, envahissant et animant les différents registres instrumentaux. Ce premier thème, dès sa présentation, est d'ailleurs varié avec une puissante conviction. Le deuxième thème, plus concis, n'apparaîtra qu'à la mesure 83, et le troisième à la mesure 109 seulement, — ce qui peut suffire à démontrer que la générosité de l'inspiration a pris le pas sur le respect des strictes règles classiques. Dans son intégralité, cet *Allegro* comporte presque cinq cents mesures : un excès d'invention mal contrôlé, certes ; mais, aussi, une telle joie de composer !

Le mouvement suivant est un **SCHERZO** (**ALLEGRO MOLTO**) dans le ton de *si* mineur : aérien — une « danse d'elfes » selon maints commentateurs —, il adopte la répartition classique avec trio central (*Meno allegro* en majeur, à 3/4, de caractère populaire, rythmiquement vigoureux). Il est notable que seul ce mouvement n'a subi que de très infimes retouches : le Brahms de la maturité dut donc s'en trouver encore satisfait.

Le mouvement lent — un **ADAGIO** à 4/4, en *si* majeur et dans une forme-lied ternaire — plonge l'auditeur dans un tout autre climat, de mystère quasi religieux, — avec son premier thème d'une solennité accentuée par un piano aux riches sonorités, et la noblesse, traversée d'élans de ferveur, du second thème mélodique (le violoncelle en instrument soliste). Les oppositions des combinaisons instrumentales révèlent ici un Brahms avant tout soucieux de jouer sur les « éclairages » du sentiment. On revient ensuite au calme solennel du début.

Quant au finale — **ALLEGRO** à 3/4, en *si* majeur (occasion de souligner l'unité tonale de la partition) —, il combine habilement les formes rondo et sonate à trois thèmes : course de triolets du thème d'introduction (on remarquera que l'indication de mouvement fut, à l'origine, celle d'*Allegro molto agitato*), résolue en une puissante affirmation de joie et d'optimisme (dans le ton de *ré* majeur), — tout en tenant compte du fait que l'ensemble fut copieusement écourté, mais a gagné une homogénéité qu'il ne possédait pas auparavant.

Durée d'exécution : 30 minutes environ.

Trio pour piano et cordes n° 2, en *ut* majeur (op. 87)

Le premier mouvement du *Trio op. 87* fut écrit en mars 1880 ; les trois autres mouvements datent de juin 1882. La création eut lieu le 29 décembre de la même année (en même temps que celle du *Quintette op. 88*), par des musiciens du Quatuor Joachim : Heermann au violon, Müller au violoncelle, le compositeur tenant le piano. L'œuvre fut redonnée quelques semaines plus tard, — le 17 janvier 1883 à Berlin, enfin le 15 mars suivant à Vienne (avec les musiciens du Quatuor Hellmesberger) : mais sans le succès obtenu par le *Quintette*. Brahms lui-même — semble-t-il — ne s'est pas particulièrement attaché à défendre ce *Trio op. 87*, et n'y fait qu'exceptionnellement allusion dans sa correspondance. Il s'agit cependant d'une partition d'une grande richesse thématique et alliant une absolue maîtrise de la forme à la liberté de l'inspiration, — à sa vigueur comme à toutes ses fantaisies. Il y a quatre mouvements : un *Allegro*, un *Andante*, un *Scherzo (Presto)* et, en guise de finale, un nouvel *Allegro*.

1. ALLEGRO (à 3/4) : premier mouvement dans la forme sonate habituelle, — à deux thèmes et non moins que six idées secondaires. Noblesse altière du thème principal, présenté *poco forte* en un énergique unisson des cordes à l'octave, — imprimant à l'ensemble, et pour reprendre maints commentateurs, un « caractère beethovénien » :

Paraît un premier motif secondaire (mesure 21), apparenté au thème précédent, mais plus mélodique, aux cordes d'abord, puis avec le piano. Un « pont » précède l'entrée du second thème (mesure 57), rythmé par des triolets de croches parcourant le clavier : il est énoncé *dolce*, dans un climat un peu méditatif, mais s'élargit progressivement avec l'apparition de nouvelles idées adjacentes : l'une (mesure 70), très voisine du thème ; l'autre (mesure 80), en triolets aux cordes ; la suivante (mesure 90), plus impérieuse encore avec ses triples croches au piano ; la dernière (mesure 102) se nuançant enfin d'un *grazioso* au piano qu'accompagne un pizzicato du violoncelle. Cette importante exposition se termine sur un retour de la deuxième idée secondaire. Le développement (*ré* bémol majeur) traite très librement les éléments antérieurs, et seulement une partie d'entre eux : il utilise en priorité le thème principal dans toute sa vigueur, au violoncelle, puis au violon, sur le mouvant accompagnement du piano, très agité. Les triples croches de ce dernier (quatrième idée secondaire) amènent un nouveau motif (mesure 165) qui chante avec passion — *animato* — sous l'archet du violoncelle : ce motif incident ne reparaîtra plus. C'est la première idée secondaire qui achèvera le développement, — un « pont » suscitant la réexposition (mesure 209), à peu près symétrique de l'exposition. La longue coda (mesures 309 à 367), fort brillante, utilisera uniquement le premier thème principal.

2. Andante con moto (à 2/4, en *la* mineur) : il est constitué d'un thème de caractère pathétique, sur une sorte de rythme hongrois (unisson des cordes, cette fois à distance de deux octaves). Viennent ensuite cinq variations : dès la première le thème subit de notables transformations, — avec, en particulier, la prééminence du clavier. Dialogue rêveur entre piano et cordes dans la deuxième variation, éminemment lyrique ; troisième variation pleine d'éclat, — la seule faisant valoir ouvertement la rythmique du thème ; car, dans la quatrième variation (*la* majeur, à 6/8), le thème est présenté *dolce*, mélodiquement, sur des syncopes au piano, tandis que, dans la cinquième, on revient à la tonalité et au tempo du début, mais sans brusquerie : les cordes trament à nouveau un tendre dialogue, — le piano fournissant un tissu harmonique d'une ample régularité.

3. Scherzo (Presto, en *ut* majeur et à 6/8) : mystérieux, fantasque, très « nordique », — avec un exposé du thème bruissant de « chuchotements nocturnes » (Claude Rostand), son développement, sa réexposition, un nouveau développement. *Poco meno presto*, le trio central (mesures 62 à 109) est dans un *ut* majeur moins assombri, plus incisif : nouveau thème chantant, de saveur légèrement populaire. Reprise, puis brève coda (six mesures) abandonnant l'auditeur sous le charme...

4. Allegro giocoso (à 4/4, en *ut* majeur) : le finale (près de deux cent vingt-cinq mesures) se déroule, à son tour, dans la pleine clarté diurne et dans une ambiance quasi paysanne. Ne se rattachant que de loin au rondo comme à la forme sonate, il se répartit en quatre épisodes remarquablement équilibrés : le premier fait paraître les quatre thèmes qui seront exploités, — l'un de caractère robuste (sur un bref motif rythmique de cinq notes présenté en accompagnement au piano), le suivant plus expressif mais non moins énergique, le troisième plus orné, le dernier avec l'allure d'une danse campagnarde (mesures 1 à 58). On remarque, à travers ces différents énoncés, la permanence du petit motif rythmique initial. La deuxième section (cinquante-huit mesures également) utilise uniquement les premier et deuxième thèmes ; la troisième section (cinquante-quatre mesures), à nouveau tous les thèmes dans l'ordre de leur présentation. Le dernier épisode, enfin (cinquante-quatre mesures), a pour sujet le premier thème, qui s'intensifie et que la coda (vingt-trois mesures) exploite conjointement au second thème, — pour conclure dans la force et l'allégresse.

Durée moyenne d'exécution : 27-29 minutes.

Trio pour piano et cordes n° 3, en *ut* mineur (op. 101)

Postérieur de quatre années au *Trio op. 87*, le *Trio op. 101* lui est certainement supérieur tant par la concision de la forme, la concentration de la pensée, que par son caractère typiquement brahmsien : autrement dit « nordique » ; dans la maîtrise de l'âge mûr, c'est une sorte de retour

— magnifiquement assumé — vers une jeunesse lointaine et cependant présente. Faut-il ajouter que, par ces qualités conciliées, le *Trio op. 101* figure — comme de plein droit — au rang des grands chefs-d'œuvre de la musique de chambre romantique ? Il fut composé durant l'été de 1886 sur les bords du lac de Thun, — simultanément à la *Sonate n° 2 pour violoncelle et piano (op. 99)* et à la *Sonate n° 2 pour violon et piano (op. 100)*. Comme ces deux partitions, le *Trio op. 101* fut déchiffré, entre amis, chez les Widmann qui séjournaient à Berne, — Brahms tenant le piano et les deux frères Hegar, de Zürich, les parties de violon et de violoncelle. Mais la première audition publique de l'œuvre fut donnée dans le courant du mois de décembre suivant à Budapest (par le compositeur, avec le violoniste Hubay et le violoncelliste Popper). Nous sommes mal renseignés sur l'accueil qu'elle reçut. Il y a quatre mouvements : un *Allegro*, un *Presto*, puis un *Andante*, enfin un second *Allegro*. Le premier mouvement apparaît puissamment concentré, — les trois autres apportant une certaine détente.

1. ALLEGRO ENERGICO (à 3/4) : il est dans la forme sonate à trois thèmes principaux. Le premier, en un *ben marcato* intense, domine tout le mouvement, — avec une idée secondaire très rythmique qui en constitue le conséquent. Un bref retour de ce premier thème amène un second motif adjacent, plus mélodique, dévolu au clavier sur l'accompagnement des cordes en pizzicato. Plus mélodique encore, le deuxième thème que s'adjugent les cordes, tandis que le piano arpège. C'est une troisième idée secondaire qui suit, — assez proche du premier thème principal et plus largement exploitée, avant que ne paraisse le troisième thème, court, tel un temps de repos ; il achève l'exposition (quatre-vingts mesures). Le développement, relativement allégé (une cinquantaine de mesures), n'utilise guère que le thème initial, présenté sous différents éclairages, et la première idée secondaire, variée rythmiquement. Un « pont » amènera la réexposition, comme le développement plus brève que l'exposition, à peu près symétrique de celle-ci. La coda, en revanche, sera importante et grandiose (environ quarante mesures), sur le premier thème et sa première idée secondaire.

2. PRESTO NON ASSAI (en *ut* mineur) : le Brahms des *Ballades* et des *Intermezzi* pour piano est ici tout entier : caractère éminemment fantasque de cette sorte de scherzo, — dont le premier épisode (trente mesures) exploite un thème qu'effleurent presque furtivement le clavier et les cordes *con sordini*, tandis que s'affirme une idée secondaire plus rythmique ; leur répétition précède une troisième exposition du thème initial. Contrastante, la partie centrale (mesures 31 à 94) fait fonction de trio (en *fa* mineur) : motif de longs accords au piano piqueté de l'étrange pizzicato des cordes et qui prend une allure désinvolte, — tandis que l'idée secondaire qui se présente, marquée de syncopes, semble agitée de sourde inquiétude. La reprise de l'épisode initial n'en diffère que par quelques détails (triolets de croches en fusées au piano). La coda (mesures 125 à 145) conclut avec le premier thème.

3. ANDANTE GRAZIOSO (en *ut* majeur) : remarquable par la souplesse de la mesure (adoptant une formule à 3/4, 2/4, 2/4), le mouvement lent — creuset affectif, « sentimental », de l'œuvre — est thématiquement simple. Il n'utilise, en effet, que deux idées : la première (mesures 1 à 42) est un motif semblable à un petit lied populaire, d'une intimité charmante, chanté presque familièrement :

Il est répété quatre fois, par réparties entre cordes et piano. La partie centrale forme une sorte de trio (*la* mineur, mesures 43 à 74), — qui oppose également piano et cordes sur un second motif mélodique, non dénué davantage de familiarité. L'imbrication de mesures à 9/8 et à 6/8 apporte une diversité d'« humeurs ». La partie conclusive reproduit, plus brièvement, l'épisode initial, tandis qu'une courte coda (huit mesures) termine.

4. FINALE : ALLEGRO MOLTO (en *ut* mineur, à 6/8) : mouvement le plus développé de la partition (plus de deux cent cinquante mesures), et thématiquement le plus prolixe. Il est dans une forme sonate élaborée, traitée rhapsodiquement, — où l'exposition (mesures 1 à 84) offre d'abord un thème *scherzando*, très mystérieux, auquel deux idées conséquentes, d'une rythmique heurtée, confèrent le caractère d'un scherzo un peu fantastique. Le second thème est un motif chromatique confié aux cordes, sur d'efficaces arpègements du clavier. Très librement, dans un certain foisonnement, se succèdent plusieurs idées secondaires rapidement enchaînées, — formant la conclusion de cette ample exposition. Développement, à l'inverse, particulièrement concis

(mesures 85 à 123), où le premier thème n'apparaît qu'épisodiquement, dans lequel tout paraît livré à la fantaisie (exploitation de divers et brefs motifs adjacents). La réexposition, un peu plus ramassée que l'exposition (environ soixante-cinq mesures), en reprend la succession thématique, et s'assortit d'une large coda (mesures 191 à 256), d'une joie triomphante, faisant la part belle à l'esprit d'invention — et de synthèse — en apparence le moins contrôlé, et néanmoins le plus magistralement infaillible.

Durée moyenne d'exécution : 19-21 minutes.

Trio pour piano, violon et cor, en *mi* bémol majeur (op. 40)

Commencée pendant l'été de 1864 lors d'un séjour à Baden-Baden, cette partition ne fut terminée qu'au printemps de l'année suivante, alors que le compositeur (âgé de trente-et-un ans) venait de perdre sa mère : mais il est inexact d'alléguer qu'elle fut écrite à la mémoire de cet être cher, — même si Brahms y a réuni trois instruments pratiqués dès sa toute première jeunesse. Ce sont, en vérité, les paysages de la Forêt Noire, fréquentées en 1864, qui l'inspirèrent ; il devait le confirmer lui-même à son ami Dietrich, lors d'une promenade aux environs de Baden en 1867 : « Un matin je marchais, et au moment où j'arrivais là le soleil se mit à briller entre les troncs des arbres ; l'idée du Trio me vint immédiatement à l'esprit avec son premier thème ». Œuvre de la Nature, par conséquent, et « naturelle » dans sa sobriété comme dans son sentiment dominant. Il est à noter que le musicien n'y emploie pas le cor d'harmonie, alors déjà utilisé partout, mais le cor de chasse, — ce qui limite les possibilités techniques de l'instrument, mais en revivifie les sonorités poétiques et merveilleusement évocatrices : c'est, en effet, ses qualités « coloristiques » que Brahms a souhaité mettre en valeur, — lui refusant tout rôle de premier plan, l'éloquence ostentatoire d'un soliste. Le *Trio op. 40* fait certainement exception dans l'histoire de la musique de chambre germanique au XIXe siècle, — alors que le cor n'a guère trouvé à s'exprimer avec bonheur que dans la *Sonate op. 17* de Beethoven. Il fut cependant une voix « romantique » par excellence, et Brahms, tout en préservant ici l'équilibre classique de ses œuvres les plus significatives, n'a pas de peine à nous en persuader. La première audition publique fut donnée le 7 décembre 1865 à Karlsruhe (publication par Simrock à la fin de 1866) : le compositeur était au piano, et deux artistes de l'orchestre grand-ducal prêtèrent leur concours, — le corniste Segisser et le violoniste Ludwig Strauss. Nous ne sommes pas renseignés sur l'accueil réservé à une partition que Brahms aima toujours particulièrement, et qui — du fait des difficultés de la partie de cor, peut-être, et de son très relatif effacement — n'est cependant pas jouée fréquemment. Les quatre mouvements, organiquement liés comme nous le verrons, sont successivement un *Andante*, un *Scherzo*, un *Adagio mesto*, et le finale *Allegro con brio*.

1. **Andante** : non point l'allegro de sonate traditionnel, mais un *Andante* de facture tout à fait originale en guise de premier mouvement. Il se décompose ainsi : l'épisode *Andante* inaugural, à 2/4 (soixante-seize mesures) ; une section *Poco più animato*, à 9/8 (quarante-et-une mesures) ; puis un *Tempo primo* qui, après un « pont », ramène donc l'*Andante* initial (trente-six mesures), tandis que reparaîtra un nouveau *Poco più animato* (trente-trois mesures), — avant un « pont », puis le *Tempo primo* en guise d'épisode final complété par une coda (au total, un peu plus de deux cent quarante mesures). Une telle disposition formelle — l'*Andante* se trouvant répété trois fois, avec deux épisodes plus vifs — semble gouvernée par la plus libre fantaisie : or ce sont peut-être diverses exigences du jeu du cor qui ont prédisposé à de telles alternances de mouvement. Le thème principal de l'*Andante*, indiqué *dolce espressivo*, d'ambitus étroit, et comme embué de songe et de mélancolie, permet d'introduire l'instrument à vent, sans brusquerie, à la neuvième mesure :

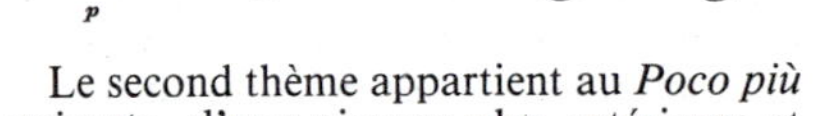

Le second thème appartient au *Poco più animato*, d'une aisance plus extérieure et plus chaleureuse. C'est un troisième thème qui, par deux fois, fera office de « pont » (conformément à l'agencement formel décrit précédemment).

2. **Scherzo** (**Allegro** à 3/4, en *mi* bémol majeur) : le scherzo proprement dit, vigoureux, même violent, non dénué, sans doute, de quelque pointe d'humour, adopte une forme sonate à deux thèmes, — le premier rythmique, à partir d'un *unisono* d'octaves au clavier, le second (à la mesure 60) mélodique. Intervient un bref dévelop-

pement, avant une réexposition dans les règles (au total, deux cent soixante-dix-sept mesures !). Le trio (*Molto meno allegro*), en *la* bémol mineur, présente — comme de coutume — un thème unique dans le caractère populaire, plus calme et légèrement triste. Le scherzo est ensuite répété textuellement.

3. ADAGIO MESTO (en *mi* bémol mineur, à 6/8) : comme dans le mouvement initial, Brahms adopte ici le principe de l'alternance des motifs, dans un très rare esprit d'improvisation. Le sentiment dominant, tout intériorisé, semble celui de l'affliction, ou d'une inquiétude et d'une certaine instabilité (les exégètes de l'œuvre reviennent ici au deuil de la mère du compositeur). A la fois sombre, solennellement recueillie, nuancée de clairs-obscurs, l'expression semble tout autant attachée à une mise en valeur des moirures sonores de l'instrument à vent, — mélodiquement traité ici en un exigeant contrepoint violonistique avec la plus grande simplicité ; la partie de piano, par contraste, révèle une écriture harmonique chargée, et même profuse. Deux thèmes parents sont utilisés, — répartis en quatre sections, dont la dernière offre une allusion au thème principal du finale, une prémonition de la joie de vivre qui ensoleillera, pour conclure, ces pages un peu mélancoliques.

4. FINALE : ALLEGRO CON BRIO. Sur la mesure à 6/8 du mouvement précédent, celui-ci enchaîne à peu près sans discontinuité, comme précipitamment, et suscite soudain des visions tournoyantes de chasse-à-courre, de galops, de fanfares. La forme sonate — en ce seul mouvement d'ailleurs — est de mise, avec l'emploi de quatre thèmes créant un même climat. Les trois premiers sont présentés dans l'exposition ; le quatrième n'apparaît qu'au développement, et uniquement là. La réexposition est sensiblement identique, dans son agencement, à l'exposition, tandis que la coda utilise surtout le premier thème. Ce simple schéma ne peut, il est vrai, rendre compte du caractère éminemment spontané, et un peu rude, de ce finale, — dont plus d'un a dénoncé, fort injustement, la forme conventionnelle, quelque peu haydnienne (le Haydn — bien sûr — de « la Chasse »). Mais il faut souligner à quel point il enferme — admirablement complémentaire des trois mouvements antérieurs — l'âme allemande des forêts profondes et peuplées de légendes à laquelle le cor — ce « Cor magique » des poètes — donne ici sa plus fidèle expression.

Durée moyenne d'exécution : 28-30 minutes.

LES QUATUORS

Quatuor pour piano et cordes n° 1, en *sol* mineur (op. 25)

Il est notable que, des trois quatuors avec piano qu'il composa, Brahms a produit les deux premiers à peu près simultanément dans sa jeunesse (il n'avait pas atteint trente ans), et le troisième quelque vingt années plus tard (voir, plus loin, l'*op. 60*). On a même pensé que les esquisses de celui-ci remontaient au séjour à Detmold, en 1856, — ce qui n'est pas prouvé. Il faut remarquer, également, qu'à l'époque la formation instrumentale réunissant piano, violon, alto et violoncelle n'était pas courante (exceptions faites, rares, chez Mozart et Schumann). Le *Quatuor op. 25* fut assez longuement travaillé au cours de l'année 1861 (peut-être dès 1860) à Hamm, près de Hambourg, et terminé, en tout cas, à la fin du mois de septembre, — lorsque Brahms en adressa copie à Joachim, le grand ami violoniste, volontiers censeur des œuvres du compositeur. Ce qu'il fut, en effet, pour le premier mouvement, jugé de forme relâchée, alors que le finale « à la tzigane » recueillit un avis enthousiaste. La partition fut créée publiquement peu après son achèvement, à Hambourg le 16 novembre 1861 (publication en 1863), par Clara Schumann et trois instrumentistes qui avaient déjà participé à la première du *Sextuor op. 18* à Hanovre l'année précédente. On signalera que le *Quatuor op. 25* a été transcrit pour piano à quatre mains par le compositeur lui-même, et qu'Arnold Schönberg en a réalisé, en 1932, une version orchestrale. Les quatre mouvements sont, successivement, un *Allegro*, un *Intermezzo*, un *Andante*, enfin le *Rondo alla zingarese* qui enchanta Joachim.

1. ALLEGRO (à 4/4) : ce premier mouvement, de forme assez libre (qui provoqua les foudres de Joachim), est ample et d'écriture thématique plutôt complexe. Il ne comporte pas moins que trois cent soixante-treize mesures : les vingt-six mesures d'introduction sont consacrées à un premier thème qu'énonce le clavier seul, mystérieux et puissant à la fois, — que les trois autres instruments rejoignent successivement, du grave à l'aigu, comme pour affirmer son rayonnement. À la mesure 27, il éclate en un fortissimo héroïque (unisson des cordes), — le piano contrepointant en figurations à 1/16. C'est ici le début véritable de l'exposition,

— le deuxième thème n'apparaissant, *molto espressivo*, qu'à la mesure 78, d'abord en mineur (avec le violoncelle) en un flux mélodique plein de chaleur, tandis qu'on passe au majeur et, qu'après l'insertion d'une idée secondaire, est abordé le troisième thème (mesure 100) ; ce dernier, d'un bel élan, conclura l'exposition sur une autre idée apparentée. Le puissant développement, qui est double (mesures 130 à 264), n'utilise que le premier thème, qu'il met en valeur par combinaisons contrapuntiques et rythmiques. La réexposition, régulière, fait l'économie de l'introduction initiale (mesures 264 à 332), et s'assortit d'une coda (mesures 333 à 373) construite — de même que la réexposition — sur le seul premier thème, pour conclure dans le pianissimo.

2. Intermezzo (Allegro ma non troppo, en *ut* mineur, à 9/8) : ce mouvement « nocturne », qui n'a rien de commun avec le scherzo, revêt néanmoins une forme tripartite, — avec trio central. L'épisode initial est bâti sur deux thèmes conservant le même climat de poésie intime et de mystère, très caractéristique — nous l'aurons maintes fois observé — du Brahms « nordique ». Beau clair-obscur de ce premier motif — *dolce ed espressivo* — procédant par sixtes en légères syncopes sur la régularité des croches :

Le trio — *Animato* en *la* bémol majeur — utilise également deux thèmes, lyriques, tandis que la répétition symétrique du premier épisode se termine en une coda qui reprend, *pianissimo*, le motif initial du trio.

3. Andante con moto (en *mi* bémol majeur, à 3/4) : c'est ici un grand lied de coupe ternaire, dont les parties extrêmes comportent deux thèmes et la partie médiane un seul. Les deux premiers thèmes sont présentés deux fois, alternativement, sur des accompagnements rythmiques distincts leur conférant une allure de marche qui va jusqu'au fortissimo ; ils sont d'ailleurs d'expression robuste, héroïque même, quasi-orchestrale. C'est cet aspect héroïque qui identifie le mieux le motif sur lequel est construit l'épisode central (*Animato*). La reprise de la première partie est légèrement modifiée.

4. Rondo alla zingarese (Presto à 2/4) : le caractère apparemment improvisé de ce finale assez exceptionnel — dont son exceptionnelle ampleur (plus de quatre cents mesures !) — s'accommode mal des découpages de l'analyse conventionnelle. C'est bien le mérite du compositeur hambourgeois que d'avoir su évoquer la musique tzigane avec cette même liberté farouche dont elle fait preuve en tant que signe primordial d'une culture et d'un nationalisme. Outre l'indépendance de la forme, on remarquera le souci constant de reproduire les caractérisations sonores de ce « hungarisme », — telles qu'imitations de cymbalum ou effets de cadence virtuoses suscitant de très curieux « développements » jouissant de leur propre autonomie. On notera encore l'alternance, typiquement tzigane, d'humeurs contrastées — mélancolie, langueurs, et joie sauvage, exubérante —, compte tenu d'une thématique assez profuse (non moins que cinq motifs principaux) et d'un agencement général défiant les règles classiques (en six épisodes que relient cadences, refrains, ou brèves codas). Mais le rythme, irrésistible, emporte tout ; et l'auditeur, subjugué, nous dispensera de tous autres commentaires...

Durée d'exécution : 40 minutes environ.

Quatuor pour piano et cordes n° 2, en *la* majeur (op. 26)

Il est pratiquement contemporain du *Quatuor op. 25* (v. précédemment), puisque la composition en fut achevée, à Hambourg, dans le courant du mois d'octobre 1861. Mais on ne sait quelle fut la date exacte de sa première exécution, — qu'on peut placer avec vraisemblance entre novembre de la même année et le tout début de 1862 (publication en 1863) : une lettre de Brahms à son ami Dietrich atteste qu'on aurait, en cette période, déjà joué *ses* quatuors ; or n'existaient encore à l'époque que les *Opus 25* et *26*. Quoi qu'il en soit, cet ouvrage-ci n'obtint pas de si tôt le succès du précédent, — Hanslick lui-même, d'ordinaire si enthousiaste, estimant les thèmes « secs et ennuyeux ». On observe, il est vrai, que ce *Quatuor op. 26*, discipliné, de forme plus « académique » que celle de l'*op. 25*, n'en possède ni la fantaisie, ni les séductions immédiates, et paraît — du même coup — moins personnel, d'une inspiration beaucoup moins « typée ». Les quatre mouvements en sont un *Allegro non troppo*, un *Poco Adagio*, un *Poco Allegro*, et un *Allegro alla breve*.

1. Allegro non troppo (à 3/4) : remarquablement équilibré en chacune de ses parties, le mouvement initial se coule dans la forme sonate à trois thèmes. Le thème principal, exposé d'abord par le piano seul, se construit sur un ferme balancement de triolets dans la chaude, idyllique tonalité de *la* majeur.

Le second thème, qui passe en *mi* majeur, est également présenté par le piano : il affirme un caractère mélodique ample (épisodiquement alangui de chromatismes), — que vient briser l'apparition tardive du troisième thème, *grazioso*, plus rythmique et brièvement énoncé en fin d'exposition. Les trois thèmes sont exploités dans leur ordre au cours du développement (piano et cordes, toutefois, s'imbriquant plus étroitement), — la réexposition se révélant, elle aussi, tout à fait régulière, avec une assez longue coda (mesures 344 à 380) solidement étayée sur le thème principal.

2. **Poco Adagio** (en *mi* majeur, à 4/4) : le deuxième mouvement constitue sans aucun doute le centre émotionnel de l'œuvre — avec sa « passion ambiguë » (Joachim) —, et son sommet purement musical. D'inflexions schumanniennes, il forme une sorte de grand Nocturne dans lequel la partie de piano, richement écrite, s'adjuge une primauté harmonique par le concours de splendides arpègements surgis du registre grave, apportant de saisissants contrastes de couleur à la ligne mélodique des cordes. Le déroulement formel est dénué, quant à lui, de toute complexité, — deux épisodes extrêmes encadrant une partie centrale d'agencement libre. L'épisode initial comporte deux thèmes indiqués respectivement *espressivo e dolce*, et *espressivo e forte*; l'épisode final, qui répète ces thèmes, est suvi d'une coda développée, mais n'utilisant que le premier thème.

3. **Scherzo (Poco Allegro**, en *la* majeur, à 3/4) : non plus schumannien, mais schubertien, ce Scherzo curieusement lent, d'humeurs changeantes, rieuses, toutefois un peu impersonnelles, — que les cordes, cette fois, ouvrent en unisson, sans le piano. La partie principale est bâtie sur deux thèmes ; le trio central (en *ré* mineur, puis majeur), d'esprit haydnien, exploite également le bi-thématisme offrant plusieurs séquences d'un énergique traitement en canon.

4. **Allegro, alla breve** : dans la forme rondo, le finale fait paraître trois thèmes et quelques motifs adjacents exposés dans une première partie, — dont se détache surtout le thème initial d'une impulsivité rythmique quelque peu « hongroise » (mais infiniment moins prononcée que dans le finale de l'*op. 25* précédent). De nouveau, il est permis de penser à Schubert, — en ces mélanges imprévus, insistants, de bonne humeur et de climats introspectifs. Une seconde partie, parfaitement symétrique de la première, constitue la « réexposition » qu'achève une longue coda (plus de soixante-dix mesures), qui peut sembler assez artificieuse. Très manifestement, l'œuvre hésite alors entre un certain classicisme viennois et le « hungarisme » plus débridé du *Quatuor op. 25*, — n'en renouvelant pas entièrement la réussite.

Durée d'exécution : 48 minutes environ.

Quatuor pour piano et cordes n° 3, en *ut* mineur (op. 60)

Ébauchée dès 1856, cette partition — le dernier quatuor avec piano — ne fut terminée qu'en 1875, vers la fin de l'été passé par Brahms à Ziegelhausen, non loin de Heidelberg, et, par conséquent, dans le même temps que le troisième *Quatuor à cordes op. 67* (voir cette œuvre). Le présent quatuor connut, en effet, plusieurs versions remaniées, notamment en 1861, — alors qu'étaient en chantier les deux autres quatuors avec piano. En particulier, il semble que le *Scherzo* ait été le premier mouvement composé, tandis que l'*Allegro* initial le fut en dernier, pendant l'été de 1875 déjà mentionné. Il faut signaler aussi que la tonalité définitive d'*ut* mineur remplaça l'*ut* dièse mineur prévu à l'origine. Des trois quatuors avec piano, celui-ci n'est pas simplement le plus beau : œuvre-confession sans doute, il est le plus libre, s'évadant maintes fois des rigueurs classiques, guidé par la seule inspiration et par l'émotion du moment, mariant sans effort apparent la fougue juvénile et la complète maîtrise d'écriture d'un Brahms ayant seulement dépassé la quarantaine. La partition, publiée dès 1875, fut exécutée pour la première fois à Wiesbaden, devant le Landgraf et la princesse de Hesse (grands admirateurs du musicien), en février 1876, — Brahms tenant la partie de piano. Il y a quatre mouvements : se succèdent un *Allegro*, un *Scherzo*, le mouvement lent — *Andante* — en troisième position, et, pour terminer, un nouvel *Allegro*.

1. **Allegro non troppo** (à 3/4) : une

assez longue introduction (plus de trente mesures) précède l'exposition du premier thème principal, — telle une sorte de variation d'atmosphère indécise, cependant d'une exaltation assez sombre. Puis le premier thème paraît après un « pont » de deux mesures ; évoquant ce thème, Brahms confia à son ami Herman Dieters en 1868, — se référant au *Werther* de Goethe : « Imagine un homme qui va se brûler la cervelle, parce que c'est pour lui l'unique solution ». L'esquisse, en effet, en remontait à l'époque où le musicien éprouva pour Clara Schumann une amitié très passionnée, et inavouée : un désespoir tragique, une douleur abrupte semblent associés en cette phrase que le piano décline par altérations successives sur des batteries des cordes. Un motif secondaire lui succède, en doubles croches aux cordes sur un rythme volontaire, rudement marqué, au clavier. Le deuxième thème, qui passe au majeur, est mélodique, plus clair, un peu solennel, — combiné rapidement avec une nouvelle idée secondaire, dramatique. Bref retour de ce deuxième thème seul, — un « pont » clôturant l'exposition. Le développement, nettement plus court que celle-ci, utilise principalement le thème initial qu'il traite librement, avant de conclure par un épisode rapide en imitations sur le second thème. La réexposition est régulière, et le mouvement prend fin sur une coda d'un dramatisme accentué.

2. Scherzo (Allegro, en *ut* mineur également, à 6/8) : un autre versant de l'œuvre se révèle ici, moins introspectif, s'orientant davantage vers la narration « légendaire ». Il s'agit à peine d'un scherzo, mais d'une libre forme sonate avec épisode central se présentant comme un développement. L'épisode initial est introduit par quatre mesures d'une sombre véhémence, — alors que le premier thème se trouve exposé, d'abord par le piano, dans un climat d'épopée, sur une rythmique vigoureuse. Le deuxième thème fait contraste par son atmosphère mystérieuse ; retour du premier thème, puis conclusion en une coda de dix-huit mesures précédant le bref épisode central, en majeur : celui-ci construit sur un troisième thème indépendant, chanté avec ferveur et quelque solennité mystique par les cordes d'abord. Un rappel du premier thème est introduit avant la péroraison, — que suit la reprise fidèle de l'épisode initial, ainsi qu'une coda, d'une force sauvage, sur le premier thème.

3. Andante (en *mi* majeur, à 4/4) : c'est le mouvement le plus détendu de cette œuvre pleine de tourments. Il est dans la forme du lied ternaire : la première partie, d'une grande beauté mélodique, offre — telle une phrase d'amour — un thème noblement chanté par le violoncelle sur un accompagnement rythmé par accords syncopés au clavier. Le violon (mesure 17), puis l'alto (mesure 26) font leurs entrées successives, d'une merveilleuse délicatesse. La section centrale utilise un second thème mélodique, rythmé par syncopes également, — énoncé par le violon en premier lieu. La dernière partie réintroduit le thème initial, admirablement varié, et conclut sur une coda mettant à profit le rythme du second thème.

4. Allegro comodo (en *ut* mineur) : retour à la tonalité de départ en ce finale ramassé, de tempo plus lent qu'originellement, coulé dans la forme sonate à trois thèmes, — où se retrouvent la fièvre et les sombres agitations des deux premiers mouvements. L'exposition présente d'emblée un premier thème lyrique et ample confié au violon sur l'accompagnement en contrepoint serré du piano. Un motif secondaire en triolets de noires conduit vers le deuxième thème, très chantant, — auquel succède sans tarder le troisième thème en style de choral entonné avec ardeur par les cordes, avec suspens de points d'orgue qu'orne un motif descendant au clavier : ce qui achève une exposition de près de cent mesures, — le développement qui suit exploitant sans contraintes ces divers éléments thématiques. La réexposition est symétrique de l'exposition, avec une coda en *ut* majeur (sur le premier thème) qui semble une libération salvatrice de toutes les passions antérieures.

Durée d'exécution : 33 minutes environ.

Quatuor à cordes n° 1, en *ut* mineur (op. 51 n° 1)

Brahms et le quatuor à cordes : le compositeur avoua longtemps combien ce genre instrumental lui paraissait semé d'embûches et les hésitations qu'il éprouva, des années durant, à rendre publique une œuvre sous cette forme. Comme dans la sphère de la symphonie, Beethoven projetait une ombre envahissante, non moins intimidante. De fait, les deux quatuors de l'*Opus 51* ne furent terminés qu'à la fin de l'été 1873, — que Brahms passa à Lichtental, près de Clara Schumann : non moins qu'une vingtaine d'années de travail avait été nécessaire, — marquée de doutes, de scrupules, de repentirs. Dès 1853, après sa rencontre avec Robert Schumann, le jeune musicien songeait à leur composition et s'était mis à la tâche : il avait esquissé maints projets, et joué certains fragments — dont nous ne connaissons plus rien — en présence d'amis dont il sollicitait l'avis. Enfin, au terme d'un travail jugé définitif, à Tutzing pendant cet été de 1873, les deux *Quatuors op. 51* furent exécutés pour la première fois, en privé, devant Clara, et déclarés comme œuvres complètement achevées (en cette même occasion, Brahms et Clara jouèrent sur manuscrit les *Variations sur un thème de Haydn*, qui venaient d'être terminées). La création officielle du *Quatuor en* ut *mineur*, dédié à Theodor Billroth, se fit le 11 décembre suivant à Vienne, par le Quatuor Hellmesberger : ce ne fut qu'un succès d'estime. L'œuvre s'est acquis une réputation d'austérité, — en raison principalement d'un mouvement initial d'une grande rigueur de structure, à l'écriture polyphonique serrée, peu spectaculaire en effet. Notons qu'il existe une transcription pour piano à quatre mains, réalisée par le compositeur, d'une parfaite lisibilité.

1. **Allegro** (à 3/2) : le premier mouvement est dans la forme sonate à trois thèmes la plus stricte. Le trait dominant est celui d'une certaine retenue, d'une sévérité que tempère le jeu des modulations. Le thème initial est exposé *crescendo* par le premier violon en une figuration ascendante et rythmique croches/noires pointées lui conférant son élan conquérant :

Motif « tétralogique », a pu écrire un José Bruyr, par allusion aux toutes premières mesures du *Ring* wagnérien. Au premier violon se joint le second, sur des batteries de l'alto et du violoncelle. Sur le même rythme en accompagnement, paraît ensuite une première idée secondaire, avant un retour du thème initial (cette fois avec l'alto et le violoncelle) ; puis vient l'énoncé du deuxième thème, essentiellement mélodique, mais conservant le motif en croches qui accompagnait le thème antérieur. Il est aussitôt suivi d'une deuxième idée secondaire, qui de nouveau emprunte le rythme du thème principal. Le troisième et dernier thème est assez bref, modulant, et conduit à un « pont » signalant la fin de l'exposition et la reprise. Le développement ne fait usage que des deux premiers thèmes, tout en exploitant le rythme insistant, omniprésent, de l'exposition. C'est un nouveau « pont » qui le termine, tandis que la réexposition restera conforme à l'agencement de la première partie, — un troisième « pont » (*crescendo ed agitato*) amenant l'assez importante coda destinée à clore le mouvement dans le ton d'*ut* majeur.

2. **Romanze (Poco adagio**, en *la* bémol majeur, à 3/4) : d'une émotion contenue, légèrement pathétique par instants, ce beau mouvement lent se compose de deux thèmes distribués à travers deux sections successives, complétées par une coda. La première section fait fonction d'exposition : premier thème d'une intense expressivité, non dépourvue de solennité, — avec, en particulier, ce *pianissimo* (mesure 15) débutant sur l'accord mineur *mi* bémol — *sol* — *si* bémol, d'un effet saisissant. Un peu fiévreux, inquiet et comme contraint, le deuxième thème, — dont le rythme en trilets s'imposera peu à peu en un doux halètement. La seconde section utilise les deux thèmes précédents dans l'esprit de la variation ; et c'est une brève coda, pacifiée, qui achève ce mouvement, — qui ne présente que le tort de ne pas toujours échapper au « sentimentalisme » d'interprètes cependant bien intentionnés.

3. **Allegro molto moderato e comodo** (en *fa* mineur, à 4/8) : c'est ici une sorte d'intermezzo empruntant la forme du scherzo avec trio central. Le caractère d'ensemble est à la fois celui d'une douce mélancolie et de sursauts d'humeur imprévisibles. Courte exposition des deux thèmes, puis non moins bref développement sur le premier thème, — avec l'apparition, *lusingando*, d'un parcours mélodique de triolets, réexposition des deux thèmes dans l'ordre initial, et petite coda. *Un poco più animato*, en *fa* majeur, le trio propose un motif dans la manière d'un air de danse gai, d'abord énoncé *dolce* par le premier violon ; il est en deux sections, dont la première est reprise. Le scherzo proprement dit est enfin répété sans changements.

4. **Allegro, alla breve** (en *ut* mineur) : le finale, d'une très grande richesse mélodique et rythmique, tient beaucoup du rondo tout en se coulant dans une forme sonate à exposition et réexposition, sans développement. Il se caractérise également par l'emploi, certes rudimentaire mais nettement affirmé, du procédé cyclique, — de par certaines parentés thématiques revendiquées avec les mouvements précé-

dents. Ce principe d'unification apparaît déjà à travers le dessin du premier thème, dont la courbe mélodique ascendante — sur une tierce mineure — se révèle identique à celle du début de la *Romanze* ; son rythme pointé, d'autre part, est bien celui du thème initial du tout premier *Allegro* ; l'on peut noter enfin que ce premier thème du finale présente le renversement du thème initial du troisième mouvement. Les six thèmes de ce mouvement conclusif s'apparentent, quant à eux, par leur climat de sombre passion, un style volontairement austère, — l'*ut* mineur semblant opposer un obstacle infranchissable à cette ascension vers la lumière à laquelle ils paraissent aspirer tour à tour.

Durée d'exécution : 32 minutes environ.

Quatuor à cordes n° 2, en *la* mineur (op. 51 n° 2)

On ne reviendra pas sur les circonstances hasardeuses de composition de cet *op. 51 n° 2* (voir le précédent *op. 51 n° 1*). De même, ce second quatuor fut dédié par Brahms « à son ami le Dr. Theodor Billroth, de Vienne », un éminent chirurgien de l'époque. Comme le précédent encore, il est d'« humeur mineure » (l'appellation de « quatuors mineurs », compte tenu de leur tonalité, ayant fait florès), d'une semblable inspiration « nordique » un peu sombre, ici moins concentrée toutefois, plus poétique, sans doute, avec ses lignes plus fines et aérées, — en tout cas certainement moins austère. Achevé, comme l'*op. 51 n° 1*, en 1873, l'*op. 51 n° 2* fut cependant créé plus tardivement, le 3 décembre 1875 à Vienne, par le Quatuor Hellmesberger : l'*Andante* et le *Scherzo* provoquèrent l'approbation particulière d'une critique qui n'avait pas toujours fait preuve de tant d'aménité envers le musicien.

1. Allegro non troppo (à 2/2) : le mouvement initial, dans la forme sonate, comporte trois thèmes, — dont le premier est énoncé, *piano espressivo*, par le premier violon. Les deux mesures d'introduction, dont les blanches ont valeur emblématique (*(la) - fa - la - mi*, en notation allemande F - A - E, reproduisant la devise du violoniste Joachim *Frei, aber einsam*, « Libre, mais seul »), décrivent une ample courbe mélodique affirmative, que le petit motif rythmique conséquent semble contredire non sans ironie sous-jacente :

Ce thème est largement exposé sur un accompagnement miroitant de triolets à l'alto, et dominera le mouvement entier, — qui découle, jusqu'en ses détails, du contenu des neuf premières mesures. C'est une idée secondaire, à son tour amplement exploitée, qui conduit vers le deuxième thème, qui passe en majeur : indiqué *grazioso ed animato*, ce thème chante, *mezza voce*, dans le ton intimiste d'une tendre élégie (les deux violons en tierce), tandis qu'alto et violoncelle esquissent un fond rythmique dont se remarque l'équivoque trois-pour-deux. Deuxième idée secondaire, sur cette même ambiguïté rythmique, ramenant le second thème modifié dans sa texture instrumentale ; retour, encore, de la deuxième idée, puis apparition brève du troisième thème, vigoureux, qui viendra s'exténuer en un « pont » précédant la reprise de cette exposition. Le développement est dense et concis, — utilisant le premier thème principal, puis combinant en contrepoint certains éléments motiviques antérieurs. Réexposition régulière, — le troisième thème, conjugué avec son renversement, amenant une longue coda : un *più animato sempre* introduit le rappel du premier thème, qui conclut avec force.

2. Andante moderato (en *la* majeur, à 4/4) : le mouvement lent — qui, comme dans le *Quatuor op. 51 n° 1*, prend la seconde place — est en trois parties. La première, qui fait incursion dans le ton d'*ut* dièse, s'avère éminemment lyrique, d'une grâce quasi schubertienne, — avec un thème mélodique coulant sous l'archet du premier violon, puis du violoncelle, enfin repris en jeu canonique par les deux voix supérieures. La partie centrale fait rupture : les accents sont fortement marqués, avec des chromatismes presque dramatiques ; l'exposition du thème a lieu en un puissant canon, puis en duo imitatif entre premier violon et violoncelle. Un épisode *molto piano e dolce* — sorte de petit lied —, avec son renversement au violoncelle, précède la troisième partie, symétrique de la première. Une brève coda exploite l'épisode « lied » de la partie médiane pour conclure.

3. Quasi minuetto (Moderato en *la* mineur, à 3/4) : la première section de ce troisième mouvement est une sorte de menuet d'un lyrisme fragile dans lequel se retrouve le ton élégiaque et aimable du

début, mais parfois ombré de quelque mystère : un seul thème aux triolets caractéristiques (mesure 2), descendant. La partie centrale, qui tient lieu de trio, constitue un scherzando — *Allegretto vivace* à 2/4 — qui passe au *la* majeur et apporte la vie : le thème est présenté en staccato et *leggiero*, — avec, en son milieu, une sorte d'intermezzo rapide en forme de variation. Puis le menuet sera repris, et c'est une courte coda qui terminera.

4. Allegro non assai (en *la* mineur, à 3/4) : son caractère gaiement dansant domine ce finale, construit tel un allegro de sonate. Le premier thème, présenté *forte*, est d'un rythme énergique, sur des syncopes lui conférant sa vie et ses couleurs tziganes ; une première idée secondaire, vivement rythmée, amène le deuxième thème, mélodique et détendu, un peu berceur, qu'exprime le premier violon. Deux nouveaux motifs secondaires se succèdent encore, — l'un rythmique, l'autre mélodique. La partie développement n'exploite que les deux thèmes principaux et la première idée secondaire, resplendissante dans le mode majeur. La réexposition est symétrique de l'exposition. Après un *poco tranquillo* reprenant le thème initial, apaisé, dans le *la* mineur, la coda s'élance en un *più vivace* qui conclut l'œuvre dans l'ivresse de la danse « hongroise ».

Durée d'exécution : 33 minutes environ.

Quatuor à cordes n° 3, en *si* bémol majeur (op. 67)

Ce troisième et dernier quatuor à cordes fut ébauché à Vienne au début de 1875 et terminé pendant l'été suivant à Ziegelhausen, sur les rives montagneuses du Neckar, à proximité de Heidelberg (soit deux années après l'achèvement des *op. 51 n° 1* et *n° 2*). C'est bien l'environnement pastoral et paisible de cette petite localité qui a inspiré l'œuvre, fréquemment surnommée — à tort — « Quatuor viennois » : ce caractère viennois n'est nullement évident, alors que tout y respire quiétude bucolique et certaine gaieté « paysanne », un peu haydnienne. La partition, dédiée par Brahms « à son ami le Pr. Th. W. Engelmann, d'Utrecht » (avec lequel il échangea longtemps une abondante correspondance), fut donnée en première audition publique à Berlin le 30 octobre 1876, par le Quatuor Joachim, avec un appréciable succès. Succès renouvelé un mois plus tard à Vienne, avec le Quatuor Hellmesberger. A noter qu'existe, de cette œuvre, une transcription pour piano à quatre mains rédigée par le compositeur lui-même.

1. Vivace (à 6/8) : dès l'abord l'humeur, l'ambiance apparaissent différentes de celles des deux quatuors aînés. Les trois thèmes du mouvement initial, de forme sonate, sont joyeux, bondissants, d'une sève rustique, avec des échos de fanfare champêtre. Ceux-ci se perçoivent déjà dans le premier thème, — avec son exposé en croches dans un lointain *piano* :

La mesure à 6/8 se transformera, sous peu, en un 3/4 qu'adoptent premier violon et violoncelle. Et c'est une première idée secondaire qui paraît en un pétillement de doubles croches, pour se combiner au thème initial et aborder le second thème (fluidité des doubles croches au premier violon, sur la persistance de fanfares aux autres voix). Le troisième thème, à 2/4 à son tour, s'élancera joyeusement sans que s'estompent encore les « bruits » de fanfare, — avant la reprise (facultative) ou le développement. Celui-ci présente bientôt un nouveau motif *sotto voce*, qui fait contraste avec tout ce qui a précédé : c'est un bel arc mélodique, d'une inspiration poétique toute spontanée. Le développement fait librement alterner ce motif avec les thèmes principaux antérieurs ; la réexposition, régulière, s'assortit d'une brillante coda.

2. Andante (en *fa* majeur, à 4/4) : deux mesures d'introduction précèdent l'exposition du thème principal, présenté *cantabile*, comme un rêve un peu fiévreux, par le premier violon. C'est une sorte de lied qu'un second thème interrompt en *ré* mineur, — telle une improvisation de caractère rhapsodique, plus rythmique et d'une certaine énergie. S'interpose une sorte de cadence très libre du premier violon, en doubles croches virtuoses. Reprise du thème-lied, différemment présenté, et coda de onze mesures que baigne une paix d'idylle.

3. Agitato (Allegretto non troppo, en *ré* mineur, à 3/4) : sorte d'intermezzo de construction ternaire, typiquement brahmsien, — dont la première partie accorde la prééminence à l'alto, tandis que les autres instruments fournissent, *con sordini*, un accompagnement rythmique ou harmonique. On distingue, dans toute leur concision, trois thèmes, — le premier nerveux, capricieux, le deuxième de sentiment élégiaque, le dernier d'une ferme carrure rythmique et ramenant l'agitation du début. Il n'y a pas de reprise. Le trio en *la* majeur, également rythmique, véritable danse de kobolds légère et gracieuse, comporte un thème mélodique avec l'alto sur un accompagnement d'arpèges. La reprise da capo précède une libre coda.

4. **Poco allegretto con variazioni** (en *si* bémol majeur, à 2/4) : le finale est constitué d'un thème que suivent huit variations et une coda, — d'une ampleur tournoyante, comme enivrée d'elle-même. Ce thème, présenté par les deux voix supérieures, est dans le caractère d'une simple chanson populaire et plaisante. Les trois variations initiales demeurent proches du thème : l'alto conduit la première, les autres instruments se mêlent plus intimement dans les deux suivantes, — avec, notamment, le thème en triolets que s'adjuge le premier violon. Les variations qui succèdent manifestent plus d'émancipations : pianissimo de la quatrième variation (toujours en *si* bémol) favorisant une expression très poétique, inattendue ; cantabile du violoncelle dans la cinquième variation (qui passe en *ré* bémol majeur) ; écriture syncopée de la sixième variation (cette fois en *sol* bémol majeur), dont le mouvement amène insensiblement le 6/8 (*Doppio movimento*) de la septième variation (retour au *si* bémol de départ), — laquelle fait resurgir brusquement le premier thème du *Vivace* initial. La huitième et dernière variation (*si* bémol mineur) propose également quelques échos de ce thème, — avant que l'importante coda (soixante-quinze mesures) ne ramène et n'amplifie le thème générateur de ce finale, traité en augmentation sur un accompagnement de « fanfare » lointainement emprunté au premier mouvement de la partition : ainsi conclut-on dans l'atmosphère de liesse champêtre qui fut celle de ce mouvement, — laissant l'auditeur sur une impression euphorique de joie de vivre.

Durée d'exécution : 36 minutes environ.

LES QUINTETTES

Quintette pour piano et cordes, en *fa* mineur (op. 34)

La genèse de l'œuvre — l'une des partitions de chambre les plus appréciées de son auteur — ne fut pas simple : le *Quintette op. 34* connut plusieurs métamorphoses avant d'être publié en 1865 sous sa forme définitive. C'est au cours des années 1861-1862 que Brahms conçut un *Quintette à cordes en* fa *mineur* (deux violons, un alto et deux violoncelles, — formation chère, notons-le, à Boccherini, et qui resta celle d'un des grands chefs-d'œuvre de la musique de chambre allemande, le *Quintette en* ut *majeur D 956* de Franz Schubert). Mais le compositeur en détruisit le manuscrit : une audition privée, en 1863, l'en avait convaincu à la suite des critiques formulées par son ami le violoniste Joachim, puis des suggestions de Clara Schumann estimant que certains thèmes et développements appelaient le piano (mais Clara avait déchiffré l'œuvre dès 1862 au piano sans l'avoir encore entendue avec les cordes ; et, virtuose du clavier, peut-être prêchait-elle un peu égoïstement pour sa paroisse !). En 1863 Brahms décida donc de réécrire sa partition, cette fois pour deux pianos : il en résulta une *Sonate pour deux pianos* (désignée par le numéro d'*op. 34 b*), entièrement rédigée avant le *Quintette op. 34*, et qui, bien que publiée après lui (en 1872), en constitua une seconde épreuve préparatoire : plan et développements, en effet, sont identiques. Comme l'a signalé Claude Rostand*, le fait que le musicien ait ensuite composé une version définitive pour piano et cordes ne constitue en rien un désaveu de sa part. Toutefois, là encore, la version intermédiaire ne fit pas l'unanimité, — sa première audition à Vienne, en avril 1864, s'étant soldée par un échec. Clara Schumann sembla désespérée : « C'est une œuvre si pleine d'idées qu'elle requiert un orchestre entier. Au piano la plupart de ces idées se perdent... Je t'en prie, revois-la encore ». Brahms chérissait cette version à deux pianos, — que Clara interpréta encore à trois reprises, cette fois avec quelque succès. Néanmoins, le compositeur obéit à Clara : dès l'été de 1864 à Baden-Baden, il repensa sa partition pour quintette avec piano, — également à l'instigation de Hermann Levi, le futur chef d'orchestre wagnérien, qui avait interprété la version pour deux pianos en compagnie de Clara. Lorsque Levi reçut la version définitive, son enthousiasme fut tel, et si justifié, qu'une citation s'impose ici, — même si le contenu nous en semble un peu banal : « Le Quintette est beau au-delà de tout ce qu'on peut en dire. Quiconque ne l'a pas

* C. Rostand, *op. cit.*

connu sous ses formes initiales de quintette pour cordes et de sonate pour deux pianos ne pourrait pas supposer que l'œuvre n'a pas été originellement pensée et conçue pour la présente combinaison d'instruments... D'une œuvre monotone pour deux pianos vous avez fait une chose d'une grande beauté, un chef-d'œuvre de la musique de chambre. On n'avait rien entendu de pareil depuis l'année 1828 »... 1828 : le *Quintette en* ut *majeur* de Schubert, précédemment évoqué ! La première audition privée de l'œuvre s'en fit à la même époque, à Baden, devant S.A.R. la princesse Anna de Hesse, la dédicataire (qui l'était déjà de la *Sonate pour deux pianos*) : le succès fut considérable. La partition devait être publiée — comme on l'a mentionné — l'année suivante. Faut-il encore y insister ? Le *Quintette op. 34*, en sa version définitive, soutient la comparaison avec son frère schubertien : un seul violoncelle et le piano s'y substituent simplement aux deux violoncelles du *Quintette D 956*. Et il est vrai qu'ici les cordes trouvent une assise architecturale plus ferme et homogène grâce à un clavier plus « analytique », — réalisant de la sorte un miracle d'équilibre dont bénéficient aussi les couleurs sonores comme les lignes mélodiques. Les quatre mouvements font se succéder un *Allegro*, un *Andante*, un *Scherzo* (*Allegro*), et un grand finale en trois parties (*Poco sostenuto*, *Allegro non troppo* et *Presto non troppo*) qui ne s'emprisonnent dans aucun cadre « classique ».

1. **Allegro non troppo** (à 4/4) : forme sonate amplement construite sur trois thèmes principaux, — dont le premier (très connu), déclamé à l'unisson par le premier violon, le violoncelle et le piano, s'impose d'emblée avec une ferme noblesse, son caractère résolu, sa densité mélodique :

Son conséquent est un motif rapide et vigoureux, au clavier (à dominante rythmique, sur figurations de croches et triolets). Un *dolce espressivo* de transition amène le deuxième thème, en *ut* dièse mineur, de caractère lyrique assez contrastant et longuement exploité (quarante mesures). Le troisième thème, un peu apparenté au premier, se révèle par la suite plus rythmique. Le développement est assez bref (soixante-dix mesures), très modulant, et n'utilisant que les deux premiers thèmes. La réexposition est régulière, mais assortie d'une vaste coda, — d'abord *Poco sostenuto* en écriture contrapuntique, puis retrouvant l'énergique élan du début du mouvement.

2. **Andante, un poco adagio** (en *la* bémol majeur, à 3/4) : contraste frappant de ce mouvement lent, qui fait pénétrer dans l'univers ombré, étrange et peuplé de rêves, de notre musicien du Nord. Il ne comporte qu'un thème complété de trois idées secondaires, et adopte une structure tripartite. Ce thème est exposé par le premier violon, l'alto et le piano sur un épisodique pizzicato du violoncelle, en perpétuelle oscillation entre mélodie et rythme :

Ambiguïté métrique, surtout, de cette souple et incessante ondulation de tierces et sixtes, — le clavier s'exprimant dans son harmonisation propre et sur un rythme différent de celui de la basse et des autres instruments joués *pp*. Les trois idées secondaires sont toutes plus ou moins voisines, — sans que se définissent absolument leurs contours.

3. **Scherzo** (**Allegro** en *ut* mineur, à 6/8) : même climat « nordique » que celui du deuxième mouvement, et construit dans la forme tripartite avec trio central. Il évolue volontiers du mineur au majeur, et juxtapose des rythmes à 6/8 et 2/4, — dont les effets de syncope accusent l'itinéraire vagabond et fantasque. On compte trois thèmes présentant tous ce même caractère de ballade, — le premier sur un 6/8 un peu haletant, le deuxième à 2/4 et d'accents héroïques, le troisième à 6/8 de nouveau, plus festif. Un épisode fugué s'interpose, — avant une libre répétition de chacun d'entre eux, puis le trio. Le thème principal de ce dernier paraît également à 6/8, en *ut* majeur, — tel un chant solennel d'inspiration populaire ; en épisode médian, un motif secondaire plus lyrique, à 2/4. C'est enfin la reprise du thème, puis le retour textuel du scherzo proprement dit.

4. **Finale** : il s'articule, formellement, en trois parties *Poco sostenuto — Allegro non troppo — Presto non troppo*, dont se révèle d'entrée de jeu l'abondance thématique. Il n'y a donc pas de tempo dominant, et la progression de l'ensemble — toute intuitive, simplement soumise aux impératifs de la sensibilité et de la pensée poétique — manifeste des hardiesses qu'un Schoenberg lui-même ne désavouera pas.

• **Poco sostenuto** (mesures 1 à 41) : faisant office d'introduction, il est caractérisé par une montée chromatique accédant à la luminosité d'un thème large et expressif (d'abord *forte* au premier violon et au violoncelle, sur accompagnement de triolets au clavier). Une section symétrique à la première (en montée par tons, cette fois) forme la conclusion.

• **Allegro non troppo** (à 2/4) : centre vital du mouvement, il comporte non moins de trois cents mesures. Sa forme tient autant de la sonate que du rondo, — avec une exposition des thèmes, puis leur réexposition modifiée (il n'y a pas de développement). Non moins que quatre thèmes principaux, également : le premier, important (mesures 42 à 80), dans le caractère populaire, semble émerger de la nuit et reste sombre, vigoureux, et quelque peu instable à la fois ; il est dévolu au violoncelle, auquel se joint ensuite l'alto sur accompagnement du piano. Un motif conséquent, en legato plus lyrique, conclut ; puis cette partie est répétée, — avec le piano sur accompagnement du premier violon et de l'alto, ensuite en répliques des cordes au piano. Une transition fait intervenir un motif secondaire (mesure 80), puis un « pont » menant à l'énoncé du deuxième thème principal, plus concis (mesures 95 à 125) : *un pocchettino più animato*, paraît en effet un chant un peu plaintif, presque pathétique, avec les cordes jouant *piano* ; lors de sa répétition, le clavier s'unit aux autres instruments. Le troisième thème (mesures 126 à 161) enchaîne sans transition, — d'un lyrisme typiquement brahmsien, rythmé en triolets. Après un *diminuendo poco ritenuto*, c'est enfin le quatrième thème (mesures 162 à 183) qui est exposé *dolce*, tout de délicatesse, en staccato. La réexposition de tous ces éléments procède dans un ordre un peu différent de celui de l'exposition : d'abord le premier thème, répété comme précédemment ; mais vient ensuite le quatrième thème, sensiblement renouvelé dans sa formulation (tierces à l'unisson au piano, notamment) ; le petit motif secondaire déjà noté reparaît, — suivi d'un « pont » introduisant le deuxième thème, sur lequel enchaînera rapidement le troisième. Une sorte d'intermède (mesures 321 à 342) mène vers le *Presto* final.

• **Presto non troppo** (mesure 343 à fin) : il comporte, lui encore, deux thèmes qui ne sont pas sans voisiner avec certains des précédents. En *ut* dièse mineur, le premier — qui est à 6/8 — se trouve exposé par les cordes chantant ardemment sur de larges accords du piano ; il est ensuite traité librement, jusqu'à l'apparition du second thème, d'un ample et robuste déclamation. Un dramatisme croissant s'empare du mouvement qui, après un point d'orgue, est conclu en une coda d'accents éclatants, et pleine de gaieté. Ainsi ce vaste finale couronne-t-il une partition exceptionnellement riche et tout à fait originale. Claude Rostand* fit remarquer qu'« on n'avait rien entendu de tel depuis Beethoven, le Beethoven des dernières sonates et des derniers quatuors. Ce *Quintette op. 34* — ajoutait-il —... montre bien comment Brahms a su retenir la leçon de Beethoven, tout en conservant absolument intacte son originalité ; combien... il a su renouveler et régénérer une tradition qui s'imposait à lui comme un exemple du plus vivant classicisme ». Beethoven, Schubert, Brahms : c'est au terme d'un tel cycle que prend place, avec gloire, l'œuvre présente.

Durée d'exécution : 42 minutes environ.

Quintette à cordes n° 1, en *fa* majeur (op. 88)

Il est écrit pour deux violons, deux altos et un violoncelle, — Brahms n'ayant donc pas utilisé deux violoncelles, mais doublé la partie d'alto. Il est exactement contemporain du *Trio n° 2 pour piano et cordes op. 87* (voir cette œuvre), — puisqu'il fut, comme ce dernier, terminé à Bad Ischl en 1882 (chaque mouvement portant la mention « Im Frühling 1882 »). Brahms s'en montra inhabituellement satisfait ; il écrivit, en août, à son éditeur Simrock (qui devait publier la partition l'année suivante) : « Je puis vous dire que je n'ai jamais entendu une aussi belle œuvre qui fût de moi ». Sans doute le compositeur conserva-t-il, des années durant, une affection spéciale pour une œuvre qu'à l'origine Joachim et Clara Schumann critiquèrent (mais ils revinrent, plus tard, sur leur opinion). Concision, naturel, simplicité — et « fraîcheur printanière » relevée par tous les commentateurs — caractérisent une partition qui fut donnée en première audition le 29 décembre suivant (en même temps que le *Trio op. 87*), avec des musiciens amis de Joachim. Autant que le *Trio*, le *Quintette* obtint un franc succès, et, dès janvier 1883, des exécutions en eurent lieu à Hambourg, puis à Berlin ; enfin l'œuvre fut révélée au public viennois par

* C. Rostand, *op. cit.*

le Quatuor Hellmesberger, le 15 février. Il y a trois mouvements : se succèdent un *Allegro*, un mouvement central assez complexe (indiqué *Grave ed appassionato*), et un second *Allegro* en guise de finale. Brahms a lui-même réalisé une transcription de l'œuvre pour piano à quatre mains.

1. **Allegro non troppo, ma con brio** (à 4/4) : le mouvement d'ouverture, d'une richesse thématique assez foisonnante, se présente dans la forme sonate la plus souple qui soit. L'exposition (jusqu'à la mesure 77) offre d'abord un thème sans artifices, d'une sève toute « printanière » en effet, d'une grâce un peu nonchalante :

Un « pont » introduit une idée secondaire, qui est rythmique, puis fait paraître le deuxième thème, mélodique, chaleureux. C'est sur ce thème que se greffent alors plusieurs motifs adjacents, — l'un particulièrement beau, exprimé par le premier alto en une succession de triolets de noires, les deux suivants également mélodiques, le dernier en revanche par accords marqués avec force, d'une robustesse toute paysanne. C'est lui qui clôt l'exposition, — un nouveau « pont » amenant le développement (mesures 78 à 138) qui utilisera les deux thèmes principaux strictement, mais avec efflorescence. Retour à la tonalité de base, et magnifique rentrée du premier thème, préfacée par un puissant point d'orgue. Après la réexposition (mesures 139 à 210) tout à fait régulière, la coda (mesures 211 à 226) terminera sur le second thème librement exploité.

2. **Grave ed appassionato** : d'organisation complexe, comme nous l'avons dit, ce mouvement central condense en lui seul les deux mouvements médians habituels. Il intercale à deux reprises, dans le *Grave*, une sorte d'intermède animé, à la manière d'un trio, — la première fois un *Allegretto*, la seconde un *Presto* : on a donc trois épisodes lents entre lesquels s'insèrent deux épisodes vifs qui donnent une impression de diversité dans l'unité, et, du même coup, de constante improvisation. Le premier *Grave* (jusqu'à la mesure 31), qui est à 3/4 et dans le ton d'*ut* dièse mineur, est constitué d'un thème mélodique sombrement expressif, — véritable nocturne livré à l'archet du violoncelle ; deux idées secondaires, également mélodiques, semblent répondre à ce thème en prolongeant son climat. En *la* majeur et rythmé à 6/8 tout comme une gigue, le premier intermède est un *Allegretto vivace* (mesures 32 à 80) d'une délicatesse extrême, et d'une gaieté comme voilée, un peu moqueuse ; il a, somme toute, le caractère d'un scherzo, — avec la double exposition du thème et son développement. Les mesures 81 à 117 font reparaître le *Grave* initial, qui comporte ici quelques modifications en approfondissant le sentiment, — avant l'irruption du second intermède vif, de nouveau en *la* majeur, qui est un *Presto* (mesures 118 à 165) bondissant dans la lumière : le thème de ce *Presto* constitue d'ailleurs une variante de celui de l'*Allegretto* précédent, et, comme lui, fait l'objet d'une double présentation, puis d'un développement. Ultime retour, enfin, du *Grave* (mesure 166), qui s'assortit d'une coda calme, un peu solennelle (avec le violoncelle), sur laquelle le *la* majeur conclusif, avec l'ample arpège ascendant du premier violon, vient poser un oblique rayon de soleil.

3. **Allegro energico** (en *fa* majeur, à 3/2) : le finale est traité en style fugué, dans la forme sonate, et paraît — à première écoute — détruire le climat poétique des mouvements antécédents. Il est évident qu'il possède une force, un élan, une pulsation joyeuse que l'écriture contrapuntique, non sans rigueur, entretient avec ténacité. On peut d'ailleurs tenir pour certain que lui servit de modèle le finale du *Quatuor à cordes op. 59 n° 3* de Beethoven. L'exposition (jusqu'à la mesure 54) présente un premier sujet, au rythme carré, qu'introduit le premier violon avant les entrées successives du second violon et du violoncelle ; le second sujet, en revanche, est un thème lyrique, *cantabile* qui met à profit le rythme initial sans l'abolir. À partir d'un « pont » de neuf mesures, voici le développement (mesures 55 à 99) articulant, sur les sujets antérieurs, plusieurs idées secondaires, — l'une en triolets de noires, l'autre, essentiellement rythmique, procédant par « sauts » en contrepoint au-dessus des voix inférieures. Nouveau « pont », très bref, amenant la réexposition (mesures 100 à 145) qui sera symétrique de l'exposition ; mais, en guise de coda, c'est un *Presto* à 9/8 (mesures 146 à 185) qui viendra terminer en accélération, à la manière d'une strette, sur le premier sujet de fugue, — dont la présence conclusive souligne l'unité profonde du mouvement.

Durée d'exécution : 27 minutes environ.

Quintette à cordes n° 2, en *sol* majeur (op. 111)

Il est écrit — comme le *Quintette op. 88* précédent — pour deux violons, deux altos et violoncelle, et fut composé pendant l'été de 1890 à Bad Ischl ; il lui est donc postérieur d'une huitaine d'années, au cours desquelles parurent notamment — pour ce qui regarde la musique de chambre — la *Sonate pour violoncelle et piano op. 99*, les *Sonates pour violon et piano op. 100* et *108*, le *Trio avec piano op. 101*... Œuvres considérables, à tout le moins dans ce domaine instrumental. Avec le *Quintette op. 111*, le musicien — qui n'était pourtant âgé que de cinquante-sept ans — pensait écrire son œuvre ultime ; or, nous savons que la rencontre avec un merveilleux virtuose de la clarinette en déciderait autrement... Nous sommes renseignés, également, sur l'accueil peu enthousiaste que les intimes de Brahms — Joachim le tout premier — réservèrent à la nouvelle partition : leurs reproches s'adressèrent notamment à l'écriture qu'ils jugèrent compliquée, et en particulier, semble-t-il, à l'importance donnée par le compositeur au premier alto, — instrument, il est vrai, qui jouissait de toutes ses faveurs*. Cependant, le bienveillant Hanslick fut d'un tout autre avis. Avant même d'aborder l'œuvre, son jugement éclairé mérite encore d'être rappelé : « Pour ce qui est du sentiment et de la matière musicale, le *Quintette* a tout à fait les mêmes caractères que les dernières œuvres dans lesquelles nous avons eu plaisir à louer la généreuse et splendide solidité de facture, l'intensité expressive et l'admirable concision de la forme. Brahms semble se concentrer de plus en plus, il semble trouver de mieux en mieux, et avec une assurance toujours accrue, dans l'expression forte et vigoureuse des sentiments simples ». Hanslick ajoute, plus généralement : « La musique de chambre des dix ou quinze dernières années me fait penser au Beethoven de la troisième manière »... Mais il remarque avec pertinence : « Quand Beethoven écrit ses derniers quatuors, ces grands drames du pessimisme, il a à peu près le même âge que Brahms. Quel contraste, en dépit d'analogies internes aussi profondes ! »**. Et chez Brahms, il est vrai, c'est vers une paix conquise dans l'allégresse et la lumière (dernier mouvement de ce *Quintette op. 111*) que nous accédons. Indiquons que Brahms a réalisé, de l'œuvre, un arrangement pour piano à quatre mains, — la chose lui étant depuis longtemps coutumière.

1. **Allegro non troppo, ma con brio** (à 9/8) : morceau construit dans la forme sonate à deux thèmes, — le premier puissant, d'inflexions héroïques (Brahms, à l'origine, l'avait prévu pour une *5e Symphonie*), avec la voix prépondérante du violoncelle s'élevant progressivement du registre grave sur la ligne uniforme des autres cordes accompagnatrices (mesures 1 à 20) ; il s'assortit d'une brève idée secondaire (mesures 21 à 25). Le second thème (mesures 26 à 37) est sereinement expressif, avec le premier alto, — que prolonge, en syncopes rythmiques, un motif *dolce* qu'énonce le second violon ; deux idées secondaires, apparentées tant par le dessin mélodique que par la structure rythmique, lui font suite, — avant que l'exposition ne soit conclue rapidement sur un rappel du premier thème principal (mesures 57 à 59). C'est avec ce thème que débute le développement (mesures 60 à 108), caractérisé par l'utilisation libre de thèmes nouveaux, essentiellement rythmiques. Il est notable que la tendance à ne pas réemployer les thèmes de l'exposition dans la partie développement d'un mouvement s'est généralisée parmi les œuvres tardives du musicien. La réexposition (mesures 109 à 164) s'avère symétrique de l'exposition, — avec une coda d'une vingtaine de mesures exploitant, pour l'essentiel, le premier thème.

2. **Adagio** (en *ré* mineur, à 2/4) : comportant quatre-vingts mesures, c'est un mouvement très simplement agencé — un thème et ses variations — et d'une rare splendeur mélodique. Le thème, en particulier, de parfum légèrement magyar, forme une sorte de chant nostalgique se construisant sur un motif de triples croches (avec quintolet) abordé *forte* par le premier alto. Les quatre variations (la coda pouvant être considérée comme la dernière d'entre elles) utilisent avec une extraordinaire liberté ce thème, qu'elles assortissent de motifs secondaires qui ont caractère ou fonction de « réponses » ; la coda revient pratiquement au thème dans sa configuration initiale.

3. **Un poco Allegretto** (en *sol* mineur, à 3/4) : le troisième mouvement présente les caractères et l'ambiance d'un intermezzo, — dans la forme scherzo. Le thème de la première partie accentue la couleur slave — le « hungarisme » — du mouvement anté-

---

* Voir ses transcriptions pour alto des parties de clarinette : *Œuvres avec clarinette*.

** Toutes citations extraites de : Claude Rostand, *op. cit.*

rieur à travers une rythmique immuable, quelque peu mécanique. La tonalité mineure provoque des assombrissements, comme en une sorte de valse triste. Le trio central, en revanche, fait valoir un thème en *sol* majeur d'une simplicité tendre et gracieuse, dans la nuance *dolce* :

Ce thème charmeur serait moins remarquable s'il n'offrait un fort contraste avec celui des parties extrêmes, — la reprise da capo venant conclure sur une très jolie coda qui prend prétexte du thème même du trio.

4. Vivace, ma non troppo presto (en *sol* majeur, à 2/4) : le finale accentue de nouveau le « hungarisme » antécédent, dans une lumière dissipant définitivement toutes brumes nordiques : « C'est une des musiques les plus méridionales, et les plus typiquement viennoises qu'ait écrites Brahms. Pour cela, on a parfois donné à l'œuvre le surnom de *Prater-Quintett* » (Claude Rostand). La structure rhapsodique du mouvement est également notable, bien qu'assujettie à une forme sonate à deux thèmes principaux (et trois idées secondaires). L'exposition (jusqu'à la mesure 80) se construit dans l'ordre suivant : premier thème dansant, suivi de deux idées secondaires ; second thème plus mélodique, suivi de la troisième idée secondaire, — également mélodique. Le développement (mesures 81 à 162) traite fort librement le premier thème. La réexposition (mesures 163 à 247) est sensiblement symétrique de l'exposition, tandis que la coda, assez développée (près de quarante mesures), utilise, outre le thème initial, un thème rythmique indépendant d'une saveur et d'un entrain tout tziganes, — sorte de czardas endiablée.

Durée d'exécution : 26 minutes environ.

LES SEXTUORS

Sextuor à cordes n° 1, en *si* bémol majeur (op. 18)

Parmi les œuvres de chambre pour cordes seules, il faut observer que les deux sextuors — cet *op. 18*, puis l'*op. 36* (voir plus loin) — furent composés par Brahms avant les quatuors et les quintettes. Il n'est pas interdit de penser que la formation instrumentale choisie — deux violons, deux altos et deux violoncelles — fut la plus favorable à un jaillissement des idées musicales mis en évidence, en même temps que discipliné, par la clarté, les proportions harmonieuses de la forme. Tels sont les caractères primordiaux de ces deux partitions. C'est en septembre 1860 que le compositeur termina son *Sextuor op. 18* auquel il avait travaillé tout l'été à Hamm, non loin de Hambourg ; c'est dans cette même période que furent entrepris les *Quatuors avec piano op. 25* et *op. 26* (v. ces œuvres), — achevés néanmoins un peu plus tard. On peut donc considérer l'*op. 18* comme la première grande partition de musique de chambre parfaitement maîtrisée (le *Trio op. 8*, qui avait précédé, dut être remanié par la suite). Cette maîtrise, toutefois, n'est pas simplement celle des outils, — de leur maniement et de leur adaptation aux intentions : elle résulte tout autant d'une complète assimilation des influences conjuguées d'un Haydn et d'un Beethoven (sinon d'un Schubert ; mais celui-ci ne s'adresse-t-il pas, au premier chef, à la pure sensibilité ?). Assimilation complète, en ce que rien ne paraît s'altérer de la personnalité brahmsienne : personnalité ici souriante, détendue, laissant agir sans artifice les charmes d'une inspiration pleine de fraîcheur, tendrement poétique : « Ce ne sont plus les songes fantastiques battus des vagues grises et glauques de la mer du Nord, mais de douces rêveries au bord de l'Elbe en un blond printemps » (Claude Rostand), — qui ont d'ailleurs fait surnommer l'œuvre *Frühlingssextett*, « Sextuor du Printemps ». Son succès fut immédiat et prolongé : Joachim en suscita la première audition dès le 20 octobre 1860 à Hanovre, lors d'un de ses concerts réguliers de musique de chambre, puis à Leipzig le 27 novembre suivant (Clara Schumann découvrit l'œuvre avec ravissement), enfin le 4 janvier 1861 dans la ville natale du compositeur, Hambourg (publication en 1862). L'accueil fut tel que, pendant les semaines suivantes, le *Sextuor* dut être redonné trois fois. On notera qu'existe, de la main de Brahms, une transcription — qui a ses mérites — pour piano à quatre mains. Les quatre mouvements sont, successivement, un *Allegro*, un *Andante*, un nouvel *Allegro (Scherzo)*, et, pour conclure, un *Poco Allegretto*.

1. Allegro ma non troppo (à 3/4) : le mouvement initial, très ample, est dans une forme sonate à trois thèmes. Les deux premiers, l'un et l'autre mélodiques, chantent dans un climat de pure sérénité : premier violoncelle d'abord, puis premier alto en sont les voix privilégiées. Le thème principal — *espressivo* et très lié — est un peu berceur :

Le second, en *la* majeur, présente le caratère d'un lied. Le troisième thème, en revanche, en *fa* majeur, s'avère plus essentiellement rythmique, et d'une grâce quasi schubertienne. Mais ces trois thèmes ont en commun la même ferveur lyrique, — que le développement (près d'une centaine de mesures) ne fera qu'approfondir, sur les seuls premier et troisième. Réexposition symétrique de l'exposition, avec le même jaillissement mélodique, et magnifique coda, pleine d'élan et de joie, qui fait valoir surtout le thème en *fa* majeur.

2. ANDANTE MA MODERATO (en *ré* mineur, à 2/4) : il est à variations (dont il faut noter la simplicité : il ne s'agit en rien de variations amplificatrices à la manières beethovénienne). Le thème est une mélodie de style populaire, — sorte de marche lente un peu grave et parcourue, tout à la fois, d'un frémissement de passion intériorisée sublimant ses origines « folkloriques ». Il est remarquable que les trois premières variations — dans lesquelles le thème, dans sa tonalité initiale, ne subit que des modifications principalement rythmiques (rythme ternaire des triolets de la deuxième variation, notamment) — semblent converger toutes vers l'importante quatrième variation éclatant dans un lumineux *ré* majeur — *molto espressivo* — où le thème se décante et s'affirme dans son essentielle noblesse. La variation suivante (*ré* majeur également) est présentée *dolce*, en musette, tandis que la sixième et dernière variation ramène au *ré* mineur du début avec le thème dans sa figuration mélodique initiale, — le premier violoncelle détaché sur un pizzicato des violons.

3. SCHERZO (ALLEGRO MOLTO, en *fa* majeur) : il est de coupe ternaire obligée, — l'épisode initial (jusqu'à la mesure 42) d'une allégresse et d'une vigueur « dansante » très beethovéniennes, le trio central (mesures 42 à 85) contrastant par son lyrisme affirmé. Après la reprise de la première partie, c'est une brillante coda, longue de vingt-quatre mesures, qui conclut *più animato*.

4. POCO ALLEGRETTO E GRAZIOSO (à 2/4) : le finale est un rondo dont le thème principal — avec le premier violoncelle en premier lieu — offre à nouveau cette robustesse et cette saveur populaires qui ont caractérisé plusieurs thèmes antérieurs, — avec qui, toutefois, un charme, un parfum « viennois » qui semblent autant un hommage à Schubert qu'une référence à Haydn :

Après un « pont » paraît un second motif, plus massif, auquel viendront s'apparenter plusieurs idées secondaires marquant une intensification rythmique. L'*Animato poco a poco più* d'une coda développée (plus de quarante mesures) viendra conclure, avec une sorte de frénésie, cette œuvre respirant pleinement le bonheur inaltéré de la jeunesse.

Durée d'exécution : 34 minutes environ.

Sextuor à cordes n° 2, en *sol* majeur (op. 36)

Il est écrit, comme le *Sextuor op. 18*, pour deux violons, deux altos et deux violoncelles, — répartition instrumentale dont le compositeur a su tirer profit, quant aux sonorités, soit par l'emploi des doublures (la ligne mélodique supérieure doublée dans le grave), soit par la division des voix en trois groupes de deux qui s'opposent ou se combinent ; d'où, le plus souvent, une texture polyphonique par formules ici plus travaillées et plus subtiles (parfois un peu touffues) que dans la partition précédente. Elle assure à celle-ci sa richesse et son homogénéité, mais la prive peut-être parfois de cette spontanéité, de ces jaillissements qui contribuaient tant au charme de l'*op. 18*. Cet *op. 36* est de quatre années postérieur, — puisque composé en majeure partie à Baden-Baden pendant l'été de 1864, et terminé au tout début de 1865, juste avant — le 1er février — la mort subite et douloureusement ressentie de la mère du compositeur. L'œuvre fut publiée en 1866 par Simrock ; mais sa création européenne n'intervint, à Vienne, aux concerts Hellmesberger, que le 3 février 1867 (une première audition publique en avait eu lieu aux États-Unis l'année précédente) : l'accueil fut désastreux. Comme raison principalement invoquée de cet échec, les raffinements de la polyphonie jugés incompréhensibles « à simple audition »... Le critique de la *Wiener Zeitung*, en particulier, se montra impitoyable, — écrivant entre autres aménités : « M. Johannes Brahms..., ce prophète annoncé par Robert Schumann dans ses heures sombres, et qui d'ailleurs a ses admirateurs chaleureux à Vienne,... nous remplit de désolation avec sa musique d'un ennui sournois et vertigineux, musique qui n'a ni corps ni âme et qui n'est que le fruit de l'effort le plus désespéré». Singulière mauvaise foi que ne partagèrent pas, ensuite, d'autres publics, — ceux de Zürich ou de Londres, devant lesquels le *Sextuor op. 36* fut donné avec succès.

1. Allegro non troppo (à 3/4) : le premier mouvement est dans une forme sonate ample et magnifiquement équilibrée. C'est un sentiment de tendresse élégiaque, en une ambiance toute pastorale, qui domine et semble inspirer notamment le thème initial, — très caractérisé : présenté *mezza voce* par le premier violon sur un immuable accompagnement de croches au premier alto (oscillation *sol - fa* dièse), il prend un double élan de quintes vers l'aigu pour chanter ensuite avec aisance (mesures 3 à 15) :

Cette présentation est largement exploitée entre *sol* majeur et *mi* bémol majeur dans les voix médiane et grave des autres instruments, — simultanément au motif d'accompagnement lui aussi réparti. Une idée secondaire paraît à la mesure 94, apparentée et permettant d'introduire le second thème, également mélodique, déclamé d'abord *Poco forte espressivo* et avec chaleur par le premier violoncelle. Celui-ci amène à son tour une nouvelle idée secondaire d'une cinquantaine de mesures, d'un lyrisme fervent : motif dont tous les exégètes de l'œuvre ont fait ressortir qu'il emprunte son profil mélodique (notes *la-sol-la-si-mi*, en allemand *A-G-A-H-E*) aux lettres du prénom de celle qui fut le premier amour du musicien (Agathe von Siebold), — Brahms en ayant témoigné lui-même auprès de ses amis, en particulier de Joachim. Le surnom d'*Agathe-Sextett* attribué à l'*op. 36* n'a pas été cependant conservé. Le développement, après un «pont» (mesures 212 à 230), est relativement court, — n'exploitant que le thème principal en écriture contrapuntique (canon en mouvement contraire). Nouveau «pont» (mesures 340 à 356) : un nuage, une nuance de mélancolie passe alors dans les chromatismes descendants et la tonalité pour un temps mineure, — avant la réexposition tout à fait symétrique de l'exposition, qui aboutira (mesure 561) à une coda (*Un poco sostenuto*) terminant brillamment sur le premier thème, — avec sa pulsation rythmique régulière.

2. Scherzo (Allegro non troppo, en *sol* mineur et à 2/4) : très peu scherzo, en vérité ; plutôt intermezzo, de nature mélodique plus que rythmique. Son thème unique est tout de délicatesse, d'une grâce un peu lasse, et très ouvragé (en particulier dans son épisode fugué). Plus robuste, sorte de valse vive et d'une fraîche rusticité, le trio central est un *Presto giocoso* qui passe en majeur et à 3/4 ; il est développé (deux cent cinquante mesures), et se signale par sa richesse contrapuntique. La première partie est reprise et s'achève, *animato*, en une coda de treize mesures d'une belle allégresse.

3. Poco Adagio (en *mi* mineur, à 4/4) : le mouvement lent se construit à partir d'un seul thème mélancolique et rêveur (douze premières mesures), que chante — *piano, molto espressivo* — le premier violon sur un accompagnement souplement rythmique (en triolets) du second violon et du premier alto. Il est loisible de noter quelque apparentement avec le thème principal du mouvement initial, — dont les intervalles de quinte sont ici transformés en intervalles de quarte. Une série de variations — ou pseudo-variations — s'élabore sur ce motif : la première (mesures 13 à 24) le fait passer à l'accompagnement avec le violoncelle en pizzicatos. Dans la deuxième variation (mesures 25 à 36), il se trouve traité en triolets de croches, tandis que la troisième variation (mesures 37 à 48), indiquée *Più animato*, s'avère plus énergique, voire martiale (sauts d'octave) et, surtout, plus complexe : deux épisodes donnent lieu, chacun, à reprise. La quatrième variation (mesures 49 à 60) possède la même vigueur, et prolonge d'ailleurs la variation précédente en renversant le motif, dont se conserve le caractère passagèrement héroïque. Une brève section *Adagio* introduit la cinquième et ultime variation (en *mi* majeur, mesures 65 à 77), dans son entier parcours de doubles croches que vient clore, *molto espressivo legato*, une coda de dix mesures, d'un sentiment apaisé, légèrement douloureux, — comme d'un bonheur enfui.

4. Poco Allegro (en *sol* majeur, à 9/8) : dans la forme sonate, le mouvement conclusif est bâti sur deux idées contrastées, avec un développement central extrêmement bref (une quinzaine de mesures seulement). Le premier thème, dans un mouvement sautillant et un peu âpre de doubles croches

(1/16), a le caractère d'une ritournelle à saveur populaire, — tandis que le second thème, présenté *tranquillo*, possède plus de charme mélodique, quoique d'une certaine rusticité également. Un « pont » introduit soit la reprise, soit le rapide développement (sur le motif initial de doubles croches). Puis un nouveau « pont » amène la réexposition, modifiée, qui, dans l'*animato* de la coda, intensifiera la vivifiante énergie du motif d'introduction. On constate alors que c'est le travail du rythme qui semble avoir préoccupé au premier chef le musicien en ce finale de facture un peu rudimentaire, voire indécise (mi-forme sonate, et mi-rondo à refrain). On lui a parfois reproché son caractère convenu : le jugement est-il fondé ? À hauteur des mouvements qui ont précédé, ce dernier — on peut l'admettre — ne se maintient pas absolument ; il n'est nullement désobligeant pour l'œuvre de le reconnaître.

Durée d'exécution : 33 minutes environ.

LES ŒUVRES AVEC CLARINETTE

À l'automne de sa vie, Brahms fait la rencontre d'un musicien d'exception, le clarinettiste de l'orchestre de Meiningen, Richard Mühlfeld. C'est sous l'impulsion de cette rencontre que seront composées quatre partitions incluant l'instrument et mettant en valeur toutes ses qualités de timbre et toutes ses nuances expressives, — quatre partitions comptant également parmi les plus accomplies du genre (la littérature pour clarinette) et de l'œuvre brahmsienne tout entière. Volontairement nous les avons rassemblées ici chronologiquement, — puisqu'elles figurent aussi comme derniers numéros d'opus du catalogue de musique de chambre.

Trio pour clarinette, violoncelle et piano, en *la* mineur (op. 114)

On a souvent considéré ce *Trio op. 114* comme une étude préalable au *Quintette op. 115*, qui lui est précisément contemporain (été de 1891, à Bad Ischl). L'unanimité s'étant faite définitivement sur la perfection de ce dernier, le malchanceux *Trio* n'obtient qu'une bien moindre considération, — considération qu'eurent pourtant pour lui ses créateurs (Brahms étant au piano, c'est Richard Mühlfeld qui tint la partie de clarinette et Hausmann celle de violoncelle, le 24 novembre 1891 à Meiningen), puis le public berlinois lors de la première officielle le 12 décembre suivant (après une répétition générale, le 10 décembre, déjà triomphale). Le compositeur lui-même — il est certain — aura pour sa part contribué à reléguer l'œuvre dans l'ombre, — confiant, notamment, qu'elle était seulement « la jumelle d'une bêtise encore bien plus grande » (le *Quintette op. 115*, bien évidemment). Boutade ! Mais une évidence demeure : l'équilibre sonore — et, dès lors, l'achèvement musical — s'avère autrement difficile à réaliser entre clarinette, piano et violoncelle (timbres hétérogènes, capacités expressives non identifiables les unes aux autres, pour ne point parler des modes distincts de production du son), qu'avec l'instrument à vent associé à un quatuor à cordes. D'entrée de jeu, également, on constatera la frappante disparité des registres, — le clavier étant seul à couvrir l'ambitus de ses partenaires individuellement. Moins rare, moins réussi — donc — le *Trio* que le *Quintette* ? Sans doute d'une inspiration plus contenue (bien que donnant lieu, par endroits, à de grands éclats de passion et à l'expression de sombres pulsions) ; mais également riche de trouvailles d'harmonie qui se remarquent surtout dans le détail. En ses quatre mouvements plus ramassés que ceux du *Quintette*, le *Trio* apporte la preuve d'un remarquable travail d'élaboration. Il peut, à l'extrême rigueur, être exécuté avec un alto remplaçant la clarinette (version prévue par Brahms en faveur d'un autre instrument qui lui fut cher, et dans une tessiture voisinant avec celle de l'instrument à vent).

1. **Allegro, alla breve** (à 4/4) : le mouvement inaugural (un peu plus que deux cent vingt mesures) est dans la forme sonate, ici caractérisée par la brièveté du développement (moins de quarante mesures). Le premier thème, d'une clarté et d'une vigueur diatonique affirmée sur l'étendue de l'octave, s'assortit dès la quatorzième mesure de deux idées secondaires présentant des figurations — traits et arpèges — qui font valoir les facultés d'agilité de la clarinette. C'est la première de ces idées secondaires qui forme transition vers le second thème (mesure 44) qu'on peut entendre comme un canon par renversement du premier, et s'amenant la réplique d'une troisième idée adjacente (mesure 63). Enfin un troisième thème, lyrique, clôt cette exposition relativement riche et condensée. Le développement, aussi bref qu'on l'a dit, n'exploite à peu près que le thème initial qui,

en revanche, n'apparaîtra pas dans la réexposition. Cette réexposition, en effet, offre la particularité de n'utiliser qu'avec modération les deux autres thèmes, — donnant la primauté aux motifs secondaires, très savamment différenciés (sur l'assise rythmique du piano, en particulier). La coda, indiquée *Poco meno allegro* (mesure 212), prend prétexte de l'initiale idée secondaire, virtuose, pour achever ce mouvement d'un panache certain.

2. Adagio (à 4/4, en *ré* majeur) : comme le premier mouvement, le deuxième est exempt de longueurs, de toute redite. Brahms s'y refuse pareillement à développer, — deux épisodes d'une vingtaine de mesures encadrant une section centrale encore plus brève (huit mesures). Le sentiment oscille entre deuil et consolation, en une sorte de « rêve » favorisant l'alternance de timbres graves et assourdis, les échanges mélodiques entre clarinette et violoncelle, — le clavier arpégeant et nourrissant l'harmonie. Les deux thèmes exposés sont partiellement conservés dans la section médiane, d'une atmosphère plus mystérieuse.

3. Andantino grazioso (en *la* majeur, à 3/4) : on ne peut que constater la réussite parfaite de ce troisième mouvement (pour peu qu'on ait laissé entendre que celle des deux précédents pouvait être mise en doute) ; il est le plus aéré et le plus chaleureux de l'œuvre, — en forme de menuet avec trio. La première partie, développée jusqu'à la mesures 113, est construite sur un thème unique d'une merveilleuse inspiration mélodique, très unie :

En son centre, superbes échanges de sonorité pure entre clarinette et violoncelle, « comme si les instruments étaient amoureux l'un de l'autre » (lettre de Mandyczewski, le fidèle « Mandy », ami du compositeur). Cet épisode fait place (mesure 114) à un trio dansant dans le ton de *ré* majeur, où la clarinette semble conduire les pas de ce Ländler. La reprise de la première partie, avec retour au *la* majeur initial, est écourtée (vingt-trois mesures), et amène une très libre coda *Un poco sostenuto*.

4. Finale : Allegro (à 2/4 et 6/8, en *la* mineur) : il apporte un contraste rythmique intéressant, quoique de sentiment assez réservé. Le thème principal, d'ailleurs unique (seize premières mesures), se construit sur un jeu contrapuntique du violoncelle et du piano, et engendre un mouvement animé de tierces ainsi qu'un motif rythmique vivement accentué. Si la forme sonate prédomine, c'est l'agencement thématique qui provoque le plus de surprises, — car au thème entendu succèdent et se juxtaposent quatre idées secondaires (jusqu'à la mesure 65). Le développement — ou ce qui en tient lieu — n'est qu'un épisode exploitant à nouveau le thème principal et faisant paraître une autre idée secondaire (mesures 77 à 97), selon des humeurs diverses tendant parfois à un assombrissement auquel contribue le registre grave de la clarinette. Un « pont » mène à la réexposition (mesure 105) qui, à son tour, n'utilise que les quatre idées secondaires antérieures. Mais c'est bien le thème principal qui s'impose pour terminer, dans l'importante coda pleine de vigueur et d'élan « romantique ».

Durée d'exécution : 25 minutes environ.

Quintette pour clarinette et cordes, en *si* mineur (op. 115)

Ce superbe et chaleureux *Quintette op. 115* fut composé rapidement, dans le même temps que le *Trio op. 114* (v. précédemment), au cours du printemps et de l'été 1891 à Bad Ischl : Brahms y séjournait comme l'année précédente, non moins fructueuse que celle-ci. Les deux partitions devaient être créées à titre privé, sur manuscrit, dès le 24 novembre suivant à la cour ducale de Meiningen (avec Richard Mühlfeld, bien entendu, pour la partie de clarinette, ainsi que Joachim et des membres de l'orchestre). Les premières auditions publiques eurent lieu, avec les mêmes interprètes, à Berlin les 10 (répétition générale) et 12 décembre : l'accueil fut, dès le 10 décembre, si enthousiaste qu'on refusa du monde le 12. C'est le 5 janvier 1892, enfin, que l'œuvre fut présentée à Vienne, avec le clarinettiste Steiner et le Quatuor Rosé ; puis, quinze jours plus tard, par Mühlfeld et le Quatuor Joachim : mêmes triomphes, — la critique ayant déjà manifesté son approbation sans réticences. Outre la présence de la clarinette, la formation instrumentale est celle du quatuor classique. Il y a quatre mouvements : *Allegretto*, *Adagio*, *Andantino*, enfin un *Con moto* bâti sur une série de variations, — le tout faisant la preuve d'un sens de l'architecture lucide et consommé.

1. Allegretto (à 6/8) : le premier mouvement, d'une atmosphère mélodique très prenante, est écrit dans la forme sonate. Il débute néanmoins par le court exposé d'une sorte de leitmotiv qui assurera son unité ; c'est un fluide balancement de tierces, puis de sixtes, introduit par les deux violons :

La clarinette fait une entrée *piano* à la cinquième mesure ; mais l'exposition proprement dite ne commence qu'à la mesure 14 : premier thème — *f espressivo* — auquel le violoncelle confère une intensité lyrique alliée à une grande pudeur d'émotion :

Une première idée secondaire fait office de transition vers le second thème (mesure 38) à la clarinette, « d'un moelleux harmonique et mélodique très particulier » (Claude Rostand). Dix mesures plus loin, un troisème thème paraît, enchaînant par ses effets de syncope sur des demi-soupirs tel un léger intermède de détente ; une deuxième idée secondaire (mesure 59), d'une ligne souple, est entièrement dévolue à l'instrument à vent qui, ménageant un « pont », amène le développement. C'est une troisième idée adjacente qui est d'abord exploitée, et dans cette seule partie, tandis que sont utilisés les éléments de l'exposition avec une liberté — notons-le — que n'avait pas connue le *Trio op. 114*. Le motif d'introduction, plusieurs fois réentendu, conclut et amorce la réexposition qui sera parfaitement symétrique de l'exposition, — avant de terminer, à son tour, avec une coda qui reprend encore le motif initial et le premier thème (par la clarinette) pour finir.

2. Adagio (en *si* majeur, à 3/4) : le mouvement lent est dans la forme d'un lied ternaire, — véritable « chant d'amour » aux yeux de maints commentateurs, rêveuse cantilène à la clarinette, d'un jeu dépouillé, parfois âpre, que les cordes soutiennent et enveloppent *con sordino*. La première section consiste en un ample développement du thème principal, chanté *dolce* sur le ton élégiaque et « amical », avec une simplicité unie, par la clarinette :

Au centre de cette première section, insertion d'une idée complémentaire traitée à la manière d'un renversement du thème. L'épisode central — *Più lento* en *si* mineur (mesures 52 à 87) — ne renonce pas à l'utilisation du thème principal, mais dans un registre un peu différent : la clarinette assume la succession des motifs ornés, soit en mélodie, soit en récitatif, tantôt gracieux et tantôt purement lyrique, voire d'inflexions pathétiques, — sur un trémolo des cordes. On a plus d'une fois souligné le caractère tzigane de cet épisode, avec ses longs traits et ses arabesques soudaines de quadruples croches, — dont il faut remarquer surtout la profusion des détails décoratifs ainsi que l'extrême attention portée aux ressources virtuoses et au jeu rhapsodique de la clarinette, véritable soliste de ce mouvement. La reprise de la première partie (mesure 88) lui est symétrique, mais en infléchit notablement le contenu : la clarinette dialogue avec le premier violon dans un climat de profonde intimité. Une coda libre clôt cet *Adagio* très exceptionnel, — à l'apogée de la création brahmsienne tout entière.

3. Andantino (en *ré* majeur, à 4/4), puis **Presto non assai, ma con sentimento** (à 2/4) : il s'agit, en fait, d'un *Presto* que précède une sorte de préambule de trente-trois mesures. Cet *Andantino* met en scène, sous différents aspects, le thème principal de ce mouvement allant, sans parvenir toutefois à en cerner exactement les contours ; en voici le tout premier, exprimé *piano* et *semplice* par la clarinette :

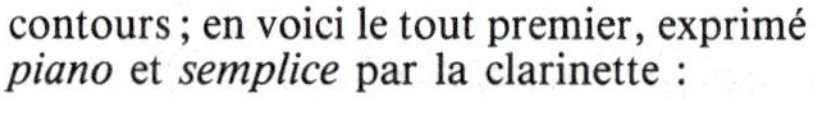

Mais ce thème ne s'affirmera et ne se fixera qu'avec le *Presto*, qui n'adopte aucune forme définie cependant, et développe librement le thème dans l'esprit du scherzo à variations, furtif, d'allure fantomatique, — celle de certains des derniers *Intermezzi* pour piano.

4. Finale : Con moto (en *si* mineur, à 2/4) : il est constitué d'un thème assorti de cinq variations dans le style d'un rondo, plus une coda. Le thème se présente en une belle phrase chantée avec simplicité par les cordes sur de brèves interjections de la clarinette ; il est répété da capo, dans son second énoncé. La première variation (mesures 33 à 64) le confie au violoncelle, agile ; la clarinette joue à l'unisson des autres cordes, ou en un subtil contrepoint. Seconde variation (mesures 65 à 96) sur un accompagnement syncopé des cordes moyennes, dans un climat plus fiévreux que la clarinette traverse de fusées de doubles croches. L'instrument à vent prend une importance accrue dans la troisième variation (mesures 97 à 129) : arpègements de doubles croches piquées, jouées *dolce*, d'un effet moins virtuose que discrètement enjoué. La quatrième variation (mesures 130 à 162), passant au ton de *si* majeur, propose un dialogue, comme enamouré, de la clarinette et du premier violon (*p dolce*), — sur une broderie en doubles croches des cordes moyennes. C'est enfin la cinquième et dernière variation (mesures 163 à 196), qui revient au mineur, mais sur une mesure à 3/8 modifiant la carrure rythmique du thème : en contrepoint, une figure de doubles croches vient s'y combiner tel un écho déformé du leitmotiv initial de la partition. Mais la coda (mesures 197 à 226) reprendra textuellement ce leitmotiv, après une courte cadence expressive culminant sur un *forte* à l'aigu (note *mi*), — ultime réminiscence donnant l'impression d'une plénitude, d'un achèvement cyclique, et, rétrospectivement, comme d'un « adieu » à cet immense *notturno* qu'est le *Quintette op. 115*.

Durée d'exécution : 36 minutes environ.

Les deux sonates pour clarinette et piano (op. 120)

Les deux Sonates op. 120, écrites pendant l'été de 1894 à Bad Ischl, et jumelles tant par leur élaboration que par leur style, constituent les dernières œuvres de musique de chambre composées par Brahms. Outre leur magistrale exploitation des possibilités de jeu de la clarinette, elles offrent en chacun de leurs mouvements une perfection de forme surpassant très certainement celle du *Trio*, et même celle du *Quintette*, — l'un et l'autre antérieurs de trois ans. Le travail thématique s'y déploie avec une telle aisance évidente qu'il passe inaperçu, et paraît même n'avoir point préoccupé le musicien. Ainsi que le nota Claude Rostand, « seul le contenu poétique semble avoir compté pour Brahms ». Et, bien qu'inspirées toujours par le prodigieux talent de Richard Mühlfeld, les deux partitions délaissent toute virtuosité : ce sont œuvres « écrites pour soi, comme les feuillets d'un journal intime » (C. Rostand). Dès l'automne de 1894, elles furent déchiffrées par Mühlfeld et exécutées en privé, avec Brahms au piano, à Berchtesgaden, — lieu de résidence estivale de la cour ducale de Meiningen. Après avoir été présentées, à Francfort, à Clara Schumann (qui s'en délecta), elles furent données en première audition publique, à Vienne, les 8 et 11 janvier 1895, — avant plusieurs villes, dont Leipzig, où les deux *Sonates* furent acclamées : mais il y avait beau temps que le compositeur vieillissant ne recherchait plus aucun succès !

Sonate en *fa* mineur (op. 120 n° 1)

C'est un des chefs-d'œuvre majeurs, — d'une exceptionnelle liberté mélodique. La partition est inaugurée par un ALLEGRO APPASSIONATO à 3/4 (*fa* mineur étant l'unique tonalité mineure de l'œuvre). Parfaitement équilibré, d'une grande clarté formelle et d'une passion très contenue, ce premier mouvement comporte une introduction de vingt-quatre mesures sur un thème indépendant en octaves au piano. L'exposition (mesures 25 à 89) fait paraître six thèmes plus apparentés que véritablement contrastés ; s'y révèle surtout une invention rythmique de tous les instants (voir, notamment, le second thème en *ré* bémol). L'assez bref développement en fait abstraction, pour n'utiliser que le thème de l'introduction. La réexposition, en revanche (mesures 138 à 213), est toute classique, — avec le retour des thèmes dans leur ordre initial ; ils gagnent cependant en énergie, voire en couleurs épiques. Une coda d'une vingtaine de mesures — *sostenuto espressivo* —, mise à part une échappée thématique hors des sentiers connus, conclura sur le thème inaugural dans la douceur d'une confidence.

Le deuxième mouvement est un ANDANTE, UN POCO ADAGIO à 2/4, en *la* majeur. Très mélodique, d'une tendresse méditative et concentrée, il est de forme tripartite accentuant la symétrie des sections extrêmes (à deux thèmes) qui encadrent un développement central libre et de peu de mesures (35 à 48). Presque athématique en ses doubles croches, c'est un rêve intérieur, parfois d'une mélancolie interrogative, que brise à peine la grâce quasi schubertienne, doucement pastorale, de l'ALLEGRETTO GRAZIOSO suivant (à 3/4, en *la* bémol majeur). Ce troisième mouvement, plus intermezzo que scherzo, comporte cent trente-sept mesures coulées dans la forme du menuet avec trio, — et l'un et l'autre selon le schéma A B A. Voici le thème principal du premier épisode, — tel que chanté avec un abandon charmant, un peu dansant, par la clarinette, avant d'être repris par le piano :

Après le trio (*fa* mineur), en tierces alternées du piano, répétition de ce même thème.

Le finale, un **Vivace** en *fa* majeur, *alla breve*, est conçu dans l'esprit sans contraintes et incisif d'un rondo par épisodes librement construits et enchaînés (trois thèmes principaux). Il apporte la diversion, sans doute nécessaire, d'un élan plus vigoureux (avec, en son début, les trois *fa* énergiques du piano). Particulièrement remarquable, le second thème et tous ses effets de sixtes et triolets de noires ; ou encore, ce bref épisode langoureux dans le ton de *ré* mineur, — petite chanson familière, presque une plaisanterie qui, comme à dessein, semble nous rappeler que le musicien, lors de ses séjours à Ischl, prenait goût à distribuer des friandises aux enfants pendant ses promenades !

Durée d'exécution : 23 minutes environ.

Sonate en *mi* bémol majeur
(op. 120 n° 2)

Elle est en trois mouvements. Le mouvement initial, moins développé que celui de l'*op. 120 n° 1* (ici, cent soixante treize mesures), est un **Allegro amabile** à 4/4 dans une forme sonate à trois thèmes principaux, — tous d'énoncé et de style non moins dépouillés que ceux de l'œuvre précédente. Ils paraissent dans une exposition d'une cinquantaine de mesures : on remarquera notamment le lyrisme délié, d'une aisance « aimable » en effet, du thème initial, — prémonitoire du climat d'ensemble du mouvement dont ne seront pas absentes, toutefois, les accentuations (grands intervalles mélodiques). Les idées secondaires sont nombreuses : ce sont elles qui diversifient un parcours qu'on eût pu craindre un peu uniforme. Ainsi le développement, d'un même nombre de mesures que l'exposition, est-il entièrement bâti sur au moins trois de ces motifs adjacents. La réexposition, légèrement écourtée, est symétrique de l'exposition et amène une coda — *tranquillo* — de vingt-trois mesures quelque peu élégiaques sur le premier thème principal.

L'**Allegro appassionato** du mouvement médian (*mi* bémol mineur, à 3/4) incline tout à la fois vers l'intensité et l'approfondissement du sentiment, et vers une certaine énergie ; comme une volonté de puissance un peu inattendue. Prenons-en pour preuve l'impérieuse amplitude de l'ambitus mélodique (deux octaves) à la clarinette, avec ses anacrouses fortement accentuées sur des intervalles de sixte ascendante, — tel qu'il ressort de l'énoncé du thème principal de ce scherzo. Ce thème nourrit une première partie de quatre-vingts mesures, dont surgiront également quatre idées secondaires, — tandis que la partie centrale du mouvement, un *Sostenuto* en *fa* dièse évoluant vers *si* majeur, forme un trio construit sur un motif unique, large et chantant au clavier, repris quatre fois. Répétition normale du premier épisode. À noter que ce deuxième mouvement (deux cent vingt-trois mesures) est le plus développé des trois.

L'**Andante con moto** conclusif, en effet, comporte à peine plus de cent cinquante mesures ; il fait appel, cependant, à la technique de la variation si chère au compositeur (et par laquelle, donc, Brahms clôt son entière production de chambre). Le thème, en *mi* bémol majeur et à 6/8, affecte le lyrisme familier, et d'une simplicité plus apparente que réelle, d'un lied populaire, — dont on s'aperçoit facilement qu'il se prête, de par sa constitution, à la variation. Les quatre premières variations, libres et poétiques, se contentent d'ornementer ce thème au bénéfice des prouesses techniques et décoratives (arpèges rapides, syncopes, etc.) de la clarinette. La cinquième variation, par contre, est un *Allegro* à 2/4 passant en mineur, — qui exploite le thème plus lointainement (doublant le nombre de ses mesures), et non sans passion déclarée (doubles croches précipitées), alors que les deux instruments concertent de surcroît plus volontiers, parfois s'affrontent ouvertement. L'apaisement revient en conclusion, un *Più tranquillo* qu'on peut considérer comme une sixième et ultime variation, — laquelle précède une coda pleine de force exubérante, revenue dans le lumineux *mi* bémol majeur du début, et prenant enfin la forme et l'allure d'une brillante cadence.

Durée d'exécution : 21 minutes approximativement.

Les *Sonates op. 120* — comme les autres œuvres avec clarinette — ont fait l'objet de transcriptions dans lesquelles celle-ci est remplacée par un alto, et il n'est pas exceptionnel qu'on les écoute aujourd'hui dans ces versions (ce qui n'est le cas ni du *Trio op. 114*, ni du *Quintette op. 115*). Comme l'a souligné Claude Rostand*, « il est évident que le caractère expressif, mélancolique et résigné de ces deux partitions ne disconvient nullement au timbre voilé de l'alto », bien que « la coupe des thèmes et la façon dont ils sont traités n'a rien de très favorable à la technique de l'instrument à archet ». Avouons que ces versions — prévues par Brahms — ne représentent, au mieux, que d'habiles et élégantes « adaptations » (plutôt que transcriptions proprement dites) : lorsqu'on a entendu la clarinette, on ne s'en dispense plus.

En octobre 1853, le jeune Brahms — il avait vingt ans — écrivit une courte pièce pour violon et piano, — modeste préambule, avec le *Trio op. 8*, à toute sa musique de chambre : ce fut un *Scherzo* destiné à figurer comme troisième mouvement dans une sonate dont les autres mouvements étaient composés par Albert Dietrich (l'*Allegro* initial) et Robert Schumann (l'*Intermezzo* et le *Finale*). Cette œuvre collective comportait l'exergue F.A.E., une abréviation de *Frei, aber einsam* (« Libre, mais seul »), la devise du dédicataire, le violoniste Josef Joachim. C'est à Joachim, en effet, que la partition fut offerte par les trois musiciens le 28 octobre, lors d'une petite fête entre amis. C'est sur les lettres F A E que Dietrich avait bâti le premier thème de son *Allegro*, en *la* mineur ; l'*Intermezzo* et le *Finale* de Schumann étaient respectivement en *fa* majeur et *la* majeur ; le *Scherzo* de Brahms, sur un motif tiré de l'*Allegro* de Dietrich, fut en *ut* mineur. C'est le seul mouvement que Joachim, sur la fin de sa vie, jugea digne d'une publication en 1906 ; il mit de côté les autres morceaux, — estimant celui de Dietrich inintéressant, et ceux de Schumann trop marqués par la maladie mentale. Œuvre immature, certainement, que le *Scherzo* de Brahms (l'indication *Sempre ff e grandioso*, notamment, prête à sourire), et, cependant, déjà maîtrisée dans sa forme concise et adaptée au propos, — avec ses qualités essentiellement rythmiques (superposition de rythmes, déjà pleins d'audace). Ajoutons que la **Sonate F.A.E.** fut retrouvée plus tard dans son intégralité, et publiée en 1935. Mais les interprètes, aujourd'hui, négligent une telle partition en raison de ses déséquilibres et de sa disparité stylistique.

Indiquons pour terminer qu'un *Trio avec piano* en *la* majeur, catalogué comme opus posthume de Brahms, fut publié en 1938 à Leipzig par l'éditeur Breitkopf & Härtel. La partition aurait été composée pendant l'été de 1853, immédiatement avant le *Trio op. 8*. Mais, l'authenticité serait-elle absolument prouvée, l'œuvre n'en avouerait pas moins ses limites : l'*op. 8*, même en sa maladroite version originale, lui est infiniment supérieur, et l'on conçoit sans peine que Brahms ait renoncé à s'en faire connaître comme l'auteur.

F.R.T.

* C. Rostand, *op. cit.*

FRANK BRIDGE

Né à Brighton, le 26 février 1879; mort à Eastbourne, le 10 janvier 1941. Ce compositeur anglais, qui fut considéré comme l'égal de son compatriote Vaughan Williams (mais dont la réputation s'est moins bien maintenue), eut pour maître Charles Villiers Stanford au Royal College of Music de Londres, et fut lui-même le professeur de Benjamin Britten. Il s'acquit une grande renommée en tant que chambriste (violoniste au sein du Quatuor Grimson, altiste du Quatuor Joachim) et comme chef d'orchestre, dans son pays et aux États-Unis. Influencé jusqu'à la Première Guerre mondiale par Brahms et par les post-romantiques, il se forgea, en une seconde période, un nouveau langage harmonique attiré par l'univers schönbergien ainsi que par la polytonalité. En témoignèrent sa Sonate *pour piano (1921-1924), puis des œuvres symphoniques (dont* Enter Spring, *1927), concertantes (*Oration, *pour violoncelle et orchestre, 1930;* Phantasm, pour piano et orchestre, 1931), et de musique de chambre (*les troisième et quatrième* Quatuors à cordes, *le monumental* Deuxième Trio *avec piano, le trio à cordes* Rhapsody*). Bridge écrivit aussi un opéra,* The Christmas Rose, *et, surtout, de nombreuses et intéressantes mélodies..*

Frank Bridge s'affirme comme le plus grand compositeur anglais de musique de chambre, et il faudra attendre les quatre *Quatuors* de Michael Tippett pour trouver outre-Manche des pages d'une importance comparable dans ce domaine. Contrairement à Tippett, Bridge y a été fécond, et c'est là sans doute qu'il a le mieux réalisé sa personnalité d'homme et d'artiste ; c'est là qu'il est possible de suivre, trente-cinq ans durant, une évolution considérable, due à l'expérience traumatisante de la Première Guerre mondiale, qui transforma ce pacifiste convaincu d'artiste de grand talent, mais foncièrement traditionnel, en le seul créateur authentiquement d'avant-garde de l'Angleterre de l'entre-deux-guerres, ouvert aux influences tant de Scriabine que de l'école viennoise, — alors que ses débuts faisaient songer plutôt à Fauré. Or, les conservateurs refusèrent de le suivre dans cette évolution, tandis que les progressistes se méfiaient d'un ex-modéré : durant vingt ans, Bridge édifia ses plus grandes œuvres dans l'isolement, bénéficiant seulement de l'aide agissante de la grande mécène américaine Elizabeth Sprague-Coolidge, dédicataire de plusieurs d'entre elles ; et ce n'est que depuis une vingtaine d'années que son pays, à tout le moins, lui accorde sa juste place. Si Bridge n'était pas mort prématurément au début de la Seconde Guerre mondiale, il eût pu devenir le maître à penser de la jeune génération audacieuse de l'après-guerre, dont il eût hâté l'essor...

La musique de chambre de Bridge se divise donc en deux étapes principales : la première comprend les œuvres plus « traditionnelles » écrites entre 1905 et 1912 ; la deuxième les chefs-d'œuvre audacieux de la maturité (1926-1938), — le *Deuxième Quatuor* de 1915 et la *Sonate pour violoncelle et piano* de 1917 représentant une sorte de charnière ou de transition.

Bridge se fit connaître à ses débuts par un grand nombre de pièces brèves relevant presque de la musique de salon. On citera ici, pour trio avec piano, trois séries de trois **Miniatures** (1908, H. 87, 88, 89)* et, pour quatuor à cordes, trois **Novellettes** (1904, H. 44) et trois **Idylles** (1906, H. 67), dont la deuxième acquit une célébrité imprévue comme thème des fameuses *Variations sur un thème de Frank Bridge op. 10*, pour orchestre à cordes, de son élève Benjamin Britten. Toujours pour quatuor à cordes, il faut citer des pages plus tardives et plus significatives qui sont basées sur des mélodies populaires anglaises, et qui existent aussi pour orchestre à cordes : **An Irish Melody** (*The Londonderry Air*) (1908, H. 86), **Two old English Songs** (*Cherry ripe; Sally in our Alley*) (1916, H. 119, et, surtout, **A Christmas Dance : Sir Roger de Corverley** (1922, H. 155), justement célèbre en Angleterre.

Au début de ce siècle, l'une des personnalités les plus agissantes dans la vie musicale anglaise en ce qui concerne la musique de chambre fut celle de William Cobbett, musicologue et mécène, qui institua plusieurs concours de composition sur le thème de la *Phantasie* (ou *Phantasy*), destinés à faire revivre cette vieille forme de la musique élisabéthaine, dans un contexte moderne, chaque concours étant consacré à une formation différente. Par *Phantasy*, Cobbett entendait une œuvre d'un seul tenant, relativement brève (un quart d'heure en moyenne), amalgamant et alternant les divers mouvements de la forme classique, de préférence sous forme de palindrome ou d'arche symétrique : la *Première Symphonie de chambre* de Shoenberg correspond assez bien à ce modèle. Cobbett entendait ainsi révéler de jeunes talents et aider à la constitution d'un nouveau répertoire national. Ce fut Frank Bridge qui répondit le plus assidûment à l'appel, et qui fut primé trois fois (dont une fois avec le premier prix, pour son *Trio H. 79*). Séduit par les possibilités de cette forme, il lui demeura d'ailleurs fidèle par la suite, tout en lui donnant des dimensions plus considérables (par exemple dans la grande *Sonate pour violon et piano H. 183*).

Premier fruit de ces efforts, la **Phantasy en *fa* mineur pour quatuor à cordes** (1905, *H. 55*) est aussi sa première partition de musique de chambre digne de survivre. La forme en est encore relativement traditionnelle, mais les trois brefs morceaux (*Allegro moderato-Andante moderato-Allegro ma non troppo*) sont enchaînés, et les deux mouvements extrêmes présentent déjà leur réexposition en ordre inverse (cette variante de la forme sonate se trouve dans toutes les grandes œuvres d'Arthur Honegger !) ; l'*Andante* en *ré* majeur est également de forme concentrique, enfin la dernière partie comporte des rappels cycliques de la première.

Destiné à un concours de composition

* Les numéros H. sont empruntés au catalogue thématique de Paul Hindmarsh.

organisé par la Société Philharmonique de Bologne (où il obtint une « mention d'honneur »), le **Premier Quatuor à cordes en *mi* mineur** (1906, H. 70) est une œuvre beaucoup plus ambitieuse et plus développée, qui comporte les quatre mouvements traditionnels. A l'issue de l'*Adagio* introductif, l'*Allegro appassionato* s'élance avec un grand thème chromatique descendant, et, si le développement central perd de sa tension en s'attardant trop longtemps sur le deuxième thème, l'*Adagio molto* et l'*Allegretto grazioso* médians (ce dernier encore proche de la musique de salon, d'ailleurs bien séduisante) font preuve de plus de concision. L'*Adagio molto* enchaîne à son début *fa* mineur et la dominante de *sol*, lointaine prémonition de l'accord bitonal typique de la maturité du compositeur (accord mineur et accord majeur au ton au-dessus, — on l'appelle « the Bridge chord » !). Le troisième mouvement et l'*Allegro agitato* final reprennent des thèmes du premier mouvement.

Durée d'exécution : 32 minutes environ.

Les deux œuvres de chambre suivantes retournent à la forme *Phantasy*, et tout d'abord le **Phantasy Trio avec piano en *ut* mineur** de 1907 (H. 79), la plus développée des *Phantasies*. Une brève introduction passionnée (*Allegro moderato ma con fuoco*) mène à l'exposition de sonate (*Ben moderato*) ; elle est suivie d'un *Andante con molto espressione* en *la* majeur avec une très belle mélodie du violoncelle, d'un spirituel *Allegro scherzoso* en *la* mineur, centre de l'« arche », d'une reprise variée de l'*Andante* s'élevant à un sommet d'intensité très passionné, puis, après un rappel de l'introduction, de la réexposition de la première partie, mais transformée et amplifiée en un développement terminal *Con anima* aboutissant à une triomphale péroraison en *ut* majeur.

La **Phantasy en *fa* dièse mineur pour quatuor avec piano** (1910, H. 94), seule page de Bridge pour cette formation, est son œuvre de musique de chambre la plus accomplie jusque-là. Plus concise que la *Phantasy* précédente, elle illustre à la perfection la manière du jeune Bridge, si curieusement proche de Fauré en son élégance, son raffinement harmonique, et jusque dans son écriture instrumentale, avec ses figurations pianistiques caractéristiques. Cette fois-ci, la forme concentrique se compose d'une introduction (*Andante con moto*), d'un *Poco tranquillo*, d'un *Scherzo* (*Allegro vivace*) en *ré* mineur, d'un *Trio* (centre de l'arche) sur le thème d'introduction, puis de la reprise de ce qui précède en ordre inverse.

En 1912, Bridge décida de tirer le bilan de sa première phase créatrice en mettant au point deux œuvres importantes des années précédentes. Ce fut d'abord le **Quintette pour piano et cordes en *ré* mineur** (H. 49), dont une première version remontait à 1904-1905, — d'où son numéro au catalogue Hindmarsh (la version définitive porte le numéro *49 A*). Conservant la matière thématique, dont l'élan et la fraîcheur lui plaisaient, Bridge se livra à un ravalement total : le premier mouvement (*Adagio-Allegro moderato*) et le dernier (*Allegro energico*) furent resserrés, leurs sections de développement complètement récrites ; mais, surtout, les deux mouvements centraux furent télescopés en un seul, — le *Scherzo* (*Allegro con brio*) occupant désormais le milieu de l'*Adagio ma non troppo*, nouvel hommage à la forme en arche. Malgré certains développements un peu statiques et stéréotypés, même dans leur version révisée, l'œuvre, sans doute la plus fauréenne de son auteur, a fière allure, et le retour en apothéose du thème initial à la fin du *Finale* atteint une grandeur monumentale.

Le **Sextuor à cordes en *mi* bémol majeur** (H. 107), achevé en 1912, se trouvait en chantier depuis 1906. Il adopte la même grande forme « en arche » que le *Quintette* : un *Allegro moderato* de forme sonate, à réexposition inversée, un *Andante con moto* enchâssant un *Scherzo* (*Allegro giusto*), et un *Finale* (*Allegro animato*), de même forme que le premier morceau, mais intégrant des rappels cycliques. C'est une œuvre euphorique (la seule en mode majeur !), luxuriante, d'un lyrisme puissant mais paisible, le digne couronnement de cette première période créatrice. Ici, grâce à l'irruption d'un énergique fugato, il n'y a aucune baisse de tension dans le développement du premier morceau. La reprise tardive du premier thème fait office en même temps de coda. L'*Andante* en *ut* dièse mineur, un lamento profondément expressif, trouve un contraste bienvenu avec le *Scherzo* central en *fa* mineur, subtilement chromatique. D'une heureuse concision, le *Finale*, qui débute par un court *Allegro ben moderato* au chromatisme audacieux annonciateur du Bridge futur, parvient à une synthèse thématique sans égale jusque-là dans son œuvre : dans le développement, il combine contrapuntiquement les thèmes principaux des deux mouvements précédents avec le matériau du troisième, et la réexposition superpose les seconds thèmes du premier et du troisième.

De 1915 date le **Deuxième Quatuor à cordes en *sol* mineur** (H. 115), premier chef-d'œuvre sans faille du compositeur. Ce fut encore une œuvre lauréate d'un concours Cobbett, — lequel avait, cette fois-là, renoncé à l'exigence d'une forme *Phantasie*. Bien que tonal encore, le langage est d'un chromatisme de plus en plus serré et tendu, rehaussé par une polyphonie d'une magistrale densité. Plus brève que le *Premier Quatuor*, l'œuvre ne comporte que trois mouvements, dont aucun n'est entièrement lent. L'*Allegro ben moderato* est, toutes proportions gardées, le plus traditionnel des trois, — avec ses deux thèmes bien profilés, encore diatoniques malgré leur environnement qui ne l'est plus. C'est une spacieuse forme sonate, dont la reprise est resserrée. Vient ensuite un *Scherzo* en *si* mineur (*Allegro vivo*), dont les triolets d'accompagnement deviennent graduellement thématiques eux aussi, et comportant en son centre un trio très mélodique (*Andante con moto*), structuré sous forme de variations. Le *Finale* débute par une grande introduction lente en *mi* majeur (*Molto Adagio*), transformant le deuxième thème du premier mouvement avec une étonnante magie sonore, puis s'épanouit en un *Allegro vivace* en *sol* majeur, d'une verve brillante et contagieuse, riche en combinaisons contrapuntiques, et intégrant en sa forme familière d'arche les éléments du premier mouvement. Aucune œuvre de Bridge ne se termine aussi joyeusement.

Durée d'exécution : 25 minutes environ.

En 1917, Bridge met la dernière main à un ouvrage entrepris dès 1913, la **Sonate en *ré* mineur pour violoncelle et piano** (H. 125). Cette dernière partition, encore pourvue d'une indication de tonalité (mais surtout à cause de la première de ses deux parties), est le type même de l'œuvre de transition : le chromatisme insistant de la seconde partie tend souvent à suspendre le sentiment tonal, qui disparaîtra des ouvrages ultérieurs. Cela dit, cette *Sonate*, admirablement écrite pour le violoncelle, d'une belle et généreuse inspiration romantique, avec des inflexions mélodiques parfois curieusement proches de Rachmaninov, demeure peut-être la plus connue des œuvres de musique de chambre de Bridge, sinon la plus grande. L'*Allegro ben moderato*, forme sonate « en arche », sans doute terminé dès 1914, ne pose pas encore de gros problèmes. Bridge pensait d'abord à une œuvre en trois, voire en quatre mouvements ; mais il se décida finalement pour une seconde partie enchaînant un *Adagio ma non troppo* aux chromatismes torturés, un *Molto Allegro agitato*, plein de gammes par tons, et s'aventurant jusqu'à un bitonalisme acide, une reprise de l'*Adagio*, enfin une importante coda rappelant le premier mouvement.

Durée d'exécution : 20 minutes environ.

Pendant dix ans, Bridge n'acheva pas de nouvel ouvrage de musique de chambre ; mais, dans l'intervalle, naquit sa monumentale *Sonate pour piano* (1921-24), dont la longue et difficile gestation marque le passage au langage audacieusement atonal de la dernière manière du compositeur. Si la *Sonate* offre encore de rares vestiges du style ancien, il n'en subsiste plus trace dans l'imposant **Troisième Quatuor à cordes** (H. 175) composé en 1925-26, mais revu encore en 1927. Dans ce chef-d'œuvre, Bridge, seul compositeur anglais de son temps à le faire, établit le contact direct avec l'avant-garde européenne, tout particulièrement avec l'École de Vienne : on pense fréquemment à Alban Berg en écoutant cette polyphonie touffue, chromatique, atonale, d'un abord difficile, mais d'une prodigieuse richesse expressive. Sa création viennoise fut d'ailleurs assurée par le célèbre Quatuor Kolisch. Mais, du même coup, le compositeur se coupa définitivement de la vie musicale anglaise axée sur le conservatisme et le style modal-pastoral. Pourtant, malgré la saturation de la polyphonie par le total chromatique, malgré le renoncement typique à l'octave, la couleur de l'ouvrage demeure toute personnelle, et même, vue à distance, typiquement anglaise. Aucun compositeur britannique n'avait encore produit un quatuor de cette importance, — égalée seulement par son successeur, le *Quatrième*, puis par les *Quatuors* de Tippett, et, aujourd'hui, de Ferneyhough.

Le *Troisième Quatuor*, en ses trois mouvements, exigerait une analyse approfondie, que sa complexité structurelle étendrait bien au-delà des limites de cet ouvrage. Un bref *Andante moderato* de neuf mesures introduit la spacieuse forme sonate de l'*Allegro moderato*, dont il préfigure déjà les principales structures mélodiques. Le premier thème de l'*Allegro* affirme une prédilection pour des intervalles distendus et dissonants (neuvièmes, tritons) que Bridge, à ce stade, partage avec les « Viennois ». Comme eux, il travaille surtout sur les intervalles et leurs relations, et connaît, comme Schoenberg, la valeur structurelle d'un motif rythmique obstiné en l'absence de lien tonal. Le second groupe thématique, mené par l'alto, atteint une intensité proche de l'expressionnisme. Conformément à l'« arche » chère à Bridge, il sera réexposé avant le thème initial. Après un morceau aussi complexe et aussi chargé, l'*Andante con moto* possède plutôt le caractère d'un intermède lyrique, de libre forme ternaire, d'une expression étrangement crépusculaire et mélancolique en ses demi-teintes. Il s'enchaîne sans interruption à l'*Allegro energico*, un rondo-sonate au thème principal décidé, chantant au premier violon sur un accompagnement de sonores accords bitonaux. Malgré sa richesse thématique, ce morceau parvient à intégrer dans son développement les deux idées principales du premier mouvement. Le *Quatuor* se termine inopinément par un épilogue méditatif (*Andante moderato*), allusion ultime aux trois mouvements.

Durée d'exécution : 31 minutes environ.

D'une envergure plus modeste, le **Rhapsody Trio pour deux violons et alto** (1928, H. 176) risque de disparaître un peu entre ses puissants voisins, le *Troisième Quatuor* et le *Deuxième Trio avec piano*. Rien ne serait plus injuste : Bridge déjoue avec une habileté étonnante les pièges de cette formation si difficile, un *Trio* sans basse, et nous offre une de ses œuvres les plus subtiles et les plus raffinées, — travail exhaustif sur l'intervalle de tierce, tant mineure que majeure, et d'un langage atonal tout personnel, d'où même les échos « viennois » ont disparu. Une double introduction (*Allegro molto*, puis *Andante molto moderato*) présente les deux types fondamentaux de matériau, puis l'œuvre se déroule en une forme ternaire (vif-lent-vif) s'écartant, pour une fois, de la symétrie concentrique chère à Bridge, fidèle à un climat étrangement irréel et fantomatique. Bridge n'entendit jamais cette *Rhapsody* (qui ne fut jouée et publiée qu'en 1965, un quart de siècle après sa mort).

Nous parvenons maintenant au grandiose, au monumental **Deuxième Trio pour violon, violoncelle et piano** (1929, H. 178), peut-être la plus grande œuvre pour cette formation depuis le *Trio* de Ravel. Basé à nouveau sur une harmonie bitonale faite d'oppositions et de superpositions de tierces, il habite un monde spirituel profondément troublé, — bien que tendant sans cesse vers une sérénité qui demeure finalement hors d'atteinte. La structure formelle, unique pour Bridge, groupe quatre mouvements deux par deux. Les deux premiers se concentrent sur un développement linéaire du matériau, le troisième travaille le paramètre harmonique, tandis que le dernier opère une synthèse. L'*Allegretto ben moderato* à 6/8 déploie d'emblée une polyphonie lyrique d'un souffle splendide, — ce à quoi s'oppose un deuxième groupe thématique plus « terrestre » et plus affirmatif. Le développement central déroule ses variations presque à la manière d'une passacaille, et la tension accumulée durant la réexposition explose en huit mesures d'*Allegro*, suivies d'une coda d'une sérénité lumineuse. S'enchaîne alors le *Scherzo* (*Molto Allegro* à 2/4), dont les rythmes obstinés ont quelque chose de menaçant en leur mécanique inexorable, d'un tragique rentré se situant au-delà de toute souffrance, à peine suspendue par l'ample courbe mélodique d'un épisode central faisant office de trio. La seconde moitié de l'ouvrage commence par un *Andante molto moderato* à 6/8 où l'angoisse parvient à son comble, car, ici aussi, règne l'obsession rythmique, que même les harmonies bitonales les plus riches ne peuvent occulter. L'*Allegro ma non troppo* final, de forme sonate, opère la synthèse de ce qui précède : le développement intègre le matériau du premier mouvement et finit par en citer littéralement le début. Mais bientôt les rythmes martiaux décidés reprennent, emportant dans leur flot le deuxième thème du premier mouvement. Cependant, il ne saurait y avoir de victoire, et l'œuvre se termine sur le sourire énigmatique, doux-amer, de son geste initial.

Durée d'exécution : 33 minutes environ.

Trois ans plus tard, Bridge termine sa **Sonate pour violon et piano** (1932, *H. 183*), point final provisoire de six années d'activité créatrice ininterrompue, — les plus riches de sa carrière. C'est une dernière variante de la forme « en arche », mais d'une envergure peu commune en ses quatre mouvements enchaînés, qu'unifie un matériau thématique très intégré, travaillant non seulement sur les tierces, mais aussi sur les quartes, justes et augmentées, — ce qui enrichit d'autant l'harmonie polytonale. Un bref *Allegro energico* introduit le premier mouvement proprement dit, *Allegro molto moderato*, qui expose, puis développe le thème principal de toute l'œuvre, au lyrisme puissant et amer. Vient ensuite un *Andante*, d'abord comme désincarné, sinistre, puis se gonflant en une progression passionnée exprimant une fois encore les tourments d'une âme à jamais blessée par la guerre. Le *Scherzo* (*Vivo e capriccioso*), avec ses allusions à une marche menaçante, se déroule avec une agilité insaisissable, — ses deux petits trios faisant allusion à deux éléments du premier mouvement non encore développés jusqu'ici. Quant au *Finale*, il reprend la matière de ce premier mouvement dans un ordre différent, mais développé et intensifié. Ici encore, il s'agit d'un chef-d'œuvre.

On en dira autant du **Quatrième Quatuor à cordes** (1937 , H. 188) composé à l'issue d'une longue et pénible époque de marasme et de maladie. Plus bref que le *Troisième*, bien que d'une coupe assez semblable, moins passionnel et plus « classique » de conception, il surpasse toutes les autres œuvres de Bridge par la hardiesse de son langage harmonique, dont la radicalité n'empêche d'ailleurs pas un ancrage tonal au moins diffus (*ré*). L'*Allegro energico*, aussi long à lui seul que les deux autres mouvements réunis, renonce cette fois-ci à une introduction lente pour asséner d'emblée son agressive idée initiale, exposée par l'alto. C'est une spacieuse forme sonate, aux nombreuses fluctuations de tempo, d'une densité événementielle digne de Schoenberg, mais d'une expression moins amère et moins tourmentée que celle des œuvres précédentes. Malgré l'âpreté dissonante de l'harmonie, la présence d'intervalles plus « ouverts » et moins chromatiques (quartes, quintes, tierces majeures, neuvièmes) assure à l'ensemble une sonorité qui « aère » salutairement la complexité de la polyphonie. La réexposition resserrée est suivie d'une coda aboutissant à un postlude d'une tendresse inattendue. Comme dans le *Troisième Quatuor*, le deuxième mouvement est un intermède, mais ici plus bref et plus léger (*Quasi Minuetto*), en un climat étrange mêlant subtilement rêverie mélancolique et caprice grotesque. La simple forme ternaire propre à un Menuet s'enrichit d'éléments de développement dans l'esprit de la forme sonate. L'introduction lente absente du premier mouvement, nous la trouvons à la tête du *Finale* (*Adagio ma non troppo*), et ces vingt-neuf mesures sont le seul moment de repos d'une œuvre par ailleurs hyperactive. Elles précèdent l'*Allegro con brio*, dont la structure de rondo (ABABA), l'une des plus simples que l'on puisse trouver chez Bridge, lui permet cependant, avant le dernier retour du refrain, de glisser un rappel des deux thèmes principaux du premier mouvement. Et, contrairement au *Troisième Quatuor*, le *Quatrième* se termine par une affirmation énergique, nettement en *ré* majeur.

Esquissés dès 1934, les **Divertimenti pour flûte, hautbois, clarinette et basson** (H. 189) ne furent achevés qu'en 1938. Cette seule œuvre de Bridge pour instruments à vent se compose de quatre pièces brèves, dont seules la première (*Prélude, Allegro animato ma non troppo*) et la dernière (*Bagatelle, Allegro con moto*) mobilisent les quatre instruments. Elles encadrent un *Nocturne* (*Poco lento-Allegretto*) pour flûte et hautbois, et un *Scherzetto* (*Allegro gajo*) pour clarinette et basson, — ce dernier étant la seule pièce de la maturité de Bridge manquant d'inspiration. Il n'en va pas de même pour les trois autres *Divertimenti*, — dont le premier se présente comme un minuscule triptyque (fanfare, pastorale et marche miniature), tandis que le *Nocturne* retrouve une fois encore la poésie nocturne inquiète si typique de son auteur. De même que le *Quatrième Quatuor*, ces pièces, par leur relative simplicité formelle et rythmique, indiquent une évolution possible vers un nouveau classicisme, coupée net par la mort prématurée de Bridge à moins de soixante-deux ans.

H. H.

BENJAMIN BRITTEN

Né à Lowestoft (Suffolk), le 22 novembre 1913 ; mort à Aldeburgh (dans le Suffolk également), le 4 décembre 1976. Britten est aujourd'hui reconnu — dans son pays du moins — comme un « classique » : très anglais par l'influence qu'exerça sur son inspiration le folklore britannique, par le culte qu'il voua sa vie durant à son ancêtre Purcell, par sa prédilection pour la vocalité (les voix enfantines en particulier), ce musicien résolument indépendant n'accomplit aucune révolution esthétique, mais a prolongé — et rénové de façon intelligente et originale — une tradition nationale qui s'était singulièrement appauvrie. D'abord élève de Frank Bridge, il effectua ses études de composition avec John Ireland au Royal College of Music de Londres (et des études de piano, dont il devint un remarquable praticien, avec Arthur Benjamin). Il composa tôt, — dès 1932 dans le domaine de la musique de chambre, avec un Phantasy Quartet, *son opus 2 (ainsi qu'une* Sinfonietta *pour orchestre de chambre la même année). Les fameuses* Variations sur un thème de Frank Bridge, *pour orchestre à cordes, devaient, cinq ans plus tard, asseoir sa réputation. De 1939 à 1942, Britten, profondément antimilitariste, s'exile aux États-Unis, — où il composera d'ailleurs, et entre autres œuvres, son* Quatuor à cordes *« officiellement »* n° 1. *Il prendra néanmoins la difficile décision de rentrer en Angleterre en pleine guerre pour s'installer définitivement au bord de la Mer du Nord, à Aldeburgh : il y créera, en 1948, un festival bientôt renommé, après avoir fondé, deux années plus tôt, l'English Opera Group, modeste mais brillante compagnie vouée aux représentations d'opéras « de chambre » que le compositeur affectionna, — et qui firent valoir ce qui demeure sans conteste le meilleur de sa production : la musique vocale et dramatique.*

Bien qu'il ait composé de la musique de chambre durant toute sa carrière de musicien (particulièrement dans les périodes extrêmes), Britten n'a pas légué une production impérissable en ce domaine : il écrivait alors, la plupart du temps, pour ses amis, — prenant Schubert pour modèle. Tels sont les cas, notamment, des trois *Suites pour violoncelle* conçues à l'intention de Mstislav Rostropovitch, — sans compter, antérieurement, un *Nocturnal after John Dowland* pour la guitare de Julian Bream, ou les *Metamorphoses after Ovid* pour le hautboïste Joy Boughton (v., en fin de ce chapitre, « Autres œuvres »). Hormis les quatuors à cordes, presque toute cette musique fut écrite pour un ou deux instruments, — et il est assez symptomatique que les pièces pour piano y occupent une place aussi restreinte. S'il est improbable que Britten ait misé sur cette partie de son œuvre pour se faire connaître, il faut néanmoins en constater objectivement les qualités : aisance de l'écriture alliant une solide tradition néoclassique à des recherches sonores qui, sans en afficher toutes les audaces, pourraient faire songer au Bartók des *Quatuors*. On n'oubliera pas, surtout, que Britten s'est bien gardé de déroger à son idéal d'une musique immédiatement ressentie par n'importe quel auditeur. Nous optons, ci-après, pour une représentation « raisonnée » des œuvres, — donc indépendante de la stricte chronologie.

LES QUATUORS À CORDES

Très certainement, les trois *Quatuors à cordes* — les deux premiers proches dans le temps, le dernier beaucoup plus tardif — forment la partie la plus intéressante de cette musique de chambre. Il est tout à fait permis de négliger ici un *Quatuor* en *ré*, daté de 1931 (Britten n'avait encore que dix-sept ans), révisé par son auteur en 1974, — qui avoue, maladroitement, une influence de Stravinski.

Quatuor n° 1, en *ré* majeur (op. 25)

La partition fut écrite pendant l'été de 1941 passé par Britten en Californie, sa terre d'exil, lors d'une partie de la Seconde Guerre mondiale. La première audition en fut donnée en septembre de cette même année à Los Angeles (avec le Coolidge Quartet) ; la création anglaise devait avoir lieu deux ans plus tard — le musicien ayant regagné son pays — à Londres (Wigmore Hall) le 28 avril 1943, par le Griller Quartet. L'accueil, de la critique notamment, fut assez mitigé, et ce *Premier Quatuor* n'a jamais atteint par la suite la relative notoriété des deux suivants. Dès cette époque, le compositeur s'était momentanément détourné de la musique de chambre pour se consacrer à l'opéra (à ce moment, le célèbre *Peter Grimes*).

L'œuvre, cependant, se révèle ingénieusement construite, — dans sa structure tonale, en particulier, dont il faut remarquer qu'elle semble « suspendre » le ton initial de *ré* majeur pour n'affirmer sa suprématie qu'au finale. Le premier mouvement — une forme sonate camouflée — fait alterner par trois fois un *Andante sostenuto* (qui constitue d'abord l'introduction lente en un prenant *molto vibrato* des cordes élevées sur le pizzicato du violoncelle) et un *Allegro vivo* (qui empruntera le ton de *fa* majeur, sur une longue préparation de sa dominante *ut*). Le mouvement suivant est un scherzo *Allegretto con slancio* (*fa* majeur de nouveau), dont l'instabilité tonale au travers d'une incessante agitation de triolets et de trilles acérés pourrait faire évoquer Chostakovitch. Le tout est apaisé par le pianissimo d'une coda, dont le *fa* majeur devient à son tour la dominante du *si* bémol à l'armure de l'*Andante calmo* succédant comme troisième mouvement : sur un 5/4 un peu hésitant, celui-ci oscillera de même entre diverses tonalités, — traitant *si* bémol comme la dominante d'un *mi* bémol qui ne s'installera pas, évoluant en vérité vers *ut*, puis vers *ré* majeur, pour revenir enfin à la tonique. Citons surtout ici le thème principal de ce mouvement lent, d'une sombre quiétude, — bâti à partir d'une très simple gamme descendante (qui semble, en effet, adopter le ton « irréel » de *mi* bémol majeur par bémolisation de la note *la*) :

En guise de finale, un premier thème dérivé de l'idée principale de l'*Allegro* initial, en un *la* majeur anticipé par les ultimes mesures du mouvement précédent ; puis, à l'issue d'un tumultueux fugato, un second thème prenant essor comme une variante du premier, — les voix supérieures à l'unisson. C'est lui, enfin, qui fera éclater le ton de *ré* majeur victorieusement, — le premier violon s'adjugeant, de façon quasi rhapsodique et pleine de panache, une sorte de suprématie sur ses partenaires.

Durée d'exécution : 27 minutes environ.

Quatuor n° 2, en *ut* majeur (op. 36)

Quatre ans plus tard, Britten compose son *Deuxième Quatuor* en hommage au grand aîné tant admiré, Henry Purcell. L'œuvre est terminée en octobre 1945, et donnée en première audition à Londres le 21 novembre de la même année (jour anniversaire de la mort de Purcell). Elle marque un mûrissement certain par rapport à la précédente, — notamment dans l'originalité de l'invention thématique et dans la maîtrise d'une écriture polyphonique assurant un meilleur équilibre entre les parties instrumentales. Mais force est de constater qu'on éprouve l'impression d'une collection de mouvements d'excellente facture, cependant isolés sans qu'on puisse saisir une pensée d'ensemble.

Le mouvement initial — un *Allegro calmo senza rigore* — se signale par l'ampleur de son exposition qu'inaugure une série d'intervalles ascendants de dixième (dans les trois tons d'*ut*, *sol* et *ré* majeur) constituant trois présentations successives du thème principal. Voici la toute première :

Ces trois idées thématiques font ensuite l'objet d'un travail contrapuntique, — le développement proprement dit, au demeurant moins imaginatif, se situant dans une atmosphère nocturne qui ne serait pas sans rappeler celle du *Tenebroso* de la *Suite lyrique* de Berg. La réexposition est écourtée, d'une passion plus concentrée, resserrant le jeu contrapuntique des trois idées d'origine, — tandis que la coda restaure, en ses vingt-trois mesures de pure contemplation, l'*ut* majeur de départ.

Les deux mouvements suivants conservent ce même ton d'*ut*. Toutefois le Scherzo — indiqué *Vivace* — est en mineur, avec un trio en *fa* majeur procédant par variation du thème (en augmentation) ; l'ensemble, d'une sombre énergie, d'un fantastique livré presque à l'angoisse, se joue entièrement *con sordino*. Le mouvement conclusif est une très imposante Chaconne (portant le titre purcellien de *Chacony*), dont le thème noble et grave — *sostenuto* — est énoncé par les quatre instruments à l'unisson. Il comporte quatre sections que relient des cadences dévolues respectivement au violoncelle, à l'alto et au premier violon ; il modulera lui-même de *si* bémol vers *ut* majeur, — au travers des vingt-et-une variations du thème en ostinato : six variations harmoniques, six variations rythmiques, six variations basées sur un nouveau contrepoint mélodique, — chaque instrument assurant à son tour un solo de ce thème inédit pour aboutir à la polyphonie de la dix-huitième variation. Les trois variations finales rétablissent définitivement le ton d'*ut* majeur en majesté.

Durée moyenne d'exécution : 25 minutes.

Quatuor n° 3 (op. 94)

Le troisième et dernier quatuor à cordes fut écrit trente ans plus tard, à l'automne de 1975 : il fut commencé à Aldeburgh, puis achevé à Venise, et Britten le dédia à Hans Keller, violoniste et musicologue anglais d'origine autrichienne qui réalisa plusieurs adaptations allemandes d'ouvrages lyriques du compositeur. La création eut lieu, par le Quatuor Amadeus, à Snape le 19 décembre 1976 (Britten était mort une quinzaine de jours auparavant), et la première londonienne le 1er février 1978. L'inspiration en est manifestement différente de celle des deux précédents quatuors, et frappe tant par sa liberté d'allure que par sa qualité spirituelle : à maints égards, il s'agit d'un adieu, d'un testament secret et rigoureux, presque énigmatique, — dont chacun des cinq mouvements porte un titre significatif (comme en certains quatuors de Bartók ou de Chostakovitch) : *Duets* ; *Ostinato* ; *Solo* ; *Burlesque* ; *Recitative and Passacaglia*.

1. Duets (« With moderate movement ») : le premier mouvement s'installe d'emblée dans l'ambiguïté tonale (*si* bémol majeur de principe), sur une oscillante seconde mineure ; le thème initial est à la fois intime et intense, d'une très étrange luminosité, — nouant le dialogue du second violon et de l'alto :

Les autres voix n'y participent que par brèves intermittences. Le développement accentue la tension entre les deux instruments, — avant de passer du 9/8 originel à un 3/4 nerveux. En dépit de la forme sonate masquée, il n'y a pratiquement pas de redite thématique, et la coda apporte une conclusion d'une calme et profonde beauté.

2. Ostinato (indiqué « très rapide ») : court et rythmique (abondantes syncopes), il se déroule en une série de septièmes sur un motif entendu initialement. Il y a de fortes oppositions de nuances et de semblables ambiguïtés tonales que précédemment — avec un trio s'établissant en *si* majeur. La conclusion est abrupte, sur *sol* majeur.

3. Solo (indiqué « très calme ») : ce lent mouvement central s'ouvre rhapsodiquement avec le premier violon qui trace la ligne mélodique sur arpègements des trois autres instruments. Le caractère est serein, presque éthéré. La mélodie passe ensuite au second violon, et l'on atteint une cadenza concertante en guise d'épisode médian. Puis on revient à la paix initiale, — le solo détaché sur des harmonies raréfiées.

4. Burlesque : en *la* mineur, c'est un scherzo d'une extrême nervosité, d'esprit parodique, avec trio central en *mi* bémol, — dans la manière du *Rondo Burleske* de la *Neuvième Symphonie* de Mahler, fort apprécié par Britten : même tonalité, matériau thématique similaire, et semblable « dérision » (C'est également Chostakovitch qu'on évoquera, comme il le fut — d'autre façon — dans *Solo*). Épisode terminal en *la* majeur (« Maggiore »).

5. Recitative and Passacaglia (« La Serenissima ») : le sous-titre de ce moucement final est en référence à la cité des Doges (où il fut composé), et tout autant au dernier opéra du musicien, *Death in Venice* (« Mort à Venise »). Le *Recitative* introductif se fait l'écho, non seulement de thèmes antérieurs de la partition, mais de plusieurs motifs de cet ouvrage lyrique (dont la « barcarolle », par le violoncelle). Le thème de la *Passacaglia*, large et dramatique, sur une basse doucement oscillante de *mi* majeur (qu'introduisent violoncelle et premier violon), semble lui-même sublimer l'œuvre entière en sa subtile et fugace beauté. Mais la coda fera surgir, puis s'évanouir dans toute l'ambiguïté souhaitée, le ton de *sol* dièse majeur sur une longue pédale de *ré* tenue par l'instrument le plus grave, — violoncelle énigmatique offrant sans doute cette « paix de l'âme » difficilement conquise par Aschenbach, héros plus qu'émouvant de l'opéra, voix même de son auteur.

Durée d'exécution : 28 minutes environ.

LES ŒUVRES POUR VIOLONCELLE

Les trois *Suites* pour violoncelle seul ont été écrites par Britten, à peu d'années d'intervalle, à l'intention du violoncelliste soviétique Mstislav Rostropovitch dont le compositeur britannique avait fait la connaissance en 1960 à Londres (à l'initiative d'un autre musicien russe, Chostakovitch), — et qui devint rapidement son ami. La première œuvre dédiée à son illustre interprète fut, dès 1961, la *Sonate op. 65*, tandis que devait suivre en 1963 une *Symphonie* pour violoncelle et orchestre (*op. 68*). Cinq partitions furent ainsi composées jusqu'en 1971, — inspirées par un artiste prestigieux ; ce qui, somme toute, ne constitue qu'un exemple parmi tant d'autres, dans toute l'histoire de la musique, de ce genre d'émulation. Dans le cas des trois *Suites*, Jean-Sébastien Bach fait figure imposée de référence historique ; mais tout autant le « style brisé » des luthistes et clavecinistes de l'ère baroque, érigé en principe technique fertilisant, — bien qu'il faille observer qu'aucune de ces *Suites* n'obéit à la même organisation formelle.

Suite n° 1, en *sol* majeur (op. 72)

Elle fut composée à l'automne de 1964, au retour d'une tournée en URSS ; la première audition en fut donnée par son dédicataire à Aldeburgh le 27 juin de l'année suivante, et la création londonienne prit place le 30 juin 1966. Il y a six mouvements reliés en trois groupes de deux que sépare chaque fois un *Canto* (*sostenuto e largamente*) faisant fonction de thème récurrent, — un peu à la manière de la « Promenade » dans les *Tableaux d'une exposition* de Moussorgski. La succession est donc la suivante : *Canto primo*, puis *Fuga* (*Andante moderato*) et *Lamento* (*Lento rubato*) ; *Canto secondo*, puis *Serenato* (*Allegretto pizzicato*) et *Marcia* (*Alla marcia moderato*) ; enfin *Canto terzo*, suivi de *Bordone* (*Moderato quasi recitativo*) et de *Moto perpetuo e canto quarto* (*Presto*). A noter particulièrement : le jeu non dénué d'humour sur deux notes en staccato de la *Fuga* ; le lyrisme douloureux du *Lamento*, — issu du conflit entre un insistant arpeggio de *mi* mineur et le ton dominant de *mi* bémol ; la *Serenata* en pizzicatos affirmant un modalisme, — qu'on peut écouter comme un hommage à Debussy ; les figures en ostinato de la *Marcia* qui succède, suggérant par sa rythmique en « fanfare » stravinskienne une révérence à *l'Histoire du soldat* ; le très brillant et tournoyant *Molto perpetuo* final, dont semble s'évader — pour conclure — le *Canto* primitif en une sorte de contraction thématique de la *Suite* tout entière.

Durée d'exécution : 24 minutes environ.

Suite n° 2, en *ré* majeur (op. 80)

Elle fut écrite trois ans plus tard, en août 1967. Sa création eut lieu le 17 juin 1968 à Snape, et la première londonienne le 12 septembre suivant. Elle comprend cinq morceaux : un *Declamato* (*Largo*) introductif, d'allure rhapsodique, agissant un peu comme un premier mouvement de sonate, — bien qu'il soit difficile de discerner quelque relation thématique entre les différentes pièces à suivre. Succède une magnifique *Fuga* (*Andante*), sur un sujet plein d'esprit, d'une étonnante rythmique, — avant un léger *Scherzo* (*Allegro molto*) que suivra le mouvement lent, *Andante lento* sur un curieux pizzicato à 6/8, et faisant alterner tierces majeures et mineures. C'est une impressionnante *Ciaccona* (*Allegro*) qui conclura, — sur une basse tirée d'un modèle courant à l'époque baroque, se fondant sur le tétracorde descendant. A la fin, brève allusion — *tranquillo* — au *Declamato* initial en une sorte de rappel cyclique.

Durée d'exécution : 25 minutes environ.

Suite n° 3, en *ut* mineur (op. 87)

Elle date de février-mars 1971, mais ne fut créée à Snape que le 21 décembre 1974 (première londonienne le 11 octobre 1977, — soit une année environ après la mort du compositeur). On tient généralement cette dernière partition pour la plus personnelle des trois *Suites*, la plus chargée d'affectivité. Les neuf mouvements qui la composent font appel à la technique — sous-jacente — de la variation, unifiés qu'ils se révèlent par une inspiration commune : celle de trois thèmes russes provenant de chansons populaires « arrangées » par Tchaïkovski, le quatrième étant issu d'un hymne mortuaire puisé aux sources anglaises (*Kontakion*). Ainsi se succèdent un *Lento*, sorte d'ouverture solennelle (d'après ce *Kontakion*), une *Marcia* utilisant deux mélodies du musicien russe, un *Canto* d'après la troisième. La même thématique inspire diversement la *Barcarolla* suivante en ses figurations d'arpèges, une importante *Fuga* reliée à un *Recitativo*, qui se transmue lui-même en *Moto perpetuo*, — ces deux mouvements préludant à une *Passacaglia*, forme très chère au compositeur, revenant à la structure du *Kontakion* initial... Ainsi voit-on combien une telle œuvre — en ses sources russes, et par son apparentement aux techniques de « collage » mélodique couramment pratiquées par un compositeur tel que Chostakovitch (à qui Britten joua sa partition lors d'une visite en URSS en 1971) — porte en elle de profondeur « sentimentale ». A la façon sans doute — comme l'ont souligné des commentateurs de l'œuvre — des pages effeuillées d'un journal intime.

Durée d'exécution : 22 minutes environ.

Sonate pour violoncelle et piano, en *ut* majeur (op. 65)

Cette partition, dédiée comme les trois *Suites* à Mstislav Rostropovitch, leur est antérieure : sa composition date de janvier 1961, et sa création, à Aldeburgh, du 7 juillet de la même année.

Elle est en cinq mouvements assez brefs, et combine la forme sonate et celle de la suite instrumentale. Le style est concis, tendu, parfois subtil, — notamment en son premier mouvement, *Dialogo* (*Allegro*), à deux thèmes nerveusement rythmiques, le second représentant une variante du premier. Le *Scherzo* qui succède est une musique « nocturne » que parcourt un pizzicato continu du violoncelle. Le beau mouvement lent — *Elegia* — atteint un lyrisme passionné, que détruit à plaisir la *Marcia*, sardonique, avant un *Moto perpetuo* conclusif sans caractère aussi marqué — la même réussite — que ceux des *Première* et *Troisième Suites* pour violoncelle seul qui suivront.

Durée d'exécution : 20 minutes environ.

AUTRES ŒUVRES

Nous donnons ci-après un aperçu d'œuvres diverses de la musique de chambre de Britten, — dont on peut considérer qu'elles demeurent, à plus ou moins juste titre, à peu près inconnues de ce côté-ci de la Manche.

La première en date est le **Quatuor-Fantaisie** (op. 2) pour hautbois et cordes (violon, alto et violoncelle), composé en 1932, et créé à Londres par le hautboïste Leon Goossens et l'International String Quartet : partition d'un musicien âgé de dix-neuf ans, et qui révéla une maturité inattendue dans l'art de combiner deux structures musicales souvent antinomiques : celle de la variation (fantaisie) et celle de la forme sonate. Un seul mouvement (d'une durée d'exécution avoisinant treize minutes) fait se succéder une introduction *Andante alla marcia* (avec présentation du thème principal), un *Allegro giusto* (exposition et développement de sonate à trois thèmes), puis de nouveau l'*Andante* initial (avec une partie centrale dévolue aux seules cordes), enfin une courte récapitulation de l'*Allegro* de sonate, pour terminer, en coda, sur le *Tempo primo* de l'introduction. Cette construction, nullement chaotique, recèle maintes subtilités, en particulier dans la mise en place des tonalités et du cycle des « variations ».

La **Suite pour violon et piano** (op. 6) fut écrite en 1935 (création, l'année suivante, à Barcelone par Antonio Brosa et le compositeur au piano). Œuvre légère, brillante et virtuose, quasistravinskienne dans ses deux premiers mouvements, — la *Marche* introductive, puis un *Moto Perpetuo*. Les deux autres pièces sont une *Berceuse* (« Lullaby »), sorte de nocturne, et une *Valse* piquante, d'intention parodique, mariant l'esprit de la valse viennoise (au violon) et celui de la valse française (au piano).

Lachrymae (op. 48) est une œuvre très différente, beaucoup plus « sérieuse », postérieure d'une quinzaine d'années : entre-temps, l'exil aux États-Unis, le retour courageux dans l'Angleterre en guerre, l'éclatant succès de l'opéra *Peter Grimes*, puis la fondation du festival d'Aldeburgh. Sous-titrée « Reflections on a Song of John Dowland », la partition est écrite pour alto et piano (elle se donne également dans une version pour alto principal et orchestre à cordes). Elle fut créée par l'illustre William Primrose, son dédicataire, Britten étant au piano, en juin 1950 à Aldeburgh. Tenant à la fois de la variation et du développement de la forme sonate, elle prend pour thème unique un air entier du grand musicien luthiste — « If my complaints could passion move » —, thème binaire dont Britten décompose la structure de manière originale : introduction (*Lento*) et présentation du thème en *ut* mineur, série de dix variations sur la première séquence de ce thème (*mi* bémol majeur), coda sur la seconde séquence (modulant de *mi* bémol majeur vers *ut* mineur, puis majeur). Cette très belle pièce — dont l'exécution est d'environ seize minutes — s'avère d'un lyrisme émouvant, allant parfois jusqu'à la véhémence, une certaine âpreté du rythme et des accents à laquelle la coda, qui a l'ampleur d'un choral, apporte une sorte d'adoucissement.

Les six **Metamorphoses after Ovid** (op. 49) pour hautbois solo datent de l'année suivante (1951), et furent données en première audition par Joy Boughton en marge du festival d'Aldeburgh, dans un cadre de plein air convenant particulièrement — comme le souhaitait le compositeur — à la poésie mythologique d'Ovide dont il tentait la traduction musicale : il y parvint avec ses six pièces, élégiaques ou plus dramatiques, intitulées respectivement *Pan*, *Phaeton*, *Niobe*, *Bacchus*, *Narcissus* et *Arethusa*. Contrastées, très mélodiques, elles manifestent aussi leur adaptation aux ressources expressives — somme toute un peu limitées — de l'instrument. On en prendra pour seule preuve la pièce n° 5 — *Narcissus* — avec son écriture en imitation (renversement) au registre aigu du haubois lorsque l'adolescent vient à découvrir son image reflétée.

Enfin seront citées ici pour mémoire quelques partitions ultérieures, cependant de moindre intérêt : pour les cordes seulement, un *Alla Marcia* (quatuor), *Trois Divertimenti* (quatuor), et une *Fantaisie en* fa *mineur* (quintette) ; pour effectifs variés, les *Temporal Variations* (hautbois et piano), et, surtout, les **Gemini-Variations** (op. 73), de 1965, assez curieusement écrites pour flûte, violon et duo de pianos (formant couple de gémeaux). Ces *Gemini-Variations* sont bâties sur un thème magyar emprunté aux *Épigrammes* de Zoltán Kodály, dont elles adoptent la vigueur rythmique, pour conclure par une fugue pleine d'effet.

Signalons, pour terminer, que Britten — légitime admirateur de son compatriote Purcell — a réalisé une transcription moderne pour deux violons, violoncelle et piano de la « *Golden* » *Sonata* de ce dernier.

F.R.T.

ANTON BRUCKNER

Né à Ansfelden (Haute-Autriche), le 4 septembre 1824 ; mort à Vienne, le 11 octobre 1896. La grandeur d'un Bruckner — cet étrange « ménestrel de Dieu » encore si souvent dénigré — réside dans sa musique d'église (ses messes, ses psaumes, son grandiose Te Deum), ainsi que dans ses imposantes symphonies. On ne peut dire, en revanche, que son* Quintette à cordes *— assez peu fréquenté par les formations de chambre — l'ait considérablement servi : si cette œuvre ne lui valut, comme tant d'autres, ni échec ni mépris (elle fut, au contraire, fort bien accueillie par les Viennois), elle n'a pas non plus augmenté une gloire si difficilement acquise de son vivant. La vérité, sans doute, étant qu'il s'agit là d'une partition d'accès facile, parfois même un peu complaisante. Musicien modeste, mais extraordinairement opiniâtre (sa formation fut pratiquement celle d'un autodidacte), Bruckner vécut l'essentiel de sa vie à Linz, puis à Vienne, à des postes d'organiste. Il obtint néanmoins de notables succès, comme improvisateur à l'orgue (mais non comme compositeur), en France et en Angleterre. Il mourut d'hydropisie à l'âge de soixante-douze ans : ses obsèques furent célébrées en grande pompe devant le Tout-Vienne de la musique, — avant l'inhumation dans la crypte de la petite ville de Saint-Florian, au-dessous de l'orgue de ses premières études et qui, depuis, porte son nom.*

* *Qui occupent une place très singulière dans l'histoire de la symphonie allemande : voir Guide de la musique symphonique* (même éditeur).

Quintette à cordes en *fa* majeur

L'œuvre constitue donc l'unique contribution de Bruckner à la musique de chambre, — si l'on excepte un « travail d'élève », selon le mot du compositeur, effectué dix-sept ans auparavant (1862), dont on n'a découvert la partition qu'au lendemain de la Seconde Guerre mondiale (édition Nowak, de 1955). Ce *Quatuor à cordes* en *ut* mineur (quatre mouvements, deux versions du finale) fait seulement la preuve d'une solide acquisition des formes traditionnelles et d'un sûr instinct du développement thématique.

Le *Quintette en* fa *majeur*, autrement important, fut écrit pour honorer une commande de Joseph Hellmesberger, alors directeur du Conservatoire de Vienne, également à la tête d'un excellent quatuor, — aussitôt après l'achèvement de la *Cinquième Symphonie*, œuvre d'une grande audace contrapuntique dont le *Quintette* n'est pas exempt lui non plus. La composition s'étendit de la fin du mois de décembre 1878 à la mi-juillet 1879 (le musicien ayant atteint cinquante-cinq ans). Mais Hellmesberger montra peu d'enthousiasme, dès l'abord, pour le deuxième mouvement (*Scherzo*), et réclama, en remplacement, un *Intermezzo* qui ne fut lui-même terminé que vers la fin de 1879. C'est pourtant le *Scherzo* primitif qui réapparut dans la version définitive de l'œuvre créée tardivement, mais avec un appréciable succès, par Hellmesberger et son quatuor le 8 janvier 1885 à Vienne. Et fort heureusement : l'*Intermezzo*, pièce de rechange d'une inspiration contrainte (avec, notamment, une valse lente d'assez mauvais aloi), n'offrait qu'un bien moindre intérêt. À la vérité, des premières auditions plus ou moins complètes avaient été assurées auparavant par des élèves du compositeur, soit en privé (dès novembre 1881), soit en public (en avril 1884, date de publication de la partition)**. Le *Quintette* avait donc déjà un auditoire... « Symphonie pour cinq cordes » : cette étiquette dont l'œuvre fut affublée dès l'origine s'est trop facilement transmise de commentateur en commentateur. Or, de l'écriture symphonique brucknérienne, le *Quintette* — de par sa claire et très équilibrée polyphonie instrumentale, de par la multiplicité, et la légèreté, de ses idées (parfois trop adventices et non abouties) — n'a guère l'épaisseur, ni le souffle, ni le « parfum d'éternité ». Sauf, sans doute, dans les ultimes mesures du finale, grandiose et de caractère nettement orchestral. Quatre mouvements composent l'œuvre, — dont l'effectif est celui du quatuor avec adjonction d'un second alto.

1. Gemässigt. Moderato (à 3/4) : ce mouvement « modéré », qui prend la place du premier allegro habituel, se construit sur trois thèmes (tri-thématisme typiquement brucknérien). Le premier, prépondérant, se veut intensément lyrique tout en avouant de secrètes et intenses nostalgies ; le second, d'un charme assez élégiaque, et qui va decrescendo, contraste plus nettement avec le troisième, en mineur, franchement rythmique. On remarquera surtout les relations établies entre les tonalités de *ré* bémol (explorée dès le début du mouvement, et qui conservera son pouvoir attractif à travers toute la partition), de *fa* dièse et de *sol* bémol majeur, — immédiatement perceptibles dans l'énoncé du deuxième thème. Le motif central du premier thème (troisième mesure) fait la transition vers le développement, ouvert par une cadence du premier violon. Développement et réexposition, très classiques, sont sans surprises, — sinon celles de fortes oppositions dynamiques. Ce mouvement initial se termine dans une sorte de jubilation, d'un éclat quelque peu extérieur.

2. Scherzo (à 3/4, en *ré* mineur) : indiqué *Schnell* (« rapide »), — tandis que le trio (*Langsamer*, « plus lent ») sera conçu comme un andante. Léger, capricieux, très « viennois » somme toute, il est bâti sur trois éléments thématiques contrastants qu'exposent les deux violons et le violoncelle au cours des huit premières mesures ; ces éléments, développés, sont sujets à variations que conclut une cadence en *ré* majeur. Le trio est, quant à lui, en *mi* bémol majeur, — plus alangui, cependant d'allure non moins capricieuse : « Il fait curieuse figure avec ses rythmes tour à tour élargis ou contractés, ses cellules appogiaturées, ses contrastes de notes coulées et de soupirs qui lui donnent un aspect mignard et faussement primesautier » (Jean Gallois)***. Un tel jugement, pour le moins dépréciatif, ne sera peut-être nullement celui de l'auditeur, par ailleurs sensible à certaine grâce désinvolte d'une page non dépourvue de qualités d'invention harmonique et rythmique.

3. Adagio (à 4/4, en *sol* bémol majeur) : ce troisième mouvement, en

** C'est l'édition Nowak, datée de 1963, qui est utilisée de nos jours.

*** J. Gallois, *Bruckner* (Le Seuil, « Solfèges », Paris, 1971).

revanche, n'a que rarement suscité pareilles réserves ; même les détracteurs acharnés de Bruckner — encore nombreux — rendent généralement les armes devant la pure beauté, la force expressive de ses deux thèmes. Thème principal amplement phrasé, et magnifiquement harmonisé par larges contrechants, — qu'expose le premier violon :

Second thème confié au premier alto, sur un doux accompagnement en croches des cordes élevées. L'ensemble gagne peu à peu en intensité (par sauts de sixte), propose également de brèves et douloureuses incursions dans la tonalité mineure, atteint enfin une culmination d'une puissante charge émotionnelle... La conclusion, *ppp*, recouvrira de silence la poignante élégie.

4. **Finale : Lebhaft bewegt — Langsamer** (« Animé — Plus lent »). Une longue pédale de *ré* bémol majeur (dominante du *sol* bémol antécédent), puis d'*ut* majeur (dominante de *fa*), ramène à la tonalité générale de l'œuvre, abordée ici d'abord en mineur. De même que le premier mouvement, ce finale est thématiquement tripartite : le thème initial par accords brisés, le suivant en sixtes, le troisième, de très large ambitus, progressant par grands intervalles tendus, et soumis à une élaboration contrapuntique. Fugitivement apparaît le troisième thème (rythmique) du premier mouvement, — contrastant avec l'allure de choral du *Langsamer*. Et l'œuvre prendra fin par l'affirmation d'un *fa* majeur mainte fois combattu, triomphant sans ambiguïté.

Durée moyenne d'exécution : 45-47 minutes.

F.R.T.

FERRUCCIO BUSONI

Né à Empoli, près de Florence, le 1er avril 1866; mort à Berlin, le 27 juillet 1924. Fils d'un clarinettiste italien et d'une pianiste d'origine allemande, il étudia avec ses parents, fit sensation comme enfant prodige et, en 1889, devint professeur de piano au Conservatoire d'Helsinfors (Helsinki), où il rencontra sa future femme, fille d'un sculpteur suédois, et fit la connaissance de Sibelius, — de quelques mois son aîné. De 1891 à 1894, il effectua des tournées aux États-Unis, puis revint en Europe, faisant de Berlin, pour vingt ans, sa résidence principale. De 1902 à 1909, il y dirigea douze concerts de musique contemporaine. À la fin de 1915, il s'installa à Zürich, refusant de fouler le sol des pays belligérants. De 1920 à sa mort, il fut professeur de composition à Berlin. Extraordinaire pianiste, célèbre pour ses transcriptions de Bach, il fut penseur et philosophe tout autant que musicien, et son Projet d'une nouvelle esthétique musicale *(1907) est un véritable traité d'anticonformisme. On lui doit notamment quatre opéras.* Die Brautwahl *(1912),* Turandot *(1917),* Arlecchino *(1917) et, surtout,* Doktor Faust *(inachevé, terminé par son élève Philipp Jarnach et créé en 1925) ; ainsi que des pièces pour piano parmi lesquelles six Sonatines (1910-1920) et la* Fantasia contrappuntistica.

La musique de chambre n'occupe dans l'imposant catalogue de Ferruccio Busoni qu'une place des plus restreintes. Ses deux *Quatuors à cordes* sont des pages d'extrême jeunesse (1884 et 1887), techniquement solides mais sans originalité ; il en va de même pour la *Première Sonate pour violon et piano* (*op. 29*), écrite en 1890, et dont les trois mouvements, de forme traditionnelle, proclament la forte influence de Brahms. Après le tournant du siècle, Busoni a pratiquement abandonné la musique de chambre. Le *Feuillet d'album pour flûte et piano* (1916) et l'*Élégie pour clarinette et piano* (1920), dont la matière musicale se retrouve dans *Doktor Faust*, sont de précieux et trop rares témoignages du « jeune classicisme » de sa phase ultime.

Mais si le nom de Busoni figure dans ce « Guide », c'est en raison d'une œuvre importante et belle autant qu'originale, la **Deuxième Sonate pour violon et piano**

en *mi* mineur, op. 36 A (1898), que Busoni lui-même devait considérer par la suite comme son véritable « opus 1 ». L'ordre des priorités est précisé dès l'intitulé original, « *pour piano et violon* », — et ce n'est pas pour étonner de la part d'un si formidable pianiste. La *Sonate* se présente d'un seul tenant, malgré sa demi-heure de durée, et bien qu'on puisse y distinguer trois parties. Le biographe de Busoni, Anthony Beaumont, a souligné que, structurellement, elle était calquée sur le modèle de l'*op. 109* beethovénien, dont elle partage aussi la tonique, *mi*.

Le premier volet, s'ouvrant sur un « motif-devise » de quatre accords, est en prédominance lent, et d'une belle *cantabilità* italienne, présentant deux idées, — dont la seconde est à intervalle de triton de la première (*si* bémol majeur). Il n'y a pas de développement, mais un épisode médian plus animé en *si* mineur, suivi d'une reprise resserrée et d'une nouvelle allusion au motif d'accords.

Le deuxième volet, **Presto**, est une étourdissante tarentelle, qui transforme complètement l'élément central du morceau précédent, et dont la verve et la truculence font plus qu'annoncer l'*All'Italiana* du *Concerto pour piano et chœur d'hommes*.

Une transition aux rythmes pointés solennels (*Andante piùtosto grave* en *ut* dièse mineur) introduit alors en *mi* majeur une mélodie de choral (ou, plus exactement, de lied spirituel) de Jean-Sébastien Bach : *Wie wohl ist mir, O Freund der Seele* (« Comme je suis bien, Ô Ami de l'âme »), tirée du *Petit Livre d'Anna Magdalena Bach* (*BWV.517*) : mélodie dont une série de variations constitue le *Finale* de notre *Sonate*, — dont il représente à lui seul une bonne moitié de la durée, toujours conformément au modèle de la *Sonate op. 109* de Beethoven. C'est l'un des premiers témoignages de la présence essentielle de Bach dans la pensée de Busoni, annonçant toute une série d'œuvres pianistiques, dont la grandiose *Fantasia contrappuntistica*. Une première variation (*Poco più andante*) s'anime de triolets berceurs, — alors que les deux suivantes, carrément rapides, offrent un *Alla Marcia* et un brillant mouvement perpétuel pour le violon. La quatrième en mineur, retrouve l'écriture d'un Prélude de *Choral* de Bach, et son motif, jusque dans *Doktor Faust*, sera pour Busoni associé à l'idée de la mort. Un *Lamentoso* plus sombre encore mène à la *Fugue* (*Tranquillo assai*), un 9/8 paisible retrouvant le mode majeur : ici, c'est à la *Fugue* de l'*op. 110* de Beethoven que l'on pense, tant par l'intervention imposante du sujet en augmentation fortissimo que par la puissance et l'ampleur d'une magnifique progression aboutissant à un *Allegro deciso*, et culminant avec le retour de l'*Andante piùttosto grave* qui introduisait le choral, dans sa tonalité d'origine, *ut* dièse mineur. Une accalmie d'une souveraine grandeur va terminer l'œuvre (*Piu tranquillo, Apoteotico*), mêlant le « motif-devise » à des bribes du choral ; puis le « motif-devise » seul met le point final (*Quasi sacro*), avec une cadence parfaite qui prend le sens d'une bénédiction. Les deux grands maîtres à penser de Busoni à cette époque — Bach et Liszt — opèrent leur rencontre dans ce singulier chef-d'œuvre.

H. H.

DIETRICH BUXTEHUDE

Né à Bad Oldesloe (Holstein), en 1637; mort à Lübeck, le 9 mai 1707. Il fut le plus grand maître de l'orgue en Allemagne avant Bach. Né dans une partie du Holstein alors danoise, mais qui devait devenir allemande, il suivit d'abord les conseils de son père, également organiste. En 1657, il est organiste de l'église d'Helsinborg, ville aujourd'hui suédoise mais alors danoise, puis trois ans plus tard organiste de l'église Sainte-Marie d'Elseneur, et, à partir du mois d'avril 1668, organiste de l'église Sainte-Marie de Lübeck. Il y resta jusqu'à la fin de sa vie, en dépit d'un court voyage à Hambourg en 1687 pour examiner un orgue en construction. Haendel lui rendit visite en 1703, ainsi que Bach en 1706. Après sa mort, il fut inhumé dans l'église de Lübeck où il avait servi pendant près de quarante ans. Si sa musique d'orgue constitue le sommet de sa production, il fut également l'auteur de cantates, de chorals, d'airs, de pièces symphoniques, de morceaux pour clavecin et de sonates en trio.

L'œuvre de musique de chambre de Buxtehude se compose de vingt-et-une **Sonates en trio** : quatorze sonates pour deux violons, viole de gambe avec clavecin furent éditées en 1694 et 1696 ; sept autres sonates (pour un ou deux violons et continuo, pour une ou deux violes de gambe et continuo) sont restées manuscrites. Les sonates de Buxtehude ont la particularité d'exiger un instrument « ancien », la viole de gambe, et un instrument « moderne », le violon.

Une première série de *VII Suonate a doi violino e violadagamba* (sic) *con cembalo... opera prima*, fut éditée à Hambourg en 1694 et dédiée aux conseillers de la ville. Une seconde série de *VII Suonate... opera secunda*, dédicacée au bourgmestre Johann Ritter, protecteur de Buxtehude, parut en 1696 à Hambourg.

Malgré leur titre italien, ces œuvres semblent plus issues de la manière française et de la tradition d'improvisation virtuose du jeu de la viole, que de la sonate à trois de Corelli, — mais l'influence française et l'influence italienne s'y mêlent.

Les sept première sonates ne comportent pas de mouvements de danses. La **Sonate I** s'ouvre *Vivace* sur une mélodie merveilleusement spontanée, que six mesures lentes enchaînent à un mouvement de fugue incomplète. Puis dans un *Adagio*, c'est le violon qui se charge du rôle principal en un ample chant presque nostalgique, tandis que dans l'*Andante* qui suit, le violon et la viole de gambe se superposent gracieusement sur une basse continue à l'italienne. Le *Presto* final est décidé et joyeux.

De la **Sonate II**, peut-être moins attachante que la première, on retiendra un *Allegro* qui sonne comme un carillon et un *Arioso* de style très français.

Dans la **Sonate III**, que Buxtehude clôt par un finale *Vivace* plein d'énergie, toutes les pièces sont séparées par de petits intermèdes lents

La première partie de la **Sonate IV** (dont une version est restée manuscrite) évolue comme une grande chaconne sur une basse obstinée, — procédé caractéristique de la manière de Buxtehude.

Si la manière française s'impose dans maints mouvements de ces sonates en trio, l'*Aria* de violon aux jolis contours mélodiques et l'*Allegro* à 6/8 de la **Sonate V**, enjoué avec élégance, conservent toutes les tournures du bel art italien.

La **Sonate VI** paraît plus insolite. Introduite par un épisode grave et par un *Allegro* construit sur un thème en octaves battues, elle se poursuit sur un *Vivace* tour à tour étincelant, grave, tumultueux et énergique. Précédée de curieux effets de notes répétées et de chromatismes à la basse, la conclusion *Lento* est sombre.

La dernière **Sonate VII** est surtout faite de pièces vives séparées par des interludes graves.

La deuxième série de *VII Suonate... opera secunda* est un peu différente de la première série. Dans ces sonates, par exemple, Buxtehude place volontiers quelques mouvements de danses comme cette *Gigue* gracieuse de la **Sonate III**. La construction des sonates est elle-même parfois originale : dans la **Sonate V**, après l'introduction à trois parties, le violon se lance dans une série de solos dont l'un, écrit sur une basse obstinée, porte cette indication *concitato*, — dans la tradition de ce style direct inventé par Monteverdi. La **Sonate II** comporte une *Arietta* suivie de neuf variations. Dans la **Sonate VI**, Buxtehude emploie une tonalité rarement exploitée à son époque, celle de *mi* majeur.

A.d.P.

WILLIAM BYRD

Né en Angleterre (Lincolnshire ?), vers 1543 ; mort à Sondon Massey (Essex), le 4 juillet 1623. Très probablement élève de Tallis, il occupa successivement les postes d'organiste de la cathédrale de Lincoln et de la Chapelle royale. Nommé gentilhomme de la Chapelle royale par la reine Elisabeth, en dépit de sa foi catholique, Byrd sut témoigner son indépendance et son génie en composant pour le culte romain aussi bien que pour le culte anglican. En 1575, conjointement avec Tallis, il obtenait de la reine une licence d'édition et de vente de musique imprimée, — privilège très rare à l'époque. La plus grande partie de son œuvre fut donc publiée par ses soins. Byrd occupe une place de premier plan dans l'histoire de la musique grâce à ses compositions religieuses — ses trois messes sont des chefs-d'œuvre —, mais il excella aussi dans la musique instrumentale et sut, dans ce domaine, se montrer très émouvant.

Les pièces pour violes

Les quelques pièces détachées que Byrd consacra aux violes ont pour la plupart été éditées par lui-même. Il s'agit de fantaisies à trois, quatre, cinq et six parties, de fantaisies sur plain-chant grégorien (sur *In manus tuas, Domine*, sur *Laudate pueri, Dominum*), de pavanes et de gaillardes, de « grounds » et de sept *In Nomine* à quatre parties, destinés à des ensembles de violes. En usage en Angleterre depuis le milieu du XVIe siècle, les « consorts of viols » réunissaient généralement six instruments de la famille des violes. Cette formation semblait alors avoir obtenu la préférence des musiciens anglais, qui écrivaient aussi parfois pour trois, quatre et cinq parties.

La musique instrumentale de Byrd est d'une rare élégance. En possession d'un art complet et constamment brillant, il s'affirme ici comme un compositeur exceptionnel.

À l'époque élisabéthaine, les *In Nomine* et les fantaisies représentaient certainement les meilleurs exercices de virtuosité contrapuntique adaptés au virginal ou aux violes. Par leur adaptation sur ces instruments, ces compositions polyphoniques compliquées directement issues de la tradition du plain-chant qu'étaient les *In Nomine* devenaient des œuvres de caractère purement instrumental. Elles reposaient sur le thème liturgique traité comme un cantus firmus.

Construites en plusieurs épisodes bien contrastés et s'enchaînant sans interruption, les fantaisies de Byrd répondent parfaitement à la définition qu'en donna Thomas Morley, son élève : « La principale forme de musique faite sans un but précis est la fantaisie, c'est-à-dire quand un musicien prend un thème à son plaisir, et le tord et le tourne suivant son idée, en en tirant beaucoup ou peu suivant ce qui lui semble préférable... Il n'est tenu à rien qu'à ce qu'il ajoute, diminue ou modifie à son gré. »

A.d.P.

GIUSEPPE MARIA CAMBINI

Né à Livourne, le 13 (?) février 1746; mort à Paris en 1825. On a longtemps pensé qu'il avait été l'élève du Padre Martini en Italie, mais ceci n'a jamais été prouvé. Installé à Paris dans les années 1770, il y passa le reste de sa carrière. Il se fit entendre au Concert Spirituel dès 1773 et témoigna d'une remarquable activité dans le domaine de la musique instrumentale. Directeur de la musique du Théâtre des Beaujolais, puis du Théâtre Louvois, il fit représenter avec succès plusieurs ouvrages lyriques. Rallié à l'esprit de la Révolution, il composa aussi des œuvres patriotiques. En 1810 et 1811, il collabora à la rédaction des Tablettes de Polymnie. *Atteint de maladie mentale dans les dernières années de sa vie, comme le furent étrangement quelques-uns de ses contemporains — Devienne, Pierre Gaveaux et Salieri —, il fut interné à l'asile de Bicêtre où il mourut. A côté de ses ballets et de ses opéras, Cambini composa une somme impressionnante d'œuvres de musique instrumentale.*

L'œuvre de chambre

Cambini, avec Viotti, est considéré aujourd'hui comme l'un des créateurs d'un style de musique pour violon et quatuor à cordes — le quatuor concertant —, très différent des quatuors écrits à la même époque par les musiciens viennois et qui se développa à Paris dans les années qui précédèrent la Révolution.

Le catalogue de son œuvre instrumentale est éloquent par sa quantité : plus de quatre cents compositions, — dont plus de cent quarante quatuors, cent douze quintettes pour deux violons, deux altos et violoncelle, des quintettes pour flûte et cordes écrits entre 1777 et 1782, trente trios pour deux violons et alto, vingt-quatre trios pour deux violons et violoncelle, trente-trois trios pour violon, alto et violoncelle, six trios pour flûte, violon et alto, vingt-quatre trios pour flûte, violon et violoncelle, six trios pour flûte, hautbois et basson, quarante-deux duetti pour divers instruments, des sonates pour violon et continuo.

Cambini s'est complètement éloigné de l'écriture de toute forme de musique de chambre avec basse continue, pour s'engager dans la voie qui était celle de la musique en France à la fin du XVIIIe siècle : l'usage d'une mélodie charmante et variée, autour de laquelle s'entrecroisent les instruments par petites cellules mélodico-rythmiques. Ses pièces sont écrites dans le style « galant » le plus pur. Dans son œuvre prévaut le genre concertant, et Cambini aime à faire se succéder passages chantants et épisodes de bravoure dans chaque partie instrumentale. S'il utilise la forme sonate, il lui donne une forme très personnelle et semble avoir le goût de la miniature par la brièveté de petits mouvements oscillant du rapide au lent dans ses allegros de sonate ou ses rondos.

Plus orientés vers des buts didactiques sont les *Duetti* et les sonates pour instrument soliste. Les six **Sonates pour violon et continuo**, composées en 1786, proposent des difficultés graduelles pour les apprentis violonistes avec des annotations sur le caractère de chaque pièce et leur style d'interprétation.

Dans ses quatuors concertants, Cambini mêle tempos lents et pathétiques et tempos rapides et énergiques. En revanche, les six quatuors qu'il dédia entre 1804 et 1809 au naturaliste Etienne de Lacépède sont construits sur une architecture rigoureuse et un contrepoint sévère.

A.d.P.

ANDRÉ CAPLET

Né au Havre, le 23 novembre 1878; mort à Neuilly-sur-Seine, le 22 avril 1925. Après ses études en écriture, en composition et en accompagnement au Conservatoire de Paris, il remporte le Prix de Rome en 1901 devant Ravel. Il commence une brillante carrière de chef d'orchestre (à l'Odéon à partir de 1899), qui le mènera à l'Opéra de Boston de 1910 à 1914, enfin à l'Opéra de Paris. Son amitié partagée avec Debussy dès 1908 le conduira notamment à assurer la création du Martyre de Saint Sébastien *(1911), et à collaborer plus étroitement avec le compositeur par ses orchestrations. De santé fragile après son engagement dans le conflit de 1914, Caplet se consacrera de plus en plus à la composition, en mettant essentiellement en avant sa foi profonde qu'il exprimera le plus intensément dans la* Messe à trois voix *(1919-20) et dans* le Miroir de Jésus *(1923). La musique de chambre constitue l'un des domaines privilégiés de l'œuvre de Caplet qui reste dominée par les deux œuvres précitées, ainsi que par* Epiphanie, *« Fresque musicale pour violoncelle principal et orchestre » (1923), et le* Conte fantastique d'après Edgar Poe.

La musique d'André Caplet est victime d'une méconnaissance grave. Mentionné régulièrement comme étant l'un des proches de Debussy, Caplet reste attaché à l'auteur de *Pelléas* par la correspondance précieuse qu'ils ont échangée*, ainsi que par les orchestrations (*Children's Corner*, 1911, et *la Boîte à joujoux*, 1919), collaborations (*le Martyre de Saint Sébastien*) et transcriptions diverses (*la Mer* et *Images* pour pianos) qu'il a réalisée avec un soin et un talent rares. Il n'en reste pas moins vrai que l'œuvre de Caplet n'a pas connu la diffusion qu'elle méritait, — et ce en dépit des efforts de ses admirateurs les plus fidèles dont Yvonne Gouverné et Arthur Hoérée**.

La musique de chambre tient une place importante dans l'œuvre de Caplet : des *Trois petites pièces dans le style ancien*

* C. Debussy, *Lettres à André Caplet* (Éd. du Rocher, 1957).

** Voir les deux livraisons de *Zodiaque* consacrées à Caplet (n° 107, 1976, et « Visages et documents » n° 4, 1978).

d'après Lully pour violon et piano (1897?) aux deux *Divertissements* pour harpe (1924), une quinzaine de partitions démontrent l'attachement du compositeur pour les formations réduites. Si nombre d'entre elles datent encore de la première partie de son activité créatrice, et ne sont que partiellement caractéristiques de l'art de Caplet, le fameux *Conte fantastique* pour harpe et quatuor à cordes suffirait à justifier le nom du compositeur dans une anthologie des œuvres essentielles de la musique française du premier quart du XXe siècle.

Deux constantes générales se dégagent de l'examen du catalogue de musique de chambre de Caplet : d'abord avec l'attirance du compositeur pour la harpe qu'il utilise dès la *Légende* avec orchestre à cordes (1905), puis dans le *Conte fantastique* dans sa version avec orchestre (1908), jusqu'au *Miroir de Jésus* et au *Sonnet* d'après Ronsard pour voix et harpe (1924). La seconde constante concerne le goût très prononcé de Caplet pour les combinaisons de timbre inédites, — en particulier dans l'association entre les voix de femmes et les instruments : le *Septuor* pour quatuor à cordes et trois voix féminines (1909, inachevé), la *Sonate* pour piano, voix et violoncelle (1919), ou encore *le Miroir de Jésus* pour voix principale, trois voix accompagnantes, quatuor à cordes et harpe (1923) en sont les manifestations les plus remarquables, — la voix étant assimilée le plus souvent à une écriture instrumentale. On citera également une *Sonata di chiesa* pour violon et orgue en trois mouvements (*Quiet, Intérieur* et *Alleliua*), que Caplet a laissée inachevée en 1924.

A côté de ces œuvres qu'il importe de redécouvrir rapidement, Caplet a laissé diverses partitions plus attachées à la tradition comme le *Quintette* pour piano, flûte, hautbois, clarinette et basson (1898) qui a reçu le Prix de la « Société des Compositeurs de Musique » en 1900, ou la *Suite persane* pour deux flûtes, deux clarinettes, deux bassons et deux cors (1900) dont les trois mouvements — *Scharki, Nihavend* et *Iskia Samaïsi* — participent de l'esprit d'exotisme qui marque une partie du répertoire français de cette époque. Plusieurs compositions pour violoncelle et piano sont également répertoriées à partir de l'*Elégie* et de *Allégresse* (1903), qui restent nettement en deçà des transcriptions que sont *Epiphanie d'après une légende éthiopienne* initialement avec orchestre (1923) et les *Improvisations* d'après les quinze mélodies intitulées *le Pain quotidien* (1920).

Conte fantastique d'après Edgar Poe, pour harpe et quatuor à cordes

Composée en 1908 sous la forme d'une « *Étude symphonique* pour harpe chromatique principale et orchestre », la partition a été retravaillée pour harpe et quatuor à cordes en 1923. Initialement écrit pour la harpe chromatique Pleyel mise au point au début du siècle par Gustave Lyon (qui a suscité la composition des *Danses sacrée et profane* de Debussy et de l'*Andante et Scherzo* de Schmitt), le *Conte fantastique* a été adapté par l'auteur pour la harpe Erard — l'instrument de l'*Introduction et Allegro* de Ravel — spécialement à l'intention de Micheline Kahn. C'est avec le Quatuor Poulet que cette interprète donna la première audition de cette seconde version, le même soir que celle de la *Sonate pour piano, voix et violoncelle* (1919), à Paris, à la Salle Erard, le 18 décembre 1923. C'est incontestablement dans la version harpe et quatuor à cordes que la partition affirme le plus son potentiel de nouveauté et son caractère tragique.

Inspiré par l'un des contes les plus terrifiants tiré des *Nouvelles Histoires extraordinaires* — largement diffusées en France grâce à la traduction de Baudelaire —, *le Masque de la mort rouge* est contemporain des projets debussystes également tirés d'Edgar Poe — *la Chute de la Maison Usher* et *le Diable dans le beffroi* —, et repose sur l'évocation du même univers angoissant d'un huis clos débouchant sur l'issue fatale : dans le but de fuir la peste décimant le pays, le prince Prospero — pâle descendant du héros de *la Tempête* de Shakespeare — s'isole avec ses amis dans une abbaye fortifiée ; c'est au cours d'un des fastueux bals masqués qu'un personnage inconnu parcourt les salles sous un déguisement effrayant : rendu furieux par cette intrusion morbide, Prospero poursuit l'hôte jusqu'à s'effondrer, frappé par la « mort rouge » qui répand alors l'inexorable maladie.

Citant explicitement un fragment du conte en exergue à la partition, Caplet réalise un habile compromis entre l'illustration directe du texte — des coups mystérieux frappés à la porte (sur le bois de l'instrument) aux douze coups de minuit donnés par la lourde horlogue figeant l'assistance — et le contenu symbolique. A mi-chemin entre le narratif et l'évocation, la partition repose presque intégralement sur l'un des fragments retenus par le compositeur : « Dans une atmosphère lourde d'angoisse et d'épouvante, c'est, brusque et hideuse, l'apparition du *Masque de la mort rouge*, dont le rictus diabolique dénonce la joie rageuse et impitoyable de tout livrer à l'anéantissement». Malgré une alternance savamment dosée entre les relents d'une musique de bal qui se veut insouciante et les interventions plus inquiétantes rompant la régularité du discours, tant l'accumulation des ambiguïtés harmoniques troublant constamment le *mi* mineur principal, la présence d'ostinatos rythmiques ainsi que la répartition soignée entre les instruments contribuent à soutenir la tension, par ailleurs largement accentuée par l'écriture instrumentale. Caplet déploie en effet une remarquable imagination en termes d'instrumentation, — multipliant en particulier les effets aux cordes : accords joués du talon près du chevalet, harmoniques en glissando ou en pizzicato ou archet *con legno*. Quant à l'écriture de la harpe, qui semble incarner le personnage principal et dont la présence latente, puis réelle, « organise la terreur » selon une expression de Debussy, elle ne correspond plus à l'image tant ressassée de l'instrument des mouvements ondoyants et rêveurs à laquelle une partie de la musique française l'avait enchaînée.

Par cette nouveauté de l'emploi de la harpe, qui trouvera à partir des années vingt un renouveau grâce à un Carlos Salzedo, ainsi que par le sens dramatique qu'il insuffle dans le domaine de la musique de chambre, Caplet a donné avec le *Conte fantastique* l'une de ses meilleures partitions autant que l'une des plus originales de la production française de cette époque.

Durée d'exécution : environ 16 minutes.

Deux Divertissements pour harpe

Dédiés à la harpiste Micheline Kahn, les deux *Divertissements* « *à la française* » et « *à l'espagnole* » ont été écrits en 1924 peu après le *Conte fantastique*, et créés par la dédicataire le 15 mai de la même année au Théâtre du Vieux-Colombier. Bien qu'assez brèves, ces deux pièces sont caractéristiques du raffinement extrême de l'écriture de Caplet qui semble rendre un dernier hommage à Debussy, tant à la fluidité de l'écriture pianistique — comme celle des *Jardins sous la pluie* des *Estampes*, dont il orchestre *Pagodes* la même année — dans la première, qu'à l'attrait pour les effets « guitaristiques » — dans le prolongement de *la Sérénade interrompue* du premier livre des *Préludes* —, particulièrement efficaces dans la seconde. Au-delà de l'écriture incontestablement brillante de ces *Divertissements*, Caplet a su ajouter deux partitions originales au répertoire d'un instrument qu'il a plus contribué à enrichir que n'importe quel autre compositeur français.

Durées d'exécution : respectivement 4 et 5 minutes environ.

A.P.

ELLIOTT CARTER

Né le 11 décembre 1908, à New York. Familier de Ives, Carter a d'abord étudié à Harvard, puis à Paris de 1923 à 1925, comme beaucoup de compositeurs américains (Copland, Piston, Thomson, etc.), auprès de Nadia Boulanger. La trajectoire d'Elliott Carter est probablement l'une des plus plus originales parmi celles des compositeurs américains du XXe siècle : promis à une brillante carrière de compositeur néo-classique dans le sillage d'un Stravinski — érigé en modèle par Nadia Boulanger — ou d'un Hindemith, Carter a trouvé sa voie d'une façon très personnelle au lendemain de la Seconde Guerre mondiale, après son ballet Pacahontas. *Tant par son langage harmonique qui n'a cessé de s'enrichir depuis, que par les innovations rythmiques largement revendiquées, l'œuvre de Carter a commencé sa seconde phase avec les* Sonates *pour piano (1946) et pour violoncelle et piano (1948), — cette dernière inaugurant la notion de « modulation métrique » en partie inspirée de la pensée de Ives. A partir de ces œuvres, le style personnel de Carter s'affirme plus nettement et conduira aux chefs-d'œuvre des années cinquante et soixante, tels que le* Deuxième Quatuor *(1959) ou le non moins remarquable* Double Concerto pour clavecin, piano et deux orchestres de chambre *(1961). Accessible depuis peu en Europe, la musique de Carter — exact contemporain de Messiaen — doit sa grande diffusion actuelle aux efforts de Pierre Boulez, qui a reconnu en lui le compositeur américain le plus remarquable.*

La musique de chambre de Carter, bien qu'existante dans son œuvre avant 1948 (date de la *Sonate pour violoncelle et piano*), s'est enrichie considérablement à partir de cette époque, correspondant ainsi à un domaine privilégié susceptible de retracer les principales étapes de l'évolution du compositeur. On tiendra compte ici de trois catégories principales dans cette production : tout d'abord, l'importance que Carter attache aux genres traditionnels de la musique de chambre (*Sonate pour violoncelle et piano, Duo pour violon et piano*), et surtout au quatuor à cordes (on en compte quatre, qui définissent à eux seuls quelques-unes des orientations fondamentales de Carter sur une période de plus de trente-cinq ans ; la catégorie des partitions pour formation originale (*Sonate pour flûte, hautbois, violoncelle et clavecin*), ou pour des instruments peu mis en valeur jusque-là (*Pièces pour quatre timbales*), qui témoignent de l'invention de Carter en matière de timbre, et dont le *Double concerto pour clavecin, piano et deux orchestres de chambre* constituera le sommet ; enfin, les adaptations d'esprit encore stravinskien (*Fantaisie d'après Purcell*) et les nombreuses petites partitions écrites le plus souvent en hommage à une personnalité, qui seront regroupées ici sous la même rubrique.

L'une des idées majeures de la pensée de Carter réside principalement dans la confrontation entre deux forces, voire des discours qui pourraient être autonomes, — bien que les deux pôles mis en corrélation ne soient pas nécessairement de nature différente : l'œuvre, chez Carter, constitue précisément ce carrefour, ce lieu d'intersection privilégié dont la dimension dramatique dépend de cette exploitation de potentialités en apparence irréductibles. Parmi les moyens favoris utilisés par le compositeur, c'est le principe d'une opposition rythmique qui domine au travers de ce que Carter nomme la « modulation métrique » : directement inspirée par les polymétries de Ives, mais avec une organisation infiniment plus poussée, la modulation métrique consiste en la superposition de vitesse reposant sur des pulsations différentes. Il faut toutefois se garder de considérer l'aspect rythmique de la musique de Carter indépendamment des autres paramètres, — les tempos étant la plupart du temps reliés directement à l'harmonie, et plus particulièrement à des caractéristiques intervalliques (cf. en particulier le *Deuxième Quatuor*).

Les écrits de Carter lui-même, et les études de David Schiff et de Charles Rosen — l'un des interprètes privilégiés de sa musique —, constituent les sources indispensables à un approfondissement de l'œuvre*, — auxquelles sont empruntées la plupart des références citées.

Sonate pour violoncelle et piano

Écrite en 1948 pour le violoncelliste Bernard Greenhouse (l'un des membres du célèbre Beaux-Arts Trio), et créée deux ans plus tard par le dédicataire et le pianiste Anthony Makas à New York, cette *Sonate* occupe une place importante dans l'œuvre de Carter du fait qu'elle est la première à utiliser le procédé de la « modulation métrique ». Si la mise en œuvre est souvent délicate, le principe de la modulation métrique est aisément compréhensible à partir d'une telle œuvre, qui est exceptionnelle dans le répertoire en ceci que l'idée maîtresse est d'opposer les deux instruments plus que de chercher à les unifier (seul Bartók, dans ses *Sonates pour violon et piano*, avait tenté de confier un discours propre à chaque instrument). Gêné par le fait que le son du piano était différent de celui du violoncelle, Carter en est venu à exploiter cette opposition à partir de l'idée suivante, comme il l'a confié à Charles Rosen : « Un piano rigoureusement mené et axé principalement sur son aspect de percussion, et un violoncelle chantant et romantique. Ainsi, après avoir écrit les trois derniers des quatre mouvements, j'ai écrit le premier qui résume cet aspect particulier et établit le caractère séparé de ces deux instruments : le piano jouant une sorte de temps chronométrique et le violoncelle une sorte de temps psychologique. » Il en résulte un discours spécifique et individualisé, dont l'exemple ci-dessous donne une idée précise :

Par ailleurs, la trajectoire de la composition définie par Carter est compensée par les liaisons recherchées entre les mouve-

* *The writings of Elliott Carter* (Indiana University Press, 1977), D. Schiff, *The music of Elliott Carter* (Eulenburg, 1983), C. Rosen, in : *Contrechamps n° 6 (1986).*

ments : après le *Moderato* initial, le *Vivace molto leggiero* — que l'auteur présente comme une sorte de parodie du style marqué par le jazz de certains compositeurs américains de cette époque — annonce l'*Adagio* suivant, qui favorisera lui-même l'enchaînement avec l'*Allegro* final. L'ensemble aboutit à un renversement à la fin de la *Sonate*, — avec un violoncelle plus chronométrique et un piano plus souple —, les dernières mesures renvoyant ainsi au début du premier mouvement, dans une allusion volontaire à la structure circulaire du *Finnegan's Wake* de Joyce.

Durée d'exécution : environ 20 minutes.

Huit Études et une Fantaisie

Composées en 1949-50 pour quatuor à vents — flûte, hautbois, clarinette et basson —, et créées à New York en 1952, huit de ces neuf pièces ont été écrites dans le cadre d'un cours d'orchestration donné par le compositeur à l'Université Columbia en 1949. Bien que disposant d'instrumentistes de haut niveau, et les étudiants ayant peu écrit pour la formation imposée, Carter imagina un ensemble de courtes pièces avec, pour chacune, une préoccupation tant instrumentale que compositionnelle particulière. Le résultat aboutit à une forme de réactualisation de l'Étude telle qu'elle avait fleuri au XIXe siècle, — mettant sur le même plan les deux niveaux d'approche et comportant de ce fait un double intérêt. Les contraintes fixées par Carter sont diversifiées : étude sur l'espace (grands intervalles, unissons, doublures) à partir des possibilités des quatre instruments (n° 1) ; étude sur la répartition dans le temps d'une figure rapide de vingt-huit notes (n° 2) ; étude de changements de couleur sur un accord de *ré* majeur qui se souvient du « Farben » des *Pièces pour orchestre op. 16* de Schoenberg (n° 3) ; étude sur le déplacement d'un intervalle de seconde mineure à partir de deux valeurs brèves suivies d'un silence (n° 4) ; étude sur les registres inhabituels avec flûte et clarinette dans le grave, et basson et hautbois dans l'aigu (n° 5) ; étude sur les répétitions de notes — trilles, flatterzunge — (n° 6) ; étude de timbre, d'attaques et de dynamiques sur un *sol* — idée vers laquelle reviendra Carter en 1975 avec sa *Fantaisie sur la « Fantaisie sur une note » de Purcell* — (n° 7) ; et étude sur les changements de couleurs à partir d'une ligne très rapide donnée en unisson et octave. C'est par la suite que Carter a cherché à relier ces huit pièces entre elles en ajoutant la *Fantaisie*, d'esprit fugué et qui reprend un certain nombre d'éléments exploités dans les pièces précédentes.

La partition forme un ensemble composite — qu'il est d'ailleurs possible de jouer fragmentairement —, cependant équilibré, et qu'il est intéressant de rapprocher des préoccupations voisines des *Dix Pièces pour quintette à vent* (1968) de Ligeti.

Durée d'exécution totale : environ 23 minutes.

Huit Pièces pour timbales

C'est à partir des six *Pièces pour timbales* écrites en 1950 — dont deux ont été publiées dix ans plus tard sous le titre de *Récitatif et Improvisation* — que Carter a décidé de compléter l'ensemble en 1966 par deux nouvelles pièces — *Adagio* et *Canto* —, conçues avec l'aide du percussionniste Jan Williams. Comme pour les *Huit Études et une Fantaisie* qui sont contemporaines des six premières *Pièces*, Carter a tenté d'individualiser chacune d'elles par rapport à une approche technique ou rythmique. Parmi les pièces travaillant sur les variations de vitesse et d'accentuation, *Molto perpetuo* (n° 2) et *Improvisation* (n° 5) restent les plus impressionnantes. Du point de vue instrumental, Carter a cherché à diversifier les modes de jeu en utilisant des baguettes de tambour (n° 2, *Molto perpetuo*, et n° 8, *Marche*) ou de caisse claire (n° 6, *Canto*) ; de même, *Adagio* (n° 3, qui avec *Canto* déjà citée, sont les seules à exiger des timbales à pédales), exploite les glissandos et vibratos (les n° 1, *Saïta*, et n° 7, *Canaris*, s'inspirent respectivement d'une chanson andalouse et d'une danse des XVIe et XVIIe siècles). D'écriture très virtuose — la modulation métrique trouve ici une application directe —, ces pièces, qu'on peut fort bien ne pas donner dans leur intégralité, ont été longtemps considérées comme injouables avant que les percussionnistes ne les inscrivent enfin à leur répertoire.

Durée d'exécution totale : environ 23 minutes.

Sonate pour flûte, hautbois, violoncelle et clavecin

Composée en 1952 à la suite d'une commande de Sylvia Marlowe pour son quatuor répondant à cette formation, et créée l'année suivante par ces interprètes à New York, cette *Sonate* suit de peu l'achèvement du *Premier Quatuor*. De fait, on ne peut s'empêcher de constater la différence de complexité avec ce dernier, — Carter ayant adapté ici son langage rythmique, en particulier dans les deux premiers mouvements, aux exigences des commanditaires peu familiarisés avec le répertoire contemporain. Néanmoins, la *Sonate* est originale par sa forme qui est déterminée en fonction de l'instrumentation — avec le clavecin en tant que protagoniste principal par rapport aux trois autres instruments — comme l'a explicité le compositeur : désirant traiter le clavecin en dehors de son passé historique, Carter a conçu l'œuvre à partir des propriétés de l'instrument dont disposait Sylvia Marlowe, un clavecin Pleyel capable de produire trente-six sonorités différentes, plusieurs d'entre elles étant combinables par paire, avec une à chaque main. Certaines propriétés ont donc été privilégiées, avec l'attaque percussive dans le premier mouvement (*Risoluto*), ou les différences de sonorités entre les claviers dans le second (*Lento*) qui se situe dans le prolongement de la septième des *Huit Études et une Fantaisie* basée sur une note (v. plus haut), avec un interlude central inspiré par le jazz. Quant au finale (*Allegro*), il combine rythmiquement divers mouvements de danses dans des polymétries plus complexes que dans les autres mouvements.

Œuvre originale par son écriture instrumentale, cette *Sonate* est intéressante à placer dans la perspective du chef-d'œuvre qu'est le *Double Concerto pour clavecin, piano et deux orchestres de chambre* (1961).

Durée d'exécution : environ 18 minutes.

Quatuor à cordes n° 1

Composé en 1951 et créé par le Walden Quartet à New York en 1953, le *Premier Quatuor* a été récompensé par le Premier Prix du Concours International de Quatuor de Liège (1953). De grande envergure, le *Premier Quatuor*, qui se situe dans le sillage du *Quatuor op. 7* de Schoenberg, comporte quatre mouvements regroupés en trois parties, le second mouvement étant scindé entre la première et la deuxième parties : 1. *Fantasia* (*Maestoso*) et *Allegro scorrevole* ; 2. la suite de ce dernier et *Adagio* ; et 3. *Variations*. Les circonstances de la composition ont été longuement évoquées par le compositeur dans ses écrits, — celui-ci s'étant isolé pour travailler dans une région déserte de l'Arizona : « Tout comme les horizons désertiques que je voyais quotidiennement en l'écrivant, le *Quatuor* présente un déploiement et un changement continus de caractères expressifs — tissés l'un dans l'autre ou émergeant l'un de l'autre — sur une grande échelle. Le plan général a été suggéré par le film de Jean Cocteau, *le Sang d'un poète*, dont l'action entière, à caractère onirique, est encadrée par une séquence interrompue et tournée au ralenti : le dynamitage, au milieu d'un terrain désert, d'une haute cheminée de brique. Au moment où commence la destruction, l'image s'interrompt et fait place au film proprement dit ; après quoi la séquence de la cheminée est reprise à son point d'interruption, montrant sa désintégration dans l'air et terminant le film par son écroulement au sol. Une continuité interrompue du même ordre est employée dans ce *Quatuor* qui débute par une cadence de violoncelle seul, continuée par le violon à l'extrême fin de l'œuvre. » Basé sur l'opposition entre un temps « externe » — les cadences extrêmes — et un temps « interne de rêve », ce *Quatuor* constitue l'une des retombées les plus originales à partir des tentatives littéraires de structures circulaires d'un Joyce. Dans cet esprit, Carter a exploité les innovations concernant la syntaxe, les ambiguïtés grammaticales, l'usage varié de la ponctuation, jusqu'à la citation, avec l'emprunt à deux compositeurs chers à Carter, Ives (*Première Sonate pour violon et piano* dans la cadence de violoncelle) et Conlon Nancarrow (*First Rhythmic Study* au début des *Variations*).

Le *Premier Quatuor*, outre l'idée de rupture du discours dans l'*Allegro* et entre l'*Adagio* et les *Variations*, exploite, plus avant que dans la *Sonate pour violoncelle et piano*, l'idée de « modulation métrique », en particulier dans le dernier mouvement dans lequel les différents éléments de la thématique sont soumis à des variations de vitesse accélérées et de façon non nécessairement synchrones entre les quatre instruments. Sans atteindre la perfection du *Second Quatuor*, le *Premier* s'impose par la nouvelle orientation du style de Carter qui ne fera que se confirmer dans les œuvres du début des années soixante.

Durée d'exécution : environ 45 minutes.

Quatuor à cordes n° 2

Écrit en 1959 à la suite d'une commande

du Quatuor Stanley (qui ne joua jamais l'œuvre), et créé par le Quatuor Juilliard le 25 mars 1960 à New York, le *Second Quatuor* constitue certainement l'une des partitions les plus remarquables de Carter. Couronnée par les récompenses les plus prestigieuses — Prix Pulitzer et Prix de la critique de New York 1960, Premier Prix de l'Unesco 1961 —, la partition a puissamment contribué au renom désormais international du compositeur.

Bien que situé dans le prolongement du *Premier Quatuor*, celui-ci s'en détache nettement par la nouvelle conception de la thématique qui n'est plus envisagée d'un point de vue seulement mélodico-rythmique, mais bien plus à partir de motifs et de figures en évolution constante. Mais la dimension principale de la partition se situe dans les caractères respectifs qui sont attribués aux différents instruments : allant jusqu'à comparer les relations entre les instrumentistes à une « conversation quadripartite » — rattachant indirectement ce quatuor au *Second* de Ives —, Carter poursuit en définissant les rôles à partir de types de comportements humains tels que « maître-disciple, compagnon, et confrontation ». Le traitement instrumental proposera donc une progression de l'*individualité* (maître / confrontation) vers l'*homogénéité* (compagnon) entre l'introduction et la conclusion. Entre ces deux extrêmes, les quatre mouvements principaux, pris en charge chacun par un « maître » imposant son discours — on pense au rôle comparable que Bartók attribue aux instruments pour la « ritournelle » de son *Sixième Quatuor* — et séparés par des cadences solistes faisant office de transition, sont distribués de la façon suivante : « *l'Allegro fantastico* est conduit par le premier violon, dont la partie fantasque et ornée, est « imitée », par les trois autres instruments, chacun en accord avec son individualité propre ; de même dans le *Presto scherzando* mené par le second violon, et dans l'*Andante espressivo* par l'alto. L'*Allegro* final, quoique partiellement conduit par le violoncelle, tend à accentuer le principe du « compagnonnage » plutôt que celui des « disciples » (Carter). Quant à l'idée de « confrontation », elle est assurée par les cadences de liaison jouées respectivement par l'alto, le violoncelle et le premier violon. Enfin, le second violon se verra confier un rôle supplémentaire, — exerçant une influence « modératrice » en marquant la mesure régulièrement (*pizz.* ou *arco*) tout au long de l'œuvre.

La personnalisation de chaque instrument est à ce point poussée par le compositeur qu'il a attribué à chacun un type d'attitude rythmique (« libre, pulsé, rubato et accelerando-ritardando » du premier violon au violoncelle), un caractère expressif (respectivement « bravura, laconique, espressivo et impétueux »), ainsi qu'une famille intervallique prédominante (tierce mineure, quinte juste, neuvième et dixième majeures pour le premier violon, tierce, sixte et septième majeures pour le second violon, quarte augmentée, septième et neuvième mineures pour l'alto, et quarte juste, sixte et dixième mineures pour le violoncelle), — couleurs harmoniques qui sont particulièrement sensibles dans les cadences solistes, comme on peut en juger au début de l'*Allegro fantastico* (premier violon) :

Loin de s'exercer aux dépens de la qualité musicale qui reste égale d'un bout à l'autre de la partition, cette minutieuse intelligence dans la distribution des rôles savamment enchevêtrés rend passionnante l'audition de ce *Quatuor* qui s'impose comme l'un des plus grands de son époque.

Durée d'exécution : environ 22 minutes.

Quatuor à cordes n° 3

Commandé par la Juilliard School et couronné, comme le *Second Quatuor*, par le Prix Pulitzer, ce *Quatuor* n° 3 a été terminé en 1971 et créé par le Quatuor Juilliard le 23 janvier 1973.

D'une complexité d'exécution très supérieure à celle du précédent quatuor, celui-ci constitue une nouvelle étape dans « l'exploration du jeu à quatre » entreprise par Carter en exploitant plus avant la notion de « conversation », — les quatre instrumentistes étant répartis en un double duo (premier violon et violoncelle, second violon et alto). De plus, à chacun des duos sera affectée une attitude d'exécution, le *duo II* devant respecter l'extrême rigueur rythmique du texte, alors que le *duo I* doit s'efforcer de jouer « quasi rubato ». Enfin, et appliquant le procédé de la « modulation métrique », Carter a réparti rythmiquement les deux duos de telle façon que la perception repose sur une dissociation des groupes : chaque duo possède donc ses propres tempos et les caractères qui leur sont associés, avec pour exemple, au début, un *Furioso* (noire pointée = 70) pour le *duo I*, superposé à un *Maestoso* (noire = 105) pour le *duo II* (ces deux tempos étant en fait équivalents à la croche). Les premières exécutions de l'œuvre ont d'ailleurs été réalisées à partir des pulsations métronomiques de chaque duo enregistrées et diffusées par casques pour chacun des instrumentistes : l'individualisation poussée ainsi à son maximum atteignait les limites — voire la négation — de la notion même de musique de chambre (depuis, les Quatuors Juilliard ou Arditti ont réalisé le tour de force exceptionnel de jouer la partition sans aucun moyen extérieur). Le résultat souhaité par le compositeur, au travers des irrégularités et de la non-concordance entre les deux discours, était de parvenir à une perception de quasi-improvisation. Cette conception a été prolongée plus récemment dans le *Triple Duo* pour flûte (aussi piccolo), clarinette en *si* bémol (aussi petite clarinette et clarinette basse), percussion, piano, violon et violoncelle (1983).

Durée d'exécution : environ 20 minutes.

Duo pour violon et piano

Composé en 1974 à la suite d'une commande du McKim Fund à la Bibliothèque du Congrès, le *Duo* a été créé l'année suivante à New York par Paul Zukofsky et Gilbert Kalish. Comme beaucoup d'œuvres de Carter, le *Duo* est conçu à partir d'une opposition entre deux discours caractérisés, tant instrumentalement que par rapport au matériau compositionnel en établissant des correspondances entre les intervalles et les tempos — comme dans la majorité des œuvres qui suivent le *Second Quatuor*. L'idée maîtresse repose sur « le contraste entre les sons frottés du violon, qui peuvent être finement contrôlés par l'archet pendant toute leur durée, et les sons frappés du piano qui, une fois produits, meurent peu à peu sans qu'il soit possible de les contrôler autrement qu'en les raccourcissant » (Carter). Les interactions qui en résultent ont également été qualifiées d'« ironiques » par le compositeur, — la partition présentant une succession de séquences à partir de caractères opposés.

Durée d'exécution : environ 18 minutes.

Quintette de cuivres

Commandée par le Quintette de cuivres américain, la partition a été écrite en 1974 et créée à la BBC la même année. L'œuvre est basée sur une alternance régulière entre des séquences en formation complète (deux trompettes, un cor et deux trombones) et celles n'utilisant les instrumentistes qu'en duos ou trios : les *tutti* encadrent deux passages en formation réduite, — seules une cadence pour cor solo et une section lente rompant le rythme des enchaînements. Comme dans le *Troisième Quatuor*, le *Quintette* propose une répartition des intervalles en fonction des instruments et des sections qui sont individualisées par des caractères : de « lyrique » à « furieux » en passant par « humoristiquement » ou « extravagant », chaque duo ou trio est défini de façon homogène — par exemple le *duo 1* pour cor et deux trombones, travaillant sur la quarte juste, et avec « vigoureusement » pour indication —, alors que les *tutti* sont présentés comme des « Quodlibets » dans lesquels les cinq instruments exposent, en superposition, leurs caractères individuels.

Dans le *Quintette*, Carter renoue avec l'idée d'études ayant chacune son individualité qui avait fait l'intérêt des *Huit Études et une Fantaisie* vingt-cinq ans auparavant (v. plus haut).

Durée d'exécution : 12 minutes environ.

Pièces diverses

À plusieurs reprises, Carter a eu l'occasion d'écrire de courtes pièces d'hommage, telles que le *Canon for 3* (1971) pour hautbois, clarinette et trompette à la mémoire de Stravinski, *Birthday Fantare* pour trois trompettes, vibraphone et carillon (1978) pour le soixante-dixième anniversaire de Sir William Glock, directeur du Festival de Bath, ainsi que *Canon for 4* pour flûte, clarinette basse, violon et violoncelle (1984) dédié au même, *Riconoscenza* pour violon seul dédié à Goffredo Petrassi, et *Esprit rude, esprit doux* pour flûte et clarinette (1985) dédié à Pierre Boulez à l'occasion de ses soixante ans.

On ajoutera à cette série d'œuvres la **Fantaisie d'après la « Fantaisie sur une note » de Purcell** (1974) pour quintette de cuivres, s'inspirant des *Fantaisies pour violes*, — à mettre en relation tant avec le *Quintette de cuivres* pour la formation et pour la dédicace qu'avec la septième des *Huit Études et une Fantaisie* (v. plus haut).

A.P.

ALEXIS DE CASTILLON

Né à Chartres, le 13 décembre 1838; mort à Paris, le 5 mars 1873. Marie-Alexis, vicomte de Saint-Victor, baron de Castillon, est l'exact contemporain de Bizet, — dont il partage le destin éphémère. Doué pour la musique, il passe son enfance à l'ombre de la cathédrale de Chartres dont il touche les orgues; admis à l'École Militaire de Saint-Cyr en 1856 il devient, par tradition familiale, cuirassier, puis lancier de la Garde Impériale. En 1861, il démissionne et se voue bientôt à la composition, mais se fourvoie en choisissant comme maître Victor Massé, à qui il dédie dès 1865 une Symphonie. *En 1869, son ami Duparc le présente à César Franck : il entame alors une seconde carrière, bientôt interrompue par la Guerre de 1870. Il se bat vaillamment, est décoré; mais le froid et les privations altèrent gravement sa santé. En 1871, il fonde la Société Nationale de Musique, aux côtés de Saint-Saëns, Bussine et Duparc. Il en devient le Secrétaire, et rédige les statuts. Mais de terribles déboires de compositeur — il ne parvient pas à s'imposer, sa santé l'obligeant à passer ses hivers dans le midi, loin de la saison parisienne — affaiblissent son énergie. Le 10 mars 1872, Saint-Saëns défend avec courage, face à un public hostile, son* Concerto en *ré* majeur, *qui est sifflé outrageusement. Peu après, il met en musique* Six Mélodies *d'Armand Sylvestre, et le 15 juin il termine son chef-d'œuvre orchestral, les* Esquisses Symphoniques op. 15, *dédiées à Edouard Lalo. Il passe l'hiver 1872-73 à Pau, y achève sa belle* Paraphrase du Psaume 84, *mais revient peu après mourir à Paris. Sa mort est considérée comme une grande perte pour la musique française.*

L'essentiel de l'œuvre de Castillon fut composé entre 1868 et 1873, et bien peu d'auteurs ont autant écrit en si peu de temps : des pages pour piano (*Fugues op. 2*, deux *Suites op. 5* et *op. 10*, *Pièces dans le Style ancien op. 9*, *Valses op. 11*, *Pensées fugitives*), des mélodies et quelques œuvres orchestrales : l'ouverture *Torquato Tasso*, la *Marche Scandinave* dédiée à Bizet. Castillon, qui admirait Bach et Beethoven, était un tempérament essentiellement classique. Influencée par Schumann, son œuvre illustre parfaitement la nouvelle orientation de la musique française après 1870. Sa musique de chambre, nourrie des derniers *Quatuors* de Beethoven, mais brillante et virtuose, marque un renouveau du genre aux côtés de celles de Franck, de Saint-Saëns, de Lalo. On remarquera que la plupart de ces pages furent composées avant la rencontre avec Franck, — seuls le *Quatuor op. 7* et le *Second Trio* datant des dernières années :

Le *Quintette pour piano op. 1* en *mi* bémol majeur, composé vers 1863-64, dédié à la marquise d'Angosse, publié par Flaxland en 1865, fut créé à la Société Schumann le 10 mars 1870.

Le *Premier Trio pour piano, violon et violoncelle* op. 4 en *si* bémol majeur, écrit vers 1865 et dédié à la vicomtesse de Truchi, publié par Flaxland en 1866, fut créé en 1893.

Le *Premier Quatuor à cordes op. 3 n° 1* en *la* mineur, dédié à H. Poëncet, publié en 1867 par Flaxland, fut créé à la Société Nationale le 10 février 1872.

Le *Deuxième Quatuor à cordes op. 3 n° 2*, en *fa* mineur, est resté inédit.

La *Sonate pour piano et violon op. 6*, en *ut* majeur, dédiée à E. Delaborde, composée en 1868, publiée par Hartmann en 1870, fut créée à la Société Nationale le 4 mai 1872.

Le *Deuxième Trio pour piano, violon et violoncelle* en *ré* mineur (œuvre posthume) fut composé en 1872-1873, et dédié à Charles Lamoureux. Édité par Hartmann en 1883, il sera créé le 25 janvier 1879 à la Société Nationale.

Quatuor pour piano et cordes, en *sol* mineur (op. 7)

Sans conteste le joyau de cette production, le *Quatuor pour piano et cordes op. 7* fut terminé le 31 octobre 1869 à Verlin, dans l'Yonne, propriété de la sœur de Castillon, la vicomtesse de Truchi, et créé par l'auteur à Pau le 23 décembre 1869. La partition, dédiée à Anton Rubinstein, parut chez Hamelle en septembre 1871. C'est là sans doute le chef-d'œuvre de Castillon, et il retint d'ailleurs l'attention du public : la création à Paris — à la Société Nationale le

10 février 1872, par Henri Fissot et le Quatuor Armingaud — reçut un accueil chaleureux. Comme l'a remarqué Joël-Marie Fauquet dans sa thèse *A. de Castillon, sa vie, son œuvre*, l'auteur se réclame de l'exemple de Schumann, et reprend en particulier les éléments novateurs les plus originaux de son *Quatuor avec piano op. 47* : introduction lente annonçant les thèmes de l'*Allegro*, retour de cette introduction au cours du développement, anticipation du finale dans la conclusion du mouvement lent. Vers 1860 les œuvres de Schumann commençaient à s'imposer, non sans difficultés, en France, et fournissaient aux compositeurs des modèles formels appréciés.

1. LARGHETTO - ALLEGRO DECISO (*sol* mineur, à 4/4) : ce mouvement très énergique et spontané doit son originalité formelle à un matériau thématique abondant, « ramifié », et dont l'ordonnance floue entraîne un renoncement aux sections traditionnelles amenées par des modulations. A la manière des dernières œuvres de Beethoven, le piano ouvre l'introduction pleine de noblesse par une brève cellule génératrice qui reparaîtra ensuite dans l'*Allegro* :

Toute cette introduction est colorée par une modulation vers la sous-dominante, *ut* mineur ; à partir de la neuvième mesure — mesure où l'on remarquera des harmonies typiquement schumanniennes — la dominante du ton principal, longuement affirmée, alterne avec différents accords de septième. Une nouvelle modulation en *ut* mineur, plus dramatique encore, introduit l'*Allegro*, violent et très contrasté, mais tonalement ambigu ; quelques motifs bien rythmés mais morcelés affirment graduellement le ton de *sol* mineur, sur un fond de doubles croches au piano. L'auteur semble renoncer à plaisir aux contours trop francs, aux couleurs nettes. Un point d'orgue sur la sensible amène une amplification discrète de la cellule initiale au piano seul, sans accompagnement. Reprenant le *Larghetto* de l'introduction, les cordes, modulant vers le relatif *si* bémol, l'interrompent durant trois mesures ; puis l'*Allegro* reprend son cours sur une nouvelle modulation en *ut* mineur. Un nouveau contre-chant en doubles croches du piano accompagne le thème principal confié au violon. Il s'enchaîne par une cadence rompue au véritable second thème (*con anima*), qui commence en *mi* bémol majeur ; thème très schumannien par son déroulement séquentiel et les accords syncopés du piano. La reprise de cet épisode est soutenue par un contrepoint de l'alto et des fusées de triples croches au piano. La fin de l'exposition, animée, fougueuse, affirme curieusement le ton principal (et non le relatif *si* bémol). Le doctrinaire Vincent d'Indy vit là un manquement grave aux règles d'école, — qui engendre la monotonie tonale ; ne pourrait-on voir plutôt dans cette exposition un exemple original de « tonalité évolutive » ? Un nouveau rappel du *Larghetto* introduit le développement assez court, qui reprend tout d'abord de la fin de l'exposition, en *fa* majeur, puis *la* majeur. Assez subtilement Castillon évite une réexposition réelle, la remplace par un développement très délicat du thème principal enchaîné sans transition au second thème, en *sol* majeur ; une dernière section vient amplifier encore quelques éléments empruntés au développement. Puis le *Larghetto*, amené par une gamme ascendante triomphale, est repris intégralement, *ff*, pour la quatrième fois ; on peut voir dans cette glorification de la cellule-mère, de l'idée originelle au détriment de son accomplissement, une influence de l'art de César Franck.

2. SCHERZANDO (*ré* majeur, à 3/4) : dans la première version du *Quatuor* figurait un scherzo très animé, que Castillon remplaça ensuite par ce *Scherzando* à la métrique si souple. Il s'agit en réalité d'un menuet, essentiellement confié au piano, dont le rythme est sans cesse contrarié par des syncopes et déplacements d'accents, — indépendamment de toute barre de mesure. Dans le trio en mineur, sorte de barcarolle pensée à 6/4, figure une phrase (arpège ascendant) qui annonce curieusement le thème des Filles du Rhin dans la *Tétralogie*. Après la reprise du *Scherzando*, ce thème seul, développé, forme une péroraison très poétique, dans la nuance *pp*, en *ut* dièse majeur ; soudain le ton principal revient pour conclure avec force en *ré*.

3. LARGHETTO, QUASI MARCIA RELIGIOSA (*mi* bémol majeur, à 3/4) : cette page admirable — le sommet de l'œuvre — se réclame de l'influence schumannienne. La célèbre *Marche Funèbre* du *Quintette op. 44* semble avoir marqué particulièrement le jeune compositeur, puisqu'on remarque une citation du premier thème (mesure 13) et des réminiscences rythmiques visiblement empruntées au maître saxon. Au *Quatuor op. 47*, outre l'arrangement formel cité plus

haut, il emprunte sa veine lyrique très passionnée, caractérisée par des lignes mélodiques ardentes (sauts de septième descendante). En quelques mesures, l'introduction jette un regard en arrière sur le début de l'œuvre, puis le violoncelle, soutenu par des harmonies très simples du piano, présente le premier thème, d'un beau lyrisme. Plus touchante encore, la seconde idée est chantée par l'alto (à 9/8) sur des harmonies très riches en batteries du piano. La reprise de la première idée, rythmiquement très enrichie, est plus nerveuse. L'apparition du thème ascendant et énergique du *Finale*, qui s'y profile en créant un effet de surprise, avant de s'imposer, est du meilleur effet. Vers la fin, l'élément moteur de l'œuvre (intervalle *si* bémol-*fa* dièse) reparaît mystérieusement dans le grave du piano sous des effets de timbales, — à la manière de Liszt.

4. Finale : Allegro, poco ritenuto nel principio, e sempre accelerando sine al fine (*sol* majeur, à 2/2) : cette page animée reprend le principe, très schumannien encore, de l'accroissement du tempo tout au long du morceau. Sa forme libre et audacieuse, le cheminement tonal peu orthodoxe lui ont valu les foudres de d'Indy (« construction défectueuse »), dont le jugement paraît aujourd'hui sévère et obsolète. Le premier thème, une gavotte joyeuse, s'élance, conquérant, au piano. Après un court intermède *grazioso*, en *ut* majeur, il est repris avec un surcroît d'enthousiasme par les quatre instruments, puis — le fait est certes curieux — disparaît. Le second thème, tripartite, domine complètement ; sa première phrase, chantée par la main gauche du piano sous des accords syncopés en croches, engendre toutes les huit mesures, à la manière d'une passacaille, plusieurs entrées contrapuntiques des archets. Le second volet reprend l'intermède *grazioso* du premier thème, qui revient, mais masqué en augmentation et dissimulé à la basse, durant un long crescendo très intense ; sa reprise, presque annoncée par une triple amorce de la tête du thème sur trois octaves (on devine ici l'admirateur de la *Sonate op. 106* de Beethoven !) est toujours évitée ; mais il suscite un petit développement en *si* bémol majeur. Le second thème est redit en *sol* mineur, et la seconde version (augmentée et à la basse) du premier thème, qui semble donc avoir trouvé peu à peu sa forme optimale, triomphe en majeur avant de conclure brillamment.

Durée d'exécution : 28 minutes environ.

J.A.M.

MARC-ANTOINE CHARPENTIER

Sans doute né à Paris, en 1643; mort à Paris, en février 1704. Elève de Carissimi à Rome, où il se trouvait dès 1665, il fut frappé par les fastes de la musique sacrée romaine et particulièrement par les représentations d'oratorios latins qui tenaient une grande place dans la Ville Eternelle. En cela, l'influence de Carissimi, qui perfectionna ce genre, fut déterminante sur Charpentier qui composa un grand nombre d'« Histoires sacrées » latines directement inspirées des oratorios de son maître. Il passa trois ans auprès de Carissimi et rentra en France au moment où commençait le règne tyrannique de Lully, dont il allait devenir l'un des rivaux. A partir de 1672, il collabora avec Molière et composa des musiques de scène pour* le Mariage forcé, les Fâcheux, la Comtesse d'Escarbagnas, le Malade imaginaire. *Après la mort de Molière en 1673, il continua à écrire pour la scène, travailla notamment avec Pierre et Thomas Corneille et, dès 1682, participa aux spectacles de la nouvelle Comédie-Française. Musicien de la duchesse de Guise, qu'il quitta en 1687, il fut également musicien du dauphin. Nommé maître de musique chez les Jésuites en 1688, il composa pour eux une grande partie de son œuvre religieuse. Maître de composition du duc de Chartres, futur Régent de France, depuis 1690, il fit représenter son opéra* Médée *en 1693 avant d'être nommé, en 1698, maître de musique à la Sainte-Chapelle, où il fut enterré le 25 février 1704. Compositeur très fécond, Charpentier a laissé un grand nombre de pages de musique*

* Voir Catherine Cessac, *Marc-Antoine Charpentier* (Fayard, Paris, 1988).

religieuse (motets, messes, pièces instrumentales, et notamment les superbes Leçons de ténèbres *écrites en 1680 pour les religieuses de l'Abbaye-aux-Bois), des « Histoires sacrées » latines dont les textes sont tirés de la Bible, des divertissements, des pastorales, des airs, des cantates, des ouvertures, des symphonies et deux œuvres de théâtre (*Médée *et* David et Jonathas*). Dans le domaine de la musique de chambre, il est l'auteur d'un* Concert *et d'une* Sonate.

Composé à la fin de 1680 ou au début de 1681, le **Concert en *ré* mineur pour quatre parties de violes** est écrit pour deux dessus, une taille et deux basses de violes. Il s'ouvre par un prélude qui précède une suite de danses. L'écriture très contrapuntique, les imitations et les mouvements contraires de la ligne mélodique du prélude témoignent de l'influence italienne subie par Charpentier lors de son séjour à Rome. La première des danses ne porte pas de titre, mais son style l'apparente à l'allemande. La *Sarabande en rondeau* donne la primeur aux deux dessus. Deux gigues lui succèdent : une *Gigue anglaise* ternaire dans le genre d'une sicilienne, et une *Gigue française* binaire. Dans la grande *Passecaille* (sic) qui ferme ce *Concert*, les instruments se répondent par groupes.

La **Sonate pour deux flûtes allemandes, deux dessus de violon, une basse de viole, une basse de violon à cinq cordes, un clavecin et un théorbe** date des années 1685. Avant François Couperin, donc, Charpentier signa la première sonate française. Il reste attaché au genre de la sonate d'église (*Grave* initial) et au genre de la sonate de chambre (suite de danses) italienne. La *Sonate* comporte neuf mouvements, dont certains sont enchaînés.

Le *Grave* expressif qui ouvre l'œuvre est destiné à l'ensemble des instruments. Charpentier y mêle la grâce mélodique française et l'harmonie subtile italienne. Ces deux influences se retrouvent dans les mouvements de danses qui suivent, — parfois accompagnés de commentaires plaisants : « la viole se divertit », « la basse de violon se divertit aussi » peut-on lire, çà et là, dans la partition. A la viole seule, Charpentier dédie un *Récit* dans le genre français, suivi d'une *Sarabande* pour le même instrument. A la basse de violon, il consacre un autre *Récit* plein de traits à l'italienne. Dans une *Bourrée*, la basse de viole, indépendante de la basse continue, dialogue avec la basse de violon. Les instruments alternent par groupes dans la *Gavotte*; puis à une *Gigue* au rythme vif s'enchaîne une gracieuse *Passecaille* (sic) écrite sur l'air « Rendez-moi mes plaisirs » de Charpentier lui-même. C'est une *Chaconne* gaie qui clôt cette *Sonate*, — annonce parfaite des *Goûts réunis* de François Couperin (v. ce nom).

A.d.P.

ERNEST CHAUSSON

Né à Paris, le 20 janvier 1855; mort à Limay, près de Mantes, le 10 juin 1899. Rien, dans l'enfance de ce compositeur fécond venu tard à la musique, ne laissait présager une carrière de musicien. Élevé en vase clos par des parents affectueux, Chausson souffrit d'une jeunesse un peu solitaire. De là lui vint, peut-être, ce pessimisme qu'il combattit toute sa vie. Son éducation fut confiée aux soins d'un précepteur qui sut lui communiquer le goût des lettres et des arts, le sens de la beauté. Mais, lui qui avait commencé l'étude du piano à l'âge de quinze ans, se sentait déjà, comme Schumann, tiraillé entre deux vocations : la littérature et la musique. La peinture, pour laquelle il était merveilleusement doué, l'attirait aussi. C'est son père qui trancha brutalement par son refus catégorique de voir son fils embrasser une carrière musicale. En fils obéissant, le jeune Ernest dut s'inscrire à la Faculté de droit où de sérieuses études le menèrent, en 1877, au « serment d'avocat à la Cour d'Appel de Paris ». Mais le choix douloureux entre le droit et la musique avait engendré chez Chausson une certaine tristesse, rendue plus vive encore par un sentiment de culpabilité. Sa voie était néanmoins tracée : après avoir composé ses premières œuvres et découvert les musiques de Wagner et de Schumann à Munich, il entra au Conservatoire comme auditeur libre dans la classe de Massenet (où il fut admis comme élève en 1880), et dans celle de Franck, dont l'influence le marqua profondément. Par son amitié agissante, Chausson saura, dès lors, se montrer l'un des soutiens les plus désintéressés de ce dernier. Son échec au Prix de Rome en 1881 l'affectera suffisamment pour qu'il décide de quitter le Conservatoire. Plusieurs voyages à Bayreuth entre 1880 et 1889 lui permettront de parfaire sa connaissance de l'art de Wagner, qu'il admira intensément. Nommé secrétaire de la Société Nationale de Musique en 1886, Chausson se lancera dans la composition d'un opéra, le Roi Arthus, *qui occupera presque dix ans de sa vie, et c'est en 1896 qu'il créera l'une de ses plus belles œuvres, le* Poème pour violon et orchestre. *Il mourra trois ans plus tard, à l'âge de quarante-quatre ans, des suites d'un stupide accident de bicyclette. Timide et réservé, curieux de tout, prodigieusement cultivé, cet amoureux de la nature fut entouré de nombreux amis : Mallarmé, Duparc, d'Indy, Odilon Redon, Maurice Denis, Monet, Puvis de Chavannes, et bien d'autres. En dehors du célèbre* Poème, *l'œuvre de Chausson, abondante et variée, reste trop rarement jouée aujourd'hui. Quelques-unes de ses pièces de musique de chambre figurent cependant parmi les pages les plus interéssantes de la fin du XIXe siècle français.*

Chausson se sentit de bonne heure attiré par la musique de chambre. Le monde poétique de Schumann et de Beethoven, dont il avait transcrit pour piano les plus beaux quatuors, lui permit de découvrir un univers de rêves et d'illusion romantique qu'il sut parfaitement traduire dans sa musique de chambre ; au printemps de 1881, il composait déjà un charmant *Andante et Allegro* pour clarinette avec accompagnement de piano, qui devait être créé le 28 avril, à Paris, mais qui resta inédit.

Trio pour piano, violon et violoncelle, en *sol* mineur (op. 3)

Comme pour s'affirmer après le malheureux échec au Prix de Rome, Chausson commença son *Trio* au cours de l'été 1881, et y mit un point final au début du mois de septembre. Créée le 8 avril 1882 à Paris, à la Société Nationale de Musique, avec André Messager au piano, l'œuvre fut reçue froidement. Pas un seul critique ne rendit compte du concert, et la pièce passa inaperçue... « M. Chausson, lui, n'est pas prix de Rome, ce qui ne l'empêche pas d'écrire de fort belles choses », devait déclarer Guy Ropartz en 1888. La partition ne fut éditée qu'en 1919 par Rouart et Lerolle, à Paris.

Vaste morceau en quatre mouvements, définitivement élaboré après quelques précieux conseils de Franck, le maître admiré, le *Trio* est la première des quatre grandes pages de musique de chambre laissées par Chausson, — qui s'y révèle en pleine possession de ses moyens. À une époque où le goût du public s'orientait ostensiblement vers l'opéra ou vers le ballet, le fait qu'un jeune étudiant du Conservatoire ait abordé avec tant de talent le genre moins facile de la musique de chambre ne peut que provoquer l'admiration. Mais, un an après l'audition de son *Quintette*, l'influence de Franck s'affirme ici dès l'abord, et Chausson lui reste fidèle jusqu'à adopter la forme cyclique chère à l'auteur du futur *Prélude, Choral et Fugue*.

1. Le premier mouvement, en *sol* mineur, s'avère proche de la forme sonate à laquelle il emprunte le principe de l'exposition, du développement et de la rééexposition de deux motifs essentiels. Il s'ouvre, **PAS TROP LENT**, par une courte introduction au bercement presque élégiaque. C'est le violon qui impose le thème cyclique de la partition, sur un piano très mouvementé. La seconde partie du mouvement, **ANIMÉ** vigoureusement rythmé par le piano, expose aux cordes ses deux motifs mélodiques qui se développent en une belle écriture en imitations. En même temps que les autres motifs, le thème cyclique réapparaît dans la séquence finale en une superbe envolée sonore.

2. Le second mouvement **VITE**, construit comme un scherzo, est annoncé par une courte introduction, — bientôt suivie de l'énoncé de deux motifs qui se poursuivent comme en une course effrénée sur un piano extrêmement volubile. Sa brève et douce conclusion prépare le troisième mouvement.

3. Dans ce mouvement lent, le piano

expose le thème cyclique dans la sombre tonalité de *ré* mineur ; puis une phrase nouvelle, énoncée par le violoncelle, est reprise par le violon avec une poésie intense et dans une ambiguïté harmonique qui font évoquer aussi bien Franck que Fauré.

4. Comme le premier mouvement, le finale **Animé** rappellera la construction de la forme sonate. Après l'exposition des thèmes qui lui sont propres, il récapitule, en une extraordinaire intensité rythmique, les motifs principaux de l'œuvre. La perfection cyclique est alors atteinte, et c'est par la phrase chromatique qui ouvrait le *Trio* que se conclut cette page, — l'une des « plus spontanément heureuses de Chausson », selon Jean Gallois*.

Durée d'exécution : 32 minutes environ.

Concert pour piano, violon et quatuor à cordes, en *ré* majeur
(op. 21)

L'élaboration du *Concert* a couvert deux années de la carrière de Chausson. Le troisième mouvement fut achevé le premier en mai 1889 ; puis la *Sicilienne* suivit en 1890 ; enfin le mouvement initial et le finale furent terminés entre le 25 juin et le 8 juillet 1891. C'est le public bruxellois qui eut la primeur de l'œuvre : l'association *des XX*, fondée huit ans auparavant par Octave Maus, défenseur de la « jeune génération », la fit entendre avec grand succès le 4 mars 1892. Elle fut créée quelques semaines plus tard à Paris, dans le cadre des concerts de la Société Nationale de Musique, et rejouée ultérieurement par Eugène Ysaye, son dédicataire. Dans une lettre adressée au grand violoniste belge, Chausson devait préciser : « Je ne vous cache pas d'ailleurs que c'est en pensant à vous..., et à l'impeccable exécution que je pouvais espérer que j'ai écrit ce *Concert*. Il vous appartient donc un peu puisque, sans vous, il est à peu près certain que je ne l'eusse pas écrit. » En 1888, le critique musical Pierre Lalo considéra le *Concert* en *ré* majeur de Chausson comme « l'une des œuvres les plus considérables et les plus intéressantes qu'on ait en ces dernières années écrites pour la musique de chambre ».

On s'est souvent interrogé sur la formation inhabituelle — piano, violon, quatuor — retenue par Chausson : par sa disposition instrumentale, l'œuvre s'apparente — si l'on veut — au « concert » français tel que le conçut François Couperin au milieu du XVIIIe siècle ; mais, par son architecture, elle voisine avec le *Quintette pour piano et cordes* composé quelque dix ans auparavant par Franck. En définitive, Chausson réussit une union étroite et parfaite entre le système harmonique de son maître et l'univers rythmique allégé de Fauré, — et l'on assiste à l'implication d'un monde fauréen dans un monde franckiste.

1. Dès l'introduction du premier mouvement indiqué **Décidé**, le *Concert* obéit, comme le *Trio op. 3*, à la forme cyclique. Les trois grands accords initiaux feront figure de cellule cyclique. Pleine d'agitation intérieure, cette introduction plonge l'auditeur dans le climat sombre et angoissé qui dominera presque tout le morceau. Deux motifs vont ensuite s'imposer tout au long de ce vaste mouvement : le premier, animé,

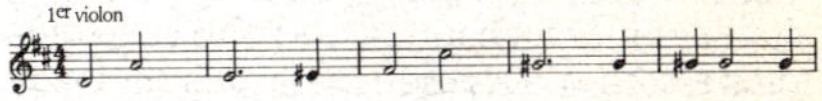

est exposé tour à tour par le violon, par le quatuor, puis par la main gauche du piano. Le second lui répond ensuite d'une manière interrogative et presque rêveuse en *si* mineur. On notera à ce propos que la tonalité de *ré* majeur, tonalité générale du *Concert* ne domine aucun des quatre mouvements de l'œuvre, même si elle s'impose plus dans ce premier mouvement et dans le finale.

2. Sicilienne (en *la* mineur) : c'est une des plus belles pages écrites par Chausson. La mélodie rêveuse de ce petit chef-d'œuvre d'élégance évolue constamment sur un piano scintillant et cristallin, qui évoque l'art de Fauré :

3. Grave : Vincent d'Indy a justement souligné que si la *Sicilienne* nous entraînait vers le charme de l'art fauréen, dans le *Grave* c'est le Chausson du *Roi Arthus* qui s'exprime. Cette méditation se développe comme une plainte dont le caractère obsessionnel est accusé par les dessins répétitifs du piano et par la ligne chromatique choisie par Chausson. Le pessimisme douloureux de cet épisode ne serait-il pas la manifestation voilée de l'inquiétude et des tourments de l'artiste ? On songera aussi au

* Jean Gallois, *Ernest Chausson* (Éd. Seghers, Paris, 1967).

Largo — mouvement central — de la *Symphonie en* si *bémol majeur*.

4. Le finale, **TRÈS ANIMÉ**, éclate au piano sur l'envolée d'un motif syncopé d'une extraordinaire vélocité. Les thèmes principaux entendus dans le cours de l'œuvre réapparaissent, — tandis que le tempo s'amplifie de plus en plus ; et c'est par une lumineuse conclusion en *ré* majeur que s'achève cette page à la fois solide et lyrique, construite comme une série de variations rythmiques sur un motif principal.

Durée d'exécution : 37 minutes environ.

Quatuor pour piano et cordes, en *la* majeur (op. 30)

En 1897, avant d'entreprendre la composition de son *Quatuor*, Chausson avait jeté sur le papier quelques esquisses d'un ouvrage qui, par sa construction instrumentale, aurait rappelé la construction du *Concert op. 21* (v. précédemment). L'œuvre était destinée au hautbois, à l'alto et au quatuor à cordes. Les esquisses restèrent inédites. La formation instrumentale définitive fut celle, avec le piano, d'un violon, d'un alto et du violoncelle.

Le *Quatuor op. 30* — point culminant de l'œuvre de Chausson — vit le jour entre juillet et septembre 1897 ; dès le 24 juillet, Chausson écrivait au violoniste belge Mathieu Crickboom : « Je suis en train d'écrire un quatuor avec piano. Deux morceaux parfaits, dont je ne suis pas mécontent. Il manque encore le premier morceau et le finale ! Drôle de manière de travailler, n'est-ce pas ? Mais j'ai déjà les éléments. Ne t'attends pas à une œuvre noire. Pas du tout. C'est presque folâtre. Et très facile. » Dédiée au pianiste Auguste Pierret, l'œuvre fut entendue une première fois à Bruxelles le 6 octobre, avec grand succès, et créée à Paris le 2 avril 1898, à la Société Nationale de Musique, avec le même succès. Le dédicataire était au piano.

Comme le *Trio* et le *Concert*, le *Quatuor op. 30* ressortit à la forme cyclique, mais à une forme cyclique assouplie. C'est une œuvre énergique et claire, d'une grande beauté, dans laquelle, selon V. d'Indy, Chausson paraît s'être libéré de ses doutes et de sa tristesse.

1. Le premier mouvement, **ANIMÉ**, s'articule autour de trois thèmes : le premier (qui réapparaîtra dans le finale) s'impose d'emblée au piano, le second est « chanté » par l'alto, le troisième enfin se développe « plus lent » sur des bercements du clavier. Par sa présence évidente dans le développement, le premier motif semble un peu étouffer les deux autres idées, — et Chausson donne libre cours à une invention rythmique et harmonique extraordinaire. Une coda réintroduit le premier thème avec quelques variantes rythmiques et le mouvement s'éteint timidement sur un retour du second motif.

2. Deux thèmes lyriques et graves impriment au second épisode, **TRÈS CALME**, une atmosphère de douceur tranquille, sereine, mais parfois douloureuse tout à fait exceptionnelle. V. d'Indy a vu dans ce morceau l'une des inspirations mélodiques les plus élevées de Chausson.

3. Le troisième mouvement — un **SIMPLE ET SANS HÂTE** à 3/4, élégant et apaisé — oppose aussi ses deux thèmes dont l'un paraît générer l'autre : le premier ressemble

à un thème de chanson populaire ; le second motif, particulièrement riche, est émaillé çà et là d'étonnantes modulations qui, selon Jean Gallois*, l'habillent « de cent couleurs changeantes et pastellisées ».

4. Le finale, **ANIMÉ**, expose d'abord ses deux idées propres — l'une est agitée, l'autre n'est rien moins qu'une réminiscence du motif cyclique — avant de faire renaître, obéissant à la forme cyclique traditionnelle, les motifs essentiels des mouvements précédents. C'est par la réexposition du premier thème du mouvement initial, noyé dans un dessin de doubles croches, puis de plus en plus affirmé, que se conclut ce morceau plein de vie.

Durée d'exécution : 38 minutes environ.

Quatuor à cordes, en *ut* mineur (op. 35)

C'est le 25 octobre 1898 que Chausson mit un point final au premier mouvement de son *Quatuor à cordes*, auquel il travaillait depuis de longues semaines… « Je travaille pour toi à un quatuor à cordes, — avait-il écrit le 12 juillet à Mathieu Crickboom, le dédicataire. Je crois que ce n'est ni Franck, ni d'Indy, ni Debussy, mais je crains que ça ne ressorte un peu directement de Beethoven. » Essayé chez Ysaÿe, à

* J. Gallois, *op. cit.*

Bruxelles, dans le courant du mois de novembre, ce premier mouvement remporta un immense succès, et Chausson put se remettre au travail. Le 1er avril 1899, il achevait le second mouvement et entamait la composition du troisième, — qui ne vit jamais le jour. Le 10 juin, le musicien se tuait en tombant de bicyclette. Vincent d'Indy compléta le troisième mouvement, et l'œuvre fut créée (dans sa forme inachevée) le 27 janvier 1900 à la Société Nationale de Musique, à Paris (publication, la même année, par Durand).

Chausson aborde ici l'une des formes les plus épurées de la musique — celle du quatuor à cordes — dans sa rigueur et dans son dépouillement. V. d'Indy a décrit cette œuvre comme la dernière composition d'un grand esprit, amoureux sincère de la beauté.

1. C'est cette rigueur qui se révèle dès le début du premier mouvement, grave puis modéré, avec ses deux thèmes exposés successivement au violoncelle et au second violon, et qui servent de prétexte à tout le développement du mouvement dans un style superbe.

2. Le mouvement lent de forme lied, en *la* bémol, se joue **TRÈS CALME**. Un seul thème sert de base à l'architecture générale. Exposé, développé puis réexposé en d'inépuisables variantes rythmiques et harmoniques, il diminue progressivement d'intensité pour disparaître comme en un souffle dans la conclusion.

3. Le troisième épisode, resté inachevé en raison de la mort de son auteur, est une page que l'on entendra **GAIEMENT ET PAS TROP VITE**. Deux idées s'y affrontent : l'une est joyeuse, tandis que l'autre, pathétique, semble dériver des premières notes du premier mouvement. L'exposition classique des deux thèmes est suivie par un court développement qui conduit à une coda où le second motif réapparaît avec une nouvelle impulsion rythmique à 5/8. C'est là que le manuscrit de Chausson s'interrompt. Vincent d'Indy, qui acheva le mouvement, pensait que Chausson prévoyait de composer un finale.

Durée d'exécution : 20 minutes environ.

Pièce pour violoncelle (ou alto) et piano, en *ut* majeur (op. 39)

Composée en août 1897 et dédiée à Jacques Gaillard, cette pièce est une sorte de poème élégiaque qui appartient à la dernière période de Chausson. La création n'en eut lieu qu'une vingtaine d'années après la mort du musicien, — en 1918 à la Société Nationale, à Paris.

La spontanéité juvénile du *Trio op. 3* laisse ici la place à un charme et à une sérénité presque contemplative. Les deux instruments s'unissent en une ample phrase curieusement balancée sur un rythme à 5/4, — ponctuée de modulations hardies et de glissements rythmiques inattendus.

Durée d'exécution : 7 minutes 1/2 environ.

A.d.P.

LUIGI CHERUBINI

Né à Florence, le 14 septembre 1760; mort à Paris, le 15 mars 1842. Élève de Sarti à Bologne, il écrivit à dix-neuf ans son premier opéra, Il Quinto Fabio. *Après un séjour à Londres, il s'établit en 1786 pour le reste de sa vie à Paris, — où* Demophoon *(1788), puis, plus encore, la comédie héroïque* Lodoiska *(1791) révélèrent sa personnalité. Après* Elisa *(1794), cette personnalité s'imposa avec* Médée *(1797). Suivirent notamment* les deux Journées *ou* le Porteur d'eau *(1800), et* Anacréon *(1803), qui fut un échec. Au cours d'un séjour à Vienne fut donné* Faniska *(1806). Après* les Abencérages *(1813), et à l'exception d'*Ali Baba *(1833), Cherubini renonça au théâtre, pour se consacrer essentiellement à la musique religieuse —* Messe en *fa* « de Chimay » *(1808),* Messe en *ré* mineur *pour le prince Esterhazy (1811),* Messe en *ut (1816),* Requiem en *ut* mineur « à la mémoire de Louis XVI » *(1816-1817),* Messe en sol « pour le sacre de Louis XVIII » *(1819),* Messe en *si* bémol *(1821),* Messe en *la* « pour le sacre de Charles X » *(1825),* Requiem en *ré* mineur *(1836) — ainsi qu'à la musique de chambre. Musicien officiel, Cherubini écrivit des musiques « révolutionnaires » (*Hymne au Panthéon, Hymne et Marche funèbre « pour la mort du général Hoche »*),* *fut surintendant de la chapelle de Louis XVIII, et, après y avoir été inspecteur de l'enseignement et professeur de composition, dirigea le Conservatoire de Paris de 1822 à l'année de sa mort. Auteur d'une seule symphonie, écrite pour Londres en 1815, il fut profondément influencé à la fois par Gluck et par la grande musique instrumentale viennoise (Haydn, Beethoven), — ce qui explique sa position à part et le fait que, tout au long du* XIX*e siècle, il ait été davantage apprécié en Allemagne qu'en France. Haydn et Beethoven, puis Schumann, Wagner ou Brahms, l'estimaient fort. Il fut un des derniers grands contrapuntistes, et son art relève plus de la rigueur classique que des effusions romantiques.*

La production de chambre de Cherubini est dominée par ses six *Quatuors à cordes*, respectivement en *mi* bémol, en *ut*, en *ré* mineur, en *mi*, en *fa* et en *la* mineur, et composés de 1814 à 1837. Mais les trois premiers ne furent publiés qu'en 1836, et les trois derniers seulement vers 1875, bien après la mort de l'auteur. En 1838, après une exécution du *n° 1*, alors « nouveau » mais remontant en fait à plus de vingt ans, Schumann déclara avoir admiré la maîtrise et le génie de Cherubini, mais aussi s'être trouvé dans un grand embarras, avoir ressenti un certain malaise, — cela parce que l'œuvre ne s'inscrivait pas dans la descendance directe « des trois célèbres maîtres allemands » (Haydn, Mozart, Beethoven), de Mendelssohn et d'Onslow. Et de fait, réalisant une synthèse unique, Cherubini s'inspira dans ses quatuors, non seulement de Haydn et de Beethoven (presque pas de Mozart), mais aussi de traditions spécifiquement françaises, — celles du « Quatuor concertant » et du « Quatuor brillant ». Le « Quatuor concertant », où les quatre instruments sont alternativement traités en solistes par rapport aux trois autres, avait été introduit à Paris vers 1770 par Boccherini et pratiqué ensuite par Cambini et d'autres, et n'avait pour ainsi dire pas survécu à la Révolution. Le « Quatuor brillant », où le premier violon domine constamment, dura beaucoup plus longtemps. S'en firent une spécialité Viotti, Rodolphe Kreutzer, Pierre Baillot, tous très liés avec Cherubini. Le violoniste Pierre Baillot, qui comme Cherubini avait rencontré Haydn et Beethoven à Vienne en 1805, fut en outre le premier à donner dans la capitale française des séances régulières de quatuors, — cela à partir de 1814 : significatif est le fait que le premier quatuor de Cherubini ait été précisément composé cette année-là, — ce à quoi il faut ajouter que les trois premiers parurent en 1836 avec une dédicace à Baillot.

Écrits par un musicien italien dont la première partie de la carrière s'était déroulée au théâtre, établi en France mais très attentif aux œuvres « nouvelles » venues de Vienne, les quatuors de Cherubini — brillants et virtuoses, mais en même temps denses et parfois austères — occupent dans l'histoire du genre une position très originale (et devraient être joués plus souvent).

Terminé le 10 octobre 1814 et créé en 1826 en privé chez Baillot, le **Quatuor à cordes n° 1 en *mi* bémol majeur** était, au XIXe siècle, le plus apprécié de tous. Il s'ouvre par une introduction (*Adagio* à 3/4) de vingt-quatre mesures et d'une belle écriture linéaire. L'*Allegro agitato* qui suit, à 4/4, contient une multitude d'idées thématiques, parmi lesquelles un motif initial ascendant, et, au premier fortissimo, une sorte de paraphrase du fameux motif B.A.C.H. (ici pour commencer *mi* bémol — *ré* — *fa* — *mi* bémol) : on la retrouvera au début de l'épisode conclusif, mais également, traitée en style fugué, dans le développement de cette vaste forme sonate. Le deuxième mouvement est un *Larghetto* (« Sans lenteur ») en *si* bémol majeur à 2/4, en forme de variations : le thème, à l'aspect de marche lente et d'écriture polyphonique, est suivi de quatre variations, plus agitées, — sauf la troisième, mystérieuse et en croches régulières. Une brève coda lui fait écho. Le *Scherzo* (*Allegretto moderato*) en *sol* mineur, par ses côtés espagnols, se situe dans la descendance de Boccherini. Il débouche sur un trio central en *sol* majeur, véritable fandango avec ses doubles croches régulières et sa légèreté de ton. Le finale (*Allegro assai* à 2/2), qui retrouve *mi* bémol majeur, est un ample rondo-sonate. Il débute par huit mesures à l'unisson, et l'on y décèle aussi bien l'influence de Beethoven que l'esprit de Haydn.

Durée d'exécution : 31 minutes environ.

Écrit en mars 1829, le **Quatuor à cordes n° 2 en *ut* majeur** n'est autre qu'une transcription-arrangement de la *Symphonie* *en* ré *majeur* de 1815, mais avec un mouvement lent (deuxième mouvement) entièrement nouveau. Il fut exécuté par Baillot en décembre 1834, mais on ignore si c'était la première fois. Une introduction mélodique (*Lento* à 4/4) de vingt mesures précède un *Allegro* également à 4/4, de forme sonate mais sans reprise de l'exposition. Dans cette page vigoureuse, le « second thème » est à la dominante mineure (*sol* mineur), mais précède de peu une nouvelle idée en *sol* majeur avec trilles, énoncée par le second violon et reprise par le violoncelle. L'épisode conclusif est très puissant. On trouve, au début du développement, une sorte de fausse réexposition à la tonique. L'idée initiale, pour compenser, n'intervient pas au début de la réexposition. Elle n'est fugitivement évoquée que juste avant une brève coda marquée *Presto*. Suit un *Lento* en *la* mineur à 6/8, de construction très subtile. À un premier épisode à la tonique (A) succède une section brillante en *la* majeur principalement en triples croches (B), débouchant quant à elle sur un fortissimo en *fa* majeur, puis sur un puissant sommet dramatique (C) évoquant, au passage, aussi bien (A) que (B). Pour le dernier volet de cette forme ternaire, (A) réapparaît quelque peu modifié à la tonique *la* mineur, — non sans que vienne s'intercaler une nouvelle section en *la* majeur avec échos de (C). Une coda mystérieuse suit ; mais ce sont deux accords *Fortissimo* qui mettent le point final. Ce remarquable mouvement est un de ceux présentant la personnalité de Cherubini sous ses aspects les plus divers. L'énergique *Scherzo* (*Allegro assai*) retrouve *ut* majeur, le trio en *ut* mineur faisant contraste par son côté fantasque. Le finale (*Allegro vivace* à 2/2) est une puissante forme sonate. Comme dans le premier mouvement, le thème initial est omis lors de la réexposition, et ne réapparaît que pour inaugurer une importante coda.

Durée d'exécution : 27 minutes environ.

Composé en juillet 1834, le **Quatuor à cordes n° 3 en *ré* mineur** ouvre la série des œuvres de chambre tardives de Cherubini. On ne sait quand eut lieu sa première audition. L'*Allegro comodo* initial à 4/4 débute par une sorte de récitatif du premier violon débouchant sur un motif ascendant en triolets dans le registre aigu (le violoncelle répond par les triolets renversés). Le premier violon énonce ensuite un « thème principal » des plus adaptés à l'instrument. Le « second thème », en *fa* majeur, est, au contraire, une cantilène « à la Rossini ». De forme sonate, le mouvement se termine en *ré* majeur. À un *Larghetto sostenuto* en *fa* majeur à 2/4, proche par l'esprit des concertos pour violon de Viotti, succède un *Scherzo* très réussi en *ré* mineur, — dont le thème syncopé est énoncé par le violoncelle, puis repris par l'alto en une velléité de style fugué. Après la barre de reprise, une nouvelle idée surgit fortissimo, — ce qui conduit à un fugato à trois voix (deux violons réunis, alto, violoncelle). À la rudesse du scherzo proprement dit s'oppose la légèreté du trio (*Moderato* sans lenteur en *ré* majeur), aux traits piquants de violon « à la Boccherini ». Le retour du scherzo proprement dit est suivi d'une évocation modifiée du trio et d'une coda mystérieuse en *ré* mineur. Bien qu'en *ré* majeur, le finale (*Allegro risoluto à 4/4*) se distingue, par son sérieux, de ceux des deux quatuors précédents.

Durée d'exécution : 30 minutes environ.

Commencé en septembre 1834 et terminé le 12 février 1835, le **Quatuor à cordes n° 4 en *mi* majeur** est sans doute le plus profond, le plus savant, des six. Ses accents dramatiques ne sont plus des gestes théâtraux, comme parfois dans les trois ouvrages précédents, mais résultent d'une nécessité interne. L'*Allegro maestoso* initial à 4/4 s'ouvre sur un thème très allant exécuté pendant neuf mesures par le premier violon sur la corde de *sol*, — après quoi le discours devient plus dense et très modulant. Cette richesse harmonique est encore accrue dans le *Larghetto* à 3/4, qui n'atteint vraiment sa tonalité principale d'*ut* majeur qu'au bout de vingt-quatre mesures. Le *Scherzo* se distingue de ceux des cinq autres quatuors par son caractère lancinant : après quelques mesures d'introduction très rapides en mineur à 4/4, le tempo devient *Andantino con moto* et la mesure passe à 3/4 pour une magnifique mélodie « à la Boccherini », énoncée en *mi* majeur avec sourdines et traitée dans une forme à mi-chemin entre la variation et la fantaisie. L'ardeur et la virtuosité du finale (*Allegro assai* en *mi* majeur à 4/4) sont à peine tempérées par une ample cantilène à l'italienne passant du violoncelle aux voix supérieures. La fin semble se perdre dans la nuance pianissimo, mais l'ultime mesure est fortissimo.

Durée d'exécution : 30 minutes environ.

Le **Quatuor à cordes n° 5 en *fa* majeur** fut écrit entre le 25 février et le 28 juin 1835. C'est le plus court des six. Une introduction (*Moderato assai* à 4/4) de vingt-deux mesures, proche de celle du *Quatuor en* ut, fait place à un *Allegretto* à 3/4 au thème principal avenant (croches régulières), mais très chromatique et baignant dans une riche polyphonie. Le développement de cette forme sonate est court, et sa réexposition régulière ; mais on a là une musique d'une très grande intensité expressive, dont plusieurs détails font penser au finale (également en *fa* majeur à 3/4) du dernier quatuor achevé par Haydn (*op. 77 n° 2*, de 1799). L'*Adagio* en *ré* majeur, à 2/4, n'est pas moins beau. De forme ternaire A-B-A', il énonce pour commencer, au premier violon, trois fois la même phrase de quatre mesures, mais en l'harmonisant chaque fois différemment. Après huit mesures de transition, le processus initial est repris, avec des harmonies encore différentes, — à ceci près que, la troisième fois, la phrase se termine sur une cadence parfaite de tonique. Suit la section centrale (B) du mouvement, plus agitée, où la phrase est évoquée en *ré* mineur. La section A' reprend, non sans l'orner quelque peu, la section A, et est suivie d'une coda s'éteignant dans la nuance *triple piano*. Le véhément *Scherzo* (*Allegro non troppo*) est en *la* mineur, avec un trio en *la* majeur d'esprit tout à fait différent (traits pointus du premier violon). Le finale (*Allegro vivace* à 4/4), de nouveau en *fa* majeur, provient en droite ligne de celui du *Quatuor en* ut *majeur op. 59 n° 3* de Beethoven (1806), à la fois par son thème tel qu'il apparaît à la mesure 25, et par ses fréquents recours à l'écriture fuguée. Fin dans la nuance fortissimo.

Durée d'exécution : 25 minutes environ.

Sur l'autographe du **Quatuor à cordes n° 6 en *la* mineur** on peut lire : « Commencé le 4 juillet 1835, continué à différentes reprises et terminé le 21 juillet 1837. » S'il prit davantage de temps que les autres, ce fut à cause de la composition du *Requiem en* ré *mineur* (1836). Il s'ouvre par un *Allegro moderato* à 4/4 dont tout le « second groupe de thèmes » est en *mi* majeur dans l'exposition et en *la* majeur dans la réexposition (avec les armatures correspondantes). Mais le mouvement se termine en un puissant *la* mineur. Le deuxième mouvement est un *Andantino grazioso* en *fa*, de forme A-B-C-A' plus coda, la mélodie de A étant évoquée à la dominante *ut* dans le premier couplet B, et A' étant une version ornée de A. Le vigoureux *Scherzo* (*Allegro molto*) est en *ut* majeur, et le trio (*Un poco più moderato*) en *la* bémol majeur. Ses ultimes mesures sont marquées *Larghetto*, ce qui renforce le contraste produit par le retour du scherzo proprement dit. Le finale (*Allegro affetuoso* à 4/4), en forme de rondo, commence en *la* mineur. Après un premier couplet et le retour du refrain, un deuxième couplet est inauguré, mais bientôt interrompu par l'évocation successive — comme au début du finale de la *Neuvième Symphonie* de Beethoven — des trois mouvements précédents. Le couplet se poursuit ; après quoi interviennent un nouveau retour du refrain et un troisième couplet, apparenté au premier et passant quant à lui en *la* majeur. Quatorze mesures marquées *Larghetto* précèdent la conclusion : huit mesures d'une vigueur extrême (*Allegro* en *la* majeur).

Durée d'exécution : 26 minutes environ.

Après avoir terminé son dernier quatuor, Cherubini entreprit une série de quintettes dont il ne mena à bien que le premier : le **Quintette à cordes en *mi* mineur**, avec deux violoncelles, composé de juillet à octobre 1837, et créé chez Cherubini par Baillot en février 1838. Une introduction (*Grave assai*) aux puissants unissons précède l'*Allegro comodo* initial, au « premier thème » énoncé au violon et au « second thème » caressant en *sol* majeur. Fin du mouvement en *mi* mineur. L'*Andante lentamente*, en *ut* majeur, est de forme tripartite et dominé par un thème solennel entonné par le violoncelle. Le *Scherzo* (*Allegro ma non troppo*), assez léger est en *sol* majeur, avec un trio en *mi* bémol entouré de deux brefs moments d'immobilité (*Meno mosso tranquillo*) rendant hommage, quant à eux, aux derniers quatuors de Beethoven. Dans le finale (*Allegro*), de forme sonate, un émouvant *Larghetto* tient lieu de développement. On le retrouve entre la réexposition et la coda, — instaurant pour de bon la tonalité de *mi* majeur.

Existe encore un *Adagio* en *mi* bémol datant de 1828, intitulé **Souvenir pour quatuor à cordes** et destiné par Cherubini à l'album musical de son ami Baillot.

M. V.

FRÉDÉRIC CHOPIN

Né à Zelazowa-Wola, près de Varsovie, le 1er mars 1810; mort à Paris, le 17 octobre 1849. Fils d'un émigré français et d'une polonaise, enfant prodige, il se fait entendre en concert à l'âge de huit ans; il a pour maîtres un tchèque, Adalbert Zywny, et le directeur du Conservatoire de Varsovie, Joseph Elsner. À quinze ans il publie son Rondo op. 1. *À dix-neuf ans, alors qu'il est très célèbre comme pianiste à Varsovie, il quitte le Conservatoire. Il a déjà derrière lui nombre de chefs-d'œuvre, dont les* Variations sur «La ci darem la mano» *qui vont bientôt enthousiasmer Schumann («Chapeaux bas, messieurs, un génie!»). Il se fait applaudir en Allemagne, puis à Vienne où il donne de brillants concerts. A Stuttgart il apprend avec désespoir l'échec de l'insurrection de Varsovie, écrasée par l'armée russe, et s'écrie : «Oh! Que ne puis-je tuer au moins un moscovite!» A l'automne de 1831 il s'enfuit pour Paris, simple étape pour aller à Londres, selon son passeport : l'étape durera dix-huit ans. Adopté aussitôt par la haute société, il devient à la mode dans les salons, mais il renonce à une carrière de virtuose peu conforme à son tempérament aristocratique, et vit surtout de leçons. Révisant nombre d'œuvres composées en Pologne, il publie entre 1832 et 1835 les* Nocturnes op. 9 *et* 15, *les* Études op. 10, *le* Concerto op. 11, *la* Grande Fantaisie sur des Airs polonais op. 13, *la* Krakowiak op. 14, *les* Mazurkas op. 17, *la* Valse op. 18, *le* Boléro op. 19, *et le* Scherzo op. 20. *L'échec de son projet de mariage avec Marie Wodzinska, rencontrée lors d'un séjour à Dresde (1835), l'affecte profondément. Il ressent alors les premières atteintes du mal (phtisie laryngée) qui l'emportera. En 1837 il rencontre George Sand, et passera désormais ses étés à Nohant. L'essentiel de son œuvre pianistique y voit le jour. Peu enclin aux voyages, il va en Allemagne pour y rencontrer Schumann et Mendelssohn, à Majorque (1838) pour y aggraver son état de santé. La rupture avec George Sand (1847) attriste les derniers mois de son existence. La cantatrice Delphine Potocka, le peintre Delacroix le réconfortent de leur amitié, mais en 1848 un ultime voyage en Angleterre épuise ses forces. Il revient mourir à Paris. Par la diversité des formes, la nouveauté du langage, l'utilisation du folklore polonais, l'inépuisable variété de l'écriture pianistique, Chopin apparaît, avec Schumann et Liszt, comme le fondateur du style de piano moderne.*

Si Chopin a confié l'essentiel de son inspiration au piano seul, celui-ci reste toujours présent dans son œuvre, associé à l'orchestre dans quelques œuvres de jeunesse, ou à la voix dans les mélodies. Dans la musique de chambre, qui n'occupe qu'une place très marginale de son œuvre, le piano se voit dangereusement concurrencé par un instrument favori : le violoncelle. En dehors du piano, ce fut le seul instrument pour lequel Chopin montra un intérêt réel et suivi. Il aimait sans doute lui confier le même type de mélodies puissantes et sombres qu'il écrivait pour la main gauche du piano. Deux amitiés, dans la vie de Chopin, ne furent pas étrangères à cette préférence. Dans sa jeunesse, il dédia deux œuvres pour violoncelle au Prince Anton Radziwill, aristocrate polonais et violoncelliste amateur. Plus tard, à Paris, il se lia avec le grand violoncelliste Auguste Franchomme (1808-1884), qui devint un de ses plus fidèles amis; il composa pour lui le *Grand Duo sur «Robert le Diable»* et, à la fin de sa vie, la *Sonate en* sol *mineur*. On citera toutefois une œuvre destinée au violon, les *Variations sur un thème de Beethoven*, écrites vers 1829 en collaboration avec Josef Slavik, et perdues.

Sans doute apocryphes, les **Variations pour flûte et piano** (1824) auraient été écrites par Chopin à l'âge de quatorze ans, sur un thème célèbre («Della fortuna istabile») de *la Cenerentola* de Rossini. On a avancé, comme destinataires possibles de l'œuvre, des flûtistes divers : le père de Chopin, son ami Jan Matuszynski. Tout l'intérêt des variations réside dans la partie de flûte, — le piano se limitant à de simples accords.

Trio pour piano, violon et violoncelle, en *sol* mineur (op. 8)

La composition de ce *Trio*, commencée en février 1828, fut interrompue par le voyage de Chopin à Berlin; sur le chemin du retour, il rendit visite au Prince Anton Radziwill : ce célèbre mécène, gendre du roi de Prusse, gouverneur de Posen, violoncelliste et compositeur (auteur d'un *Faust* célèbre), témoignait à Chopin beaucoup d'amitié. Le *Trio* fut terminé l'année suivante, et parut simultanément, en 1833, chez Kistner à Leipzig, chez Schlesinger à Paris, et chez Wessel à Londres. L'accueil du public fut bon : à Leipzig, Schumann se déclara enchanté, et même le critique berlinois Rellstab (qui devait, par la suite, manifester la plus totale incompréhension de l'œuvre de Chopin) émit un jugement positif. Dans une lettre de 1830, Chopin déclara regretter le choix du violon, auquel il aurait dû préférer l'alto, — plus susceptible, selon lui, de s'accorder avec le violoncelle; l'œuvre est en effet d'un coloris assez sombre, le violon se cantonnant dans le registre grave. Les innovations formelles, surtout, sont frappantes : Chopin prend visiblement ses distances avec les schémas classiques.

Le premier mouvement, *Allegro con fuoco* (*sol* mineur, à 4/4), puissant et dramatique, est en forme sonate. Tout d'abord, de larges accords alternent durant huit mesures avec des traits passionnés du piano. Puis vient un beau thème syncopé et ascendant du violon. La modulation classique fait défaut : l'exposition, complétée par plusieurs motifs, conclut au ton principal. Le développement repose sur un mouvement continu en doubles croches du piano, qui redouble de virtuosité dans la réexposition. Le *Scherzo* (*Vivace* en *sol* majeur, à 3/4) est lyrique; il contient un trait caractéristique du piano que l'on retrouvera, longtemps plus tard, dans la *Sonate en* si *mineur*. Le thème principal ouvre le développement, mais ne reparaît pas lors de la réexposition, — qui débute directement avec le deuxième thème. Le trio, en *ut* majeur, est basé sur un petit thème de danse paysanne, plein de charme. Dans un climat de méditation, l'*Adagio* (*Sostenuto*, en *mi* bémol majeur, à 3/4) exploite le contraste de deux thèmes très étrangers l'un à l'autre : une idée dramatique, jaculatoire, *con forza*, puis le thème principal, *espressivo*, qui apparaît à la mesure 5, orné de fioritures. L'idée dramatique occupe toute la partie centrale du mouvement, et vers la fin s'oppose continuellement à la reprise de l'idée lyrique, — avant de s'imposer tout à fait dans le grave du piano. Le finale, en forme de rondo-sonate (*Allegretto* en *sol* mineur, à 2/4) reprend un rythme de danse polonaise cher à Chopin : il s'agit d'une Krakowiak, brillante et joyeuse en dépit du mode mineur, analogue à celle qui ouvre le finale du *Premier Concerto op. 11*. Le thème principal, joué par le piano, possède une sorte de grâce rustique; les syncopes y affirment la dominante *ré* à distance d'octave, et la première partie du thème (mesures 7-8) freine curieusement sur le relatif majeur *si* bémol. Le violoncelle expose à la mesure 61 le second thème, en *ré* mineur, plus chanté, naïf comme une comptine, sous de délicats traits du piano. Au retour du rondo succède son développement. Mais, curieusement, c'est le second thème, repris en *ut* mineur sur un accompagnement continu en doubles croches du piano, qui ouvre la réexposition. Les deux thèmes se chevauchent finalement aux cordes, dans une coda joyeuse. La partie de piano de ce finale, plus travaillée que dans les autres mouvements, s'apparente à celle des *Concertos*. L'œuvre apparaît, en définitive, comme une des réussites de la jeunesse de Chopin.

Durée d'exécution : 28 minutes environ.

Introduction et Polonaise brillante pour piano et violoncelle, en *ut* majeur (op. 3)

Cette œuvre fut composée à l'automne de 1829 à Antonin près de Posen, chez le prince Radziwill. Sa fille, la princesse Wanda, était une jeune personne charmante de dix-sept ans à qui Chopin, semble-t-il, aimait fort donner des leçons de piano. Elle créa l'œuvre avec son père : « Rien de plus que des effets brillants pour salon et pour les dames, écrivit Chopin à son ami Titus Woyciechowski. Je voulais, vois-tu, que la princesse Wanda pût l'apprendre. » Seule la *Polonaise* date de ce séjour; l'introduction lente suivit quelques mois plus tard, en avril 1830, pour un concert du pianiste Kaczynsky. L'ensemble fut finalement dédié à un violoncelliste célèbre, Joseph Merk, dont Chopin avait fait la connaissance à Vienne en 1831, et parut chez Mechetti (Vienne, 1831), chez Schlesinger (Berlin, 1832), et chez Wessel (Londres, 1836). Il semble que Franchomme revit à Paris la partie de violoncelle, avant la publication chez Richault en 1835. L'écriture du piano est brillante et rappelle, par nombre de traits, le *Rondo en* ut *majeur pour deux pianos* composé l'année précédente.

L'introduction *Lento* s'ouvre sur un trait en triples croches du piano, *Leggierissimo*, auquel le violoncelle répond par une phrase ornée. Vient ensuite une noble mélodie *spia-*

nato de huit mesures, sur un accompagnement chatoyant du piano, puis un épisode plus fiévreux, en *ut* mineur, qui conclut par une longue affirmation de la dominante, suivie d'une cadence du piano. La *Polonaise*, (*Allegro con spirito*, *ut* majeur, à 3/4) s'ouvre sur deux mesures militaires du piano. Le thème, d'une élégance très webérienne, comprend huit mesures du violoncelle, redites *elegamente* au piano, avec quelques ornements; le premier couplet, modulant, s'achève sur une cadence en triolets de doubles croches du piano, puis la *Polonaise* est reprise, comme précédemment. Le second couplet, en *fa* majeur, offre un beau thème chantant du violoncelle, sur un accompagnement apaisé; le rondo est repris triomphalement une dernière fois sur une débauche d'arpèges du violoncelle.

Durée d'exécution : 9 minutes environ.

Grand Duo Concertant sur des thèmes de « Robert le Diable », pour piano et violoncelle

Cet amusant morceau de circonstance fut composé à Paris en 1832-1833, sans doute à l'instigation de Franchomme dont Chopin venait de faire la connaissance. Une première édition parut (sans numéro d'opus) chez Schlesinger à Paris, et à Berlin en 1833, puis une deuxième version fut éditée par Wessel, à Londres, en 1838, sous le numéro d'*op. 12*. Enfin une version pour piano à quatre mains, doigtée par l'auteur, parut avec le numéro d'*op. 15* (qui est celui de trois *Nocturnes*). Lors de son arrivée à Paris, Chopin fut ébloui par l'opéra de Meyerbeer (créé le 21 novembre 1831) : il s'amusa sans doute à contribuer à sa manière — et avec beaucoup d'élégance — à la mode des variations et pots-pourris divers sur des opéras en vogue qui submergeaient alors le marché. Franchomme n'apporta sans doute que quelques conseils techniques touchant la partie de violoncelle, très difficile. Chopin, semble-t-il, renia ensuite ce morceau, — qui ne figure pas dans le catalogue établi à la fin de sa vie.

L'introduction est attachante, si l'on veut y voir le reflet, fidèle peut-être, d'une improvisation de Chopin ; la virtuosité y est assez poussée (*Largo* en *ut* dièse mineur, à 3/4). Les trois sections du *Duo* exploitent trois thèmes de Meyerbeer : un *Andantino* (*mi* majeur, à 3/4) sur la *Romance* du ténor au premier acte (« Va, dit-elle »), un *Allegretto* (*la* majeur, à 6/8) sur le thème sautillant du chœur des chevaliers au premier acte (« Non, non, il faut qu'il soit puni ! »), interrompu par un *Andante Cantabile* en *si* mineur, sur une phrase du *Trio* (n° 22) du cinquième acte. Ici la frivolité, très « parisienne », du propos n'est qu'apparente, et un critique aussi attentif que Robert Schumann (qui haïssait Meyerbeer) ne s'y trompa pas : « Un morceau fait pour un salon, écrit-il, un salon où derrière des épaules comtales, la tête d'un artiste célèbre émerge çà et là; non, par conséquent, pour des soirées de thé, où l'on joue pour aider à la conversation, mais pour des cercles vraiment cultivés, qui montrent à l'artiste la déférence que son état mérite. A mon avis, il paraît avoir été entièrement esquissé par Chopin, et Franchomme n'avoir eu à dire à tout qu'un facile oui. Ce que Chopin touche, en effet, prend du même coup forme et esprit, et même dans ce minime style de salon, il s'exprime avec une grâce, une élégance, en face desquelles toute la bonne tenue des autres compositeurs au style brillant s'évapore en l'air malgré toute sa gentillesse. Si *Robert le Diable* était rempli d'idées pareilles à celles que Chopin y a choisies pour son *Duo*, il faudrait débaptiser son nom. En tout cas le doigt de Chopin s'y montre encore, tant il a fantastiquement traité ces idées, ici les enveloppant, là les découvrant, si bien qu'elles résonnent longtemps encore à l'oreille et au cœur de l'auditeur. Pour le reproche de longueur que des virtuoses inquiets font peut-être au morceau, il n'est pas sans motif, en ce sens qu'à la douzième page on est un peu perclus dans ses mouvements; mais alors, à la treizième, les cordes rompent d'impatience, tout à fait à la Chopin, et dès lors le torrent se précipite vers la fin dans ses figures ondoyantes. »

Durée d'exécution : 13 minutes environ.

Sonate pour violoncelle et piano, en *sol* mineur (op. 65)

La dernière des quatre *Sonates* composées par Chopin est une œuvre capitale de la littérature pour violoncelle, et occupe une place d'honneur entre les œuvres semblables de Beethoven, Mendelssohn ou Brahms. Elle est contemporaine de la *Barcarolle op. 60*, de la *Polonaise Fantaisie op. 61*, des *Nocturnes op. 62* et des *Mazurkas op. 63*. Chopin y travailla durant toute l'année 1845, et l'acheva en 1846. La première audition intégrale eut lieu chez lui en mars 1847, en l'honneur de Delphine Potocka. Il la dédia à

Franchomme, — qui en joua trois mouvements lors du dernier concert donné à Paris par Chopin le 16 février 1848 ; ce dernier, déjà très malade, avait renoncé au premier mouvement, si difficile, et aussi long à lui seul que les trois autres réunis. Ce fut la dernière œuvre publiée de son vivant ; elle parut simultanément, en 1847, chez Brandus à Paris, chez Breitkopf à Leipzig, et chez Wessel à Londres. Certains contemporains furent perplexes, — ainsi Moschelès, qui la compara à « une forêt sauvage, où un rayon de soleil n'apparaît que par intermittence ». Quoi qu'il en soit, elle coûta beaucoup de peine à Chopin, qui confia à sa sœur : « J'écris un peu et je raye beaucoup » ; les nombreuses esquisses conservées en témoignent. Habitué depuis fort longtemps à n'écrire que pour son instrument, et dans des formes libres, fut-il un temps paralysé en présence de la forme sonate et du duo instrumental ? Peut-être la ligne mélodique du violoncelle qui jaillissait sous sa plume l'obligea-t-elle à changer son écriture pianistique, — ce qui lui donne curieusement, en quelques endroits, une allure « non Chopin ». Mais le mélange des timbres est très réussi, bien plus homogène et original que chez d'autres compositeurs romantiques : seul Debussy retrouvera plus tard un alliage aussi parfait. Le ton particulier de cette *Sonate* n'est pas étranger au goût que Chopin manifestait de plus en plus à la fin de sa vie pour les formes strictes de l'école, fugue, contrepoint (ainsi se pencha-t-il, en 1841, sur le fameux *Traité* de Cherubini). Le thème du *Finale* reprendrait un canon à l'octave esquissé vers la fin des années trente. Les violoncellistes, effrayés peut-être par le fameux *rubato* de Chopin, si étranger à l'esprit des instruments à cordes, négligent encore trop cette *Sonate*, ou se contentent d'une interprétation schumannienne, voire brahmsienne, inadéquate.

1. Allegro moderato (*sol* mineur, à 4/4) : ce mouvement splendide, fort long, un peu hautain, renonce avec superbe aux traits classiques de la musique pour violoncelle, et s'il consent à reprendre la forme sonate, c'est pour en briser aussitôt le cadre et refuser de s'y plier complètement. Les premières mesures, d'allure assez orchestrale, rappellent beaucoup les tutti d'ouverture des deux *Concertos* écrits quinze ans plus tôt. Un dessin en forme d'arche (doubles croches en sixtes aux deux mains) du piano dissipe ensuite cette illusion. Le violoncelle apparaît à la mesure 8, sur une cellule qui sert de lien cyclique entre les quatre mouvements. Il amplifie le thème, le pare d'une étrange modulation en *ré* bémol, qui reviendra par la suite. Un « pont » en accords puissants du piano amène un second motif (mesure 24), magnifique cantilène souplement chantée par le violoncelle, puis reprise avec ampleur, en *ut* mineur, par le piano, sur des harmonies somptueuses. Un beau canon en *la* bémol conclut ce groupe (mesure 48) sans que la modulation caractéristique vers le ton relatif se soit fait entendre : le violoncelle égrène l'arpège de dominante du ton principal. Le second groupe thématique (mesure 61), amené par une pause du piano, est complexe : le piano fait entendre de paisibles accords, en noires et blanches, *dolce*, rejoignant timidement le relatif *si* bémol par un enchaînement d'accords de septième. Le thème véritable, marche d'harmonie fortement chromatique, apparaît au piano à la mesure 69 : écrit en contrepoint renversable, il est aussitôt repris par le violoncelle, dont la partie passe alors à la main gauche du piano, — la main droite faisant entendre un motif en doubles croches. Une nouvelle intervention du violoncelle seul amène la codetta orageuse, en doubles croches répétées, qui conclut l'exposition en *ré* mineur. Le développement s'attache aux seuls thèmes du premier groupe, qui ne seront pas réexposés : il revêt donc une importance inhabituelle, puisqu'il doit assumer, outre sa fonction dialectique naturelle, le rôle lourd de la réexposition. Il faut prendre garde de voir dans cette lacune (trait présent déjà dans les deux grandes *Sonates* pour piano et, rappelons-le, dans la *Symphonie Fantastique* de Berlioz) une faiblesse structurelle. Par une puissante transformation des principes de composition, le poids émotionnel de la réexposition est déplacé sur le seul second thème, qui est redit en *sol* majeur ; puis la coda conclut avec fougue.

2. Scherzo (*Allegro con brio* en *ré* mineur, à 3/4) : d'inspiration plus classique que les *Scherzos* pour piano seul de Chopin, celui-ci s'ouvre sur un thème, héroïque tout d'abord, en notes répétées du violoncelle, sur lequel se greffe une Mazurka gracieuse du piano, en triolets et croches. Ce thème est ensuite développé selon un parcours tonal très aventureux, puis repris dans sa forme première ; une valse lente et sentimentale, en majeur, fait office de trio : le violoncelle chante un thème séquentiel, berceur, accompagné en arpèges élégants du piano.

3. Largo (*Si* bémol majeur, à 3/2) : ce

bref intermède aux couleurs automnales rappelle les épanchements du *Larghetto* du *Concerto en* fa *mineur*. Le thème rêveur, chantant, est porté par le piano dont les arpèges réguliers en croches distillent des harmonies raffinées. Toutes les deux mesures, les instruments échangent leurs rôles.

4. Finale (*Allegro* en *sol* mineur, à 2/2) : construit en forme de rondo-sonate, il oppose trois thèmes très différenciés. Le premier, présenté par le piano, fait office de refrain. Il est porté par un rythme vif de tarentelle, mais curieusement assombri par des chromatismes descendants. Il est ensuite repris par le violoncelle, qui module en *la* mineur. Sa cadence conclusive est alors dialoguée, avec un petit motif *leggiero* au piano, bientôt orné de fioritures. Un trait en octaves du piano amène le second thème (mesure 35). La mélodie très carrée, en *ut* mineur, chantée *espressivo* par le violoncelle sur de simples accords syncopés du piano, rappelle un peu le *20e Prélude* de l'*op. 28*. La redite au violoncelle, en doubles cordes pathétiques, est suivie d'une troisième idée (croches pointées-doubles croches) en majeur. Le refrain est ensuite brièvement développé, puis le second thème repris en *ré* mineur. La coda, plus animée, en majeur, repose sur le troisième thème.

Durée d'exécution : 29 minutes environ.

J.A.M.

DIMITRI CHOSTAKOVITCH

Né à Saint-Pétersbourg, le 26 septembre 1906; mort à Moscou, le 9 août 1975. Il se destinait à une carrière au piano, — instrument qu'il pratiqua toute sa vie. Brillant élève du Conservatoire de Léningrad, il suivit les cours de Nikolaiev pour le piano et de Maximilian Steinberg pour la composition. Musicien précoce, il écrivit dès l'âge de dix ans et fit l'émerveillement de ses maîtres du Conservatoire. Les premières œuvres conservées s'adressèrent tout d'abord à lui-même, pianiste-compositeur; mais, dès l'âge de quatorze ans, il composa pour l'orchestre un Scherzo op. 1 *et les* Deux Fables de Krylov op. 4. *Ouvert à toutes les influences de son époque, il fut un musicien d'avant-garde de la jeune URSS, tant par les œuvres qu'il fit jouer que par ses propres partitions. Sa* 1re Symphonie, *créée en 1926, séduisit immédiatement des chefs tels que Bruno Walter (qui la donna à Berlin), puis Toscanini et Klemperer. Il découvrit alors les compositeurs majeurs de l'époque : Bartók, Krenek, Hindemith, Honegger, Stravinski, et le Groupe des Six. Ses enthousiasmes des années 30 furent brutalement anéantis par un sévère rappel à l'ordre en 1936, publié dans* la Pravda, *prenant à partie l'immoralité de son second opéra,* Lady Macbeth du district de Mzensk. *C'est à cette époque, à la demande d'un organisateur de concerts, qu'il écrivit sa première partition de chambre, la* Sonate pour violoncelle et piano, op. 40. *A partir de 1939, une chaîne continue, allant même se resserrant dans les dernières années, relie ses quinze* Quatuors à cordes, *et ne se rompra qu'en 1974, un an avant sa mort. A l'instar de Beethoven, ses premiers quatuors reflètent une prise de connaissance d'un genre particulièrement formel où l'ombre de Haydn (et jusqu'à celle de Tchaïkovski) plane sans détours possibles. Puis, à partir du* 5e Quatuor *(anticipant la* 10e Symphonie, *1953), il fait de cette forme l'antidote de ses obligations de musicien de film (Staline l'admirait dans ce seul domaine !) et de chantre des anniversaires officiels. Il poursuit alors cette série en donnant au quatuor une puissance quasi-symphonique dont les idées de programme sont évidentes, mais non explicites. Il reprend à son compte le romantisme dramatique d'un Beethoven, tout en ayant assimilé à sa manière les apports de Debussy et de Bartók. De l'École viennoise (de la* Suite lyrique *de Berg), il ne tirera que des artifices, — un chromatisme abrupt n'étant là que pour créer les antagonismes nécessaires à la progression dramatique de son discours. Ses cinq dernières partitions sont de véritables opéras sans paroles où, successivement, chacun des solistes du Quatuor Beethoven, ses interprètes, se voit attribuer le rôle principal (et la dédicace). Les inconditionnels du sérialisme ont longtemps rejeté l'œuvre de chambre de Chostakovitch qui, sans être novatrice, a réussi la synthèse de deux héritages, — celui, formel et technique, de Beethoven, et celui des deux écoles nationales russes, la première allant de Tchaïkovski à Miaskowski, la seconde, « cosmopolite », de Borodine à Stravinski. De cette dernière, il a adapté le formalisme en créant un style pathétique, ainsi qu'une truculence sauvage, dévastatrice, qui lui est propre. L'ombre de Moussorgski plane également sur les derniers quatuors. Ainsi l'œuvre de chambre de Chostakovitch, longtemps négligée au regard de ses symphonies d'« actualité », s'avère comme l'essentiel de son héritage spirituel. Elle exige un réalisme sonore ainsi qu'une puissance spirituelle peu courante en pays latins, ce qui limite encore sa pénétration occidentale. Son authenticité, tant humaine qu'ethnique, lui permet cependant de faire partie du répertoire des grands ensembles internationaux.*

Trio pour piano et cordes n° 1, en *ut* mineur (op. 8)

On doit à Boris Titchenko, un des rares élèves du compositeur qui ait toujours affirmé sa filiation, l'édition de ce *Trio* en un seul mouvement écrit alors que le compositeur était encore élève au Conservatoire de Léningrad, en 1923. Il ne fut donné en première audition que le 20 mars 1925, dans la Petite Salle du Conservatoire de Moscou, par un pianiste qui deviendra célèbre, Lev Oborine, le violoniste N. Fedorov et le violoncelliste A. Egorov. Du manuscrit, ne manquaient que les vingt-deux dernières mesures du piano, que reconstitua Titchenko pour l'édition (CW 37, 1983)*.

De classique forme sonate, l'unique mouvement débute avec un *Andante* qu'ouvre le violoncelle par trois notes qui servent de leitmotiv dans toutes les métamorphoses de climat de cette œuvre, très rhapsodique dans ses tempos comme dans ses éclairages. L'ombre de Brahms, celui de l'*op. 101* (lui aussi en *ut* mineur), flotte néanmoins sur ce *Trio* d'une étonnante densité. Un dialogue entre violoncelle et violon s'installe pour notre plus grand ravissement, l'auteur jouant avec les changements de clés. Le premier thème est énoncé avec résolution et expressivité. Le second thème, lyrique, fait penser à Schumann par son caractère de « romance ». Un développement inédit et remarquablement construit utilise ces matériaux émotionnellement antinomiques, — avant de laisser le clavier mener la récapitulation dans une coda triomphale de fort belle allure.

Durée d'exécution : 13 minutes environ.

* *CW* (Collected Works) : référence aux quarante-deux volumes de l'édition soviétique, publiée en France par le CHANT DU MONDE, qui réunit les partitions rassemblées depuis la mort du compositeur.

Deux Pièces pour octuor à cordes (op. 11)

Dédiés à la mémoire de Kurchavov en 1925, ces *Prélude* et *Scherzo* forment, l'un un hommage à Bach, l'autre un trait sarcastique, prémonitoire de la polka de *l'Âge d'or* comme des scherzos « sauvages » des *1re* et *2e Symphonies*.

Durées respectives : 6 et 5 minutes environ.

Deux Pièces pour quatuor à cordes

En 1983, Boosey & Hawkes publiait la partition de deux *Pièces* (*Élégie* et *Polka*) inédites pour quatuor à cordes. Le manuscrit indique qu'elles ont été écrites le 1er novembre 1931, et dédiées au Quatuor J. Vuillaume. Elles se composent de deux épisodes totalement contrastés.

Un *Adagio* en forme d'*Élégie* reprend l'air, extrait de *Lady Macbeth de Mzensk*, — lorsque Katerina chante dans sa chambre, à la fin du 1er acte. Cette transposition pour quatuor à cordes annonce la veine lyrique inépuisable qui animera les mouvements lents des quinze quatuors à venir. Ici, Chostakovitch semble penser au Satie des *Gymnopédies*, — tant l'harmonie s'avoue volontairement pauvre... au profit de la seule couleur des cordes. Le changement de climat est absolu avec la transposition de la *Polka* de *l'Âge d'or* (originale pour xylophone), dont on retrouve le thème sarcastique et provocateur dans les pizzicatos du premier violon.

Durée d'exécution : 7 minutes environ.

Sonate pour violoncelle et piano, en *ré* mineur (op. 40)

Écrite à Moscou en 1934, à la demande expresse d'un ami et organisateur de concerts, Viktor Kubatski. Ce dernier la créa, avec le compositeur au piano, le 25 décembre 1934 dans la Petite Salle du Conservatoire de Léningrad. Plusieurs fois révisée, — il fallut attendre l'édition critique de 1982 pour tenir compte de toutes les modifications.

1. Allegro non troppo : aux dires du dédicataire, qui habitait Moscou avec le compositeur, ce premier mouvement est le résultat de deux nuits d'insomnie, — alors que Chostakovitch venait de se brouiller avec sa femme, Nina, qui repartit brusquement à Léningrad. Le violoncelle ouvre le dialogue sur une mélodie sereine, presque tchaïkovskienne, qui se développe sans heurt. L'idée mélodique du *Tranquillo* enchaîné est la première utilisation d'un thème que l'on retrouvera, magnifié, dans la *5e Symphonie* à venir. Le violoncelle se fait l'interprète d'états émotifs successifs, clairement exprimés par l'abondance d'indications métronomiques et de nuances, — avec autant de magnificence que dans le meilleur Rachmaninov : *rubato impetuoso*, alternance fréquente pizzicatos/archet, jusqu'au *Largo* (mesure 200), qui reprend dans un tempo presque tragique le thème initial altéré.

2. L'**Allegro** second est un vrai scherzo dans le style populaire, — celui, volontiers ironique et provocateur, qu'on retrouve dans le ballet *l'Âge d'or* comme dans l'opéra *Lady Macbeth de Mzensk*. Le piano est là pour marquer que nous sommes proches de l'intermède dansé, avec ses rythmes métalliques et tranchés, ses nuances qui vont jusqu'au triple *forte*, tandis que le violoncelle effectue quelques figures acrobatiques en clé de sol en position du pouce, sur des glissandos limités, ceci jusqu'à la coda, *marcato*, qui est peut-être le premier plagiat satirique de Prokofiev.

3. Largo : on quitte la provocation dansante au bénéfice d'une des premières méditations lyriques de Chostakovitch, que d'aucuns ont longtemps considérée comme fraîche et lyrique. Ici, Chostakovitch écrit un de ses premiers monologues à la Pouchkine, dans lequel le violoncelle remplace la voix :

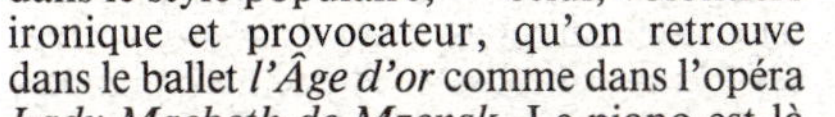

Pour la première fois, la nuance quadruple *piano* apparaît (mesure 83).

4. L'**Allegro** final est un rondo sarcastique et dansant dans lequel le grotesque et la provocation apparaissent sous les doigts du pianiste : à charge, pour lui, de mener cette ronde endiablée où le violoncelle doit attendre la mesure 227 pour s'imposer. Après cet éclat, il part dans une forme de mouvement perpétuel (détaché crescendo) qui mène au *risoluto* final exigeant une intensité rarement disponible sous les doigts d'un violoncelliste... de salon.

Durée d'exécution : 25 minutes environ.

Quatuor à cordes n° 1, en *ut* majeur (op. 49)

Pendant longtemps, Chostakovitch n'a pas abordé de front la technique du quatuor à cordes. Il s'y résout au printemps de 1938, — instant de délassement entre la *5e Symphonie*, dont le succès lui offre quelque liberté, et ses innombrables musiques de film (*les Journées de Volotchaïevskaïa*, *le District du Vyborg*, *les Amis*), travaux alimentaires qui lui valent l'appui, non explicite, de Staline. Il lui était néanmoins difficile de se replier sur la musique de chambre, en particulier le quatuor à cordes, alors que la propagande socialiste lui enjoignait de s'exprimer pour le plus grand nombre. Aujourd'hui, on sait que Chostakovitch n'avait cure de ces problèmes politiques, et qu'il tenait à n'aborder le quatuor qu'après avoir étudié les maîtres, — en particulier Haydn et Beethoven.

De facture pré-classique, proche du divertissement magnifié par Haydn, cette partition, brève, de 1938, suit la coupe classique en quatre mouvements, tout en bousculant l'alternance habituelle. Nous avons droit à deux moderatos suivis de deux allegros. Baroque par essence, ce divertissement fut intitulé originellement *Printemps*. En bon pianiste, Chostakovitch composa l'œuvre partiellement au clavier. Des esquisses de ce travail sont accessibles, et montrent que les mouvements extrêmes furent permutés dans la version finale.

Le **Moderato** initial laisse le premier violon exprimer le thème, qui est magistralement transposé lors de sa réexposition. Le second **Moderato** tourne autour d'un leitmotiv confié à l'alto, — instrument qui deviendra le truchement habituel du compositeur :

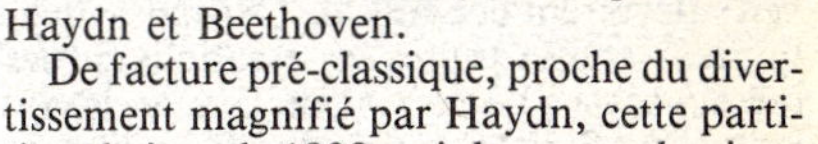

Le violon vient reprendre ce développement en forme de passacaille, modeste ici, mais qui constituera un procédé que le compositeur utilisera de plus en plus fréquemment. Tel un quatuor vocal, le point culminant (mesure 23) nous mène vers l'aigu dans le seul *forte appassionato* de la partition. Le premier **Allegro**, avec sourdine, est un vrai scherzo, réduction pleine de fraîcheur du même mouvement de la *5e Symphonie*. La tonalité est maniée avec maestria dans le traitement des deux phrases mélodiques, en *ut* dièse mineur et en *fa* dièse majeur. Cette facétie à la Haydn se retrouve dans l'**Allegro** final, très allant (152 à la blanche), où le premier violon retrouve sa mission classique de maître du jeu.

Durée d'exécution : 15 minutes environ.

Pendant toute la guerre, aucun autre quatuor ne vint prendre la suite de ces « scènes d'enfance » détendues, pourtant exemptes de tout sentimentalisme, qui forment le *1er Quatuor*. Ce dernier fut créé le 10 octobre 1938 par le Quatuor Glazounov à Léningrad; un jeune ensemble, le Quatuor Beethoven, invitait le compositeur aux répétitions de cette même œuvre, avant de la donner en première audition à Moscou dans la Petite Salle du Conservatoire, le 16 novembre 1938. Désormais, les « Beethoven » devinrent des amis de Chostakovitch, qui leur confia toutes les créations de ses quatuors, — à l'exception du dernier, le violoncelliste Sergueï Chirinsky disparaissant quelques semaines avant sa création, en 1974.

Quintette pour piano et cordes, en *sol* mineur (op. 57)

Ce sont ces mêmes « Beethoven » qui demandèrent à Chostakovitch un quintette, où tous cinq pourraient jouer ensemble et faire le tour des salles soviétiques avec Chostakovitch comme pianiste. Ce dernier entreprit donc à l'été de 1940 le *Quintette op. 57*. Anticipant sur la *8e Symphonie*, l'œuvre est en cinq mouvements, dont seul le *Scherzo* central est vraiment animé.

Le **Lento** introductif laisse le piano proposer les sept mesures essentielles, dans lesquelles tous les germes du matériau mélodique sont déjà présents :

Ce prélude expose ainsi avec une solennité proche de Bach. Les cordes entrent ensemble — laissant néanmoins au violoncelliste le rôle mélodique essentiel jusqu'au premier point d'orgue (mesure 16). Le clavier reprend au *più mosso* : mais à la réthorique de l'introduction se substitue un lyrisme très personnel, — dès que l'alto prend la parole. Suit alors une fugue énigmatique aux cordes, auxquelles se joint le clavier dans une ambiance d'une plénitude presque symphonique.

L'**Adagio** second, en forme de fugue, part sur le duo des deux violons, — avec les entrées successives des cordes graves. La concentration contrapuntique de cette musique est telle que clavier et cordes se fondent en une même construction dont la charge émotionnelle devient, à chaque intervention du clavier, de plus en plus intense. Ce dernier conclut sur des accords dans l'extrême grave, d'un effet d'éternité.

Le **Scherzo** vient heureusement « casser » ce climat, presque avec hargne, — avec ses thèmes simplistes, faussement populaires mais faciles à soutenir, telles les chansons de rues qu'imposait Beethoven dans ses œuvres de jeunesse.

L'**Intermezzo** (**Lento**) nous évade de ce climat iconoclaste, proche de l'esprit de l'*Allegro* du *1er Concerto pour piano*, pour revenir à une atmosphère méditative où se meuvent tous les leitmotive antinomiques exprimés dès le prélude. Volontairement sans éclat, ce *Lento* n'est pas sans tensions et n'a rien des *Tranquillo* des années 30.

Il faut attendre l'**Allegretto** final pour que soient partiellement résolues, tant dans la forme (sonate stricte) que par la réexposition passionnée du thème initial, les tensions accumulées pendant l'*Intermezzo*. Cette réexposition, magistralement condensée (on pense au choral de Bach utilisé par Berg dans le *Concerto « À la mémoire d'un ange »*), prend une signification émotive dramatique, que vient lever une redite d'une idée du *Scherzo*, saugrenue et conventionnellement ironique en sa platitude, — telle une détente, faussement réjouie, nous ramenant à l'ordinaire des jours.

Le *Quintette* fut donné en première audition par Chostakovitch et les membres du Quatuor Beethoven le 23 novembre 1940, dans la petite salle du Conservatoire de Moscou.

Durée d'exécution : 32 minutes environ.

Trio pour piano et cordes n° 2, en *mi* mineur (op. 67)

Il faut attendre 1944 pour découvrir une nouvelle œuvre de chambre, le *Trio op. 67* écrit de février au 13 août à Ivanovo.

L'œuvre est dédiée à la mémoire d'Ivan I. Sollertinsky (1902-1944), l'ami le plus proche, des bons comme des mauvais jours (campagne de 1936), — qui venait de mourir d'une crise cardiaque.

Ce trio « élégiaque », dans la tradition de Rachmaninov et de Tchaïkovski, débute par une mélodie pensive confiée au violoncelle *con sordino* dans une sonorité inhabituelle due aux harmoniques utilisés, — tandis que le violon entre dès la septième mesure (en canon) dans son registre le plus grave. Le thème apparaît comme russe, — bien qu'aucun élément, rythmique et de danse lente, ne vienne caractériser cette impression. Le **MODERATO** enchaîné laisse le clavier reprendre cette démarche grave, d'une voix presque assourdie. De multiples contrechants viennent relancer le discours et les « ambiances » *Andante* et *Moderato*.

Le Scherzo, un **ALLEGRO NON TROPPO** en *fa* dièse majeur, a la fausse bonne humeur d'un rondo beethovénien, — alors que ses thèmes tourbillonnants sont plus spectaculaires et virtuoses que détendus et joyeux. Après ces moins de trois minutes de jeu contrastés aux cordes (*marcatissimo, pesante*) se terminant en haute voltige, un glas funèbre s'installe aux violon et violoncelle, — s'opposant à la passacaille introduite par huit accords graves au clavier, « qui résonnent impitoyablement comme un verdict de mort, comme l'annonce d'inéluctables catastrophes ». Les six exposés successifs du thème dans la passacaille jouent de l'alternance *si* mineur/*si* bémol mineur, — donnant une impression de rituel liturgique, de lointaine ascendance orthodoxe. Ces cinquante-trois mesures forment le cœur spirituel de l'œuvre, ainsi que sa partie la plus personnelle.

Le finale **ALLEGRETTO**, en *mi* majeur, s'avère sur le plan instrumental le plus élaboré, à l'instar de celui de Tchaïkovski. Sans tomber dans le pathétique, ce rondo de forme sonate se déroule comme une « danse des morts ». Après quatre mesures de croches *staccato pianissimo* au clavier, le violon introduit, en pizzicato, un thème macabre et sinistre.

Le piano, puis le violoncelle entrent dans la danse, — tendant à introduire un curieux rythme de valse à 5/8. Brusquement, le violon interrompt ce sabbat nocturne en reprenant le thème de l'*Andante* initial sur la corde de *mi*. Clavier et cordes s'opposent de plus en plus, — tant au plan du climat qu'à celui du rythme. Le premier s'en tient à de curieuses arabesques (retour au tempo à la mesure 91), — tandis que les cordes cherchent à réinstaller le thème dansant. Il faut attendre la coda (*Adagio*) pour que les instruments se réconcilient en un choral majestueux en *mi* majeur.

Durée d'exécution : 36 minutes environ.

Quatuor à cordes n° 2, en *la* majeur (op. 68)

Il fut écrit, toujours à Ivanovo, en 1944, dans la foulée du *2e Trio* précédent. Six ans ont passé depuis la création du *1er Quatuor* printanier et détendu, et cet *op. 68* se révèle d'une tout autre densité.

Le premier mouvement, très développé et intitulé *Ouverture*, est un **MODERATO CON MOTO** à l'énergie et à l'insistance beethovénienne. Son intensité est telle que toute l'exposition est jouée de *forte* à triple *forte*, sans la moindre pause ni le moindre signe d'essoufflement. La puissance du développement du thème principal est telle qu'il faut attendre la deux cent quarante troisième mesure pour sa réexposition.

Le second mouvement est le premier exemple, fréquent dans la sonate, original dans le quatuor, de récitatif ; on découvre une romance construite sur de longs passages déclamatoires, — partant comme une partita pour violon seul. Cette référence indirecte à Bach vient s'inscrire ici comme un signe de légitimité, avant de s'orner d'un accompagnement instrumental d'une profonde expressivité.

Le Scherzo, **ALLEGRO**, intitulé *Valse*, donne la parole au violoncelle pour parer cette danse d'un caractère mélancolique, lui conférer un arrière-goût de « danse de morts », déjà repéré dans le *2e Trio* contemporain. Cette *Valse* est agitée, rapide, opposant orchestre de cour masqué par la sourdine et chanteur nostalgique aux brusques élans. Le finale propose un ensemble de variations en *la* mineur qu'inaugure l'alto.

Un **Adagio** de dix-sept mesures, avec les instruments en sourdine, plante le décor. L'alto, puis le second violon, sur pizzicatos du violoncelle, puis le premier violon sur la chanterelle, engagent ce jeu de variations brillantes et inventives dont le tempo et l'intensité vont s'amplifiant, jusqu'au fortissimo de la mesure 112. Une reprise de l'*Adagio* initial permet de reprendre souffle, — avant d'exposer à nouveau le thème en *la* mineur dans un sentiment de profonde émotion et exaltation.

L'œuvre fut créée par le Quatuor Beethoven le 14 novembre 1944 dans la Salle de la Philharmonie de Léningrad. Elle fut dédiée au compositeur et ami Vissarion Chebaline.

Durée d'exécution : 37 minutes environ.

Quatuor à cordes n° 3, en *fa* majeur (op. 73)

D'ampleur comparable au *Quatuor n° 2*, le *3e Quatuor* paraît être une décantation de la curieuse *9e Symphonie*, partition virtuose et volontairement désengagée. Nulle obligation, au quatuor, en 1946, d'écrire un hommage à la Victoire... Ici, Chostakovitch peut donner libre cours à son humeur grave, dramatique, tout en réalisant une mutation, presque mozartienne, de la douleur en un art souverain et une invention inépuisable. Sur le plan strictement instrumental, cette partition s'avère d'une plastique peu ordinaire, — tout en donnant à chacun des instruments le moyen de briller par l'intensité et le timbre.

Le premier mouvement est un **Allegretto** de forme sonate, vif, naturellement dansant, — une ronde extraordinaire dans laquelle les quatre instruments sont de même poids. Le thème est plusieurs fois exposé, le développement est linéaire et insistant.

Le **Moderato con moto**, essentiellement en *mi* mineur, est d'une nostalgie très russe, plus expressive qu'un récitatif d'opéra. Le thème est exposé par le premier violon sur accompagnement de l'alto :

Une tierce descendante en mineur sert de liaison entre les deux exposés. Le dernier ne vient que renforcer son lyrisme intense en sa tonalité de *fa* dièse majeur.

Le Scherzo central est un **Allegro non troppo** vigoureux, et fait penser aux marches grotesques et insistantes chères à Mahler, — sorte de purgatoire qui va devenir un préalable (*8e* et *10e Quatuors*) à l'intériorité des Adagios, nœuds émotionnels de ces partitions. Ici, des alternances rapides entre rythmes binaires et ternaires viennent ébranler le défilement attendu. La tonalité de *sol* dièse mineur ajoute encore à l'étrangeté de cette marche qui prépare à l'**Adagio**, — lui, à la dominante d'*ut* dièse mineur : nous découvrons une passacaille grave et intériorisée, — hommage élaboré au dernier Beethoven.

L'enchaînement direct par le violoncelle avec le **Moderato** final ajoute encore à ce parallèle. Ce rondo est bâti selon le plan A-B-A (développé) -B-A, — le thème A étant un motif dansant à 6/8 en *fa* majeur, tandis que le thème opposé B, à 2/4, est emprunté à celui de la passacaille. Celui-ci est réexposé dans sa plénitude et sa pleine intensité (triple *forte*, à la mesure 246 aux instruments graves), avant une coda (*Adagio*) où le violon conclut sur un choral à l'unisson des trois autres instruments.

Durée d'exécution : 32 minutes environ.

Quatuor à cordes n° 4, en *ré* majeur (op. 83)

Moins exigeant que le précédent sur le plan de la dynamique le *Quatuor op. 83*, écrit en 1949, resplendit en sa beauté, son équilibre et son lyrisme enchanteur. Admirablement proportionné dans ses quatre mouvements traditionnels, il peut paraître plus facile d'accès et demeure, de ce fait, l'un des plus fréquentés. Cette perfection de forme n'est pas sans rappeler Haydn en ses *op. 64* ou *76*.

L'**Allegretto** initial semble partir de la transposition d'un air de cornemuse emprunté à un folklore russe imaginaire, qui culmine sur la chanterelle du premier violon dès la mesure 28, — avant d'être traité avec une verve inattendue.

L'**Andantino** suivant, confié au premier violon, est de fait le cœur spirituel de la partition, et propose une romance de ton élégiaque,

dont la rêveuse sérénité teinte l'ensemble du quatuor, — réapparaissant même lors de la coda de l'**Allegretto** final.

L'habituel scherzo est remplacé par un **Allegretto** en *ut* mineur partant sur les instruments en sourdine. Cet hommage à Haydn se poursuit, sans césure, avec un autre **Allegretto** beaucoup plus ample et contrasté, qui donne l'impression d'une improvisation virtuose et déliée. Ainsi se clôt l'une des partitions de facture classique que la réduction à deux pianos permet de lire avec un plaisir « haydnien ». Cet *op. 83* fut créé le 3 décembre 1953 dans la Petite Salle du Conservatoire de Moscou par le Quatuor Beethoven.

Durée d'exécution : 26 minutes environ.

Quatuor à cordes n° 5, en *si* bémol majeur (op. 92)

Après le *4e Quatuor*, rayonnant et lyrique en sa facture haydnienne, et réclamant un strict respect des indications métronomiques, l'*op. 92* s'avère l'un des plus exigeants sur le plan de la plénitude sonore et possède l'intensité de la *10e Symphonie* contemporaine. Il fut écrit entre le 7 septembre et le 1er novembre 1952, mais ne fut créé qu'après la mort de Staline, le 30 novembre 1953, toujours par le Quatuor Beethoven au Conservatoire de Moscou.

Comme pour la *10e Symphonie*, Chostakovitch use de sa « signature » musicale (*ré-mi* bémol-*do-si*, transposition musicale des initiales de son nom D-S-C-H). Elle est introduite par l'alto et répétée cinq fois dans les douze premières mesures. La tierce *ré-mi* bémol-*ut* sert de véritable leitmotiv d'introduction, tant dans les trois premiers mouvements de la *Symphonie* que dans les deux premiers mouvements du *Quatuor*.

Cette tierce mineure ascendante introduit un **Allegro** à l'intensité réellement symphonique, qui semble étonnamment adapté aux pauvres seize cordes en présence, — lorsqu'elles possèdent l'expressionnisme beethovénien recherché. Le premier violon introduit l'**Andante** sur un contre-*fa* suraigu et laisse l'alto (avec sourdine) exposer le premier thème, nostalgique et prenant, — tandis qu'un *Andantino* propose le second thème, tout aussi mélancolique, au premier violon. L'*Andante* final s'achève encore sur un contre-*fa* au premier violon, soutenu cette fois par alto et violoncelle, qui mène au **Moderato**. Le second, puis les deux violons, semblent proposer un thème de valse plutôt détendu ; mais les thèmes se superposent et l'intensité s'accroît jusqu'à un *feroce*, au premier violon. Il faut attendre l'*Andante* (mesure 128) pour que la tension extérieure décroisse, — tant par le ralentissement du tempo que par la reprise du thème de l'introduction de ce *Moderato*. Seul le violoncelle propose encore quelques figures avant que le premier violon ne conclue sur un tempo retenu et une expression plus discrète.

Durée d'exécution : 31 minutes environ.

Quatuor à cordes n° 6, en *sol* majeur (op. 101)

Pendant longtemps, cette partition allègre fut négligée par les quelques ensembles qui s'attaquaient aux quatuors de Chostakovitch. En 1956, le compositeur disposait enfin de la liberté d'expression que l'« ère Kroutchev » favorisa, après la disparition de Staline.

La partition s'ouvre sur un **Allegretto** insouciant à 4/4, dont le seul moment de crise (mesures 210 à 215) n'est qu'une mise en scène ingénieuse pour rendre la parole au premier violon.

Le **Moderato con moto** est d'une limpidité digne du deuxième mouvement de la *9e Symphonie*.

Le **Lento** est une passacaille d'une sereine beauté jouant sur six présentations thématiques, les trois premières polyphoniques, la dernière introduisant, au violoncelle, le **Finale**, *Lento*, puis *Allegretto*, proche du premier mouvement et accentuant le caractère cyclique voulu par le compositeur. À l'apogée du développement, on réentend la basse obstinée de la passacaille proposée en canon par alto et violoncelle. Mais l'intensité reste volontiers en *mezza voce* ; les sourdines ramènent à l'ambiance pastorale du début ; même si cette insouciance de façade paraît étrange à la reprise de l'*Andante* (mesure 284). Une même phrase, en forme de cadence, vient clore les quatre mouvements de cette partition cyclique aux qualités subtilement élusives.

Rédigé entre le 7 et le 31 août 1956, cet *op. 101* fut créé lors de la commémoration du cinquantenaire de la Salle Glinka de Léningrad, le 7 octobre 1956, toujours par les soins du Quatuor Beethoven.

Durée d'exécution : 26 minutes environ.

Quatuor à cordes n° 7, en *fa* dièse mineur (op. 108)

De 1960, cette courte partition en trois mouvements enchaînés débute par un

Allegretto à la trompeuse facilité, tant d'expression que d'écriture. Le **Lento** central — à l'exception de six mesures — est écrit pour deux ou trois voix, l'alto et le violoncelle se doublant à l'octave dans le seul passage (mesures 14 à 16) où le quatuor est complet. Conçu par Chostakovitch comme un « tombeau à Nina », sa première femme, disparue en 1954, ce triptyque utilise des procédés qui vont devenir systématiques dans les quatuors de la dernière période. Première originalité, — l'enchaînement systématique, dans l'*Allegretto* initial, de séries de trois mesures à 2/4-3/4-2/4 imposées par le premier violon. Cette configuration ironiquement dansante, tant au début qu'en épilogue du quatuor, donne une impression de fatalité, de rictus macabre caractéristique de la dernière manière du compositeur. De même, le *Lento*, avec sa plainte funèbre passant du violoncelle à l'alto, semble un saisissant résumé du monologue de *Boris Godounov*, — dans une orchestration inattendue qui se brouille lorsque vient l'**Allegro** final avec ses changements de rythme sur une construction fuguée ; celle-ci reste à l'état embryonnaire tant que ne réapparaît pas le thème de trois mesures de l'*Allegretto* initial (mesure 182). Le cycle est ainsi refermé, — sans explications.

Cette partition énigmatique et profondément personnelle fut créée dans la Salle Glinka de Léningrad le 15 mai 1960 par le Quatuor Beethoven, puis à Moscou le 17 septembre.

Durée moyenne d'exécution : 12-13 minutes.

Quatuor à cordes n° 8, en *ut* mineur (op. 110)

L'histoire veut que ce quatuor, expressionniste et spectaculaire, ait été écrit entre le 12 et 14 juillet 1960, sous l'impression (pour ne pas dire le choc) ressentie par Chostakovitch pendant sa visite de Dresde. Les récents *Mémoires*, rassemblés par Solomon Volkov*, insistent en effet sur le caractère autobiographique de cette partition amère et violente : « On la qualifia d'office de "dénonciation du fascisme". Pour dire cela, il fallait être à la fois aveugle et sourd. Car, dans ce quatuor, tout est clair comme dans un abécédaire. J'y cite *Lady Macbeth*, la *1re Symphonie*, la 5e. Qu'est-ce que le fascisme a à voir avec cela ?... J'y fais entendre un chant russe à la mémoire des victimes de la Révolution... Dans ce même quatuor, je reprends un thème juif du *2e Trio...* »

Le **Largo** débute sur la signature des initiales du compositeur D S C H (*ré-mi* bémol-*ut-si* bécarre) au violoncelle, repris en canon par alto, second violon et premier violon :

Il se poursuit dans la demi-teinte, entre le *pianissimo* et le *piano espressivo*, — le seul léger sursaut provenant de la citation extraite de la *1re Symphonie*.

L'**Allegro** suivant forme une sorte de mouvement perpétuel effréné confié au premier violon qui mène cette danse jusqu'à un contre-*fa* dièse (mesure 152), — paroxystique au plan du registre, mais qui ne s'essouffle qu'à la mesure 233, pour ne plus lancer que des lambeaux du thème caché, emprunté à la mélodie juive utilisée dans le *2e Trio*. Les autres instruments ponctuent cet énoncé du thème chromatique au premier violon par des sforzandos qui sont autant de coups de poignard, tant en intensité qu'en confrontation contrapuntique.

L'**Allegretto** qui s'enchaîne est attaqué en triple *forte* au premier violon et utilise le thème d'ouverture du *1er Concerto pour violoncelle* contemporain.

Le deuxième **Largo** qui suit n'est plus l'expression de la colère ou du mépris, mais un chant funèbre, proposant une citation apaisée du *Dies irae* ainsi qu'un air déchirant de l'opéra *Lady Macbeth*, confié au violoncelle (mesures 132 à 149) dans le registre aigu (clé de *sol*).

Le dernier mouvement est encore un **Largo**, qui cite de nouveau faiblement la signature du compositeur et utilise la sourdine successivement du violoncelle au premier violon en s'enfonçant dans la pénombre, puis s'achève *morendo* dans l'extrême-grave.

Cette partition, d'une puissance réellement symphonique, a connu de nombreuses transcriptions, — pour cordes seules (par

* S. Volkov, *Les mémoires de Dimitri Chostakovitch* (trad. française, Albin Michel, Paris, 1980).

Rudolf Barchaï), pour cordes et timbales (par Abraham Stassevich). La partition originale a été créée le 2 octobre 1960, dans la Salle Glinka de Léningrad, par le Quatuor Beethoven.

Durée d'exécution : 22 minutes environ.

Quatuor à cordes n° 9, en *mi* bémol majeur (op. 117)

Écrit en moins d'un mois, du 2 au 28 mai 1964, cet *op. 117* revient à une dimension sonore plus proche de la musique de chambre, plus proche, surtout, de l'esthétique de la *13e Symphonie* contemporaine, également en cinq parties.

Les deux premiers mouvements, **MODERATO CON MOTO** et **ADAGIO**, sont confinés dans des couleurs sombres, presque une grisaille volontaire, — tant par une constante référence à une nuance moyenne *piano* que par le choix de secondes oscillantes, tantôt ascendantes, tantôt descendantes, qui rappellent plus l'expressionnisme « bergien » introverti que le symphonisme grandiose du *8e Quatuor* précédent. Seul le solo d'alto qui introduit l'*Adagio*

personnalise ce passage émouvant à la manière du chant beethovénien d'un convalescent*.

Un court scherzo, **ALLEGRETTO**, commençant en sourdine, éclaire brusquement ce discours désolé marqué d'un humour sardonique typiquement « chostakovien », c'est-à-dire plus grotesque (glissandos des violons) et insistant que brillamment virtuose. Ces quelques instants extravertis sombrent à nouveau dans un monde étrange de chants mélancoliques construits sur la superposition des thèmes des deux premiers mouvements. L'usage de la sourdine déconcerte encore ; puis s'amorce un curieux récitatif confié au premier violon, qui n'est relayé que par l'alto, puis par les pizzicatos de ce dernier. Plus macabre, plus agité que résigné, ce chant se trouve soudainement libéré de ses innombrables tensions dans l'**ALLEGRO** final. D'esprit beethovénien, ce robuste rondo peut paraître alerte et virtuose à première vue (tel le finale de la *5e Symphonie*), alors qu'il est l'achèvement magistral d'une partition cyclique et dense dont les interactions, tant mathématiques que dynamiques, convergent. Les similitudes avec certains aspects du *Quatuor en* ut *dièse mineur* de Beethoven ne sont pas gratuites.

Reste le caractère émotionnel particulier de cette partition dédiée à Irina, la deuxième femme du compositeur, qu'il avait épousée en 1962. Le *9e Quatuor* fut créé le 20 novembre 1964 dans la Petite Salle du Conservatoire de Moscou, toujours par le Quatuor Beethoven.

Durée d'exécution : 26 minutes environ.

Quatuor à cordes n° 10, en *la* bémol majeur (op. 118)

On pourrait le sous-titrer *Quartetto furioso*, tant cet *op. 118*, de 1964, est marqué par son *Allegretto* second, un scherzo en *mi* mineur qui se veut violent, obstiné. La structure d'ensemble, en quatre mouvements classiques, peut paraître simple.

L'**ANDANTE** introductif semble jouer sur l'antinomie des deux « pôles » de *la* bémol majeur et de *mi* mineur. Le premier violon s'installe d'entrée dans cette ambiguïté, — allant jusqu'à égrener douze notes qui, d'ordinaire, peuvent se révéler les éléments constitutifs de toute l'œuvre sans aucun souci sériel :

Au contraire, cet *Andante* instaure un climat simple, intense et chaleureux, proche de l'amitié qui liait le compositeur au dédicataire, le compositeur Moïse Vainberg. On peut également considérer, comme chez Beethoven, que cette immense introduction de deux cent quarante et une mesures n'est là que pour mieux mettre en valeur l'instrumentation complexe de l'**ALLEGRETTO**, qui n'atteint son apogée symphonique que cinquante-deux mesures plus tard. Cette crise ne se résout que pendant l'**ADAGIO**, immense et stricte passacaille qui tourne autour de la tonalité de *la* mineur. Le thème de neuf mesures énoncé au violoncelle est traité en huit présentations successives, pour se clore sur une coda en *la* bémol qui introduit, sans césure, le finale, **ALLEGRETTO**. Ce dernier, rondo apparemment plus extra-

---

* Voir à Beethoven : *16e Quatuor, op. 135*.

verti en son mode majeur, nous ramène, malgré le rythme dansant confié à l'alto, au climat du début.

Musique sereine d'apparence, virtuose et jouant déjà avec les instabilités tonales, ce *10e Quatuor* affiche clairement sa puissance beethovénienne, que l'orchestration de Rudolf Barchaï a magnifiée dans un arrangement sous-titré *Symphonie pour orchestre à cordes* (*op. 118a*). La version originale fut donnée, toujours par le Quatuor Beethoven, le 20 novembre 1964 dans la Petite Salle du Conservatoire de Moscou.

Durée d'exécution : 24 minutes environ.

Quatuor à cordes n° 11, en *fa* mineur (op. 122)

Cette étrange partition en sept mouvements enchaînés est le premier des quatre quatuors dédiés aux membres du Quatuor Beethoven, — les interprètes et amis de toujours du compositeur. Ici, aucune volonté polyphonique, ni de puissance beethovénienne. Tout comme le *7e Quatuor* antérieur, cet *op. 122* est un poème sans paroles, de sept strophes, dont seule l'avant-dernière, *Élégie*, présente un caractère de « tombeau ». L'œuvre est poignante en sa simplicité mélodique, son caractère de désolation lunaire, nocturne par instants, — qui rappelle plus Schubert que Berg.

La mélodie initiale de l'**Introduction** est confiée au premier violon, — tandis que le véritable leitmotiv, le matériau thématique qui assure la cohérence de cette pièce « vocale », est énoncé par le violoncelle des mesures 13 à 23 :

Ensuite défilent, sur des motifs rythmiques différents, croches égales dans le **Scherzo** (*Allegretto*), doubles croches rapides dans **Étude** (*Allegro*). Il n'est que le **Récitatif** (*Adagio*), entre ces deux épisodes, pour que l'expression change pendant vingt mesures, violentes et contrastées. Puis le tempo semble reprendre ses droits, — la transfiguration d'une marche funèbre apparaissant même en filigrane de l'**Élégie**, tandis que l'**Humoresque** qui précède laisse le soin de la répétition au second violon, — le rôle du dédicataire, Vassili Chirinsky, qui venait de disparaître. Le finale, **Moderato**, aux teintes sombres et aux sonorités assourdies, reprend le thème du *Scherzo* auquel s'ajoute la déploration désolée de l'*Andantino* introductif. La difficulté de l'œuvre, qui regarde vers le passé, est de resituer les citations d'œuvres antérieures, souvent réduites à quelques lambeaux, et les couleurs atténuées correspondantes.

Le *11e Quatuor*, terminé le 30 janvier 1966, fut monté en deux semaines par le Quatuor Beethoven, dans lequel Nicolas Zabavnikov remplaçait le regretté Vassili Chirinsky, le 28 mai suivant dans la Salle Glinka de Léningrad.

Durée d'exécution : 16 minutes environ.

Quatuor à cordes n° 12, en *ré* bémol majeur (op. 133)

Avec l'*op. 133* de 1968, on aborde les « derniers quatuors », partitions magistrales, qu'il ne faut pas tenter de présenter comme sériels. Chostakovitch n'a jamais eu envie,... ni besoin d'user de l'écriture sérielle. Il n'a utilisé des « séries » de douze notes que dans une perspective thématique afin d'exploiter les tensions résultant de ces « séries » chromatiques confrontées à des tonalités parfaitement affirmées.

Le **Moderato** introductif laisse le violoncelle énoncer une série de douze notes

mais poursuit jusqu'à un *ré* bémol (mesure 6), affirmant sans ambage la tonalité. Un climat épique, grandiose et triste, s'installe. Deux thèmes s'expriment, — séparés par une nouvelle série chromatique qui égare l'oreille et juxtapose deux mondes sans relations vraies. Pareilles coupures se répètent et permettent d'alterner les épisodes *Moderato* et *Allegretto*.

L'immense **Allegretto** second peut se décomposer en trois épisodes, — ce qui a conduit quelques experts à considérer ce quatuor, construit sur deux mouvements (*Moderato* de sept minutes, suivi d'un *Allegretto* de trois fois sa durée) comme une architecture typiquement beethovénienne enchaînant deux parties. Si l'on fait abstraction de ces recherches formelles, on s'aperçoit que le premier mouvement est de forme sonate classique, — le second thème étant bien séparé du premier par le changement de tempo et une série chromatique qu'efface la tonalité de *ré* bémol majeur. Le second mouvement, arche impressionnante de vingt minutes en effet, voit son matériau thématique construit à partir d'une cellule de quatre doubles croches, lancée par le violoncelle, — qui gère autant le rythme que la vitalité de cet *Allegretto*. C'est encore le violoncelle qui se livre à un long monologue, soutenu par les trois autres voix en sourdine. Ces dernières amplifient leurs participations *forte espressivo*, jusqu'à égaler en intensité le chant du violoncelle. Après un accord en *la* majeur, la série chromatique réapparaît en pizzicatos. L'animation revient jusqu'à de violents accords partant de ces douze demi-tons. À la reprise *Adagio* (mes. 213), le violoncelle prend à nouveau l'initiative, — repartant de la cellule initiale. Son récitatif, dramatique — un « accès de désespoir » selon Assafiev — débouche sur le *Moderato* (mes .282) où la musique « exprime la pureté d'intention et une haute aspiration ». Le finale, *Allegretto* (mes. 407), enfin serein en sa tranquille tonalité de *ré* bémol majeur, se fait « la réaffirmation du bien au-dessus du mal ». Ainsi se termine le dernier quatuor dont l'épilogue donne encore le change, dans lequel la bataille semble gagnée — car les quatre voix exultent, apparemment sans fêlures.

Le *12ᵉ Quatuor*, dédié au premier violon du Quatuor Beethoven, Dmitri Tsyganov, fut créé par ces derniers, le 14 septembre 1968, dans la Salle Glinka de Léningrad.

Durée d'exécution : 28 minutes environ.

Sonate pour violon et piano (op. 134)

Tout comme le *12ᵉ Quatuor* contemporain (1968), la *Sonate* débute par une série de douze sons, au clavier, dont les intervalles vont servir de leitmotiv et de références. Composée de trois mouvements, lent-vif-lent, l'œuvre forme déjà un triptyque autobiographique, — le compositeur n'hésitant pas à se citer comme à rendre hommage à Berg (la première mesure du thème initial du *Concerto « À la mémoire d'un ange »* s'insère dans la passacaille finale de la *Sonate*).

1. **Andante** : le piano expose donc sa série, puis son renversement. Le violon entre sur une mélodie expressive, affirmative et diatonique, — s'opposant au piano. Le climat est néanmoins plus pastoral qu'anxieux. Une élégante variation sur un thème « populaire » inventé permet aux deux instruments de dialoguer dans leur registre le plus caractéristique, le violon sur la chanterelle, le clavier sur des basses profondes, créant ainsi une atmosphère de mystère, — le thème reprenant, transposée, une idée mélodique empruntée au *2ᵉ Concerto pour violon op. 129**. Après une réapparition du premier thème, cette musique ensorcelante sombre peu à peu dans une péroraison grave dont la phrase mélodique, exprimée au violon *sul ponticello*, semble se figer comme une question sans réponse, un constat dramatique mais sans amertume.

2. **Allegretto** : on retrouve le caractère violent, dramatique, du second des onze mouvements de la *14ᵉ Symphonie* strictement contemporaine, *Malagueña* (sur un poème de Federico Garcia Lorca). Débutant par un motif de huit notes,

ce mouvement se transforme rapidement en une marche énergique en forme de toccata, — rappelant à la fois Mahler et l'*op. 80* de Prokofiev (la *Sonate* « de guerre » en *fa*). Mais le climat est totalement différent. Dès la sixième mesure, passant à 5/4, le violon attaque *staccato*, — tandis que le clavier psalmodie d'une démarche stricte et austère. Après une cadence du violon, les deux instruments se retrouvent (mesure 167) sur un *fortissimo* pour engager une lutte désespérée en deux épisodes, — la première nous menant jusqu'à un nouveau *fortissimo legato* (mesure 273), la seconde, jusqu'au *mi* bémol final, en un intense mouvement perpétuel virtuose et aussi incoercible que la force aveugle à laquelle il s'oppose.

3. **Largo** : le finale est un triptyque de presque quinze minutes, — impressionnant tant par son ambiance que par sa forme de passacaille grandiose qui ne doit à Bach que sa stricte ordonnance. Partant d'un *Largo* de huit mesures se concluant déjà sur un triple *forte*, exposant ainsi le thème, le violon entame en pizzicatos la première variation qui mène jusqu'à la trentième mesure, sans trêve ni ornement. Dans le développement des variations suivantes, ce premier thème

* Voir cette œuvre, également dédiée au violoniste David Oistrakh, in : *Guide de la musique symphonique*, Fayard.

sert de base à la main gauche du piano qui devient ainsi une mélodie fluide et naturellement élégante. Le développement conjoint de ces deux thèmes — le premier serein — devient de plus en plus agité, jusqu'à la cadence du violon qui s'achève sur un sforzando triple *forte* (mesure 205). Clavier et cordes réintroduisent alors les différents demi-tons de la série chromatique initiale. Ainsi le cycle se referme, tant au plan de l'utilisation des intervalles qu'à celui des deux thèmes, — l'un à la basse du clavier, le second en trémolos au violon. La coda, en forme de *Largo* de quatorze mesures, redonne à la série initiale la même instabilité rythmique qu'au début de la sonate, — juxtaposant des mesures à 3/2, 4/4, 5/4, 3/4, pour conclure en 3/2, avec le violon jouant *sul ponticello*.

L'œuvre fut donnée, devant un auditoire privé, à l'Union des Compositeurs Soviétiques, le 8 janvier 1969, par le dédicataire David Oistrakh et le compositeur Moïse Vainberg au piano ; en public, le 3 mai 1969, dans la Petite Salle du Conservatoire de Moscou, par David Oistrakh et le pianiste Svjatoslav Richter.

Durée d'exécution : 33 minutes environ.

Quatuor à cordes n° 13, en *si* bémol mineur (op. 138)

Il forme une arche d'un seul tenant, — un ADAGIO en six parties enchaînées à l'exemple des *Sept dernières Paroles du Christ en croix* qui s'arrêteraient à la mort du supplicié, restant ainsi suspendu au-dessus du néant, sans que tremblement de terre et résurrection soient là pour ramener à la vie.

Le premier *Adagio* laisse l'alto, introduire le thème, « jeux sur un soupir » donnant l'impression que le temps s'arrête. Cette élégie se poursuit sous forme d'une lamentation fuguée aux quatre instruments, retrouvant dans un lointain battement les mânes d'une cérémonie liturgique orthodoxe. Le *Doppio movimento* enchaîné (mesure 93) débute *pianissimo* sur une phrase en staccato du premier violon. Il explose brusquement (mesures 152 à 156), laissant les quatre instruments, après ces arrachements, partir en pizzicatos désunis. Un faux « nocturne » s'installe, — laissant sourdre sa plainte amère et insinuante, ondoyant entre violons et alto. Les quatre instruments se mettent tout à coup à avancer d'un même pas en une marche funèbre. Mais l'essentiel provient de la mise en scène sonore de cette marche : quatre neuvièmes mineures différentes sont jouées ensemble avec la puissance la plus grande possible (mesures 355 à 358), — tandis qu'un motif en triolets introduit par le second violon (mesure 181) sert presque de refrain. Sa succession soliste donne l'impression d'une sorte de lamentation, que les autres instruments accompagnent parfois en frappant la table d'harmonie de leur instrument avec la baguette d'archet. On retrouve, transposé, l'effet des castagnettes de la *14e Symphonie*. Toute la dernière partie, que l'on peut considérer partant du deuxième *Tempo I* (mesure 402) après quelques arabesques, redonne la parole à l'alto devenu alors véritable truchement, symbole de cette hantise de la mort qui habite l'œuvre entière. Un trille en demi-tons mène au dernier son entendu, un *si* bémol aigu, qui part d'un pianissimo pour arriver à un sforzando quadruple *forte*, paroxysme de la terreur, du dernier signe de vie..., et nuance employée pour la première fois par un malheureux alto solo que soutiennent les deux violons.

Sur le plan de l'écriture, cet *op. 138* pose moins de problèmes d'analyse que la *14e Symphonie*, — la partition la plus évoluée et la plus complexe du compositeur soviétique. Cette immense complainte, dédiée à l'alto solo, celui du Quatuor Beethoven, Vadim Borissovsky, forme un monologue particulièrement adapté à la tessiture de l'intrument, ainsi qu'à sa couleur naturellement élégiaque. Reste que la gamme de nuances exigée (du triple *piano* au quadruple *forte*) est totalement nouvelle, et rejoint les exigences du dernier Beethoven n'éprouvant aucune pitié pour les « quatre malheureuses cordes » du violoniste Schuppanzigh.

Le *13e Quatuor* fut créé le 13 septembre 1970 par le Quatuor Beethoven, dans la Salle Glinka à Léningrad.

Durée d'exécution : 20 minutes environ.

Quatuor à cordes n° 14, en *fa* dièse majeur (op. 142)

Daté de 1973, il est dédié au violoncelliste Sergueï Chirinsky, membre fondateur du Quatuor Beethoven, qui allait disparaître quelques mois avant le compositeur lui-même. La partition semble suivre la forme de la sonata a quattro baroque vif-lent-vif.

L'ALLEGRETTO initial offre, sur pédale de l'alto, le soin de la présentation de l'essentiel du matériau mélodique au violoncelle, instrument dominant de cette partition :

Cette fois, point de série chromatique initiale : la tonalité de *fa* dièse est nettement affirmée. Le thème utilisé ne se veut ni grandiose, ni dramatiquement douloureux. La réexposition échappe à cette gaîté un peu artificielle, — si ce n'est vaine. Le violoncelle continue à mener le dialogue jusqu'à la reprise du tempo (mesure 446). La seconde idée proposée, toujours par le violoncelle, est cette fois nettement plus passionnée, et son exploitation mène à l'**ADAGIO**. À présent nous entendons le premier violon en solo,

juqu'à ce qu'il dialogue avec le violoncelle. Contrairement aux structures polyphoniques denses des années 60, cet *opus 142* offre des textures raréfiées, laissant à quelques leitmotive (quatre notes répétées à l'alto) le soin de marquer la structure et la progression du discours. Seule la section centrale (mesures 95 à 104) propose une véritable polyphonie, certes basée sur le chant du violoncelle ; mais elle donne enfin une impression de plénitude, de vie, au milieu des lambeaux de la partie de violoncelle.

Le finale, **ALLEGRETTO**, revient à une forme plus fuyante. La musique semble s'amplifier d'elle-même en partant de cellules thématiques à peine élaborées. Cette fragmentation de la matière sonore, les relations thématiques n'étant plus que des allusions (couples de croches, puis triolets de croches, enfin doubles croches) sur un mouvement qui s'accélère presque à vide, crée une atmosphère lunaire qui sert de transition avant l'*Adagio conclusif* (mesure 280). Le violoncelle reprend le fil conducteur, mais comme venant humaniser un discours d'exilé, — un dernier geste de tendresse, reprenant l'air de Katerina Ismaïlova* « Serezha, mon tendre ami... » (Serezha étant le diminutif de Sergueï, prénom du dédicataire, Chirinsky).

Le *14ᵉ Quatuor* fut créé par le dédicataire et ses collègues du Quatuor Beethoven, le 30 octobre 1973, en séance privée de l'Union des Compositeurs. La création publique eut lieu dans la Salle Glinka de Léningrad le 12 novembre 1973, puis dans la Petite Salle du Conservatoire de Moscou le 14, en marge du 3ᵉ Congrès des Compositeurs de la République de Russie.

Durée d'exécution : 28 minutes environ.

* L'héroïne de l'opéra *Lady Macbeth du district de Mzensk*.

Quatuor à cordes n° 15, en *mi* bémol majeur (op. 144)

Tout comme le *14ᵉ Quatuor* précédent, cet *op. 144* de 1974 donne une impression d'extrême allègement de la trame polyphonique, et laisse planer un sentiment panique de mort. La ligne mélodique est presque constamment monodique, — tels un chant, des cris étouffés parfois. L'œuvre est formée de six *Adagios* enchaînés, — dont seul le cinquième, sous-titré *Marche funèbre*, fait effectivement appel à la polyphonie des seize cordes.

Le premier mouvement, **ÉLÉGIE**, est introduit par le second violon sur un thème des plus simples. Premier violon, puis violoncelle, enfin alto entrent en fugue, jouant sur une harmonie statique, tandis que la nuance *pianissimo* domine et semble gommer la notion de temps. La **SÉRÉNADE** qui suit propose un contraste insupportable. Elle s'ouvre sur le cri lancé par le premier violon, quadruple *forte*, en épilogue du *13ᵉ Quatuor*. Mais, cette fois, ce *si* bémol se poursuit sur chacun des violons et l'alto, — tournant telle une sirène macabre, douze fois, et installant désarroi et pathétisme.

Cette *Sérénade* crépusculaire n'arrive que difficilement à créer son chœur funèbre, — qui finit par s'étouffer sur une pédale du violoncelle. L'**INTERMEZZO** éclate sur de veritigineuses triples croches au premier violon, *fortissimo* ; mais tout se calme, — le violoncelle, sur sa pédale de *mi* bémol, restant insensible à ce rituel macabre. Le quatrième mouvement, **NOCTURNE**, émet une plainte douce-amère sur les cordes avec sourdine. La mélodie ondoie tristement dans la tonalité faussement évasive de *mi* bémol mineur ; l'espoir disparaît et laisse le violoncelle introduire la **MARCHE FUNÈBRE**. Cette dernière n'use qu'en de courtes mesures (1 à 3, 11 à 13, 26 à 27) du *forte espressivo* pour exprimer ce thème plus rythmique qu'harmonique sur les quatre instruments. Ces derniers, en particulier les cordes graves (alto et violoncelle), reprennent leur chant solitaire, — chaque fragment apparaissant comme un refrain lugubre d'un chœur dont il ne resterait plus qu'un écho audible. L'Épiloque fait irruption brutalement, mais est immédiatement réduit à l'état de spectre simulé par les triples croches du premier violon qui rassemblent en un insoutenable résumé l'agitation de l'*Intermezzo*, un lambeau de l'*Élégie*, un gémissement, un tremblement... Les allusions deviennent volontairement confuses, suffocantes, — se mêlant à l'épilogue des *Sonnets de Michel-Ange* contemporains. Seul le rythme de la *Marche funèbre* reste identifiable et porte l'**Adagio molto** final (mesures 85 à 97) à son *morendo*, — alors qu'une dernière fois le violoncelle a exprimé les deux groupes de 4 + 5 notes (*pianissimo*) qui emporte ce dernier chant dans le néant.

Contrairement à l'habitude prise depuis trente-cinq ans, ce n'est pas le Quatuor Beethoven, qui venait de perdre son violoncelliste, Sergueï Chirinsky, qui créa le *15e Quatuor*. Chostakovitch rencontra le jeune Quatuor Taneiev, formé de solistes de la Philharmonie de Léningrad, et le 25 octobre 1974 cet ensemble fit connaître l'*op. 144* au Club de l'Union des Compositeurs, à Léningrad. La création publique eut lieu le 15 novembre suivant. Le 11 janvier 1975, dans la Petite Salle du Conservatoire de Moscou, le Quatuor Beethoven, dans lequel Evguéni Altman remplaçait Sergueï Chirinsky, donna également ce *15e Quatuor* et l'enregistra, en première mondiale, le 15 janvier.

Durée d'exécution : 35 minutes environ.

Sonate pour alto et piano (op. 147)

Dernière œuvre achevée, suivant Maxime Chostakovitch (le fils du compositeur), cette *Sonate pour alto* a été écrite entre le 10 juin et le 5 juillet 1975. Elle fut dédiée à l'artiste nouveau venu du Quatuor Beethoven, Fiodor Droujinine, qui avait remplacé Borissovsky disparu en 1968. La partition est en trois mouvements, — sans pour autant se référer à une structure classique, tant ses éléments constitutifs peuvent paraître composites. Il est difficile de cerner l'influence du climat mélancolique, crépusculaire, sur les associations parodiques, dérisoires par instants, qu'elle juxtapose.

Le premier mouvement, **Moderato**, s'affirme comme le plus abstrait dans sa structure comme dans son matériau mélodique. L'alto attaque par des pizzicatos plus arrachés que sonores, le piano proposant un *legato* que va reprendre le soliste, alors que le clavier répète le même dessin en notes détachées que les pizzicatos initiaux. L'alto ne s'exprime vraiment qu'à partir de la mesure 71, sur des figures en triolets. Il n'y a, néanmoins, que peu de dialogue ; davantage un jeu de questions que se renvoient les instruments sans jamais se conjuguer pour vibrer ensemble. La fuite en avant est encore plus vertigineuse sur la reprise *sul ponticello* des trémolos de l'alto (mesure 161). On ne perçoit plus qu'un souffle jusqu'au *modo ordinario*. Le monologue des deux instruments se poursuit jusqu'au seul moment *fortissimo* (mesure 213), où les deux voix se superposent sans pour autant s'ajouter l'une à l'autre. Puis le clavier laisse soliloquer par bribes, répétant toujours les mêmes figures rythmiques, en pizzicatos (mesure 247), jusqu'au dernier souffle, — un *do* grave qui s'éteint *morendo*.

Le curieux **Allegretto** central emprunte l'essentiel de son matériel thématique à un opéra inachevé, *les Joueurs*, d'après Gogol, écrit en 1941, — mais qui ne fut publié qu'en 1981. On se retrouve trente ans en arrière, à une époque où Chostakovitch imitait et parodiait à la fois Prokofiev, son aîné. Mais *les Joueurs* n'eurent pas le loisir, en leur temps, de concurrencer *le Joueur*, — l'opéra de Prokofiev commencé en 1915, donné en français en 1929 (à Bruxelles), et en russe, dans son intégralité, en 1981 (au Bolchoï). On entend un scherzo à la démarche mécanique, ressassant, tel un refrain au lointain parfum de danse populaire russe, un squelette de pas-de-deux dont la pirouette finale est comme désarticulée. La démarche reste imperturbablement binaire jusqu'à la mesure 49, — où l'alto se met enfin à vibrer, proposant une des rares phrases humaines émanant de cette grisaille, s'achevant sur un *mi* bémol aigu *fortissimo* (mesure 73). La mélopée dansante reprend ses droits, boitillante et inexorable, pour s'échapper, lors du *legato* (mesure 124), en un mouvement perpétuel fuyant et lancinant. Après quelques tenues au clavier, *pesante*, l'alto reprend sa danse mécanique, saccadée, jusqu'aux trop rares passages lyriques et désabusés (mesures 193 à 203) qui se poursuivent en partita du pauvre, — avant de reprendre le même dessin (mesures 233 à 250). Cette alternance entre vie réelle et survie mécanique se poursuit jusqu'au dernier silence simultané (mesure 319). L'extrême grave du clavier (*poco pesante*) relance le défilement que l'alto anime d'un dernier souffle jusqu'à une pédale de *fa*, blafarde, intemporelle.

Dans le dernier mouvement, Chostakovitch soliloque avec ses souvenirs : dès la mesure 13, il rend hommage à Beethoven, — le piano entonnant de substantiels extraits de la *Sonate « Au clair de lune »* :

Puis défilent des cellules empruntées au *Concerto pour violon* d'Alban Berg, quelques accords empruntés à la *5ᵉ Symphonie* de Beethoven, des enchaînements de la *4ᵉ Symphonie* de Tchaïkovski, la mélodie « le Destin » de Rachmaninov, quelques transitions empruntées à Wagner, ainsi que des bribes de ses propres œuvres, — du *Nez* au *13ᵉ Quatuor*. À l'exemple du dernier Schubert, semblable chant perd de sa pesanteur terrestre, devient rêve, nocturne, un dernier *Voyage d'hiver*. Les chemins se brouillent en une poignante cadence soliste (mesures 93 à 113). Le Lied reprend, familier, déroutant, — comme une dernière promenade dans un lieu révéré, un hommage à la fois grandiose et dérisoire.

Cette *Sonate* fut créée le 1ᵉʳ octobre 1975 par le dédicataire, l'altiste du Quatuor Beethoven, Fiodor Droujinine, avec Mikhaïl Mountian au clavier.

Durée d'exécution : 33 minutes environ.

P.E.B.

AARON COPLAND

Né à Brooklyn (New York), le 14 novembre 1900. Issu, comme Gershwin, d'une famille d'émigrés russes, puis élève, également comme Gershwin, du très conservateur Rubin Goldmark, Copland quitta les États-Unis en 1921 pour connaître l'Europe : c'est au Conservatoire américain de Fontainebleau qu'il reçut l'enseignement de Nadia Boulanger, qui le confirma dans sa vocation de compositeur tout en lui ouvrant les mondes sonores d'un Ravel, d'un Stravinski, ainsi que des musiciens du Groupe des Six. C'est en France également qu'il compléta sa formation de pianiste auprès de Ricardo Viñes. De l'époque date, dans sa première version, la Symphonie avec orgue *(1923-24), écrite pour Nadia Boulanger. Rentré dans son pays, Copland s'orienta d'abord vers un style « cosmopolite » prenant appui sur des réminiscences du jazz et des différents folklores américains et sud-américains, étrangement associés à un néo-classicisme stravinskien et aux procédés polytonaux chers à Milhaud. De grands ballets qui établirent sa renommée —* Billy the Kid, *ou* Rodeo *— témoignent de ce lyrisme s'exaltant au souvenir de l'histoire de l'Ouest américain, avec son héritage d'hymnes et de chansons populaires. À partir de 1930, Copland attiré par Webern, adopte une esthétique plus austère, tournée vers le sérialisme, et exerce une activité militante en faveur de la jeune musique américaine ; mais la sienne, à la vérité, s'étiole quelque peu. Il se consacre, d'autre part, à l'enseignement (ses cours à Tanglewood), voire à la vulgarisation (articles, conférences, concerts). Outre les partitions de ballets — dont les deux déjà mentionnées —, le catalogue de Copland comporte des symphonies et diverses pièces d'orchestre, d'intéressantes musiques de scène et de films (*Des souris et des hommes *de Ford, ou* l'Héritière *de Wyler), un* Concerto pour clarinette *destiné à Benny Goodman, un* Concerto pour piano, *et, pour cet instrument précisément, des* Variations, *ainsi qu'une* Fantasy, *sans parler d'une* Sonate *moindrement réussie. On ne rend pas souvent justice en Europe à l'œuvre de Copland, considérée de ce côté de l'Atlantique comme épigonale, — alors qu'un tel compositeur fait figure dans son pays de « père fondateur » de la musique américaine contemporaine.*

D'une production de chambre éclectique, largement échelonnée dans le temps, et qui avoisine la dizaine d'opus, citons simplement *Deux pièces* pour quatuor à cordes (également pour orchestre à cordes, 1928), une *Sonate pour violon* (1943), un *Nonet* pour cordes (1960), un *Duo* pour flûte et piano (1971), et la *Threnody* « à la mémoire de Stravinski » pour quatuor de flûtes (1971). En revanche, nous commenterons, dans l'ordre chronologique également, trois partitions nettement plus importantes : le *Trio avec piano « Vitebsk »* (1929), le *Sextuor* pour clarinette, piano et cordes (1936), et le *Quatuor avec piano* (1950).

Trio pour piano et cordes, « Vitebsk »

Durant la saison new-yorkaise de 1926-27, Copland assiste à la représentation d'une pièce, *The Dybbuk*, par le Théâtre des Arts de Moscou : il est frappé par la beauté d'un chant juif servant d'illustration sonore, — dont il apprend qu'il provient du village de Vitebsk (dont est originaire Ansky, l'auteur de la pièce). Il décide de l'utiliser comme motif conducteur d'une œuvre musicale, le *Trio « Vitebsk »*, qu'il sous-titrera « étude sur un thème juif », — entrepris dès 1927, terminé en 1929, et donné en première audition à New York le 16 février de cette même année.

La partition est en un seul mouvement, — qualifié par son auteur de « dramatique ». Plusieurs accords au piano, de style déclamatoire, créent d'emblée un climat de fièvre, de terrible violence : cruelles dissonances surgies des juxtapositions de majeur/mineur, auxquelles s'associent les cordes suggérant des intervalles de quarts de ton. C'est dans un tel climat que paraît la mélodie « juive », exprimée au violoncelle solo, et combattue par les accords acérés du piano. Puis c'est un soudain changement de mesure et de tempo, sur les effervescences du piano : une sorte de danse slave, en saltations funambulesques, un peu comme une « Chagall-like grotesquerie » (selon l'auteur), — comprenons à l'imitation des « grotesques » de Chagall. Mais sur cette nouvelle rythmique se greffe la cellule mélodique de trois notes du thème juif. Le rythme est coupé brutalement par le chant se déployant tout entier, d'une forte intensité émotive, avec violoncelle et violon. Nouvel écho des mesures introductives ; puis une reprise du chant conclut solennellement, mais non sans nostalgie.

Sextuor pour clarinette, piano et cordes

Le *Sextuor* a trouvé son origine dans un ouvrage orchestral intitulé *Short Symphony*, joué pour la première fois par l'Orchestre du Mexique sous la direction de Carlos Chavez en novembre 1934. Mais les orchestres américains refusèrent de l'inscrire à leur répertoire en raison des difficultés de sa réalisation. Copland modifia certaines parties de l'œuvre, et la réduisit alors pour quatuor à cordes, clarinette et piano. Ce *Sextuor* fut exécuté à New York le 26 février 1936, et devait devenir une des partitions de chambre de Copland le plus fréquemment jouées.

Les trois mouvements — vif, lent, vif — se donnent sans interruption. Le thème initial de l'ALLEGRO VIVACE prend un élan hardi, sur l'échelle pentatonique, avec les cordes, — que complètent de souples figurations du piano soumises ensuite à diverses transformations métriques. Un second thème, en syncopes « jazziques », se profile au piano et aux cordes, avec de brefs accidents rythmiques à la fin des phrases permettant à la clarinette de glapir impertinemment. Après un rapide développement de ce second sujet, les deux thèmes font l'objet d'une nouvelle présentation assez modifiée. Le mouvement central — LENTO — s'ouvre avec la clarinette, — une clarinette cette fois mélancolique jouant une mélodie nue, désolée, en échelle descendante. Quelque peu rythmique, plus rapide et d'humeur moins assombrie est la section médiane, qui ne peut éviter qu'on revienne au lamento antécédent, — lequel forme, à son tour, transition vers le mouvement final. Celui-ci, indiqué « précis et rythmique », emprunte son thème, joué par les deux violons en unisson, à un air extrait du film allemand *Der Kongress tanzt* (« le Congrès danse »), dont Copland semble avoir fait ses délices. L'intérêt ne réside guère ici que dans la diversité assez remarquable des formulations rythmiques d'un thème mélodique fort élémentaire : on y reconnaît, aussi bien, telles mesures épicées de Charleston ou tels pas de danse populaire mexicaine (la fantaisie orchestrale plus connue, *El Salón México*, où s'épanche également une clarinette solo, date de la même époque). Interviennent enfin de brèves citations du premier mouvement, — avant que celui-ci ne soit conclu, précisément, par un lent rappel nostalgique du motif initial de l'œuvre, que vient compléter une énergique cadence.

Quatuor pour piano et cordes

Cette partition est d'un caractère tout différent, — car appartenant à la « période dodécaphonique » du compositeur américain. L'œuvre fut entreprise pendant l'été de 1950 dans le Richmond, et terminée à l'automne avant d'être créée le 20 octobre de la même année à Washington par le Quatuor de New York. En adaptant le système dodécaphonique à son propos particulier, Copland n'a pas entièrement abdiqué la tonalité : sa « série » comporte onze degrés (et non douze) et constitue une sorte de compromis original entre le total chromatique schönbergien et le diatonisme exemplarisé, au XXe siècle, par un Stravinski. Il est notable que la succession du mouvement remanie l'ordre habituel : le mouvement vif — unique — est au centre.

Le mouvement initial est intitulé **Adagio serio** : il expose immédiatement la « série » de onze tons en style fugué avec le premier violon, — les autres instruments entrant en imitations. Il s'agit ensuite d'une élaboration de cette présentation, — dont on entend, d'abord au piano, le renversement sur cinq degrés en mouvement ascendant ; rétrogradation également, introduite par le violoncelle, — tandis que la « série » revient à son point d'émergence. Le thème principal de l'**Allegro giusto** qui fait suite se fonde sur un motif « jazzique » rythmé par violon et violoncelle au départ de la mesure. Les deux idées secondaires sont un motif mélodique très accentué, incluant d'énergiques contretemps, ainsi qu'une partie en accords de « cloches » résonnant au clavier (que Copland recommande de jouer *con umore*). Après l'exposition développée de ces trois thèmes, a lieu une récapitulation de chacun d'eux qui achèvera le mouvement. Le finale — marqué **Non troppo lento** — se subdivise en cinq sections. La première ne fait office que d'introduction, avec les seules cordes. La seconde débute sur l'entrée du piano énonçant les trois premières notes de la « série » initiale : elles constitueront l'accompagnement d'une mélodie — *cantabile* — des cordes procédant par grands sauts intervalliques. Culmination centrale, avec le troisième épisode de caractère hymnique (accords de « cloches » au piano). Vient ensuite une reprise des deux premières sections, — avant la toute dernière partie en notes soutenues des cordes, tandis que le piano semble éparpiller des fragments de la « série ».

F. R. T.

ARCANGELO CORELLI

Né à Fusignano, dans la province de Ravenne, le 17 février 1653 ; mort à Rome, le 8 janvier 1713. La vie de ce musicien s'est identifiée de façon exemplaire avec son œuvre. Il étudia à Bologne à partir de 1666, et, grâce à ses maîtres, sut assimiler les éléments de la technique du violon et de la composition. Des progrès rapides lui permirent d'être élu à l'Académie philharmonique de Bologne en 1670, exactement cent ans avant le jeune Mozart. Installé à Rome vers 1675 comme violoniste de Saint-Louis des Français, il devint l'un des virtuoses les plus en vue de la Ville Éternelle, bénéficiant de la protection de la reine Christine de Suède qui y résidait depuis 1658. Un court voyage le mena vers 1680 en Allemagne. De retour à Rome, il entra au service du cardinal Panfili, puis à celui du cardinal Ottoboni, mécène généreux et éclairé. Chez ce protecteur, Corelli rencontra Haendel dont il dirigea un oratorio ; puis, lors d'un voyage à Naples, il fit la connaissance d'Alessandro Scarlatti avec lequel il fut accueilli parmi les Acadiens sous le nom d'Arcomèle Erimanthée. Il mourut à Rome en 1713 avant d'avoir terminé les corrections de ses Concerti grossi op. 6, *publiés un an après sa mort. Malgré sa longue existence, Corelli ne laisse qu'une œuvre relativement restreinte exclusivement consacrée au violon : six numéros d'opus (sonates et concertos) ; mais cette œuvre connut un retentissement considérable en Europe, où ses nombreux élèves — Locatelli, Geminiani, Anet, Somis entre autres —, propagèrent ses théories et son style d'interprétation. Bach emprunta un thème de la* Sonate op. 3 n° 4 *pour sa fugue d'orgue en si mineur (*BWV 579*). L'œuvre de musique de* *chambre de Corelli se réduit à quatre livres de sonates à trois (*op. 1 *à* 4*), à un recueil de sonates pour violon et basse (*op. 5*), et à quelques pièces isolées.*

Corelli vécut à l'époque du plein épanouissement du violon dans un pays où l'art de la lutherie — principalement avec l'école de Crémone — avait atteint la perfection. En Italie, le violon régnait en maître, au même titre que la voix humaine avec laquelle il rivalisait souvent.

C'est avec un recueil de sonates à trois que Corelli débuta en 1681. Cette forme musicale née en Italie dans la première partie du XVIIe siècle, et représentée avant Corelli par Legrenzi et Bononcini, fut amenée à la plus haute qualité par le maître romain. Typique de l'époque baroque, la sonate à trois était jouée par un ensemble de quatre instruments : les trois voix étaient confiées à deux dessus — généralement deux violons — et à un instrument au timbre grave — violoncelle, viole de gambe, contrebasse — renforcé par un orgue ou un clavecin pour la basse continue. Celle-ci étant chiffrée, l'organiste ou le claveciniste devait obligatoirement remplir les harmonies suggérées par le chiffrage.

Dans ses sonates à trois, Corelli fait dialoguer les deux violons en arabesques souples, dans un registre moyen chaud et expressif. Pour lui, le violon s'impose comme l'équivalent instrumental de la voix humaine dont il ne doit pas dépasser les limites. Il réussit en outre une fusion parfaite de l'ancien style polyphonique encore présent dans la musique d'église de son temps, et du nouveau style de la monodie accompagnée influencé par l'opéra.

Corelli publia autant de sonates d'église (*sonate da chiesa*) que de sonates de chambre (*sonate da camera*). Les deux recueils de l'*op. 1* et de l'*op. 3* contiennent vingt-quatre sonates d'église ; les deux recueils de l'*op. 2* et de l'*op. 4* sont constitués de vingt-quatre sonates de chambre. Les douze sonates pour violon et basse *op. 5* sont divisées en six sonates d'église et en six sonates de chambre.

Les Sonates d'église op. 1 et op. 3

Les douze *Sonate a tre, doi violini, e violone o arciluto col basso per l'organo... opera prima* furent éditées à Rome en 1681, et dédiées à la reine Christine de Suède. Dédicacées au duc François II de Modène, les douze *Sonate a tre, doi violini, e violone o arciluto, col basso per l'organo... opera terza* parurent à Rome en 1689. Il s'agit de vingt-quatre sonates à trois pour deux violons, contrebasse ou archiluth, et dont la basse continue est tenue par l'orgue.

Ces recueils sont des documents significatifs du style de Corelli, qui fait évoluer les possibilités techniques du violon. Celui-ci devient agile tout en gardant un lyrisme empreint de noblesse. Dans les sonates de l'*op. 3*, la délicatesse du style du musicien et l'intensité de son expression se sont affinées. L'écriture paraît plus sensible, parfois plus méditative.

Les sonates d'église sont composées d'au moins quatre mouvements disposés dans une alternance lent-vif-lent-vif. Le modèle parfait de la sonate de type corellien se trouve déjà défini dans l'*op. 1*, quoique la construction de certaines sonates diffère du cadre strict de la *sonata da chiesa* : les *Sonates n° 4* et *n° 9* débutent, par exemple, par un mouvement rapide ; la *Sonate n° 12* est faite d'une succession de petits épisodes s'enchaînant les uns aux autres.

En règle générale, l'introduction est une page grave et majestueuse, sans reprises, où est presque toujours exposé un thème court qui se développe par séquences aux deux violons, — lesquels dialoguent souvent à la tierce dans un ambitus limité. L'introduction est suivie par un mouvement rapide de style contrapuntique, se déroulant comme une petite fugue ou comme un canon, — éléments représentatifs du trio d'église. Certains de ces morceaux sont des pièces remarquables, et c'est parmi ceux-ci que Bach a puisé le sujet d'une de ses fugues pour orgue en *si* mineur. Il a repris les beaux sujets et contre-sujets du *Vivace* fugué de la *Sonate op. 3 n° 4* (en *si* mineur) :

On sera d'ailleurs frappé par la pureté de certains mouvements rapides fugués et par la beauté de certains sujets de fugue (*Allegro* de la *Sonate op. 3 n° 6*, par exemple :

On notera également la parenté thématique existant entre les deux *Allegros* fugués de la

Sonate op. 1 n° 10, dont les thèmes ne diffèrent que par leur rythme à quatre temps et à 6/8 :

La basse d'archet, parfois indépendante de la basse continue, peut se voir confier une entrée du sujet analogue à celles des violons (*Allegros* des *Sonates op. 1 n° 1* et *n° 2*, ou *Vivace* de la *Sonate op. 1 n° 4* dont on appréciera la pulsion rythmique créée par la brillante gamme descendante du thème).

L'épisode central des sonates d'église est ordinairement un *Adagio* doux et gracieux, quelquefois polyphonique. Certains mouvements lents d'une extrême sobriété, notés en blanches ou en rondes sur un chiffrage limpide, exigent très certainement un remplissage harmonique et contrapuntique de l'orgue (*Adagios* des *Sonates op. 1 n° 7*, *n° 10* et *n° 11*, ou *Largo* de la *Sonate op. 1 n° 8*).

Les finales prennent souvent le caractère d'une gigue joyeuse. Corelli ne dédaigne d'ailleurs pas d'introduire dans ses sonates des mouvements de danse, — même s'il ne donne pas à ceux-ci une dénomination chorégraphique : les *Allegros* à 3/4 des *Sonates op. 1 n° 1* et *n° 3* ressemblent à des menuets ; l'*Allegro* de la *Sonate op. 1 n° 8* emprunte le rythme d'une allemande.

La **Sonate op. 3 n° 10** en *la* mineur est une des plus riches de la série des sonates d'église. Elle débute par un *Vivace* pointé à la manière française, qui s'enchaîne à un *Allegro* fugué sur un sujet vivant en notes répétées. La succession de ces deux mouvements donne absolument l'impression d'une ouverture dans le style de Lully. Un *Adagio* à 3/2 leur fait suite, et la pièce est conclue par un curieux morceau *Allegro* à 12/8 entièrement basé sur un parallélisme de tierces sans cesse échangées entre les deux violons.

Les ultimes sonates de l'*op. 1* et de l'*op. 3* sont constituées d'une succession de petits mouvements lents et rapides, — qui mènent à un *Allegro* conclusif fugué à 6/8 dans la *Sonate op. 1 n° 12*, et qui reposent sur un développement de figures d'arpèges décomposés en rythmes multiples dans la *Sonate op. 3 n° 12*.

Dans chacune de ces sonates, les thèmes sont très variés. Certains s'élèvent avec noblesse, d'autres chantent avec pureté, — comme ce beau thème chromatique descendant du premier *Allegro* de la *Sonate op. 1 n° 11* :

D'autres encore se plient à une virtuosité brillante : ainsi en cet *Allegro* de la *Sonate op. 1 n° 8* où deux motifs passent successivement en traits rapides d'un violon à l'autre.

Les Sonates de chambre op. 2 et op. 4

C'est le cardinal Panfili qui fut le dédicataire des sonates de chambre parues à Rome en 1685 sous le titre de *Sonate da camera a tre, doi violini, e violone, o cembalo... opera seconda*, et c'est au cardinal Ottoboni que Corelli dédia ses douze *Sonate a tre... opera quarto*, publiées à Rome en 1694.

Les sonates de chambre, qui respectent toutes l'unité tonale, s'ouvrent généralement par un prélude (*Preludio*) lent ou par une allemande, auxquels succèdent des mouvements de danses stylisés. Moins austères que les *Graves* des sonates d'église, les préludes se distinguent par leur gravité mélodique, solennelle ou majestueuse.

Onze des douze sonates de l'*op. 2* sont construites en trois ou quatre mouvements : la dernière est remplacée par une vaste chaconne — ou *Ciacona* — en *sol* majeur, qui forme à elle seule le douzième trio et donne lieu à une succession de variations de virtuosité, développant toutes sortes de formules rythmiques, et à des variations mélodiques plus méditatives.

Grave est le *Preludio adagio* de la *Sonate op. 2 n° 1*, où les deux violons dialoguent à la tierce sur une basse continue legato à l'italienne. Majestueux sont les *Preludios* des *Sonates op. 2 n° 3* et *op. 4 n° 1*, dont les rythmes pointés évoquent la manière française. Le prélude *Largo* de la *Sonate op. 4 n° 3* est une ample mélodie où les deux dessus s'entrecroisent en arabesques élégantes. Le long *Preludio* de la *Sonate op. 4 n° 9*, tout en valeurs longues, est admirablement construit sur un jeu d'imitations serrées. La *Sonate op. 2 n° 9* s'ouvre par une belle allemande *Largo*, et les *Sonates op. 2 n° 2* et *n° 6* et *op. 4 n° 6* par une solide allemande construite comme une ouverture à la française bien charpentée sur son rythme pointé franc et décidé. On retrouve le même style dans les *Allemandes*, deuxièmes mouvements des *Sonates op. 2 n° 1*, *n° 5*, *n° 7*, *n° 8*, *n° 10*. Les trois voix se poursuivent en un dialogue permanent dans l'allemande *Presto* et la *Sonate op. 2 n° 4*.

Corelli pratique beaucoup l'écriture à la tierce dans les allemandes et dans les courantes — *Corrente* rapides à l'italienne — de ces sonates. Les roulades de doubles croches de l'*Allemande* de la *Sonate op. 2 n° 3* progressent sur un dessin continu de tierces. Le premier violon garde cependant toute son autonomie de virtuose dans les courantes des *Sonates op. 2 n° 6* et *n° 10* et *op. 4 n° 3*, — le second violon étant relégué au rôle plus discret de soutien rythmique. Quelquefois la tessiture des deux dessus se croise comme dans les *Sarabandes* des *Sonates op. 2 n° 8* et *n° 10*, et dans la *Courante* de la *Sonate op. 4 n° 5*.

L'écriture contrapuntique n'est pas absente de ces pièces de musique de chambre — *da camera* —, et l'on retiendra les belles entrées canoniques du thème de la sarabande *Largo* de la *Sonate op. 2 n° 11* strictement énoncé, dans la première partie, dans l'ordre suivant : violon I, violon II et basse ; et dans la seconde partie : basse, violon II et violon I. De la même sonate, on appréciera certainement la curieuse *Giga allegro* à quatre temps toute en triolets.

Les sonates de chambre se terminent souvent par une gavotte ou par une gigue. Une *Gavotta* très courte conclut la *Sonate op. 2 n° 1*, — alors que la longue *Giga* à 12/8 de la *Sonate op. 2 n° 6* paraît difficile techniquement. Curieusement, la *Sarabande* de la *Sonate op. 4 n° 9* évolue sur un rythme de gigue à 6/8.

Les Sonates pour violon et basse op. 5

Corelli n'a composé qu'un seul livre de sonates pour violon et basse. Les douze *Sonate a violino e violone o cimbalo... opera cinque*, publiées en 1700 et dédiées à la princesse Sophie-Charlotte, électrice de Brandebourg, sont distinctement divisées en sonates d'église et sonates de chambre. La douxième et dernière sonate est remplacée par une série de variations sur *la Follia*.

Le même livre de sonates parut à Amsterdam en 1710 chez Étienne Roger, sous le titre de *Troisième édition où l'on a joint les agréments des adagios de cet ouvrage, composé par Mr. A. Corelli, comme il les joue*. Ce recueil, qui contient divers procédés d'ornementation des mouvements lents attribués à Corelli, avec des séquences cadentielles d'une haute virtuosité, a longtemps fait référence. La paternité de Corelli est aujourd'hui mise en doute.

La première partie de l'*op. 5* réunit six sonates d'église en cinq mouvements. Toutes débutent par une introduction lente dans le style d'un *Grave* court et dépouillé (*Sonate n° 2*), ou d'un *Adagio* d'une mélancolique grandeur (*Sonate n° 5*). Le mouvement lent initial de la *Sonate n° 1* est deux fois coupé par une sorte de cadence vive *Allegro* à 6/8.

Mis à part le *Vivace* de la *Sonate n° 5*, tous les seconds mouvements sont des *Allegros* fugués dont les sujets donnent lieu à des développements de virtuosité techniquement difficiles (grands accords arpégés de la *Sonate n° 6*, par exemple), accompagnés parfois d'une véritable cadence (*Sonate n° 3*). Ces petites fugues sont suivies de mouvements divers. Le troisième mouvement, *Allegro*, de la *Sonate n° 1* se présente comme un véritable mouvement perpétuel de doubles croches. Le *Vivace* à 3/4 de la *Sonate n° 2* brille par la virtuosité de ses croches et de ses triolets à 9/16. Il contraste avec l'*Adagio* de la *Sonate n° 3*, où le thème chantant ample et équilibré s'impose sur la permanence rythmique de la basse. Entre le *Vivace* et l'*Allegro* de virtuosité des *Sonates n° 4* et *n° 6*, l'*Adagio* de la *Sonate n° 5* paraît plus élégiaque ; sa courte phrase implorante se répète sur trois degrés différents :

Les quatrièmes mouvements sont tantôt vifs, tantôt lents : effusion lyrique de la sobre mélodie de l'*Adagio* de la *Sonate n° 1*, ou vélocité de l'*Allegro* de la *Sonate n° 3* ou du *Vivace* de la *Sonate n° 5*.

Corelli conclut ses sonates d'église par des épisodes rapides. Certains sont des gigues vives qui se jouent avec un archet spirituel (*Sonates n° 3* et *n° 5*). D'autres exposent des sujets de fugue (*Sonates n° 2* et *n° 6*) : l'*Allegro* à 6/8 de la *Sonate n° 6* est construit comme une véritable fugue, — la plus rigoureuse de tout le recueil. Sauf dans le divertissement central où se déroulent de brillantes arabesques de doubles croches, le premier violon assume constamment à lui seul les deux voix supérieures de la fugue. Au milieu de ses figurations rapides et de ses traits en doubles cordes, l'*Allegro* à 6/8 de la *Sonate n° 1* reprend le même thème que le premier *Allegro* à quatre temps, mais transformé rythmiquement.

La deuxième partie de l'*op. 5*, *Parte seconda. Preludii, Allemande, Correnti, Gighe, Sarabande, Gavotte e Follia*, regroupe cinq sonates de chambre (*Sonates n° 7* et *n° 11*) et les variations sur *la Follia*.

Les cinq sonates s'ouvrent par un prélude (*Preludio*). Seul le prélude de la *Sonate n° 7* est un mouvement vif — *Vivace* — apparenté au rythme de l'allemande avec de belles imitations canoniques entre violon et basse. Les autres préludes sont lents : celui de la *Sonate n° 8* sonne comme une sarabande ; celui de la *Sonate n° 9* s'affirme comme l'un des plus beaux par la continuité de sa longue phrase mélodique :

Les préludes sont suivis par des mouvements de danses stylisés (les derniers étant des gigues ou des gavottes), ou par des mouvements divers tels que *Vivace*, *Adagio* ou *Allegro*. La curieuse *Sarabande* de la *Sonate n° 10* semble rythmiquement éloignée du rythme habituel de la sarabande. Corelli y a supprimé les valeurs longues au profit d'un dessin de noires et de croches sur une basse en contretemps qui donne l'illusion d'une danse rapide. Le célèbre thème de la *Gavotta* de la même sonate a été repris et varié ultérieurement par Tartini :

Le superbe et brillant *Allegro* de la *Sonate n° 11* est construit comme un duo concertant pour violon et basse. Le thème y est exposé successivement par le violon puis par la basse, accompagnée des doubles croches du violon.

La Follia

Les variations sur *la Follia* prennent la place de la douzième sonate, ou sixième sonate de chambre. Corelli compose vingt-trois variations sur le thème fameux d'une danse portugaise déjà connue au XIVe siècle. Dès le XVIe siècle, *la Follia* s'introduisit dans la musique instrumentale comme thème de variations sur basse obstinée. De nombreux compositeurs le reprirent, et, au XVIIIe siècle, beaucoup de ceux-ci écrivirent des variations sur ce thème, devenu *Folies d'Espagne*. Son style noble est proche de celui de la sarabande grave ou de la chaconne.

Dans cette série de variations, Corelli réussit avec une subtilité extraordinaire à éviter la monotonie qu'engendre toute répétition, en diversifiant le plus possible les procédés d'accompagnement. Toute la technique du violoniste est ici mise à l'épreuve : traits en brisures avec doubles cordes dans la partie supérieure (*var. 4*), arpèges sautillés de doubles croches (*var. 6*), croches liées deux par deux (*var. 8*), doubles croches détachées vives et courtes (*var. 9*), sauts de cordes (*var. 10*), blanches pointées liées deux par deux (*var. 14*), doubles cordes sur basse de triolets de croches (*var. 15*). Les dernières variations sont des variations exclusivement basées sur la virtuosité : le jeu de doubles cordes de la *variation 22* est, par exemple, extrêmement délicat.

A. d. P.

FRANÇOIS COUPERIN

Né à Paris, le 10 novembre 1668; mort à Paris, le 12 septembre 1733. Membre de la plus illustre dynastie française de musiciens, il fut le fils et le neveu de Charles et de Louis Couperin, organistes de l'église Saint-Gervais à Paris. Exceptionnellement doué, il succéda précocement à son père à cette même tribune : il n'avait que onze ans ! L'intérim fut assuré par Michel-Richard Delalande, tandis que le jeune Couperin se perfectionnait dans son art auprès de l'organiste Thomelin. Nommé titulaire de l'orgue de Saint-Gervais en 1689, il consacra ses premières œuvres connues à son instrument : ses deux Messes d'orgue *ont été publiées l'année suivante. Artiste discret et réservé, il accéda néanmoins, dès 1693, aux plus hautes charges à la cour de Versailles : successeur de son maître Thomelin à l'orgue de la Chapelle royale; maître de clavecin et de composition du duc de Bourgogne, petit-fils de Louis XIV; maître de clavecin de plusieurs bâtards royaux; survivancier de D'Anglebert fils comme claveciniste royal. Au service de Louis XIV, Couperin s'épanouit pleinement dans le domaine de la musique religieuse et produisit quelques-uns de ses chefs-d'œuvre.*

Il n'aborda cependant jamais l'opéra. Pour l'abbaye de Longchamp, il composa ses admirables Leçons de ténèbres, *— sa plus belle création dans le genre de la musique sacrée. Après 1715, il abandonna la musique d'église pour se consacrer à l'art instrumental : quatre livres de pièces de clavecin et plusieurs volumes de musique de chambre allaient se succéder. Cette période de maturité fut la plus féconde de sa vie, mais, fatigué, Couperin dut abandonner sa chaire d'organiste de Saint-Gervais à son cousin Nicolas en 1723. En 1730, trois ans avant sa mort, il céda sa charge d'organiste et de claveciniste de la cour à sa fille cadette, Marguerite-Antoinette, sa survivancière. « J'espère que ma famille trouvera dans mes portefeuilles de quoi me faire regretter, si les regrets nous servent à quelque chose après la vie; mais il faut du moins avoir cette idée pour tâcher de mériter une immortalité chimérique où presque tous les hommes aspirent », écrivit-il à la veille de sa mort. Couperin a atteint des sommets dans sa musique de chambre, qui, réunie en de nombreux recueils, couvre à peu près toute sa carrière. Avec ses premières* Sonates en trio, *écrites au cours des années 1690-1695, le compositeur inaugura un genre encore inconnu en France; avec ses pièces de maturité, il parvint à un très haut degré de délicatesse et de raffinement.*

LES CONCERTS ROYAUX

Publiés en 1722 à la suite du *Troisième livre de pièces de clavecin*, ils ont vraisemblablement été inspirés à Couperin par Louis XIV : « Je les avais [faits] pour les petits concerts de chambre où Louis quatorze me faisait venir presque tous les dimanches de l'année », a-t-il confié dans sa préface. C'est d'ailleurs à la cour de Versailles, devant le vieux monarque, qu'ils furent d'abord exécutés dès 1714 et 1715.

Les quatre *Concerts royaux* constituent une nouveauté dans l'œuvre de Couperin : après la sonate en quatuor *la Sultane*, composée vers 1710, ils marquent en effet le retour du musicien vers le genre instrumental qu'il avait abandonné depuis ses premières sonates en trio écrites dans les années 1690-1695. « Les pièces qui suivent sont d'une autre espèce que celles que j'ai données jusqu'à présent », avertit Couperin. Elles semblent avoir très vite connu le succès, car il ajoute aussitôt : « Si elles sont autant du goût du public qu'elles ont été approuvées du feu roi, j'en ai suffisamment pour en donner dans la suite quelques volumes complets. » Ces autres pièces verront le jour en 1724, dans le recueil des *Goûts réunis*.

Les *Concerts royaux* sont gravés sur deux portées, comme s'ils étaient destinés au clavecin. On sait qu'à l'époque de Couperin l'instrumentation ne possédait aucun caractère immuable, tout au moins dans le domaine de la musique de chambre. Dans sa préface, Couperin précise d'ailleurs que ses pièces « conviennent non seulement au clavecin, mais aussi au violon, à la flûte, au hautbois, à la viole et au basson ». Le choix est vaste. Pour les petits concerts de Louis XIV, Couperin s'était entouré des meilleurs instrumentistes de son temps : « Ces pièces étaient exécutées par Messieurs Duval, Philidor, Alarius et Dubois. J'y touchais le clavecin. » Auteur d'une abondante littérature pour son instrument, François Duval était l'un des plus célèbres violonistes de son époque. De quel membre de l'illustre famille Philidor parle Couperin ? Sans doute d'André Danican Philidor, bibliothécaire musical de Louis XIV, et virtuose sur le basson et le hautbois. Quant à Alarius (ou Hilaire Verloge) et Pierre Dubois, ils étaient respectivement joueurs de basse de viole et de basson dans la Musique du roi.

Chaque concert débute par un prélude, suivi d'une allemande; puis, sauf dans le *2e Concert*, s'intercalent divers mouvements de danse traditionnels de la suite française : gavotte, menuet, rigaudon, musette, forlane. Seuls le *3e* et le *4e Concerts* reprennent le schéma caractéristique complet allemande-courante-sarabande. Cependant, c'est bien le cadre de la suite qui intéresse Couperin, — car ses *Concerts royaux* sont rangés par ton : le premier en *sol*, le second en *ré*, le troisième en *la*, le quatrième en *mi*, avec, dans le détail des pièces, l'alternance majeur/mineur.

Concert n° 1

Composé de six mouvements — sans courante —, c'est le plus concis des quatre *Concerts royaux*.

1. **Prélude**, « gravement » (*sol* majeur,

à quatre temps) : pièce élégante et superbement ornée, écrite dans le style déclamatoire des grands préludes de sonates et sur une basse continue à l'italienne très régulière.

2. Allemande, « légèrement (*sol* majeur, à quatre temps) : de la polyphonie claire de cette allemande légère et gracieuse, émergent d'heureux effets d'imitation. On remarque aussi de joyeux jeux de pincés sur notes répétées, avant la conclusion.

3. Sarabande, « mesuré » (*sol* mineur, à trois temps) : en l'absence de courante dans ce *Concert*, c'est une sarabande simple, mais pleine de noblesse, qui s'enchaîne à l'allemande.

4. Gavotte, « notes égales et coulées » (*sol* mineur, à deux temps) : on respectera les indications d'interprétations laissées par Couperin pour cette gavotte très gracieuse.

5. Gigue, « légèrement » (*sol* majeur, à 6/8) : danse aussi légère que spirituelle.

6. Menuet en trio (*sol* mineur, à trois temps) : lignes ascendantes et lignes descendantes se succèdent ici sans cesse.

Durée d'exécution : 12 minutes environ.

Concert n° 2

Cette page essentiellement française ne contient ni courante ni sarabande, mais, à leur place, des pièces d'esprit français comme les deux *Airs* et le *Rondeau* en forme d'écho.

1. Prélude, « gracieusement » (*ré* majeur, à trois temps) : c'est un court prélude gracieux, mais extrêmement raffiné dans son écriture ornementale.

2. Allemande fuguée, « gayement » (*ré* majeur, à quatre temps) : son thème joyeux et très instrumental

CONCERTS ROYAUX

se développe en un brillant travail contrapuntique, savamment élaboré. Les éléments du thème reparaissent inversés dans la deuxième partie du morceau.

3. Air tendre (*ré* mineur, à trois temps) : voici un véritable air de cour sérieux à la française, délicatement ornementé, avec de beaux effets d'imitation dans la reprise.

4. Air contre fugué, « vivement » (*ré* mineur, à 2/4) : cette longue pièce fuguée sur une basse très mobile forme le pendant de l'allemande. Elle ressemble plus à un début de fugue, ou à un canon, qu'à une fugue véritable ; mais Couperin manie l'écriture de la fugue avec une maîtrise extraordinaire.

5. Échos. Rondeau, « tendrement » (*ré* majeur, à trois temps) : rondeau à deux couplets, avec effets d'écho « fort » et « doux » clairement exprimés par Couperin. Les instruments évoluent deux par deux.

Durée d'exécution : 18 minutes environ.

Concert n° 3

Peut-être le plus sérieux des quatre *Concert royaux*. Le schéma traditionnel de la suite de danses réapparaît ici.

1. Prélude, « lentement » (*la* majeur, à quatre temps) : Couperin a ajouté « une contrepartie pour la viole si l'on veut. Cette partie peut servir également pour le violon ou la flûte traversière, le hautbois, etc. ». L'ornementation y est délicatement fournie, et la polyphonie très riche de certains passages s'avère digne d'un Jean-Sébastien Bach.

2. Allemande, « légèrement » (*la* majeur, à quatre temps) : cette allemande légère repose sur une assise contrapuntique solide. Sa ligne mélodique brille par de grands mouvements de doubles croches.

3. Courante (*la* mineur, à 3/2) : incertitude rythmique et incertitude harmonique se mêlent dans cette page raffinée.

4. Sarabande grave (*la* mineur, à trois temps) : ici encore, Couperin a ajouté une « contrepartie ». C'est une pièce superbe méritant d'être comparée aux belles sarabandes du *Premier livre de pièces de clavecin*, avec son rythme majestueux et sa riche polyphonie rehaussée d'une ornementation délicate, notamment dans la partie supérieure.

5. Gavotte (*la* mineur, à 2 temps) : cette danse légère, avec son petit motif de tierces ascendantes de deux en deux, apporte une touche de gaieté après la gravité de la sarabande.

6. Muzette (*sic*), « naïvement » (à 6/8) : *la* mineur succède à *la* majeur dans la seconde partie. Écrite sur une amusante basse en bourdon (fréquemment utilisée par Couperin dans sa musique de clavecin). cette musette évoque le Watteau des *Fêtes champêtres*.

7. Chaconne légère (*la* mineur, à 3/2) : Couperin mêle les formes de la variation et du rondeau dans cette chaconne en rondeau. De la chaconne, il respecte l'osti-

nato des quatre mesures de basse. Il utilise aussi les procédés de l'écho « fort » et « doux », et la technique des doubles croches joyeuses du couplet central (en majeur).
Durée d'exécution : 14 minutes environ.

Concert n° 4

Sans doute le plus beau, et le plus justement célèbre, des quatre *Concerts*.

1. Prélude, « gravement » (*mi* mineur, à quatre temps) : la noblesse de ce prélude très ornementé et d'une grande élégance réside dans la richesse de son écriture polyphonique, comme de son écriture harmonique. On remarque d'ailleurs la qualité d'une basse aussi mélodique qu'harmonique, qui chante constamment. Ce prélude a souvent été comparé au prélude de *l'Apothéose de Corelli* (v. plus loin).

2. Allemande, « légèrement » (*mi* mineur, à quatre temps) : pièce remarquablement raffinée, basée sur le dessin caractéristique de la figure initiale

qui s'épanouit en dessins d'imitations que l'on retrouve tant à la basse que dans les parties supérieures.

3. Courante française, « galamment » (*mi* majeur, à 3/2) : cette courante modérée et majestueuse repose sur l'incertitude rythmique d'une mesure à 3/2 évoquant une mesure à 6/8.

4. Courante à l'italienne, « gayement » (*mi* mineur, à trois temps) : la seconde courante est plus simple que la première, mais beaucoup plus ample. Sa basse est extrêmement mobile.

5. Sarabande, « très tendrement » (*mi* majeur, à trois temps) : Couperin joint « une contrepartie si l'on veut » dans cette sarabande sobre et fort gracieuse.

6. Rigaudon, « légèrement, et marqué » (*mi* majeur, à 2/4) : on retiendra la légèreté et la gaieté du rythme de cette danse joyeuse provenant du sud de la France, avec ses notes piquées et répétées emplies d'allégresse.

7. Forlane.Rondeau, « gayement » (*mi* majeur, à 6/8) : d'origine italienne, la forlane était une danse animée, presque heurtée et violente. Couperin respecte l'esprit de la danse populaire dans cette pièce, qui est une des pages les plus personnelles qu'il ait laissées. Le thème du rondeau est très marqué.

Le premier couplet est directement issu du rondeau ; le deuxième et le troisième couplets sont basés sur un rythme pointé ; le quatrième couplet, en mineur, se joue « notes égales et coulées » en triolets sur un rythme de berceuse.
Durée d'exécution : 16 minutes environ.

LES GOÛTS RÉUNIS

Les Goûts réunis, ou Nouveaux Concerts à l'usage de toutes les sortes d'instruments de musique, augmentés d'une grande sonate en trio intitulée le Parnasse ou l'Apothéose de Corelli, ont été édités en 1724. Il s'agit de dix concerts — les *Concerts V* à *XIV* —, qui prennent la suite des *Concerts royaux*. Couperin avait annoncé leur publication, dès 1722, dans la préface des *Concerts royaux*. La page de titre du recueil nous apprend quelle était la situation de Couperin en cette année 1724 : « organiste de la Chapelle du roi, Ordinaire de la Musique de la Chambre de Sa Majesté, ci-devant professeur-maître de composition et d'accompagnement de feu Monseigneur le Dauphin, duc de Bourgogne, et actuellement maître de l'infante-reine ».

Couperin avait découvert avec bonheur la sonate à trois de Corelli, musicien qu'il admirait profondément, et avait publié ses premières sonates en trio sous un pseudonyme italien. Dans la préface du volume des *Nations*, il raconte cette supercherie qui lui valut de connaître le succès. Sa démarche dans les concerts des *Goûts réunis* est un peu différente : c'est la réunion du goût italien et du goût français dans la diversité de leurs caractères qu'il entend réaliser, — même si le goût français reste dominant. Il s'explique clairement dans sa préface : « Le goût italien et le goût français ont partagé depuis longtemps (en France) la République de la Musique ; à mon égard, j'ai toujours estimé les choses qui le méritaient, sans acception d'auteur, ni de nation ; et les premières sonates italiennes qui parurent à Paris il y a plus de trente années, et qui m'encouragèrent à en composer ensuite, ne firent aucun tort dans mon esprit, ni aux ouvrages de Monsieur de Lully, ni à ceux de mes ancêtres, qui seront toujours plus admirables qu'imitables... ». Le *9e Concert* porte, par exemple, le titre italien de *Ritratto dell'Amore*; mais, curieusement, chacune des pièces qui le composent est ornée d'un gracieux sous-titre français, à la manière des pièces de clavecin. Même lorsqu'il pense « à l'italienne », Couperin reste d'abord et essentiellement français. « Couperin n'a guère composé de musique aussi française », conclut Pierre Citron*

Les dix concerts des *Goûts réunis* sont de conception variée. À côté du *9e Concert* — ou *Ritratto dell'Amore* — le *8e Concert* est écrit *Dans le goût théâtral*, — seule concession de Couperin à un genre qu'il n'a jamais abordé. Le *10e Concert* comporte une *Plainte* pour deux violes sur basse non chiffrée, tandis que le *12e* et le *13e Concerts* sont entièrement consacrés aux violes.

Ces concerts (sauf le *12e* et le *13e*) se présentent généralement sous la forme habituelle d'une partie de dessus soutenue par une basse continue. À quelle instrumentation songeait Couperin? Contrairement à ce qu'il fit dans les *Concerts royaux*, il n'a laissé là-dessus aucune précision. Enfin, l'on notera que, dans certains concerts, Couperin abandonne les mouvements de la suite de danses pour laisser place à la musique pure. Parmi les onze mouvements qui forment le *8e Concert* n'apparaît qu'une sarabande. Dans le *10e Concert*, il n'y a aucun mouvement de danse.

Concert n° 5

Le *5e Concert*, en *fa* majeur, est une page lumineuse. Cinq mouvements s'y succèdent : le *Prélude* initial, « gracieusement », forme une pièce charmante qui a perdu la gravité caractéristique de la plupart des préludes. Il est suivi d'une *Allemande* légère, qui doit être jouée « gayement et les croches égales » : son thème joyeux se trouve souvent traité en imitations et sur un contrepoint libre. Deux danses en *fa* mineur viennent ensuite : une *Sarabande* grave, majestueuse, et une *Gavotte*, « coulamment et les notes égales », dont les motifs alertes progressent sur une basse paisible. C'est un rondeau à deux couplets qui conclut, sous la forme d'une *Musette dans le goût de carillon*.

* Pierre Citron, *Couperin* (« Solfèges », Éd. du Seuil, Paris, 1963).

Concert n° 6

Cinq mouvements également dans le *6e Concert*, en *si* bémol majeur : un *Prélude* d'ouverture, « gravement et mesuré », basé sur deux voix entrant en canon à distance d'une noire; une *Allemande à quatre temps légers*, « vivement et les croches égales et marquées », qui se présente comme un ample mouvement développé contrapuntiquement; une *Sarabande mesurée*, « noblement », l'une des plus simples et des plus sobres de Couperin; un *Air du Diable* écrit « très viste », dans le style de la pantomime (est-ce la discrète introduction de l'intervalle de triton, « Diabolus in musica », entre la douzième et la quatorzième mesures qui a inspiré à Couperin ce savoureux sous-titre?); un mouvement de *Sicilienne* « tendrement et louré », à 12/8, sert de conclusion.

Concert n° 7

Le *7e Concert*, en *sol*, semble plus sérieux. Il s'ouvre par un *Prélude*, « gravement et gracieusement », dont se dégage une certaine mélancolie. L'écriture contrapuntique de l'*Allemande*, qui se joue « gayement », est d'une richesse exceptionnelle; Couperin se rapproche ici de Bach. Pas de courante à la suite de l'allemande, mais une *Sarabande grave* à l'italienne et à deux motifs : le premier s'affirme sur une ligne ascendante par degrés; le second s'impose dans la deuxième partie, sur une ligne descendante sur appogiatures. Dans l'ample *Fuguete* (*sic*), « légèrement » à 6/8,

Couperin réussit la synthèse de la forme binaire à reprise et de la fugue sur une écriture solide digne de Bach; il y a ici des reprises, comme dans les mouvements de danse. La *Gavotte* reprend, « gayement », un style fugué peu courant dans un tempo de gavotte; son motif principal entre en imitations à distance de cinq mesures. Une *Sicilienne* conclut, « tendrement et louré ».

Concert n° 8, « Dans le goût théâtral »

Ce concert essentiellement français est inspiré de l'opéra lulliste. On remarque ici que Couperin adopte la clef de sol première ligne, — notation couramment utilisée dans la musique française.

1. Ouverture (*sol* mineur, à deux temps) : ouverture à la française en deux parties : lent-vif. La première partie se distingue par ses rythmes pointés majestueux, et par la richesse de son ornementation. Une conclusion à la dominante annonce le début du mouvement rapide, traité en fugato. Il n'y a pas de retour à l'ouverture lente.

2. Grande Ritournelle, « gravement » (*sol* mineur à 2/2) : à un épisode majestueux, ornementé par des notes de passage et des coulés, s'enchaîne une seconde partie à 3/2, de caractère « doux », écrite en notes blanches (procédé utilisé par Couperin dans les *11ᵉ* et *13ᵉ Ordres* de ses pièces de clavecin, par exemple). C'est une sorte d'air lulliste sur une écriture en tierces, avec effets d'écho indiqués par des « fort » et des « doux ».

3. Air, « noblement » (*sol* mineur, à deux temps) : air à la française.

4. Air tendre. *Rondeau* (*sol* mineur, à trois temps) : c'est un rondeau mélancolique.

5. Air léger (*sol* majeur, à 3/8).

6. Loure, « pesamment » (*sol* majeur, à 6/4) : on en relève l'esprit volontairement naïf.

7. Air, « animé et léger » (*sol* mineur, à deux temps).

8. Sarabande grave et tendre (*sol* majeur, à trois temps) : la seule danse de ce concert. Couperin semble plus tendre que grave dans cette élégante sarabande.

9. Air léger (*sol* majeur, à trois temps) : encore un air de cour, avec des passages en imitations.

10. Air tendre, « lentement » (*sol* mineur, à trois temps) : de ravissants effets d'écho ajoutent au charme de cette pièce.

11. Air de bacchantes, « très animé » (*sol* majeur, à 6/4) : comme dans l'opéra de Lully, c'est la danse effrénée des bacchantes qui apporte la vive touche finale.

Concert n° 9, « Ritratto dell'Amore »

Si Couperin donne un titre italien — « Portrait de l'Amour » — à ce concert, il pare en revanche chacune des pièces qui le composent d'un délicat sous-titre français. L'ensemble reste donc avant tout dominé par l'esprit français.

1. Le Charme, « gracieusement et gravement » (*mi* majeur, à quatre temps) : cette sorte de prélude gracieux évoque *Les Charmes*, au neuvième Ordre du *Deuxième livre de pièces de clavecin.*

2. L'Enjouement, « gayement » (*mi* majeur, à quatre temps) : il s'agit d'une allemande légère à l'italienne, de forme fuguée. Le sujet revient inversé dans la reprise.

3. Les Grâces. *Courante française* (*mi* majeur, à 3/2) : très complexe rythmiquement et harmoniquement, rehaussée d'une riche ornementation, et marquée de l'incertitude rythmique de la courante française, cette danse rappelle les courantes insérées par Couperin dans son *Premier Livre de pièces de clavecin.*

4. Le Je-ne-scay-quoi, « gayement » (*mi* majeur, à 2/4) : Couperin sait, lorsqu'il le veut, manier la satire et l'ironie. Sous ce titre piquant, un petit motif s'affirme à travers un jeu de questions et de réponses, pour rebondir sur une petite séquence traitée en imitations.

5. La Vivacité (*mi* majeur, à quatre temps) : l'écriture contrapuntique serrée en doubles croches est ici d'une riche texture, et évoque immanquablement l'art de Bach.

6. La Noble fierté. *Sarabande*, « gravement » (*mi* mineur, à trois temps) : cette superbe pièce s'ouvre par une chute de dixième qui donne l'illusion d'un renforcement du deuxième temps, typique du rythme de la sarabande. La basse reste fluide et régulière. Couperin conclut par une « petite reprise si l'on veut ».

7. La Douceur, « amoureusement » (*mi* mineur, à 3/8) : on retrouve l'atmosphère faite de charme et de délicatesse de maintes pièces du *Deuxième Livre de clavecin.*

8. L'et Coetera, ou menuets : encore un titre plein de fantaisie pour ces deux menuets. Le premier, en *mi* mineur et à 6/8, débute par une descente de gammes en canon. Le second, en *mi* majeur et « qui se joue alternativement avec la première partie », est basé sur la répétition d'un court motif de six notes avec effets canoniques.

Concert n° 10

Dans le *10ᵉ Concert*, en *la* mineur, le schéma de la suite a disparu. Quatre pièces seulement s'y enchaînent. En une polyphonie d'une richesse exceptionnelle, le *Prélude*, « gravement et mesuré », est certainement l'un des plus beaux de Couperin ; il prend fin sur le doux effet d'une sixte napolitaine. L'*Air tendre et louré*, à 6/8, se joue « sans lenteur » : pièce méditative dans laquelle

Couperin a pris le soin d'indiquer très précisément toutes les liaisons, sans hésiter à passer par-dessus les barres de mesures :

Le troisième mouvement, une *Plainte pour les violes ou autres instruments à l'unisson*, est écrit pour deux violes et une basse « sans accords », c'est-à-dire sans continuo et en deux parties. La première partie, en *la* majeur, évolue « lentement et douloureusement » sur un rythme délicatement pointé ; les deux instruments dialoguent à la tierce. La deuxième partie, en *la* mineur, devient plus mélodique, « plus légèrement et coulé ». C'est par une pièce pleine d'esprit, *La Tromba*, et sur son rythme de gigue, que se termine le concert : on y relève, en particulier, les effets comiques d'imitations en strette de la conclusion.

Concert n° 11

Le concert, en *ut* mineur, est beaucoup plus long et beaucoup plus grave que le précédent ; Couperin revient ici à la forme classique de la suite de danses. Avec ses rythmes pointés, le *Prélude*, « majestueusement sans trop de lenteur », ressemble à une ouverture française ; il est gravé en notes blanches, comme la *Grande Ritournelle* du *8ᵉ Concert*. Deux allemandes viennent ensuite : la première (« fièrement, sans lenteur »), de style fugué, débute sur un rythme pointé presque obsédant. La *Seconde Allemande plus légère* paraît également plus fluide. Les deux *Courantes* (la première en mineur, la seconde en majeur) sont de type français. Elles sont suivies d'une *Sarabande très grave et très marquée*, véritable chef-d'œuvre conçu dans le style du « tombeau » (comme le pratiqua notamment Louis Couperin), avec sa gravité rythmique et son ornementation riche et variée. Une *Gigue Lourée*, puis un gracieux *Rondeau* à trois couplets (« légèrement et galamment ») mettent un point final à ce noble concert.

Concert n° 12

En tête du *12ᵉ Concert à deux violes ou autres instruments à l'unisson* Couperin a noté : « Quoiqu'on puisse joindre un accompagnement de clavecin ou de théorbe à ce concert, il sera toujours mieux à deux violes, ou deux instruments semblables, sans rien de plus ». Le *12ᵉ Concert* — comme le suivant — est donc entièrement destiné aux cordes. Il trouve sa place parmi les productions de la magnifique école de violon française, brillamment représentée par Marin Marais ou Antoine Forqueray, contemporains de Couperin. Il n'y a pas de virtuosité dans cette œuvre réservée à un instrument à la sonorité chaude et veloutée. Aucun mouvement de danse ne vient rappeler la forme de la suite ; c'est plutôt vers la sonate à l'italienne qu'ici se tourne Couperin. Le *Prélude* initial, au rythme de sarabande à 3/2, est écrit en notes blanches — notation déjà rencontrée — que Couperin jouait vraisemblablement de manière inégale : « pointé-coulé », comme il est indiqué. Là les « violes sans accompagnement » chantent à la tierce, ailleurs elles dialoguent sur un « accompagnement » en basse chiffrée qui sous-entend l'emploi d'un clavecin ou d'un théorbe. Dans ce cas, la basse chiffrée double la seconde viole. Le *Badinage* à 6/8 est pour « violes seules » : épisode rapide, en maint endroit traité en imitations, avec une conclusion brillante de doubles croches. Une courte transition sous forme de récitatif « lentement et pathétiquement », avec grands traits de quadruples croches et nombreux agréments, s'enchaîne, après arrêt à la dominante, à un *Air* « gracieusement et légèrement », dans lequel les violes se poursuivent et répondent dans une grande allégresse.

Concert n° 13

Dans le *13ᵉ Concert à deux instruments à l'unisson*, en *sol* majeur, Couperin revient à la suite. Le concert s'ouvre avec le thème arpégé d'un prélude léger et rapide qui se joue « vivement , en une belle écriture canonique entre les deux violes. On retrouve ce même style d'écriture dans l'*Air* à 6/8, en *sol* mineur (« agréablement »), très ornementé, et pourvu d'une reprise animée. Deux mouvements de danses lui font suite : une *Sarabande* (« tendrement »), calme et élégante, en deux parties d'inégale longueur ; et une *Chaconne légère* en *sol* majeur — avec épisode central en *mi* mineur —, entièrement basée sur un petit motif de quatre notes, parfois inversé, qui détermine jusqu'aux premières mesures de la fugue libre que Couperin traite de façon magistrale.

Concert n° 14

Le *14ᵉ Concert* et dernier de cet œuvre, en *ré*, forme à coup sûr l'un des plus beaux. Couperin abandonne les violes et débute « gravement » par un prélude harmoniquement très riche, ainsi que l'indique le chiffrage de la basse continue. L'ornementation s'avère assez complexe, et la deuxième partie s'anime de rythmes pointés typiquement français. Longue pièce à reprises et construite sur une figure arpégée autour des notes-clé du ton de *ré*, l'*Allemande* (« vivement ») peut être comparée aux grandes allemandes de Jean-Sébastien Bach. C'est encore un motif arpégé qui sert de sujet à une brillante *Fuguète* (*sic*), à 6/8 ; il engendre de nombreux contre-sujets faisant irrésistiblement songer à Bach, — et dont l'écriture presque violonistique peut rappeler le style des vastes mouvements initiaux des *Suites Anglaises*.

LES SONATES

Couperin composa ses premières *Sonates en trio* entre 1690 et 1695, à une époque où la musique de chambre — et notamment la musique de chambre italienne — était très en vogue à Paris. C'est vers 1680 que le nom et l'œuvre de Corelli avaient commencé à franchir les frontières de l'Italie. Couperin ne devait pas tarder à découvrir les sonates en trio du maître italien : deux violons y dialoguaient, soutenus par une basse continue formée d'une viole de gambe et d'un clavecin pour la basse chiffrée. Avec ses premiers trios écrits sous les auspices de Corelli, Couperin fit figure de précurseur. Jusque-là, en France, le violon instrument assez sous-estimé, était utilisé en groupes pour faire danser en plein air ou au théâtre. Lully rehaussa le niveau des violonistes français en réunissant un important orchestre pour l'exécution de ses comédies-ballets et de ses tragédies lyriques : lorsqu'ils n'accompagnaient pas les solistes ou les chœurs, les violons intervenaient dans les ritournelles. Il faut d'ailleurs noter que, chez Couperin, l'influence de Lully fut aussi déterminante que celle de Corelli. Mais écrire « à l'italienne » en France, à cette époque où le violon commençait à s'émanciper, fut une garantie de succès. On connaît le subterfuge de Couperin composant ses premiers trios sur le modèle de Corelli, et utilisant pour les faire apprécier du public un pseudonyme italien. Complaisamment, il avoua ses goûts et sa supercherie dans la préface des sonates dites *les Nations* (1726) : « La première Sonate de ce recueil fut aussi la première que je composais, et qui ait été composée en France. » (On verra plus loin qu'il s'agit de *la Pucelle.*) « L'histoire même en est singulière. Charmé de celles du signor Corelli, dont j'aimerai les œuvres tant que je vivrai, ainsi que les ouvrages français de M. de Lulli, je hasardais d'en composer une, que je fis exécuter dans le concert où j'avais entendu celles de Corelli. Connaissant l'âpreté des Français pour les nouveautés étrangères sur toutes choses, et me défiant de moi-même, je me rendis, par un petit mensonge officieux, un très bon service. Je feignis qu'un parent que j'ai, effectivement, auprès du Roi de Sardaigne, m'avait envoyé une sonate d'un nouvel auteur italien : je rangeai les lettres de mon nom de façon que cela formât un nom italien, que je mis à la place. La sonate fut dévorée avec empressement, et j'en tirai l'apologie. Cela cependant m'encouragea. J'en fis d'autres; et mon nom italianisé m'attira, sous le masque, de grands applaudissements. Mes sonates, heureusement, prirent assez de faveur pour que l'équivoque ne m'ait point fait rougir. »

La sonate italienne pouvait alors revêtir deux formes individualisées : la sonate de chambre (*Sonata da camera*) constituée, comme la suite, de mouvements de danses ; et la sonate d'église (*Sonata da chiesa*) faite d'une succession de mouvements de musique pure, et de style plus sévère. De type corellien assez libre, les sonates de Couperin mêlent ces deux formes : jusqu'à huit mouvements, relativement courts, s'y enchaînent dans une tonalité unique, — opposés deux à deux par leur rythme et par leur temps.

L'histoire des sonates de Couperin est assez complexe. A partir des années 1690, Couperin composa six sonates : cinq en trio (*la Pucelle*, *la Steinkerque*, *la Visionnaire*, *l'Astrée*, *la Superbe*) et une en quatuor (*la Sultane*), vraisemblablement achevée vers 1710. Leurs titres font évoquer des réminiscences littéraires ou historiques. *La Pucelle* serait la sonate dont parle Couperin dans la préface des *Nations* : ainsi nommée car elle fut la première qu'il écrivit et, selon lui, la première écrite en France. *La Visionnaire* fut sans doute inspirée par la célèbre comédie de Desmarets, *les Visionnaires*, souvent jouée à Paris sous le règne de Louis XIV.

Quant au roman d'Honoré d'Urfé, *l'Astrée*, on sait son influence sur le goût littéraire français du XVIIe siècle. *La Steinkerque* n'a pu être composée qu'après la bataille de Steinkerque remportée en 1692 par les armées de Louis XIV, et qui provoqua en France un grand enthousiasme.

Ces sonates n'avaient pas été éditées lorsque Couperin entreprit la composition des *Nations*, publiées en 1726. *Les Nations, Sonates et suites de symphonies en trio en quatre livres séparés pour la commodité des Académies de Musique et des concerts particuliers*, se vendaient chez l'auteur domicilié à l'époque rue Neuve des Bons-Enfants, proche de la place des Victoires, et chez l'éditeur Boivin. *Les Nations* sont formées de quatre grands concerts ou « Ordres » (*la Française*, *l'Espagnole*, *la Piémontaise*, *l'Impériale*), écrits pour deux violons, basse d'archet et basse chiffrée du clavecin. Chacun de ces concerts est constitué d'une sonate à l'italienne introduisant une suite de danses à la manière française.

Les sonates italiennes d'ouverture sont plus anciennes que les suites qui les accompagnent. Trois d'entre elles sont en réalité trois des sonates en trio que Couperin avait conçues à partir de 1690, et qu'il reprend ici sous des noms différents : la sonate *la Pucelle* se retrouve dans *la Françoise*, *la Visionnaire* est devenue *l'Espagnole*, et *l'Astrée* ouvre *la Piémontaise*. Plus tardive, la sonate et la suite de *l'Impériale* ont été composées supplémentairement pour servir de quatrième volet à la série.

Premier Ordre — La Françoise

Sous son titre d'origine *la Pucelle*, cette sonate en trio représenta le premier essai de Couperin dans le domaine de la musique de chambre.

Dans la sonate, huit mouvements se succèdent « gravement », « gayement » et « vivement ». Le début est mélancolique : quelques chromatismes italiens à la basse affirment immédiatement l'influence de Corelli. Dans un *Air* gracieux, les deux dessus chantent alternativement, avant la longue conclusion en forme de gigue sur une basse d'archet très virtuose.

Huit mouvements de danse également dans la suite : une *Allemande* (« sans lenteur ») à la démarche majestueuse ; une première *Courante* (« noblement ») à la française ; une deuxième *Courante* à l'italienne, qui se joue « un peu plus viste » ; une *Sarabande* plus tendre que grave ; une joyeuse *Gigue* à 6/4 à la française, avec quelques jeux d'échos ; une *Chaconne ou Passacaille* construite en une longue série de couplets s'enchaînant comme dans les grandes chaconnes pour clavecin de Louis Couperin ; une *Gavotte* et un *Menuet* qui concluent gracieusement.

Deuxième Ordre — L'Espagnole

La sonate d'origine, *la Visionnaire*, a été quelque peu modifiée par Couperin pour l'édition de 1726. L'unité de tonalité est respectée dans la sonate et dans la suite qui s'y rattache.

La sonate débute par un mouvement grave au thème tendu, parsemé d'agréments. Une fugue à trois entrées, avec un beau développement, lui succède « vivement », et s'enchaîne à un *Air* écrit « affectueusement » sur un rythme de sicilienne à 6/4. Quelques épisodes de transition conduisent à un deuxième *Air tendre* à la française, puis à la fugue finale à deux sujets. Sous les premières mesures du sujet initial en blanches pointées descendantes, Couperin a ajouté un « Badinage pour le clavecin si l'on veut ».

La suite est introduite « gracieusement » par une *Allemande* pleine de noblesse. Comme dans le *Premier ordre*, deux *Courantes* s'opposent ensuite : l'une sur un rythme majestueux, l'autre un contrepoint beaucoup plus vif. La *Sarabande* tendre et grave est très ornementée. Elle précède une longue *Gigue lourée* à 6/4 que Couperin jouait « modérément », et une *Gavotte*. Seul moment qui ne ressortit pas à la danse, un *Rondeau* à trois couplets annonçant une *Bourrée* et son *Double*, et une *Passacaille*. Ici règne encore l'esprit de Louis Couperin. L'intérêt de cette dernière pièce réside principalement dans son extraordinaire variété rythmique, qui s'anime progressivement en valeurs pointées et en triolets vers la conclusion.

Troisième Ordre — L'Impériale

La plus tardive de toutes les sonates en trio et certainement la page la plus élaborée du recueil des *Nations*, c'est l'un des chefs-d'œuvre absolus de Couperin.

La sonate s'ouvre « gravement » avec un long thème en doubles croches, qui entre en imitation. Elle se poursuit « vivement » en un mouvement franc et carré à 4/8, auquel succède un épisode « gravement et marqué » à 3/2, gravé en notes blanches ; le saut d'octave et l'intervalle chromatique de son thème majestueux sont très caractéristiques :

Cet épisode s'achève « très lentement », pour laisser place à trois mouvements vifs : un « légèrement » à 3/8, un « rondement » à 3/2 où les deux dessus dialoguent sur une basse liée et chantante, et un « vivement » à 4/8 dans lequel plane l'ombre de Bach, tant les idées sont traitées avec puissance.

Huit mouvements composent la suite introduite par les quatre mouvements traditionnels : une *Allemande* grave et « sans lenteur », une *Courante* fluide, une *Seconde courante* « plus marquée » et très ornementée, et une *Sarabande* gracieuse que Couperin voulait entendre jouée « tendrement ». Une *Bourrée* rustique ainsi qu'une *Gigue* « d'une légèreté modérée » s'enchaînent alors. Puis, pour assouplir la succession de tous ces mouvements de danse, Couperin insère — comme dans *l'Espagnole* et dans *la Piémontaise* — un *Rondeau* à trois couplets, gai et charmant. C'est une *Chaconne* en *ré* majeur qui conclut avec son thème noble. En son milieu, un épisode en mineur plus sombre, avec nombreux effets d'écho, — avant le retour « gayement » au majeur.

Quatrième Ordre — La Piémontaise

Il trouve son origine dans la sonate l'*Astrée*.

Après une introduction grave, se succèdent un mouvement de fugato vif et plein de rythme, un « gravement » à 3/2 sur une basse à la Corelli qui s'allège en croches chantantes et en « notes égales et rondement », puis un « vivement et marqué » construit sur un thème joyeux, — lequel s'impose dans toutes les parties sur une basse arpégée. Tout se termine « très lentement » ; puis Couperin intercale deux airs : le premier *Air* est une mélodie tendre pour les deux dessus, qui chantent seuls l'un après l'autre pour finalement s'assembler à la tierce ; le *Second Air* est « fort » — ainsi l'a souhaité Couperin —, avec de nombreux jeux d'écho : ici les deux dessus dialoguent le plus souvent à intervalle de tierce. La sonate prend fin avec un mouvement grave de style pointé, puis une gigue légère.

Il n'y a que six mouvements dans la suite. On relèvera l'élégance et la richesse de l'*Allemande* (« noblement, sans lenteur »). Puis une *Sarabande* tendre succède à deux *Courantes*, — la seconde plus vive. Un *Rondeau* à trois couplets légers et joyeux trouve ensuite sa place, — avant la *Gigue* finale à 6/8 qui s'affirme « affectueusement, quoique légèrement ».

Deux des cinq sonates en trio ne furent pas publiées par Couperin dans *les Nations* : *la Steinkerque* et *la Superbe*.

La Steinkerque

La Steinkerque est une des premières sonates en trio composées par Couperin. On peut très vraisemblablement la dater des mois qui suivirent la victoire de Steinkerque, remportée le 3 août 1692 contre Guillaume d'Orange par le maréchal de Luxembourg, fidèle lieutenant de Louis XIV. Cette victoire eut un immense retentissement à travers toute la France : à la cour et à la ville, la mode fut « à la Steinkerque ». Il semblait naturel qu'à son tour, Couperin rendît hommage au grand vainqueur dans une page de musique.

Pièce purement descriptive, *la Steinkerque* se révèle néanmoins la moins intéressante de toutes les sonates en trio de Couperin, qui ne la reprit d'ailleurs pas dans *les Nations*. Elle débute par un *Bruit de guerre* imitatif (« gayement ») en fanfare, auquel succèdent une série de mouvements aux tempi contrastés, et parmi ceux-ci : un *Air* à trois temps — plus air à danser qu'air à chanter —, un essai de fugato « légèrement », et un « mouvement de fanfares ».

La Superbe

On ne connaît pas avec certitude l'époque de composition de cette sonate. Certains la datent des années 1695 ; pour d'autres elle serait très postérieure, puisqu'écrite vers 1715.

Le début est lent. Un long thème évolue sur une basse chantante, et se transforme en thème de gigue à 6/8 dans un second mouvement « vivement ». Un court récitatif « très lentement » débouche ensuite sur une petite fugue au sujet léger, qui donne lieu à un beau développement. Un *Air tendre* à 3/4, à la française, ondule sur une ligne mélodique simple et claire. Une deuxième fugue, grâce à son rythme à 6/8, apporte une touche de gaieté pour conclure.

La Sultane

Cette sonate en quatuor pour deux dessus, deux basses de viole et basse continue est certainement une œuvre de maturité, peut-être conçue aux environs de 1710. C'est une véritable sonate d'église classique à quatre voix.

Le « gravement » initial s'avère d'une ampleur inhabituelle et d'une gravité exceptionnelle : mouvement fugué dont le thème est exposé aux deux violes, avant de se développer en un somptueux contrepoint à quatre parties. L'épisode « gayement » qui suit est une fugue : son sujet est basé sur la cellule initiale du thème du « gravement ». Dans un *Air* tendre, les deux chœurs d'instruments dialoguent : sur un thème lumineux, les dessus répondent en majeur au doux chant mineur des violes. Un second « gravement » se fait presque implorant et déchirant, lorsqu'apparaît « légèrement » un véritable petit mouvement de concerto. Un finale « vivement » conclut avec allégresse.

Le Parnasse, ou l'Apothéose de Corelli

L'Apothéose de Corelli fait partie du recueil des *Goûts réunis*, publié en 1724. C'est une grande sonate en trio à l'italienne pour deux dessus, basse d'archet et basse continue, — sorte d'hommage allégorique à Corelli, à qui Couperin vouait une immense admiration. Les sept mouvements de la sonate sont accompagnés de sous-titres évocateurs et tout empreints d'humour. On pourrait s'attendre à une musique descriptive ; or il s'agit bel et bien de musique pure, — que Philippe Beaussant compare à un « extraordinaire pastiche »*.

1. Corelli au pied du Parnasse prie les Muses de le recevoir parmi elles (« gravement ») : *L'Apothéose* débute, comme une sonate d'église, par un épisode grave. Sa vaste phrase ornementée, reprise à distance de trois mesures par le deuxième dessus, est soutenue par une lourde basse à l'italienne.

2. Corelli charmé de la bonne réception qu'on lui fait au Parnasse, en marque sa joye. Il continue avec ceux qui l'accompagnent (« gayement ») : Couperin recourt ici à une écriture en fugato.

3. Corelli buvant à la source d'Hypocrène, sa troupe continue (« modérément ») : mouvement en dialogue sur un motif de « notes égales et coulées », reprises à la basse.

4. Entouziasme de Corelli causé par les eaux d'Hypocrène (« vivement ») : encore un dialogue en imitation, qui s'achève par de belles envolées de triples croches aux deux dessus sans basse.

5. Corelli après son entouziasme, s'endort, et sa troupe joue le sommeil suivant (« très doux ») : c'est un « sommeil » comme en écrivaient les Italiens, qui se joue avec raffinement sur des « notes égales et coulées ».

6. Les Muses réveillent Corelli et le placent auprès d'Apollon (« vivement ») : le mouvement est animé de triolets, de triples croches et de notes pointées.

7. Remerciement de Corelli (« gayement ») : *L'Apothéose* prend fin avec ce très beau mouvement fugué, sur un sujet à l'italienne bondissant :

L'Apothéose de Lully

Le *Concert instrumental sous le titre d'Apothéose composé à la mémoire immortelle de l'incomparable Monsieur de Lully* a été publié à Paris en 1725, accompagné d'une préface dans laquelle Couperin déclare : « Tout ce que j'appréhende en voulant faire honneur au plus grand homme en musique que le dernier siècle ait produit, c'est de diminuer le préjugé de ceux qui ne connaissent ses ouvrages que par la renommée. »

Cette grande sonate en trio, plus ambitieuse que *L'Apothéose de Corelli* et deux fois plus longue, forme une sorte de vaste pièce à programme au centre de laquelle s'impose le personnage de Lully. Chacun de ses mouvements est paré d'un sous-titre évocateur et plein d'esprit. « Le titre même de *L'Apothéose*, avec sa grandiloquence affectée, est ainsi un pastiche. Il s'adresse aux dévots du Surintendant, avec leur propre jargon hagiographique » (Philippe Beaussant)*.

L'œuvre est écrite pour deux dessus, basse d'archet et clavecin pour la basse chiffrée. Mais Couperin n'exigeait aucune instrumentation immuable, — puisque, dans sa pré-

* Philippe Beaussant, in : *Couperin* (Paris, Fayard, 1980). Ajoutons ici que les sous-titres sont donnés dans leur orthographe d'origine.

* Philippe Beaussant, *op. cit.*

face, il tint à fournir la précision suivante : « Ce trio, ainsi que *l'Apothéose de Corelli...* [peut] s'exécuter à deux clavecins, ainsi que sur tous autres instruments. Je les exécute dans ma famille, et avec mes élèves, avec une réussite très heureuse, savoir en jouant le premier dessus et la basse sur un des clavecins ; et le second, avec la même basse sur un autre à l'unisson... »

1. Lulli aux Champs-Élysées concertant avec les ombres liriques* (« gravement ») : pièce conçue comme une grande ritournelle d'opéra.

2. Air pour les mêmes (« gracieusement ») : air à danser à trois temps.

3. Vol de Mercure aux Champs-Élysées, pour avertir qu'Apollon y va descendre (« très viste ») : « ce vol se joue deux fois », indique Couperin. De grandes guirlandes de doubles croches sur un rythme à 6/8 décrivent le vol de Mercure.

4. Descente d'Apollon qui vient offrir son violon à Lulli, et sa place au Parnasse (« noblement ») : une gamme descendante figure l'arrivée majestueuse d'Apollon.

5. Rumeur souterraine, causée par les auteurs contemporains de Lulli (« viste ») : « on joue deux fois cette rumeur », précise Couperin, qui parodie dans cette page le célèbre *Air des Trembleurs* de l'opéra *Isis* de Lully, — avec ses notes et ses arpèges répétés.

6. Plainte des mêmes par des flûtes ou des violons très adoucis (« dolemment ») : cette « plainte » à trois temps est précisément destinée aux flûtes ou aux violons.

7. Enlèvement de Lulli au Parnasse (« très légèrement ») : contrepoint léger à l'italienne, avec quelques syncopes et quelques imitations.

8. Accueil entre doux et agard, fait à Lulli par Corelli et les Muses italiennes (« largo ») : un petit motif doux, aux « notes égales et marquées », tempère un accueil qui semble un peu froid.

9. Remerciement de Lulli à Apollon (« gracieusement ») : air à la française très ornementé.

10. Apollon persuade Lulli et Corelli, que la réunion des goûts françois et italiens doit faire la perfection de la musique. Essai en forme d'ouverture (« élégamment, sans lenteur ») : le premier dessus figure « Lulli et les muses françaises », le deuxième dessus « Corelli et les muses italiennes ». C'est une ouverture de style français avec ses brillantes fanfares et son rythme pointé, suivie d'un « légèrement » à 3/4 d'une fluidité toute italienne, où s'affrontent de nombreuses figures arpégées.

11. Air léger pour deux violons : « Lulli jouant le sujet » au premier violon, et « Corelli l'accompagnant » au deuxième violon, en *sol* majeur.

12. Second air : « Corelli jouant le sujet à son tour » au premier violon, « que Lulli accompagne » au second violon, en *sol* mineur. La réunion des goûts français et italiens se réalise à la perfection.

13. La Paix du Parnasse, faite aux conditions, sur la remontrance des Muses françoises, que lorsqu'on y parleroit leur langue, on diroit dorénavant Sonade, Cantade, ainsi qu'on prononce Ballade, Sérénade, etc. Sonade en trio (« gravement ») : au premier dessus « Lulli et les muses françoises », au deuxième dessus « Corelli et les muses italiennes ». La manière italienne et la manière française sont à nouveau parfaitement réunies dans cette sonate en trio écrite dans le style d'une allemande.

14. Saillie (« vivement ») : c'est un petit fugato.

15. « Rondement » : mouvement de danse lente à 3/2, avec, en son milieu, une jolie basse chantante en croches piquées.

16. « Vivement » : l'œuvre s'achève sur le rythme pointé obsédant des notes répétées de ce mouvement.

LES SUITES POUR VIOLES ET BASSE CHIFFRÉE

Autres chefs-d'œuvre incontestés de Couperin, les *Pièces de violes avec la basse chiffrée* ont été éditées en 1728 en deux suites.

Après avoir timidement abordé la viole dans *Les Goûts réunis*, Couperin s'affirme ici en maître de l'écriture pour viole, et trouve ainsi sa place au sein de la magnifique école française, brillamment représentée par Marin Marais, puis par Antoine Forqueray ou Caix d'Hervelois. Couperin démontre qu'il sait tirer de l'instrument tout ce qu'il peut offrir de puissance, d'intensité sonore et d'expressivité ; et d'autant mieux que, depuis la fin du XVIIe siècle et grâce au violiste Sainte-Colombe, la viole française

* Nous avons respecté, comme d'habitude, l'orthographe de Couperin.

s'était considérablement améliorée, — notamment par l'adjonction d'une septième corde accordée en *la* qui élargissait son registre.

Les pièces de Couperin sont écrites pour deux violes et basse chiffrée, — la partie de première viole restant généralement plus riche que la partie de seconde viole.

Première Suite

Tout entière en *mi*, elle est dédiée à un « Sujet » (première viole), à une « Basse » (deuxième viole), et à la basse chiffrée. Il s'agit d'une suite classique constituée d'une succession de danses.

1. **Prélude** (« gravement ») : chant tendre et mélancolique, très ornementé à la manière française, avec de grandes descentes de triples croches et de nombreux agréments.

2. **Allemande légère** : allemande légère, mais également fort élégante.

3. **Courante** : cette noble courante ornementée est conclue par une admirable phrase en doubles cordes chromatiques.

4. **Sarabande grave** : on remarque, à plusieurs reprises, l'interruption de la basse pendant une ou deux mesures.

5. **Gavotte** (« gracieusement, sans lenteur ») : certes gracieuse, quoique d'une longueur inhabituelle pour une gavotte.

6. **Gigue** (« gayement ») : s'élargit vers la fin en rythmes complexes.

7. **Passacaille ou chaconne** : seule pièce en majeur de la suite, elle est construite comme un rondeau, et comporte un épisode central en mineur qui « sonne » tel un carillon. Le rythme s'intensifie de plus en plus quand s'annonce la conclusion.

Deuxième Suite

C'est plus une sonate à l'italienne qu'une suite à proprement parler : pas de danse, mais un prélude, une petite fugue, un « tombeau », et une pièce sous-titrée.

1. **Prélude** (« gravement ») : il évolue comme un canon entre les deux violes, sur un thème ornementé.

2. **Fuguette** : le travail contrapuntique de Couperin se révèle ici admirable.

3. **Pompe funèbre** (« très gravement ») : comme son titre l'indique, il s'agit d'un « tombeau », genre éminemment pratiqué par nombre de musiciens des générations précédentes. Peut-être est-ce un « tombeau » en hommage à Marin Marais, mort en 1728 ? Le thème très court — une mesure — revient inlassablement sur un rythme de marche, interrompu au centre par l'appui violent de quatre notes sous des « aspirations ». Partout l'harmonie reste simple, tandis que la progression tragique se fait déchirante.

4. **La Chemise blanche** : que signifie ce titre énigmatique ? Deux parties dans cette pièce : la première en *la* mineur, la seconde en *la* majeur. C'est, à la vérité, un mouvement perpétuel, avec une première viole extrêmement brillante et prépondérante. La seconde viole se contente de ponctuer de croches légères les doubles croches acrobatiques de la première.

A.d.P

JEAN-FRANÇOIS DANDRIEU

Né à Paris vers 1682 ; mort à Paris, le 17 janvier 1738. Neveu de Pierre Dandrieu, organiste de Saint-Barthélémy à Paris, et élève de Jean-Baptiste Moreau, il était considéré par ses contemporains comme l'un des meilleurs clavecinistes de sa génération. Il fut simultanément organiste de Saint-Merry (1705) et organiste de la Chapelle du roi (1721), avant de succéder à son oncle à la tribune de Saint-Barthélémy en 1733. C'est dans cette paroisse qu'il fut enterré, et c'est sa sœur, Jeanne-Françoise, excellente musicienne, qui lui succéda à son tour. On lui doit six livres de pièces de clavecin, un livre de pièces d'orgue, quelques airs, des Noëls et deux recueils de musique de chambre.

Paru à Paris en 1705, à la même époque que le premier *Livre de clavecin*, le **Livre de sonates en trio... première œuvre** fut dédié à Madame (vraisemblablement la princesse Palatine). Dans sa dédicace, Dandrieu rend hommage à la princesse, qui semble l'avoir protégé et soutenu dès sa plus tendre enfance. Ce recueil renferme six sonates : trois sont de véritables trios pour deux violons et basse continue chiffrée (*Sonates IV*, *V* et *VI*) ; les trois autres, malgré leur titre, s'adjoignent une quatrième partie de violoncelle qui, le plus souvent, garde son autonomie (*Sonates I*, *II* et *III*). Cette partie est cependant supprimée dans la *Giga* de la première sonate.

Quatre de ces sonates sont en quatre mouvements — lent, vif, lent, vif —, et deux comportent cinq mouvements (*Sonates II* et *V*). Chacune commence par un morceau lent et se termine par un finale rapide (gigue, presto, vivace ou allegro). La sixième sonate mêle les genres de la sonate et de la suite : elle s'ouvre par un *Adagio* solennel qui s'enchaîne à une *Allemanda, allegro*, pièce binaire qui a l'allure marquée et majestueuse de l'allemande, se poursuit par une *Siciliana, affetuoso* à 6/4 calme et modérée, puis s'achève par une *Gavotta* et un *Vivace* à 6/8 au rythme de gigue.

En organiste habile, Dandrieu utilise une écriture élégante et une polyphonie riche et aérée à la fois : les violons progressent souvent à la tierce ou en imitations serrées, parsemées d'indications de nuance « forte » et « piano » clairement exprimées (premier *Adagio* de la *Sonate I* ou *Vivace* des *Sonates IV* et *V*, par exemple). Les mouvements lents d'introduction offrent des caractères variés : certains reposent essentiellement sur des valeurs longues, blanches ou rondes, qui requièrent une réalisation et un remplissage harmonique (*Adagio* de la *Sonate III* ou *Largo* de la *Sonate II*) ; d'autres adoptent la forme d'un prélude majestueux (*Adagio* des *Sonates IV* et *VI*). Les mouvements rapides sont surtout des pièces vives et légères, avec de belles imitations.

Le **Livre de sonates à violon seul... œuvre 2**, dédié à Michel-Richard Delalande, surintendant de la Musique du roi, a été publié à Paris. Il n'est pas daté, mais sa page de titre nous fournit quelques renseignements sur l'époque de la composition des sonates qu'il contient : elle indique en effet que Dandrieu était alors organiste de Saint-Merry et de Saint-Barthélémy ; or il commença officieusement à remplacer son oncle dans cette dernière paroisse aux environs de 1720 ; d'autre part, le dédicataire Michel-Richard Delalande mourut à Versailles en 1726. On peut donc vraisemblablement dater ce recueil des années 1720-1725.

Les sonates pour violon seul et basse chiffrée sont au nombre de six. Elles comptent cinq ou six mouvements suivant les cas ; chacune débute par un prélude (*Preludio*) et se termine par un tempo de danse (gigue, courante ou gavotte). Seule la *Sonate VI* s'achève par une *Aria, affetuoso* à 3/8. A l'intérieur de ses sonates, Dandrieu allie, sous des terminologies italiennes, le schéma de la suite de danses avec des allemandes (*Sonates I*, *II* et *VI*), des courantes (*Sonates IV* et *V*), des gavottes (*Sonates I*, *III*, *IV* et *V*), une sarabande (*Sonate VI*), des gigues (*Sonates I*, *II*, *III*, *V* et *VI*), et le schéma de la sonate à l'italienne avec des préludes lents, des *allegro*, des *aria*, des *vivace*.

Les préludes solennels d'ouverture sont de style orné : le prélude de la *Sonate II* est une page majestueuse au rythme pointé, celui de la *Sonate V* est entièrement chiffré sur une trame harmonique en blanches qui impose une réalisation de ses accords. Comme dans le recueil précédent, les mouvements rapides font appel à une habile écriture en imitations (entrées en imitations du *Vivace* de la *Sonate VI*, par exemple) et à un contrepoint léger (premier *Allegro* de la *Sonate III*). Les allemandes sont bien assises, et les deux courantes sont de styles opposés : la *Corrente, allegro* de la *Sonate IV* est une danse légère et rapide à l'italienne, la *Corrente, affetuoso* de la *Sonate V* se trouve au contraire marquées par l'instabilité rythmique de son modèle français. Les gavottes sont joyeuses, et les *Aria* forment des pièces mélodieuses qu'assouplissent çà et là de gracieux triolets (*Sonate III*).

A.d.P.

CLAUDE DEBUSSY

Né à Saint-Germain-en-Laye, le 22 août 1862; mort à Paris, le 25 mars 1918. Il était issu d'une famille de modestes commerçants, et ne reçut aucune éducation générale sérieuse. Mais il se fit remarquer par ses dons musicaux, et entreprit des études de piano avec Mme Mauté de Fleurville (ancienne élève de Chopin) et fut admis au Conservatoire de Paris dès l'âge de dix ans. Il devait y passer douze années dans les classes de Marmontel (piano), Lavignac (solfège), César Franck (orgue), et Guiraud (son vrai « maître » pour la composition) : ces années lui procurèrent une solide formation musicale. Entre-temps, le jeune Debussy fut engagé comme « pianiste privé » chez la baronne von Meck, la riche protectrice de Tchaïkovski, à Moscou; ces séjours en Russie, prolongés par des voyages en Italie, puis en Autriche, lui apportèrent la culture générale qui lui manquait. En 1884, la cantate l'Enfant prodigue *— son deuxième essai au concours pour le Grand Prix de Rome — lui ouve les portes de la Villa Médicis : il y abrègera son séjour, ne supportant ni l'académisme de cet établissement ni les verdicts de l'Institut scandalisé par ses « envois ». En 1887, il s'installe définitivement à Paris, qu'il ne quittera plus guère, et y vit des années impécunieuses mais intellectuellement les plus enrichissantes : fréquentation des « Mardis » mallarméens, amitié avec Pierre Louÿs, rencontres de Verlaine, Laforgue, Huysmans, ainsi que de peintres, dit « impressionnistes », qui ne seront pas sans l'inspirer. En 1888, premier voyage à Bayreuth dont il reviendra « follement wagnérien » (mais pas pour longtemps) et, en 1889, révélation des musiques d'Extrême-Orient à l'Exposition universelle. En 1894 première audition, triomphale, du* Prélude à l'Après-midi d'un faune *marquant l'entrée dans la « vie publique » et qui, jusqu'à la création en 1902 de* Pelléas et Mélisande, *consacrera la célébrité du compositeur, en même temps que l'amélioration de sa situation matérielle. De cette période, qui voit notamment l'éclatant succès des* Nocturnes *aux Concerts Lamoureux, datent aussi les premières compositions notables pour piano. Suivront, à partir de 1903 et dans l'aisance procurée par un deuxième mariage, les grandes années entièrement vouées au travail : œuvres pour l'orchestre (dont* la Mer*), mais également de la musique vocale, et beaucoup de musique pour piano. Vers 1910, premières atteintes d'un cancer qui, malgré deux opérations, terrassera le musicien peu avant la fin de la Première Guerre mondiale : mais, dans la souffrance, Debussy n'aura cessé d'écrire, en particulier des œuvres de chambre (les trois* Sonates, *qui seront présentées ci-après). Dans ce même domaine de la musique de chambre, le compositeur se sera montré peu prolixe, avec le seul* Quatuor à cordes *de sa trentième année, ainsi qu'une courte pièce d'une éblouissante maîtrise,* Syrinx *pour flûte. Sera également mentionnée, en fin de chapitre, l'existence d'un* Trio *de jeunesse, récemment découvert et qui ne manque pas de mérites.*

Quatuor à cordes, en *sol* mineur (op. 10)

C'est en 1892 que Debussy — il avait atteint la trentaine — entreprit la composition de ce qui resterait son unique quatuor, à peu près en même temps que la mise en chantier du *Prélude à l'Après-midi d'un faune*. Le rapprochement de ces deux œuvres est extrêmement significatif : tandis que le *Faune* recèle tant de promesses d'avenir, le *Quatuor* reste lourd d'un passé encore récemment appris. C'est la première œuvre de véritable maturité artistique; et c'est en même temps celle dans laquelle Debussy tenait à démontrer la solidité de sa technique, en s'illustrant dans un genre musical que la Société Nationale de Musique venait de glorifier à travers les *Quatuors* de Franck (1890) et de d'Indy (1891). L'ouvrage eut le privilège d'une création par les soins du fameux Quatuor Ysaye le 29 décembre 1893 à Paris (à la Société Nationale), et d'une publication, dès 1894, par l'éditeur Durand sous le numéro d'*op. 10*, — le seul jamais attribué à une œuvre du compositeur. L'accueil fut assez froid : la critique, dans son ensemble, fut troublée par les nouveautés de l'harmonie et des sonorités, — Paul Dukas, toujours clairvoyant, étant parmi les seuls à apprécier pleinement les qualités de l'œuvre. Citons ici deux excellents commentateurs* : « Sans avoir la rigueur polyphonique et la fermeté structurelle des meilleures compositions du genre, ce premier et unique essai est sans conteste une réussite. Debussy y amalgame avec bonheur des éléments aussi différents que les modes grégoriens, la musique tzigane, le gamelan javanais, les styles de Massenet et de Franck, sans compter celui des Russes contemporains. Il utilise également avec abondance le principe cyclique cher aux franckistes en reprenant dans chaque mouvement, avec quelques variantes, le thème de départ écrit en *sol* phrygien... » C'est ce que nous observerons immédiatement, à travers l'analyse qui suit.

1. **Animé et très décidé** (*sol* mineur, à 4/4) : est présenté d'emblée le thème principal, d'allure noble, assez sévère et fortement accentué, — dont les transformations rythmiques marqueront l'œuvre entière ; il adopte le mode *mi* sur *sol* (donc phrygien, comme indiqué précédemment) :

Une mélodie pentatonique réintroduit une nouvelle exposition du thème initial en *mi* bémol sur *sol* bémol, — avec une idée secondaire menant en crescendo à un point d'orgue. C'est alors qu'apparaîtra, *doux et expressif*, le deuxième thème à la dominante de *mi*, — un chant très simple, un peu rêveur, alterné au premier violon et au violoncelle. C'est sur une telle opposition thématique que se bâtira ce mouvement initial dans une forme sonate toute classique et parfaitement concise. Le développement se trouve vite dominé par le second thème qui atteindra un sommet d'intensité, avant une région centrale d'un calme mystérieux, — le premier thème reparaissant murmuré par l'alto. La réexposition, qui commence régulièrement au ton principal avec ce thème dans sa forme originelle, est abrégée ; on remarquera néanmoins combien les instruments dialoguent peu, mais s'assemblent par groupes de trois accompagnant le quatrième. Une accélération progressive amène la courte et brillante coda-strette marquée *Très animé*.

2. **Assez vif et bien rythmé** (en *sol* majeur, à 6/8) : c'est un scherzo, avec trio médian, faisant un usage virtuose du pizzicato. Le thème principal du mouvement précédent, modifié rythmiquement, est annoncé par l'alto, puis obstinément répété et élargi en passant au violon, — soutenu lui-même par un trémolo du second violon et de l'alto et par les pizzicatos du violoncelle. Le trio est en *mi* bémol, — avec ce même thème, cette fois en valeurs longues. Brève réapparition du scherzo, puis reprise variée du trio, — le thème persistant en *sol* bémol, puis en *ré* bémol majeur. Dernière reprise du scherzo en *sol* majeur, avant la brève coda que concluent furtivement trois pizzicatos *pianissimo*.

3. **Andantino, doucement expressif** (en *ré* bémol majeur, à 6/8) : c'est un grand nocturne doucement mélancolique, imposant la sourdine aux quatre voix. Il est dans une forme ternaire, — le thème de l'épisode initial se signalant par ses chromatismes et une harmonisation toute franckiste. L'épisode central est joué sans sourdines et, *un peu plus vite*, adopte un 3/8 avec l'alto exprimant à découvert une sorte de récitatif en *fa* dièse mineur ; une nouvelle variante du thème cyclique est alors introduite par ce même instrument en *sol* dièse mineur, — avant de chanter enfin, avec passion, au premier violon. Le récitatif d'alto, revenu en *fa* dièse mineur, précède la reprise écourtée du premier épisode qui s'évanouit en *pianissimo*.

4. **Très modéré** (en *ré* bémol majeur, à 4/4), puis **Très mouvementé et avec passion** (en *sol* mineur, à 2/2) : le finale utilise à nouveau le thème principal du premier mouvement ainsi que ses variantes, — provoquant l'impression d'une abondance de motifs que masque l'insistance du procédé cyclique. Ce finale proprement dit ne débute qu'au terme de trente mesures d'introduction en récitatif, puis en progression serrée sur un ostinato de tierces chromatiques. Il se développe avec intensité, en *sol* mineur, avant une réapparition, calme et bien marquée, du thème cyclique en *ut* dièse, puis en *si* majeur. Se succèdent alors divers épisodes d'une puissance quasi orchestrale, où se remarque un ostinato rythmique en triolets. Un développement terminal opposera encore le thème cyclique et l'une de ses variantes en augmentation, avant une sereine accalmie. Celle-ci précédera la brève conclusion en *sol* majeur, — une strette d'un irrésistible élan affirmant, une dernière fois, la primauté du thème initial et conférant à l'œuvre — apparente mosaïque de motifs,

* Serge Gut et Danièle Pistone, in : *La musique de chambre en France de 1870 à 1918 (Éd. Champion, Paris, 1985).*

de variations, de changements prismatiques d'harmonie — sa lumineuse unité.

Durée d'exécution : 25 minutes environ.

LES TROIS SONATES

Les trois *Sonates* instrumentales sont d'un Debussy au déclin de sa vie, quoique en pleine floraison créatrice. On doit celles-ci à l'éditeur Jacques Durand, qui réussit à tirer le musicien de la claustration dans laquelle il vivait depuis le début de la Première Guerre mondiale. Debussy envisagea alors une série de six sonates pour divers instruments dans l'esprit de la sonate préclassique, et en hommage aux maîtres français du XVIIIe siècle. N'avait-il pas écrit lui-même : « Rien ne peut excuser d'avoir à ce point oublié la tradition inscrite dans l'œuvre de Rameau, remplie de trouvailles géniales presque uniques... » Cette émulation devait nourrir les trois *Sonates* qu'il put terminer (la mort l'empêchant de réaliser pleinement son projet). Ces *Sonates* furent publiées, à sa demande, sous un titre d'ensemble imprimé en beaux caractères XVIIIe siècle : « Six sonates / Pour divers instruments / Composées par / Claude Debussy / Musicien français », avec une dédicace commune à sa seconde femme, Emma Bardac.

Sonate n° 1 pour violoncelle et piano, en *ré* mineur

L'œuvre fut écrite d'un seul jet, comme improvisée, de fin juillet à début août 1915 lors d'un séjour à Pourville, devant la mer. L'auteur avait pensé l'intituler *Pierrot fâché avec la Lune*, — comme un hommage à Watteau, ou peut-être à des poètes de son temps, Jules Laforgue ou Albert Giraud (inspirateur du *Pierrot lunaire*). La partition ne parut point sous ce titre, cependant merveilleusement évocateur de ce mélange, très debussyste, d'humour sarcastique et de poésie mélancolique. Elle fut créée le 4 mars 1916 à Paris, et publiée par Durand la même année. Signalons, avant tout commentaire, que le violoncelle détient la partie la plus importante, avec un piano souvent confiné dans un rôle accompagnateur (note manuscrite du compositeur : « Que le pianiste n'oublie jamais qu'il ne faut pas lutter contre le violoncelle, mais l'accompagner »). Il y a trois mouvements.

1. **Prologue** : il est construit avec rigueur, en dépit d'une certaine liberté d'allure. L'entrée a la noblesse majestueuse d'une Ouverture à la française. Cependant le ton, hésitant momentanément entre mineur et majeur, devient bientôt plus intime, délicieusement rêveur, — avec un thème récurrent (on le retrouvera non seulement ici, mais dans les autres mouvements). C'est ensuite un *Allegro* d'une agitation inquiète, progressant jusqu'au retour du thème. C'est en *ré* mineur modal et à l'aigu du violoncelle sur une quinte vide que s'évanouira ce *Prologue*, — tel un tintement triste et lointain de cloches.

2. **Sérénade** : il s'agit ici d'une pièce traitée dans un caractère *fantastique et léger*, et dans un ton d'ironie à la fois délicate et mordante. En une évocation de guitares et de mandolines, le violoncelle fournit pizzicatos et portandos à un rythme de habanera sur des harmoniques raffinées. Le piano est cantonné dans un registre grave, et semble exprimer la mélancolie d'un *Pierrot*. Le tout se dissout, à la fin, mystérieusement, pour laisser place au finale qui enchaîne.

3. **Finale** : là encore, défilent rapidement des images d'Espagne, avec quelques évocations, à la fois rythmiques et lyriques, d'*Ibéria* (en particuler, les *Parfums de la nuit*). A cet épisode indiqué dans la partition *Con morbidezza* succède une course de triolets amenant une libre réexposition, — en une forme cyclique considérablement affinée. C'est une brève cadence du violoncelle qui précède les vigoureux accords conclusifs où se retrouve enfin le ton principal de *ré* mineur.

Durée moyenne d'exécution : 11-12 minutes.

Sonate n° 2 pour flûte, alto et harpe, en *fa* majeur

Cette nouvelle *Sonate* fut de peu postérieure à la précédente, — puisque composée de fin septembre au début d'octobre 1915 (simultanément aux *Études* pour piano). Elle fut destinée d'abord à la flûte, au hautbois et à la harpe, et doit à son instrumentation définitive, avec le choix de l'alto remplaçant le hautbois, son caractère « affreusement mélancolique ». Debussy ajoutait également : « Je ne sais pas si l'on doit en rire ou en pleurer, peut-être les deux ? ». Il est certain que les trois instruments marient leurs timbres admirablement, en un alliage subtil entre liberté du propos et de la structure, lyrisme et sensualité. Beaucoup tiennent cette partition pour le chef-d'œuvre suprême du compositeur, — dans tous les cas pour la plus belle des trois *Sonates*. La première audition publique en fut donnée le 10 décembre 1916 à Paris (selon l'auteur, une exécution privée en aurait eu lieu auparavant). Elle fut publiée, la même année, chez Durand. Il y a trois mouvements.

1. Pastorale : le premier mouvement instaure d'emblée une atmosphère commune aux trois parties qui le constituent. La flûte propose le déroulement fluide d'un premier élément thématique énoncé ainsi :

Le ton principal de *fa* majeur n'est atteint qu'à la neuvième mesure, — à travers une cadence et une quinte à vide de l'alto. Diverses modulations de *si* bémol, *fa* majeur et *la* mineur mènent à la dominante *ut*, — sur quoi débute la partie centrale marquée « vif et joyeux ». Puis, reprise de la première partie dans un ordre complètement modifié, et affirmation définitive du ton de *fa* (avec *mi* ajouté), — comme une interrogation étonnée au terme de cette idylle un peu triste.

2. Interlude (Tempo di minuetto) : mouvement de menuet lent, qu'animent la liberté des mélismes ainsi que la hardiesse des harmonies. Le thème, un peu langoureux, repose sur la dominante de *fa* mineur ; on passe toutefois, sans beaucoup tarder, au ton de *ré* bémol majeur. Une sorte de trio central, en *si* majeur, fait contraste grâce aux ornementations de la flûte. C'est la harpe qui reprendra brièvement le thème de menuet, — avant un retour varié de l'épisode en *si* majeur, puis une coda sur le thème de menuet, en *fa* mineur, dont la harpe égrène l'accord. La pièce est conclue, comme en suspens, sur un unisson des trois instruments.

3. Finale : malgré le ton de *fa* mineur, l'atmosphère de cet *Allegro moderato ma risoluto*, rythmiquement vigoureux, est enjouée. La flûte s'élance tel un oiseau dans le ciel, et la harpe grésille dans la chaleur d'une belle journée d'été. Après des incursions vers *la* bémol, puis *ré* bémol, s'engage une sorte de développement en *si* bémol mineur au terme duquel la flûte — « lointain » — amorce le thème d'un épisode *Un poco più mosso* en *ré* mineur modal. Puis on atteint une superposition d'harmonies polytonales sur le premier élément mélodique de ce finale. La reprise a lieu en *fa* mineur ; mais c'est une joie dionysiaque qui éclate en majeur, brièvement interrompue par un rappel discrètement nostalgique de trois mesures de la *Pastorale* du début de l'œuvre.

Durée d'exécution : 17 minutes environ.

Sonate n° 3 pour violon et piano, en *sol* mineur

Lorsqu'il compose cette dernière *Sonate*, Debussy n'est plus qu'un malade qui s'exténue lentement. C'est en février-mars 1917, à Arcachon, qu'il peut enfin, au prix de grands efforts, terminer sa partition. Elle doit sans doute à ces pénibles circonstances de ne pas donner l'impression d'équilibre et d'aisance des deux précédentes *Sonates*. L'inspiration, en revanche, n'en paraît que plus riche de fantaisie, et le langage d'un pathétisme inhabituel. D'autre part, un commentateur aussi avisé que Harry Halbreich* peut affirmer que... « par l'harmonieuse fusion des deux instruments, Debussy égale les réussites miraculeuses de Mozart ou du Brahms de la *Sonate* en *sol* ». La première audition en fut donnée par le jeune violoniste Gaston Poulet, le compositeur (dernière apparition publique) étant au piano, le 5 mai 1917 à la salle Gaveau, à Paris. L'œuvre fut éditée par Durand l'année même. Elle comporte trois mouvements.

1. Allegro vivo : un thème, exposé en un 3/4 *dolce espressivo* par le violon (*sol* mineur modal),

domine ce mouvement bithématique. Le second thème n'apparaîtra d'ailleurs qu'au terme d'un épisode passionné, puis plus calme, — avec le violon s'appuyant sur une même note obstinée au clavier. Après une reprise presque intégrale du thème initial, les deux thèmes seront combinés au cours d'une longue coda, comme en une sorte de développement terminal, suivant un procédé d'amplification mélodique dans laquelle se décèle une lutte angoissée : un

* H. Halbreich, in : *Claude Debussy* (Éd. Fayard, Paris, 1980).

« tournoiement » qui ne parvient pas à prendre son essor. La conclusion abrupte est dans le ton d'origine, *sol* mineur.

2. Intermède (Fantasque et léger) : les appréciations divergent quelque peu sur ce second mouvement. Les uns n'y trouvent que pudique ironie, d'autres qu'affirmation d'ibérisme, — tel un rappel du passé. Il est vrai que l'ostinato rythmique (doubles croches en staccato) du thème initial ne peut qu'induire un caractère « espagnol » du second thème qui lui est opposé (« expressif et sans rigueur »), — lequel, à la vérité, ne prétend à rien d'autre qu'un pur divertissement.

3. Finale (Très animé) : Debussy comparait le dernier mouvement de sa *Sonate* au « jeu simple d'une idée tournant sur elle-même comme un serpent qui se mord la queue ». Et il est sûr que ce *Finale* tente, mais en vain, de se griser d'une sorte de perpetuum mobile d'une factice gaieté. Citons, pour terminer, le petit commentaire qu'en a fourni Jean Barraqué* : « Le finale est d'une coupe assez originale. Ce mouvement est, à l'exception d'un intermède central (*le double plus lent*), de caractère monothématique. L'exposition du thème principal est précédée d'un rappel du premier thème du mouvement central. Après sa réexposition, ce thème apparaît deux fois en augmentation au piano et il conclut le morceau au violon *peu à peu très animé* sur un mouvement chromatique du piano »... Comme un dernier sursaut de vie.

Durée d'exécution : 14 minutes environ.

AUTRES ŒUVRES

On ne mentionnera que pour mémoire deux pièces pour clarinette et piano, simplement écrites comme morceaux de virtuosité en vue du concours de clarinette du Conservatoire de Paris, en 1910 : ces exercices de déchiffrage n'ont jamais été conçus dans l'esprit de la musique de chambre. La seconde de ces œuvres fut orchestrée dès 1911, et devint la *Rhapsodie pour orchestre avec clarinette principale* en *si* bémol majeur ; c'est dans cette version qu'elle a conservé quelque notoriété**. Plus tard, Debussy orchestra également sa première pièce.

Syrinx est une page brève, merveilleusement poétique, pour flûte seule (que les flûtistes du monde entier ont, pour cette seule raison, annexée à leur répertoir) : elle fut, à l'origine (1913), écrite par Debussy comme musique de scène pour la pièce de Gabriel Mourey, *Psyché*. La flûte chante au souffle du dieu Pan exhalant son dernier soupir. Pour caractériser l'arabesque debussyste où prend naissance sa mélodie, Harry Halbreich, déjà cité, a fourni ce commentaire savant : « Géotropisme est le nom donné au phénomène qui fait graviter les racines des plantes vers le centre de la terre. Géotropisme positif est l'expression qui sert à désigner cette attraction vers un centre de gravité, alors que géotropisme négatif désigne la tendance des tiges à s'éloigner du centre de la terre. On évoque ici la signification symbolique des motifs floraux et végétaux de l'Art nouveau... Beaucoup des motifs typiques en arabesque de Debussy paraissent mus par une force descendante ; des phrases comme celle-ci, extraite de *Syrinx*,

sont indiscutablement une contrepartie musicale des motifs décoratifs passés de l'Art nouveau à l'impressionnisme ». Comment pourrait-on, de plus subtile façon, replacer cette si courte pièce dans un mouvement artistique de si belle ampleur ?

Durée d'exécution : 2 minutes 1/2 environ.

Il reste à indiquer qu'a été retrouvée récemment une partition de jeunesse (1879-1880), premier ouvrage de musique de chambre écrit par Debussy durant son séjour chez Mme von Meck, et dédié en ces termes à l'éditeur Durand : « Beaucoup de notes accompagnées de beaucoup d'amitiés. » Il s'agit d'un **Trio pour piano, violon et violoncelle**, en *sol* majeur, encore situé dans la mouvance franckiste, trahissant également l'influence de Massenet. Toutefois le jeune Debussy prend déjà ses distances par rapport à ses maîtres : une légèreté, un certain sens de la transparence dans l'*Allegro appassionato*, et une originalité rythmique notable dans le *Scherzo intermezzo*. Mais — on l'avouera — le grand Debussy y est encore loin.

F.R.T.

---

* J. Barraqué, in : *Debussy* (Éd. du Seuil, Paris, 1962).

** Voir *Guide de la musique symphonique* (même éditeur).

FRANÇOIS DEVIENNE

Né à Joinville, le 31 janvier 1759; mort à Charenton, le 5 septembre 1803. Compositeur, flûtiste et bassoniste de renom, virtuose du Concert Spirituel dès 1780, il fut très recherché comme professeur de basson. Flûtiste dans l'orchestre de la Société Olympique, bassoniste à l'Opéra sous l'Ancien Régime, il se rallia à la Révolution et entra dans le corps de musique de la Garde nationale. Sous la Révolution, il fit représenter dans divers théâtres parisiens des ouvrages lyriques qui eurent du succès. Membre de l'Institut national de musique, il fut nommé professeur de flûte à la création du Conservatoire en 1795, et publia la même année une méthode de flûte qui fut longtemps utilisée. Perturbé par une maladie mentale, il fut interné à l'hospice de Charenton où il mourut. Virtuose accompli et compositeur fécond, Devienne fut l'auteur de concertos, de symphonies, de romances, de pièces pour la flûte et le basson, d'ouvrages dramatiques et d'hymnes révolutionnaires.

L'Œuvre de chambre

Le catalogue de l'œuvre instrumentale de Devienne est si impressionnant qu'il serait impossible d'en dresser ici une liste détaillée. Il comporte, par exemple, vingt-et-un quatuors pour flûte, violon, alto et basse composés entre 1783 et 1794, trois quatuors pour basson, violon, alto et basse, des quatuors pour clarinette et cordes, des sonates en quatuor pour flûte, violon, alto et violoncelle datées de 1789. On doit aussi à Devienne un grand nombre de trios, et notamment six trios pour basson, violon et violoncelle *op. 17* (vers 1782), six trios pour flûte, violon et alto (1784), six trios pour deux flûtes et basse (1787), six trios pour deux clarinettes et basson *op. 27* (1790), trois trios pour flûte, violon et violoncelle *op. 66* (1790). Le nombre de ses *Duetti* est également considérable : plus de cent dédiés à toutes sortes de combinaisons instrumentales, — auxquels on peut ajouter des sonates pour flûte, des sonates pour le forte-piano avec accompagnement de violon publiées à Paris vers 1795, des sonates à violon seul dédiées à son beau-père, des sonates pour hautbois avec accompagnement de basse, et deux séries de grands solos pour flûte avec accompagnement de violon et de violoncelle.

L'un des buts de l'œuvre de Devienne fut bien évidemment de mettre en valeur les instruments pour lesquels il composa, et plus particulièrement ceux dont il jouait en virtuose et qu'il professait (la flûte et le basson). Son habileté sur ces instruments semblait d'une facilité toute naturelle. Dans toutes les pages qu'il leur consacra, ceux-ci font assaut de virtuosité, — ainsi dans les **Grands solos pour flûte avec accompagnement de violon et violoncelle ad libitum** où la flûte est accompagnée par un violon sur une basse ponctuée par le violoncelle. Les traits techniques peuvent atteindre la plus haute virtuosité, mais les difficultés se mêlent à la grâce d'une mélodie simple et chantante, typique du style français élégant de la fin du XVIIIe siècle. On retiendra la facilité de la veine mélodique de Devienne et la pureté de son langage harmonique. Sans nul doute il aura, pour une large part, contribué aux progrès techniques de l'art de la flûte, et — chose plus rare de son temps — aux progrès de l'art du basson.

A.d.P.

CARL DITTERS VON DITTERSDORF

Né à Vienne, le 2 novembre 1739 : mort au château de Rothlotta, en Bohême, le 24 octobre 1799. De son nom Carl Ditters, plus tard anobli en Ditters von Dittersdorf, violoniste et compositeur précoce, il fut, de 1751 à 1761, page puis violoniste au service du prince de Saxe-Hildburghausen, accompagna Gluck en Italie en 1763, et de 1765 à 1769 fut maître de la chapelle à Grosswardein (Hongrie). Il entra ensuite à Johannisberg, en Silésie, comme musicien et comme titulaire de plusieurs postes administratifs, au service du comte Schaffgosch, prince-évêque de Breslau. Il conserva cet emploi un quart de siècle, non sans effectuer de fréquents séjours à Vienne (où le 11 juillet 1786 fut créé le plus célèbre de ses opéras-comiques. Der Apotheker und der Doktor*). Il mourut dans la misère, deux jours après avoir achevé de dicter son autobiographie à son fils. Dittersdorf reste, après Haydn et Mozart, le plus célèbre compositeur viennois de musique instrumentale de la seconde moitié du* XVIII*e siècle. Il laissa près de deux cents symphonies et une cinquantaine de concertos. Ami de jeunesse de Haydn, il participa avec lui et Mozart, vers 1784, à des séances de quatuor à cordes, — ce qui le poussa en 1787-88 à en écrire lui-même six.*

Que Dittersdorf ait écrit ses six quatuors — respectivement en *ré*, en *si* bémol, en *sol*, en *ut*, en *mi* bémol et en *la* majeur — stimulé par les exemples de Haydn et de Mozart, et dans l'espoir de faire aussi bien que ces derniers, est attesté par sa lettre à l'éditeur viennois Artaria datée « Johannisberg, le 18 août 1788 ». Dittersdorf y précise que les six ouvrages l'ont occupé de treize à quatorze mois, — ajoutant qu'un de ses amis, les ayant entendus plusieurs fois, avait estimé qu'ils surclassaient non seulement les quatuors de Pleyel, mais aussi ceux de Haydn (*sic*). Artaria les publia en janvier 1789. Ils ont souvent été réédités depuis, et comptent parmi les quatuors les plus intéressants de leur époque ; ils ne sauraient évidemment se comparer à ceux de Haydn et de Mozart, bien que Dittersdorf, dans sa lettre déjà évoquée à Artaria, ait déclaré : « Ils sont plus réussis que je ne l'avais cru moi-même au début. »

Quatuor à cordes n° 1, en *ré* majeur : c'est le plus connu des six. Il est en trois mouvements, comme chacun des suivants, et s'ouvre par un *Moderato* à 4/4 au thème assez mozartien. Le développement central énonce d'abord ce thème en *fa* majeur, puis plus loin en *ré* bémol majeur. Suit un *Menuetto* (*Moderato*) avec trio en *ré* mineur. Le finale (*Allegro* à 2/4) énonce un thème en doubles croches, puis semble citer le mouvement correspondant de la *Symphonie n° 88* de Haydn (1787). L'épisode central en *ré* mineur cite, quant à lui — très consciemment sans doute —, les couplets en mineur du deuxième mouvement de la *Symphonie n° 82* (*« l'Ours »*) du même Haydn (1786).

Quatuor à cordes n° 2, en *si* bémol majeur : son premier mouvement est un *Moderato* à 2/4, d'écriture particulièrement recherchée, typiquement « de chambre ». Cette œuvre est la seule des six à comporter en son centre non pas un menuet, mais un mouvement lent (*Andante* en *fa*, à 3/8). Le finale (*Andante* à 2/4) est un thème varié (thème suivi de quatre variations).

Quatuor à cordes n° 3, en *sol* majeur : son *Moderato* initial à 2/2 fait la part belle au premier violon, avec cependant d'intéressants unissons rythmiques et des épisodes en rythmes pointés opposant les instruments deux par deux. Aux deux reprises succède une coda démarrant, sans crier gare, en *mi* bémol majeur. L'élégant *Menuetto* (*Moderato*) possède un trio (alternativo) en *sol* mineur, et le finale (*Presto* à 6/8), au thème principal avec trilles, adopte la même forme (celle du « menuet et trio »), avec partie centrale également en *sol* mineur. Vient cependant s'ajouter une coda enjouée.

Quatuor à cordes n° 4, en *ut* majeur : l'*Allegro* initial à 3/4 est tout à fait remarquable, à la fois par son ampleur de conception et par ses surprises harmoniques. Le *Menuetto* (*Allegro assai*) possède déjà quelque chose du scherzo, avec un trio (alternativo) situé surtout à la dominante de *la* et d'atmosphère populaire avec ses basses de musette. Le finale (*Andante e con giusto* à 2/4) est un thème varié (thème suivi de cinq variations) encore plus séduisant que le mouvement correspondant du *n° 2*. La cinquième variation est suivie d'une brève coda, faite d'abord d'une transition de six mesures, puis d'un écho inattendu du trio du *Menuet* (ici en *ut* majeur) mettant le point final (*Allegro* à 3/4).

Quatuor à cordes n° 5, en *mi* bémol majeur : le plus connu des six après le *n° 1*. L'*Allegro* initial à 4/4 fait la part belle au violoncelle, et les instruments s'y opposent aussi deux par deux violons d'une part, alto et violoncelle d'autre part) pour ensuite se rejoindre. La seconde reprise est suivie d'une coda. Le *Menuetto* (*Non troppo presto*), doté en son centre d'une modulation surprenante, ainsi que d'une coda — après la seconde reprise — débouche sur un trio (alternativo) s'orientant, à la fin de chacune de ses deux sections, vers la dominante d'*ut* mineur. Au début de la seconde section, le violoncelle seul marque le rythme. Dans le finale, un *Allegro* à 2/4 mais donnant d'abord une impression de 6/8, on entend au centre un étonnant épisode « à la hongroise » en *ut* mineur : alors seulement le 2/4 s'impose. La fin du mouvement se perd dans les hauteurs.

Quatuor à cordes n° 6, en *la* majeur : son *Moderato* initial se déroule dans une atmosphère lyrique et détendue ; il en va de même de son *Menuetto*, curieusement marqué *Larghetto*. Cette page fait penser à Boccherini, — ce qui est vrai aussi de son trio en *ré* majeur, par contraste agité et rythmé. Le finale (*Presto*) utilise de façon originale le principe du rondo. Sa structure est A (refrain) - B (couplet en *ut* majeur d'écriture serrée) - A - C (couplet de tempo lent) - A - B - A, plus coda intégrant une fugitive évocation de C.

M. V.

ERNÖ DOHNANYI
(Ernst von Dohnanyi)

Né à Pozsonÿ (le Pressburg des Austro-Hongrois, aujourd'hui Bratislava), le 27 juin 1877; mort à New York, le 9 février 1960. Fils d'un professeur de mathématiques, violoncelliste amateur qui l'envoie à l'Académie de Budapest (et non de Vienne) pour finir d'apprendre le piano avec Thomán et la composition avec Koessler. Il est ainsi le condisciple de Bartók, son cadet de quatre ans, qu'il soutiendra sa vie durant. Il joue le Quatuor en *ut* mineur op. 60 *de Brahms devant le compositeur, qui l'invite à venir jouer son propre* Quintette avec piano en *ut* mineur op. 1 *à Vienne. En 1897, il se perfectionne auprès d'Eugène d'Albert, avant de remporter un succès international dans l'interprétation du* 4e Concerto pour piano *de Beethoven à Londres avec Hans Richter. Sa carrière de pianiste est définitivement lancée, — comparable à celle d'un Rachmaninov. Il mène conjointement des activités de pianiste, compositeur, chef d'orchestre, professeur et administrateur. Il devient un professionnel de la musique unanimement respecté. C'est dans le domaine de la musique de chambre, à l'instar de son compatriote Kodály, qu'il s'impose tout d'abord, mais dans une filiation essentiellement post-romantique proche de Schumann, et surtout de Brahms dont il perpétue le « hungarisme » des Tziganes. Comme chef, il impose les œuvres de Bartók, Kodály, Weiner, Debussy, Stravinski, face au conservatisme de l'administration hongroise, à la tête de la Société Philharmonique, de 1919 à sa démission en 1944. Comme professeur de piano, il fut le maître d'Annie Fischer, Georg Solti et Geza Anda à l'Académie de Budapest, où il enseigne de 1928 à 1941. Comme pianiste et compositeur, il remporte son plus grand succès avec les* Variations sur une chanson enfantine *(« Ah ! vous dirai-je Maman ! », où Mozart l'avait précédé) en 1914. Dans une production importante, dix partitions de chambre suffisent à l'immortaliser, — celles écrites avant la Première Guerre mondiale étant les plus originales, tandis que celles d'entre les deux guerres se révèlent plus didactiques, pianistiques (nombreuses transcriptions), et de plus en plus anachroniques au plan stylistique. En 1944, alors qu'il a supporté tout le poids de la guerre en restant à Budapest, protégeant les ressortissants israélites de son orchestre, il s'expatrie, ne pouvant pas supporter des rumeurs, lancées par le parti communiste, concernant sa « collaboration » avec l'occupant. Ulcéré, il se rend à Vienne, puis en Argentine en tant que responsable de l'enseignement du piano à Tucuman, enfin à Tallahassee où il est nommé professeur de piano et compositeur-résident de l'Université de Floride. Sa réhabilitation musicale et politique a tardé, bien que son intégrité n'ait pu être mise en doute. Depuis 1970, il est enfin reconnu comme le maillon hongrois « cosmopolite » indispensable entre Liszt et Bartók. Professionnel aussi inattaquable au plan de l'éthique qu'à celui de l'esthétique, il reste un exemple. La présentation des œuvres ci-après est chronologique.*

Quintette pour piano et cordes, en *ut* mineur (op. 1)

Dohnanyi est encore à l'Académie des Beaux-Arts de Budapest l'élève, en composition, de Hans Koessler, en compagnie de Bartók, lorsqu'il écrit son *op. 1*. L'ombre de Brahms est très présente, même si l'architecture s'avère moins tourmentée que dans l'*op. 34* brahmsien, le modèle. Dohnanyi a su ne retenir du maître allemand que le respect de la forme, et un sens de la relance rythmique qui donne une maturité étonnante à une partition écrite par un étudiant de dix-huit ans. Le matériau mélodique est particulièrement riche, ainsi que les divers schémas et évolutions du rythme. Le respect scrupuleux des formes classiques (plus nettes que chez Brahms) nous rappelle Mendelssohn. L'œuvre, primée, fut recommandée au Tonkunstlerverein de Vienne pour programmation presque immédiate. Le compositeur la créa à l'automne de 1895 à Budapest, avant d'être invité à la jouer à Vienne. Elle est en quatre parties.

L'ALLEGRO initial est de stricte forme sonate avec un premier exposé du thème, au piano, dans la tonalité de base, — suivi d'un deuxième thème dans le relatif majeur, *mi* bémol. Le développement s'avère relativement court, *più mosso*. Une nouvelle exposition (*Tempo primo*) nous ramène en *ut* mineur ; mais cette réexposition est interrompue par un passage *Adagio* où les cordes jouent leur plein jeu automnal, — qui mène à la *coda* conclusive conduite par le clavier.

Le second mouvement est un scherzo classique partant d'un *tempo primo*, virtuose et à la rythmique inventive, ALLEGRO VIVACE, suivi d'un trio où violon, violoncelle et piano retrouvent quelques souvenirs schubertiens.

Le troisième mouvement est un ADAGIO, QUASI ANDANTE sans aucune outrance ni vraie originalité, — marquant la différence entre l'élève et le modèle.

Le finale, par contre, ALLEGRO ANIMATO, retrouve toute l'invention mélodique et rythmique du premier mouvement : la métrique passe sans efforts du 5/4 au 6/4. Peu de temps avant la récapitulation conclusive, le thème de l'*Allegro* initial réapparaît brièvement, — mais dans une métrique nouvelle, réellement asymétrique, renouvelant l'intérêt de la réexposition du thème initial du finale, lui aussi à 5/4. Le *Quintette* se termine dans une relative économie d'énergie, affirmant encore la maîtrise de ce jeune compositeur et pianiste, qui sait ménager ses effets tout en soutenant l'attention pendant plus de vingt minutes de musique savante, claire et suffisamment originale. L'œuvre fut éditée chez Simrock, sur la recommandation de Brahms.

Durée moyenne d'exécution : 28-30 minutes.

Quatuor à cordes n° 1, en *la* majeur (op. 7)

À vingt-deux ans, en 1899, Dohnanyi est un pianiste et un compositeur respecté, qui vient de s'imposer par son *Quintette op. 1* et, surtout, par son *Concerto pour piano en* mi *mineur op. 5*. Le *Quatuor en* la *majeur* est d'une perfection de forme toute classique, tandis que son langage semble hérité d'un autre maître pseudo-hongrois, Franz Liszt. L'écriture fait preuve d'une fermeté et d'une limpidité de trait que les romantiques allemands, Brahms compris, semblent avoir oubliées.

La partition suit les quatre mouvements traditionnels, avec le scherzo en seconde place. L'ALLEGRO introductif est de stricte forme sonate, laissant le premier violon mener l'exposé des deux thèmes, — comme l'essentiel de son développement qui fait intervenir, à égalité, la voix de l'alto. L'ALLEGRETTO GRAZIOSO, qui tient lieu de scherzo, se souvient des menuets haydniens

tout en sachant varier les accompagnements confiés aux pizzicatos du violoncelle, parfois de l'alto. Le maître à danser reste le premier violon, — reprenant certaines ritournelles avec le second violon, tandis que les cordes graves *arco* n'interviennent que dans le corps du développement. Le dernier épisode reprend le refrain en *ré* bémol. Le MOLTO ADAGIO CON ESPRESSIONE, qui fut fort admiré lors de sa création à l'automne 1899 à Budapest, peut paraître aujourd'hui l'épisode le plus conventionnel, — tant Dohnanyi, en styliste discret et virtuose, n'aime guère le sentimentalisme slave et s'en tient à la perfection de ligne héritée de Haydn et Mendelssohn. Le finale, VIVACE, se révèle le mouvement le plus moderne de facture par l'utilisation d'un matériau mélodique qui mêle des éléments tziganes *alla ungarese*, déjà transcrits en langage savant par Liszt et Brahms, avec la science encore naïve, mais stricte, du jeune compositeur. La partition fut immédiatement éditée chez Doblinger, puis jouée à Vienne.

Durée d'exécution : 17 minutes environ.

Sonate pour violoncelle et piano, en *si* bémol majeur (op. 8)

L'intérêt de Dohnanyi pour le violoncelle lui venait de son père, violoncelliste amateur d'excellent niveau qui lui avait fait connaître la littérature toute récente des romantiques, de Mendelssohn à Brahms. La *Sonate op. 8* est dédiée à l'un des partenaires habituels du compositeur au concert, le violoncelliste Ludwig Lebell, — qui la créa à Londres le 10 novembre 1899, avec Dohnanyi au clavier. À première audition, la partition peut passer pour une œuvre inconnue de Brahms, comprise entre l'*op. 38* de 1865 et l'*op. 99* de 1886, que Dohnanyi venait de découvrir.

Le premier mouvement, indiqué **ALLEGRO MA NON TROPPO** débute sur un thème à l'unisson, qui sera développé, puis réexposé lors de la coda :

Le phrasé devient tour à tour, lumineux, lyrique, tourmenté, — en particulier pendant le développement, dense et de belle carrure.

Le scherzo, **VIVACE ASSAI**, est introduit par un interlude virtuose et élégant entre les deux instruments, jusqu'à un trio raffiné, — le clavier simulant un contre-chant aigu à sa main droite.

Le troisième mouvement est un **ADAGIO** lyrique de seulement quarante-six mesures, proche du climat schumannien de l'*Adagio et Allegro op. 70**.

Le thème du **FINALE**, emprunté à l'*Allegro* initial, surgit, sans césure, à la suite de l'*Adagio*. Neuf variations suivent dans lesquelles Dohnanyi affirme sa personnalité, jouant sur les techniques de la variation empruntées aussi bien à Liszt qu'à Brahms. Les variations *2*, *5* et *6* partent d'éléments thématiques empruntés à l'*Allegro* initial, la variation *7* au thème initial du scherzo, tandis que la huitième rappelle celui de l'*Adagio*, — donnant l'impression de résumer en une forme cyclique l'ensemble du matériel thématique de l'œuvre, tout en renouvelant son contexte harmonique et ses jeux rythmiques. Au plan harmonique, Dohnanyi use d'accords successifs dont la nouveauté étonna les commentateurs.

Cette *Sonate* vit sa gloire éclipsée par le succès du *Konzertstück op. 12* pour violoncelle et orchestre, créé en 1904, directement à Vienne ; œuvre d'un romantisme plus extérieur, proposant une orchestration où se retrouvent le souvenir de Schumann et le panache straussien. L'*op. 8*, autrement novateur possède, en fait, de plus évidentes et durables qualités.

Durée d'exécution : 24 minutes environ.

Sérénade pour trio à cordes, en *ut* majeur (op. 10)

Cet *op. 10* peut être considéré comme le chef-d'œuvre, en musique de chambre, de Dohnanyi. Il faut remonter au *Divertissement K 563* de Mozart pour trouver une pièce pour trio à cordes aussi exigeante sur le plan instrumental. Dohnanyi est ici dispensé du respect strict d'une forme classique, et peut laisser libre cours à son invention mélodique comme à son économie thématique. En cinq épisodes alternant, comme l'exige la tradition hongroise, mouvements rapides et virtuoses et moments d'intense lyrisme, il renouvelle un genre disparu avec l'*op. 8* beethovénien, — le *Terzetto* de Dvořák ne possédant pas l'élégance formelle et la diversité de cette *Sérénade*.

Elle débute par une **MARCHE** qui impose sa vivacité et son originalité en vingt et une mesures, semblant retrouver l'invention baroque des cassations, sérénades et marches de Haydn comme de Mozart. L'utilisation d'accords, de composition nouvelle, évite toute accoutumance tonale et mène à un mini-trio central d'une pureté toute mozartienne, — avant une réexposition où le thème initial se voit concentré en cinq mesures. Un traitement harmonique savant et moderne ajoute encore à la nouveauté du propos, qui fait se rejoindre une des formes traditionnelles du chant et une écriture pour cordes toujours renouvelée en sa couleur.

La **ROMANCE**, en *fa* majeur, donne l'impression d'une ballade populaire stylisée.

L'épisode central propose un agréable contraste, qui augmente lors de la réexposition du premier thème, non pas dans la tonalité de *fa*, mais avec l'apparition du **SCHERZO**, en *ré* mineur, un *Vivace* construit sur une fugue virtuose. Dohnanyi

---

* Voir l'œuvre, à *Schumann*.

réexpose, complètement dynamisé, le thème du trio précédent qu'il juxtapose en une double fugue avec le thème initial du *Scherzo*, qui s'achève, cette fois, en *ré* majeur. Pour la première fois, le compositeur enfreint les règles des schémas tonaux classiques pour retransposer un jeu réservé aux improvisations tziganes.

Le quatrième mouvement est le seul qui fasse appel aux règles classiques de la variation. Le **TEMA CON VARIAZONE** (*Andante con moto*) est d'humeur plus romantique, hormis la quatrième des cinq variations à la vivacité subite, qui rappelle avec bonheur que ce passage lent n'a rien de rhétorique.

Le **FINALE** est un véritable hommage à Haydn, dont il empreinte comme thème secondaire celui du *Rondo all'ungarese* du *39e Trio en* sol *Hob. XV 25* de 1795. Le thème premier de la *Marche* réapparaît, puis son trio. La *Sérénade* se termine sur la figure thématique et rythmique d'introduction de cette même *Marche*, mais sans réciter la phrase elle-même.

Durée d'exécution : 20 minutes environ.

Quatuor à cordes n° 2, en *ré* bémol majeur (op. 15)

La partition date des années berlinoises du compositeur (1906-07), et se révèle d'une intensité proche des modèles romantiques allemands, — réalisant une synthèse très personnelle du modèle beethovénien (les *Quatuors Rassoumovski* comme l'*op. 135*) et de l'expressionnisme de Wagner et Mahler ; il semble même que la tonalité de *ré* bémol majeur provienne du *Lento assai, cantante et tranquillo* de l'*op. 135**. La construction même de l'œuvre en trois mouvements — deux lents entourant un *Presto* — est à la fois un retour à la forme pré-classique et une prémonition du quatuor moderne. Bartók utilisera cette construction dans ses deux premiers quatuors, — le *1er Quatuor* ayant été écrit peu après cet *op. 15* ; Kodály s'y conformera dans son *2e Quatuor op. 10* de 1916.

Le premier mouvement est un **ANDANTE** de quinze mesures où est affirmé le caractère monothématique de la partition. Il est suivi d'un développement qui se souvient de Schubert avec son caractère de mouvement perpétuel toujours relancé par l'alto, — véritable truchement dramatique du propos. Le leitmotiv initial revient sous forme de cadence, qui précède la réexposition : cette dernière partie, *Molto adagio*, utilise ce même matériau au cours d'une impressionnante coda de quarante-quatre mesures.

L'épisode central est un **PRESTO ACCIACATO** (littéralement, « violent ») à 3/4, qui semble une poursuite du Scherzo du *7e Quatuor op. 59 n° 1* de Beethoven. Son développement, avec son caractère de Ländler, fait se rejoindre, par ses répétitions incessantes des mêmes figures rythmiques, l'humeur schubertienne qui devient encore plus intime dans le trio final, de tempo plus modéré. De plus, le plan tonal de l'œuvre reste toujours secret, — tout comme les longues pédales sonores au violoncelle et les jeux de coloration par l'écriture harmonique qui combinent l'alto et de fréquents pizzicatos.

Phrasé lyrique et caractère *dolce espressivo* prédominent dans le **MOLTO ADAGIO** qui ouvre le troisième mouvement. Kodály y décelait une romance, tandis que Bartók, qui connaissait les soucis personnels de Dohnanyi (qui supportait mal la déception d'un mariage raté), explique l'ensemble du mouvement comme un « retour à la vie ». Sur le plan harmonique et tonal, l'influence de Wagner se fait sentir : montées chromatiques, utilisation de la tonalité de la *Tétralogie*, comme d'un leitmotiv cyclique... L'écriture atteint une intensité symphonique, joue sur des modulations par demitons, non conformes aux règles classiques majeur/mineur. Les deux violons reprennent le thème unique, entrelaçant, superposant ses différents éléments, les répétant dans une suite de variations sur l'accord parfait de *ré* bémol. La stature même de cet immense coda dépasse les limites habituelles de la musique de chambre pour atteindre la pureté et l'intensité inaccessible d'une ascèse wagnérienne.

Le *Quatuor n° 2* fut créé à Berlin en novembre 1907 par le Quatuor Klingler. La première édition date de la même année, chez Simrock.

Durée d'exécution : 25 minutes environ.

Sonate pour violon et piano, en *ut* dièse mineur (op. 21)

La *Sonate pour violon* date également des années berlinoises (1912), alors que Dohnanyi est professeur à la Musikhochschule (classe de piano), et que les premières œuvres de Schönberg font scandale,

---

* Voir, à *Beethoven* : *Quatuor à cordes n° 16*.

— *Pierrot lunaire* étant créé le 9 octobre. La partition est en trois mouvements enchaînés.

1. Le premier, **Allegro appassionato**, fait penser au *Regenlied* brahmsien ; mais la couleur harmonique est plus délicate, et l'écriture du violon moins automnale. Le thème principal est énoncé par le violon, tandis que le caractère passionné découle de l'urgence de la partie de piano qui intensifie chacune des articulations du texte, — tel un accompagnateur mettant en valeur la prosodie musicale. Lors de la réexposition, le thème principal est enrichi selon un procédé utilisé par Brahms dans sa *4e Symphonie*.

2. Le second mouvement enchaîné, est un **Allegro ma con tenerezza**, caractéristique du style de Dohnanyi et ne prend modèle sur personne. Un passage *Un poco più animato* prend une allure de scherzo. L'*Istesso tempo* nous ramène au *tempo primo*, — réexposition que l'on peut considérer comme un trio, en pensant à Schubert, ou à une variation, en s'en tenant à Brahms.

3. Les trois premières notes de l'**Allegro** initial sont attaquées *subito*, donnant l'impression que cette sonate est à la fois cyclique et en un seul mouvement. Le violon part dans une immense modulation, à la fois fiévreuse et tendue lors du *Vivace assai* initial. Un passage *meno mosso* ramène au tempo original, — réinstallant un climat plus éminemment lyrique et calme, qui mène à une conclusion apaisée et doucement chantante.

L'œuvre fut un succès et resta au répertoire jusque dans les années 50, Dohnanyi jouant fréquemment avec le violoniste américain Albert Spalding. Elle a servi d'exercice préalable à l'écriture du *1er Concerto pour violon op.27* de 1914. Comme le *2e Quatuor*, elle fut éditée chez Simrock en 1912.

Durée d'exécution : 18 minutes environ.

Quintette pour piano et cordes n° 2, en *mi* bémol mineur (op. 26)

Dernière œuvre berlinoise et dernière partition majeure en musique de chambre, le *2e Quintette avec piano* fut créé le 12 novembre 1914 à Berlin avec le compositeur au piano.

L'influence de Brahms est encore sensible, même si le mode de génération mélodique, par groupe de quelques notes (ici trois), permet de propulser le thème initial de l'**Allegro** avec une énergie plus proche de l'héroïsme beethovénien que de la technique par accumulation des post-romantiques. Le second thème, ardent et passionné, est également généré par des intervalles de demitons, comme le premier. Le développement, classique, s'achève sur une réexposition sans surcharge, conduite par le clavier.

Le second mouvement, **Intermezzo**, débute avec des variations en forme de valse partant du premier thème de l'*Allegro*. Par sa nature, il est proche du modèle brahmsien, celui du *Quatuor en* la *op. 51*. Sa pulsation conduit à un épisode plus lent, *Allegretto*, qui amène la résurgence du second thème de l'*Allegro* initial sur un choral construit par le piano.

Le thème principal du dernier mouvement, **Moderato**, est bâti à partir du même matériau initial. Selon une formule que Bartók reprendra dans le mouvement lent de son *3e Concerto pour piano*, les différents instruments, sous la conduite du piano, échangent les éléments constitutifs du choral pour bâtir une fugue. Finalement, fugue et chorale amènent la réexposition du thème du premier mouvement. La vraie récapitulation apparaît alors, selon la méthode lisztienne, — le piano résumant avec brio les diverses données dramatiques de l'œuvre, imposant ainsi l'unité organique du *Quintette* tant au plan de la forme que des quelques éléments thématiques utilisés. Cet *op. 26* fut édité en 1914 par Simrock.

Durée d'exécution : 24 minutes environ.

LES DERNIÈRES ŒUVRES

Après 1916, Dohnanyi revient à Budapest et mène une carrière internationale de pianiste et de chef d'orchestre, tout en enseignant à l'Académie de Budapest et en dirigeant la Société philharmonique. Le temps qu'il consacre à la composition de chambre s'amenuise. Son plus grand succès, après les *Variations sur une chanson enfantine op. 25* pour piano et orchestre, est obtenu par les sept pièces du *Ruralia Hungarica* pour piano solo (1923), dont il transcrit les trois premières pour violon et piano, et la dernière pour violon (ou violoncelle).

Quatuor à cordes n° 3, en *la* mineur (op. 33)

Dohnanyi l'écrit lors d'un séjour aux États-Unis (1926). Sur le plan du style, ce dernier quatuor se rattache au post-romantisme brahmsien du *Quintette avec piano op. 26*. Sa structure tripartite — deux mouvements rapides et passionnés encadrant un mouvement lent — est, par contre, une concession à la nouvelle mode hongroise utilisée tant par Bartók que par Kodály. Même si la tonalité reste rigoureusement affirmée, Dohnanyi joue sur des modifications brutales de tonalité, plus proches du modèle « regérien » que des pôles modaux venant de la chanson populaire hongroise. Des dissonances non résolues, des associations contrapuntiques proposant des accords fort éloignés de l'harmonie classique montrent que Dohnanyi n'était pas insensible aux exemples fournis par Franz Schreker comme par Paul Hindemith. L'usage fréquent de mètres binaires et ternaires juxtaposés, le choix d'enchaînements mélodiques répartis sur de grands intervalles (de sixte et de neuvième) donnent même parfois le change par rapport à l'école de Vienne.

Le premier mouvement, ALLEGRO AGITATO E APPASSIONATO, est de forme sonate classique. Après l'énoncé de deux thèmes assez formels, puis un développement très ramassé, plus contrapuntique que chez Brahms, Dohnanyi avance la réexposition avec un nouveau développement qui mène à un *risoluto*. Résumant en trois mesures l'essentiel du matériel thématique en un *espressivo* à la densité nouvelle, Dohnanyi lance la coda qui, après quelques mesures, connaît un dénouement brutal, marqué *furioso*. Là encore l'influence du *3e Quatuor op. 30* de Schönberg (que le compositeur venait d'entendre sous les archets du Quatuor Kolisch), comme la réussite expressionniste du *2e Quatuor op. 17* de Bartók, semblent trouver une première réponse dans cette écriture intense, si ce n'est exaspérée.

Après les triple forte du *furioso*, l'ANDANTE RELIGIOSO CON VARIAZONI s'impose comme le mouvement le plus original, avec son thème en forme de choral énoncé *piano* en onze mesures. La première variation, *Più andante*, est une berceuse habitée par la sonorité et les triolets de l'alto. La seconde, *Molto vivace*, est un intermède à 3/8. La troisième revient au *Tempo di « più andante »*, — formant une marche héroïque sur les batteries d'abord du second violon, puis de l'alto. La quatrième variation est chantée par l'alto (*ancora un poco più animato*) auquel se joint le premier violon.

Le finale, VIVACE GIOCOSO, est un rondo libre de style hongrois à la Haydn, bien rythmé. La partition se clôt, après une dernière exposition du thème principal, sur une strette impressionnante suivie d'un *Presto possibile* virtuose sur vingt-huit mesures *fortissimo*.

La partition fut éditée chez Rozsavölgyi, à Budapest, en 1927.

Durée d'exécution : 26 minutes environ.

Sextuor pour piano, violon, alto, violoncelle, clarinette et cor, en *ut* majeur (op. 37)

Écrite en 1935 à Budapest et créée le 17 juin, l'œuvre est en quatre mouvements : *Allegro appassionato*, *Intermezzo-Adagio*, *Allegro con sentimento* et *Finale : Allegro vivace, giocoso*.

L'ALLEGRO introductif ne manque par d'ampleur et reste d'humeur sombre, — privilégiant le registre grave du piano. Une réexposition du thème nous mène à un climat instable, pré-mahlérien. L'INTERMEZZO ne fait que renforcer les échos sinistres de l'introduction ; l'on croit reconnaître dans l'épisode héroïque, aux accents de marche, une réelle assimilation mahlérienne. L'ALLEGRO qui suit ramène l'optimisme et l'atmosphère des partitas classiques, — de Haydn à Mendelssohn. L'ALLEGRO VIVACE, enchaîné, ne manque pas d'humour et parodie les effluves du jazz à la mode en ces années 30. Cette fois, clarinette et piano-ragtime mènent le jeu sur les « reprises », d'une veine parodique délicate, du trio à cordes. La partition s'achève sur une réexposition du thème initial de l'*Allegro appassionato* qui met en valeur l'ensemble des six instrumentistes, tout en gardant le sourire complice apparu lors de la douce mélopée syncopée, à l'imitation du jazz.

Durée d'exécution : 30 minutes environ.

Pour être complet, indiquons que Dohnanyi composa, lors de son exil aux États-Unis, deux pièces didactiques pour flûte, — une *Aria* en 1958, et une *Passacaille* en 1959.

P.E.B.

JOHN DOWLAND

Sans doute né à Londres, en 1563 ; mort à Londres, et enterré, le 20 février 1626. Ce musicien, qui a mené une vie errante, fut un chanteur et un luthiste remarquable. En 1580, il est à Paris au service de l'ambassadeur d'Angleterre. Après sa conversion au catholicisme, on le retrouve dans son pays natal où il reçoit le titre de « bachelor of music » à Oxford. En 1592, il joue devant la reine Elisabeth, puis entreprend quelques mois plus tard une série de voyages qui le mènent à la cour de Brunswick, à Venise, à Florence, à Nuremberg. De retour en Angleterre, il y publie en 1597 un premier livre d'airs au luth qui remporte un grand succès. En 1598, il est luthiste à la cour du roi Christian IV de Danemark. Il y reste jusqu'en 1603, — date de son retour provisoire dans son pays, entrecoupé d'un second voyage au Danemark. Ce n'est qu'en 1612 qu'il obtient un poste officiel à la cour : il est nommé luthiste du roi Jacques Ier d'Angleterre. Admiré par ses contemporains comme chanteur et comme luthiste, mais oublié au XVIIIe et au XIXe siècle, Dowland fut un des compositeurs anglais les plus féconds.

L'Œuvre pour luth

Si elle fut en retard sur les écoles du continent, l'école anglaise de luth fut néanmoins florissante. Dowland en est l'un des meilleurs représentants. On lui doit notamment deux livres de chansons et d'airs au luth (1597 et 1600), de nombreuses pièces en tablatures (fantaisies, pavanes, gaillardes, « almains », « jigs », airs populaires souvent sous-titrés), un recueil de vingt-et-une pièces pour cinq violes et luth, *Lachrimae or seaven teares figures in seaven passionate pavens* (1604), et deux traités peut-être dus à son fils Robert, lui-même luthiste, compositeur et éditeur : *Necessary observations belonging to the lute and lute playing by John Baptisto Besardo of Visconti* et, surtout, *Variete of lute lessons* édité à Londres en 1610.

Plus que par l'habileté technique, la musique pour luth de Dowland se caractérise par la sensibilité et la poésie. Les luthistes anglais furent — pour beaucoup — des musiciens poètes. Dowland s'inspire de la polyphonie contemporaine, et la construction de ses *fantaisies* témoigne d'une maîtrise peu égalée : *Farewell* et *Forlon Hope fancy* figurent parmi les plus belles. Fondées sur le langage imitatif et fugué typique de la fantaisie, enrichie d'intermèdes, celles-ci se distinguent par leur thème chromatique poignant basé sur un hexacorde ascendant et descendant. Parmi les *danses*, certaines sont très vives comme l'allemande *Lady Hundson's Puffe*, d'autres sont mélancoliques comme *Lachrimae antiquae pavana*. Dowland reprend aussi des airs populaires célèbres qui furent chers aux virginalistes : *Fortune, Go from my window*, ou *Wallsingham* par exemple. Ailleurs il joue sur des jeux de mots qui lui permettent des sous-titres à double sens : *Semper Dowland semper dolens*, *Solus cum sola*, ou *Mrs Brigide Fleetwod's Pavan alias Solus sine sola.*

Même s'il use avec sobriété d'éléments décoratifs ou imitatifs, Dowland adopte une écriture contrapuntique très riche. Les *Seaven teares* offrent une grande originalité, et le luth y est employé avec habileté. Les *pavanes* débutent toutes par le thème du *Lachrimae*, qui passe ensuite de voix en voix. Les pièces qui composent ce recueil sont les suivantes : *Captain Piper his galiard, Lachrimae antiquae, Lachrimae antiquae novae, Lachrimae coactae, Lachrimae gementes, Lachrimae tristes, Lachrimae verae, M. Bucton his galiard, M. Georg Mhitehead his almand, M. Giles Hoby his galiard, M. Henry Noell his galiard, M. John Lantons pavan, M. Nicho Gryffith his galiard, M. Thomas Collier his galiard, Mrs. Nichols almand, Semper Dowland semper dolens, Sir Henry Umptons funerall, Sir John Souch his galiard, The Earle of Essex galiard*, et *The King of Denmark galiard.*

A.d.P.

HENRI DUTILLEUX

Né le 22 janvier 1916 à Angers, bien qu'originaire du nord (Douai). Après ses études au Conservatoire de Paris (composition avec Henri Büsser), il obtient le Premier Grand Prix de Rome en 1938 : son séjour à la Villa Médicis sera interrompu par la mobilisation. Directeur du service des illustrations musicales à la R.T.F. de 1945 à 1963, il enseigne également la composition à l'École Normale Supérieure de Musique de Paris à partir de 1961, puis au Conservatoire (1970-71). Parallèlement à ces activités, Dutilleux se consacre activement, bien que parcimonieusement, à la composition où il affirme sa personnalité dès la Sonate *pour piano (1947). A partir de la* Première Symphonie *(1951) et du ballet* le Loup *(1953), la production de Dutilleux s'oriente nettement vers l'orchestre et correspond à son goût pour le raffinement des timbres avec la* Deuxième Symphonie *(1959),* les Métaboles *(1965) ou, plus récemment,* Timbres, Espace, Mouvement *(1978). L'écriture concertante tient également une place importante à partir de 1970 avec le concerto pour violoncelle* « Tout un monde lointain », *écrit pour Mstislav Rostropovitch, et celui pour violon* « l'Arbre des songes », *dédié à Isaac Stern. Depuis 1977, Dutilleux semble s'être tourné plus précisément vers la musique de chambre, genre qu'il avait peu traité jusque-là, avec un intérêt nouveau comme le prouvent le* Quatuor à cordes, *les pièces pour violoncelle solo, ou les œuvres les plus récentes qui confirment cette orientation. Bien que très réceptif à la musique de son siècle, Dutilleux a toujours fait figure de compositeur non attaché à quelque école que ce soit, oscillant entre la tradition et la modernité, et édifiant lentement son œuvre pierre par pierre.*

L'œuvre de Dutilleux est celle d'un perfectionniste : de la *Sonate* pour piano (1948), que l'auteur considère comme son « opus 1 », à aujourd'hui, sa production n'excède pas une douzaine de partitions essentielles dont la majeure partie est consacrée à l'orchestre. La musique de chambre occupe pourtant une place importante, — se répartissant en deux catégories principales qui définissent deux époques de la création de l'auteur : les partitions pour deux instruments précédant la *Première Symphonie,* — tels que *Sarabande et cortège* pour basson et piano (1942), la *Sonatine pour flûte et piano* (1943), la *Sonate pour hautbois et piano* (1947), et le *Choral, cadence et fugato* pour trombone et piano (1950) — et, plus récemment, les *Trois Strophes sur le nom de Sacher*, pour violoncelle (1976-82), le *Quatuor « Ainsi la nuit » (1971-77), et For Aldeburgh 85* pour hautbois, clavecin et percussion (1985-89). De la première catégorie, que Dutilleux juge comme encore peu représentative de son style, on citera surtout la *Sonatine* pour flûte et la *Sonate* pour hautbois qui, bien que tributaires de la tradition — elles ont été commandées par Claude Delvincourt pour les concours du Conservatoire comme les deux autres partitions citées plus haut —, révèlent un talent déjà nettement affirmé ; la seconde, au contraire, n'est constituée que d'œuvres de premier plan qui se sont largement imposées dans le répertoire contemporain, et qui seront examinées ici dans l'ordre chronologique de composition.

L'esthétique de Dutilleux repose sur un certain nombre de constantes, qu'il est utile de rappeler ici. L'une des principales préoccupations du compositeur concerne l'organisation du *temps musical* sollicitant la mémoire : depuis la *Première Symphonie*, la démarche de Dutilleux, grand admirateur de Proust, n'a cessé de confirmer ce travail sur la perception du temps à partir des notions de *préfiguration* et de *souvenir*, — ce dont sont caractéristiques autant les *Métaboles* que le *Quatuor*. On relèvera ensuite son attachement à une *conscience harmonique*, aisément décelable dans l'ensemble de ses partitions, à quoi s'ajoute un goût pour le raffinement du timbre qui s'est imposé très tôt, — ces deux dimensions permettant au compositeur d'ériger l'écriture en dimension thématique (thématique d'accords et thématique de timbre). On mentionnera enfin sa prédilection pour le nombre impair des parties constituantes de la forme (trois, cinq ou sept), qui marque l'ensemble de ses œuvres depuis la *Sonate* pour piano, les deux seules exceptions étant *Timbres, Espace, Mouvement* pour orchestre (1978) et *For Aldeburgh 85* conçus comme des diptyques.

« Ainsi la nuit », pour quatuor à cordes

Composé entre 1971 et 1977 à la suite d'une commande de la Fondation Koussevitzky, et destiné au Quatuor Juilliard, « *Ainsi la nuit* » a été créé à Paris par le Quatuor Parrenin le 6 janvier 1977, et donné en première audition américaine par le Quatuor Juilliard le 13 avril 1978 à Washington. Dédié à la mémoire d'Ernest Sussman, amateur d'art américain et ami du compositeur, le *Quatuor* est écrit en hommage à Olga Koussevitzky. Ainsi que l'a expliqué Dutilleux*, la génèse de la composition est originale : « Je n'avais jamais écrit jusque-là pour le quatuor. J'ai commencé par ébaucher des pièces qui se présentaient un peu comme des études pour m'exercer à cette tâche nouvelle pour moi. Il s'agissait de fragments isolés sans véritables liens entre eux, mais que je fis parvenir au Quatuor Juilliard pour qu'ils se familiarisent avec mon écriture. » A partir de ces « études », Dutilleux a tenté d'établir un lien entre les sept sections du *Quatuor* dans la version définitive en intercalant irrégulièrement des *Parenthèses*, « parenthèses souvent très brèves mais importantes par le rôle organique qui leur est dévolu. Des allusions à ce qui va suivre — ou ce qui précède — s'y trouvent placées, et elles se situent comme autant de points de repère » (préface à la partition). Les fils ainsi tendus entre les pièces — seuls les mouvements V à VII sont enchaînés sans *Parenthèses* — ont progressivement conduit Dutilleux à entrevoir l'unité de la partition : « Tout se transforme insensiblement en une sorte de vision nocturne, d'où le titre *Ainsi la nuit*. Cela se présente, en somme, comme une suite d'"états" avec un côté quelque peu impressionniste. Les titres indiquent bien mon propos : *I. Nocturne*, *II. Miroir d'espace*, *III. Litanies*, *IV. Litanies 2*, *V. Nocturne 2*, *VI. Constellations*, *VII. Temps suspendu*. »* Comme dans les *Métaboles*, *Tout un monde lointain*, ou *Timbres, Espace, Mouvement*, le *Quatuor* constitue une illustration supplémentaire du *concept de mémoire* cher à Dutilleux au travers des notions de *variation* et de *préfiguration*, — chaque section faisant l'objet d'une ou plusieurs annonces. Un étroit réseau de relations — tant entre les quatre parenthèses et les mouvements, qu'entre les mouvements eux-mêmes (I et V, III et IV) — assure donc la continuité dans une trajectoire mise en évidence par la thématique : pour exemple, la structure d'accords de l'introduction, citée dans *Parenthèse 1*, trouvera son aboutissement dans *Litanies* (III), avant d'être rappelée dans *Parenthèse 4* et au début de *Temps suspendu* (VII) :

Les différentes parties, mouvements ou parenthèses, se jouent sans interruption, — seule une pause étant demandée entre *Litanies* et *Parenthèse 3*. Quant à l'écriture instrumentale, conçue parallèlement à la situation du *Quatuor* dans la longue histoire du genre, elle se situe de façon avouée dans le sillage des quatuors de Beethoven et de ceux de l'École de Vienne, — références privilégiées par ailleurs de la remise en question du temps musical.

Une courte introduction (libre et souple) présente donc une succession d'harmonies présentées en aller-retour et qui remplit une fonction de marquage par ses réapparitions périodiques, identiques ou altérées, avant d'assurer la liaison, par les harmoniques du violoncelle, avec *Nocturne* (assez lent), — longue plage statique (avec prémonition du motif de *Miroir d'espace*) basée sur la complémentarité de deux gammes par tons. La *Parenthèse 1* permet le glissement de la structure d'accords initiale et *Miroir d'espace* (violent) qui propose une écriture canonique en renversement entre violon et violoncelle sur un motif de quatre sons (*mi - sol - ré dièse - do dièse*), — toute la première moitié étant elle-même rétrogradée à partir de son centre. A *Litanies* (animé), préparé par *Parenthèse 2* et rappelant le motif du mouvement précédent, succèdent *Parenthèse 3* et *Litanies 2* qui travaillent sur la variation du début de *Parenthèse 2*. La dernière *Parenthèse* (animé) réintroduit la structure d'accords avant *Constellation*, le plus libre des mouvements par l'allure soliste des quatre parties autour du *la*, écriture qui profite à *Nocturne 2* (plus animé), — l'opposant ainsi au statisme de *Nocturne 1*. Enfin

* In : *Zodiaque*, n° 135 (janvier 1983).

Temps suspendu, au titre révélateur, dénoue les imbrications de ce tissage subtil, avec divers échos dont ceux, en particulier, du tout premier accord et de *Nocturne 1*, avant de figer définitivement le *Quatuor*.

Durée d'exécution : environ 17 minutes.

Trois Strophes sur le nom de Sacher

C'est à l'occasion du soixante-dixième anniversaire, en 1976, du chef d'orchestre suisse Paul Sacher que Mstislav Rostropovitch a demandé à douze compositeurs d'écrire une œuvre pour violoncelle. Avec *Messagesquisse* de Boulez et *Sacher variations* de Lutoslawski, la partition de Dutilleux s'est rapidement imposée, — et ce, dès la première version qui ne concernait que la première des *Strophes* sous la forme d'un *Hommage à Paul Sacher*, complété peu après par les deux autres morceaux. Créées à Bâle le 28 avril 1982 par le commanditaire auquel elles sont dédiées, les *Strophes* font référence par leur titre à la poésie, — Dutilleux désirant donner une idée de la forme adoptée « par le fait que le nom de Sacher est énoncé dans chacune des trois pièces, impliquant une notion de "retour", sinon de "rimes" ».

Basée sur les six lettres du nom de Sacher (*mi bémol - la - do - si - mi - ré*), la partition exige une *scordatura*, le violoncelle étant désaccordé sur *si bémol* et *fa dièse* pour les deux cordes graves. L'utilisation du motif de six sons permet à Dutilleux de travailler sur l'idée de métamorphose lors des réapparitions successives, jusqu'à la citation des dernières mesures de la fugue de la *Musique pour cordes, percussion et célesta* de Bartók — commandée et créée par Sacher en 1937 —, citation intervenant dans la coda et incluant le motif générateur. L'écriture propose une polyphonie implicite entre la figure emblématique exposée dans un registre privilégié et les cordes graves. Si la seconde *Strophe* (*Andante sostenuto*) tient lieu de mouvement lent du triptyque, la troisième (*Vivace*) n'en est pas moins rattachée à la tradition par l'écriture brillante en mouvement perpétuel qui se décompose petit à petit au cours des trois sections principales.

Durée d'exécution : environ 9 minutes.

For Aldeburgh 85

Écrite pour le festival d'Aldeburgh pour hautbois, clavecin et percussion, cette partition s'affirme par l'originalité de l'instrumentation retenue témoignant de ce souci particulier du compositeur pour le timbre (on songe à la *Sonate* pour hautbois, clavecin et cor projetée par Debussy). La première partie est entièrement conçue autour de la longue ligne du hautbois, à partir de laquelle se greffent les interventions du clavecin et des percussions. Si l'écriture est traditionnelle dans son ensemble, on peut remarquer la sensibilité de Dutilleux aux techniques de jeu contemporaines dont on trouve quelques traces dans la partie de hautbois. Inachevée sous cette forme, l'œuvre est destinée à être complétée par un second volet (qui doit être créé au festival de Besançon en 1990), — formant ainsi un diptyque qu'il faudra réexaminer en fonction de l'équilibre que formeront les deux pièces.

Durée d'exécution (1) : environ 5 minutes.

A.P.

ANTONÍN DVOŘAK

Né le 8 septembre 1841, à Nelahozeves (Bohême); mort le 1er mai 1904, à Prague. Fils d'un boucher-aubergiste, Antonín vient néanmoins à Prague à seize ans pour recevoir un solide enseignement classique où Mozart, Schubert, et surtout Beethoven servent de références. Il apprend le piano, puis le violon. Il est engagé en 1862 comme altiste remplaçant du Théâtre provisoire où il découvre, sous la baguette de Smetana interprétant ses propres opéras, l'existence d'une musique nationale tchèque. Contrairement à ce dernier, il ne milite pas contre la domination autrichienne des Habsbourg, mais devient patriote à sa manière en utilisant le patrimoine populaire paysan de sa Bohême natale. Organiste de Saint-Aldebert à Prague en 1973, il devient un protégé de Brahms qui le recommande à son éditeur Simrock de Berlin; Dvořák aborde tou-

*tes les formes de la musique, symphonies, opéras, cantates, piano. Il subit d'abord l'influence de Liszt et de Wagner, — tant dans ses premières symphonies que dans ses quatuors à cordes (*n° 1 *à* 6*). Afin d'endiguer sa verve mélodique inépuisable, il s'astreint à suivre les modèles classiques par l'emploi de la forme sonate, en musiques symphonique et de chambre. Les références techniques à Brahms, mélodiques à Mozart et Schubert, sont fréquentes dans sa période d'intense assimilation (du* Quintette à cordes *en* sol *mineur au* 9e Quatuor*). Vient alors la période slave, marquée d'abord par son émancipation symphonique (*6e *et* 7e Symphonies*), mais, également en musique de chambre, par l'utilisation de mélodies et danses tchèques comme la* dumká *(méditation élégiaque comportant un refrain de franche gaieté), le* furiant *(qui étonne par sa métrique binaire se superposant à un pas ternaire), enfin la* skoćkná *(ou « sauteuse »). La stylisation de ces formes paysannes authentiques adaptées à un discours à l'intense romantisme débouche sur toute une série de chefs-d'œuvre pour cordes, parfois avec piano, — sans équivalents, même chez Schumann ou Brahms qui ont servi de modèles. La dernière période, liée à un séjour de trois ans aux États-Unis, voit la musique de Dvořák s'émanciper complètement du moule classique pour atteindre une facilité d'expression sans partage qui fait le prix du* Trio avec piano *en* fa *mineur, dense et ramassé, du* Quatuor avec piano *en* mi *bémol, de la guirlande de* dumký *(pluriel de* dumka*) que forme le* Trio B 166, *du célébrissime* Quatuor « américain » *(avec son irrésistible* Lento*), du* 13e Quatuor *en* sol *(dont l'*Adagio *conjugue la finesse slave et la densité du dernier Beethoven). Le compositeur tchèque fut un sage, un homme en paix avec lui-même, dont la musique reflète l'optimisme et la bonté profonde. Semblables qualités sont presque uniques dans le répertoire romantique, — naturellement sombre et agité. Cette absence d'angoisse ou d'anxiété n'ôte rien à la splendeur et à la richesse des matériaux mélodiques utilisés. Compositeur prolifique, Dvořák est arrivé, à sa maturité, à créer spontanément un langage musical beau, charmeur, hautement élaboré, volontairement non révolutionnaire, mettant en valeur les* voix *instrumentales choisies (où l'alto est fréquemment le truchement du compositeur).*

Quintette à cordes, en *la* mineur (op. 1, B 7)*

À l'époque, Dvořák est altiste du rang dans l'orchestre du Théâtre provisoire Tchèque de Prague. On ne connaît pas la destination de ce quintette, à la composition mozartienne (deux altos), et qui ne comporte pas de scherzo. D'après Sourek, « à ce stade de son évolution créatrice, nous avons affaire à une de ces compositions cycliques qui ne comportent pas de scherzo par le seul fait que cette fonction est remplie par la section rapide du finale. Ceci est bien le cas du *Quintette en* la *mineur* ». Composé à l'été de 1861, il fut édité en 1943.

1. Adagio-Allegro ma non troppo : l'introduction lente (*Adagio* à 3/4) utilise quatorze mesures pour énoncer l'essentiel du thème initial dans la tonalité recueillie et solennelle de *la* mineur. Dvořák semble avoir sans contrainte pris modèle sur le *Quintette en* ré *majeur K 593* de Mozart, avec l'exorde mystérieux de son *Larghetto* introductif précédant le thème de l'*Allegro*. Ce passage est organiquement lié au corps principal du mouvement, un *Allegro* à 4/4 : son thème principal, toujours en *la* mineur, semble une réminiscence du célèbre *Quatuor D 804* de Schubert, également en *la* mineur (fréquemment appelé « Rosamunde »). Une première transition joue sur des changements de rythme, — menant d'*ut* majeur au second thème qui s'achève sur un staccato tendu et passionné. Après une courte pause, le développement se poursuit en *mi* majeur, — tandis que la réexposition, tenant peu compte des règles de l'art, semble une répétition du second thème dans la tonalité de *fa* majeur. Dans la longue coda qui superpose les différents thèmes plus qu'elle ne les résume, une reprise du thème initial fait penser à Beethoven tant par la finesse de l'instrumentation que par l'indéniable puissance de ce *più lento* qui introduit une conclusion un peu formelle.

2. Le mouvement le plus personnel reste sans conteste le Lento en *fa* majeur : une

* B... Référence au catalogue complet des œuvres de Dvořák, établi par le Dr Jarmil Burghauser (Prague, 1960).

phrase mélodique à la fois pondérée et chantante, exprimée par le premier alto, possède à la fois la beauté de timbre du Beethoven de l'*Opus 16* comme l'intensité lyrique du Schubert du *Quintette en* ut *D 956*. Le développement, bien affirmé, permet au premier violon de se faire valoir dans un passage presque concertant, avant la reprise en *la* majeur du thème principal.

3. Le finale se base sur un thème plein de force qui ne doit rien au thème initial de l'*Allegro*, mais tente d'égaler le Mozart des premières mesures du *Quatuor avec piano K 478, en* sol *mineur* :

Le développement fait appel à de nombreuses réminiscences empruntées à Schumann tout autant qu'au mouvement lent du *Quatuor en* sol *majeur D 887* de Schubert. Le thème principal voit sa réexposition brutalement stoppée : Dvořák propose une reprise un peu différente, — jouant sur l'apparition du thème secondaire en *fa* majeur. Dans la longue coda qui sert de récapitulation, de nombreux éléments thématiques se trouvent brassés avec un dynamisme beethovénien. Quelques idées mélodiques empruntées au *Lento* viennent enrichir le caractère lyrique des voix graves (alto et violoncelle). La conclusion voit néanmoins le thème initial repris dans sa tonalité de *la*.

Durée d'exécution : 29 minutes environ.

Quatuor à cordes n° 1, en *la* majeur (op. 2, B 8)

Ce premier quatuor n'a pas la densité inattendue du *Quintette op. 1* précédent. Sa prolixité fit que ses rares exécutions furent entachées de coupures, admissibles ou non. Le manuscrit, de 1862, compte quarante pages. Sur la dernière, le jeune compositeur écrivit « Bohù diky ! » (Dieu soit remercié !). L'œuvre dormit dans un tiroir jusqu'à l'automne de 1887, et fut donnée en première audition à l'Umelecka Beseda (« l'Union des Artistes ») le 6 janvier 1888, par le Quatuor de Bohême (formé de Karel Ondrićek, Jan Pelikan, Petr Mareś, Aloïs Neruda). Sa première édition attendit 1948 et figure aujourd'hui dans l'édition critique pragoise in extenso (avec les coupures effectuées par le compositeur à l'automne de 1887 en vue de la création, puis celles, « traditionnelles », effectuées par les ensembles tchèques).

Le *Quatuor* suit la coupe traditionnelle en quatre mouvements.

1. Le premier est un **ANDANTE** de trente-huit mesures (que l'on peut réduire à treize), suivi d'un **ALLEGRO**, — corps essentiel du mouvement qui suit assez scolairement une forme sonate. La vigueur de son thème dramatique donne pourtant le change, tant la vitalité mélodique de la phrase et l'utilisation nouvelle de l'alto éveillent l'intérêt. Dix petites coupures recommandées permettent de conserver une réelle continuité à la charge lyrique de cet *Allegro* plein de sève, à l'étonnante puissance symphonique.

2. Le second mouvement fait irrésistiblement penser à Schubert en son **ADAGIO AFFETTUOSO ED APPASSIONATO**. On peut reprocher le manque de contrastes dans cet inépuisable flot mélodique, tendre, intime, ou franchement chantant. L'animer par un rubato hors de propos est insuffisant : il faut jouer sur les variations d'intensité, qui relancent le discours comme dans les inépuisables Adagios schubertiens. Sept coupures, traditionnelles, sont les bienvenues, pour permettre au premier violon de varier son discours.

3. Le troisième mouvement est un vrai scherzo, dans lequel aucune coupure n'est admissible. Cet **ALLEGRO SCHERZANDO** suivi d'un trio est à la fois plein de finesse et d'humour, et peut être joué séparément, tant sa netteté d'écriture comme sa concision en font un « bis » peu courant et virtuose (sans risques !).

4. Le finale, **ALLEGRO ANIMATO**, est d'une plume plus épaisse, et joue franchement le jeu du rondo extraverti partant de thèmes romantiques à succès. Là encore, l'importance des voix graves étonne et donne envie de transcrire cette robuste et saine musique pour orchestre de chambre.

Durée moyenne d'exécution : près de 50 minutes.

Burghauser a pris en compte l'existence d'un *Quintette avec clarinette* en *si* bémol majeur, qui aurait vu le jour en 1865 et aurait été créé au printemps 1869, et dont le manuscrit serait perdu (B 14).

Quatuors à cordes n° 2, en *si* bémol majeur (B 17), n° 3, en *ré* majeur (B 18), et n° 4 en *mi* mineur (B 19)

Ces trois partitions datent probablement des années 1869-1870. Seul le *Quatuor en* mi porte une date (décembre 1870) sur les copies du finale, et Burghauser considère le *Quatuor en* si *bémol* comme le premier écrit (1869). Dvořák, qui était fréquemment invité à des séances de musique de chambre chez de riches Pragois (Josef von Portheim, par exemple), pouvait espérer se faire jouer. En fait, le *2ᵉ Quatuor* demeura dans les papiers de la famille, — tandis que les deux derniers semblent être restés, malgré la perte des manuscrits, dans la succession du Prof. Bennewitz, un violoniste qui fréquentait les salles de concert de chambre comme les salons de la bourgeoisie allemande.

Le **Quatuor en *si* bémol** est en quatre mouvements : *Allegro ma non troppo*, *Largo*, *Allegro con brio*, et finale *Andante*. L'*Allegro* initial propose et développe deux thèmes indépendants ; ces derniers sont lyriques et amples, sans prolongements dramatiques. Le *Largo* s'essaie au chromatisme wagnérien, — tandis que le Scherzo est un simple *Allegro con brio* au charme naïf et prenant. Le finale, en forme d'arche (*Andante-Allegro giusto-Allegro con fuoco*), révèle l'influence de Wagner, peut-être de Franck. La réminiscence de la marche nuptiale de Mendelssohn n'est qu'un clin d'œil adressé aux amis du compositeur dans l'*Allegro con fuoco* final, — plagiat qui n'étonne plus aujourd'hui, mais qui disqualifia la partition en son temps. Ici encore, l'édition première, de 1962, propose une série de coupures (mesures 76-111, 128-193, 228-240, 389-393, 419-446 dans l'*Allegro* initial, 106-164 dans le *Largo*, 24-31, 143-172, 231-330, 354-367, 435-524 dans le finale). Ainsi, la durée d'exécution de la partition complète (quelque 52 minutes) est ramenée à une quarantaine de minutes ; le Scherzo, ici encore, reste le mouvement le plus original auquel il ne faut rien retrancher.

Le **Quatuor en *ré* majeur** est également en quatre mouvements : *Allegro con brio, Andantino, Allegro energico - Trio*, et finale *Allegretto*. La partition, sans coupures, dépasse l'heure. Elle vaut surtout par son mouvement lent où figurent des réminiscences de l'idiome wagnérien (*Lohengrin*). Là encore, le Scherzo est le mouvement le plus dense au plan de l'écriture et utilise un chant populaire devenu, à l'époque, un chant nationaliste (anti-autrichien avec les paroles « Hej, Slované... » (Holà, Slaves...).

Durée approximative d'exécution : 68 minutes.

Le **Quatuor en *mi* mineur** est un poème en un seul mouvement, formé de trois épisodes : *Velmi pohyblive a razne* (*Assai con moto ed energico*), *Andante religioso, Allegro con brio*. On y retrouve la double influence de Liszt pour la forme et de Wagner pour le langage « tristanesque ». Le mouvement central, à lui seul, devrait être fréquemment joué sous cette forme originale. Dvořák l'utilisa dans le *Quintette en* sol *B 49* pour son *Intermezzo*, en 1875 ; il l'en avait retiré en 1883 pour l'inclure dans le *Nocturne* pour cordes *op. 40, B 47* ; mais il le fit éditer, en 1890, dans la première édition du *Quintette*.

Durée d'exécution (sans coupures) : 36 minutes environ.

La correspondance de Dvořák nous informe qu'il écrivit en 1870 une *Sonate pour piano et violoncelle* en *fa* mineur B 20, qui fut créée le 4 janvier 1871. Deux *Trios avec piano* B 25 et 26 formaient un opus 13, dont le manuscrit a été détruit.

Quintette pour piano et cordes, en *la* majeur (op. 5, B 28)

Cette partition, écrite pendant l'été de 1872, fut créée à Prague le 22 novembre, puis resta sous forme de manuscrit jusqu'en 1877. Dvořák croyait lui avoir imparti le même sort qu'aux *Trios op. 13*. N'étant ni brûlée, ni déchirée, il la révisa : il supprima cent quarante-quatre mesures dans l'*Allegro ma non troppo* initial, qui avait l'ampleur wagnérienne habituelle. Disparaissait ainsi l'énoncé du thème secondaire dans ce mouvement qui devenait monothématique pour sa plus grande unité. L'*Andante sostenuto* médian se vit réduit de vingt-deux mesures, — tandis que la coda du finale évitait la reprise du premier thème (huit mesures). Comme dans le *Quintette à cordes op. 1*, le finale fait office à la fois de scherzo et de rondo conclusif.

L'*Allegro* initial joue sur la dualité majeur-mineur de *la*, et semble une première épure du conflit dramatique et grandiose qui en découle dans le finale de la *5ᵉ Symphonie*. Il utilise une forme rythmique empruntée au *furiant*, danse populaire tchèque trépidante, notée à 3/4, mais dont le rythme caractéristique fait alterner deux mesures en rythme binaire syncopé et deux mesures en rythme ternaire. La partie de clavier reste néanmoins schubertienne pendant les deux premiers mouvements. Il n'est que le finale pour voir le piano sortir de son rôle de séducteur et prendre un envol lisztien, qui simule passages de chevaux sauvages et martèlement de marches. D'ingénieuses modulations viennent fréquemment relancer un discours toujours ardent ou dramatique. Nous devons au Dr. John Clapam, d'Édimbourg, qui travaille en étroite association avec Jarmíl Burghauser, l'édition critique de ce manuscrit en 1962.

Durée d'exécution : 27 minutes environ.

De 1873 datent deux partitions considérées comme détruites : une *Sonate pour violon* et piano en *la* mineur B 33, et une *Sérénade* pour octuor B 36.

Quatuors à cordes n° 5, en *fa* mineur (op. 9, B 37) et n° 6, en *la* mineur (op. 12, B 40)

Le 4 octobre 1873 Dvořák terminait la première de ces partitions, le 5 décembre la seconde. Il ne les entendit jamais, — ce qui ne permet guère de connaître les coupures et modifications qu'il aurait effectuées s'il avait consenti à leur impression.

Le **Quatuor en *fa* mineur** comporte les quatre mouvements traditionnels : *Moderato, Andante con moto, quasi allegretto, Tempo di valse,* finale *Allegro molto*. Si les mouvements extrêmes manquent encore de personnalité, mais non de fermeté de trait, les mouvements centraux ont la douceur schubertienne de la célèbre *Romance*, — transcription pour violon et piano de l'*Andante* (v. plus loin).

Le **Quatuor en *la* mineur** n'a jamais été totalement révisé par son auteur, — laissant incertaine sa forme en quatre ou cinq mouvements. Günther Raphaël, en 1929, en édita une réalisation en quatre mouvements : *Allegro ma non troppo, Poco allegro, Poco adagio*, et finale *Allegro molto*. Dans l'*Allegro* premier manquait la reprise du thème ; Burghauser a reconstitué la partie initiale du scherzo *Poco allegro* en partant du manuscrit de 1873, ainsi qu'une partie de l'exposition de l'*Allegro* final. L'œuvre a été éditée par Supraphon en 1962, avec recommandation de quelques coupures dans les mouvements extrêmes. Dans la version in extenso, sa durée est de quelque 32 minutes.

Figura également dans le manuscrit de 1873 un *Andante appassionato* en *la* mineur (*B 40a*), qui se termine en *fa* majeur. En lui-même, il peut former un séduisant nocturne pour quatuor à cordes, à jouer obligatoirement *con sordino*.

Romance pour violon (op. 11, B 38)

Transcrite et éditée dès 1876 pour violon et orchestre, elle fut donnée sous cette forme le 9 décembre 1877. Elle existe également pour violon et piano dans l'édition de Zubaty (Berlin, 1929) et dans l'édition critique Supraphon (Prague, 1953). Elle reprend l'essentiel de l'*Andante con moto du 5ᵉ Quatuor à cordes* (v. précédemment), en réintroduisant une reprise du thème.

Durée d'exécution : 11 minutes environ.

Quatuor n° 7, en *la* mineur (op. 16, B 45)

Cette deuxième partition en *la* mineur fut écrite entre le 14 et le 24 septembre 1874 à Vysoka, et fut le premier quatuor à être imprimé (d'abord chez Emanuel Stary en 1876, puis, après la révision de 1887, chez Bote und Bock en 1893). Burghauser a supervisé l'édition critique de 1959. Sous l'influence de Smetana, Dvořák s'astreint à une rigueur de forme de plus en plus nette. Cette fois, il ne prend plus exemple sur Schubert, mais sur Beethoven sur le plan de la sûreté de ton comme de forme, sur Haydn sur le plan de l'esprit. Le *Quatuor* comporte les quatre mouvements classiques.

1. L'ALLEGRO MA NON TROPPO initial utilise deux thèmes essentiels, — le premier présenté sous forme presque symphonique, le second par des solos successifs, permettant un développement bien structuré, proche de la forme sonate. Tout comme Haydn, Dvořák ne donne que l'illusion de la parfaite symétrie, aboutit à une fausse récapitulation, puis à une coda stricte et sans la moindre fantaisie dansante.

2. L'ANDANTE CANTABILE fait preuve d'une maturité réelle, — en son thème chantant que s'échangent premier violon et alto, développé avec une emphase contenue, à la manière du premier Beethoven.

3. L'ALLEGRO SCHERZANDO, à trois temps, n'est en rien une danse tchèque plus ou moins stylisée. Dvořák tente de retrouver la logique du scherzo jusqu'au trio conclusif qui forme le seul moment d'humeur dansante, avec un premier violon en maître à danser aussi entraînant qu'exempt de toute familiarité.

4. Le finale, ALLEGRO MA NON TROPPO, n'est plus l'explosion de joie d'antan, aussi difficile à contenir qu'un peu bavarde. Ce rondo aurait pu être écrit par un émule de Beethoven, — n'étaient le rôle important de l'alto et la pulsation pleine d'humour, parfois de tendresse, donnée par le premier violon, ainsi que la réponse lyrique des cordes graves.

Ce 7e *Quatuor* fut le premier donné en public, à la Société de Musique de Chambre de Prague le 29 décembre 1878.

Durée d'exécution : 29 minutes environ.

Quintette à cordes, en *sol* majeur (op. 77, B 49)

Première manifestation d'un abandon de l'influence envahissante de Wagner et des romantiques allemands, au profit d'un retour à l'inspiration nationale tchèque sous l'influence musicale et politique de Smetana. L'œuvre fut créée le 18 mars 1875 à l'Umelecka Deseda (l'« Union des Artistes »), par un ensemble de cordes dirigé par le leader du Quatuor de Bohême, František Ondriček. Elle est bâtie sur les quatre mouvements traditionnels (avec le mouvement rapide en second) pour quatuor à cordes et contrebasse.*

1. Le premier mouvement est un ALLEGRO CON FUOCO à 4/4, en *sol* majeur. On peut penser au *Quintette « la Truite »* de Schubert avec l'introduction en *mi* mineur de quatorze mesures, — sombre par la présence simultanée des violoncelle et contrebasse. Le thème proprement dit ne comporte qu'une seule mesure — une figure en triolet —, suivie d'une valeur longue (correspondant au signal morse du V, comme Victoire). Le corps du mouvement, en *sol*, propose en quatre mesures un thème rythmique antagoniste formé de trois croches, en staccato, suivies d'un démanché donnant l'impression d'une figure de « jumping ». Après ce départ contrasté, et finalement hésitant, apparaît une phrase beaucoup plus ardente bâtie par le violoncelle et reprise en écho par le premier violon. Le développement s'appuie tout d'abord sur le troisième court motif de l'introduction ; mais, cette fois, sans faire intervenir la contrebasse. On en vient à reprendre le thème principal en triolets. Ce développement mène à une cadence au panache inattendu, avant une coda *più mosso*.

2. Le SCHERZO, *Allegro vivace* en *mi* mineur à 6/8, est de forme A-B-A parfaitement symétrique. Les deux thèmes utilisés dans le premier épisode sont construits sur des rythmes populaires. Le premier est bâti sur quatre mesures aux puissants accents, avec trois brusques arrêts syncopés sur les deux premières, et revenant sur le premier temps dans les deux dernières (rythme de *dumka*). Le second thème en est une extension, — avec son air obsédant en *mi* au premier violon, accompagné par une danse syncopée typiquement morave. L'épisode central est un trio en *ut* majeur, d'humeur lyrique et réfléchie, formant un intermède juxtaposant triolets et doubles croches.

3. Le POCO ANDANTE, en *ut* majeur et à 4/4, est également de forme A-B-A, — la section centrale étant en *mi* majeur et à 3/4. Dvořák énonce, puis développe, une longue cantilène au premier violon, — le violoncelle tressant un magnifique accompagnement en contrepoint. Il joue sur toutes les ressources expressives de l'accompagnement, tant en intensité que par des modifications de l'attaque des cordes (staccato, pizzicato, etc.). Le retour du thème de *mi* majeur à *ut* est l'occasion d'une envolée dramatique, — avec un rappel bref, dense, du thème initial.

4. Le finale, ALLEGRO ASSAI en *sol* majeur et à 2/4, nous ramène dans l'atmosphère plus ardente et détendue de l'*Allegro con fuoco* initial. Le rondo gai et optimiste utilise deux phrases mélodiques, — l'une bruyante et rustique, l'autre plus savante et discrète. Ces deux aspects complémentaires se mêlent, se heurtent, pour mieux se combiner en un développement plein de vitalité et d'énergie exubérante.

Durée d'exécution : 30 minutes environ.

Trio n° 1 pour piano, violon et violoncelle, en *si* bémol majeur (op. 21, B 51)

Écrit dans sa version originale à l'automne de 1874, on suppose qu'il fut donné en création à Prague le 15 février 1877 avec Slavkovskych, Ondricek et Sladek. Il fut profondément révisé : Dvořák écrivit un nouveau trio pour le Scherzo, et pratiqua quelques coupures dans l'*Allegro* final. Il fut le premier *Trio* édité, par Schlesinger, en 1880 à Berlin. L'œuvre est en quatre mouvements.

1. L'ALLEGRO MOLTO initial voit son thème essentiel immédiatement énoncé par le violon, — phrase sereine et ample que le piano reprend à son compte. Brusquement, le violon résume en une seule mesure l'essentiel du matériau thématique, — créant une

* Mais on sait aujourd'hui que la version d'origine intégrale fut en cinq mouvements (le deuxième mouvement, qui était lent — et court —, fut supprimé dans l'édition).

brusque tension dramatique dans ce concert détendu et dense. Le piano introduit alors une nouvelle phrase mélodique, calme, qui se clôt comme la première idée. Il poursuit son avantage en lançant un thème dansant à la dominante de *fa*. Cette fois, les cordes réagissent par des accents rythmiques typiquement dvorakiens. Le violoncelle se fait, lui, plus lyrique en proposant une véritable variation, — avant que le développement ne mène en *mi* mineur. De multiples éclairages et oppositions de couleurs viennent animer ce développement avant que le piano ne s'élance dans d'immenses envolées dramatiques, — jusqu'à ce que le mouvement s'achève sur une reprise du deuxième thème en un magistral diminuendo.

2. L'ADAGIO MOLTO E MESTO, en *sol* mineur, reste le plus inspiré des quatre mouvements de ce trio de jeunesse. Construit dans la forme A-B-A-B-A, il fait penser à Schubert tant par le climat que par l'écriture. Le thème A est d'abord exposé par le piano, puis successivement par le violoncelle et le violon. Ce dernier module en *ré* bémol, préparant l'entrée de B. Celui-ci est donné en *la* majeur par le clavier ; les cordes le développent en duo, jusqu'à ce que le piano les soutienne en utilisant le thème A en *fa* dièse mineur. Après un premier paroxysme d'intensité, les cordes reprennent le thème B moins agité, — ce qui les ramène en *si* bémol. Le thème A est alors repris en canon, avant de s'éteindre progressivement sur les accords funèbres du piano.

3. L'ALLEGRO SCHERZANDO ET TRIO part sur une ravissante polka en *mi* bémol, reprise tel un danseur par chacun des instruments à cordes sur l'accompagnement du clavier, — d'abord un peu salonnard par sa modulation en *ré* bémol, puis *grandioso*. Le développement mène à une magnifique et austère phrase du violoncelle, pendant le trio, qui permet au piano un accompagnement fort évolué en contrepoint, avant que le violon puisse les rejoindre *pianissimo*.

4. L'ALLEGRO VIVACE final, à 6/8, est introduit par un dialogue solennel entre piano et cordes en *sol* mineur. La phrase suivante apparaît avec une tumultueuse présentation en canon, dont l'exubérance mène en *si* bémol. Une montée aux cordes prépare la présentation de la troisième idée thématique qui débute, au piano, en *ré* mineur. Le violon impose une transition en *fa* majeur. Le développement se fait d'abord sur le troisième thème, sombre, en mineur, puis d'humeur martiale. On attend toujours le thème initial : on entend alors l'irrésistible lied servant de thème à l'*Adagio*, lancé d'abord par le violoncelle (en *ré* bémol mineur), puis repris par le clavier. La récapitulation utilise ainsi trois phrases mélodiques d'esprits très différents, — se mêlant au thème principal qui n'apparaît qu'en conclusion. Le violon (en *sol* mineur) joue le troisième thème qui module en *si* bémol, la tonalité principale, sous les doigts du pianiste. La coda joue sur un énoncé en canon du second thème, mais laisse finalement triompher le thème initial en conclusion.

Durée d'exécution : 31 minutes environ.

Quatuor pour piano et cordes, en *ré* majeur (op. 23, B 53)

Commencé le 24 mai, il fut terminé le 10 juin 1875, mais dut attendre le 16 décembre 1880 pour être créé, grâce à l'Umelecka Beseda (« Union des Artistes »), à Prague (salle du Konvikt), par Karel Slavkovsky au piano, Vaclav Kopta, Petr Mares et Alois Neruda. Il fut légèrement retouché avant sa publication chez Schlesinger, à Berlin. Il est basé sur une structure rare, mais propre à Dvořák, d'une découpe en trois mouvements dont le dernier inclut Scherzo et finale.

1. Le premier mouvement, ALLEGRO MODERATO, débute sur un thème syncopé et se développe en toute liberté dans un climat lyrique et serein. Présenté d'abord en *ré* majeur, ce thème de deux mesures est répété en *si* bémol avec les deux dernières des huit mesures de développement inversées pour permettre, par une transition en *fa* dièse, un retour en *ré* majeur. Une nouvelle transition, *staccato*, mène à un ample développement en *la* majeur avant que la deuxième phrase thématique ne s'impose dans un dessin mélodique insinuant. Ce thème est répété plusieurs fois, avec des modulations entre *la* et *mi* majeur, dans une grande liberté de sauts entre instruments ainsi que d'accents. La récapitulation se fait sur trois nouveaux motifs, — le troisième n'étant qu'une évolution de la phrase de transition *staccato*.

2. Le second mouvement, un ANDANTINO, est une suite mélodique en *si* mineur suivie de cinq variations. Le matériau thématique est original, mais semble d'essence populaire. Il module en *ré* majeur dès la neuvième mesure jusqu'à la seizième, pour revenir en *si* pendant les huit suivantes. Les différentes variations sont d'une extrême liberté, — tels les différents couplets d'une chanson populaire, tantôt gaie, tantôt triste lorsqu'elle utilise le mode dorique. La dernière est en canon, et mène à une coda qui utilise le mélancolique thème original.

3. Le finale, **Allegretto scherzando**, n'est que la partie Scherzo, en *ré* majeur et à 3/8, au caractère dansant de valse. La seconde partie, *Allegro agitato* à 4/4, est un rondo rapide en forme de variations. La coda rappelle le *Scherzando*, — le *furiant* remplaçant cette fois clairement le rythme de valse pour revenir à l'*Agitato* dans l'ultime variation, avec une brusque codetta.

Durée d'exécution : 35 minutes environ.

Trio n° 2 pour piano, violon et violoncelle, en *sol* mineur (op. 26, B 56)

Il fut écrit entre le 4 et le 20 janvier 1876 sous le coup de la disparition de la première fille du compositeur Josépha (qui ne vécut que deux jours en septembre 1875). L'œuvre semble suffisamment éloignée du deuil pour être plus méditative que brutalement agitée. Elle paraît plus une première ébauche du *Stabat Mater B 71*, commencé quelques jours plus tard, qu'une réédition du chef-d'œuvre de Smetana, qui écrivit son *Trio en* sol *mineur* dans des circonstances comparables. La première audition fut donnée le 29 juin 1879 à Turnow, avec Dvořák au piano.

1. L'**Allegro moderato** introductif s'ouvre sur deux accords intenses et inattendus. Le violon exprime une sorte de variation sur la fin du thème principal ; ce dernier est énoncé par le piano en une longue phrase de dix-huit mesures. Ces deux épisodes principaux se rejoignent alors pour mener au second thème, très morcelé, présenté d'abord par le violoncelle (en *si* bémol), puis par le clavier (en *fa*). L'élément de transition revient alors, martial, sous les doigts du pianiste, — s'opposant à la reprise de certains éléments du deuxième thème. Le clavier reprend les accords introductifs, — tandis que le violon expose le premier thème lyrique. Suit un développement de ce thème principal qui conduit en *sol* majeur, ce qui assagit la reprise du second sujet. La coda est une reprise du thème d'ouverture dans un climat d'une inhabituelle douceur, mais est clos néanmoins sur un dernier sursaut d'énergie.

2. Le **Largo** n'explore qu'une seule idée mélodique exprimée, en *mi* bémol, par le violoncelle. Elle se voit peu à peu disséquée, — telles de grosses larmes sous les sextolets du violon. Le thème est repris dans son intégralité en une envolée de plus en plus tendue et passionnée. Le violon s'empare alors de la phrase mélodique en gommant, par son intense et calme reprise, toutes les irrégularités rythmiques qui avaient entravé précédemment sa chaleureuse progression. Le mouvement se clôt dans la sereine tonalité de *mi* bémol.

3. Le **Scherzo** débute en *sol* mineur, et utilise un thème exprimé en cinq mesures

qui reprend quelques bribes du motif initial de l'*Allegro* et de la transition. Ce thème à 3/4 s'oppose à des accords répétés au clavier, qui imposent une forme en canon atteignant son plein effet dans la longue et dernière phrase du *Scherzo*. Ce *Presto* est brusquement interrompu par un *Moderato* qui voit le violoncelle émettre une mélodie mélancolique à 2/4, dérivée du thème principal, pendant neuf mesures ; puis l'entrain un peu factice du *Presto* reprend ses droits. Vient le trio en *sol* majeur, marqué *Poco meno mosso*, basé sur un naïf thème de berceuse et exploitant avec simplicité l'accord de *sol*.

4. Le finale use du rondo de forme sonate, en jouant en permanence sur l'alternance majeur-mineur, — à l'exemple de Schubert. Cet **Allegro non tanto** débute sur trois séries d'accords violents, symétriques à l'introduction de l'*Allegro* initial, — où le second résume le rythme de polka dont s'empare le violon. Le thème principal est énoncé, en *sol* majeur, de manière fantasque au clavier. Lors de sa réexposition, le violoncelle propose un autre motif qui, débuté en *sol* majeur, est conclu en *sol* mineur. Le développement joue essentiellement sur l'opposition de ces deux motifs. Comme dans le précédent trio, le second développement est retardé, — les motifs de polka, puis celui du violoncelle, étant intégralement répétés. Ce dernier est repris en *sol* majeur, de même que le premier, brusquement juxtaposé dans cette même tonalité, ouvrant la coda conclusive. L'œuvre s'achève alors en un tumultueux choral dans cette tonalité éclatante de *sol* majeur.

Durée d'exécution : 32 minutes environ.

Quatuor à cordes n° 8, en *mi* mineur (op. 80, B 57)

Écrit en 1876, c'est le premier quatuor de la pleine maturité, — inaugurant la série des sept chefs-d'œuvre renfermant les caractéristiques propres au style dvorakien : voix instrumentales bien individualisées, en particulier celle de l'alto, vigoureuse polyphonie à la rythmique s'écartant des modèles allemands (après assimilation du « hungarisme » brahmsien), coloris et mélodie à la saveur slave, authentique ou inventée, primauté des mouvements lents, — cœurs sensibles de ces partitions. Le *Quatuor en* mi *mineur* aurait dû porter le numéro d'*opus 27*, mais Simrock n'accepta de l'éditer que comme *opus 80* en 1888. On ne connaît pas la date de la création : février 1889 à Boston, mars 1890 à Berlin par le Quatuor Joachim, semblent des dates bien tardives.

La partition est construite selon le schéma traditionnel en quatre mouvements, avec le Scherzo placé en troisième position.

1. L'**ALLEGRO INITIAL**, théoriquement en *mi*, laisse exposer une première phrase mélodique aux violons (huit mesures), dont l'énoncé comme le développement tend toujours à vouloir s'exprimer dans le relatif mineur. La polyphonie fait se joindre, ou s'opposer, les voix des violons aux instruments graves qui imposent la rythmique comme la respiration. Une modulation en *la* majeur laisse la mélodie au violoncelle (mesures 103-114), jusqu'à ce que le premier violon reprenne la primauté. Une série d'accords fortissimo marque le retour en *mi* majeur ; mais les violons reprennent le thème d'introduction (mesures 136-146), qui se poursuit jusqu'à la mesure 162. Un nouveau pianissimo introduit un deuxième thème qui semble une variante rythmique du thème emprunté à l'*Adagio affettuoso* du *1er Quatuor op. 18* de Beethoven. Ce dernier est traité avec une invention à la fois riche et maîtrisée pendant la récapitulation, — avant la dernière réexposition des deux premières mesures du thème initial (mesure 230). La péroraison prend une dimension beethovénienne.

2. Le mouvement lent, **ANDANTE CON MOTO**, reste dans la tonalité mélancolique de *la* mineur, — utilisant à la manière dvorakienne les vertus contradictoires de la *dumka*, ballade épique ou narrative d'origine ukrainienne, d'expression élégiaque, triste et langoureuse, à l'intensité très contrastée. On assiste à de brusques fortissimos, préparés en moins de trois mesures (mesures 40-43)

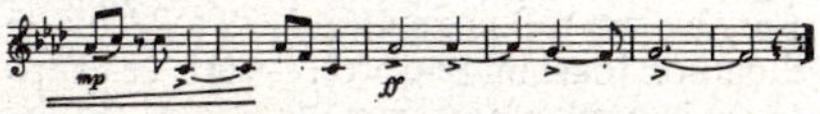

retombant dans une relative nonchalance dans des temps encore plus brefs. L'alto prend la parole sur dix mesures (mesures 58-67), laissant le violoncelle conclure en force. Ces jeux expressifs, contrastés et virtuoses, permettent à chacun des instruments de chanter tour à tour, — le second violon en imitation du premier, le violoncelle en toute indépendance ou amplification à la quarte, comme à l'octave, du chant de l'alto.

3. L'**ALLEGRO SCHERZANDO**, en *ut* dièse mineur et à 3/4, est d'humeur schumannienne et forme un intermède virtuose, — même le court trio de dix mesures permettant au premier violon d'évoquer un mouvement de danse avec ses triolets accentués sur la dernière note.

4. Le finale, **ALLEGRO CON BRIO** à 4/4, débute également en *ut* dièse mineur sur les mêmes figures de triolets, — l'alto proposant le thème expressif. Après un développement virtuose et coloré, le thème est réexposé (mesure 90) ; alto, violoncelle, puis violon prennent la parole jusqu'à un *forte* suivi d'un *marcatissimo* (mesure 109). Le jeu très contrasté des trois voix reprend avec plus de frénésie encore, en un détaché virtuose au premier violon, avant d'être clos par le violoncelle. Il faut attendre la reprise du thème principal de l'*Allegro* initial pour revenir dans la tonalité plus brillante et joyeuse de *mi* majeur.

Durée d'exécution : 29 minutes environ.

Quatuor à cordes n° 9, en ré mineur (op. 34, B 75)

La partition fut écrite en quelques jours, du 7 au 11 décembre 1877, alors que le compositeur était encore secoué par la disparition de la seconde de ses filles (Růzena) et par celle de son premier garçon (Otakar). Encore proche de l'esprit du *Stabat Mater B 71* terminé le 13 novembre, le *Quatuor en* ré *mineur* trouve en son *Adagio* — placé cette fois en troisième position parmi les quatre mouvements traditionnels — un prolongement, épuré, de cette tristesse. Sur le plan de la forme (hormis l'*Allegro scherzando alla polka*, d'humeur tchèque à l'exemple de Fibich), la partition est beaucoup plus soignée que précédemment, — même si le dédicataire, Brahms, la jugea encore négligée. Malgré la recommandation expresse de Brahms à l'éditeur Simrock, les *Quatuors en* mi et *en* ré *mineur* ne furent publiés qu'en 1880, à Berlin, et chez Schlesinger.

1. L'**Allegro** initial est bien en *ré* mineur et propose deux thèmes capables d'entretenir une tension dramatique et une émotion exempte de toute inquiétude artificielle. Alec Robertson fait remarquer que, contrairement à ce que ferait supposer la dédicace, Dvořák se souvient plus de Schubert que de Brahms en reprenant le premier vers de *Gretchen am Spinnrade* (Marguerite au rouet) comme matériau mélodique :

Le deuxième thème (mesures 40-61), d'une délicate discrétion, ne doit rien à Schubert et impose la personnalité du compositeur tchèque. Le développement et la réexposition de ces deux magnifiques phrases mélodiques donne à cet *Allegro* une teinte slave d'une étonnante authenticité, — soit par l'emploi de triolets succédant aux croches pointées, soit par un détaché aux violons allant jusqu'au *marcatissimo* (mesure 355), instant de paroxysme qui s'oppose au pianissimo en vigueur cinq mesures plus tôt, et qui nous mène à la péroraison éclatante de ce mouvement.

2. Le **Scherzo**, *Alla polka*, est un *Allegretto scherzando* en *sol* mineur où les violons et alto, avec ponctuation du violoncelle, reconstituent une vraie polka avec ses appogiatures (au premier violon) comme ses accentuations à la manière d'une *sousedska*, — montrant ainsi que polka comme sousedska (proche du Ländler) sont d'origine bohême. Elles évoluent toutes deux dans un climat vif et animé, mais non sans tendressse, teinté pourtant de mélancolie par la constante utilisation d'une tonalité mineure. Ceci est particulièrement sensible dans le trio à 3/8. Le reprise da capo du début du Scherzo n'est en aucun cas ad libitum, — le retour au rythme irrésistible de polka s'imposant pour gommer ces quelques nuages.

3. L'**Adagio** en *ré, con sordino*, est construit sur deux thèmes. Le premier reprend deux mesures de chacun des deux motifs essentiels de l'*Allegro* initial en transposant leur couleur comme leur tonalité. Le second est une mutation du premier (mesures 97-104), toujours à trois voix sur pizzicatos du violoncelle.

4. Le finale, **Poco allegro**, retournant à la tonalité principale de *ré* mineur, est énergique et s'avère le plus développé.

Ce *9e Quatuor* ne fut donné en première publique qu'après son édition chez Schlesinger à Berlin en 1880, par Ferdinand Lachner, Petr Mares, Vaclav Borecky et Aloïs Neruda, le 27 février 1882 à Prague.

Durée d'exécution : 34 minutes environ.

Bagatelles (op. 47, B 79)

Les cinq *Bagatelles* sont des pièces brèves pour deux violons, violoncelle et harmonium, écrites entre le 1er et le 12 mai 1878 à la demande d'un violoniste amateur qui aimait faire de la musique chez lui et qui ne disposait, comme clavier, que d'un harmonium.

Un air populaire tchèque (« Les cornemuses jouaient à Poduba ») sert de matériau mélodique aux premier et troisième mouvements, deux *Allegrettos scherzandos*, et est à nouveau cité dans le cinquième. Le second volet, *Tempo di minuetto, grazioso*, fait penser aux *Danses slaves* contemporaines, mais plus encore au Brahms des *Danses hongroises* par sa douceur et sa couleur. La figure de menuet se meut, s'anime et retombe, — plus proche de la danse savante que paysanne. Le quatrième volet utilise une forme en canon sur un rythme lent, un *Andante con moto* poétique que la double présentation en imitation à une mesure de distance rend digne de Haydn. Le *Poco allegro* conclusif nous ramène à la campagne sur un rythme de polka, qui pourrait bien être une *sousedska*.

Ces bien agréables pièces sont rarement jouées du fait de l'harmonium. L'usage du piano est — heureusement — strictement déconseillé, mais, quitte à déplaire aux puristes, le seul instrument de remplacement recommandable aujourd'hui serait l'accordéon.

Durée d'exécution : 18 minutes.

Sextuor à cordes, en *la* majeur (op. 48, B 80)

Durant le même mois de mai 1878 (du 14 au 27) Dvořák écrivit un sextuor dans la formation pour quatuor à cordes avec second alto et second violoncelle, qui avait fait le succès des deux modèles que furent pour lui les *Sextuors op. 18* et *36* de Brahms, et qu'il avait entendus par les créateurs de son propre *Sextuor* le 9 novembre 1879 à Berlin, le Quatuor Joachim renforcé, — peu de temps après la publication chez Schlesinger. Pourtant, l'œuvre de Dvořák n'a rien d'une copie servile de l'*Opus 18* de Brahms.

1. L'ALLEGRO MODERATO en *la* est effectivement de stricte forme sonate, — avec son thème principal exprimé par le premier violon dans un style chaleureux et lyrique pénétrant. Le thème secondaire est, par contre, introduit par le violoncelle appuyé par l'alto, — tandis que le quatuor restant reprend la partie médiane du thème principal en la scandant sur un rythme profond, déjà exploité par Brahms, mais énoncé ici comme la ponctuation d'un chant ample et passionné. Un brillant développement nous mène à un *Molto tranquillo* précédant une coda dramatisée où, après une récapitulation ramassée des éléments essentiels du thème principal, Dvořák active le motif ainsi résumé pour lui donner une strette solennelle, presque symphonique.

2. Le POCO ALLEGRETTO second n'est ni un scherzo, ni un vrai mouvement lent. Il est basé sur une *dumka*, — sorte de berceuse élégiaque à trois temps, débutée ici en *ré* mineur.

La deuxième partie passe en *fa* dièse mineur et à 4/8, pour s'achever en *fa* dièse majeur et à 3/8. Nous assistons ainsi à toutes les mutations de cette dumka

d'abord proche de la rêverie élégiaque, pour devenir ensuite une berceuse beaucoup plus sereine, même si quelque mélancolie typiquement slave la maintient en mineur. Elle s'anime enfin, et devient une véritable danse entraînante lors de la coda de cet *Allegretto* peu ordinaire.

3. Le PRESTO se veut, cette fois, un véritable scherzo dans la tonalité principale de *la* majeur. Il est basé sur le *furiant*, danse bravache, qui retrouve peu à peu toute la puissance symphonique de la *Danse slave op. 46 n° 1* en *ut* majeur (écrite en même temps et livrée le 22 août 1878), lors du trio qui est en *ré* majeur.

4. Le finale, TEMA CON VARIAZONI : ALLEGRETTO GRAZIOSO, QUASI ANDANTINO, semble en *la* majeur, même si de nombreux passages s'aventurent, en *si* mineur et en *fa* dièse mineur sous l'impulsion du discours. Il est formé de l'énoncé d'un thème mélancolique et naïf, à la manière d'une chanson populaire, — suivi de six variations, hommage encore à Brahms, quant à la forme. Après l'introduction du thème par le premier alto, intervient tout un jeu polyphonique usant avec douceur ou pleine intensité des possibilités de contrastes du double trio à cordes pour aboutir, lors de la variation finale, à une strette triomphante et énergique, qui est cette fois autant un hommage à Beethoven qu'à Brahms.

Durée d'exécution : 28 minutes.

Capriccio (B 81)

A été édité en 1929 par Raphaël en même temps que le *5ᵉ Quatuor* à Leipzig. Écrit en 1878 pour violon et piano, il semble que sa version avec orchestre soit perdue. Subsiste sous le titre de *Rondo de Concert*.

Mazurka (B 89)

Écrite en février 1879 pour violon et piano, elle est surtout célèbre dans sa version avec orchestre *(B 90)*. Cette pièce, basée sur la mazurka polonaise dans la tonalité de *mi* mineur, est une commande de Simrock, l'heureux éditeur des *Danses Slaves*, qui la fit paraître en même temps que celles de l'*Opus 46*.

Durée d'exécution : 5 minutes environ.

Quatuor à cordes n° 10, en *mi* bémol majeur (op. 51, B 92)

À la demande de Jean Becker, le premier violon du Quatuor Florentin, qui avait été séduit par le *Sextuor op. 48* (sa *dumka* en particulier), Dvořák réalisa du jour de Noël 1878 au 28 mars 1879, le *Quatuor en* mi *bémol*, créé le 29 juillet 1879 à Berlin, dans la Salle du Conservatoire par le Quatuor Joachim.

1. Le mouvement initial est un ALLEGRO NON TROPPO à 4/4 qui semble utiliser des matériaux populaires, — alors que Dvořák les crée spontanément tout en maniant toutes les finesses de l'écriture pour quatuor. Il utilise ici deux thèmes, — l'un calme, serein et irradiant introduit par le violoncelle, suivi par alto, second violon, enfin premier violon, dans une impeccable forme sonate. Les deux motifs mélodiques principaux — le premier avec sa générosité, ses figures ascendantes et bondissantes, à la vélocité d'arpèges, le second, enchanteur et dansant, en imitation de polka — sont récapitulés en ordre inverse. Il culmine dans le *Molto tranquillo* conclusif, qui reprend le thème initial pour cette coda.

2. L'ANDANTE CON MOTO second est une

dumka, cette méditation d'origine ukrainienne, nostalgique dans ses moments de tendre plainte, soudainement explosive et dansante dans ses instants exubérants. Dvořák joue à plein de cette dualité, — autoportrait de l'âme slave. Le premier violon, appuyé par le second sur pizzicatos composés du violoncelle, nous attendrit par sa plainte élégiaque reprise, à deux mesures, par l'alto, à la voix encore plus naturellement mélancolique :

Nous restons ainsi dans la tonalité mozartienne de *sol* mineur, à 2/4. Par deux fois le thème reprend, ne s'accélérant que pour mieux bâtir un *ritardando* irrésistible. Brusquement (mesure 88), la *dumka* se mue en un *furiant* endiablé à 3/8 et en *sol* majeur. Nouvelle péroraison sur un *poco ritardando* (mesure 208), introduisant le retour à l'*Andante con moto* en *sol* mineur à 2/4 et du thème initial de *dumka*. Le *furiant* réapparaît (mesure 253), *piano*, — en restant dans la tonalité, cette fois, de *sol* mineur jusqu'au *vivace* final.

3. Court et de climat intime, l'ANDANTE CON MOTO est une *romance* en *si* bémol à 6/8 pleine de chaleur et de délicatesse, dont le lyrisme ne doit plus rien à Schumann. Sa cadence exige du violoniste un sens de la respiration rythmique bohême, qui permet de passer sans heurt de triolets en triples croches, de notes piquées à un staccato accentué sur la deuxième double croche, — toutes figures mélodiques et rythmiques qui tombent spontanément sous les doigts des musiciens slaves.

4. Le finale, ALLEGRO ASSAI, exploite le rythme bondissant d'une *skocna* (« sauteuse »), jouant — tel un Haydn bohême — sur tous les contrastes d'intensité et de rythme de cette danse trépidante, qui obligent premier violon et violoncelle à utiliser quatre octaves de tessiture ! Deux passages *quasi andante* contraignent ce mini-orchestre à reprendre les refrains avec douceur, pour se relancer dans le tourbillon du *Tempo primo*, — avant la coda, *Più allegro*, qui débute *piano* pour se clore sur un accord de *mi* bémol en fortissimo.

Durée d'exécution : 32 minutes environ.

Polonaise (B 94)

Cette pièce pour violoncelle et piano en *la* majeur a probablement été écrite en 1879 pour Aloïs Neruda, le violoncelliste du Quatuor de Bohême, créateur des œuvres de Dvořák, — afin que tous deux puissent donner quelques pièces de complément en tournée. Son mouvement est une polonaise très libre, *Allegro moderato* (*quasi andante*), dont la section médiane anticipe sur le thème, en *ut* majeur, du finale du *11ᵉ Quatuor*, terminé en novembre 1881. Le manuscrit original est perdu, et une copie en fut publiée en 1925 à Vienne.

Durée approximative d'exécution : 8 minutes.

Deux Valses (op. 54, B 105) (1880)

On connaît le succès du cahier de huit *Valses pour piano* écrites entre novembre 1879 et janvier 1880. Dvořák transcrivit en février la première et la quatrième (originale en *ré* bémol) en *ré* majeur pour quatuor, — avec extension pour orchestre à cordes, la quatrième étant même originale avec contrebasse ad libitum. Simrock n'assurera leur publication posthume qu'en 1911. Aujourd'hui, ces deux *Valses*, contrastées, la première *Moderato* en *la* majeur, la seconde *Allegro vivace* en *ré* majeur, forment des petites pièces à succès pour quatuor au même titre que les *Danses slaves* pour piano à quatre mains.

Durées respectives d'exécution : 4 et 3 minutes environ.

Sonate pour violon et piano, en *fa* majeur (op. 57, B 106)

Elle fut écrite en deux semaines, du 3 au 17 mars 1880, et respecte, pour la forme, la sonate classique en trois mouvements, — même si l'équilibre vif-lent-vif n'est pas toujours respecté, en particulier dans l'*Allegro ma non troppo* initial particulièrement développé. Sourek nous rappelle que cette partition de chambre s'inscrit entre les deux versions successives du *Concerto pour violon op. 53* en *la* mineur, et qu'elle en constitue comme une contrepartie intime, si ce n'est un exercice permettant de pleinement dominer l'écriture pour violon et, surtout, le développement strict d'une forme sonate.

Dans cette ample partition, la forme sonate ne sert que de simple fil conducteur pour guider l'art de la variation. Il n'existe aucun antagonisme des motifs thématiques.

1. Dans l'**ALLEGRO** initial les deux thèmes semblent se déduire l'un de l'autre, sans conflit ni métamorphose organique. On assiste à une simple réexposition à la dominante, avec des modifications mineures quant à la ponctuation rythmique. L'influence du premier Brahms semble manifeste. Ainsi le développement du premier thème de cet *Allegro* à 3/4 est proche du climat de l'Intermezzo brahmsien avant que ce thème ne s'y affirme, — tandis que le second thème, plus vif et rigoureux, n'étonne que par sa tonalité éclatante de *ré* majeur.

2. Le **POCO SOSTENUTO**, plus dense et bref en son 6/4 en *la* majeur, s'affirme comme le mouvement le plus personnel. Les épisodes lyriques, en duo, alternent avec des appassionatos brusquement agités, sans que ne cesse pour autant le dialogue intime entre cordes et clavier.

3. Le finale, **ALLEGRO MOLTO** à 2/4, est d'humeur populaire et dansante. Sur un air de polka, les deux instruments jouent de l'art de la variation, — telle une chanson avec couplets et refrain. Des variantes majeur-mineur, des interventions syncopées du violon, la richesse rythmique de la main gauche du clavier font que ce mouvement ne manque ni de tension dramatique, ni d'unité.

La *Sonate* fut probablement créée par Ferdinand Lachner et le compositeur, même si aucun document n'a été actuellement retrouvé pour le confirmer. Elle fut publiée, par contre dès 1880 à Berlin par Schlesinger.

Durée d'exécution : 25 minutes environ.

Mouvement de quatuor, en *fa* majeur (B 120)

Longtemps resté manuscrit, cet *Allegro vivace* fut édité par Supraphon à Prague en 1951. Il formait le premier mouvement d'un quatuor que Dvořák entreprit d'écrire en octobre 1881, après avoir lu dans le quotidien viennois *Die neue freie Presse* que le Quatuor Joseph Hellmesberger devait jouer le 15 décembre suivant un nouveau quatuor de sa composition. N'étant pas au courant, il se mit immédiatement à la tâche et, entre le 1er et le 9 octobre, écrivit ce sémillant *Allegro*, qu'il abandonna alors qu'il ne restait que quelques précisions à apporter aux parties de second violon et de l'alto. À son écoute, on s'aperçoit que le compositeur se permet une allusion claire au thème du récitatif d'Agathe tiré du *Freischütz* de Weber. Cet hommage trop direct explique peut-être la mise en chantier d'un *11e Quatuor* qui sera terminé à temps, le 10 novembre, et qu'il dédiera à Joseph Hellmesberger (v. ci-après).

Durée d'exécution : 9 minutes environ.

Quatuor à cordes n° 11, en *ut* majeur (op. 61, B 121)

Pressé donc par le temps, tenant à sa tonalité d'*ut* majeur, Dvořák utilisa pour cette partition des notes vieilles de quelques mois, et de quelques années pour le finale. Mais ces détails influèrent peu, car Dvořák poursuivit son combat intérieur dans son approfondissement de la forme, sa soif d'atteindre une maîtrise technique approchant la rigueur beethovénienne. Cette fois, l'accent tchèque n'apparaît que dans le *Vivace* final, avec son rythme de *skocna* (« sauteuse »). Il y a ainsi quelque analogie entre ce quatuor « héroïque » et d'amples proportions et le *7e Quatuor* en *fa*, le premier de l'*op. 59* beethovénien.

1. Ceci est particulièrement vrai pour l'**ALLEGRO** initial qui, sur près de dix minutes et trois cent vingt-sept mesures, développe la richesse thématique de la phrase initiale du premier violon (mesures 1-17) :

Intense, héroïque même par la puissance de ses accents, cet *Allegro* n'en contient par moins nombre de figures rythmiques propres à Dvořák, — même si elles ne sont pas directement issues d'une transposition de danses slaves. Quelques exemples : les entrées syncopées du premier violon (mesure 90) pour introduire le *tranquillo*, le *feroze* (mesure 135) du premier conflit sur les notes d'*ut* dièse et *fa* dièse qui amène le premier développement antagoniste.

2. Le **POCO ADAGIO E MOLTO CANTABILE** est déjà beaucoup moins formel, avec son chant schubertien confié au premier violon sur une mesure à 12/8 dans la tonalité de départ de *fa* majeur. L'alto (mesure 26) nous conduit en *ré* bémol majeur, en son chant sinueux et inimitable où les notes égales ont quelque peine à amener la stabilité du fait d'enchaînements permanents entre triolets, croches et doubles croches pour arriver en *la* majeur ; avant de retourner à la tonalité initiale, sans pour autant donner l'impression de bousculer l'harmonie classique.

3. Le **SCHERZO** dispose d'une énergie toute beethovénienne. Cet *Allegro vivo* en *ut*, à 3/4, utilise une partie du motif mélodique de l'*Allegro* initial, — tandis que son délicat trio reprend des éléments de la *Polonaise pour violoncelle B 94* (v. plus haut), tout comme le *Vivace* final.

4. Le **VIVACE** dernier revient à toute la frénésie de la danse tchèque, ici une *skocna* qui animera cet ample mouvement tant par la richesse d'invention thématique que par les multiples relances rythmiques des deux violons jouant fréquemment en duo. On atteint, sans s'essouffler, le *grandioso* (mesure 408) qui introduit la coda conclusive, — choral intense, contrasté et passionné qui affirme une inépuisable vitalité.

Durée d'exécution : 33 minutes environ.

Trio pour piano et cordes n° 3, en *fa* mineur (op. 65, B 130)

Sourek estime que cette immense partition fut écrite entre le 4 février et fin mai 1883, et qu'elle fut donnée, après une première révision au lendemain du premier jet (terminé le 31 mars), le 27 octobre de la même année à Mlada Boleslav avec Ferdinand Lachner, Aloïs Neruda, et le compositeur au piano. Au plan personnel, Dvořák venait de perdre sa mère tant aimée au mois de décembre précédent, et lui dédia l'*Impromptu pour piano* en *ré* mineur (*B 129*). Le *Trio* se ressent de ce deuil et eut une genèse inhabituellement difficile. En avril, Dvořák inversa même les mouvements centraux, le quasi-scherzo précédant désormais le mouvement lent. Il venait de découvrir le *Trio en* ut *op 87* de Brahms, créé à Francfort l'année précédente, mais restait sous le charme de la version pour *Quintette avec piano* de l'*op. 34*, également en *fa* mineur.

1. L'**ALLEGRO MA NON TROPPO** initial débute à l'unisson aux cordes, à l'octave, sur un thème saisissant et intense exprimé *pianissimo*. Le piano entre alors sur un crescendo soigneusement élaboré, marqué par trois accords martelés qui introduisent les premiers éléments thématiques du deuxième thème. Après un retour au premier thème exprimé par le piano, *pianissimo* et tout en maintenant la tension, le violoncelle énonce l'intégralité du deuxième motif, — qui devient le thème essentiel. Le violon s'en empare sur une figure syncopée soutenue par le clavier. Une première récapitulation voit les trois instruments reprendre cet élément martial *fortissimo*. Le développement débute de manière presque hésitante, uniquement sur une figure exprimée par le violoncelle, qui semble rêver et module en *sol* bémol majeur. La récapitulation apparaît alors comme une donnée mélodique nouvelle : le piano propose un contrepoint d'allure menaçante sur des phrases interrogatives des cordes, toujours issues du même thème principal. Le second motif est enfin exprimé, après un répit de deux mesures, repris dans la tonalité majeure de *fa*. La tension remonte lors de la juxtaposition de ces deux motifs antagonistes après un passage *marcato* qui précède la strette finale, — une coda presque brutale en *fa* mineur.

2. Le **SCHERZO**, un *Allegro grazioso* en *ut* dièse mineur, demeure obstinément sur son rythme binaire et installe un climat qui ne doit plus rien à l'intense intimité brahmsienne de l'*Allegro* précédent. L'atmosphère n'est pas sans mélancolie, et le thème principal, proposé par le clavier, s'oppose par essence aux motifs *staccato* des cordes, — tel un résumé de l'*Allegro*, mais débarrassé de ses développements grandioses. Le trio, dans la tonalité plus chaude de *ré* bémol majeur, est beaucoup plus égal de phrasé. Mais le scherzo reprend, avec sa rythmique intransigeante.

3. Le mouvement lent, un **POCO ADAGIO** en *la* bémol, forme le cœur sensible de l'œuvre. Écrit en trois épisodes, il laisse le violoncelle proposer une longue cantilène, inimitable en sa splendeur et sa plénitude, accompagnée par des accords du clavier. Peu après, un second motif mélodique, plus résigné, émerge, — joué en canon par le violon et le violoncelle. Après une première réexposition du thème initial, les doubles croches agitées de la main gauche du piano installent un climat d'extrême tension qui conduit à une modulation en *sol* dièse mineur où violon et violoncelle jouent à nouveau en canon. Ces cordes continuent à moduler. Le violon saute d'une octave, et débute une éloquente phrase mélodique en *si* bémol majeur. Le violoncelle la poursuit et, par une transition abrupte et tendue, ramène au deuxième motif du thème principal, cette fois en *mi* bémol majeur. Mais la mélodie plus mélancolique du début réapparaît sur un contrepoint du clavier, — usant d'accords de plus en plus graves qui semblent suspendre le flot du discours. La coda s'éclaire peu à peu en utilisant les motifs de la deuxième partie du thème, et en combinant une nouvelle fois, avec la complicité des deux mains du clavier, les thèmes principal et secondaire.

4. Le finale, **ALLEGRO CON BRIO**, nous ramène à l'impétuosité passionnée de l'*Allegro* initial. La mélodie se base sur un *furiant*, danse bohême aux rythmes changeants qui donne à ce finale une allure de scherzo symphonique :

Exprimée en *fa* mineur, l'idée principale évolue entre ses données binaire et ternaire, — déstabilisée par la répétition insistante des trois premières mesures. Cet ample rondo ne dure pas moins de cent mesures ; puis survient un inattendu *tranquillo* comme second motif, — une petit valse en *ut* dièse mineur naïvement jouée par le violon qui semble une petite feuille d'album du *furiant*. Sa réexposition conduit vers un développement énergique jouant sur tout un choix de modulations. Cette réexposition des deux thèmes, l'un exubérant, l'autre délicatement dansant, mène à un paroxysme, suivi d'une période *tranquillo* impressionnante. Partant pianissimo, une nouvelle vague vient nous submerger : nous nous retrouvons alors dans la tonalité de *fa* mineur, mais la danse reprend. La coda juxtapose instants de calme et d'intense excitation ; et la conclusion reprend la valse, puis les trois mesures du *furiant* dans une triomphale envolée en *fa* majeur.

Cette partition, éditée chez Simrock à Berlin en 1883, propose l'une des œuvres de chambre les plus réussies et les plus personnelles du maître tchèque. Elle est unique par son contenu sombre, révolté, voire résigné, et par son écriture dense, nette, bien équilibrée, — la clarté de la forme allant de pair avec une « impatience » bohême très maîtrisée. En cela, ce Trio annonce la *7e Symphonie* en sa vigueur austère débarrassée de tout pittoresque slave « bon enfant ».

Durée d'exécution moyenne : 40-43 minutes.

Ballade, en *ré* mineur (B 139)

Écrit pour violon et piano, ce *Lento* est bâti sur deux motifs simples : un accord de quarte et sixte descendant en *ré* mineur, et une sixte mineure, toujours descendante, d'un mordant supérieur à la quinte. Otakar Sourek a émis l'hypothèse que cette pièce d'humeur ait pu être une alternative à l'un des thèmes de la *Symphonie en* ré *mineur n° 7* en gestation : hormis la tonalité, rien ne permet de conclure. L'original parut dans la revue anglaise *Magazine of Music*, dans son supplément de Noël 1884.

Durée approximative d'exécution : 6 minutes.

Terzetto, en *ut* majeur (op. 74, B 148)

Curieusement, pendant trois ans, Dvořák délaissa la musique de chambre, — le *Trio op. 65* (v. précédemment) pouvant être considéré comme un aboutissement. En fait, en écrivant ce trio pour deux violons et alto, du 7 au 14 janvier 1887 (à l'intention d'un étudiant en chimie, Josef Kruis, habitant dans sa maison de la rue Zitna, de lui-même et de son ami Pelikan), il renouait avec la musique « prévue pour l'exécution à domicile ». Cette partition détendue en trois parties, *Introduzione et Allegro*, *Scherzo*, *Thema con variazoni*, n'était accessible à des amateurs que dans son premier mouvement. Aussi, Dvořák la créa-t-il finalement avec le juriste Jan Buchal, Jaroslav Stastny, docteur en médecine, et lui-même à l'alto. Pour consoler Kruis, il écrira les *Miniatures op. 75a* (v. ci-après).

Une introduction *Allegro non troppo* de seize mesures précède un *Larghetto* d'une réelle ampleur, en *mi* majeur et à 6/8. L'alto joue le rôle de baryton par instants, d'accompagnateur à d'autres, — simulant la main gauche d'un clavier imaginaire. La splendeur de timbre des deux voix fréquemment présentées en canon est un ravissement que les amateurs n'avaient pas éprouvé depuis les duos de Haydn et Mozart. Le *Scherzo* fait irrésistiblement penser à Schubert, dans son climat comme dans sa tonalité de *la* mineur. Le finale, brillant, consiste en un thème original présenté comme un récitatif de style archaïque, suivi de dix variations alternant épisodes lents et passages pétillants et virtuoses.

Durée d'exécution : 20 minutes environ.

Quatre Miniatures (op. 75-a, B 148); Quatre Pièces romantiques pour violon (op. 75-b, B 149)

La version originale, pour deux violons et alto, fut terminée le 18 janvier 1887 et jouée par les dédicataires, malgré la difficulté de la seconde des quatre pièces, *Capriccio*. Elle ne fut éditée, sous cette forme de *Miniatures* pour trio, qu'en 1945 et reprenait les titres originaux des quatre pièces, — lieder tout à fait indépendants les uns des autres : *Cavatine*, *Capriccio*, *Romance*, et *Élégie* (ballade). Seul le *Capriccio* est de caractère un peu dramatique, avec son thème introductif contrasté qui se heurte au second thème, d'humeur populaire. Les autres lieder sont beaucoup plus immédiatement et naturellement chantants, et vivent de l'art de varier les couleurs propre à Dvořák.

Les **Quatre pièces romantiques**, transposition du trio pour violon effectuée du 20 au 25 janvier 1887, eurent un succès immédiat (dès leur publication chez Simrock, à Berlin, la même année). On retrouve la même découpe : un *Allegro moderato* en *si* bémol à 4/4, suivi d'une sorte de scherzo, — un *Allegretto maestoso* en *ré* mineur et à 2/4. La *Romance* est devenue un *Allegro appassionato* en *si* bémol et à 4/4, tandis que la ballade conclusive, *Larghetto* en *sol* mineur à 9/8, prenait le sous-titre d'*Élégie*. Sous cette forme, ces pièces forment une chaîne de menus joyaux lyriques proches de l'humeur schumannienne et exempte de tout provincialisme tchèque ; ce qui a fait son succès depuis un siècle.

Durée d'exécution : 15 minutes environ.

Les Cyprès (B 152)

Dvořák se penche sur une œuvre de jeunesse, son cycle de mélodies *les Cyprès (B 11)*, datant de 1865, où bouillonnaient ses romantiques émotions amoureuses de jeune homme. Des dix-huit mélodies originales, il en remanie quatre qui sont parues en 1882 (*B 124*), et huit autres dans le recueil *Chansons d'amour (op. 83, B 160)*, qui seront éditées en janvier 1889 à Berlin. Pour la transposition pour quatuor, il prend en priorité les huit futures *Chansons d'amour*, ainsi que les *Quatre Mélodies (op. 2, B 124)*.

Leur transcription n'a en rien altéré leur essence vocale, — alto et violoncelle se partageant le clavier, tandis que quelques motifs vocaux ont été répétés pour donner plus de consistance à certaines. Les douze *Cyprès*, dont la première édition critique complète ne date que de 1957, ont été restitués sous la responsabilité du Prof. Jarmil Burghauser (Josef Suk, le gendre de Dvořák, avait publié dix d'entre elles en 1921). Successivement : 1. « Je sais que sur la foi de mon amour pour toi » (*Moderato*) ; 2. « L'idée de mort règne en plus d'un cœur humain » (*Allegro ma non troppo*) ; 3. « Sous le doux empire de tes yeux » (*Andante con moto*) ; 4. « Jamais l'amour ne nous mènera au bonheur ardemment recherché » (*Poco adagio*) ; 5. « Cette lettre de jadis, conservée entre les pages de mon livre » (*Andante*) ; 6. « Ô toi, rose plein de gloire » (*Andante moderato*) ; 7. « Je tourne à la dérobée autour de la maison » (*Andante con moto*) ; 8. « Au cœur de la forêt profonde (*Lento*) ; 9. « Mon unique amour, c'est pour toi seule » (*Moderato*) ; 10. « Ici s'élève le vieux rocher escarpé » (*Andante maestoso*) ; 11. « Alentour la nature repose, abandonnée au sommeil et aux songes » (*Allegro scherzando*) ; 12. « Tu me demandes pourquoi mes chants sont si ardents » (*Allegro animato*).

Ce travail de transcription fut réalisé entre le 21 avril et le 21 mai 1887. Seuls cinq d'entre les *Échos de romances* (premier titre manuscrit) furent joués le 6 janvier 1888 dans un concert organisé par l'*Umelecka Beseda* (l'« Union des Artistes »), en complément de la création du *Quintette avec piano B 155*.

Durée d'exécution : 40 minutes environ.

Quintette pour piano et cordes, en *la* majeur (op. 81, B 155)

En août 1872, Dvořák avait déjà écrit un quintette avec piano en *la*, dont il avait été déçu. En juillet 1887, il retrouve une copie de cette œuvre de jeunesse et tente de l'amender. Encore peu satisfait, il se met à écrire une nouvelle partition dans la même tonalité et la même disposition instrumentale. Le résultat est d'une impeccable ordonnance, sans que la verve lyrique du maître tchèque soit pour autant muselée. *Dumka*, *furiant* et autres formes rythmiques bohêmes ont été domestiquées. Tout comme avec le *Trio op. 65*, l'ouvrage est composé en quelques semaines, du 18 septembre au 3 octobre. Dvořák le dédie au Prof. Bohdan Neureuther, et le *Quintette* est créé le 6 janvier 1888 par le pianiste-chef d'orchestre Karel Kovarovic, Karel Ondricek, Jan Pelikan, Petr Marés, et Aloïs Neruda.

1. Le premier mouvement est un **Allegro ma non troppo** de forme sonate, en *la* majeur et à 2/2, bâti sur deux thèmes. Le premier est énoncé par le violoncelle sur des arpèges du piano, — jouant entre les modes sur la gamme de *la*. Le second, plus spécifiquement tchèque, est confié à l'alto, au lyrisme teinté de mélancolie. Le développement conjoint de ces deux matériaux est d'une grande ampleur, — cheminant par une suite de passages intenses ou plus méditatifs, la pulsation rythmique demeurant toujours présente pour unifier le discours et le faire progresser avec un naturel presque vocal. La péroraison balaie quelques nuages, et les cinq instruments entonnent le thème principal dans une émulation sonore presque physique.

2. L'ANDANTE CON MOTO est sous-titré *dumka*, — un mouvement lent en *fa* dièse mineur, à 2/4, où la ballade d'origine ukrainienne n'est plus que prétexte à un rondo en six parties A B C A B A. Le motif A est un chant mélancolique, une sorte d'élégie proche de la *dumka* exprimée à l'aigu du clavier (main droite) ; B est un motif en triolets qui apparaît comme un élément d'excitation, de dynamisation ensoleillée du discours ; C consiste en la très courte séquence dansée et animée de la dumka *Vivace*, — tout en étant, sur le plan mélodique, issue de A. Ainsi le thème, mélancolique en son essence, s'anime en diverses combinaisons instrumentales, — parfois en imitation canonique entre violons et voix graves sur contrepoint du clavier.

3. Le MOLTO VIVACE en *la* majeur et à 3/4 tient lieu de scherzo ; mais son sous-titre de *furiant* s'avère plus une publicité d'époque qu'une réalité, — car Dvořák n'utilise ici aucun rythme propre à cette danse paysanne. Le mouvement est basé sur trois motifs successifs : le premier, joyeux et agité ; le second, plus lent et presque fuyant, correspondant à l'épisode central où les instruments se renvoient les figures rythmiques en écho ; le troisième et dernier, franchement slave, même s'il imite irrésistiblement la valse.

4. Le finale syncopé, un ALLEGRO en *la* majeur et à 2/4, use encore abusivement du sous-titre de *polka*, caractérisant le motif principal, une courte phrase en staccato. Le second thème est une métamorphose de la *dumka*, un badinage plein d'humour aux parfums de chanson populaire. Les deux thèmes sont présentés par le premier violon, le plus capable d'en préciser sans ambages les inflexions rythmiques. Un intermède de style musette fait entendre trilles et rythmes dansants. Suit un long *fugato* insistant avec humour sur le caractère un peu paysan de son allure ; avant que, se recombinant au deuxième plus savant, il ne reparte dans un tourbillon virtuose qui n'a plus rien à envier à... Brahms ! Brusquement, après une dernière pause, les cinq instruments s'enfièvrent en une coda énergique en *la* majeur.

Durée moyenne d'exécution : 37-41 minutes.

Quatuor pour piano et cordes, en *mi* bémol majeur (op. 87, B 162)

Esquissé en trois jours, mis au net en un mois, ce *Quatuor avec piano* fait partie des réussites immédiates du maître tchèque, — succès non démenti après un siècle de pratique. Commandé par Simrock, il fut écrit entre le 10 juillet et le 19 août 1889, — jour où le manuscrit fut envoyé à l'éditeur. Il fut publié dès avril 1890, avant même sa création publique le 23 novembre à Prague lors d'un concert organisé par l'*Umelecka Beseda* (l'« Union des Artistes ») avec Hanus Trnecek au piano, Ferdinand Lachner, Petr Marés et Hanus Wihan (le futur dédicataire du *Concerto pour violoncelle*).

1. Le premier mouvement, un ALLEGRO CON FUOCO en *mi* bémol, est ostensiblement de forme sonate, laissant les cordes introduire un thème solennel auquel le piano répond par une esquive quelque peu frivole, — qui servira de thème antagoniste lorsqu'il aura atteint sa pleine intensité. Piano et cordes se heurtent en faisant évoluer l'idée principale dans les tonalités voisines de *sol* bémol, puis de *sol* majeur, *si* majeur, *fa* dièse (enharmonique de *sol* bémol), permettant le retour sur *mi* bémol. Ainsi l'alto énonce une première transition en *sol* majeur, à laquelle répondent les violons, puis la main droite du clavier, jusqu'à une péroraison énergique suivie de quelques mesures hors du temps où le premier violon se transforme en violoneux des bals de campagne.

2. Le LENTO en *sol* bémol forme, comme souvent, le cœur spirituel de l'œuvre. Le violoncelle énonce le premier thème grave, accompagné d'une manière presque haendélienne par le piano, proche du climat *da chiesa* du deuxième motif. Le troisième, lancé par le premier violon, est vivant et agité, le quatrième passionné et intense, — tandis que le cinquième et dernier s'entrevoit en sa céleste sérénité. Toute cette succession d'instants mélodiques se retrouvera, plus ou moins transformée, dans les deux derniers mouvements.

3. L'ALLEGRO MODERATO, qui sert de scherzo à trois temps, est également divisé en trois épisodes. Les périodes extrêmes proposent une sorte de valse lente, *Grazioso*,

— tandis que l'épisode médian, nettement plus agité en son trio (en *si* majeur), propose un *Pochettino più mosso* sur des rythmes entraînants propres au *furiant* avec ses triolets sinueux, ses juxtapositions et ses accentuations binaires et ternaires habilement animées.

4. Le finale, **ALLEGRO MA NON TROPPO** en *mi* bémol, apparaît comme un saisissant résumé de l'*Allegro* initial, — faisant défiler rythmes et airs de danses dans les tonalités tournoyantes de *sol*, *ré*, *si*, avant de se calmer en retrouvant la tonalité « officielle » de *mi* bémol. Les deux principaux thèmes sont antagonistes dans leur nature comme dans leur énoncé. Le premier est énergique et binaire, le second charmeur et insinuant. Le développement du premier permet à Dvořák de mettre en œuvre toute l'énergie du clavier avec les accords intenses du trio à cordes, — tandis que le second n'est qu'épisodiquement utilisé pour marquer quelques instants de calme avant un nouveau paroxysme. La brillante coda finale est presque jubilatoire en sa tonalité triomphale de *mi* bémol.

Durée d'exécution : 36 minutes environ.

Gavotte (B 164)

Ces quelques 170 secondes de musique sont écrites pour trois violons, le 19 août 1890, probablement pour un anniversaire. Sa facilité d'exécution porte à croire qu'elle fut d'abord jouée en privé par Josef Kruis, le jeune étudiant chimiste, violoniste amateur, son professeur, Jan Pelikan et le juriste Jan Buchal chez Statsny avant d'être envoyée pour édition dans la Mlady houslista.

Trio pour piano et cordes n° 4, « Dumky » (op. 90, B 166)

Ce dernier Trio avec piano fut commencé en novembre 1890 et terminé le 12 février 1891. Créé à Prague lors d'une soirée organisée par la *Mestanska Beseda* le 11 avril 1891 avec Ferdinand Lachner au violon, Hanus Wihan au violoncelle et le compositeur au piano. Cette création fut suivie d'une quarantaine de concerts donnés par la même formation dans toute la Bohême et la Moravie pendant les cinq mois qui suivirent.

L'œuvre est composée de six « dumky » (pluriel de *dumka*). Plusieurs significations coexistent : cette pièce pensive, rêveuse, au lyrisme à fleur de peau, est cousine aussi bien de la rêverie (*Träumerei* allemande) que de la ballade germanique. Longtemps écrite en forme de Lied, elle s'est progressivement métamorphosée en chant populaire ukrainien, pensif et proche de la berceuse ; elle exprime alors un état d'âme dont le romantisme des sentiments rejoint provisoirement son origine ethnique. Dvořák, tout comme Schubert avec le Ländler, a retenu de cette forme son origine slave, son ambiance mélancolique, capable de subites animations, — tout en lui donnant une signification romantique qui lui devient personnelle. Cette guirlande de dumky apparaît ainsi comme une libre improvisation dont les humeurs changeantes et capricieuses semblent mélodiquement construites sur des motifs slaves, aussi versatiles que réinventés. Les changements de tempo, de phrasés, et les sautes de tonalités entre majeur et mineur (ce mode étant le refuge même de la *dumka* rêveuse), donnent l'impression de la spontanéité de la vie comme de l'humeur. L'usage d'intervalles irréguliers (tierces et septièmes mineures et majeures), le fait de procéder souvent par répétition, même s'il y a mutation instrumentale, et par accumulation d'énergie, évitent de devoir développer les thèmes selon la forme sonate classique tout en donnant l'impression de la suivre. Les exégètes de Dvořák ont même été jusqu'à soutenir que cette guirlande de six *dumky* doit se jouer comme une partition en quatre mouvements, — les trois premières constituant le premier mouvement en forme de ballade instrumentale. L'*Andante moderato* (quatrième *dumka*) en *ré* mineur (tonalité schubertienne de Ländler, comme de *la Jeune Fille et la Mort*) sert de mouvement lent ; l'*Allegro* en *mi* bémol peut jouer le rôle de scherzo, tandis que le *Lento maestoso* en *ut* mineur se doit de rappeler le rondo brahmsien. Mais suivons plutôt le musicologue anglais, Alec Robertson, qui recommande d'écouter ce trio comme un sonnet en musique.

DUMKA 1 (en *mi* mineur) : elle s'ouvre sur le chant du violoncelle, accompagné en sixtes par le clavier. Le second thème est un *Allegro* en *mi* majeur que le violon décline en tierces brisées *staccato*, tandis que le piano entretient un rythme dansant. La réexposition des thèmes voit l'interversion des parties instrumentales. Dans le *Lento*, le clavier exprime la phrase ascendante sur motifs dansants aux cordes. Nouvelle réexposition à la sixte, — tandis que le violoncelle, dans l'*Allegro*, reprend à son compte les accords en tierces. Cette première expression de la nature de la *dumka* est exhaustive, et sera reprise au cours des cinq autres épisodes.

Dumka 2 (en *ut* dièse mineur) : les accords du clavier, d'humeur sombre, installent le *Poco adagio* introductif sur l'accompagnement en sourdine des cordes. Le clavier poursuit avec une cantilène en *ut* dièse mineur. Sans transition, le violon se met à jouer un air de danse sur les trémolos du piano et les batteries du violoncelle. Cet orchestre de danse reprend en l'amplifiant le thème du violon jusqu'à ce qu'une cadence, au violoncelle, vienne clore ce *Vivace non troppo*. Le thème sombre en *ut* dièse réapparaît, suivi cette fois du motif dansant au seul clavier.

Dumka 3 (en *la* majeur) : après quelques accords, le piano exprime une phrase mélodique sereine et lumineuse. Elle est reprise en imitation par les autres instruments, qui l'animent jusqu'au *Vivace*. Le violoncelle émet une variation, — accompagné du violon et du contrepoint du clavier. Après un tutti des trois instruments reprenant ce thème varié, redite de l'*Andante* initial en *la*. Cette fois, le *Vivace* ne vient plus accélérer le tempo, et l'épisode se clôt sur un *Allegretto* détendu en forme de mouvement perpétuel (en *la*).

Dumka 4 (en *ré* majeur) : ici, la *dumka* se fait proche de la berceuse. Exprimée au piano, elle est reprise par les trémolos des cordes, puis en une magnifique cantilène, presque une élégie au violoncelle. Le piano met fin à cette phase mélancolique en proposant un *Allegretto scherzando* en *fa* majeur ; mais le violoncelle reprend sa narration. Ces passages lent-vif surviennent par trois fois avant qu'une danse exubérante, *Allegro* en *ré*, ne vienne conclure sur rappel du thème initial au violoncelle.

Dumka 5 (en *mi* bémol majeur) : un motif de quatre notes ascendantes à 6/8, en rythme syncopé, sert de moteur à cet épisode essentiellement rapide. L'épisode central, *Meno mosso*, est un récitatif jouant sur le motif principal en le faisant tournoyer dans diverses tonalités, avant de conclure en *sol* majeur. On revient à l'expression première, avant la coda qui débute également *Meno mosso* pour se clore sur un jaillissement plein de vitalité et d'émouvante tendresse.

Dumka 6 (en *ut* mineur) : elle reprend le thème *Lento maestoso* du début, d'abord en *ut* mineur, avant d'accélérer sur les huit dernières mesures précédant le second thème, — passant alors en *mi* mineur, la tonalité d'origine. Ce *Vivace* ample débouche sur une première variation du violon sur la corde de *sol*. Le second thème, en *fa* mineur, est exprimé en toute sérénité, avant d'être présenté *Vivace* avec beaucoup plus d'hésitation. Le thème lent initial est exposé une dernière fois en une déclamation passionnée du violoncelle dans la tonalité d'*ut* mineur. Un nouveau moment de fébrilité est rapidement dissipé, — la *dumka* nonchalante reprenant ses droits comme un air qui ne peut s'éteindre (*Meno mosso*). Une dernière accélération conduit au finale brillant, proche de celui du *Quintette avec piano en la B 155* (v. plus haut).

Durée d'exécution : 33 minutes environ.

Rondo, en *sol* mineur (op. 94, B 171)

Cet *Allegretto grazioso* pour violoncelle et piano fut écrit les 25 et 26 décembre 1891 à l'intention du violoncelliste Hanus Wihan, afin d'enrichir le répertoire de pièces solistes complétant le programme où figuraient le *Trio Dumky* et les *Pièces romantiques* (prévues pour Ferdinand Lachner, le violoniste).

La tonalité mélancolique de *sol* mineur teinte l'introduction de ce *Rondo*. Le ton change lors du passage en majeur, et l'épisode central rappelle une des conceptions qu'avait Dvořák de la *dumka* stylisée. Après ce passage plus affirmé en majeur, le second thème, lyrique, est proche de l'élégie en *si* bémol. Ces deux thèmes s'entremêlent dans un passage virtuose en doubles croches. Le nouvel épisode médian en *sol* majeur, *Allegro vivo*, s'avère un air de danse qui change complètement l'atmosphère. Après une reprise du thème initial, le second thème, précédemment mélancolique, est réexposé en *sol* majeur. Il module alors en mineur, — proposant une conclusion rêveuse au *Rondo*. La partie de piano est parfois un peu académique, — plus proche de Chopin que de Schumann en son toucher, rêveur ou ferme.

Durée d'exécution : 8 minutes environ.

« Klid » (le Silence des bois) (op. 68 n° 5, B 173)

Transcription pour violoncelle et piano de la cinquième pièce du cycle pour piano à quatre mains *De la forêt de Bohême*. Réalisée le 28 décembre 1891, à l'intention et en hommage au violoncelliste Hanus Wihan (tout comme le *Rondo* précédent), cette pièce est un *Adagio* en *ré* bémol majeur qui propose au violoncelle un rappel nostalgique de la forêt entourant la petite maison de Vysoka, appartenant au compositeur.

L'authenticité même du matériau mélodique donne à cette transcription une fraîcheur et une émotion que ne possède pas le *Rondo*, plus académique et mondain. Ces deux petites pièces pour violoncelle rassemblent ainsi les deux « visages » du compositeur, — l'authentique chantre des forêts de Bohême dans *le Silence des bois*, le compositeur romantique à succès dans le *Rondo* (v. plus haut).

Durée approximative d'exécution : 5 minutes 1/2.

Quatuor à cordes n° 12, en *fa* majeur, « Américain »
(op. 96, B 179)

La partition de chambre la plus célèbre du compositeur tchèque fut écrite en seize jours (du 8 au 23 juin 1893) à Spilville, petite cité de l'Iowa. Le responsable de la chorale de l'église St. Wenceslas, la paroisse du lieu, n'était autre que le père de Josef Kovarik, un jeune violoniste tchèque que Dvořák avait emmené avec lui à titre de secrétaire et d'assistant. Grâce à ce séjour auprès d'immigrants tchèques, le compositeur put retrouver ses racines bohêmes et découvrir la musique des noirs en prière comme leurs chants de fête ou de deuil. Le *Quatuor* fut composé conjointement au *Quintette à cordes B 180* (v. plus loin), et présente quelques points communs avec la *9ᵉ Symphonie* (« *du Nouveau Monde* »).

Cette partition porte le qualificatif d'*américain* ou de *nègre*. Les éléments « américains » sont, par exemple, l'utilisation de la gamme pentatonique dans les gammes mineures, de l'intervalle de septième à la place de la sensible, de rythmes pointés ou syncopés où, cette fois, la tradition tchèque rejoint celle des noirs. Le séjour à Spilville ajoute deux traits particuliers : l'imitation que réalise le premier violon, au début du *Scherzo*, de l'intonation du tanager rouge (oiseau damné, rouge mais aux ailes noires !) de la famille des fauvettes, et, à la fin du *Vivace*, le bref passage en forme de choral certainement lié à une expérience du compositeur à l'orgue de la paroisse St. Wenceslas. La partition est constituée de quatre mouvements.

1. L'ALLEGRO MA NON TROPPO initial, à 4/4, est de forme sonate traditionnelle. Il semble démarrer un peu dans l'ombre du *Quatuor « De ma vie »* de Smetana. La première idée mélodique est exprimée par l'alto en *fa* majeur. Le deuxième thème est joué par le premier violon dans la tonalité déjà plus neutre, contrainte, de *la* mineur. Ces deux thèmes sont basés sur la gamme pentatonique (les touches noires du piano !), — base commune à nombre de chants folkloriques, bohêmes ou noirs d'Amérique. Le développement prend essentiellement en compte le thème de l'alto dans la tonalité plus franche de *la* majeur. L'épisode médian propose une présentation en imitation (canon) du thème secondaire du violon. Lors de la réexposition, les différents motifs mélodiques sont réintroduits dans l'ordre initial. Puis, au lieu de proposer une simple répétition, le fugato conclusif ouvre sur une troisième idée, en *ré* bémol majeur, accompagnée en contrepoint par une mutation du premier thème.

2. Le LENTO, en *ré* mineur et à 6/8, fut considéré par Sourek comme « une perle authentique parmi les mouvements lyriques de Dvořák ». Le premier violon, sur accompagnement du deuxième violon et de l'alto et sur pizzicato du violoncelle, propose une longue, irrésistible cantilène en un thème unique de quatre mesures,

dont les variantes et diverses présentations forment une sorte de blues tchèque, une berceuse dont l'inimitable balancement mène à rêver. Le violoncelle (mesure 11) reprend le thème, — lui conférant, de par sa tessiture, une teinte vraiment nostalgique. Le mouvement, construit en arche, part ainsi sur une véritable nuance *piano*, et construit peu à peu une gradation, une tension *espressivo*, modérée à chaque reprise du thème pianissimo, — jusqu'au dernier chant du violoncelle qui atteint une unique fois la nuance *forte* sur un *fa* aigu, avant de s'immerger en un *ré* grave *morendo*, après un *ppp*.

3. Le MOLTO VIVACE, en *fa* majeur et à 3/4, est un scherzo mené par le premier violon, basé sur un thème unique comportant en son milieu l'imitation de la fameuse fauvette locale (tanager), dont la relance et les moments de véritable chant sont confiés alternativement au violon, puis au violoncelle. Ce dernier (mesures 56-77) peut ainsi chanter mezza voce sur accompagnement syncopé des autres cordes. Un *da capo* conclusif vient nous replacer dans l'ambiance de fête du début, — après le trio en *fa* mineur.

4. Le finale, **VIVACE MA NON TROPPO** en *fa* majeur et à 2/4, laisse le premier violon mener la danse sur un accompagnement rythmique qui semble comme une stylisation des battements de tambour des Indiens du lieu. Le premier thème est particulièrement joyeux et explosif, mais les mélodies suivantes, énoncées *pianissimo dolce*, possèdent toutes cette énergie de croyants clamant leur joie, leur espérance, — même lorsqu'elles sont parfois teintées de nostalgie. Un épisode lent, *Meno mosso*, permet au violoncelle de faire entendre son irrésistible voix de baryton, — tel un cantique plus solennel, un souvenir peut-être encore de la paroisse de Spilville. Le retour au tempo initial, un nouveau chant du premier violon sur la corde de *sol* à l'imitation d'une soprano noire, mènent à une coda pleine de lumière, d'exubérance et d'optimisme.

L'œuvre fut créée le 4 janvier 1894 à Boston, par le Kneisel Quartet.

Durée d'exécution : 25 minutes environ.

Quintette à cordes, en *mi* bémol majeur (op. 97, B 180)

Son ébauche suivit immédiatement celle du *Quatuor « américain »*, mais occupa le compositeur du 26 juin au 1er août 1893 à Spillville (Iowa). Il est composé pour la même formation que l'*op. 1* de 1861, — celle de Mozart, à deux altos. En se référant aux *Souvenirs* écrits par Josef Kovarik (le jeune assistant de Dvořák qui fit le voyage des États-Unis avec lui), on lit : « Un jour, une petite tribu d'Indiens vint à Spillville pour vendre des herbes médicinales. Chaque soir, elle donnait une petite représentation proposant chants et danses qui semblèrent intéresser au plus haut point le compositeur, qui n'en manqua pas une »... On peut raisonnablement estimer que se rencontrent des échos de cet intérêt dans les batteries du finale du *Quatuor « américain »* (v. précédemment), comme dans le *Quintette*.

1. Le mouvement initial est un **ALLEGRO NON TANTO** à 3/4, de forme sonate, bâti clairement sur trois thèmes exposés dans l'ordre et réexposés lors de la récapitulation. Une introduction de vingt-huit mesures mène à la première idée, que le deuxième alto avait préparée (alors que le premier alto l'avait franchement anticipée). Le deuxième alto reprend son discret monologue, — jusqu'à ce que les autres instruments le rejoignent et réexpriment son idée dans la tonalité sans miasmes de *mi* bémol mineur. L'exposition se voit ainsi débarrassée de toute mélancolie, — le premier thème s'avérant vigoureux en sa gamme pentatonique. Le second thème peut paraître plus retenu, malgré les batteries « indiennes » de l'accompagnement. Le dernier thème est ample et énergique, à l'alto. Le développement permet à cette impression de fête de supplanter le lyrisme ardent des thèmes, repris par les altos. On aboutit à un puissant unisson sur trois octaves lors de la récapitulation, avant le retour, mélancolique, de la même idée principale dans sa rêveuse expression initiale.

2. Le **SCHERZO** est un *Allegro vivo* en *si* majeur, à 2/2, construit comme un rondo en trois parties. Sur le plan tonal, le *si* doit souvent être considéré comme un *do* bémol, — jouant sur la dualité des tonalités de *mi* bémol et *do* bémol. Le second alto débute le mouvement sur une note primitive, — telles les quatre mesures du thème :

Apparaît ensuite, aux deux violons, une cantilène lyrique jouant sur le canevas du thème initial. Après ces tierces joyeuses et ces rythmes franchement bohêmes, l'épisode central en *si* mineur, *Un poco meno mosso*, est une mélodie calme, lente et rêveuse, confiée à l'alto sur pizzicatos des autres cordes. À sa réexposition ce thème voit son spectre élargi par les deux violons ; le second violon l'anime par un ostinato en notes pointées bâti sur l'*Allegro vivo* du début du Scherzo. La troisième partie de ce rondo est une reprise de la partie initiale, avec une variante en *la* bémol majeur.

3. Le **LARGHETTO**, en *la* bémol mineur et à 3/8, propose un énoncé de seize mesures graves, — suivi de variations dont la première nous mène en *la* bémol majeur et ranime l'énergie du discours derrière lequel semble poindre l'ombre du Beethoven de la *Sonate pour piano en* la *bémol op. 26*. Dvořák joue sur toutes les possibilités de variations de ce thème d'une rare beauté, — ce qui fait de ce *Larghetto* l'une des pièces les plus évoluées du maître tchèque.

4. Le finale est un **ALLEGRO GIUSTO** en *mi* bémol majeur, à 2/2, en forme de libre rondo. Trois thèmes défilent dans la plus grande gaieté. Les pizzicatos des basses font encore penser aux rythmes « indiens », mais la mélodie calme et vibrante du troisième thème nous ramène en Bohême, — même si sa structure pentatonique la rend « populaire ». Après une nouvelle exposition des thèmes, le premier en *sol* bémol, le second en *mi* bémol mineur, puis une reprise du premier dans la tonalité de *mi* bémol majeur, on en revient au thème final, — répété une première fois en *si* majeur, enfin dans sa tonalité initiale, de *mi* bémol. Une ample coda permet de brasser tous ces motifs vigoureux et chantants en une strette conclusive, d'un souffle symphonique.

Durée d'exécution : 33 minutes environ.

Sonatine pour violon et piano, en *sol* majeur (op. 100, B 183)

Dernière des partitions achevées aux États-Unis, la *Sonatine* fut écrite entre le 19 novembre et le 3 décembre 1893 à New York, et reçut d'office le numéro jubilaire de l'*Opus 100* comme pour fêter le retour au pays et la dédicace du compositeur à ses enfants, Otilha (quinze ans) et Tonik (dix ans). Dvořák ajoute d'ailleurs... « que les adultes y peuvent prendre plaisir à leur manière ». Si l'œuvre est techniquement et instrumentalement volontairement simple d'écriture, son inspiration se révèle d'une constante fraîcheur, de spontanéité et densité de langage. Bien que « sonatine », elle s'affirme davantage de forme sonate que l'*op. 57* en sa forme ramassée en quatre mouvements parfaitement équilibrés.

L'*Allegro risoluto* initial propose trois idées mélodiques, — la première en *sol*, les deux suivantes en *mi* mineur, sans véritable développement, mais avec quelques libertés romantiques, des alternances binaires-ternaires dans le second thème rappelant un *furiant* stylisé. Le nostalgique *Larghetto*, en *sol* mineur, est une perle rare et connaît encore un succès considérable sous les noms et arrangements les plus divers : *Canzonnette indienne*, *Lamento indien*, *Berceuse indienne*, enfin *Légende* (son titre original sur le manuscrit)... Son thème fut noté lors d'une visite de l'auteur aux chutes de Minnehaha en avril 1893. Le scherzo est un *Molto vivace* bref et brillant, — tandis que le finale, un *Allegro* de forme sonate avec ses rythmes syncopés, rappelle la proximité tant du finale du *Quintette op. 97* que du *Vivace* du *Quatuor « américain »*. Cette pièce, économe de moyens comme de grandiloquence, résume l'humeur dvorakienne intime, partagée entre une tristesse trop humaine et une allégresse tout aussi intense, mue par un optimisme inébranlable.

Durée d'exécution : 19 minutes environ.

Quatuor à cordes n° 13, en *sol* majeur (op. 106, B 192)

Il fut écrit à Prague, après le retour des États-Unis, en un temps réduit, du 11 novembre au 9 décembre 1895, et fut même édité à Berlin, par Simrock, avant sa création publique le 9 octobre 1896 lors d'un concert de l'Association de Musique de chambre Tchèque, dans la salle de l'Île Zofin (l'Île Sophie). L'interprète en fut le Quatuor Bohême, formé de Karel Hoffmann, Josef Suk (son gendre), Oskar Nekbal (le compositeur) et Hanus Wihan, — qui travaillaient ensemble depuis 1892. La partition est en quatre mouvements.

1. L'**Allegro moderato** initial, à 2/4, est de forme sonate énonçant d'entrée un thème aux deux violons, — deux sauts en sixtes, un trait en triples croches, cinq triolets descendants, en tout trente-deux notes qui imposent un style, un climat :

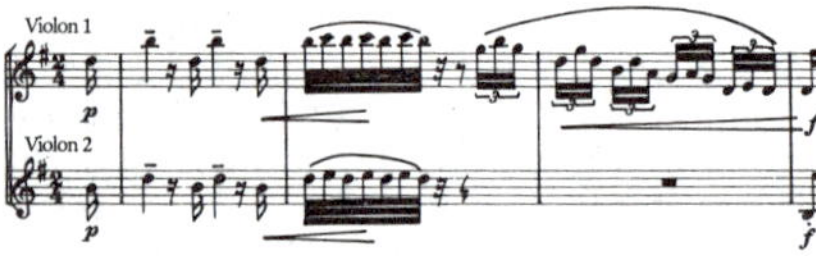

Le deuxième thème est d'humeur totalement différente, phrase lyrique et d'ambiance pastorale, développée avec une originalité qui tient aux couleurs modales de l'accompagnement des alto et violoncelle. Cette architecture, toute nouvelle, permet au premier mouvement de se mouvoir dans une grande unité organique sans donner cette impression rhapsodique d'éparpillement, laissée par les partitions de moindre maturité. Le jeu des contrastes d'intensité et de couleur joue pleinement avec une finesse inattendue et une richesse d'éclairages qui doit beaucoup aux rôles de l'alto et du violoncelle, — solistes d'importance égale au chef de file qu'est le premier violon.

2. L'**Adagio ma non troppo**, en *mi* bémol et à 3/8, constitue la plus belle page écrite par Dvořák de toute sa musique de chambre. Elle est basée sur une mélodie d'apparence simple, introduite par le violoncelle, harmonisée et amplifiée par une mise en rythme comparable à une « orchestration » d'une finesse et d'une densité qu'on n'avait pas connues depuis le dernier Beethoven. Présentée en *mi* bémol, cette mélodie semble une prière confiante. Par sa modulation en *mi* bémol mineur, agitation et tension naissent, atteignent même des instants passionnés, — jusqu'à une nouvelle exposition en *fa* dièse mineur. Un sommet définitif est atteint lorsque le thème est repris solennellement en *ut* majeur sur un *marcato e sempre legato* du violoncelle, menant à un triple forte *grandioso* sur huit cordes puis douze (accords composés), et trois octaves. Le retour en *mi* bémol, un dernier fortissimo suivi d'un *appassionato*, — et la mouvante coda s'achève en un triple piano, un point d'orgue sur accord de *mi*.

3. Le **Scherzo** est un *Molto vivace* en *ré* majeur et à 3/4, d'un rythme incisif, — avec un trio en forme de mouvement perpétuel en *la* bémol, lancé par l'alto. Ce dernier s'avère fréquemment l'instrument de relance du rythme, — lors de la réexposition du scherzo. Après la détente d'un *Poco meno mosso*, où se découvre le climat brucknérien d'un second trio, plus lent et tranquille, la reprise du *Tempo primo* ravive les couleurs et les rythmes pour arriver à une dernière reprise du thème initial dans une dynamique sans excès où les pianissimos ont plus de poids que les ponctuations en sforzando.

4. Le finale est un **Andante sostenuto** de six mesures introduisant un *Allegro con fuoco* à 2/4, aux constants changements de tempos et de rythmes. La juxtaposition fréquente de séquences ternaires simule des passages de danse exubérante, basés sur le *furiant*. Une courte séquence plus tranquille reprend la troisième idée mélodique de l'*Allegro* initial, avant réexposition de l'*Andante* introductif développé cette fois, puis le retour à l'*Allegro con fuoco* après quarante-sept mesures de développement construit par le premier violon sur les phrases mélodiques secondaires, *Molto cantabile*. La conclusion, de vastes proportions, est construite sur une exploitation rythmique du premier thème.

Durée d'exécution : 37 minutes environ.

Quatuor à cordes n° 14, en *la* bémol majeur (op. 105, B 193)

L'ultime partition de chambre de Dvořák (il lui restait neuf années possibles d'activité) fut commencée à New York le 26 mars 1895, mais terminée après le *13ᵉ Quatuor*, — donc le 30 décembre 1895. Bien que construit en quatre mouvements, il revient à l'ordre préclassique, présentant le *Scherzo* en seconde position. Ses premières auditions restent discutables quant aux dates : on retient traditionnellement celle de l'Hôtel Platiz, — audition privée pragoise donnée le 16 avril 1896 (par quatre étudiants du Conservatoire de la ville, le jour anniversaire du retour au pays), alors que différentes présentations publiques eurent lieu à Vienne par le Quatuor Rosé (10 novembre 1896, selon le Dr. Jarmil Burghauser), à New York le 20 décembre par le Quatuor Dannreuther, avant la véritable création tchèque par le Quatuor de Bohême le 21 janvier 1897.

1. Le premier mouvement est introduit par un **Adagio ma non troppo** de quatorze mesures proposant le premier thème présenté en canon successivmenet par le violoncelle, l'alto, le second violon et le premier violon, qui mène vers un **Allegro appassionato** présentant un nouveau thème. Ces motifs se voient développés indépendamment, avec les présentations traditionnelles ménageant passages *tranquillo* et reprises de l'allègre *Tempo primo*. On peut remarquer l'effet de cor de chasse « à la Haydn » réussi par les violons en duo, — alors que les instruments semblent galoper sur leurs triolets défilant à la hâte.

2. Le **Scherzo** est un *Molto vivace* à 3/4. Les treize premières mesures servent de thème principal à ce scherzando d'une exceptionnelle finesse (le plus réussi par Dvořák), et forment les parties extrêmes de ce mouvement tripartite :

On reconnaît la transposition d'un *furiant* dans son exubérance comme dans ses accentuations, — tandis que les quatre dernières mesures serviront plus loin de thème antagoniste. Le trio central, en *ré* bémol majeur, utilise une mélodie empruntée à l'opéra *le Jacobin* (la *Berceuse de Julie* « ce sourire d'enfant... »), présentée par les deux violons jouant en canon.

3. Le troisième mouvement est un **Lento e molto cantabile** à 4/4 dont le thème principal est comparable, par ses intervalles, à celui de l'*Allegro appassionato* initial. Le point culminant de ce mouvement, en principe lent, est formé par les notes répétées du violoncelle. Le second violon, lors du *Tempo primo e tranquillo*, propose une virtuose ornementation scherzando à la réexposition du thème ; le premier violon (mesure 91) lance la coda véloce et rêveuse, en pianissimo, jusqu'à une dernière ascension au *fa* suraigu, *ppp*, avec une dernière accentuation avant le point d'orgue.

4. Le finale est un **ALLEGRO MA NON TANTO** à 2/4 débutant au registre le plus grave du violoncelle, pianissimo, — avant que le premier violon ne s'empare de la première figure thématique, épisode initial qui se clôt fortissimo (mesure 25). Un *Da capo* ad libitum relance le chant du violoncelle, — pouvant donner l'impression que ce rondo final éprouve quelque peine à trouver sa continuité. Cette succession de séquences agitées et joyeuses alternant avec des épisodes de moindre incandescence reste caractéristique du maître tchèque. L'impression de chaleureuse convivialité, comme de gaieté explosive revient immédiatement, lors des reprises dans le *Tempo primo* où les deux violons doivent mener la danse sur les triolets de l'alto et la pédale du violoncelle. Le dessin mélodique prend toute sa fermeté lors du *Poco sostenuto* qui voit le premier violon exprimer une longue cantilène sur l'unique corde grave de *sol*. Cet immense finale de plus de cinq cents mesures peut poser quelques problèmes à des interprètes qui ne se montrent pas rompus à la relativité du temps requis par l'expression de l'optimisme du maître slave.

Durée d'exécution : 33 minutes environ.

P.E.B.

HANNS EISLER

Né le 6 juillet 1898, à Leipzig; mort à Berlin-Est, le 6 septembre 1962. Autodidacte, puis élève de Schoenberg à Vienne, et à Berlin à partir de 1925, Eisler fut un musicien politiquement engagé dont les œuvres, à caractère critique marxiste, échappèrent très tôt aux salles de concert. Le théâtre, le cinéma l'attirèrent : il y put faire valoir ses talents évidents de « propagandiste » (ses Massenlieder, *« lieder de masse », ses cantates et ballades sur des textes de Bertolt Brecht, avec lequel il collabora longtemps, ses musiques de films). De 1933 à 1947, Eisler quitta l'Allemagne nazie, voyagea à travers l'Europe — Paris, Londres, Copenhague —, puis vécut aux États-Unis, à Hollywood, continuant à produire (la* Deutsche Sinfonie, *en 1937, les subtiles* Quatorze manières de décrire la pluie, *en 1940) et, surtout, à approfondir son expérience cinématographique (le livre* Composing for the Films, *en collaboration avec T. W. Adorno, en 1947). En 1948, il dut s'exiler à nouveau, à la suite de la campagne anticommuniste de McCarthy, pour s'installer d'abord à Vienne, puis, en 1952, à Berlin-Est, où ses compositions « socialistes » lui valurent d'être comblé d'honneurs (Eisler fut, notamment, l'auteur de l'hymne officiel de la R.D.A.). En dépit des simplifications harmoniques de son style volontairement prolétarien, Eisler n'a jamais renié les techniques dodécaphoniques qu'il a souplement adaptées à son écriture suivant les besoins.*

Hanns Eisler n'a pas laissé beaucoup de musique de chambre, mais elle est d'une très haute qualité. Il écrivait lui-même : « Lorsqu'un homme passe sa vie à composer des trios et des quatuors, seulement de la musique de chambre, il ne saurait être un réaliste socialiste. » Or, c'est précisément ce que souhaitait être Eisler, marxiste convaincu ; et là se situe toute la difficulté de la position de ce disciple de Schoenberg (le plus doué, certes, de ses élèves de la deuxième génération, — celle succédant à Berg et Webern), dont la révolte contre son maître fut idéologique, jamais esthétique. Il existe donc des pages de musique de chambre de la jeunesse d'Eisler, antérieures à sa rupture avec Schoenberg ; puis il se voua à la musique militante, vocale, chorale ou scénique, en collaboration avec Bertolt Brecht. D'autres pages de musique de chambre naquirent dans l'oisiveté forcée de l'exil, danois, puis américain (« Que faire d'autre de toute une journée ? ») : Eisler s'y montre fidèle à l'enseignement de son maître, en les rédigeant dans le langage dodécaphonique le plus strict. Une dernière phase, la plus intéressante peut-être, est celle des années américaines où il fut amené à écrire beaucoup de musique de films de caractère expérimental, pour de petites formations de chambre, — dont il tira des versions de concert. Après son retour en République Démocratique Allemande, Eisler n'a plus voulu écrire de musique de chambre, expliquant : « Je ne pourrais m'y intéresser à nouveau que le jour où le peuple entier aurait assimilé à fond les *Quatuors* de Mozart et ceux de Beethoven, surtout les derniers. » Attitude qu'il faut respecter moralement, mais qui nous a sans doute privés d'œuvres de valeur... Vu le cheminement idéologique très particulier de ce compositeur, l'ordre chronologique s'impose pour examiner cette partie de sa production. Mais quelques considérations générales ne seront pas inutiles.

Eisler s'est toujours méfié du pathos et de l'emphase romantique. Tempérament « apollinien », il a le souci de la clarté, de la concision, de la sobriété expressive, — ce qui n'exclut nullement l'émotion, filtrée seulement par un sens très brechtien de la « distanciation ». On retrouve sans cesse dans ses partitions l'indication *freundlich* (« amicalement »), visant à une expression naturelle et respectant l'auditeur : aux antipodes de Wagner et de l'expressionnisme qui en est issu, c'est en fait une attitude absolument mozartienne (« la musique ne doit jamais cesser d'être de la musique »). Par ailleurs, en possession d'un métier à toute épreuve acquis à la dure et exigeante école de Schoenberg, Eisler n'en use jamais avec ostentation. Il écrit des œuvres dodécaphoniques pour « prouver aux jeunes musiciens que l'on peut ainsi faire de la musique de manière simple et compréhensible ». En somme, « cacher l'art par l'art même », comme le voulait Rameau : quelle leçon ! Pratiquement inconnue en France, la musique de chambre d'Eisler commence à s'y répandre grâce au disque.

ŒUVRES DE JEUNESSE (1920-1924)

Un bref **Scherzo pour trio à cordes** date de 1920, — avant qu'Eisler ne commençât à travailler avec Schoenberg, dont les initiales en musique (A-Es, c'est-à-dire *la-mi* bémol) interviennent cependant avec l'indication « avec humour » dans ce morceau de forme ternaire classique, écrit dans un idiome tonal élargi déjà fortement chromatisé.

Le **Divertimento pour quintette à vents op. 4** (mai 1923) révèle l'assimilation des techniques dodécaphoniques schoenbergiennes, mais conserve la légèreté et la transparence propres à Eisler. Il y a deux mouvements, un *Andante con moto*, d'une polyphonie fort complexe, s'élevant jusqu'au fugato dans l'épisode central plus animé de caractère *scherzando*, et un *Thème et Variations*, dont la matière essentielle tient déjà dans les deux premières des sept mesures du thème, exposé à la clarinette. Les six variations, d'une science d'écriture déjà prodigieuse (ce qui n'empêche nullement la cinquième d'atteindre à une soudaine profondeur expressive), sont suivies d'une coda qui ramasse encore une fois le matériau en l'espace le plus restreint, et qui culmine en une cadence virtuose du cor.

De juillet 1924 date le **Duo pour violon et violoncelle op. 7**, en deux mouvements lui aussi, — dont le premier est un gracieux *Tempo di Minuetto* en forme sonate ; son développement se transforme en une brève valse, hommage non déguisé à Vienne, valse que l'on retrouvera encore dans la coda. L'*Allegretto vivace*, également en forme sonate, est plus complexe, plus riche de matière, plus tendu aussi, avec même de brefs éclats de sauvagerie bien insolites de la part d'Eisler, et davantage dans le tempérament du jeune Hindemith, par exemple... Puis, pendant dix ans, Eisler n'écrivit plus de musique de chambre.

ANNÉES D'EXIL (1934-1938)

Le **Prélude et Fugue sur B.A.C.H. pour trio à cordes op. 46**, écrit à Paris en juin 1934, est une page « pédagogique », certes, mais de haute valeur musicale. En août 1935, au Danemark, chez son ami et collaborateur Bertolt Brecht, Eisler composa la **Sonate pour flûte, hautbois et harpe op. 49**, une gracieuse forme sonate miniature (*Comodo*) de quatre-vingt-huit mesures seulement, qui tient toutes les promesses de charme sonore de son insolite formation : nulle part ailleurs, Eisler n'a utilisé la harpe. Exceptionnellement, l'œuvre n'est pas dodécaphonique.

D'octobre 1937 date la **Sonate pour violon et piano**, dite « Sonate de Voyage » (*Reisesonate*), car écrite en route de New York à Prague. En ses trois mouvements

(*Con spirito*; *Intermezzo* : *Andante semplice*; *Allegro spirito*), c'est une œuvre nettement plus développée que les précédentes, mais témoignant d'un égal souci de transparence et de clarté. La polyphonie n'y dépasse jamais trois voix, et seules les quatre formes fondamentales de la série sont utilisées, à l'exclusion de toute transposition. D'ailleurs, les trois premiers sons de cette série décrivent un accord d'*ut* bémol majeur, et sa forme renversée donne *fa* dièse mineur ! Dans le premier mouvement, on retrouve les rythmes de marche et les anapestes typiques de la « musique de combat » d'Eisler. Le deuxième morceau, très mélodique, s'enchaîne *Attacca* au troisième, animé par instants jusqu'au *Furioso*, alternant rythmes martiaux et dansants et assurant au violon plusieurs césures *Quasi cadenza* à découvert.

Le **Quatuor à cordes op. 75** naquit à New York en novembre et décembre 1938. C'est la seule œuvre d'Eisler pour cette formation symbolisant la culture « bourgeoise », mais non l'une des moindres : il s'agit d'un authentique chef-d'œuvre, d'une matière riche et dense en ses deux mouvements. Le premier soumet un simple thème de quatre mesures, exposé au violoncelle, et présentant d'emblée la série, suivie de sa rétrogradation par mouvement contraire (« miroir de l'écrevisse ») à non moins de quarante et une variations brèves, suivies d'une coda. Le caractère de ce thème et son traitement évoquent plutôt une passacaille. Le deuxième mouvement (*Finale* : *Allegretto con spirito*) est une forme sonate dont le thème principal gracieux et enjoué reprend la série initiale, totalement renouvelée par le rythme et l'articulation. Ces derniers, proches des modèles classiques, contribuent d'ailleurs beaucoup à rendre mémorables les profils mélodiques, — ce qui entraîne une musique claire et compréhensible, telle que la souhaitait Eisler.

DE LA MUSIQUE DE FILM À LA MUSIQUE DE CHAMBRE (1939-1947)

Les œuvres suivantes sont toutes issues de musiques de film. De 1940 à 1943, Eisler bénéficia d'une bourse de recherches de la Fondation Rockfeller à la New School for Social Research, à New York, visant à examiner les possibilités d'utiliser au cinéma un langage musical d'avant-garde, échappant aux clichés hollywoodiens. Ce travail expérimental du plus haut intérêt suscita non seulement les œuvres dont il va être question, mais un ouvrage théorique fondamental, *Composition pour le cinéma* (*Composing for the Films*), écrit en collaboration avec Theodor W. Adorno (qui retira son nom lorsque Eisler fut inquiété par les autorités américaines pour ses activités de militant communiste). Pour des raisons tant esthétiques qu'économiques, Eisler décida de se limiter à des effectifs de musique de chambre. Il est remarquable que certaines de ces musiques de film (celles qui donnèrent naissance au *Premier Nonette* et aux *Quatorze manières de décrire la pluie*) se servent de la technique dodécaphonique. Il en est de même pour la musique de *White Flood*, dont fut tirée la remarquable *Symphonie de Chambre op. 69*, laquelle, de par ses effectifs (seize musiciens), échappe au propos de cet ouvrage. Eisler et Adorno expliquent à cet égard que les procédés de composition appliqués dans ce projet expérimental étaient d'un constructivisme si rigoureux qu'ils pouvaient se soumettre n'importe quel matériau, tonal ou non. Par exemple, les techniques (sérielles par essence) de la variation continue et du foisonnement contrapuntique peuvent s'appliquer aussi bien à des chansons enfantines (comme dans le *Premier Septuor*) qu'à des thèmes sériels.

Pour être précis, la première œuvre de ce groupe est encore antérieure au travail de recherche à la New School for Social Research. Néanmoins, le *Premier Nonette* (décembre 1939) provient bel et bien d'une musique prévue (mais finalement non utilisée) pour un film d'après le célèbre roman de John Steinbeck *Grapes of Wrath* (« les Raisins de la colère »). Écrite pour flûte, clarinette, basson, cor et quintette à cordes (avec contrebasse), cette page brève — un peu plus de cinq minutes — est intitulée **Trente-deux Variations sur un thème de cinq mesures**, peut-être un hommage du compositeur aux *Trente-deux Variations en* ut *mineur* de Beethoven, qu'il admirait particulièrement. Le thème (*Andante*) présente la série de douze sons et la varie immédiatement, avant même les variations proprement dites. Les intervalles de tierce (cor, violon) et de neuvième (clarinette, alto), ainsi que les rythmes pointés, rendent ce thème aisément identifiable pour l'auditeur. Il y a quatre parties principales (*Andante-Allegro moderato-Allegro-Allegro moderato*), mais on distinguera en outre divers épisodes délibérément « illustratifs » : musiques de combat ou de marche, cris de guerre des fascistes (traits dissonants ultra-rapides, cascades de trilles), assurance de la victoire (*Energico*), etc. Néanmoins, que le lecteur se rassure : il s'agit de musique pure de très haute qualité.

Et ceci s'applique davantage encore à la partition qu'Eisler lui-même considérait (à juste titre) comme sa meilleure œuvre de musique de chambre, le **Quintette « Vierzehn Arten, den Regen zu beschreiben »** (« Quatorze manières de décrire la pluie »). Il s'agit, au départ, d'une musique conçue pour illustrer le fameux film expérimental muet de Joris Ivens intitulé *Pluie* (1929). Eisler y travailla de juillet à novembre 1941. Mais il semble qu'il ait prévu de dédier l'œuvre à son ancien maître Arnold Schoenberg, réfugié comme lui aux États-Unis, à l'occasion de ses soixante-dix ans, — événement qui ne survint que le 13 septembre 1944. Le *Quintette* adopte en effet la formation exacte de *Pierrot lunaire* (flûte, clarinette, violon prenant parfois l'alto, violoncelle et piano), et Eisler, qui avait renoncé depuis longtemps à numéroter systématiquement ses œuvres, choisit ici le numéro symbolique d'*op. 70*. D'autre part, on entend d'emblée les initiales musicales de Schoenberg (A-Es, *la-mi* bémol), et l'ouvrage recèle de ces jeux cabalistiques avec les nombres dont Schoenberg raffolait : par exemple, la septième variation découpe ses soixante-six mesures en trois fois treize plus neuf, — allusion au 13 septembre, jour de l'anniversaire ! Mais l'hommage consiste surtout en une musique de très haute qualité, la meilleure dont Eisler fût capable. Schoenberg, irrité par les incartades politiques de son ex-disciple, s'était exclamé un jour : « S'il veut paraître important, eh bien, qu'il écrive donc de la musique importante ! ». Eisler a admirablement relevé le défi. Le titre possède une autre dimension encore, — psychologique ; depuis toujours, la pluie a symbolisé le deuil, la tristesse. Et Eisler, exilé, son pays livré à la barbarie nazie, bientôt à la destruction, a aussi appelé son œuvre « Quatorze manières d'être triste avec dignité ». Mais il prétendait aussi, par sa musique, « faire pleuvoir mieux que n'y parvient la nature » ! Les quatorze images — ce sont de libres variations amplificatrices de la série initiale — vont, toujours selon le compositeur, « du naturalisme le plus simple d'une peinture détaillée et synchrone aux contrastes extrêmes dans lesquels la musique « réfléchit » au-delà de l'image. » Les quatorze pièces sont en fait quinze, le *n° 1* étant un bref frontispice intitulé *Anagramme*, sur les lettres « musicables » du nom du dédicataire. Certaines portent des titres (*n° 2* : *Introduction* ; *n° 3* : *Choral-Étude* ; *n° 4* : *Scherzando* ; *n° 7* : *Sonatina* ; *n° 8* : *Intermezzo* ; *n° 10* : *Presto-Étude* [pour piano seul], *n° 11* : *Transition* [sans piano]). C'est un chef-d'œuvre pouvant figurer dignement aux côtés de ceux de son maître, de Berg et de Webern !

Pour parler des *Quatorze manières de décrire la pluie*, nous avons commis une légère entorse à la chronologie, sautant deux œuvres très plaisantes, mais sans doute d'une moindre portée, issues également de musiques de film, et adoptant un langage plus simple et tonal. Le **Premier Septuor op. 92 n° 1**, pour flûte (prenant le piccolo), clarinette, basson et quatuor à cordes (1940) provient d'un documentaire décrivant la vie d'enfants américains dans un camp de vacances (*A Child went forth*) : la musique intègre de nombreuses chansons enfantines américaines, bien qu'il ne s'agisse pas à proprement parler d'un cycle de variations, ainsi que pourrait le faire croire le sous-titre choisi par Eisler : *Variations sur des chansons enfantines américaines*. En fait, seul le cinquième (et le plus long) des neuf mouvements se présente sous forme de thème varié précédé d'une introduction. Une chanson exposée par le basson au début du premier mouvement reviendra, sous une forme ou sous une autre, dans la plupart des suivants, — dont certains avaient à l'origine une fonction descriptive, tels le septième, dont les sons suraigus illustraient le repas des souris, ou le sixième, dont les pizzicatos accompagnaient la toilette d'un chien, ou encore le huitième, évocation d'une partie de ballon...

En décembre 1940 et en janvier 1941, Eisler séjourna à Mexico, pour y écrire la musique du film de John Steinbeck *The Forgotten Village* (« le Village oublié »), décrivant les difficultés rencontrées dans un village d'Indiens du Mexique pour y imposer la médecine moderne, combattue par les guérisseurs traditionnels. Eisler s'inspira des musiciens autochtones, qui mêlaient au fonds traditionnel des bribes de musique espagnole, française, cubaine, voire hollywoodienne ; mais, une fois de plus, il en intégra les éléments sous forme de musique pure, loin de toute facilité folklorisante et de toute anecdote. Ainsi naquit la musique reprise ensuite dans le **Deuxième Nonette**, dont la formation très particulière, dictée par le sujet, s'écarte quelque peu des normes de la musique de chambre : flûte, clarinette, basson, trompette, percussion, trois violons, contrebasse. La présence de la trompette et des percussions (utilisées pourtant avec beaucoup de sobriété) prête à l'œuvre sa couleur spécifique, qui rappelle parfois la musique du compositeur mexicain Silvestre Revueltas. Il y a dix mouvements, — dont le sixième (*Largo*) est un *Trio* pour violon, clarinette et basson, et le neuvième une *Marcia funebre alla Mexicana* pleurant la mort tragique d'un enfant. La musique écrite pour ce film était si riche qu'après la mort d'Eisler, on put en tirer une nouvelle suite de sept pièces (*Sept Mouvements pour Nonette*).

Enfin, en 1947, Eisler collabora avec Charlie Chaplin, qui lui demanda une musique pour son film muet de 1925, *le Cirque*. Mais le compositeur fut arrêté peu après, traîné devant la célèbre commission MacCarthy des « activités non américaines », et finalement expulsé des États-Unis comme communiste. Des esquisses de sa musique pour *le Cirque* demeurée inachevée, il tira son **Deuxième Septuor**, en sept mouvements, pour une formation identique à celle du *Premier*, mais d'un langage encore plus simple et plus tonal. C'est une musique détendue, transparente, « amicale » (comme le souhaitait Eisler), libérée du poids psychologique terrible de la guerre. Les recherches sonores n'en sont cependant point absentes : que l'on pense à l'alliage de la petite flûte, des harmoniques de violon et des pizzicatos dans le grave du violoncelle, dans le quatrième morceau ! Le spirituel lever de rideau de l'*Allegretto* initial et la joyeuse *Marche* du *Finale* définissent bien le climat de divertissement de ce *Deuxième Septuor*.

H. H.

EDWARD ELGAR

Né à Broadheath, près de Worcester, le 2 juin 1857; mort à Worcester, le 23 février 1934. De religion catholique, il ne s'imposa vraiment (d'ailleurs du jour au lendemain) qu'à plus de quarante ans avec ses Enigma Variations *pour orchestre (1899). L'année suivante fut exécutée une autre œuvre devenue très célèbre, l'oratorio* The Dream of Gerontius. *Ainsi se trouvaient définies les deux directions principales dans lesquelles il devait s'engager. Sur le plan de la grande tradition chorale anglaise suivirent les oratorios* The Apostles *(1902-1903) et* The Kingdom *(1901-1906), ainsi que les cantates profanes* The Music Makers *(1912) et* The Spirit of England *(1917). On lui doit aussi le cycle de mélodies* Sea Pictures *(1897-1899) et, en musique de chambre, les trois ouvrages tardifs que sont la* Sonate pour piano et violon *(1918), le* Quatuor à cordes *(1918) et le* Quintette pour piano et cordes *(1918-1919). Il passa ses quinze dernières années dans un silence à peu près total, en partie parce que l'Angleterre d'après la Première Guerre n'était plus celle de Victoria et d'Edouard VII, dans laquelle il avait grandi et qu'il avait célébrée. Il fut un grand maître de l'orchestre. Il remit l'Angleterre sur la scène musicale internationale, mais resta également imprégné de tradition germanique. La musique de Purcell et des compositeurs anglais des* XVIe *et* XVIIe *siècles ne signifia à peu près rien pour lui, — ce qui ne devait pas être le cas de Vaughan Williams, de quinze ans son cadet. L'indication « nobilmente », qu'on trouve sur nombre de ses partitions, reflète — avant le pessimisme des dernières œuvres — un aspect important de sa personnalité.*

Outre diverses pages de circonstance et des œuvres de jeunesse détruites, dont un *Quatuor à cordes* et une *Sonate pour piano et violon* auxquels avaient été attribués respectivement les numéros d'*op. 8* et *9*, Elgar a laissé, en musique de chambre, trois partitions importantes qui toutes furent écrites à l'extrême fin de sa carrière. Elles sont d'ailleurs pratiquement contemporaines les unes des autres.

La première fut la **Sonate pour piano et violon en *mi* mineur (op. 82)** — sans doute la moins connue des trois. Elle fut composée en août-septembre 1918, et créée en privé le 15 octobre 1918, puis en public à l'Aeolian Hall de Londres le 21 mars 1919 par le violoniste William Henry Reed, ami du compositeur, et le pianiste et chef d'orchestre Landon Ronald.

Le premier des trois mouvements est un **Allegro** à 2/2, « audacieux et vigoureux » selon Elgar lui-même, débutant par un ample thème de violon d'abord en *la* mineur, mais évoluant vers la tonique *mi* mineur (*Risoluto*). D'autres idées se succèdent, de plus en plus lyriques et chantantes : une mélodie de violon (*Espressivo*) au chiffre 3 de la partition, un long passage avec arpèges de violon au chiffre 5. Le développement, plutôt calme, se réduit presque à une annexe de l'exposition, — la réexposition intervenant au chiffre 11. Elle est suivie d'une brève coda vigoureuse, et le mouvement se termine sur un accord de *mi* majeur à effet de tierce picarde.

Suit une **Romance (Andante)** en *la* mineur, à 3/4, « mouvement fantastique et curieux » (Elgar) de forme ternaire A-B-A'. Les deux sections extrêmes font dialoguer de façon étrange et assez heurtée les deux instruments, alors que la section centrale B, officiellement en *si* bémol majeur, est parcourue par une ample mélodie du violon. À la fin du mouvement, « tierce picarde » de *la* majeur.

Le finale est un **Allegro non troppo** en *mi* majeur à 4/4, de forme sonate comme le premier mouvement, et dont le premier thème est énoncé dans une atmosphère de parfaite tranquillité. Elgar a qualifié cette page de « très ample et apaisée ». Trois autres idées interviennent, — à savoir un thème assez rythmé aux deux instruments (*Molto largamente*, chiffre 40), un thème plus sérieux (*Poco sostenuto*, chiffre 41), et une mélodie de violon intégrant des valeurs très longues (*Semplice espressivo*, chiffre 43). Le thème initial réapparaît en *sol* au chiffre 44, — ce qui peut donner une impression de début de développement —, et la réexposition, soulignée par un fortissimo, intervient au chiffre 47. Au chiffre 53, l'épisode central B du deuxième mouvement est évoqué en *mi* majeur et en mesure à 3/2. La coda (chiffre 55) est brève, mais résume le mouvement dans son ensemble; et la tonalité de *mi* majeur est, pour finir, puissamment affirmée.

Durée d'exécution : 24 minutes environ.

Le **Quatuor à cordes en *mi* mineur (op.83)**, commencé au même moment que la *Sonate* (été 1918) et terminé à la fin de l'année, fut créé au Wigmore Hall de Londres le 21 mai 1919 par Albert Sammons et William Henry Reed (violons), Raymond Jeremy (alto) et Felix Salmond (violoncelle).

Trois mouvements, à nouveau, — dont le premier est un **Allegro moderato** à 12/8 au thème initial fort original :

Ce thème est d'abord énoncé de façon fragmentée ; puis ses divers membres de phrase s'unissent. Après un crescendo et un sommet, le thème est repris, — le « second thème », plus coulant et d'une grande chaleur, intervenant au chiffre 4 :

Les deux thèmes ci-dessus constituent toute la matière du mouvement. Le développement central est de plus en plus contrapuntique et dramatique, — son sommet débouchant sur la réexposition. Le « second thème » y gagne en ampleur, et le thème initial est réentendu juste avant les quelques mesures conclusives en *mi* majeur.

Le deuxième mouvement, marqué **Piacevole (poco Andante)**, est en *ut* majeur et à 3/8. D'atmosphère quelque peu pastorale, il s'ouvre par une mélodie au lyrisme intense chantée intégralement par le second violon accompagné par l'alto et le violoncelle, — le premier violon ne faisant son entrée qu'à la mesure 23 pour une reprise amplifiée de la mélodie. Cette dernière dominera le mouvement, un peu comme un refrain de rondo, avec des modifications subtiles à chacune de ses apparitions. Ce mouvement fut joué lors des funérailles de l'épouse du compositeur en 1920.

Le finale (**Allegro molto** à 4/4) retrouve *mi* mineur, et sa constante énergie lui a valu d'être qualifié de « cousin éloigné » des marches *Pomp and Circumstance*, mais « en plus intellectuel ». Il énonce à peu près en même temps, pour commencer, un motif saccadé de l'alto et du violoncelle et un motif en doubles croches régulières des deux violons. Le « second thème », qui succède à un long passage dramatique, semble se fixer en *la* majeur, mais se révèle immédiatement très fluctuant tonalement. Un peu plus loin, un de ses fragments réapparaît sur une sorte d'ostinato en doubles croches du violoncelle. L'atmosphère devient assez rude, notamment lorsque les cordes graves doivent jouer *sul ponticello* ; l'œuvre se termine néanmoins en *mi* majeur.

Durée d'exécution : 29 minutes environ.

Commencé avant l'achèvement des deux ouvrages précédents (automne 1918) et terminé au printemps de 1919, le **Quintette en *la* mineur pour piano et cordes (op. 84)** fut créé au même concert que l'*op. 83*, par le même Quatuor et William Murdoch au piano. Les deux œuvres avaient été jouées en privé le 21 avril précédent. Des trois ouvrages de musique de chambre tardifs d'Elgar, le *Quintette* — lui aussi en trois mouvements — se révèle le plus ambitieux, le plus vaste, le plus exubérant.

Le remarquable premier mouvement débute par une introduction (**Moderato** à 2/4) superposant d'abord deux éléments : un motif de piano en valeurs longues et en octaves parallèles, et un motif incisif de cordes (quatre notes, souvent réduit à ses trois dernières). Plus loin, on entend une nouvelle idée aux cordes (descente chromatique aux violons et à l'alto, réponse ascendante du violoncelle). Toutes ces composantes de l'introduction sont très importantes pour la suite. Soudain éclate un **Allegro**, au premier groupe thématique à 6/8 et d'une extrême vigueur. On ne peut s'empêcher de songer à Brahms. Après quatre mesures reprenant l'idée de cordes de l'introduction, intervient en *la* majeur et à 2/4 un « second thème » d'allure orientale (aux violons sur accompagnement de piano). Un « troisième thème », lyrique et chaleureux, toujours à 2/4, est clamé en *mi* majeur à l'unisson rythmique des cinq instruments ; après une nouvelle évocation de l'introduction, ce thème est travaillé en valeurs augmentées et dans une atmosphère de plus en plus calme, principalement en *mi* mineur. L'énergique développement, relativement bref, est en style fugué, puis retrouve la mesure à 6/8, développant et réexposant à la fois le « premier groupe thématique ». Le reste de la réexposition modifie et étend les divers éléments de l'exposition, — y compris ses références à l'introduction. L'introduction elle-même sert de conclusion, mais ses composantes apparaissent dans l'ordre inverse : d'abord l'idée de cordes, la réponse se faisant aussi au piano ; ensuite les octaves parallèles et le motif incisif de quatre ou trois notes, — ce motif ayant le dernier mot. On est de nouveau en *la* mineur. Fin étouffée, angoissée, sur un *la* à l'unisson (cordes en pizzicato) dans la nuance pianissimo.

Suit un très bel **Adagio** en *mi* majeur à 3/4, qui commence par l'énoncé d'une longue mélodie entonnée par l'alto. Un premier couplet agité, principalement en *ut* dièse mineur, conduit à un sommet dramatique, non sans avoir évoqué au passage la mélodie en *fa* majeur. Le sommet atteint, la mélodie reparaît modifiée en *mi* majeur. Un second couplet plus bref que le premier débouche sur une nouvelle réapparition de la mélodie à la tonique *mi* majeur. Elle se prolonge cette fois par une coda sereine.

Le finale, en *la* majeur, s'ouvre par une courte introduction (**Andante** à 2/4) fondée sur l'idée de cordes de celle du premier mouvement Puis s'élance un **Allegro** à 3/4 dont le thème principal est énoncé par les cordes à l'unisson. Il est repris plus loin avec une intensité accrue. Le « second thème » rappelle, par son côté « oriental », celui du premier mouvement, et débouche sur un sommet avec triolets faisant écho aux épisodes à 6/8 du premier mouvement. Retour au calme, puis évocation du « troisième thème » du premier mouvement sous son aspect en valeurs augmentées. À un arrêt aux limites du silence succède la réexposition, assez régulière et suivie d'une coda affirmant avec force *la* majeur.

Durée d'exécution : 37 minutes environ.

M. V.

MAURICE EMMANUEL

*Né à Bar-sur-Aube, le 2 mai 1862; mort à Paris, le 14 décembre 1938. On a peut-être un peu trop oublié aujourd'hui quel fut l'apport précieux à la musique française de ce compositeur indépendant qui, s'appuyant sur sa connaissance de l'*Orchestique grecque *(titre de sa thèse de doctorat en Sorbonne) et des vieux modes populaires (il découvrit les richesses du folklore dès son enfance bourguignonne), a réalisé une œuvre très originale. Emmanuel fut, au Conservatoire de Paris, l'élève de Bourgault-Ducoudray pour l'histoire de la musique, — discipline qu'il enseigna lui-même dans le même établissement sans interruption de 1907 à 1936. Il avait enseigné auparavant l'histoire de l'art dans des lycées, après avoir suivi les cours de l'École du Louvre. C'est dire quelle fut l'érudition de ce maître qui tenta, sa vie durant, de « retrouver la vie et, musicalement, les richesses en sommeil » du passé. Outre sa thèse sur la métrique grecque, Emmanuel a laissé plusieurs ouvrages musicologiques, — dont une* Histoire de la langue musicale, *des écrits sur César Franck et Anton Reicha, et une étude, qui fit date, sur* Pelléas et Mélisande *(il connut fort bien Debussy). Ses compositions furent peu exécutées, si l'on excepte la tragédie lyrique* Salamine *(dont la création, en 1929 à l'Opéra de Paris, fut remarquée), et ses six* Sonatines *pour piano composées entre 1893 et 1925. Emmanuel a produit par ailleurs deux symphonies, de la musique vocale (dont les* Trente Chansons bourguignonnes *et* Prométhée enchaîné, *qui, comme* Salamine, *est une tragédie lyrique), enfin de la musique de chambre examinée ci-après.*

À une seule exception près, toute la production de musique de chambre connue et publiée de Maurice Emmanuel se situe dans la première moitié de sa carrière. Et il faut dire que certaines dates de composition stupéfient encore aujourd'hui, — tant ces œuvres nous semblent en avance sur leur époque, d'une génération entière parfois. C'est d'ailleurs le temps qu'il leur a fallu pour être enfin jouées (bien trop rarement !) et publiées.

À propos de la **Sonate pour violoncelle et piano** (op. 2), Bernard Gavoty écrivait en 1954 que Maurice Emmanuel était « une valeur-or de notre portefeuille national ». Sans doute, mais trente-cinq ans plus tard l'œuvre attend encore son premier enregistrement sur disque, alors que la voilà plus que centenaire ! Emmanuel la composa en effet en 1887, alors qu'il était encore l'élève au Conservatoire de Léo Delibes, qui rejeta cette partition avec indignation : s'écartant déjà du majeur-mineur classique, elle affichait cette écriture audacieusement modale qui allait demeurer la grande conquête de la musique de son auteur. Celui-ci, échaudé, renonça à publier l'ouvrage, qui ne fut joué et édité qu'en 1921, — faisant alors l'effet d'une partition composée à l'instant : son auteur avait presque soixante ans ! Pareille aventure advint à d'autres ouvrages encore de la même plume... et de la même audace prophétique, aux deux premières *Sonatines pour piano* par exemple* qui ne furent révélées au public que trente ans après leur achèvement, à l'époque de la composition de leurs cadettes ! Mais examinons « l'objet du délit » : à mille lieues des lourdes machines franckistes, de leur chromatisme post-wagnérien, de leur expression grave et pathétique, voici un triptyque net et concis, d'une verve jaillissante, d'une délicieuse fraîcheur puisant aux sources d'un folklore purement imaginaire, et dont la liberté d'allure et de forme fait penser déjà aux *Sonates* que Debussy n'écrira que plus d'un quart de siècle plus tard. L'*Allegro* initial commence et finit en mode de *mi* (phrygien) transposé en *si* ; mais toute sa partie centrale, sur deux nouvelles idées de rythme différent (6/4), explore d'autres échelles (modes de *ré*, de *la*, de *sol*), sans que des chromatismes incongrus ne viennent altérer leur fraîcheur, — ce qu'évidemment personne ne pouvait comprendre à l'époque ! De même, le bref mais expressif *Larghetto* s'éclaire de la quarte haussée du mode de *fa* (transposé en *la*), avant de regagner les parages plus sombres du mode de *mi* après un grand sommet d'intensité encore romantique. Quant à la bondissante *Gigue* (*Allegro molto*), elle

* Voir *Guide de la musique de piano* (même éditeur).

reste fidèle à ce mode de *mi*, mais non à la tonique *si*, puisqu'un épisode central s'évade jusqu'à ses antipodes (*fa*). Ce juvénile coup d'essai est un coup de maître !

Cependant, effarouché par l'insuccès de ces œuvres si neuves, Emmanuel allait passer par une brève période de doute et de compromis. En 1902, il produisit ainsi une **Sonate pour violon et piano** (op. 6), longue, tonale (*ré* mineur !), cyclique, franckiste, bref, bien peu caractéristique de son génie propre. Ses trois mouvements (*Allegro moderato-Adagio non troppo-Allegro giocoso*) se plient aux disciplines formelles les plus complexes et les plus classiques. À la fin de sa vie, Emmanuel s'était quelque peu distancé de cette œuvre. Sans la renier, il recommandait qu'on y pratiquât une coupure dans le premier mouvement, et ajoutait, comme pour s'excuser : « Il faut avoir écrit un ouvrage de ce genre. »

De la même époque (1902-03) date l'imposante architecture du **Quatuor à cordes en *si* bémol majeur** (op. 8, 1903), le second qu'il écrivit (le premier, aujourd'hui disparu, avait été composé en même temps que la *Sonate pour violoncelle* et rejeté, lui aussi, par Delibes, — parce que modal). C'est une œuvre attachante, importante, qui mérite de revivre, mais qui n'en laisse pas moins une impression curieusement hybride. Le vaste premier mouvement se compose en fait de deux parties soudées (dans sa propre analyse, le compositeur les considère comme deux morceaux distincts, contrairement à la partition imprimée). Précédé de huit mesures d'*Adagio* aux interrogations chromatiques purement « tristanesques », l'*Andante* présente les trois thèmes cycliques les plus importants de l'ouvrage. L'*Allegro con brio*, en forme sonate très libre, s'évade de l'atmosphère sombre et un peu déliquescente de ce qui précède et conquiert par sa franchise diatonique, sa verve rythmique et le profil énergique et ascendant de son premier thème (issu de l'*Andante*), déjà si proche du Roussel de la maturité. Précédé de quelques mesures d'*Andante*, le deuxième mouvement (troisième selon l'auteur) est un *Scherzo* (Emmanuel l'appelle *Fantaisie*) à 6/8, en *ré* majeur, d'une belle saveur populaire, interrompu par un intermède *Adagio* (mais les rythmes de *Scherzo* se poursuivent), rappelant le premier mouvement, et repris en brève coda pour finir. Le *Quatuor* se termine par l'étourdissante fête populaire de l'*Allegro con fuoco, alla zingarese*, qui n'est autre qu'une transcription de la *Zingaresca* pour petit orchestre *op. 7* (à moins que ce ne soit l'inverse). Le thème tzigane fut recueilli par Emmanuel au cours d'une descente du Danube en bateau. Ici, l'auditeur non prévenu pensera immanquablement à Kodaly, voire à Bartók ! De rares rappels de l'*Andante* initial ne parviennent plus à freiner la belle humeur exubérante de ce finale, qui couronne le *Quatuor* par une strette menée à un train d'enfer. Ainsi, cette œuvre nous aura-t-elle fait assister à la progressive « guérison » musicale de son auteur, qui plus jamais ne retombera dans les ornières du cyclisme chromatique fin-de-siècle !

Le meilleur antidote en est, toujours, le folklore : en 1907 naît la **Suite sur des airs populaires grecs pour violon et piano** (op. 10), dont les éléments mélodiques sont presque tous empruntés — nous dit l'auteur — au rapport d'Hubert Pernot sur sa mission scientifique à Chio en 1898. Or, Chio est toute proche de la côte turque, et c'est le contact entre les modes orientaux (avec leur seconde augmentée typique entre le troisième et le quatrième degré, parfois entre le sixième et le septième) et les modes diatoniques de la Grèce antique, voire le majeur occidental, qui a fasciné ici le compositeur. Les deux mouvements extrêmes (*Allegretto moderato* et *Allegro energico*) sont basés sur des airs de danse joués par un ménétrier de Chio, auxquels se mêle sans effort, dans l'*Allegro energico*, une fougueuse chanson en mode de *mi* venue du Caucase, seul élément non-grec de l'ouvrage. Deux chansons dansées aux rythmes plus doux et plus souples nourrissant la deuxième pièce (*Allegretto*), tandis que la troisième (*Allegro ma non troppo*) se base sur une chanson (en mineur « oriental ») dont les paroles nous avertissent : « Il faut se forger un cœur de fer et un foie de plomb pour pouvoir résister à l'amour et à ses paroles pleines de poison ». Ici encore, Emmanuel égale les meilleures réussites de Bartók dans le genre, tout en le surpassant de loin quant à la richesse modale.

De la même année 1907 date la **Sonate pour flûte, clarinette et piano (ou Trio)** op. 11, dans laquelle on s'accorde généralement à voir le chef-d'œuvre de la musique de chambre d'Emmanuel. Ici, le compositeur retrouve la concision, la liberté et la fraîcheur modale de la *Sonate pour violoncelle*, mais avec toute la souveraine maîtrise de la maturité. Quelle joie de vivre délicieuse émane de l'*Allegro con spirito* en *si* bémol lydien (mode de *fa*), dont le thème principal à l'allure de chanson populaire ne quitte plus notre mémoire !

Il alterne avec d'autres idées au gré d'un libre caprice, sans que jamais la solidité de la forme ne soit remise en question : les *Sonates* de Debussy n'iront pas plus loin dans cette direction. Puis c'est la brève mais intense méditation de l'*Adagio*, précédant la verve narquoise, au parfum agreste, du *Molto allegro e leggierissimo* à 3/8, — *Scherzo* étincelant dont seul un très bref rappel du thème « populaire » initial vient interrompre un instant la course. En moins de douze minutes, tout a été dit.

Pendant près de trente ans, qui allaient voir naître ses plus grandes œuvres (*Prométhée*, *Salamine*, les deux *Symphonies*), Emmanuel n'écrivit plus de musique de chambre. Il y revint une fois encore en 1936 avec sa **Sonate pour cornet (ou bugle) en *si* bémol et piano** (op. 29), sa dernière œuvre entièrement menée à bien. Cette brève *Sonate* — plutôt une *Suite* — retrouve la belle humeur et la fraîcheur agreste et modale du *Trio* de 1907, et comporte successivement une *Sarabande* et une *Allemande* en *fa* lydien, une *Aria* en *si* bémol lydien, et une *Gigue* en *sol* myxolydien, — retrouvant pour finir le *fa* lydien de départ. Cette *Sonate* enrichit opportunément un répertoire plutôt maigre, où règne trop souvent la banalité, si ce n'est même la vulgarité.

H. H.

GEORGES ENESCO

Né en Roumanie, à Liveni-Virnav (aujourd'hui George Enescu), le 19 août 1881 ; mort à Paris, le 4 mai 1955. Il fit ses études musicales à Vienne où il rencontra Brahms, et travailla avec Helmesberger (violon) et Fuchs (écriture), puis continua en France, au Conservatoire de Paris, où il fut l'élève de Marsick (violon), de Dubois, Gédalge, Massenet et Fauré (contrepoint, composition). Musicien universel, doté d'une mémoire phénoménale, il mena de front toute sa vie une carrière de violoniste virtuose, d'animateur musical, de chef d'orchestre, de pédagogue (Menuhin fut son élève) ; il fut également un bon pianiste. Partagé entre la France et la Roumanie (où il dirigea de nombreuses créations d'œuvres du grand répertoire, — Neuvième Symphonie *de Beethoven,* Damnation de Faust *de Berlioz,* Lohengrin *de Wagner), il participa également à de nombreux ensembles de musique de chambre avec Cortot, Casals, Lipatti, et fonda un quatuor à son nom (1904), ainsi qu'un prix de composition. Si sa renommée de virtuose a parfois relégué au second plan la valeur de son œuvre, il est utile de rappeler qu'il fut, dans son pays, l'équivalent d'un Bartók en Hongrie ou d'un Szymanowski en Pologne. Si sa partition dominante reste l'opéra* Œdipe *(1921-1931), Enesco est aussi un symphoniste, — auteur des célèbres* Rhapsodies roumaines *(1901), de trois symphonies (1905, 1914, 1921), et de trois* Suites *(1901, 1915, 1938). Son sens du contrepoint, son goût pour les formes anciennes (danses préclassiques en particulier), témoignent de sa science et de l'éclectisme de sa culture, enrichie par l'attachement aux musiques traditionnelles de son pays.*

« Le Berlioz de la musique de chambre » : telle fut l'ambition du jeune Enesco, à la lumière de son *Octuor*. Mais, se demandait-il, comment Berlioz aurait-il envisagé un ensemble instrumental, si seulement on pouvait imaginer, en musique de chambre, un homme qui avait utilisé cinq orchestres à la fois ? Enesco reste un compositeur encore beaucoup trop méconnu, mais que la postérité situera, à n'en pas douter, au rang d'un Bartók ou d'un Janaček. La France fut sa seconde patrie, il y fit ses études, y vécut longtemps, y mourut, y composa et y fit jouer la majorité de ses œuvres. Et pourtant, qu'en connaît-on aujourd'hui hors de sa Roumanie natale, où son importance est pleinement reconnue, et où d'innombrables études musicologiques lui ont été consacrées ?

Le style d'Enesco est extrêmement difficile à saisir : à première vue, il apparaît traditionnel, d'abord influencé par Brahms, puis par Fauré, qui fut son maître. Mais cette curieuse et rare symbiose culturelle germano-latine — que seul pouvait accomplir un musicien venu des confins de l'Europe — s'effectue chez une personnalité exceptionnellement forte et originale. Dans sa maturité créatrice (Enesco mûrit lentement et évolua considérablement), il se forgea un langage d'une nouveauté et d'une audace rares. Le premier recourant aux sources gréco-byzantines du folklore roumain, il élabora une hétérophonie complexe comme alternative valable à la polyphonie de tradition occidentale, — modèle de tous les compositeurs roumains d'aujourd'hui et, de plus en plus, modèle universel. De manière toute spontanée et naturelle, il dépassa le tempérament pour intégrer le quart de ton à son langage musical (*Œdipe, Troisième Sonate pour violon et piano*). Sa conception nouvelle du temps musical, la complexité et la richesse de ses rythmes et de ses combinaisons polyrythmiques peuvent faire penser à Messiaen. Mais cette modernité « énescienne » est sous-jacente à un classicisme de surface, et ne livre ses secrets et ses hardiesses qu'à l'examen approfondi. Il est en réalité peu de musiques plus complexes que les siennes, et qui posent autant de problèmes à l'analyste. Si, déjà, une page de jeunesse comme le génial *Octuor*, achevé à dix-neuf ans, égale Schoenberg en richesse combinatoire et formelle, que dire des œuvres de maturité !

Au sein du catalogue point trop vaste d'Enesco (trente-trois opus, plus un certain nombre de pages non numérotées ou inachevées), la musique de chambre se taille la part du lion, avec non moins de quinze grandes œuvres. Et il en écrivit régulièrement pendant toute sa vie, — de la *Sonate* de jeunesse pour violon et piano en *la* mineur composée à quatorze ans (1895) jusqu'à son ultime *Deuxième Quatuor* (1951) et sa testamentaire *Symphonie de Chambre* (1954).

C'est l'influence de Brahms qui l'emporte dans la **Première Sonate pour violon et piano en *ré* majeur op. 2** (1887) et dans la *Première Sonate pour violoncelle et piano en* fa *mineur op. 26 n° 1* (1898), publiée beaucoup plus tard avec la *Deuxième*, de 1935, — ce qui explique son numéro d'opus. Dans l'œuvre pour violon, dont certains échos schumanniens ne sont pas absents, un *Allegro vivo* et un *Allegro*, tous deux en forme sonate, encadrent un *Quasi Adagio* en forme ample de lied. À défaut d'une réelle originalité, la perfection de facture en est déjà remarquable, exceptionnelle même pour un adolescent de seize ans.

Passant sur une brève *Aubade pour trio à cordes* (1889) et sur un *Andante* pour deux violoncelles et orgue (1900), il convient de s'arrêter, sur la **Deuxième Sonate pour violon et piano en *fa* mineur op. 6** (1899), dans laquelle Enesco voyait sa première œuvre vraiment personnelle. De mêmes proportions que la *Première* en ses trois mouvements (*Assez mouvementé-Tranquillement-Vif*), elle se distingue par son matériau mélodique très homogène, dont le *Finale* effectue d'ailleurs la synthèse. Mais, surtout, son mouvement central — le plus original des trois — s'appuie pour la première fois sur une longue mélopée modale (phrygienne), d'une grande liberté métrique, qui rappelle fortement l'art ancestral des *lautari*, les ménétriers du terroir moldave du compositeur, et la nostalgique lancinance de leurs *doïnas*.

L'**Octuor à cordes en *ut* majeur op. 7** (1900) représente un colossal pas en avant et demeure l'un des grands chefs-d'œuvre d'Enesco, qui, à dix-neuf ans, renouvelle le coup de génie de Mendelssohn achevant à quinze ans une œuvre de même formation et de même tonalité. L'analogie s'arrête là, du reste. Enesco s'est montré ici immensément ambitieux : cinq ans avant son aîné Schoenberg, il réalise, en un arc immense de près de trois quarts d'heure de durée, une synthèse des quatre mouvements classiques et d'une gigantesque forme sonate, à laquelle le grand compositeur roumain contemporain Stefan Niculescu a pu consacrer une analyse de trente pages, sans, et de loin, épuiser le sujet ! La première des quatre parties enchaînées, *Très modéré* (à 3/2, puis à 6/4) présente six des neuf thèmes principaux de l'ouvrage à la manière d'une vaste exposition au rythme ample et spacieux, s'élevant peu à peu à un *Plus animé*. La deuxième, *Très fougueux*, tient lieu de scherzo, mais se présente comme une forme sonate autonome, basée sur un septième thème, dérivé du sixième, qui ensuite se combine ou alterne principalement avec le deuxième (qui conserve sa structure canonique d'origine), mais aussi avec le premier (qui fait l'objet d'une exposition de fugue), le sixième, et pour finir le troisième. La troisième partie (*lentement*), en *mi* majeur, expose, puis développe en alternance deux nouveaux thèmes (huitième et neuvième), dans un climat d'intense méditation lyrique, puis intègre graduellement les autres thèmes, qui finissent par voisiner tous au cours de la grande transition modulante en accelerando menant au *Finale*. Celui-ci (*Mouvement de valse bien rythmé*) démarre sur le septième thème transformé, qui servira de refrain entraînant, et effectue par la suite une prodigieuse réexposition-synthèse de toute la matière de l'œuvre. L'*Octuor* d'Enesco est une œuvre d'une fastueuse richesse d'invention, de sonorités et de structure, qu'un auditeur de l'époque trouva « horriblement beau, mais encore plus horrible que beau », à cause de sa complexité polyphonique, sans doute, qui dépasse même celle du jeune Schoenberg, — dont le *Premier Quatuor* (1905) n'ira pas au-delà. Il faudrait parler encore de l'intensité expressive de l'œuvre, de la majesté olympienne de son exorde, des sombres maléfices de son *Scherzo*, transfigurés dans l'altière méditation du *Lentement* pour aboutir enfin à la dionysiaque joie de vivre de la *Valse* conclusive. Cet édifice, monumental sans être massif, avec ses avancées prophétiques vers un retour à l'antique monodie (le célèbre *Prélude à l'Unisson* de la *Première Suite d'orchestre op. 9* est postérieur de trois ans), avec son utilisation neuve et créatrice du total chromatique (ici encore, Enesco anticipe sur Schoenberg), avec sa perpétuelle variation rythmique, enfin avec sa subtile synthèse de modalisme folklorique et des grandes traditions de la musique universelle, constitue un tour de force inouï de la part d'un adolescent de dix-neuf ans. Enesco égalera sur le tard la réussite de ce chef-d'œuvre, sans le surpasser jamais, — bien que son langage ait considérablement évolué par la suite.

Durée d'exécution : 41 minutes.

Six ans s'écoulèrent d'ailleurs avant la grande œuvre suivante de musique de chambre, le **Dixtuor à vents, en *ré* majeur op. 14** (1906), — lequel succède chronologiquement à sa *Première Symphonie*. Écrite pour deux flûtes, hautbois, cor anglais, deux clarinettes, deux bassons et deux cors, c'est une œuvre heureuse et reposée, d'un grand charme sonore, une évocation bucolique et paisible de la campagne roumaine, d'une grande générosité mélodique en ses trois mouvements : *Doucement mouvementé*, ample forme sonate à la somptueuse polyphonie, *Modérément*, en forme lied, d'une pénétrante nostalgie, *Allégrement, mais pas trop vif*, enfin, à nouveau en forme sonate, mais plus vigoureusement rythmique. Il faut ajouter que ces cadres formels, comme toujours chez Enesco, ne sont pas forcément perceptibles pour l'auditeur, à cause du renouvellement permanent de l'écriture (les reprises sont toujours variées) : ici encore, Enesco rejoint Schoenberg et son précepte : « N'écris jamais ce que ton copiste pourrait écrire à ta place ! » Quant à la perfection des sonorités (s'agissant d'une formation difficile et rarement traitée de manière satisfaisante, d'où la rareté de ce répertoire), elle tient tout simplement du miracle.

Durée d'exécution : 23 minutes.

Durant ces années, Enesco écrit aussi quelques morceaux destinés aux concours du Conservatoire de Paris (où ils figurent d'ailleurs encore fréquemment). Malgré leurs dimensions modestes, le **Cantabile et Presto** pour flûte et piano (1904), l'**Allegro de concert pour harpe** (1904), la **Légende** pour trompette et piano (1905) et, tout particulièrement, le très beau **Konzertstück** pour alto et piano (1906) dépassent résolument leur cadre originel.

En 1909 Enesco achève son **Premier Quatuor pour cordes et piano en *ré* majeur op. 16**, triptyque de grande envergure, d'une générosité presque excessive. Un grand unisson inaugure le monumental *Allegro moderato* en forme sonate, tour à tour tumultueux et serein, suivi d'un *Andante mesto* d'une gravité impressionnante et d'une profonde tristesse, — l'une des pages où Enesco est le plus proche de la dernière manière de son maître Fauré. Par contraste, le *Vivace* final possède un caractère par moments proche d'un scherzo, avec ses rythmes entraînants de marche ou de bourrée. Ce *Quatuor* presque inconnu, même en Roumanie, constitue une étape de transition importante du romantisme exubérant de la jeunesse vers un classicisme plus sobre, voire plus sévère.

Le **Trio pour violon, violoncelle et piano en *la* mineur** (1916) ne reçut pas de numéro d'opus, non point qu'Enesco l'en jugeât indigne, mais parce qu'il en perdit rapidement la partition, qui ne fut retrouvée, publiée et exécutée que longtemps après sa mort. Durant à peine vingt minutes, c'est la plus concise de ses grandes œuvres de musique de chambre, mais non la moins belle. Cet unique *Trio* de sa plume, qui se situe chronologiquement entre la *Deuxième Suite d'orchestre op. 20* et la *Troisième Symphonie avec chœurs op. 21*, débute par un *Allegro moderato* en forme sonate, au 6/8 berceur, de caractère lyrique et d'une grande transparence. Vient ensuite un *Allegretto con Variazioni*, dont la sombre mélodie de violoncelle en *fa* mineur devient successivement un *Presto scherzando*, une expressive cantilène (*Allegro piacevole*), enfin un *Tempo di Siciliano lento* rappelant le premier mouvement. Le *Finale* débute par un *Andante* d'un sentiment grave, seul moment vraiment lent de l'œuvre, mais qui fait place bientôt à un élégant *Vivace amabile* en forme de rondo, s'élevant vers une conclusion énergique.

Enesco se battit longuement avec la forme suprême de la musique de chambre, — le quatuor à cordes. En 1906, il avait achevé un vaste *Allegro* de sonate en *ut* majeur et ébauché un second mouvement, puis abandonné. Il reprit l'*Allegro*, le transformant complètement, le transposant en *mi* bémol majeur, puis ajouta les autres morceaux. Ainsi fut achevé en 1920 le **Premier Quatuor à cordes en *mi* bémol majeur** qui reçut le numéro d'*op. 22 n° 1*. Son compagnon en *sol* majeur *op. 22 n° 2* ne fut terminé que trente ans plus tard. C'est à nouveau une œuvre de très grandes dimensions (trois quarts d'heure) et, cette fois-ci, il faut reconnaître que les deux mouvements extrêmes souffrent de quelque hypertrophie, qu'il s'agisse de l'*Allegro moderato* initial en forme sonate, d'une expression généreusement romantique et d'une écriture instrumentale et polyphonique incroyablement ouvragée, culminant en une coda monumentale à la grandiloquence presque baroque, ou, surtout, de l'immense *Allegretto moderato* final qui intègre dans sa forme sonate des rappels cycliques des trois morceaux précédents. Si ces deux mouvements sont plutôt un bilan conclusif d'une étape créatrice désormais révolue, les deux autres nettement plus concis, ouvrent en revanche des perspectives neuves et constituent des étapes importantes sur la route de l'ultime maturité. Et, plus qu'au troisième mouvement (*Allegretto scherzando, non troppo vivace*), cela s'applique au deuxième, un *Andante pensieroso* en forme de variations libres, où se trouve notamment un expressif solo de violoncelle dans l'esprit le plus pur du *cîntec lung*, cet étrange équivalent roumain du *cante jondo* andalou.

Terminée en 1926, la **Troisième Sonate pour violon et piano en *la* mineur**, « *dans le caractère populaire roumain* », *op. 25*, est la seule œuvre de musique de chambre vraiment bien connue d'Enesco, figurant au répertoire de tous les grands violonistes. Par bonheur, c'est aussi un de ses plus hauts chefs-d'œuvre, le plus parfait peut-être, une maîtresse *Sonate* dont la portée dépasse même, sans doute, celle des deux *Sonates* de Bartók, composées peu auparavant. Elle ouvre avec éclat la grande maturité « enescienne », où les chefs-d'œuvre de musique de chambre vont se succéder. « *Dans le caractère populaire roumain* » : il s'agit ici bien sûr de folklore imaginaire, à l'exclusion de toute citation littérale, d'un travail en profondeur sur l'étude des archétypes de la musique des *lautari*, ces ménétriers itinérants dont les chants et les danses avaient bercé l'enfance d'Enesco, et dont la surprenante virtuosité naturelle se retrouve, sublimée, dans l'écriture de la partie de violon. Mais ce n'est pas tout : ce matériau a conduit le compositeur à repenser complètement tous les paramètres de son langage, — faisant de sa *Sonate* l'une de ces œuvres-charnières qui marquent une date et révolutionnent l'histoire de la musique.

La musique populaire roumaine se rattache à deux types fondamentaux : la danse, de structure métrique et mesurée, présente dans le *Finale* de la *Sonate*, et, surtout, le chant à rythme libre (du type *cîntec lung* ou *doïna*) que l'on trouve dans les deux premiers. Or, ce dernier type de mélodie est incompatible avec une élaboration polyphonique, et Enesco a été amené à réinventer l'hétérophonie propre aux cultures musicales orales, présente non seulement dans la plupart des musiques d'Orient, mais aussi dans l'antique liturgie byzantine. Puis, le compositeur avait remarqué que les intonations des *lautari* allaient bien au-delà de la gamme tempérée : il intégra donc audacieusement les quarts de ton à son langage musical (on les trouve au même moment dans son opéra *Œdipe*, mais aussi dans le *Premier Quintette* d'Ernest Bloch). Ils ont une valeur d'intonation et de couleur, mais déterminent également la microstructure de la mélodie. L'intégration de l'hétérophonie dans le langage musical a néanmoins une conséquence plus fondamentale encore : celle de la remise en question, dans notre musique, de la notion de *temps* musical. Il y a un temps « directionnel », dynamique, propre, par exemple, à la forme sonate (celui sur lequel a vécu la musique « classique » européenne), et, d'autre part, un temps « cyclique », non linéaire, propre à l'esprit de la variation, et qui se retrouve dans les musiques extra-européennes. Ce temps « statique », ou long, qu'Olivier Messiaen a développé plus que tout autre, et qui est l'une des grandes constantes de la musique d'aujourd'hui, a trouvé en Enesco un audacieux pionnier. Et il annonce Messiaen par un autre aspect encore, — celui de l'intégration des sons de la nature, en particulier des chants d'oiseaux, captés ici par l'intermédiaire, encore, du jeu des *lautari* (dans leurs brillantes *Ciocarlias*). La couleur instrumentale est d'ailleurs l'un des aspects les plus étonnants de cette *Sonate* ; elle évoque les différents instruments de la musique populaire roumaine : *fluier* (ou flûte roumaine) aux harmoniques du violon, *tsimbal* (cimbalum), ou même tout un orchestre (*taraf*) au piano. Une telle richesse d'innovations de langage ferait presque oublier des subtilités de structure mélodique comme celle consistant, au lieu de réexposer les deux thèmes dans la reprise du premier mouvement, à inventer un seul thème nouveau qui les synthétise ! Il faudrait détailler encore l'incroyable richesse des atmosphères de cette *Sonate* prodigieuse, au cours de ses trois mouvements d'apparence extérieurement classique, mais qui renouvellent complètement les formes traditionnelles : sonate bithématique dans le *Moderato malinconico*, aux inflexions chromatiques d'une insidieuse et sensuelle langueur ; lied ternaire dans l'*Andante sostenuto e misterioso*, où la liberté du discours métrique et harmonique atteint sans doute à son apogée, dans un climat d'intense, mais irréelle nostalgie ; rondo-sonate enfin dans l'*Allegro con brio, ma non troppo mosso*, aux rythmes de danse truculents et hauts en couleur :

Ajoutons, pour finir, que la méticulosité et la complexité exceptionnelles de la notation musicale donnent à la partition un aspect tout à fait « contemporain ».

Enesco ne termina aucune autre œuvre de musique de chambre durant les années suivantes, consacrées surtout à l'achèvement de son opéra *Œdipe*. Peut-être était-il conscient d'avoir atteint avec la *Troisième Sonate*, un sommet insurpassable... Puis, en 1935, vint la **Deuxième Sonate pour violoncelle et piano en *ut* majeur, op. 26 n° 2**, moins audacieusement novatrice, sans doute, mais un grand chef-d'œuvre classique, qui mériterait mieux que la totale obscurité qui l'entoure. Ses quatre mouvements, amplement développés, conservent une grande liberté dans le discours dont la cohésion est assurée par la présence sous-jacente des grandes formes, ainsi que par l'homogénéité du matériau musical circulant d'un mouvement à l'autre. Une modalité diatonique domine dans l'*Allegro moderato ed amabile*, forme sonate au lyrisme méditatif. L'*Allegro agitato, non troppo mosso*, faisant office de scherzo, est au contraire une vision crépusculaire aux chromatismes rampants exprimant une sourde inquiétude. La sérénité revient dans l'*Andantino amabile, senza lentezza*, où affleure à nouveau l'inspiration populaire qui va éclater dans l'*Allegro sciolto*, intitulé *Final à la roumaine*, faisant alterner la joie exubérante avec une prenante nostalgie.

Enesco n'était pas homme à se répéter ; mais autant comme violoniste que comme compositeur « national », il avait le sentiment de n'avoir pas tout dit encore. En 1940, peu après l'achèvement de la *Troisième Suite pour orchestre*, dite « *Villageoise* » (qui demeure sans doute son chef-d'œuvre symphonique), il composa donc une page extraordinaire, audacieuse et originale, digne pendant de la *Troisième Sonate*, bien que très peu connue encore, les **Impressions d'enfance pour violon et piano op. 28**. Il s'agit d'une sorte de grand poème enchaînant dix épisodes : *Ménétrier*, *Vieux mendiant*, *Ruisselet au fond du jardin*, *L'oiseau en cage et le coucou au mur*, *Berceuse*, *Grillon*, *Lune à travers les vitres*, *Vent dans la cheminée*, *Tempête au-dehors dans la nuit*, *Lever du soleil*. Ce sont les moments d'une journée pleine d'images, puis d'une nuit peuplée de visions inquiétantes, enfin d'un matin dissipant peurs et cauchemars, dans la vie de l'enfant Enesco, plus d'un demi-siècle plus tôt, au fond de la paisible campagne moldave. Recherches instrumentales, virtuosité, incroyable subtilité des nuances dynamiques, des timbres et des articulations, y sont plus poussées encore que dans la *Sonate*, — ce qui réserve cette œuvre de vingt minutes aux virtuoses les plus chevronnés... mais aussi aux poètes ! La première section, *Ménétrier*, laisse le *lautar* improviser longuement à découvert (comme au début du *Tzigane* de Ravel), le piano n'apparaissant qu'au début du morceau suivant. Entre tant de richesses, signalons au moins la mélopée ancestrale de la *Berceuse*, dont l'envoûtement vient vraiment du fond des âges.

Cette même année, Enesco acheva une œuvre de caractère bien différent, son imposant **Quintette pour cordes et piano en *la* mineur op. 29**, en fait son deuxième du genre (mais le premier, œuvre de ses quatorze ans, demeure inédit). Comme dans le *Quatuor avec piano* qui devait lui succéder, il y opère une synthèse entre ses conquêtes les plus récentes, notamment dans le domaine de l'hétérophonie, de la subtilité des rythmes, des nuances et des harmonies, et, d'autre part, le grand style concertant des pages « classiques » de sa jeunesse, *Octuor* ou *Premier Quatuor avec piano*. Ce sont là, peut-être, les œuvres les plus difficiles d'accès d'Enesco, et leur concentration extrême tend à masquer leur étonnante modernité sous-jacente. La qualité d'écoute qu'elles exigent les classe, à elle seule, dans la musique d'avant-garde. Ainsi de ce superbe *Quintette*, qui tente une fois encore, mais à une échelle un peu plus resserrée dans le temps, la complexe synthèse formelle et thématique de l'*Octuor*. Il y a, en fait, les quatre mouvements traditionnels, mais groupés ici par deux. La première moitié de l'œuvre, en prédominance lente ou modérée de temps enchaîne ainsi un *Con moto molto moderato* en forme sonate et un *Andante sostenuto e cantabile* d'une admirable profondeur expressive, — tandis que la deuxième, plutôt animée, combine un *Scherzo*, *Vivace ma non troppo*, et un *Finale più tranquillo*, qui cite encore une fois le *Scherzo*, tout en se présentant aussi comme le confluent de l'œuvre entière.

Le **Deuxième Quatuor pour cordes et piano en *ré* mineur op. 30**, achevé en 1944 et dédié à la mémoire de Gabriel Fauré, est de la même veine, peut-être d'une écriture plus raffinée et plus secrète encore. Mais il est plus court, en trois mouvements distincts se regroupant cependant à nouveau en deux blocs. Le premier, réunissant l'*Allegretto moderato* et l'*Andante pensieroso ed espressivo*, est d'allure plutôt lente, riche en mélodies libres, traitées en hétérophonie, et exprimant la nostalgie d'un passé révolu, — alors que le deuxième ne comporte que l'*Allegro agitato* (précédé de neuf mesures d'introduction *Con moto moderato*), qui atteint cependant à des dimensions presque aussi importantes que celles des deux autres mouvements réunis. Il est tout entier axé sur le rythme, la danse et l'affirmation d'une saine vitalité.

Nous parvenons à présent à l'un des plus hauts sommets (avec l'*Octuor* et la *Troisième Sonate*) de la musique de chambre d'Enesco, — aboutissement de sa dernière époque créatrice, et suivi seulement de l'ultime *Symphonie de Chambre*. Il s'agit du **Deuxième Quatuor à cordes en *sol* majeur op. 22 n° 2**, en chantier depuis des décennies (son numéro d'opus était réservé depuis trente ans !), et dont la rédaction enfin achevée en 1951 fut la septième. Ce *Quatuor*, l'un des plus grands du XXe siècle, est aussi l'un des plus concentrés : ses quatre mouvements durent vingt-cinq minutes seulement, mais il exigerait une très longue analyse. L'indication « en *sol* majeur » et la présence d'altérations à la clef sont — somme toute — trompeuses, car la tonalité est ici élargie au point de devenir à peine perceptible parfois. La fréquence d'intervalles très larges et distendus est significative à cet égard, même si une analyse attentive permettrait de les interpréter tonalement. Le thème fondamental du premier violon ouvrant le *Molto moderato* initial, une forme sonate ramassée en moins de cent mesures, est significatif à cet égard :

À nouveau, Enesco divise son œuvre en deux moitiés, — avec deux mouvements plutôt lents et mélodiques suivis de deux autres plus rapides et rythmiques. Le sommet expressif de l'ouvrage, et l'une des cimes de toute l'œuvre d'Enesco, est atteint avec l'*Andante molto sostenuto ed espressivo* (officiellement en *mi* majeur) du deuxième mouvement, bâti pour l'essentiel sur une variante du thème initial, — lequel ponctue le morceau sous sa forme première en apartés discrets, mais passionnés. On rejoint ici le niveau d'inspiration des derniers *Quatuors* de Beethoven, c'est l'aboutissement de la trajectoire musicale et spirituelle de toute une vie. Une joie saine et tellurique domine les deux autres mouvements, et tout d'abord le *Scherzo*, *Allegretto non troppo mosso*, aux rythmes capricieux. Ses dernières mesures annoncent le thème en mode lydien (quarte haussée) qui, sous une forme rythmiquement modifiée, servira de refrain au vigoureux rondo final, *Con moto molto moderato, energico*, le plus développé des quatre morceaux, réalisant le tour de force de rappeler les thèmes des deux mouvements précédents et de poursuivre son propre cours, tout en dissimulant *aussi* une reprise sous-jacente de la totalité du premier mouvement.

L'étape ultime de la trajectoire créatrice d'Enesco est atteinte dans la **Symphonie de Chambre pour douze instruments en *mi* majeur op. 33** achevée en 1954, un an avant sa mort, — point de rencontre idéal entre sa musique de chambre et sa musique symphonique. L'effectif comporte : flûte, hautbois, cor anglais, clarinette, basson, cor, trompette, violon, alto, violoncelle, contrebasse et piano. Les quatre mouvements s'enchaînent, avec seulement une césure de vingt secondes entre le premier et le deuxième. Le langage mélodico-harmonique est plus libre encore que dans le *Quatuor* précédent, le chromatisme de plus en plus généralisé et les intervalles de plus en plus distendus rendent difficile la perception d'une tonalité dont le rôle structurant sous-jacent demeure cependant essentiel. Le *Molto moderato, un poco maestoso* présente une forme sonate concise, à la réexposition très resserrée dont le principe de la variation permanente rend les articulations aussi peu perceptibles à l'audition que chez les Viennois, — dont cette musique égale la complexité. Mais le principe de l'hétérophonie vient s'y ajouter, et souvent s'y substituer à la polyphonie traditionnelle. L'*Allegretto molto moderato* faisant office de Scherzo se présente comme un thème suivi de sept variations, d'un chromatisme bien peu tonal. Le bref *Adagio* de forme libre (trente mesures seulement) est une émouvante plainte funèbre principalement confiée à la trompette. Il se fond imperceptiblement (la trompette servant de lien) dans l'*Allegro molto moderato* final, — lequel fait office en même temps de synthèse récapitulatives de toute l'œuvre, selon le principe établi dès le juvénile *Octuor*. Là en trois quarts d'heure, ici en dix-sept minutes seulement. Cette ultime *Symphonie de Chambre* a, une fois encore, situé le vieux maître au cœur de l'avant-garde de son époque.

H. H.

MANUEL DE FALLA

Né à Cadix, le 23 novembre 1876 ; mort à Alta Gracia (Argentine), le 14 novembre 1946. Andalou par son père, catalan par sa mère, Falla est un authentique représentant de la musique espagnole en ce siècle. Élève de José Trago à Madrid, il obtint un prix de piano en 1899, puis effectua ses études de composition avec Pedrell jusqu'en 1903. De 1907 à 1914, il séjourne à Paris : il y subit l'influence de ses amis Debussy — dont il restera le plus proche —, Dukas, Ravel. Le souci de la forme, la concision de l'expression, la sobriété de ses instrumentations font alors de Falla un « classique » ; ce qui n'altère en rien sa fidélité envers la musique traditionnelle andalouse (rentré dans son pays au moment de la Première Guerre mondiale, Falla instituera un concours de « cante jondo », et fondera un orchestre « bétique »). Fixé à Grenade, il y restera, malade, alors qu'éclatera la guerre civile en 1936, mais quittera l'Espagne pour l'Argentine en 1939. C'est dans ce pays qu'il succombera, quelques années plus tard, à une crise cardiaque, — sans réaliser son ultime désir de terminer ses jours dans un couvent des environs de Cordoue. La production de Falla n'est pas immense et accorde une place importante à la voix, jusque dans les œuvres de musique instrumentale. Ce qui, toutefois, n'est pas le cas de sa seule partition de chambre marquante, le Concerto pour clavecin, *— ouvrage raffiné, particulièrement apprécié des connaisseurs, et qui justifie une assez ample présentation.*

Concerto pour clavecin et cinq instruments

L'œuvre est écrite pour clavecin (ou piano-forte)*, flûte, hautbois, clarinette, violon et violoncelle, — soit, outre l'instrument soliste, un trio de vents et un duo de cordes, sorte de « réduction » de l'appareil orchestral. C'est au début de 1926, après avoir été souffrant pendant une partie de l'année précédente, que Falla — qui avait cinquante ans — termine la partition de son *Concerto*, esquissée dès 1923 ; il interrompt d'ailleurs son travail pour se rendre à Paris et assister, à l'Opéra Comique, à quelques représentations de son opéra *la Vie brève*, ainsi que des merveilleux *Tréteaux de maître Pierre*. Le *Concerto*, enfin, sera créé à Barcelone le 5 novembre 1926, au cours d'un festival de l'Association de Musique de chambre, avec l'illustre claveciniste Wanda Landowska (commanditaire et dédicataire de l'œuvre tout à la fois) et des musiciens de l'Orquestra Pau (Pablo) Casals, placés sous la direction du compositeur. L'accueil fut mitigé : le lyrisme aride, la « simplicité » de cette musique sans ornements, sa rigueur formelle sans une touche de pittoresque, ne purent que surprendre les fervents du *Tricorne* (mais stupéfièrent et enthousiasmèrent un Maurice Ravel). La partition, néanmoins, fut éditée en 1928 par Eschig, à Paris. En guise de jugement sur l'œuvre, citons ici deux auteurs qui l'ont abordée de points de vue complémentaires : « Falla avait déjà utilisé le clavecin dans les *Tréteaux* et en avait exploité la sonorité sèche et « inexpressive » au sens romantique. Il va encore plus loin dans son *Concerto*. Il donne à cet instrument une place centrale précisément à cause de cette absence de nuances ; et les cinq instruments qui l'accompagnent sont traités de façon analogue. Tout se passe sur le plan des rythmes, des harmonies et des alliances de timbres. Au lieu de rassembler l'écho du monde extérieur, le *Concerto* semble vouloir s'en préserver, se replier sur soi-même. Les citations de musique ancienne... ne sont pas perçues comme "couleur historique" : car il ne s'agit plus d'histoire, mais d'éternité. Le passé, dans cette œuvre, se mêle au présent dans une unité indissoluble, image de l'éternité » (Philippe Torrens)**.

Reproduisons, d'autre part, l'opinion de Luis Campodonico* : « Le *Concerto* est peut-être la seule œuvre de Falla dont le style soit absolument irréprochable. Là, il atteint le pur abstrait, nourri de chair et de sang espagnols... Le *Concerto* crée une forme qui approche de la forme classique par sa rigueur, et fait prévaloir, comme au XVIIIe siècle, l'élément formel sur l'élément expressif. S'y ajoute... la référence à la musique classique espagnole (intégration de la musique castillane), dans le deuxième mouvement de l'œuvre, en particulier dans une allusion à Milan, guitariste du XVIe siècle »... Enfin, pour situer plus précisément la partition dans l'évolution de son auteur : « Avec le *Concerto*, Falla détruit, en quelque sorte, le folklore pour construire sa musique. Maintenant, elle vaut uniquement par elle-même, non par son origine ». Formellement, deux mouvements « dynamiques » — un *Allegro* quelque peu pastoral et ressuscitant, en son thème principal, un vieux chant castillan du XVe siècle, ainsi qu'un *Vivace flessibile, scherzando* — encadrent une lente partie centrale ; celle-ci, d'une immobilité quasi liturgique, dans un style processionnel, répétitif, qu'accentueront les arpègements hymniques du clavecin (*Lento giubiloso ed energico*). Irrégularités métriques, souplesse des articulations rythmiques, exploitation de la bitonalité ainsi que des registres les plus durs des instruments — Stravinski n'est pas loin d'être évoqué ! — placent cette œuvre courte, concentrée, rigoureuse, sans remplissages ni redites, au plus haut rang du répertoire de chambre au XXe siècle.

Durée d'exécution : 14 minutes environ.

L'**Hommage pour le tombeau de Claude Debussy**, pour guitare (transcrit ensuite par l'auteur pour piano) fut composé en décembre 1920 sur commande de « La Revue Musicale », à Paris, qui publia cette pièce avant qu'elle ne soit éditée en 1921 par Chester. C'est le guitariste virtuose Miguel Llobert (1875-1938) qui devait s'en faire une spécialité. Comme le *Concerto*, cette page appartient à ce qu'on a dénommé la période « classique » du musicien, — contemporaine des *Tréteaux de maître Pierre* dont la composition fut ainsi brièvement interrompue. C'est une œuvre d'une émotion discrète, admirablement écrite pour l'instrument, ses sonorités claquantes ou délicatement ombrées, — mais qui marque l'éloignement du compositeur espagnol de tout contact avec l'impressionnisme, et les prémices d'un nouvel ascétisme.

F.R.T.

* Solution systématiquement écartée.
** in : *Musique de notre temps, I* (Éd. Casterman, Paris 1973).

* L. Campodonico, *Falla* (Éd. du Seuil, Paris, 1959).

GABRIEL FAURÉ

Né le 12 mai 1845, à Pamiers (Ariège) ; mort à Paris, le 4 novembre 1924. Ses dons pour la musique le firent admettre gratuitement à la célèbre École Niedermeyer, à Paris, — dont il demeura l'élève pendant plus de dix ans (1854-1865). Le jeune Fauré y suivit un enseignement qui devait influencer notablement son style d'écriture : pratique des œuvres des grands maîtres allemands — celles de Jean-Sébastien Bach en particulier —, emprunts à la modalité grégorienne, art des modulations raffiné. En 1861, c'est Saint-Saëns qui remplaça Niedermeyer à la classe de piano : grâce à Saint-Saëns, Fauré acquit aussi la connaissance de Schumann, de Liszt et de Wagner, — sans oublier Beethoven qu'il pratiquait déjà couramment. Puis Fauré entama une brillante carrière d'organiste qu'il mena pendant une trentaine d'années, d'ailleurs plus pour gagner sa vie que par goût véritable. En 1896, il devenait titulaire à l'église de la Madeleine et, la même année, était nommé professeur de composition au Conservatoire (à la succession de Massenet) : parmi ses élèves, qui bénéficièrent d'un enseignement lumineux, Ravel, Koechlin, Florent Schmitt entre autres. En 1905, Fauré devint directeur du même établissement, mais une surdité croissante le contraignit à démissionner de ce poste en 1920. Il vécut alors ses dernières années dans l'isolement et, à sa mort, reconnu comme l'un des grands compositeurs de son temps, eut des obsèques nationales. L'art de Fauré — qui, comme nombre de ses contemporains, fit le voyage de Bayreuth, mais ne subit pratiquement aucune influence de Wagner —, n'a pas toujours recueilli les suffrages unanimes du public, enclin à lui reprocher sa discrétion, sa réserve, sinon de s'adresser à une élite de salons. Reproche complètement injustifié : sa sensibilité toute française, ennemie de l'emphase, s'exprime à travers la clarté mélodique et les mille subtilités de l'écriture harmonique (prédilection marquée pour les surprises enharmoniques). D'une production qui n'est pas immense mais de qualité, se détachent la musique vocale (du Requiem *aux cycles de mélodies de* la Bonne Chanson *et de* l'Horizon chimérique*), la musique de piano, et les grandes œuvres de musique de chambre, — dont nous précisons immédiatement la chronologie (puisqu'elle n'est pas respectée dans notre présentation des partitions).*

Chronologie des grandes œuvres de musique de chambre :

Sonate n° 1 en la *majeur pour violon et piano* (op. 13) : 1875-1876 (publication à Leipzig, chez Breitkopf et Härtel, en 1878).

Quatuor n° 1 en ut *mineur pour piano et cordes* (op. 15) : 1876-1879 ; finale révisé en 1883 (publication à Paris, chez Hamelle, en 1884).

Quatuor n° 2 en sol *mineur pour piano et cordes* (op. 45) : 1885-1886 (publication à Paris, chez Hamelle, en 1887).

Quintette n° 1 en ré *mineur pour piano et cordes* (op. 89) : 1903-1906 (publication à New York chez Schirmer, en 1907).

Sonate n° 2 en mi *mineur pour violon et piano* (op. 108) : 1916-1917 (publication à Paris, chez Durand, en 1917).

Sonate n° 1 en ré *mineur pour violoncelle et piano* (op. 109) : 1917 (publication à Paris, chez Durand, en 1918).

Quintette n° 2 en ut *mineur pour piano et cordes* (op. 115) : 1919-1921 (publication à Paris, chez Durand, en 1921).

Sonate n° 2 en sol *mineur pour violoncelle et piano* (op. 117) : 1921 (publication à Paris, chez Durand, en 1922).

Trio en ré *mineur pour violon, violoncelle et piano* (op. 120) : 1922-1923 (publication à Paris, chez Durand, en 1923).

Quatuor à cordes en mi *mineur* (op. 121) : 1923-1924 (publication à Paris, chez Durand, en 1925).

Il s'agit là d'un ensemble de dix ouvrages essentiels, — dont deux de jeunesse, deux de la maturité, et six datant des huit dernières années de la vie créatrice du compositeur (lorsque la musique de chambre vint à occuper le premier plan de sa production). L'ultime *Quatuor à cordes* est l'unique partition renonçant à une formation avec piano.

On ne s'étendra guère, en préliminaire, sur les caractéristiques d'une écriture dont beaucoup n'ont voulu retenir que les qualités de l'harmonie au détriment de la force expressive. Si l'harmonie, chez Fauré, est riche et novatrice en effet (aisance dans l'emploi des appoggiatures et des notes de passage, science sans pédanterie du contrepoint), la mélodie n'a pas moins sa particularité « fauréenne » (ampleur de la phrase, parfois même majesté), de même que les profils rythmiques (usage fréquent de la syncope). Le musicien a cultivé avec prédilection la forme sonate, non sans l'amplifier souvent (présence d'un second développement après la réexposition), mais sans nul effet de redondance : les thèmes présentent, la plupart du temps, quelque parenté organique, parfois d'un mouvement à l'autre ; d'où cette « homogénéité de la matière musicale », pour reprendre une expression de Harry Halbreich*, et cette sensation d'un flux continu que justifie la structure des œuvres. Enfin l'on notera** que, « contrairement à l'exemple donné par son maître Saint-Saëns, Fauré n'a jamais eu recours aux instruments à vent, restant fidèle aux traditionnels instruments à cordes. À ce sujet, il est assez paradoxal de constater que Fauré — musicien essentiellement français de par son style et sa pensée — se rattache directement aux grands maîtres allemands, en particulier à Beethoven et à Schumann par le choix de ses effectifs instrumentaux et surtout par sa conception de la musique de chambre, conforme à l'idéal des classiques viennois »... Ce qui ne saurait empêcher qu'il demeure « sans conteste le plus important des compositeurs français de musique de chambre depuis le XVIIIe siècle, c'est-à-dire depuis que ce genre musical a pris l'acception que nous lui connaissons aujourd'hui ».

Sonate n° 1 pour violon et piano, en *la* majeur (op. 13)

Cette *Première Sonate* fut en grande partie composée durant l'été de 1875, alors que Fauré — dans sa trentième année — séjournait chez les Clerc, ses amis, dans leur propriété normande de Sainte-Adresse. Elle fut achevée au début de 1876, et présentée au public parisien l'année suivante, le 27 janvier 1877* à la Société Nationale (salle Pleyel), par la violoniste Marie Tayau et l'auteur au piano. Le succès fut grand ; Saint-Saëns devait écrire quelque temps plus tard (« Journal de la Musique » du 7 avril 1877) : « On trouve dans cette *Sonate* tout ce qui peut séduire, la nouveauté des formes, la recherche des modulations, des sonorités curieuses, l'emploi des rythmes les plus imprévus ; sur tout cela plane un charme qui enveloppe l'œuvre entière et fait accepter à la foule des auditeurs ordinaires, comme choses toutes naturelles, les hardiesses les plus imprévues... M. Fauré s'est placé d'un bond au niveau des maîtres ». Un tel éloge s'est vu très vite justifié : Fauré, non seulement inaugurait là tout un ensemble d'œuvres de chambre de haute qualité, mais s'y montra précurseur d'une nouvelle musique de chambre française dont l'essor ne devait pas tarder. Notons simplement que sa *Sonate* fut antérieure de dix ans à celle, très fameuse, de César Franck (1885), — écrite d'ailleurs dans le même ton et à laquelle on l'a plus d'une fois comparée. D'une fraîcheur radieuse, d'une jeunesse et d'une ardeur communicatives, cette partition porte l'empreinte d'un sentiment tout personnel : la joie des fiançailles avec Marianne Viardot, — joie brève puisque la jeune fille devait rompre avec le compositeur dès la fin de l'année 1877. L'œuvre fut dédiée au violoniste Paul Viardot, frère de Marianne ; mais elle eut à subir les refus successifs d'éditeurs français, de Choudens en particulier, effrayés par sa nouveauté ; elle ne put être publiée qu'en Allemagne, par Breitkopf et Härtel, à la condition exorbitante que le musicien renonçât à tout droit commercial, — ce qu'il accepta, bien à tort, en novembre 1876. Car la *Sonate* devait connaître une enviable carrière, et demeure aujourd'hui l'une des œuvres de chambre les plus appréciées des interprètes français. « Fauré est déjà tout entier dans cette partition..., malgré la présence bien compréhensible d'influences curieusement contradictoires : Schumann, et sa flamme romantique, y coexiste avec Saint-Saëns, dont Fauré assouplit et éclaire d'un sourire la prestigieuse élégance formelle » (Harry Halbreich).

* À qui nous devons maint élément d'appréciation dans les analyses qui suivent.

** Après Serge Gut et Danièle Pistone, in : *La musique de chambre en France de 1870 à 1918*, (Honoré Champion, Paris, 1985).

* Date authentifiée par J.-Michel Nectoux, spécialiste de l'œuvre de Fauré (in : *Fauré*, Le Seuil, Paris, 1972). On avance habituellement la date du 5 juillet 1878 (concert donné dans le cadre de l'Exposition Universelle), qui correspondrait à une audition ultérieure, apparemment moins réussie que la première.

Ses quatre mouvements, dans l'équilibre traditionnel d'un *Allegro*, d'un *Andante*, d'un *Scherzo* et d'un *Finale*, sont développés avec une certaine ampleur.

1. Allegro molto (à 2/2) : le mouvement initial expose d'emblée, en une longue phrase du piano à découvert, puissant, chaleureux, le premier thème, — de facture assez schumannienne (imbrications de la mélodie et du rythme, mobilité harmonique, amplitude du registre) :

De *la* majeur, orientation vers *ut* dièse mineur, — que le violon rétablira dans le ton principal sur le même rythme souple, mais à travers une toute autre configuration mélodique. Le second thème s'enchaîne à l'aigu, sans contraste marqué (même courbe mélodique descendante, puis en séquences ascendantes), avec le violon, éminemment lyrique. Un développement plus vaste (près de cent soixante-dix mesures) succède en un canon des deux partenaires, essentiellement sur le premier thème ; la réintroduction du second, modifié, sera précédée d'une série très intéressante de modulations, sur un rythme *leggierissimo* de croches piquées au violon. La réexposition, dans laquelle les deux instruments proposent le premier thème en octaves, sera conclue par une brève coda sur ce même thème.

2. Andante (en *ré* mineur, à 9/8) : le plus court mouvement de l'œuvre (cent vingt-cinq mesures, alors que l'*Allegro* initial en comptait plus de quatre cents et que les mouvements suivants dépasseront les trois cent cinquante). Il est également dans la forme sonate à deux thèmes, unifiés par un rythme berceur, comme d'une barcarolle. Le premier thème, arpégé au piano (accord de septième diminuée), suscite une réponse sans délai du violon, infiniment tendre : il est donc dialogué par les deux partenaires, qui abordent une seconde idée modulant au relatif *fa* majeur. C'est une ample mélodie progressant par séquences ascendantes, passionnées, avec le violon, puis le piano en octaves. Le développement, amorcé en *la* mineur, constitue un sommet d'expressivité à la fois grandiose et tourmentée : il s'agit d'une amplification mélodique du premier thème, enrichie de modulations incessantes. Avec la réexposition, le thème initial s'offre en *si* bémol majeur sur une interversion des parties (le violon, cette fois, arpège, et le piano lui répond). Modulations vers *ré* majeur avec le second thème, d'un emportement tout romantique. La coda, contemplative, apporte l'apaisement.

3. Scherzo : Allegro vivo (en *la* majeur, à 2/8) : d'une agilité lumineuse et pleine de fantaisie (irrégularité des périodes, accentuations imprévues), le scherzo fait rivaliser piano et violon dans la virtuosité pure. Thème en pizzicatos de doubles croches (*leggieroso*), tourbillonnant d'un instrument à l'autre :

Comme intermède, une idée d'un lyrisme moins extérieur, dans le ton de *ré* bémol majeur. Le trio, en revanche, se déroule en *fa* dièse mineur (relatif du ton principal) et à 3/4 : souplement expressif, il est chanté par un violon quasi schumannien sur la continuation des doubles croches au piano. Une transition modulante en staccato amène la reprise du scherzo proprement dit, que conclut un pianissimo ponctué d'un bref et discret accord.

4. Finale : Allegro quasi Presto (en *la* majeur, à 6/8) : premier thème par le violon, *dolcissimo*, détendu et presque nonchalant (en dépit de l'indication de tempo). Mais, préparé par de fiévreuses syncopes en crescendo, le second thème s'expose puissamment, *ff*, toujours au violon, dans un climat tout à fait passionnel et quelque peu brahmsien. Une idée adjacente est introduite en notes pointées et, sur un retour du thème initial, amorce le développement, principalement sur ce même thème (et se contentant d'un peu moins de quatre-vingts mesures, quand l'exposition en réclamait près de cent vingt-cinq) : les seuls contrastes rythmiques (2/4), au violon, puis au piano, en diversifient le parcours. La réexposition fait paraître à nouveau le premier thème en *ut* majeur, le second en *la* mineur, selon quelques présentations inédites, — pour réserver le ton principal de *la* majeur à l'ultime énoncé du premier thème en une conclusion vigoureuse, comme enivrée de sa propre dynamique, sur un crescendo brillant et quasi orchestral.

Durée d'exécution : 25 minutes environ.

Sonate n° 2 pour violon et piano, en *mi* mineur (op. 108)

La *Deuxième Sonate*, postérieure d'une quarantaine d'années à la *Sonate en la majeur* (v. précédemment), appartient au dernier style fauréen et à cette période de création tardive pendant laquelle la musique de chambre occupe une place essentielle. Style sobre, épuré, entièrement au service de l'expression, livré à un approfondissement permanent des possibilités du langage tonal (et, du même coup, étranger aux « événements » musicaux de l'époque, au *Sacre* stravinskien comme à la révolution atonale schönbergienne) ; période créatrice des deux *Sonates pour violoncelle et piano*, du second *Quintette avec piano*, du *Trio pour cordes et piano*, de l'ultime *Quatuor à cordes* (v. ces œuvres), après l'admirable floraison des cycles de mélodies et de grands recueils consacrés au piano. La jeunesse d'inspiration, néanmoins, est intacte, s'accompagnant d'une aisance exceptionnelle de l'écriture — une écriture « essentiellement *intelligente* », estima le critique Émile Vuillermoz — et d'une intensité du discours musical obtenue par les moyens les plus économes. La *Sonate en* mi *mineur* fut composée pour la majeure partie durant l'été 1916 passé à Évian, et terminée pendant l'automne suivant à Paris. Avant même de quitter Évian, Fauré avait déclaré son intention de dédier l'œuvre à S.M. Elisabeth, Reine des Belges, admiratrice du compositeur. La création eut lieu à Paris le 10 novembre 1917, à l'occasion d'un concert de réouverture conjointe de la Société Nationale et de la S.M.I. (Société de Musique Indépendante) : Louis Capet tenait le violon, Fauré était au piano. Au même programme figura la *Première Sonate pour violoncelle et piano* (v. ci-après). Les trois mouvements sont un *Allegro non troppo*, un *Andante*, et un nouvel *Allegro non troppo* comme finale (le plus développé).

1. Allegro non troppo (à 9/8, puis à 12/ 8) : dès les mesures initiales s'impose au piano un rythme impérieux, syncopé, — imprimant au mouvement entier son impulsion, son énergie virile. Le premier thème de cette parfaite forme sonate est une sorte de grand flux mélodique qui progresse et module par séries de tierces ascendantes : « Le violon est un oiseau des tempêtes, blanche et fine mouette aux muscles d'acier, planant librement et radieusement au-dessus de la houle du piano » (Harry Halbreich). Cette image d'une « marine sonore » est venue sous la plume de maint commentateur. Quant au second thème principal, indiqué *dolce tranquillo*, en *sol* majeur, il chante — toujours au violon — dans un climat d'apaisement qui fait contraste. L'accompagnement pianistique syncopé (croche-noire) n'en demeure pas moins obstinément présent, — assurant une unité. C'est d'ailleurs lui qui introduit le développement, aussitôt amorcé après l'énoncé du second thème : développement faisant reparaître les thèmes dans l'ordre de leur exposition et préservant leur individualité (ils ne sont pas combinés, ni variés). On atteint insensiblement un 12/8, qui sera la mesure de la réexposition, — au cours de laquelle le premier thème survient, cette fois, *fortissimo* ainsi qu'une octave plus haut, tandis que le second s'épanouit en *mi* majeur. Une importante coda conclut en force (avec le rythme omniprésent) dans le ton de *mi* majeur.

2. Andante (à 3/4, en *la* majeur) : dans la forme A B A B, le lent mouvement central propose dès la deuxième mesure une mélodie d'une extrême limpidité, toute de tendresse et de paix conquise — semble-t-il — sur tous les tourments d'une existence : « Mozart et Schubert, à la fin de leur vie, ont su pareillement atteindre à cette sagesse où l'expérience ultime paraît tendre la main à l'enfance intacte » (Harry Halbreich). La matière en provient pour partie de l'*Andante* d'une *Symphonie en* ré *mineur op. 40* de 1884, détruite par son auteur après quelques auditions. Le violon chante *dolce* dans une certaine instabilité tonale, et le piano l'escorte d'accords en batteries :

Repris par le piano, ce thème est ensuite dialogué canoniquement par les deux partenaires, puis laisse place au thème B, exposé *espressivo* par le violon en larges intervalles qui marquent une rupture avec les équivoques enharmoniques de A : long dialogue des deux instruments aboutissant à une phrase effusive du piano en octaves. Le premier thème se trouve réintroduit, en *ut* majeur, par le piano dans la nuance *dolce*, et subtilement harmonisé; puis le second. Le ton initial de *la* majeur est retrouvé lors d'un remarquable développement terminal, qui est une reprise complète des deux thèmes en superpositions et imitations : s'y déploie un talent polyphonique sans défaut. La coda ramène peu à peu le violon dans le registre grave, — en le calme *la* majeur d'une méditation nocturne.

3. Finale : Allegro non troppo (à 2/2, en *mi* majeur) : de forme assez complexe — on distingue un thème principal, deux thèmes secondaires et, dans la seconde partie du mouvement, le rappel cyclique de deux des thèmes principaux de l'*Allegro* initial —, il participe tout à la fois de la sonate et du rondo (le thème principal étant plusieurs fois répété à la manière d'un refrain). De l'avis de nombreux exégètes, il s'agit du plus beau finale fauréen et, ici même, sans doute du plus beau mouvement de la *Sonate*, — sa conclusion véritablement magistrale. Le thème-refrain chante d'abord *con grazia* au violon, en souples syncopes, avec un naturel souverain :

Il est repris par le piano, tandis qu'apparaît, sur un crescendo, la deuxième idée : dérivée de la première, elle s'en distingue toutefois par sa fermeté, son lyrisme, sa « force d'expansion » (J.-Michel Nectoux) affirmée par un violon qui semble exulter (saut d'octave initial, montée par quartes ascendantes, nuance *forte*, et ton de *si* majeur). Le troisième thème, purement mélodique (*cantando*) est énoncé ensuite au piano, — progressant par enharmonies, avec de brusques écarts d'une octave ainsi qu'une très séduisante liberté formelle. En guise de contre-exposition variée (ou de développement), les trois thèmes sont repris dans un ordre identique. Mais ce qui constitue un second volet de ce finale (ou réexposition) propose un dispositif thématique différent, et qui ne laisse pas, à la première écoute, de surprendre : réapparition du thème-refrain, traité en canon, puis du second thème, — alors que se substituent au troisième d'importantes réminiscences du premier mouvement. Le rythme syncopé du tout début de l'œuvre résonne au registre grave du piano, puis au violon, et se mêle aux syncopes plus déliées du thème-refrain ; puis la deuxième idée du mouvement initial chante doucement en *mi* majeur, au violon. Et la conclusion s'annonce avec une rentrée du thème-refrain, combiné à son dérivé — seconde idée du finale — en un flamboyant tournoiement de rythmes, d'harmonies, de lumineux éclats ; jusqu'à une glorieuse coda où, sur une progression du thème-refrain, c'est cette seconde idée qui conclut seule en une intense jubilation.

... « Curieusement, la hauteur de conception, l'audace de certaines harmonies, la richesse contrapuntique de la *Seconde Sonate* lui ont nui : elle demeure beaucoup moins connue que la *Première* », remarque justement J.-Michel Nectoux*. L'œuvre mériterait donc certainement de plus larges suffrages, à la fois du public et des interprètes. Et n'oublions pas cette conception « cyclique » grâce à quoi — selon le même auteur — la *Seconde Sonate* « prend une dimension qui la place au niveau des plus grandes réussites symphoniques ».

Durée d'exécution : 23 minutes environ.

Sonate n° 1 pour violoncelle et piano, en *ré* mineur (op. 109)

À la différence des deux *Sonates pour violon* largement distantes l'une de l'autre, les deux *Sonates pour violoncelle et piano*, que séparent seulement quatre années, sont du même dernier Fauré. Celui-ci entreprit la composition de la *Sonate op. 109* à Paris au printemps de 1917, peu de temps après l'achèvement de la *Seconde Sonate pour violon* (v. précédemment), et acheva les deux premiers mouvements pendant l'été qu'il passa à Saint-Raphaël ; puis il écrivit, en trois semaines, le finale, — terminé le 18 août. Le 10 novembre suivant, la *Sonate* était donnée en première audition à Paris par Gérard Hekking, Alfred Cortot étant au piano. Dédicataire de l'œuvre, le violoncelliste Louis Hasselmans, fils du célèbre harpiste Alphonse Hasselmans dont Fauré était l'ami, en assura une seconde création en 1918, au Théâtre des Champs-Élysées. La *Sonate op. 109* n'est pas réputée d'accès facile. Mais... « il faut persévérer au-delà de ce contact premier pour découvrir un nouveau chef-d'œuvre, d'une densité de pensée exceptionnelle, encore soulignée par une tension contrapuntique magistrale, d'une expression sobre et virile, d'une vigueur rythmique digne du meilleur Roussel. Au reste, les deux derniers mouvements sont d'un abord plus aisé que le premier » (Harry Halbreich). Les trois mouvements sont un *Allegro* (le plus développé), un *Andante* et un *Allegro commodo*.

1. Allegro (à 3/4) : il adopte la forme sonate classique à deux thèmes, avec toutefois un important développement terminal (tel qu'il n'est pas rare chez Fauré). La force, une certaine rudesse même, le caractérisent. Le violoncelle présente le premier thème ex abrupto, non sans quelque rugosité d'accents, sur un accompagnement pianistique scandé, entrecoupé de silences :

* Jean-Michel Nectoux, *op. cit.*

L'origine lointaine de ce thème peut être trouvée dans l'*Allegro* de la *Symphonie op. 40* anciennement détruite par son auteur; il inspira d'autre part le début du troisième acte de l'opéra *Pénélope* — alors qu'Ulysse exprime dans son air une colère vengeresse; tel est bien, ici, son caractère dominant. Un conséquent plus mélodique fait dialoguer ensuite les deux instruments en un bref contrepoint. Le second thème, en *fa* majeur (relatif du *ré* mineur initial), avec son octave ascendante, paraît manifester une effusive tendresse : veut-il, face à celle d'Ulysse, suggérer l'image de la fidèle Pénélope? Les deux thèmes s'opposent dans le développement, dévolu — il est vrai — principalement au premier : point d'échange entre eux selon le schéma traditionnel, — qui cependant commande une réexposition dans les règles, où les motifs s'unissent enfin en toute beauté. Le développement final est entièrement dominé par le premier thème, agité, violent jusqu'à la brutalité (doubles croches du violoncelle, effets de syncope appuyés), avant une abrupte coda en mineur.

2. Andante (à 3/4, en *sol* mineur) : le mouvement lent, calme, contemplatif, altier, se coule dans une libre forme ternaire bithématique. Le schéma en est donc : A B (exposition), A B (développement), A B (reprise variée). Ces deux thèmes sont l'un et l'autre mélodiques : le premier, en rythmes pointés sur trois octaves successives, fait évoquer par le violoncelle quelque noble danse (une « grave sarabande », selon H. Halbreich); le second, présenté *dolce*, de configuration modale, a les accents un peu tristes d'une mélopée. Il n'y a pas ici, comme dans le premier mouvement, opposition entre les deux idées, mais un jeu de réponses alternées et régulièrement variées. C'est l'idée B qui s'empare de la grande coda conclusive, lyrique et tendre, — notamment dans les huit mesures de péroraison, qu'un *sol* majeur baigne de lumière tamisée. Musique pure...

3. Finale : Allegro commodo (à 4/4, en *ré* majeur) : d'une extrême juvénilité, comme insoucieux de ce qui a précédé, le finale fait la preuve d'une remarquable intuition des ressources techniques et expressives du violoncelle. Les deux thèmes s'exposent assez rapidement, — le premier *con grazia* en une longue phrase au parcours capricieux, hardiment modulant,

le second plus « expressif », quoique soumis à de grands écarts et aux mêmes syncopes caractéristiques. Un premier développement varie ces deux idées, — la première, surtout, en une élaboration canonique très impressionnante. La réexposition (nouvelle présentation libre du premier thème, et régulière du second) précède un deuxième développement plus important, — près de quarante mesures (le premier n'en comportait que vingt-six). La coda, sur le premier thème, en affirmera définitivement le rythme énergique et, en une lumineuse envolée, conclura dans une sorte d'euphorie sonore.

Durée d'exécution : 19 minutes environ.

Sonate n° 2 pour violoncelle et piano, en *sol* mineur (op. 117)

Au début de 1921, Fauré entreprit d'honorer une commande de l'État français en vue de la cérémonie commémorative du centenaire de la mort de Napoléon Ier, le 5 mai suivant, aux Invalides : ce fut le *Chant funéraire* (sans numéro d'opus), —dont le compositeur confia l'orchestration pour harmonie au chef de la musique de la Garde républicaine. Sous cette forme, cette très émouvante pièce de circonstance n'aurait pas survécu si Fauré n'avait ensuite décidé de l'introduire dans sa nouvelle *Sonate pour violoncelle et piano*, dont elle devait constituer l'élément central. Les deux mouvements extrêmes de l'œuvre furent écrits pendant le printemps et l'automne 1921 à Paris, puis à Ax-les-Thermes. Dédiée au compositeur franco-américain Charles-Martin Loeffler, la partition fut créée avec succès le 13 mai 1922 à la Société Nationale, à Paris, par Gérard Hekking au violoncelle et Alfred Cortot au piano. Il faut noter, qu'en dépit d'un état de santé devenu précaire, Fauré n'acheva pas l'année 1921 sans produire un autre chef-d'œuvre : son dernier cycle de mélodies, *l'Horizon chimérique*. Beaucoup plus mélodique et souriante que la rude *Sonate en ré mineur* (v. précédemment), la *Sonate en sol mineur* saisit également par le dépouillement de son écriture, qui — l'a noté Harry Halbreich — s'étend même à l'aspect graphique de la partition. Deux *Allegros* sensiblement de mêmes proportions entourent l'*Andante* — transcription du *Chant funéraire* —, qui est plus concis.

1. **Allegro** (à 3/4) : deux thèmes, mais qui ne s'opposent pas, reliés par un motif secondaire et deux développements succédant respectivement à l'exposition, puis à la réexposition. Un seul élan mélodique, rayonnant, maîtrisé par le violoncelle, emporte le tout sans discontinuer. Au thème initial, que signale déjà l'expansion de sa quinte ascendante, succèdent rapidement — comme motif secondaire — un conséquent mélodique, puis son nouvel exposé canonique. Le second thème est présenté par le piano *cantando*, en valeurs longues. Le développement fait usage d'une élaboration contrapuntique sur le conséquent mélodique antérieur, puis superpose l'idée initiale du premier thème à sa propre augmentation. À la réexposition, qui est écourtée, succède un deuxième développement, également contrapuntique, élaborant à son tour le second thème. Le premier thème, toutefois, s'imposera dans une coda lumineuse, au ton de *sol* majeur.

2. **Andante** (à 4/4, en *ut* mineur) : c'est une page d'une extrême simplicité, d'une éloquence profondément endeuillée, sans nulle emphase, — dont l'inspiration la rend proche de l'illustre *Élégie op. 24*, antérieure de quarante ans (v. plus loin), tout en la dépassant largement. La noble phrase du premier thème déploie sa tristesse méditative au violoncelle, *forte*,

puis s'amplifie harmoniquement. La seconde idée, en *la* bémol majeur, est une sublime consolation, en choral, — que le piano redit après le violoncelle et module magnifiquement. Une grandiose réexposition du premier thème prélude à la reprise terminale du second, en *ut* majeur, enrichie d'imitations canoniques au grave du piano ; ainsi la conclusion, solennelle et apaisée, apporte-t-elle l'élévation d'une pensée des morts pleine de sagesse et de dignitié.

3. **Finale : Allegro vivo** (à 2/4, en *sol* mineur) : contraste absolu avec ce scherzo pétillant, jubilant, quasi dionysiaque, — l'un des grands scherzos fauréens. Le thème principal se présente au piano, vif, volubile, comme insaisissable, rythmiquement syncopé par montées successives :

Une réponse enjouée lui est donnée par le violoncelle. L'animation croissante et apparemment désordonnée de ce début (mobilité tonale, effervescence rythmique, gammes et arpèges, etc.) laisse enfin paraître une seconde idée chantante, sereine, qu'énonce en *mi* bémol majeur le piano, et que reprend le violoncelle. Le retour du thème initial précède une sorte d'intermède spirituel, qui en développe les premières notes en staccato. Tandis que paraît à son tour la seconde idée mélodique au piano, en *sol* majeur, s'amorce une conclusion sur le thème premier qui imprimera son allégresse rayonnante à toute la fin (*sol* majeur), virtuose — la partie de violoncelle en notes répétées — et merveilleusement expressive.

Durée d'exécution : 18 minutes environ.

Trio pour piano, violon et violoncelle, en *ré* mineur (op. 120)

Cette œuvre tardive fut écrite sur la suggestion de Jacques Durand, l'éditeur de Fauré. Celui-ci — alors âgé de soixante dix-sept ans — souffrait de diverses infirmités, mais, grâce à l'hospitalité de son ami Fernand Maillot à Annecy-le-Vieux, put mener à bien une partition ébauchée à Paris en mai et juin 1922, poursuivie en août et septembre dans la paix d'Annecy (mouvement lent), enfin terminée pendant l'hiver et le printemps 1922-1923 (mouvements vifs). La création eut lieu à Paris, à la Société Nationale, le 12 mai 1923, par Tatiana de Sanzévitch au piano, Robert Krettly au violon et le violoncelliste Patte. Une seconde audition, en juin de la même année, eut plus de retentissement : elle bénéficia du concours du Trio Cortot-Thibaud-Casals. Son succès suscita cette interrogation admirative d'amis du compositeur : « S'il vit jusqu'à cent ans, jusqu'où ira-t-il ? »... À côté du *Trio* de Ravel — estime aujourd'hui Harry Halbreich —, c'est la plus parfaite réussite du genre dans la musique du XXe siècle. J.-Michel Nectoux, autre grand connaisseur du compositeur, d'écrire également* : « En définitive, le *Trio* avec piano de Fauré pourrait être, avec celui de Ravel qu'il appréciait particulièrement, le seul à retenir de toute la musique française de cette époque. » Signalons, pour notre part, que l'œuvre (dédiée à Mme Maurice Rouvier) fut primitivement conçue pour clarinette *ou* violon, violoncelle et piano ; mais la clarinette a définitivement disparu de

* Jean-Michel Nectoux, *op. cit.*

l'édition imprimée. Les trois mouvements sont constitués d'un *Andantino* qu'entourent deux *Allegros*.

1. **Allegro ma non troppo** (à 3/4) : il est dans la forme sonate classique, avec deux développements. Le premier thème, longue phrase *cantando* au violoncelle, se déroule avec sérénité, — amplifiée ensuite par le violon. Le piano enchaîne le second thème, en *si* bémol majeur (bémolisation de *mi*), plus incisif, sur trois notes conjointes seulement ; repris par les cordes en *fa* majeur (relatif du *ré* mineur initial), — avec un motif complémentaire, *cantando*, du violon sur l'intervalle de quinte. Le développement est amorcé par le premier thème au grave du piano, puis associe les deux thèmes à la suite d'une élaboration contrapuntique du second. Réexposition annoncée par un vaste crescendo et débutant sous une gamme descendante du violon, en octaves *ff*. Développement terminal, d'une remarquable invention mélodique, sur le premier thème fragmenté et complètement renouvelé, — combinant enfin les deux thèmes. La coda, énergique et lumineuse, affirme, comme à pleines volées, la couleur modale (absence d'altérations) de ce mouvement plein de limpidité.

2. **Andantino** (à 4/4, en *fa* majeur) : dans la forme A B A, avec coda sur B, puis A. Ce A s'avère l'une des plus poétiques, l'une des plus émouvantes inspirations du musicien, — ample phrase lyrique de douze mesures que se partagent violon et violoncelle sur batteries d'accords :

Une idée adjacente surgit au piano, pathétique mais un peu incertaine (en *ré* mineur, relatif du ton principal), — avant le retour de A. Le thème B est une très étrange, évanescente mélodie syncopée que chante le piano, *espressivo* :

Une montée par tons (modalisme) lui apporte un poids plus terrestre, avant la réapparition de A dans le *fa* majeur initial. L'idée subsidiaire de A est reprise en *fa* mineur, — suivie d'un crescendo modulant : réexposition du thème B, auquel A succède au piano, — affirmant sa prééminence dans la coda d'une parfaite conformité tonale (*fa* majeur).

3. **Finale : Allegro vivo** (à 3/8, en *ré* mineur) : le dernier mouvement, qui est bref, rapide, virtuose, a l'allure d'un scherzo, mais, de par sa forme alternée, tient aussi du rondo. Pour Harry Halbreich, « une humoresque dont la douleur ne serait pas absente » : en effet, une introduction de soixante mesures précède l'entrée du thème principal, — avec un motif présenté par les cordes *fortissimo* qui semble une citation pathétique du célèbre « Ris donc, Paillasse ! » de l'opéra de Leoncavallo. Ressemblance fortuite, sans doute, car Fauré nourrissait peu de tendresse pour le vérisme, et s'en montra irrité lorsqu'on la lui fit remarquer. À ce motif répond le piano, qui prépare le début du thème principal et poursuit le dialogue introductif. Enfin ce thème principal paraît en *ré* mineur au violoncelle, *forte*, vigoureusement scandé à la façon d'une danse populaire. Le second thème (ou troisième motif de l'ensemble) vient après un crescendo : il comporte un élément rythmique dérivé du thème principal, fortement accentué par les cordes, puis un élément mélodique au piano, plus détendu, presque insouciant. Une combinaison de ces deux thèmes précède le développement en élaboration canonique. La réexposition, en *ré* majeur, inverse l'ordre des thèmes, — y compris le motif de « Paillasse ». C'est sur une gradation de ce motif conduisant au dernier retour du thème principal que s'amorce la coda qui... « voit le triomphe de "Paillasse", qui rit à présent de bon cœur, et qui s'associe le second thème, finalement consanguin, comme le sont tous les éléments de cette pièce subtile et complexe en dépit de sa brièveté » (Harry Halbreich). Plein de vie rythmique, ce finale constitue certainement une grande réussite d'écriture fauréenne, — dont la joie radieuse clôture une œuvre accomplie dans son équilibre et sa diversité d'expressions.

Durée d'exécution : 21 minutes environ.

Quatuor n° 1 pour piano et cordes, en *ut* mineur (op. 15)

Fauré composa ce *Premier Quatuor avec piano* en grande partie en 1876, chez ses amis Clerc à Sainte-Adresse (près du Havre) ; mais deux années s'écoulèrent ensuite pour en voir l'achèvement — mécontent de son finale, le musicien le récrivit entièrement. Ces années, il est vrai, furent celles de la découverte de Wagner : un voyage à Cologne, un autre à Munich en compagnie de Messager*, lui permirent d'entendre la *Tétralogie*. Enfin le *Premier Quatuor* fut terminé en 1879 (dédié au violoniste belge Hubert Léonard), et créé le 14 février 1880 à Paris, à la Société Nationale (salle Pleyel), par le violoniste Ovide Musin, l'altiste Van Waefelghem, le violoncelliste Mariotti et l'auteur au piano**. L'œuvre — contemporaine du *Quintette* de César Franck — frappa immédiatement par la beauté des thèmes (parmi les plus mémorables de Fauré) et par la souple fermeté du style : elle est demeurée très en faveur aujourd'hui. Émile Vuillermoz a émis ce jugement, — qui s'applique également au *Second Quatuor* et aux deux *Quintettes* avec piano : « La flexibilité de leur écriture pianistique est prodigieuse. Enveloppés par les arpèges, les accords et les traits insinuants du clavier, les archets tissent à l'aise leur trame serrée et homogène, que le piano incruste de perles de cristal. Fauré obtient ainsi une étoffe d'une richesse et d'un somptuosité rares ». Le *Premier Quatuor* comporte quatre mouvements : un *Allegro molto moderato*, un *Allegro vivo (Scherzo)*, un *Adagio*, un *Allegro molto* enfin.

1. ALLEGRO MOLTO MODERATO (à 3/4) : dans la forme sonate traditionnelle, il s'ouvre par un thème noblement viril, d'aspect modal (la sensible abaissée), présenté *forte* par les cordes et vigoureusement scandé d'accords plaqués au piano :

Un commentaire plus souple, chromatisé, est apporté par l'alto et le violoncelle. Le second thème, en *mi* bémol majeur (relatif du ton initial), s'amorce sur un lumineux arpègement du clavier : l'alto, le violon, le violoncelle chantent successivement — *espressivo* — une phrase bâtie sur la simple alternance de deux notes conjointes, en doubles croches ; un retour du thème principal conclut l'exposition. Le développement est assez vaste (plus de cent quatre-vingts mesures) : il transforme considérablement ce thème principal, — qu'il varie, étire, module, renverse en « miroir » ; le second thème ne s'associe qu'en un contrepoint épisodique. Une brève strette amène en force la réexposition, qui est toute classique. Une grande coda de vingt-huit mesures, sur le thème initial, aboutit à l'évanescence d'un *diminuendo*.

2. SCHERZO : ALLEGRO VIVO (à 6/8, en *mi* bémol majeur) : plein de verve, d'humour, ce mouvement adopte le schéma A B A C (trio) A, — qui est un peu celui d'un rondo. C'est un délicieux motif *leggiero* de trois mesures, sur fond en pizzicatos, qui constitue le thème principal au piano :

Les cordes, *pp*, apportent une variante rythmique. « C'est, retrouvée, la finesse des clavecinistes français du XVIIIe siècle, dans une atmosphère de sérénade où l'on pressent déjà Verlaine », a pertinemment noté J.-Michel Nectoux*. Un libre développement (B) précède la reprise. Les cordes munies de sourdines chantent alors un nouveau thème qui est celui du trio (C), — lyrique, enamouré, dont les croches agiles du piano semblent se moquer. C'est une longue phrase passionnée qui ramène la dernière reprise du Scherzo,... « l'une des pages les plus achevées de Fauré » selon J.-Michel Nectoux, qui commente : « Par la séduction immédiate qu'il exerce, c'est l'une des clefs de son œuvre... Il annonce les scherzos des *Quatuors à cordes* de Debussy (1893) et de Ravel (1902) ».

3. ADAGIO (à 2/4, en *ut* mineur) : d'une émouvante gravité, le premier thème se construit sur l'amplification d'un court motif ascendant par les cordes répondant aux accords du piano :

(Violoncelle)

Un bref éclaircissement dans le ton de *ré* bémol majeur (sixte napolitaine) ne parvient pas à dissiper la mélancolie presque angoissée de ce début. Toutefois, le violon — *espressivo* — introduira un second thème consolateur en *la* bémol majeur (bémolisation de la note *ré*), non sans parenté avec le premier, dans une atmosphère sereine, et sur l'accompagnement balancé — comme d'une barcarolle — du piano. Le lyrisme s'en déploie progressivement, jusqu'à un *forte* passionné, suivi de la reprise du thème

---

* Il en restera le *Quadrille sur des motifs favoris de « l'Anneau du Nibelung »* pour piano à quatre mains : v. *Guide de la musique de piano* (même éditeur).

** Création le 5 avril 1884, avec son nouveau finale révisé en 1883.

---

* Jean-Michel Nectoux, *op. cit.*

premier. La coda module d'*ut* mineur vers *sol* mineur, en accords par les cordes ; le piano, quant à lui, rêve délicatement, comme à regret, sur le second thème, — qui viendra se diluer en arpèges.

4. Finale : Allegro molto (à 3/4, en *ut* mineur) : de forme sonate sans équivoque, il comporte un premier thème dont le piano établit l'assise rythmique en « chevauchée » (rythmes pointés au premier temps marqué) ; sur cette assise s'élancent impatiemment les cordes, à la poursuite l'une de l'autre, et toujours plus haut. Un martèlement par saccades (syncopes et contretemps) entre clavier et cordes précède un passage plus lyrique atteignant *mi* bémol majeur.C'est après un crescendo de grande intensité sur le thème initial que paraît le second, sereinement chanté — *dolce espressivo* — par l'alto ; il s'amplifie par accords de septième et vastes arpèges du piano. Le développement, un peu hésitant, parfois languissant, module d'abondance. Mais la réexposition, toute de forces vives, se fait radieuse autant que capricieuse, truffée d'accords syncopés, de silences, de cadences, et enchaînant librement les dominantes. Succédant à une longue phrase du piano, la coda, arrivée en *ut* majeur et qui compte à peu près soixante-dix mesures, combine en contrepoint les deux thèmes, — dont ne subsiste enfin que le premier, avec son profil ascendant emportant le tout dans des vagues d'enthousiasme, comme « à l'assaut des lendemains lumineux » (Vladimir Jankélévitch).

Durée d'exécution : 29 minutes environ.

Quatuor n° 2 pour piano et cordes, en *sol* mineur (op. 45)

Sept années le séparent du *Quatuor* précédent. On ne sait à peu près rien de son élaboration : aucune date sur le manuscrit (sinon la dédicace à Hans von Bülow), aucun renseignement puisé dans la correspondance. Vraisemblablement composé en 1886, il fut donné en première audition le 22 janvier 1887 à Paris, à la Société Nationale, avec Rémy (violon), Van Waefelghem (alto), Delsart (violoncelle), et l'auteur au piano. La différence est grande avec le juvénile *Opus 15* (v. précédemment) : Fauré — qui vient de dépasser la quarantaine — s'y engage dans une « seconde manière » (dont l'œuvre majeure, aussitôt après, sera le *Requiem*), — une « seconde manière » que J.-Michel Nectoux* définit comme « celle de la maturité artistique : Fauré échappe totalement aux influences qui expliquaient souvent l'inégale réussite des œuvres antérieures. À la douceur parfois caressante de ses premières compositions, se substitue de plus en plus un ton ferme, voire violent, celui de ses chefs-d'œuvre. Dans les œuvres de charme, même, on relève une sorte de distanciation, un contrôle absolu de l'esprit créateur, d'autant plus admirables qu'ils ne viennent gêner en rien le jaillissement de l'idée musicale ». À noter, d'autre part, que 1886 fut une année de gloire pour la musique française : la *Sonate* de César Franck, la *Symphonie avec orgue* de Saint-Saëns, la *Symphonie Cévenole* de Vincent d'Indy, enfin la *Symphonie en* sol *mineur* de Lalo virent alors le jour. Le *Deuxième Quatuor avec piano* de Fauré est constitué de quatre mouvements : un *Allegro molto moderato*, un *Allegro molto (Scherzo)*, un *Adagio non troppo*, et le finale *Allegro molto*.

1. Allegro molto moderato (à 4/4) : il s'ouvre avec un large chant des cordes à l'unisson, *fortissimo*, sur un ostinato rythmique de triples croches au piano :

Puissant, tumultueux, « d'une force éruptive » (J.-M. Nectoux), ce thème progresse chromatiquement et, repris par le piano, s'amplifie dans la polyphonie des cordes. L'alto fait paraître une idée secondaire (*si* bémol majeur), plus douce, plus effusive, issue de ce premier thème. Le second thème — *pp molto tranquillamente* — prolonge cette paix, en calmes arpèges. Un bref rappel orageux du thème initial précède la fin de l'exposition en un limpide *mi* bémol majeur. Au sombre début du développement (*ut* mineur) succède une élaboration contrapuntique où se remarque un superbe traitement à quatre voix du second thème (présenté au piano, au violon, au violoncelle, enfin à l'alto). La réexposition retrouve, *fortissimo*, la force épique du début, plus âpre, plus déchaînée si possible... Et la longue coda — véritable développement terminal — fera de nouveau exploser avec éclat cet impétueux thème initial, résorbé conclusivement dans un *pianissimo*.

2. Scherzo : Allegro molto (à 6/8, en *mi* bémol majeur) : assez sombre, mysté-

* Jean-Michel Nectoux, *op. cit.*

rieux, quasi « hoffmannesque », ce scherzo — qui n'en respecte pas l'esprit, car le trio central n'apporte aucune détente — est à un seul thème déroulé en gamme par le piano, que les cordes répètent en valeurs doubles. Les cordes, également, chantent dans le médium — *pp espressivo* — un thème progressant par subtiles et très étranges enharmonies, et qui n'est qu'un dérivé du motif introductif du premier mouvement. La reprise du Scherzo fait inverser le dispositif instrumental : thème aux cordes (rentrée à l'alto) et en *la* mineur, motif du trio au piano et en *ut* bémol majeur.

3. Adagio non troppo (à 9/8, puis 12/8, en *mi* bémol majeur) : chacun s'y accorde, — c'est ici le sommet expressif et poétique de l'œuvre, un « souvenir » traduit en « vague rêverie » selon l'expression même du compositeur. Le mouvement débute en effet par un motif doucement carillonné (notes piquées) au registre grave du piano, dont la main gauche rythmique — syncopes décalées — crée l'équivoque d'un 4/4 dans le 9/8 : référence explicite aux sonneries de cloches que le musicien entendit, enfant, monter des vallées de son Ariège natale. S'élève alors la voix solitaire de l'alto, *dolce espressivo*, telle une cantilène vespérale :

Développée et variée, elle constitue le thème unique de ce mouvement (dans la forme lied). L'idée secondaire que présente le piano, *dolce*, n'offre en effet aucun contraste, — sinon celui de sa mesure à 12/8 :

La reprise elle-même, qui module, confie la cantilène au piano et le carillon aux cordes (en unisson, notamment, du violon avec l'archet et de l'alto et du violoncelle en pizzicatos). On remarquera, avant la coda, une répétition de la cantilène discrètement chantée par le violon sur des arpèges du piano et les autres cordes en sourdine, — dans une sorte d'engourdissement sensoriel : « Désir de choses inexistantes, peut-être ; c'est bien là le domaine de la musique », écrivit Fauré... Et la coda conclut dans l'irréalité, avec les cordes munies de sourdines.

4. Finale : Allegro molto (à 3/4, en *sol* mineur) : longuement développé (plus de cinq cent soixante mesures),le mouvement terminal a suscité beaucoup de réserves. Sa prolixité, la relative pauvreté de ses thèmes lui ôtent assurément cette force et cette spontanéité que possédait le finale du *Quatuor* précédent ; et, sans doute, celui-ci ne couronne-t-il pas l'œuvre avec un égal bonheur. L'exposition (cent quatre-vingt huit mesures), qui retrouve la tonalité de l'*Allegro* initial et affirme dès son début un rythme ternaire bien établi au clavier, comporte plusieurs groupes thématiques : le premier motif, agité, en progression montante de triolets, cède rapidement devant un conséquent mélodique — *dolce* — chanté par le piano. Un autre motif, en accords puissants et massifs *f sempre* au piano, fait office de « pont » en *ut* majeur. Le second groupe de thèmes offre à nouveau deux idées complémentaires : une phrase aux cordes graves *forte*, assez austère, en valeurs longues et intervalles serrés ; sa réponse par le violon en une envolée lumineuse *piano*. Ces deux idées s'alternent, se superposent, — l'exposition se terminant dans un *si* bémol majeur adouci . Le court développement (qui n'atteint pas quatre-vingt-quinze mesures) présente une grande richesse contrapuntique, — sur les deux éléments du premier groupe thématique. La réexposition, fort étendue, est régulière, et gagne enfin le *sol* majeur dont rayonne la coda-strette (sur le premier groupe) ; en conclusion paraît aussi le motif en accords — *Più mosso* — en un *fortissimo* plein de fougue et de véritable jubilation.

Durée d'exécution : 32 minutes environ.

Quatuor à cordes, en *mi* mineur (op. 121)

L'Opus ultime de Fauré, — un Fauré à l'approche de ses quatre-vingts ans. Le quatuor à cordes demeure le seul genre important de la musique de chambre qu'il n'a jamais encore pratiqué : comme le remarque Harry Halbreich,... « il l'a évité sa vie durant, en proie à une sorte de crainte respectueuse, de complexe vis-à-vis de l'écrasant précédent beethovénien ; attitude toute semblable à celle de Brahms un demi-siècle plus tôt, ou encore à celle de César Franck n'écrivant son unique *Quatuor* qu'à l'extrême fin de sa vie ». Fauré en fit lui-même la confidence à sa femme : « C'est un genre que Beethoven a particulièrement illustré, ce qui fait que tous ceux qui ne sont pas Beethoven en ont la frousse !... Alors tu peux penser si j'ai peur à mon tour. Je n'en ai parlé à personne»... Le mouvement lent — une fois de plus — fut composé le premier, de juillet à septembre 1923 à Annecy-le-Vieux, chez les Maillot qui hébergeaient chaque été leur ami musicien. Le mouvement initial fut écrit ensuite à Paris, pendant l'automne : il reprenait les thèmes d'*Allegro* d'une œuvre de jeunesse, le *Concerto pour violon op. 14* de 1878-79, reniée par le compositeur. L'hiver, et la maladie, engourdirent son inspiration. Mais, vers la fin de juin 1924, Fauré quitta une dernière fois Paris, séjourna pendant un mois à Divonne où il reprit tardivement son travail, puis toute la fin de l'été de nouveau à Annecy où fut enfin composé le finale, achevé le 11 septembre 1924 : « Son travail lui plaisait, il vivait dans une sorte d'allégresse intérieure qui le ranimait tout entier », a noté son fils Philippe Fauré-Fremiet... « Voilà donc le *Quatuor* terminé, à moins qu'il ne me vienne une quatrième petite partie qui pourrait prendre place entre la première et la seconde». Ce quatrième mouvement ne fut pas écrit, mais Fauré a pu fournir ces indications : « Les deux premières parties du *Quatuor* sont d'un style expressif et soutenu. La troisième doit avoir un caractère léger et plaisant, sorte de scherzo rappelant le finale de mon *Trio* » (v. plus haut). La partition, dédiée à Camille Bellaigue, fut créée le 12 juin 1925 à Paris, au Conservatoire, par Jacques Thibaud et Robert Krettly aux violons, Maurice Vieux à l'alto, et André Hekking au violoncelle. Le compositeur s'était éteint quelques mois auparavant. L'œuvre — trop souvent considérée comme un testament artistique (ce qu'elle ne fut nullement dans l'esprit du musicien) — impose sans doute le respect : « Moins brillant, moins immédiatement séduisant que ceux de Debussy et de Ravel, le *Quatuor* de Fauré atteint cependant à des cimes infiniment plus hautes » (Harry Halbreich). Mais le tort — celui des interprètes en particulier — est peut-être de l'assombrir et de le figer dans la sévérité, alors que l'œuvre s'accommode fort bien d'une approche plus « légère », telle que Fauré l'a souhaitée pour son dernier mouvement.

1. Allegro moderato (à 2/2) : il est traité dans la libre forme sonate affectionnée par le compositeur (exposition, développement, réexposition, développement terminal et coda). Les thèmes sont uniformément mélodiques, d'expression « soutenue», inclinant vers la mélancolie. Le premier est constitué de deux motifs enchaînés : sorte d'interrogation anxieuse, *forte*, en valeurs longues, par l'alto; réponse tendre et fraîche — croches, croches pointées — au violon. Puis très belle mélodie, ample, ardente, déployée par le premier violon *cantando*; il s'agit alors du second thème :

Contrastes peu accentués entre les thèmes de cette exposition concise. Le développement, encore plus court (une quarantaine de mesures), offre un remarquable contrepoint de ces divers éléments. C'est le premier d'entre eux — idée initiale du mouvement — qui amorce une réexposition dont on ne discerne, à vrai dire, que l'énoncé à découvert du second motif; le second thème, quant à lui, reparaît dans la tonalité de *mi* majeur, — dont la clarté envahit le développement terminal. Une paisible coda semble calmer l'anxiété de l'idée initiale, dans la nuance *pianissimo*.

2. Andante (à 4/4, en *la* mineur) : citons ici J.-Michel Nectoux* : « L'*Andante*... est l'une des plus belles pages de la littérature du quatuor à cordes. Il baigne d'un bout à l'autre dans une lumière surnaturelle. De pâles aurores se lèvent, éclairant des contrées où n'accèdent que de rares musiciens. L'emploi fréquent du registre aigu des cordes enlève toute pesanteur, toute coloration sensuelle au jeu des instruments. Il n'est rien qui ne soit beau et pur en ce mouvement où jouent de subtiles variations de lumière, de blanc sur blanc en quelque sorte». La forme, assez complexe, tient à la fois du lied et du rondo, — unifiée par une continuité, une élévation de la pensée musicale tout à fait exceptionnelles. Trois thèmes se distinguent : le premier s'achemine doucement de l'accablement vers une aspiration à quelque bien-être ineffable (quarte augmentée ascendante de la troisième mesure), — avec le premier violon :

Le deuxième thème succède rapidement : sur des batteries de croches, simple phrase d'alto montant l'octave, — « l'une des pages les plus bouleversantes de la musique..., véritable chant du cygne» (J.-Michel

* Jean-Michel Nectoux, *op. cit.*

Nectoux). Elle est reprise par le violon, qui fait paraître une idée secondaire étroitement dérivée du premier thème (avec, notamment, sa quarte augmentée); sa progression tendue retombe, et fait place à un troisième thème d'une grande simplicité, chanté *pp* par l'alto dans un ambitus étroit (alternance de deux notes), — comme voilant une souffrance. À cette exposition de près de soixante-dix mesures succède un double développement au cours duquel les trois thèmes seront présentés dans un ordre modifié (le troisième entre les deux premiers). Un dernier retour du thème initial nourrira le développement terminal, en gradation passionnée. Et c'est encore ce thème initial qui emplira la coda en *la* majeur, aux subtiles dissonances, dans une sorte d'aura d'éternité : « La sublime musique se perd dans l'invisible où elle se poursuit encore plutôt qu'elle ne semble finir » (J.-M. Nectoux).

3. Finale : Allegro (à 4/4, en *mi* mineur) : assez important, ce finale participe de la forme sonate stricte (à un seul développement), — bien qu'avec un thème principal de rondo (sorte de thème-refrain). Fauré — on l'a dit — voulut qu'il ait le caractère d'un scherzo. Le thème-refrain s'énonce au violoncelle, vigoureux, d'une allégresse toute populaire (bondissants triolets), sur un accompagnement en pizzicato dont le rythme accentue les temps faibles :

Une idée secondaire paraît, comme couplet, avec le violon, — sur les syncopes du thème-refrain. Le véritable deuxième thème est exposé, *forte*, par le violoncelle dans un registre aigu qui lui confère sa puissance émotionnelle; un accompagnement de croches à l'alto, haché, acéré, renforce cette impression de tension presque douloureuse. Dans le vaste développement qui suit (plus de deux cent trente mesures, après une exposition qui n'en comptait qu'à peine soixante), ces éléments sont constamment alternés et variés, — le second thème n'intervenant toutefois qu'une fois, à peu près en son centre. La réexposition, en *mi* majeur, affirme — en dépit d'une réapparition de ce second thème — la prééminence du thème principal, avec son motif de triolets épanoui dans une coda joyeuse, turbulente, — que conclut un irrésistible crescendo.

Durée d'exécution : 22 minutes environ.

Quintette n° 1 pour piano et cordes, en *ré* mineur (op. 89)

En 1891 Fauré esquisse un troisième *Quatuor* avec piano, mais l'abandonne très vite : il se rend compte que l'œuvre nouvelle exigerait d'être élargie par l'adjonction d'un second violon. L'idée n'en sera reprise qu'en 1903, — alors qu'entre-temps le compositeur aura produit des partitions telles que *la Bonne Chanson*, le *Thème et Variations* pour piano, les sixième et septième *Nocturnes*, ou encore la musique de scène pour *Pelléas et Mélisande*. En 1903, Fauré ressent les premières atteintes graves de la surdité qui, peu à peu, l'enfermera — musicalement parlant — dans un « rêve intérieur ». Mais ce « rêve » fécondera les plus hauts chefs-d'œuvre, — dont ceux de musique de chambre. Aucune partition, cependant, n'aura coûté au musicien autant d'efforts que ce *Quintette*, sur le métier trois années durant : de la fin d'août 1903 au début de l'hiver 1906, — essentiellement au cours des étés passés en Suisse, à Lausanne et à Zürich. La création eut lieu à Bruxelles, au Cercle royal gaulois, le 23 mars 1906, avec le Quatuor Ysaÿe (le dédicataire étant l'illustre Eugène Ysaÿe) et Fauré au piano; la première audition parisienne, à la salle Pleyel, prit place le 30 avril suivant, par les mêmes interprètes. La carrière de l'œuvre fut ensuite décevante : le fait que la partition ait été pubiée à New York, chez Schirmer, n'a certes pas contribué à sa diffusion européenne (mais elle est aujourd'hui normalement distribuée en France). À la vérité, le *Premier Quintette* demeure moins connu que le *Second* (v. plus loin) : il s'agit sans doute de l'œuvre la plus intériorisée du musicien, et l'absence de contrastes entre les mouvements lui est peut-être préjudiciable. Néanmoins, c'est là une partition-charnière dans la musique de chambre de son auteur : elle inaugure la dernière « manière » fauréenne, — occupant, l'a noté Harry Halbreich, une place comparable à celle du *Trio « l'Archiduc »* chez Beethoven. Trois mouvements seulement (Fauré ne reviendra aux quatre mouvements classiques qu'une seule fois, avec le *Second Quintette*) : un *Molto moderato*, un *Adagio*, et le finale *Allegretto moderato*. Ils se signalent — on l'a indiqué — par des tempos assez voisins, l'ensemble ne se départissant guère d'une allure « modérée ».

1. Molto moderato (à 4/4) : dans la forme sonate à deux thèmes. Le premier, paisible, presque éthéré, au second violon

tout d'abord (*dolce cantando*), est déroulé par les cordes sur de rapides figurations arpégées (triples croches) du piano, — tel « un arc-en-ciel luisant à travers une harpe éolienne » (Harry Halbreich) :

Ce grand thème fauréen est suivi de son contraire rythmique, — second thème présenté *ff espressivo*, avec une âpre puissance, par les cordes ; le piano en conclut l'exposé par un bref motif de faible ambitus, dont le développement fera paraître l'importance. L'exposition terminée en un calme *fa* majeur, ce développement propose diverses combinaisons des deux thèmes et du motif secondaire en élaboration contrapuntique, n'excluant pas un remarquable renouvellement mélodique. La réexposition suscite de nouvelles combinaisons et d'autres éclairages, — modulant vers *ré* majeur, ton de la coda en forme de développement terminal que domine le second thème, apaisé cette fois, et recréant ces irisations dont était traversée l'exposition du thème initial.

2. ADAGIO (à 12/8, en *sol* majeur) : d'une poésie unie, « répudiant toute pesanteur terrestre » (Harry Halbreich), le mouvement central offre d'abord une longue phrase *cantabile* du premier violon sur un lent balancement du 12/8 :

C'est une « rêverie », développée et intensifiée par gradations, — que complète un second motif à 4/4 : en *si* mineur (l'*ut* est diésé), le piano égrène avec tendresse, une sorte d'ingénuité, les petites notes d'une comptine. Le retour du premier thème, en un *fortissimo* du second violon, sera préparé par quelques intrusions du 12/8 dans le 4/4. Maints éléments des deux thèmes se combinent enfin dans la coda (le thème de « comptine » merveilleusement doux, d'une indicible nostalgie), — « moment de pure musique » selon l'expression de J.-Michel Nectoux.*

3. FINALE : ALLEGRETTO MODERATO (à 2/2, en *ré* majeur) : la configuration de ce finale d'esprit populaire est assez libre, — apparentée à celle du rondo. Le thème-refrain initial, d'une spontanéité réjouissante, est présenté à trois reprises sous une nouvelle forme instrumentale : au registre aigu du piano en octaves nues d'abord, aux cordes avec des contrechants ensuite, enfin au piano en octaves brisées. Ainsi s'est-on plu au rapprochement avec le thème de l'*Ode à la joie* de la *Neuvième Symphonie* de Beethoven :

À la vérité, c'est moins la mélodie elle-même que sa triple présentation qui autorise la comparaison. Après une exposition assez mystérieuse, éclate une allégresse sans frein, — le thème étant soumis à de libres variations modulantes. Le second thème, en *si* mineur, *espressivo sostenuto*, fait une entrée tardive, pleine de force, sur des rythmes pointés affirmatifs. La reprise du thème-refrain, brève, amorce un vaste contrepoint des deux thèmes, — qu'une coda-strette extrêmement brillante clôture avec un rappel feutré du motif initial, puis cet élan de joie péremptoire qui illumine l'ensemble du mouvement.

Durée d'exécution : 30 minutes environ.

Quintette n° 2 pour piano et cordes, en *ut* mineur (op. 115)

La gestation de cette importante partition des dernières années fut lente, entravée par les infirmités de la vieillesse (Fauré était âgé de soixante-quinze ans) : entreprise en septembre 1919, elle fut poursuivie lors de séjours hivernaux à Monte-Carlo, puis à Tamaris et à Nice, et pendant l'été de 1920 sur les rives du lac d'Annecy, à Veyrier (deuxième et troisième mouvements). L'automne suivant vit l'achèvement du premier mouvement, et c'est à Nice que fut terminé — « sans fatigue » — le finale vers la mi-février de 1921. La première audition, assurée le 21 mai 1921 à Paris, à la Société Nationale (salle du Conservatoire), par Robert Lortat au piano et le Quatuor Hekking, connut un véritable triomphe. En voici le témoignage par Philippe Fauré-Fremiet, fils du compositeur : « On s'attendait à une belle œuvre, mais pas à celle-là. On savait bien que Gabriel Fauré était très haut ; on ne croyait pas que, sans en avoir l'air, il fût parvenu à un tel sommet... Au dernier accord, tout le monde fut debout. On hurlait, les mains tendues vers la grande loge des jurys où Gabriel Fauré, qui n'avait

* Jean-Michel Nectoux, *op. cit.*

d'ailleurs rien entendu*, était caché. Il s'avança tout seul, hochant la tête, jusqu'au premier rang... Il paraissait très frêle, amaigri et chancelant dans sa lourde pelisse. Il était très pâle. » Le succès de ce *Deuxième Quintette* (dédié à Paul Dukas) — dont la richesse d'invention et la grandiose architecture dominent certainement la production tardive du musicien — n'a pas faibli. L'œuvre occupe, dans la musique de chambre française, une place considérable, et... « compte assurément parmi les plus grands quintettes jamais écrits ; il a le souffle et la splendeur de celui de Schumann ; c'est dire sa réussite exceptionnelle » (J.-Michel Nectoux)**. Pour la dernière fois, Fauré fait retour à la structure en quatre mouvements, délaissée depuis le *Deuxième Quatuor avec piano op. 45* (v. plus haut) ; ces mouvements sont successivement un *Allegro moderato*, un *Allegro vivo (Scherzo)*, un *Andante moderato*, et le finale *Allegro molto*.

1. Allegro moderato (à 3/4) : il est dans la forme sonate assortie d'un second développement avant la coda. Il faut y voir, selon Harry Halbreich, « le plus bel *Allegro* fauréen ». Très mélodique, le thème principal est présenté avec empleur (*sostenuto*) par l'alto, en un envol majestueux (octave ascendante) sur un accompagnement pianistique en arpèges réguliers :

Les cordes entrent successivement, évoluant vers *mi* bémol majeur (relatif de l'*ut* mineur introductif), puis *la* bémol majeur en un vaste élargissement. Le second thème, rythmé par les seules cordes *ff*, est énergique jusqu'à l'âpreté ; un petit motif adjacent, dérivé de la deuxième mesure du thème principal, apporte une détente mélodique au piano. Le développement débute avec un retour du thème principal en *sol* mineur, et présente une élaboration contrapuntique, extrêmement tendue, du second thème. Une puissante reprise — *fortissimo* — du thème principal amorce la réexposition, consacrée à une belle polyphonie de tous les éléments précédents. Le développement terminal les reprend également par épisodes successifs, — tandis qu'une coda en *ut* majeur exalte dans la joie toutes les énergies, de lyrisme, de rythme, accumulées non en vain. « On constatera — fait remarquer Harry Halbreich — que les jalons de la forme sonate sont submergés de manière croissante par les flots du développement perpétuel, et, en ce sens, ce morceau d'un élan et d'une unité extraordinaires est certes le plus *durchkomponiert* que Fauré nous ait livré jusqu'ici ».

2. Scherzo : Allegro vivo (à 3/4, en *mi* bémol majeur) : de forme libre, capricieux et fantasque — sinon fantastique —, ce second mouvement quasi insaisissable défie l'analyse. En voici cependant le schéma : A, B, puis A + B (reprise) ; B, puis A + B (développement) ; et A + B, de nouveau, en guise de coda. A est à considérer comme un motif rythmique, en volute de doubles croches, que ponctuent des pizzicatos ; le mélange de tonalités et des intervalles de la gamme par tons y crée un jeu subtil et très énigmatique. B se présente comme une longue mélodie, sans redites ni symétrie, que le premier violon — *cantando* — déploie en crescendo : « la musique semble respirer à pleins poumons » (J.-M. Nectoux). Et toute la partie développement sera vouée à l'alternance de ces deux thèmes et à leur variation serrée, — sans qu'on puisse en vraiment distinguer l'individualité. La coda affirme, par accords appoggiaturés, une « joie de vivre » qui est bien celle du cœur et de l'esprit chez le musicien âgé.

3. Andante moderato (à 4/4, en *sol* majeur) : ce sublime *Andante* est du Fauré le plus profond et le plus inspiré. Inspiré par — disait-il — « l'universel malheur, la douleur éternelle ». Un premier thème, grave et souffrant, ainsi qu'une question angoissée, s'élève *espressivo* aux cordes tassées dans le médium, puis retombe (noter les enchaînements harmoniques créant les équivoques tonales de *sol* majeur, *sol* dièse mineur et *si* mineur, comme en apesanteur) :

À cette phrase répond le piano *cantando*, en une sorte de prière fervente et consolante, dans un style choral d'une très émouvante simplicité :

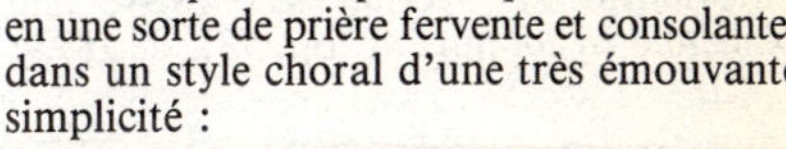

L'ensemble du mouvement, de grandes dimensions, fait alterner ensuite ces deux idées dans la forme lied. Lors de la dernière partie rayonne le choral, qui domine la coda apaisée, éminemment lyrique, en *sol* majeur.

---

* En raison de sa surdité presque complète.
** Jean-Michel Nectoux, *op. cit.*

4. Finale : Allegro molto (à 3/4, en *ut* mineur) : la forme libre du rondo sertit ce mouvement conclusif important (cinq cent quarante mesures). Il y a donc l'alternance plus ou moins régulière couplets-refrain, brillamment variés, et traités épisodiquement en canon. Un petit motif *marcato*, d'une rythmique à contretemps (suscitant l'illusion d'une mesure à 3/2), résonne d'abord au grave du piano. Le thème-refrain fuse ensuite à l'alto, sombre mais plein d'élan, — tandis que le premier violon module (bécarrisations) en une sorte de « pont ». Le piano expose à son tour un thème animé en *sol* bémol majeur, qui tient lieu de premier couplet. Le retour du thème-refrain s'accompagne d'un assez ample développement, puis d'une rapide réexposition. C'est alors qu'est introduit par le piano le second couplet d'un *scherzando*, opposé à la tête du thème-refrain. La rentrée, en *fa* majeur, du premier couplet amplifié précédera celle du motif rythmique initial (au grave du piano). Et c'est enfin le second couplet en accélération, virevoltant, s'enivrant de son propre mouvement, qui dominera la vaste coda-strette, entraînant une conclusion en *ut* majeur, — d'un splendide, irrésistible essor.

Durée d'exécution : 33 minutes environ.

AUTRES ŒUVRES

Les courtes pièces isolées — simples feuillets d'album — que Fauré composa principalement dans sa première « période » n'ont qu'une importance très secondaire par rapport aux œuvres majeures présentées précédemment. Il s'agit, dans tous les cas, de pièces à deux instruments (le piano en accompagnement). Pour violon et piano : une *Romance* en *si* bémol majeur (op. 28), de 1877, et une *Berceuse* en *ré* majeur (op. 16), écrite vers 1879. Pour violoncelle et piano : une *Élégie* en *ut* mineur (op. 24), de 1880 ; une pièce intitulée *Papillon*, en *la* majeur (op. 77), écrite vers 1884 ; une *Sicilienne* en *sol* mineur (op. 78), de 1893 ; une *Romance* en *la* majeur (op. 69), de 1894 ; et une *Sérénade* en *si* mineur (op. 98), écrite vers 1908. Pour flûte et piano, enfin : un *Andante* en *si* bémol majeur (op. 75), de 1897, et une *Fantaisie* en *mi* mineur (op. 79), de 1898. Sans compter deux morceaux de lecture à vue (violoncelle et piano, flûte et piano) destinés aux élèves du Conservatoire de Paris.

De cette production a survécu surtout, et mérite d'être signalée, la célèbre **Élégie op. 24** (dédiée au violoncelliste Jules Loëb), créée à Paris, à la Société Nationale, le 15 décembre 1883 par son dédicataire. Conçue primitivement comme mouvement lent d'une sonate, elle en conserve en effet la forme ternaire à deux thèmes (A B A) : A est une sorte de lamento que chante le violoncelle, pathétique, sur une scansion de marche funèbre ; B, présenté par le piano, s'avère d'un lyrisme moins tendu, sinueusement délié. L'expressivité de cette partition, et sa belle pureté de lignes, en ont assuré le succès, — qu'une réalisation plus tardive avec accompagnement d'orchestre a confirmé : elle en a sans doute accentué encore la pathos, sans en préserver toutefois la poignante intimité.

La **Berceuse op. 16** a gardé, elle aussi, la faveur des interprètes, — rendue populaire par d'innombrables « arrangements » : dédiée à Hélène Depret, elle fut donnée en première audition le 14 février 1880, à Paris, par le violoniste Ovide Musin et Fauré au piano (au même concert que le *Quatuor n° 1 avec piano*, œuvre autrement intéressante) ; cette piécette n'a pour elle que son « charme », au demeurant assez fade. Enfin nous mentionnerons la délicieuse **Sicilienne op. 78**, à connaître — hors transcriptions — dans sa version originale pour violoncelle et piano, ainsi que l'exquise **Sérénade op. 98** (dédiée par Fauré au grand Pablo Casals), brillant de ses traits vifs et spirituels, finement ironiques, — partitions sans doute un peu trop oubliées aujourd'hui.

F.R.T.

BRIAN FERNEYHOUGH

Né en 1943, à Coventry (Grande-Bretagne). Après ses études musicales à la Royal School of Music, en particulier de composition avec Lennox Berkeley, Ferneyhough travaille avec Ton de Leeuw à Amsterdam, puis avec Klaus Huber à Bâle de 1969 à 1971, — alors que sa personnalité de compositeur est déjà parvenue à une première maturité. Il enseignera, à son tour, la composition à Freiburg à partir de 1973, ainsi qu'à Darmstadt, et à San Diego aux États-Unis. Révélé notamment au Festival de Royan, Ferneyhough s'est rapidement imposé comme l'un des compositeurs majeurs de la génération succédant à celle de « l'école de Darmstadt ». Plus ou moins autodidacte en composition (tel qu'il aime à se définir), sa démarche prend d'abord ses sources dans le sérialisme de Boulez et de Stockhausen avant d'en proposer une interprétation originale. Son œuvre déjà importante peut être envisagée, dans une première phase, sous l'angle de l'assimilation de l'histoire (1963-1971), puis, dans une seconde, sous celui d'une expression hautement personnelle qui n'a pas manqué de susciter nombre de réactions, — en particulier au sujet de l'extrême complexité de sa notation musicale : proposant néanmoins une approche originale de l'interprétation, des partitions telles que les Sonatas for string quartet, *le* Second Quatuor, *ou* Unity Capsule *pour flûte — pour ne citer que les plus justement célèbres — ont promu Ferneyhough au rang des créateurs les plus fondamentaux de notre époque.*

La musique de chambre de Brian Ferneyhough est l'une des plus riches, tant en qualité qu'en quantité, du répertoire contemporain, et dont l'axe central est constitué par l'œuvre pour quatuor à cordes : des *Sonatas* (1967) au *Troisième Quatuor* (1987), en passant par *Adagissimo* (1983) et en attendant le *Quatrième Quatuor*, autant de jalons décisifs qui interviennent à des moments clefs de l'évolution du compositeur. À partir de la situation de ces quatre partitions se définit celle des cycles des *Time and motion Studies* (1971-1977) et des *Carceri d'Invenzione* (commencés en 1982), ensemble de microcosmes qui correspondent plus ponctuellement aux préoccupations du musicien. D'une exceptionnelle intensité, l'œuvre de musique de chambre, difficile mais passionnante, est l'une des rares à reposer sur une conception *authentique*, dans le sillage de la tradition : une tradition soigneusement délimitée et parfaitement assumée qui illustre parfaitement les options du compositeur, de Monteverdi et Purcell (références suffisamment peu courantes dans le domaine contemporain pour qu'elles soient soulignées) à Beethoven, Schoenberg et Webern. Il est en effet peu fréquent de constater une telle faculté d'assimilation chez un compositeur d'aujourd'hui, une telle acuité dans l'interprétation du passé, qui se traduisent par une esthétique fondamentalement personnelle. C'est là l'une des clefs de la démarche de Ferneyhough : la mise en *relation* entre deux mondes — que ce soit le geste historique par rapport à l'interprétation que le compositeur peut en faire, le matériau et ses spécificités par rapport à son exploitation dans l'œuvre, la technique par rapport à l'expression, ou encore celle qui relie le créateur et l'instrumentiste. Les relations, ou plutôt les degrés d'interaction entre ces différentes dimensions, tissent en un réseau subtil l'ensemble des caractéristiques qui illustrent sa pensée*. L'*interprétation*, la première des caractéristiques fondamentales de l'esthétique de Ferneyhough, doit être comprise dans son sens historique comme l'exprime le compositeur lui-même : « On interprète toute une tradition d'interprétation que plusieurs générations ont déjà dégagée de l'original et, quelle que soit l'innovation que l'on introduise, elle vient en contrepoint sur cet arrière-plan.** »

Stylistiquement, Ferneyhough n'a jamais caché sa prédilection pour certaines œuvres fondamentales du XXe siècle qui ont marqué toute sa production, en particulier depuis 1967 : les partitions pré-dodécaphoniques ou dodécaphoniques de Schoenberg (*Quatuor op. 10*) et de Webern (*Bagatelles op. 9*), ou celles plus récentes de Stockhausen

* Voir l'excellente étude de F. Nicolas, « Éloge de la complexité », in *Entretemps* n° 3 (1987).

** B. Ferneyhough, « Parcours de l'œuvre », entretien avec P. Albera (in *Contrechamps* n° 8), — dont sont tirés la plupart des propos du compositeur cités ici.

(*Kreuzspiel*) et de Boulez (de la *Sonatine* pour flûte et piano au *Visage nuptial*, en passant par le *Livre pour quatuor*), — toutes œuvres qui restent très signifiantes pour la pensée de Ferneyhough et que l'on trouvera citées dans les commentaires qui suivent.

Autre facteur capital de sa musique, la *densité* due à une démarche fondée sur une multiplicité d'événements présentés moins successivement que simultanément, — la pensée de Ferneyhough étant d'essence *polyphonique* : cette forme particulière de prolifération agit le plus souvent à partir d'un nombre très réduit d'événements dont l'extrême simplicité est inversement proportionnelle à la capacité du compositeur de générer un résultat riche et complexe. Enfin, troisième élément essentiel de la pensée de Ferneyhough : l'organisation du discours est le plus souvent envisagée à partir de deux extrêmes — matériaux ou démarches — développant des « énergies » (selon un mot au compositeur) différentes et dont dépendra la courbe *dynamique* de l'œuvre : c'est de l'interaction entre ces deux mondes que naît la trajectoire formelle chez Ferneyhough.

Les premières œuvres de chambre datent de 1963 avec une *Sonatine* pour trois clarinettes et basson, les *Quatre miniatures* pour flûte et piano (1965), *Coloratura* pour hautbois et piano (1966), et *Prometheus* pour six instruments à vent (1967). L'esprit de la musique de chambre de Ferneyhough est cependant une constante stylistique dans son œuvre : comme il l'a déclaré, toutes ses premières partitions utilisant de grandes combinaisons d'instruments sont de la musique de chambre « gonflée » en proportion de l'effectif choisi. On remarquera la double prédilection du compositeur pour le genre du quatuor à cordes, ainsi que pour le répertoire pour instrument seul (jusqu'au récent *Kurze Schatten II* pour guitare). Les quelques partitions sélectionnées et commentées ci-dessous sont répertoriées à partir des fameuses *Sonatas* (1967), et sont traitées moins chronologiquement que par catégories instrumentales (œuvres pour quatuor à cordes, pour flûte), ou regroupées par ensembles (*Time and Motion Studies* et *Carceri d'Invenzione*).

L'ŒUVRE POUR QUATUOR À CORDES

Sonatas for string quartet

Composées en 1967, les *Sonatas* n'ont été créées dans leur intégralité qu'en 1975 au Festival de Royan par le Quatuor de Berne. Œuvre emblématique qui a révélé le compositeur à partir de cette date, les *Sonatas* apparaissent à la fois comme l'une des partitions les plus essentielles de la production contemporaine et comme un point de départ décisif dans le catalogue de Ferneyhough. Parmi les principaux critères qui ont marqué les premiers auditeurs, ce sont la qualité et la densité de l'écriture, susceptibles d'alimenter quelque quarante-cinq minutes de musique, qui ont dominé : bien que très influencées par l'héritage du sérialisme, les *Sonatas* se sont imposées par leur extrême souplesse vis-à-vis de l'histoire assimilée de façon beaucoup plus large par rapport à l'ensemble de la production des années soixante. En effet, le titre de « Sonates » emprunte moins au genre classique qu'à la sonate baroque au sens de la *Sonata Pian'e forte* de Giovanni Gabrieli ou de la « Sonata sopra Sancta Maria » des *Vêpres* de Monteverdi. D'un point de vue plus stylistique, Ferneyhough a été fortement impressionné par deux sources qui, loin de se contredire, s'équilibrent en une remarquable synthèse : les fascinantes *Fantaisies pour violes* de Purcell tout d'abord, qui ont retenu son attention non seulement pour la subtilité de l'écriture polyphonique, mais plus encore par leur façon de former un tout à partir de morceaux individuels exploitant chacun un aspect particulier (ce que Ferneyhough avait déjà tenté de réaliser dans ses *Epigrams* pour piano en 1966) ; Webern ensuite, avec les non moins exceptionnelles *Bagatelles op. 9* — entre autres œuvres de la période précédant l'avènement de la série dodécaphonique —, pour l'extrême concentration de l'expression. Attiré dans les deux cas par le raffinement sonore allié au sens de la miniature, Ferneyhough a cherché à pallier l'aspect additionnel de courts mouvements écrits dans un premier temps en les fractionnant pour les redistribuer dans un cadre plus vaste : « La solution à laquelle je me résolus consista à déconstruire les matériaux à disposition et à intercaler entre les petits fragments ainsi obtenus de nouvelles caractéristiques de connection et de commentaire, de façon à créer des perspective totalement neuves. Ainsi, on éliminait la difficulté de définir les limites significatives d'un « mouvement », et la forme finale était une chaîne d'« îles » plus grandes et plus petites du même archipel, certaines suffisamment grandes pour être autonomes, d'autres essentiellement dépendantes de leurs environnements contextuels » (Ferneyhough).

Ferneyhough a justement décrit le parcours de l'œuvre comme étant discursif, le comparant souvent à un réseau de chemins dans une forêt, chemins tantôt parallèles, tantôt disparaissant pour resurgir plus tard. L'idée de base reposait ainsi, à partir de matériaux parfois très différents entre les sections, sur la *transmutation* d'une texture à l'autre, — l'ensemble de la partition proposant un enchaînement de vingt-quatre sections (délimitées sur la partition par les lettres grecques), et dont les durées respectives s'échelonnent de vingt secondes à trois minutes. Le travail de composition consistait donc à rechercher une homogénéité entre des types d'écriture, en particulier une écriture sérielle et une écriture plus « intuitive ». Les matériaux présentés dès la première section — en grande partie identifiables grâce à des « classes d'articulation » (pizzicato, glissando, harmoniques, accords, notes répétées, etc.) à partir d'un accord de quatre sons —, connaissent donc des développements — par extensions, variations, métamorphoses — redistribués dans le temps de façon non continue, et connaissant chacun un point culminant. Il s'ensuit que la trajectoire de l'œuvre révèle un tissage subtil et complexe, avec des concentrations locales sur chacun des événements, mais dans laquelle prennent place trois cadences qui ont fonction de « signal », successivement pour alto (section 6), violons 1 et 2 (section 12) et violoncelle (section 18), — la dernière section reprenant l'essentiel du matériau de la première : une trajectoire somme toute encore très « beethovénienne » au travers de l'éloignement-rapprochement qui, au-delà de l'inévitable référence, éclaire un des aspects les plus importants de la personnalité du compositeur, à savoir sa prédilection pour les labyrinthes.

Bien que Ferneyhough interprète aujourd'hui ses *Sonatas* comme l'œuvre d'un jeune compositeur de vingt-quatre ans, cette partition n'en est pas moins révélatrice de son orientation et reste l'un des jalons fondamentaux du répertoire pour quatuor au XXe siècle.

Durée d'exécution : environ 45 minutes.

Quatuor à cordes n° 2

Composé à la suite d'une commande du Südwestfunk Baden-Baden et terminé en 1980, le *Second Quatuor* a été créé par le Quatuor Arditti la même année à la Südwestfunk. Écrit dans le prolongement de *Funérailles*, ce *Quatuor* est une œuvre qui travaille sur le rôle du silence dans le discours musical : « Il s'agit dans ce morceau de silence — non pas de silence littéral (bien que ceci soit également un trait caractéristique évident de la section d'ouverture), mais plutôt de cette *absence* délibérée au cœur de l'expérience musicale qui existe afin que l'auditeur puisse s'y rencontrer. Puisqu'il n'est possible d'approcher les différentes formes de silence que par le biais de leurs divers négatifs propres, l'organisation de ce quatuor s'efforce de définir plusieurs chemins concentriques de plus en plus resserrées convergeant vers ce noyau d'immobilité » (Ferneyhough). Par *absence*, il faut entendre la façon d'agir sur le silence qui apparaît clairement au début de l'œuvre — ponctuant le discours conçu à partir d'un matériau principal (violon solo) —, silence qui sera progressivement « rempli » par un matériau secondaire qui, émergeant et s'imposant de plus en plus, soulignera d'autant plus fortement ces périodes en instaurant un niveau polyphonique croissant de la première à la quatrième section. Comme c'est souvent le cas dans les œuvres de Ferneyhough, les matériaux sont essentiellement caractérisés par des modes de jeu identifiables (glissandos, notes répétées, etc.).

D'une rigueur exceptionnelle, le *Second Quatuor* constitue à la fois une réinterprétation de la démarche des *Sonatas* et leur antipode le plus sensible ; le *Troisième Quatuor* (1987) s'imposera alors comme le point de convergence entre ces deux partitions essentielles.

Durée d'exécution : environ 11 minutes.

Adagissimo, pour quatuor à cordes

Écrite en 1983 à la suite d'une commande pour le quatre-vingtième anniversaire de Sir Michael Tippett, cette courte partition pour quatuor a été créée par le Quatuor Arditti à La Rochelle en 1984. Malgré les divergences esthétiques qui l'opposent au compositeur britannique, Ferneyhough cherche à lui rendre hommage en s'inspirant indirectement de sa *Sonate pour quatre cors* (1955), puisant toutefois son matériau dans un court fragment pour la même formation de sa propre œuvre *La terre est un homme* pour grand orchestre (1976-1979).

Au-delà de la circonstance, la miniature que constitue *Adagissimo* est surtout révélatrice de la capacité de Ferneyhough à déployer un discours qui repose sur la différence entre la partie de violon (discontinuité) et celles des trois autres instruments (continuité), et ainsi d'établir des *relations* entre plusieurs couches de musique apparemment opposées : l'idée de la transformation et de la manipulation d'un matériau mise en œuvre ici constitue l'une des applications les plus immédiatement compréhensibles de la pensée du compositeur.

Durée d'exécution : environ 2 minutes.

Quatuor à cordes n° 3

Composé en 1987 et créé le 7 octobre de la même année à Radio-France par le remarquable Quatuor Arditti, dédicataire de l'œuvre, le *Troisième Quatuor* apparaît comme un aboutissement des *Sonatas* et du *Second Quatuor*.

Écrit en deux mouvements distincts, qui reconstituent extérieurement la dualité chère à Ferneyhough, le *Quatuor* propose une double trajectoire à la fois complémentaire et opposée : au premier mouvement lui-même conçu en deux parties — la seconde reprenant les matériaux de la première en une sorte de canon rétrograde défaisant progressivement ce qui avait été construit —, le deuxième répond par un véritable déferlement de violence non contenue — délimitée par les cadences de violon et d'alto aux deux extrêmes —, procédant par agrandissements successifs et aboutissant ainsi au résultat exactement inverse du premier. Si la libération brutale de cette énergie fait référence aux *Sonatas*, la rigueur et l'action négative du traitement dans le premier mouvement renvoie plutôt au *Second Quatuor*, le tout avec un sens de la rupture plus accusé que jamais.

Durée d'exécution : environ 18 minutes.

L'ŒUVRE POUR FLÛTE

Si la flûte tient une place importante dans l'œuvre de Ferneyhough, c'est d'abord parce que le compositeur a lui-même pratiqué l'instrument, ensuite parce que la rencontre avec des solistes aussi exceptionnels que Pierre-Yves Artaud — créateur de *Cassandra's Dream Song* et *Unity Capsule* à Royan en 1974 et 1976 — ne peut être que productive. Mises à part ces deux partitions, la production pour flûte de Ferneyhough concerne les *Quatre miniatures* (avec piano, 1965) citées en introduction, et surtout certaines parties des *Carceri d'Invenzione* dont *Superscriptio*, *Mnemosyne* et les *Carceri IIa* et *IIb*. Avec *Cassandra's Dream Song* et *Unity Capsule*, toutes ces pièces ont en commun le facteur virtuosité lié à la notion d'interprétation au sujet de laquelle le compositeur s'est expliqué alors qu'il entreprenait la composition de pièces pour instrument seul : « Je me suis toujours intéressé à toutes les formes de complexité du phénomène musical, mais ce n'est qu'à ce moment-là que je commençai à comprendre qu'il y a toute une dimension d'expression potentielle enfouie dans l'attitude de l'exécutant face au texte musical. Je décidai ainsi de voir jusqu'où on pouvait exploiter systématiquement cet aspect des choses comme une contribution à la redéfinition de « l'interprétation » en tant que telle, jusqu'à quel point on pouvait en incorporer les résultats dans le tissu même de la composition, pour ainsi dire comme un fil polyphonique discret. » (Ferneyhough).

Écrite en 1970, **Cassandra's Dream Song** est conçue à partir de six sections principales fixées dans leur ordre d'apparition, et entre lesquelles l'instrumentiste doit placer dans l'ordre qu'il aura choisi cinq autres sections (classées de A à E). Il en résulte un tissage entre deux discours, plus ou moins continu selon que l'exécutant proposera des enchaînements mettant l'accent sur les disparités ou sur les affinités entre deux sections contiguës. On retrouve là l'une des préoccupations principales de Ferneyhough avec cette confrontation entre un matériau « rigoureux » et un autre plus souple : un débat entre une forme de contrainte et une forme de liberté qui, bien que rappelant par le procédé la poétique de « l'œuvre ouverte » de la fin des années cinquante, dépasse très nettement cette problématique.

Durée d'exécution : environ 10 minutes.

Composée entre 1975 et 1976, **Unity Capsule** prolonge la même idée de liberté/contrainte avec un degré de complexité infiniment plus grand dans l'exécution. Comme l'a confié Pierre-Yves Artaud, l'interprétation de *Unity Capsule* exige une tension exceptionnelle, cette pièce étant « un cas unique dans le répertoire, une expérience nouvelle pour l'instrumentiste qui l'amène à reconsidérer son émotion, à la concentrer et à repousser ses propres limites »*. La partition présente une véritable écriture polyphonique requé-

* P.-Y. Artaud, « *Unity Camsule*, une explosion de quinze minutes », in *Entretemps* n° 3.

rant les modes de jeu les plus diversifiés, incluant la participation de la voix, — le tout avec une notation d'une complexité jamais atteinte jusque-là : « Dans *Unity Capsule*, comme dans *Cassandra's Dream Song*, l'accent est mis sur la faculté qu'a cet instrument d'offrir *simultanément* une grande densité d'informations sur un certain nombre de niveaux d'articulation qui sont filtrés à travers l'unité la plus grande imaginable — celle d'un instrument monodique. C'est de la confrontation de ces deux champs à l'intérieur d'un cadre sévèrement limité que toute compréhension de cette musique doit naître, quelle que soit la direction qu'elle prend » (Ferneyhough). Constituant l'une des rares pièces du répertoire de la flûte « où il est impossible de s'écouter jouer » (P.-Y. Artaud), *Unity Capsule* restera comme l'une des expériences les plus fascinantes — flamboyantes — qui aient été tentées depuis les *Sonates* de Bach ou *Density 21,5* de Varèse, et l'une des œuvres essentielles de la musique de chambre du XXe siècle.

Durée d'exécution : environ 14 minutes.

AUTRES ŒUVRES

Time and Motion Study

Écrites entre 1971 et 1977, les trois partitions qui se rattachent à ce cycle sont respectivement *Time and Motion Study I* pour clarinette basse (1971-1977), *II* pour violoncelle et dispositif électronique (1973-1976), et *III* pour seize voix avec instruments de percussion et électronique (1974). Ces « Études de temps et de mouvements » sont fondées, selon le compositeur, sur le concept d'« Efficacité » dans le rapport établi entre la notation et l'interprétation, moins dans l'optique d'un « perfectionnement » illusoire de la virtuosité que dans celle de mettre en évidence « comment des facteurs apparemment secondaires jouent un rôle central dans toute et n'importe quelle forme d'expression artistique » (Ferneyhough). La seconde étude exploite, par exemple, tous les degrés d'interaction qui peuvent se produire chez l'interprète à partir d'une notation incluant non seulement les modes d'exécution traditionnels au violoncelle (main gauche, main droite), mais également les interventions du dispositif électronique commandées par deux pédales qui sont très précisément notées (pied gauche, pied droit) : la dimension polyphonique est ainsi envisagée dans la notation entre ces quatre niveaux, dans le rapport notation/interprétation, et plus encore au travers de la relation entre le compositeur, l'exécutant *et* l'auditeur.

Carceri d'Invenzione

La composition du cycle des *Carceri d'Invenzione*, dont le titre général est emprunté aux célèbres *Prisons* de Piranèse (la stimulation visuelle est un élément important et fréquent chez Ferneyhough), s'étend de 1981 à 1986, et englobe sept ensembles d'œuvres d'instrumentations (de un à vingt instruments) et de durées différentes (de cinq à vingt-sept minutes), — ensembles pouvant être eux-mêmes subdivisibles en plusieurs partitions. Le cycle complet regroupe les œuvres suivantes : 1. *Superscriptio*, pour piccolo (1981) ; 2. *Carceri d'Invenzione I*, pour seize instruments (1982) ; 3. *Intermedio alla Ciaccona*, pour violon (1986) ; 4. *Carceri d'Invenzione IIa*, pour flûte et ensemble, et *IIb*, pour flûte seule (1985) ; 5. *Études transcendantales*, pour voix, flûte, hautbois, violoncelle et clavecin (1982-1985) ; 6. *Carceri d'Invenzione III*, pour dix-huit instruments (1986) ; et 7. *Mnemosyne*, pour flûte basse et bande magnétique. Bien que ces partitions ne ressortissent pas toutes directement au domaine de la musique de chambre, elles en découlent par l'esprit quel que soit l'effectif requis. Par ailleurs, si l'exécution peut être fragmentaire et ne concerner qu'une pièce, l'ensemble des *Carceri d'Invenzione* peut être joué dans leur succession, comme l'a réalisée Arturo Tamayo lors de la création intégrale du cycle en 1986 avec l'orchestre de Baden-Baden à Donaueschingen.

Le projet de base de l'ensemble consistait, pour Ferneyhough, à explorer les parcours entre deux extrêmes dans la composition, entre ce que l'auteur appelle la « composition automatique » et la « musique informelle » : la première catégorie concerne les œuvres reposant sur des « processus » que l'on peut définir comme un système conçu *a priori* et contenant ses propres lois d'engendrement ; à l'opposé, la musique informelle implique une prise de position particulière du compositeur par rapport à son matériau pour lequel il se donne une marge d'interprétation. Il s'agit donc, pour Ferneyhough, de travailler sur les divers degrés d'intervention du compositeur sur l'œuvre, tout en tenant compte de la perception.

Les *Études transcendantales* constituent elles-mêmes un regroupement de trois cycles — chacun subdivisible à son tour en trois parties —, avec une dominante instrumentale pour les deux premiers (hautbois, flûte), et la recherche d'une synthèse dans le dernier. Le couple automatisme/informel et la synthèse — ou l'opposition — est reproduit à plus petite échelle dans les trois parties de chaque cycle. Ces *Études*, dont le titre ne cache pas la dimension hautement virtuose, se présentent ainsi comme une sorte de microcosme de l'ensemble des *Carceri d'Invenzione*.

Funérailles I et II

Composé entre 1969 et 1977 pour sept cordes (deux violons, deux altos, deux violoncelles et contrebasse) et harpe, *Funérailles* existe en deux versions, — la seconde consistant en une réinterprétation de l'écriture initiale (1978). Concernant le titre, Ferneyhough a déclaré qu'il faisait « moins référence à l'atmosphère de deuil qu'à l'allure solennelle, ralentie et typique des cérémonies de ce genre, tandis que le détail fébrile de l'écriture instrumentale pourrait être pris comme référence pour la façon dont l'esprit fait roue libre de manière associative à une vitesse assez différente ». La conscience exacerbée d'une forme de frontière entre le corps et l'esprit dans un type de situation rituelle — telles que des obsèques — a ainsi servi de modèle pour la réflexion du compositeur, qui a cherché à travailler sur la dissociation entre ces deux attitudes. Musicalement, cette idée est traduite par une concentration d'énergie prête à déferler mais constamment retenue, en particulier par les modes de jeu contradictoires tels que sourdines ou harmoniques qui sont conçus comme des « freins » : c'est la tension ainsi exprimée en « négatif » qui confère à l'œuvre sa qualité particulière et sa couleur attachante.

Durées d'exécution : environ 11 et 13 minutes.

A.P.

ANTOINE FORQUERAY

Né à Paris, en 1671 ou 1672; mort à Mantes, le 28 juin 1745. Il est l'un des représentants d'une illustre famille de musiciens. Très jeune, il avait joué de la basse de viole devant le roi au grand plaisir du souverain qui l'encouragea. Louis XIV avait une prédilection pour la viole, et il aima toujours entendre préluder Forqueray. En 1689, celui-ci entra à la Cour comme musicien ordinaire de la Chambre. De son mariage en 1697 avec une excellente musicienne, Angélique Houssu, naquit Jean-Baptiste Forqueray (1699-1782), aussi bon violiste que son père auquel il succéda en 1742. Il réalisa des éditions des œuvres pour viole de son père, et en transcrivit certaines pour le clavecin. Après la mort d'Antoine Forqueray, Daquin écrivit : « On peut dire que personne n'a surpassé Marais, un seul homme l'a égalé, c'est le fameux Forqueray ». Couperin et Rameau rendirent des hommages musicaux au grand violiste dans leurs pièces de clavecin.

Les pièces de viole avec la basse continue

C'est Jean-Baptiste Forqueray qui publia en 1747 ces *Pièces de viole avec la basse continue, composées par M. Forqueray le père, Ordinaire de la Musique de la Chambre du roi... Livre 1er*. Dédié à la princesse Henriette de France, fille de Louis XV, ce recueil était accompagné de cet hommage : « La viole, malgré ses avantages, est tombée dans une espèce d'oubli; votre goût, Madame, peut lui rendre la célébrité qu'elle a eue si longtemps. » On sait que les filles de Louis XV étaient de bonnes musiciennes (Henriette de France fut d'ailleurs l'élève de Jean-Baptiste Forqueray).

En guide d'*Avertissement*, Jean-Baptiste Forqueray explique que son but, en publiant les pièces de son père, était de former un concert de deux violes et un clavecin : « J'ai jugé à propos d'en faire la basse très simple, afin d'éviter la confusion qui se trouverait avec la basse des pièces de clavecin que j'ai ornée autant qu'il m'a été possible ». Il a en outre doigté ces pièces pour en rendre l'exécution plus facile.

Ce livre de *Pièces de viole* contient cinq suites de pièces diverses d'Antoine Forqueray, ainsi que trois pièces de Jean-Baptiste Forqueray. Toutes sont sous-titrées.

La **Suite I**, en *ré*, groupe six pièces. L'*Allemande la La Borde* a la démarche de la danse du même nom dans une architecture très solide, *La Forqueray* est conçue comme une courante vive « et d'aplomb », *La Cottin* se joue sur des croches coulées « galamment et sans lenteur », *La Billemont* est une sorte de gigue suivie par une pièce espiègle, *La Portugaise*. C'est un hommage qui clôt cette première suite avec la richesse extraordinaire de *La Couperin*.

La **Suite II**, en *sol*, réunit cinq pièces. *La Bouron* est un morceau vif de virtuosité rempli de figures variées, qui précède une curieuse et jolie pièce dite *La Mandoline*, dans laquelle, par un jeu de notes répétées et d'accords arpégés, Forqueray veut imiter la sonorité de la mandoline. Entièrement bâtie sur des valeurs pointées et rapides, *La Dubreuil* à 6/8 se joue « louré ». Témoignage d'admiration envers le grand violoniste français, *La Leclair* est un mouvement de grande virtuosité. Une *chaconne La Buisson* conclut la suite avec grâce.

Il y a sept pièces dans la **Suite III**, en *ré*. Trois d'entre elles sont de Jean-Baptiste Forqueray. La suite s'ouvre par une gigue rapide, suivie d'une page noble, *La Régente*, dans laquelle la technique de la viole est mise à rude épreuve. *La Tronchin* est un « mouvement aisé » tout en rythmes pointés. Deux pièces de Jean-Baptiste Forqueray se succèdent ensuite : *La Angrave* et *La Du Vaucel*. L'une est très vive, l'autre est une courte pièce tendre. *La Eynaud* évolue constamment sur des mouvements ascendants et descendants de noires, et c'est une *chaconne, La Morangis* ou *La Plissay*, due à la plume de Jean-Baptiste Forqueray, qui achève la troisième suite.

Sept pièces se succèdent dans la **Suite IV**, en *sol* : *La Marella* est vive, *La Clément* s'impose par une technique difficile, la pompeuse *sarabande La D'aubonne* qui leur succède fait appel à une ornementation très raffinée. *La Bournonville* se joue dans un « mouvement élevé », *La Sainsey* « gracieusement et avec esprit ». Un joyeux *Carillon de Passy* en forme de rondeau à quatre couplets apporte, avec *La Latour*, la touche finale.

La **Suite V**, en *ut*, comprend sept pièces. Hommage au maître de l'opéra français, *La Rameau* est une superbe pièce d'ouverture majestueuse, noble et pompeuse. Elle précède *La Guignon* « vivement et détaché », et une tendre *sarabande, La Léon*. La virtuosité est soutenue dans *La Boisson*. *La Montigni* progresse en un contrepoint aéré sur une basse continue à l'italienne. Un morceau très tendre, *La Silva*, annonce la page finale, *Jupiter*, véritable apothéose de la virtuosité qui exige une technique avancée.

A.d.P.

WOLFGANG FORTNER

Né à Leipzig, le 12 octobre 1907 ; mort à Heidelberg le 5 septembre 1987. Il accomplit des études de musique, de philosophie, de psychologie et de germanistique dans sa ville natale, — avant d'enseigner lui-même la théorie musicale et la composition à Heidelberg (1931), à Detmold (1954), puis à Fribourg-en-Brisgau (1957). Excellent pédagogue, il participa aussi aux cours d'été de Darmstadt, et a compté parmi ses élèves Hans Werner Henze ; il a milité, d'autre part, en faveur de la musique contemporaine (organisation, à partir de 1947, des concerts « Musica viva » qu'il dirigea à Heidelberg, Fribourg et Munich). D'abord élève dans la tradition de Max Reger, puis influencé par Hindemith et Stravinski, Fortner adopta — vers le milieu des années quarante — les techniques dodécaphoniques, non sans succès tout personnel. Il aura été enfin à la base d'un renouveau de la liturgie musicale luthérienne. Très attiré par la musique vocale, il a composé cinq opéras (dont Noces de sang *d'après Lorca en 1957, ou, vingt ans plus tard,* That Time *d'après Samuel Beckett), une* Deutsche Liedmesse *a cappella, un* Psaume XLVI, *des chorals, des cantates profanes (*Chant de naissance *sur un texte de Saint-John Perse, par exemple). Sa musique instrumentale comprend une symphonie, plusieurs concertos, (dont* Mouvements *pour piano et orchestre,* Fantaisie sur le nom de BACH *pour deux pianos et orchestre,* Triplum *pour trois pianos et orchestre, des concertos pour orgue, pour clavecin, etc.).*

L'œuvre de chambre ici examinée comporte : une *Suite pour violoncelle solo*, trois *Sonates* (pour flûte et piano, pour violon et piano, pour violoncelle et piano), un *Trio à cordes* ainsi qu'une *Sérénade pour flûte, hautbois et basson*, enfin trois *Quatuors à cordes*. Des années plus récentes datent des *Variations pour violoncelle solo* (1975), un *Trio avec piano* (1978), ainsi qu'un quatrième *Quatuor à cordes* (1979). Hormis ces trois dernières partitions dont nous ne connaissons pas encore la teneur, nous offrons un rapide survol de la production ainsi énumérée.

C'est à une première période créatrice (1933) que se rattache la **Suite pour violoncelle solo**. Elle respecte l'esprit de la suite baroque, — avec son mélange de mouvements lents et animés. Les mouvements extrêmes — *Introduzione* (*Andante*) et *Rondo* (*Presto*) — sont bâtis sur une thématique commune : elle apparaît, en doubles croches piquées (*Poco vivo*), au bout de vingt-et-une mesures après un début s'animant progressivement, et se répète presque à l'identique dans le *Presto* (en *pp saltato*). Les mouvements centraux sont une *Danza* (*Presto* alternant 4/4 et 3/4 en *sempre staccato*). avec trio *Poco allegretto* en « musette », — ainsi qu'une *Canzone* indiquée cinq « variazioni, sopra una melodia antica del Trovatore francese », et jouant avec adresse sur toutes les tournures archaïques de son thème mélodique.

Nous ne nous attarderons pas sur l'aimable *Sonate pour violon et piano* de 1945, ni sur la *Sonate pour flûte et piano* (1947), — cette dernière présentant son meilleur moment en une *Fugue* techniquement redoutable (le sujet procède par larges et brusques intervalles) pour l'instrument soliste. La **Sonate pour violoncelle et piano** (1949), comme les deux précédentes, se signale par son mouvement terminal à variations : ici un thème mélodique de ballade emprunté à Guillaume de Machaut. On remarquera, par ailleurs, l'emprunt fait par Fortner au dodécaphonisme dans le premier mouvement *Allegro moderato*.

Le **Trio à cordes**, réalisé par Fortner en 1953 sur commande de la Süddeutsche Rundfunk (Stuttgart), fait — pour sa part — un large appel à la technique des douze sons. Il y a cinq mouvements, — qu'on peut tenir pour cinq exercices de plastique sonore pratiquement indépendants : l'écriture est presque constamment polyphonique, et la forme très construite. Spécialement remarquable, au second mouvement (à 4/4), le thème fortement expressif utilisant une « série ». Non moins digne d'intérêt — puisqu'il constitue un repérage auditif immédiat —, le thème dodécaphone du *Kanon* sur lequel s'édifie le troisième mouvement (à 5/4).

La **Sérénade pour flûte, hautbois et basson** (1948) reste un produit de la période néo-classique du compositeur. C'est une musique de divertissement, en six parties. Une plaisante *Intrada* jouant sur un flottement — *ut* dièse (basson) et *ut* (flûte) — inaugure l'ensemble. A une douce *Aria* qui s'efface nostalgiquement sur un appel de flûte *ppp*, succède un *Caprice* (à 5/4) constitué de staccatos espiègles, — le basson traçant un ostinato infatigable ; pour finir, les trois instruments se réunissent gaiement sur un accord d'*ut* majeur. En quatrième position, une *Partita* sur un « Chant de séparation » du XVIe siècle, — dont la mélodie se répète trois fois, à l'intention de chaque instrument ; entre chaque répétition, une « Invention » (flûte et hautbois), puis un « Kanon » (hautbois et basson) servent d'enchaînement. Enfin, une *Sinfonia* fait fonction de transition vers un *Interludium* animé, — destiné lui-même à introduire sans pause l'éclatant finale, une « Fuga a 3 ».

Le **Premier Quatuor** (1929) — le compositeur était âgé de vingt-deux ans — apparaît bien comme l'« épreuve », réussie, d'un talent désirant s'affirmer. Sa facture n'est pas irréprochable, certaines gaucheries de construction seront plus tard évitées. L'*Allegro vigoroso* introductif (à 4/4) mise sur la puissance rythmique et dynamique : premier thème aux accents coupants, présentés unisono, et devenant « legato » et « gracioso » par souci d'effet contrastant trop manifeste. Un 3/4 animé (renversement du thème) amène un *Tempo alla marcia furiosa* truffé de syncopes, et constituant le second groupe thématique dans l'esprit d'une forme sonate élargie. C'est ensuite une partie développement riche en imitations, dans un mouvement scherzando ; récapitulation dans les règles, culminant sur la « marche furieuse ». L'*Adagio con moto* qui fait suite est en style fugué ; il y a trois parties possédant leur autonomie. Dans la première, très chaleureux thème à l'alto ; dans la deuxième (*Molto energico e grave*), autre thème accompagné de son renversement ; on atteint une culmination *fff* préludant à la troisième partie, — avec combinaison des deux thèmes antécédents ; un decrescendo mène vers une conclusion *pppp*. Aérien, d'une insouciante gaieté, le *Scherzo* (*Allegro vivace*) forme une sorte de « pont » entre *Adagio* et *Finale*, — celui-ci inauguré par une *Introduzione concertante* (*Maestoso ma non troppo*) en style récitatif. Et un calme *Molto adagio* conduit, sans transition, vers la *Fuga* terminale (*Allegro energico*) : « couronnement » presque obligé de cette œuvre encore un peu scolaire, — achevée en crescendo sur un quadruple *forte*.

Le **Deuxième Quatuor** est d'une décennie postérieur (1938), plus concis et beaucoup mieux équilibré en sa forme quasi rhapsodique à cinq mouvements (le finale en deux parties). On peut en effet regarder comme un quatrième mouvement indépendant l'*Intermezzo* en style récitatif qui précède le mouvement de fugue final. Le mouvement inaugural, *Allegro*, conserve la forme sonate : c'est sa substance thématique qui nourrira les motifs du très expressif *Air* (deuxième mouvement) et du très capricieux *Scherzo* (troisième mouvement). La cohésion de l'œuvre apparaît donc plus structurelle que de forme, — assez disparate comme on l'a dit. L'*Intermezzo*, quant à lui, comme quatrième mouvement déjà mentionné, lance « attacca » le préambule (*Molto allegro*) sur lequel la fugue terminale va se construire : un sujet à 6/8 présenté *Poco scherzando* par le second violon.

Dix années s'écoulent encore : en 1948 paraît le **Troisième Quatuor**. S'y découvre un nouvel univers sonore, en même temps qu'un affranchissement complet des normes formelles. L'ordonnancement inaccoutumé des mouvements en fournit une preuve : un *Allegro moderato*, puis un *Allegro poco scherzando* (un scherzo et son trio), ensuite un *Largo*, enfin un *Presto* (qui est un libre rondo). La technique dodécaphonique y trouve un emploi remarquable, aisé, varié, — prenant appui sur deux « séries » dont la première est présentée dans le mouvement initial, et la seconde au début du *Presto* (les doubles croches ascensionnelles de celle-ci opposées, bien évidemment, aux valeurs longues en ligne descendante de la précédente). L'ensemble, extrêmement travaillé, ne dénonce aucun artifice, mais ne se départit jamais non plus d'une précision un peu sèche.

F.R.T.

JEAN FRANÇAIX

Né le 23 mai 1912, au Mans. C'est par le piano qu'il commença ses études musicales au conservatoire de sa ville natale (dont son père était directeur), pour les poursuivre au Conservatoire de Paris (classe d'Isidore Philipp), — où il obtint un premier prix dans cet instrument en 1930. Parallèlement, il travailla la composition avec Nadia Boulanger dès 1922. Un temps pianiste accompagnateur à travers la France, c'est néanmoins à la composition qu'il en vint à consacrer l'essentiel de ses activités (en 1932, âgé de vingt ans donc, il présenta une Symphonie *créée par Pierre Monteux, qui provoqua le scandale, puis qu'il retrancha de son catalogue). Se succéderont alors des œuvres de musique instrumentale, symphonique, concertante (dont le* Concerto de piano *de 1936, peut-être le mieux connu), et de ballets (certains représentés à l'Opéra de Paris). C'est enfin le théâtre lyrique qui sera abordé, — avec l'opéra-comique* le Diable boîteux *en 1938 (créé chez la princesse de Polignac) ; seront à citer, dans ce domaine privilégié, les opéras* la Main de gloire *(1950) et* la Princesse de Clèves *(1965), — sans compter, par ailleurs, une dizaine de musiques de films (*Si Versailles m'était conté, *entre autres). Enfin, cette production restera dominée par le splendide oratorio* l'Apocalypse de Saint Jean *(1939). Classicisme charmeur, raffinements de l'écri-*

ture, élégance innée en sont les traits dominants, — alliés à une grande maîtrise technique. Ignorant superbement tous les combats d'avant-garde, voici donc un musicien qui, à l'instar de son ami Francis Poulenc, aura écrit de la « musique pour faire plaisir ».

De la musique de chambre, dans laquelle s'affirme la prééminence des instruments à vent, nous ne présentons ci-après que les partitions nous paraissant caractéristiques de l'art d'un compositeur « typiquement français » et, sous cette étiquette (qui peut sembler fallacieuse), particulièrement apprécié dans les pays germaniques. D'abord les œuvres dédiées aux cordes, puis celles — comme nous venons de l'indiquer — consacrées tout spécialement aux vents.

Œuvre juvénile entre toutes, le **Trio à cordes** de 1933, dédié au célèbre Trio Pasquier (qui l'interpréta longtemps devant des publics ravis), est d'une inspiration enjouée, primesautière, en quatre mouvements dont les deux extrêmes (*Allegretto vivo* et *Rondo*), rythmiques et dansants, s'opposent aux mouvements centraux, — un *Scherzo* plus subtil en ses jeux harmoniques et ses effets de pizzicato virtuoses, et, plus particulièrement, un *Andante* d'une atmosphère tendre et transparente, avec les trois instruments *con sordino*.

Le **Quatuor à cordes** de 1934, dédié par Françaix à ses parents, s'inscrit dans la tradition toute classique des divertimentos et sérénades. Son but est, tour à tour, de réjouir et d'émouvoir, — sans que les subtilités d'écriture ne puissent se faire oublier. Des quatre mouvements, retenons l'*Andante* (à 3/4) dans le caractère d'une danse très calme, stylisée, et le très spirituel *Scherzo* qui fait un abondant usage du jeu pizzicato.

La **Sonatine pour violon et piano**, qui fut dédiée au duo formé par Jacques Thibaud et Alfred Cortot, est contemporaine de l'œuvre précédente. Elle comporte trois mouvements fortement contrastés : le *Vivace* initial, dans la forme sonate, essentiellement rythmique, se construit sur un petit motif caractéristique ; l'*Andante* qui lui succède oppose en lui-même un thème expressif, très chantant (à 4/4), et un motif de danse (à 3/4). L'œuvre se clôt sur un thème d'essence lyrique assorti de cinq variations pleines d'animation et d'effets de jeu.

Nous passons à présent une revue sommaire des partitions écrites pour les vents. Le **Quatuor pour flûte, hautbois, clarinette et basson** date également de la jeunesse du musicien (1934) : l'esprit est celui de la fantaisie, voire de l'humour burlesque, — avec quelques demi-teintes élégiaques (mouvement lent). De la même période, un **Quintette pour flûte, harpe, violon, alto et violoncelle** qui ne s'est pas imposé avec la même évidence, tandis que le **Quatuor de saxophones** (1935) demeure une curiosité.

Franchissant plusieurs années — notamment le hiatus de la Seconde Guerre mondiale —, nous retrouvons un Françaix merveilleusement égal à lui-même, en 1947, avec le trio d'anches formé d'un hautbois, d'une clarinette et d'un basson, et intitulé **Divertissement**, remarquablement adapté aux possibilités et qualités de l'école de vents française en ses quatre mouvements contrastés. À un *Prélude* calme et gracieux succèdent — « attacca » — un *Allegretto assai* d'allure désinvolte et enjouée, puis une belle *Élégie* dont la mélodie se voit confiée au hautbois, enfin un *Scherzo* d'esprit dansant, virtuose, en guise de finale.

Le **Quintette à vents n° 1 en *mi* majeur** fut composé l'année suivante (1948) à la demande de Louis Courtinat à l'intention du Quintette à vents de l'Orchestre National. La combinaison de la flûte, du hautbois, de la clarinette, du basson et d'un cor donne lieu à des démonstrations d'une virtuosité étourdissante, en une écriture d'une aisance absolue. Particulièrement digne d'attention le troisième mouvement (un thème et cinq variations, — formellement propices à tous les jeux d'alliage sonore) : chaque instrument trouve, tour à tour, l'occasion d'une mise en valeur très adéquate.

Le **Quintette à vents n° 2** est, quant à lui, tout à fait récent : 1987. Il fut écrit à l'intention du Quintette Aulos, qui l'a créé. Des deux œuvres pour la même formation, il apparaît — non sans paradoxe — comme le plus jeune d'esprit et le plus naturel. L'*Allegro* du premier mouvement est plus virtuose encore (et d'exécution redoutable) que ne le fut son homologue du *Premier Quintette*, tandis que le *Lento* introductif possède toute la nostalgie d'une rêverie sur le temps vécu, — comme on en retrouvera les échos discrets dans toute la partition. Seul le *Scherzando*, peut-être un peu laborieux, paraîtra une moindre réussite.

Il reste à simplement mentionner — parmi plusieurs autres partitions (sans prétendre à l'exhaustivité) — l'existence au catalogue d'un *Divertissement pour basson et quatuor à cordes*, d'un *Quintette pour clarinette et cordes* en quatre mouvements, d'un *Octuor pour clarinette, cor, basson, deux violons, alto, violoncelle et contrebasse* (la même formation que celui de Schubert), et à propos duquel le compositeur, très conscient de ses limites, a évoqué « l'amitié hasardeuse du pot de fer et du pot de terre, peu recommandée par La Fontaine » : une telle modestie l'honore !

F. R. T.

CÉSAR FRANCK

Né à Liège, le 10 décembre1822 ; mort à Paris, le 8 novembre 1890. Né dans une ville belge de langue française, fils d'un employé de banque d'origine germanique et d'une mère allemande, il eut à subir dans sa jeunesse l'autorité d'un père aigri et abusif qui, à l'instar de Léopold Mozart, entendait faire de ses fils — César, pianiste, et Joseph, violoniste — des enfants prodiges. Franck commence ses études musicales au Conservatoire Royal de Liège en 1831. Il les poursuivra à Paris, où la famille s'est installée en 1835 : d'abord la composition avec Reicha, puis, au Conservatoire de la rue Bergère, le contrepoint, la fugue, le piano et l'orgue. Les récompenses s'accumulent ; mais amère déception en 1841 : Franck n'obtient qu'un second prix d'orgue. Nommé titulaire de l'orgue de Notre-Dame-de-Lorette (où il se marie en 1848), puis de l'orgue de Saint-Jean-Saint-François en 1853, il est appelé cinq ans plus tard à la tribune de l'église Sainte-Clotilde : il y tiendra le superbe instrument de Cavaillé-Coll jusqu'à sa mort. La première partie de la vie de Franck paraît bien terne et monotone : homme réservé, le jeune organiste partage son temps entre l'enseignement qui lui permet de vivre et les services religieux des paroisses où il exerce ; mais « c'est dans le recueillement que mûrit le génie... » (Norbert Dufourcq). Le nom de Franck est alors pratiquement inconnu dans les cercles musicaux. C'est au lendemain de la guerre de 1870 que le compositeur sent sourdre en lui une nouvelle énergie. Il obtient ses premiers postes officiels. En 1871, il entre comme fondateur au comité de la Société Nationale créée pour divulguer les œuvres des seuls musiciens français vivants. En 1872, il est nommé professeur d'orgue au Conservatoire — il n'obtiendra malheureusement jamais le poste de professeur de composition. Les chefs-d'œuvre, pas toujours compris par ses contemporains, vont alors se succéder. Travailleur acharné, se consacrant à ses élèves et à la composition, Franck aura une vieillesse heureuse, illuminée par l'attachement et l'enthousiasme de ses disciples. Il mourra des suites d'un stupide accident de la circulation. Ses obsèques seront célébrées à Sainte-Clotilde, et, au cimetière de Montrouge où le corps sera provisoirement inhumé, Chabrier prononcera un émouvant hommage funèbre : « Adieu, maître ; adieu et merci ; c'est un des grands artistes de ce siècle que nous saluons en vous... ». Si l'on excepte des pages de jeunesse, la musique de chambre de Franck n'est constituée que de trois œuvres — le Quintette, *la* Sonate pour piano et violon, *le* Quatuor —, *mais qui sont trois chefs-d'œuvre. Avec eux seuls, il apparaît comme un des principaux pionniers de la renaissance de la musique instrumentale française.*

C'est aux alentours de la cinquantaine que Franck a composé ses premières œuvres importantes. La grande époque franckiste débute, en effet, en 1872 (année de la nomination de l'artiste au Conservatoire) avec l'oratorio *Rédemption*, qui ne connut pas un succès immédiat. Cependant, c'est bien par la musique de chambre que Franck aborda réellement la composition.

Trios concertants pour piano, violon et violoncelle (op. 1)

En 1840, âgé de dix-huit ans et encore étudiant, il avait déjà écrit trois trios qui sont en réalité quatre, si l'on veut se souvenir que le *finale* du troisième trio forme à lui seul le quatrième trio édité à part, sur les conseils de Liszt, sous le numéro d'*op. 2*. En 1842, Franck, à peine sorti du Conservatoire, avait revu le grand Liszt, rencontré en 1837, et lui avait soumis ses *Trios*. Séduit par ces pièces, Liszt engagea le jeune musicien à réécrire et à isoler le dernier mouvement du troisième trio pour en faire une œuvre entière. Les conseils de Liszt furent le point de départ d'une amitié durable : « Il y a bien des années que j'ai pris une opinion très favorable du talent de M. César Franck par l'audition des trios (fort remarquable à mon sens)... », confia-t-il en 1855.

Les trois *Trios concertants op. 1* furent publiés en 1843 chez Schlesinger — on a vu que le quatrième trio avait été édité à part —, et dédiés à Léopold 1er, roi des Belges. En janvier 1839, dans les salons d'Érard à Paris, Franck avait déjà tenu le piano lors de l'exécution de son deuxième trio, dit « Trio de salon ». Un an plus tard, le 27 février 1840, dans les salons du facteur de piano Pape, il jouait, avec son frère au violon, le premier trio.

Les *Trios concertants* font partie des rares ouvrages de Franck portant un numéro d'opus, — car après les *Six Pièces pour grand orgue op. 16* à *21* et la *Quasi marcia pour harmonium op. 22*, achevées dans les années 1862, Franck abandonna toute numérotation de ses œuvres. Il semble que ces pages connurent en France un succès tardif, car on ne trouve pas trace de leur exécution avant 1871. C'est cette année même que le premier concert donné par la Société Nationale débuta par le *Trio concertant en* fa *dièse mineur*. Leur succès fut plus évident en Allemagne, et, dès 1844, Mendelssohn écrivait à leur propos une lettre de félicitations à Franck : « j'aimerais bien pouvoir... vous dire tout ce que j'y trouve de beau. »

Le premier **Trio en *fa* dièse mineur** s'avère le plus intéressant de la série. C'est un morceau cyclique, c'est-à-dire entièrement basé sur un ou plusieurs motifs, ou « cellules mélodiques », qui se répercutent de mouvement en mouvement, pour finalement dominer toute l'œuvre et lui donner ainsi son unité interne. Il s'ouvre par un premier mouvement à deux thèmes : l'un sombre, dur et agité, sur un accompagnement de noires marquées qui animera toute la pièce; le second thème est contemplatif, expressif, sur ses gammes montantes et descendantes : il s'agit là du motif cyclique qui repassera dans chacun des mouvements. Le deuxième mouvement est un *Scherzo* en *si* mineur, avec deux trios (dans le mode majeur). Le thème cyclique s'impose dans le second de ces trios sur le motif rythmique des noires d'accompagnement du premier thème du mouvement initial. Le finale est de coupe traditionnelle : il reprend la forme sonate à laquelle Franck restera toujours fidèle.

Durée d'exécution : 33 minutes environ.

Le **Deuxième Trio** dit « Trio de salon », paraît, comme son sous-titre le suggère, un peu artificiel. Des quatre mouvements qui le composent, on remarquera cependant l'*Andante* évoquant la manière de Schubert.

Le **Troisième Trio** est plus vaste. À un premier mouvement construit sur deux thèmes, succède un *Adagio* de schéma classique. Quant au *Finale*, il est devenu, sur les conseils de Liszt et après avoir été remanié par Franck, le **Quatrième Trio concertant op. 2**. C'est une ample pièce, très développée, où s'affirme déjà le grand architecte que sera Franck.

Quintette pour piano, deux violons, alto et violoncelle, en *fa* mineur

Entre la publication de ses *Trios concertants* et la composition de son *Quintette en fa* mineur, terminé en 1879, Franck s'est imposé un silence de plus de trente-cinq ans dans le domaine de la musique de chambre. Ce quintette — premier grand quintette de la littérature française — annonce l'éclosion d'une musique de chambre vraiment nationale, qu'illustreront également Chausson, d'Indy, Fauré, Florent Schmitt entre autres.

Dédiée à Camille Saint-Saëns, l'œuvre fut créée le 17 janvier 1880 à la Société Nationale, fondée depuis moins de dix ans. Le dédicataire était au piano, sans enthousiasme apparemment, car l'anecdote de Saint-Saëns abandonnant avec dédain la partition sur le pupitre du piano sitôt le dernier accord plaqué est bien connue. L'auteur de *Samson et Dalila*, en « partisan qu'il était de la musique abstraite, bien construite », ne pouvait comprendre que, dans les trois mouvements de cet immense poème passionnée, « se déroulait une musique subjective, voisine du drame*. Le *Quintette* reçut un accueil favorable, mais sans lendemain.

---

* Norbert Dufourcq, *César Franck* (Paris, La Colombe, 1949).

Debussy, l'un de ses admirateurs, y vit néanmoins de « la vraie musique ».

La composition de cette œuvre — contemportaine des *Béatitudes* — marque une étape essentielle dans l'évolution du langage de Franck. Son écriture paraît beaucoup plus nouvelle, — tandis que s'affirme le goût pour la grande architecture. Le *Quintette* est un morceau monumental par la diversité de son contenu expressif et par la complexité de sa construction. Il y règne une puissance sonore évoquant celle de l'orgue ou de l'orchestre, et qui donne à l'ensemble quelque chose de riche et de lourd à la fois. Enfin, Franck perfectionne ici son sens de l'architecture musicale, l'emploi de ce procédé cyclique qui lui fut cher et qu'il exploite, dans le *Quintette*, non sans habileté.

On s'est mainte fois interrogé sur l'intensité dramatique du *Quintette*, — y percevant l'écho d'une crise passionnelle intime : « C'est dans la musique de chambre, refuge suprême des plus hautes pensées, que le *Pater seraphicus* apparaît dédoublé en un homme plein de trouble, à tel point que, dans le *Quintette*, son émoi communicatif devient presque obsession, et l'on peut se demander si de telles pages ne montrent pas le tréfonds de l'auteur, si la légendaire douceur de Franck n'est pas vertu acquise à la lumière de la foi », écrivit à ce propos Maurice Emmanuel.

Le *Quintette en fa mineur* est en trois parties : une introduction dramatique aboutissant à un mouvement rapide, un mouvement lent en trois sections dans le style d'une aria, et un finale fougueux.

1. Le premier mouvement débute, **MOLTO MODERATO QUASI LENTO**, par une courte introduction dont le thème passionné et saccadé, — *dramatico*, a noté Franck — s'énonce au premier violon qu'accompagnent discrètement les trois autres instruments à cordes :

Le bercement de doux triolets, à 12/8, du piano lui répond aussitôt. Des idées secondaires vont se greffer sur ces motifs principaux, et permettre le dialogue. Sur des accords battus paraît alors le thème cyclique :

Il s'impose dans une atmosphère de plus en plus passionnée (« tendre mais avec passion », selon l'indication de Franck) ; le chromatisme inquiet de ses intervalles est tout à fait caractéristique du langage du musicien. Le vaste développement mêle tous ces motifs dans l'animation et l'angoisse à la fois : c'est un immense *animato*, auquel succède un fort *più presto* menant aux discrètes mesures conclusives. La structure de ce mouvement « paraît si complexe, a noté Norbert Dufourcq, qu'à l'auditeur soucieux de clarté, la lumière ne se fait pas jour dès la première impression ».*

2. LENTO CON MOLTO SENTIMENTO (à 12/8, en *la* mineur) : dans cet épisode lent, on relèvera surtout l'extraordinaire continuité de la mélodie. C'est un ample thème élégiaque,

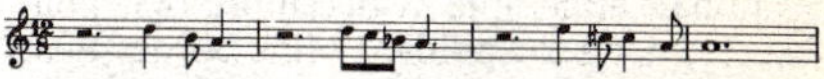

confié au premier violon et soutenu par des accords battus du piano, qui ouvre le mouvement dans une nuance *dolce*. Ses cellules mélodiques, descendantes et ascendantes, réapparaîtront dans le développement. Ce long thème subit une double exposition — la seconde à l'octave supérieure —, lorsqu'intervient une courte idée cyclique, sourde et dramatique, qui dominera le finale. La fièvre diminue quand débute le développement central, en *ré* bémol. Le thème cyclique rencontré dans le mouvement initial (voir l'avant-dernier exemple) revient et renforce l'intensité dramatique de cette nouvelle section, dans laquelle le piano s'épaissit de plus en plus. La tension et l'angoisse ne diminueront qu'avec la réexposition, et le calme expressif de la conclusion.

3. ALLEGRO NON TROPPO MA NON FUOCO (à 3/4, en *fa* majeur) : il débute par une introduction saccadée de doubles croches répétées que lance avec feu le second violon, imité peu à peu par les autres cordes, sur une basse sombre et discrète du piano. Le premier thème nerveux est lent à se dégager sur ce frémissement chromatique des cordes. Le second thème n'est autre que la courte idée cyclique entr'aperçue dans le *lento*, à la fin de l'exposition ; sa valeur rythmique est ici décomposée. Ces deux idées se superposent dans le développement parmi les réminiscences, puis l'affirmation du thème cyclique principal entendu dans le premier mouvement. L'allure générale s'accélère en rebondissements rythmiques

* N. Dufourcq, *Ibid.*

vers la coda, qui s'épanouit dans la joie jusqu'à l'unisson final.

Durée d'exécution : 39 minutes environ.

Sonate pour violon et piano, en *la* majeur

Chef-d'œuvre incontestable de la musique de chambre française au XIXe siècle, cette *Sonate* fut composée durant l'été de 1886. Franck la dédia au violoniste Eugène Ysaye, qui la créa au Cercle artistique de Bruxelles le 16 décembre 1886, avec Mme Bordes-Pène au piano. Elle fut jouée pour la première fois à Paris, par les mêmes interprètes, le 5 mai 1887 à la Société Moderne, récemment fondée. Curieusement, la Société Nationale attendit le 24 décembre 1887 pour la présenter à son public : Mme Bordes-Pène était au piano, et Rémy au violon. À chacune de ces auditions, l'œuvre reçut un accueil extrêmement chaleureux. Par la suite Ysaye, d'abord accompagné de son frère Théo, puis de Raoul Pugno, l'imposa à travers le monde avec le même succès.

Faut-il voir en cette partition admirable la sonate de Vinteuil, dont la célèbre petite phrase fut délicieusement évoquée par Proust : « Cette fois, [Swann] avait distingué nettement une phrase s'élevant pendant quelques instants au-dessus des ondes sonores. Elle lui avait proposé aussitôt des voluptés particulières dont il n'avait jamais eu l'idée avant de l'entendre, dont il sentait que rien d'autre qu'elle ne pourrait les lui faire connaître, et il avait éprouvé pour elle comme un amour inconnu... » (*Du côté de chez Swann*).

La *Sonate pour violon et piano* de Franck est une œuvre capitale dans l'évolution du genre. Jusqu'alors, la musique de chambre française se résumait à quelques œuvres — les sonates de Lalo (1855), de Saint-Saëns (1872), et de Fauré (1876) — qui n'avaient jamais atteint la même intensité, et l'on peut affirmer, avec Robert Jardillier, que Franck en apporte ici un magnifique couronnement : comme le *Quintette* et comme le futur *Quatuor* — uniques en leur genre —, la *Sonate* « suppose une méditation profonde et un effort considérable de renouvellement dans l'écriture »*. Franck adopte, ici encore, le système cyclique ; mais avec cette particularité que le thème principal — ou plutôt l'idée principale — représentant l'épanouissssment d'un simple intervalle de tierce ne s'impose pas aux motifs secondaires. Cette idée, très courte, « qu'on a peine à découvrir dès l'abord, mais dont on relève partout la présence »*, se transforme continuellement, et se dégage pour fleurir en des figures toujours nouvelles.

1. Allegro ben moderato (à 9/8) : ce mouvement, relativement bref, ne peut être considéré comme une introduction ; c'est un mouvement de sonate à deux thèmes sans développement. En quatre mesures et sur des accords des septième, le piano présente l'élément harmonique et prépare l'entrée de la première idée. Souple et chantante, une longue mélodie s'élève au violon, construite sur la cellule cyclique dont le rythme se répétera inlassablement :

Le second thème, confié au piano, réplique avec conviction au violon qui se tait : large imploration, dont la basse se couvre bientôt de rapides doubles croches. Il n'y a pas de véritable développement, mais plutôt un conduit modulant inspiré du début. Les deux thèmes vont se réunir pour la conclusion dans un apaisement extraordinaire, tandis qu'une courte coda viendra « fermer ce feuillet d'album, dont le rythme souple et berceur étonne au début d'une sonate... »**.

2. Allegro (à 4/4) : selon Vincent d'Indy, ce mouvement est construit comme un lied en trois parties ; d'autres y ont vu un allegro de sonate. Il y règne, en tout cas, une passion palpitante et une inquiétude tragique évoquant l'atmosphère du *Quintette*. Les premières mesures sont écrites dans l'esprit du début du *Prélude, Choral et Fugue*. Des figurations nerveuses des doubles croches du piano émerge un thème romantique « passionato », exposé par le piano, puis par le violon :

Le rythme haletant et saccadé mène vers le tumulte. Quatre mesures de lourds accords du piano servent alors de transition, et conduisent au deuxième thème basé sur la cellule cyclique et accompagné par des triolets du piano. Il s'impose en une grande

* Robert Jardillier, *La musique de chambre de César Franck*, (Plan-de-la-Tour, Éd. d'Aujourd'hui, 1978).

* Norbert Dufourcq, *Ibid*.
** Robert Jardillier, *Ibid*.

phrase lyrique, avant un court développement qui débute, dans une nuance *piano*, sur de grands accords du clavier. Tous les éléments entendus précédemment reviennent enfin pour dialoguer avec passion. Une réexposition classique (malgré quelques modifications) et une coda animée concluent dans l'impétuosité : de puissants accords alternés et une montée rapide d'accords arpégés en *ré* majeur au piano, sous un long trille du violon, précèdent les accords finals.

3. Recitativo fantasia. Ben moderato : « L'une des créations les plus hardies de Franck »*, qui abandonne ici toute conception formelle au profit d'un lyrisme intense. C'est un récitatif très libre dont les éléments dérivent de la cellule cyclique. Celle-ci apparaît au piano dès les premières mesures, puis le violon répond au piano « con fantasia » lorsque celui-ci se tait. Les deux instruments se superposent ensuite brièvement, *molto lento*, avant la reprise du récitatif. Une nouvelle idée s'impose alors au centre du mouvement, sur de tranquilles triolets du piano ; mais l'épisode se dramatise rapidement. Quelques mesures rappellent enfin la phrase initiale, différemment rythmée, et le mouvement devient de plus en plus émouvant, pour conclure *pianissimo*.

4. Allegro poco mosso : rondeau à la française, avec l'alternance d'un refrain et de couplets dans des tonalités toujours différentes. Le thème du refrain entre d'emblée en *la* majeur, « dolce cantabile », en un admirable canon mélodique à l'octave entre piano et violon :

Le développement central, en un *si* bémol mineur inquiet et passionné, est suivi d'un court épisode en *ré* dièse mineur, qui module bientôt en *fa* mineur sur une large mélodie du violon. À la réexposition traditionnelle succède une coda très brillante : à la fin réapparaissent quelques éléments du refrain qui, sous un trille du violon, apportent la touche finale.

Durée moyenne d'exécution : 27-29 minutes environ.

Quatuor à cordes, en *ré* majeur

Ultime page de musique de chambre de Franck et l'une de ses dernières œuvres — les *Trois Chorals pour grand orgue* furent achevés en 1890 —, le *Quatuor en* ré *majeur* marque, selon Robert Jardillier, le « point culminant de l'art frankiste »*. L'idée d'un quatuor à cordes semble venue assez tard à l'esprit du compositeur. Mais, lorsqu'en 1889, il se mit au travail, il avait longuement étudié les quatuors de Schubert, de Brahms, et ceux de Beethoven dont l'influence le marqua profondément. Le *Quatuor* de Franck est véritablement le premier grand quatuor à cordes de l'école française contemporaine.

C'est par le troisième mouvement, *Larghetto*, que Franck commença la composition de son œuvre ; puis le premier et le deuxième mouvements furent achevés entre octobre et novembre 1889, tandis que le *Finale* était terminé à la mi-janvier 1890. La première audition eut lieu le 19 avril 1890 à la Société Nationale, par un quatuor composé de Heymann, Gibier, Balbreck et Liégeois. Le succès fut immédiat, et un véritable triomphe accueillit le dernier accord : « Dès le début le public était conquis. Bientôt ce fut l'enthousiasme, et un vrai délire, au point qu'à la fin les quatre ou cinq cents personnes qui remplissaient la petite salle, non contentes d'applaudir, acclamaient l'auteur qui dut se montrer sur l'estrade. Le moins étonné ne fut certes pas Franck lui-même, qui n'en revenait pas d'un succès pareil à propos d'un quatuor ! », constata Arthur Coquard, son ami. Et Franck d'avouer timidement : « Allons, voilà le public qui commence à me comprendre ! »

En mai 1890, Ysaye et son propre quatuor jouèrent de nouveau l'œuvre à Tournai, en présence de Franck ; le triomphe fut le même. Bienfaisante consolation pour le musicien, après l'indifférence qui avait accueilli la *Symphonie en* ré *mineur* un an auparavant. Mais consolation de courte durée, puisque la mort l'emporta six mois plus tard.

1. Dans le premier mouvement de son *Quatuor*, Franck mêle intimement deux mouvements ; selon Vincent d'Indy, voilà une « forme essentiellement nouvelle et originale, [qui] consiste en deux morceaux de musique vivant chacun sa vie propre et possédant chacun un organisme complet, qui se pénètrent mutuellement sans se confondre, grâce à une ordonnance parfaite de leurs éléments et de leurs divisions ». D'emblée, Franck propose en un tempo *Poco lento* et dans une nuance *fortissimo* un long thème en *ré* majeur, presque liturgique, sur de majestueux accords évoquant l'orgue. Ce thème lyrique est le thème cyclique de la partition :

* Robert Jardillier, *Ibid.*

Il est repris par le violoncelle à la quinzième mesure, mais dans une nuance très douce. La deuxième partie du mouvement débute, *Allegro*, par l'expostition en *fa* majeur d'un petit motif nerveux annoncé par les dernières mesures du *Poco lento*. Une seconde idée « marcato e vibrato » apparaît ensuite au violoncelle, pour se développer au premier violon sur les notes répétées en sextolets et en triolets de l'accompagnement, et conduire à un épisode de méditation « dolce espressivo ». L'*Allegro* se termine en une très étrange équivoque majeur/mineur, typique du langage franckiste et assez séduisante. Le thème cyclique reparaît dans une nuance plus grave, et dans le mode mineur, dans la réexposition du *Poco lento*. Il se transforme bientôt en sujet de fugue lente dont les entrées se font successivement à l'alto, au second violon, au violoncelle, puis au premier violon. La fugue s'accélère et se charge de triolets, jusqu'au retour de l'*Allegro* qui se développe avant d'être réexposé.

2. **Scherzo** (*Vivace* à 3/8, en *fa* dièse mineur) : de forme tout à fait traditionnelle, ce morceau composé en quelques jours, présente une légèreté ainsi qu'une transparence extraordinaires. Il est accompagné d'un trio central en *ré* majeur. Deux thèmes se succèdent dans le *Scherzo* : le premier, rythmique, se joue *pianissimo* et avec sourdines sur des pizzicatos ; le second, plus mélodique, est tout en balancement. Deux idées également parcourent le trio : la première scandée sur un rythme particulier longue-brève, la seconde, plus sage, avec ses croches égales. Après reprise du *Scherzo*, le mouvement est conclu sur une brève évocation du trio. On notera ici une extrême instabilité tonale jointe au mystère pittoresque de la couleur instrumentale.

3. **Larghetto** (à 3/4) : c'est le premier des quatre mouvements qu'ait écrit Franck. À la fois andante et rondeau, il débute par une très longue phrase de plus de trente mesures, douce et chantante ;

à laquelle succède immédiatement un second thème plus douloureux en triolets, qui peut être compris comme un premier couplet. Tout devient tourmenté. La phrase initiale réapparaît comme un refrain *pianissimo*, agrémenté de riches harmonies et de triolets d'accompagnement. Une troisième idée s'impose, — qui débouche sur un grand épisode passionné dans lequel le premier violon chante sur un dessin mouvant d'arpèges ascendantes et descendantes de doubles croches tracé par le violon et par l'alto. Tout progresse sur un accompagnement de plus en plus trépidant, pour s'apaiser cependant rythmiquement en un long diminuendo. Le thème initial fait une nouvelle apparition ; mais c'est le deuxième motif qui apporte la conclusion.

4. **Final. Allegro molto** : pour Robert Jardillier, ce mouvement constitue l'aboutissement de ce qui a précédé. Il est construit comme un allegro de sonate annoncé par une introduction où les variantes de tempo se succèdent rapidement, et où passent de brefs rappels du *Larghetto*, du *Scherzo* et du *Poco lento*. Dans le thème principal de l'*Allegro molto* qui s'enchaîne on reconnaît le thème initial du premier mouvement — thème cyclique —, exposé à l'alto et au second violon. On ne peut donc que souligner le caractère cyclique de ce finale. Plusieurs idées nouvelles dialoguent ensuite, avec violence et passion parfois. Le développement « part de cette inquiétude pour préparer lentement la joie terminale »*. Cette joie éclate dans la réexposition classique des thèmes constitutifs du mouvement et des thèmes essentiels de l'œuvre : reviennent en particulier la longue mélodie du *Poco lento*, les pizzicatos du *Scherzo* dédoublés en triolets de noires, ou la grande phrase du *Larghetto* en valeurs augmentées. Ainsi se trouve cimentée l'organisation remarquable de l'œuvre, par un travail compositionnel aussi subtilement efficace qu'inspiré de bout en bout.

A.d.P.

Durée d'exécution : 45-49 minutes environ.

---

* Robert Jardillier, *Ibid.*

FRANÇOIS FRANCŒUR

Né à Paris, le 21 septembre 1698; mort à Paris, le 5 août 1787. Fils, frère et oncle de musiciens, élève de son père pour le violon, il débuta dès l'âge de quinze ans comme violoniste dans l'orchestre de l'Opéra. Dans la suite de sa carrière, il eut la chance de cumuler les plus hautes charges musicales : compositeur de la chambre du roi dès 1727, il entra en 1730, année de son mariage avec une sœur de la comédienne Adrienne Lecouvreur, dans la bande des vingt-quatre violons du roi en remplacement de Jean-Baptiste Sénaillé qui venait de mourir. Appelé comme directeur de la musique de l'Opéra en 1739, il accéda cinq ans plus tard au poste de surintendant de la Musique de la chambre du roi. Entre-temps, en 1757, Francœur avait été nommé directeur de l'Académie royale de Musique avec son ami François Rebel. Le contrat qui les liait à l'Opéra couvrait une durée de trente ans; mais les immenses difficultés rencontrées par les deux directeurs les obligèrent à démissionner en décembre 1766. Virtuose fêté au Concert spirituel, il fut l'auteur d'une œuvre dramatique importante, de plusieurs recueils de symphonies, et de deux livres de sonates pour violon et basse continue. Antoine Dauvergne, son successeur comme surintendant de la Musique de la chambre du roi, a décrit Francœur comme un « homme honnête, plein d'intelligence, de zèle et d'activité ».

Les dix **Sonates à violon seul et basse continue... Livre Ier**, dédiées à la marquise de Bacqueville, ont été publiées en 1720. Les douze **Sonates à violon seul avec la basse continue... IIe Livre** sont vraisemblablement parues dans les années 1730.

Toutes de forme binaire et monothématiques, ces œuvres sont construites en quatre ou cinq mouvements. Leur plan reste à peu près le même, — à ceci près que Francœur y mêle les mouvements de la sonate à l'italienne (*adagio*, *allegro*, *presto*), divers mouvements de la suite de danses (allemande, courante, sarabande, gavotte), et une pièce typiquement française comme le rondeau à couplets. Mises à part les *Sonates III*, *V* et *X* du *Livre I* qui débutent par une allemande, les sonates de Francœur s'ouvrent toutes par un *Adagio*, suivi le plus souvent par une courante ou une allemande, et par un *Allegro* dans la première sonate du *Livre II*. Les troisièmes mouvements sont de formes diverses : il s'agit généralement de sarabandes, mais aussi parfois d'une gavotte, d'un *adagio*, d'une sicilienne, ou même d'une allemande (*Sonate VI* du *IIe Livre*) ou d'une délicate *Pastourelle* écrite sur le rythme d'une sicilienne (*Sonate I* du *IIe Livre*). Qu'ils reprennent le genre de la gigue, du *presto*, du rondeau ou de la gavotte, tous les épisodes conclusifs sont rapides et souvent très entraînants.

La musique de Francœur est avant tout gracieuse et agréable à interpréter. Sa mélodie, qui repose sur une harmonie riche et raffinée, se révèle tour à tour élégante, noble et alerte. Sa technique est variée, quelquefois difficile : en virtuose accompli, Francœur n'hésite pas à utiliser les doubles cordes, les croisements de doigts, les batteries, les pédales inférieures soutenant la ligne mélodique. Son archet est toujours souple et léger.

Les *Adagios* introductifs sont généralement graves ou mélancoliques. Certains se chargent de doubles cordes délicates (*Sonate X* du *IIe Livre*), d'autres sont très ornementés avec de grands traits quasi improvisés (*Sonate VI* du *IIe Livre*). Seul l'*Adagio* de la quatrième sonate en *si* bémol majeur du *IIe Livre* se présente comme une pièce aimable et charmante.

L'influence italienne — celle de Vivaldi et celle de Corelli notamment — apparaît dans de nombreux mouvements vifs traités comme de véritables petits morceaux de concerto à l'italienne, rapides et pleins d'élan, requérant une réelle virtuosité (*Presto* de la *Sonate X* du *Livre I*, et mouvement « gay » à 3/8 de la *Sonate IX* du *IIe Livre*).

Francœur utilise parfois des indications de nuances extrêmement précises qu'il convient de respecter absolument : « lentement », « doux », « fort » (*Rondeau* de la *Sonate II* du *Livre I*); certaines suggèrent d'heureux effets d'écho (*Rondeau en muzette* de la *Sonate III* du *Livre I*).

Deux des douze sonates du deuxième Livre exigent enfin une partie de viole, intermédiaire entre le dessus et la basse continue (*Allemande* de la *Sonate I* du *IIe Livre*, et les quatre mouvements de la *Sonate XII* du *IIe Livre*). Dans la *Sonate XII* du second Livre, la partie de viole assume réellement un rôle concertant.

A.d.P.

ROBERTO GERHARD

Né à Valls, en Catalogne, en 1896; mort à Cambridge, en 1970. Il fut l'élève de Granados pour le piano, et de Pedrell pour la composition, à Barcelone de 1915 à 1922, puis de Schoenberg à Vienne et à Berlin, de 1924 à 1928. Il revint à Barcelone pour enseigner en 1929, mais émigra en Grande-Bretagne, dix ans plus tard, lors de la Guerre civile espagnole : c'est à Cambridge qu'il se fixa en 1940, — pour y connaître son plein épanouissement créateur avec, en particulier, l'opéra The Duenna *d'après Sheridan (terminé en 1948, représenté à Francfort en 1951), puis un ensemble original d'œuvres « sérielles » faisant de lui un des plus éminents disciples de Schoenberg :* Concerto pour orchestre *(1965),* Symphonie n° 4 *(1967). Œuvres fondamentalement lyriques, — car ne sacrifiant jamais à l'esprit de doctrine ou de système.*

Voici un très grand compositeur, le plus grand — de loin — que l'Espagne ait produit entre Manuel de Falla et les maîtres actuels comme Luis de Pablo et Cristobal Halffter. Mais l'Espagne commence seulement à s'en apercevoir : responsable de la Musique dans le Ministère de la culture de la Generalitat de Catalogne, Gerhard dut prendre le chemin de l'exil à la victoire de Franco. Ce Catalan de lointaine ascendance suisse (d'où son patronyme aux consonances si peu méditerranéennes), l'un des plus brillants représentants de la deuxième génération (à Berlin) des élèves de Schoenberg (qu'il fit venir à Barcelone, où fut écrit le deuxième acte de *Moïse et Aaron*), choisit alors l'Angleterre, et se fixa à Cambridge, où il enseigna à l'Université jusqu'à sa mort en 1970. Il connut une certaine notoriété à la fin de sa vie outre-Manche, où on semble l'avoir de nouveau oublié aujourd'hui. Quant à la France, elle l'ignore. La production de Gerhard antérieure à son exil le situe dans le sillage du nationalisme catalan, à la suite de son premier maître Pedrell, mais avec déjà une qualité d'inspiration et de métier hors du commun. La musique de chambre n'y joue encore qu'un rôle effacé. Mais à partir du début des années cinquante, il adopta le sérialisme, dont il ne s'écarta plus désormais, tout en l'adaptant à ses besoins propres, — notamment par la fragmentation des séries en deux hexacordes symétriques, souvent présentés en miroir de la rétrogradation l'un par rapport à l'autre, et surtout par un usage étendu du principe de la permutation. Les quinze dernières années de sa vie virent une véritable explosion créatrice, coupée en pleine course, et jalonnée de chefs-d'œuvre d'une verve, d'une couleur et d'une imagination sonore hors du commun, — parmi lesquels la musique de chambre se taille une place essentielle aux côtés de la musique symphonique. C'est pour cette production tardive avant tout que Roberto Gerhard figure dans ce volume, en une présentation d'ailleurs trop brève et nullement en rapport avec son importance réelle, qu'il appartiendra à la postérité d'établir. La production de musique de chambre (une bonne douzaine de titres) fait ici l'objet d'un bref survol chronologique.

Avec le **Trio pour violon, violoncelle et piano** de 1918, nous sommes bien loin encore de l'avant-gardiste audacieux des dernières années. Placée sous les feux croisés de Ravel (dont le début du *Trio* est nettement évoqué dans le *Modéré* initial) et de Falla, c'est une œuvre élégante et bien sonnante, au parfum discrètement national, en trois mouvements (*Modéré-Très calme-Vif*), — dont le dernier est le plus original et le plus vivant.

Dix ans plus tard, le **Quintette à vents** (1928), en quatre mouvements (*Moderato-Andante cantabile, sostenuto-Allegro giocoso, ma non troppo mosso-Vivace scherzando*) porte les fruits de l'enseignement de Schoenberg. C'est la première œuvre sérielle de Gerhard, — sérielle, mais, curieusement, pas dodécaphonique, étant édifiée (comme bien des œuvres tardives de Stravinski un quart de siècle plus tard) sur une série défective, ici de sept sons seulement (*si, mi, ré, do, si* bémol, *ré* dièse, *fa* dièse). D'une couleur espagnole très marquée, l'œuvre n'hésite pas à intégrer une mélodie pseudo-folklorique en mode phrygien dans le trio de son *Scherzo* (troisième mouvement, — on l'entend au hautbois), tandis que le morceau précédent utilise la série à la manière d'une libre basse de chaconne.

Toutes les autres œuvres de musique de chambre de Gerhard datent de son séjour à Cambridge, et seule la plus ancienne n'obéit que partiellement à l'écriture dodécaphonique stricte. Il s'agit d'une **Sonate pour alto et piano** (vers 1948), que nous connaissons surtout aujourd'hui dans une version profondément remaniée *pour violoncelle et piano* (1956). Des trois mouvements de structure classique, un *Allegro molto energico* en forme sonate, un *Grave* et un *Molto vivace*, ce dernier, en forme de rondo, est basé sur une mélodie populaire au rythme typique de *jota aragonese*.

Avec le **Capriccio pour flûte seule** de 1949, nous avons affaire à la première pièce de musique de chambre rigoureusement dodécaphonique de Gerhard.

Vient ensuite l'important **Premier Quatuor à cordes** (1950-55), en quatre mouvements, qui élargit pour la première fois les possibilités de l'écriture sérielle par l'apport du principe fécond des permutations. A un *Allegro assai* rappelant les proportions de la forme sonate, mais évidemment sans liens tonaux, succèdent un *Scherzo* bref et léger (*Con Vivacità*), intitulé à l'origine *Capriccio*, puis un *Grave* tendu et dramatique, d'une densité webernienne en sa parfaite concision, enfin un *Molto Allegro* d'une verve rythmique contagieuse, brusquement coupé net en pleine course.

L'œuvre suivante inaugure la série des cinq grandes partitions pour ensembles variés (de six à onze exécutants) qui constitue l'apogée de l'œuvre de Gerhard, et manifeste le mieux son extraordinaire génie de la couleur sonore et son inépuisable invention rythmique. Il s'agit du **Nonette** (1956-1957) pour quatre bois (flûte, hautbois, clarinette, basson), quatre cuivres (cor, trompette, trombone, tuba) et... accordéon ! Ce dernier instrument, que l'on retrouvera dans le *Concerto à Huit* et dans plusieurs partitions symphoniques, apporte une touche de couleur hautement originale et, à l'époque du moins, irremplaçable. De nos jours, Gerhard aurait sans doute employé un synthétiseur pour obtenir des effets du même genre ; il faut signaler ici qu'il s'intéressa beaucoup à la musique électroacoustique, et que sa *Troisième Symphonie* (« *Collages* », 1960) est une des toutes premières œuvres « mixtes » pour grand orchestre et bande magnétique ! Quant au *Nonette*, il s'agit de la dernière œuvre où Gerhard s'en tient encore à la division traditionnelle en mouvements séparés : ici, une *Introduction et Allegro moderato* dans le caractère d'une ouverture à la française, un *Allegro* faisant office de scherzo, un *Andante* traité un peu comme un choral contrapuntique, et un *Allegro assai, con slancio*, sorte de gigue au caractère ibérique marqué.

Une *Chaconne pour violon seul* (1959) nous sépare du **Deuxième Quatuor à cordes** (1960-1962), première œuvre de musique de chambre qui adopte, après le premier essai parfaitement réussi de la *Troisième Symphonie* déjà citée, la nouvelle structure formelle continue à laquelle Gerhard demeurera dès lors fidèle. Ces œuvres de la fin enchaînent un certain nombre de sections (entre six et neuf en général), contrastant par leur tempo et par leur caractère expressif. Comme la *Troisième Symphonie*, le *Deuxième Quatuor* comprend sept de ces sections. Gerhard explique que, pour lui, la nature temporelle *fluide* de la *structure* s'oppose à la nature *statique* de l'*architecture*, et il distingue trois types de continuité, affectant profondément notre conscience du temps. Le premier type, à densité événementielle élevée, donne le rôle vedette au *son* individuel, ce qui entraîne la prééminence de la *figuration* comme principe compositionnel. Le deuxième type, représenté par des dessins presque statiques, mais néanmoins encore pulsés du type *constellation*, accorde le rôle primordial au *temps*, ce qui entraîne la priorité de configurations basées sur des « treillis temporels », de sorte que la hauteur définie du son devient ici subsidiaire, pour faire place à des hauteurs non-définies (ou bruits), — d'où utilisation d'effets spéciaux, de percussions, etc. Quant au troisième type de continuité, on pourrait le comparer à une action filmée au ralenti. Une faible densité événementielle entraîne la suspension de la perception métrique, ou pulsée, et ce fait, lié à une grande liberté de *tempo*, crée un lien ténu avec l'ancien esprit de l'*ad libitum*, de la *cadenza*.

Cette pensée, étonnamment proche des préoccupations actuelles, gouverne tous les derniers chefs-d'œuvre de Gerhard, — parmi lesquels ce *Deuxième Quatuor* est bien l'un des plus étonnants, grâce à sa richesse de matière inouïe qui fait complètement oublier sa durée réelle : douze minutes et demie ! De plus, Gerhard utilise un grand nombre d'effets spéciaux, dont certains seulement commençaient à être utilisés à l'époque par Penderecki et ses compatriotes : coups sur la caisse de l'instrument, jeu entre le chevalet et le cordier, *col legno battuto* sur le cordier, pizzicato à la Bartók, pizzicato et *col legno* simultanés, glissandos les plus divers, y compris avec l'ongle, etc. Il est peu de quatuors aussi injustement méconnus dans la musique contemporaine.

Le **Concerto pour Huit** de 1962 (**Concerto for Eight; Concierto para Ocho**) est, selon les intentions de l'auteur, un allègre divertissement « dans l'esprit de la commedia dell'arte », destiné à un couple d'amis de Barcelone et à leurs six enfants. La formation est haute en couleurs : flûte, clarinette, accordéon, mandoline, guitare, percussion, piano et contrebasse. Outre l'accordéon, on remarquera la présence de la guitare et de la mandoline, souvenir, peut-être, de la *Sérénade op. 24* de Schoenberg. Mais la guitare possède évidemment surtout sa référence hispanique, — ce que soulignent des effets sonores empruntés au jeu *flamenco* (*rasgueado*, battements de mains, etc.). Le compositeur déclare introduire ses instruments un peu comme des acteurs, et reprend deux conventions à la commedia dell'arte : l'improvisation et le déguisement, des techniques de jeu insolites masquant l'identité des instruments. L'œuvre se divise en huit sections.

Hymnodie (1963), en neuf sections, est une œuvre plus grave et plus profonde, écrite pour onze instrumentistes : flûte (prenant la petite flûte), hautbois, clarinette, cor, trompette, trombone, tuba, deux pianos et deux percussions. Quant au titre, Gerhard explique que « sa tête était pleine de *Psaumes* à l'époque », et que les deux citations suivantes placées l'une au début, l'autre à la fin de la partition, en définissent l'esprit : « Des taureaux nombreux me cernent, de fortes bêtes de Bashân m'encerclent » (*Psaume 22, verset 13*) ; et « Parle-t-on de ton amour dans la tombe, de ta fidélité au lieu de perdition ? » (*Psaume 88, verset 12*).

Les trois dernières œuvres de musique de chambre de Gerhard sont les trois premiers éléments d'un cycle interrompu par la mort, et qui devait comprendre non moins de douze pièces consacrées aux signes du Zodiaque. **Gemini** (« Gémeaux »), pour violon et piano (1966), est la première de ces œuvres « astrologiques » : le compositeur a symbolisé ce signe par ce long dialogue, d'une virtuosité spectaculaire, périlleuse, d'une vitalité explosive, aux sonorités riches d'effets spéciaux et « bruitistes », entre deux personnalités différentes mais complémentaires. Dans une analyse détaillée magistrale, Susan Bradshaw remarque de manière pénétrante qu'on peut voir dans *Gemini* « un tête-à-tête en Gerhard lui-même, tel Florestan et Eusebius en Schumann. »

Libra (« Balance »), achevé en 1968, est consacré au signe zodiacal du compositeur lui-même. En neuf sections, l'œuvre fait appel à six exécutants, dont la disposition spatiale est soigneusement précisée : flûte (prenant la petite flûte), clarinette, violon, guitare, percussion et piano. C'est une page encore une fois débordante d'une inspiration explosive, d'une verve et d'une couleur incomparables, se terminant par le geste énigmatique et narquois d'une simple mélodie pentaphone en rythmes pointés, empruntée au folklore des Andes ou écrite dans son esprit. Comme la même mélodie intervient, de la même manière, à la fin de *Leo*, un peu à la manière d'une signature ironique, elle doit avoir eu pour le compositeur — et peut-être pour sa femme — une signification secrète.

La dernière œuvre achevée de Gerhard, **Leo** (« Lion », 1969), est consacrée en effet au signe zodiacal de Poldi, son épouse. En six grandes sections seulement, c'est pourtant la plus développée des œuvres pour ensemble de Gerhard, et sans doute la plus significative. Elle fait appel à dix exécutants : flûte (prenant la petite flûte), clarinette, cor, trompette, trombone, violon, violoncelle, piano (prenant le célesta) et deux percussions. La riche matière thématique inclut même un *ostinato* en morse ! Gerhard s'est expliqué comme suit à propos de cette page d'une fabuleuse richesse et d'une somptueuse perfection : « Je pense à la paresse, à la nonchalance paisible du Lion, aussi longtemps qu'on le laisse en paix, ou à ses éclats terrifiants lorsqu'il est excité. J'ai toujours voulu rendre hommage à la confiance en soi inébranlable, naturelle et totalement dénuée de prétention des Lions et à leur combativité fantastique, toutes qualités que j'admire si grandement et dont, en tant que Balance, je suis si tristement dépourvu. *Leo* montre de quelle manière j'ai voulu le faire. »

H. H.

MAURO GIULIANI

*Né près de Bari, le 27 juillet 1781 ; mort à Naples, le 8 mai 1829. Après avoir étudié le violoncelle, c'est la guitare qui devient l'instrument principal de sa carrière, et Giuliani peut être considéré comme l'un des guitaristes les plus importants de son époque. Il quitte l'Italie pour s'installer à Vienne en 1806. Il y acquiert rapidement une grande renommée, et se produit souvent au concert : son succès est alors immense et son enseignement très recherché, en particulier par de hautes personnalités de la cour d'Autriche. On dit également qu'il se lia d'amitié avec Hummel et Moschelès, et que Haydn et Beethoven le tenaient en haute estime : c'est d'ailleurs lui qui joua l'une des parties de violoncelle lors de la création de la 7*e Symphonie *de Beethoven en 1813. Après avoir quitté Vienne et parcouru l'Europe, il regagna l'Italie en 1819 : Rome, puis Naples, où il mourut. Parmi ses enfants, sa fille Emilia fut une excellente guitariste, et son fils Michele devint professeur de chant au Conservatoire de Paris vers le milieu du* XIXe *siècle. Ce virtuose extraordinaire a laissé une œuvre considérable pour son instrument.*

La musique pour guitare

Tout au long du XVIIe siècle, la guitare avait fait partie des instruments privilégiés des compositeurs, notamment avec la grande école espagnole représentée par Juan Carlos Amat et Gaspar Sanz. Le XVIIIe siècle a prolongé le succès du siècle précédent, et c'est Don Miguel Garcia qui, par son action, a maintenu cet essor de la guitare. Le dernier tiers du XVIIIe siècle et la première partie du XIXe ont alors connu des instrumentistes de grande valeur. En Italie, Ferdinando Carulli, Mateo Carcassi, et surtout Mauro Giuliani ont dominé leur école nationale.

L'œuvre de Giuliani, presque entièrement dédiée à la guitare, est extrêmement vaste. On lui doit de nombreuses pages de musique concertante où toujours intervient son instrument, et notamment quatre *Concertos op. 30, 36, 70* et *103*. Créé avec grand succès à Vienne en 1808, le *Concerto op. 30* existe aussi dans une transcription pour piano. Parmi les pièces de musique de chambre, on citera des duos, trios et quintettes, un grand duo concertant, des pages pour guitare et pianoforte, et quelques lieder avec accompagnement de guitare ou de pianoforte.

Giuliani aimait faire entendre ses compositions pour guitare seule, que le public viennois et ses élèves appréciaient infiniment : ainsi telles *Sonate op .15*, *Grande Ouverture op. 61*, les *Études de caractères op. 46* et *op. 148*, d'innombrables variations, sonatines, rondos, valses, pots-pourris, ou encore ces recueils récréatifs comme *les Heures d'Apollon op. 11*, morceaux aimables et charmants dont pouvaient se divertir les guitaristes amateurs.

Même si certaines de ses pages brillent d'une virtuosité audacieuse et parfois un peu tapageuse, l'ensemble de la musique de Giuliani, extrêmement agréable à l'oreille, témoigne d'un strict classicisme ainsi que d'une grande habileté technique et instrumentale. Ses mélodies sont pleines de grâce, de délicatesse et d'aisance. Beaucoup de ses mouvements ont l'élégance de petites danses légères, d'autres pétillent d'éblouissants traits de virtuosité.

Les partitions de Giuliani, enfin, sont notées comme l'étaient les partitions de violon, — c'est-à-dire avec une clarté permettant de distinguer facilement toutes les parties : mélodie, basse, accompagnement et parties intermédiaires.

A.d.P.

ALEXANDRE GLAZOUNOV

Né à Saint-Pétersbourg, le 10 août 1865 ; mort à Neuilly-sur-Seine, le 21 mars 1936. Enfant prodige issu d'une famille d'éditeurs russes, Glazounov commence l'étude du piano à huit ans, puis s'intéresse à l'alto et au violoncelle sous la conduite de sa mère, pianiste. Il compose dès l'âge de onze ans, fait la connaissance de Balakirev à quatorze ans, termine sa 1re Symphonie *à seize ; Balakirev la dirige devant Liszt à Weimar. Il devient un des principaux membres du Groupe Belaiev, et se lance dans une série d'œuvres de chambre collectives (avec les autres invités des Vendredis de Belaiev) ou personnelles. Il s'impose avec cinq* Quatuors à cordes, *écrits entre 1882 et 1898. À la même époque, il devient l'héritier à la fois de Balakirev et de Rimski-Korsakov par ses poèmes symphoniques (*Stenka Razine, la Forêt, la Mer, le Kremlin*). La mort de Belaiev interrompt brusquement sa carrière de compositeur, — en particulier de musique de chambre. Il attend vingt-deux ans avant d'écrire son* 6e Quatuor, *— partition affirmant une maîtrise d'écriture digne de Beethoven quant à la forme, de Rimski-Korsakov quant à l'assimilation du patrimoine populaire russe, de Reger et Taneiev quant à la science du contrepoint ; il ne lui manque qu'une réelle modernité. De 1905 à 1928, Glazounov mène une carrière de pianiste (pour ses partitions), et surtout de pédagogue — acceptant de rester à la tête du Conservatoire de Léningrad malgré la révolution de 1917. Parallèlement à ses huit* Symphonies, *Glazounov est parvenu à réconcilier le patrimoine de chambre russe, qui part de Bortnianski (1751-1825) et Alabiev (1787-1851), avec la tradition européenne. Il a réalisé une synthèse nécessaire entre la nationalisme d'un Balakirev, le maître à penser du Groupe des Cinq, l'art orchestral de Rimski-Korsakov, le lyrisme de Tchaïkovski et la science de Taneiev ; synthèse poursuivie par ses héritiers que sont Miaskovski et Chostakovitch. Stravinski, Prokofiev lui sont redevables de leur professionnalisme. En cette fin du XXe siècle, l'œuvre de Glazounov va reprendre sa place définitive, — soit un demi-siècle après la mort d'un compositeur dont le principal défaut est d'avoir été contemporain à la fois de Liszt et de Schoenberg. Son « académisme » a été nécessaire à l'éclosion d'une école soviétique. C'est grâce au livre de Maria Ganina* que nous avons pu ici recenser les œuvres de chambre parmi les cent quatre-vingt-sept partitions dénombrées par la musicologue russe. Pour la facilité, nous avons strictement suivi la numérotation proposée (G).*

Les œuvres des années 1878-1881 sont essentiellement dévolues au piano ; s'en exceptent deux *Scherzos* pour quatuor à cordes, respectivement en *mi* majeur et en *ré* majeur (*G. 15*). Suivent des *Duos instrumentaux G 18* formant déjà une suite, comme Glazounov va en prendre l'habitude : quatre pièces pour clarinettes (*Adagio*, *Allegretto*, *Andante*, *Appassionato*), une *Marche* pour trompette et clarinette, deux *Inventions* pour flûte et clarinette, un *Menuet* pour clarinette et basson, et un *Duo* pour clarinette et violoncelle.

La première partition vraiment significative, éditée en 1961 par A.M. Rivkin à Léningrad, propose une suite de **Cinq Pièces pour quatuor à cordes** : *Lento* en *ré* majeur ; *Scherzo* en *mi* majeur ; *Intermezzo* en *ré* majeur ; *Scherzo* en *ré* majeur ; *Scherzo à la hongroise* en *la* majeur. Ces pièces réjouissantes prouvent une assimilation peu commune de la technique d'écriture à la Haydn. Hormis l'*Intermezzo* manifestant une origine russe indéniable, les autres pièces sont des divertissements dans lesquels le premier violon mène le jeu, comme chez leur modèle (*G 19*).

Durée d'exécution : 21 minutes environ.

Le 18 août 1881, Glazounov écrit une **Fuga a due soggetti** (G 32) en *ré* majeur pour quatuor à cordes qui illustre, peut-être, un des exercices de composition demandés par Rimski-Korsakov à son talentueux élève.

* M. Ganina, *A.K. Glazounov* (Léningrad, 1961).

Quatuor à cordes n° 1, en *ré* majeur (op. 1, G 35)

Glazounov termine cet *op. 1* au printemps de 1882, en remplaçant la fugue qu'il venait d'écrire pour Alexandre Gelbcke par un nouveau finale. L'œuvre est créée à Léningrad, avec le compositeur au violoncelle en présence de Belaiev, qui fit ainsi sa connaissance et décida de l'inviter dans sa résidence princière pour venir jouer des pièces de musique de chambre avec d'autres jeunes instrumentistes et compositeurs russes. Le *1er Quatuor* est très classiquement composé de quatre mouvements.

L'ANDANTINO MODERATO initial présente un thème d'introduction dont on retrouve l'intégralité du matériau mélodique dans une nouvelle présentation, formant le thème de l'ALLEGRO qui suit. L'examen de ce premier mouvement révèle une habileté étonnante chez un jeune créateur de dix-sept ans, essentiellement autodidacte, dans le maniement des lignes et des voix mélodiques. Sa clarté rédactionnelle rappelle à la fois Haydn et Mendelssohn. Le scherzo VIVACE, qui vient en seconde position, peut paraître plus banal et doit dater de la même époque que ceux des *Cinq Pièces G 19* (v. plus haut). Un court ANDANTE en *ut* dièse mineur rappelle les techniques de modulation de Rimski-Korsakov, — tout comme le finale, MODERATO, d'une aussi lumineuse clarté que l'introduction, procède, comme chez Borodine, par répétition des thèmes avec une grande invention harmonique, ce que les classiques réalisaient par un strict développement.

Tchaïkovski, dans une lettre à son frère, écrivit, après avoir étudié la partition qui venait d'être publiée chez Belaiev : « Je suis agréablement surpris. En dépit de l'influence visible de Korsakov, les innombrables répétitions des mêmes idées sous un millier de tonalités différentes en lieu et place de leur développement (ce qui est habituellement intolérable), en dépit d'un dédain pour la continuité mélodique et d'une quête de curiosités harmoniques, cette partition révèle un réel talent. La forme est si bien assimilée que je suspecte quelque aide du professeur !... »

Durée d'exécution : 22 minutes environ.

Quatuor à cordes n° 2, en *fa* majeur (op. 10, G 47)

Tandis que le *1er Quatuor* reçoit le Prix Glinka, Glazounov écrit en 1884 un nouveau quatuor qu'il dédie à son mécène. Mitrofian P. Belaiev. Cette fois, l'influence essentielle — et bénéfique au plan de l'originalité mélodique — est celle de Borodine.

La partition respecte la construction en quatre mouvements dans la forme et sur le fond : l'ALLEGRO NON TROPPO initial respecte la forme sonate et les droits, apparents, du développement (au moins du premier thème); en seconde place un SCHERZO, devenant ALLEGRO, tandis que l'ADAGIO MOLTO se révèle d'un raffinement et d'une invention polyphoniques combinant la fraîcheur d'inspiration de Borodine et la rigueur tchaïkovskienne. Reste le finale ALLEGRO MODERATO qui reprend le thème d'introduction sans, malheureusement, lui ajouter rien d'essentiel. Cependant ce thème introductif, à 4/4, de saveur populaire, est une nouveauté. De même, le trio du *Scherzo* en *ré* bémol laisse entendre une mélodie tendre, sans vraiment assombrir le propos, comme le *Quatuor* en *la* mineur* de Schubert : la partie principale, avec son rythme à 3/8, joue sur un thème de trois mesures dont les deux premières donnent l'impression d'être, en effet, une seule mesure à 3/4; si bien qu'on doit entendre deux mesures au rythme naturellement folklorique de « 3/4 + 3/8 ». L'*Adagio*, qui séduisit le très critique César Cui, propose une trame d'une consistance inhabituelle chez un compositeur de dix-neuf ans, avec sa mélodie en forme d'hymne, — donnant une impression d'éternité et de passion intense sans tomber dans le pathos ni la sentimentalité.

Durée d'exécution : 30 minutes environ.

Cinq Novelettes, suite pour quatuor à cordes (op. 156, G 54)

Dédiées à Anatol Liadov elles furent destinées, en 1885, au salon de Belaiev, — tentant de lier en une suite instrumentale pour quatuor à cordes différents styles nationaux. Ainsi défilent un *Allegretto alla Spagnuola*, un *Allegro con brio* dans le style oriental, un *Andante « interludium in modo antico »*, un *Allegretto* en forme de valse, enfin un *Allegretto all'Ungharese*. Les deux pièces les plus convaincantes sont l'*Interlude*, d'une réelle invention mélodique, et la naïve *Valse* dans le souvenir de Schubert, — qui fait de cette suite plus qu'un agréable souvenir des kiosques de villes d'eau, une musique de

---

* Voir à *Schubert : Quatuor op. 29 (D 804).*

détente dont Hans von Bülow et Borodine déclaraient que Belaiev avait donné la parole aux Strauss de... Saint-Pétersbourg.

Durée d'exécution : 26 minutes environ.

Pour sa rencontre avec Liszt, Glazounov écrit une **Élégie** pour violoncelle et piano en *ré* bémol dont il avait fait don au vieux maître (G 56).

Suite pour quatuor à cordes, en *ut* majeur (op. 35, G 58)

Devant le succès de ses *Novelettes*, Glazounov dédie à Belaiev cinq pièces beaucoup plus évoluées, sur le plan de la forme, que celles de la précédente suite. Celle-ci est inaugurée par une claire et docte *Introduction et Fugue* au thème commun; suivent un *Scherzo* plus brillant qu'original, une irrésistible *Orientale* introduite par l'alto sur pizzicatos du violoncelle, un *Thème et variations*, enfin une nouvelle *Valse*, plus élaborée, mais moins naïve et charmeuse qu'en 1885. Écrite en 1887, cette *Suite* fut révisée en 1891.

Durée d'exécution : 38 minutes environ.

Quatuor à cordes n° 3 («Slave»), en *sol* majeur (op. 26, G 63)

Toujours à la recherche de couleur locale, Glazounov réunit en une nouvelle «suite», cette fois dédiée au style slave, un nouveau quatuor qui ne prendra le numéro *3* qu'après création chez Belaiev. Le premier mouvement, *Moderato* en *fa*, sous-titré «Jeudi», est écrit comme pièce indépendante en avril 1886. Le 10 juillet 1886, Glazounov termine un prélude, puis écrit un arrangement sur une chanson populaire espagnole. *El pano*. Celui-ci devient l'*Interlude moderato* du *3e Quatuor*. Le 7 novembre 1887, le compositeur achève un nouveau morceau sous-titré «Alla mazurka», et le 5 juillet 1888 la danse ukrainienne finale. Glazounov supprime alors *El pano*, et revient à la forme stricte du quatuor classique. Contre toute attente, l'œuvre ne manque pas d'unité, — même si le finale, orchestré peu après sous le titre de *Jour de fête slave*, exige un abattage exceptionnel de la part des exécutants (exigence qui ne deviendra permanente que pour les quatuors «de guerre» de Chostakovitch). Par sa facilité d'écoute et sa gaieté naturelle, le *Quatuor slave* demeura un constant succès, tant pour le Quatuor Glazounov d'avant 1940 que pour ses confrères slaves. Depuis 1950, il a disparu des programmes. Sur le plan de l'écriture, l'*Interlude* demeure l'épisode le plus évolué.

Durée d'exécution : 27 minutes environ.

La même année, Glazounov compose *deux pièces pour violoncelle* op. 20, G 61 : la **Mélodie** op. 20 n° 1, *Moderato* en *ré* majeur prouve l'aisance mélodique du compositeur, tout comme la **Sérénade espagnole**, plus salonnarde en son *Allegretto* cantabile en *la* majeur.

Andante pour quatuor à cordes, en *ré* majeur (G 65).

Il s'agit, très probablement, de la première pièce de *Jour de fête*, cadeau d'anniversaire de Glazounov, ayant écrit l'*andante* initial *les Chanteurs de Noël*, tandis que Liadov poursuit avec *moderato*, *Glorification* et Rimski-Korsakov, avec *allegro*, *Chœur danse russe*, en l'honneur de Belaiev. Les trois musiciens s'étaient fort bien entendus et cette nouvelle *Suite* présente une homogénéité stylistique empruntée à des neumes byzantins (notés par l'École de musique sacrée de Saint-Pétersbourg) pour Glazounov, à des chants populaires pour Rimski-Korsakov.

Durée d'exécution : 8 minutes environ.

En 1890, Glazounov écrit une **Rêverie pour cor et piano** (op. 24, G 75), en *ré* bémol majeur, dédiée à Eduard Lidin. Quelques altistes jouent la transcription réalisée par Borissov en 1934.

Au printemps 1891, il dédie à la violoniste Olga Blatova une **Méditation pour violon et piano** (op. 32, G 79), en *ré* majeur, d'un charme suranné, où il retrouve les irrésistibles parfums des pièces de genre que jouait Kreisler.

La **Mélodie arabe pour violoncelle et piano** (op. 4), originale pour chant (1885), est de moindre intérêt.

Pour K. Sadovski, il écrit en 1891, un **Andante in modo religioso pour quatuor pour cuivres**, (op. 38, G 83), en *mi* bémol majeur.

Quintette à cordes, en *la* majeur (op. 39, G 84)

En ce début des années 1890, Glazounov

se détache quelque peu du Groupe des Cinq pour se rapprocher de Tchaïkovski. Le *Quintette à cordes*, à deux violoncelles comme celui de Schubert *D 956*, présente quelques similitudes de ton avec le *« Souvenir de Florence » op. 70* de Tchaïkovski*. L'œuvre, datée de 1892, dédiée cette fois à la Société Impériale de Musique de Chambre de Saint-Pétersbourg, apparaît plus préoccupée d'instaurer un climat lyrique au romantisme tendu et nostalgique que de se faire admirer dès l'abord par sa pureté de style.

1. L'ample **ALLEGRO INITIAL** en *la* laisse à l'alto (l'instrument préféré de Belaiev, qui en jouait correctement) le soin d'installer ce climat doré et automnal, — un tissu sonore où prévalent les cordes graves :

2. Le **SCHERZO** second est un *Allegro moderato* destiné à faire contraste par son brio et l'utilisation des deux violons en meneurs de jeu ; le trio propose un chant au charme prenant qui ajoute encore, par sa situation centrale, aux changements successifs d'éclairage.

3. L'**ANDANTE** laisse le deuxième violoncelle entonner une cantilène

qui prend des teintes dramatiques par le jeu des différents accords des autres instruments et le développement « tchaïkovskien » du thème.

4. Le finale, **ALLEGRO MODERATO**, quitte ce climat dramatique pour développer, en toute sérénité, un ensemble d'épisodes de belle ampleur sonore. Un *Più tranquillo* donne le temps à Glazounov de montrer sa science du contrepoint lors du développement des deux principaux thèmes avant la coda finale.

Durée d'exécution : 29 minutes environ.

En avril 1893, Glazounov compose une *Elégie* pour alto et piano en *sol* mineur G. 92 op. 44, dont Stravinski se souviendra lorsqu'il écrira celle « à la mémoire d'Onnou » (1944).

* Voir l'œuvre à *Tchaïkovski*.

Quatuor à cordes n° 4, en *la* mineur (op. 64, G 103)

La partition confirme l'indépendance prise par Glazounov, en 1894, vis-à-vis de ses tuteurs du Groupe des Cinq. Les seuls influences décelables sont celles de Tchaïkovski et de Brahms dans la génèse d'un flot musical d'une réelle densité, et de Taneiev dans le traitement contrapuntique de l'*Allegro* final. Le ton général a changé. Lorsqu'il fait écouter, au piano, l'*Andante* introductif à V. Stassov, ce dernier s'écrie : « Mais c'est un cri de désespoir ! Que vous est-il arrivé ? ». Glazounov répondra : « J'avais écrit ce quatuor sous l'impression laissée par de sombres souvenirs ». On peut également considérer l'œuvre comme un hommage à Tchaïkovski qui venait de disparaître.

La tendance au monothématisme se fait également jour. Le *Quatuor* s'ouvre par un *Andante* intense et beau, suivi d'un **ALLEGRO**, qui représente le leitmotiv

servant également à l'**ANDANTE** second et au finale : le climat est à la fois sombre et quelque peu emphatique. Le développement de l'*Allegro* joue également sur un thème secondaire prenant une ampleur qui pourrait exiger la richesse d'un orchestre à cordes. La mélodie principale de l'*Andante* est une longue méditation qui réintroduit l'essentiel de la matière du « leitmotiv », — le resserrant en un saisissant résumé. Le **SCHERZO** est la pièce maîtresse de cet imposant *Quatuor* : brillant, aussi virtuose qu'intelligemment distribué sur les seize cordes, il vaut, à lui seul, l'étude !

Le **FINALE**, avec son épisode central à variations, fait alterner, comme chez Brahms, instants de sérénité et de vigoureuse vitalité. La partition s'avère parcourue d'innombrables liens thématiques, rythmiques, même de claires répétitions, et requiert, des interprètes, un sens aigu de l'architecture, une carrure sonore presque symphonique, de même que les quatuors expressionnistes de Chostakovitch.

Durée d'exécution : 33 minutes environ.

En novembre 1894, Glazounov compose un nouvel exercice pour quatuor à cordes,

Thème et Variations en *sol* mineur G. 106, qui reste inédit. Une extension à l'orchestre de chambre en 1917 sera donnée au Conservatoire de Léningrad, tout en restant manuscrite.

Quatuor à cordes n° 5, en *ré* mineur (op.70, G 118)

La partition, datée de 1898, peut paraître hétérogène, — car écrite à deux époques assez éloignées. Plus court que les précédents, le *Quatuor n° 5* juxtapose un *Andante* se transformant en ALLEGRO, comme le premier mouvement du *4ᵉ Quatuor*, et un SCHERZO détaché et plein d'humour, dont le modèle semble avoir été pris dans le dernier des *Quatuors Rassoumowski op. 59 n° 3* de Beethoven. L'ADAGIO suivant est de moindre invention. Il faut attendre l'ALLEGRO final pour que le musicien impose sa brillante technique, même si le propos demeure quelque peu didactique. Ici encore, les interprètes doivent trouver cette intensité de couleur et la capacité de contraste qu'impose une trame musicale contemporaine du *4ᵉ Quatuor op. 11* de Taneiev et du *Quatuor en* ré *mineur* de Max Reger.

Durée d'exécution : 28 minutes environ.

En décembre 1899, Glazounov dédie à Andrei Kosmakov une **Feuille d'album** pour trompette et piano en *ré* bémol majeur (G 125).

Hormis une attendrissante **Mazurka-Oberek** en *ré* majeur pour violon et piano (G 173) qu'il écrit pour le violoniste polonais Paul Kochanski venu lui rendre visite dans son « antre » de Léningrad, avec Szymanovski, Glazounov n'écrit plus de musique de chambre pendant plus de vingt ans, tant par respect pour la mémoire de Belaiev (mort le 4 janvier 1904), que parce qu'il concentre le peu de temps que lui laisse l'enseignement à des partitions pour piano.

Quatuor à cordes n° 6, en *si* bémol majeur (op. 106, G 176)

La partition, de 1921, est une œuvre de maître, pouvant servir à l'enseignement de l'écriture classique pour quatuor. Elle s'ouvre par un solo d'alto en un ALLEGRO d'une réelle envolée :

Tout un jeu d'épisodes sereins et agités exploite les possibilités de ce thème d'une richesse peu ordinaire. Le deuxième violon lance un INTERMEZZO RUSTICANO à la curieuse métrique à 8/8 décomposée en 3 + 2 + 3/8,

dont le développement polyphonique présente quelque similitude avec un chœur populaire russe. Mais le mouvement le plus caractéristique de l'invention mélodique de Glazounov est l'ANDANTE PIACEVOLE, lancé par le premier violon :

Le finale est un TEMA CON VARIAZONI d'une belle longueur : dix variations offrent aux violons et alto toute latitude pour déployer leur technique instrumentale et leur splendeur de timbre, — qu'il faut traiter en pensant qu'elles ont été écrites par un pianiste-compositeur qui se souvient de son dernier succès de 1900, les *Thème et variations pour piano op. 72*. Traité comme une suite de miniatures instrumentales, le finale prend un aspect ludique virtuose qui nous ramène... avant la Grande Guerre.

Durée d'exécution : 32 minutes.

Élégie (à la mémoire de Mitrofian Belaiev) pour quatuor à cordes, en *ré* mineur (G 180)

Glazounov a quitté l'URSS, malade. Il vient de donner à Paris, le 19 décembre 1928, un concert exceptionnel de ses œuvres. Il va s'installer à Paris avec sa femme Olga Gavrilova et sa fille adoptive, la pianiste Elena. Les musiciens russes lui demandent d'écrire une pièce de chambre pour marquer l'anniversaire de la disparition du mécène de la musique russe, M. Belaiev. Comme « au bon vieux temps » des vendredis, le compositeur reprend le thème B-la-F. et écrit, en 1929, une marche funèbre aussi personnelle qu'impressionnante qui en fait un chef-d'œuvre hors du temps, — transmis au commanditaire M-M. Kourbanov, un vieil ami de Belaiev comme de Glazounov. L'alto

joue encore le rôle de meneur de jeu, en souvenir du temps où Belaiev tenait lui-même cette partie dans son quatuor d'amateurs.
Durée d'exécution : 8 minutes environ.

Quatuor à cordes n° 7, en *ut* majeur (G 181, op. 107)

Dans ce dernier quatuor de 1930, Glazounov se souvient. Il compose une dernière « suite » pour quatuor à cordes, qu'il sous-titre « Hommage au passé » en son **ADAGIO** introductif de style fugué, et où Glazounov cite explicitement un thème de Balakirev. Le second volet devient « Le Souffle du printemps », **ANDANTE AFFETTUOSO** passant parfois *calando*, puis *agitato*, se concluant sur un tempo de quasi *Allegretto* avant les trois mesures dernières *tranquillo* à l'unisson, — animé encore par l'alto. Le troisième volet est un **ALLEGRETTO SCHERZANDO**, déjà annoncé par le tempo du mouvement précédent, sous-titré « Dans la forêt mystérieuse », où se mêlent les voix délicates des quatre instruments, interrompu par des interludes en pizzicato ; celui-ci se poursuit en contre-chants d'accompagnement. L'usage fréquent de la sourdine donne l'impression de sérénade nocturne au charme post-tchaïkovskien irrésistible. Le finale, **MODERATO**, est un « Festival russe », beaucoup plus proche de l'atmosphère de la « Glorification » que donnait Rimski-Korsakov dans sa *Grande Pâque russe*, qu'une redite de la « Fête slave » du *3ᵉ Quatuor*. Débutée *con sordino*, ce « Festival » s'avère surtout une cérémonie aux souvenirs liturgiques à la gloire de la patrie... lointaine et disparue. Ce dernier mouvement exige une intensité proche de l'orchestre de chambre et a quelque peine à trouver ses nuances exactes, malgré les indications *pesante*, *tranquillo*, et les effets de balalaïka (aux mesures 226-238) tentés au moyen d'accords des seize cordes, *arco*, puis en pizzicatos.
Durée d'exécution : 30 minutes environ.

Sa dernière œuvre de chambre est un **Quatuor en *si* bémol majeur** (op. 109, G 184) dédié au Quatuor de Saxophones de la Garde Républicaine de Paris (juin 1932).

P.E.B.

MIKHAÏL GLINKA

Né à Novospasskoïe (Province de Smolensk), le 1ᵉʳ juin 1804; mort à Berlin, le 15 février 1857. Issu d'une famille de petite noblesse férue de culture occidentale, il apprend la musique dès son plus jeune âge, — pratiquant le violon, la flûte et le piano. Il prend même des cours auprès de John Field à Saint-Pétersbourg, avant de parfaire sa science du piano auprès de Charles Meier. Ses premières compositions sont des Variations pour harpe *(1822). De 1830 à 1833, il séjourne en Italie où il étudie l'art du bel canto et écrit des pièces de chambre, telle le* Grand Sestetto originale *pour piano et quintette à cordes, et son chef-d'œuvre dans le genre, le* Trio pathétique *pour piano, clarinette et basson. En 1834 il s'essaie à la symphonie, tout en travaillant à son premier opéra,* Ivan Soussanine (la Vie pour le Tsar), *créé en 1836. Son second opéra,* Rouslan et Ludmilla *(1842), le consacre comme le créateur de l'école lyrique russe. Joué à Paris, grâce à Berlioz, passionné tout autant par le folklore espagnol que par celui du Caucase, il écrit deux fantaisies « hispanisantes » pour orchestre* (Jota aragonaise, Souvenir d'une nuit d'été à Madrid), *puis* Karaminskaïa *sur deux airs russes. Il laisse ainsi des opéras, pièces orchestrales, mélodies qui vont influencer toute l'école russe tant nationaliste (Groupe des Cinq) que cosmopolite (Tchaïkovski, et même Prokofiev et Stravinski). Sa musique de chambre, comme sa musique de piano, forme plus une suite de pièces de « style d'époque » à son usage, marquant sa vie de jeune musicien « galant », qu'une volonté originale de création.*

LES PREMIÈRES ŒUVRES

La première partition présente des **Variations pour harpe** (ou piano), en *mi* bémol, sur un thème de *la Flûte enchantée* de Mozart, — achevées au printemps de 1822. Elles furent reconstituées et éditées par la sœur de Glinka, Ludmilla Chestakovà, à titre posthume en 1858.

Suivit, un an plus tard, un **Septuor** inachevé, également en *mi* bémol, pour hautbois, basson, cor, deux violons, violoncelle et contrebasse, — se souvenant plus de Weber que de Schubert. Il ne fut édité qu'en 1957 à Moscou (Sovietskaïa Muzika).

Quatuor à cordes en *ré* majeur

Également inachevé, il date de l'été de 1824. Dans ses *Mémoires*, Glinka estime « que cette tentative n'a pas été moins réussie que les autres »... La partition a dû attendre le 27 février 1944 pour être jouée en public pour la première fois, sous les archets du Quatuor Beethoven. Elle avait été complétée et éditée grâce aux travaux conjoints du compositeur Nicolas Miaskovski et du violoniste du Quatuor Beethoven, Vassili Chirinski. L'édition définitive (Moscou, 1948, par Sovietskaïa Muzika) fait apparaître que les rédacteurs complétèrent la troisième variation du second mouvement (*Larghetto*), ainsi que le rondo final qui s'arrêtait après l'exposition. La partition, aujourd'hui, se présente dans la forme classique en quatre mouvements : *Allegro*; *Thème et variations (Larghetto)*; *Menuet (Moderato)*; *Rondo (Vivace)*. L'*Allegro* initial est un vaste mouvement qui rappelle ceux des quatuors de Cherubini, — en particulier celui en *mi* bémol. Le matériau mélodique est essentiellement vocal, et a quelque peine à s'exprimer à quatre voix. Le caractère lyrique, parfois sentimental du propos, fait que ce chant (quelquefois ce duo) s'écoute avec plaisir. Le second mouvement, un *Larghetto* formé d'un thème et de trois variations, est d'une tout autre densité, Glinka joue sur des effets opératiques ramenés à la dimension du quatuor, s'ingéniant ainsi à reproduire les subtilités d'écriture qu'il vient de découvrir chez Rossini, mais surtout chez Mozart : changements de registres, ornementation virtuose, contrechants pleins d'humour et de verve. La troisième variation, en forme de récitatif improvisé, annonce Glinka compositeur d'opéra. *Menuet* et *Rondo* final sont de moindre originalité et proposent une détente post-baroque.

Durée d'exécution : 35 minutes environ.

Sonate pour alto et piano

Glinka s'essaya, entre 1825 et 1828, à l'alto, en même temps qu'au violon lors de soirées musicales à Saint-Pétersbourg. Il entreprit même une *Sonate en* ut *mineur* pour alto (ou violon), qu'il laissa inachevée. Son choix définitif de l'alto tient probablement à son souci de reproduire la tessiture élégiaque de la voix de contralto. Les deux mouvements, *Allegro moderato* et *Larghetto ma non troppo*, de même caractère mélancolique, mêlent l'esprit de la romance russe de cour et un certain sentimentalisme occidental.

La partition fut éditée en 1932 à Moscou dans la rédaction réalisée par Vadim Borissovski, l'altiste du Quatuor Beethoven. Sous cette forme achevée, elle donne à l'alto un rôle proche du modèle mendelssohnien, où romance sans paroles et aria se mêlent en une ambiance intimiste et rêveuse du meilleur effet.

Durée d'exécution : 17 minutes environ.

Quatuor à cordes en *fa* majeur

Il forme la première partition de chambre totalement achevée de Glinka, écrite au printemps de 1830 dans la maison paternelle et natale de Novospasskoïe. Grâce au violoniste V.B. Engelhardt et à ses amis, Glinka put l'entendre, et « juger cette œuvre d'apprenti ». Elle fut publiée en 1878 chez P. Jurgenson, — tandis que l'édition critique moscovite parut en 1957 pour le centenaire de la mort du compositeur.

La partition est écrite en quatre mouvements bien équilibrés : *Allegro spiritoso*; *Andante con moto*; *Menuet*; *finale (Rondo)*. Le modèle mozartien, davantage celui des divertimenti que celui des quatuors, est bien présent. L'**ALLEGRO** initial est d'une réelle pureté de lignes, proposant une économie et une clarté « italienne » (à la manière mendelssohnienne) dans la conduite des deux voix successives. Son caractère *spiritoso* tient plus au style très lyrique du premier violon et de l'alto, qu'à une volonté maçonnique ou de « chant sacré ». L'**ANDANTE CON MOTO** mêle une romance aux parfums russes à des souvenirs de bel canto. Le **Menuet** a plus d'esprit que dans le *Quatuor en ré*, antérieur, et fait sourire par ses ritournelles. Le **Rondo** final s'avère, pour sa part, d'une perfection de forme toute classique, — le matériel mélodique étant moins russe que rossinien.

Durée d'exécution : 20 minutes environ.

L'ANNÉE 1832

Lors de sa dernière année de séjour en Italie, sentimentalement tumultueuse, Glinka achève trois grandes partitions.

Sérénade sur des thèmes d'« Anna Bolena », en *mi* bémol majeur

Glinka assiste à la première de l'opéra de Donizetti le 26 décembre 1830. Il note dans ses *Mémoires* : « Introduit dans la famille du juriste Branca, dont la fille aînée, Cyrilla, jouait du piano et la cadette, Emilia, délicieusement de la harpe, j'eus l'idée d'écrire une sérénade sur les airs successifs d'*Anne Boleyn*... Une fois terminée, on décida de la donner sur la terrasse des Branca à Milan. On en espérait un formidable effet, alors que nous n'avions effectué aucun essai acoustique préalable. Lors de la création, les sons se dispersent à tous vents, ne permettant ni aux auditeurs, ni aux interprètes, d'entendre et de s'entendre »...

L'œuvre est écrite pour piano, harpe, basson, cor, alto, violoncelle et contrebasse, et est constituée de sept mouvements qui se jouent sans interruption. Elle s'ouvre par une ouverture *Largo*. Suit un épisode en forme de valse, *Cantabile assai*, qui s'appuie sur l'air d'Anna au premier acte. Le mouvement *Moderato* est formé d'un thème et de deux variations. Le *Larghetto* suivant est bâti sur les deux thèmes du terzetto du deuxième acte, et forme un épisode particulièrement spectaculaire. Le très vif et impétueux *Presto* central, partant de l'air du Roi Henri, laisse rapidement la place à un *Andante cantabile*, frémissant et plein de grâce, qui forme comme un portrait vivant d'Anne Boleyn. Le finale, en deux épisodes *Allegro moderato*, reprend tous les thèmes précédemment utilisés pour mieux préparer l'air final de l'héroïne.

Durée d'exécution : 21 minutes environ.

Sextuor pour piano et cordes, en *mi* bémol majeur

Le *Gran Sestetto originale* en *mi* bémol pour piano et quintette à cordes était destiné à la fille du Docteur Filippi, qui soignait le compositeur. Excellente pianiste, elle ne reçut malheureusement pas la dédicace de cette partition virtuose ; car, mariée, elle suggéra qu'elle soit proposée à l'une de ses amies, Sofia Medici di Marchesi di Marignani. Glinka travailla avec célérité : en octobre 1832, le *Sextuor* était achevé, et joué immédiatement par des amis italiens. En juin 1833, l'œuvre était éditée par Ricordi. La première édition critique russe date de 1881, sous la direction de Balakirev, qui inscrivit, en guise d'exergue, cette affirmation : « Le meilleur de tous les sextuors ». Joué dès 1834 en Russie, il fut bien accueilli par la critique, — en particulier l'ami de Glinka, Melgounov, qui estimait que le *Sextuor* « rassemblait dans un tout homogène les différentes qualités de la musique d'époque : le brillant, la mélodie et la science du contrepoint ». La partition est construite en trois mouvements, — les deux derniers étant enchaînés : *Allegro* ; *Andante* ; *Finale* (*Allegro con spirito*).

L'œuvre est introduite par le piano, — imposant dès l'abord sa totale conduite du propos et l'affirmation de la tonalité de *mi* bémol. En l'**Allegro**, une forme sonate conventionnelle permet d'entendre un thème principal élégant et finement ornementé, tandis que le second thème, plus sentimental, se voit confié au violoncelle. Le développement est sans surprises ; mais non la récapitulation, lorsque le second thème réapparaît dans la tonalité inattendue d'*ut* majeur, — une technique de réexposition que l'on retrouvera dans le finale.

L'**Andante** central est une délicieuse sérénade en *sol*, avec un intermède bohême confié au violon. Il conduit directement au **Finale**, — une section contrastée partant de trois thèmes successifs : le premier est affirmatif et concertant avec ses oppositions dynamiques, le second un accompagnement lumineux purement opératique, — tandis que le troisième s'avère le seul russe d'accents comme de mélodie, avec son écriture chromatique et sa touchante simplicité.

Durée d'exécution : 26 minutes environ.

Trio pathétique, en *ré* mineur

Il fut écrit en 1832, sous le coup d'une

double défaillance, physique et sentimentale. Glinka continuait à souffrir de crises nerveuses, malgré les soins apportés par le Dr Filippi, — tandis qu'il se vit éconduit par une femme mariée. L'œuvre pour piano, clarinette et basson, fut créée dans sa formation originale à Milan, à l'automne de 1833, par le compositeur au piano et deux solistes de la Scala, qui s'exclamèrent à l'audition de ce *Trio «pathétique»* : «ma questo e disperazione» («mais c'est du désespoir ! »). Depuis son édition moscovite, en 1878, toujours sous la direction de Balakirev, a existé une version pour piano, violon et violoncelle.

Composé de quatre mouvements relativement brefs, le *Trio* présente la forme d'une fantaisie en un seul mouvement, — les trois premiers étant pratiquement enchaînés, et formant un chant cyclique oscillant entre un pathétique douloureux et un lyrisme plus intériorisé, avec quelques échappées vers la lumière et vers l'espoir.

L'ALLEGRO introductif est de stricte forme sonate sans reprise du thème. Le ton énergique de l'exposition mène directement à une tension lyrique et à la mise en valeur d'un véritable leitmotiv qui servira de «dédoublement» de la personnalité profonde du narrateur, — successivement épique, puis pathétiquement lyrique.

Le second mouvement est un scherzo VIVACISSIMO, dont les passages extrêmes apportent comme une solide trame à l'œuvre, — tandis que l'épisode central (trio, *meno mosso*) confié au basson se base sur une mélodie ardente et passionnée.

Le troisième mouvement, LARGO, est un souvenir de cantilène italienne, qui joue sur les différents registres dynamiques dont est capable la clarinette,

reprise par le piano coloré des teintes sombres du basson. Le clavier s'exprime seul, une dernière fois, en partant du leitmotiv original.

Le finale ALLEGRO CON SPIRITO reprend les thèmes des trois premiers mouvements, mais dans une présentation volontairement lâche, — avant qu'une coda, fière et virtuose, resserre le trait en un résumé majestueux et d'une belle ampleur.

Durée d'exécution : 15 minutes environ.

Divertissement sur des thèmes de «La Somnambule» de Bellini

Après le succès, près de Ricordi, de la *Sérénade sur l'«Anna Bolena» de Donizetti* (v. plus haut), Glinka reprend en 1832 cette forme à succès de pièce de bravoure pour piano et accompagnement de chambre. Le *Divertissement* est en quatre épisodes enchaînés, — partant des instants les plus dramatiques de l'opéra de Bellini. Il fut créé le 8 juillet 1832 à Milan, puis édité par Ricordi (et à Moscou en 1951, dans la réalisation, désormais habituelle, pour piano, quatuor à cordes et contrebasse).

Durée d'exécution : 14 minutes environ.

EDVARD GRIEG

Né à Bergen, en Norvège, le 15 juin 1843 ; mort dans cette même ville, le 4 septembre 1907. Il aborda très jeune l'étude du piano avec sa mère et, en 1858, fut envoyé au Concervatoire de Leipzig : il y fut élève, notamment, de Moscheles, de Richter et de Reinecke. Parti en 1863 pour Copenhague, il y reçut les conseils de Niels Gade ; mais c'est surtout sa rencontre avec son compatriote Richard Nordraak qui se révéla décisive : celui-ci lui fit découvrir le folklore norvégien, et tous deux, en compagnie du compositeur danois Horneman, constituèrent l'éphémère groupe Euterpe dans l'intention de s'opposer à l'influence allemande sur la culture nordique. Rentré définitivement dans son pays, Grieg s'installa à Christiania (Oslo) et fonda, en 1867, l'Académie Norvégienne de musique. Il ne cessa, dès lors, de militer en faveur d'un art national, — révélé à l'étranger par Liszt dès 1870. De nombreuses tournées de concerts, comme pianiste et comme chef d'orchestre, propagèrent également sa réputation de compositeur à travers toute l'Europe ; c'est dans les premières années de ce siècle qu'il s'éteignit, physiquement épuisé par ces incessants voyages. Plusieurs malentendus entourent l'œuvre de Grieg, — le trop célèbre Concerto pour piano en *la* mineur *donnant l'image d'un musicien mélodiquement doué, mais un peu fade. Il n'en est rien : véritable maître de la « petite forme », c'est dans ses divers recueils pour piano et, surtout, ses innombrables mélodies, que Grieg a affirmé le meilleur de sa personnalité. Sa musique de chambre, peu abondante, mais nullement négligeable (les* Sonates pour violon et piano*), fait paraître également un harmoniste expert (qui n'a pas été sans influencer Debussy), ainsi que l'authenticité d'une inspiration « populaire » (les danses paysannes, notamment) filtrée par une sensibilité essentiellement lyrique. Mais force est d'admettre que la maîtrise de la forme et le « souffle » font souvent défaut.*

Les Sonates pour violon et piano

Grieg nourrit toujours une affection particulière pour ses trois *Sonates pour violon et piano* ; il les considérait encore, sur le tard de sa vie, comme devant figurer parmi ses meilleurs œuvres : « Elles caractérisent des périodes de mon évolution : la première ingénue et prolixe d'idées ; la deuxième nationaliste ; la troisième tournée vers de plus vastes horizons. » Et il est vrai que les trois partitions, très appréciées par les instrumentistes comme par le public, furent beaucoup jouées du vivant de leur auteur, et jusque dans les premières décennies du XXe siècle. On peut définir sommairement les trois *Sonates* de la façon suivante : ce sont des duos où les deux instruments jouissent d'un statut équivalent. Mais il est évident que Grieg ne possède pas le métier d'un César Franck, par exemple, en matière de contrepoint et d'écriture canonique : il ne réussit pas la « fusion » des deux voix instrumentales et, le plus souvent, l'intérêt musical se porte tantôt sur l'une, tantôt sur l'autre. Cette faiblesse structurelle entache tous les développements, et laisse trop fréquemment une impression d'inachèvement.

Sonate n° 1, en *fa* majeur (op. 8)

Elle fut composée pendant l'été de 1865 passé par Grieg à Rungsted, au Danemark : été fertile dans la production d'un musicien âgé seulement de vingt-deux ans (les quatre *Humoresques op. 6* et la *Sonate en* mi *mineur op. 7* pour piano sont exactement contemporaines). C'est la *Sonate op. 8* qui, la première, attira l'attention de Liszt sur le compositeur norvégien, et, du même coup, forgea sa réputation naissante. L'œuvre respire la jeunesse et fait surgir — si l'on peut dire — des images de plein air, en l'occurrence ces paysages marins (tel le Byfjord formant le site du petit port de Rungsted) familiers au musicien. L'ouvrage, dédié à un jeune camarade, Benjamin Feddersen, fut donné en première audition dès novembre 1865 au Gewandhaus de Leipzig, par le violoniste suédois Anders Petterson, le compositeur étant au piano. La partition fut publiée, le même mois, par l'éditeur Peters.

1. Le premier mouvement est un ALLEGRO CON BRIO à 6/8 qu'inaugurent deux accords au piano dans les tonalités — *mi* mineur et *la* mineur — étrangères au ton fondamental ; sur ce double accord se présente le thème principal (*p sostenuto*) au violon, que caractérise l'amplitude de sa ligne mélodique (larges intervalles, et énoncé complet sur une quinzaine de mesures) :

Remarquable est l'effet de contraste obtenu par l'insertion d'un *Andante* en mineur, — qui marque une accalmie dans le déchaînement des éléments naturels que peut évoquer l'ensemble de cet *Allegro*. Le mouvement souffre néanmoins d'une littéralité de la réexposition, engendrant un sentiment de monotonie, — déficience de forme affectant aussi bien les deux *Sonates* à venir.

2. ALLEGRETTO QUASI ANDANTINO à 3/4. Le mouvement central a le caractère d'un *Intermezzo* avec, en son thème présenté en *la* mineur, une sorte d'imitation du violon de Hardanger, très typique de la musique populaire norvégienne. Le trio, en majeur, est un *Springer*, danse paysanne fermement rythmée amenant un grand crescendo. Très certainement, nous tenons là le mouvement le plus séduisant de l'œuvre.

3. En revanche, le mouvement conclusif — ALLEGRO MOLTO VIVACE — est le plus faible, — sorte de mosaïque sans cohésion véritable. Sans doute conscient de ce défaut, Grieg y a introduit un épisode en fugato destiné à le structurer : peine perdue. La vie est là, d'évidence, mais comme anémiée et passablement « académique ».

Durée d'exécution : 20 minutes environ.

Sonate n° 2, en *sol* majeur (op. 13)

Dédicacée au compositeur norvégien Johan Svendsen, l'œuvre fut écrite au mois de juillet 1867, et créée à l'automne suivant, à Christiania, par le violoniste Gudbrand Böhn, le compositeur étant au piano. Grieg — nous l'avons vu — considérait sa *Deuxième Sonate* comme « nationaliste » : ce que font ressortir, en effet, les rythmes de danses norvégiennes utilisés (d'où l'appellation épisodique de « Sonate de la danse »), ainsi, dans son ensemble, qu'une couleur harmonique assez sombre. Liszt tint l'ouvrage en haute estime.

1. Le premier mouvement — ALLEGRO VIVACE à 3/4 — rompt ave la forme sonate traditionnelle : en une lente introduction de *sol* mineur (*Lento doloroso*), le violon, très rhapsodique, préfigure le thème principal, présenté au piano, — qui s'élance joyeusement telle une ronde de printemps :

Le second thème, de nature élégiaque (*Tranquillo* en *si* mineur), a le caractère librement agencé d'une ballade où s'accuse à nouveau l'allure rhapsodique de l'ensemble : sorte de « poème symphonique » dont les développements, malheureusement, tournent un peu court ; la récapitulation a lieu sur le premier thème, au violon.

2. Le mouvement central — ALLEGRETTO TRANQUILLO en *mi* mineur — est dans une forme ternaire utilisant un très beau thème mélodique, comme illuminé de joie intérieure, — comparable au mouvement lent de la future *Sonate n° 3*. L'épisode médian, en *mi* majeur, fait contraste.

3. Le thème populaire du mouvement conclusif — ALLEGRO ANIMATO — se construit sur un *Springer* plein de robustesse ; mais ce thème présente une ressemblance rythmique et harmonique trop évidente avec celui du mouvement initial. L'ensemble, quoique égayé par deux idées secondaires fort plaisantes, n'est pas sans provoquer une fâcheuse impression de lassitude. La seconde partie du mouvement répète la première jusqu'à un retour du thème *Tranquillo*, — présenté maintenant *ff sostenuto* (en *sol* majeur). Un *Presto* de quatorze mesures fournit la conclusion.

Durée d'exécution : 19 minutes environ.

Sonate n° 3, en *ut* mineur (op. 45)

La composition de la *3ᵉ Sonate pour violon et piano* est beaucoup plus tardive. L'œuvre fut entreprise à l'automne de 1886, à Troldhaugen, et terminée au mois de janvier suivant. La première audition en eut lieu au Neues Gewandhaus de Leipzig le 10 décembre 1887, — le compositeur accompagnant le violoniste russe Adolph Brodsky ; aussitôt cette *3ᵉ Sonate* se fit acclamer dans toute l'Europe et l'Amérique du Nord. A l'inverse des deux précédentes, un sentiment tragique la domine, ainsi qu'une certaine intensité dramatique et, par intermitences, une profonde mélancolie. La forme est très classique, les structures fermes et apparentes, — il n'est pas douteux qu'une telle partition puisse prétendre à figurer au meilleur rang de la littérature de chambre nordique.

1. Le premier mouvement — ALLEGRO MOLTO ED APPASSIONATO à 6/8 — se bâtit essentiellement sur deux thèmes. Le thème principal présente un caractère à la fois sombre et conflictuel, — un violon sauvage, tourmenté, sur la corde de *sol*,

avec de soudaines et longues effusions de lyrisme dans son registre aigu. Le thème secondaire, par contraste, est mélodiquement délicat, et chante telle une consolation en mineur. Judicieusement, Grieg ne l'utilisera pas dans le cours du développement, puissant, entièrement livré au premier thème, — présenté notamment en augmentation. C'est encore ce thème qui génère la coda, *Presto* final dans un climat tragique.

2. Le second mouvement — un ALLEGRETTO ESPRESSIVO ALLA ROMANZA dans le ton de *mi* majeur (donc indépendant de celui du mouvement initial) — figure certainement parmi les plus belles inspirations du compositeur : l'ample et céleste mélodie est présentée par le piano (quarante-quatre mesures), reprise exactement par le violon (nombre équivalent de mesures), sans la moindre tentative de « fusionner » les deux instruments ; chacun chante pour sa part, — le violon sur un très simple accompagnement d'accords au clavier. Contraste marqué d'une section centrale en un rapide 2/4 (*mi* mineur) sur un air de danse norvégienne. Reprise de la première partie par le violon, cette fois sur des triolets *appassionato* du piano, — la coda se signalant par les trilles ascendants du violon sur un basse chromatique descendante de son partenaire.

3. Le dernier mouvement — de même que celui de la *2e Sonate* — se présente en deux parties faisant alterner deux thèmes principaux, sans développement proprement dit. Le schéma étant le suivant : premier sujet en *ut* mineur, énoncé par le violon, que répète le clavier ; second sujet (uniformément entendu au violon) en *la* bémol. Dans la seconde section, premier sujet en *ut* mineur, répété en *fa* mineur ; second sujet en *ut* majeur et, dans le même ton, coda *Prestissimo* sur les mesures introductives du premier sujet. Une telle description, dans toute sa sécheresse, ne saurait rendre compte de l'extraordinaire énergie animant ce finale, de sa vie rythmique intense, de ses climats harmoniques différenciés, de l'éclat de sa conclusion. Mais la parole reste ici aux deux protagonistes de cette remarquable « tragédie » de chambre qu'est la *3e Sonate* de Grieg.

Durée d'exécution : 23 minutes environ.

AUTRES ŒUVRES

Sonate pour violoncelle et piano, en *la* mineur (op. 36)

Cette partition — qui n'approche pas complètement la réussite de la précédente *Sonate pour violon et piano* (le dernier mouvement, en particulier, laisse à désirer) — fut achevée en avril 1883 à Bergen (où Grieg dirigeait alors l'orchestre symphonique) et dédiée par le compositeur à son frère John, bon violoncelliste amateur. La création publique s'en fit à Dresde le 22 octobre de la même année, avec le violoncelliste et compositeur allemand Friedrich Grützmacher, Grieg tenant le piano comme à l'accoutumée. L'œuvre s'inscrivit assez rapidement au répertoire du violoncelle, — avant d'être un peu oubliée par la suite.

1. Le mouvement initial est dans une forme sonate à deux thèmes, — l'un et l'autre accordant une nette primauté à l'archet. Le premier, qui s'ouvre sur un motif de trois degrés conjoints — *mi, fa, mi* — abondamment répété, donnera lieu à un développement quelque peu emphatique. Une modulation en *ut* majeur permettra d'introduire le second thème, moins varié. On remarquera notamment la cadence de violoncelle intervenant au terme du développement, et requérant dans sa seconde partie un accompagnement pianistique menant vers la réexposition. Un court *Presto*, puis un *Prestissimo*, forment la coda dans laquelle se combine le motif de trois notes du premier thème et une simplification du second.

2. Le mouvement central se construit sur une mélodie de noble prestance empruntée aux premières mesures d'une marche solennelle extraite de la musique de scène composée par Grieg pour le drame *Sigurd Jorsalfar* (1872). Elle est entendue au piano d'abord, puis répétée par le violoncelle en une harmonisation chromatique d'un remarquable effet, sur arpègements du piano. Une section médiane plus agitée (*fa* mineur, puis *ut* dièse mineur), où domine une figure obsédante de triolets, occasionne un très libre traitement de la partie de violoncelle ; avant une très belle coda *Tranquillo*.

3. Le finale ne se maintient pas à même hauteur : beaucoup de passages répétitifs engendrent la monotonie. Cependant, sont dignes d'attention le récitatif d'introduction, très mystérieux, au violoncelle, étranger à la thématique du mouvement et ne reparaissant qu'avant la réexposition ; d'autre part, le procédé consistant à présenter le second thème (en *ut* majeur) comme une variante en augmentation du premier (en *la* mineur) : procédé relativement fréquent chez Grieg, — mais qui ne réussit pas à triompher absolument de l'uniformité dénoncée précédemment. Il n'empêche : l'œuvre, excellemment écrite « dans les cordes » du violoncelle, conserve un grand intérêt pour les adeptes de cet instrument aux sonorités si persuasives.

Durée d'exécution : 27 minutes environ.

Quatuor à cordes en *sol* mineur (op. 27)

Cette partition, qui ne compte pas parmi les chefs-d'œuvre du genre — fut écrite de 1877 à 1878, et présentée en première audition le 29 octobre de cette même année à Cologne, avec le concours du Quatuor Heckmann. Elle se fit connaître dans les pays germaniques grâce à cette formation (à Leipzig dès le 30 novembre), et fut publiée en 1879, en dépit de réticences initiales, par Peters. A Wiesbaden, Liszt entendit l'œuvre et se proposa immédiatement de la faire connaître à Rome. Bref, le *Quatuor op. 27* reçut un accueil assez inespéré : car, abandonnant le contrepoint pour une écriture très nettement fondée sur la mélodie et sur l'harmonie, Grieg pouvait surprendre les « puristes ». Aujourd'hui, au contraire, ce sont certaines facilités qui nous frappent, et, très certainement, plusieurs incertitudes structurelles.

1. Le premier mouvement est introduit par un **Poco andante** à 2/2, sur un thème que Grieg emprunta à l'une de ses propres mélodies (sur un poème d'Ibsen), largement déclamé au premier violon :

Ce motif assumera une fonction unificatrice, — puisqu'il innervera la plupart des thèmes de l'œuvre. Unification — il faut le souligner — quelque peu artificieuse, dans la mesure où chaque mouvement apparaîtra comme une sorte « pièce lyrique » autonome. L'**Allegro molto** qui enchaîne utilise en effet le motif d'introduction, en majeur, comme thème principal, — engendrant lui-même un thème subsidiaire, ainsi que le contenu de la brève coda *Presto*. Ce descriptif succinct fait abstraction des élaborations du développement, au demeurant assez décousues, souvent maladroites, et qui ont suscité maintes réserves chez les commentateurs de cette partition.

2. La **Romanza** qui succède (*Andantino*) présente un intérêt plus évident. Elle est dans la forme A B A B A, — dans laquelle A (*si* bémol majeur), sorte de rêverie pastorale d'une calme beauté, se trouve contrasté par B, un *Allegro agitato* en mineur, tempétueux, essentiellement rythmique. La partie A reparaît en *si* bémol majeur, avec un souvenir de l'*Agitato* à l'accompagnement ; B, à son tour, est en *mi* bémol mineur, dans une forme variée donnant l'occasion au thème de l'*Andante* introductif de se faire entendre incidemment.

3. De nouveau, ce thème d'introduction hantera le troisième mouvement — *Intermezzo* indiqué **Allegro molto marcato** —, peut-être avec une insistance trop appuyée. Le voici, cette fois dans sa puissante affirmation (premier violon) :

Cette pièce ressortit à la forme scherzo, avec une partie centrale à 2/4.

4. Quelques mesures du thème générateur traité en imitation (*Lento*) lancent le finale indiqué **Presto al saltarello** : mouvement d'une ferveur rythmique inébranlable, mais thématiquement peu mémorable. Le thème omniprésent du début de l'œuvre s'imposera en un tutti « orchestral » désormais peu attrayant. Et c'est dans le ton de *sol* majeur, antithétique de la tonalité initiale, que sera conclue une partition à l'évidence très inégale.

Durée d'exécution : 34 minutes environ.

Une mention s'impose, pour terminer, d'un **Quatuor à cordes en *fa* majeur**, inachevé, publié après la mort de Grieg par Julius Röntgen (qui apporta quelques modifications), et édité par Peters en 1908. L'œuvre se signale par un second mouvement — *Allegro scherzando* —, très vivant *Springer* dans lequel le rythme adopté par l'alto (2/4 contre 3/4) produit un effet très surprenant. L'*Allegro vivace e gracioso* qui le précède est une moindre réussite, déséquilibré qu'il se trouve à la fois dans son agencement formel — trop de répétitions textuelles — et dans son disparate stylistique.

F.R.T.

ALOÏS HÁBA

Né le 21 juin 1893, à Vizovice (Moravie orientale) ; mort à Prague, le 18 novembre 1973. D'abord instituteur, il étudie la composition dans la classe de Novák (1914-1915), va se perfectionner auprès de Franz Schreker à Vienne, puis à Berlin auprès de Busoni qui attire son attention sur le dodécaphonisme, parallèlement à ses travaux sur les micro-intervalles. Se penchant sur les origines vocales du fait musical, il met en évi-

dence la structure semi- ou micro-chromatique de la chanson primitive. Il écrit les Bases harmoniques du système par quarts de ton *(1922), crée une classe de composition dans cette technique au Conservatoire de Prague en 1923, et fait construire des instruments capables de jouer ces micro-intervalles : pianos, clarinette, harmonium, trompette, guitare. Par ses préoccupations anthroposophiques, il ouvre la voie aux musiciens contemporains voulant analyser l'élaboration des musiques non écrites (souvent extra-européennes), en retrouver l'athématisme naturel et la fluidité rythmique, basée sur l'usage de la micro-harmonie. Sa production abondante (quelque cent numéros d'opus) use des instruments naturellement non tempérés, comme la voix et les instruments à cordes. Son chef-d'œuvre scénique,* la Mère *(1931), pose d'ailleurs de tels problèmes de réalisation qu'il demeure peu connu. Sa production la plus fournie est essentiellement instrumentale : une série de seize* Quatuors à cordes *écrits en deux périodes séparées de vingt-sept ans (1919-1923 et 1950-1967), de nombreuses* Fantaisies *et* Suites *instrumentales, — les premières ouvertes tant au plan de l'écriture et de l'athématisme, les secondes plus didactiques (1956-1972). Il est à peu près certain que le temps va permettre de mieux cerner nombre de ses apports techniques essentiels, et reléguer au second plan la propagande qui entoure encore des partitions comme* Terre nouvelle, Chemin de la vie, *ou le* 13e Quatuor *« astronautique » célébrant, en 1961, l'envoi d'un cosmonaute russe dans l'espace. A l'écoute de son œuvre instrumentale, Hába apparaît comme un* créateur proche de Janaček, — puisant dans sa Valachie natale l'authenticité du matériau *mélodique, de la prosodie, de l'indéfectible vivacité de son œuvre. La part touchant aux nouveautés de la technique d'écriture s'efface alors au profit d'un lyrisme naturel, ramassé, d'une énergie rythmique peu commune, qui est la marque de son style a-romantique.*

A l'instar de son compatriote et aîné Leos Janáček, instituteur et cantor rural comme lui, Hába s'intéresse dès ses dix-huit ans à la chanson populaire de sa Valachie natale. Il constate que les chanteurs, solistes ou réunis en chorales, modifient spontanément la hauteur des sons tempérés qu'ils émettent pour des raisons d'expression. En diminuant, par exemple, une note d'un 1/6e de ton, celle-ci résonne avec plus de douceur et paraît, transitoirement, plus « juste » qu'en restant dans les modes mineurs-majeurs, ou plus archaïques comme les modes lydiens ou doriques. De même, un cri, la colère, une brusque montée en intensité correspondent à un ajout de quelques *commas* (ou 1/9e de ton) par rapport à la note tempérée d'accompagnement, émise par l'harmonium ou le piano*. Partant de cette constatation expérimentale, Hába a repris l'écriture tempérée classique en lui adjoignant quelques possibilités de modifications de la fréquence d'émission des notes écrites. Il en est venu, tout naturellement, à la gamme chromatique en vingt-quatre tons, puis en ajoutant les quarts de ton voisins, à réinventer une palette à l'évolution quasi continue dans le spectre sonore.

Il s'est ainsi retrouvé le technicien d'avant-garde jouant sur les micro-intervalles, et a bouleversé l'écriture musicale contemporaine sans bien se rendre compte que son approche rejoignait l'atonalisme de Joseph Hauer (1883-1959), comme le dodécaphonisme plus contraignant de Schönberg. Considéré comme « le maître de l'expressionnisme bohême » dans les années 1920-1930, il a fallu attendre 1945 pour constater que ce révolutionnaire ne cherchait qu'à épouser et traduire au mieux la spontanéité des musiques habituellement non écrites. Sa convergence avec l'école moderne, essentiellement américaine, concerne ses choix univoques entre thématisme traditionnel et principe de non-répétition. Il est, par contre, resté étranger au sérialisme schönbergien comme à l'école occidentale, issue de Debussy et de Webern, qui a suivi les conseils techniques d'un Messiaen.

Son œuvre peut être répartie en trois chapitres : les *Quatuors* de première époque (1919-1923) et de deuxième époque (1950-1967) ; les *Fantaisies* des années 1920 ; les *Nonets* et *Suites* des années d'isolement (1948-1967).

* *Comma* : unité de petit intervalle. Le plus utilisé fut celui de Holder, correspondant à un 1/9e de ton. Le demi-ton chromatique était alors de 5 commas, le demi-ton diatonique de 4, ce qui menait à une octave de 53 commas. Mais le ton de Holder étant légèrement supérieur à celui de Zarlino (tempéré), l'habitude s'est prise, jusqu'au XXe siècle, de considérer le *comma* comme le plus petit intervalle discernable, sinon mesurable et praticable systématiquement. Malgré le développement récent de l'électro-acoustique et des sciences de l'audition, la définititon du micro-intervalle le plus petit discernable n'est pas faite, — l'influence des facteurs acoustiques et physiologiques simultanés menant à des écarts allant du simple au triple. (NdR)

LES QUATUORS A CORDES

Le **1er Quatuor** (op. 4), de 1919, fut créé par le Quatuor Havemann en 1921 ; il est écrit en trois mouvements, en demi-tons.

Durée d'exécution : 12 minutes environ.

Le **2e Quatuor** (op. 7), de 1920, fut le premier ouvrage noté en quarts de ton. Bâti selon le modèle pré-classique cher à Hindemith, en trois mouvements, il finit par engendrer des harmonies si complexes que certains accords sur huit et onze notes simultanées dépassent les capacités d'écoute de l'oreille humaine.

Durée d'exécution : 11 minutes environ.

Le **3e Quatuor** (op. 12) forme le meilleur exemple de l'écriture « révolutionnaire » de Hába dans sa première période. L'œuvre, de 1922, fut créée par le Quatuor Hindemith, successeur du Quatuor Amar (où Hindemith tenait la partie d'alto), lors du festival de Donaueschingen de 1923. L'influence de Hindemith est réelle au plan de la construction en trois mouvements, et sur la relative simplicité du matériau thématique comme dans le *1er Quatuor op. 16* du maître allemand. Comme le montre cet exemple,

Début du *Vivace* avec les notations des altérations en quarts de ton simultanément utilisées avec les signes conventionnels bécarre et dièse

indiquant la " dièzisation" d'une note
indiquant sa " bémolisation"

l'écriture tend à utiliser des intervalles plus étendus et des accords sur des notes plus largement réparties dans le registre sonore. Elle part d'une note-pivot de *do* au violoncelle, appuyée et colorée par le second violon. L'alto prend en charge l'énoncé de la ligne mélodique (selon la notation précisée ci-dessus) en tierce juste, puis mineure, — augmentant l'intervalle par les quartes pour atteindre une quinte augmentée d'un quart de ton.

Le langage du *3e Quatuor* est plus éminemment diatonique (comme le recommandait Hindemith) et, de ce fait, plus facile à entendre comme à rendre sur le plan de l'expression que le bi-chromatisme de l'*op. 7* précédent. Cet *op. 12* porte à sa pleine efficacité l'athématisme, — nouveauté tout aussi révolutionnaire que l'élargissement de la palette chromatique par l'usage de micro-intervalles.

Durée d'exécution : 12 minutes environ.

Le **Quatuor n° 4** (op. 14) de l'automne de 1922 et **n° 5** (op. 15) du printemps 1923, sont également écrits en quarts de ton et poussent à leur achèvement les possibilités de contrepoint harmonique d'une écriture qui tend à se linéariser, — l'alto jouant le rôle de soliste, le violoncelle celui de la basse diatonique, tandis que les deux violons échangent et entrelacent leurs chants en permanente mutation.

Avec le **6e Quatuor** (op. 70) en demi-tons, du printemps 1950, Hába aborde sa nouvelle période créatrice, — libéré et isolé qu'il se trouve dans Prague coupée de toutes relations profondes avec l'Europe occidentale.

Les *7e*, *8e* et *9e Quatuors* forment une trilogie écrite entre novembre 1950 et février 1952 à la demande d'un jeune ensemble à cordes, le Quatuor Hába, mené par le violoniste Dusan Pandula. Tous écrits sous une forme tripartite, ils proposent un mouvement lent au lyrisme bohême caractéristique, encadré par deux épisodes vifs, résolus et rythmés.

Le **7e Quatuor**, terminé le 16 février 1951, fut créé à prague le 3 avril 1951 par le Quatuor Hába. Il est écrit en demi-tons comme les deux suivants. Conformément aux recommandations de l'Union des Compositeurs tchèques qu'il présidait, Hába prit soin de n'utiliser que des tonalités majeures, claires et optimistes. L'*Allegro risoluto* initial propose à l'alto le rôle de meneur de jeu, dans une tonalité médiane de *ré* majeur.

L'*Andante* médian laisse percevoir l'utilisation de chants de Noël moraves, — de sorte que l'œuvre est parfois sous-titrée « Quatuor de Noël » (exemple donnant le chant au violoncelle) :

Duré approximative d'exécution : 12 minutes.

Le **8e Quatuor** se révèle de moindre envergure, — même si l'écriture harmonique redevient plus complexe.

Durée : 9 minutes environ.

Le **9e Quatuor**, toujours de même structure, offre au violoncelle (celui de Vaclav Effler), un rôle particulièrement difficile dans le mouvement lent central.

Durée : 13 minutes environ.

Les **Quatuors n°10** (op. 80) et **n° 11** (op. 87), respectivement de 1952 et de 1957, marquent l'époque d'expérimentation de l'écriture avec des altérations en sixièmes de tons. L'*op. 87*, achevé en avril 1958, est encore divisé en trois mouvements, ayant désormais un rôle expressionniste très net : *Allegro energico, Andante misterioso, Allegro agitato*. Un lyrisme intense se dégage de cette page proche de la prosodie populaire, car Hába utilise les douze intervalles chromatiques habituels (de la seconde mineure à l'octave), augmentés ou diminués d'un 1/6e de ton. La diminution joue toujours le rôle de cantabile, alors que l'augmentation marque une montée de l'agressivité, *risoluto*, *energico* ou *agitato*, — comme le finale *Allegro*. L'œuvre fut créée par le Quatuor Novák, successeur du Quatuor Hába, à la Radio de Hambourg en octobre 1958.

Durée d'exécution : 12 minutes environ.

Le **Quatuor n° 12** (op. 90), terminé pour le Printemps de Prague de 1960, est écrit en quarts de ton ; il a été finalement créé au festival de Donaueschigen le 15 octobre 1960 par le Quatuor Novák, en souvenir de la première apparition du compositeur à ce festival en 1921.

La partition est tripartite : *Allegro energico, Andante cantabile, Allegro risoluto*. Hába revient aux tensions harmoniques générées par les accords simultanés de notes augmentées ou diminuées d'un quart de ton, par rapport aux règles de consonance habituelles. L'*Allegro* initial est particulièrement agressif de ce point de vue : il débute sur un unisson aux quatre cordes, et enchaîne immédiatement des accords où frottent simultanément *do* dièse et *do* dièse plus un quart de ton, le *do* naturel, toujours agrémenté d'un quart de ton supplémentaire, et un *ré* bécarre également augmenté. Ces accords confèrent à l'alto et au violoncelle des possibilités expressives rappelant la voix humaine, tandis que les violons paraissent beaucoup plus mécaniques et artificiels. Avec le *Cantabile* central, ils retrouvent leur nature lyrique. Le finale, par contre, accumule les effets agressifs avec sa succession d'accords de septième, jouant sur des écarts de 5/4 de tons.

Durée d'exécution : 16 minutes environ.

Le **Quatuor n° 13** (op. 92) est beaucoup moins violent et moins dense en son écriture en demi-tons que le précédent. Toujours tripartite — *Allegro energico, Andante cantabile, Allegro agitato* —, il ne se divise pas en trois fois huit parties comme l'*op. 90*. Ample et sonore en son *Allegro* initial, il applique le principe de non-répétition cher à Webern. L'*Andante* est divisé en cinq épisodes durant lesquels la ligne mélodique se voit accompagnée d'un contrepoint à la métrique irrégulière, alternant notes aiguës et graves. La base de cette ligne mélodique est constituée de la « série » formée de douze sons : *fa* dièse, *sol* dièse, *sol*, *do*, *fa*, *si*, *ré*, *si* bémol, *do* dièse, *la*, *mi*, *ré* dièse. Écrite en 1961, l'œuvre fut créée le 20 avril 1962 à Prague par le Quatuor Novák.

Durée d'exécution : 12 minutes environ.

La triologie finale a, en commun, son athématisme et le caractère de suite instrumentale de ses micro-mouvements constitutifs. La valeur du micro-intervalle différencie chaque quatuor.

Le **14e Quatuor** (op. 94) utilise des quarts de ton. Il se présente comme une synthèse des acquits du *12e Quatuor*, — jouant lui aussi sur les quarts de ton additionnels ou soustractifs. Il se compose de six micro-mouvements, comme la *Suite lyrique* de Berg : *Allegro energico, Allegro agitato, Andante leggerio, Allegretto scherzando, Andante cantabile et Allegro risoluto*. Il alterne épisodes décidés, véloces et libres, et périodes de calme dont le lyrisme naïf et vrai permet d'appécier la splendeur des constructions harmoniques réalisées. La partition fut créée par le Quatuor Novák en mai 1963.

Durée d'exécution : 8 minutes environ.

Le **15e Quatuor** (op. 95) est le plus parfait d'écriture de ce triptyque. Il enchaîne cinq épisodes indiqués *Allegro leggiero, Andante cantabile, Allegro vivace, Adagio* et *Allegro risoluto*. En quelque cinq minutes, Hába réunit la rigueur de la forme, la densité d'écriture, l'athématisme, l'alternance lyrisme-dynamisme la plus naturelle (détente-tension), procurée par le simple ajout de micro-intervalles diminuant ou augmentant « homéopathiquement » la fréquence de la note stabilisée.

D'une économie webernienne, cet *op. 95* apparaît comme une juxtaposition d'esquisses pouvant être amplifiées par une simple orchestration de ses éléments, et de miniatures *da camera* à la fraîcheur lyrique étonnante, — si les interprètes veulent bien oublier qu'ils jouent de la musique d'aujourd'hui au bénéfice d'une simplicité d'essence vocale. La partition enchaîne une courte introduction dans laquelle les quatre instruments se présentent en une série d'accords consonants, un court épisode lyrique où l'alto prédomine, un nouvel épisode rapide jouant sur les deltas proposés par les demi-tons chromatiques, curieusement sans aspérités (mais non sans tensions harmoniques), une suite de notes naturelles entretenues, enfin un bref final virtuose et transparent.

Durée moyenne d'exécution : 5-6 minutes.

Le **16ᵉ Quatuor** (op. 98) résulta d'une commande de la SIMC (Société Internationale de Musique Contemporaine), et fut terminé en 1967. Il se présente comme une suite de huit « tempéraments » utilisant, pour la première fois, les micro-intervalles de minoration ou de diminution d'un 1/5ᵉ de ton en fonction de la nature du climat de l'épisode. Ainsi défilent les huit micro-mouvements : *Calmo - Con affezione - Indeciso - Duramente - Sognando - Con concentrazione - Fermamente - Allegramente*. Le mouvement le plus long est le *Calmo* initial, qui voit le violoncelle fournir l'essentiel de la trame autour d'un pôle d'*ut*. Le second volet est mené par l'alto, et dure quelques dizaines de secondes. L'*Indeciso* est un des passages les plus novateurs par l'absence de continuité de sa ligne mélodique et par l'utilisation des silences. Le *Duramente* permet à l'alto de jouer sur quatre notes (*mi*, *ré*, *do*, *si*) en un fulgurant résumé des différents modes de présentation modulés par les cinquièmes de ton. Le *Sognando* occupe mieux l'espace sonore sous l'impulsion du violoncelle, tandis que le passage *Con concentrazione* est un nouveau jeu autour des quatre notes descendantes *mi-ré-do-si* partant du violoncelle pour être travaillées dans les différents registres de l'alto, puis des violons, en une émission qui rappelle celle des instruments à vent. Le très court *Fermamente* voit se suivre des notes présentées en canon par les instruments du grave vers l'aigu, — sons tendus et intenses qui construisent un court récitatif. Le finale, très bref *Allegramente*, est mené par l'alto.

L'œuvre a été créée par le Quatuor Novák, devenu Quatuor Suk après les événements d'août 1968, au répertoire duquel figurent les seize quatuors présentés ci-dessus.

Durée d'exécution : 12 minutes environ.

LES NONETS

Hába a utilisé cette forme instrumentale initialement pour créer un répertoire moderne au Nonet Tchèque, qui ne pouvait se suffire des œuvres de Reicha, Spohr ou Rheinberger ; puis il fut séduit par cette réduction de l'orchestre moderne que propose un ensemble dont le registre va du trio à cordes à la contrebasse en passant par flûte, hautbois, clarinette, cor et basson.

Nonets n° 1 (op. 40) et **n° 2** (op. 41)

Écrit en 1931, le **Nonet n° 1** est en un seul mouvement enchaînant quatre épisodes indiqués *Allegro agitato, Allegro scherzando, Andante cantabile* et *Allegro vivace*. L'introduction suit la forme sonate classique, mais, appliquant le principe de non-répétition, sans développement ni réexposition. Les *Allegros* extrêmes sont pleins d'une énergie « hindemithienne », comme les premiers quatuors, et offrent des accords superposant onze notes différentes. L'*Allegro scherzando* se souvient de Reicha comme de Schubert, même si l'utilisation de séries chromatiques fait se juxtaposer fréquemment des climats préromantiques et l'alacrité diatonique virtuose des années 20. Il n'est que l'*Andante cantabile* pour laisser s'exprimer un lyrisme simple et direct issu des chansons populaires de Valachie.

L'œuvre fut dédiée au Nonet Tchèque, ensemble fondé en 1923, — qui le joue depuis lors.

Durée d'exécution : 13 minutes environ.

Le **Nonet n° 2** est construit sur le même schéma, sans posséder la même alacrité virtuose ; il est donc resté dans l'ombre de l'*op. 40*. Il fut également écrit pour le Nonet Tchèque. Sa structure homophone en un seul mouvement et l'usage, non plus de douze notes comme dans l'*op. 40*, mais de sept, le rend encore plus expérimental pour l'oreille. Il marque la fin de la première période « révolutionnaire » de Hába, et reste sa seule partition heptaphonique.

Durée d'exécution : 10 minutes environ.

Nonet n° 3 (op. 82)

Daté de 1953, il appartient à la seconde phase créatrice du musicien. Écrit en demi-tons, il utilise en plusieurs passages des transcriptions de chansons de Moravie. Il est bâti en quatre mouvements formant un « hymne à la vie » : *Allegro moderato, risoluto*; *Vivace*; *Andante cantabile*; *Allegro energico, agitato*. La forme en est libre, la matière athématique. L'*Allegro* initial est formé de cinq épisodes dont la mélodie principale change en permanence de registres. Ainsi, dès les quatre premières mesures de l'*Andante cantabile*, la *Haupstimme* (mélodie principale) passe du violon au violoncelle alors que les sept autres instruments brodent un contrepoint allègre en sa souveraine liberté harmonique. Le finale reprend son rythme de marche triomphante, la petite harmonie dominant les cordes graves plus nostalgiques.

Cette partition, aussi libre que lumineuse, paraîtra désuète par son absence de tensions expressionnistes. Elle doit, en fait, sa variété à l'harmonie et à la coloration des cordes par les bois. Ainsi, l'*Allegro scherzando* retrouve-t-il, par instants, quelques souvenirs du Scherzo de l'*Octuor* de Schubert. Dédiée au Nonet Tchèque, l'œuvre fut créée le 19 février 1954 à Prague.

Durée d'exécution : 22 minutes environ.

Nonet n° 4 (op. 94)

La partition a été composée dans les années 1963-1964, puis révisée en 1970-1971. Elle ne forme plus une œuvre de démonstration d'un système d'écriture expérimentale. Elle est écrite en demi-tons, et retrouve la structure tripartite pré-classique. Par contre, le principe de non-répétition se maintient.

Les trois mouvements sont : *Allegro moderato, Andante cantabile, Allegro animato*. Les mouvements extrêmes se révèlent virtuoses et d'une pureté d'écriture presque académique. L'*Andante* central est le plus original avec sa complicité polyphonique peu ordinaire, partant d'un matériau qui exclut toute répétition.

Durée d'exécution : 12 minutes environ.

AUTRES ŒUVRES DE CHAMBRE

De 1921 à 1924, Hába écrivit trois **Suites** instrumentales essentielles, la première pour violon en quarts de ton (*op. 9-b*), la seconde, toujours en quarts de ton, pour violoncelle (*op. 18*), la dernière pour violon et piano (*op. 21*). Il poursuivit l'expérimentation de ces ajouts (ou diminutions) de quarts de ton jusqu'en 1927 : *Suite op. 27* pour clarinette, avec piano en quarts de ton également *op. 24*, *Fantaisie* pour alto et piano *op. 32*, pour violoncelle et piano *op. 33*... Il expérimenta les sixièmes de ton sur un harmonium spécialement construit avec ses *Six pièces op. 37* (1928). La partition la plus abordable demeure le *Duo* pour violons *op. 49* (1937). Hába reprit ses expérimentations, à la fin de 1944, en commençant par les instruments à vent : *Suite* pour trompette et trombone *op. 56* en quarts de ton, puis la *Suite op. 59* pour harpe chromatique. Suivirent les partitions pour basson (1950), transcrites pour clarinette-basse (à la demande de Jíri Horak, en 1969), pour tombone (*Suite op. 72* en quarts de ton), pour quatre bassons (*Quatuor op. 74*, qui se souvient de l'*op. 12* de Prokofiev en son Scherzo). En 1955, apparurent deux *Suites op. 81*, l'une pour violoncelle (*81-a*), l'autre pour violon (*81-b*) en demi-tons ; puis deux autres *Suites* pour les mêmes instruments, en sixièmes de tons (*op. 85-a* et *-b*). En 1960, fut composée l'une des *Suites* les plus originales, l'*op. 91* pour cymbalum dédié à Katerina Zlatnikova, et constituée de trois épisodes virtuoses de trois minutes chacun (*Allegro moderato*, *Andante cantabile*, *Allegro energico*).

La **Fantaisie pour violon** (op. 9-b) date de 1921 ; elle est formée d'un unique mouvement, *Allegro non troppo, risoluto*, et utilise les vingt-quatre quarts de ton de la série de *do* à *do*. Les trois premières notes de chacune des trois premières mesures montrent le résultat expressif obtenu par l'usage de ces micro-intervalles : augmentation de la tension, marquage plus violent de la démarche rythmique, permettant des contrastes rapides entre les nuances *forte* et *pianissimo* préparant l'arrivée du premier accord *forte*, puis du second, *fortissimo*, avec un *sol* naturel ! L'ensemble de la ligne mélodique donne une impression de fluidité, partant d'une tonalité glissante de *ré*, pour aboutir à *si* bémol. À l'étude comme à l'oreille, on s'aperçoit néanmoins que Hába joue plus sur les micro-intervalles pour moduler imperceptiblement une ligne mélodique naturellement tonale, que pour imposer un chromatisme militant et radical. En cela, il reste un mélodiste traditionnel cherchant plus à retrouver le lyrisme naturel de la mélodie populaire qu'à imposer une technique formelle.

Durée d'exécution : 8 minutes environ.

P.E.B.

GEORG FRIEDRICH HAENDEL

Né à Halle, le 23 février 1635; mort à Londres, le 14 avril 1759. C'est à Halle, sa ville natale, petite bourgade médiévale du nord de l'Allemagne où avait sévi la Réforme, que Haendel fit ses débuts de musicien, malgré les réticences de son père. Tout en continuant ses études de droit, il y fut nommé organiste de la cathédrale. Il quitta Halle en 1703 pour Hambourg, l'un des centres culturels de l'Allemagne, puis, à partir de 1706, visita l'Italie : Florence, Rome, où il se lia d'amitié avec Corelli, Venise, métropole musicale de l'Italie, et Naples. Ce voyage en Italie devait avoir une influence déterminante sur son œuvre. Il y composa de nombreuses cantates italiennes et des œuvres religieuses. De retour d'Italie, il séjourna quelques mois à Hanovre avant de gagner l'Angleterre en 1712. Il allait s'y fixer définitivement et, malgré quelques voyages en Italie et à Hanovre, l'essentiel de sa carrière se déroula à Londres. En dépit de violentes rivalités et de lourdes difficultés financières, Haendel sut se mêler totalement à la vie musicale anglaise fortement teintée d'italianisme. Pour le public anglais, ce musicien allemand écrivit des opéras italiens et sut transformer l'oratorio romain de Carissimi en un genre typiquement anglais. Ses oratorios sont des chefs-d'œuvre, et la création du Messie *en 1742 à Dublin fut un triomphe extraordinaire. Il mourut à Londres après avoir obtenu la nationalité anglaise, et fut inhumé en grande pompe à Westminster Abbey. Travailleur et voyageur infatigable, créateur et directeur de la Royal Academy of Music, virtuose éblouissant sur l'orgue et sur le clavecin, grand bâtisseur d'oratorios, Haendel se consacra également à des œuvres instrumentales plus réduites dans lesquelles s'affirme sa parfaite connaissance des arts italien, allemand, français et anglais. Il hérita tout à la fois de Corelli, d'Alessandro Scarlatti, de Lully et de Purcell. Son style, qui est un brassage de toutes ces influences, fait de Haendel un lien entre les grandes écoles européennes.*

L'œuvre de musique de chambre de Haendel, relativement importante, est principalement constituée de sonates pour un instrument et de sonates en trio, avec basse continue. Une seule œuvre s'adjoint la participation d'un clavecin concertant, — la *Sonate pour viole de gambe et clavecin en* ut *majeur*, morceau de jeunesse mais d'authenticité douteuse.

À côté de sonates et de trios pour un ou deux violons, pour une ou deux flûtes, pour un ou deux hautbois (l'instrument préféré de Haendel), les pièces principales ont été réunies en recueils et éditées entre 1722 et 1739 : *op. 1, op. 2* et *op. 5*. On doit y ajouter une série de trois sonates pour flûte et basse continue composées durant la période de Halle, et connues sous le nom de *Hallenser Sonaten*.

Les Sonates pour un instrument et basse continue (op. 1)

Douze sonates ont d'abord été publiées en 1722 à Amsterdam, chez Jeanne Roger, comme *Sonates pour un traversière, un violin ou hautbois con basso continuo* (sic), puis reprises vers 1731 par le même éditeur avec quelques modifications et trois sonates supplémentaires. L'édition définitive parut finalement en 1732 à Londres chez J. Walsh, — soit quinze *Solos for a german flute or hoboy or violin with a thorough bass for the harpsichord, op. 1*. La plupart de ces solos sont des pages de jeunesse. Certains sont destinés au violon, les autres à la flûte traversière ou au hautbois. Les deux premiers mouvements de la *Sonate en* ut *mineur op. 1 n° 8 pour hautbois* se retrouvent dans la *Sonate en* mi *mineur Hallenser n° 2 pour flûte.* On notera ici que les solos pour violon sont techniquement plus difficiles que ceux pour flûte et hautbois, quoique leur style soit identique.

Comme Bach, son contemporain, et selon une tradition de leur époque, Haendel n'hésite pas à réutiliser des thèmes ou des mouvements de ses sonates dans d'autres œuvres. Quelques-uns sont inspirés d'airs de cantates, d'autres réapparaissent dans des concertos ou dans des oratorios : les mouvements de la *Sonate en* fa *majeur op. 1 n° 11 pour flûte* servent de base à un concerto pour orgue, la *Sonate en* ré *majeur op. 1 n° 13* a été introduite dans l'oratorio *Jephté*.

Haendel adopte le schéma de la sonate d'église en quatre mouvements — lent, vif, lent, vif — pour ses solos de violon. Tous s'ouvrent par un mouvement lent. Certains gardent le ton noble, solennel et paisible des grands mouvements graves de Corelli qui se déploient sur une basse continue régulière et presque scandée (*Sonate en* sol *mineur op. 1 n° 10*). Ami de Corelli, rencontré à Rome, Haendel possédait une connaissance directe de l'art du maître romain. Parfois c'est l'influence française qui s'affirme avec le rythme majestueusement pointé de tel épisode sévère (*Sonate en* ré *mineur op. 1 n° 1*),

ou avec les intonations tourmentées de tel *affettuoso* (*Sonate en* ré *majeur op. 1 n° 13*).

Beaucoup d'*Allegros* ont des allures de concerto à l'italienne avec ces traits de virtuosité caractéristiques du nouveau style italien (*Sonate en* la *majeur op. 1 n° 14*), où se dessinent de vrais dialogues en imitations entre le dessus et la basse :

Assez courts, les mouvements lents centraux peuvent être comparés à des cadences de transition entre deux épisodes vifs. L'*Adagio* en *fa* dièse mineur de la *Sonate op. 1 n° 13* a la liberté d'une improvisation, — jusqu'à l'accord de dominante qui annonce l'enchaînement avec l'*Allegro* final. Plusieurs *Largo* à 3/2, en valeurs longues, requièrent ces embellissements que tout violoniste habile devait ajouter à la ligne mélodique.

C'est souvent un mouvement chorégraphique qui sert de conclusion aux sonates pour violon : *Allegro* espiègle au rythme d'un menuet rapide à 3/8, ou *Gigue* brillante, superbement construite sur des oppositions rythmiques (*Sonate op. 1 n° 12*) ou dans le genre d'un mouvement perpétuel (*Sonate op. 1 n° 6*).

La *Sonate en* ut *mineur op. 1 n° 8* pour hautbois, que l'on retrouve dans la seconde sonate en *mi* mineur pour flûte de l'époque de Halle, se termine par un *Allegro* dans le genre d'une *Bourrée anglaise* avec la démarche carrée typique de cette danse bien française !

Il existe deux versions pour flûte, avec quelques variantes, de la *Sonate en* ré *mineur op. 1 n° 1* pour violon : *Sonates en* mi *mineur op. 1 n° 1a* et *1b* pour flûte. On rencontre également le *Largo* de la *Sonate op. 1 n° 1a* dans la *Sonate op. 1 n° 13* pour violon.

Les solos pour flûte contiennent souvent plus de mouvements que les solos pour violon, — car, si Haendel conserve le cadre de la sonate d'église, il y ajoute volontiers quelques mouvements de danse. Les sonates pour flûte débutent par des mouvements lents ou presque sentimentaux (*Larghetto* de la *Sonate en* sol *mineur op. 1 n° 2*). L'introduction peut être plus solennelle encore lorsque Haendel choisit un puissant rythme pointé et obstiné à la basse (*Sonate en* la *mineur op. 1 n° 4*) :

Dans les *Allegros*, où le langage est proche de celui de Vivaldi, la flûte est extrêmement volubile, parfois espiègle. Enfin, l'apparition des bourrées, gavottes ou menuets dans ces sonates témoigne véritablement de l'influence française.

Les trois sonates de Halle (*Hallenser Sonaten*), en *la* mineur, *mi* mineur, *si* mineur, composées par Haendel dans sa ville natale avant ses voyages italiens, marquent une synthèse entre la sévérité et la richesse harmonique que le musicien assimila en Allemagne du Nord et le nouvel art italien qu'il avait sans doute appris à connaître avant de le pratiquer. Le thème chromatique de l'*Allegro I* de la *Sonate en* mi *mineur* est le même thème que celui de l'*Allegro I* de la *Sonate en* ut *mineur op. 1 n° 8* pour hautbois : l'un est en *ut* mineur, l'autre en *mi* mineur :

Les Sonates en trio (op. 2 et op. 5)

Les trios de l'*op. 2* sont parus chez Jeanne Roger, à Amsterdam, vers 1731 sous le titre de *VI sonates à deux violons, deux hautbois ou deux flûtes traversières et basse continue, second ouvrage* (sic), et repris chez l'éditeur londonien Walsh vers 1732. Toutes ces sonates, sauf la cinquième, sont en quatre mouvements. Ici encore, Haendel s'inspire fréquemment d'airs d'opéras ou d'oratorios, mais certains mouvements apparaissent comme les esquisses d'œuvres futures. Les plus beaux mouvements de ces trios ont une poésie pénétrante, et l'on relèvera que le premier *Allegro du Trio en* mi *majeur* ressemble à un air populaire anglais :

C'est en 1739, chez Walsh à Londres, que furent éditées *Seven sonatas or trios for two violins or german flutes with a thorough bass for the harpsichord or violoncello, opera quinta*, qui contiennent également de nombreuses adaptations réalisées par Haendel lui-même de ses propres oratorios, opéras et autres œuvres. On reconnaîtra, par exemple, des extraits du *Messie* (*Sonate en* la *majeur op. 5 n° 1*), d'*Ariodante* (*Sonate en* ré *majeur op. 5 n° 2*), d'*Athalie* (*Sonate en* sol *majeur op. 5 n° 4*). Le plan de chacune de ces sonates est variable. Elles sont, tour à tour, introduites par un mouvement rapide ou par un mouvement grave. L'*Andante* de la *Sonate n° 1*, que l'on retrouvera bientôt dans *le Messie*, est un grand dialogue mélodique en imitations canoniques entre les deux dessus. Le *Largo* de la *Sonate n° 5* est solennel comme une ouverture. En revanche, l'*Allegro* à 6/8 de la *Sonate n° 4*, tiré de l'ouverture d'*Athalie*, se présente comme un vaste mouvement de concerto suivi d'un épisode *a tempo ordinario* au rythme pompeux à la française.

Les mouvements concertants à l'italienne, pleins de virtuosité, sont nombreux dans cette série de trios : on retiendra notamment les *Allegros* des *Sonates n° 2* et *n° 3*, les *Largo* et le premier *Allegro* de la *Sonate n° 6*.

Haendel traite le second *Allegro* de la *Sonate n° 2* comme un rondeau, avec un étonnant thème syncopé en tant que thème de refrain. Ailleurs, c'est l'organiste qui se fait entendre : ainsi dans l'*Alla breve* de la *Sonate n° 5*, — très long mouvement fugué sur un beau thème,

ou dans l'*a tempo giusto* fugué de la même sonate. L'*Andante* à 6/8 de la *Sonate n° 2* est une ravissante *Musette* tirée d'*Ariodante*, — qui donne la primauté au premier violon.

Entre deux *Allegros* ou deux *Andantes*, Haendel place volontiers des mouvements de danse : *gavottes* bien carrées (*Sonates n° 1, n° 2* et *n° 3*), *sarabande et allemande* (*Sonate n° 3*), *passacaille, gigue* et *menuet* (*Sonate n° 4*), *bourrée* (*Sonate n° 5*).

A.d.P.

KARL AMADEUS HARTMANN

Né à Munich, le 2 août 1905 ; mort à Munich, le 5 décembre 1963. Hartmann provenait d'une famille d'artistes fort connue à Munich : son frère aîné Adolf fut un peintre réputé. Son maître le plus important fut à partir de 1931 Hermann Scherchen, dédicataire de son Premier Quatuor, *protecteur et promoteur infatigable des jeunes compositeurs. Dès 1933 Hartmann adopta une position résolument antinazie, qui s'exprime déjà dans sa première œuvre pour orchestre,* Miserae, *dédiée aux victimes du camp de concentration de Dachau. Bientôt sa musique fut interdite en Allemagne. Jusqu'à la fin de la guerre, il vécut en « émigration intérieure » et en contact étroit avec les milieux de la résistance. Quant à son œuvre, elle était pour l'instant destinée à son tiroir. En 1942 il fut encore l'élève privé d'Anton Webern à Vienne. Après 1945 les œuvres écrites durant la décennie précédente furent remaniées, et enfin jouées et éditées. En liaison avec les autorités américaines d'occupation, il organisa les célèbres concerts* Musica Viva *avec la Radio bavaroise, destinés à satisfaire le besoin de « rattrapage » du public en matière de musique nouvelle interdite par les nazis (l'École viennoise, Stravinski, Bartók, etc.), puis à faire connaître la musique des jeunes compositeurs. Jusqu'à sa mort, Hartmann partagea son activité entre ces concerts (qui furent poursuivis après sa mort) et la composition de ses propres œuvres. Celles-ci sont relativement peu nombreuses, mais très importantes. Hartmann fut avant tout le plus grand symphoniste allemand de son temps, et l'un des plus grands du* XX*e* *siècle. Il écrivit huit* Symphonies, *dont les six premières sont basées sur des travaux antérieurs à 1945. De même, son seul opéra,* Simplicius Simplicissimus, *d'après le célèbre roman de Grimmelshausen, fut rédigé dès les années trente, pour être remanié et représenté après la guerre. À côté de divers concertos et d'œuvres vocales, dont la bouleversante* Scène de Chant *d'après Giraudoux, sa toute dernière œuvre, plus tout à fait achevée, les rares œuvres de musique de chambre ont souffert d'un oubli immérité. Il s'agit avant tout des deux* Quatuors à cordes.

Hartmann fut un expressionniste passionné, un humaniste et un artiste totalement engagé au service de la cause de la liberté et des droits de l'homme. Aussi sa musique audacieuse, le plus souvent atonale, n'est-elle jamais sèche ou calculée, mais vise sans cesse à l'expression spontanée et directe comme celle d'un Alban Berg. Ceci vaut même pour le genre « abstrait » du quatuor à cordes.

Le **Premier Quatuor** fut écrit dès 1933 et remporta trois ans plus tard le premier prix au concours Carillon à Genève, ville où le Quatuor Vegh en assura la création peu après. Ce *Quatuor* dit *Carillon* est en trois mouvements, et commence par une introduction lente qui, à la manière d'un véritable manifeste, fait entendre au violoncelle une mélodie populaire juive.

Déjà cette œuvre de jeunesse porte tous les caractères du style personnel de Hartmann, mais ils apparaissent évidemment sous une forme plus épanouie et plus mûre dans son **Deuxième Quatuor**, composé durant le premier et terrible hiver de l'après-guerre, 1945-46, et créé à nouveau par le Quatuor Vegh, à Milan, en 1949. La grande forme est à nouveau en trois mouvements dans la succession vif-lent-vif, avec une introduction lente au début, mais l'œuvre est nettement plus longue et plus complexe en sa polyphonie très dense. Cependant, ici encore, les exigences de l'expression l'emportent. Le premier *Allegro* (extrêmement vif et très énergique) est en forme sonate, avec un fugato en guise de développement. Les deux autres mouvements, un *Andantino* d'une expression très tendue et un *Presto* frénétique rappelant le finale du *Cinquième Quatuor* de Bartók, et bâti sur un motif de quatre notes correspondant aux lettres du nom *Vegh*, adoptent tous deux une forme de lied ternaire élargie. Sur ces bases fermement « classiques » Hartmann édifie une œuvre d'une inspiration admirable, une œuvre fondamentale, injustement négligée jusqu'ici, de la littérature récente du Quatuor à cordes.

H. H.

JOSEPH HAYDN

*Né à Rohrau (Basse-Autriche), le 31 mars (ou le 1*er *avril) 1732; mort à Vienne, le 31 mai 1809. Il fut d'extraction modeste (son père était charron) et de famille nombreuse (douze enfants, — dont son cadet, Michael, lui-même plus tard compositeur en renom). Il entra dans la carrière musicale grâce à sa voix, en devenant petit chanteur à la cathédrale de Vienne. Mais le premier événement important de sa vie fut la rencontre de l'illustre Porpora, qui lui enseigna sa méthode de chant ainsi que la* *composition. Vers 1757, Haydn produit ses premiers quatuors à cordes (op. 1 et 2) : ils établissent sa réputation parmi l'aristocratie viennoise. Vers 1758, il est engagé par le comte Morzin. Troisième événement capital : en 1761, Haydn entre au service des princes Eszterhazy à Eisenstadt, puis à Eszterhaza — un « petit Versailles » pourvu de deux théâtres; il y restera jusqu'en 1790, composant pour Eszterhaza presque tous ses opéras et nombre de ses œuvres symphoniques et de chambre. Pendant l'hiver de 1781-1782, rencontre de Mozart à Vienne : une amitié faite d'admiration réciproque liera les deux hommes. En 1791 (année de la mort de Mozart), Haydn, libéré de ses engagements à Eszterhaza, arrive à Londres, qui lui réserve un accueil triomphal : il y compose une série de six symphonies « londoniennes ». Second séjour à Londres en 1794-1795, — avec six nouvelles symphonies (n° 99 à 104, les dernières) : même triomphe. En 1795, retour définitif à Vienne : Haydn composera encore six messes, des quatuors à cordes, et, surtout, deux grands oratorios,* la Création *et* les Saisons. *Il fait, en 1808, son ultime apparition en public pour une exécution de* la Création *: c'est l'apothéose. Il mourra l'année suivante, — année de Wagram qui voit l'occupation de Vienne par les troupes françaises... Longue et fructueuse carrière que celle de ce musicien d'une grande noblesse d'âme et tout pétri d'humour, — dont l'œuvre abondante aura embrassé à peu près tous les genres. Outre l'importante production symphonique et les deux célèbres oratorios déjà cités, il convient de mentionner les sonates pour piano, les ouvrages pour l'église (comportant notamment les extraordinaires* Sept dernières paroles du Christ sur la croix*), des cantates, des lieder et des opéras (dont le regain de faveur actuel paraît marquer une nouvelle appréciation du génie complet de Haydn). Et la musique de chambre ? C'est peut-être en ce domaine que Haydn expérimenta et affirma le mieux ses conquêtes formelles et expressives, — au point d'abolir l'ancienne tradition viennoise et d'en créer une toute nouvelle dont les héritiers directs seraient Mozart et Beethoven, et — plus lointainement, doit-on s'en étonner ? — un Arnold Schoenberg. Les* Quatuors à cordes, *en particulier, tiennent dans l'œuvre du musicien, comme dans l'évolution du genre, une place privilégiée : Haydn prit le quatuor à cordes à ses débuts pour le transformer totalement, et l'amener au seuil « sensible » du Romantisme. Il est donc parfaitement légitime de leur accorder la priorité dans la présentation qui suit.*

LES QUATUORS À CORDES

En abordant la musique religieuse, l'opéra, la sonate pour clavier et même la symphonie, Haydn trouva des modèles à sa disposition. Tel ne fut pas le cas en ce qui concerne le quatuor à cordes. Il fut vraiment le créateur du genre, ou, plutôt, ce sont deux compositeurs qui accomplirent cet exploit : lui-même et Boccherini, à peu près au même moment (vers 1760), mais indépendamment l'un de l'autre.

Le *quatuor à cordes* tel qu'il se développe à partir de 1760 environ est, dans l'idéal, un ouvrage à quatre parties (voix) réelles, sans basse continue, pour quatre instruments à cordes solistes de la même famille (deux violons, un alto et un violoncelle), traitant ces instruments avec une dignité égale, écrit dans un style de chambre et adoptant les principes de ce qu'au XIXe siècle on devait appeler le travail thématique et la forme sonate. Dans le troisième quart du XVIIIe siècle, il naquit comme un genre tout à fait nouveau, aux origines très diverses mais relativement récentes. Aucun genre ancien pris isolément n'alla jusqu'à se muer en quatuor à cordes, aucun ne joua pour le quatuor à cordes le même rôle que l'ouverture d'opéra pour la symphonie. Le quatuor à cordes prit ses racines en Italie, en France, en Autriche et en Bohême. Jusque vers 1780, on peut noter la primauté de Paris sinon pour sa naissance, du moins pour sa diffusion. A partir de 1780, Haydn ayant déjà près de trente quatuors à son actif, cette primauté devint de plus en plus viennoise. On abandonna alors peu à peu, dans la capitale autrichienne, la dénomination de *divertimento* pour celle de *quatuor*, importée de Paris, ou pour son équivalent allemand *Quartett* (terme utilisé pour la première fois par Haydn à propos de son *op. 33* de 1781). Cela dit, c'est dès le début, et non seulement à partir de 1780, ni même de 1769-1772 (date des *op. 9*, *17* et *20* de Haydn), que Vienne joua un rôle important dans l'histoire du genre. Le quatuor à cordes en effet, sans conteste sous l'action du seul Haydn, eut entre autres lieux de naissance le divertimento autrichien, catégorie dont relèvent les dix « Quatuors à Fürnberg » (*op. 1 et 2*) de notre compositeur, écrits en 1757 et/ou peu après.

Il fut longtemps de tradition d'affirmer que Haydn était l'auteur de quatre-vingt-trois quatuors à cordes. Cette tradition erronée eut pour origine l'édition complète entreprise par Ignaz Pleyel (ancien élève de Haydn) à Paris en 1801, et se trouva renforcée par le fait que la liste des quatuors établie par Pleyel fut reprise telle quelle dans le *Haydn Verzeichnis* (catalogue que Haydn fit établir de ses propres œuvres à partir de 1804), et même dans le groupe III (quatuors à cordes) du catalogue Hoboken (1957). De l'édition Pleyel proviennent les numéros d'opus en usage aujourd'hui, Pleyel les ayant d'ailleurs presque toujours repris d'éditions antérieures parues chez d'autres que lui. Il arriva à un total de quatre-vingt-trois quatuors de la façon suivante : six quatuors pour chacun des *op. 1*, *2*, *3*, *9*, *17*, *20*, *33*, *50*, *54-55*, *64*, *71-74* et *76*; deux quatuors pour l'*op. 77*, quatuors isolés *op. 42* et *103*, enfin les *Sept Paroles du Christ* considérées comme autant de quatuors (*op. 51*). De ces quatre-vingt-trois quatuors, il faut en soustraire seize : les *Sept Paroles*, dont la version originale est pour orchestre, les six de l'*op. 3*, qui sont apocryphes, l'*op. 1 n° 5*, en réalité une symphonie (« A » Hob.I.107), et les *op. 2 n° 3* et *n° 5*, en réalité des divertimentos pour quatuor à cordes et deux cors (Hob.II.21 et *22*). Il faut en revanche en ajouter un, le « Quatuor n° 0 » (Hob.II.6) qui, avec les neuf restants des *op. 1* et *2*, forme les dix « Quatuors à Fürnberg ». D'où un total de seulement soixante-huit quatuors authentiques, ou de cinquante-huit si — comme Haydn à la fin de sa vie en aurait exprimé le désir à son éditeur Artaria — on ne fait commencer les quatuors « véritables » qu'avec l'*op. 9*.

A noter enfin que, contrairement à ce qui fut le cas avec la symphonie, Haydn ne pratiqua pas le quatuor à cordes toute sa vie, ou presque. Il y eut d'abord des blocs d'œuvres bien isolés dans le temps : les dix « Quatuors à Fürnberg » (vers 1757-1760), les dix-huit quatuors *op. 9*, *17* et *20* (1769-1772), les six de l'*op. 33* (1781), et le quatuor *op. 42* (1785). Ce n'est qu'ensuite que Haydn allait s'adonner, de façon intensive et continue, à la composition de quatuors : les six de chacun des *op. 50* (1787), *54-55* (1788), *64* (1790), *71-74* (1793) et *76* (1797), les deux de l'*op. 77* (1799), enfin le quatuor inachevé *op. 103* (1802-1803). Les numéros d'opus ci-dessus ne proviennent pas — on l'a vu — de Haydn, mais de Pleyel; chaque opus à partir de l'*op. 9* constitue néanmoins un ensemble conçu comme tel par Haydn. En revanche, l'ordre des quatuors à l'intérieur de chaque opus ne correspond pas toujours à l'ordre de composition, d'ailleurs connu avec certitude dans certains cas seulement.

Les dix «Quatuors à Fürnberg» (vers 1757-1760) : op. 1 n° 1-4 et 6, op. 2 n° 1-2. 4 et 6, et «n° 0» (Hob.III.1-4, 6-8, 10 et 12, et Hob.II.6)

Leur dénomination fait référence au baron Karl Joseph von Fürnberg (1719 ou 1720-1767), qui aurait commandé ses premiers quatuors au jeune Haydn et les aurait fait exécuter dans sa résidence de Weinzierl en Basse-Autriche. Peut-être Fürnberg ne se vit-il offrir que certains (les premiers) des dix. Toujours est-il que les « Quatuors à Fürnberg » constituent un groupe, mais que ce groupe est fait de dix partitions isolées, quoique extérieurement assez semblables. On n'y trouve aucune série de six voulue par Haydn. Il n'y a jamais quatre mouvements, comme dans tous les quatuors à partir de l'*op. 9*, mais toujours cinq, avec deux menuets, — ce qui fait de ces œuvres, dans le contexte autrichien de l'époque, des « divertimentos pour quatuor à cordes ». Dans huit ouvrages, les mouvements se succèdent dans l'ordre vif-menuet-lent-menuet-vif, — l'*op. 1 n° 3* en *ré* et l'*op. 2 n° 6* en *si* bémol adoptant l'ordre lent-menuet-vif-menuet-vif, le mouvement lent initial de l'*op. 2 n° 6* étant en outre à variations. Haydn reprit la coupe en cinq mouvements — déjà utilisée par lui et par d'autres — du divertimento autrichien, mais fut, jusqu'à preuve du contraire, le premier à l'habiller de deux violons, d'un alto et de deux violoncelles solistes. Ce qu'il perdait en couleur, en oppositions cordes-vents, il le compensa dans l'écriture pour cordes seules, non par une luxuriance à la Boccherini qui l'aurait détourné de sa voie et dont il devait toujours se garder, mais par une dynamique formelle — les premiers grands exemples de « forme sonate » — auparavant inconnue et destinée à marquer pour longtemps la musique occidentale. Par là, il s'éleva au-dessus du simple « divertissement », et fonda un véritable genre, même s'il ne réalisa pas immédiatement toute la portée d'un geste commencé un peu par hasard (la commande de Fürnberg), puis poursuivi pendant près d'un demi-siècle de façon réfléchie et avec un étonnant esprit de suite. Faisant fi ou presque de toute influence, il produisit vers 1757-1760, une dizaine d'années après ses débuts de compositeur, dix ouvrages en apparence semblables (le groupe homogène le plus nombreux de sa toute première période), mais d'autant plus différenciés de l'intérieur, et où, pour la première fois, se remarque un double travail d'élimination-sélection et de synthèse.

Aucun autographe n'a survécu, mais les copies d'époque sont innombrables. Les « Quatuors à Fürnberg » firent immédiatement sensation en Autriche et dans d'autres pays, — Italie comprise. Ils comptèrent — l'*op. 1* plus encore que l'*op. 2* — parmi les œuvres les plus diffusées du jeune Haydn, dont ils contribuèrent très largement à fonder la réputation. Ils subirent de violentes attaques, venues principalement d'Allemagne du Nord, mais restèrent populaires et prisés bien après la parution des *op. 9* et suivants. Pour beaucoup de contemporains, ils constituèrent le premier contact avec la musique « moderne ». En janvier 1764, les *op. 1 n° 1-4* parurent chez Cheverdière à Paris avec deux quatuors avec flûte de Toeschi, — cette édition étant la toute première jamais consacrée à Haydn.

Le **Quatuor en *si* bémol majeur op. 1 n° 1 (Hob.III.1)**, le plus connu des dix en raison de sa position en tête de liste, et l'un des plus séduisants, est parfois appelé *la Chasse* du fait de son *Presto* initial à 6/8, inauguré par une fanfare ascendante à l'unisson des quatre instruments.

Le discours, dans ce *Presto* de 62 mesures, s'articule clairement, avec tous les contrastes, toutes les réinterprétations et toutes les transformations de la forme sonate. Commentant ce mouvement, son ton populaire et ses ruptures perpétuelles, Tovey y vit « l'expression d'un préjugé de classe contre l'imperturbable symétrie aristocratique de la musique plus ancienne ». Des deux *Menuets*, le premier, avec trio en *mi* bémol, est de tempo modéré, mélodique et distingué, et le second de tempo rapide (presque un scherzo), rythmique et de parfum populaire. Parmi les divers types de mouvement des « Quatuors à Fürnberg », ce sont ceux-là qui hantent le plus la mémoire, Haydn témoignant déjà de l'attention que, toute sa vie, il accorda à ses menuets. Ici, il s'attacha à ce qu'ils ne fussent pas écrasés par les mouvements rapides les précédant ou leur succédant, mouvements en conséquence plutôt légers de ton, dans l'*op. 1* plus encore que dans l'*op. 2*. Le bel *Adagio* central, en *mi* bémol, fait penser à un mouvement lent de concerto pour violon, et le finale, un *Presto* à 2/4 assez virtuose, s'ouvre par une idée abrupte soudain interrompue par un silence au milieu de sa sixième mesure. Avant Beethoven, c'est en solitaire que Haydn devait continuer à écrire des phrases aussi chargées de tension.

Il est impossible d'examiner le **Quatuor en *mi* bémol majeur op. 1 n° 2 (Hob.III.2)** et les huit suivants d'aussi près que l'*op. 1 n° 1*. La structure d'ensemble est la même, ce qui restera le cas sauf dans l'*op. 1 n°3* et l'*op. 2 n° 6*, — tirant sa dynamique globale de la fonction précise dévolue à chacun des cinq mouvements : ralentissement progressif du premier au deuxième mouvement, puis au troisième, accélération du troisième au quatrième, puis au cinquième, le quatrième mouvement étant plus vif et léger que le deuxième et le cinquième que le premier, — la rupture la plus nette se situant entre le troisième et le quatrième. L'*Allegro molto* initial à 3/8 de l'*op. 1 n° 2*, plus riche harmoniquement et à la périodicité plus irrégulière que la page correspondante de l'*op. 1 n° 1*, tend vers le monothématisme. Le finale (*Presto* à 2/4) également, mais de façon plus concise. Le trio du premier *Menuet* est en *si* bémol, celui du second en *ut* mineur. L'*Adagio* central est en *si* bémol.

Le **Quatuor en *ré* majeur op. 1 n° 3 (Hob.III.3)**, fait de cinq mouvements dans la même tonalité, s'ouvre par un *Adagio* à 3/4 sans barres de reprise et issu de l'ancienne sonate en trio : pour l'essentiel, les deux violons dialoguent sur un accompagnement d'alto et de violoncelle. Le trio du premier *Menuet* est en *sol*, et le second *Menuet* en contrepoint à deux voix, — les deux violons d'une part, l'alto et le violoncelle d'autre part, se doublant à l'octave. Son trio est en *ré* mineur. Le troisième mouvement (*Presto* à 2/4) et le finale (*Presto* à 3/8) sont l'un et l'autre de forme *da capo* A-B-A, l'épisode central B étant en *si* mineur dans le finale.

Le **Quatuor en *sol* majeur op.1 n° 4 (Hob.III.4)** débute par un *Presto* à 3/8 particulièrement vaste ; mais cette ampleur provient largement de ses séquences baroques. On songe à quelque ancêtre populaire de la valse. Les *Menuets* ont chacun un trio en *sol* mineur (dans le second trio, les violons se poursuivent en canon). L'*Adagio* en *ut* majeur évoque à nouveau la sonate en trio. Le finale (*Presto* à 2/4) adopte, comme les deux mouvements rapides de l'*op. 1 n° 3*, la forme *da capo* A-B-A, — l'épisode central B étant en *mi* mineur. L'épisode A du début et de la fin est curieusement une forme sonate complète, quoique sans reprises : si elle en possédait, elle se suffirait amplement à elle-même.

Le **Quatuor en *ut* majeur op. 1 n° 6 (Hob.III.6)** s'ouvre, comme l'*op. 1 n° 1*, par un mouvement à 6/8 (*Presto assai*) ; mais le discours, à la périodicité régulière, offre moins de surprises. Le ton populaire et les articulations bien nettes sont néanmoins du plus pur Haydn. Le finale, un *Presto* à 2/4, évolue dans le même climat, toutefois de façon plus anguleuse et avec de piquants effets d'écho. Le premier *Menuet* possède un trio en *fa*, et le second, aux rythmes bien accusés et commençant presque par une quarte lydienne, un trio en *ut* mineur opposant harmonies romantiques et farouches unissons. L'*Adagio* en *sol* a un côté « sérénade », — le chant du premier violon avec sourdines étant le plus souvent accompagné par les trois autres instruments en pizzicatos.

Dans le **Quatuor « n° 0 » en *mi* bémol majeur (Hob.II.6)**, le *Presto* initial à 2/4 énonce d'abord son idée principale, qui progresse par tierces ascendantes (mesure 1), puis à la mesure 9 un motif très simple. L'idée principale en imitation ouvre le développement (mesure 33), mais sous forme descendante (renversée). A la réexposition (mesure 54), idée et motif se combinent. Le renversement de l'idée principale réapparaît à la fin du mouvement, — ce qui fait le lien avec la reprise de la seconde partie (développement et réexposition). Seul Haydn savait alors traiter un matériau de la sorte, de façon à la fois claire, concise, dynamique et surtout fonctionnelle. Les deux *Menuets* ont chacun un trio en *ut* mineur, l'*Adagio* est en *si* bémol, et le finale un *Presto* à 2/4.

Dans le **Quatuor en *la* majeur op. 2 n° 1 (Hob.III.7)** et dans les deux suivants (exception faite du premier mouvement de l'*op. 2 n° 4*), les mouvements extrêmes sont en général plus lents que dans l'*op. 1*, — ce qui leur donne un poids accru les éloignant de l'esprit du divertimento. De fait, l'*op. 2 n° 1*, apparaît plus ample, plus équilibré, plus proche par l'esprit de certaines symphonies d'après 1761 que l'*op. 1*. Dans l'*Allegro* initial à 2/4, le développement, pour la première fois dans les « Quatuors à Fürnberg », est à peu près aussi long que l'exposition et la réexposition, et les trois éléments thématiques contrastés, énoncés dès les mesures 1-6, sont travaillés et combinés dès l'exposition. L'écriture à quatre voix est remarquable. Le premier *Menuet*, parfaitement tripartite, c'est-à-dire en deux sections de respectivement 8 et (8 + 8) 16 mesures, baigne dans le même esprit, avec un trio en *la* mineur où le premier violon chante dans l'aigu. A un magnifique *Adagio* en *ré* succède un second *Menuet* entièrement dominé, comme le premier mouvement, par son début (plus précisément par les deux premières mesures de son thème). Dans le trio, le premier violon chante à nouveau dans l'aigu, mais en *la* majeur. Le finale, un *Allegro molto* à 2/4, possède le même poids, ou presque, que l'*Allegro* initial.

L'*Allegro* initial du **Quatuor en *mi* majeur op. 2 n° 2 (Hob.III.8)** s'ouvre par un thème de huit mesures faisant dialoguer trois fois le premier violon avec les trois autres instruments, et annonçant plus ou moins le début de l'*op. 17 n° 1*, dans la même tonalité. Une nouvelle idée, apparentée, occupe les mesures 9 à 16. Elle manque lors de la réexposition, mais on la retrouve curieusement, alors qu'on ne l'attendait plus, à la fin du mouvement où elle fait office de coda. Comme celui de l'*op. 2 n° 1*, le premier *Menuet* est une forme sonate minuature, avec trio en *mi* mineur. Il en va de même du second *Menuet* où, après la double barre de reprise, le premier violon se livre au procédé du bariolage (voir le *Menuet* de la *Symphonie n° 28*, ou encore le finale du *Quatuor op. 50 n° 6*). Le mouvement lent est en *la*, et le finale un *Presto* à 2/4.

Le **Quatuor en *fa* majeur op. 2 n° 4 (Hob.III.10)** forme avec les deux précédents une imposante trilogie, et son premier mouvement, un *Presto* à 6/8, est le plus aventureux des dix. Le « premier groupe de thèmes » de l'exposition, avant le « second thème » proprement dit, est fait de quatre éléments *a-b-c-d* se succédant dans l'ordre *a-b-c-b-c-b-d*, — les éléments *d* (vastes sauts d'intervalles) et *c* (croches régulières) revenant après le « second thème ». Le développement oppose d'abord *a* (bref motif avec rythmes pointés) et *b* (doubles croches régulières), non sans silences dramatiques et modulations abruptes, et se poursuit sur *c*. La réexposition condense d'abord en 10 mesures les 22 premières de l'exposition, en superposant dès son début (qu'on risque de manquer), sous des notes répétées du premier violon, une variante de *a* (second violon) à l'élément *c* (alto et violoncelle), puis en faisant se succéder *c* et *d*, les doubles croches *b* étant carrément supprimées. Des deux éléments ayant dominé le développement, *b* est donc absent, et *a* transformé et caché. En isolant ainsi les éléments du discours et en les soumettant à une combinatoire complexe mais superbement efficace à l'audition, Haydn révolutionna la musique. Les deux *Menuets* témoignent de la maîtrise du jeune Haydn dans la double tradition — lente et digne d'une part, rapide et populaire d'autre part — de cette danse. Le premier, avec trio en *si* bémol, est d'une ampleur rare; le second, d'une concentration extrême, a au contraire tout d'un scherzo, l'esprit « scherzo » étant encore renforcé par le trio en *si* bémol, aux silences tendus et aux rythmes binaires en mesure à 3/4. Le tragique *Adagio non troppo* en *fa* mineur est — exception faite de certains trios de menuet — le seul mouvement en ce mode dans les « Quatuors à Fürnberg ». Le finale est un *Allegro* à 2/4.

Le **Quatuor en *si* bémol majeur op. 2 n° 6 (Hob.III.12)** s'ouvre par un *Adagio* très réussi en forme de variations, démarche neuve à une époque où, dans une œuvre en plusieurs mouvements, cette forme était rare en soi et utilisée exclusivement comme finale. Dans la quatrième et dernière variation, les deux reprises sont entièrement écrites, avec les deux fois d'abord l'énoncé du thème comme au début (élément réexposition), puis une variation (élément amplification ou coda). La mélodie irrégulière du premier *Menuet*, qui reprend pied sur des doubles cordes du premier violon, est une des plus mémorables de Haydn. Le trio est en *mi* bémol. Comme le troisième mouvement et le finale de l'*op. 1 n° 3* et le finale de l'*op. 1 n° 4*, le *Presto* qui suit, curieusement en *mi* bémol, est une forme *da capo* A-B-A, — la partie centrale B, avec double barre de reprise, étant en *la* bémol. Comme dans le finale de l'*op. 1 n° 4*, la partie A est une forme sonate complète, plus courte mais avec ses deux reprises. Dans le second *Menuet*, forme sonate miniature, la réexposition du thème est renversée, — ce qui donne aux ultimes mesures, ascendantes et non plus descendantes, un aspect « coda », et au mouvement dans son ensemble un net côté « durchkomponiert ». Le trio est en *si* bémol mineur. Le finale, marqué *Presto*, évoque ceux de l'*op. 1*, notamment par sa mesure à 3/8.

Les dix-huit Quatuors op. 9, Hob.III.19-24 *(1769-1770)*, op. 17, Hob.III.25-30 *(1771)*, et op. 20, Hob.III.31-36 *(1772)*

Ces trois séries de six, composées en trois ou quatre ans, s'inscrivent chez Haydn au cœur de la période « Sturm und drang ». Il s'agit d'une production dense mais limitée dans le temps, car une décennie environ avait passé depuis les « Quatuors à Fürnberg », et une autre devait s'écouler avant les six de l'*op. 33*. À la fin de sa vie, on l'a vu, Haydn estimait que ses quatuors ne commençaient véritablement qu'avec l'*op. 9*. Cette série de six et les suivantes se distinguent effectivement des dix « Quatuors à Fürnberg » par leur caractère indubitablement « de chambre », — illustré en particulier par un traitement tout nouveau du violoncelle, qui cesse de se limiter, ou presque, à un rôle de soutien harmonique. Elles s'en distinguent également par les conditions dans lesquelles elles naquirent : non plus sur commande à la suite de la rencontre fortuite d'un mécène — Nicolas Esterhazy ne joua certainement pas le même rôle dans la genèse des *op. 9*, *17* et *20* que Fürnberg dans celle des dix quatuors de 1757-1760 —, mais essentiellement par nécessité intérieure, et en partie grâce à l'expérience acquise dans d'autres genres instrumentaux. De fait, on ignore tout de la genèse et de la destination des *op. 9*, *17* et *20* : il n'existe dans les archives Esterhazy aucune source ni aucun document les concernant. Quand Haydn entreprit l'*op. 9*, trois volumes de vingt-quatre trios pour baryton chacun existaient déjà, et un quatrième était largement avancé. Haydn, dans ses œuvres « de chambre », s'était fortement éloigné du divertimento autrichien des années 1750, dont relevaient encore les « Quatuors à Fürnberg », et les quatuors *op. 9*, *17* et *20* devaient poursuivre radicalement cette démarche. Dans les symphonies à partir de 1761, la coupe en quatre mouvements à caractère cyclique s'était peu à peu imposée, et la « forme sonate » s'était étendue et dramatisée. Les quatuors de 1769-1772, en les adaptant plus ou moins, devaient reprendre tous ces traits à leur compte. Bref, depuis les « Quatuors à Fürnberg » Haydn avait énormément évolué, et s'était élevé de façon décisive au-dessus de ses contemporains.

Autre trait nouveau : les trois séries de six *op. 9*, *17* et *20* furent expressément conçues comme telles par Haydn qui, à de rares exceptions près, devait ultérieurement toujours procéder de la sorte, — chaque série de six comprenant des œuvres dans six tonalités différentes dont une en mineur — l'*op. 20*, avec deux œuvres en mineur, occupant une position à part — et en rapport les unes avec les autres, se complétant mutuellement. Les autographes des *op. 17* et *20* ont survécu, datés respectivement de 1771 et de 1772, mais non ceux de l'*op. 9*. Divers indices permettent de situer l'*op. 9* au plus tôt au milieu de 1769, au plus tard en 1770.

Les six Quatuors op. 9 (1769-1770)

Le numéro d'*op. 9* et la numérotation traditionnelle à l'intérieur de l'opus proviennent de l'édition parisienne de Huberty (1772) et furent repris par Pleyel, — passant ainsi à la postérité. Dans l'*Entwurf Katalog* (catalogue dressé par Haydn de ses propres œuvres à partir de 1765), les six partitions apparaissent dans l'ordre suivant, qui est probablement — ainsi que le suggère une comparaison avec l'*op. 17* — l'ordre de composition : n° 4 en *ré* mineur, n° 1 en *ut*, n° 3 en *sol*, n° 2 en *mi* bémol, n° 5 en *si* bémol, et n° 6 en *la*. Si les finales conservent en général la relative brièveté et, surtout, la légèreté de ceux des « Quatuors à Fürnberg », il n'en va pas de même des premiers mouvements de forme sonate, pour la plupart plus modérés de tempo et surtout bien plus vastes. Dans les *op. 1* et *2*, le centre de gravité de chaque œuvre se trouvait plutôt au milieu (premier menuet et mouvement lent), alors qu'à partir de l'*op. 9* il se trouve plutôt dans le premier mouvement, — un des problèmes à résoudre étant, dans ces conditions, d'obtenir un finale de poids comparable mais à caractère indiscutable de dernier mouvement. Le tempo modéré de presque tous les premiers mouvements des quatuors *op. 9* (et *17*) par rapport à ceux, non seulement des « Quatuors à Fürnberg », mais aussi des symphonies des années 1760 et suivantes, explique que pour ménager les contrastes, et contrairement aux symphonies, ces quatuors placent invariablement le menuet en deuxième position et le mouvement lent en troisième.

Le **Quatuor en *ut* majeur op. 9 n° 1 (Hob.III.19)** s'ouvre par un *Moderato* à 4/4 faisant la part belle aux figurations du premier violon. Le spirituel *Menuet* est une forme sonate miniature avec coda, — le piquant étant que les mesures 1-4, non seulement sont réentendues lors de la réexposition, mais font ensuite office de coda (« Ma fin est mon commencement »). Le trio est en *ut* mineur. Suivent un *Adagio* en *fa* à 6/8, au rythme de sicilienne, et un finale (*Presto* à 2/4) dont Mozart, consciemment ou non, devait citer le thème principal aux mesures 28-31 du mouvement correspondant de sa *Symphonie n° 36 « Linz »* de 1783, dans la même tonalité.

Fort différent de celui de l'*op. 9 n° 1* apparaît le *Moderato* initial du **Quatuor en *mi* bémol majeur op. 9 n° 2 (Hob.III.20)** : plus dynamique, fait d'éléments thématiques et rythmiques beaucoup plus divers mais traités et combinés dans l'esprit de la « sonate », le discours étant unifié par une constante énergie. Le *Menuet* devait être bientôt réutilisé par Haydn comme thème de ses *Variations pour clavier* en *mi* bémol Hob.XVII.3 (vers 1770-1773). Le mouvement lent, en *ut* mineur, fait suivre un « récitatif » instrumental de huit mesures (*Adagio*) d'un « air » (*cantabile*) en deux sections principales : la seconde, version ornée (« reprise variée » à la manière de Carl Philipp Emanuel Bach) de la première, évolue donc comme elle d'*ut* mineur à *mi* bémol majeur, et débouche sur une courte coda retrouvant *ut* mineur. Le finale (*Allegro molto* à 4/4) est léger de ton, mais contrasté et bien articulé.

La numérotation traditionnelle Huberty-Pleyel de l'*op. 9* possède sa logique propre, car l'*Allegro moderato* initial du **Quatuor en *sol* majeur op. 9 n° 3 (Hob.III.21)** poursuit l'évolution observée du *n° 1* au *n° 2* : à un premier mouvement modéré et assez mosaïque (*n° 1*), et à un autre plus bondissant et aux contours plus nets (*n° 2*), succède un troisième d'une extrême énergie, d'une grande concentration, aux sonorités puissantes. Le *Menuetto* (*Allegretto*) joue subtilement avec les gammes ascendantes et descendantes, — tantôt en les énonçant à découvert, tantôt (en particulier dans le trio) en les camouflant au sein d'une polyphonie en imitation. Le sublime *Largo* en *ut* majeur est sans doute le plus ancien mouvement lent de Haydn à caractère d'hymne, et sans doute aussi le premier à annoncer Beethoven « dans ses humeurs les plus solennelles » (Tovey). En fait, par son climat et par sa structure (alternances d'une mélodie hymnique et de figurations violonistiques en valeurs brèves), le *Largo* de l'*op. 9 n° 3* annonce surtout l'*Adagio* (en *ut* majeur également) de l'*op. 76 n° 1* (1797), de Haydn lui-même. Le finale (*Presto* à 2/4) reprend avec une complexité accrue la démarche « Ma fin est mon commencement » du *Menuet* de l'*op. 9 n° 1*, — illustrant à merveille le sens inné que possédait Haydn de la forme, de la rupture discursive et du trait d'esprit, et confirmant le jugement de Tovey selon lequel « à un public de connaisseurs, l'*op. 9 n° 3* devrait s'imposer comme un authentique chef-d'œuvre ». Il est indispensable, pour l'apprécier pleinement, que les deux reprises de ce finale soient observées.

Le **Quatuor en *ré* mineur op. 9 n° 4 (Hob.III.22)** est le plus joué des six, et, dans son livre posthume intitulé *Les Grands Quatuors de Haydn* (1986), Hans Keller estime que ce « premier quatuor de Haydn dans le mode mineur est le premier grand quatuor de l'histoire de la musique »... Chevauchant les mesures 2 et 3 de l'*Allegro moderato* initial, surgit un motif de trois notes puis, à la mesure 5, une syncope sur la tonique *ré*,

les deux pouvant faire penser à Mozart (*Quatuor K. 421*, dans la même tonalité). Le motif de trois notes ne revient plus dans l'exposition, pourtant riche en thèmes de toutes sortes, mais joue un très grand rôle dans le développement. La réexposition, en revanche, l'omet complètement. Le mouvement reste sombre d'un bout à l'autre, et se termine en mineur. Même atmosphère dans le *Menuetto*, toujours en *ré* mineur, fort développé, et dont la première partie, après avoir touché *fa* majeur, retourne brutalement à *ré* mineur avant de conclure en *la* mineur. On y trouve plusieurs variantes du motif de trois notes du premier mouvement : à la fin de la mesure 2, où comme au même endroit dans l'*Allegro moderato* sont mises en valeur les notes *si* bémol, puis *la*,

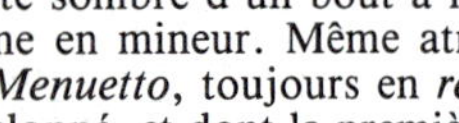

et dans les trois dernières mesures. Le bref trio en *ré* majeur est un trio à cordes pour deux violons : l'alto et le violoncelle se taisent, — le premier violon jouant en doubles cordes. Comme le mouvement correspondant de l'*op. 9 n° 2*, l'*Adagio cantabile* en *si* bémol (centré sur la beauté mélodique) est un exemple de « reprise variée » à la manière de Carl Philipp Emanuel Bach, mais construit différemment. Les deux expositions (exposition proprement dite et reprise variée) de cette forme sonate comportent chacune 22 mesures, et, après un développement-transition de 10 mesures, la réexposition en comprenant à nouveau 22. Le finale (*Presto* à 6/8) n'est pas une gigue, mais Tovey le rapproche de « la plus vaste possible des gigues polyphoniques ». Fin abrupte en *ré* mineur.

Entendu juste après, le *Poco adagio* initial du **Quatuor en *si* bémol majeur op. 9 n° 5 (Hob.III.23)** provoque un bienfaisant sentiment de détente. Comme la page correspondante de l'*op. 2 n° 6*, dans la même tonalité, il s'agit d'un thème varié à 2/4, avec quatre variations dont la dernière, aux reprises entièrement écrites, fonctionne comme une réexposition amplifiée. On y trouve en outre une courte coda. Dans son *Quatuor en ut majeur K. 170* d'août 1773, Mozart devait traiter en variations un thème fort semblable. Le vigoureux *Menuetto* (*Allegretto*) instaure entre menuet proprement dit et trio des rapports remarquables influençant beaucoup la dynamique globale : la structure du *Menuet* est A / B-A'-A, et celle du trio B'-A' » / A''-B', — le début du trio agissant presque comme une nouvelle reprise de la seconde partie du *Menuet*. Suivent un beau *Largo* en *mi* bémol opposant souvent, selon toutes les combinaisons possibles, les quatre instruments deux par deux, et un agile *Presto* dans le même esprit que le mouvement correspondant de l'*op. 9 n° 2*. Ce *Presto* commence exactement — est-ce hasard ou non ? — comme, trente ans plus tard, le tout aussi bondissant premier mouvement du *Quatuor op. 18 n° 6* de Beethoven, dans la même tonalité.

Sauf dans son *Menuet*, le **Quatuor en *la* majeur op. 9 n° 6 (Hob.III.24)** se distingue fortement des cinq autres, — apparaissant comme le plus léger des six. Il s'ouvre par une alerte *Presto* à 6/8 (premier mouvement le plus rapide des six, quoique suivi de près par celui de l'*op. 9 n° 3*), puis par un *Menuetto* (par compensation, de tempo modéré), avec trio en *la* mineur évoquant par endroits le début du *Presto*. L'*Adagio* en *mi* majeur, sorte de « concerto » pour le premier violon, aurait pu se trouver dans l'*op. 2*. Ce n'est pas le cas du finale (*Alle-*

gro à 2/4) ; ses dimensions réduites en font néanmoins, dans l'*op. 9*, un corps étranger faisant pressentir qu'un des problèmes de Haydn, dans les *op. 17* et *20*, sera de donner aux derniers mouvements un poids semblable à celui des premiers.

Les six Quatuors op. 17 (1771)

Datés de 1771 (autographes), ils parurent pour la première fois l'année suivante comme *op. 9* chez Hummel à Amsterdam. L'ordre traditionnel des ouvrages provient de cette édition, — le numéro d'*op. 17* (repris par Pleyel) étant issu quant à lui de l'édition parisienne de Sieber (1773). Les six autographes — conservés depuis 1875 à la Société des Amis de la Musique à Vienne — sont reliés en un seul volume où ils se succèdent dans le même ordre que dans l'*Entwurf Katalog*, — cet ordre étant vraisemblablement celui de composition : n° 2 en *fa*, n° 1 en *mi*, n° 4 en *ut* mineur, n° 6 en *ré*, n° 3 en *mi* bémol, et n° 5 en *sol*. Les six autographes de l'*op. 17* sont non seulement les premiers de quatuors de Haydn à nous être parvenus, mais les seuls reliés en volume.

Les *op. 9* et *17* appellent diverses comparaisons. Dans chaque cas, on trouve comme premiers mouvements quatre morceaux à 4/4 et de tempo modéré, une page lente à variations (*op. 9 n° 5* et *op. 17 n° 3*), et un presto à 6/8 (*op. 9 n° 6* et *op. 17 n° 6*) ; un mouvement lent à 6/8 au rythme de sicilienne (*op. 9 n° 1* et *op. 17 n° 1*), — à ceci près que, dans l'*op. 17*, la page en question est en mineur, un autre à relents de concerto pour violon (*op. 9 n° 6* et *op. 17 n° 6*), et un autre en forme de « récitatif et air » instrumental (*op. 9 n° 2* et *op. 17 n° 5*) ; et, bien sûr, une œuvre en mineur (*op. 9 n° 4* et *op. 17 n° 4*). Dans les douze quatuors, le menuet est en deuxième position et le mouvement lent en troisième. De tous ces traits communs aux *op. 9* et *17*, certains reparaîtront dans l'*op. 20*, d'autres non.

Par rapport à l'*op. 9*, l'*op. 17* donne une impression d'ampleur, de profondeur et de subtilité formelle accrues. C'est l'évidence dès le **Quatuor en *fa* majeur op. 17 n° 2 (Hob.III.26)**, sans doute le premier composé, aux mouvements extrêmes assez virtuoses. Ces deux mouvements sont, en outre, unis par une sorte de leitmotiv de cinq ou six doubles croches descendantes que l'on retrouve dans l'*Adagio* en *si* bémol, forme sonate sans reprises avec partie centrale chromatique. Le *Menuetto* (*Allegretto*), en deuxième position, concentré et proche du scherzo, voit sa dernière mesure reprise au vol à l'octave supérieure par le trio en *ré* mineur. A la mesure 8 de ce trio d'abord mélancolique, un *mi* bémol marqué *forte* fait sursauter, et la première partie se termine curieusement en *si* bémol majeur. La seconde partie n'est pas répétée, et prend fin à la dominante en *ré* mineur, sur un *la* qui ramène au *Menuet* proprement dit en se transformant en tierce de *fa* majeur.

La luminosité du **Quatuor en *mi* majeur op. 17 n° 1 (Hob.III.25)** est due à sa tonalité rare, que Haydn ne devait réutiliser que dans un seul quatuor (*op. 54 n° 3*, de 1788), mais aussi à un traitement virtuose du premier violon dans l'extrême aigu. Le *Moderato* initial n'en exprime pas moins, grâce à de constants et subtils changements d'éclairage et de nombreuses apparitions du mode mineur, l'âme du quatuor à cordes. Le thème du début couvre l'intervalle de quinte ascendante *mi-si*, ce qui est le cas aussi de celui du vaste *Menuetto* (*Allegretto*) : bien rythmé, parcouru de piquantes harmonies de seconde et de septième, il conduit à un trio en *mi* mineur très expressif avec ses chromatismes et ses quatre voix en imitation contrapuntique. L'*Adagio* en *mi* mineur est une sicilienne à 6/8. Quant au *Presto* terminal à 2/4, projeté en avant par une pulsation de croches, il comprend à sa mesure 20 une sorte de transition chantante à la sous-dominante *la* majeur, — le discours rebondissant ensuite à la tonique puis à la dominante *si* majeur. La transition en *la* se retrouve au centre du développement, manque dans la réexposition, mais réapparaît dans la coda où elle agit comme un dieu mélancolique. Les dernières mesures, dans la nuance pianissimo, transposent avec esprit cette « mélodie transitoire » à la tonique.

Le **Quatuor en *ut* mineur op. 17 n° 4 (Hob.III.28)** est le seul de Haydn dans cette tonalité, qu'il utilisa une fois également dans ses sonates (*n° 33* Hob.XVI.20, de 1771 également) et trois fois dans ses symphonies (*n° 52*, de 1770-1771, *n° 78*, de 1782, et *n° 95*, de 1791). La partition, sauf en son finale, est cependant plus élégiaque que tragique, — d'autant que son premier mouvement est encore une fois un *Moderato*. Le motif initial descendant (*mi* bémol - *sol* - *ut*) énoncé par le premier violon à découvert, et dont seule la troisième note suggère la tonalité d'*ut* mineur, immédiatement confirmée par les trois autres instruments, domine tout autant ce mouvement que les fameuses quintes le quatuor du même nom (*op. 76 n° 2*, de 1797). Il sert notamment, en vertu de son ambiguïté latente, à lancer en des endroits stratégiques de nouvelles tonalités. Les six dernières mesures, pour la première fois dans le mouvement, introduisent *ut* majeur : on a ici la première grande « éclaircie psychologique » en majeur dans un mouvement en mineur du « classicisme viennois ». Fin donnée pianissimo. Ces ultimes mesures font le lien avec le *Menuetto* qui suit, en *ut* non pas mineur mais majeur, à l'allure d'un robuste scherzo, au thème mémorable, avec un trio en *ut* mineur déchiré par ses harmonies de sixte, ses syncopes et ses chromatismes. Dans l'*Adagio cantabile* en *mi* bémol, Haydn rend un nouvel hommage au principe de la « reprise variée » cher à Carl Philipp Emanuel Bach (voir les pages correspondantes des *op. 9 n° 2* et *n° 4*) ; mais ici, après une exposition et une reprise variée évoluant de la tonique à la dominante *si* bémol, la troisième et dernière section, à peine plus longue, condense développement et réexposition tout en prenant soin de moduler souvent et loin. L'extraordinaire finale (*Allegro*) combine esprit contrapuntique et forme sonate. Au motif initial de quatre notes,

répond immédiatement au violoncelle une sorte de contre-sujet en croches régulières :

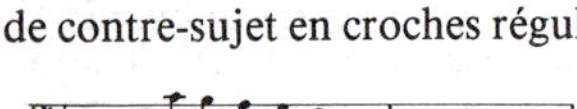

Après un silence sur la dominante d'*ut*, c'est, dès la mesure 13, *sol* mineur qui apparaît. Il y a alors élaboration contrapuntique du matériau du début. Ensuite seulement (mesure 25) intervient en *mi* bémol majeur un « second thème », en contraste total : gamme descendante chargée de tension du premier violon en doubles cordes (sixtes parallèles), transformation de cet instrument en soliste d'une virtuosité rageuse. Le développement oppose en un contrepoint serré les deux motifs de base, et, dans la réexposition condensée, le « second thème » intervient dès la huitième mesure, en *ut* mineur et dans un paroxysme de puissance. Comme celle du premier mouvement, la coda débute par de farouches unissons. Silence, puis éclaircie en *la* bémol majeur sur une pédale de violoncelle. Nouveau silence, et fin fortissimo en *ut* mineur et par coups de boutoir, — les deux dernières mesures, à l'unisson des quatre instruments, constituant sans doute la première apparition dans les quatuors de Haydn du style symphonique de l'époque.

Le **Quatuor en *ré* majeur op. 17 n° 6 (Hob.III.30)**, le seul des six à débuter dans un tempo très rapide, combine dans son *Presto* initial à 6/8 la légèreté de ton avec la subtilité harmonique et formelle. Après une transition étendue et largement en mineur, le « second thème » commence dans la tonalité peu orthodoxe d'*ut* majeur, puis revient en *la* mineur ; quand la dominante *la* majeur s'établit enfin, c'est pour un nouvel énoncé du thème initial. C'est encore ce thème qui — toujours en *la* majeur — ouvre l'exposition, très intense, et culminant en *si* mineur. Bien que sans coda, la réexposition dépasse en longueur l'exposition, en raison notamment de ses effets d'écho. Le *Menuetto*, étant donnée la rapidité du premier mouvement, adopte un tempo modéré, et se limite à une ample et magnifique mélodie se déroulant d'un trait par-delà les deux reprises traditionnelles (une seule mesure est répétée textuellement). Le trio est parcouru par des triolets du premier violon. Comme le mouvement correspondant de l'*op. 9 n° 6*, le *Largo* en *sol* majeur fait penser à un concerto ou à une sérénade pour premier violon ; mais le matériau mélodique est bien plus séduisant. Dans le finale (*Presto* à 2/4), presque entièrement conçu comme un « libre fugato » et chef-d'œuvre de monothématisme et de développement perpétuel, on n'entend pratiquement que le thème, tel quel ou plus ou moins renversé, travaillé sans relâche de façon très dense et toujours nouvelle, — y compris dans la réexposition. Comme éléments de contraste, quelques mesures avec bariolage de premier violon sur la dominante, et, juste après, une idée passagère mais très typée, en mineur et illustrant pour la première fois dans ses quatuors la fascination de Haydn pour les tournures « balkaniques ».

L'*Andante grazioso* initial du **Quatuor en *mi* bémol op. 17 n° 3 (Hob.III.27)** est un thème varié, avec quatre variations et en mesure à 2/4 comme dans les mouvements correspondants des *op. 2 n° 6* et *op. 9 n° 5*. Mais les reprises de la dernière variation ne sont pas écrites, et il n'y a pas de coda. Le thème ne comprend aucune répétition textuelle, et, dans sa seconde section, les quatre instruments participent harmonieusement au discours. Le *Menuetto* (*Allegretto*) combine le monothématisme le plus strict avec une extraordinaire irrégularité périodique et métrique ; l'on ne peut qu'approuver Tovey soulignant que cette page « serait considérée comme remarquable si on la rencontrait dans l'*op. 76* ». Des six menuets et des six trios de l'*op. 17*, le trio de l'*op. 17 n° 3* est le seul morceau réexposant textuellement l'idée du début : dans les onze autres, cette « réexposition » est escamotée, variée, prolongée, abrégée, ou suivie d'un nouveau développement. Le magnifique *Adagio* en *la* bémol est une forme binaire sans reprises, — la première partie menant de la tonique à la dominante *mi* bémol, et la seconde « développant » avant de « réexposer » la fin de la première. Cette effusion lyrique aborde des tonalités aussi incroyables que *mi* double bémol (enharmonique de *ré*) et *fa* bémol (enharmonique de *mi*). Le finale (*Allegro molto* à 4/4), dont les premières notes ne sont autres que celles du début de l'ouvrage, s'avère, par sa légèreté et par son piquant, le seul de l'*op. 17* dans la descendance directe de ceux de l'*op. 9*, dont néanmoins il se distingue par son écriture plus polyphonique. Le « second thème » n'est autre qu'une variante du premier, présentée en imitations serrées à tous les instruments successivement, chaque fois sous un aspect différent ; et c'est sur la pointe des pieds, non sans humour, que Haydn prend congé.

Le **Quatuor en *sol* majeur op. 17 n° 5 (Hob.III.29)** s'ouvre par un *Moderato* à 4/4 aux proportions inhabituelles : exposition de 33 mesures, développement un peu plus long (mesures 34 à 68), réexposition bien plus courte (mesures 69 à 89), — cette brièveté n'étant compensée par aucune coda. Manque dans la réexposition — qui, comme l'exposition, commence par répéter le thème initial en « scotch snaps » (cette répétition, toutefois, en mineur) —, toute la transition entre thème initial et « second thème », tout bonnement remplacée par quatre mesures dramatiques inaugurées par une chute de *mi* bémol à *si*. Dans le *Menuetto*, on entend plusieurs fois une plaisanterie typiquement haydnienne : deux soudaines croches sur le premier temps suivies d'un silence. Le pathétique trio en *sol* mineur annonce celui de l'*op. 74 n° 3* (1793), et se termine par un double énoncé du motif rythmique ouvrant le menuet proprement dit, dont le retour est ainsi préparé. Comme dans l'*op. 9 n° 2*, le mouvement lent (*Adagio* en *sol* mineur) est un « récitatif et air » instrumental, — à ceci près, qu'au lieu de faire se succéder un « récitatif » et un « air », il oppose plusieurs fois non pas deux éléments mais trois, ajoutant au récitatif et à l'air un « orchestre » aux gestes pathétiques, et parvenant ainsi à une parodie beaucoup plus fouillée de l'art vocal tout en édifiant logiquement sa grande forme : introduction « orchestrale » en *sol* mineur, récitatif accompagné du premier violon, air en *si* bémol majeur issu de l'introduction, retour de l'orchestre en *sol* mineur, nouveau récitatif accompagné (plus dramatique que le précédent), bref air conclusif en *sol* mineur. Le finale (*Presto* à 2/4) rappelle celui de l'*op. 9 n° 3* (dans la même tonalité) par ses permutations des débuts et des fins de phrase, — mettant ainsi en rapports, de façon à la fois inattendue et hautement satisfaisante pour l'esprit, l'identité et la diversité.

Les six Quatuors op. 20 (1772)

Ils forment la série de quatuors de Haydn souvent considérée comme la plus prestigieuse avant l'*op. 76* de 1797. L'année 1772, celle également de la *Symphonie « les Adieux »*, est qualifiée par Rosemary Hughes d'*annus mirabilis*, et ce jugement se fonde essentiellement sur l'*op. 20*. Les *Quatuors op. 20* parurent pour la première fois chez Chevardière à Paris en 1774, et le numéro d'*op. 20* provient de cette édition, — l'ordre traditionnel des ouvrages à l'intérieur de l'opus étant issu, quant à lui, de l'édition berlinoise de Hummel (1779). La dénomination de *Quatuors « du Soleil »* parfois accolée à l'*op. 20* est due pour sa part au frontispice de cette même édition Hummel : y peut-on voir une allusion maçonnique ? Ni l'ordre Chevardière ni l'ordre (passé à la postérité) Hummel-Pleyel ne peuvent être considérés comme authentiques. Les six autographes datés de 1772 ne sont, à cet égard, et à première vue, d'aucun secours : contrairement à ceux de l'*op. 17*, ils ont survécu sous forme de fascicules non reliés entre eux ; ou, plutôt, ils ne furent reliés entre eux que par leur premier possesseur connu, Johannes Brahms, qui justement les assembla dans l'ordre devenu traditionnel à son époque : celui de Hummel-Pleyel. Dans l'*Entwurf Katalog*, les six incipits se succèdent dans l'ordre n° 5 en *fa* mineur, n° 6 en *la*, n° 2 en *ut*, n° 3 en *sol* mineur, n° 4 en *ré* et n° 1 en *mi* bémol : d'abord les trois quatuors avec finale fugué (dans l'ordre fugue à deux, à trois, puis à quatre sujets) ; puis les trois autres, — chacun des deux groupes commençant par une œuvre en mineur. Pour Laszlo Somfai, qui s'est penché sur la question, cet ordre semble trop systématique pour être celui de composition. En 1800-1801, Artaria, à Vienne, édita à son tour l'*op. 20* sous la « supervision » de Haydn, en deux volumes de trois ouvrages chacun, et dans l'ordre n° 1 en *mi* bémol, n° 6 en *la*, et n° 5 en *fa* mineur ; puis n° 4 en *ré*, n° 2 en *ut*, et n° 3 en *sol* mineur (quatuor en mineur à la fin de chaque groupe). Que cet ordre ait été suggéré ou approuvé par Haydn est possible, mais il ne s'agit pas nécessairement de celui de composition.

Comme ordre de composition, Somfai a suggéré le suivant : n° 3 en *sol* mineur, n° 1 en *mi* bémol, n° 5 en *fa* mineur, n° 2 en *ut*, n° 6 en *la* et n° 4 en *ré*, — se fondant aussi bien sur les autographes que sur les œuvres elles-mêmes. Sont placés en tête les trois quatuors dont la succession des mouvements centraux est la même que dans les *op. 9* et *17* (menuet précédant le mouvement lent), et en toute première position celui (n° 1 en *sol* mineur) dont la partie de basse porte sur l'autographe l'indication archaïque *basso* (sur les autographes du n° 1 en *mi* bémol et du n° 5 en *fa* mineur, *basso* est biffé et remplacé par *violoncello*). Viennent ensuite les trois avec menuet en troisième position, et tout d'abord les deux (n° 2 en *ut* et n° 6 en *la*) avec, sur l'autographe, la seule indication *violoncello* (l'autographe du n° 4 en *ré* ne comporte, à cet égard, aucune indication). Cet ordre est ingénieux, et les deux critères sur lesquels il se fonde — succession des deux mouvements centraux et dénomination de la partie de basse, considérés l'un et l'autre selon l'opposition « archaïque-moderne » — ne se contredisent pas. il est tout à fait concevable que Haydn ait commencé par le n° 3 en *sol* mineur (au premier mouvement le plus expérimental des six) et par le n° 1 en *mi* bémol (au finale se rapprochant le plus de ceux des *op. 9* et *17*), et terminé par le n° 4 en *ré*, celui qui annonce le plus les quatuors des années 1780. Tout cela ne reste pas moins du domaine de l'hypothèse.

Ces six quatuors poussent à l'extrême certains traits des *op. 9* et *17*, mais en remettent d'autres en question. Pour la seule fois dans une série de six chez Haydn, deux quatuors sont en mineur (n° 3 en *sol* mineur, et n° 5 en *fa* mineur). Autre nouveauté très évidente : trois quatuors ont comme finale une fugue, à savoir le n° 2 en *ut* (fugue à quatre sujets), le n° 5 en *fa* mineur (fugue à deux sujets), et le n° 6 en *la* (fugue à trois sujets) ; on peut voir là aussi bien une conséquence de l'indépendance toujours plus grande des voix observée dans les *op. 9* et *17* que le désir de Haydn de prouver sa science à ses censeurs d'Allemagne du Nord, tout en s'inscrivant dans la tradition de la fugue instrumentale viennoise. Qu'ils soient fugués ou non, les finales acquièrent dans l'*op. 20* souvent les mêmes dimensions et presque toujours le même poids — le n° 1 en *mi* bémol constituant à cet égard la seule exception — que les premiers mouvements. Quant au mode mineur, il apparaît non seulement dans deux quatuors sur six, mais aussi dans la seule page en forme de variations (*Adagio* du n° 4 en *ré*). Est également en mineur l'*Adagio* du n° 2 en *ut*. Il n'y a plus, en revanche, qu'un seul menuet en majeur avec trio en mineur (n° 2 en *ut*), — alors que cela avait été le cas neuf fois sur vingt dans les « Quatuors à Fürnberg », deux fois sur cinq dans l'*op. 9* et trois fois sur cinq dans l'*op. 17*. On trouve de nouveau un mouvement lent du type « récitatif et air instrumental » (n° 2 en *ut*), mais plus de mouvement lent initial en variations. Tous les premiers mouvements sont des « allegros de sonate », de tempo plutôt modéré dans trois cas (n° 1 en *mi* bémol, n° 2 en *ut*, et n° 5 en *fa* mineur) et nettement rapide dans les trois autres (n° 3 en *sol* mineur, n° 4 en *ré*, et n° 6 en *la*, celui du n° 6 étant en outre, comme dans les *op. 9 n° 6* et *17 n° 6*, à 6/8). De cette dualité, Haydn tire pour la première fois certaines conséquences quant à l'ordre des deux mouvements suivants, sans d'ailleurs se montrer systématique. Dans les *op. 9* et *17*, les menuets étaient invariablement en deuxième position, et les mouvements lents en troisième. Dans les *op. 20 n° 4* en *ré*, aux premiers mouvements rapides, le mouvement lent passe — par souci de contraste — en deuxième position, et le menuet en troisième ; il en va de même, malgré un premier mouvement modéré, dans le n° 2 en *ut* (mais dans ce quatuor, c'est sans interruption, et avec un effet saisissant, que le menuet suit le mouvement lent). Dans le n° 1 en *mi* bémol et le n° 5 en *fa* mineur, aux premiers mouvements modérés, le menuet reste en deuxième position et le mouvement lent en troisième ; il en va de même, malgré un premier mouvement rapide, du n° 3 en *sol* mineur. D'où d'autres variantes, — sur lesquelles Somfai fut un des premiers à attirer l'attention. Quant le menuet est en deuxième position, le mouvement lent est à la sous-dominante (n° 1) ou au relatif majeur (n° 3 et n° 5) et en mesure à 3/8, 3/4 ou 6/8 (net contraste avec la mesure à 2/4, 4/4 ou 2/2 des finales qui suivent), alors que les mouvements lents en deuxième position sont au relatif mineur (n° 2 et n° 4) ou à la dominante (n° 6) et en mesure à 4/4, 2/4 ou 2/2 (net contraste avec le 3/4 des menuets qui suivent).

L'indépendance des voix, la polyphonie, le développement perpétuel et l'irrégularité métrique se manifestent dans l'*op. 20* de façon radicale, et, comme le dit Ludwig Finscher, « jamais auparavant ni après, Haydn n'écrivit des quatuors aussi sombres et aussi difficilement accessibles, mêlant de façon aussi déroutante des éléments aussi nombreux ». Les trois fugues, par exemple, ne se ressemblent pas, et si celle du n° 5 en *fa*, par son sujet et par sa facture, poursuit plus ou moins une tradition baroque assez sévère, il n'en va pas de même de celle du n° 2 en *ut*, pleine d'élégance, de charme et, pour finir, de vigueur, ni de celle du n° 6 en *la*, capricieuse et anguleuse, articulée à la manière de la fin du XVIIIe siècle.

Le **Quatuor en *sol* mineur op. 20 n° 3 (Hob.III.33)** s'ouvre par un **ALLEGRO CON SPIRITO** dans le même tempo rapide (ou presque) pour les *op. 9 n° 6* et *17 n° 6*, mais se distinguant d'eux par sa mesure à 2/4, et non plus à 6/8. Ce mouvement est traité en développement perpétuel, avec des ruptures et des contrastes en tous genres menant parfois le discours aux limites de la désintégration. Les motifs sont apparentés et soumis à une logique rigoureuse, mais beaucoup agissent comme des « objets trouvés ». L'ouvrage apparaît ainsi comme le pendant haydnien du *Quintette* de Mozart dans la même tonalité (*K. 516* de 1787), — ce qui n'efface pas stylistiquement l'intervalle de quinze années séparant ces deux chefs-d'œuvre, mais rappelle opportunément une des raisons pour lesquelles Haydn, à la fin des années 1780, écrivit peu d'œuvres en mineur de ce type : psychologiquement, il avait déjà passé ce stade. Le thème initial de l'*op. 20 n° 3* couvre sept mesures, avec deux éléments *a* et *b* de quatre et trois mesures res-

pectivement (les notes 3 à 8 de l'élément *a* étant destinées à jouer isolément un rôle de premier plan). Plus loin (mesure 24), un motif *c* laconique, en doubles croches à l'unisson, bien séparé du reste, surgit comme un « objet trouvé ».

L'exposition (94 mesures) revient pour finir vers le tonique *sol* mineur, et le développement (70 mesures), qui débute en *sol* mineur sur le thème initial, se poursuit de façon de plus en plus serrée, pour finalement se morceler complètement, — de très courts fragments thématiques venant se heurter comme dans le cinquième mouvement du *14e Quatuor* (*op. 131*) de Beethoven. De vastes sauts d'intervalles mènent à la réexposition, retardée à plaisir d'abord par les sauts d'intervalles eux-mêmes, puis par une mesure de développement ultime et supplémentaire (mesure 164) en gamme ascendante de doubles croches agissant comme un nouvel « objet trouvé » :

Après cette perte d'équilibre au dernier moment, la réexposition (106 mesures) permet au discours de reprendre pied et à l'auditeur de respirer. Pour un instant seulement, car les conflits ne sont pas résolus : le discours tend à nouveau à se morceler. Fin en *sol* mineur sur deux accords dans la nuance piano.

Le **MENUETTO (ALLEGRETTO)** reste en *sol* mineur. Très sombre, il conserve aussi l'atmosphère et le morcellement du premier mouvement, et se conclut en suspens sur ce qui semble une tierce picarde (avec *si* bécarre), mais est en réalité la dominante d'*ut* mineur. Ainsi se trouve préparé le *mi* bémol majeur du trio, au déroulement régulier de croches, dont la fin ramène la dominante d'*ut* mineur : le *sol* mineur du début du *Menuet* proprement dit produit alors un véritable choc.

Le **POCO ADAGIO** fait alterner une mélodie solennelle du premier violon et des figurations de doubles croches inaugurées par le violoncelle. C'est la seule page de l'*op. 20* pour laquelle des esquisses existent.

Le thème principal du finale (un vaste **ALLEGRO MOLTO** en *sol* mineur de forme sonate) synthétise en quelque sorte celui du premier mouvement (par son rythme) et celui du *Menuet* (par sa mélodie). La formule rythmique de la mesure 2 n'est autre que celle du motif *c* du premier mouvement.

Elle joue dans le finale un rôle encore plus important. Le mode mineur semble devoir subsister jusqu'au bout, mais la tierce finale est picarde (avec *si* bécarre). C'est néanmoins le violoncelle seul qui, sur un ultime énoncé dans son registre grave du « leitmotiv » rythmique dont il vient d'être question, conserve le dernier mot.

Le **Quatuor en *mi* bémol majeur op. 20 n° 1 (Hob.III.31)** est extérieurement le plus serein des six. Mais c'est aussi l'un des plus profonds, — et ce n'est pas pour rien qu'en 1793 (ou 1794) le jeune Beethoven le copia entièrement. L'ALLEGRO MODERATO initial à 4/4 énonce un thème de quatre mesures à trois instruments seulement (le second violon se tait), et un solo de violoncelle en triolets ascendants de doubles croches conduit à un semblant de reprise du thème à la tonique (mesure 5), puis à une reprise textuelle à la dominante (mesure 7), — l'instrument silencieux étant cette fois le premier violon. Pour bien établir la tonique, trop tôt abandonnée, le thème apparaît encore en *mi* bémol sous une forme ornée à la mesure 11, les instruments s'opposant ici deux par deux — premier violon et alto, second violon et violoncelle — avant de se rejoindre aux mesures 12-13 pour une sorte de cadence amorçant le passage décisif à la dominante. Cette dominante, en fait, met longtemps à s'établir, et n'est vraiment atteinte qu'à la mesure 32 pour un « thème conclusif » énoncé (les deux violons se taisant) sur une basse d'alto par le violoncelle dans son registre aigu : c'est avec l'*op. 20* que Haydn auteur de quatuors découvrit le violoncelle dans son registre aigu, — la manifestation la plus spectaculaire de cette découverte étant le début de l'*op. 20 n° 2*. Le mouvement, pour l'essentiel, se déroule sans heurts, — l'exposition prenant fin à la mesure 39 après n'avoir que rarement utilisé les quatre instruments ensemble. Le développement (mesures 40 à 71), par contraste, le fait constamment, en une écriture d'une plénitude rare préparant l'extraordinaire troisième mouvement. Au bout de trois mesures (mesure 43), le thème initial réapparaît à la tonique, et peu avant la fin, à la sous-dominante *la* bémol. La réexposition (mesures 72 à 106) est largement traitée comme un second développement.

Le robuste MENUETTO (ALLEGRETTO) est une forme sonate complète assortie de coda, avec à la mesure 4 (puis à la mesure 28) des sauts de violoncelle de deux octaves vers le grave illustrant bien le traitement nouveau de cet instrument dans l'*op. 20*. A l'ampleur du *Menuet* s'oppose la brièveté du trio, officiellement en *la* bémol majeur, mais presque sans tonalité.

Suit un magnifique AFFECTUOSO E SOSTENUTO en *la* bémol majeur à 3/8, qui certainement servit de modèle à Mozart pour l'*Andante con moto* (en *la* bémol également, mais à 6/8) de son *Quatuor K. 428* (en *mi* bémol également) de 1783, troisième des six dédiés à Haydn. Le mouvement de Haydn, forme sonate très condensée, merveille d'écriture verticale à quatre voix, s'impose par sa richesse mélodique, sa respiration ample et sa sérénité grave, due à un espacement fort habile des quatre instruments qui — exception faite de trois brèves formules cadentielles du premier violon — jouent tous continuellement, sans le moindre silence. Cette page est un ancêtre direct du *Lento assai* en *ré* bémol du *16ᵉ Quatuor* (*op. 135*) de Beethoven.

Contraste total avec le finale (**PRESTO** à 2/4) , de forme sonate, — le seul des six dans la descendance directe de ceux de l'*op. 9*, et qui frappe par son humour, ses syncopes et l'asymétrie de ses périodes.

Le **Quatuor en *fa* mineur op. 20 n° 5 (Hob.III.35)** est un ouvrage tragique témoignant de l'importance qu'eut toujours pour Haydn cette tonalité. Le thème principal de l'ALLEGRO MODERATO initial

se prolonge pendant dix-huit mesures et débouche sur un bond vers l'aigu, puis est repris à la mesure 20 au relatif *la* bémol avant le second thème proprement dit (mesure 28). Le développement (mesures 49 à 84), dominé par le premier thème, renonce à la polyphonie, mais accentue la tension du discours. Dans la réexposition (mesures 85 à 135), la tension continue de croître (nouveaux éléments de développement), et culmine dans l'extraordinaire coda (mesures 135 à 159), fondée sur le second thème, angoissée, très aventureuse harmoniquement. Fin en *fa* mineur dans la nuance piano. Cette atmosphère se maintient dans le MENUETTO en *fa* mineur, dont des unissons d'alto et de violoncelle soulignent le côté sombre. Le trio s'enchaîne directement. Il est en *fa* majeur, et agit — cette tonalité n'ayant jamais été abordée dans l'ouvrage auparavant — comme un bienfaisant rayon de lumière.

L'**Adagio** à 6/8 est en *fa* majeur lui aussi, et, par-delà la reprise du menuet, prolonge le trio. Il adopte un rythme de sicilienne, mais se distingue des pages correspondantes de l'*op. 9 n° 1* et de l'*op. 17 n° 1* par son côté moins dansant et par des triples croches de premier violon qui ne font pas partie du thème mais l'introduisent, l'ornent ou se superposent à lui. À la fin de l'exposition, puis de la réexposition, la mélodie retombe trois fois de suite sur un accord appuyé de neuvième faisant penser à Chopin.

Le **Finale** (sans indication de tempo) est une fugue en *fa* mineur à deux sujets énoncés ensemble au second violon et à l'alto.

Le sujet principal, par ses quatre premières notes, est d'un type souvent utilisé (*Offrande musicale* de Bach, *Kyrie* du *Requiem* de Mozart) et propre à exprimer le pathétique. Au début de sa fugue, Haydn indique *sempre sotto voce*. Seules les deux premières entrées sont complètes, mais il y en a près de quarante en tout. Juste au milieu du mouvement (mesure 92), le sujet principal (premier violon) se superpose à la tonique à son propre renversement (second violon). Peu avant, Haydn, ayant atteint la tonalité de *sol* bémol majeur (mesure 64) avait modulé rapidement par le cycle des quintes, passant par *ré* bémol majeur, *la* bémol majeur, *mi* bémol mineur, *si* bémol mineur et *fa* mineur, pour atteindre *ut* mineur (mesure 82). A la mesure 103 s'installe une pédale de dominante *ut* soutenant une des nombreuses strettes du mouvement et menant à un premier sommet dramatique (point d'orgue sur accord de neuvième à la mesure 111). A la mesure 135, et une octave plus bas, apparaît une seconde pédale de dominante, — elle aussi surmontée par une strette et menant à un sommet (mesure 145) : dans la nuance *fortissimo* (abandon du *sotto voce*), le premier violon poursuit alors le violoncelle en canon à une demi-mesure de distance. Une coda sur le second sujet (mesure 161) cite au passage (mesures 164 à 166) le deuxième mouvement (*Allegro di molto*) de la *Symphonie n° 49 « la Passion »* (également en *fa* mineur) de 1768 ; après un silence (mesures 177 à 178), cette fugue de plus en plus dense et tendue se termine de façon abrupte et dans la nuance *forte* par un ultime énoncé des cinq premières notes du sujet principal et par deux accords.

Malgré sa tonalité, le **Quatuor en *ut* majeur op. 20 n° 2 (Hob.III.32)** apparaît comme le plus romantique des six, en particulier par ses sonorités. Son **Moderato** initial à 4/4 énonce sans préparation un thème magnifique de six mesures au violoncelle dans son registre aigu. Le premier violon se tait, le second mêle son chant à celui du violoncelle, et l'alto joue un rôle de basse. La mesure 6 module, et, à la mesure 7, le thème est repris dans l'aigu au premier violon et à la dominante *sol* majeur, — le second violon et l'alto conservant le même rôle et le violoncelle se taisant. Après une cadence sur *sol* des quatre instruments et un silence (mesure 14), le début du thème réapparaît au second violon à la tonique (mesure 15), et les quatre instruments se mêlent en une belle polyphonie, — le violoncelle assumant enfin son rôle « normal » de basse. Cette alternance de tonique et de dominante en début de morceau rappelle l'épisode correspondant de l'*op. 20 n° 1*, avec en outre, ici, de forts éléments de style baroque : énoncés successifs du thème faisant penser à une exposition de fugue, doublures à la tierce et croisements de voix entre le violoncelle et le second violon, puis entre les deux violons, facture de sonate en trio. James Webster rapproche en outre cet inoubliable début de celui de l'*op. 59 n° 1* de Beethoven (oppositions de registre).

L'**Adagio** qui suit est un « récitatif et air instrumental », mais l'agencement n'est pas le même que dans l'*op. 9 n° 2* et l'*op. 17 n° 5*. Il s'agit d'une libre fantaisie, « plus libre que n'importe quel mouvement comparable de l'époque classique à l'exception de deux ou trois autres de Haydn lui-même » (Hans Keller). Le « récitatif » (mesures 1 à 33) débute en *ut* mineur par quatre mesures à l'unisson des quatre instruments, comme une sorte d'introduction orchestrale. Ce thème lancinant est ensuite repris au violoncelle sous des accords en doubles croches des trois autres instruments. Le discours se poursuit avec tous les contrastes mélodiques, rythmiques et d'intensité propres à une scène dramatique. Fin à la dominante d'*ut* mineur. L'air (mesures 34 à 63) commence alors en *mi* bémol majeur, — le premier violon chantant sans retenue jusqu'à une sorte de cadence dans l'aigu. Très brève évocation du récitatif, puis seconde partie de l'air, évoluant en *fa* mineur à la dominante d'*ut* mineur sans la moindre réexposition (exemple très rare de forme complètement ouverte dans la musique classique).

Sans interruption, d'abord timidement (nuance *piano*) mais en un contraste saisissant, s'élève le **Menuetto (Allegretto)**. Le contraste est dû à la tonalité d'*ut* majeur, dont le retour résout enfin les tensions du mouvement précédent, et son côté saisissant le trouve renforcé par une écriture transparente à cinq voix (doubles cordes du premier violon) dans la nuance *piano* (génératrice de grande sérénité), — ce à quoi viennent s'ajouter, d'une part une rythmique complexe, et d'autre part l'effet populaire de basse de musette produit par les *sol* tenus des deux violons. A la mesure 7, la nuance devient *forte*, mais il n'y a plus que deux voix : les deux violons, qui montent progressivement vers l'extrême aigu, — le premier restant seul pour finir (mesures 18 à 20). Le début de la seconde partie de cet extraordinaire *Menuet* renforce, par son côté répétitif et par ses chromatismes, l'effet « basse de musette ». Du trio en *ut* mineur, seule la première partie est répétée : elle rappelle le début de l'*Adagio*, non seulement par sa tonalité, mais aussi par son solo de violoncelle. La seconde partie rappelle aussi ce début, mais par ses unissons. Elle débouche sur la dominante d'*ut*, et le *Menuet* proprement dit est repris, avec un effet toujours saisissant.

Le finale (**Allegro** à 6/8 avec mention *sempre sotto voce*) est une fugue à quatre sujets, ou, si l'on préfère, à deux sujets et deux contre-sujets. Le sujet entendu au début,

de loin le plus important, se caractérise notamment par ses notes de passage chromatiques, plus typiques du style mélodique viennois que de la fugue baroque, son côté dansant (presque une gigue) et ses diminutions de valeurs de notes à la fin. On trouve des séries d'entrées en *la* mineur, *ré* mineur, *mi* mineur et *sol* majeur, puis *fa* majeur, — après quoi interviennent des pédales de *si* bémol, *la* et *sol*, le début du sujet principal se voyant superposer aux mesures 102-104 son propre renversement. Aux mesures 119-127, sujets droit et renversé alternent au violoncelle et à l'alto, puis aux deux violons, et, après une strette et d'ultimes entrées en *ut*, la fugue prend fin sur un unisson des quatre instruments et deux puissants accords. Des trois de l'*op. 20*, c'est elle qui combine le mieux les principes baroques avec l'articulation et le charme classiques. Pour Haydn, l'imitation des styles anciens ne devint jamais un but en soi, — comme cela arriva occasionnellement à Mozart.

Le **Quatuor en *la* majeur op. 20 n° 6 (Hob.III.36)** est certainement le plus élégant des six. Cela apparaît dès le début de l'**Allegro di molto e scherzando** initial (à 6/8), qui s'ouvre sur un thème bien articulé avec doubles cordes de premier violon. Tovey a rapproché cette page du premier mouvement de la *Sonate op. 2 n° 2* de Beethoven (dans la même tonalité et dédiée à Haydn). Une progression harmonique aventureuse précède dans les deux cas l'établissement de la dominante *mi* majeur. Chez Haydn, ce n'est qu'aux mesures 55 à 63, pour clore l'exposition, qu'est énoncée en *mi* majeur une idée stable (d'ailleurs tirée du thème initial, et à doubles cordes de premier violon encore plus périlleuses). L'élégance dans cette page est tempérée par d'incessantes surprises harmoniques, et n'exclut donc pas la tension.

Cette tension est accrue par la tonalité du deuxième mouvement (**Adagio cantabile** à 2/2) : la dominante *mi* majeur. Ce morceau, centré sur la beauté mélodique, est un nouvel hommage à la « reprise variée » chère à Carl Philipp Emanuel Bach. Sa forme est originale : à l'exposition et à sa reprise variée, de vingt-sept mesures chacune et aboutissant à la dominante *si* majeur, succède un développement très modulant ; mais à peine la musique a-t-elle retrouvé la tonique (mesure 77) qu'elle s'arrête (mesure 79) : il n'y a pas de réexposition, et l'on peut parler, comme dans le mouvement correspondant de l'*op. 20 n° 2*, de « forme ouverte ».

De même que le premier mouvement, le **Menuetto (Allegretto)** unit élégance et vigueur rythmique, et exige un tempo allant. Dans le trio, le second violon se tait : page pour « trio à cordes » classique, donc, aux sonorités extraordinaires dues au fait que chacun des trois instruments ne joue (*sotto voce*) que sur sa corde grave.

Le finale (**Allegro** à 4/4 avec, au début, la mention *sempre sotto voce*) est une fugue à trois sujets d'égale importance, qui par son côté capricieux rejoint le premier mouvement. Le premier sujet, anguleux, contient des sauts d'octave ascendants et descendants :

Le deuxième, énoncé en même temps que le premier, s'oppose aux deux autres, descendant la gamme non sans quelques syncopes, — ce qui le rapproche d'autres sujets de fugue plus communs à l'époque :

Le troisième, qui intervient à la mesure 6 en se superposant aux deux autres, se prête au développement tout en possédant un côté cadentiel :

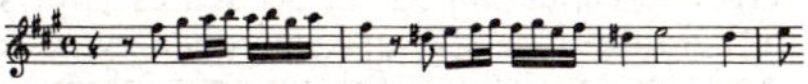

Ces trois sujets se combinent en contrepoint triple, — chacun pouvant fournir une basse adéquate, et se complétant rythmiquement. Après diverses modulations, la tonique réapparaît à la mesure 61, une strette surgissant alors (premier violon poursuivi par le second sur le premier sujet, l'alto énonçant le deuxième et le violoncelle se taisant). Deuxième strette à la mesure 65 (alto poursuivi par le violoncelle sur le premier sujet, le second violon énonçant le deuxième et le premier violon le troisième). Troisième strette très serrée, — uniquement sur le premier sujet se superposant à son propre renversement, à partir de la mesure 80. Aux mesures 89 à 91, les premier et troisième sujets au violoncelle, à l'alto et au second violon, — la chute d'une octave (de *la* à *la*) et par degrés conjoints de ce sujet débouchant tout naturellement sur l'unisson et les deux accords conclusifs des quatre dernières mesures.

Le **Quatuor en *ré* majeur op. 20 n° 4 (Hob.III.34)** est, avec celui en *fa* mineur *op. 20 n° 5*, le plus joué des six. Son *ré* majeur n'est pas synonyme de gaieté pure, comme dans l'*op. 17 n° 6* : il témoigne, au contraire, d'un rayonnement intérieur des plus subtils, — et ce dès le début de l'*Allegro di molto* initial à 3/4, dont les trente premières mesures ne quittent pas la nuance *piano*. Ces trente mesures sont faites de cinq périodes de six mesures chacune, apparentées mais habilement variées, et dont la première est :

Il faut noter, dans ces trente mesures, le traitement très particulier et très neuf du violoncelle dans son registre grave, — cet instrument servant sans ostentation mais fort solidement de fondation à l'ensemble. A la mesure 31 des arpèges en triolets de croches éclatent en *si* mineur. Ils s'opposent ensuite violemment à des fragments du thème principal pour prendre brillamment le dessus à la mesure 43, — ce qui conduit (mesures 66-67) à une cadence rappelant celle de tonique des mesures 29-30. Les triolets véhéments et des fragments du premier thème continuent de s'opposer en un long épisode ayant déjà tout d'un développement, — un thème « contrasté » à caractère conclusif et à la dominante *la* majeur n'apparaissant qu'aux mesures 99-100, pour se révéler finalement une variante du thème initial ! Peu de mouvements de Haydn oscillent à ce point entre stabilité et instabilité, et peu témoignent dès l'exposition d'un travail thématique aussi serré. Le développement (mesures 113 à 225) poursuit et intensifie ce travail, et débouche sur trois *si* violemment affirmés à l'unisson (mesures 203-204). On attend la réexposition, mais c'est en *sol* majeur (sous-dominante) que le thème initial réapparaît à la mesure 206. La réexposition véritable (mesures 216 à 298) ne commence qu'ensuite, à la tonique, mais ses dix-huit premières mesures correspondent aux mesures 13 à 30 de l'exposition. D'un certain point de vue, donc, les mesures 1 à 30 sont « réexposées » aux mesures 206 à 233, en une progression menant de la sous-dominante à la tonique, — de sorte qu'on peut, en définitive, se demander si la réexposition commence à la mesure 216 à la tonique, ou dès la mesure 206 à la sous-dominante. De toute façon, on ne saurait trop insister sur l'importance d'un tel passage, qui nous montre Haydn en train de « corriger » publiquement son erreur (la sous-dominante de la mesure 206 se trouve « rectifiée » par la tonique de la mesure 216) tout en soudant l'un à l'autre développement et réexposition, et en manipulant à sa manière les futures réexpositions à la sous-dominante de Schubert.

Suit un **Adagio** en *ré* mineur à 2/4, seul thème varié de l'*op. 20*, et seul thème varié en mineur de Haydn dont toutes les variations conservent ce mode. Le thème, par son aspect de marche lente fantomatique, annonce ceux des mouvements correspondants des *70e* et *103e Symphonies*. Dans la première variation, le thème, disloqué, se partage entre second violon et alto. La deuxième fait la part belle au violoncelle, et, dans la troisième, le premier violon domine avec ses triolets de doubles croches. La quatrième reprend le thème, mais sans reprises, — avant de bifurquer vers une surprenante coda de trente-quatre mesures, sommet émotionnel de l'ensemble, d'une intensité rare et agissant comme une cadence étendue. On tient là l'ancêtre direct de la vaste partie conclusive des *Variations en* fa *mineur pour clavier* (Hob.XVII.6), de 1793.

Le MENUETTO, marqué *Allegretto alla zingarese* (« à la bohémienne »), est bref et remarquable rythmiquement, — ses accents déplacés (*sforzandos*) donnant d'abord une impression de mesure à 4/4 ou à 2/4, puis à 5/4. Le trio, simple par contraste, traite le violoncelle en soliste.

Des trois finales non fugués de l'*op. 20*, celui de l'*op. 20 n° 4* possède indiscutablement — même comparé à celui du *n° 3* en *sol* mineur — le plus de poids, en raison notamment de ses ruptures perpétuelles et de sa synthèse-juxtaposition de savant et de populaire. Le début est très original : au premier violon seul, une anacrouse d'une mesure précédée de sa propre anacrouse d'une seule note, et débouchant à la mesure 2 sur une sorte de cadence de trois notes aux quatre instruments :

A la mesure 8 de cette vaste forme sonate, une quarte diminuée descendante (*fa - do* dièse) est énoncée mélodiquement aux quatre instruments à l'unisson, puis reprise nerveusement (doubles croches) en accords (doubles cordes) au premier violon. La dominante *la* est abordée en majeur, puis en mineur, — sur quoi font irruption de violents accords de *fa*. Retour à la dominante, puis l'exposition se termine sur un thème « à la hongroise » avec, à contretemps, de piquantes acciacatures de second violon. Au centre du développement, une variante de ce thème surgit sans crier gare en *si* mineur. Or ce passage à allure de refrain populaire, « en bras de chemises », succède à plusieurs mesures en libre fugato rappelant la fugue de l'*op. 20 n° 6*. De ce « mélange de styles », les censeurs d'Allemagne du Nord prirent à l'époque violemment ombrage, alors que, pour nous, il ouvre grande la voie aux œuvres des années 1780.

Les six Quatuors op. 33, Hob.III.37-42 (1781)

Ils ne se trouvent pas sur l'*Entwurf Katalog*, et aucun autographe n'a survécu, mais on peut déduire leur date de composition — en toute probabilité entre juin et novembre 1781 — de la correspondance entre Haydn et son éditeur viennois Artaria. Le numéro d'*op. 33* provient de l'édition princeps d'Artaria (avril 1782), et l'ordre traditionnel des ouvrages à l'intérieur de l'opus de l'édition parisienne de Sieber (1783). Cet ordre fut repris par Pleyel. Chez Artaria, les ouvrages parurent dans l'ordre n° 5 en *sol*, n° 2 en *mi* bémol, n° 1 en *si* mineur, n° 3 en *ut*, n° 6 en *ré*, et n° 4 en *si* bémol. Peut-être s'agit-il d'un ordre indiqué par Haydn, et donc authentique ; mais cet ordre n'est pas nécessairement celui de composition. On le retrouve cependant dans les seules copies authentiques ayant survécu, conservées à Melk, en Autriche, et faisant peut-être partie de celles offertes par Haydn en souscription au tournant de 1781 et de 1782. Ces quatuors sont parfois appelés *Quatuors Russes* en référence au grand-duc Paul de Russie, futur tsar Paul Ier ; mais l'édition Artaria d'avril 1782 ne contient aucune indication à ce sujet. Ce n'est que sur une édition Artaria du début du XIXe siècle qu'on peut lire : « Dédiés au Grand Duc de Russie ». Autre dénomination parfois portée par l'*op. 33* : *Gli Scherzi*, en raison de l'appellation inhabituelle (« scherzo ») des *Menuets*. On connaît aussi ces quatuors sous le nom de *Jungfern Quartette* (« Quatuors des Jeunes filles »), en raison du frontispice de l'édition Hummel de mai 1782.

Dans les lettres-circulaires qu'il adressa le 3 décembre 1781 à des souscripteurs potentiels, Haydn écrivit au sujet des *Quatuors op. 33* une phrase qui allait faire couler beaucoup d'encre : « Ils sont d'un genre tout à fait nouveau et particulier, car je n'en ai pas écrit depuis dix ans ». Certains musicologues ont pris l'expression « d'un genre tout à fait nouveau et particulier » au pied de la lettre, d'autres n'y ont vu qu'une formule commerciale habile, — alors que les deux points de vue contiennent leur part de vérité. Il est certain que Haydn n'aurait jamais osé une telle affirmation s'il n'avait eu conscience d'avoir profondément évolué depuis l'*op. 20* de 1772. Essentielle dans l'*op. 33* est la dimension populaire : cet opus est la première série de quatuors de Haydn comprenant des finales en forme de rondo ou de variations (il n'y en a même qu'un de forme sonate, celui du n° 1 en *si* mineur). Mais il s'agit d'une dimension populaire « fin XVIIIe », n'excluant pas — bien au contraire ! — le savant. En 1931, Friedrich Blume affirma avec raison que la nouveauté de ces quatuors résidait moins dans leur technique — le « travail thématique » existe déjà à un degré élevé dans l'*op. 20* — que dans leur esprit. Les *op. 9*, *17* et *20* avaient doté le quatuor à cordes de prétentions esthétiques élevées, — trait qui dorénavant devait caractériser le genre. Par rapport à ceux de l'*op. 20*, les *Quatuors op. 33* sont d'un ton ostensiblement plus léger et de dimensions plus réduites, alors qu'à partir de l'*op. 50* (1787) seront pour la première fois réunis les traits essentiels du quatuor « classique » tel que nous le connaissons : synthèse du sérieux et des vastes dimensions de l'*op. 20* d'une part, du style populaire et de la concision de l'*op. 33* d'autre part. Orin Moe note, quant à lui, que la simplicité de surface de l'*op. 33* « cache le plus souvent une grande complexité interne. On pourrait dire la même chose des nombreuses symphonies ressemblant à l'*op. 33*. Mais ces quatuors ont ceci de particulier qu'ils sont à la fois la synthèse des tendances popularisantes rencontrées dans certaines symphonies (et dans les opéras) de la décennie précédente et la première manifestation nette d'un style qui, bien que destiné à caractériser spécialement les symphonies tardives, n'apparaîtra pas en pleine maturité dans le genre symphonique qu'en 1785 (avec les *Parisiennes*) ».

Les *Quatuors op. 33* avaient donc de quoi faire sensation, et leur influence sur Mozart est connue. Ajoutons que, sous leur impact, les années 1780 furent décisives pour la professionnalisation et la commercialisation du quatuor à cordes. Ils furent vite disponibles dans toute l'Europe. Dans les années 1770, Haydn n'avait certes pas été le seul à Vienne et dans les pays de langue allemande à écrire des quatuors à cordes, mais, dans les années 1780, beaucoup d'autres que Mozart furent stimulés par son exemple, et par le fait que l'*op. 33* était beaucoup plus facile à imiter, voire à dénaturer, que l'*op. 20*. Deux compositeurs, l'un déjà éditeur et l'autre futur éditeur, se distinguèrent alors spécialement dans la production de quatuors : Franz Hoffmeister et Ignaz Pleyel.

La formule cadentielle d'ouverture du **Quatuor en *sol* majeur op. 33 n° 5 (Hob.III.41)**

indique peut-être que l'ouvrage fut effectivement le premier composé. Elle s'imposa à Mozart, qui la cita avec insistance dans l'*Andante cantabile* en *ut* (troisième mouvement) de son *Quatuor en* sol *K. 387*, de décembre 1782. — premier des six dédiés à Haydn. Cette formule laconique n'est pas une simple introduction au **VIVACE ASSAI** initial de l'*op. 33 n° 5*, car on la retrouve, sinon lors de la reprise de l'exposition, du moins lors de la réexposition. Elle est même de plus en plus travaillée isolément au fur et à mesure que le mouvement se déroule, et s'en révèle en fin de compte comme l'élément principal. Ce mouvement est une forme sonate des plus subtiles et d'une grande énergie, aux sonorités alternativement fines et compactes (voir la page correspondante de l'*op. 9 n° 3*, dans la même tonalité). La « formule cadentielle » sert de conclusion (mesures 9-10) à la première phrase (mesures 3 à 10) du premier thème (mesures 3 à 24), et aussi, étendue sur onze mesures, au mouvement dans son ensemble, qui prend fin en l'énonçant à l'unisson des quatre instruments.

Dans l'*op. 33*, quatre quatuors remettent le menuet en deuxième position et le mouvement lent en troisième ; seuls le n° 5 en *sol* et le n° 6 en *ré* adoptent la solution inverse. Le thème principal du **LARGO CANTABILE** en *sol* mineur de l'*op. 33 n° 5* est une version en mineur de celui de l'*Andante* de la future *Symphonie « Jupiter »* de Mozart (1788), et ses notes 4 à 7 ne sont autres qu'un renversement de la formule cadentielle du mouvement précédent. Cette page possède un côté sérénade, mais c'est le pathétique qui domine, à peine contredit par le pizzicato final à l'unisson.

Le troisième mouvement (**SCHERZO ALLEGRO**) a du scherzo non seulement le nom mais l'esprit, — avec ses rythmes binaires dans le cadre d'une mesure à trois temps, son silence d'une mesure avant la double barre de reprise et, plus loin, ses subtiles augmentations affectant le demi-ton ascendant de son motif principal. Le trio, par contraste est centré sur la pureté mélodique.

Le finale (**ALLEGRETTO** à 6/8) énonce un thème au rythme de sicilienne et lui adjoint trois variations ainsi qu'une coda marquée *Presto*. Mozart, de toute évidence, s'en souvint pour le mouvement correspondant de son *Quatuor en* ré *mineur K. 421* de 1783, — deuxième des six dédiés à Haydn.

Le **Quatuor en *mi* bémol majeur op. 33 n° 2 (Hob.III.38)** est parfois appelé « **la Plaisanterie** » en raison des dernières mesures de son finale. Avec celui en *ut* (*n° 3*), c'est le plus célèbre de l'*op. 33*, et son ALLEGRO MODERATO CANTABILE initial allie la densité de l'écriture — le développement central est un modèle de polyphonie « moderne » à quatre voix — à un lyrisme ample et équilibré. L'énergique SCHERZO fait entendre une chute d'octave, puis une chute de septième, — ce que Mozart devait reprendre exactement au même endroit dans son *Quatuor K. 428*, également en *mi* bémol, et troisième des six dédiés à Haydn. Le trio se révèle d'une légèreté de touche rarement rencontrée auparavant dans les quatuors de Haydn, et annonce à ce titre celui de l'*op. 64 n° 6* (1790), dans la même tonalité : la mélodie du premier violon monte loin vers l'aigu. Autre rareté : l'énoncé à l'alto, soutenu par le violoncelle, du thème du magnifique LARGO SOSTENUTO en *si* bémol à 3/4. Ce thème apparaît donc à deux instruments. A la mesure 9, il revient aux deux violons. On le réentend plus loin, toujours à la tonique, à trois voix (mesure 32), puis à quatre (mesure 52). Le mouvement est en trois parties débutant chacune par le thème principal à la tonique (mesures 1, 32 et 52), et suivies d'une coda fondée sur le même thème, avec, comme éléments de contraste, des accords puissants dans diverses tonalités et une intensité expressive croissante.

Le spirituel finale (PRESTO à 6/8) est un rondo à deux couplets et coda sur un thème de huit mesures en quatre phrases de deux mesures chacune, — ce thème étant destiné, plus ou moins modifié, à dominer le mouvement. A la fin, après un silence, le thème de huit mesures est entendu une dernière fois ; mais ses quatre phrases, au lieu de s'enchaîner comme toujours jusqu'ici,

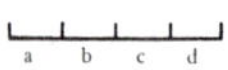

sont séparées les unes des autres par un silence de même durée que chacune d'elles (deux mesures). Tout se passe comme si chaque phrase était répétée, — la répétition-écho n'intervenant toutefois que mentalement, dans l'esprit de l'auditeur. Après la quatrième phrase, on peut croire le mouvement terminé. Succède en réalité — et c'est ici que la démarche prend toute sa portée — un silence deux fois plus long (quatre mesures). On réentend alors la première phrase du thème

et c'est tout ; ce qui donne globalement :

A l'auditeur de poursuivre, en imagination, le processus d'augmentation perpétuelle (ou d'« éternel retour ») ainsi engagé. L'articulation de la phrase classique est poussée ici jusqu'à ses plus extrêmes conséquences, puisqu'il y a brisure, et une pensée laconique parvient, par une démarche apparentée à certaines préoccupations scientifiques de l'époque, à ouvrir des horizons infinis.

Dans l'ALLEGRO MODERATO initial du **Quatuor en *si* mineur op. 33 n° 1 (Hob.III.37)**, la tonique *si* mineur n'est définie (ou plutôt suggérée) qu'au début de la mesure 3, avec l'apparition de la note *la* dièse à l'alto, — ce qui précède n'étant ni en *si* mineur ni en *ré* majeur, mais (malgré le *la* naturel de la mesure 2) tonalement ambigu. Haydn devait faire débuter avec la même ambiguïté son autre quatuor en *si* mineur, l'*op. 64 n° 2* de 1790, et Brahms, qui connaissait parfaitement la musique de Haydn, son *Quintette pour clarinette et cordes op. 115* de 1791, également en *si* mineur. Dans l'*op. 33 n° 1*, *si* mineur n'est franchement affirmé, n'intervient en position fondamentale qu'avec l'accord *forte* du début de la mesure 11, — élément introductif d'un thème nouveau avec rythmes pointés mais apparenté au premier. Poursuivant sa démarche, Haydn fait réapparaître aux mesures 18-19, en guise de « second thème », les mesures 1 et 2, cette fois en position fondamentale de *ré* majeur et suivies du rythme pointé du thème « apparenté ». Un thème « conclusif » intervient encore (mesure 28), — tiré du même rythme pointé. Le développement (mesures 38 à 58) est en trois parties : thème principal et thème conclusif (mesures 38 à 43), épisode séquentiel pour premier violon tiré du thème conclusif (mesures 44 à 49), second thème dans la région de *fa* dièse mineur (mesures 50 à 58). La réexposition (mesures 59 à 91) est assez irrégulière, avec de nouveaux éléments de développement. Fin en *si* mineur.

Suit un énergique scherzando (ALLEGRO) en *si* mineur avec bariolages de premier violon, — doté d'un trio en *si* majeur très serein, au thème apparenté à celui du scherzando proprement dit et traité en imitations.

L'**Andante** en *ré* majeur, à 6/8, est une forme sonate combinant une suprême élégance avec des harmonies piquantes et des accents pointus. Le finale (**Presto** à 2/4) est une forme sonate affirmant violemment *si* mineur.

Surnommé « **l'Oiseau** » à cause des deux thèmes de son premier mouvement (**Allegro moderato** à 2/2) et, surtout, de celui de son trio, le **Quatuor en *ut* majeur op. 33 n° 3 (Hob.III.39)** débute par une mesure d'accompagnement-pulsation en croches répétées à l'alto et au second violon; puis le premier violon énonce aux mesures 2 à 6 une mélodie inoubliable (premier thème) :

Le processus est repris aux mesures 7 à 12 sur le deuxième degré (*ré* mineur), puis amorcé une troisième fois (l'alto jouant un rôle de basse sur la note *si* bémol) ; mais on revient vers *ut* majeur, tonalité dans laquelle s'élance à la mesure 18 une nouvelle idée d'une belle ampleur, en fragments de gammes chromatiques et mettant en valeur le violoncelle. Le « second thème », au premier violon accompagné par le premier, porte l'indication *semplice* (mesure 42). Le développement (mesures 61 à 108), très dense, le réintroduit en *la* mineur, et la transition vers la réexposition (mesures 109 à 150) est effectuée de main de maître, avec d'extraordinaires ambiguïtés harmoniques. Après une coda (mesures 151 à 157), le mouvement se termine de façon assez abrupte par le thème initial.

Le scherzando (**Allegretto**) est de tempo modéré, comme le mouvement correspondant de l'*op. 33 n° 4* et, contrairement aux quatre autres, plutôt rapide. Il inaugure une tradition de débuts de mouvements en *ut* majeur dans la nuance *piano*, homophones et progressant par degrés conjoints (voir, déjà, la fin du *Menuet* de l'*op. 20 n° 2*), reprise notamment par Mozart (début du *Menuet* du *Quintette K. 515*) et Beethoven (début du *Quintette op. 29*). On trouve comme indications *sotto voce* et *mezza voce*, et l'écriture est telle que les quatre instruments sont toujours parfaitement audibles. Contraste avec le trio, « duo » pour les deux violons dans le registre aigu, les trilles du premier violon étant pour beaucoup dans le surnom de l'ouvrage, « *l'Oiseau* ».

L'**Adagio**, en *fa*, est le dernier mouvement de quatuor chez Haydn à faire usage de la reprise variée chère à Carl Philipp Emanuel Bach : exposition (mesures 1 à 29), reprise variée (mesures 30 à 58), brève transition constituant le sommet expressif du mouvement (mesures 59 à 64), réexposition (mesures 65 à 91).

Le finale (**Presto** à 2/4) est le premier chez Haydn auteur de quatuors à porter expressément la dénomination de rondo. Il s'ouvre par un thème « agressivement » populaire, destiné à dominer le discours, et adopte une forme assez simple : A-B (*la* mineur) — A (sans reprises) — B' (*ut* mineur) — A (sans reprises) — coda. Les épisodes B et B' débutent « à la hongroise », et les quatre premières notes (*sol-mi-sol-mi*) du thème sont souvent isolées, — passant, ainsi que leur renversement-rétrogradation (*mi-sol-mi-sol*), d'un instrument à l'autre avec un effet du plus haut comique.

Comme les *n° 6* des *op. 9*, *17*, et *20*, le **Quatuor en *ré* majeur op. 33 n° 6 (Hob.III.42)** s'ouvre par un mouvement à 6/8 (**Vivace assai**), page monothématique d'une subtilité extrême. Le thème principal

couvre huit mesures, mais les mesures 5 à 8 ne sont autres qu'une variante en doubles croches des mesures 1 à 4. La dernière mesure du thème (mesure 8) est immédiatement développée, puis, en guise de « second thème » (mesure 27), on entend en *la* majeur une variante des mesures 5 à 8. Un « thème conclusif » avec appoggiature brève (mesure 49), issu des mesures 11 à 17, introduit pour la première fois le mode mineur (dominante de *ré* mineur). Le développement couvre les mesures 59 à 98, et, en son centre, Haydn intercale sept mesures de fausse réexposition à la dominante suivies de huit mesures de réexposition textuelle à la tonique, — ces quinze mesures correspondant aux douze premières du mouvement. Quand plus loin intervient la réexposition « officielle », son début correspond en conséquence à la mesure 13 du mouvement. En brisant ainsi la continuité du discours, en intercalant dans ce dernier diverses « parenthèses », Haydn s'affirme une fois de plus un dialecticien de première force, ancêtre des techniques compositionnelles du XXe siècle bien plus que du XIXe. Qu'il ait parfois — comme ici — accompli de telles révolutions sur le ton de la comédie, n'est pas le moins extraordinaire.

Le bel ANDANTE en *ré* mineur semble d'abord une variante du mouvement correspondant de l'*op. 17 n° 6*; mais, dès la mesure 6, l'aspect « sérénade » du discours devient tout à fait secondaire.

Du SCHERZO (*Allegro*) de vingt-six mesures, la plus petite valeur de note est la noire (à la seule exception de la formule cadentielle de la mesure 14) : d'où sa dynamique « beethovénienne », renforcée par des chevauchements périodiques brouillant certaines articulations. Le trio fait la part belle au violoncelle. Le finale (ALLEGRETTO à 2/2) est en forme de doubles variations A-B-A'-B'-A'', les épisodes A (en majeur) et B (en mineur) étant à la fois contrastés et apparentés.

Le **Quatuor en *si* bémol majeur op. 33 n° 4 (Hob.III.40)** s'ouvre par un ALLEGRO MODERATO à 4/4 dont le thème, après un *fa* tenu, s'élève jusqu'au *si* bémol, pour ensuite retomber sur la même note à l'octave inférieure par le biais d'une formule cadentielle incisive. A noter l'importance structurelle du motif de trois notes *fa-fa-ré* (chute de tierce) entendu ensuite quatre fois non harmonisé en alternance avec des accords. D'abord tierce de *si* bémol, la note *ré* du motif devient la quatrième fois dominante de *sol* mineur, — ce qui amorce la transition vers la dominante *fa*, tonalité dans laquelle apparaît un « second thème » entendu deux fois. Le développement (mesures 32 à 51) débute par une variante du thème initial à la sous-dominante (*mi* bémol), et une fausse réexposition à la sous-dominante précède de trois mesures la réexposition (mesures 52 à 89), dotée en son centre d'un bref nouveau développement, où, curieusement, un retour à la tonique de la première phrase du thème initial intervient juste avant le second thème. La coda, après une ultime variante du début du thème initial, se concentre sur le motif de trois notes et les accords alternant avec lui apparus à la mesure 10, et le mouvement prend fin sur la cadence parfaite incisive de la mesure 12.

Le SCHERZO (ALLEGRETTO), de tempo presque lent, renoue malgré sa dénomination avec la tradition du menuet « galant », et les deux parties de son trio en *si* bémol mineur comportent respectivement neuf et dix mesures.

Comme le mouvement correspondant de l'*op. 33 n° 2*, le beau LARGO en *mi* bémol comprend trois parties toutes introduites par le thème principal à la tonique, — la forme globale étant, sans la moindre reprise : A (thème à la tonique en 4 + 4 = 8 mesures) — B (avec thème à la dominante majeure, puis mineure) — A' (thème à la tonique en 4 + 7 = 11 mesures) — B' (avec thème renversé, puis à la tonique mineure) — A'' (thème à la tonique en 4 + 4 = 8 mesures) — coda. Le thème est omniprésent, et les épisodes B et B' modulent beaucoup.

Quant au finale (PRESTO à 2/4), c'est un rondo de structure A - B (*mi* bémol majeur) — A' - C (*sol* mineur) — A'' et coda. Les quinze premières mesures de la coda reprennent le thème du refrain A, l'interrompent, en répètent un fragment tel quel puis en valeurs longues, — le tout entrecoupé de silences; puis neuf mesures de pizzicatos humoristiques mettent le point final.

Quatuor en ré mineur op. 42, Hob.III.43

On sait que Haydn, en 1784, travailla à de brefs quatuors destinés à l'Espagne (et dont on ne possède aucune trace). Peut-être le *Quatuor en* ré *mineur op. 42*, dont le manuscrit autographe est daté de 1785, est-il le seul survivant d'un groupe conçu à l'origine pour répondre à cette commande espagnole. A moins que Haydn, sur la lancée de ses quatuors « espagnols » perdus, et sous le choc de ceux que Mozart s'apprêtait à (ou venait de) lui dédier, n'ait écrit l'*op. 42* en 1785 comme œuvre entièrement nouvelle. Chacune de ces hypothèses contient sans doute sa part de vérité. L'autographe en effet — cas rare chez Haydn — présente des corrections d'une encre différente impliquant un travail de recomposition, et concernant en particulier l'*Adagio*. L'ouvrage tel que nous le connaissons pourrait bien être la révision réalisée en 1785 d'un original envoyé en Espagne en 1784, et rien n'interdit de penser que Haydn entreprit cette révision après avoir entendu les récents quatuors de Mozart. La première édition parut chez Hoffmeister à Vienne en 1785 ou 1786.

L'*op. 42* — dont les quatre mouvements ne dépassent pas au total une quinzaine de minutes — est un quatuor tout à fait extraordinaire. Tovey y découvre la même concision toute chargée d'énergie que dans la *Sonate en* fa *dièse majeur op. 78* de Beethoven, et sans doute Haydn devait-il avoir une telle partition à son actif avant de parvenir à la formidable dialectique contraction-expansion de son ultime période créatrice. Le premier mouvement (ANDANTE ED INNOCENTEMENTE en *ré* mineur à 2/4) est une forme sonate se déroulant sans ostentation, un peu comme une introduction. Les trois accords finaux, dans la nuance pianissimo, sont en majeur (tierce picarde), et préparent ainsi le MENUET (ALLEGRETTO), en *ré* majeur, de proportions parfaites, très nuancé (coloration de sous-dominante de la mesure 5), et annonçant d'assez près celui du célèbre *op. 64 n° 5* (*l'Alouette*). Le court trio, uni thématiquement au *Menuet* proprement dit, retrouve *ré* mineur.

Le magnifique ADAGIO E CANTABILE, en *si* bémol majeur et à 2/2, est d'un type que l'on associe volontiers au nom de Mozart. Une ample et sereine mélodie à caractère d'hymne se déroule sans la moindre reprise pendant cinquante-sept mesures. Ancêtre direct du prélude du second acte de *la Flûte enchantée*, ce morceau devrait être aussi connu et apprécié.

Le finale (PRESTO) en *ré* mineur, très concis lui aussi, combine la technique du fugato avec la forme sonate. Après la seconde reprise, une coda laconique de huit mesures évoluant du fortissimo pianissimo met le point final.

Les six *Quatuors op. 50*, Hob.III.44-49 (1787)

En 1787, avec l'*op. 50*, Haydn écrivit sa première série de six quatuors depuis l'*op. 33* de 1781, et inaugura sa période de production intense en ce domaine. Il avait juste derrière lui les six *Symphonies « Parisiennes »* et les *Sept Paroles du Christ*. Les *Quatuors op. 50* sont ceux dont on connaît le mieux la genèse. La correspondance de Haydn avec Artaria montre que le 7 mars 1787 les deux premiers étaient terminés, et que l'ensemble des six l'était le 16 septembre. Elle montre aussi que le n° 4 en *fa* dièse mineur et le n° 5 en *fa* (achevé le dernier) causèrent des difficultés à Haydn. Les *Quatuors op. 50* sont en outre les premiers parus avec une dédicace à un mécène, le roi Frédéric-Guillaume II de Prusse, violoncelliste amateur de talent (d'où leur dénomination de *Quatuors Prussiens*). Ils parurent chez Forster à Londres comme *op. 44* en novembre 1787. L'édition Artaria suivit en décembre. Proviennent de cette édition Artaria le numéro d'*op. 50* et l'ordre traditionnel — authentifié par Haydn lui-même — des quatuors au sein de l'opus.

Pendant deux siècles, on n'eut trace d'aucun autographe; mais, en 1982, ceux des n° 3-6 surgirent en Australie. Ils prouvent que, dans deux cas au moins (trio du *Menuet* du *n° 5* et *Poco adagio* du *n° 6*), les éditions courantes doivent être fortement corrigées. Dans l'*op. 33*, les quatre premiers mouvements à 4/4 ou à 2/2 étaient encore marqués *Allegro moderato*. Dans l'*op. 50* au contraire, le premier mouvement à 2/2 (n° 1) et celui à 4/4 (n° 6) — les quatre autres étant à 3/4 (n° 2 et n° 4), à 6/8 (n° 3) et à 2/4 (n° 5) — sont marqués l'un et l'autre *Allegro*, avec comme pulsation de base non plus la croche mais la noire. On a là une des manifestations de l'étape nouvelle franchie par Haydn avec l'*op. 50* : dans ces œuvres, en partie sans doute sous l'influence de Mozart, apparaît le véritable allegro classique, au rythme de déroulement plus rapide que jadis (dans les symphonies de Haydn, il était apparu plus tôt). Pour la première fois dans une série de quatuors de Haydn, les menuets sont tous en troisième position (comme dans les symphonies), — et ils y resteront jusqu'à la fin, sauf dans trois cas (*op. 64 n° 1* et *n° 4*, et *op. 77 n° 2*). Les premiers mouvements, tous de forme sonate, sont plus différenciés que dans les quatre séries de six antérieures. Un seul mouvement lent, celui du n° 6, est en forme sonate avec développement. Ceux des n° 2 et n° 5 sont des formes sonates sans développement, les trois autres relevant, chacun à sa manière, de la variation. Le finale du n° 4 est une fugue, les cinq autres sont en forme sonate. Le rondo, apparu avec l'*op. 33*, est abandoné, mais les thèmes de ces finales, en particulier ceux des n° 1 et n° 5, donnent l'impression d'être des thèmes de rondo, impression renforcée par la structure essentiellement monothématique de ces mouvements : preuve, parmi d'autres, que la découverte de Mozart ne détourna par Haydn de sa voie.

L'ALLEGRO initial à 2/2 du **Quatuor en *si* bémol majeur op. 50 n° 1 (Hob.III.44)** s'ouvre par deux mesures de noires régulières sur la note *si* bémol au violoncelle seul, et d'aucuns ont voulu voir dans ce début un hommage au violoncelliste amateur qu'était Frédéric-Guillaume II. Rien ne le prouve, — d'autant que l'œuvre fut sans doute écrite alors qu'il n'était pas encore question d'une dédicace au nouveau roi de Prusse. Quoi qu'il en soit, cette page est inaugurée par une formule d'accompagnement affirmant discrètement mais fermement la tonique, elle « démarre avant son commencement, avec un accompagnement n'accompagnant rien du tout, et qui cette fois est une pédale de tonique avec rien au-dessus, mais promise sur le plan thématique à un rôle primordial » (Hans Keller). Et Keller fait remarquer que dès sa mesure 3, l'*op. 50 n° 1* s'autocensure comme seule la musique sait le faire, — à savoir en toute logique : « Notre impression d'avoir commencé avant le commencement est cependant brutalement interrompue par la dissonance sur laquelle démarre le discours proprement dit, le thème au sens conventionnel, qui maintenant donne l'impression qu'au contraire, nous commençons *après* le commencement, après que quelque chose a été omis ». Les *si* bémol et la configuration du thème principal donnent à la tonique un poids particulier : le passage à la dominante se fait attendre — du moins par rapport à de nombreux autres mouvements de Haydn —, et les conflits importants n'interviennent que dans le développement. La réexposition est amenée et inaugurée avec une subtilité extrême.

Suit un ADAGIO NON LENTO en *mi* bémol, à 6/8 : thème avec trois variations. Bien que marqué *Poco allegretto*, le troisième mouvement (MENUET) exige un tempo allant, et son thème, entendu d'abord au premier violon, est repris au violoncelle à la mesure 9 (le premier violon reprenant, en échange, le motif de violoncelle de la mesure 1), et au second violon à la mesure 25, — la facture restant très contrapuntique. Le trio, par contraste, est fort délicat.

Le finale (VIVACE à 2/4) est une forme sonate avec reprise de l'exposition ; mais le thème unique réapparaît à la tonique aux mesures 109 (fausse réexposition précédée d'une cadence de premier violon), 164 (réexposition) et 226 (coda précédée de plus de deux mesures de silence). Il ne s'agit pourtant pas d'un rondo.

Le **Quatuor en *ut* majeur op. 50 n° 2 (Hob.III.45)** s'ouvre par un VIVACE à 3/4, d'une richesse et d'une diversité exceptionnelles. Son thème principal mêle à des chromatismes serrés (premières mesures) des gestes virtuoses (fusées de doubles croches ascendantes), et s'articule en (9 + 2) + (7 + 2) = vingt mesures. Ses treize premières mesures sont ensuite reprises, et les « fusées » mènent à un « second thème » d'aspect populaire, puis à un vaste épisode lyrique harmoniquement aventureux, enfin à de vigoureuses mesures conclusives. Le développement, très dense, débute par le thème principal chromatique en fugato, et fait intervenir le second thème en *la* mineur. La réexposition est textuelle pendant (9 + 2) + (7 + 2) = vingt mesures ; sur quoi le thème initial chromatique est traité en canon à la quinte, — sous sa forme droite au violoncelle et à l'alto,

puis sous sa forme renversée au premier et au second violon, bientôt rejoints par les deux autres instruments. Point d'orgue, puis « second thème », épisode lyrique et conclusion vigoureuse. Haydn avait rarement conjugué à ce point le savant et le populaire.

L'ADAGIO en *fa*, forme sonate sans reprise ni développement, est une belle sérénade pour le premier violon, — qui domine presque de bout en bout.

Le MENUETTO (ALLEGRETTO) est très original par son phrasé (accents suggérant une mesure binaire), sa démarche harmonique (importance de *ré* mineur et *la* mineur), ses éléments thématiques passant constamment d'un instrument ou d'un groupe d'instruments à un autre. La périodicité est à peu près toujours de quatre mesures, mais on s'en aperçoit rarement. On trouve dans ce *Menuet* tous les éléments de la forme sonate, — avec même deux réexpositions et coda. Le trio n'est pas moins remarquable : le discours va jusqu'à s'y briser, avec phrases de second violon restant en suspens et silences dramatiques qu'il faut combler mentalement. Après le dernier silence, le discours repart de façon inattendue dans les graves (violoncelle accompagné par l'alto).

Le finale (VIVACE ASSAI à 2/4) est une spirituelle forme sonate où, à la fin, le violoncelle reste seul pour un bref motif incisif s'échappant de l'accord des quatre instruments.

Le **Quatuor en *mi* bémol majeur op. 50 n° 3 (Hob.III.46)** s'ouvre par un ALLEGRO CON BRIO à 6/8, dont le thème plein d'élan

réapparaîtra quelque peu modifié pour le trio du *Menuet* et pour le finale. Il est repris à peu près tel quel, mais à la dominante, en guise de « second thème », puis de « thème conclusif ». Son conséquent de la mesure 5

est également important pour la suite. Après avoir servi de fausse réexposition (en *la* bémol), c'est lui qui ouvrira la réexposition véritable. Le thème initial réapparaîtra pour compenser, après un silence de plus de deux mesures, — inaugurant la coda. Il est alors quelque peu développé, le conséquent ne se faisant entendre qu'au bout de huit mesures, et non quatre comme au début du mouvement.

L'ANDANTE PIÙ TOSTO ALLEGRETTO en *si* bémol, à 2/4, est un thème varié de structure originale. Après les deux premières variations, les frontières entre les diverses variations tendent à s'estomper : on a plutôt l'impression d'une vaste coda, ouverte par une idée d'une suprême élégance et close dans une atmosphère hymnique par un superbe et émouvant contrepoint des deux violons (le second étant doublé par l'alto) sur des *si* bémol répétés (doubles croches) du violoncelle.

Le MENUETTO (ALLEGRETTO), dont la plus petite valeur de note est la noire, a tout d'un scherzo. Le thème du trio est issu de celui du début de l'ouvrage, et il en va de même de celui du finale (PRESTO à 2/4). Comme dans le premier mouvement, ce thème réapparaît en guise de « second thème » puis de « thème conclusif », et ouvre même à la tonique le développement, — du moins en apparence : car si, à la mesure 1, le violoncelle avait joué un *mi* bémol, il joue à la mesure 75 un *ré* bémol, — ce qui indique la dominante de *la* bémol, tonalité dans laquelle — pour un temps très bref d'ailleurs — on ne tarde pas à se trouver.

Du **Quatuor en *fa* dièse mineur op. 50 n° 4 (Hob.III.47)**, l'ALLEGRO SPIRITUOSO initial à 3/4 est sans doute la première grande page de l'histoire de la musique annonçant directement Schubert. Elle n'a rien de beethovénien, malgré le rythme « du destin » par lequel elle s'ouvre (dans la nuance forte et à l'unisson des quatre instruments). Lorsque surgit en guise de « second thème », en *la* majeur, au premier violon soutenu par des battements de doubles croches du second violon et de l'alto, une mélodie issue des premières mesures, l'impression « schubertienne » se trouve encore renforcée. La réexposition, régulière pour commencer, énonce ensuite sauvagement le motif rythmique « du destin », pour ensuite basculer miraculeusement — Schubert ! — vers *fa* dièse majeur, tonalité dans laquelle se termine le mouvement.

L'ANDANTE à 2/4 est en forme de variations alternées (doubles variations) A-B-A'-B'-A'', — les trois épisodes A (centrés sur la beauté mélodique) étant en *la* majeur, et les deux épisodes B (sombres et contrapuntiques) en *la* mineur.

Un contraste du même ordre caractérise le mouvement suivant : MENUETTO (*Poco allegretto*) en *fa* dièse majeur et plutôt détendu, malgré des zones d'instabilité et un sommet en *ré* majeur (région napolitaine de la dominante) ; trio en *fa* dièse mineur contrapuntique et concentré.

Quant au finale (ALLEGRO MODERATO en *fa* dièse mineur à 6/8), il constitue, après les trois de l'*op. 20*, la quatrième et dernière des fugues de Haydn pour quatuor. Elle n'a qu'un seul sujet,

et sa formule cadentielle conclusive, qui affirme violemment *fa* dièse mineur,

est un écho direct du motif « du destin » du début de l'ouvrage.

Bien que le plus court et le plus léger des six, le **Quatuor en *fa* majeur op. 50 n° 5 (Hob.III.48)** fut terminé par Haydn avec difficulté. L'*ut* dièse, surgissant inopinément à l'alto et au violoncelle à la mesure 5 de l'ALLEGRO MODERATO initial à 2/4, annonce un célèbre passage au début du finale de la *Huitième Symphonie* de Beethoven, — dans la même tonalité. Ici, après plusieurs cadences de tonique, l'*ut* dièse réapparaît à la mesure 25 superposé à un retour du thème, et sert alors à lancer la modulation vers la dominante. C'est essentiellement la formule cadentielle des mesures 5 à 8 qui articule le discours : on l'entend en *mi* bémol au début du développement, en *la* bémol au début de la réexposition, et c'est encore elle qui, après un silence, introduit la conclusion.

Le POCO ADAGIO en *si* bémol à 3/4, page d'un beau lyrisme intime, forme sonate sans développement ni reprise, est parfois appelé « *le Rêve* », — et il arrive que cette dénomination soit attribuée à l'*op. 50 n° 5* dans son entier.

Le thème du TEMPO DI MENUET, avec son accent sur le sixième degré (*ré*),

est très original. L'autographe découvert en 1982 montre que Haydn fit débuter le trio ainsi,

et non directement en *fa* mineur (avec *ré* bémol dès le début de sa mesure 1) comme dans les éditions traditionnelles, et ne prévit pas de reprise de sa première partie. Les ultimes mesures du *Menuet* proprement dit, juste avant la formule conclusive en rythme binaire, sont reprises de façon cachée dans le finale (**VIVACE** à 6/8 de forme sonate), d'abord dans l'exposition puis dans le développement.

L'ALLEGRO initial, à 4/4, du **Quatuor en ré majeur op. 50 n° 6 (Hob.III.49)** s'ouvre par un *mi* isolé en valeur longue (blanche pointée) du premier violon, — première note d'un thème qui n'est autre qu'une cadence terminale (il chute jusqu'à la tonique) :

Ce début sur le deuxième degré, ou sur la dominante de la dominante, est en soi générateur de tension : l'exposition est effectivement l'une des plus violentes et des plus instables de Haydn, tournant ainsi le dos à celle de l'*op. 50 n° 1*. Au début du développement, le premier violon joue à peu près la même chose qu'aux mesures 1 à 3, mais le *mi* isolé est ici nettement la dominante de *la*. Le développement finit par culminer sur un *mi* — décidément la note clef — à l'octave supérieure de celui du début, — ce qui entraîne une chute de deux octaves au milieu de laquelle intervient la réexposition.

Suit un **POCO ADAGIO** en *ré* mineur, à 6/8, de forme sonate et aux frottements harmoniques douloureux. L'articulation des épisodes en triples croches est fort différente sur l'autographe découvert en 1982 et dans les éditions traditionnelles. Le développement débute en *ré* bémol pour ensuite, par glissement d'un demi-ton, passer de la dominante de *la* bémol à *mi* majeur. La réexposition de cette sicilienne sublimée s'installe en *ré* majeur pour le « second thème », et conserve cette tonalité jusqu'au bout.

Le **MENUETTO (ALLEGRETTO)** est tout aussi exceptionnel que les deux mouvements précédents. Mozart se souvint de la chute de ses mesures 3 à 5 (débouchant sur la semaine abaissée) aux mesures 15 et suivantes de son *Quatuor en* si *bémol K. 589*, de mai 1790. Le vaste trio — deux sections de 12 et 42 mesures respectivement — fait un usage remarquable et très dramatique des gestes cadentiels prolongés, du silence et des rebondissements inattendus, annonçant à ce titre celui de la *Symphonie n° 92 « Oxford »* (1789).

Le thème principal du finale (**ALLEGRO CON SPIRITO** à 2/4) a valu à l'ouvrage son surnom de *la Grenouille* (all. « der Frosch »). Il utilise en effet des notes répétées en doubles croches, mais dont la couleur varie grâce au procédé dit du « bariolage », avec, dans le cas présent, une alternance de notes « touchées » (sur la corde la plus grave) et de cordes à vide. Sous des aspects variés, cet effet baigne le mouvement tout entier, — le seul vrai contraste étant le « thème secondaire », que toutefois on entend non pas à la dominante *la* majeur, mais à son relatif *fa* dièse mineur (*si* mineur dans la réexposition). Il est vrai qu'il reprend pied en *la* (en *ré* dans la réexposition). La fin, dans les nuances *piano* puis *pianissimo*, est un modèle d'esprit ; Hans Keller a vu dans ce mouvement une des sources de la « mélodie de timbres » de Schönberg.

Les six Quatuors op. 54/55, Hob.III.57-62 (1788)

Au plus tard au début de septembre 1788, le violoniste Johann Tost (vers 1755-1831), second violon dans l'orchestre Esterhazy depuis mars 1785 et sur le point de partir pour Paris, reçut de Haydn, pour qu'il les fasse publier dans la capitale française, les six *Quatuors op. 54/55*, tout juste terminés, et dont les autographes ont disparu (ainsi que les *Symphonies n° 88* en *sol* et *n° 89* en *fa*, composées en 1787). Apparemment, la première édition fut celle de Sieber, parue à Paris en juin 1789 par l'intermédiaire de Tost. De cette édition proviennent les numéros d'opus traditionnels : *op. 54* pour les trois premiers quatuors, *op. 55* pour les trois derniers. L'ordre traditionnel des ouvrages au sein de chaque opus provient de l'édition viennoise d'Artaria, parue en juillet 1789 (*op. 54*) et janvier 1790 (*op. 55*).

On appelle parfois globalement « Quatuors Tost » les six de l'*op. 54/55* et les six de l'*op. 64*, — soit douze quatuors au total, bien que seul l'*op. 64* ait paru avec une dédicace à ce personnage. On ne connaît pour l'*op. 54/55* aucun dédicataire, mais Tost fut étroitement associé à cette série. Peut-être est-ce en songeant à lui que Haydn écrivit ici — dans l'*op. 54* surtout — des parties de premier violon particulièrement virtuoses, mais ce n'est pas prouvé. La brillance violonistique des ouvrages se manifeste non seulement dans d'irrésistibles premiers mouvements (*op. 54 n° 1* et *n° 2*), mais aussi dans d'étranges mouvements lents (*op. 54 n° 2* et *n° 3*). L'*op. 54/55* est un recueil à la fois très public et très expérimental. L'édition londonienne de Longman & Broderip (1789-1790) précise que les œuvres avaient déjà été entendues à Londres au Professional Concert, c'est-à-dire en public, et l'on se demande si Haydn, en les écrivant, savait déjà qu'elles le seraient. Cinq premiers mouvements sur six sont de forme sonate ; celui de l'*op. 55 n° 2* en *fa* mineur, pour la première fois depuis l'*op. 17 n° 3*, revient au thème varié de tempo lent. Le mouvement lent de l'*op. 55 n° 3* en *si* bémol est, lui aussi, un thème varié. Ceux de l'*op. 54 n° 1* en *sol* et *55 n° 1* en *la* sont de forme sonate, l'un et l'autre sans développement, et celui de l'*op. 54 n° 3* en *mi* de forme lied. Trois finales (*op. 54 n° 3* et *op. 55 n° 2* et *n° 3*) sont de forme sonate, et deux (*op. 54 n° 1* et *op. 55 n° 1*) de forme rondo. L'*op. 54 n° 2* est un cas à part.

Le **Quatuor en *sol* majeur op. 54 n° 1 (Hob.III.58)** est un des plus joués de Haydn. Énergique et concentré, son ALLEGRO CON BRIO initial aligne en douze mesures une série de motifs dont le premier, avec ses huit *ré* successifs piétinés en staccato et précédant un saut d'octave,

n'aurait jamais été écrit tel quel par Mozart. Après des doubles croches agiles du premier violon, la mesure 12 introduit une formule conclusive lapidaire, faite de quatre *ré* martelés et d'un fragment de gamme ramenant à la tonique *sol* :

Deux épisodes chantants suivront (mesures 17 et 40), séparés par un retour du premier thème (mesure 24) servant à lancer la dominante, et dont celui de la mesure 40 joue un rôle de « second thème ». L'exposition se termine par la formule conclusive de la mesure 12. Le développement, ouvert par le thème initial (premier thème) en *sol* mineur, est ensuite largement dominé par la formule conclusive lapidaire, qu'on entend d'abord en *mi* bémol majeur et en *sol* mineur, puis — après une velléité de réexposition lancée en *ut* majeur — en *mi* mineur et en *la* mineur ; sur quoi elle sert, en des strettes serrées, à ramener la tonique. La réexposition, irrégulière, « développe » le « second thème », et le mouvement se termine de façon abrupte en juxtaposant les deux idées principales — thème initial et formule conclusive — de ses premières mesures.

Suit un ALLEGRETTO en *ut* à 6/8 (forme sonate sans reprises) qui débute de façon avenante, fait monter le premier violon à des hauteurs vertigineuses, et débouche à la mesure 20 sur une cadence de tonique, puis à la mesure 34 — après avoir redémarré en *la* mineur — sur une cadence de dominante *sol* majeur. Intervient alors un des épisodes harmoniquement les plus extraordinaires et les plus aventureux de l'œuvre de Haydn : il module de façon à la fois mystérieuse et spectaculaire vers *si* bémol majeur, puis vers *ré* bémol majeur, et il est fort possible que Haydn se soit inspiré du début du *Quatuor « les Dissonances »* (en *ut*, *K. 465*, de janvier 1785) de Mozart, — dernier des six qu'il avait reçus en dédicace. Une progression chromatique ramène la dominante *sol* majeur, affirmée en un saisissant crescendo ascendant des quatre instruments. Le développement est très bref (une simple transition), et la réexposition passe directement de la cadence de tonique aux deux « modulations spectaculaires » (ici vers *mi* bémol, puis vers *sol* bémol).

Le MENUETTO (ALLEGRETTO), de proportions parfaites, ramène sur terre. Sa première partie fait (5 + 5) dix mesures, la seconde s'élance vigoureusement en *mi* mineur. Dans la première partie du trio, le premier violon se tait, le violoncelle soutenant de ses croches régulières la mélodie populaire du second violon accompagné par l'alto.

Le finale (PRESTO à 2/4) est un éblouissant rondo-sonate très proche, à la fois par son thème et par son allure générale, du mouvement correspondant de la *Symphonie n° 88*, également en *sol* majeur et de peu antérieure. La fin se perd pianissimo dans les hauteurs.

Également très connu, le **Quatuor en *ut* majeur op. 54 n° 2 (Hob.III.57)**, de structure peu orthodoxe, rappelle l'*op. 20 n° 2*, dans la même tonalité. Le **VIVACE** initial, à 4/4, donne le ton. Son thème principal, en deux éléments de six mesures dont la dernière est chaque fois occupée par un silence (mesures 6 à 12), est immédiatement repris, sans la moindre transition, en *la* bémol majeur. Aux mesures 23 à 25, on retrouve la tonique pour une formule cadentielle. Un épisode virtuose pour premier violon fait passer notamment par *sol* mineur, *mi* bémol majeur et la dominante de *ré* mineur (avec deux *mi* se détachant dans l'aigu), et, à la mesure 56, un « second thème » intervient à la dominante *sol* majeur. On retrouve à la fin de l'exposition la formule cadentielle des mesures 23 à 25. Le développement (mesures 88 à 125) est relativement bref, mais suprêmement agencé. La réexposition (mesures 126 à 233) est presque aussi longue à elle seule que les deux sections précédentes réunies : sa moitié exactement est textuelle, et son autre moitié — juste avant et juste après le « second thème », et plus loin mesures conclusives — faite de nouveautés.

L'**ADAGIO** en *ut* mineur, à 3/4, s'impose comme un des plus étranges, un des plus étonnants mouvements lents jamais écrits. La mélodie désolée de huit mesures entendue au début au premier violon soutenu par les trois autres instruments, et évoluant d'*ut* mineur à *sol* mineur,

est reprise trois fois, comme un cantus firmus, au second violon (parfois en doubles cordes) soutenu par l'alto et le violoncelle, sous des figurations rhapsodiques parsemées de rubatos (écrits et non improvisés) du premier violon, avec comme résultat une série de dissonances douloureuses. La première fois (mesures 9 à 16), la mélodie est reprise à peu près telle quelle, la deuxième fois (mesures 17 à 24) elle évolue de *mi* bémol majeur vers une demi-cadence d'*ut* mineur, et la troisième fois (mesures 25 à 35) d'*ut* mineur à la dominante d'*ut*. Hans Keller voit dans cette page une profonde assimilation du style tzigane. Sans interruption, mais d'abord sur la pointe des pieds, s'élève le **MENUETTO** (*Allegretto*) en *ut* majeur, la nuance fortissimo n'étant atteinte qu'à son extrême fin. Le trio retrouve l'*ut* mineur, le dramatisme (sauvages unissons) et les dissonances douloureuses de l'*Adagio* : Cecil Gray parle à son propos de « sans-culotte forçant les portes d'un salon aristocratique ».

Nouvelle surprise avec le **FINALE**, qui s'ouvre dans un tempo lent (*Adagio* à 2/4, en *ut* majeur). Il ne s'agit pas d'une introduction, car ce tempo se maintient pendant cinquante-deux mesures (admirable cantilène opposant le premier violon et le violoncelle dans l'aigu), en *ut* mineur à partir de la mesure 40. Après un arrêt sur la dominante d'*ut* et un point d'orgue, s'élance un *Presto* en *ut* majeur, à 2/4, construit comme un refrain de rondo. Quelques mesures de transition conduisent à une reprise abrégée, toujours en *ut* majeur, de l'*Adagio*, et c'est dans ce tempo lent et dans la nuance *pianissimo* que prend fin ce quatuor d'exception. Il est officiellement en *ut* majeur, mais contient trois grands blocs en *ut* mineur : le mouvement lent, le trio du *Menuet* et le centre du finale. On imagine aisément les flots d'encre que l'œuvre aurait fait couler si Beethoven — qui n'aurait pas manqué de l'appeler « Quasi una fantasia » — en avait été l'auteur.

Le **Quatuor en *mi* majeur op. 54 n° 3 (Hob.III.59)** est moins connu, mais non moins remarquable que les deux précédents. Charles Rosen s'est servi des premières mesures de son **ALLEGRO** initial à 2/2 pour montrer à quel point le quatuor haydnien est l'équivalent musical d'un art porté à son plus haut niveau par le XVIIIe siècle : celui de la conversation. Second violon et alto débutent au milieu d'une phrase, le premier violon les interrompt une mesure plus loin par une autre phrase dans un registre plus aigu. Nouvelle tentative du second violon et de l'alto (mesure 5), et nouvelle interruption du premier violon (mesure 6). En désespoir de cause, le second violon soutenu par l'alto et le violoncelle reprend à son compte la phrase du premier violon (mesure 9), mais celui-ci interrompt encore, et péremptoirement, — reprenant quant à lui la fin de ses interventions précédentes. Ayant ainsi donné à son argumentation un poids accru et décisif, le premier violon ne lâchera plus la parole de longtemps.

Le mouvement lent est un **ADAGIO** en *la* majeur à 3/4, de forme lied A-B-A' et très orné. Schubert s'en inspira étroitement pour le mouvement correspondant (également en *la* majeur) de son dernier quatuor d'adolescence : le *n° 11* (*D. 353*) de 1816, également en *mi* majeur. L'épisode central B est en *la* mineur, et le violon s'y livre à des figurations incroyables à partir d'un motif descendant qui, dans A et dans A', sert au violoncelle à répondre aux trois autres instruments.

A un MENUETTO (ALLEGRETTO) bien rythmé (*scotch snaps*), avec trio débutant à l'unisson des quatre instruments, succède un finale (PRESTO à 2/4) de forme sonate et d'un bel élan, avec silences dramatiques et morcellement du discours dans le développement (inauguré par une fausse réexposition d'ailleurs coupée net) et peu avant la conclusion.

Le **Quatuor en *la* majeur op. 55 n° 1 (Hob.III.60)** s'ouvre par un ALLEGRO faisant, comme celui de l'ouvrage précédent, un large usage des triolets de croches (en mesure à 2/2), — et ce dès son thème initial qui voit le premier violon s'élever haut dans l'aigu. Une version à la dominante de ce thème apparaît à la mesure 30, suivie à la mesure 49 d'un « second thème » bien distinct, quoique issu de la formule rythmique de la mesure 5. L'exposition se termine à la septième de dominante de *la* sur un motif en rythmes pointés. Le développement (mesures 65 à 112) reprend pour commencer ce motif, jusqu'à la dominante de *mi*. Le *si* se transforme en sensible, et une fausse réexposition du thème principal en entier surgit en *ut* majeur (mesure 78). La réexposition (mesures 113 à 174) est régulière.

Le très bel ADAGIO CANTABILE en *ré* majeur, à 2/4, est une forme sonate sans développement, au thème principal à caractère d'hymne énoncé d'abord par le second violon, centré sur la beauté mélodique mais avec, comme éléments de contraste, des syncopes, des accents déplacés et une cadence des quatre instruments à l'unisson rythmique et en valeurs brèves (triples croches).

A un MENUETTO robuste, mais assez chromatique, s'oppose un délicat trio dont la mélodie est entonnée par le second violon accompagné par l'alto et le violoncelle. Une mesure plus tard, le premier violon superpose son contre-chant, qui s'élève jusqu'à des hauteurs extrêmes.

Le finale (VIVACE à 2/2) est un rondo à trois couplets annonçant triplement celui de la *Symphonie n° 101 « l'Horloge »* (1794) : le troisième couplet joue un rôle de coda bien plus que de réexposition, le deuxième est très contrapuntique (ici un triple fugato), un des refrains (ici le deuxième, entre le premier et celui en triple fugato) est escamoté et remplacé par un silence.

Le **Quatuor en *fa* mineur op. 55 n° 2 (Hob.III.61)** est en général appelé « **le Rasoir** » en raison d'une anecdote rapportée par Pohl, biographe de Haydn du XIXe siècle. Pohl raconte que l'éditeur anglais John Bland, ayant rendu visite à Haydn à Eszterhaza à la fin de 1789, le trouva en train de se raser et de s'exclamer : « Je donnerais bien mon meilleur quatuor pour une bonne paire de rasoirs anglais ! » Sur quoi Bland aurait offert à Haydn ses propres rasoirs, recevant en échange l'autographe de l'*op. 55 n° 2*. On ne manqua pas de mettre en doute la réalité de cette anecdote, mais une lettre de Haydn à Bland découverte en 1982 en confirma (du moins dans ses grandes lignes) l'authenticité. Dans ce second quatuor en *fa* mineur de Haydn (voir l'*op. 20 n° 5*), tous les mouvements se terminent en *fa* majeur, et il s'agit du premier depuis l'*op. 17 n° 3* à débuter par des variations lentes. L'ANDANTE PIÙ TOSTO ALLEGRETTO initial, à 2/4, est en forme de doubles variations A-B-A'-B'-A''-B'', les variations A étant en *fa* mineur, et les variations B, apparentées aux précédentes, en *fa* majeur. Par sa structure et par sa matière thématique, cette page annonce de près l'*Andante* initial du *Trio avec clavier* en *ut* mineur *n° 26* (Hob.XV.13), postérieur de quelques mois. Dans un cas comme dans l'autre, les variations en majeur utilisent une magnifique mélodie à caractère d'hymne. Ici, celles en mineur annoncent de près (apparition de la totalité napolitaine *sol* bémol) les *Variations en* fa *mineur* pour clavier (Hob.XVII.6) de 1793.

L'ALLEGRO, à 2/2, s'ouvre en *fa* mineur par un thème avec gruppetto suivi d'une chute violente en rythmes pointés (voir le troisième mouvement du *Quatuor op. 95* de Beethoven, dans la même tonalité). Après un silence, le thème réapparaît en *sol* bémol (tonalité napolitaine), et l'exposition se poursuit dans une atmosphère explosive, avec, en guise de second thème, un retour du premier au relatif *la* bémol. Le développement (mesures 77 à 124) s'ouvre par le thème en *ré* bémol, et, après un grand silence, le thème réapparaît en *la* majeur (en réalité *si* double bémol), — ce qui lance un fugato alternativement à deux et à trois voix, puis à quatre, avec le thème en *si* bémol (violoncelle), *mi* bémol (second violon), *ut* mineur (alto), *fa* mineur (violoncelle), *la* bémol (second violon), *mi* bémol mineur (alto), *si* bémol mineur (second violon), et *fa* mineur (premier violon) ; cette dernière entrée correspond à la réexposition (mesures 125 à 180) qui, à la mesure 145, passe en *fa* majeur pour maintenir cette tonalité jusqu'au bout.

Le **Menuetto (Allegretto)**, un des plus originaux de Haydn, conserve *fa* majeur, mais retrouve l'écriture contrapuntique du milieu du mouvement précédent. Il s'ouvre en contrepoint à deux voix (alto et premier violon) dans un style rappelant beaucoup certains trios pour baryton, vingt ans auparavant :

Ce contrepoint se révèle renversable, — car aux mesures 7 à 12 la phrase initiale de l'alto se poursuit au violoncelle et inversement. Aux mesures 13 à 18, le contrepoint devient à trois voix, et aux mesures 19 à 24 à quatre voix, les mesures 13 à 24 formant une reprise écrite et enrichie des mesures 1 à 12. La seconde partie du *Menuet* proprement dit (mesures 25 à 54) est quant à elle répétée, et agit comme un développement sans réexposition thématique. Le trio est en *fa* mineur, et le finale (**Presto** en *fa* majeur à 6/8) une forme sonate pétillante d'esprit.

Le premier mouvement (**Vivace assai**) du **Quatuor en *si* bémol majeur op. 55 n° 3 (Hob.III.62)** est le seul à 3/4 de tout l'opus. Il s'ouvre par un thème assez anguleux à l'unisson des quatre instruments (mesures 1 à 4), l'écriture devenant à quatre voix distinctes aux mesures 5 à 8 :

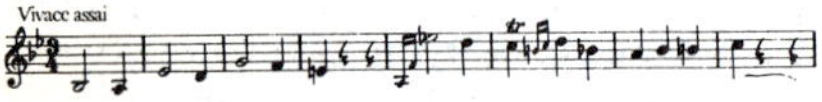

Le mouvement tout entier découle de ce début, et notamment du heurt entre le *mi* bémol du début de la mesure 2 — séparé de la note précédente (le *la* de la fin de la mesure 1) par un intervalle de triton — et le *mi* bécarre du début de la mesure 4, puis du heurt entre ce *mi* bécarre et le *mi* bémol (qui suit immédiatement) du début de la mesure 5. Le curieux « second thème », aux chromatismes ascendants de violoncelle,

provient des mesures 7-8, et met à son tour en évidence l'opposition *mi* bémol - *mi* bécarre, à ceci près que c'est maintenant le *mi* bémol qui détonne. Dans la réexposition, ce « second thème » est immédiatement renversé au premier violon,

ce qui redonne une opposition *mi* bémol - *mi* bécarre, le *mi* bémol reprenant sa primauté initiale.

L'**Adagio ma non troppo** en *mi* bémol à 2/4 est un thème varié (avec deux variations seulement). A l'écoute du troisième mouvement, on s'aperçoit avec surprise que la dernière mesure du **Menuetto** proprement dit, sur une idée en triolets jamais entendue auparavant, domine à elle seule le trio.

Le finale (**Presto** à 6/8) est une forme sonate virtuose, avec comme « second thème » un motif évoquant un appel de cors.

Les six Quatuors op. 64, Hob.III.63-68 (1790)

Dans sa correspondance Haydn ne mentionne pas une seule fois l'*op. 64*, mais on sait que ces six quatuors furent écrits en 1790 : cinq autographes ont survécu, tous datés de cette année (manque celui du *n° 4* en *sol*). Ces autographes ne sont pas conservés ensemble, comme ceux des *op. 17*, *20*, *50 n° 3-6*, *71/74* et *77*, mais dispersés aux quatre coins du monde. La numérotation traditionnelle au sein de l'opus est celle de la première édition, parue à Vienne chez Leopold Kozeluch avec une dédicace à « Monsieur Jean Tost » en avril 1791, alors que Haydn se trouvait en Angleterre. Or les autographes furent numérotés de 1 à 6 par Haydn lui-même, et cette numérotation correspond à l'édition Kozeluch, sauf pour les deux derniers ouvrages : Haydn attribua le *n° 5* au quatuor en *mi* bémol, et le *n° 6* à celui en *ré* (*l'Alouette*). L'ordre authentique de Haydn est vraisemblablement celui de composition. Mais, en juin 1791, John Bland annonça à Londres sa propre édition, — faisant paraître les six quatuors dans un ordre encore différent, peut-être approuvé par Haydn, qui se retrouve chez Pleyel ainsi que dans le *Haydn Verzeichnis*, et fut repris par Hoboken. Le numéro d'*op. 64* provient du premier volume (*Quatuors n° 3* en *si* bémol, *n° 5* en *ré*, et *n° 6* en *mi* bémol) de l'édition parisienne de Sieber (1791) : par l'intermédiaire de Pleyel, il passa à l'ensemble des six ouvrages.

Somfai pense que les quatre premiers quatuors de l'ordre Kozeluch-Haydn étaient déjà composés à la mort de Nicolas Esterhazy (fin septembre 1790), mais que les deux derniers (ceux en *mi* bémol et en *ré*), les plus imposants, ne le furent qu'après cet événement, par un Haydn sachant déjà qu'il allait se rendre en Angleterre et songeant au public de ce pays. C'est fort possible. Ce n'est certainement pas par hasard que Bland plaça les quatuors en *ré* et en *mi* bémol en tête de son édition : sans doute avaient-ils rencontré le plus de succès aux concerts londoniens Haydn-Salomon du printemps 1791. Cela dit, les *Quatuors op. 64* sont tous de grandes réussites. Les tonalités sont exactement les mêmes que dans l'*op. 33*, — cas unique chez Haydn : les autres séries diffèrent, sur ce plan, toutes les unes des autres. Les premiers mouvements sont tous de forme sonate, et, comme dans l'*op. 54/55*, seul celui de l'œuvre en *si* bémol (*n° 3*) est à 3/4. Dans le premier volume de son édition, Bland plaça les trois quatuors commençant dans un tempo plus ou moins modéré (*n° 5* en *ré*, *n° 6* en *mi* bémol, et *n° 1* en *ut*), et dans son second volume les trois commençant dans un tempo nettement rapide (*n° 4* en *sol*, *n° 3* en *si* bémol, et *n° 2* en *si* mineur). Dans le *n° 1* et le *n° 4*, le menuet est en seconde position, — ce qui ne s'était pas vu depuis les *op. 33* et *42*, et ne devait se retrouver que dans l'*op. 77 n° 2*. Aucun mouvement lent n'est de forme sonate : ceux du *n° 1* et du *n° 2* sont des thèmes variés, les quatre autres des formes lied (dont le traitement n'est jamais le même). Les quatre premiers finales sont de forme sonate, celui du *n° 5* en *ré* une forme lied, et celui du *n° 6* en *mi* bémol un rondo.

Le **Quatuor en *ut* majeur op. 64 n° 1 (Hob.III.65)** débute par un ALLEGRO MODERATO à 2/2 : on tient là un de ces mouvements de marche pas trop rapides faisant de Haydn un prédécesseur de Schubert et de Mahler. Le thème initial, qui s'élève d'une octave d'abord en rythmes pointés, puis sur un fragment de gamme, est repris sous une forme variée à la dominante *sol* majeur (mesure 26), puis évoqué fugitivement en *la* mineur (mesure 50), précédant de peu un thème conclusif (mesure 55) fait d'une anacrouse en triolets et du fragment de gamme ascendante des mesures 3-4. Le développement (mesures 61 à 97), fondé principalement sur le thème conclusif, est relativement bref, — ce qui est largement compensé par la réexposition (mesures 98 à 174), particulièrement vaste et dont les deux-tiers environ sont faits de nouveautés. Le thème conclusif y apparaît très tôt, jouant un rôle de second thème, et surtout lançant un vaste second développement. A la mesure 152, le thème initial apparaît en fugato, — ce qui intensifie encore le discours et donne une impression de coda. A la mesure 168, le thème conclusif réapparaît avec sa fonction première.

Bien qu'en *ut* majeur, le MENUETTO (ALLEGRO MA NON TROPPO) dégage une mélancolie certaine. Le trio, thématiquement apparenté, est en *ut* mineur. Suit un ALLEGRO SCHERZANDO en *fa* majeur, à 2/4 : thème avec deux variations, — le thème étant une forme sonate complète (son développement central se fixe brièvement en *la* bémol) avec coda. Il s'agit d'une nouvelle marche lente, mais d'un type annonçant plutôt Beethoven.

Le finale (PRESTO à 6/8) est une forme sonate dont le thème, au fort profil rythmique, appelle un traitement séquentiel, — ce qui se produit de façon spectaculaire au début du développement (fugato serré inauguré sur un *la* bémol grave du violoncelle).

Le **Quatuor en *si* mineur op. 64 n° 2 (Hob.III.68)** débute (ALLEGRO SPIRITUOSO à 4/4), comme l'*op. 33 n° 1* (dans la même tonalité), sur une ambiguïté tonale. On ne sait si on est en *ré* majeur ou en *si* mineur, — cette dernière tonalité étant néanmoins affirmée ici assez brutalement, et dès la fin de la mesure 2. Mais l'ambiguïté se réinstalle plusieurs fois, — par les procédés les plus divers. Le mode mineur est conservé jusqu'au bout de cet énergique mouvement.

Le sublime ADAGIO MA NON TROPPO en *si* majeur, à 3/4, est en forme de thème varié (thème suivi de trois variations), mais le thème et son traitement sont tels qu'on a l'impression ou d'une mélodie perpétuelle, ou d'un nombre de variations nettement plus élevé : de cette ambiguïté résulte une bonne part de l'effet produit par la musique. Hans Keller y voit une sorte de passacaille, et l'on tient effectivement là un ancêtre direct du finale de la *Quatrième Symphonie* de Brahms. Le thème est fait de deux sections de huit et neuf mesures respectivement, — les reprises de chacune étant déjà écrites et variées. La première section débute sur la dominante et se termine sur celle-ci, mais avec en son centre une cadence de tonique :

La seconde section débute aussi sur la dominante, mais à l'octave supérieure, avec une demi-cadence puis une cadence de tonique, — l'une au bout de cinq mesures, et l'autre pour terminer au bout de neuf mesures. Plus le discours progresse, plus il devient envoûtant.

Contraste total avec le **Menuetto (Allegretto)** en *si* mineur, incisif et « à la hongroise », et nouveau contraste avec le trio, où le premier violon chante en *si* majeur.

De forme sonate et d'allure populaire, le finale (**Presto** à 2/4) commence en *si* mineur, et son second thème au relatif *ré* majeur est une simple variante du premier, — ce qui permet à Haydn, au milieu de la réexposition, de passer tout naturellement à *si* majeur et de terminer dans cette tonalité par une montée spirituelle des deux violons dans l'extrême aigu. Fin donnée *pianissimo*.

Le **Vivace assai** à 3/4 du **Quatuor en *si* bémol majeur op. 64 n° 3 (Hob.III.67)** mêle à des traits humoristiques ampleur de conception et esprit d'aventure. A un thème de sept mesures succède, après un silence, un « rythme de cavalerie ». Le thème du début est repris à la tonique (mesure 18), puis à la dominante (mesure 22), — chaque fois de façon variée ; un « second thème » chantant apparaît à la dominante *fa* majeur (mesure 33), puis en *fa* mineur (mesure 37). Le thème du début est à nouveau évoqué (mesure 43), et il y a encore un thème conclusif avec trilles insistants (mesure 61). Le développement (mesures 70 à 125) s'ouvre sur les premières notes du thème initial, le « rythme de cavalerie » apparaît en *la* bémol (mesure 78), puis le « second thème » en *si* bémol mineur (mesure 87) et en *la* bémol, — ce qui ramène le « rythme de cavalerie » (sommet sur la dominante d'*ut* mineur). La réexposition (mesures 126 à 170) est relativement brève, bien que contenant des éléments nouveaux, — car on n'y trouve ni le « rythme de cavalerie » ni le « second thème », largement exploités dans le développement.

L'**Adagio** en *mi* bémol, à 2/4, marque la première apparition dans l'*op. 64* — ce sera aussi le cas dans les trois quatuors suivants — d'un mouvement lent au lyrisme intime, avec section centrale en mineur et reprise ornée du début (forme lied tripartite A-B-A'). On trouve beaucoup de mouvements de ce type dans les *Trios* avec clavier. Ici, la partie A' est suivie d'une importante coda.

Le **Menuetto (Allegretto)** est très vaste, et l'on y remarque des imitations de sonorités de cors. Le trio n'est pas moins remarquable, avec ses syncopes et, à la fin, ses rythmes de Ländler plébéiens (accompagnement seulement sur les deux premiers temps de la mesure, avec sforzando sur le deuxième temps).

Le finale (**Allegro con spirito** à 2/4) est une forme sonate dont le thème principal reprend le « rythme de cavalerie » du premier mouvement, et où un épisode en valeurs longues harmoniquement remarquable (et légèrement prolongé, tant dans le développement que dans la réexposition) précède le « second thème ». Le thème principal introduit une sorte de coda. La fin, assez abrupte, voit les quatre instruments se renvoyer le « rythme de cavalerie ».

Par sa brièveté et sa concision, le **Quatuor en *sol* majeur op. 64 n° 4 (Hob.III.66)** joue dans la présente série le même rôle que, dans l'*op. 50*, le *n° 5* en *fa*. Le vigoureux premier thème de son **Allegro con brio** initial à 4/4 comporte (4 + 4) huit mesures, avec cadence de dominante à la mesure 4 et de tonique à la mesure 8. La formule cadentielle est répétée non sans humour, et, par l'intermédiaire de *mi* mineur, la dominante *ré* majeur est affirmée dès la mesure 12, avec, à la mesure 16, une évocation du premier thème dans cette tonalité. Une sorte de « second thème » apparaît à la mesure 23 ; mais il est en *ré* mineur, et syncopé. Un thème en *ré* majeur vraiment contrasté n'apparaît — après un épisode virtuose — qu'à la mesure 33 : joué *sopra una corda*, il remplit une fonction conclusive. Le développement, assez bref (mesures 39 à 60), débute par le thème conclusif, et plus loin (mesure 54) énonce en *mi* mineur (sur une pédale de dominante *si*) le thème secondaire syncopé. La réexposition (mesures 61 à 99) tient le plus grand compte de ce qui l'a précédée. Au bout de quatre mesures, elle reprend le thème principal à la tonique mineure, et quatre mesures plus loin déjà, fait entendre (toujours en *sol* mineur) le thème secondaire syncopé, — ce qui répond aux exigences d'une réexposition dans la mesure notamment où, dans l'exposition, ce thème était apparu à la dominante mineure. L'installation du mode mineur aux mesures 65 à 72 donne pourtant une impression de fausse réexposition. L'impression est erronée, mais justifie une seconde réexposition du thème principal à la tonique majeure (mesure 85). Cela dit, ce thème remplit plutôt une fonction d'introduction à une sorte de coda, avec néanmoins « réexposition » à la mesure 93 du « thème conclusif » de la mesure 33. Fin en *pianissimo*.

Le **Menuetto (Allegretto)**, de tempo modéré, voit son aspect « sérénade » renforcé dans le trio, fait d'une mélodie élégante et très viennoise de premier violon avec accompagnement en pizzicatos des trois autres instruments (voir l'épisode correspondant de l'*op. 76 n° 1*, dans la même tonalité).

L'**Adagio** en *ut*, à 2/4, dégage lui aussi un parfum de sérénade : il adopte une forme lied A-B-A', — chaque section de A étant dotée d'une reprise écrite et variée. L'épisode B est en *ut* mineur, et l'épisode A', sans reprises, débouche sur une coda de six mesures. Le finale est un **Presto** à 6/8 de forme sonate, qui, comme le premier mouvement, se termine sur la pointe des pieds.

Le **Quatuor en *mi* bémol majeur op. 64 n° 6 (Hob.III.64)** s'ouvre (**Allegro** à 2/2) par un des thèmes les plus mémorables de Haydn. A la mesure 25 apparaît un « second thème » à la dominante, issu du premier. L'exposition, relativement brève, se poursuit alors en triolets de croches, et prend fin sur une formule cadentielle simple, en croches puis en doubles croches. Le développement, à peine plus long (mesures 46 à 97), s'ouvre par un impressionnant fugato sur le thème principal. A la mesure 68 débute un épisode au cours duquel, sur un accompagnement du second violon en croches régulières, les trois autres instruments se renvoient un court motif déjà entendu aux mesures 9-10. Ce « colloque mystérieux » débouche à la mesure 84 sur le thème principal en *sol* bémol majeur (effet magique), et quelques mesures traitant ce thème en diminution et en crescendo conduisent à la dominante d'*ut* mineur. La réexposition (mesures 98 à 144), après un simple énoncé des quatre mesures du thème principal, traite en canon une variante de ce thème (mesure 102), puis passe directement (mesure 113) à une phrase naguère au milieu du « second thème », et de là aux triolets de croches. Mais ces triolets sont interrompus par un point d'orgue. Un épisode fondé sur le thème principal en notes pointées et en imitations vient s'intercaler (mesure 123), et les triolets ne sont repris qu'à la mesure 135, — la fin du mouvement correspondant alors à celle de l'exposition. Plus longue que l'exposition de deux mesures seulement, la réexposition de cet extraordinaire mouvement en diffère fondamentalement, et, par les nouveautés introduites en contrepoint aux mesures 102 puis 123, ne cesse de faire monter la tension.

Suit un **Andante** en *si* bémol, à 3/4, de forme lied A-B-A' retrouvant le lyrisme de la page correspondante de l'*op. 64 n° 3*. L'épisode B', en *si* bémol mineur, ne comprend que quinze mesures, et son chant de premier violon dans l'aigu sur un accompagnement en doubles croches répétées des trois autres instruments rappelle quelque peu le passage correspondant de l'*op. 54 n° 3*. L'épisode A', dont la seconde section n'intervient qu'une seule fois (sans reprise écrite et variée), débouche sur une coda pianissimo de deux mesures.

Le thème du **Menuetto (Allegretto)** provient (*mi* bémol entendu six fois de suite en noires régulières, et mélodie reprenant pied sur le premier temps de la mesure 3) de celui du mouvement correspondant du *Quatuor en ré K. 575* de Mozart (juin 1789) ; peut-être Mozart s'était-il inspiré, pour son *Menuet*, du *Trio* de l'*op. 50 n° 6*. L'autographe prévoit non pas un seul trio, mais deux, — celui connu par les éditions courantes étant le second (d'ailleurs simple variante du premier) : à allure de Ländler, il rappelle celui de l'*op. 33 n° 2* (dans la même tonalité), et fait, pour finir, monter le premier violon (le thème étant énoncé par le second) à des hauteurs vertigineuses.

Le finale (**Presto** à 2/4) est le seul rondo de l'*op. 64*. Son thème

devait être repris par Mozart à peu près tel quel, mais sous une forme descendante, pour le mouvement correspondant de son ultime *Quintette à cordes* (*K. 614* d'avril 1791, dans la même tonalité). Le refrain du rondo de Haydn constitue, à lui seul, une forme sonate complète (quarante-six mesures, en deux sections répétées de seize à trente mesures respectivement). Après le premier couplet (mesures 47 à 82), d'abord contrapuntique puis parcouru de farouches unissons des quatre instruments, le refrain se réduit à ses huit premières mesures. Le second couplet (mesures 91 à 141) est d'un bout à l'autre en contrepoint très serré, — le refrain se réduisant ensuite à ses quatre premières mesures. Le troisième couplet, qui s'élance impétueusement à la mesure 146, donne immédiatement une impression de coda. Un violent unisson en doubles croches vient buter sur un *do* bémol *fortissimo*, suivi d'un saut de deux octaves vers l'aigu en accords parfaits arpégés de *do* bémol (dominante de *fa* bémol) et d'un silence de deux mesures (160-161). A la mesure 179, après un nouveau silence, le début du thème est reproduit avec une légère modification rythmique et en valeurs augmentées aux quatre instruments,

comme si ceux-ci brûlaient de le faire entendre tel quel encore une fois. Cela ne manque pas d'arriver (mesure 183), et une ultime rafale mène droit à l'accord final (mesure 192). Pour conclure sa *Quatrième Symphonie*, Beethoven devait adopter exactement la même démarche.

Le **Quatuor en *ré* majeur op. 64 n° 5 (Hob.III.63)** dit **« l'Alouette »** est peut-être le plus joué de Haydn, — ce qui se comprend : le thème principal de son ALLEGRO MODERATO initial à 2/2,

énoncé à partir de la mesure 8 par le premier violon sur sa corde de *mi* — et dont l'ouvrage tire son surnom —, est absolument inoubliable, unique dans tout le répertoire pour quatuor. Les sept premières mesures sont occupées — aux trois autres instruments — par un motif bien scandé qui, lorsque le thème apparaît, se transforme en accompagnement, avec, comme résultat, une nette polyrythmie. Le thème de la mesure 8 est plutôt une mélodie impropre à tout développement, et ne pouvant « qu'être reprise telle quelle dans toute sa splendeur » (Rosen). D'où, notamment, sa double apparition dans la réexposition (cette double apparition étant d'ailleurs également justifiée par d'autres facteurs). En revanche, sa désinence en rythmes pointés (mesure 17) acquerra parfois une existence autonome. Une transition, principalement en noires avec accents à contretemps et accords altérés syncopés, conduit à une cadence de dominante ; puis des triolets de croches font contraste, chutant vigoureusement, et l'exposition se termine par une gracieuse évocation de la désinence en rythmes pointés et du motif saccadé du début. Le développement (mesures 60 à 104) s'ouvre par la mélodie *l'Alouette* à la sous-dominante *sol* majeur, — sur quoi les triolets de croches réapparaissent avec une véhémence accrue (mesure 73). Ils se transforment en croches ascendantes (mesure 80), puis réapparaissent les accords altérés syncopés (mesure 88) et — après une cadence de *si* mineur — de nouveau les triolets de croches (mesure 89), encore plus véhéments car à l'unisson des quatre instruments. Quelques mesures de transition et le motif scandé conduisent à la réexposition (mesures 105 à 179), directement inaugurée par la mélodie *l'Alouette*. Comme dans le développement, cette mélodie est immédiatement suivie des triolets de croches (mesure 116), traités plus longuement qu'auparavant et auxquels se mêlent des syncopes. Après une montée chromatique, une chute rapide et un point d'orgue, la mélodie *l'Alouette* réapparaît une seconde fois à la tonique (mesure 142), soutenue — ce qui n'avait jamais été le cas auparavant — par des croches régulières en basses d'Alberti aux voix médianes. On passe alors (mesure 154) aux accords altérés syncopés de la mesure 35, — la fin du mouvement correspondant ensuite à celle de l'exposition. Les deux retours à la tonique de la mélodie *l'Alouette* (mesures 105 à 142) sont l'un et l'autre très ostensiblement préparés. Le premier n'est pas une fausse réexposition, mais plutôt une réexposition véritable non menée à terme, détournée de son cours à la mesure 118. Le second, à cause notamment de son accompagnement inédit, donne l'impression d'introduire une coda, — alors que, contrairement au premier, il n'est suivi que d'éléments de réexposition régulière.

L'ADAGIO CANTABILE en *la* à 3/4, dont la beauté mélodique n'exclut pas une expression très intense, est une forme lied A-B-A', comme les mouvements lents des trois quatuors précédents ; mais il traite cette forme à sa manière. L'épisode A (trente-quatre mesures) est lui-même tripartite (*a-b-a'*). L'épisode B, en *la* mineur, fait seize mesures, avec cadence d'*ut* majeur à sa douzième mesure, et A' (trente-quatre mesures) est une reprise ornée de A. Il n'y a pas de coda.

Le MENUET (ALLEGRETTO), à allure de scherzo, est de structure très particulière. Ses deux parties totalisent huit et trente-quatre mesures respectivement ; il en comporte donc quarante-deux au total. La réexposition variée et prolongée de sa première phrase (elle couvre non pas huit mesures, mais dix) intervient aux mesures 17 à 26, et se situe donc juste au milieu : il y a seize mesures avant (« exposition » et « développement »), et également seize mesures après (« coda »). Au début de la vaste coda, l'accentuation est binaire, et ce *Menuet*, dans son ensemble, rappelle celui de l'*op. 42*. Le trio est en *ré* mineur.

Le célèbre finale (VIVACE à 2/4), de forme A-B-A' + coda, est un « mouvement perpétuel » ; cependant, comme l'écrit Rosen, « la diversité rythmique y est aussi grande qu'ailleurs... La pulsation continue n'empêche pas les phrases de s'articuler nettement et de ne jamais se chevaucher, et les puissants accents à contre-temps de l'épisode central en mineur (et en fugato) accroissent encore la diversité du morceau ». Kirkendale rapproche l'épisode central en *ré* mineur et en fugato du finale de l'*op. 59 n° 3* de Beethoven. Le *sempre staccato* apparaissant au début du mouvement dans les éditions courantes ne figure pas sur l'autographe, mais l'effet produit n'en reste pas moins spectaculaire. La coda commence à la mesure 103, et aux mesures 115 à 118, pour la première fois, les quatre instruments jouent ensemble des doubles croches, — l'intervalle entre le violoncelle et le premier violon atteignant quatre octaves, avec un soudain *fortissimo* à la mesure 117. Après un silence et un accord de tonique, les mesures 120 à 124 sont en *legato* (*la* tenu du violoncelle et doubles croches des trois autres instruments) dans la nuance *piano*, — un soudain *forte* intervenant au début de la mesure 124,

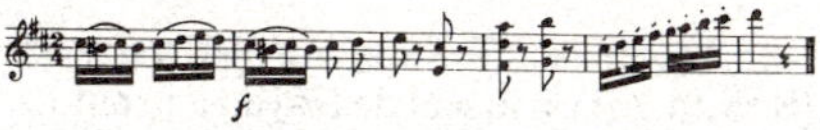

et non sur sa dernière croche (note *ré*) comme dans les éditions courantes. Fin abrupte aux mesures 127-128, sur des doubles croches en *staccato* (première et unique apparition de cette indication) des quatre instruments, — la gamme ascendante terminale du premier violon rappelant la conclusion du mouvement précédent.

Les six Quatuors op. 71/74, Hob.III.69/74 (1792-1793)

En 1791, Haydn était arrivé à Londres avec, dans ses bagages, les six *Quatuors op. 64* de 1790, et certains avaient été joués à ses concerts avec Salomon comme premier violon. Faire entendre des quatuors dans des concerts publics comprenant aussi des symphonies était alors monnaie courante dans la capitale britannique où, dès 1789, le Professional Concert avait programmé l'*op. 54/55*, — mais non à Vienne. On ignore si Salomon demanda à Haydn, lors de son départ de Londres vers le 1er juillet 1792, d'y revenir avec de nouveaux quatuors, ou si l'initiative en fut prise par Haydn lui-même. Toujours est-il qu'en Autriche, entre les deux séjours à Londres, furent composés en 1792-1793 les six *Quatuors op. 71/74*, et que certains d'entre eux furent joués aux concerts Haydn-Salomon de la saison 1794.

Les six autographes, qui portent tous la date de 1793, sont numérotés de 1 à 6 dans l'ordre traditionnel. Cette numérotation est certes d'une main autre que celle de Haydn, mais l'ordre traditionnel se trouve déjà — contrairement à ce qui avait été le cas pour toutes les séries précédentes — dans toutes les éditions d'époque. Il s'agit donc d'un ordre authentique, et même vraisemblablement de l'ordre de composition — ou du moins d'achèvement — des ouvrages. Ce dernier point est confirmé par le fait que les autographes des *op. 71 n° 1* en *si* bémol et *n° 2* en *ré* portaient à l'origine la date de 1792, — plus tard effacée et changée en 1793. Sans doute Haydn effectua-t-il ce changement afin qu'à Londres ces deux quatuors soient considérés comme aussi récents que les quatre autres.

Les premières éditions portent une dédicace au comte Anton Georg Apponyi (1751-1817), mais c'est en songeant à Salomon (excellent violoniste) et aux salles de concert londoniennes que Haydn composa l'*op. 71/74*. Les ouvrages restèrent inédits jusqu'au retour définitif de Haydn à Vienne en août 1795. Les trois premiers parurent à peu près simultanément à Londres (chez Corri, Dussek & Co) et à Vienne (chez Artaria) en octobre 1795, et les trois derniers dans les mêmes conditions en février et en avril 1796. Dans son édition parisienne de 1797, Pleyel attribua aux trois premiers le numéro d'*op. 71* et aux trois derniers le numéro d'*op. 74*, et reprit ces numéros dans son édition complète de 1801-1802. Mais il s'agit, comme d'habitude, d'un groupe de six.

On peut, à propos de ces ouvrages, parler d'un « style londonien », — l'une des manifestations de ce style étant que, pour la première et unique fois dans une série de quatuors, Haydn s'attacha systématiquement à la notion d'introduction, cette introduction étant plus lente que ce qui suit dans un cas seulement (*op. 71 n° 2* en *ré*). Ce style londonien se manifeste également par une brillance, un éclat, une virtuosité dans l'écriture et les sonorités qu'il ne faut pas confondre, pour autant, avec des effets orchestraux. Haydn, auteur déjà d'une cinquantaine de quatuors, n'écrivit sûrement pas l'*op. 71/74* en songeant à l'orchestre, mais appliqua à un ensemble de quatre cordes solistes des procédés auparavant plus typiques de ses œuvres orchestrales. L'*op. 71/74* surclasse en vigueur masculine toutes les séries précédentes de Haydn, — un sommet, à cet égard, étant atteint avec le finale de l'*op. 74 n° 1* en *ut*. Ajoutons qu'en matière harmonique et de relations tonales, on trouve des nouveautés comparables à celles des trios de l'époque, — en particulier dans l'*op. 71 n° 3* en *mi* bémol, l'*op. 74 n° 1* en *ut*, et l'*op. 74 n° 3* en *sol* mineur (*le Cavalier*).

L'ALLEGRO initial à 4/4 du **Quatuor en *si* bémol majeur op. 71 n° 1 (Hob.III.69)** débute par six accords *fortissimo* formant cadence parfaite. Il s'agit d'une introduction de type « lever de rideau » ; mais ce n'est pas la seule raison pour laquelle on ne réentend pas ces accords lors de la reprise : ils réapparaissent en effet pour clore l'exposition. Le thème est fait de deux éléments qui s'opposent : une souple mélodie du premier violon (*a*) à la mesure 3,

et un motif (*b*) en doubles croches également au premier violon (mesure 8),

cette première période débouchant à la mesure 20 sur un accord de septième diminuée avec point d'orgue. Une seconde période de même longueur (mesures 21 à 38) suit, — opposant toujours, quoique de façon différente, les deux mêmes éléments : la mélodie est répétée au premier violon à la tonique, puis prolongée, et à la mesure 30 le motif en doubles croches passe aux voix médianes (second violon et alto), tandis que premier violon et violoncelle énoncent de vigoureux accords arpégés descendants. A la mesure 39, le début de la mélodie (*a*) est repris à la dominante *fa* majeur en guise de « second thème », et dans un contexte polyphonique, — le motif (*b*) suivant à nouveau. Le développement (mesures 70 à 112) reprend à son compte l'opposition mélodie/motif énoncée trois fois par l'exposition. Il comprend en effet deux parties : la première (mesures 70 à 83) est construite sur la mélodie et démarre en *fa* majeur ; la seconde (mesures 84 à 112) est fondée sur le motif et démarre en *fa* mineur pour ensuite, après être passée notamment par *ut* mineur, se fixer en *sol* mineur. La réexposition (mesures 113 à 155) mène à son terme cette démarche en mêlant mélodie et motif, — cette synthèse rendant possible sa relative brièveté.

Suit un ADAGIO en *fa*, à 6/8, de forme lied A-B-A', court mais dense, — l'épisode central B n'étant pas au relatif mineur, comme souvent dans ce type de mouvement : il commence en *ut* et module beaucoup, comme un développement de forme sonate, et ses battements de doubles croches se retrouvent dans les trois mesures de coda.

Le MENUETTO (ALLEGRETTO) est un des plus mémorables de Haydn. Son thème d'allure populaire, mais au parfum plus XIXe siècle que XVIIIe, pourrait être sorti de la plume de Schumann, — impression renforcée par la répétition de sa désinence de quatre notes ainsi que par son harmonisation. Le trio débute par un solo de premier violon accompagné par les trois autres instruments, puis se livre à des jeux contrapuntiques.

Le finale (VIVACE à 2/4) est une forme sonate virtuose, dont la réexposition est presque aussi longue à elle seule que les deux autres parties réunies.

Le **Quatuor en *ré* majeur op. 71 n° 2 (Hob.III.70)** est le seul de Haydn à comporter une véritable introduction lente (ADAGIO à 4/4), limitée à quatre mesures. Elle est d'essence mélodique et procède par degrés conjoints. Le début de l'ALLEGRO qui suit, avec ses sauts d'octave descendants énoncés successivement aux quatre instruments du grave (violoncelle) vers l'aigu (premier violon), apparaît en contraste total. Ce début est un des plus originaux de tout le répertoire pour quatuor, et le mouvement dans son ensemble, d'une virtuosité extrême, traite les sauts d'octave avec une invention sans pareille (on a parfois, visuellement, l'impression d'une partition du XXe siècle).

Suit un magnifique ADAGIO CANTABILE en *la* majeur à 3/4, — forme sonate sans reprises centrée sur la beauté mélodique, mais avec plusieurs modulations très romantiques soulignées par la nuance *forte* : sixte napolitaine (*fa* majeur) de la dominante mineure (*mi* mineur) dans l'exposition (avec sa contrepartie dans la réexposition), transformation de la note *mi* de nouvelle tonique en tierce d'*ut* majeur au début du développement, et début de ce développement par le thème principal en *ut* majeur, *forte* et non plus *piano*, et puissamment accompagné.

Le **MENUETTO (ALLEGRO)** est un ancêtre direct du *Scherzo* de la *Deuxième Symphonie* de Beethoven. Sa première partie est de (5 + 5) dix mesures, et sa seconde partie de (9 + 9) dix-huit. Dans le trio, une sorte de cantus firmus en valeurs longues (blanches pointées) passe d'un instrument à l'autre (voir l'épisode correspondant de l'*op. 18 n° 3* de Beethoven, dans la même tonalité).

Le finale à 6/8 commence dans un tempo modéré (**ALLEGRETTO**) par une forme lied A-B-A' (l'épisode B étant en *ré* mineur). Mais à A' succède une brève transition débouchant sur un point d'orgue. Le tempo devient alors *Allegro*, et l'œuvre se termine dans la virtuosité retrouvée.

Dans le **Quatuor en *mi* bémol majeur op. 71 n° 3 (Hob.III.71)**, l'introduction se réduit à un accord *forte* de *mi* bémol majeur, suivi d'une mesure de silence surmontée d'un point d'orgue. On n'a pas exactement la même chose qu'au début de l'*Héroïque* de Beethoven, où les accords sont au nombre de deux et non suivis d'un point d'orgue ; mais il est impossible de ne pas rapprocher les deux démarches. Le **VIVACE** à 2/4 qui suit s'ouvre par un thème d'un laconisme typiquement haydnien, renforcé par la nuance *piano* sur sa désinence de trois fois trois notes (croches) répétées à l'unisson. Mais le mouvement est un des plus amples et des plus vigoureux de Haydn, — avec pas moins de trois idées à la dominante, précédées chaque fois par des doubles croches impétueuses. Le développement fait un usage audacieux (mais facilitant autant que possible la tâche aux interprètes) de l'enharmonie, et se retrouve en *si* majeur, puis mineur (en réalité *do* bémol majeur, puis mineur) ; et la réexposition, après plusieurs chutes de tierce, s'effectue à proprement parler en *fa* double bémol. Subtilement variée dans le détail, cette réexposition s'assombrit vers sa fin, lors de la transition vers la seconde reprise. La seconde fois, le discours débouche sur une vaste coda.

Suit un **ANDANTE CON MOTO** en *si* bémol, à 2/4, de forme *sui generis*. Il débute comme une forme ternaire A — B (*si* bémol mineur) — A (sans reprises), puis se complique, avec d'abord une variation A' de A (sextolets de doubles croches avec reprises), puis un épisode B' en *si* bémol mineur comme B, mais dont le thème est celui de A, — et dont la seconde période s'interrompt vite pour laisser la place à une nouvelle variation A'' de A, aux sonorités uniques et enchanteresses : les deux violons et l'alto évoluent dans leur registre le plus élevé en doubles croches *staccato assai e piano*. Ce qui suit se transforme en coda, avec fragmentation du thème, extension de ses périodes, renvoi des motifs d'un instrument (ou d'un groupe d'instruments) à l'autre, et silences expressifs. A noter, en outre, que souvent dans le mouvement les périodes débouchent sur des tonalités inattendues.

Au **MENUETTO**, particulièrement développé, de tempo modéré et en déroulement régulier de croches, s'oppose un trio plus heurté avec des effets d'imitation à distance.

Le finale (**VIVACE** à 6/8) est un rondo à deux couplets et coda. Le thème et son traitement — contrepoint double au début de chacun des couplets, avec thème au second violon et contre-chant en doubles croches au premier violon — font curieusement penser au mouvement correspondant du *6ᵉ Concert brandebourgeois* de Bach.

Le **Quatuor en *ut* majeur op. 74 n° 1 (Hob.III.72)** — l'un des plus joués de Haydn — s'impose à la fois par son ampleur de conception et par sa profonde unité interne. L'introduction est cette fois une cadence parfaite de tonique (deux accords dont le premier est surmonté, et le second suivi d'un point d'orgue). La progression *si-do* de la voix supérieure de cette introduction annonce le matériau thématique — très souvent par degrés conjoints diatoniques ou chromatiques — non seulement de l'**ALLEGRO MODERATO** initial, mais des trois autres mouvements. Le thème principal chromatique, suivi d'une chute de doubles croches,

repose sur une assise solide : les *do* répétés en croches au violoncelle. Lorsque le thème est répété huit mesures plus loin (mesure 11), l'assise devient chromatique elle aussi. Après un passage en libres imitations, le thème réapparaît à la dominante *sol* (mesure 31), suivi au premier violon (mesure 35) de doubles croches accompagnées au second violon d'un motif de six notes qui se révélera essentiel dans le finale :

A la mesure 42, le thème réapparaît une nouvelle fois à la dominante, mais au second violon, — avec au premier violon, à la mesure 43, un contre-chant qui jouera un grand rôle dans le développement :

A l'audition, aucune de ces deux apparitions du thème principal à la dominante ne joue vraiment un rôle de « second thème » : la première semble conduire vers un tel thème, la seconde apparaît plutôt comme un « thème conclusif ». L'exposition se termine très vigoureusement. Le développement (mesures 55 à 96) s'oriente d'abord vers *mi* bémol majeur, puis se concentre sur le contre-chant de la mesure 43, avant de retrouver (*la* mineur), à la mesure 75, les doubles croches de la mesure 35 et leur motif d'accompagnement de six notes. À la mesure 84, le thème principal est évoqué en *la* mineur, — avec le contre-chant de la mesure 43 renversé au violoncelle. La réexposition (mesures 97 à 155) est complètement recomposée. Au bout de huit mesures, le thème réapparaît à la tonique, comme dans l'exposition, mais en imitations, et le pendant de la mesure 42 — thème avec contre-chant — intervient dès la mesure 119, suivi, à la mesure 123, du pendant de la mesure 35 (doubles croches du premier violon et motif de six notes du second violon), — qui semble devoir remplir ici une fonction conclusive. Mais, à la mesure 128, vient s'intercaler un épisode inédit affirmant violemment *la* bémol majeur ; ensuite seulement, on retrouve la période conclusive de l'exposition, modifiée et prolongée.

L'**ANDANTINO GRAZIOSO** en *sol* majeur à 3/8, forme sonate d'une grande subtilité harmonique et aux sonorités très fines, a presque le caractère d'un menuet lent, — ce qui explique que le troisième mouvement, véritable scherzo malgré son indication de tempo (**ALLEGRETTO**), ait perdu tout caractère de danse. Les mesures 5 et 6 de son thème proviennent du thème principal du mouvement précédent. La seconde partie, fort vaste, débute en *la* bémol : le thème y réapparaît deux fois (voir les mouvements correspondants des *op. 50 n° 2* et *77 n° 2*), la première fois comme au début, et la seconde fois — après une nouvelle modulation vers *la* bémol — non plus au premier violon, mais au second sous des doubles croches emportées du premier, et à un moment où l'on ne s'y attend pas. Le discours s'en trouve fortement amplifié, et son aspect scherzo renforcé par une formule conclusive incisive en triolets. Contraste avec le trio, d'atmosphère schubertienne et en *la* majeur : premier exemple, dans les quatuors de Haydn, d'une relation tonale de tierce affectant la structure globale.

L'extraordinaire finale (**VIVACE** à 2/4), de forme sonate, s'ouvre par un thème tiré du motif d'accompagnement de six notes de la mesure 35 du premier mouvement :

Ce thème est repris en *staccato* à la mesure 13. Une nouvelle idée apparaît à la mesure 27, — caractérisée notamment par une progression *fa - fa* dièse, puis *do - do* dièse (voir, déjà, les débuts du premier mouvement et du *Menuet*) ; et, après un point d'orgue, le thème initial revient à la dominante au second violon (mesure 50), immédiatement surmonté au premier violon de doubles croches d'une virtuosité fantastique, — les deux autres instruments soutenant vigoureusement. Ce passage débouche sur un extraordinaire thème syncopé (mesure 76) soutenu par la pulsation de la basse, et de nouveau marqué par une progression ascendante en demi-tons, enfin sur un thème conclusif agressivement populaire (mesure 91), asséné avec force sur une basse de musette (alto et violoncelle) tenue pendant dix mesures, puis syncopée. Le développement (mesures 107 à 154) se réfère d'abord aux mesures 50 et suivantes, en un épisode d'une incroyable virtuosité contrapuntique, puis débouche sauvagement sur le thème syncopé en *la* mineur (mesure 137), — la réexposition (mesures 155 à 285) intervenant peu après sans crier gare. Elle est à peu près régulière jusqu'au thème syncopé (mesure 210), — celui-ci faisant alors l'objet d'un développement inattendu menant jusqu'au registre le plus aigu et à un silence (point d'orgue). Le thème principal est repris en imitations, puis énoncé en *staccato* (voir précédemment mesure 13), et le mouvement se termine « toutes forces déployées » avec le thème populaire et ses basses de musette.

Dans le **Quatuor en *fa* majeur op. 74 n° 2 (Hob.III.73)**, l'introduction est une sorte de fanfare de huit mesures débouchant sur un point d'orgue, et qu'on prend d'abord pour le thème principal. On ne la réentendra plus telle quelle, notamment parce que la reprise l'omettra ; mais elle est étroitement apparentée au thème principal proprement dit de l'**ALLEGRO SPIRITOSO** initial. A la mesure 21, ce thème principal est repris en *sol* mineur (deuxième degré). La dominante *ut* majeur est abordée plusieurs fois, mais ne s'établit vraiment qu'avec l'énoncé du thème principal dans cette tonalité (mesure 61), et non sans que du matériau secondaire ne soit intervenu à profusion. On remarque en outre la présence de nombreux trilles. L'exposition se termine sur plusieurs *ut*, et une progression en valeurs longues *ré* bémol - *mi* bécarre conduit à la reprise (mesure 9, thème principal). La seconde fois, la progression devient par enharmonie *do* dièse - *mi* naturel, et le développement (mesures 101 à 174) commence tout naturellement sur le thème principal en *la* majeur. Il se poursuit en traitant en imitations les premières notes du thème qui, après un silence, est réentendu en *ut* mineur (mesure 131) et, plus loin, en *mi* bémol majeur (mesure 156). Le développement se termine sur des *la* répétés (dominante de *ré* mineur), et c'est une progression *ré-mi* qui mène à la réexposition (mesures 175 à 260). Le thème y revient au bout de douze mesures en *sol* mineur, comme dans l'exposition, mais ensuite plus jamais sous son aspect d'origine.

Suit un ANDANTE GRAZIOSO en *si* bémol, à 2/4, en forme de thème varié (avec trois variations, dont la deuxième en mineur, et coda). Comme celui du quatuor précédent, le MENUETTO (ALLEGRO) étend beaucoup sa seconde partie et possède un trio en relation tonale de tierce, en l'occurrence *ré* bémol majeur.

Le finale (PRESTO à 2/4) est une forme sonate sans reprises, — à ceci près que son thème, proche de celui du mouvement correspondant du quatuor précédent, mais traité tout à fait différemment, est présenté comme un refrain de rondo (avec deux reprises). Au moment où l'on croit l'exposition terminée, intervient en *ut* mineur (dominante mineure), dans une soudaine nuance *piano*, une mélodie au curieux parfum « balkanique » entendue deux fois (mesure 78) :

C'est sûrement à cause d'elle que Haydn agença sa forme sonate sans reprises. Après cet instant d'immobilité et de mystère, le discours redémarre en *ut* majeur avec une vigueur accrue. Le développement (mesures 105 à 145), plutôt bref, fait entendre la mélodie « balkanique » en *ré* mineur (mesure 130), et la réexposition (mesures 146 à 289) en *fa* mineur (mesure 195). Aux mesures 228 à 271 s'intègre une vaste coda, avec grands sauts d'intervalles, oppositions de nuances et puissants accords syncopés, puis triolets destinés à faire briller Salomon. Cette coda culmine *fortissimo* sur un point d'orgue. Le thème principal réapparaît à la mesure 272, et mène droit à la conclusion.

Le **Quatuor en *sol* mineur op. 74 n° 3 (Hob.III.74)**, dit **« le Cavalier »**, est le plus connu des six. Sa concision est extrême, surtout dans sa première moitié, et son centre de gravité réside en son mouvement lent. Le début de l'ALLEGRO initial à 3/4, en sauts d'octaves avec appoggiatures brèves, énoncé *forte* de façon lapidaire à l'unisson des quatre instruments et durant huit mesures, a tout d'une introduction au sens de ce recueil de six quatuors, — surtout si l'on tient compte du long silence qui suit. A ce silence succède (mesure 11) une idée en complet contraste, du fait de son chromatisme et de ce qu'elle passe d'un instrument à l'autre :

Troisième idée importante : les triolets (avec anacrouse rythmique) des mesures 21 et 23. Les sauts d'octave à l'unisson — l'un des deux éléments dont l'ouvrage put tirer son surnom, l'autre étant le thème principal du finale — seront réentendus lors de la reprise, mais non lors de la réexposition. On les retrouvera cependant au début du développement (et seulement là), mêlés aux triolets. Pour le moment (centre de l'exposition), ce sont les triolets qui dominent, — d'abord mêlés à l'idée chromatique, puis seuls, jusqu'à l'arrivée d'un « second thème » aux accents schubertiens et à l'allure de mazurka. Ce thème est énoncé sur un accompagnement en triolets du second violon, puis sert de contre-chant aux triolets — qui reprennent de plus belle — du premier violon. Ce sont eux qui mettent fin à l'exposition. On les retrouve dès le début du développement (mesures 79 à 127), mêlés aux sauts d'octave en un passage assez âpre. L'arrêt des triolets (mesure 107) inaugure la transition vers la réexposition, — effectuée en quelques mesures très denses harmoniquement, fondée sur le « second thème » (qui réapparaît à la dominante d'*ut* mineur) et sur l'idée chromatique, et débouchant sur trois accords *fortissimo* de septième diminuée. La réexposition (mesures 128 à 197) débute directement sur l'idée chromatique qui avait émergé à la fin du développement, et, après un nouvel épisode dramatique en triolets, énonce le « second thème » en *sol* majeur : éclaircie schubertienne. *Sol* majeur est ensuite conservé jusqu'à la fin.

Le sublime **Largo assai** à 4/4, dont Haydn réalisa lui-même une version pour piano, est dans la tonalité relativement éloignée de *mi* majeur (relation de tierce). Il est de forme A-B-A', — la section centrale B étant en *mi* mineur (tout en affirmant violemment, en son milieu, *ut* majeur). Il s'agit d'une page à caractère hymnique, aux modulations audacieuses soulignées par des changements abrupts de nuance :

La section A' est une reprise ornée de A, — avec à la mesure 45 (= 8) un accord de *sol* (dominante d'*ut*) d'une violence extrême, et aux mesures 49-50 (= 12-13) d'incroyables trémolos de quadruples croches en *pianissimo*. Le 10 octobre 1794, joignant à une lettre envoyée de Londres à un correspondant italien une copie en partition de ce mouvement, le compositeur Giambattista Cimador (1761-1805) trouva les mots qui s'imposaient : « Voilà, cher ami, une pièce qui ne manquera pas d'enthousiasmer tous les adorateurs de l'homme divin qui l'a faite. »

Le **Menuetto (Allegretto)** est en *sol* majeur, et le passage du *mi* majeur du *Largo* au *sol* majeur du *Menuetto* cause un plus grand choc qu'auparavant le passage du *sol* majeur de la fin de l'*Allegro* au *mi* majeur du *Largo*, — en particulier parce que le premier *sol* majeur était déjà un dépaysement (par rapport au *sol* mineur du tout début), et qu'après le *Largo* on s'attend plutôt au retour de *sol* mineur. Le *Menuet* est diatonique. Le trio est plus long et chromatique, mais retrouve *sol* mineur, — ce qui, paradoxalement, crée une zone de stabilité.

Le finale (**Allegro con brio** à 4/4) est une vaste forme sonate, et, par ses dimensions, s'oppose presque à lui seul aux trois mouvements précédents. Mais son poids n'est pas supérieur à celui du *Largo*. Le thème principal en *sol* mineur, bondissant et syncopé,

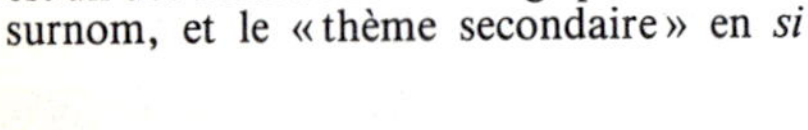

est un des deux dont l'ouvrage put tirer son surnom, et le « thème secondaire » en *si* bémol en est directement issu. Le développement (mesures 54 à 87), dramatique et heurté, entrecoupé de silences abrupts, combine les deux thèmes et, grâce notamment à leur commune anacrouse, passe aisément — mais non sans ambiguïtés — de l'un à l'autre. La réexposition (mesures 88 à 146) débute en *sol* mineur ; mais, dès la mesure 100, le « thème secondaire » apparaît en *sol* majeur, — tonalité conservée jusqu'à la fin (voir le premier mouvement). Les quatre mouvements de l'*op. 74 n° 3* entretiennent des rapports très complexes et subtils.

Les six Quatuors op. 76, Hob.III.75-80
(1797)

On n'a jamais connu leurs autographes, et leur plus ancienne mention se trouve dans une lettre du diplomate suédois Silverstolpe, en poste à Vienne de 1796 à 1803, — datée du 14 juin 1797. Peut-être Haydn commença-t-il à travailler à cet opus dès 1796, mais 1797 pour la composition de l'ensemble est plus probable. Le *n° 3* en *ut* (*l'Empereur*) ne put être entrepris avant la fin janvier 1797, — date de l'achèvement de l'hymne impérial *Gott erhalte*. Les *Quatuors op. 76* — la dernière série de six menée à bien par Haydn — se situent donc deux ans après la dernière symphonie (*n° 104* dite *Londres*, de 1795). Haydn les composa en même temps que *la Création* (entreprise en 1796, et achevée au début de 1798). Ils parurent en 1799 chez Artaria, — les trois premiers comme *op. 75* en juillet et les trois derniers comme *op. 76* en décembre, dans l'ordre passé à la postérité. La correspondance entre Haydn et Artaria indique qu'il s'agit d'un ordre authentique. Le dédicataire fut le comte Joseph Erdödy (1754-1824). Toujours en 1799, Haydn envoya ces quatuors à Londres, où ils parurent chez Longman, Clementi & Co en deux livraisons (« Opus 76 » et « Opus 76 Livre 2 »), annoncées dans le *Times* les 19 avril 1799 et 7 janvier 1800 respectivement.

L'*op. 76* de 1797 forme, avec l'*op. 20* de 1772 (un quart de siècle exactement les sépare), les deux plus prestigieuses séries de quatuors de Haydn. Le climat général des six *Quatuors op. 76* fut admirablement cerné par Rosemary Hughes le jour où elle les définit comme autant de « Chants d'expérience », — observation qu'on peut rapprocher de ce passage du journal de Delacroix (21 février 1847) : « Quatuor d'Haydn, des derniers qu'il ait faits. Chopin me dit que l'expérience y a donné cette perfection que nous y admirons». Ces ouvrages concentrent en eux l'enseignement de toute une vie, mais découvrent toujours de nouveaux horizons. Plus encore que la page correspondante de l'*op. 74 n° 1*, le troisième mouvement du *n° 1* en *sol* est un véritable scherzo, et il faut noter aussi l'apparition à deux reprises (*n° 1* en *sol*, et *n° 3* en *ut* «*l'Empereur*») d'un finale en mineur dans une œuvre en majeur ; la succession à trois reprises — finale du *n° 4* en *si* bémol, et premiers mouvements du *n° 5* en *ré* et du *n° 6* en *mi* bémol — de plusieurs tempos au sein d'un même mouvement, toujours dans le sens d'une accélération mais chaque fois de façon différente ; l'existence de mouvements lents d'une profondeur inouïe, et évoluant à une allure confinant parfois à l'immobilité, — qu'on ne retrouvera que dans les derniers quatuors de Beethoven ; et le fait qu'avec le *n° 6* en *mi* bémol, on possède l'une des œuvres les plus aventureuses de toute la musique en ses quatre mouvements, et non seulement dans le deuxième, — celui qui, en général, attire le plus l'attention. Comme l'a écrit Robbins Landon, on décèle dans cet opus « une assurance aussi considérable que la modeste personne de Haydn », et la parution de tels chefs-d'œuvre en 1799 dut poser à Beethoven, qui travaillait alors à son *op. 18*, un sérieux problème.

Le **Quatuor en *sol* majeur op. 76 n° 1 (Hob.III.75)** débute par un ALLEGRO CON SPIRITO à 2/2 dont les trois accords introductifs font le lien avec l'*op. 71/74* de 1793. Ce qui suit forme avec ces trois accords le plus grand contraste imaginable, — car le thème principal s'ouvre par quatre mesures de violoncelle solo, auxquelles répondent quatre mesures d'alto solo, puis quatre mesures de second violon et d'alto, enfin quatre mesures de premier violon et d'alto. On dirait presque des entrées de fugue, et Beethoven se souvint sans doute de la phrase initiale de violoncelle

au début de sa *Sonate pour violoncelle et piano* en *la op. 69* (1808). Ayant ainsi conquis son espace sonore, Haydn se dirige vers un sommet puissant, sauvage même avec ses unissons en *ré* mineur, *sol* mineur et *si* bémol majeur, puis vers une mélodie conclusive de caractère populaire (mesure 73). Le développement (mesures 89 à 139), emporté, d'un seul bloc, commence par le thème principal à l'alto avec contre-chant du second violon. A la réexposition (mesures 140 à 225), le thème principal revient au violoncelle comme au début, mais avec contre-chant du premier violon ; et c'est ce contre-chant qui bientôt prend le dessus, — Haydn se gardant bien de répéter son allusion à la fugue. A la fin, la mélodie populaire conclusive est quelque peu répétée.

Suit un sublime ADAGIO en *ut* majeur à 2/4, joué *mezza voce* et typique de l'*op. 76* par la lenteur de son déroulement. On y découvre trois éléments : une noble mélodie à caractère d'hymne intervenant quatre fois en tout, — la deuxième fois à la dominante (développement) et les autres fois à la tonique (exposition, réexposition, coda) ; une phrase chantante opposant systématiquement registres grave et aigu ; et des syncopes du premier violon sur des accords réguliers des trois autres instruments. Le tout rappelle le mouvement correspondant de l'*op. 9 n° 3*, dans la même tonalité.

Le troisième mouvement est intitulé MENUETTO, mais marqué *Presto*. En réalité, il s'agit d'un scherzo n'ayant rien à envier à ceux déjà composés, ou qui devaient encore l'être, par Beethoven. Sa concision et son esprit sont typiques de Haydn, et sa décharge en croches *fortissimo* de la mesure 8 absolument unique. Le trio, sorte de Ländler en croches pour premier violon, doit être pris plus lentement.

Le finale (ALLEGRO MA NON TROPPO à 2/2) est non seulement en *sol* mineur, mais du type « Voyageur » à la Schubert, ce qui fait basculer l'ouvrage dans un tout autre univers. Les sept premières mesures, *forte* à l'unisson, forment une sorte d'introduction, avec de farouches triolets destinés à dominer le mouvement. Au centre du développement, ces triolets isolés et toujours martelés à l'unisson ne sont autres que ceux du mouvement correspondant de la *Neuvième Symphonie* de Schubert. Juste avant, Haydn propose une modulation enharmonique spectaculaire menant de *ré* bémol mineur, aux mesures 98 à 101, à *la* majeur (= *si* double bémol majeur), aux mesures 102 à 103, — l'alto ayant, durant toutes ces mesures, à jouer un *mi*, et le violoncelle un *ré* bémol aux mesures 98 à 101, puis un *ut* dièse aux mesures 102 et 103. Haydn ne conserve pas le mode mineur jusqu'au bout : après l'extrême tension de l'exposition (mesures 1 à 72), du développement (mesures 73 à 127) et du début de la réexposition, il ménage à la mesure 139 un contraste aussi grand que celui du scherzo au finale en revenant à *sol* majeur, — tonalité ensuite conservée jusqu'au bout. Hans Keller voit là « une des résolutions en majeur les plus libératrices de toute la musique ».

Le **Quatuor en *ré* mineur op. 76 n° 2 (Hob.III.76)** dit **« les Quintes »** — l'un des plus joués de Haydn — tire son surnom des deux quintes descendantes entendues dès l'abord,

et qui constituent la matière thématique principale de son ALLEGRO initial. Ce mouvement est concentré et austère, avec de brusques plongées dans des tonalités mineures plus ou moins éloignées (*fa* mineur à la mesure 32), et doté d'une vaste coda fondée sur les épisodes transitoires de l'exposition. Le mode mineur est conservé jusqu'au bout, et fortement affirmé pour finir. En fait, c'est le quatuor tout entier qui est imprégné non seulement par l'intervalle de quinte descendante, mais par ses dérivés de toutes sortes : quintes ascendantes, canons à la quinte, succession à découvert de notes de tonique et de dominante, etc. Le développement du premier *Allegro*, d'une virtuosité contrapuntique confondante, couvre les mesures 57 à 98, et s'ouvre par deux quintes descendantes au violoncelle pour ensuite ne jamais perdre de vue cet intervalle, — même quand il se transforme en quarte ou en triton. L'insistance sur la quinte *si-mi* dans la nuance *pianissimo* (mesures 90 à 92), suivie d'une velléité de fausse réexposition en *ut* majeur et en crescendo aux mesures 90 à 92, juste avant la vraie, est inoubliable.

L'ANDANTE O PIÙ TOSTO ALLEGRETTO (en *ré* majeur à 6/8), forme lied A-B-A' avec épisode central en *ré* mineur et coda, est un moment de détente. L'intervalle de quinte s'y rencontre immédiatement deux fois : chute *si-mi*, puis chute *mi-la* par degrés conjoints :

Les chutes de quinte sont ensuite omniprésentes, notamment par le truchement d'un motif de quatre notes avec rythme pointé, Haydn jouant aussi sur l'ambiguïté fonctionnelle du *fa* dièse, transformé en tonique à la mesure 9 puis redevenant tierce de *ré*. L'intervalle de tierce descendante *la - fa* dièse est répété plusieurs fois, — sa signification changeant avec le contexte tonal.

Le MENUETTO (ALLEGRO MA NON TROPPO), qui retrouve *ré* mineur, est parfois appelé « Menuet des Sorcières » en raison de son caractère sardonique. Il s'agit d'un canon à deux voix avec, à chaque voix, deux instruments se doublant à l'octave : premier et second violons d'une part, alto et violoncelle d'autre part, — l'ensemble couvrant trois octaves. Le thème n'est autre qu'une sorte de renversement de celui de l'*Andante*, dont la chute de quinte *mi-la* de la mesure 2 devient ici, toujours à la mesure 2 et toujours par degrés conjoints, progression ascendante *ré-la*,

— sans parler de relations plus cachées et subtiles. A noter aussi les chutes de quinte *mi-la* de la mesure 4, et *la-ré* de la mesure 5. Le trio en *ré* majeur est en revanche franchement homophone, mais toujours inquiétant avec ses oppositions de mode et son rythme martelé en faisant un ancêtre du *Scherzo* de la *Neuvième Symphonie* de Bruckner. Les quintes s'y décèlent dans la ligne mélodique ascendante du premier violon (*sol-ré*, puis *ré-la* aux mesures 48 et 49), et surtout dans les oppositions tonique/dominante à court et à long termes.

Le thème principal du finale (VIVACE ASSAI à 2/4), page nettement « à la hongroise », passe de sa mesure 2 à sa mesure 3 par une chute de quinte *la-ré*, et débouche à sa mesure 8 sur une quinte ascendante *la-mi*, presque « tzigane » et soulignée par deux points d'orgue. Aux mesures 20 et suivantes, les quintes sont à la fois horizontales et verticales. Comme celui du quatuor précédent, ce finale d'abord en mineur passe à la tonique majeure après quelques mesures de réexposition (ce sera aussi le cas de celui du quatuor suivant). Ici, l'événement est mis en valeur par la seule nuance *pianissimo* de tout le mouvement (variante du thème principal), mais l'énergie reprend vite le dessus. On retrouve le violent « second thème » en croches martelées avec doubles cordes, et ce qui suit sert de « coda » à l'ouvrage dans son ensemble.

Le **Quatuor en *ut* majeur op. 76 n° 3 (Hob.III.77)**, dit **« l'Empereur »**, est ainsi appelé parce que le thème varié de son deuxième mouvement n'est autre que le *Gott erhalte Franz den Kaiser* (« Dieu protège l'empereur François »), hymne impérial autrichien achevé par Haydn à la fin de janvier 1797. C'est le quatuor le plus « symphonique » des six. Il s'organise tout entier autour de ce deuxième mouvement, et les thèmes des trois autres sont apparentés : ils commencent tous par la même formule rythmico-mélodique de cinq notes, légèrement modifiée d'un cas à l'autre. Dans l'**Allegro** initial à 4/4, cette formule est (les cinq premières notes de l'exemple ci-dessous) :

Cet *Allegro* possède, entre autres fonctions, celle de préparer les variations sur le *Gott erhalte* : d'où son côté *intrada*, — qui se traduit à la fois par une allure assez massive (ce mouvement prépare, mais n'a rien d'une introduction) et par l'usage des rythmes pointés dès les mesures 5 à 12 en un vigoureux crescendo se superposant au motif de cinq notes, puis le supplantant. Des variantes du thème principal interviennent à la dominante *sol* majeur aux mesures 13, 18 et 23, et un thème « conclusif » également en *sol* majeur à la mesure 26. Mais on s'oriente ensuite vers *mi* bémol en un *fortissimo* dramatique, et c'est dans cette nouvelle tonalité qu'intervient une autre variante du thème principal (mesure 33), suivie d'un retour du thème conclusif en *sol* (mesure 38). Cette double apparition du thème conclusif — avec, entre les deux, une échappée en *mi* bémol — constitue formellement une des plus efficaces « prolongations » de Haydn. Au centre du développement (mesures 45 à 78) surgit une extraordinaire danse rustique en *mi* majeur avec basse de musette, intégrant la plupart des motifs. La réexposition (mesures 79 à 121) se dispense des premières variantes du thème principal, et, après la première apparition du thème conclusif, on trouve l'indication *la seconda volta più presto* : il faut donc observer la seconde reprise. Un épisode en *la* bémol en valeurs longues (pendant de celui en *mi* bémol de l'exposition, mais fort différent) suspend momentanément le cours du temps, et la seconde apparition du thème conclusif précipite le mouvement vers sa fin.

Dans le **Poco adagio cantabile** en *sol* à 2/2, Haydn, après avoir énoncé l'hymne impérial,

se garda bien d'y toucher. Il reste intact d'une variation à l'autre et ne fait que changer d'instrument, mais en s'inscrivant dans un environnement harmonique et polyphonique toujours plus riche. Enoncé par le premier violon et harmonisé classiquement, il apparaît ensuite au second violon avec un contre-chant en doubles croches du premier violon, les deux autres instruments se taisant (variation I), au violoncelle avec un contre-chant syncopé du premier violon surtout (variation II), à l'alto (variation III), enfin (variation IV) au premier violon à nouveau, mais bientôt à l'octave supérieure, et traité à la façon d'un choral avec des harmonies romantiques. L'immuabilité du thème, traité en cantus firmus, symbolise la pérennité de la majesté impériale, centre de toutes choses, et son environnement changeant le passage du classicisme au romantisme, — auquel Haydn contribua tant. Une mystérieuse coda de cinq mesures s'éteint doucement. Haydn lui-même transcrivit ce mouvement pour piano seul.

Le robuste **Menuet (Allegro)** ramène sur terre, et ses cinq premières notes

font le lien avec les deux mouvements extrêmes. Le trio en *la* mineur — seul exemple, dans les grandes œuvres cycliques de Haydn, d'un trio au relatif mineur depuis l'*op. 1 n° 2* — annonce Schubert, aussi bien en son début mélancolique que dans sa mélodie médiane en *la* majeur, qui éclaire le discours d'une lumière bienfaisante.

Comme celui de l'*op. 76 n° 1*, et pour les mêmes raisons, le finale en *ut* mineur (**Presto** à 2/2) fait basculer l'ouvrage. Après trois violents accords introductifs, on retrouve le motif de cinq notes des premier et troisième mouvements.

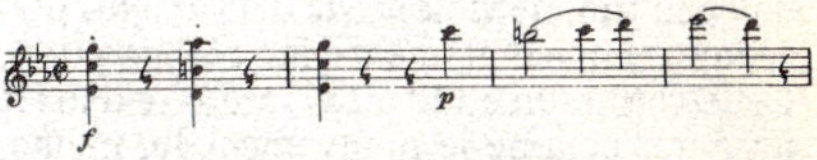

Ce finale est agité et instable, et fait un large usage des triolets. Comme ceux des deux quatuors précédents, il réintroduit le mode majeur après quelques mesures de réexposition, mais la conclusion, littéralement déchaînée, est ici affirmation de puissance.

Le **Quatuor en *si* bémol majeur op. 76 n° 4 (Hob.III.78)**, dit **« Lever de soleil »**, tire son surnom — originaire d'Angleterre — de ses premières mesures, l'un des plus extraordinaires débuts de tout le répertoire de chambre : sa conception du temps est presque schubertienne. Le thème initial de l'**Allegro con spirito** à 4/4, chantant et lyrique, et non plus volontaire comme dans les trois ouvrages précédents, s'élève en effet doucement au premier violon sur un accord de tonique tenu des trois autres instruments, — l'accent principal de la phrase se trouvant sur sa dernière note, au début de la mesure 6 :

Malgré l'indication *Allegro con spirito*, un sentiment de tempo lent, presque d'immobilité, se dégage. La phrase est reprise sur un accord de dominante (mesures 7 à 12), prolongée (mesures 13 à 21), et, à la mesure 22, s'élance soudain *forte* en doubles croches. On croit que le tempo indiqué est enfin atteint, mais la musique telle que Haydn l'écrivit suffit à donner cette impression : les interprètes doivent se garder d'accélérer. Suit un des crescendos dramatiques les plus extraordinaires et les plus soutenus de Haydn. En guise de « second thème », on entend à la mesure 37 une sorte de renversement du début : thème initial au violoncelle, mais sous forme descendante, accord-pédale aux trois autres instruments. Après ce nouveau moment d'immobilité, prolongé en mineur, le discours retrouve son élan (mesure 50), avec, plus loin, un « thème conclusif » syncopé (mesure 60) et, pour finir, un puissant unisson rythmique en doubles croches des quatre instruments. Le développement (mesures 69 à 107) se réfère d'abord au début (*ré* mineur, puis *sol* mineur) ; ensuite c'est l'élan qui domine, jusqu'aux mesures (en decrescendo et avec un beau trait de violoncelle dans l'aigu) précédant immédiatement la réexposition. Celle-ci (mesures 118 à 187) s'ouvre dans le mystère, comme le mouvement lui-même, mais avec une intensité accrue. Cet épisode « immobile » s'étend en outre davantage qu'au début, et son prolongement en mineur, qui dans l'exposition suivait le second thème, le précède ici. Le mouvement se termine dans la puissance et l'élan, avec coda introduite par un motif de quatre notes tiré du thème conclusif et martelé sur un *la* bémol (mesure 166), et comprenant ensuite un point d'orgue *fortissimo* (mesure 174), une dernière évocation du début (mesure 175), et un unisson rythmique en doubles croches *fortissimo*.

Le sublime **Adagio** en *mi* bémol à 3/4 s'ouvre sur une idée que l'on retrouvera légèrement modifiée au même endroit dans l'*op. 76 n° 6* :

Son déroulement est extrêmement lent, annonçant ainsi le dernier Beethoven tout en tournant le dos à Mozart. On peut y voir trois parties, — la deuxième débutant à la mesure 35 (thème en *mi* bémol mineur) et la troisième à la mesure 52 (thème de nouveau en *mi* bémol majeur, quoiqu'à l'octave supérieure) ; mais il s'agit surtout d'une libre improvisation sur cinq notes, faisant alterner épisodes sereins et poignants.

Le **Menuetto** (**Allegro**), rapide et populaire de ton, conduit à un extraordinaire trio « balkanique » dont les modulations mystérieuses, à l'unisson, sont renforcées dans leur effet par les notes tenues qui les précédent. Comme dans l'*op. 20 n° 5*, la dernière note du *Menuet* proprement dit est en même temps la première du trio. Les tenues d'alto et de violoncelle qui précèdent, puis soutiennent le thème, font le lien avec le début de l'ouvrage ; et le thème, comme celui du trio de la *Symphonie n° 92 « Oxford »*, débute par une syncope (première note sur le troisième temps de la mesure).

Le finale (**Allegro ma non troppo** à 2/2) s'ouvre de façon simple par une forme lied A-B-A' (dont B en *si* bémol mineur), sur un thème de contredanse. Mais pour la seconde partie du mouvement, de forme libre, le tempo s'accélère deux fois (*più allegro* puis *più presto*), — avec des passages d'une écriture linéaire « à la Bartók » (des instruments solistes se passent la parole, ce qui donne une monodie aux timbres changeants), et c'est dans un paroxysme de vitesse que cet *op. 76 n° 4* — après avoir débuté dans l'immobilité — prend fin.

Le **Quatuor en *ré* majeur op. 76 n° 5 (Hob.III.79)** est centré sur son mouvement lent, presque aussi long à lui seul que les trois autres réunis, et — exception faite de celles du *Menuet* et trio — ne comporte pas la moindre barre de reprise. Le premier mouvement réussit le miracle d'apparaître comme une introduction au deuxième sans renoncer à un seul attribut de la « forme sonate » dramatique — et sans, pour autant, relever à proprement parler de cette forme ! On y trouve des éléments « variations », et surtout des éléments « lied » ; mais il s'agit, une fois de plus, d'une forme *sui generis*. Il débute (**Allegretto** à 6/8) par une structure lied tripartite A (28 mesures) — B (29 mesures) — A' (18 mesures). Les épisodes A et A' font entendre une mélodie chantante avec incursions vers le relatif mineur, et l'épisode B (en *ré* mineur) une variante de cette mélodie ainsi qu'un contre-chant du premier violon, — auxquels s'opposent quelques violents sursauts et d'agiles triples croches de tous les instruments. Haydn poussa rarement le laconisme (synthèse de brièveté et d'énergie) aussi loin. Après A' (et deux points d'orgue), le tempo s'accélère (*Allegro* à 6/8), et la fin du mouvement (cinquante-deux mesures), plus énergique encore que B, est faite d'un développement en imitations de la mélodie du début et d'importants rappels de B, — le tout prenant fin dans la brillance et l'éclat.

L'*op. 76 n° 5* est parfois appelé « Quatuor avec le célèbre largo » en raison de son extraordinaire mouvement lent en *fa* dièse majeur à 2/2. Son intitulé est **Largo cantabile e mesto** (« chantant et triste »), — précision toute romantique pour cette page écrite dans une tonalité rare et difficile. Le thème est énoncé par le premier violon :

Il fait en tout neuf mesures, et est suivi d'une seconde idée, plus courte et entendue trois fois. Les deux idées se superposent, une fois établie la dominante *ut* dièse majeur. Un sommet expressif est atteint avec l'apparition, au centre du développement, de la mélodie principale en *mi* majeur (mesure 41), suivie d'une modulation spectaculaire, par l'intermédiaire de *mi* mineur, vers la dominante de *sol*. On se dirige ensuite, par l'intermédiaire de *mi* mineur et de *fa* dièse mineur, vers la réexposition, et les dernières mesures, entrecoupées de silences, portent l'émotion à son comble. Ce morceau, raconte Fanny Hensel, faisait pleurer le père de Mendelssohn, et c'est notamment en pensant à lui qu'en 1898 le violoniste Joseph Joachim écrivit à propos de Haydn : « Même Bach et Beethoven n'ont sûrement pas inventé d'adagios plus profonds, plus religieux, plus fantastiques que la plupart des siens lorsqu'il est d'humeur sérieuse. »

Le début du thème du **Menuetto (Allegro)** est la transposition en *ré* de celui du *Largo*. Comme celui du quatuor précédent, ce *Menuet* est d'atmosphère populaire, et, dans l'inquiétant trio en *ré* mineur, des soupirs de violon se superposent à des grondements de violoncelle.

D'une vitalité sans pareille, le finale (**Presto** à 2/4) commence par une formule conclusive,

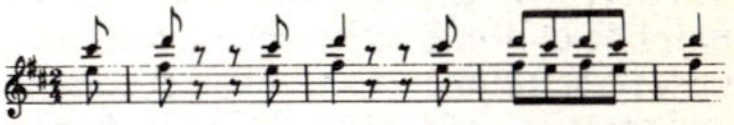

à laquelle il est fait référence à la fin de l'exposition. Elle débouche alors sur un *si* bémol majeur, — ce qui inaugure le développement (mesures 126 à 192) dont l'élan est tel que, lors de la réexposition (mesures 193 à 291), le thème initial proprement dit, « à la hongroise », se trouve escamoté : on entend la formule conclusive, comme au début, mais mêlée à des doubles croches emportées du second violon, et cette formule est immédiatement « développée ». La formule conclusive réapparaît telle quelle à la fin.

Dans le **Quatuor en *mi* bémol majeur op. 76 n° 6 (Hob.III.80)**, Haydn enjambe le XIXe siècle et aboutit en plein XXe. Comme dans le précédent, le premier mouvement renonce à la forme sonate. Il s'agit d'un thème et variations d'un genre bien spécial, débutant dans un tempo modéré (**Allegretto** à 2/4). Beethoven se souvint peut-être du thème

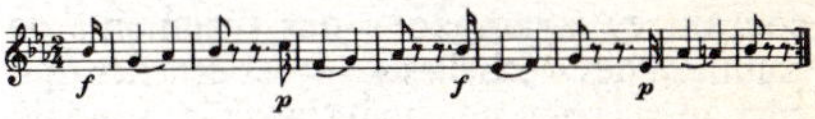

pour les variations finales de son *op. 74*, dans la même tonalité, et surtout au début de son *op. 135*. Les deux quatuors antérieurs commençant par un thème varié (de tempo modéré) étaient l'*op. 17 n° 3* et l'*op. 55 n° 2*. Ici, aucune variation n'est en mineur. Comme dans les variations de l'*op. 76 n° 3*, le thème (énoncé au violon) est traité en cantus firmus. Dans la variation I, il passe au second violon, et dans la variation II se trouve légèrement modifié par endroits, au violoncelle, sous de vigoureux rythmes pointés des trois autres instruments. La variation III l'énonce au premier violon dans sa première partie, austère avec sa réponse canonique de l'alto et du violoncelle, et au second violon dans sa seconde partie (sans reprises). Pour la variation IV, le tempo devient *Allegro*, et celui-ci s'étend sur quatre-vingt trois mesures. Il s'agit donc d'une variation « amplificatrice », et qui plus est en fugato. On assiste à l'invention par

Haydn de la forme « variation et fugue », bientôt reprise par Beethoven dans son *op. 35* (*Variations Eroica*, ou plutôt *Prométhée*) de 1802, et une puissante coda homophone met le point final.

L'**Adagio** qui suit (à 3/4) est le triomphe de la liberté obtenue au prix de la plus stricte discipline et d'une recherche de tous les instants. Il est intitulé « Fantasia », et comprend deux parties principales, — la première (mesures 1 à 59) n'ayant aucune armature à la clé, et la seconde (mesures 60 à 112) cinq dièses (*si* majeur). Le début, si on l'entend sans partition sous les yeux, « sonne » en *do* bémol majeur, étant donnée la tonalité du premier mouvement ; mais c'est en *si* majeur que Haydn nota un thème de huit mesures fort proche de celui du mouvement correspondant de l'*op. 76 n° 4* :

Si Haydn renonça à toute armature à la clé aux mesures 1 à 59, c'est en raison de leurs incroyables et perpétuelles modulations dans les tonalités les plus éloignées et les plus inattendues : ainsi devaient procéder, à l'heure de la « mort » de la tonalité, les compositeurs du XXe siècle. Le thème est donc énoncé dans diverses tonalités abordées de diverses façons parmi lesquelles, trois fois, un solo instrumental (violon pour la première fois et violoncelle les deux dernières fois) parcourant en « rampant » des fragments de gammes, des « échelles », — ces échelles (qui elles aussi créent un choc) s'arrêtant soudain sur une note en la transformant en tonique provisoire. Le thème est entendu deux fois en *si* majeur, mais, la seconde fois, est interrompu par une modulation en *ut* dièse mineur introduisant l'échelle de violon (mesures 16 à 19), qui conduit quant à elle aux quatre premières mesures du thème en *mi* majeur (mesure 20),

puis aux deux premières en *mi* mineur (mesure 25). Après une modulation fortissimo en *sol* majeur, la première échelle de violoncelle (mesures 27 à 30) conduit aux premières mesures du thème en *si* bémol majeur (mesure 31) et en *si* bémol mineur (mesure 35) ; sur quoi une stupéfiante modulation enharmonique ramène en *si* majeur (mesure 39). Un épisode aussi périlleux intervient quelques mesures plus loin, — Haydn mettant alors en relation *sol* dièse mineur et la dominante de *la* bémol, le thème (après un point d'orgue) réapparaissant en *la* bémol majeur à la mesure 49 :

La seconde échelle de violoncelle (mesures 56 à 59) conduit alors au thème en *si* majeur (= *do* bémol majeur) et à la seconde partie du mouvement, avec cinq dièses à la clé. Cette seconde partie reste « Fantaisie » ; mais il s'agit maintenant d'une fantaisie polyphonique d'une superbe élévation de pensée, d'écriture très serrée (pas moins de neuf entrées du thème jusqu'à la mesure 81), avec, vers la fin, un *la* bécarre curieusement modal : au point qu'on peut se demander si Haydn, à Londres, avait entendu les *Fantaisies* non pas de Purcell (car on ne les avait pas encore redécouvertes), mais d'autres maîtres anglais du XVIIe siècle. Constitué de deux parties aussi différentes que possible, ce génial *Adagio-Fantasia* monothématique est unique, non seulement chez Haydn, mais dans toute la musique, et on ne peut qu'approuver Hans Keller évoquant, à propos de cette « déclaration de guerre à la notion de tonalité principale », le *Ich fühle Luft von anderem Planeten* du *2e Quatuor* (*op. 10*) de Schönberg.

Après un **Menuetto** (**Presto**) à allure de scherzo, le trio — marqué *alternativo* — est un nouveau tour de force montrant à quel point l'artisan qu'était Haydn savait charger d'émotion le matériau le plus simple. Il est fait uniquement de gammes descendantes et ascendantes en *mi* bémol, en rythme iambique :

On entend cette gamme vingt-quatre fois en tout, ce qui fait un total de quatre-vingt-treize mesures, plus précisément en six groupes de quatre énoncés chacun, — chaque groupe la présentant successivement aux quatre instruments dans un contexte à une, deux, trois ou quatre voix, les passages à une, deux et trois voix étant marqués *piano*, et ceux à quatre voix *forte*. Les gammes sont « immuables », mais s'inscrivent dans un contexte harmonique, polyphonique et sonore toujours varié ; et, pour la troisième fois dans l'*op. 76*, après les variations sur le *Gott erhalte* du *n° 3* et celles ouvrant le présent n° 6, on voit Haydn utiliser une technique de cantus firmus.

Dans le finale (**Allegro spirituoso** à 3/4), c'est Haydn le rythmicien qui s'impose, et tout d'abord avec un thème s'ouvrant par trois anacrouses mais donnant l'impression d'en posséder cinq :

Le développement couvre les mesures 67 à 118, et, à son début, les croches régulières descendantes tirées du thème débouchent, comme précédemment, sur des accords en coups de boutoir des trois autres instruments ; mais ces accords, comme « distribués au hasard », dédaignent la mesure à trois temps, — le nombre de temps les séparant étant successivement de 1, 2, 2, 6, 3, 2, 1, 3, 2, 1, 3, 3, 3, 5 et 6. En 1797, cent seize ans devaient encore s'écouler avant *le Sacre du Printemps* : mais on comprend que, dans ses *Entretiens avec Robert Craft*, Stravinski ait déclaré que « de tous les compositeurs de son temps, Haydn fut le plus conscient... du fait qu'être parfaitement symétrique signifie être parfaitement mort ». A la mesure 111 débute un double canon. Le début de la réexposition, note Rosen, « est censé faire perdre pied aux interprètes eux-mêmes. Haydn ne leur fait qu'une seule concession : le sforzando du milieu de la mesure 118, sans lequel, [au sein du déroulement de croches], personne ne pourrait reconnaître la première note du thème ».

Les deux Quatuors *op.* 77, Hob.III.81-82 (1799)

En 1799, Haydn entreprit une nouvelle série de six quatuors destinés au prince Lobkowitz, mais n'en acheva que deux, dont les autographes, conservés à Budapest, sont datés l'un et l'autre de cette même année. Son travail sur *les Saisons* (jusqu'au début de 1801) l'empêcha de mener à bien les quatre autres. Au début de 1802, il commença un autre quatuor pour obtenir au moins une série de trois ; mais cet ouvrage (*op. 103*) devait rester inachevé, et, en septembre 1802, Haydn accepta une publication séparée des deux de l'*op. 77* chez Artaria à Vienne. Le numéro d'*op. 77* et l'ordre traditionnel (sûrement approuvé par Haydn) des deux quatuors proviennent de cette édition. A noter qu'au même moment que Haydn écrivait l'*op. 77* (plus précisément de l'automne 1798 à l'été 1800), Beethoven composa ses premiers quatuors (les six de l'*op. 18*), — parus en 1801 avec une dédicace au même mécène, le prince Lobkowitz. A noter également que les autographes de l'*op. 77* sont les seuls de ses propres quatuors que Haydn possédait encore à sa mort. Ils ont été publiés en fac-similé à Budapest (1972, rééd. 1980), et le papier, ainsi que leur disposition, ont permis à Laszlo Somfai de conclure qu'ils avaient dû être écrits dans l'ordre suivant : premier mouvement du *n° 1*, puis *n° 2* en entier, et enfin trois derniers mouvements du *n° 1*. Mais, ajoute-t-il, on se saurait voir là un ordre de composition, — d'autant qu'on ne possède, pour ces œuvres, aucune esquisse ni aucun premier jet.

Le **Quatuor en *sol* majeur op. 77 n° 1 (Hob.III.81)**, le plus mélodique des deux, s'ouvre par un **Allegro** à 2/2 dont le thème au rythme de marche

annonce curieusement le début de la *Sixième Symphonie* de Mahler : accord initial marqué *forte*, soubassement rythmique bien scandé, rythmes pointés. Le thème réapparaît à la tonique à la mesure 14, et, après une transition en triolets vigoureux, on le retrouve à la dominante *ré* majeur à la mesure 27, — partagé entre le violoncelle et le premier violon. Une idée secondaire apparaît à la mesure 39 :

Ses trois premières notes (*ré* — *do* dièse — *ré*) sont directement issues du double *mi* — *ré* dièse — *mi* des mesures 3 et 4. L'exposition prend fin sur de nouveaux triolets. Le développement (mesures 63 à 127), dès la mesure 64, énonce en *fortissimo* un *ut* à l'unisson des quatre instruments, puis le début du thème principal à la sous-dominante *ut* majeur. À la mesure 82, l'idée secondaire intervient en *mi* mineur, suivie à la mesure 87 d'une sorte de fausse réexposition à la tonique. Le thème principal n'y est pas exactement comme au début, mais *sol* majeur fait croire à une réexposition véritable. Quelques mesures plus loin, cependant, on se dirige vers la dominante de *fa* dièse mineur. La note *ut* dièse est entendue quatre fois à l'unisson, puis se transforme en tierce de *la* majeur, — tonalité dans laquelle surgit le second thème (mesure 105). On le réentend ensuite en *la* mineur, en *ré* mineur, et même en *sol* majeur (mesure 119) ; sur quoi, par l'intermédiaire de la dominante de *sol* mineur, on aboutit à la réexposition (mesures 128 à 189), auparavant plusieurs fois entrevue et plusieurs fois repoussée. L'idée secondaire, fortement mise à contribution dans le développement, y compris à la tonique *sol* majeur, n'y apparaît pas du tout. Aux mesures 154-155, le rythme pointé (ici à l'alto) du thème principal se mêle aux triolets ; et un nouveau et important développement de ce thème principal (mesures 168 à 179) précède la conclusion.

L'**Adagio** à 2/2 est en *mi* bémol majeur (relation de tierce), — tonalité qui sera aussi celle du trio du menuet. Il s'agit d'une forme sonate monothématique sans reprises dont le thème, énoncé à l'unisson des quatre instruments, pourrait aussi bien annoncer *ut* mineur :

Les trois premières notes sont tirées rythmiquement de l'idée secondaire du mouvement précédent, et les trois suivantes de son thème principal, — les deux mouvements étant en outre unis par leurs chutes de tierce. La dominante *si* bémol apparaît en mineur aussi bien qu'en majeur, et l'exposition, au lieu de conclure, bascule soudain dans le développement (mesures 33 à 55), qui s'oriente quant à lui vers la dominante de *fa* mineur : *ut* avec point d'orgue à l'unisson des quatre instruments (mesure 42). Glissement d'un ton vers l'aigu, et le thème du début réapparaît en *ré* bémol majeur, non plus à l'unisson mais harmonisé. Il est également harmonisé lors de la réexposition (mesures 56 à 90), — ce qui, comme l'écrit Robbins Landon, « élargit énormément l'horizon ».

Le troisième mouvement, bien qu'intitulé **Menuetto**, est le plus extraordinaire scherzo jamais écrit par Haydn. Le tempo est *Presto*, et il faut absolument s'y tenir. Le discours démarre avec fougue (mesure 1 à l'unisson des quatre instruments) et, aux mesures 8 à 10, le premier violon se livre à des sauts de deux octaves, et même de deux octaves et demie vers l'aigu. À la fin de la seconde partie, il atteint des hauteurs vertigineuses, pour chuter ensuite de trois octaves et demie vers le grave. C'est par une cadence rompue que la musique plonge dans le *mi* bémol majeur du trio, au thème issu du premier couplet du finale de l'*op. 33 n° 2*, et où l'on voit Haydn explorer à fond, mais à sa manière, le même terrain que Beethoven. Il faut absolument éviter ici la moindre chute de tension, et une légère accélération du tempo apparaît tout à fait concevable. Le martèlement de noires (non sans quelques coups de boutoir en croches) se poursuit tout au long du trio, écrit sans reprises et se terminant sur la dominante de *sol*, — ce qui conduit tout naturellement au retour du *Menuetto-scherzo*.

Le finale (**Presto** à 2/4), nouvelle forme sonate monothématique, évoque fortement le *kolo*, sorte de ronde au parfum croate que Haydn avait dû voir exécuter plus d'une fois. Le thème est énoncé d'abord à l'unisson (voir le début des deux mouvements précédents), avec un accent typique sur la note *mi* (sixième degré). A l'énoncé suivant, ce *mi* est soutenu par une piquante harmonie de neuvième, et, la troisième fois, par un accord lançant la modulation vers la dominante. Plusieurs épisodes sont en canon très serré. Dans la réexposition et la coda, la virtuosité prend peu à peu le dessus. Le violon, pour finir, atteint son registre le plus aigu, et les accords conclusifs, pour brillants qu'ils soient, correspondent à une tension maximale.

Plus polyphonique, d'une écriture souvent très linéaire, le **Quatuor en *fa* majeur op. 77 n° 2 (Hob.III.82)** — que Tovey considérait, avec les *Symphonies n° 102* et *n° 104*, comme la plus grande œuvre instrumentale de Haydn — n'en contient pas moins des idées d'une belle chaleur expressive. C'est vrai du premier thème de son **Allegro moderato** initial à 2/2,

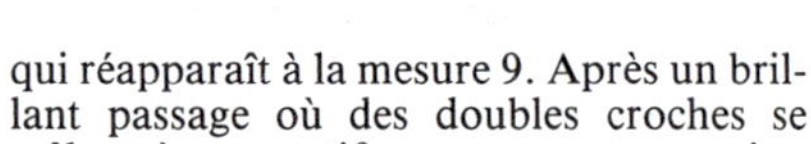

qui réapparaît à la mesure 9. Après un brillant passage où des doubles croches se mêlent à un motif commençant par cinq notes répétées, et destiné à jouer un grand rôle dans le développement, on le retrouve comme « second thème » à la mesure 37 ; ou, plutôt, il est énoncé là sous un aspect varié au second violon avec contre-chant du premier violon. L'exposition se termine par un farouche unisson de doubles croches. Le développement (mesures 58 à 114) traite d'abord en imitations le début du thème principal. D'un violent passage renvoyant d'un instrument à l'autre des doubles croches incisives se dégage ensuite peu à peu le motif aux cinq notes répétées, traité à son tour en imitations serrées à partir de la mesure 76, mais privé de ses deux premières notes (il en reste donc trois). Partant de *sol* mineur, Haydn arrive à *mi* bémol mineur, puis, par une de ses habituelles modulations enharmoniques, parvient à *mi* mineur. Les *mi* bémol des mesures 91-92, puis 92-93, renforcés chaque fois par un *fa* bémol napolitain, se transforment par enharmonie en *ré* dièse, sensible de *mi* mineur (= *fa* bémol mineur). Sur son autographe, Haydn prit soin de marquer *l'istesso tuono* (le même son). Des doubles croches s'élancent sur la dominante de *la* mineur (mesure 98), et la réexposition (mesures 115 à 178) est précédée d'un geste rhétorique « à la Beethoven » : trois accords *fortissimo*, trois accords *pianissimo*, une mesure de silence.

Le **Menuetto** est en deuxième position, — ce qui ne s'était pas vu depuis les *op. 64 n° 1* et *n° 4* de 1790. Marqué *Presto* sur l'autographe et *Presto ma non troppo* sur l'édition Artaria, il a de nouveau tout d'un scherzo, et ne doit surtout pas traîner. Sa flexibilité rythmique est extrême, — car pulsations ternaire et binaire y alternent (ou plutôt s'y mêlent) sans cesse :

La pulsation binaire, qu'il faut souligner avec force, occupe en général le devant de la scène, — la pulsation ternaire assurant l'arrière-plan. Dans la seconde partie, le thème du début réapparaît deux fois (voir les mouvements correspondants des *op. 50 n° 2* et *74 n° 1*). Contraste total avec le trio, en *ré* bémol majeur, marqué *pianissimo*, d'une écriture à quatre voix rappelant celle du mouvement lent en *la* bémol de l'*op. 20 n° 1*, et pour lequel un tempo plus retenu semble de mise. Ce trio est suivi d'une coda fondée sur le thème du *Menuetto* proprement dit, et assurant en neuf mesures toujours *pianissimo* la transition vers le *da capo*. Sur l'autographe, Haydn écrivit à l'endroit approprié : *Menuet da capo mà forte*.

Suit un magnifique **Andante** à 2/4 en *ré* majeur, — tonalité à mettre en rapport non seulement avec *fa* majeur, tonique de l'ouvrage (relation de tierce), mais avec le *ré* bémol majeur du trio, qui, a posteriori, agit comme une sorte de sensible de *ré*. Cet extraordinaire mouvement relève à la fois de la variation, du rondo et de la forme sonate. Le thème, en deux sections l'une et l'autre répétées de huit et quatorze mesures respectivement, est l'une de ces marches lentes dont Haydn avait le secret. Les douze premières mesures ne sont confiées qu'au premier violon et au violoncelle, en un merveilleux contrepoint à deux voix :

Quand, à la mesure 13, pour le retour du début, le second violon et l'alto se joignent à eux, un sentiment de plénitude ineffable se dégage. Le thème se termine par une gamme ascendante en rythmes pointés, immédiatement reprise à l'octave supérieure, — ce qui inaugure quatre mesures de transition (mesures 23 à 26). Le début du thème est ensuite repris à la dominante *la* majeur, au second violon soutenu par l'alto et le violoncelle, avec un splendide contre-chant du premier violon dans l'aigu. A la mesure 40, le thème réapparaît à la tonique (variation I), toujours au second violon et dans un environnement très riche. Il s'interrompt peu avant sa fin, s'enchaînant directement sur un deuxième épisode transitoire (mesure 59), en *ré* mineur cette fois : début du thème en *ré* mineur (second violon), modulation vers *fa* majeur, crescendo menant à la dominante de *ré* mineur, énoncé *fortissimo*. A la mesure 74, nouvelle réapparition du thème à la tonique (variation II), au violoncelle maintenant, avec, au premier violon, un contre-chant en triples croches. Le thème s'interrompt plus tôt que dans la variation précédente, et l'on passe insensiblement à un troisième épisode transitoire (mesure 90), — vaste crescendo dramatique où second violon, alto et violoncelle accompagnent de leurs rythmes saccadés les triples croches du premier violon. Un sommet, et, à la mesure 105, débute la variation III : thème au premier violon, à la tonique et *pianissimo*, richement harmonisé à quatre voix. À la mesure 122, soit de nouveau avant la fin du thème, débute la coda, marquée par des *do* bécarre de second violon et d'alto et par des syncopes de violoncelle sur un *ré* grave. Fin à la mesure 129. Comme l'a écrit Reginald Barret-Ayres, le thème est à la fois « circulaire et répétitif » ; mais on ne s'en plaint pas, — bien au contraire : en élaborant un tel thème et en le traitant en « éternel retour » non sans le faire déboucher chaque fois, à un stade différent de son déroulement, sur de nouveaux horizons, Haydn parvint à écrire un mouvement dynamique mais abolissant le cours du temps aussi complètement que chez un Schubert.

L'accord isolé de tonique (*fa* majeur) ouvrant le finale (**Vivace** à 3/4) ramène sur terre. Ce mouvement de forme sonate, brillante « polonaise à la hongroise », se projette en avant avec une constante énergie, comme la page correspondante de l'*op. 76 n° 6* ; ici aussi, Haydn prit soin d'indiquer par un *sforzando* le début de la réexposition qui, autrement, aurait pu passer inaperçu. La structure est monothématique, et la plus grande complexité y va de pair avec un ton très enjoué, — combinaison que, selon Hans Keller, on ne devait retrouver au même degré que chez Beethoven et Schönberg.

Quatuor inachevé op. 103, Hob.III.83
(1802-1803)

Haydn souhaita longtemps ajouter un troisième quatuor aux deux de l'*op. 77* composés en 1799. Il en fut d'abord empêché par la composition des *Saisons*, puis par celle de la *Messe de la Création*, c'est-à-dire jusqu'à l'automne de 1801. Il put enfin commencer ce travail au début de 1802, mais fut à nouveau interrompu par la composition de la *Harmoniemesse*, sa dernière grande œuvre achevée. Il s'y remit après la création de cette messe (septembre 1802), et alors que, dans l'intervalle, l'*op. 77* avait fini par être publié (septembre 1802 également) ; mais il ne vint finalement à bout que de deux mouvements (dans le courant de 1803). Le 2 avril 1806, ces deux mouvements furent envoyés à l'éditeur Breitkopf & Härtel (Leipzig), — qui les publia en octobre 1806 accompagnés de la carte de visite de Haydn : « Toutes mes forces s'en sont allées, je suis vieux et faible ». Le numéro d'*op. 103* provient de l'édition André (novembre 1806). Daté de 1803, et jadis chez Breitkopf & Härtel, l'autographe est actuellement inaccessible, mais une photo en est conservée à Vienne.

Les deux mouvements sont un *Andante grazioso* en *si* bémol majeur à 2/4, et un *Menuetto ma non troppo presto* en *ré* mineur avec trio en *ré* majeur. Les esquisses ayant survécu pour chacun des mouvements montrent qu'en toute vraisemblance ceux-ci furent conçus dans l'ordre inverse de celui de la version éditée, le *Menuet* sans doute au début de 1802, avant la composition de la *Harmoniemesse*, et l'*Andante grazioso* environ un an plus tard. Dans l'intervalle, réalisant que l'ouvrage ne serait pas terminé avant longtemps, Haydn autorisa la publication par Artaria de l'*op. 77* (septembre 1802). En mai 1807, l'édition Artaria de l'*op. 103* fut d'ailleurs intitulée « 3e et Dernier Quatuor... Œuvre 77 ».

La tonalité principale de l'œuvre aurait été *ré* mineur. L'**Andante grazioso** en *si* bémol majeur, à 2/4, empreint d'une grande mélancolie, est une forme ternaire *sui generis* A-B-A' + coda. La partie A, en deux sections l'une et l'autre répétées de huit et vingt mesures respectivement, est elle-même ternaire (*a-b-a'*) et commence ainsi :

Aux mesures 16 à 18, on entend une douloureuse phrase d'alto. Fin sur une cadence de tonique. La partie B contient deux sections distinctes. La première (mesures 29 à 48), répétée, débute sans transition en *sol* bémol majeur sur une idée apparentée à celle du début, puis introduit à la mesure 33 de violents triolets de doubles croches maintenus jusqu'à la mesure 48 (cadence en *ré* bémol majeur). La deuxième section (mesures 49 à 70), non répétée, commence en *ut* dièse mineur (enharmonique de *ré* bémol majeur) par une variante de l'idée de la mesure 29, puis énonce à la mesure cette idée en *mi* majeur (relation de triton par rapport à la tonique du mouvement). Les triolets de doubles croches réapparaissent, et la section se termine *fortissimo* sur *ré* (dominante de *sol* mineur). La partie A est alors réentendue intégralement, mais sans reprises (mesures 71 à 98), — à ceci près que la cadence parfaite de la mesure 28 devient à la mesure 98 cadence rompue ; ce qui introduit l'émouvante coda (mesures 99 à 112), d'abord d'une tristesse extrême, puis se resaisissant soudain (*forte* prenant appui sur la sous-dominante *mi* bémol) pour les ultimes mesures 109 à 112. Quittant *si* bémol par une chute de tierce (aboutissant à *sol* bémol) et y revenant par une nouvelle chute de tierce (à partir de *ré*), avec, de surcroît, une chute de tierce de *sol* bémol à *ré*, ce mouvement témoigne de préoccupations semblables à celles de la *Sonate Hammerklavier* de Beethoven, dans la même tonalité.

Jamais Haydn n'avait écrit de **Menuet**, sinon aussi violent, du moins aussi instable que celui de l'*op. 103* :

Le trio en *ré* majeur, presque à caractère d'hymne, fait contraste par son élévation, — surtout lorsqu'à la fin son thème réapparaît avec une nouvelle disposition instrumentale (doubles cordes et vastes espacements) lui donnant une ampleur inattendue. Mais, ensuite, c'est un véritable choc que crée le retour du *Menuet* proprement dit, avec ses canons chromatiques, ses cadences rompues, sa mesure de silence ajoutée après coup, sa tension presque portée au point de rupture, sa rageuse envolée terminale. Et c'est sans peine qu'à l'écoute de ce mouvement, on imagine Haydn songeant amèrement aux allegros de sonate que la maladie l'empêcha de coucher sur le papier.

LES TRIOS AVEC CLAVIER

Dans la musique de chambre de Haydn, les trios pour piano, violon et violoncelle ne le cèdent en importance qu'aux quatuors à cordes et, sur le plan musical, atteignent bien souvent les mêmes hauteurs. S'ils sont moins connus, c'est en grande partie pour une raison étrangère à leur valeur intrinsèque : l'apparent déséquilibre entre les trois instruments. Il s'agit, par beaucoup d'aspects, d'œuvres pour piano solo et violon solo avec accompagnement de violoncelle, — ce qui ne signifie pas que le violoncelle y soit inutile, mais explique que les violoncellistes hésitent à aborder sérieusement une musique qui, aussi belle soit-elle, les réduit en général à doubler la main gauche du pianiste. À cet égard, mais à cet égard seulement, les trios de Haydn se rattachent au passé : jusque dans les années 1790, ils étaient d'ailleurs qualifiés de « Sonates pour pianoforte avec accompagnement de violon et violoncelle ». Chez Haydn cependant, les parties de cordes ne sont jamais facultatives. Quant à celle de clavier, elle est, dès les premiers trios, tout à fait « obligée », « concertante », — c'est-à-dire « moderne ».

Les trios avec clavier couvrent dans la carrière de Haydn à peu près la même période que les quatuors à cordes : des années 1750 au milieu des années 1790, avec une interruption de la fin des années 1760 à 1783-84 (plus longue que pour les quatuors, donc). Ils jouent, chez Haydn compositeur pour clavier, un peu le même rôle que chez Mozart les concertos. Ils nous offrent, non seulement sa musique de « piano » la plus avancée, mais aussi — en grande quantité — ses confidences les plus intimes, et plusieurs de ses conceptions formelles et tonales les plus audacieuses et les plus insolites. Un tiers environ se situe dans sa jeunesse, un tiers de 1784 à 1790, et un tiers de 1793 à 1796. Dans leur majorité, les trios relèvent donc de la haute maturité de Haydn.

Jusqu'à une époque récente, on en dénombrait trente et un présentés dans l'édition alors la plus courante, celle de Peters en trois volumes, dans un ordre fantaisiste n'ayant rien à voir avec la chronologie. Ces trente et un trios furent renumérotés en 1939 d'après leur chronologie par Jens Peters Larsen, le spécialiste danois de Haydn, et cette numérotation nouvelle reprise par Hoboken dans son catalogue des œuvres instrumentales de Haydn de 1957 (Hob.XV.1-31). Hoboken porta toutefois le total à quarante et un en ajoutant aux trios traditionnels neuf œuvres de jeunesse (Hob.XV.33-41) et une œuvre en *sol* majeur de 1792-93 connue, jusque-là, comme sonate pour piano et violon (Hob.XV.32). Chez Hoboken, les neuf trios à numéros d'ordre les plus élevés (*33-41*) sont donc en réalité les plus anciens !

En 1968 seulement, une édition d'ensemble de tous les trios connus fut entreprise par H.C. Robbins Landon. Cette édition porte le nombre total des trios à quarante-cinq, par adjonction de six nouvelles œuvres de jeunesse et suppression des trios Hob.XV.3 et Hob.XV.4, en réalité d'Ignaz Pleyel. Mais sur les quarante-cinq trios de la numérotation Landon (celle adoptée ici), deux (*n° 8* et *9*) restent introuvables et ne sont connus que par leurs *incipits*, et quatre (*n° 3*, *n° 4*, *n° 15* et *n° 16*) ne furent pas conçus par Haydn sous cette forme, ce qui laisse trente-neuf ouvrages disponibles, dont onze de jeunesse. En outre, les trios *n° 28*, *n° 29* et *n° 30* (1790) font appel en principe non pas au violon, mais à la flûte.

Les deux trios perdus, le *n° 8* (Hob.XV.33) et le *n° 9* (Hob.XV.D1), étaient l'un et l'autre en *ré* majeur. Le *n° 3* en *sol* (Hob.XIV.6) et le *n° 4* en *ut* (Hob.XV.39) ne sauraient être considérés comme d'authentiques trios, car il s'agit d'arrangements réalisés en 1767 par l'éditeur Hummel à partir de divers mouvements de sonates de Haydn. Le *n° 16* en *ut* (Hob.XIV.C1), lui non plus, n'est pas un trio, mais un « concertino » pour clavier, deux violons et violoncelle dont s'est perdue la partie de premier violon. Le *n° 15* en *ré* apparaît comme trio sur une copie d'époque, mais il s'agit d'une transcription non authentique des variations pour piano Hob.XVII.7, — avec, en guise d'introduction, un *Allegro molto* dont pour le reste on ignore tout, et qui pourrait être le finale d'une sonate perdue.

Les onze Trios « de jeunesse »

Il s'agit des *n° 1* (*XV.37*) en *fa*, *n° 2* (*XV.C2*) en *ut*, *n° 5* (*XV.1*) en *sol* mineur, *n° 6* (*XV.40*) en *fa*, *n° 7* (*XV.41*) en *sol*, *n° 10* (*XV.35*) en *la*, *n° 11* (*XV.34*) en *mi*, *n° 12* (*XV.36*) en *mi* bémol, *n° 13* (*XV.38*) en *si* bémol, *n° 14* (*XV.f1*) en *fa* mineur, et *n° 17* (*XV.2*) en *fa*. Les appellations d'époque sont « divertimento », « partita », « terzetto », « sonate », « concerto », jamais « trio ». Aucun des onze n'a survécu sous forme d'autographe, et deux seulement — *n° 5* en *sol* mineur et *n° 17* en *fa* — faisaient partie des trente-et-un trios traditionnels.

Les onze trios « de jeunesse » sont plus ambitieux, plus savants et plus variés extérieurement que les « concertini » avec deux violons de la même époque. La structure vif-menuet-vif se trouve dans six trios (*n° 5*, *n° 6*, *n° 10*, *n° 11*, *n° 13* et *n° 14*), les cinq autres adoptant respectivement les structures lent-vif-menuet (*n° 1*), vif-menuet-variations (*n° 2* et *n° 17*), vif-polonaise-vif (*n° 12*) et vif-menuet-lent-vif (n° 7, le seul en quatre mouvements). Dans neuf trios sur onze, tous les mouvements sont dans la même tonalité, — les deux exceptions étant le *n° 12* en *mi* bémol, dont la *Polonaise* est en *ut* mineur, et le *n° 7* en *sol*, dont *l'Adagio* est en *ut*.

Sept trios (*n° 1*, *2*, *7*, et *11-14*) semblent dater d'avant 1760, et Georg Feder a proposé pour eux la chronologie suivante : *n° 12* en *mi* bémol, *n° 2* en *ut*, *n° 1* en *fa*, *n° 13* en *si* bémol, *n° 11* en *mi*, *n° 14* en *fa* mineur et *n° 7* en *sol*. Les trios *n° 12*, *n° 2* et *n° 1* ont une structure différente, alors que les trios *n° 13*, *n° 11* et *n° 14* sont étroitement apparentés. Le *13ᵉ* en *si* bémol et le *11ᵉ* en *mi* sont énergiques et concentrés, alors que le *14ᵉ* en *fa* mineur — apparemment la plus ancienne partition instrumentale de Haydn dans ce mode, au demeurant conservé d'un bout à l'autre, y compris dans le trio du *Menuet* — est un ouvrage très sérieux, et très virtuose dans sa partie de violon. Le *n° 7* en *sol* est une sorte de pendant de la *Sonate n° 13* (Hob.XVI.6), composée au même moment (1760, ou peu avant) : les deux œuvres sont en *sol* majeur et en quatre mouvements, avec *Menuet* en deuxième position.

Dans le trio en *fa n° 6*, les relents de basse continue des sept ouvrages précédents ont à peu près disparu. Dans ceux en *sol* mineur *n° 5* et en *la* majeur *n° 10*, on n'en trouve plus du tout. Le *n° 5* en *sol* mineur apparaît comme le plus grand des onze, — tant sur le plan expressif que par son écriture, et le *n° 10* en *la* ressemble parfois à la *Sonate en* mi *bémol n° 29* (Hob.XVI.45), au manuscrit autographe daté de 1766 : il n'est pas interdit, dans ces conditions, de situer vers 1765 la date de composition du trio *n° 10*. Le *n° 6* en *fa* existe dans une version « concerto pour clavecin et cordes » non réalisée par Haydn lui-même (Hob.XVIII.7).

Dans le *n° 17* en *fa*, les épisodes évoquant la basse continue réapparaissent, — ce qui s'explique par la genèse de l'œuvre, transcription réalisée par Haydn lui-même d'un original perdu (Hob.XIV.2 pour clavecin, baryton et deux violons). La version trio fut réalisée par Haydn après 1767. En 1785, il envoya l'ouvrage sous sa forme « trio » avec le *n° 22* (*XV.9*) en *la* et le *n° 23* (*XV.10*) en *mi* bémol à l'éditeur londonien Forster, qui publia les trois au début de 1786 comme opus 42.

Pratiquement inconnus il y a une vingtaine d'années, à l'exception — et encore ! — des *n° 5* et *n° 17*, les trios de jeunesse sont une des acquisitions les plus précieuses de la musicologie haydnienne récente. Ils apparaissent tout aussi importants, sinon plus, que les premières sonates, et font de Haydn, avec Johann Schobert, Franz Xaver Richter ou encore Anton Filtz, un des fondateurs du genre. En 1784, après un abandon de presque vingt ans, Haydn revint au trio avec clavier (clavecin ou pianoforte) pour s'y consacrer régulièrement et avec éclat jusqu'en 1796-1797, — donnant alors en treize ou quatorze ans vingt-huit ouvrages (les *Trios n° 18-45*) tous magnifiques.

Les treize Trios de 1784-1790

Jusqu'en 1784, Haydn écrivit beaucoup de sonates pour clavier ; après cette date, il observa en ce domaine une pause de cinq ans, pour ensuite n'en composer plus que cinq, de 1789 à 1794-1795. Mais il se rattrapa largement en matière de trios avec clavier. Si en 1784 précisément, il revint à ce genre, ce ne fut pas par hasard, mais parce que ledit genre se trouvait en très forte expansion à Vienne, et qu'il existait une très forte demande tant des éditeurs que des amateurs, — phénomène fortement lié au fait que c'est à ce moment que, dans la capitale autrichienne, le nouveau pianoforte se mit à concurrencer très sérieusement l'ancien clavecin.

C'est apparemment le 25 octobre 1784 que Haydn envoya à l'éditeur londonien William Forster trois trios : deux en réalité de son ancien élève Ignaz Pleyel (Hob.XV.3 en *ut*, et *4* en *fa*) et un de lui-même : le **Trio n° 18 en *sol* majeur (Hob.XV.5)**, dont a subsisté un fragment d'autographe non daté. Cette œuvre en trois mouvements, d'un style presque symphonique, s'ouvre par un vaste *Adagio non tanto* à 3/4, sans reprises, très libre de forme et accordant au violon beaucoup d'indépendance par rapport à la main droite du clavier. Suit un *Allegro* à 4/4, virtuose et de caractère parfois orchestral, avec de nombreux thèmes bien distincts dont le principal en fanfare. Le finale (*Allegro* à 3/4 au rythme de menuet) énonce un thème en deux sections chacune répétée, — suivi d'une seule variation (aux reprises écrites et elles-mêmes variées) et d'une brève coda dont les quatre premières mesures reprennent le début du mouvement, agissant ainsi comme un refrain de rondo.

Parurent rapidement deux autres séries de trois trios, tous authentiques cette fois. De la première série (*n° 19-21*, Hob.XV.6-8), la plus ancienne mention se trouve dans une lettre de Haydn à l'éditeur viennois Artaria du 26 novembre 1785, mais c'est plus de trois ans auparavant qu'Artaria avait demandé à Haydn des œuvres du genre. Deux trios en deux mouvements encadrent un trio en trois mouvements, dont aucun de forme sonate. Ils parurent chez Artaria en avril 1786.

Du **Trio n° 19 en *fa* majeur (Hob.XV.6)**, l'autographe aujourd'hui portait la date de 1784. Le *Vivace* initial à 4/4 ressemble à l'*Allegro* (deuxième mouvement) du *Trio n° 18*, en particulier par son premier thème aux assises bien solides. Le thème secondaire, progressivement réduit dans l'exposition à un motif d'une demi-mesure, est ensuite reconstitué dans le développement, puis de nouveau réduit dans la réexposition. Le second mouvement est un *Tempo di minuetto* de structure A-B-A', la section B étant en *fa* mineur, et la section A' avec reprises écrites et elles-mêmes variées. Le tempo est plutôt lent et d'atmosphère lyrique, — ce qui explique que cette page ait pu paraître à Londres en 1787 arrangée pour voix et piano.

Le **Trio n° 20 en *ré* majeur (Hob.XV.7)**, un des plus connus, et dont l'autographe est daté de 1785, débute par un *Andante* varié à 2/4 (thème suivi de cinq variations, toutes en *ré* majeur). Suit un *Andante* en *ré* mineur à 6/8, au rythme de sicilienne, s'enchaînant directement à un *Allegro assai* à 2/4 en forme de rondo. Ce mouvement, pour lequel on possède des esquisses assez poussées, s'oppose à lui seul aux deux précédents. La forme est A (mesures 1 à 16) — B (mesures 17 à 95) — A (mesures 96 à 111) — C (mesures 112 à 142) — A (mesures 143 à 158), et coda (mesures 159 à 176). La brillante coda commence comme le second couplet (C), et la section de loin la plus étendue est le premier couplet (B), en *ré* mineur et à fonction de vaste développement. On y trouve un de ces épisodes harmoniquement aventureux dont abondent les trios du dernier Haydn. On passe par enharmonie (mesures 78-80) de *mi* bémol (dominante de *la* bémol) à *ré* dièse (tierce de *si*),

et deux énoncés du thème, en *si* majeur (mesure 83) et en *si* mineur (mesure 92) respectivement, précèdent son retour à la tonique *ré* majeur pour le second refrain (mesure 96). L'apparition du thème en *si* majeur à la mesure 83 créée un choc dont on trouve peu d'équivalents non seulement chez Haydn, mais aussi chez Beethoven. Quant à Mozart, il ne se serait jamais permis pareille incongruité. Et c'est non sans violence qu'aux mesures 94-95, la tonique est reconquise.

Le **Trio n° 21 en *si* bémol majeur (Hob.XV.8)** non seulement se limite comme le *Trio n° 19* à deux mouvements, mais présente la même structure : *Allegro moderato* de forme sonate avec développement s'ouvrant à la dominante mineure (dans le *19e Trio ut* mineur, ici *fa* mineur), *Tempo di* *minuetto* de forme A-B-A', plus coda. Mais ici, les deux mouvements se ressemblent davantage par leur climat. Dans le *19ᵉ Trio*, un *Vivace* vigoureux précédait un *Menuetto* centré sur le séduction mélodique, — alors que dans le *Trio n° 21*, c'est d'un bout à l'autre une synthèse de vigueur et d'élégance aristocratique qui domine.

Le 26 octobre 1785, Haydn envoya à Forster à Londres les trois *Trios n° 22* (*XV.9*), *n° 23* (*XV.10*) et *n° 17* (*XV.2*). Ils parurent chez cet éditeur en février 1786. Le *17ᵉ Trio* était la transcription d'une œuvre avec baryton remontant à plus de quinze ans, les *22ᵉ* et *23ᵉ Trios* des œuvres nouvelles, l'une et l'autre en deux mouvements, de structures globales différentes et ne reprenant ni l'une ni l'autre celle des *Trios n° 19* et *n° 21*.

L'*Adagio* initial du **Trio n° 22 en *la* majeur (Hob.XV.9)**, dont le manuscrit autographe est daté de 1785, diffère fortement du mouvement correspondant du *18ᵉ Trio* : écriture non plus symphonique, mais typiquement « de chambre », — d'un beau lyrisme intime. Le violoncelle manifeste son indépendance par rapport à la main gauche du pianiste, et souvent le violon et le violoncelle jouent en duo tandis que le piano se tait ou accompagne. Ce mouvement est de forme sonate, et il en va de même du suivant, un vigoureux *Vivace* à 4/4 où le piano domine nettement.

Également en deux mouvements, mais sans mouvement lent cette fois, le **Trio n° 23 en *mi* bémol majeur (Hob.XV.10)** se caractérise par une constante énergie. Le premier thème de l'*Allegro moderato* à 4/4, assez compliqué, est immédiatement repris partiellement avec des velléités d'écriture en imitation, — Haydn se concentrant sur sa succession rapide de doubles croches. Des triolets virtuoses parcourent le centre de l'exposition, qui prend fin sur trois accords de dominante. Les deux dernières mesures de l'exposition, transposées en mineur, ouvrent le vaste développement, d'abord dominé par les triolets virtuoses. Cet épisode, qui module dans des tonalités fort éloignées, débouche sur un point d'orgue à la dominante de *fa* mineur. Treize mesures, dont les sept dernières occupées par un trille de la main droite du piano, mènent à la réexposition. Suit un extraordinaire *Vivace* à 6/8 dont le thème de huit mesures

ne laisse prévoir ni les vastes dimensions, ni l'esprit d'aventure. Il s'agit d'une forme A (mesures 1 à 53) — B (mesures 54 à 152) — A' (mesures 153 à 212), et coda (mesures 213 à 268), abondant en surprises et en irrégularités de toutes sortes, — en raison notamment d'une disposition tonale faisant apparaître tonique, dominante et tonalités éloignées aux endroits les plus inattendus. La section A est faite de deux sous-sections l'une et l'autre répétées de huit et de (37 + 8) quarante-cinq mesures respectivement, — les mesures 46 à 53, préparées par les mesures 38 à 45, n'étant autres que la reprise des mesures 1 à 8. Structurellement, on a là un refrain de rondo, mais à seconde sous-section (mesures 9 à 53) exceptionnellement longue et affirmant fortement en son centre la dominante *si* bémol. Ce refrain est donc lui-même nettement tripartite. La section B (mesures 54 à 152), qui débute en *ut* mineur, forme un couplet unique et très étendue, agissant globalement comme un développement mais réaffirmant par de puissants accords la dominante *si* bémol aux mesures 76 à 88 : on s'attend alors à un retour du refrain, mais en réalité — geste dramatique efficace — le couplet se poursuit dans diverses tonalités mineures. Les mesures 138 à 152, extension des mesures 38 à 45, préparent le retour du refrain. Ce refrain A' (mesures 153 à 212) dépasse de sept mesures le refrain A à cause d'une nouvelle extension des mesures 38-45 aux mesures 190-204. La coda (mesures 213 à 268), à peu près de même longueur que les refrains, ménage de nouvelles surprises. Étant donné la triple apparition de la dominante (au centre de chacun des deux refrains, ainsi que du couplet unique) et la quadruple apparition du thème initial (aux extrémités de chacun des refrains), ce finale donne l'impression de comporter davantage de refrains et de couplets qu'en réalité, et permet sur le plan formel des interprétations multiples. On peut y voir aussi une structure A (thème) — B (dominante) — A (thème) — C (développement) — B (dominante) — C (développement) — A (thème) — B (dominante) — A (thème), et coda.

Après avoir en 1784-1785 composé six nouveaux trios (*n° 18-23*, Hob.XV.5-10), Haydn s'interrompit pendant près de trois ans. Des trois suivants (*n° 24-26*, Hob.XV.11-13), il est question dans plusieurs lettres à Artaria de 1788 et 1789. Artaria les publia en juillet 1789. La lettre de Haydn à Artaria du 26 octobre 1788 indique que c'est pour « mieux composer » ces trios que Haydn fit l'achat d'un pianoforte de Wenzel Schanz. Aucun autographe n'a survécu, et, comme dans le premier des deux groupes publiés en 1786 (*n° 19-21*, Hob.XV.-6-8), deux œuvres en deux mouvements en encadrent une autre en trois mouvements.

Terminé au plus tard le 16 novembre 1788, le **Trio n° 24 en *mi* bémol majeur (Hob.XV.11)** s'ouvre par un *Allegro moderato* aux proportions remarquables, — car, si son exposition et son développement atteignent respectivement soixante-quinze et soixante-dix-huit mesures, sa réexposition n'en fait que trente-cinq. L'exposition comprend une multitude de motifs. Sa première phrase s'étend sur seize mesures, avec un début vigoureux et une fin souple et chromatique. Le « second thème » (mesure 33) n'est autre qu'une variante du premier, et, à la mesure 60, est énoncée une mélodie conclusive au parfum populaire qui réapparaît en *ut* majeur au début du développement (mesure 80). A un vaste épisode modulant débouchant sur la dominante de *fa* succède (mesure 121), une fausse réexposition en *fa* majeur marquée *forte* (voir mouvement correspondant de la *Symphonie n° 84*). À la mesure 136, on passe en *sol* mineur, et, par l'intermédiaire notamment de *do* bémol majeur et de *mi* bémol mineur, on atteint la réexposition (mesures 154 à 188), fortement condensée. Seules les quatre premières mesures du thème initial sont reprises textuellement, avant un retour à *mi* bémol mineur et une brève transition menant directement à la mélodie conclusive (mesure 173), — à laquelle on parvient en un temps quatre fois plus bref que dans l'exposition. Une puissante péroraison met le point final. Le second mouvement, un *Tempo di minuetto* lyrique et d'allure modérée, rappelle celui du *Trio n° 19*. L'épisode central est en *la* bémol, le menuet proprement dit réapparaît avec reprises écrites et variées, et il y a une coda bien distincte.

Achevé à la fin de 1788 ou au début de 1789, le **Trio n° 25 en *mi* mineur (Hob.XV.12)** s'ouvre par un *Allegro moderato* rappelant quelque peu, mais en plus concentré et en plus dramatique, la page correspondante de la *Sonate pour piano et violon K.304* de Mozart (1788), dans la même tonalité. Le thème principal

appelle l'imitation contrapuntique, dont Haydn fera un large usage dans le développement. Repris à la mesure 18, ce thème est alors interrompu par un silence subit, à l'issue duquel le discours se poursuit au relatif majeur. A une seconde idée synonyme de détente succède un impressionnant épisode conclusif, doté notamment de farouches unissons. Le développement est relativement bref ; c'est avec la réexposition, vaste et irrégulière, que le mouvement atteint son sommet émotionnel. Du poétique *Andante* en *mi* majeur à 6/8, la mélodie principale est énoncée par le piano accompagné par les cordes en pizzicatos. On a là une forme sonate sans reprises et à l'écriture mélodique très ornée, — ce qui lui donne parfois l'air d'une improvisation. La cadence finale est retardée par toutes sortes de trouvailles harmoniques. Le finale est un important *Rondo* en *mi* majeur (*Presto* à 2/4) de forme A-B-A'-C-A'' et coda, — le premier couplet (B), relativement bref et sans reprises, étant en *mi* mineur, et le second (C), plus étendu et à fonction de développement, principalement en *ut* dièse mineur.

Terminé au plus tard le 29 mars 1789, le **Trio n° 26 en *ut* mineur (Hob.XV.13)** débute par un thème varié, — ce à la demande expresse d'Artaria. Il s'agit d'un *Andante* à 2/4 en forme de doubles variations A-B-A'-B'-A''-B'', les épisodes A étant en *ut* mineur, et les épisodes B (dotés d'une sublime mélodie à caractère d'hymne) en *ut* majeur (voir la page correspondante du *Quatuor en* fa *mineur op. 55 n° 2*, de quelques mois antérieur). Le finale (*Allegro spiritoso* à 3/4), en *ut* majeur, est une vaste forme sonate avec trois thèmes distincts mais apparentés (thème initial, idée transitoire, thème secondaire). Les modulations sont nombreuses et parfois spectaculaires.

Le 11 janvier 1790, Haydn put annoncer à Artaria l'achèvement d'un nouveau trio, et lui en promit d'autres. Le **Trio n° 27 en *la* bémol majeur (Hob.XV.14)** parut chez Artaria (avec les *n° 28* et *n° 29*) en octobre 1790 ; plus tard, Haydn l'inscrivit au programme de son concert londonien du 20 avril 1792, où il fut joué au piano par le jeune Johann Nepomuk Hummel âgé de treize ans. Il y a trois mouvements, dont les deux derniers enchaînés, et la structure tonale est déjà celle des œuvres de la période londonienne. Dans l'ALLEGRO MODERATO initial à 2/2, Haydn use de la forme sonate avec sa liberté coutumière. Le vaste premier thème, en rythmes pointés, avec piano et violon se doublant à la tierce, domine le discours. Après un thème transitoire faisant dialoguer piano et violon, on le réentend à la dominante *mi* bémol en guise de « second thème » (mesure 41), et une puissante progression conduit au thème conclusif. Le développement (mesures 83 à 162) s'ouvre par ce thème conclusif en *fa* mineur. Deux mesures de silence, puis thème transitoire en *sol* bémol majeur (relation napolitaine) à la mesure 97. *Sol* bémol se transforme en dominante d'*ut* bémol, et à la mesure 117 intervient une fausse réexposition en *si* majeur (enharmonique d'*ut* bémol), régulière pendant dix-huit mesures. Le développement vient ensuite mourir sur la dominante de *sol* dièse, et la réexposition (mesures 163 à 216), fortement abrégée, surgit à nouveau par enharmonie.

Le sublime **ADAGIO** est en *mi* majeur (relation de tierce par enharmonie, la tonalité réelle étant *fa* bémol). Il s'agit d'une forme lied A-B-A'. Dans la première partie (A), avec reprises, une mélodie à caractère d'hymne se déploie au violon. Dans la partie B, en *mi* mineur, le piano domine, avec la main droite (violon et violoncelle accompagnent en pizzicatos) une ligne mélodique très ornée, très heurtée, à allure d'improvisation : ce passage extraordinaire ne put que frapper l'imagination du jeune Hummel. A cette agitation succède le retour (sans reprises) de la première partie et dix mesures de transition débouchant sur la dominante de *sol* dièse.

Le finale (**VIVACE** à 2/4) suit sans interruption, retrouvant *la* bémol par enharmonie (voir la réexposition du premier mouvement). Ce finale est marqué *Rondo*, mais il s'agit plutôt d'une forme sonate très étendue. Dans l'exposition (mesures 1 à 96), comme dans celle du premier mouvement, le thème principal réapparaît à la dominante *mi* bémol en guise de « second thème » (mesure 47), et il y a un thème conclusif (mesure 74). Après la traditionnelle reprise, le développement débute en *fa* mineur et, à la mesure 109, le thème principal est énoncé à la sous-dominante *ré* bémol. Il réapparaît ensuite deux fois à la tonique, à la mesure 148 et à la mesure 202. Il est suivi la première fois d'éléments de réexposition puis de développement, la seconde fois d'éléments de développement puis de réexposition (thème conclusif à la mesure 235). Fin à la mesure 267. Tout cela indique une forme sonate avec fausse réexposition (mesure 109) puis double réexposition (mesures 148 à 202), mais il faut noter que les quatre retours du thème principal (mesures 47, 109, 148 et 202) se produisent plutôt comme un rondo, avec traits d'esprit et effets de surprises. Ceux des mesures 47 (« second thème » de l'exposition) et 202 sont en outre apparentés, mais le second des deux, identique mélodiquement et tonalement à celui de la mesure 148, n'agit en rien comme un « second thème » de réexposition. Haydn, dans cette page, masque avec art la réalité.

Suivirent trois *Trios* — *n° 28* (XV.16), *n° 29* (XV.15) et *n° 30* (XV.17) — que Haydn avait promis à l'éditeur londonien John Bland lors de la visite de ce dernier à Eszterhaza en novembre 1789, mais dont il n'hésita pas à faire bénéficier également Artaria. Ces trois trios « pour Bland » remplacent en principe, mais pas obligatoirement, le violon par la flûte, ce qui leur vaut de nos jours une faveur spéciale. Les deux premiers (*28e* et *29e*) sont en trois mouvements, avec au centre un *Andante* à 6/8 (voir le caractère pastoral de la flûte), et le troisième (*n° 30*) en deux mouvements, avec comme finale un *Tempo di minuetto*. Chaque premier mouvement est une forme sonate à 4/4, le *28e* possède comme finale un rondo, et le *29e* un rondo-sonate.

Le **Trio n° 28 en *ré* majeur (Hob.XV.16)** est le plus brillant. Le thème principal de son *Allegro* initial rappelle quelque peu celui de la *Sonate pour deux pianos K.448* de Mozart (1781), dans la même tonalité. Le discours s'attarde en *fa* majeur avant le « second thème » (*la* majeur, mesure 46). Le développement (mesures 62 à 126) s'ouvre par le thème principal à la dominante mineure (*la* mineur), pour ensuite l'ignorer complètement. Dès la mesure 66, il énonce le « second thème » en *mi* mineur, puis l'interrompt, et, après, un silence, le reprend en *ut* majeur (mesure 70). La réexposition semble se terminer normalement ; mais, au lieu d'une cadence parfaite, on a une cadence rompue (mesure 167) introduisant par de violents accords de sixte augmentée une vaste coda inaugurée par le « second thème » en *mi* bémol majeur (mesure 170). Fin à la mesure 195, sur la cadence parfaite escamotée vingt-huit mesures plus tôt. Suit un *Andantino più tosto allegretto* en *ré* mineur à 6/8, imprégné de l'esprit de la variation mais en forme sonate binaire. Seule l'exposition est reprise, — la seconde partie s'enchaînant directement au finale (*Vivace assai* à 2/4), en forme de rondo A-B-A-C-A-D-A et coda, les trois couplets B, C et D étant respectivement en *ré* mineur, en *si* mineur et en *sol* majeur. Une transmission précède les deux derniers refrains (après C et D), et la coda est particulièrement éclatante.

Fort développé, l'*Allegro* initial du **Trio n° 29 en *sol* majeur (Hob.XV.15)** s'ouvre par six accords formant cadence parfaite : formule conclusive, qu'effectivement on retrouvera à la fin du mouvement (voir notamment le *Quatuor op. 33 n° 5*, dans la même tonalité). Sur quoi le thème principal, bien rythmé, est énoncé par la flûte (le violon). Le « thème secondaire » est apparenté à celui du mouvement correspondant du trio précédent. L'*Andante* en *ut* majeur à 6/8 est une forme lied A-B-A', la section centrale B étant en *ut* mineur, et la section A' une reprise ornée de A. Quant au finale (*Allegro moderato* à 2/2), entièrement dominé par son thème initial, c'est un rondo-sonate de forme A-B-A-C-A' et coda. Des deux couplets B et C, exactement de même longueur, le premier passe à la dominante *ré* majeur, et le second est en *sol* mineur. Contrairement à celui du trio précédent, ce finale contient de nombreux éléments de développement. Le thème principal est souvent réduit à ses six premières notes, annonçant alors de près celui de

la *Sonate op. 14 n° 2* de Beethoven, dans la même tonalité.

Le 20 juin 1790, à peu près en même temps qu'à John Bland, Haydn envoya le **Trio n° 30 en *fa* majeur (Hob.XV.17)** à son amie viennoise Marianne von Genziger. Il s'agit d'une œuvre de caractère intime. Pour le développement de l'*Allegro* initial à 4/4, ont subsisté des esquisses indiquant qu'à l'origine Haydn avait prévu une version plus compliquée que celle finalement livrée à la publication. Ces esquisses de la main de Haydn sont le seul fragment d'autographe ayant survécu pour ses trios entre les autographes des *n° 20* en *ré* et *n° 22* en *la* (1785) et celui du *n° 41* en *mi* bémol mineur (1795). Le *Tempo di minuetto* qui suit, dont les nombreuses doubles croches impliquent un tempo modéré, est une forme sonate d'une sérénité bienfaisante.

Les quinze Trios de 1792/1793 - 1796/1797

Après 1790, Haydn composa quatorze trios indiscutables et un ouvrage posant problème quant à son aspect original (celui en *sol*, *n° 13*, Hob.XV.32). Les quatorze trios indiscutables se divisent en quatre groupes de trois et en deux partitions isolées. Les quatre groupes de trois parurent tous à Londres, — les deux premiers pendant le second séjour de Haydn dans cette ville, les deux derniers après son départ : *Trios n° 32-34* (XV.18-20) en novembre 1794, *Trios n° 35-37* (XV.21-23) en mai 1795, *Trios n° 38-40* (XV.24-26) en octobre 1795, *Trios n° 43-45* (XV.27-29) en avril 1797. Pour ces douze trios, aucun autographe n'a survécu. On possède cependant, outre des esquisses pour le mouvement lent central du *39ᵉ* en *sol* (XV.25), l'autographe du trio isolé en *mi* bémol mineur *n° 41* (XV.31), daté de 1795 pour le premier mouvement et de 1794 pour le second. L'ouvrage ne parut qu'en 1803, chez Traeg à Vienne. Quant à l'autre trio isolé, celui en *mi* bémol majeur *n° 42* (XV.30), envoyé par Haydn en 1796 à Breitkopf & Härtel à Leipzig, et dont on possède un fragment d'autographe (non daté) du finale, il parut chez Artaria en 1797. C'est apparemment le seul de tous à avoir été composé, non pas à Londres, mais plus tard à Vienne. Landon pense que ce fut aussi le cas des *Trios n° 43-45* (XV.27-29), dont on n'a aucune trace avant leur publication en 1797 ; c'est pourquoi, dans sa classification, ils figurent en fin de liste.

Jusqu'à la parution du premier volume du catalogue Hoboken (1957), l'œuvre apparaissant dans la classification Landon comme le **Trio n° 31 en *sol* majeur (Hob.XV.32)** était considérée comme la seule sonate authentique de Haydn pour piano et violon, — cela sur la foi de la première édition, annoncée par Artaria à Vienne le 14 juin 1794. Hoboken, le premier, attira l'attention sur une édition piano-violon-violoncelle, — celle parue à Londres chez Preston en 1794 également : son catalogue ajoute donc ce « nouveau trio » aux trente et un déjà numérotés par Larsen, et lui attribua le *n° 32*. Or, récemment, a été mise à jour une autre source piano-violon-violoncelle : une copie anglaise réalisée vers 1810-1820, et qui, précise Irmgard Becker-Glauch, « possède une grande valeur, sauf en ce qui concerne la partie de violoncelle... Cette source pourrait peut-être, à l'exception de la partie de violoncelle, provenir indirectement de l'autographe perdu ». La partie de violoncelle de la copie diffère d'ailleurs par certains points de celle de l'éditeur Preston, et, précise encore Irmgard Becker-

Glauch, « ni l'une ni l'autre de ces parties ne peuvent prétendre à l'authenticité, ce qui redonne de l'importance à l'édition Artaria et à la formation piano-violon, qui peut-être correspond malgré tout à la version originale. La partie de violoncelle aurait alors été ajoutée plus tard à Londres ». Peut-être ne le fut-elle pas par Haydn lui-même. La date de l'édition viennoise d'Artaria montre que l'œuvre existait déjà lors du second départ de Haydn pour Londres le 19 janvier 1794, et il n'est pas exclu qu'il s'agisse de celle mentionnée par Haydn, lors de son premier séjour à Londres, dans sa lettre à Marianne von Genzinger du 2 mars 1792. Il n'y a que deux mouvements, l'un et l'autre de caractère détendu : un *Andante* à 6/8 de forme A-B-A' et coda, fondé sur une gracieuse mélodie pastorale, et un *Allegro* à 4/4 de forme sonate, avec trois thèmes bien affirmés dont le dernier, de caractère guilleret, domine ensuite le développement.

Les trois ouvrages — *n° 32-34* (XV.18-20) — publiés en novembre 1794 avec une dédicace à la princesse Maria Anna Esterhazy, veuve du prince Anton (décédé en janvier 1794), forment pour la première fois un groupe de trois trios en trois mouvements chacun. Peut-être furent-ils commencés à Vienne en 1793. On a là les premiers trios expressément conçus par Haydn pour les pianoforte anglais, plus robustes, plus puissants que ceux dont il avait eu l'habitude en Autriche.

L'ALLEGRO MODERATO initial à 2/2 du **Trio n° 32 en *la* majeur (Hob.XV.18)** s'ouvre par trois vigoureux accords faisant ressortir le caractère chantant du thème principal :

Ce thème est tout de suite repris sous une forme variée (mesures 11 à 18), et un contrepoint riche et serré, mais reste en suspens au lieu de retomber sur la tonique. Après un motif en rythmes pointés, puis une formule cadentielle introduisant une transition en triolets de croches, le thème réapparaît à la dominante *mi* majeur (mesure 45). De nouveaux triolets de croches surgissent, et l'épisode conclusif se révèle très instable. Le développement (mesures 78 à 124) s'ouvre par le motif en rythmes pointés (qu'on avait presque oublié), suivi du thème principal à la sous-dominante *ré* majeur et d'un travail polyphonique conduisant à la dominante de *fa* dièse mineur. Ce qui suit semble (par enharmonie) à la dominante de *mi* bémol, mais, en réalité, se situe dans la région napolitaine de *ré* mineur, — tonalité soudain violemment affirmée. La réexposition (mesures 125 à 194) est à peu près de même longueur que l'exposition, mais fantastiquement variée par rapport à elle.

Suit un ANDANTE en *la* mineur à 6/8, de forme lied A-B-A'. De la partie centrale B (en *la* majeur), l'ample et solennelle mélodie évoque beaucoup Schubert, en particulier la section centrale — dans la même tonalilé — de l'*Andante sostenuto* de son ultime sonate (en *si* bémol). La partie A', très ornée, s'enchaîne directement au finale, un ALLEGRO en *la* majeur à 3/4 n'ayant rien d'un menuet, mais tout d'une « polonaise à la hongroise ». Sa forme est très originale. On entend d'abord un thème en deux parties (A), chacune étant répétée, puis (à la dominante) un vaste épisode (B) jouant un rôle de « second groupe » d'exposition ou de « premier couplet » de rondo. Le thème (A) est ensuite répété à la tonique mais sans reprises, comme un « second refrain » de rondo, puis c'est (B) qui est répété à la tonique, mais avec sections de développement intercalées. On a là un rondo avec un seul retour du refrain, où second et troisième couplets sont fondus en un seul. Cette page fraya sans doute la voie, dans l'esprit de Haydn, au célèbre « rondo à la hongroise » du *39e Trio*.

Le **Trio n° 33 en *sol* mineur (Hob.XV.19)** s'ouvre par un mouvement en doubles variations. D'abord *Andante* à 2/4, il énonce un thème en mineur à la périodicité irrégulière, anguleux, et parcouru par des rythmes pointés (exception faite de la dernière phrase de chacune de ses deux sections, l'une et l'autre répétées) ; puis un thème en *sol* majeur issu de la dernière phrase du précédent, et où par conséquent les rythmes pointés font défaut. Chacun de ces thèmes est ensuite varié une fois. Sur quoi le mouvement se termine par un *Presto Adagio ma non troppo* en *mi* bémol, forme sonate sans reprise, est par contraste centré sur la beauté et la continuité mélodiques, avec comme pulsation de base des sextolets de doubles croches. Le finale est un *Presto* à 6/8 de forme sonate, qui débute en *sol* mineur sur un rythme haletant, puis passe rapidement au relatif *si* bémol majeur. Le développement s'attarde dans plusieurs tonalités mineures — *ut* mineur, *fa* mineur, *ré* mineur — et débouche sur la dominante de *sol*. Inaugurée par le piano seul, la réexposition s'installe immédiatement en *sol* majeur. Elle est suivie d'une vigoureuse coda rappelant la fin du premier mouvement (même tonalité de *sol* majeur, même mesure à 6/8).

L'ALLEGRO initial à 4/4 du **Trio n° 34 en *si* bémol majeur (Hob.XV.20)** est particulièrement concentré, mais d'une écriture pianistique plus brillante, plus concertante, que dans les ouvrages précédents. Au début, la main droite est à l'extrême aigu et la main gauche à l'extrême grave du clavier, — sur quoi la main droite descend en noires tandis que la main gauche monte en croches. Au bout d'une mesure (mesure 2), elles se fixent assez proches l'une de l'autre, mais à la mesure 4, la main droite se livre à des sauts de près de deux octaves. Le thème initial est varié plusieurs fois au cours de l'exposition, d'abord aux mesures 13 (où ses trois premières notes sont fugitivement évoquées) et 17 (où violon, violoncelle et main gauche du piano poursuivent avec humour la main droite à un demi-temps de distance), puis à la mesure 28 (où les croches descendantes de main droite du début se font ascendantes). À la mesure 34 intervient néanmoins une sorte de thème conclusif. Le développement (mesures 41 à 68), pour commencer très dramatique (sommet sur un septième diminuée à la mesure 54), s'allège ensuite progessivement, et une montée humoristique jusqu'au registre le plus élevé du piano mène à la réexposition, cueillie au vol pour ainsi dire. Cette réexposition est pour une fois assez régulière, et il n'y a pas de coda.

L'ANDANTE CANTABILE en *sol* majeur à 2/4 est en forme de thème avec trois variations. Le thème est exposé à la main gauche seul en un contrepoint à deux voix d'une plénitude typique du Haydn de maturité (voir l'épisode correspondant du *Quatuor op. 77 n° 2* de 1799). Dans la variation I, la main gauche reprend le thème, mais doublée à l'octave par le violon, tandis que la main droite exécute un contre-chant et le violoncelle un accompagnement en pizzicatos. Dans la variation II, la main droite se tait pour commencer : la main gauche joue une version ornée de thème (accompagnement de violoncelle *coll'arco*), et le violon un nouveau et très beau contre-chant. Pour finir, la main droite double la gauche à l'octave. Dans la variation III, le piano domine grâce à de brillantes triples croches de main droite. Il n'y a dans ce mouvement aucune reprise.

Le finale (ALLEGRO à 3/4) est un menuet de coupe classique avec trio en *si* bémol mineur à la mélodie confiée au violon. La reprise ornée du menuet est suivie d'une coda assez développée.

Extérieurement, le groupe de trois trios paru en mai 1795 avec une dédicace à la princesse Marie Hermenegild Esterhazy, épouse du nouveau prince Nicolas II, ressemble au précédent : deux œuvres en majeur et une en mineur, deux premiers mouvements de forme sonate et un — celui en mineur — en variations, mouvement lent de l'ouvrage en mineur à 3/4 et sur le sixième degré (sous-dominante du relatif), deux finales sur trois à 3/4 (mais ici, aucun ne fait référence au menuet). La date de composition la plus vraisemblable est 1794 et (ou) le début de 1795.

Le **Trio n° 35 en *ut* majeur (Hob.XV.21)** est le seul de tous à posséder une introduction lente (ADAGIO PASTORALE à 6/8). Comme dans les symphonies de l'époque, cette introduction — limitée à six mesures — est étroitement lié au mouvement vif qui suit (VIVACE ASSAI à 6/8). Le thème du *Vivace* est une simple variante de celui de l'introduction. Une fois de plus, le « second thème » (mesure 29) est à peu de choses près la transposition du premier à la dominante, et il en va de même du « thème conclusif » (mesure 39), aux accents très appuyés. L'exposition prend fin sur une idée tirée de la transposition suivant le premier thème. Le développement (mesures 59 à 91) s'oriente vers *fa* majeur, synonyme de détente, puis vers *la* mineur, et au début de la réexposition (mesures 92 à 160), une brusque plongée en *ut* mineur cause un choc. Le thème réapparaît à la tonique encore deux fois (mesures 118 et 128 = mesures 29 et 39 de l'exposition), prenant alors toute sa puissance.

Suit un ANDANTE MOLTO en *sol* majeur à 2/2, au souple rythme de marche annonciateur de Schubert, à la mélodie lancinante se gravant dans les mémoires :

Il s'agit d'une forme lied A-B-A et coda ; mais l'impression est celle d'une libre improvisation, d'une fantaisie sur la mélodie en question, avec modulations incessantes vers *mi* bémol, *ut* mineur, *sol* mineur, *mi* mineur, les nouvelles tonalités étant à la fois nettement affirmées et très fuyantes. Cette page dégage un parfum romantique inconcevable chez quiconque dans les années 1790.

Quant au finale (**Presto** à 2/4), c'est une forme sonate malgré son thème de rondo. On songe plus ou moins à la page correspondante de la *Symphonie n° 97* (quant à elle en rondo), et des trilles de main droite sur des sonorités de cor de main gauche font resurgir l'atmosphère pastorale du premier mouvement.

Par son ampleur, son intensité dramatique et son esprit d'aventure, le **Trio n° 36 en *mi* bémol majeur (Hob.XV.22)** occupe une place à part non seulement dans la présente trilogie, mais dans l'ensemble des trios de Haydn, qui atteint ici de nouveaux sommets. L'**Allegro moderato** initial à 2/4 est d'une complexité rare. Ses quatre premières mesures, au profil ascendant et aux tierces parallèles « à la Clementi »,

sont vite reprises (mesures 9 à 12), puis à partir de la mesure 16 littéralement métamorphosées par des sextolets de doubles croches du piano et par une ample mélodie du violon, — ce qui produit une extraordinaire impression tant d'expansion organique que d'improvisation. Après une transition virtuose, le thème initial revient à la dominante *si* bémol (mesure 46), et, juste après, la musique plonge à deux reprises, sans crier gare, en *sol* bémol majeur, la seconde fois en de violents unissons :

Les ultimes mesures de l'exposition sont reprises au début du développement (mesures 87 à 149), qui comprend, entre autres coups de théâtre, une fausse réexposition à la sous-dominante *la* bémol, et en *ré* bémol les violents unissons rythmiques (mesure 133). Pour A. Peter Brown, ce développement est « le plus impressionnant de tous ceux écrits par Haydn à cette date ». Une retombée graduelle avec oppositions de nuances conduit à la réexposition (mesures 150 à 234), où à la mesure 192 le thème initial réapparaît une seconde fois à la tonique, suivi des violents unissons rythmiques en *do* bémol.

Comme dans les deux trios précédents, le mouvement lent est en *sol* majeur (**Poco adagio** à 2/2). Il en existe une version primitive pour piano seul, dont la copie par Johann Elssler, réalisée à Londres en 1794 et intitulée « adagio », est conservée à Budapest (en provenance de l'héritage de Haydn). Il s'agit d'une des pages les plus personnelles de Haydn, « si personnelle », écrit Landon, « qu'elle confine parfois à l'excentrique. D'un seul coup, Haydn réussit un nouveau style pianistique : sonorités amples mais organisation serrée, avec partie de piano libre et brillante à laquelle rien, dans la production antérieure de Haydn, ne nous a préparés même de loin ». Il s'agit d'une sorte de forme sonate sans reprises, avec retour très fugitif du thème initial à la tonique au début du développement. La longue mélodie initiale, énoncée au piano, oppose à des triolets de main gauche des rythmes pointés et des triolets de main droite, et prend appui de façon romantique — on songe une fois de plus à Schubert — sur le cinquième degré (*ré*) :

Les contrastes de registre (passages de main) et de nuances sont constants, et les perpétuelles cadences rompues génératrices de tension. Le « développement », très modulant, débouche sur une pédale de *fa* dièse, note se transformant peu à peu en sensible de *sol*, ce qui amène la « réexposition », abrégée mais considérablement variée.

Le finale (**Allegro** à 3/4) est une vaste forme sonate au rythme syncopé et quelque peu déhanché de polonaise. Après une exposition à plusieurs idées, dont l'une — motif en rythme pointé du violon aux mesures 17-24 — tirée du premier mouvement, le développement (mesures 56 à 107) se livre à toutes sortes d'aventures harmoniques et tonales. De furieux arpèges du clavier le font évoluer rapidement, à partir de la dominante d'*ut* mineur et en passant par *fa* mineur, vers *ré* bémol majeur, qui par enharmonie devient *ut* dièse mineur, et immédiatement après on se retrouve en *la* majeur. L'épisode prend fin (mesure 80) sur un *sol* dièse grave (dominane d'*ut* dièse mineur) —, sur quoi intervient une fausse réexposition en *mi* majeur (mesure 81) ! Dans ces progressions, on trouve à peu près partout des relations de tierce, et l'apparition de *mi* majeur dans un morceau en *mi* bémol ne peut que faire penser à la *Sonate n° 62*, contemporaine ou presque. La réexposition (mesures 108 à 186), assez modifiée, est couronnée par une énergique coda.

Plus âpre, plus ramassé que le précédent, le **Trio n° 37 en *ré* mineur (Hob.XV.23)** s'ouvre par un MOLTO ANDANTE à 2/4 fait de variations alternées sur deux thèmes respectivement en *ré* mineur et en *ré* majeur, mais unis par de grands sauts mélodiques et des rythmes pointés. On songe au mouvement correspondant du *Trio n° 33* ; mais, ici, ce sont pour une large part les sonorités qui changent : les variations en mineur sont austères, et celles en majeur très brillantes et de plus en plus énergiques. A noter cependant que le thème en mineur séjourne longtemps au relatif *fa* majeur, et celui en majeur à la tonique *ré* mineur, — ce qui les rapproche encore plus. Chaque thème est varié deux fois, et le mouvement se termine par d'agiles triples croches dans l'éclat en *ré* majeur.

Suit un magnifique ADAGIO MA NON TROPPO en *si* bémol à 3/4, sorte de forme sonate sans reprises, à ce point chargée d'ornements que l'on pense aux sonates et aux pages tardives de Clementi, — à ceci près que Haydn ne se perd jamais en chemin.

Le finale (VIVACE à 3/4), en *ré* majeur, est comme celui du trio précédent une forme sonate à allure de polonaise. Les accents sur temps faibles « annoncent la page rythmiquement la plus disruptive de Haydn, le finale du *Quatuor en* mi *bémol op. 76 n° 6* ».

La trilogie parue en octobre 1795 avec une dédicace à Rebecca Schroeter — veuve du compositeur Johann Samuel Schroeter, et avec laquelle Haydn avait noué à Londres de tendres relations — contient le plus célèbre trio de Haydn, celui en *sol* majeur *n° 39* (Hob.XV.25) avec le rondo à la hongroise (il portait le *n° 1* dans les éditions « traditionnelles » du XIXe siècle). Ce groupe est techniquement moins exigeant que celui que nous aurons à examiner ensuite, — destiné non pas à une pianiste amateur comme Mrs. Schroeter, mais à une pianiste professionnelle, Thérèse Jansen-Bartolozzi. On ne sait dans quel ordre les deux groupes furent composés. Le groupe Schroeter était certainement achevé lorsque Haydn quitta définitivement Londres (15 août 1795), et sans doute cet achèvement fut-il un des derniers travaux auxquels Haydn se livra dans la capitale britannique. En admettant que les trios Jansen-Bartolozzi, bien que parus en 1797 seulement, aient été eux aussi composés à Londres, et non plus tard à Vienne, les deux groupes purent fort bien naître non pas successivement, mais parallèlement en 1794-1795.

Le **Trio n° 38 en *ré* majeur (Hob.XV.24)** mêle à l'éclat de *ré* majeur, sensible dans le premier mouvement, un climat de rêve et de lyrisme qui en fait un des plus fascinants de tous. L'ALLEGRO initial à 2/2 s'ouvre sur un accord parfait suivi d'un point d'orgue. Le thème principal, qui débouche sur de nouveaux points d'orgue

est typiquement « musique de chambre » (mesures 2 à 7). Il est immédiatement repris en *mi* mineur (mesure 8), mais sur le premier renversement de l'accord, puis — après une transition brillante — toujours sur le premier renversement en *fa* majeur (mesure 30) et en *sol* mineur (mesure 32), et enfin, comme « second thème », en *la* majeur et de nouveau en position fondamentale (mesure 46). Les trois dernières fois (*fa* majeur, *sol* mineur et *la* majeur), on n'entend en réalité que les premières notes du thème, ce qui se reproduit en *la* mineur au début du développement (mesures 71 à 121). L'intimité du style de chambre et la brillance du style de concert se mêlent dans ce splendide mouvement comme jamais auparavant chez Haydn.

L'ANDANTE en *ré* mineur à 6/8 est bref, presque à fonction d'intermède, mais d'une densité rare, presque étouffante (comme le *Largo e mesto* en *ré* mineur également de la *Sonate op. 10 n° 3* de Beethoven). Aux mesures 15-16, on remarque une cadence appuyée en *mi* mineur faisant le lien avec la mesure 8 du premier mouvement. Sans interruption s'élève doucement le finale, un ALLEGRO MA DOLCE à 3/4 au thème d'une originalité et d'une beauté obsédantes :

De forme lied A-B-A' avec épisode central B agité en *ré* mineur, cet impromptu schubertien avec la lettre s'éteint progressivement en laissant l'auditeur sous son charme.

Le **Trio n° 39 en *sol* majeur (Hob.XV.25)** ne comprend — démarche rare chez les classiques — aucune forme sonate (voir, déjà, le *n° 20* en *ré*). Les esquisses du deuxième mouvement se trouvent sur une feuille contenant aussi, de la main de Haydn, les incipits des douze *Symphonies londoniennes*, — ce qui situerait ces esquisses en 1795. L'**Andante** initial à 2/4, de structure A-B-A'-C-A'', combine la forme variation avec celle du rondo. Les trois épisodes A sont en *sol* majeur, l'épisode B en *sol* mineur et l'épisode C en *mi* mineur, mais tous sont apparentés et commencent par la même anacrouse. B est en fait une variation en mineur de A, et C reprend les sextolets de doubles croches de A', la diminution des valeurs de notes parvenant à son terme avec A'', en triples croches. Le thème est d'une grande élégance, bien fait pour s'incruster dans les mémoires.

Suit un **Poco adagio** en *mi* majeur à 3/4 de coupe ternaire A - B — transition — A' et centré sur la beauté mélodique, en particulier dans l'épisode B, en *la* majeur et dont le chant est confié au violon sur accompagnement de piano. Les esquisses de 1795 concernent justement la partie de violon de sa seconde sous-section (mesures 26 à 34), et son lyrisme est rendu plus intense par sa tonalité de sous-dominante. La transition passe par *fa* dièse mineur et *ut* dièse mineur. A' retrouve le *mi* majeur de A, mais la disposition instrumentale est différente, et la dernière phrase prolongée.

Le rondo « à la hongroise » (**Presto** à 2/4) produit d'autant plus d'effet qu'il succède à deux mouvements lents. Le refrain (A) est fait de deux sous-sections l'une et l'autre répétées, — la reprise de la première

étant écrite et à l'octave supérieure. La forme globale de A-épisode-B-A'-C-A'-coda (A' = A sans reprises avec première sous-section à l'octave supérieure). Les trois sections A et l'épisode intercalé entre A et B sont en *sol* majeur, les sections B et C — indépendantes par rapport à A et l'une par rapport à l'autre — en *sol* mineur. Dans l'édition Longman & Broderip de 1795, le mouvement est intitulé « Rondo in the Gypsie's stile », et il est sûr qu'aucune page du XVIIIe siècle ne transcende d'avance comme celle-ci la musique de genre à parfum tzigane de la fin du XIXe. Joseph Joachim y voyait un hussard hongrois en train de se retrousser les moustaches, et seul Brahms devait en retrouver à la fois l'esprit et le niveau : dans le finale de son *Quatuor avec piano n° 1 en* sol *mineur op. 25**.

Le **Trio n° 40 en *fa* dièse mineur (Hob.XV.26)** — troisième grande œuvre de Haydn dans cette tonalité rare, après la *Symphonie n° 45 « les Adieux »* de 1772 et le *Quatuor op. 50 n° 4* de 1787 — s'ouvre par un **Allegro** à 4/4 devenant, au fur et à mesure qu'il progresse, de plus en plus dramatique. Le thème initial est, non pas violent comme dans *les Adieux* et l'*op. 50 n° 4*, mais élégiaque, et, dès la mesure 9, on se retrouve au relatif *la* majeur (variante du thème initial). Une vigoureuse transition menant d'abord à la dominante de *la* mineur, puis réaffirmant solidement *la* majeur, conduit à un thème conclusif au parfum populaire. Le développement (mesures 38 à 62) passe d'abord par *si* mineur, *ut* dièse mineur et *ré* dièse mineur, transformé par enharmonie en *mi* bémol mineur (mesure 44), et un épisode séquentiel aboutit à la dominante d'*ut* dièse mineur. Dans cette tonalité est repris (mesure 55) le thème conclusif de l'exposition, lui aussi traité de façon séquentielle — et très poignante — jusqu'à un accord de septième diminuée. La réexposition (mesures 63 à 99), à proprement parler en *mi* double dièse mineur, n'énonce textuellement que les quatre premières mesures du thème principal, puis continue à « développer », en restant comme le développement proprement dit en mineur, les deux s'opposant ainsi à l'exposition. Le thème conclusif intervient plus rapidement (mesure 78), ce qui permet un nouveau sommet dramatique, doté en son centre, après une cadence rompue, de quatre mesures en *ré* majeur (région napolitaine de la dominante). La fin affirme violemment *fa* dièse mineur.

L'**Adagio** en *fa* dièse majeur, à 3/4, est la transcription transposée de celui (en *fa*) de la *Symphonie n° 102* en *si* bémol, au manuscrit autographe daté de 1794 et créée à Londres le 2 février 1795. Les avis se partagent sur la question de savoir quelle fut la version originale. Landon pense que ce fut le mouvement de symphonie, et que, Mrs. Schroeter l'ayant particulièrement apprécié, Haydn le réutilisa dans un des trios qu'il lui destinait. Irmgard Becker-Glauch estime au contraire que la version originale est celle pour trio. Ce qui est sûr, c'est que par les tonalités vers lesquelles le mènent ses modulations, l'*Adagio* entretient avec les autres mouvements des rapports plus étroits dans le trio que dans la symphonie. La reprise obligée à la manière de Carl Philipp Emmanuel Bach, que l'on trouve dans la symphonie avec une orchestration enrichie, n'existe pas ici. Brown note que paradoxalement, dans le trio, la partie de violoncelle ressemble à une ligne de basse orchestrale, alors que dans la symphonie, elle est davantage « de chambre ». Le style pianistique orné de Haydn atteint ici son *nec plus ultra*, la magnifique mélodie du début se déroulant en une progression ascendante puis descendante reprenant appui plusieurs fois, comme une véritable arabesque.

Elle donne une impression d'accélération, et, effectivement, le premier temps de la mesure 2 reprend deux fois plus vite l'arabesque du début, — la note la plus aiguë de chaque mesure se rapprochant de plus en plus du premier temps ; et, dans la mesure 3, l'arabesque intervient même deux fois, malgré un *ritenuto* écrit venant contredire l'accélération. Le développement s'ouvre par la même mélodie en *la* majeur (médiante abaissée de l'*Adagio* et relatif de l'*Allegro*), et peu avant la conclusion apaisée, une cadence rompue débouche *forte* sur *ré* majeur.

Le finale à 3/4 est un **Tempo di menuet** en *fa* dièse mineur avec « trio » central en *fa* dièse majeur apparaissant comme une variation du menuet proprement dit. Le caractère de danse est préservé, par le biais notamment d'un élégant rythme pointé, mais il en va de même du dramatisme et du « sérieux » des deux mouvements précédents, et, dès la mesure 7, intervient une cadence rompue avec *ré* dans la basse. Une telle cadence se retrouve pour introduire la coda. Celle-ci débute en *ré* majeur, ce qui unifie les trois mouvements ; et cette œuvre remarquable — permettant de mieux cerner la personnalité « privée » de Haydn — se termine en réaffirmant *fa* dièse mineur.

Les trois trios pour Thérèse Jansen-Bartolozzi — à cette élève de Clementi, Haydn destina aussi deux au moins de ses trois dernières sonates (*n° 60* en *ut* et *n° 62* en *mi* bémol, de 1794-1795) — et les deux trios isolés de 1795-96 sont techniquement les plus difficiles de Haydn.

Le **Trio n° 43 en *ut* majeur (Hob.XV.27)** rappelle opportunément que Haydn fut le professeur de Beethoven. C'est lui sans doute qui pousse la virtuosité le plus loin, ou du moins qui s'y adonne le plus constamment, non seulement dans ses deux vastes mouvements extrêmes de forme sonate, mais aussi dans son *Andante* central de forme lied. Le thème principal de l'**Allegro** initial à 4/4 bondit puissamment. Pour une fois, il ne sera pas repris à la dominante. La première cadence (mesure 8) est rompue, avec deux points d'orgue successifs. Une cadence parfaite est enfin atteinte (mesures 11-12), et à la mesure 12 des octaves parallèles apparaissent à la main droite du piano, rapprochées par Landon de celles de la fin de la *Waldstein* de Beethoven. L'exposition, selon une progression soigneusement étudiée, s'agite de plus en plus, fait une place toujours plus grande aux triolets et aux sextolets de doubles croches, avec également d'audacieux passages de main. L'agitation s'apaise quelque peu pour le thème conclusif. Le développement (mesures 44 à 78) est d'abord calme, sa première partie s'éteint dans le grave sur un *sol* suivi d'un point d'orgue. Sur quoi le thème initial surgit *forte* en *la* bémol, et le développement se poursuit en un contrepoint très serré rappelant l'épisode correspondant de la *Symphonie n° 98*. Sa troisième partie est inaugurée par les passages de main en *la* mineur, et la puissance réexposition (mesures 79 à 120), contrairement à l'exposition et au développement, évite les cadences rompues et les points d'orgue.

L'**Andante** en *la* majeur à 6/8, de forme lied A-B-A', s'ouvre par deux phrases de quatre mesures, mais plusieurs des suivantes sont habilement prolongées, entre autres par des points d'orgue sur des accords exigeant résolution. Cette section A centrée sur la beauté mélodique est interrompue avec sa fin « normale » par l'épisode B en *la* mineur, aux triples croches agitées (voir le développement du premier mouvement) et aux constantes oppositions de nuances : musique orageuse, anguleuse, rageuse. Dans l'épisode A', reprise abrégée et ornée de A, les points d'orgue à portée expressive se multiplient, le dernier permettant au piano de s'épancher en une libre cadence. Jamais, dans une forme lied chez Haydn, le contraste entre l'épisode central en mineur et les deux autres n'avait été aussi violent.

Contraste total à nouveau avec le finale (**Presto** à 2/4). Le thème est d'abord traité comme un refrain de rondo, — sa cinquième note *la* se heurtant lors de sa réapparition au *la* bémol et au *mi* bémol de la mesure précédente ; mais il s'agit d'une forme sonate où, remarque Charles Rosen, « tout est inattendu : le thème du début est une délicieuse plaisanterie, avec son harmonie faisant tomber les accents sur les temps faibles, sa mélodie anguleuse surgissant parfois au mauvais registre, et son rythme scherzando faisant démarrer la mélodie au moment où l'on s'y attend le moins. L'écriture pianistique de ce mouvement annonce parfois le Beethoven de l'*op. 31 n° 1* ». A la fin du développement, le motif de trois notes ouvrant le thème principal « grimpe » la gamme de *mi* majeur (dominante de *la*), mais « atterrit » en *ut* majeur pour la réexposition, dramatisée à mi-course par un martèlement en *si* mineur à l'énergie et aux sonorités beethovéniennes. A la fin, la course est stoppée net. Le 22 février 1838, Mendelssohn fit exécuter ce trio à un concert, et écrivit ensuite à sa sœur : « Les gens n'en revenaient pas d'étonnement qu'une chose aussi belle puisse exister, et pourtant elle est imprimée depuis longtemps chez Breitkopf & Härtel ».

Pour Charles Rosen, le **Trio n° 44 en *mi* majeur (Hob.XV.28)** est « par certains côtés l'œuvre la plus étrange du dernier Haydn ». Le thème initial de l'ALLEGRO MODERATO à 4/4

est présenté à l'unisson rythmique des deux mains du piano et des deux instruments à cordes jouant *pizzicato*, et l'écriture pianistique est telle — appoggiatures de main droite et doubles croches détachées de main gauche — qu'on a l'impression que cet instrument lui aussi joue *pizzicato*, exception faite de ses notes proprement mélodiques. Le thème est ensuite repris modifié, toujours doucement, mais richement harmonisé, avec des notes de passage chromatiques et sans appoggiatures, au piano seul. La dominante est atteinte par l'intermédiaire de *mi* mineur et de *si* mineur. En guise de « second thème », on réentend le premier à la dominante *si* majeur (mesure 21), comme au début avec des sonorités de cordes pincées, et le discours plonge ensuite en *sol* majeur, avant de retrouver *si* majeur pour l'épisode conclusif. Le développement (mesures 39 à 59) s'arrête vite sur trois accords de *ré* dièse majeur (dominante de *sol* dièse mineur). Ce qui suit est « électrifiant » (Rosen) : apparition, dans la tonalité éloignée de *la* bémol majeur (enharmonique de *sol* dièse), du thème principal joué *forte* pour la première et unique fois dans le mouvement, et qui plus est avec les cordes *arco* et non *pizzicato* comme partout ailleurs. Une gradation magistrale conduit à la réexposition (mesures 60 à 91), une des plus variées de tous les trios.

Suit un énigmatique ALLEGRETTO en *mi* mineur à 3/4 embrassant, à lui seul, plus d'un siècle de musique. Son écriture strictement contrapuntique et la présence à la basse d'un ostinato de croches en font un hommage au Baroque. Les mesures 1 à 4 sont à l'unisson des quatre voix et en croches régulières, et à la mesure 5 commence un solo de piano s'étendant jusqu'à la mesure 34 : la mesure 5 est transitoire, et à la mesure 6 démarre le thème unique en contrepoint à deux voix :

Il s'agit d'une passacaille à nulle autre pareille, baroque par sa forme, son rythme obstiné, sa dynamique « en terrasse » et son usage de la séquence comme force motrice au sein du thème lui-même et pas seulement pour son développement. Mais le morceau est classique par son ferme mouvement vers le relatif *sol* majeur, franchement affirmé à la mesure 15, ainsi que par ses accents, qui en varient la pulsion. Enfin, il est romantique par sa tension culminant avec l'accord final, ainsi que par le fait même de revoir des procédés baroques à la lumière du classicisme, sans aucun archaïsme. À la mesure 35, le violon et le violoncelle joignent leurs croches régulières à celles de la main gauche du piano (en *sol* majeur comme à la mesure 15), et un nouveau palier d'intensité est atteint à la mesure 48. Le thème est repris en *mi* mineur (comme à la mesure 6), mais la disposition instrumentale est autre : croches régulières au violon et à la main droite du piano, rythmes pointés et vastes sauts d'intervalles à la main gauche et au violoncelle. L'effet est saisissant. Les mesures 61-63 ne contiennent pas moins de quatre points d'orgue séparant des gestes rageurs du piano. Deux accords *forte* (mesures

64-65) mettent le point final en affirmant violemment *mi* mineur.

A cette rigueur, à cette puissance austère, le final en *mi* majeur (ALLEGRO à 3/4) oppose son climat ensoleillé. Son thème chantant rappelle, par sa beauté nostalgique, l'épisode correspondant du *38ᵉ Trio*. Dans la section centrale en *mi* mineur de cette forme lied, le violon domine, énonçant une mélodie lancinante. Une transition vaste et aventureuse passant par *mi* bémol mineur et *fa* dièse mineur ramène la première section, suivie d'une coda lumineuse semblant s'éteindre au loin. Mais ce sont deux vigoureux accords qui concluent.

Le **Trio n° 45 en *mi* bémol majeur (Hob.XV.29)** s'ouvre par un POCO ALLEGRETTO à 2/4 de coupe ternaire A-B-A' et coda, dont le thème — une ample mélodie aux rythmes pointés — est traité en contrepoint, et apparaît plus ou moins comme un hommage à Carl Philipp Emanuel Bach. Précédé d'un accord parfait introductif énoncé *forte* avec point d'orgue, ce thème comprend deux grandes sections de quatorze et trente-quatre mesures respectivement, l'une et l'autre répétées (A). L'épisode central B, en *mi* bémol mineur (vingt-neuf mesures), sans reprises, fait la part belle au violon, et « développe » les idées entendues précédemment. L'épisode A', considérablement varié par rapport à A avec ses syncopes et ses sextolets de doubles croches, comprend à nouveau deux sections, mais la reprise de la première est écrite et elle-même variée, seule celle de la seconde est textuelle. Le mouvement se termine sur une vaste et énergique coda de quarante-quatre mesures servant comme l'épisode central à dramatiser le discours. La forme est celle décrite cidessus, mais le traitement du matériau est tel qu'on a l'impression d'une sorte de fantaisie sur un thème sans un regard en arrière, comme chez Carl Philipp Emmanuel Bach justement.

L'ANDANTINO ED INNOCENTEMENTE à 6/8 est en *si* majeur, démarche tonale que Haydn devait reprendre dans le *Quatuor op. 76 n° 6*, et Beethoven dans son *5ᵉ Concerto pour piano*. *Si* majeur n'est autre que l'équivalent enharmonique de *do* bémol majeur, et *do* bémol le sixième degré de *mi* bémol mineur, tonalité de l'épisode central B du mouvement précédent. La mélodie à caractère d'hymne est énoncée par le piano seul, puis reprise par le violon. Après une transition expressive en mineur, le début de la mélodie est repris à la tonique (deuxième section du mouvement) à la mesure 21, et un accord de *fa* dièse (dominante de *si*) est suivi à la mesure 31 par enharmonie d'un accord de *mi* bémol (changement d'armature à la clé), — ce qui inaugure la transition vers le finale. À la mesure 37, la mélodie réapparaît une nouvelle fois, mais en *mi* bémol (troisième section du mouvement), et, après, un point d'orgue et une cadence écrite de piano, l'*Andantino* se termine (mesure 48) sur un accord de septième de dominante de *mi* bémol avec point d'orgue.

Le finale (PRESTO ASSAI à 3/4) suit donc sans interruption. En *mi* bémol, intitulé « in the German Style » sur l'édition Longman & Broderip de 1797, c'est une vaste allemande de forme sonate dont la veine populaire résout largement la tension accumulée dans les deux mouvements précédents. Lors de sa réapparition à la dominante, le thème se transforme en authentique Ländler autrichien avec appoggiatures, tout à fait comme dans l'épisode à 6/8 du chœur de vendanges de l'*Automne* des *Saisons* :

L'ensemble débouche sur la plus brillante des codas.

Albert Christoph Dies, biographe de Haydn, raconte que ce dernier, à Londres, composa une pièce pour piano et violon intitulée *le Rêve de Jacob* et destinée, par ses périlleuses montées et descentes, à faire trébucher un violoniste trop sûr de lui. On crut longtemps qu'il s'agissait d'une sonate pour piano et violon perdue ; mais, en 1978, le musicologue Alan Tyson fit remarquer que sur l'autographe du second mouvement du **Trio n° 41 en *mi* bémol mineur (Hob.XV.31)**, on pouvait encore déchiffrer, malgré les efforts de Haydn pour les effacer, la date de 1794 et le titre *Sonata Jacob's Dream*. L'autographe du premier mouvement est daté quant à lui de 1795. Peu de temps avant de quitter l'Angleterre, Haydn fit donc précéder *Jacob's Dream* d'un autre mouvement, — obtenant ainsi un trio en deux mouvements, le premier lent et le second vif. L'ouvrage ne fut publié qu'en 1803 à Vienne. La même année, à la demande du prince Nicolas II Esterhazy, Haydn en envoya une version pour piano et violon à Paris à l'épouse du général Moreau, pianiste de talent, en faisant croire qu'il s'agissait d'une œuvre nouvelle. Cette supercherie n'ayant été découverte que bien plus tard, une légende circula longtemps concernant une mythique « dernière sonate » de Haydn, en particulier après que l'ouvrage eût été publié en 1821 par Nadermann à Paris comme « Dernière Sonate pour le Piano avec Accompagnement de violon composée expressément pour Madame la Maréchale Moreau par le célèbre Jos. Haydn ». Le premier mouvement, marqué **ANDANTE** sur l'autographe et **ANDANTE E CANTABILE** sur les éditions, est à 2/4, et combine une nouvelle fois — mais de façon très originale — la forme variation avec la forme rondo. La structure globale est A-B-A-C-A', les trois sections A étant en *mi* bémol mineur, la section B (variante de A) en *mi* bémol majeur, et la section C (indépendante des autres) en *si* majeur. La section A en *mi* bémol mineur est faite de deux sous-sections de huit et vingt-quatre mesures respectivement, l'une et l'autre répétées : grave et pathétique, elle module vers les tons les plus rares, avec notamment, peu avant sa fin, un point d'orgue sur sixte napolitaine (*fa* bémol majeur). La section B en *mi* bémol majeur présente le thème de façon renversée (descendante et non plus ascendante), et on s'attend à une série de doubles variations sur la même idée alternativement en *mi* bémol mineur et en *mi* bémol majeur. Or la section A est ensuite reprise telle quelle, quoique sans reprise, — ce qui fait croire à une forme lied. Mais intervient alors la section C en *si* majeur, magnifique solo de violon en complet contraste avec le reste, à ceci près que comme dans le trio précédent *(n° 45)* sont mises en relation les tonalités de *mi* bémol (majeur et surtout mineur) et de *si* majeur. Une transition conduit à la dominante de *mi* bémol, et la section A', alors qu'on ne s'y attendait plus, varie A (en sextolets de doubles croches), et termine le mouvement en *mi* bémol mineur sans la moindre éclaircie, et avec une brève coda. La section C tranche tellement sur le reste que A', ensuite, agit presque comme une réexposition de forme sonate, à moins que l'on ne considère le mouvement comme une forme tripartite avec partie centrale C, et A' équilibrant à lui seul A-B-A. En fait, on a là un bel exemple de « forme multiple »).

L'**ALLEGRO** en *mi* bémol majeur à 3/4 *(Jacob's Dream)* n'est pas moins remarquable. La partie de violon, bizarre et difficile, « grimpe » et « redescend » souvent. Il s'agit d'une forme lied A-B-A' dramatisée à l'extrême. Au début, la mélodie du violon et celle de la main droite du piano sont très indépendantes l'une par rapport à l'autre, la seconde jouant un rôle de contrethème. La partie centrale B (mesures 42 à 70) s'ouvre en *la* bémol majeur, s'oriente vers *mi* bémol mineur, puis culmine en une brève mais fulgurante incursion en *si* majeur, — à la fois rappel du premier mouvement et sommet de l'Échelle de Jacob : la cadence en *si* majeur et dans le registre aigu des mesures 55 à 58 a tout d'une vision céleste. Dès la mesures 63, on se retrouve en *mi* bémol mineur. La reprise A' (mesures 71 à 125) est fantastiquement variée, notamment par des traits de virtuosité transfigurant littéralement les idées d'origine. Une coda imposante termine ce mouvement génialement périlleux, qui devrait être « morceau imposé » dans tous les concours de trio avec piano.

Le **Trio n° 42 en *mi* bémol majeur (Hob.XV.30)** fut terminé au plus tard le 9 novembre 1796, — puisqu'à cette date, de Vienne, et après l'avoir promis le 16 avril précédent, Haydn l'envoya à l'éditeur Breitkopf & Härtel à Leipzig. La première édition fut cependant celle d'Artaria (octobre 1791). Ce remarquable trio s'ouvre par un **ALLEGRO MODERATO** d'une profusion thématique quasi mozartienne. Le thème initial

rappelle quelque peu celui du *Trio n° 36 (XV.22)*, dans la même tonalité, et l'on notera l'importance expressive du *do* bémol de la mesure 3. La nouvelle idée de la mesure 16, énoncée au violon, fait toujours partie du « premier groupe de thème », et semble s'orienter vers *la* bémol, — témoignage parmi d'autres de l'exceptionnelle richesse harmonique de ce mouvement. Après les accords attendus de dominante *si* bémol, une variante du thème initial apparaît à la dominante d'*ut* mineur (mesure 33), puis — après un épisode en rythmes pointés à la dominante de *si* bémol mineur — une autre en *si* bémol majeur (mesure 42), — ce qui introduit le « second groupe de thèmes » qui retrouve *si* bémol mineur à la mesure 60 :

Deux septièmes diminuées (mesures 73-74) retardent l'arrivée des thèmes conclusifs (mesure 75), qui réinstallent *si* bémol majeur, et la fin de l'exposition est dominée par des doubles croches agiles. Le développement (mesures 92 à 136) « fait pendant par la richesse de son activité tonale à la richesse thématique de l'exposition ». Il s'ouvre à la dominante de *do* bémol en faisant référence aux mesures 73-74, et c'est en *do* bémol qu'à la mesure 96 intervient le thème principal. A la mesure 105, c'est le tour de l'idée de la mesure 16, ici en *mi* bémol mineur au violoncelle et à la main gauche du piano. Les deux idées énoncées à la tonique au début du mouvement sont donc reprises (légèrement variées) au début du développement, mais l'une à la tonalité napolitaine de la dominante, et l'autre à la tonique mineure. A la mesure 111, on est en *ré* bémol majeur (variante de la mesure 105), et le développement se poursuit en doubles croches affirmant violemment *fa* mineur, puis *ut* mineur. L'accord de dominante d'*ut* mineur de la mesure 132 se « résout » sur la septième de dominante de *la* bémol ; après ce nouveau choc, surgit la réexposition (mesures 137 à 224), subtilement variée, les événements inattendus de l'exposition étant réinterprétés de façon à assurer une plus grande continuité au discours.

Le deuxième mouvement (**Andante con moto** en *ut* majeur à 3/8) n'est pas moins exceptionnel. Haydn en égala rarement la noblesse et la gravité. On pense une fois de plus à Schubert et à ses rythmes de marche, — à ceci près que, comme souvent en pareil cas chez Haydn, la mesure est ternaire. Il s'agit d'une très libre forme A-B-A'. La partie A consiste en l'énoncé d'un thème magnifique

construit en deux sections de dix et vingt-deux mesures respectivement, l'une et l'autre répétées et soutenues par une ligne de basse aux chromatismes expressifs. La partie centrale B, sans reprises, est une extension de A : activité rythmique accrue, triples croches alternativement aux deux mains du pianiste, silences subits. La section A' combine le retour orné de la mélodie principale avec les formules rythmiques de la partie centrale B, et rend même hommage à la forme sonate en résolvant à la tonique une idée apparue pour la première fois à la dominante dans B. Charles Rosen estime que cet *Andante con moto* suffirait à faire du *Trio n° 42* « le chef-d'œuvre le plus injustement négligé de Haydn ».

Une cadence rompue introduit une merveilleuse coda menant de *la* bémol à la dominante d'*ut* mineur ; et, sans interruption, s'élance le finale, un **Presto** à 3/4 ayant tout du scherzo beethovénien,

mais typique de Haydn par sa liberté formelle et sa concentration de pensée. Haydn en 1796 connaissait suffisamment de scherzos de Beethoven pour s'en inspirer tant soit peu ; mais il avait déjà exploré le genre de lui-même, et, surtout, il lui donna ici un poids suffisant pour en faire un finale, et non un simple mouvement intermédiaire. Après une première partie A, avec deux reprises et mettant en réserve les forces destinées à se déchaîner par la suite, s'élève une impétueuse partie centrale B en *mi* bémol mineur à la mélodie incisive chantée par le violon et le violoncelle, le piano accompagnant. Le piano s'empare de cette mélodie en *sol* bémol majeur, et lorsque réapparaît *mi* bémol mineur, on s'attend à un prochain retour de la partie A. Mais Haydn se lance dans une « transition » qui, en fait, n'en est pas une : l'écriture en est si serrée, et la succession des tonalités est si vertigineuse que, malgré sa relative brièveté, elle constitue le sommet dramatique du mouvement. Le retour de A se produit malgré tout, et s'enchaîne à une brillante et difficile coda.

ŒUVRES DIVERSES

Sous la dénomination globale de *Divertimentos à plusieurs voix avec clavier*, le groupe XIV du catalogue Hoboken réunit treize œuvres (Hob.XIV.1-13) ainsi que quelques autres d'authenticité douteuse. Elles sont en principe, à deux exceptions près (Hob.XIV.1 et 2), pour clavecin, deux violons et basse (violoncelle). Une fois prises en compte, parmi les treize œuvres ci-dessus, celles qui ne sont que des transcriptions, et parmi celles considérées par Hoboken comme douteuses, celles que l'on peut ajouter à la liste, on se retrouve avec un total de treize ouvrages, — connus le plus souvent sous la dénomination moderne de **Concertini** : un en *mi* bémol (XIV.1), un en *sol* (XIV.13), deux en *fa* (XIV.9 et XVIII.F2) et neuf en *ut* (XIV.3-4, 7-8, 10-12, C1 et C2). Trois offrent une particularité : Hob.XIV.1 en *mi* bémol est un quintette pour clavecin (ou pianoforte), deux cors, violon et basse ; pour Hob.XIV.10 en *ut* n'a survécu que la partie de clavecin, et pour Hob.XIV.C1 en *ut* est perdue la partie de premier violon.

On a là des ouvrages de jeunesse : l'autographe de XIV.11, jadis à Eisenstadt et maintenant disparu, portait comme date 1760, et celui de XIV.4, conservé à Budapest, indique 1764. Sur les autographes, Haydn qualifia respectivement XIV.11 et XIV.4 de « Concertino per il Cembalo » et de « Divertimento per il Cembalo », — alors que, par leur facture instrumentale, ces deux œuvres ne présentent aucune différence (clavecin, deux violons et basse). Dans les treize ouvrages, le clavecin concertant est omniprésent, sans la moindre « ritournelle » de cordes. On est bien en présence de « quatuors » avec clavier.Mais certains (Hob.XIV.11-13 et XVIII.F1) possèdent au centre un mouvement lent, — ce qui fait d'eux des concertos en miniature, et d'autres (Hob.XIV.1, 3-4 et 7-10) un menuet, — ce qui les rapproche davantage de certaines sonates pour clavier et du style « divertimento ». Il reste que les treize entretiennent avec les concertos pour clavier des liens dépassant leur simple facture instrumentale. L'écriture du clavecin (pianoforte) soliste est toujours « moderne », virtuose. Produits typiquement viennois faisant parfois penser, au point de vue sonore, à des sonates amplifiées, les « Concertini » pour clavecin, deux violons et basse — genre et formation auxquels Haydn ne devait plus jamais revenir après les années 1760 —firent en même temps passer dans la musique de chambre l'esprit brillant et allant du concerto.

L'*Entwurf Katalog* et le *Haydn Verzeichnis* contiennent l'un et l'autre vingt et un **Trios à cordes** d'authenticité certaine, — les mêmes dans chaque cas (Hob.V.1-21). Trois sont perdus : Hob.V.5 en *si*, 9 en *mi* bémol, et 14 en *si* mineur. Tous sont pour deux violons et violoncelle, sauf Hob.V.8 en *si* bémol (pour violon, alto et violoncelle). Outre ces vingt et un trios, soixante environ circulèrent au XVIIIe siècle sous le nom de Haydn. Une dizaine sont perdus et, pour une vingtaine, on connaît le véritable auteur (souvent Michael Haydn). Restent une trentaine de trios douteux, dont, selon les recherches les plus récentes, une dizaine peuvent être attribués à Haydn, qui dans ces conditions aurait composé — de 1755 à 1765 environ, c'est-à-dire uniquement dans sa jeunesse — une trentaine de trios à cordes. Aucun autographe n'a survécu, et les sources primaires (directement rattachées à Haydn) sont très rares. On connaît les trios à cordes essentiellement par des copies et des éditions d'époque, étonnamment nombreuses d'ailleurs (plus de trois cents).

Certains trios furent sans doute écrits avant les *Quatuors à Fürnberg* (*op. 1* et *2*) ; puis Haydn mena parallèlement les deux genres, et ensuite composa les derniers trios, pour ne revenir au quatuor à cordes que plus tard encore, vers 1769 avec l'*op. 9*. Les deux groupes — *Trios à cordes* et *Quatuors à Fürnberg* — diffèrent d'ailleurs trop fondamentalement pour découler l'un de l'autre, — les quatuors, de dimensions semblables, vastes et concis à la fois, étant tous en cinq mouvements, et les trios, nettement divisés en œuvres vastes et œuvres concises, généralement en trois mouvements seulement, avec pour la moitié environ un premier mouvement lent, la structure la plus courante étant lent-vif-menuet.

Les trois *Trios à cordes « opus 53 »* (en *sol*, *si* bémol et *ré*), souvent joués, ne sont autres que des transcriptions (non réalisées par Haydn lui-même) des *Sonates pour piano n° 54*, *n° 55* et *n° 56* (Hob.XVI.40-42), de 1784.

Au nombre de six, les **Duos pour violon et alto** furent en toute probabilité composés vers 1766-1768, à l'époque des trois premiers volumes de trios pour baryton, — peu avant les quatuors à cordes de l'*op. 9*. Ils parurent d'abord sous forme de transcriptions (pour violon et violoncelle, ou encore pour deux violons). La première édition conforme à l'original n'intervint qu'en 1799 (chez André, à Vienne). Les six ouvrages (Hob.VI.1-6) sont respectivement en *fa*, en *la*, en *si* bémol,en *ré*, en *mi* bémol et en *ut*. Peut-être Haydn les destina-t-il à Luigi Tomasini (violon) et à lui-même (alto).

Ce sont des œuvres denses et sérieuses, avec partie de violon permettant à l'interprète de briller sans tomber dans la virtuosité gratuite. Les mouvements sont toujours au nombre de trois, avec, dans cinq cas sur six, un mouvement vif de forme sonate suivi d'un mouvement lent et d'un menuet. L'exception est Hob.VI.3 en *si* bémol : premier mouvement lent *(Andante)* et en forme de variations, suivi d'un *Adagio* et d'un *Menuet*. Quatre mouvements lents sont au relatif mineur, ceux de Hob.VI.3 en *si* bémol et 5 en *mi* bémol à la sous-dominante. Les six menuets n'adoptent pas la coupe traditionnelle avec trio central et reprise textuelle du menuet proprement dit, mais celle du thème varié.

Le **Trio pour cor, violon et violoncelle** (en *mi* bémol, Hob.IV.5) nous est parvenu par une seule source : son manuscrit autographe, daté de 1767. Il ne fut publié qu'en 1957, par Robbins Landon et d'après l'autographe (qui porte l'indication « Divertimento a tre per il Corno di Caccia »). Le corniste destinataire fut sans doute Carl Franz (chez les Esterhazy de 1763 à 1776). Deux mouvements se succèdent, — un *Moderato assai* (thème suivi de trois variations) et un *Allegro di molto* (brève forme sonate). A propos des variations, Tovey écrivit d'un ton admiratif qu'elles contenaient « des passages pour cor faisant apparaître presque faciles les envolées les plus redoutables de Bach ».

Parmi les œuvres avec flûte, il faut citer d'abord les six **Trios pour flûte, violon et violoncelle** (Hob.IV.6-11) envoyés par Haydn le 31 mai 1784 à l'éditeur londonien William Forster, qui les publia à la fin de l'année comme *op. 38*. D'autres éditions suivirent, dont une par Traeg à Vienne en 1802-1803, comme *op. 100*. Ces six trios de 1784 — Hob.IV.6 en *ré*, 7 en *sol*, 8 en *ut*, 9 en *sol*, 10 en *la*, et 11 en *ré* — ont chacun trois mouvements, et sur ces dix-huit mouvements, neuf — soit la moitié — sont des arrangements d'ouvrages antérieurs :

— Hob.IV.6/I *(Adagio cantabile)* provient de la sinfonia ouvrant l'acte II de l'opéra *Il Mondo della Luna* de 1777 (tonalité de *ré* conservée) ;

— Hob.IV.6/II *(Allegro)* provient du coro « Uomo felice » de l'acte II d'*Il Mondo della Luna* (tonalité de *ré* conservée) ;

— Hob.IV.7/I *(Allegro)* provient de l'air de Flaminia « Se la mia stella » de l'acte II d'*Il Mondo della Luna* (transposé de *fa* en *sol*) ;

— Hob.IV.8/II*(Poco adagio)* provient de l'air de Clarice « Quanta gente che sospira » de l'acte II d'*Il Mondo della Luna* (transposé de *si* bémol en *fa*) ;

— Hob.IV.9/I-II-III *(Adagio-Scherzo-Presto)* proviennent des premier, sixième et septième mouvements du *Trio pour baryton n° 97* (transposés de *ré* en *sol*) ;

— Hob.IV.10/III *(Tempo di minuetto)* provient de la musique de ballet accompagnant l'arrivée de Clarice et de Flaminia sur la lune à l'acte II d'*Il Mondo della Luna* (transposée de *fa* en *la*) ;

— Hob.IV.11/III *(Vivace)* provient d'une danse exécutée devant Buonafede lorsqu'il s'éveille sur la lune à l'acte II d'*Il Mondo della Luna* (transposée de *si* bémol en *ré*).

Pour les six mouvements provenant d'*Il Mondo della Luna* et pour les trois tirés du *Trio pour baryton n° 97*, Haydn ne se borna pas à une simple transcription, mais se livra à un véritable travail de recomposition, plus ou moins poussé selon les cas il est vrai : on observe des transformations mélodiques, la modification de certaines proportions formelles, des changements harmoniques, etc. Des trois arrangements de pages vocales d'*Il Mondo della Luna* , seul Hob.IV.8/II en *fa*, de tempo lent, suit de près son modèle, alors que les autres — Hob.IV.6/II en *ré* et 7/I en *sol*— ne font qu'utiliser le même thème au départ, pour ensuite le traiter en allegro de sonate.

Trois trios — Hob.IV.7 en *sol*, 8 en *ut*, et 11 en *ré* — adoptent la structure vif-lent-vif, alors que les trois autres — Hob.IV.6 en *ré*, 9 en *sol*, et 10 en *la* — s'en écartent et commencent par un mouvement lent, pour ensuite le poursuivre différemment. Le finale de Hob.IV.9 en *sol* est une fugue. Les six *Trios « opus 38 »* ou « opus 100 » constituent un cycle soigneusement organisé dont le succès durable se justifie aisément.

Les quatre **Trios « de Londres » pour deux flûtes et violoncelle** (Hob.IV.1-4) sont, eux aussi, des pièces de circonstance du plus haut niveau. Les autographes des deux premiers (Hob.IV.1 en *ut* et 2 en *sol*) sont conservés ensemble à Berlin, avec comme indication « Londres 1794 ». Ces deux ouvrages furent destinés à deux flûtistes amateurs, Lord Aston *(n° 1)* et Lord Abingdon *(n° 2)*, qui sans doute les jouèrent ensemble avec Haydn au violoncelle. Le *Trio en ut n° 1* comprend trois mouvements : *Allegro moderato* à 4/4, *Andante* en *sol* à 6/8, *Vivace* à 2/4. Quant à celui en *sol n° 2*, il en comprend deux : *Andante* à 2/4, et *Allegro* à 2/4. En fait, ces deux mouvements n'en font qu'un : l'*Andante* est en forme de variations, et l'*Allegro* n'est autre qu'une variation plus rapide à fonction de coda. Le thème des variations est la chanson *The Ladies Looking-Glass* (« le Miroir de la Dame », Hob.XXXIc. 17), dont il n'est pas sûr que la mélodie soit de Haydn lui-même.

Le *Trio en* sol Hob.IV.3, dont l'autographe fut retrouvé à Cracovie en 1977, comprend trois mouvements : *Spiritoso* à 4/4, *Andante* en *ut* à 6/8, *Allegro* à 3/4. Quant au *Trio en* sol Hob.IV.4, il ne comporte qu'un seul mouvement, un *Allegro* à 4/4, et n'a survécu que par une copie authentique conservée à Berlin avec les autographes de Hob.IV.1 et 2. On ignore si d'autres mouvements ont disparu. A noter que, lorsqu'au début du XXe siècle il prépara pour Breitkopf & Härtel l'édition des *Trios « de Londres »*, Mandyczewski eut l'idée ingénieuse de faire de Hob.IV.4 et 2 une seule œuvre : *Allegro* de Hob.IV.4 suivi de l'*Andante-Allegro* de Hob.IV.2.

Les quatre *Trio « de Londres »* qu'il faut absolument jouer avec deux flûtes et violoncelle, comme indiqué par le compositeur, et non, comme cela se fait parfois, avec une flûte, un violon et un violoncelle, sont un des sommets de la musique de chambre avec flûte.

Il n'est évidemment pas possible d'entrer ici dans le détail des **Œuvres avec baryton** écrites entre 1765 et 1775 environ pour le prince Nicolas Esterhazy, passionné de cet instrument et qui en jouait lui-même. Issu de la viole de gambe, le baryton (ou *Viola di Bardone*) était à l'époque de Haydn déjà passablement démodé. Il s'agissait, en quelque sorte, de deux instruments en un seul. Un baryton comprenait en effet deux types de cordes : des cordes frottées avec l'archet d'une part, et, d'autre part, derrière la touche, des cordes en métal qui, actionnées soit par sympathie avec celles ébranlées par l'archet, soit par le pouce de la main gauche de l'interprète, offraient un registre supplémentaire à forte résonance tout en produisant des sonorités de luth, ou plutôt de cithare. Les cordes de l'un et l'autre types étaient en nombre variable selon les cas. Pour agir simultanément sur les deux types, la main gauche devait se livrer à des contorsions compliquées, et, par égard pour son prince, Haydn laissa souvent dans ses trios avec baryton les cordes sympathiques inutilisées, — renonçant ainsi à la possibilité de produire sur un seul instrument une mélodie « frottée » avec accompagnement « gratté », ou l'inverse ; quand il se servit des deux types de cordes, ce fut donc presque toujours alternativement, et non simultanément.

On connaît l'existence de cent vingt-six **Trios pour baryton** de Haydn (Hob.XI.1-126). Sur ordre de son prince, le compositeur fit relier ces trios en quatre (et même vraisemblablement cinq) volumes de luxe précisément datables. C'est lors de la constitution de ces volumes que les trios reçurent leur numérotation définitive. Cette numérotation — qui au sein de chaque volume ne correspond pas toujours à l'ordre de composition, et qui n'exclut pas que certains trios, déjà composés lors de la constitution de tel volume, aient été réservés pour les volumes suivants — fut reprise dans le *Haydn Verzeichnis*, puis par Hoboken. Chacun des quatre premiers volumes comprend vingt-quatre trios. Les *Trios* Hob.XI.1-24 (volume I) étaient tous composés à la fin de 1766. La facture de reliure du volume II (*Trios* Hob.XI.25-48) est du 11 octobre 1767, celle du volume III (*Trios* Hob.49-72) du 7 juillet 1768, et celle du volume IV (*Trios* Hob.XI.73-96) du 22 décembre 1771. Haydn composa donc les *Trios* Hob.XI.1-72 (ainsi que plusieurs autres) de 1765 au milieu de 1768. Ensuite sa production devint moins intense (c'est justement à cette époque qu'il revint au quatuor à cordes), et, après 1771, l'intérêt du prince décrût rapidement. Les trios (Hob.XI.97-125) du volume V, entrepris en novembre 1778, furent en toute probabilité composés pour la plupart dès 1772-1773, voire plus tôt, et pour quelques-uns seulement — les derniers ? — en 1774. Sans doute Haydn y rassembla-t-il — en oubliant Hob.XI.126 — d'une part les trios postérieurs à décembre 1771, et d'autre part ceux qui chronologiquement auraient pu entrer dans un des volumes I à IV, mais en avaient été exclus pour une raison ou pour une autre.

Les trios de Haydn sont en principe tous pour baryton, alto et violoncelle. Dans les *89e* en *sol*, *90e* en *ut* et *91e* en *ré*, l'alto est remplacé par un violon. Dans la mesure où la partie de baryton renonçait aux cordes métalliques, on pouvait la jouer sur un violon, ce qui donnait un trio à cordes pour la formation classique violon-alto-violoncelle, — aspect sous lequel plusieurs trios pour baryton furent diffusés soit par Haydn lui-même, soit sans son autorisation. Les *Trios n° 1-25* sont tous en *la* majeur sauf les *n° 11*, *14*, *17*, *20*, *23* et *24* (en *ré* majeur). Le *26e* introduit une nouvelle tonalité (*sol* majeur), reprise pour commencer dans les *30e*, *32e* et *37e*. La plupart des trios sont en *la*, *ré* ou *sol* majeur, en particulier tous ceux faisant usage des cordes métalliques (étant donné les notes auxquelles se limitaient celles de l'instrument du prince). Huit seulement sont en *ut* majeur (*n°s 76, 82, 90, 93,*

101, *109*, *110* et *126*), trois en *fa* majeur (*n*^os^ *83*, *100* et *117*), et deux en mineur (*n° 87* en *la* mineur, et *n° 96* en *si* mineur). Les cordes métalliques apparaissent pour la première fois dans les *n° 34* en *ré*, *35* en *la*, et *36* en *ré*, puis dans tous les trios du *39*^e^ en *ré* au *72*^e^ en *ré*, c'est-à-dire à la fin du volume II et dans tout le volume III (1767-1768, années où le prince s'intéressa le plus au genre et où la production de Haydn en la matière fut le plus intense). Ensuite, on ne les trouve que dans les *79*^e^ en *ré* (1769), *81*^e^ en *ré* , *97*^e^ en *ré*, *106*^e^ en *ré*, *107*^e^ en *ré*, *108*^e^ en *la*, *111*^e^ en *sol* et *113*^e^ en *ré*, c'est-à-dire dans deux trios seulement du volume IV et dans six du volume V.

Le volume I, contenant les pièces les plus brèves, montre Haydn en train d'éprouver l'étendue et l'équilibre de ses instruments en des structures de phrases limitées et stéréotypes. Les volumes II et III contiennent, en revanche, une forte dose d'expansion et d'expérimentation. Ils relèvent davantage de la musique de chambre au sens moderne, témoignent d'une construction thématique plus serrée, et bénéficient de procédés expressifs tirés d'autres genres, comme le récitatif. Le volume IV prit davantage de temps : on y observe l'abandon des cordes sympathiques, mais, en compensation, une synthèse de tendances originaires d'autres genres, — avec, comme résultat, une série d'œuvres plus ambitieuses et plus riches sur le plan expressif (s'y trouvent les deux trios en mineur). La facture « de chambre » gagne du terrain, et le baryton se comporte de moins en moins en soliste. Finalement, le volume V contient les pièces les plus longues, mais ne poursuit que dans quelques-unes (celles composées après 1771) la profondeur expressive des volumes précédents. Par leur aspect de synthèse, les trios de ce dernier volume approchent pourtant le poli des quatuors à cordes des alentours de 1770 (*op. 9*, *op. 17* et *op. 20*). Bien que produits « en masse » et par la seule volonté du prince, les trios pour baryton occupent indubitablement chez Haydn une position n'ayant rien de périphérique, et relèvent pleinement de la synthèse stylistique réalisée vers 1770.

Le *n° 5* en *la* reprend l'air « Che faro senza Euridice » de l'*Orfeo* de Gluck (1762), le *29*^e^ en *la* un air de l'intermezzo bouffe *La Canterina* de Haydn lui-même (1766), le *37*^e^ en *sol* la *Sonate n° 14* (Hob.XVI.3), le *38*^e^ en *la* les variations pour clavier à quatre mains *Il maestro e lo scolare* (Hob.XVIIa.1), le *Menuet* du *52*^e^ en *ré* celui de la *Symphonie n° 58* en *fa*, le *64*^e^ en *ré* — en utilisant la même mélodie grégorienne — la *Symphonie n° 30* en *ut*, dite *Alleluia*, le *110*^e^ en *ut* le *Concertino* Hob.XIV.8. Inversement, Haydn devait arranger lui-même pour flûte, violon et violoncelle trois des sept mouvements du *97*^e^ en *ré*, et obtenir ainsi le *Trio en* sol Hob.IV.9 de 1784. Par ses sept mouvements, dont le quatrième est une polonaise et le septième une fugue, le *97*^e^ se distingue des autres trios pour baryton, tous en trois mouvements sauf le *n° 1* en *la* (en quatre mouvements). Il fut écrit pour l'anniversaire du prince : on ignore en quelle année, mais cette destination explique ses dimensions exceptionnelles.

Les finales des *101*^e^ en *ut* et *114*^e^ en *ré* sont eux aussi fugués, ceux des *33*^e^ en *la*, *40*^e^ en *ré*, *53*^e^ en *sol*, *67*^e^ en *sol*, *71*^e^ en *la*, *75*^e^ en *la* et *81*^e^ en *ré* étant quant à eux en fugato. D'autres préoccupations contrapuntiques se manifestent, par exemple dans le *Menuet* du *94*^e^ en *la*, en canon à la quinte *(Canone in Diapente)*. Dans beaucoup de trios, les trois mouvements se succèdent dans l'ordre lent-vif-menuet, les premiers mouvements étant alors très souvent en forme de variations. C'est dans ses trios pour baryton que, pour la première fois, Haydn explora systématiquement le thème varié, — mettant au point et développant des techniques reprises tout d'abord dans les premiers mouvements des *Quatuors op. 9 n° 5* et *op. 17 n° 3*, s'efforçant de doter cette forme d'une cohérence globale, non d'une simple structure additive. Le ton populaire se manifeste dans le trio en mineur du *109*^e^ en *ut*, au parfum balkanique, dans celui, en mineur également, du *35*^e^ en *la*, ou encore dans l'*Allegro* initial du *61*^e^ en *ré*, qui annonce l'air avec chœur de Hanne « Ein Mädchen das auf Ehre hielt » dans *l'Hiver* des *Saisons* . Étudiant les trios pour baryton, Ludwig Finscher a pu écrire qu'ils montraient « à quel point Haydn, y compris dans ces œuvres de circonstance composées sur ordre et en série, sut s'éloigner de l'esprit divertimento et poursuivre avec acharnement le raffinement et la profondeur de la musique de chambre ».

Parmi les œuvres pour baryton autres que les trios, beaucoup sont perdues. On a trace notamment de **Duos pour deux barytons**, composés entre 1765-1766 et 1768-1769 : Hob.X.11 en *ré*, XII.4 en *sol*, XII.1 en *la*, XII.5 en *ré*, XII.6 en *sol*, et XII.2 en *sol*. N'ont subsisté que les quatre premiers, dont seul XII.4 en *sol* dans l'instrumentation originale. Les trois autres ne sont connus que sous forme d'arrangements (non réalisés par Haydn lui-même) pour flûte, violon et basse. On possède également une œuvre intitulée **Douze morceaux en cassation pour le baryton** (Hob.XII.19), composée vers 1765-1766, pour deux barytons et basse, et constituée de douze morceaux tous en *la* majeur sauf les *n° 3*, *6* et *9* (en *ré* majeur), mais aux indications de tempo et de mesure très variés. Le huitième morceau est une polonaise. Ce à quoi vient encore s'ajouter le **Quintette pour baryton, deux cors, alto et basse** (en *ré* majeur, Hob.X.10, de 1767-1768), belle partition en trois mouvements *(Adagio-Allegro-Menuetto)* et aux sonorités de cor spectaculaires. Une œuvre jumelle — pour la même formation — a malheureusement disparu (Hob.X.7).

Avec les sept **« Octuors » pour baryton, deux cors, deux violons, alto, violoncelle et contrebasse** (Hob.X.1-6 et 12), Haydn composa ses ouvrages avec baryton à l'instrumentation la plus riche, et sans doute aussi ses derniers pour cet instrument. La date de 1775 et la dénomination de « Divertimento a otto voci » sont inscrites sur les trois autographes ayant subsisté, — ceux de Hob.X.1 en *ré*, 3 en *la* mineur et 5 en *sol*, et l'on peut supposer que les quatre autres — Hob.X.2 en *ré*, 4 en *sol*, 6 en *la*, et 12 en *sol* — furent écrits la même année. Ces sept ouvrages forment musicalement un groupe tout à fait homogène. Six d'entre eux (manquait Hob.X.6 en *la*) parurent en 1781 chez Artaria sous le titre de *Sei Divertimenti Concertati... Opus 31* et avec le baryton remplacé par une flûte. D'autres arrangements furent publiés du vivant de Haydn. Avec ces sept « Octuors », Haydn porta le divertimento au sens moderne à un niveau auparavant inconnu, et l'on songe presque à un orchestre de solistes, — ce qui annonce les huit *Nocturnes pour le roi de Naples* de 1789-1790 (voir plus loin). Il y a toujours trois mouvements dont un lent, ce mouvement étant en première position dans Hob.X.3 en *la* mineur et 5 en *sol*, et toujours d'une intensité expressive typique du « Sturm und Drang », en particulier les cinq en mineur (*Adagios* en *si* mineur de X.1, en *ré* mineur de X.2, en *la* mineur de X.3 et 6, en *sol* mineur de X.12).

Les finales combinent en général de façon ingénieuse la forme du rondo et celle de la variation. Celui (en *la* majeur) de X.3 n'est autre qu'un *Menuet* avec cinq trios, et celui de X.2 en *ré (Allegro)*, bien qu'à 2/4, est construit de la même façon (avec six trios). L'utilisation des cors dans les sept « Octuors » mériterait de longs paragraphes. Plus que dans tout autre groupe d'œuvres, Haydn traite ces instruments à la fois en solistes virtuoses et comme partie intégrante d'un ensemble de chambre, tout en exploitant systématiquement leur registre non seulement très aigu, mais aussi très grave, — l'exemple le plus spectaculaire de tels écarts de registre apparaissant au début du deuxième trio du finale de Hob.X.3 en *la*. Avec les « Octuors », Haydn prit congé aussi bien de certaines sonorités caractéristiques de sa première période à Eszterhaza que de son prince en tant que partenaire en musique de chambre. On a là des pages à la fois typiquement « de cour » et extrêmement sophistiquées.

De la musique de chambre, presque de l'orchestre de solistes, relèvent enfin les huit **Nocturnes pour le roi de Naples (Hob.II.25-32)**, composés pour les deux premiers en 1789 ou 1790, et pour les six autres en 1790. Ils font usage dans leur version originale de la « lira organizzata », sorte de vielle dotée d'une série de petits tuyaux d'orgue. On jouait de cet instrument, dont la forme ressemblait à celle d'une guitare, en tournant de la main droite une manivelle, tandis que la main gauche manipulait une série de clés. La manivelle faisait tourner une roue en bois agissant comme un archet sur diverses cordes, et actionnait également des soufflets fournissant l'air pour les tuyaux. Le son produit n'était pas fort, mais perçant et aigu, et ressemblait, selon les cordes mises en jeu, à un chalumeau ou à un violon sans vibrato. Ferdinand IV, roi de Naples, jouait avec passion de la « lira organizzata », et commanda à plusieurs compositeurs — dont Haydn — des œuvres pour cet instrument. Il fallait absolument que ces œuvres fussent en *ut*, en *fa* ou en *sol* majeur, — sinon l'instrument n'aurait pu les jouer.

Après avoir en 1786-1787 composé six concertos (Hob.VIIh.1-5 plus un perdu), Haydn reçut en 1788 une nouvelle commande de Ferdinand IV : celle de six « Nocturnes ». Or on en possède huit, ce qui indique deux commandes successives, — mais on ne sait quand intervint la seconde : sans doute à la fin de 1790, après livraison des six ouvrages commandés en 1788, et alors que Ferdinand IV séjournait à Vienne. On ignore combien de *Nocturnes* le roi commanda la seconde fois : peut-être de nouveau six, au minimum trois. Il nous en reste deux, mais il semble bien qu'un au moins, en *ut* majeur, soit perdu. La numérotation traditionnelle, provenant de Pohl et reprise par Hoboken (Hob.II.25-32), demande correction, — entre autres parce que les deux *Nocturnes* de la seconde commande ne sont pas Hob.II.31-32, mais Hob. II. 27-28. Une nouvelle classification chronologique a été établie par Makoto Ohmiya en 1969 :

n° 1 en *ut* (Hob.II.25, déjà n° 1) : 1789 ou 1790

n° 2 en *fa* (Hob.II.26, déjà n° 2) : 1789 ou 1790

n° 3 en *ut* (Hob.II.32, ex-n° 8) : 1790

n° 4 en *ut* (Hob.II.31, ex-n° 7) : 1790

n° 5 en *ut* (Hob.II.29, déjà n° 5) : 1790

n° 6 en *sol* (Hob.II.30, déjà n° 6) : 1790

n° 7 en *fa* (Hob.II.28, ex-n° 4) : 1790

n° 8 en *sol* (Hob.II.27, ex-n° 3) : 1790

L'instrumentation originale des six premiers est deux *lire*, deux clarinettes, deux altos, deux cors et basse. Quand Haydn cependant dirigea à Londres les *n° 3*, *4* et *5* (tous en *ut*), il remplaça non seulement les deux *lire* par une flûte et un hautbois (ou par deux flûtes dans le cas du *n° 3*), mais les deux clarinettes par deux violons. Les *n° 7* en *fa* (II.28) et *8* en *sol* (II.27) furent, quant à eux, directement écrits avec deux violons.

Haydn prit soin de ne pas donner trop d'importance relative aux deux *lire organizzate*. La preuve en est que dans les versions révisées, qui existent non seulement pour les *n° 3*, *4* et *5*, mais aussi pour les *n° 7* et *8*, flûte et hautbois ne concentrent pas sur eux l'attention : on a bien là de la musique de chambre à neuf voix solistes, et respirant souvent, même dans les mouvements rapides, la mélancolie propre aux années 1789-1790, les dernières que Haydn passa à Eszterhaza. Cette musique, par-delà ses traits piquants, baigne dans la sérénité automnale des *Quatuors op. 64* (1790) ou de la *Symphonie « Oxford »* (1789), qu'elle égale sans pour autant exclure la légèreté de touche de l'esprit « divertimento ».

Les huit *Nocturnes* ont trois mouvements (vif-lent-vif), avec introduction lente dans les *n° 3* en *ut* et *8* en *sol*, à l'exception du *n° 1* en *ut*, qui en a quatre (une marche y sert d'introduction aux trois mouvements habituels), et du *n° 6* en *sol*, qui n'en a que deux. Plus précisément, son finale est perdu : peut-être fut-il copié sur le même lot de papier que le premier *Nocturne* de la seconde série, et disparut-il avec lui. Comme les *3ᵉ*, *4ᵉ* et *5ᵉ*, les *7ᵉ* et *fa* et *8ᵉ* en *sol* furent dirigés par Haydn à Londres, et c'est à cette occasion que fut ajoutée l'introduction lente du *8ᵉ*. Ce *Nocturne n° 8* est sant doute le plus beau de la série, avec notamment un sublime *Adagio* en *ut* que ses harmonies audacieuses, son ampleur et son intensité expressive rapprochent de celui de la *Symphonie « Oxford »*.

M.V.

MICHAEL HAYDN

Né à Rohrau-sur-la-Leitha, le 11 septembre 1737; mort à Salzbourg, le 10 août 1806. Comme son aîné Franz Joseph, Johann Michael fut petit chanteur à la cathédrale Saint-Étienne de Vienne (sans doute de 1745 à 1754), et, en 1757 au plus tard, devint maître de chapelle de l'évêque de Grosswardein en Hongrie (actuellement Oradea en Roumanie). Il occupa ce poste jusqu'à la fin de 1762, et l'année suivante entra au service du prince-archevêque de Salzbourg, — ville qu'il ne devait plus quitter. Il y surpassa tous ses collègues, parmi lesquels Leopold Mozart, et exerça une profonde influence sur le fils de ce dernier, Wolfgang Amadeus. A la fin de sa vie, il se rendit deux fois à Vienne (septembre-octobre 1798 et septembre-octobre 1801), y rencontra son frère Joseph, qu'il n'avait pas vu depuis 1771, et y reçut des commandes de l'impératrice. Le prince Nicolas II Esterhazy, patron de Joseph, lui offrit un poste de vice-maître de chapelle; mais il finit par refuser, préférant ne pas quitter Salzbourg. Par son style, il apparaît plus proche de Mozart que de son frère. Surtout célèbre en son temps comme compositeur de musique religieuse, il laissa notamment, en ce domaine, une trentaine de messes (de 1754 à 1805) et deux Requiem *(1771 et 1806, le second inachevé). On lui doit également, sur le plan vocal, des chœurs d'hommes et l'opéra* Andromeda e Perseo *(1787), et, sur le plan instrumental, des divertimentos et sérénades, quatorze quatuors à cordes et cinq quintettes à cordes.*

Parmi les premières œuvres de Michael Haydn se trouvent six **Divertimentos pour trio à cordes (S. 5-10)**, dont les autographes non datés sont conservés à la Société des Amis de la Musique à Vienne. Ces œuvres se situent vers 1754-1757, — avant l'arrivée du compositeur à Grosswardein. Cinq — *S. 5* en *ré*, *S. 6* en *sol*, *S. 7* en *mi*, *S. 8* en *la* et *S. 10* en *si* bémol — font appel à la formation alors « classique » de deux violons et un violoncelle, et comprennent quatre mouvements (avec *Menuet* en troisième position), alors que *S. 9* en *mi* bémol est écrit pour violon, alto et violoncelle et se limite à trois mouvements (*Andante* en forme de variations, *Menuet* et *Presto*), tous dans la même tonalité. Pour le reste, les mouvements lents sont à la sous-dominante, sauf dans *S. 6* en *sol* (à la tonique mineure). Le finale (*Allegro* à 2/2) de *S. 8* en *la* est une fugue. Les six ouvrages furent tous, au XVIIIe siècle, attribués à Joseph Haydn (*Hob.V.D2*, *G2*, *E1*, *A1*, *Es 1* et *B2*).

De la même époque, ou légèrement postérieur, est le **Divertimento en *ut* pour violon, violoncelle et contrebasse (P. 102 ou S. 11)**, qui ne nous est parvenu que par des copies manuscrites assez tardives. Il comprend quatre mouvements, avec *Adagio* en *fa* (sous-dominante) et *Menuet* en troisième position. La contrebasse (à l'unisson du violoncelle, et non à l'octave inférieure) peut, à la rigueur, être remplacée par un second violoncelle.

Une quinzaine d'années plus tard, Michael Haydn composa deux *Quintettes à cordes* (dénomination originale : *Notturno*) avec deux altos. Le **Quintette en *ut* majeur (P. 108 ou S. 182)** est daté du 17 février 1773, le **Quintette en *sol* majeur (P. 109 ou S. 184)** du 1er décembre 1773. L'un et l'autre sont en quatre mouvements, et comptent — notamment celui en *sol* — parmi les plus hautes réussites de l'auteur. Le *Quintette en* ut *majeur* s'ouvre par un *Allegro* à 3/8 d'un bel élan, et se poursuit par un *Adagio cantabile* en *fa* à 4/4 (cordes avec sourdines et effets d'écho), un *Menuetto* (*Allegretto*) doté d'un trio aux harmonies étranges, et un finale (*Allegro molto* à 2/4) aux agiles doubles croches. Il fut joué à Londres en 1794, et publié en 1798 (comme *op. 88*) sous le nom de Joseph Haydn). Le *Quintette en* sol *majeur*, sans doute le chef-d'œuvre de Michael Haydn dans le domaine de la musique de chambre, inspira Mozart jusque dans son *Quintette en* sol *mineur K. 516* de 1787. Il débute par un *Allegro brillante* à 2/2 d'aspect encore plus « moderne » que le mouvement correspondant de l'ouvrage précédent, et se poursuit par un *Adagio affetuoso* en *ut* à 3/4. Le troisième mouvement est un magnifique *Menuet* dont le trio, tout aussi extraordinaire, s'installe en *ré* mineur (fin de sa première reprise) puis — sur la même idée — en *sol* mineur (centre de sa seconde reprise). Le finale est un *Presto* à 2/2. Ces deux quintettes de Michael Haydn marquèrent le jeune Mozart, dont la première œuvre du genre (*K. 174* en *si* bémol) est exactement de la même époque (entreprise au début de 1773 et terminée en décembre).

Daté du 27 mai 1784, le **Quintette en *fa* majeur (P. 110 ou S. 361)** comprend sept mouvements, et relève plutôt du genre « divertimento » au sens moderne. Se succèdent un *Allegro aperto* à 4/4, un *Menuetto I*, un *Andante* en *si* bémol à 6/8, un *Menuetto II*, un *Allegretto* à 2/4 avec six variations, un *Vivace assai* à 3/8 en forme de rondo, et une *Marche* (*Andantino* à 2/4) dont une copie porte la date du 30 juin 1786.

On sait que Mozart, lors de son dernier séjour à Salzbourg en 1783, composa deux *Duos pour violon et alto* (*K. 423* en *sol*, et *K. 424* en *si* bémol) destinés à compléter une série de six entreprise par Michael Haydn. De ce dernier existent effectivement quatre ouvrages pour cette formation (*P. 127-130* ou *S. 331-334*), respectivement en *ut*, en *ré*, en *mi* et en *fa* (tonalités toutes différentes de celles choisies par Mozart), et probablement composés durant l'été de 1783.

Parmi les **Quatuors à cordes**, il faut mentionner tout d'abord les six réunis sur de nombreuses copies d'époque, et qui donc forment un groupe (*P. 116*, *118-120*, *122* et *124*). Sherman les situe vers 1780-1782, et ils sont respectivement en *si* bémol (*P. 124* ou *S. 320*), en *mi* bémol (*P. 118* ou *S. 321*), en *la* (*P. 122* ou *S. 322*), en *sol* mineur (*P. 120* ou *S. 323*), en *fa* (*P. 119* ou *S. 324*) et en *ut* (*P. 116* ou *S. 325*). Le Quatuor en *fa* est le seul en quatre mouvements (avec *Minuetto* en deuxième position et *Adagio* en *si* bémol), — les autres n'en ont que trois. Le Quatuor en *sol* mineur s'ouvre par un *Andante* (*un poco Allegretto*) suivi d'un *Andante grazioso* en *sol* majeur et d'un *Menuetto* à variations évoluant de *sol* mineur à *sol* majeur ; les quatre autres font se succéder un mouvement initial de tempo modéré (plutôt lent), un *Minuetto*, et un finale rapide. Peuvent être considérés comme des quatuors les *Divertimentos* en *la* (*P. 121* ou *S. 300*) et en *si* bémol (*P. 125* ou *S. 316*) (vers 1781-1782), — ce à quoi vient s'ajouter l'*Andantino* isolé en *sol* mineur (*P. 136* ou *S. 177*) (vers 1770-1772). Sherman cite en outre trois ouvrages absents chez Perger (quatuors en *ut S. 326*, en *ré S. 327* et en *sol S. 328*), et les situe, comme le groupe de six, vers 1780-1782.

Les œuvres de musique de chambre de Michael Haydn autres que celles pour cordes seules font appel aux formations les plus diverses, avec souvent des instruments insolites. Évoquons par exemple le **Notturno en *fa* majeur** pour deux cors et quatuor à cordes (*P. 106* ou *S. 155*), en quatre mouvements (avec *Menuetto* en deuxième position, et *Adagio* en *si* bémol pour cordes seules), et daté du 21 décembre 1772; le **Divertimento en *ut* majeur** pour hautbois (ou flûte), alto et contrebasse (*P. 98* ou *S. 156*), en six mouvements et composé en 1772; le **Divertimento en *si* bémol** pour hautbois, basson, violon, alto et contrebasse (*P. 92* ou *S. 187*), en quatre mouvements et daté du 18 septembre 1774; le **Divertimento en *sol* majeur** pour flûte, cor, violon, alto et violoncelle-basson (*P. 94* ou *S. 399*), en huit mouvements dont une *Polonaise*, et daté du 17 juin 1785; le **Divertimento en *ré* majeur** pour deux hautbois, deux cors et deux bassons (*P. 95* ou *S. 411*), en cinq mouvements et daté du 9 mars 1786; le **Quintetto en *mi* bémol majeur** pour violon, alto, clarinette, cor et basson (*P. 111* ou *H. 511*), en huit mouvements et daté du 4 juillet 1790; le **Divertimento en *sol* majeur** pour hautbois, deux cors, basson, alto et contrebasse (*P. 96* ou *S. 513*), en quatre mouvements et daté du 4 septembre 1790; ou encore le **Quartetto en *ut* majeur** pour cor anglais, violon, violoncelle et contrebasse (*P. 115* ou *S. 569*), en trois mouvements et daté du 3 août 1795.

M.V.

HANS WERNER HENZE

Né le 1er juillet 1926, à Gütersloh (Westphalie). Il fut l'élève, à Heidelberg, de Wolfgang Fortner dès la fin de la Seconde Guerre mondiale, ainsi que de René Leibowitz à partir de 1948 : son adhésion au dodécaphonisme sériel — ce fut l'époque de l'« école de Darmstadt » — lui valut alors une célébrité immédiate (les Variations pour piano*), qu'élargirait encore le succès remporté par son opéra* Boulevard Solitude *en 1952. Mais Henze ne tarda pas à décevoir ses plus chauds partisans, — abandonnant l'écriture sérielle pour affirmer son indépendance avec un style de composition plus libre. Dès 1953, il quitta l'Allemagne pour s'installer définitivement en Italie. Néanmoins, sa célébrité s'accrut à nouveau avec une succession d'opéras — parmi lesquels* le Prince de Hombourg, Élégie pour de jeunes amants *ou* le Jeune Lord *— d'une remarquable efficacité dramatique. Dans le même temps, virent le jour ses premières symphonies (on en compte sept aujourd'hui), des œuvres vocales (les cinq* Lieder napolitains, *un oratorio, une cantate), des œuvres concertantes (le* Doppio Concerto *notamment). A partir de 1967 environ, les ouvrages de Henze exprimèrent de plus en plus ses engagements politiques : ainsi* le Radeau de la Méduse, *sorte de requiem à la mémoire de Che Guevara, et mémorable scandale lors de sa création à Hambourg en 1968. Depuis, le compositeur — prolifique — a continué de produire des partitions accordant une large place à la voix (ainsi les « actions en musique » constituant* We come to the River, *ou l'opéra pour enfants* Pollicino*), et dédaignant rarement de poser certaines questions fondamentales des sociétés contemporaines.*

La musique de chambre de Henze est dominée par ses cinq *Quatuors à cordes*, échelonnés de 1947 à 1977. Ils furent précédés d'un quatuor « de jeunesse » écrit à la fin de 1946, — aujourd'hui disparu et dont l'un des mouvements était intitulé *Hommage à Verdi*.

Composé en 1947 et créé la même année à Heidelberg, le **Quatuor à cordes n° 1** disparut peu après, mais refit surface environ dix ans plus tard, et fut publié en 1967 après de légères révisions. Henze s'y dégage quelque peu de l'influence d'un Hindemith ou d'un Fortner*. L'œuvre comprend qua-

* Voir ces compositeurs, ici même.

tre mouvements : *Allegro molto*, *Andantino* (mouvement le plus développé des quatre), *Lento ma non troppo* (fort bref), et *Presto*.

Durée d'exécution : 19 minutes environ.

Le **Quatuor à cordes n° 2** est de 1952, c'est-à-dire de l'époque où dominait le sérialisme, — et il s'en ressent. Il fut créé par le Quatuor Parrenin le 16 décembre 1952 au Südwestfunk de Baden-Baden ; mais, bientôt, il apparut au compositeur lui-même comme quelque chose de « complètement étranger ». Il y a trois mouvements, définis chacun par une indication métronomique. Le premier (noire à environ 70) rend plus ou moins hommage à la forme sonate, le deuxième (croche à 69) évoque la forme lied, mais avec coda à allure de scherzo, et le troisième (croche à 152) est un rondo où l'on peut déceler un fugitif parfum de tango.

Durée d'exécution : 15 minutes environ.

Près d'un quart de siècle devait s'écouler avant le **Quatuor à cordes n° 3** (1975-1976), sous-titré *In Memoriam M.A.G.* et terminé au début de 1976. L'ouvrage fait un large usage du contrepoint, et, précise l'auteur, « constitue une ode funèbre à quatre voix en un seul mouvement, un motet instrumental à la manière d'un ricercar ». Les quatre instruments jouent *arco* d'un bout à l'autre, sans le moindre « effet spécial ».

Durée d'exécution : 19 minutes environ.

Plus expérimental, le **Quatuor à cordes n° 4** (1976) est une réflexion sur le style et le contenu de l'opéra *We come to the River*, créé au Covent Garden de Londres la même année. Les quatre mouvements ont chacun un protagoniste différent. Dans le premier (*Molto agitato*) c'est le violoncelle, qui « gesticule » devant les trois autres instruments servant d'auditoire. Dans le deuxième (*Adagio*), à allure de pavane élizabéthaine (William Byrd*), c'est l'alto. Dans le troisième (*Allegretto moderato*), sorte de « scherzo et trio », c'est le second violon, et dans le finale (*Rondo improvvisato*), le premier violon, — dont, au demeurant, la partie n'est précisément écrite qu'au début, au milieu et à la fin ; pour le reste, elle est laissée à la discrétion de l'interprète. L'œuvre est sous-titrée *In Memoriam Victor Jara*.

Durée d'exécution : 35 minutes environ.

Composé en 1976-1977, le **Quatuor à cordes n° 5**, sous-titré *In Memoriam Benjamin Britten*, est plus concentré, moins spectaculaire, plus tourné vers l'intérieur que le précédent, et sa structure est déterminée par les « imperfections de la vie ». Il y a six mouvements : « Noire à 72 », « Hors d'haleine, sauvage », « Noire = battement du cœur », « Silencieux, lointain », « Échos, souvenirs, très éloigné », et « Chant du matin ».

Durée d'exécution : 26 minutes environ.

Autres partitions de chambre méritant une mention : la **Sonate pour violon et piano** (1946), puis la sérielle **Sonate de chambre** (« Kammer-sonate ») pour piano, violon et violoncelle (1948). Le **Quintette à vents** est à dater de la même période que le *Quatuor n° 2* (1952), — tandis qu'est postérieure de quelques années une partition plus décisive, introduisant la voix, la **Kammermusik 1958** librement construite à partir d'un « Hymne » de Hölderlin pour ténor accompagné soit d'une guitare, soit d'un octuor (clarinette, cor, basson et quintette à cordes).

M.V.

* Voir ce compositeur, ici même.

PAUL HINDEMITH

Né le 16 novembre 1895, à Hanau (Hesse); mort à Francfort-sur-le-Main, le 28 décembre 1963. Issu d'une famille modeste, remarquablement doué dès son plus jeune âge, il accomplit ses études au Conservatoire de Francfort avec Arnold Mendelssohn et Bernhard Sekles. A vingt ans, il est premier violon à l'Opéra de Francfort, puis chef d'orchestre principal; il fonde également le quatuor Amar, dont il est l'altiste : Hindemith, sa vie durant, restera un virtuose hors pair de l'alto. Dès 1922, le voici reconnu comme un compositeur important (Troisième Quatuor à cordes)*; il est alors l'auteur d'œuvres à scandale — les opéras en un acte* Assassin, espoir de femmes, *et* Sancta Susanna *— qui font oublier que Hindemith est un musicien sérieux (quoique de tempérament enjoué), épris de technique contrapuntique et cherchant ses modèles chez Bach ou Haendel. En 1927, il est professeur de composition à la Hochschule für Musik de Berlin, mais, peu après l'avènement du nazisme, il sera suspecté de « pervertir de la manière la plus vile la musique allemande » : on cessera de le jouer, et Hindemith s'expatriera vers la Suisse en 1937, pour s'installer en 1940 aux États-Unis; il y dirigera le département musical de la Yale University (Connecticut) jusqu'en 1953. Pressenti pour le même poste à l'Université de Zürich (et ayant refusé celui de directeur de la Hochschule de Berlin), Hindemith s'établira ensuite en Suisse, sans jamais cesser de composer, — son dernier opéra notamment,* l'Harmonie du monde *(qui n'atteindra pas la notoriété de ceux d'avant-guerre,* Cardillac *et, surtout,* Mathis le peintre*). Son ultime ouvrage (1963) sera une* Messe *pour chœurs a cappella, une « somme théologique » comme voulait l'être* l'Harmonie du monde. *Hindemith — et peut-être sa musique eut-elle à en souffrir — fut un théoricien passionné qui exposa les résultats de sa recherche dans un traité de composition et de syntaxe musicale intitulé* Unterweisung im Tonsatz *: il y posait en principe l'irréductibilité du fait tonal, et la nécessité d'une tonalité « élargie » n'utilisant pas l'opposition majeur-mineur, mais s'appuyant sur un ordre hiérarchique des intervalles... » D'où l'abondance de ses œuvres à caractère didactique avoué (le* Ludus Tonalis *pour piano), ou déguisé (l'opéra* Mathis le peintre, *par exemple); d'où, également, les références explicites à l'histoire de la musique (*Métamorphoses symphoniques sur des thèmes de Weber, *entre autres), sans compter les tentatives de* Gebrauchsmusik *(musique « fonctionnelle » ou « utilitaire »). Tous ces traits de la musique de Hindemith, soulignés jusqu'à la caricature par ses détracteurs, ne la rendent pas éminemment populaire : très diffusée en Allemagne, elle reste — sauf pour deux ou trois œuvres — à peu près inconnue en France. Il serait temps, toutefois, de rendre justice à cet héritier d'une grande tradition — de Bach à Brahms et à Max Reger —, qui fut en même temps un « révolutionnaire du monde musical du XX*e *siècle » (Emmanuelle Loubet).*

Au début des années 1920, le jeune Hindemith était considéré généralement comme l'un des avant-gardistes les plus audacieux et les plus radicaux de son temps. Petit à petit, il trouva le chemin d'un équilibre qui le mena jusqu'à un rayonnant sommet de l'accomplissement, auquel nous devons ses plus belles œuvres. Et puis, ce fut le déclin, et son pouvoir créateur se figea peu à peu. Celui qui avait été dans sa jeunesse un révolutionnaire, et qui, ensuite, s'était élevé au rang d'un véritable classique, d'un maître à penser vénéré d'une génération entière, se survécut à lui-même, et quitta en réactionnaire morose et déçu un monde qui lui était devenu de plus en plus étranger. Le déclin de son rayonnement artistique, durant les dix dernières années de sa vie, correspondait d'ailleurs à une diminution sensible de sa puissance créatrice, tant sur le plan de la quantité que de la qualité. Et c'est ainsi qu'il mourut au creux de la vague, au moment même où la musique nouvelle se dirigeait vers des buts qui lui étaient étrangers et qu'il avait même attaqués avec entêtement et violence, en un combat d'arrière-garde perdu d'avance. Son attachement, maintenu toute sa vie, à une tonalité, si élargie fût-elle, tonalité à la destruction de laquelle il avait en tout contribué dans une large mesure, dans sa propre jeunesse, cet attachement le définissait comme « restauratif ».

Aujourd'hui, Hindemith ne nous apparaît ni comme un révolutionnaire décisif de la musique, ni comme un épigone impuissant, mais comme un chaînon important, dans une longue lignée. Et si nous lui attribuons, dans le cadre de son époque, une position qui pourrait se comparer, par exemple, à celle d'un Max Reger, cela n'est nullement vouloir le diminuer, mais prouve, au contraire, qu'aujourd'hui seulement, nous pouvons estimer à sa juste valeur la signification d'un Reger...

L'on sait l'importance extrême qu'Hindemith attachait à l'aspect artisanal, concret et pratique de la musique, à quel point sa vocation pédagogique lui paraissait essentielle. Or, cette attitude était en fait « restaurative », elle aussi, et ce dès l'époque où il était considéré comme un dangereux brise-vitres, comme un ennemi et un destructeur de la tradition musicale allemande. Elle ne pouvait apparaître révolutionnaire, que face au subjectivisme raffiné à l'extrême des post-romantiques, mais en réalité, elle se reliait directement à la tradition baroque du « Musizieren ». En tournant le dos violemment à l'idéal artistique « Kulinarisch » d'une grande bourgeoisie rassasiée et fatiguée, son effet était stimulant et revivifiant. L'on tenta alors de combler le fossé, devenu de plus en plus large depuis Beethoven, entre des interprètes spécialisés et hautement virtuoses et un auditoire passif, par une participation plus active des amateurs et des profanes à la pratique musicale. Ainsi naquit le concept hindemithien de la « Gebrauchsmusik », qui n'était nouveau que par rapport à son époque : car avant Beethoven il n'y avait en fait jamais rien eu d'autre que de la « Gebrauchsmusik ». De ce point de vue, le rapprochement souvent effectué entre Bach et Hindemith nous paraît justifié. Non seulement au niveau de la théorie et de la pédagogie. Non seulement parce que le *Ludus Tonalis* de Hindemith constitue une contrepartie moderne au *Clavecin bien tempéré* de Bach. Mais la comparaison est valable pour l'ensemble de la production de musique de chambre des deux compositeurs. Le but des Sonates de Bach, ou de sa *Clavierübung* est tout à fait comparable à celui des Sonates ou des *Spielmusiken* d'Hindemith. Il est vrai qu'il en va autrement en ce qui concerne les œuvres orchestrales et théâtrales d'Hindemith, qui doivent s'intégrer nécessairement dans le cadre social de la vie de concert héritée du Romantisme : au XXe siècle, en effet, un Hindemith ne dispose pas d'une chapelle de cour de Coethen ni d'une église Saint-Thomas, qu'il faille pourvoir hebdomadairement de musique !

Si les *Trios* et les *Quatuors à cordes*, ainsi que les rares œuvres pour des formations de musique de chambre plus importantes (jusqu'à l'octuor), s'adressent sans aucun doute au concert, où d'ailleurs une grande partie de ces œuvres font partie du répertoire, la plupart des *Sonates*, ne serait-ce qu'à cause de leur formation, sont avant tout réservées à l'étude. Aussi bien, quelle perspective une sonate pour tuba, ou pour trombone, ou pour contrebasse, possède-t-elle dans la vie musicale publique ?... Comme ces morceaux ne sont presque jamais joués au concert, il n'existe pour les mélomanes ne maîtrisant pas l'instrument en question, qu'un seul moyen de les connaître : le disque !

Dans le domaine de la musique de chambre, trois autres compositeurs seulement ont fait preuve, en notre siècle, d'une fécondité comparable : Max Reger, Darius Milhaud et Bohuslav Martinu. Sinon, plus personne depuis Beethoven. Chronologiquement, cette production se divise en deux grands groupes en dehors desquels ne se trouvent que peu d'œuvres de musique de chambre. La première grande vague créatrice s'étendit de 1918 à 1925 et produisit les trois opus consacrés aux *Sonates pour instruments à cordes* (*op. 11*, *25*, *31*) : les quatre premiers *Quatuors à cordes* et le premier *Trio à cordes* ; le *Quintette avec clarinette* et le *Quintette à vents*.

Cette époque est celle de la grande percée décisive du jeune Hindemith vers un langage personnel et en même temps, vers la reconnaissance mondiale. Entre 1926 et 1934, la musique de chambre fut abandonnée au profit de l'orchestre et de la scène de théâtre, ainsi que des différentes musiques éducatives (« Lehrstücke » et « Spielmusiken ») qui, cependant, contiennent également certaines pièces pour formation de chambre. Sinon, ces années ne comportent que le *Trio avec Heckelphone*, et, tout à la fin, le second *Trio à cordes*, qui annonce déjà la phrase suivante.

La plus grande partie de la musique de chambre d'Hindemith fut composée entre 1935 et 1945 : toutes les *Sonates pour piano, orgue* et *harpe*, douze nouvelles *Sonates en duo*, le *Quatuor avec clarinette*, et, comme couronnement, les deux derniers *Quatuors à cordes n° 5* et *6*. Cette production culmina durant les années 1938 et 1939, les plus fertiles de toute son existence. Puis, à de longs intervalles, suivirent encore quelques retardataires, entre 1948 et 1960 : les trois dernières *Sonates en duo*, la *Sonate pour quatre cors*, le *Septuor* et l'*Octuor* (la dernière œuvre de musique de chambre d'Hindemith, 1957-58).

Il n'est pas possible, dans le cadre de cette introduction, d'entrer plus en détail sur les caractéristiques du langage musical d'Hindemith. Son développement va de la polytonalité libre (plus rarement de l'atonalité) des années 1920, dans laquelle la pensée, impitoyablement linéaire, a pour conséquences les frottements dissonants les plus âpres, étant donné qu'il n'est tenu presque aucun compte des superpositions verticales, jusqu'à la « tonalité élargie », sévèrement contrôlée, de l'âge mûr, qui trouva sa justification explicative dans le traité *Unterweisung im Tonsatz*, et qui utilise les douze sons de la gamme chromatique avec des droits égaux, mais par rapport à une tonique centrale, ce qui a pour conséquence la suppression des contrastes de modes entre majeur et mineur. C'est ainsi qu'une œuvre d'Hindemith est en « ut » ou en « ré » sans que le mode soit précisé. Il en résulte, également, un affaiblissement des contrastes expressifs, qui perdent de toute manière en signification et en nécessité par le renoncement à la dialectique de développement thématique au sens beethovénien ; ils sont remplacés par un tissu motivique plus proche d'un J. S. Bach, qui croît sur base d'une agogique de mouvement néo-baroque. Heinrich Strobel a caractérisé la sonate hindemithienne de manière si juste qu'il nous faut absolument le citer ici. Ce qu'il dit des sonates, est d'ailleurs valable, dans un sens plus large, pour les quatuors et les autres œuvres de musique de chambre d'Hindemith : « Le concept Sonate n'est pas à prendre au sens romantique. Il ne s'agit pas de compositions porteuses de conflits symphoniques dans le cadre réduit de la musique de chambre avec piano. Elles ne reposent pas sur une forme cyclique, dont le rôle est de représenter avant tout des émotions à l'aide du travail de fission de thèmes contrastants. Le concept Sonate doit être compris au sens que lui donnaient les vieux Maîtres : comme événement sonore pourvu d'une structure. On voit donc que là également, la forme ne peut être séparée du « contenu ». C'est ainsi qu'on ne trouvera pas dans ces Sonates des « thèmes » brefs du type usuel mais des formations thématiques plus vastes, complètes en elles-mêmes, et qui sont juxtaposées comme dans les Sonates de Bach, de Haendel et du jeune Mozart. La forme Sonate au sens traditionnel du terme, qu'on enseigne aujourd'hui encore, n'intervient guère et là où, par la présence de deux thèmes principaux, une parenté semble exister avec elle, il y manque cependant l'élément décisif : le développement des thèmes avec leur division en parcelles, en motifs. Lorsque Hindemith « développe » réellement une pensée musicale et semble ainsi se rapprocher de la pratique classique, il s'agit d'un développement en imitations polyphoniques. Aussi le schème des Sonates est-il extrêmement varié. Il s'étend du complexe en un seul mouvement composé de plusieurs parties plus petites jusqu'au cadre en quatre ou cinq mouvements » (Heinrich Strobel : *Paul Hindemith*, Schott 1948).

Il résulte de ce qui vient d'être dit, que nous ne trouverons que rarement des mouvements longs chez Hindemith. Les quelques-uns qui existent sont soit des mouvements de variations (avant tout dans la forme de la passacaille qu'il utilise fréquemment), soit une série d'épisodes brefs qui se succèdent dans un ordre statique et « ouvert »..

LES INSTRUMENTS SOLISTES

Ici dominent les huit *Sonates* pour cordes seules : trois pour violon, quatre pour alto (que l'altiste Hindemith écrivit à son propre usage) et une pour violoncelle.

Des trois **Sonates pour violon seul**, la plus ancienne (*op. 11 n° 6*, 1917) est demeurée inédite jusqu'à une date toute récente. Par contre, les deux **Sonates op. 31 n° 1** et **n° 2** (1924) font partie depuis longtemps du répertoire de beaucoup de violonistes. La *Première* comporte cinq mouvements enchaînés, dont le quatrième est un *Intermezzo* (*Lied*), « à jouer avec douceur et à mi-voix », et le dernier un brillant *Prestissimo*. La *Deuxième* comporte en épigraphe l'exclamation « Il fait si beau temps dehors !... », et, après un minuscule intermède en pizzicatos, le dernier de ses quatre mouvements offre cinq variations sur un lied de Mozart, « *Komm, lieber Mai* » (« Viens, cher mois de mai »), dont ce dernier avait déjà fait le refrain du *Finale* de son dernier *Concerto pour piano* (K. 595).

Pour **alto seul**, nous trouvons d'abord la **Sonate op. 11 n° 5** (1919), contemporaine du *Premier Quatuor op. 10*, et donc encore de langage en partie post-romantique. Cette page très virtuose comporte quatre mouvements, dont le dernier, aussi développé que les trois autres réunis, est une monumentale *Passacaille*, la première des nombreuses pièces de ce genre écrites par Hindemith, et dont le thème est une métamorphose rythmique de celui du premier mouvement de la *Sonate*.

La **Sonate op. 25 n° 1** (1922) s'est acquise une certaine célébrité par les indications figurant en tête du quatrième de ses cinq mouvements : « *Tempo enragé — Sauvage — La beauté du son est accessoire.* » : c'est un bon exemple de la *Motorik* frénétique à laquelle sacrifiait alors Hindemith (le mot fut inventé précisément pour définir sa musique !). Mais l'œuvre vaut mieux que cela, et les autres morceaux ne refusent nullement l'expression. Les cinq mouvements se regroupent en fait en deux blocs : un lent-vif et un lent-vif-lent, dont le second, contrairement au premier, laisse reconnaître des polarisations tonales assez nettes (*mi*, *ut*, *ut*). A l'exception du troisième, tous les mouvements sont de coupe ternaire, — le quatrième avec adjonction d'une coda. La violence déjà signalée de ce quatrième morceau aboutit au *Lamento* désolé du cinquième.

Durée d'exécution : 15 minutes environ.

Les deux autres *Sonates* (*op. 31 n° 4*, 1923, et une *Sonate* de 1937) viennent seulement d'être livrées à la publication.

Quant à l'unique **Sonate pour violoncelle seul op. 25 n° 3** (1923), en cinq mouvements, elle est proche par son style de sa voisine pour alto, — avec un *vif, très marqué* effaçant le sentiment tonal (confondant *ut* majeur et *ut* dièse majeur), un bref et spirituel intermède murmuré en demi-teintes, un *Andante*, un deuxième intermède rapide (« *sans aucune expression et toujours pianissimo* »), et un *Finale* très rythmé en *ut*, dont la fin-surprise en *ut* dièse dénoue en quelque sorte le conflit tonal du premier mouvement.

On citera encore, parmi les œuvres solistes, **Huit Pièces pour flûte seule** (1927), et surtout une remarquable **Sonate pour harpe** appartenant à la maturité du compositeur (1939). Cette page harmonieuse et consonante se divise en trois mouvements brefs (dans l'ordre *modéré-vif-lent*), dont le dernier est inspiré par un poème de Hölty. Avant de passer à l'imposante série des *Sonates* avec piano, on mentionnera ici la spirituelle **Sonatine canonique pour deux flûtes** (*op. 31 n° 3*, 1923), dont les trois mouvements (*Alerte-Capriccio-Presto*) sont l'une des toutes premières manifestations d'un retour à l'esprit baroque, et un **Duo pour alto et violoncelle** (1934), de publication toute récente.

LES SONATES POUR CORDES ET PIANO

Sonates pour violon et piano

Des quatre *Sonates pour violon et piano*, deux appartiennent à la jeunesse du compositeur, les deux autres à sa maturité. La **Sonate en *mi* bémol majeur op. 11 n° 1** (1918), en deux mouvements, concilie une invention mélodique encore proche de Brahms et de Reger et une harmonie tantôt presque impressionniste, tantôt déjà plus dissonante et plus rude. A l'animation du premier mouvement s'oppose le caractère plus posé du deuxième (« *Dans le tempo d'une danse lente et solennelle* »), joué tout en demi-teintes, à l'exception d'un bref intermède plus rythmique.

Durée d'exécution : 9 minutes environ.

On croirait volontiers la **Sonate en *ré* majeur op. 11 n° 2** (1918) légèrement antérieure à l'autre, — car plus liée à la tradition romantique. Il y a trois mouvements, dont le premier, sombre et violent (« *avec une opiniâtreté inflexible* ») et le deuxième, lent avec un intermède plus animé, sont en *ré* mineur, tandis que le troisième, une danse rapide et brillante, passe en *ré* majeur.

C'est la petite **Sonate en *mi* majeur** qui ouvre discrètement, en 1935, le grand cycle des *Sonates* de la maturité hindemithienne, prolongé sur une vingtaine d'années. Ici, l'élément mélodique prédomine, dans la joie d'une tonalité retrouvée, mais régénérée et élargie. Le premier des deux mouvements, en son 9/8 berceur, évoque même le début de la *Sonate* de César Franck ! Il est suivi d'un morceau plus développé, faisant alterner à deux reprises un *Lent* et un *Très vif*, — coupe formelle qui reprend, à une échelle plus modeste, celle du *Finale* du *Deuxième Trio à cordes* (1933).

La **Sonate en *ut* majeur** de 1939 est plus ambitieuse, plus variée et plus complexe, et compte au nombre de ses œuvres maîtresses. Elle comporte un *Vif* à l'allure de toccata, puis un *Lent* coupé d'un bref intermède plus animé, et culmine en une imposante *Triple Fugue*, dont les structures thématiques s'inspirent de celles du premier mouvement, tandis que son architecture ternaire se veut une synthèse-miroir de celle de l'ensemble de l'œuvre.

Sonates pour alto et piano

Des trois *Sonates pour alto et piano*, la deuxième (*op. 25, n° 4*, 1922) est demeurée inédite jusqu'à ces dernières années, alors que les deux autres se sont depuis longtemps assurées une place de choix au répertoire des altistes. La **Sonate en *fa* majeur op. 11 n° 4** (1919) se compose presque entièrement de variations. En effet, après la *Fantaisie* rhapsodique servant d'ouverture, nous entendons une série de quatre variations d'une belle richesse polyphonique, sur un thème « *calme et simple comme une chanson populaire.* » Le *Finale* (les trois mouvements se jouent *attacca*) varie sept fois un nouveau thème : la sixième variation est un « *fugato, à interpréter avec une lourdeur bizarre* », la septième une coda très enlevée.

Mais la grande **Sonate en *fa* majeur** de 1939 est d'une tout autre portée. Dans la même tonalité que sa devancière (bien que tous les ouvrages de référence, et jusqu'au catalogue de l'éditeur, indiquent *ut* !), elle se situe au centre même du grand cycle des *Sonates* de la maturité, et aucune autre n'en égale la grandeur, l'ampleur et la force d'inspiration. C'est l'un des chefs-d'œuvre de Hindemith, et peut-être la plus belle *Sonate* jamais écrite pour cette formation. Le premier mouvement (*Ample et vigoureux*) est un modèle de forme sonate hindemithienne, dont la réexposition passe du 3/4 à un 9/4 plus animé. Le deuxième (*Très vif*) fait office de *Scherzo*, tandis que le troisième (*Très lent, libre*), assez bref, est une *Fantaisie* rhapsodique, comportant en son centre un grand sommet d'intensité, et servant d'introduction au vaste *Finale* (*Légèrement animé*). Ce morceau étonnant, point culminant de la *Sonate*, ne se compose pas de variations à proprement parler, mais métamorphose par deux fois, par l'agogique et le rythme, un immense complexe de soixante-treize mesures, dont les intervalles mélodiques demeurent intacts. C'est un procédé original, auquel Hindemith est revenu avec succès l'année suivante dans ses *Quatre Tempéraments* pour piano et orchestre à cordes. La première métamorphose, en *si* (pôle tonal « opposé » à *fa*, tonique de l'œuvre) possède le caractère d'un *Scherzando*, vaporeux, aux rythmes subtils et complexes, tandis que la deuxième (*Très animé*) aboutit à une coda progressivement élargie, de caractère grandiose.

Sonates pour violoncelle et piano

Les *Sonates pour violoncelle et piano* sont toutes deux importantes (il existe, de plus, une *Petite Sonate* de 1942, à vocation plutôt pédagogique), et la **Sonate op. 11 n° 3** (1919-1920) marque une première rupture décisive avec le langage post-romantique, la tonalité de *la* mineur n'ayant plus guère qu'une valeur symbolique. La polyphonie linéaire et l'unité rythmique viennent se substituer à l'harmonie fonctionnelle défunte comme facteurs de cohésion du discours. Des deux parties de l'œuvre, la première (*Avec force*) déchaîne l'énergique *Motorik* symbolisant le jeune Hindemith. Le violoncelle tente d'abord de s'opposer à la longue chaîne de doubles croches de toccata du piano, mais se trouve bientôt entraîné dans son tourbillon. A l'issue d'un point d'orgue, le piano propose un nouveau thème, très martelé, et cette première partie s'achève sur le conflit non résolu du rapport bitonal *la* mineur-*mi* bémol mineur. Une polytonalité très âpre dissonante caractérise aussi la deuxième partie de la *Sonate* qui enchaîne un *Lent* et un *Très vif*.

Durée d'exécution : 19 minutes environ.

La **Sonate en *mi* majeur** de 1948 est évidemment toute différente, en son langage simplifié, épuré, d'un noble classicisme, d'une grande séduction mélodique. Elle ne le cède que de peu en importance à la grande *Sonate pour alto et piano* de 1939 (v. plus haut). Elle commence par une *Pastorale* rêveuse, au rythme doucement berceur et se poursuit par un *Modérément animé* gracieux, d'une fine ironie, typique de l'humour en demi-teintes que cultivait Hindemith. Le staccato du piano y environne spirituellement la cantilène du violoncelle. L'épisode *Lent* central apparaît une fois encore avant la vive conclusion. L'œuvre est couronnée par une majestueuse *Passacaille* sur un thème de sept mesures exposé par le violoncelle seul, aboutissant à un fugato conclusif.

Autres Sonates pour cordes et piano

Il faut citer encore une **Petite Sonate pour viole d'amour et piano** (*op. 25 n° 2*, 1922), en trois mouvements (*Modérément animé-Gai-Très lent-Très vif*), témoignage précoce de néo-classicisme, mais surtout de l'intérêt que Hindemith portait à ce bel instrument, dont il jouait lui-même, et auquel il consacra plus tard une œuvre concertante, sa *Kammermusik n° 6 op. 46 n° 1* (1927).

Dans la **Sonate pour contrebasse et piano en *si* majeur** (1949), l'instrument est accordé un ton plus haut que de coutume (*scordatura*). Il y a un premier mouvement gai et animé, un *Scherzo*, aux capricieux changements de mesure, et une troisième partie plutôt lente, se terminant par une simple chanson introduite par un récitatif dialogué entre les deux instruments.

Enfin, Hindemith a composé deux œuvres encore pour violoncelle et piano : **Trois Pièces op. 8** (*Capriccio, Phantasiestück*, et *Scherzo*), de 1917, sa première œuvre publiée, encore toute post-romantique, sous les feux croisés de Mahler, de Reger et de Debussy ; et un bref cycle de **Variations** sur une chanson américaine, *A frog he went a courting* (1941).

LES SONATES POUR VENTS ET PIANO

Ce cyle de dix *Sonates*, né entre 1936 et 1943 à l'exception de la « retardataire » pour tuba (1955), la dernière de toutes les *Sonates* de Hindemith, constitue un ensemble unique en son genre. Le caractère expressif de chacune d'entre elles correspond exactement à la nature et aux possibilités de l'instrument choisi. C'est ainsi que les *Sonates* pour bois sont plutôt gaies, légères et transparentes, celles pour cuivres plus substantielles et plus vigoureuses. On accordera la palme aux œuvres pour clarinette, pour trompette et, particulièrement, pour cor (un des chefs-d'œuvre de Hindemith).

La **Sonate pour flûte, en *si* bémol majeur** (1936), ouvre la série. C'est une page ensoleillée, d'une clarté cristalline, débutant par un bref *Allegro* de forme sonate (thème principal énergique et décidé, deuxième thème souple et lyrique), se poursuivant par une lente et expressive cantilène, et se terminant par un rondo aux rythmes de gigue, muni — ô surprise — d'une coda sous la forme d'une petite marche très amusante, dont chaque moitié est exposée d'abord par le piano seul, avant d'être reprise et ornée par la flûte.

La **Sonate pour hautbois, en *sol* majeur** (1938), particulièrement réussie et fidèle à la vocation bucolique de l'instrument, est fort brève et se limite à deux mouvements — dont le second fait cependant alterner par deux fois un épisode lent et un autre rapide, ce dernier dérivé, du reste, du motif initial très chantant, rythmiquement très souple et varié, du précédent.

Dans la **Sonate pour cor anglais, en *ut* dièse et *fa* majeur** (1941), l'une des rares œuvres de la maturité de Hindemith qui ne respecte pas l'unité tonale, on voit alterner la mélancolie timide et l'allégresse bondissante, le vague à l'âme passionné et une gaieté quelque peu anguleuse — ce qui illumine toutes les facettes d'un instrument trop méconnu. La structure de l'œuvre est singulière et originale. Après une introduction lente dans le caractère d'une marche funèbre, la *Sonate* s'articule en cinq épisodes concentriques (A-B-C-B-A). Les parties « A » sont à 3/8 et en *fa*, les parties « B » en 9/8 berceur et dans la tonalité initiale de l'œuvre, *ut* dièse. Au milieu enfin, on trouve un *Scherzo* à 2/4.

Spécialement belle, la **Sonate pour clarinette, en *si* bémol majeur** (1939), revient à la forme classique en quatre mouvements, et embrasse une variété de climats expressifs plus grande que dans les autres *Sonates* pour bois, grâce aux ressources de l'instrument choisi. Très contrastants, les quatre mouvements forment un tout harmonieux. Le vigoureux premier temps exploite cette matière mélodique à base de quartes si typique du compositeur. Une joie sans problèmes imprègne le vif et espiègle *Scherzo*. Mais vient alors un *Adagio* en *fa* mineur d'une sombre mélancolie, dont la méditation concentrée évoque les plus belles pages de *Mathis le Peintre*, et tout particulièrement du ballet *Nobilissima Visione*, exactement contemporain de notre *Sonate*, qui se termine par un bref *Finale* sur l'insouciance duquel planent encore quelques ombres de nostalgie.

La **Sonate pour basson, en *si* bémol majeur** (1938), est une page brève, souriante et lyrique, qui exploite davantage les ressources chantantes de l'instrument que son humour. Ce dernier ne se manifeste en fait que dans la drôle de petite marche, qui aboutit de manière surprenante à la paisible ambiance vespérale de la coda pastorale,

— ce qui rétablit le lien avec la berceuse contemplative du début.

La **Sonate pour saxophone alto, en *mi* bémol majeur** (1943), qui existe aussi dans une version pour bugle, est une œuvre de plus de poids. A un bref morceau introductif à l'ample mesure à 6/4 succède une sorte de *Scherzo* dans la tonalité contrastante de *si* mineur. Entre l'expressif mouvement lent et le *Finale* animé à 9/16, on trouve un *Dialogue* intitulé «*le Cor de Postillon*», sur un poème du compositeur lui-même. Le saxophoniste parle avec nostalgie du temps passé, qui semble renvoyer jusqu'à nous le son du cor de postillon. Le pianiste (qui représente visiblement la pensée personnelle de Hindemith) répond par les paroles suivantes, — dignes d'être reproduites ici en tant que profession de foi et symbole de sa position esthétique : «L'ancien n'est pas bon pour la simple raison qu'il appartient au passé / Le nouveau n'est pas davantage excellent parce que nous marchons avec lui / Et personne n'a jamais éprouvé plus de bonheur / Que ce qu'il était en mesure d'assumer et de comprendre / Il t'appartient à toi, au-delà de la hâte, du bruit et de la multitude / De retrouver et de préserver à nouveau / Ce qui est permanent, le silence, le sens, la structure...». Et c'est ainsi que dans le *Finale*, le saxophone fait entendre de l'authentique musique de cor de postillon, qui se déploie calmement au-dessus des agiles triolets du piano.

La **Sonate pour cor, en *fa* majeur** (1939), en trois mouvements, est l'une des plus belles pages de la musique de chambre de Hindemith. Le compositeur traite le cor avec un amour tout particulier; il sait en magnifier le romantisme inhérent, mais la polyphonie s'épanouit également dans cette œuvre. Un lyrisme noble règne dans les deux premiers mouvements, tandis que le troisième adopte un ton plus solennel, plus vigoureux, parfois plus dramatique. Son 3/2 énergique se voit bientôt interrompu par un petit épisode lent et très poétique à 6/8, avant d'être développé et mené jusqu'à une coda imposante, sans cesse élargie.

La **Sonate pour trompette, en *si* bémol majeur** (1939), est une page très originale, voire singulière, dont les deux premiers morceaux contrastent violemment avec le funèbre *Finale*. Puissant et éclatant, l'ample premier mouvement, de forme concentrique (A-B-C-A-C-B-A) se développe à partir de ce matériau de quartes et de quintes si typique du Hindemith de la maturité, mais qui correspond particulièrement bien à la nature de la trompette. Dans le *Scherzo* qui suit (à 3/4, avec une partie centrale animée à 2/2, qui revient pour conclure), l'humeur se fait capricieuse, tantôt gaillarde à la trompette, tantôt rêveuse au piano. Comment interpréter à présent l'émouvante *Musique funèbre*? Comme une sorte de Requiem en miniature à la mémoire de la *Gebrauchsmusik* sacrifiée sur l'autel de la *Realpolitik* nazie?... La musique s'élève, impitoyable, jusqu'au moment où la trompette entonne enfin la mélodie de choral *Alle Menschen müssen sterben* : «Tous les hommes doivent mourir», y compris les héros et les souverains.

Personne n'attendra de la **Sonate pour trombone, en *fa* majeur** (1941), une proclamation héroïque de style wagnérien, bien étrangère à l'esprit de Hindemith. Cependant le compositeur parvient à tirer de l'essence de l'instrument tantôt un pathos vigoureux, tantôt un humour un peu rude, tantôt une aisance gentiment désuète. La thématique de quartes et de quintes et les rythmes pointés solennels à 3/2 des mouvements extrêmes sont de la musique de trombone à l'état archétypal. Dans les mouvements médians, c'est l'élément comique et tapageur qui s'affirme. Dans un chant de soudards, le trombone peut se défouler, car sa noblesse cuirassée dissimule également cette crudité de lansquenet! Et lorsque, dans le *Finale*, Hindemith renoue avec le début de la *Sonate* joué en majestueuse augmentation, cela correspond également à la vénérable vocation de l'instrument pour le chant d'un *cantus firmus*.

La **Sonate pour tuba basse, en *si* bémol majeur** (1955), clôt tardivement le cycle. Dans le premier mouvement, les 6/4 et les 9/4 du tuba s'opposent aux 2/2 et 3/2 du piano. Le deuxième mouvement est un *Scherzo*, le troisième traite son thème plutôt nonchalant d'abord en *Scherzando*, puis en un *Lento* pensif à 9/8, avant de retrouver son caractère premier.

Un bref et charmant **Écho pour flûte et piano** (1942) complète ce chapitre du catalogue hindemithien.

LES TRIOS

Le **Trio pour alto, Heckelphone et piano op. 47** (1929) appartient à une phase peu attrayante du développement créateur de Hindemith, marquée par un aspect excessivement cérébral. Et cette œuvre en deux parties souffre également d'une formation instrumentale qui, pour être originale, n'en demeure pas moins assez ingrate (rappelons que le Heckelphone, instrument fort peu répandu, est un hautbois baryton).

Les deux *Trios à cordes*, écrits à neuf ans d'intervalle, sont beaucoup plus intéressants.

Le **Premier Trio à cordes op. 34** (1924) est proche dans le temps du *Quatrième Quatuor*, et lui ressemble beaucoup par l'intransigeance de son contrepoint linéaire impitoyablement dissonant, par sa *Motorik* exacerbée, mais aussi par son éclatante maîtrise de l'écriture et par son irrésistible énergie vitale, qui font passer sur son rejet délibéré de l'expression. Par rapport au torrentiel *Deuxième Quatuor*, cette force vitale semble plus dominée. C'est ainsi, que dans l'impétueuse *Toccata*, le thème principal rythmique domine tout le morceau de son geste impérieux en assurant l'homogénéité et la richesse polyphonique :

Suit un *Adagio* (*Lent et très calme*), écrit comme une *Invention à trois voix* de Bach, et qui parvient, presque en dépit des intentions de l'auteur, à une expression intense et profonde, dans un sentiment intime proche de certaines parties du grand cycle de lieder d'après *Das Marienleben* de Rilke, terminé peu auparavant. Le très bref *Scherzino*, tout en pizzicatos avec sourdines, nous rappelle encore une fois cette ironie discrète et un peu étrange qui est l'une des constantes de l'inspiration de Hindemith. Le *Trio* culmine dans son imposante *Fugue* (*Très vif*), d'un travail de contrepoint magistral, avec ses strettes, ses renversements et ses diminutions. Le profil très marquant de la tête de son sujet y joue en permanence le rôle d'un ostinato. À la fin, le sujet est repris encore une fois à l'unisson en majestueuse augmentation ; puis l'œuvre se termine sur le geste abrupt d'une cadence inattendue vers *mi* bémol majeur, — fin qui ressemble beaucoup à celle du *Quatrième Quatuor*.

Le **Deuxième Trio à cordes** (1933) est tout différent. Il date d'une époque où Hindemith n'écrivait guère de musique de chambre, mais représente un jalon décisif vers le style classique de sa maturité, plus tonal, plus mélodique, plus consonant et moins âpre. Le premier de ses trois mouvements, affirmant la tonalité principale de l'ouvrage, *sol* dièse/*la* bémol, est un *Modérément animé* en forme sonate, avec un deuxième élément aux rythmes pointés plus affirmés, contrastant avec le premier qui est surtout lyrique. Suit un grand *Scherzo* (*Vif*) en *si* bémol, dont le thème, répété jusqu'à l'obsession, doit son élan très particulier à sa quarte descendante initiale en duolet (alors que le morceau est à 3/4). Au centre, on trouve un bref intermède lyrique, l'une des polyphonies les plus harmonieuses et les plus chantantes que Hindemith eût écrites jusqu'alors. Dans la reprise, la frénésie du violon dans l'extrême-aigu sur le piétinement obstiné du violoncelle dans l'extrême-grave ne peut pas ne pas faire penser au fameux passage semblable dans le *Scherzo* du *Quatuor op. 135* de Beethoven. Plus développé que les précédents, le troisième mouvement fait alterner par deux fois un expressif *Lent* à 6/8 (à la reprise très ornée rythmiquement) et un *Vif* entraînant, d'une belle verve polyphonique, très proche (et jusque dans son thème principal) du *Concert d'Anges* de la *Symphonie Mathis le Peintre*, terminée juste après. Une strette très enlevée à 6/4, rappelant celle de la fin du *Quatrième Quatuor* (v. plus loin), termine cette très belle œuvre.

LES QUATUORS A CORDES

Compte non tenu d'un quatuor de jeunesse, en *ut* majeur, *op. 2* (1915), demeuré inédit, et d'une très savoureuse parodie intitulée *Minimax, répertoire pour harmonies militaires* (1923), que l'on rapprochera d'une pochade comme *la Brigade de Fer* d'Arnold Schoenberg, ils sont au nombre de six, tous importants, tous remarquables : cet ensemble, qui mériterait la plus vaste notoriété, constitue bien la clef de voûte de l'abondante musique de chambre de Hindemith.

Le **Premier Quatuor, en *fa* mineur op. 10** (1918), est un chef-d'œuvre méconnu, et, qui plus est, tout attrayant, — dans un langage encore post-romantique, mais sans le moindre alanguissement ; à certains endroits, en effet, le lyrisme, poussé jusqu'à la parodie, devient une véritable charge, qu'il convient de prendre au second degré. Déjà s'affirment l'énorme vitalité rythmique, la prodigieuse énergie du jeune compositeur, ainsi qu'une maîtrise vraiment étonnante de l'écriture polyphonique, de la technique instrumentale et de la forme. On a voulu y relever les traces de l'influence de Richard Strauss, et surtout de Reger — et elles existent indéniablement ; mais plus remarquable encore (notamment pour son ironie mordante et sa dérision) paraît celle de Hugo Wolf, que personne ne semble avoir reconnue, et dont l'ascendant, tant sur Reger lui-même que sur d'autres compositeurs, n'a jamais été étudié.

1. Relativement bref, le premier mouvement (**TRÈS VIF, RIGOUREUX DANS LE RYTHME**) commence par un thème au profil mémorable,

traité tout aussitôt en imitations par progression de demi-tons ascendants, aboutissant très vite à une deuxième idée, plus mélodique, en triolets, au ton relatif *la* bémol majeur, atteint tout simplement par changement de mode au moment où la progression chromatique précédente a atteint ce degré. Le groupe de cadence revient à l'idée initiale, mais à la tonique majeure, — ce qui indique qu'il ne saurait s'agir d'une forme sonate. En effet, le développement est remplacé par une fugue sur ce thème omniprésent, mais brusquement en pianissimo. Il vaut la peine de reproduire l'indication du compositeur : « *mystérieux, dans le même tempo mais tout à fait apathique et sans sentiment* ». Le morceau se termine par une reprise variée et une brève coda.

2. Le deuxième mouvement, **THÈME ET VARIATIONS (COMMODO)**, présente cinq merveilleuse variations « de caractère » sur un thème légèrement dansant et nonchalant en *si* bémol majeur « épicé », — thème qui est repris à peine modifié pour conclure, se perdant dans une fin rêveuse. La première variation (*Un peu plus animé*) est toute en soupirs et contretemps, la deuxième est un *Capriccio* dont les rythmes dactyliques piqués évoquent Reger, mais la troisième, aux tempos très fluctuants, déchaîne soudain les gestes et les sonorités volontairement les plus extrêmes d'un hyper-romantisme tendu et à fleur de peau. La non moins remarquable quatrième variation (en *la* majeur), se déroule « *Dans le tempo d'une marche lente, comme une musique venant de très loin* », et met l'alto en vedette. Les trois instruments supérieurs jouent avec sourdines, le violoncelle en pizzicato. Le cinquième enfin (*Lent et très expressif*, à 3/4), en *si* majeur, chante avec une belle plénitude sonore dans un style romantique qui n'a plus rien de caricatural.

3. Aussi développé que les deux autres mouvements réunis, l'immense **FINALE (TRÈS ANIMÉ)**, long de près de sept cents mesures, peut s'analyser comme une très ample forme sonate, dont le premier groupe thématique

rappelle étonnamment l'esprit du Hugo Wolf de la *Sérénade italienne*, avec sa grâce ironique et bondissante, ses virevoltes modulantes, ses allusions à la musique virtuose de salon, — alors que le deuxième (*Avec beaucoup d'élan*), en *ré* bémol majeur (à 3/4), s'épanche avec beaucoup de générosité à la manière de Brahms, voire même (ici, c'est vrai !) de Strauss. Durant le grand développement central, entièrement basé sur ce thème (et cause des dimensions considérables de ce *Finale*), le violoncelle descend sa quatrième corde au *si* bémol grave. Les rythmes du premier thème envahissent peu à peu le discours musical, qu'ils tirent progressivement de sa longue rêverie, pour le ramener à une réexposition très brillante, où le second thème retrouve cependant sa place. Transformé rythmiquement (à 6/8), le premier thème fait enfin l'objet d'une étourdissante coda-strette (*Extrêmement animé*, puis *Prestissimo*). Pourquoi ne joue-t-on jamais cette merveille, dont Hindemith n'a jamais surpassé l'élan juvénile ni l'invention jaillissante ?

Le **Deuxième Quatuor, en *ut* majeur op. 16** (1920) — témoin capital de la grande phase révolutionnaire du jeune Hindemith —, est l'œuvre dont la sensationnelle création aux Journées musicales de Donaueschingen (1921) propulsa d'un coup son auteur au premier rang des compositeurs allemands de sa génération et à la célébrité internationale. De même que le précédent et les deux suivants, il fut destiné au Quatuor Amar, dont Hindemith lui-même fut l'altiste de 1919 à 1924. Ce *Deuxième Quatuor* est une œuvre de percée, d'une puissance élémentaire, brisant définitivement les dernières chaînes du post-romantisme. On le considéra à l'époque comme ultra-moderne et anti-romantique, mais, aujourd'hui, nous y voyons le *Sturm und Drang* à l'état pur. Dans les *Quatuors* ultérieurs, l'écriture sera plus maîtrisée, la polyphonie à la fois plus finement articulée et plus transparente. L'*op. 16* fascine avant tout par sa fraîcheur et par sa joie de faire de la musique poussée jusqu'à la frénésie. En trois mouvements, c'est le plus long des six *Quatuors*.

1. Le premier mouvement est incontestablement le plus fort et le plus novateur des trois. L'exposition des thèmes se déroule en quatre couches successives et autonomes : *Animé et très énergique*, d'une force péremptoire; *Très animé*, d'une articulation plus souple et d'une écriture plus aérée; *Allegro maestoso*, affirmant la polyphonie, enfin, *Très sauvage*, groupe conclusif accéléré. Ensuite, il n'y a pas de développement proprement dit, mais les thèmes réapparaissent, librement variés, et aboutissent à une coda-strette frénétique sur le thème initial.

2. Très mélodique, le deuxième mouvement (TRÈS LENT) affirme le don de Hindemith pour un contrepoint chantant à toutes les voix et exprime une douleur sans remède avec une dureté presque cruelle.

3. Suit le vertigineux tourbillon du FINALE (EXTRÊMEMENT ANIMÉ), dans lequel se manifeste l'élément ludique, le plaisir élémentaire de faire de la musique. La force «*motorique*» d'ostinatos rythmiques assure sa perpétuelle course en avant durant presque huit cents mesures. Même une deuxième idée plus mélodique (d'abord en *sol* dièse mineur, puis en *si* bémol mineur dans la quasi-réexposition) ne parvient pas à freiner vraiment le mouvement. Une singulière cadence des quatre instruments (avec un dessin obstiné de croches du second violon) débouche, «en s'écroulant très violemment», dans la véhémente coda (*Presto*).

Dans le **Troisième Quatuor op. 22** (1921), de loin le plus connu et le plus joué des six, cette véhémence ne subsiste plus guère que dans le deuxième des cinq mouvements. Comme le *Premier*, comme le *Cinquième*, c'est tout simplement l'un des grands *Quatuors* de ce siècle. Librement atonal, il n'affirme que très progressivement un centre tonal, qui se révèlera dans le dernier morceau être *fa* dièse.

1. L'œuvre débute par un FUGATO (TRÈS LENT), dont la grise désolation et les lignes mélodiques sinueuses ne sont pas sans annoncer le début de la *Musique pour cordes, célesta et percussion* de Bartók, postérieure de quinze ans. Après un sommet d'intensité violemment expressif, aux glissandos expressionnistes, il retrouve sa morne atonie.

2. S'enchaîne sans interruption un deuxième mouvement, RAPIDE ET TRÈS ÉNERGIQUE, *Scherzo* d'une étonnante violence rythmique dont les martèlements et les traits tourbillonnants rappellent un autre Bartók, antérieur celui-là, — celui du deuxième mouvement de son *Deuxième Quatuor* :

Il y a cependant, même ici, le répit d'un intermède plus reposé (*Grazioso*), qui intervient encore une fois avant la brutale coda.

3. Plus développé que les autres mouvements, le troisième, MODÉRÉ MAIS SANS TRAÎNER (à 6/4), est une longue plainte, dite à mi-voix

aux croches onduleuses et lancinantes se déroulant sur les pizzicatos en croches inexorables du violoncelle.

4. À ce morceau d'une très grande force d'atmosphère succède un bref intermède aux figurations brillantes et virtuoses, dans le caractère d'une cadence-récitatif principalement confiée au violoncelle, et qui sert, en fait, d'introduction (sans interruption au FINALE, un *Rondo* marqué *Nonchalant et avec grâce*, pièce d'un extrême raffinement, dont l'inoubliable refrain, affirmant pour la première fois *fa* dièse mineur, témoigne d'un charme étrange et aristocratique :

Commencé à mi-voix, au contraire de ses aînés, ce *Troisième Quatuor* en diffère également par sa conclusion, sur la pointe des pieds.

Le **Quatrième Quatuor op. 32** (1923), quant à lui, commence et finit en force. Plus bref que les précédents, c'est le plus cérébral et le plus «constructiviste» de la série, — ce qu'affirme d'emblée son premier mouvement.

1. Il s'agit d'une énergique FUGUE dont le geste initial de quatre notes conserve une présence obsédante :

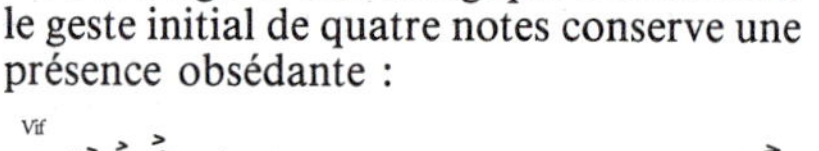

Une première vague fuguée s'élève à la frénésie débridée du mouvement à l'état pur; puis commence une deuxième fugue (car ce morceau est en fait une double fugue), dans le même tempo mais dans un phrasé lié, jouée *piano* et «avec peu d'expression». Après une nouvelle explosion de motricité pure, dans l'extrême aigu des violons (qui y perdent même toute barre de mesure), les deux fugues se combinent, puis la première est réexposée seule, se terminant de manière abrupte sur deux accords de *ré* majeur que rien ne faisait attendre, le pôle jusque-là ayant plutôt été *ut* dièse.

2. TRÈS LENT, MAIS TOUJOURS COULANT, le deuxième mouvement offre un contrepoint mélodique volontairement gris et morne, superposant 12/8 et 4/4, et interrompu en son milieu par un épisode plus libre, qui confie à chacun des quatre instruments une petite cadence.

3. En guise de très bref *Scherzo*, voici une PETITE MARCHE (VIVACE, SEMPRE CRESCENDO), dont le thème narquois et obsédant est progressivement envahi, et pour finir occulté, par les figurations tourbillonnantes de triolets de croches et de doubles croches.

4. Une magistrale PASSACAILLE à vingt-sept variations sur un thème de sept mesures, exposé par le violoncelle à découvert, couronne le *Quatuor* :

Une première gradation vers une richesse toujours plus grande de figurations débouche sur une zone de contrepoint très mélodique où, pour la première et seule fois dans cet austère *Quatuor*, Hindemith consent à laisser parler son cœur. Une seconde progression culmine en une affirmation grandiose du thème en grands accords fortissimo, puis s'élance un *Fugato* (*Aussi vite que possible*), à 6/4, sur une pédale de noires obstinées à l'alto, — coda vertigineuse dont il semble presque certain que Bartók se soit souvenu, quatre ans plus tard, pour la conclusion en strette de son propre *Troisième Quatuor*. Encore une fois, le dernier accord est inattendu : *ré* bémol majeur, au lieu de l'*ut* majeur qu'on escomptait !

Vingt ans séparent cette œuvre du **Cinquième Quatuor, en *mi* bémol** (1943), chef-d'œuvre «classique» de haute maturité écrit aux États-Unis, et qui — encore une fois — devrait figurer au répertoire de toutes les formations au moins au même titre que le *Troisième*.

1. Le premier mouvement, TRÈS TRANQUILLE ET EXPRESSIF, est une fugue lente d'une écriture mélodique magnifique, — contrepartie tonale et sereine du *Fugato* de l'*op. 22*.

2. Il s'enchaîne directement à un ANIMÉ ET TRÈS ÉNERGIQUE de coupe tripartite (bien qu'il ne s'agisse pas vraiment d'une forme sonate), dont la course, au demeurant assez brève, est emportée par l'agilité de ses triolets de croches et de ses rythmes pointés.

3. Amplement développé au contraire, le troisième mouvement (TRANQUILLE. VARIATIONS), dans le ton éloigné de *si* majeur, porte à un degré plus élevé encore que le premier la polyphonie chantante. Il se divise en quatre parties principales plutôt qu'en variations traditionnellement délimitées, et se déroule donc plutôt dans l'esprit de la grande variation amplificatrice de tradition beethovénienne. Le tempo et l'agogique s'accélèrent graduellement, à travers les rythmes pointés obstinés de la troisième partie, — jusqu'à la joyeuse animation en sextolets de la dernière, qui se meurt cependant doucement.

4. Le FINALE (LARGE ET ÉNERGIQUE) déroule sa polyphonie riche et complexe selon les rythmes pointés d'Ouverture à la française chers à Hindemith, mais débouche sur la plus grande surprise de l'œuvre, la coda (*Allegretto grazioso* à 3/8) qui va prendre congé sur la pointe des pieds, et dans la grâce d'un sourire. Cette conclusion anticipe déjà sur l'atmosphère du *Quatuor* suivant, le dernier.

Ce **Sixième Quatuor en *mi* bémol majeur** (1945), comme le précédent, clôt la série par un bref divertissement, dont les quatre mouvements durent un quart d'heure à peine.

1. Le RAPIDE initial est une forme binaire concise, dans le genre d'une forme sonate sans développement, sur deux idées mélodiques complémentaires, qui reparaissent encore une fois brièvement en quelques mesures de coda vigoureuse.

2. Le deuxième mouvement (TRANQUILLE, SCHERZANDO), finement ciselé et gracieusement dansant, est de forme binaire lui aussi.

3. Le troisième, sommet de l'ouvrage, est plus vaste et plus profond d'expression. Une introduction lente de caractère rhapsodique mène à un RAPIDE de forme ternaire, en *sol* dièse majeur, dont la partie centrale a le caractère d'un choral, suivi d'une reprise variée en libre fugato. Une brève réminiscence de la partie lente aboutit à quelques mesures de coda rapide, mais *piano*.

4. Le **FINALE** (**CANON, MODÉRÉMENT ANIMÉ, GAI**), est un exemple magistral de contrepoint savant, et ne se départit néanmoins jamais de sa grâce souriante. Les parties extrêmes proposent un canon d'une agilité ailée, la partie centrale un double canon à deux thèmes d'une écriture raffinée. Une amusante strette termine l'ouvrage, qui comporte au total moins de trente mesures de musique lente !

Durée d'exécution : 14 minutes environ.

ŒUVRES DIVERSES POUR ENSEMBLES

Nous en traiterons dans l'ordre chronologique, sans pouvoir tenir compte de deux pages de jeunesse apparemment perdues, — un *Quintette pour cordes et piano*, en un mouvement (*op. 7*, 1916-1917) et une *Sonatine pour dix instruments* (1917).

Nous commencerons donc par l'une des pages les plus justement populaires de Hindemith, la **Kleine Kammermusik (Petite musique de chambre)** pour quintette à vents (flûte, hautbois, clarinette, cor et basson), *op. 24 n° 2* (1922), qui figure au répertoire de base de tous les Quintettes à vents.

Ce sont quatre mouvements brefs, d'un humour primesautier, d'une fraîcheur délicieusement acidulée. Le thème du premier (*Gai. Modérément vif*), aux rythmes dactyliques « regeriens », folâtre avec désinvolture à travers toutes les tonalités, sans se fixer sur aucune. Suit une petite *Valse* polytonale, assez proche du Stravinski des *Petites Suites*. Après un morceau lent plein d'un charme gentiment nostalgique (*Tranquille et simple*), l'œuvre se termine par un bondissant *Très vif* au balancement ternaire, de forme concentrique A-B-C-B-A, et franchement en *mi* mineur. Jamais Hindemith n'a été plus proche des « Six ».

Le **Quintette pour clarinette et cordes en *ré* majeur, op. 30** (1923, revu avant sa publication tardive en 1955), possède un charme plus rude. On y cherchera en vain la magie romantique des *Quintettes* de Brahms ou de Reger. C'est un divertissement concis, à la verve insolente et acide. Il s'ouvre sur un tourbillon impétueux de triolets frénétiques (*Très animé*), dans le caractère d'un ostinato, et qui n'est, en fait, que l'introduction au morceau suivant (*Calme*), — sorte de nocturne en demi-teintes qui voit les instruments entrer successivement en une polyphonie de plus en plus dense (le violoncelle commence), s'élevant jusqu'à un bref fortissimo dont jaillit une sauvage cadence de la clarinette. Revenant au tempo lent d'origine, l'instrument à vent déploie alors sa cantilène sur fond de pizzicatos avec sourdine. Dans le troisième mouvement, un *Scherzo* alignant une succession de rudes et vives danses allemandes (*Ländler rapide*), la clarinette en *si* bémol utilisée ailleurs fait place à la petite clarinette en *mi* bémol, aux sonorités perçantes. Après un intermède central pour cordes seules (*Un peu plus calme*), le tempo s'élève dans la libre reprise jusqu'à un impétueux *Presto*. Dans le quatrième mouvement (*Arioso*), la clarinette n'a que trois sons tenus dans le grave à exécuter, tandis que le premier violon avec sourdine joue un très libre récitatif sur fond de pizzicatos. Le *Finale*, qui s'enchaîne sans interruption, n'est autre qu'une fidèle rétrogradation du premier mouvement !

De 1925 datent **Trois Pièces pour cinq instruments** (*Scherzando-Lent-Vif*) de caractère plutôt expérimental, intéressantes avant tout par leur instrumentation insolite : clarinette, trompette, violon, contrebasse et piano, évoquant le jazz de cette époque.

C'est par contre une œuvre majeure, et d'imposante envergure, que le **Quatuor pour clarinette, violon, violoncelle et piano, en *fa* majeur** (1938), né au milieu du grand cycle des *Sonates*, et seule musique de chambre pour ensemble entre le *Deuxième Trio à cordes* de 1933 et le *Cinquième Quatuor* de 1943.

1. D'une belle et riche inspiration, il débute par un **MODÉRÉMENT ANIMÉ** correspondant assez fidèlement, en sa coupe ternaire, à une forme sonate sur trois thèmes (dont le deuxième comporte même deux éléments distincts), même si le développement se limite à une brève élaboration polyphonique de ce deuxième groupe. Les thèmes sont chantants et lyriques (on sent la proximité de *Nobilissima Visione*), ce qui n'exclut nullement une vigoureuse écriture contrapuntique. Une très belle et paisible coda superpose encore une fois les deux premiers thèmes.

2. Le deuxième mouvement (**TRÈS LENT**) débute par une souple mélodie de la clarinette en 12/8, se détachant sur de sombres et mystérieuses harmonies. Mais bientôt la musique s'anime, s'élevant jusqu'à un très puissant et ample fortissimo, — à quoi succède une reprise variée, qui ramifie et raffine encore davantage l'agogique déjà très ornée et complexe du début.

3. Le vaste **FINALE** enchaîne trois épisodes indépendants, couronnés par une coda. Le premier (*Modérément animé*) est surtout mélodique, le deuxième (en 9/8, *Vif*) bondissant, virtuose et contrapuntique, le troisième (*Tranquillement animé*, à 5/4) à nouveau plus détendu. À un point d'orgue succède brusquement un violent solo du piano dans le caractère d'une toccata, — introduisant la progression finale grandiose de la coda (*Très vif*).

On ne connaît guère le **Septuor à vents en *mi* bémol majeur** (1948), qui adjoint à l'effectif habituel du quintette à vents une clarinette basse et une trompette ; c'est bien dommage, — car Hindemith y renouvelle la parfaite réussite de sa juvénile *Petite Musique de chambre* avec une égale fraîcheur et un aussi savoureux humour. Le *Vif* initial propose une marche truculente, dont le thème principal au profil mémorable est suivi de plusieurs autres. Un bref *Intermezzo* (*Très lent et librement*), où la clarinette, le hautbois et la flûte se produisent tour à tour en solo, s'enchaîne à une série de variations (*Modérément rapide*), dont le thème aux rythmes pointés est exposé d'abord à la trompette, puis, sans modification aucune, passe successivement à la flûte, au hautbois, au cor (dans ces deux derniers cas, dans une articulation plus douce, sans valeurs pointées), enfin au basson (dans sa forme d'origine). En somme, ce thème est traité un peu à la manière d'un cantus firmus, qu'environnent les figurations agiles et sans cesse renouvelées des autres instruments. Un nouvel *Intermezzo*, rétrogradation exacte du premier, mène *attacca* au *Finale* (*Rapide*), intitulé *Fugue-Vieille marche bernoise*, sommet de l'ouvrage. Cependant que les six autres instruments déroulent le joyeux et complexe tourbillon d'une savante double fugue, la trompette, imperturbable, fait entendre par deux fois dans son intégralité la mélodie de la célèbre *Marche des Ours* (XVIIIe siècle), qui est un peu l'hymne national bernois : l'effet est irrésistible.

En 1952, Hindemith a composé une fort belle **Sonate pour quatre cors**, faite de trois mouvements de dimensions très inégales, qui peuvent aussi se jouer séparément : un bref et très lent *Fugato*, un *Allegro* alliant forme sonate et écriture fuguée, enfin une ample série de *Variations* sur le vieux lied *Ich schell mein Horn in Jammers Ton* (« Je sonne de mon cor dans le ton d'une plainte »).

L'**Octuor en *ré* majeur pour clarinette, basson, cor, violon, deux altos, violoncelle et contrebasse** (1957-1958) termine la production de musique de chambre de Hindemith par une importante partition en cinq mouvements, tantôt grave et sérieuse, tantôt divertissante. La formation se distingue de celle de l'octuor classique (Schubert) par la présence de deux altos, mais d'un seul violon, — d'où des teintes un peu plus sombres. Une majestueuse introduction lente (*Large*), aux rythmes pointés d'Ouverture à la française, précède un *Modérément animé* contrapuntique et concertant à la fois. La succession d'un thème vigoureusement rythmique et d'un autre plus chantant semble annoncer une forme sonate, mais, à la place du développement attendu, Hindemith introduit une troisième idée, traitée en canon, puis dans une écriture fuguée plus stricte. Les deux thèmes précédents sont ensuite réexposés dans l'ordre inverse. Le deuxième morceau, très bref, est un intermède *Modérément animé* intitulé *Variantes* ; en effet, il ne s'agit pas de variations à proprement parler, mais, comme dans le *Septuor*, d'un thème repris sept fois intact à la manière d'un cantus firmus (au violon, à la clarinette, au premier alto, au cor, au violon en pizzicatos, aux cordes graves, à la clarinette), tandis que se déroulent des guirlandes de traits rapides, à l'agogique sans cesse renouvelée. Après ce mouvement faisant fonction de premier *Scherzo* vient un grand mouvement *Lent* en *si* bémol majeur, en forme de lied tripartite varié, qui concilie les exigences de l'expression la plus chaleureusement romantique (dès le très beau thème chantant initial confié au cor) et celles d'un contrepoint particulièrement savant, culminant dans la reprise variée du début sous forme d'un double canon à la tierce d'une confondante aisance. Le deuxième *Scherzo* (*Très vif*), aussi bref que le premier, inquiétante danse d'ombres, est un nouveau tour de force : Hindemith y « phagocyte » littéralement le deuxième mouvement (*Presto*) du *Quatuor op. 130* de Beethoven, dont on retrouve les thèmes, la tonalité (*si* bémol mineur), les proportions exactes et jusqu'au trio à 6/4, sans que le compositeur n'abdique un seul instant son style personnel. Le *Finale* polymorphe s'intitule *Fugue et trois Danses démodées*, et illustre une dernière fois cet humour bizarre et pince-sans-rire si particulier à Hindemith. Le thème de la *Fugue*, exposé en un puissant unisson, est apparenté à celui du premier mouvement. Après avoir été élaboré selon toutes les règles de l'art (strettes !), il va connaître encore trois métamorphoses inattendues, revêtant les visages successifs d'une *Valse*, d'une *Polka*, enfin d'un *Galop* mené à fond de train, dissimulant encore un double canon et se terminant par une course de vertigineuses doubles croches du premier alto, coupée net par les trois accords conclusifs.

H. H.

ARTHUR HONEGGER

Né au Havre, le 10 mars 1892; mort à Paris, le 27 novembre 1955. Né de parents zurichois (qui favorisèrent sa vocation musicale). Honegger reçut de son origine alémanique l'empreinte protestante, mais devint assez rapidement français de cœur et d'adoption. Il acheva d'ailleurs sa formation à Paris avec Capet (pour le violon, qu'il ne cessera de pratiquer; il ne composa jamais au piano — dont il jouait mal), avec Gédalge (contrepoint et fugue), Widor (composition) et Vincent d'Indy (direction d'orchestre). C'est dans la classe de Gédalge au Conservatoire qu'il rencontra Darius Milhaud pour qui son amitié sera constante. Peu après il adhérera au fameux groupe des Six, — tout en restant étranger aux principes esthétiques de ce mouvement : son esprit d'indépendance se manifestera dès le Roi David *(1921), — ouvrage qui, avec* Pacific 231, *établit sa réputation internationale. Ainsi demeurera Honegger : ennemi de tout système (il s'écartera, aussi bien, de Schoenberg et de son école), se voulant pur artisan et musicien « populaire » (« la musique doit... devenir droite, simple, de grande allure; le peuple se fiche de la technique et du fignolage »), vouant enfin un culte à Bach (et à Beethoven, découvert dès l'enfance), et cultivant volontiers les grandes formes classiques. Son écriture, d'un lyrisme vigoureux, adopte des polyphonies complexes et tend — sauf exceptions — vers un dramatisme qui fait regretter que Honegger n'ait pas composé véritablement d'opéras. Mais ce sont bien de grands ouvrages dramatiques qui dominent sa production (au premier rang desquels* Jeanne au bûcher, *oratorio scénique). De très bonne heure, Honegger s'est distancé de ses camarades du Groupe des Six par sa prédilection affirmée « pour la musique de chambre et la musique symphonique dans ce qu'elle a de plus grave et de plus austère ». Pendant qu'ils écrivaient d'allègres pochades foraines ou d'impertinentes danses mâtinées de jazz, il se concentrait déjà sur des* Sonates *et des* Quatuors, *— les* Symphonies *ne vinrent que plus tard. Mais, de nos jours, c'est sa musique de chambre qui demeure la plus méconnue. Relativement peu abondante, mais substantielle, elle comprend d'une part les trois* Quatuors à cordes, *d'autre part huit* Sonates *ou* Sonatines, *enfin quelques pièces diverses.*

LES QUATUORS À CORDES

« J'ai écrit un certain nombre d'ouvrages "de force" : ainsi désigne-t-on des épreuves particulièrement redoutables... Je les considère un peu comme des sous-produits beethovéniens. Vous me direz : le Beethoven du pauvre ! D'accord, mais c'est là cependant que s'exprime ma nature véritable. Dans cette catégorie, j'ai une préférence secrète pour certaines pièces qui n'ont pas toujours été vivement appréciées : les *Quatuors*, et surtout le *Premier*, parce qu'il traduit exactement la personnalité du jeune homme qui l'écrivait en 1917. Il a des défauts, des longueurs, mais je m'y reconnais comme dans un miroir. Comme type de meilleur travail, je citerai le *Troisième*, qui marque un progrès dans la concision et dans la facture. » C'est en ces termes très sobres et objectifs que Honegger s'exprimait au sujet de ses propres œuvres.

Il est d'ailleurs regrettable qu'il n'ait écrit que trois *Quatuors*, et qu'il ait pratiquement renoncé à la musique de chambre au temps de sa plus haute maturité de symphoniste. Car, dans ces *Quatuors*, il écrit sans compromis, dans un langage d'une force âpre et lapidaire unissant ses traits spécifiquement alémaniques et une concision, une clarté de l'expression toutes latines en une heureuse synthèse de deux cultures : vocation par excellence d'un artiste suisse.

Le **Premier Quatuor**, la première œuvre importante d'Honegger, naquit entre avril 1916 et octobre 1917. Il se meut dans le cadre d'un langage tonal très élargi, fortement chromatisé, riche en frottements dissonants très âpres, — la tonalité fondamentale (*ut* mineur, et *mi* majeur dans l'*Adagio*) demeurant souvent difficile à discerner. C'est sans doute la seule œuvre écrite alors en France (et par un Français d'adoption) qui présente certains traits rappelant Max Reger dans la tension de sa très dense polyphonie. La dédicace à Florent Schmitt, le plus proche du romantisme germanique parmi les compositeurs français d'alors, apparaît comme symbolique. De même que la symphonie mimée *Horace Victorieux*, de quelques années postérieure, ce *Quatuor* est un rare exemple de musique expressionniste écrite en France. Comme toutes les grandes œuvres instrumentales d'Honegger, il comporte trois mouvements, tous trois en forme sonate (sur trois thèmes dans le *Finale*), avec la réexposition dans l'ordre inverse, — même le mouvement lent, écrit en premier lieu.

1. Déjà le premier mouvement, APPASSIONATO (« VIOLENT ET TOURMENTÉ ») fait alterner un chromatisme issu de *Tristan*, par l'intermédiaire de Reger, et une modalité dans le sillage de Fauré et de Ravel. Le premier thème fougueux, « à l'assaut du ciel », aux rythmes pointés caractéristiques, est suivi d'une idée secondaire à peine moins hypertendue, toujours dans un contrepoint broussailleux tout chargé d'appoggiatures chromatiques. L'accalmie arrive enfin avec l'élément conclusif très simple, en gammes ascendantes et descendantes, au relatif *mi* bémol majeur, qui termine l'exposition de manière toute classique, au repos. Le vaste développement en mêlée contrapuntique orageuse mène à la reprise inversée ; et, après la dernière affirmation en force du thème initial, la musique se meurt pianissimo dans le murmure des triolets de croches dans le grave.

2. Suit un immense ADAGIO (« TRÈS LENT »), commençant par quatorze mesures d'hésitations chromatiques très « tristanesques », coupées de points d'orgue. Puis s'affirme le ton principal de *mi* majeur en une très longue mélodie au souffle soutenu, au galbe admirable, sans redites, sans chevilles, réalisant pour la première fois un idéal demeuré toujours cher à son auteur (voir le *De Profundis* de la *Symphonie « Liturgique »*). C'est cependant son conséquent qui sera surtout développé, qui se grave donc dans la mémoire :

Une immense gradation sur une apogique à la tension croissante (valeurs rapides) s'élève en trois grandes vagues successives (coupées par le retour du thème « conséquent »), qui constituent le cœur du morceau et qui, étayées par des ostinatos rythmiques d'accompagnement, atteignent à des sommets de tension presque insoutenables. On revient, pour finir, au thème en *mi* majeur, suivi de quelques mesures de coda (*Più Adagio*) rappelant l'introduction.

3. Le FINALE, ALLEGRO (« RUDE ET RYTHMIQUE »), est assez voisin du premier mouvement, mais en mesure à 3/4, et sa structure est plus complexe, car fondée sur trois idées — la deuxième de caractère rude et quasi symphonique, avec ses grands sauts de quinte et d'octave, la troisième apaisée, mélodique et diatonique. La grande mêlée polyphonique du développement est plus tendue encore que celle du premier morceau, bien qu'elle sache ménager également les contrastes d'oasis lyriques. La réexposition, inversée (mais le deuxième élément y précède le troisième), s'élève à un paroxysme d'une puissance orchestrale, d'où émerge, à l'issue d'un *decrescendo ritenuto*, l'épilogue en *ut* majeur : vingt mesures d'*Adagio* apaisé et diatonique, où flotte un souvenir du *Jardin féerique* ravélien, et dont le dernier accord est rehaussé par la seconde et la sixte ajoutée.

Durée d'exécution : 25 minutes environ.

Les deux *Quatuors à cordes* suivants sont des œuvres jumelles : ils naquirent l'un après l'autre, le *Deuxième* entre 1934 et 1936, le *Troisième* entre septembre 1936 (le *Finale* fut écrit d'abord) et juin 1937. Tous deux sont beaucoup plus concis que le précédent, en trois mouvements dans la succession classique ; tous deux convainquent par la rude et tonique force motrice de leurs *Allegros*, par la profondeur expressive chargée de tension de leur *Adagio*, tous deux sont à considérer comme des étapes décisives menant à la puissante *Symphonie pour cordes* de 1941, — qui élargit leurs conquêtes à la dimension épique et monumentale. Tous deux, surtout le *Troisième*, devraient faire partie du répertoire de base de la musique de chambre moderne.

Dans le **Deuxième Quatuor, en *ré* majeur**, surtout dans ses deux premiers mouvements, on est frappé par l'importance des pédales, brodées ou non, et des ostinatos qui envahissent les accompagnements et participent même à la formulation des thèmes. Certains éléments secondaires du premier *Allegro* (triolets de croches, grands sauts en accords dissonants) donneront naissance à des thèmes majeurs du *Finale*. Cet *Allegro*, fidèle à l'habituelle forme sonate honeggerienne, se déroule dans un climat lancinant et assez morne, et se termine pianissimo, pour se prolonger après un point d'orgue par huit mesures de conduit enchaînant tout de suite avec l'*Adagio*, — où les ostinatos d'accompagnement se font obsédants. Celui-ci est une simple forme ternaire, dont les volets extrêmes ne quittent pas *sol* dièse mineur (« antipode » de *ré* mineur, tonalité principale), leur longue plainte mélodique évoquant le souvenir des *Cris du Monde* (« la misère est sans remède »). Tout le centre du morceau est un climax passionné, hypertendu, annonçant déjà le premier temps de la *Symphonie « di tre re »*. Par contre, le *Finale* est une nette préfiguration de celui de la *Symphonie pour cordes* (c'est tout à fait frappant dans la coda). Certains rythmes obstinés dominent ici encore.

Durée d'exécution : 18 minutes environ.

De dimensions et de coupe semblables, le **Troisième Quatuor, en *mi* majeur**, est pourtant très supérieur au précédent. Beaucoup plus polyphonique, il offre un vrai contrepoint à la place de superpositions d'ostinatos, de même qu'un véritable travail thématique.

1. Le premier ALLEGRO, à 6/4, est entièrement dominé par trois éléments, — les deux du premier thème (tierce descendante en blanches pointées et dessin ascendant en croches),

et la scansion rythmique de cinq noires du deuxième, qui est ici le thème rythmique et « masculin », et qui annonce les parties rapides de *Monopartita*. La pièce se déroule dans un langage âpre et assez peu tonal, — bien qu'on atterrisse pour finir sur la tonique *mi*, dans un climat de grise et morne résignation rappelant la fin du premier mouvement de la *Symphonie pour cordes*.

2. C'est au contraire le début de cette *Symphonie* qu'annoncent les sombres accords avec quartes ouvrant l'ADAGIO, jalonnés de rapides guirlandes endeuillées à fleur d'archet (*sul tasto, estinto*). Ces accords établissent la base d'une structure de quatre mesures, qui sera utilisée comme une basse de chaconne : sept variations avant le « milieu », quatre autres après ce « milieu », dont un bref rappel précède une douzième variation, suivie de deux mesures de coda cadentielle. À la neuvième mesure, l'immense mélodie du premier violon (dix-sept mesures sans « repentir »), au souffle magnifique, entame sa douloureuse procession, relayée ensuite par une nouvelle idée de l'alto, plus accidentée rythmiquement. Ce sont à nouveau des ostinatos rythmiques qui bâtissent la grande progression ascendante du « milieu » ; mais, ici encore, on trouve un vrai travail thématique, intégrant même les guirlandes du début. Et ce sont elles qui concluent après la reprise inversée honeggerienne.

3. On trouve encore plusieurs prémonitions de la *Symphonie pour cordes* dans l'impétueuse toccata en croches martelées de l'ALLEGRO final. Elle commence par des pizzicatos furtifs du violoncelle dessinant une quasi-série (mais c'est un leurre), puis le rythme s'organise peu à peu en sa continuité. On remarque un élément dissonant syncopé qui se retrouvera dans le premier mouvement de la *Symphonie* et, surtout, une progression harmonique victorieuse qui soulèvera son *Finale*. Sous la double texture des croches décalées en canon s'affirme un grand thème ascendant en valeurs longues, en *ut* dièse majeur, puis repris en *si* bémol majeur, — péan de victoire qui, le contexte de croches aidant, nous rappelle un instant la *Fugue* cyclopéenne d'*Amphion*. Après le dense développement central et l'habituelle réexposition inversée honeggerienne (le thème triomphal apparaît un demi-ton plus haut, en *ré* et en *si* majeur), le *Quatuor* se termine (comme la *Symphonie*, toujours !) par un grand choral, où les triples cordes du premier violon font cruellement ressentir l'absence d'un orchestre qui serait indispensable ici. Et, comme dans la *Symphonie* encore, quelques mesures de toccata poursuivent sur la lancée et dégringolent jusqu'au bref accord final.

Durée d'exécution : 18 minutes environ.

SONATES ET SONATINES

Violoniste de formation, Honegger avait composé dès l'âge de seize ans au moins sept *Sonates* et un *Trio*, — œuvres de jeunesse demeurées inédites. Lorsqu'il revint à ce genre de musique, ce fut pour produire, entre 1916 et 1920, le cycle magistral des quatre « *Sonates pour Quatuor* » (deux pour violon et piano, une pour alto et piano, une pour violoncelle et piano), qui, de pair avec son *Premier Quatuor à cordes* de la même époque, établit sa réputation de solide chambriste.

La **Première Sonate pour violon et piano** est strictement contemporaine du *Quatuor* : commencée quelques mois après lui (le premier mouvement date de juillet 1916), elle ne fut pourtant achevée qu'en février 1918. Beaucoup plus développée que les suivantes, elle est aussi d'un langage mélodique et harmonique plus simple et plus traditionnel. Elle ne présente point d'unité tonale, mais chacun de ses trois mouvements possède une tonalité bien affirmée. C'est tout d'abord un *Andante sostenuto* en *la* majeur, tout de fraîcheur et de limpidité, sur deux thèmes contrastants réexposés dans l'ordre inverse, structure symétrique à laquelle Honegger demeurera toujours fidèle. Renversant l'équilibre traditionnel d'une *Sonate*, l'unique mouvement rapide, un *Presto* en *fa* majeur au contrepoint solide, plein de verve rythmique, occupe le centre de l'œuvre, qui se termine dans des teintes plus sombres par un *Finale* en *ut* dièse mineur, — *Adagio* d'allure grave et funèbre, que vient interrompre un *Allegro assai* où se manifeste enfin l'âpreté honeggerienne propre au *Premier Quatuor*.

Durée d'exécution : 25 minutes environ.

Beaucoup plus concise, la **Deuxième Sonate pour violon et piano**, composée entre mai et novembre 1919, marque un net progrès dans la maîtrise formelle, et surtout dans la conquête d'un langage complexe, chromatisé, — bien qu'une tonalité principale (*si* mineur) demeure perceptible. L'*Allegro cantabile* au rythme berceur, d'une grâce et d'une transparence fauréennes en dépit de son quasi-atonalisme, est suivi, cette fois-ci dans l'ordre « classique », d'un *Larghetto* serein et d'un *Vivace assai* au thème mémorable, à la verve piquante, aux harmonies savoureusement « poivrées ».

Durée d'exécution : 15 minutes environ.

Écrite au début de 1920, la **Sonate pour alto et piano**, l'une des meilleures jamais écrites pour l'instrument est plus personnelle et plus achevée encore. Cette fois-ci, en dehors de son dernier mouvement, il est difficile de lui trouver une tonalité affirmée. Le premier mouvement, le plus développé, alterne à trois reprises un *Andante* et un *Vivace*. L'impression d'une musique vivante et substantielle, d'une parfaite maîtrise d'écriture, aux profils thématiques originaux et nets, se confirme dans l'intermède doucement animé de l'*Allegretto moderato* et dans le vigoureux *Allegro non troppo*, où *ut* majeur s'affirme avec la robuste franchise d'un carillon annonçant déjà la proximité du *Roi David*, composé l'année suivante. Même les rythmes capricieux de l'alto (*Marcato poco scherzando*) ne pourront en freiner la marche triomphale.

Durée d'exécution : 15 minutes environ.

Année faste pour la musique de chambre, 1920, outre la *Sonatine pour deux violons* et l'*Hymne* pour dixtuor à cordes dont il sera encore question, voit naître, entre juin et septembre, la **Sonate pour violoncelle et piano**, qui couronne le cycle par un véritable chef-d'œuvre, concis et fort, qui devrait figurer au répertoire de tous les violoncellistes. Affirmant nettement la tonalité de *ré* mineur, malgré un langage de plus en plus dissonant et chromatisé, elle retrouve l'équilibre « classique » vif-lent-vif de la *Deuxième Sonate pour violon*. L'*Allegro non troppo*, plutôt sombre, voire ombrageux, utilise le total chromatique d'une manière aussi poussée que Schoenberg, sans mettre en péril ni la forme sonate (dans sa variante « honeggerienne »), ni la netteté de ses thèmes, ni le sentiment tonal. L'*Andante sostenuto*, puissamment expressif, est une profonde méditation faisant appel à l'écriture canonique, et illustre le mieux le penchant à la gravité et à l'austérité dont se réclame le jeune compositeur. Impétueux et âpre à la fois, le bref *Presto* en forme de rondo-sonate, frappe une fois encore par l'alacrité de son thème de refrain et par l'ingéniosité de son contrepoint.

Durée d'exécution : 12 minutes environ.

Les quatre autres œuvres de type *Sonate* sont plus modestes, et trois d'entre elles s'intitulent d'ailleurs *Sonatines*. La **Sonatine pour deux violons** de 1920, écrite entre les *Sonates pour alto* et *pour violoncelle* dont il vient d'être question, est un frais divertissement d'un diatonisme délicat, proche par son inspiration de la *Pastorale d'été*. Elle comporte trois mouvements : *Allegro non tanto*, *Andantino* et *Allegro moderato* (ce dernier fugué et librement inspiré de Bach) ; sa première audition fut assurée par l'auteur et par son frère d'armes du Groupe des Six, Darius Milhaud.

Durée d'exécution : 8 minutes environ.

La **Sonatine pour clarinette et piano** (1921-1922 ; il en existe aussi une transcription pour violoncelle) est précisément l'une des rares œuvres d'Honegger se rapprochant de l'esprit des « Six ». Elle comporte elle aussi trois mouvements brefs, — un *Modéré* mélodique, mais discrètement polytonal, avec un court épisode fugué, un *Lent et soutenu* d'un charme enjôleur, et un *Vif et rythmique* dont la verve syncopée flirte de manière amusante avec le jazz de l'époque.

Durée d'exécution : 7 minutes environ.

Les deux autres œuvres de cette rubrique sont beaucoup plus tardives. De septembre 1932 date la **Sonatine pour violon et violoncelle**, dans le ton principal de *mi* mineur, dont les dimensions, mais non le contenu, justifieraient plutôt le titre de « Sonate ». C'est une page heureuse et détendue, d'une écriture polyphonique lumineuse et transparente. L'*Allegro non tanto*, au rythme souple et balancé, oppose une première idée lyrique, à l'unisson, et une seconde plus énergique, déclenchant un jeu contrapuntique plein de vivacité. Le deuxième mouvement est une synthèse réussie d'*Andante* et de *Scherzo*, telle qu'Honegger la reprendra à une échelle beaucoup plus ambitieuse (et en inversant les termes) dans le deuxième mouvement de son ultime *Symphonie « di tre re »*. Le *Scherzo* occupe les sections paires de ce plan à cinq compartiments, mais sa deuxième apparition, qui varie dans le détail de fugato joyeux de la première, se superpose habilement à la poursuite de l'*Andante*, d'une tendre et harmonieuse plénitude sonore. Pour finir, Honegger nous offre un *Allegro* à la fois impétueux et bonhomme, rondo d'une spirituelle alacrité contrapuntique, ne dédaignant pas quelques syncopes de jazz et s'évanouissant sur une pirouette au terme d'une brillante strette.

Durée d'exécution : 12 minutes environ.

Enfin, en 1940, Honegger composa une **Sonate pour violon seul** en quatre mouvements brefs (ici, ce sont les dimensions, mais non l'esprit, qui évoqueraient une « Sonatine »), dans un langage rigoureusement classique, mêlant quelques échos romantiques au souvenir omniprésent de Bach. Cette *Sonate en* ré *majeur* comporte un *Allegro*, un *Largo*, un bref *Allegretto grazioso* d'une très fine séduction poétique, et un *Presto* final brillant et incisif.

Durée d'exécution : 8 minutes environ.

ŒUVRES DIVERSES

Dans l'ordre chronologique, il faut citer d'abord la **Rhapsodie pour deux flûtes, clarinette et piano** d'avril 1917, court triptyque enchâssant un *Allegro* entre deux épisodes *Larghetto*, dans lesquels se manifeste la passagère fascination d'Honegger pour Debussy qui suscita au même moment son premier essai orchestral, le *Prélude pour Aglavaine et Sélysette* de Maeterlinck. Par contre, l'*Allegro* central se tourne vers la polyphonie de Bach.

Prévue pour un petit ballet, la **Danse de la chèvre** pour flûte seule (1919) est devenue très vite un morceau favori de tous les flûtistes.

L'**Hymne pour dixtuor à cordes** (1920) doit sa naissance à un luthier de Marmande, Léo Sir, qui avait construit de nouveaux instruments pour enrichir la famille des cordes, du « sur-soprano » à la « sous-basse », mais qui ne s'imposèrent pas. Cette très belle page d'une noble gravité va peut-être pouvoir revivre, à présent qu'elle a été publiée (en 1984) dans une version pour instruments « normaux » : quatre violons, deux altos, deux violoncelles et deux contrebasses.

Il ne faut pas négliger les **Trois Contrepoints** (1922), trois miniatures à l'écriture ingénieuse et vive, à la couleur instrumentale attrayante et originale. Ce petit recueil comprend un *Prélude à deux voix* (*Allegro marcato, alla breve*) pour hautbois et violoncelle, un *Choral à trois voix* (*Largo*), pour violon , cor anglais et violoncelle, enfin un *Canon sur basse obstinée à quatre voix* (*Presto*), qui ajoute une petite flûte à l'effectif de la pièce précédente. Il échappe à toute sécheresse scolastique, et illustre, au contraire, ce don polyphonique naturel que possédait Honegger.

Dans le même esprit, il existe une **Petite Suite** de 1934 en trois mouvements, pour une instrumentation non spécifiée (deux instruments mélodiques et piano). Trois petites pièces de la fin de sa vie complètent le catalogue de la musique de chambre d'Honegger : un **Morceau de concours** (*Molto moderato un poco rubato*) pour violon et piano (1945), une **Intrada** pour trompette et piano (*Maestoso-Allegro-Maestoso*), composée en 1947 pour le Concours international de Genève et vite devenue populaire chez les trompettistes, enfin une **Romance** pour flûte et piano (*Andantino*) de 1953, qui semble être sa toute dernière composition.

H. H.

JACQUES HOTTETERRE

Né à Paris, le 29 septembre 1674; mort à Paris, le 16 juillet 1763. Jacques Hotteterre, dit « le Romain » (on ne connaît pas l'origine exacte de ce surnom), naquit dans une famille de musiciens et de facteurs d'instruments à vent originaire de La Couture-Boussey, en Normandie. Son grand-père, Jean Hotteterre, fut facteur et joueur d'instruments. Son père, Martin Hotteterre, améliora le mécanisme de la musette. Jacques Hotteterre est le plus illustre représentant de cette famille. Très réputé en son temps comme compositeur et comme professeur, il fut également facteur et instrumentiste (flûte, hautbois, basson, musette), Bassoniste dans l'ensemble des Grands Hautbois, vers 1708, il occupa aussi la charge de flûtiste de la Musique de la Chambre du roi. Il démissionna en 1747, et c'est son fils Jean-Baptiste qui lui succéda. On lui doit de nombreuses pages charmantes pour la flûte et plusieurs ouvrages théoriques qui connurent un grand succès.

En 1707, Hotteterre fit paraître à Paris des *Principes pour la flûte traversière, ou flûte d'Allemagne... op. 1*. Il s'agit du premier traité français consacré à l'art de la flûte qui donne de précieux renseignements sur la pratique des instruments à vent et sur l'ornementation qui leur convient.

Cet ouvrage fut suivi en 1708 du premier livre de **Pièces pour la flûte traversière et autres instruments avec la basse continue... œuvre second**, paru chez l'éditeur Ballard et dédié au roi. Ce recueil, qui contient trois suites de pièces pour une flûte et basse continue, deux pièces pour deux flûtes et des *Échos pour la flûte traversière seule*, est précédé d'un *Avertissement* dans lequel Hotteterre précise que la majorité de ces pièces étaient écrites depuis plusieurs années, mais qu'il a préféré les faire entendre à des personnes capables de les juger, avant de les publier. S'il les a destinées à la flûte traversière, elles peuvent aussi être jouées sur la flûte à bec, le hautbois, le violon, le dessus de viole, etc. Quelques-unes sonneront parfaitement bien sur le clavecin, — la main droite jouant le dessus, la main gauche la basse. L'avertissement est accompagné de conseils sur les agréments.

Les trois *Suites pour une flûte et basse* sont des suites de danses mêlées de quelques rondeaux ou airs tendres, et ouvertes par un prélude lent et grave. Les danses qui lui succèdent portent presque toutes un sous-titre à la manière française. La **Suite I en ré** comprend une *allemande* gracieuse (*La Royale*), très certainement hommage au royal dédicataire, un *rondeau* (*Le Duc d'Orléans*), une *sarabande* (*La D'Armagnac*), une *gavotte* (*Le Meudon*), un *menuet* (*Le Comte de Brionne*), un second *menuet* avec da capo, et une *gigue* (*Le Folichon*).

Après le prélude qui introduit la **Suite II en sol**, s'enchaînent treize mouvements : une *allemande* vive et rapide (L'*Atalante*), une *sarabande* coulée et pointée (*Le Fidèle*), un *petit air tendre* très français, deux *gavottes* (*La Maillebois*), un *rondeau* (*Le Baron*), une seconde *allemande* rapide (*La Cascade de Saint-Cloud*), une *Sarabande* (*La Guimon*), une *courante* légère (*L'Indifférente*) et son *Double*, un *rondeau* tendre et ornementé (*Le Plaintif*), un *menuet* tendre (*Le Mignon*), et une *gigue* à *l'italienne* à 12/8.

Au prélude de la **Suite III en mi** succèdent une *allemande* très travaillée, à la démarche solennelle, (dite *La Fontainebleau*), une *sarabande* (*Le Départ*), un *air gai* (*Le Fleuri*) tout en imitations entre flûte et basse, une *gavotte* (*La Mitilde*), un *branle de village*

(*L'Auteuil*), deux *menuets* (*Le Beaulieu*), une seconde *allemande* (*La Chauvet*), une curieuse pièce lente à 6/4 (dite *La Messinoise*), une *gigue* (*La Pérousine*), et un *rondeau* (*Le Lutin*).

Deux *Pièces à deux flûtes* en dialogue suivent ces trois suites : le *duo Le Fargis* est en deux parties, — l'une lente, l'autre joyeuse ; *le rondeau Le Champêtre* se joue gaiement.

Tout est grâce et raffinement dans la musique d'Hotteterre. L'ornementation élégante s'intègre parfaitement dans un style élaboré d'où ne sont pas absentes certaines audaces d'écriture.

Un deuxième livre de pièces pour la flûte traversière... *op. 5*, publié en 1715, fit suite à cet *op. 2*. Il réunit des pièces de mouvements divers pour flûte et basse, décrites comme des « sonates ».

En 1712, Hotteterre publia deux ouvrages : un recueil de **Sonates en trio... op. 3** et une **Première suite de pièces à deux dessus sans basse continue pour les flûtes traversières, flûtes à bec, violes, etc. œuvre quatrième**. Celle-ci se compose de sept pièces : un *duo* grave dans le style d'un prélude, un mouvement « gay » en imitations, une *allemande* rapide au contrepoint léger, un *rondeau* tendre et gracieux, un *rondeau* gai où les flûtes évoluent par mouvements contraires, une *gigue*, et une *passacaille* dans laquelle la ligne de basse obstinée semble échue à la seconde flûte. Une *Deuxième suite de pièces... op. 6*, puis une *Troisième suite... op. 8* suivirent respectivement en 1717 et en 1722.

L'Art de préluder sur la flûte traversière, sur la flûte à bec, sur le hautbois et autres dessus d'instruments... op. 7 fut édité en 1719. Cet ouvrage théorique, accompagné de préludes de différents caractères avec leurs agréments, propose une approche intéressante de l'art de l'improvisation au XVIIIe siècle.

Une **Méthode pour la musette... op. 10**, publiée en 1737 regroupe quelques préludes et airs pour cet instrument mis au point au XVIIe siècle grâce à la famille Hotteterre, et qui avait gagné les salons et l'opéra (Rameau l'utilisa, par exemple, dans *Hippolyte et Aricie*).

A.d.P.

JOHANN NEPOMUK HUMMEL

Né à Presbourg (aujourd'hui Bratislava), le 14 septembre 1778; mort à Weimar, le 17 octobre 1837. Enfant prodige, fils du directeur de la musique d'un des théâtres de Vienne, il reçut ses premières leçons de son père, puis étudia avec Mozart à Vienne (1786-1788). Il partit ensuite avec son père pour une tournée qui le mena en Allemagne du Nord, à Copenhague, en Écosse, à Londres (où, en 1792, il rencontra Haydn), et de nouveau en Allemagne. Revenu à Vienne en 1793, il étudia avec Albrechtsberger et Salieri, se lia d'amitié avec Beethoven, et devint un des premiers pianistes de son temps. De 1804 à 1811, il fut chef d'orchestre chez le prince Esterhazy, — ce qui fit de lui un des trois musiciens chargés d'assumer les fonctions de Haydn malade : il composa alors l'essentiel de sa musique religieuse. Il reprit sa carrière de pianiste vers 1814, puis fut maître de chapelle à Stuttgart (1816-1818), et enfin à Weimar (de 1819 à sa mort). De 1820 à 1834, il effectua de nouvelles tournées à travers l'Europe. Comme pédagogue du piano, il eut notamment pour élèves Czerny, F. Hiller, Mendelssohn et Thalberg. Comme compositeur, il aborda à peu près tous les genres instrumentaux et vocaux, sauf la symphonie. Parti de Mozart, il tendit la main, dans ses dernières œuvres, à Chopin. Sa méthode de piano (1828) eut une importance considérable dans la première moitié du XIXe siècle.

La musique de chambre est un des domaines dans lesquels Hummel donna le meilleur de lui-même. Ses trois *Quatuors à cordes op. 30* (en *ut*, en *sol* et en *mi* bémol, avant 1804) restent à peu près inconnus ; mais il n'en va pas de même des ouvrages — de loin les plus nombreux — faisant appel au piano. On peut citer tout d'abord les trois *Sonates pour piano et violon op. 5*, respectivement en *si* bémol, en *fa* et en *mi* bémol, — dont la troisième est surtout connue et jouée dans sa version pour alto (*op. 5 n° 3*, de 1798). Comme *Sonates pour piano et violon (ou flûte)*, existent aussi l'*op. 2 n° 2* en *sol* (1792), l'*op. 50 n° 2* en *ré* (vers 1810-1815), ou encore l'*op. 64* en *la* (parue vers 1814).

La **Sonate pour piano et violoncelle en *la* majeur op. 104**, parue en 1827, est tout à fait digne d'intérêt. Elle s'ouvre par un *Allegro amabile e grazioso* en *la* majeur à 6/4, insistant sur les qualités mélodiques de chacun des deux instruments. Le « groupe secondaire » de l'exposition est en *ut* majeur, la dominante *mi* majeur n'étant atteinte que peu avant la barre de reprise. Le développement est surtout en *fa* dièse mineur. Suit une *Romance* (*Un poco Adagio e con espressione*) en *ut* majeur à 4/4, de forme ternaire A-B-A', l'épisode central B étant en *ut* mineur et assez agité, et A' une reprise modifiée et condensée de A. Le finale (*Allegro vivace un poco* à 2/2), en *la* mineur, adopte la forme du rondo.

Durée d'exécution : 22 minutes environ.

LES TRIOS

Remarquable apparaît la série des sept *Trios pour piano, violon et violoncelle*, — œuvres apparentées aussi bien à ceux de Haydn des années 1790 qu'à ceux de Beethoven. Tous sont en trois mouvements.

Publié à Vienne en 1804, mais sans doute composé quelques années auparavant, le **Trio n° 1 en *mi* bémol majeur op. 12** s'ouvre par un vaste *Allegro agitato* à 2/2 de forme sonate, assez proche du mouvement correspondant de l'*op. 1 n° 1* de Beethoven (1795, dans la même tonalité), et se poursuit par un *Andante* en *la* bémol à 6/8 de forme ternaire A-B-A'. Le finale (*Presto* à 2/4) est un rondo dont les constants triolets de croches donnent une impression de 6/8.

Durée d'exécution : 18 minutes.

L'autographe du **Trio n° 2 en *fa* majeur op. 22** est du 3 mars 1799, mais l'œuvre ne parut qu'en 1807. Le premier mouvement est un *Allegro moderato* à 6/8. Sa forme est particulièrement concentrée, avec un « second thème » issu du premier, des doubles croches pianistiques ne faisant leur apparition que pour la période conclusive. On les retrouve dans le développement. Suit un *Andante* en *si* bémol majeur à 2/4, en forme de thème varié. Le thème est une sorte de marche lente, les variations sont au nombre de quatre : la deuxième fait la part belle au violoncelle (doubles croches), la troisième (qui s'oriente fugitivement vers *sol* mineur) au violon (triples croches), et la quatrième au piano. Le finale (*Vivace* à 2/4) est un irrésistible « Rondo alla Turca ».

Durée d'exécution : 13 minutes.

Le **Trio n° 3 en *sol* majeur op. 35** débute par un *Allegro con brio* à 4/4 d'esprit haydnien. Dès l'abord, le piano seul s'élance en rythmes pointés. Le deuxième mouvement est un *Tempo di Menuetto* en *ut*, avec « trio » en *fa*, transition et reprise variée et étendue du *Menuet* proprement dit. L'œuvre se termine par un *Vivace e scherzando* à 2/4 en forme de rondo.

Durée d'exécution : 13 minutes.

Paru vers 1815, le **Trio n° 4 en *sol* majeur op. 65** s'ouvre par un *Allegro con spirito* à 4/4 d'une belle aisance, et dont le développement central est inauguré par le thème principal en *mi* bémol. Suivent un *Andante grazioso* en *ut* à 3/8 (forme sonate sans développement) donnant son dû à chacun des trois instruments, et un *Vivace assai e scherzando* à 2/4, en rondo et particulièrement populaire de ton.

Durée d'exécution : 15 minutes.

Du remarquable **Trio n° 5 en *mi* majeur op. 83**, paru en 1819, l'*Allegro* initial à 3/4 commence au piano seul par un thème de seize mesures expressif et serein. Après un épisode agité, on se retrouve en *la* bémol majeur (en réalité *sol* dièse majeur), — tonalité conservée jusqu'au bout de la très vaste exposition, qui se termine ainsi à la tierce (voir la *Sonate « Waldstein »* de Beethoven). Le développement affirme bientôt *ut* dièse mineur, puis réintroduit le thème principal en *la* majeur avant de se poursuivre de façon très modulante. L'*Andante* en *sol* et à 2/4, à l'écriture pianistique très élaborée, débute comme une exposition de forme sonate. Après une cadence à la dominante *ré*, le thème principal réapparaît à la tonique, mais on se retrouve bientôt en *la* bémol, puis en *ut* pour un sommet dramatique, — ce qui conduit à un nouveau retour du thème à la tonique (bien sûr varié) puis à un fortissimo débouchant quant à lui sur une coda mystérieuse. Le finale à 2/4 est un vaste rondo, très contrasté et marqué par l'esprit d'aventure.

Durée d'exécution : 26 minutes.

Comme le suivant, le **Trio n° 6 en *mi* bémol majeur op. 93** parut au début des années 1820. Le puissant *Allegro con moto* à 4/4 témoigne d'un travail thématique fort serré. Il est suivi d'un émouvant *Un poco Larghetto* en *si* majeur et à 4/4 (voir, pour ce rapport de tonalités, le *Trio n°45 Hob. XV. 29* et le *Quatuor op. 76 n° 6* de Haydn); la forme est ternaire (A-B-A'), — l'épisode B étant en *sol* majeur. Le finale est un *Allegro con brio* à 4/4 en forme de rondo.

Durée d'exécution : 20 minutes.

Le **Trio n° 7 en *mi* bémol majeur op. 96** s'ouvre par un *Allegro con spirito* à 3/4. Au début du développement, le thème initial réapparaît en *ré* majeur. Le deuxième mouvement est un *Andante quasi Allegretto* en *si* bémol à 2/4, de forme ternaire A-B-A' (épisode B en *si* bémol mineur), et le finale (*Allegro vivace* à 2/4) un « Rondo alla Russa ».

Durée d'exécution : 17 minutes.

AUTRES ŒUVRES

Est resté inédit du vivant de l'auteur un **Quatuor pour piano et cordes** (violon, alto, violoncelle) en deux mouvements seulement : *Andante cantabile* à 3/4 en *sol*, et *Allegro con spirito* à 4/4 en *ré*. Le style indique une œuvre de jeunesse.

Publié vers 1822, le **Quintette en *mi* bémol pour piano, violon, alto, violoncelle et contrebasse op. 87** est peut-être le chef-d'œuvre de Hummel. L'armature semble indiquer *mi* bémol majeur, mais l'ouvrage est indubitablement en *mi* bémol mineur. L'ALLEGRO E RISOLUTO ASSAI initial, à 2/2, s'ouvre par un motif de quatre notes à l'unisson du violon, de la contrebasse, et des deux mains du pianiste. L'alto et le violoncelle répondent, et le piano poursuit seul. Le motif est ensuite repris quatre fois au piano sur un accompagnement des quatre cordes. Un épisode virtuose conduit à la dominante de *fa* dièse, et le « second thème » apparaît en *la* majeur, — l'exposition se terminant plus tard en *fa* dièse majeur (en réalité *sol* bémol majeur, relatif de *mi* bémol mineur). Le développement débute par le motif initial en *ré* majeur, et passe par diverses tonalités avant de rejoindre la tonique. Dans la réexposition, le « second thème » est en *mi* bémol majeur, mais le mouvement se termine en un *mi* bémol mineur mystérieux (fin *pianissimo*).

Le MENUETTO (ALLEGRO CON FUOCO) suit en gros la même progression, — car sa première partie prend fin en *fa* dièse majeur, et sa seconde en *mi* bémol mineur. Contraste avec le *mi* bémol majeur chaleureux du trio.

Assez bref, mais très expressif, le LARGO en *mi* bémol majeur à 4/4 joue un rôle d'introduction au finale (ALLEGRO AGITATO en *mi* bémol mineur à 2/2), — auquel il s'enchaîne directement. Ce finale est en rondo, avec couplet central en *mi* bémol majeur et coda affirmant puissamment *mi* bémol mineur.

Durée d'exécution : 19 minutes environ.

Non moins réussi apparaît le **Septuor en *ré* mineur pour piano, flûte, hautbois, cor, alto, violoncelle et contrebasse op. 74** (1816), — longtemps l'œuvre de chambre la plus connue de Hummel. Il débute (ALLEGRO CON SPIRITO à 4/4) par un motif bien rythmé à tous les instruments. Une transition virtuose conduit au « second thème », en *fa* majeur et au rythme de marche, énoncé par le cor, repris immédiatement par la flûte et le hautbois, plus loin par le piano. Après un détour par *ré* bémol, l'exposition se termine en *fa* majeur. Le développement démarre en *fa* dièse majeur, avec, plus loin, une « fausse réexposition » en *ut* majeur. Dans la réexposition, le « second thème » et en *ré* majeur, mais c'est en *ré* mineur que le discours prend fin, avec néanmoins une « tierce picarde » (nuance *fortissimo*).

Le MENUETTO O SCHERZO (ALLEGRO) conserve *ré* mineur et l'atmosphère passionnée du mouvement précédent. Sa première partie se termine en *la* mineur. Contraste total avec le « trio » (alternativo), en *ré* majeur et tout de légèreté avec ses appoggiatures brèves. Suivent des reprises abrégées et variées d'abord du *Menuetto*, puis de l'*Alternativo*. Fin en *ré* majeur.

Le troisième mouvement (ANDANTE en *fa* à 2/4) est un thème varié (*Andante con Variazioni*). Le piano entonne une mélodie de caractère populaire, et les autres instruments se joignent à lui. Une cadence fortement appuyée suit le thème, et on la retrouvera après chaque variation. Ces variations sont au nombre de quatre, — avec, au piano, des doubles croches (variation 1) puis des triples croches (variations 2 et 4). La variation 3 (triolets de doubles croches) est en *fa* mineur, et la variation 4 se transforme peu à peu en coda.

Le finale (Vivace à 2/2 en *ré* mineur) est en forme de rondo, avec un refrain véhément. Le premier couplet est vaste. L'alto y énonce soudain un sujet de fugue : lui répondent le hautbois, puis la contrebasse, enfin le violoncelle. Plus loin, un « second thème » chantant apparaît en *la* majeur au violoncelle. Retour du refrain, et ensuite second couplet se présentant comme une sorte de « réexposition » du premier : épisode fugué, puis (toujours au violoncelle) « second thème » en *ré* majeur. Dans l'ample et puissante coda, c'est néanmoins *ré* mineur qui s'impose.

Durée d'exécution : 29 minutes environ.

Le **Septuor en *ut* majeur pour piano, flûte, clarinette, trompette, violon, violoncelle et contrebasse op. 114** parut en 1830, et tire son surnom de *Septuor Militaire* de son usage (inhabituel dans une œuvre de chambre) de la trompette : exemple dont Saint-Saëns devait se souvenir dans son propre *Septuor op. 65*. Le premier mouvement est un *Allegro con brio* à 4/4 de caractère martial, avec « second groupe » de thèmes oscillant d'abord entre *sol* majeur et *mi* mineur, puis en *sol* mineur, et, peu avant la fin de l'exposition, une mystérieuse évocation de *mi* bémol majeur. Dans le deuxième mouvement — un solennel *Adagio* en *mi* bémol majeur à 4/4 inauguré par une mélodie du violon (de clarinette lors de la réexposition) —, la trompette se tait. Elle joue en revanche un rôle important dans le *Menuetto* (*Allegro*) en *ut* mineur, ou plutôt dans son « trio » en *ut* majeur, dont elle entonne à découvert les premières phrases. La reprise du *Menuetto* débouche sur une coda apaisée en *ut* majeur, ce qui permet à la trompette d'avoir le dernier mot. Le finale (*Vivace* en *ut* majeur 4/4) est un rondo aventureux. Au premier couplet succède non pas un retour du refrain, mais un épisode marqué *Sostenuto*, d'abord en *mi* bémol majeur, puis en *mi* majeur et coloré par la clarinette. La dominante de *mi* bémol majeur, puis celle d'*ut* mineur conduisent enfin au retour du refrain, — suivi d'un nouveau couplet et d'une coda. Fin *pianissimo*.

Durée d'exécution : 28 minutes environ.

M. V.

JACQUES IBERT

Né le 15 août 1890, à Paris; mort le 5 février 1962, à Paris. Ses études musicales eurent lieu au Conservatoire de Paris, de 1910 à 1914, dans la classe d'André Gédalge notamment (fugue et contrepoint), en compagnie de ses condisciples Honegger et Milhaud. Il obtint, la guerre terminée, mais encore sous l'uniforme, le premier Grand Prix de Rome en 1919; c'est d'Italie qu'il rapporta, en 1922, Escales *pour orchestre, — œuvre qui établit aussitôt sa réputation. Ibert ensuite, pendant plusieurs années, ne quitta plus la France et devint un des compositeurs en vue de la jeune génération, — remarqué tout à la fois pour la sûreté de son métier et pour sa parfaite indépendance. Il devait être, en 1937, nommé directeur de l'Académie de France à Rome (Villa Médicis), puis, après la Seconde Guerre mondiale, assurer pendant un an (1955-1956) les fonctions d'administrateur de la Réunion des Théâtres Lyriques Nationaux, à Paris, avant d'être élu membre de l'Institut. L'œuvre est d'une belle diversité, — avec plusieurs pièces d'orchestre (dont les célèbres* Escales *déjà mentionnées), des ouvrages chorégraphiques et lyriques (dont le ballet* le Chevalier errant, *ou l'opéra bouffe* Angélique*), une soixantaine de musiques de films (de Duvivier à Pabst et Orson Welles),... et une musique de chambre assez peu connue, cultivée tel un « jardin secret » par un musicien d'authentique tradition française.*

Henri Dutilleux, notre grand contemporain, fit en 1945 cet éloge de son aîné : « L'art de Jacques Ibert échappe à l'épreuve du temps, car il est, avant toute chose, essentiellement classique de forme. Mais quelle imagination dans l'ordre, quelle fantaisie dans l'équilibre, quelle sensibilité dans la pudeur ! »... Ce sont bien ces qualités, nullement mineures, que manifestent les œuvres de chambre, — dont l'essentiel se trouve commenté ci-après. Deux d'entre elles seront placées en exergue : le *Quatuor à cordes* et le *Trio pour violon, violoncelle et harpe*.

Quatuor à cordes

Il fut commencé à Rome en 1937, mais achevé seulement en 1942 au Cap d'Antibes (dans l'intervalle Ibert, suspendu de ses fonctions à la Villa Médicis, vit ses œuvres interdites par le gouvernement de Vichy). On imagine donc les circonstances pénibles, de semi-clandestinité, de sa composition ; il les reflète d'ailleurs jusqu'à un certain point : « la dualité abstraction — affectivité, devait déclarer le musicien, m'est extrêmement sensible ». Créée à Paris en 1944, aux concerts du Triton, par le Quatuor Bouillon, la partition fut dédiée par Ibert à son fils Jean-Claude. Il y a quatre mouvements.

Le premier est un *Allegro risoluto* à deux thèmes assez larges, d'un lyrisme s'affirmant avec une énergie toute volontaire, — pour faire place ensuite à un épisode d'un sentiment plus tendre et détendu, parfois grave, avec le retour du second thème souplement ému. *Andante assai*, le mouvement lent compte certainement parmi les plus belles inspirations du musicien, — combinant deux éléments mélodiques assez complémentaires, le premier formé de deux groupes de croches en une sorte de plainte résignée (d'abord par le second violon), le suivant d'une animation plus pathétique. La superposition de ces thèmes conduit à... « une efflorescence polyphonique où se manifeste la passion, en dehors de toute violence ou colère : toutes les voix de la misère humaine y paraissent rassemblées » (Gérard Michel)*. Le scherzo du troisième mouvement (*Presto*) enchaîne en un jeu svelte, élégant, de pizzicatos, — alors qu'avec le mouvement conclusif (*Allegro marcato*) se déploie un dramatisme puissant, glorieux, sur une formule rythmique continue que détermine la basse avant de passer aux violons... Œuvre aboutie, donc, que celle-ci, tant par la maîtrise de l'écriture des cordes qu'en son langage à la fois brillant et profond, émouvant à l'occasion (deuxième mouvement), — et dont on peut s'étonner qu'elle soit si rarement jouée.

Durée d'exécution : 22 minutes environ.

Trio pour violon, violoncelle et harpe

Cette partition non moins intéressante, quoique plus modeste, fut écrite en 1944 (avant qu'Ibert ne retrouve, l'année suivante, ses fonctions directoriales à la Villa Médicis), et destinée par le compositeur à sa fille Jacqueline, harpiste de talent. Celle-ci en assura la création le 15 juin 1946 à Paris (Salle Gaveau), en compagnie d'Alfred Loewenguth au violon et de Pierre Basseux au violoncelle.

L'œuvre, en trois mouvements, s'avère d'une esthétique un peu différente de celle du *Quatuor*, — beaucoup moins dramatique, d'un langage plus délié, plus immédiatement séduisant. L'écriture des trois instruments est fine, aérée, mais souvent contrastée. Le mouvement initial — un *Allegro tranquillo* — joue sur le souple balancement de ses six et sept temps, avec un premier thème alerte rebondissant aux archets, — tandis que la harpe s'adjugera une primauté expressive en un épisode très chantant, avant la reprise du tempo primo. *Andante sostenuto* du mouvement central, remarquablement lyrique, d'une sorte de plénitude sensuelle : le violoncelle d'abord, auquel se joint passionnément le violon en un riche contrepoint qu'enveloppe toute la subtilité poétique des sons de la harpe. C'est un *Scherzando con moto* qui constitue le finale : jeu preste et volubile des archets, qui semblent le disputer en esprit querelleur aux doigts courant sur les cordes de la harpe. Fantaisie, humour même, en une belle diversité des rythmes et dans toute la vivacité du propos, achèvent de rendre l'écoute de ce charmant *Trio* des plus agréables.

Durée d'exécution : 13-14 minutes.

AUTRES ŒUVRES

Une nette prédilection pour les instruments à vent caractérise la production de chambre d'Ibert ; et, de même, la relative brièveté des pièces qu'il leur a consacrées, — évitant tout autant la surcharge des parties instrumentales que la longueur des déve-

* G. Michel, *Jacques Ibert* (Éd. Seghers, Paris).

loppements. Ainsi est à citer en premier lieu la partition intitulée **Deux Mouvements pour quatuor à vents** (deux flûtes, clarinette et basson, — un hautbois étant susceptible de remplacer la seconde flûte) : écrite dès 1921 pendant le séjour à Rome, et donnée en première audition en 1923 à Paris, à la Société Nationale, l'œuvre apportait déjà la preuve d'une grande habileté dans la répartition des sonorités des « bois », ainsi que d'une élégance raffinée dans l'utilisation des rythmes (le *slow-fox*, en particulier, de la seconde partie). La durée d'exécution n'excède pas les cinq minutes.

Les **Trois Pièces brèves pour quintette à vents** (flûte, hautbois, clarinette, cor et basson) sont datées de 1930 ; elles allient, en une durée à peine supérieure (sept minutes), charme des sonorités « agrestes » et subtilité de jeux polytonaux encore assez simples, qui deviendront prépondérants, extrêmement travaillés, dans les **Cinq Pièces pour trio d'anches** (hautbois, clarinette et basson), de 1935 : se remarquent ici, plus particulièrement, les deux mouvements lents — *Andantino* et *Andante* — dans lesquels cette polytonalité acquiert une densité, très bienvenue dans ce type de répertoire, n'altérant en rien la limpidité, ni l'émotion du discours.

Autres courtes partitions qu'on puisse mentionner, sans intention d'exhaustivité : ces petites réussites incontestables que sont, par exemple, la **Sonatine pour flûte et piano** titrée « Jeux », de 1925 (il en existe une transcription pour violon et piano) : chef-d'œuvre miniaturisé de goût, dont les deux mouvements s'intitulent respectivement *Animé* et *Tendre*, — ce dernier plus étendu, mariant le rêve et l'intériorité à l'insouciance des « jeux » harmoniques, très virtuoses, du premier (la durée complète est de cinq minutes et demie environ). Que sont également les **Deux Interludes pour flûte, violon et clavecin** (ou harpe), datés de 1946, et qui durent à peu près sept minutes : ils furent composés comme musique de scène pour une pièce, *le Burlador*, de Suzanne Lilar, — empruntant à celle-ci un parfum XVIIIe siècle : dramatisme léger du premier interlude, *Andante espressivo* ; ambiance primesautière, « frivole », du second, *Allegro vivo*.

Pour terminer, l'on citera d'assez menues pièces — de diverses époques — dont les titres sont **Entr'acte** (1937), pour flûte (ou violon) et guitare (ou harpe), **Étude-Caprice pour un tombeau de Chopin** (1949), à l'intention du violoncelle seul et alternant polonaise, nocturne ou mazurka ; et, de l'année suivante (1950), un **Impromptu pour trompette et piano**, œuvre écrite pour la Fondation Koussevitzky, — dont l'Allegro réussit à faire rivaliser, en éclat incisif, deux instruments que rien ne peut assortir véritablement.

F.R.T.

VINCENT D'INDY

Né à Paris, le 27 mars 1851 ; mort à Paris le 2 décembre 1931. Né dans une famille cévenole de très ancienne noblesse, élevé dans des principes catholiques et monarchistes, il reçoit une éducation soignée, dont la partie musicale est confiée à Diémer et Marmontel pour le piano, à Lavignac pour l'harmonie. Il se bat pendant la guerre de 1870, puis entreprend des études de droit. La découverte du traité de Berlioz, des ouvrages de Meyerbeer, puis la révélation de Beethoven et de Wagner, enfin une audition du Sigurd *de Reyer déterminent sa vocation musicale. Il voyage en Allemagne, Liszt le reçoit en 1873 à Weimar. Entré au Conservatoire de Paris en 1874, il épouse sa cousine Isabelle de Pampelonne, peu après le succès de son Ouverture des* Piccolomini *créée par Pasdeloup. Sa fortune personnelle lui permet de se consacrer librement à la composition ; il est organiste à Saint-Leu-la-Forêt, chef de chœurs, timbalier ou corniste à l'occasion. Il devient l'élève de Franck, et son farouche partisan. Ébloui par la création du* Ring *en 1876, par* Parsifal *qu'il entend cinq fois en 1882, il devient un ardent défenseur de Wagner, dont il célébrera la mémoire, l'année suivante, en prononçant un discours en allemand à Bayreuth. Il compose texte et musique de son premier grand ouvrage dramatique,* le Chant de la Cloche, *créé à Paris le 25 février 1886, tout en se faisant bâtir un manoir aux Faugs, dans le Vivarais, où une grande partie de son œuvre verra le jour. En 1897, il entre à la Schola Cantorum, institution fondée par Ch. Bordes; la même année son chef-d'œuvre dramatique,* Fervaal, *est créé à Bruxelles. Son célèbre cours de composition, professé à la Schola, ses cours de direction d'orchestre au Conservatoire (1912) témoignent de la qualité de son enseignement (il a formé A. Honneger, A. Roussel). Ses études puissantes mais discutables sur Franck ou Beethoven reflètent sa nature de polémiste. Après un second mariage avec son élève Caroline Janson, il s'éloigne de sa famille, et remplace les Cévennes par Agay, dans le Midi, où il compose ses dernières œuvres. Il meurt en préparant une étude sur Parsifal. Les pôles de la pensée de d'Indy sont une foi catholique intensément vécue (les thèmes d'origine grégorienne foisonnent dans ses œuvres), mais aussi un antisémitisme virulent. On les retrouve dans son dernier grand ouvrage dramatique,* la Légende de Saint-Christophe *(1920). Il dédaigne Mozart, Verdi, Mendelssohn et Meyerbeer, admire les romantiques allemands et surtout Wagner, Berlioz et Debussy. Sa musique, tout d'abord d'obédience lisztienne puis franckiste, se nourrit du folklore en ses meilleurs moments (*Symphonie sur un chant montagnard français, *1886). Parfois l'utilisation presque maniaque d'une cellule originelle dans un dessein cyclique emprunté à Franck et érigé en dogme ne parvient pas à masquer l'aridité mélodique. Son œuvre vaut surtout par la richesse de l'orchestration et la maîtrise du contrepoint. Les paysages marins ou montagnards sont ses meilleures sources d'inspiration. Sa musique de chambre vit le jour en deux grandes périodes (1878-1904, et 1925-1929). Elle est tombée dans un oubli fort injuste, et en particulier les deux premiers* Quatuors à cordes.

LES ŒUVRES DE JEUNESSE

Quatuor pour piano, violon, alto et violoncelle, en *la* mineur (op. 7)

Cette première œuvre de musique de chambre, créée par l'auteur au piano, le 28 décembre 1878, fut jugée trop moderne par la critique : ce fut, selon l'auteur, « un joli petit four » ; il procéda à une refonte dix ans plus tard, puis, à la fin de sa vie, la renia complètement (« une vieillerie que je n'aime pas beaucoup jouer »). Les influences — schumanniennes, franckistes, wagnériennes — s'y côtoient naïvement. Mais certains traits personnels s'y profilent déjà : l'abondance de modulations par enharmonie, les rythmes complexes et déroutants. Divers thèmes reparaissent dans le finale annoncent le « cyclisme » si cher à d'Indy.

Le premier mouvement (*Allegro non troppo, la* mineur à 6/8) est construit en forme sonate. Le premier thème est énoncé successivement par le violoncelle, l'alto et le violon, sur un dessin léger en triples croches du piano. Une seconde idée, lancée par le violon, en *mi* majeur, module en *sol* dièse mineur puis en *ut* dièse mineur. La *Ballade* utilise très heureusement un mode sans sensible, aux harmonies chatoyantes, assez debussystes déjà, rendues en traits élégants du piano. L'*Allegro vivo* (*la* mineur, à 9/8) est un rondo alerte. Le refrain, joué en octave par les cordes, est relayé par deux couplets contrastés (*fa* dièse mineur, puis *ré* mineur). Repris ensuite en *ut* majeur, il est suivi d'un développement où le thème de la *Ballade* revient comme en écho, en *sol* mineur ; le refrain disparaît et laisse la place au thème du second couplet, qui triomphe dans la coda.

Suite en *ré* dans le style ancien, pour trompette, deux flûtes, deux violons, alto et violoncelle (op. 24)

Comme le fameux *Septuor* de Saint-Saëns, composé quelques années plus tôt, la *Suite en* ré fut dédiée à la Société « La Trompette », fondée par le polytechnicien Émile Lemoine. L'œuvre fut créée (avec un double quatuor et une contrebasse) le 5 mars 1887 à la Société Nationale, quelques jours avant la création de la célèbre *Symphonie Cévenole* (20 mars 1887). D'Indy s'amusa beaucoup en composant cette œuvre faussement baroque. L'irruption de la trompette sonore dans un ensemble de chambre est une gageure pleine de piquant ; là où Saint-Saëns s'était plu à opposer piano, trompette et cordes, d'Indy choisit le contraste entre les cordes et le trio très homogène formé par la trompette, dont la partie se limite aux sons harmoniques naturels, et les flûtes virevoltantes qui masquent ce déficit.

Dans un bref *Prélude*, (*Lent*, *ré* majeur,

à 4/4) les harmonies raffinées des flûtes enrobent les longues tenues de la trompette. L'*Entrée* (*Gai et modéré*, *ré* majeur, à 2/4) comprend un vif mouvement de marche encadrant un épisode central en triolets, d'où la trompette est absente, — tandis que la reprise est ornée de traits ascendants virtuoses des flûtes. La *Sarabande* (*Lent*, *ré* mineur, à 3/4) évolue sur une basse contrainte des cordes, comme une passacaille; mais les vents opposent de longues pédales de tonique ou de dominante à ces harmonies raffinées; un canon au rythme pointé apporte une diversion. Le *Menuet* (*Animé*, *ré* majeur, à 3/4) haut en couleurs est caractérisé par le rythme syncopé de son solo de trompette, dont les premières notes (*ré-la-ré*) se prolongent en une sorte d'ostinato étrange dans le trio en *si* bémol. Ces trois notes fournissent aussi le thème du finale, *Ronde Française* (*Assez animé*, *ré* majeur, à 3/8) écrit en fugato.

Durée d'exécution : 15 minutes environ.

Trio pour piano, clarinette et violoncelle
(op. 29)

Première œuvre importante de la maturité, le *Trio en* si *bémol* fut créé par l'auteur à Paris (Société Nationale) le 7 janvier 1888, puis à Bruxelles le 7 février de la même année, lors d'un concert de l'association des XX, dirigée par Octave Maus, — à qui l'œuvre fut finalement dédiée en remerciement. Rappelons que d'Indy, pianiste et organiste, pratiquait également, à l'occasion, le violoncelle et la clarinette : l'alliage de leurs timbres — ainsi lorsqu'il fait chanter le violoncelle dans l'aigu sur la basse grave de la clarinette — n'avait pas de secrets pour lui. Tout au long de sa vie il aima jouer en public cette œuvre très réussie, chaleureuse. Il s'y montre soucieux de maîtriser une forme personnelle, tout en reprenant de façon neuve les principes cycliques de Franck, le maître révéré. Trois thèmes principaux circulent dans toute l'œuvre, se combinent aux idées particulières à chacun des mouvements, en constituent parfois l'accompagnement.

1. Ouverture (*Modéré*, *si* bémol majeur, à 4/4) : le titre choisi semble bien modeste pour un morceau de cette envergure et de cette complexité. L'ampleur, toute symphonique, les audaces harmoniques sont frappantes. Il comprend trois sections nettement délimitées : la première (en *si* bémol) est consacrée au grand thème cyclique du *Trio*, belle mélodie syncopée, d'allure simple et pastorale que la clarinette ou le violoncelle opposent aux arpèges en sextolets de croches du piano : à la mesure 14 apparaît au violoncelle un court motif ascendant, sorte de « devise » qui a la brièveté et le caractère incisif d'un leitmotiv wagnérien; il reparaîtra, lui aussi, sous divers déguisements, dans toute l'œuvre. Ce procédé est une des chevilles maîtresses de toute l'œuvre ultérieure de d'Indy. La deuxième section (*fa* dièse majeur) contraste par son caractère plus recueilli : elle regroupe six mesures d'accords syncopés du piano, bientôt rejoint par la clarinette. Toutes les phrases s'achèvent en hésitant sur une mesure à 7/8. Dans la troisième section (*la* bémol majeur) le leitmotif est développé, puis le premier thème revient mystérieusement à la main gauche du piano, sous une mélodie soutenue de la clarinette, en *ré* mineur. Lors de la réexposition, la partie de piano très chargée, quasi symphonique, soutient l'affirmation très solennelle des thèmes dans une emphase qui laisse deviner le jeune et fanatique admirateur de *Parsifal*.

2. Divertissement (*Vif et animé*, *mi* bémol majeur, à 3/4) : cette fantaisie regorge de trouvailles rythmiques ingénieuses. Le thème cyclique métamorphosé revient en croches staccato à la clarinette, puis en pizzicatos joués « en glissant » au violoncelle. Gammes en tierces du piano et de la clarinette, accords rustiques plaqués fortissimo et à contretemps font tout le sel de ce morceau plaisant. Le premier intermède, en *la* bémol majeur, apporte curieusement une touche debussyste avec son dessin pédale en croches du piano. Le divertissement revient, varié, assorti de contrechants burlesques du violoncelle. Puis vient un second intermède en *mi* bémol mineur : le violoncelle s'y voit confier une admirable mélopée, de caractère folklorique, au rythme souple, dont le rythme alimente la coda.

3. Chant Élégiaque (*Lent*, *ré* bémol majeur, à 4/4) : cette page brève, expressive dans sa concision, s'ouvre sur une sorte de carillon, — quatre accords parfaits très simples, brumeux, tirés des quatre premières notes du thème cyclique. Puis la clarinette y adapte un beau motif mélancolique, syncopé. Le violoncelle lui répond dans la partie médiane (*mi* majeur, à 12/8) sur un thème également tiré du motif cyclique. Au retour de la première partie, les accords arpégés du piano soutiennent le chant « piqué » par la main gauche dans l'aigu :

procédé qui rappelle beaucoup le *Prélude, Choral et Fugue* de Franck.

4. FINALE (*Animé, si* bémol majeur, à 2/2) : ce rondo plein de verve exploite un refrain très brillant, exposé par le piano, et qui rappelle curieusement par ses appogiatures Weber (compositeur très cher à d'Indy). Il alterne avec différents motifs secondaires, parmi lesquels la mélodie de violoncelle du *Divertissement*. Le thème cyclique revient, tout d'abord superposé au motif du finale, puis, plus clair, au violoncelle, sur des accords irisés du piano.

Durée d'exécution : 37 minutes environ.

Premier Quatuor à cordes, en *ré* majeur (op. 35)

Selon d'Indy, le quatuor, genre noble entre tous, doit être le fruit de la maturité de l'artiste ; il attendit lui-même la quarantaine (et l'apparition du *Quatuor* de Franck, salué à grands cris comme un chef-d'œuvre) pour aborder ce genre. Interrompant la composition de son chef-d'œuvre dramatique, *Fervaal* (terminé en 1895), il y travailla pendant toute l'année 1890 et l'acheva — immédiatement après la mort de Franck — dans les premiers mois de 1891. Le destinataire de l'œuvre, le violoniste Eugène Ysaÿe, assura la création qui eut lieu à Bruxelles, aux XX, le 24 février 1891, puis à Paris, à la Société Nationale, le 4 avril de la même année. Hamelle se chargea aussitôt de la publication. Malgré une exécution improvisée, la création parisienne fut triomphale. Dès le 5 avril, Chabrier adressait à d'Indy ces lignes : « C'est admirable. Je ne puis te le dire assez. Je ne connais personne nulle part foutu de camper sur ses pattes un quatuor de cet ordre-là. Ce ne sont plus seulement tes amis que tu ravis actuellement, c'est ton pays que tu honores. » Comme l'a justement remarqué le biographe de d'Indy, Léon Vallas, l'œuvre reflète un « cyclisme tempéré », qui diminua la valeur de l'ouvrage aux yeux de son auteur, quand celui-ci fut devenu le très formaliste maître de composition de la Schola Cantorum. Au départ se trouve bien un motif générateur (la « Mère Gigogne », selon le mot de Willy), mais les thèmes de l'œuvre — crime inexpiable — n'en dérivent pas tous.

Le *Quatuor en* ré *majeur* est une œuvre de grande envergure (il dure près de cinquante minutes) et comporte quatre parties : l'*Introduction*, qui présente le thème principal, est suivie d'un *Allegro* de sonate en *ré* mineur, d'un bel élan, en dépit de son développement un peu lourd. Vient ensuite un *Andante* en *si* bémol majeur, — page d'une poésie pénétrante et d'un grand charme mélodique ; le thème principal est une variante du thème cyclique, le second, pointé, est typiquement franckiste. L'*Intermède*, qui tient lieu de scherzo, fait alterner des épisodes de danses vives et populaires et un thème confié à l'alto, « dans le sentiment d'un chant populaire », avatar encore du thème cyclique. Le *Finale*, qui s'enchaîne sans interruption, est un rondo-sonate bâti sur deux variantes très dissemblables du thème cyclique.

Deuxième Quatuor à cordes, en *mi* majeur (op. 45)

Le *Deuxième Quatuor*, composé peu après les belles variations symphoniques *Istar*, en 1897, fut dédié à Guy Ropartz et créé à la Société Nationale, à Paris, le 5 mars 1898. De nombreux critiques, dont Paul Dukas, lui firent un accueil enthousiaste. Voici une œuvre qui exprime parfaitement la pensée et l'art de d'Indy, — en particulier sa volonté d'utiliser à tout prix toutes les possibilités d'un thème. Il en a d'ailleurs laissé l'analyse exhaustive dans son *Cours de Composition*. Il entendait y mettre en œuvre les principes laissés par le *Quatuor* de Franck, « avec plusieurs tentatives d'ordre différent ».

Tout ici découle donc d'une idée-matrice, sans que le caractère expressif de l'œuvre en souffre, car l'invention rythmique et la veine mélodique sont remarquables. Cette idée, exposée à l'unisson comme un solennel avertissement en tête de l'ouvrage, pourrait être lue comme un hommage au final de la *Symphonie Jupiter*, si l'on ignorait le dédain que l'auteur professait à l'encontre de Mozart. Sur cette simple cellule (d'origine grégorienne ?) d'Indy échafaude un monument de grande allure. L'introduction lente la développe en fugato, puis l'*Allegro* (*Animé*, en *mi* majeur) en tire un thème viril, plein d'élan. Le second thème, plus souple et chantant, est en *sol* majeur. L'exposition se poursuit, en modulant vers *mi* bémol majeur : l'alto reprend ici le premier thème, accompagné par les violons sur un motif tiré de la cellule cyclique inversée. Après un développement relativement bref, le premier thème est réexposé en *la* bémol majeur. Le *Scherzo*, (*Très animé*, en *sol* majeur), d'une extrême fantaisie rythmique, est noté à 5/4, avec des excursions à 3/4 ; le thème alerte, au premier violon, est accompagné en pizzicatos. Deux trios, à 6/4, apportent une diversion, l'un en *sol* majeur, le second en *si* bémol. Le troisième mouvement (*Très lent*, *mi* mineur), d'une grande noblesse d'inspiration, est une ample méditation de caractère beethovénien. Le *Finale* en rondo, (*Vif*, *mi* majeur, à 3/2) fait alterner quatre refrains et trois couplets. Le refrain, énergique, est tiré d'un renversement de la cellule-mère ; diverses métamorphoses tirées de mouvements précédents réapparaissent ici et se combinent dans une polyphonie magistrale.

Sonate pour piano et violon, en *ut* majeur (op. 59)

Composée en 1903-1904, immédiatement après la *Deuxième Symphonie* et le *Jour d'été à la montagne* (sur des idées notées dès 1896), la *Sonate en* ut *majeur* fut créée par l'auteur et le dédicataire de l'œuvre, le violoniste Armand Parent, le 3 février 1905, dans un concert où figuraient également le *Deuxième Quatuor* et le *Poème des Montagnes*. Depuis sept ans, d'Indy n'avait pas composé de musique de chambre ; durant ces années, on l'avait dressé, artificiellement, contre Debussy, — dont il admirait pourtant la musique. La *Sonate*, fort attendue, devait faire office de « manifeste » et réaliser les espoirs de la Schola Cantorum ; on volut y voir un digne écho de celle de Franck, dont elle ne connut cependant jamais la popularité. Elle vaut cependant mieux que les analyses fumeuses des thuriféraires de la Schola, fanatiques du cyclisme intégral. On y trouve paradoxalement de curieuses réminiscences debussystes, accords chatoyants librement enchaînés (chez un maître du contrepoint pour qui l'harmonie était lettre morte !).

L'organisation thématique est semblable à celle du *Deuxième Quatuor* ; trois thèmes cycliques se mêlent librement à la construction générale, alimentant tout le premier morceau, se superposant aux thèmes des deux mouvements centraux. Le finale est conçu dans le même esprit de synthèse, — les motifs entendus dans les trois premiers mouvements prenant alors toute leur signification. L'auteur jugeait le premier morceau très chantant et même « un peu italien », ajoutant : « C'est un drôle de morceau, mais bien cordial tout de même ». Il est bâti en forme sonate sur le premier thème cyclique (A), une fanfare hardie, en *ut* majeur, et une idée plus chantante en *la* bémol majeur, qui n'est pas développée. Deux autres motifs cycliques, B et C, alimentent le pont. Les deux thèmes sont superposés lors de la réexposition. Le *Scherzo* (*Animé*) est en *la* bémol majeur. Le thème léger, une sorte de tarentelle, est combiné au cours du développement avec le thème cyclique C. Le trio, en *mi* majeur, contient une ravissante trouvaille de caractère populaire, notée avec une grande souplesse rythmique (faisant alterner les mètres à 7/4, 6/4, 5/4, 4/4). Le mouvement lent, en *mi* majeur, reprend le pont du premier mouvement et développe le thème C. Le thème A, suivi d'une variante de C, s'impose dans la deuxième partie. Dans une atmosphère mélancolique, la conclusion reprend le premier thème au violon, contrepointé par A au piano. Le finale (en forme de rondo-sonate) réunit un refrain plein d'élan, en *ut* majeur, un second thème en *mi* majeur, et les trois thèmes cycliques.

LA PÉRIODE D'AGAY

En 1904 prit fin le premier cycle de musique de chambre de Vincent d'Indy. Absorbé par sa dernière grande partition dramatique, *Saint-Christophe*, il délaissa la musique de chambre pendant vingt ans et n'y revint qu'en 1924, dans sa soixante-quatorzième année, dans un esprit entièrement différent. Le 26 janvier 1930, après avoir achevé ce « second cycle » avec le *Deuxième Trio*, il concluait : « Au fond, la musique de chambre est bien plus l'expression d'une âme que les gros morceaux d'orchestre, et je m'y cantonne de plus en plus. » Revenu de l'esthétique allemande, il choisit un style plus dépouillé : langage assoupli, moins chargé, harmonies allégées, contrepoint moins touffu ; les formes enfin sont moins ambitieuses, suite et concert baroquisants remplacent la lourde sonate de jadis. À partir de l'*op. 84* les titres empruntés à l'ancienne suite de danses du XVIIIe siècle indiquent assez la nouvelle orientation dans l'art de l'auteur, associé désormais au courant néo-classique de l'entre-deux-guerres.

Quintette pour piano et cordes, en *sol* mineur (op. 81)

Créé le 2 mai 1925 à la Société Nationale, à Paris, par la pianiste Blanche Selva, la première œuvre de chambre présentée au public par d'Indy après un long silence remporta un grand succès. On remarqua bien encore les habitudes d'indystes, leitmotive, lutte des thèmes, mais tempérés maintenant par un discours plus direct, une éloquence concise qui rendait l'œuvre facilement accessible. Seul le second thème du premier mouvement reparaît dans la suite de l'œuvre.

Le premier mouvement, *Assez animé*, s'ouvre sur un thème pointé énergique que les cinq instruments exposent à l'unisson. La seconde idée, en *mi* bémol majeur, est amenée par un « pont » en notes répétées. Le développement, la reprise sont également imaginatifs, Le *Scherzo* (en *ré* mineur) et son trio (*fa* majeur) sont rythmés à cinq temps, — mètre que d'Indy affectionne. L'*Andante* (*Lent et expressif*, en *si* bémol majeur) oppose un beau thème, grave et noble, présenté par les cordes seules, le piano se chargeant du second thème en *ré* bémol majeur (qui n'est autre que le second thème du premier mouvement en augmentation). Le *Finale* (*Modérément animé*, en *sol* majeur), joyeux, repose sur un thème primesautier, fortement rythmé et traité en canon. La conclusion assure la victoire du thème essentiel (toujours emprunté au second mouvement), transformé en un choral majestueux et rayonnant.

Sonate pour violoncelle et piano, en *ré* majeur (op. 84)

Composée à Agay en deux temps (septembre 1924 - juillet 1925), le *Sonate pour violoncelle* fut créée moins d'un an après le *Quintette en* sol *mineur*, le 5 mars 1926 à la Salle des Agriculteurs. L'auteur au piano accompagnait la dédicataire de l'œuvre, Edwige Bergeron-Brachet. Au même concert fut créé le *Thème Varié, Fugue et Chanson pour piano op. 85*. Proche du *Quintette* par l'inspiration aérée et lumineuse, la *Sonate* s'apparente à la suite française du XVIIIe siècle par les titres : *Entrée, Gavotte en rondeau, Air, Gigue*. Après avoir prôné durant un demi-siècle le romantisme germanisant, d'Indy se tourne, dans un esprit tant soit peu cocardier, vers les sources de la musique française ancienne. Ainsi l'*Air* déploie de longues arabesques du violoncelle modestement accompagnées par le piano dans un style qui n'eût pas désavoué Bach ; quant à la *Gigue*, voulue paysanne par l'auteur, elle doit être jouée « gaiement, un peu lourd et sans hâte ».

Suite en parties pour flûtes, violon, alto, violoncelle et harpe (op. 91)

Conçue dans le même esprit que la *Sonate pour violoncelle op. 84*, la *Suite en parties*, composée en 1927, fut destinée au Quintette Instrumental de Paris dirigé par le flûtiste René Le Roy. La création eut lieu à Paris, à la Société Nationale, le 17 mai 1930. un enregistrement immédiat assura la diffusion, — alors que les œuvres plus anciennes et importantes de la musique de chambre de d'Indy restaient dans l'ombre. Elle regroupe une *Entrée en sonate*, gaie et plaisant pastiche, où la harpe est traitée comme un clavecin, un original *Air désuet* avec les répétitions au nasard et à la tierce lointaine, où la flûte est traitée comme un jeu d'orgue grâce à l'emploi des sons harmoniques au violon. Une *Sarabande* avec deux doubles conclut cette œuvre dont les titres seuls trahissent le maître de la Schola.

Sextuor à cordes (op. 92)

Composé à Agay pendant les étés de 1927 et 1928, à l'intention de Joseph Calvet, le *Sextuor*, dédié au compositeur Pierre de Bréville, fut créé avec succès le 26 janvier 1929 à la Société Nationale. Il est conçu en forme de double trio à cordes, dans l'esprit de l'ancienne suite instrumentale, comme l'*op. 91*. Après l'*Ouverture* vient une *Entrée de sonate*, page animée, et construite sur trois motifs chantants, puis un *Divertissement* qui tient lieu de scherzo ; deux épisodes très contrastés s'y répondent : l'un, dans le style populaire, utilise l'un de ces thèmes des Cévennes chers à d'Indy, l'autre, de sentiment religieux et joué en sourdines, traduit un sentiment mystique à l'aide d'accords suaves et sons harmoniques. D'Indy considérait comme un hommage à Schumann le *Thème, variations et finale* qui s'achève dans une atmosphère apaisée, mise en valeur par le timbre voilé de l'alto.

Troisième Quatuor à cordes (op. 96)

Un an après son *Sextuor*, le 12 avril 1930, d'Indy, déjà octogénaire, fit jouer à la Société Nationale son *Troisième Quatuor*, fruit de deux étés laborieux à Agay, par le Quatuor Calvet, dédicataire de l'œuvre. « J'ai mis toute mon âme musiquedechambresque dans ce quatuor, affirma-t-il, et je crois que ce sera vraiment une bonne chose. » (27 octobre 1928.) Voici encore une œuvre de paradoxale jeunesse qui mériterait une résurrection. Du péché cyclique de jadis ne subsiste qu'une trace légère, — un intervalle de septième qui marque chacun des thèmes principaux.

Quelques mesurs lentes ouvrent l'*Entrée en sonate*, suivie d'un *Allegro* lumineux, remarquable dans sa longue exposition ramassée en quatorze mesures dans l'exposition. Dans l'*Intermède*, un épisode rythmé dans le style d'une danse paysanne alterne avec une mélodie très calme qui fait office de trio. Vient ensuite le *Thème varié*, dont la belle mélodie avec l'intervalle caractéristique, est développée, rythmiquement surtout, avec ingéniosité et diversité. Le *Finale en rondeau* présente d'abord l'intervalle clé (septième descendante, cette fois) sur un rythme rapide, puis en tire un refrain très chantant. Quel chemin parcouru depuis les volumineux Quatuors de jeunesse ! Quelle spontanéité chez cet ancien amateur d'œuvres cérébrales, étouffantes dans leur wagnérisme instrumental. « Vincent d'Indy octogénaire semble plus jeune que le compositeur quadragénaire, auteur d'œuvres dont la mécanique est prodigieuse mais arrive à dominer le génie » (Léon Vallas).

Deuxième Trio en forme de suite (op. 98)

Cette petite œuvre, la dernière partition de musique de chambre de d'Indy, fut composée pendant l'été de 1929 et créée le 11 janvier 1930 à la Société Nationale. Elle clôt le cycle « d'Agay » et se rattache nettement aux œuvres précédentes par sa brièveté et sa simplicité. Une fois encore, l'auteur fait appel à l'ancienne suite française, de facture simple et légère ! *Entrée en sonate*, *Air*, *Courante* et *Gigue en rondeau* sur une vieille chanson française ne portent « nulle trace de romantisme ; nulle forme cyclique ; nulle évocation psychologique, ni dramatique, nul heurt, nul brisement d'âme... mais de la musique toujours », disent les Tablettes de la Schola.

J.A.M.

CHARLES IVES

Né le 20 octobre 1874, à Danbury (Connecticut) ; mort le 19 mai 1954, à New York. Son père, chef de fanfare, lui enseigne très tôt l'harmonie et le contrepoint, et lui donne le goût pour des recherches originales, telles que superpositions polytonales et polyrythmiques qu'il pratiquera souvent dans sa musique. Poursuivant ses études à l'Université de Yale avec Horatio Parker de 1894 à 1898, il parvient, à cette date, à la fin de la première phase de son œuvre après des partitions déjà très personnelles (Première Symphonie, Premier Quatuor, Celestial Country). *A partir de 1899, Ives, installé à New York, mène de front son travail d'assureur — qui aboutira en 1908 à la création de l'une des compagnies les plus florissantes des États-Unis —, et une intense activité compositionnelle* (Symphonies n° 2 *et* n° 3, Central Park in the dark, The Unanswered Question). *Quittant New York en 1911, Ives produit ses œuvres les plus importantes, dont la fameuse* Sonate « Concord » *pour piano et la* Quatrième Symphonie. *Ébranlé par une sévère attaque cardiaque, Ives réduit progressivement l'écriture jusqu'en 1926 — date à laquelle il s'arrêtera de composer. Exacte contemporain de Schoenberg, et à rapprocher dans une certaine mesure de Mahler, Ives n'a été véritablement connu du public — pour lequel il exprimait le plus grand dédain — qu'à partir de la cessation de ses activités de compositeur. Ayant beaucoup marqué le paysage musical américain, la musique de Ives est encore peu familière du public européen alors qu'elle recèle une richesse indéniable : l'ambiguïté reste incontestablement la première qualité de la musique de Ives.*

La plus grande difficulté dans l'examen de l'œuvre de Ives, et quel que soit le genre auquel on s'intéresse, est de déterminer une chronologie qui puisse répondre de la réalité. En effet, nombre d'œuvres ont été conçues en un grand laps de temps, — deux mouvements d'une même partition pouvant être distants de plusieurs années, sans parler des révisions que Ives effectuait régulièrement. Le catalogue dressé en 1960 par John Kirkpatrick, recensant quelque cent vingt et un numéros — sans parler des cent cinquante et un *Songs* (dont il ne faut pas sous-estimer l'importance) — est à l'image de l'œuvre de Ives : diversifiée et inégale, avec un grand nombre de partitions perdues ou inachevées — dont la « *Universe Symphonie* » —, elle révèle surtout, et malgré son manque d'ordonnance, les liens étroits qui relient certaines œuvres entre elles, Ives ayant l'habitude de réutiliser un matériau dans des contextes différents. Tout comme sa musique privilégie la mise en polyphonie d'éléments de sources différentes, l'ensemble de son œuvre apparaît comme un gigantesque « patchwork », un brassage d'impressions et de thèmes empruntés et récurrents d'une partition à l'autre. La musique de Ives est moins une musique qui raconte qu'elle ne se souvient d'événements vécus par le compositeur et reconstitués par la partition : son œuvre se situe à mi-chemin entre le journal personnel et le reportage. On ne s'étonnera donc pas de constater que certaines partitions ont connu une longue gestation, d'autant plus que nombre d'entre elles sont dérivées de plus anciennes, réécrites et développées, comme on pourra le constater dans la genèse particulièrement complexe des *Sonates pour violon et piano*. Expérimentateur à l'imagination particulièrement fertile, Ives a abordé très tôt la polytonalité, les quarts de tons et les polyrythmies complexes, dont certains compositeurs américains comme Henry Cowell — qui a aussi beaucoup écrit sur Ives —, et plus récemment Elliott Carter, ont su tirer les conséquences. L'approche de la musique de Ives ne peut être sérieusement envisagée sans prendre contact avec la pensée du compositeur, dont l'écrit essentiel reste ses *Essais avant une sonate**, ni sans consulter ses *Mémoires* édités par John Kirkpatrick** — l'un des auteurs de référence pour Ives, avec Hitchkock —, auxquels les commentaires ci-dessous emprunteront souvent.

* Traduits et accompagnés de remarquables études in : *Contrechamps n° 7* (L'Age d'Homme, 1986).

** C. Ives, *Memos* (Calder and Boyars, 1973); H.W. Hitchcock, *Ives* (Oxford University Press, 1977).

Les Sonates pour violon et piano

Les *Sonates pour violon et piano* ont connu une gestation longue et difficile qui décrit sur près de vingt ans une trajectoire parallèle à celle des quatre *Symphonies*, — des premiers essais de 1899 jusqu'à la *Quatrième Sonate* terminée en 1916. Il existe en fait cinq *Sonates*, les quatre habituellement retenues étant précédées par celle que Cowell a dénommée « the Pre-First Sonata », en ce sens que les trois mouvements principaux qui la composent ont quasiment servi de « réservoir » pour les *Première* et *Deuxième Sonates* : l'*Allegretto moderato* initial (1899-1901) a été repris et développé dans le second mouvement de la *Deuxième Sonate* ; le *Largo*, qui existe lui-même sous deux versions, a donné lieu successivement à un *Largo* pour violon, clarinette et piano (1902 ?), et surtout au *Largo cantabile* de la *Première Sonate* ; le matériau d'un *Scherzo*, daté de 1902, inachevé et finalement rejeté, sera réutilisé à nouveau dans le second mouvement de la *Deuxième Sonate* ; enfin l'*Adagio-Allegro* final (1902) fournira les bases au premier mouvement de la *Deuxième Sonate*.

La **Première Sonate**, dont la composition s'étend de 1902 à 1908 au plus tard, est écrite en trois mouvements, — un *Andante-Allegro* (1902-1906 ?), le seul des trois à être entièrement original, un *Largo cantabile* (1908) et un *Allegro* final composé d'après une mélodie perdue, et qui sera cependant réutilisée dans le premier mouvement de la *Quatrième Symphonie* (1910-1911) avant de revenir à son état initial en 1913 dans le *Song* « Watchman ». Selon Ives lui-même, cette *Sonate* réalise une sorte de compromis « entre l'ancienne façon d'écrire et la nouvelle », entre les conventions assimilées et les distances prises avec la tradition interprétée plus librement.

Durée d'exécution : environ 23 minutes.

La **Seconde Sonate**, écrite entre 1907 et 1910, et dont les deux premiers mouvements sont largement dérivés de la *Sonate* de 1899-1902, est en fait axée autour du mouvement central, « In the Barn » — *Presto-Allegro moderato* — dans lequel on retrouve la trace des *Ragtime Pieces* pour piano (1902-1904) qui avaient déjà marqué la *Première Sonate* pour piano. Également terminé dès 1907, le premier mouvement, « Automn » — *Adagio maestoso-Allegro moderato* —, repose sur la mélodie « His exaltation », que Ives reprendra dans les *Songs* de 1913, alors que le finale intitulé « The Revival » — *Largo-Allegretto* —, est issu d'un mouvement écrit en 1906 et que Ives avait pensé inclure dans sa *Quatrième Sonate*.

Durée d'exécution : environ 16 minutes.

Dans la **Troisième Sonate**, terminée en 1914 et succédant au *Second Quatuor*, Ives reprend, dans son *Adagio* initial, le principe du second mouvement de la *Première Sonate* pour piano avec la succession de quatre sections (*Adagio, Andante, Allegretto* et *Largo*), — chacune basée sur un hymne et qui se terminent toutes par le même refrain. Dérivée de deux *Préludes* pour orgue datés de 1901 (perdus) pour les mouvements extrêmes, et des *Ragtime Pieces* pour le *Largo* central, la *Troisième Sonate* est surtout caractéristique du type de développement thématique propre à la période de maturité de Ives : à partir d'airs empruntés, l'*Adagio cantabile* final, en particulier, propose un cheminement qui *aboutira* à la forme originelle de ces airs, — prenant alors valeur de citation. Toute la démarche du mouvement est ainsi basée sur un développement plus « à l'intérieur des thèmes que d'après les thèmes » (Ives), ceux-ci n'apparaissant dans leur intégrité que progressivement, comme naissant directement de la musique. Ce procédé « à rebours », qui définit les grandes œuvres de cette époque (*Deuxième Sonate* pour piano, *Quatrième Symphonie*), doit permettre de reconsidérer l'apport de Ives, trop souvent interprété comme un compositeur pratiquant la citation, alors qu'il s'agit, du moins dans ce cas précis, d'intégration thématique.

Durée d'exécution : environ 28 minutes.

Terminée en 1916, la **Quatrième Sonate**, la plus courte des quatre, puise ses sources dans des œuvres très antérieures telles qu'une *Sonate* pour trompette et orgue de 1901 (perdue) et une fugue écrite par son père en 1862 pour le premier mouvement (*Allegro*, 1914?-1916), ainsi que dans des esquisses remontant à 1905-1906 pour les deux mouvements suivants. Comme l'a raconté Ives dans ses *Memos*, la *Sonate* est sous-titrée « Children's Day at the Camp Meeting » en raison des hymnes religieux chantés, de façon parfois irrespectueuse, par les enfants les jours de kermesse au Brookside Park, et qui sont cités dans l'œuvre : le *Largo* central, en particulier, fait allusion « à un moment sérieux où les enfants chantent "Yes, Jesus loves me", sauf quand Bell le maçon et John le fermier se mettent à hurler en chantant, et que les enfants courant de toutes parts vont jeter des pierres dans la rivière. A la fin de ce mouvement, un lointain Amen se fait entendre ». Le dernier mouvement, *Allegro*, que Ives considérait comme le meilleur, débouche sur le célèbre « Shall We Gather at the River » qui a donné lieu à un *Song* (d'après Richard Lowry) peu après.

Durée d'exécution : environ 10 minutes.

On citera également pour violon et piano le **Decoration Day** écrit en 1912, repris et développé la même année dans sa version orchestrale largement plus diffusée.

Trio pour violon, violoncelle et piano

Composé essentiellement en 1904-1905 et révisé en 1911, le *Trio* — qui n'est pas une œuvre majeure — intervient à une époque marquée par le temps des expériences. On a souvent remarqué par exemple que la premier mouvement, un *Andante moderato*, consistait en une succession de deux duos distincts, piano et violoncelle, puis piano et violon, qui sont ensuite superposés dans une troisième et dernière section : une expérience, comme on en trouvera d'autres exemples dans les *Symphonies*, qui se situe dans le sillage de celles de son père Georges qui aimait faire converger l'un vers l'autre deux groupes de musiciens jouant deux musiques différentes. Quant au *Presto* central, il porte l'indication laconique « TSIAJ », qui signifie « This Scherzo is a joke », et combine avec une grande virtuosité divers airs populaires et chansons d'étudiants, avant le *Moderato* final plus conventionnel.

Durée d'exécution : environ 24 minutes.

Quatuor à cordes n° 1

Seules partitions importantes de musique de chambre à ne pas utiliser le piano, les deux *Quatuors*, au contraire des *Sonates* pour violon et piano, sont très différents stylistiquement l'un de l'autre, — seul le *Second* étant caractéristique de la maturité de Ives. On notera également que la première manifestation de Ives dans ce domaine a consisté en une transcription de l'*Adagio* de la *Sonate op. 2 n° 1* de Beethoven (1889 ?).

Daté de 1896, le *Premier Quatuor* est contemporain de la *Première Symphonie* (1895-1898) alors que Ives était encore étudiant à l'Université de Yale. Sous-titré tantôt « From the Salvation Army », tantôt « A Revival Service », il est composé de quatre mouvements intitulés respectivement « Chorale », « Prelude », « Offertory », et « Postlude », qui proviennent tous de pièces pour orgue antérieures qui ne nous sont pas parvenues (le titre de *Prélude* donné au second provient du fait que Ives avait désiré supprimer le premier, qui a été rétabli par l'éditeur en 1961). Dans cette œuvre appartenant encore à la période de formation de Ives, on trouve mêlées les retombées de l'enseignement de Parker, brahmsien convaincu, au travers de l'écriture et des formes utilisées — formes tripartites que Ives abandonnera par la suite au profit d'une plus grande liberté —, et les premières traces d'originalité du jeune compositeur. Comme dans la fugue du premier mouvement, dont on retrouvera l'écho dans l'*Andante* de la *Quatrième Symphonie*, Ives combine les règles sévères du contrepoint et des mélodies empruntées qui contrastent par leur caractère avec l'exigence du genre.

Durée d'exécution : environ 22 minutes

Quatuor à cordes n° 2

Comme pour les *Sonates* pour violon et piano, Cowell a qualifié de « Pre-Second String Quartet » une œuvres inachevée et perdue (1904-1905) et dont Ives réutilisera le matériau dans la premières des trois pièces intitulée « Hymn » — *A Set of Three Short Pieces*, 1904 — et dans deux mélodies plus tardives (1921-1926). Écrit entre 1907 et 1913, le *Second Quatuor* est incontestablement le plus original des deux et l'une des partitions de musique de chambre les plus intéressantes de son auteur — d'autant plus qu'il concerne la période de composition de la fameuse *Sonate n° 2* pour piano dite « Concord » (1911-1915). Très marqué par la philosophie transcendentaliste, en particulier par la résolution que constitue le finale — l'homme face à l'univers —, le *Second Quatuor* est l'une des partitions les plus caractéristiques de Ives tant par son esthétique que par le langage polytonal et l'écriture instrumentale.

Justifiant le titre de chacun des trois mouvements — dont les premier et troisième ont été écrits entre 1911 et 1913 : « Discussions », « Arguments » (1907-1911) et « The call of the mountains » —, Ives a précisé son propos de la façon suivante : « Quatre hommes discutent, parlent (de politique), se battent, se serrent la main, se taisent, puis marchent vers les montagnes pour regarder le firmament. » Le plan général des trois mouvements — *Andante moderato*, *Allegro con spirito* et *Adagio* —, correspond, avec le mouvement vif au centre, à ce qui apparaît moins comme un programme que comme une orientation esthétique. Il en résulte une écriture polyphonique d'autant plus complexe que Ives a cherché, conformément à son intention, à individualiser au maximum l'écriture des quatre instruments pour parvenir à combiner des parties quasi indépendantes : plutôt que la diversification des quatre voix à l'intérieur d'un tout constitué, le *Second Quatuor* propose la réunion d'éléments *a priori* antinomiques grâce à un procédé de « personnalisation » dont Carter s'inspirera largement pour le développer dans ses *Deuxième* et *Troisième Quatuors**.

Le premier mouvement, à l'image de ces « discussions », est fait de contrastes, — oscillant entre une harmonie et une écriture homogène et des passages marqués par les divergences furieuses, et illustrés par des citations d'airs empruntés au répertoire américain. « Arguments » poursuit cette individualisation avec un type d'écriture rythmique attribué à chaque instrument. Après une cadence « burlesque » du second violon — *Andante « emasculata »* note Ives —, la polyphonie est poussée jusqu'à un maximum de tension aboutissant à diverses citations entremêlées (de la *Sixième Symphonie* de Tchaïkovski, la *Deuxième* de Brahms, jusqu'à l'« Ode à la joie » de Beethoven, en passant par l'hymne américain). Quant au finale, il poursuit la même démarche toutefois inversée, — l'*Adagio* finissant par imposer une résolution au travers de citations de chants qui terminent ce panorama historique de la pensée américaine.

Durée d'exécution : environ 26 minutes.

* Voir ces œuvres, ici même.

Halloween, pour piano et quatuor à cordes

Datée du 1er avril 1906, cette partition est l'une des plus célèbres de Ives, moins pour l'œuvre elle-même que pour la façon de l'exécuter, — le compositeur donnant pour la première fois une responsabilité importante aux interprètes : « Si elle doit être jouée à quatre reprises — précise Ives —, la première fois elle devra l'être *Allegretto* et *pianissimo* par le second violon et le violoncelle. La deuxième fois, seuls les premier violon et alto joueront *Allegro moderato* et *mezzo piano*. La fois suivante, les cordes seront *forte* et le clavier *piano*. Enfin, la quatrième fois, l'œuvre doit être jouée *Presto* et *fortissimo*. » Les changements de nature que Ives souhaitait produire de cette façon — « la décision doit être prise par les interprètes eux-mêmes », indique le compositeur — ont été largement commentés comme étant prémonitoires des procédés de « l'œuvre ouverte » qui a passionné les compositeurs des années cinquante. S'il faut pourtant se garder de trop rapprocher ces deux tendances dont les motivations sont différentes, *Halloween* est caractéristique de ce souci permanent chez Ives de l'expérimentation, dont les retombées se feront en particulier chez un Henry Cowell avec son quatuor à cordes *Mosaïque* (1934), ou encore ses *Vingt-six mosaïques simultanées* pour cinq instruments.

Durée d'exécution : variable.

A.P.

LEOŠ JANAČEK

Né à Hukvaldy, le 3 juillet 1854; mort à Ostrava, le 12 août 1928. Natif du pays des Lachs au pied des montagnes des Beskydes, fils et petit-fils d'instituteurs, il est d'abord pensionnaire, à Brno, au Couvent des Augustins, puis élève de l'École Normale, toujours à Brno — ce qui lui permet d'être instituteur. Il tente de se former comme organiste et comme compositeur, d'abord au Conservatoire de Leipzig (avec Grill), puis à Vienne (avec Krenn). Il enseigne de 1872 à 1904. En 1881, il fonde sa propre école d'orgue à Brno, qu'il dirige jusqu'en 1919. Dès 1886, il recueille, avec un collègue du collège, František Bartoš, les chansons populaires moraves. Pendant un quart de siècle, il mène une vie d'instituteur, progressiste et cabochard, replié sur sa ville de Brno. Après avoir écrit quelques ouvrages dans la lignée romantique et nationaliste de Dvořák et Smetana, il commence à se singulariser par son écriture chorale, fondée sur le folklore authentique de son terroir. À partir de 1890, il cherche sa voie dans le domaine de l'opéra, produisant, de Début de roman *à* De la Maison des morts, *une série de neuf opéras qui font de lui un maître du genre, original tant par l'utilisation de la langue tchèque, parfois du dialecte morave, que par le réalisme, l'image de la vie que proposent ses chefs-d'œuvre successifs :* Jenufa, *drame de la jalousie,* Katya Kabanová, *drame sordide de l'infanticide, ou encore la vision naturaliste de* la Petite Renarde rusée. *Son inspiration est fréquemment russe — de Tolstoï à Dostoievski. Après le triomphe de* Jenufa *lors de sa reprise du 26 mai 1916, Janaček devient un compositeur « moderne », enfin reconnu, qui va accumuler les chefs-d'œuvre dans les douze dernières années de sa vie. Si une part importante de son apport est celle de sa musique chorale (de* Oraní *en 1873 au* Fou errant *en 1922), Janaček a su modeler toutes les formes d'expression musicales sur un mode de communication qui lui est propre. En musique de chambre, après quelques essais datant de sa période d'apprentissage (1875-1880), il écrit sa première œuvre achevée et significative en 1910 avec* le Conte *(pour violoncelle et piano), et modifie à sa manière la forme du quatuor à cordes en composant son* 1er Quatuor *d'après la* Sonate à Kreutzer *de Tolstoï en 1923. En 1922, il avait remanié sa* Sonate pour violon et piano, *terminée en 1913. En 1924, il écrit un sextuor à vents,* Jeunesse, *d'une irrésistible vitalité, qui illustre déjà deux facettes de sa personnalité : optimiste, provocatrice dans le* Concertino pour piano et sextuor (1925)*; d'humeur sombre, mêlant violence, défi, obsessions dans le* Capriccio pour piano et sept instruments *(1926). Son* 2e Quatuor, *sous-titré « Lettres intimes », est l'une des partitions pour quatuor à cordes les plus originales du siècle, et forme un véritable journal où les sentiments se mêlent directement à la construction dramatique. Janaček a réussi le tour de force de transformer l'une des formes les plus pures de la musique en une expression directe de la vie, de la passion la plus profonde et la plus exaltée.*

LES ŒUVRES DE JEUNESSE (1875-1881)

En 1869, Janaček entre à l'École Normale d'instituteurs. Il enseigne, dès sa sortie, en menant la double carrière habituelle des maîtres d'école où l'enseignement de la musique se mêle intimement à celle des humanités. Il est également élu chef de la Société chorale des Instituteurs Moraves. En 1874, il est envoyé à l'École d'orgue de Prague, mais se fâche avec le directeur. Il rentre à Brno et s'essaye à ses premières compositions de chambre, — un **Sonnet** pour violon et cordes, transcrit pour quatre violons (novembre 1875, créé en public le 18 octobre 1958). Désirant étudier la composition d'une manière plus approfondie, il s'inscrit en octobre 1879 au Conservatoire de Leipzig. Dès son arrivée, son professeur d'harmonie et de contrepoint, le Dr Oskar Paul, lui demande de composer trois *Romances pour violon et piano.* Il s'exécute entre le 26 octobre et le 16 novembre, laisse les manuscrits à Leipzig, mais en compose une quatrième qu'il dédie à Zdenká Schulz, sa bien-aimée (qui n'a alors que quinze ans) ; il lui écrit : « Dans cette dernière, j'ai pu, enfin, exprimer ma joie, ma Zdenči, mon bonheur »...

Romance pour violon et piano, en *mi* majeur

Cette petite œuvre, de 1879 donc, est écrite sous forme ABA, avec une courte introduction lente, au piano ; puis une romance « tchèque » très proche du modèle mendelssohnien tant au plan de la forme que de l'écriture ; un épilogue, enfin, soudainement nostalgique. La partition ne fut éditée, sous le contrôle du Dr Bohumír Stĕdron, qu'en 1938 (puis en 1949).

Durée approximative d'exécution : 5-6 minutes.

Janaček poursuit ses études à Leipzig et écrit alors une **1re Sonate pour violon et piano**, exercice présenté à Leo Grill le 18 janvier 1880. Il semble que seuls les deux premiers mouvements aient été achevés ; le musicien signale à Zdenká qu'ils n'étaient vraiment guère originaux. Il part à Vienne où il étudie au Conservatoire dans la classe de Franz Krenn, qui lui commande également une sonate pour violon. Cette **Deuxième Sonate**, écrite entre le 16 avril et le 12 mai, est rendue le 20 à Krenn, qui décide d'en présenter le mouvement lent au concours de fin d'études, présidé par Hellmesberger. L'œuvre est jouée par un certain Julius Herzfeld, lui-même candidat en composition. Janaček est éliminé, — sa partition étant considérée comme trop académique. Il proteste, estimant que seule l'interprétation l'était, déclare qu'il va solliciter l'arbitrage de Hanslick. Il avait demandé à présenter un quatuor, inachevé au moment du concours, — dont seul le *Scherzo* fut déchiffré et jugé « intéressant ». Ce *Quatuor* n'a pas été conservé.

Dumka pour violon et piano, en *ut* mineur

Janaček s'y est inspiré de la *dumka*, à l'origine ballade ukrainienne de style populaire proche de la nénie magyare, mais au caractère mélancolique moins appuyé. Dvořák lui avait fourni ses lettres de noblesse en l'introduisant dans sa musique de chambre, — lui conférant de multiples correspondances avec la *Träumerei* (« rêverie »), l'élégie et la ballade populaire. Janaček ne manque pas de souligner les nombreuses possibilités de contraste qu'elle porte en elle.

De forme ternaire, l'œuvre — datée de 1880 — s'ouvre sur un *Con moto* de climat tendu, néanmoins vivant et véloce, plus passionné que vraiment gai, qui se métamorphose en un *Adagio* vrai, élégiaque de caractère. Le violon fait souvent appel à de grandes valeurs longues, vibrantes et emplies d'émotion, — tandis que le clavier est là pour imposer la marque du temps, les changements brusques de climat, auxquels le violon ne donne qu'à regret un écho plaintif ou passionné. Le dernier volet ramène au climat initial plus exubérant, pour néanmoins se clore sur une note franchement élégiaque.

Durée d'exécution : 6 minutes environ.

LES VINGT DERNIÈRES ANNÉES

Pendant plus d'un quart de siècle, Janaček ne s'est plus intéressé à la musique de chambre — tout entier absorbé par sa quête de la (sa) vérité dans le domaine de l'opéra.

Trio avec piano

Son retour à cette forme d'expression est dû à la commémoration du 80e anniversaire de Tolstoï. Il est, depuis février 1909, le président du Club des Amis des Arts*. Lors d'un concert « russe », donné le 2 avril 1909, est créé le *Trio avec piano* inspiré par la *Sonate à Kreutzer* de Tolstoï. Le manuscrit semble avoir été perdu pendant la Grande Guerre, — bien que J. Vogel ait trouvé mention d'une deuxième exécution en 1915. En 1978, le musicologue Michal Hajků a retrouvé quelques mesures du *Con moto* et s'en est servi pour proposer une reconstitution de *Trio*, effectivement en quatre mouvements, — qui reprend les quelques bribes de la partition originelle; il a complété en puisant largement dans la partition achevée du *1er Quatuor à cordes*, elle aussi inspirée par la *Sonate à Kreutzer* (voir plus loin). Selon Pavel Dedeček (qui tenait la partie de violon lors de la création du *Trio*), peu de substance a été reprise pour écrire le *Quatuor* : le thème initial, en sextolets de la main gauche, se retrouve dans le deuxième mouvement *Con moto* du *Quatuor*, ainsi que d'autres réminiscences thématiques, — en particulier « l'attirance de la Volga », leitmotiv de *Katya Kabanova*. Ainsi reconstituée, la partition manque quelque peu de densité et d'évidence. Elle est restée manuscrite depuis sa réalisation le 16 mai 1981.

Durée d'exécution : 19 minutes environ.

Le Conte (« Pohadka »), pour violoncelle et piano

Son titre original fut *la Légende du Tsar Berendeï*, selon le poème épique du même nom écrit par V.A. Joukovski (1783-1852). La présentation complète annonçait : « Histoire du Tsar Berendeï, du tsarévitch Ivan, son fils, des intrigues de Koshchei, l'immortel, et de la sagesse de la Princesse Marya, la fille de Koshchei ». L'atmosphère est celle du conte romantique. Le vieux tsar barbu Berendeï se lamente de se voir vieillir sans avoir d'enfant. Dans un moment de dépit, il a promis son fils, né pendant sa longue absence, à Koshchei, l'immortel. Devenu homme, le tsarévitch Ivan décide d'affronter seul le redoutable sortilège. Chemin faisant, il longe un lac où s'ébattent trente merveilleux canetons d'argent. Sur la berge s'épanouissent trente robes blanches magiques, destinées aux canetons. Ivan s'empare d'une de ces robes : vingt-neuf canetons revêtent leurs robes et se métamorphosent en ballerines, tandis que le trentième cherche vainement la sienne. Ivan prend pitié, et rend la robe volée; apparaît alors une créature encore plus ravissante que les précédentes, — qui n'est autre que la fille de Koshchei dont Ivan tombe immédiatement amoureux.

La partition peut être comparée à une sonate classique en trois mouvements, même si la forme réelle évoque la ballade (comme chez Dvořák), mieux adaptée à ce duo d'amour. On peut tenter d'identifier les divers épisodes de la sonate aux situations successives décrites dans le conte, et constater que les vrais héros sont Ivan et Marya.

1. Le premier mouvement, CON MOTO, est introduit par le piano dans un climat où féerie, émotion et drame se mêlent. Le violoncelle, comme l'alto chez Dvořák, représente le truchement, le héros, le chantre de l'amour. Sa première intervention sur un *pizz. sforzando* est comme le premier pas conduisant le tsarévitch vers le lac aux canetons, — tandis que la gamme en *sol* bémol majeur permet au piano de simuler les douces ondulations des eaux du lac. Ivan longe le lac pendant le *Tempo I* (mesures 30-42); puis les deux instruments se mettent à dialoguer. Le violoncelle fait sa « déclaration » (mesures 42-57), dans la gamme dorique de *sol* bémol mineur, en un dialogue canonique avec le clavier. On a l'impression que les deux instruments atteignent leur apogée expressive dans le fortissimo (mesures 88-89). Dans le *Un poco più mosso*, les deux

* Ce Club, fondé en 1900 par l'architecte Dušan Jurkovic et l'entrepreneur Antonín Tebich, comprenait trois sections : musique, littérature et beaux-arts. Le premier président en était František Mareš, le directeur de la Société chorale Vesna, ami de Janaček, qui le coopta en 1904. Janaček prit la présidence le 22 février 1909, jusqu'au 18 février 1911 où le Dr František Veselý lui succéda.

voix semblent danser ensemble sur un rythme à 2/8. On revient à un rythme ternaire lors de la reprise finale, *Tempo primo*, basé sur le « thème de l'amour », mais sans les canons en écho précédemment élaborés par le clavier.

2. Le second mouvement, également **Con moto** à 9/8 et en *sol* bémol, est bâti sur deux cellules thématiques en pizzicato, lyriques et animées d'une vie inépuisable,

dont la contrepartie, *Adagio*, n'est qu'une métamorphose plus lyrique et dramatique.

Le jeu des pseudo-développements (comme chez Borodine) voit le piano amplifier le spectre sonore utilisé en de gigantesques arpèges de quadruples croches, — donnant l'illusion de la force comme de la vie. Un brutal point d'orgue suspend cette évocation féerique. Réapparaît alors, comme un halo, *pianissimo*, le thème initial du violoncelle, — tandis que le clavier, avec ses accords étalés par la pédale, semble vouloir effacer tout ce récit, comme un rêve perdu.

3. Le dernier mouvement, **Allegro**, introduit immédiatement un thème — motif du héros — au violoncelle, dont l'humeur populaire russe est de la même veine irrésistible que celle d'un Stravinski dans *l'Oiseau de feu* (écrit également au début de 1910). On peut y déceler les prémices de certaines figures rythmiques de *l'Enfant du violoneux*, la ballade pour orchestre écrite deux ans plus tard. Un problème technique subsiste, — qui gêne encore les instrumentistes abordant cette partition : l'équilibre piano-cordes. Ces dernières doivent disposer d'une capacité de contraste tout à fait nouvelle, en ce début du XXe siècle, qui n'a pas encore vu naître la *Sonate op. 8* de Kodály.

L'œuvre a été achevée le 10 février 1910, et créée le 13 mars par Rudolf Pavlatá et Ludmila Prokopová à Brno. Janaček la révisa en 1923, — tenant compte de certaines remarques d'un ami violoncelliste. Cette révision concerne les mesures 97 à 137, *Un poco più mosso*, initialement construites comme un développement de sonate. Dans cette forme finale, *le Conte* fut donné le 21 février 1923 par Julius Junek et Růzena Nebusková à Prague (Mozarteum). La partition fut alors éditée. Aujourd'hui, l'édition recommandée est celle établie par le violoncelliste František Smetana (Supraphon, 1974).

Durée d'exécution : 12 minutes environ.

Presto pour violoncelle et piano, en *mi* mineur

Il est désormais traditionnel de dater cette courte pièce du printemps 1910, — compte tenu de l'analogie qui apparaît entre son thème principal et le thème du second mouvement du *Conte* (v. précédement). Štědron estime même que ce *Presto* est une ébauche, non retenue, pour un scherzo à inclure dans ce même *Conte*, — devenant ainsi une sonate classique en quatre mouvements. L'étude du manuscrit tendrait à prouver que l'écriture de Janaček y semble moins assurée, et conduit à adopter l'hypothèse de Jan Trojan qui rendrait ce *Presto* contemporain de la *Marche des Gorges bleues* (voir plus loin) — soit 1924. Tel quel, il paraît construit en trois épisodes : le premier, en *mi* mineur, a l'agressivité de la chanson populaire morave. Le *Meno mosso* central se fait plus lyrique et rêveur, — jouant sur des tonalités de plus en plus étranges et éloignées du *mi* mineur initial. L'épilogue, après quelques éclats dans le tempo initial, voit le discours s'apaiser, sans récapitulation ni coda finale.

Durée approximative : 2 minutes 30 secondes.

Sonate pour violon et piano

Troisième du genre, cette *Sonate* est la seule achevée. Janaček déclara le 21 janvier 1922, — lorsque l'on donna l'œuvre qui venait d'être éditée dans son ordre définitif : « J'ai écrit la *Sonate pour violon* en 1914, au printemps, alors que nous attendions l'arrivée des Russes ». Pour ne pas perdre de temps, il reprit le troisième mouvement de sa deuxième *Sonate* écrite à Vienne en mai 1880 (v. plus haut) : cette « ballade » conserva, dans une première rédaction, sa place de troisième épisode ; mais, lors d'une révision en 1922, elle passa en seconde position, — les quatre épisodes devenant dès lors : *Con moto*, *Ballada* (*Con moto*, *meno mosso*, *poco mosso*), *Allegretto*, et *Adagio*.

1. Le thème d'ouverture du **CON MOTO** initial semble une métamorphose de l'avant-dernière scène de *Katya Kabanová* :

Le ton général est à la fois passionné et rhapsodique, usant librement de la forme sonate. Il est précédé d'une courte cadence du violon, en *la* bémol mineur. Un second sujet semble une lointaine anticipation du « Seigneur, ayez pitié de nous » qui sera repris dans la *Messe Glagolitique* de 1926.

2. Le second mouvement, **BALLADA**, d'abord en *mi* majeur, puis en *ré* bémol majeur, semble emprunté à une mélodie imaginaire de la région des Beskydes. Son lyrisme évolue de l'atmosphère initiale de conte populaire vers celui d'un nocturne de plus en plus secret, s'achevant sur l'improvisation turbulente et torturée d'un deuxième thème dont la récapitulation est une des clés de l'émotion cachée de l'œuvre.

3. L'**ALLEGRETTO** est également profondément autobiographique, avec l'utilisation du « thème du destin » emprunté à *Katya Kabanová* :

Son développement est particulièrement original et déroute, tant par les tonalités « glissantes » utilisées (*do* bémol, *si* bémol, *la* bémol) que par la spécificité des techniques de contrepoint (à la quinte, à la neuvième). L'alternance des doubles croches en triolets à la main gauche du piano (*meno mosso*), puis de simples doubles croches, donne une impression volontaire d'instabilité rythmique. Il faut attendre la reprise de l'*Allegretto*, en récapitulation, pour que ce *scherzo* (et non *presto*) trouve et affirme son caractère russe, — alors que d'innombrables et sombres sollicitations semblent retenir l'élan de ce mouvement qui aurait dû être irrésistible, dans la lignée du *Conte* pour violoncelle (v. plus haut).

4. Le **FINALE**, débutant sur un *Adagio*, est à la fois expressif et sauvage. Alors que le piano reste « dans les brumes »* d'une suite d'accords *piano dolce*, le violon intervient par quelques questions brutales, *feroce*, urgentes. Il ne se calme qu'à la vingt-huitième mesure, dans un *dolce* dont il semble ne pas maîtriser l'accélération sur les arpèges toujours descendants. Le contraste est à son comble au *Poco più mosso, rubato con crescente emozione* où les deux instruments se tournent le dos, en deux exposés antinomiques. Après ce sommet de quelque vingt mesures où le violon n'exploite qu'une seule corde à chaque intervention, un *Maestoso* oppose cette fois les deux instruments, — le violon, *fortissimo* sur la corde de *sol*, le piano dans le registre aigu, jusqu'à ce qu'une réapparition de l'*Adagio* initial vienne suspendre ce dialogue impossible en une anxieuse interrogation.

L'œuvre demeure d'accès difficile par la multiplicité de ses climats, son désespoir caché sous ses dehors volontaires et tenaces. Aujourd'hui, l'édition révisée par le violoniste Josef Suk permet de lever quelques indéterminations de simultanéité d'accords et autorise une lecture pleinement satisfaisante. La première audition eut lieu à Brno en 1922, avec František Kudlaček et Jaroslav Kvapil, puis par le Konzertmeister de la Philharmonie Tchèque, Stanislav Novák, à Salzbourg lors du 2e Festival de la Société Internationale de Musique Contemporaine, avec Vaclàv Stepan au piano, le 2 août 1923, après une création à Prague le 16 décembre 1922.

Durée d'exécution : 16 minutes environ.

Quatuor à cordes n° 1, « Sonate à Kreutzer »

En octobre 1923, alors que Janaček vient d'avoir soixante-neuf ans, le Quatuor de Bohême lui commande un quatuor. Depuis la lointaine épopée viennoise de juin 1880, le musicien n'a pas pratiqué cette forme difficile entre toutes. Il l'aborde comme un opéra sans paroles, un drame psychologique où chaque instrument peut être une voix, devenir un personnage doué d'expression, capable de suivre la prosodie du langage le plus direct, de la plainte amoureuse

* Référence à l'œuvre pour piano portant ce titre : voir *Guide de la musique de piano* (même éditeur).

au cri. Entre le 30 octobre et le 7 novembre, il mène à bien l'écriture de ce quatuor inspiré à nouveau par la *Sonate à Kreutzer* de Tolstoï. Il avait été, effectivement, choqué par l'histoire de cette femme adultère assassinée par son mari : il semble qu'il ait écrit ce quatuor comme un plaidoyer musical contre la thèse de Tolstoï qui justifiait l'attitude despotique du mari à l'égard de sa femme. Il dépeint l'horreur de la jalousie et le côté éminemment tragique de l'amour. On peut adopter à cet égard la proposition de Milan Skampa, l'altiste du Quatuor Smetana, qui a retravaillé dans le moindre détail le manuscrit très difficile à déchiffrer pour proposer une édition critique permettant à tous les musiciens, même non tchèques, de « lire » l'œuvre (Supraphon, 1982), et qui a identifié la trame dramatique des quatre mouvements (ou « actes ») de cette « Sonate à Kreutzer ».

1. Après une ouverture plus qu'abrupte de deux mesures ADAGIO, le CON MOTO initial forme un exposé du drame avec le portrait musical de la femme, en particulier décrite caractériellement dans les mesures 38 à 45 :

Différents éclairages permettent de cerner la puissance des sentiments de cette femme, capable d'amour comme d'abandon. Les interventions de l'alto sont particulièrement importantes — car représentant la réelle compassion de l'auteur. D'une manière sourde apparaissent également, aux violons, les innombrables frustrations de cet être perpétuellement déçu dans son amour comme dans sa capacité à le communiquer, tandis que continue à défiler le train, le temps...

2. Le second mouvement, CON MOTO, est celui de l'action. Les quarante-sept premières mesures content l'art du violoniste, le séducteur cosmopolite, homme de conquête. L'aiguillon du destin provoque les premiers demi-aveux, l'errance des sentiments, un espoir caché. La tension monte brutalement, laissant le violoniste infatué, l'« enfant du siècle », poursuivre son entreprise de séduction et obtenir de sa victime une facile manifestation d'amour (mesures 68 à 144). Ces manifestations, d'abord passionnées, semblent dégénérer en un nouveau déséquilibre. Six mesures (195 à 200) où le chant saccadé à l'alto est comme un présage insupportable du caractère tragique de l'épilogue, tandis que le second violon clame sa conquête *fortissimo-risoluto*.

3. Le troisième mouvement, un nouveau CON MOTO, dépeint la crise. Le pouvoir de la musique de Beethoven « attise les passions : amour chez la femme, jalousie démoniaque chez le mari. » Dans les trente-quatre premières mesures se trouvent accumulés tous les griefs, soupirs, qui vont faire éclater cette musique énergique, vengeresse, du *Vivo* (mesures 35 à 39). Mais l'*Andante* ouvre les yeux de l'infortunée. Après des soupirs insoutenables (mesures 60 à 66), elle n'a plus qu'horreur pour l'image de l'amour que lui a procurée cette dernière péripétie.

4. Le CON MOTO final est le « dernier acte de la tragédie » : la pauvre femme est « tourmentée, battue, brisée ». Le premier violon exprime sa plainte *come un lamento* (mesures 61 à 64),

à laquelle répond le violoncelle dans l'extrême aigu. Il faut attendre le *Maestoso* pour que cesse la pression insoutenable qui étreint la victime. Ici, Janaček semble préfigurer l'épilogue de son dernier opéra, *De la Maison des morts* (lui aussi d'après Tolstoï), dans lequel les pires forfaits trouvent enfin leur rédemption et un retour à la dignité humaine.

Le *Quatuor n° 1* fut créé le 14 octobre 1924 par les commanditaires, le Quatuor de Bohême (formé de Karel Hoffmann, Josef Suk*, Jirí Herold et Ladislav Zelenká), au Mozarteum de Prague. L'œuvre n'a pas encore atteint l'audience d'autres drames en musique de chambre, comme *la Nuit transfigurée* pour sextuor à cordes de Schoenberg ou la *Suite lyrique* de Berg. La thèse de Skampa, ainsi que son édition révisée, doivent permettre à tous les ensembles non tchèques d'aborder cet opéra sans paroles.

Durée d'exécution : 18 minutes environ.

* Voir ce même nom, ici-même.

Marche des Gorges bleues

En mars 1924, Janaček dédie à son copiste, Václav Sedláček, une petite marche pour piccolo avec accompagnement de Glockenspiel, ou tambourin, ou piano. Elle évoque le temps où ce septuagénaire était pensionnaire du monastère des Augustins de Brno, et où il défilait dans l'uniforme à col bleu. Le thème pastoral, sautillant, se termine sur des traits d'une réelle difficulté d'exécution, — tandis que l'accompagnement, d'une couleur modale inimitable, vaut surtout dans sa version originale comportant Glockenspiel et *tamburo piccolo*.

L'œuvre fut éditée à l'origine en feuilleton dans le *Lidovè noviný* du 15 mars 1924 ; une édition critique, avec piano, est disponible depuis 1976 chez Supraphon.

Durée moyenne d'exécution : 2-3 minutes.

Mladi (« Jeunesse »), pour sextuor d'instruments à vent

L'œuvre est écrite pour flûte (et piccolo), hautbois, clarinette, cor, basson et clarinette basse. Selon l'humeur, on peut considérer cette suite comme une partita en quatre parties, ou une sonate libre en forme de rondo. Elle évoque les jours heureux de la vie d'étudiant à Brno, — ce qui explique sa vitalité et sa réelle jeunesse.

1. L'**ALLEGRO** initial utilise un thème primaire, carré, direct, presque martial, sur un chant d'humeur populaire proposé par le hautbois. Chaque ligne mélodique est développée séparément, en une indépendance qui finit par céder au dessin rythmique le plus affirmé.

2. Le second volet, **ANDANTE SOSTENUTO**, est un *moderato* beaucoup plus chantant, jouant sur un développement en nappes de variations basées sur une cellule constituée d'un motif de seconde et de tierce descendantes qui se multiplient jusqu'à saturation du dessin des six instruments. Le thème principal, emprunté à un chant slave imaginaire, est écrit dans la gamme éolienne de *ré* bémol mineur :

3. Le **VIVACE** est un scherzo leste et binaire qui reprend le thème de la *Marche des Gorges bleues* (v. précédemment). Ce petit scherzo possède deux trios basés sur le même matériau, — permettant aux instruments à vent de jouer sur leur rapidité d'émission et leurs couleurs de timbre.

4. Le finale, **ALLEGRO ANIMATO**, est basé sur les métamorphoses successives d'une unique idée thématique énoncée par la flûte. À mesure que le tempo s'anime et qu'un sommet expressif est atteint, le thème initial du premier mouvement est à nouveau exposé, puis intégré au discours qui prend une densité contrapuntique digne d'une pièce d'orgue. La technique d'écriture pour vents oblige au double coup de langue, ainsi qu'au coup de langue roulé (*Flatterzunge*) dans le finale, et dans les trilles de *l'Allegro* initial. L'utilisation d'une clarinette basse libère le basson des difficiles nuances *piano* de son registre grave, tout en permettant au cor de limiter son propre registre.

L'œuvre fut créée à Brno le 21 octobre 1924 par les professeurs du Conservatoire qui, malgré de nombreuses répétitions, ne purent prévoir les variations de diapason des bois et cuivres. La réelle première audition demeure, pour les musicologues tchèques, celle du 23 novembre au Théâtre Vinohrady de Prague avec les solistes de la Philharmonie Tchèque.

Durée d'exécution : 17 minutes environ.

Concertino pour piano et six instruments

Daté de 1925, il est écrit pour piano, deux violons, alto, clarinette, cor et basson. Si l'on en croit Štědron, Janaček envisageait d'intituler cette suite instrumentale *Printemps*, et de donner un sous-titre à chaque mouvement : *le Hanneton*, *le Daim*, *le Grillon*, *le Ruisseau*, — ainsi de la féerie naturaliste de *la Petite Renarde rusée*. En 1927, le compositeur poursuit une tout autre interprétation, comme il l'explique dans une revue musicale : le cor du *Moderato* initial jouerait le rôle du hérisson, la clarinette en *mi* bémol du *Più mosso* celui de l'écureuil ; le *Con moto* qui suit serait plus un nocturne dansant qu'un mouvement lent traditionnel, avec hiboux et autres oiseaux nocturnes, tandis que l'*Allegro* final représenterait une danse générale.

Sur le plan de l'écriture, la partition se révèle d'un modernisme inattendu et servira de référence à toute une génération de compositeurs soviétiques et tchèques.

1. Le **MODERATO** est un véritable récitatif du piano, affirmant une ligne mélodique peu ordinaire avec ses notes piquées, — monologue digne d'un opéra imaginaire que le cor vient parfois colorer de ses trois notes répétées, tel le fou (ou le coucou dans la forêt) faisant écho au monologue explosif de son maître :

Janaček pensait probablement à certains chants d'oiseau, dont les seules variations de couleur et d'intensité suffisent à faire oublier leur identité thématique. L'usage d'un motif en dents de scie, marqué d'une quarte augmentée, ajoute encore au naturel comme à l'étrangeté de ce chant dru et intense.

2. Le **Più mosso** présente un caractère burlesque, volontiers querelleur, auquel s'identifie la clarinette en *mi* bémol avec ses interventions stridentes, trillantes et provocatrices, s'opposant à l'impérialisme du piano. Ce jeu de trilles domine, telle une image naturaliste au milieu du mouvement, sur un tempo plus lent, d'une étonnante fluidité ; l'ensemble des instruments n'accourt que pour la strette finale.

3. Le troisième mouvement, **Con moto**, redonne au piano le rôle du meneur de jeu, sur une longue cadence partant d'un dessin de danse en rythmes pointés pour évoluer vers un épisode d'un grand lyrisme, orchestré avec la délicatesse de couleurs d'un maître. La cadence finale du piano, récapitulative de l'introduction, rassemble tous les vents qui viennent nourrir l'excitation du rythme et des accents décalés.

4. L'**Allegro** conclusif prend un caractère opératique, avec sa déclaration franchement rhapsodique. Il s'ouvre sur un récitatif, cadence cahotique et jubilatoire du piano, poursuit sur une danse populaire, typiquement slave, pour se clore en une explosion finale de joie qui semble une prémonition des fanfares de la *Messe Glagolitique* (1927).

Le *Concertino*, dédié à celui qui l'avait inspiré, Jan Herman, ne fut pas créé par lui, mais par Ilona Kurz-Štěpánová, le 16 février 1926 à Brno, et le 20 février à Prague.

Durée d'exécution : 18 minutes environ.

Capriccio pour piano (main gauche) et sept instruments à vent

Il n'y eut pas que Paul Wittgenstein, pianiste manchot après la Première Guerre mondiale, pour susciter un répertoire de musique moderne dédié au piano main gauche. Si Wittgenstein inspira à Ravel, Prokofiev, Richard Strauss... des œuvres plus qu'originales, il eut un équivalent tchèque en la personne d'Otakar Hollmann (1894-1978), qui obtint de Martinů, Jaroslav Tomášek, Vaclav Kaprál, Ervin Schullhof, J-B. Foerster, Jaroslav Řidký, Vincenc Štastný ainsi que de Janaček des œuvres pour la seule main gauche. Le *Capriccio* fut donc écrit entre juin et octobre 1926 dans l'instrumentation d'un piano main gauche, de quatre cuivres de registre grave (tuba ténor et trois trombones), et d'un trio formé d'une flûte (et piccolo) et deux trompettes. Semblable effectif constitue une fanfare, qui semble une réduction de celle de la *Sinfonietta* créée le 26 juin. L'œuvre fut très mal reçue lors de sa première audition le 2 mars 1928, le compositeur expliquant même, dans sa présentation, que le sous-titre de la partition était *Défi*. La partition est en quatre mouvements.

1. L'**Allegro** initial s'ouvre sur un thème lugubre et saccadé du piano, sorte de marche ponctuée d'accords sinistres des trombones. Le piano suspend soudain sa démarche, laissant les trombones à découvert dans un *legato* presque mahlérien ; il réapparaît en un écho atténué du thème d'entrée. Une valse nostalgique maintient ce climat obsessionnel et sombre. Il faut attendre le *Vivo* central pour entendre la sonorité plus claire de la trompette, puis du tuba ténor. Un passage *Maestoso*, une nouvelle apparition du thème initial de marche, une métamorphose de l'ostinato au trombone, cette fois *con sordino*, mènent à une strette finale, abrupte, suivie d'une répétition d'un lambeau du thème initial, *legato*, au trombone.

2. Le second mouvement débute par un **Adagio** que met en scène le piano sur un rythme berceur et lancinant qui rappelle plus Schumann que les musiques nocturnes des années 20. Le tuba lui répond, tel le cor haydnien, sur un petit motif de douze notes piquées. L'épisode central est à nouveau un *Vivo* abrupt et éruptif où les deux groupes de vents peuvent s'opposer en une partita plus caricaturale, dansante, que réellement habitée. Intervient alors la flûte qui, par sa sensibilité élégiaque, purifie à la fois le climat et éclaircit la trame.

3. Le troisième mouvement s'ouvre par un **Allegretto** sur une danse stylisée à la trompette, reprise, avec une primarité réjouissante, par le tuba. La trompette bouchée réapparaît en écho. Le piano prend alors la direction du spectacle, — usant d'artifices (arpèges, accords décalés, montées en quartes) pour créer un climat d'une insaisissable fantasmagorie, sur lequel viennent broder le trio des voix hautes, comme le quatuor mugissant des voix graves des vents.

4. Le finale, ANDANTE, ne cache pas son orientation impressionniste avec un clavier transformé en harpe éolienne, la flûte se souvenant du *Faune* debussyste, — tandis que les cuivres imposent leur masse sonore à la manière d'un *Concert des « anges »* hindemithien*. Un nouveau *Presto* central vient dynamiser le discours et laisser la parole aux vents les plus volubiles. Une courte cadence de la main gauche nous ramène au *tempo primo*, laissant ce *Capriccio* s'éteindre dans une gravité sereine, aux teintes élégiaques s'éclairant lors de la coda en *ré* bémol majeur.

Durée d'exécution : 20 minutes environ.

Quatuor à cordes n° 2, « Lettres intimes »

« J'ai commencé un quatuor, je l'appellerai "Lettres d'amour". Je peux enfin écrire de la musique sur elles »... Janaček écrit à Kamila Stösslová quelques jours plus tard : « J'ai commencé à écrire quelque chose de beau. Il contiendra notre vie. Je l'appelle "Lettres d'amour". Un seul instrument en sera le truchement pendant toute l'œuvre : la viole d'amour. Comme je m'en réjouis ! J'y serai seul avec toi. Personne d'autre avec nous... » : deux passages de l'intense correspondance échangée entre le musicien et son dernier amour. Par la suite Janaček proposa comme sous-titre « Souvenirs de Písek », puis, en définitive, « Lettres intimes ». Il remplaça, de même, la viole d'amour (qui ne peut s'exprimer que parmi d'autres instruments de la famille des violes) par l'alto, — le chantre, le truchement habituel des contes comme des drames signés de Dvořák, Suk, ou... Janaček. Ce dernier a tenté d'obtenir de l'ensemble du quatuor à cordes nombre d'effets nouveaux (jeu *sul ponticello con sordino*), — tels qu'il les avait expérimentés dans *Katya Kabanova* et *l'Affaire Makropoulos*. L'œuvre a été écrite en un temps record, du 29 janvier au 17 février 1928, — Janaček indiquant dans sa correspondance avec Kamila, l'inspiratrice, ses états d'âme et l'avancement de son travail. Ainsi, le 18 février : « Aujourd'hui, j'ai réussi l'épisode dans lequel la terre tremble. Ce sera le meilleur... Maintenant le dernier doit être réussi. Ce sera comme de la crainte pour votre bien-être... Vous savez, quelquefois les sentiments en eux-mêmes sont si puissants que les notes cachent derrière elles une évasion. »

La partition exige des interprètes une grande concentration, qui permette de s'imprégner de la logique interne et de l'unité, tant architecturale que spirituelle, du discours. Réduite à une succession de notes lors de lectures formelles, elle peut tourner à l'incohérence si une vision passionnée, émerveillée, profondément lyrique et dramatique ne vient pas souder cette structure très fragmentée que parcourent de grands élans, des fluctuations permanentes de tempos, de rythmes et d'intensités. Le meneur de jeu, le chantre passionné et virtuose, est essentiellement la ligne la plus aiguë du discours, généralement dévolue au premier violon. Le rôle dramatique, celui du récitant comme du compositeur, reste tenu par l'alto, qui ne peut s'empêcher de s'enflammer lors du récit. Comme dans la vie, l'amour, la tendresse et la vivacité alternent avec les cris, les éclats, les prostrations de deux êtres pourtant faits pour s'aimer. L'énigme de cette œuvre demeure donc sa valeur psychologique. Même si le compositeur a explicité nombre des sentiments qui l'habitaient lors de l'écriture de tel ou tel passage, il n'a pas moins inventé une nouvelle « conversation en musique » où la parole, les éclats du verbe, le climat de tension, de passion ou de dépression sont étroitement intégrés, donnent au discours cette incohérence apparente lors de l'analyse de l'œuvre, mesure après mesure.

1. L'ANDANTE initial est très agité et de forme rhapsodique, bien que les instruments proposent une thématique très claire. L'alto énonce une phrase proche du chant de la gitane du *Journal d'un disparu* :

La chaleur sombre de son expression contraste avec le véritable émerveillement qui accompagne l'apparition « lorsque je vous ai vu pour la première fois », — un *Con moto naturale* de six mesures confié au premier violon. Il s'ensuit, non plus le sentiment d'attente du début, mais cette alternance de découvertes émues, vibrantes ou exaltées, de la fin du mouvement, aboutis-

* Allusion au premier volet de la *Symphonie « Mathis le peintre »* de Paul Hindemith.

sant à un *Grave* débuté fortissimo, pour se clore pianissimo quatre mesures plus loin.

2. Le deuxième mouvement est un **Adagio** en *si* bémol mineur, — la tonalité de *Katya Kabanova*. Il est construit sur deux thèmes proposés par l'alto,

d'une beauté apaisante et profonde. La tension s'élève vers un sommet d'une sensibilité peu ordinaire, — tout en exigeant une virtuosité et une « diction » très particulière des diverses voix du quatuor. La fin du mouvement voit reparaître, plus calme, la trame thématique initiale de l'*Andante*.

3. Le **Moderato** laisse paraître un thème berceur d'humeur russe dans ses premier et dernier épisodes. Le *Dolcissimo* central se trouve brusquement agité par un *Presto largamente* où le premier violon vient danser une sarabande effrénée où voisinent quintuplets et enchaînements d'accords dans le suraigu, et dont on ne sait s'il s'agit de cris de joie ou de détresse. Le second *Presto* fait pencher vers la détresse, avec ses accelerandos vertigineux, diaboliques. Heureusement un *Adagio* à 3/8, *espressivo*, vient rouvrir le dialogue et calmer toute cette exaltation.

4. Le finale **Allegro** est bâti comme un rondo partant d'un thème dansant en *la* bémol mineur. Il sert de récapitulation, tant au plan thématique que sentimental, de toutes les scènes vécues au cours des trois mouvements précédents. Différents airs extraits de *Katya Kabanova* (second violon en pizzicatos), thème de la Volga, rédemption finale de *De la Maison des morts*, forment une sorte d'épilogue, une morale muette sur la tranche de vie qui vient d'être transmise. Un dernier « défi », habituel à Janaček, dans la gamme de *ré* bémol majeur, vient clore de manière abrupte cette œuvre en un dernier cri de victoire, une ultime affirmation indéfectible de vie.

Ce *Lettres intimes* fut créé chez Janaček, à Hukvaldy, les 18 et 25 mai 1928. La première publique fut posthume (Janaček étant décédé le 12 août d'une pneumonie), et donnée le 11 septembre 1928 à Brno par le Quatuor Morave. La première édition critique parut en 1938 chez Hudební Matrice Praha.

Durée d'exécution : 27 minutes environ.

P.E.B.

ANDRÉ JOLIVET

Né à Paris, le 8 août 1905; mort à Paris, le 20 décembre 1974. Ne s'orientant que tardivement vers la musique, après avoir hésité entre la peinture et le théâtre, Jolivet travaille les disciplines d'écriture à partir de 1928 avec Paul Le Flem qui le présentera à Varèse en 1930, — avec lequel il s'initiera à l'acoustique et aux langages nouveaux. En 1935, Jolivet fonde avec Georges Migot, Paul Le Flem, Olivier Messiaen et Daniel-Lesur entre autres, une société de musique de chambre — la Spirale — d'où sortira le groupe « Jeune France » l'année suivante à l'initiative d'Yves Baudrier (c'est la chaleureuse préface de Messiaen à son Mana *pour piano qui lui apportera la notoriété). Son œuvre peut être répartie en trois catégories principales : la période antérieure à 1940, — alors qu'il cherche à « rendre à la musique son sens originel antique, lorsqu'elle était l'expression magique et incantatoire de la religiosité des groupements humains », avec les partitions les plus audacieuses (*Quatuor, Incantations, Mana *et les* Danses rituelles*); la période de la guerre pendant laquelle il est mobilisé, — exploitant un modalisme combiné à une harmonie non tonale* (Trois complaintes du soldat)*; et celle d'après 1945, plus traditionnelle, pendant laquelle Jolivet tente de réaliser une synthèse entre les deux précédentes (nombreux* Concertos*). Nommé directeur de la musique à la Comédie-Française de 1945 à 1959, Jolivet partage ses activités entre la direction et la composition. Il sera enfin professeur de composition au Conservatoire de Paris de 1966 à 1970, et verra son œuvre couronnée du Grand Prix National de la Musique en 1972.*

La production de musique de chambre de Jolivet est abondante et inégale : dominée par des partitions essentielles, telles que les justement célèbres *Incantations* pour flûte, elle est aussi caractérisée par un grand nombre d'œuvres plus conventionnelles écrites en particulier pour les concours au Conservatoire : le *Chant de Linos* pour flûte et piano (1944) — dont il existe une seconde version pour flûte, violon, alto, violoncelle et harpe —, la *Sérénade* pour hautbois et piano (1945) — transcrite la même année pour quintette à vents avec hautbois principal —, ou encore un certain nombre de ses *Concertos* (pour basson, trompette et piano, percussion, harpe) qui ne ressortissent au domaine de la musique de chambre que sous la forme de réductions avec piano. Mise à part une *Suite pour trio à cordes* (1930), l'œuvre de musique de chambre commence réellement avec le *Quatuor à cordes* (1934), et laisse ensuite une large part au répertoire pour instruments seuls (*Suite Rhapsodique* pour violon, *Cinq Eglogues* pour alto, ou les *Ascèses* pour flûte ou clarinette), ou à celui des instruments à vent souvent dans des combinaisons originales telles que les deux *Sonatines* pour flûte et clarinette (1961), et pour hautbois et basson (1963), ou *Controversia* pour hautbois et harpe (1968), écrit pour Ursula et Heinz Holliger. On remarquera, par ailleurs, que la musique de chambre de Jolivet intervient, du moins pour les partitions importantes, en deux phases distinctes séparées par une production essentiellement consacrée à l'orchestre ou aux œuvres concertantes : avant 1939, avec en particulier les *Incantations* ; et après 1957, où l'on assiste à un retour très net vers le répertoire pour instrument seul. Pour cette raison, les œuvres examinées ci-dessous sont traitées dans leur ordre chronologique.

Quatuor à cordes

Terminé en 1934, le *Quatuor* a été créé par le Quatuor Huot à Paris le 24 mars 1934, toutefois dans de mauvaises conditions, et repris peu après par le Nouveau Quatuor Hongrois. Bien que reçu fraîchement, l'unique quatuor de Jolivet est à l'origine de la rencontre du compositeur avec Messiaen qui avait manifesté son intérêt pour l'œuvre. Commencé en 1931, pendant les études de Jolivet avec Paul Le Flem, le *Quatuor* a été entièrement repris en 1934 après les trois années d'étude avec Varèse.

Première partition importante de Jolivet, le *Quatuor* porte la marque de cette évolution et, surtout, synthétise l'ensemble des acquis musicaux du jeune compositeur à cette époque : le goût pour le contrepoint et les principes de composition enseignés par Le Flem, l'influence des notions acoustiques apprises aux côtés de Varèse, et la pensée issue de la série schoenbergienne au travers de la musique de Berg, auquel Jolivet était sensible. Qualifié par le compositeur de « testament scolaire », le *Quatuor* est écrit en trois mouvements — *Volontaire*, *Allant*, *Vif*, qui définissent une trajectoire de la quarte augmentée — elle domine le premier mouvement — vers la quinte juste triomphante du finale —, et utilise pour la première fois la technique des « notes-pivots » qui trouvera une application plus aboutie dans les six pièces du célèbre *Mana* pour piano, qui suivra peu après (1935).

Durée d'exécution : environ 22 minutes.

Cinq Incantations pour flûte

Composées en 1936, créées par Jean Merry à la Société Nationale, à Paris, le 7 mai 1938, les *Incantations* constituent, avec *Mana* (1935) et les *Danses rituelles* (1939) pour piano, la principale contribution de Jolivet à cette période dominée par l'aspect magique et incantatoire de la musique. Si le choix symbolique de la flûte rapproche cette partition de *Density 21,5* de Varèse qui lui est contemporaine (1936), les deux œuvres sont différentes par leur façon de traiter l'instrument : autant la seconde exploite de nouveaux modes de jeu, allant presque « contre la flûte » (comme l'a formulé Pierre-Yves Artaud), autant l'œuvre de Jolivet cherche à servir l'instrument. Influencées par la nay, flûte tunisienne entendue par le compositeur lors de son voyage en Afrique du Nord, les cinq *Incantations* sont basées sur la dimension répétitive propre à l'invocation, et mises en évidence par les récurrences régulières des phrases : les première et troisième *Invocations* portent d'ailleurs des indications de reprise que l'instrumentiste doit respecter trois fois au minimum. Les cinq pièces correspondent à cinq quêtes essentielles, toutes reliées par leur titre à une situation rendant compte de l'expression primitive de groupements humains : « pour accueillir les négociateurs — et que l'entrevue soit pacifique », « pour que l'enfant qui va naître soit un fils », « pour que la moisson soit riche qui naîtra des sillons que le laboureur trace», «pour une communion sereine de l'être avec le monde», et «aux funérailles du chef pour obtenir la protection de son âme». Comme dans les *Danses rituelles* qui suivront peu après, Jolivet a cherché à retracer les diverses étapes sociales et religieuses de l'existence dans un parcours de la naissance jusqu'à l'après-mort. L'écriture de chacune des pièces propose une forme de polyphonie implicite, en opposant la plupart du temps deux types d'expression telles qu'une note grave et fixe entrecoupée par des lignes instables dans l'aigu, ou une note répétée alternant avec des traits rapides. Le rythme reste l'une des dimensions principales de cette musique, tant par le recours à des valeurs irrationnelles — avec la prédilection de Jolivet pour les triolets et quintolets — que par l'abondance des figures en «petites notes» qui contribuent à la souplesse du phrasé.

Œuvre essentielle qui a largement participé — avec celle de Varèse — au renouvellement du répertoire de la flûte solo qui s'opérera après 1945, les *Incantations* restent probablement la partition de Jolivet qui a gardé son pouvoir expressif le plus intact. Jolivet écrira une autre *Incantation*, publiée isolément, en 1937 («pour que l'image devienne symbole»), — qui, bien qu'ayant été créée avant les *Cinq Incantations* (par le même interprète l'année de la composition), n'a pas été incluse pour autant à l'ensemble. Cette *Incantation* supplémentaire a fait par ailleurs l'objet de deux transcriptions par l'auteur, pour violon seul et pour ondes Martenot.

Durée d'exécution : environ 17 minutes.

Rhapsodie à sept

Commandée par René Nicoly, président des Jeunesses Musicales de France, la *Rhapsodie* a été composée en 1957 et créée le 13 novembre 1959 au Festival de Braunschweig par un ensemble que dirigeait Zeebe. La formation particulière pour laquelle elle a été écrite est celle de *l'Histoire du soldat* de Stravinski — clarinette, basson, cornet à pistons, trombone, percussion, violon et contrebasse —, avec laquelle la *Rhapsodie* devait équilibrer le programme d'une soirée. Les trois mouvements — *Résolu, Hiératique* et *Incisif* — relèvent d'un esprit traditionnel, tant formellement que du point de vue de l'écriture, s'inscrivant plus dans la tradition de la musique française de l'entre-deux-guerres que dans le sillage des œuvres essentielles de Jolivet.

Durée d'exécution : environ 19 minutes.

Suite en concert pour flûte et percussion

Bien que fréquemment sous-titrée *Deuxième Concerto pour flûte*, la *Suite en concert* relève du domaine de la musique de chambre par sa combinaison entre la flûte et quatre percussions. Écrite en 1965 et créée le 23 février 1966 à Paris, à l'O.R.T.F., par Jean-Pierre Rampal sous la direction de Daniel Chabrun, cette partition est l'une des plus célèbres de Jolivet renouant avec un plaisir évident avec la dimension magique des *Incantations*. La variété des percussions utilisées — des peaux frappées aux métaux frottés se rapprochant du souffle de la flûte — permet de multiplier les formes de dialogue avec la flûte, tantôt de façon conflictuelle, tantôt de façon complice, au cours des quatre mouvements qui expriment chacun un caractère déterminant le type de relation : «Modéré. Frémissant», «Stabile» avec la flûte en *sol*, «Hardiment», et «Calme. Véloce. Apaisé».

Durée d'exécution : environ 16 minutes.

Les dernières œuvres pour instrument seul

Entre 1965 et 1967, Jolivet ne se tourne pas moins de quatre fois vers l'instrument seul, — les cordes pour trois d'entre elles, et la flûte (ou clarinette) pour la dernière, la flûte restant jusqu'à la fin l'un de ses instruments favoris. Hormis cette simple analogie, ces œuvres ont toutes le même esprit en commun et situent nettement la pensée de Jolivet s'orientant de plus en plus vers une réflexion métaphysique; la dernière partition achevée, *Yin-Yang* pour cordes (1973), en constituera un ultime écho.

En 1965, Jolivet signe deux partitions toutes deux intitulées «suite», la **Suite en concert** pour violoncelle seul — créée à Madrid le 18 janvier 1966 par Reine Flachot —, et la **Suite rhapsodique** pour violon seul — donnée en première audition à Paris le 9 février de la même année par Devy Erlih, l'un des interprètes privilégiés de Jolivet. Chacune divisée en cinq mouvements — le chiffre cinq est l'une des constantes de l'œuvre de Jolivet —, elles se signalent l'une et l'autre par une organisation clairement articulée tout en faisant référence aux genres et formes anciens : *Improvisation, Bal-*

lade, Air, Sérénade et *Sonate* dans la *Suite en concert*; *Praeludio, Aria I, Intermezzo, Aria II* et *Finale* dans la *Suite pour violon*. Après avoir écrit les deux *Suites*, Jolivet a voulu ajouter au répertoire de l'alto une partition similaire : composées en 1967, les **Églogues** ont été créées par Serge Collot à Paris, à la Société Nationale de Musique, le 24 avril 1968, et confirment un lien de parenté avec les deux autres partitions par le même souci concentrique de la forme (*Rusticamente I, Cantante I, Ostinamente, Cantante II*, et *Rusticamente II e Postludio*).

Durées respectives d'exécution : environ 16, 15 et 12 minutes.

Quant aux cinq **Ascèses** pour flûte (ou clarinette), leur titre pourrait à lui seul caractériser les quatre dernières partitions de musique de chambre de 1965 à 1967, — date de composition de cette dernière : quatre œuvres pour instrument seul — auxquelles pourrait s'adjoindre la *Suite en concert pour flûte et percussion* —, qui traduisent le degré de dépouillement auquel était parvenu le compositeur avant tout désireux de s'exprimer dans un cadre restreint devenu privilégié. De plus, la partition des cinq pièces, qui ne comportent pas de titres, présente des citations reléguées à la fin de chaque morceau, et empruntées à Max-Pol Fouchet (n° 1, 2 et 5), au Papyrus Insinger (n° 4) et à Teilhard de Chardin (n° 3) — « Matière, triple abîme des étoiles, des atomes, des générations » —, qui définit à elle seule l'esprit général de l'œuvre. Si l'on ajoute que Jolivet s'était déjà inspiré d'un texte du philosophe chrétien deux ans auparavant dans sa cantate *le Cœur de la matière*, on comprendra d'autant mieux les préoccupations du musicien dans cette ultime série d'œuvres. De fait, la musique semble être parvenue à un degré de simplicité et d'épuration qui confirme la position prise ouvertement par Jolivet quant à la supériorité de l'esprit insufflant la vie à la matière.

A.P.

ZOLTÁN KODÁLY

Né le 16 décembre 1882, à Kecskemét; mort le 6 mars 1967, à Budapest. Après de solides études classiques, il entra à l'Académie de Budapest dans la classe de composition de H. Koessler, où il rencontra Béla Bartók. Attiré dès son adolescence par la musique chorale, sacrée et profane, il fréquentait la Bibliothèque musicale de la cathédrale de Nagyszombat (aujourd'hui Trnava, en Slovaquie), où il était choriste. Il apprit le violoncelle en autodidacte, puis le piano et le violon. Sa thèse d'université porta sur la structure strophique des chansons populaires, — poursuivant ainsi le travail de pionnier de Belá Vikar. Bartók et lui parcoururent la campagne hongroise, mais également de Transylvanie et Roumanie, en quête des chansons populaires traditionnelles. Parallèlement il se rendit à Bayreuth et à Paris où il travailla avec Widor et rencontra Debussy (qui le marqua profondément). De 1907 à 1940, Kodály est professeur de théorie musicale à l'Académie Franz Liszt de Budapest, puis de composition. Il édite, avec Bartók, et sa femme Emma (épousée en 1907), plusieurs recueils de chansons populaires hongroises et roumaines. Ses activités conjointes de compositeur, professeur, folkloriste, musicologue et journaliste l'imposent peu à peu sur la scène musicale hongroise, où la suprématie germanique s'atténue au lendemain de la guerre. Après les quelques mois de république, le conservatisme étroit du régime limite l'expansion de la musique hongroise authentique. Mais, mis à la retraite en 1942, Kodály restera au pays et demeurera le « sage » de la période troublée de la Seconde Guerre mondiale. Il s'imposera comme le musicien qui réussit « à faire chanter tout un peuple » par la « méthode Kodály » (faisant étudier le chant dès le stade de l'école primaire). Son œuvre chorale est la plus importante à la fois qualitativement et quantitativement. Son œuvre symphonique est de moindre envergure — dominée par la suite tirée de l'opéra Háry János, *les* Danses *de sa province* de Galanta, *puis celle de* Marosszék, *et sa très classique* Symphonie en *ut (1960). Quant à son œuvre de chambre, elle propose une fusion rare entre les formes classiques et la spontanéité de la musique populaire. Pendant les années 1898-1907, Kodály écrit quelques pièces post-romantiques, qui le situent dans la descendance de Brahms et Dohnányi, de cinq ans son aîné. Dans sa période de première maturité, il s'impose par un chef-d'œuvre, la* Sonate pour violoncelle seul, *qui ouvre à cet instrument un univers sonore nouveau. Trois autres partitions peuvent suffire à l'imposer au plan international : deux* Quatuors *(*op. 2 *et* op. 10*), et la* Sérénade pour deux violons et alto op. 12. *Contrairement à Bartók, il n'a pas cherché à renouveler un langage, ni les moules classiques. Il a réussi à adapter à ces derniers la spontanéité, les modes archaïsants, l'authenticité du matériau monodique de la chanson paysanne. Cette fusion procure à sa musique une vie inusitée, — tout en étant teintée d'un « impressionnisme » magyar qui doit à Debussy.*

On peut, pour simplifier, décomposer la vie créatrice de Kodály en trois époques. La période de jeunesse (1898-1907) le voit s'essayer tant à la musique chorale (fréquemment à destination religieuse), qu'aux possibilités de la voix soliste, au piano et aux instruments à cordes. Il jouait du violon, de l'alto et du piano, mais son instrument d'élection demeura le violoncelle qu'il apprit en autodidacte, alors qu'il était encore étudiant à Nagyszombat.

Le plus ancien manuscrit retrouvé et archivé est une **Romance lyrique** pour violoncelle et piano, écrite en février 1898. L'œuvre affirme des affinités avec Tchaïkovski et Brahms; quelques similitudes apparaissent avec les *Balladen und Romanzen* de ce dernier, où le violoncelle remplacerait la voix de baryton. Kodály était choriste à la paroisse de Nagyszombat : il écrivit, à l'été 1897, une *Ouverture pour grand orchestre* en *ré* mineur, qui sera exécutée en février 1898, ainsi qu'un *Trio* en *mi* bémol pour deux violons et alto, également créé lors d'une fête paroissiale avec le compositeur à l'alto. Cette courte pièce fait penser aux œuvres de jeunesse similaires de Béla Bartók, alors que les deux jeunes étudiants hongrois admiraient leur aîné, Ernö Dohnanyi, compositeur reconnu par Brahms et pianiste déjà renommé.

En septembre 1900, Kodály quitte Nagyszombat pour Budapest pour suivre les cours de l'Université, puis ceux du Conservatoire. C'est en mars 1905 qu'il écrit un **Adagio pour violon et piano**, qui demeurera pendant un demi-siècle sa partition la plus jouée et la plus acclamée. Devant ce succès, il la transcrira également pour alto (1908), puis pour violoncelle et piano (1910), — désormais la transcription la plus jouée. Le musicien en précisa ainsi le style : « Il s'agit d'une œuvre de l'époque où j'ignorais encore tout du folklore, ce qui permet de se faire une idée du style que j'aurais conservé si, par exemple, je n'avais pas eu la possibilité de découvrir la musique populaire... Son style est relativement clair, coulant, accessible à tous publics... Si j'avais persévéré dans la même direction, j'aurais pu connaître le succès plus aisément et plus rapidement ».

L'œuvre est à la fois romantique et animée d'une irrésistible vitalité, n'engendrant à aucun moment la même nostalgie que l'*Andante pour violon et piano* écrit par Bartók en 1902, — auquel Kodály répondait par cet *Adagio*. Sur des accords doux du piano dont l'intensité monte progressivement, le violon (ou l'alto, ou le violoncelle) développe une mélodie pleine de tendresse, qui se souvient du lyrisme brahmsien. Un deuxième thème, plus contrasté et dramatique, vient recouvrir peu à peu la plénitude heureuse du thème initial. Au *cantabile* initial se voit substituer un phrasé plus heurté, proche du souffle d'un chanteur. On pense à l'*Allegro* de la *Sonate en* fa *mineur (op. 120 n° 1*, pour alto). Puis le thème initial s'affirme de nouveau avec plus d'intensité sur des accords cette fois nettement séparés. L'intensité tombe, tel un crépuscule, — l'effet n'étant vraiment sensible que dans les versions pour alto et violoncelle, laissant le soliste proposer de délicates arabesques dans une nuance de plus en plus *piano*.

Durée d'exécution : 8 minutes environ.

En mars 1905, à Budapest, Kodály compose un **Intermezzo pour trio à cordes** en un seul mouvement. Cette fois encore, il pense aux œuvres à succès de Dohnanyi, qui vient de s'imposer avec sa *Sérénade en trio op. 10*. Kodály ne se sent pas encore le souffle pour écrire une partition de même ampleur; il le fera, en 1919, avec la *Sérénade op. 12* (v. plus loin). L'*Intermezzo* possède la gaieté irrépressible des tziganes en leurs instants de joie, — tandis que le matériau mélodique utilisé donne l'impression d'un exotisme inattendu tout en respectant scrupuleusement les règles de la construction classique. Bâtie en trois épisodes enchaînés, cette courte pièce impose un style à la fois élégant et léger (on pense à un Mendelssohn tzigane), sans aucune grandiloquence ni le moindre clin d'œil « Verbunkos » (ce que n'évitait pas toujours le grand Brahms).

Durée d'exécution : 5 minutes environ.

La seconde période d'activité de Kodály peut se circonscrire entre 1908 et 1921. Désormais, le compositeur a repris le travail de pionnier de Bela Vikar dans la collecte des chants populaires paysans de Hongrie et de Roumanie. Bartók enquête avec lui sur le terrain. Tous deux ont fondé, avec d'autres musiciens, la Société pour la promotion de la Nouvelle Musique hongroise destinée à faire connaître la musique hongroise contemporaine. Afin de proposer des œuvres nouvelles à cette association, Kodály travaille sur deux partitions, le *1er Quatuor op. 2* et la *Sonate pour violoncelle et piano op. 4*, pendant les années 1908-1910. Les deux œuvres seront créées lors d'un concert organisé par l'association le 17 mars 1910 dans la Salle Royale de Budapest, par le Quatuor Waldbauer-Kerpely, — le jeune violoncelliste Jenö Kerpely jouant la *Sonate op. 4* avec Bartók au piano.

Quatuor à cordes n° 1 (op. 2)

Au printemps de 1907, Kodály est venu à Paris et a été séduit par Debussy, — son enthousiasme se reflétant dans sa *Méditation sur un motif de Claude Debussy* (septembre 1907). Ce dernier l'a vivement encouragé à écrire une musique spécifiquement hongroise, hors de toute influence directe, sinon stylistique, des grandes tendances européenes qui, chez Kodály, se ressentira essentiellement dans sa musique chorale, — avec l'assimilation des apports de maîtres comme Palestrina, Bach, Beethoven et Debussy. Ces trois derniers influencent également sa musique de chambre, qu'elle soit publique ou didactique.

Son *1er Quatuor*, composé en 1908-1909, est la première affirmation d'un style nouveau fondé sur un adieu (sans précipitation) au monde romantique, tout comme aux règles très strictes du développement propre à la forme sonate. Il faut demeurer, par contre, très prudent sur l'origine du matériau mélodique. Le point important n'est pas uniquement de déterminer s'il est d'origine populaire ou savante, mais d'insister sur son caractère monothématique. Antal Molnár, l'altiste du Quatuor Waldbauer-Kerpely, écrira en 1936 : « En fait, tout dans cette œuvre procède d'un germe unique, du plus infime des motifs au plus petit détail de l'architecture tonale » ; il insistera sur le classicisme « populaire » du style de Kodály : « L'écriture, étant basée sur une vision classique du monde sonore, est spontanément génératrice d'une vraie parenté intérieure du matériau thématique ».

La partition, ample et de forme classique, est en quatre mouvements.

1. L'Andante poco rubato initial est une lente introduction, construite (comme l'*Adagio* de 1905) ainsi qu'un coucher de soleil, — illustrant ainsi en musique les paroles de la chanson populaire *Lement a nap a maga jarasan* (« le soleil s'est couché en suivant sa course ») notée dans le recueil de Bela Vikar. Par contre, Kodály précise, pour la première de l'œuvre à l'étranger (mai 1910 à Zürich, par le Quatuor Willem de Boer) : « L'introduction est effectivement un thème de chanson populaire hongroise qui sert ainsi de devise, si ce n'est d'indicatif ». En 1958, il ajoutera : « Le premier mouvement de mon *1er Quatuor* peut faire croire que j'ai voulu écrire un quatuor basé sur un chant populaire. La vérité est toute autre. La première moitié de la partition était déjà écrite quand je me suis aperçu que mon thème initial présentait une parenté certaine avec un chant populaire célèbre, à tel point qu'on pouvait imaginer qu'il en était inspiré. Pour cette raison, après coup, je l'ai cité en exergue ; mais le matériau thématique n'en est nullement tiré, et je n'ai pas tenté de transcrire ce chant selon les principes de la forme sonate, travail que je savais impossible ».

Après cette introduction, apparaît le thème principal dans un mouvement *Allegro* (mesure 19) et dans la tonalité sans équivoque d'*ut* mineur qui, comme une référence brahmsienne, imposera sa stabilité quelles que soient les péripéties modales du discours (L'*Andante* initial pouvait apparaître comme dans la tonalité peu affirmée de *fa* dièse mineur). Le thème principal suit sans détours la forme sonate et s'affirme au violoncelle sur un ton de plus en plus passionné, sur des motifs rythmiques des violons qui réalisent une sorte d'orchestre tzigane. Ils prennent la parole et font passer en majeur, dans la tonalité « ouverte » de *mi*. Le thème secondaire, plus exubérant que passionné, est à la fois alerte et entraînant. Le développement n'est classique qu'en apparence, tant l'usage d'intervalles de quartes aux violons, des modulations inusitées, des figures rythmiques qui semblent sauter par dessus les barres de mesure éloignent des thèmes initiaux, monodiques et affirmés sur le plan tonal. L'écriture paraît nous emmener dans des tonalités lointaines dont la logique est essentiellement modale, — tandis que les subites variations de tempo et de dynamique propulsent dans un monde de rythmes, de couleurs et de sentiments qui renouvellent, sans les bousculer, les limites habituelles du quatuor à cordes. À la reprise des thèmes, la feria s'est évanouie. Subsiste une pseudo-marche funèbre empruntée au thème lent, suivie d'une batterie d'accords parfaits dans la tonalité irréfutable d'*ut* mineur.

2. Le mouvement lent, **LENTO ASSAI, TRANQUILLO**, est en trois épisodes. Cette fois, Kodály joue sur les ruptures de rythmes à base de 9/8. Le thème essentiel est confié aux violons, tandis que le violoncelle les accompagne comme à la cithare (pizzicatos), ou les soutient (avec l'archet). Le trio propose l'une des premières réalisations polyphoniques aux cordes que Kodály affectionnera. Le premier thème est fugué ; le second se développe comme une fugue double, *pizzicato*. Ce trio central — l'âme sensible, « liturgique » du quatuor — est suivi d'une reprise du thème initial. Après la strette finale, grandiose et recueillie, du trio, la mélodie revient à l'alto par appoggiatures des violons sur les nœuds mélodiques, — tandis que le violoncelle accompagne en pizzicatos. Ce mouvement, au lyrisme profond, forme le premier exemple absolument personnel du style de maturité de Kodály, — dans le choix des timbres, la magie nocturne et mystérieuse de la mélodie et son traitement harmonique où se fondent les enseignements de Palestrina et des modes archaïques de la chanson populaire.

3. LE PRESTO, également tripartite, prépare aux innovations techniques de la *Sonate op. 8*. Le thème principal et celui du trio central partent des mêmes cellules mélodiques, mais leur traitement est différent. Le trio est accompagné par un ostinato de lointaine origine chorale, — tandis que de perpétuels changements de tonalité (une tonalité « tournante ») se recyclent, contre toute attente, sur le pôle de *ré* bémol. Ce véritable scherzo, qui n'a pourtant aucune origine populaire décelable, vaut par les innombrables surprises qu'il réserve tant au plan de la richesse rythmique qu'à celui des combinaisons sonores.

4. LE FINALE est en deux parties. Son introduction *Allegro* est en forme de variations, et joue sur de subtiles alternances de cellules thématiques et rythmiques ; elles sont empruntées aux premier et troisième mouvements, et forment comme une superposition de danses imaginaires. Après une transition assez longue, l'*Allegretto semplice* énonce les quelques mesures en *ut* mineur qui vont servir de thème aux cinq variations, — elles en *ut* majeur. Les recettes harmoniques utilisées restent de facture classique, même si la technique de variation (d'essence pianistique, cette fois) s'avère pleine d'invention. Tel un concert csardás, le tempo des variations successives va s'accélérant, ainsi que l'ivresse des exécutants en ces exercices improvisés. La tension chute brusquement, — la partition s'achevant sans préavis sur un *presto* aussi fulgurant qu'abrupt.

Durée d'exécution : 38 minutes environ.

Sonate pour violoncelle et piano (op. 4)

Pendant trente ans, Kodály considéra cette œuvre comme inachevée. Initialement prévue comme une sonate pré-classique en trois mouvements, elle fut créée, sans l'allegro initial attendu, le 17 mai 1910 par Jenö Kerpely (violoncelle) et Béla Bartók (piano). Elle ne fut éditée qu'en 1923 chez Universal à Vienne, après une vaine tentative du musicien pour réécrire un allegro. Mais, comme Kodály l'avoua à D. Dille en 1964 : « En 1921, mon style avait tellement évolué que je n'étais plus capable de retrouver l'état d'esprit de 1909 ». Sous cette forme ramassée, l'œuvre n'est pas sans rappeler *le Conte* de Janaček*.

1. Le premier mouvement, de facto, est un mouvement lent sous-titré « Fantaisie », dans le sens où l'entendait Schubert. Cet **ADAGIO DI MOLTO** forme un vaste récitatif qui ressemblerait à une première ébauche de l'*Adagio, con grand espressione* de la *Sonate pour violoncelle seul op. 8*, — n'était l'influence fort sensible du Debussy des *Arabesques* comme des *Estampes*. Les quatre premières notes de cette « Fantaisie », au

* Voir, ici même, à *Janaček*.

violoncelle, sont les mêmes que celles qui ouvrent l'*Andante* du *Double Concerto pour violon et violoncelle* de Brahms. La ligne mélodique est résolument peu classique, avec ses pôles de *fa* dièse et *ut* dièse; elle propose, sans préalable, une longue tenue sur un *do* naturel, — alors que le clavier fait son entrée sur une cellule mélodique dont l'élément saillant est un accord en *fa* majeur. Le violoncelle poursuit son chant en restant dans une tonalité ambiguë qui passe de *do* bécarre à *do* dièse, — tandis que le clavier poursuit sa déclamation rhapsodique. Lorsque le violoncelle propose un accord en deux temps (comme tout instrumentiste y est contraint lorsqu'il joue une sarabande de Bach), la ligne mélodique semble invariante. Une suite d'arpèges s'échange entre violoncelle et clavier, donnant l'impression d'un dialogue improvisé entre une voix et un cymbalum, basé sur un folklore totalement imaginaire, en ses harmonies « impressionnistes ». L'intervalle de quarte ajoute encore à l'étrangeté du propos. Sur le plan de l'expression, le violoncelle est le vrai metteur en scène, arrivant au point le plus dramatique à la fin de la « Fantaisie ». La reprise du thème amène une détente passionnelle, mais non dans l'harmonie qui utilise sans réticence le pôle modal de *fa* dièse, — un *fa* naturel faisant fonction de note sensible. Cet *Adagio* se clôt dans la sérénité et les couleurs dorées de la vraie clé tonale de *fa* dièse majeur.

2. Le deuxième et dernier mouvement, **ALLEGRO CON SPIRITO**, apparaît comme une suite de danses, mais non d'origine populaire hongroise. Ernö Lendvai indique que Kodály a écrit, en 1925, que le thème utilisé ne devait rien au folklore, mais était emprunté au *Presto* de la *Sonate pour piano op. 10 n° 2 de Beethoven* qu'il avait joué dès 1900 au Conservatoire de Budapest. Kodály le développe comme un thème classique, avant de revenir dans la coda au thème initial de la « Fantaisie » qu'il manipule ainsi qu'un rondo, avant de le faire évoluer, par une septième majeure, depuis la tonalité initiale de *fa* dièse, magistralement incluse dans un accord non résolu de *sol* majeur.

Durée d'exécution : 18 minutes environ.

Duo pour violon et violoncelle (op. 7)

Il faut entendre « Duo » au sens schubertien du terme, car cet *op. 7* a l'ampleur et la substance d'une véritable sonate en trois mouvements. Composé pendant l'été de 1914 à Budapest, ce *Duo* forme une autre préparation à la *Sonate pour violoncelle seul op. 8*. Cet instrument se voit confier des tâches habituellement assumées par le clavier accompagnateur. L'écriture des deux voix solistes est à la fois proche des *Inventions à deux voix* chères à Bach et des lois du contrepoint linéaire qui n'étaient utilisées, avec cette souplesse, que par les madrigalistes de la Renaissance. Kodály propose une fusion insolite de deux instruments, — l'un connu pour sa virtuosité et son éclat, l'autre pour l'intensité de son jeu et sa mélancolie naturelle.

En 1921, Bartók caractérisait ainsi la musique de chambre de son compatriote et ami : « Une forme mélodique pleine et abondante, une parfaite connaissance des formes classiques, et un certain penchant pour la mélancolie ». Dans ce *Duo*, tous ces ingrédients sont rassemblés pour offrir une des partitions les plus originales écrites pour cette formation peu courante. La proximité de la guerre trouve un écho dans le deuxième mouvement, — tandis que le premier évoque le climat des Alpes suisses (où Kodály passait ses vacances), alors que le finale retrouve l'exubérance naturelle d'un musicien de trente-deux ans.

1. Le premier volet, **ALLEGRO SERIOSO, NON TROPPO**, impose d'entrée une humeur pathétique, passionnée, généreuse et éprise de liberté. Les notes répétées, les arpèges, les présentations en forme canonique, des rythmes perpétuellement changeants, marquent l'influence du folklore paysan hongrois sur la technique de composition, même si Kodály respecte les diverses tonalités utilisées. Les phrases, donnant l'impression d'une extrême liberté mélodique et rythmique, s'achèvent toujours sur des accords consonants qui, comme chez Debussy, sont souvent des mirages minimisant l'importance de la résolution tonale. Le thème principal est affirmé avec force, comme inspiré par une chanson enfantine « accompagnement de cornemuse », — alors qu'il est entièrement de la main du compositeur. Deux variantes successives donnent liberté, caractère fantasque, idée d'improvisation, à ce duo lyrique, fréquemment en *rubato*. Le violon introduit la première variante sur pizzicatos du violoncelle. La deuxième variante apparaît alors, donnant l'impression que trois thèmes successifs vont être maintenant développés de manière classique. Mais leur superposition ainsi que de perpétuelles modifications de présentation rythmique font que la tension tant spirituelle que sonore s'accroît. Une puissante coda balaie tout cet édifice complexe et antagoniste pour laisser le premier énoncé thématique se répéter à pleine voix.

2. L'épisode central, **Adagio**, est également tripartite. Ici règne encore l'ombre de Bach, — lors de la présentation du thème en une fugue à deux voix. Une deuxième fugue prend un caractère franchement dramatique, engagé, — le violoncelle teintant de sa couleur tantôt dorée (corde de *ré*), tantôt crépusculaire (corde d'*ut*), un discours à la fois riche et vigoureux. La dernière partie est une récapitulation habile et virtuose des deux premiers épisodes.

3. Le finale fait irrésistiblement penser à la *Sonate op. 8* par sa puissance déclamatoire. Débutant par un *Maestoso e largamente, ma non troppo lento*, les huit cordes se muent peu à peu en orchestre utilisant le matériau mélodique des deux premiers mouvements qui émerge peu à peu dans toute son originalité. Le **Presto** final évoque le *friss* (partie très animée des danses « Verbunkos ») partant des rythmes originaux des mêmes mélodies. Ces dernières deviennent de plus en plus fugitives, alors qu'au milieu de ce mouvement, avec le trio final, le violoncelle avait imité, comme dans l'*Opus 8*, le son des cornemuses.

La partition a été éditée en 1922, après la première audition publique, par le duo Waldbauer-Kerpely, le 7 mai 1918.

Durée d'exécution : 27 minutes environ.

Sonate pour violoncelle seul (op. 8)

L'œuvre, composée en 1915, fut dédiée à Jenö Kerpely qui la créa le 7 mai 1918, lors da la deuxième soirée organisée par la Société pour la promotion de la Nouvelle Musique hongroise entièrement consacrée à des œuvres de Kodály. Pal Hermann fit connaître l'œuvre à l'étranger, à Vienne le 20 mai 1920, à la Société Internationale de Musique Contemporaine, à Paris, le 7 août 1923. La partition fut éditée, dès 1921, par Universal à Vienne.

La *Sonate*, en trois mouvements (les deux derniers étant enchaînés), révèle une utilisation toute personnelle de la forme sonate. Pour conserver la plus grande liberté au matériau mélodique utilisé, Kodály ne se sert de la forme que comme guide du discours qui s'écoule sans contraintes, avec le naturel de l'improvisation, la barre de mesure n'étant pas perceptible par l'auditeur, — tandis que l'interprète s'en sert comme balisage d'un parcours d'une étonnante liberté. Tandis que cette idée de forme ne s'impose que pour garantir une plus grande économie et fermeté au discours, une même volonté d'unicité s'affirme dans la réalisation des reprises. Toute reprise d'une cellule, d'une mesure, d'une phrase mélodique, se trouve l'objet d'une métamorphose, aux plans de la forme, du rythme ou de la couleur (traitement harmonique). Il se transforme, par exemple, en un exposé plus ample en forme de récitatif (dans le mouvement lent *Adagio*, la reprise du thème à 6/8 se voit effectuée deux fois plus lentement) ; ou bien il est abrégé, ou il réapparaît dans une variante rythmique qui modifie ses « appuis » ; enfin il s'insère dans un passage de tonalité (ou mode) différente. Kodály réussit ainsi à recréer l'une des principales sources de liberté de la musique populaire paysanne, — l'idée de variation continue. Ainsi cet immense *Opus 8* est-il construit sur un seul matériau thématique.

Le résultat est une musique qui allie liberté de forme, flexibilité de la diction, clarté de construction et unité thématique. La même rigueur s'applique à la structure harmonique de la *Sonate*. La tonalité de base de *si* mineur, contraignant à un accord en *scordatura* (les cordes graves sont baissées d'un demi-ton, donnant ainsi l'accord *si* - *fa* dièse -*ré* - *la*), sert de pôle tonal auquel on revient toujours. Coloré d'inflexions modales (appartenant au mode phrygien essentiellement), laissant se construire de nombreux accords polytonaux, le langage harmonique semble traiter avec la plus grande liberté l'ordre tonal. Pourtant celui-ci règne sans partage. L'impression d'improvisation, de liberté, que propose l'œuvre provient du traitement virtuose, des nouveautés techniques que le musicien hongrois impose au violoncelle. Celui-ci se voit métamorphosé en harpe, cymbalum, cornemuse, ensemble tzigane jouant le répertoire « Verbunkos »... L'instrument doit se dédoubler, se multiplier, user de tous les modes d'attaque de la corde (« sur le chevalet », « sur la touche », harmoniques composées, pizzicatos de la main gauche, trémolos, trilles, accords décalés), — sans que l'ensemble de ces procédés ne tourne à la démonstration. Le but cherché, et atteint, est de retrouver les modes d'attaque des instruments populaires (cymbalum, cithare, chalumeau), de donner l'illusion d'une polyphonie,

de jouer sur les timbres, de faire se rencontrer les musiques savantes (également d'origine paysanne quand il s'agit des *Sarabandes* de Bach) et populaires.

1. Le premier mouvement, un **Allegro maestoso ma appassionato** à 3/4, est un récitatif épique et lyrique. Utilisant la forme sonate, il peut ménager une magnifique gradation dont tous les accords sont harmoniques à la tonique (de *si*), — tandis que tous ceux du reénonçé le sont à la dominante (*fa* dièse). L'œuvre exige une connaissance aussi approfondie des *Suites* de Bach que des techniques modernes, comme le montrent les trois premières mesures :

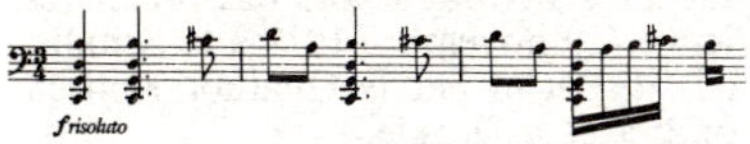

Les accords initiaux, *risoluto*, imposent, sans préambule, une tension qui ne se démentira pas durant les neuf minutes pendant lesquelles alternent récitatifs *appassionato*, rêveries fluides sur la corde de *la*, puis, par deux fois, reprises du *tempo primo*, aboutissant la première fois à un premier sommet dramatique,

dans un registre plus habituel au violon qu'au violoncelle, la seconde fois à une suite de *sforzando-fortissimos* immédiatement suivie de *pianissimos*

explicitant les contrastes d'intensité et de registre. Le mouvement s'achève sur les mêmes deux accords que ceux d'introduction.

2. L'Adagio *(con grand'espressione)*, à 6/8, semble s'élever au-dessus des contraintes de forme. Le violoncelle est devenu le chantre successivement méditatif et champêtre (alternance berçante des rythmes ternaires, simples ou doubles à 6/8 et 9/8), fantasque* dans le *Con moto* (avec son forte *feroce*), imprévisible et capricieux dans les rythmes dansants enchaînants triolets et quintolets dans une mesure à 12/8 :

Le violoncelle réalise un véritable feu d'artifices, fait de trémolos et arpèges rapides, qui ramène néanmoins à une réexposition du thème, métamorphosé, méconnaissable, traversé d'accents tziganes et d'envolées de mailloche de cymbalum. Kodály joue sur la tonalité principale de *mi* bémol majeur, — relatif d'*ut* mineur. Les deux cadences, en dehors même de leur parfum magyar, jouent sur l'ambiguïté *sol - mi* bémol, pour se résoudre dans la gamme de *si*.

3. L'Allegro molto vivace final (à 2/4) superpose l'orthodoxie d'une forme sonate et la liberté rhapsodique d'un rondo endiablé. Une présentation en croches pointées du « thème » donne plus l'impression d'un air de cornemuse que d'une ritournelle pour cordes. Le rythme s'accélère avec le passage en doubles croches. Cette matière mélodique tantôt se concentre sur une tenue obstinée (point d'orgue sur le *fa* grave),

tantôt explose en un discours fantasque et capricieux où pizzicatos, déhanchements dansants (changements de rythme), provoquent un sur-place des danseurs, tout en les mettant en transe.

Les quinze premières mesures de ce thème de cornemuse jouent un rôle permanent par les métamorphoses successives. Des incursions en *fa* majeur renouvellent le paysage harmonique, amenant une reprise du thème initial de quinze mesures dans la tonalité originelle de *si*, en une gerbe d'arpèges. Une transition de grande ampleur, usant largement de la technique des trémolos et trilles, étagés en intensité depuis le *pianissimo* jusqu'au *fortissimo*, prépare une récapitulation très abrégée pour conclure sur une coda qui fait appel à une série d'arpège où la tonalité d'*ut* prend l'avantage, pour la première fois, sur celle de *si*. Ces trois dernières mesures

* Kodály avait été subjugué par le *Don Quichotte* de Richard Strauss.

exigent une puissance dans le suraigu (triple *forte*) qui stupéfie encore les interprètes, non hongrois, lorsqu'ils abordent cette partition magistrale.

Durée d'exécution : 28-32 minutes environ.

Capriccio, pour violoncelle seul

Tout comme la *Sonate op. 8*, le *Capriccio*, écrit à la fin de 1915, exige un accord particulier (*si - sol - ré - la*). Kodály utilise les motifs d'une chanson populaire (« Oh-là, le vin de la montagne de Moh... ») pour proposer une partition en deux mouvements : *Rubato*, *Presto*. Le premier est un récitatif rhapsodique, qui n'est pas sans se souvenir du *Maestoso* ininital de l'*Opus 8*. Il présente beaucoup moins de difficultés, malgré les grands intervalles utilisés (parfois plus de deux octaves) et un recours, d'origine populaire, à des ostinatos et des répétitions de certaines notes, à la façon d'un harmonium de campagne. Quelques passages s'appuient sur le défilement virtuose de quartolets, en détaché ; mais les accords sur deux ou quatre notes sont peu fréquents, — comparés à l'*Op. 8*. Le *Presto* est tout aussi rhapsodique et rappelle la liberté fugitive du violoneux de terroir, comme la virtuosité et les modifications de tempo inattendues des cymbalums des ensembles tziganes...

Durée d'exécution : 16 minutes environ.

Rondo hongrois, pour violoncelle et piano

Cette pièce, directement inspirée par un chant populaire (« La forêt »), est en trois parties et semble directement issue du terroir, — tant ses accès de mélancolie comme ses sursauts de vitalité rappellent les alternances *lassu* et *friss* du csardás. On voit ainsi alterner chant mélancolique, danse, ritournelle, une coda prolixe, et une irrésistible danse finale. La partition existe sous deux formes : pour violoncelle et piano, version originale datant de septembre 1917 ; pour ensemble de cordes, deux clarinettes et deux bassons, — de la même époque. Bartók la fit jouer à Vienne lors d'un concert de charité aux victimes de la guerre, le 12 janvier 1918, sous le titre *Refrains des vétérans hongrois*. Sous cette forme, elle permet de donner le rôle de « violoneux » à trois instruments différents : à la clarinette dans le premier épisode, — tandis que le violon énonce le chant de « La forêt » ; à la clarinette et au violon dans le second ; à l'alto et au violoncelle dans le dernier, où la danse semble accompagnée par le chant des « cornemusiers » (clarinettes et bassons).

Durée d'exécution : 8 minutes environ.

Quatuor à cordes n° 2 (op. 10)

Cet autre sommet de l'œuvre de chambre de Kodály (1916-1918) n'eut guère de succès en Hongrie : « absence de la base même d'une forme » ; quant à son « ton » populaire, les critiques y décelèrent une influence roumaine. La partition fut créée par le Quatuor Waldbauer-Kerpely le 7 mai 1918, à Budapest. La critique étrangère fut beaucoup plus favorable lors des premières, à Vienne (19 novembre 1919 à la Schubertssaal), à Berlin par le Quatuor Kolisch, à Londres et à Dresde.

L'œuvre est, théoriquement, en deux mouvements. Mais le second se compose de deux épisodes nettement différents, — d'abord un *Andante, Quasi recitativo* qui fait office de mouvement lent, puis un *Allegro* conclusif, qui est un rondo lui-même en deux périodes. On retrouve ainsi plus la structure strophique archaïsante de la chanson populaire que la construction classique de la sonate a quattro en deux mouvements.

1. L'ALLEGRO initial est comme un résumé de la forme qui prévalut dans la *Sonate op. 4* avec sa « Fantaisie » initiale, suivie d'un *Allegro*, cette fois plus *giocoso* que *spirito*. De fait, la construction suit librement une forme sonate ouverte, sans réel développement, mais avec introduction et coda récapitulative qui reprend l'introduction en la métamorphosant en un « pont » (cher à Bartók) amenant l'épisode, *Andante*, du deuxième mouvement. L'*Allegro* est, sans ambiguïté, dans le ton de *ré* ; mais il change fréquemment de mode (phrygien, dorique). Les idées de base sont effectivement modales, chromatiques ou pentatoniques archaïsantes, — sauf la première qui est faite de quatre tons entiers et sert de lien monothématique, de refrain.

2. Le deuxième mouvement est la contraction magistrale du *Duo op. 7* quant à la fusion des formes. Au plan choral, l'*Allegro* préparait la structure du *Psalmus Hungaricus* de 1923, — tandis que l'ANDANTE mène directement au *Te Deum* de 1936. Le premier épisode est un *recitativo-parlando* qui fait dialoguer premier violon et violoncelle, — les transitions et ritournelles étant faites de tenues sur des notes répétées en syncope et des accords ascendants. L'*Allegretto* qui s'enchaîne est basé sur le rythme de danse du *kolomeïka* (de « kolo » : roue, ici ronde). Le récitatif reprend, s'amplifie sur les deux voix (violons d'une part, alto et violoncelle de l'autre) pour déboucher sur un ALLEGRO GIOCOSO à 2/4. En fait, Kodály parvient à faire se juxtaposer six thèmes différents, — trois chantants et lyriques, trois dansants, sans rupture de style, ni de couleurs ou de rythmes. Il retrouve la variation continue chère à la chanson populaire. L'éventail des effets sonores va de l'imitation de la voix humaine à celle d'un orchestre tzigane retrouvant à la fois les réflexes « Verbunkos » et l'authenticité des chansons paysannes naturellement pentatoniques. Ce deuxième mouvement mène ainsi de la plainte (nénie) à la jubilation. Ainsi, après des monosyllabes en tons entiers, l'épisode central est bâti sur une authentique chanson hongroise archaïque, une strophe de quatre mesures, qui sera répétée quatre fois dans des registres différents. Deux thèmes du début sont ensuite présentés en ordre inverse avec leurs renversements, jusqu'à la coda finale qui superpose les trois notes d'appui de la chanson populaire et les deux thèmes savants inversés.

Durée d'exécution : 18 minutes environ.

Sérénade, pour deux violons et alto (op. 12)

L'œuvre, écrite en 1919-20, fut saluée par Bartók en ces termes : « Cette composition, de même que les autres œuvres de Kodály, est exclusivement tonale malgré la structure insolite des accords et malgré sa surprenante originalité. Nous ne devons cependant pas interpréter cela comme un retour à un emploi rigide des systèmes en majeur et en mineur. Il va s'avérer un jour que, malgré les tendances « atonales » de la musique de notre temps, les possibilités modernes axées sur les systèmes tonaux sont loin d'être épuisées... Rien que le choix des instruments et, malgré l'économie de ceux-ci, la richesse peu commune de leurs effets sont remarquables. Le contenu est digne de la manière. Nous sommes en présence d'une personnalité qui apporte un message nouveau et sait nous le transmettre en un langage magistral et concis ».

1. Le premier mouvement, ALLEGRAMENTE-SOSTENUTO MA NON TROPPO de forme sonate, est bâti sur quatre mesures dansantes et dynamiques, de même que le second thème, *cantabile*, d'esprit archaïsant en sa gamme pentatonique. Tout comme dans le *Quatuor n° 2*, Kodály est parvenu à une fusion apparemment spontanée de deux univers, — l'un classique de forme et de structure, l'autre ouvert, rhapsodique, imprévisible, proche de la vie authentique.

2. Le mouvement central est un LENTO MA NON TROPPO où l'ombre de Debussy vient mystifier l'écriture harmonique qui se souvient tant du dernier Liszt que du premier Bartók, — celui de la *2e Suite pour orchestre* et du *1e Quatuor op. 7*.

3. Après ce passage en nocturne le finale est un VIVO endiablé et spontané, qui retrouve l'envolée du finale du *Duo op. 7*. Bartók en donna l'analyse suivante : « Le cadre harmonique est bâti sur deux lignes de septièmes et de neuvièmes, soutenues longuement et mystérieusement par des trilles au second violon, pianissimo *con sordino*. On découvre aussi une sorte de dialogue entre le premier violon et le violoncelle. Les phrases mélodiques passionnées et singulièrement aériennes du violoncelle alternent avec les apparitions brusques et fantomatiques des strophes imposées par le premier violon. Nous sommes ainsi catapultés dans un monde féerique aux sonorités jamais encore réalisées. »

Durée d'exécution : 19 minutes environ.

Sonatine pour violoncelle et piano

La contradiction subsiste entre les précisions données par Laszlo Eösze et par Ernö Lendvai sur la date de composition de ce mouvement pour violoncelle et piano. On peut croire qu'il était destiné, à l'origine, à la *Sonate op. 4*, en tant que premier mouvement. Il ne fut édité qu'en 1922 par l'éditeur Ginsbourg. Ainsi isolé, il forme une pièce post-romantique d'une grande beauté lyrique où l'influence de Brahms est encore discernable, — même si un parfum modal lui apporte une marque originale.

Durée d'exécution : 9 minutes environ.

Transcriptions et partitions didactiques

Sont a signaler des transcriptions de trois *Préludes* de Chorals de Bach : *Ach was ist doch unser Leben*, *BWV 743* ; *Vater unser im Himmelreich, BWV 762*; *Christus, der uns selig macht, BWV 747*; elles sont pour violoncelle et piano (1924).

La transcription du *Prélude et Fugue* en *mi* bémol du *Clavier bien tempéré* (Livre I) est également pour violoncelle et piano (1951).

Quant aux partitions didactiques : *Épigrammes* (neuf vocalises), pour voix et piano, ont été transcrits pour clarinette et piano (1954). *Exercices*, pour violon. Transcriptions pour violon et piano : *Danses de Kallo* (Feigin), dans l'édition de D. Oïstrakh (1958), *Intermezzo* d'*Háry János* (dans l'adaptation de Joseph Szigeti, 1949).

P.E.B.

CHARLES KOECHLIN

Né à Paris, le 27 novembre 1867: mort au Canadel (Var), le 31 décembre 1950. Issu de la grande bourgeoisie alsacienne, protestante et libérale, Koechlin fut polytechnicien, avant d'entrer au Conservatoire de Paris à l'âge de vingt-deux ans seulement : ses maîtres pour la composition furent Massenet, puis Fauré qui devait profondément l'influencer. Ayant acquis rapidement un très solide métier, il édifia alors une œuvre considérable — non moins que deux cent vingt-cinq numéros d'opus —, parfaitement indifférent aux modes comme aux jugements de ses contemporains. Œuvre qui, d'ailleurs, suscita peu d'intérêt, et qu'aujourd'hui même on n'a pas fini de découvrir (il existe encore beaucoup d'inédits), mais qui paraît de nature à défier le temps : « Il faudra pour l'entendre un public qui ne soit pas pressé », déclara son maître et ami Gabriel Fauré. Intransigeant et généreux à la fois, Koechlin participa en 1909 — avec Fauré, Ravel, Florent Schmitt notamment — à la fondation de la Société Musicale Indépendante. Remarquable pédagogue, et, grâce à son immense érudition, conférencier, critique musical et théoricien de premier plan (avec, entre autres, des traités d'harmonie et d'orchestration qui font encore autorité), il écrivit, d'autre part, sur Fauré (dont il orchestra la suite Pelléas et Mélisande*) et sur Debussy (qui lui confia l'instrumentation de son ballet* Khamma*). L'œuvre de Koechlin aborde tous les genres à l'exception de l'opéra, — usant d'une écriture traditionnelle mais suffisamment souple pour accueillir polytonalité, et même atonalisme : dominent de grandes fresques symphoniques, — tel* le Livre de la jungle, *et son épisode le plus fameux,* les Bandar-Log. *Le catalogue de musique de chambre n'est pas moins important, et d'une étonnante diversité : la quasi-totalité des formations instrumentales s'y trouve représentée, avec une prédilection marquée pour les instruments à vent. Néanmoins, les partitions majeures — à nos yeux — privilégient les cordes ; c'est elles que nous placerons en exergue, — avec quelques analyses. D'autres œuvres, où les vents occupent effectivement une place de choix, seront simplement commentées, — tout en rappelant qu'un certain nombre d'entre-elles demeurent encore de nos jours inédites.*

Sonate pour flûte et piano, en *mi* mineur
(op. 52)

Elle fut écrite de 1911 à 1913, et créée le 3 juin 1914 à Paris, à la Société Musicale Indépendante (S.M.I.) ; elle fut éditée en 1922, à Paris également, par Sénart. Elle inaugure la longue série des sonates pour divers instruments, constituant une première période créatrice de la musique de chambre (jusqu'au *Trio d'anches* de 1924).

Il y a trois mouvements, — le premier et le dernier thématiquement liés. Le premier — un *Adagio molto tranquillo* assez court — est de caractère contemplatif et pastoral, sur un calme 6/8 établi par le thème principal :

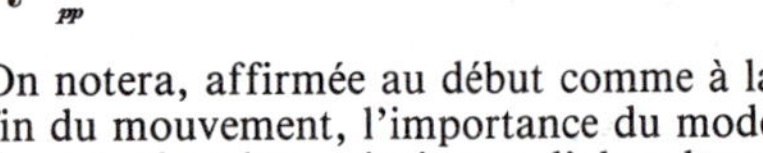

On notera, affirmée au début comme à la fin du mouvement, l'importance du mode de *mi* phrygien, ainsi que l'abondance d'accords de quintes surperposées. Le mouvement central — *Allegro molto moderato* — est une sicilienne se déroulant dans le même climat de tranquillité. Le finale, indiqué *Animé et gai*, se construit, en une écriture limpide, sur deux thèmes présentant des affinités avec le thème principal du premier mouvement, — l'un par leur rythme commun, l'autre par le principe des notes répétées (v. exemple ci-dessus). Le premier thème forme une sorte d'air de danse ; le second, par contraste, une berceuse. On remarquera, à nouveau, de nombreuses superpositions de quintes et de quartes. Un superbe travail de développement (en imitations sur le thème principal) précède un descrescendo, avant une combinaison des deux thèmes dans le crescendo conclusif.

Durée d'exécution : 13 minutes environ.

Sonate pour violon et piano, en *si* majeur (op. 64)

L'œuvre date d'avril 1916, et fut créée le 18 mai 1917 à Paris, à la S.M.I., — avant d'être éditée par Sénart. Elle fut dédiée à Gabriel Fauré en ces termes : « J'ai voulu ne vous dédier qu'une œuvre ou j'avais l'impression d'avoir mis, réellement, quelque chose de moi »... Il s'agit, à n'en pas douter, d'une des partitions majeures de Koechlin dans le domaine de la musique de chambre. Elle est tout entière placée sous le signe de la polyphonie modale, en des lignes mélodiques souples et d'un parfum archaïque, — avec des superpositions fréquentes de quartes et de quintes espacées avec ampleur du grave à l'aigu. On notera, d'autre part, l'opposition entre la brièveté des premier et troisième mouvements, et la longueur des deuxième et quatrième. L'inspiration générale est sereine, — en dépit de l'époque (la Première Guerre mondiale).

1. « LUMINEUX ET FÉERIQUE » : le premier mouvement procède par larges mélodies, comme suggérant de spacieux paysages, — le thème principal exposé par le violon « avec une sonorité rappelant celle de la viole d'amour » (selon le compositeur). Vers la fin du mouvement, triolets au piano, « comme des sonneries de cors ou de bois lointains »...

2. SCHERZO (ALLEGRO CON MOTO) : un « décor de forêt légendaire », que crée les arpèges mystérieux du violon, puis du piano. On est en *la* éolien (mode de *la* sur *la*), avec *mi* comme pôle sonore au violon. Puis c'est une course fantasque sur un thème rythmé reproduisant les sonneries de cor du mouvement précédent : « des gambades de lutins, des dégringolades de gnomes, alternant avec la voix du poète aux accents parfois nostalgiques » (Koechlin). Un second thème se présente sur un rythme de barcarolle, — avant un dernier écho des sonneries au piano ; enfin tout s'évanouit, comme dans un clair-obscur de forêts.

3. ANDANTE : c'est « la nuit au bord du grand étang », en mesures libres (non mesurées). Belle méditation du violon sur des accords immobiles, polytonaux, du piano.

4. FINALE (ALLEGRO MOLTO MODERATO) : le mouvement conclusif, fortement contrapuntique, marque une progression vers la lumière. Il s'agit d'une passacaille souplement agencée, articulée autour de trois thèmes. Le premier (en *la* majeur), exposé d'abord par le piano, frappe par sa simplicité, comme d'une chanson enfantine :

Un second thème lui succède incidemment, dans une nuance *pp*, introspective, au violon. Le troisième thème, majestueux, dans une atmosphère de religiosité, en une longue courbe mélodique, sera marqué par un sommet sur l'intervalle de quarte ascendante, — avant une retombée alternant rythmes binaire et ternaire : thème représentant, au dire du compositeur, la « douleur humaine » (« mais il ne faut pas que ce thème soit triste »). Développement utilisant diminutions, augmentations, imitations, et même, en un court instant, superposition de ces trois thèmes. Après une pause sur le thème de l'humaine douleur, tel un choral d'une douceur consolante, retour du premier thème que la coda répétera sur d'amples accords du piano, — comme un joyeux carillon.

Durée d'exécution : 33 minutes environ.

Sonate pour violoncelle et piano, en *ut* majeur (op. 66)

Cette nouvelle *Sonate* fut composée au mois d'avril 1917, mais créée à Paris, à la S.M.I., le 6 mars 1924 seulement (édition, à Paris, par Sénart). L'œuvre s'avère nettement plus concise que la *Sonate op. 64* précédente, et plus concertante (les deux instruments dialoguant sur un pied d'égalité). Les deux premiers mouvements sont remarquablement brefs.

1. MOLTO MODERATO : ce « Très modéré » est à deux thèmes, l'un et l'autre mélodiques, — en une sorte de calme rêverie. Se remarque d'emblée l'envol du premier thème sur la double quinte *fa - do - sol* au violoncelle (clef de *fa*) :

Se noteront, également, les successions d'accords de quarte et sixte dans ce mouvement, ainsi que sa conclusion modale en *ut* lydien (mode de *fa* sur *do*).

2. **ANDANTE QUASI ADAGIO** : nocturne « lumineux », — dont le motif initial, dans la nuance *pp*, fournit l'essentiel du matériau thématique. Abondance d'accords bi-tonaux au piano (généralement accord parfait, ou quinte à vide, à la main gauche, et accord dans un ton différent à la main droite). Au centre du mouvement, « le violoncelle déroule un tapis de notes graves, sous les étoiles (accord du piano) » (Koechlin).

3. **FINALE (ALLEGRO NON TROPPO)** : on y décèle l'application d'un principe cyclique, — réapparition, en particulier, d'un motif du premier mouvement réutilisé ici comme thème principal. Ce mouvement, le plus développé, se construit sur un long motif mélodique, en notes égales que le violoncelle chante legato (avec l'indication *pppp*) :

Le traitement de ce thème est en imitations variées, — avec de fréquentes allusions aux contenus thématiques antérieurs. En résulte une indicible sensation d'espace et de liberté. L'ample péroraison affirme graduellement la primauté du thème de départ, — avant de le dissoudre en une poussière de lumière, presque immatérielle, aux toutes dernières mesures.

Durée moyenne d'exécution : 14-16 minutes.

Quintette pour piano et cordes (op. 80)

Ce *Quintette* — l'une des grandes œuvres de la musique de chambre du XXe siècle — fut écrit en 1920-21, mais créé en 1934 seulement, le 24 avril, à Bruxelles avec le pianiste Paul Collaer entouré par les musiciens du Quatuor de Bruxelles (édition à Paris, par Eischig). Il a, au même titre que le *Quintette avec piano* de Florent Schmitt*, le caractère implicite d'une œuvre symphonique ; il en possède également la force, l'éloquence, avec, en particulier, un finale d'une grandeur visionnaire. Son langage, d'autre part, tend vers l'atonalité (premier mouvement notamment), — tout en développant un « romantisme » assez inattendu chez le musicien, en de sublimes phrases fauréennes, à la fois lumineuses et exacerbées. Les proportions sont monumentales (en durée, chaque mouvement peut avoisiner les dix minutes), — avec une propension à l'optimisme des conclusions. La toile de fond est la Nature, omniprésente dans l'œuvre du compositeur et y jouant un rôle essentiellement dynamique : elle est, chez lui, source à la fois de sérénité, de joie, de régénération. Elle explicite aussi, en partie, le « programme » suggéré par les titres que portent les quatre mouvements.

Nous utiliserons, dans leur présentation ci-dessous, quelques-uns des commentaires qu'en fournit un excellent exégète du compositeur, Michel Fleury**.

1. **« L'ATTENTE OBSCURE DE CE QUI SERA »... (ANDANTE TRÈS CALME, PRESQUE ADAGIO)** : « L'idée principale est une mélodie à caractère répétitif, exposée par le violoncelle sur des harmonies en quintes superposées au piano. Par la suite, un accompagnement en forme d'ostinato d'arpèges lents et descendants, au piano, soutient une conduite essentiellement contrapuntique des voix aux cordes, en chromatisme. Avant la conclusion, un dessin ostinato et chromatique du piano dans le registre grave conduit graduellement à un sommet d'intensité, dont l'impression d'incertitude douloureuse et de lointains extrêmes résulte de l'emploi d'agrégations atonales » (M. Fleury). A la suite de ce commentaire, soulignons l'apparentement d'un tel mouvement à une partition telle que *la Nuit transfigurée* : comme chez le Schönberg de cette époque, le monde tonal n'est pas évacué, mais déstabilisé par un langage chromatique à l'excès et par les tensions harmoniques ainsi créées.

2. **« L'ASSAUT DE L'ENNEMI... » (LA BLESSURE) ; ALLEGRO CON MOTO (SOURD, AGITÉ, TRÈS RYTHMÉ MAIS DE LOIN).** « Deux motifs principaux : thème de ''fanfare'' très bref, de rythme ternaire, exposé par les violons à la première mesure ; puis motif houleux de quintes au piano. Ces motifs sont ensuite imbriqués dans un long développement à

* Voir l'œuvre ici même.

** En un texte accompagnant un enregistrement réalisé avec le concours de l'Association des Amis de l'œuvre de Charles Koechlin (disque Cybelia).

caractère contrapuntique. Deux points culminants, séparés par une séquence plus ralentie, "ici une sorte de repos au milieu des attaques" (Koechlin). Au second point culminant l'auteur remarquera les accords polytonaux lourdement scandés par le piano, ainsi que le motif de quintes, cette fois descendant, martelé à découvert dans le registre grave du piano qui annonce le thème principal du finale» (M. Fleury). En ce scherzo fiévreux, aux sonorités acérées, troué d'éclairs d'orage, un seul moment véritable de répit, et peut-être — si l'on se réfère au «programme» — d'abattement : la conclusion, lente dans la nuance pianissimo.

3. «La nature consolatrice...» (Andante, très calme, très doux) : «Les voix de la Nature parlent au poète en leur fraîcheur et leur naïveté, indifférentes et éternellement claires, vivantes — c'est la vie qui continue — le poète répond — la sérénité est entrée dans son cœur» (Koechlin). «Trois matériaux thématiques principaux. Après trois mesures d'introduction (arpèges du piano, tenues aux cordes), motif de gamme descendante au piano (le calme de la Nature). Après une pause, la voix du poète (d'abord au violon) : phrase limpide et pure, «qui s'épanouit avec un reste de souffrance par endroits» (Koechlin). Enfin, réponse de la Nature : rythme de barcarolle descendant, au piano, puis reprise de la voix du poète. Ces trois éléments se combinent ensuite dans une grande expansion empreinte d'un sentiment de ferveur intense» (M. Fleury). Caractères distinctifs de cet *Andante* : son diatonisme (avec usage fréquent de la gamme par tons et de la polytonalité), une écriture aérée (avec — on l'a déjà remarqué dans les partitions précédentes — des effets d'«espace» provoqués par les superpositions de quintes).

4. Finale : «La joie» (Allegro moderato) : «Le thème principal exultant (en germe dans le motif de quintes vers la fin du second morceau) n'est pas énoncé moins de quatre fois par le piano. Motif gravé dans le bronze, au rythme martelé et implacable, réparti en quatre strophes, les trois premières d'une égale longueur, qui s'imprimera dès la première audition dans la mémoire de l'auditeur. Ce thème magnifique... va alterner avec deux motifs à caractère plus secondaire. Le premier est confié exclusivement aux cordes, ce qui explique son caractère contrapuntique (exposition en canon) : c'est une idée assez simple, d'un sentiment de sérénité. Le deuxième motif secondaire est d'un tempo plus allant : thème de joie tranquille, naïf, à l'allure de refrain populaire... exposé par le piano, il se partage ensuite entre les autres instruments. Ces deux idées vont alterner jusqu'au retour du thème de la joie, — qui mène l'œuvre vers une majestueuse et exultante conclusion» (M. Fleury). Complémentairement, observons en ce dernier mouvement la science déployée par le compositeur dans le modelage de la phrase musicale, toujours pensée pour elle-même, pliée ici aux seuls impératifs d'une démarche purement spirituelle.

Durée d'exécution : 37 minutes environ.

Quintette «Primavera» (op. 156)

Il fut écrit en 1936, mais créé seulement en 1944 — le 14 mars — à Paris par l'Ensemble Pierre Jamet (son dédicataire). L'œuvre a été éditée par Eischig, à Paris. La formation instrumentale est la suivante : flûte, harpe, violon, alto et violoncelle. *Le Quintette «Primavera»*, comme composé pour le plaisir, est d'une écriture infiniment moins dense que celle du *Quintette op. 80* précédent, et également de beaucoup plus courte durée. On retrouve là le compositeur des *Sonatines* pour piano, dont l'inspiration allie fraîcheur «naturaliste» (les ressourcements au contact de la nature) et ingénuité «populaire» (le goût des chansons françaises traditionnelles). Il y a quatre mouvements, — dont les deux centraux d'une grande brièveté.

1. Allegro quasi allegretto : verve, simplicité et fougue juvénile tout à la fois impriment au mouvement initial son véritable caractère d'allegro. «L'idée principale en est une phrase mélodique nerveuse et souple, exposée successivement par la harpe et par la flûte... La simplicité et le naturel de cette page poétique dissimulent la science profonde de leur auteur : une telle idée se prête à merveille au traitement contrapuntique, et Koechlin joue avec elle, la mêlant à deux thèmes secondaires qui apparaissent dans la partie médiane du morceau, tous deux à l'alto. Cette pièce est ainsi une sorte de divertissement printanier» (Michel Fleury)*.

2. Adagio : très bref, comme on l'a dit. «L'idée mélodique en est énoncée par la harpe en solo, avant de passer aux autres instruments. Le sentiment allie une grande douceur à une profonde sérénité, et il y a dans l'introduction... un climat en dehors du temps, presque médiéval» (M. Fleury).

---

* M. Fleury, *op. cit.*

3. Intermezzo : non moins concis, d'un sentiment un peu mélancolique, utilisant admirablement les sonorités « pastorales » de la flûte en position soliste... « C'est un tempo de sicilienne qu'adopte l'*Intermezzo*. Koechlin retrouve l'esprit fauréen par excellence du genre ; mais la liberté mélodique, autant que l'extrême finesse de l'harmonie, portent l'inimitable empreinte de l'auteur des *Sonatines* » (M. Fleury).

4. Finale : « Les deux thèmes de ce mouvement très animé sont traités dans un contexte polyphonique d'une grande transparence, où triomphe le style fugué. Vers la fin, une large phrase descendante à la flûte et au violon en unisson, planant sur les arpèges de la harpe, conduit à une pause, avant la vigoureuse conclusion »*. Conclusion, en effet, d'une allégresse toute champêtre apportant son ultime touche de bon aloi français à cette œuvre « heureuse ».

Durée d'exécution : 15 minutes environ.

AUTRES ŒUVRES

Le **Quatuor à cordes n° 1** (op. 51), en *ré* majeur, apparaît comme un ouvrage de facture traditionnelle en ses quatre mouvements, et d'une écriture peu aventureuse. Mais cette écriture, maîtrisée dans sa simplicité, est tout à fait susceptible de satisfaire des chambristes qui n'ont plus coutume, aujourd'hui, de fréquenter notre musicien ; l'œuvre, dédiée par Koechlin à son maître André Gédalge, fut créée à Paris, à la S.M.I., en mai 1921.

La **Sonate pour alto et piano** (op. 53) date des années 1913-1915, et fut offerte à Darius Milhaud (création le 27 mai 1915, à Paris). L'inspiration en paraît beaucoup moins souriante que celle de l'œuvre précédente, — parfois sombre et tourmentée. L'*Adagio* initial contient en germe les thèmes des mouvements suivants, — dont le plus remarquable est sans doute le *Scherzo* médian, d'une énergie presque démoniaque. L'*Andante*, qui enchaîne sans interruption, est d'un sentiment très uni, tandis que le *Finale*, construit sur deux thèmes contrastés (le second rappelant l'*Andante*) propose, aux toutes dernières mesures, un apaisement « céleste ».

C'est en 1920 que fut achevée la **Sonate pour deux flûtes** (op. 75), en *mi* mineur. Le dédicataire en fut l'éminent flûtiste Louis Fleury, co-créateur de la partition le 7 janvier 1922 à Paris (salle Erard). L'œuvre, délicieusement raffinée, est en trois courts mouvements. Un sobre *Assez lent* précède l'*Allegretto scherzando*, brillant intermède central ; le *Finale* fait reparaître les principaux éléments thématiques du premier mouvement. L'ensemble dégage un certain parfum d'archaïsme, tout en nourrissant un très rare répertoire pour ce type de combinaison instrumentale.

De forme plus élaborée, d'écriture plus complexe que le *Premier Quatuor*, le **Quatuor à cordes n° 3** (op. 72) fut écrit de 1917 à 1921, puis créé en février 1925 à la S.M.I., à Paris. Il est en quatre mouvements, — dont se remarque principalement le *Scherzo*, spirituel et fantasque, d'une grande mobilité expressive, très caractéristique de la vivacité d'invention de l'auteur des *Bandar-Log*. Le court *Adagio* qui fait suite, de même que le *Finale*, très aisé, sont remarquables par leur simplicité d'écriture.

Terminé en 1924, le **Trio pour flûte, clarinette et basson** (op. 92), en *sol* mineur, vit sa création à Paris, à la S.M.I., en mai 1927. Il est en trois mouvements : un *Lent (quasi Adagio)* ; un *Moderato (sans lenteur)* ; le finale *(Allegro con moto)*. L'ouvrage, très « abstrait », cultive le contrepoint jusqu'à l'excès. Le compositeur a précisé une option instrumentale pour violon, alto et violoncelle.

Nous avons déjà noté la prédilection manifestée par Koechlin pour les instruments à vents. Il est, en effet, significatif de pouvoir citer — en conclusion de ce chapitre — d'autres œuvres de chambres telles que, parmi les **Sonates**, celle pour hautbois et piano (op. 58), celle pour cor et piano (op. 70), une autre pour basson et piano (op. 71), deux enfin pour clarinette et piano (op. 85 et op. 86). Sont à mentionner, d'autre part, le **Septuor pour instruments à vent** (op. 165), des **Duos** pour deux saxophones (op. 186), et **Quinze Études** pour saxophone alto (op. 188). Enfin, c'est un **Trio d'anches** (op. 92), déjà signalé, qui semble illustrer de façon la plus péremptoire les recherches du musicien dans le domaine, longtemps exploré, de la polytonalité.

F.R.T.

* M. Fleury, *op. cit.*

ERNST KRENEK

*Né à Vienne, le 23 août 1900. Élève de Schreker à Vienne, Krenek suit son maître en 1920 à Berlin où il côtoie Busoni et Karl Krauss, épouse Anna Mahler, l'une des filles du compositeur, et compose ses œuvres les plus avancées et marquées par l'expressionnisme (*Symphonies n° 1 à 3*). De retour à Vienne en 1928, après avoir écrit ses partitions les plus accessibles, Krenek opte pour l'esthétique de Schoenberg, qui restera la sienne malgré des adaptations successives. Émigrant aux États-Unis en 1938, il partagera son temps entre la composition et d'importantes activités pédagogiques qui lui permettront de manifester son intérêt pour le chant grégorien et la musique des* XIV*e et* XV*e siècles (il est l'auteur d'une étude sur Ockeghem). À côté d'une importante production d'opéras (plus d'une vingtaine d'ouvrages scéniques) qui reste la partie essentielle de son œuvre avec le domaine symphonique, Krenek écrit dans tous les genres, — de la musique de chambre à la musique vocale sous toutes ses formes. Rendre compte de l'œuvre de Krenek est une entreprise difficile, du fait que son catalogue est d'une rare abondance — près de deux cent cinquante œuvres — et que cette production, traversant tout le* XX*e siècle, est avant tout caractérisée par une étonnante pluralité stylistique : Krenek s'est montré très perméable aux milieux musicaux fréquentés, du post-romantisme à la composition pour bande magnétique, — en passant par l'expressionnisme et le néoclassicisme. On aurait toutefois tort de porter un jugement trop rapide sur une œuvre qui, essentiellement diffusée aux États-Unis où vit le compositeur, comprend quelques partitions d'un intérêt certain.*

Bien que considérable en nombre, l'œuvre de Krenek est clairement répartie en cinq périodes, à l'intérieur desquelles on situera ici les principales partitions de musique de chambre, — périodes qui correspondent aux principales orientations esthétiques du compositeur : hormis quelques œuvres de jeunesse d'un intérêt secondaire (la *Sonate op. 3* pour violon et piano et la *Sérénade op. 4* pour clarinette et trio à cordes, datant de 1919), la première période correspond à la phase non tonale (1921-1923), marquée par l'influence de Bartók en particulier, et illustrée au travers du *Premier Quatuor op. 6* et surtout des trois premières *Symphonies* (dominées par la *Deuxième*, 1922), ainsi que de l'opéra *Der Sprung über den Schatten* (1923). La seconde période coïncide avec l'influence de Stravinski que Krenek découvre pendant son séjour parisien de 1923 à 1925, au cours duquel il compose la peu intéressante *Petite suite op. 28* pour clarinette et piano, à côté du *Concerto grosso n° 2 op. 25* et du *Concerto op. 27* (pour flûte, violon et clavecin et cordes). La troisième est celle du néo-romantisme, de 1926 à 1930, — pendant laquelle Krenek écrit sa partition la plus célèbre, l'opéra *Jonny spielt auf* (1925-1926), où le jazz tient une grande place, avec, pour seules partitions de musique de chambre, le *Trio-Fantasy op. 63* (piano et cordes) et le *Cinquième Quatuor op. 65* (1930) qui correspond à la transition vers la quatrième période. Celle-ci propose un revirement spectaculaire, puisque Krenek se tourne vers les compositeurs de l'École de Vienne qu'il n'avait pas ménagés de ses critiques quelques années auparavant. C'est à partir de l'opéra *Karl V* (1930-1933) qu'il adopte la série dodécaphonique et qu'il produit des œuvres innombrables, tant en musique de chambre que dans les autres domaines. Enfin, la cinquième période, commencée en 1957, correspond à l'élargissement de son écriture au sérialisme souvent très strict — avec *Pentagram* pour quintette à vents —, à l'exploration des nouvelles relations entre la partition et l'interprète — la « forme ouverte » dans *Fibonacci-Mobile* pour quatuor et deux pianos (1964) —, ainsi qu'aux nouveaux moyens que permettent désormais les progrès de la technologie — comme dans *Orga-Nastro* pour orgue et bande (1971).

On comprend, dans ces conditions, que l'œuvre d'un compositeur ayant traversé la quasi-totalité des courants esthétiques du XXe siècle — seul un Stravinski a réussi la même gageure —, puisse être de qualité variable et surtout d'intérêt inégal. La musique de chambre de Krenek témoigne, elle aussi, de cette trajectoire kaléidoscopique qui n'a pu assumer toutes les contradictions. On s'arrêtera ici essentiellement sur les *Qua-*

tuors à cordes, qui sont parmi les œuvres les plus représentatives de leur auteur.

Les Quatuors à cordes

Au nombre de huit, l'ensemble des quatuors peut résumer la totalité de la démarche de Krenek : ils interviennent cependant irrégulièrement, les trois premiers étant groupés dans la courte période de distanciation avec le tonal (1921-1924), les *Quatrième* et *Cinquième* étant caractéristiques des mouvements néo-classique et néo-romantique (1924-1930), et les trois derniers illustrant de façon plus ou moins sévère l'adoption de la série, avec un assouplissement pour le *Huitième* (1980) qui semble renouer avec une écriture plus libre.

Plus encore que le *Premier*, aux différents mouvements enchaînés, le **Deuxième Quatuor op. 8** (de la même année 1921), dédié au Quatuor Havemann, est caractéristique de cette volonté d'expressivité basée sur la distance avec le langage tonal tout en conservant les modèles formels de l'époque précédente : de ce point de vue, l'évolution de Krenek dans les années 1920 peut être rapprochée de celle d'un Hindemith. Écrit en trois mouvements, suivant un schéma lent-vif-lent, ce quatuor se situe dans le sillage de la musique expressionniste, en particulier dans l'*Allegro molto* qui porte les traces du mouvement central du *Deuxième Quatuor* de Bartók, — alors que la passacaille finale illustre le goût jamais démenti de Krenek pour les procédés contrapuntiques rigoureux. Quant au langage, et malgré la grande puissance de l'expression, il privilégie encore largement les intervalles de tierces qui atténuent considérablement toute velléité de tension harmonique fondamentalement éloignée du système tonal.

Durée d'exécution : environ 36 minutes.

Beaucoup plus intéressant, le **Troisième Quatuor op. 20**, postérieur de deux ans (1923) et dédié à Hindemith, adopte la même tendance concentrique entre les cinq mouvements. Si le contrepoint imitatif et fugué reste une permanence de l'écriture de Krenek, l'harmonie est plus directe avec les frottements — encore très bartokiens — d'intervalles de seconde présentés en ostinatos irréguliers dès le début de l'*Allegro molto vivace*. Bien que ne possédant pas ce caractère unique de tension rythmique qu'on trouve chez Bartók, ce mouvement, comme ceux qui suivent, témoigne une fois de plus de la très grande maîtrise et de l'habileté d'écriture du compositeur dans le maniement de la polyphonie. Cette âpreté au parfum expressionniste n'en est pas moins atténuée dans les trois mouvements médians — un *Allegro* central encadré par un long, puis par un court *Adagio* —, jusqu'au dernier *Allegro moderato* qui inclut une valse viennoise distordue et dont l'ironie mordante cèdera finalement la place aux sonorités initiales de secondes.

Durée d'exécution : 30 minutes environ.

Délimitant les extrêmes des périodes néo-classique et néo-romantique, les **Quatrième** et **Cinquième Quatuors op. 24** et **65** (1923-1924 et 1930) sont incontestablement les plus conventionnels et surtout les plus datés. Des premiers emprunts au jazz dans le *Quatrième* à l'allusion non voilée à Schubert — déjà présenté dans le cycle de vingt Lieder calqué sur le *Winterreise* écrit en 1929, et intitulé *Reisebuch aus den österreichischen Alpen op. 62* — dans le *Cinquième*, le style de Krenek, pendant ces quelques années, est visiblement plus orienté vers la volonté de satisfaire, voire de flatter un public nostalgique de la tradition que de chercher à faire œuvre originale.

Le **Sixième Quatuor op. 78**, daté de 1937, c'est-à-dire l'année précédant le départ pour les États-Unis, est le premier à être écrit à l'aide de la série dodécaphonique donnant lieu à une écriture toujours plus polyphonique mais sans la souplesse des lignes qui caractérisait les précédents. Malgré l'application au quatuor d'une nouvelle technique d'écriture — avec laquelle le compositeur s'est familiarisé depuis 1930 —, la forme favorite de Krenek en cinq parties enchaînées est conservée, — avec un mouvement lent introduisant un *Allegro*, un *Scherzo* central, un *Adagio*, et un finale intitulé « Fuga a quattro sogetti » qui ne cherche pas à éviter la référence aux *Quatuors op. 20* de Haydn. La qualité de l'écriture instrumentale ne parvient cependant pas à occulter la préoccupation contrapuntique à partir de la série qui reste dominante, et qui n'est pas sans alourdir quelque peu cette musique.

Durée d'exécution : 25 minutes environ.

Le **Septième Quatuor op. 96**, composé en 1943-1944 et créé par le Quatuor Kolish, est considéré par Krenek comme son œuvre la plus importante de cette période. Toujours conçue à partir de l'écriture sérielle dodécaphonique, l'œuvre applique la technique de « rotation » propre au compositeur qui l'a utilisée pour la première fois dans ses *Lamentatio Jeremiæ Prophetæ op. 93* pour chœur (1940-1941). Basée sur un procédé de permutation à l'intérieur d'un groupe de sons (par exemple : 1-2-3-4-5-6, 2-3-4-5-6-1, etc., avec chaque groupe obtenu transposé ensuite sur le même son de départ), que le compositeur a largement détaillé dans ses écrits, cette technique permet de renouveler les figures à partir d'un nombre réduit de motifs. De fait, le *Quatuor n° 7* repose sur un thème principal, exposé dans l'*Allegro ma non troppo* initial, et qui subira de nombreuses variations au cours des quatre mouvements suivants. La plus grande souplesse expressive qui en résulte (*Adagio*) n'empêche pas Krenek de recourir, pour autant, à une écriture toujours aussi sévère, comme dans la triple fugue du troisième mouvement (*Allegro*). Cette rigueur, non dénuée d'académisme, est compensée par le court interlude *Andante* et, surtout, par le finale *Allegretto non grazia*, de forme rondo traditionnelle, dont la dernière section referme l'œuvre par le retour au thème initial, — dernière manifestation de l'esprit de forme concentrique chère au compositeur.

Durée d'exécution : environ 19 minutes.

A.P.

GYÖRGY KURTAG

Né le 19 février 1926, à Lugos (Roumanie). Il commence à apprendre le piano avec sa mère, poursuit ses études musicales à Timisoara avec Magda Kardos, aborde la composition avec le Dr Max Eisikovits. S'installant à Budapest en 1945, il suit les cours de l'Académie Franz Liszt où ses professeurs sont Sandor Veress et Ferenc Farkas (composition), Pal Kadosa (piano), et Leo Weiner (musique de chambre). De cette époque datent ses premières compositions, fortement influencées par l'œuvre et l'éthique de Béla Bartók : Suite pour deux pianos *(1950),* Cantate Koreai *(1953),* Concerto pour alto *(1954). En 1957-1958, il vit à Paris, travaillant avec Marianne Stein, et suivant les cours de Darius Milhaud et d'Olivier Messiaen. Sous leur influence, et surtout celle des Concerts du Domaine musical dirigés par Pierre Boulez, il s'imprègne des techniques de l'École de Vienne, celle de Schönberg et de Webern, puis des* Gruppen *de Stockhausen. L'opus 1 de cette nouvelle ère créative est le* Quatuor à cordes *(1959). Il est nommé professeur de piano, puis de musique de chambre à l'Académie de Budapest, — poste qu'il conserve de 1967 à sa retraite en juin 1986. Aujourd'hui, il poursuit sa tâche de pédagogue, — utilisant ses différents cahiers didactiques pour piano (*Jatekok, « Jeux »*) pour enseigner l'art hongrois, celui qui rassemble en un résumé saisissant la technique du contrepoint choral des compositeurs de la Renaissance et de Bach, et l'art pianistique de Liszt et de Bartók, ces derniers s'étant naturellement enrichis des acquis weberniens et post-sériels. L'essentiel de ses vingt-huit numéros d'opus est dévolu à la petite forme, — à la musique de chambre essentiellement, la voix étant d'abord pour Kurtag un instrument aux possibilités nouvelles qui dépasse son rôle narratif habituel ou opératique. On constate ainsi que les principaux éléments de son expression musicale sont le contrepoint et le rythme. La mélodie de timbres ne joue que rarement le rôle central dans sa musique, — si ce n'est dans le* Quatuor op. 1, *et les* Huit Duos op. 4 *pour violon et cymbalum. L'importance des textes va grandissante dans son œuvre, — les mots utilisés ayant une valeur expressive musicale essentielle par leur dureté d'élocution, leur durée et leur accentuation. Les* Dits de Peter Bornemisza op. 7 *(1968), comme les* Messages de feu Demoiselle R.V. Troussova op. 17 *(1976-1980), forment les sommets d'une production aussi savamment élaborée que modeste par le nombre. La comparaison avec Webern s'impose, même si Kurtág demeure essentiellement un compositeur magyar qui a su incarner le baroque primitif, faisant se rejoindre la fin du XXe siècle et les concertos vocaux de Viadana et de Schütz.*

Quatuor à cordes (op. 1)

Datée de 1959, cette pièce en six mouvements enchaînés semble un hommage aux six *Bagatelles op. 9* de Webern.

Dans le premier mouvement, *Poco agitato*, Kurtág installe en trois mesures la formidable puissance qu'il veut insuffler tant aux notes qu'aux intervalles. Il passe ainsi de la nuance *triple piano* à l'indication *triple forte* sans aucun préalable. Toute une série d'événements musicaux, quantifiés par leur hauteur, leur intensité et leur timbre, forme une construction serrée qui, liée aux intervalles utilisés, est la base de toute l'œuvre. Une brève figure mélodique apparaît, — bientôt désintégrée par un retour au pointillisme à la fin de l'épisode. Le suivant, *Con moto*, se distingue par l'utilisation de deux intervalles précédemment imposés : la neuvième mineure et la seconde mineure. Leur complémentarité autorise l'élaboration d'un matériau mélodique, rythmé par le second violon. Le troisième mouvement, *Vivacissimo*, est une libre variation qui voit cellule thématique et interlude échanger leurs rôles en une fusion fugace. Le quatrième épisode, *Con spirito*, se veut un scherzo aérien, — une image tachiste de la nature. Le *Molto ostinato* joue sur une suite de permutations et de variations de rythmes, — tandis qu'un ostinato mélodique se perpétue et donne son unité au mouvement. Le dernier mouvement, *Adagio*, est basé sur le matériau puissamment expressif du *Poco agitato* initial fondé sur les intervalles, partant de la neuvième mineure pour s'achever à l'unisson, — tout en empruntant quelques citations aux mouvements précédents qui forment autant d'instantanés d'une matière musicale statique, mais dotée de tous ses éléments d'expression.

Durée d'exécution : 14 minutes environ.

Quintette à vents (op. 2)

Écrit en 1959, et dédié à Ferenc Sulyok, il est sous-titré *Jeunesses* et propose une suite de huit micro-mouvements joués sans discontinuité. Utilisant la composition instrumentale traditionnelle (flûte, hautbois, clarinette, cor et basson), il forme comme une arche ininterrompue dont les motifs, bâtis sur quelques notes, s'imposent par leur seule position architecturale, leur pouvoir expressif intrinsèque et leur dynamique. Les huits mouvements ne constituent pas une suite de bagatelles et de microcosmes indépendants. *Lento-Agitato-Vivo-Molto sostenuto-Rubato, improvisando-Grave, ma con slancio-Mesto-Rubato, molto agitato* forment une suite d'événements qui n'ont pas d'existence autre que leur situation dans le temps et dans l'espace sonore.

Durée d'exécution : 7 minutes environ.

Huit Pièces pour piano (Nyolc Zongoradarab) (op. 3)

Datées de 1960, dédiées à Istvan Antal, elles poursuivent le *De Natura sonoris* de Kurtág, après le quatuor à cordes et le quintette à vents des *op. 1* et *2*. Elles résument en un micro-mouvement huit attitudes sonores, — dont les quatre premières se suivent dans leur logique d'expression : *1. Inesorabile, Andante con moto*; *2. Calmo*; *3. Sostenuto*; *4. Scorrevole*. Les suivantes sont antinomiques deux à deux : *5. Prestissimo possibile*, et *6. Grave*; puis *7. Adagio*, et *8. Vivo*. Ces huits instantanés se sont avérés les éléments primitifs d'une écriture qui intègre en une seule donnée hauteur, intensité, timbre, en une rythmique totalement libérée des transitions traditionnelles.

Durée d'exécution : 6 minutes environ.

Huit Duos pour violon et cymbalum (op. 4)

Dédiés à Judit Hevesi (violon) et Jozsef Szalay (cymbalum), les créateurs, ces huit *Duos*, de 1960-1961, agrandissent la bibliothèque d'événements musicaux définis par leurs hauteurs et leurs rythmes. S'ajoute l'inhabituelle richesse de timbres réalisée par la combinaison de deux instruments complémentaires : la richesse de la corde frottée et son mode de propagation sonore par rapport à la durée d'émission des notes frappées sur le cymbalum.

Les huis *Duos* forment une suite de « moments » brefs dont la juxtaposition accentue le contraste en raison de leurs dynamiques violemment différenciées par le tempo : *1. Poco sostenuto*; *2. Agitato*; *3. Risoluto*; *4. Lento*; *5. Allegretto*; *6. Vivo*; *7. Adagio*; *8. Vivo*.

Durée d'exécution : 5 minutes environ.

Éclats, pour cymbalum solo (op. 6b)

Reprise, en 1973, d'une partition originellement destinée à la guitare. Les *Éclats* forment désormais un cycle de quatre épisodes, partant du même matériau primitif : *1. Molto agitato*; *2. Sostenuto*; *3. Vivo*; *4. Mesto*.

Le premier mouvement présente un strict système d'intervalles, énoncé sur un rythme presque brutal. Par contraste, le *Sostenuto* apparaît comme une composition linéaire au tempo très libre. Le *Vivo*, quant à lui, propose une solution virtuose au conflit d'intervalles de l'*Agitato* initial, — tandis que le *Mesto* conclusif est une nénie d'essence populaire magyare dont la prosodie, *quasi parlando*, est entretenue par le mode d'émission du cymbalum.

Durée d'exécution : 5-6 minutes.

Les Dits de Peter Bornemisza (op. 7)

Ce « Concerto pour soprano et piano » (1963-1968) propose une étonnante synthèse entre le langage musical utilisé par les concertos vocaux de Viadana et de Schütz dans leurs œuvres sacrées, et le Sprechgesang schoenbergien révélé par *Pierrot lunaire*. Kurtág fait appel à des textes empruntés aux sermons du poète et prédicateur réformé Péter Bornemisza (1535-1585), dont l'œuvre constitue « une véritable encyclopédie de la vie hongroise au XVIe siècle ». Le texte, compilé par le compositeur lui-même, vaut tant par sa poétique que par sa prosodie, successivement brutale, rude, intense, — proposant même certaines couleurs quasi « madrigalistes ». La forme musicale s'organise autour d'une analogie avec le cycle de « saisons », longuement prémédité en sa logique intemporelle : confession/péché/mort/printemps. La musique n'est pas là pour illustrer ou commenter la signification des mots, mais s'intègre à leur contenu émotif propre. Sa richesse dramatique et lyrique résulte de la fusion du « stile rappresentativo » et du « stile espressivo ». Les moyens d'expression permettent des superpositions à la puissance inattendue de la part des sources sonores mises en œuvre.

Sur le plan de la forme, on peut discerner une transposition lointaine de la sonate classique en quatre mouvements : ouverture (*Confession*), scherzo (*Péché*), adagio (*Mort*), finale (*Printemps*). Le premier mouvement est une seule et même fugue instrumentale, basée sur un rythme bulgare et une gamme pentatonique. Les trois autres épisodes sont proches de la *sinfonia* archaïque précédée, dans leurs brèves sections thématiques, de fugues proposant un développement canonique à cinq parties. La partie instrumentale la plus importante est celle du *Printemps*, résumant en quelques mesures l'ensemble des éléments musicaux du « Concerto ».

Durée d'exécution : 38 minutes environ.

Les partitions suivantes exploitent également des textes poétiques hongrois : **A la mémoire d'un crépuscule d'hiver** (op. 8) (1969), quatre fragments pour soprano, violon et cymbalum sur des textes de Pal Gulyas (en hongrois et en allemand).

Durée d'exécution : 6 minutes.

Quatre Capriccios (op. 9) (1972) sur des poèmes d'Istvan Balint, pour soprano solo, avec flûte (et piccolo), hautbois, clarinette, basson, cor, percussion, cymbalum, harpe, piano et quintette à cordes.

Durée d'exécution : 12 minutes.

Quatre Chants sur des poèmes de Janos Pilinszky (op. 11)

Datés de 1973-1975, ils sont écrits pour basse (ou baryton-basse), clarinette, cor, violon, alto, violoncelle, deux cymbalums, cithare-basse (ou viole de gambe, ou contrebasse, ou cithare selon le modèle d'Attila Bozay). Janos Pilinszky est un poète hongrois moderne (né en 1921), imprégné des souvenirs de Baudelaire comme de la mystique d'un Hölderlin. Les quatre *Chants* s'appuient uniquement sur des éléments expressifs, — aucun lien thématique n'existant entre *1. Alcool*, *2. In memoriam Dostoïevski*, *3. Hôlderlin*, *4. Battement de cœur*. La seule constante tient à la concision du poète comme du compositeur, ainsi qu'à leur « aptitude à supporter un silence terrifiant et un cri hallucinant, l'extase apportée par la confrontation permanente avec la mort ».

Alcool voit le chanteur réciter uniquement sur la note *ré* le texte et certaines voyelles devenues des sons indépendants, — avec deux cadences glissantes en demi-ton, en fin de poème. *In memoriam F.M. Dostoïeveski* est un chant linéaire au parlando mélodramatique. *Hölderlin* joue sur de petits intervalles, — tandis que *Battement de cœur* est d'une aridité totale. La combinaison instrumentale est chaque fois différente de « climat » : voix et cithare-basse, avec une seule note longuement entretenue, puis voix avec violon et violoncelle, passant au trio dans le troisième *Chant*, pour se conclure sur la combinaison originale comportant cithare, cymbalum, cor et clarinette.

Durée d'exécution : 8 minutes environ.

Sept Chants sur des poèmes de Dezsö Tandori (op. 12)

Datés de 1974-1975, ils sont écrits pour soprano et violon en deux parties imbriquées, — où voix et violon se fondent, s'opposent en un duo virtuose, et où, parfois, la voix accompagne l'instrument. Les sept séquences successives proposent un résumé de toutes les possibilités « chantées » que permet l'expressionnisme propre à l'éclat du texte : lyrisme, caprice, réalisme, madrigal, déshumanisation de la voix devenant instrument, — alors que le violon prend des inflexions de voix humaine. Le texte existe en hongrois, en allemand et en anglais.

Durée d'exécution : 7 minutes environ.

Douze Microludes pour quatuor à cordes (op. 13)

Ce cycle a été écrit en 1977, en hommage à Andras Mihaly, pour son soixantième anniversaire. Il a été créé au festival de Witten en 1978, par le Quatuor Brandis.

Les douze micro-mouvements suivent les mêmes principes que le recueil *Jatekok* (« Jeux ») pour piano. Chacun d'eux est construit sur les demi-tons ascendants de la gamme chromatique tempérée. Ce canevas forme comme les quatorze lignes d'un sonnet dont le nombre de « syllabes » parlées ne serait pas fixé. Structure rythmique et tonalité sont déterminées ; par contre, le rang n'est pas automatique, — ce qui évite toute monotonie proche de la gamme.

Durée d'exécution : 9 minutes environ.

Les pièces instrumentales et de chambre s'étalent entre 1978 et 1981 : *Herdecker Eurythmie* (*op. 14*) pour lyre, flûte et violon, avec un récitant disant des poèmes du poète allemand Ellen Lösch ; les quatre *Bagatelles* pour flûte, piano et contrebasse, dédiées à la flûtiste Michelle Lee, — transcriptions de pièces provenant de *Jatekok* et de l'*op 14*.

Suit un cycle pour piccolo, trombone et guitare, sous-titré **le Petit embarras** (*op. 15b*), — écrit pour l'inauguration d'une exposition de peinture d'un artiste hongrois. Les quatre pièces font référence successivement à Moussorgski (*Tableaux d'une exposition*), à Stravinski (*Hymne* de la *Sérénade* en *la* pour piano), à Ligeti (hommage non précisé), enfin à Schumann (*Nachtstücke*) et à Dostoïevski.

Durée d'exécution : 7 minutes environ.

Messages de feu Demoiselle R.V. Troussova (op. 17)

Sur vingt et un poèmes de Rimma Dalos, pour soprano et ensemble de chambre (1976-1980). Ils répondent à une commande du Ministère de la Culture et de l'Ensemble Intercontemporain, qui les créa sous la direction de Sylvain Cambreling, au Palais des Arts à Paris, le 14 janvier 1981 (avec Adrienne Csengery, soprano, dans la langue russe originale). L'œuvre se présente en trois épisodes successifs, — partant des textes de la poétesse russe Rimma Dalos, vivant à Budapest : (I) *Solitude*, 1 et 2 ; (II) *Quelque peu érotique*, 3 à 6 ; (III) *Expérience amère-Douceur et chagrin*, 7 à 21 ; *Épilogue* d'Alexandre Blok.

Tout comme le *Pierrot lunaire*, les *Messages* comportent donc vingt et un poèmes, et utilisent quelques caractéristiques du Sprechgesang schönbergien. Mais les similitudes s'arrêtent là, — car la composition instrumentale est fréquemment modifiée, tout entière au service de l'expression. Les deux premières mélodies, amples et dramatiques, plongent leurs racines dans le romantisme schumannien, tandis que les quatre suivantes, plus ésotériques et mallarméennes, proposent des éclairages impressionnistes, même si des souvenirs des *Dits de Bornemisza* sont facilement décelables. Totalement nouveaux d'expression sont les quinze courts poèmes suivants, qui s'opposent en des formes vocales brèves où la vivacité du madrigal rejoint la brièveté de l'éclat webernien : écho, refrain, lied, forme canonique deviennent, d'un coup, des formes du langage contemporain, — tant l'enchaînement du texte se fait sur des valeurs de durée, de densité et de rythme sans la moindre transition. La tension émotionnelle, provenant de la prosodie comme des idées du texte, est entretenue, intensifiée par l'instantanéité de l'écriture instrumentale qui n'a plus rien d'un accompagnement. Elle fait partie intégrante de la « percussion », et de la pureté de trame musicale. Seul l'*Épilogue* laisse indécis, — installant un climat blafard de « matin gris » qui ternit l'éclat d'une musique intense ; il perd alors sa résonance intemporelle.

Effectif instrumental : cor, hautbois, clarinette, mandoline, cymbalum, harpe, piano, célesta, vibraphone, cloches suspendues, tambour, 4 gongs, tam-tam, blocs de bois, maracas, plaques de métal, trombone-piccolo, trombone-basse, grosse caisse, violon, alto et contrebasse. Durée d'exécution : 26 minutes environ.

Scènes de roman (op. 19)

Datées de 1981-1982, sur quinze poèmes de Rimma Dalos (v. précédemment). Le titre forme une référence au film d'Ingmar Bergman, *Scènes de la vie conjugale* (1973). L'idée d'un cycle ne vint qu'en cours de composition, — les quinze poèmes ayant en commun la langue russe et la dédicataire, la soprano Adrienne Csengery. A la manière d'Elgar (et de Bergman), Kurtág inclut quelques hommages à d'autres compositeurs, — tels Gustav Mahler, Alfred Schnittke et Laszlo Kalmar.

Durée d'exécution : 19 minutes environ.

Les autres partitions de Kurtág poursuivent la même quête sur la poétique musicale, — mêlant intimement texte et musique. Pour mémoire, citons les **Fragments de poèmes d'Attila Jozsef**, op. 20 (1981), formant un cycle de vingt épisodes pour soprano solo ; **Sept Chants**, op. 22 (1981), commande de la Radio hongroise, partant de six poèmes d'Amy Karolyi et d'un texte du poète japonais Kobayashi Issa, et créés par Adrienne Csengery, soprano, et Marta Fabian, cymbalum, en mai 1983. Dans les quatre **Kafka Fragments**, op. 24 (1985-1986), Kurtág a choisi quelques phrases et courtes sentences de Kafka dans leur langue originale, pour former un cycle de quatre brefs épisodes pour soprano et violon. **Requiem po Drugu**, op. 26 (1986) est un hommage à Hugo Wolf qui ne cite cependant aucun lied du musicien, pour soprano et piano, sur des poèmes en russe de Rimma Dalos. Enfin **Officium breve** (op. 26) pour quatuor à cordes, à la mémoire d'Endre Szervanszky (1911-1988), est une courte pièce terminée en mai 1989.

P.E.B.

LÁSZLÓ LAJTHA

Né à Budapest, le 30 juin 1892 ; mort dans la même ville, le 16 février 1963. Un grand oublié — sûrement — que ce compositeur hongrois, de moindre réputation que ses compatriotes Bartók et Kodàly, qui fut cependant, dans la première moitié de ce siècle, le troisième grand nom de la musique de son pays. On a trop vite étiqueté comme « folkloriste » celui qui, à partir de 1910, participa aux collectes de chansons populaires entreprises par ses deux aînés et entra, en 1913, au département d'ethnographie du Musée national hongrois de Budapest, — complétant par ses recherches personnelles dans des régions encore non prospectées l'œuvre de ses plus illustres collègues. Ses études « classiques », commencées à Budapest et Leipzig, avaient été poursuivies entre-temps à Paris, à la Schola Cantorum, auprès de Vincent d'Indy, — dont l'empreinte sera manifeste dans son œuvre à venir. Lajtha devait ensuite devenir directeur de la musique à la Radio hongroise, chef de la section musicale à la Commission internationale des arts et traditions populaires, et professeur de recherches folkloriques au Conservatoire de Budapest. Il reçut, en 1951, le prix Kossuth pour son action en faveur du folklore national. Son œuvre, qui n'est pas surabondante, équilibre avec bonheur les apports hongrois et les influences de la culture latine, plus particulièrement française, — cas exceptionnel chez un musicien d'Europe centrale. Elle comporte notamment un opéra-comique, trois ballets, deux messes pour chœur et orgue, six Chansons de Charles d'Orléans, *un concerto pour violon et, surtout, neuf symphonies (dont sept postérieures à la Seconde Guerre mondiale) ; outre d'assez nombreuses partitions de chambre, — avec dix quatuors à cordes (échelonnés de 1922 à 1953). Après un survol général, c'est deux d'entre eux que nous présenterons plus spécialement ci-après, avec deux autres ouvrages pour des formations différentes.*

Les duos sont rares dans l'œuvre de chambre de Lajtha, mais de qualité : doivent être citées une *Sonatine pour violon et piano* (op. 13) de 1930, que suivit, deux ans plus tard, une *Sonate pour violoncelle et piano* (op. 17) en trois mouvements — *Aria, Capriccio* et *Fantasia*; à celle-ci devait répondre, en 1940, un *Concert pour violoncelle et piano* (op. 31) dédié au célèbre André Navarra : en ses deux parties — *Thrène dramatique* et *Ballade des torches* — les plus belles ressources expressives de l'instrument à archet semblent avoir été exploitées. Vint ensuite un *Intermezzo pour saxophone en* mi *bémol et piano* (op. 59) en 1954, — complété par deux *Sonates « en concert »* : l'une pour flûte et piano (op. 64) en 1958, en quatre mouvements aux titres qui parlent d'eux-mêmes — *Entrée avec deux cadences, Berceuse nostalgique, Menuet mélancolique, Final gai* (création par le flûtiste Michel Debost en 1964 à la Société Nationale, à Paris); l'autre pour violon et piano (op. 68), — dernière œuvre achevée de Lajtha, en vue des épreuves du concours de Budapest en 1963.

Parmi les trios en diverses formations, se retiennent trois *Trios à cordes* : le premier, *Trio op. 9*, daté de 1928, s'inscrit dans la tradition du divertissement, — tout comme le suivant, *op. 18* (1932), qui vit également le jour à Paris. Le troisième, en revanche (*op. 41*, de 1945), s'avère d'inspiration hongroise, portant le titre de « Soirs transylvaniens ». Sont à mentionner, par ailleurs, les deux trios dédiés à une formation plus originale : harpe, flûte et violoncelle. Le premier, *op. 22* (1935), fut joué en 1936 à la Société Nationale, à Paris; le second, *op. 47* (de 1949), se fit remarquer plus particulièrement par son élégance et la variété de ses lignes mélodiques.

Lajtha fut l'auteur de dix quatuors à cordes, — qui dominent incontestablement sa production de chambre. Le premier (*op. 5*) est daté de 1923, le dernier (*op. 58*) de 1953, — soit exactement trente années plus tard. C'est sur la dernière série, inaugurée en 1950 par le *Septième Quatuor*, qu'il convient d'insister, et tout particulièrement sur les *Quatuors n° 8* et *n° 9*.

Quatuor à cordes n° 8 (op. 53)

Il fut écrit en 1951, et comporte quatre mouvements. De l'aveu du compositeur, il aurait pu s'intituler — à la manière de Couperin — « La Mélancolique ».

« Presque entièrement dans les nuances *pp* et *ppp*, avec quelques rares accents *forte*, il procède essentiellement par pizzicati, notes répétées et légers trémolos, accompagnant des mélodies amples et d'un chaud lyrisme. L'utilisation de la sourdine aux quatre instruments est fréquente dans toute cette œuvre qui n'est que délicats frémissements et fines touches impressionnistes » (Marie-Thérèse Rémy). Le premier mouvement expose deux thèmes, — l'un tendu et nerveux, l'autre agité dans l'aigu, puis se bâtit sur une alternance de mélodies, de couleur « mélancolique » effectivement, et de brefs récitatifs; la coda, virtuose, atteint le pianissimo aigu. Nouvel accès de mélancolie dans le mouvement suivant, — avec un chant grave du violoncelle, puis la douce élégie du premier violon. Le troisième mouvement est un *Capriccio* non dénué de grâce, mais qu'ombre encore un peu de tristesse, tandis qu'un *Presto* brillant, en mineur, forme la conclusion de l'œuvre.

Durée d'exécution : 21 minutes environ.

Quatuor à cordes n° 9 (op. 57)

En la seule année 1953, Lajtha compose ses deux derniers quatuors (le n° 10 — *op. 58* — s'intitulera « Suite sicule en trois parties » en raison de l'usage qu'il fait de danses populaires de Transylvanie). C'est le *Neuvième Quatuor* qui retiendra ici l'attention, tant par la qualité de son inspiration qu'à la mesure de sa complexité d'écriture.

Il comprend quatre mouvements, — dont le premier dans la forme sonate à trois thèmes, sans préjudice d'une élaboration thématique indépendante au cours du développement. L'exposition comporte donc un thème initial vif et énergique, un second thème non moins rapide mais plus gracieux dans la nuance *piano*, et un troisième en crescendo, plus passionné, mettant aux prises les voix instrumentales. Le développement fait paraître à son tour un thème autonome, très joyeux, confié au violon, puis repris en renversement par le violoncelle; la réexposition est conclue en une coda pleine de verve, et même d'humour. Contraste absolu du second mouvement, lent, qui débute par un long solo d'alto à la façon d'une mélopée; le second violon vient se joindre à l'alto en un duo de style dépouillé dont certains mélismes ne seraient pas sans évoquer le chant grégorien. Brusque interruption du violoncelle, véhément,

— tandis que le premier violon déploiera, sur la polyphonie des autres instruments, une mélodie pleine de tendresse. C'est par l'alternance d'un fugato et d'un choral entre trois parties de plus en plus développées — tous les instruments avec sourdines — que prendra fin ce riche mouvement central. Le *Menuet* du troisième mouvement doit son originalité à la disposition métrique de son motif principal : deux phrases de cinq mesures dont les deux premières fondamentales, les deux suivantes en échos, et la cinquième terminale. Alerte, presque insouciant, ce *Menuet* est coupé d'un trio en « chanson triste ». Le finale, d'un seul élan, est rythmé sur un 12/8 qui ne fait qu'accentuer le caractère bondissant de la danse.

Durée d'exécution : 24 minutes environ.

Qu'il soit permis de mentionner, pour quatuor à cordes également, une partition largement antérieure à celles-ci : les **Cinq Études op. 20** dont les intitulés respectifs, fort explicites, sont : 1. *Rythme et plénitude sonore* ; 2. *Jeu piano et délicatesse de touche* ; 3. *Vélocité légère* ; 4. *Polyphonie* ; 5. *Pizzicato*. Ces différents morceaux — on l'aura deviné — proposent au quatuor (de manière assez insolite pour ce type de formation) de véritables exercices de style.

Quatre Hommages, pour quatuor à vents (op. 42)

Dédiées, en 1946, au quatuor composé de la flûte, du hautbois, de la clarinette en *la* et du basson, ces pièces indépendantes célèbrent — au moins pour trois d'entre elles — la plus haute tradition musicale française, citations à l'appui.

Elles portent chacune un titre : la première celui de *Chanson* (hommage à Janequin et à sa science polyphonique) ; la deuxième celui de *La Gracieuse, ou les Tendresses mélancoliques* (hommage à Couperin et à toutes les finesses d'écriture de ses œuvres pour clavecin) ; la troisième celui d'*Adieu pastourelles* (hommage au Ravel, délicieusement anachronique, de *l'Enfant et les sortilèges*). Enfin, le dernier « Hommage » s'intitule *Parade*, en guise de salut non dépourvu d'ironie au « surhomme » Colas Breugnon, le héros du roman de Romain Rolland devenu personnage-symbole de l'opéra satirique de Kabalevski.

Durée d'exécution : 22 minutes environ.

Quintette n° 2 pour harpe, flûte et trio à cordes (op. 46)

Dès 1937 Lajtha, désirant associer des timbres aussi contrastés que complémentaires, avait composé, sous le titre *Marionnettes*, une plaisante suite pour harpe, flûte, violon, alto et violoncelle. C'est pour cette même formation qu'il acheva en 1948 un *Deuxième Quintette* en quatre mouvements de facture à la fois précise, élégante et parfaitement maîtrisée.

Le mouvement d'ouverture s'impose aussitôt à l'oreille par son élan joyeux, son humour débridé, — la harpe assumant un rôle concertant face à ses partenaires. Le mouvement suivant est qualifié *Triste hiver*, sans doute en souvenir et « à la manière de » Charles d'Orléans et Debussy. On rejoint, dans le troisième mouvement, l'*Estampie* médiévale, avec son rythme de danse enlevé, sans rigidité (morceau choisi, par la suite, comme musique de scène pour une pièce de l'anglais T. S. Eliot). Le finale est pur divertissement, et l'on retrouve l'humour intarissable du tout premier mouvement.

F.R.T.

ÉDOUARD LALO

Né à Lille, le 27 janvier 1823 ; mort à Paris, le 22 avril 1892. Né dans une famille d'origine espagnole installée en Flandres depuis le XVIe siècle, Édouard Lalo apprend le violon et le violoncelle au Conservatoire de Lille et se destine à une carrière musicale ; mais, devant l'opposition de son père, ancien soldat de l'Empire, il s'enfuit à Paris dès l'âge de seize ans. Il suit la classe de Habeneck au Conservatoire, et travaille la composition. Menant une vie fort obscure, il se lie cependant avec Delacroix et joue dans des concerts de Berlioz. Dès 1848 il publie des romances dans le goût du temps, et des œuvres de musique de chambre qui font de lui un pionnier dans *ce domaine. Mais elles passent inaperçues, — le genre n'étant point alors à la mode. Découragé par l'insuccès, il se tait pendant une dizaine d'années. En 1865 son mariage avec Mlle Besnier de Maligny, fille du chef d'État-major de la Place de Paris, apporte un stimulant à son amour-propre; il commence un opéra d'après Schiller,* Fiesque, *qui échoue au concours du Théâtre-Lyrique et qui ne sera jamais joué. Surmontant son amertume, il s'impose au concert après 1870 avec une série d'œuvres instrumentales créées grâce à Lamoureux, Colonne, Pasdeloup ou Sarasate : le* Divertissement pour orchestre *(d'après* Fiesque, *1872),* le Concerto pour violon op. 20 *(1874), la célèbre* Symphonie Espagnole *(1875). Ce sont des éditeurs allemands qui font bon accueil au* Concerto pour violoncelle *(1877), à la* Rhapsodie Norvégienne *(1879), au* Concerto Russe *(1879).* Le Roi d'Ys, *son chef-d'œuvre lyrique commencé en 1875, ne sera donné — triomphalement il est vrai — qu'en 1888. Mais la splendide* Namouna, *chef-d'œuvre du ballet français, tombe, victime d'une cabale, en 1882. Il compose encore une* Symphonie en *sol* mineur *(1886), un* Concerto pour piano *où se devine quelque lassitude, et laisse inachevé un opéra,* la Jacquerie *(joué à Monte-Carlo en 1895).*

Sous la Monarchie de Juillet et sous le Second Empire, Lalo vit en donnant des leçons, et surtout en jouant dans des concerts de musique de chambre : cet univers lui est familier. Il participe en 1855 à la fondation du célèbre Quatuor Armingaud (de réputation européenne), qui se fixe comme but la propagation des chefs-d'œuvre de l'école allemande (On sait que Lalo aimait Beethoven, Schubert, Mendelssohn et Schumann, qu'il adorait surtout Weber). Il y tient l'alto, puis le second violon. En 1872, le Quatuor Armingaud devient la Société Classique de Musique de Chambre (avec instruments à vent) et fait connaître nombre d'œuvres modernes : Lalo jouera ainsi avec Rubinstein, Saint-Saëns, et même Clara Schumann. L'œuvre de cet homme « de cordes » révèle une connaissance approfondie des instruments du quatuor mais peu d'intérêt pour le piano (trait qu'il est presque seul à partager avec Berlioz), — alors que la plupart des compositeurs de l'époque, pianistes, écrivent avec plus ou moins de bonheur pour les archets. Il va même jusqu'à recourir aux bons offices d'un collaborateur pianiste dans son *op. 18*. Ses œuvres de musique de chambre, composées en majorité sous le Second Empire, n'ont aucun succès. Il organise parfois des soirées musicales dans son appartement de la rue de Douai, pour les faire connaître; mais la frivolité du goût musical ambiant le condamne à l'obscurité. Certaines de ses œuvres sont même jouées d'abord en Allemagne, — tant il lui est difficile de parvenir au succès avec ce genre de musique. En 1859, Lalo, découragé, va abandonner complètement la musique de chambre pendant vingt ans. Après avoir trouvé le succès au concert et au théâtre, il n'y reviendra qu'avec le *Troisième Trio*, son chef-d'œuvre, en 1880.

Voici un aperçu chronologique de la musique de chambre de Lalo :

Fantaisie originale pour violon et piano en la *majeur, op. 1* (vers 1848, publiée chez Costallat).

Allegro Maestoso pour violon et piano en ut *mineur, op. 2* (vers 1848, publié chez Costallat).

Deux Impromptus pour violon et piano, op. 4 : 1. *Espérance*; 2. *Insouciance* (vers 1848, publiés chez Lemoine).

Arlequin, esquisse caractéristique pour violon et piano (vers 1848, publié chez Bornemann).

Trio pour piano, violon et violoncelle n° 1 en ut *mineur op. 7* (vers 1850, dédié à E. Membrée et publié chez Costallat).

Impromptus pour violon et piano, op. 8 : *Pastorale* et *Scherzo alla Pulcinella* (vers 1850, publié chez Costallat).

Deuxième Trio pour piano, violon et violoncelle en si *mineur* (vers 1852, dédié à J. Armingaud et publié chez Hammelle sans n° d'opus).

Sonate pour violon et piano, op. 12 (tirée du *Grand Duo concertant* publié en 1853 par Benacci et Peschier, publiée chez Durand).

Deux Pièces pour violoncelle et piano, op. 14 : 1. *Chanson villageoise*; 2. *Sérénade* (1854, publié par Dragone et Boris).

Allegro pour violoncelle et piano en mi *bémol majeur, op. 16* (dédié à L. Jacquard et publié chez Maho en 1856, puis remanié en *Allegro Appassionato avec orchestre op. 27*, 1875).

Soirées Parisiennes, trois morceaux caractéristiques pour violon et piano, op. 18 (en collaboration avec C. Wehle, 1856, publié par Lemoine vers 1860).

Sonate pour violoncelle et piano (1856, publiée chez Heugel et créée le 16 février 1878 à la Société Nationale par Mme Théodore Dubois et J. Griset).

Quatuor à cordes en mi *bémol majeur, op. 19* (créé en avril 1859 à la Salle Pleyel par le Quatuor Armingaud et publié par Breitkopf et Härtel à Leipzig, puis remanié en 1887 et publié l'année suivante chez Hamelle sous le numéro d'*op. 45*).

Troisième Trio pour piano, violon et violoncelle en la *mineur, op. 26* (1880, publié en 1881 chez Durand. Le *Scherzo* orchestré en 1884 fut créé le 1er mars 1885, aux Concerts Godard).

Guitare pour violon et piano, op. 28 (1882, dédiée au violoniste Marsick, publiée chez Hamelle. Orchestrée par Gabriel Pierné en 1920, et créée sous sa direction aux Concerts Colonne le 10 avril 1920).

Sonate pour violon et piano (op. 12)

Entre 1871 et 1875, après la fondation de la Société Nationale destinée à faire entendre des œuvres de musiciens français vivants, une fièvre créatrice s'empare de tous les compositeurs sérieux, frustrés par de longues années d'attente. Ainsi Lalo, qui figure bientôt parmi les membres de la Société, reprend une œuvre de jeunesse, le *Grand Duo concertant* publié en 1853, pour en faire une *Sonate*; l'œuvre nouvelle sera donnée à la Société Nationale le 29 novembre 1873, par deux interprètes illustres : Pablo de Sarasate et Georges Bizet. Comme l'a fait justement remarquer Joël-Marie Fauquet, la *Sonate* de Lalo est l'ancêtre des sonates pour violon françaises au XIXe siècle. Il faudra ensuite attendre 1876 pour entendre la première *Sonate* de Fauré, 1885 et 1886 pour les œuvres similaires de Saint-Saëns et de Franck.

1. ALLEGRO MODERATO (*ré* majeur, à 6/8) : dans cette page, on remarque d'emblée l'écriture violonistique très soignée, exigeante, qui contraste avec une partie de piano relativement peu inventive. Ce bref mouvement de sonate — presque une sonatine — repose sur deux thèmes : le piano lance *ff* un double appel d'octaves rythmées en hémioles, suivies d'un dessin ondulant de doubles croches en sixtes, — motif repris un ton plus haut. Un second motif, très rythmé (mesure 9), clôt cette introduction du clavier. Le violon fait son entrée (mesure 14) en chantant largement les mêmes motifs, puis expose un second thème très élégant en *la* majeur (*dolce semplice*, mesure 40), repris par le piano. Le développement (mesures 67 à 108), axé sur le premier thème, fait appel au style concertant.

2. VARIATIONS (*sol* majeur, à 2/4) : cet *Andantino con moto*, plein de charme et d'élégance, est varié trois fois. La première variation, contrapuntique, est confiée au piano. La seconde, au violon, ajoute au thème un contrepoint syncopé. La troisième, en mineur, est plus sérieuse, — le violon restant souvent dans le grave. La dernière, en doubles croches ou triolets, intensifie les recherches d'écriture violonistiques et débouche sur une coda, ralentie, à 4/4.

3. RONDO VIVACE (*ré* majeur, à 2/4) : ce finale vif et enjoué, traité en rondo-sonate, reste toujours proche du concerto. Le refrain, en doubles croches staccato, est spirituel, animé, et l'accompagnement contient quelques harmonies délicates. Le premier couplet — ou second thème — intervient à la mesure 38 (*pp, un poco più lento*). C'est un canon à l'octave en *la* majeur, accompagné en triolets de doubles croches. Après deux réapparitions du refrain qui encadrent un troisième couplet en *sol* majeur, au rythme syncopé, le second thème est repris en *ré* majeur (mesure 127). Le refrain est développé en une coda animée. Ces trois pages mettent assez bien en lumière le mérite de Lalo, contraint, en ce début du Second Empire, de chercher son inspiration au concert, faute d'exemple et d'émulation dans le cadre de la musique de chambre.

Durée d'exécution : 14 minutes environ.

Quatuor à cordes en *mi* bémol majeur (op. 45)

Lalo met en chantier ce *Quatuor* en 1856; il participe à la création, avec le Quatuor Armingaud en avril 1859. Depuis la mort d'Onslow, six ans auparavant, personne en France n'a relevé le « flambeau » du quatuor à cordes; et il faut bien du courage à Lalo pour affronter un public incapable de saisir la portée de l'œuvre et une presse hostile. Ainsi E. Roche, dans *la Presse Musicale* du 1er mai 1859, parle-t-il de « métaphysique musicale, recherche harmonique poussée à l'extrême, subtilités rythmiques excessives ». Et A. Botte, dans *la Revue et Gazette Musicale*, blâme « l'Adagio nuageux, l'harmonie laborieuse et tourmentée, la conception indécise et vague ». L'effort compositionnel que ce *Quatuor* sous-entend, son originalité passent inaperçus. Et pourtant, quel jalon dans l'histoire de la musique de chambre française ! Sans être exempte de défauts (dont Lalo est bien conscient puisqu'il procédera à un remaniement — touchant surtout le finale — longtemps plus tard, en 1883), cette œuvre pose les fondations du genre : le succès, lors de la seconde création, le 27 décembre 1884 à la Société Nationale, consacrera cet effort. Certes Lalo s'inspire ici de l'exemple allemand, et de Beethoven en particulier ; mais il lui infuse une sève nouvelle et, en particulier, une vie rythmique jeune, vigoureuse, libre de cet empâtement, de ce manque d'intérêt pour le rythme qu'on trouve parfois chez le dernier Schumann et qui reparaîtra chez Franck.

1. **Allegro vivo** (*mi* bémol majeur, à 3/4) : cette rythmique intense — qualité essentielle de la musique de Lalo — se manifeste dès les premières mesures de l'*Allegro*, dont le thème principal, sur l'arpège de tonique, est porté par un rythme lombard.

La redite de ce motif (mesure 13) — l'arpège se trouvant alors renversé — est portée par un long crescendo orné de trilles, aux nuances très contrastées ; tout cela possède une forte saveur berliozienne, d'ailleurs également présente dans le second thème qui apparaît en filigrane (*si* bémol majeur, *dolcissimo*, mesure 46), syncopé et soutenu par les pizzicatos de violoncelle. La codetta, en chromatismes retournés, introduit un développement très étonnant (mesure 84), comparable encore aux fantasmagories de l'orchestre berliozien ; les instruments en doubles et triples cordes progressent par interjections hachées, fortissimo, dans les tons diésés, puis échangent avec passion des gammes en doubles croches. Une mélodie descendante apaisée du premier violon, en noires, accompagne la réexposition traditionnelle (mesure 135), suivie d'une coda confiée au violoncelle solo. Quelques accords rageurs, fortement appogiaturés, concluent.

2. **Andante non troppo** (*ut* mineur, 2/4) : au cœur de ce *Quatuor* figure un mouvement lent d'une beauté si rare qu'on a peine à croire qu'il fut composé par un musicien français vers 1850, — dans un climat musical si fatal à la musique instrumentale. Cette page littéralement inouïe ne peut être comparée qu'aux derniers *Quatuors* de Beethoven, et restera sans équivalent avant le *Quatuor* de Franck, trente cinq ans plus tard. Sa forme est bipartite, — les quatre sections de la première partie étant ensuite variées. Les dix-huit premières mesures, graves, ont le caractère obstiné et lugubre d'une déploration baroque. Les harmonies sont heurtées, agressives, — ainsi la neuvième mineure jouée *forte* entre deux îlots *piano* à la sixième mesure. La sixte napolitaine (*ré* bémol) donne une couleur particulière à cette exposition, comme du reste à tout le mouvement :

Après une cadence parfaite, le premier violon introduit (mesure 19) le second thème, austère. Il se développe en un réseau d'imitations basées sur une neuvième mineure ascendante, au rythme pointé, assorties d'accords dissonants et de mouvements chromatiques à la basse. Après une halte en *ré* bémol, le troisième thème émerge *pianissimo* (mesure 49) d'un ostinato rythmique — trait d'écriture constant dans ce *Quatuor* — formé par un dessin d'octaves syncopées aux deux violons. Ce discours fragmenté s'achemine vers une sorte de libération, dans la lumière de *sol* majeur, sur un crescendo longuement freiné, en croches égales de tout le quatuor (mesure 73). Mais les rythmes lombards du premier mouvement reparaissent inopinément, interdisant la cadence libératrice attendue. Ils s'imposent encore, lors de la conclusion rageuse de la première partie (mesure 85), conclusion amenée par huit mesures en crescendo, où par deux fois un arpège de septième diminuée se déploie en sextolets de doubles croches. Un court développement va alors combiner le second motif de l'exposition avec les octaves du troisième. Une superposition violente des deux versions du septième degré (*si* bémol et *si* bécarre, mesure 117) porte ce mouvement à son paroxysme. Une fois encore, la sixte napolitaine amène la réexposition variée : le premier thème est soutenu par une pédale brodée en triolets dans le grave du violoncelle, le second est repris en demi-teintes, *dolce espressivo*, par l'alto, puis avec plus d'éloquence encore par le violoncelle. Le contrepoint, de plus en plus riche, se resserre ; de larges arpèges en sextolets de doubles croches amènent une coda qui s'éteint, mais sans apaisement.

3. **Vivace** (*sol* mineur, à 3/4) : ce *Scherzo* qui n'est ni léger ni amusant, mais farouche, emporté, donne une nuance de

violence supplémentaire à l'œuvre. Trois mesures en octaves rebattent la dominante, puis le premier violon lance *fortissimo* un canon tiré de la gamme harmonique de *sol* mineur. À la quinzième mesure l'alto propose un nouvel élément, en imitations également, aux nuances plus contrastées. La troisième idée, un ostinato rythmique, soutient d'étranges chromatismes; après une reprise de la première idée, intervient un autre motif en *la* bémol majeur, plus chantant mais toujours tourmenté par le chromatisme (mesure 61). Le trio (en *mi* bémol) est disposé de façon ingénieuse. Les motifs, plus gracieux, des violons accompagnés en pizzicatos par le violoncelle sont soutenus par un dessin-pédale de l'alto emprunté au *Scherzo* (mesure 108 = mesure 40). Après la reprise du *Scherzo*, la coda ébauche un retour du trio qui n'aboutit pas.

4. Appassionato (*mi* bémol majeur, à 2/4) : le finale, de sentiment pathétique, possède la même saveur rythmique que le reste de l'œuvre; mais de fréquents emprunts au mode mineur confèrent une couleur mélancolique aux mélodies dont les contours sont accusés par de nombreuses appogiatures, — ainsi le *do* bémol qui durcit le premier thème. Après l'introduction *fortissimo* intervient une idée plus souple, un échange entre les instruments de petits fragments pointés, sur lesquels vient s'ajuster un motif plus chantant, syncopé, du second violon (mesure 34). Dans le même esprit, le « pont », modulant vers la dominante, insiste sur le *sol* bémol emprunté au mineur. Le second thème, exposé par le violoncelle (mesure 99), est repris en canon. Le développement, d'un contrepoint savant (mesure 149), trahit l'admirateur de la *Grande Fugue op. 133* de Beethoven. Un rappel des premières mesures du *Scherzo* (mesure 209) introduit la réexposition très classique, suivie d'une coda.

Durée d'exécution : 26 minutes environ.

Trio pour piano, violon et violoncelle n° 3, en *la* mineur (op. 26)

Composé en 1879, le *Trio en* la *mineur*, chef-d'œuvre de la musique de chambre de Lalo, fut dédié à une pianiste célèbre, Madame Szarvady, qui en donna sans doute une première audition privée; la création publique eut lieu à Paris, à la Société Nationale, le 12 mars 1881. Ce fut un succès immédiat, jamais démenti depuis.

1. Allegro Appassionato (*la* mineur, à 3/4) : le premier mouvement est construit en forme de sonate à trois thèmes. Il s'ouvre sur quatre mesures *fortissimo*, — un appel puissant, du sixième degré, annonçant le rythme du premier thème qui est confié au violoncelle, sur un accompagnement discret du piano; les cordes, comme souvent chez Lalo, se taillent la part du lion, — le compositeur ayant indiqué lui-même, fort de son expérience, doigtés et coups d'archets :

Cette idée très romantique est reprise en imitation par le violon, sur la sixte napolitaine. Le dialogue se poursuit avec animation, sur un crescendo où le piano s'impose en accords plus marqués. Après une demi-cadence, c'est lui qui expose la seconde idée, de grands traits cuivrés en octaves, *fortissimo* encore, — les arpèges des cordes confirmant l'attirance vers le second degré abaissé. Un « pont » modulant oppose les cordes, sur le rythme pointé du premier thème, au piano, fidèle aux octaves puissantes du second. Une troisième idée au relatif majeur (mesure 84), très modulante et passionnée, oppose les trois instruments en resserrant les différents éléments du discours. L'exposition conclut en *ut* majeur. Le développement commence timidement : les deux archets soupirent en échos la dominante du ton principal, *ppp*, et le piano esquisse dans le grave la tête pointée du premier thème. Puis les arpèges du second thème reviennent éthérés, en *ut* dièse majeur, toujours *ppp*. Durant une trentaine de mesures, ces deux éléments parcourent plusieurs tonalités diésées, sur le mode intime, *pp*. L'opposition entre les deux archets solidaires et le piano s'accentue; la réexposition rejoint calmement le ton principal, — le troisième thème étant repris en *la* majeur. La coda, très développée, s'ouvre sur un jeu d'arpèges aux harmonies chatoyantes du piano, puis s'emporte, mais repasse bientôt en mineur, pour conclure sur une citation apaisée, *dolcissimo*, de la première idée.

2. Presto (*ré* mineur, à 6/8) : ce morceau doit sa célébrité à l'orchestration — éblouissante — que Lalo réalisa en 1884 (mais à 3/8), et qu'il publia sous le titre de *Scherzo**. Ce mouvement perpétuel, hautement original, est lancé par un motif rythmi-

* Voir *Guide de la musique symphonique* (même éditeur).

que staccato du piano qui soutient le thème héroïque du violoncelle, en marquant d'un *ff* le premier temps de chaque mesure :

Les harmonies (quinte augmentée) contribuent au panache de cette idée, qui anticipe sur les meilleures pièces de *Namouna*. Le trio, en *si* bémol majeur, presque athématique tout d'abord, s'organise autour de deux ostinatos superposés : un jeu d'accords raffinés en noires pointées *pianissimo* au piano, sous de délicats pizzicatos des cordes. C'est encore aux plaisantes *Parades de foire* de *Namouna*, si audacieuses, que l'on songe ici.

3. Très lent (*mi* majeur, à 12/8) : doucement bercée, cette longue et lente rêverie (la *Sieste des esclaves* de *Namouna* !) en forme lied s'ouvre sur un appel mystérieux des cordes à l'octave ; le piano répond par un motif *sostenuto* caractérisé par le chant très expressif de la main gauche, au rythme prenant (noire-deux doubles croches). Les deux archets, à l'octave durant vingt-sept mesures, chantent un hymne exalté, solaire, qui s'élève par paliers, selon une série de modulations audacieuses, avec une ferveur, une passion croissantes. Quand les antipodes tonales (*si* bémol mineur) sont atteintes, la vague retombe et le ton principal est bientôt rejoint. Une longue pédale (quatrième corde à vide du violoncelle) soutient la transition du piano, aux accords recherchés, qui introduit le volet central, en *fa* mineur, très pathétique. Le piano expose *fortissimo* un motif abrupt, en mouvement contraire. Le rythme marqué précédemment par la main gauche est repris par les cordes dont l'écriture, très indépendante, donne lieu à un travail contrapuntique de grand style. La reprise, variée et apaisée, plus lumineuse encore, culmine sur une coda où le violon dans l'aigu développe une dernière phrase extatique. L'éloquence de ce morceau grave, mystérieux, n'est pas sans évoquer les pages les plus célèbres d'œuvres scéniques de Lalo. S'agirait-il là de l'épave de quelque ouvrage lyrique ?

4. Allegro molto (*la* majeur, à 2/2) : ce finale fougueux est construit selon une forme sonate librement traitée. L'élan, le rythme vif du premier thème, huit mesures *con fuoco* du piano, rappellent certains motifs « bondissants » de Schumann (tel celui qui ouvre les *Davidsbundlertänze*). Sa redite, accompagnée d'un contre-chant syncopé des cordes, toujours à l'octave, traverse un temps des régions plus diésées, puis conclut avec force au ton principal. Les motifs secondaires sont nombreux : tout d'abord une marche modulante, en imitations, posée sur une basse chromatique descendante du piano (mesure 21), suivie d'une sorte de carillon en *fa* dièse majeur, *pp*, chanté « una corda » dans l'aigu du piano sur le tournoiement des cordes. Le violon transforme cette idée, *un poco più lento*, en une suave mélodie, au rythme nonchalant — noires et triolets de noires — qui rappelle l'*Intermezzo* de la *Symphonie Espagnole*. Le tempo initial ramène le premier thème, qui bifurque aussitôt vers le ton de la dominante, *mi* majeur. Le second thème — trouvaille exquise — apparaît alors au piano ; sur ses accords staccato en croches égales, dans le style d'un scherzo mendelssohnien, le babillage gracieux des cordes apporte çà et là une touche d'humour. Assez curieusement, Lalo emprunte au mouvement précédent la modulation caractéristique qui introduit le développement (*mi* majeur, puis *fa* mineur, mesure 113). Le premier thème, travaillé brièvement, est aussitôt réexposé (mesure 151). Cette reprise, considérablement allégée, supprime plusieurs motifs secondaires et ignore le second thème, qui est annoncé durant trois mesures, quand la coda bouillonnante emporte tout sur son passage.

Durée d'exécution : 26 minutes environ.

J.A.M.

SYLVIO LAZZARI

Né le 30 décembre 1857, à Bolzen (Tyrol autrichien) ; mort le 19 juin 1944, à Suresnes. Enfant prodige, il tient dès l'âge de huit ans une partie de violon dans l'orchestre de sa ville natale. À douze ans il compose, à vingt ans il publie ses premières mélodies sans avoir jamais travaillé la composition. Après de solides études à Vienne et Munich, il est docteur en droit (1881). Mais dès 1882 il part à Paris, muni d'une lettre de recommandation pour Gounod, qui le fait entrer au Conservatoire chez Guiraud; sa rencontre avec César Franck sera essentielle pour sa formation. Président de la Société Wagner jusqu'en 1894, naturalisé français en 1896, il devient chef de chœur à Monte-Carlo, puis se voue au théâtre, non sans difficultés : les sujets âpres, empruntés aux légendes bretonnes, la grande difficulté de son écriture orchestrale, son lyrisme tendu sont autant d'obstacles. Son premier opéra, Armor *(1898), monté à Prague, à Hambourg, n'est donné à Lyon qu'en 1905.* La Lépreuse *est retirée de l'affiche la veille de la création (le livret d'Henri Bataille étant jugé trop hardi), et reste douze ans au purgatoire!* Melaenis, *achevé en 1912, n'est monté qu'en 1927 à Mulhouse, et* le Sauteriot, *l'ouvrage préféré de l'auteur, est donné en 1917 à Chicago. C'est grâce à Jacques Rouché que le chef-d'œuvre de Lazzari,* la Tour de feu, *est créé (avec Georges Thill) à l'Opéra en 1928. Tous ces ouvrages, d'obédience wagnérienne, savent puiser aux sources folkloriques et s'affirment parallèlement au courant impressionniste. Vers 1930 Lazzari, souffrant des yeux, doit cesser d'écrire. Son catalogue contient en outre une musique de scène pour le* Faust *de Goethe, une* Marche pour une fête joyeuse *(1903), des poèmes symphoniques :* Effet de nuit *(1904),* Ophélie *(1925),* la Chanson du moulin *(1928),* Cortège nocturne *(1929) une* Rhapsodie *pour violon et orchestre dédiée à Jacques Thibaud (1922), un* Concertstück *pour piano et orchestre (1894), une* Symphonie en *mi* bémol *(1914), et de nombreuses mélodies.*

La musique de chambre de Lazzari appartient aux années de jeunesse; le compositeur était alors fasciné par Wagner, mais également sous l'emprise de Franck. L'essentiel fut composé en l'espace de trois années : Le *Trio pour piano, violon et violoncelle op. 12* tout d'abord (1889) suivi par le *Quatuor à cordes op. 17*, l'*Octuor pour vents op. 20* (1890), dédié à Paul Taffanel, fondateur de la Société de Musique de Chambre pour instruments à vent, et enfin la *Sonate pour violon et piano op. 24*.

Quatuor à cordes, en *la* mineur (op. 17)

Il précéda celui de César Franck; créé sans succès en 1888, il ne fut publié qu'en 1911 chez Rouart-Lerolle et dédié à la princesse Alice de Monaco. Cette œuvre constitue un précédent, le renouveau du quatuor français n'étant pas encore amorcé en 1888; elle est surtout remarquable par sa vie rythmique particulière, et, bien entendu, par l'utilisation d'une variante du procédé cyclique franckiste : le thème du mouvement lent apparaissant dès la fin du premier mouvement (procédé lui même emprunté au *Quatuor* op. 47 de Schumann) qui reparaît lui-même dans le finale :

1. ALLEGRO AGITATO (*la* mineur, à 6/8) : ce premier mouvement s'ouvre sur deux accords violents; le premier thème, énergique, syncopé, est présenté par le violoncelle sous un contre-sujet en croches fluides du second violon; il est repris en fugato par l'alto (sous-dominante) puis par le second violon (dominante), le premier violon revenant à la présentation originale. Le second thème, chaleureux (*la* majeur) avec sa pédale de dominante caractéristique, conserve la queue du premier thème, en sauts d'octaves. Le troisième thème, en *ut* majeur, est mesuré à 2/4; harmonie et mélodie fortement chromatiques révèlent l'influence franckiste. Le développement, introduit par les grands accords du début, violemment repris en échos, travaille le premier thème, puis le second, en fugato; il s'achève par un récitatif (*poco più moderato*) suivi d'une étrange interpolation — vingt-cinq mesures en *la* majeur, à 3/4 — sorte d'esquisse du mouvement lent qui va suivre. Dès lors cet *Andante* doux lutte pied à pied avec l'*Allegro* initial qui s'impose finalement dans la réexposition, très ramassée.

2. L'ANDANTE (*ut* majeur, à 3/4) est plus nettement d'inspiration wagnérienne, dans la mesure où le premier thème nettement caractérisé, rythmé placidement en noire - noire pointée - croche, est ensuite diffracté en une chaîne ininterrompue de motifs toujours apparentés. L'écriture, d'un lyrisme puissant, très théâtral, fait appel à de grands arpèges en doubles et triples croches sur les quatre cordes.

3. Le SCHERZO (*fa* majeur, à 3/4) plus conventionnel, évolue sur des rythmes chorégraphiques.

4. Le Rondo final (ALLEGRO GIOCOSO, *la* majeur, à 2/4) est très personnel et curieux.

Le refrain vigoureusement rythmé est lancé par l'alto sous les accords carrés des violons et se poursuit en doubles croches à l'unisson, dans un climat de bonne humeur digne de Haydn. Le premier couplet, en *fa* majeur, rappelle curieusement les *Variations Eroica* de Beethoven. Le second, en *la* mineur, repose sur un motif léger d'une mesure, gammes en doubles et triples croches, qui semble voler entre les instruments, et vient contrepointer un thème élégiaque. Le premier couplet revient alors en *la* majeur, *molto legato* (alto et violoncelle), puis en diminution, *capriccioso*, aux deux violons. Le thème élégiaque du second couplet engendre alors un grand hymne sombre, en *ut* dièse mineur. Le rondo dans sa dernière apparition, en mineur, se trouve peu à peu submergé — dans un dessein cyclique clair — par des éléments tirés du début du *Quatuor*, 2/4 et 6/8 alternant alors.

Sonate pour piano et violon, en *mi* mineur (op. 24)

Composée en 1892, la *Sonate en* mi *mineur* fut créée à la Société Nationale le 4 mars 1893 par Geloso et E. Risler, et publiée chez Durand en 1898. Elle passa d'abord inaperçue, mais le dédicataire Eugène Ysaye devait lui faire prendre une éclatante revanche en la jouant par toute l'Europe, en duo avec Raoul Pugno. A bien des égards cette *Sonate* s'inscrit dans la lignée de la *Sonate* de Franck, entendue six ans plus tôt, — ainsi dans le mouvement central issu du *Recitativo-Fantasia* de Franck, et surtout dans l'emploi du procédé cyclique. Elle séduit encore par son lyrisme immédiat, chaleureux, et un certain charme « fin de siècle ».

1. L'introduction lente présente les deux idées-matrices de la *Sonate* : un fragment de la gamme de *mi* mineur (mélodique descendant) en grands unissons fortissimo, et un motif plus tourmenté (accords de neuvième et quinte augmentée) très « fin de siècle ». Une transition en chromatismes tournoyants introduit l'**ALLEGRO MA NON TROPPO** en *mi* majeur ; le séduisant thème principal, variation de la gamme descendante initiale, se développe par des modulations (à la tierce) très franckistes. Le second thème, en *si* majeur (*Poco lento, molto espressivo*) très tourmenté, progresse par enharmonies. Il contient même une réminiscence du premier thème de la *Sonate* de Franck ! Tout le développement repose sur un rythme neuf (croche pointée - double croche) ; le second thème engendre un dessin violent, sauvage même, en tierces ; un rappel de l'introduction lente, sur un grand crescendo en arpèges de triples croches au piano, amène la réexposition.

2. **LENTO** (*la* majeur, à 3/4) : le second mouvement commence par une variation du thème cyclique, où les allusions franckistes sont encore plus présentes ; un emprunt au second thème de l'introduction de la *Sonate* amène un *Récit* (*animato con fuoco*) très inspiré par le troisième mouvement de la *Sonate* de Franck, puis une grande variation du deuxième thème de l'*Allegro* (*pp con molto sentimento*) sur des arpèges en triples croches du piano.

3. Le **FINALE** (*mi* majeur, à 4/4, *con fuoco*) est une toccata intrépide, qui s'élance sur un dessin en tierces aux deux mains. Peut-on voir dans la citation (avouée cette fois !) de Franck (octaves chromatiques, mesure 11) un hommage au maître disparu ? Deux éléments apportent un contraste : une fanfare à sept temps (« *Très franc* ») aux harmonies raffinées, et surtout le retour triomphal du premier thème de l'œuvre, transfiguré par un déluge de sonorités véritablement orchestrales.

J.A.M.

JEAN-MARIE LECLAIR

Né à Lyon, le 10 mai 1697; mort à Paris, le 22 octobre 1764. Il est considéré aujourd'hui comme le fondateur de l'école française de violon. Violoniste, mais aussi danseur, c'est comme tel qu'il débuta dans la troupe de l'Opéra de Lyon. On le retrouve ensuite à Rouen, puis en 1722 à Turin comme maître de ballet. Peut-être travailla-t-il alors avec le grand violoniste italien Somis. De retour à Paris l'année suivante, il fait paraître sa première œuvre : ses Sonates pour violon. *Ses débuts au Concert Spirituel dans la capitale sont entrecoupés de plusieurs voyages : retour à Turin où il pro-*

duit des ballets, et séjour à Londres où il rencontre Pietro Locatelli, — avec lequel il joue en duo. La légende rapporte que « Leclair jouait comme un ange », et que Locatelli « jouait comme un diable ». Nommé ordinaire de la Musique du roi en 1733, Leclair entreprend un nouveau voyage à la cour de Hollande entre 1738 et 1743. Paris le retrouve en 1743, mais il réside en 1744 à Chambéry au service du prince Don Philippe d'Espagne. C'est deux ans plus tard que Leclair fait représenter à l'Académie royale de Musique à Paris son unique opéra Scylla et Glaucus. *En 1748, il est appelé par le duc de Gramont pour diriger l'orchestre de son théâtre privé en sa propriété de Puteaux. Les dernières années de ce musicien prolifique et grand voyageur sont plus obscures. On le retrouva, un matin d'octobre 1764, assassiné devant sa maison. Le mobile du crime — comme le meurtrier — sont restés mystérieux.*

Marc Pincherle a souligné que Jean-Marie Leclair acheva « d'élever l'école française au niveau de l'italienne », et que son œuvre de musique de chambre, longtemps négligée, s'avère « d'une ampleur et d'une qualité nouvelles en France ».

Leclair laisse quatre livres de sonates pour violon seul (1723 à 1743) et une sonate posthume pour violon seul (1767) ; deux recueils de sonates à deux violons sans basse, œuvre III et œuvre XII (1730 et 1747) ; des sonates en trio, œuvre IV (vers 1730) ; un volume d'ouvertures et sonates en trio pour deux violons, œuvre XIII (1753) ; un trio posthume (1766) et deux *Récréations de musique*, œuvres VI et VIII (1737).

L'invention mélodique du compositeur se révèle tout à fait exceptionnelle dans les deux livres de **Sonates pour deux violons et basse, œuvres III et XII**, qu'il fit paraître respectivement en 1730 et vers 1747. Curieusement certaines de ces sonates, particulièrement intéressantes, ne comportent que des mouvements vifs.

Le recueil des **Ouvertures et Sonates en trio pour deux violons avec la basse continue, œuvre XIII**, dédié à Monsieur Doublet, secrétaire du cabinet du roi, date de 1753. Il renferme des pièces originales et des transcriptions d'œuvres du musicien : transcription de plusieurs de ses sonates à violon seul, ou transcription de l'ouverture de son opéra *Scylla et Glaucus*, par exemple.

La **Première Récréation de musique d'une exécution facile composée pour deux violons et la basse continue, œuvre VI**, a été publiée en 1737, à l'époque où Leclair et son rival Guignon se disputaient la direction de la Musique du roi. Œuvre de divertissement légère et aimable, elle est construite comme une suite, — avec une ouverture de type français et plusieurs mouvements de danse : forlane, menuets, gavotte, passepieds, sarabande, chaconne. La **Deuxième Récréation de musique d'une exécution facile pour deux flûtes ou pour deux violons et la basse continue, œuvre VIII**, est contemporaine de la précédente. Elle reprend à peu près le même schéma, avec un léger et gracieux *Badinage*.

Les quatre Livres de sonates à violon seul et basse continue

Le **Premier Livre de sonates à violon seul avec la basse continue** reçut un privilège du roi en 1723. Leclair le dédia à Joseph Bonnier, financier puissant et riche, Trésorier général des états du Languedoc, et son protecteur. Il logea d'ailleurs chez lui pendant un temps, rue Saint-Dominique à Paris. Ce Livre, qui réunit douze sonates, s'ouvre par un *Avertissement* dans lequel le compositeur s'explique sur ses chiffrages et sur les doigtés qu'il a tenu à préciser dans les passages difficiles.

Le **Second Livre de sonates pour violon et pour la flûte traversière avec la basse continue** fut vraisemblablement publié vers 1728. Comme le précédent, il est dédié à Joseph Bonnier, — devenu, comme l'indique la page de titre du recueil, Monsieur Bonnier de la Mosson, Maréchal général des Logis des camps et armées du roi. Dans son *Avertissement*, Leclair avoue que le succès remporté par son premier Livre l'a fortement encouragé à écrire une nouvelle série de douze sonates. Il ajoute : « J'ai pris soin de composer ces sonates à la portée des personnes plus ou moins habiles, puisque la plupart peuvent se jouer sur la flûte allemande. »

Le **Troisième Livre de sonates à violon seul et basse continue** est dédié au roi. Comme le titre général l'indique, Leclair était alors ordinaire de la Musique de la chapelle et de la chambre du roi.

Le **Quatrième Livre de sonates à violon seul et la basse continue, œuvre XI**, parut en 1743. La dédicace s'adresse « à son

Altesse royale Mme la princesse d'Orange», au service de laquelle Leclair travailla en 1743, — année de son séjour en Hollande. L'ensemble est introduit par un *Avertissement* qui rappelle maintes préfaces de François Couperin : Leclair laisse en effet des indications précieuses sur la manière de bien jouer ses œuvres... «Tous ceux qui voudront parvenir à exécuter cet ouvrage dans le goût de l'auteur doivent s'attacher à trouver le caractère de chaque pièce, ainsi que le véritable mouvement et la qualité de son qui convient aux différents morceaux.»

Les *Sonates à violon seul et basse continue* sont généralement construites en quatre mouvements, lent-vif-lent-vif, plus rarement en trois mouvements. Le mouvement lent des sonates en quatre mouvements est le plus souvent un *Adagio*, parfois un *Andante* ou un *Largo*, ou même un *Grave* dans le style de l'ouverture française (dans la *Sonate VI* du troisième Livre). Ces mouvements sont des pièces sévères, de caractère improvisé (*Sonate III* du Livre I, par exemple), ou beaucoup plus sobres (comme l'*Adagio* de la *Sonate IV* du premier Livre, ou l'*Andante* sur basse de notes répétées de la *Sonate II* du troisième Livre notamment).

Au centre de ces sonates, Leclair place des mouvements de différents genres. Les seconds mouvements peuvent être des allemandes rapides, des courantes, des allegros difficiles techniquement, des vivace de la plus haute virtuosité, des allegros en forme de rondeau à couplets. Les troisièmes mouvements retrouvent des dénominations variées : gavottes, aria, musette (*Sonate VIII* du premier Livre), sarabandes, adagio.

Dans les sonates en trois mouvements, comme dans celles à quatre mouvements d'ailleurs, le dernier épisode est toujours rapide. Leclair lui donne parfois la forme d'une gigue alerte ou d'un menuet au caractère vif, ou bien d'une chaconne (ou *Ciaconna*) avec sa progression caractéristique de couplet en couplet, ou même d'un *Tambourin* (*Sonate X* du troisième Livre).

La mélodie de Leclair est d'une grande clarté, et en même temps d'une extrême variété. On remarquera, en particulier, la pureté, la gravité et la mélancolie des grandes mélodies lyriques de ses mouvements lents. Les allegros et les finales débordent de vie. L'influence italienne se fait alors manifestement sentir. Tel *Allegro ma non troppo* de la *Sonate V* du premier Livre, par exemple, avec sa mélodie fragmentée à l'italienne, s'emplit de cette fougue passionnée que Leclair découvrit outre-monts ; tel autre mouvement rapide présente l'aspect d'un mouvement perpétuel haletant (*Giga prestissimo* de la *Sonate II* du troisième Livre) ; tel autre, enfin, prend la forme d'un véritable petit concerto à l'italienne avec ses thèmes pimpants sur basse continue (allegros de la *Sonate I* du troisième Livre).

Leclair possède un sen aigu de l'ornementation, — sens qu'il développe encore dans le *Quatrième Livre*. Il utilise une variété extraordinaire de figurations décoratives, parfois délicates techniquement. Brillant virtuose, il maîtrise parfaitement les difficultés du violon et manie la double corde avec une réelle dextérité, — dextérité que l'on rencontre dès le *Premier Livre (Gavotta* de la *Sonate IV)*, mais qui s'amplifie dans les Livres suivants : prenons comme exemple l'*Aria gracioso* de la *Sonate IV* du second Livre, entièrement écrite sur un jeu de doubles cordes. Leclair emploie aussi fréquemment, même dans les mouvements rapides, les doubles trilles, les positions délicates, les larges batteries, les arpèges staccato, les sauts, et jusqu'au trémolo de main gauche soutenant la mélodie (*Sonate VI* du quatrième Livre).

Tous les mouvements sont parsemés d'indications de nuances extrêmement précises. La mélodie de l'*Allemanda* de la *Sonate VII* du premier Livre passe successivement du *piano* au *pianissimo* et au *forte*. Dans l'*Adagio* de la *Sonate II* du deuxième Livre, de grands accords de doubles cordes sont ponctués de traits surmontés de la nuance *piano*, tandis que, par contraste, les accords se jouent *forte*. Dans l'*Aria* de la *Sonate VII* du même recueil, Leclair souligne les passages qu'il faut exécuter «tendrement» ou «fièrement». L'*Allegro* de la *Sonate IX* du troisième Livre, qui, en réalité, est un rondeau à deux couplets, abonde en effets *piano*, *un poco forte*, *più forte* ou *pianissimo*.

On remarquera d'autre part certaines assimilations cycliques entre deux mouvements d'une même sonate. Il n'est que de citer les deux *Allegro ma non troppo* de la *Sonate XII* du premier Livre — l'un à quatre temps, l'autre à 6/8 — pour comprendre le lien existant entre les deux épisodes :

Enfin, Leclair dédie certaines de ses sonates à la flûte ou à la viole en même temps qu'au violon. Dans le *Premier Livre*, la *Sonate II* « peut se jouer sur la flûte allemande », et la *Sonate VI* « sur la flûte traversière ». Le deuxième Livre porte d'ailleurs le titre suivant : *Second Livre de sonates pour le violon et pour la flûte traversière.* Les *Sonates I*, *III*, *V* et *XI* de ce recueil sont destinées au violon ou à la flûte. Elles sont plus faciles que les autres, — la flûte ne permettant pas les mêmes prouesses techniques que le violon. La *Sonate VIII* est une sonate à trois pour violon ou flûte, viole et clavecin ou violoncelle, dans laquelle la viole joue un rôle véritablement concertant (*Adagio* et *Allegro assai*, notamment). Dans la *Ciaconna* de la *Sonate IV* du troisième Livre, le musicien ajoute une partie de violoncelle et une partie de clavecin chiffrée.

Dans toutes ces œuvres, Leclair réussit donc « une magnifique synthèse de l'art de son temps : mesure et clarté françaises, fougue, passion italienne, profondeur et science allemandes »*.

A.d.P.

---

* Jean-François Paillard, *la Musique française classique* (Presses Universitaires de France, « Que sais-je ? », Paris 1964).

GUILLAUME LEKEU

Né à Heusy (près de Verviers), le 20 janvier 1870; mort à Angers, le 21 janvier 1894. Celui qu'on a surnommé le « Rimbaud de la musique » (une fièvre typhoïde l'emporta à l'âge de vingt-quatre ans) n'a laissé qu'assez peu d'œuvres achevées. Mais on peut à bon droit poser la question : qu'aurait donc produit, s'il avait vécu, le jeune musicien belge, émule de César Franck, puis de Vincent d'Indy, — et dont la personnalité séduisit tant Eugène Ysaÿe que le virtuose lui commanda une Sonate pour piano et violon, *qui reste au répertoire de tous les violonistes ? Sans doute beaucoup, et sûrement plusieurs chefs-d'œuvre aboutis, — peut-être les fruits d'un authentique génie. La musique de chambre, en tout cas, apporte une réponse sans équivoque : des partitions telles que la* Sonate pour violoncelle et piano *(1888), le* Trio avec piano *(1890), le* Quatuor avec piano *(1893), sans compter la* Sonate *déjà mentionnée (1892), sont plus qu'intéressantes, — abondant en promesses, brûlant toutes d'un feu intérieur très vif, mais très discipliné, et méritant ici chacune son commentaire.*

Sonate pour violoncelle et piano, en *fa* majeur

Cette partition d'assez amples proportions est datée d'avril 1888 ; elle demeura néanmoins manuscrite jusqu'en 1921, lorsqu'enfin Rouart et Lerolle, à Paris, l'éditèrent dans une révision de Vincent d'Indy (ce dernier avait, dès 1910, recomposé la fin de l'œuvre, — la dernière page autographe ayant disparu). Les quatre mouvements ont des prétextes poétiques figurant comme exergue, — les deux premiers placés sous l'invocation de Baudelaire (poèmes des *Fleurs du mal*), le suivant de Thomas de Quincey (*Confessions d'un fumeur d'opium*), le dernier du compositeur lui-même.

1. L'ADAGIO MALINCONICO initial est dans une forme sonate un peu lâche, d'une facture sans doute encore inexpérimentée, — avec double introduction sur une longue phrase plaintive au registre grave du violoncelle, premier thème d'une sombre énergie faisant alterner violoncelle et piano plus décoratif, et second thème présenté au clavier en style choral, le violoncelle enchaînant noblement, toujours dans son registre grave. Développement élargissant notablement le second thème, puis réexposition sur le premier thème exclusivement, — amenant, sur une courte coda, le bref accord final.

2. Le Scherzo qui fait suite est indiqué **ALLEGRO MOLTO, QUASI PRESTO** : une sorte d'« appel » d'abord, — un rythme haché de syncopes et de notes piquées en broderie claire du piano sur les pizzicatos du violoncelle compose un thème varié. Un second thème d'un lyrisme évasif, à peine avoué, constitue l'épisode central, — avant une reprise du thème rythmique en sa complète réexposition.

3. Lento assai, le mouvement lent — jugé par beaucoup le meilleur — est une sorte de grand chant nostalgique aux couleurs orientalisantes, mais dans un registre plus clair du violoncelle enveloppé par le piano, — avec une seconde idée introduite en « clochettes » aiguës du piano ; au cours du développement, épisode fugué remarquablement maîtrisé.

4. Pour conclure, en un bref épilogue, un **Allegro assai**, — que Lekeu a fait précéder des vers d'un de ses propres poèmes : « Tu m'as fait préférer/La douleur de la Nuit à la splendeur du Jour ». C'est cette conclusion inaboutie qui donna lieu à l'intervention de Vincent d'Indy.

Durée d'exécution : 35 minutes environ.

Trio pour piano, violon et violoncelle, en *ut* mineur

Daté de l'année 1890, ce *Trio en* ut *mineur* (publié par Rouart et Lerolle en 1908) paraît s'affranchir des influences franckiste et wagnérienne antérieures, en une intention plus nettement beethovénienne, en un libre épanouissement d'une fraîche personnalité. La composition n'en fut pas moins difficultueuse, et Lekeu ne se montra guère satisfait. Sans doute l'œuvre eût-elle gagné à être un peu élaguée, le discours resserré, soumis à une plus stricte discipline des développements (trop prolixes dans les premier et dernier mouvements).

La prolixité, en effet, s'avère le défaut majeur du mouvement initial, — qui comporte un *Lent* introductif (premier thème, ample, à 3/4), puis un *Allegro* à 2/2, très énergique, présenté fortissimo. Ces deux thèmes nourriront le développement contrapuntiquement. Commentaire du compositeur (lettre à sa mère, mars 1890) : « *Introduction* : la douleur ; une lueur d'espoir, fugitive, chassée par la sombre rêverie qui seule s'épand, dominatrice. *Allegro molto* : il faut donc toujours être en lutte et avec la matière, et avec le souvenir des victoires passagères... » Quoi de plus beethovénien en esprit, mais non dans la réalisation quelque peu incertaine ? Les trois mouvements suivant sont intitulés respectivement *Très lent* (thème mélodique dérivé de celui du *Lent* introductif), *Très animé* (scherzo très syncopé, avec trio médian imprimant au second thème du mouvement initial, qui était à 2/2, un rythme à 3/4), *Lent*, lumineux finale, encore trop long sans doute, mais d'une grande richesse harmonique. Œuvre imparfaite, manifestement, mais infiniment attachante en sa sincérité.

Durée d'exécution : 45 minutes environ.

Sonate pour piano et violon, en *sol* majeur

Composée au printemps et à l'été de 1892, l'œuvre coûta au musicien une « peine infinie ». C'est peut-être, cependant, la partition maîtresse de Lekeu, qui, d'ailleurs, remporta un triomphe lors de sa création à Bruxelles le 7 mars 1893, sous l'archet d'Eugène Ysaÿe, son dédicataire (publication en 1907 seulement, par Rouart et Lerolle ; il existe un arrangement pour violoncelle et piano). Il est à noter que l'ordre dans lequel les deux instruments sont mentionnés dans le titre par le compositeur lui-même suggère le rôle qu'il a souhaité donner au piano, — à l'égal de celui du violoncelle*. L'œuvre, maîtrisée dans la forme, exempte des débordements de passion qui affectaient quelque peu les œuvres antérieures (exempte, également, de tout « prétexte » littéraire), trouve un équilibre, une pureté d'expression rares, et parvient à cette fusion peu courante des sonorités des deux instruments qu'elle met en présence. L'unité thématique, en outre, assure non seulement la cohésion formelle, mais crée une sorte de « climat » psychologique constant, nullement préjudiciable à la richesse d'une inspiration pour l'essentiel mélodique.

L'introduction, indiquée **Très modéré**, fait paraître aussitôt un thème que chante le violon, caractérisé par sa chute d'octave initiale (sur la note *ré*) induisant une ligne mélodique sinueuse, longue, fluide, comprise dans un intervalle de quinte, et déterminant, dans la nuance *piano*, un climat un peu nostalgique :

Suit un joyeux **Vif et passionné** dans la forme sonate, — dont le second thème sera confié au piano.

Le mouvement médian est un **Très lent**

* Occasion de rappeler également que la proustienne « Sonate de Vinteuil » doit, en partie, à celle de Lekeu.

à 7/8, — grand lied ternaire qu'ouvre une phrase méditative du violon, *pp*, accompagné au clavier dans un style choral noble et fervent :

Au 7/8 initial succèderont, très librement, un 3/4, un 4/8, un 8/8, alternant dans une partie centrale en mode dorien, et indiquée TRÈS SIMPLEMENT ET DANS LE CARACTÈRE D'UN CHANT POPULAIRE (nous savons aujourd'hui, de par ses irrégularités rythmiques, que ce chant provient à coup sûr du folklore du Pays wallon).

Le finale fera paraître, lui aussi, deux thèmes, — l'un vigoureux, très carré, le second plus lyriquement passionné. C'est une réexposition du thème initial — générateur — de l'œuvre, au violon puis avec le piano, qui constituera la conclusion dans le ton principal, — extrêmement brillante, d'une éloquence drue, juvénile, en ses accords violemment saccadés.

Durée d'exécution : 31 minutes environ.

Quatuor pour piano et cordes, en *si* mineur

Il s'agit de l'œuvre ultime, inachevée, du jeune musicien, — celle à laquelle il consacra le plus de temps et dont il parla le plus souvent. Elle fut entreprise à peine la *Sonate pour piano et violon* terminée. En janvier 1893, Lekeu écrivait : « Mon *Quatuor*, farouche et indomptable, s'allonge de façon inquiétante. Mon piano gémit, hurle et grince pendant la moitié de la journée, épouvanté, sans doute, des accords insolites que je l'oblige à traduire... ». Vers la mi-juillet la première partie de l'œuvre était terminée, et reçut un accueil enthousiaste, en lecture privée, de ses interprètes dédicataires (le Quatuor Ysaÿe et le pianiste Mathieu Crickboom). Lekeu se remit à la tâche à la fin du mois d'août, après quelques jours de vacances à Barbizon. Mais, à partir de décembre, sa santé se détériora : « J'ai trouvé la fin de la deuxième partie de mon *Quatuor*, et tous les thèmes de la troisième. Celle-ci sera bien plus belle que les deux autres ! », déclara le compositeur à son père, dans un moment de répit, aux derniers jours de décembre. Mais peu après — janvier 1894 —, Lekeu mourait et le *Quatuor* restait inachevé. C'est Vincent d'Indy qui dut mettre la dernière main au mouvement lent, sans songer même à réaliser le finale (dont aucune note n'était écrite). L'œuvre forme donc une sorte de diptyque, dont la création se fit le 1er février 1896 à la Société Nationale, à Paris, avec l'ensemble Ysaÿe (c'est Debussy qui voulut tenir lui-même la partie de piano)* ; elle fut publiée par Rouart et Lerolle en 1909.

Hanté par un idéal de perfection — Beethoven constituant le modèle absolu —, Lekeu tente, dans son *Quatuor*, d'innover une forme vraiment personnelle de musique de chambre, forme qui requiert une unité musicale essentielle entre les différentes parties. Chaque instrument doit également concourir à cette unité sans être jamais subordonné aux autres, sans être jamais réduit au simple accompagnement. Ainsi le compositeur en vint-il à tracer un « programme » justifiant ses préoccupations : « La première partie de mon *Quatuor* est pour moi le cadre de tout un poème de cœur où mille sentiments se heurtent, où aux cris de souffrance succèdent de longs appels au bonheur,... où des cris d'amour succèdent au plus morne désespoir, cherchant à le dominer comme l'éternelle douleur s'efforce d'écraser la joie de vivre... Comme la seconde partie indiquera l'amour comme source de cette douleur, je suis obligé, en travaillant à la première, de songer constamment à la seconde, et de combiner tous les thèmes et dessins en sorte qu'ils puissent totalement s'unir à ceux qui viendront plus tard ».

1. Le premier mouvement — très vaste — est indiqué à la fois DANS UN EMPORTEMENT DOULOUREUX et TRÈS ANIMÉ. Le motif principal, dont l'exposition s'étend sur presque cinquante mesures, est énoncé par le piano sur une attaque véhémente des cordes, *fff* :

Thème — on le voit par cet exemple — d'une force violente, élémentaire, qui dominera tout le discours musical, mais subit d'emblée diverses transformations que se répartissent les quatre instruments. Le second sujet en revanche — dont le piano s'adjuge à nouveau la présentation — est lyrique, tandis qu'une très simple codetta précède le développement. La réexposition a lieu dans l'ordre inverse de l'exposition, et la péroraison provoque, telle une « érup-

* La première publique aurait eu lieu dès 1894, par le Quatuor Crickboom.

tion de l'Etna » selon l'auteur, un éclaboussement torrentiel de notes et d'accords rapides.

2. Lent et passionné, dans le caractère d'un « Nocturne » et d'une « Scène d'amour » selon le compositeur, le second mouvement fait contraste : « absolument calme » d'abord, il laisse ensuite le violoncelle s'épancher avec une très émouvante sobriété, dans un assez faible ambitus d'octave (*Très simplement* et *pp*). L'alto le rejoint; puis cordes et piano développent une polyphonie, merveille de sonorités intimement accordées. Sur une courte cadence harmonique du piano est introduit un épisode plus mouvementé. Mais la conclusion amène l'apaisement, — comme une résignation d'autant plus poignante que nous n'ignorons rien des circonstances de composition de ces pages ultimes.

Durée d'exécution : 25 minutes environ.

AUTRES ŒUVRES

C'est pour mémoire que seront rapidement évoquées trois œuvres de chambre dont aucune ne peut prétendre à l'importance des partitions précédentes.

Un **Molto Adagio** pour quatuor à cordes peut être daté d'octobre 1887 (Lekeu avait alors dix-sept ans) : il prétend illustrer la parole du Christ « Mon âme est triste jusqu'à la mort... » Commentaire de Paul-Gilbert Langevin* : « Si le propos est véritablement inspiré de Haydn, la facture, avec sa mesure à 5/4 et ses curieuses attaques en appogiature sur la note même, est d'une étonnante audace : c'est déjà du Lekeu ! »

Mérite d'être mentionnée par ailleurs une **Méditation** en *sol* mineur pour quatuor à cordes, de mars 1887, — destinée à constituer l'un des six mouvements d'un vaste *Quatuor à cordes en* ré *mineur*. Cette partition ne sera achevée qu'en février 1888 : alors que la *Méditation* aura donné lieu à une audition privée, il semble que le *Quatuor* n'ait jamais été présenté en public dans son intégralité.

C'est de l'année 1891 (sa création à Verviers, en avril) que peut être datée une pièce curieuse pour quintette à cordes, trois trombones et orgue intitulée **Epithalame** : il s'agit, en fait, d'un cadeau de noces musical à un ami, qui, selon Louis Kéfer, renferme « une idée pleine de force, de souffle et de grandeur, à côté de l'extrême douceur, de la félicité complète de la fin ».

Enfin, rappelons qu'on ne néglige pas de jouer aujourd'hui une œuvre beaucoup plus connue : il s'agit de l'**Adagio pour quatuor d'orchestre**, court chef-d'œuvre d'un lyrisme émouvant, à plusieurs égards précurseur du Schönberg de *la Nuit transfigurée*, — dont le commentaire figure, en juste place, dans le « Guide de la musique symphonique » de cette même collection.

F.R.T.

---

* in : *La Revue Musicale*, n° triple 324/25/26 (Éd. Richard Masse, Paris, 1979).

GYÖRGY LIGETI

Né le 28 mai 1923, à Dicsöszentmaron (Transylvanie). Après ses études à l'Académie de Musique de Budapest où il prendra la succession de Kodály en 1950, Ligeti quitte clandestinement la Hongrie à la suite des événements de 1956. Restant peu de temps à Vienne, il est accueilli par Stockhausen à Cologne, et travaille au Studio de Musique électronique, bénéficiant des conseils de Gottfied Michael Kœnig. Il compose ses premières œuvres « occidentales » — dont Artikulation *en 1958 —, puis se tourne résolument vers l'orchestre en donnant avec* Atmosphères *(1961) sa première grande partition instrumentale dans laquelle il perfectionne la « micro-polyphonie » : un statisme fait d'un tissage complexe de voix entremêlées dont la superposition aboutit à des « clusters ». Abordant ensuite le théâtre musical (*Aventures et Nouvelles Aventures, *1962-1965), la musique religieuse (*Requiem, Lux æterna*), Ligeti introduit le style « haché » dans sa musique, — les œuvres suivantes relevant souvent d'une combinaison entre statisme et dynamisme (*Lontano *pour orchestre, 1967-1970,* Concerto de chambre, *1969-1970). Après son opéra* le Grand Macabre *(1974-1977), la produc-*

*tion des années soixante-dix s'oriente de plus en plus vers une harmonie plus claire et une tendance à la mélodie, comme en témoignent les partitions les plus récentes (*Trio pour cor, violon et piano, *1982,* Concerto pour piano, *1984). Ligeti, qui vit à Hambourg où il a enseigné la composition jusqu'en 1989, est incontestablement l'une des figures les plus marquantes de ces quarante dernières années, tout en ayant largement influencé les générations suivantes.*

La musique de chambre dans l'œuvre de Ligeti a ceci de particulier qu'elle ne présente pas une différence de nature fondamentale avec le reste de sa production. Comme plusieurs de ses contemporains tels que Berio ou Boulez, Ligeti envisage la musique de chambre non seulement au travers des archétypes du genre — les deux *Quatuors* en particulier —, mais plus encore dans le sens d'une polyphonie pour ensemble instrumental quelle que soit la formation requise : l'exemple le plus parlant de cet état de fait est constitué par le *Concerto de chambre* pour treize instrumentistes qui, bien qu'utilisant un nombre important de parties, se situe à l'opposé des œuvres compactes pour orchestre (*Atmosphères, Lontano*) : une opposition qui tient plus à la qualité de la texture qu'à une intention stylistique, — la musique de Ligeti se prêtant autant à de vastes formations qu'à des ensembles réduits.

La trajectoire de Ligeti dans sa période occidentale doit être définie par rapport aux moyens et aux esthétiques qu'il découvre en 1957 : l'essor de la musique électronique et les retombées du sérialisme, qui constituent à cette époque les deux grandes préoccupations des compositeurs. Le double apprentissage que Ligeti va entreprendre concernera ces deux domaines, en composant trois œuvres au Studio de Cologne (dont *Artikulation*), et en étudiant les mécanismes sériels sur lesquels il portera un jugement sévère dans son analyse de *Structure Ia* (1959). Cette double expérience est cependant capitale pour la suite de l'œuvre de Ligeti : bien que délaissant rapidement les studios, estimant les moyens insuffisamment performants, il en tirera une expérience importante, à tel point que nombre de procédés appris se trouveront « reconstitués » sur le papier à musique, — et ce dès *Atmosphères*; à côté de cette « écriture électronique », le sérialisme a confirmé chez Ligeti le goût pour ce qu'on pourrait appeler le « très écrit » : quiconque a ouvert une de ses partitions n'a pu manquer d'être frappé par l'extrême précision de la notation, voire de la « sur-notation » qui répond également à son refus de la « forme ouverte ». Les interactions fondamentales entre ces deux domaines conduisent précisément à une forme de « subversion de l'écriture », un canon très complexe pouvant ne pas être audible en tant que tel, — comme c'est le cas dans *Atmosphère* ou dans le célèbre *Lux æterna*.

L'écriture de Ligeti a donné, et donne encore lieu à des malentendus : reposant sur des techniques d'écriture aisément repérables au travers des *procédés* contrapuntiques, on réduit trop souvent l'analyse d'une de ses partitions à ces mêmes procédés. Il est probablement plus essentiel de s'interroger sur la nature même de ce contrepoint, s'agissant pour le compositeur d'utiliser le contrepoint en tant que *moyen* au service de son esthétique : c'est là le sens de la « micropolyphonie », déjà en germe chez Bartók et que Ligeti va considérablement développer. L'écriture, chez Ligeti, est fondamentalement dépendante du résultat sonore qu'il cherche à obtenir.

Parti de l'écriture compacte des « clusters », Ligeti va affiner son style en donnant de plus en plus d'importance au critère de la « mélodie » qu'il a réintégrée progressivement — après l'avoir délibérément gommée dans les œuvres du début des années soixante —, en particulier dans ses partitions les plus récentes (*Études* pour piano, *Trio* pour cor, violon et piano, ou les *Fantaisies* d'après Hölderlin pour chœur). Le double corollaire de cette renaissance de la mélodie — qui est nettement perceptible dès le *Concerto de chambre* —, concerne d'une part l'aération de la texture, d'autre part la réapparition d'une forme de notion thématique qui porte avec elle des réminiscences parfois tonales. Il n'y a donc pas de véritable cassure stylistique chez Ligeti, mais, au contraire, une évolution que l'on peut reconstituer aisément.

Ove Nordwall, auteur d'une des principales études sur Ligeti*, a dressé le catalogue, ou plutôt deux catalogues de son

* *György Ligeti, Eine Monographie* (Schott, 1971).

œuvre : le premier concerne les partitions de la période « hongroise », entre 1944 et 1956, et ne mentionne pas moins de soixante-quatorze numéros parmi lesquels on peut essentiellement relever, à côté de nombreuses œuvres chorales, les *Bagatelles* et le *Premier Quatuor* commentés ci-dessous, et mentionner une *Sonate* pour violoncelle seul (1949-1953) qui reste d'un intérêt documentaire. Quant à la période « occidentale », on citera, outre le *Deuxième Quatuor* et les *Dix Pièces* pour quintette à vent, une courte partition intitulée *Fragment* (1961) pour onze instruments au registre grave — contrebasson, trombone basse, tuba, harpe, piano, clavecin, trois contrebasses et deux percussions — écrite en un hommage non dénué d'ironie à Alfred Schlee, directeur de Universal Edition.

Six Bagatelles pour quintette à vents

Composées en 1953, les *Six Bagatelles* — qui portent le *n° 65b* dans le catalogue de la première période dressé par Nordwall — n'ont été créées que le 6 octobre 1969 à Södertälje (Suède) par le quintette à vent de l'Orchestre Philharmonique de Stockholm. La partition est, en fait, une réécriture de six des onze pièces — *nos 3, 5, 7, 8, 9* et *10* — de *Musica Ricercata* pour piano (1951-1953), un recueil dont Ligeti venait déjà de tirer une nouvelle version de la onzième pièce, *Omaggio a Frescobaldi*, pour orgue (1953).

Bien que très diatoniques dans l'ensemble, les *Bagatelles* sont encore très marquées par Bartók (la cinquième, la plus chromatique, est dédiée à sa mémoire), avec en particulier les combinaisons majeur-mineur, et les ostinatos rythmiques. Les six pièces retenues répondent à une succession entre des mouvements lents (*n° 2* et *5*) encadrés par des mouvements légers et brillants qui conviennent parfaitement au nouveau support instrumental. Assez peu prémonitoires du style à venir de Ligeti — comme l'est par exemple la première pièce non transcrite de *Musica Ricercata* —, si ce n'est dans la façon d'individualiser chacune des pièces par rapport à une préoccupation compositionnelle, les *Bagatelles* n'en forment pas moins un ensemble très réussi et abordable instrumentalement, — restant sans commune mesure avec l'extrême virtuosité des *Dix Pièces* écrites pour le même effectif en 1968 (voir plus loin).

Durée d'exécution : environ 11 minutes.

Quatuor à cordes n° 1

Écrit en 1953-1954, et créé à Vienne par le Quatuor Ramor le 8 mai 1958, le *Premier Quatuor* constitue l'œuvre la plus intéressante de la période « hongroise » de Ligeti (*n° 70* dans le catalogue de Nordwall). Sous-titrée « Métamorphoses nocturnes », la partition a été longtemps retirée par le compositeur avant qu'il n'accepte de la réinscrire à son catalogue dans les années soixante-dix. Composé en un seul mouvement, le *Quatuor* se développe à partir d'une courte cellule de deux secondes majeures ascendantes reliées par un demi-ton descendant, c'est-à-dire un intervalle diatonique en conflit avec un intervalle chromatique : formule typiquement bartokienne qui, associée à un contrepoint imitatif serré servi par une « pression rythmique » intense, renvoie directement au *Quatrième Quatuor**, — l'une des œuvres de référence pour Ligeti à cette époque. Le déploiement de cette cellule au travers de nombreuses « métamorphoses » induit une forme en diverses sections enchaînées, de caractères très différents — jusqu'à l'inclusion d'une valse —, et aboutissant à la « diatonisation » finale du motif principal (deux tierces mineures encadrant la seconde mineure).

Le traitement instrumental, qui tient autant de Bartók que du Berg de la *Suite lyrique* — l'une des rares partitions que Ligeti ait pu lire en Hongrie —, est en grande partie celui d'un quatuor utilisé en masse orchestrale, chargé de « clusters », avec les glissandos et autres procédés lus chez les grands prédécesseurs mentionnés. Bien que très marqué par cet héritage, le *Premier quatuor* représente un aboutissement dans le premier style de Ligeti, et n'en est pas moins révélateur d'une très forte personnalité qui ne pouvait que s'épanouir au contact d'une autre musique.

Durée d'exécution : environ 22 minutes.

Quatuor à cordes n° 2

Écrit de mars à juillet 1968, et créé par le Quatuor Lasalle — dédicataires de l'œuvre — le 14 décembre 1969 à Baden-Baden, le *Deuxième Quatuor* intervient dans une période de création particulièrement féconde puisqu'il se situe au centre d'une concentration de chefs-d'œuvre avec *Lontano* pour orchestre (1967), les deux *Études* pour or-

* Voir l'œuvre, à *Bartók*.

gue, le célèbre *Continuum* pour clavecin, les *Dix Pièces pour quintette à vent*, *Ramifications* pour douze cordes, et le fameux *Concerto de chambre* (1969-1970). Quatorze ans après le *Premier Quatuor*, celui-ci est l'une des rares œuvres de la période occidentale de Ligeti à faire appel à une formation constituée.

Dans ses entretiens avec Josef Häusler, publiés par Nordwall*, Ligeti a précisé à quel point il a tenu compte de la tradition du genre pendant la composition — les *Quatuors* de Beethoven en particulier —, s'attachant surtout à des partitions « telles que la *Suite lyrique* de Berg, les *Quatrième* et *Cinquième Quatuors* de Bartók, et les quatuors de Webern — tout particulièrement les *Bagatelles* — qui étaient mes points de repère ». Ces références, pour la plupart aisément identifiables, sont moins présentes dans la partition à l'état de citations que d'*allusions* en forme d'hommage : de la *Suite lyrique*, hormis la préoccupation du timbre avec la diversification des modes de jeu, on trouvera des « gestes » qui en sont directement issus, — par exemple dans la façon de noter rythmiquement un *accelerando-ritardando* au début du troisième mouvement (début du *Largo desolato* chez Berg), ou comment le quatuor « s'effiloche » avant de disparaître à la fin du même mouvement (fin de la *Suite lyrique*) ; de Bartók, Ligeti a retenu la combinaison entre chromatisme et diatonisme, qui définit ici la trajectoire du *Quatuor* du premier au dernier mouvement, ainsi que dans la manière d'aboutir à des « clusters » par le biais du contrepoint (Bartók, début du *Quatrième Quatuor*) ; de Webern enfin, on retrouvera le souci d'organisation autour du total chromatique recréé par complémentarité entre les diverses parties, tel qu'il est présent dans la *Cinquième Bagatelle* par exemple, et appliqué ici en particulier dans le premier mouvement :

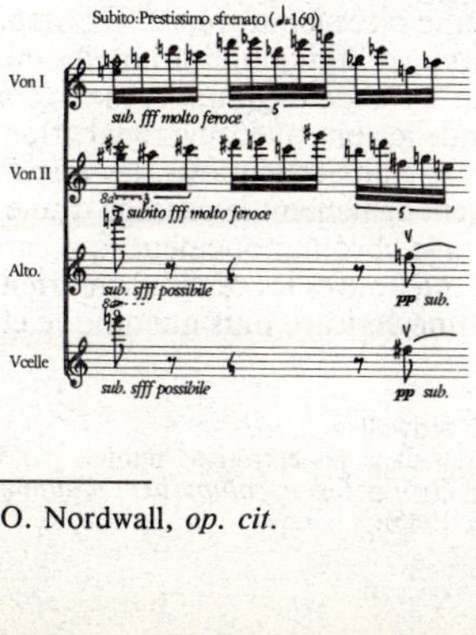

* O. Nordwall, *op. cit.*

Sans refaire nécessairement l'historique du quatuor jusqu'à celui-ci, il est difficile de ne pas citer Beethoven et notamment le *Seizième Quatuor op. 135* dont le second mouvement *Vivace*, présentant un cas de déstabilisation rythmique remarquable — il s'agit véritablement d'un « mécanisme détraqué » — n'a pas manqué d'attirer l'attention de Ligeti. Il faut enfin citer l'influence d'une œuvre comme *Farben (Cinq pièces pour orchestre op. 16)* de Schoenberg, par le recours à des procédés contrapuntiques affectant le timbre comme le canon sur les modes de jeu du second mouvement.

Quant à l'écriture instrumentale, elle est rendue complexe d'abord par les polyrythmies très élaborées à partir de canons (premier et troisième mouvements), ensuite par les types de timbres demandés, toujours notés avec une grande précision, et concernant les harmoniques — voire doubles harmoniques dans le dernier mouvement —, les différentes techniques d'archet (trémolos, sur la touche, sur ponticello, flautando, con legno) dans les deuxième et quatrième mouvements, ou encore les multiples façons de produire les pizzicatos (avec la main gauche, avec l'ongle, ou des formes approchantes comme « taper sur la corde avec le bout du doigt ») dans la partie centrale du second mouvement.

Stylistiquement, le *Deuxième Quatuor* constitue un point de convergence entre la « forme statique » des premières œuvres d'orchestre (*Apparitions, Atmosphères* et *Lontano*) et la fragmentation des œuvres suivantes (*Aventures* et *Nouvelles Aventures*). Alors que ces deux types d'écriture avaient toujours été distincts jusque-là, le *Quatuor* amorce une tentative de fusion qui sera accentuée peu après dans les *Dix Pièces pour quintette à vents* (voir plus loin). Formellement, chacun des cinq mouvements répond à un même schéma en éventail, ouvert puis fermé, partant et aboutissant au même point après être passé par la situation contraire. Voici succinctement les cinq schémas, — avec, à chaque fois, les situations aux extrêmes des mouvements opposées à leur « antipode » centrale : départ et fin sur un son (registre suraigu, *ppp*) opposé au registre très large avec saturation chromatique (*fff*) ; statisme en micro-polyphonie (*pp*) opposé aux événements violents (*fff*) ; pizzicato synchrome en accelerando/ritenuto (*p/pp*) opposé aux archets en désynchronisation (*fff*) ; archet au talon (*fff*) opposé aux sons tenus (*pp*), et diatonisme « mesuré » sur *fa dièse - ré dièse* (*pp*) opposé au chromatisme et à la « cadence » centrale (*ff*).

Resitués chacun dans la perspective des œuvres périphériques, les cinq mouvements explorent successivement les changements abrupts (tempos/textures) provenant du « Dies Irae » du *Requiem* dans le premier mouvement, le statisme de *Lontano* à partir d'un unisson progressivement enrichi dans le second (*Sostenuto, molto calmo*), le procédé du « mécanisme détraqué » issu des « Horloges démoniaques » des *Nouvelles Aventures* dans le *Come un meccanismo di precisione*, le style haché et violent dérivé des *Aventures* — avec un clin d'œil au *Sacre du printemps* selon l'auteur — dans le *Presto furioso*, et le flot ininterrompu du modèle répété du type *Continuum* dans le finale (*Allegro con delicatezza*), que l'on retrouvera dans *Ramifications* et dans la deuxième *Étude pour orgue* « Coulée » (1969). Signalons enfin que la plupart des éléments concourant à individualiser chacun des mouvements réapparaissent dans le cinquième, — qui constitue ainsi le point d'aboutissement de toute la partition.

Chef-d'œuvre exceptionnel, le *Deuxième Quatuor* résume à lui seul l'ensemble de l'écriture de Ligeti des années soixante, — ne trouvant d'équivalent que dans le *Concerto de Chambre* (1969-1970) ; il s'impose comme l'un des quatuors les plus remarquables depuis 1945, avec ceux de Carter, Ferneyhough, ou Boucourechliev, et prouve, s'il le fallait encore, combien le genre est susceptible de se renouveler.

Durée d'exécution : environ 21 minutes.

Dix Pièces pour quintette à vents

Composées d'août à décembre 1968 peu après le *Deuxième Quatuor*, les *Dix Pièces* ont été créées par les dédicataires, le Quintette à vent de la Philharmonie de Stockholm, le 20 janvier 1969 à Malmö (Suède). Comme le *Deuxième Quatuor* semble répondre au *Premier* à près de quinze ans d'intervalle, les *Dix Pièces* font elles-mêmes écho aux *Bagatelles* pour la même formation (flûte, hautbois, clarinette, basson et cor). La diversité instrumentale est également obtenue par la multiplication des instruments de la même famille, comme l'usage de la flûte en sol (pièces *n° 1* à *3*) et du piccolo (*n° 9* et *10*) parallèlement à la flûte (*n° 4* à *8*), de même que le hautbois (*n° 6-7* et *9-10*) cède la place au cor anglais (*n° 1* et *2*) et au hautbois d'amour (*n° 3*). Chacune des pièces est également caractérisée par un effectif, — avec les formations en trio (*n° 4* et *9*) ou quatuor (*n° 5*), seules flûte(s) et clarinette participant aux dix morceaux —, certaines d'entre elles, les pièces paires, étant consacrées à un instrument soliste, la clarinette (*n° 2, Prestissimo minaccioso e burlesco*), la flûte (*n° 4, Prestissimo leggiero e virtuoso*), le hautbois (*n° 6, Presto staccatissimo e leggiero*), le cor (*n° 8, Allegro con delicatezza*), et le basson (*n° 10, Presto bizzaro e rubato*). À la lecture de la correspondance de Ligeti publiée par Nordwall*, on peut voir que l'ordonnance générale des pièces a été remaniée plusieurs fois, — l'ensemble étant délimité par une « introduction » et « une sorte de finale » (actuellement les *n° 1, Molto sostenuto e calmo*, et n° 5, *Presto staccatissimo e leggiero*), et les septième et neuvième pièces (*Vivo, energico* et *Sostenuto stridente*) étant qualifiées d'« Intermezzo ». Quoi qu'il en soit, c'est l'idée d'alternance — régulière dans la version définitive — entre des ensembles et des pièces avec soliste, que Ligeti a qualifié de « micro-concerto », qui domine.

Ces dix miniatures quasi-weberniennes — la plus courte dure trente secondes — explorent l'idée d'un renouvellement du répertoire basé sur des types musicaux : « Ce répertoire n'était ni purement rythmique ni mélodique ou harmonique, il s'agissait de types de gestes musicaux. J'avais fait une liste de tous ces types de "gestes", je ne me souviens plus du nombre exact, il y en avait environ trente. Les dix mouvements de cette composition ont été développés à partir de ces types, mais la répartition changeait d'un mouvement à l'autre. Dans certaines pièces (comme la neuvième) on trouve un seul type, et dans d'autres on trouve dix types différents (comme dans la huitième). J'ai également combiné les types (de geste, de mouvement, de caractère) d'une manière différente d'une pièce à l'autre. »** Poursuivant la démarche d'individualisation des mouvements du *Deuxième Quatuor*, mais, comme on vient de le voir, avec une répartition plus éclatée des traits dominants, les *Dix Pièces* constituent également le passage d'une écriture saturée chromatiquement, qui caractérise presque toutes les œuvres antérieures à 1968, à une écriture plus mélodique et dia-

* O. Nordwall, *op. cit.*

** Ligeti dans ses entretiens publiés par Pierre Michel, in *György Ligeti, compositeur d'aujourd'hui* (Minerve, 1985).

tonique : toute l'évolution future du langage de Ligeti doit être envisagée à partir des deux œuvres de musique de chambre de l'année 1968.

L'ensemble des dix pièces, que le compositeur a qualifié de « forme kaléidoscopique », est également à mettre en corrélation avec la lecture que Ligeti a faite d'*Alice* de Lewis Carroll — dont une citation tirée *De l'autre côté du miroir* est donnée en exergue final à la partition —, et dont il a retenu la façon de passer abruptement d'un sujet à un autre : une attitude qui relève autant de l'humour que de l'ironie, — comme en témoignent les formulations de certaines indications de tempo. Pièces brillantes et hautement virtuoses — seule la troisième est un véritable *Lento* —, qui ressortissent autant au domaine concertant qu'à celui de l'étude, elles passent en revue l'ensemble des difficultés instrumentales (vélocité, registres délicats, staccato, trilles, etc.), et occupent une position privilégiée dans un répertoire abondant bien que rarement d'une telle qualité.

Durée d'exécution : environ 13 minutes.

Trio pour cor, violon et piano

Composé en 1982, le *Trio* a été créé à Hambourg-Bergedorf le 7 août de la même année par Saschko Gawriloff (violon), Hermann Baumann (cor), et Eckart Besch (piano). Dédié à Brahms, le *Trio* reprend la formation et la division en quatre mouvements du *Waldhorn-Trio op. 40* du compositeur hambourgeois. L'œuvre, qui a fait couler beaucoup d'encre, ne peut être envisagée sans avoir été située par rapport aux précédentes partitions de Ligeti, particulièrement dans le sillage du *Grand Macabre* (1974-1977) et des pièces pour clavecin, *Hungarian Rock* et *Passacaglia ungherese* (1978). Comme l'a noté Paul Griffiths*, toutes ces œuvres ont en commun une harmonie considérablement épurée par rapport aux partitions antérieures de dix ans, à base de consonances (tierces et sixtes), ainsi que le recours à la passacaille (finale du *Grand Macabre*, — soit en tant que procédé formel (quatrième mouvement), soit dans l'esprit avec l'idée de répétition qui marque les trois derniers mouvements.

Comme le *Trio* de Brahms, celui de Ligeti débute par un *Andantino* (*con tenerezza*, « avec tendresse »), avec prédominance du cor et du violon, ponctués par le piano dans une première section qui réapparaîtra plus ou moins textuellement après la section centrale basée sur des polymétries entre les trois instruments : on retrouve donc, jusque dans le plan formel, l'empreinte du *Trio* de Brahms, — ce que Ligeti interprète moins comme une récupération que comme une « allusion » stylistique, ainsi qu'il l'a beaucoup pratiquée dans les années soixante-dix (voir le *Selbsportrait* des trois pièces pour deux pianos de 1976 « dans les styles de » Reich, Riley et Chopin, ou le « clin d'œil » aux Beatles dans le *Hungarian Rock*).

Le *Vivacissimo molto ritmico* procède directement du même *Hungarian Rock*, et annonce plus encore la *Quatrième Étude* pour piano (« Fanfares », 1985), par l'ostinato ininterrompu de la main gauche du piano — une échelle ascendante en subdivision rythmique de 3 + 3 + 2 croches —, qui sera pris aussi par les autres instruments, et sur lequel se greffent des lignes reposant sur un autre découpage rythmique. Le mouvement se veut stylistiquement un pastiche de danse populaire inventée, ou résultat d'un amalgame entre plusieurs cultures, — tout comme le « cha-cha-cha » et le « ragtime » avaient donné lieu à une dérivation dans la troisième scène du *Grand Macabre*.

Le troisième mouvement, *Alla Marcia*, oppose les deux sections extrêmes, qui sont équivalentes formellement, écrites pour piano et violon, à la section centrale d'un autre caractère, un « trio », — dans laquelle participe le cor. Comme dans le mouvement précédent, la musique dépend d'une formule rythmique répétée qui irrigue tout le duo initial et final. Le *Lamento*, *Adagio* qui conclut la partition est une passacaille lancinante progressant en *crescendo* jusqu'au sommet d'intensité, suivi par une longue coda dont le caractère lunaire est rendu par l'écartèlement des registres (cor dans l'extrême grave, violon en harmoniques) dans une musique décharnée qui s'évanouit lentement.

Oscillant entre l'ironie, la tendresse et le dramatisme, le *Trio* se situe effectivement dans le prolongement des préoccupations de Ligeti. Tout comme il est commode d'identifier, pour les œuvres de jeunesse d'un compositeur, les éléments prémonitoires du style de la maturité, de même il peut paraître sécurisant de replacer une œuvre dans le sillage des précédentes. Ce *Trio* n'en marque pas moins une nouvelle étape dans la production de Ligeti, — ce qu'ont déjà confirmé les *Études* ou le *Concerto pour piano*.

Durée d'exécution : 22 minutes environ.

A.P.

* P. Griffiths, *György Ligeti* (Robson Books, 1983).

PIETRO LOCATELLI

Né à Bergame, le 3 septembre 1695 ; mort à Amsterdam, le 30 mars 1764. Il étudia à Rome, où il se trouvait dès 1711. On a longtemps pensé qu'il avait été l'élève de Corelli, mais cette assertion est aujourd'hui très discutée, — d'autant plus que Corelli mourut en 1713. Jusqu'en 1723, Locatelli se produisit souvent à Rome comme virtuose du violon, et sa renommée ne tarda pas à s'étendre. Nommé musicien du prince de Hesse-Darmstadt en 1725, il se rendit à Venise pour y donner des concerts qui remportèrent un immense succès. Deux ans plus tard, il était à la cour de Bavière, puis, en 1728, il accompagna l'Électeur de Saxe à Berlin où il se fit entendre devant le roi de Prusse. Au cours de ses voyages, il eut également l'occasion de rencontrer un autre grand violoniste, Jean-Marie Leclair, — avec lequel il se produisit au concert. Installé définitivement à Amsterdam en 1729, il devint l'un des animateurs de la vie musicale de la ville : il y donna des leçons, fonda un ensemble de musiciens amateurs, publia ses œuvres à ses frais, collabora avec les éditeurs Roger et Le Cène à l'édition d'œuvres italiennes. Reconnu par ses contemporains comme un violoniste virtuose exceptionnel, il est parfois appelé aujourd'hui le « Paganini du XVIIIe siècle ». Il eut toutes les audaces et toutes les extravagances de Paganini. Son ami, l'éditeur Le Cène, a pu dire de lui qu'il était « habile dans son art et homme de mérite et distingué dans son conduit ». Exclusivement instrumentale, l'œuvre de Locatelli se compose de concertos, de sonates en trio, de sonates pour violon et pour flûte, et de caprices pour violon.

À la fois brillante et élégante, la musique de Locatelli est pleine d'ardeur. Ne disait-on pas, autour de lui, qu'il jouait avec tant de flamme qu'il lui arrivait de casser quelque douze violons par an. S'il ne recule devant aucune audace technique, Locatelli sait aussi être un mélodiste remarquable.

Il aborda la musique de chambre avec un livre de douze **Sonates pour flûte traversière et basse... op. 2** publié par ses soins à Amsterdam en 1732. Ces sonates sont caractéristiques du style aimable de la musique italienne du XVIIIe siècle. La majorité d'entre elles relèvent encore du genre de la sonate d'église en quatre mouvements. En ouverture, Locatelli place généralement un mouvement lent harmoniquement bien rempli, où une belle mélodie de flûte se déploie sur une basse continue italienne. Quelques traits de virtuosité remarquables (*Andante* de la *Sonate IX*) ou d'intéressants passages canoniques (*Largo* de la *Sonate XII*) ne sont pas absents de ces introductions lentes. Le second mouvement est une page rapide ou modérée de structure très italienne, proche de la manière de Vivaldi (*Allegro* de la *Sonate VI*). Les épisodes lents centraux peuvent se jouer *cantabile* (*Sonate VIII*), ou prendre l'aspect d'un canon strict entre flûte et basse (*Largo* de la *Sonate IX*). Un *Presto* ou un *Allegro* à la virtuosité claire conclut avec exubérance. Locatelli mêle ici des éléments expressifs à des effets de prouesse technique.

En 1733, Locatelli publia à Amsterdam l'*Arte del violino... op. 3*, recueil contenant douze concertos et vingt-quatre *caprices* pour violon. Les **Caprices** accumulent les acrobaties les plus périlleuses, au milieu d'une brillante fantaisie italienne. Locatelli apparaît comme le précurseur de Paganini qui, dans ses propres *Caprices*, n'ira pas plus loin. La technique et l'agilité de la main gauche et de l'archet sont poussées à l'extrême par des jeux d'arpèges rapides, d'accords, de doubles cordes, d'extensions, de sauts, de broderies, de bariolages, de brisures, de staccatos sautillés.

Entre 1736 et 1744, Locatelli fit paraître à Amsterdam trois livres de sonates : *Six Sonates en trio pour deux violons ou flûtes et basse continue... op. 5* (1736), *Douze Sonates « da camera » pour violon et basse continue... op. 6* (1737) qui figurent parmi les pages les plus intéressantes du musicien, et **Dix Sonates... op. 8** (1744) divisées en *Six Sonates pour violon et basse continue* et *Quatre Sonates pour deux violons et basse continue*. Celles-ci sont dédiées à Ambraham Croock. Construites en trois ou quatre mouvements, elles commencent toutes par un épisode lent très mélodieux (*Adagio* de la *Sonate II*), tourmenté (*Cantabile* de la *Sonate IV*), ou intensément dramatique

(*Largo* de la *Sonate V*). Cet épisode est généralement suivi par un mouvement rapide à la virtuosité brillante (*Allegro* des *Sonates II, IV, VIII*), dans le style du concerto italien (*Allegro* de la *Sonate X*). Les morceaux qui lui succèdent prennent tour à tour la forme d'un *Presto* avec épisode lent central (*Sonate II*), d'un *Vivace* périlleux (*Sonates III, IV*), d'un Cantabile (*Sonate VII*). Chaque sonate se termine par un mouvement joyeux et entraînant. La *Sonate VI* contient une *Aria di minuetto* avec des variations.

A.d.P.

MATTHEW LOCKE

Sans doute né à Exeter, en 1621 ou 1622; mort à Londres, en août 1677. D'abord élève d'Edward Gibbons, frère d'Orlando Gibbons, à la cathédrale d'Exeter, il collabora à Londres à la composition de « masks » et de diverses œuvres théâtrales, dont la plus connue reste le Siège de Rhodes. *Il écrivit aussi des musiques de scène pour* Macbeth *et pour* la Tempête *de Shakespeare, — où il s'affirma comme un musicien original doté d'un esprit presque romantique. Locke occupa également des postes officiels à la cour d'Angleterre : compositeur de la musique privée du roi et organiste de la reine Catherine. Converti au catholicisme, cet artiste fécond, qui composa pour la cour, pour l'église aussi bien que pour le théâtre, s'intéressa particulièrement aux instruments à cordes pour lesquels il laisse une œuvre importante.*

La musique de chambre de Matthew Locke peut être considérée comme s'inscrivant dans le prolongement du « full consort », — cet ancêtre de notre concert désignant tout ensemble de musique réunissant des instruments de la même famille. Locke écrivit surtout pour les violes et les violons. Dans ses **Duos pour basses de viole** (1652) en quatre suites de trois mouvements, il respecte l'écriture traditionnelle de la viole. Chacune de ces suites débute par deux fantaisies, suivies d'une courante ou d'une sarabande.

The little Consort of three parts (1656), pour trois violes ou violons avec basse continue (pour théorbe ou clavecin), réunit quarante pièces organisées en dix suites. Les cinq premières suites sont écrites pour deux dessus et basse, les cinq autres pour un dessus, un ténor et basse. Toutes comprennent une pavane, un « ayre », une courante et une sarabande. Locke y exploite un style concertant tout à fait intéressant.

Le **Consort « for severall freinds »** regroupe cinquante-quatre pièces pour cordes, divisées en dix suites de trois à sept mouvements de danses (pavanes, « almands », courantes, « ayres », sarabandes, « jigs ») écrites dans onze tonalités différentes, — prétextes pour Locke à la mise en valeur de la dualité majeur-mineur.

Les recueils de **Flatt Consort for my cousin Kemble** et **Consort of Fower parts** sont peut-être les plus attachants de l'œuvre instrumentale de Locke. Le premier des deux recueils réunit vingt-quatre pièces, réparties en cinq suites, où alternent fantaisies et mouvements de danses. Épisodes vifs, lents et contrastés s'y succèdent dans une écriture relativement difficile mais riche de fantaisie. Dans les vingt-quatre pièces, ou six suites de quatre mouvements de danses, du *Consort of Fower* parts, Locke reprend le style de la sonate à trois à l'italienne. La polyphonie y est parfois complexe, l'harmonie toujours variée et le rythme soutenu. Certains passages lents ou chromatiques exploitent l'ambiguïté majeur-mineur.

A.d.P

JACQUES LŒILLET

Baptisé à Gand, le 7 juillet 1685 ; mort à Gand, le 28 novembre 1748. Né dans une famille de musiciens flamands, il fut hautboïste de l'électeur de Bavière, puis de la Chambre du roi Louis XV à Versailles, avant de retourner en 1746 dans sa ville natale où il mourut deux ans plus tard. A la cour de Versailles, il était réputé pour son prodigieux talent sur toutes sortes d'instruments, ainsi qu'en témoigne cet article paru en 1727 dans le Mercure *: « Il commença par le basson, le violon, la flûte allemande, la flûte douce, la flûte à voix, en faisant deux parties et le hautbois. Il passa ensuite derrière un paravent et chanta un motet à quatre parties, accompagné d'un violon et de deux flûtes. »*

L'œuvre de Jacques Lœillet est peu abondante, du moins celle qui nous est parvenue : un livre de *Six sonates pour deux flûtes ou violons sans basse op. 4* publié à Paris vers 1728, un livre de *Six sonates pour flûte ou violon et basse continue op. 5* publié à Paris chez l'éditeur Roussel entre 1728 et 1729, et deux concertos, — l'un pour la flûte, l'autre pour le hautbois.

Les six Sonates (op. 5)

Ces six sonates d'inspiration italienne s'inscrivent généralement dans le cadre de la *sonata da chiesa* — ou sonate d'église — en quatre mouvements : un *adagio*, un *allegro*, un *andante* et un *allegro*, par exemple.

Certaines de ces sonates contiennent des mouvements qui portent des titres français, telle la *Sonate I* en *mi* mineur : un *grave* au rythme d'une allemande, un *allegro* joyeux de type concertant, un second *grave* très chantant, et une *gigue* dont les montées chromatiques s'avèrent du plus heureux effet.

Dans ses mouvements lents, Jacques Lœillet expose tantôt une thématique d'une extrême sobriété, ou d'une sévère majesté, sur une basse chiffrée qui appelle une réalisation harmonique (*Grave* de la *Sonate II* en *sol* majeur), tantôt un contrepoint très riche sur lequel se déploie une longue mélodie à l'italienne chaleureuse et toujours en mouvement (*Adagios* introductifs des *Sonates II* en *sol* majeur et *III* en *sol* mineur).

Les allegros sont de véritables petits morceaux de concerto italien, légers, brillants et spontanés, sur basse continue, dans lesquels la flûte (ou le violon) développe avec une grande liberté d'allure de joyeux dessins de gammes montantes et descendantes, de notes répétées, de sauts d'intervalles disjoints, de traits de doubles croches rapides.

A.d.P.

JEAN-BAPTISTE LŒILLET

Baptisé à Gand, le 6 juillet 1688 ; mort à Lyon, vers 1720. On a souvent établi beaucoup de confusion entre tous les membres de la famille Lœillet, qui ont écrit des musiques assez semblables. Parfois pris pour son cousin dit « Jean-Baptiste de Londres », frère de Jacques Lœillet qui vécut à la même époque, Jean-Baptiste Lœillet résida certainement en France comme semblent le prouver certaines dédicaces de ses œuvres, et c'est vraisemblablement en France qu'il mourut. Quoi qu'il en soit, les diverses étapes de la carrière et de la vie de ce musicien très intéressant demeurent encore obscures.

Jean-Baptiste Lœillet fait partie, au même titre que Michel Blavet ou François Devienne, des grands noms français de la flûte au XVIIIe siècle, — époque particulièrement favorable à un instrument pour lequel l'aristocratie européenne eut un réel engouement.

Son œuvre se compose de quarante-huit

sonates pour une flûte et basse continue réparties en quatre livres de douze *sonates op. 1* (dédiées à Monseigneur de Matignon, évêque de Lisieux), *op. 2*, *op. 3* et *op. 4*, publiés à Amsterdam chez l'éditeur Roger entre 1705 et 1716, et de six *sonates pour flûte, hautbois ou violon et basse continue, op. 5*, parues en deux livres en 1717.

Nobles, équilibrées et mélodieuses, les sonates de Lœillet sont de type corellien, généralement construites comme les sonates d'église italiennes en quatre (ou même cinq ou six) mouvements débutant par une introduction lente. Plus rares sont celles qui s'ouvrent par un morceau rapide (*Sonate VI op. 1* ou *Sonate III op. 2*, par exemple). Quelques mouvements de danses apparaissent cependant çà et là, préfigurant l'ébauche d'une suite de danses (gigue ou gavotte dans l'*op. 1*, allemande, courante, sarabande ou gigue dans les livres suivants). Ils se mêlent aux morceaux traditionnels de la sonate. Jean-Baptiste Lœillet allie volontiers le style italien et la manière française. Ses allegros ou ses vivaces sont de légères pièces concertantes à l'italienne où brille un soliste plein d'allant. En revanche, l'ornementation de ses mouvements lents est essentiellement française.

Dans ses quarante-huit **Sonates pour une flûte et basse continue**, Lœillet s'impose d'emblée comme un grand compositeur. On remarquera l'élégance de ses tournures mélodiques (*Adagio* de la *Sonate V op. 1*, ou *Largo* de la *Sonate VI op. 3*), la richesse de son écriture contrapuntique (notamment dans le dialogue entre la flûte et la basse de l'*Allegro* de la *Sonate XI op. 2*), la brillante vélocité de ses mouvements vifs (*Giga* de la *Sonate V op. 1*, *Presto* des *Sonates VI op. 1* et *III op. 2*), la variété de ses rythmes (rythme presque entièrement pointé de l'*Adagio* de la *Sonate II op. 2*, ou animation en doubles croches et en triolets de la basse de la *Corrente* dans la *Sonate VI op. 3*), enfin le raffinement de ses harmonies chiffrées. Les mouvements lents notés en valeurs longues demandent absolument à être ornés. On notera enfin combien les basses de Lœillet sont équilibrées. Il choisit souvent, d'ailleurs, de commencer ses sonates par deux ou trois mesures de basse seule, totalement indépendantes, énonçant un thème immédiatement repris par la flûte.

A.d.P.

WITOLD LUTOSLAWSKI

Né le 25 janvier 1913, à Varsovie. Il y étudie le piano avec Jerzy Lefeld, puis la composition avec Witold Maliszewski au Conservatoire, — tout en poursuivant des études qui le mènent jusqu'à l'Université en vue d'une licence de mathématiques. De 1932 à 1951, il se fait connaître plus comme pianiste que comme compositeur. Par l'écriture de son Concerto pour orchestre *(1951-1954), il aborde une nouvelle phase de son évolution post-bartokienne qui trouve son achèvement dans la* Musique funèbre pour cordes *(1958) : « Ce que j'ai cherché dans cette œuvre, c'est la combinaison des moyens qui me permette de me mouvoir à l'intérieur de l'échelle des douze sons, en même temps que de sortir du système tonal et de la dodécaphonie conventionnelle... ». En 1961, il utilise la technique aléatoire dans* Jeux Vénitiens. *Le chef-d'œuvre de cette période est la* 2ᵉ Symphonie *(1967), — diptyque juxtaposant deux mondes enchaînés,* Hésitant, *fait de segments courts entrecoupés de silences, et* Direct, *qui part d'un magma sonore utilisant l'ensemble de l'orchestre, puis se disperse après un déferlement s'anéantissant dans l'extrême grave*. En 1970, Lutoslawski compose son* Concerto pour violoncelle *à l'intention de Mstislav Rostropovitch, qui le crée le 14 octobre à Londres. Ensuite Lutoslawski poursuit l'élaboration d'une œuvre essentiellement pour grand effectif, très expressive, qui englobe style polyphonique, recherches de sonorité, et technique aléatoire contrôlée. Devenu le doyen de l'école polonaise*

* Pour cette œuvre considérable dans l'évolution du musicien, voir *Guide de la musique symphonique* (même éditeur).

moderne, il mène une carrière internationale, — répondant à de nombreuses commandes, tout en dirigeant ses œuvres dans le monde entier et en enseignant dans les centres occidentaux. Georg Solti et le Chicago Symphony ont créé sa 3e Symphonie *(1982), — tandis que le* Concerto pour piano *fut donné à Salzbourg par Krystian Zimerman en août 1988. Lutoslawski a inauguré une nouvelle série de partitions, — des* Chains, *œuvres concertantes :* Chain 1, *pour quatorze instruments solistes, dédié au London Sinfonietta (1983) ;* Chain 2, *dialogue pour violon et orchestre, dédié à Paul Sacher (1985) ;* Chain 3, *pour grand orchestre, commande du San Francisco Symphony (1986). Son œuvre de musique de chambre comprend des pièces datant de sa période « polonaise » (1927-1955) :* Trio d'anches *(1944-1945),* Préludes de danses, *dans leur première version pour clarinette et piano (1953). L'œuvre principale demeure le* Quatuor à cordes *(1964). Ont suivi les* Préludes et fugue *pour cordes solistes (1972), puis quelques petites pièces d'hommage. Il faudra attendre la* Partita pour violon et piano *(1984) pour retrouver une pièce instrumentale, qui se métamorphosera lors de son extension « pour Anne-Sophie Mutter » (1986).*

Parmi les pièces de chambre écrites avant 1964, la plus ancienne est une **Sonate pour violon et piano** (1927), timide essai des années d'apprentissage du violon auprès de L. Kmitowa (1926-1932). La première partition significative est le **Trio pour hautbois, clarinette et basson** (1944-1945) ; suivirent les **Quatre Mélodies de Silésie** pour quatre violons, terminées en 1954.

Deux pièces miniatures datent de cette première époque : **Recitativo e arioso** pour violon et piano (1951), qui fait se rencontrer le souvenir de Szymanovsky et un hommage à Bartók ; et une pièce beaucoup plus moderne, **Bucoliques** pour violon et violoncelle, achevée en septembre 1962, et qui forme une sorte de préalable à la composition du *Quatuor à cordes*.

Cinq Préludes de danses

Ces cinq pièces, de 1953, mêlent l'influence de Bartók, l'étude des danses anciennes polonaises comme les acquis de l'écriture pour anches. Ce cycle est d'ailleurs contemporain de *la Chaîne de paille*, suite de mélodies paysannes accompagnées par flûte, hautbois, clarinette et basson, tandis qu'une mezzo-soprano chante des mélodies populaires. La première version des *Préludes de danse* fut pour clarinette et piano, et proposa une stylisation des *fujarka*, *polka*, *piosenka*, etc., mises en scène dans la *Mala Suita* pour cordes (1950-1951). Se succèdent cinq *Préludes* : 1. *Allegro molto* ; 2. *Andantino;* 3. *Allegro giocoso* ; 4. *Andante* ; 5. *Allegro molto*. Lutoslawski transcrivit dès la fin de 1955 ces *Préludes* pour petit ensemble de chambre accompagnant la clarinette, maîtresse du bal, avec cordes, harpe, piano et percussion. Cette suite de *Préludes*, d'après des chants populaires polonais, fut étendue en 1959 à un petit ensemble formé d'un quintette à vents (flûte, haubois, cor anglais, clarinette, basson), ainsi que violon, alto, violoncelle et contrebasse.

Durée moyenne d'exécution : 7-9 minutes.

Quatuor à cordes

« Je l'ai écrit en 1964, suite à une commande de la Radio suédoise. L'œuvre fut créée par le Quatuor LaSalle au Musée d'Art Moderne de Stockholm, le 12 mars 1965. Ce quatuor dure vingt-quatre minutes et se compose de deux mouvements : introduction et mouvement principal. Le mouvement d'introduction s'ouvre sur un récitatif du premier violon, suivi de plusieurs épisodes séparés, c'est-à-dire encadrés par des octaves. Une brève allusion au récitatif initial (cette fois au violoncelle) clôt cette introduction. Le mouvement principal commence par un *furioso*, et son caractère violent domine suffisamment longtemps pour aboutir à une "crise" aux quatre instruments. Suit une sorte de choral, puis une section plus longue, désignée sur la partition par l'indication *funebre*. La fin se joue dans le registre aigu et constitue une sorte de commentaire à ce qui précède. Dans le quatuor, j'ai cherché à développer et à élargir la technique employée dans mes compositions antérieures, *Jeux Vénitiens* et les *Trois Poèmes d'Henri Michaux*, à savoir l'aléatoire contrôlé. Elle consiste à employer le hasard pour qu'il serve à l'enrichissement rythmique et expressif de la musique, sans limiter pour autant le plein pouvoir du compositeur sur l'œuvre dans sa forme définitive. »

D'autre part, en avant-propos — et avertissement — de la partition imprimée (PWM, Varsovie, et Chester, Londres), Lutoslawski a noté : « Le tempo n'est établi que de manière approximative, et il en va de même pour toutes les valeurs rythmiques. Chaque instrumentiste doit jouer sa partie comme s'il était soliste. Les transitions rapides (*accelerando* et *ritardando*) n'affectent que l'un ou l'autre des interprètes, et doivent donc s'effectuer dans une indépendance totale vis-à-vis des partenaires. Comme la résultante verticale n'est pas totalement fixée par la superposition des quatre parties, il ne peut y avoir de partition. »

Ainsi, en 1964, le compositeur a posé un des critères essentiels de la liberté qu'il voulait donner aux interprètes. D'où la difficulté de notation de parties partiellement indépendantes et le fait que le *Quatuor* a d'abord été publié en parties séparées. Pour limiter cette « indépendance » pouvant conduire au chaos, seuls certains fragments proposent une telle liberté de tempo. Des « signes de piste » utilisés successivement par les quatre musiciens balisent la partition et oblige à des « rencontres » : ainsi le premier violon indique au second qu'il a terminé ; ce même second violon doit poursuivre dès qu'il est sûr que le premier violon et alto ont terminé. L'alto doit, de même, annoncer au second violon qu'il a fini. Ces diverses fluctuations temporelles restent enfermées dans une appréciation plus large du temps, — pendant lequel Lutoslawski affirme avoir calculé à l'avance toutes les possibilités de simultanéités verticales des sons de façon à ce que le résultat sonore forme toujours un ensemble logique et cohérent, acceptable par l'auditeur, et particulièrement attractif pour les interprètes qui n'ont, ainsi, jamais l'impression de jouer tout à fait la même œuvre.

Durée d'exécution : 24 minutes environ.

Préludes et fugue

L'œuvre, de 1972, est écrite pour treize cordes solistes, et fut créée le 12 octobre 1972 à Weiz (Autriche), lors du Festival d'automne de Styrie, par les Solistes de Zagreb sous la direction de Mario di Bonaventure. La première audition polonaise fut donnée le 30 septembre 1973, lors de l'Automne de Varsovie, par des solistes de la Philharmonie Nationale sous la direction du compositeur.

Les sept *Préludes* constitutifs sont écrits de telle façon qu'ils s'enchaînent sans césure. Le **PRÉLUDE 1** part de manière aléatoire sur un intervalle de quinte, puis se poursuit sur une note d'appui, un passage pizzicato pour atteindre son point d'incandescence sur un accord fortissimo, répété, de douze sons, précédé d'un glissando, et suivi de pizzicatos, — telle une résurgence du choral de la *Musique funèbre* pour orchestre à cordes de 1958. Le **PRÉLUDE 2** débute ainsi sur trois pizzicatos fortissimo, suivis d'un decrescendo, puis d'arpèges et d'arabesques *arco* (avec l'archet) sur des notes d'appui de plus en plus prolongées. Le **PRÉLUDE 3** débute également sur des pizzicatos donnés fortissimo, — tandis que se constitue une cantilène expressive de par la concentration plus nette des différentes parties ; elle se désintègre peu à peu dans la vague sonore qui s'étale en trémolos et petits ornements. Une mesure de pizzicatos fortissimo semble arrêter le tempo, — qui se poursuit par quelques touches sonores. Le **PRÉLUDE 4** relance peu à peu le tempo en des enchaînements d'accords sur lesquels le premier violon élabore un contrepoint de plus en plus précis. Un bref récapitulatif, mélancolique, est formé d'éléments polyphoniques arythmiques qui s'échelonnent dans l'espace sonore comme autant de couches superposées et indépendantes. Le **PRÉLUDE 5** est un jeu presque dansant entre des grappes de pizzicatos alternant avec des passages solistes de la contre-basse qui « mène la danse », jusqu'à ce qu'une certaine confusion amène le **PRÉLUDE 6**, — épisode quasi-statique, avec des notes tenues qui vont former peu à peu l'élément mélodique d'une cantilène chantée au violoncelle. Une bouffée de folklore bartokien vient authentifier pizzicatos et techniques d'ornementation. Le dernier et **7e PRÉLUDE** est un presto virtuose laissant apparaître des glissandos articulés en quart de ton, — résurgences de la *2e Symphonie* de 1966-1967.

L'immense **FUGUE** est en six parties, — suite de climats où la technique d'écriture de Bach et de Hindemith vient se mêler au climat sinistre de la *Musique funèbre*. Le *cantabile* introductif joue sur des intervalles courts de seconde et de triton. Un contrepoint aléatoire magistral vient soutenir l'apparente incohérence du *grazioso* enchaîné. L'expressionnisme direct mène le *lamentoso*, qui superpose unisson et intervalles disjoints. Le *misterioso* utilise des évolutions en quarts de ton dans ses voix qui semblent osciller autour d'un point d'équilibre tonal jamais atteint. L'*estatico* joue sur l'intervalle de septième et des glissandos en tritons, — préparant le matériau du *furioso* conclusif. Ce dernier semble émerger dans un vaste glissando, pour se clore sur une formule tonale toute simple empruntée au thème initial.

Durée moyenne d'exécution : 36-38 minutes.

Suivent quelques petites pièces instrumentales : les **Variations pour Paul Sacher**, à l'occasion du soixante-dizième anniversaire du chef d'orchestre suisse, pour violoncelle seul (1975), que joue parfois M. Rostropovitch ; et l'**Épitaphe** pour haubois et piano (1979).

Partita pour violon et piano

La partition, écrite en 1984, résulte d'une commande du Saint Paul Chamber Orchestra et de son directeur, le violoniste Pinchas Zukerman, qui en donna la première audition, avec Marc Neikrug au piano, le 18 janvier 1985 à l'Ordway Music Theatre, à Saint Paul (Minnesota).

L'œuvre est formée de cinq mouvements. Trois sont essentiels, — le premier (*Allegro giusto*), le troisième (*Largo*), et le cinquième (*Presto*). Les mouvements intermédiaires sont donnés ad libitum, et forment des interludes. De même, un court épisode ad libitum apparaît avant chaque conclusion des mouvements principaux. Ces derniers s'inspirent, rythmiquement au moins, de la tradition de la partita pré-classique du XVIIIe siècle, la gigue dans le *Largo*, le *Presto* final en référence tant à Bach qu'à Haendel. Sur le plan sonore, la *Partita* appartient aux mêmes génération et ambiance que la *3e Symphonie* et que *Chain* 1 (1983).

Comme fréquemment, Lutoslawski a repris cette *Partita* pour violon avec *piano obligé* et orchestre, pour la dédier à la violoniste Anne-Sophie Mutter (1986). Les parties ad libitum restent néanmoins dans leur formation originale pour violon et piano.

Durée d'exécution : 15 minutes environ.

P.E.B.

BRUNO MADERNA

*Né à Venise, le 21 avril 1920; mort à Darmstadt, le 13 novembre 1973. Ayant commencé très tôt une carrière de chef d'orchestre — enfant prodige dès l'âge de sept ans —, grâce à l'action de la princesse Edmond de Polignac, Bruno Maderna a étudié la composition avec Bustini au Conservatoire de Rome, puis avec Malipiero à Venise, et la direction d'orchestre avec Guarnieri à Sienne. La rencontre avec Hermann Scherchen en 1948 fut décisive, — Maderna se consacrant essentiellement à la création de la musique de son temps. Présent à Darmstadt dès 1951, il diversifia ses activités entre l'enseignement (Darmstadt — où il s'installa en 1963 —, Milan, Salzbourg, Tanglewood), la direction et la composition — il créa le Studio de Phonologie à la RAI de Milan, en 1954, avec Berio. Sa vie consacrée à la musique des autres compositeurs, tant celle d'un Monteverdi — dont il a publié une réalisation de l'*Orfeo *— que celle de ses contemporains, a quelque peu nui à sa propre œuvre, qui n'a pas encore l'audience qu'elle mérite. Sa disparition a donné lieu à des hommages musicaux en particulier de Boulez* (Rituel), *Donatoni* (Duo), *et Berio* (Calmo). *Chef d'orchestre d'une intelligence rare, Maderna est resté, pour tous ceux qui l'ont approché, un homme d'une générosité et d'un dévouement exceptionnels. Sa production compte des œuvres théâtrales* (Hyperion, Satyricon), *un grand nombre de partitions orchestrales, dont* Aura *et* Biogramma *(1972), de la musique sur bande, et plusieurs œuvres importantes de musique de chambre.*

L'œuvre de Bruno Maderna reste encore à évaluer. Non pas « évaluer » d'un point de vue qualitatif, mais bien plus dans le sens d'une découverte qui n'est pas encore accomplie dans le public : Maderna nous a légué un catalogue d'environ soixante partitions, dont trop peu bénéficient de la diffusion qu'elles méritent*.

Il existe un certain nombre de constantes dans l'œuvre de Maderna : constantes instrumentales tout d'abord, — nées de l'amitié entre le compositeur et certains interprètes (Severino Gazelloni, Lothar Faber), avec l'importance des partitions pour flûte (*Concerto*, *Musica*, *Serenata*) et pour hautbois (*Aulodia*, trois *Concertos*), ou les deux réunis (*Grande Aulodia*) ; constantes compositionnelles, ensuite, avec son goût pour les œuvres « ouvertes » qui laissent une part plus ou moins importante d'initiatives aux interprètes : « les "formes ouvertes", "mobiles", sont une aventure nécessaire de la pensée créatrice de notre temps à laquelle on devait logiquement aboutir. Acquisition importante, voire périlleuse, — car cette manipulation de l'imprévisible qui doit conduire à l'éclosion, à la floraison de beautés que le compositeur a voulues multiples et sans cesse nouvelles : à une glorification de la forme donc, et non à sa négation » (Maderna). On retrouvera cette préoccupation fondamentale, qui constitue la base de son esthétique, tant dans les pièces pour instrument seul que dans certains *Concertos* où le chef doit intervenir dans les choix : le compositeur et le chef d'orchestre sont indissociables chez Maderna ; constantes esthétiques, enfin, dans la façon de relier certaines partitions entre elles par une problématique commune, — tout comme le pratique Berio — avec les séries des *Seranata*, des *Dimensioni*, des *Tempo libero* ou des *Concertos*, ou encore les regroupements variables qu'il a réalisés à partir du chef-d'œuvre qu'est *Hyperion* (1964), d'après Hölderlin (*Hyperion I à III* et *Dimensioni n° 4*).

Si l'orchestre est prédominant dans son œuvre, la musique de chambre n'en est pas moins présente avec quelques partitions importantes qui sont présentées ici. Signalons également que Maderna a réalisé des adaptations et orchestrations d'œuvres plus anciennes, — telles que l'arrangement de cinq pièces du *Fitzwilliam Virginal Book* pour orchestre de chambre (*Music of gaity*, 1969), ou celui des *Canzone a tre cori* de Giovanni Gabrieli, qui illustrent pleinement l'éclectisme et les centres d'intérêt du compositeur.

* Il n'existe actuellement qu'une étude — sommaire — de l'ensemble de l'œuvre de Maderna due à Massimo Mila, *Maderna Musicista Europeo* (Einaudi, Turin 1976).

Musica su due dimensioni
(Dimensioni n° 1)

Composée en 1952 pour flûte, cymbales et bande magnétique, la partition a été révisée par l'auteur en 1957 — après la création du Studio de Phonologie de Milan, en 1954, avec Berio — en ne gardant que l'association flûte et bande magnétique. Toutes deux écrites pour Severino Gazelloni qui les a créées (à Milan, le 21 mars 1959, pour la seconde), *Musica su due dimensioni* constitue, historiquement, la première œuvre associant un instrument et une bande. Si la réalisation de la confrontation entre la bande fixée une fois pour toutes et l'instrument *live* est encore assez sommaire, l'idée-même de cette confrontation sera largement exploitée dans les années qui suivent, — comme dans *Différences* pour cinq instruments et bande de Berio (1958) ou *Rimes* pour orchestre et bande de Pousseur (1958-1959). On trouve parfois cette œuvre mentionnée sous le titre de *Dimensioni n° 1*, — Maderna ayant composé successivement *Dimensioni n° 2* (bande à partir d'une voix de femme, 1960), *Dimensioni n° 3* (pour orchestre et flûte soliste, 1963) et *n° 4* (association de *Dimensioni n° 3* et de *Stele per Diotima*, constituant ainsi l'une des versions possibles extraites de *Hyperion*).

Durée d'exécution : environ 11 minutes.

Quatuor à cordes

Écrit en 1955, et créé à Darmstadt le 1er juin de la même année par le Quatuor Drolc, l'unique *Quatuor* de Maderna, dont le titre exact est *Quartetto in due tempi*, est dédié à Berio qui lui dédiera le sien l'année suivante. Composé de deux mouvements, dont le second est le miroir du premier, le *Quatuor* est à replacer dans cette époque où l'on travaillait sur la série « généralisée » à tous les paramètres, et dont l'œuvre de Maderna participe au même titre que le premier cahier des *Structures* de Boulez. Conçu à partir de processus abstraits — dans le même ordre d'idées que le « carré magique » du *Konzert op. 24* de Webern —, il est fondé sur la diversification maximale, en particulier à partir des modes de jeu (*vibrato*, *non vibrato*, etc.) et des intensités extrêmes (de *pppp* à *fff*). L'intérêt du second mouvement reprenant le même texte « en miroir » consistait, pour Maderna, à en proposer une autre orientation en ne réécrivant que les éléments à caractère expressif.

Durée d'exécution : environ 22 minutes.

Les Sérénades

De sa première œuvre intitulée *Sérénade* composée en 1946 (pour dix instruments) à la *Juilliard Serenade* de 1971, Maderna n'a pas écrit moins de cinq partitions portant ce titre. De plus, outre la première citée qui constitue son opus 1, les *Serenades* sont conçues pour des effectifs différents d'une partition à l'autre : *Serenata n° 2* pour onze instruments (1957), *Serenata n° 3* pour bande magnétique (1962), *Serenata per un satellite* pour huit instrumentistes (1969), et *Juilliard Serenade* pour petit orchestre (vingt-deux instruments), qui, ajoutée à *Tempo libero I* (musique électronique), forme *Tempo libero II*.

La **Serenata n° 2**, composée en 1954 et révisée en 1957, est écrite pour flûte, clarinette, clarinette basse, cor, trompette, xylophone et vibraphone (un exécutant), piano et Glockenspiel *(idem)*, harpe, violon, alto et contrebasse. Comme celle de Berio, qui en est exactement contemporaine, cette *Sérénade* tranche singulièrement dans le paysage musical de l'époque dominé par le souci de la structure — y compris dans le choix du titre —, et s'en démarque par la référence stylistique à celle de Schoenberg *(op. 24)*, en particulier par le travail rythmique (notes répétées). Une autre dimension propre à la *Sérénade*, genre italien s'il en est, a été remarquée par le compositeur Giacomo Manzoni, — ce dernier interprétant la mélodie de timbre quasi constante qui parcourt toute la partition comme une allusion au jeu de la mandoline, instrument « obligé » de la sérénade — et qui sera utilisée directement dans la *Serenata n° 4*. Bien que le traitement relève du sérialisme généralisé, la *Serenata n° 2* s'impose par un raffinement et une séduction uniques, et — comme a su le réaliser un Nono avec sa cantate *Il canto sospeso* (1955-1956) — dignes d'un Webern, ... toutefois italien.

Durée d'exécution : environ 12 minutes.

La **Serenata per un satellite** (1969), contemporaine de *Quadrivium* et du *Concerto pour violon*, est écrite pour violon, flûte (prenant aussi le piccolo), hautbois (prenant aussi le cor anglais et la musette), clarinette, marimba, harpe, guitare et mandoline. Dédiée à Umberto Montalenti, directeur à cette date du Centre de recherches spatiales situé à Darmstadt, la partition répond à son titre en se présentant sur une grande page avec un certain nombre de cellules disposées « en apesanteur » : ces fragments, tous entièrement écrits avec les valeurs rythmiques, les intensités et les indications de phrasé, mais sans destination instrumentale, décrivent des diagonales ou des courbes qui semblent graviter autour d'un centre. Écrivant ici l'une de ses œuvres les plus « ouvertes », Maderna précise que les instrumentistes joueront « tous ensemble ou séparés ou en groupes, improvisant en somme, mais ! avec les notes écrites ».

Durée d'exécution : environ 4 à 12 minutes.

Honeyrêves, pour flûte et piano

Maderna avait déjà écrit pour flûte et piano en 1953 avec le *Divertimento in due tempi*, — pièce assez sévère annonçant l'esprit du *Quatuor* qui suivra peu après, et très différente stylistiquement de *Honeyrêves*. Composée en 1961, et créée à la Biennale de Venise le 23 avril 1962 par Severino Gazelloni et Frederic Rzewski, cette courte pièce exploite les instruments de multiples façons, — la partie de flûte, très virtuose, jouant souvent dans le grave, et celle de piano, riche en clusters, étant également jouée en pinçant les cordes avec les doigts ou en les frappant avec une baguette métallique directement sur la table : *Honeyrêves* participe à cette exploration de nouvelles possibilités de jeu qui caractérise ces mêmes années, qui regorgent d'exemples de ce type (le *Per tre sul piano* de Bussotti date de 1959).

Durée d'exécution : environ 6 minutes.

Aulodia per Lothar

Écrite pour hautbois d'amour et guitare *ad libitum* en 1965, et créée à la Biennale de Venise le 9 septembre 1965 par Lothar Faber, cette pièce est à inscrire dans la série d'œuvres destinées au même interprète, avec les trois *Concertos* pour hautbois et orchestre (1962, 1967 et 1973), ainsi que le chef-d'œuvre que constitue la *Grande Aulodia* pour flûte, hautbois et orchestre (1970). Le terme d'*Aulodia*, cher à Maderna, fait référence à une forme idéale de musique instrumentale privilégiant la pureté des lignes. Le hautbois, qui reste l'instrument prédominant pendant toute la pièce, est seul au début et à la fin, la guitare — que Maderna traitera en soliste dans *Y después* en 1972 — n'apparaissant qu'en cours de route et n'intervenant, essentiellement, qu'en tant que ponctuation du discours (parfois avec coups frappés sur la caisse). D'écriture peu virtuose mais délicate, l'*Aulodia* s'inscrit, au même titre que la *Sequenza VII* de Berio, parmi les partitions les plus valorisantes du répertoire récent pour hautbois. Maderna reviendra encore vers l'instrument, dont il exploite toutes les possibilités, avec *Solo* pour hautbois, hautbois d'amour, cor anglais et musette (1971).

Durée d'exécution : environ 9 minutes.

Les œuvres pour instrument seul

Lui-même violoniste de formation, Maderna a écrit *Widmung* et *Pièce pour Ivry* pour violon seul, respectivement en 1967 et 1971.

Widmung (« dédicace » — sans précision d'attribution) a été intégralement repris par l'auteur deux ans plus tard en l'incluant en tant que « deuxième cadence » à la fin de son *Concerto pour violon* : *Widmung* y est réutilisé textuellement avec, toutefois, cinq interventions d'orchestre qui ponctuent le discours, — soit en alternance, soit pendant la fin de la cadence. La pièce sollicite abondamment le registre suraigu, ainsi que les quarts de tons, parallèlement à divers modes de jeu (harmoniques, *pizz.* avec la main gauche), sans que jamais l'aspect virtuose domine : *Widmung* est une longue méditation basée sur l'opposition entre deux extrêmes — l'un intime et contemplatif (noté jusqu'à *ppppp*), et l'autre plus dense et fantasque *(ff)* -, exposés d'abord successivement avant d'être entremêlés dans la dernière section.

Durée d'exécution : environ 10 minutes.

Au contraire de *Widmung*, **Pièce pour Ivry**, dédiée au violoniste Ivry Gitlis, est une forme « ouverte » et se présente en cinq feuillets combinables selon les choix de l'instrumentiste, et dont la durée maximale est fixée à vingt-sept minutes. Les dix-sept sections identifiées par des lettres étant toutes écrites, les multiples interprétations possibles ne consistent qu'en une suite de permutations des sections entre elles, avec parfois des répétitions locales *ad libitum*. *Pièce pour Ivry* requiert les mêmes qualités instrumentales exigées par *Widmung*.

La même année que *Pièce pour Ivry*, Maderna écrivit **Viola (ou viole d'amour)** pour alto, qui relève du même principe de choix dans la forme, et se concentre sur certaines possibilités instrumentales — dont les doubles cordes —, comme Berio avait axé sa *Sequenza VI* sur le trémolo.

A.P.

ALBÉRIC MAGNARD

Né à Paris, le 9 juin 1865; mort à Baron (Oise), le 3 septembre 1914. Après un bref séjour au Conservatoire de Paris (classe de Massenet), il devient, de 1888 à 1892, l'élève particulier de d'Indy. Vers 1897, il est atteint de surdité partielle, ce qui accentue sa misanthropie naturelle. Aussi, en 1904, acquiert-il un vieux manoir à Baron, où il se retire, ne faisant plus que de rares apparitions à Paris. Un concert de ses œuvres, organisé par lui en 1899, avait obtenu un succès sans lendemain, et en 1910 sa Bérénice, *malgré un excellent accueil, n'obtiendra que huit représentations à l'Opéra-Comique. Au tout début de la Première Guerre mondiale, les soldats allemands pénètrent sur son domaine : Magnard meurt en le défendant les armes à la main. On retrouvera son corps carbonisé sous les ruines de sa maison incendiée par les envahisseurs. Ses manuscrits ont presque tous été détruits, et sa dernière œuvre,* Douze Poèmes en musique, *non encore gravée, perdue à tout jamais. Son catalogue ne comporte que vingt et un numéros d'opus, mais on n'y trouve guère d'œuvres secondaires. À l'orchestre, il laisse quatre symphonies, dont les deux dernières sont au nombre des plus fortes de l'école française, et divers poèmes symphoniques; au théâtre, trois opéras, — dont* Guercœur *et* Bérénice *sont les plus importants. Sa musique de chambre se compose d'un* Quintette, *d'un imposant* Quatuor à cordes, *d'un* Trio *et de deux* Sonates.

Quintette pour vents et piano, en *ré* mineur (op. 8)

Le *Quintette* ouvre la production de musique de chambre de Magnard d'une manière singulièrement tardive et comme indirecte. Il n'a abordé aucun autre domaine musical aussi tard que celui-ci, et lorsqu'il s'y hasarde enfin, ayant déjà à son actif deux symphonies et un opéra, c'est avec une formation un peu marginale, à mi-chemin de l'orchestre de chambre, et en évitant encore les instruments à archet, interlocuteurs privilégiés, voire presque exclusifs, dans ce genre de musique. De plus, aucun modèle prestigieux ou intimidant ne se dressait devant lui, avec une formation traditionnellement réservée aux œuvres de demi-caractère ou de divertissement, au surplus presque abandonnée depuis l'époque de Beethoven. L'œuvre suivante de musique de chambre, la magnifique *Sonate pour violon et piano*, ne viendra que huit ans plus tard !

Le *Quintette en* ré *mineur pour flûte, hautbois, clarinette, basson et piano*, composé en 1894, fut créé à Bruxelles, aux concerts de la Libre Esthétique, le 3 avril 1895. D'une formation instrumentale rare (les Quintettes pour vents et piano ne comportent généralement pas de flûte, mais un cor), il séduit par son élan juvénile.

1. Le premier mouvement, **Sombre**, démarre avec emportement par un thème énergique exposé à l'unisson des vents, déroulant son ample courbe, caractérisée par l'altération mineure du deuxième degré (et cette nuance « phrygienne » en accentue le caractère plutôt ombrageux que vraiment sombre) sur la houle impatiente des arpèges du piano :

Après un pont aux rythmes pointés, cette exposition fort brève (et munie de barres de reprise) se termine inopinément en *ré* bémol majeur, à l'issue d'une seconde idée chantée par la clarinette. Modulant enharmoniquement, le développement gagne rapidement *fa* dièse mineur, ton dans lequel se fait une exposition de fugue aux vents sur un sujet dérivé du thème initial, sujet qui se développe ensuite plus librement dans un climat passionné. Puis la deuxième idée est travaillée à son tour, dans un esprit plus intime et plus détendu. Mais voici un ample et puissant *crescendo*, aboutissant à un sommet d'intensité d'une puissance orchestrale. Après un point d'orgue, c'est la réexposition, variée dans le détail, plus contrapuntique, et suivie d'une grande *coda* sereine et calme, telle que Magnard les affectionne, terminant ce premier temps dans la clarté du mode majeur.

2. Le mouvement lent, **Tendre** au relatif *fa* majeur, est plus simple, et peut-être plus original. C'est un triptyque, dont le premier volet, introduit par une sorte de choral au piano seul, ne fait intervenir en plus que la clarinette, en une longue cantilène, sinueuse et expressive. Pour l'épisode central, la mesure passe de 3/4 à 4/4, et le climat change du tout au tout : c'est une sorte de libre récitatif, réservé au piano seul, et s'élevant brièvement à la bouffée de colère d'un *Vif et rythmé*. Ce n'est qu'au cours de la troisième partie, reprise variée et amplifiée de la première, que l'ensemble des instruments intervient enfin. Et l'on termine par le choral du début.

3. Avec le troisième mouvement, **Léger** (à 6/8), on passe en *si* bémol majeur, pour le moment sans doute le plus savoureux, le plus séduisant de ce *Quintette*. Tout d'abord, dans une ambiance agreste et sensuelle, la flûte, pour la première fois à l'honneur, s'épanche en une fraîche mélodie. Mais en guise de trio, voici un extraordinaire solo de hautbois (à 2/4 contre le 6/8, en notes piquées du piano), étrangement « arabe », en *si* mineur (mais avec des quartes augmentées), portant l'indication *nasillard et traînant*. À l'issue de la reprise du *Léger*, son souvenir obsédant viendra nous hanter encore une fois pendant quelques mesures.

4. Le **Finale** intitulé **Joyeux** est le plus long et le plus complexe des quatre morceaux, inscrivant un matériau d'une richesse presque excessive dans le cadre assez lâche d'un rondo-sonate. Le groupe-refrain, prédominant, oppose deux éléments contrastants : une vigoureuse « sabotée » montagnarde, aux rythmes pointés énergiques de gigue rapide, et une mélodie plus chantante, confiée d'abord au basson. Ces deux idées complémentaires sont développées une première fois avant l'arrivée d'un deuxième groupe, en valeurs plus longues, au parfum rustique typiquement « magnardien » avec ses rudes quintes, quartes et septièmes. Le développement terminal de ce morceau voit réapparaître les deux idées du mouvement lent, dont le récitatif central est même repris dans toute son ampleur avec le concours du basson solo, qui n'avait pas encore été à pareille fête. Le thème initial de l'œuvre joue également son rôle dans la péroraison et le *Quintette* se termine dans l'élan jaillissant d'un *ré* majeur tardivement, mais victorieusement atteint.

Durée d'exécution : 34 minutes environ.

Sonate pour violon et piano (op. 13)

Composée entre mars et fin octobre 1901, elle fut créée le 2 mai 1902 à la Salle Pleyel, à Paris, par Eugène Ysaye, son dédicataire, qui la reprit souvent, et Raoul Pugno. Cette page magnifique est l'une des plus parfaites réussites de Magnard. Sans doute n'a-t-il rien écrit avec cette facilité et cet entrain, et pourtant, toujours sans indulgence envers lui-même, il écrivait à Paul Dukas : « L'œuvre est encore trouble. Je n'ai pas encore la pureté de cœur et de pensée qui fait les chefs-d'œuvre. »

Cette *Sonate* est d'une exceptionnelle difficulté d'exécution et la partie pianistique, en particulier, possède la richesse foisonnante d'un grand orchestre. C'est là la raison, de pair avec ses dimensions insolites, de la méconnaissance d'un chef-d'œuvre qui ne demande qu'à vivre.

La tonalité principale et « officielle » de *sol* majeur n'est atteinte qu'à l'issue d'une introduction lente curieusement indéterminée. Et le mode mineur recouvre encore de ses gros nuages la plus grande partie du *Finale*.

1. Le premier morceau (LARGE-ANIMÉ) débute par une sorte d'improvisation rêveuse et nostalgique du violon, que soulignent quelques touches pianistiques discrètes. Mais le violon s'enflamme tout soudain en un *accelerando* passionné, et le clavier intervient avec un grand trait orageux qui nous lance irrésistiblement vers l'action : l'*Animé* démarre sur un thème magnifique de vibrant enthousiasme, large de souffle, d'une virile ferveur :

Bientôt la musique resplendit d'une lumière éclatante et intime à la fois, comme d'un sous-bois printanier où le soleil joue à travers le jeune feuillage. Et l'on comprend que Magnard ait eu la passion de la couleur jusqu'à regretter parfois de ne pas peindre, et que les finesses de la lumière l'aient mis en extase. Ce vaste mouvement se développe sans faille ni faiblesse selon les lois de la sonate à deux thèmes. Un retour de l'introduction précède la péroraison, d'un élan et d'une exaltation qui donnent chaud au cœur.

2. Réservons cependant notre admiration pour le CALME qui suit, l'un des très hauts lieux de la musique française, et l'égal des plus belles pages de Fauré. C'est une page d'infinie tendresse et de passion ardente, qui nous dévoile le fond essentiellement aimant de cet être d'apparence bourrue. Deux thèmes, amples et mélodiques tous deux, alternent et sont soumis à de grandes variations ornementales et amplificatrices dans la plus pure tradition du dernier Beethoven. À deux reprises, la sérénité est troublée par un brusque appel rapide, sorte de cri rauque et farouche au parfum de vieille ballade populaire.

3. Le TRÈS VIF est un SCHERZO d'une intense vitalité rythmique, d'une écriture instrumentale aussi périlleuse que brillante, et qui révèle, sans nulle citation folklorique vraie, cet attachant parfum de terroir que l'on retrouve dans tous les *Scherzos* du compositeur. Fort bref, ce morceau, qui apporte une détente bienvenue à l'auditeur (mais non aux interprètes !) s'enchaîne sans interruption au *Finale*.

4. Ici, les teintes s'assombrissent, pour la première fois nous passons en *sol* mineur, et c'est dans une nostalgique atmosphère d'automne que se déroule l'introduction lente (LARGO). L'ANIMÉ qui suit, malgré son rythme original et bondissant de neuf-huit, conserve lui aussi des teintes crépusculaires, qui s'éclairent à l'entrée d'un second élément confié au piano seul, d'un tempo plus alerte. Le morceau s'inscrit dans le cadre de la forme sonate, avec un important développement fugué du thème principal. Et nous parvenons ainsi à la conclusion sublime, point culminant de toute l'œuvre, d'une lumière consolante et très pure. Magnard, l'« enthousiaste pessimiste », aboutit à l'apaisement dans une vision souriante et résignée de la possibilité d'un monde meilleur. Sa douceur reposante, d'une indicible suavité, est comme une porte ouverte sur l'idéale béatitude.

Durée d'exécution : 51 minutes environ.

Quatuor à cordes en *mi* mineur (op. 16)

Le *Quatuor* occupe une position centrale au sein de la musique de chambre de Magnard. C'est l'un des plus importants du début du vingtième siècle, et sans doute la partition instrumentale la plus décisive de son auteur avec la *Quatrième Symphonie*. Il est néanmoins demeuré dans l'ombre jusqu'à ce jour : à l'époque, il était trop difficile, et seule cette fin de siècle semble prête enfin à assurer à cette partition si complexe et si riche, les interprètes et le public qu'elle exige. Une fois de plus, le *Quatuor* naquit dans la peine et le doute. Magnard le commença en automne 1902, et dès le 19 octobre il écrit au fidèle Ropartz qu'il croit « n'avoir pas la technique nécessaire ». Après l'avoir enfin terminé le 19 août 1903 il conserve encore « le regret de sa témérité ». La création, le 19 mars 1904, souffrit de la qualité d'interprètes visiblement dépassés.

1. Les quatre morceaux ne possèdent aucun thème cyclique commun. Très amplement développé, l'**Animé** initial, simplement intitulé *Sonate* démarre en rafale, par un complexe d'une étonnante tension dissonante, à la polyphonie broussailleuse et enchevêtrée, aux rythmes pointés heurtés, presque chaotiques :

Ce premier groupe présente non moins de cinq idées distinctes, dont seule la dernière consent à se détendre. Le second groupe, mélodique, se déploie avec une ampleur véritablement brucknérienne sur une centaine de mesures, dans la tonalité inattendue de *la* majeur (la sous-dominante majeure). Le développement, en trois volets, s'élance en *fa* mineur, et élabore les éléments du premier groupe en une polyphonie modulante d'une vigueur splendide. On remarque surtout le troisième motif, avec son profil ascendant qui est un « leitmotiv » magnardien (neuvième majeure en deux sauts, quarte, puis sixte, suivie d'une seconde descendante). Au centre de ce développement on trouve une grande zone de calme, « œil de cyclone », autour du second groupe ; puis le troisième volet, plus bref, nous ramène vers la réexposition, qui présente le second groupe en *mi* majeur. Il y a encore un bref, mais énergique développement terminal, sorte de strette sur le thème initial, aboutissant à quelques mesures de *Large*, rappel du dernier élément du premier groupe, sur lequel le morceau se meurt sourdement dans un climat de grise résignation.

2. En guise de Scherzo, Magnard nous offre une **Sérénade**, en 3/8 *Vif* et au ton relatif, *sol* majeur. Ses rythmes virevoltants, capricieux, ailés, sa liberté tonale, se situent tout près du dernier Roussel ! Le trio présente une vigoureuse fugue sur un sujet aux puissantes assises de quintes et d'octaves.

Souvenir du *Huitième Quatuor* de Beethoven ?...

3. Vient à présent un admirable **Chant funèbre** en *ut* mineur (*Largement, sans lenteur*), en forme-sonate comme le mouvement correspondant de la *Sonate pour violoncelle*. Après la procession funéraire voilée de deuil de la première idée, la seconde, plus mélodique, et en deux éléments (le deuxième passe à la mesure à 3/4), s'élève peu à peu vers la lumière. Le morceau entier tire son atmosphère profondément recueillie de la présence diffuse, mais constante, de tournures mélodiques proches du Choral, et aussi de ces solennels tintements de carillon qui sont un autre « leitmotiv » du compositeur. Le développement est peu à peu envahi par l'agitation passionnée des rythmes pointés, et il en demeure quelque chose dans la réexposition, enrichie de somptueuses variations décoratives évoquant le dernier Beethoven, en particulier au moment du retour du thème à 3/4 dans un *ut* majeur d'une céleste luminosité, et à la fin, lorsque le morceau se dissout en plein ciel, en un *pianissimo* impalpable dans l'aigu des instruments, moment de rare béatitude. Assurément, bien qu'il fût persuadé du contraire, Magnard possédait bien « la pureté de cœur et de pensée qui fait les chefs-d'œuvre » !

4. Le **Finale** en *mi* majeur, s'intitule **Danses**, avec l'indication de mouvement insolite *Vif, populaire*. Aux tensions expressives du morceau précédent en succèdent d'autres, rythmiques, contrapuntiques, plus intellectuelles sans doute. La présence d'une barre de reprise indique certes une forme sonate, mais son volet central se présente comme une fugue sur un sujet nouveau. Déjà le premier groupe de l'exposition oppose deux idées, l'une à 3/4, en doubles croches volubiles, l'autre à 2/4, plus mélodique. Le deuxième thème principal chante avec ampleur et passion dans la tonalité inopinée de *la* bémol majeur. Le développement commence bien par des progressions modulantes sur le thème initial, mais bientôt démarre la si singulière fugue, en *fa* dièse mineur, sur un sujet chromatique au mouvement de *Valse* (l'indication est de Magnard lui-même), à mi-chemin entre Reger et Roussel ! La réexposition réunit tous les thèmes autour des dénominateurs communs de la mesure à 2/4 et de la tonalité de *mi* majeur ; mais il y a encore ensuite une strette bondissante à 6/8 et 9/8, précédant la dernière apparition, rayonnante de joie, du thème conclusif de ce *Finale*.

Durée d'exécution : 39 minutes environ.

Trio avec piano, en *fa* majeur (op. 18)

Seul l'*Hymne à Vénus* pour orchestre sépare le magistral *Quatuor à cordes* du *Trio pour violon, violoncelle et piano en* fa *mineur*, rédigé entre l'été 1904 (au moment même où Magnard s'installait dans sa maison de Baron) et mars 1905. La création eut lieu aux Concerts Parent le 19 janvier 1906. Toujours critique envers lui-même, Magnard trouvait le premier morceau trop court, et le dernier trop long, et ce n'est pas entièrement faux. Par contre, il défendait, pour son originalité, le Prélude lent.

Le *Trio* semble moins hardiment novateur que le *Quatuor*, plus tributaire de l'esthétique de son époque, mais ce n'est nullement là un jugement de valeur, et cet état de fait est sans doute lié à la formation choisie, moins « intemporelle », moins abstraite que celle du quatuor à cordes. L'expression en est aussi plus subjective, voire plus directement dramatique. Le plan tonal du *Trio* indique bien qu'il a été pensé comme un seul tout, et qu'il convient, comme dans la *Quatrième Symphonie*, d'enchaîner les mouvements pratiquement sans interruption. Le mouvement lent commence en *ré* bémol majeur, ton voisin du *fa* mineur initial, mais se termine à l'enharmonique *ut* dièse mineur, auquel succède logiquement le *mi* majeur du *Scherzo*. Démarrant en *si* mineur, le *Finale* passera par *ut* mineur avant de regagner la tonique de *fa* mineur, puis majeur.

1. Intitulé **SOMBRE**, comme celui du *Quintette*, le premier mouvement, très court, même en effectuant la reprise, schématise à l'extrême l'opposition fondamentale inhérente à la forme sonate : un premier thème, véhément, emporté, chanté au violoncelle sur la houle de triolets du piano, est suivi d'une deuxième idée au relatif majeur, beaucoup plus détendue, et intitulée *Clair*. Le bref développement modulant élabore d'abord cette dernière, avant de revenir à l'autre, qui conservera le dernier mot, après la réexposition classique, au cours d'une *coda* martelée et volontaire. Ce morceau si bref, si abrupt, rappelle le premier temps du *Onzième Quatuor* (dans le même ton) de Beethoven, peut-être modèle inconscient...

2. Le mouvement lent, **CHANTANT**, beaucoup plus développé, fait alterner assez librement deux idées contrastantes selon un schéma tenant à la fois du lied et de la grande variation. La première action présente curieusement ces deux idées encastrées l'une dans l'autre, la seconde, solo de piano aux rythmes pointés dramatiques, s'insérant au milieu de l'ample mélodie de la première. Vient ensuite une grande variation amplificatrice de la première idée, en un 9/8 agité. Puis c'est la deuxième qui est variée et développée au cours d'un épisode *Dramatique* en *ré* mineur. Un conduit calme et bref sur l'idée initiale (*Limpide*, en *ré* majeur) ramène le ton originel de *ré* bémol, pour une nouvelle variation amplificatrice de cette première idée, intégrant le 9/8 dans un 4/4, et le morceau se termine par une *coda* (*Calme*) unissant enfin les deux thèmes.

3. Le **SCHERZO**, marqué *Vif (Temps de Valse)*, l'un des plus brefs et des plus légers de Magnard, adopte cependant le schéma de la forme sonate, avec une première idée capricieuse et dansante, et une deuxième très mélodique, chantant longuement au violoncelle.

4. Au terme d'un développement très librement modulant et d'une reprise quelque peu resserrée, on passe sans interruption au **FINALE** qui débute par une importante introduction lente, de caractère récitatif et dramatique. D'abord au violon, le récitatif, interrompu brusquement par trois mesures de *Vif*, amorce du futur thème principal de ce *Finale*, se poursuit au violoncelle. Nouvelle intervention du *Vif*, qui demeure maître du terrain, et qui entame, *pianissimo*, une exposition de fugue en *ut* mineur. C'est ensuite seulement que le vrai thème principal (assez voisin du sujet de fugue pour pouvoir ultérieurement se combiner avec lui) affirme la tonique de *fa* (*Double plus vif*). Toute cette partie est dominée, à un degré rare, même chez Magnard, ce maître rythmicien, par la toute-puissance du rythme. Le contraste d'un second groupe mélodique n'intervient en effet que bien plus tard (*Large* en *mi* bémol majeur), ce qui laisse prévoir un mouvement de dimensions exceptionnellement généreuses. Le développement central est occupé, pour l'essentiel, par une magistrale double fugue faisant appel avec une souveraine maîtrise à toutes les ressources du genre. Mais une longue accalmie, tirée du deuxième thème, précède la réexposition, qui gagne assez rapidement *fa* majeur. Après une amplification rêveuse de ce deuxième thème (de plus en plus, la douceur et la contemplation semblent vouloir l'emporter sur la violence et l'action), une brève et solennelle apothéose en choral du thème principal termine l'œuvre.

Durée d'exécution : 35 minutes environ.

Sonate pour violoncelle et piano, en *la* majeur (op. 20)

Cette *Sonate* est la dernière œuvre de musique de chambre de Magnard, et même l'avant-dernière composition que nous ayons de lui. Avec la *Quatrième Symphonie* elle constitue le témoignage trop tôt interrompu d'une sorte de « troisième manière » dans son œuvre. Comme la *Sonate pour violon* elle succéda à l'achèvement d'un opéra, dans ce cas-ci *Bérénice*. Magnard a dû la commencer vers la fin de 1909, et elle l'occupa presque une année entière. Lorsque l'œuvre fut donnée en première audition le 25 février 1911, à la Société Nationale, il travaillait déjà à la *Quatrième Symphonie*. Ces deux œuvres sont plus âpres, plus vigoureuses, plus concentrées, plus totalement libérées de toute influence, bref, plus « modernes » que les précédentes. La *Sonate* est la plus brève et la plus ramassée de toutes ses œuvres instrumentales, celle qui annonce le plus les dernières œuvres de Roussel, postérieures d'un quart de siècle. Les quatre morceaux montrent un plan tonal d'une logique et d'une clarté absolue, et même le *si* bémol mineur/majeur du troisième mouvement, en rapport de sixte napolitaine au ton principal, est amené naturellement par le *ré* mineur du *Scherzo*. Magnard renonce définitivement au retour textuel de thèmes cycliques, au profit d'une unité plus secrète, au niveau biologique d'une cellule initiale, entendue dès la première mesure, simple intervalle de seconde mineure ou majeure, mais qui, dans le mouvement lent notamment, peut s'agrandir jusqu'à l'octave.

1. Le premier mouvement SANS LENTEUR, est la seule forme sonate de Magnard où le thème chantant s'expose *avant* le thème rythmique « masculin », la seule, également, où à ces accents rudes et heurtés succède encore une troisième idée, dont le pur élan lyrique semble vouloir incarner « l'Éternel féminin ». Le développement consiste essentiellement en une fugue sur un long sujet, capricieux et virevoltant, issu d'un des éléments du groupe « masculin ».

2. Le très bref SCHERZO, *Sans faiblir*, est tout d'abord donné sans partage au rythme pur, comme le *Scherzo* de la *Quatrième Symphonie*, un rythme d'une sauvagerie déjà stravinskienne. Son piétinement sombre, obstiné et fébrile, débouche dans un trio en *ré* majeur modal (myxolydien), d'une couleur étrange et poétique, manifestation de ce « folklore de rêve » propre à Magnard.

3. Mais, pour finir, le morceau s'engloutit dans le noir, se soudant sans interruption au FUNÈBRE, mouvement lent et cœur expressif de la *Sonate*. D'une noble et virile tristesse, mais non dépourvu d'accents plus tendres, ce morceau magnifique se déploie en une ample forme sonate sans développement central, mais qui tend à la forme du lied à cinq compartiments par l'importance que le développement terminal donne à l'ultime retour de la première idée. Ce premier groupe comprend lui-même deux éléments contrastants : une sombre procession et un brusque geste de révolte. La deuxième idée, plus douce, passe à la mesure à 3/4, et le morceau se termine dans un climat apaisé.

4. Intitulé RONDEMENT, le *Finale*, plein d'élan, appartient tout entier à l'action, même lorsqu'il chante avec ampleur. Bien qu'il s'agisse encore d'une forme sonate, le thème initial, brusque, âpre, au profil rythmique impérieux qui est une vraie « signature » de l'auteur, revient à la manière d'un refrain de *rondo*.

Magnard a résisté victorieusement à la tentation pourtant évidente d'en faire un sujet de fugue : gageons qu'il y eût cédé quelques années plus tôt.

Durée d'exécution : 26 minutes environ.

H. H.

GIAN FRANCESCO MALIPIERO

Né à Venise, le 18 mars 1882; mort à Trévise, le 1er août 1973. Il fut élève des conservatoires de Vienne, de Venise et de Bologne, — avant de devenir lui-même professeur de composition à Parme, puis directeur de l'Institut musical de Padoue, enfin directeur du Liceo musicale B. Marcello de Venise à partir de 1939 (il y forma certains compositeurs de la jeune génération italienne, parmi lesquels Luigi Nono). Dès 1913, la création parisienne du Sacre du Printemps *de Stravinski avait produit sur lui une profonde impression; cependant sa musique sera tout autre, — essentiellement marquée par l'étude des maîtres du* XVIIe *et du* XVIIIe *siècle. Malipiero entreprit d'ailleurs, par d'importants travaux musicologiques, la résurrection d'œuvres de Monteverdi, de Vivaldi, et de musiciens de moindre envergure comme Galuppi ou Marcello, — soulignant ainsi sa dette envers un passé glorieux de son pays. Son œuvre — avec celles d'un Pizzetti et d'un Casella — peut être regardée comme « néo-classique ». Toutefois son style mélodique semble réaliser un curieux compromis entre les modes grégoriens (que Malipiero intégra à son langage « de la même manière que les Russes avaient assimilé leur folklore ») et les principes de la liberté rythmique, ainsi que d'un constant renouvellement affranchi des servitudes du développement thématique. Malipiero fut principalement un compositeur lyrique (plus de trente opéras) et l'auteur de grands oratorios ou « mystères ». La production instrumentale, cependant, comporte quatorze symphonies, neuf concertos, huit quatuors à cordes, des sonates. Nous retenons — pour ce qui fait l'objet de ce « Guide » — essentiellement l'ensemble des* Quatuors à cordes.

LES QUATUORS À CORDES

Il n'est point de compositeur plus injustement oublié aujourd'hui (même dans son pays) que Gian Francesco Malipiero, qui fut pourtant le créateur le plus fécond et le plus personnel de sa génération en Italie. Certes, il a beaucoup écrit, trop sans doute, et le temps devra faire un tri parmi ses quelque cent soixante-quinze ouvrages; mais lui-même était conscient de ce fait. Cependant, ses huit *Quatuors* trouvaient tous grâce à ses yeux, de même que quelques autres partitions de musique de chambre. Ils constituent en effet un cycle homogène et de haute valeur, et, de manière générale, c'est le meilleur Malipiero qui s'exprime dans sa musique de chambre, réduite du reste à une quinzaine de titres seulement. Malipiero fut un indépendant, très vite sorti du post-romantisme, ne s'attardant pas davantage dans l'impressionnisme, et pourtant conservant de la grande leçon de Debussy le goût de la liberté poussé jusqu'à la fantaisie, de la clarté et de la concision, enfin d'une harmonie savoureuse et raffinée allant se régénérer aux sources modales, tant du chant grégorien que de la musique de la Renaissance. Longtemps fidèle à un diatonisme modal d'ailleurs non dépourvu de dissonances parfois assez rudes, le langage musical de Malipiero, toujours axé sur un contrepoint mélodique aussi souple que riche d'imprévus, s'enrichit sur le tard, à partir de 1954 environ, de matériaux nettement plus chromatiques, allant jusqu'à l'utilisation (mais sans esprit de système) de structures dodécaphoniques. Si mélodique, la musique instrumentale de Malipiero se veut cependant athématique, de même que ses structures formelles échappent à tous les cadres traditionnels, et refusent notamment la notion de développement. Livrée aux hasards d'une pensée spontanée et proche de l'improvisation, cette musique dépend évidemment de l'inspiration du moment. Mais, dans ses meilleurs moments — et notamment dans les *Quatuors* —, elle séduit par sa fraîcheur jaillissante, tantôt proche des sources populaires, tantôt d'un raffinement intellectuel typique de cet aristocrate de vieille race, descendant d'une antique famille vénitienne.

Les deux premiers *Quatuors à cordes* s'apparentent l'un à l'autre par leur structure très morcelée, faite de brefs épisodes renonçant à toute amplification comme à toute redite. C'est ainsi que le **Premier Quatuor, « Rispetti e Strambotti »** (1920), se compose de vingt « strophes » musicales (la plus longue ne dépasse pas soixante mesures, la plus brève en a six seulement), jalonnées par le retour régulier d'une

« ritournelle », — refrain qui, selon le compositeur lui-même, « traduit la joie de celui qui aime écouter les vibrations des cordes à vide et s'enivrer de leurs sonorités ». Le titre se réfère à des formes de la poésie populaire italienne de la Renaissance, formes dont Malipiero ne conserve que l'esprit et non point le cadre assez contraignant. L'œuvre exhale une fraîcheur et une joie du plein air d'une grande séduction et, de même que les *Quatuors* suivants, révèle une personnalité à nulle autre pareille.

Le **Deuxième Quatuor, « Stornelli e Ballate »** (1923), poursuit exactement dans la même veine, avec, ici, quatorze sections et un refrain éminemment violonistique, dont les retours sont cependant moins fréquents que dans l'œuvre précédente.

Le **Troisième Quatuor, « Cantàri alla Madrigalesca »** (1931), marque une évolution vers une structure moins épisodique, et la libre alternance de passages lents et rapides se répartit ici en deux grandes moitiés que sépare une pause. Mais il n'y a toujours aucun développement thématique. Quant au titre, Malipiero explique : « Les *Cantàri alla Madrigalesca* ne sont autres que la sonorité des instruments à cordes qui chantent : ils chantent en jouant, et le caractère madrigalesque résulte spontanément de leur expression. » C'est une œuvre particulièrement riche d'inspiration, témoignant, de même que ses voisines, d'un sens naturel des ressources sonores des archets.

Dépourvu de titre, le **Quatrième Quatuor** (1934) s'avère d'un souffle plus ample, d'une veine plus grave, plus profonde, plus austère sans doute : sept sections seulement, à nouveau réparties en deux moitiés par une grande césure centrale, et, pour la première fois, une conclusion dans un tempo très retenu, — telle qu'on la retrouvera dans tous les *Quatuors* suivants, d'ailleurs beaucoup plus tardifs.

Vient tout d'abord le **Sixième Quatuor, « L'Arca di Noè »** (1947), qui se situe dans la grande période symphonique du compositeur (non moins de sept *Symphonies* naquirent entre 1945 et 1952). Le titre de ce *Quatuor* fait allusion à la propriété de Malipiero, où celui-ci aimait s'entourer d'une foule d'animaux les plus variés, qui mouraient tous de mort naturelle (selon la légende, il composait avec une chouette perchée sur son épaule, et l'un de ses articles les plus polémiques s'intitule : « *Cave canem ? Cave hominem !* »). Animé et coloré, ce *Quatuor* répartit cette fois ses divers épisodes en trois grandes séquences séparées par des silences en point d'orgue.

Par contre, le bref **Septième Quatuor** (1950), l'un des plus soutenus d'inspiration, se présente d'un seul tenant.

Cette même année voit naître, maintenant seulement, le **Cinquième Quatuor, « I Capricci di Callot »** : ce retard s'explique par le fait que sa musique provient de matériaux tout d'abord prévus pour l'opéra de ce nom, composé en 1941-42, mais non utilisés à l'époque.

Malipiero avait la superstition du 7, au point de ne pas numéroter les trois *Symphonies* succédant à sa *Septième*. Les quatre suivantes obtinrent les numéros 8 à 11, alors qu'il s'agissait en fait des numéros 11 à 14 ! Il parvint à rompre l'envoûtement, précisément, en composant un **Huitième Quatuor, « Quartetto per Elisabetta »**, en 1964, — alors qu'il avait atteint quatre-vingt deux ans. « *Elisabetta* », c'est la célèbre mécène américaine Elisabeth Sprague Coolidge (dédicataire, du reste, de tous ses autres *Quatuors*). Bref et d'un seul tenant comme le *Septième*, cet ultime *Quatuor* illustre l'évolution du vieux maître vers un langage plus complexe et plus chromatique, intégrant des structures dodécaphoniques, — un langage dont toute trace de tonalité ou de modalité a disparu.

AUTRES ŒUVRES

À côté des *Quatuors*, il faut citer quelques autres œuvres de même signification. Et tout d'abord la **Sonata a Tre** de 1927, se composant d'un premier mouvement pour violoncelle et piano, d'un deuxième pour violon et piano, et d'un finale réunissant les trois instruments.

D'une forme analogue à celle des quatuors de la même époque, **Epodi e Giambi** (1932) s'en distingue par l'originalité de sa formule instrumentale, qui devrait valoir une plus grande notoriété à cette œuvre au demeurant assez brève : violon, alto, hautbois et basson.

De même, la **Sonata a Cinque** (1934) doit sa séduction à sa formation pour flûte, harpe, violon, alto et violoncelle. Elle se divise en deux grandes moitiés, comme les *Troisième* et *Quatrième Quatuors*, et compte au nombre des meilleures inspirations de Malipiero.

Celui-ci a d'autre part écrit deux œuvres pour les instruments à vent datant de sa dernière période, plus chromatique : une **Sonata a Quattro** pour flûte, hautbois, clarinette et basson (1954), et un quintette à vents dans la formation normale (flûte, hautbois, clarinette, basson et cor), qui fait partie d'une série de huit *Dialoghi* pour diverses formations composées en 1956-57, et qui porte le titre amusant de **Dialogo IV, « Per cinque strumenti a perdifiato »** (« *a fiato* » désigne des instruments à vent, mais « *a perdifiato* » signifie « à perdre le souffle », — allusion à la virtuosité qu'exige cette page brève, mais brillante et difficile).

Enfin, on citera pour mémoire une juvénile *Sonate pour violoncelle et piano* (1907-08), l'une des très rares œuvres post-romantiques de Malipiero, une courte pièce pour violon et piano intitulée *Il Canto della Lontananza* (1919), enfin une brève mais intéressante *Sonatine pour violoncelle et piano* de 1942.

H. H.

MARIN MARAIS

Né à Paris, le 31 mai 1656 ; mort à Paris, le 15 août 1728. Il est une des plus remarquables figures de l'école française de basse de viole, très florissante à Paris à la fin du XVIIe *et au* XVIIIe *siècle. Élève de Sainte-Colombe, lui-même virtuose renommé de la basse de viole, qu'il dépassa rapidement, il étudia encore la composition avec Lully dont il fut un temps le collaborateur. Marin Marais était entré très tôt au service de la Cour : « musicqueur du roy » en 1676, il devint ordinaire de la Chambre du roi pour la viole en 1679, charge qu'il conserva jusqu'en 1725. Parmi ses nombreux enfants, son fils Roland fut un violiste très éminent. En dehors de quatre opéras composés entre 1693 et 1709, Marais a laissé une œuvre considérable pour la viole, qui fit l'admiration de ses contemporains. Dans son* Parnasse français, *l'écrivain Titon du Tillet a d'ailleurs pu écrire que… « Marais a porté la viole à son plus haut degré de perfection, et qu'il est le premier qui en a fait connaître toute l'étendue et toute la beauté. »*

Vers 1700, la viole était considérée de manières très diverses dans les différents foyers musicaux européens. L'Angleterre connaissait déjà une école de viole d'une valeur exceptionnelle, alors que les musiciens allemands s'intéressaient surtout à l'instrument comme instrument d'ensemble. En Italie on lui préférait le violoncelle, au moment où, en France, Marin Marais et Antoine Forqueray donnaient son impulsion à la magnifique école dont ils furent les plus brillants représentants. La musique de Marin Marais, qui se rattache avant tout à une tradition nationale, est restée essentiellement française à une époque où l'influence italienne avait tendance à s'imposer de plus en plus.

L'imposante œuvre pour viole de Marais se répartit en cinq livres de pièces pour viole et en deux autres recueils : les *Pièces en trio pour les flûtes, violons et dessus de viole* qui peuvent se jouer sur toutes sortes d'instruments, publiées en 1692, et *La Gamme et autres morceaux de symphonie pour le violon, la viole et clavecin*, édités en 1723. Ce dernier recueil contient une longue pièce intitulée **La Gamme** dans laquelle Marin Marais explore chaque degré de l'échelle diatonique, puis une *Sonnaite à la maresienne* qui ressemble à une suite, et surtout la fameuse **Sonnerie de Sainte-Geneviève-du-Mont de Paris**, vaste page qui dépeint l'heureux tintement des cloches de l'église Sainte-Geneviève. Le carillon démarre au violon sur les trois notes descendantes de la basse immuable de la viole et du clavecin. Le rythme, d'abord pointé, s'allège progressivement, et la sonnerie s'anime peu à peu à la viole, sur la basse toujours immuable du clavecin et avec quelques effets d'écho ou de résonance « doux » et « fort ». Jusqu'aux mesures finales l'intensité et la cadence s'accentuent en même temps que la basse du clavecin, en dessins de doubles croches, puis en traits de triples croches et de valeurs pointées dans une progression extraordinaire.

Les cinq Livres de pièces pour viole

Le **Premier Livre de pièces à une et à deux violes** a été publié en deux recueils : la partie de viole est d'abord parue en 1686, puis, à la suite d'un retard dû à la gravure, Marin Marais n'a fait paraître qu'en 1689 les *Basses continues des pièces à une et à deux violes*, auxquelles il a joint dix pièces nouvelles pour une viole et basse continue. Ces *Basses continues* sont chiffrées pour être jouées sur le clavecin ou le théorbe, — ce qui, d'après leur auteur, « fait très bien avec la viole qui joue le sujet ».

Ce *Premier Livre de pièces à une et à deux violes*, dédié à Lully, est précédé d'un *Avertissement* dans lequel Marais insiste sur la délicatesse du toucher de la viole, qui consiste surtout en agréments propres à cet instrument dont il donne la liste et les explications détaillées.

Viennent ensuite soixante-cinq pièces pour une viole et basse continue réunies en quatre suites, et dix-huit pièces pour deux violes et basse continue réunies en deux suites. Ces suites, plus ou moins longues, débutent toutes par un ou plusieurs préludes le plus souvent graves ou pompeux, suivis d'une ou de deux fantaisies. Puis, la suite de danses s'organise dans la succession d'allemandes très écrites, de courantes à la française, de sarabandes, de gigues à trois temps ou à 6/4, parfois accompagnées de doubles de virtuosité. A ces pièces traditionnelles, Marais joint des rondeaux et des gavottes, des menuets et des chaconnes, et quelques pièces de caractère sous-titrées, — telles cette *Paysanne* qui ressemble à une bourrée, cette *Boutade* légère à deux temps, ou ce *Tombeau de Mr. Meliton* pour deux violes.

Les dix pièces ajoutées au recueil des *Basses continues* forment — si l'on veut — à elles seules une suite suivie d'une *Fantaisie*, d'un *Sujet avec vingt couplets* écrits sur une basse de « ground » qui est le sujet lui-même, et un *Rondeau*.

Le **Second Livre de pièces de viole**, dédié au duc d'Orléans, date de 1701. Si l'on en croit l'*Avertissement* rédigé par Marin Marais, la plupart des cent quarante-quatre pièces pour une viole et basse continue qui le composent devaient être écrites depuis longtemps : « J'ai eu attention en les composant à les rendre propres pour être jouées sur toutes sortes d'instruments comme l'orgue, clavecin, théorbe, luth, violon, flûte allemande », précise-t-il également. Beaucoup de ces morceaux sont courts et simples, volontairement chantants, bien que certains exigent une exécution virtuose.

Le schéma de la suite est ici encore respecté, avec des préludes à la française majestueux ou improvisés, des allemandes très élaborées, des gigues rapides à 6/4 ou plus légères à 3/8 (parfois sous-titrées comme la gigue *La Favorite* ou la gigue *La Badine*), des courantes françaises et des sarabandes graves, parmi lesquelles s'intercalent, par exemple, une *Bourrasque* qui se joue « vite » sur un mouvement continu de croches, un *Ballet en rondeau* qui déploie huit couplets, une joyeuse *Fantaisie luthée* avec des coups d'archet « fort petits pour mieux imiter le goût du luth », des *Cloches ou Carillon*, trente-deux *Couplets en folie* parfois très difficiles, une *Paysanne*, une *Polonaise*, les *Voix humaines*, l'une des plus belles pages de Marais, et deux tombeaux : un *Tombeau pour Mr de Lully* rempli d'agréments, d'accords et de traits douloureux, et un *Tombeau de Mr de Ste Colombe* beaucoup plus sobre et discret.

Le **Troisième Livre de pièces de viole**, publié en 1711, ne comprend pas de dédicace. En revanche, il s'ouvre par un avis *Au public* dans lequel Marais prévient qu'il a inséré des pièces courtes et faciles pour plaire au plus grand nombre, et par un *Avertissement* qui lui permet d'expliquer les nouveaux signes d'agréments qu'il utilise.

La plupart des cent trente-quatre pièces de ce livre sont des pages volontairement concises : il y a des préludes, des fantaisies, des allemandes, des courantes, des sarabandes, des gigues, des gavottes, des menuets, des chaconnes, des caprices, mais aussi une allemande archaïque *La Gotique*, une *Bourrasque* rapide à deux temps, une *Paysanne* au rythme de bourrée, un menuet *La Chanterelle* suivi d'un menuet *La Trompette*, une *Plainte* à la française, un *Charivary* très vif et virtuose, ou des *Contrefaiseurs* que l'on peut jouer à deux violes (la seconde faisant la basse continue).

Le **Quatrième Livre de pièces à une et à trois violes**, daté de 1717, est divisé en trois parties. La première partie est constituée de cinquante-six pièces faciles, chantantes et peu chargées d'accords, groupées en six suites, — chacune débutant par un prélude grave suivi d'une ou de deux allemandes (et d'une fantaisie dans la *Suite n° 6*), puis de danses ou de pièces de caractère sous-titrées à la manière de François Couperin : *La Mignonne*, *La Petite brillante*, *Boutade*, *La Favorite*, *La Provençale*, *La Sautillante*, *Le Bout en train*, etc.

La deuxième partie, ou *Suite d'un goût étranger*, est plus difficile. Elle s'adresse aux personnes exercées dans l'art de la viole. Trente-trois pièces écrites dans treize tons différents s'y succèdent, dont une *Marche tartare*, une *Tartarine*, une *Fête champêtre* avec musette et tambourin, une *Amériquaine*, une allemande *L'Asmatique* très gaie, un *Labyrinthe*, une *Sauterelle*, une *Rêveuse* à quatre couplets, et un *Badinage* à six couplets.

Les vingt et une pièces de la troisième partie sont écrites pour trois violes et basse continue, — « ce qui n'a point encore été fait en France », précise le compositeur. Elles peuvent aussi se jouer sur des dessus de violon ou de viole, sur deux flûtes, ou sur un ensemble composé d'une flûte, d'un violon ou d'une viole.

Il y a cent dix-huit pièces pour une viole et basse continue dans le **Cinquième Livre**, édité en 1725. Chaque suite s'ouvre par des pièces chantantes et faciles, entre lesquelles s'intercalent des morceaux plus difficiles que l'on reconnaîtra par le gracieux cartouche dans lequel est gravé leur titre. Parmi les pièces faciles, des gavottes, des gigues, des rondeaux, des allemandes, des sarabandes, *La Mariée* qui se joue en petits coups d'archet, *La Bagatelle* légère, l'air gracieux *La Petite bru*, ou *L'Idée grotesque*. Parmi les pièces plus difficiles, on remarque des *Variations sur une basse contrainte*, une *Babillarde* volubile et son double, une *Grande Gavotte*, un *Prélude en harpègement*, mais, surtout, le *Tableau de l'opération de la taille* qui, à l'aide de sous-titres savoureux, permet de suivre les délicats épisodes de l'extraction d'un calcul. Tout y est décrit minutieusement, — de « l'aspect de l'appareil », du « frémissement en le voyant », de la « descente dudit appareil », de « l'incision », de « l'écoulement de sang » à la « joye » de l'opéré (« l'on vous transporte dans le lit »). Ce sont de joyeuses *Relevailles* qui concluent avec gaieté ce tableau musical saisissant.

A.d.P.

FRANK MARTIN

Né le 15 septembre 1890, à Eaux-Vives (Genève); mort le 21 novembre 1974, à Naarden (Pays-Bas). Fils de pasteur, il grandit dans un milieu imprégné de culture allemande, alors que son goût de la musique française se manifesta tôt : jusque vers l'âge de cinquante ans, son œuvre portera les traces d'un tel conflit. Car la maturité fut tardive chez ce musicien qui ne fréquenta aucun conservatoire (il étudia le piano, l'harmonie et la composition en privé, avec Joseph Lauber), qui entreprit également des études de physique et de mathématiques, enseigna la théorie rythmique et l'improvisation à l'Institut Jaques-Dalcroze, ainsi que la musique de chambre au Conservatoire de Genève. Qui, d'autre part, s'adonna un temps à la stricte composition sérielle (Premier Concerto pour piano). *Mais, à partir des années 1940, Frank Martin se définit un style représentant la synthèse d'éléments germaniques et latins, — préservant les acquis fondamentaux de la tonalité enrichis par une exploitation originale et toute personnelle du système des douze sons. Plusieurs chefs-d'œuvre paraîtraient rapidement, — donnant la primauté à la voix : l'oratorio profane* le Vin herbé *(d'après le* Tristan *de Joseph Bédier), le cycle de mélodies* Der Cornet *(d'après Rilke), les* Monologues de Jedermann *(d'après Hofmannsthal), l'oratorio religieux* Golgotha, *l'opéra* la Tempête *(d'après Shakespeare); ainsi qu'une* Petite Symphonie concertante, *et l'une des rares partitions symphoniques du compositeur — plus tardive —, les* Quatre Éléments. *Il faut compter par ailleurs le* Concerto pour sept instruments à vent, timbales et orchestre, *un* Concerto pour violon, *un* Concerto pour violoncelle *et un* Deuxième Concerto pour piano. *Il convient de noter que, vivant aux Pays-Bas à partir de 1946, Frank Martin enseigna la composition à l'École supérieure de musique de Cologne de 1950 à 1957 : il y eut comme élève Karlheinz Stockhausen.*

Frank Martin est donc un compositeur qui mit très longtemps à se trouver : jusqu'à la cinquantaine, son itinéraire créateur, non particulièrement fécond, fut une longue recherche, à travers diverses phases stylistiques, d'un langage vraiment personnel. Sa production de musique de chambre, relativement peu abondante, en illustre fort bien les différentes étapes qui aboutissent enfin, en 1939, au premier grand chef-d'œuvre entièrement réalisé, l'oratorio *le Vin herbé* (achevé en 1941). Dès lors, la maturité tant espérée s'épanouit en trente-cinq ans d'une jeunesse retrouvée, accumulant les chefs-d'œuvre (oratorios, opéras, concertos, œuvres symphoniques) qui font de Frank Martin l'un des plus grands compositeurs de son temps, — ce que l'on s'obstine à vouloir ignorer en France. Mais la musique de chambre disparaît dès lors de son catalogue, à une exception près : le sublime *Quatuor à cordes* de 1966-67.

Dans sa jeunesse, Frank Martin passa tout d'abord par l'influence de César Franck : une **Première Sonate pour violon et piano** (1913), en quatre mouvements largement développés, en témoigne. Puis, le jeune compositeur se tourna vers Ravel, à la recherche d'un langage harmonique à la fois plus clair et plus raffiné, et d'une élégance concise de l'expression. Ainsi naquit en 1919 le **Quintette pour cordes et piano en *ré* mineur**, en quatre mouvements, qui témoigne déjà d'une totale perfection de facture, à défaut d'une personnalité pleinement affirmée. Son mouvement lent (le troisième), d'une singulière émotion et d'un beau souffle mélodique, révèle une autre influence fondamentale sur toute son œuvre, liée du reste à sa foi religieuse, — celle de Jean-Sébastien Bach, le grand Bach des *Passions*. Et c'est comme un souvenir de l'*Ach Golgotha !* de la *Passion selon Saint Matthieu* que nous percevons ici. Ce mouvement lent, transcrit l'année suivante pour quintette à cordes (avec deux violoncelles) sous le nom de *Pavane Couleur du Temps* (souvenir de Ravel, encore, à travers *Peau d'Âne* !) a fait beaucoup à l'époque pour la réputation du compositeur.

Celui-ci, durant les années 1920, collabora étroitement avec Émile Jaques-Dalcroze dans son fameux Institut rythmique : d'où un vif intérêt pour le rythme, étayé par un amour durable du jazz.

Contemporain du triptyque orchestral *Rythmes*, le **Trio sur des mélodies populaires irlandaises**, pour violon, violoncelle et piano (1925), nous présente, en trois mouvements concis — *Allegro moderato*, *Adagio*, *Gigue* (*Allegro*) — un remarquable travail mélodique et rythmique (à l'exclusion délibérée de la polyphonie) sur des mélodies folkloriques que le compositeur a voulu laisser intactes. C'est un divertissement racé, qui mériterait d'être plus connu. Mais l'inquiétude esthétique de Frank Martin le fait se tourner à présent vert le chromatisme de l'École viennoise : d'où, durant les années 1930, une phase dodécaphonique, dont la **Deuxième Sonate pour violon et piano** (1931-32) offre les prémisses déjà bien affirmés. Œuvre de transition certes, mais dont la *Chaconne* centrale, également transcrite pour violoncelle et piano, est déjà une page marquante.

Les quatre pièces brèves pour guitare, simplement intitulées **Guitare** (1933) forment un cycle comportant *Prélude-Air-Plainte-Comme une Gigue* ; c'est la première œuvre réellement dodécaphonique de Martin, qui fait partie depuis longtemps du répertoire de base de tous les guitaristes (à la suite d'Andres Segovia, le dédicataire). Mais Frank Martin en réalisa également une transcription pour grand orchestre.

Le point extrême de ses recherches dans le domaine de l'atonalité se trouva atteint dans la singulière **Rhapsodie pour deux violons, deux altos et contrebasse** (1935), que son auteur qualifiait lui-même d'« horriblement dissonante ; la chose la plus méchante que j'aie jamais écrite ». On admirera l'ironie de la phrase qu'elle porte en épigraphe : « Tout assemblage de sons ne peut nous plaire que si nous sommes sensibles à la loi de leur disposition » (d'après Euler).

Ces lois, celles de la dodécaphonie la plus stricte, se rencontrent une fois encore dans le **Trio à cordes** de 1936, dont les trois volets (*Grave-Très vif et coulant-Très lent*) évoquent à leur auteur une *Ouverture à la Française*. C'est une page grave et austère, mais la maîtrise de l'écriture permet de limiter la violence des chocs dissonants, et tant de rigueur ne bride plus l'émotion. Ce n'est pas une œuvre définitive encore, mais l'ère des chefs-d'œuvre est proche désormais. Parmi les tout premiers, se trouve une page singulière et assez connue sous diverses formes, mais qui ne se rattache que conditionnellement à la musique de chambre : la **Sonata da Chiesa pour viole d'amour et orgue** (1938), en quatre parties enchaînées, dont le compositeur a réalisé une transcription pour flûte et orgue aujourd'hui plus connue que l'original, ainsi que des versions avec orchestre à cordes.

Quatuor à cordes

Terminé à l'âge de soixante-dix-sept ans, le *Quatuor à cordes* (1966-67, — Frank Martin attendit aussi longtemps que Gabriel Fauré avant d'aborder ce genre redoutable !) est l'un des plus admirables que l'on puisse imaginer, d'une suprême perfection de forme et d'écriture, bien que celle-ci s'écarte fort des traditions en mettant l'accent avant tout sur la ligne mélodique, le timbre et le rythme, à l'exclusion de toute polyphonie trop poussée. Il en résulte une œuvre d'une transparence, d'une séduction sonore, mais aussi d'une intensité expressive des plus rares.

Le **Lento** initial s'ouvre sur une grande mélopée de l'alto non accompagné, dans le caractère d'un récitatif, ou plutôt d'une narration épique, genre où l'auteur du *Cornette* ou du *Vin herbé* excella. Après l'entrée très progressive des autres instruments, elle continue à nourrir de sa substance tout ce premier mouvement, qui définit le langage de l'ouvrage, — celui, en fait, de la maturité de Frank Martin : très librement tonal, mais avec de nombreuses traces de modalité, et également du pan-chromatisme hérité de la phase dodécaphonique. C'est un langage merveilleusement *naturel*, et toujours parfaitement *entendu*, — celui d'un des plus subtils harmonistes de ce siècle. Suit un **Prestissimo (Scherzo)** dans le caractère d'une toccata ou d'un mouvement perpétuel. Le *Quatuor* culmine dans le sublime, le bouleversant **Larghetto**, qui ressuscite encore une fois l'esprit des plus grands Airs des *Passions* de Bach, mais dans un langage d'une originalité inimitable. Après quoi, c'est l'étonnant **Allegretto leggero** à 6/8, d'une légèreté immatérielle, — danse des ombres heureuses dont Frank Martin lui-même nous a révélé l'origine, celle d'un rêve qu'il fit : « J'avais rêvé une nuit, lors d'un séjour à Graz, que je voyais des figures à demi-humaines danser en s'élevant dans les airs, et je savais, dans mon rêve, que cette danse aérienne devait figurer le *Finale* de mon *Quatuor*. »

H.H.

BOHUSLAV MARTINŮ

Né à Policka, en Bohême, le 8 décembre 1890; mort à Liestal, Suisse, le 28 août 1959. Quatrième grand nom de la musique de son pays — après Smetana, Dvořák et Janaček —, c'est vers la France que, contrairement à eux et dès sa prime jeunesse, il se tourna. Il composa vers 1910, sous le choc de la découverte de Pelléas et Mélisande, *quantité d'œuvres demeurées inédites. Ses activités de second violon à la Philharmonie Tchèque lui firent découvrir également Ravel, Dukas et surtout Roussel, dont il devint l'élève après s'être fixé à Paris en 1923. Il y resta jusqu'en 1940, et y écrivit une musique à la fois influencée par la France et intensément tchèque. Après avoir vécu aux États-Unis de 1941 à 1953, il partagea ses dernières années entre Nice, Rome et la Suisse. Sa production, qui totalise plus de quatre cents ouvrages dans tous les genres, se ressent de quatre influences décisives : au folklore tchèque et à la révolution debussyste, déjà cités, il convient en effet d'ajouter le madrigal anglais de la Renaissance (pour son contrepoint chantant et polymélodique), et surtout le concerto grosso de l'époque baroque, à la base de sa conception de la « musique de chambre à l'échelle symphonique » et de son abandon de la dialectique thématique classique au profit de la prolifération organique de très brèves cellules. De la violence rythmique et polytonale de ses premières œuvres, il passa progressivement au lyrisme plus ample et plus étendu de sa période américaine, puis au néo-impressionnisme de ses ultimes années. Outre sa production pour orchestre, on lui doit notamment sept quatuors à cordes et des opéras, dont* Juliette ou la Clé des songes *d'après Georges Neveux (1936-1937) et* Passion Grecque *d'après « le Christ recrucifié » de Kazantzakis (1956-1959). Un catalogue de ses œuvres a été dressé par le signataire de ces lignes (lettre initiale H).*

« Dans la pure musique de chambre », écrivait Martinů vers la fin de 1946, alors qu'il travaillait à son *Sixième Quatuor*, « je suis toujours davantage moi-même. Lorsque je commence à composer de la musique de chambre, je ne puis exprimer la joie avec laquelle je conduis ces quatre voix. L'homme se sent comme chez lui dans un quatuor. Dehors, il pleut, la nuit tombe, mais les quatre voix ne s'en aperçoivent pas, elles sont indépendantes et libres, elles font ce qu'elles veulent, et cependant elles forment un ensemble harmonieux, elles créent quelque chose comme une nouvelle unité, un tout harmonieux. »

Une telle déclaration révèle une relation innée avec la musique de chambre, et en dit long sur la méthode de travail de Martinů, qui donna toujours la préférence à une conduite librement polymélodique des voix (issue de son grand amour pour le madrigal élizabéthain) plutôt qu'à un contrepoint « symétrique » de type strict. Il n'est donc pas étonnant que Martinů, surpassant en fécondité tous les compositeurs de ce siècle, nous laisse non moins de *quatre-vingt dix* œuvres de musique de chambre, — ce qui ne s'était plus vu depuis Haydn et Mozart. Dès l'âge de dix ans, son premier essai était un *Quatuor à cordes*. Et ce fut un *Quatuor* encore (*n° 2, H. 150*) qui fut son premier chef-d'œuvre et qui lui apporta la notoriété européenne. L'année de sa mort, il créa encore quatre œuvres de musique de chambre. Il a cultivé toutes les formations de deux à neuf instruments, des plus classiques aux plus insolites, — y compris certaines devenues rares au XXe siècle, comme le trio, le quatuor ou le quintette avec piano. Au moins quinze de ces œuvres sont des créations de tout premier ordre, et des partitions comme les *Trois Madrigaux pour violon et alto H. 313*, le *Cinquième Quatuor à cordes H. 268*, le *Quatuor avec piano H. 287*, le *Deuxième Quintette avec piano H. 298*, ou le *Nonette H. 374*, sont des sommets de la musique de chambre. Il est évidemment impossible de tout examiner dans le détail, et nous procéderons à présent par genres, — de deux à neuf instruments.

VIOLON ET PIANO

Parmi les nombreuses pages que Martinů, lui-même violoniste de formation, écrivit pour violon et piano, et qui sont toutes antérieures à 1946, nous retiendrons trois des cinq *Sonates*, — dont trois seulement furent numérotées et publiées de son vivant. On peut négliger la longue et encore franckiste *Sonate en* ut *majeur* (posthume, *H. 120*), de 1919.

Par contre, la **Sonate en *ré* mineur H. 152** (1926) mérite notre attention, et l'on ne comprend pas pourquoi le compositeur ne la compta pas, alors qu'il retint une page aussi peu mûre que son *Premier Quatuor à cordes*. Il s'agit d'une œuvre strictement classique, en trois mouvements (*Allegro moderato-Andante moderato-Allegro*), dont le *Finale* comporte quelques traces de folklore tchèque très stylisé.

Durée d'exécution : 18 minutes environ.

Cette *Sonate* nous semble supérieure à l'officielle **Première Sonate H. 182** (1929), virtuose, libre et rhapsodique de forme, émaillée de cadences solistes et dont rythmes et harmonies révèlent l'influence du jazz, comme dans la *Sonate* de Ravel, alors toute récente.

La **Deuxième Sonate H. 208**, est une œuvre concise et élégante, très française, en trois mouvements (*Allegro moderato-Larghetto-Poco Allegretto*), — dont le premier, très mélodique, révèle l'influence d'Albert Roussel, qui fut le maître de Martinů, et dont le dernier travaille sur de spirituels rythmes pointés.

Durée d'exécution : 16 minutes environ.

Écrite aux États-Unis en 1944, la **Troisième Sonate H. 303**, le seul duo instrumental en quatre mouvements de Martinů, est un sommet de sa musique de chambre. C'est une œuvre heureuse et lyrique, d'une clarté cristalline, produit d'un « classicisme tchèque » de haute maturité. Dans le *Poco Allegro* initial, une rapide introduction du piano seul précède le thème souplement syncopé du violon. Il est suivi d'un *Adagio* aux harmonies impressionnistes raffinées, puis d'un *Scherzo* à la saveur populaire. Martinů avait d'abord prévu une œuvre en trois mouvements, mais il lui fallut noter ce *Scherzo* avant de pouvoir trouver les idées de son *Finale*. Celui-ci, le plus développé des quatre mouvements, présente une gradation, d'un *Lento* de caractère grave à travers un *Moderato* jusqu'à un *Allegro* aux rythmes pointés énergique, que couronne une étincelante coda en *ré* majeur (*Allegro vivo*).

Durée d'exécution : 20 minutes environ.

Parmi les nombreuses autres œuvres pour violon et piano, où l'on compte bien des pages à destination pédagogique datant des années parisiennes, il faut citer tout particulièrement les **Cinq Pièces brèves, H. 184** (1929), qui égalent l'œuvre homonyme pour trio par la concision et l'élégance de la forme, la savoureuse harmonie polytonale, la vivacité rythmique. Aux États-Unis naquirent les **Five Madrigal Stanzas, H. 297** (1943), dont la relative facilité de la partie de violon s'explique par le fait que l'œuvre fut dédiée à Albert Einstein, qui la joua avec le compositeur au piano, ainsi que la brillante **Rhapsodie tchèque**, **H. 307** (1945), dédiée à Fritz Kreisler.

VIOLONCELLE ET PIANO

Martinů a gâté les violoncellistes, — qui le lui rendent bien : ses trois magnifiques *Sonates*, toutes œuvres de maturité, comptent au nombre de ses œuvres les plus jouées. Proches par la forme et le style, elles diffèrent par leur climat expressif.

La **Première Sonate H. 277** (Paris, 1939), peut-être la plus belle, est une page passionnée, pleine de tensions internes, née dans un climat perturbé, — de menaces politiques et de problèmes de vie privée. Le dramatique *Poco Allegro* en *si* bémol mineur est plus proche que de coutume de la forme sonate classique. À un *Lento* austère et grave, ouvert par le piano seul, succède l'impétueuse toccata du *Finale*, *Allegro con brio*.

La **Deuxième Sonate H. 286** (1941), d'une inspiration aussi élevée, mais plus dominée, plus objective, est la première partition de chambre née aux États-Unis. À nouveau, le piano seul ouvre l'*Allegro*, d'une rare générosité mélodique, suivi d'un *Largo* impressionnant, sombre et méditatif, et d'un *Allegro commodo* qu'interrompt peu avant la fin une grande cadence du violoncelle, et qui révèle la présence de tournures populaires.

Ceci s'applique davantage encore à l'ensemble de la **Troisième Sonate H. 340** (1952), la plus « tchèque » des trois, la plus libre de forme et de rythmes, la plus sereine et la plus simple de langage, — en trois mouvements elle aussi (*Poco Andante*, devenant *Moderato* ; *Andante* ; *Allegro, ma non presto*), dont le dernier évoque une danse folklorique.

À côté de ces *Sonates*, il convient de citer deux *Thèmes variés*, les brillantes **Variations sur un thème de Rossini H. 290** (1942), et, surtout, les très expressives **Variations sur un thème slovaque H. 378** (1959), — la toute dernière page de musique de chambre de Martinů, pleine d'une intense nostalgie pour le pays natal, plus jamais revu depuis 1938.

AUTRES DUOS AVEC PIANO

La **Sonate pour flûte et piano H. 308** (1945), l'une des plus belles du répertoire, et pour cette raison fréquemment jouée, naquit dans le sillage de la rayonnante *Quatrième Symphonie* ; cette ravissante idylle, pleine de sons de nature et de trilles d'oiseaux, exhale le même bonheur. À l'*Allegro moderato* succède un tendre *Adagio*, dont la légère mélancolie élégiaque est bien vite dissipée par les joyeux appels du Whippoorwill, oiseau américain, qui dominent le *Finale*, *Allegro poco moderato*.

Durée d'exécution : 13 minutes environ.

Conformément à la nature de l'instrument, la **Sonate pour alto et piano H. 355** (1955) possède un caractère plus voilé, plus intime. Sa forme libre en deux mouvements seulement (*Poco Andante-Moderato* et *Allegro non troppo*), son ton de récit rhapsodique, la souplesse de ses rythmes et de sa structure périodique, — tout cela la situe dans l'orbite stylistique du Martinů tardif qui, pour utiliser ses propres termes, abandonna alors la « géométrie » pour la « fantaisie ».

Durée d'exécution : 15 minutes environ.

De ces années, existent encore deux jolies *Sonatines* (*pour clarinette et piano, H. 356*, et *pour trompette et piano, H. 357*), toutes deux de 1956, toutes deux en un mouvement.

DUOS SANS PIANO

Il y a deux *Duos pour violon et violoncelle*, et deux *pour violon et alto*. Le **Premier Duo pour violon et violoncelle H. 157** (1927) fut, à l'époque, la première œuvre de Martinů enregistrée sur disques 78 tours. Brillamment virtuose, il est typique du Martinů « parisien » en ses rythmes incisifs et sa polytonalité poivrée, et comporte un *Praeludium* (*Andante moderato*) et un *Rondo* (*Allegro con brio*).

Le **Deuxième, en *ré* majeur H. 371** (1958), en trois mouvements brefs (*Allegretto-Adagio-Poco Allegro*), est d'un style plus classique.

Les **Trois Madrigaux pour violon et alto H. 313** (1947) sont l'une des réussites les plus étonnantes de Martinů, égalant même les deux *Duos* de Mozart (*K 423* et *424*) : dans l'intervalle, plus aucun compositeur notable n'avait osé affronter cette formation périlleuse. Ces trois mouvements (*Poco Allegro-Poco Andante-Allegro*) atteignent sans effort à la plénitude harmonique et sonore d'un quatuor, — surtout dans le *Poco Andante* où le compositeur accomplit des prodiges par son riche travail de figuration. Le *Finale* et une danse entraînante de style tchèque.

Plus austère et plus sombre, le **Deuxième Duo pour violon et alto H. 331** (1950), également en trois mouvements (*Allegro-Lento-Allegro* (*Poco*), ne renouvelle pas tout à fait cette exceptionnelle réussite.

TRIOS AVEC PIANO

Aucun compositeur du XXe siècle n'a écrit autant d'œuvres de cette catégorie. Il existe non moins de quatre *Trios* pour la formation classique (violon, violoncelle et piano).

Le premier, **Cinq Pièces brèves H. 193** (1930), est un chef-d'œuvre qui marque une étape importante dans l'évolution du compositeur : il l'écrivit en dix jours, comme mu par une irrésistible pulsion intérieure. L'audacieuse polyphonie, libérée de toute symétrie comme de tout contrepoint d'école, atteint pour la première fois cette indépendance par rapport à la barre de mesure ressuscitant le souple polymélodisme de la Renaissance. L'harmonie (tonalité élargie) est tout aussi libre. À la place du développement thématique, nous trouvons la prolifération « biologique » de petites cellules, si déterminante pour l'évolution ultérieure de son langage. La concision exemplaire et la force de l'invention mettent ces *Cinq Pièces brèves* (*Allegro moderato-Adagio-Allegro-Allegro moderato-Allegro con brio*) au tout premier rang de la production de Martinů.

Durée d'exécution : 11 minutes environ.

Les **Bergerettes H. 275** (1939), plus modestes, mais charmantes, présentent également cinq morceaux, — dont quatre de forme scherzo, avec trio et reprise da capo.

Le **Deuxième Trio H. 327** (1950), dit « en *ré* mineur » (mais il débute seulement dans ce ton), est l'une des pages les plus pures et les plus élevées de la musique de chambre de Martinů, d'une transparence et d'un raffinement tout « latins ». L'*Allegro moderato* et l'*Andante* évoquent le dernier Fauré en leur climat calme et élégiaque. Mais dans le fougueux et brillant *Allegro* final, l'esprit populaire tchèque se déploie en une danse entraînante.

Durée d'exécution : 16 minutes environ.

De peu postérieur au précédent, le **Troisième Trio H. 332** (1951), dit « en *ut* majeur », tonalité de son seul *Allegro moderato* initial, est plus vaste, plus ambitieux, plus concertant, bref, d'un gabarit plus ample, — avec un *Andante* puissamment expressif et un *Allegro* final qui est une magnifique toccata. Il est bien difficile de choisir entre ces deux œuvres.

En réintégrant la flûte dans non moins de quatre autres *Trios* avec clavier (dont l'un avec clavecin), Martinů a renoué avec le XVIIIe siècle.

La **Sonate pour flûte, violon et piano H. 254** (1937), en quatre mouvements (*Allegro poco moderato-Adagio-Allegretto-Moderato poco Allegro*), est une partition élégante de style « français » écrite à l'intention du trio de Marcel Moyse.

Les exquises **Promenades pour flûte, violon et clavecin H. 274** (1939), forment quatre miniatures (*Poco Allegro-Adagio-Scherzando-Poco Allegro*) d'une irrésistible séduction sonore. Aux États-Unis naquirent les deux autres trios avec flûte.

La **Madrigal Sonata pour flûte, violon et piano H. 291** (1942), en deux mouvements (*Poco Allegro* et *Moderato-Allegro*), est un petit joyau de grâce lumineuse et de lyrisme intime, s'élevant à la fin jusqu'à une allégresse presque truculente, soulignée par les appels d'oiseaux de la flûte dans l'aigu et par les harmoniques du violon.

Le **Trio pour flûte, violoncelle et piano H. 300** (1944), pour une formation que seul Weber avait illustrée auparavant, poursuit dans la même veine heureuse, plutôt néoclassique, avec ses trois mouvements (*Poco Allegretto*, *Adagio*, et *Andante-Allegretto Scherzando*), dont le dernier s'ouvre par une brève cadence soliste de la flûte.

Il faut citer enfin deux œuvres pour deux

violons et piano des années parisiennes, qui ressuscitent par leur formation la Sonate en Trio de l'ère baroque. Si la **Sonatine H. 198** (1930), en quatre mouvements (*Allegro-Andante-Allegretto-Poco Allegro*), se présente comme un spirituel divertissement, la **Sonate H. 213** (1932), en deux parties seulement (*Allegro poco moderato* et *Andante-Allegretto* menant à un *Allegro*), bien que d'une durée totale guère supérieure, fait l'impression d'une page plus ample et plus lyrique.

TRIOS SANS PIANO

Un premier *Trio à cordes*, écrit à Paris en 1923, est, hélas, perdu.

Le **Deuxième Trio à cordes H. 238** (1934), dédié au Trio Pasquier, intéresse avant tout par sa liberté formelle, annonciatrice du style tardif de « fantaisie ». Le premier des deux mouvements, *Allegro*, contient une partie centrale lente ; le deuxième présente successivement un récitatif dans l'esprit d'une cadence (*Poco moderato*), un bref *Scherzo* (*Vivo*), et un brillant *Finale* (*Allegro ma non troppo*). L'écriture de cette œuvre est concertante et virtuose.

Citons ensuite la **Sérénade II H. 216** (1932), bref triptyque néo-classique, voire mozartien (*Allegro-Poco Andante-Allegro con brio*), qui fait partie d'un petit cycle de quatre œuvres du même genre pour diverses formations, toutes de 1932, et qui, malgré leur classicisme, sont parmi les premières à retrouver le contact avec le folklore tchèque.

En revanche, les **Madrigaux H. 266** (1937), quatre pièces assez développées pour hautbois, clarinette et basson, adoptent une langue beaucoup plus âpre et se déroulent dans une atmosphère plutôt troublée.

LES QUATUORS À CORDES

Contrairement à Bartók, Schoenberg ou Bloch, Martinů n'a pas écrit un cycle de *Quatuors* unitaire ; ses sept ouvrages relevant de ce genre sont de valeur inégale, et ne peuvent se mesurer, par exemple, à la magistrale série de ses six grandes *Symphonies*, — toutes œuvres de maturité. Il est étonnant que le compositeur ait accepté dans le décompte une œuvre aussi peu accomplie que *H. 117*, — alors que son esprit critique refusa, comme nous l'avons vu plus haut, la publication d'une page aussi achevée que la *Sonate en* ré *mineur pour violon et piano* (*H. 152*). Mais le *Cinquième Quatuor*, qui couronne toute sa musique de chambre, est l'un des plus grands de tous les temps, et parmi ses œuvres maîtresses doivent se ranger également le *Deuxième* et le *Sixième*.

Le **Premier Quatuor H. 117** (1920) révèle l'influence parfois envahissante de Debussy (Martinů lui-même l'appelait le « *Quatuor français* ») — à quoi se mêlent, dans les mouvements extrêmes, des souvenirs de Dvořák. Ses dimensions excessives ne sont pas du tout typiques du compositeur, et ses quatre mouvements (*Moderato-Allegro non troppo* ; *Andante moderato-Allegro non troppo-Allegro con brio*) ne possèdent guère qu'une valeur documentaire.

Durée d'exécution : 35 minutes environ.

Au contraire, le **Deuxième Quatuor H. 150** (1925) représente une des étapes les plus importantes dans le développement créateur de Martinů : c'est son premier chef-d'œuvre, qui lui apporta d'emblée la notoriété internationale. Il occupe une position-clef à la tête de toute une série d'œuvres de musique de chambre (notamment le *Quintette à cordes H. 164*, les *Cinq Pièces brèves pour trio H. 193*, et le *Sextuor à cordes H. 224*), et Martinů continua à le tenir en haute estime durant toute sa vie. Une introduction lente, grave et soutenue, *Moderato* (*Andante*) — telle qu'on en trouve seulement, chez Martinů, dans le *Sextuor* et dans les *Cinquième* et *Sixième Symphonies* — précède un robuste *Allegro vivace* à la dense polyphonie. L'*Andante*, d'une expression profonde, atteint au premier de ces sommets dramatiques si impressionnants que l'on rencontrera dans les mouvements lents de la plupart des grandes œuvres ultérieures. L'*Allegro* final, d'une écriture instrumentale brillante (on y trouve même une cadence pour le premier violon), est une *Polka* entraînante dans la tradition de Smetana.

Durée d'exécution : 20 minutes environ.

Le bref **Troisième Quatuor H. 183** (1929), en trois mouvements (*Allegro-Andante-Vivo*), n'atteint sans doute pas à la signification du précédent, mais séduit par sa veine expérimentale assez rare chez Martinů. Très dissonant, très libre harmoniquement et à peine tonal, rythmiquement complexe, il offre d'autre part des sonorités — le début et la fin presque « bruitistes » du premier mouvement — telles qu'on n'en trouve guère par ailleurs sous cette plume. Ici, c'est un humour plutôt intellectuel qui l'emporte.

Durée d'exécution : 12 minutes environ.

Dans le **Quatrième Quatuor H. 256** (1937), créé et publié seulement après la mort du compositeur, c'est le Martinů « français » que nous trouvons : ce *Quatuor* en quatre mouvements (*Allegro poco moderato-Allegro scherzando-Adagio-Allegro*) est celui qui rappelle le plus Roussel, — notamment en son deuxième mouvement. Ni profond, ni grandiose, c'est un spirituel divertissement ; mais parfois s'annonce l'ample lyrisme des œuvres ultérieures (dans le troisième morceau et dans le deuxième thème du premier), tandis que le *Finale* fait place à de joyeux échos folkloriques tchèques.

Durée d'exécution : 23 minutes environ.

Dans certaines circonstances, même les plus grands créateurs peuvent être amenés à se surpasser. Chez Martinů, cela se produisit au moins deux fois durant la fatidique année 1938. Une grave crise personnelle coïncida avec la situation politique la plus dramatique. Le **Cinquième Quatuor en *sol* mineur H. 268** et, peu après, le puissant et d'ailleurs célèbre *Double Concerto pour deux orchestres à cordes, piano et timbales** en livrent le reflet bouleversant. Les deux œuvres sont d'égale valeur. Bien sûr, le *Quatuor* est plus intériorisé, plus subjectif, — tandis que le *Concerto* confère au conflit une portée plus universelle. Le *Quatuor*, tout particulièrement, étonne par sa tension inouïe, l'audace et l'âpreté de son langage, la densité exceptionnelle de sa pensée, — bien que, par ses dimensions, il surpasse la plupart des autres œuvres instrumentales. Cette œuvre difficile, survoltée et sans compromis, est sans doute le chef-d'œuvre de son auteur, et, à côté des *Lettres intimes* de Janaček, le plus grand quatuor tchèque du XXe siècle. Le maintien d'une tonalté unique (le *sol* mineur passionné, si cher à Mozart) est exceptionnel, voire unique pour Martinů et revêt chez ce compositeur, toujours fidèle à une tonalité élargie en dehors de tout atonalisme, une signification semblable à celle qu'elle possède pour Gustav Mahler dans le cas (également unique chez lui) de sa tragique *Sixième Symphonie*. L'unité tonale, garante de sécurité et d'équilibre auparavant, est devenue une prison spirituelle. Partout règne ici le mineur le plus sombre. À la fin du deuxième mouvement, on atteint avec peine la sous-dominante, *ut* mineur, dans laquelle débute l'âpre *Scherzo*, qui se termine cependant dans le ton principal.

1. Dès le début de l'ALLEGRO MA NON TROPPO, les rudes accords arrachés dissonants et la rythmique impitoyable étreignent l'auditeur et établissent le climat de l'ouvrage. L'élément lyrique est presque absent, et, lorsqu'il apparaît enfin, il accroît plutôt la tension. Un grandiose *ritardando* termine le morceau.

2. L'ADAGIO est particulièrement oppressant, avec la pulsation obsédante de son pizzicato d'alto, qui passe ensuite aux autres instruments. Sa partie centrale éclate en un terrible cri d'angoisse, et les dernières mesures, toujours sur fond de l'inquiétante pulsation, s'assombrissent, pour finir, d'*ut* majeur en *ut* mineur.

3. Le SCHERZO (ALLEGRO VIVO à 9/8), impétueux, parfois sardonique, conserve l'atmosphère de l'ensemble : c'est un jeu de forces mauvaises, brutal et sans pitié.

4. L'œuvre culmine dans son finale, qui commence par une grande introduction LENTO de trente-sept mesures, dont la plainte lancinante rappelle parfois Ernest Bloch. Puis la volonté se bande en un unisson viril pour le thème syncopé de l'ALLEGRO. Le *Quatuor* se termine par un *ritardando* grandiose, surpassant encore celui du premier mouvement. Les puissants accords dissonants de la fin expriment une volonté farouche : contre tout espoir s'affirment la dignité et la grandeur de l'homme. Le *sol* mineur conclusif ne parle pas de résignation accablée, et moins encore de révolte stérile, mais d'acceptation sobre et lucide, — bien dans l'esprit d'un compositeur qui avait fait de « l'horreur de l'insistance » sa devise artistique.

Durée d'exécution : 29 minutes environ.

Par rapport au *Cinquième*, le **Sixième Quatuor H. 312** (1946) est beaucoup plus détendu et plus objectif. Le sommet en est le splendide *Allegro moderato* initial en *mi* mineur, qui égale n'importe quel mouvement de l'œuvre précédente par sa dense polyphonie et par son unité thématique. Ici, le sentiment plus intériorisé s'exprime par

* Voir l'œuvre, in *Guide de la musique symphonique* (même éditeur).

une conduite des voix basée sur de petits intervalles, dont les fréquents demi-tons occasionnent des frottements de seconde. Ce contrepoint chantant se réclame du polymélodisme cher à Martinů. Les deux autres mouvements ne se maintiennent pas tout à fait à ce niveau exceptionnel. L'*Andante* fascine par son agogique très singulière, faite de figurations très rapides suscitant une grande richesse de sonorités (on pense déjà aux *Trois Madrigaux pour violon et alto H. 313*, immédiatement postérieurs), mais, de ce fait même, son débit rythmique ne contraste peut-être pas assez avec celui des deux morceaux qui l'entourent. Après une partie introductive (*Allegro*), dont les bondissants rythmes de *Polka* s'inspirent du folklore, le *Finale* (*Allegro con brio*) déchaîne une joyeuse course sous forme d'une entraînante toccata, l'un de ces « éloges de la vitesse » où Martinů excelle.

Durée d'exécution : 22 minutes environ.

Quant au **Septième Quatuor H. 314** (1947), intitulé — sans raison particulière — *Concerto da Camera*, c'est une page toute simple et sans problèmes (*Poco Allegro-Andante-Allegro vivo*), d'un langage très traditionnel chez Martinů, proche des modèles romantiques (avec, notamment, des accents très dvorakiens dans le finale). Un divertissement enjoué et frais, certes, mais sans importance particulière.

Durée d'exécution : 22 minutes environ.

AUTRES QUATUORS

Première œuvre préservée de la période parisienne (puisque le *Premier Trio à cordes* est perdu), le savoureux **Quatuor pour clarinette, cor, violoncelle et tambour en *ut* majeur H. 139** (1924) révèle en ses trois morceaux brefs (*Allegro moderato-Poco Andante-Allegretto ma non troppo*) le choc de la découverte alors toute neuve de Stravinski, notamment de *l'Histoire du Soldat*.

D'une tout autre portée, le **Quatuor pour violon, alto, violoncelle et piano H. 287** (1942) est l'un des chefs-d'œuvre de la période américaine de Martinů, et l'un des sommets de toute sa musique de chambre, dans une formation que le XXe siècle n'a guère enrichie par ailleurs. Merveilleusement concentré et tendu, le *Poco Allegro* initial, d'une magistrale écriture dialoguée, ne connaît pas le moindre relâchement. L'*Adagio* est l'une des inspirations les plus profondes et les plus émouvantes de son auteur, — d'une polyphonie magnifiquement dense. Le piano n'y participe que brièvement, au cours d'un intermède central un peu plus animé, dans l'esprit d'un *Intermezzo* de Brahms, — où ses figurations lumineuses et agiles environnent le jeu des cordes. Martinů n'a jamais surpassé l'émotion intime des vingt dernières mesures de ce morceau ! Après cette méditation sur des hauteurs sereines et solitaires, l'*Allegretto poco moderato* final offre la fraîcheur paisible et bienfaisante d'une idylle pastorale tchèque. Le piano s'affirme à présent au premier plan ; il ouvre seul le morceau, et exécute une grande cadence peu avant la strette enivrante de la coda.

Durée d'exécution : 24 minutes environ.

Il faut citer encore deux jolies pages de divertissement, un **Quatuor pour hautbois, violon, violoncelle et piano H. 31** (1947), en deux parties (*Moderato poco Allegro* et *Adagio-Andante poco moderato* s'enchaînant à *Poco Allegro*), et une **Mazurka-Nocturne pour hautbois, deux violons et violoncelle H. 325** (1949), écrite pour la célébration du centenaire de la mort de Chopin par l'UNESCO.

QUINTETTES

Le **Quintette à cordes H. 164** (à deux altos) (1927), écrit en une semaine à peine, est l'un des chefs-d'œuvre des années parisiennes de Martinů, et contribua beaucoup à sa réputation mondiale après le *Deuxième Quatuor*, qu'il surpassa peut-être encore. L'*Allegro con brio*, d'une splendide vigueur, travaille — chose exceptionnelle pour Martinů — sur deux thèmes contrastants, et se déroule en une libre forme sonate (en *ré* mineur), dont les thèmes sont réexposés dans l'ordre inverse. Même pendant que l'ample chant lyrique du deuxième thème se déploie, les rapides triolets de croches de l'idée initiale demeurent à l'arrière-plan. Sévère et profond, le *Largo* (en *la* mineur), d'une magnifique polyphonie, débute par un dialogue des deux altos, puis s'élève à un puissant sommet d'intensité avant de refluer vers le calme initial. Le joyeux *Allegretto* final, en forme de rondo, présente un refrain à l'allure de *Polka*, dont le premier retour (au milieu du morceau) donne lieu à un libre fugato polytonal. Une ample coda, presque hymnique, sur ce même thème, couronne l'ouvrage en un éclatant *fortissimo-ritardando*.

Le **Premier Quintette pour cordes et piano H. 229** (1933), en quatre mouvements assez brefs (*Poco Allegro-Andante (Poco moderato)-Allegretto-Allegro moderato*), est une page vigoureuse et rude, assez complexe, dont le *Finale* n'est, hélas, pas à la hauteur des autres morceaux, mais dont le *Poco Allegro* initial et le spirituel *Scherzo* (*Allegretto*) illustrent les meilleures qualités du Martinů « français » de l'époque.

Avec le **Deuxième Quintette pour cordes et piano H. 298** (1944), nous avons affaire au sommet de toute la musique de chambre des années américaines tant par les dimensions, qui rejoignent celles du *Cinquième quatuor*, que par la qualité de son inspiration. Contrairement au *Cinquième Quatuor*, il s'agit d'une œuvre sereine et lyrique, dans le style « classique tchèque » des *Deuxième* et *Quatrième Symphonies*. Ce lyrisme purement mélodique s'affirme dès le début du *Poco Allegro* qui, après un départ calme et contenu, s'épanouit en un grand chatoiement instrumental. L'*Adagio* culmine en un émouvant épisode pour cordes seules, où l'art du contrepoint polymélodique de Martinů s'affirme avec splendeur. Dans le *Scherzo (Poco Allegretto*, avec un trio *Poco moderato*), dans le caractère d'un *Intermezzo*, la superposition de 2/4 et de 6/8 rappelle Brahms. Le puissant *Allegro (non troppo)* final débute par un *Largo* pour cordes seules d'une expression profonde, — que l'on réentendra dans toute son imposante grandeur juste avant la rapide coda, introduite par un agile solo de piano.

Durée d'exécution : 27 minutes environ.

On citera encore une œuvre trop peu connue, d'une grande séduction sonore, la **Sérénade pour violon, alto, violoncelle et deux clarinettes H. 334** (1951), une grande musique de chambre en quatre mouvements (*Moderato poco Allegro-Andante-Scherzo* : *Poco Allegro*, avec trio *Molto Vivo-Finale* : *Adagio* et *Allegro*), dont la portée expressive et les dimensions dépassent de loin le niveau d'un simple divertissement.

DU SEXTUOR AU NONETTE

Pour six instruments, cinq ouvrages retiendront notre attention. Tout d'abord le ballet **la Revue de Cuisine H. 161, pour clarinette, basson, trompette, violon, violoncelle et piano** (1927), une joyeuse fantaisie mettant en scène, dans une terrible intrigue amoureuse, des personnages comme le Pot, le Couvercle, le Fouet à crème, le Torchon, et le Balai. Martinů était très fier de la perfection de facture de cette partition étincelante d'humour, — qu'il trouvait aussi accomplie qu'une de ses grandes *Symphonies*. Ce fut l'un de ses grands succès à l'époque ; mais, aujourd'hui encore, ces quatre mouvements (*Prologue* (*Allegretto* : *Marche*) - *Tango* (*Lento*) - *Tempo di Charleston - Final* : *Tempo di Marcia* (*Allegretto*)) n'ont rien perdu de leur charme ni de leur fraîcheur, en leur évocation d'un jazz délicieusement daté.

C'est la présence du jazz, encore, que l'on retrouve dans le **Sextuor pour flûte, hautbois, clarinette, deux bassons et piano en *mi* bémol majeur H. 174** (1929), un divertissement en cinq mouvements (**1.** *Prélude Poco Andante-Poco Allegro* ; **2.** *Adagio* ; **3.** *Scherzo* (*Divertimento I* : *Allegro vivo*) ; **4.** *Blues* (*Divertimento II*) ; **5.** *Finale* (*Allegro-Poco vivo*)), où seule la gravité inattendue de l'*Adagio* tranche sur le reste. Le troisième mouvement est un brillant *Scherzo* pour flûte et piano, — que l'on entend aussi séparément.

La **Sérénade I pour clarinette, cor, trois violons et alto H. 217** (1932) en trois mouvements brefs (*Allegro moderato-Larghetto-Allegro*) fait partie de ce petit groupe de quatre divertissements néo-classiques dont il a été question déjà.

Avec le **Sextuor à cordes H. 224** (1932 ; deux violons, deux altos, deux violoncelles), voici à nouveau un chef-d'œuvre de premier ordre, composé en huit jours seulement, et qui n'en obtint pas moins le Prix Coolidge. Il poursuit la lignée du *Deuxième Quatuor* et du *Quintette à cordes*, et convainc tant par la vigueur de son inspiration que par sa forme claire et concise et par son écriture instrumentale à la fois transparente et riche, — au service d'une expression spontanée. Le *Sextuor* débute, dans une atmosphère contenue, par l'une des très rares introductions lentes de Martinů (*Lento*), menant à un *Allegro poco moderato* robuste et entraînant. Le deuxième mouvement interrompt son *Andantino* très chantant le temps d'un gracieux intermède *Allegretto scherzando* à 3/8. Un *Allegretto poco moderato* concis termine sur une note d'allégresse proche de la truculence. Ajoutant une partie de contrebasse, Martinů a mis également cette œuvre à la portée des orchestres de chambre.

Il reste à citer la pénultième musique pour ensemble de chambre du compositeur, hélas encore presque inconnue, une **Musique de Chambre n° 1 pour clarinette, trio à cordes, harpe et piano H. 376** (1959), à laquelle le titre primitivement choisi (« les Fêtes nocturnes ») convenait assurément beaucoup mieux. Il s'agit de la seule œuvre de musique de chambre faisant intervenir la harpe, qui s'allie ici au piano en d'étonnants mélanges de timbres, — tels qu'on les trouvait préfigurés dans le *Quatrième Concerto pour piano (Incantation)*, et dans l'oratorio *Gilgamesch*. Au contraire de l'ultime *Nonette* (*H. 374*), ces trois morceaux (*Allegro moderato-Andante moderato-Poco Allegro*) ne sont pas proches du folklore tchèque, mais constituent, en leur atmosphère intime d'un impressionnisme subtil, un dernier hommage de Martinů à sa deuxième patrie, la France.

Pour sept instruments, nous trouvons d'abord les **Rondes, pour hautbois, clarinette, basson, trompette, deux violons et piano H. 200** (1930), un cycle de six mouvements brefs, presque tous animés, qui devait s'intituler tout d'abord « Danses Moraves », et qui constitue en effet une avancée « nationaliste » en pleine époque « parisienne » marquée par le jazz. Le finale, en particulier, atteint à la plénitude sonore de tout un orchestre.

La **Sérénade III, pour hautbois, clarinette, quatre violons et violoncelle H. 218** (1932) se distingue de ses compagnes par sa coupe en deux mouvements seulement : un *Poco Allegro* et un *Andante poco moderato* en forme de thème et (quatre) variations, — une rareté pour Martinů.

Une curiosité : la **Fantaisie pour thérémine (ou ondes Martenot), hautbois, quatuor à cordes et piano H. 301** (1944), œuvre qui utilise les ondes Martenot de manière toute classique et mélodique, et dont le paisible lyrisme s'inscrit tout naturellement dans la production de cette époque « américaine ». L'œuvre est d'un seul tenant, deux *Largos* assez développés encadrant un bref *Poco Allegro*.

Martinů n'a pas écrit d'octuor, mais en revanche trois œuvres faisant appel à neuf exécutants. Du **Premier Nonette pour quintette à vents, trios à cordes et piano H. 144** (1924-1925), seul le troisième et dernier mouvement (*Allegro moderato-Allegro ma non troppo*) a survécu.

Une œuvrette d'un charme tout particulier : les **Stowe Pastorals** (publiées sous le simple titre de *Pastorals*) **pour cinq flûtes à bec, clarinette, deux violons et violoncelle H. 335** (1951), écrites à la demande de Radio-Bâle à l'intention d'une famille américaine de musiciens itinérants (leur domicile s'appelait Stowe). Ces trois mouvements brefs (*Poco Allegro-Moderato* (*Poco Andante*) - *Allegro poco moderato*) conservent un style populaire tchèque tout de simplicité et de fraîcheur.

Le **(Deuxième) Nonette H. 374**, (1959), pour flûte, hautbois, clarinette, basson, cor, violon, alto, violoncelle et contrebasse, (1959), écrit par l'exilé déjà miné par le cancer pour les trente-cinq ans du Nonette Tchèque, constitue le testament de musique de chambre de Martinů. Comme chez le dernier Mozart (celui du *Quintette avec clarinette* ou du *Quintette à cordes en* mi *bémol*), le sentiment le plus profond et la sagesse lucide de l'expérience de toute une vie se dissimulent ici sous la grâce d'un divertissement et la souriante pudeur de l'expression. C'est l'œuvre la plus intimement tchèque de son auteur, non seulement de par sa destination, mais aussi par l'intense nostalgie de l'exilé marqué par la mort vers sa patrie inaccessible. On ne saurait placer cette œuvre assez haut : en dépit de son apparente modestie paysanne, elle égale la signification du *Cinquième Quatuor* ou du *Deuxième Quintette*. Le **POCO ALLEGRO** initial évoque, avec une force d'impact direct presque smetanienne, l'image d'une joyeuse fanfare villageoise, jouant une vigoureuse marche. L'**ANDANTE** est bouleversant au sens le plus fort du terme. Après le beau rêve, la dure réalité : au soir de sa vie, l'artiste las et malade aspire à retrouver le pays lointain de son enfance, — en proie à une souffrance lancinante. Cependant, même ici, Martinů évite tout pathos (« l'horreur de l'insistance »), et le morceau se meurt dans la contemplation paisible de l'éternelle beauté. À présent (**ALLEGRETTO**), la danse finale s'approche à petits pas, d'abord presque en hésitant, avec un joyeux solo de violon. C'est un ménétrier de village qui entraîne bientôt ses partenaires en une danse animée, en forme de rondo. Ce morceau aux rythmes variés et subtils se termine par un hymne, ample et ensoleillé, aux « prairies et forêts de Polička » (la petite ville natale du compositeur). Quelle poésie dans le tendre pianissimo de la dernière mesure, comme si la belle image idéale s'évanouissait doucement...

Durée d'exécution : 15 minutes environ.

H. H.

FÉLIX MENDELSSOHN BARTHOLDY

*Né à Hambourg, le 3 février 1809; mort à Leipzig, le 4 novembre 1847. Issu d'une famille de patriciens berlinois, Félix Mendelssohn Bartholdy reçoit une éducation raffinée; sa culture est encyclopédique, ses manières exquises, et la fortune familiale (le père est banquier) toujours mise au service d'un idéal harmonieux du corps et de l'âme. Enfant prodige, il travaille la composition avec Zelter, compose à onze ans, et écrit quelques-uns de ses chefs-d'œuvre à quinze ans : l'*Octuor, *l'*Ouverture du « Songe d'une nuit d'été » *(1826). Mais les réalités de l'existence sont difficiles à affronter pour un adolescent si brillant, sensible, juif de surcroît, malgré la conversion familiale au christianisme et la protection amicale de Goethe. En 1827, son opéra* les Noces de Gamache *échoue à Berlin. Deux ans plus tard, il devient célèbre dans toute l'Allemagne en ressuscitant, à la Singakademie de Berlin, la* Passion selon Saint-Matthieu *de Bach, oubliée depuis cent ans. Mais quand il postule pour diriger cette institution, on lui préfère le médiocre Rungenhagen, plus chrétien... Il épouse en 1837 la fille d'un pasteur de Francfort, la ravissante Cécile Jeanrenaud; on lui doit les chefs-d'œuvre de l'oratorio romantique (*Paulus, *1836,* Elias, *1846). Wagner ne l'accablera pas moins dans son pamphlet* le Judaïsme dans la Musique *(1850). Un grand voyage en Italie, en France, en Angleterre (1829-1832) affine sa culture, et lui laisse des souvenirs pittoresques dont il emplit ses cartons (il dessine et peint à merveille), et qui jalonneront son œuvre : la* Symphonie Écossaise *(1829-1842), la* Symphonie Italienne *(1833), l'*Ouverture des « Grottes de Fingal » *reflètent son goût pour la nature sauvage, les marines. L'Angleterre lui fait l'accueil le plus flatteur, le considère comme l'héritier de Haendel, de Haydn et de Weber. Mais il échoue à Düsseldorf où il est directeur musical (1833-1835). C'est en Saxe, à Leipzig (la ville de Bach !), qu'il passe les meilleures années de sa vie, à la tête des Concerts du Gewandhaus (1835-1847). Excellent pianiste, altiste, organiste et chef d'orchestre, il défend Bach, dont il est « le prophète » selon Berlioz, Beethoven et Mozart. Fort généreux et dévoué, il y reçoit Berlioz (1843), crée les deux premières* Symphonies *de Schumann, et ouvre un Conservatoire pour encourager les jeunes talents moins favorisés que lui par la fortune. Surmené par ses activités multiples, il se partage entre Londres, Leipzig, et Berlin où, depuis 1840, le roi de Prusse Frédéric-Guillaume IV l'a attiré; il donne à Potsdam ses musiques de scène pour* Antigone *(1841) et* le Songe d'une nuit d'été *(1843). En mai 1847 la disparition brutale de Fanny, sa sœur bien-aimée et son double musical, le foudroie. Il laisse un opéra (*Loreley*) et un oratorio (*Christus*) inachevés.*

LES PREMIERS ESSAIS (1820-1824)

Dès son enfance, Mendelssohn considère la musique de chambre comme essentielle; en 1825, il écrit dans une lettre à l'éditeur Nägeli que « son instrument » (le piano) ne l'attire pas, et que « les Sonates pour violon, alto, les quatuors, etc, l'intéressent davantage ». Dès 1820, alors qu'il est encore l'élève en harmonie de Zelter, il compose ; parmi ces premières œuvres figure une cantate, « *Ich F. Mendelssohn* », datée du 13 janvier 1820; il n'a pas encore onze ans ! Et, cette année-là, il écrit un *Trio*, plusieurs pages pour piano et violon, et un *Récitatif et Largo* pour quatuor. En 1821, année de sa rencontre avec Weber, qui est venu diriger la création du *Freischütz* à Berlin, il compose trois opéras, plusieurs fugues pour cordes, un *Quatuor avec piano en* ré *mineur*. Vient ensuite le premier opus publié, le *Quatuor pour piano, violon, alto et violoncelle en* ut *mineur (op. 1)*, commencé durant des vacances en Suisse, à Sécheron près de Genève, en septembre 1822 et terminé à Berlin le 18 octobre. La partition, dédiée au prince Anton Radziwill, célèbre auteur de la première musique de scène pour le *Faust* de Goethe, est publiée par Schlesinger à Berlin en 1823. Si l'on peut facilement déceler l'influence de Hummel (musicien que le jeune Félix avait rencontré dès 1821 chez Goethe à Weimar), cette œuvre témoigne aussi d'une personnalité précoce (le quatuor avec piano, genre auquel Mozart s'est intéressé deux fois en 1786, reste relativement peu exploité), — ainsi dans le scherzo. En mars 1823, Mendelssohn écrit son premier *Quatuor à cordes* (édité par Erler à Leipzig en 1878), qui se termine sur une double fugue de belle tenue. La *Sonate pour violon et piano en* fa *mineur (op. 4)*, composée en mai 1823, n'est qu'une pâle imitation de la *Sonate en* ré *mineur op. 31* de Beethoven. L'année 1823 voit encore naître six *Symphonies pour cordes* (depuis l'automne 1822, Mendelssohn dispose d'un orchestre privé pour ses concerts où se font entendre les plus célèbres virtuoses), un *Concerto pour violon en* ré *mineur*, un *Concerto en* mi *majeur pour deux pianos et orchestre*, et le *Quatuor pour piano, violon, alto et violoncelle en* fa *mineur (op. 2)*, composé entre novembre et décembre 1823 à Berlin, dédié à Zelter et publié en 1825 par Schlesinger. Citons également la *Sonate pour alto et piano en* ut *mineur* (publiée en 1966 à Leipzig) : c'est une des rares œuvres reliant Mozart à Schumann dans l'histoire de la littérature pour alto. Elle fut composée à Berlin entre novembre 1823 et février 1824. Très beethovénienne d'inspiration, elle contient pourtant des traits déjà bien personnels. Cette année extraordinairement riche en essais de musique de chambre (chez un musicien de quatorze ans) se termine avec une *Sonate pour clarinette et piano*, redécouverte récemment et publiée en 1987 par Bärenreiter. Pour les quinze ans de Mendelssohn, le 3 février 1824, une représentation de son opéra *les Deux neveux* fut organisée chez lui. Le mois suivant il composait sa *Première Symphonie op. 11*, puis un *Concerto pour deux pianos en* la *bémol majeur*, enfin le ***Sextuor op. 110*** composé entre le 30 avril et le 10 mai 1824 (publié par Kistner à Leipzig en 1868) : c'est en réalité un petit concerto pour piano et cordes (un violon, deux altos, un violoncelle et une contrebasse), très frais, weberien, que Mendelssohn ne jugea cependant pas digne d'être publié. La partie de premier alto, extrêmement tendue dans l'aigu, était sans doute destinée à un ami, virtuose de l'instrument. L'*Allegro vivace*, entièrement bâti sur des traits du piano en triolets, trahit l'influence de Moschelès, — compositeur qui nous laisse un vivant souvenir de la vie musicale et des concerts dominicaux dans la maison Mendelssohn en cette année 1824. L'*Adagio*, à 3/4, en *fa* dièse majeur (cas unique chez Mendelssohn) est suivi d'un curieux *Menuet* (à 6/8 !) en *ré* mineur. Le finale, en *ré* majeur, repose sur un thème brillant, un peu mondain, du piano, dans le style de Weber. Mais, vers la fin, une étrange interpolation ramène le souvenir du *Menuet* précédent en *ré* mineur, qui persiste durant tout l'*Allegro con fuoco* final : innovations qui laissent déjà deviner un maître.

LES GRANDES ŒUVRES DE JEUNESSE (1824-1829)

Quatuor pour piano, violon, alto et violoncelle, en *si* mineur (op. 3)

Entre le 3 et le 18 janvier 1825 Mendelssohn interrompt la composition de son opéra, *les Noces de Gamache*, pour composer un *Troisième Quatuor avec piano*, « très respectueusement dédié à son Excellence Monsieur le Conseiller Aulique, Ministre d'État von Goethe », et publié par Laue à Berlin. Lors de son voyage à Paris, deux mois plus tard, il le joue dans le salon de Mme Kiéné, avec Mial, Norblin et Baillot. L'ayant entendu, Cherubini a ce mot resté fameux : « Ce garçon est riche, il fera bien ; il fait même déjà bien ; mais il dépense trop de son argent, il met trop d'étoffe dans son habit ». Puis, de retour en Allemagne, il s'arrête à Weimar et joue son œuvre devant Goethe émerveillé (20 mai 1825) ; Mendelssohn jugera toujours cette œuvre de jeunesse digne d'être prise au sérieux. Durant son grand voyage de 1830-1832, il le joue à Munich (octobre 1831), et à Paris il le remanie et le fait éditer par Richault.

Le *Quatuor en* si *mineur* est remarquable par la recherche d'intégration thématique : l'**ALLEGRO VIVACE** (à 3/4) commence sur un motif caractéristique, un peu farouche (appel de la sixte napolitaine) qui donnera naissance aux thèmes du **SCHERZO** et du **FINALE**. Le développement ingénieux consiste en une vaste interpolation de tempo plus vif, très brillante ; l'écriture est élégante, assez sombre et plus personnelle. L'**ANDANTE** (*mi* majeur, à 4/4) s'ouvre sur un beau thème, mais verse ensuite dans une sentimentalité un peu molle et complaisante. Le **SCHERZO**, (*fa* dièse mineur à 3/8) est un *Perpetuum mobile* qui déverse un flot ininterrompu de doubles croches, d'une grande virtuosité, mais avec cette ombre d'inquiétude qui fait le charme de bien des pages analogues ; c'est le premier essai, dans la musique de chambre, de l'auteur du fameux scherzo léger et volubile auquel Mendelssohn a laissé son nom. Le **FINALE** est un allegro de sonate très développé, (*si* mineur à 2/2), entièrement porté par un rythme de tarentelle au piano ; difficile d'exécution, il annonce déjà les effets pyrotechniques des deux *Concertos op. 25* et *40*.

Durée d'exécution : 26 minutes environ.

Octuor pour quatre violons, deux altos, deux violoncelles, en *mi* bémol majeur (op. 20)

En 1825, les Mendelssohn emménagent dans une somptueuse demeure, le Reckscher Palais, qui devient un haut lieu musical de la capitale prussienne. Les progrès en équitation, danse, langues anciennes, peinture, mathématiques, témoignent de la multiplicité des dons du jeune Félix. Entre deux actes d'opéra il traduit en vers allemands une pièce de Térence, l'*Andrienne*, publiée l'année suivante. Parmi cette production miraculeuse l'*Octuor*, fleuron de la musique de chambre de Mendelssohn, est achevé le 15 octobre et créé sans doute quelques jours plus tard par le dédicataire, le jeune violoniste Eduard Rietz. On ne connaît pas d'exécution publique de cette œuvre avant le concert donné à Paris, au Conservatoire, par Baillot le 17 mars 1832. Dans une lettre du 31 mars, Mendelssohn, souvent scandalisé par les mœurs musicales parisiennes, s'égaie beaucoup en annonçant une exécution de son *Octuor* dans une église parisienne pour l'anniversaire de la mort de Beethoven : « Mon scherzo joué pendant que le prêtre était à l'autel faisait l'effet le plus bouffon qu'on puisse imaginer... » Quelques concerts où l'*Octuor* fut donné au Gewandhaus de Leipzig, méritent d'être cités, — serait-ce seulement parce que l'auteur y prit part : il y jouait, avec beaucoup de talent semble-t-il, de l'alto (30 janvier et 7 février 1836). Le plus prestigieux eut lieu le 18 novembre 1843 : les parties d'altos étaient tenues par l'auteur et par le compositeur danois Niels Gade. Au cours du même concert fut créée la *Sonate pour violoncelle op. 58*. La partition fut éditée par Breitkopf et Härtel à Leipzig en 1832. Sans précédent dans l'histoire de la musique, cet *Octuor* reste un opus sui generis : ni l'*Octuor* (avec bois) de Schubert ni les *Doubles Quatuors* de Spohr ne peuvent lui être comparés. Chef-d'œuvre littéralement inouï, il témoigne, avec l'*Ouverture du « Songe d'une nuit d'été »* écrite l'année suivante, du génie de cet adolescent de seize ans. C'est la dernière œuvre où Mendelssohn est aux prises avec le style mozartien, qu'il va bientôt abandonner pour se plonger dans les derniers *Quatuors* que Beethoven est précisément en train d'achever à Vienne. La confrontation de ces *Quatuors* et de l'*Octuor* de Mendelssohn symbolise le choc esthétique entre deux univers. Jamais encore une œuvre de musique de chambre n'a rayonné à ce point de jeunesse, de fougue et de passion. Sa vitalité, son charme, sa liberté de conception, ses sonorités inédites, sa maîtrise formelle, sa richesse thématique restent remarquables. Toute sa vie durant, Mendelssohn plaça l'*Octuor* au premier rang de ses œuvres de jeunesse, mais il sentait avec nostalgie que cet Âge d'or appartenait à un passé qu'il tenta souvent de faire revivre avec plus ou moins de succès. Et Schumann, littéralement fasciné, disait à propos de cette œuvre : « Ni dans les temps anciens, ni de nos jours on ne trouve une perfection plus grande chez un maître aussi jeune ».

1. Allegro moderato ma con fuoco (à 4/4) : le premier mouvement est d'une grande élégance dans son intensité (« modéré mais avec flamme », ce qui n'est que faussement contradictoire), très largement conçu, et varié : sur trois cent vingt-trois mesures, l'exposition en occupe cent trente-et-une, et la réexposition seulement soixante. Le thème principal, tendu, acéré comme une lame, repose sur l'arpège de *mi* bémol. Il s'élève, puis retombe à trois reprises sur la corde de *sol* à vide du premier violon, l'ambitus dépassant trois octaves. Dans le conséquent, la quinte abaissée donne une couleur particulière :

Le thème passe aux violoncelles, à la mesure 9, sur un accord de septième diminuée. Deux quatuors en écho se chargent des motifs secondaires : un dessin furtif en doubles croches staccato (mesure 21) confié à un quatuor à l'unisson (violons 3 et 4, alto 2 et violoncelle 1), suivi d'une réponse en noires des quatre autres archets (sixtes parallèles). Une transition vers le ton de la dominante (*si* bémol, mesure 68) amène le second thème, mélancolique et ombreux, qui reprend les sixtes précédentes, énoncées par le quatrième violon et le premier alto. Un court arpège ascendant (rappel de la tête du premier thème) cimente ces fragments thématiques. À la mesure 75 apparaît un motif complémentaire de ce groupe, joué staccato par deux violons et un alto, en *sol* mineur ; il engendre un épisode *Scherzando*, en imitations, qui mène à une reprise du premier thème (mesure 93), mêlé ensuite au second (mesure 96). Ce contrepoint puissant (un des premiers exemples chez Mendelssohn de sa technique exemplaire de fusion des motifs) mène à la double barre. Le développement, bref, est entrecoupé de pauses méditatives (au premier violon) en valeurs longues. Il s'éteint presque, sur une dissonance aiguë ; mais l'accompagnement syncopé du premier thème réapparaît dans cette pénombre, et durant vingt-et-une mesures un long crescendo en doubles croches amorce peu à peu la réexposition, très abrégée. La coda, brillante, se rapproche davantage d'un classicisme objectif.

2. Andante (à 6/8, en *ut* mineur) : dans une atmosphère de ballade médiévale, les quintes vides en *ut* mineur plantent un décor mélancolique. Le thème principal, une sicilienne, est exposé en fragments hétéroclites par les quatre violons. Ces phrases errantes modulent sans but apparent — vers *fa* mineur, *ré* bémol majeur, *la* bémol majeur, *ré* bémol majeur encore — et, après quinze mesures, reviennent de façon bien peu conventionnelle en *ut* mineur. Le second thème (mesure 29), en *mi* bémol mineur, *pp*, transparent, est accompagné d'une sorte de « fileuse » en triolets. Au sommet de ce mouvement (en forme sonate) apparaît le troisième thème, en *mi* bémol (mesure 41), toujours *pp*. D'un enchevêtrement de gammes descendantes, en tierces, émerge un motif enchanteur, une vision céleste en notes répétées qui s'élèvent par mouvements conjoints, occasionnant des retards douloureux. Vingt mesures de développement, et ce thème ouvre la réexposition (mesure 77), en *ut* majeur. Tout le morceau est imprégné d'une tendresse fragile. E. Wolff, un biographe de Mendelssohn, y vit (en 1906)... « Un chœur d'anges aux voix tendres, qui évoquent le ciel dans une langue douce et claire, où passe un souffle de rêverie intime. Toutes les peines terrestres sont apaisées par la beauté divine ».

3. Scherzo (Allegro leggierissimo en *sol* mineur, à 2/4) :

« Traînées de nuages et voiles de brouillard
S'éclairent par le haut
L'air passe dans le feuillage, le vent dans [les roseaux
Et tout s'évanouit ! »

Goethe fut certes fier en apprenant que les vers impalpables de son *Faust* (les derniers de la *Nuit de Walpurgis*, mise intégralement en musique par Mendelssohn six ans plus tard) avaient inspiré ce *Scherzo*. « C'est une vraie réussite, nota Fanny, la sœur du compositeur. Il n'a confié qu'à moi seule les chimères qui l'ont inspiré. Le morceau se joue staccato et pianissimo, les frissons des trémolos, les échos des trilles qui jettent des éclairs furtifs, tout est neuf, étrange, et pourtant tellement séduisant, familier, qu'il semble qu'un souffle léger vous élève vers le monde des esprits. On a envie d'enfourcher un manche à balai pour suivre cette joyeuse troupe. » Il s'agit là du premier exemple de fantastique mendelssohnien, qui trouvera sa plus parfaite expression l'année suivante dans l'*Ouverture du « Songe d'une nuit d'été »*. Le « scherzo féerique » est devenu un modèle pour la postérité, et ses caractéristiques des critères : tempo très vif, rythme acéré, ininterrompu (à deux temps !), staccato aérien, notes brèves répétées, sonorités « miniatures », diffractées, accords assourdis et mystérieux, brumeux, qui viennent enfin, sur un point d'orgue, interrompre cette course. Formellement bâti en sonate, il oppose deux thèmes : l'un trépigne sur un petit ambitus, en *sol* mineur, avec un triple trille de la sensible (*fa* dièse) :

Un pont minuscule, en triples croches éparpillées, fait place au second thème, (*si* bémol majeur, mesure 25), plus élégant et dansant, élégamment harmonisé sur une gamme descendante. Il est étrangement fragmenté et se voit interrompu par des échos du premier thème. Contre tous les usages, le développement très long ignore — autant que faire se peut — ces thèmes, en introduit d'autres, et la réexposition (mesure 146) continue ce travail de sape, ajoutant au mystère et à l'inquiétude. Mendelssohn attachait un grand prix à cette page, puisqu'il l'orchestra afin de l'intercaler dans sa *Symphonie en* ut *mineur (op. 11)*, où elle remplaça le *Menuet* original lors de la création à Londres en mai 1829.

4. Presto (en *mi* bémol majeur, à 2/2) : décidément soucieux d'inédit, Mendelssohn écrit un finale joyeux (formellement inclassable) qui associe, dans le souvenir de l'*Ouverture de « la Flûte enchantée »* (et dans la même tonalité héroïco-maçonnique de *mi* bémol majeur), fugato et scherzo. Le premier thème, une chaîne de croches fluides, allant de la tonique à la sensible, est présenté dans le grave par le second violoncelle (dans ce mouvement, aussi difficile à jouer qu'à entendre !) :

L'échange régulier, vers l'aigu, du sujet et de la réponse, s'arrête aux violons. Le tutti imposant éclate avec un contrepoint majestueux au premier violon (en quartes ascendantes) qui dédaigne la fugue. On a moins l'impression d'une polyphonie (l'art est masqué par l'art même !) que d'un jeu scurrile, comme le confirme le deuxième thème, séquentiel (toujours en *mi* bémol, *ff*, mesure 34) en blanches épaisses et lourdaudes, où se profilent déjà les *Rüpeln* du *Songe d'une nuit d'été*. Au développement très poétique (mesures 63 à 189) succède une reprise du fugato, avec un contre-sujet neuf en valeurs longues, sur l'arpège de *mi* bémol ; ce contre-sujet devient à son tour l'objet d'un travail contrapuntique intense. Mais le thème du SCHERZO revient inopinément, (mesure 273) comme un simple contre-sujet ; cette citation, d'abord mystérieuse et poétique, prend bientôt une toute autre importance, quand elle s'adapte aux basses lourdaudes en blanches. On assiste ensuite à un tour de force quand tous les thèmes sont superposés en contrepoint renversable. Dans un tel mouvement, ce *ricercar* enivré prend l'allure d'une chasse fantastique. La coda, portée par un élan irrésistible, conclut dans l'allégresse.

Durée d'exécution : 33 minutes environ.

Quintette n° 1, pour deux violons, deux altos et violoncelle, en *la* majeur (op. 18)

Composé en mars-avril 1826, le *Premier Quintette* précède immédiatement l'*Ouverture du « Songe d'une nuit d'été »*. Zelter l'annonce à Goethe le 6 juin : « Félix vient encore d'achever un nouveau *Quintette*, qu'on entendra sans doute avec plaisir ». Le second mouvement de la version originale, un *Menuet* en *fa* dièse mineur, sera remplacé par un *Intermezzo* composé à Paris, en février 1832 ; les cercles musicaux que fréquente Mendelssohn (en particulier le violoniste Baillot) sont à l'origine de la transformation : « Avant toute chose je dois faire un adagio pour mon *Quintette* ; les artistes le réclament à grands cris, et je trouve qu'ils ont raison ». Et le 21 février, il ajoute : « J'ai composé un grand adagio qui servira d'*Intermezzo* au *Quintette*, je l'ai intitulé *Adieux*, parce que je devais composer quelque chose pour Baillot, dont le jeu est si admirable et qui a tant de bontés pour moi... » L'*Adagio* est terminé le 23 février. Ajoutons que Mendelssohn vient d'apprendre la mort de son ami d'enfance, le violoniste Eduard Rietz (dédicataire de l'*Octuor op. 20*) et que c'est aussi à lui qu'il destine ce souvenir (« *Nachruf* »). Après cette création parisienne, la partition paraît chez Simrock à Bonn en 1833, puis on n'entend plus parler du *Quintette* avant un concert donné au Gewandhaus de Leipzig le 19 mars 1836.

1. ALLEGRO CON MOTO (à 3/4) : par rapport aux niveaux rythmiquement très différenciés du début de l'*Octuor*, on peut lire ici un certain recul. Le thème principal, une sorte de menuet, est d'une transparence et d'une élégance toutes classiques. Le « pont » (mesure 35) est un petit motif de basse continue baroque, au violoncelle, curieusement développé en imitations frémissantes, dans le style du scherzo de l'*Octuor*, — ce qui laisse l'impression d'esthétiques différentes qui se heurtent. Le second thème (*mi* majeur, mesure 80), présenté en staccato gracieux, se transforme peu à peu en dessin continu de croches au premier violon, et s'achemine vers la double barre. Le développement est axé sur un travail contrapuntique savant qui rappelle un peu Bach, puis il prend un tour plus passionné avec l'entrée d'un motif en doubles croches au premier violon. Lors de la reprise, très abrégée, le pont est supprimé et les deux thèmes simplement accolés. Mais la coda reprend longuement et poétiquement le premier thème dans une grande mouvance d'arpèges en croches qui annonce les eaux miroitantes de la *Grotte de Fingal*.*

2. INTERMEZZO (en *fa* majeur, à 3/4) : cette page magnifique dans sa grandeur beethovénienne est le seul morceau important de musique de chambre composé par Mendelssohn entre 1829 et 1837. Formellement ambigu, c'est un lied (ABA) qui emprunte à la forme sonate les deux thèmes à distance de quinte, et le développement du premier dans la partie centrale. Ces deux thèmes sont rythmiquement proches, l'anacrouse pointée du premier engendrant le deuxième (mesure 26) bâti sur l'arpège d'*ut* majeur. Une conclusion passionnée mène au développement. L'accélération du rythme de la figuration est structurelle : doubles croches,

---

* Voir l'œuvre (« Les Hébrides »), in : *Guide de la musique symphonique* (même éditeur).

puis sextolets de doubles croches dans le développement, et enfin triples croches dans la réexposition. Très amplifiée, celle-ci libère un trop plein d'émotion, et une pathétique coda achève ce « tombeau ».

3. **Scherzo** (en *ré* mineur, à 2/4) : voici encore un scherzo à deux temps, qui mêle scherzo et fugue : Beethoven avait tenté l'expérience dans l'*Andante scherzoso* de son *Quatuor op. 18 n° 4*. Mais Mendelssohn va bien plus loin, et cette page où Bach rencontre Obéron et Titania « dans un bois près d'Athènes », mérite une analyse détaillée. Elle comprend deux expositions de fugue séparées par divers interludes. Sans respect pour la dignité du genre, le sujet de la fugue s'efforce de ressembler autant que possible à un thème de scherzo. C'est une chaîne de doubles croches, *pp* et staccato :

La superposition des voix entraîne la formation très rapide d'accords en valeurs brèves d'un effet scintillant. Après une première exposition de la fugue, un « pont », assorti d'un épisode plus chantant (mesures 65 à 83) mène au premier divertissement (mesures 84 à 137) où la tête du sujet est mêlée à de petits fragments d'arpèges en imitations. Un autre pont (mesures 138 à 160) introduit la deuxième exposition fuguée (mesures 161 à 205) très variée, agrémentée de trilles spirituels. Le deuxième divertissement (mesures 206 à 254), en *ré* majeur, s'achève sur de mystérieux accords de septième enchaînés qui reviendront bientôt dans l'*Ouverture du « Songe d'une nuit d'été »*. La fugue se termine, comme il se doit, par une strette féerique où les esprits de la nuit s'évanouissent (mesures 280 à 303).

4. **Allegro vivace** (en *la* majeur, à 2/4) : conservant ces heureuses dispositions contrapuntiques et folâtres en même temps, Mendelssohn prend congé sur un finale vif et spirituel, aménagé en rondo-sonate, de façon peu régulière toutefois. Le refrain, que Rossini aurait pu écrire, s'appuie sur une anacrouse, un triolet de doubles croches, qui va donner tout son piquant au mouvement. Deux fois repris comme un refrain, il s'enchaîne abruptement au couplet ou second thème en *mi* majeur, plus chantant (mesures 50 à 73). Le développement, très vaste, s'appuie sur la tête du refrain, mais utilise aussi le fugato (mesures 139 et 162). Au centre du développement, apparaît un nouveau thème en blanches (mesures 176 à 206) probablement emprunté au *Menuet* de la première version du *Quintette*. Dans un grand crescendo, ce thème est alors combiné dans une double fugue avec le refrain. Ici le jeu sonore devient exubérant : le refrain est amorcé deux fois, dans une tension croissante, en *ut* puis en *ré* majeur (mesures 222 à 228), mais l'orage n'éclate pas. Après une imposante montée vers la dominante qui laisse espérer le refrain, c'est en réalité le couplet qui reparaît au ton principal (*con forza*, mesure 242). La coda, largement développée, va compenser cette réexposition tronquée. Elle tire d'abord du fugato entendu lors du développement une strette nerveuse (mesures 280 à 292), puis conclut dans un grand tourbillon de gammes et d'arpèges flamboyants.

Durée d'exécution : 27 minutes environ.

Quatuor à cordes en *la* mineur (op. 13)

Plus que Schumann ou Brahms, qui furent sollicités très ponctuellement par le quatuor, Mendelssohn tenta avec constance de maîtriser ce genre difficile de 1823 à 1847. Ses premiers modèles furent Mozart et Haydn, puis Cherubini, dont les *Quatuors* étaient très joués en Allemagne. Il fut surtout le premier compositeur romantique soucieux de faire connaître l'œuvre de Beethoven. Ainsi le 19 novembre 1826, faisait-il découvrir aux berlinois la *Neuvième Symphonie* (au piano). Il était surtout conscient de la valeur, de la lourdeur de l'héritage des *Quatuors* de Beethoven. Dans ses lettres à son ami le compositeur suédois Lindblad, Mendelssohn analyse longuement les *Quatuors op. 130 et 131*. Mais c'est l'*op. 132* qui va servir de modèle pour son premier grand *Quatuor op. 13*. En 1827 Mendelssohn, qui vient d'apprendre la mort de Beethoven, passe la Pentecôte à Sacrow, près de Potsdam ; il y improvise un lied, « *Ist es Wahr* » (*op. 9 n° 1*). Au même endroit, l'été venu, il va en tirer un *Quatuor* : « Le *Lied* joint au *Quatuor* a fourni le thème, écrit-il à Lindblad. Tu le reconnaîtras dans les notes du premier et du dernier mouvement, mais il parle dans les quatre morceaux. S'il te déplaît la première fois — ce qui peut bien arriver — rejoue-le, et si tu y trouves quelque chose qui ressemble à un menuet, pense alors au raide et cérémonieux Félix, ton serviteur, engoncé dans sa cravate ». Terminé le 27 octobre, le *Quatuor en la mineur* sera publié par Breitkopf et

Härtel à Leipzig en 1830, et Mendelssohn le fera jouer tout d'abord en public à Paris le 14 février 1832 par de célèbres artistes, Baillot, Sauzay, Urhan et Norblin : la création en public aura lieu deux jours plus tard à Berlin.

1. **Adagio** (*la* majeur, à 3/4) — *Allegro* (*la* mineur, à 4/4) : dans le premier mouvement la ressemblance avec le modèle, l'*op. 132* beethovénien, éclate : mais là où Beethoven enchaînait sans lien introduction et *Allegro*, Mendelssohn les relie par un trille de l'alto. Le motif conducteur est bien proche de celui qui ouvre l'*Absence* dans la *Sonate op. 81* de Beethoven ; son rapport à l'œuvre entière est subtil : il se profile peu à peu entre les mouvements : tous les thèmes, apparentés, se rapprochent de lui insensiblement, — cela finissant par une citation. De l'*op. 132*, il reprend la tonalité, le départ de l'**Allegro** sur un dessin fugitif en doubles croches, et l'amorce du thème, au rythme pointé, étalé en imitations aux cordes graves, avant de paraître enfin au premier violon :

Ce thème, qui éclate avec passion, est repris en un tissu polyphonique ardu, dissonant ; aucune autre œuvre de Mendelssohn ne présente un tel contraste abrupt de nuances, de rythme et de dynamique : ainsi, dans le « pont », la tête pointée du thème est développée en accords *ff*, et, après un bref diminuendo, le second thème apparaît *piano* (*mi* mineur, mesure 57), orné d'appoggiatures délicates. Une transition en accords passe brusquement du *pp* au *ff*. Le troisième thème (mesure 76), nerveux, est joué par le violoncelle dans l'aigu, *sf*, *con fuoco*, et repris, *agitato et p*, par le premier violon. Le développement reprend les traits en doubles croches du début du mouvement. Ses deux grands panneaux exploitent seulement le premier thème ; les sonorités sont très contrastées. Dans la réexposition (mesure 150) figure un ajout de quelques mesures empruntées au premier thème qui mène par une grande tension, en *sforzati*, au troisième thème (mesure 198), suivi d'une coda très brillante.

2. **Adagio non lento** (en *fa* majeur à 3/4) : si, dans ce magnifique mouvement lent, l'exemple de l'*Allegretto non troppo* du *Quatuor op. 95* de Beethoven est frappant, forme, motifs, tout est neuf cependant. Il commence innocemment, avec un *Lied cantabile* de dix-neuf mesures, plein de noblesse (on notera l'analogie entre l'introduction du premier mouvement et ce passage). Le fugato tristanesque (mesures 20 à 44) qui intervient ensuite, avec son chromatisme douloureux, débouche, après une grande montée, sur un récitatif dramatique du premier violon (mesure 46). Après une manière de réexposition du fugato, d'une intensité et d'une virtuosité contrapuntique remarquables, la coda (mesures 93 à 123) reprend le lied du début, lui adjoint le sujet du fugato en diminution, et conclut dans l'apaisement.

3. **Intermezzo** (en *la* mineur à 2/4) : sans renoncer entièrement au scherzo délié et aérien qu'il a mis au point, Mendelssohn fait appel à un style d'intermède simple, pré-brahmsien, d'une légère saveur populaire. Il s'agit d'une chanson aux sonorités transparentes, accompagnée en pizzicatos « à la guitare ». Dans le *Trio* les elfes aux pieds légers reviennent évidemment, sur un motif délicat en doubles croches *pp*, en *la* majeur. À la fin, les deux motifs sont superposés avec art.

4. **Finale, Presto** (en *la* mineur à 2/2) : cette page étonnante, si originale sous la plume d'un jeune homme de dix-huit ans, émerveille par son audace. Il s'agit d'un allegro de sonate très libre, d'obédience beethovénienne encore, et pensé de façon très théâtrale. Des trémolos en doubles croches introduisent un récitatif passionné du premier violon, *ff*, très proche de celui qui ouvre la *Sonate op. 31 n° 2* de Beethoven (inspirée par *la Tempête* de Shakespeare). Une ritournelle « d'orchestre » en croches détachées interrompt par deux fois les invectives du soliste et débouche sur « l'aria », — autrement dit le début de l'*Allegro* (mesure 29). Tout le début de ce mouvement cite textuellement le fragment de la *Sonate* de Beethoven qui relie le développement au pont (*Largo-Allegro* mesure 43) et reprend même la tonalité de *ré* mineur avant de revenir au ton principal. Quant au thème principal, il s'approche beaucoup du finale du *Quatuor op. 132* :

Le « pont » reprend la ritournelle en croches de l'introduction lente, puis un élément du premier mouvement dans un dessein cyclique évident. Le second thème (*pp*, *staccato*, mesure 90) en *mi* mineur, contraste par sa légèreté nerveuse, son action fugitive : dès la mesure 104 le début du récitatif reparaît en augmentation, immédiatement interrompu par le discours léger en croches du premier violon. Tous les thèmes sont évoqués dans le premier stade du développement. La seconde phase s'ouvre — l'effet est surprenant — par un retour du récitatif fugué du second mouvement, qui revêt ici une toute autre forme, augmenté (une noire devient une ronde) et joué legato, mais seulement à trois voix, — le violoncelle se contentant d'une formule fugitive en croches (tête du premier thème) qui, ventilée peu à peu sur les autres parties, va précipiter avec violence la réexposition (mesure 239). Le récitatif écourté, amputé de la ritournelle, et l'*Allegro* très tronqué sont repris. Une coda splendide (mesures 333 à 372) va révéler les rapports latents entre les thèmes. Le premier violon, mystérieux, semble ouvrir enfin les arcanes ; il reprend en blanches le récit, puis un souvenir libre du thème principal du premier mouvement, enfin celui du finale ralenti (*a piacere quasi una fantasia*). Le récit ramène l'*Adagio* (« *come I* ») qui ouvrait le *Quatuor*, avec une citation du lied plus complète, — qui ferme la boucle. Cette page étonnante, la plus complexe écrite par le jeune Mendelssohn, constitue — au-delà des allusions immédiates aux *Sonates* et *Quatuors* — une sorte de méditation sur le finale de la *Neuvième Symphonie*. Mendelssohn montre ici une maîtrise, une originalité de forme et de fond sans équivalent dans l'Europe de 1830, et s'affirme comme le premier héritier de Beethoven.

Durée d'exécution : 34 minutes environ.

Quatuor à cordes en *mi* bémol majeur
(op. 12)

Le *Quatuor en* mi *bémol majeur* fut sans doute commencé à Berlin au printemps de 1829, peu après la seconde naissance de la *Passion selon Saint-Matthieu* (11 mars 1829). En avril Mendelssohn partit pour l'Angleterre, y remporta de grands succès, passa ses vacances en Écosse, et acheva son *Quatuor* à Londres le 14 septembre 1829. La partition porte la dédicace « An B.P. », initiales qui cachent une jeune beauté berlinoise, Betty Pistor, dont Mendelssohn fut l'admirateur. La partition (« *Grand Quatuor Concertant* ») fut publiée par Hofmeister à Leipzig en novembre 1830 ; Mendelssohn fit jouer en privé son *Quatuor* à Paris le 23 décembre 1831 par Baillot, Sauzay, Urhan et Norblin. Si le *Quatuor en* mi *bémol* est une œuvre bien venue et harmonieuse, on peut cependant presque parler de recul par rapport au *Quatuor* précédent.

1. Ainsi, dans l'introduction lente (**ADAGIO NON TROPPO**, *mi* bémol, à 4/4), l'influence du Beethoven de la « deuxième période » est claire. Elle emprunte au *Quatuor op. 74* le début de l'**ADAGIO** et l'appel du *ré* bémol vers la sous-dominante (ici les intervalles sont renversés) ainsi qu'une petite formule qui va féconder toute l'introduction. L'**ALLEGRO NON TARDANTE** se réfère à un autre *Quatuor* de Beethoven (l'*op. 127*, dans la même tonalité) dont il transpose à 4/4 les premières mesures en renonçant à la complexité rythmique des trois voix graves, mais en donnant à son premier thème une élégance, un charme très personnels :

Par la suite, les contrastes énormes et abrupts de Beethoven (que Mendelssohn avait repris dans l'*op. 13*) font place à un équilibre harmonieux, et la forme choisie pour ce discours lyrique et optimiste — un rondo-sonate — est exceptionnelle chez Mendelssohn. Le second thème peu contrasté, à allure de couplet chantant (*dolce*, mesure 59) reprend sur deux mesures le rythme du premier. Le retour au ton de la dominante du premier thème (mesure 85) conclut l'exposition. Mais, au lieu du développement attendu, vient alors une reprise (comme un refrain de rondo) de ce thème au ton principal, suivie d'un nouveau motif étranger à l'exposition (mesure 106) qui sonne comme un second couplet. Ce thème nouveau, toujours apparenté rythmiquement aux deux premiers, fermera la coda, et reviendra, révélant son caractère essentiel, à la fin du *Quatuor*. Les trois thèmes étant lyriques, seuls les événements secondaires créent un contraste dramatique, en outrepassant leurs fonctions transitoires habituelles.

2. CANZONETTA (**ALLEGRETTO**, en *sol* mineur, à 2/4) : ni menuet, ni scherzo féerique, la *Canzonetta* constitue l'une des plus jolies trouvailles de Mendelssohn pour renouveler le scherzo beethovénien. Sa saveur populaire, charmeuse, l'accompagnement en pizzicatos rappellent l'Italie, celle des rêves de Mignon et de Wilhelm Meister. Mais, comme dans l'*op. 13*, les elfes ne peuvent rester longtemps absents, et ils reparaissent dans le trio, en majeur, sur l'un de ces petits motifs tourbillonnants en doubles croches staccato dont Mendelssohn a le secret. La rentrée du scherzo, sur la pointe des pieds, est un chef-d'œuvre.

3. ANDANTE ESPRESSIVO (en *si* bémol majeur, à 3/4) : le poids émotif inhabituel des deux mouvements extérieurs explique la brièveté (soixante-cinq mesures) du mouvement lent, — très innocent par rapport aux épanchements du *Quatuor op. 13*. La première strophe de ce lied rappelle un peu la *Cavatine* de l'*op. 130* de Beethoven, mais la deuxième strophe trahit encore ce goût tenace de Mendelssohn pour le récitatif dramatique : une brève cellule syncopée, d'une seule mesure, est développée vers l'aigu, sur un crescendo éloquent ; mais les proportions sont plus restreintes que dans le *Quatuor en* la *mineur*. La cadence plagale conclusive s'enchaîne au *finale*.

4. FINALE : MOLTO ALLEGRO E VIVACE (en *mi* bémol majeur, à 12/8) : dans ce finale quadripartite (A B A' B'), le dessein cyclique de Mendelssohn est clair : l'élément A correspond à l'exposition ou reprise, l'élément B à des phrases entières du premier mouvement qui remplacent le développement et la coda. La première partie (*ut* mineur, mesures 1 à 170) s'ouvre sur un orage, une sorte de tarentelle en imitations, menée tambour battant. Toute cette partie, sans fonction thématique, présente plutôt le mortier, les accompagnements des thèmes principaux. Le premier thème, très passionné, est suivi d'idées secondaires (*sol* mineur, *pp*, puis *si* bémol majeur, *dolce tranquillo*), qui s'apaisent peu à peu ; le ton principal est toujours évité. La mesure à 4/4 se substitue au 12/8. Le développement est remplacé par une citation du troisième thème du premier mouvement. La première partie est entièrement reprise, avec des variantes. Là seulement, le ton de *mi* bémol s'impose peu à peu. Dans un « pont » grandiose, le premier violon reprend les premières mesures du *Quatuor* : les relations de tous les thèmes de l'œuvre, claires dorénavant, sont condensées en une formule de base. Une dernière citation ferme le *Quatuor* (mesures 324 à 378) : toute la coda du premier mouvement est reprise.

Durée d'exécution : 19 minutes environ.

Deux Konzertstücke pour clarinette, cor de basset et piano (op. 113 et 114)

À Berlin, durant l'hiver de 1832-33, Mendelssohn composa ces amusants morceaux de concert destinés à mettre en valeur le brio de deux amis, le clarinettiste bavarois Heinrich Bärmann et son fils Karl, qui jouait du cor de basset (clarinette alto en *fa*, instrument favori de Mozart, alors en voie de disparition). Il les donna en première audition avec eux le 5 janvier, dans un concert où il jouait également son *Premier Concerto pour piano et orchestre op. 25*.

Il s'agissait d'une plaisanterie, sur un thème fourni par le clarinettiste, comme le prouve cette lettre de Mendelssohn accompagnant l'envoi du morceau (19 janvier 1833) : « *Grand Duo/commandé par Mr. Bärmann/composé sur un thème favori de Mr. Bärmann/pour Mrs. Bärmann/Par F. Mendelssohn Bartholdy entre autres.* » Un autre manuscrit, conservé à Washington, porte ce titre burlesque : « *La Bataille de Prague. Grand Duo pour beignets aux prunes et tarte à la crème.* » Les deux duos furent orchestrés par la suite, — ce qui confirme leur place marginale dans l'œuvre de chambre de Mendelssohn.

LES ŒUVRES DE LA MATURITÉ (1837-1839)

Entre le *Quatuor op. 12* (1829) et les trois *Quatuors op. 44* (1837-38), Mendelssohn s'éloigne de la musique de chambre. Ses échecs pénibles à Berlin, à Düsseldorf (1833-1835), la mort de son père (1835), le privent de la sérénité dont il a apparemment besoin pour écrire ce genre de musique. Il veut surtout se faire connaître du grand public par des œuvres symphoniques, et l'accueil enthousiaste qu'elles reçoivent à Londres, puis à Leipzig (1835), l'encourage ; la direction de festivals, les concerts où il se produit en tant que pianiste, mobilisent son énergie. Mais le 28 mars 1837, il épouse, à Francfort, Cécile Jeanrenaud. Au printemps, pendant son voyage de noces, dans le Pays rhénan et en Souabe, il compose, tout plein d'un bonheur neuf, son *Psaume op. 42*, des *Fugues* pour orgue et un *Quatuor en* mi *mineur* : « J'ai presque terminé un quatuor pour violon, et je vais en composer un second. Tout vient si aisément et joliment sous ma plume, en ce moment ! » La félicité conjugale n'est donc pas étrangère au second grand cycle de musique de chambre : en deux ans voient le jour les *Quatuors op. 44*, la *Sonate pour violoncelle op. 45*, le *Trio op. 49* et une *Sonate pour violon en* fa non publiée. Le 17 août 1838, Mendelssohn précise ses intentions en écrivant à son ami Ferdinand Hiller : « Les choses pour piano ne sont pas sans doute ce que j'écris avec le plus de plaisir, ni avec beaucoup de bonheur, mais une autre branche de la musique pour piano est à mes yeux très importante, et très chère en même temps ; les trios, les quatuors, et autres pièces avec accompagnement, c'est-à-dire la vraie musique de chambre, qui est complètement oubliée aujourd'hui, et j'ai vraiment ressenti le besoin de faire quelque chose de neuf dans ce domaine. Dans cet esprit j'ai fait récemment une sonate avec violon, une avec violoncelle et je pense écrire prochainement quelques trios. »

Trois Quatuors à cordes op. 44

Les *Quatuors op. 44*, composés en 1837-38, furent dédiés à « Son Altesse Royale le Prince Héritier de Suède », et publiés par Breitkopf et Härtel à Leipzig en juin 1839 ; Mendelssohn, avec son auto-ironie habituelle, se moqua un peu du titre : « Il est dans le goût *rococo*, ce que les critiques délicats pourraient bien prendre pour le reflet du contenu... » Paradoxalement, ces œuvres assez sages, teintées de classicisme et parfois situées en-deçà des limites expressives de l'auteur, servirent de modèle direct pour les *Quatuors op. 41* de Schumann, puis d'exemple à la renaissance de la musique de chambre sérieuse dans l'Europe de 1850, et en particulier en France (Lalo, Saint-Saëns, Franck).

Quatuor en *ré* majeur (op. 44 n° 1)

En dépit du rang de publication, le *Quatuor en* ré, commencé à Leipzig en avril 1838 et terminé à Berlin le 24 juillet 1838, fut le dernier achevé du cahier. Mendelssohn annonçait à son ami le violoniste F. David le 30 juillet 1838 : « J'ai terminé mon troisième *Quatuor en* ré *majeur*, et je l'aime bien... Il est plus fougueux et fait plus d'effet que les autres. » Il fut créé au Gewandhaus de Leipzig le 16 février 1839 par F. David, C. W. Uhlrich, C. A. Queisser et A. Grabau. Curieusement, c'est une sorte de reflet intime de la *Symphonie Italienne* (1833) que renvoie ce *Quatuor*. Il en reprend, mutatis mutandis, les mouvements extérieurs et leurs triolets prestes de tarentelle, le menuet faussement rococo remplaçant le scherzo, et le mouvement lent, gracieux et méditatif, qui chemine sur une basse obstinée.

1. **Molto Allegro Vivace** (*ré* majeur, à 4/4) : cet *Allegro* brillant résume en quelque sorte les expériences formelles entreprises par Mendelssohn dans les deux autres quatuors de l'op. 44. Le premier thème s'envole sur une anacrouse très vive — un arpège de doubles croches — suivie d'un trait descendant sur un rythme pointé et d'une cadence en notes répétées. Il module de façon remarquable : ces quatre mesures sont répétées en *fa* dièse mineur, (troisième degré jusqu'alors rarement employé et qui reviendra pour le second thème) puis en *mi* mineur (second degré). Un petit motif ondulant en croches, repris en imitations, et un contrechant léger en noires au premier violon complètent ce groupe. Comme dans le *Quatuor op. 13*, les solos concertants servent de ponts. Ici une cadence du premier violon amène la reprise. Une transition abondante, développée, feint de moduler vers la dominante, mais Mendelssohn choisit une nuance plus délicate — le relatif de celle-ci, *fa* dièse mineur — pour le second thème, dont la physionomie (accords *pp* au rythme égal, tenue de l'alto transformée ensuite en pédale brodée) contraste complètement avec celle du premier. Après une codetta en canon (mesure 112) vient le développement qui utilise pour l'essentiel une variante du premier thème transformé en arpège de septième diminuée ; il ignore complètement le second thème qui ne figurera pas non plus dans la coda. Tout ce mouvement qui renonce aux combinaisons de motifs semble un peu en retrait par rapport aux grandioses tentatives des années 1827-1829.

2. **Menuetto : Un poco Allegretto** (*ré* majeur, à 3/4) : ce menuet, le dernier écrit par Mendelssohn, n'est traditionnel qu'en apparence, avec ses deux sections répétées et un trio en figurations repris dans la coda ; en réalité il n'a ni la carrure, ni la franchise harmonique du vieux menuet classique ; comme dans la *Symphonie Italienne*, la nostalgie feinte du XVIIIe siècle masque un climat en demi-teintes, parfois pré-brahmsien.

3. **Andante espressivo ma con moto** (*si* mineur, à 2/4) : comme il a renoncé au scherzo favori, Mendelssohn va substituer au mouvement lent une calme et poétique romance sans paroles, qui reprend le tempo du menuet précédent, tout contraste de mouvement se trouvant donc exclu. Il s'agit donc simplement d'un changement de pénombre, d'une autre nuance de clair-obscur. Sous la mélodie ravissante du premier violon (pas de grand thème largement

déployé, mais une série de petits fragments mélodiques interchangeables), le second violon déroule un contrepoint en doubles croches détachées, au rythme immuable, qui détermine tout le morceau. La présence d'un second thème (*cantabile*, mesure 37), et les sonorités variées lors de la reprise — trilles, pizzicatos, petites gammes en *spiccato*, accords brisés — indiquent un effort original pour greffer sur un lied bâti en forme sonate, les traits les plus séduisants du scherzo mendelssohnien.

4. Presto con brio (*ré* majeur, à 12/8) : ce finale impétueux, construit en rondo-sonate, frappe par sa pléthore thématique : le seul refrain comprend trois groupes très différenciés : de larges accords, puis un motif en croches à l'unisson, qui se poursuit aux cordes graves, tandis que les violons jouent une petite formule cadentielle. Ces motifs sont repris immédiatement un ton plus haut (en *mi*) et suivis d'une idée chantante empruntée à l'*Allegro vivace* de la *Symphonie Italienne*. La course des triolets, en modulant, débouche sur un couplet chantant (*la* majeur, mesure 61), une seconde transition plus développée (mesures 88 à 125) mène à une reprise du refrain. Le développement (mesure 150) s'attaque d'abord au couplet, puis tire de la tête du refrain un *fugato* suivi d'une réexposition complète (mesure 207) et d'une coda où le premier violon brille par ses effets de virtuosité.

Durée d'exécution : 23 minutes environ.

Quatuor en *mi* mineur (op. 44 n° 2)

Le *Quatuor en* mi *mineur*, le premier de la série, fut donc composé durant le voyage de noces de Mendelssohn (à Fribourg, Francfort, Bingen), terminé le 18 juin 1837, puis remanié en juillet sur les conseils de F. Hiller. Il est contemporain de deux autres œuvres « heureuses », — le *Psaume op. 42* « Wie die Hirsch schreit » et le *Deuxième Concerto pour piano op. 40*. Lors de la création (28 octobre 1837 au Gewandhaus de Leipzig), ce *Quatuor* fut très applaudi, comme l'indique cette lettre au frère du compositeur : « Hier soir mon *Quatuor en* mi *mineur* a été joué en public par David, et fort bien accueilli. Ils ont dû bisser le scherzo, et c'est l'*Adagio* qui a eu le plus de succès. Ceci m'a fort étonné. Ces jours-ci je commencerai un autre *Quatuor* qui doit me plaire davantage. Je te ferai bientôt une *Sonate pour violoncelle et piano*, je le jure sur ma barbe ! »

1. Allegro assai appassionato, (*mi* mineur, à 4/4) : après huit années d'interruption, Mendelssohn revient au quatuor avec cet *Allegro* passionné, romantique, l'un des plus personnels qu'il ait écrit. Il choisit — c'est un point essentiel — sa tonalité favorite, *mi* mineur, celle du *Songe d'une nuit d'été*, du *Rondo Capriccioso op. 14*, toujours associée chez lui aux rondes des fées et des elfes. Son premier thème présente une analogie frappante avec le *Finale* de la *Symphonie en* sol *mineur* de Mozart ; mais, en réalité, il contient en germe le grand *Concerto pour violon* (précisément mis en chantier en 1838 et achevé seulement en 1844), lui aussi en *mi* mineur, et pareillement traversé par une de ces grandes phrases sensibles, qui s'élancent en arpèges minces et souples :

Ce beau thème, soutenu par les syncopes des parties intermédiaires, est posé sur les basses en rondes du violoncelle. Un « pont » nerveux, en doubles croches *pp*, mène au second thème discret (mesure 52) chanté *pp* en *sol* majeur, qui se garde de rompre ce climat poétique. Mais la coda de l'exposition (*ff*, mesure 76) introduit un motif vigoureusement pointé et le premier thème au relatif, s'imposant non sans véhémence. Le développement (mesure 102) met en lumière plus qu'aucun autre l'art si neuf et subtil du compositeur ; abandonnant la dialectique classique (qui animait les deux *Quatuors op. 12* et *13*) il tente des combinaisons poétiques, crée des analogies. Le motif de transition en doubles croches forme une trame ininterrompue où se déroulent différentes métamorphoses mélodiques. Une fusion des deux thèmes (mesures 160 à 172) amène la réexposition, abrégée, où ne revient que l'essentiel des motifs.

2. Scherzo (Allegro di molto en *mi* majeur, à 3/4) : ce *Scherzo*, paradigme du scherzo mendelssohnien, repose sur un thème trépidant, un mouvement perpétuel en croches aux quatre instruments, avec gammes ascendantes puis descendantes, nuance *piano* et *staccato*, notes répétées en *spiccato*, appoggiatures, tous ces effets étant particulièrement bien pensés pour les cordes. Le deuxième motif (mesure 16) se différencie peu du premier ; il introduit seulement un rythme différent (noire pointée) et le ton du relatif, également utilisés dans un court trio (mesures 125 à 150).

3. ANDANTE (*sol* majeur, à 4/4) : Mendelssohn ne croyait guère en la valeur de cette page, si l'on en croit son étonnement devant le succès qu'elle remporta lors de sa création. C'est une simple romance pour quatuor, en forme lied, avec un très bref volet central. L'accompagnement en ostinato — basse stable, accords en croches à l'alto, et dessin-pédale en doubles croches au second violon — est caractéristique des romances sans paroles pour piano. La mélodie du premier violon est un peu fade, et l'ensemble insuffisant pour porter tout un mouvement lent de quatuor.

4. PRESTO AGITATO (*mi* mineur, à 3/4) : construit en rondo-sonate, le finale emporté retrouve au contraire la passion du premier mouvement (les thèmes sont très apparentés). Le refrain s'inspire du second thème du scherzo et lui ajoute un trait brillant en croches. Le second motif (mesure 23) marque un temps d'arrêt un *ut* majeur, puis un pont tiré du refrain introduit un couplet plus calme en *sol* majeur accompagné d'une broderie de la dominante au second violon (mesure 75). Le refrain est développé, puis réexposé, — le couplet ne sera développé qu'ensuite (mesure 329) en *mi* majeur, avant la coda (mesure 425).

Durée d'exécution : 22 minutes environ.

Quatuor en *mi* bémol majeur (op. 44 n°3)

Ce dernier *Quatuor* de l'*op. 44* fut composé immédiatement à la suite du précédent à Bingen, en juillet 1837, mais achevé seulement à Leipzig le 6 février 1838. La création eut lieu au Gewandhaus de Leipzig le 3 avril 1838, les interprètes étant les mêmes que pour l'*op. 44 n° 2*. La veille avait eu lieu la création de la *Sérénade et Allegro Giocoso op. 43*, avec l'auteur au piano.

1. ALLEGRO VIVACE (*mi* bémol majeur, à 4/4) : ce premier mouvement, le plus énergique et le plus puissant de l'*op. 44*, est le seul qui ne renferme aucun grand thème chantant, mais une combinaison serrée de motifs apparentés, au rythme prenant. Le premier thème, au rythme très accusé (quatre doubles croches en anacrouse suivies d'une ronde) présente quelque analogie avec celui qui ouvre le *Quatuor op. 95* de Beethoven. Il s'achève sur une demi-cadence. Quatre motifs liés, travaillés séparément, prennent le relais. Un développement de la cellule en doubles croches sert de « pont ». Une grande cadence en unissons à la dominante (mesure 46) laisse attendre un second thème qui est remplacé par une sorte de rêverie improvisée sur la cellule initiale, en *sol* mineur, puis *si* bémol. À la mesure 57 la variante d'un des éléments de l'exposition joue le même rôle de leurre. Mais la codetta (mesure 92) introduit un motif étranger, plus chantant et étranger au matériau présenté jusqu'alors : il s'agit du second thème, retardé. Il va prendre toute son importance dans le développement, où le travail thématique profond est aménagé avec beaucoup d'art. La réexposition est amenée de façon quasi imperceptible. Un nouveau développement, avec des effets originaux de pizzicatos, sert de coda.

2. SCHERZO : ASSAI LEGGIERO VIVACE (à 6/8, en *ut* mineur) : renonçant aux elfes, le *Scherzo* (construit selon le schéma A B C A C B A), fait appel à l'univers mystérieux et sombre des ballades nordiques, avec un thème de chevauchée à 6/8, joué staccato par le violoncelle (A). Le thème B est un sujet de fugue très fragmenté, staccato, présenté *p* par l'alto (mesure 77). Une troisième idée, plus mélodique (C) apparaît à la mesure 115, sous la forme d'un contrepoint (au premier violon) du premier thème (à l'alto) en *sol* mineur. Après le développement, C est repris en *ut* mineur (mesure 186). Le fugato (B) revient (mesure 214) avec un nouveau contre-sujet chromatique en noires pointées, et donne lieu à un grand déploiement de polyphonie, renversement et strettes. Le premier thème met un point final.

3. ADAGIO NON TROPPO (*la* bémol majeur, à 3/4) : avec cet *Adagio*, le plus beau mouvement lent du recueil, nous trouvons l'inspiration de Mendelssohn à son plus haut niveau. C'est une page pleine de poésie et de grandeur ; le premier thème, partagé entre les deux violons, définit à lui seul cet art en demi-teintes, qui reste en majeur, mais emprunte au mode mineur la touche d'ombre nécessaire ; une appoggiature *sforzando* complète l'impression :

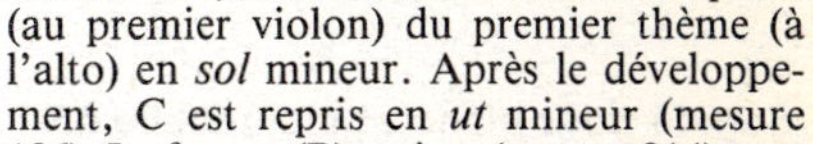

Un second thème, au ton de la dominante, posé sur une basse ondulante du violoncelle, en doubles croches, complète l'exposition, selon la forme-sonate (mesures 1 à 50). Dans le développement (mesures 51 à 82) apparaît un nouveau motif, exposé *pp espressivo*, en imitations (noires et contrepoint en doubles croches). Après la réexposition (mesures 83 à 111), ce thème d'une beauté aiguë est repris dans la coda. Ce mouvement n'est pas resté sans postérité : Brahms, Smetana, Dvořák ou Tchaïkovski ont su y puiser.

4. Molto Allegro con fuoco (*mi* bémol majeur, à 4/4) : ce cycle de *Quatuors* s'achève avec un grand finale brillant en forme de rondo-sonate, très largement construit (avec quatre refrains et trois couplets). Le thème du refrain est nettement bicéphale : quatre mesures d'un motif séquentiel en doubles croches effervescentes, fondées sur l'arpège ascendant de *mi* bémol, suivies d'une queue contrastée en noires, rebattant la tonique sur un saut d'octave. Ce conséquent (noire pointée-croche) prend une grande importance et préside à la naissance des autres motifs ; ainsi le couplet, *cantabile*, s'en dégage progressivement (mesure 54) et apparaît intégralement à la mesure 62. Il alimente également la codetta, suivie d'un retour du refrain agrémenté d'un contrechant au second violon. Le développement est très imposant (mesures 140 à 231), et la coda conclut brillamment.

Durée d'exécution : 32 minutes environ.

Sonate pour piano et violoncelle n° 1, en *si* bémol majeur (op. 45)

Quatre pages pour violoncelle et piano occupent une place particulière dans l'œuvre de Mendelssohn : les deux premières, les *Variations Concertantes op. 17* (1829) et la *Sonate en* si *bémol op. 45* furent destinées à son frère Paul, violoncelliste amateur. Vint ensuite la *Deuxième Sonate op. 58* (1843), suivie d'une *Romance sans paroles op. 109*, composée en 1845 pour la violoncelliste Lisa Christiani. Les deux *Sonates* — relais important entre celles de Beethoven et celles de Brahms — sont l'occasion pour Mendelssohn de compenser l'échec de ses sonates pour violon, — comme le montre la genèse de la *Sonate en* si *bémol* : il commence à la rédiger en mai 1838, mais s'interrompt pour écrire une « mauvaise *Sonate* pour piano et violon » (en *fa* majeur, publiée en 1953 par Yehudi Menuhin), qu'il termine le 15 juin et dont il reconnaît immédiatement les défauts. Il reprend alors la *Sonate pour violoncelle*, qui sera terminée le 13 octobre de la même année et publiée en février 1839 par Kistner à Leipzig — avec un arrangement pour violon et piano (une compensation !) qui aura un certain succès. Le 18 avril il l'envoie à F. Hiller, avec ce mot : « Elle vient de paraître, et je te l'envoie seulement à cause de la jolie couverture, et aussi parce que c'est une nouveauté. Autrement, elle ne vaut pas grand chose. »

Jugement sévère, si l'on observe la belle tenue des trois mouvements ; toutefois, il faut convenir que les deux **Allegros** développent complaisamment des idées parfois dépourvues de l'élégance habituelle de l'auteur. Selon une tendance particulière à Mendelssohn vers la fin des années 1830, scherzo et mouvement lent fusionnent dans un **Andante** qui s'approche, par là, de l'idéal de l'intermezzo brahmsien.

Durée d'exécution : 24 minutes environ.

Trio n° 1 pour piano, violon et violoncelle, en *ré* mineur (op. 49)

Le Trio en ré *mineur* fut commencé en février 1839, durant une saison de concerts chargée au cours de laquelle Mendelssohn fit découvrir au public de Leipzig la *Symphonie en* ut *majeur* de Schubert (22 mars). La plus grande partie fut composée durant l'été à Francfort-sur-le-Main. Le premier mouvement porte la date du 6 juin, le *Finale* du 18 juillet 1839. En septembre Mendelssohn procéda à une refonte de la partie de piano, sur les conseils de son ami F. Hiller. Ce dernier, qui avait longtemps vécu à Paris, était féru des styles de Chopin et de Liszt, et trouvait certains traits pianistiques de Mendelssohn démodés. La version révisée (23 septembre) fut aussitôt jouée à Schumann, qui fut enthousiasmé ; il publia un article très élogieux dans son journal, la *Neue Zeitschrift für Musik* : « C'est le maître trio de notre époque, comme ceux de Beethoven en *si* bémol et en *ré*, celui de Franz Schubert en *mi* bémol, l'étaient de leur temps. » La création eut lieu au Gewandhaus de Leipzig le 1er février 1840 ; Mendelssohn au piano était accompagné par F. David et K. Wittmann. La partition fut éditée au printemps par Breitkopf et Härtel.

1. Molto Allegro agitato (*ré* mineur, à 3/4) : le premier mouvement, d'un romantisme échevelé, n'est pas sans rappeler le début (dans la même atmosphère de tempête, en *ré* mineur et syncopes) du *Concerto K. 466* de Mozart. Le premier thème, passionné, joué *p* par le violoncelle, constitue un bel exemple du long souffle mélodique mendelssohnien :

Ses petits fragments liés, portés sur l'accompagnement tempétueux en noires syncopées du piano, s'étendent sur quarante mesures. Les arpèges de septième diminuée en triples croches, les triolets virtuoses qui ouvrent le pont, reflètent cette virtuosité parisienne réclamée par Hiller. Le thème est repris, dans un grand élan lisztien, à la main gauche du piano, *ff*, sous un déferlement de triolets virtuoses. Une accalmie fait place au second thème (*la* majeur, mesure 117) toujours confié au violoncelle, sur un motif brodé du piano. Le développement est classique, mais peut-être d'un lyrisme plus généreux que d'ordinaire. La palme revient sans conteste à la réexposition, où le thème, toujours au violoncelle, est accompagné d'un magnifique contrechant au violon.

2. ANDANTE CON MOTO TRANQUILLO (*si* bémol majeur, à 4/4) : une aimable Romance sans paroles pour piano seul, au thème paisible, ouvre ce morceau. Lors de la redite aux cordes, le piano se contente d'un accompagnement discret en doubles croches. L'ensemble est gracieux, sans mièvrerie ; la partie centrale, en mineur, nous mène à deux pas du monde de Chopin avec un thème pathétique, pointé et descendant, bien proche d'une *Étude* (*op. 25 n° 7*) de Chopin, elle-même conçue dans la descendance de la *Norma* de Bellini.

3. SCHERZO : LEGGIERO E VIVACE (*ré* majeur, à 6/8) : devant cette ronde de fées, un des plus parfaits scherzos fantastiques de Mendelssohn, on ne peut s'empêcher de penser à Berlioz qui, en ce même été 1839, écrivait à Paris *Roméo et Juliette*. Mab, la Fée des songes, aurait-elle visité au même instant les deux compositeurs ?

Il semble qu'un souvenir de l'orchestre dicte à l'auteur ce déchaînement de sonorités contrastées, ces rythmes éperdus, cette cavalcade où le piano se multiplie pour évoquer tantôt un triangle, tantôt les timbales, tantôt une gamme chromatique lancée par la flûte.

4. FINALE : ALLEGRO ASSAI APPASSIONATO (en *ré* mineur, à 4/4) : cette page brillante, en forme de rondo-sonate, s'ouvre sur une ronde paysanne, au rythme amusant, annoncée *pp un poco tranquillo* par le piano et reprise plus hardiment par les cordes. La suite du thème, avec l'appel de la sixte napolitaine, annonce telle *Danse Norvégienne* de Grieg. Le refrain développé en traits toujours très brillants du piano (qui joue véritablement, dans ce finale, un rôle concertant) mène au premier couplet, en *fa* majeur (*f*, *animato*, mesure 54), peu contrasté car il emprunte son rythme au refrain (une noire deux croches). C'est le deuxième couplet (*si* bémol majeur, *cantabile*, mesure 143) qui fait office de second thème chantant, et qui remplace aussi le développement. Largement développé dans la coda (en *ré* majeur), il conclut à la manière d'un hymne.

Durée d'exécution : 30 minutes environ.

LES DERNIÈRES ANNÉES (1843-47)

Sonate pour violoncelle et piano n° 2, en *ré* majeur (op. 58)

La seconde coupure, qui intervient dans la musique de chambre de Mendelssohn entre 1839 et 1843, correspond aux séjours absorbants et aux obligations contractées par le compositeur à la cour de Berlin, pour laquelle il écrit les musiques de scène d'*Antigone* (1841) et du *Songe d'une nuit d'été (1843)*. D'après la correspondance de Mendelssohn, la *Sonate en* ré *majeur* fut commencée en novembre 1842 et terminée durant l'été 1843. Dédiée au Comte Mathieu Wielhorski, mécène russe et violoncelliste amateur, elle parut chez Kistner à Leipzig en septembre 1843. Elle fut jouée à Berlin le 29 octobre par Fanny Hensel, sœur du compositeur, qui assura lui-même la création lors d'un concert prestigieux donné au Gewandhaus de Leipzig, le 18 novembre 1843 (avec le violoncelliste Karl Wittmann), concert au cours duquel il joua aussi le *Trio en* ré *majeur op. 70 n° 1* de Beethoven, puis, en tant qu'altiste, une partie d'alto dans son *Octuor op. 20*.

C'est la seule sonate de Mendelssohn qui comprenne quatre mouvements. L'*Allegro assai vivace* (*ré* majeur, à 6/8), plein d'une joie exubérante, s'ouvre, comme la *Symphonie Italienne*, avec vivacité sur un rythme emporté, à 6/8 (exceptionnel pour un premier mouvement, et qui ne figure jamais dans les *Quatuors* de Mendelssohn). Le second thème, en *la* majeur, est très lyrique ; le piano oppose ses arpèges brillants, en touches légères, à l'écriture très virtuose du violoncelle. Les deux mouvements médians sont d'une grande originalité : un *Allegretto Scherzando*, d'abord (*si* mineur à 2/4), tient lieu de scherzo. C'est un petit impromptu malicieux, dont le thème spirituel, orné d'appoggiatures, est présenté en canon ; il est complété par un trio au relatif majeur, avec un thème élégant, très chanté. Dans l'*Adagio* en *sol* majeur, noble méditation religieuse, on retrouve le maître de *Paulus* et d'*Elias* : un choral (*sempre arpeggiando col pedale*), noblement déployé sur l'étendue du clavier, alterne avec un récitatif (*appassionato ed animato*) où le violoncelle prend la parole avec une éloquence évangélique. Les deux éléments finissent par fusionner ; le piano s'empare du récitatif, et le violoncelle termine sur un effet curieux de doubles cordes : la même note, un *sol* grave tenu avec l'archet, sonne en même temps, en pizzicato, les douze coups de minuit. Cette page, empreinte de ferveur religieuse, a ouvert la voie à d'autres « méditations » instrumentales où choral et récitatif voisinent : ainsi la *Sonate pour violon et piano* ou le *Prélude, Choral et Fugue* de César Franck. Le *Finale* est un joyeux rondo (*Molto allegro e vivace*, à 4/4) plein d'esprit et d'une grande virtuosité.

Durée d'exécution : 28 minutes environ.

Trio n° 2 pour piano, violon et violoncelle, en *ut* mineur (op. 66)

Le *Trio en* ut *mineur*, la dernière grande œuvre de musique de chambre avec piano, fut probablement composé entre février et avril 1845 à Francfort. Mendelssohn s'était réfugié dans sa belle-famille pour composer à l'aise, loin des tracas officiels de Leipzig et de Berlin. Le 20 avril, il annonçait dans une lettre à Fanny : « Le trio est un peu effrayant à première vue, mais il n'est pas vraiment difficile à jouer : Cherchez et vous trouverez ! ». La partie de piano est effectivement très chargée ; il la joua lui-même pour la première fois au Gewandhaus de Leipzig le 20 décembre 1845, et, deux ans plus tard, lors de son dernier concert à Londres, à la Beethoven Quartett Society le 4 mai 1847. La partition, dédiée à Louis Spohr, avec qui Mendelssohn était très lié, parut en février 1846 chez Breitkopf et Härtel à Leipzig.

1. Allegro energico e con fuoco (en *ut* mineur, à 4/4) : sur quatre mouvements, le *Trio* en compte assurément trois de grande envergure, fort inspirés. Le premier est surtout remarquable en raison des parentés évidentes avec Schumann, dont Mendelssohn jouait régulièrement la musique de chambre depuis trois ans ; l'écriture pianistique est également plus moderne que dans d'autres œuvres avec piano. Le premier thème, peu mélodique en apparence, est un dessin d'une souplesse féline exposé par le piano et repris aux cordes. La carrure du mouvement continu en croches est assujettie aux fonctions tonique - sous-dominante - dominante, chaque apparition de doubles croches correspondant au passage à un autre degré. Deux accords marquent la demi-cadence. La deuxième mesure de ce thème engendre un « pont » avec mouvement de sixte *do/la* bémol reconnaissable, au violon puis au violoncelle, beaucoup plus chantant. Le même intervalle règne sur le second thème, au relatif (*marcato con forza*, mesure 63). Les innovations harmoniques, la figuration nerveuse du piano (doubles croches) anticipent sur le *Premier Trio* de Schumann (écrit deux ans plus tard). Du second thème Mendelssohn tire deux éléments poétiquement contrastés. Le développement consiste en imitations canoniques tirées du premier thème, entrecoupées de traits pianistiques très variés (arpèges alternés aux deux mains en doubles croches). La réexposition est confiée aux cordes, l'accompagnement du piano est renouvelé.

2. Andante espressivo (*mi* bémol majeur, à 9/8) : accusant une nette défaillance d'inspiration, le mouvement lent n'atteint pas ce niveau des trois autres pages. Le thème — une Romance sans paroles, élégante mais un peu lassante dans son mouvement berceur — fournit un matériau trop mince pour justifier son développement.

3. Scherzo : Molto Allegro quasi presto (*sol* mineur à 2/4) : Mendelssohn se retrouve ici dans son élément ; fidèle à lui-même, au souvenir de sa jeunesse heureuse, il retrouve, avec le ton de *sol* mineur et la mesure à 2/4, l'élan inoubliable du *Scherzo* de l'*Octuor* écrit tout juste vingt ans plus tôt. Et le miracle se renouvelle : les esprits invoqués apparaissent, toujours aussi légers, sur un mouvement perpétuel en doubles croches, présenté avec art, en canon des deux archets, que le piano rejoint au bout de deux mesures :

le *Trio* (mesure 132) en majeur, plus dansant et gracieux, va jusqu'à retrouver les trilles de l'*Octuor* pour agrémenter son thème en sixtes. *Trio* et *Scherzo* fusionnent dans la reprise.

4. **Finale : Allegro appassionato** (*ut* mineur, à 6/8) : très passionné, le *Finale* prend peu à peu un ton héroïque, et l'ampleur des sonorités dépasse parfois le cadre de la musique de chambre. Les trois thèmes vont dans le sens d'un apaisement rythmique. Le premier, propulsé sur un saut de neuvième ascendante du violoncelle, anticipe un peu sur le *Scherzo* de la *Sonate pour piano op. 5* de Brahms.

La réponse du piano, avec ses accords de quinte augmentée, est plutôt schumannienne... Le second thème (*mi* bémol majeur, mesure 49), plus calme, est posé en accords. Le troisième thème est un choral majestueux, en cinq strophes, qui apparaît en *mi* bémol majeur dans le développement. L'effet est parent de la citation d'un choral (traditionnel) dans le *Quatuor op. 47* de Schumann. Chez Mendelssohn le choral, inventé et nettement détaché du discours musical, revêt une sorte de grandeur hymnique, — alors que chez Schumann il s'intègre par fragments au discours. Dans la coda, le premier thème et le choral se fondent en *ut* majeur dans une apothéose de caractère orchestral. Brahms n'aimait pas trop, dit-on, que l'on comparât ce *Trio* avec son *Quatuor en* ut *mineur* : « N'importe quel âne peut constater la ressemblance », bougonnait-il.

Durée d'exécution : 32 minutes environ.

Quintette à cordes n° 2, en *si* bémol majeur (op. 87)

Dans une lettre du 26 janvier 1844, Ferdinand David, Konzertmeister du Gewandhaus de Leipzig, demandait à Mendelssohn « un morceau de violon *in stilo moltissimo concertissimo*, en *ré* ou *mi* bémol ou alors un quintette, que j'attends avec impatience. » En septembre, Mendelssohn lui offrit le *Concerto pour violon en* mi *mineur*, qu'il créa le 13 mars 1845. Étroitement lié au *Concerto*, le *Quintette en* si *bémol* fut écrit immédiatement après les *Six Sonates pour orgue op. 65*, durant l'été 1845, à Soden, petite villégiature proche de Francfort-sur-le-Main. Il fut achevé le 8 juillet. Mendelssohn le fit exécuter sans doute en privé, mais se montra insatisfait par le finale ; repoussant la publication, il le laissa de côté, et termina en hâte les musiques de scène pour *Oedipe à Colone* et *Athalie* qu'on réclamait à Berlin, et dont il dirigea les créations en novembre. Il n'y retoucha pas avant sa mort, survenue deux ans plus tard et n'en parla guère dans sa correspondance, mais il le fit entendre à Moschelès, quand celui-ci vint s'installer à Leipzig en 1846, — qui le jugea « plus enthousiaste que les autres œuvres du même genre »... La création publique n'eut lieu qu'en novembre 1852. Comme les *Quatuors op. 80 et 81*, le *Quintette en* si *bémol* avait été publié par Breitkopf et Härtel dès 1850. Avec le *Trio en* ut *mineur*, cette œuvre représente l'apogée de la musique de chambre de Mendelssohn avant l'effondrement de 1847 et la composition du douloureux *Quatuor en* fa *mineur*. Ses trois premiers mouvements splendides témoignent d'un art en plein renouveau.

1. **Allegro vivace** (*mi* bémol majeur, à 2/2) : le premier mouvement, souvent proche du style concertant, est surtout remarquable par ses innovations formelles. Plein d'élan, il s'ouvre sur un thème radieux de quinze mesures, basé sur l'arpège de *si* bémol.

L'épisode suivant, sorte d'interpolation non modulante (triolets en crescendo, *sol* mineur, mesure 23) culmine sur une cadence du premier violon. La redite du premier thème doit donc se transformer en « pont » modulant pour amener la seconde idée (mesure 53), présentée successivement en *ut* majeur au premier alto, puis en *ré* mineur et en *fa* majeur au premier violon. Un court développement conclut l'exposition : les deux thèmes sont ajustés au motif en triolets, puis repris en une cadence virtuose par le premier violon (en arpèges sur les quatre cordes qui rappellent le premier mouvement du *Concerto op. 64*). Le développement (mesure 127) débute sur une rupture mystérieuse : sur les trémolos du violoncelle qui descendent vers la pénombre, le premier thème est travaillé *pp*, puis les triolets, tantôt dans le grave, tantôt dans l'aigu, accompagnent le développement de la seconde idée. Une seconde cadence modulante du premier violon amène la réexposition très modifiée (mesure 226) ; la transition en triolets est supprimée, les deux thèmes sont enchaînés dans le ton principal. La coda très vaste (mesure 260) développe une dernière fois les deux thèmes ; le second, en particulier, donne lieu à un travail contrapuntique splendide. Elle culmine sur un déchaînement d'arpèges en triolets du premier violon.

2. Andante scherzando (*sol* mineur, à 6/8) : comme les *Quatuors op. 12* et *op. 13* ou dans la *Sonate op. 45*, Mendelssohn substitue au scherzo une sorte d'intermède nostalgique où la finesse rythmique, les sonorités délicates, en demi-teintes, ne reflètent plus les rondes de fées mais une sorte de danse aux couleurs automnales. De brefs motifs de quatre mesures se succèdent : le premier, nonchalant, en *sol* mineur, est accompagné en pizzicatos. Le second (mesure 4) en *fa* majeur, apporte une note plus rustique; puis tous deux sont repris. Une brève transition mène à un fugato miniature, délié (en *sol* mineur, mesures 21 à 32). Le dernier motif, plus chantant, est confié au premier violon (mesure 37). Toute cette exposition est reprise (mesure 52) avec des variantes de tonalités très subtilement contrastées.

3. Adagio e lento (*ré* mineur, à 2/4) : moment essentiel de l'œuvre de Mendelssohn, cette élégie annonce par son caractère sombre et passionné le *Quatuor en* fa *mineur* écrit deux ans plus tard. Dans des nuances extrêmement contrastées s'impose la vision d'une marche funèbre (*pp*, suivi d'un *sforzando* qui souligne une appoggiature douloureuse) :

Les quatre mesures du conséquent descendent en unissons sinistres vers une cadence, et l'épilogue déroule ses gammes méditatives. La transition (mesures 16 à 29) introduit un rythme impitoyable des trois archets graves (en triples et quadruples croches) qui modulent vers *la* majeur, pour le second thème (mesure 30), chanté *dolce* avec une grande sérénité. Un bref développement reprend la tête du premier thème en *la* mineur (mesure 39), enrichi d'une figuration en triolets de triples croches. Les arpèges du premier violon reprennent ce rythme et en tirent une brève cadence sous laquelle la reprise du premier thème vient s'encastrer *pp* par un procédé de tuilage (la réexposition enchaînée à la cadence, dans le *Concerto en* mi *mineur*, représente un moment analogue, tout aussi magnifique). Dans la transition qui suit, le violoncelle prend la parole (mesure 66). La réexposition du second thème en *ré* majeur lui est confiée. La coda débute *pp* (mesure 79) en trémolos qui grondent sous le premier thème; mais un orage terrible éclate, et une étincelante coda en *ré* majeur transforme le premier thème en apothéose (mesure 88), puis tout s'apaise.

4. Allegro molto vivace (en *si* bémol majeur, à 4/4) : le dernier mouvement, qui s'enchaîne sans interruption au précédent, ne se maintient pas au même niveau. Formellement, il se présente comme un rondo-sonate irrégulier, — le second thème n'étant pas réexposé. Après trois brillants accords de sixte, en *si* bémol majeur, et une cadence (décidément bien concertante) du premier violon, le premier thème s'élance (mesure 3) en tournoyant entre la sensible et la sous-dominante, sur un accompagnement homorythmique, à la tierce, du premier alto. Le conséquent engendre un « pont » brillant, en doubles croches, qui s'achève *diminuendo*, en syncopes. Mais le second thème (mesure 40) est plus pâle. Confié aux deux altos, il ne peut se dégager du rythme et de l'écriture en tierces parallèles du premier. Il n'est d'ailleurs ni développé ni réexposé. Le premier thème reparaît au ton principal, comme un refrain bientôt suivi d'un épisode fugué quelque peu guindé, dont il forme le contre-sujet. Le refrain revient encore, suivi du « pont » modulant initial, mais la reprise du second thème est évitée : il ne reparaît que furtivement, mêlé aux doubles croches brillantes de la coda.

Durée d'exécution : 30 minutes environ.

Quatuor à cordes en *fa* mineur (op. 80)

Dès 1846, Mendelssohn traversa une crise grave, accablé par les charges multiples, les concerts, les éditeurs, la création d'*Elias* à Birmingham, et les attaques croissantes de la presse. La mort de sa sœur Fanny (14 mai 1847) lui porta le coup de grâce. Effondré, il ne put tout d'abord « penser à la musique sans ressentir la plus grande désolation et le vide de la tête et du cœur. » Regroupant sa famille autour de lui, il partit pour la Suisse. En juillet 1847, à Interlaken, il recommença à composer : quelques fragments (pour l'opéra *Loreley*, l'oratorio *Christus*, des *Variations* et un *Scherzo* pour quatuor) ont subsisté. Seul le *Quatuor en* fa *mineur* fut achevé en septembre. De retour à Leipzig, Mendelssohn le joua à Moschelès, le 5 octobre 1847 : « Je lui dis que j'avais deviné ce sentiment inhabituellement sombre, écrit Moschelès, et je lui fis remarquer que les quatre mouvements étaient en *fa* mineur, couleur qui accusait spécialement la tristesse de son âme. Il sembla sortir d'un rêve : oui, répondit-il, cela ne m'avait même pas frappé ! ». Le 4 novembre 1848, pour le premier anniversaire de la mort de Mendelssohn, le *Quatuor en* fa *mineur* fut créé par J. Joachim au Conservatoire de Leipzig. La partition parut en février 1850 chez Breitkopf et Härtel. Ce *Quatuor* fut longtemps méconnu, peut-être parce qu'il correspond le moins à l'image traditionnelle de Mendelssohn ; c'est une œuvre sublime, pétrie de souffrance et de révolte devant la mort, et exceptionnelle car jaillie — presque contre son gré — de l'esprit d'un homme pour qui l'autobiographie était lettre morte. Un « Requiem pour Fanny », a-t-on dit : c'est, plus encore, un cri d'agonie, le cri d'un homme désespéré qui pressent sa fin prochaine, incapable de lutter contre le néant qui va l'engloutir. Et rien n'est plus émouvant que cette découverte, au seuil de la mort, d'une sorte de pré-expressionnisme naïf, chez ce « maître alcyonien », ce « bel accident dans l'histoire de la musique allemande » (Nietszche), ce sage romantique. Enfin ce *Quatuor* atypique nous laisse rêver, non sans regrets, aux œuvres que Mendelssohn aurait composées s'il avait vécu plus longtemps.

1. Allegro vivace assai (*fa* mineur, à 2/2) : ce premier mouvement, unique dans l'histoire du quatuor, est porté par le désespoir et l'horreur de la mort ; il éclate comme une tempête. Le violoncelle et l'alto font entendre à vide un *fa* grave puis la quinte *ut*, en nuances heurtées ; puis les deux violons en sixtes tremblantes traduisent littéralement les affres de la mort. Ce premier thème, noyé dans un grand trémolo en accords de toutes les parties (trait commun avec le *Quartettsatz en* ut *mineur* de Schubert), est bâti exactement comme celui du *Trio op. 66* : la carrure, le mouvement ininterrompu de doubles croches, les fonctions tonales, la pédale de tonique de premières mesures sont identiques.

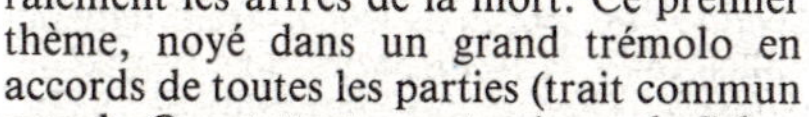

Mais un cri jaillit dans l'aigu du premier violon, suivi d'un motif de cinq mesures bâti sur l'arpège de septième diminuée, repris en canon vers le grave (mesure 9). Ces deux motifs sont redits ; le second, apaisé, mène au « pont » (mesure 31), un dessin séquentiel en croches, suivi d'un grand canon de triolets en arpèges. Le second thème (seize mesures au relatif, mesures 53 à 69), posé sur une pédale de dominante syncopée du violoncelle, s'efface comme une consolation passagère (Cécile, l'épouse du compositeur ?), peu efficace et qui ne peut lutter contre le souvenir de la disparue. Un nouveau « pont », aux modulations inquiètes, tourmentées, mène à la coda de l'exposition (mesure 85) bâtie sur un nouveau motif en *la* bémol, modalement équivoque. Après une cadence évitée (*pp*), le drame semble se frayer un nouveau chemin dans le développement si étrange, où le thème principal est haché jusqu'à l'informe, en phrases de trois mesures qui accentuent son allure fantomatique. (Chez Schubert le trémolo disparaît après l'exposition, et n'a donc pas de fonction motivique ; ici il demeure dans tout le mouvement.) A la mesure 110, le deuxième motif s'impose et ne quitte plus le terrain. Les vingt mesures de tension *ff* qui mènent à la réexposition comptent parmi les plus étonnantes de toute l'œuvre de Mendelssohn. Sous le *si* bémol aigu du premier violon s'amorce cette reprise (mesure 167), inhabituellement étendue ; le pont en triolets, soutenu par une nouvelle basse en tierces ascendantes du violoncelle, comprend douze mesures supplémentaires. Après une reprise classique du deuxième thème en *fa* majeur, le retour en écho des trémolos affaiblis introduit la coda (mesure 259), véhémente, qui se précipite dans une strette en grands unissons suivis d'une cadence très brillante au premier violon.

2. Allegro assai (*fa* mineur, à 3/4) : loin du monde des fées, le moins mendelssohnien de tous les scherzos de Mendelssohn apporte une réponse romantique — douloureuse — aux scherzos virils et sombres de Beethoven. Ses douze mesures sont rythmées en hémioles, — le vrai rythme ternaire n'apparaissant qu'ensuite :

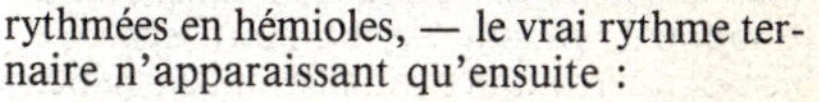

Les quatre archets semblent liés, emportés dans une sorte de tourmente, marchant par degrés conjoints ascendants comme s'ils étaient rivés ensemble par des fers. On ne retrouvera plus guère de ces effets macabres avant les scherzos de Mahler. Le trio, une sorte de ronde lancinante aux couleurs sombres, progresse sur une basse contrainte, comme une passacaille romantique. Il alimente la coda après la reprise du scherzo.

3. Adagio (*la* bémol majeur, à 2/4) : cette élégie mélancolique en clair-obscur, fait écho çà et là aux plaintes du premier mouvement ; elle est construite en forme de sonate à deux thèmes, mais le développement, retardé, intervient seulement au milieu de la réexposition ; le ton de *la* bémol majeur est constamment endeuillé par un *mi* bécarre : toute consolation est inefficace. Moscheles n'avait donc pas tort de tout entendre dans le « sombre » *fa* mineur. Exceptionnellement, le thème comprend treize mesures. Une première phrase descendante du violoncelle (essentielle par la suite) précède le thème chantant repris en tuilage par le violon. Un pont en doubles croches syncopées, haletantes, mène au second thème, (*mi* bémol majeur, mesure 27), thème séquentiel suivi d'une conclusion oppressante sur un rythme pointé. La réexposition intervient immédiatement (mesures 49 à 107) avec des rythmes renouvelés, mais le développement (mesures 62 à 82) l'interrompt. Le thème descendant du violoncelle s'y déploie en un large crescendo, aux modulations hardies. Puis la réexposition reprend son cours avec le second thème, au ton principal. La coda (mesures 108 à 120), *pp*, apaisée, descend lentement vers le grave.

4. Finale : Allegro molto (*fa* mineur, à 2/4) : le désespoir du premier mouvement reprend son cours, plus noir encore, poussé au paroxysme. Ce morceau inquiet et nerveux, le plus agité que Mendelssohn ait écrit, se nourrit de lambeaux de phrases intenses, arrachés au vide, sans rythme porteur, qui font office de thèmes, et repartent sans cesse, comme poussés et freinés en même temps par les syncopes (croche-noire-croche). Le violoncelle fait chuinter dans le grave, *p*, une double pédale en bourdon empruntée au premier mouvement. Le premier violon en tire un schéma harmonique (tonique-dominante) et un motif syncopé, bientôt interrompu par un tremblement nerveux en trémolos :

Le second thème (mesure 49) — une formule hachée, sans contours définis, demeurée au stade d'ébauche — module, toujours instable. Pour la première fois chez Mendelssohn, le développement renonce au travail thématique traditionnel et lui substitue une série brutale de progressions rythmiques et dynamiques, des contrastes de sonorités dissonantes accolées sans lien. Sans modulation, le seul thème mélodique apparaît au cours du développement (*pp*, mesure 209) en *ré* bémol majeur. Il n'a pas figuré dans l'exposition et ne reparaîtra pas. Le contraste entre cette mélodie chantante, privée de fonction thématique, et les thèmes de l'exposition, sans contour mélodique défini, trahit une nouvelle orientation formelle de l'art de Mendelssohn et symbolise la menace qui pesait sur lui au moment de sa mort : l'effondrement de son idéal classique. Lors de la réexposition (mesure 269), le premier violon coiffe le thème d'un contrechant en triolets, qui va transformer la coda (mesures 370 à 454) en finale de concerto.

Durée d'exécution : 24 minutes environ.

Andante, Scherzo, Capriccio et Fugue pour quatuor à cordes (op. 81)

Ces morceaux indépendants, trouvés dans les papiers de Mendelssohn après sa mort, furent réunis maladroitement par l'éditeur des *Œuvres complètes*, Julius Rietz, en 1850. Les deux premiers, composés en Suisse durant l'été 1847, sont contemporains du *Quatuor op. 80*, mais le *Capriccio* date de juillet 1843, et la *Fugue* est une œuvre de jeunesse (Berlin, 1er novembre 1827). D'après le *Journal* de Schumann, ces morceaux furent créés au Gewandhaus de Leipzig le 21 mars 1852.

Durée d'exécution : 25 minutes environ.

J.A.M.

OLIVIER MESSIAEN

Né le 10 décembre 1908, en Avignon. Fils de la poétesse Cécile Sauvage, il entre au Conservatoire de Paris à l'âge de onze ans : il y travaille, en particulier, l'orgue avec Marcel Dupré et la composition avec Paul Dukas. Son intérêt pour l'étude des rythmiques grecque et hindoue, révélées par Maurice Emmanuel, se manifeste dès 1929. Organiste à l'église de la Sainte-Trinité à partir de 1931, ses activités musicales se diversifient et aboutissent à la fondation du groupe « Jeune France » avec Jolivet, Daniel-Lesur et Yves Baudrier. Successivement professeur à l'École Normale de Musique, à la Schola Cantorum, puis au Conservatoire (1942), Messiaen verra passer dans sa classe la plupart des compositeurs importants des générations suivantes, — qui lui doivent tous une attention particulière aux questions rythmiques. Son œuvre très importante peut être sommairement définie à partir de sa foi catholique, revendiquée tant dans les œuvres d'orgue (l'Ascension, Livre d'orgue, Messe de la Pentecôte) *que de piano* (Vingt Regards sur l'Enfant Jésus) *ou d'orchestre* (Trois petites Liturgies, la Transfiguration de notre Seigneur Jésus-Christ) — *jusqu'à l'opéra* Saint François d'Assise *(1975-1983) —, et de son goût célèbre pour le chant des oiseaux qui s'est abondamment manifesté dans le domaine du piano (*Catalogue d'oiseaux, la Fauvette des jardins, *ainsi que les œuvres pour piano et orchestre). Ceci, ajouté à un sens très personnel de l'harmonie et du rythme, a puissamment contribué à la formation d'un style reconnaissable entre tous.*

La musique de chambre ne constitue pas un domaine privilégié dans l'œuvre de Messiaen : il s'y est exercé pendant l'entre-deux-guerres avec des partitions encore entachées d'une tradition sans lendemain, et n'y est revenu par la suite que poussé par les circonstances, — comme celles qu'impose par exemple un concours du Conservatoire. Quant à l'œuvre majeure, le *Quatuor pour la fin du temps*, elle dépend également plus de circonstances particulières que d'une intention longuement mûrie et aboutie. Est-ce à dire que Messiaen ne s'intéresse pas à la musique de chambre — il est un des rares grands compositeurs, avec Stockhausen, à n'avoir pas écrit de quatuor à cordes —, ou bien que ce domaine a pris d'autres figures ? Si Messiaen est le musicien de la couleur, comme on se complaît à le répéter, il conçoit la musique de chambre dans un cadre qui sort d'abord des archétypes, et qui fait appel à des combinaisons instrumentales originales. Il faudrait donc considérer les œuvres pour piano et ensemble instrumental — du *Réveil des oiseaux* (1952-1953) au récent *Un vitrail et des oiseaux* (1988) — comme des œuvres d'orchestre par l'effectif requis, mais relevant spécifiquement de la musique de chambre par le traitement instrumental.

Les partitions examinées ici ne concernent que celles de la première catégorie qui restent, encore une fois, secondaires, à l'exception du *Quatuor pour la fin du temps*. Dans l'étude la plus complète actuellement sur le compositeur, Harry Halbreich* mentionne également diverses œuvres, inédites à ce jour, la *Fantaisie* pour violon et piano (1933) — qui suit de peu le *Thème et variations* —, *Deux monodies en quarts de ton* (1938) et une *Musique de scène pour un Œdipe* (1942), deux essais pour ondes Martenot contemporains de la *Fête des belles eaux*.

Thème et variations, pour violon et piano

Écrite en 1932 à l'intention de la violoniste Claire Delbos, qui devint la femme du compositeur la même année, cette partition a été créée peu après par le jeune couple Messiaen. Les cinq variations suivant l'exposé du thème n'affectent que la ligne mélodique (comme dans le septième mouvement du *Quatuor*), et « constituent — selon Harry Halbreich — une gradation vers un tempo de plus en plus animé et un éclat instrumental de plus en plus vif » pour les quatre premières, alors que la dernière redonne le thème initial magnifié. Il en résulte une œuvre agréable, qui n'ajoute cependant rien à la gloire du compositeur.

Durée d'exécution : environ 10 minutes.

---

* In *Olivier Messiaen* (Fayard, Paris, 1980).

Fête des belles eaux, pour six ondes Martenot

Commandée à l'occasion de l'Exposition universelle de 1937, cette partition mineure et inédite témoigne surtout de l'intérêt de Messiaen pour les ondes — que Maurice Martenot présente pour la première fois en 1928 —, instrument qu'il réutilisera souvent par la suite dans ses œuvres d'orchestre (jusque dans *Saint François d'Assise*). Conçue pour être donnée parallèlement à un spectacle sur la Seine, la musique illustre parfaitement le propos par l'exploitation des mouvements rapides et continus que permet l'instrument. Détail intéressant, — Harry Halbreich signale que l'une des phrases de la partition sera reprise dans le cinquième mouvement pour violoncelle et piano du *Quatuor pour la fin du temps*. L'intérêt de la *Fête des belles eaux* reste cependant limité à une valeur documentaire.

Durée d'exécution : environ 29 minutes.

Quatuor pour la fin du temps

La composition et l'effectif de l'œuvre principale de musique de chambre de Messiaen sont totalement fortuits : prisonnier en Allemagne en 1940-1941, Messiaen profite de la présence de trois musiciens, Jean le Boulaire (violon), Henri Akoka (clarinette) et Étienne Pasquier (violoncelle), pour écrire d'abord un trio qui leur est destiné (n° 4, *Intermède*), complété bientôt par les autres mouvements incluant le piano. La première audition en sera donc donnée par ces interprètes au Stalag VIII A, le 15 janvier 1941, et suivie d'une seconde l'année suivante à Paris.

Dans la préface à la partition, Messiaen insiste sur le fait que la composition a été directement inspirée par cette citation extraite de l'*Apocalypse de Saint Jean* : « Je vis un ange plein de force, descendant du ciel, revêtu d'une nuée, ayant un arc-en-ciel sur la tête. Son visage était comme le soleil, ses pieds comme des colonnes de feu. Il posa son pied droit sur la mer, son pied gauche sur la terre, et, se tenant debout sur la mer et sur la terre, il leva la main vers le Ciel et jura par celui qui vit dans les siècles des siècles, disant : *il n'y aura plus de temps* ; mais au jour de la trompette du septième ange, le mystère de Dieu se consommera. » Et Messiaen poursuit par un commentaire sur le langage musical de la partition, qui est « essentiellement immatériel, spirituel, catholique. Des modes, réalisant mélodiquement et harmoniquement une sorte d'ubiquité tonale, y rapprochent l'auditeur de l'éternité dans l'espace ou infini. Des rythmes spéciaux, hors de toute mesure, y contribuent puissamment à éloigner le temporel ». Il s'agit donc bien ici de la première manifestation importante de la foi de l'auteur proclamée dans une œuvre *destinée au concert* — et donc en marge de sa production organistique —, une option esthétique qui lui est propre et qui sera confirmée à grande échelle en 1944 dans les *Trois petites Liturgies de la Présence divine*. De plus, l'auteur explicite clairement les relations entre son engagement spirituel et les procédés purement compositionnels qu'il exposera peu après dans son traité *Technique de mon langage musical* (1944). En effet, le *Quatuor* constitue probablement la partition la plus abordable pour s'initier à quelques-unes des caractéristiques du langage de Messiaen. Parmi celles mises en œuvre dans la partition, citons les procédés rythmiques de valeur ajoutée, d'augmentation et de diminution, de pédales rythmiques et de rythmes « non rétrogradables », à côté de l'utilisation des « modes à transposition limitée ». Est-il enfin nécessaire de rappeler combien Messiaen est sensible à la « couleur », au sens propre comme au figuré, des harmonies, et que cette forme particulière de perception ne doit pas être dissociée des éléments de son langage ?

Les huit mouvements n'utilisent pas l'effectif complet, le troisième mouvement étant consacré à la clarinette seule *(Abîme des oiseaux)*, le quatrième étant l'*Intermède* en trio déjà cité, les cinquième et huitième, les deux *Louanges — à l'éternité de Jésus* et *à l'immortalité de Jésus —*, proposant deux duos, respectivement pour violoncelle et piano, et pour violon et piano. Seul le septième mouvement — *Fouillis d'arcs-en-ciel, pour l'Ange qui annonce la fin du temps —* est irrégulier dans sa distribution instrumentale, les différentes sections alternant un duo (violoncelle et piano), un trio (violon, clarinette et piano), avec le « tutti », et se situant exactement aux antipodes du sixième — *Danse de la fureur pour les sept trompettes —*, écrit sous forme de monodie jouée en octave entre les quatre instruments.

Quant à l'écriture instrumentale, elle privilégie nettement les trois instruments aux dépens du piano, — dont le rôle est réduit la plupart du temps à un accompagnement harmonique. La dimension mélodique est essentiellement assurée par les deux cordes (section centrale de la *Vocalise pour l'Ange qui annonce la fin du temps*) et, surtout, la clarinette à laquelle Messiaen confie naturellement les passages dans le style « oiseau » (au début de *Liturgie de cristal*, par exemple), ainsi que ses tournures mélodiques favorites dans la troisième pièce avec les allusions à la *Chanson de Solveig* de Grieg, aux *Reflets dans l'eau* de Debussy, ou encore à *Boris Godounov*, — qui est donnée au début de l'*Abîme des oiseaux*.

Selon le commentaire que Messiaen a joint à la partition, le premier mouvement, *Liturgie de cristal*, correspond au réveil des oiseaux « entre trois et quatre heures du matin », et repose sur une écriture polyphonique continue entre la double pédale du violoncelle (harmoniques en glissando) et du piano traités en rythmes non-rétrogradables, et les chants très souples de la clarinette et du violon (« comme un oiseau », note l'auteur pour ces deux parties). La *Vocalise pour l'Ange qui annonce la fin du temps* est entièrement articulée autour de la grande partie centrale (*Modéré*) dans laquelle violon et violoncelle avec sourdine déploient une longue mélodie « quasi plain-chantesque sur les cascades douces d'accords bleu-orange » du piano. N'intervenant que dans les parties extrêmes du second mouvement, la clarinette se voit confier l'intégralité de l'*Abîme des oiseaux*, dont la forme à nouveau tripartite oppose l'abîme, c'est-à-dire « le Temps » (*Lent, expressif et triste*) et l'exubérance des chants d'oiseaux (*Presque vif*) « qui symbolisent notre désir de lumière, d'étoiles, d'arcs-en-ciel et de jubilantes vocalises ». Après l'*Intermède* assimilé à un Scherzo, sans piano et à l'unisson entre les trois instruments, la *Louange à l'Éternité de Jésus* est confiée au violoncelle (soutenu par le piano) au travers d'une longue mélodie qui provient, selon Harry Halbreich, de la *Fête des belles eaux* (v. précédemment). Reprenant l'écriture homophonique de l'*Intermède*, la *Danse de la fureur pour les sept trompettes* développe un travail rythmique par valeurs ajoutées à partir de figures de cinq, sept, onze et treize sons, illustrant la prédilection de Messiaen pour les nombres premiers, puis sur des rythmes non-rétrogradables. Le septième mouvement, *Fouillis d'arcs-en-ciel, pour l'Ange qui annonce la fin du Temps*, est le plus élaboré de l'œuvre : divisée en sept sections, la forme répond à l'alternance entre deux éléments thématiques — le premier très mélodique (*Rêveur, presque lent*), le second plus rythmique (*Robuste, modéré, un peu vif*) issu du second mouvement —, qui seront variés à chacune de leur réapparition. Enfin, la *Louange à l'immortalité de Jésus* renvoie au cinquième mouvement en ne gardant que le violon accompagné par le piano, et correspond « au second aspect de Jésus, à Jésus-homme, au Verbe fait chair, ressuscité immortel pour nous communiquer la vie » : par cette expression de l'espérance et de la foi en l'homme, ce dernier mouvement termine cette grande fresque dramatique par un message d'espoir.

Durée d'exécution : environ 48 minutes.

Le Merle noir, pour flûte et piano

Écrite en 1951 pour le concours du Conservatoire, cette pièce, qui s'est rapidement imposée au répertoire des flûtistes, se signale surtout par la référence précise à un chant d'oiseau : c'est seulement depuis qu'il a entrepris de sérieuses études ornithologiques, à partir de 1950, que Messiaen s'est montré scrupuleux dans la façon d'inclure et de répertorier les chants d'oiseaux dans sa musique, en particulier dans les œuvres d'orgue de cette époque (*Messe de la Pentecôte* et *Livre d'orgue*). Le choix du merle noir est d'autant plus important qu'il s'agit d'un des trois oiseaux dont le chant est le plus cité par Messiaen (avec la fauvette à tête noire et la fauvette des jardins), — et qui ne réapparaîtra dans pas moins de six partitions importantes pour orchestre, à partir du *Réveil des oiseaux* (1952-1953). La forme repose sur une section principale, introduite par une cadence de la flûte (« un peu vif, avec fantaisie ») et suivie d'un dialogue entre les deux instruments (« presque lent, tendre »), qui sera redonnée une seconde fois avec des variantes, avant qu'une brillante conclusion (« vif ») ne vienne achever la pièce.

Durée d'exécution : environ 6 minutes.

A.P.

NIKOLAÏ MIASKOVSKI

Né à Novoguéorguievsk (en Pologne), le 20 avril 1881 ; mort à Moscou, le 8 août 1950. Élève de l'École Militaire de Saint-Pétersbourg, il étudie parallèlement le piano. Il prend des leçons avec Glière à Moscou, et abandonne la carrière militaire pour entrer au Conservatoire (1906-1911) où il suit les classes des différentes disciplines de composition (de Liadov, Rimski-Korsakov et Vitol). Il fait la connaissance de Prokofiev lors des Soirées de Musique Contemporaine où il se fait connaître, en 1908, par sa 1re Symphonie *(la première d'une série de vingt-sept et sa* Sonate pour violoncelle *en* ré *majeur* op. 12 *(1911). Après la Révolution d'Octobre, il est nommé professeur de composition au Conservatoire de Moscou (de 1921 à sa mort, — avec l'interruption de 1948 lors de la campagne « anti-formaliste » de Jdanov). Symphoniste de tempérament, il adapta cette forme, d'abord aux découvertes de la Nouvelle École russe (des « cosmopolites » Prokofiev et Stravinski), celle des « révolutionnaires » (Roslavets, Popov, etc.), puis de ses élèves (Khatchaturian, Chebaline, Kabalevski). Devenu la « conscience musicale de Moscou », il parvint à une gloire passagère au lendemain de la guerre avec sa* 21e Symphonie *commandée par le Chicago Symphony, et le* Concerto pour violoncelle op. 66 *que fit connaître Knoussevitzki. Sa musique de chambre est de la même encre. Entre 1929 et 1949, il écrit treize* Quatuors à cordes *qui forment, aujourd'hui, la base même du répertoire didactique soviétique. Parallèlement, trois* Sonates *(pour violon* op. 70*), pour violoncelle* op. 12 *et* op. 81*) suffisent à imposer son art, ancré dans la tradition russe, — celle de Tchaïkovski et de Rachmaninov, tout en ayant atteint une perfection d'écriture d'une pureté toute classique. Un peu comme Richard Strauss, Miaskovski a poursuivi sa quête hors du temps, — sa syntaxe se révélant la même en 1949 qu'en 1909.*

LES QUATUORS À CORDES

La numérotation moderne ne permet pas de remonter aux premières esquisses des quatre premiers quatuors. Sous le numéro d'*op. 33* (Moscou, 1938), on ne peut déceler que la partition la plus ancienne est le *4e Quatuor* (*op. 33 n° 4*) en *fa* mineur, écrit pour l'essentiel en 1909 sous la houlette de Rimski-Korsakov, repris et profondément modifié en 1937.

Quatuor n° 3, en *ré mineur* (op. 33 n° 3)

De même, le *3e Quatuor* fut écrit en 1910, toujours sur les bancs du Conservatoire. Il est le plus original de ces deux partitions de jeunesse, — laissant paraître le caractère naturellement mélancolique du matériau mélodique. Il est en deux mouvements.

Le premier s'ouvre sur un *Lento* au climat sombre, presque cauchemardesque, où l'alto joue le rôle de truchement, — suivi d'un épisode plus rapide, *Allegro non troppo, malinconia*, où semble paraître l'ombre du Beethoven du *6e Quatuor op. 18*. Le thème principal, en forme d'hymne, émerge d'une manière presque statique. Il est interrompu par une transition en staccato. Le thème secondaire réinstalle la même atmosphère triste que le *Lento* introductif ; elle prend une immobilité étonnante, — les violons, en leurs méandres mélodiques, évoluant hors du temps. La réexposition du thème de l'*Allegro*, à l'alto, relance la dynamique du discours, et le mouvement se clôt sur un développement complexe à quatre voix.

Tout comme Taneiev dans son *3e Quatuor*, Miaskovski propose comme second et dernier mouvement un *Thème et variations*. Une longue phrase, lente et obsédante, sert de base aux sept variations. La première, concise et rapide, est de caractère russe. La seconde, après un prélude lent, propose une courte fugue. La troisième est un jeu simple et séduisant sur des intervalles de quinte, — qui prend, un court moment, l'allure d'une berceuse russe, avant de se clore sur une coda plus brutale. La quatrième est confiée au violoncelle qui chante une mélodie originale, — une des plus prenantes jamais écrites par le musicien. La cinquième variation forme un intermède enjoué et rapide, — tandis que la sixième offre un caractère de prière. L'alto reprend la parole pour introduire la septième variation, avant une brillante écriture fuguée qui s'achève de manière dramatique. Une brève réexposition du thème initial termine cette partition de belle ampleur, achevée en 1930.

Durée d'exécution : 26 minutes environ.

Les **1er** et **2e Quatuors** (*op. 33 n° 1* et *2*), respectivement en *la* mineur et en *ut* mineur, ont été écrits peu avant la *11e Symphonie op. 34*; ils marquent un retour au monothématisme et à une concision qui privilégient l'analyse formelle sur l'invention.

Quatuor n° 5, en *mi* mineur (op. 47)

Daté de 1938-1939, il reçut un accueil chaleureux de la critique officielle de l'époque. Écrit en quatre mouvements, il illustre le retour à un nouveau classicisme, lumineux, simple de forme, — bien loin des tentatives d'atonalisme de la *13e Symphonie en* si *bémol mineur* de 1933.

Le premier mouvement est un *Allegro tranquillo* qui suit la stricte forme sonate avec ses deux thèmes successifs contrastés, leur développement et leur récapitulation selon un modèle qui rappelle Glazounov. Le *Molto vivo* second tient lieu de scherzo et propose deux motifs chantants en une écriture économe qui n'use qu'à bon escient de montées chromatiques, pizzicatos à l'alto et au violoncelle. Suit un *Andante semplice* qui a la pureté narrative et de climat d'un conte russe. Seule le finale, *Allegro molto*, propose un exercice de forme sonate assez formel, — plus approprié à l'écriture symphonique que de chambre.

Durée d'exécution : 24 minutes environ.

Suivent les quatuors du début de la guerre : **6e Quatuor** en *sol* mineur (*op. 49*), nourri d'intonations populaires, **7e Quatuor** en *fa* majeur (*op. 55*), portant l'empreinte du folklore kirghize que Miaskovski étudiait alors qu'il avait été déplacé à Tbilisi du fait de la guerre (1941). **Le 8e Quatuor**, en *fa* dièse mineur (*op. 59*, 1942), est plus marqué par l'actualité, et se souvient tant de Tchaïkovski que du dramatisme du *Quintette op. 57* de Chostakovitch, comme du triptyque de son pupille, les *4e*, *5e* et *6e Quatuors* de Chebaline.

Le **9e Quatuor en *ré* mineur** (*op. 62*), terminé en 1943, revient à la forme en trois mouvements, deux larges *Allegros* chantants entourant un *Scherzo* en forme de nocturne donnant l'impression d'user de thèmes russes recréés. L'œuvre fut donnée à Moscou en novembre 1944, par le Quatuor Beethoven.

Durée d'exécution : 22 minutes environ.

Quatuor n° 10, en *ré* majeur (op. 67 n° 1)

L'œuvre reprend des esquisses datant de la deuxième année de conservatoire (1907). Contrairement aux *3e* et *4e Quatuors* repris dans l'*op. 33*, le *10e* n'a conservé des ébauches d'époque que sa fraîcheur d'invention mélodique et sa spontanéité, — en particulier dans le *Vivo scherzando* second. Ainsi remanié, il posséde la simplicité et la vitalité sans nuages du *4e Quatuor*, — auxquelles s'ajoute un sens de la concision plus affirmé que dans les autres partitions de jeunesse.

Un *Allegro non troppo* initial suit la forme sonate traditionnelle, dans un climat plus serein que passionné. Le *Scherzo* rappelle l'invention d'un Borodine, — tandis que l'*Andante con moto lagrimabile* joue sur un thème original, lyrique, proche du nocturne borodinien. Le finale, *Allegro molto e con brio*, est un rondo à la trame serrée, brillant, virtuose. La reprise du thème initial sert d'apogée à ce mouvement construit comme un Allegro haydnien, — avant la coda qui sert de refrain.

La partition reçut un accueil triomphal lors de sa création le 20 mai 1945 dans la Petite Salle du Conservatoire de Moscou, sous les archets du Quatuor Beethoven.

Durée d'exécution : 24 minutes environ.

Le **11e Quatuor** en *mi* bémol majeur, beaucoup plus formel, fut publié en même temps que le 10e, comme *op. 67 n° 2*. Le **12e Quatuor**, en *sol* majeur (*op. 77*), a été terminé en 1947 : comme la *26e Symphonie op. 78* contemporaine, il joue sur de vieux airs populaires russes qui donnent l'impression d'une suite de danses pour orchestre de chambre.

Quatuor n° 13, en *la* mineur (op. 86)

Le dernier *Quatuor* en *la* mineur renoue avec la réelle grandeur de la *Symphonie* contemporaine, l'ultime 27e.

Le premier mouvement, *Moderato*, introduit un thème empli de sérénité que les violons commentent en l'ornementant avant de lui donner une intensité allant crescendo. Puis la sérénité revient, — proposant à chacun des instruments un passage soliste avant de poursuivre sur le *Presto fantastico*, attaqué sans césure. Tous les instruments partent à une allure vertigineuse en une course parfaitement organisée, qui voit émerger le thème principal dans toute sa majestueuse splendeur. Ce scherzo est traité avec une économie inhabituelle, qui contraint les interprètes à une pureté et une virtuosité post-mozartienne. L'*Andante con moto e molto cantabile* forme le sommet de cette ultime partition : son lyrisme direct, authentiquement russe, n'est entaché d'aucun formalisme d'écriture, — la splendeur de timbre et d'intonation menant hors du temps, au souvenir du cantabile tchaïkovskien. Un intense dynamisme habite également le *Molto vivo energico* final, — dont seul le deuxième thème vient modérer la vivacité.

Durée d'exécution : 24 minutes environ.

AUTRES ŒUVRES

En dehors de neuf *Sonates pour piano* (1907-1949), Miaskovski a laissé une **1re Sonate pour violoncelle et piano** en *ré* majeur (*op. 12*), dans le sillage de Rachmaninov, — que l'auteur révisa en 1945. En 1947 parut une **Sonate pour violon et piano** en *fa* majeur (*op. 70*), dédiée au leader du Quatuor Beethoven, D. Tsyganov.

Sonate pour violoncelle et piano n° 2, en *la* mineur (op. 81)

La partition la plus marquante demeure cette sonate, originellement pour viole d'amour, transcrite pour alto par l'altiste du Quatuor Beethoven, V. Borissovski, mais qui fit carrière sous les doigts de Knoussevitzky, puis de Mstislav Rostropovitch, comme *2e Sonate pour violoncelle*.

1. L'œuvre est en trois mouvements. L'ALLEGRO MODERATO initial, d'une grande pureté de style, fait penser à l'approche ancienne d'un Dohnanyi. Le thème primaire emprunte son parfum russe à un folklore imaginaire, sur les arpèges en *la* mineur du clavier. Ample et fluide, il prend un caractère de mélopée archaïsante justifié par sa destination première à la viole d'amour. Un deuxième thème, plus beethovénien, en *ut* majeur, forme un récitatif admirablement écrit pour l'instrument. Un cours développement mène à la réexposition des deux idées thématiques, puis à une coda qui s'achève sur le thème initial.

2. L'ANDANTE CANTABILE se souvient de Tchaïkovski, — tant par son rythme de valse stylisée, chère aux salons russes de la fin du XIXe siècle, que par l'élégance de la partie de piano, qui requiert la ductilité de toucher que proposait un Rachmaninov. Deux thèmes secondaires animent le cours de l'*Andante* : le premier est doucement berceur en son rythme oscillant, — tandis que le dernier, plus affirmé, joue sur une métrique ternaire qui perturbe la douce ordonnance de l'essentiel du propos.

3. La partition s'achève sur un finale ALLEGRO CON SPIRITO, beaucoup plus animé. Le rondo s'appuie sur un thème *spiccato* plaçant en juxtaposition antinomique un rythme de danse populaire russe et une mélodie ondoyante et chantante, proche du refrain orthodoxe comme de la danse lente d'origine paysanne. Après une introduction en *ut* confiée au violoncelle, cette curieuse mélodie est commentée au clavier en *mi* majeur, puis en *ut*. Pendant l'épisode en *mi*, au piano, le violoncelle joue sur un accompagnement en triolets de noires, — tandis que, pendant le deuxième épisode, la mélodie se métamorphose et amplifie son propos en modulant vers *fa* mineur, puis en *la* bémol majeur, pour se conclure dans la tonalité éloignée de *ré* mineur. Après une brève réexposition du thème *spiccato* initial, les deux thèmes suivants sont repris et décantés, pour être propulsés en une strette conclusive en doubles croches.

Durée d'exécution : 22 minutes environ.

P.E.B.

GEORGES MIGOT

*Né à Paris, le 27 février 1891; mort à Levallois, le 5 janvier 1976. D'ascendance franc-comtoise, ouvert très tôt à la musique, il entra en 1909 au Conservatoire de Paris dans la classe de Charles-Marie Widor; il suivit également les cours d'histoire de la musique de Maurice Emmanuel. Grand blessé de la Première Guerre dès août 1914, il fut contraint à une longue convalescence profitable tant à ses études qu'à son activité créatrice. En 1921, il recevait le prix de la Fondation Blumenthal pour son œuvre, — qui comportait déjà certaines de ses partitions de chambre les plus importantes (*Trio avec piano, Quintette*). En 1922, était créé à Monte-Carlo son ballet* Hagoromo, *tandis que s'affirma son goût de la tradition française avec un livre sur Rameau (1930), ainsi que le* Livre des Danceries *pour quatuor instrumental. La pleine maturité fut atteinte avec* Zodiaque, *douze études pour piano (1932), et la* Suite à trois *(1935). La musique religieuse prit ensuite la place prépondérante, — avec dix oratorios, dont* Saint-Germain d'Auxerre *(1947) et un* Requiem *(1953); l'écriture se fit de plus en plus libre et dépouillée. De 1949 à 1961, Migot occupa le poste de conservateur du Musée instrumental du Conservatoire de Paris. En 1973, la ville de Besançon rendit hommage, par une exposition de ses tableaux, à celui qui fut aussi un peintre de talent. L'art de Migot, plus contrapuntiste qu'harmoniste, influencé qu'il fut par la polyphonie médiévale, cultivant à l'occasion la polytonalité, s'attache moins au développement des architectures qu'aux effets de ton (au sens pictural du terme) des combinaisons sonores, — excluant les contrastes trop affirmés ainsi que les tensions. Dans une œuvre comprenant environ deux cents numéros, la musique de chambre occupe une place qui n'est pas primordiale, mais vaut par sa constante qualité; nous en offrons ci-après un survol chronologique.*

C'est de 1918 que doit être daté un **Trio pour violon, alto et piano**, — première œuvre de chambre importante. C'est une partition au langage clair, dépourvu d'effets, sans traces de virtuosité, très architecturé, — avec un thème récurrent apparaissant dans les trois mouvements, tous lents (*Modéré, Large, Lent*). Mouvement initial dans la forme sonate-rondo à trois thèmes, dont le schéma tonal n'est pas sans surprendre : le premier — comme refrain — en *ré* mineur (avec l'*ut* bécarre et *mi* bémol), le second en *mi* mineur (sans le *fa* dièse). Le premier thème, transformé, évolue vers *fa* majeur, puis le second vers *si* bémol mineur. Comme troisième idée remarquable, un passage d'octaves mystérieux (avec le piano que doublent les cordes). Développement assez bref, libre et animé; enfin récapitulation sur le thème-refrain, modifié, jouant sur les différents niveaux d'intensité instrumentale. L'ensemble laisse une impression d'improvisation, — accentuée par les deux autres mouvements exploitant à nouveau ce même thème, accompagné en *sol* mineur dans le mouvement final. Ici, après une réminiscence de la troisième idée principale et le retour du thème-refrain, l'œuvre sera conclue par une redite de l'introduction du mouvement initial, non sans quelque monotonie.

De l'année suivante — 1919 — un **Quintette pour piano et cordes**, titré les « Agrestides », compose un ouvrage plus ambitieux, mais sans doute moins maîtrisé. La construction d'ensemble peut en paraître confuse, la partie de piano parfois laborieuse, inutilement exigeante, aux limites des possibilités techniques de l'instrument. La forme cyclique prédomine, — tous les thèmes reparaissant peu à peu en fin de parcours. Plusieurs pages méritent l'attention par la douce et délicate atmosphère de mélancolie qu'elles suggèrent, dans les nuances pianissimo. Le second mouvement, en particulier, propose un très beau thème mélodique, comme provenant d'un chant populaire, — que le mouvement suivant utilisera en une nouvelle variante.

Autre partition de la même période de création, — plus secondaire : **le Paravent de laque aux cinq images** (1919), écrit pour piano, deux violons et un alto. S'y manifeste l'intérêt tout spécial que Migot portait alors aux arts de l'Extrême-Orient (ainsi, également, les *Deux Stèles* qu'il devait composer, en 1925, sur des poèmes de Ségalen). Rien de descriptif, toutefois, mais des lignes nettes auxquelles se subordonnent les coloris instrumentaux. Ce sont là de courtes pièces, — dont la dernière répète la première, tel un refrain de rondo.

Ne mentionnons que pour mémoire — adoptant la même disposition instrumentale — deux partitions mineures, *les Parques* et *Au bord de l'Eure*, et, — destinés à d'autres formations — *Cinq Mouvements d'eau* (1920) pour quatuor à cordes. Cette partition exige trop des intrumentistes (suraigu du violon, le violoncelle incessamment sollicité dans ses registres extrêmes) pour ne pas encourir le reproche de n'être que superficiellement audacieuse. Ajoutons-y un *Dialogue en quatre parties* (1921), puis un *Dialogue en cinq parties* (1922), l'un destiné au duo du violon et du piano, l'autre à celui du violoncelle et du piano. Le caractère dominant est celui de très libres improvisations.

Le **Livre des Danceries*** pour un ensemble constitué d'une flûte, d'un violon et du piano, fut écrit à l'automne de 1929 (éditions Leduc). C'est une complète réussite, qui incita le musicien à une transcription orchestrale. Nul recours au pastiche, nulle tentation néo-classique : la simplicité et la ferme assise des lignes, la clarté du propos situent la partition dans la tradition d'un Rameau et, par-delà, d'une musique médiévale vivante et jaillissante. C'est d'abord une *Introduction* (indiquée « modéré ») qui met en place les divers éléments mélodico-rythmiques, — sur une conduite souvent homophone de la flûte et du violon, d'une belle intensité sonore (quasi orchestrale, d'ailleurs). Un joyeux motif de carillon inaugure le deuxième mouvement, *Gai* (« légèrement et rapide ») : un contrepoint rythmique est assuré par le piano. La troisième pièce est un *Religieux* (« allant, mais avec émotion ») : sorte de déploration à la flûte, — avec un développement « un peu agité », sur ostinato ; la flûte achèvera en un écho de la poignante phrase initiale. Et vient la *Conclusion* (« décidé »), au thème-refrain syncopé ; les sonorités sont drues, d'un éclat sec. Enfin le motif initial de l'*Introduction* forme la péroraison.

La **Suite à trois** (ou **Trio**), pour piano, violon et violoncelle, fut composée d'un jet — en quinze jours — en mars 1935, et donnée en première audition à la Société Nationale à Paris, en janvier 1936. D'amples proportions architecturales, c'est une œuvre qui se développe tel un « chant profond », parfois passionné, violemment ému. Là encore s'affirme la personnalité originale du musicien, — hostile aux formes préétablies et contraignantes. Un très lyrique *Prélude* précède l'*Allègre* d'une grande animation rythmique. Vient une *Danse* hiératique, empruntant à l'esprit de la pavane, et qui s'exalte avant de laisser paraître le *Finale*, d'une vive éloquence. Telle est, fort succinctement — et littérairement — décrite, une œuvre méritant une écoute plus analytique, que les limites de ce chapitre n'autorisent pas.

Le **Trio à cordes** naquit de décembre 1944 à avril 1945 : chef-d'œuvre de la pleine maturité, d'une exceptionnelle intensité du discours et des accents. Il se divise en six mouvements — ou parties — abolissant tout cadre formel, de même que toute référence stylistique. Le premier mouvement est un *Prélude* assez considérable (sa durée — une dizaine de minutes — représente le tiers de l'ensemble), de structure apparentée à une forme sonate bithématique.

Le thème principal — qu'on réentendra fréquemment (sauf dans la *Prière*) — est une mélodie d'une parfaite égalité, en valeurs longues, en trajectoire ascendante, puis descendante. Une double exposition précède l'entrée du second thème, plus rythmique (à 4/4), d'assez faible ambitus, et sinueux. Apparaissent ensuite plusieurs motifs secondaires (dont certains destinés à devenir les thèmes principaux de mouvements suivants) qui nourrissent la claire polyphonie des développements. Contrastant, le deuxième mouvement — *Allant* — fait fonction de scherzo sur un thème au motif initial pentatonique (six dièses !), à 5/4 ; c'est la pièce la plus courte de la partition, et la plus mobile. Comme troisième partie, un *Choral* sur un ample et calme 2/2 (comme au début du premier mouvement) semble privilégier l'intervalle de tierce mineure ; le thème s'amplifie à chacune de ses nouvelles présentations. Le quatrième mouvement — *Allègre* — se bâtit sur un thème varié, tandis que le suivant — l'admirable *Prière* — se coule dans une forme lied ternaire : son thème principal s'élève lentement *pp*, en notes conjointes, pour atteindre, en quatre mesures, un sommet expressif, avant

* Nous devons à Joël-Marie Fauquet l'essentiel des commentaires, ici formulés, du *Livres des Danceries* et du *Quatuor pour flûte, violon, violoncelle et piano* (v. plus loin) : les propres analyses de cet auteur figurent en une pochette de disque Cybelia.

de décliner, en quatre mesures à nouveau, vers un point d'orgue. Ce thème, impressionnant de ferveur et d'émotion spiritualisée, est contrepointé par le second thème, rythmique, du *Prélude*. Enfin le dernier mouvement — *Conclusion* — rassemble polyphoniquement tous les thèmes de l'œuvre.

Durée d'exécution : 30 minutes environ.

Le **Quatuor pour flûte, violon, violoncelle et piano** fut rapidement composé, d'octobre à novembre 1960. Cette fois encore, l'ordonnance en six mouvements contrarie les habitudes formelles et apparentent l'œuvre à l'ancienne Suite ; de même, la formation instrumentale n'est pas usitée, mais d'une brillance et d'une diversité des timbres assez rares. Enfin, dans son affranchissement des lois tonales, le langage atteint à une pureté qui n'est nullement abstraite. Le *Prélude* (« modéré ») est conduit par le piano ; la polyphonie s'en déploie avec une grande simplicité. C'est un thème de ronde populaire, presque enfantine, qui anime le scherzando du deuxième mouvement, *Allégrement* ; petit développement en fugato. Le *Grave* suivant (« assez lent »), en sonorités immobiles et lointaines, fait surgir un monde irréel, — alors que la *Danse*, lancée par le violon, propose un jeu de combinaisons rythmiques et harmoniques aussi délié qu'imprévu. Au *Choral* qui succède, d'un sentiment douloureux d'abord, puis épanoui dans la confiance, s'oppose, pour terminer, un *Final* (« bien allant ») d'une verve scintillante (trilles) sur un motif de marche bien marqué.

F.R.T.

MARCEL MIHALOVICI

Né à Bucarest, le 22 octobre 1898; mort à Paris, en 1985. Ce compositeur roumain, naturalisé français en 1955, effectua d'abord des études de violon, d'harmonie et de contrepoint dans sa ville natale, puis devint en 1919, sur les conseils de son compatriote Georges Enesco, l'élève de Vincent d'Indy (composition, direction d'orchestre) à la Schola Cantorum, à Paris. L'année suivante paraissait la Première Sonate pour violon et piano, *qui reçut à Bucarest le second Prix Enesco. En 1928, Mihalovici devint — principalement avec Martinu, Harsanyi, plus tard Tcherepnine — l'un des animateurs du groupe connu sous le nom d'« École de Paris », rassemblant des compositeurs d'origine étrangère vivant en France. De 1959 à 1962, il devait enseigner lui-même à la Schola Cantorum, et, en 1979, peu d'années avant sa mort, recevoir un grand prix de la SACEM récompensant l'ensemble de son œuvre. Celle-ci — d'un musicien resté profondément attaché à sa culture nationale (sans être pour autant un « folkloriste ») — mériterait aujourd'hui une réhabilitation, après avoir été abondamment jouée (mais fort peu enregistrée, donc inévitablement mal connue) : des opéras tels que* Phèdre *ou* Krapp, *un ballet tel que* Thésée au labyrinthe, *la musique de scène pour* Meurtre dans la cathédrale *d'Eliot en soulignent le vigoureux lyrisme. Mihalovici est également l'auteur de cinq symphonies, de chœurs a cappella et de mélodies, de pièces pour piano (certaines dédiées à la grande pianiste que fut Monique Haas, son épouse), et de partitions de chambre dont nous présentons ci-après un survol chronologique, — tout en commentant spécialement quatre d'entre elles apparaissant comme d'incontestables réussites.*

Mihalovici a vingt-deux ans (1920) lorsqu'il compose sa *Sonate n° 1 pour violon et piano*, mentionnée plus haut ; il en produira une seconde version en 1927 (création en 1929 par des artistes aussi prestigieux que Georges Enesco et Clara Haskil). Le *1er Quatuor à cordes* sera terminé en 1923 et offert au public en avril de cette année par le Quatuor Lejeune, à la Société Musicale Indépendante. Dès l'année suivante paraît une *Sonatine pour hautbois et piano* (publication par Eschig, à Paris), avant une certaine interruption — jusqu'à l'année 1929 qui verra la naissance du *Trio à cordes « Sérénade »* donné en première audition aux concerts de « la Sirène », à Paris, par le Trio André Huvelin. *2e Quatuor à cordes* en 1931, créé l'année suivante, en avril, par le Quatuor Roth (et édité par Eschig). Et voici une nouvelle pause d'une dizaine d'années, — précédant la parution, au printemps de 1942, de la *2e Sonate pour violon et piano* (commentée plus loin). C'est deux ans plus tard que sera écrite la *Sonate pour alto et piano*, créée seulement cinq ans après, en janvier 1947, aux concerts du « Triton » par l'altiste Étienne Ginot et Monique Haas (édition chez Heugel, à Paris). Comme les deux partitions précédentes, la *Sonate pour violon et violoncelle*, datée de 1944, fut une œuvre de guerre (voir commentaire ci-après), — tandis que les *Eglogues* pour instruments à vent (flûte, hautbois, clarinette et basson) saluèrent en 1945 la fin des hostilités. De même, le *3e Quatuor à cordes*, de 1946, donné en première audition à Paris, en mai 1947, par le Quatuor Pascal (publication chez Heugel). 1949 vit la composition presque simultanée de deux sonates : la *Sonate pour violoncelle* (création à Salzbourg, au festival de la Société Internationale pour la Musique Contemporaine en juin 1951, avec Roland Charmy) ; la *Sonate pour violoncelle seul* (première audition à la Radio française, en mai 1952, par André Lévy), — ces deux partitions éditées par Heugel. Deux années plus tard (1951), parution d'une œuvre d'un considérable intérêt, l'*Étude en deux parties* pour piano et ensemble instrumental (analysée plus loin), — précédant de quatre ans (1955) un plus modeste *Trio d'anches*, créé en 1956 à Genève par le Trio Dupont. 1958 — Mihalovici ayant atteint sa soixantième année — sera faste pour la musique de chambre, et paraît lui avoir été entièrement consacrée avec : la *Sonate pour basson et piano* (première audition, en février 1959, à la Société Nationale de Musique par Maurice Allard et Henriette Roget) ; la *Sonate pour clarinette et piano* (première audition à la Radio française, en mai 1959, par Louis Cahuzac et Ina Marika) ; une *Pastorale triste* pour flûte et piano, une *Mélodie* pour flûte et piano, une *Méditation* pour trompette et piano, un *Scherzo-valse* pour trompette et piano, une *Novelette* pour basson et piano, enfin un *Épisode* pour cor et piano... Daté de 1959, *Esercizio per archi* s'avère une œuvre pleine de séduction, dont on trouvera plus loin une analyse succincte. Et mentionnons, pour mémoire, un *Dialogue* pour clarinette et piano que Mihalovici composa en 1965 comme morceau de concours du Conservatoire de Paris.

Sonate n°2 pour violon et piano

Commencée en 1940, elle fut achevée l'année suivante et donnée en première audition au printemps de 1942 en Suisse, à Bâle, par Fritz Hirt, Monique Haas étant au piano. La création française ne devait avoir lieu que le 18 octobre 1944 à la Radio, avec Lucien Schwartz et Monique Haas (édition par Heugel).

Œuvre virtuose, elle fut inspirée par le *Sonnet* de Gérard de Nerval, — dont elle porte en exergue une citation de la troisième strophe : « Je sais pourquoi, là-bas, le volcan s'est rouvert ». Elle est en trois mouvements, sans affecter d'audaces formelles particulières. En revanche, elle rompt manifestement avec les prédéterminations du monde tonal : si la tonalité de *fa* majeur en crée l'« ambiance », jamais elle ne s'affirme tout à fait clairement. Le premier mouvement est passionné, le deuxième très mélodique, tel un grand lied à plusieurs sections, et le mouvement final, plus emporté, même violent, est également soulevé par l'inspiration lyrique de son auteur, tout en conservant une clarté de diction exemplaire.

Durée d'exécution : 23 minutes environ.

Sonate pour violon et violoncelle

Écrite en 1944, cette *Sonate* ne fut créée qu'au lendemain de la Seconde Guerre, en avril 1946 à Paris, par Lucien Schwartz (violon) et André Huvelin (violoncelle). Elle fut publiée par les éditions Amphion. Nous reproduisons un bref commentaire fourni par le compositeur lui-même une quarantaine d'années plus tard (1982) :

« La *Sonate pour violon et violoncelle* est le type même de l'œuvre de circonstance, dans le sens que Goethe prêtait à ce mot. Les hasards de l'occupation ont fait qu'en 1944 je m'étais trouvé amené à accepter l'hospitalité du violoncelliste André Huvelin... dans un joli bourg de la Haute-Saône... Nous ne possédions aucune musique pour violon et violoncelle qui nous eût permis de meubler un peu les longues soirées à la campagne. J'écrivis ainsi une sonate... à l'exécution de laquelle, par la suite, nous nous sommes attelés. Cette sonate est en trois mouvements : *Allegro tranquillo*, *Un poco lento e pesante*, *Molto vivace*. Le premier mouvement est de forme sonate à deux thèmes, le deuxième un lied à trois compartiments, le troisième un rondo-sonate. L'architecture de l'œuvre est, certes, celle héritée du classicisme et du romantisme. Mais c'est son écriture basée sur un chromatisme élargi qui fait qu'elle a l'allure d'une musique du XXe siècle. C'est tout ce que je veux dire de cette musique afin de n'en pas rendre la compréhension plus difficile... »

Durée d'exécution : 26 minutes environ.

Étude en deux parties, pour piano et ensemble instrumental (op. 64)

Commandée par Heinrich Strobel à l'intention du festival de Donaueschingen, écrite pendant l'été de 1951, l'œuvre fut créée en ce lieu le 6 octobre suivant par la pianiste Monique Haas qu'accompagnaient, sous la direction de Hans Rosbaud, des membres de l'orchestre du Südwestfunk. La première audition en France intervint à Paris, à la Radiodiffusion, le 18 décembre par les mêmes solistes sous la baguette de Tibor Harsanyi (publication par Heugel). C'est une œuvre brillante et souple dans laquelle le piano concerte vivement avec l'ensemble des vents formé par deux clarinettes, un basson, deux trompettes, un trombone et un tuba ; s'y adjoignent un célesta et une percussion (deux exécutants).

Nous laissons ici la parole à Harry Halbreich, qui a décrit excellemment cette partition* : ...« Elle inspira à H. H. Stuckenschmidt la comparaison très judicieuse avec un tableau surréaliste de Max Ernst, sur lequel on voit des fleurs jaillissant d'une locomotive. En effet, des efflorescences lyriques, des mélismes roumains y coexistent de fascinante manière avec d'âpres agrégats atonaux. La première partie, lente (*Andantino*), se déroule dans des rythmes berceurs à 6/8 et 9/8 qui caractérisent les mélodies lyriques du folklore roumain, — dont on ne reconnaîtra cependant aucune citation. L'écriture contrapuntique très dense frappe par son chromatisme serré. La seconde partie, beaucoup plus développée (*Tempo giusto*), se déploie à la manière d'une toccata pleine de tension, riche de couleurs et de contrastes, qui met pleinement en valeur la virtuosité de tous les exécutants, et qui se précipite sans répit vers sa conclusion violemment percutante, d'un puissant effet ».

Durée d'exécution : 17 minutes environ.

* Éd. Costallat, Paris, 1972.

Esercizio per archi (op. 80)

Donnée en première audition à Radio-Strasbourg le 28 mai 1960 sous la direction de Charles Bruck, alors qu'elle était achevée en octobre de l'année précédente, l'œuvre fut créée à Paris par l'Orchestre des Concerts Lamoureux conduit par Rudolf Albert, le 26 novembre 1961 (publication par Heugel). Cet « Exercice pour archets » — il n'est fait appel qu'aux cordes — a été dédié au critique et musicologue Claude Rostand.

Harry Halbreich** sera de nouveau notre guide : « Une imposante introduction, d'une forte expression (*Lento*), précède une partie principale très animée et virtuose (*Allegro*), comportant elle-même un épisode médian plus calme (*Meno mosso*), — après quoi une brève allusion à l'introduction mène à la rapide coda (*Presto subito*), dérivée de la partie principale. Dans cette œuvre le chromatisme particulier de Mihalovici, sa riche inspiration mélodique et sa maîtrise polyphonique apparaissent pleinement ».

F. R. T.

** *Idem.*

DARIUS MILHAUD

Né à Marseille, le 4 septembre 1892 ; mort à Genève, le 22 juin 1974. « Je suis un Français de Provence et de religion israélite », se plaisait-il à répéter. Issu d'une famille fixée de longue date dans le Midi de la France, il eut une enfance heureuse. Initié très tôt à la musique, il entra au Conservatoire de Paris, où ses professeurs furent Xavier Leroux (harmonie), Paul Dukas (orchestre), et surtout André Gédalge (contrepoint), — son véritable maître en définitive. Peu attiré par Schumann, Wagner ou Franck, Milhaud, qui aimait Berlioz, Bizet et Chabrier, s'enthousiasma en 1913 pour le Sacre du Printemps. *À vingt ans, il était déjà l'auteur d'un opéra (*la Brebis égarée, *d'après Francis Jammes), d'un quatuor à cordes, de plusieurs mélodies, d'une musique de scène (*Agamemnon, *pour* l'Orestie *d'Eschyle traduite par Paul Claudel). Sa rencontre avec Francis Jammes et Paul Claudel fut un épisode marquant de sa vie : elle élargit son horizon poétique. Choisi comme secrétaire par Paul Claudel, nouvel ambassadeur de France au Brésil, il séjourna en Amérique latine en 1917 et 1918, et subit profondément l'influence du folklore sud-américain. De retour à Paris, il fit représenter en 1919, avec un immense succès, son ballet* le Bœuf sur le toit, *sur un argument de Jean Cocteau et dans des décors de Raoul Dufy, puis adhéra au fameux Groupe des Six. En 1925, il épousa sa cousine Madeleine, devenue sa fidèle collaboratrice. Dans les années qui suivront, et jusqu'au début de la guerre, Milhaud voyagera beaucoup, mais, en 1940, devant la montée du nazisme, devra s'expatrier avec sa famille aux États-Unis : installé à Oakland, en Californie, il occupera une chaire au Mills College. Il séjournera aux États-Unis jusqu'en 1947, date de son retour en Europe. Nommé professeur de composition au Conservatoire de Paris, il partagera désormais son temps entre la Californie et la France. Son œuvre, qui illustre tous les genres, est absolument gigantesque : on a d'ailleurs souvent reproché à Milhaud sa prolixité; mais sa musique, qui porte l'empreinte de la culture provençale, est lumineuse et claire. Son invention mélodique, intarissable, est à la fois originale, pure, lyrique, chaude et profonde, — au point que Paul Collaer a pu comparer Milhaud à un poète lyrique qui s'exprime en musique.*

La musique de chambre fut un des domaines privilégiés de l'attention du compositeur. En font foi, non seulement l'abondance du catalogue en cette matière, mais la diversité des alliances instrumentales : Milhaud fut, à cet égard, un grand « expérimentateur » des combinaisons de registres et de timbres, et des équilibres sonores. Sa production comporte donc, de la sonate en duo à la formation en dixtuor, une cinquantaine d'œuvres, — dont une partie non négligeable reste à découvrir ou à mieux apprécier, tant les exécutions actuelles en sont devenues sporadiques. De cette importante production, nous passons en revue l'essentiel, — ne dédaignant pas des partitions de petite envergure car s'inscrivant dans des « séries ». Mais c'est le très cohérent ensemble des dix-huit *Quatuors à cordes* que nous avons volontairement placé en exergue. C'est à travers cet ensemble qu'on évalue le mieux le cheminement d'une pensée et d'un langage, avec, en particulier, la conquête progressive de la polytonalité en même temps que de la rigueur des constructions (adaptation de procédés d'écriture éprouvés tels que renversement, récurrence, augmentation, diminution, etc.). Toute mise en œuvre, du même coup, vise à un « classicisme » rénové, et dont aucun artifice technique ni aucune outrance d'expression ne réussissent à entraver le naturel. Mais la raison en est également — et peut-être prioritairement — que le quatuor à cordes est la formation instrumentale à laquelle Milhaud est resté le plus longtemps et le plus constamment fidèle : ...« C'est une forme, le quatuor surtout, qui porte à la méditation, qui porte à exprimer le plus profond de soi, et avec des moyens limités à quatre archets... C'est à la fois une discipline intellectuelle, et le creuset de l'émotion la plus intense » (*Entretiens*).

LES QUATUORS À CORDES

« Je veux écrire dix-huit quatuors », lança un jour Milhaud : c'était, certes, une allusion à Beethoven ; ce fut aussi un défi à soi-même : et, réellement, Milhaud composa dix-huit quatuors à cordes, — dont le premier datait déjà de 1912, alors que le dernier serait écrit en 1950. Il y eut là — pour reprendre une formulation de Jean Roy* — « dix-huit visages, dix-huit caractères, maintes sautes d'humeur, maints mouvements de l'esprit, du cœur, de l'âme... » Ajoutons que l'écriture des cordes, chez Milhaud, reste toute classique, dénuée d'artificialité, hors recherche de sonorités insolites ; ce qui ne constitue pas l'un de ses moindres charmes.

---

* J. Roy, in *Darius Milhaud* (Éd. Seghers, Paris, 1968).

Quatuor n° 1 (op. 5)

Écrit en Provence en 1912, le *Premier Quatuor* fut dédié à la mémoire du peintre Paul Cézanne, cher au cœur du musicien aixois (première audition à la Société Indépendante, à Paris, à l'automne de 1913). Une première version comportait les quatre autres mouvements *Rythmique - Intime, contenu - Grave, soutenu - Vif, très rythmé.* Dans l'édition corrigée, Milhaud laissa subsister le *Grave*, tout en précisant qu'il ne figurait plus que pour mémoire : le *Vif, très rythmé* devint donc le troisième mouvement conclusif. De même, certaines redites furent supprimées, et l'œuvre gagna en équilibre. La prolifération mélodique caractérise néanmoins cette partition juvénile, dont les couleurs demeurent un peu monochromes. On remarquera surtout les belles demi-teintes du second mouvement (*Intime*), qui se joue avec sourdines.

Durée d'exécution : 17 minutes environ.

Quatuor n° 2 (op. 16)

Il est d'une autre envergure, en ses cinq mouvements bien différenciés. Dédié au poète, et ami intime, Léo Latil, il fut commencé en 1914 et achevé à Paris en mars 1915 ; partition d'une remarquable concentration de pensée, d'un discours aisé et spontané, elle demeura l'une des préférées du compositeur lui-même.

Le mouvement initial, en *ut* majeur, se construit sur deux éléments thématiques, — le premier, à 6/8, exposé énergiquement par le violoncelle sous les doubles croches haletantes, en ostinato, du second violon ; le deuxième, également à 6/8, mais dans un tempo « très animé » et en *la* majeur, introduit peu après par le premier violon et l'alto à l'unisson. Il y a ensuite un long développement, très tendu. Le deuxième mouvement, *Très lent* à 4/4 et en *ré* mineur, semble une marche funèbre sur son rythme de noires. Une animation conduit à une exposition polyphonique de fugue (*Moins lent*) sur le thème du mouvement ; une reprise du thème principal du mouvement antérieur tient lieu de coda, en un chant doux et pur à l'aigu. Le *Scherzo* qui suit, indiqué *Très vif* (à 2/4 et en *si* majeur), d'une texture légère, court d'un instrument à l'autre sur un thème exposé par le premier violon : éparpillement des sonorités en pizzicatos et trilles créant une poussière lumineuse ; le trio central est d'écriture plus compacte : l'alto, en mode de *sol*, chante avec une force joyeuse, — imité par les autres instruments. Comme le mouvement initial, le quatrième (*sol* majeur) oppose deux thèmes, — l'un « souple et sans hâte » exposé par l'alto sur des ostinatos quelque peu décoratifs, l'autre « assez animé et gracieux » chanté avec ampleur dans une atmosphère pastorale : il est exposé en *mi* majeur à l'alto, et repris en *sol* après réexposition du début. *Très rythmé*, en *la* majeur/mineur, le thème houleux du finale est présenté d'abord par le premier violon sur des chromatismes acérés de l'alto. Tout s'apaise, et le violoncelle médite à découvert. Retour de thèmes des mouvements antérieurs venant se superposer très librement ; nouvelles violences rythmiques, — avant une belle conclusion harmonique amenant, en *la* majeur, la sérénité de l'accord parfait.

Durée d'exécution : 26 minutes environ.

Quatuor n° 3 (op. 32)

Il fut dédié à la mémoire du poète Léo Latil (déjà dédicataire du *Quatuor n° 2*), tombé au champ d'honneur en septembre 1915. Quelques mois plus tard, de mars à août 1916, Milhaud composa cette partition « En souvenir du printemps 1914 » : deux mouvements seulement, très lents.

Dans le premier, c'est une douleur sourde qu'exprime le thème unique, chanté par le violoncelle d'abord : oscillation autour de la tonique *ré*, suivie d'un conséquent articulé sur l'accord de dominante *la* (sans *ut* dièse). Ce thème est un commentaire instrumental d'un des *Quatre Poèmes* de Latil, le *Rossignol*, déjà mis en musique par Milhaud au printemps de 1914. Repris successivement par l'alto et le premier violon, il est ensuite développé jusqu'à un accord pianissimo du quatuor. Par trois fois, semble s'amorcer l'idée d'une marche funèbre... Au-dessus d'un lourd ostinato des autres instruments, le premier violon rappelle des éléments du thème pour conclure. La seconde partie de l'œuvre — quant à elle — associe aux quatre instruments une voix de soprano dramatique (fait exceptionnel dans le genre, — mais qui eut son précédent avec le *Deuxième Quatuor* de Schoenberg, que Milhaud ne connaissait pas encore à l'époque). Le compositeur a choisi ici un fragment du *Journal* de Latil, qui s'achève par cette interrogation : « Qu'est-ce que ce désir de mort, et de quelle mort s'agit-il ? » La voix de soprano déclame en un récitatif mélodisé sans « expression » apparente, et indépendant des parties instrumentales. Tout est douloureusement statique. L'« expression », en revanche, se rencontre dans les chromatismes instrumentaux (peu courants chez Milhaud) et leurs tensions harmoniques. Deux cellules de quatre croches chacune (introduites l'une par le premier violon, l'autre par le second) suscitent une polyphonie s'intensifiant, — avant que la voix ne chante seule les derniers mots, cités ci-dessus, sur les quatre notes de la seconde cellule. Les instruments reprennent ces quatre mêmes notes au ralenti, et « les conduisent, de plus en plus doucement, jusqu'aux frontières du silence » (Jean Roy).

Quatuor n° 4 (op. 46)

Le séjour au Brésil avec Paul Claudel ouvrit à Milhaud, ébloui, un monde de lumière et d'exubérance végétale dont on trouve des reflets dans le *Quatrième Quatuor*. Composé en 1918 à Rio de Janeiro et dédié à Félix Delgrange, la partition en fut créée par le Quatuor féminin Capelle le 5 avril 1919 lors du premier concert du Groupe des Six (dont Delgrange fut l'organisateur). Il est en trois mouvements alternant un *Vif*, un *Funèbre* et un *Très animé*. Le mouvement initial expose d'abord un thème allègre et pastoral, en *fa* majeur ; le premier violon et le violoncelle sont à l'unisson, à deux octaves de distance :

L'alto et le second violon, à leur propre unisson, accompagnent en *la* majeur (« effet » de polytonalité). Les deux couples instrumentaux échangent ensuite leurs rôles respectifs. C'est l'alto qui présente la seconde idée, plus brève, posée comme une interrogation inquiète, sur pizzicatos des deux violons :

Elle s'inscrit en contrepoint au thème principal ; la partie développement s'avère d'une remarquable concision. Le mouvement lent central, à 4/4, est constitué par quelques motifs simples unifiés par leur caractère de marche funèbre et leur traitement en ostinatos pointés. Une ligne mélodique se dégage, s'intensifie en homophonie des quatre instruments. De lents accords diaphanes et statiques préludent à une entrée de fugue sur un sujet libre, avant que ne reparaisse l'ostinato pointé provoquant une nouvelle vague d'intensité. La conclusion, sur un appel du violoncelle, se brisera en une ultime dissonance (accord final de *ré* superposant un *fa* dièse et un *fa* naturel). Le mouvement terminal, court comme le mouvement initial, emprunte la robustesse du *sol* majeur (avec insistance sur le triton d'*ut* dièse) pour son thème à l'allure décidée que souligne un accompagnement en ostinato. C'est le premier violon qui introduit une idée secondaire plus allègre, développée en diminution rythmique. Un nouveau thème, joyeusement bondissant, est encore présenté (le second violon, puis le premier), — avant l'élaboration centrale. La réexposition superposera enfin les trois éléments thématiques en une dense polyphonie, — avant une conclusion énergique. Indiquons que ce *Quatrième Quatuor* partage avec le *Septième*, et à juste titre, la faveur des chambristes.

Durée d'exécution : 18 minutes environ.

Quatuor n° 5 (op. 64)

Écrit en 1920 — l'année suivant celle du retour de Rio de Janeiro — et dédié à Schoenberg (que Milhaud rencontra et dont il conduisit alors, avec succès, le *Pierrot lunaire*), le *Cinquième Quatuor* affirme avec éclat la maîtrise d'un langage qui se veut purement polyphonique. L'écriture est polytonale, — Milhaud estimant que le quatuor à cordes s'y prêtait particulièrement, sans esprit de système toutefois, permettant de délivrer les lignes mélodiques du « ciment de l'harmonie ».

Il y a quatre mouvements, — dont le premier est indiqué *Chantant, très expressif d'un bout à l'autre* (à 3/4) : c'est la nuance *piano* qui prédomine dans une atmosphère de détente, de complète liberté. Le mouvement suivant, *Vif et léger*, et principalement rythmique (à 2/4), est d'une verdeur tout à fait réjouissante. *Lent*, le troisième mouvement se construit sur un thème de quatre notes dont il superpose les variations en lignes très pures, dans une sérénité bienfaisante. Enfin c'est une mesure à 5/4 qui dynamise les thèmes robustes, énergiques, du finale *Très animé*.

Durée d'exécution : 20 minutes environ.

Quatuor n° 6 (op. 77)

Le *Sixième Quatuor* a été composé à Aix-en-Provence d'avril à juin 1922, et dédié à Francis Poulenc, condisciple de Milhaud dans le Groupe des Six. Est-ce la personnalité du dédicataire qui a inspiré ici une œuvre souriante, « heureuse », et d'accès incomparablement plus aisé que le *Cinquième Quatuor* ? Toujours est-il que l'indépendance des voix, qui faisait l'objet d'une recherche particulière dans celui-ci, apparaît maintenant bien acquise. Deux mouvements rapides et concis encadrent une partie lente.
Souple et animé (à 6/4), le mouvement initial adopte le schéma ternaire A B A', — avec simulation d'un perpetuum mobile. Le thème principal est exposé d'emblée par l'alto et le violoncelle en deux éléments également chantants, fluides, — l'un en *sol* majeur, l'autre en *sol* mineur. Les deux violons entrent ensuite, — le second sur un motif rythmique en staccato un peu narquois, le premier en un legato empruntant *mi* bémol majeur. La partie centrale B développe librement ce matériel thématique en un habile travail contrapuntique. A' est une redite de A sans changements notables. *Très lent*, en *si* majeur et à 8/8, le deuxième mouvement saisit par sa noblesse retenue et par la souplesse de son agencement, plus polyphonique et polytonal : chaque voix, individualisée, chante son motif propre (le violoncelle d'abord en ostinato, puis l'alto sur un motif trillé, avant le second violon en un élément mélodique annonciateur du thème principal dévolu au premier violon). Nouveau thème, en *ut* majeur, dans une section médiane où persiste l'ostinato du violoncelle : petit développement agréablement polyrythmique, avant une reprise de ce même thème en inversion, puis une réexposition abrégée. *Très vif et rythmé*, le finale en *sol* majeur adopte la forme rondo avec un thème-refrain d'allure populaire. Les alternances de mesures à 3/8, 4/8, puis 2/8 scandent, non sans joyeuse robustesse, tout le mouvement qui aborde *si* bémol au cours de son développement, puis se termine dans l'allégresse et le ton initial de *sol* majeur.

Durée d'exécution : 10 minutes environ.

Quatuor n° 7 (op. 87)

C'est à l'illustre Quatuor Pro Arte de Bruxelles que fut dédié le *Septième Quatuor* daté de 1925, et qui se signale par une plus grande simplicité, une plus grande transparence d'écriture que les précédents, — sans exclure maintes subtilités.

Les quatre mouvements sont successivement un *Modérément animé*, un *Doux et sans hâte*, un *Lent*, et un *Vif et gai* ; ils sont tous brefs, et présentent chacun la particularité d'accorder, de façon presque continue, la prééminence mélodique au premier violon. Le *Lent* du troisième mouvement forme une berceuse toute de tendresse, en style harmonique, et le *Vif et gai* du finale une pièce pleine d'humour où le premier violon, en effet, se taille la meilleure part. Mais c'est peut-être le *Doux et sans hâte*, d'une délicieuse retenue et parsemé de surprises harmoniques, qu'on peut tenir pour de la plume du meilleur Milhaud :

Durée d'exécution : 14 minutes environ.

Quatuor n° 8 (op. 121)

Postérieur de sept années, le *Huitième Quatuor* est de 1932. On peut le caractériser par la franchise un peu rude de son écriture et par une certaine tension que provoquent des asymétries métriques aux violentes accentuations. Ainsi le premier mouvement, *Vif et souple*, s'articule-t-il sur un contraste entre mesures à 12/8, fluides, régulières, et mesures à 5/8, d'une âpre rythmique. Ces deux types de mesures s'opposent également par leurs degrés d'intensité. Le mouvement central est un *Lent et grave* de caractère sombre, concentré, — tandis qu'un *Très animé* conclut avec rapidité, emportement, ponctué sur le tard par les accords acides, presque stridents, du second violon et de l'alto.

Durée d'exécution : 15 minutes environ.

Quatuor n° 9 (op. 140)

Trois ans plus tard — 1935 — est composé à Paris le *Neuvième Quatuor*, qui est un peu jumeau du précédent par ses contrastes, ses heurts rythmiques, son esprit de décision. Il fut dédié, de même que le *Huitième Quatuor*, à Elisabeth Sprague Coolidge, mécène américaine patronant alors le Quatuor Pro Arte (sur la suggestion duquel elle passa commande de ces deux quatuors au compositeur). Il y a quatre mouvements.

Au *Modéré* du premier, calmement chantant, de sentiment pastoral, d'une grande délicatesse de touches, en trois parties symétriques, succède un mouvement rapide — *Animé* — d'une vie rythmique intense, aux manifestes intentions expressives (de son thème, notamment, joué par le premier violon), où la polyphonie se resserre considérablement. Le *Très lent* du troisième mouvement expose un canon à deux voix de caractère méditatif, presque austère : une animation amène, sur le chant du premier violon, un épisode polyphonique extrêmement tendu, — sur lequel viendra planer à nouveau le premier violon pour conclure dans la sérénité. C'est enfin le quatrième mouvement (*Décidé*), — peut-être le plus intéressant par sa force expressive et pas sa construction, ternaire, très ferme et contrastée : un motif en canon s'expose au premier violon et à l'alto sur la basse volontaire du violoncelle que ponctuent les rythmes du second violon. Une partie intermédiaire fait entendre une marche énergique dont le thème est combiné avec certains éléments antérieurs. Puis le motif de départ — le quatuor jouant à l'unisson avec un dynamisme accru — forme coda pour achever l'œuvre assez brusquement.

Durée d'exécution : 21 minutes environ.

Quatuor n° 10 (op. 218)

La composition du *Dixième Quatuor* fut entreprise en plein Atlantique sur le bateau emmenant Milhaud, sa femme et son fils, en juillet 1940 vers les États-Unis (où le musicien était invité à assister à la création de sa *Première Symphonie*), et terminée à New York au mois d'août. Il fut dédié, comme les deux précédents, à Elisabeth Strague Coolidge, — avec la mention « Birthday Quartet » (pour qu'il fût joué le 30 octobre 1940 au cours d'un concert célébrant son anniversaire à Washington).

Les quatre mouvements sont : *Modérément animé*, *Vif*, *Lent* et *Très animé*. Premier et troisième sont de caractère grave, délié, plutôt méditatif. Entre eux, le *Vif* est un scherzo. Quant au finale, très chantant et alerte, il maintient le premier violon dans le registre aigu, voire suraigu, — jouant sur les harmoniques naturels et permettant une vaste occupation de l'espace sonore par les différentes voix du quatuor.

Durée d'exécution : 16 minutes environ.

Quatuor n° 11 (op. 232)

Dédié au Quatuor de Budapest, le *Onzième Quatuor* fut composé à Mills, en Californie, en 1942. Il est écrit en quatre mouvements. Le premier est un *Modérément animé* dans lequel les quatre instruments semblent tenir une conversation sans éclats, sur un ton de tendre amicalité. Succède un *Vif et léger* à 5/8, — sorte de scherzo tripartite qui anime un peu le débat par apartés, en chuchotements (sur sourdines) ; l'alto à découvert introduit l'épisode « moins vif », qui développe d'autres propos. Le *Bien modéré*, qui tient lieu de mouvement lent, a le caractère d'une barcarolle, tandis que l'*Animé* conclusif, d'humeur plus extérieure, voire exubérante, à la dynamique contrastée, relance la conversation en un rondo bâti sur un motif de ritournelle à sept temps (4/4 + 3/4). Il est bref, et s'achève sur une sorte d'exclamation de tous les partenaires du quatuor.

Durée d'exécution : 17 minutes environ.

Quatuor n° 12 (op. 252)

Le *Douzième Quatuor* fut écrit à Mills (Californie) en février 1945 — la Seconde Guerre étant terminée —, et dédié « À la mémoire de Gabriel Fauré, à l'occasion du centenaire de sa naissance ». Milhaud voyait en Fauré un exemple parfait d'indépendance et d'équilibre, — sans compter l'importance accordée à la mélodie qui a trouvé, dans le cas présent, une application toute personnelle. Il y a trois mouvements.

Le premier débute par quelques mesures d'introduction paisible et rêveuse (*Modéré*), avec le premier violon et l'alto. Elles préparent l'entrée du premier thème de caractère aisé (*Animé*), sur un accompagnement de croches en staccato. Deux répétitions de ce thème précèdent la seconde idée, mélodique comme la première, sans contrastes dynamiques, exposée deux fois en *la* majeur par le premier violon. Une troisième idée complète cette thématique, — dont tous les éléments seront repris en ordre inversé avec une conclusion (*Modéré*) sur l'introduction et annonçant harmoniquement le mouvement suivant. Celui-ci — *Lent* — est sans doute le plus remarquable de l'œuvre, de forme ternaire : deux thèmes sont utilisés tour à tour dans les deux premières sections, et superposés dans la troisième. Le thème initial est une mélodie d'un sentiment intériorisé faisant un usage permanent de la sourdine, présentée par le premier violon que double l'alto, soutenue d'harmonies subtiles en écriture parallèle (sur des intervalles consonnants et dissonants). Le deuxième thème, rythmique, est confié d'abord à l'alto, avec une animation discrète de triolets ; il donne lieu à un jeu d'imitations serrées. Le thème initial revient à l'aigu dans la section conclusive, — tandis qu'au grave le premier thème s'épanche encore avec le violoncelle ; la fin du mouvement est d'un lyrisme serein. Le finale est indiqué *Avec entrain* et ne se départit jamais d'un esprit ludique, — en une prolifération thématique assez extraordinaire, sans excès polyphoniques toutefois. La forme est libre, quasi rhapsodique, et conserve à la mélodie sa primauté. L'unisson des mesures ultimes achève ce *Douzième Quatuor* avec une gaieté sans mélange.

Durée d'exécution : 14 minutes environ.

Quatuor n° 13 (op. 268)

Entrepris à Mexico en juin 1946 lors d'un séjour effectué à l'invitation du compositeur Carlos Chavez, le *Treizième Quatuor* fut terminé à Mills (Californie), où Milhaud résidait, en octobre suivant ; il fut dédié par le musicien à sa femme Madeleine. C'est une œuvre d'une éclatante luminosité, très extériorisée, — dont le premier mouvement (*Très décidé*) propose une image joviale, vigoureusement rythmée, de la musique populaire ibébo-latine, avec, en particulier, ces accords en pizzicato à la manière des guitaristes, — qui s'exaltent rageusement dans la conclusion. La *Barcarolle* à 7/8 du mouvement suivant est une évocation plus poétique et fluide — une sorte de flânerie — où s'épanche le génie mélodique de Milhaud, tandis qu'on retrouve une inspiration « folklorique » colorée, joyeuse, dans la *Mexicana* du finale, avec sa verve endiablée à laquelle chaque instrument du quatuor participe sur un pied d'égalité.

Durée d'exécution : 16 minutes environ.

Quatuors n° 14/15 (op. 291)

Les *Quatorzième* et *Quinzième Quatuors* offrent cette particularité de pouvoir se jouer « simultanément » (c'est-à-dire superposés) sous la forme d'un *Octuor à cordes*. Ils furent écrits l'un et l'autre de novembre 1948 à janvier 1949 à Mills (Californie), et dédiés — en « octuor » — à Paul Collaer, ami et biographe du musicien. Leurs longueurs respectives sont évidemment identiques, de même que leur configuration et que les tempos adoptés pour leurs trois mouvements : *Animé*, *Modéré*, *Vif*. Le prétexte d'un tel couplage vaut la peine d'être rappelé : en mai 1948, Milhaud avait dirigé à Paris sa *Quatrième Symphonie* et, à cette occasion, avait reçu d'une amie... « un petit cahier vert, orné d'une ravissante reliure romantique qui évoquait la période de 1848. Il y avait huit portées musicales par page. Rien n'y était marqué. Aucune jeune fille n'y avait écrit de mélodies sentimentales avec accompagnement de guitare. Il me vint alors l'idée d'utiliser ces huit portées en composant deux quatuors, entièrement différents l'un de l'autre, mais qui, en se superposant, joués ensemble, pouvaient constituer un octuor » (*Notes sans Musique*). Sous cette forme, l'œuvre fut donnée en création mondiale le 10 octobre 1949 au Mills College par le Quatuor Paganini et le Quatuor de Budapest. Elle fut reçue avec chaleur par la critique américaine, impressionnée par la richesse des moyens techniques employés. Nous présentons ici un commentaire *simultané* des deux partitions.

L'*Animé* initial (à 3/4) du *Quatuor n° 14* adopte une démarche lyrique souple, sans contrastes marqués, — avec subdivision thématique en quatre sections réparties deux par deux en exposition et réexposition. C'est le premier violon qui conduit l'exposition, s'élevant jusqu'au suraigu. La réexposition marque une reprise avec interversion des sections et des rôles : le violoncelle, par exemple, se voit attribuer celui du premier violon. Ces divers éléments contrastent avec ceux — correspondants — du *Quatuor n° 15* dont l'*Animé* (également à 3/4) présente un thème principal extrêmement bref — une mesure — en staccato qui servira de cellule génératrice aux première et troisième des quatre sections que comporte le mouvement.

L'expression, insouciante, se chargera peu à peu de tension pour retrouver, dans la coda, le thème principal en une conclusion pleine de douceur.
Le deuxième mouvement du *Quatuor n° 14* adopte une forme lied à cinq sections

contrastantes. C'est par un thème berceur en tierces descendantes qu'il débute, tandis que la seconde section, plus mélodique, se révèle d'expression soutenue ; la troisième section réexpose sans changement la première ; la quatrième propose une fugue (sujet amorcé par le violoncelle), avec simultanéité de gammes différentes selon les parties instrumentales ; et l'on conclura sur le rythme berceur du début. Le mouvement médian du *Quatuor n° 15* (à 4/4) présente un schéma identique de lied développé ; mais ses composantes diffèrent sensiblement, en dépit des similitudes d'écriture polyphonique : très calme, pianissimo, est exposé un thème expressif partant de l'aigu (les deux violons) pour descendre vers le médium en s'associant le violoncelle. Un traitement canonique de deux nouveaux éléments mélodiques intervient en seconde partie ; la troisième section réexpose la première (avec canon entre premier violon et violoncelle), tandis que la quatrième reprendra la phrase initiale de la deuxième section ; puis réexposition complète de la première section en rétrogradation, et retour final au début du thème dans sa configuration d'origine.

Les troisièmes et derniers mouvements des deux *Quatuors*, en un *sol* majeur vif, d'une verve musclée, appellent moins de remarques. Ils sont l'un et l'autre bâtis sur un libre et souple schéma permettant l'adjonction de nombreux éléments thématiques (au nombre de cinq, — certaines idées habilement réparties entre les quatre instruments pour être combinées par superposition). Les deux *Vifs* sont également brillants. Il paraît bien inutile d'ajouter que l'exécution simultanée des deux œuvres pose de considérables exigences aux interprètes. D'où leur rareté aux programmes de musique de chambre, — qu'on peut néanmoins déplorer.

Durées respectives par mouvement (*Animé*) : 4 minutes et demie environ ; (*Modéré*) : 9 minutes et demie environ ; (*Vif*) : 5 minutes environ.

Quatuor n° 16 (op. 303)

Le *Seizième Quatuor*, portant la dédicace « À Madeleine pour le vingt-cinquième anniversaire de notre mariage », est daté de 1950. Les deux derniers *Quatuors* lui succèderont rapidement, — portant également des dédicaces « familiales » qui justifient leur caractère commun d'intimité. Celui-ci présente d'emblée l'indication *Tendre* en tête de son mouvement initial, qui chante avec une douce familiarité, — le premier violon s'élevant au registre aigu en une sorte de rêverie. Le *Vif* du deuxième mouvement propose le contraste de son animation un peu forcée, tandis que le troisième mouvement, lent à nouveau, très lyrique (*Doux et calme*), se balance sur un 5/8 asymétrique, avec sourdines, en tierces parallèles :

Et, pour terminer, un quatrième mouvement *Animé* offre une conclusion elle-même contrastante, d'une énergique allégresse.

Durée d'exécution : 18 minutes environ.

Quatuor n° 17 (op. 307)

Dédié par Milhaud à son fils Daniel « pour ses vingt et un ans », le *Dix-septième Quatuor* fut composé aux États-Unis en décembre 1950. C'est une partition assez complexe et développée, d'un style un peu abrupt et d'une grande verdeur d'inspiration, d'une puissante vitalité.

Le premier mouvement, d'ailleurs d'une texture dense, est intitulé *Rude* (à 12/8) : sa mélodie principale, très tendue, fait l'objet d'une seconde présentation en rétrogradation, et le centre du mouvement se développe en imitations canoniques sur le premier élément thématique (énoncé par le violoncelle), avec d'agressives dissonances. Le deuxième mouvement, *Tendre*, se coule dans la forme lied avec une parfaite simplicité : le premier violon expose un thème expressif, richement harmonisé. Dans l'épisode médian, second thème un peu plus animé (par le violoncelle à nouveau). *Léger et cinglant*, le troisième mouvement est un scherzo à la métrique capricieuse (5/8, 2/8, 3/8, 4/8), agencé en un prélude et une belle fugue à quatre contre-sujets : ceux-ci sont exposés simultanément pianissimo, dès le prélude. Un postlude répètera la partie lied du prélude, puis un puissant unisson du quatuor viendra conclure sur une dernière présentation brillante du sujet. Le *Robuste* final, de forme libre, s'articule en quatre éléments thématiques assez peu contrastés. À chaque reprise ceux-ci paraissent dans des registres opposés, — les instruments intervertissant leurs parties respectives. Se remarque dans ce *Dix-septième Quatuor* une extension de la polytonalité aux relations les plus éloignées, — sans que s'abolisse pour autant la relation classique de tonique à dominante.

Durée d'exécution : 22 minutes environ.

Quatuor n° 18 (op. 308)

Le *Dix-huitième Quatuor* fut composé par Milhaud en 1950-1951 « À la douce mémoire de ses parents », décédés tous deux au cours de la Seconde Guerre sans que leur fils ait pu les revoir. Ayant décidé que celui-ci serait le dernier de ses *Quatuors à cordes*, Milhaud l'écrivit « avec un sentiment de gravité et de mélancolie ».

Il y a quatre mouvements, — dont les deux extrêmes, développés, indiqués *Lent et doux*, encadrent deux *Hymnes* plus rapides. Le premier *Lent et doux* expose aussitôt son thème principal oscillant entre majeur et mineur, — avec le premier violon :

Le second violon entre en imitation dès la seconde mesure. On en remarque une intense chromatisation favorisant un jeu modulant. Le premier *Hymne*, indiqué *Animé*, très rythmique, propose un thème apparemment dérivé des liturgies juives pratiquées dans le Comtat Venaissin natal : là encore, à partir d'un pôle *mi* bémol majeur, cheminement parmi des tonalités éloignées. Le second *Hymne*, marqué *Alerte* (à 6/8), se construit sur une série de variantes ornées d'un thème unique. Le *Lent et doux* conclusif, de division tripartite, très calme, cite dans le silence — courte réminiscence en guise de coda — le thème initial du tout *Premier Quatuor* que Milhaud avait dédié à la mémoire de Cézanne. En bas de page de la partition manuscrite, pour clôturer le cycle, cette inscription : « Fin des dix-huit quatuors à cordes, 1912-1951. »

Durée d'exécution : 25 minutes environ.

LES DUOS

Deux sonates pour violon et piano, ainsi qu'une sonate pour violon et clavecin, deux sonates pour alto et piano, une sonate pour violoncelle et piano, trois sonatines pour flûte et piano, pour clarinette et piano, pour hautbois et piano constituent l'essentiel de la production de chambre destinée à deux instruments. Nous en retenons ici quelques-unes, — présentées par catégories instrumentales sans préoccupation d'ordre chronologique.

La curieuse et intéressante **Sonate pour violon et clavecin (op. 257)** fut écrite en 1945 (elle fut donc contemporaine du *Douzième Quatuor à cordes*) ; la dédicace en fut adressée au violoniste Alexandre Schneider et au claveciniste Ralph Kirkpatrick (la partition fut éditée dans la registration de ce dernier). La partie de clavier peut-être éventuellement jouée au piano. Le style s'en veut discrètement archaïsant, dans les ornementations ; mais l'ensemble conserve une certaine gravité, — une écriture harmonique acérée.

Durée d'exécution : 12 minutes environ.

Alors que la première *Sonate pour violon et piano* (1911) fut reniée par son auteur, la **Deuxième Sonate op. 40** (publiée chez Durand), écrite au Brésil en 1917, a conservé tous ses prestiges, redevables notamment à une architecture équilibrée et à une abondance mélodique que rehaussent toutes les oppositions rythmiques. Il y a quatre mouvements, *Pastorale*, *Lent*, *Très lent*, *Très vif*, — parmi lesquels seul le dernier s'inscrit dans un tempo très allant.

La **Sonate n° 1 pour alto et piano (op. 241)**, écrite en 1944 (publication par Heugel), a été composée « sur des rythmes inédits et anonymes du XVIIIe siècle » et, à cet égard, présente des similitudes stylistiques avec la *Suite Italienne* d'un Stravinski. Elle fut dédiée à l'altiste Germain Prévost, — de même que l'avait été, l'année précédente, une partition titrée *Quatre Visages*, série de petits tableaux de caractère pour le même instrument. La **Sonate n° 2 pour alto et piano (op. 245)** est à dater de la même année — 1944 (édition Heugel) : dédiée « À la mémoire d'Alphonse Onnou », elle a manifestement plus de poids et de consistance musicale que la précédente, — s'avérant en outre d'une concision d'écriture remarquable. Le premier mouvement est un *Champêtre*, prenant l'allure, à 6/8, d'une vigoureuse pastorale. Indiqué *Dramatique*, le mouvement médian a quelque accent funèbre, en un très doux cortège où paraît une phrase émouvante et comme désincarnée de l'alto, jouée sur le chevalet. L'énergique finale — *Rude* — est un retour à l'esprit du premier mouvement, ici augmenté de ses violences harmoniques et d'une âpreté plus accentuée qu'à l'ordinaire.

Durées respectives (*1re Sonate*) : 13 minutes environ ; (*2e Sonate*) : 11 minutes environ.

La **Sonate pour violoncelle et piano (op. 377)** — une *Sonate pour alto et violoncelle op. 378* lui étant exactement contemporaine — date de mars-avril 1959 (publication par Salabert) ; elle fut dédiée à Ernst Friedlander, et créée au Festival de Vancouver, qui l'avait commanditée, le 18 juillet de la même année. Ce n'est pas une partition négligeable, quoique née à l'occasion d'une commande, et sa concision — qualité essentielle chez notre musicien revendiquant la clarté et la rapidité d'un Couperin — demeure un atout de la partie du violoncelle auquel se voit interdite toute effusion superflue. Le premier mouvement indiqué *Animé, Gai*, d'un charme tout pastoral, se bâtit sur une phrase mélodique au rythme souple dans laquelle le violoncelle, un peu nonchalant, se trouve contrepointé par un piano plus incisif ; le second thème de cet allegro de sonate est énoncé au clavier, et fait alterner tendresse et versatilité de l'expression, — avant un bref développement. L'ordre classique de la réexposition est inversé. *Lent et grave*, le deuxième mouvement semble une méditation très retenue, au cours de laquelle les parties de violoncelle et de piano sont généralement indépendantes. Celle du violoncelle est une immense mélodie que le piano récapitule au centre du mouvement ; l'ensemble est d'une très libre disposition. Pour conclure, le *Vif et joyeux* du troisième mouvement est inauguré par un thème sans accompagnement, aux contours anguleux, d'esprit quelque peu humoristique. La première partie débouche sur une fugue très classique, — développée ensuite « à l'écrevisse ». Puis une reprise de cette première partie s'opère, comme dans le mouvement initial, en ordre inversé. Une courte strette, puis un bref canon sur le thème principal concluent brillamment.

Durée d'exécution : 12 minutes environ.

La **Sonatine pour flûte et piano op. 76** (publication par Durand) fut écrite en 1922 à Aix-en-Provence, et créée aux Concerts Wiener, à Paris, en janvier 1923. C'est un divertissement d'une légèreté élégante, qui sait être hardi, aventureux même, tout en gardant une mesure bien « française ». Il ne comporte que des mouvements vifs : le premier s'imprègne de tendresse, le second se pique d'une éloquence plus mobile, de souple barcarolle, et le troisième d'une franchise rythmique plus affirmée.

Durée moyenne d'exécution : 8-9 minutes.

La **Sonatine pour clarinette et piano op. 100** (publication par Durand) fut composée en 1927 et se révèle sans doute une œuvre plus sérieuse, — du moins d'esprit et de moyens plus concentrés. L'écriture harmonique en est tendue, avec d'âpres dissonances (voir le *Concerto pour batterie et petit orchestre op. 109*, légèrement plus tardif), — en particulier dans les deux mouvements extrêmes (*Très rude*, à 4/4) dont les liens thématiques sont noués avec force. Le mouvement central forme une sorte de repos, — la clarinette s'épanchant passagèrement. Il est à noter que, trente ans plus tard (1956), Milhaud écrivit pour le même instrument accompagné du piano un court *Duo concertant* en un seul mouvement.

Durée d'exécution : 9 minutes environ.

C'est en 1954 que fut composée la **Sonatine pour hautbois et piano op. 338** (publication par Durand), — partition de pleine maturité renouant avec l'esprit de divertissement de la très lointaine *Sonatine pour flûte et piano*, mais plus substantiellement nourrie. Les trois mouvements sont intitulés *Avec charme et vivacité*, *Souple et clair*, enfin *Avec entrain et gaieté*. Citons Jean Roy, commentateur avisé* : « Le piano et le hautbois échangent de vives répliques ; les mélodies s'élancent, fusent, courent avec une joyeuse insouciance. Dans cette brève *Sonatine*, Milhaud fait la preuve d'une souveraine maîtrise de l'écriture. Il asservit la forme à son caprice ; la concision est ici richesse ».

Durée d'exécution : 8 minutes environ.

LES TRIOS

La **Suite pour violon, clarinette et piano op. 157-b** (publication par Salabert) est une partition trouvant son origine dans la musique de scène que Milhaud composa en novembre 1936, à la demande de Serge Pitoëff, pour la pièce de Jean Anouilh, *le Voyageur sans bagages* (op. 157-a). Destinés au même ensemble instrumental, sont à citer les *Contrastes* de Bartók et la suite tirée de *l'Histoire du soldat* de Stravinski (voir ces œuvres ici même). La première audition en eut lieu le 19 janvier 1937, à Paris, aux Concerts de la Sérénade, avec le

* J. Roy, *op. cit.*

concours du pianiste Jacques Février. On compte cinq mouvements, — une *Ouverture* éclatante de vie, un *Divertissement* faisant dialoguer d'abord clarinette et violon, le piano entrant plus tardivement, un *Jeu* qu'à nouveau clarinette et piano mènent et miment avec entrain, — avant une *Introduction* grave enchaînant sur une *Ronde* joyeuse qui conclut.

Durée d'exécution : 11 minutes environ.

Le **Trio à cordes n° 1 op. 274** (publication par Heugel), qui ne fut suivi toutefois d'aucun *n° 2*, est daté de mars 1947. C'est une partition composée de cinq courts mouvements, répartissant les plus rapides aux extrémités, les plus lents en deuxième et quatrième positions, et au centre une pièce brillante, virtuose, — œuvre dans l'œuvre, et la sublimant. À la première partie dont les thèmes, ensoleillés, respirent l'optimisme, succède un mouvement d'écriture serrée, presque austère, — dont la *Sérénade* centrale, très rythmée, d'une invention mélodique et harmonique débordante, dissipe la gravité. Intitulé *Canon*, le quatrième mouvement, en son contrepoint retenu, forme un préambule justifié à la toute dernière partie titrée *Jeu fugué*, dans laquelle, en effet, se déploie une fugue du plus pur style baroque et faisant valoir la richesse technique et de colorations de chaque instrument à cordes. Toute se termine dans un éclaboussement de sonorités.

Durée moyenne d'exécution : 15-17 minutes.

Le **Trio pour piano et cordes (op. 428)** est une œuvre extrêmement tardive, puisque composée en 1968, — deux années après le *Quatuor avec piano op. 417* de moindre intérêt. Œuvre fermement architecturée en quatre mouvements, — dont nous reproduisons ici le commentaire par l'excellent biographe du compositeur, Paul Collaer* : « La construction du *Trio* est intéressante. Le premier mouvement, *Modéré*, débute par trois mesures d'introduction. Il expose ensuite une section *A* que suit, après une brève transition *a*, une section *B*. Elle contraste avec *A* et se résume en deux courtes variantes, *b* et *b'*. Une cadence forme charnière, menant par l'élément de transition *a* à une reprise variée de *B*, suivie de *A*. Les deux variantes reviennent en ordre inverse : *b'* - *a*. Conclusion sur le motif d'introduction... Les réexpositions se font avec transpositions et redistribution des motifs entre les trois instruments. Le deuxième mouvement, *Animé*, obéit à une symétrie analogue : *a A B C D / A B D C a*. Le troisième, *Calme*, est du type *A B C B A*. Quant au finale *Violent*, il n'expose pas moins de six sections qui se réexposent dans un ordre différent... L'abondance des idées mélodiques et rythmiques est remarquable dans ce *Trio* ».

* P. Collaer, in *Darius Milhaud* (Rééd. Slatkine, Genève, 1982).

C'est en 1918 — bien antérieurement donc (époque du *Quatrième Quatuor à cordes*) — que fut écrite la **Sonate pour flûte, clarinette, hautbois et piano op. 47** (publication par Durand), qui forme elle-même un véritable quatuor donnant la prééminence aux vents. Elle se caractérise par la diversité et la forte expressivité de ses climats, — à travers quatre mouvements distincts. Dans le premier (*Tranquille*), d'un beau lyrisme pastoral, les vents tracent des lignes indépendantes sur la basse du piano, tandis qu'une animation polyrythmique se manifeste au centre de la pièce. C'est une flûte volubile qui conduit d'abord le deuxième mouvement (*Joyeux*), avant de s'assagir et de chanter avec une grande pureté, au-dessus des autres instruments. Âpre et véhément, le troisième mouvement — *Emporté* — introduit un contraste saisissant : ce sont des explosions, des fusées des vents en une montée irrésistible, sur de compactes harmonies. Voici enfin le *Douloureux* conclusif, sans doute le mouvement formellement le plus réussi et le plus chargé d'émotion : il est « comme une marche funèbre où, sur les accords du piano, la clarinette expose un thème expressif qui sera suivi d'un deuxième, longuement chanté par le hautbois, tandis qu'explosent encore parfois des mouvements de révolte aux autres instruments, jusqu'à la conclusion, sobre et sévère » (Paul Collaer)*.

Durée d'exécution : 18 minutes environ.

C'est après avoir mené à bien son grand « cycle » des *Quatuors à cordes* que Milhaud se consacra à la composition de *Quintettes*, — chacun destiné à une combinaison instrumentale spécifique. Aucun n'apparaît comme une œuvre majeure du catalogue de chambre; mais tous agissent avec leur charme particulier.

Le **Quintette n° 1 (op. 312)** fut écrit dès 1951 (date d'achèvement du *Dix-huitième*

* P. Collaer, *op. cit.*

Quatuor) en l'honneur du centenaire du Mills College, et publié par Heugel. Il est conçu pour piano et cordes, — en quatre mouvements d'une parfaite sobriété, d'une élégance de style très rare : successivement *Avec vivacité*, *Avec mystère*, *Avec douceur*, *Avec emportement*.

Le **Quintette n° 2 (op. 316)** est de l'année suivante, 1952 (publication par Heugel) : il résulta d'une commande de l'Université du Michigan à l'intention du Quatuor Stanley. Il est écrit pour quatuor à cordes et contrebasse. Ses quatre mouvements présentent une égale simplicité de style, la même transparence d'écriture, une invention mélodique jamais défaillante. La légèreté de l'instrument grave ne compromet à aucun moment l'homogénéité de l'ensemble. À noter — après Paul Collaer* — l'effet obtenu, aux dernières mesures du finale, par le *fa* que répète obstinément la contrebasse seule dans le silence du quatuor qui s'est tu.

C'est pour deux violons, deux altos et violoncelle — donc le quatuor à cordes enrichi d'un second alto — qu'a été écrit en 1953 le **Quintette n° 3 op. 325** (édité par Heugel), — dédié au Quatuor Griller. Le caractère général est différent, plus « sérieux » ; l'écriture est plus dense, le style contrapuntique. Deux mouvements d'une pleine vigueur encadrent un long et très expressif mouvement *Lent*, dans un immuable 5/8, aux belles subtilités harmoniques.

Le **Quintette n° 4 op. 350** (publication par Heugel), qui est pour deux violons, alto et deux violoncelles (soit le quatuor à cordes augmenté d'un second violoncelle), a été dédié en 1956 à la mémoire d'Arthur Honegger. Les quatre mouvements sont munis de sous-titres : « Déploration sur la mort d'un ami » (*Très modéré*) ; « Souvenirs de jeunesse » (*Animé*) ; « La douceur d'une longue amitié » (*Assez lent*) ; « Hymne de louanges » (*Animé*).

Composée en Suisse au cours de l'été de 1939, jouée en première audition à Mills College le 5 mars 1941 par le Quintette à vents de San Francisco, la **Cheminée du Roi René op. 205** (première édition américaine à Cincinnati) est une suite conçue pour un quintette constitué d'une flûte, d'un hautbois, d'une clarinette, d'un cor et d'un basson. Elle provenait d'une musique de film (*Cavalcade d'amour, op. 204*), dont le compositeur a réalisé ici un petit « arrangement ». L'époque des troubadours est plaisamment ressuscitée pour évoquer les divers épisodes d'une promenade — « cheminée » — de René d'Anjou, comte de Provence, dans la campagne aixoise, — tant aimée par Milhaud lui-même. Il y a sept mouvements courts « préférant au pittoresque de la musique descriptive la liberté d'une musique pure où alternent des pages nonchalantes et d'autres plus vives » (Jean Roy). Les titres sont : *Cortège*, *Aubade*, *Jongleurs*, *la Maousinglade*, *Joutes sur l'arc*, *Chasse à Valabre*, et *Madrigal nocturne*, — cette dernière pièce formant une conclusion rêveuse à ce que Jean Roy a qualifié « un des moments les plus exquis de la musique de chambre de Darius Milhaud ».

Durée d'exécution : 14 minutes environ.

Le **Quintette pour instruments à vent (op. 443)**, daté de 1973, est l'œuvre ultime de musique instrumentale de celui qui mourut l'année suivante. Elle est écrite pour flûte, hautbois, clarinette, basson et cor (même formation que celle de *la Cheminée du Roi René*)... « Ce quintette d'une sévère austérité peut-être considéré comme une dernière affirmation de l'idéal du compositeur et de son intransigeante personnalité qui sut ne jamais faire de concessions » (Paul Collaer).

Le **Sextuor à cordes op. 368** (publication chez Heugel) se compose de deux violons, deux altos et deux violoncelles ; il fut écrit en 1958, et appartient à cette série d'œuvres — du quintette au nonet (voir, plus loin, *Aspen Sérénade*) — dans lesquelles Milhaud se livre à une exploration toute personnelle des possibilités de construction polyphonique. Voici, de ce point de vue, le parfait commentaire de cette partition par Paul Collaer* : « Le contrepoint imitatif (canon) apparaît dans le premier mouvement aux violons, dont le deuxième est décalé d'une demi-mesure par rapport au premier. Ce canon est repris, inversé, aux violoncelles, créant ainsi une symétrie rigoureuse. Un deuxième mouvement se replie dans des tonalités sombres, comme l'ont fait souvent les mouvements lents dans l'œuvre de Milhaud. Le troisième mouvement contraste avec lui par une nervosité brillante. Il ter-

* J. Roy, *op. cit.*

* P. Collaer, *op. cit.*

mine en force par un resserrement du tissu polyphonique, une espèce de strette».

Le **Septuor à cordes op. 408** (publication par Heugel), daté de 1964, ajoute une contrebasse à la formation du *Sextuor* précédent. Il comporte quatre mouvements. Le premier, intitulé *Modérément animé*, se développe en deux grandes parties constituées elles-mêmes de trois sections thématiques obéissant à une symétrie qui favorise des interversions des rôles entre instruments ; à noter que la partie de contrebasse est reprise textuellement dans la seconde partie. En un vif et immuable 6/8, le deuxième mouvement est une *Étude de hasard dirigé* : c'est le «paramètre temps» qui est ici mis en œuvre avec une rigueur sans faille. Le *Modéré et expressif* qui succède est en cinq sections séparées par des solos ; une seconde partie répète ces cinq sections en variant leur succession, mais sans récurrence ; l'«espace sonore» se trouve exploré dans tous les registres instrumentaux. Le finale, indiqué *Alerte*, adopte lui aussi des symétries formelles comme dans les premier et troisième mouvements, sans nuire à la liberté et à la souplesse d'un discours énergique.

L'œuvre titrée **Aspen Sérénade op. 351** (publication par Heugel) fut écrite en 1957 et destinée à un ensemble de neuf instrumentistes solistes : flûte, hautbois, clarinette, basson, trompette, violon, alto, violoncelle, contrebasse, — soit le groupe des bois, le groupe des cordes, la trompette assurant la liaison entre eux et formant une sorte de pivot contrapuntique à travers toute la partition. L'intitulé de chaque mouvement commence par une lettre initiale du mot Aspen, petite ville montagnarde du Colorado où Milhaud donnait alors des cours d'été. L'*Animé* initial affirme d'emblée une polytonalité, grâce à laquelle bois et cordes se superposent comme deux entités indépendantes (les premiers autour de l'axe tonal d'*ut* majeur, les secondes autour de celui de *mi* bémol majeur) ; la construction est en deux parties symétriques, — la trompette soulignant leurs différentes articulations. *Souple*, d'une inspiration fraîche et quasi pastorale, le deuxième mouvement — en délicates harmonies — fait valoir le rôle mélodique de la trompette. Le *Paisible* constituant le mouvement suivant est dans la forme lied, tandis que l'*Energique* du quatrième rétablit une symétrie avec une seconde partie procédant par rétrogradation. Le dernier mouvement, quant à lui, *Nerveux et coloré*, superpose deux fugues à quatre voix (les bois retrouvant le *mi* bémol majeur initial, les cordes celui d'*ut* majeur) ; la trompette — voix fort distincte des autres — chante en *la* majeur des thèmes des deux fugues en augmentation. Rapportons ce jugement, sur l'*Aspen Sérénade*, de Paul Collaer : «On l'écoute comme on contemple un beau vitrail d'église dont le soleil fait chatoyer les centaines de plaquettes».

LES PETITES SYMPHONIES

Les six *Petites Symphonies* — dites aussi *Symphonies pour petit orchestre* peuvent être considérées comme un ensemble à part situé à la lisière de la musique symphonique, quoique ne retenant — chaque fois — qu'un nombre réduit d'instruments. Certains auteurs n'ont pas hésité à les rubriquer «Symphonies de chambre» (et, nous-mêmes, nous ne les avons pas inclues dans notre *Guide de la musique symphonique*). Elles sont en outre très courtes (la plus longue n'excède pas six minutes d'exécution), — chacune constituée de trois brefs mouvements évoquant un «climat» en quelques idées qui ne donnent lieu à aucun développement proprement symphonique ; c'est un retour aux formes simples des XVIIe et XVIIIe siècles. Enfin les *Petites Symphonies* — écrites entre 1917 et 1923 — datent de l'époque des grandes expériences polytonales, laissant «à chaque instrument une ligne indépendante ayant sa propre expression mélodique ou tonale», de telle sorte que la polytonalité — ce fut l'audace de Milhaud — ne résidait plus dans les accords, mais «dans les rencontres de lignes» (selon le compositeur lui-même). De ces «rencontres de lignes» se dégage, en effet, l'impression de musiques simultanées correspondant, sans doute, à ces sonorités mystérieuses que Milhaud rêva dès son enfance.

La **Première Petite Symphonie op. 43** (Universal Edition) est datée de 1917, et fut donnée en première audition le 22 octobre 1918 à Rio de Janeiro (où Milhaud était alors le collaborateur de Paul Claudel à la légation de France). D'après Milhaud lui-même (*Notes sans Musique*), le public fut déconcerté, non par les «sonorités», mais par la «brièveté de mon morceau... Il s'attendait à entendre une immense œuvre avec un immense orchestre». L'effectif instrumental est le suivant : piccolo, flûte, clarinette, hautbois, harpe, deux violons, alto et violoncelle; il s'agit donc d'un nonet. L'œuvre est sous-titrée «le Printemps», — ce qui détermine son climat : premier mouvement *Allant*, d'une grande fraîcheur; mouvement central intitulé *Chantant*, qui est une pastorale dans laquelle le hautbois s'adjuge l'essentielle partie mélodique; le troisième mouvement — *Et vif!* — se construit sur un petit motif «folklorique» parcourant les pupitres avec une verve pétillante. L'harmonie reste simple.

La **Deuxième Petite Symphonie op. 49** (Universal Edition) est un septuor réunissant flûte, cor anglais, basson, violon, alto, violoncelle et contrebasse: elle est intitulée «Pastorale». La partition en fut écrite en mer vers la fin de 1918, — alors que Milhaud rentrait du Brésil en France; elle fut créée le 9 mars 1919 à Paris, aux Concerts Delgrange. C'est un mouvement — *Joyeux* — d'allure rustique qui ouvre l'ensemble, suivi par un mouvement *Calme* justifiant le titre d'exergue, dans une tonalité fluide. Le troisième mouvement répète à plusieurs reprises une charmante figure sur une métrique originale : trois mesures sont à quatre temps, et la quatrième à deux temps.

«Sérénade» est le titre porté par la **Troisième Petite Symphonie op. 71** (Universal Edition), écrite à Paris en 1921 et créée le 12 décembre de la même année à la Société de Musique de Chambre. Même effectif que précédemment : mais la clarinette se substitue au cor anglais. Il est remarquable que, dès le premier mouvement, s'affirme une indépendance tonale des lignes mélodiques que les deux précédentes partitions méconnaissaient : ainsi l'œuvre débute-t-elle par une mélodie de clarinette en *mi* majeur, accompagnée au basson en *ré* majeur; puis violon et alto s'unissent en *mi* bémol. De même, en un autre passage, se font entendre la clarinette en *fa* majeur, le basson en *mi* majeur, le violon en *ut* majeur, — tandis que l'alto évolue en *si* bémol et le violoncelle en *ré*! Le mouvement médian — *Calme* — ne peut masquer de rudes dissonances, tandis que le dernier mouvement *Rondement* développe un thème rythmique d'une franche gaieté. La *Troisième Petite Symphonie* se révèle sûrement une des mieux inspirées de la série, — celle suggérant la liberté d'une constante improvisation, dans un climat évoquant la commedia dell'arte, ses personnages et toute leur fantaisie.

La **Quatrième Petite Symphonie op. 74** (Universal Edition), composée la même année (1921), est un dixtuor à cordes de formation inédite en ce siècle, mais marquant une sorte de retour à l'ancien équilibre des cordes (comportant notamment le violino piccolo, à l'aigu de l'ensemble) : le quintette actuel différencie et affine donc les tessitures des deux violons, et se combine à un second quintette dont la contrebasse descend jusqu'à l'*ut*, et le par-dessus monte jusqu'au deuxième *mi* supérieur à la portée, — ce qui est une manière de remédier à l'absence de «voix» entre alto et violoncelle. L'effectif complet est donc de quatre violons, deux altos, deux violoncelles et deux contrebasses. Les trois mouvements sont une *Ouverture*, un *Choral* et une *Étude*.

C'est un dixtuor à cordes que requiert la **Cinquième Petite Symphonie op. 75** (Universal Edition) qui suivit immédiatement la précédente : écrite au tout début de 1922, elle exige un piccolo, une flûte, un hautbois, un cor anglais, une clarinette, une clarinette basse, deux bassons et deux cors. Le premier mouvement, indiqué *Rude*, «entrechoque les instruments par des mouvements contraires, houleux» (P. Collaer); l'influence stravinskienne est décelable. Calme et mystérieux dialogue du second mouvement (*Lent*), — d'une sensibilité inquiète cependant, avec l'harmonie voilée des bois sur laquelle la clarinette basse déploie la mélodie que ponctuent bassons et cors en sourdine. Le mouvement conclusif — *Violent* — s'élance et piaffe avec emportement, presque en conquérant.

C'est l'année suivante enfin — 1923 — que fut écrite la *Sixième Petite Symphonie op. 79* (Universal Edition), pour quatuor vocal, hautbois et violoncelle.

F. R. T.

JEAN-JOSEPH CASSANÉA DE MONDONVILLE

Né à Narbonne, en décembre 1711; mort à Belleville, près de Paris, le 8 octobre 1772. Fils de musicien, il étudie le violon et la composition avec son père, et débute à Paris en 1733. Nommé premier violon du Concert de Lille l'année suivante, il rentre très vite dans la capitale où il se fait régulièrement entendre au Concert Spirituel. La cour l'appelle en 1739 : il entre à la Musique du roi comme violoniste, puis passe sous-maître en 1740. Tout au long de sa carrière il connut le succès : il fut applaudi à Lyon en 1744 et en 1745, puis à Paris lors de ses apparitions fréquentes au Concert Spirituel, dont il fut nommé directeur artistique en 1755.Il conserva ce poste jusqu'en 1762, et mourut dix ans plus tard dans sa maison de campagne de Belleville. Partisan de la musique française qu'il a défendue ardemment pendant la Querelle des Bouffons, Mondonville est l'auteur d'une douzaine d'ouvrages dramatiques et de plusieurs pages de musique sacrée, mais c'est à sa musique instrumentale qu'il doit aujourd'hui d'être considéré comme un novateur.

Mondonville laisse cinq recueils de pièces de musique de chambre, publiés entre 1734 et 1748. Certaines valent par le haut intérêt de nouveauté qu'ils représentent.

Mondonville vient de débuter à Paris, lorsqu'en 1733 il fait paraître six **Sonates pour violon et basse continue, œuvre 1**, dans lesquelles, en violoniste habile, il utilise une technique solide (emploi de doubles cordes ou d'accords à trois sons, par exemple). Ces sonates sont construites sur le schéma de la sonate d'église en quatre mouvements : à l'épisode grave initial s'enchaînent un mouvement vif, un nouvel épisode lent, et un finale qui adopte différentes formes. La sixième sonate se conclut par une vaste fugue.

En 1734, est édité à Paris un nouveau recueil de six **Sonates en trio pour deux violons ou flûtes et basse continue, œuvre 2**. Comme dans le recueil précédent, cinq de ces six sonates suivent le plan de la sonate d'église : elles sont introduites par un mouvement lent majestueux à l'harmonie riche et pleine, suivi d'un épisode fugué strictement construit. Seule la cinquième sonate s'ouvre par un allegro. Au centre, les mouvements lents constituent des morceaux gracieux et mélodieux, à la thématique souple exigeant parfois une technique robuste (les doubles cordes du *gratioso* de la quatrième sonate, notamment). Les finales sont vifs et brillants. Parmi ceux-ci, on remarquera le *Presto* de la *Sonate IV*, que Mondonville construit à partir des superpositions rythmiques surprenantes : le premier violon joue sur un rythme à 2/2, le deuxième violon décompose des accords de croches à 6/8, tandis que la basse ponctue l'ensemble sur un rythme à deux temps.

Pièces de clavecin en sonates avec accompagnement de violon, œuvre 3

Dédiées au duc de Boufflers, gouverneur et lieutenant général de Flandre et du Hainault, gouverneur de Lille, les six *Pièces de clavecin en sonates, œuvre 3* ont été publiées en 1734. Elles se vendaient « chez l'auteur au Concert de Lille en Flandre », et à Paris chez les éditeurs Madame Boivin et Le Clerc.

Elles sont particulèrement intéressantes sur le plan historique par leur nouveauté. A l'époque de leur composition, l'idée de sonate était encore liée au violon qui en demeurait l'instrument prépondérant, — soutenu par une basse continue discrète. Au début du XVIIIe siècle quelques musiciens avaient tenté d'affranchir le clavecin — instrument de la basse continue — de la tutelle du violon, en lui consacrant une partie entièrement écrite : les *Pièces de clavecin qui peuvent se jouer sur le violon* (1707) d'Élisabeth Jacquet de La Guerre sont souvent citées comme les premiers exemples du genre. Mais c'est Mondonville qu'on reconnaît aujourd'hui comme l'un des créateurs de cette forme nouvelle — la sonate pour clavecin avec accompagnement de violon ad libitum — qui se développera considérablement dans la seconde moitié du XVIIIe siècle (on sait, par exemple, que Mozart la cultivera dans sa jeunesse). Cette transformation de la sonate coïncide avec la décadence du clavecin, instrument harmonique, qui allait peu à peu entrer en compétition avec le piano-forte. Avec les *Pièces de clavecin en sonates* de Mondonville, violon et clavecin s'expriment pour la première fois à égalité : le violon modère son énergie et son dynamisme pour collaborer avec le clavecin, qui acquiert indépendance et volubilité.

Mise à part la première sonate qui conserve la construction en quatre parties de la sonate d'église, les cinq autres répondent au cadre tripartite inspiré de la sinfonia italienne (vif, lent, vif). Chacune est conçue comme un trio : une partie au violon et deux parties au clavecin. En tête de la partie de violon, Mondonville a noté : « les agréments du violon doivent être exprimés comme ceux du clavecin ».

La **Sonate I** en *sol* mineur s'ouvre par un *Grave* à deux temps sur des unissons des deux instruments et sur un rythme pointé qui rappellera le style de l'ouverture à la française. Il s'enchaîne à un *Allegro* à quatre temps, vaste fugato débutant par un solo de clavecin. Une *Aria* à deux couplets en *sol* majeur (à deux temps) lui fait suite : sur de discrètes ponctuations du clavecin, le violon brode de souples croches autour des notes principales du ton. C'est une *Giga, allegro* à 12/8 qui apporte la touche finale : les nombreux croisements de mains à la partie du clavecin accentuent l'allégresse de ce mouvement, dont le caractère éclate dans la seconde partie.

La **Sonate II** en *fa* majeur est en trois mouvements : un *Allegro* joyeux avec un clavecin véritablement concertant ; une *Aria* au rythme solide (superposition d'une mesure ternaire au violon et d'une mesure binaire au clavecin), assoupli par les triolets du violon ; et un *Giga* presque symphonique.

L'*Allegro* initial de la **Sonate III** en *si* bémol majeur s'ouvre par trois accords du ton frappés par le clavecin. C'est le violon qui expose le thème formé de deux gammes descendantes ; puis le mouvement se poursuit en dialogue entre violon et clavecin. Dans l'*Aria* (à 3/8) très développée, le violon conduit la ligne mélodique sur un petit motif de notes répétées, continues, au clavecin. Une écriture syncopée très légère domine le dernier *Allegro* à deux temps.

La **Sonate IV** en *ut* majeur débute par un *Allegro* concertant dans lequel Mondonville réalise un parfait équilibre des deux sonorités. L'*Aria* centrale en *ut* mineur est un morceau plein d'élégance : le chant du violon s'y accompagne de syncopes expressives du clavecin. Une *Giga, allegro* à 12/8 sert de conclusion : elle exige une technique de virtuose dans la partie de clavecin, particulièrement riche.

Le premier *Allegro* de la **Sonate V** en *sol* majeur offre un bel exemple de musique concertante. Un travail d'imitation serré mène les instruments vers des traits de plus en plus volubiles, pour conclure brillamment. Dans l'*Aria* en *sol* mineur, la calme mélodie du violon se déploie sur une basse d'accords décomposés au clavecin. C'est un *Allegro* concertant qui clôt cette avant-dernière sonate.

La **Sonate VI** en *la* majeur est intitulée *Concerto*. Ses trois mouvements sont en effet de véritables mouvements de concerto dans lesquels s'opposent tutti et soli. L'*Allegro* initial s'ouvre par un beau tutti de concerto à l'italienne :

Puis les soli interviennent après les doubles barres et se développent avec une superbe richesse sonore. Ils sont entrecoupés de retours réguliers du tutti et le mouvement se termine par un da capo. La même opposition entre tutti et soli domine le *Larghetto* en *la* mineur. Deux idées s'imposent dans cet épisode : les triolets omniprésents du thème qui donnent une impression de balancement permanent,

et les basses en octaves du clavecin qui ponctuent tout le mouvement. La *Giga, allegro* à 12/8 conclusive est un nouveau mouvement de concerto. Les thèmes sont inversés dans les soli et passent alternativement du violon au clavecin.

Les **Sons harmoniques, Sonates à violon seul avec la basse continue**, ont été publiés vers 1738, et précédés d'un avertissement dans lequel Mondonville explique le mécanisme des sons harmoniques. L'avertissement est suivi d'une courte table des agréments (le dernier concerne la notation des sons harmoniques) et d'un *Exemple de la progression harmonique*. La construction de ces sonates apparaît moins fixe que dans les précédents recueils : le nombre des mouvements est varié ; mais chaque sonate débute par un mouvement lent et est conclue par un finale vif. Mondonville y exploite systématiquement les sons harmoniques ; il n'utilise cependant que les harmoniques dits « naturels », qu'il considère comme autant de moyens d'enrichir la palette sonore du violon et de faciliter l'exécution sur cet instrument.

C'est le novateur qui, encore une fois,

intervient dans les **Pièces de clavecin avec voix ou violon, œuvre V** parues en 1748. Dédiées à l'évêque de Rennes, ces pièces ont été publiées avec un avertissement dans lequel Mondonville se félicite du succès qu'ont remporté ses *Pièces de clavecin en sonates*. C'est ce succès qui lui a suggéré la composition de ces dernières pages. Il s'agit ici de compositions pour clavecin avec une partie de dessus qui peut être chantée par une voix ou jouée par un violon : « Les personnes qui jouent au clavecin et qui n'ont point de voix pourront faire exécuter la partie de chant par un violon », a précisé Mondonville. A cette partie de chant sont accolés des paroles latines ou des textes empruntés aux psaumes ; elle est elle-même parsemée de vocalises traitées d'une manière instrumentale. Le violon est absent de certaines pièces : lorsqu'il intervient, il développe de charmantes ritournelles, parfois abondamment ornées, et qui suivent en général le sens des paroles.

A.d.P.

THOMAS MORLEY

Né à Norwich, en 1557 ou 1558; mort à Londres, en octobre 1602. Compositeur, théoricien, éditeur, organiste, il fut l'élève de William Byrd. Organiste de Saint-Paul vers 1591, nommé gentilhomme de la Chapelle royale l'année suivante, Morley obtint en 1598 un privilège pour l'édition musicale, — celui de Byrd ayant expiré. Son traité A Plaine and Easie Introduction to praticall musicke, *publié en 1597 sous forme de dialogue entre maître et élève est un des plus remarquables traités écrits en langue anglaise sous la Renaissance. L'un des meilleurs compositeurs de l'époque élisabéthaine, Morley sut jouer un rôle décisif dans l'acclimatation des madrigaux italiens en Angleterre.*

Grâce au privilège pour l'exclusivité de l'édition musicale qu'il reçut en 1598, Morley publia lui-même une grande partie de sa musique. Dans le domaine de la musique pour ensembles d'instruments, son œuvre la plus importante est un recueil de pièces publié en 1599 sous le titre de *First book of Consort Lessons*, et qui contient vingt-trois pièces de différents auteurs (Alison, Dowland, Philips, Strogers) réunies par lui-même et destinées aux violes, à la flûte, au luth, aux cistre et pandore. Quelques-unes ont été arrangées, d'autres conservent leur forme originale. Moins richement doué que Byrd, son maître, Morley y fait preuve cependant de facilité et de grâce.

Le recueil de **Consort Lessons** regroupe en fait une merveilleuse collection de pièces de musique pour ces ensembles que les Anglais de l'époque élisabéthaine nommaient « broken consorts ». Le « broken consort » exigeait la pratique et la coexistence d'instruments de couleurs et de timbres différents. Une telle combinaison — celle que Morley respecte dans son recueil — s'adaptait parfaitement à l'exécution de morceaux musicaux écrits dans le style polyphonique, où il était essentiel que toutes les lignes instrumentales se distinguent nettement l'une de l'autre et soient perçues par l'auditeur avec un équilibre parfait.

A.d.P.

WOLFGANG AMADEUS MOZART

Né le 27 janvier 1756, à Salzbourg; mort le 5 décembre 1791, à Vienne. Fils du compositeur et maître de chapelle de Salzbourg Léopold Mozart et d'Anna Maria Pertl. Dès l'âge de trois ans il manifeste les dons musicaux les plus rares. Il compose à cinq ans; son père, soucieux de lui donner la meilleure formation musicale mais aussi d'en tirer profit, l'emmène en tournée. Au cours de ces voyages, si formateurs, il traverse toute l'Europe : Munich et Vienne (1762), puis Augsbourg, Mannheim, Mayence, Francfort, Bruxelles, Paris (1763). À Mannheim il découvre l'orchestre, le meilleur d'Europe, à Paris il subit l'influence de Schobert. À Londres, en 1764, il rencontre Jean-Chrétien Bach, maître du style « galant ». Un nouveau séjour à Vienne, en 1768, lui révèle le théâtre de Gluck, mais c'est l'Italie qui lui apportera dès l'année suivante le complément indispensable de son éducation dramatique. À Milan il fait la connaissance du symphoniste Sammartini, à Lodi il compose son premier quatuor à cordes, et à Rome il exécute le tour de force de noter de mémoire le célèbre Miserere *d'Allegri; le pape Clément XIV le fait chevalier de l'Ordre de l'Éperon d'Or. À Bologne, le Padre Martini l'introduit à l'Académie philharmonique, et le 26 décembre 1770 son premier opera seria,* Mithridate, Re di Ponto, *triomphe à Milan; ce succès lui vaudra les commandes d'*Ascanio in Alba *(1771) et de* Lucio Silla *(1772). Après ces triomphes, Salzbourg lui apparaît comme une caserne, et il se heurte au nouveau Prince Archevêque, Colloredo. Hormis un séjour à Munich en 1775, il ne quitte plus Salzbourg jusqu'en 1777. Il compose pourtant énormément (deux cents œuvres achevées à l'âge de dix-sept ans !). Sa mère l'accompagne dans sa dernière tournée de concerts (1777-1778). À Paris, où elle meurt, l'accueil est glacial. De retour à Salzbourg, nommé organiste de la Cour, Mozart compose la* Symphonie concertante K. 364. *Une commande de l'électeur de Bavière,* Idoménée *(1781), lui permet de secouer le joug salzbourgeois et de fuir à Vienne la tutelle paternelle. Il épouse Constance Weber, et compose* l'Enlèvement au Sérail, *chef-d'œuvre de l'opéra comique allemand dégagé de l'influence italienne (1782). La découverte, la même année, de l'art de Bach va profondément marquer son style où le contrepoint prend désormais une place importante (*Messe en *ut* mineur, *1783). À Vienne, le pianiste Mozart triomphe avec ses grands concertos pour piano. En 1784, il trouve dans la franc-maçonnerie un idéal fraternel. Mais l'échec auprès du public viennois de son chef-d'œuvre dramatique,* les Noces de Figaro *(1786), révèle l'instabilité de sa carrière.* Don Giovanni *(1787), qui connaît le succès à Prague, est boudé à Vienne. Dès lors surgissent des difficultés sans nombre, financières surtout; la Cour de Vienne lui offre en 1787 le titre illusoire de Compositeur de la Chambre, tandis que s'accumulent les chefs-d'œuvre : la* Symphonie « Prague », *les* Six Quatuors dédiés à Haydn, *le* Concerto « du Couronnement », l'Ode Funèbre Maçonnique, *la* Petite Musique de nuit, *et de nombreuses œuvres de musique de chambre. Dans le plus grand dénuement Mozart écrit à l'été de 1788 trois dernières* Symphonies, *et réorchestre, pour subsister, des œuvres de Haendel. En 1789, il part pour Berlin, attendant vainement un poste à la cour de Prusse, et revient sans espoir. Le succès de* Cosi fan tutte, *créé en janvier 1790, est compromis par la mort de Joseph II. La dernière année, hantée par la présence de la mort, mais marquée par un étonnant retour à la transparence des jeunes années, voit naître les ultimes ouvrages :* la Flûte enchantée, *le* Concerto pour clarinette, *et le* Requiem *laissé inachevé.*

LES SONATES POUR VIOLON ET PIANO

Dans l'histoire longue et complexe du duo pour violon et clavier, les réalisations de la maturité de Mozart sont les premières à établir les normes définitives de la moderne Sonate pour violon et piano. La synthèse et l'équilibre des deux instruments semblent avoir été d'une mise au point ardue et, pendant près d'un siècle, les diverses tentatives hésitèrent entre deux extrêmes, favorisant alternativement l'un des partenaires, aux dépens de l'autre.

De fait, la combinaison sonore d'un violon et d'un instrument à clavier (clavecin, ou plus tard piano) n'est pas des plus heureuses, et il faut bien admettre que même jusqu'à nos jours, les bois, par exemple, sonnent beaucoup mieux que les cordes avec un piano. Seuls les plus grands maîtres de la couleur instrumentale ont su résoudre ce problème avec succès et parmi ceux-ci, Mozart, évidemment, domine. La longue série des *Sonates pour violon et piano* ayant vu le jour depuis l'époque de Mozart et comprenant maints chefs-d'œuvre de Beethoven, Brahms, Franck, Fauré, Debussy, Bloch, Prokofiev, Bartók, pour ne citer que les plus connus, ne contient que peu d'exemples de totale réussite sonore, et certains compositeurs comme Ravel ont choisi de tourner la difficulté en opposant délibérément les deux instruments, accusant ainsi leur inévitable divorce. Cependant, dans ses plus belles sonates, Mozart avait donné la preuve depuis longtemps de ce que les contrastes de timbres pouvaient être harmonisés par la grâce du lyrisme et de la mélodie. En même temps, il fut le premier à établir un véritable dialogue entre les deux partenaires, s'élevant graduellement de la galante conversation de salon des premières sonates de Mannheim, aux amples cantilènes dramatiques des *Sonates K. 454* et *481*, et enfin à l'altière sagesse contrapuntique de la suprême *K. 526*.

Le duo pour violon et clavier (le nouveau pianoforte gagnant sans cesse du terrain sur le clavecin) ne fut pas abandonné, mais, chose surprenante, l'équilibre en fut inversé. Jusque-là, à la seule exception de J.S. Bach, le clavier n'avait donné qu'un accompagnement, un fond harmonique aux brillantes évolutions du violon. Mais à présent, le clavier passa au premier plan de l'intérêt musical, confinant l'instrument à archet à un rôle secondaire, celui de doubler simplement la main droite du pianiste, ou, dans le meilleur des cas, de lui faire écho. Dans beaucoup de ces sonates, la partie de violon devint facultative et l'on pouvait fréquemment la supprimer. De telles œuvres furent publiées à juste titre comme « Sonates pour pianoforte avec accompagnement de violon ». Parfois, un violoncelle doublait d'une manière analogue la basse du piano, cette adjonction formant un trio. La plupart des compositeurs de la seconde moitié du XVIIIe siècle s'en tinrent à ce type de Sonate, et même Joseph Haydn ne le dépassa jamais, du moins en ce qui concerne ses rares sonates pour violon. Dans ses derniers trios cependant, écrits pendant et après ses séjours à Londres, il devait émanciper les deux instruments à cordes et créer ainsi deux douzaines d'authentiques chefs-d'œuvre de musique de chambre. Mais à ce moment, Mozart était déjà mort !

Le catalogue complet de Köchel ne mentionne pas moins de quarante-trois *Sonates pour violon et piano*, alors que les éditions courantes actuelles n'en offrent que dix-sept, ou dix-neuf, dans le meilleur des cas. Cela est dû au fait que seules les œuvres plus tardives, correspondant à l'idéal « moderne » du duo pour violon et piano, sont demeurées une part vivante du répertoire. Ces dix-sept œuvres, jointes aux deux seuls thèmes variés que Mozart ait confiés aux deux instruments, méritent qu'on leur consacre quelques notes clarificatrices.

Les premières Sonates

Les seize premières Sonates de Mozart, fruit de sa tendre enfance, appartiennent au type alors en vogue, dont nous avons parlé, celui de la « Sonate pour clavier avec accompagnement de violon ». Elles sont donc parfois mentionnées, non sans justification, comme *Sonates* (ou *Sonatines*) *pour clavecin*.

Les quatre premières (*K. 6* à *9*) furent écrites à Paris, en janvier 1764, par le petit prodige de huit ans et publiées la même année, groupées par paires, comme *op. 1* et *2*. Ce sont les toutes premières œuvres de Mozart, en plusieurs mouvements : elles marquent donc un pas décisif au début de sa carrière créatrice.

Les six suivantes (*K. 10* à *15*) furent terminées à Londres en novembre de la même année et parurent en 1765, avec une dédicace à la reine Charlotte. On y trouve mêlées l'influence française de Johann Schobert et celle de Jean-Chrétien Bach, que Mozart venait de rencontrer pour la première fois. Le mouvement initial de la dernière *Sonate (K. 15)* offre pour la première fois un libre dialogue du violon et du clavecin.

Une nouvelle série de six Sonates (*K. 26* à *31*) fut terminée à La Haye, en grande hâte, en février 1766, en réponse à une commande, et parut imprimée dès le mois suivant. Puis, Mozart n'écrivit plus de nouvelles Sonates pour clavier (avec ou sans violon) pendant au moins sept ans.

Ces seize Sonates d'« enfance » sont toutes en deux ou trois mouvements brefs (la toute première, *K. 6*, étant la seule sonate en quatre mouvements de Mozart). Le style « galant » italien, tel que le cultivait J.C. Bach, domine, et les premiers mouvements de forme sonate, dont les seconds thèmes ne sont que rarement individualisés, comportent des développements extrêmement brefs. Réalisations stupéfiantes pour un enfant de huit ou dix ans, elles ne s'élèvent cependant point au-dessus de la moyenne de l'époque, et un long chemin les sépare des Sonates de la maturité de Mozart.

Les Sonates « milanaises », ou « romantiques » (K 55 à 60)

Les six *Sonates « milanaises »* publiées en 1804 comme œuvres posthumes, et connues depuis le XIXe siècle sous le nom de *Sonates « romantiques »* (*K. 55* à *60*), sont encore d'une authenticité incertaine et discutée. Il n'en existe plus de manuscrit ni de mention dans la correspondance de Mozart, et leur attribution ne peut se faire que sur des raisons d'évidence stylistique, qui les situeraient dans le proche voisinage des six *Quatuors « milanais »* (*K. 155* à *160*) écrits durant l'hiver 1772-1773. Certaines autorités mozartiennes, parmi lesquelles Alfred Einstein lui-même, n'ont jamais admis leur authenticité, sans pouvoir pour autant découvrir leur véritable auteur. Einstein crut pendant un temps à leur identité avec six Sonates d'un certain Joseph Schuster, citées par Mozart avec grand enthousiasme, dans une lettre du 6 octobre 1777, datée de Mannheim, et supposées avoir servi de modèle direct à ses *Sonates « Palatines »*. Cependant Schuster vécut assez longtemps pour assister à la publication de ces œuvres sous le nom de Mozart en 1804, et sans doute eût-il protesté si ces Sonates avaient été de lui...

Quoi qu'il en soit et nonobstant quelques étranges archaïsmes que l'on ne trouve nulle part ailleurs chez Mozart, ces six *Sonates « milanaises »* sont incontestablement l'œuvre d'un grand compositeur et, si réellement elles sont de Mozart, elles éclaireraient d'un jour nouveau la profonde crise romantique du « Sturm und Drang » que traversait l'adolescent de dix-sept ans. Dans ce sens, elles surpassent même les *Quatuors « milanais »* qui les précédèrent probablement de quelques semaines. Assurément, la partie de violon y demeure généralement subordonnée au tout-puissant clavier, mais il est néanmoins regrettable que leur authenticité douteuse, jointe à leur numérotation incorrecte dans le catalogue de Köchel (celle-ci devrait être augmentée d'une bonne centaine en tous cas !), nous empêche de les entendre plus fréquemment.

Parmi les vingt et une Sonates restantes, appartenant toutes à la maturité de Mozart, quatre sont généralement omises : l'œuvre en si bémol *K. 372*, commencée à Vienne le 24 mars 1781, ne comprend qu'un premier mouvement inachevé : les deux Sonates en *ut* majeur, *K. 403* et *404* (Vienne, fin 1782), sont également incomplètes, chacune à sa manière : quant à la Sonate en *si* bémol, *K. 570*, c'est en réalité une sonate pour piano (et l'une des plus parfaites et des plus connues en tant que telle), à laquelle une main étrangère ajouta un modeste « accompagnement » de violon, après la mort de Mozart.

Les dix-sept œuvres qui, avec les deux thèmes variés, forment le véritable « corpus », se divisent à nouveau en plusieurs groupes :

Il y a tout d'abord sept Sonates, composées pendant la première moitié de 1778, dont six furent publiées à Paris la même année, comme l'« opus 1 » de Mozart, avec une dédicace à l'Electrice Palatine. Quatre de ces *Sonates dites « Palatines »*, (*K. 301, 302, 303, 305*) furent écrites à Mannheim, les deux autres (*K. 304* et *306*) à Paris. La septième Sonate de cette période (*K. 296*) en *ut* majeur, terminée à Mannheim après les quatre premières, fut mise de côté par Mozart et ne parut que trois ans plus tard, jointe au groupe suivant de cinq Sonates.

Celui-ci comprend une œuvre solitaire en *si* bémol majeur (*K. 378*) datant de Salzbourg (début 1779) et quatre Sonates écrites en succession rapide à Vienne durant l'été 1781 (*K. 376, 377, 379* et *380*). Artaria publia ces six œuvres en novembre de la même année sous le numéro d'opus II. On peut placer à la même époque la composition des deux séries de Variations (*K. 359* et *360*).

Le troisième groupe de Sonates ne comporte que des œuvres inachevées que Mozart ébaucha à la fin de 1782 dans l'intention de les dédier à sa jeune femme Constance. Mais rien ne sortit de ce projet et, parmi les trois compositions de cette série (*K. 402, 403* et *404*), nous n'avons retenu ici que la première (en *la* majeur) comme la plus caractéristique et aussi... la moins inachevée !

Le quatrième groupe, le plus grand, couronne toute la production mozartienne dans le domaine du duo instrumental et comprend trois chefs-d'œuvre exceptionnels, qui établissent réellement la norme des grandes Sonates de Beethoven et de ses nombreux successeurs. Ces Sonates ne furent pas conçues comme une série destinée à la publication selon l'usage de l'époque (ceci eût nécessité trois œuvres supplémentaires !), mais virent le jour à des occasions particulières, et à des dates très diverses. Cette imposante trilogie, qui occupe dans son domaine une place équivalente à celle des trois grandes Symphonies de 1788 dans le leur, comprend : la Sonate en *si* bémol, *K. 454*, du 21 avril 1784 : la Sonate en *mi* bémol, *K. 481*, du 12 décembre 1785, et la Sonate en *la* majeur, *K. 526*, du 24 août 1787.

Il existe enfin une Sonatine isolée, en *fa* majeur, *K. 547*, achevée le 10 juillet 1788 (entre les grandes Symphonies en *mi* bémol et en *sol* mineur). Cette conclusion discrète et modeste de la grande série, fut composée dans un but éducatif et forme la contrepartie de l'œuvre-sœur contemporaine pour piano seul, la célèbre Sonate « facile » en *ut* majeur *K. 545*.

Pour les brèves analyses qui suivent, nous avons choisi de suivre l'ordre chronologique exact plutôt que la numérotation de Köchel, imprécise en maintes instances.

Ainsi, les quatre premières Sonates, composées à Mannheim en succession rapide, sont les *K. 301, 302, 303* et *305*. Mozart était arrivé dans cette métropole musicale fameuse le 30 octobre 1777, et avait été fasciné d'emblée par le splendide orchestre du Prince Karl Théodor. Il avait composé deux Sonates pour piano (*K. 309* et *311*), lorsqu'il reçut une commande d'un noble hollandais, un certain de Jean, concernant des concertos, quatuors et sonates pour la flûte, un instrument qu'il n'appréciait guère. Dans l'intervalle, il avait découvert la série des six Sonates pour violon et clavier de Joseph Schuster, dont nous avons déjà parlé et, stimulé par leur émancipation toute nouvelle de l'instrument à archet, il entreprit de composer des duos du même genre, pour se changer un peu des pièces pour flûte. Deux de ces Sonates, *K. 301* et *303* (l'esquisse de cette dernière précédant la composition de *K. 302*) étaient conçues à l'origine pour la flûte, ainsi qu'en témoignent les manuscrits. Mais, le 14 février 1778, Mozart, dans une lettre à son père, parle de ses nouveaux « duetti » pour piano et violon et, dès le 28 février, il écrit que les quatre premiers sont achevés. Leur composition dut prendre un mois tout au plus, — coïncidant exactement avec la naissance de l'amour violemment passionné de Mozart pour Aloysia Weber. Cet amour n'était pas encore repoussé à l'époque, et les Sonates expriment des sentiments où le bonheur prédomine. Leur langage est intensément mélodique et le violon exploite pleinement son indépendance nouvellement conquise, planant en grandes courbes « cantabile ». La coupe formelle de ces Sonates demeure conservatrice, chose assez surprenante, car les Sonates de Schuster avaient dépassé le cadre typiquement « galant » en deux mouvements que Mozart emprunte ici à son modèle bien-aimé Jean-Chrétien Bach.

Sonate en *sol* majeur (K. 301)

Elle s'ouvre sur un *Allegro con spirito* basé sur deux thèmes contrastants, l'un mélodique, confié au violon, l'autre rythmique, au piano. Cette pièce, animée et vigoureuse, est suivie d'un *Allegro* d'une saveur populaire, dans la forme traditionnellement « française » du rondeau, et dont on distinguera particulièrement la partie médiane, expressive sicilienne en mineur.

Durée d'exécution : 13 minutes environ.

Sonate en *mi* bémol majeur (K. 302)

C'est une œuvre plus caractéristique, par le contraste fortement expressif entre les deux thèmes de l'*Allegro* initial (dont le second jette une ombre soudaine de mélancolie), et davantage encore par le *Rondo* conclusif au tempo lent inhabituel (*Andante grazioso*), dont les couplets sont les variations du refrain. Mozart prête un sens expressif profond à une forme empruntée à des modèles italiens et son thème principal, intensément vocal et même proche de l'opéra, insuffle au morceau tout entier une tendresse fervente et grave, culminant dans la variation mineure. Assurément, c'est là un témoignage du profond amour de Mozart pour Aloysia !...

Durée d'exécution : 12 minutes environ.

Sonate en *ut* majeur (K. 303)

Les influences de l'opéra et une chaude passion la caractérisent dans une mesure plus grande encore, tant dans sa forme que dans son contenu. Le premier mouvement s'écarte de toute convention, un *Adagio* introductif tendre et chantant menant à un fougueux *Allegro molto*, interrompu par le retour du thème initial légèrement varié, avant que de reprendre sa course héroïque. Le *Tempo di Menuetto* conclusif, lui aussi plus mélodique que rythmique, élargit son cadre aux dimensions de la forme sonate.

Durée d'exécution : 10 minutes environ.

Sonate en *la* majeur (K. 305)

Une des plus connues, car elle figure en tête de beaucoup d'éditions courantes. C'est pourtant une œuvre plus conventionnelle que les Sonates précédentes et ses deux mouvements se rapprochent davantage du style « galant » alors en faveur. L'*Allegro molto* du début, frémissant de jeunesse et de force, abonde en unissons et en crescendos « mannheimiens », rares par ailleurs dans l'œuvre de Mozart. Cette pièce brillante est suivie d'un Thème et six Variations. *Andante grazioso*, dont la première est un solo de piano.

Durée d'exécution : 11 minutes environ.

Avant d'examiner les deux dernières *Sonates « Palatines »* composées à Paris, une autre Sonate doit retenir notre attention :

Sonate en *ut* majeur (K. 296)

Elle fut achevée à Mannheim le 11 mars 1778, trois jours avant le départ de Mozart pour Paris et dédiée, en gage d'amitié et de gratitude, à la talentueuse jeune pianiste. Thérèse Pierron, qui avait été son élève pendant plusieurs mois et dont le grand-père avait hébergé Mozart durant son séjour à Mannheim. Contrairement aux œuvres précédentes, cette Sonate comporte trois mouvements, comme d'ailleurs toutes les suivantes (à l'exception de *K. 304* et de l'inachevé *K. 402*). Mais l'élargissement du cadre n'apporte aucun nouveau climat expressif, les mouvements rapides (*Allegro vivace* et *Rondo : Allegro*) rappelant les autres œuvres de Manneheim , avec un esprit, un éclat et une gaieté accrus. À ce point de vue, le *Rondo* conclusif est l'un des plus délicieux et des plus imaginatifs de Mozart. Le mouvement médian, un *Andante sostenuto* en *fa*, nous offre un tendre chant d'amour, doux et nostalgique adieu à Aloysia, et dont la signification expressive profonde nous est révélée par son identité thématique avec l'Arietta de Jean-Chrétien Bach « Dolci aurette » : l'admirable style vocal *cantabile* d'Aloysia avait trouvé, grâce aux conseils de Mozart, un répertoire à sa mesure, dans l'œuvre de Bach de Londres. Au total, cette *Sonate en* ut *majeur*, établit un nouveau niveau qui devait lui permettre de paraître avec cinq œuvres plus tardives, sans que l'unité de la série en soit compromise.

Durée d'exécution : 13 minutes environ.

Sonate en *mi* mineur (K. 304)

La seule (à l'exception des « douteuses » *K. 59* et *60*) à adopter une tonalité principale mineure. Elle naquit à Paris au mois de mai 1778, précédant de peu la Sonate pour piano tout aussi dramatique en *la* mineur, K. 310. La solitude malheureuse de Mozart à Paris, dont le public frivole n'accueillait pas ses œuvres d'une manière aussi enthousiaste que celles de l'enfant prodige, douze ans plus tôt, se reflète dans les sentiments pathétiques de cette belle Sonate, indubitablement le sommet de cette série « Palatine ». Pour la dernière fois, Mozart se contente de deux mouvements, mais l'*Allegro* initial montre d'emblée que les sentiments purement subjectifs dominent ici, avec son développement et sa réexposition également orageux, consolidés par un usage efficace du contrepoint. Le *Minuetto* n'apporte aucune détente, malgré son trio ensoleillé en *mi* majeur, car celui-ci est suivi d'une reprise condensée du thème initial, se terminant abruptement en mineur.

Durée d'exécution : 11 minutes environ.

Sonate en *ré* majeur (K. 306)

Mozart acheva la dernière de ses *Sonates « Palatines »* avant le 20 juin 1778. Cette œuvre, la seule de la série qui comporte trois mouvements, abandonne l'intimité passionnée de la *Sonate en* mi *mineur*, en faveur d'un grand style « concertant », dont le brillant éclat nécessite des moyens techniques très supérieurs à ceux requis par les Sonates précédentes. Et cependant, l'expression en est plus mûre et plus profonde, comparée aux œuvres de Mannheim. Le spacieux *Allegro con spirito* offre un développement purement rythmique, et son thème principal ne réapparaît que peu avant la conclusion. L'*Andante cantabile*, très ample lui aussi, comporte quelques accents dramatiques, dissipés bien vite par l'*Allegretto* aussi attrayant que pittoresque, dont les nombreux changements rythmiques et les épisodes colorés, sans parler de l'importante cadence pour les deux instruments, évoquent les finales des concertos pour violon de 1775. Ainsi, ce soi-disant « opus 1 » de Mozart se clôt sur une note de virtuosité brillante et insouciante.

Durée d'exécution : 14 minutes environ.

Sonate en *si* bémol majeur (K.378)

Très populaire, elle fut composée par Mozart après son retour de Salzbourg, dans les premiers jours de 1779. Elle fut probablement achevée en février, encore que ses premières esquisses soient peut-être antérieures de quelques mois (Paris ou Strasbourg), comme certaines similitudes avec la *Sonate pour piano en* si *bémol K. 333* le laissent supposer. Dans son ensemble, cette Sonate est comme une réplique de *K. 296* sur un plan plus élevé, avec son *Allegro moderato* initial basé sur quatre thèmes distincts, dont le plus remarquable, en *fa* mineur, débute le développement de façon inattendue. L'*Andantino sostenuto e cantabile*, profondément expressif, évoque à nouveau fortement Jean-Chrétien Bach, tout en annonçant l'*Enlèvement au sérail*, et fait alterner des dialogues tendres et confidentiels et une mélodie ascendante et passionnée du violon, dont l'expression violente est ensuite soulignée par le clavier, avant la coda, douce et calme. Ici, le mouvement lent devient réellement le cœur et le sommet de l'œuvre entière, tandis que le *Rondo* final, mêle les influences de Paris et de Salzbourg dans une atmosphère de gaieté déboutonnée et bon enfant.

Durée d'exécution : 17 minutes environ.

Plus de deux ans devaient s'écouler avant que Mozart n'abordât à nouveau le genre de la Sonate pour violon et piano. Dans l'intervalle s'était produit le changement décisif dans sa vie sociale et professionnelle : il avait quitté à jamais sa ville natale de Salzbourg et, au moment même où il composait les quatre Sonates que nous allons examiner à présent, il était en train de rejeter définitivement le joug abhorré de l'archevêque Colleredo, devenant ainsi le premier musicien créateur « libre » de l'histoire !

Parmi ces quatre œuvres, *K. 376, 377, 380* et *379* (c'est là leur ordre exact de composition), seule la première était probablement achevée avant ce jour crucial du 9 mai 1781, que l'on a justement appelé « le 14 juillet des compositeurs ». Au mois d'avril, Mozart, arrivé à Vienne depuis le 16 mars, entreprit une série de Sonates, destinées à être publiées comme un nouveau recueil de six, en compagnie des *K. 296* et *378* encore inédits.

Sonate en *fa* majeur (K. 376)

La seule à ne comporter aucun mouvement en mineur, est, de fait, la plus « galante » et la plus extérieure des quatre. Cette œuvre fort connue, qui pourrait fort bien être de celle que Mozart joua avec le violoniste Brunetti lors d'un concert public, le 8 avril 1781, en improvisant la partie de piano d'après une esquisse encore inachevée, se compose d'un brillant *Allegro*, d'un tendre *Andante* en *si* bémol et d'un charmant *Rondo*, *Allegretto grazioso*.

Durée d'exécution : 19 minutes environ.

Sonate en *fa* majeur (K. 377)

Il s'agit d'une pièce beaucoup plus caractéristique. Elle devait être achevée à la date du 4 juillet 1781, car ce jour-là, Mozart nous apprend qu'il donne quatre Sonates (dont deux nouvelles) à Artaria pour les faire graver. Un *Allegro* très impétueux est suivi d'un *Andante* à variation en *ré* mineur,

dont la profonde mélancolie annonce le finale varié du *Quatuor en* ré *mineur K. 421*, postérieur de deux ans, et dont le merveilleux contrepoint mélodique excite à juste titre l'enthousiasme d'Einstein. Un gai *Rondo* au rythme de menuet termine cette belle Sonate.

Durée d'exécution : 18 minutes environ.

Les deux suivantes durent être achevées en succession rapide, entre le 4 et le 25 juillet, car à cette date Mozart mentionne *six* Sonates, prêtes à la gravure chez Artaria.

Sonate en *mi* bémol majeur (K. 380)

Elle fut très probablement terminée la première ; il s'agit à nouveau d'une composition de très grande classe, moins pour son brillant *Allegro* initial que pour son mouvement lent, intensément chromatique (*Andante con moto*) écrit dans la grande tonalité tragique de Mozart, *sol* mineur. Le *Rondo* final, *Allegro*, basé sur un thème de chasse très typique, contient, lui aussi, un épisode médian sombre et passionné, cette fois-ci en *ut* mineur.

Durée d'exécution : 20 minutes environ.

Sonate en *sol* majeur (K 379)

Son schéma formel est des plus insolites, de même que son plan tonal, un ample et imposant mouvement lent *Adagio* en *sol* majeur, d'un style presque improvisé, malgré la forme sonate, s'enchaînant sans interruption avec un *Allegro* en *sol* mineur

d'une violence accrue par son intense concentration et dont l'énergie, pleine de défi, semble comme un écho de la rupture brutale de Mozart d'avec l'Archevêque. Cette œuvre étrange se termine ensuite sur un paisible *Andantino cantabile*, qui retrouve le *sol* majeur ensoleillé du début et qui comporte cinq variations, certaines d'une robuste vitalité, sans quitter pour autant l'atmosphère populaire du thème. La conclusion est toute de calme et de douceur.

Durée d'exécution : 20 minutes environ.

Ce recueil rencontra un accueil enthousiaste dans les milieux professionnels et le magazine musical de Cramer, pour 1783, alla jusqu'à écrire : « Ces Sonates sont uniques dans leur genre. Riches d'idées nouvelles et portant de nombreuses marques du grand génie musical de leur auteur. Très brillantes et appropriées à l'instrument. De plus l'accompagnement du violon est lié avec tant d'art à la partie de piano que l'attention des deux partenaires est constamment tenue en éveil ; de sorte que ces Sonates exigent autant d'habileté du violoniste que du pianiste. » Mozart ne reçut plus jamais de son vivant une critique aussi favorable...

Les deux **Thèmes variés pour violon et piano** datent de la même époque. Ce sont des œuvres peu importantes, de style galant, sans aucune tentative d'expression personnelle, contrairement aux variations de la *Sonate K. 379*. Le violon y est relégué au rôle de modeste « accompagnateur », et ces œuvres doivent certes leur origine à des nécessités alimentaires. D'une audition au demeurant fort agréable, ni les douze *Variations en* sol *majeur, sur l'air français « La Bergère Célimène » (K. 359)*, ni les six *Variations en* sol *mineur, sur l'air français « Au Bord d'une fontaine »* (rebaptisé à tort « Hélas ! j'ai perdu mon amant ») (*K. 360*) n'ajoutent quoi que ce soit à la gloire de Mozart. Même la tonalité de *K. 360* ne tient pas ses promesses, et Mozart y cède à la tendance « galante », au point de supprimer la traditionnelle variation lente.

À la fin de 1782, peu après son mariage et la création de *l'Enlèvement au sérail*, Mozart entreprit une série de *Sonates pour violon et piano*, dédiées « à sa très chère épouse », comme le montre le manuscrit de l'une d'elles, *K. 403*. Mais les trois œuvres ainsi ébauchées demeurèrent inachevées, comme, au fait, toutes les compositions destinées par Mozart à Constance, condamnées pour quelque obscure raison psychanalytique à l'avortement. Il faut ajouter que le compositeur était à l'époque sous l'impression bouleversante de la musique de J.S. Bach, qu'il venait de découvrir grâce à la bibliothèque privée du baron van Swieten, et qu'il lui fallut un certain temps pour en assimiler pleinement les prodigieuses données polyphoniques. C'est ainsi que toute une série de tentatives dans le style fugué, datant de cette période, demeurèrent inachevées.

Sonate en *la* majeur (K. 402)

Sa forme rappelle celle d'un Prélude et Fugue (certes une rareté dans le répertoire pour violon et piano !) et comprend un large et solennel *Andante ma un poco Adagio*, au rythme de menuet lent qui, après quelque soixante-quinze mesures, s'enchaîne sans interruption avec une *Fugue* en *la* mineur très proche par l'écriture des *Sonates pour violon et clavecin* de Bach. Le thème annonce fortement le Kyrie du *Requiem* de Mozart. Ce mouvement, inachevé « à la fois parce qu'il est composé pour Constance et parce que c'est une Fugue » comme Einstein le remarque non sans humour, a été complété fort honnêtement par l'abbé Stadler.

Nous abordons maintenant la glorieuse trilogie qui couronne la production mozartienne dans le domaine qui nous occupe. Par l'ampleur de la conception, l'équilibre idéal et l'individualité des deux partenaires, la richesse et la variété expressives, ces œuvres ne le cèdent à aucune Sonate des successeurs de Mozart, de Beethoven à Bartók.

Sonate en *si* bémol majeur (K. 454)

Elle offre l'exemple unique d'une œuvre terminée après sa *première* audition. Celle-ci eut lieu le 29 avril 1784, au cours d'un concert donné par une célèbre violoniste virtuose italienne, Regina Strinasacchi, qui avait demandé une nouvelle sonate à Mozart, afin de la jouer à son récital viennois. Au jour dit, la partie de violon était achevée mais celle de piano, quoique totalement terminée dans la tête de Mozart, n'était pas encore notée, de sorte que le compositeur la joua de mémoire, devant une feuille vierge ! Cette Sonate est contemporaine de la grande floraison de *Concertos pour piano (K. 449, 450, 451, 453, 456, 459*) qui mena Mozart au sommet de son éphémère célébrité viennoise. Aussi, avons-nous affaire ici à une œuvre dans le grand style « concertant » (comme la *Sonate « À Kreutzer »* de Beethoven, vingt ans plus tard), qui couronne trois mois d'intense activité créatrice, dont six chefs-d'œuvre exceptionnels sont les fruits (les *Concertos K. 449* à *453* et le *Quintette pour vents et piano K. 452*, dont le plan formel est identique à celui de notre Sonate.) La *Sonate « Strinasacchi »* s'ouvre sur un majestueux prélude lent (*Largo*) dépassant de loin les proportions de l'introduction habituelle : les éléments masculins et féminins y alternent d'une façon toute beethovénienne. Un *Allegro* de forme sonate, richement mélodique, s'y enchaîne, morceau dont l'équilibre sonore entre les instruments demeure d'une perfection unique. Mais, ici encore, le cœur même de l'œuvre est atteint avec le sublime *Andante* en *mi* bémol, construit sur trois thèmes, et dont l'atmosphère s'assombrit graduellement, pour atteindre au sommet du pathétique dans le développement central. La réexposition elle-même, d'une passion sans cesse croissante, témoigne des ardentes aspirations de Mozart. Le *Rondo* final, *Allegretto*, d'une joyeuse atmosphère de fête, quoiqu'avec une légèreté et une délicatesse infinies, offre des surprises et des trésors d'invention sans cesse renouvelés, au cours de ses divers épisodes.

Durée d'exécution : 24 minutes environ.

Sonate en *mi* bémol majeur (K. 481)

Les circonstances qui se trouvent à l'origine de la composition de cette Sonate demeurent mystérieuses : nous savons seulement qu'elle fut achevée le 12 décembre 1785 (quatre jours seulement avant le grand concerto pour piano dans le même ton, *K. 482*), et publiée l'année suivante par Hoffmeister. Il est vraiment difficile de comprendre le jugement très dur d'un Girdlestone qui va jusqu'à parler de « musique galante de salon », car il s'agit d'une œuvre pleine de virile énergie, d'une ferme structure et d'une insondable profondeur dans son admirable *Adagio* central qui adopte la tonalité « rare » de *la* bémol majeur et nous mène à travers un labyrinthe de modulations osées, dont une enharmonie forme le sommet. Cet *Adagio* est précédé d'un *Allegro molto* de rythme ternaire, d'une concision et d'un équilibre parfaits, au cours duquel apparaît soudain le fameux motif de quatre notes, qui hanta Mozart durant toute sa vie et qui devait fêter son apothéose dans le finale de la *Symphonie « Jupiter ».* La Sonate se termine par un Thème et six Variations *Allegretto*, dont la robuste veine populaire rappellerait plutôt le jeune Beethoven que l'« aristocratique » Mozart. Souvenons-nous cependant de Papageno !

Durée d'exécution : 22 minutes environ.

Sonate en *la* majeur (K. 526)

La plus grande des *Sonates pour violon* de Mozart ; elle fut terminée le 24 août 1787, deux semaines après la célèbre *Petite Musique de nuit*. C'est la dernière composition avant l'achèvement de *Don Juan* créé à Prague le 29 octobre suivant. Ce chef-d'œuvre réalise une synthèse parfaite de la noble polyphonie des Sonates de J.S. Bach et du nouveau style « concertant » de Mozart lui-même. De ce point de vue, son importance historique est comparable à celles de la grande *Messe en* ut *mineur* (*K. 427*) de 1783. Jamais Beethoven n'égala la perfection et l'équilibre harmonieux de *K. 526* !

1. Le **MOLTO ALLEGRO** initial, très animé, en mesure 6/8, démarre sur un thème de « chasse », auquel succèdent non moins de *quatre* autres idées mélodiques. Malgré cette abondance thématique, il demeure d'une parfaite concision, base son développement audacieusement modulant sur le premier et le cinquième thèmes seulement, et ne fait suivre sa réexposition quelque peu modifiée d'aucune coda.

2. À ce morceau, d'une intense vitalité, succède un **ANDANTE** en *ré*, d'une suprême sagesse et d'une sérénité sublime. Son écriture, sévèrement polyphonique, en souligne le détachement altier, d'autant plus émouvant qu'il est l'œuvre d'un jeune homme de trente et un ans. Alfred Einstein écrit : « Ce mouvement lent réalise un tel équilibre de l'âme et de l'art, qu'on dirait que Dieu le Père a fait cesser tout mouvement pour une minute d'éternité, afin de permettre à tous les Justes de goûter l'âpre douceur de l'existence ».

3. Le **Presto** final, ample et plein d'esprit, dépassant même l'exubérance du premier mouvement, se présente comme un *Rondo* élargi et assez complexe dont le refrain initial, traité en pur contrepoint à trois voix à la manière de Bach, dissimule son visage mélodique derrière la polyphonie. Il y a deux autres thèmes importants, dont le premier fait même mine de supplanter celui du début. Une vigoureuse coda mène la Sonate — et la production tout entière de Mozart pour violon et piano — à un éclatant sommet.

Durée d'exécution : 26 minutes environ.

Désormais, aucune avance nouvelle n'était plus possible dans ce domaine. Aussi Mozart n'écrivit-il plus jamais de *Sonate pour violon et piano*, et sa seule œuvre postérieure unissant les deux instruments est une modeste **«Sonatine» en *fa* majeur, K. 547**, écrite dans un but éducatif. Cette charmante petite composition fut terminée le 10 juillet 1788, deux semaines après sa sœur jumelle pour piano seul, la *Sonate «facile» en* ut *majeur, K. 545*. Ce sont là de petits intermèdes de détente au milieu de la composition des trois dernières grandes Symphonies. Mozart lui-même intitule *K. 547* « une petite Sonate pour piano pour les débutants, avec un violon », et ceci indique que le violon reprend une fois encore le rôle effacé d'accompagnateur. De fait, les deux derniers de ses trois mouvements furent presque certainement conçus à l'origine pour piano seul, la modeste partie de violon ayant été surajoutée. Les trois mouvements conservent la même tonalité, procédé évoquant les Sonates d'enfance. Mais malgré toutes ces limitations apparentes, cette œuvre n'est nullement négligeable. Son *Andante cantabile* d'ouverture (de forme rondo, chose rare pour un premier mouvement) témoigne d'un humour délicieux, et certaines des variations de l'*Andante* final (celui-ci succède à un *Allegro* médian) sont du plus pur style « tardif » de Mozart, — par exemple la troisième, aux modulations exquises. Quant à la plus belle, la cinquième en *fa* mineur, sa rédaction pour piano seul était d'une telle perfection que le compositeur s'avéra incapable de lui adjoindre le moindre « accompagnement » de violon !

DEUX DUOS POUR VIOLON ET ALTO

Entre juillet et octobre 1783 Mozart, désireux de présenter sa jeune épouse Constance à son père, séjourna à Salzbourg où il fit entendre sa *Messe en* ut *mineur*, le 25 août. Il retrouva son vieil ami Michael Haydn, persécuté par l'archevêque Colloredo : tombé malade, il n'avait pu achever une série de six *Duos* commandés par l'archevêque qui, par représailles, avait fait suspendre son traitement. Mozart, généreux selon son habitude, et heureux de résister à la tyrannie de Colloredo, se mit au travail et, deux jours plus tard, apporta à Haydn les deux *Duos* manquants. Il prit sans doute la tâche à cœur, car de retour à Vienne en décembre 1783, il les réclamait à son père. Les quatre *Duos* de Michael Haydn, publiés en 1911, montrent la distance qui les sépare de ceux de Mozart : ce sont de minces divertissements où l'alto se borne à accompagner. Mozart place, au contraire, les deux archets sur un pied d'égalité, et leur confie une lourde tâche polyphonique : les sonorités sont si amples qu'on croit parfois retrouver un écho des deux *Quatuors dédiés à Haydn* qu'il vient de terminer. Un rapprochement avec la *Symphonie concertante en* mi *bémol* écrite quatre ans plus tôt, et où les deux instruments jouaient un rôle de soliste, s'impose également. Quant à la richesse de l'écriture contrapuntique, il faut y voir une fois encore le fruit de l'étude de Bach menée par Mozart depuis un an. La première édition parut chez Artaria, à Vienne, en 1792.

Duo en *sol* majeur (K. 423)

1. Allegro (*sol* majeur, à 4/4) : le premier morceau, brillant, comprend trois thèmes : un motif descendant en doubles croches, suivi d'un conséquent au rythme pointé, joué *piano*, et deux idées modulant au ton de la dominante, — chacune étant reprise en écho par l'alto. Le second thème est une souple invention à deux voix, d'un beau contrepoint. Le développement commence sur une idée étrangère à l'exposition, en doubles cordes à trois ou quatre parties, suivie d'imitations modulantes. Une transition très travaillée, sur un dessin syncopé, amène la reprise considérablement variée et amplifiée.

2. Adagio (*ut* majeur, à 3/4) : page d'une grande envolée poétique, qui annonce en maint endroit le *Divertimento pour cordes* de 1788. Le violon chante une magnifique cantilène de onze mesures, aussitôt reprise en *sol* majeur par l'alto. Après douze mesures d'intermède, le violon reprend le thème une octave plus bas, enjolivé de quelques ornements.

3. Rondeau (*sol* majeur, à 2/2) : toute empreinte de « galanterie » (Mozart utilise à dessein l'orthographe française), cette page est construite en réalité en rondo-sonate. Le refrain, en notes répétées, est accompagné d'un contrepoint renversable en croches ostinato ; puis le violon et l'alto (une octave plus bas) échangent ces deux éléments. Après une ritournelle en triolets, l'alto en doubles cordes lance le premier couplet, — sorte de fanfare de cors reprise par les deux instruments. Après un retour du refrain, toujours double, apparaît un savant canon à l'octave, en *mi* mineur, basé sur une sixte descendante, puis un épisode plus tendre en *sol* mineur, avec d'expressifs chromatismes par mouvement contraire ; un second canon en *sol* mineur introduit la reprise du refrain, suivi d'une réexposition du premier couplet en *sol* majeur et d'une brillante coda.

Durée d'exécution : 17 minutes environ.

Duo en *si* bémol majeur (K. 424)

1. Adagio (*si* bémol, à 4/4) — **Allegro** (*si* bémol, à 3/4) : ce deuxième *Duo* s'ouvre sur une introduction majestueuse, dans le style « pointé » qui évoque toujours chez Mozart une sorte de solennité baroque ; après les premiers grands unissons, apparaît un bref motif pointé, orné d'un trille, auquel répondent les appels énergiques du violon en doubles cordes, sur la basse grondante, en triple croches, de l'alto. Le premier thème de l'*Allegro*, très composite, est exposé en partie sans accompagnement. Dans le « pont » modulant en doubles croches au violon, l'alto reprend le motif pointé avec le trille qui figurait dans l'*Adagio*. Le second thème, également orné, est repris à l'octave par l'alto. La coda présente un nouveau petit motif gracieux. Après une double cadence en *fa* majeur puis mineur, un peu à la manière de Haydn, le développement introduit, sur une modulation abrupte en *ré* bémol, un nouveau thème, d'une suave intensité, qui s'élève peu à peu par paliers modulants ; il est suivi d'un canon très serré en doubles croches, traité en scherzo, dont les phrases s'achèvent sur un échange de courtes fusées en triples croches. Cette deuxième partie est également munie de barres de reprise, — après quoi la coda reprend avec humour le thème qui fermait la première partie.

2. Andante cantabile (*mi* bémol majeur, à 6/8) : page d'une poésie intense, cette sicilienne mélancolique est très proche du mouvement lent de la *Symphonie « Linz »* (dans le même mètre) que Mozart composa à son retour de Salzbourg. D'un seul tenant et sans reprises, elle comprend deux grands panneaux ; le premier, une belle phrase de douze mesures, longuement chantée, possède une sorte de plénitude sonore due à l'emploi constant des doubles cordes à l'alto. La deuxième, plus diverse, utilise les registres aigus du violon, et lui laisse, sur un point d'orgue, la possibilité d'une cadence (comme le faisait Michael Haydn).

3. Variations (Andante grazioso en *si* bémol majeur, à 2/2) : six variations très élaborées ferment ce deuxième duo ; le thème, en noires paisibles, orné d'appogiatures, repose sur un accompagnement qui n'est pas exempt de chromatismes. La *première variation*, en triolets au violon, est purement décorative, mais avec la *deuxième*, traitée en canon, nous retrouvons les préoccupations d'écriture chères à Mozart. Les *variations 3* et *4* reprennent le système utilisé par Mozart dans les thèmes variés pour piano où chaque main (ici le violon, puis l'alto) se voit confier une variation brillante en doubles croches. La *cinquième variation*, une invention très recueillie, tire du thème un motif syncopé, alangui, en imitations. Mozart n'écrit pas de variation en mineur, comme il a coutume de le faire. La *dernière variation* s'anime peu à peu, passant de l'*Allegretto* à un *Allegro* vif à 3/8.

Durée d'exécution : 20 minutes environ.

Sonate pour basson et violoncelle en *si* bémol majeur (K. 292)

Le 13 janvier 1775 Mozart dirige à Munich son opéra *la Finta Giardiniera*, commande de l'Électeur Maximilien III ; il semble avoir alors rencontré un riche amateur, le baron Thaddeus von Dürnitz, pour lequel il compose la *Sonate pour piano en* ré *K. 284*, deux *Concertos pour basson* aujourd'hui perdus, et la *Sonate en* si *bémol pour basson et violoncelle*. Peut-être s'agit-il là d'une sorte d'échantillon de son style, servant de démonstration avant les deux concertos, et destiné au baron. Mais il n'est pas impossible qu'il l'ait écrite à Salzbourg, avant son départ, à l'intention du même interprète à qui il avait offert en juin 1774 le *Concerto pour basson, K. 191*, déjà en *si* bémol majeur, et qui présente mainte ressemblance avec ladite *Sonate*. Elle fut publiée pour la première fois par Breitkopf et Härtel, à Leipzig, en 1805.

Par l'inspiration elle s'apparente aux *Sonates pour piano* dites « galantes » (*K. 279-284*), écrites dans un style proche de celui de Haydn, mais traité avec une certaine sécheresse. Le violoncelle se borne à un simple accompagnement, avec quelques imitations fugitives çà et là. L'écriture du basson, plus brillante que réellement difficile, fait usage des grands écarts de registre caractéristiques du style viennois. L'*Allegro*, à 4/4, élégant, aligne quelques petits motifs très différenciés : thème pointé, notes répétées en triolets, gammes en doubles croches. Un bref développement de dix-huit mesures, basé sur la cadence conclusive de la première partie, précède la réexposition intégrale. L'*Andante* (*fa* majeur, à 3/4), très bref, est en deux parties séparées par un très court développement ; le dialogue s'y fait plus tendre. Le *Rondo*, sur un refrain très rythmé, est suivi d'un couplet en *fa*, et, après la reprise, d'un couplet plus mélancolique en mineur, où la basse en doubles croches s'anime, — la dernière apparition du refrain étant agrémentée de dialogues spirituels en doubles croches.

LES TRIOS POUR PIANO, VIOLON ET VIOLONCELLE

Divertimento (Trio n^e^ 1) en *si* bémol majeur (K. 254)

L'œuvre comporte un *Allegro assai* (*si* bémol majeur, à 3/4), un *Adagio* (*mi* bémol majeur, à 4/4), et un *Rondo, tempo di Minuetto* (*si* bémol majeur, à 3/4).

Moins d'un mois après l'achèvement de la *Sérénade « Haffner »*, en août 1776, Mozart compose à Salzbourg sa première œuvre pour piano et cordes intitulée sur le manuscrit : « *Divertimento a 3 per cembalo, violino e violoncello, del Caval. A. W. Mozart, nel Agosto 1776 in Salisburgo.* » Manuscrit insolite par la présentation, puisque la partie de piano est placée entre le violon et le violoncelle. Mozart attache sans doute quelque importance à cette œuvre, puisque durant le voyage à Paris de 1778 il la fera publier chez Heina sous ce titre pittoresque : « *Divertimento pour le clavecin ou forte-piano a Compagnemment violino e violoncello.* » Il se contente pourtant ici de reprendre sagement une formule utilisée par Michel et Joseph Haydn, par Schobert à Paris, et par C.P.E. Bach : la sonate pour piano avec accompagnement de deux archets, le violoncelle en particulier se bornant le plus souvent à doubler la main gauche du piano. Musique à mi-chemin entre deux mondes, pourrait-on dire, — le divertissement superficiel et la simple sonate pour piano (Mozart renonce à tout effet de virtuosité concertante) : en cette année un peu vide et désœuvrée de ses vingt ans à Salzbourg, il se consacre à cette musique « galante » sans y mettre beaucoup de lui-même. On notera toutefois la qualité exceptionnelle de l'*Adagio* central en *mi* bémol, avec les arabesques en triples croches de l'accompagnement et la mélodie d'une grande poésie.

Durée d'exécution : 21 minutes environ.

Trio en *sol* majeur (K. 496)

Mozart, qui a terminé en juin 1788 son deuxième et dernier *Quatuor avec piano*, signe le 8 juillet 1786 ce *Trio*, qui est en réalité la première œuvre importante de ce genre ; ni le *Divertimento* écrit dix ans auparavant, ni les fragments (*K. 442*) rassemblés par l'abbé Stadler ne constituent un précédent de poids. En 1786, Mozart entre dans une période où il va épuiser les possibilités d'un genre, l'un après l'autre ; la série des grands *Quatuors* touche à sa fin, les *Quintettes* vont surgir au printemps 1787 ; nettement séparés, les deux cycles de *Trios* voient le jour en 1786 et 1788. Le genre est alors en pleine expansion à Vienne, expansion due à la vogue croissante de pianoforte dans tous les milieux de la société. Des éditeurs comme Artaria ou Hoffmeister publient après 1780 une foule de trios destinés à des amateurs. Le genre a donc ses règles : une partie de piano point trop difficile et dont la maigreur sonore est masquée par les archets : le violon soutient la ligne de chant et le violoncelle, privé d'indépendance, renforce la basse. Les *Trios* de Mozart, écrits pour des amis, diffèrent entièrement des œuvres « sérieuses », *Quatuors* ou *Quintettes* pour cordes, mais aussi des deux *Quatuors avec piano*, plus proches du concerto. Ils furent composés dans des circonstances qui demeurent souvent obscures. Le manuscrit de *K. 496*, surchargé de ratures et de corrections à l'encre rouge, tend à prouver que l'œuvre fut d'abord conçue comme sonate pour piano, et que Mozart ajouta par la suite les parties de cordes. La première édition parut en 1787 chez Hoffmeister, à Vienne.

1. **Allegro** (*sol* majeur, à 4/4) : le premier mouvement, un *Allegro* fougueux, retrouve la force de pages antérieures (tel le premier des *Six Quatuors dédiés à Haydn*) composées dans cette tonalité. Pendant dix-sept mesures le piano expose seul le thème principal, très étendu et basé sur une gamme ascendante de *sol* majeur; ce thème est repris par le violon en dialogue avec le piano, en écho, comme sa ligne très fragmentée le laissait prévoir. Après un « pont » modulant en doubles croches, le second thème apparaît en *ré* majeur, au piano, accompagné en tierces par le violon. Le conséquent, assez étendu, est partagé entre les deux instruments, — le violoncelle se bornant, durant toute cette exposition, à doubler la main gauche du piano. Le développement, aux modulations dramatiques, met fin à cet isolement; la gamme, ou tête du premier thème, s'élance en *si* majeur : dialoguée entre la main gauche du piano et le violoncelle, elle module puis passe bientôt à la main droite et au violon, qui répètent le processus. La réexposition est à peine entamée, quand le violon s'empare du thème et l'amplifie de telle sorte, en lui faisant subir maintes modulations, que l'on croit assister à un second développement. Le second thème est repris en *sol* majeur, et la coda conclut très simplement.

2. **Andante** (*ut* majeur, à 6/8) : d'une écriture très fouillée, l'*Andante* est dominé par un seul motif, — motif caractérisé par la répétition d'un dessin de six triples croches, dont la simplicité et l'aspect fragmenté vont permettre à Mozart de donner libre cours à ses ambitions contrapuntiques. Les quatre premières mesures, énoncées par le piano, modulent vers la dominante; le conséquent, au violon, revient à la tonique. Le premier développement, au piano, est timidement rehaussé d'échos du violon; mais ensuite, par une série de modulations hardies vers les tons bémolisés, le piano entame une longue redite de la dernière mesure du thème, sous des imitations serrées des deux archets. Un petit sujet nouveau en triples croches apparaît alors, en *sol* majeur, au piano, puis aux cordes; il amène une reprise du thème en *ut* mineur, suivi d'un développement plus dramatique, où le thème est assorti d'un contre-chant ascendant en tierces chromatiques. Lors de la réexposition, le motif en triples croches donne lieu à des imitations serrées entre le piano et le violon. Le second thème est repris, et vers la fin Mozart resserre encore autant qu'il est possible les imitations en triples croches (jusqu'à cinq dans une seule mesure).

3. **Allegretto** (*sol* majeur, à 2/2) : les variations finales, gracieuses, exploitent un thème de gavotte, d'une grande simplicité, muni de barres de reprise. Joué par le piano puis repris au violon, il s'élève depuis la dominante, ornée d'un gruppetto, sur l'arpège de tonique. La seconde partie du thème offre la particularité d'enchaîner cinq accords de septième de dominante, avant de conclure. L'intérêt des variations va croissant : la première, teintée de chromatisme, tire du thème un paisible dialogue en croches aux deux mains, repris ensuite en écho par les cordes. La deuxième, ornementale, est confiée au violon sur un accompagnement *legato* en croches au piano. Dans la troisième, le piano se taille la part du lion, avec un mouvement perpétuel en doubles croches, plein de brio et parsemé de gammes chromatiques. Le thème s'y profile délicatement aux cordes. Bien plus poétique, et d'une étrange beauté, la variation en mineur superpose un triple ostinato : quartes descendantes en noires au violoncelle et pédale de dominante brodée au violon soutiennent les entrelacs de croches au piano, — tout cela joué *legato* et dans la nuance *piano*. Dans la variation *Adagio*, le thème est délicatement ajouré, au piano seul, puis dialogué de façon très expressive par le piano et le violon. La dernière variation retrouve le tempo initial; le thème au piano est agrémenté d'arpèges en doubles croches, mais Mozart l'interrompt brusquement pour faire reparaître, en majeur cette fois, la polyphonie mystérieuse de la quatrième variation dont on sent ici l'importance.

Durée d'exécution : 26 minutes environ.

Trio en *si* bémol majeur (K. 502)

Achevé à Vienne le 18 novembre 1786, quelques jours avant le *Concerto pour piano en* ut *majeur K. 503* et la *Symphonie « Prague »*, le *Trio en* si *bémol* fut publié par

Artaria à Vienne en novembre 1788, sous le numéro d'*op. 15*. Apparenté au *K. 496*, ce *Trio* présente toutefois une plus grande concentration d'idées, et correspond davantage à la conception moderne du genre, — le violoncelle en particulier quittant son rôle de doublure.

1. Allegro (*si* bémol majeur, à 4/4) : Mozart fait preuve ici d'une grande liberté formelle, puisqu'il écrit un allegro de sonate, monothématique par l'exposition, où cependant un second thème intervient, mais seulement après la barre de reprise, — formant donc une sorte d'interlude qui précède le développement. Le choix de la tonalité « militaire » de *si* bémol lui souffle pour le premier thème l'idée des tierces chromatiques, proches de celles qui ouvraient le *Concerto pour piano K. 450* deux ans auparavant :

On remarquera la brève cellule présentée par le violon et qui divise les deux moitiés du thème, — car elle va jouer un rôle essentiel. Le thème, confié au piano, est redit, mais tronqué, et module aussitôt vers *sol* mineur. Piano et violon dialoguent sur la cellule signalée plus haut ; un « pont » en doubles croches mène à une redite du thème au ton de la dominante, dans l'aigu du piano. Tout ce passage, très travaillé, semble à l'avance remplacer le développement absent. Le thème passe ensuite aux cordes, sur un contre-chant orné de trilles, puis donne lieu à une élaboration contrapuntique au piano qui engendre des frottements harmoniques audacieux. Les cordes le reprennent en écho, en *ré* mineur, sur un accompagnement en doubles croches très concertant. Le piano tire de cette idée une cadence brillante, mais toujours d'une écriture fouillée. Après la barre de reprise, au lieu du développement attendu, intervient un véritable second thème, en *fa*, joué *sotto voce* par le violon. Le piano et le violoncelle le reprennent ensuite en tierces, puis il disparaît. Le vrai développement commence alors, et reprend les éléments présentés à la fin de l'exposition ; on peut donc parler de double développement, réparti avant et après la barre de reprise. La réexposition constitue un intéressant exemple de concentration du matériau présenté dans la première partie.

2. Larghetto (*mi* bémol majeur, à 3/4) : très proche de l'*Andante* du même *Concerto K. 450*, cette page très poétique en reprend le plan : un thème suivi de deux variations séparées par un interlude et suivies d'une coda. Le piano expose seul le beau thème orné, qui s'élève sur une basse ascendante par degrés conjoints, et conclut à la dominante ; il est repris par le violon, qui conclut sur la tonique. Notons qu'on peut trouver une certaine ressemblance entre ce thème et celui qui ouvre l'*Andante* de la *Sonate en* si *bémol op. 9 n° 1* de Clementi, publiée à Vienne en 1783. Après un motif secondaire, modulant, la première partie est reprise avec un surcroît d'ornements, sur un accompagnement en arpèges au piano qui en accentue le charme poétique. Un nouveau thème intime, recueilli, apparaît en *la* bémol majeur au piano, sur une longue tenue de dominante au violoncelle. Le premier thème subit une dernière métamorphose accompagnée en arpèges au piano, plus expressive encore, et suivie d'une coda.

3. Allegretto (*si* bémol majeur, à 4/4) : c'est le premier mouvement de trio signé par Mozart où le violoncelle s'émancipe suffisamment pour s'associer au violon et rivaliser de façon efficace avec le piano. Cet important finale, construit en forme de rondo-sonate, s'ouvre sur un rythme de gavotte ; le thème modulant, doté d'un accompagnement syncopé très gracieux, est présenté par le piano puis par les cordes. Le « pont » modulant du piano, en triolets, introduit une seconde idée, en *fa* majeur au violon, qui emprunte au mode mineur sa couleur particulière. Un premier développement travaille la tête du premier thème en *sol* mineur, sur un accompagnement en triolets au piano ; puis les rôles sont inversés : le piano se lance dans une combinaison contrapuntique hardie, où la première et la troisième mesures du premier thème sont exposées par les deux mains ! Le premier thème est alors repris, et immédiatement suivi d'un nouveau développement ; ce sont, cette fois, les quatrième et cinquième mesures qui sont travaillées. Quant à la tête du thème, elle donne lieu à de belles imitations des cordes, sur une course de triolets au piano. Le second thème est alors repris en *mi* bémol, puis splendidement développé à la main gauche du piano sous les triolets de la main droite. Le premier thème lui succède dans ce développement, et amène la réexposition inchangée, — hormis les mutations tonales de rigueur. Mais la fièvre contrapuntique de Mozart n'est pas éteinte : il se livre dans la coda à une nouvelle joute de développement, épuisant les ressources de ses thèmes, avec une audace et une vigueur surprenantes.

Durée d'exécution : 23 minutes environ.

Trio en *mi* majeur (K. 542)

La seconde série des grands *Trios* voit le jour durant l'été et l'automne de 1788, alors que Mozart se trouve dans une situation matérielle fort pénible ; l'on peut penser qu'il compte en tirer de l'argent rapidement, comme le confirme l'édition presque immédiate parue chez Artaria dans la même année. C'est encore à son ami Michael Puchberg, un frère de loge qui lui vient souvent en aide, qu'il les propose tout d'abord. Le 17 juin 1788, il lui offre de jouer ce *Trio en* mi *majeur*. Puis au mois d'août, il l'envoie à sa sœur Nannerl, à Salzbourg, en lui conseillant de le jouer avec Michael Haydn à qui « il ne devrait pas déplaire ». Les *Trios K. 542, 548* et *564* voisinent avec la grande trilogie des trois dernières *Symphonies* (*K. 543, 550* et *551*). Le *Trio en* mi *majeur* est daté du 22 juin 1788, quatre jours avant la *Symphonie en* mi *bémol*. C'est la seule œuvre de Mozart conçue dans la tonalité de *mi* majeur, qu'il utilise par ailleurs dans certains décors « magiques », comme l'air de Sarastro dans *la Flûte enchantée* (« *In diesen heiligen Hallen* ») ou le duo de *Don Giovanni* (« *O Statua gentilissima* »). Par ses modulations osées, ses harmonies audacieuses, ce *Trio* occupe une place à part : Chopin, qui l'aimait particulièrement, le joua souvent en concert.

1. Allegro (*mi* majeur, à 3/4) : ce premier mouvement, intensément poétique, d'une texture fine, transparente, offre des courbes mélodiques très gracieuses, infléchies par les chromatismes. On observe d'emblée, par rapport aux *Trios* de 1786, une écriture plus concertante et une émancipation accrue de la partie de violoncelle. Le premier thème, basé sur un jeu de tierces descendantes, est présenté d'abord au piano :

Très carré, il s'élance par deux fois de la tonique, puis de la dominante. Le piano l'abandonne ensuite au violon, et lui ajoute une gamme ascendante en doubles croches, — les tierces se transformant en traits de doubles croches à la main droite. Un court motif complémentaire, posé sur une pédale de tonique, apparaît au piano, relayé par le violon, et forme un « pont » qui s'arrête de façon abrupte sur une gamme descendante (dominante de *si* majeur). Le second thème est apparenté au premier, dans la mesure où l'accompagnement (en croches *legato* au piano) reprend en diminution la deuxième mesure du premier thème. La mélodie chantée *dolce* au violon suit encore à la sixte le piano, puis les deux partenaires échangent leurs rôles. L'intervention du violoncelle, qui reprend le second thème par le biais d'une modulation hardie en *sol* majeur, crée un effet dramatique. D'autres modulations au piano, plus rapprochées, ramènent le ton de la dominante, et la codetta s'achève sur la tête du premier thème ; il faut souligner l'originalité formelle de ce mouvement : le second thème se lance immédiatement après sa présentation dans un travail contrapuntique intense (digne de figurer dans un développement). Mais le développement proprement dit, ignorant les deux thèmes principaux, s'ouvre par des imitations sur un motif secondaire, un intervalle de quinte descendante, présenté par le violon dans l'exposition. Affublé d'un petit complément orné, il va déclencher une chaîne d'imitations modulantes (vers *sol* dièse mineur) amplifiées par un jeu arpégé du piano, qui amènent peu à peu la réexposition. Tout d'abord inchangé au piano, le thème passe en mineur lors de l'entrée des cordes, et les quintes descendantes donnent lieu ici à un nouvel éclairage. Le second thème est présenté cette fois par les cordes, mais sa reprise au violoncelle, en *ut* majeur, est encore plus dramatique.

2. Andante grazioso (*la* majeur, à 3/4) : d'une mélancolie très touchante dans sa simplicité, le thème de ce rondo, joué au piano, n'est pas sans offrir quelque ressemblance avec le mouvement lent de la *Symphonie en* mi *bémol* conçue dans le même temps ; si l'on ôte ici l'anacrouse, on en retrouve le rythme exact :

De même, lors de la reprise, le thème reste au piano, alors que les cordes présentent un contre-chant neuf, comme dans la *Symphonie* ; le premier couplet, au ton de la dominante, est présenté de la même façon, avec un contre-chant en imitations aux cordes. Une cadence en arabesques de triples croches au piano amène le refrain qui module presque aussitôt en mineur, le piano accompagnant en délicats arpèges de triolets, — tandis que la main gauche dialogue avec le violon. Après une cadence en triples croches du violon puis du piano, le refrain reparaît une dernière fois, suivi d'une coda.

3. Allegro (*mi* majeur, à 2/2) : ce finale gracieux est très largement conçu et traité dans le style concertant. Le premier thème, de huit mesures, est joué *dolce* par le piano qui accompagne ensuite en simples batteries la reprise au violon. Un intermède modulant introduit en *si* majeur deux idées : un motif impérieux en blanches à l'unisson et un dessin chromatique en croches au piano, repris en imitations par le violon, et qui affirme la dominante de *si* majeur. Le second thème, une série de triolets au violon, s'apparente au concerto. Le piano seul en tire une variation en doubles croches, puis une série d'imitations sur la tête du premier thème amorce peu à peu le retour de ce dernier. Mais, après sa redite au violon, il bifurque vers la sous-dominante. Un « pont » modulant, basé sur la dernière mesure de sa présentation violonistique, se dirige alors vers *ut* dièse mineur. Un troisième thème, nostalgique, très simplement chanté par le violon, apparaît ici. Le piano en tire un souple motif chromatique descendant. Le premier intermède modulant amène la réexposition du second thème au ton principal, suivi de sa variante pianistique inchangée et du « pont » en écho, sur la tête du premier thème qui revient sous sa forme première. La coda brillante utilise des formules concertantes, avec des traits en tierces ou sixtes aux deux archets.

Durée d'exécution : 20 minutes environ.

Trio en *ut* majeur (K. 548)

Entre la *Symphonie en* mi *bémol* et la *Symphonie en* sol *mineur*, Mozart compose quelques œuvres de moindres dimensions, mais non de moindre importance : la *Sonate « facile » en* ut *majeur pour piano K. 545*, le *Prélude et Fugue en* ut *mineur pour cordes K. 546*, et ce *Trio*, daté du 14 juillet 1788. Avant la fin de l'année l'éditeur viennois Artaria publiera sous le numéro d'*op. 15* ce *Trio* (avec les *K. 502* et *542*).

1. Allegro (*ut* majeur, à 4/4) : cet *Allegro* s'ouvre sur un thème martial, construit sur l'arpège d'*ut* majeur, et présenté en grands unissons par les trois instruments ; le conséquent plus discret, joué par le piano seul, est repris ensuite par les cordes :

Un « pont » en doubles croches *forte* et basse d'Alberti, au piano, mène à la dominante de *sol* majeur pour le second thème qui emprunte au premier ses croches détachées ; la codetta, basée sur la tête du premier thème, conclut avec vaillance en *sol*, non sans rappeler l'air de Figaro, « *Non più andrai...* ». Le développement, très ingénieux, travaille tout d'abord ce même motif en imitations ; mais Mozart ajoute une petite cellule inédite jusqu'alors, au chromatisme descendant, plaintif, insérée entre les diverses apparitions du premier thème et soumise comme lui à un travail contrapuntique. Puis, après une cadence sur la dominante de *la* mineur, commence le développement canonique de la queue du premier thème, qui amène la réexposition. La seule modification notable est ici la présentation en mineur de la fin du premier thème ; mais, dans la coda, Mozart reprend la cellule neuve apparue dans le développement, et, après cette dernière touche d'inquiétude, conclut très brillamment.

2. Andante cantabile (*fa* majeur, à 3/4) : le thème principal, joué au piano, comprend deux éléments distincts nettement séparés ; quatre mesures d'un dessin ascendant, en sixtes, puis un conséquent pointé posé sur une basse d'Alberti avec pédale de tonique. Seul ce conséquent est repris au violon ; le piano le développe ensuite en modulant vers la dominante et le violoncelle s'en empare, avec une indépendance et une expression — dans le registre aigu — encore rarement présentes dans ces *Trios*. Un effet de surprise ouvre le développement (une modulation en *sol* mineur qui n'aboutit pas) ; le thème est à peine évoqué, seule sa troisième mesure (gamme en triples croches) est soumise à un échange constant entre les deux archets. Le piano se livre de son côté à un accompagnement très libre et modulant, en se dirigeant peu à peu vers la dominante de *ré* mineur, qui amène étrangement la reprise du thème principal en *fa*. Les motifs sont répartis de façon différente entre les instruments ; le violoncelle se charge encore de la conclusion, mais la coda est précédée d'une cadence originale, un échange de soupirs entre le violon et le piano, suivi d'une coda.

3. Allegro (*ut* majeur, à 6/8) : ce joyeux rondo final repose sur un thème dansant, vif, nettement découpé en quatre sections par des soupirs. Aussitôt repris *forte* par le violon, sur des harmonies spirituelles, il est suivi d'un motif secondaire au piano, plus lié, accompagné en accords brisés, repris lui aussi par le violon, sur des arpèges en doubles croches du piano. La conclusion de ce motif, un arpège, sert ensuite de monnaie d'échange entre les cordes, le piano répondant par une ritournelle en gammes de doubles croches qui modulent vers la dominante. Le refrain, annoncé par une demi-cadence, repart de plus belle. Le couplet suivant, en mineur, comprend deux parties, encadrées par des barres de reprise ; il s'inspire d'un élément du rondo. La ritournelle en gammes de doubles croches reparaît au piano, et ramène, comme précédemment, le refrain, qui est ici orné de petites appogiatures amusantes. La réponse au violon est également variée avec esprit, et la coda conclut dans la bonne humeur.

Durée d'exécution : 22 minutes environ.

Trio en *sol* majeur (K. 564)

Un mois exactement après le *Divertimento K. 563*, Mozart achève son dernier *Trio*, le 27 octobre 1788. Œuvre assez facile, destinée encore à Puchberg, et que Mozart improvise à partir d'une sonate pour piano à laquelle il ajoute des parties de cordes. D'où les dimensions assez restreintes, une écriture plus simple que dans les *Trios* précédents, et des alliages de timbres sans doute moins précieux ; c'est l'équivalent en musique de chambre de la fameuse *Sonate « facile » K. 545* achevée durant l'été précédent, avec la même richesse mélodique, la même innocence.

1. **Allegro** (*sol* majeur, à 4/4) : le premier thème, séquentiel, est posé sur des tenues de cordes. Il offre la particularité de s'appuyer uniquement sur la tonique et la sous-dominante. Lors de la reprise aux cordes, l'accompagnement en doubles croches du piano modifie cette harmonisation. Ce mouvement perpétuel en doubles croches se transforme en « pont » ; le violon expose en *ré* majeur le second thème, une contredanse légère et gaie. Le développement débute par un changement d'éclairage et un nouveau thème (trois noires descendantes) en *ré* mineur que se renvoient le piano et le violon. Après une transition en *mi* mineur, le second thème est développé en *ut* majeur. La réexposition s'effectue sans autre changement notable que la reprise du second thème par le violoncelle.

2. **Andante** (*ut* majeur, à 3/8) : si l'on compare ce cycle de variations à celui du *Divertimento en* mi *bémol*, écrit un mois plus tôt, on est frappé par sa brièveté, son innocence. L'ambition de Mozart ici vise la limpidité, une certaine transparence sonore qui nous rapproche de *la Flûte enchantée*. Le thème très simple, ténu, de huit mesures, module naïvement à la dominante. La première variation est confiée au violon, avec un bref écho esquissé au violoncelle, sur un contre-chant en doubles croches *legato* du piano ; la seconde est au violoncelle, les doubles croches passant à la main gauche du piano. Dans la troisième le chant, aux cordes, est légèrement orné, le piano déroule une chaîne de triolets. La quatrième est un gracieux dialogue entre les deux mains du piano, en imitations, repris par les cordes en écho. Plus sombre, la variation mineure reprend les imitations au piano, — les cordes n'apportant cette fois qu'une brève formule cadentielle. La variation conclusive, brillante comme il se doit, propose une diminution très vive du thème au violon, sur un accompagnement volubile en triples croches au piano.

3. **Allegretto** (*sol* majeur, à 6/8) : ce rondo gracieux adopte la forme ABACA. Le piano expose seul le refrain A, au rythme de sicilienne, qui est repris et un peu corsé par les cordes. Il est développé en *ré*, puis repris. Le premier couplet, en mineur, est en réalité la variante du refrain ; la première partie, au piano, module vers *si* bémol, la seconde, au violon, revient en *sol* mineur ; toutes deux sont reprises. Le refrain reparaît au piano, puis au violon sur un nouvel accompagnement en doubles croches. Une courte transition modulante amène le second couplet, en *ut* majeur, chanté par le piano, et accompagné en accords syncopés des cordes. Repris par le violon puis à nouveau au piano, il conclut enfin dans le ton principal. Ce même intermède va connaître alors une sorte de prolongement, compris entre des barres de reprise ; la dernière mesure, développée en imitation, ramène le refrain. L'accompagnement renouvelé — un réseau d'arpèges par mouvement contraire en doubles croches *forte* — donne lieu à une sorte d'amplification qui s'achève sur une cadence du piano. La coda, qui travaille pour la première fois le refrain en imitations, rehausse ce finale un peu cursif.

Durée d'exécution : 18 minutes environ.

Trio pour piano, clarinette et alto («des Quilles»), en *mi* bémol majeur (K.498)

Dans les semaines qui suivent la création des *Noces de Figaro* à Vienne (1er mai 1786), Mozart se réfugie dans la musique instrumentale : le *Quatuor pour piano et cordes K 493*, le premier grand *Trio pour piano K 496* voient le jour, alors que Mozart affronte de sérieures difficultés. Des amis viennent à son secours : Anton Stadler, le clarinettiste à qui il dédiera plus tard un *Quintette* et un *Concerto*, Michael Puchberg, et ses amis Jacquin qui l'accueillent dans leur propriété ; il compose pour eux quelques divertissements dont le *Trio* dit *« des Quilles »*, ainsi nommé car écrit, si l'on en croit la tradition, durant une partie de quilles, dans le jardin des Jacquin (le manuscrit est daté du 5 août 1786).

Quelques jours plus tôt Mozart a écrit une belle *Sonate pour piano à quatre mains* (*K. 497*) destinée à la jeune fille de la maison, Franziska von Jacquin, et c'est elle sans doute qui jouera pour la première fois le *Trio* au piano, Mozart tenant lui-même l'alto selon son habitude, et Gottfried von Jacquin (ou Anton Stadler) la clarinette. L'amitié maçonnique et ses attributs ordinaires, la clarinette et le ton de *mi* bémol majeur, sont présents dans cette œuvre conçue loin de toute contrainte, dans la plus complète liberté. Toute imprégnée de tendresse, de poésie bucolique, elle renonce à l'éclat de la virtuosité, aux tempos contrastés, dans ses trois mouvements si proches l'un de l'autre, aussi proches que le sont les trois instruments qui évoluent dans une tessiture « centrale ». Seul Schumann reprendra cette formation si rare et précieuse dans ses *Märchenerzählungen op. 132*. La première édition paraît sous le numéro d'*op. 14* chez Artaria, en septembre 1788.

1. Andante (*mi* bémol majeur, à 6/8) : renonçant à l'éclat de l'Allegro d'usage, Mozart choisit un *Andante* intime, doucement bercé à 6/8, qui évoque à merveille les ombres et la fraîcheur d'une tonnelle, dans un jardin viennois au plus chaud de l'été. Le premier thème, avec son gruppetto caractéristique, est amorcé par le piano et l'alto, sous forme de question-réponse, en huit mesures ; puis il trouve sa forme parfaite à la clarinette, porté par les arpèges du piano, qui s'en empare à son tour, sur les arpèges de l'alto :

Après un « pont » modulant, sur la tête du thème, apparaît la seconde idée (*si* bémol majeur) très proche de la première ; elle est chantée par la clarinette, sur des batteries du piano. Quand le piano la reprend, en l'ornant du gruppetto du premier thème, la parenté devient évidente ; ce premier thème ne quittera d'ailleurs plus la place : sur les cent vingt-neuf mesures du mouvement, il revient quarante et une fois ! Un *fa* tenu par la clarinette sur des arpèges de l'alto précipite une cadence à la dominante, d'où le premier thème s'évade aussitôt vers le relatif de celle-ci, *sol* mineur, puis vers la dominante de *fa* majeur ; mais le second thème est repris inopinément en *la* bémol majeur, à la clarinette ; ce développement, poursuivi en *ut* mineur, atteint enfin la dominante du ton principal. Le premier thème, très resserré sur lui-même, est réexposé en canon avec un contrepoint supplémentaire en doubles croches partagé entre l'alto et le piano. Un jeu de modulations renouvelées amène le deuxième thème au ton principal, à l'alto cette fois. La coda, merveille de poésie, est accompagnée par une sourde broderie de la tonique dans le grave du piano.

2. Menuetto (*si* bémol majeur, à 3/4) : ce *Menuet* vigoureux, écrit dans un style serré, présente la particularité d'être attaqué en même temps par les trois instruments, — le piano seul finissant chaque période, la première à la dominante, la seconde, plus étendue, au ton principal. D'une expression plus intense encore, le trio, en *sol* mineur, tire son originalité un peu sombre d'une double broderie chromatique de la dominante, annoncée par la clarinette, suivie d'arpèges en triolets de l'alto et d'un motif cadentiel en croches au piano. À la barre de reprise, le piano reprend les triolets et les développe à travers un réseau de modulations serrées, qui amènent le retour du *Menuet*, puis une coda où le thème du trio, décidément essentiel aux yeux de Mozart, s'impose.

3. Allegretto-Rondeaux (*sic*) (*mi* bémol majeur, à 4/4) : ce finale, enchanteur dans sa grâce mélodique, va dissiper les brumes du trio précédent. Le refrain, si merveilleusement pensé pour la clarinette, comprend huit mesures, aussitôt redites et quelque peu variées par le piano, avec un accompagnement de l'alto. Il s'agit en réalité d'une variante du second thème du premier mouvement. La clarinette expose encore un second motif, au ton de la dominante cette fois, simplement accompagné en accords du piano qui enchaîne sur un « pont » en doubles croches et conclut sur une cadence marquée en *fa* majeur. Alors qu'on attend un couplet en *si* bémol, Mozart place ici un contrepoint dialogué entre l'alto et la clarinette, très élégant, accompagné par le piano. Mais, à peine esquissé, il disparaît, — faisant place à une nouvelle transition en doubles croches du piano qui reprend seul le refrain. Après la double barre commence un couplet au ton relatif (*ut* mineur) ; l'alto expose un motif assez sombre, au rythme lombard, sèchement secondé par le piano, puis conclut accompagné par des arpèges dans le grave de la clarinette. Une transition en triolets ramène le refrain, à l'alto, avec un accompagnement délicat au piano. Le second couplet (*la* bémol majeur) commence par un motif *legato*, en tierces aux trois instruments, avec une pédale de tonique en croches au piano. Avant d'être repris, ce thème est assorti d'une brève idée en croches, dans l'aigu de la clarinette, qui servira de conclusion à tout le finale. Après une reprise du second couplet, cette idée nouvelle sert de « pont » pour ramener le refrain, tout d'abord à la clarinette, puis, après une transition brillante, au piano, qui introduit la coda par une gamme en doubles croches.

Durée d'exécution : 21 minutes environ.

Divertimento pour violon, alto et violoncelle, en *mi* bémol majeur (K. 563)

Enregistré dans le catalogue personnel de Mozart le 27 septembre 1788, le *Divertimento K. 563* appartient à la série des très grandes œuvres instrumentales qui virent le jour durant l'été de 1788 où Mozart était plongé dans les difficultés matérielles : les trois dernières grandes *Symphonies*, la *Sonate pour piano et violon en* fa *majeur*, le *Prélude et Fugue en* ut *mineur* pour cordes, et plusieurs *Trios*. Il le destinait sans doute aux petites soirées musicales de son ami et frère de loge Michael Puchberg, toujours secourable et si généreux pour lui, qui avait déjà reçu en remerciement cette année-là deux *Trios* pour piano (*K. 542* et *548*). En septembre Mozart commença un nouveau *Trio en* sol *majeur* ; il n'acheva que l'exposition du premier mouvement, et s'arrêta ; quittant ce cadre instrumental et tonal trop souriant, il se tourna alors, une dernière fois, vers un genre qu'il délaissait depuis longtemps, le Divertimento pour cordes, mais pour lui infuser un sang neuf, pour se confier, s'abandonner même. Par sa gravité, sa complexité, l'œuvre se situe au niveau des grands quatuors et quintettes écrits pour cordes seules : comme dans les deux *Duos* de 1783, le génie de Mozart se déploie à l'aise quand il s'agit d'œuvrer dans un style savant et complexe en utilisant au maximum des ressources sonores très limitées. Le choix tonal (*mi* bémol majeur) est imposé par le destinataire, frère-maçon. Aussi bien peut-on voir ici une œuvre-clef, une œuvre d'alliance, de fraternité, où Mozart n'a qu'à laisser parler son cœur comme il le fait toujours quand il s'adresse à ses frères. Le *Divertimento* fut joué dans un concert à l'Hôtel de Pologne à Dresde le 13 avril 1789, pendant le voyage entrepris par Mozart en Allemagne du Nord avec le prince Lichnowsky. Il fut publié par Artaria en 1792.

1. Allegro (*mi* bémol majeur, à 4/4) : le premier *Allegro*, en forme de sonate, s'ouvre *sotto voce* sur un arpège descendant de *mi* bémol. Dans un style très concertant, les trois archets dialoguent ; plusieurs motifs pleins de noblesse, repris en imitations, alternent avec de brillantes gammes en doubles croches. Le second thème, en sixtes ornées d'appogiatures, est confié au violon et au violoncelle, accompagnés en simples notes répétées par l'alto (*si* bémol majeur). Il est suivi d'une brillante ritournelle de l'alto avec un contre-chant mélodieux dans l'aigu du violon. La codetta exploite un nouveau dessin en imitations syncopées, — sorte de strette empruntée au monde de la fugue, qui jouera ensuite un rôle important. Le développement, l'un des plus audacieux et impressionnants que Mozart ait écrits, reprend tout d'abord l'arpège descendant, en *sol* majeur, pour le transformer aussitôt en arpège de septième diminuée, et s'évader par un jeu modulant imprévu vers les régions tonales les plus éloignées : *fa* dièse mineur et *ré* majeur ; il retourne par une cadence rompue à la dominante du ton principal, et cela toujours *piano*. Brusquement, sur un *forte*, reparaît le motif en canon serré, étendu maintenant aux trois instruments, comme un puissant développement de fugue. Une audacieuse transition en *ré* majeur amène la réexposition très variée, car l'alto s'impose bien davantage, et reprend à son compte l'essentiel des motifs.

2. Adagio (*la* bémol majeur, à 3/4) : comme pour l'*Andante* de la *Symphonie en* mi *bémol*, terminée trois mois plus tôt,

Mozart choisit ici le ton de *la* bémol majeur, rare sous sa plume et riche de promesses. Dans un climat de profonde méditation, le violoncelle ouvre le morceau sur un arpège ascendant, suivi par le premier violon qui s'élève sur un motif syncopé, puis retombe ; cette phrase s'achève par un échange de doubles croches et une cadence rompue. Le violon reprend alors le thème initial, et l'orne, avec virtuosité, de traits, tous ascendants : gammes chromatiques, arpèges syncopés se succèdent dans une sorte d'exaltation. Après les barres de reprise, le violoncelle développe le premier arpège en l'amplifiant par un mouvement chromatique descendant, et conclut sur la dominante de *fa* mineur, dramatiquement appuyée. L'arpège, en diminution, est alors dispersé en écho entre les trois instruments, selon un processus modulant des plus étonnants : Mozart écrit ici quelques mesures (55 à 62) qui comptent parmi les plus audacieuses de toute son œuvre, et dont on ne retrouvera guère l'écho avant les derniers *Quatuors* de Beethoven. La réexposition est très amplifiée ; le violoncelle accompagne le thème de nombreux ornements, syncopes, gruppettos, qui appartenaient précédemment au violon. La coda, hautement dramatique, est amorcée par l'alto ; le grand arpège syncopé y est partagé entre les trois instruments, qui montent ensemble vers une sorte d'extase finale, culminant sur un *la* bémol aigu du violon.

3. Menuetto (*mi* bémol, à 3/4) : comme celui de la *Symphonie en* sol *mineur*, ce premier *Menuet* est rythmé en hémioles. Les huit mesures de rigueur sont développées ensuite à l'alto, sous un contrepoint du violon qui module vers la dominante. Dans le volet central le violoncelle prend la parole, puis ramène la reprise, et la prolonge dans la coda. Le trio, court et très innocent, reprend le rythme du menuet et l'ajuste à un autre motif.

4. Andante (*si* bémol, à 2/4) : sommet de l'art de la variation chez Mozart, l'*Andante* utilise un petit thème de huit mesures, d'inspiration populaire ; ses notes répétées sont jouées à l'octave par le violon et l'alto, sur une basse pleine de bonhomie :

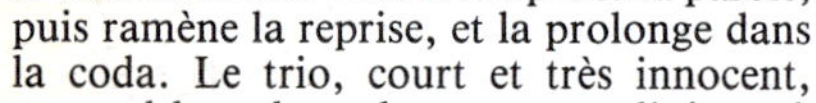

Contrairement aux variations pour piano, il n'y a pas de barres de reprise, Mozart enchaînant les variations les unes aux autres, — ce qui constitue une innovation audacieuse. Dans la première variation, un contrepoint à trois parties, le thème, très morcelé, est confié à l'alto ; entre les fragments, le violon se lance dans une interpolation de caractère ornemental. La variation suivante (mesure 97) confiée à l'alto, est accompagnée par les triolets staccato du violon, qui l'amplifie ensuite par un jeu d'imitations échangées avec le violoncelle. Ce dialogue animé, partagé maintenant entre les trois instruments, prend des proportions grandioses. La variation en mineur (mesure 145), admirable, semble reculer dans le temps, vers le monde baroque, où Mozart va toujours chercher ses plus hautes inspirations contrapuntiques ; le petit thème naïf déroule ici ses volutes dans la nuance *pianissimo*, et donne lieu à un *ricercar* qui se déploie avec une majesté que rien ne saurait ébranler. La dernière variation, en majeur, confirme cette tendance ; il s'agit d'un choral varié, où le thème réduit à son squelette, en noires et en blanches à l'alto, est accompagné d'un double contrepoint : triples croches staccato au violon et arpèges brisés en doubles croches au violoncelle ; le monde de *la Flûte enchantée* — en particulier le *Choral des Hommes armés* — n'est pas loin.

5. Menuet (Allegretto, en *mi* bémol, à 3/4) : très original, le second *Menuet*, plus exigu que le premier, comprend deux trios et une coda. Le menuet proprement dit, en deux parties, ne comporte pas de redite du thème initial ; il s'agit d'une petite fanfare de cors (tierce, quinte et sixte descendantes) au violon et à l'alto, avec une cadence terminale utilisant le rythme lombard. Les deux trios, charmants, sont de petits Ländler : le premier, en *la* bémol majeur, est joué par l'alto sur un accompagnement typiquement dansant scandé par le violoncelle et le violon. La tête du thème donne lieu, dans la deuxième partie, à un petit développement en imitations. Le second trio commence de façon plus timide en *si* bémol, sur un motif arpégé au premier violon ; la partie centrale, en *sol* mineur, est vigoureusement dansée. La coda, piquante, superpose le thème de « chasse » du menuet et sa conclusion en rythmes lombards, ventilée entre les instruments.

6. Allegro (*mi* bémol majeur, à 6/8) : le finale, construit en rondo-sonate, possède une physionomie pleine de charme et de grâce. Sa remarquable richesse thématique, arrangée selon une architecture puissante, n'entrave en rien sa démarche légère. Voici tout d'abord le refrain, dans le goût d'une romance française :

D'une symétrie parfaite en ses trente-deux mesures, il est suivi d'un motif complémentaire nerveusement rythmé, qui va se transformer peu à peu en « pont » modulant, sous forme de brillants dessins en doubles croches au violon. Le second thème, présenté en sixtes au violon et au violoncelle, accompagnées par l'alto, est toujours empreint du même charme pastoral. Plusieurs petits motifs, tous en *si* bémol, complètent ce groupe. Le dernier ramène le refrain. Le motif complémentaire, au rythme toujours prenant, est travaillé en imitations très serrées ; puis il introduit brusquement le refrain au ton de la sous-dominante, à l'alto. Un jeu audacieux de modulations par enharmonie le mène aussitôt en *mi* majeur, puis en *ut* mineur. Le motif complémentaire, puis le « pont » en doubles croches, sont aussi développés, quand ce passage animé freine sur une demi-cadence ; au lieu du refrain attendu, le second thème apparaît, réexposé au ton principal, et suivi de ses satellites. Le refrain n'est repris qu'à la fin ; il est suivi d'une coda animée.

LES QUATUORS À CORDES

Comme chez Haydn, Beethoven ou Schubert, les quatuors à cordes de Mozart constituent la part maîtresse de sa musique de chambre. Ils s'étendent sur vingt ans de sa vie créatrice, mais s'ordonnent comme chez Haydn en groupes nettement individualisés et séparés par de longues interruptions.

Le premier essai de Mozart, d'ailleurs isolé, est né d'une impulsion personnelle, comme détente, durant le premier voyage en Italie (1770). Au début de 1773, Mozart composa six *Quatuors* dits *italiens* ou *milanais*, d'après leur lieu de composition. Ce sont là des œuvres typiquement « galantes », dans le style de l'opéra italien, mais qui contiennent nombre d'inventions savoureuses et dont l'oubli nous prive de joies véritables.

Les six *Quatuors « viennois »* (*K 168-173*, août-septembre 1773) ne virent le jour que peu de mois plus tard, et pourtant tout un monde les sépare des œuvres précédentes. Le jeune compositeur de dix-sept ans venait en effet de découvrir les *Quatuors* tout nouvellement parus de Haydn (*op. 17* et *20*), et ces derniers le bouleversèrent profondément, comme témoignage passionné du *Sturm und Drang* haydnien et comme parfaite synthèse de style concertant moderne et de science polyphonique baroque. Les six *Quatuors viennois*, pour la première fois en quatre mouvements pleinement développés avec menuet, demeurent d'inégaux mais fascinants documents de lutte créatrice.

C'est seulement après son mariage, neuf ans plus tard, que Mozart, définitivement installé à Vienne, se tourna à nouveau vers le quatuor à cordes. Cette fois encore, Mozart, sensible et réceptif, subit l'influence profonde de son aîné mais, à présent, il sut éviter toute réaction immédiate et méditer le fructueux exemple de Haydn dans toutes ses conséquences. La révélation de l'œuvre de Bach, découverte par Mozart en 1782, grâce à la bibliothèque du baron van Swieten, joua elle aussi un rôle déterminant. Elle explique le retour d'un art de la fugue pleinement maîtrisé qui, allié aux audaces harmoniques inouïes de Mozart, devient une langue réellement révolutionnaire dont les âpres dissonances devaient semer l'effroi pendant de longues années. Les six *Quatuors dédiés à Haydn*, partie capitale de la création mozartienne dans ce domaine, ne virent pas le jour en succession rapide. Leur composition s'étend en effet sur plus de deux ans, et coûta à Mozart plus de peine et de travail que toute autre œuvre. Le premier, en *sol* majeur, fut terminé le dernier jour de 1782 ; le suivant, en *ré* mineur, le 17 juin 1783, et le troisième, en *mi* bémol majeur, en juillet 1783. Après une nouvelle pause, les trois derniers *Quatuors* (en *si* bémol majeur, en *la* majeur et en *ut* majeur) furent cependant complétés en un espace de temps très court, entre le 9 novembre 1784 et le 14 janvier 1785, époque de pleine floraison des grands concertos pour piano. Que ces *Quatuors* aient coûté à Mozart énormément d'efforts se révèle non seulement à l'analyse, mais aussi à la lecture de la lettre dédicatoire célèbre à Joseph Haydn, rédigée en italien, et où ils sont décrits comme « le fruit d'un long et pénible travail ». Mozart les présente comme ses fils et les confie avec une touchante affection au parrainage de son aîné. Entre la composition des *Noces de Figaro* et celle de *Don Juan*, un quatuor isolé vit le jour, le *Quatuor « Hoffmeister »* en *ré* majeur (19 août 1786).

Les trois derniers *Quatuors* font partie d'un groupe qui devait à l'origine en comprendre six. Ils sont dédiés au roi de Prusse Frédéric-Guillaume II, violoncelliste notoire. Aussi ces *Quatuors prussiens* réservent-ils au violoncelle une place de faveur, parfois presque soliste. Ils naquirent au milieu de la plus profonde misère morale et matérielle, et leur joyeuse insouciance apparente dissimule bien des amertumes et des désillusions...

Quatuor à cordes n° 1, en *sol* majeur (K. 80)

Le tout premier *Quatuor à cordes* de Mozart est daté de Lodi (non loin de Milan), le 15 mars 1770, « à sept heures du soir », — c'est-à-dire du premier voyage en Italie de l'adolescent de quatorze ans : début relativement tardif pour l'auteur (à cette époque) d'une bonne douzaine de symphonies, mais qui s'explique par le fait que le genre du quatuor était alors tout neuf, et ne se différenciait pas encore nettement du *Divertimento*. Les premiers vrais *Quatuors* de Haydn (*op. 9*) datent seulement de l'année précédente, et Mozart ne les connaissait sans doute pas. De fait, c'est vers l'exemple de Sammartini qu'il se tourne ici, tant pour la succession des mouvements (*Adagio-Allegro-Menuetto*), tous écrits au ton principal de *sol*, que pour l'écriture, encore proche, surtout dans le premier mouvement, de la *Sonate en trio*. Mais le profil mélodique de ce morceau préfigure déjà de loin le « *Porgi amor* » des *Noces de Figaro*. Et Mozart pensait suffisamment de bien de ce premier essai éperdument italianisant pour lui adjoindre par la suite (sans doute à la fin 1773, ou au début de 1774) un morceau supplémentaire, un *Rondo* à la gracieuse allure de gavotte, et pour l'emporter avec lui à Paris en 1778.

Trois Divertimenti (K. 136, 137, 138)

Composés à Salzbourg au début de 1772, ces *Divertimenti*, bien que notés à quatre parties, sont beaucoup plus populaires aujourd'hui dans leur version pour orchestre à cordes, formation pour laquelle il n'existe guère d'autre œuvre de Mozart, — à l'exception de l'*Adagio et Fugue K. 546*. Ces *Divertimenti* sonnent d'ailleurs mieux à l'orchestre, auquel semblent les destiner leur écriture, leur caractère, et jusqu'à leur titre (mais celui-ci n'est peut-être pas de Mozart). Quoi qu'il en soit, ils ressemblent comme des frères à des pages contemporaines comme les *Quatuors d'orchestre* de Carl Stamitz, par exemple. Bien qu'ils figurent dans la plupart des intégrales des *Quatuors* mozartiens, on s'accorde généralement à y reconnaître des *Sinfonie* destinées au futur voyage à Milan, à la fin de cette même année 1772. Ils sont tous en trois mouvements brefs. Mais si *K. 136* (en *ré*) et *K. 138* (en *fa*) les font se succéder dans l'ordre traditionnel vif-lent-vif, *K. 137* (en *si* bémol) commence par un *Andante*, suivi d'un *Allegro di molto* et d'un *Allegro assai*. Ce sont des pages charmantes et pleines d'invention, curieusement à cheval entre deux domaines de la musique instrumentale.

Les six Quatuors « milanais »

Ces *Quatuors*, qui datent du deuxième voyage de Mozart en Italie durant l'hiver 1772-1773, constituent son premier recueil de musique instrumentale sciemment conçu comme un cycle. Ils comportent tous trois mouvements, — ce qui les situe dans l'orbite stylistique italienne, tout autant que la multiplicité de leurs thèmes, la modicité de leurs développements et la fréquence du mode mineur. Le premier (*K. 155*) est daté de « la triste ville de Botzen » (Bolzano), étape obligée, en ce 28 octobre 1772, sur la route de Milan, où les Mozart arrivèrent le 4 novembre pour repartir au début de mars 1773. L'ordonnance du recueil est si systématique que certains auteurs doutent que Mozart ait vraiment écrit les *Quatuors* dans cet ordre : les tonalités se succèdent par quintes descendantes (*ré-sol-ut-fa-si* bémol-*mi* bémol), et si seuls le premier et le dernier ont une coda, les quatre autres présentent un mouvement central dans le mode mineur, — ces quatre morceaux témoignant d'autre part d'une gradation dans le tempo (*Adagio-Andante-Andante un poco Allegretto-Allegro*). Peut-être le dernier de la série (*K. 160*) fut-il achevé après le retour à Salzbourg...

De proportions encore modestes, ces *Quatuors « milanais »* exhalent un charme printanier irrésistible, et le Mozart de la maturité s'y manifeste déjà par brèves prémonitions fulgurantes. Ils sont en fait plus satisfaisants que les *Quatuors « viennois »* (*K. 168-173*) de l'été suivant, parce que moins ambitieux, et donc mieux maîtrisés.

Le **Quatuor en *ré* majeur** (*K. 155*) présente des rapports secrets avec celui de même tonalité écrit dix-sept ans plus tard (*K. 575*), dont les deux premiers mouvements reprennent d'ailleurs de vieilles esquisses milanaises, — pratique dont Mozart n'est guère coutumier. On remarque une première émancipation des instruments médians, deuxième violon et alto. Avec son *Rondo* brévissime (malgré ses quatre refrains et trois couplets), c'est la seule œuvre totalement sans nuages du cycle.

Le **Quatuor en *sol* majeur** (*K. 156*) est d'une tout autre signification ; c'est même l'une des suprêmes réussites du jeune Mozart, avec la valse tourbillonnante de son *Presto* initial, dont le sujet, transformé, se retrouvera un jour dans le *Lacrymosa* du *Requiem*, avec son *Menuet* conclusif muni d'un trio en *sol* mineur, et dont le thème principal annonce, lui, un motif de *Cosi fan tutte* ; mais avec, surtout, son sublime *Adagio* dans la tonalité d'exception de *mi* mineur, qui est déjà du très grand Mozart. Son thème se retrouvera au début de la *Symphonie londonienne en* ut *mineur* (*n° 95*) de Haydn ; mais les modulations, les dissonances, les chromatismes pathétiques de notre *Adagio* ne sont qu'à Mozart, qui s'y est d'ailleurs repris par deux fois (une première version, qui a survécu, est infiniment moins élaborée et moins intense d'expression), et dans lequel il nous plaît de saluer le sommet absolu de ce recueil.

L'*Allegro* initial du **Quatuor en *ut* majeur** (*K. 157*) est plus ample et plus complexe que le premier temps de l'œuvre précédente. La fréquence des modulations vers les tons mineurs (notamment lors de la réexposition du deuxième thème) annonce à nouveau le Mozart futur. L'*Andante* en *ut* mineur, sorte d'Aria accompagnée en arpèges, d'une expression toute italienne, demeure cependant d'un pathétique plus extérieur et moins intime que l'exceptionnel *Adagio* de *K. 156*. Le *Rondo* conclusif (*Presto*), plein de rythmes syncopés, possède un humour proche de l'opera buffa, avec une conclusion aussi piquante qu'inattendue.

L'entrée en matière fort peu conventionnelle du premier mouvement du **Quatuor en *fa* majeur** (*K. 158*), dont les triolets tourbillonnants animent le 3/4, oppose un premier thème heurté, aux violentes ruptures, et un deuxième plus stable, sans la transition habituelle d'un « pont » — deuxième thème dont la réexposition se fera à la sous-dominante, à l'issue d'un développement non moins riche d'étrangetés. L'*Andante un poco Allegretto* adopte la tonalité inattendue de *la* mineur (relatif de la dominante), rare chez Mozart, débute en canon à l'octave, et prête une dimension dramatique et expressive toute neuve au contrepoint. Il conserve jusqu'au bout le mode mineur, et est tout près d'égaler l'*Adagio* de *K. 156*. Le *Menuet*, en démarrant sur l'accord de sixte (*la-do-fa*) perpétue subtilement le souvenir de *la* mineur, et possède un trio en *fa* mineur aux belles modulations.

C'est néanmoins le **Quatuor en *si* bémol majeur** (*K. 159*) qui s'écarte le plus de toute convention. Il commence en effet par un *Andante* plutôt enjoué, de forme sonate, au premier thème digne de la maturité mozartienne ; mais, surtout, il nous offre ensuite la surprise d'un grand *Allegro* central en *sol* mineur, à nouveau en forme sonate, déchaînement de violence passionnelle grandiose et sombre, — l'un des sommets du *Sturm und Drang* chez le jeune Mozart, annonçant déjà le climat fiévreux de la *Symphonie* de même tonalité (*K. 183*) de l'année suivante. La fragmentation des motifs, la fréquence des modulations chromatiques y poussent l'inquiétude à son comble : c'est déjà le grand Mozart « démoniaque » qui s'exprime ici dans sa tonalité de prédilection. Même le refrain gai et brillant de l'*Allegro grazioso* conclusif en forme de rondo, rappelant une gavotte pleine de sensualité, alterne avec des couplets mineurs à la coloration pathétique.

L'enjouement et une sérénité retrouvée règnent dans le **Quatuor en *mi* bémol majeur** (*K. 160*), assurément plus conventionnel que les précédents, malgré la belle unité de son premier mouvement. Mais le mouvement lent, *Un poco Adagio*, dans la tonalité « rare » de *la* bémol majeur, affirme d'emblée un climat troublé et instable, émaillé de dissonances.

Les six Quatuors « viennois »

Écrits à Vienne entre la mi-juillet et la fin septembre 1773 sous le choc de la découverte par Mozart des *Quatuors* de Joseph Haydn (l'*op. 17*, mais surtout le tout nouvel *op. 20*, les *Quatuors « du Soleil »*), ces six ouvrages ont fait l'objet de jugements généralement très sévères, et pas entièrement immérités. Ils diffèrent très fortement des « *Milanais* » à peine antérieurs de quelques mois, et sont sans doute intrinsèquement moins réussis, mais précisément dans la mesure où ils sont beaucoup plus ambitieux. Le cadre est élargi à quatre mouvements, dans la succession classique à deux exceptions près ; surtout, le travail thématique y est beaucoup plus poussé, non seulement dans des sections de développement plus vastes, mais aussi dans les ponts et transitions. Enfin, on y trouve (dans *K. 168* et *173*) deux essais, à la réussite discutable, d'intégration de la fugue dans le quatuor, visiblement inspirés, mais avec moins de bonheur, des *Finales* fugués de l'*op. 20* haydnien. C'est aussi à Haydn que Mozart a emprunté l'idée d'un premier mouvement en forme de variations (*K. 170*). Si la synthèse vraiment parfaite entre style savant et style galant ne s'accomplira que dans les *Quatuors* de la haute maturité (significativement, Mozart cessera d'en écrire pendant non moins de neuf ans), il ne faut pas pour autant dédaigner les nombreuses richesses de pages imparfaites, inabouties, mais souvent fascinantes.

Dans le **Quatuor en *fa* majeur** (*K. 168*), c'est surtout l'*Andante* en *fa* mineur, l'un des très rares où Mozart prescrive les sourdines, qui retiendra l'attention, avec son début strictement canonique. Le trio du *Menuet* conservera quelques traces de contrepoint ; quant au *Finale*, nous l'avons dit déjà, c'est une *Fugue* véritable.

Le *Molto Allegro* ouvrant le **Quatuor en *la* majeur** (*K. 169*) présente un détail formel nouveau : l'apparition d'un nouveau thème au début du développement, — procédé que Mozart utilisera souvent par la suite. L'*Andante* en *ré* majeur, très chantant, avec son accompagnement évoquant une sérénade, adopte lui aussi la forme sonate, et ne manque pas de surprises harmoniques et modulantes.

La présence au début du **Quatuor en *ut* majeur** (*K. 170*) d'un *Andante* à variations (sur un thème dont la deuxième moitié comprend neuf mesures au lieu des huit prévues par suite d'un grand silence dramatique) a amené Mozart à avancer le *Menuet* en deuxième position. L'unique morceau de forme sonate de l'œuvre est donc le troisième, *Un poco Adagio* en *sol* majeur, d'un admirable souffle mélodique et d'une réelle profondeur expressive, et qui — chose rare à l'époque — met en vedette au début du développement l'alto à découvert, puis le second violon (en *mi* mineur).

Le premier mouvement du **Quatuor en *mi* bémol majeur** (*K. 171*) s'écarte des normes d'une autre manière, en commençant par une introduction lente *Adagio*, reprise — chose plus rare encore — après l'*Allegro assai*, lequel démarre par une amorce de pseudo-fugue. À nouveau, le *Menuet* vient en deuxième place, suivi d'un *Andante* en *ut* mineur avec sourdines, mélange fascinant de forme sonate et de schémas contrapuntiques et fugués curieusement archaïques. Et le *Finale* n'est pas un rondo, mais à nouveau une forme sonate au développement d'ailleurs assez bref.

Il n'y a même pas le moindre développement dans l'*Allegro spiritoso* du **Quatuor en *si* bémol majeur** (*K. 172*), mais une transition qui est une effusion purement lyrique. L'*Adagio* en *mi* bémol, dont le thème annonce à nouveau *Porgi amor* (voir, plus haut, *K. 80*) possède bien un développement de sept mesures seulement, mais d'une ampleur et d'une intensité expressive surprenantes. C'est l'alto qui ouvre le *Menuet*, riche en imitations canoniques, et muni d'un trio en *sol* mineur. L'*Allegro assai* final est une véritable forme sonate regorgeant d'une allègre invention.

Le **Quatuor en *ré* mineur** (*K. 173*) adopte une tonalité toujours chargée de signification chez Mozart, et, en effet, son *Allegro* initial présente pour la première fois deux thèmes vraiment antithétiques. C'est l'une des formes sonate le plus hardiment expérimentales du jeune Mozart, d'une instabilité harmonique exceptionnelle. L'*Andantino grazioso* en *ré* majeur, à l'allure de gavotte, apporte une éclaircie ; mais la gravité règne à nouveau dans le merveilleux *Menuet*, — l'un des joyaux de l'adolescence mozartienne, et dans la *Fugue* finale.

Les six Quatuors dédiés à Haydn

Quatuor en *sol* majeur (K. 387)

Terminé le 31 décembre 1782, le premier des six *Quatuors « À Haydn »*, en même temps le premier quatuor de la maturité de Mozart, est aussi l'un des plus denses et des plus travaillés. L'atmosphère de l'œuvre est plutôt gaie, mais des ombres troublantes viennent en voiler tous les mouvements et l'inimitable clair-obscur de Mozart y est élevé au rôle d'interprète d'une psychologie extrêmement subtile. La prodigieuse maîtrise polyphonique, sensible surtout dans les mouvements extrêmes, témoigne de l'influence féconde de la musique de Bach. Sans doute certains des *Quatuors* suivants seront-ils plus spontanés, plus détendus, mais le *Quatuor en* sol *majeur* (tonalité dont Mozart use rarement en sa maturité), avec sa tension et ses rudes dissonances, nous apporte le bilan d'un examen de conscience approfondi au seuil de la plus haute maîtrise.

1. ALLEGRO VIVACE ASSAI : l'admirable thème initial, d'un profil si plastique et si net,

est soumis immédiatement à un développement contrapuntique fortement chromatisé. Puis apparaît le second thème que d'étranges sauts de septièmes (on notera les contrastes dynamiques) relient au brillant groupe conclusif. A cette exposition fort concise (cinquante-six mesures) succède un ample développement qui pénètre en des régions bien plus sombres avant que l'on atteigne la reprise. Comme tous les autres mouvements, celui-ci conclut pianissimo, sur un souffle.

2. Menuetto (Allegro) : l'élargissement insolite de la forme conditionne l'accélération du tempo qui n'évoque cependant jamais un scherzo. Le thème comprend deux éléments : d'abord une étrange gamme chromatique ascendante où chaque note *piano* est suivie d'une note *forte*,

puis une mélodie expressive contrepointée cependant par le renversement de la gamme chromatique. Lorsque celle-ci apparaît ensuite en imitations, toujours avec les mêmes nuances, il en résulte un véritable « contrepoint dynamique » unique dans la musique classique. La deuxième reprise du *Menuet* atteint aux proportions d'une forme sonate en miniature. Un sombre trio en *sol* mineur apporte tout à coup un contraste violent et inquiétant.

3. Andante cantabile : avec ce mouvement lent amplement conçu, nous atteignons au sommet expressif de l'œuvre. L'ornementation très riche du thème principal par le premier violon évoque des modèles haydniens ; mais, bientôt, Mozart nous entraîne dans un fantastique voyage harmonique à travers les tonaltés les plus lointaines et les plus obscures, avant qu'une surprenante modulation enharmonique (mesure 69) ne nous entraîne en des parages plus familiers. Ce qui est loin, cependant, de mettre un terme au message puissamment expressif de ce mouvement qui, en profondeur et en audace, évoque l'*Andante cantabile* du *Quatuor en* ut *majeur K. 465*.

4. Molto allegro : ce finale mené à toute allure réalise la gageure osée d'une synthèse de style fugué et de thématique empruntée à l'opera buffa. Il s'agit du reste, ici, du seul finale fugué parmi les quatuors de l'âge mûr. Le thème initial se compose de quatre rondes, et sa physionomie statique et sévèrement archaïque s'anime rapidement au contact de contre-chants. Après un large développement apparaît le thème « bouffe » qui, en sa joie espiègle, serait digne de sortir de *l'Enlèvement au sérail* alors tout récent. L'exposition se clôt sur la gamme chromatique ascendante du *Menuet* qui, comme contre-sujet du thème initial de quatre notes, domine un développement fortement modulant. Celui-ci ne mène à aucune reprise littérale, le motif de tête réapparaissant immédiatement à la basse dans le cadre de la polyphonie. Une brève coda débute comme une amorce de second développement, mais aboutit bientôt aux quatre notes fatidiques qui, en une dernière imitation, mettent un point final discret.

Durée d'exécution : 29 minutes environ.

Quatuor en *ré* mineur (K. 421)

Achevé le 17 juin 1783, le *Quatuor en* ré *mineur* nous apporte l'un des messages les plus touchants et les plus directs de Mozart. L'atmosphère d'ensemble, qui fait prédominer les teintes sombres, peut être qualifiée d'élégiaque plutôt que de tragique. Suivant une légende bien établie, l'œuvre aurait été conçue durant la nuit où Constance donna à Mozart son premier fils. Effectivement la rédaction en a été terminée à ce moment-là ; mais Mozart portait en lui, depuis de longs mois déjà, la pensée de ce bouleversant témoignage de solitude intérieure.

1. Allegro : malgré sa dénomination, le premier mouvement conserve un tempo modéré, l'abondante figuration en triolets de doubles croches interdisant toute hâte. La courbe mélodique, la basse descendante par degrés chromatiques et le monde expressif évoquent l'ère baroque, et particulièrement le pathétique noble de Pergolèse :

Le saut d'octave descendant du motif de tête (premier exemple ci-dessus) trouve un usage polyphonique important dans le développement bref mais d'autant plus tendu que les triolets, apparus après le passage en *fa* majeur du deuxième thème, contribuent aussi à animer. Contrairement à toute attente, le mouvement ne meurt pas en morne résignation, mais s'élève à une imposante conclusion *forte* en mineur.

2. Andante : le mouvement lent, d'une écriture particulièrement discrète et dépouillée, se suffit d'une simple forme Da capo. Une mélodie élégiaque, étrangement hésitante et coupée de nombreuses pauses, se déploie dans un rythme de berceuse à 6/8 d'une douceur un peu douloureuse. La brève partie centrale s'exalte et s'assombrit vers les tons mineurs : ses éléments transfigurés en un majeur paisible domineront la coda.

3. Menuetto Allegretto : l'âpre *Menuet*, sévèrement polyphonique, offre, en sa couleur mineure maintenue sans concession, comme une réplique plus concentrée du *Menuet* de la grande *Symphonie en* sol *mineur K. 550* écrite cinq ans plus tard. Les rythmes pointés énergiques expriment une noble vigueur. Mais le trio nous apporte le plus grand contraste imaginable : un solo du premier violon, dans le caractère d'un air populaire tyrolien (Jodler) accompagné par les autres instruments en pizzicatos, à la manière d'une sérénade; bref et souriant rayon de soleil trop tôt évanoui !

4. Allegretto ma non troppo : en guise de conclusion, Mozart écrit une série de variations sur un thème plaintif au rythme de sicilienne; et ce finale est comme la contre-partie voilée de deuil de celui, si gai, du *Quatuor en* sol *majeur op. 33 n° 5* de Haydn. Mais ici un motif rythmique (triolets) sur une seule note, généralement confiée aux registres les plus élevés, est appelé à jouer un important rôle expressif et structurel, réapparaissant sans cesse comme un leitmotiv obsédant. La première variation revêt le thème de riches ornementations au premier violon. La seconde, avec ses accents audacieusement déplacés dont il résulte pratiquement une mesure à 3/4 sur la base inchangée du 6/8, annonce ainsi les découvertes rythmiques de Beethoven et de Brahms. La pathétique troisième laisse la première place à l'alto, avec une métamorphose du thème, tandis que le leitmotiv rythmique s'afirme sans relâche aux voix supérieures. Seule la quatrième variation nous offre une paisible oasis d'un calme céleste, troublée cependant dès la seconde moitié du thème fortement abrégé ici par le retour du rythme en triolets. Puis s'élance la coda (*più allegro*) qui s'élève jusqu'à un fortissimo passionné, étrangement semblable à la conclusion du plus grand et du plus dramatique des *Concertos pour piano (*ut *mineur K 491)*. Dans les dernières mesures, le leitmotiv rythmique triomphe, cependant qu'on entend au second violon le thème chromatique descendant de basse du premier mouvement : l'œuvre tout entière culmine en cette exclamation désespérée; mais l'ultime tierce majeure (picarde) annonce tout de même la victoire finale de la volonté.

Durée d'exécution : 27 minutes environ.

Quatuor en *si* bémol majeur (K. 458)

Voici donc apparemment le plus léger, le moins profond de ces six *Quatuors*, et également celui qui se rapproche le plus de Haydn par le style. Cette œuvre plutôt heureuse et détendue (encore que chez le Mozart de la maturité il n'en est guère qui ne soient que cela !), terminée le 9 novembre 1784, succède de moins de quatre semaines à la véhémente explosion passionnelle de la *Sonate pour piano en* ut *mineur* (*K. 457*). Malgré son climat plus serein et son abord plus aimable, il serait erroné de n'y voir qu'un divertissement et, surtout, de s'arrêter au sobriquet, tout anecdotique, de *Quatuor « de la Chasse »*, dû à l'allure du thème initial. En réalité, le *Quatuor en* si *bémol*, qui donne au cycle son moment de repos indispensable, ne le cède nullement à ses frères pour ce qui est de la beauté expressive, de la richesse d'invention et de la perfection d'écriture. Il est intéressant de noter que Mozart lui attribua le numéro *3*, réservant le numéro *4* au *K. 428*, antérieur d'un an, et que, suivant son vœu, l'éditeur Artaria (ainsi que la nouvelle édition publiée par Bärenreiter) adopta cet ordre pour la publication. La décision de Mozart s'explique par des raisons musicales (l'ordre tonal du cycle se présente ainsi de manière plus favorable) et psychologiques (la tension dramatique du *K. 421* en *ré* mineur exige une résolution immédiate).

1. Allegro vivace assai : la joyeuse fanfare du début, à l'allégresse un peu rude de plein air, invite à l'action et détermine l'élan bondissant de ce premier morceau qui s'apparente à certains finales de *Concertos pour piano* de cette époque, également en *si* bémol (*K. 450* et *456*). Le « pont » introduit un petit motif de doubles croches (presque un trille mesuré) qui pénètre toute la substance musicale. L'esprit relaxé du morceau se confirme par une forme nettement expansive : le développement introduit un thème nouveau, tout épisodique, la réexposition est amplifiée et non point resserrée comme dans le *Quatuor en* mi *bémol*. À noter surtout une vaste coda de cinquante mesures, véritable développement terminal, chose rare chez Mozart : le thème principal y est traité en imitations serrées, et cette richesse polyphonique s'ajoute à une écriture brillante, fournie, presque concertante, pour faire de cette conclusion le véritable point culminant du mouvement.

2. **Menuetto (Moderato)** : comme dans les *Quatuors en* sol *(K. 387)* et *en* la (*K. 464*), le *Menuet* occupe ici la seconde position. D'allure modérée et de proportions modestes, c'est un morceau souple et dansant dont l'unité est assurée par les rythmes pointés que l'on retrouve dans le trio médian. Celui-ci renonce à créer le contraste habituel, mais prolonge le climat lyrique du *Menuet* proprement dit. Que beaucoup de subtilité se cache sous cette simplicité apparente, voilà qui n'est pas pour nous étonner de la part de Mozart : il suffit, pour s'en rendre compte, de remarquer la structure périodique de la première phrase dont les huit mesures d'usage se décomposent en trois plus deux plus trois.

3. **Adagio** : c'est néanmoins le noble et ample *Adagio* en *mi* bémol qui constitue le cœur affectif et le sommet musical du *Quatuor*. D'une écriture fouillée et somptueuse, d'une harmonie chatoyante, d'une agogique multiple et complexe, c'est là un morceau tourné tout entier vers le romantisme, annonçant nettement Schubert. Sur un plan absolument différent, — opposé même — cet *Adagio* égale en beauté et en intensité l'*Andante* du *Quatuor K 428*. Plus orné, plus mélodique, moins secret, il révèle lui aussi le tréfonds de l'âme mozartienne. Le moment culminant nous semble le second thème, chanté tour à tour par le violon et le violoncelle, sur un fonds d'accord en doubles croches régulières modulant avec une merveilleuse subtilité chromatique.

4. **Allegro assai** : l'abondance des thèmes de ce finale, leur allure vive et légère, faisant songer à Haydn bien plus que le reste du *Quatuor*, annonceraient plutôt un rondo. Et pourtant, Mozart a choisi une fois encore la forme sonate qui lui est chère, mais en la construisant à partir de trois thèmes principaux au lieu des deux de rigueur. Tous sont gais, mélodiques et prompts à graver leurs séductions en notre mémoire :

Comparé à l'ampleur de l'exposition (à laquelle correspond une reprise fidèle et symétrique, sans aucune coda), le développement semble bref ; mais, par son contrepoint tendu et le sérieux d'une pensée concentrée, il constitue sans aucun doute le moment essentiel de ce morceau.

Durée d'exécution : 26 minutes environ.

Quatuor en *mi* bémol majeur (K. 428)

Le *Quatuor en* mi *bémol*, terminé entre juillet 1783 et janvier 1784, est le seul des six dont la partition ne soit pas datée. Alors qu'il est généralement admis qu'il vit le jour peu après celui en *ré* mineur, de solides raisons d'évidence interne nous amènent à suivre Jean et Brigitte Massin et à en situer la génèse vers la fin de 1783. Le plus concis, le plus secret sans doute, et le plus abstrait des six *Quatuors dédiés à Haydn* n'a pas toujours été apprécié comme il le mérite. La méditation austère et l'optimisme jaillissant s'y côtoient intimement, et cette œuvre demeure l'une des plus révélatrices du tempérament mercuriel de Mozart. Une psychologie mobile et hypersensible explique le clair-obscur chatoyant d'un langage harmonique qui va jusqu'à citer *Tristan* dans l'extraordinaire *Andante con moto* en *la* bémol. Mozart semble s'y concentrer au seuil de la grande époque concertante qui s'ouvrira sans tarder le 9 février 1784 avec le *Concerto en* mi *bémol. K. 449*.

1. **Allegro ma non troppo** : début mystérieux et insolite, avec ce thème sinueux à l'unisson des quatre instruments dont les chromatismes complexes ont tôt fait de contredire l'affirmation du saut d'octave initial :

Son caractère de rêverie flottante, ouverte sur l'infini des virtualités, nécessite l'appoint, dès la cinquième mesure, d'une agogique plus fournie pour s'élancer vers l'action. Au terme d'un bref crescendo, le voile se déchire et le thème apparaît harmonisé, avec les rudes, mais vivifiantes dissonances de la condition humaine. Triolets et rythmes pointés donnent au second thème le caractère d'une marche : les deux éléments de la forme sonate ont donc échangé ici leurs attributs traditionnels. Après une unique allusion au thème d'ouverture, exposé en canon, le bref développement, fort modulant, fait usage principalement des rythmes variés du second sujet. La réexposition, légèrement abrégée, varie la seconde présentation (l'affirmation) du premier thème par un contrepoint énergique. Il n'y a pas de coda.

2. Andante con moto : ce morceau adopte la tonalité tristanesque de *la* bémol, extrêmement rare chez Mozart et toujours indicatrice d'une volonté expressive intense et personnelle. D'emblée, atmosphère voilée et nocturne plus encore que dans le premier morceau, avec les sonorités chaudes des cordes resserrées dans le médium grave. Des rythmes volontairement onduleux et imprécis (6/8 abondamment syncopé), aucun thème profilé ne se dégage d'abord. Les croches liées déroulent leurs volutes berceuses, évitant silences ou ruptures, estompant l'articulation formelle d'un morceau qui n'apparaît sonate que sur le papier. C'est le royaume de la nuit baignée de mystère, des harmonies subtiles et changeantes dont l'audace provient moins de modulations brusques, qui n'auraient pas leur place ici, que de glissements chromatiques insidieux : le petit motif de quatre notes liées en demitons chromatiques ascendants

qui éveille aussitôt des associations wagnériennes — ne sont-ce pas là les contours du thème initial de *Tristan* ? — est soumis à une harmonisation d'une complexité croissante jusqu'à ce que, dix-huit mesures avant la fin de ce morceau prodigieux qui n'en comporte pas cent, il apparaisse avec le visage même que Wagner lui donnera trois quarts de siècle plus tard. Mais cette rencontre anecdotique n'est qu'un des éléments qui fait de cet *Andante*, axé presque exclusivement sur des préoccupations de couleur sonore et harmonique, l'une des conceptions les plus audacieuses et prophétiques de l'art mozartien.

3. Menuetto (Allegretto) : ce morceau fait contraste avec les précédents par son attaque nette et décidée ainsi que par la relative ampleur de ses proportions. L'éclairage harmonique s'y affirme et s'y colore jusqu'à introduire de rustiques et joyeuses pédales de musette, ce à quoi correspond une rythmique bien découpée. Cœur expressif du mouvement, le trio dément sa tonalité officielle de *si* bémol en déroulant tout d'abord sa longue et expressive mélodie en *ut* mineur ; de même, la seconde phrase, débutant en *sol* mineur, ne gagne le ton principal qu'après s'être attardée dans les parages de *fa* majeur. Dans ce trio encore on notera l'importance des pédales.

4. Allegro vivace : dans ce vif rondo, Mozart semble rendre hommage au dédicataire de ces *Quatuors*, Joseph Haydn ; mais les thèmes ont quelque chose d'aérien, de fiévreux et d'un peu haletant qui demeure essentiellement étranger au génie tellurique de Haydn. À travers des épisodes tour à tour enjoués ou plus graves, il se hâte vers sa spirituelle conclusion, précédée de silences et de suspensions à la Haydn. Quatre accords vigoureux mettent un point final à ce morceau d'une incomparable légèreté d'écriture.

Durée d'exécution : 27 minutes environ.

Quatuor en *la* majeur (K. 464)

La composition des trois premiers *Quatuors dédiés à Joseph Haydn* s'était étendue sur deux longues années ; les trois derniers, au contraire, virent le jour en l'espace de deux mois seulement. Le 9 novembre 1784, Mozart avait achevé le *Quatuor en* si *bémol, K. 458* : le 10 janvier suivant, le *Quatuor en* la *majeur, K. 464* était terminé, suivi immédiatement de celui en *ut* majeur, daté du 14. Les deux œuvres ont donc mûri simultanément. Depuis le 14 décembre, Mozart était affilié à la franc-maçonnerie et le *Quatuor en* la, véritable aboutissement des longues recherches des quatuors précédents, constitue sa première création postérieure à cet acte décisif. La première audition des trois derniers *Quatuors* eut lieu le 11 février 1785, en présence de Léopold Mozart qui débarquait de Salzbourg, avec le concours de Joseph Haydn en personne.

Beethoven admirait tout particulièrement le *Quatuor en* la — tonalité relativement rare chez Mozart —, et il réalisa de sa main une copie du finale. Sans doute s'agit-il du *Quatuor* le plus finement ouvragé sorti de la plume de Mozart, du plus intensément personnel, de celui dont aucune mesure ne pourrait être attribuée à Haydn. À l'exception du *Menuet*, placé en seconde position, les mouvements témoignent d'une concentration et d'une densité polyphoniques croissantes, et l'œuvre culmine dans l'extraordinaire finale si justement distingué par Beethoven.

1. Allegro : morceau purement lyrique, dont le flux mélodique coulant sans effort n'offre guère de contrastes extérieurs, mais qui dissimule le travail polyphonique le plus poussé sous la limpide aisance de son déroulement. Le thème principal comporte une tendre question du premier violon et une réponse vigoureuse à l'unisson des quatre instruments :

Bientôt il est repris en *la* mineur et aussitôt développé. Le second thème offre également deux motifs : trois notes chromatiques ascendantes et un trait de triolets, fugitif et gracieux. Après quelques raffinements rythmiques, l'exposition conclut par un retour au thème initial, dont les deux éléments dominent exclusivement l'ample développement. Toutes ses possibilités sont exploitées au moyen d'une polyphonie très dense et d'une harmonie aux tensions hardies. La reprise, relativement régulière, produit un effet libérateur et conclut ce morceau, en prédominance intime et rêveur, par des accents énergiquement affirmatifs.

2. Menuet : sa simplicité se révèle trompeuse, car le thème se voit aussitôt élaboré en contrepoint. La seconde partie offre même un véritable développement modulant, suivi d'une reprise abrégée. Le trio, très chantant, en *mi* majeur, se comptait dans la pure beauté sonore de la plénitude de son écriture à quatre parties, ce à quoi viennent s'ajouter d'étincelants triolets du premier violon au cours de la seconde reprise.

3. Andante (en *ré* majeur) : le mouvement lent est un thème avec six variations et coda, le seul mouvement à variations avec le finale du *Quatuor en* ré *mineur* à figurer parmi les six *Quatuors*. Le thème, d'une grande beauté expressive, est chanté avec beaucoup de douceur par le premier violon. Seule, la première variation, avec ses guirlandes de triples croches au premier violon, s'en tient au type éprouvé de la variation ornementale. Mozart s'éloigne ensuite avec une audace croissante de la configuration de son thème, dont le schème harmonique de base et la structure périodique demeurent seuls reconnaissables. Ainsi, la seconde variation introduit-elle une noble mélodie nouvelle du premier violon, tandis que le second tisse un contrepoint obligé en triples croches régulières et que le violoncelle fait écho. Sereine, éthérée, la troisième variation se déroule comme une libre conversation des quatre instruments, l'alto prenant le rôle principal. Avec la quatrième, nous plongeons brusquement en *ré* mineur : les triolets des doubles croches dominent, l'expression s'élève peu à peu, du début mystérieux et douloureux, à la plainte passionnée du premier violon. La variation suivante, revenant au mode majeur, offre le réconfort de sa gravité sereine, et déploie son magnifique contrepoint en imitations à travers les modulations les plus raffinées. Au début de la sixième variation, le violoncelle introduit le singulier rythme tambourinant qui dominera le mouvement jusqu'à la fin. Les sonorités évoquent Beethoven, chose rare chez Mozart. Cette ultime variation est suivie d'une grande coda, qui confie le rythme de tambour successivement à tous les instruments. Après un retour du thème sous sa forme originelle, le morceau meurt doucement sur son martèlement obsédant.

4. Allegro : rare chef-d'œuvre de contrepoint chromatique, dont les perpétuels glissements par demi-tons laissent une impression inquiétante, quasi crépusculaire. Bien que coulé dans le moule de la forme sonate, il est entièrement dominé par les deux éléments de son thème initial, aussitôt élaboré en imitations. Le développement débute en *ré* majeur, mais s'arrête brusquement sur la dominante de *fa* dièse. S'élève alors un merveilleux choral en *ré* majeur, dont la noblesse sacrée évoque quelque cérémonie maçonnique. La reprise s'enrichit de nouveaux contrepoints et aboutit à une coda qui élabore une fois encore le motif de tête. C'est lui qui clôt le *Quatuor* avec douceur et discrétion.

Durée d'exécution : 32 minutes environ.

Quatuor en *ut* majeur (K. 465)

Si le *Quatuor en* la *majeur*, comme nimbé d'un souffle crépusculaire bleuté, apparaissait comme une œuvre secrète, voilée, toute tournée vers l'intérieur, ne révélant toutes ses richesses qu'au connaisseur attentif, le *Quatuor en* ut *majeur*, au contraire, offre de vivants contrastes et ses évocations d'états d'âme changeants se tournent bien davantage vers le monde. Il fut achevé le 14 janvier 1785.

1. Le premier mouvement offre précisément le plus violent de ces contrastes, car son lumineux **ALLEGRO** en *ut* majeur est précédé de cette célèbre et ténébreuse introduction en *ut* mineur (**ADAGIO**) à laquelle l'œuvre doit son surnom de *Quatuor des Dissonances*.

Des théoriciens bien intentionnés ont essayé de corriger ces âpres dissonances, ces frottements de secondes, ces fausses relations tranchantes. Mais, en dépit du sentiment tonal volontairement instable et brouillé, Mozart mène son tissu polyphonique avec une logique magistrale, relâchant graduellement la tension. Le thème de l'*Allegro* est d'une limpidité de cristal, fruit d'un victorieux dépassement de soi-même. L'exposition offre trois thèmes différenciés par une agogique contrastée. Le développement, très âpre, très dense, élabore polyphoniquement le motif de tête du thème principal, module avec une grande audace et fait même resurgir, par de grinçantes fausses relations, les sombres fantômes de l'introduction.

2. ANDANTE CANTABILE : d'un sentiment poétique très rare, il est l'une des plus belles inspirations lyriques de Mozart et retrouve, en l'approfondissant, le climat expressif du mouvement lent du *Quatuor en* sol *majeur, K. 387*.

3. MENUET (ALLEGRETTO) : d'une gaieté saine et rude, il alterne avec brusquerie le *forte* et le *piano*. Le touchant trio en *ut* mineur consiste en un solo chantant et élégiaque du premier violon, dont les soupirs sont repris vers la fin par le violoncelle, sous une forme modifiée.

4. Le joyeux finale **ALLEGRO** rend une fois encore hommage à l'esprit de Haydn par son thème initial dont la nature et la construction périodique semblent tout d'abord annoncer un rondo. Il s'agit pourtant d'une ample et fort orthodoxe forme sonate. Le second thème, dont le motif initial est issu du premier, aboutit à un brillant déferlement de traits de doubles croches. Suit un épisode passager, merveilleusement rêveur, dans un *mi* bémol tout de tendresse intime, sur quoi les doubles croches se déchaînent de plus belle. Le bref développement démarre brusquement en *ut* mineur, quitte ensuite soudainement *mi* bémol et module très rapidement. La réexposition se déroule régulièrement, à l'exception de l'épisode rêveur, un peu développé. Une coda d'une virtuosité à l'éclat presque orchestral clôt sur une note de triomphe le cycle des six *Quatuors dédiés à Haydn*.

Durée d'exécution : 30 minutes environ.

Le Quatuor en ré majeur, « Hoffmeister » (K. 499)

Ce *Quatuor*, fruit suprême du merveilleux été de 1786 suivant la création des *Noces de Figaro* et entièrement voué à la musique de chambre (achevé le 19 août, il succède notamment au *Quatuor avec piano* en *mi* bémol *K. 493*, au *Trio* en *sol K. 496*, à la *Sonate à quatre mains* en *fa K. 497*, et au *Trio « des Quilles »* en *mi* bémol *K. 498* : quelle moisson !) demeure le moins connu, peut-être, des plus hauts chefs-d'œuvre mozartiens, sans doute parce qu'il parut seul et ne fait partie d'aucun groupe ou recueil.

1. ALLEGRETTO : il s'agit d'une absolue merveille ! Son thème initial comporte trois éléments : un arpège descendant en groupes de notes liées deux par deux, cinq noires répétées détachées, et, charnière entre les deux, le petit rythme croche pointée-double croche, qui aura son rôle autonome malgré son insignifiance apparente :

D'ailleurs, ces trois éléments sont déjà développés en un court conduit polyphonique (les deux violons, puis les deux instruments graves) amenant le « pont », dont le *si* mineur coïncide avec le premier *forte* du morceau. Or, notre premier thème est si riche de virtualités qu'il n'y en aura pas vraiment de second, et que ses trois éléments interviendront constamment, sans que pour autant la suite de l'exposition manque d'idées, nombreuses et variées. Seulement, elles ne seront pas traitées comme des thèmes, ni développées. Le ton de la dominante, atteint une première fois, n'est ensuite reconquis que par un passage très expressif par *fa* dièse mineur, suivi bientôt d'une brusque cadence rompue vers *fa* majeur, — introduisant un nouveau rythme de type lombard (ou iambique), important par la suite. La très vaste exposition se termine sur un petit motif rythmique nouveau en croches staccato : et c'est lui qui lance le développement, tout à coup rude et quasi symphonique, avec le thème principal grondant dans les basses. Riche d'oppositions dynamiques et modulantes, ainsi que d'oppositions de registres et de nuances, il exploite également la fantastique variété des rythmes exposés auparavant. Après la réexposition assez régulière, le petit motif de fin d'exposition amorce encore un développement terminal qui rappelle le thème initial, avant de conclure seul sur la pointe des pieds, en ce pianissimo dans l'extrême-aigu que Mozart affectionne.

2. **Menuetto (Allegretto)** : d'une brièveté inaccoutumée, il a l'apparence d'un Ländler rustique, mais démentie par des chromatismes sous-jacents, des imitations, des basses sinueuses. Et c'est la surprise d'un trio en *ré* mineur, sur un nouveau motif descendant en triolets de croches, suivi d'un autre motif trillé. Dans la deuxième reprise, tous deux sont soumis à un développement en imitations (et par mouvement contraire) au contrepoint serré, âpre et dru. Un petit conduit mène à la reprise du *Menuet*.

3. **Adagio** (en *sol* majeur, à 3/4) ; très développé, il se distingue par son agogique très complexe, évoquant déjà celle du mouvement lent de la *Symphonie « Jupiter »*, au point qu'on en oublie la barre de mesure. Il exprime la grande plénitude méridienne et l'opulence du plein été, mais non sans pointes d'amertume (l'aspiration nostalgique vers *mi* mineur et *ut* majeur dès les mesures 4 et 5). Du flot exubérant des coloratures en triples croches du premier violon se dégage soudain le geste dur et volontaire de grands accords scandés affirmant la sous-dominante. À un développement central bref, mais tendu et pathétique, principalement au relatif *mi* mineur, succède une réexposition d'une expression intensifiée. Le développement terminal commence par le choc au cœur de sa dissonance indicible (*ré-si-sol* dièse-*sol* bécarre), attaquée pianissimo, mais sans aucune préparation, et dont la tension se résout par une descente chromatique, — d'où émerge enfin le grand trait libérateur de triples croches du premier violon suivi d'un trille. Et ici encore, Mozart conclut pianissimo dans l'aigu.

4. **Allegro** : c'est une forme sonate complexe et multithématique, avec une réexposition développante complètement renouvelée. Le début fait voltiger des bouffées impalpables de triolets de croches coupés de silences et attirés vers la sous-dominante. Au premier *forte*, la musique touche terre avec un thème à 2/4 carré et vigoureusement pointé. Mais, après un decrescendo aboutissant à un point d'orgue, s'affirme un véritable deuxième thème (à la tonique, donc thème de « pont ») allégrement populaire, avec un conséquent syncopé plus développé. Après un retour des triolets initiaux, voici le « vrai » deuxième thème (à la dominante), en triolets encore, mais détachés et en arpèges ascendants vigoureux. Le groupe de cadence retrouve le thème de « pont », et les triolets concluent l'exposition, puis lancent le développement. Mais celui-ci est très vite pris en charge par le thème de « pont », soumis à un travail d'élaboration contrapuntique et modulante très âpre. La réexposition semble intervenir très rapidement, mais de façon trompeuse : un contre-chant d'alto en valeurs longues lie les triolets et les empêche de s'envoler ; cela seul devrait nous mettre en garde ! Le thème « carré » à 2/4 apparaît brusquement en *ré* mineur, — ce qui « déboussole » tout le plan tonal (le thème de « pont » est en *fa* majeur), qui ne retrouve son équilibre que longtemps après, avec le deuxième thème à la tonique. Un développement terminal fait s'envoler une fois encore, plus légers que jamais, les triolets en chromatismes aériens. Rappel à l'ordre âpre et viril du thème « carré » transformé, nouvelle évasion des triolets, et deux accords *forte* mettent fin au jeu.

Durée d'exécution : 24 minutes environ.

Les trois Quatuors « prussiens »

Le 4 juin 1789, Mozart rentra à Vienne, venant de Berlin, avec la commande de six nouveaux *Quatuors* à livrer au roi de Prusse Frédéric-Guillaume II. Celui-ci étant violoncelliste, il s'agissait d'en tenir compte ; c'est pourquoi les derniers *Quatuors* de Mozart font la part belle au violoncelle, surtout dans le registre aigu le plus chantant. Dès ce même mois de juin, Mozart achevait un premier *Quatuor* (*K. 575*), mais les deux suivants ne virent le jour qu'un an plus tard, au milieu de la pire dépression de son existence, due à la misère matérielle et morale, et aboutissant à une période exceptionnelle de stérilité. C'est ainsi que la série ne fut jamais achevée, et que Mozart dut même se résoudre à céder à bas prix les trois *Quatuors* déjà achevés. Ceux-ci sont généralement considérés comme inférieurs aux précédents, — mais ce jugement s'avère totalement injuste pour *K. 589*, et, surtout, pour l'étonnant et audacieux *K. 590*.

Quatuor en *ré* majeur (K. 575)

C'est le plus insaisissable et le plus secret de tous, le plus lisse en apparence sous son sourire de sphinx. Trois des quatre mouvements s'intitulent *Allegretto*, et les deux premiers sont marqués *sotto voce* (à voix basse) : ils reprennent des ébauches milanaises de 1772.

1. Allegretto : ce premier mouvement part sur un simple thème de gamme, montant en valeurs longues, puis redescendant en rythmes lombards, suivi d'un petit conséquent avec anacrouse pointée et désinence en triolet de doubles croches descendantes. Le thème est repris à l'alto, puis au violoncelle, qui fait également chanter le deuxième thème. Tout est ici plus symétrique que de coutume, dissonances et modulations demeurent rares. Un petit élément conclusif en croches piquées amorce le développement, qui démarre au relatif *si* mineur. Une mélodie enjôleuse du premier violon en *sol* majeur (nouvelle), sur arpèges berceurs du violoncelle, tente de faire diversion ; mais c'est la désinence du premier thème qui relance le débat, jusqu'à ce qu'un jeu par mouvement contraire sur le thème de gamme en croches piquées mène à la réexposition, toute régulière, et sans coda.

2. Andante en *la* majeur : à vrai dire, l'un des plus insignifiants de Mozart ; il est de simple forme ternaire, avec milieu à la dominante atteinte par un bref passage au relatif. Au milieu de ces formules mélodiques aussi sages que symétriques, le Roi violoncelliste reçoit son dû de jolis airs. Il faut reconnaître l'euphonie de tout ce *Quatuor*, qui « sonne » admirablement. Mais, en ce mois de juin 1789, où est le vrai Mozart ?

3. Peut-être dans le bref accès de « démonisme » au début de la deuxième reprise du **Menuetto (Allegretto)**, aux brutales ruptures tonales, où soudain tombe le masque. Ailleurs, c'est à nouveau la mondanité qui règne, et le trio entier est une fête pour le monarque.

4. Allegretto : il démarre sur un thème principal proche parent de celui du premier mouvement, exposé au violoncelle dans l'aigu. De forme sonate modifiée et irrégulière, il est le plus substantiel et le plus personnel des quatre morceaux. Le thème est repris en « tutti » avec un contre-chant du violoncelle en triolets de croches descendants, d'une grande importance par la suite, — transformation rythmique du groupe de cadence du premier mouvement. Au lieu d'un second thème, c'est le premier qui revient, au second violon, mais muni d'une désinence nouvelle en croches avec trille. Il y a encore une idée conclusive d'une infinie séduction, d'une naïveté aussi adorable qu'irrésistible. Le premier thème revient alors, muni d'un nouveau contrepoint en croches piquées, à la tonique, — ce qui donne l'impression d'un refrain de rondo. C'est en fait le début de la réexposition, auquel succède ensuite seulement un développement contrapuntique assez rude et serré sur le contre-chant de triolets augmenté à présent d'une désinence trillée. Modulations et dissonances traversent un ciel plus troublé que dans le reste du *Quatuor*, passant assez rapidement de *fa* majeur à *si* mineur. Le faux second thème (en fait le premier) est alors repris à la tonique (suite de la réexposition), mais il passe rapidement en mineur, pour la suite du développement contrapuntique, précédant le retour du séduisant élément conclusif. Pour conclure, le premier thème essaye à maintes reprises de s'affirmer, sans aller jamais au-delà de ses deux mesures d'antécédent. Il y parvient enfin en un tutti majestueux, puis sa tête fait encore l'objet d'un développement terminal en imitations variées, avant l'énergique conclusion sur les triolets et deux grands accords.

Durée d'exécution : 24 minutes environ.

Quatuor en *si* bémol majeur (K. 589)

Composé en mai 1789, au terme de près de cinq mois de total silence créateur, c'est le plus court des *Quatuors* de la maturité mozartienne.

1. Allegro à 3/4 : dès le début s'affirme une sonorité plus colorée, moins éthérée et moins diaphane que dans *K. 575*. Le motif d'attaque du thème initial domine tout : blanche et gruppetto de quatre doubles croches. Un « pont » avec sforzandos à contretemps et chromatismes comporte ensuite deux éléments importants en alternance dialoguée : d'énergiques triolets de croches et une douce figure arpégée ascendante dans l'aigu du violoncelle. Par contre, le vrai deuxième thème, également dans l'aigu du violoncelle, est moins profilé. Un groupe de cadence vigoureux combine le premier thème et les triolets. Ce sont eux qui font démarrer le développement en *fa* mineur ; puis la musique se stabilise en *ré* bémol majeur avec le retour du premier thème en dialogue de registres et de timbres. Ce développement fort long, assez tendu, tourmenté et modulant, est suivi d'une réexposition plutôt régulière, — sauf que les chromatismes avec accents à contretemps du « pont » y sont amplifiés. Il n'y a pas de coda.

2. Le **Larghetto** en *mi* bémol majeur est essentiellement mélodique (les deux thèmes le sont), avec plusieurs solos pour le Roi violoncelliste, mais surtout avec de longues guirlandes de doubles, et même de triples croches circulant d'un instrument à l'autre. C'est une forme sonate sans développement ; mais, dans la réexposition, le « pont » entre les deux thèmes fait l'objet d'une amplification dramatique et modulante. Sans compter au nombre des grands mouvements lents mozartiens, ce morceau est cependant très supérieur à l'*Andante* de *K. 575* (v. précédemment).

3. Menuetto (Moderato) : plus lent qu'à l'accoutumée, son tempo un peu cérémonieux est dû à l'agogique de doubles croches, notées avec minutie dans toutes les articulations possibles. La grande surprise provient du trio (en *mi* bémol), deux fois plus long que le *Menuet*, d'une totale originalité, surtout dans les sonorités, avec ses basses d'Alberti en double croches piquées passant d'un instrument à l'autre, tout comme un nouveau thème en noires répétées, parfois monnayées en croches. Au début de la deuxième reprise, la musique est projetée brusquement en *ré* bémol majeur ; mais, après une mesure de silence en point d'orgue, elle repart à la dominante d'*ut* mineur avant de regagner *mi* bémol, l'un des tours de passe-passe harmoniques les plus étonnants de Mozart (c'est, en fait, un simple enchaînement de dominantes, dont l'évidence est occultée par les changements de registre). Toute la fin de ce trio est d'une richesse de sonorités et de rythmes superposés tout à fait étonnante.

4. Allegro assai à 6/8 : il s'agit d'un mouvement extrêmement court (trois minutes et demie), mais plein de surprises et de virtuosité contrapuntique. Le thème berceur, lui-même de structure séquentielle, se trouve tout de suite imité, et se termine inopinément par une foudroyante gamme descendante en doubles croches détachées (issue du *Menuet* !), et qui ponctue par mouvement contraire la deuxième moitié du thème. Suit immédiatement un développement contrapuntique sur une deuxième idée, nouvelle, — très libre renversement de la précédente. Il y a un passage extraordinairement sonore et « orchestral » (rarissine dans la musique de chambre de Mozart), avec des batteries de doubles croches, — « mise à plat » du trait précédent. Une fausse reprise du premier thème en *ré* bémol est le point de départ d'un développement (beaucoup de mouvements contraires) aux modulations aventureuses et hardies (septième diminuée de *sol* — silence, — sixte et quarte de *la* mineur). La réexposition du thème principal est suivie d'une coda importante, rappelant successivement la deuxième idée, le passage « orchestral », enfin superposant le thème droit et renversé, avant de terminer *piano*.

Durée d'exécution : 24 minutes environ.

Quatuor en *fa* majeur (*K. 590*)

Ce *Quatuor*, le dernier de Mozart (juin 1790), représente une victoire durement remportée sur un marasme bien proche de la dépression : l'œuvre suivante, le *Quintette en* ré *K. 593*, se fera attendre jusqu'en décembre ! Le *Quatuor en* fa *majeur* est une page d'exception, relativement méconnue, en tout cas bien loin de la séduction et de l'aisance de tant d'autres produits de sa plume, en sa couleur assez rude et ascétique, un peu rauque et voilée.

1. L'**Allegro moderato** initial présente un premier thème en deux groupes de trois mesures, et ce goût de l'asymétrie périodique persistera pendant l'œuvre entière. Chaque groupe est constitué d'un arpège ascendant en blanches, *piano*, et d'une gamme descendante en doubles croches, brutale et *forte* :

Le conséquent (deuxième groupe) a une petit désinence en doubles croches un peu différente, d'une grande importance par la suite. Au cours d'une brève amplification avec emprunts à la sous-dominante, la gamme descendante s'affirme par deux fois au violoncelle. Après un arrêt, dès la mesure 16, c'est le « pont » : le thème est repris à la dominante *ut* majeur par le violoncelle dans l'aigu (hommage au Roi !) ; mais, à présent, la petite désinence du conséquent, en dialogue serré entre violoncelle et premier violon, puis entre alto et second violon, fait moduler la musique vers le relatif *ré* mineur.

Le violoncelle expose le deuxième thème, généreusement chantant, en *ut* majeur, qui englobe également la gamme descendante en doubles croches, et qui est développé avec des chromatismes. Un groupe de cadence d'esprit polyphonique, basé sur les valeurs rythmiques du premier thème, précède le retour de celui-ci, toujours en *ut* majeur au violoncelle dans l'aigu, et l'exposition conclut sur la gamme descendante. Le développement démarre sur la même gamme, qui projette brusquement la musique en *mi* bémol majeur, à l'issue d'un saut descendant de sixte en deux noires détachées. Ces deux noires vont dominer la première moitié du développement, traitées en agrandissements d'intervalles, s'opposant à un motif de quatre croches chromatiques montantes, issu de l'accompagnement du deuxième thème. Par *ut*, mineur, on rejoint *ré* mineur. La deuxième moitié du développement élabore contrapuntiquement la gamme descendante en doubles croches. La réexposition est surtout variée dans la distribution instrumentale, les tessitures et les registres. C'est ainsi que le « pont » confie à présent le premier thème à l'alto, en *fa* mineur, modulant vers *la* bémol ; et c'est également l'alto qui présente le deuxième thème. Mais le violoncelle dans l'aigu reprend bien le thème initial à la fin de cette réexposition, suivie d'une coda qui retrouve le jeu de la première partie du développement sur les deux noires, développées en agrandissements d'intervalles. Elles terminent seules, par un double saut d'octaves ascendantes, le premier violon finissant ainsi le morceau sur un *fa* suraigu isolé !

2. Ce *Quatuor* ne comporte pas de vrai mouvement lent, mais un **Allegretto** à 6/8, en *ut* majeur, de forme sonate lui aussi, quoique monothématique. Le thème, en accords homophones tassés dans le grave, est de souffle court, comme haletant, empruntant vite au second degré *ré* mineur. Il est aussitôt repris, agrémenté d'arabesques de doubles croches au premier violon, qui vont parcourir presque tout le morceau. Le violoncelle à découvert les reprend, — cependant que le thème unique passe à la dominante *sol* majeur. Les doubles croches prennent ensuite l'aspect de batteries d'octaves (progressivement resserrées), évoquant étonnamment Beethoven, le contexte aidant. À la fin de l'exposition, le thème est traité en imitations aux strettes dissonantes d'une grande âpreté. Le bref développement passe en *mi* bémol majeur (comme celui du premier mouvement), puis module pathétiquement par tons mineurs ascendants (*fa, sol, la*), culminant sur un véritable cri de douleur, d'une violence rare chez Mozart. Mais celui-ci se reprend ; et c'est la réexposition, avec la surprise de l'ajout d'un motif voletant « lombard » à l'alto, celui-là même (triple croche liée à double croche pointée) qui donnait tant de puissance expressive au mouvement lent de la *Quarantième Symphonie* en *sol* mineur (*K. 550*). Il dialogue bientôt entre premier violon et violoncelle, de plus en plus obsédant, mais disparaît à la reprise des doubles croches à découvert au violoncelle. La suite de cette réexposition est à peu près régulière, mais les batteries « beethovéniennes » sont à présent à l'alto. La toute dernière mesure s'assombrit inopinément en *ut* mineur, et les deux premières mesures de la coda conservent ce climat sombre et douloureux, bientôt surmonté cependant au cours d'une assez longue conclusion jalonnée par les doubles croches ascendantes, terminant ce mouvement dans le suraigu, comme le premier.

3. La première reprise du **Menuetto (Allegretto)** comporte deux périodes de sept mesures (et la première reprise du trio en comportera deux de cinq !), confirmant le goût de l'asymétrie propre à ce *Quatuor*. La première période, dans l'aigu des deux violons, expose un paisible Jodler tyrolien, avec de petites batteries de tierces en guise d'accompagnement. La seconde, d'une brusque rudesse *forte*, aux quatre instruments, passe au relatif *ré* mineur avant de conclure à la dominante d'usage. Elle présente un nouveau motif pointé agressif à l'alto, tandis que les batteries, passant au violoncelle, agrandissent leurs intervalles et reprennent leur physionomie du deuxième mouvement. La deuxième reprise déchaîne soudain une férocité que rien ne laissait prévoir. Rarement Mozart a exprimé pareille amertume, — on peut même dire pareille révolte exaspérée. Chromatismes grinçants, accents dissonants à contretemps, frottements carrément discordants : c'est une tempête de musique d'une modernité extraordinaire, développant tous les éléments précédents (le thème de tyrolienne devenu grimaçant, le motif d'alto, qui passe aux deux violons, les batteries de croches), sans l'ombre d'une reprise régulière. Notons cependant que ce morceau, comme tous les autres, se termine dans l'aigu. Le trio, au ton principal, apporte une relative accalmie, mais non un contraste, — le matériau motivique étant à peu près le même. Et sa deuxième reprise se termine par un jeu d'imitations serrées préparant le retour de la tension.

4. Celle-ci va culminer dans le prodigieux **ALLEGRO** final, qui adopte à nouveau la forme sonate. Tout commence comme un innocent hommage à Haydn, avec un thème de rondo tout droit sorti de l'atelier d'Esterhaza, thème en deux parties reprises de la manière la plus classique, confié alternativement au premier violon et à l'alto, et caractérisé par ses doubles croches perpétuelles, dont l'écheveau renoue avec le premier mouvement. Un petit motif trillé attise déjà un peu la tension ; mais la musique freine par deux fois sur des points d'orgue encore bien haydniens. Soudain se déchaîne une furie toute balkanique en *ré* mineur (Haydn, toujours !), qui présente l'aspect trompeur d'un couplet de rondo, avec ses sauts énormes au premier violon. Mais c'est en réalité le « pont », et, à l'apparition du complexe polyphonique tenant lieu de véritable deuxième thème, on s'aperçoit que Mozart a véritablement subverti un rondo haydnien pour en prendre possession : sans doute la musique de son ami lui a-t-elle été nécessaire ici pour assurer l'élan vital qui va permettre à ce *Finale* de triompher enfin de la sinistre dépression dont le *Menuet* hargneux ne parvenait pas à triompher en sa vaine révolte. On notera d'ailleurs que ce *Finale* oublie salutairement de privilégier le royal violoncelliste ! Ce deuxième thème, pour y revenir, frappe par ses croches répétées monotones faisant pédale et par ses tenues-retards âprement dissonantes. Les doubles croches n'en disparaissent jamais, et elles dominent, après un nouveau point d'orgue, le groupe de cadence, d'un contrepoint encore plus serré et plus tendu que ce qui précède. Une dernière surprise « haydnienne » nous salue à la fin de l'exposition : les doubles croches groupées par trois dans le cadre du mouvement perpétuel à 2/4, avec de savoureuses appogiatures « lydiennes » (*fa* dièse). Le développement plonge brutalement en *ré* bémol, ton de la sixte napolitaine, geste haydnien subverti ici encore. Fait de longues tenues dans lesquelles s'inscrivent et le mouvement perpétuel de doubles croches (toujours groupées par trois) et le petit motif trillé, il module avec audace par enchaînements de dominantes (*la* bémol, *fa* mineur, *ré* mineur). Soudain les tenues s'interrompent, un contrepoint nerveux, haché, aéré, s'instaure, modulant avec une hardiesse et une rapidité croissantes. Alors, le premier violon, avec ses sauts énormes et ses arpèges, restaure la furie « balkanique » du thème de « pont » ; sans crier gare, nous voici propulsés à un train d'enfer dans la réexposition, — ce qui ne signifie nullement la fin de nos « aventures » ! En effet, les arrêts sur point d'orgue nous mènent d'abord en *la* bémol majeur, puis, par une surprise saisissante, en *ré* mineur ! La musique redémarre alors en *si* bémol majeur, comme si de rien n'était : ce qui va permettre de rejoindre tout naturellement le ton principal de *fa* pour la reprise du deuxième thème, le contrepoint aux croches répétées, — non sans être repassés par le tourbillon « balkanique », transposé en *sol* mineur. Il n'y aura pas de coda, après une dernière allusion aux groupes de trois doubles croches dans le 2/4, avec leurs appogiatures lydiennes ; et la musique s'évanouira sur la pointe des pieds, dans l'extrême-aigu (comme les trois autres mouvements), — pirouette ironique, ou, plutôt, évasion par le haut !

Durée d'exécution : 26 minutes environ.

Adagio et Fugue pour cordes, en *ut* mineur (*K. 546*)

En date du 26 juin 1788, Mozart a noté l'achèvement de quatre œuvres nouvelles dans le catalogue de ses compositions : la *Symphonie en* mi *bémol majeur* (*n° 39, K. 543*), première de la grande trilogie finale, une *Marche* (*K. 544*), aujourd'hui perdue, la *Sonate en* ut *majeur* pour piano dite « facile » (*K. 545*), enfin, « Un court *Adagio* a 2 Violini, Viola e Basso, pour une Fugue que j'ai écrite voici déjà longtemps pour 2 pianos » : il s'agit de l'*Adagio et Fugue en* ut *mineur*, *K. 546*, l'une des pages les plus impressionnantes et audacieusement personnelles de Mozart.

Durant les années 1782 et 1783, Mozart écrivit une série d'œuvres dans le style fugué, qui constituent le témoignage de sa réaction émerveillée à la découverte des œuvres de Haendel, et surtout de J.S. Bach, rendue possible grâce à la bibliothèque du baron van Swieten. Ces œuvres de style fugué représentent un cas musico-psychologique extrêmement complexe au sein de l'activité créatrice mozartienne : elles sont presque toutes demeurées inachevées. Aux difficultés d'adapter l'écriture ancienne dans le style sévère à son propre langage musical vinrent s'ajouter des problèmes d'ordre personnel. Pour une raison peu explicable, son épouse Constance semblait goûter tout particulièrement l'écriture fuguée, et poussait Mozart à la cultiver. Or, les œuvres destinées à Constance semblent avoir été les victimes d'on ne sait quels complexes : Mozart n'est jamais parvenu à les terminer, même lorsqu'il s'agissait d'entreprises aussi importantes que la *Grande Messe en* ut *mineur* (*K. 427*), pourtant consécutive à un vœu solennel. Parmi les quelques pages achevées de cette période critique, se détache une magistrale *Fugue en* ut *mineur* pour deux pianos (*K. 426*), datée du 29 décembre 1783. C'est elle que Mozart reprit quatre ans et demi plus tard, pour la transcrire pour les cordes, en la faisant précéder d'un prélude *Adagio* d'une audace et d'une profondeur expressive aussi exceptionnelles que celles de la fugue. Cette dernière devait également susciter l'admiration du jeune Beethoven, qui la recopia et la mit en partition. Nous avons dit que la transcription de Mozart s'adressait « aux cordes », et c'est en réalité d'un orchestre à cordes qu'il s'agit, ainsi que l'indication « Violoncelli » (au pluriel) et, davantage encore, la division entre violoncelles et contrebasses durant six mesures à la fin de la fugue permettent de le vérifier. Si la grandeur monumentale de l'inspiration de ce diptyque justifie l'exécution à l'orchestre, il n'en conserve pas moins toute sa signification au quatuor : la situation, ici, serait à l'inverse de celle de la *Grande Fugue* de Beethoven, prévue pour le quatuor, mais parfaitement exécutable à l'orchestre.

1. L'**ADAGIO**, long d'une cinquantaine de mesures seulement, contient des audaces harmoniques surpassant tout ce que Mozart a écrit par ailleurs. Son double thème d'ouverture, aux rythmes pointés d'une sombre majesté, est conçu en contrepoint renversable, ce dont Mozart tirera parti au cours de ses différentes réapparitions (on l'entend quatre fois au total). Entre elles, un motif oscillant d'un demi-ton, toujours en valeurs pointées, mais liées et plus douces, servira à chaque fois de tremplin à des excursions harmoniques d'une hardiesse et d'une liberté croissantes : la seconde module chromatiquement, la troisième joue de l'enharmonie avec une tranquille maîtrise, la quatrième et dernière (succédant à l'ultime retour du thème d'ouverture) nous entraîne jusqu'en *ut* dièse mineur, avant de dénouer progressivement la tension harmonique et expressive, qui vient mourir doucement sur la dominante d'*ut*.

2. Le thème austère de la **FUGUE** s'énonce alors au violoncelle :

C'est l'un des plus mémorables et des plus forts qu'un compositeur ait inventés depuis Bach, et son saut caractéristique de septième diminuée descendante le rattache d'ailleurs à une noble lignée, dont font partie notamment le thème de l'*Offrande musicale*, celui de la fugue « *And with his stripes* » du *Messie* de Haendel, celui de la fugue de la *Sinfonia* en *ré* mineur de Wilhelm Friedemann Bach et, plus près de Mozart dans le temps, celui de la fugue finale du *Quatuor en* fa *mineur* (*op. 20/5*) de Haydn. Chez Mozart lui-même on en retrouve la trace dans la fugue de la *Sonate en* la *mineur* inachevée pour violon et piano (*K. 402*), et surtout dans celle du *Kyrie* du *Requiem*. Le thème qui nous occupe a ceci de remarquable que ses deux éléments, l'un impératif et rude, l'autre plaintif et sinueux, reproduisent le dualisme même de la forme sonate à l'échelle du microcosme. Les quatre voix exposent le sujet dans l'ordre ascendant, et l'on remarquera d'emblée la présence d'un contre-sujet très caractéristique, avec ses notes répétées et son trille. La fugue, longue de cent dix-huit mesures, mériterait une analyse détaillée. Entièrement de style sévère, réduisant au minimum la part des divertissements, elle fait appel à toutes les complexités du renversement, de la diminution et de la strette, tout en juxtaposant tonalités et dissonances avec une âpreté extraordinaire. D'abord alternées, les formes droite et renversée du thème finissent par se superposer, avant de faire l'objet chacune d'une quadruple strette. Lorsque la tension contrapuntique se trouve portée au point de rupture, le sujet renversé se détache soudain avec majesté sur un accompagnement purement harmonique, durant quelques mesures seulement (ce sont celles où violoncelles et contrebasses se séparent brièvement dans la version orchestrale) ; puis les ultimes mesures opèrent une rapide synthèse des deux visages du thème.

Durée d'exécution : 8 minutes environ.

LES QUATUORS POUR FLÛTE ET CORDES

Mozart n'aimait pas la flûte, c'est un fait bien connu : ne lui prête-t-on pas cette boutade : « Je ne connais rien de plus faux qu'une flûte, si ce n'est deux flûtes » ? Certes, la facture de l'instrument à son époque pouvait justifier pareil jugement de la part de l'oreille la plus fine qui fût jamais, car Boehm ne lui avait pas encore apporté les perfectionnements décisifs qui assurent, depuis plus d'un sècle, sa parfaite justesse. Toujours est-il que Mozart n'a jamais écrit pour cet instrument que sur commande, et que toute sa production dans ce domaine se situe dans un laps de temps très bref : 1777 et 1778, Mannheim et Paris. Seule exception, l'énigmatique *Quatuor K. 298*.

Abstraction faite du populaire *Concerto pour flûte et harpe K. 299*, composé à Paris en avril 1778 sur commande du duc de Guines, ces œuvres virent le jour à Mannheim. Le 10 décembre 1777, Mozart écrit à son père qu'un gentilhomme hollandais, un certain de Jean, lui a offert 200 florins « pour trois concertos courts et simples et une paire de quatuors pour la Flûte ». Il en parlera un peu plus tard comme de « ce vrai philanthrope, le Hollandais des Indes », ce qui n'empêchera pas leurs rapports de se détériorer par la suite, par leur faute à tous deux, Mozart n'ayant qu'incomplètement honoré sa commande, et de Jean, en retour, ayant mis la plus mauvaise grâce à le payer... C'est au flûtiste virtuose Johann Baptist Wendling, Alsacien installé à Mannheim, et avec qui Mozart s'était rapidement lié d'amitié, au point d'être fréquemment son hôte, que le compositeur doit cette commande. Il se met tout d'abord à l'ouvrage avec enthousiasme. Dès le 18 décembre, il peut annoncer à son père qu'un des *Quatuors* est presque achevé, et de fait, le premier, et de loin le meilleur de la série, le *Quatuor en* ré *majeur K. 285*, porte la date du 25 décembre 1777. Puis, son intérêt faiblit : les deux *Quatuors* suivants sont plus courts et moins substantiels. Quant aux *Concertos*, si le premier, en *sol* majeur (*K. 313*), est une page de grande envergure, écrite avec soin, le second, en *ré* majeur (*K. 314*), n'est qu'une transposition exacte de son *Concerto pour hautbois en* ut, écrit un an auparavant à Salzbourg pour le virtuose italien Ferlendis. Si Mozart s'astreint à ce fastidieux travail de copie, alors qu'en période d'inspiration, la création d'une œuvre originale ne lui demanderait guère plus de temps ni plus de peine, c'est que réellement la flûte et le gentilhomme hollandais ne l'intéressent plus du tout. En ce début de 1778, la composition de *Sonates pour violon* (*K. 301, 302, 303* et *305*) semble mobiliser toutes ses facultés créatrices, et, surtout, le soudain amour pour Aloysia Weber, véritable coup de foudre, l'éloigne provisoirement de tout travail de circonstance. Le 14 février, il annonce à son père qu'il a écrit deux *Concertos* et trois *Quatuors* pour le Hollandais. Il n'en mentionnera plus jamais d'autres, et cela laisse dans l'ombre le quatrième *Quatuor*, en *la* majeur, auquel Köchel a attribué le numéro 298 sur la foi d'une indication non autographe figurant sur le manuscrit, qui en situe la composition à Paris, en 1778. Des raisons péremptoires ont amené la plupart des mozartiens à en fixer la naissance à Vienne, vers 1786 ou 87.

À l'époque de Mozart, le quatuor (ou le quintette) associant aux cordes un instrument à vent soliste est un genre à mi-chemin de la musique de chambre sérieuse et du divertissement. Jean Massin a défini cette position de manière excellente : « Il convient aux tendances d'un public restreint de connaisseurs, qui veulent une musique plus fine que la sérénade symphonique ou le divertimento normal, mais sans quitter la zone du plaisir de bonne compagnie. » Si les trois derniers *Quatuors avec flûte* ou le *Quintette avec cor K. 407* correspondent fort bien à cet idéal esthétique, Mozart a su transcender dans une mesure croissante les limites du style galant dans le *Quatuor avec flûte K. 285*, puis dans le *Quatuor avec hautbois K. 370*, qui lui ressemble comme un frère, enfin dans le sublime *Quintette avec clarinette K. 581*, qui est un aboutissement au même titre que le *Divertimento* pour trio à cordes *K. 563*.

Le **Quatuor en *ré* majeur** mérite quelque analyse. Comme dans les autres, la flûte s'y voit réserver un rôle discrètement concertant.

1. Le premier **ALLEGRO** est une forme sonate concise, dont les soixante-cinq mesures d'exposition ne nous apportent pas moins de cinq thèmes différents ! C'est le second d'entre eux qui constitue l'élément le plus important du morceau. Il frappe par sa coupe rythmique, qui annonce exactement le début du grand *Quintette à cordes en* sol *mineur* (*K. 516*). L'exposition se termine par un beau thème mélodique, d'une « Empfindsamkeit » très mannheimienne, auquel succède une allègre ritournelle d'opéra-bouffe. Le développement, relativement important, se déroule presque entièrement dans les tonalités mineures, et élabore principalement le second thème déjà cité, qui affirmera sa prééminence, après une réexposition quelque peu abrégée, en apportant au morceau sa conclusion.

2. L'ADAGIO est extrêmement court : trente-cinq mesures seulement, mais c'est un joyau des plus rares. Alfred Einstein y voit, à juste titre, « une page de la plus exquise mélancolie, peut-être le plus beau solo avec accompagnement jamais écrit pour la flûte, à l'exception, peut-être, du Prélude à la scène des Champs-Élysées, dans l'*Orfeo* de Gluck ». C'est un chant pathétique des plus émouvants, et Mozart y fait usage de deux moyens d'expression auxquels il ne recourt que très rarement : le pizzicato des cordes, et la tonalité de *si* mineur, à laquelle il ne reviendra que dans cette page d'exception qu'est l'*Adagio en* si *mineur* pour piano (*K. 540*). Seule la troisième des quatre périodes composant cet *Adagio* s'évade un instant de ce ton.

3. Après une très courte cadence improvisée l'allègre **RONDO** final s'enchaîne sans interruption. Son refrain, de la gaieté la plus gracieuse, est exposé deux fois, *piano*, puis *forte*, comme dans un concerto, où le tutti succéderait au soliste. Il comporte deux périodes, chacune répétée, et dont le conséquent est identique, ce qui donne trois éléments mélodiques. Le premier couplet, au ton de la dominante (*la* majeur), avec un thème d'allure toute française, fait usage également du conséquent du refrain, tandis que le second, à la sous-dominante (*sol* majeur), caractérisé par ses grands sauts mélodiques, est suivi d'une importante transition qui élabore le second antécédent du refrain. Il y a enfin un troisième couplet, qui reprend, mais au ton principal, la matière du premier, et sa présence, de même que celle d'éléments du refrain au sein des couplets, fait de ce *Rondo* une variante intéressante, proche de la sonate.

Durée d'exécution : 14 minutes environ.

Il y a beaucoup moins à dire des **Quatuors en *sol*** et en ***ut***, tous deux en deux mouvements seulement. Par leur forme aussi bien que par leur contenu, ils marquent un retour au style galant et tendrement mélodique d'un Jean-Chrétien Bach. L'*Andante* initial de l'œuvre en *sol* séduit par sa beauté mélodique, tandis que dans le *Finale* de celle en *ut* Alfred Einstein reconnut très justement un premier état du thème varié de la *Sérénade en* si *bémol* (*Gran Partita K. 361*) pour treize instruments à vent. Il semble que dans ces deux *Quatuors* Mozart ait voulu satisfaire le vœu de son commanditaire, qui désirait des œuvres « courtes et faciles » : n'avait-il pas rejeté l'*Adagio* du *Concerto en* sol, obligeant Mozart à le remplacer par l'*Andante en* ut (*K. 315*) ?

Reste le mystérieux **Quatuor en *la* majeur**. Il s'agit d'une œuvre parodique, d'une véritable plaisanterie musicale, à peine moins féroce que celle qui porte réellement ce nom, et dont elle est sans doute contemporaine. Mozart y utilise en effet des thèmes empruntés à Hoffmeister, son éditeur et frère en maçonnerie, et à Paisiello. C'est ainsi que l'*Andantino* à variations initial est basé sur un air tiré de l'opéra de Paisiello *Le Gare generose*, que Mozart avait pu voir à Prague en janvier ou février 1787. Comme cet opéra date au plus tôt de l'année précédente et que, d'autre part, Mozart fit don du manuscrit de son *Quatuor* à ses amis viennois les Jacquin, la date et la destination de l'œuvre ne sauraient faire de doute : cette pochade égaya certainement les joyeuses soirées que Mozart passait chez ses amis ; elle est du reste trop parodique et de trop peu de poids pour avoir pu connaître une carrière publique à ce stade de la maturité mozartienne. Alfred Einstein y voit Mozart « donner libre cours à son mépris et à sa fureur devant la platitude » de certaines musiques italiennes à succès. La forme est des plus succinctes, et des moins apprêtées. Le thème initial, aussi conventionnel que possible, donne lieu à quatre variations purement décoratives. Après que chacun des quatre instruments y soit allé de son petit air, le morceau est fini. Le *Menuet*, également très bref, est dominé par des rythmes pointés. Le trio offre à la flûte une jolie mélodie. La parodie atteint à son comble dans le *Rondo* final, qui élabore avec une fadeur voulue une innocente ariette de Paisiello. Mozart a indiqué : « Rondieaux : Allegretto grazioso, ma non troppo presto, pero non troppo adagio, cosi... cosi.. con molto garbo ed espressionne » (gracieusement animé, mais pas trop vite, pas trop lent non plus, du reste, comme ci... comme ça... avec beaucoup de feu et d'expression). Mais comment mettre du feu ou de l'expression dans ce petit air placide et simplet ? On pense aux bonnes plaisanteries dont Mozart parsemait les manuscrits des œuvres qu'il destinait au corniste-fromager Leitgeb. Réservons donc notre admiration pour les véritables chefs-d'œuvre — et le *Quatuor en* ré *K. 285* en est un ! — mais, lorsque Mozart s'amuse, ne boudons pas notre plaisir et amusons-nous avec lui !

Durée d'exécution : 11 minutes environ.

Quatuor pour hautbois et cordes, en *fa* majeur (K. 370)

Ce *Quatuor*, sorte de frère plus mûr et plus profond du *Quatuor avec flûte en* ré *majeur* (*K. 285*), dont il a exactement les dimensions, vit le jour à Munich en février 1781, à l'époque de la première représentation d'*Idoménée*. Il fut dédié à Friedrich Ramm, premier hautboïste de l'orchestre de Munich, et l'un des plus grands virtuoses de son temps suivant maints témoignages. En dépit de ses dimensions restreintes, ce *Quatuor*, en trois mouvements d'une concision parfaite, est digne de la comparaison avec le célèbre *Quintette avec clarinette*. L'émouvante gravité de l'*Adagio* en *ré* mineur est aussi frappante que la polyrythmie du *Rondo* final, où le hautbois, durant treize mesures, joue une cantilène très ornée à 4/4, tandis que les cordes poursuivent leur 6/8.

Durée d'exécution : 14 minutes environ.

LES QUATUORS POUR PIANO ET CORDES

Le quatuor pour piano et cordes est un genre relativement peu répandu dans l'histoire de la musique. Rares sont les compositeurs qui s'y sont essayés après Mozart, et ce dernier semble avoir épuisé d'emblée toutes les possibilités que lui offrait ce cadre problématique dont il fut le véritable pionnier. Il est significatif que l'ère romantique, durant laquelle le grand piano de concert parvint à son apogée, cultiva avec prédilection le trio avec piano dans un esprit résolument concertant, et le quintette avec piano de caractère bien souvent symphonique. La formule du quatuor avec piano, plus intime et moins brillante, suscita au contraire un nombre fort réduit de compositions, mais celles-ci sont finalement plus proches de l'esprit de la musique de chambre pour laquelle quatre exécutants, quels qu'ils soient, semblent décidément le nombre optimum.

On comprend parfaitement que Mozart, à la fin de 1785, parvenu à ce point de sa carrière, se soit intéressé à ce genre nouveau. Jean et Brigitte Massin* ont cerné le problème d'une seule phrase lucide : « fusion du Quatuor et du Concerto ». Ce sont en effet les deux formes que, au cours des trois années précédentes, Mozart avait menées à l'apogée de leur perfection, — tous les autres genres de musique instrumentale, symphonie comprise, reculant alors à l'arrière-plan. Les deux *Quatuors avec piano* réalisent pleinement cette synthèse de deux mondes aussi opposés que possible, celui du dialogue dramatique ou virtuose et celui de l'introspection la plus concentrée. Sans doute, aussi, cette synthèse n'eût elle point été possible sans le voisinage des *Noces de Figaro* sous le signe desquelles, historiquement et artistiquement, ces deux *Quatuors* ont vu le jour. Le 16 octobre 1785, lorsque Mozart termine le premier, il est plongé depuis plusieurs mois dans la composition de son opéra. Quant au second, il est la première partition à voir le jour, le 3 juin 1786, après la première représentation, triomphe sans lendemain, des *Noces de Figaro* (1er mai).

Le plan formel des deux *Quatuors avec piano* révèle dès l'abord leur position singulière à mi-chemin du concerto et de la musique de chambre : trois mouvements seulement et les finales en rondo, voilà l'univers des grands concertos contemporains ! Par contre, les premiers mouvements suivent la forme sonate classique, à exposition unique, et sont munis de barres de reprise comme ceux des *Quatuors à cordes*. Il en est de même pour le *Larghetto* de *K. 493*. L'écriture instrumentale présente le plus étonnant compromis entre les deux univers : la partie de piano est aussi difficile, aussi virtuose et aussi active que celle d'un concerto, mais on y cherchera vainement cadences ou même solos, — d'une certaine étendue. Les archets, par contre, sont bien plus qu'un accompagnement : tantôt ils s'unissent en véritables tutti, alternant avec le clavier, tantôt ils s'individualisent en authentiques chambristes, apportant leur part essentielle de tension à l'élaboration contrapuntique.

Ainsi, ni concerts de chambre, ni quatuors concertants, ces deux partitions d'exception, d'ailleurs insurpassées à ce jour, répondent-elles parfaitement aux nécessités expressives et architectoniques du Mozart d'alors. Au-delà de toute spéculation anecdotique, leur nécessité organique dans le cadre d'une certaine phase du développement mozartien suffit à justifier leur existence. Nous pensons que Mozart avait *besoin* de cette formation en octobre 1785, comme nous pensons qu'il n'en a plus eu *besoin* après juin 1786, le cadre du quintette à deux altos étant devenu par la suite celui, privilégié et

* In *Mozart* (Éd. Fayard, Paris, 1970).

nécessaire, de la création mozartienne de la musique de chambre.

C'est pourquoi les circonstances historiques d'authenticité discutable qui entourent la naissance de ces deux *Quatuors* ne sauraient être que contingentes. Ils devaient constituer le début d'un cycle de trois (ou six ?) œuvres semblables, objet d'un contrat de Mozart avec son Frère en maçonnerie, l'éditeur et compositeur Hoffmeister. Celuici publia en effet le premier *Quatuor* peu après son achèvement, cependant que *K. 493* paraissait chez Artaria en 1787 seulement. Puis la série fut interrompue. Hoffmeister aurait-il résilié le contrat, jugeant le *Quatuor K. 478* trop difficile ? Il y a là une énigme dont la solution importe du reste fort peu.

Mozart fut-il le premier à écrire des quatuors avec piano ? Il existe, il est vrai, des *Quatuors* de Schobert, datant de 1766, mais l'alto est remplacé par un second violon et ils se rapprochent ainsi de l'ancienne Sonate en trio. Dans les *Quatuors* et *Quintettes* de Jean-Chrétien Bach, le piano demeure subalterne alors que son frère Carl Philipp Emanuel s'en tient à la formule de la Sonate pour piano avec accompagnement de divers instruments. Ses trois derniers *Quatuors* (qui remplacent le violon par la flûte) correspondent mieux à la formule mozartienne, il est vrai, mais ils datent de 1788 !

Quatuor en *sol* mineur (K. 478)

Nous avons tellement associé le nom de Mozart à la puissance tragique de *sol* mineur, que nous oublions qu'il n'existe que quatre partitions de sa plume dont ce soit le ton principal : les deux *Symphonies K. 183* et *K. 550*, le *Quintette K. 516*, enfin le *Quatuor K 478* dont seul le premier temps est en *sol* mineur.

1. Nous sommes évidemment impressionnés, et à juste titre, par le ton violemment autoritaire de l'unisson initial de cet **Allegro**. Ce faisant, nous avons tendance à accorder une attention insuffisante au contraste profond qu'offre le second élément de ce thème (le trait de piano), car le motif de tête possède ce caractère impérieux, dominateur, à l'emporte-pièce, propre à mainte idée beethovénienne :

Mozart y saisit, lui aussi, « son destin à la gorge ». Aussi ne cesse-t-il de faire entendre, fût-ce à l'arrière-plan, son écho menaçant, et ne disparaît-il que passagèrement. Le second thème apparaît tard (mesure 57) : exposé par le piano, il frappe par sa structure périodique étrange et libre, indépendante de la barre de mesure. La conclusion apparemment insouciante de l'exposition est assombrie par le double avertissement du *sol* bémol du premier violon (rythmes pointés). Après un conduit modulant de quatre mesures, le développement débute en *ut* mineur. Il se déroule sur un nouvel élément (cas fréquent chez Mozart), dans une tension harmonique et contrapuntique croissante, le motif de tête ne rentrant que sept mesures avant la reprise, qu'il annonce, et qui est elle aussi plus tendue, et entièrement en mineur. Le morceau est couronné par une grande coda de vingt-huit mesures, véritable « développement terminal » sur le motif initial tout-puissant, aboutissant à l'implacable martèlement pointé de son unisson conclusif en fortissimo.

2. La douceur de l'**Andante** en *si* bémol (3/8) offre le contraste le plus frappant avec tant de véhémence. Il s'agit d'une forme binaire (ABAB), ou sonate sans développement, dont la tendresse est encore chargée de quelques ombres : la mobilité tonale des premières mesures ne laisse aucun doute à ce sujet, non plus que l'indicible confidence du second thème, qui ne se laisse point cerner avec des mots.

3. Le grand **Rondo** conclusif en *sol* majeur (*Allegro moderato*), débordant de vitalité, de sève et de richesses mélodiques, retrouve une atmosphère très typique du ton de *sol*, rappelant à la fois le *Concerto K. 453* et le *Quatrième Concerto* de Beethoven. Son élan jaillissant, sa virile allégresse, donnent à l'œuvre entière son parfait équilibre psychologique et musical. Le refrain comporte deux thèmes distincts, le premier couplet, en *ré* majeur, également. La reprise du premier thème de refrain bifurque rapidement vers *mi* mineur, ton du second couplet (épisode central), tout à coup sombre, tendu et dramatique. Suit une gradation sur la tête du refrain, mais la reprise de celle-ci est sciemment escamotée, et l'on passe tout de suite à son second élément. L'élément de tête du premier couplet est atteint par d'astucieuses allusions purement rythmiques. La coda se signale par une ultime et surprenante incursion en *mi* bémol.

Durée d'exécution : 24 minutes environ.

Quatuor en *mi* bémol majeur (K. 493)

Dès l'abord, le *Quatuor en* mi *bémol* apparaît plus fondu de sonorité, plus intégré que son aîné. Dans ce dernier, il advenait que le violoncelle doublât la main gauche du pianiste : rien de semblable ici, où chaque partenaire participe sur un pied de parfaite égalité au dialogue polyphonique et concertant. Paradoxalement, l'allure générale et la thématique sont bien plus proches du concerto et cela se confirmera avec éclat dans le finale.

1. Début noyé de brume et de mystère, pourtant, cette pénombre laiteuse qu'un soleil trop vif suscite sur les lointains qu'il baigne de sa vibration, avec ce premier thème qui n'en est pas un, rêveur, sans visage ni profil, énigme d'essence purement harmonique, marqué par sa chute immédiate et romantique vers la sous-dominante :

Aussi n'est-ce pas ce début à 4/4 qui commandera le mouvement, mais bien un second élément, exposé dès la vingt-huitième mesure à la dominante :

Son élan viril, sa victorieuse affirmation, ses deux sauts descendants de sixte et son gruppetto tout *maçonnique* domineront développement et coda au point que, malgré sa position et sa tonalité, il faut le considérer comme thème principal d'un morceau qui comporte encore une ample et tendre mélodie conclusive, chantant au violon. Le développement, basé entièrement sur l'idée conductrice, module rapidement vers les tons mineurs, et accroît sa tension par un jeu d'imitations de plus en plus serrées aux archets, montant vers la rentrée à travers des modulations magnifiques. Après la reprise, qui fait à présent chanter le troisième thème à l'alto, la coda, beaucoup plus courte, mais guère moins imposante que celle de *K. 478*, conclut le morceau par une strette d'une magistrale et rayonnante énergie.

2. Le LARGHETTO (*la* bémol majeur, 3/8) attire déjà l'attention par sa tonalité, que Mozart utilise toujours dans des circonstances d'exception. C'est en effet un morceau profond, noyé d'ombres, proche encore de l'univers du concerto malgré sa coupe de sonate avec barre de reprise, plus subtil que l'*Andante* de *K. 478* et plus riche de sens. Le développement central, malgré ou à cause de sa brièveté (quinze mesures) est très tendu harmoniquement, avec ses modulations et sa grande zone obscure en *la* bémol mineur, et très concentré, ne s'écartant guère du thème principal. La longue et nostalgique coda s'attarde en un mélancolique adieu, annonçant l'éternité schubertienne.

3. L'ALLEGRETTO conclusif est un *Rondo* adoptant exactement la même coupe que celui du *Quatuor* précédent, bien que le refrain ne comporte ici qu'un seul élément mélodique au lieu de deux. De plus, le caractère concertant est beaucoup plus marqué, tant dans la disposition instrumentale (alternance de *soli* et de *tutti* surtout frappante au début) que dans la matière thématique. Le premier couplet offre à nouveau deux idées, dont la seconde, aux cordes seules (quasi-choral) est reprise au piano avec une bifurcation soudaine vers *la* bémol (dans la reprise à la fin, *ré* bémol) d'un effet absolument magique. Ici encore, c'est l'épisode central (second couplet) qui constitue la zone d'ombre (*ut* mineur), avec ses gammes chromatiques insistantes, à quoi succède une nouvelle idée lyrique en *la* bémol, objet d'un court développement modulant. Après la reprise usuelle du premier couplet, l'œuvre se termine par une imposante coda de caractère quasi orchestral, avec ses deux grandes pédales de tonique, que vient couronner une magistrale strette contrapuntique.

Ce *Quatuor* est l'un des suprêmes sommets de l'œuvre mozartienne, d'une densité, d'une subtilité et d'une richesse d'invention insurpassables, épuisant les possibilités du genre : avec ou sans Hoffmeister, Mozart a dû se rendre compte que tout était dit dans ce domaine. Et il était, moins que tout autre, homme à se répéter !

Durée d'exécution : 27 minutes environ.

LES QUINTETTES À CORDES

L'histoire du quintette à cordes ne commence que très peu de temps avant Mozart, et après lui, jusqu'à nos jours, la qualité suppléera toujours à la quantité. Pourtant, dès le XVIe siècle, l'écriture à cinq voix occupait une place d'honneur, particulièrement dans le domaine de la musique vocale : ce fut celle, notamment, des plus grands chefs-d'œuvre du madrigal, qu'il s'agisse des Italiens (Gesualdo, Monteverdi), des Allemands (Schütz, Schein) ou des Anglais (Byrd, Weelkes, Wilbye, Gibbons). Dans l'admirable littérature pour ensemble de violes de l'école élizabéthaine, qui réalise cent cinquante ans avant Haydn et Mozart le parfait équilibre polyphonique et sonore de la musique de chambre classique pour cordes sans basse continue, les pièces à cinq voix sont même plus nombreuses et plus élaborées que celles à quatre.

Au XVIIIe siècle, si Sammartini cultiva quelque peu la formation du quintette à deux altos, ce fut Michel Haydn qui créa, en 1773, les premiers chefs-d'œuvre du genre, avec ses trois *Quintettes en* fa *majeur, en* ut *majeur* et *en* sol *majeur*, pages admirables et prophétiques qui sont à l'origine immédiate du premier quintette de Mozart et qui ont même influencé les suivants. Quant à Joseph Haydn, si fécond dans le domaine du quatuor, il n'écrivit pas un seul quintette, « parce qu'on ne lui en avait jamais demandé », disait-il, mais peut-être en réalité parce qu'un autre grand musicien de cette génération s'était fait de ce genre une manière de spécialité : Luigi Boccherini, qui en écrivit non moins de cent vingt-cinq. Certains de ses quintettes sont à deux altos, mais la plupart font appel à un second violoncelle, écrit dans l'aigu et noté comme « violoncello alto ». Après Mozart, la formule du quintette à cordes ne donna plus jamais lieu à un effort suivi de la part de compositeurs de premier rang, et le seul *Quintette à deux altos* original de la plume de Beethoven, contemporain de ses premiers *Quatuors*, est une œuvre d'importance secondaire. Il n'en va pas de même du sublime *Quintette* que Schubert composa en 1828, l'année de sa mort ; mais il fait appel, lui, à deux violoncelles.

L'attirance particulière qu'éprouvait Mozart envers cette formation s'explique notamment par le fait qu'il aimait beaucoup jouer de l'alto lorsqu'il participait à des séances de musique de chambre, particulièrement de quatuor. La soirée au cours de laquelle, assisté de Joseph Haydn, de Dittersdorf et de Vanhal, il fit entendre ses plus récents quatuors à son père, venu le visiter à Vienne en février 1785, est dans toutes les mémoires. Lorsqu'il tenait ainsi l'alto, Mozart, pour sa plus grande joie, se trouvait plongé au cœur même de la polyphonie instrumentale. D'ailleurs, on sait le soin extrême qu'il apporta toujours, et dès son enfance, à la rédaction des voix intermédiaires, si négligées par la plupart de ses contemporains. Plusieurs de ses œuvres symphoniques prévoient même la division des altos, rare à l'époque classique : c'est le cas, notamment, de la *Symphonie concertante en* mi *bémol* pour violon et alto, *K. 364*, de 1779, et du mouvement lent pour cordes seules de la *Symphonie en* ut *majeur, K. 338*, de l'année suivante. Remarquons également que le *Quintette avec cor, K. 407* fait appel à un seul violon, mais à deux altos.

Mozart a abordé une première fois le quintette à cordes dans sa jeunesse, mais après cet essai isolé quatorze ans s'écoulèrent avant qu'il ne revînt à cette formation. Ce fut alors, ayant pratiquement épuisé les possibilités du quatuor à cordes, notamment dans les six célèbres partitions dédiées à Haydn, qu'il trouva dans le cadre du quintette le domaine privilégié pour exprimer la quintessence de sa pensée en tant que compositeur de musique de chambre. Les quatre grands *Quintettes — K. 515, 516, 593, 614* — représentent l'apogée du genre tout entier, et d'aucuns ont même pu considérer un chef-d'œuvre comme le *Quintette en* ut *majeur K. 515* comme la plus parfaite et la plus achevée de toutes les créations instrumentales de Mozart. Il faut ajouter à ces quatre partitions le *Quintette K. 406*, transcription effectuée par Mozart lui-même de sa *Sérénade en* ut *mineur* pour huit instruments à vent, *K. 388*, de 1782. Par contre, la transcription de quatre des sept mouvements de la *Gran Partita* pour treize instruments à vent, en *si* bémol majeur, *K. 361*, est apocryphe. Elle porte la date extravagante du 25 janvier 1768 (Mozart avait douze ans, et la *Gran Partita* a été composée treize ans plus tard), ce qui explique que Köchel ait cru devoir lui attribuer le numéro *46* de son catalogue.

Quintette n° 1, en *si* bémol majeur
(K. 174)

Le premier essai de Mozart dans le domaine du quintette a fait l'objet de deux rédactions successives, dont seule la seconde est datée avec une certaine précision : décembre 1773. Selon toute probabilité, et de l'avis unanime des musicologues mozartiens, la première version remonte au printemps de la même année. Le 13 mars, Wolfgang et son père rentrèrent à Salzbourg, à l'issue de leur troisième et dernier voyage en Italie. Or, Michel Haydn avait terminé son *Quintette en* ut *majeur* le

17 février, et, comme il était le familier et l'hôte fréquent de la maison Mozart, l'adolescent de dix-sept ans a pu en avoir connaissance très rapidement. Ne nous étonnons pas de voir Mozart prendre aussitôt la plume pour s'essayer dans un genre nouveau pour lui, qui vient d'inspirer à son aîné et ami une réussite remarquable. Nous savons que le recours à un stimulant extérieur de cette sorte fait partie intégrante de son processus créateur et que Michel Haydn, en particulier, l'un des compositeurs auxquels il doit le plus, lui en fournira jusqu'à la fin de sa vie, jusqu'à la *Symphonie Jupiter* et même jusqu'au *Requiem*, impensables sans leurs modèles michel-haydniens. Aux mains de Michel Haydn comme du jeune Mozart, le quintette à deux altos apparaît comme un genre parfaitement réalisé sur le plan de l'équilibre sonore et du rôle des divers instruments, mais encore un peu hybride quant au style, qui hésite entre l'esprit de la Sérénade nocturne ou du Divertissement de plein air et celui de la musique de chambre authentique, tel qu'il s'exprimait depuis une dizaine d'années au moins dans la formule du quatuor à cordes chez Joseph Haydn, Boccherini ou Fr. X. Richter. Le *Quintette en* fa *majeur* de Michel Haydn, non daté, mais très probablement un peu antérieur aux deux autres de la même plume, adopte encore la coupe du Divertimento en sept mouvements, avec deux menuets, et même une marche conclusive. À cet égard, le *Quintette en* ut *majeur* marque un progrès considérable en direction de la vraie musique de chambre, mais Michel Haydn ne s'en tint pas là : le 1er décembre 1773 il termina un nouveau *Quintette en* sol *majeur*, le plus accompli des trois, et sans doute est-ce là ce qui incita Mozart à reprendre sa propre partition du printemps. Ce ne sont point là suppositions gratuites : les preuves stylistiques ne suffiraient-elles pas, que les mentions élogieuses des quintettes de Michel Haydn dans la correspondance de Mozart, plusieurs années plus tard, viendraient nous rappeler tout ce qu'il doit à son aîné.

Le mois de décembre 1773, qui voit le remaniement du *Quintette en* si *bémol*, est une période de fiévreuse activité créatrice pour Mozart, dont les fruits sont autant de témoignages d'une maturation artistique et humaine extraordinairement rapide : musique de scène pour *Thamos, Roi d'Égypte*, premier contact avec un thème franc-maçonnique, *Concerto en* ré *majeur* pour piano, *K. 175*, qui inaugure brillamment la série, et surtout, trilogie de *Symphonies* (en *ut* majeur, *K. 200* ; en *sol* mineur, *K. 183* ; bientôt en *la* majeur, *K. 201*) qui tourne définitivement la page de l'enfance mozartienne. Or, au milieu de cette véritable explosion créatrice, Mozart trouve le temps, non seulement de remanier son *Quintette*, mais aussi d'ajouter un finale à son tout premier *Quatuor* (*K. 80*), composé en Italie en mars 1770. Dans l'intervalle, entre les deux rédactions du *Quintette*, se situe un important séjour à Vienne, avec la découverte des nouveaux *Quatuors* de Joseph Haydn (*op. 17* et *20*), à laquelle le sismographe mozartien réagit immédiatement par la composition des six *Quatuors dits Viennois* (*K. 168-173*, août-septembre 1773). Par maints détails, notre *Quintette* se rapproche de ces *Quatuors*, et l'expérience acquise par leur rédaction a dû venir à point, elle aussi, lorsque Mozart l'a remanié. Ce remaniement affecte le trio du *Menuet*, que Mozart écrivit entièrement, et surtout le finale, soumis à un travail de refonte décisif. De la sorte, le *Quintette en* si *bémol* est devenu une page attachante, certes, mais un peu hybride : l'abondance des duos dialogués entre premier violon et premier alto ressortit encore à la musique de divertissement, alors que l'écriture contrapuntique et l'ampleur du développement du finale nouvelle manière annoncent nettement l'évolution future de la musique de chambre mozartienne.

1. L'**Allegro moderato** initial présente, comme souvent chez Mozart, une abondance de thèmes dans l'exposition, dont il ne sera guère fait usage au cours du développement. La première idée, dont les valeurs longues syncopées se découpent sur un accompagnement animé en croches,

chante au premier alto aussitôt après sa première présentation au premier violon. À un thème de « pont » aux chaînes de trilles ascendantes succède une idée très chantante en *fa* majeur, exposée par les violons à l'unisson. Une brève zone statique, aux modulations mystérieuses, précède le groupe conclusif, où apparaissent pour la première fois les triolets de croches qui vont dominer tout le développement, dont le caractère polyphonique et le sérieux de l'expression tranchent déjà nettement sur le caractère de divertissement. Ces triolets réapparaîtront au cours des six mesures de coda vigoureuse qui terminent le morceau à l'issue d'une réexposition régulière.

2. L'**Adagio** en *mi* bémol majeur, qui impose la sourdine à tous les instruments excepté le violoncelle, demeure le plus proche de l'esprit de la Sérénade, et nous offre une de ces méditations nocturnes à la sensualité subtile et printanière, telles qu'on en trouve fréquemment sous la plume de Mozart adolescent, par exemple dans les concertos pour violon. Un unisson de deux mesures, dont le motif de tête servira d'accompagnement à la mélodie principale, ouvre le morceau, dont de nombreux triolets de doubles croches ainsi que de subtils dialogues en écho entre premier violon et premier alto animeront le déroulement. La forme est celle d'une sonate, mais où le développement est remplacé par un simple conduit modulant de sept mesures, brève zone d'ombre aux accents soudain pathétiques. Pour conclure, on réentend l'unisson du début : c'est comme un rideau qui se referme.

3. Gracieux et insouciant, le **Minuetto ma Allegro**, de tempo assez vif, demeure proche de Michel Haydn. Mozart, nous l'avons dit, en a récrit le trio, en *fa* majeur comme celui de la première version, mais de longueur double, et basé presque exclusivement sur le dialogue en écho des instruments groupés par deux.

4. Dans sa version définitive, l'**Allegro** final, augmenté de soixante mesures et remanié de fond en comble, est devenu l'une des formes sonates les plus ambitieuses et élaborées du jeune Mozart, au point que sa présence déséquilibre quelque peu l'ensemble du *Quintette*. Le travail de contrepoint et de développement thématique y prend une importance insolite. Le thème initial en croches répétées constitue un apport nouveau, le morceau commençant à l'origine par l'actuel second élément, opposant polyphoniquement doubles croches et blanches. Dans la rédaction nouvelle, les thèmes subsidiaires sont davantage subordonnés à ces deux idées principales, dont la présence permanente assure au mouvement une véritable unité organique : c'est ainsi que le nouveau thème initial réapparaît à découvert au violoncelle pour conclure l'exposition. Mozart le fait revenir en outre au milieu même du développement, et ce procédé de fausse reprise, si familier chez Haydn, est tout à fait inusité sous sa plume. Il prête du reste au développement des dimensions exceptionnelles, et tout un jeu de modulations chromatiques sépare cette fausse reprise de la vraie. La réexposition est suivie d'une vaste coda, — véritable développement terminal qui oppose une fois encore les deux idées maîtresses, puis en effectue la synthèse en adaptant le chant de la seconde au rythme de la première. Au vu de pareille maîtrise, le long laps de temps qui devait s'écouler entre ce *Quintette* et les suivants apparaît d'autant plus étonnant.

Durée d'exécution : 23 minutes environ.

Quintette n° 2, en *ut* majeur (K. 515)

Les deux grands *Quintettes K. 515* et *516* sont les œuvres instrumentales les plus importantes de Mozart durant cette année 1787 qui s'achèvera en apothéose sur la création de *Don Giovanni*. Précisément, lorsque Mozart, en mars 1787, entame la composition de ces *Quintettes*, genre qu'il n'a plus abordé depuis son premier essai (*K. 174*) vieux de quatorze ans, il vient de ramener de Prague, qui a fait aux *Noces de Figaro* un triomphe, la commande de son *dramma giocoso*, dont la première représentation aura lieu dans la capitale tchèque le 29 octobre suivant. Mozart se trouve au sommet de sa puissance créatrice. Déjà par leurs dimensions purement formelles, les deux *Quintettes* sont les architectures les plus vastes de musique pure que l'on puisse trouver dans l'ensemble de sa production, surpassant même la *Symphonie en* ré *majeur K. 504* et le *Concerto en* ut *majeur* pour piano, *K. 503*, écrits tous deux à la fin de l'année précédente à l'intention du public pragois. Le problème de la date de rédaction du *Quintette en* ut *mineur*, *K. 406*, transcription de la *Sérénade K. 388*, se trouve évoqué par ailleurs. Il est probable qu'elle a précédé de peu la composition du *Quintette en* ut *majeur*. Celui-ci est daté du 19 avril 1787. Mozart avait d'abord ébauché un premier mouvement de *Quintette en* si *bémol*, *K. 514 a*, abandonné à la double barre. Le 16 mai, il devait terminer le *Quintette en* sol *mineur*, *K. 516*, et il est devenu classique de comparer et d'opposer ces deux chefs-d'œuvre, jumeaux et cependant si différents. Autant *K. 515* respire la fierté, la confiance et même, à la fin, la joie la plus exubérante, autant son cadet exprime une tragique angoisse, un conflit aigu, auquel Mozart n'a trouvé d'autre solution que la fuite. Bien entendu, les éléments biographiques se sont mêlés à l'appréciation purement musicale, avec, il faut le dire, des résultats peu heureux. On s'est plu à attribuer l'inspiration tragique de *K. 516* à la mort de Léopold Mozart, survenue en fait douze jours après son achèvement. On y a également rattaché la lettre célèbre que Mozart écrivit à son père à l'annonce de la maladie de ce dernier, lettre où il exprime son sentiment face à la mort. Or cette lettre est du 4 avril, et même si son contenu n'était pas là pour le confirmer, sa date suffirait à nous indiquer que si une œuvre porte l'empreinte des pensées qu'elle exprime, c'est en tout cas le *Quintette en* ut *majeur*, *K. 515*, et non son cadet *K. 516*. Il vaut la peine de rappeler ici le passage capital de cette lettre, en soulignant que son sens profond échapperait à quiconque ne tiendrait pas compte de l'engagement franc-maçonnique de Mozart : « Comme la mort (pour la prendre exactement) est le vrai but de notre vie, je me suis, depuis quelques années, tellement familiarisé avec cette véritable et excellente amie de l'homme que son visage, non seulement n'a plus rien d'effrayant pour moi, mais m'est très apaisant et très consolant ! (...) Je ne me couche jamais le soir sans réfléchir que, le lendemain peut-être (si jeune que je sois), je ne serai plus là, et pourtant personne de tous ceux qui me connaissent ne peut dire que je sois chagrin ou triste dans ma fréquentation. Je remercie chaque jour mon Créateur pour cette félicité et la souhaite cordialement à chacun de mes semblables. » En relisant attentivement ces lignes, on n'y trouve rien qui corresponde à l'angoisse de *K. 516*, alors que la gravité sereine et l'ample majesté de *K. 515* en semblent au contraire l'exacte paraphrase musicale : l'exégèse mozartienne ne saurait être servie par une mythologie sentimentale. Quant aux mobiles objectifs qui ont pu inciter Mozart à renouer avec un genre abandonné depuis quatorze ans après une unique tentative, on peut retenir tout d'abord le désir de poursuivre des recherches dans le domaine de la musique de chambre, et dans un cadre sonore un peu plus riche que celui du quatuor, abondamment prospecté depuis quelques années — les six *Quatuors à Haydn*, le *Quatuor Hoffmeister K. 499* — cadre permettant à Mozart de travailler à une échelle plus symphonique (ou plus concertante), dans la tendance expansive que nous avons reconnue propre à cette période de son existence. Einstein suggère également le désir de dédier ces *Quintettes* au nouveau roi de Prusse, Frédéric-Guillaume II, violoncelliste enthousiaste. Mais Mozart n'aurait-il pas choisi dans ce cas une formule à deux violoncelles comme Boccherini, formule permettant à l'un des violoncelles un rôle de soliste concertant, son collègue se chargeant de réaliser la basse harmonique ? À l'exception du début de *K. 515*, on ne voit rien, dans les *Quintettes* de 1787, qui autorise à corroborer une telle supposition. On sait que, par la suite, Mozart devait entreprendre une ultime série de *Quatuors* (*K. 575* de 1789 ; *K. 589* et *590* de 1790) expressément destinée au roi de Prusse, et avantageant effectivement la partie de violoncelle.

Le *Quintette en* ut *majeur* est une œuvre grandiose, respirant une majesté olympienne, et qui dépasse toutes les autres œuvres instrumentales de Mozart par l'ampleur de ses développements.

1. ALLEGRO : dès le début, dialogue du premier violon et du violoncelle sur fond de batteries des autres instruments, c'est l'air vivifiant des grands espaces qui nous fouette le visage, celui qui baignera un jour le *Quatuor en* fa *majeur*, *op. 59/1* (le premier des *Rassoumovsky*) de Beethoven : il vaut la peine de comparer les deux débuts. Le thème se compose de deux éléments, un dessin fièrement ascendant, étalé sur plus de deux octaves, au violoncelle, et une réponse tendrement mélodique au violon :

Après une mesure de silence, les deux instruments échangent leurs rôles respectifs, mais le mode mineur prête soudain au thème une expression dramatique. L'envolée de ce thème prodigieux est telle que la seconde idée se trouve reléguée tout à la fin d'une exposition dépassant cent cinquante mesures, ainsi que c'était déjà le cas dans le premier mouvement de la *Symphonie de Prague*. Auparavant, nous serons passés par un épisode de « pont », dont une soudaine incursion vers *ré* bémol majeur souligne l'expression ardemment romantique. Une subtile enharmonie (*sol* bémol devient *fa* dièse) dissipe le voile de brume, et la musique regagne très aisément le ton principal, avant qu'une reprise de l'élément initial ne l'engage vers le ton de la dominante. L'exposition se termine par un motif ondulant, dont le motif originel est identique à celui de l'*Ouverture* des *Noces de Figaro*. Le développement, aux tensions harmoniques parfois fort âpres et osées, est l'un des plus serrés de Mozart, et la richesse de son travail proprement thématique — sur l'idée principale, puis sur le motif ondulant — est à la mesure de ses audaces chromatiques et modulantes, qui dévoilent les versants d'ombre des thèmes de l'exposition. Une puissante pédale de dominante, d'essence toute symphonique, prépare la réexposition, quelque peu resserrée, mais dont le « pont » module avec davantage de liberté que dans l'exposition. Mozart nous réserve encore la surprise d'une coda démarrant mystérieusement, véritable développement terminal dont les ultimes mesures s'évanouissent comme par magie dans les airs...

2. L'émotion est à son comble au cours de l'**Andante** en *fa* majeur, long nocturne d'une subtilité harmonique et rythmique extrême, avec son agogique changeante et infiniment ramifiée (arabesques en triples croches alternant au premier violon et au premier alto, figurations en doubles croches du violoncelle), et sa structure périodique atteignant déjà à la souveraine liberté de l'*Andante* de la *Symphonie Jupiter*, que ce morceau rappelle également par son climat expressif nuancé et mystérieux et par son ton principal de *fa*. Dès la cinquième mesure, le premier alto vient troubler par un aparté expressif le paisible énoncé du thème. Aparté est le terme qui convient, car le dialogue de plus en plus ardent et passionné qui s'engage avec le premier violon relève de l'esthétique sublimée du récitatif d'opéra. Cette pensée si complexe en sa transparence s'inscrit, comme à l'accoutumée chez Mozart, en un cadre formel d'une totale simplicité, qui rend superflue toute analyse.

3. Le **Menuetto (Allegretto)**, admirablement lyrique, accorde à la mélodie la primauté sur le rythme et conserve une expression plutôt rêveuse et mélancolique, particulièrement dans le merveilleux trio en *fa* majeur, de dimensions inaccoutumées, sorte de grand lied poignant et nostalgique, à mi-chemin du sourire et des larmes d'une manière irremplaçablement mozartienne, et dont des harmonies modulantes d'une liberté étonnante rehaussent le pouvoir d'émotion.

4. L'immense **Rondo** final (**Allegro**), long de plus de cinq cents mesures, fait équilibre par son importance au premier morceau : c'est une véritable corne d'abondance en ses épisodes sans cesse renouvelés, réalisant un parfait équilibre entre homophonie et contrepoint, entre style galant et style sévère. L'élan de joie péremptoire, la pulsation intense et infatigable qui l'animent sont la vie même, cette vie que la conscience de la mort latente rend plus enivrante et plus désirable encore. Mais la sérénité profonde qui habite ce *Quintette* tout entier permet que cette hâte n'ait ici rien de fiévreux ni de haletant : c'est un morceau spacieux et aisé que ce finale, un morceau qui prend son temps et boit à la coupe de vie avec une euphorie véritable. Le thème principal, qui fera office de refrain, se prête fort bien, de par sa nature, à l'élaboration polyphonique, et Mozart tirera abondamment parti de cette heureuse disposition, au cours de brefs couplets qui sont autant de développements. Il y a deux thèmes subsidiaires, l'un à la tonique, l'autre à la dominante, tous deux pleins de charme populaire et sans apprêts. Le second s'engage passagèrement vers l'escapade tentatrice de *mi* bémol, mais un bref rappel du thème initial, secondé par un petit contresujet issu du renversement de son motif de croches, nous ramène dans le droit chemin, aboutissant à ce qui semble une fin d'exposition de sonate. Mais le retour du refrain sous sa forme d'origine et en *ut* majeur nous apprend qu'il s'agit bien d'un rondo. Après maintes péripéties témoignant d'une inspiration particulièrement faste, une grande coda d'un éclat et d'une joie véritablement solaires viendra couronner radieusement le *Quintette* tout entier.

Durée d'exécution : 34 minutes environ.

Quintette n° 3, en *sol* mineur (K. 516)

La famille des œuvres de Mozart adoptant *sol* mineur pour ton principal est à ce point chargée de signification tragique que cette tonalité demeure à jamais associée dans notre esprit à l'auteur de *Don Giovanni*. Et pourtant, ces partitions sont au nombre de quatre seulement : les deux *Symphonies, K. 183* (1773) et *K. 550* (1788), le *Quatuor avec piano, K. 478* (1785), enfin le présent *Quintette*. En écartant de la comparaison la juvénile *Symphonie, K. 183*, premier fruit du *Sturm und Drang* mozartien, les trois œuvres de maturité en *sol* mineur, dont la rédaction s'échelonne sur trois ans, nous placent devant des situations psychologiques fort différentes. Dans le *Quatuor*, seul le premier des trois mouvements est en *sol* mineur : malgré sa véhémence, symptôme d'intense vitalité combative, son conflit est le moins grave, et la solution que lui apportent les morceaux suivants nous satisfait. La *Symphonie* sera une œuvre de mâle révolte, dans laquelle Mozart, fort de l'expérience spirituelle du *Quintette*, aura le courage d'aller sans esquive jusqu'au fond du problème : l'âpre sauvagerie de son finale — le morceau le plus atonal du compositeur — tirera, sans compromis aucun, les conséquences logiques des problèmes dramatiques qui le précèdent. La voie sera alors ouverte pour l'affirmation triomphale de *Jupiter*. Or, les deux *Quintettes*, *K. 515* et *K. 516*, offrent quant à leur contenu expressif un contraste extraordinaire d'essence toute comparable à celui qui opposera les deux *Symphonies* de 1788 (on remarquera que les tonalités respectives sont les mêmes !), mais en ordre chronologique inverse, et nous croyons que le nœud du problème est là. Le *Quintette en* ut *majeur*, nous l'avons vu, exprime l'inébranlable sérénité devant la mort dont Mozart entretient son père gravement malade dans sa lettre du 4 avril 1787, sérénité dont l'initiation maçonnique lui a fourni les clés. Or, un mois plus tard, il n'en reste rien, et la fébrile angoisse émanant du *Quintette en* sol *mineur* est le reflet de cette terrible tentation du désespoir dont la brutalité prend au dépourvu un Mozart déjà assuré de sa victoire sur les ténèbres. Son énergie vitale et solaire prématurément dépensée dans *K. 515*, l'épreuve le trouve désemparé et nu. Ses biographes se sont épuisés à en établir la nature circonstancielle, comme si les péripéties d'une vie spirituelle devaient à tout prix relever de l'anecdote. Mozart a terminé *K. 516* le 16 mai 1787, exactement quatre semaines après le *Quintette* précédent, et dans l'intervalle il n'écrivit qu'un bref *Canon (K. 228)*, noté sur l'album de son ami Gottfried von Jacquin, sur ces mots lourds de sens : « Ah, le cours de notre vie est trop bref ! » Le 11 avril, alors qu'il travaillait encore à *K. 515*, il avait inscrit dans ce même album les mots suivants : « Ni intelligence élevée, ni imagination, ni toutes deux ensemble, ne font le génie. Amour ! Amour ! Amour ! Voilà l'âme du génie ! »… Le *Quintette K. 516* n'a été en aucun cas inspiré par la mort de Léopold Mozart, survenue seulement le 28 mai : l'allégresse quelque peu factice et équivoque du *Finale* serait de toute manière bien incongrue pour clore un hommage funèbre ! C'est par cette conclusion apparemment optimiste que l'œuvre se différencie avant tout de la *Symphonie, K. 550*. Si les données psychologiques ne sont pas les mêmes, ainsi que nous l'avons vu, Mozart s'est en outre singulièrement compliqué la tâche en déplaçant les données proprement musicales, c'est-à-dire en mettant le menuet en seconde position. En vue de repousser le plus longtemps possible l'issue inéluctable, il a même commencé son finale par une pathétique introduction *Adagio*, faisant se succéder ainsi deux mouvements lents, cas unique dans toute la musique instrumentale classique. Ce faisant, il s'est enferré plus inextricablement encore dans un conflit spirituel insoluble : périr, ou trancher le nœud gordien. Mozart, être foncièrement sain et réaliste, a préféré le second terme de l'alternative : il faut bien continuer à vivre, et créer encore…

La rédaction de *K. 516* a été précédée d'une esquisse de *Quintette en* la *mineur* (*K. 515 c*), abandonnée à la fin de l'exposition du premier mouvement. Il est certain que Mozart a senti alors le besoin de recourir à *sol* mineur, ton de l'affrontement des conflits les plus intimes.

1. L'**Allegro** initial pénètre immédiatement au cœur du sujet, avec son thème principal, haletant et fiévreux,

se détachant sur des batteries de croches toutes semblables à celles qui soutenaient l'envol victorieux de *K. 515*. Son agitation traduit une incoercible angoisse, qui ne fait que s'intensifier après chacune des vaines tentatives d'évasion du *sol* mineur fatidique. Le thème, d'une parfaite unité organique au niveau de la cellule, s'expose d'abord aux deux violons et au premier alto, puis les deux altos et violoncelle prennent le relais, l'ensemble des instruments intervenant pour donner une sorte de conséquent, premier *forte* depuis le début. Une fugitive éclaircie en *mi* bémol ramène le ton principal, dans lequel, à l'encontre de toute tradition, s'expose à présent la seconde idée, d'essence mélodique, avec son saut pathétique de neuvième mineure. Le ton relatif de *si* bémol, ardemment espéré, ne s'affirme qu'à l'apparition d'un troisième et dernier thème, proche parent du second ; puis l'exposition se termine par un retour du thème initial. C'est lui qui alimente le début du développement, fort bref, et qui atteint à une âpreté concentrée au cours d'une importante élaboration polyphonique et modulante du second thème, dont les deux motifs sont traités séparément. La réexposition comporte dès son début un véritable développement du premier thème, fort peu exploité au cours de la section centrale : le premier temps de la *Symphonie K. 550* contiendra un semblable exemple de développement après coup. Le morceau se termine par une dramatique coda, s'élevant par une gradation sans relâche aux impitoyables accords fortissimo de la fin : l'ombre l'a emporté sur la lumière.

2. À présent, le **Menuetto (Allegretto)**, conservant le ton principal, exhale sa sombre plainte, hachée de soupirs, de silences et d'accents râpeux et dissonants à contretemps. De sa dernière phrase surgit cependant un merveilleux trio en *sol* majeur, qui chante la consolation la plus élyséenne avec une tendresse doucement meurtrie d'une émotion suprême.

3. Le sublime **Adagio ma non troppo**, en *mi* bémol majeur, impose les sourdines aux cinq instruments tout comme son lointain prédécesseur de même tonalité dans le quintette de jeunesse, *K. 174* : que de chemin parcouru entre l'aimable et sensuelle Sérénade des dix-sept ans du musicien et cette indicible « prière d'une âme isolée toute entourée d'abîmes », pour citer les termes d'Alfred Einstein, qui n'hésite pas à évoquer à son propos le nom de Gethsémané. Son ineffable solitude est celle d'on ne sait quelle nuit spirituelle, au sein de laquelle vacille, frêle mais inextinguible, la pure flamme mozartienne. La sérénité douloureuse, la tendresse blessée de cet incomparable morceau sont mises en valeur par un raffinement sans pareil des rythmes et des harmonies. On remarquera tout particulièrement la valeur expressive troublante des silences, d'esprit déjà si moderne. La seconde idée est une plainte déchirante en *si* bémol mineur, au dessin descendant accablé, d'où se dégage cependant un chant angélique en *si* bémol majeur, d'agogique plus animée, et dont l'accompagnement subtilement syncopé et la structure séquentielle évoquent de manière étonnante les inflexions les plus raffinées et les plus brûlantes du lyrisme schumannien. Un simple conduit ramène les thèmes précédents dans un éclairage un peu modifié, de sorte qu'une fois encore, pour cette suprême confidence, Mozart se satisfait du cadre tout simple d'une sonate sans développement.

4. À présent, comment conclure, comment retrouver l'affrontement du quotidien ? Pour une fois Mozart se trouve sans force. Aussi, contre toute attente, c'est un nouvel **Adagio** que nous entendons, très différent du précédent, affirmant *sol* mineur avec une intensité accrue, dépouillant le voile de rêve des sourdines, élevant sa longue plainte avec une lancinance sans précédent : c'est l'expression du calice jusqu'à la lie. L'*Adagio* se tait, épuisé, au bout de trente-huit mesures. Y a-t-il une issue au-delà ? Soudain, un *Allegro* en *sol* majeur s'élance avec une allégresse insouciante — ou, plus exactement, avec une volonté d'allégresse insouciante ! — et s'étend en un rondo final à 6/8, très longuement développé. Cette évasion inopinée, car on ne saurait la qualifier autrement, a fait couler des flots d'encre, généralement sévères pour Mozart, à qui l'on reproche une fois de plus de n'être pas Beethoven. Nous avons vu ce qu'il fallait en penser, et Alfred Einstein souligne au moins le caractère particulier de ce mode majeur « empreint de désolation », qui est chez le Mozart tardif une sorte de mineur à la seconde puissance (voir, notamment le *Concerto en* si *bémol* pour piano, *K. 595*). En fait, il ne s'agit nullement de frivolité. Le compositeur n'est pas dupe, ne se dissimule et ne nous dissimule aucunement le caractère factice de cette gaieté qui insiste, qui s'efforce de convaincre et de se convaincre. C'est le sursaut vital d'un homme équilibré et sensé, qui refuse de se laisser détruire par son œuvre, pour pouvoir en créer d'autres encore : rien de plus éloigné de Mozart que la folie d'absolu de Faust, que l'orgueil surhumain de Prométhée. Mozart, l'anti-surhomme, a d'autres ambitions : son finale nous propose la victoire de l'intelligence la plus lucide et la plus libre. Qui oserait affirmer que nous perdons au change ?

Durée d'exécution : 36 minutes environ.

Quintette n° 4, en *ut* mineur (K. 406)

Dans la nouvelle édition complète des œuvres de Mozart, le *Quintette en* ut *mineur*, dont le numéro de Köchel est de toute façon complètement erroné, figure après les deux grands *Quintettes K. 515* et *516*, dont les dates (19 avril et 16 mai 1787) nous sont parfaitement connues. Or, nous ne savons pas si la rédaction de *K. 406* a précédé ou suivi celle des deux *Quintettes* en question. Mozart lança une souscription concernant les trois œuvres en avril 1788, et comme elle ne rencontra aucun succès, il offrit de la prolonger jusqu'au 1er janvier 1789 : peine perdue, les amateurs ne furent pas plus nombreux, les jours heureux de l'éphémère vogue de Mozart à Vienne étaient révolus depuis au moins deux ans. Finalement, l'éditeur Artaria publia séparément les trois *Quintettes* : *K. 515* en 1790, *K. 516* en 1791, enfin *K. 406* en 1792, après la mort de Mozart. En l'absence de tout document permettant de dater *K. 406* avec précision, c'est sans doute l'ordre de publication qui a incité les rédacteurs de l'édition Bärenreiter à attribuer à ce *Quintette en* ut *mineur* le numéro *4*. Or, il s'agit là d'une transcription, effectuée par Mozart lui-même, de sa *Sérénade en* ut *mineur* pour huit instruments à vent, *K. 388*, composée du 20 au 28 juillet 1782, à l'époque fiévreuse de la première représentation de *l'Enlèvement au sérail* (16 juillet) et de la composition simultanée de la *Symphonie Haffner* (20 juillet-7 août), coïncidant avec son mariage avec Constance Weber (4 août). Nous ignorons tout des circonstances mystérieuses qui amenèrent Mozart à interrompre la composition de la *Symphonie*, impatiemment attendue à Salzbourg, pour rédiger en hâte cette *Sérénade* si insolite, dont une lettre nous apprend, sans nous en dire plus, qu'elle répond à une commande. Car cette *Sérénade* est une œuvre dramatique, austère, tendue, intensément subjective, se situant aux antipodes de toutes les conventions musicales, expressives et sociales du genre, tant par sa tonalité tragique d'*ut* mineur que par la rigueur de son écriture contrapuntique. De plus, elle ne comporte que quatre mouvements (un seul menuet), et, si elle sonne admirablement aux instruments à vent, il faut convenir qu'elle en dépasse fréquemment le cadre. Toutes ces caractéristiques l'inscrivent indubitablement dans l'orbite de la pure musique de chambre, et il n'est donc pas étonnant que Mozart l'ait transcrite pour les cordes. Certains spécialistes pensent qu'il aurait effectué ce travail après la composition des *Quintettes K. 515* et *516* lorsque, pressé par le temps et la détresse matérielle, il voulut offrir au plus vite un minimum de trois quintettes en souscription. Jean et Brigitte Massin pensent que Mozart, revenu assez désargenté de Prague le 10 février 1787, aurait transcrit d'abord sa *Sérénade*, très peu rentable sous sa forme première, et que ce travail lui aurait tout à coup révélé à nouveau les possibilités insoupçonnées de la formation à deux altos, abandonnée depuis quatorze ans ; d'où la naissance rapide, et coup sur coup, des deux chefs-d'œuvre *K. 515* et *516*. En février et mars 1787, Mozart n'ajouta à son catalogue que le *Rondo en* la *mineur* pour piano, *K. 511*, deux *Airs de concert* (*K. 512* et *513*) et un *Rondo* pour cor et orchestre (*K. 514*). Il est donc matériellement possible que le travail sur *K. 406* se situe à ce moment.

Le *Quintette en* ut *mineur* ne se distingue des autres quintettes à cordes de Mozart que par sa brièveté inaccoutumée, mais non par sa profondeur expressive ni par sa densité de pensée. C'est une de ces œuvres concentrées à l'extrême, telles la *Sonate* pour piano de même tonalité (*K. 457*) ou, chez Beethoven, le *Quatuor en* fa *mineur, op. 95*.

Mozart ne s'est guère écarté de l'original que sur quelques points de technique instrumentale ou d'équilibre sonore : des tenues se voient monnayées en syncopes, des notes répétées se transforment en sauts d'octave, quelques trilles viennent animer le discours. Mozart a simplement supprimé les rythmes de fanfare des cors aux mesures 236 et 237 du finale (coda), car elles ne conviennent pas aux archets, et raccourci l'*Andante* d'une mesure superfétatoire. Il est impossible à l'auditeur non prévenu de deviner qu'il ne s'agit pas là d'une œuvre conçue à l'origine pour les cordes !

1. L'**Allegro** initial, forme sonate d'une concision peu commune, affirme d'emblée son ardeur combative par un thème ascendant à l'unisson, de caractère sombre et volontaire. La seconde idée, très mélodique, au relatif majeur, ménage une brève éclaircie, mais elle est suivie d'un important élément conclusif, aux rythmes pointés d'une énergie presque agressive. Le bref développement modulant se sert principalement du conséquent plaintif du thème initial. La réexposition, malgré un « pont » sensiblement amplifié, conserve les contrastes expressifs et dynamiques brutaux de l'exposition, mais se déroule et se termine en *ut* mineur.

2. À cette explosion de violence, l'**Andante** en *mi* bémol majeur oppose la gravité sereine et recueillie de sa brève méditation. Si l'on peut y distinguer encore une forme sonate, dont le développement serait remplacé par un court conduit modulant, la succession de ses différents éléments thématiques donne plutôt l'impression d'une grande coulée mélodique.

3. Menuetto in canone : au ton principal d'*ut* mineur, dont le contrepoint sans relâche atteint à une âpreté et à une sévérité qu'on ne retrouvera guère que dans le menuet de la *Symphonie en* sol *mineur K. 550*, de 1788. Meme le trio, dont la tonalité d'*ut* majeur promet pourtant une éclaircie, est un strict canon en miroir. On ne cessera jamais de s'interroger sur les raisons qui ont pu inciter Mozart à inclure un pareil morceau dans une *Sérénade* destinée au plein air !

4. Le **Finale (Allegro)** est un thème varié, l'un des plus pathétiques et des plus riches d'invention de son auteur. On retrouve un souvenir sans doute inconscient du début de la seconde de ses deux périodes dans le thème principal du finale du *Troisième Concerto* pour piano (également en *ut* mineur) de Beethoven. La première variation présente un nouveau contre-chant très expressif, la seconde se déroule en triolets de croches, la troisième en syncopes inquiètes et haletantes. La quatrième, qui est une variation double (c'est-à-dire dont les reprises sont elles-mêmes variées), conserve le ton d'*ut* mineur et élève la tension à son comble. C'est alors que la cinquième variation apporte une éclaircie que l'on n'osait plus espérer, avec son appel de cor au ton relatif *mi* bémol. Jean et Brigitte Massin* font remarquer que l'on retrouvera ce thème dans le *Sextuor* du deuxième acte de *Don Giovanni*, au moment où la lumière se fait soudain, et en concluent fort justement que la rédaction de *K. 406* ne saurait être qu'antérieure à celle du dramma giocoso (créé à Prague, rappelons-le, en octobre 1787). Cependant, l'éclaircie ne persiste point : lui succèdent deux nouvelles variations doubles en *ut* mineur, la première, animée jusqu'à la violence, la seconde, purement harmonique, toute en valeurs longues, dérythmée et comme désincarnée. Soudain, le thème s'élance, pareil à lui-même, mais transfiguré in extremis, pour une brève conclusion victorieuse affirmant sans équivoque le ton d'*ut* majeur.

Durée d'exécution : 23 minutes environ.

Quintette n° 5, en *ré majeur* (K. 593)

Les deux derniers *Quintettes* de Mozart, nés à quatre mois d'intervalle, ont été réunis par la postérité tout comme les deux chefs-d'œuvre de 1787, écrits, eux, coup sur coup. Il existe de fortes probabilités (mais aucune certitude) pour qu'ils aient été le fruit d'une même commande, et ils ont également en commun une concision qui les oppose aux dimensions monumentales de *K. 515* et *516*. Mais, pour le reste, ce sont deux œuvres fort différentes, la première d'une exceptionnelle tension polyphonique, s'opposant à la seconde, d'une simplicité presque populaire, au moins en apparence.

Le *Quintette en* ré *majeur* occupe une place toute particulière dans la biographie de Mozart. Durant l'année 1790, vaincu par la misère, la maladie, la solitude et le découragement, il n'avait, pour la première fois depuis l'âge de six ans, pratiquement rien écrit. Après le demi-échec de la première représentation de *Cosi fan tutte*, le 26 janvier, il s'était enfoncé dans un marasme douloureux, dont n'émergent que les deux derniers *Quatuors* de mai et de juin (*K. 589* et *K. 590*), œuvres émaciées et fébriles qui semblent écrites avec son sang. Durant l'été, il réorchestra deux oratorios de Haendel pour le compte du baron van Swieten, puis il se rendit à Francfort, à ses frais, pour tenter de se faire entendre dans le cadre des fêtes du couronnement de l'empereur Léopold II, où il n'avait même pas été invité. Or, rentré à Vienne au début de novembre plus désargenté que jamais, il allait opérer un redressement foudroyant et, dans un sursaut vital, accumuler les chefs-d'œuvre à un rythme étourdissant durant les douze mois qui lui restaient encore à vivre. Notre *Quintette*, daté de décembre 1790, est le tout premier fruit de cette résurrection créatrice, et l'on ne peut s'empêcher de penser à Beethoven, émergeant de la nuit avec les dernières *Sonates* et la *Missa Solemnis*.

La première édition de ce *Quintette*, assurée par Artaria en mai 1793, dix-huit mois après la mort de Mozart, porte la mention « Composé pour un amateur hongrois » ; dans une annonce parue dans la *Wiener Zeitung* du 18 mai, le même éditeur précise, une fois encore, que les deux *Quintettes K. 593* et *614* (ce dernier paru presque en même temps) ont vu le jour « à la suite de l'encouragement très actif d'un mélomane ». Ce mécène inespéré a été généralement identifié par la postérité avec Johann Tost, riche marchand, excellent violoniste et Frère en maçonnerie de Mozart, auquel Joseph Haydn avait dédié peu auparavant douze quatuors (*op. 54*, *55* et *64*)

Le *Quintette en* ré *majeur* se distingue par l'extraordinaire maîtrise de sa pensée contrapuntique, apparente surtout dans les mouvements extrêmes, mais tout aussi remarquable ailleurs. L'époque de la lutte créatrice acharnée pour la domination du style fugué, vers 1782-83, est bien révolue. Mozart a réussi à l'intégrer parfaitement à son propre langage musical, sans hiatus ni disparate, et de cette synthèse le finale de la *Symphonie Jupiter* a fourni un témoignage particulièrement éclatant. Moins spectaculaire, le tour de force de *K. 593* ne le lui cède en rien.

1. L'œuvre comporte une introduction lente, très rare dans la musique de chambre de Mozart, où l'on n'en trouve guère que deux autres exemples :

---

* *Op. cit.*

À cet égard, on rapprochera le **LARGHETTO** de notre *Quintette* davantage de l'exorde mystérieux et tendu du *Quatuor en* ré *majeur, K. 465* (qui lui doit son surnom de *Quatuor des Dissonances*) que du majestueux prélude du *Quintette pour vents et piano, K. 452*. Mais le retour du *Larghetto* à la fin du mouvement lui prête ici une signification accrue. Durant une vingtaine de mesures, un petit motif ascendant du violoncelle (qui commence à découvert) alterne avec les phrases mélodiques plus amples et plus chaleureuses des autres instruments en un dialogue solennel et un peu angoissé encore, se dégageant des dernières menaces de la nuit, comme Lazare surgissant du tombeau. Alors s'élance le thème bondissant de l'**ALLEGRO** dont la structure fermée de huit mesures contient trois éléments contrastants, et pourtant complémentaires (le motif initial, avec son trille et ses notes détachées ; la triple quinte descendante ; le trait fulgurant en triolets de croches), et dont chacun se prêtera à d'étourdissantes amplifications contrapuntiques. Ses richesses sont assez grandes pour que Mozart puisse clore l'exposition, fort concise, sans nous offrir un second thème nettement individualisé. Le développement, d'une tension proche de la véhémence, s'attache à élaborer les éléments du thème principal dans l'ordre de leur apparition. Régulière en apparence, la réexposition se distingue en fait par une richesse accrue de la polyphonie, assurant à l'ensemble du morceau un sens de la progression déjà proche du développement permanent, au sens schönbergien. Elle est suivie du retour inopiné du *Larghetto*, dont une preste coda de huit mesures, rappel littéral du thème de l'*Allegro*, vient dissiper la gravité, bien que la brusquerie d'une conclusion aussi abrupte ne soit nullement dénuée de problèmes...

2. L'admirable **ADAGIO** en *sol* majeur semble vouloir reprendre, en le concentrant et en l'intensifiant, le message poétique de l'*Andante* du *Quintette, K. 515*, et tous deux se rapprochent du mouvement lent de la *Symphonie Jupiter*. Du point de vue harmonique, on trouvera ici quelques-unes des inspirations les plus audacieuses de Mozart. À la sérénité de l'idée initiale vient s'opposer bientôt la douleur brutale et tragique d'un second thème en *ré* mineur, dont la mélodie de violon, d'agogique plus animée, se détache sur le halètement des batteries en sextolets de doubles croches, qui nous replongent soudain dans le climat fiévreux de *K. 516*, ce que confirment les motifs trillés pleins d'exaltation du violoncelle. Sur ces deux thèmes, Mozart édifie un morceau dont la forme très libre ne s'apparente que de loin à la sonate, tout en en conservant le principe. Il est inconcevable que tant de richesses musicales et humaines se trouvent condensées en cent mesures à peine ! Et la beauté aiguë, la tension presque insoutenable que Mozart arrache au procédé si éculé de la marche d'harmonie, juste avant la réexposition, ne cesseront jamais de nous stupéfier.

3. La rude et virile allégresse du **MENUETTO (ALLEGRETTO)**, où la polyphonie, culminant en un canon péremptoire, semble se colorer soudain d'un hâle paysan, fait place en son milieu (trio) à la gaieté plus fine d'un gracieux *Ländler*, au cours duquel le chant d'alouette du premier violon s'élève très haut sur l'accompagnement de ses partenaires, plein d'intéressantes recherches de sonorités : oppositions de registres, pizzicatos, etc.

4. L'auditeur sera vivement surpris au début du finale (**ALLEGRO**), en constatant que le profil en zigzag du thème qui lui était jusque-là familier se trouve remplacé par une gamme chromatique descendante : c'est là le résultat d'une étude attentive du manuscrit, qui permet d'affirmer que la version connue jusqu'ici a été surajoutée par une main étrangère. Quoi que l'on puisse penser de la beauté de l'une ou de l'autre forme du thème, il faut reconnaître que la version authentique accentue singulièrement l'audace harmonique du morceau, dont les glissades chromatiques d'une prestesse étourdissante rappellent à présent, en les surpassant, celles du finale du *Quatuor en* la *majeur, K. 464*. De plus, l'unité organique du mouvement se trouve beaucoup mieux assurée, car le « correcteur » inconnu avait omis d'adapter à la version revue du thème nombre de développements où il apparaît ! Nous avons affaire à une impétueuse tarentelle, d'une verve contrapuntique irrésistible en sa hardiesse d'une aisance toujours parfaite, s'inscrivant dans le cadre d'une forme sonate pratiquement monothématique. Le violoncelle participe un peu moins activement à la bondissante effervescence de ses collègues. L'élan continu qui emporte l'ensemble, entièrement issu du motif initial, fait place cependant à un second thème (fugué) rappelant l'un des éléments du finale de la *Symphonie Jupiter*. S'il n'intervient guère au cours du développement (qui comporte par contre un fugato sur une idée nouvelle librement dérivée du thème principal), il vient se joindre au premier thème durant la réexposition en combinaisons contrapuntiques d'une légèreté de plume confondante : « cacher l'art par l'art même », jamais Mozart n'a plus miraculeusement réalisé l'idéal cher à Rameau.

Durée d'exécution : 28 minutes environ.

Quintette n° 6, en *mi* bémol majeur (K. 614)

L'achèvement du *Quintette en* ré *majeur*, nous l'avons dit, donne le signal d'une intense activité créatrice : durant les trois mois qui suivent, voient le jour l'ultime *Concerto pour piano* de Mozart (*K. 595*), les deux grandes *Fantaisies* pour orgue mécanique (*K. 594* et *608*), ainsi que toute une série d'airs, de lieder et de danses pour orchestre. Sur ces entrefaites, le 7 mars 1791, Mozart se voit sollicité par son Frère en maçonnerie Emmanuel Schikaneder pour écrire la musique d'une pièce féerique : ce sera *la Flûte enchantée*, dont la composition, très vite entreprise (le premier acte est presque achevé vers la mi-juin), s'étendra jusque fin septembre. Terminé le 12 avril, le *Quintette en* mi *bémol majeur*, dernière œuvre de musique de chambre de Mozart à l'exception de l'*Adagio et Rondo* pour Glasharmonica et quatre instruments du 23 mai suivant (*K. 617*), est donc contemporain du premier travail sur *la Flûte enchantée*, dont il se rapproche à la fois par sa tonalité maçonnique (à trois bémols !), par la simplicité presque populaire de sa matière mélodique et par l'allégresse ensoleillée de son inspiration, dont il faut se garder, pour autant, de sous-estimer la profondeur véritable. De facture nettement plus simple que les *Quintettes* précédents, en particulier *K. 593*, il témoigne de cette sagesse et de ce renoncement qui marquent tant de pages du dernier Mozart. La joie franciscaine émanant de cette œuvre qu'Henri Ghéon appelait le « *Quintette des Oiseaux* » révèle chez Mozart, auquel il reste moins de huit mois à vivre, un sentiment nouveau d'accomplissement et de paix intérieure. À son propos, Jean Massin cite Nietzsche : « Qu'importe de toi et de moi ! D'autres voleront plus loin ! » Il éclaire ainsi le sens véritable d'une œuvre capitale sous ses dehors de divertissement sans prétention, sens proche de celui des dernières cantates maçonniques. C'est ici que se manifeste le plus clairement cet héroïsme sans emphase qui permet à Mozart d'effacer sa tragédie personnelle devant les perspectives de lendemains radieux qu'ouvre la Révolution française, dont on sait qu'il fut un témoin lointain, mais vigilant. À cet égard, le chemin parcouru depuis les confessions pathétiques de *K. 516* est vertigineux : *K. 614* se situe déjà au-delà de la catharsis mozartienne, dont le *Concerto en* si *bémol majeur, K. 595*, du 5 janvier précédent, constitue peut-être l'étape décisive. Mais, à présent, le renoncement dans la joie succède au renoncement dans la tristesse.

1. Le *Quintette en* mi *bémol majeur* débute par un **Allegro di molto** à 6/8 dont la joyeuse animation rappelle une chasse, à l'instar du premier temps du *Quatuor K.458*, mais ici l'écriture instrumentale évoque davantage encore le plein air, et même presque les instruments à vent. Les deux altos proposent un motif sautillant en sixtes parallèles, dont le trille jouera un rôle capital durant tout le mouvement, puis les violons en tierces répondent par une idée plus mélodique, dont le début servira également de motif initial au *Menuet* et au finale :

Les batteries d'accompagnement en doubles croches brisées revêtent un sens bien différent de celles, obsédantes, haletantes, des *Quintettes* de 1787. Un deuxième thème, en croches liées, beaucoup plus mélodique et berceur, chante au violon, puis dans le plus expressif registre de ténor du violoncelle. L'exposition se termine par un important retour du premier thème, dont les trilles caractéristiques dominent presque entièrement le bref développement modulant. La réexposition, au cours de laquelle la réponse de violon est ornée mélodiquement, est suivie d'une coda sur le thème principal, exprimant une joie enthousiaste et généreuse.

2. L'**Andante** en *si* bémol majeur appartient à un monde différent de celui des autres mouvements, qu'il domine par son pouvoir d'émotion, indicible en sa souriante transparence. Il est vraiment la quintessence de ce dernier Mozart, dont la sérénité seconde n'est que le fruit durement conquis des désespoirs les plus terribles et se situe déjà au-delà de toute passion. De bonne heure, divers arrangements pour piano témoignèrent de ce que la portée de ce message n'avait pas échappé aux mélomanes. Le thème, qui se souvient de l'air de Belmonte *Wenn der Freude Tränen fliessen* (« Quand coulent les larmes de joie ») au second acte de *l'Enlèvement au sérail*, fait l'objet de libres variations dans le cadre ingénieux d'un rondo : les deux variations régulières, au ton principal, sont séparées par des couplets modulants, l'un à la dominante, l'autre à la sous-dominante, qui paraphrasent le thème de manière moins stricte. Du second d'entre eux, Mozart regagne la dernière apparition du thème par une transition où les croches piquées en anacrouses donnent lieu à des imitations aux frottements dissonants magnifiques. Une coda paisible et sage clôt le morceau.

3. Menuetto (Allegretto) : en sa franchise populaire, il fait penser à Haydn ; mais ses chromatismes mélodiques sont purement mozartiens. Le trio, à la douce et berceuse rengaine évoquant quelque Ländler joué à l'orgue de Barbarie, possède des reprises variées.

4. Haydn s'affirme bien davantage encore dans le thème principal du vif et spirituel **Allegro** final, forme sonate à laquelle son retour fréquent prête des allures de rondo. Il domine d'ailleurs tout le morceau de son empreinte caractéristique, et même la seconde moitié n'est qu'une simple variante mélodique du même rythme. La rapide gamme ascendante de ses quatrième et cinquième mesures servira de contre-sujet au cours du développement contrapuntique très élaboré qui constitue tout le milieu, fort vaste, du mouvement, sans que sa bonne humeur en soit le moins du monde atteinte. Une transition harmonique subtile, s'attardant dans les tons bémols (jusqu'à *ut* bémol majeur !) précède la réexposition et, une fois encore, tout se termine dans la joie la plus pure.

Durée d'exécution : 26 minutes environ.

Quintette pour cor et cordes, en *mi* bémol majeur (K. 407)

Le chapitre des relations de Mozart avec Ignaz Leitgeb (ou Leutgeb) constitue une parenthèse fort amusante de son existence, très révélatrice d'un certain aspect de sa personnalité, portée à la grosse plaisanterie, voire à la gaudriole, — ce qu'il appelait lui-même son côté « Hanswurst ». Leitgeb était un éminent corniste salzbourgeois qui ouvrit un commerce de fromages lorsqu'il vint s'installer à Vienne, tout en continuant à briller sur son instrument. Bon diable sans malice, le fromager virtuose devint la cible de prédilection des plaisanteries de Mozart, qui avait cependant une réelle admiration pour son talent, puisqu'il n'écrivit pas moins de quatre *Concertos* à son intention entre 1781 et 1786, sans compter le présent *Quintette en* mi *bémol majeur*. À en juger d'après le niveau de difficulté de ces œuvres, ce talent devait en effet être considérable.

Les manuscrits barbouillés d'encres de couleurs différentes, semés d'annotations et de commentaires ironiques, font partie depuis toujours du folklore mozartien, de même que le récit des vexations diverses auxquelles Mozart soumettait le pauvre corniste avant de lui livrer ses *Concertos*. Il reste que ceux-ci demeurent les fleurons d'un répertoire point trop riche, cependant qu'à l'exception d'un admirable *Trio* de Brahms le *Quintette K. 407* demeure la seule œuvre de musique de chambre d'un compositeur de premier plan faisant appel à la participation du cor. Ce *Quintette* remonte sans doute au second semestre de 1782, mais il est impossible de le dater de manière plus précise. Un peu plus facile que les *Concertos* du point de vue de la technique instrumentale, il est d'une inspiration plutôt plus élevée, bien que son équilibre soit davantage celui d'une sorte de concerto de chambre que celui d'une œuvre de musique de chambre véritable. On notera qu'il exige la participation d'un seul violon, mais de deux altos, ce qui permet de jolis dialogues entre cor et violon, deux instruments faits pour s'entendre de toute éternité, ainsi que le prouve toute la musique romantique.

Le *Quintette* comporte trois mouvements brefs, dont la simplicité de structure rend superflus de longs commentaires. Dans le premier **Allegro**, de forme sonate, Mozart n'a pu s'empêcher de « mettre en boîte » le brave Leitgeb : vers la fin de l'exposition, les cordes cessent soudain de répondre logiquement au cor, dont le violon se met à imiter ironiquement le staccato, ce qui provoque un arrêt désemparé de l'ensemble des instruments. Dans la réexposition, Mozart accentue l'effet en faisant participer les autres instruments à cet innocent sabotage. L'**Andante** en *si* bémol, dont la cadence finale reproduit le premier air de Belmonte dans *l'Enlèvement au sérail*, est un petit joyau d'expression tendre et intime, au cours duquel le cor et le violon poursuivent un dialogue amoureux. Le dessin mélodique de son thème anticipe curieusement sur celui du **Rondo** final (**Allegro**), page étincelante d'esprit, dont le rythme, contrairement à celui des finales des différents *Concertos*, n'est pas celui d'une chasse à 6/8. Le thème du refrain,

sur lequel Mozart bâtira une coda en imitations (strette), domine l'ensemble du morceau, à l'exception toutefois de l'expressif épisode central en *ut* mineur. Sans être une œuvre de tout premier plan, cet attrayant *Quintette* ne dépare nullement la musique de chambre de notre compositeur.

Durée d'exécution : 16-17 minutes en moyenne.

Quintette pour clarinette et cordes, en *la* majeur (K. 581)

De tous les instruments, en existe-t-il un qu'on puisse associer plus étroitement à Mozart que la clarinette ? Sa seule évocation ne fait-elle pas renaître d'emblée dans notre souvenir telle phrase du *Trio*, du *Quintette* ou du *Concerto*, les trois chefs-d'œuvre que Mozart a consacrés à la clarinette ? Et pourtant, l'instrument, dernier venu dans l'orchestre classique, n'était pas encore très courant à l'époque. S'il ne fut pas le premier à l'utiliser ni à lui confier un rôle de soliste — les musiciens de Mannheim, et notamment leur chef de file Jan Vaclav Stamic (Stamitz), l'avaient précédé sur cette voie — Mozart lui donna cependant ses véritables lettres de noblesse à ce jour insurpassées.

La clarinette acquiert d'ailleurs chez lui une signification toute particulière et extra-musicale. Dès l'affiliation du compositeur à la Franc-maçonnerie (fin 1784), elle va devenir l'instrument par excellence de la fraternité maçonnique, occupant une place prééminente dans toutes les œuvres qu'il composera à l'intention des cérémonies de la Loge. Débordant même son cadre, elle donnera leur sens ésotérique et initié à toutes les œuvres instrumentales auxquelles elle apportera sa participation, soliste ou non. Son rôle dans *Cosi fan tutte*, mais surtout dans *la Flûte enchantée* et dans le *Requiem*, n'est plus à souligner de ce point de vue. Les particularités de sa facture viendront même à l'appui de ce rôle symbolique : on sait que le chiffre trois possède une signification maçonnique essentielle. Or les tons de *mi* bémol (trois bémols à la clef) et de *la* majeur (trois dièses) conviennent particulièrement à la clarinette. Ce sont ceux des trois chefs-d'œuvre de Mozart.

Enfin il y a Anton Stadler (1753-1812), frère en maçonnerie et ami intime de Mozart, le plus grand clarinettiste de son temps. C'est à son intention que Mozart a composé le *Trio*, le *Quintette* et le *Concerto*. Pareille rencontre artistique devait se renouveler exactement un siècle plus tard, lorsque Johannes Brahms composa ses dernières œuvres pour le clarinettiste de l'orchestre de Meiningen, Richard von Mühlfeld.

Les liens purement humains ayant décidément joué un rôle capital dans l'éclosion des œuvres pour clarinette de Mozart, c'est la famille Jacquin qui est à l'origine de cette page merveilleuse qu'est le *Trio en* mi *bémol majeur, K. 498* (1786) et de sa fascinante distribution instrumentale : piano, clarinette et alto. Œuvre d'inspiration totalement maçonnique (dédicataires, interprètes, tonalité, instrumentation), elle chante, selon la formule pertinente de Jean et Brigitte Massin,* « la tendresse de l'amitié fraternelle au sein d'un groupe humain ». C'est en des circonstances bien différentes que le *Quintette en* la *majeur* vit le jour, trois ans plus tard. En proie à une solitude artistique et humaine grandissante, incompris et à demi oublié du public viennois, en butte à d'angoissantes préoccupations financières aggravées par les constantes maladies de sa femme, Mozart vit des mois bien tristes et sa production en cette année 1789 est bien moins abondante qu'à l'heureuse période du *Trio*. Tout en esquissant *Cosi fan tutte* qui sera terminé en janvier suivant, il s'acquitte d'une dette d'amitié envers Anton Stadler à qui il offre le *Quintette en* la, terminé le 29 septembre 1789. Le 22 décembre, le dédicataire en assurera la création au cours d'un concert de charité qui ne laissera pas le moindre argent à Mozart, pourtant dans le besoin.

Le *Quintette « à Stadler »*, première œuvre de l'histoire de la musique à associer la clarinette au quatuor à cordes, a connu une magnifique descendance dans ce domaine : Weber, Brahms et Max Reger. Cependant la perfection de l'œuvre mozartienne reste insurpassée car, de même que le *Concerto* terminé en septembre 1791, elle exploite à fond toutes les possibilités de timbre et d'expression de l'instrument, parti-

* *Op. cit.*

culièrement son registre grave que Stadler cultivait avec prédilection.

Le *Quintette* est lui aussi d'inspiration purement maçonnique, et J. et B. Massin rappellent fort à propos que le ton de *la* majeur était également celui du *Quatuor K. 464*, première œuvre composée par Mozart après son initiation. C'est une œuvre heureuse, tendre et toute vibrante de douce chaleur humaine. Plus brillante sans doute, car plus ambitieuse, plus élaborée et plus vaste que le *Trio*, mais non moins riche de spiritualité et de vie intérieure. La clarinette s'intègre miraculeusement à l'ensemble instrumental et jamais ne relègue les archets au rôle d'accompagnateurs, comme ce sera le cas plus tard dans le *Quintette* de Weber. Ce sont eux du reste qui exposent le thème lyrique et paisible de l'**Allegro** initial,

la clarinette enchaînant par un grand trait, à la fois réponse et commentaire :

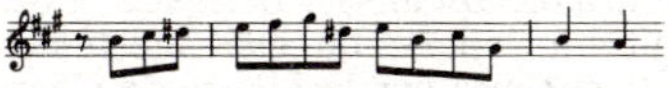

Dans cette forme sonate concise où le développement des thèmes, à l'accoutumée chez Mozart, n'occupe qu'une place restreinte, on peut distinguer jusqu'à cinq idées mélodiques. Il n'y a pas de coda.

2. Le **Larghetto** en *ré*, sublime effusion d'essence purement mélodique, égale déjà l'*Adagio* du futur *Concerto*. Son atmosphère de nocturne raffiné est soulignée par le voile des sourdines imposé aux archets durant tout son déroulement.

3. À ce sommet expressif de l'ouvrage succède un **Menuet** au charme bucolique et populaire à la fois, d'un développement peu commun avec ses deux trios. Le premier, en *la* mineur, réservé aux seules cordes, jette une ombre passagère sur cette œuvre sereine, mais le second (*la* majeur) nous offre un véritable Ländler alpestre, où la clarinette retrouve ses origines en se transformant passagèrement en joyeux chalumeau de berger tyrolien.

4. Le **Finale (Allegretto)** couronne l'œuvre par son thème varié dans lequel Mozart excelle à tirer les conséquences les plus savoureuses et les plus imprévues d'un thème d'une simplicité presque naïve. Dans la première variation, la clarinette chante un contre-sujet qui fait presque office de second thème (on le retrouve dans les *variations 2 et 5*), nettement annoncé dans le second trio du *Menuet*. Les deux variations suivantes réservent la prééminence respectivement au premier violon et à l'alto, l'instrument à vent se contentant d'un rôle plus effacé. La quatrième variation retrouve, après le voile de mélancolie de la précédente, la joie et la bonne humeur, la clarinette se dépensant en d'exubérantes figurations. Un bref conduit aboutissant à un point d'orgue introduit alors la *cinquième variation*, *Adagio* très connu, d'une limpidité et d'une tendresse merveilleuses. Un nouveau suspens précède la vive et entraînante coda, qui termine le *Quintette* dans un grand éclat d'allégresse et de lumière.

Durée d'exécution : 30 minutes environ.

Quintette pour piano, hautbois, clarinette, cor et basson, en *mi* bémol majeur (K. 452)

Mozart tenait ce *Quintette*, achevé le 30 mars 1784 dans le voisinage de toute une série de *Concertos pour piano* (*K. 449, K. 450, K. 451, K. 453, K. 456, K. 459...*), et qui devait demeurer sa seule partition pour vents et piano, pour la meilleure de toutes les œuvres qu'il avait composées jusqu'alors ! À la fois musique de chambre raffinée, divertissement aristocratique et parfait exemple de dialogue concertant, c'est en effet une réussite qu'aucun autre compositeur n'a égalée, pas même Beethoven, dont le juvénile *op. 16* adopte sciemment la même formation et la même tonalité. Il s'agit dans une certaine mesure d'un concerto de chambre, dont les deux *Quatuors pour piano et cordes* (*K. 478* et *K. 493*) rejoindront seuls la perfection.

1. L'œuvre s'ouvre sur une ample et majestueuse introduction lente (**Largo**), d'une grande unité expressive malgré la multiplicité de ses idées mélodiques, paradoxe bien mozartien ! L'exposition pourtant concise de l'**Allegro moderato** présente la même abondance, dont la moindre bribe suffirait à nourrir tout un morceau d'un compositeur moins prodigue. Seule l'arrivée au ton de la dominante permet d'identifier le « deuxième » thème. C'est cependant le premier, formé d'un doux antécédent syncopé du piano et d'une réponse décidée du tutti (avec un motif trillé ascendant qu'on retrouvera dans le *Larghetto*) qui fait tous les frais d'un développement bref, mais serré, d'abord modulant par tons ascendants, puis travaillant par élimination la petite désinence deux doubles croches-noire. La réexposition est très variée dans le détail, non seulement par la répartition des instruments, mais par un bref développement modulant nouveau du thème principal. Il y a encore une petite coda, avec un trait virtuose du cor à découvert.

2. Le **Larghetto** en *si* bémol (3/8) est un miracle mozartien des plus rares. C'est une forme sonate ; mais ici, chose exceptionnelle pour un mouvement lent, le développement central est très long. On remarque d'emblée le motif trillé issu du premier mouvement. Puis s'engage un merveilleux dialogue modulant entre les vents. Un « pont » en croches liées aux chromatismes langoureux et sensuels mène au thème conclusif, chantant au piano sous les batteries des vents. Le développement semble vouloir démarrer sur un nouveau thème en *mi* bémol ; mais, soudain, commence une de ces sublimes rêveries harmoniques aux chromatismes audacieux dont Mozart a le secret. En peu de temps, nous voici projetés en *mi* mineur, puis *ut* majeur et *ré* mineur. Avec la réexposition au piano, le gouffre entrouvert semble se refermer, — mais de nouvelles aventures nous attendent. La mélodie de cor ayant donné lieu au dialogue des vents dans l'exposition est complètement transformée, en un parcours modulant à nouveau tourmenté et complexe, et le « pont » en croches liées chromatiques est grandement amplifié. Le thème conclusif est à présent traité en dialogue lui aussi.

3. Le **Rondo (Allegretto)** possède un refrain mémorable, gracieux et noble à la fois,

exposé au piano seul, puis repris en tutti. Le thème du premier couplet rappelle par ses syncopes celui du premier mouvement. Le deuxième oscille sans cesse entre *ut* mineur et *mi* bémol en un dialogue concertant d'une mélancolie gracieuse et souriante. Un développement modulant à travers les tons mineurs mène inopinément au retour du premier couplet, remplaçant le refrain dont seule la seconde moitié est reprise. Un point d'orgue introduit une *cadenza in tempo* pour tous les instruments, dont les imitations se développent en un troisième couplet, au gracieux thème nouveau en dialogue concertant, précédant le dernier retour du refrain, immédiatement suivi d'une coda qui reprend la deuxième moitié du deuxième couplet avant de conclure par quelques mesures énergiques.

Durée d'exécution : 24 minutes environ.

Adagio et Rondo pour Glasharmonika, flûte, hautbois, alto et violoncelle (K. 617)

L'harmonica de verres, instrument fort populaire en Europe jusque vers 1820, fut mis au point, à partir du simple système des « verres musicaux » par Benjamin Franklin. Il imagina d'installer les cloches de verre concentriques sur un axe horizontal, mû par un pédalier, — le jeu se trouvant alors très facilité. Dès son enfance, à Londres, en 1764, Mozart avait entendu une virtuose de cet instrument, Marianne Davies, et il la retrouva à Vienne en 1773 chez le baron von Mesmer, qui en jouait lui-même. Au printemps de 1791, Mozart fit la connaissance d'une jeune fille aveugle, Marianne Kirchgässner (1770-1809), qui possédait une rare virtuosité sur l'harmonica de verres. Elle annonça bientôt dans la presse qu'elle donnerait un concert où elle interpréterait, « accompagnée par le Maître de Chapelle Mozart », un *Quintette* composé pour elle (On peut penser que Mozart, à son habitude, se réserva une partie d'alto). Interrompant la composition de *la Flûte enchantée*, il écrivit alors pour elle l'*Adagio en* ut *K. 356* ; puis, fixé sur les possibilités expressives de l'instrument, il envisagea de lui adjoindre quelques instruments : ainsi naquit ce *Quintette*, où les timbres des bois se fondent admirablement (mieux que ne l'auraient fait des violons) aux sonorités cristallines des verres. Le 23 mai 1791, Mozart commença douze mesures en *ut* majeur (*K. 616 a*), qu'il abandonna aussitôt pour recommencer, en mineur cette fois ; et il acheva le morceau le même jour. Le concert eut lieu au Théâtre de la Porte de Carinthie, le 19 août 1791. La première édition parut chez Breitkopf et Härtel, à Leipzig, en 1799. Signalons que le manuscrit appartint avant la guerre au grand écrivain Stefan Zweig.

Ce *Quintette* est une œuvre d'une beauté céleste, immatérielle, — le « double » profane et instrumental du motet *Ave Verum* écrit trois semaines plus tard ; un rapprochement avec *la Flûte enchantée*, en particulier les airs des trois jeunes garçons, s'impose naturellement, ne serait-ce qu'en raison de l'écriture translucide, à trois parties, en clé de *sol*.

1. L'**Adagio**, en *ut* mineur et à 6/8, aux sonorités mystérieuses, s'ouvre sur une mesure *forte* alternant avec une mesure *piano* à l'harmonica. On croit entendre dans ces seize mesures comme un écho, léger et libre des peines de ce monde, de la *Musique Funèbre Maçonnique*, écrite six ans auparavant. L'harmonica entame un nouveau dialogue avec la flûte, en *mi* bémol majeur ; puis la reprise du premier thème s'achève sur une cadence en triples croches et un arrêt solennel sur la dominante.

2. Le **Rondo**, en réalité un rondo-sonate, doit son aura au thème merveilleux du refrain, huit mesures aussitôt reprises par le quatuor :

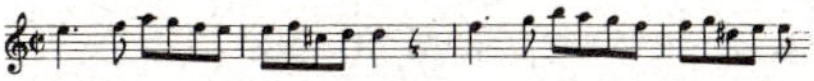

Un petit motif en triolets, repris en écho par les bois, conclut sur une cadence parfaite. L'harmonica fait entendre un « pont » en blanches liées, développées par le quatuor, et qui débouche sur une modulation abrupte et trompeuse en *la* bémol majeur, amenant en réalité le premier couplet en *sol* majeur : un motif séquentiel, léger et plein d'élégance, qui rappelle le second thème de la *Sonate pour piano à quatre mains K. 497.* Il est aussitôt repris par le quatuor, accompagné par des arpèges en triolets de l'harmonica. Un « pont » modulant ramène le refrain au ton principal. L'harmonica utilise encore la transition en blanches *legato* pour moduler cette fois vers *fa* majeur : c'est le hautbois, puis la flûte qui se chargent du second couplet, très chantant et orné d'un petit gruppetto ; il sera repris ensuite par l'harmonica. Ce dernier effectue une troisième soudure en modulant vers *ré* mineur. On assiste ici à un bref développement, où le rondo est repris en *mi* bémol majeur par le soliste, puis travaillé en imitations par le quatuor. Le premier couplet est alors réexposé en *ut* majeur ; après une brève cadence, l'harmonica reprend une dernière fois le refrain. La coda utilise les triolets échangés par le quatuor et l'harmonica à la fin du premier couplet.

H. H. et J. A. M.

Jean-Alexandre Ménétrier a assuré la présentation biographique ainsi que les analyses des deux *Duos pour violon et alto*, de la *Sonate pour basson et violoncelle*, des six *Trios pour piano et cordes*, du *Trio « des Quilles »*, du *Divertimento « Puchberg »*, et de l'*Adagio et Rondo pour Glasharmonika*. A Harry Halbreich revient l'analyse de toutes les autres œuvres de Mozart.

CARL NIELSEN

Né le 9 juin 1865, à Norre Lyndelse, près d'Odense (dans une île de l'archipel danois) ; mort le 2 octobre 1931, à Copenhague. Issu d'une très humble famille d'artisans, il manifeste des dons précoces pour la musique et réussit à entrer, à dix-neuf ans, au Conservatoire royal de Copenhague : il y étudia le violon, et eut pour professeur Niels Gade en histoire de la musique et en composition. C'est grâce à une bourse d'études qu'il effectua ensuite plusieurs voyages en Allemagne, en France et en Italie, — glanant à travers ces pays une culture musicale que ne pouvait lui offrir son propre pays. En 1889, Nielsen est violoniste à l'Opéra royal de Copenhague ; il y débutera une carrière de chef d'orchestre en 1908. En 1915 il sera nommé professeur au Conservatoire, et en deviendra le directeur honoraire en 1930. Il paraîtra, pendant toutes ces années, comme chef d'orchestre à Berlin, Londres et Paris, — dirigeant souvent ses propres ouvrages. Assez longtemps, toutefois, ceux-ci resteront à peu près ignorés hors du petit Danemark ; c'est après la Seconde Guerre mondiale que s'imposeront vraiment en Europe, puis outre-Atlantique, les six Symphonies, *ainsi que certaines pages de musique de chambre reconnues dans leur puissante originalité, — qui nous intéressent ici. Il faut remarquer, avant toute présentation, que Nielsen cultiva volontiers les principes de composition « organique » et de tonalité « évolutive » (tout comme le finlandais Sibelius, notamment) ; ce qui explique qu'il soit à peu près obligatoire — lors des analyses qui suivront — de préciser en chaque instant la tonalité dans laquelle on peut alors présumer se trouver.*

LES SONATES POUR VIOLON ET PIANO

A dix-sept années d'intervalle l'une de l'autre, ces deux *Sonates* font valoir la meilleure inspiration du musicien danois. Datée de 1895 — soit d'une époque où Nielsen a commencé à se détacher du classicisme, a composé sa *Première Symphonie*, a fait également la découverte de Brahms —, la **Sonate n° 1 en *la* majeur** (op. 9) est une œuvre brillante et vigoureuse qui doit effectivement beaucoup à l'écriture brahmsienne. Le premier mouvement est, significativement, intitulé *Allegro glorioso*, et le second — *Andante* — fait respirer avec ampleur la mélodie qu'altère seulement une tendance, un peu simpliste, à écrire à l'octave pour le violon. *Allegro piacevole e giovanile*, le finale est d'allure libre, — avec un motif principal rythmiquement proche de la valse. L'ensemble respire une très appréciable joie de vivre.

Durée d'exécution : environ 22 minutes.

La **Sonate n° 2** (op. 35), écrite en 1912, appartient à la période florissante de la *Symphonia Espansiva* et du *Concerto pour violon* qui la précèdent de peu. Le mouvement initial — *Allegro con tiepidezza* — est officiellement en *sol* mineur (deux bémols à l'armure), mais — harmoniquement — affirme le ton de *mi* bémol. Ambiguïté tonale qui persistera tout au long de ce mouvement instable (thème d'ouverture par le violon), — atteignant en son milieu un impressionnant crescendo avec trilles aigus — *ut* dièse sur *si* naturel — du violon surmontant la basse grondante du piano ; à la fin, retour à un *mi* bémol apaisé. Le mouvement lent central — *Molto adagio* —, large, est tour à tour de caractères héroïque et sensible, dans la tonalité essentielle de *si* mineur. Pour conclure, un *Allegro piacevole*, de métrique irrégulière, également harmoniquement instable : sorte de rondo qui tentera d'affirmer le ton d'*ut* majeur, furieusement combattu par le piano (*si* bémol) en une avalanche de septièmes. Mais le rythme « valsant » du mouvement emporte tout en un tourbillon conclusif.

Durée d'exécution : 20 minutes environ.

LES QUATUORS À CORDES

Nielsen a composé six quatuors à cordes : les deux premiers furent des essais d'école, non publiés ; les deux suivants ne méritent ici qu'une mention ; les deux derniers apparaissent comme des œuvres majeures de la musique de chambre nordique.

Quatuor n° 1, en *sol* mineur (op. 13)

Daté de 1888, plus tard révisé (1900), il révèle la double influence du norvégien Svendsen et de Brahms, en même temps qu'un grand nombre de maladresses, — soit organiques (l'*Allegro energico* initial), soit de forme (en particulier l'*Andante amoroso* second, conventionnel, presque ennuyeux).

Durée d'exécution : approximativement 25 minutes.

Quatuor n° 2, en *fa* mineur (op. 5)

Écrit deux ans plus tard (1890), ce *Quatuor* s'avère déjà plus maîtrisé, susceptible de soutenir l'intérêt : l'écriture, encore brahmsienne, présente plusieurs traits personnels, — avec notamment un premier mouvement (*Allegro non troppo ma energico*) d'une véritable tension, certainement la meilleure partie de l'œuvre. Le mouvement lent faiblit, mais l'*Allegretto scherzando* suivant sait mettre à profit les ressources du folklore scandinave, et le finale (*Allegro appassionato*), quoique un peu acide, celles d'une verdeur rythmique propre aux danses du terroir.

Durée d'exécution : 30 minutes environ.

Quatuor n° 3, en *mi* bémol majeur (op. 14)

Écrit dans les années 1897-98, ce *Troisième Quatuor* est donc postérieur de huit ans ; et, comparées à celui-ci, les deux précédentes partitions font figure d'essais préparatoires. L'ouvrage est ample, architecturé, remarquablement lyrique.

Le très beau mouvement initial — ALLEGRO CON BRIO — opère comme une sonate-rondo affirmant la puissance des idées et la témérité, quasi beethovénienne, de leur réalisation. L'utilisation des chromatismes, sans être envahissante, s'avère remarquablement efficace dans l'exposition du premier thème, de même que se remarque la pureté de lignes du second.

L'ANDANTE SOSTENUTO qui succède établit une tonalité éloignée (*la* majeur) de celle de *mi* bémol, — en dépit d'une brève introduction où semble persister celle-ci : superbe élégie qu'on pourra comparer au troisième mouvement, *Andante malincolico*, de la future *Symphonie n° 2 « les Quatre Tempéraments »*. Une section centrale, plus animée (*ut* majeur), en perturbe le climat ; mais le thème initial revient au violoncelle sous un accompagnement efflorescent de triolets, — tandis qu'un solo d'alto, doucement expressif, forme la conclusion.

Le troisième mouvement est constitué d'un délicieux **Allegretto pastorale** (*ut* majeur à nouveau), assorti d'un joyeux *Presto* médian où semblent se divertir des violoneux de place de village.

Enfin, l'**Allegro coraggioso** terminal, d'une vigueur toute paysanne, mais ne se maintenant peut-être pas au niveau d'ensemble, apporte une ferme conclusion. Encore entaché de quelques faiblesses, le *Troisième Quatuor à cordes* de Nielsen s'avère néanmoins tout à fait digne de figurer au répertoire chambriste courant.

Durée d'exécution : 35 minutes environ.

Quatuor n° 4, en *fa* majeur (op. 44)

Une décennie sépare à nouveau ce quatrième et dernier *Quatuor à cordes* du précédent : il fut écrit, en effet, en 1906 (avec le numéro d'*op. 19*), mais révisé par la suite pour paraître sous son numéro d'*op. 44*. C'est à coup sûr, de la main du compositeur, sa partition la plus achevée, sans faiblesse notoire, pour ce type de formation instrumentale.

De même que le mouvement inaugural du *Quatuor n° 3*, l'**Allegro non tanto e comodo** (primitivement intitulé *Allegro piacevolo ed indolente*) est dans la forme assez libre, finement élaborée, de la sonate-rondo. La grâce, la délicate, évanescente poésie du premier thème, échappant à la tonalité principale dès la deuxième mesure de son exposition, laisse paraître ensuite toute une gamme de sentiments qu'approfondit l'*ut* dièse mineur du second thème ; mais *fa* majeur se trouvera réaffirmé dès le début du développement.

Le mouvement qui succède suscite, à son tour, le ton de *la* mineur (mais *ut* majeur est à la clef) : il est en style choral, traité contrapuntiquement, non sans pathos au demeurant.

Allegretto moderato ed innocente, le bref troisième mouvement, en un *la* mineur peu équivoque, forme une pièce d'un charme fluide, qu'entrecoupent de brusques accès d'humeur.

Pour terminer, le finale appartient entièrement au monde insouciant, plein d'apprêts, de l'opéra-comique *Maskarade*, contemporain de la version originale de ce *Quatuor*. Ainsi l'œuvre paraît-elle clôturer une série d'ouvrages relevant d'une « première période » créatrice de Nielsen. Désormais, le compositeur consacrera le meilleur de son énergie, comme de son inspiration, aux très grandes partitions que seront les quatre dernières *Symphonies*.

Durée d'exécution : 27 minutes environ.

AUTRES ŒUVRES

Quintette à vents (op. 43)

Composé en 1921-22, à peu près simultanément à l'importante *5e Symphonie*, alors à peine achevée, ce *Quintette* — écrit pour flûte, hautbois (cor anglais), clarinette, basson et cor — est une œuvre superbe, page maîtresse de la maturité du compositeur. Elle fut dédiée aux musiciens du Quintette à vents de Copenhague, que Nielsen avait entendu jouer — merveilleusement — Mozart. La référence à ce musicien n'est pas fortuite : le *Quintette op. 43* en ressuscite la clarté d'écriture ainsi que l'ineffable poésie ; non moins qu'un certain humour « à la Haydn ». L'œuvre, au Danemark du moins, conserve une extrême popularité, et fait figure d'authentique chef-d'œuvre de notre siècle pour ce type de formation. Il y a trois mouvements.

L'**Allegro ben moderato** d'ouverture est officiellement dans le ton de *mi* majeur, mais incline fréquemment vers *la* majeur, — tonalité dans laquelle évolueront les mouvements à venir ; l'ensemble possède une fraîcheur pastorale, un parfum, des bruissements de forêt proprement « scandinaves ».

Le mouvement médian est un **Menuet** cultivant les effets comiques, et flanqué d'un trio non moins malicieux, maniant une ironie sous-jacente.

Mais c'est, bien évidemment, le finale qui s'impose avec le plus d'éclat : **Tema con variazioni** qu'introduit un puissant et ténébreux **Praeludium** (*Adagio*), — au cours duquel le hauboïste prend le cor anglais. Cœur profond de la partition qui, dès l'énoncé du *Tema*, d'une limpide simplicité, récupère tous ses droits aux humeurs vagabondes : ce thème est emprunté à un choral populaire, sans signification religieuse dans le cas présent. Les variations, au nombre de onze, ont été conçues avec la préoccupation manifeste de faire valoir, successivement, les possibilités techniques et sonores de chaque vent : la versatilité de tons, de registres, est remarquable, — avec une mention particulière pour la plaisante cinquième variation faisant dialoguer une irascible clarinette et un basson flegmatique. Au terme d'un parcours aussi futile qu'aventureux, reparaît le thème-choral (*Andantino festivo*), — telle une source de jouvence et de feinte ingénuité.

Durée d'exécution : 25 minutes environ.

La musique de chambre de Nielsen comporte enfin quelques œuvres plus marginales, à la vérité de peu de poids, — qui n'eûssent jamais suffi à asseoir le renom du compositeur danois. Nous les mentionnerons rapidement.

Passons presque sous silence un **Quintette à cordes en *sol* majeur**, contemporain du *Quatuor à cordes n° 1* (1888), accusant la même influence de Svendsen et les mêmes gaucheries d'écriture.

D'une toute autre originalité apparaissent deux partitions destinées au violon seul ; elles sont, il est vrai, de la période de maturité (postérieures au *Quintette à vents* ci-dessus commenté) : le **Prélude et Thème avec variations** (op. 48) date de 1923. Il fut créé par le violoniste Telmanyi, cette même année, à l'Aeolian Hall de Londres où Nielsen se produisait en tournée de concerts. Le thème en est un air authentique de ballade danoise ; les variations sont extraordinairement contrastées, d'une écriture violonistique parfois périlleuse (dernière variation, d'ailleurs réécrite par Nielsen à la demande de son interprète), mais très brillante.

Durée d'exécution : 15 minutes environ.

Le **Preludio e Presto** (op. 52) fut écrit cinq ans plus tard, en 1927-28. Il forme la contribution de Nielsen à la célébration du soixantième anniversaire du compositeur et violoniste danois Fini Henriques. Pièce de virtuosité redoutable (avec usage d'une sourdine spéciale attachée aux cordes, permettant à la main gauche de placer celle-ci tandis que continue le jeu d'archet). Le long *Prélude* semble un peu indécis, — le *Presto* contrastant par sa vigueur sèche, presque héroïque. Les deux mouvements utilisent des progressions par tons entiers, — conférant à la pièce son caractère d'archaïsme très singulier.

Durée d'exécution : 12 minutes environ.

Un coup d'œil rétrospectif, enfin, aux seuls instruments à vent avec une œuvre savoureuse, **Serenata in vano** (1914), écrite pour clarinette, basson, cor, auxquels se mêlent, avec un peu de bizarrerie, un violoncelle et une contrebasse. Cette combinaison instrumentale empreint l'ensemble d'un charme assez rustique, — avec une section centrale lente, mystérieuse, emplie de soupirs amoureux, dont le climat nocturne se brise sur un *Tempo di marcia* conclusif, à dessein prosaïque et quelque peu grotesque.

Durée d'exécution : 7 minutes environ.

F.R.T.

LUIGI NONO

Né le 29 janvier 1924, à Venise. Après des études avec Malipiero, il trouve en Bruno Maderna autant un professeur exceptionnel qu'un ami fidèle — avec lequel il partagera la plupart de ses idées —, et de même en Hermann Scherchen à partir de 1948. Présent à Darmstadt dès 1950, où sont créées ses Variazioni canoniche *(sur la série de l'*Ode à Napoléon *de Schoenberg — dont il épousera la fille Nuria en 1955), il rencontre Stockhausen et Boulez, et participe activement au mouvement de réflexion sur le sérialisme. De ces années datent quelques-unes de ses œuvres les plus fortes, — dont le* Canto sospeso. *Prenant rapidement ses distances avec une esthétique qui ne le satisfait pas, tant pour des raisons musicales que politiques, il se tourne progressivement vers la musique électro-acoustique à laquelle il consacre une grande partie de son œuvre à partir des années soixante. Isolé dans une Europe musicale qui ne lui pardonne pas toujours ses prises de position, Nono se définit avant tout par une grande exigence morale et artistique, et donne le meilleur de lui-même dans des opé-*

ras comme Intolleranza *(1960),* Al gran sole carico d'amore *(1972-1975), ou, plus récemment, avec* Prometeo, *opéra sans action (1984). Peu joué en France jusqu'à ces dernières années, Nono a édifié une œuvre puissante et incontestablement originale, et s'affirme comme l'un des créateurs les plus remarquables d'une génération qui n'a pas toujours tenu ses promesses.*

La « musique de chambre » dans l'œuvre de Nono est soit réduite à quelques partitions, soit considérable selon le sens qu'on donne à l'expression. Si l'on s'en tient aux œuvres ne réclamant que quelques instrumentistes, on s'arrêtera sur trois ou quatre partitions essentielles et représentatives de l'évolution du compositeur ; si l'on tient compte de la passion de Nono pour la voix — et, au-delà de la voix, pour le *sens* du texte chanté ou déclamé —, il faudrait inclure les œuvres pour une ou plusieurs voix, instruments et dispositif électro-acoustique qui sont nombreuses dans son catalogue comptant quelque cinquante partitions, de *la Fabbrica illuminata* (mezzo-soprano et bande, 1964), *Non consumiamo Marx* (deux voix et bande) au *Diario Polacco n° 2* (*Journal polonais n° 2* pour quatre voix de femme, flûte, violoncelle et live electronics), — pour s'en tenir aux principales. Parallèlement au choix très précis des textes qui correspond à l'engagement politique de Nono — qui adhéra au Parti Communiste en 1952 avec Maderna — , le choix compositionnel de l'électro-acoustique aux dépens du papier à musique à partir de 1960, répond à la double volonté de Nono de réintégrer la perception en travaillant *directement* sur la matière sonore — le compositeur est un artisan influant sur la musique *au moment* où elle est jouée —, ainsi que de se situer en dehors des circuits officiels de distribution (salles de concert) en tentant de porter la musique dans les lieux où elle n'a pas habituellement sa place (usines, écoles, etc).

La production de musique de chambre chez Nono est donc essentiellement illustrée par les œuvres des années cinquante, et, beaucoup plus récemment, par le quatuor à cordes *Fragmente-Stille* , *An Diotima* (1979-1980). Parmi ses premières compositions, il faut mentionner son « opus 2 », **Polifonica-Monodia-Ritmica** (pour flûte, clarinette, clarinette basse, saxophone alto, cor, piano et percussions, 1951), dont les trois mouvements exploitent les possibilités structurelles de la série généralisée à tous les paramètres, en particulier aux durées et aux timbres des percussions, à l'époque où Boulez écrivait *Polyphonie X* et Stockhausen *Kreuzspiel*. Entre 1951 et 1955, l'activité de Nono est entièrement tournée vers le courant post-webernien qui reste la marque stylistique dans les trois domaines travaillés par le compositeur à cette époque : la musique d'orchestre avec *Composizione n° 1* (1951) et *Due Espressioni* (1953), la musique de chambre et ses dérivés avec les ensembles instrumentaux plus ou moins importants en nombre que sont *Polifonica-Monodia-Ritmica*, *Canti per tredici* (treize instruments, 1955) et *Incontri* (vingt-quatre instruments, 1955), et les œuvres vocales et chorales porteuses d'un engagement déclaré avec les trois volets de l'*Epitaffio a Federico Garcia Lorca* (voix, chœurs et orchestre, 1952-1953), *la Victoire de Guernica* (1954), et la cantate *Il Canto sospeso* (1955-1956) qui reste le chef-d'œuvre de cette période. L'orientation fondamentale vers la voix est donc prise dès les années marquées par le bouillonnement musical de Darmstadt, et se traduit stylistiquement par l'interprétation que Nono fait du sérialisme : autant *Polifonica-Monodia-Ritmica*, *Canti per tredici* et *Incontri* sont révélatrices du « pointillisme » de l'époque, autant cette dispersion de la texture ne parvient pas à cacher une soif de « mélodie » qui se manifestera de plus en plus et amènera Nono à prendre ses distances avec cette esthétique. La position de Nono — à ne jamais dissocier de celle de Maderna —, est d'une intégrité intellectuelle rare, s'opposant autant au « super-constructivisme » de la musique sérielle qu'au vent de « liberté » insufflé par les idées de Cage. Si les premières œuvres rattachables à la musique de chambre citées plus haut sont — bien que plus séduisantes que la moyenne de la production de cette époque — incontestablement datées, elles n'en demeurent pas moins importantes pour la démarche et l'évolution à venir du compositeur. Quant à la période récente, elle est avant tout illustrée par le *Quatuor à cordes* qui a surpris par son orientation nouvelle, une « intériorisation » interprétée parfois comme un revirement dans l'esthétique de Nono, et qu'il convient d'examiner de près.

« Fragmente-Stille, an Diotima », pour quatuor à cordes

Composé en 1979-1980, le *Quatuor* a été créé par le Quatuor La Salle à Bonn, pendant le Festival Beethoven, le 2 juin 1980. Tant dans le domaine de l'orchestre que dans celui de la musique de chambre, cette partition constitue une exception dans l'œuvre de Nono en faisant appel, pour l'unique fois, à un ensemble instrumental existant *a priori*. L'intention de Nono n'était pourtant pas d'ajouter un quatuor de plus à un répertoire abondant, mais de se servir du « support » quatuor — symbole de *l'essence* musicale —, en tant qu'instrument pour exprimer *l'essence* d'un texte. Celui-ci est emprunté aux poèmes tragiques de Hölderlin, qui traduisent le drame de la solitude et du désespoir au travers du personnage de Diotima : tout comme la poésie *(Hymnes)* et le romanesque *(Hyperion)* sont liés chez Hölderlin par cette omniprésence de l'idéal féminin perdu à jamais pour le poète, le *Quatuor* de Nono serait à mettre en parallèle avec l'œuvre scénique de Maderna — *Hyperion* (1964) —, dont les sources et l'interprétation qu'en fait le compositeur sont de même nature.

La partition de *Fragmente-Stille* inclut donc cinquante-deux fragments de poésies de Hölderlin qui, comme l'a spécifié Nono, « ne doivent en aucun cas être récités lors de l'exécution, ni être compris comme directive naturaliste ou programmatique » : placés en marge du texte musical, ils sont destinés aux seuls instrumentistes qui sont « invités à les "chanter" selon leur évidence, l'évidence de sons en quête de notes les plus tendres de la vie la plus intérieure » (préface à la partition). Évitant ainsi le compromis entre le lied et la musique de chambre tenté par Schoenberg dans son *Deuxième Quatuor*, Nono cherche à transmettre une idée qui semble entièrement contenue dans ces deux vers de Hölderlin, cités dans la partition : « Je comprenais le silence de l'Ether, Je n'ai jamais compris la parole des hommes ». En effet, le silence — « Stille » en allemand — est non seulement l'une des composantes de l'œuvre, mais en constitue plus encore la dimension essentielle, les fragments musicaux étant souvent séparés par de longues plages intermédiaires notées en secondes sur la partition : le but poursuivi par Nono est de favoriser des moments de réflextion *à partir* des fragments littéraires proposés, la musique en constituant, non pas un équivalent sonore — Nono refusant l'idée d'une *illustration* du texte —, mais une *résonance*.

Dans le prolongement de cette idée se situe celle du « fragment », explicitement contenue dans le titre. Par cette attitude, qui caractérise nombre d'œuvres récentes de Nono, le compositeur entend échapper à l'aspect trop « fixé » de l'œuvre comme il s'en est expliqué lui-même : « La logique du discours est pour moi quelque chose de terrifiant. Le goût de la formulation, de la formule provoque chez moi une réaction presque physique. D'où mon intérêt actuel pour Edmond Jabès : ses paroles ont toujours de multiples significations, elles ne sont jamais univoques, la signification n'en est pas fixée une fois pour toutes. Musil parle aussi de cela : dans l'ensemble des possibles, on choisit souvent une solution, une voie, mais on abandonne du coup d'autres possibilités peut-être plus fécondes »*

Cette multiplicité du sens a été longuement commentée par Doris Döpke dans la remarquable étude qu'elle a consacrée au *Quatuor* : « Les fragments de textes forment un fragile tissu de sens sur lequel — indépendamment de lui, mais lié à lui — est posé un deuxième réseau de significations, qui prend sa source dans les rapports originaux des textes à l'intérieur des poèmes. Un troisième réseau, enfin, est constitué par la structure musicale ; ses liens avec les deux autres sont tout aussi complexes. A l'intérieur de chaque couche, d'autres rapports entre les différents fragments apparaissent, certains se rapprochant, d'autres s'opposant ; dans chacune des couches les lignes évoluent différemment, et leur a-synchronisme fait apparaître des relations et des significations ambiguës**. » Ces couches de sens sont, en outre, activées par des citations musicales qui, bien qu'enfouies dans la partition, ajoutent à la dimension quasi-mystique que certains commentateurs ont lue dans l'œuvre : Nono emprunte ses références à la chanson d'Ockeghem « Malor me bat », à la première des *Quatre Pièces sacrées* de Verdi *(Ave Maria)* dont il cite la fameuse « échelle énigmatique », ainsi qu'à l'indication beethovénienne *mit innigster Empfindung* — « avec une émotion très intense » - issue de l'*Adagio* du *Quinzième Quatuor op. 132*. Désirant ainsi échapper d'une certaine façon à l'écrit, Nono propose avec son *Quatuor* une œuvre, certes ascétique, mais qui implique obligatoirement un renouvellement de l'écoute.

Durée d'exécution : environ 34 minutes.

A.P.

* « Entretiens avec Luigi Nono » par Philippe Albèra, in *Contrechamps-Festival d'Automne 1987*, intégralement consacré au compositeur.

** « Pensées fragmentaires sur la poétique musicale du *Quatuor* de Nono » *(Ibid.)*.

VITĚZSLAV NOVÁK

Né le 5 décembre 1870, à Kamenice (Bohême du Sud) ; mort à Skuteč, le 18 juillet 1949. Fils d'un médecin de campagne, rien ne le prédisposait à devenir musicien. Bachelier en 1889, il persuade sa mère de l'accompagner à Prague où il suit les cours de droit à l'Université, ainsi que les classes de composition de l'Académie des Arts auprès de Knittl, puis de Strecker ; celui-ci parvient à le faire admettre dans la classe de Dvořák. Ce dernier remarque rapidement les dons de son élève, « Chateaubriand » romantique et orageux. Novák se lie alors d'amitié avec Josef Suk (1874-1935), qui suit également l'enseignement peu orthodoxe de Dvořák. Il a découvert à partir de 1896 les musiques populaires morave et slovaque, dont il sait utiliser les mélodies et les rythmes pour ses propres créations : ce faisant, il s'oppose à l'éthique d'un Janaček qui, pour sa part, tiendra à en restituer le langage primitif. Entre 1897 et 1918, il devient — avec Suk — l'un des descendants de la branche romantique nationale issue de Dvořák. Nommé professeur de composition au Conservatoire de Prague en 1909, il inaugure alors une nouvelle période, vigoureusement naturaliste, avec le poème musical pour piano Pan *(1910). Mais le plus essentiel de son œuvre aura été écrit entre 1898 et 1908 : il aura, notamment, perpétué et fait évoluer le poème symphonique avec des partitions comme* Dans les Tatras *(1902),* l'Éternel Désir *(1905),* Toman et la Fée *(1907). Dans le domaine vocal, il se singularise par un impressionnisme sensuel, — particulièrement réussi dans les* Chansons de Printemps *(1900), les* Chants mélancoliques de l'amour *(1906),* Exotikon *(1911). Pour ce qui concerne la musique de chambre, il compose l'essentiel de son œuvre post-dvorakienne pendant la même période : elle est dominée par les deux premiers* Quatuors *et par le* Trio « quasi una ballata ». *Au cours des années 1920, l'influence de Dvořák s'estompe au profit de celle d'un Janaček et, surtout, de la musique française de l'époque. Novák réagit et s'impose, durant les quinze dernières années de sa vie, en tant que gardien d'une tradition musicale farouchement nationaliste. Datent de cette ultime période des partitions telles que le* Triptyque de Saint Wenceslas *pour orgue et grand orchestre (1941), le* 3e Quatuor *(1938), et la* Sonate pour violoncelle et piano *(1941).*

LES ŒUVRES DE JEUNESSE

Sonate pour violon et piano

Elle fut terminée le 20 décembre 1891, après sept révisions du premier mouvement vivement conseillées par Dvořák, particulièrement attentif au travail de cet élève emporté et volontaire. Curieusement, les quelques influences discernables ne sont pas celles de son professeur, mais celles de pièces romantiques pour piano de Tchaïkovski, dont certains passages ont servi de matériau mélodique (thème secondaire de l'*Allegro appassionato*, chant de l'*Andante cantabile*). Novák rend hommage au compositeur en vogue, Ždenek Fibich, qui vient alors de faire sensation avec *Hippodamie*, trilogie mélodramatique digne d'un Wagner local.

La partition est en trois mouvements classiques. L'*Allegro appassionato* débute sur huit mesures inspirées par Fibich, puis se développe avec ampleur pendant près de dix minutes. L'écriture pianistique apparaît plus mature que celle pour violon, trop fréquemment sentimentale, — alors que le clavier semble vouloir concurrencer le Strauss d'époque en enchaînant force syncopes et triolets. Il ne se dégage pas moins de ce premier opus une impression étonnante d'énergie et de sens des contrastes. L'*Andante cantabile* central laisse percer un romantisme juvénile, mais teinté d'accès de mélancolie profonde, — inattendue chez un auteur si jeune. L'*Allegro giusto* final redonne l'essentiel du discours au pianiste, qui doit savoir nuancer les affirmations parfois gauches de ce rondo, plus conventionnel que les deux premiers mouvements.

L'œuvre fut créée le 8 juillet 1892 au Conservatoire de Prague par Karel Hoffmann et l'auteur au piano, en présence de Dvořák qui présidait un concert des lauréats de sa classe.

Durée d'exécution : 25 minutes environ.

Deux années plus tard, le 8 juillet 1893, Novák créait, avec Jan Buchtele au violon et Jan Burian au violoncelle, son **Trio pour piano, violon et violoncelle** en *sol* mineur, — d'humeur beaucoup plus détendue que la *Sonate* précédente. Il peut se comparer au *Trio op. 2* en *ut* mineur de Josef Suk, le collègue devenu ami. Son *Andante* central se souvient de Schumann, tout en affirmant une allégresse rare chez Novák. Les biographes tchèques parlent de « période galante », dont la légèreté de touche comme la verve insouciante marquent une autre partition, également parallèle à la production de Suk, la *Sérénade pour petit orchestre* en *fa* majeur (qui rendit immédiatement célèbre le musicien, après sa création à Prague par Karel Kovařovic).

Quatuor à cordes en *ut* mineur (op. 7)

« C'est alors que j'ai compris le sens de ce que Dvořák nous avait dit, à Suk et à moi, au moment où nous terminions nos études : "Je serai très curieux de voir un jour ce que vous deux serez capables de faire. Car, ce qui est décisif, c'est la personnalité artistique..." Je sentais toujours davantage ce que je devrais recommencer une fois de plus. » Ce qui fut fait pour le *Quatuor à cordes* en *ut* mineur, de 1894. Novák en réduisit nombre de développements, — copies trop serviles du modèle brahmsien. La partition dépasse encore la demi-heure. Elle eut grand succès lors de la création de la version définitive, le 5 février 1899 à Brno, par le Quatuor Rudolf Reissig.

LES ŒUVRES DE MATURITÉ

Quintette pour piano et cordes (op. 12)

Cette œuvre essentielle porte l'empreinte des deux influences les plus bénéfiques d'époque : l'héritage romantique de Brahms et de Dvořák, et les premiers résultats de la quête de la chanson populaire morave.

La première rédaction du *Quintette* fut commencée en février 1896 et terminée en janvier 1897. L'ALLEGRO MOLTO initial manifestait l'influence directe du *Quintette op. 34* de Brahms, en particulier dans la partie de piano. Novák modifia l'équilibre piano-cordes de cette introduction dès l'été de 1897.

L'ANDANTE second formait un curieux contraste mélodique, par l'harmonisation d'une vieille chanson tchèque* qui servait à un développement sous forme de variations, également très brahmsien. Dans les deux remaniements successifs de 1897 et 1943, le compositeur ne fit que densifier l'équilibre piano-cordes en renforçant le rôle des cordes graves (alto et violoncelle), dans la meilleure tradition tchèque.

Le troisième et dernier mouvement, ALLEGRO RISOLUTO, utilisait d'une manière un peu naïve une chanson morave qui, une fois encore, devait sa prééminence au piano. Novák reprit totalement ce finale et proposa un dialogue, très proche de la manière dvorakienne, dans lequel le thème tchèque s'énonce et se développe à deux voix alternées, violons et main droite du clavier, main gauche du clavier et cordes graves. Tel qu'édité en 1961, ce *Quintette* est une des partitions les plus attachantes de la première époque de Novák par sa chaleur romantique, son ambiance dvorakienne, sa densité et sa puissance expressive, qui, elles, doivent beaucoup à Brahms.

Durée approximative d'exécution : 27 minutes.

Quatuor à cordes n° 1 (op. 22)

Cette partition de 1899 peut être comparée à un recueil d'*Années de pèlerinage* à la manière de Liszt, — la Suisse et l'Italie étant remplacées par l'inspiration populaire et romantique de Novák lors de ses multiples excursions en Moravie et Slovaquie, en particulier dans le massif des Tatras. Ces tableaux valaques ne se coulent qu'avec peine dans le moule classique du quatuor en trois mouvements : il est plus exact d'y repérer cinq épisodes successifs, — le seul mouvement lent, d'une réelle plénitude, étant l'*Andante mesto* qui introduit le finale. L'influence de Brahms s'estompe pour faire place à une recherche harmonique s'élargissant à un contrepoint peu courant dans le quatuor à cordes, et qui préfigure celles de Vaclav Kaprál, Václav Dobiaš, et même Miloślav Kabelač.

Ce Quatuor en *sol* majeur est ainsi formé de :

1. ALLEGRO MODERATO, d'une ampleur presque « regérienne ».
2. SCHERZO-ALLEGRO COMODO, d'humeur populaire, utilisant des danses valaques.

---

* « Elško, milá, srdečná » (Chère et tendre Élise...), vieille chanson tchèque du XVIe siècle.

3. **Andante mesto**, puis **Allegro**, — l'*Andante* se révélant le passage le plus significatif au plan du style de par sa volonté d'héroïsme, de dépassement, à partir d'un thème presque guerrier. Ce carnet de voyage imaginaire s'achève sur un *Allegro* virtuose où le violon retrouve le style pastoral de l'*Allegro* introductif.

Ce *1er Quatuor* fut créé par le Quatuor Tchèque le 19 novembre 1900.

Durée d'exécution : 26 minutes environ.

Trio, quasi una ballata (op. 27)

Cette partition, de 1902, est de forte inspiration biographique. Novák l'a qualifiée de « fruit du pessimisme baudelairien le plus noir »... « Mes anciennes plaies se sont rouvertes, et m'ont torturé tout au long de la composition ». L'œuvre paraît écrite d'un seul bloc, — un seul mouvement en *ré* mineur. À l'étude, on décèle néanmoins cinq épisodes enchaînés : une introduction, *Andante tragico*, partant d'un thème populaire dont l'humeur originelle n'avait rien de dramatique ; son développement, ample et volontaire, mêle des formes beethovéniennes à des accents tragiques empruntés au *Trio op. 15* de Smetana. Un quasi-scherzo, *Allegro burlesco*, retrouve la violence, un sens du dérisoire et de la destruction propre au musicien. Son éclat s'estompe dans un *Andante* en *si*, impressionniste et lunaire. Le finale est un *Allegro* d'une réelle envolée dramatique qui culmine en sa coda, — laissant sur un épilogue douloureux, mais non résigné.

Cette œuvre dense forme avec les *Dumký* de Dvořák et l'*op. 15* de Smetana l'un des sommets de la littérature romantique tchèque pour trio. Contrairement au *Quintette op. 12* et, surtout, au *Trio* en *sol* mineur de 1891 (v. plus haut), le piano n'est plus le meneur de jeu intransigeant et péremptoire. L'écriture pour les cordes s'avère d'une égale splendeur, faisant de cet *Opus 27* une partition tragique et contrastée d'une réelle beauté. Elle fut créée le 6 avril 1902 à Brno par Rudolf Reissig au violon, H. Brodsky au violoncelle et le compositeur au piano.

Durée d'exécution : 19 minutes environ.

Quatuor à cordes n° 2 (op. 35)

L'œuvre, qui date de 1905, est en forme de diptyque constitué d'une fugue lente, d'une belle envolée, et d'une fantaisie, méditation à la fois ardente et douloureuse. À l'étude, la première partie fait irrésistiblement penser à Beethoven, tandis que la seconde n'est pas sans rapports avec le style de Franck, même si nombre de tournures harmoniques nous ramènent en Slovaquie.

Le premier mouvement est une immense **Fugue** en *ré*, dont le thème est présenté par le violoncelle. Sa parenté est grande avec celui utilisé dans deux autres partitions contemporaines, la *Sonate héroïque* pour piano *op. 24* et le poème symphonique *Dans les Tatras op. 26* (1902). Cet épisode, de plus de treize minutes, forme un *Largo misterioso* où s'opère la fusion entre une volonté de stricte construction et une capacité contemplative digne de l'auteur des *Béatitudes*. Comme chez nombre de maîtres du clavier, l'écriture est d'une richesse contrapuntique inhabituelle, — permettant ainsi au discours d'atteindre à des cimes sans que jamais la fermeté du trait, comme dans la *Grande Fugue op. 133* de Beethoven, ne faiblisse. L'utilisation des diverses couleurs instrumentales est une des caractéristiques de la manière de Novák, impressionniste à sa manière, — par la brutalité et la puissance des différents éclairages.

La **Fantaisie** est, à nouveau, un carnet intime où défilent lutte, heurts de la vie urbaine, liaisons sentimentales, dans l'*Allegro passionato, ma non troppo presto*. Un certain rictus apparaît même dans le *Quasi scherzo*. Le dernier volet, *Allegretto moderato, ben ritmico*, semble un oubli du passé et une évasion vers les rythmes apaisants de la nature, vers le rêve, une sorte d'identification aux paysages, aux couleurs du ciel, — Novák ayant toujours eu une âme de peintre.

De forme ramassée et concise, écrit avec une fermeté d'écriture peu habituelle chez un slave, cet *Opus 35* réalise la « synthèse » du style du compositeur : débarrassé des références dvorakiennes et des règles brahmsiennes, Novák affirme sa volonté d'adapter la logique beethovénienne à son tempérament torturé par un expressionnisme plus proche de Schönberg que de Reger. Le *2e Quatuor à cordes* fut donné par le Quatuor Herold à Berlin le 10 novembre 1905, tandis que la création pragoise avait lieu le 22 octobre 1906 avec le Quatuor de Bohême.

Durée d'exécution : 26 minutes environ.

LA DERNIÈRE PÉRIODE

Après la mort de Suk (1935), et suite à la difficile prise en compte de l'œuvre de Janaček, Novák redevint le maître de la musique tchécoslovaque moderne, — s'appuyant sur les nombreux élèves formés dans sa classe au Conservatoire depuis 1909. Il produisit alors des œuvres d'essence patriotique (*le Sol natal op. 44* pour chœurs, *la Vie op. 60*, vingt chœurs pour voix d'hommes, le *Triptyque en l'honneur de St. Wenceslas op. 70...*), en un retour aux formes strictes héritées de Beethoven et de Reger.

Quatuor à cordes n° 3 (op. 66)

Comme le précédent, ce dernier quatuor (1938) est un diptyque dont les deux parties s'opposent tant par le climat que par l'écriture.

Le premier mouvement, un **ALLEGRO RISOLUTO** en *sol* majeur, est formé — selon Novák lui-même — d'une « fugue joyeuse », d'une « bacchanale slovaque » censée décrire la jeunesse du maître. Introduite sur un rythme soutenu, cette réjouissance populaire retrouve les obligations du genre : fréquentes syncopes *pesante*, proches de la danse, utilisation de modes archaïsants établissant des couleurs harmoniques champêtres, enfin l'utilisation de deux thèmes principaux, de nature lyrique et insouciante.

Le second mouvement est un **LENTO DOLOROSO** en trois épisodes correspondant à trois types de variations, et décrivant l'adieu à la jeunesse (Novák a même sous-titré ces trois suites de variations « douleur sauvage », « enterrement de ma jeunesse », et « résignation »). L'écriture se fait à nouveau dense et contrapuntique, plus proche de celle d'un polyphoniste que d'un mélodiste poète. Les teintes se sont assombries par le fréquent recours à la conduite des thèmes et variations par l'alto et le violoncelle, sur contrepoint des violons, — renversement des habitudes qui réservent la voix principale au registre aigu et l'harmonisation au registre grave.

L'œuvre connut un réel succès lors de sa création le 15 mars 1939, alors que Prague était déjà occupée par les nazis. Le Quatuor de Prague la garda à son répertoire et la redonna, triomphalement, au Printemps de Prague de 1946.

Durée approximative d'exécution : 27 minutes.

Sonate pour violoncelle et piano
(op. 68)

Datée de 1941, cette partition sombre, tragique, évoque en son climat le poème symphonique contemporain *De Profundis*. Formée d'un seul mouvement, elle laisse paraître trois épisodes enchaînés, — les premier et dernier proches de l'*Allegro*, tandis qu'un intermezzo central, méditatif, schubertien par son caractère intemporel, vient tempérer ce *requiem* empli de violence inassouvie. Elle se termine sur une fugue grinçante, — usant de cette forme consacrée plus en un ricanement de dérision que par nécessité structurelle. La partition, volontairement sombre par le choix du registre du violoncelle comme par l'économie des voix polyphoniques du clavier, est restée peu jouée. Son caractère, protestataire dans ses intentions, exige du violoncelle une puissance d'accents peu habituelle à la nature chantante de l'instrument. Ce dernier a la redoutable obligation de varier les couleurs de son jeu, alors que le texte reste volontairement tendu.

Cette *Sonate* a été créée par Miloš Sádlo le 27 février 1942 à Brno, avec Josef Páleníček au piano.

Durée d'exécution : 18 minutes environ..

P.E.B.

MAURICE OHANA

Compositeur français d'origine espagnole, né le 12 juin 1914 à Casablanca. Parallèlement à des études d'architecture à Paris, à partir de 1932, Ohana continue à travailler le piano et suit les cours d'écriture de Daniel-Lesur à la Schola Cantorum (1936). Après la guerre, qui le mène d'Afrique en Italie, il perfectionne le piano auprès de Casella à Rome. Revenu à Paris en 1946, il participe à la fondation du groupe « Le

Zodiaque» l'année suivante, et écrit l'oratorio Llanto *(1950) à côté de musiques radiophoniques. Les années 1950 sont riches en expériences diverses qui témoignent de sa grande curiosité d'esprit : approche de la musique concrète avec Pierre Schaeffer, composition des* Cantigas *sur des textes espagnols des* XV*e et* XVI*e siècles (1953-1954), et du ballet pour percussions* Études chorégraphiques *(1955), révélation de l'opéra chinois, — jusqu'à l'utilisation de micro-intervalles (*les Hommes et les autres, *1956). À partir de 1960, date à laquelle il se consacre entièrement à la composition, se succèdent de nombreuses partitions, dont l'*Hommage à Debussy, *l'opéra de chambre* Syllabaire pour Phèdre *(1966-1967) l'*Anneau du Tamarit *pour violoncelle et orchestre (1976), les* Trois contes de l'Honorable Fleur *(1977-1978), le* Livre des Prodiges *pour orchestre (1979), et l'opéra* la Célestine *(1988). Attaché au «contact sensoriel immédiat avec le sonore», Ohana se réclame de Debussy et Falla, restant fidèle à ses origines ibériques, et prône le sens du timbre et du rythme avant celui de la structure.*

Si l'on trouve au catalogue de Maurice Ohana de nombreuses pièces pour instruments solistes, la musique de chambre proprement dite y est plus rare. Cinq œuvres seulement font appel à plus de deux exécutants, et cela est typique pour un compositeur dont le langage est à la fois si peu concertant et si peu polyphonique au sens traditionnel du terme.

LES ŒUVRES POUR GUITARE

Très tôt, Ohana a été fasciné par le clavecin et par la guitare, instruments qu'à la suite de Manuel de Falla il considère de même essence et de même famille, ce qui est une attitude très espagnole. Mais si le clavecin intervient dans l'un de ses chefs-d'œuvre, le *Sacral d'Ilx*, la guitare, par contre, qui a inspiré une production soliste plus importante que le clavecin, n'a jamais, à ce jour, été associée par le compositeur à d'autres instruments dans sa musique de chambre.

Le *rasgueado* de la guitare *flamenca* est l'une des sonorités archétypales les plus importantes de l'univers sonore d'Ohana ; aussi n'est-il pas étonnant que ce soit cet aspect de l'instrument qu'il ait avant tout cherché à mettre en valeur. D'où la mise au point, en collaboration avec Narciso Yepes et le luthier madrilène Ramirez, de l'instrument nouveau à dix cordes pour lequel toute sa production de maturité pour l'instrument est écrite. Non seulement le volume sonore de l'instrument, depuis toujours sa pierre d'achoppement majeure dans les salles de concert modernes, s'en trouve-t-il accru, mais encore et surtout sa dimension harmonique, si importante pour Ohana, — ce qui achève de mettre la guitare sur un pied d'égalité avec le clavecin. Plus que le *Tiento* de 1957 (transcrit lui aussi pour l'instrument-cousin !), les deux grands recueils *Si le Jour paraît* (1963-1964) et *Cadran lunaire* (1981 : le titre semble une sorte de complément poétique paradoxal aux *Clairs de Terre* du *Livre des Prodiges*), enrichissent le répertoire de la guitare de pages fondamentales.

Le **Tiento** est encore antérieur à l'instrument à dix cordes. Le titre de cette pièce se réfère à la fois à l'équivalent espagnol du *ricercar* polyphonique, abondamment cultivé par les organistes et clavecinistes de l'Âge d'or, de Cabezon à Correa de Arauxo et Cabanilles, et à une forme de *flamenco* d'origine gaditaine, dont le rythme complexe (trois croches, deux noires), dérivé de l'épitrite des anciens Grecs, était celui des antiques saturnales.

Si le Jour paraît est d'une tout autre importance. Le titre de ce grand cycle de sept pièces est emprunté à un *Capricho* de Goya, — dont les célèbres *Désastres de la Guerre* ont également inspiré le compositeur. Celui-ci a centré le cycle sur la pièce intitulée *Vingt Avril* (*Planh*), troisième des sept dans la version enregistrée*, mais quatrième dans la partition imprimée, où elle permute avec *Maya-Marsya*. Le 20 avril se réfère à la date de l'exécution capitale (en 1962) d'un opposant au régime franquiste, — événement qui avait bouleversé le compositeur. Le mot *Planh* («plainte» en occitan) désigne une forme poétique de déploration de l'art des troubadours. Deux autres pièces se réclament également de la poésie occitane du Moyen Âge, la deuxième (*Enueg*), qui désignait un chant de révolte satirique de reven-

* Avec le remarquable Alberto Ponce, interprète d'élection.

dication politique (le mot à son équivalent français avec « ennui », mais au sens beaucoup plus fort du français ancien et classique), et la dernière, *Aube*, qui se réfère à l'*Alba*, — ce chant où le lever du jour signale la séparation forcée des amants. Le cycle s'ouvre sur *Temple* (*Prélude*), pièce aux sonorités très riches, tantôt grattées et métalliques, tantôt vibrantes à la manière de cloches, tantôt en monodie linéaire et nue. *Maya-Marsya* désigne d'une part un hymne de mai, à la lumière et au renouveau, de l'autre une invocation au vent ; c'est encore une pièce imprégnée d'esprit *flamenco*. Enfin, la cinquième pièce, *la Chevelure de Bérénice* (se référant à la constellation du même nom) environne une délicate mélodie en tiers de ton d'un contexte harmonique au clair-obscur somptueux et complexe, — tandis que la sixième, *Jeu des quatre Vents*, déchaîne une virtuosité transcendante en traits de doubles croches.

Le cycle plus bref, mais non moins inspiré, de **Cadran lunaire** approfondit encore cette quête des mystères de la nuit et de l'âpre tourment du *cante jondo*, dans le sillage aussi du *Deuxième Quatuor à cordes*, — en ses quatre morceaux intitulés *Saturnal, Jondo, Sylva* et *Candil*. Le dernier titre nous rappelle le *Fandango del Candil* (« Fandango aux chandelles ») des *Goyescas* de Granados.

LES ŒUVRES POUR UN OU DEUX INSTRUMENTS

Si certains timbres semblent indissolublement liés à l'univers sonore et poétique d'Ohana, d'autres en sont absents : c'est ainsi qu'à la suite du piano, du clavecin et de la guitare, on ne trouvera pas la harpe, ainsi que peut-être on pourrait s'y attendre. Elle figure, certes, dans plusieurs œuvres d'orchestre ou d'ensemble, mais, à l'exception du *Syllabaire pour Phèdre*, on ne l'entend guère en soliste. Ohana lui préfère ses chères cithares accordées en tiers de ton. Passant aux cordes frottées, c'est le violoncelle qui attire le plus notre auteur. Par contre, il n'aime guère le violon, peut-être trop chargé d'histoire, et trop lié au classicisme d'Europe centrale. Son écriture orchestrale, voire même celle de ses deux *Quatuors à cordes*, fréquemment tassée dans le médium et le grave, semble vouloir éviter d'instinct le registre de la chanterelle où le violon, seul ou en tutti, règne proprement en maître. Dans cette tessiture, ce sont fréquemment les claviers, les percussions métalliques, enfin les bois qui prennent le relais.

Parmi ces derniers, Ohana a aussi ses préférences marquées : trop douce, trop enjôleuse, trop sensuelle, la clarinette chère à Mozart ne l'attire guère. Au contraire, il aime la flûte et le hautbois, beaucoup plus proches des sources populaires et des traditions les plus anciennes. La flûte lui a inspiré dès 1961 les **Quatre Improvisations**, arabesques se déroulant en plein soleil et quittant par moments insidieusement la gamme tempérée : à ce titre, on peut les considérer comme des études préparatoires au *Tombeau de Claude Debussy*, où la flûte joue le rôle qu'on sait. Ce rôle est plus important encore dans *Signes* (1965), — après quoi Ohana n'a plus mis en valeur la flûte, d'ailleurs subtilement dédoublée — que dans ses *Satyres* de 1976.

Le hautbois est de tous les intruments à vent le plus proche à la fois de la Grèce antique et du monde sonore arabo-berbère, et donc andalou. Ses sonorités térébrantes, lancinantes, surchauffées, fascinaient déjà Falla. Ohana les sollicite non moins de quatre fois dans sa musique de chambre, et tout d'abord dans les *Neumes* pour hautbois et piano de 1965, remontant précisément aux rites de la Grèce archaïque (il vaut la peine d'étudier la manière dont le piano sert de « caisse de résonance » aux harmonies virtuelles du hautbois), puis dans *Sarc* de 1973, page non accompagnée explorant les possibilités des sons multiphoniques et des micro-intervalles. Mais, surtout, le hautbois occupe une place essentielle dans le *Sacral d'Ilx* et dans *Kypris*, — deux des points culminants de la musique de chambre d'Ohana.

Cette musique de chambre accueille à plusieurs reprises la percussion, — chose impensable avant Stravinski (*l'Histoire du Soldat*) et Bartók (*Sonate pour deux pianos et percussion*). Non point qu'il nous paraisse possible de classer dans la musique de chambre les *Études chorégraphiques* de 1955, d'ailleurs conçues pour la scène, et faisant appel à un arsenal instrumental débordant de loin le cadre intime, mais *Signes* (1965) est incontestablement de la musique de chambre, un véritable septuor, où les quatre percussionnistes sont traités comme des solistes au même titre que le flûtiste, le cithariste et le pianiste, sans aucun des effets de masse ou d'accumulation qui caractérisent la percussion « d'orchestre ».

Les pièces en duo avec piano ne sont donc qu'au nombre de trois. **Neumes** pour hautbois et piano se réfère explicitement aux séquences rituelles exécutées par l'aulos dans les cérémonies religieuses grecques du IXe siècle avant Jésus-Christ, et accompagnant des danses ; mais on peut y voir aussi une allusion aux neumes du plain-chant grégorien. La pièce enchaîne librement quatre séquences se déroulant dans ce climat de mystère incantatoire, de rituel ancestral, qui caractérise d'une manière croissante la musique d'Ohana.

Les deux autres œuvres sont pour violoncelle et piano. **Syrtes** (1970), grand bloc de musique d'une seule coulée, en écriture dialoguée, dont le titre provient d'un *Stasimon* de l'*Iphigénie en Tauride* d'Euripide, fut destiné à Mstislav Rostropovitch, — pour lequel Ohana achève un *Concerto* au moment où paraît cet ouvrage. **Noctuaire** (1975) est une page beaucoup plus brève et plus simple, à vocation essentiellement pédagogique. Mais il ne faut pas oublier que *Neumes*, également, fut composé à l'origine comme morceau de concours pour le Conservatoire de Paris.

S'il fallait distinguer à présent les sommets de la musique de chambre d'Ohana (pièces solistes exclues), il faudrait citer avant tout les deux *Quatuors à cordes* et trois grandes œuvres pour plusieurs instruments jalonnant sa production de haute maturité à dix ans de distance l'une de l'autre : *Signes* (1965), *Sacral d'Ilx* (1975), *Kypris* (1985).

LES QUATUORS À CORDES

C'est dans le climat sonore « homogène » d'un quatuor à cordes que la fusion entre espace tempéré et espace à tiers de ton peut s'opérer le plus efficacement, d'autant plus que la technique de jeu de ces instruments permet tous les micro-intervalles. C'est là ce qui rend si rares et si précieuses les deux partitions qu'à dix-sept ans d'intervalle (1963, 1980) Ohana a consacrées à cette formation si classique et si chargée de mémoire historique. Inutile de le préciser, ses *Quatuors* n'ont rien de commun avec la dialectique habituelle du genre, et le dialogue concertant en est aussi absent que la tension contrapuntique habituelle, ou que les symétries formelles ou les développements thématiques. Un *Quatuor* d'Ohana demeure fidèle à sa conception musicale de toujours, avant tout mélodique, avec une extension soit vers les grands blocs d'harmonies homophones, soit vers une hétérophonie asynchrone et non-mesurée. Nous ne pouvons que rêver de ce qu'eût été un *Quatuor* de la haute maturité de Debussy, contemporain de ses *Sonates*. Ohana nous en dédommage dans une certaine mesure. Égaux en importance à *Ainsi la Nuit* de Dutilleux, ces deux *Quatuors*, et en particulier le *Deuxième*, sont des chefs-d'œuvre encore trop méconnus. D'une certaine manière, ce *Deuxième Quatuor* poursuit et affine le travail de recherche entrepris sur les cordes dans *Silenciaire*, de la même manière que *Signes* poursuivait plus avant sur la lancée du *Tombeau de Claude Debussy*

Les *Cinq Séquences* qui constituent le **Premier Quatuor à cordes** (1963), et dont Ohana projette de remanier la dernière, forment l'une de ses œuvres les plus secrètes, les plus austères et les plus difficiles, et l'une des toutes premières qui exploitent systématiquement l'univers mélodico-harmonique des tiers de ton, que le compositeur estime plus naturel que celui des quarts de ton, car compatible avec la résonance naturelle et la division en commas (et d'ailleurs présent dans maintes traditions musicales, européennes ou non, notamment le *flamenco*). Ce dernier, avec sa coexistence d'un mélos non-tempéré et d'un système harmonique (la guitare), est le prototype par excellence du langage musical ohanien, lequel s'aventure jusqu'au sixième de ton (différence entre le demi-ton et le tiers de ton) aux points d'intersection des deux échelles. Les titres des *Cinq Séquences* (*Polyphonie-Monodie-Tympanum-Déchant-Hymne*) font allusion à l'univers de la musique vocale médiévale, cher au compositeur à la fois pour l'austère pureté de son langage et pour son essence rituelle.

Le **Deuxième Quatuor** (1980) élargit cette quête en direction à la fois du *cante jondo* et du *Negro spiritual*, en ses quatre mouvements intitulés *Sagittaire*, *Mood*, *Alborada* et *Faran-Ngô*. Le premier est d'une particulière beauté harmonique, le deuxième d'une splendide inspiration mélodique, synthèse surprenante d'Andalousie et de négritude ; le troisième est une nouvelle incursion dans le domaine de l'*Alba* des troubadours, avec son scintillement harmonique aux couleurs de l'arc-en-ciel, — tandis que le dernier (librement transcrit pour orchestre à cordes par le compositeur sous le nom de *Crypt*) évoque l'atmosphère sourdement tragique des chaudes nuits de Grenade, mais ici encore « africanisée ». On trouve dans les titres d'autres œuvres encore d'Ohana (*Sorôn-Ngô* pour deux pianos, *T'Hâran-Ngô* pour grand orchestre) ce singulier suffixe *Ngô*, que le compositeur explique comme suit : « On trouve la terminaison *Ngô* dans un certain nombre de mots désignant des danses d'origine africaine, parfois aussi dans les noms d'instruments accompagnant ces danses. Tels sont, dans l'art populaire andalou, le Tango, le Zorongo, le Fandango, de même que le Bongo, instrument souvent utilisé dans notre percussion. Ce vocable *Ngô* semble en outre caractériser des danses incantatoires venues d'anciennes cérémonies tribales. »

AUTRES ŒUVRES POUR PLUS DE DEUX INSTRUMENTS

Signes, Sacral d'Ilx et *Kypris* sont certes les pages qui s'inscrivent le mieux dans la libre descendance des *Sonates* pour divers instruments de Claude Debussy.

Signes

C'est la plus développée des trois pièces, à la fois par sa durée et par sa formation (septuor), la seule, au demeurant, qui se divise en « mouvements », six au total. Mais contrairement aux autres œuvres en plusieurs parties, *Signes* ne comporte pas de sous-titres, remplacés dans la partition originale par des graphismes, — du genre de ceux qui émaillent depuis toujours les manuscrits du compositeur. Dès le début, la cithare, bientôt suivie par la flûte, nous ouvre l'univers parallèle de l'infrachromatisme, qui coexistera avec celui, tempéré, du piano et celui, non-tempéré, de la percussion, en une synthèse dont Ohana n'a jamais surpassé la richesse harmonique. Mais c'est également l'une de ses œuvres les plus somptueusement inspirées quant aux rythmes et aux timbres, l'une des plus proches, certes, de ces modèles naturels dont il se réclame à l'égal de Debussy. C'est un poème à la gloire de l'Arbre, symbole archétypal parmi les plus essentiels de l'univers intérieur du musicien, et ce depuis sa petite enfance. Les six parties envisagent successivement l'Arbre « *dans la nuit; animé d'oiseaux; noyé de pluie; prisonnier des fils de la Vierge; battu par le vent; brûlé de soleil* ». C'est le moment de redire l'importance capitale des symboles archétypaux dans l'inspiration d'Ohana : les quatre éléments, l'arbre, l'orage, le blé, les étoiles, et en particulier le soleil, représenté ailé aux quatre points cardinaux dans le dessin étrange et beau qui orne la fin de toutes ses partitions à la manière d'une signature graphique. Écrite pour flûte (prenant la petite flûte), cithare (alternativement en demi-tons et en tiers de ton), piano et quatre percussions, l'œuvre met tour à tour en avant les différents protagonistes, — après le premier morceau qui les présente successivement. C'est ainsi que la deuxième et la dernière pièces réservent une place d'honneur à la flûte, la troisième aux percussions, la quatrième à la cithare, et la cinquième au piano. L'œuvre mériterait autant une longue description qu'à la vérité elle s'y dérobe par sa liberté souveraine et ailée, digne de son modèle debussyste.

Le Sacral d'Ilx

Daté de 1975, ce morceau reprend la formation instrumentale (hautbois, cor, clavecin) prévue par Debussy pour sa quatrième *Sonate* demeurée irréalisée. Ilx est le nom antique d'Elche, cette extraordinaire ville-palmeraie du *Levante* où l'on a trouvé la fameuse sculpture dite « la Dame Elche », chef-d'œuvre de l'art ibérique pré-romain. Fidèle aux promesses de son titre et de son instrumentation, c'est l'une des pages le plus totalement espagnoles de son auteur, avec ses couleurs âpres et parfois violentes, — le cor ocre et fauve, le hautbois vert acide, le clavecin au friselis argenté évoquant le feuillage des oliviers. Ici aussi les premières mesures, déjà, nous introduisent dans le domaine non-tempéré. Les deux instruments à vent ne se contentent pas de tiers de tons, mais abordent également les sons multiphoniques (avec, pour le cor, l'adjuvant du son chanté simultané), les sons percutés, les effets de souffle, etc. De son côté, le clavecin abonde en accords acciaccaturés, la qualité particulière de ses attaques, surtout lorsqu'elles sont brèves et percutées, contribuant à « dé-tempérer » la résonance et à brouiller la perception harmonique. Mais il va plus loin, jusqu'à de vastes *clusters*, frappés au moyen de règles de bois. Rarement un compositeur aura réussi un dépaysement aussi intense dans l'espace et dans le temps avec des moyens sonores aussi modiques et aussi dépouillés. En sa perfection acérée, en sa parfaite concision, le *Sacral d'Ilx* constitue l'une des meilleures synthèses de l'art d'Ohana.

Il vaut la peine, pour terminer, de citer le commentaire introductif du compositeur lui-même pour cette pièce (dédiée au signataire de ces lignes) : « Taillée en pleine pierre, façonnée dans le bronze ou l'or, enfouie ou à fleur de terre, toute une mythologie d'animaux fabuleux, de signes non déchiffrés, peuple le sol de l'Almérien ibère, jusqu'aux environs d'Elche, autrefois nommé Ilx. De ces archétypes issus de rites solaires du printemps, de la guerre et du monde des fauves porteurs de mort et de résurrection, des dons de la terre et de la mer, une lumière sonore émane. Elle se transcrit ici dans la sensibilité de l'auteur qui la capte, dans un graduel taillé lui aussi en pleine matière sonore, là où le temps et l'espace se confondent pour perpétuer la veille, commencée avant l'homme, des choses libérées de toute durée et de toute servitude, qui le protègent tout en l'ignorant. »

Kypris

Issu d'une pièce homonyme pour hautbois et théorbe de 1982 aujourd'hui reniée et détruite, *Kypris*, achevé le 26 mars 1985, est la plus récente des œuvres de musique de chambre d'Ohana. Le hautbois est à nouveau à l'honneur (il cède la place fugitivement au hautbois d'amour, et la transition, dans les deux sons, se fait par un accord « dialodique » des deux instruments tenus simultanément) ; mais il s'associe ici à l'alto, à la contrebasse et au piano. Plus concise que les pages précédentes, l'œuvre nouvelle en égale la signification, avec certaines innovations d'écriture, en particulier les possibilités si riches des harmoniques de contrebasse, instrument jusqu'ici absent de la musique de chambre du compositeur. Les plages de contrepoint asynchrone et non-mesuré sont d'une richesse et d'une complexité toutes particulières. Cette œuvre peut être considérée comme une étude préparatoire pour le tableau de la Cène au second acte de l'opéra *la Célestine*, — où l'on retrouve sa matière musicale, récrite et transformée.

H. H.

GEORGES ONSLOW

Né à Clermont-Ferrand le 27 juillet 1784; mort dans la même ville, le 3 octobre 1853. Ce compositeur anglo-auvergnat, auteur extrêmement fécond de musique de chambre, est le petit-fils du premier Earl of Onslow et descend d'une illustre famille aristocratique (un comté de la Caroline du Nord porte son nom). En 1781 son père, Edward Onslow, membre du Parlement, est compromis dans un scandale homosexuel et doit quitter Londres; fixé en France, il se fait catholique et épouse en 1783 Rosalie de Bourdeilles de Brantôme (descendante de l'auteur des Vies des dames galantes*). Deux de ses fils deviennent peintres, et Georges, l'aîné, musicien. À la Révolution, son grand-père le rappelle à Londres : il reçoit une éducation de gentilhomme, et apprend le piano avec trois maîtres excellents, Hüllmandel, Dussek, enfin Cramer. De retour en France, l'audition de la* Stratonice *de Méhul déclenche sa vocation : « Je vis la musique avec d'autres yeux; le voile qui m'en cachait les beautés se déchira; elle devint la source de mes jouissances les plus intimes et la compagne fidèle de ma vie. » Après deux années passées en Allemagne il commence à composer en autodidacte, puis, conscient de ses lacunes, il travaille la composition avec Reicha quand ce dernier se fixe à Paris en 1808. Il épouse cette même année Delphine de Fontanges (descendante d'une célèbre favorite de Louis XIV), et vit dans la gêne, avant qu'un héritage important ne le tire d'affaire. Il vit entre Paris où il passe quelques mois d'hiver et ses terres de Chalandrat en Auvergne, où il se consacre à de longues séances de musique de chambre. Ses opéras-comiques (*l'Alcade de la Vega, *1824,* le Colporteur, *1827,* le Duc de Guise, *1837) n'ont guère de succès, mais il jouit dans le monde musical d'une grande considération. Une amitié réciproque le lie à Berlioz. En 1830, il est élu membre honoraire de la Société Philharmonique de Londres qu'il gratifie aussitôt d'une symphonie, applaudie le 18 juin 1832. Il remplace Cherubini à l'Insti-*

tut en 1842, devançant Auber et Berlioz. Ses quatre Symphonies *(*op. 41, 42, 69 *et* 71*) sont jouées avec succès en Allemagne, mais lorsqu'il veut en faire entendre une aux Concerts du Conservatoire, l'accueil est glacial. C'est à Leipzig qu'il est reconnu véritablement : Mendelssohn le tient en haute estime et échange avec lui sa baguette de chef d'orchestre, Schumann lui consacre des articles élogieux dans la* Neue Zeitschrift für Musik, *et les éditeurs locaux, Breitkopf et Härtel, puis Kistner, accueillent volontiers ses œuvres. L'indifférence de ses compatriotes ternit quelque peu les dernières années de sa vie.*

La musique de chambre

On a trop longtemps considéré Onslow, à la suite de Fétis, comme un « amateur distingué ». Sans doute n'avait-il pas à se produire en public pour vivre, ni même à vendre sa musique. Personnalité un peu hautaine, il occupa une position isolée, ne se mêla guère à la vie musicale parisienne, même si Baillot et Habeneck jouaient souvent ses œuvres, et dédaigna les genres à la mode au temps du Romantisme, — romances, musique pour piano virtuose, symphonies à programme et grands opéras. Il laisse pourtant quatre-vingt-trois numéros d'opus, pour l'essentiel de la musique de chambre : nonette, septuor pour piano et vents, sextuor pour piano et vents, neuf sonates pour piano et violon, trente-quatre quintettes à cordes (pour trois formations : soit avec deux altos, soit avec deux violoncelles, soit avec alto, violoncelle et contrebasse), trente-six quatuors à cordes. Onslow aimait la musique de chambre avec passion ; il jouait lui-même fort bien du violoncelle, — en particulier dans ses propres quintettes où la partie de violoncelle requiert une grande adresse. S'il fait appel à une contrebasse, il en exige la même virtuosité : on rapporte qu'un jour, le célèbre contrebassiste virtuose Dragonetti joua à vue admirablement la partie de violoncelle d'un de ses quintettes, et qu'Onslow, enchanté de l'effet, confia désormais à cet instrument rarement employé en musique de chambre un rôle de premier plan. Cependant il écrivait avec moins de bonheur pour le piano, sauf dans quelques pages où passe l'ombre de Chopin. Dans ses premières œuvres il s'inspira visiblement de modèles classiques, et surtout de Mozart ; par la suite il devint un fervent admirateur de Beethoven, tout en émettant quelques réserves concernant sa « troisième manière ». Seul représentant de la tradition de la musique de chambre viennoise à Paris pendant des décennies, il joua le rôle de Haydn, de Beethoven et de Schubert jusqu'en 1820, puis celui de Spohr, de Schumann et de Mendelssohn jusqu'en 1850.

Les qualités de sa musique de chambre sont un sens très sûr de la forme, un grand charme mélodique, une vie rythmique exceptionnelle. On peut aisément diviser sa carrière en trois grandes périodes.

La première se situe entre 1806 et 1826. Elle voit naître neuf *Trios pour piano* (*op. 3, 14, 20, 26, 27*), deux *Sonates pour piano à quatre mains* (*op. 7* et *22*), six *Sonates pour violon et piano* (*op. 11, 15, 29, 31*), le *Sextuor op. 30* pour piano et vents, les *Quintettes op. 1, 17-19, 23-25*, et les *Quatuors op. 4, 8-10, 21*. Sous le Premier Empire, Onslow passa deux ans en Allemagne. Rencontra-t-il Haydn, Weber, Beethoven ? On l'ignore. Mais quand il revint à Paris, c'était bien leur message qu'on pouvait retrouver — sous une forme encore naïve parfois — dans sa musique, tandis qu'il ne manifestait que dédain pour les genres musicaux prisés par ses compatriotes, grands hymnes hérités de la Révolution, ou fastes théâtraux antiquisants. Dès 1807 il publia — à compte d'auteur — son *op. 1* : trois quintettes à cordes (à deux altos), bien accueillis par le public. Dans l'*op. 3* il s'essaya au trio pour piano et cordes. Avec l'*op. 4* il aborda le genre où il devait s'imposer comme un maître, le quatuor à cordes. Parmi ces premières œuvres figure une *Sonate pour piano à quatre mains en* mi *mineur op. 7*, certes influencée par Dussek, mais qui contient quelques accents d'une mélancolie touchante. Composés vers 1807, les *Quatuors* de l'*op. 8* sont déjà plus personnels. Le premier baigne dans une atmosphère souvent proche de Schubert, en particulier dans le très beau mouvement lent. Le finale est une grande fugue (trait étonnant chez un jeune pianiste qui n'a jamais pris une leçon d'harmonie ou de contrepoint !). Le trio du *Menuet*, intitulé « Air de danse des montagnes d'Auvergne », révèle l'attachement de l'auteur à sa terre natale.

À cette époque appartiennent également les *Sonates pour piano et violon op. 11* (vers 1818), *op. 15* (vers 1820), *op. 29* et *op. 31* (vers 1825). À ce genre, auquel il ne reviendra plus, il laisse une marque très personnelle; ce sont les premières sonates éditées en France où les deux instruments sont sur un pied d'égalité. Ceci est vrai aussi pour les trois *Sonates pour violoncelle op. 16*. Dans les neuf *Trios* (*op. 3*, *14*, *20*, *26* et *27*, composés entre 1807 et 1823), le style personnel d'Onslow s'affirme peu à peu, le piano joue en particulier un rôle de plus en plus virtuose. Ils dépassent nos frontières : en 1820 une gazette de Leipzig, l'*Allgemeine musikalische Zeitung*, relève « l'imagination brûlante » des *Trios op. 20*. Citons enfin le *Sextuor pour piano et cordes op. 30* (que Moschelès joua souvent à Londres).

On est souvent tenté de qualifier de « schumannienne », ou de « mendelssohnienne », la seconde période créatrice (1826-1846) qui vit l'éclosion des grands chefs-d'œuvre d'Onslow; il s'agit presque uniquement d'œuvres pour cordes seules, *Quatuors* (*op. 36*, *46-50*, *52-56*, *62-66* et *69*) et *Quintettes* (*op. 32-35*, *37-40*, *43-45*, *51*, *57-59*, *61*, *67* et *68*). Beaucoup de ces pages admirables, qui comptent quelques-uns des plus beaux fleurons de la musique de chambre romantique, sont tombés, hélas, dans l'oubli. L'une d'entre elles a survécu, sans doute en raison de son caractère descriptif : en 1829, Onslow faillit perdre la vie au cours d'une chasse au sanglier. Alors qu'il s'était assis à l'écart pour noter une pensée musicale, une balle perdue lui déchira l'oreille et se logea dans le cou; il en réchappa, mais conserva des troubles de l'ouïe. Il retraça les diverses phases de sa maladie et de sa convalescence dans une œuvre à programme, le **Quinzième Quintette** dit « **de la Balle** » ou « Accident de chasse » (*op. 38*), écrit pour la formation « onslowienne » (deux violons, alto, violoncelle et contrebasse). On peut lire, dans les rythmes très mouvementés, dans les silences inattendus et les fanfares du premier *Allegro* (*ut* mineur, à 4/4) les péripéties de la chasse. Le *Menuetto* (*ut* mineur, à 3/4), intitulé « la Douleur », dépeint l'accident avec réalisme : le coup de feu (accord de septième diminuée fortissimo) est suivi d'un dessin chromatique exacerbé symbolisant la blessure; puis une succession étrange d'accords procédant par mouvements chromatiques descendants, et l'opposition pathétique des tessitures extrêmes du violon et de la contrebasse symbolisent la douleur physique. Le trio, en majeur, s'intitule « Fièvre et délire » : des modulations incessantes traduisent l'égarement du délire, tandis que le chromatisme dépeint les affres de la fièvre. Pour l'*Andante sostenuto*, « la Convalescence » (*mi* bémol majeur, à 6/8), le compositeur requiert les sourdines. C'est une page recueillie, aux sonorités pleines de douceur; l'indication « À la prière d'un malade après sa guérison » rappelle l'*op. 132* de Beethoven. Le finale, « La Guérison » (*ut* majeur, à 2/4), enchaîné au précédent, mêle explosion de joie et hymne de reconnaissance.

Durée d'exécution : 26 minutes environ.

Parmi les *Quatuors*, l'**op. 56, en *ut* mineur**, illustre les affinités d'Onslow avec l'école de Leipzig. Les moments cantabile, pleins d'une émotion très réelle, et les mélodies dans le style populaire schumannien alternent avec des épisodes plus rythmés. Le premier mouvement s'ouvre sur un thème ascendant, pathétique, développé en de riches modulations. Le ton est noble, à mi-chemin entre Schubert et Mendelssohn, les accents vigoureux, beethovéniens parfois. Certes le *Scherzo* — un menuet conservateur — révèle l'homme du XVIIIe siècle, mais un art de la variation inconnu dans la musique française de l'époque s'y déploie. Le mouvement lent est basé sur un beau thème à la Mendelssohn, très nostalgique. C'est encore au maître du *Songe d'une nuit d'été* qu'on pense dans le *Finale* sombre et nerveux, qui révèle une nature élégante, racée.

Durée d'exécution : 22 minutes environ.

Enfin, dans une ultime période créatrice (de 1846 à 1853), Onslow revint à la musique de chambre avec piano : deux *Quintettes pour piano et cordes*, un *Septuor pour piano et vents op. 79*, et un *Trio pour piano et cordes op. 83*. Ces dernières œuvres annoncent la renaissance du genre en France, amorcée sous le Second Empire par Lalo, par Saint-Saëns. Le **Quintette op. 70**, composé en 1846, fut destiné à Thalberg; il est écrit naturellement dans un style très concertant, — le piano se taillant la part du lion. Le **Quintette op. 76**, plus original, date de 1849. L'écriture des archets est très individualisée, la partie de piano rappelle souvent le style de Chopin, et un finale à programme (intitulé « Le coup de vent ») présente des effets de sonorités pittoresques. Signalons également quelques œuvres qui mériteraient de figurer au programme des concerts, le *Quatuor en* si *bémol mineur op. 63*, le *Quintette en* ut *majeur op. 67*, et surtout le magnifique *Quintette en* ut *mineur* (*op. 78 n° 1*) dont le premier mouvement

(*Allegro patetico*) mérite d'être qualifié de chef-d'œuvre pour ses thèmes magnifiques, sa grandeur tragique. Le *Grand Septuor op. 79* (écrit pour piano, flûte, hautbois, clarinette, basson, cor et contrebasse) et le *Quintette en* fa *majeur op. 81* (pour flûte, hautbois, clarinette, cor et basson) font appel à des formations rares en ce milieu du XIXe siècle, mais naturelles chez un disciple de Reicha.

Le grand **Trio en *fa* mineur op. 83**, dernière œuvre publiée par Onslow, frappe par son côté prémonitoire. Composé sans doute en 1850, il fut publié en 1852 chez Kistner à Leipzig, et dédié à Madame Henri Bonar. L'unité thématique entre les mouvements (le thème du premier mouvement est repris dans le finale) laisse présager les recherches cycliques des décennies suivantes. L'homogénéité du style fait défaut : l'*Allegro patetico* (*fa* mineur, à 3/4) est très beethovénien, tout comme l'*Adagio grandioso* (*ré* bémol majeur, à 4/4) avec sa grande phrase hymnique. Le *Scherzo* (*fa* mineur, à 3/4) est plus moderne, mendelssohnien si l'on veut, avec ses amusants effets de pizzicatos, et son trio joliment chanté. Le séduisant finale (*Allegro animato*, à 2/4) illustre cet éclectisme, bientôt repris par Saint-Saëns dans ses premières œuvres de musique de chambre.

J.A.M.

NICCOLÓ PAGANINI

Né à Gênes, le 27 octobre 1782; mort à Nice, le 27 mai 1840. La vie de Paganini fut une véritable épopée musicale. Il eut la chance d'être encouragé par son père qui lui enseigna les premiers rudiments de musique, ainsi que le violon et la guitare. Il se perfectionna aussi auprès de Servetto, mais travailla beaucoup en solitaire avant de se faire entendre en public dès 1795, date à laquelle il se rendit à Parme pour travailler avec Rolla. En 1801, il est à Lucques où il joue avec un grand succès. C'est peu de temps après que des négociants français installés à Livourne, enthousiasmés par son génie, lui offrent un violon de Guarnerius del Gesù daté de 1742, — dont il ne se séparera jamais et qu'il laissera par testament à la ville de Gênes. Entré en 1805 au service du prince Bacciochi, grand duc de Toscane et époux d'une des sœurs de Napoléon, il se lance à partir de 1809 dans une série de tournées triomphales qui le mènent en Italie, à Vienne, à Varsovie (il y découvre le jeune Chopin), en Allemagne où il séjourne pendant trois ans. Il se rend ensuite à Paris en 1831, où il obtient un très grand succès dans les concerts qu'il donne à l'Opéra. Jusqu'en 1834, il voyagera plusieurs fois entre l'Angleterre et la France. C'est à Paris qu'il entend la Symphonie fantastique *de Berlioz. Fasciné, il commande au compositeur une œuvre pour son alto de Stradivarius : ce sera* Harold en Italie *dont il refusera la dédicace, — jugeant qu'il n'y a pas assez à jouer pour lui dans cette belle partition (l'œuvre sera finalement créée par Uhran). En 1835, il décide de s'installer définitivement à Parme, tout en continuant ses tournées, notamment en France. Mais sa santé se détériore rapidement et, malgré les nombreux traitements prescrits par les médecins français, il succombe à Nice des suites d'une affection de la gorge. Ses restes ne seront transférés en Italie qu'en 1844. Paganini a poussé la virtuosité violonistique jusqu'aux extrêmes limites, — déchaînant partout où il passait un enthousiasme indescriptible. Sa personnalité démoniaque et son magnétisme subjuguèrent tous ses publics. Lui qui, comme compositeur n'appartint à aucune école, ne laissa qu'un seul disciple réel, Camillo Sivori, — auquel on prêta l'inquiétante et éblouissante personnalité de son maître. L'originalité de ses œuvres inspira Chopin, Liszt, Schumann, Brahms ou Rachmaninov, qui échafaudèrent des études et des variations pour piano à partir de ses thèmes.*

L'œuvre de Paganini est surtout consacrée au violon et à la guitare. Il signa quelques œuvres de jeunesse, — dont quatorze variations sur *la Carmagnole* pour violon et guitare (1795), mais c'est avec ses vingt-quatre *Caprices pour violon seul... op. 1* qu'il aborda véritablement la composition.

Caprices pour violon seul (op. 1)

Écrits à partir de 1802 et édités à Milan chez Ricordi en 1820, ils sont dédiés « aux artistes ». Ils eurent des modèles au XVIIIe siècle : on ne citera ici que les vingt-quatre caprices de l'*Arte del violino... op. 3* que Locatelli (v. ce nom) fit paraître en 1733.

Les vingt-quatre *Caprices* de Paganini sont des morceaux de concert brillants et variés, en même temps que des études transcendantes qui traitent de tous les problèmes inhérents à la technique du violon, — non sans une certaine poésie et une extraordinaire imagination, notamment au niveau de l'écriture harmonique. Il y a, en effet, dans ces pièces riches de modulations quelques ambiguïtés tonales étonnantes.

Chaque *Caprice* est construit en plusieurs épisodes contrastés s'enchaînant les uns aux autres. Tous sont des œuvres de très haute virtuosité. Le **Caprice n° 1**, en *si* majeur, est dominé par des figures d'arpèges avec des traits scintillants de gammes en tierces. Paganini joue de ces arpèges jusque dans l'extrême aigu de son instrument, — ce qui rend très difficile la légèreté et la précision de leur exécution. Le **Caprice n° 2**, en *si* mineur, traite surtout des batteries et des brisures. Le **Caprice n° 3**, en *mi* mineur, s'ouvre par un chant en octaves avec des trilles qui se prolongent. Très périlleux, ceux-ci nécessitent une extension en même temps qu'un resserrement des doigts qui trillent contre les doigts fixes. Un *Presto* débridé et romantique succède à cette introduction : ici, l'interprète se heurtera aux difficultés des coups d'archet legato et d'une main gauche très agile. Après l'ouverture *Maestoso* du **Caprice n° 4** en *ut* mineur, Paganini s'attaque en une virtuosité transcendante aux problèmes soulevés par l'exécution des tierces, des octaves et des dizièmes. La difficulté de ces dizièmes provient de l'écart des doigts qui augmente dans le grave. Une extraordinaire cadence d'introduction, faite d'une escalade d'arpèges et de gammes rapides, pousse le violon jusqu'à la limite de ses possibilités dans le **Caprice n° 5** en *la* mineur. Dans le **Caprice n° 6**, en *sol* mineur, la mélodie se noie dans un intense trémolo legato qui fait songer à la sonorité d'une mandoline. Le **Caprice n° 7**, en *la* mineur, est une pièce superbe avec ses passages en octaves, ses arpèges divisés sur l'étendue du violon et ses staccatos brillants. Après le **Caprice n° 8** en *mi* bémol majeur, le célèbre **Caprice n° 9** en *mi* majeur est sous-titré *la Chasse* (*La Caccia*). Son nom lui vient de sa ritournelle sur rythme de chasse. Après le **Caprice n° 10** en *sol* mineur, le **Caprice n° 11**, en *ut* mineur, débute par une phrase intensément romantique. Les **Caprices n° 12, 13** et **14** sont en *la* bémol majeur, *si* bémol majeur et *mi* bémol majeur. Le **Caprice n° 13** est appelé *La Risalta* (*l'Éclat de rire*). Le **Caprice n° 15**, en *mi* mineur, est construit en deux parties : une première partie mineure où se déploie posément une mélodie en octaves et staccato, et une seconde partie majeure qui débute après des accords affirmés et se poursuit en brillants traits de virtuosité. Les **Caprices n° 16** et **17**, en *sol* mineur et *mi* bémol majeur, précèdent le **Caprice n° 18**, en *ut* majeur, dont l'introduction *Corrente* n'a rien à voir avec la courante de l'école classique. Il se joue sur la quatrième corde, que les compositeurs d'une époque antérieure à celle de Paganini ont eu tendance à ignorer à cause de ses difficultés. Les **Caprices n° 19**, **20**, **21**, **22** et **23** sont respectivement en *mi* bémol majeur, *ré* majeur, *la* majeur, *fa* majeur et *mi* bémol majeur. Le dernier **Caprice n° 24**, en *la* mineur, est constitué d'un thème avec variations. Le thème, simple et régulier, est si célèbre qu'il a servi par la suite de point de départ à de nombreuses œuvres pour piano. Il est suivi de variations de bravoure sur le staccato (*var. 1*), le chromatisme (*var. 4*), les quintes et les dizièmes (*var. 6*), l'alternance de pizzicatos et de coups d'archet (*var. 9*).

Dans le domaine de la musique de chambre, Paganini a laissé également douze *Sonates* pour violon et guitare *op. 2* et *op. 3* composées entre 1802 et 1809, et éditées chez Ricordi, à Milan, en 1820; dix-huit *Sonates* pour violon et guitare sans numéro d'opus écrites après 1828 et publiées récemment; soixante *Variations* sur le thème gênois *Barucaba* pour violon et guitare *op. 4* dédiées à l'avocat Luigi Guglielmo Germi, ami de Paganini et bon musicien amateur. Composées en 1835, elles existent également dans une version pour violon seul, et ont été éditées chez Schönenberger, à Paris, en 1851. On retiendra aussi un *Trio en ré majeur* pour violon, guitare et violoncelle, et un *Trio concertant en* ré *majeur* pour alto, guitare et violoncelle, écrits en 1833 et publiés à Francfort en 1855, — ainsi que plusieurs séries de quatuors : trois *Quatuors* pour deux violons, alto et violoncelle *op. 1* (?), dédiés au roi de Sardaigne vers 1800 ; six *Quatuors* pour violon, alto, guitare et violoncelle *op. 4* et *op. 5*, composés entre 1806 et 1816, édités chez Ricordi, à Milan, en 1820 et dédicacés « aux amateurs » ; et quinze *Quatuors* pour violon, alto, violoncelle et guitare datés des années 1818-1820, et publiés récemment sans numéro d'opus.

Ces quinze **Quatuors pour violon, alto, violoncelle et guitare** sont dédiés à des amis de Paganini susceptibles de pouvoir jouer la partie de violon ou de guitare : l'avocat Germi, Camillo Sivori, disciple du maître, la marquise Caterina Raggi et le marquis Filippo Carrega. Riches de fantaisie mélodique et d'élégance, ces *Quatuors*, où le violon est le protagoniste absolu, brillent d'une virtuosité bien distribuée. Ils sont généralement construits en quatre mouvements. De structure classique, le premier mouvement est le plus important et le plus varié sur le plan des idées. Il est suivi par un *Menuet*, un *Adagio* ou un *Largo* dans lesquels les instruments s'épanchent avec une grande profusion de fioritures. Les menuets de Paganini sont des danses gracieuses. Les *Minuetto scherzos* des *Quatuors n° 10* et *14* reposent sur des ambiguïtés rythmiques intéressantes. Dans le *Quatuor n° 15*, s'épanouit un *Minuetto a canone*. Les finales sont brillants et rythmiquement marqués. Le *Finale* du *Quatuor n° 14* est en réalité un mouvement perpétuel farci de difficultés techniques.

Parmi l'abondante production de Paganini, citons encore un *Duo Merveille* pour violon et piano, composé entre 1806 et 1808, et dédié à Elisa Bacciochi, grande-duchesse de Toscane et sœur de Napoléon, une *Introduction et Variations sur « Nel cor più non mi sento »* de Paisiello pour violon seul (1820-1821), une *Scena amorosa* sur les cordes de *mi* et de *sol* pour violon et piano (1807), un *Récitatif et Variations sur les airs « Deh cari venite » et « Di certi giovani »* de Paisiello pour violon seul (1820-1821), une *Sonate militaire* sur la corde de *sol* avec des variations sur *« Non più andrai »* des *Noces de Figaro* de Mozart pour violon et piano (1825-1826), une *Sonata amorosa galante* pour violon et piano (1831), une *Sonate* à *Mouvement perpétuel* pour violon et piano (après 1830), un *Caprice d'adieu « pour son ami Eliason »* pour violon et piano (1831-1832), une *Sonate concertante* pour violon et guitare (1804), et de nombreuses compositions pour guitare ou mandoline seule.

A.d.P.

KRZYSTOF PENDERECKI

Né à Debica (Pologne, près de Cracovie), le 23 novembre 1933. Il étudie la composition avec Skolyszevski, puis au Conservatoire de Cracovie avec Malavski et Wiechovicz. Ses premières œuvres, Psaumes de David *(1958),* Émanations *pour deux orchestres à cordes (1959) et* Strophes *pour soprano, récitant et deux instrumentistes, envoyées anonymement au Concours des Compositeurs polonais, remportent les trois prix et rendent Penderecki célèbre en quelques mois. Ces pièces contiennent déjà l'essentiel des procédés dramatiques de ce musicien, qui fait se mêler une écriture très « schématique » (points, lignes, flèches, graphismes) et la notation neumatique (groupes de sons essentiellement mélodiques qui ne permettent pas de préciser les intervalles et la valeur exacte des durées par rapport à un tempo global) de la musique liturgique, — grégorienne ou orthodoxe. Ainsi Penderecki fait se rejoindre un passé inaltérable, qui lui sert de canevas, et une actualité qu'il emprunte à Schoenberg (par exemple, récitant des* Strophes*), ou aux* Noces *de Stravinski (dans les* Psaumes de David *pour chœur mixte, deux pianos et percussion). Dans cette veine dramatico-religieuse, il est écrit une suite de chefs-d'œuvre :* Stabat Mater *pour trois chœurs à seize voix a cappella (1962),* Passio et mors Domini Jesu Christi secundum Lucam *pour soli, chœur et orchestre (1964), et son premier opéra mystique,* les Diables de Loudun *(1967). Son approche de la musique instrumentale est à la limite du son et* *du bruit dans l'exemplaire* Anaklasis *pour cordes et percussion (1960), pour prendre une dimension « chorale » par sa diversification (clapotis, grincements, clusters) et sa fragmentation dans* Thrène aux victimes d'Hiroshima *(1960), et* Polymorphia *(1962). Tous ces procédés sont résumés dans deux bréviaires successifs, — l'un volcanique, l'autre hypnotisant.* De Natura sonoris I *(1966) et* II *(1971). Depuis, le compositeur est revenu à des formes beaucoup plus traditionnelles, sonates, concertos, opéra (*le Paradis perdu, *1983), sa veine lyrico-sacrée s'avérant la plus originale (*Magnificat, Te Deum, Lacrymosa, Requiem polonais*). En musique de chambre, seuls ses deux* Quatuors *s'imposent, à côté de quelques pièces expérimentales et de circonstance.*

Trois Miniatures

Ce sont trois pièces pour clarinette et piano (1956). Le piano, puis l'instrument à anche occupent l'espace sonore, — l'un en des essais de toucher et d'attaques, l'autre de souffle. La clarinette travaille sur des sons filés qui sont colorés par des tenues du clavier, puis expérimente des modes d'émission plus percussive dans le registre aigu.

Durée approximative d'exécution : 3 minutes.

Strophes, pour soprano, récitant et dix instruments

Considérées par Penderecki comme une œuvre de musique de chambre, elles proposent une première évolution de la voie parlée (*Sprechstimme*) issue du *Pierrot lunaire* comme du *Survivant de Varsovie* de Schoenberg, tandis que la soprano est utilisée comme un instrument soliste dans un environnement musical formé d'une flûte (qui renvoie ou propose les hauteurs de sons), d'une importante percussion (xylophone, piano, gong, tam-tam, cymbales au pied et suspendues), et d'un trio à cordes (violon, alto et contrebasse). Cette partition date de 1959.

Durée d'exécution : 8 minutes environ.

Trois Miniatures pour violon et piano

Également de 1959, ce triptyque est similaire à celui pour clarinette et piano. Le premier épisode permet au clavier de jouer sur plusieurs modes de propagation dans l'espace ; puis le violon entre, recherchant sa propre résonance acoustique, et émet une suite de sons séparés, — tandis qu'il les commente par un écho aux infimes oscillations de hauteur. L'épisode central est de structure plus continue, — sons filés, vibrato, jeu de pédale du piano qui « jette » ses notes dans l'espace, suivi du violon. Le violon juxtapose pizzicatos, puis sons vibrés, — jouant sur les prolongements harmoniques.

Durée d'exécution : 4 minutes environ.

Quartetto per archi (Quatuor à cordes n° 1)

Il fut écrit en 1960 ; sa création, le 11 mai 1962 par le Quatuor LaSalle à l'Université de Cincinnati (Ohio), fit sensation tant par ses difficultés de lecture graphique que par ses effets sonores totalement nouveaux (particulièrement leur accumulation) provenant de nouvelles manières de réaliser des pizzicatos, le jeu *col legno**, les harmoniques composées et les glissandos simples ou composés (simultanément sur plusieurs cordes d'un ou de plusieurs instruments avec des vitesses de déplacement différentes). Beaucoup de ces techniques de jeu découlent de l'étude des *Quatuors* de Bartók.

La partition débute par un jeu de rebonds et de pizzicatos faisant intervenir tant la frappe des doigts sur les caisses de résonance des instruments que les divers modes de mise en résonance des pizzicatos eux-mêmes. Penderecki transpose ainsi, au quatuor à cordes, les effets rythmiques, les simultanéités sonores, les clusters**, utilisés à pleine dynamique dans la *Thrène* pour cinquante-deux instruments à cordes (de 1951). Sorti de son contexte dramatique, le procédé, ramené à quatre instruments, n'en conserve pas moins un impact physique étonnant. Peu à peu cette masse sonore donne l'impression de progresser, — communiquant un effet de défilé totalement nouveau. Puis éclatent les autres modes de per-

---

* Litt. « avec le bois » : voir au *Glossaire*, en fin de volume.

** Litt. *grappe sonore*, mettant en vibration une combinaison minimale de trois notes, soit fixes, soit glissées, qui superposent ou déplacent trois (ou plus) micro-intervalles simultanés.

cussion et d'entretien des sons. Un son, émis par le premier violon, s'enfle de l'unisson des autres, — pour se mettre à osciller lorsque ces derniers jouent sur des micro-intervalles ascendants. Puis ce son devient mobile, passant d'un instrument à l'autre, comme si les seize cordes mises en œuvre émettaient différents points sonores et formaient un vaste orchestre de chambre. Les timbres sont comme projetés d'un instrument à l'autre, — se colorant l'un l'autre. Un dernier épisode joue sur les notes répétées et sur les échos, réalisés ou imaginaires du fait de la « mémoire » sonore. Des « essais vocaux » nous ramènent à l'obsession majeure de Penderecki, — les métamorphoses de la voix. Glissandos de plus en plus complexes, envois d'accords sans préalable, créent une ambiance sonore qui a commencé avec le souvenir de la *Thrène* et s'achève sur un « essai choral » qui trouvera son couronnement dans le *Psaume*, purement électronique (de 1961). Comme Lutoslawski, Penderecki laisse une grande latitude de jeu dans l'espace comme dans le temps à ses interprètes. Il utilise néanmoins des gestes rudimentaires partant du principe d'imitation, ou de contrastes difficiles à rendre dans leur caractère abrupt par un quatuor. Ce refus de prendre en compte les techniques du *passé* (venant de Haydn) limite l'intérêt de cette partition de très courte durée qui est considérée, un quart de siècle plus tard, comme un catalogue d'effets demeurés périlleux à noter.

Durée d'exécution : 7 minutes environ.

Capriccio, pour hautbois et cordes

Penderecki a maintenu cette pièce dans son catalogue de musique de chambre. Sa version originale (1964) est dédiée à Heinz Holliger, et se joue avec onze instruments à cordes. Elle propose un perpetuum mobile ininterrompu qui laisse le hautbois s'intégrer aux cordes, — ne s'en détachant que par sa nature d'instrument à anche. Les cordes installent un continuum en perpétuelle suspension sonore, qui voit le hautbois vibrer dans l'extrême aigu, puis jouer sur les modes d'émission, — tandis que les résonances sont reprises d'abord par le violoncelle, puis par l'ensemble des cordes. Glissandos, contrepoint mobile, modifient les couches sonores, — tandis que le hautbois se métamorphose en trompette, pour terminer comme un instrument d'improvisation proche du « free jazz ».

Durée d'exécution : 7 minutes environ.

Capriccio per Siegfried Palm (pour violoncelle seul)

Cette pièce, dédiée en 1968 au violoncelliste allemand, ne manque pas d'humour. Elle est, bien sûr, bâtie sur une série complète de douze sons, mais qui revient toujours sur un accord *pizzicato* d'*ut* majeur, — rengaine insistante apparaissant comme une résurgence sarcastique du passé. La forme même de la partition se veut une métamorphose de la partita, alors que les indications de jeu, « *à jouer du bout des doigts de la main gauche, entre le chevalet et le cordier, pizzicato alla chitarra* », sont autant de provocations, — qui nous mènent de Bach à la *Sonate* pour violoncelle seul de Kodály.

Durée moyenne d'exécution : 6-7 minutes.

Quatuor à cordes n° 2

L'œuvre date de 1968, et sa première audition en fut donnée le 30 septembre 1970 par le Quatuor Parrenin, lors des Semaines musicales de Berlin. Le *De Natura sonoris I* faisait la synthèse d'une première partie de l'art sonore de Penderecki, comme le *1er Quatuor* faisait l'inventaire de ses premiers transferts à la formation du quatuor. Le *2e Quatuor* s'avère, comme le *De Natura sonoris II*, moins révolutionnaire sur le plan instrumental et propose une décantation, sur seize cordes, de la puissance sonore et dramatique du *Dies Irae* contemporain pour soli, chœur et orchestre. En trois épisodes — deux extrêmes lents encadrant un épisode fluide, *Presto* —, cette partition de synthèse précise, dans un contexte sonore et un message beaucoup plus élaboré, les acquis du *1er Quatuor*.

La partition s'ouvre sur un accord soudain, irradiant comme un éclat de voix qui se propage en oscillant quelque peu de hauteur. Puis les instruments graves additionnent leur capacité sonore et apparaissent comme totalement métamorphosés en phénomènes vocaux, — l'émission originelle, par cordes frottées, ayant été complètement sublimée. Un effet de sirène, proche de celui du *Dies Irae*, clôt ce premier épisode. Cette fois, le *col legno* n'est plus une coloration d'un instant, mais un mode de jeu longuement entretenu avec des hauteurs précises. Les sections sonores donnent l'apparence de continuité, d'écho, d'espace, et de résonance au temps de réverbération variable. Elles jouent sur des variations de dynamique, sans transition, — dont on croyait seul capable un orchestre, ou une émission vocale. Ces contrastes brutaux, suivis d'échos par fragmentation du son, ne viennent pas modifier un tempo à la large respiration. L'épisode central (*vivace*) forme comme une poursuite, une échappée qui voit les quatre instruments jouer *legato* pour plafonner sur un quadruple accord à jouer le plus haut possible dans le registre aigu, en un vibrato très large et stable. Beaucoup plus achevé que le *1er Quatuor* sur le plan de la notation, celui-ci utilise très fréquemment la technique de répétition d'un même son pour en faire disparaître l'origine première, l'amplifier par la percussion, par unisson, par des notes semblables sur plusieurs instruments, enfin le moduler par un imperceptible vibrato qui donne l'impression de propagation dans les milieux disposant d'indices de réfraction différents. Le résultat est à la mesure de la beauté de timbres, de la variété et de la perfection d'attaque des interprètes. Comme dans le *1er Quatuor*, une large initiative leur est laissée quant au choix du tempo et quant à la longueur de nombreuses phrases basées sur des trémolos, des battements d'archet qui s'accélèrent par rebonds naturels sur les cordes, pizzicatos complexes, harmoniques glissantes... Sur le plan émotionnel, la partition prend un caractère dramatique assez étonnant, et fait disparaître l'aspect de catalogue d'effets virtuoses du *1er Quatuor*.

Durée d'exécution : 7-8 minutes.

Sont à signaler, pour terminer, un **Capriccio** (1980) écrit pour tuba solo (créé à Cracovie le 2 juin 1980) ; une **Cadenza** (1984) écrite pour alto solo à l'intention de l'altiste polonaise Grigorija Zyslina (qui l'a créée le 9 septembre 1984 à Cracovie) ; enfin, **Per Slava** (1985-1986), une suite d'arias pour violoncelle seul dédiée à Mstislav Rostropovitch. Ces différentes pièces ont une durée d'exécution avoisinant 5 à 6 minutes.

GOFFREDO PETRASSI

*Né le 16 juillet 1904, à Zagarolo (Rome). Il a effectué ses premières études musicales à la Schola cantorum di San Salvatore de Lauro de 1913 à 1919, puis, après le piano, a appris la composition à l'Académie Sainte-Cécile de Rome (1928-1932). C'est à cette même Académie qu'il devint lui-même professeur d'écriture de 1934 à 1936, avant d'enseigner la composition au Conservatoire de Rome de 1939 à 1959. Il a été également professeur invité au Mozarteum de Salzbourg (1951) et à Tanglewood, aux États-Unis (1956). Il fut surintendant du théâtre de la Fenice à Venise trois années durant (1937-1940), fondateur en 1944 du groupe Musica Viva, et président de la section italienne de la Société Internationale pour la Musique Contemporaine (SIMC). Le meilleur de l'œuvre — multiforme — de Petrassi semble se trouver dans sa musique vocale (*Salmo IX, Coro di Morti, Notte oscura*), mais l'œuvre de chambre n'est nullement à dédaigner.*

Doyen vénéré de la musique italienne d'aujourd'hui, qu'il domine de sa haute stature depuis la disparition de ses exacts contemporains d'âge Luigi Dallapiccola et Giacinto Scelsi, maître ayant formé à son enseignement deux générations de compositeurs tant italiens qu'étrangers, Goffredo Petrassi est à la tête d'un imposant catalogue d'une bonne centaine de compositions de tous genres. Son œuvre est relativement peu connue hors d'Italie, — et cela est regrettable. Certes, Petrassi n'est pas un pionnier, et sa musique n'est pas de celles qui infléchissent le cours de l'histoire. Mais il a été témoin attentif de tous les grands courants esthétiques de ce siècle, auxquels il a réagi avec la sensibilité d'un sismographe, et toujours de manière hautement personnelle, nullement épigonale. À ses débuts, il passa par une brève phase de néo-classicisme nationaliste dans le sillage de son maître Alfredo Casella ; puis ce fut très vite Hindemith qui l'influença, suivi de Stravinski et de Bartók. Le diatonisme modal de ses premières œuvres fit place après la guerre à un chromatisme de plus en plus accentué. À la fin des années cinquante, il se rapprocha des courants issus de Darmstadt, et s'il ne donna jamais au dodécaphonisme et à la pensée sérielle que des gages réticents (contrairement à Dallapiccola), il écrivit dès lors une musique hardiment atonale et athématique renonçant aux formes classiques qu'il avait plus ou moins suivies jusque-là. Le style de maturité de Petrassi, d'une souveraine liberté, est très difficile à cerner en sa souplesse fuyante, qui se rit des cadres formels, rythmiques ou harmoniques trop contraignants. Il témoigne d'une sensibilité aiguë au timbre, dont le compositeur tire une poétique subtile, raffinée, hautement intellectuelle aussi. Car, depuis longtemps, l'art de Petrassi répudie l'effusion, il préfère l'arbitraire du jeu pur, et la netteté un peu sèche de ses profils révèle bien l'admirateur de Stravinski, celui de la dernière manière surtout (auquel il a rendu un magnifique hommage dans l'une de ses œuvres les plus récentes, écrite à l'occasion du centenaire de la naissance de l'auteur du *Sacre : Sestina d'Autunno*, avec le sous-titre significatif de « *Veni, creator Igor* » !).

Si la musique de chambre occupe dans l'œuvre de Petrassi une place importante, il ne l'a pourtant abordée que sur le tard, et sa production est négligeable dans ce domaine avant la guerre. Elle s'ouvre véritablement en 1948 avec une **Sonata da Camera pour clavecin et dix instruments** (flûte, hautbois, clarinette, basson, deux violons, deux altos, violoncelle et contrebasse), dont les trois mouvements (*Mosso e scorrevole, Adagio, Vivace e grazioso*) sont encore d'obédience nettement néo-classique, de même que le langage en tonalité élargie. C'est une œuvre séduisante et virtuose, avec un *Adagio* plus profond. De la même année date un ravissant *Dialogo angelico* pour deux flûtes, bien connu des flûtistes. Puis, plus rien pendant dix ans, — essentiellement consacrés à la musique orchestrale (*Concertos pour Orchestre*, du *Deuxième* au *Sixième*). Enfin, en 1958, la musique de chambre se voit pour la première fois attaquée de front, avec, tout de suite, sa manifestation la plus pure et la plus exigeante : un *Quatuor à cordes*. Depuis lors, et sans interruption notoire, Petrassi a enrichi le genre d'une bonne vingtaine de partitions, du solo à la formation à quinze d'*Estri*. Sa musique de chambre appartient donc pratiquement toute au style entièrement personnel de la haute maturité. On y note des prédilections instrumentales très nettes. La plus remarquable, et la plus permanente, est la singulière fascination que le compositeur éprouve envers les cordes pincées : clavecin, harpe, guitare, mandoline. Le clavecin, outre la *Sonata da Camera* déjà citée, intervient dans la magistrale *Sérénade* de 1958 dans *Estri*, ainsi que dans deux *Duos*, l'un avec flûte (*Ala*), l'autre, plus paradoxal, avec guitare (*Alias*). Cette dernière est très généreusement pourvue, avec deux grandes pièces solistes *Suoni notturni* et *Nunc*, elle s'allie au clavecin dans *Alias* cité à l'instant, à la harpe et à la mandoline dans la *Seconde Sérénade-Trio*, sans doute le « locus classicus » de cette prédilection pour les cordes pincées ; enfin elle participe à des pièces pour ensemble plus grand (*Grand Septuor, Sestina d'Autunno*), ou se joint à la mandoline comme dans la *Sérénade-Trio*. Enfin il existe une pièce pour harpe seule, *Flou*, mais, curieusement, aucune pour clavecin seul.

Une autre famille d'instruments qui attire fort notre musicien, ce sont les cuivres, mais toujours en groupes, — que Petrassi traite avec un rare bonheur : *Ottetto di Ottoni* et *Inno* appartiennent aux chefs-d'œuvre du genre, ainsi que la brève *Musica di Ottoni*. Mais les cordes ne sont pas négligées pour autant, soit en solistes (*Elogio per un'Ombra* pour violon ; *Violasola* pour alto), soit en ensemble (*Quatuor, Trio, Odes*). *Souffle* pour flûte seule et *Tre per Sette* montrent une égale maîtrise dans l'écriture des bois. Enfin, dans la première *Sérénade*, dans *Estri*, dans le *Grand Septuor* et dans la *Sestina d'Autunno*, Petrassi fait intervenir avec habileté et imagination la percussion.

Il reste maintenant à survoler brièvement cette riche production dans l'ordre chronologique, — en nous attardant plus particulièrement sur certaines pages importantes.

Le **Quatuor à cordes** (1958) se trouve à une position charnière de l'évolution de Petrassi. C'est le bilan et la synthèse des dix années précédentes, consacrées surtout aux grands *Concertos pour Orchestre*. Comme eux, et pour la dernière fois, le *Quatuor*, la plus développée de toutes ses œuvres de musique de chambre, se subdivise en « mouvements », d'ailleurs enchaînés, au nombre de cinq (*Allegretto comodo* ; *Un poco Allegretto* ; *Presto* ; *Vigoroso* ; *Adagio*), dont la succession, on le voit, n'a néanmoins plus rien à voir avec la forme classique. Pour la dernière fois également, il y a des vestiges de tonalité mêlés à un langage d'une chromatisation croissante (le thème initial à l'unisson, faussement sériel, englobe dix des douze sons), ainsi qu'un certain travail de développement polyphonique. Mais c'est déjà la notion d'intervalle qui domine :

l'œuvre s'édifie essentiellement sur ceux de tierce majeure (de son renversement, la sixte mineure, dans le deuxième mouvement) et de triton. Après ce deuxième mouvement, dans le caractère d'un intermezzo, le *Presto* fait office de *Scherzo*. De pair avec le *Vigoroso* suivant, il marque le point culminant de l'activité contrapuntique d'une œuvre qui semble se mourir en des silences de plus en plus longs, comme frappée d'atonie, avant de s'épanouir une dernière fois dans l'*Adagio*, ample épilogue au lyrisme très intériorisé.

Durée d'exécution : 24 minutes environ.

La même année (1958), la **Sérénade pour flûte, alto, contrebasse, clavecin et percussion** marque le grand tournant vers l'abandon de la pensée thématique et de tout lien avec la tonalité, vers la discontinuité du discours et de la forme, vers cette démarche libre et capricieuse, s'inscrivant dans un cadre concis et lapidaire, — toutes caractéristiques auxquelles la musique de Petrassi demeurera dès lors fidèle. Ce sont désormais les rapports de timbres qui dictent l'articulation du déroulement de l'œuvre dans le temps. La flûte est le meneur de jeu du point de vue mélodique, mais c'est le clavecin qui sert de colonne vertébrale à l'ensemble. Une première partie enchaîne des séquences pour deux, trois ou quatre instruments, puis vient un grand tutti central où intervient pour la première fois la percussion. Une série de cadences, du clavecin seul d'abord, puis des autres instruments en dialogue, précède un bref tutti conclusif. D'une irrésistible séduction de timbres, cette *Sérénade* spirituelle et primesautière demeure l'une des meilleures réussites de son auteur.

Le **Trio à cordes** (1959) effectue un peu la synthèse des deux ouvrages précédents. Plus bref et plus léger de ton que le *Quatuor*, mais d'une grande concentration, il accentue l'aspect discontinu et informel de la *Sérénade*. C'est une page élégante et subtile, qui se dérobe à toute analyse qui ne serait pas effectuée en profondeur.

L'ambiance de la *Sérénade* se trouve approfondie dans les fascinants **Suoni notturni** (1959), première des deux œuvres pour guitare seule de Petrassi, et l'une des meilleurs pages contemporaines pour l'instrument. Le discours se fait de plus en plus insaisissable et mystérieux. La **Deuxième Sérénade-Trio** (1962) pousse à son comble le raffinement des timbres, l'ironie acérée de leurs rencontres, la sécheresse craquante et très méditerranéenne du discours instrumental. Petrassi se tourne alors vers les instruments à vent. C'est d'abord (1963) **Musica di Ottoni** (« Musique de cuivres »), une page brève pour quatre cors, quatre trompettes, trois trombones, tuba et timbales (formation qui n'a en réalité rien à voir avec la musique de chambre), qui marque une rencontre sans lendemain du compositeur avec l'écriture sérielle (et dont l'essentiel de la matière sera reversé l'année suivante dans le *Septième Concerto pour Orchestre*). **Tre per Sette** (1964), nouveau jeu instrumental plein de vivacité en ses péripéties imprévisibles, tire son nom du fait que les trois souffleurs jouent en réalité de sept instruments différents : le flûtiste prend également la petite flûte et la flûte en *sol*, le hautboïste le cor anglais, et le clarinettiste la petite clarinette en *mi* bémol.

Estri pour quinze exécutants (1966-1967) porte à leur apogée les plaisirs du jeu concertant et de la virtuosité ailée, tout en dépassant les bornes de la musique de chambre proprement dite, — d'ailleurs de plus en plus difficiles à définir exactement dans la musique contemporaine. Les effectifs sont ici : flûte, clarinette, clarinette basse, cor, trompette, trombone, tuba, alto, violoncelle, contrebasse, célesta (prenant le Glockenspiel), clavecin, vibraphone et deux percussions. Le titre est le pluriel d'*Estro* (« verve », « caprice », « jeu poétique » ; voir *l'Estro Armonico* de Vivaldi). C'est le triomphe de la libre figuration, des arabesques tantôt rêveuses, tantôt exubérantes.

Une écriture plus globale, moins concertante, plus métrique (à l'exception d'un important épisode dans la caractère d'une cadence collective) caractérise le brillant **Ottetto di Ottoni** (« Octuor de cuivres », le jeu de mots en italien est certainement voulu) composé en 1968, l'une des meilleures pièces pour cuivres du répertoire (quatre trompettes et quatre trombones).

Viennent ensuite des pièces solistes : **Souffle** pour flûte (petite, en *sol*), écrit en 1969 à l'intention de Severino Gazzelloni ; **Elogio per un'Ombra** pour violon (1971, l'« ombre » est celle d'Alfredo Casella, le premier maître de Petrassi) ; enfin **Nunc** (1971), la deuxième grande pièce pour guitare. La longue méditation solitaire de l'œuvre pour violon s'oppose à l'atomisation du discours dans *Nunc*, où quelques gestes archétypaux (une cadence diatonique, quelques rythmes de Courante tôt avortés) se situent désormais dans la perspective onirique d'un passé devenu irréel. *Ala*, pour flûte et clavecin (1972), où le flûtiste prend également la petite flûte, est l'une des pages les plus heureuses et les plus souriantes de son auteur, d'une virtuosité allègre, d'une vitalité contagieuse, sans règle autre que celle, souveraine, du plaisir.

Entre 1973 et 1975, Petrassi composa quatre **Odes** pour quatuor à cordes, qu'il ne livra à l'édition et à la publicité que bien des années après. Ce sont des pages plus concises et plus détendues que le grand *Quatuor* de 1958, et elles constituent un cycle, bien qu'on puisse aussi les jouer séparément. Plus intériorisées, plus secrètes que les pièces qui les entourent, elles marquent une sorte de point d'arrêt, de réflexion, au point qu'on peut les considérer comme autant de pages d'un journal intime. La première *Ode* est dédiée à Luigi Dallapiccola, la quatrième «*au ruisseau*», — entendez à Bach.

La série des œuvres pour cuivres se poursuit avec le remaniement, en 1976, d'une brève **Fanfare pour trois trompettes** de 1944 ; puis Petrassi revient à ses chères cordes pincées avec **Alias** pour guitare et clavecin (1977) : c'est une page étrange, d'une virulence inattendue, atteignant à des paroxysmes d'ivresse sonore réalisés grâce à une virtuosité déchaînée.

Cette virtuosité triomphe d'une autre manière dans le **Grand Septuor avec clarinette concertante** de 1977-1978, certes la plus attrayante et la plus spectaculaire des pièces pour grand ensemble du compositeur. La formation exige, à côté du soliste, une trompette, un trombone, un violon, un violoncelle, l'indispensable guitare et une percussion aux ressources riches et variées. La clarinette commence seule, en pleine force (*Con vivacità*), rejointe par les deux cuivres pour un trio assez développé, menant au tutti où le soliste fait silence, conformément à la tradition du concerto romantique (à laquelle semble se référer, non sans ironie, le titre de l'ouvrage). Dans la séquence suivante, la clarinette se joint à l'ensemble, en d'énormes sauts d'intervalles se déhanchant sur deux octaves et demie ou même trois octaves. Suivent deux trios, — le premier pour trompette, trombone et guitare, le second pour violon, violoncelle et guitare ; la clarinette retourne se joindre à ce dernier. Un nouveau tutti (mais avec le soliste) mène à une grande cadence de clarinette avec la percussion (plutôt discrète jusque-là), rejointe à la fin par le trombone, puis par la trompette. Les sept exécutants se réunissent alors pour un dernier tutti, coupé par un accord sec fortissimo. Dans toute l'œuvre, l'écriture prévoit une grande liberté de l'articulation et de l'agogique à l'intérieur de la barre de mesure.

Les œuvres suivantes sont à nouveau de caractère plus intime, qu'il s'agisse de **Violasola** pour alto (1978), de **Flou** pour harpe (1980), ou de la délicate petite **Romanzetta** pour flûte et piano (1980). Et ceci nous mène aux trois dernières œuvres pour ensemble de notre auteur.

Sestina d'Autunno («Veni, creator Igor») est un merveilleux poème automnal. La *Sestina* est une forme fixe de la poésie italienne de la Renaissance, faite de strophes de six vers (voir celle, célèbre, figurant dans le *Sixième Livre de Madrigaux* de Monteverdi) ; mais le titre se réfère tout autant à l'effectif de six musiciens : alto, violoncelle, contrebasse, guitare, mandoline et percussion, — où l'on notera l'absence significative de tout instrument aigu. L'œuvre commence par les ondulations rapides et monotones de triolets de doubles croches à l'alto, rejoint plus tard par le violoncelle, — rehaussées de petites touches de couleur en accents brefs des autres instruments. Vient ensuite, brièvement annoncé déjà avant la fin de cette première section, un épisode très libre et non mesuré pour harmoniques de contrebasse, mandoline et guitare. Une vraie cadence, pour alto et percussion, mène à un passage rapide, aux rythmes heurtés, aux accents brefs, du tutti, se transformant peu à peu en une musique plus coulante et plus unie (beaucoup de sons harmoniques). Vient une nouvelle cadence, pour guitare et mandoline, entrecoupée de brèves interventions du trio à cordes, puis c'est la percussion qui mène le jeu, — elle a même sa cadence elle aussi. Un bref passage plus libre mène au retour (quasi-réexposition) des ondulations de triolets de croches du début à l'alto et au violoncelle ; puis ce sont les sons harmoniques qui dominent une coda impalpable, à laquelle un accord *forte* de la mandoline, de la guitare et du Glockenspiel met le point final.

De 1982 date **Laudes Creaturarum**, avec le sous-titre d'*Obole francescano*. Cette «Obole franciscaine» confie à un récitant le texte fameux du *Cantique des Créatures*, se détachant sur le fond sonore diaphane et dépouillé d'un sextuor instrumental composé de deux clarinettes, d'une clarinette basse, de deux trombones et d'un violoncelle.

Enfin, en 1984, Petrassi a couronné la série de ses compositions pour cuivres par **Inno** (« Hymne ») pour quatre cors, quatre trompettes et quatre trombones, — une pièce qui n'a rien d'hymnique ni de testamentaire en sa verve joyeusement ironique, en sa virtuosité déliée, et jusqu'en le clin d'œil malicieux de son grand accord final d'*ut* majeur ! On observe un dernier souvenir de Stravinski dans cette page, où les trois quatuors sont traités par oppositions de groupes, à la manière des *Cori spezzati* vénitiens.

H. H.

HANS PFITZNER

Né à Moscou, le 5 mai 1869; mort à Salzbourg, le 22 mai 1949. Ce compositeur allemand — qui, grâce à son opéra Palestrina, *conserve une audience dans son pays mais ne s'est jamais imposé à l'étranger — se présente comme le musicien le plus farouchement réactionnaire de la première moitié du XX*[e] *siècle. Il fut élève du Conservatoire de Francfort entre 1886 et 1890, puis devint en 1892 professeur au Conservatoire de Coblence, et en 1894 chef d'orchestre au théâtre de Mayence. Il enseignera ensuite à Berlin et à Munich, avant d'être, de 1908 à 1916, directeur du Conservatoire et de l'Opéra de Strasbourg. C'est en 1917 que fut créé à Munich, sous la direction de Bruno Walter,* Palestrina, *— ouvrage dramatique le plus significatif de son esthétique conservatrice : fidélité à la tradition de l'opéra wagnérien (on parla d'un nouveau* Parsifal*), hommage rendu à la polyphonie de la Renaissance à travers la figure de Palestrina. Imprégné de la philosophie schopenhauérienne, ennemi des recherches d'un Schoenberg ou d'un Busoni (contre lequel il décocha son pamphlet* le Danger futuriste*), Pfitzner se considéra comme le dernier survivant, dans un monde en délire, du romantisme musical allemand. La musique de chambre, dont le catalogue n'est pas considérable (mais qui conserve la faveur d'interprètes allemands, et à plus juste titre qu'on ne le croit d'ailleurs), peut se répartir en deux catégories : les œuvres avec piano, — qui comptent, au moins, des sonates pour violon et pour violoncelle, un trio, un quintette, un sextuor; les œuvres pour cordes uniquement, — avec un duo pour violon et violoncelle, et, plus particulièrement, trois quatuors à cordes. C'est cet ordre que nous adoptons ici pour une présentation rapide.*

La **Sonate pour violoncelle et piano en *fa* dièse mineur** (op. 1) fut l'ouvrage d'un jeune musicien de vingt-et-un ans (1890), très influencé, certes, par Schumann et Mendelssohn, manifestant néanmoins une sûreté technique appréciable. En apporte déjà la preuve le premier mouvement, notamment, qui développe sans faillir trois thèmes (surtout le premier, à 6/8, faisant chanter le violoncelle sur les douces et profondes harmonies du clavier, et le troisième d'une remarquable énergie rythmique). Le mouvement lent (*Sehr langsam*, « très lent »), en *ré* majeur, est une pièce nocturne, — que prolonge le *Scherzo* qui fait suite, en *fa* dièse mineur, assorti de l'indication « aussi vite que possible » : mouvement aux sonorités fines, aérées, — comme une danse de lutins. Le *Finale* (« pas trop vite, avec humour »), dans le même ton majeur, contraste nettement par son élocution enjouée, voire burlesque : le thème principal s'ouvre sur un petit motif de marche en ascension de notes piquées, qui semblent une invitation à la promenade, — tandis qu'une idée secondaire, plus lyrique et nonchalante, convie à une halte. La partition fut publiée par Breitkopf et Härtel.

Près de trente années séparent cette œuvre de la **Sonate pour violon et piano en *mi* mineur** (op. 27), de 1918, — qui est donc une partition de haute maturité, assez austère au demeurant, dans la descendance immédiate de l'opéra *Palestrina*. La maîtrise de la conduite mélodique en est indiscutable, ainsi que le « style » harmonique. Ainsi du thème initial du premier mouvement (*Allegro moderato*), intensément expressif, inauguré par les sextolets animés du piano, sur lesquels le violon entre avec ferveur. La forme sonate, avec un second thème également mélodique, est respectée, et le développement très construit. En revanche, le mouvement lent pourra décevoir : c'est un *Andante sostenuto*, indiqué « quasi fantasia », dans l'esprit d'une improvisation parfaitement agencée, mais non sans quelques lourdeurs. Le finale (« plein de fougue »), en *mi* majeur, enchaîne sans interruption : rondo d'un vigoureux élan, d'une joie de vivre très spontanée, assez peu commune chez Pfitzner, — et peut-être la meilleure partie de l'œuvre (éditée par Peters).

Le **Trio avec piano en *fa* majeur** (op. 8), de 1896 (publication par Simrock), se situe à plus grande proximité de la *Sonate pour violoncelle et piano* de jeunesse, — bien qu'annonciateur, déjà, du *Quintette op. 23* (v. plus loin), partition de haute maîtrise. L'esprit en demeure tout romantique. C'est le violoncelle qui ouvre l'œuvre, — annonçant le thème principal du premier mouvement (*Allegro ma non troppo* à 3/4), présenté avec lyrisme au piano en une succession d'octaves et amplement développé. Il constituera une sorte de leitmotiv reparaissant au cours des deuxième et quatrième mouvements. C'est dans le mouvement lent (*ut* dièse mineur) — peut-être le sommet de la partition — que se donne libre cours le « pessimisme romantique » du compositeur : violon et violoncelle chantent avec une douce émotion, — rejoints par le piano ; puis la mélodie prend une plus ample respiration, et les voix s'individualisent. Après une pause sur quelques notes éparses du piano, le violoncelle présente un motif inédit, très expressif, répété par le violon, et qui s'intensifie (accompagnement en accords du piano) jusqu'à une libre reprise du début du mouvement, dans laquelle le clavier récupère une position dominante. En troisième lieu, un charmant, capricieux *Scherzo* à 6/8 (en *mi* bémol mineur) : thème rythmique, virtuose au piano, — auquel les cordes participent sans réticence aucune. Le *Finale* est rapide, dramatique, très contrasté (*Rasch und wild*, « impétueux et sauvage ») : mais, dès la sixième mesure, réapparition du motif conducteur initial, d'essence lyrique (qui s'introduira de nouveau avant la coda) ; cependant, rien n'y fait, et c'est le ton principal de *fa* majeur qui s'impose pour conclure l'œuvre en force.

Durée d'exécution : 45 minutes environ.

Le **Quintette pour piano et cordes en *ut* majeur** (op. 23), que Pfitzner, qui atteignait quarante ans (1908), dédia à Bruno Walter, reste un ouvrage important de sa musique de chambre et, à n'en pas douter, du romantisme tardif allemand (publication par Peters). Remarquable est l'organisation thématique du premier mouvement (un *Allegro ma non troppo* à 2/2), avec sa belle introduction lorsque, sur un point d'orgue du violoncelle, le second violon, accompagné d'un unisson de sixtes par l'alto, fait paraître le thème principal, de caractère « brahmsien ». Ce thème mélodique est exposé dans toute son ampleur par les cordes sur une pédale de tonique du violoncelle. Une culmination, au piano, précède l'entrée du second sujet à l'occasion duquel le tempo s'accélère, avec une intensité croissante, pour aboutir à une explosion passionnée du tutti. Le développement démontre une parfaite maîtrise du contrepoint ; la fin du mouvement s'épanouit et rayonne dans la lumière. « Avec une grâce tranquille », en *sol* majeur et à 2/4, la seconde pièce est un *Intermezzo* d'une grande plasticité thématique : la forme est celle de l'aria en trois parties. Comme troisième mouvement — sans doute sommet de la partition —, un *Adagio* en *si* mineur, très intériorisé, où le chant atteint sa pleine ferveur : l'alto, sollicité ici, est soutenu par le second violon en un contrepoint mélodique d'une haute séduction ; les roulements de tambour, étouffés, d'une marche funèbre sont symbolisés par de brefs accents sur triolets. Une cadence expressive du premier violon clôt ce mouvement lent sur lequel enchaîne, sans interruption, le *Finale* contrastant, robuste, plein de vie. La conclusion en est particulièrement saisissante : après un accelerando, les cordes sont attaquées avec la pointe de l'archet, — l'effet très étrange s'en trouvant souligné par un rapide staccato au clavier. Et, soudain, le tempo se ralentit, l'expression se raréfie, alors que — dans un *ut* majeur inaltéré — l'œuvre se termine calmement sur un évanescent *ppp*.

Durée d'exécution : 41 minutes environ.

Cet aperçu des œuvres avec piano doit être conclu avec un bref commentaire du **Sextuor pour clarinette, violon, alto, violoncelle, contrebasse et piano** (op. 55), achevé par Pfitzner à l'automne de 1945. Comme le *Duo pour violon et violoncelle op. 43* et le *Quatuor à cordes op. 50* (v. plus loin), l'œuvre est représentative du dernier style du compositeur, allégé parfois jusqu'au dépouillement. Il y a cinq mouvements : le premier est un *Allegro con pas-*

sione en *sol* mineur (à 3/4), dont le thème principal, annoncé à la clarinette dans des teintes mystérieuses, s'anime ensuite véhémentement pour laisser chanter, plus amicalement, à la manière d'un lied, le thème secondaire. Un *Quasi menuetto* (*sol* majeur) succède, — favorisant de subtils échanges instrumentaux ; le caractère dansant s'accentue dans le trio, qui apparaît comme un petit hommage à Schubert. Dans l'esprit du scherzo se déroule le mouvement suivant, *Rondoletto* (*Allegretto* en *mi* bémol majeur), — tandis que la quatrième partie de l'œuvre (*mi* majeur), très soudainement calme d'abord (avec le piano), se hausse progressivement à un niveau d'expression plus extériorisée, pour retrouver conclusivement la fluidité du début. Le *Finale* (*Comodo* en *sol* majeur) se bâtit sur deux thèmes, — le premier d'une aisance entraînante, et le second énergiquement rythmé.

Le **Duo pour violon et violoncelle** (op. 43) est indiqué « avec accompagnement d'un petit orchestre ou d'un piano ». Cette seconde option justifie une présentation rapide dans ce volume : l'ouvrage (1937) appartient à la production tardive de Pfitzner, qui crut bon de préciser : « Ce morceau n'est pas conçu dans l'esprit virtuose et concertant, mais vraiment dans celui de la musique de chambre, lorsque le piano est accompagnateur, — autrement dit pour la maison. » Il y a trois parties enchaînées. Clarté du discours, concision formelle sont les caractères dominants, ainsi que la retenue de l'expression, — notable dans le très court mouvement lent. Le mouvement d'introduction (*la* mineur, à 6/4) est une forme sonate sans reprise, dédiée au sentiment mélodique; le développement se signale par son travail contrapuntique sur le premier thème, et sa conclusion sur une cadence en canon du violon et du violoncelle. Bâti sur deux thèmes également, le mouvement final (*la* majeur, à 3/4) fait alterner un premier motif dans le ton d'une chanson populaire, et un second, très lyrique, en longues notes égales, comme à la recherche d'une sorte de félicité.

Les trois *Quatuors à cordes* datent de trois périodes nettement différenciées dans la production de Pfitzner : le premier (1902-1903) succède à la composition des opéras *Der arme Heinrich* (« Le pauvre Henri ») et *Die Rose vom Liebesgarten* (« La rose du jardin d'amour ») ; le deuxième (1925), dix ans après *Palestrina*, correspond à l'époque de maturation; le dernier (1942) fut l'œuvre d'un musicien âgé de soixante-douze ans. Chacun représente donc une « étape » dans l'évolution créatrice de Pfitzner, — si tant est qu'on puisse parler d'évolution dans son cas précis. Voici trois descriptions sommaires de ces partitions qui, en tout état de cause, ne sauraient prétendre à l'universalité.

Le **Quatuor n° 1 en *ré* majeur** (op. 13), dédié à Alma Mahler, débute « dans un mouvement modérément allant » avec un thème chantant présenté par le premier violon à découvert. Un élément rythmique contrastant est apporté par le second groupe thématique, — sans jamais déroger, par la suite, au schéma traditionnel de l'Allegro de sonate. Dans la forme rondo, le *Scherzo* suivant (*ré* majeur) constitue un contre-mouvement puissant, et d'un enjouement continu. Quant à l'*Adagio* qui succède (*ut* mineur), remarquons-en surtout l'élaboration contrapuntique, — avant un *Finale-Rondo* enchaîné sans pause, auquel son « tempo de danse » imprime tout son entrain.

Le **Quatuor n° 2 en *ut* dièse mineur** (op. 36) est d'un intérêt plus sensible, presque immédiat. La richesse harmonique s'en déclare dès les premières mesures, ainsi que la mise en valeur des moyens expressifs. Le mouvement initial (à 4/4), « assez calme », commence dans l'affliction, — sentiment qu'accentue l'insistance des intervalles de tierce du groupe thématique de tête ; résigné d'abord, puis emporté de fougue, le merveilleux thème secondaire (*piano espressivo*), qui décompose un intervalle descendant de quinte, puis de sixte, avant l'envol de ses croches quasi arpégées en constants sforzandos-diminuendos. « Très rapide » (*fa* dièse mineur), le deuxième mouvement affecte un caractère sauvage, démoniaque, erratique. Avec le mouvement lent, voici un beau *cantabile* qui introduit un rappel du premier thème du mouvement initial. Une puissante culmination sur *ut* majeur précède le *Finale* à 4/4, — un *Allegro* dont les motifs se conjuguent en un jeu contrapuntique plein de vie (avec combinaison du thème secondaire du mouvement initial) : c'est, ici, une pleine réussite du genre.

Comparativement à ces deux quatuors, le dernier — **Quatuor n° 3 en *ut* mineur** (op. 50) — semble un modèle de simplicité, de « classicisme » dépouillé. C'est un *Andante* qui forme l'introduction de l'œuvre, dont tous les mouvements s'enchaînent. L'*Andantino* suivant (*fa* majeur) fait se succéder de libres variations à un thème d'une séduction facile, dans le « style » d'un certain rococo. L'exercice contrapuntique reprend ses droits dans la troisième partie (*fa* mineur), à la thématique sobrement expressive. Le mouvement conclusif — *Allegro* — se construit, très traditionnellement, dans la forme sonate. Le thème principal est rythmique et plein de fraîcheur, le second thème fluidement chantant, — avec la réminiscence d'un motif caractéristique issu du premier mouvement. Le *Più presto* final — fugato en course de triolets — s'avère d'un élan aussi robuste que joyeux.

F. R. T.

GABRIEL PIERNÉ

Né à Metz, le 16 août 1863 ; mort à Ploujean (Finistère), le 17 juillet 1937. Élève de Lavignac, Marmontel, Massenet et Franck au Conservatoire de Paris, condisciple de Debussy, Gabriel Pierné obtient le Prix de Rome en 1883 avec sa cantate Edith. *Il succède à Franck à la tribune de Sainte-Clotilde en 1890, mais s'illustre surtout, à partir de 1910, comme chef d'orchestre des Concerts Colonne où il dirige avec ferveur la musique contemporaine (Stravinski, Debussy, Ravel). Cette activité d'interprète, à laquelle s'ajoutent des charges d'enseignement, ne l'empêche cependant pas de composer avec bonheur dans tous les genres. Au théâtre, outre des musiques de scène, il donne huit opéras — dont* On ne badine pas avec l'amour *(1910),* Sophie Arnould *(1927),* Fragonard *(1934) —, écrits dans la tradition de son maître Massenet. Ses huit ballets — dont* Cydalise et le Chèvre-pied *(1919),* Impressions de music-hall *(1927),* Giration *(1935) —, ainsi que ses œuvres plus purement symphoniques —* Konzertstück *pour harpe et orchestre (1910),* Paysages Franciscains *(1920) — révèlent un talent d'orchestrateur expert et raffiné. Outre une cinquantaine de pièces pour piano (*Variations en *ut* mineur*, 1918), de la musique de chambre et de nombreuses mélodies, il brosse de grandes fresques chorales :* l'An Mil *(1897),* la Croisade des Enfants *(1903),* les Enfants à Bethléem *(1907),* Saint François d'Assise *(1912).*

Composée en deux grandes périodes (de 1882 à 1900 et de 1916 à 1936), la musique de chambre de Pierné représente quantitativement presque le quart de son œuvre ; la première période, celle des œuvres de jeunesse, naît sous l'influence franckiste ; elle s'achève avec la *Sonate pour violon et piano* de 1900. Parmi les œuvres de jeunesse, citons la *Pièce op. 5 pour hautbois et piano* (1886), la *Pastorale en* la *mineur, op. 14* pour vents, le *Caprice pour violoncelle et piano, op. 16*, et enfin la *Pastorale variée dans le style ancien op. 30*, destinée à la Trompette, société du polytechnicien Émile Lemoine. La seconde période, marquée par un intense travail de réflexion, voit naître les grandes œuvres, au début de l'entre-deux-guerres. La musique de chambre a pris alors le pas sur les autres genres, et bénéficie de l'expérience de symphoniste, de coloriste habile de l'auteur.

Sonate pour violon et piano en *ré* mineur (op. 36)

Composée durant l'été 1900 au Fransic, près de Morlaix, elle fut dédiée au violoniste Jacques Thibaud qui en donna la première audition avec L. Wurmser le 23 avril 1901 à la Salle Pleyel. L'œuvre est très française, intimiste, dans la tradition de la *Sonate* de Franck ; elle lui emprunte son procédé cyclique, son langage très romantique et son ton passionné.

1. Le premier mouvement, **Allegretto** en *ré* mineur, s'ouvre sur un motif léger et gracieux du violon, mesuré à 6/8 puis à 2/4, qui s'oppose au 10/16 du piano. De ce thème Pierné tire ensuite d'autres motifs apparentés ; l'écriture du piano est légère, miroitante. Le second thème, très puissant et lyrique, est proposé par le piano, amplifié ensuite par le violon. Le mode de *ré* (sans sensible) lui confère un cachet élégant. La partie médiane du mouvement (*Andante tranquillo*, à 3/4) présente un thème chantant, délicat, qui ouvrira le finale. Au retour du premier tempo, le premier thème est développé brillamment. On peut considérer ce mouvement comme une sorte d'exposition des éléments repris dans le finale.

2. L'ALLEGRETTO TRANQUILLO (à 3/8, *sol* majeur) doit être joué « avec un sentiment calme et rêveur » ; son charme berceur nous rappelle que Pierné fut élève de Massenet. La section centrale est traversée d'arabesques « un poco rubato » du violon. L'accompagnement du piano, très discret, se transforme en arpèges plus sonores lors de la reprise.

3. Le troisième mouvement est précédé d'une lente introduction, bien franckiste (*Andante non troppo*, *ré* majeur). Elle reprend « come recitativo largamente » le thème à 3/4 du premier mouvement, sur des harmonies renouvelées. Un second motif, ascendant, est présenté par le violon, à 6/8 ; puis la phrase de l'*Andante* reparaît, mais dans un tempo plus animé. Le développement, où les deux motifs subissent mainte transformation rythmique, culmine sur une reprise du thème qui ouvrait la *Sonate*. Après un intermède qui reprend le thème à 6/8, l'œuvre s'achève dans un climat joyeux.

Durée d'exécution : 21 minutes environ.

Après seize années d'interruption, Pierné revint à la musique de chambre ; le *Quintette op. 41*, son chef-d'œuvre, fut suivi par plusieurs œuvres importantes. Composé en 1921-1922, le *Trio en* ut *mineur* op. 45 fut dédié à Henri Rabaud et créé par l'auteur à la Société Nationale le 11 février 1922. Ses partenaires étaient Georges Enesco et Pierre Hekking. La **Sonate pour violoncelle et piano en fa dièse mineur op. 46**, composée entre 1919 et 1922, fut créé à la Société Nationale le 28 avril 1923. Elle est en un seul mouvement, où alternent tempos lents et vifs.

La **Sonata da camera en *ut* majeur op. 48** est en réalité un trio pour flûte, violoncelle et piano, écrit en 1927 à la mémoire d'un flûtiste, Louis Fleury. Elle fut créée à Venise en octobre 1927. Quelques vers de la cinquième *Églogue* de Virgile, qui servent d'épigraphe, trahissent la culture raffinée du compositeur ; l'œuvre se situe dans le sillage du néo-classicisme de l'entre-deux-guerres ; à la suite des *Sonates* de Debussy et des pastiches du Groupe des Six, Pierné retrouve avec bonheur l'esprit du XVIIIe siècle. Le second mouvement, Sarabande d'une ampleur tragique, est écrit sur le nom de Fleury.

Citons également l'amusante **Introduction et variations sur une Ronde populaire**, composée en 1930 pour le quatuor de saxophones de Marcel Mule. Cette œuvre fut créée peu de temps avant la mort de l'auteur, le 20 mars 1937 à la Société Nationale. En 1933 le Quintette Instrumental de Paris (flûte, violon, alto, violoncelle et harpe) se vit gratifié des **Variations libres et Finale op. 51**, jouées à la Société Nationale le 1er avril 1933. « Virtuosité d'une écriture drue et sans concession mélodique, contrepoint serré, trame instrumentale légère et translucide, apportent aux variations un caractère à la fois rousselien et ravélien, nuancé par la démarche personnelle de l'auteur » (G. Masson). Le finale, écrit sur le mode lydien, est léger et finement rythmé, le jeu instrumental plein d'imprévu et de fantaisie. Deux ans plus tard Pierné composait **le Voyage au Pays de Tendre**, en s'inspirant de la fameuse carte du Tendre, tracée par Mlle de Scudéry au XVIIe siècle dans son roman *la Clélie*. Flûte, harpe et trio à cordes mènent l'auditeur sur le Fleuve Inclination, aux villages de Petits Soins, Tendres Empressements, Confiante Amitié, avant le retour à Tendre-sur-Inclination... Cet embarquement pour Cythère fut créé à Radio-Paris le 8 mai 1936 par le Quintette Pierre Jamet, puis à la Société Nationale le 25 mai 1938. Enfin la dernière œuvre achevée par le compositeur, **Trois Pièces en Trio**, est dédiée aux frères Pasquier, dont les prénoms ont fourni les différents thèmes du premier mouvement, traité dans un style polyphonique rigoureux ; vient ensuite un rondo en *sol* majeur, plaisant, d'une gaieté presque enfantine, et un finale, « Les Trois clercs de Saint Nicolas ». C'est une pochade truculente, inspirée d'un conte de Balzac.

Quintette pour piano et cordes (op. 41)

Ce chef-d'œuvre imposant fut composé durant la Première Guerre mondiale (1916-1917) et dédié à Gabriel Fauré. La création, repoussée au lendemain de la guerre, eut lieu le 22 février 1919. L'auteur au piano accompagnait le Quatuor Bastide. Le *Quintette* de Pierné est une œuvre rayonnante, d'une audace d'écriture rare, et peut rivaliser avec les grandes œuvres analogues de Franck ou de Fauré ; Pierné était alors en pleine possession de ses moyens (il avait en chantier le ballet *Cydalise*, à l'orchestration rutilante, dont on retrouve souvent la trace dans le cadre de la musique de chambre). Les sources de son inspiration furent la mer, pour laquelle il avait une prédilection, et le Pays basque. L'*Allegro molto tranquillo* (*mi* mineur, à 4/4) s'ouvre sur un motif ostinato — Pierné en fait grand usage dans toute l'œuvre — qui accompagne le premier thème, remarquable par son rythme lombard (double croche-croche pointée). Ce carillon est repris par les cordes sur de larges arpèges du piano (en style de harpe). Le second thème, un motif dépressif en croches et triolets *tranquillo*, est présenté par les cordes seules. Le troisième thème, en *si* majeur, avec son appel irrésistible de quarte ascendante, planant noblement sur les accords du piano, évoque la majesté des flots. Il culmine sur une somptueuse modulation en *ut* majeur (chiffre 13 de la partition). Tout le développement, de caractère véritablement symphonique, travaille les trois thèmes dans une atmosphère passionnée, véhémente, et déborde largement ses fonctions ordinaires, mais la réexposition est supprimée. Le second mouvement s'enchaîne selon un procédé que Pierné affectionne : le ton initial est progressivement délaissé, faisant place à *ré* bémol majeur. Intitulé simplement « Sur un rythme de Zortzico », ce mouvement exploite un rythme populaire basque (à 5/8) déjà utilisé par Ravel dans son *Trio* en 1914. Un petit motif pointé, habillé selon ce mètre boiteux, subit mille métamorphoses prodigieuses d'invention. L'écriture scintillante du piano dans l'aigu, les harmoniques des cordes lui donnent un éclat irisé. Dans la partie centrale, ce thème dansant est superposé au grand motif lyrique du premier mouvement, dont on retrouve également le carillon initial. Puis les variations reprennent leur cours, avec une audace d'écriture accrue, une modernité qui égale les plus précieuses trouvailles d'un Ravel ou d'un Strauss. Le finale s'impose peu à peu par une sorte de tuilage, le rythme basque et la tonalité de *ré* bémol cèdent la place à un brillant *mi* majeur ; ici le rythme basque passe de 5/8 à 10/8, puis à 2/2. Une écriture radieuse du piano, en larges accords, règne dans l'*Allegro vivo ed agitato* (à 2/4), immense sonate à deux thèmes, qui exige du pianiste une endurance à toute épreuve. Le premier thème pointé, sur un accompagnement en doubles croches volubiles du piano, est emprunté au premier morceau. Il est ensuite violemment scandé aux cordes sur des accords puissants. Le développement des motifs, l'ampleur du discours créent un effet véritablement orchestral.

Durée d'exécution : 35 minutes environ.

J.A.M.

IGNAZ PLEYEL

Né à Ruppersthal (Basse-Autriche), le 1er juin 1757; mort à Paris, le 14 novembre 1831. Protégé par le comte Ladislas Erdödy, il fut envoyé par lui étudier avec Haydn à Eszterhaza, où il resta de 1772 à 1777 et où fut donné en 1776 son opéra pour marionnettes Die Fee Urgele. *Il fut ensuite maître de chapelle du comte Erdödy, puis voyagea plusieurs fois en Italie, où fut représenté en 1785 son opéra* Ifigenia in Aulide. *Il devint assistant de Franz Xaver Richter à la cathédrale de Strasbourg, — lui succédant comme maître de chapelle en 1789. De décembre 1791 à mai 1792, il séjourna à Londres, appelé par le Professional Concert pour y concurrencer Haydn. De retour à Strasbourg, il échappa de peu à la guillotine. En 1795, il s'installa à Paris, où il fonda un magasin de musique et une maison d'édition qui devait poursuivre ses activités jusqu'en 1834, et en 1807 une fabrique de pianos qui devait fusionner en 1961 avec Gaveau-Erard. En 1830, il fonda la Salle Pleyel, également à Paris. Compte non tenu de Beethoven, Pleyel fut le plus célèbre élève de Haydn, le seul à lui faire vraiment concurrence comme compositeur, — ou presque (mais leurs relations restèrent cordiales, y compris à Londres, et en 1801-1802 Pleyel publia à Paris la première « édition complète » des quatuors de Haydn). De 1785 à 1800 environ, il fut un des compositeurs le plus fréquemment joués et édités (peut-être même le compositeur le plus fréquemment joué et édité) en Europe et en Amérique (ses ouvrages parurent à la fois sous leur aspect original et transcrits pour les combinaisons les plus diver-*

ses). Ses années les plus fécondes et les plus intéressantes sur le plan créateur furent celles de Strasbourg. Il écrivit quelques pages vocales, — dont des hymnes révolutionnaires et plusieurs messes toujours inédites : mais sa production est pour l'essentiel instrumentale. Outre sa musique d'orchestre, elle comprend notamment un septuor, un sextuor, dix-sept quintettes, soixante-dix quatuors à cordes, quinze quatuors avec flûte, soixante-quatre trios dont quarante-huit avec piano, et soixante-quatre duos dont quinze avec piano. Un catalogue thématique de ses œuvres a été dressé par Rita Benton.

Le *Septuor* (*B. 251*), en *mi* bémol majeur, paru en 1787, est pour deux violons, altos, violoncelle, contrebasse et deux cors, et comprend les quatre mouvements traditionnels. Il en va de même du *Sextuor* (*B. 261*), en *fa* majeur, paru en 1791, pour deux violons, deux altos, violoncelle et contrebasse.

Sur les dix-sept **Quintettes**, treize sont pour cordes (deux violons, deux altos et violoncelles) : *B. 271-273* (1785-1786), *B. 274-276* (1786-1787), *B. 277-279* (1786-1789), *B. 283-284* (1788), *B. 285* (1789) et *B. 287* (sans date). La plupart sont en trois mouvements ; *B. 283-284* (en *fa* et en *ré*) en comportent quatre, *B. 285* (en *fa*) et *B. 287* (en *sol* mineur) cinq. En 1786, celui en *fa* mineur, *B. 277*, remporta un vif succès en Italie.

Des **Quatuors à cordes**, les six premiers — *B. 301* en *ut*, *B. 302* en *mi* bémol, *B. 303* en *la*, *B. 304* en *si* bémol, *B. 305* en *sol*, et *B. 306* en *ré* — parurent en 1783 comme *op. 1* avec une dédicace au comte Ladislas Erdödy ; les six suivants — *B. 307* en *la*, *B. 308* en *ut*, *B. 309* en *si* bémol, *B. 310* en *mi* bémol, *B. 311* en *si* bémol, et *B. 312* en *ré* — parurent en 1784 comme *op. 2* avec une dédicace à Haydn. C'est après avoir pris connaissance de l'*op. 1* que Mozart écrivit à son père le 24 avril 1784 : « Viennent de paraître des quatuors d'un certain Pleyel, un élève de Joseph Haydn. Si vous ne les connaissez pas, tâchez de vous les procurer, ils en valent la peine. Ils sont très bien écrits, et très agréables, vous y reconnaîtrez d'ailleurs tout de suite son maître. Bonne et heureuse chose pour la musique si Pleyel était en état, avec le temps, de nous remplacer Haydn ». Mozart ne se doutait pas que Haydn lui survivrait, et encore moins qu'il serait « remplacé » non par Pleyel, mais par un certain Beethoven. En 1787, l'historien de la musique Charles Burney sut proclamer que la « veine » de Pleyel restait « toujours la même », — alors que celle de Haydn allait « dans toutes les directions » ; et, en 1791, un journal londonien nota que, par rapport à Haydn, Pleyel possédait « moins de science », mais était pour cette raison « plus populaire comme compositeur ». Ces témoignages reflètent l'immense succès de Pleyel, mais aussi ses limites. Si d'ailleurs Pleyel se montra, dans la vente de ses œuvres aux éditeurs, homme d'affaires encore plus persuasif que Haydn, il ne composa pas du tout, du moins dans ses quatuors, de façon « haydnienne ». Les phrases de deux et quatre mesures se succèdent imperturbablement, le « travail thématique » manque, les doublures et les effets orchestraux réduisent parfois le nombre de voix à trois, la structure en quatre mouvements, de mise chez Haydn à partir de l'*op. 9* (1769-1770), fait en général défaut : les douze *Quatuors op. 1* et *2* de Pleyel sont en trois mouvements, — sauf dans l'*op. 1* l'œuvre en *la* (*B. 303*), et dans l'*op. 2* celle en *mi* bémol (*B. 310*). Pleyel eut recours à des modèles italiens, ou encore pratiqua, comme à Paris un Cambini*, le « quatuor concertant ». Suivirent en 1785 les six *Quatuors B. 313-318*, en 1786 les six *Quatuors B. 319-324* et les six *B. 325-330* (autre version *B. 325A-330A*), toujours en 1786 les douze *Quatuors B. 331-342* (dédiés au roi de Prusse), en 1788 les trois *Quatuors B. 343-345*, les six *B. 346-351* et le quatuor isolé *B. 352*, en 1791 les six *Quatuors B. 353-358*, en 1792 les six *B. 359-364*, et en 1803 les trois *B. 365-367*. Toutes ces dates sont celles de publication. Le succès de Pleyel comme compositeur se maintint donc jusqu'au début du XIXe siècle. Le 26 janvier 1805, un peu plus d'un an après la parution des trois *Quatuors B. 365* en *ut*, *B. 366* en *si* bémol et *B. 367* en *fa* mineur, dédiés à Boccherini, l'écrivain Fabre d'Olivet (1767-1825) écrivit encore (la fausse nouvelle de la mort de Haydn venait de se répandre à Paris) : « Vers à Monsieur Pleyel après avoir entendu l'essai de ses nouveaux quatuors — Assis sur les sombres rivages / Haydn avec orgueil voit sa célébrité / Et se joignant à nos suffrages : / Mon élève, dit-il, est de tous mes ouvrages / Celui dont le

* Voir ce compositeur, ici même.

nom respecté / Assurera le mieux mon immortalité »... On ne saurait toutefois ignorer les mérites de Pleyel, et c'est en des termes qu'il voulut équilibrés que, dans une lettre du 10 juillet 1805 à un correspondant suédois, le compositeur Paul Struck (1776-1820) relata un séjour de ce dernier à Vienne : « Pleyel de Paris est en visite ici... C'est un homme cultivé, qui en sait certainement davantage que ne le laisse supposer l'avalanche de compositions dont il inonde le monde. Il a apporté de nouveaux quatuors à cordes pour lesquels il cherche des souscripteurs, je les ai entendus, et bien plus appréciés que ses plus anciens, on n'y trouve plus la moindre trivialité, le travail thématique y est au contraire très rigoureux, comme chez Haydn. Il a pour Haydn une très grande vénération, ce qui est la moindre des choses puisqu'il est son élève ».

Parmi les *Quintettes* et **Quatuors pour vent(s) et cordes**, il faut citer les quatorze *Quatuors pour flûte, violon, alto et violoncelle B. 381-386* (1789), *B. 387-392* (1797) et *B. 393-394* (1799), les six premiers — *B. 381* en *ré*, *B. 382* en *fa*, *B. 383* en *la*, *B. 384* en *sol*, *B. 385* en *si* bémol et *B. 386* en *ut* — pouvant remplacer la flûte par un autre violon (d'où des quatuors à cordes).

Comme **Trios** existent notamment les trois pour violon, alto et violoncelle *B. 401-403* de 1787 (en *mi* bémol, *ré* et *fa*), les douze pour deux violons et violoncelle *B. 404-409* (en *ut*, *mi* bémol, *ré*, *mi* mineur, *si* bémol et *sol*) de 1788, et *B. 410-415* (en *ré*, *fa*, *sol*, *si* bémol, *sol* et *la*) de 1797; et, surtout, des ouvrages pour clavier, violon (ou parfois flûte) et violoncelle bien souvent remarquables. Une histoire fréquemment racontée est celle des trois *Trios B. 428* en *ut*, *B. 429* en *fa*, et *B. 430* en *sol*. Le troisième est de Haydn (*n° 18*, *Hob. XV. 5*, de 1784), et ce dernier fit passer pour siens les deux autres (*Hob. XV. 3* et *4*), composés par Pleyel vers 1783. Pleyel réutilisa l'*Andante* (deuxième mouvement) de *B. 429* dans sa *Symphonie en* fa *B. 136* de 1786. Les six *Trios* suivants — *B. 431-436* en *ut*, *sol*, *si* bémol, *la*, *mi* mineur et *ré* — parurent en 1788 comme *op. 16*, et il devait y en avoir encore de nombreux. Parmi les ouvrages pour deux instruments se détachent notamment les six **Duos pour deux violons B. 519-524** (en *ut*, *sol* mineur, *la*, *si* bémol, *sol* et *ré* mineur) de 1789, communément désignés sous le numéro d'*op. 24*.

Il faut savoir que, du vivant de Pleyel, ses œuvres parurent en de multiples transcriptions pour les combinaisons les plus diverses, — ce qui rend souvent, de nos jours, leur identification malaisée. C'est ainsi que le *Quintette à cordes en* fa *B. 283* existe dans une version « sextuor à vents » en *mi* bémol, et le *Quatuor à cordes en* ut *B. 334* dans une version « sextuor à vents » en *si* bémol.

M.V.

FRANCIS POULENC

Né à Paris , le 7 janvier 1899; mort à Paris, le 30 janvier 1963. Parisien de cœur et d'ascendance, né dans une famille où l'on aimait et pratiquait la musique, il commence à étudier le piano dès l'âge de cinq ans. Parallèlement à ses études secondaires, il se perfectionne au piano avec Ricardo Viñes, grand interprète de Debussy et de Ravel : « Je lui dois tout », disait-il volontiers. C'est chez Viñes qu'il rencontre Erik Satie, dont il subit fortement l'influence. Le 11 décembre 1917, quelques semaines avant sa mobilisation, il connaît son premier succès auprès du public parisien avec la création de sa Rhapsodie nègre *au Théâtre du Vieux-Colombier, puis adhère en 1919 (avec Auric, Durey, Honegger, Milhaud et Germaine Taillefer) au fameux Groupe des Six. Aucune esthétique commune ne réunissait ces six jeunes musiciens, mais plutôt une grande amitié et des affinités de goût. Pour combler des lacunes techniques, Poulenc décide dès 1921, sur les conseils de Milhaud, de travailler la composition avec Charles Koechlin, — ce qui lui permet de consolider son métier et de connaître de nouveaux succès : le ballet* les Biches, *commandé par Diaghilev, est créé le 6 janvier 1924 au Théâtre de Monte-Carlo, le* Concert champêtre *pour clavecin est joué pour la première fois par Wanda Landowska le 3 mai 1929 à la Salle Pleyel,* Aubade, *concerto chorégraphique, est donné le 21 janvier 1930 au Théâtre des Champs-Élysées, sur une chorégraphie de Balanchine. Mais c'est dans le domaine de la musique vocale que Poulenc a donné le meilleur de lui-même : il a considérablement enrichi le répertoire de la mélodie française, — recherchant les plus beaux textes de poètes anciens ou contemporains, Charles d'Orléans ou Éluard, Max Jacob, Apollinaire, Aragon, Cocteau, etc. En même temps, il est attiré par la musique religieuse, et compose dès 1935 sa première œuvre chorale, les* Litanies à la Vierge noire. *Réussissant à amalgamer l'ironie et la gravité, la gaieté et la mélancolie, la spontanéité et le raffinement, il écrit des pages marquantes telles que* les Mamelles de Tirésias, *opéra-bouffe sur des paroles d'Apollinaire (1944), un* Stabat Mater *(1951), les* Dialogues des Carmélites, *opéra sur un livret de Bernanos (1957), ou* la Voix humaine, *« concerto pour voix et orchestre » sur un texte de Cocteau (1959). Poulenc mourra subitement, emporté par une crise cardiaque en 1963. Ses restes reposent au cimetière du Père-Lachaise. Il aura laissé une musique très française, tour à tour gracieuse, naturelle, légère, grave et subtile. « Amoureux de la vie, mélancolique et sereinement mystique, à la fois moine et mauvais garçon » — ainsi le décrivit Stéphane Audel.*

C'est aux instruments à vent que Poulenc a confié ses plus belles pages de musique de chambre. Il a toujours manifesté une prédilection pour leurs sonorités chaudes et sensuelles, et jusque dans sa musique d'orchestre il leur a constamment réservé une place privilégiée.

Les œuvres de jeunesse

Les débuts de Poulenc dans le domaine de la musique de chambre se placent sous le signe de la clarinette, — avec une **Sonate pour deux clarinettes** (en *si* bémol et en *la*), composée en 1918 et publiée à Londres chez Chester. Cette pièce fait partie de ses œuvres de jeunesse que l'auteur jugeait lui-même « assez balbutiantes ». Il avait envoyé sa partition à Stravinski et à Bartók, qui émirent tous deux des avis très favorables sur cette *Sonate* spontanée, pleine d'une saveur acide qui accroche agréablement l'oreille. C'est à son propos que Cocteau écrivit ce commentaire : « Poulenc peut justifier la brièveté de ses sonates par l'exemple de Scarlatti et de Haydn... Cette sonate sort du silence et y rentre comme un coucou de pendule. Andante ému. L'oiseau qui bavardait se plaint dans sa boîte, bocage moderne. »

Durée d'exécution : 6 minutes environ.

La **Sonate pour clarinette et basson** et la **Sonate pour cor, trompette et trombone** furent écrites en 1922 à l'époque où Poulenc s'était lancé dans l'étude du contrepoint et de la composition avec Charles Koechlin. L'année suivante, il allait composer une œuvre déterminante, *les Biches*. Ces deux *Sonates* ont été éditées chez Chester, à Londres.

La *Sonate pour clarinette et basson* a été achevée en septembre 1922 en Touraine, et dédiée à Madame Audrey Parr. Elle comprend trois mouvements : un *Allegro* « très marqué » avec de nombreux staccatos, une *Romance*, « andante » très doux dont les longues phrases liées sont déployées par la clarinette sur un accompagnement de basson, un *Finale* « très animé », tantôt rythmé, tantôt lié, sillonné par de grands traits de gammes. Au centre du finale, la clarinette chante doucement dans un court « andante, mouvement de romance ».

Durée d'exécution : 7 minutes environ.

La *Sonate pour cor, trompette et trombone* est dédiée à Raymonde Linossier, avocate et archéologue que Léon-Paul Fargue appelait « la violette noire » et qui, avec Poulenc et bien d'autres, fréquentait la librairie d'Adrienne Monnier. L'œuvre s'ouvre *Allegro moderato* « gracioso » par un thème confié à la trompette, qui ressemble à un thème de folksong et annonce l'atmosphère des *Biches*, tout en conservant une démarche gracieuse digne du XVIIIe siècle. Dans le passage central plus lent se mêlent quelques effets plaintifs. Le second mouvement est un *Andante* « très lent » empreint d'une douce simplicité. Un *Rondeau* « animé » et rythmé conclut avec légèreté.

Durée d'exécution : 8 minutes environ.

Trio pour piano, hautbois et basson

Dédié à Manuel de Falla qui l'aimait beaucoup, il fut composé à Cannes en 1926 et publié à Londres, chez Chester.

C'est une des plus belles pages de musique de chambre de Poulenc. Selon lui-même, il y passe les ombres de Haydn, de Mozart et de Saint-Saëns : « Pour ceux qui me croient insouciant de la forme, disait-il, je n'hésiterai pas à dévoiler ici mes secrets : le premier mouvement suit le plan d'un allegro de Haydn, et le Rondo final, la coupe du scherzo du deuxième *Concerto pour piano et orchestre* de Saint-Saëns. » Une courte *Introduction* s'enchaîne à un *Presto* enjoué, léger et spirituel, coupé en son milieu par un épisode où l'on se laisse aller à la rêverie. Le piano expose le thème chantant de l'*Andante*. Le basson et le hautbois lui répondent, puis entament le dialogue avec une grâce presque mélancolique. Un *Rondo* très vif apporte la touche finale, et tout se conclut brièvement.

Si le piano est prépondérant dans cette œuvre, jamais le hautbois et le basson ne sont réduits au simple rôle d'accompagnateurs. Les sonorités s'équilibrent parfaitement. Henri Hell a relevé ici les constantes essentielles de l'art de Poulenc : sens infaillible des proportions, mélange de lyrisme et de moquerie, goût de la ligne musicale claire et simple.

Durée d'exécution : 13 minutes environ.

Sextuor pour piano, flûte, hautbois, clarinette, basson et cor

Ébauché en 1932, il fut achevé dans les années 1939-1940. C'est une œuvre gaie et excessivement variée, qui permet aux cinq instruments à vent de s'épancher de la manière la plus parfaite et la plus expressive. Un premier mouvement, *Allegro vivace* plein d'éclat, et un *Divertissement* lent et poétique précèdent un *Finale* très rapide en forme de rondo, avec quelques réminiscences des motifs de l'*Allegro* initial.

Durée d'exécution : 18 minutes environ.

Les années de guerre virent naître deux œuvres pour instruments à archet et piano, qui ne figurent pas parmi les meilleures pages de leur auteur. C'est au cours de l'été de 1940, à Brive-la-Gaillarde où il avait trouvé refuge après sa démobilisation, que Poulenc esquissa sa **Sonate pour violoncelle et piano**. Il la reprit en 1948 à la demande du violoncelliste Pierre Fournier, — à qui elle est dédiée. Pour Henri Hell, il s'agit d'une œuvre mineure dans la production de Poulenc. Elle a été publiée chez Heugel, à Paris.

La **Sonate pour violon et piano** fut composée à partir de la fin de l'année 1942, et créée par Ginette Neveu le 21 juin 1943. Elle est écrite à la mémoire de Federico Garcia Lorca, et fut éditée chez Max Eschig.

« Le monstre est au point, écrivait Poulenc en décembre 1942. Je vais commencer la réalisation. Ce n'est pas mal, je crois, et en tout cas fort différent de la sempiternelle *ligne de violon-mélodie* des sonates françaises du XIXᵉ. Comme celles de Brahms sont belles ! Je les connaissais mal. On ne peut obtenir un bon équilibre sonore entre les deux instruments si opposés, le piano et le violon, que si on les traite équitablement, à part égale. Le violon prima donna sur piano arpège, me fait vomir. Debussy, un peu essoufflé dans sa Sonate, a réussi pourtant à en faire un chef-d'œuvre à force de tact instrumental ». Quoi qu'il en soit, cette œuvre en trois mouvements (*Allegro con fuoco*, *Intermezzo*, *Presto tragico*) est un peu décevante.

Durée d'exécution : 13 minutes environ.

Sonate pour flûte et piano

Écrite entre décembre 1956 et mars 1957 à l'Hôtel Majestic, à Cannes, dédiée à la mémoire de la mécène américaine Élisabeth Sprague Coolidge, elle fut créée le 18 juin 1957 au Festival de Strasbourg par Jean-Pierre Rampal à la flûte et Poulenc au piano. Le succès fut éclatant, au point que les interprètes durent rejouer la *Cantilène*... « Du meilleur Poulenc, et même un peu mieux, — pouvait-on lire le lendemain dans la presse. Un chant continu, surgissant d'une écriture harmonique d'un constant raffinement. C'est dans la plus grande tradition française, celle qui va de Couperin à Debussy ». L'œuvre fut éditée à Londres, chez Chester.

L'apparente netteté classique de l'architecture cache en réalité une absolue liberté formelle, car la tendre mélancolie de Poulenc n'a finalement de classique que son élégance. On retrouve ici le Poulenc des œuvres de jeunesse, celui du *Trio* et des *Biches*.

Le premier mouvement, *Allegro malincolico*, s'ouvre sur une phrase délicatement maniérée de la flûte, soutenue tout en douceur par le piano dont les doubles croches doivent être « très estompées » et jouées avec « beaucoup de pédale ». Ce motif de la flûte va dominer le mouvement, passant çà et là de l'un à l'autre des instruments. C'est cette phrase qui amène mélancoliquement la conclusion. Il y a dans la douce beauté de la *Cantilena* (« assez lent ») une gravité qui semble issue de la partie chantée par Sœur Constance dans les *Dialogues des Carmélites*. Le piano « doucement baigné de pédales » introduit la ligne mélodique de la flûte qui s'étire dans l'aigu. L'entrain bondissant du *Presto giocoso* final est presque annoncé par un sifflement aigu de la flûte qui déploie des traits de virtuosité constamment harcelés par un piano percutant et « très mordant ». Un bref rappel de la mélancolie initiale et de son motif conduit à la conclusion fortissimo, « strictement en mesure sans ralentir ».

Durée d'exécution : 12 minutes environ.

Élégie pour cor et piano

Contemporaine de la *Sonate pour flûte et piano*, l'*Élégie pour cor et piano* a été écrite à la mémoire du grand corniste anglais Dennis Brain, disparu dans un accident pendant l'été de 1957, et publiée chez Chezter, à Londres. Poulenc l'acheva au mois de décembre de la même année.

C'est une œuvre d'un seul tenant, grave et poignante, presque angoissée. Un appel du cor conduit à un épisode tourmenté qui semble rappeler les tristes circonstances de la mort du dédicataire. Commence alors l'élégie avec son charme mélancolique, qui prolonge une même douceur jusqu'au point final.

Durée d'exécution : 10 minutes environ.

Sonate pour hautbois et piano

Avec la *Sonate pour clarinette et piano*, cette œuvre fait partie des œuvres ultimes de Poulenc. Achevée à Bagnols-en-Forêt au cours de l'été de 1962, elle fut écrite « à la mémoire de Serge Prokofieff ». Publiée par Chester, à Londres, elle fut créée après la mort de Poulenc, le 8 juin 1963, au Festival de Strasbourg, par la hautboïste Pierre Pierlot et le pianiste Jacques Février... « J'ai trouvé les éléments d'une sonate pour hautbois, — écrivait Poulenc à Pierre Bernac au cours de cet été de 1962. Le premier temps sera élégiaque, le second scherzando et le dernier une sorte de chant liturgique. Je crois que l'orientation du côté des bois est la solution pour moi actuellement. »

L'œuvre s'ouvre, en effet, par une *Élégie* qui se joue « paisiblement ». Deux mesures d'introduction précèdent l'énoncé du thème du hautbois, qui paraît né sous la plume de Stravinski ou sous celle de Prokofiev. Le piano accompagne dans une nuance pianissimo et avec des croches répétées et martelées. Puis tout s'anime progressivement, pour déboucher sur un dialogue rythmé entre les deux partenaires. La conclusion très liée fait entendre « strictement en mesure » une longue tenue du hautbois et des accords du piano qui se prolongent pour vibrer. Le second mouvement est un *Scherzo* très animé et enjoué où s'affirme un piano percutant. En concluant avec une *Déploration*, Poulenc construit sa sonate de façon très personnelle : lent-vif-lent. Les premières mesures confiées au piano préparent le chant mélancolique du hautbois. L'épisode central doit être pressé un peu, et l'on retourne très calmement à l'atmosphère du début sur un halo de pédales du piano, tandis que vibrent les accords conclusifs.

Durée d'exécution : 12 minutes environ.

Sonate pour clarinette et piano

Dédiée en 1962 « à la mémoire d'Arthur Honegger », cette *Sonate* fut écrite pour le clarinettiste Benny Goodman qui la créa avec Leonard Bernstein au piano, trois mois après la mort de Poulenc, le 10 avril 1963 au Carnegie Hall de New York. Elle a été éditée chez Chester.

Elle débute par un *Allegro tristamente* « allegretto » aux traits de clarinette sobrement soutenus par des accords du piano. En son milieu, le mouvement contient un épisode « doucement monotone » où la clarinette joue la même figure rythmique avec une poésie empreinte de tristesse. La *Romanza* qui succède est une page très calme, pleine de douceur et de mélancolie. Un *Allegro con fuoco* très animé et fougueux sert de finale. Le piano y est tantôt percutant, tantôt mélodieux, tantôt animé. Poulenc nous livre une amusante conclusion fortissimo.

Durée d'exécution : 14 minutes environ.

A.d.P.

SERGE PROKOFIEV

Né à Sontzovka (Ukraine), le 23 avril 1891 ; mort à Nikolina Gora (près de Moscou), le 5 mars 1953. Enfant prodige, conseillé par sa mère, bonne musicienne, il entre au Conservatoire de Saint-Pétersbourg en 1895, où il reçoit une formation musicale complète : piano (Essipova), harmonie (Liadov), composition (Vitol), orchestration (Rimski-Korsakov), direction d'orchestre (Tcherepnine). Composant dès l'âge de cinq ans, volontiers provocateur dans ses premières œuvres d'après 1895, essentiellement dévolues au piano, il joue à la fois à l'enfant terrible avec ses professeurs, à l'enfant gâté avec sa famille. Au lendemain de la Révolution d'Octobre, il quitte la Russie pour quinze ans, — estimant que la vie musicale soviétique ne peut être propice à la reconnaissance de son talent de pianiste comme de compositeur. Il se partage alors entre la France, les États-Unis et l'Allemagne, s'imposant auprès des Ballets russes de Serge de Diaghilev à Paris, faisant créer son opéra l'Amour des Trois Oranges *à Chicago, pour devenir plus longuement parisien avec sa série de ballets (*Chout, le Pas d'acier, le Fils prodigue*) et ses trois premières* Symphonies. *La série de ses neuf* Sonates pour piano *révèle un musicien original en son motorisme percussif comme par son intarissable sens mélodique. A partir de 1933, et jusqu'à son retour définitif en URSS en 1938, il devient progressivement un musicien foncièrement classique de forme, profondément imaginatif au plan harmonique, capable des emportements motoriques les plus implacables comme d'un lyrisme ineffable et « innocent » qui fera la gloire de ses ballets « soviétiques »,* Roméo et Juliette *et* Cendrillon. *Sa causticité de jeunesse et sa verve iconoclaste ont cédé devant un souffle épique qui fait le prix de ses partitions « de guerre ». En musique de chambre, il n'a recherché que des « challenges » difficiles (quatuors), des expériences instrumentales, tout en atteignant au chef-d'œuvre avec sa* Sonate pour violon op. 80. *Son chant du cygne, la* Sonate pour violoncelle op. 119, *marque sa filiation avec le lyrisme romantique russe.*

Prokofiev écrivit des pièces pour piano dès l'âge de cinq ans et prit des cours de composition, à partir de l'été 1902, avec son tuteur Reinhold Glière. Bien que l'ensemble de sa musique instrumentale ait été destinée au piano dont il joua en virtuose, on a retrouvé le manuscrit d'une *Sonate pour violon et piano* commandée par Glière qui, excellent violiniste, la joua avec le compositeur au piano lors d'une soirée privée de l'automne 1903 à Sontzovka.

Ballade pour violoncelle et piano, en *ut* mineur (op. 15)

Lorsqu'en 1912, le violoncelliste amateur Rouzki lui commanda un morceau de concert pour son instrument, Prokofiev reprit le thème de l'*Allegro* de sa *Sonate* de jeunesse pour construire cette *Ballade*, qui est comme une réplique de l'iconoclaste *1er Concerto pour piano op. 10*. Elle débute par de grands accords dans la meilleure veine romantique, se poursuit par une touche de provocation pour s'enfermer dans ses propres miasmes scriabiniens. L'œuvre ne fut accueillie avec enthousiasme que par Miaskovski, qui venait de créer sa propre *1re Sonate pour violoncelle op. 12*. La partition fut refusée par l'éditeur Jurgenson, et dut attendre 1945 pour être éditée à Moscou. Elle fut créée, lors d'un des concerts donnés par les élèves dans la Petite Salle du Conservatoire de Moscou, par Evzeï Belouzov au violoncelle et le compositeur au piano.

Durée d'exécution : 11 minutes environ.

Scherzo humoristique (op. 12 bis)

Il est issu du cahier des *Dix Pièces pour piano op. 12* écrites entre 1906 et 1912. Prokofiev transcrivit ce *Scherzo* pour quatre bassons en 1915 — lui donnant ainsi, en ses trois épisodes (les mouvements extrêmes étant identiques), une allure parodique de marche, de bribes de thèmes qui peuvent sembler empruntés à Berlioz, Offenbach ou Saint-Saëns. Ce *Scherzo* espiègle forme également un hommage à Haydn, à son humour comme à sa perfection classique. Transcrite pour piano seul*, une aussi courte pièce perd

* Il existe également une transcription pour voix et orchestre.

beaucoup de son humeur bonhomme et de sa « diction », — les bassons français, en leur tranchant, restant préférables aux *Fagott* allemands.

Durée approximative d'exécution : 2 minutes 15 secondes.

Ouverture sur des thèmes juifs (op. 34)

Cette pièce de circonstance doit sa composition instrumentale insolite (clarinette, piano et quatuor à cordes) aux commanditaires, — un petit ensemble de musiciens juifs réfugiés à New York, nommé *Zimro*. Cet ensemble, en tournée aux États-Unis, tente difficilement de réunir l'argent nécessaire à l'édification d'un conservatoire à Jérusalem. Anciens condisciples de Prokofiev au Conservatoire de Saint-Pétersbourg, ses membres demandent au musicien une œuvre originale pour leur formation complète et lui confient un cahier de chants populaires juifs. Prokofiev, sans hésiter, refuse..., mais garde le cahier. A la fin de novembre 1919, il se met au piano et se laisse charmer par la beauté et l'authenticité de ces chants. « Sans même le vouloir, il a sous les doigts une œuvre qui s'ébauche ». En deux jours, son *Ouverture* est prête.

Il a utilisé deux des chants, notés et « habillés » à sa manière. En une brève forme sonate, il a « orchestré » deux mélodies populaires en réussissant à leur garder leur saveur populaire ; la clarinette en est le truchement, en son souffle doucement nasillard de chalumeau, tandis que le clavier rythme le premier thème, une danse animée, légèrement bouffonne. Le second thème est une mélopée émouvante, imprégnée d'un authentique parfum chassidique. Cette *Ouverture* fut créée le 26 janvier 1920 à New York, devant un public enthousiaste qui venait d'applaudir une autre musique juive due à Ernest Bloch. Plusieurs fois, le compositeur eut l'occasion d'« étoffer » le sextuor original (ainsi, à la demande d'Alfred Cortot pour une exécution à l'École Normale de Musique de Paris). En 1934, il en donna une version pour petit orchestre, créée à Prague en mai 1934 sous le numéro d'opus *34 bis*.

Durée approximative d'exécution : 8 - 9 minutes.

Cinq Mélodies pour violon et piano (op. 35 bis)

En 1920, alors qu'il était en Californie, Prokofiev composa *Cinq Mélodies sans paroles op. 35* pour la cantatrice Nina Kochitz, qui les créa le 27 mars 1921 à New York avec le compositeur au piano. L'écriture « instrumentale » de ces petites pièces intimes incita Prokofiev à les transcrire pour violon et piano en 1925, leur *legato* trouvant sous l'archet de Paul Kochansky un lyrisme intense ainsi qu'une capacité de diction à la vélocité étourdissante. Le violoniste polonais Kochansky, alors professeur à la Juilliard School de New York, aida le musicien de ses conseils techniques.

Ces cinq pièces sont devenues : *1. Andante*; *2. Lento, ma non troppo*, *3. Animato, ma non allegro* ; *4. Allegretto leggero e scherzando* ; *5. Andante non troppo*. Prokofiev exploite registre, vélocité, dynamique, variété d'intonation par l'emploi des harmoniques, du pizzicato, de fréquentes doubles cordes. Cet arsenal technique ne fait rien perdre de leur spontanéité à ces pièces concises, dont l'expresssion semble sortir renforcée d'une telle transcription.

Durée approximative d'exécution : 12 - 13 minutes.

Quintette en *sol* mineur (op. 39)

Résultat d'une commande de Boris Romanov, que Prokofiev avait connu comme deuxième chorégraphe des Ballets russes de Serge de Diaghilev (Romanov avait réalisé la chorégraphie de la *Salomé* de Florent Schmitt). En février 1924, alors que Romanov a fondé une troupe de ballets, Prokofiev accepte d'écrire une partition pour ensemble réduit en vue d'une production intitulée *Trapèze*. Il doit donc s'astreindre à composer six courtes séquences pour ce ballet dont le livret est emprunté à la vie du cirque.

Le *Quintette* est écrit pour hautbois, clarinette, violon, alto et contrebasse. Malgré sa destination chorégraphique, Prokofiev avait bien l'intention de faire jouer sa partition comme œuvre de chambre. Dans sa destination première, il dut lui ajouter deux autres numéros, — dont il emprunta la matière à des valses de Schubert à quatre mains. Les Ballets ambulants de Romanov tournèrent effectivement avec *Trapèze* à l'automne 1925, en Allemagne et en Italie. Le spectacle fut monté au Bolchoï de Moscou en 1972, grâce à l'insistance de Rojdestvenski ; un film en a même été tiré. En tant que partition de chambre, le *Quintette* fut créé à Moscou en 1927, et le 16 février 1934 à Paris lors d'un concert du Triton. La partition comprend six numéros.

1. Tema : Moderato-Variations I, II-Tema. Le thème initial est à la fois clownesque et « rigolard »,

entonné alternativement par le hautbois et la clarinette, tandis que les cordes donnent le « swing ». Les *Variations* voient le hautbois et le violon partir en duo sur une magnifique phrase mélodique, passant brusquement à la clarinette. Un « pas » *legato* est initié par les cordes. Finalement, les instruments à vent se superposent en reprenant le motif mélodique venant du *legato* dans une course de plus en plus raide sur pizzicato et glissando des cordes. Une coda goguenarde vient résumer la répétition du thème.

2. L'Andante energico donne la parole à la contrebasse en solo, — proposant une danse grotesque, soulignée par un chromatisme polytonal, très proche de celui développé dans la *2e Symphonie* contemporaine.

3. L'Allegro sostenuto, ma con brio (à 5/4) a dû donner beaucoup de mal aux danseurs, tant sa métrique changeante devait engendrer l'instabilité. Hautbois et clarinette proposent une ligne mélodique particulièrement « ornée » sur pizzicato des cordes, en attendant la pirouette finale.

4. L'Adagio pesante est volontairement monotone, tant avec les croches et doubles croches égales et répétitives des vents que par la mélodie-rengaine du violon. Cette musique d'« orgue de barbarie » s'arrête comme si le servant avait cessé de tourner la manivelle.

5. Allegro precipitato : les vents s'en donnent à cœur joie dans ce rondo cursif et effectivement bondissant, prenant tour à tour la direction de ce « pas » glissant et virtuose. Deux « repos » (proches du *Pinehö*, — le mouvement lent de relaxation du « Verbunkos » hongrois) permettent à la clarinette de préparer deux danses finales de « recrutement » en forme de cadences.

6. Andantino : le numéro conclusif, le plus développé, est un véritable résumé des cinq numéros précédents. Il commence sur une cadence de la clarinette dans un registre pathétique, simulant un pas de menuet théâtral. Le violon reprend le thème mélodique sur des « orchestrations » très différentes. L'ensemble du *Quintette* s'oppose alors dans de très brèves figures polytonales, qui se résolvent lors de la reprise du thème. Un simple accord *staccato*, après une dernière « course » aux cordes, vient clore cette musique de ballet sur un fortissimo tumultueux.

Durée approximative d'exécution : 20-22 minutes.

Quatuor à cordes n° 1, en *si* mineur (op. 50)

Toujours à l'affût de commandes bien rétribuées (tout comme son « frère ennemi » Stravinski), Prokofiev apprend, lors d'une tournée aux États-Unis pendant l'hiver 1929-1930, que la Fondation Elizabeth Sprague Coolidge de la Bibliothèque du Congrès de Washington lui commande un quatuor à cordes. Comme il n'a jamais pratiqué cette forme instrumentale, il se met à étudier les quatuors de Beethoven... « Ceci explique l'écriture plutôt « classique » du premier mouvement de mon quatuor », déclarera-t-il lors de la création de la partition le 25 avril 1931, à la Bibliothèque du Congrès, par le Quatuor Brosa. Les critiques de l'époque, en particulier Miaskovski, s'étonnèrent de deux particularités de l'œuvre : la découpe en trois mouvements, dont les deux derniers sont lents ; l'usage de la tonalité de *si* mineur, particulièrement vétilleuse pour les instruments à cordes disposant d'une corde grave de *do*... qui ne demande qu'à vibrer à un demi-ton près ! Miaskovski ne pourra s'empêcher, lors de la création moscovite par le Quatuor Beethoven, de s'exclamer : « Mais que voilà une sombre musique », alors qu'il s'attendait encore à quelque musique d'enfant terrible de la part de son jeune confrère. Ce *1er Quatuor* est, effectivement, d'humeur sombre.

1. L'Allegro introductif propose d'entrée un premier thème qui s'élance sur deux octaves en accords brisés, sur une pulsation caractéristique du compositeur. Ce motorisme sous-jacent propulse ce premier thème jusqu'en des dévelopements chromatiques complexes, qui jouent sur les couleurs des instruments choisis et masquent la franche tonalité de *si* mineur du matériau mélodique. Les intervalles choisis sont beethovéniens, évitant tritons et sixtes au bénéfice des tierces, quintes et quartes justes. Au plan harmonique, la simplicité est encore plus grande, puisque dominent les accords parfaits et les septièmes. Le second thème, *dolce*, marque une césure, en un épisode calme et lyrique. Un troisième thème semble induit du précédent, mais se trouve vigoureusement propulsé par un accompagnement *ostinato* et souligné par le violoncelle, d'abord en pizzicatos, puis avec l'archet. Second violon et alto se conjuguent pour marquer un rythme pointé, qui donne au thème une allure de marche. Après un court développement, le premier violon impose une nouvelle figure rythmique en répétant vingt-huit fois un *fa* dièse énergiquement articulé. Le troisième thème est alors repris à pleine puissance par les seize cordes dans la même tessiture que lors de son énoncé. Cette réexposition tourne brutalement court.

2. Le second mouvement **Andante molto - Allegro** est un vrai scherzo, introduit par une phrase lente et mélancolique qui contient néanmoins en germe le thème de l'*Andante* final. Alto et violoncelle lancent la brusque section *Vivace* qui suit, en jouant de leur registre le plus grave. Les violons répliquent par une phrase tout aussi brillante, mais plus lyrique, empruntée à l'introduction. Sur le plan de la forme, on s'aperçoit que le thème de ce scherzo se compose de deux motifs dont l'antagonisme est la base de la dynamique du mouvement : ces deux motifs, l'un pressant, l'autre lyrique, oscillent entre *do* et *fa* dièse, et se combinent ou s'opposent de multiples façons. Deux possibilités alternatives : la première, en *mi* mineur, rappelle l'*Allegro* initial et joue sur l'accord parfait. Le violoncelle, en pizzicato, relance ce premier élément moteur du scherzo, mais sur un rythme deux fois plus lent, proposant ainsi le deuxième « trio » (le premier présentait une reprise *ostinato* « au talon », le second commence sur une mesure à 6/8, qui permet ainsi au violoncelle de dédoubler son tempo, sans pour autant modifier la pulsation des violons). La seconde « alternative » du thème, en *fa*, précède une réexposition du scherzo.

3. L'**Andante** final a fait le tour du monde sous différents habillages, — comme pièce pour piano seul incluse dans le cahier des *Six Pièces op. 52* (1930-1931) et fréquemment jouée en bis, ou comme pièce pour orchestre à cordes, basée sur une quintette (op. 50 bis). Ce mouvement est un véritable *adagio* d'une densité qui préfigure les mouvements lents des *5e* et *6e Symphonies* tout comme l'*Andante dolce* de la *8e Sonate pour piano op. 84*. Malgré l'aspect classique de sa forme, la ligne mélodique cherche tout d'abord sa voie sur un balancement en tierces où premier violon et violoncelle proposent une introduction digne d'un opéra sans paroles. L'alto prend alors l'initiative, exposant le thème principal en *si* mineur, repris à la tierce (*sol* mineur) par le violon. Une idée secondaire, de même intensité lyrique, sur accompagnement en quintes (cordes à vide), semble ouvrir le rythme pour un pas de danse imaginaire, — une première esquisse d'un pas virtuose à 9/8 dédiée à une irrésistible Juliette. Mais le tempo s'anime. Une variante de la mélodie première apparaît, avec, en contrepoint, un thème pathétique, presque solennel, exprimé par le violoncelle. Une dernière accalmie ne fait qu'augmenter la tension : un rythme obstiné, dissonant, se décante pour se transformer en thrène au violoncelle, tandis que violon et alto, dans le registre de « Juliette », le reprennent en un progressif decrescendo qui mène à un pianissimo clôturant sans rhétorique ni redites cet impérissable *Andante*.

Durée d'exécution : 24 minutes environ.

Sonate pour deux violons, en *ut* majeur (op. 56)

Cette partition, d'apparence classique, presque une *Sonata a tre*, fut écrite à Paris (et à Sainte-Maxime) à l'automne de 1932, pour une fois sans commande précise, mais avec la claire intention de la faire jouer au Triton en même temps que d'autres œuvres soviétiques signées de Miaskovski et Chostakovitch. L'idée en vint à Prokofiev comme un défi, digne du jeu d'échecs qui occupait une part importante de ses loisirs : « L'audition d'une œuvre peu réussie pour deux violons sans accompagnement m'a fait penser que, malgré l'étroitesse apparente du cadre du duo, celui-ci permet de telles inventions que le public devrait l'entendre sans la moindre lassitude. » Sans préciser qui était l'auteur de cette « œuvre peu réussie », Prokofiev composa cette sonate en quatre mouvements, stricts tout au moins par le premier épisode qui s'avère une première épure d'une autre œuvre en *sol* mineur (la tonalité principale de deux épisodes intermédiaires), le *2e Concerto pour violon* de 1935. Cette *Sonate* fut créée à Moscou par les deux violons du Quatuor Beethoven, Dmitri Tsyganov et Vassili Chirinsky, le 27 novembre 1932 en audition privée, le 3 décembre en public. La première française eut bien lieu dans le cadre des Concerts du Triton le 16 décembre 1932, avec Samuel Dushkin et Robert Soëtens.

1. L'**Andante cantabile** introductif est un récitatif strict, au lyrisme profondément expressif, où les deux violons se conjuguent à égalité, — leur réel *cantabile* donnant intensité et noblesse à un thème débuté mezza voce et atteignant un unique fortissimo, pour se clore, sur une ligne ascendante d'une grande beauté, en un contre-*ut* pianissimo.

2. L'**Allegro** second nous ramène à l'allegro de sonate et son alacrité de scherzando propre à Prokofiev. Son dynamisme est construit sur l'antagonisme de deux motifs : une danse d'humeur populaire à 2/4 décidée et exubérante, et une idée lyrique plus tendre, bien que naturellement dansante. Les violons s'échangent, s'opposent, se poursuivent sur ces figures incisives en croches, doubles croches, valeurs pointées, s'échappant brusquement sur une cadence énigmatique.

3. **Commodo (quasi Allegretto).** Il s'agit d'un intermezzo gracieux et rêveur où le raffinement sonore et rythmique remplace l'intensité du trait. Prokofiev laisse les interprètes choisir *con sordino* ou non, — avouant que David Oistrakh devait la mettre, mais non Dushkin ! La complexité des lignes parvient même à proposer un chœur à trois voix, — tandis que les tonalités tournent de *si* majeur vers les raffinements d'*ut* dièse mineur et les certitudes de *mi* majeur.

4. Le finale, **Allegro con brio**, impose un *ut* majeur, aussi brillant que bouffon par instants. La phrase musicale semble se divertir à paraphraser tous les tics de la danse russe, enfin domestiquée. Cette mutation ne va pas sans que l'articulation rythmique, les accords insistants, l'ornementation persifleuse et humoristiquement dissonante, l'emphase finale *pesante*, les triolets tournoyants se voulant populaires ou bohèmes, ne nous mènent vers une coda éclatante, après une évocation attendrie du premier thème lyrique de l'introduction. Le *Più presto* final est le dernier bouquet de ce « pas de deux » endiablé.

Durée d'exécution : 16 minutes environ.

Sonate n° 1 pour violon et piano, en *fa* mineur (op. 80)

Les premières esquisses remontent au dernier voyage aux États-Unis en 1938 et comprenaient l'entrée du premier mouvement, l'exposition du second et les thèmes du troisième. Prokofiev n'acheva la partition que huit ans plus tard, en 1946, après sa *Sonate en ré* (v. plus loin). Il l'a résumée ainsi : « Elle est d'ambiance plus grave que la seconde. Le premier mouvement, *Andante assai*, de caractère sévère, pourrait servir d'introduction largement développée au second, un *Allegro* fougueux et bouillonnant, mais qui a un deuxième thème longuement élaboré. Le troisième est lent, doux et tendre. Le finale est rapide et, rythmiquement, complexe »... Introvertie, amèrement passionnée, l'œuvre est dédiée à David Oistrakh, qui représentait pour Prokofiev l'alliance rare de la virtuosité instrumentale, de la rigueur et de la passion contenue. Ce dernier la créa le 23 octobre 1946, avec Lev Oborine, dans la Petite Salle du Conservatoire de Moscou. La première américaine eut lieu le 2 janvier 1948 à San Francisco avec Joseph Szigeti. Lors des funérailles presque anonymes du compositeur (il mourut deux jours avant Staline), Oistrakh interpréta l'*Andante assai* dont les fulgurants passages en triples croches (mesures 80-87) doivent être « comme la bise soufflant entre les tombes d'un cimetière », ainsi que l'*Andante*, d'un lyrisme plus serein.

1. L'**Andante** en *fa* mineur doit être considéré comme une introduction lente de l'*Allegro* suivant. Après trois mesures dans l'extrême grave du clavier, calmes et solennelles, le thème initial, contemplatif, revêt un caractère austère, — tels les fameux largos haendéliens, confirmant les dires du compositeur qui indiquait que cet *Opus 80* fut conçu après avoir entendu la *Sonate en ré* de Haendel. Ce récit, usant de constants changements métriques (3/4, 4/4), utilise une harmonisation archaïsante qui nous maintient dans la *sonata da chiesa*. Le violon fait sa véritable entrée avec le *Poco più animato*, proposant le deuxième thème, cette fois en *la* mineur :

Il nous ramène au *tempo primo*, qui laisse le piano réexposer l'essentiel de l'introduction. Un épisode central, plus agité, voit le violon user de doubles cordes proches de l'évocation d'un chœur à deux voix. Le piano nous ramène sur le glacis venteux où glissent les triples croches du violon, en un *pianissimo freddo*, composant d'amples et fluides évolutions. Cette reprise du premier thème, amplifié, marmoréen, s'estompe, — après une courte tentative de récitatif du violon (pizzicatos, mesures 99-100) qui semble une désintégration du motif mélodique.

2. L'**Allegro brusco**, dans la tonalité impérative d'*ut* majeur, est un tableau de

« bataille sur la glace »*, tout en adoptant une construction rigoureuse à deux thèmes. Le premier, exprimé *Marcatissimo e pesante*, est d'une rudesse inattendue sous l'archet d'un violon. Trois sections : martèlement rythmique du thème en alternance piano-violon, suivi de dessins mélodiques ascendants convergeant vers le pôle d'*ut*, commentaire brutal par des accords de secondes *forte*, puis reprise des treize premières mesures thématiques :

Une transition de trois mesures mène à la deuxième idée, exprimée en deux temps : une première fois, par un *fortissimo pesante* en accords conduisant à une impasse brutalement close sur une modulation en *mi* bémol; la deuxième fois, le violon retrouvant la tonalité plus pacifique de *la* mineur et s'exprimant dans sa plénitude, en partant d'un *la* grave *eroico* pour une phrase de trente-quatre mesures :

Cette exposition se termine par une longue coda en triolets dans la tonalité principale de *fa*. Le développement, fortissimo, part en une série d'accords (mesure 102), à la fréquence de répétition de plus en plus accélérée, sur des lambeaux du thème initial. La coda de l'exposition, en triolets, mène à une transition mélodique *Poco più tranquillo*, à la tension plus humaine, qui s'achève sur une évocation du deuxième thème (*Più mosso*). Les évocations du thème initial se font plus précises... et brutales, évoluant chromatiquement de *la* bémol vers *mi* bémol. Une reprise du deuxième thème (mesure 257) se fait un demi-ton plus bas, en *la* bémol. Une complète réexposition débute par une reprise intégrale du thème initial, suivie d'une coda alternant spectaculairement accords en pizzicatos et avec l'archet, pour se clore sur deux rampes de treize doubles croches qui mènent à un contre-*ut* fortissimo.

3. Le troisième mouvement, **ANDANTE** en *fa* majeur, est une méditation plus sereine, au caractère presque pastoral, avec ses sextolets au clavier évoquant des valses imaginaires lors du passage à 12/8. L'ombre de la *Cendrillon* contemporaine plane sur ces moments d'amour innocent. Le mouvement est construit en forme de lied ABA. *A* se trouve introduit par le clavier avec une série de triolets en doubles croches que le violon reprend dans le plus parfait legato. Après alternance, ce motif devient celui qui accompagne le chant du violon, repris par deux fois, — la dernière avec contrepoint au piano, deux octaves plus bas, donnant une sonorité à la fois lyrique et sépulcrale, alors que la main droite du piano poursuit en triolets. *B* (mesures 29 à 57) s'exprime dans un rythme binaire à 12 ou 6/8, dans un même dessin présenté quatre fois de suite dans des registres de plus en plus élevés pour culminer sur un contre-*ut*, et sert de mise en valeur au motif central de cet *Andante* (mesure 40), exprimé par le violon, repris au clavier, avant de se clore au violon. La reprise de *A* s'opère sans modifications majeures; mais le violon, dans la coda, accompagne ces rythmes imaginaires de valses de guirlandes de triples croches *tranquillo*, suivies de doubles cordes, et s'achevant diminuendo sur la corde grave de *sol*.

4. L'**ALLEGRISSIMO** final « compte les morts » après cette épopée sur la glace. Le thème principal, énoncé par des mesures successives à 5/8, 7/8 et 8/8, épique et triomphal, est répété huit fois. Les quatre premières, il s'achève sur un accord de quatre notes; la cinquième fois, cet accord est répété quatre fois. En passant à 5/8, la sixième fois, le motif est donné au piano, tandis que le violon part en doubles croches. La septième fois, interversion des rôles, — le violon marquant les sixième et septième croches (mesure 28). La dernière fois, le motif se transforme et, par une transition conclue sur des pizzicatos, introduit le *Poco più tranquillo*. Ce second thème n'impose son climat lyrique qu'une seule fois, — dernier moment d'évocation et de tendresse. Dans le développement, d'une grande amplitude de dynamique et de tessiture, se mêlent des motifs mélodiques et rythmiques provenant du premier *Andante* comme de l'*Allegro brusco*. La métrique changeante donne à la phrase musicale une allure imprévisible et inquiétante. Surviennent les trois coups (reprise de l'*Allegro*) exigés par le compositeur, — exprimés au piano *fortissimo* et *feroce* (mesures 170-71) :

* Titre du cinquième des sept épisodes de la musique du film *Alexandre Newski, op. 78*, contemporaine des esquisses de cette *Sonate op. 80*.

Vient ensuite la coda, subtile et impressionnante intégration du *Poco meno* et de l'*Andante assai* initial. A sa suite, souffle à nouveau le blizzard glacial et sournois (*con sordino*), qui semble conduire au néant. C'est cependant une dernière parcelle de vie, *piano*, qui anime le violon en une phrase toute apaisée, à 8/8, en *fa*, ultime résurgence, en son climat, du second thème de l'*Allegro*.

Durée d'exécution : 29 minutes.

Quatuor n° 2, en *fa* majeur (op. 92)

Au plus fort de l'attaque allemande sur Stalingrad, Prokofiev fut évacué à Naltchik, capitale de la République autonome de Kabardino-Balkarie, située sur le versant nord du Grand Caucase (la population locale étant formée de Kabardes, de langue caucasienne, d'éleveurs Balkars et de Russes dans les villes). L'attaché culturel local fit connaître au musicien le folklore kabarde, et il sembla à Prokofiev « que la combinaison de ce folklore authentique oriental, encore vierge, avec la plus classique des formes instrumentales qu'est le quatuor à cordes, devrait donner des résultats intéressants et inattendus ». Sans tomber dans la transcription directe d'un folklore plus couleur locale que matériau thématique, Prokofiev a su tirer la matière rythmique, mélodique et modale suffisante pour bâtir, au cours de l'année 1941, une partition sans compromission, plus authentique à la manière « bartokienne » qu'à la manière « beethovénienne ». Pourtant la création, le 5 septembre 1942 dans la Petite Salle du Conservatoire de Moscou par le Quatuor Beethoven, ne recueillit pas que des éloges de la part des apparatchiks : l'œuvre utilisait à l'excès des harmonies « barbares » et des timbres « inutilement stridents ». Mais le *Quatuor* obtint un succès populaire immédiat, et les vrais musiciens apprécièrent ce subtil équilibre entre un folklore authentique et une harmonie moderne. L'œuvre est en trois mouvements.

1. L'ALLEGRO SOSTENUTO présente le premier thème emprunté à une danse kabarde, *Oudj starikov*, avec sa quarte glissée caractéristique, — ici au premier violon. Les autres instruments l'accompagnent avec la répétition d'un motif de deux notes. Librement harmonisé sur des accords en quintes ou tierces superposés sur trois octaves, le développement mène à un trépidant *Sosrouko* que le violon met en scène comme une véritable musique de ballet. Le mouvement est construit dans la forme sonate traditionnelle, avec une section médiane en « pont » et la réexposition des deux thèmes.

2. L'ADAGIO, après quelques mesures d'introduction, voit le violoncelle chanter une chanson d'amour, une longue mélopée — « Synilyaklik Zhir » — sur l'accompagnement orientalisant et doucement berceur des cordes aiguës. Deuxième violon et alto reprennent alors le thème à l'unisson, l'alto jouant en trémolo *ponticello*. Dans la section médiane, Prokofiev imite la sonorité du kemange, instrument primitif caucasien, en instrumentant une danse vive et aérienne en triolets, — altération libre du chant initial. Une allègre danse de bergers (certainement plus balkare que kabarde !) fait la transition, avant la réexposition des deux premiers thèmes.

3. L'ALLEGRO final utilise une vigoureuse danse montagnarde, la *Getigezhev Ogourbi*, bâtie sur un motif incisif, fortement appuyé et syncopé. Son développement dénonce ses analogies avec la danse kabarde de l'*Allegro* initial. Alto et violoncelle proposent alors un épisode agité et rythmiquement complexe qui sert d'orchestre d'accompagnement à une mélodie du violon, au lyrisme inattendu. Un premier retour à l'épisode initial est suivi d'une période plus calme, où le rythme diffus de danse se fait plus lent. Le tempo varie de manière totalement rhapsodique, avant qu'une cadence du violoncelle n'impose une nouvelle impulsion. La danse effrénée reprend. Par son élan rythmique et des oppositions brutales de timbres, on retrouve l'exemple des « thèmes russes » des quatuors de Beethoven. Les thèmes sont à nouveau répétés, mais, cette fois, dans l'ordre rétrograde.

Durée d'exécution : 23 minutes environ.

Sonate pour flûte et piano (2e Sonate pour violon et piano), en *ré* majeur (op. 94)

En septembre 1942, alors qu'il est replié à Alma-Ata où il a rejoint Eisenstein pour le tournage d'*Ivan le Terrible*, Prokofiev écrit une *Sonate pour flûte et piano*. Il la termine au printemps de 1943, après son retour à Moscou. L'œuvre est créée avec grand succès (mais sans lendemain) le 7 décembre, dans la Petite Salle du Conservatoire de Moscou par Charkovsky et Svjatoslav Richter. David Oistrakh, présent, est séduit, tant par le classicisme de la partition que par son irrésistible élan : il demande alors au compositeur de bien vouloir la transcrire pour violon. Sous cette dernière forme, la *Sonate* sera créée le 17 juin 1944, toujours au Conservatoire de Moscou, par David Oistrakh et Lev Oborine. Pendant quelques décennies, cette transcription a éclipsé la version originale. Aujourd'hui, les deux versions jouissent d'une popularité comparable, — même si les flûtistes affirment que cette partition en *ré*, ses thèmes mélodiques, ses ornementations comme le refrain de l'*Allegro* final, trouvent à travers leur souffle une traduction idéale.

1. L'ANDANTINO initial (devenu *Moderato* dans la transcription pour violon) propose un climat haendélien de sonate d'église classique. Il utilise une forme sonate strictement mélodique sur deux thèmes à l'envolée naturelle, dont le lyrisme joyeux se dévoile au fur et à mesure du chant du soliste. La première phrase, de huit mesures, est dans le ton principal de *ré* :

La seconde, d'abord en *la* mineur, est également de nature chantante. Au cours du développement, elles se mêlent pour mieux construire un phrasé proche de la toccata que le soliste mène, à la flûte, comme le fifre des marches schubertiennes, et, au violon, comme une gradation d'intensité préparant le second mouvement.

2. Celui-ci, dénommé ALLEGRO dans la version originale, *Scherzo* dans la transcription, est un vrai scherzo joueur et spirituel, en *la* mineur, dans lequel Prokofiev s'est ingénié à opposer deux cellules rythmiques, — l'une ternaire, l'autre binaire, réalisées dans une impitoyable mesure à 3/4. Le premier motif est dansant, le second plein d'humour, proposant ainsi un pas de valse rapide. Une seconde partie plus introspective joue sur les harmonies majeures/mineures, — souvenir d'un vieux thème russe amenant un retour au thème initial ; elle est suivie d'une coda en un énergique *ré* majeur.

3. L'ANDANTE en *fa* majeur est formé d'une romance particulièrement expressive,

qui ne s'anime qu'en son épisode central, alors que ses vingt-huit premières mesures forment une délicate rêverie où l'ombre de Schumann se profile.

4. L'ALLEGRO CON BRIO conclusif est un véritable défilé d'épisodes virtuoses où l'exubérance relaie la parodie. Le mouvement débute sur une marche aux sonorités d'orphéon. Le *Poco meno* voit le piano se risquer à de périlleux exercices en octaves, — alors que le soliste semble lui faire un pied-de-nez tant sa virtuosité est plus aisée en son thème pétillant, énoncé en une haute voltige d'une fluidité confondante. Un court interlude en *fa* majeur propose l'instant de méditation lyrique. Se réinstalle alors le climat initial de marche qui va mener, tambour battant, à l'*Allegro con brio* récapitulatif, sur les triolets du violon et les accords de sept notes du piano, — amenant l'accord fortissimo final en *ré*.

Durée d'exécution : 24 minutes environ.

Adagio pour violoncelle et piano (op. 97 bis)

Il s'agit de la seconde métamorphose du duo du Prince et de Cendrillon, un pas de deux, — le trente-sixième numéro de la partition originale du ballet *Cendrillon op. 87*, dont Prokofiev avait déjà extrait les *Dix Pièces pour piano op. 97*. La transcription pour violoncelle et piano, de 1944, est faite à partir de la dixième et dernière pièce de cet *Opus 97*, un *Adagio* langoureux sur lequel le Prince et Cendrillon exécutent leur premier duo, — une valse lente, émerveillée, dont le violoncelle se fait le chantre, tandis que le clavier tente de conserver l'ampleur du pas original.

Durée approximative d'exécution : 4-5 minutes.

Sonate pour violon seul (op. 115)

En mai 1947, Prokofiev assiste aux épreuves finales des classes de violon du Conservatoire de Moscou, et entend des extraits de la *3e Partita BWV 1006* jouée à l'unisson par les vingt finalistes. Ce grossissement inattendu de la polyphonie de Bach lui donne envie d'écrire une *Sonate* que l'on puisse jouer, ad libitum, pour violon seul ou violons à l'unisson. En trois mouvements d'humeur baroque, Prokofiev exploite les formes et coups d'archet traditionnels (*al talone*, piqué, staccato, cantabile...) en une écriture où arpèges, octaves, accords composés, etc., semblent tout d'un coup l'avoir assagie dans le *Moderato* initial.

L'*Andante dolce* propose un *tema* lyrique et simple, suivi de cinq variations en *si* bémol. La première lance le divertissement sur des doubles croches, avec des respirations sur la fin du premier temps d'une mesure à 4/4. La seconde variation, *Scherzando*, joue sur la longueur de rythmes ternaires de simple ou double durée (12/8 et 6/8), en notes piquées ou sforzando :

La troisième variation est un *Andante* dont le cantabile exige une parfaite réalisation des notes égales. La quatrième propose un exercice virtuose sur les triolets, tandis que la dernière variation impose l'usage de doubles cordes, se concluant sur des accords en pizzicato.

Le finale est un *Con brio*, un rondo de forme ternaire où les vieux réflexes de l'auteur de *Cendrillon* réapparaissent. L'épisode médian, un *Allegro precipitato* en *ré* mineur, avec son rythme motorique à 2/2, permet à l'archet de se remettre parfaitement en ligne, jusqu'à un retour au *tempo primo* qui reprend la phrase *espressivo*, — thème secondaire du *Con brio* initial. La coda est un nouvel *Allegro precipitato* alternant accords et croches discursives jusqu'à la dernière montée en triolets s'achevant sur un *ré* aigu, avant sa répétition deux octaves plus bas.

Durée d'exécution (violon seul) : 11 minutes environ.

Sonate pour violoncelle et piano, en *ut* majeur (op. 119)

Elle fut entreprise dans les premiers mois de 1949, alors que Prokofiev avait déjà rencontré par trois fois le jeune violoncelliste Mstislav Rostropovitch afin de mieux connaître les possibilités techniques modernes du violoncelle. Il décide alors de consacrer à cet instrument toute une série de partitions, — tout d'abord cette *Sonate* en *ut* qu'il mène à bien en moins de cinq mois, puis une révision de son *Concerto en* mi *mineur op. 58* (qui devient ainsi la *Symphonie concertante op. 125), un Concertino pour violoncelle op. 132* en *sol* mineur (dont il n'exista qu'une partition ébauchée au piano)*, une nouvelle *Sonate pour violoncelle* en *ut* dièse mineur *op. 134* (pour laquelle Rostropovitch n'a retrouvé que deux notations de thèmes), enfin une *Sonate pour violoncelle seul* en quatre mouvements qui n'existe que dans le cahier où Prokofiev fit noter par sa femme, Mira Mendelssohn, la liste des travaux qu'il envisageait, quelques jours avant sa disparition en mars 1953.

La *Sonate op. 119* fut créée par Mstislav Rostropovitch et Svjatoslav Richter, en privé le 18 décembre 1949, en public dans la Petite Salle du Conservatoire de Moscou le 1er mars 1950. L'œuvre est dédiée à Levon Atovmian, le musicien qui réduisit pour piano quelques partitions parmi les plus célèbres pour orchestre (il réalisa le même travail pour Chostakovitch, en particulier pour les innombrables musiques de film). La partition apparaît hors du temps, tant son classicisme de facture comme son inspiration romantique la rendent à la fois sœur de l'*Opus 40* de Chostakovitch, et de la *Sonate en* la *majeur* de Beethoven.

1. Le premier mouvement, **ANDANTE GRAVE** en *ut* majeur, indiqué « tranquille et expressif », débute *piena voce* sur un thème ample, imaginatif et nimbé d'un certain mystère (mesures 1-12) :

Une première variation en pizzicatos éclaircit la trame. À la reprise de l'archet, nouvelle envolée lyrique que Rostropovitch préconise de jouer sur la seule corde d'*ut* grave. Les variations suivantes reprennent l'exposition des deux idées mélodiques. Dix mesures plus animées mènent à un *Poco meno mosso* en doubles cordes se concluant sur la corde de *la*. Une reprise du *Moderato animato* introduit un *Andante* d'expression nettement plus dramatique, que le clavier ponctue d'arabesques en quadruples croches défilant sur quatre octaves, — telle une gigantesque harpe funéraire, et conclut sur deux mesures modulant de *sol* bémol vers

* Voir *Guide de la musique symphonique* (même éditeur).

ut dièse. Puis le violoncelle reprend son chant dans un climat plus serein jusqu'à une reprise du thème initial, *Andante grave*. Un nouvel épisode *Allegro moderato* en doubles croches anime à nouveau le discours, jusqu'à un *Più mosso*, plus solennel, où se retrouve le rythme de sarabande baroque du début. Le mouvement se clôt sur des arabesques ascendantes du violoncelle ponctuées par les accords du clavier, qui mènent à un point d'orgue final partant de l'*ut* extrême grave.

2. Le mouvement central, **Moderato** à 4/4, s'avère être un scherzo traditionnel bâti sur un thème naturellement chantant et dansant, présenté par cellules successives au violoncelle. Deux autres mélodies, tout aussi calmes et enjouées, offrent différents « visages », de sérénité, puis d'un humour dénué de sarcasme. Tous ces motifs se déchaînent en toute innocence, laissant au trio central, *Andante dolce*, son expressionnisme langoureux et radieux, qui rappelle la grâce de Juliette découvrant la légèreté de l'amour. Dans cet instant de lyrisme intense, tous les ingrédients utilisés par le Prokofiev le plus inimitable se retrouvent : grands intervalles, doubles cordes, montées chromatiques serrées et fantasques, modulations raffinées et doucement acidulées. Enfin, l'écriture pour le violoncelle met en valeur ses qualités de baryton et sa sonorité veloutée et ensorcelante (Il suffit, pour s'en convaincre, de réécouter le créateur américain de cet *Opus 119*, Gregor Piatigorsky, russe d'origine et élève de Brandoukov, l'interprète privilégié des pièces de Tchaïkovski et de Rachmaninov).

3. Le finale, **Allegro ma non troppo** à 2/2, nous ramène à la solennité, à la quiétude même, de l'*Andante* initial, — tandis que le violoncelle se laisse aller à quelques démanchés sur la corde de *do*, à plusieurs récitatifs sur la chanterelle, proposant tout un ensemble de variations : *Andantino* à 4/4, un premier réexposé du thème initial, un passage *Poco a poco più tranquillo*, enfin une coda où le thème de l'*Andante* initial réapparaît, transposé, et accompagné avec humour et insouciance jusqu'au *veloce* du piano, — dernière transition avant la série finale de sextolets jusqu'à la pédale d'*ut* grave, sur la corde à vide du violoncelle.

Durée d'exécution : 23 minutes environ.

P.E.B.

HENRY PURCELL

Né à Londres, vers 1659; mort dans cette même ville, le 21 novembre 1695. Issu d'une famille de musiciens, il fut admis de bonne heure à la Chapelle royale comme choriste et fit son apprentissage sous la direction d'Henry Cooke, dit « captain Cooke », directeur du chœur d'enfants de la Chapelle royale. A sa mue, il profita de l'enseignement de John Blow, auquel il succéda temporairement dans les fonctions d'organiste de l'abbaye de Westminster. Blow, qui lui survécut, retrouva son poste à la mort de son élève. Nommé organiste de la Chapelle royale en 1682, Purcell acceptait l'année suivante le poste de facteur d'orgues et de conservateur des instruments du roi. A partir de cette date, l'histoire de sa vie a tendance à se confondre avec celle de sa production artistique. C'est en pleine gloire qu'il disparut à l'âge de trente-six ans, et c'est au pied du grand orgue de l'abbaye de Westminster que reposent ses restes. La variété et l'abondance de ses œuvres sont étonnantes si l'on songe à la brièveté de sa carrière. Avec brio, Purcell aborda à peu près tous les genres et tous les styles, et les pages qu'il consacra aux violes et au violon figurent parmi ses œuvres les plus intéressantes dans le domaine de la musique instrumentale. On a coutume de dire qu'avec Purcell mourut la musique anglaise; mais son rayonnement sut s'exercer sur des musiciens étrangers — Haendel ou Jean-Chrétien Bach — qui, dans le courant du siècle suivant, allaient prendre la relève.

Les Fantaisies pour cordes

Les fantaisies pour cordes de Purcell sont des morceaux d'une grande valeur artistique, mais furent-elles écrites pour un ensemble de violons ou pour un ensemble de violes ? La discussion est encore parfois de mise aujourd'hui. Cependant, tout porte à croire que, par leur style et par leur technique, elles furent dédiées à ces ensembles de violes que les Anglais du XVIIe siècle appelaient « consorts of viols ».

Les fantaisies de Purcell sont réunies dans un volume autographe de ses œuvres conservé, à Londres, au British Museum. Probablement composées entre juin et août 1680 — époque à laquelle Purcell succéda à Blow aux orgues de l'abbaye de Westminster —, elles restèrent manuscrites jusqu'au début du XXe siècle, date à laquelle elles furent éditées pour la première fois. Il s'agit de trois fantaisies à trois parties, de neuf fantaisies à quatre parties, d'une fantaisie à cinq parties, d'une fantaisie à six parties et d'une fantaisie à sept parties.

Très populaire en Angleterre au XVIe et au XVIIe siècles, la *fantaisie*, souvent désignée sous le titre de « fancy », est une pièce de musique purement instrumentale, — même si son origine la fait remonter à l'ancienne polyphonie vocale. Le genre repose sur le développement d'un ou de plusieurs thèmes suivant les lois contrapuntiques strictes de l'imitation, — qui sont celles de la fugue dont la fantaisie est en quelque sorte l'ancêtre.

La construction des fantaisies de Purcell reste traditionnelle. Ce sont des pièces généralement courtes qui s'apparentent à des expositions successives de fugues écrites dans l'ancien style polyphonique, mais émaillées des effets presque « modernes » de certaines rencontres harmoniques inattendues. Le musicien témoigne ici d'une souplesse d'écriture et d'une intensité de l'expression tout à fait remarquables. Il accompagne ses œuvres de quelques indications de nuances rédigées par lui-même en anglais : *quick*, *drag*, *brisk*, *slow* (que l'on peut traduire par « vif », « trainez », « alerte », « lent »).

La **Fantazia V** à quatre parties débute par un court et majestueux prélude de dix mesures conçu à la manière de Lully, — avec des chromatismes très saisissants :

Avec la **Fantazia upon one note** à cinq parties, la technique des cordes devient plus hardie. On peut comparer cette œuvre à une pièce à quatre parties qui déroulent des volutes de notes à partir d'un thème formé des cinq premières notes ascendantes et descendantes de la gamme de *fa*, au-dessus d'une pédale de *do* tenue inlassablement par une partie intermédiaire. Une courte transition en *fa* mineur conduit, avant le retour du thème initial, à un finale heureux en *ut* majeur :

Les fantaisies à six et à sept parties (*In Nomine of six parts* et *In Nomine of seven parts*) empruntent la forme dite *In Nomine* : leur basse repose donc sur un thème de plain-chant traditionnel. Purcell adopte ici un style sévère et plein de dignité qui s'impose dans la fantaisie à sept parties, noble pièce polyphonique construite comme un double chœur.

Les Sonates pour violon

Dans ses deux séries de sonates, les *Sonatas of III parts* et *les Sonatas of IV parts*, Purcell abandonne l'ancienne tradition pour se tourner vers le nouveau style importé d'Italie. Jusqu'au milieu du XVIIe siècle, la viole, en effet, avait été l'instrument à cordes de prédilection des musiciens anglais ; mais, peu à peu, le violon s'était imposé à Londres, introduit par des compositeurs allemands et italiens installés dans la capitale anglaise. Dans ce domaine, le violoniste italien Nicola Matteis fut un de ceux qui eut une influence déterminante. Son style brillant et ornementé à la manière de Corelli faisait appel à des ressources techniques pratiquement inusitées jusqu'alors. Purcell ne resta pas insensible à l'apport des violonistes ultramontains ; dans la préface de son recueil de sonates à trois parties, il explique clairement qu'il a voulu imiter avec exactitude les plus fameux maîtres italiens.

Les douze **Sonatas of III parts : two violins and basse : for the organ or hapsichord** ont été publiées à Londres en 1683. Dans l'ordre voulu par Purcell, elles se succèdent par paires, — le mode mineur alternant avec le mode majeur et les huit premières étant au relatif, suivant les tonalités que le tempérament inégal du clavier du temps de Purcell permettait d'utiliser. On songe alors aux recherches entreprises par Bach autour du tempérament égal quelque quarante ans plus tard dans son *Clavier bien tempéré*.

Ces sonates adoptent des formes variées, puisqu'elles peuvent contenir entre quatre et sept mouvements différents, — chacun portant une désignation de tempo en termes italiens, dont l'emploi était assez nouveau à l'époque en Angleterre.

La plupart débutent par un mouvement d'ouverture d'allure modérée, rappelant, comme dans la **Sonata III**, l'ouverture à la française :

L'écriture canonique des parties de violon sur la basse continue chiffrée de l'orgue ou du clavecin, qui sert d'assise à l'épisode initial de la première sonate, évoque absolument le style ancien. La **Sonate VI**, en *ut* majeur, est introduite par un canon double par augmentation de l'octave à la quinte : la basse expose un thème en noires, repris en blanches et à la quinte par le second violon, puis en rondes et à l'octave par le premier violon.

Le second mouvement des sonates pour deux violons prend souvent l'aspect d'une *canzona* fuguée où l'on retrouve la même élégance que celle que Purcell déploya dans ses fantaisies. Le traitement de la basse continue et de la ligne mélodique des violons dans la première sonate évoque immanquablement l'influence italienne.

Par leur tranquille gravité et leur extraordinaire coloration, les mouvements lents sont les moments les plus intéressants de ces douze sonates. Le *Largo* de la *Sonata VI* fait entendre une succession homophone ponctuée de chromatismes saisissants. Les finales, enfin, sont presque toujours joyeux.

C'est la veuve de Purcell qui fit paraître en 1697 les dix sonates à quatre parties, publiées en quatre livres sous le titre de **Ten Sonatas of four parts** et écrites pour deux violons, violone (basse de viole ou violoncelle) et basse continue. C'est elle également qui les dédia à Lady Rhodia Cavendish, ancienne élève de son mari. Semblables aux sonates pour deux violons et basse continue, elles sont bâties sur l'alternance de mouvements lents et de mouvements rapides.

L'immense **Sonata VI** en *sol* mineur, en un mouvement, est entièrement construite sur une basse de « ground » — ou de chaconne — de cinq mesures. A aucun moment les quarante-deux répétitions de cette basse n'engendrent la monotonie. La gradation de l'expression est au contraire tout à fait saisissante, et Purcell fait preuve d'une liberté extraordinaire.

La **Sonata IX** est connue sous le titre de « Golden sonata ». Ses mouvements, solidement bâtis, sont distincts les uns des autres par leur forme et leur caractère. L'*Adagio* central repose sur des successions d'appoggiatures traitées avec une adresse et une imagination exceptionnelles.

Pièces diverses

Purcell laisse quelques pièces diverses, — également conçues dans les années 1680 : pavanes, chaconne, fantaisies, suite, ouvertures, et une *Sonata for trumpet and strings* (trompette, deux violons, viole et basse continue). Les ouvertures, écrites pour deux violons, viole et basse continue, sont inspirées de la manière française, avec ses rythmes pointés et son ornementation riche.

La *Fantazia : three parts on a ground* est une très longue pièce dont les trois parties supérieures évoluent sur une basse de « ground » tenue par une quatrième partie de basse de viole ou orgue.

A.d.P.

JOHANN JOACHIM QUANTZ

Né à Obershaden (Hanovre), le 30 janvier 1697; mort à Potsdam, le 12 juillet 1773. Il prit très tôt des leçons de musique et étudia successivement le violon, le hautbois, la trompette et le clavecin. Après de brefs séjours à Dresde, Radeberg et Pirna, il se rendit en 1718 à Varsovie où un poste de hautboïste à la Chapelle royale lui était offert. C'est à cette époque qu'il se mit à l'étude de la flûte avec Buffardin et Pisendel, et de l'harmonie avec Zelenka. En 1723, il séjourna à Prague avant de partir pour l'Italie l'année suivante. Il s'arrêta à Rome, à Naples et à Venise, prit quelques leçons avec Gasparini, et se lia notamment avec Hasse et Porpora. Sur le chemin du retour vers Dresde, il gagna Paris en 1726 et Londres en 1727. Haendel y était alors en pleine gloire, mais le style de la musique vocale française qu'il avait entendue à Paris le déçut. Il séjourna ensuite à Berlin où il donna des leçons de flûte au futur Frédéric II de Prusse, qui le nomma compositeur de la cour à son avènement en 1741. Il resta auprès du souverain jusqu'à sa mort. S'il fut un virtuose de la flûte et de l'écriture, Quantz fut aussi un remarquable théoricien. C'est en grande partie grâce à lui que l'art de jouer de la flûte traversière est redevable de ses progrès. Il contribua à l'amélioration de cet instrument par l'invention de la pompe d'allongement pour la pièce supérieure, qui permet de maintenir l'accord.

L'œuvre de chambre

L'activité de Quantz fut prodigieuse. La plupart de ses œuvres consistent en sonates, duos, trios, concertos pour flûte. Il composa deux cent quatre sonates pour flûte et basse continue dont *Sei sonate a flauto traversiere solo... op. 1* éditées à Dresde en 1734, douze duos dont *Sei duetti a due flauti traversi... op. 2* parus à Berlin en 1759, quarante-cinq sonates en trio pour deux flûtes et basse continue ou pour flûte, violon et basse continue, neuf sonates en trio pour trois flûtes, deux sonates pour trois flûtes, — auxquels on peut ajouter plus de trois cents concertos pour flûte. Le catalogue de son œuvre est si vaste qu'il est impossible d'en dresser ici une liste complète, mais il faut mentionner son traité de l'art de la flûte, *Versuch einer Answeirung die Flöte traversiere zu spielen*, publié à Berlin en 1752. Ce traité offre un intérêt considérable non seulement pour la pratique de la flûte traversière, mais pour celle de bien d'autres instruments (cinq des dix-huit chapitres de cet ouvrage sont consacrés à la flûte). Quantz y aborde tous les problèmes de l'interprétation, de l'accompagnement, des caractères des styles italien, français et allemand.

Les *Sonates* de Quantz conservent le schéma de la sonate d'église en quatre mouvements lent-vif-lent-vif, dans lesquels le compositeur mêle quelques danses françaises. Comme beaucoup de ses contemporains successeurs de Bach et de Haendel, Quantz pratique la fusion des diverses grandes tendances européennes. Beaucoup de ses œuvres adoptent cependant une construction nouvelle en trois mouvements lent-vif-vif, caractéristique de leur auteur. Le premier mouvement est souvent mélancolique ou majestueux, mais toujours mélodieux. Au second mouvement, plus rapide, succède un finale enlevé et enjoué.

Le style de Quantz se ressent de l'influence italienne. À Rome, à Naples et à Venise il a connu les grands maîtres italiens, et Vivaldi lui servit fréquemment de modèle, — notamment dans l'utilisation de petites séquences de concerto. Il y a chez lui des passages d'authentique virtuosité, avec des contrastes de phrasé. Si son harmonie est relativement simple, son contrepoint est plus complexe, et, dans ses écrits théoriques, il a constamment défendu l'importance du contrepoint.

Théoricien accompli, Quantz fut l'ennemi des démonstrations acrobatiques. Il est l'un des représentants de cette génération de musiciens qui, peu à peu, ont rompu avec l'ancienne tradition polyphonique traduite par Bach.

A.d.P.

SERGE RACHMANINOV

Né le 20 mars 1873, à Oneg (province de Novgorod); mort le 28 mars 1943, à Beverley Hills (Californie). Il fait ses études au Conservatoire de Saint-Pétersbourg, puis de Moscou, avec Anton Arensky (harmonie), Serge Taneiev (contrepoint), Nicolas Zverev (piano), pour finir dans la classe de virtuosité de Siloti (dont il était le neveu). Pianiste-compositeur brillant, il transcrit dès l'âge de treize ans la symphonie Manfred *de Tchaïkovski, qui lui commande, en 1891, la réduction pour piano à quatre mains de son ballet* la Belle au Bois dormant *pour l'éditeur Jurgenson. Il est le der-*

nier représentant de la tradition romantique dans la lignée de Mendelssohn, Liszt et Rubinstein. Comme son prédécesseur hongrois, il a longtemps laissé l'image d'un pianiste virtuose écrivant quelques partitions à succès pour son propre usage. Il a fallu attendre le lendemain de la deuxième Guerre et la liquidation de son héritage « américain » pour que ses partitions de musique de chambre, toutes antérieures à 1902, soient retrouvées, reconstituées et éditées, généralement à Moscou. On a découvert ainsi ses deux Quatuors à cordes *de jeunesse et son* 1er Trio élégiaque, *— alors qu'on lui accordait seulement deux partitions dignes d'attention, le* 2e Trio élégiaque *et la* Sonate pour violoncelle et piano op. 19 *qui clôt prématurément son catalogue. Son style, romantique par essence, est directement lié à son tempérament, angoissé, introverti, hanté par la mort. Doté d'un don mélodique propre à la culture slave, russe même avec ses réminiscences liturgiques orthodoxes, Rachmaninov fut un compositeur tout entier instinctif, particulièrement à l'aise dans les partitions de petite et moyenne ampleur où sa mélancolie émeut sans provoquer.*

Les œuvres récemment éditées

La page la plus ancienne semble être une **Romance pour violon et piano**, *Lento-Andante cantabile* en *la* mineur, probablement écrite et jouée lors d'une soirée à Ivanovka pendant l'hiver 1888-1889. Elle fut éditée sous le contrôle du violoniste Louis Persinger (New York, 1951). De l'année suivante date la **Romance pour violoncelle et piano**, *Andantino* en *fa* mineur, intitulée « *Lied* », dont l'original semble avoir été pour piano seul : Rachmaninov séjournait chez son oncle, toujours à Ivanovka, et transcrivit cette pièce de piano pour violoncelle à la demande de sa cousine Vera Skalon, qui en fut, probablement, la première interprète. Le manuscrit de cette transcription est daté du 6 août 1890 (éditée à Moscou, 1948).

La **Mélodie sur un thème de Rachmaninov** pour violoncelle (ou violon) et piano est un *Moderato* en *ré* majeur, écrit probablement pendant le même été 1890 et dédié au violoncelliste Modeste Altschuler, qui conserva le manuscrit jusqu'à ce qu'il en assure la publication (New York, 1947). Parallèlement ont été réunis sous l'appellation de **1er Quatuor** (1889 ; édité à Moscou en 1947) deux mouvements pour quatuor à cordes où les parties essentielles sont tenues par le premier violon, en contrepoint, par deux fois au violoncelle : une *Romance* (*Andante espressivo*) en *sol* mineur, et un *Scherzo* (*Allegro*) en *ré* majeur.

Les premières pièces éditées du vivant de leur auteur forment l'*opus 2* : **Prélude**, un *Comodo* en *fa* majeur, transcription d'un prélude original pour piano ; **Danse orientale**, *Andante cantabile* en *la* mineur, dont l'exotisme « rimskien » a assuré la popularité (Boosey & Hawkes, 16342). Les deux pièces furent créées par le dédicataire, le violoncelliste Anatole Brandoukov, le 30 janvier 1892 à Moscou, avec le compositeur au clavier.

L'*opus 6* a été écrit à Lebedine en août 1893 ; il est composé de deux pièces en *ré* mineur pour violon et piano intitulées **Morceaux de salon** : **Romance** et **Danse hongroise**, *Andante ma non troppo* et *Vivace*, dédiées à Julius Conus. Comme pour l'*op. 2*, la *Danse* est restée plus populaire que la *Romance* ; son édition obtint un succès immédiat, et Samuel Dushkin l'arrangea pour son propre usage en 1924 (Schott). Ce dernier, à juste raison, lui a donné le titre de *Danse tzigane*, mais a gommé quelque peu le style hésitant et mélancolique qui en fait une de ses délicates caractéristiques.

Le **2e Quatuor à cordes** est une œuvre inachevée, entreprise à l'hiver de 1896 (Rachmaninov en aurait discuté avec Taneiev le 22 mars, d'après le journal de ce dernier), poursuivie entre 1910 et 1913 pour ne plus être reprise après l'exil. Édités par B. Dobrokhotov et G. Kirkor, les deux mouvements achevés étonnent par la maîtrise de l'écriture polyphonique, le rôle essentiel du violoncelle, l'invention mélodique de son bref quart d'heure de musique, qui peuvent le faire comparer aux quatuors, achevés, de Tchaïkovski et de Borodine.

Le premier mouvement est un *Allegro moderato* en *sol* mineur, le second un *Andante molto sostenuto* en *ut* mineur. Le ton général est élégiaque, et le mode mineur. L'*Allegro* est proche d'un cantique pour cordes avec couplet et refrain. Le thème est unique, présenté trois fois avec transition effectuée par de grands accords jouant sur la dualité *sol* mineur/majeur. L'*Andante* forme une immense fugue dont l'intensité croît inexorablement et dont le thème est présenté en canon, — partant du violoncelle seul et montant progressivement vers les registres de l'alto et des violons. L'impression de marche funèbre, de marche au supplice par instants, maintient un climat de « tombeau » qui sera celui des deux trios. Ce *2e Quatuor*, ainsi constitué, fut créé en octobre 1945 à Moscou par le Quatuor Beethoven.

Durée d'exécution : 13 minutes environ.

Trio élégiaque n° 1 pour piano, violon et violoncelle

Il fut écrit entre le 18 et le 21 janvier 1892 à Moscou, et créé le 30 janvier à la Salle Vostryakov par David Kreyn, Anatole Brandoukov et le compositeur au clavier. Il est formé d'un seul mouvement de forme sonate classique, — lui-même constitué de douze épisodes enchaînés dont le premier est un *Lento lugubre* (au sens « lisztien » du terme), en *sol* mineur. Son thème élégiaque, présenté par le piano, évoluera aux niveaux de la présentation et du tempo, mais surtout de l'ambiance spirituelle cherchée : *più vivo, con anima, appassionato, tempo rubato, risoluto*. Les principaux épisodes sont répétés symétriquement pour s'achever sur une marche funèbre qui montre déjà la propension du musicien à transformer son clavier en un instrument capable de sonner comme un glas, de battre comme un tambour grave, de laisser le son occuper l'espace sonore. Même si, dans ce trio de jeunesse, le clavier monopolise le discours, il laisse déjà les cordes prolonger la recherche vocale qu'il prête au violon et, surtout, au violoncelle. Le *Trio* ne fut édité à Moscou qu'en 1947, réédité en 1957.

Durée approximative d'exécution : 14-15 minutes.

Trio élégiaque n° 2 pour piano, violon et violoncelle, en *ré* mineur
(op. 9)

L'œuvre fut écrite sous le coup de l'émotion provoquée par la mort de Tchaïkovski, qui avait efficacement soutenu le jeune compositeur. Entre le 25 octobre et le 15 décembre 1893, Rachmaninov mène à bien ce travail avec les scrupules et hésitations qui lui sont personnels. Il précise, dans une lettre à Nathalia Skalon, une cousine éloignée : « Toutes mes pensées, toute ma force lui ont été consacrées... J'ai tremblé à propos de chaque phrase ; il m'est arrivé de barrer tout ce que j'avais fait, de penser et repenser à ce qu'il fallait faire. » L'œuvre est dédiée « à la mémoire d'un grand artiste », — reprise de la dédicace adressée douze ans plus tôt pour Tchaïkovski à son maître qui venait de disparaître, Nicolas Rubinstein, lorsqu'il écrivit son *Trio en* la *mineur op. 50*. La similitude entre les deux œuvres s'arrête là, car la nature des variations proposée par Rachmaninov dans son ample second mouvement est différente de celle du mouvement à variations du *Trio* de Tchaïkovski, qui rappelait des événements de la vie privée du dédicataire.

Sous sa forme originale, la partition fut créée le 31 janvier 1894 par Iouli Konius (certaines sources prétendent que le violoniste fut Barzevich), Anatole Brandoukov, toujours au violoncelle, et le compositeur au piano. D'innombrables petites modifications tinrent compte des remarques d'interprètes, du compositeur lui-même qui proposa pour la seconde édition (Gutheil/Breitkopf en 1907, Boosey & Hawkes 17308 aujourd'hui) des modifications profondes. Il supprima notamment l'usage recommandé de l'harmonium pour les deux derniers mouvements, et il procéda à quelques coupures dans l'*Allegro* initial afin de resserrer la ligne mélodique. Par contre, insatisfait de la nature même de quelques-unes des huit variations, il en modifia profondément trois, — comme nous allons le voir en détail. En 1917, l'expérience des concerts avec Mogilevsky (violon), Brandoukov et A. Goldenweiser au piano, lui suggéra enfin les ultimes modifications qui n'ont été apportées que dans l'édition posthume (Moscou, 1950).

1. Le mouvement initial, le plus élaboré, est un **Moderato-Allegro vivace** en *ré* mineur qui s'ouvre sur un *lamento* porté par le glas du clavier. Les octaves profonds, un puissant accord dans le milieu du registre, puis des accompagnements à la croche du même clavier sont les fondements de la reprise du thème aux violoncelle et alto. Ces cordes, tant par leur timbre que par leur démarche, possèdent peu à peu la solennité et l'intensité d'un duo orthodoxe. L'intensité augmente à chaque reprise préparant le passage fortissimo qui va libérer le clavier et le laisser occuper l'espace en un élan virtuose irrésistible. Ainsi s'exprime l'*Allegro vivace* qui se poursuit par le chant du violoncelle, *Meno mosso*. Un *Allegro moderato* en *fa* mineur (Tchaïkovski s'exprimait en *mi*) impose le leitmotiv formé de trois seules notes : *la* dièse, *sol*, *fa*. Ces trois notes (comme dans le futur *Concerto n° 1 pour piano*) vont marquer tout le mouvement, tant dans sa forme mélodique que dans son rythme embryonnaire de marche. Le *Più mosso* nous rappelle le début (*Lento lugubre*) du *1er Trio*. Suit un *Maestoso* où les cordes reprennent le discours, sur un accompagnement en accords du clavier. La phrase mélodique se fait à la fois énergique et lyrique pour amener le point culminant de l'exposition, un *Presto* proche des concertos pour piano à venir par l'utilisation, au clavier, d'enchaînements d'accords chromatiques. Dans la transition *Meno mosso*, apparaissent les premières modulations mineures/majeures, relançant le discours avec énergie et créant ces conflits tumultueux, *sempre più vivo e agitato*. Une cadence concertante du piano seul, *Allegro molto*, conduit à une reprise de l'introduction *Lamento*, *moderato* (*tempo primo*), précédée d'un *Andante* en forme de prière. Un nouveau développement à trois voix joue sur l'indépendance des registres, — tentant de retrouver les incitations dynamiques qui avaient conduit au paroxysme du précédent *Presto*. La péroraison débouche simplement et inexorablement sur le motif de marche, exprimé cette fois en *ut* mineur ; et le mouvement se clôt sur un dernier battement du piano.

2. Le deuxième mouvement **QUASI VARIAZIONE**, en *fa* majeur, propose un thème et huit variations. Le thème est présenté en une seule phrase de trente-deux mesures par le clavier. Il est emprunté à la *Fantaisie pour orchestre op. 7*, «*Le Rocher*», que Rachmaninov avait terminée au début de l'année 1893 et que Tchaïkovski se proposait de créer à Moscou. Après cet exposé *Andante* du thème, l'*Allegro* est pour trio avec un appui rythmique des cordes. Le *Lento* reste pour piano seul, et propose l'une des plus belles cadences écrites par Rachmaninov à vingt ans. L'*Allegro scherzando* (*Vivace* dans la rédaction originale) se souvient de Schubert (*Notturno D 897*), tandis que le *Moderato* propose l'atmosphère du *Lamento* du premier mouvement. Avec l'*istesso tempo* (originellement *Allegro scherzando*), Rachmaninov innove et laisse le violoncelle exprimer une élégiaque mélodie, sur trémolos du violon et accords du clavier, qui commente le *Lamento* original. L'*Allegro vivace* en *si* bémol (pour piano solo et en *fa* majeur originellement) s'inspire d'un des développements du *Rocher* contemporain et rappelle Tchaïkovski. L'*Andante* en *ré* mineur et le *Moderato* final (débutant en *ré* bémol majeur pour se conclure en *fa*) redonnent le fil conducteur au piano, et les commentaires aux cordes, — tandis que se présente ensuite une réexposition du thème en canon, avant que les cordes ne le portent, seules, une dernière fois.

3. Le finale, **ALLEGRO RISOLUTO-MODERATO** en *ré* mineur, est bref et intense. Il utilise une grande partie du matériel mélodique du *Moderato* initial, et dévoile la technique concertante de l'écriture de Rachmaninov. Des accords fulgurants ménagent les diverses transitions *tempo rubato* et *moderato*, partant du thème du *1er Trio*. Une cadence du piano prépare la réexposition du thème initial *Lamento*, que les cordes entonnent sur les accords profonds du clavier qui prolongent leurs sonorités dans l'espace et dans le temps.

Durée approximative d'exécution : 45-46 minutes.

Sonate pour violoncelle et piano, en *sol* mineur (op. 19)

Elle fut entreprise à l'été de 1901 et terminée le 1er décembre, — la veille de sa création à Moscou par le dédicataire et ami, Anatole Brandoukov, avec le compositeur au clavier. En raison de son succès, conjoint à celui du *2e Concerto pour piano op. 18* qui la précède, l'œuvre fut éditée dès mars 1902 chez A. Gutheil Breitkopf (Boosey & Hawkes 16338, aujourd'hui). On a longtemps discuté pour savoir si, comme la *Sonate op. 65* de Chopin et celles de Mendelssohn, cet *Opus 19* était écrit pour piano et violoncelle ou, comme le voulait Brahms, pour violoncelle et piano. Aujourd'hui l'on peut dire qu'elle l'est alternativement, selon les quatre mouvements considérés.

1. Le premier, **LENTO** suivi d'un **ALLEGRO MODERATO** en *sol* mineur, est du second type. Certes le clavier propose l'introduction, situe le climat de l'œuvre et semble hésiter, durant les seize premières mesures, entre les tonalités d'*ut* et de *sol* mineur. Deux amples phrases mélodiques sont successivement présentées, d'abord par le violoncelle avec panache et passion, puis par le piano. Le violoncelle inaugure ainsi l'affirmation, tant du tempo dans l'*Allegro moderato* que de la tonalité à la fois rayonnante et fiévreuse de *sol* mineur. Le piano reprend l'initiative avec le deuxième thème, franchement schumannien de ton et pianistique de facture (*Moderato* en *ré* majeur). Il le conserve pendant tout le développement qu'il anime, relance, domine lors d'un imposant récitatif qui sert d'*appassionato*, avant de conclure sur une réexposition plus en forme de libre cadence que de récitatif serré et dense, de style beethovénien. Une ample coda, utilisant une large part de la tessiture du violoncelle comme des possibilités de contrastes du piano, semble une transposition de la péroraison d'un récit dramatique où la voix tente de triompher d'un clavier orchestral tout-puissant.

2. L'**Allegro scherzando**, en *ut* mineur et à 12/8, rappelle Schumann par l'humeur et Chopin pour la forme (en plaçant le *Scherzo* en deuxième position). L'écriture a la fermeté d'accent des *Fantasiestücke op. 73* comme leur ambiance de conte fantastique. Le piano, virtuose, semble improviser la matière des futurs *Préludes op. 23*, en particulier le *Huitième*, en *ut* mineur, puis, abandonnant cette virtuosité ailée, devient l'héritier russe du Florestan schumannien. Le violoncelle s'impose par une ample phrase mélodique dans la tonalité lyrique et franche de *mi* bémol majeur, qui vient redonner lumière et élan à cet étrange Scherzo parcouru par les chevauchées inquiétantes du soliloque du piano. Ce dernier reprend néanmoins le fil du discours, jusqu'au *Trio* où le climat schumannien prévaut, — le violoncelle étant lui-même conquis par les rêves nocturnes. Sa cantilène, en *la* bémol, prend peu à peu vigueur et aisance sous les flots d'arpèges du piano. Une brève réexposition et coda réinstalle le climat initial, inquiet et sombre.

3. L'**Andante**, en *mi* bémol majeur, semble une pause intemporelle, d'humeur mendelssohnienne, après les passions et les tourments fiévreux des deux premiers mouvements dans lesquels le piano était plus facteur de trouble, acteur passionné et fiévreux que dispensateur de cette paix, cette sérénité stable et humaine qu'on trouve chez Dvořák. La forme est simple, directe, tel un lied mis en musique par un clavier volubile mais doucement mélancolique. Les deux mélodies sont d'abord exprimées au clavier avec toute leur brillance naturelle, puis reprises au violoncelle :

La première, débutée en *mi* bémol, oscille mélancoliquement entre majeur et mineur sur un accompagnement particulièrement riche harmoniquement. La seconde, en *sol* mineur, est également de rythme ternaire, mais démultiplie son cheminement avec ses triolets initiaux. La sérénité, un réel bonheur semblent transparaître à la reprise de cette seconde phrase au violoncelle, modulant en *fa* mineur. La réexposition de la mélodie initiale laisse le violoncelle monter sur la corde de *la*, ses triolets rapides se détachant sur l'accompagnement doucement méditatif et serein de l'aigu du clavier. Cette ample méditation se termine ainsi dans un climat à la luminosité toute mendelssohnienne.

4. Le finale, **Allegro mosso** en *sol* majeur, retrouve la vivacité de l'*Allegretto molto* du premier mouvement. Impétueux, virtuose au clavier, il prend la forme d'un rondo de forme sonate traditionnelle où le clavier doit être sobre et respecter la fermeté classique du tempo. Le thème en *sol* est introduit par quelques mesures péremptoires, presque concertantes, au clavier, suivi du second thème, plus réfléchi et interrogatif, *Moderato* en *ré* majeur énoncé par le violoncelle. La nature même des deux instruments crée le conflit entre les deux matériaux, laissant une large initiative au clavier qui joue le jeu des contrastes dramatiques qu'autorise le développement de chacune des idées proposées par le thème initial. Le violoncelle amplifie, colore cet océan de passion que le pianiste doit maîtriser, tel un concertiste, pour éviter tout sentiment de monotonie thématique. Après une première réexposition traditionnelle où les deux instruments retrouvent un classicisme lumineux, la *Sonate* se termine par une immense coda. Débutant presque *piano*, dans une humeur proche de la péroraison de l'*Andante*, cette dernière s'anime peu à peu pour se précipiter avec une énergie peu ordinaire dans un *Vivace* virtuose, — strette donnant l'impression de cadence, dernière et magistrale transfiguration du thème principal.

Durée approximative d'exécution : 34-35 minutes.

P.E.B.

JEAN-PHILIPPE RAMEAU

Baptisé à Dijon, le 25 septembre 1683; mort à Paris, le 12 septembre 1764. Théoricien éminent, homme de théâtre remarquable et exceptionnellement fécond, polémiste infatigable et auteur de pièces de clavecin d'une rare qualité, Rameau demeure le plus grand musicien français du XVIII*e siècle. Ses débuts restent cependant assez discrets. Élève de son père, organiste à Saint-Étienne de Dijon, il entreprend un bref voyage en Italie en 1701 pour parfaire sa formation musicale : il ne dépasse pas Milan. Entre 1702 et 1722, on le trouve successivement à Avignon, Paris, Dijon, Lyon et Clermont-Ferrand où il occupe plusieurs tribunes d'orgue. Curieusement, cet organiste n'a laissé aucune partition pour son instrument. C'est lors de son court séjour à Paris en 1706 qu'il fait paraître son premier livre de* Pièces de clavecin. *La publication de son* Traité de l'Harmonie *en 1722, qui coïncide avec l'époque de son installation définitive dans la capitale, attire sur lui l'attention du monde musical parisien. Presque quadragénaire, il sort désormais de l'ombre. Il devra néanmoins attendre encore une dizaine d'années pour aborder le théâtre lyrique : son premier opéra,* Hippolyte et Aricie, *est représenté en 1733. Rameau a alors cinquante ans, mais il a trouvé un soutien puissant en la personne du fermier général Le Riche de La Pouplinière, dont il est devenu le musicien attitré et qui lui a ouvert les portes de l'Académie royale de Musique. À partir de cette date, c'est une floraison stupéfiante et continue de chefs-d'œuvre qui ne s'achèvera que quelques mois avant sa mort avec* les Boréades, *sa dernière tragédie lyrique. Pendant un siècle, la musique de Rameau est tombée dans l'oubli : c'est Saint-Saëns et Charles Malherbe qui la réhabilitèrent en entreprenant, en 1895, son édition complète (interrompue en 1918). Maints clichés sur la personnalité de ce compositeur ont survécu jusqu'à nos jours : se perpétue encore aujourd'hui l'image déformée d'un homme sec, brutal et taciturne, ressemblant physiquement à son ami Voltaire; mais sa musique est là pour témoigner qu'en affirmant que « c'est à l'âme que la musique doit parler », Rameau savait être tendre, sensible et passionné.*

Pièces de clavecin en concerts

Elles ont été publiées à Paris en 1741 sous le titre de *Pièces de clavecin en concerts, avec un violon ou une flûte, et une viole ou un deuxième violon*, et précédées en guise d'introduction de quatre avertissements destinés aux interprètes (*Avis aux concertants*, *Avis pour le clavecin*, *Avis pour la flûte substituée au violon*, et *Avis pour la viole*), dans lesquels Rameau consigne toutes les instructions qu'il juge nécessaires pour l'exécution de ses pièces. Celles-ci durent rencontrer un succès notable, puisqu'une deuxième édition, conforme à la première, parut à Paris en 1752.

Seules pages de musique de chambre nées sous la plume de Rameau, ces dix-neuf pièces constituent des chefs-d'œuvre absolus de la musique française. Elles sont groupées en cinq suites, ou « concerts », à l'intérieur desquelles se trouve respectée l'unité tonale. Chaque « concert » est un trio, mais un trio qui s'inscrit dans un courant nouveau. Les trios de Rameau n'ont rien de commun avec les sonates en trio du XVIIe siècle et du début du XVIIIe, dans lesquelles, sous les deux parties chantantes solistes, le clavecin se bornait au rôle d'accompagnateur à partir d'une basse chiffrée que le claveciniste réalisait généralement à vue. Ils n'ont rien de commun non plus avec les trios polyphoniques de Bach, ni avec les trios plus sévères du XIXe siècle.

Ici, Rameau affranchit le clavecin de toute conception polyphonique pour en faire un instrument soliste. Le titre de *Pièce de clavecin en concerts* qu'il donne à ces œuvres est d'ailleurs très explicite : ce sont véritablement des pièces de clavecin accompagnées par deux instruments (violon et viole) qui, par leur présence, apportent un lumineux complément de richesse sonore. L'écriture du clavecin s'avère assez riche pour que l'instrument se suffise à lui-même. Dans son introduction, Rameau s'exprime là-dessus très clairement : « Ces pièces exécutées sur le clavecin seul ne laissent rien à désirer : on n'y soupçonne même pas qu'elles soient susceptibles d'aucun agrément » ; il a, du reste, effectué lui-même une transcription de cinq de ces *Pièces de clavecin en concerts* pour clavecin seul : *La Livri*, *L'Agaçante*, les deux rondeaux de *La Timide*, et *L'Indiscrète*.*

Rameau trouve sa place dans la lignée de ces musiciens qui, au début du XVIIIe siècle, imaginèrent une forme nouvelle destinée à connaître un grand succès jusqu'à l'aube du XIXe siècle : avec eux, le clavecin est devenu l'instrument prédominant, s'adjoignant un accompagnateur (violon ou flûte) dont la ligne mélodique allégée pouvait être jouée ou supprimée à volonté. On cite habituellement les *Pièces de clavecin qui peuvent se jouer sur le violon* d'Élisabeth Jacquet de La Guerre, parues en 1707, comme les premiers exemples de cette forme nouvelle. Mais c'est Mondonville, avec ses *Pièces de clavecin en sonates avec accompagnement de violon, œuvre 3*, écrites en 1734, qu'on considère aujourd'hui comme le véritable créateur de ce genre**.

Dans ses *Pièces de clavecin en concerts*, Rameau ne renie pas la tradition, mais au contraire l'améliore. Le clavecin est l'instrument principal de ces pièces ; cependant ses deux partenaires ne sont jamais relégués au simple rôle d'accessoires : ils collaborent avec lui à l'énoncé et au développement des thèmes. Tous trois réalisent un ensemble de musique concertante extrêmement séduisant. Toutes les *Pièces de clavecin en concerts* sont sous-titrées : certaines forment des hommages ou des portraits de caractère, d'autres évoquent des souvenirs ou des noms de lieux, quelques-unes sont des danses. La plupart sont de coupe binaire à reprise. Il y a, parmi elles, quatre rondeaux à deux couplets et de véritables petits mouvements de sonate à deux motifs, avec court développement central. Enfin, le *Cinquième concert* débute par une fugue, *La Forqueray*, — l'une des plus belles pages du recueil.

Premier concert

1. LA COULICAM, « rondement » (*ut* mineur, à deux temps) : on a beaucoup glosé sur ce titre énigmatique. Michel Brenet l'explique par la vogue que connurent à l'époque de Rameau les ouvrages du Père du Cerceau sur le persan Thamas Kouli Khan. La mélodie du thème principal se construit sur l'accord parfait :

Autour d'elle s'entrecroisent deux motifs secondaires, l'un tendre, l'autre brillant. C'est une joyeuse dégringolade de notes au clavecin qui conclut.

2. LA LIVRI, Rondeau gracieux (*ut* mineur, à deux temps) : transcrite pour clavecin seul par Rameau ; on retrouve aussi cette pièce orchestrée sous la forme d'une gavotte dans la tragédie-lyrique *Zoroastre*. Elle est très certainement dédicacée au comte de Livri, ami et bienfaiteur de Rameau, mort en 1741 peu de temps avant la publication des *Pièces de clavecin en concerts*. Ce rondeau émouvant et tendre expose deux couplets auprès d'un refrain traité à la manière d'une aria. Ici, la douce plainte du violon (ou de la flûte) s'étire sur les calmes croches du clavecin. Dans le premier couplet, c'est le clavecin qui chante sur de longs arpèges ; dans le second couplet, le violon retrouve ses accents élégiaques.

3. LE VÉZINET, « gaiement, sans vitesse » (*ut* majeur, à deux temps) : pour évoquer ce village proche de Paris, Rameau compose une musique pleine de franchise et de charme léger, insouciant. Plusieurs idées y dominent : poursuite de gammes, traits de croches entre les trois instruments, séquences mélodiques, formules cadentielles sur de joyeuses tierces battues. Le clavecin est très autonome : ses nombreux passages de virtuosité sont ponctués par les cordes.

Deuxième concert

1. LA LABORDE, « rondement » (*sol* majeur, à deux temps) : est-ce un hommage à Jean-Benjamin de La Borde, enfant prodige, compositeur à sept ans en même temps qu'élève de Rameau ? Valet de chambre de Louis XV, fermier général et auteur d'un *Essai sur la musique moderne et ancienne* (1780), il sera guillotiné en 1794. Il s'agit d'une pièce enjouée dont les thèmes suggèrent une sorte de chorégraphie. La riche polyphonie est égayée çà et là d'heureux triolets.

2. LA BOUCON, Air gracieux (*sol* mineur, à trois temps) : dédiée à la claveciniste Anne-Jeanne Boucon, fille d'Étienne Boucon, mécène et grand amateur de musique, et future épouse de Mondonville, cette page rêveuse et douce ressemble à une sarabande avec ses rythmes pointés, ses dissonances

* Voir *Guide de la musique de piano et de clavecin* (même éditeur).

** Voir, ici même, à *Mondonville*.

pathétiques et son écriture presque orchestrale sur une riche ornementation.

3. L'Agaçante, « rondement » (*sol* majeur, à trois temps) : Rameau a donné de cette pièce une version pour clavecin seul et l'a orchestrée dans *Zoroastre*. Les trois instruments, traités à égalité, participent pleinement à la gaieté et à l'espièglerie de cette évocation. L'écriture concertante est ici très intéressante.

4. et 5. Menuets I et II (*sol* majeur et *sol* mineur, à trois temps) : deux danses rêveuses et expressives. La première s'assouplit sur des triolets; la seconde, orchestrée par Rameau dans *Les Fêtes de Polymnie*, s'adoucit sur des enchaînements chromatiques.

Troisième concert

1. La Lapoplinière, « rondement » (*la* majeur, à deux temps) : cette très belle page de musique concertante s'offre en hommage de Rameau à son protecteur (voir introduction biographique). C'est une pièce de virtuosité au rythme résolu et fantasque, ponctué d'accords plaqués et de points d'orgue. Les traits et les petits motifs en imitations s'y chevauchent sans cesse (triples croches, triolets de doubles croches, gammes rapides en sextolets, arpèges coulants, etc.).

2. et 3. La Timide, 1er Rondeau, « gracieux » (*la* mineur, à deux temps) et 2e Rondeau, « gracieux » (*la* majeur, à deux temps) : ces deux rondeaux, transcrits pour clavecin seul par le compositeur, se présentent comme des morceaux tendres et expressifs dans lesquels se relèvent des dissonances remarquables. Le refrain du premier rondeau est un thème mélodieux et doux évoluant en mouvement contraire entre les cordes et le clavecin :

Celui du deuxième rondeau se caractérise par l'écriture en tierces du clavier, auquel à chaque instant les cordes semblent répondre. Il est suivi de deux couplets : l'un s'anime et se charge d'accords au clavecin, l'autre brille par des culbutes de traits et des montées de grands arpèges du clavecin sous les unissons des cordes.

4 et 5. Tambourins I et II (*la* majeur et *la* mineur, à deux temps) : ils gardent toute la joie et l'espièglerie de la danse provençale dont ils s'inspirent. Rameau orchestra le second dans la deuxième version de *Dardanus* ; mais il semble que ce soit là une reprise, car ce *Tambourin* figurait déjà dans le prologue de *Castor et Pollux*.

Quatrième concert

1. La Pantomime, Loure vive (*si* bémol majeur, à 6/4) : danse française d'allure modérée et débutant toujours par une anacrouse, la loure se caractérise par son rythme ternaire et son caractère pesant. Celle-ci est une loure vive qui se rapproche du style de la sicilienne. Elle forme l'une des pages les plus poétiques des cinq concerts. Des roulades de sextolets et de septuolets s'entremêlent sur une partie de clavecin très volubile.

2. L'Indiscrète, Rondeau, « vivement » (*si* bémol majeur, à deux temps) : transcrite pour clavecin seul par Rameau. Le refrain de ce rondeau à deux couplets est un joyeux moment : des croches courent aux cordes sur de légers quintolets en arpèges de doubles croches au clavecin.

3. La Rameau, « rondement » (*si* bémol majeur, à deux temps) : Rameau rend-il hommage à sa femme, Marie-Louise Mangot, bonne musicienne ? Il adopte en tout cas un parti-pris de joie et de vie. La pièce est brillante et vaste. Elle est écrite dans le style du concerto à l'italienne avec un thème ascendant en arpèges décomposés, ponctué d'un grand luxe d'accords :

Cinquième concert

1. La Forqueray, Fugue (*ré* mineur, à deux temps) : épithalame dédié au célèbre violiste Jean-Baptiste Forqueray à l'occasion de son mariage, en mars 1741, avec une jeune et excellente claveciniste. Cette page imposante n'est pas une fugue stricte, mais une fugue à la française, ou plutôt une série de fugato sur un même sujet. Celui-ci se caractérise par ses appels d'octaves :

Il est énoncé successivement au clavecin, au violon et à l'alto. Son développement se poursuit en une écriture très dense et très virtuose du clavecin. Au centre du morceau, un épisode presque chorégraphique apaise l'ensemble.

2. La Cupis, « rondement » (*ré* mineur, à trois temps) : la dédicace est adressée à François Cupis, frère de la danseuse Camargo et premier violon à l'Opéra. La pièce a été orchestrée par Rameau sous la forme d'un « air tendre » dans *le Temple de la gloire*, opéra-ballet sur un livret de Voltaire. L'écriture syncopée et hésitante, le style luthé de cette œuvre sombre et plaintive

évoqueront deux pièces pour clavecin de la Suite en *ré* du *Deuxième livre de pièces de clavecin* : *Les Soupirs* et *L'Entretien des muses*. Le clavecin ne s'insinue jamais dans les parties mélodiques des deux dessus.

3. La Marais, « rondement » (*ré* majeur, à deux temps) : encore une dédicace, sans doute à Marin Marais, l'un des plus grands violistes français, mort en 1728. Rameau clôt son dernier concert par cette gavotte franche, gracieuse et mélodieuse.

Paradoxalement, les *Pièces de clavecin en concerts* sont mieux connues aujourd'hui dans leur version en sextuor — ou *Concerts en sextuor* — faussement attribuée à Rameau. Il s'agit en fait de la transcription pour six instruments à cordes (trois violons, un alto et deux basses) des cinq concerts des *Pièces de clavecin en concerts* et de cinq pièces tirées du troisième livre de *Nouvelles suites de pièces de clavecin*, publié vers 1728 (*La Poule*, deux menuets, *L'Enharmonique* et *L'Égyptienne*), — lesquelles forment un sixième concert. L'auteur de cette version, qui n'a jamais été imprimée, est resté anonyme. Les seules indications que nous possédions sont notées sur trois des parties manuscrites conservées à la Bibliothèque nationale : la date de 1768 et le nom de Decroix. Jacques-Joseph-Marie Decroix, avocat lillois, était écrivain, mélomane averti, grand admirateur de Rameau et collectionneur de ses œuvres. Au milieu du XIXe siècle, ce sont ses héritiers qui firent don à la Bibliothèque nationale de cette superbe et inestimable collection.

A.d.P.

MAURICE RAVEL

Né à Ciboure (Pyrénées-Atlantiques), le 7 mars 1875 ; mort à Paris, le 28 décembre 1937. C'est à son père, ingénieur, bon musicien amateur, qu'il dut sa première initiation à l'univers musical : « À défaut de solfège, dont je n'ai jamais appris la théorie, je commençai à étudier le piano à l'âge de six ans environ »... Puis il entra en 1889 au Conservatoire de Paris, où ses maîtres furent Charles de Bériot pour le piano, Gédalge pour le contrepoint, et, surtout, Gabriel Fauré pour la composition. Ayant obtenu un Second prix de Rome, il tenta ensuite, mais en vain, de remporter le Premier prix en 1902 et 1903 ; en 1905, une troisième tentative infructueuse (on lui interdit même l'accès au concours sous prétexte qu'il avait dépassé la limite d'âge) déclenche dans la presse l'« affaire Ravel », — scandale à l'origine même de la démission du directeur du Conservatoire. Mais, à l'époque, le jeune musicien avait déjà publié la Pavane pour une infante défunte *(1899),* Jeux d'eau *(1901), ainsi que son* Quatuor à cordes *(1903); il venait également d'achever* Miroirs *et la* Sonatine *pour piano, l'*Introduction et Allegro *pour harpe. Admirateur de Chabrier et de Satie, de Mallarmé, Baudelaire et Edgar Poe, Ravel participa en 1910 à la fondation de la Société Musicale Indépendante — la S.M.I. —, adversaire de la trop conservatrice S.N.M. (Société Nationale de Musique). Avant la Première Guerre mondiale, sa carrière fut surtout marquée par la création, aux Ballets russes de Serge de Diaghilev, de* Daphnis et Chloé, *splendide partition orchestrale. Engagé pendant la guerre comme conducteur de camion, il fut, en raison de sa santé fragile et contre sa volonté, démobilisé en 1917. Après la guerre, il s'installa à Montfort-l'Amaury dans une maison (devenue depuis un musée) où il vécut retiré, entouré de chats et d'une collection d'automates et jouets mécaniques dont il raffolait. En 1920, nouveau scandale : Ravel refuse la Légion d'honneur. C'est de cette époque que date sa* Sonate pour violon et violoncelle *révélant un style plus dépouillé qu'auparavant et, selon ses propres paroles, « plus ouvert au charme harmonique, réaction de plus en plus marquée dans le sens de la mélodie ». Tendance qui se précisera dans ses dernières œuvres importantes, la fantaisie lyrique* l'Enfant et les sortilèges *(1925), et les deux* Concertos pour piano *(1929-1931). En 1933, une infirmité cérébrale le frappe, — qui le condamnera à vivre les cinq dernières années de sa vie sans écrire la moindre note de musique. Sensible et pudique, Ravel a cultivé un art où prédominent la clarté, la précision, un goût de la perfection formelle qui le rattachent, à maints égards, aux maîtres — Couperin, Rameau — du* XVIIIe *siècle français. Dans sa production générale, la musique de chambre n'est pas abondante, mais — on l'eût deviné — tout à fait maîtrisée, et manifestant les qualités essentielles qu'on vient d'évoquer : en ce qui concerne la forme, en effet, Ravel attache une grande importance à l'équilibre architectural et aux coupes bien proportionnées, — tout en pratiquant assez souvent un principe cyclique très libre. Mélodiquement, les thèmes sont fréquemment diatoniques ; la modalité est fortement accusée, — avec une prédilection pour le dorien (mode de* ré*), suivi du lydien (mode de* fa*). Ces œuvres de chambre se répartissent avec une certaine régularité chronologique, et c'est pratiquement l'ordre de leur composition que nous respecterons ci-après.*

On ne s'appesantira pas dès l'abord sur une première **Sonate pour violon et piano** (op. posth.), datée d'avril 1897, année de Conservatoire, qui ne comporte qu'un mouvement (*Allegro moderato* marqué « très doux »), d'une durée d'exécution excédant de peu les dix minutes. La forme s'en veut stricte, mais son lyrisme étiré, aux élans quelque peu factices, donne l'impression d'un maladroit décalque des *Sonates* de Franck et de Fauré. La création en eut peut-être lieu au Conservatoire de Paris en 1897, avec Georges Enesco au violon, accompagné par l'auteur au piano. La première « officielle » n'en fut donnée qu'en 1975 à New York (à l'occasion du centenaire du musicien et de la publication posthume de l'œuvre par Salabert).

Quatuor à cordes, en *fa* majeur

Comme Debussy, Ravel a véritablement débuté dans la musique de chambre par un quatuor à cordes, — bien qu'il faille se garder de toute comparaison textuelle entre les œuvres des deux musiciens (le disque nous a trop habitués au couplage des deux *Quatuors,* — alors qu'il serait souvent plus judicieux de rapprocher Debussy d'un Chausson, par exemple, et de laisser Ravel... à lui-même). Cette œuvre de jeunesse dédiée « A mon cher maître Gabriel Fauré », porte déjà l'empreinte d'une personnalité, ainsi que d'une perfection beaucoup plus affirmées que chez son grand aîné. Elle fut écrite de décembre 1902 au mois d'avril 1903, et créée à Paris le 5 mars 1904 par le Quatuor Heyman (concert de la Société Nationale, salle de la Schola Cantorum). Éditée par Gabriel Astruc en 1904, la partition revue par l'auteur a connu son édition définitive chez Durand en 1910. Un arrangement intéressant en existe pour piano à quatre mains par Maurice Delage. Il y a quatre mouvements.

1. Allegro moderato : il est dans la forme sonate, — utilisant avec souplesse deux idées cycliques qui serviront de références aux autres motifs de l'œuvre. Dès les premières mesures s'impose à l'auditeur une ambiance subtile, raffinée jusqu'à la préciosité. Ainsi en est-il du thème introductif, « Très doux », presque nonchalant, soustendu de tierces :

Dès la cinquième mesure, il est transformé. Le second thème, entrant sans tarder (il réapparaîtra également dans le dernier mouvement avec quelques transformations), s'avère plus chaleureux et d'un charme très particulier dû à sa présentation en unisson par le premier violon et l'alto, ainsi qu'à son équivoque tonale (entre *la* mineur et *ré* mineur). Développement et récapitulation sont agencés classiquement ; mais on remarque avec quelle maîtrise étonnante se rejoignent les deux thèmes en une même formule, avant la réexposition. C'est une sorte d'épure des deux motifs principaux, *lento*, qui constitue la coda.

2. Assez vif-Très rythmé (en *la* mineur) : le deuxième mouvement, qui avoue quelques parentés de structure et de traitement avec celui du *Quatuor* de Debussy, est dans le caractère d'un scherzo, avec épisode central servant de trio. C'est une pièce révélatrice de l'humour ravélien et d'une certaine forme « horlogère » de sa gaieté ; elle foisonne en outre de trouvailles sonores : emploi magistral, tout d'abord, du pizzicato, — comme dans l'introduction du premier motif jouant de l'ambiguïté des rythmes binaires et ternaires (coexistence de mesures à 6/8 et à 3/4), aux rapports d'intervalles si simples, si bien marqués :

Profusion, également, des trilles, des harmoniques, des accents syncopés... Le deuxième thème est plus souple, « bien chanté », et, comme le premier, offre une certaine analogie avec le second motif du mouvement initial. Vient ensuite une sorte de reprise dans laquelle le premier thème se partage entre les deux violons, alors que le second paraît errer dans un autre univers tonal. L'épisode central est lent, très expressif, d'une nuance presque mélancolique : le violoncelle chante un nouveau motif, repris par l'alto, conclu par le premier violon ; puis apparaît le thème propre de cette partie centrale, — rythmé à quatre temps. La reprise du scherzo a lieu en une intensification du matériau sonore, avec, pour conclure, un vigoureux pizzicato des autres instruments.

3. Très lent : c'est là une sorte d'andante rêveur et, par instants, s'animant de grands élans lyriques. La forme en est un peu indécise, le développement assez arbitraire, — selon une technique de variation présentant des transformations imprévues de motifs précédemment entendus. Une première idée s'esquisse à l'alto sur une gamme descendante de *sol* bémol majeur (six bémols à la clef), — tandis que paraît, telle une variante inattendue du thème générateur du premier mouvement, une nouvelle idée « très calme » et d'ambitus plus étroit, avec le violon. C'est encore l'alto qui énoncera le second motif de cet andante, dans un mouvement inverse. Se dessinera ensuite une sorte de reprise, dans un tempo « pas trop lent » conduisant vers un bref épisode « passionné ». Pour finir, les deux thèmes reparaîtront encore à l'alto, avant une coda amenant un rappel du motif principal dans sa forme originelle.

4. Vif et agité (à 5/8, puis 5/4) : le finale, à son tour, reprend, en modifiant leur forme et leur rythme, les deux thèmes de la première partie. Cursif et ironique, avec de soudaines poussées de fièvre, il adopte l'allure tournoyante d'un mouvement perpétuel dans lequel doubles croches, trémolos d'octaves de plus en plus accélérés et traits divers de virtuosité instrumentale déploient les séductions raffinées d'un pur divertissement. Peut-être est-ce là le très léger reproche qui pourra s'adresser à une partition moins soucieuse de recherches que de complaisance envers sa propre logique. La mobilité un peu gratuite de ce mouvement conclusif, fort brillant mais sans doute un peu décevant, peut en apporter la preuve.

En dépit d'un conservatisme relatif du style et de la forme, l'œuvre se détache ostensiblement des « modèles » scolastiques ambiants et se fait annonciatrice d'un monde nouveau qui paraîtra après la cassure de la Première Guerre mondiale. Qu'il nous soit permis de citer, pour conclure, le meilleur exégète actuel du compositeur, Marcel Marnat* : « ... Ainsi par sa fermeté résolue et sa luminosité adolescente, le *Quatuor* de Ravel s'offre-t-il à nous comme l'un des germes de cette évolution inéxorable du flou au géométrisme, en excluant pourtant cette angulosité glaciale, si peu satisfaisante dans l'art 1925. Et ce souci préservé d'être fluide sans avoir l'air filandreux, d'être stable sans être brutal ni simpliste, est le signe de toute une nouvelle tournure de la vie. »

Durée moyenne d'exécution : 28-29 minutes.

Introduction et Allegro pour harpe, flûte, clarinette et quatuor à cordes, en *sol* majeur

Cette partition fut écrite peu après le *Quatuor*, en juin 1905 à Paris. Elle résultait d'une commande de la maison Erard, dans le but de mettre en valeur le jeu de la harpe chromatique (le Conservatoire de Paris avait ouvert, en 1903, une classe consacrée à l'étude de cet instrument). La création eut lieu à Paris le 22 février 1907, au Cercle musical de la Société française de photographie, avec Micheline Kahn à la harpe, le quatuor Firmin Touche, Philippe Gaubert tenant la flûte et M. Pichard la clarinette. La partition avait été éditée dès 1906 par Durand. Le dédicataire en fut Albert Blondel.

L'*Introduction et Allegro*, conçu dans une écriture essentiellement mélodique et diatonique, est un aimable divertissement dans

* M. Marnat, in *Maurice Ravel* (Éd. Fayard, Paris, 1986).

lequel Ravel réussit effectivement à mettre en valeur toutes les qualités de fine sonorité de la harpe. L'effectif instrumental s'avère d'ailleurs admirablement dosé en ses timbres, — en particulier ceux de la flûte et de la clarinette. L'*Introduction* lente contient trois thèmes apparentés, — les deux premiers, soudés l'un à l'autre, servant de thèmes cycliques. Le premier est caractérisé par l'intervalle de quinte et le deuxième par celui de quarte, — symétriquement de part et d'autre d'une note centrale : *si* bémol — *mi* bémol — *la* bémol. Tandis qu'instruments à vent et cordes se partagent équitablement l'énoncé de ces deux thèmes, le troisième, dans un tempo un peu plus animé, se déploie au violoncelle largement expressif jusqu'à un *appassionato*. *L'Allegro* débute, sur une variante du second thème, par un solo de la harpe que les autres instruments rejoindront en accompagnement. Alors paraîtra un nouveau motif présenté aux vents, puis par les cordes, — prolongé par la harpe; avant un deuxième solo de celle-ci. Le second thème sera ensuite repris, pour laisser place à un troisième solo avec cadence, — préalable à l'épisode final, *più vivo* s'achevant lui même en une coda pleine d'allant. C'est donc au terme de ce parcours un peu capricieux qu'on peut observer que l'*Allegro* est dans un mouvement de sonate avec exposition (première cadence), développement, reprise (troisième cadence), enfin coda. Au total, œuvre élégante, plus ingénieuse que véritablement inspirée, que Ravel ne voulut pas retenir dans son catalogue, — alors que maints interprètes s'en sont emparés.

Durée d'exécution : 11 minutes environ.

Trio avec piano, en *la* mineur

Chef-d'œuvre de la maturité, ce *Trio*, écrit pour piano et violoncelle, a été entièrement composé à Saint-Jean-de-Luz en 1914 (de début avril à fin août). On y décèle d'ailleurs une influence de l'atmosphère et du folklore basques. Il semble aussi que le *Trio op. 18* de Saint-Saëns ait servi de modèle. La partition, dédiée à André Gédalge, fut donnée en première audition à Paris le 28 janvier 1915, au concert de la S.M.I. (salle Gaveau), par Alfredo Casella au piano, Gabriel Willaume tenant le violon (ou, peut-être, Georges Enesco) et Louis Feuillard le violoncelle ; l'édition en eut lieu la même année, par Durand. Il y a quatre mouvements : *Modéré* (le plus long), *Pantoum*, *Passacaille-très large*, et *Final-animé*. Aucun thème commun à ces quatre mouvements, indépendants et, chacun, d'une grande perfection formelle. Dans l'analyse qui suit, nous citerons abondamment le très pertinent Vladimir Jankélévitch*.

1. Modéré : presque tout le premier mouvement, inscrit dans la forme sonate, s'imprègne du rythme de la première mesure qui revient constamment (et provient d'une danse basque) ; il s'agit d'un 8/8 articulé de la façon suivante : 3/8, 2/8, 3/8... « Sur une pédale de *mi*, dominante de *la* mineur, le piano, d'abord seul, et doublé ensuite par les cordes, expose une impondérable chanson que son rythme ambigu et ses fins accords de trois notes rendent plus aérienne encore ; deux strophes — motif et contre motif — qui sont pour ainsi dire les deux versants de la chanson occupent ainsi douze mesures d'exorde. Ce premier thème module en *fa*, s'altère et aboutit à un second thème dont le rythme berceur et l'ingénuité câline rappellent la Pavane de *la Belle au bois dormant* ; le violon en *la*, puis le violoncelle en *ré* déroulent ce thème au bout duquel raisonne à la main gauche, dans les notes graves du clavier, un écho assourdi du premier... Parfois les cordes se redoublent à deux octaves d'intervalle, et cet espacement crée de vraies sonorités orchestrales ; parfois elles échangent le premier thème avec la main gauche par-dessus les arpèges de la main droite. La réexposition, écourtée, amorce une sublime coda où l'on entend le premier thème, de plus en plus lointain et mystérieux, expirer peu à peu dans le ton de *do*, relatif majeur du ton initial. »

2. Pantoum : ce sous-titre du second mouvement, de coupe inusitée, fait référence à un type de déclaration chantée dans la poésie malaise (forme poétique à refrain utilisée d'ailleurs par Baudelaire dans *Harmonie du soir*, par exemple). Ravel pratique ici des superpositions rythmiques d'un grand raffinement entre le piano d'une part, le violon et le violoncelle de l'autre... « L'éblouissant *Pantoum* tient lieu ici de scherzo. Trois thèmes essentiels — l'un aussi méchant que *Scarbo* avec ses notes répétées et ses cruels staccatos, l'autre presque romantique, et le troisième brodé sur le premier en longues valeurs très expressives — se brisent l'un contre l'autre en un divertissement agressif où les accords fracassés, les dures insistances, les frottements incléments

* V. Jankélévitch, in *Ravel* (Éd. du Seuil, Paris, 1959).

font jaillir plus d'une fois des gerbes d'étincelles. »

3. Passacaille : traitée avec sobriété, mais fort librement, le thème de *passacaglia* est exposé tour à tour par les trois instruments, et d'abord dans le registre le plus grave du piano, *très large*, sur huit mesures :

Reprenons l'excellent commentaire de V. Jankélévitch : « ... La Passacaille, en guise de largo, rappelle la noble gravité d'*Anne qui jecta de la neige**; un chant presque solennel s'amplifie et se propage peu à peu de la main gauche au violoncelle, puis au violon ; culmine au centre de la pièce où son gruppetto de deux doubles croches se détache fortement après des cadences très *Ma mère l'oye*; et se dénude progressivement jusqu'à retrouver la simplicité linéaire du récit initial ».

4. Final-animé : dans une nouvelle forme sonate, il présente des rythmes à 5/4 et 7/4 qui rappellent à nouveau une influence du folklore basque... « Voici, pour servir de Final, un long thème de ronde rythmé sur une mesure impaire et décoré d'un papillotement de trémolos lumineux. Ce thème joyeux aux deux versants symétriques s'interrompt pour laisser le piano entonner une sorte de péan triomphal autour duquel les cordes font scintiller un trille de *do* dièse. L'éclat somptueux de ces fanfares et ces accords parfaits parallèles en plusieurs tons, comme aussi la clarté du ton général de *la* majeur, donnent finalement au *Trio* une violente couleur pittoresque dont l'exubérance contraste du tout au tout avec les demi-teintes du *Quatuor en* fa. »

Durée moyenne d'exécution : 25-26 minutes.

Sonate pour violon et violoncelle, en *ut* majeur

L'œuvre, écrite « A la mémoire de Claude Debussy », fut composée à diverses époques, d'avril 1920 à février 1922. La première exécution publique (à laquelle Ravel n'assista pas) eut lieu le 6 avril 1922 au concert de la S.M.I. (salle Pleyel, à Paris), avec Hélène Jourdan-Morhange au violon et Maurice Maréchal au violoncelle. L'accueil fut plus que froid : la presse parla d'un massacre. Dans son *Esquisse autobiographique*, Ravel parlera plus tard de « tournant dans l'évolution » de sa carrière, — avec un « dépouillement poussé à l'extrême » et un « renoncement au charme harmonique », une « réaction de plus en plus marquée dans le sens de la mélodie ». Le fait que Ravel ait intitulé cette partition, non pas « Duo », mais « Sonate pour violon et violoncelle » révèle une volonté d'architectonique sonore outrepassant la simple expression d'une sensibilité; les quatre mouvements sont désignés, d'ailleurs, par des indications purement dynamiques : *Allegro*, *Très vif*, *Lent*, et de nouveau *Vif* pour le finale.

1. Allegro (à 2/4) : il est dans une forme sonate souple, — puisque faisant paraître dans l'exposition quatre motifs principaux. Le premier est présenté d'emblée par le violon en un dessin arpégé, dans un caractère modal incertain, qui se répète huit fois à la manière d'un ornement :

Sur ce motif initial le violoncelle brode en *la* majeur, puis le violon à la quarte supérieure, en *ré*. Le second motif paraît à la sixième mesure, comme contre-motif, en une ligne sobre, d'une fausse ingénuité pouvant rappeler *Ma mère l'oye*. Le troisième motif est en noires égales au violon, et le quatrième, qui passe à *si* mineur, n'est pas sans évoquer quelque vieille ronde française. Remarquons, surtout, que tous ces motifs sont d'une structure très simple. Le développement mêle des éléments de l'exposition et un matériel thématique nouveau qu'on ne retrouvera pas dans la reprise. Celle-ci fera reparaître le thème initial au registre élevé du violoncelle, jouant « expressif » sur les arpèges modifiés du violon. Un traitement en canon, avec renversement du thème entre les deux voix, viendra clore le mouvement.

2. Très vif (à 3/8) : c'est un mouvement d'une remarquable économie, dont le début est un jeu éblouissant de pizzicatos sur les notes qui ont introduit le mouvement initial (*la-mi* au violon, *do* dièse-*do* au violoncelle). Sorte de scherzo agressif et acide, adouci de phrases jouées à l'archet avec une grande diversité expressive... Après un bref « moins vif », commence une coda mouvementée, prodigue d'étranges effets sonores : le violon reprend *sul ponticello* le motif principal du mouvement, le violoncelle produit un glissando en pizzicatos (effet éminemment bartokien), — tandis que le scherzo

* Courte page pour chant et piano, écrite en 1899, sur un poème de Clément Marot.

s'achève sur une mesure de pizzicatos secs, interrogatifs.

3. Lent : solennel, d'une expression concentrée, ce mouvement lent n'est pas sans rappeler celui du *Trio* (v. plus haut). Un thème calme de huit mesures monte des profondeurs du violoncelle (qui, jusque ici, n'avait guère été sollicité que dans l'aigu), et est répété sur la quatrième corde du violon (qui s'exprimera surtout dans son bas registre) : s'en dégage ainsi une sorte d'« oraison toute recueillie dans la grisaille austère de *la* mineur » (V. Jankélévitch). Le motif atonal du premier mouvement resurgit encore, — avant que, sur des batteries du violoncelle, ne s'achève mystérieusement la méditation (descente du violon du *mi* aigu sur la chanterelle jusqu'au *la* le plus grave).

4. Vif (« avec entrain ») : le mouvement conclusif, outre quelques motifs accessoires, met en œuvre trois nouveaux thèmes principaux, essentiellement rythmiques. Il n'en est pas moins stable, têtu, à la manière d'une « joyeuse marche » ou d'une ronde enfantine resurgissant au détour de tous ses épisodes. Le premier thème, énergiquement rythmé au violoncelle (dans un 2/4 et un 3/4), s'élève progressivement de registre en registre d'octaves. Le motif suivant, qui apparaît comme une variante sur le thème du premier mouvement « un peu traîné », se déroule dans la bitonalité. Le motif-refrain reviendra ensuite, — avant que ne paraisse, sur un trille du violoncelle, le thème suivant à contre-temps. Une seconde partie du mouvement introduit encore un nouveau thème de danse en *fa* dièse majeur, présenté sans accompagnement de la pointe d'archet du violoncelle, puis accompagné du violon en pizzicatos à l'octave supérieure. On observe donc un enrichissement graduel des motifs, — créant une impression de relations complexes, d'échos, de renvois en canon, d'une extrême plénitude polyphonique. Au point qu'un Roland-Manuel, à la création de l'œuvre, s'entendit confier : « Il faudrait que Ravel écrive la réduction de sa *Sonate* pour grand orchestre ! »

Durée d'exécution : 22 minutes environ.

Sonate n° 2 pour violon et piano, en *sol* majeur*

Son élaboration fut longue : la partition, esquissée en 1922, ne fut véritablement entreprise qu'en 1923, pour n'être achevée qu'en 1927. Elle fut dédiée à la grande amie du compositeur, Hélène Jourdan-Morhange, qui cependant ne put la créer pour raison de santé : cette première exécution intervint le 30 mai 1927 à Paris (salle Erard), Georges Enesco tenant la partie de violon, Ravel étant au piano. La publication eut lieu la même année, chez Durand. C'est, semble-t-il, la fréquentation de l'œuvre de Bartók, dont les deux grandes sonates pour violon dataient de 1921 et 1922, qui amena Ravel à écrire la sienne propre. Cette *Sonate*, qui sera la dernière œuvre de chambre du musicien, se caractérise par un dépouillement extrême et par la volonté d'individualiser les deux instruments en présence, dans leurs registres expressifs comme dans leurs timbres, — aboutissant à des combinaisons sonores souvent inédites. Ravel, d'autre part, renoue avec la tradition de la sonate « classique » construite en trois mouvements.

1. Allegretto (à 6/8) : c'est le mouvement le plus développé, dont l'exposition ne comporte pas moins de quatre thèmes. Le premier, de caractère pastoral, est présenté par le piano, puis repris par le violon à la quinte supérieure au-dessus de battements d'octave au clavier :

Le deuxième thème, ramassé en une courte phrase, se signale par ses staccatos en notes répétées : le violon reste à la quinte du piano, — tandis qu'apparaît un troisième thème expressif, avant une série d'accords parfaits juxtaposés par le piano, non sans solennité, et qui complètent la panoplie thématique de ce premier mouvement. On n'aboutit pas à un « développement » proprement dit, mais, selon une formule utilisée par Marcel Marnat**, à « ... une manière de rééquilibrage lyrique du matériel, lequel est ainsi porté à un surcroît d'éloquence ». Dans la réexposition, assez brève, le violon se voit confier un beau *cantabile* qui se superpose aux deux premiers thèmes de l'exposition, puis s'évapore en un fugato, — tel un badinage désinvolte.

2. Blues (*Moderato* à 4/4, en *la* bémol majeur) : si ce mouvement lent est un « blues » dénotant une influence du jazz (déjà épisodiquement perceptible dans le mouvement initial), ne nous étonnons pas que Ravel ait nostalgiquement succombé à la tentation d'évoquer des sonorités d'ins-

* Cette sonate (« la » *Sonate pour violon et piano* de Ravel) n'est désignée comme n° 2 que lorsque la *Sonate* de jeunesse, de 1897, est indiquée comme n° 1.

** M. Marnat, *op. cit.*

truments tels que banjo et saxophone. Ainsi le violon sonne-t-il comme l'un ou l'autre, — alors que le piano sera souvent traité comme un instrument à percussion. S'affirment, d'autre part, un goût de la syncope en guise d'ostinato rythmique et le recours aux successions de septièmes mineures et d'accords de sous-dominante, — si caractéristiques de ces musiques « nègres » apprises par les musiciens français de l'entre-deux-guerres.

Le tout, comme de caractère improvisé, — sans que l'auditeur ne discerne d'autre intention que celle de rompre avec le lyrisme convenu des andantes habituels... « A la fin un glissando nouveau exigera de l'auditeur exténué qu'il adhère ou qu'il se refuse à une musique où, plus que jamais, Ravel manifeste son élégance risquée, son énergie sensible, les rages qui le parcourent sous un masque qu'il voulait impassible » : tel est, ici, l'avis d'un Marcel Marnat.

3. Perpetuum mobile (*Allegro* à 3/4 en *sol* majeur) : c'est le mouvement le plus court de la partition (observons d'ailleurs la décroissance progressive des durées de chaque mouvement). Il débute sur le motif en staccato du premier mouvement ; et il conclura par un rappel du thème bucolique, initial, de ce même mouvement. Les notes répétées, les arpèges du violon dépersonnalisent quelque peu l'instrument, si virtuose, — alors que le piano semble s'effacer. On ne saurait toutefois parler d'intentions décoratives, ni d'une recherche d'une intensité sonore au prix d'ingéniosités gratuites. Il s'agit, somme toute, de la pure soumission à une sensibilité d'essence strictement « acoustique ». Quant aux dernières mesures, elles ne seront pas sans rappeler l'ancienne conclusion du *Quatuor en* fa.

Durée d'exécution : 18 minutes environ.

AUTRES ŒUVRES

La **Berceuse sur le nom de Fauré**, courte page pour violon et piano, fut écrite en septembre 1922 à Lyons-la-Forêt, à l'instigation de « la Revue Musicale » en vue d'un numéro spécial consacré *de vivo* à Gabriel Fauré (participèrent aussi à cet hommage des musiciens tels que Florent Schmitt, Charles Koechlin, Georges Enesco, ou Roger-Ducasse). Le dédicataire en fut Roland-Manuel, et la création publique eut lieu le 13 décembre 1922 à Paris, à la S.M.I., avec Hélène Jourdan-Morhange au violon. Comme pour le *Menuet sur le nom de Haydn**, le motif principal de cette *Berceuse* est inspiré par la transposition du nom de Gabriel Fauré selon la notation anglo-saxonne (*sol*, *la*, *si* bémol, *ré*, *si* bémol, *mi*, *mi / fa*, *la*, *sol*, *ré*, *mi*). Ce thème, à la fois mélancolique et candide, est confié au violon qui joue en sourdine. Les accords bitonaux ou les dissonances de septième majeure n'apparaîtront là que comme « fausses notes » douces et indécises.

Durée d'exécution : 3 minutes et demie environ.

Ravel composa **Tzigane** en avril 1924, — alors qu'il travaillait à sa féerie lyrique *l'Enfant et les sortilèges*. Dédiée à la violoniste hongroise Jelly d'Aranyi, cette « rhapsodie de concert » pour violon et piano (ou luthéal) fut créée à Londres (Aeolian Hall) le 26 avril de cette même année, par la dédicataire et le pianiste Henri Gil-Marcheix. Le 15 octobre suivant, à Paris (salle Gaveau), le violoniste Samuel Dushkin et Beveridge Webster en donnèrent la première audition pour violon et luthéal (éphémère instrument évoquant les sonorités du cymbalum ou du clavecin). Un mois et demi plus tard, le 30 novembre, aux concerts Colonne, Jelly d'Aranyi devait créer la version avec orchestre sous la direction de Gabriel Pierné.

Cette pièce, redoutée des solistes, est un ensemble de variations librement « improvisées », juxtaposées sans développement, faisant valoir les possibilités instrumentales du violon. Techniquement, en effet, *Tzigane* fait appel à tous les pièges qui se peuvent poser à un virtuose : pizzicatos, glissandos, doubles cordes, harmoniques rapides, etc. Musicalement l'expression est constamment ambiguë, — entre engagement et parodie. La première partie, qui débute par une très longue cadence du violon (*Lento quasi cadenza*) laisse l'archet se livrer, de façon rhapsodique, à une sorte de subversion de Liszt et de Paganini, — tour à tour charmeur et grinçant. Lorsque le mouvement s'anime (*Allegro*), paraît un thème dansant fondé sur l'intervalle de quinte, rappelant la manière bartokienne. Un *Meno vivo grandioso* amènera un nouveau motif exposant encore davantage le violon, et accentuant peu à peu la nervosité du rythme (*Accelerando*). Le *Grandioso*, enfin, sera répété en une péroraison ample et mouvementée permettant à l'instrument soliste de se livrer à sa furia toute « tzigane ».

Durée moyenne d'exécution : 10-11 minutes.

F.R.T.

---

* Voir *Guide de la musique de piano* (même éditeur).

MAX REGER

Né à Brand (Bavière), le 19 mars 1873 ; mort à Leipzig, le 11 juin 1916. Ce musicien, dont la vie fut relativement brève et obscure, débuta ses études avec l'organiste Adalbert Lindner qui l'instruisit selon les principes sévères de l'amour des « anciens » : pour Reger, Jean-Sébastien Bach demeurera toujours « le commencement et la fin de toute musique » (son admiration ira vers Brahms également — pour des raisons très identiques et comme son modèle le plus proche). Déjà organiste à l'âge de treize ans, Reger reçoit aussi l'enseignement du célèbre musicologue Hugo Riemann qu'il suit à Wiesbaden, où il enseigne lui-même. Puis il s'installe à Munich en 1901, avant d'être nommé professeur de composition à l'université de Leipzig en 1907. Il deviendra Kapellmeister de la Cour de Meiningen en 1911 (poste qu'avait occupé, quelques années auparavant, Richard Strauss auquel le lie l'amitié — mais non une approbation sans réticences), avant de se retirer à Iéna en 1913, puis de mourir trois ans plus tard d'une crise cardiaque à Leipzig — la ville de Bach...

Max Reger est l'une des personnalités les plus étranges et les plus complexes de son temps, un vrai tissu de paradoxes. De plus, on ne voit guère de compositeur dont la réputation, hors de son Allemagne natale, soit faussée par davantage de préjugés et de conceptions erronées. On ne connaît généralement qu'une infime partie de son immense production. On voit encore toujours en lui une incarnation du pédantisme teuton, un terrifiant Herr Professor possédé d'un implacable *furor contrapunctisticus*, comme un épigone tardif et anachronique de Bach. La vérité, au contraire, est qu'il assuma le fardeau de sa position critique à la limite de deux âges de la musique avec un engagement lucide égal à celui de son quasi-contemporain Gustav Mahler, même s'il partait d'autres prémisses.

D'une manière typiquement romantique, deux hommes se combattaient en Reger, mais, par une rare fortune, il parvint à les concilier dans la synthèse convaincante de ses meilleurs ouvrages. Reger, le Bavarois catholique, nature généreuse et expansive, aussi incapable de réfréner un appétit gargantuesque de nourriture et de boisson que de s'empêcher d'écrire des fugues de trois cents mesures, était un enfant de son époque. Tout en vénérant profondément l'œuvre de Brahms (qui l'influença de manière durable), il était pleinement conscient de la révolution chromatique du *Tristan* de Wagner. Tout en écrivant des œuvres d'orchestre et de chambre de grande envergure selon des moules formels aussi clairement hérités de Brahms que ses innombrables lieder et pièces pour piano, il mena le chromatisme wagnérien bien au-delà de Bruckner et de Wolf, aux frontières de l'atonalité. On ne trouve rien dans les premières œuvres de Schoenberg — rien, de fait, dans la production toute entière de l'époque — qui égale le radical atonalisme chromatique des grandes œuvres du *Sturm und Drang* « regerien » écrites au tournant du siècle, et dont la fantaisie « *Inferno* » (d'après l'Enfer de Dante, c'est la *Fantaisie symphonique et Fugue op. 57* pour orgue, de 1901) demeure peut-être l'exemple le plus frappant. Quelques années plus tard, bien sûr, Schoenberg et ses disciples le dépassèrent, mais il ne faudrait pas oublier que sa mort prématurée à l'âge de quarante-trois ans l'empêcha, tout comme son contemporain russe Scriabine, de dire son dernier mot en la matière. Dans les œuvres tardives de Reger, notamment dans le *Quatuor en* fa *dièse mineur* (*op. 121*, 1911) et dans la *Fantaisie et Fugue en* ré *mineur* pour orgue (*op. 135 b*, 1916), on trouve des exemples frappants de pensée sérielle pré-dodécaphonique, avec des séries de dix, et même de onze sons. Le Reger « moderne », l'héritier naturel de Brahms et de Wagner, le pionnier de l'atonalisme ne révèle qu'un aspect de l'artiste. Il fut également un impressionniste subtil et délicat, comme le montrent sa *Suite romantique*, sa *Suite d'après Böcklin*, ou encore sa *Suite pour orgue en* sol *mineur* (*op. 92*). C'est là l'aspect le moins connu de sa personnalité. Le plus connu, au contraire, est celui du néo-classique qui cultiva les formes austères du contrepoint comme Bach, qui écrivit Chorals, Fugues et Passacailles par douzaines avec une aisance déconcertante et une infatigable prolixité, et qui surtout signa la production de musique d'orgue la plus importante en nombre et en valeur depuis

Jean-Sébastien Bach. Mais on n'observe aucun hiatus entre ces aspects variés de son style, et ses structures polyphoniques les plus strictes intègrent toutes les conquêtes de l'harmonie moderne, ainsi que les nuances infinies d'une échelle dynamique particulièrement ample : tant comme exécutant que comme compositeur, Reger s'acquit la réputation d'un maître du *pianissimo*, qu'il opposait d'ailleurs à de retentissants sommets d'intensité sonore. Ce qui lui manqua, peut-être, ce fut la faculté d'inventer des profils thématiques suffisamment forts et aptes au développement, au sens de Beethoven ou de Brahms. Ses sujets de fugues, par contre, ne le cèdent en rien à ceux de Bach. Et son inspiration n'est jamais plus forte ni plus personnelle que lorsqu'elle est stimulée par le défi de quelque thème étranger : aussi, ses séries de *Variations* pour orchestre ou pour piano, de même que ses *Chorals* pour orgue, peuvent être considérés comme ses meilleures œuvres.

Par contre, ses grandes architectures dans les formes à thèmes et à développement posent problème : les motifs individuels perdent de leur relief par l'invasion du chromatisme généralisé, qui tend à en noyer les profils, et par l'instabilité tonale, pour se dissoudre dans le flot de la polyphonie omniprésente. Chez Reger apparaît l'incompatibilité foncière entre affirmation thématique et affaiblissement du sentiment tonal, qui devait aboutir, dans les œuvres de l'École viennoise, à la dissolution des grandes formes classiques. D'où, dans ses grandes œuvres de musique de chambre, une impression globale de grisaille et d'uniformité malgré la beauté et la richesse des détails. On est presque toujours séduit au départ ; puis, au bout de quelques minutes, le manque d'articulation rythmique et cadentielle engendre la lassitude. Certes, il y a d'assez nombreuses exceptions, et un tri attentif révèlera une poignée de chefs-d'œuvre. Mais il faut dire aussi que la déconcertante fécondité du compositeur ne s'accompagne pas toujours d'un renouvellement de la forme ou de l'expression. De toute façon, l'existence de non moins de quatre-vingt-trois œuvres de musique de chambre au catalogue de Reger rend leur analyse détaillée et exhaustive impossible dans le cadre du présent « Guide » : même en Allemagne, elle n'a encore jamais été tentée !

Trois courants d'inspiration voisinent chez Reger, — parfois ils se combattent, parfois ils se concilient. Il a déjà été fait allusion à deux d'entre eux : le courant romantique, issu de Brahms, mais fécondé par le chromatisme post-tristanesque, qui donne naissance aux grandes architectures comme les *Sonates pour violon*, *pour violoncelle*, ou *pour clarinette et piano*, les *Trios*, *Quatuors*, *Quintettes*, et le *Sextuor* ; et, d'autre part, le courant néo-baroque, — se manifestant par la prédilection pour le style fugué, et qui, dans le domaine de la musique de chambre, a permis à Reger de reprendre la tradition, interrompue depuis Jean-Sébastien Bach, de composer pour cordes seules : au violon et au violoncelle, il ajoute même l'alto. Il y a là tout un trésor de *Sonates*, de *Suites*, de *Préludes et Fugues*, de *Chaconnes*... Le troisième courant, le plus méconnu, et pourtant le plus attachant peut-être, s'est affirmé plus tard comme correctif salutaire des précédents : il s'appelle Mozart, et il illumine les ravissantes *Sérénades avec flûte*, les *Trios à cordes*, et, de manière générale, les fruits tardifs d'un classicisme retrouvé et trop tôt interrompu par la mort (ce que Reger lui-même appelait le « style libre d'Iéna », ville où il passa ses dernières années), indiquant une évolution proche de celle d'un Busoni à la même époque.

Certes, il lui fallut du temps pour en arriver là, mais, en réalité, son évolution ne fut ni régulière, ni linéaire : le romantisme intime dans la lignée de Brahms, qui fut celui de ses débuts, persiste au moins jusqu'aux deux *Sonates pour clarinette et piano op. 49* (1900), alors que les premières pages pour violon seul inspirées par Bach (*Quatre Sonates op. 42*) datent de l'année précédente. Et l'expressionnisme sauvage et quasiment atonal dont la vague culmine vers 1902-1903 (*Quintette op. 64*, *Sonate pour violon et piano op. 72*) lance ses prolongements au moins jusqu'au *Sextuor à cordes op. 118* de 1910, voire même au-delà, alors que les deux brefs *Quatuors à cordes* de l'*op. 54* (1900 et 1901), et surtout le premier couple *Sérénade avec flûte - Trio à cordes op. 77* (1904) sont déjà imprégnés de classicisme « mozartien ».

Reger s'est étonnamment peu renouvelé sur le plan de la forme, — autre raison rendant superflue la description détaillée de chaque œuvre. Son *op. 1*, la *Première* de ses neuf *Sonates pour violon et piano* (1890, il avait dix-sept ans) établit un schéma dont il se départira rarement : un premier mouvement modérément animé et largement développé en forme sonate, souvent à 3/4 ou à 6/4, un bref *Scherzo* de forme classique avec trio, un mouvement lent de forme lied, parfois aussi traité en thème varié, et un *Finale* animé, en rondo ou en rondo-sonate, plus rarement en thème varié ou en fugue. Non moins de vingt-quatre grandes œuvres sont bâties ainsi, alors que deux seulement (le *Trio à cordes en* la *mineur op. 77b*, et la dernière *Sonate pour violon et piano en* ut *mineur op. 139*), restituent au *Scherzo* sa classique troisième position.

Dix œuvres sont par contre en trois mouvements seulement, — soit que le *Scherzo* soit supprimé, soit qu'il précède un *Thème et Variations* (*Trio op. 2*, *Sonates pour violon et piano op. 84* et *op. 103 B n° 1*). Le « gabarit » normal d'une œuvre de musique de chambre de Reger est de l'ordre de trente-cinq à quarante minutes, mais peut en atteindre cinquante (*Quatuor à cordes op. 74*), ou en durer moins de vingt (*Quatuor op. 54 n° 2*, *Trios à cordes* et *Sérénades avec flûte*). Cette statistique ne tient pas compte des œuvres pour cordes seules, évidemment plus courtes, et recourant à des formes héritées de l'ère baroque : *Prélude et Fugue*, *Chaconne*, *Suite de danses* (simples formes binaires). Il nous reste à effectuer un bref décompte de cette production pléthorique, du solo au sextuor, en relevant les pages les plus marquantes.

ŒUVRES POUR CORDES SEULES

Pour violon seul, Reger a tout d'abord composé deux recueils de *Sonates*, l'*op. 42* (1899) qui en contient quatre, et l'*op. 91* (1905) qui en réunit sept. Elles sont soit en trois mouvements, soit en quatre, et la dernière *Sonate* de chaque opus se termine par une grande *Chaconne*, alors que les *op. 91 n° 1*, *4* et *5* finissent par une *Fugue*. C'est vers le genre du *Prélude et Fugue* que le compositeur s'est ensuite tourné, d'abord avec l'*op. 117*, écrit entre 1909 et 1912 (huit pièces, dont la quatrième n'est pas un *Prélude et Fugue*, mais une nouvelle et dernière *Chaconne*, plus monumentale que les précédentes), puis avec l'*op. 131 a* (six *Préludes et Fugues* écrits en onze jours, en avril 1914 !). Cet *op. 131* contient pratiquement toutes les autres œuvres pour cordes seules de Reger (il existe encore un *Prélude et Fugue* sans opus (1902), et un *Prélude* isolé (1915), pour violon également). L'*op. 131 b* présente trois diptyques pour deux violons, *Duos* (*Canons et Fugues*) « *dans le style ancien* » (écrits dans les onze jours suivant l'achèvement de l'*op. 131 a* !). En 1915, moins d'un an avant sa mort, Reger a composé encore *Trois Suites pour Violoncelle seul* (*op. 131 c*) et *Trois Suites pour alto seul* (*op. 131 d*).

Les **Suites pour violoncelle** sont remarquables et souvent jouées, et Reger y est heureusement inspiré. La *Première* (en *sol* majeur) comprend un *Prélude*, un *Adagio* et une *Fugue* ; elle est plus courte et plus simple que les deux autres, — la *Deuxième* (*ré* mineur), formée d'un *Prélude*, d'une *Gavotte*, d'un *Largo* et d'une *Gigue*, et la *Troisième* (*la* mineur), qui enchaîne un *Prélude*, un *Scherzo* et un *Andante* suivi de cinq *Variations*.

Les **Suites pour alto**, toutes trois en quatre mouvements brefs, sont plus modestes de dimensions ; mais ce sont les premières œuvres du genre écrites pour l'instrument, précédant de quelques années les *Sonates* de Hindemith.

LES DUOS AVEC PIANO

Abordant à présent les duos avec piano, le groupe le plus nombreux est celui des neuf **Sonates pour violon et piano**, dont le cycle embrasse toute la carrière créatrice de Reger, soit un quart de siècle. Elles sont presque toutes en quatre mouvements, avec le *Scherzo* en second. Les trois premières (*op. 1*) en *ré* mineur, 1890 ; *op. 3* en *ré* majeur, 1891 ; *op. 41* en *la* majeur, 1899), se dégagent progressivement de Brahms.

La **Quatrième, en *ut* majeur** (*op. 72*, 1903), est au contraire l'un des produits les plus extrêmes du *Sturm und Drang* expressionniste « regerien ». Inspirée par l'hostilité croissante de la critique à son égard, c'est la célèbre *Schimpfsonate*, ou « Sonate des injures », à cause des thèmes de son premier mouvement, sur A-F-F-E (*la-fa-fa-mi*), c'est-à-dire « singe », et sur S (Es)-C-H-A-F (*mi* bémol-*do-si-la-fa*), c'est-à-dire « mouton ».

La **Sonate n° 5** suivante, en *fa* dièse mineur (*op. 84*, 1905), dédiée par Reger à son ami le violoniste français Henri Marteau, qui avait créé sous les huées l'œuvre précédente avec l'auteur au piano, revient à une inspiration plus détendue et plus « normale », plus élevée très certainement. Elle ne comporte que trois mouvements, car le *Scherzo* est suivi d'un magnifique *Thème* avec sept *Variations*, que couronne l'une des plus belles *Fugues* de Reger.

Les deux œuvres suivantes de la série sont deux **Petites Sonates** (*n° 6* et *7*), qui font partie de l'*op. 103*, à vocation plutôt pédagogique. Cet opus se compose d'une *Suite en* la *mineur* en six mouvements à l'ancienne (*op. 103 A*, 1908), de douze petites pièces transcrites pour violon et piano d'après des lieder de Reger, travail effectué quelques semaines avant sa mort (*op. 103 C*, 1916), enfin de nos deux *Petites Sonates* (*Sixième* et *Septième* de la série complète), respectivement en *ré* mineur (*op. 103 B n° 1*, 1909), avec un *Allegro*, un *Scherzo* et un *Andante à* (huit) *Variations*, et en *la* majeur (*op. 103 B n° 2*, 1909), dans les quatre mouvements habituels. C'est aussi le cas de l'ample **Huitième Sonate en *mi* mineur** (*op. 122*, 1911), — alors que la **Neuvième en *ut* mineur** (*op. 139*, 1915), la plus développée de toutes, et sans doute la plus inspirée, situe le *Scherzo* en troisième position, après un splendide *Largo*, que l'on joua aux funérailles du compositeur, et avant un paisible *Andantino* suivi de huit *Variations*.

Pour violon et piano, outre quelques petites pièces de moindre importance, on citera encore une très belle **Suite dans le Style ancien, en *fa* majeur** (*op. 93*, 1906), formée d'un *Prélude*, d'un *Largo* et d'une *Fugue*, et dont Reger rédigea également une version pour orchestre (sans violon solo !) l'année de sa mort.

Les quatre **Sonates pour violoncelle et piano** jalonnent assez régulièrement la carrière de Reger. La *Première, en* fa mineur (*op. 5*, 1892) ne comporte que trois mouvements, contrairement aux trois autres (*op. 28* en *sol* mineur, 1898 ; *op. 78* en *fa* majeur, 1904, dont l'*Andante* est un *Thème* avec six *Variations* ; *op. 116* en *la* mineur, 1910, sans doute la plus notable de la série). Pour la même formation, il existe quelques pièces brèves.

Lorsque le jeune Reger prit connaissance des *Sonates pour clarinette et piano* de Brahms, alors toutes récentes, il déclara : « Parfait. Je vais écrire deux de ces choses moi aussi ! ». Ainsi naquirent en très peu de temps les deux **Sonates pour clarinette et piano op. 49** (1900), en *la* bémol majeur et en *fa* dièse mineur, beaucoup trop peu connues. On leur préférera cependant la *Troisième Sonate*, en *si* bémol majeur (*op. 107*, 1909), l'une des plus belles jamais écrites pour l'instrument, et l'un des meilleurs duos instrumentaux de Reger. Un *Feuillet d'album et Tarentelle* pour la même formation, ainsi qu'un délicieux *Allegretto grazioso pour flûte et piano* complètent ce chapitre de sa production.

LES TRIOS

Ils sont au nombre de six.

Des deux **Trios avec piano**, l'*op. 2* en *si* mineur (1891) est pour la formation insolite violon, alto et piano, — ce qui en raréfie évidemment les exécutions. Il comporte trois mouvements, le *Scherzo* étant suivi d'un *Adagio sostenuto* à (cinq) *Variations*. Retrouvant l'instrumentation normale, le **Trio en *mi* mineur** (*op. 102*, 1908), qui dépasse les quarante minutes, est l'une des architectures les plus complexes et les plus grandioses de Reger, d'une véhémence expressionniste survoltée et d'une puissance sonore qui lui a valu l'épithète de « symphonie déguisée ». Cette œuvre difficile, mais passionnante, culmine dans son splendide *Largo* en *la* bémol majeur, profondément mystique, et qu'on a qualifié de « monologue en présence de l'éternité ».

Reger n'a jamais rien écrit de plus directement séduisant, de plus gracieux ni de plus aimable que ses *op. 77* et *141* : si on les connaissait mieux, on aurait une idée toute nouvelle de ce compositeur, — notamment en France. Écrits à onze ans d'intervalle (1904 et 1915), mais étonnamment proches par l'inspiration et l'écriture, ces deux opus se composent chacun d'une *Sérénade pour flûte, violon et alto* (*op. 77 a* en *ré* majeur ; *op. 141 a* en *sol* majeur) et d'un *Trio à cordes* (*op. 77 b* en *la* mineur ; *op. 141 b* en *ré* mineur). Les **Sérénades**, qui ne dépassent pas le quart d'heure, sont en trois mouvements dans l'ordre vif-lent-vif (l'*Andante semplice* de la *Sérénade en* ré est un *Thème à* (cinq) *Variations*) ; ce sont de petits joyaux, d'une perfection mozartienne, et la *Sérénade en* sol, surtout, annonce d'étonnamment près le *Trio avec flûte op. 40* d'Albert Roussel :

Les **Trios à cordes** comptent au nombre des rares chefs-d'œuvre du genre, aux côtés de ceux de Mozart, de Beethoven, de Hindemith et de Schönberg. Ils sont un peu plus longs et plus « sérieux » que les *Sérénades*, mais aussi limpides et aussi directs d'impact. Le **Trio en *la* mineur** est en quatre mouvements, avec le *Scherzo* exceptionnellement en troisième position, et s'ouvre sur la seule et brève (neuf mesures) introduction lente que l'on puisse trouver dans toute la musique de chambre de Reger. Le **Trio en *ré* mineur** ne comporte à nouveau que trois mouvements, et, après un *Andante molto sostenuto* à (sept) *Variations*, il se termine *Presto* par une merveilleuse *Fugue* à caractère de Scherzo, — la dernière de son auteur, interrompue à peine, durant un court instant, par une réminiscence tendre et nostalgique du thème initial du premier mouvement. La science contrapuntique inégalée de Reger y prend congé de nous sous la forme d'une ballerine légère comme une plume !

LES QUATUORS

L'un des premiers essais de composition de Reger fut un *Quatuor à cordes en* ré *mineur*, en trois mouvements, écrit entre quinze et seize ans (1888-89), et publié après sa mort. C'est une œuvre ardente, mais encore maladroite, dont le *Finale* est d'une conception si orchestrale qu'il exige l'appoint d'une contrebasse. Mais les **Quatuors à cordes** de la maturité du compositeur sont au nombre de cinq, dont les deux premiers, composés respectivement en 1900 et en 1901, parurent sous le numéro d'*op. 54*. Ce sont des œuvres complexes, mais denses et concises, et d'une parfaite clarté, — ne durant respectivement que vingt-cinq et vingt minutes.

Le **Quatuor en *sol* mineur op. 54 n° 1** se termine par une *Fugue* allègre et virtuose (*Prestissimo assai*), en *sol* majeur, dont le jeune Hindemith saura se souvenir.

Le **Quatuor en *la* majeur** ne comporte que trois mouvements, dont le premier est un *Allegro assai e bizarro* (sic), au thème heurté et capricieux, et le deuxième un *Andante semplice* à six *Variations*. Ces deux *Quatuors* mériteraient eux aussi d'être connus en France.

D'une tout autre envergure, l'immense **Troisième Quatuor en *ré* mineur** (*op. 74*, 1903-04) surpasse par ses dimensions gigantesques (plus de cinquante minutes) toutes les autres pages de musique de chambre de son auteur, et prend place dignement aux côtés de monuments comme le *Quatuor en* ré *mineur* de Hugo Wolf, le *Premier* de Schönberg (en *ré* mineur également), le *Deuxième* de Zemlinsky ou, en France, l'unique *Quatuor* de Magnard. C'est une œuvre complexe et difficile — témoignage, encore, de l'expressionnisme survolté de Reger, tendant à rompre les liens d'une tonalité minée par le chromatisme. À l'*Allegro agitato e vivace* à 6/8, aux développements exceptionnels et aux sonorités d'une puissance quasi-orchestrale, succède un bref *Vivace-Scherzo* à deux temps dont la course fiévreuse n'est coupée que par un bref *Adagio*. Mais l'œuvre culmine dans le cycle imposant de son *Andante sostenuto e semplice* en *la* majeur, dont le thème à 6/8 fait l'objet de non moins que onze grandes *Variations*, du type « amplificateur » (à l'exception des toutes premières), et qui témoignent d'une incroyable richesse de figurations, de renouvellement agogique et de liberté modulante : il est peu de pages dans la littérature du quatuor dont le simple aspect graphique soit aussi impressionnant ! Et l'œuvre se termine dans la détente et la joie de son grand *Rondo, Allegro con spirito e vivace*.

Si le **Quatrième Quatuor en *mi* bémol majeur (op. 109**, 1909) est devenu de loin le plus connu de la série, c'est certes à cause de son caractère plus amène et plus détendu, qui s'affirme dès le très lyrique *Allegro moderato*, pour se confirmer dans l'espiègle *Quasi Presto* à 6/8 et dans le noble *Larghetto*. Mais c'est avant tout grâce à la présence de l'extraordinaire *Fugue* (*Allegro con grazia e con spirito*), au sujet d'un souffle peu commun, et pourtant d'une verve sautillante et gracieuse :

Cette *Fugue* étourdissante qui se développe en double fugue, avec un deuxième sujet de tempo plus lent, et se termine par une péroraison monumentale, symphonique même, égale celle — assez voisine dans le temps — des *Variations Hiller* pour orchestre*. Ici, Reger est vraiment dans son domaine propre, et il y est insurpassable.

Plus grave et plus introverti, le **Cinquième Quatuor en *fa* dièse mineur (op. 121**, 1911) n'est pas aussi connu que le précédent, mais d'une égale valeur en son style plus dépouillé annonçant déjà les œuvres de la fin. Dans le premier de ses quatre mouvements (qui se succèdent dans l'ordre habituel à Reger), se rencontrent d'étonnantes structures présérielles frôlant le total chromatique !

---

* Voir *Guide de la musique symphonique* (même éditeur).

Reger a également écrit deux importants **Quatuors pour cordes et piano**, dont le *Premier*, en *ré* mineur (*op. 113*, 1910), l'une de ses œuvres les plus développées, contraste, par sa véhémence expressionniste et sa complexité compacte, avec la nature beaucoup plus épurée et concise du *Deuxième* en *la* mineur (*op. 133*, 1914), l'un des sommets du style tardif de Reger, d'une écriture finale beaucoup plus moderne sous sa simplicité apparente. Quant au *Premier*, à titre d'échantillon de l'humour très particulier du compositeur, il vaut la peine de reproduire (pour la première fois en français) la notice de programme rédigée à l'occasion de sa création à Zürich :

« L'œuvre a naturellement quatre mouvements, un fait dû à ma prolixité. Le *Larghetto* (troisième mouvement) va plutôt lentement ; les trois autres mouvements, selon le vieil usage, seront pris naturellement plus vite. Mais dans cette œuvre, on peut aussi faire le contraire, — cette musique sonnera toujours de manière épouvantable. Tonalité *ré* mineur, affirmation téméraire au sujet de laquelle je ne saurais donner aucune garantie. Il est inutile de citer les thèmes, que l'on n'entend de toute manière jamais. J'attire ici l'attention de la respectable Police sur le fait que, précisément dans cette œuvre, comme déjà si fréquemment, j'ai « piqué » de manière tout à fait horrible. Mais, chose très singulière, je me suis abstenu de fugues (*Fugen*) et autres insanités (*Unfug*) de ce genre. Max Reger. P.S. Au cas où l'harmonie ne serait pas toujours bactériologiquement pure, j'en demande le pardon indulgent de tous les apôtres de la chasteté tonale. »

LES QUINTETTES ET LE SEPTUOR

Reger renonça à publier de son vivant un *Quintette pour piano et cordes en* ut *mineur* (1897-98), en quatre mouvements amplement développés, — le troisième étant un *Adagio* à (trois) *Variations*, dont le thème cite le début d'un lied de Brahms, *Sapphische Ode*, sans doute parce que l'œuvre dut lui sembler trop fortement influencée par ce compositeur. En 1901-02, il composa un autre **Quintette, en *ut* mineur** également (*op. 64*), qui a toujours été considéré comme l'une de ses pages les plus problématiques, et ce dès sa première audition, accueillie « avec une épouvante générale ». C'est, en effet, l'une de ses œuvres les plus extrêmes en sa violence expressionniste, surtout dans les déchaînements chaotiques et sauvagement dissonants de l'immense *Con moto ed agitato* initial à 6/4, dont l'envergure égale pratiquement celle des trois autres mouvements réunis.

Mais Reger a terminé sa vie créatrice en beauté avec l'admirable **Quintette pour clarinette et cordes en *la* majeur (op. 146)**, son tout dernier opus achevé (en mars 1916, moins de deux mois avant sa mort) ; c'est l'un de ses rares ouvrages que l'on joue aussi hors d'Allemagne. Il allie une limpidité, une sérénité et une grâce mozartiennes, la somptuosité automnale des plus belles pages tardives de Brahms (notamment de son œuvre de même formation, *op. 115*) et les sortilèges d'une harmonie raffinée, parfois curieusement proche de l'impressionnisme. Tout baigne dans les demi-teintes les plus délicates au cours de ces quatre mouvements dépourvus de contrastes marqués comme de tout accent violent, bien qu'ils adoptent la succession familière. Le *Scherzo* superpose subtilement rythmes binaires et ternaires. Le *Quintette* se termine par un ultime thème varié (*Poco Allegretto* à (huit) *Variations*),

à l'issue duquel — comme dans le *Quintette* de Brahms — s'effectue le lien presque imperceptible avec le thème du premier mouvement : un chef-d'œuvre.

Durée d'exécution : 36 minutes environ.

Avec l'unique **Sextuor à cordes** de Reger (en *fa* majeur, *op. 118*, 1910), nous retrouvons une œuvre excessive, aux débordements généreux, à l'expression véhémente et dramatique, aux sonorités d'une puissance quasi-orchestrale, à la polyphonie chargée et complexe. Cette partition imposante culmine dans son magnifique *Largo*, d'un détachement recueilli et mystique, mais qui peut s'élever jusqu'à la plus haute passion, — *Largo* que Reger lui-même intitulait « Prière avec le Bon Dieu ».

H. H.

NIKOLAÏ RIMSKI-KORSAKOV

Né à Tikhvine (province de Novgorod), le 6 mars 1844 ; mort à Lioubensk, le 8 juin 1908. Issu d'une famille libérale de tradition militaire, il fait ses études à l'École de marine de Saint-Pétersbourg. A partir de 1859, il travaille le piano avec F.A. Canille qui l'encourage à composer et à travailler avec Balakirev et Cui ; il devient alors membre du Groupe des Cinq. Pendant dix ans, il partage son temps entre son service d'officier de marine et la composition. Le succès de sa 1re Symphonie *(1861-1865) le fait nommer professeur d'instrumentation et de composition au Conservatoire de Saint-Pétersbourg, — alors que lui-même s'estime insuffisamment formé et prend des cours d'harmonie et de contrepoint avec Tchaïkovski. En 1873, il abandonne le service actif et est nommé inspecteur des orchestres militaires de la marine. Il dirige les Concerts de l'École gratuite de Musique, et est nommé sous-directeur de la Chapelle impériale. Il collabore avec M.P. Belaiev à partir de 1883, — écrivant pour les Vendredis Musicaux de ce dernier et dirigeant ses Concerts Symphoniques russes. Il s'adonne alors essentiellement à la scène (quinze ouvrages), avec les chefs-d'œuvre que sont* Sadko, le Coq d'or, *et des contes populaires comme* Snegourotchka, Mlada, Kitège... *Symphoniste né, il s'impose dans des musiques « à programme »,* Shéhérazade, Antar, la Grande Pâque russe *notamment — devenant l'héritier de Berlioz et de Liszt, et le père de l'instrumentation moderne. Attiré par les grandes formes classiques comme la symphonie ou le quatuor, il écrit trois* Symphonies, *dont la seconde (*Antar*), doit sa célébrité à son caractère de « tableaux » symphoniques, — tandis que ses cinq* Quatuors *sont restés dans l'ombre, ne servant parfois que de base d'orchestrations futures. Son œuvre de chambre vaut par quelques miniatures, des participations à des œuvres collectives et des partitions demandées par Belaiev, — dont la plus remarquable demeure le* Trio avec piano *en* ut *mineur de 1897. Trois éditeurs ont fait paraître les œuvres de chambre de Rimski-Korsakov : Belaiev à Leipzig de 1887 à 1911, Muzgiz à Moscou en 1955 (Tome XXVII des œuvres complètes), et les éditions d'État soviétiques en 1970.*

Sextuor à cordes en *la* majeur

Avec cette partition, Rimski-Korsakov participa à un concours de composition organisé par la Société Russe Impériale de Musique. Elle fut écrite pour double trio à cordes, et datée de l'été 1876 qu'il passa à Kabolovska. La partition est en cinq mouvements alternant épisodes féeriques où le compositeur russe se souvient de l'*Octuor* de Mendelssohn et passages plus magistraux dans lesquels il s'essaie aux formes classiques, — telle la fugue.

1. L'**Allegro vivace** introductif installe un climat enchanteur, avec l'entrée du thème aux violoncelles et les figures de danse des réponses des deux autres familles d'instruments.

2. Le **Rondo fugato** propose une double fugue dont l'écriture contrapuntique, magistrale et raffinée, semble une adaptation à trois voix de la *Double fugue sur le nom de BACH*, écrite à la même époque comme exercice d'application des deux années d'études avec Tchaïkovski. Ce mouvement, à la rhétorique contraignante, ne manque néanmoins pas d'allure dans sa réalisation pour cordes. Avec le Scherzo, *Vivace al Saltarello*, l'exercice de contrepoint est moins aride, et même moins visible. Alors que les autres instruments réalisent des accords en pizzicato donnant l'impression d'un accompagnement de sérénade, premier violon, premier alto et premier violoncelle exposent successivement un thème fugué au cours du trio du Scherzo. Ce thème est repris *in modo contrario*, sous sa forme renversée.

3. Avec l'**Andante espressivo**, on quitte ces savants exercices d'écriture pour entendre le violoncelle entonner une cantilène intensément nostalgique, — installant enfin un climat romantique aux parfums russes, tandis que les cinq autres instruments réalisent un accompagnement en forme de nocturne.

4. Le finale, **Allegro molto**, paraît conventionnel en sa rythmique simpliste après l'émotion ressentie lors de l'*Andante* qui précède.

Durée d'exécution : 32 minutes environ.

Quintette pour piano et vents, en *si* bémol majeur

Il fut écrit en 1876, pour piano, flûte, clarinette, cor et basson, et destiné au même concours que le *Sextuor*. Le prix fut remporté par un compositeur resté marginal, Eduard Napravnik (1838-1916), avec un *Trio* admirablement déchiffré, lors de la présentation au jury, par Féodor Leschetitsky, l'un des plus grands pianistes de l'époque. Le *Quintette* fut massacré par un tâcheron et passa inaperçu, tandis que le *Sextuor* reçut une mention « honorable ». Le *Quintette* remporta en revanche un grand succès lors de sa création publique à la Société de Musique de Chambre de Saint-Pétersbourg avec Y. Goldstein au piano, la même année.

Dans ses *Mémoires*, le compositeur a donné le commentaire suivant : « L'*Allegro con brio* initial est dans le style classique beethovénien ; le second mouvement, *Andante*, contient un fugato assez réussi aux vents, accompagné par une libre partie au piano ; le troisième mouvement, *Allegretto vivace* en forme de rondo, contient un passage intéressant : la préparation du premier thème, après la partie centrale. La flûte, le cor et la clarinette effectuent à tour de rôle des cadences de virtuosité, interrompues chaque fois par une intervention de basson, en sauts d'octaves ; après la cadence du piano, sur ces mêmes sauts au basson, le premier thème fait enfin son entrée »... On peut ajouter que l'*Andante* reste bien dans la tonalité principale de *si* bémol majeur, et que la mélodie qu'introduit le cor

est répétée plusieurs fois dans des contextes harmoniques différents, à la manière russe. De même, lorsque la clarinette énonce une longue phrase en mineur, elle est répétée quatre fois sur des accompagnements de plus en plus savoureux et ornementés.

L'œuvre s'est maintenue au répertoire depuis un siècle, au même titre que le *Quintette* d'Anton Rubinstein pour la même formation. La spontanéité enjouée, le dynamisme, les « souvenirs » orientaux de cette partition fort bien écrite pour les divers instruments, font que le musicien la considérait comme « plus libre de forme et plus séduisante que le *Sextuor* », — même si l'œuvre reste quelque peu impersonnelle.

Durée d'exécution : 34 minutes environ.

Trio pour piano et cordes, en *ut* mineur

Pendant l'été de 1897, Rimski-Korsakov écrit deux œuvres de chambre à la demande expresse de Belaiev, mais lui interdit de les publier tant il est déçu par le résultat, — écrivant dans ses *Mémoires* « qu'elles prouvent que la musique de chambre n'est vraiment pas son terrain d'élection ». Ainsi le *Quatuor à cordes* en *sol* majeur (v. plus loin) restera inédit jusqu'en 1955, — date de sa publication dans le cadre du Tome XXVII des *Œuvres complètes* (Muzgiz, Moscou), tandis que le *Trio pour piano, violon et violoncelle* sera pendant longtemps déclaré « inachevé », alors qu'il fut fréquemment joué par la femme, excellente pianiste, et les deux fils du compositeur. Son gendre et élève, M.-O. Steinberg, reprend le manuscrit, complète les passages laissés ad libitum à partir des notes de travail de Rimski-Korsakov ; il assiste même à une exécution de l'œuvre en 1939, au domicile des Rimski, avec le fils du compositeur au violon, lui-même au clavier, et S.-N. Bourlakov au violoncelle. Ce dernier ajoute les coups d'archet et les doigtés qui lui paraissent convenables, et l'œuvre est éditée, en complément des *Œuvres Complètes*, en 1970 à Moscou.

L'œuvre est en quatre mouvements traditionnels : l'ALLEGRO initial en *ut* mineur est une libre forme sonate énonçant trois thèmes successifs, — le dernier n'étant que le renversement du premier. Le développement est limité et ne devient original qu'avec la danse russe finale, malheureusement brève. La coda accélère le tempo, — permettant aux trois instrumentistes de briller sans grands risques. Le second mouvement, un ALLEGRO toujours en *ut* mineur, est un rondo jouant sur des gammes chromatiques qui n'oublient jamais la tonalité principale. Le troisième mouvement, un ADAGIO en *la* majeur, s'avère le plus original par la qualité mélodique et l'invention thématique : il est de forme sonate, sans réexposition. Les cordes jouent sur leurs irrésistibles timbres, en solos et duos imitant des chanteurs donnant la sérénade, accompagnés par le clavier. Le finale débute sur un ADAGIO que le piano introduit par une fugue en *la* mineur. Le violoncelle lui répond par un récitatif chaleureux et lyrique, — tandis que le clavier repart sur un nouvel exercice de fugue. Le violon lui répond alors par un récitatif lumineux et chatoyant, et introduit, sur accompagnement du piano, l'ALLEGRO en *ut* mineur. Ce dernier utilise le thème initial de l'*Adagio* et le développe, — le piano partant sur un fugato avant de lancer une coda (*Presto*) virtuose et colorée.

Durée d'exécution : 37 minutes environ.

AUTRES PARTITIONS

En 1875, Rimski-Korsakov écrit un **Quatuor en *fa* majeur** (op. 12), immédiatement publié et joué chez Belaiev ; c'est une partition très bien écrite pour les instruments, mais dont les mouvements extrêmes restent des exercices d'écriture. Les deux mouvements centraux vaudraient largement leur résurrection au concert. A l'été de 1878, il réunit sous le titre de **Quatuor à cordes sur des thèmes russes** quatre pièces : « *Dans les champs* » (*Allegretto*), « *Réunion des jeunes villageoises* » (*Adagio*), « *A Khorovod, ronde villageoise* » (*Scherzo*), enfin « *Au monastère* » (*Allegro molto*). L'œuvre fut donnée sous cette forme, mais non éditée. Les trois premiers mouvements ont servi de matériau à la *Sinfonietta sur des thèmes russes* (*op. 3*) publiée chez Belaiev à Leipzig en 1887, — tandis que la dernière pièce fut transcrite pour piano à quatre mains en 1879 sous le titre de *A l'église*, et publiée à Moscou en 1966.

En 1885, Rimski-Korsakov écrit une nouvelle pièce pour quatuor, **Quatre variations sur un choral** en *sol* mineur (publiées à Moscou en 1955). Suivent deux partitions collectives : le **Quatuor « B-la-F »** du nom du dédicataire, Belaiev), — dont il écrit le premier mouvement, *Allegro*, alors que Liadov, Glazounov et Borodine composent les trois mouvements suivants. L'œuvre complète fut donnée aux Vendredis de Belaiev et éditée en 1887 à Leipzig (en même temps qu'une transcription pour piano à quatre mains).

La partition suivante est un **Quatuor à cordes** sous-titré « Jour de fête », dont Rimski-Korsakov écrit le finale en 1887, un *Allegro*, tandis que Glazounov présente l'*Andante* initial et Liadov le *Moderato*. La **Sérénade pour violoncelle** de 1893 est une courte pièce, également jouée chez Belaiev et éditée à Leipzig en 1895 sous sa forme originelle. Rimski-Korsakov l'orchestra en 1903, sous le numéro d'*op. 37*, pour le violoncelliste Anatol Branboukov.

Le **Quatuor à cordes en *sol* majeur**, comme le *Trio* de 1897, est resté manuscrit, — l'auteur interdisant leur publication ; elle ne se fera qu'en 1955, après relecture de Chebaline (*Œuvres complètes*, vol. XXVII). La partition ne se souvient pas de Mozart, mais présente de nombreuses assimilations beethovéniennes dans la technique d'écriture. Restée inédite en France, tout comme le *Quatuor en fa* de 1875, cette œuvre mériterait d'être connue, — en particulier pour ses deux mouvements centraux où se retrouve la science contrapuntique du maître, mais également son sens mélodique. Empruntant quelques motifs à sa *Fantaisie pour violon et orchestre* (*op. 33*) sur deux thèmes russes où un certain orientalisme vient habiter et colorer la part formelle du propos.

Rimski-Korsakov, enfin, participa à deux autres œuvres collectives : un cahier de **Variations sur un thème russe**, pour quatuor à cordes (1898), — auquel participaient également Artcibouchev, Nadoyeli, Scriabine, Glazounov, Liadov, Vitols, Blumenfeld, Ewald, Winkler et Sokolov (édité chez Belaiev en 1899). En octobre 1899, Rimski-Korsakov écrit un **Allegro commodo** en *si* bémol majeur pour quatuor à cordes, — nouvelle œuvre collective pour les Vendredis de Belaiev , en même temps que Glazounov, Artcibouchev, Sokolov, Liadov, Vitolfs, Osten-Sacken, Blumenfeld, Borodine et Kopylov. Ce morceau se révèle un magnifique allegro de sonate basé sur un thème d'humeur russe tant par le jeu des tonalités que par son développement, malheureusement suivi par un second thème beaucoup plus banal diminuant l'intérêt de ce magistral mouvement. Il reste néanmoins caractéristique des pièces de chambre de la pleine maturité du musicien : écriture raffinée, forme impeccablement respectée, imagination thématique changeante, — la recherche de la perfection d'écriture semblant prendre le pas sur la fantaisie et les « parfums » russes ou orientaux.

Durée d'exécution : 11 minutes environ.

P.E.B.

GUY ROPARTZ

Né à Guingamp (Côtes-du-Nord), le 15 juin 1864; mort à Lanloup (Côtes-du-Nord), le 22 novembre 1955. Joseph Guy Marie Ropartz fit des études de droit à Rennes, puis, en 1886, entra au Conservatoire de Paris où ses études musicales s'effectuèrent dans les classes de Dubois et de Massenet; il fut, peu après, l'élève de César Franck dont il deviendra l'émule le plus tardif en ce siècle, — puisqu'il survécut à la Seconde Guerre mondiale. Sa carrière de compositeur s'ouvrit en 1887 avec le poème symphonique la Cloche des Morts, *bien qu'il continuât pendant quelques années de cultiver aussi la poésie (trois recueils de vers de 1888 à 1893). En 1894, Ropartz fut nommé directeur du Conservatoire de Nancy (le plus jeune directeur de France), — établissement qu'il anima avec autant de ferveur que d'autorité pendant vingt-cinq ans; en 1919, il quitta Nancy pour Strasbourg où, à la tête du Conservatoire et des Concerts symphoniques, il s'employa à restaurer la culture musicale française. C'est en 1929, en pleine force encore, qu'il se retira dans sa Bretagne natale, — laissant le souvenir d'un infatigable animateur et continuant à produire de nombreuses œuvres. Cette production, abondante, comporte près de deux cents partitions de tous genres, — privilégiant de grandes architectures qui empruntent au principe cyclique, et cultivent une écriture harmonique et contrapuntique à la fois dense et complexe (en ses cinq* Symphonies *notamment). La musique de chambre n'y fait pas exception : il faut compter six quatuors à cordes, un trio à cordes, un trio avec piano, trois sonates pour violoncelle et piano, une sonatine pour flûte et piano, deux pièces pour quintette à vents, — outre quelques compositions beaucoup moins importantes. Cette musique de chambre sera commentée dans ses caractères essentiels et dans son esthétique; puis sera analysée dans son détail l'œuvre qui apparaît bien la plus accomplie, le* Trio avec piano *en* la *mineur, — tout en regrettant que les interprètes actuels manifestent si peu d'intérêt pour un répertoire trop tôt disparu des salles de concerts.*

La musique de chambre de Ropartz présente deux traits dominants : d'une part l'utilisation des procédés cycliques dérivés de l'école franckiste, répondant à un souci très affirmé d'équilibre de la forme en des œuvres d'une écriture assez complexe qui a parfois fait taxer cette musique d'aridité. Le second trait caractéristique est le recours à des thèmes du folklore breton, — même si Ropartz préfère souvent les « recréer » que véritablement les citer. Par ailleurs la mélodie, chez Ropartz, procède fréquemment par larges intervalles; comme chez Chausson, Fauré, Magnard ou Lekeu, les mouvements lents sont d'une grande beauté. Enfin, les tendances toutes « classiques » de ce musicien n'excluent pas l'emploi du chromatisme, tout comme des appogiatures et des retards non résolus. Ropartz, dans sa carrière, a pratiqué assez tôt la musique de chambre, puisque son premier quatuor fut daté de 1893. Mais son activité créatrice, en ce domaine, s'est principalement déployée pendant l'entre-deux-guerres. On peut y observer qu'au fil des années, le langage s'est densifié, que la forme s'est ramassée, même si le style n'évolua que modérément. Parmi les pièces les plus remarquables — hormis le *Trio avec piano* examiné ci-après —, sont à citer les deux premières *Sonates pour violon et piano* : la première (1907) avec son cantique populaire breton faisant office de thème générateur, la seconde (1917) plus libre, mais utilisant également un chant armoricain avec splendeur. Parmi les autres compositions intéressantes, remarquons, outre l'ensemble des quatuors à cordes, un *Prélude, marine et chanson* (1928), conçu pour un quintette comprenant la flûte, la harpe et un trio à cordes, ainsi qu'une fraîche *Sonatine pour flûte et piano* (1930), que le musicien destina au grand flûtiste René Le Roy.

Trio pour piano, violon et violoncelle, en *la* mineur

Il fut écrit en 1918, et fut dédié au compositeur Pierre de Bréville, ami de Ropartz et, comme lui, d'obédience franckiste. La date de la première exécution publique (probablement 1918) ne nous est fournie par aucune source sûre, mais on sait que l'œuvre fut aussitôt publiée à Paris, chez Durand. Elle obéit au principe cyclique avec une rigueur que n'eût pas désavouée César Franck, — et a trouvé en Vincent d'Indy un commentateur aussi lucide qu'enthousiaste, à qui nous empruntons ici plusieurs éléments d'analyse.

1. Le mouvement initial est indiqué **Modérément animé** ; il est dans la forme sonate à deux thèmes. C'est une figure rythmique marquée au violoncelle, tel un pré-écho de fanfare, qui introduit le thème principal exposé dans son ampleur (à 3/4), et constituant « la clef de voûte de l'arche sur laquelle l'édifice entier est construit » (V. D'Indy) :

Il laisse paraître assez rapidement le second thème dans le ton de *fa* majeur, procédant par amples intervalles, qui utilise lui-même le motif rythmique d'introduction comme une sorte de cri de victoire :

Ce thème, à son tour, est destiné à reparaître dans le finale. Le début du développement exalte le premier motif, qui cependant s'alanguit et cède ensuite devant la vigueur conquérante du second. La réexposition est tout à fait classique, et c'est un développement complémentaire, contrastant par son « charme exquis » (V. D'Indy) qui termine cette partie.

2. Dans le ton d'*ut* mineur, le mouvement suivant — **Vif** — est un scherzo alerte prenant prétexte d'un chant folklorique (dont on serait en peine de retrouver la source exacte : c'est tout le folklore « imaginé », et cependant très enraciné, du compositeur) ; il est notable que c'est encore le motif rythmique du début de l'œuvre — ici figure de triolet — qui lui confère son impulsion. Il y a un trio central d'un grand raffinement expressif.

3. Le troisième mouvement, en *fa* majeur, — épisode lent de la partition —, est une méditation d'un sentiment accablé que se partagent trois sections : épisodiquement paraissent le motif rythmique déjà entendu, ainsi que le thème principal modifié. C'est sans interruption qu'est lancé le finale, **Animé**, en *la* majeur, sur les notes égales, redoublées, d'un large motif ascendant (*mi - la - mi - la*) ; on y retrouve une sorte d'« expansion » du thème principal. Succède une seconde idée en *sol* bémol majeur, d'un éclat moins extérieur. Un développement varié, par séquences, conduit à une réexposition des deux thèmes, — avant un grand développement conclusif condensant toute la thématique de l'ouvrage. Ainsi reparaît, avec superbe, le second thème du mouvement initial en augmentation, *forte*, par valeurs longues et sur une mesure à 3/2 ; il s'assortit, une nouvelle fois, du petit motif rythmique omniprésent. C'est une coda brillante, en rutilances de fanfare, qui conclut magnifiquement.

F.R.T.

GIOACCHINO ROSSINI

Né à Pesaro, le 29 février 1792 ; mort à Paris, le 13 novembre 1868. À douze ans, il écrit ses premières sonates en quatuor. Quelque peu livré à lui-même dans sa jeunesse, il fait cependant de courtes études au Liceo musicale de Bologne. À dix-huit ans, le succès de son premier opéra donné à Venise, la Cambiale di matrimonio, *l'encourage et lui ouvre les portes des principaux théâtres de l'Italie du Nord. Plusieurs ouvrages vont se succéder entre 1811 et 1813, mais c'est un opera seria,* Tancrède, *et un opéra-bouffe,* l'Italienne à Alger, *qui, en 1813, lui apportent la gloire et confirment véritablement sa réputation. Il s'impose dès lors avec autorité comme le compositeur le plus original du premier Romantisme italien. D'*Otello *(1816) au célèbre* Barbier de Séville *(1816), de* Mosé *(1818) à la méconnue — en France — et sublime* Dame du lac *(1819), Rossini ne cesse d'innover, rompant définitivement avec les procédés qui avaient fait la gloire de ses prédécesseurs, Cimarosa ou Paisiello. Le succès de la seconde représentation du* Barbier de Séville *qui, en 1816, avait immédiatement démenti l'échec retentissant de la première, l'avait consacré comme le maître* *incontesté du théâtre lyrique italien. Installé à Paris en 1824, il devient directeur du Théâtre-Italien, puis, jusqu'à la Révolution de Juillet, intendant général de la musique de Charles X et inspecteur général du chant. En 1829, après avoir fait jouer à l'Opéra son dernier ouvrage lyrique,* Guillaume Tell, *il décide à trente-sept ans de mettre un terme à sa carrière de musicien, — ne revenant épisodiquement sur cette décision que pour écrire des œuvres de circonstance ou de salon et quelques rares pages de musique religieuse, comme le beau* Stabat Mater. *Définitivement fixé à Paris en 1853, il fait construire à Passy une maison qui deviendra l'un des salons les plus élégants et les plus en vue de la capitale. Trop longtemps on n'a vu en Rossini que l'auteur d'opéras bouffes. Sa musique de chambre — en dehors des sonates en quatuor — et sa musique de piano ont jusqu'à nos jours pâti de cette réputation. Les travaux du musicologue Alberto Zedda et de la fondation Rossini de Pesaro ont heureusement rétabli son œuvre dans ses justes perspectives.*

Rossini débuta très tôt dans la composition de ses œuvres de musique de chambre. Ses six **Sonates à quatre** pour deux violons, violoncelle et contrebasse ont, en effet, été composées à Ravenne en 1804 lors de son séjour chez le contrebassiste Agostino Triossi. Rossini n'avait que douze ans. Elles furent éditées chez Ricordi à Milan en 1825 et 1826 sous le titre de *Cinque quartetti originali* (il y manquait la troisième sonate en *ut* majeur).

Ces quatuors sont en trois mouvements : le premier rapide ou modéré, le second *Andante*, et le troisième très vif, les deux violons s'adjugent le rôle principal ; mais Rossini n'hésite pas à confier de longs passages de solistes au violoncelle et à la contrebasse, donnant à l'ensemble une sonorité inattendue mais toujours séduisante. Les mouvements rapides sont pétulants et pleins de virtuosité, alors que dans les *Andante* perce presque toujours une certaine mélancolie. Si la grâce du XVIIIe siècle est encore présente ici, le futur compositeur de théâtre s'affirme cependant, et la perfection formelle de ces *Sonates*, le traitement des mouvements et leur développement interne annoncent le Rossini de la maturité.

De Rossini, on connaît encore des *Duetti pour deux cors*, composés vers 1806, à l'époque de son entrée au Liceo musicale de Bologne, puis un **Andante e tema con variazioni** en *fa* majeur pour flûte, clarinette en *do*, basson et cor en *fa*, écrit en 1812 et dédié « al amico Sonda ». Ce morceau est en deux parties : un *Andante* où est exposé le thème, puis un *Allegretto* où se développent les variations. Les quatre instruments s'y jouent, à tour de rôle, des plus périlleuses difficultés de la virtuosité. La dernière variation, toute en triolets et en staccato, est à la fois brillante et amusante.

Vers 1820, Rossini signa un **Andante con variazioni per arpa e violino** en *fa* majeur sur des thèmes de son *Tancrède*, qu'il dédia à Carolina Barbaja, parente de Domenico Barbaja, directeur et imprésario du Théâtre San Carlo de Naples. Une introduction solennelle *Adagio* ouvre ce morceau ; puis le thème, en lequel on reconnaîtra l'air *Tu che accendi*, est énoncé *Andante* par le violon sur un accompagnement en demi-teintes de la harpe. C'est à la harpe qu'est dévolue toute la virtuosité des triolets de doubles croches, où se noie le thème dans la première variation. La deuxième variation est une page de vélocité pour le violon, sur un soutien en contretemps de la harpe. Une longue variation mineure, où le thème se fait entendre au violon sur des triolets de triples croches de la harpe, s'enchaîne par une gamme rapide à la conclusion qui réexpose le thème, mais avec une intéressante ornementation.

C'est à Londres, le 20 juillet 1824, que Rossini mi un point final à son **Duetto pour violoncelle et contrebasse**, dédicacé à Philippe-Joseph Salomon et publié quatre ans plus tard à Leipzig chez Breitkopf et Härtel. C'est à Paris, en 1829, qu'il composa et fit éditer chez Troupenas une **Fantaisie pour piano et clarinette**, dédiée à Pauline Valentin de Lapelouze. Il devait décider, cette même année, de mettre un terme à sa brillante carrière de musicien. On lui doit cependant encore une œuvre de musique de chambre achevée à Bologne le 12 avril 1845, et éditée sous le titre de *Tema originale di Rossini per violino da Giovacchino Giovacchini*. Écrite pour violon et piano, cette pièce fut dédiée « a Giovacchini ».

A.d.P.

ALBERT ROUSSEL

Né à Tourcoing, le 5 avril 1869; mort à Royan, le 23 août 1937. Passionnément attiré par la mer, il entra à l'École navale de Brest en 1887 et deviendra officier de marine. En 1894, il démissionne pour s'installer à Paris où il travaille l'harmonie, le contrepoint et la fugue avec Eugène Gigout, organiste réputé, puis l'orchestration avec Vincent d'Indy à la Schola Cantorum. Il y deviendra lui-même professeur de contrepoint jusqu'en 1914 (parmi ses élèves, Satie, Varèse, Martinu). Sa vie, ensuite, hormis un long voyage vers l'Orient en 1909, et plus tard un séjour aux États-Unis, est exclusivement vouée à la composition, en parfaite confiance dans la « voie » qu'il s'est tracée. En 1936, le Front Populaire constitue la Fédération Musicale Populaire : Roussel en assumera la présidence pendant la dernière année de sa vie. Homme d'une envergure exceptionnelle — qualités de cœur et qualités d'esprit —, Roussel s'est tout entier mis dans sa musique. Celle-ci concilie avec bonheur le souci de rigueur formelle puisé à la Schola, et l'imagination la plus vive, un sentiment tout panthéiste de la nature, ainsi qu'un sens inné de la « vie intérieure ». Traits les plus caractéristiques de son art, — qui s'affirme très tôt en marge de l'impressionnisme ambiant : le refus, d'abord, de tout élément pittoresque (il voulut écrire « une musique se satisfaisant à elle-même..., à jamais éloignée de toute localisation dans l'espace »); l'ampleur des phrases mélodiques aux courbes longues et sinueuses; une harmonie à la fois âpre et raffinée, avec, très souvent, des incursions dans la polytonalité (sans jamais quitter le système tonal); la transparence et l'éclat des polyphonies instrumentales; enfin les franches accentuations rythmiques, — qui rendent sa musique immédiatement reconnaissable. Si l'opéra-ballet Padmâvatî *et de belles œuvres de musique de chambre portent témoignage de cet art, c'est néanmoins par ses suites de ballets* — le Festin de l'araignée, Bacchus et Ariane — *et par ses ouvrages symphoniques — surtout les* Symphonies n°s 2, 3, 4, la Suite en fa, *la* Sinfonietta pour cordes — *que Roussel demeure le mieux connu du public des concerts.*

La musique de chambre d'Albert Roussel, d'une étendue relativement restreinte, n'en constitue pas moins un chapitre essentiel de sa production, et donc de la musique de la première moitié de ce siècle. À l'exception de deux œuvres de « jeunesse » (on hésite à utiliser ce terme pour cet ancien marin écrivant son opus 1 à trente ans !), longues et peu caractéristiques, ce sont toutes des pages concises et hautement personnelles. Après une première période sous l'emprise de la Schola Cantorum (celle des œuvres précitées, le *Trio op. 2* et la *Première Sonate op. 11*), Roussel est passé par une phase qualifiée souvent d'impressionniste, bien que déjà très originale et très éloignée de Debussy ou de Ravel, pour atteindre, vers 1925, au classicisme rayonnant de sa féconde maturité : en douze ans, il donna plus de la moitié de ses œuvres, d'une énergie et d'une jeunesse croissantes, — qui font de lui, sans contredit, le plus grand compositeur français de l'entre-deux-guerres, et sans doute le plus grand entre Debussy et Messiaen.

Nous traiterons de cette production dans l'ordre chronologique, en commençant par ce **Trio pour violon, violoncelle et piano en *mi* bémol majeur, op. 2** (1902), qui fut sa première partition de quelque envergure, — une envergure excessive, précisément, relativement à des idées encore assez peu saillantes. Dans un langage harmonique assez sage, aux chromatismes post-franckistes bien peu typiques, il déroule ses trois mouvements selon la plus stricte orthodoxie cyclique. Plutôt qu'au *Modéré, sans lenteur*, aux développements un peu longs et laborieux, on donnera la préférence au *Lent*, sombre méditation où une âme inquiète se cherche, tandis que le *Vif et gaiement* conclusif (précédé d'une introduction *Très lent*), malgré l'élan de son thème à 9/8, vaguement annonciateur de l'avenir, souffre de la lourdeur de ses rappels cycliques des autres mouvements.

Durée d'exécution : 28 minutes environ.

De la même veine et de même envergure, la **Première Sonate pour violon et piano en *ré* mineur, op. 11** (1907-1908) marque cependant un net progrès. Si les développements sont toujours aussi excessifs et scholastiques (c'est le cas de le dire !), voire même un peu ternes dans le premier mouvement (*Lent-Très animé*), du moins le thème de ce *Très animé*) a-t-il de la personnalité et de la vigueur. Le deuxième morceau est un *Scherzo* (*Assez animé*), avec un trio lent relativement étendu, solution hybride (l'élan du *Scherzo* se trouve rompu, mais la partie lente n'a pas le temps de s'épanouir vraiment), — à laquelle Roussel reviendra cependant plusieurs fois encore dans sa musique d'orchestre (*la Ville rose* des *Évocations* ; *Pour une Fête de printemps* ; *Scherzo* de la *Deuxième Symphonie*), avant de l'abandonner définitivement. Plein de fraîcheur et d'esprit, le thème du *Très animé* final (à nouveau alourdi par le retour cyclique obligé du thème du premier *Allegro*) annonce celui du *Finale* de la *Deuxième Sonate* par son rythme capricieux et complexe (5/4 + 4/4). En somme, on note dans cette *Sonate* une discrépance réelle entre les idées, personnelles et intéressantes, et leur mise en œuvre, obéissant à des critères qui ne correspondent pas à la personnalité de l'auteur. Roussel ne retombera plus jamais dans pareille erreur.

Durée d'exécution : 31 minutes environ.

D'ailleurs, dès 1906, il avait donné un premier chef-d'œuvre pleinement original avec son **Divertissement pour quintette à vent et piano op. 6**, sept minutes à peine de musique d'une verve délicieusement acide, aux rythmes entraînants et dominateurs, aux rudes agrégats de quartes et de neuvièmes, à l'invention mélodique primesautière et dénuée de toute emphase, à la forme totalement maîtrisée : cinq sections d'un seul tenant, à la manière d'un *Rondo* aux reprises librement variées, et dont les deux couplets (sections paires) sont de tempo plus modéré. Devant une si parfaite réussite, et si prophétique du Roussel de la maturité, on a peine à imaginer la date de composition de cet *op. 6*, — raison de notre légère entorse à la chronologie : esthétiquement, par sa couleur sonore, le *Divertissement* appartient déjà aux années 1920, celles de Milhaud et de Poulenc.

Pendant plus d'une décennie succédant à la *Première Sonate*, Roussel se consacre surtout à l'orchestre et à la scène (*Évocations, le Festin de l'araignée, Padmâvatî*). Il ne revient à la musique de chambre qu'en 1919 avec un court, mais significatif **Impromptu pour harpe op. 21**, qui parvient à échapper victorieusement aux écueils des multiples poncifs du genre, en son charme insidieux et orientalisant, où flotte le souvenir de ce voyage aux Indes qui avait si fortement marqué le compositeur. Ainsi, le thème initial de ce morceau construit en forme sonate sans développement (précédée d'une introduction) se base sur un mode hindou (mineur harmonique avec quarte haussée), qui lui donne le caractère de quelque danse exotique, contrastant avec le *Cantabile* de l'idée secondaire.

Roussel a sollicité la flûte non moins de quatre fois dans sa musique de chambre, et sa sensibilité s'accorde admirablement au caractère de l'instrument, traité avec une originalité rare : c'est l'une des « provinces » les plus attachantes de son œuvre, et du répertoire de la flûte. De 1924 date le cycle justement célèbre des **Joueurs de flûte op. 27**, une suite de quatre pièces pour flûte et piano, sorte de plaisant panorama de la flûte à travers les Âges. C'est d'abord la Grèce antique, symbolisée par le mode dorien, un peu altéré parfois, avec *Pan*, qui déroule ses riches et nonchalantes arabesques sur un fond discret de quartes et de quintes du piano. *Tityre*, berger sorti des *Bucoliques* de Virgile fait entendre un allègre et fugutif *Scherzo*. La plus belle et la plus profonde des quatre pièces est celle consacrée au dieu hindou *Krishna*, méditation se déroulant en un lent et onduleux rythme à 7/8, et entièrement basée sur un mode hindou des plus singuliers (*Shri*, avec seconde et sixte baissées, tierce et septième majeures, quarte augmentée et quinte juste), — que nous retrouverons peu après dans le premier temps de la *Deuxième Sonate*. C'est l'une des évocations orientales les plus envoûtantes de Roussel, suivie de la virtuosité désinvolte et truculente, un rien avantageuse en sa fine ironie, de *Monsieur de la Péjaudie*, personnage flûtiste d'un roman d'Henri de Régnier, *la Pécheresse*.

Durée moyenne d'exécution : 9-10 minutes.

De la même année 1924 date la **Deuxième Sonate pour violon et piano en *la* majeur, op. 28**. Elle dure moins de la moitié de son aînée, et se situe au seuil même de la suprême maturité roussélienne. L'ALLEGRO CON MOTO à 3/4 menace par moments d'éclater sous la pression centrifuge de ses deux idées si contrastantes : un thème-cri d'une passion incandescente déroulant ses larges intervalles sur la houle grondante et orageuse des arpèges du piano (ici, Roussel utilise le même mode que dans

Krishna), et une mélodie langoureuse, pleine de portamentos, chantant dans un tempo plus retenu, — l'un des rares points de contacts de Roussel avec le jazz.

L'**Andante** est l'une de ses pages maîtresses, s'élevant de son début austère et concentré au cours d'une progression dramatique au souffle immense, d'une puissance quasi symphonique, pour refluer ensuite vers l'apaisement : c'est déjà le prototype des grands *Adagios* des *Troisième* et *Quatrième Symphonies*.

Le **Presto** final est un jeu d'esprit étincelant et virtuose sur un ostinato rythmique au 10/8 capricieux (6 + 4), que Roussel utilisera encore dans l'*Aubade* ouvrant sa *Petite Suite* pour orchestre. La *Sonate* s'évanouit sur la pointe des pieds, par une pirouette.

Durée d'exécution : 15 minutes environ.

En 1925 nous trouvons deux pochades et un chef-d'œuvre, et d'abord **Segovia, op. 29**, une courte pièce pour guitare dédiée à l'illustre interprète dont elle porte le nom, parfaitement adaptée à l'instrument, dont elle parvient à éviter les poncifs, et alternant rythmes de valse et de boléro. L'amusant **Duo pour basson et contrebasse** (demeuré sans opus, et de publication posthume) est un hommage à Serge Koussewitzky, contrebassiste virtuose avant de devenir le chef d'orchestre qu'on sait.

Le chef d'œuvre, c'est la **Sérénade pour flûte, harpe, violon, alto et violoncelle en *ut* majeur, op. 30**, l'une des suprêmes réussites de Roussel, d'une originalité totale. D'une exceptionnelle limpidité, l'écriture évite les basses, — ce qui a inspiré à Roland-Manuel sa si jolie épithète d'une « musique qui se sert moins de ses pieds que de ses ailes. » Les deux mouvements vifs (*Allegro* et *Presto*) évoquent plutôt les pieds ailés des danseurs, car ici le rythme règne souverain, empruntant fréquemment (dans le *Presto* surtout) à la métrique grecque (Roussel venait d'achever, un an plus tôt, sa *Naissance de la Lyre*) :

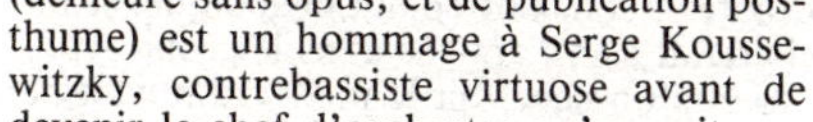

Le rythme omniprésent détermine même le travail de développement mélodique, — lequel, dans le premier mouvement, se fait presque entièrement par homorythmie (intervalles changés sur une structure métrique immuable) :

Ici, contrairement au premier temps de la *Deuxième Sonate*, les idées successives accélèrent sans cesse le tempo. Dans le *Presto* final, dont la forme de libre rondo permet la présence d'un intermède délicieusement alangui, on trouve des touches de couleur (glissandos d'harmoniques) dont Roussel n'est pas coutumier. Mais réservons notre admiration pour l'*Andante*, d'une envoûtante poésie. Il est paradoxal que ce musicien du mouvement, doué du génie saltatoire à l'égal de Rameau ou de Stravinski, ait possédé également (ses contacts avec l'Inde l'y avaient peut-être prédisposé) la clef du mystère de la contemplation totalement immobile, de l'arrêt complet de toute activité motrice, — par exemple dans cette extraordinaire évocation de la canicule méridienne éblouissante de quelque paysage méditerranéen. La flûte, dont la longue et sinueuse arabesque domine le premier volet de cette forme ternaire,

se tait dans l'épisode central livré à la harpe, sous les figurations rapides et obsédantes du violon tissant leur trame arachnéenne.

Durée d'exécution : 15 minutes environ.

C'est encore la flûte qui est à l'honneur dans l'œuvre de musique de chambre suivante ; et c'est à nouveau un chef-d'œuvre, concis et fort en sa grâce souriante, que ce **Trio pour flûte, alto et violoncelle en *fa* majeur, op. 40** achevé en quinze jours, en 1929. C'est comme un frère cadet latin des deux *Sérénades* si méconnues de Max Reger, en ses trois mouvements de coupe classique, — un *Allegro grazioso* en forme sonate, d'une souple et dense polyphonie ne craignant pas de délicats frottements bitonaux ; un *Andante* plus chromatique, plus complexe, voilant le plus souvent sa tonalité « officielle » de *la* bémol majeur, morceau alliant paradoxalement chasteté et langueur (mais c'est un paradoxe bien rousselien !) et conçu en forme ternaire ; enfin un *Allegro non troppo* en forme de libre rondo, dont la course sans cesse accélérée ne s'interrompt que le temps d'un deuxième couplet *Tranquillo*, où la mélodie de la flûte dans le grave plane au milieu du réseau arachnéen des harmoniques des cordes, avant de reprendre pour aboutir à une coda *Presto* menée à grande allure.

Durée d'exécution : 13 minutes environ.

À ce délicieux divertissement succède une page aux vertus plus austères, et sans doute à la portée plus grande, l'unique **Quatuor à cordes en *ré* majeur, op. 45**, (1931-1932) que nous laisse Roussel, et sa seule grande œuvre de musique de chambre en quatre mouvements, d'ailleurs concis comme à l'accoutumée. Ceci vaut particulièrement pour la forme sonate très ramassée de l'*Allegro* initial, dont le premier thème au profil rythmique impérieux présente ce balancement de demi-ton de part et d'autre d'un axe (ici, celui de la tonique), — qui constitue l'un des gestes archétypaux du melos roussélien (voir également le début célèbre de sa *Troisième Symphonie*) :

Ce thème s'oppose à une seconde idée plus mélodique, objet d'une splendide polyphonie, et les deux thèmes sont développés, puis réexposés (variés) dans le même ordre, avant que l'énergique premier thème ne mette le point final.

L'*Adagio* en *si* bémol majeur est l'un des mouvements lents les plus intensément expressifs de Roussel, triomphe de contrepoint chantant, et, dans son bref épisode central *Poco Andante*, où la mesure passe à 3/2, d'ambiguïté bitonale, — alors que soudain le mouvement s'immobilise, capté par l'hypnose des pédales.

Le SCHERZO, un *Allegro* vivo en 3/8 en *ré* mineur, est une valse preste et légère toute en notes piquées, un délicat ballet sur des pointes d'aiguilles, contrepartie plus discrète et plus subtile du *Scherzo* de la *Troisième Symphonie*.

Plus développé, le FINALE se divise en trois parties, ou plutôt en deux moitiés, dont l'hétérogénéité constitue l'unique talon d'Achille d'une œuvre par ailleurs parfaite. C'est tout d'abord (*Allegro moderato*) une magistrale *Fugue* en *ré* mineur, la plus développée que nous ayons de Roussel, sur un sujet à la frappe de médaille d'une admirable énergie :

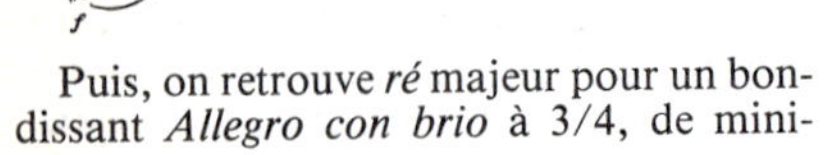

Puis, on retrouve *ré* majeur pour un bondissant *Allegro con brio* à 3/4, de mini-forme ternaire, dont le thème, transformé rythmiquement, nourrit enfin la coda-strette à 2/4 (*Presto*), où l'on retrouve aussi, martelé, le sujet de la *Fugue*.

Durée d'exécution : 22 minutes environ.

En 1934, Roussel prend congé de la flûte avec un **Andante et Scherzo pour flûte et piano**, op. 51, diptyque de cinq minutes environ où la relative complexité harmonique de l'*Andante* s'oppose à la simplicité très directe du truculent *Scherzo* à 2/4, l'une des pages les plus « flamandes » de Roussel. La même année, celui-ci écrit une brève et simple mélodie en *ré* majeur pour pipeau (ou flûte à bec) et piano, **Pipe in D-Major**, destinée à un recueil pédagogique.

Le **Trio à cordes en *la* mineur**, op. 58 est la dernière grande œuvre que Roussel ait achevée, quelques semaines avant sa mort (1937). Son premier mouvement, ALLEGRO MODERATO, est une forme sonate très concise, qui, chose exceptionnelle chez Roussel (mais coutumière pour Honegger, par exemple), inverse l'ordre des thèmes dans la réexposition.

Si ce premier morceau frappe déjà par la beauté de son contrepoint mélodique, celui-ci atteint à son apogée dans le grand ADAGIO où l'on peut voir le point culminant de la musique de chambre de Roussel, et peut-être de son œuvre entière, — de pair avec celui de la *Quatrième Symphonie* dont il égale la hauteur d'inspiration, la gravité concentrée (*sub specie mortis* dans le cas présent !), l'émotion intense, la sérénité durement conquise, établissant tout à la fin la certitude du *fa* majeur que tant de chromatismes douloureux, d'appogiatures et de retards ne permettaient pas de distinguer clairement auparavant.

Le *Trio* se termine sur un bref et joyeux SCHERZO (*Allegro con spirito*) en *la* majeur, proche parent du *Scherzo* de la *Quatrième Symphonie*, avec son thème de refrain mémorable d'une franchise toute populaire :

Mais ce morceau semble tourner un peu court, au point qu'on se demande si Roussel n'avait pas prévu une œuvre en quatre mouvements, et si, talonné par la maladie, il n'a pas transformé en *Finale* ce qui devait être un *Scherzo*.

Durée d'exécution : 22 minutes environ.

Au moment de sa mort, Roussel travaillait à un nouveau **Trio, pour hautbois, clarinette et basson**, demeuré inachevé, et que le compositeur ne souhaitait pas que l'on joue en public (bien qu'il ait été déjà enregistré deux fois). Seul l'*Adagio*, au contrepoint plus austère que celui du *Trio à cordes*, était complètement terminé. C'est Arthur Hoérée qui a complété les quelques mesures manquantes d'un morceau qui aurait été le *Finale*; mais il ne subsiste pas trace d'un premier mouvement.

Enfin, sous le numéro d'*op. 59*, on a publié **Elpénor**, une délicate musique d'accompagnement pour une pièce radiophonique de Joseph Weterings, écrite pour flûte et quatuor à cordes. Ces trois brefs fragments, parfaitement jouables en concert hors de leur contexte d'origine, adoptent le style simple et limpide du dernier Roussel, et datent certainement des deux dernières années de sa vie.

H. H.

ANTON RUBINSTEIN

Né à Vychvatinets, en Moldavie, le 28 novembre 1829; mort à Peterhof, près de Saint-Pétersbourg, le 20 novembre 1894. Élève de sa mère, puis d'Alexandre Villoing à Moscou, Rubinstein fut pianiste enfant prodige : il donna son premier concert public à neuf ans, et partit en tournée à travers l'Europe, rencontrant Liszt, Mendelssohn, et Siegfried Dehn à Berlin, — qui lui enseigna l'harmonie et le contrepoint. Il revint à Saint-Pétersbourg à la mort de son père (1846), puis partit pour Vienne où il vécut deux années difficiles en donnant des leçons. Pris sous la protection de la grande-duchesse Pavlovna, il séjourna à Nice, puis à la cour du Tsar. Il débuta sa carrière de concertiste professionnel en 1854 avec un énorme succès. De retour en Russie, il fonda en 1859 la Société Musicale Russe, qui devint Conservatoire en 1862. Il en assura une partie de l'enseignement jusqu'en 1867, — Tchaïkovski figurant parmi ses élèves. En 1867, il repartit en tournée, souvent avec Henzyk Wieniawski. Pianiste, professeur, compositeur, Rubinstein a marqué profondément la vie musicale russe, créant le cadre d'une tradition « de Saint-Pétersbourg » devant beaucoup au romantisme germanique, de Beethoven à Schumann. Compositeur d'une exceptionnelle fécondité, il a laissé plus de cent cinquante partitions, dont le quart est dévolu à la musique de chambre. Cette dernière, en effet, ne comporte pas moins de quarante ouvrages : des Quatuors, *cinq* Trios avec piano, Sextuor *et* Quintette à cordes *et, surtout, un ensemble de six* Sonates *forment la somme la plus personnelle. À sa mort, Rubinstein a laissé inachevé le manuscrit d'un véritable carnet de route, qu'il a appelé* Gedankenkorb *(« La corbeille aux pensées »). On y découvre l'autoportrait suivant : « Pour les juifs je suis chrétien, pour les chrétiens je suis juif ». (Il était baptisé, mais d'ascendance israélite); « Pour les Russes je suis un Allemand, pour les Allemands un Russe. Pour les classiques je suis un homme d'avant-garde, pour l'intelligentsia je suis un réactionnaire. Conclusion : je ne suis ni chair ni poisson, en fait un individu déplorable... ». Cette réputation poursuit malheureusement son auteur un siècle après sa clairvoyante analyse. L'École nationale russe — celle des Cinq — l'a rejeté bruyamment, tandis que la Cour impériale se méfia de son professionnalisme comme de ses goûts cosmopolites.*

L'œuvre de chambre est essentiellement celle d'un pianiste ayant parfaitement compris l'enseignement et l'éthique d'un créateur humaniste tel que Mendelssohn, auquel il s'est référé en permanence. Son autre source d'inspiration (et son modèle esthétique) lui fut fourni par Beethoven. Il faut remarquer que Liszt, sur le plan de la technique pianistique et de l'orchestration, n'a pas influencé sa musique de chambre.

La première similitude avec l'École russe est celle, manifeste, de Glinka dans le *Grand Duo* pour violon et piano sur un thème du *Prophète* de Meyerbeer, écrit à l'été 1849 avec le violoniste Henri Vieuxtemps. Cette même année, à l'exemple de Beethoven et de Weber, Rubinstein transcrit pour *Octuor en* ré *majeur op. 9* (flûte, clarinette, hautbois, violon, alto, violoncelle, contrebasse et piano) un *Concerto pour piano en* ut; c'est cette transcription qu'il joue à Nice en 1856, dans les appartements de la grande-duchesse. En 1851, il écrit, toujours pour Vieuxtemps, une *Sonate pour violon en* sol *majeur*, qui n'est créée qu'en 1856. Le modèle reste celui du Beethoven de l'*op. 12*, — avec un monothématisme qui paraît encore étonnant pour l'époque. Parmi les quatre séries de *Quatuors à cordes* qui s'étalent de l'*op. 17* (trois quatuors en *sol*, *ut* mineur et *fa*), édité en 1855, à l'*op. 106*, formé de deux amples partitions (*n° 1* en *la* bémol, terminé en 1881, *n° 2* en *fa* mineur, terminé en 1882, publiées, après révision, en 1892 par Simrock), seul le diptyque de l'*op. 90* (écrit en 1871, publié, après révision, en 1892, toujours chez Simrock) s'intègre à son époque au plan de la complexité polyphonique. Il reste, néanmoins, que le discours demeure proche de l'académisme d'un Cherubini, — auquel s'ajoute une certaine naïveté, charmeuse et nostalgique dans cet *op. 90*, ainsi qu'un contrepoint rudimentaire (à l'octave) et des mouvements lents désuets dans l'*op. 47* de 1856 (qui comporte trois partitions, *n° 1* en *mi* mineur, *n° 2* en *si* bémol, *n° 3* en *mi* mineur).

Le **Quintette à cordes (op. 59)** en *fa* majeur, de 1859, propose un matériau mélodique plus virtuose et brillant, une construction plus personnelle, et, surtout, un sens de la couleur absent des *Quatuors*. Une véritable continuité mélodique parcourt les quatre mouvements qui forment comme un hommage chaleureux et engagé — pour une fois — à Mendelssohn (et son *Quintette op. 87*), qui venait de disparaître.

Le **Sextuor à cordes (op. 97)** en *ré* majeur, instrumentalement très bien écrit, manque — par comparaison — de personnalité. La ligne mélodique paraît bien ténue, malgré l'utilisation presque symphonique des cordes graves.

Le **Quintette avec piano en *sol* mineur (op. 99)**, de 1876, s'avère d'une autre stature, malgré son mouvement lent un peu désuet. Le piano dialogue à égalité avec le quatuor, avec une chaleur et un sens des nuances qui en font un meneur de jeu équitable, — proposant toute une série de thèmes mélodiques dont le développement se révèle de magnifique ampleur. Les souvenirs de l'*op. 44* schumannien apparaissent plus comme des hommages spirituels que comme des modèles d'écriture. Les mouvements extrêmes possèdent une réelle allure et profondeur, et font que ce *Quintette* pourrait retrouver sa place entre celui de Schumann et celui de... Franck.

La livraison des **Trios** permit au pianiste de régner en maître. Cette suprématie pianistique fait la faiblesse des deux *Trios avec piano op. 15*, de 1851 (1. en *fa* majeur, 2. en *sol* mineur). Le *Trio* en *si* bémol majeur *op. 52* (1857) vaut essentiellement par son premier mouvement, à la verve primesautière et virtuose. Par contre, les deux derniers *Trios* (*op. 85* en *la* majeur, et *op. 108* en *ut* mineur) assument à la fois leur rigueur de forme (empruntée à l'*op. 1* beethovénien), et les premières incursions, parfaitement intégrées, de quelque matériau mélodique russe savant, développé avec une maîtrise et une économie qui annoncent le meilleur de Tchaïkovski et de Rachmaninov. Le *4ᵉ Trio* (1870, UE) vaut, cette fois, par son *Andante* au lyrisme prenant, tandis que le *5ᵉ Trio* (1883, Simrock) s'avère le plus russe de ton, — si ce n'est d'esthétique.

Reste la série de **Sonates**. Celles pour violon ont été écrites à l'écoute de Vieuxtemps et de Wieniawski, et mériteraient une résurrection. Après celle en *sol* (1851), il faut citer les deux grandes *Sonates n° 2* en *la* mineur (1853), *op. 19*, révisées et éditées en 1858 (Boosey & Hawkes), et, surtout, la plus constamment inspirée des trois, la *3ᵉ Sonate* en *si* mineur *op. 98* (1876), partition magnifiquement équilibrée, mais dont la tonalité, comme la teinte sombre, la rend peu propice à l'éclat virtuose le plus immédiat.

QUELQUES PARTITIONS DÉJÀ RESSUSCITÉES

Ce sont celles dédiées à des instruments dont le répertoire n'est pas fort abondant, comme le violoncelle, et surtout l'alto.

Sonate pour alto et piano, en *fa* mineur (op. 49)

Écrite à l'été de 1855 à Biberich à l'intention de l'altiste (et violoncelliste) Alexandre Drobisch, l'œuvre se conforme au modèle classique, — non pas celui de la sonate de jeunesse pour alto en *ut* mineur de Mendelssohn (1823), mais celui imposé par Spohr et Hummel. Monothématique et cyclique, cette *Sonate* possède la densité, le lyrisme et la couleur qui manquent particulièrement aux *Quatuors*.

1. Elle débute par un **Moderato** d'une noble gravité, permettant au piano d'énoncer l'essentiel du matériel thématique, immédiatement enrichi par la sonorité de l'alto. Un deuxième thème, dans le relatif de *la* bémol, reprend un procédé cher à Beethoven, — tandis que l'alto tresse un tissu dense, étrange en son timbre nostalgique et vibrant. Ce procédé permet au pianiste de développer les deux thèmes, l'un grave et tendu, l'autre plus charmeur et vocal, plus par répétitions (technique que reprendra Borodine) que par une savante construction contrapuntique de leurs matériaux.

2. L'Andante laisse plus de champ à l'alto qui propose les quelques phrases mélodiques successives, que le piano reprend, modifie, densifie et commente en des digressions plus délicates que péremptoires.

3. Le **Moderato con moto** redonne la parole au piano en tant que chantre mélodique, d'abord dans ce scherzo à 9/8, puis comme maître du développement, propulsé par un rythme plus obstiné et travaillé que réellement inventif.

4. Le finale, **Allegro assai**, forme l'un des moments les plus inspirés. Partant sur le ton et le même tempo que le *Moderato* initial, l'alto, relancé par le clavier, accumule peu à peu une tension inconnue, — permettant des échanges dignes de la poigne d'un Brahms, mais surtout du souvenir des *Märchenbilder* de Schumann. Ici, Rubinstein atteint la densité, la hauteur de ton des modèles germaniques, tout en conservant cette nostalgie profonde qui est la marque de ses dernières partitions. Il existe une version pour violon et piano, réalisée par Ferdinand David (1868, Boosey & Hawkes).

Durée d'exécution : 30 minutes environ.

L'ŒUVRE POUR VIOLONCELLE ET PIANO

Elle débute avec les **Trois Pièces op. 11 n° 2** de 1854, fort proches des pièces de salon d'un Davydov ou des premières esquisses d'un Schumann. Successivement *Andante quasi adagio*, *Allegro con moto*, *Allegro risoluto*, elles n'ont encore rien à voir avec les *Pièces dans le style populaire* de Schumann, et se contentent de faire sonner le violoncelle dans son meilleur registre de chanteur (corde de *ré*) ; seul l'*Allegro* final voit le piano animer le récit par la mise en valeur du « détaché » du soliste.

Durées d'exécution : 6, 5 et 5 minutes environ.

Sonate n° 1, en *ré* majeur (op. 18)

Écrite en 1852 selon le modèle pré-classique de Boccherini, elle ne comporte que trois mouvements. Mais, si la forme est pré-classique, le climat s'avère franchement romantique, empruntant aux sonates de Mendelssohn leur pureté de style comme leur atmosphère de conte.

Ainsi, la *Sonate*, sans le moindre préambule, attaque d'entrée le thème principal, une marche calme et post-schubertienne, suivie d'un thème secondaire (en *la* mineur) plus mélodique et large de carrure, que les deux instruments commentent pour atteindre une coda, précédée d'une cadence du violoncelle, le piano récapitulant l'essentiel de ce premier mouvement. La *Sicilienne* à 6/8 (en *ré* mineur) est comme une réminiscence d'une *Romance sans paroles* mendelssohnienne. Un parfum russe vient ajouter encore au charme de cette berceuse, jusqu'à ce qu'une modulation en *fa* vienne conclure sur force trémolos du violoncelle et arpèges du piano. Le finale (*Allegro molto*) est plus traditionnel de forme comme d'inspiration, et laisse le clavier mener le discours.

Durée d'exécution : 29 minutes environ.

Sonate n° 2, en *sol* majeur (op. 39)

Datée de 1857, elle suit le modèle classico-romantique en quatre mouvements, consacré par Mendelssohn. Elle débute par un *Allegro* en *sol* introduit directement par le violoncelle (comme dans la *Sonate en* ré) ; le second thème module en *ré*. Le premier reprenait le rythme de marche, tandis que le second forme une longue cantilène qui permet au soliste de passer du registre lyrique à un style plus héroïque qui rappelle l'*op. 5* beethovénien.

Le second mouvement est un *Scherzo*, même si Rubinstein réfute ce terme pour celui, plus romantique, d'*Allegretto con moto*. Cette page brève, en *sol* mineur, impose un rythme obstiné, qui n'est pas sans rappeler encore Beethoven, celui du 7e *Quatuor*. Le trio central joue sur les basses, tandis que la reprise du thème initial conduit à l'*Andante*. Évoluant dans la tonalité de *mi* bémol, celui-ci propose une alternance entre une mélodie très intense et lyrique du violoncelle et de courts instants d'agitation partant du clavier. Le finale, *Moderato*, est introduit par un brillant prologue du piano qui prépare l'entrée du thème *appassionato* exprimé par le violoncelle dans le *Moderato* final. Il introduit un intense contraste entre un premier développement brillant et onirique, très *Songe d'une nuit d'été*, et un second, plus dramatique, que le clavier appuie de ses basses à l'octave.

Durée d'exécution : 28 minutes environ.

Quintette pour piano et instruments à vent, en *fa* majeur (op. 55)

Daté de 1855, il reste la partition de chambre la plus connue de par sa composition instrumentale qui permet de passer du *Quintette op. 16* de Beethoven à celui de Rimski-Korsakov, — tous pour piano, flûte, clarinette, cor et basson. L'influence majeure demeure néanmoins celle de Hummel, et même celle de Spohr.

1. L'immense ALLEGRO NON TROPPO initial propose un dialogue entre trois groupes, flûte-clarinette et basson, cor et piano. Ce dernier commente, propose, répond au jeu des anches, — tandis que le cor colore le dialogue.

2. Le SCHERZO revient à un principe cher à Rubinstein, où l'on voit le piano, concertant et volubile, dialoguer avec le quatuor à vents, qui réalise un commentaire de nature orchestrale.

3. L'ANDANTE CON MOTO est introduit par un ample et lyrique solo de cor. Il faut attendre la trente-cinquième mesure pour que le piano reprenne la conduite du discours, que de longues tenues aux divers instruments à vent rendent particulièrement difficile à jouer.

4. L'ALLEGRO APPASSIONATO, dépassant les dix minutes, laisse le piano proposer l'essentiel du matériau mélodique, que les vents reprennent, commentent avec quelques passages solistes permettant de dramatiser le discours, — en particulier par l'intervention du basson. La dernière initiative revient encore au piano qui conclut, avec panache, cette *parthia* romantique. La partition fut révisée en 1860, et éditée par J. Schuberth & C°.

Durée d'exécution : 38 minutes environ.

P. E. B.

CAMILLE SAINT-SAËNS

Né à Paris, le 9 octobre 1835 ; mort en Alger, le 16 décembre 1921. Enfant prodige, incroyablement doué, Saint-Saëns écrit ses premières pièces pour piano à l'âge de trois ans et demi. En 1840 (à quatre ans !), il joue dans un salon une sonate de Mozart. En 1848, il entre au Conservatoire de Paris : il suit les classes de Benoist (orgue), Halévy et Reber (composition). En 1851 il obtient un Premier Prix d'orgue. Mais les années difficiles commencent : on lui refuse le Prix de Rome en 1852, car il est trop jeune ; en 1864 on l'exclura encore, le jugeant cette fois trop âgé... Comme il défend Berlioz, Liszt et Wagner (trois compositeurs qui lui accordent amitié et admiration), il passe pour révolutionnaire et l'on condamne sa musique. En 1853, année de sa Première Symphonie, *il est nommé organiste à Saint-Merry, puis en 1858 à la Madeleine, où il improvise magistralement. En 1861 il entre à l'École Niedermeyer, où il formera Fauré et Messager, — basant son enseignement sur l'étude des classiques allemands. Paradoxalement, ce symbole vivant de l'académisme sous la Troisième République s'impose difficilement : son premier opéra,* le Timbre d'argent *(1864), ne sera monté qu'en 1877, et c'est grâce à Liszt que son chef-d'œuvre lyrique,* Samson et Dalila, *est représenté à Weimar la même année. Grâce au legs d'un généreux bienfaiteur, il quitte son poste à la Madeleine et se consacre à la composition. En 1875 il se marie sur un coup de tête, mais la mort de ses deux jeunes enfants en 1878 bouleverse sa vie et accuse sans doute son scepticisme (« Au fur et à mesure que la science avance, Dieu recule », écrit-il). Sa vie conjugale s'effondre l'année même où il est élu au fauteuil de Reber à l'Institut (1881). Il mène alors une vie errante, souvent sans domicile fixe, — donnant une multitude de concerts dans le monde entier. Ces années 1880 voient l'apogée de son talent : l'opéra* Henri VIII *(1883), la* Symphonie avec orgue *et le* Carnaval des animaux *(1886), la comédie musicale* Ascanio *(1888). Schumann, Liszt surtout, sont ses maîtres à penser en matière de concerto, de poème symphonique (*Phaéton, *1873). L'éblouissant* Concerto « Égyptien » *de 1896 est son adieu aux grandes formes instrumentales. Quelques succès de théâtre (*Hélène, les Barbares*) n'ajoutent rien à sa gloire. Ce « contemporain » de Chopin écrit en 1908 la première musique de film (pour* l'Assassinat du Duc de Guise*), et réprouve* le Sacre du Printemps. *Son credo esthétique (« Pour moi, l'Art c'est la forme ») le fait taxer de pompiérisme, alors qu'il ne songe qu'à maintenir une tradition française d'équilibre et de clarté.*

La musique de chambre est un pilier essentiel de l'œuvre de Saint-Saëns. Dès 1860 elle a contribué, plus qu'aucune autre, à étayer la renaissance d'un genre si délaissé en France ; ses facettes multiples témoignent de l'éclectisme de l'auteur : attachement à la solide tradition allemande, classique et romantique, que viennent renouveler une élégance, un charme, une finesse des lignes bien français, un sens de l'humour, des timbres et des couleurs, de l'équilibre qui lui sont personnels. Saint-Saëns composa de la musique de chambre dès l'âge de cinq ans jusqu'à sa mort : quatre-vingts ans de production ! Le total de ces œuvres s'élève à cinquante-deux, dont trente-trois furent publiées... Nombre d'entre elles utilisent des formations traditionnelles, quatuors, trios ou sonates ; mais d'autres font appel aux combinaisons les plus insolites. Sous le Second Empire, Saint-Saëns exerce essentiellement une activité d'organiste (de 1853 à 1877), — en retrait par rapport au monde musical officiel, essentiellement orienté vers le théâtre. Il écrit relativement peu de musique de chambre : avec Lalo, Onslow, Reber, il fait figure de pionnier dans un domaine alors très négligé. De 1851 à 1853, il travaille à un *Quatuor avec piano* qui ne verra jamais le jour. En 1858, il dédie à l'organiste Lefébure-Wély les *Six Duos pour harmonium et piano* (l'harmonium est à la mode dans les salons). Il participe aux soirées de la princesse Mathilde (il lui destine la *Sérénade op. 15* pour piano, orgue, violon et violoncelle, composée en 1865), ainsi qu'à des séances de musique de chambre (dans les salons Pleyel) avec Pauline Viardot ou Franchomme. Cette période voit naître trois œuvres importantes : **le Quintette en *la* mineur op. 14**, écrit pour des soirées familiales, est dédié à la grand-tante de l'auteur, Mme Masson. La première esquisse est datée du 3 septembre 1855, il est donc contemporain de la fameuse *Symphonie Urbs Roma* primée par la Société Sainte-Cécile de Bordeaux en 1856. Très joué et apprécié (à Vienne, en 1876, Hanslick le jugera supérieur à un *Sextuor* de Brahms !), ce *Quintette* est parfois exécuté avec orchestre, — tout comme le *Septuor op. 65*. La **Suite pour violoncelle et piano op. 16**, un des morceaux favoris de son auteur, date de 1862 ; le quatrième mouvement sera repris dans la *Romance pour violoncelle et piano op. 67*. Citons enfin un premier chef-d'œuvre indiscutable, le *Trio op. 18*. C'est au lendemain de la guerre franco-prussienne que Saint-Saëns fonde, avec quelques autres, la Société Nationale de Musique (25 février 1871), dont l'éloquente devise est « Ars Gallica ». Le premier concert a lieu le 17 novembre de cette année : Saint-Saëns défend et présente au public les œuvres de d'Indy, Fauré, Chausson, Franck et Castillon, et compose plus de musique de chambre entre 1871 et 1886 qu'aucun autre membre de la société. Les belles *Sonates* pour violon et violoncelle, les deux *Trios*, les premiers *Quatuors* voient alors le jour. Cette série de chefs-d'œuvre de la maturité s'achève avec le premier *Quatuor à cordes* en 1899. Durant les vingt dernières années de sa vie, Saint-Saëns compose encore des œuvres (*Deuxième Sonate pour violoncelle, Deuxième Quatuor*), toujours d'excellente facture, mais parfois un peu désuète dans le contexte musical de l'époque.

LES SONATES

Saint-Saëns composa dix sonates pour un instrument et piano, dont sept survécurent. La première date de 1842 (Saint-Saëns avait six ans !), et fut destinée au violoniste belge Bessems. Deux autres sonates sont restées inédites. Deux sonates pour piano et violon, deux pour violoncelle et piano, une pour hautbois, une pour clarinette et une pour basson, avec piano, constituent l'essentiel de son apport au renouveau de la musique de chambre française.

Sonate n° 1 pour violoncelle et piano, en *ut* mineur (op. 32)

Le 12 juin 1872, Saint-Saëns a réussi à s'imposer à l'Opéra-Comique avec *la Princesse jaune*, quand il se découvre une nouvelle passion pour le violoncelle : il compose coup sur coup un *Concerto op. 33* (qu'il crée au piano le 22 février 1873) et la *Sonate op. 32* commencée à l'automne de 1872 (le manuscrit est daté du 31 décembre 1872), qui sera publiée par Durand en 1873 et dédiée à J. Lasserre. Lors de la création (Salle Erard le 26 mars 1873), l'auteur accompagne le violoncelliste Johann Reuchsel. Cette *Sonate en* ut *mineur* est une œuvre puissante, beethovénienne dans son dramatisme ; sombre et hautaine, elle renonce à toutes les séductions faciles ; mais l'amertume de la défaite de 1870 y est présente, comme les affres du siège, et le souvenir des amis qui en furent les victimes. « Au lendemain de la guerre, — écrit E. Baumann —, dans toute sa force mûre, Saint-Saëns donna cette œuvre unique. Nulle part peut-être sa notion de la douleur et de la lutte ne s'est projetée plus âprement. »

1. Le premier **Allegro**, dans le ton sombre d'*ut* mineur (à 3/4), s'ouvre sur un dessin violent et dépressif de sept mesures amenant le premier thème, brutal, traité en canon :

Un motif de transition, également descendant, amène le second thème, au ton de la sixte napolitaine (*ré* bémol majeur). Jamais encore dans une sonate (pas même celle en *la* majeur de Beethoven) on n'avait utilisé avec une telle noirceur le registre grave du violoncelle.

2. Le second mouvement — **Andante tranquillo sostenuto** (en *mi* bémol majeur) — est un choral varié (qui se souvient peut-être de la *Deuxième Sonate pour violoncelle* de Mendelssohn), en trois parties. « L'*Andante* de ma première *Sonate pour piano et violoncelle* est le résultat d'une improvisation sur l'orgue de Saint-Augustin ; la première et la dernière page du morceau reproduisent textuellement ce que j'avais improvisé. » Il s'agit d'un choral accompagné d'un dessin staccato en doubles croches à la main gauche du piano (le violoncelle joue sans doute la partie de pédalier originale), qui rappelle le cheminement régulier et méditatif de la *Marche des pèlerins* d'*Harold en Italie*. La partie centrale reprend curieusement le complexe tonal *ut* mineur-*ré* bémol majeur du premier mouvement. Le piano décrit ces arabesques translucides dans l'aigu du clavier dont l'écriture chatoyante est si particulière à Saint-Saëns. La reprise du choral est délicatement variée et enjolivée de traits en triples croches au piano.

3. Le finale — **Allegro moderato** en *ut* mineur à 2/4 —, violent et emporté, est construit en allegro de sonate à deux thèmes. L'écriture du piano, pour l'essentiel une sorte de toccata en triolets de doubles croches, est chargée et difficile. Le double mouvement de triton confère au premier thème (en *ut* mineur, mesure 18) un profil abrupt et tempétueux. Le choix de ce motif, emprunté au premier mouvement (mesure 250) indique clairement une volonté d'unification thématique. La seconde idée (*Appassionato* en *mi* bémol majeur, mesure 53), plus poignante, traduit une sorte de détresse, d'anxiété. Le développement et la réexposition classiques ne renoncent pas un instant à cet élan qui s'achève dans une course à l'abîme.

Durée d'exécution : 20 minutes environ.

Sonate n° 1 pour violon et piano, en *ré* mineur (op. 75)

Dès 1879, Saint-Saëns confiait à son éditeur Durand qu'il demandait des conseils au violoniste Joseph Marsick, dédicataire de cet *op. 75* qu'il créa avec l'auteur en octobre 1885 : l'écriture est éminemment concertante, dans la tradition de la *Sonate à Kreutzer* de Beethoven. « Son jour de gloire est venu tout de suite », déclara Saint-Saëns à propos de cette *Sonate* , l'un de ses grands chefs-d'œuvre sans doute, — qu'il joua dans le monde entier. Nous retrouvons ici une structure particulière à Saint-Saëns, — les différents mouvements étant regroupés en deux grands panneaux : *Allegro/Adagio, Scherzo/Finale*. Cette architecture est également présente dans le *Quatrième Concerto pour piano* (1875) et dans la *Symphonie avec orgue*, contemporaine de cette *Sonate*, —

avec laquelle elle offre maintes ressemblances (On peut ainsi relever l'analogie rythmique entre le troisième thème de la *Symphonie* et celui qui ouvre la *Sonate*, tout comme le rapport tonal, identique entre les deux premiers mouvements).

1. ALLEGRO AGITATO (*ré* mineur, à 6/8) - **ADAGIO** (*mi* bémol majeur, à 3/4) : cet allegro de sonate, classique, plein de franchise, oppose deux idées principales. L'une, tourmentée, est exposée dans un climat de tempête en unissons et octaves par les deux instruments, — aucun accompagnement n'intervenant dans la première page. L'alternance des mètres à 6/8 et à 9/8 lui confère quelque inquiétude. Un second motif en doubles croches dialoguées amène une reprise du thème au violon, sur des batteries translucides dans l'aigu du clavier. Ce motif se transforme alors en pont ; fort agité, syncopé, il se dirige vers *la* bémol majeur, puis introduit le second thème, au relatif (*fa* majeur, *dolce espressivo*). Saint-Saëns apprit-il jamais que ce thème innocent était passé à la postérité, et menait une double vie par le biais de la littérature ?

... « L'année précédente, dans une soirée, il avait entendu une œuvre musicale exécutée au piano et au violon. D'abord il n'avait goûté que la qualité matérielle des sons sécrétés par les instruments. Et ç'avait déjà été un grand plaisir quand, au-dessous de la petite ligne du violon, mince, résistante, dense et directrice, il avait vu tout d'un coup chercher à s'élever en un clapotement liquide, la masse de la partie de piano, multiforme, indivise, plane et entrechoquée comme la mauve agitation des flots que charme et bémolise le clair de lune. » Ce thème délicat, en noires pointées également posées sur un flot de doubles croches fluides, n'est autre que la célèbre « petite phrase » de la *Recherche du Temps perdu*, — si l'on en croit cette lettre de Proust à Jacques de Lacretelle : « Dans la faible mesure où la réalité m'a servi, mesure très faible à vrai dire, la « petite phrase » de cette sonate, et je ne l'ai jamais dit à personne, est (pour commencer par la fin) dans la soirée de Saint-Euverte, la phrase charmante mais enfin médiocre d'une sonate pour piano et violon de Saint-Saëns, musicien que je n'aime pas. » L'harmonisation délicate (avec de fréquents appels du troisième degré) possède un charme « mauve » certain. Ce motif est repris en diminution par le piano, en accords syncopés à 2/4, sous une longue tenue du violon. Le développement reprend d'abord la première idée, — suivie d'une fugue à trois voix dont le sujet est fourni par une diminution du second thème. L'allusion au mode mineur chez Proust peut être rapprochée de la troisième section du développement (mesure 184) où le second thème, tout d'abord en *sol* majeur, revient ensuite en *sol* mineur. Puis, encore en diminution au piano, il s'impose et amène la réexposition très subtilement modifiée. Le premier thème y est amplifié par le souvenir de la fugue, emprunté au développement, et le second, précédé d'une longue tenue du violon (*si* bémol) est alors repris, ou plutôt évoqué en *mi* bémol majeur, — son contour se profilant en traits arpégés au piano : « Or quelques minutes à peine après que le petit pianiste avait commencé à jouer chez Madame Verdurin, tout d'un coup, après une note haute longuement tenue pendant deux mesures, (Swann) vit approcher, s'échappant de sous cette sonorité prolongée et tendue comme un rideau sonore pour cacher le mystère de son incubation, il reconnut, secrète, bruissante et divisée, la phrase aérienne et odorante qu'il aimait. » La « petite phrase » triomphe et clôt cet *Allegro*, — imposant prématurément le ton de la sixte napolitaine pour l'*Adagio* qui suit (comme dans la *Troisième Symphonie*). De forme lied, celui-ci est bâti sur deux motifs : l'un rêveur, ascendant, partagé entre les deux instruments, garde obstinément dans le 3/4 des fragments du 6/8 précédent et se développe en arabesques de triples croches massenétiques, en modulant vers *sol* bémol majeur. Le second, en *sol* bémol, repose sur un ostinato rythmique gracieux, partagé au piano entre les deux mains, avec beaucoup de charme.

2. ALLEGRETTO MODERATO (*sol* mineur, à 3/8) - **ALLEGRO MOLTO** (*ré* majeur, à 4/4) : un scherzo léger et gracieux, dont le thème chorégraphique repose sur un rythme bien marqué. Dans la partie centrale, le violon superpose au même rythme conservé par le piano une sorte de choral, — une variante peut-être de la « petite phrase » :

Intéressante par son utilisation du procédé cyclique, la brillante toccata finale s'élance — le procédé tient de la gageure — comme un exercice technique : durant trois pages le violon aligne imperturbablement des gammes de doubles croches bientôt reprises à la tierce par le piano. On ne sait trop quel humour pince-sans-rire se dissimule derrière ce brio, qui nous mènerait presque aux gentillesses du *Doctor Gradus ad Parnassum*... A la cinquième mesure le piano amorce un contrepoint lui aussi immuable en noires alternant avec une pédale de dominante syncopée, et « l'exercice » se poursuit ainsi durant quarante mesures ; le second thème, plus mélodique, conquérant, éclate *ff* en *la* majeur (mesure 45), — le piano ne renonçant pas pour autant à ses chères doubles croches ; la fin de ce thème (*Appassionato*, mesure 53) largement chantée, sur un accompagnement ascendant, en croches, du piano, amène le développement (mesure 86) où revient inopinément la « petite phrase » (*si* bémol majeur, mesures 145-160) qui se révèle donc essentielle pour Saint-Saëns : « D'un rythme lent elle le dirigeait ici d'abord, puis là, puis ailleurs, vers un bonheur noble, inintelligible et précis. Et tout d'un coup, au point où elle était arrivée, et d'où il se préparait à la suivre, après une pause d'un instant, brusquement elle changeait de direction, et d'un mouvement nouveau, plus rapide, menu, mélancolique, incessant et doux, elle l'entraînait avec elle vers des perspectives inconnues. Puis elle disparut. Il souhaita passionnément la revoir une troisième fois. Et elle reparut en effet, mais sans lui parler plus clairement, en lui causant même une volupté moins profonde. » A la mesure 161, Saint-Saëns l'assujettit au mouvement perpétuel en doubles croches. Lors de la réexposition (mesure 177), le second thème est tronqué pour laisser la place à la « petite phrase » qui s'impose (mesure 201) dans un grand déploiement de virtuosité : triomphe prémonitoire sans doute de sa carrière littéraire.

Durée d'exécution : 21 minutes environ.

Sonate n° 2 pour piano et violon, en *mi* bémol majeur (op. 102)

Les quatre mouvements sont les suivants : **1. Poco allegro più tosto moderato** (en *mi* bémol majeur, à 4/4) ; **2. Scherzo-Vivace** (en *mi* bémol majeur, à 3/4) ; **3. Andante** (*si* majeur, à 4/4) ; **4. Allegro gracioso, non presto** (*mi* bémol majeur, à 2/4).

Composée à Louxor — Saint-Saëns aimait fort séjourner en Égypte — entre le 1er février et le 15 mars 1896, elle fut créée avec le *Cinquième Concerto pour piano* lors du fameux concert où l'on fêtait le cinquantenaire des débuts de Saint-Saëns à la Salle Pleyel, le 2 juin 1846. Cette œuvre hautaine, d'un classicisme un peu sec, n'a pas connu auprès du public la même faveur que son aînée. Toutefois une idée originale — une lubie d'érudit — préside à sa conception : comme dans le *Chant Saphique op. 91*, le compositeur s'inspire de la métrique poétique de l'Antiquité pour ses thèmes. Dans une lettre à son éditeur Auguste Durand, du 10 mars 1896, Saint-Saëns précise que si la *Première Sonate* était une « Sonate de Concert », celle-ci est bel et bien une « Sonate de Chambre », très sérieuse ; puis il s'explique longuement sur les emprunts aux mètres grecs : « Je signale dans la *Sonate*, au lettré caché sous la peau de l'éditeur, dans le premier morceau l'introduction du vers asclépiade et dans le Finale celle du distique antique, dactyle et spondée (avec les césures s'il vous plaît) : il est à craindre que ces détails échappent à quelques auditeurs. »

Sonate n° 2 pour violoncelle et piano (op. 123)

Composée entre 1903 et 1905, elle fut dédiée au violoncelliste Jules Griset, et créée le 7 novembre 1905 à Paris. Installé à Alger — où il passait souvent l'hiver — en janvier 1905, Saint-Saëns souffre du froid : il se réfugie à Biskra, d'où il écrit à son grand ami Charles Lecocq : « La chaleur étant venue à la fin, le temps étant splendide à Biskra, la tranquillité parfaite, ma petite bête à musique depuis longtemps endormie s'est réveillée et j'ai fait la *Sonate pour violoncelle et piano* que mes éditeurs souhaitaient vivement depuis des années. Elle est en quatre morceaux. Cela n'a pas été une petite affaire. » Plus tard, il informe son éditeur : « Je suis dans le finale, qui est la quatrième patte de ce quadrupède ; la seconde est un *Scherzo con variazioni* ; la troisième une *Romanza* qui fera le bonheur des violoncellistes ; pas autant que *le Cygne*, pourtant, car c'est, comme vous pensez bien, un peu plus sérieux. Naturellement la deuxième sonate ne vaudra pas la première ; quand La Fontaine a publié son second recueil de *Fables*, tout le monde d'un commun accord l'a déclaré inférieur au premier. Il faut se résigner à l'inévitable » (lettre à Durand, le 16 mars 1905). Et, deux jours plus tard, il écrit encore : « Enfin la voilà faite, cette maudite sonate ! Plaira-t-elle, ne plaira-t-elle pas ? That is the question. Elle est assez difficile sans l'être trop. Le premier morceau n'est pas un *Allegro*, c'est presque un *Andante*. Il y a beaucoup de triples croches, c'est un morceau noir. Dans le *Scherzo* varié, je n'ai pas suivi la mode qui veut que les variations ressemblent au thème comme la lune à un hareng-saur ; mais elles sont pourtant très dissemblables, il y en a même une en forme de fugue ! L'*Adagio* tirera des larmes aux âmes sensibles et le *Finale* réveillera les gens que les autres morceaux auront endormis » (lettre à Durand, le 18 mars 1905).

Les trois Sonates de 1921

Seize années plus tard seulement, Saint-Saëns revient au genre, à l'âge de 85 ans, avec les trois *Sonates pour bois et piano*, composées à Paris en mai-juin 1921, — et qui constituent son testament musical. Il forme même le projet ambitieux d'écrire une œuvre pour chaque instrument à vent, et, durant les derniers jours de sa vie en Alger, il songe sans doute à une sonate pour cor anglais. On ne peut s'empêcher de songer ici aux *Six Sonates pour divers instruments* de Debussy, ultime projet né probablement d'un retour aux sources françaises du XVIIIe siècle et nourri d'un nationalisme exacerbé — en pleine guerre mondiale. Le résultat, proche du néo-classicisme parisien de l'entre-deux-guerres, est voisin chez les deux maîtres. Chez Saint-Saëns il annonce, bien curieusement, Poulenc (dont les premières œuvres marquantes sont précisément contemporaines des trois *Sonates* de Saint-Saëns). La rencontre est plaisante : le classicisme souriant de Saint-Saëns, en des pages qu'il aurait pu aussi bien écrire soixante-dix ans plus tôt, rejoint le néo-classicisme impertinent du groupe des Six.

La **Sonate pour hautbois et piano** (op. 166) fut dédiée le 21 juin 1921 à Louis Bas, hautbois de l'Opéra. L'*Andantino* qui ouvre l'œuvre (*ré* majeur, à 3/4) est une aria en forme lied, parée de grâces rococo, avec un volet central en *mi* bémol. L'*Allegretto* (9/8, en *si* bémol majeur), dans le goût pastoral, rehaussé d'harmonies savoureuses, avec de légères touches modales, est précédé d'un délicat récitatif de caractère bucolique et chantant, qui sera repris dans la cadence conclusive. Dans le finale, un *Molto allegro* spirituel et charmeur — du véritable Poulenc avant la lettre —, un élément de toccata pimpant alterne avec quelques traits de virtuosité en doubles croches.

Durée d'exécution : 13 minutes environ.

La **Sonate pour clarinette et piano** (op. 167) dédiée à Auguste Perrier, professeur au Conservatoire, est un chef-d'œuvre de la vieillesse de Saint-Saëns. L'*Allegretto* (*mi* bémol majeur, à 12/8) repose sur un thème élégant de la clarinette, en forme de question-réponse, — soutenu par les batteries du piano. Thème d'un lyrisme certain, où passe même le souvenir (mesures 16-17) d'une phrase célèbre du second acte de *Samson et Dalila*. Les ressources particulières (arpèges virtuoses, grands écarts de registre) de la clarinette sont merveilleusement mises en valeur. L'*Allegro animato* qui tient lieu de scherzo exploite un thème de gavotte, en *la* bémol majeur, avec de curieux accords, peu orthodoxes sous la plume d'un maître réputé si conservateur ! Mais le *Lento* qui suit est plus étonnant encore (*mi* bémol mineur, à 3/2), — sorte de thrène antique où l'obsédante pédale de tonique, le contrepoint rude des deux instruments confinés dans le registre le plus grave, évoquent une procession défilant dans un paysage d'hiver glacé ; après une sorte de choral exposé en accords arpégés *ff* du piano, la même idée est reprise dans l'aigu des deux instruments avec une sorte de naïveté désolée, douloureuse ; quelques arpèges nostalgiques viennent clore cette déploration. Saint-Saëns aurait-il signé là son épitaphe ? Dans le finale (*Molto allegro, en mi* bémol majeur à 4/4), le babillage brillant et traditionnel de la clarinette est saupoudré de quelques audaces d'écriture qui montrent Saint-Saëns faisant un clin d'œil à ses contemporains... de 1920 : ainsi des piquantes secondes diminuées. La mélodie de l'*Allegretto* qui ouvrait la *Sonate* reparaît avec nostalgie, assurant l'unité de l'ensemble.

Durée d'exécution : 18 minutes environ.

Quant à la **Sonate pour basson avec accompagnement de piano** (op. 168), c'est avec cette page spirituelle et transparente — dont le premier mérite est d'inaugurer un répertoire quasi inexistant — que s'achève la carrière de Saint-Saëns. L'*Allegretto moderato* est paisible, élégiaque : sur les volutes en doubles croches du piano le basson déroule une noble mélodie ; leurs rencontres engendrent parfois de piquantes dissonances. L'*Allegro scherzando*, en *mi* mineur, est une pochade dans le goût espagnol où Saint-Saëns tire des effets bouffons d'arpèges en staccato de l'instrument. Vient ensuite un grand *Adagio* mélancolique, qui reprend quelques idées du premier mouvement. Un minuscule finale *Allegro moderato* ferme la *Sonate* sur un pied de nez : « Un octogénaire plantait... ». Saint-Saëns achève sa carrière de compositeur sur une pirouette.

Durée d'exécution : 12 minutes environ.

LES TRIOS

Trio n° 1 pour piano, violon et violoncelle, en *fa* majeur (op. 18)

Les quatre mouvements sont successivement : **1. Allegro vivace** (*fa* majeur, à 3/4) ; **2. Andante** (*la* mineur, à 4/4) ; **3. Scherzo** (*Presto*, *fa* majeur, à 3/4) ; **4. Allegro** (*fa* majeur, à 2/4). Esquissé pendant l'été 1863 lors d'un voyage en Auvergne et dans les Pyrénées, le *Trio en fa* fut terminé à Paris en octobre 1864, et dédié à A. Lamarche. La création eut lieu le 29 décembre 1867 (Bosewitz, Telesinsky et Norblin). Saint-Saëns le joua fort souvent, et après lui les trios Pugno-Ysaÿe-Hollmann, puis Cortot-Thibaud-Casals. L'œuvre accompagna l'inauguration de la statue de Saint-Saëns à Dieppe (en sa présence !), le 27 octobre 1907. En 1914, Ravel le relit longuement avant d'écrire son *Trio en la*, et s'imprègne de sa perfection architecturale, de l'équilibre de ses sonorités. Il sera enfin choisi pour le concert commémoratif du 7 janvier 1922.

Dans ce *Trio*, l'auteur s'inspire sans doute des modèles proches du romantisme allemand (Schumann et Mendelssohn), mais il leur infuse un esprit bien français : l'élégance, la fraîcheur, la juvénilité des thèmes, la spontanéité de l'ensemble lui ont valu une célébrité durable. La partie de piano, comme toujours chez Saint-Saëns, est étincelante, mais parfaitement dosée. Dans l'*Allegro vivace*, page pleine d'élan, le thème principal (au violoncelle) règne sans partage et engendre les motifs secondaires :

L'ensemble est plein de fraîcheur, d'une joie de vivre exubérante. Dans l'*Andante*, de style rhapsodique, passe un souvenir des thèmes populaires notés durant cet été 1864, de ces mélodies du centre de la France qu'illustreront si bien d'Indy et Canteloube. Ainsi la première idée, languissante, violemment pointée, est exposée en octaves, sans accompagnement, dans un climat de déploration et de rusticité. Après un intermède en majeur, elle réapparaît, variée, aux cordes, sous un accompagnement argentin du piano dans l'aigu. La coda en majeur *(Poco più mosso quasi Allegretto, tempo rubato)* conclut dans une atmosphère étonnamment pré-fauréenne. Toute la thématique de l'amusant *Scherzo (Presto)* est basée sur la syncope. Avec une maîtrise stupéfiante, Saint-Saëns utilise une idée simple : « Une seule note staccato confiée, à découvert, soit au piano, soit aux cordes, mais si ingénieusement "emboîtée" dans un rythme syncopé que l'ensemble donne l'impression d'être monté comme un mécanisme d'horlogerie » (Yves Gérard). Le finale *(Allegro)* est spirituel et charmant, tout en dialogues des archets, d'un romantisme faussement désuet, sur fond d'arabesques agiles du piano.

Durée d'exécution : 27 minutes environ.

Trio n° 2 pour piano, violon et violoncelle en *mi* mineur (op. 92)

Les cinq mouvements sont successivement : **1. Allegro non troppo** (*mi* mineur, à 12/8) ; **2. Allegretto** (*mi* majeur, à 5/8) ; **3. Andante con moto** (*la* bémol majeur, à 4/4) ; **4. Gracioso, poco Allegro** (*sol* majeur, à 3/8) ; **5. Allegro** (*mi* mineur, à 4/4).

Écrit en 1891-1892 et créé le 7 décembre 1892 par I. Philipp, Berthelier et Loeb, le *Second Trio* fut dédié à une élève de Saint-Saëns, Anna Hoskier, vicomtesse de Guitaut. Le 27 juin 1892, Saint-Saëns écrit à Lecocq : « Je travaille tout doucement à un *Trio* qui fera, je l'espère bien, le désespoir des gens qui auront la malchance de l'entendre. J'en ai pour tout l'été à finir de perpétrer cette horreur ; il faut bien s'amuser un peu ! » Et, en effet, les premiers auditeurs furent déconcertés par la longueur et la complexité de cette œuvre ambitieuse. Elle comprend — exceptionnellement — cinq mouvements qui exploitent un éventail de styles large, accusant son côté « cosmopolite ».

Du premier *Allegro* (« bien noir de notes et de sentiment », disait Saint-Saëns), très largement conçu, retenons l'écriture très concertante du piano, en accords de doubles croches alternés aux deux mains, et le beau thème sombre des cordes. Se refusant à la division habituelle entre scherzo et mouvement lent, Saint-Saëns traite ses trois pages centrales avec une indécision subtile, — laissant planer un doute sur leur caractère.

Dans l'*Allegretto*, sorte d'intermède nonchalant et boiteux, le thème (*grazioso* à 5/8) engendre deux variations qui alternent avec deux sections en trio à 5/4 traitées en mouvement perpétuel :

L'*Andante*, une élégante berceuse, est construit sur deux fragments de gamme descendante qui s'exalte en un dialogue de plus en plus animé entre les trois instruments. Une valse tant soit peu mondaine apporte une note de délassement avant un finale complexe (« de la bouillie pour les chats », dixit Saint-Saëns) qui associe un thème fort long, mais un peu pâle, et une fugue alerte. Empruntons à la réponse amicale de Lecocq ce commentaire : « Je ne saurais dire lequel je préfère des cinq morceaux qui le composent, car je les préfère tous. Ce premier mouvement, avec sa grande phrase pathétique et même un peu désespérée se développe magistralement et sans que l'intérêt cesse un moment. Ah ! il faut avoir du souffle pour faire un morceau comme celui-là ! Le petit à cinq pattes m'est tout à fait sympathique (cinq pattes sympathiques, vous voyez le rapprochement ?). Que de grâce dans son allure un peu clownesque ! C'est charmant. Numéro Deus... (ne pas lire numéro deux). Puis, nous voici à l'*Andante* avec sa phrase unique qui se promène d'un pas si sûr dans tous les tons possibles. L'entrée du violon en réplique au violoncelle est tout à fait touchante (J'adore la troisième corde au violon). Il y a une modulation bien ingénieuse à la 2e mesure page 10, où le piano est encore en *fa* mineur quand le violon attaque la phrase en *sol* majeur. Cela me rappelle ces tableaux lumineux qu'on appelle tableaux fondants, dont l'un est visible encore quand l'autre fait son apparition. Le retour en *la* bémol est bien ingénieux aussi et bien musical. Et cela finit *ppp*, comme dans un souvenir lointain. C'est plein de poésie. Mais quel est cet importun ! C'est l'enfant de la maison qui vient montrer le bout de son nez rose et retroussé. On voudrait le chasser, mais il est si gentil qu'on l'écoute en le caressant. Et quelles jolies choses il sait dire ! Délicieux, cet *Allegretto gracioso*. Et le finale, une merveille de facture, et sans en avoir l'air, car tout s'y déduit avec un tel naturel qu'on dirait une improvisation. Et la péroraison en unisson est pleine de chaleur. Vous voyez que je le connais, votre *Trio*. » (le 9 janvier 1893).

LES QUATUORS

Quatuor pour piano et cordes, en *si* bémol majeur (op. 41)

Le 24 janvier 1875, la célèbre *Danse macabre* est créée par Colonne au milieu d'un chahut indescriptible. Quelques jours plus tard, le 3 février, Saint-Saëns se marie. Il achève son *Quatuor op. 41* le 19 février, et tient lui-même la partie de piano lors de la création, avec Sarasate, Jacquard et Alfred le 6 mars à la Salle Pleyel. A quarante ans, Saint-Saëns est à l'apogée de son talent ; il va composer dans le même élan deux chefs-d'œuvre : l'oratorio *le Déluge* et, peu après, le magnifique *Quatrième Concerto pour piano en* ut *mineur* qu'il jouera à la fin de l'année. Depuis la *Sonate op. 32*, créée deux ans auparavant dans un climat austère et recueilli, la vie musicale parisienne a évolué, et Saint-Saëns s'inquiète : « Les compositeurs ont une tendance marquée à délaisser la musique de chambre pour les œuvres orchestrales. » Il se plaint, car le comité de la Société Nationale dont il est le président ne reçoit pas assez de trios, duos et quatuors. Sans doute Fauré, Franck, d'Indy, Chausson n'ont-ils pas encore abordé ce domaine. Saint-Saëns se doit de montrer l'exemple, et ses efforts ne seront pas vains : Fauré, dès l'année suivante, et Franck, deux ans plus tard, suivront ses pas. La création du *Quatuor en* si *bémol* est un succès (selon la *Revue et Gazette Musicale*, il s'agit « d'une des productions de musique de chambre les plus remarquables entendues depuis longtemps »). Saint-Saëns restera très attaché à ce *Quatuor*, et le jouera très souvent au long de sa carrière.

1. Allegretto à 4/4 : mené sur le mode intime, paisible, il s'ouvre par un premier thème placide, séquentiel : aux accords légers du piano répond, à cinq reprises, un motif syncopé du violon et de l'alto, reconnaissable à son appoggiature conclusive. Le piano le reprend pour l'agrémenter d'arpèges. Une cadence sonore introduit le second thème, toujours en *si* bémol, mais plus lyrique (mesure 26). Les noires égales des trois archets reposent sur un accompagnement délicat du piano en triolets de doubles croches. La couleur de ce passage, harmoniquement complexe, annonce certaines équivoques fauréennes. Une brève transition du piano, en croches staccato, amène le troisième thème (en triolets, *fa* majeur, *dolce*, mesure 43), d'allure sinueuse, plus dansant. Le développement (mesure 65) s'attache au premier thème, dont il met surtout en valeur l'appogiature, et au troisième, orné d'un trille. La réexposition (mesure 112) est très variée ; le piano, en particulier, se voit confier des traits de virtuosité légère, spécialité de l'auteur, — sans excès toutefois. La conclusion, toute intime et recueillie, brise le premier thème en menus fragments éparpillés sous de calmes accords *pp* du piano.

2. Andante maestoso ma con moto (en *sol* mineur, à 4/4) : après l'abandon et la rêverie quelque peu « fin de siècle » de l'*Allegretto*, le second mouvement, un choral orné, forme un contraste saisissant. Comme au début du *Deuxième Concerto pour piano*, Saint-Saëns semble retrouver le chemin qui mène à Bach via Mendelssohn. Le piano déploie une sorte de marche puissante de huit mesures, aux rythmes violemment marqués, sur laquelle se greffe un choral sonore déclamé par les cordes. Ces deux éléments si contrastés sont ensuite développés savamment, renversés, et donnent même lieu à une brève exposition fuguée, — le piano ne renonçant toutefois pas aux traits de virtuosité de style concertant, en particulier lors de la reprise de la première partie.

3. Poco allegro più tosto moderato (*ré* mineur, à 6/8) : ce scherzo, en forme lied, très réussi, déborde largement le cadre de la musique de chambre : il en appelle franchement aux sonorités orchestrales et même au propos du poème symphonique, par les déformations de caractère presque psychologique que l'auteur fait subir à son thème. Il s'agit d'une sorte de cavalcade tant soit peu farouche, au rythme très prenant :

Dans cette « course à l'abîme » très romantique passe même un souvenir des quintes vides fascinantes du *Vaisseau fantôme*. Par deux fois les récitatifs ardents du violon, puis du piano, viennent interrompre la chevauchée. Mais le tempo accélère, passe peu à peu au *Presto* , puis au *Prestissimo*, et tout s'évanouit finalement sur un trait *ppp* du piano.

4. Allegro (*ré* mineur, à 2/2) : ce finale assez romantique est l'une des dernières pages de Saint-Saëns qui porte encore la trace de l'influence très réelle de Schumann. Curieusement, il est écrit en *ré* mineur, et ne retrouve le ton principal que dans les dernières pages ; cela dans un dessein cyclique bien particulier. L'art subtil avec lequel Saint-Saëns regroupe peu à peu dans cette coda le matériau thématique des différents mouvements est très remarquable ; la petite appogiature du premier thème de l'*Allegretto* donne le signal : après la modulation en *si* bémol, Saint-Saëns reprend successivement les premières mesures du premier mouvement, puis le troisième thème, — qui est bientôt combiné *(Allegro non troppo)* de la façon la plus ingénieuse avec le choral du deuxième mouvement, donnant lieu à un fugato. Il s'agit d'un exemple de ce procédé « cyclique » qui sera tant utilisé par les contemporains de Saint-Saëns, — ainsi Franck, trois ans plus tard, dans son *Quintette*.

Quatuor à cordes n° 1, en *mi* mineur
(op. 112)

Au tournant du XXe siècle, nombre de compositeurs français ont apporté leur contribution au genre suprême du quatuor : ainsi Debussy, Ropartz, d'Indy, Castillon, Franck. Seul Saint-Saëns s'est tu dans ce domaine (selon Fauré, le genre, « la forme la plus pure de la musique instrumentale, la forme initiale, la source d'Hippocrène », lui faisait peur). Ce n'est qu'en 1899 qu'il se décida enfin à « tricoter » (*sic*) un quatuor : « J'ai fait mon quatuor, il peut venir — écrit-il à son ami l'éditeur Auguste Durand. Je l'attends avec tranquillité. Si je n'avais pas fait ce quatuor, les esthéticiens auraient tiré de cette lacune un tas de déductions, ils auraient découvert dans ma nature pourquoi je n'en avais pas écrit et comment j'étais incapable d'en écrire ! N'en doutez pas, je les connais. Et tant que cette besogne nécessaire n'était pas effectuée, j'avais peur de partir trop tôt, je n'étais pas tranquille. Maintenant tout m'est indifférent. » L'œuvre, dédiée au violoniste Eugène Ysaÿe, fut donnée en première audition le 21 décembre 1899 aux Concerts Colonne, à Paris.

Le beau *Quatuor en* mi *mineur*, dont les quatre mouvements sont solidement construits, est un chef-d'œuvre de la musique de chambre française.

1. **Allegro-più allegro** (à 4/4) : l'introduction (*Allegro*, à 6/8), jouée en sourdine, expose le motif unique qui forme le lien cyclique entre les mouvements :

Les deux premières notes, syncopées et complétées par un trait en doubles croches, engendrent le thème du premier mouvement (*Più allegro*, à 4/4). Le pont repose sur un motif violemment pointé où reparaît la cellule originelle (seconde mineure). Le second thème (*sol* majeur), très bref, est chanté par le violoncelle sur un arpège ascendant, puis repris en imitations. Le développement traite la cellule initiale, puis le motif du pont, et introduit un nouveau thème (*sempre piano e ritmico*, à 12/4), — en réalité une variante du pont, qui constitue le contre-sujet d'un fugato (*fa* dièse mineur). Le second thème est développé en *fa* dièse majeur. Curieusement Saint-Saëns escamote le premier thème lors de la réexposition et lui substitue un rappel de l'introduction, — suivie d'une reprise du second thème, classiquement en *mi* majeur, puis du troisième, et d'une coda tirée du pont et ornementée de traits en doubles croches tirés de la queue du thème principal.

2. **Scherzo molto allegro quasi presto** (en *mi* mineur, à 2/4) : un des joyaux de la musique de chambre de Saint-Saëns : une série de variations étranges sur un motif syncopé, obsédant, qui tourne en rond :

Dans le trio, en *mi* majeur, Saint-Saëns tire de ce thème un fugato ingénieux, — les rythmes tantôt binaires tantôt ternaires sont pleins d'une fantaisie charmante. Ravel n'est pas loin !

3. **Molto adagio** (en *la* majeur, à 3/4) : sage, noble et d'une grandeur toute beethovénienne, l'*Adagio*, en forme lied, repose sur un thème dont l'effusion est assez retenue, suivi d'un volet central très concertant, passionné. Lors de la reprise *(molto espressivo)*, le thème est présenté en diminution (doubles croches aux quatre archets).

4. **Finale (Allegro non troppo**, en *mi* mineur, à 4/4) : en forme de rondo-sonate, avec quatre refrains et trois couplets, ce finale tire sa substance de l'intervalle-clef de seconde mineure. Ainsi du thème farouche, pointé, du refrain, — quinze mesures soutenues par un dessin syncopé en doubles croches du second violon et de l'alto. Le thème cyclique réapparaît après le troisième couplet. La coda *(Molto allegro)* conclut brillamment sur une variation très concertante du refrain au premier violon.

Durée d'exécution : 30 minutes environ.

Quatuor à cordes n° 2, en *sol* majeur (op. 153)

Le *Second Quatuor* fut dédié à Jacques Durand, éditeur et ami de Saint-Saëns, qui annonça ainsi sa genèse dans une lettre à Lecocq, le 25 mai 1918 : « Maintenant je pioche sur un quatuor à cordes, qui sera fini Dieu sait quand... Mon quatuor est en *sol* ; il y a un dièse à la clef, quelle originalité ! Un temps viendra peut-être où l'on écrira en *fa* double dièse ; mais nous ne serons plus là pour voir ces belles choses ! » Achevé le 2 août 1918, ce *Quatuor*, moins ambitieux que le premier, reflète des préoccupations souriantes, parfois teintées de nostalgie. Ainsi dans l'aimable *Allegro animato* initial, basé sur une petite fanfare de l'arpège de *sol* majeur, et mené avec une maestria toute haydnienne. Dans le second mouvement alternent régulièrement deux motifs : l'un, *Adagio*, est remarquable par ses chromatismes, sa couleur sombre, et une saveur modale (mode de *mi*) rare chez Saint-Saëns. Les plages d'*Andantino*, à 9/8, apportent une touche rustique. Le troisième mouvement regroupe un *Interlude* (un canon, bref et très austère) et un finale *(Allegretto con moto)*, qui s'ouvre et se ferme par d'amusants pizzicatos sur les cordes à vide. Le refrain bon enfant, d'une grâce très dix-huitième siècle, alterne avec une fugue irrégulière, que Saint-Saëns éparpille çà et là non sans désinvolture. Musique venue d'un autre âge, étrangère à son temps, mais si bien faite qu'elle ne peut manquer de séduire.

Durée d'exécution : 24 minutes environ.

LES PIÈCES POUR FORMATIONS DIVERSES

Parallèlement aux grandes partitions, Saint-Saëns a laissé un nombre important d'œuvres de circonstance, pages brèves en général, et souvent destinées à faire briller un instrument. Citons, pour violon et piano, la *Berceuse op. 38*, composée à Londres en 1871 et destinée au fils de Pauline Viardot, la *Romance op. 48* (1874) et le *Triptyque op. 136* (*Prémice, Vision Congolaise, Joyeuseté*) écrit pour la reine Élisabeth de Belgique (1912). Après son voyage aux U.S.A. en 1915, Saint-Saëns écrit l'*Élégie op. 143* pour Sir H. Heyman qui l'a accueilli à San Francisco. Pour Ch. de Galland, le maire d'Alger (ville où il réside souvent), il compose l'*Élégie op. 160*, dédiée à la mémoire d'Alexis de Castillon et qui cite un thème de ce dernier. Ajoutons une charmante *Fantaisie pour violon et harpe op. 124*, dédiée aux sœurs Marianne et Clara Eissler qui la créent à Londres le 3 juillet 1907 : on y trouve un des rares exemples de l'influence debussyste sur Saint-Saëns.

Parmi les œuvres pour violoncelle et piano retenons l'*Allegro appassionato op. 43* dédié à J. Lasserre et créé à la Société Nationale le 8 février 1874. La *Romance op. 51* (1877), le *Chant Saphique op. 91* (1892), et la *Prière op. 158* (1919) sont respectivement dédiés aux violoncellistes Adolphe Fischer, Jules Delsart et André Hekking.

Pièces pour instruments divers et piano

Mentionnons les deux *Romances op. 36* (1874) et *op.67* (1885) pour cor et piano, auxquelles il faut ajouter la *Romance op. 37* pour flûte et piano (1871), — toutes ces pages existant dans une version avec orchestre. La *Cavatine op. 144* pour trombone fut écrite à bord du Rochambeau qui ramenait Saint-Saëns vers l'Europe en 1915 : « Il est vrai qu'on a peu écrit pour ce fulgurant instrument, écrit l'auteur. L'on sait qu'il est facile d'être roi dans le royaume des aveugles, fût-on borgne » (le 5 septembre 1915). Le **Wedding-Cake op. 76**, caprice-valse pour piano et cordes, fut offert en présent de noces à Caroline de Serres, excellente pianiste et amie de Saint-Saëns, en 1886. C'est un épithalame mondain, de haute virtuosité, qui comprend une introduction suivie d'une valse d'une élégance et d'une légèreté d'écriture incontestables. En avril-mai 1887, Saint-Saëns accompagna en Russie, dans une série de concerts organisés par la Croix Rouge, plusieurs membres de la Société de Musique de Chambre pour Instruments à Vent (Taffanel, Turban et Gillet) : il improvisa pour eux le *Caprice sur des airs danois et russes op. 79*, (flûte, hautbois, clarinette et piano), créé à Saint-Pétersbourg en 1887, et dédié à l'Impératrice de Russie.

Septuor pour trompette, deux violons, alto, violoncelle, contrebasse et piano, en *mi* bémol majeur (op. 65)

Une des faces les moins connues de Saint-Saëns révèle un sens de l'humour, et même de la blague, très vif. L'auteur de la *Symphonie avec orgue* aimait rire : le *Carnaval des animaux* le prouve, mais aussi ses pochades de carnaval, la *Marquise de la Roche-Cardon ou les cruautés du sort*, ou *Gabriella di Vergi*, opéra-bouffe chanté en patois auvergnat ; sans parler de Saint-Saëns déguisé en Marguerite de *Faust* et chantant en fausset, dans un salon, l'*Air des bijoux*... C'est lui qui, dans le malicieux *Septuor*, réussit — c'est une gageure — à affubler d'une bruyante trompette un ensemble de musique de chambre. En 1859 un ancien polytechnicien, Émile Lemoine, avait fondé une société d'amateurs, « la Trompette ». « Voici l'histoire de ce morceau, écrit-il : depuis de longues années je tracassais mon ami Saint-Saëns en lui demandant de me composer, pour nos soirées de *la Trompette*, une œuvre sérieuse où il y ait une trompette mêlée aux instruments à cordes et au piano que nous avions ordinairement ; il me plaisanta d'abord sur cette combinaison bizarre d'instruments et répondit qu'il ferait avant un morceau pour guitare et treize trombones, etc. En 1879 il me remit (le 29 décembre) sans doute pour nos étrennes, un morceau pour trompette, piano, quatuor et contrebasse intitulé *Préambule*, et je le fis jouer le 6 janvier 1880 à notre première soirée. L'essai plut sans doute à Saint-Saëns, car il me dit en sortant : « Tu auras ton morceau complet, le *Préambule* en sera le premier mouvement. » Il a tenu parole, et le *Septuor* complet a été joué pour la première fois le 28 décembre 1880.

Le tour de force consistait surtout à incorporer au discours la trompette en *mi* bémol sans piston, et donc incapable d'excursions tonales osées, — infirmité que Saint-Saëns masqua avec une grande habileté en utilisant un cadre formel très simple emprunté à la suite baroque.

1. Préambule : l'introduction pompeuse oppose les arpèges très concertants du piano aux sonneries militaires de la trompette ; puis le piano expose une fugue carrée, solide,

dont le sujet, accompagné d'un contre-sujet vif, en doubles croches, fait bientôt place à un épisode de virtuosité du piano. Quelques acords lugubres en *ut* mineur, sur un rythme dactylique, sont vite étouffés par le retour des gammes brillantes et des arpèges sonores de la trompette.

2. Toujours en *mi* bémol, le **Menuet** ressuscite les fastes baroques, non sans ironie. Son thème se déroule sur une basse guindée, en noires égales. Le trio fait appel à une mélodie charmeuse, jouée à l'unisson par les cordes et la trompette, sur les arpèges du piano.

3. L'**Intermède** (au relatif *ut* mineur) reprend les rythmes dactyliques du *Préambule* et parodie tant soit peu la *Marche funèbre* du *Quintette* de Schumann (que Saint-Saëns n'aimait guère) ; mais, peu à peu, il fait place à une touche d'émotion vraie.

4. Gavotte et Final : Saint-Saëns termine avec l'entrain d'un finale d'opérette, sur un thème piquant du piano :

Il engendre de brillantes variations. Puis la trompette intervient avec de martiales fanfares, et la coda reprend en un fugato solennel le thème du *Préambule (Più allegro)*. Laissons à Saint-Saëns le soin de conclure. En octobre 1907 il écrivit à Lemoine : « Quand je pense combien tu m'as tourmenté pour me faire faire malgré moi ce morceau que je ne voulais pas faire et qui est devenu un de mes grands succès, je n'ai jamais compris pourquoi ! »

Durée d'exécution : 15 minutes environ.

J.A.M.

GIACINTO SCELSI

Né à La Spezia, le 8 janvier 1905 ; mort en 1988, à Rome. Après des études traditionnelles au Conservatoire de Rome, il a été le premier musicien italien, dès 1936 (soit bien avant Dallapiccola), à adopter les techniques dodécaphoniques, qu'il étudia à Vienne avec Walter Klein à partir de 1935. Mais il s'en détourna pour s'initier à la musique de Scriabine auprès d'un élève de ce dernier à Genève. Rentré en Italie, il y organisa des concerts de musique contemporaine qui firent un certain bruit ; mais il passa les années de guerre en Suisse, où il écrivit des essais de musicologie. Après une interruption causée par une grave crise de santé, il vécut après la guerre à Paris, composant et écrivant de remarquables recueils de poèmes en français. Rentré à Rome au début des années 1950, il participa un certain temps au mouvement Nuova Consonanza, *mais mena bientôt une vie de plus en plus discrète et retirée, tout en composant d'abondance. Objet d'un boycott organisé en Italie, la musique de cet indépendant dérangeant, car libre de toute attache matérielle, de tout système, et en avance d'une génération au moins sur l'évolution générale, se trouvait totalement en porte-à-faux par rapport à l'esthétique sérielle des années 1950 et 1960. Ce n'est que depuis une dizaine d'années que l'on découvre une production considérable (plus de cent cinquante titres), abordant tous les domaines sauf le théâtre, et qui devient maintenant seulement accessible par l'édition. Les créations d'œuvres parfois anciennes se poursuivent, et le répertoriage même de cet immense corpus n'est pas terminé. Son abondante musique de chambre, tant vocale qu'instrumentale (avec cinq admirables* Quatuors*), s'est imposée d'abord ; mais il existe aussi des chefs-d'œuvre dans le domaine orchestral et symphonico-choral (*Quatre Pièces sur une seule note ; Hurqualia ; Aion ; Anahit ; Uaxuctum ; Konx-Om-Pax, *etc.). L'œuvre pour piano, quantitativement la plus nombreuse, est encore en cours d'édition, et n'a été que partiellement jouée en public.*

Les ouvrages de musique de chambre de Scelsi dépassent largement la cinquantaine, et il ne saurait donc être question de les examiner tous en détail dans les limites du présent ouvrage. Tous n'ont d'ailleurs pas encore été exécutés en public. Avant d'en proposer la nomenclature par époques et d'en analyser quelques-uns à titre d'exemple, il sera bon de définir brièvement les étapes de son évolution.

Sa vie créatrice se divise en deux moitiés d'importance très inégale, — séparées par quatre ans de crise et de silence. De ses débuts vers 1929 jusqu'en 1948, Scelsi passa successivement par la formation académique, l'assimilation du dodécaphonisme schœnbergien, auquel il s'initie à Vienne, puis l'étude approfondie de Scriabine. Après avoir donné dès 1936 les premières œuvres sérielles écrites par un Italien (bien avant Dalapiccola, habituellement crédité de cette priorité !), il abandonna assez rapidement cette direction, dans laquelle il avait très vite reconnu une impasse, avant même que toute la génération de ses cadets ne s'y engouffre au lendemain de la Seconde Guerre mondiale. Des années antérieures à 1948, il subsiste une trentaine d'ouvrages de valeur très inégale ; mais le *Premier Quatuor* (dont il sera question ci-après) est déjà un chef-d'œuvre. Dans la même veine, et de la même époque, on citera encore une dramatique et vigoureuse *Ballade pour violoncelle et piano* (1943).

Recommençant à composer en 1952, Scelsi explora d'abord à fond toutes les possibilités de la monodie, — d'où l'ensemble impressionnant des *soli* instrumentaux, tant pour les vents que pour les cordes, se succédant jusque vers 1958. Les micro-intervalles sont abordés, timidement d'abord, dès 1956, en commençant curieusement par les instruments à vent (*Ixor* pour clarinette ; *Pièces pour trompette*, *pour cor*, *pour trombone*, etc.). Aux cordes, ils interviennent pour la première fois en 1957 dans *Triphon*, premier volet de l'impressionnante *Trilogie pour violoncelle*. L'intégration des micro-intervalles oblige Scelsi à renoncer au piano, mais lui permet d'approfondir le travail sur le *son unique*, — dès lors prioritaire. A partir de 1958, il en étend les conquêtes progressivement aux ensembles instrumentaux, puis à l'orchestre et aux chœurs. Une nouvelle étape, sporadiquement entrevue auparavant, est franchie en 1964 avec l'adoption pour les cordes de la notation sur plusieurs portées, — une par corde. Les années 1967-1969 voient l'élargissement des recherches aux spectres inharmoniques ; d'où un développement des « effets spéciaux » et de la percussion (*Ko-Tha*, *Okanagon*). Une ultime étape est abordée vers 1970-1971 : c'est la plus radicale en son dépouillement extrême, la plus hardiment tournée vers l'avenir.

Quatuor à cordes n° 1

Les cinq *Quatuors à cordes* occupent une position centrale dans l'œuvre de Scelsi. Quarante années séparent le premier du dernier ; ce *Cinquième Quatuor* est même sa toute dernière œuvre. Composé en 1944, le *Premier Quatuor*, dans son genre, n'est pas un moindre chef-d'œuvre que les suivants. Bien qu'il n'annonce guère le Scelsi plus tardif, il ne ressemble à aucune autre musique. Si l'on trouve dans cette grande construction en quatre mouvements d'une bonne demi-heure de durée de l'harmonie et du contrepoint au sens traditionnel, le langage est néanmoins très singulier, non tonal certes (à l'exception de la surprenante coda du *Finale*), mais pas davantage sériel malgré la présence de certaines formations mélodiques dodécaphoniques. Les accords sont souvent bitonaux ou bimodaux, avec des relations de triton ou de tierce, des accords majeurs-mineurs ou des accords mineurs avec sensible ajoutée, — dont la couleur évoque parfois Ernest Bloch. La musique de celui-ci était assez répandue en Italie à l'époque : Scelsi l'aurait-il connue ?

1. L'imposant premier mouvement s'ouvre par de puissants blocs d'accords aux rythmes saccadés, surtout ïambiques (*Quasi Lento*), — geste violent et dramatique ressemblant fort peu à un thème, et qui pourtant sera l'idée principale (surtout rythmique) du morceau. Ces accords sont interrompus par un bref épisode polyphonique (*Agitato*), seconde idée principale, mais qui ne sera développée que beaucoup plus tard. A partir de la mesure 37 (*Molto sostenuto ed intenso*), l'idée principale est élaborée en un magistral contrepoint rythmique librement dodécaphonique, qui s'élève jusqu'à l'*Esaltazione esasperata*, pour retomber épuisé. Une nouvelle vague de développement (*Vivace*, mesure 95) travaille le thème rythmique (avec de rapides alternances d'*arco* et de *pizzicato*) sur un fond de doubles croches en trémolos rapides. Et c'est ensuite seulement (mesure 132, *Andante mosso, sempre drammatico ed intenso*) que la seconde idée est élaborée en une polyphonie sans cesse plus tendue, exaspérée par des glissandos expressionnistes, et s'adjoignant pour finir le rythme principal. Un bel et expressif récitatif — dodécaphonique — de violoncelle mène à la reprise resserrée et variée de la partie principale de la mesure 37, qui s'élève jusqu'au geste final abrupt, d'une âpreté impitoyable (*Violento, feroce*).

2. Le deuxième mouvement, lent (**MOLTO LENTO, QUASI FUNEBRE**), s'ouvre sur d'extraordinaires « sons de gong » (Scelsi dixit !) : accords tassés dans le grave, dont la première partie est jouée *vibralto sulla corda*, avec l'adjonction de l'attaque en pizzicato de la main gauche, et la deuxième *non vibrato*. Ils alternent durant cette introduction avec de longs accords liés pianissimo en opposition de registres. C'est alors seulement que le violoncelle, ôtant sa sourdine, joue une longue et sinueuse mélodie dodécaphonique, ponctuée par les « accords-cris » étouffés des autres instruments, qui ne quittent leur sourdine que plus tard, au sommet de la progression. A présent se déploie une belle polyphonie homorythmique sur les larges intervalles ascendants de la mélodie de violoncelle. Elle fait place (mesure 63, *subito piano*) à un contrepoint chromatique beaucoup plus serré, d'unc densité sublime. La reprise de la polyphonie précédente culmine avec le retour des imposants accords ïambiques du premier mouvement, bientôt envahis par des événements « fantomatiques » (trémolos, traits rapides, pizzicatos). Plus tard, ils se combinent avec le contrepoint « serré » de la mesure 63, et Scelsi déploie toute sa science polyphonique en doubles, et même quadruples diminutions. Une coda « synthétique » rappelle brièvement les principaux éléments du morceau.

3. Le bref **SCHERZO** (désigné comme tel) adopte une forme ternaire très simple et toute classique. Sa première partie présente un contrepoint chromatique homorythmique par mouvement contraire en doubles croches, traité par agrandissement d'intervalles, et en groupes rythmiques en expansion ou en contraction, — procédé rappelant le *Sacre du Printemps*, mais davantage encore les « personnages rythmiques » de Messiaen, alors à peine connus ou élaborés. Ces groupes sont ponctués par des accords violents, irrégulièrement espacés. Beaucoup plus calme et régulier rythmiquement, l'épisode central (le « trio ») offre une magnifique et complexe polyphonie mélodique et toujours non-tonale. Une brève transition d'accords en pizzicato amène la reprise variée de la première partie, mais sans les ponctuations d'accords qui n'apparaissent qu'ensuite, séparément, dans une brève et violente coda.

4. Le **FINALE**, en prédominance lent (*Moderato*), se divise en deux moitiés contrastantes. La première présente une gradation en forme de variations contrapuntiques, avec, pour commencer, des imitations par mouvement contraire sur un simple motif chromatique de deux sons de rythme trochaïque. Bientôt il devient pointé, puis il s'adjoint un troisième, voire un quatrième son ; au terme de son développement, sans cesse accéléré, il se révèle être la deuxième idée du premier mouvement ! Après un premier point culminant débute une nouvelle vague ascendante, dont la merveilleuse polyphonie renoue avec la mesure 63 du deuxième mouvement. A présent, les trochées sont harmonisés et élaborés contrapuntiquement (diverses diminutions), cette seconde vague aboutissant aux grands blocs d'accords du début du *Quatuor*. Une transition sans cesse plus lumineuse et plus tonale mène à la seconde moitié du mouvement, — que l'on peut considérer comme la coda et l'épilogue-catharsis de l'œuvre entière. En un soudain *dolcissimo, pianissimo senza vibrato*, nous sommes projetés dans l'univers lumineux et transparent, d'un diatonisme dénué de toute pesanteur, du *Heiliger Dankgesang* de l'*op. 132* de Beethoven*. La longue ascension mystique se déroule dans l'azur sans nuages d'*ut* majeur, dont les rares altérations (presque toujours diésées) ne sont que des touches rehaussant la couleur... On peut considérer cette musique comme la transfiguration diatonique de la polyphonie chromatique qui précède : Bartók avait déjà agi de même dans le finale de sa *Musique pour cordes, percussion et célesta* ! L'œuvre s'évanouit dans le plus impalpable pianissimo à l'extrême aigu ; mais le mystérieux accord final, fait de quartes (*la - ré - sol - do*), assure une fin « ouverte ».

Dans la succession d'un chef-d'œuvre aussi personnel, Scelsi aurait pu facilement poursuivre dans la même direction. Mais il en advint autrement : il était insatisfait de ce qu'il écrivait, puis il tomba malade des nerfs et subit une grave crise de quatre années. Pour y échapper, il inventa sa pro-

* Voir, ici même, à *Beethoven* : *Quatuor n° 15* (troisième mouvement).

pre thérapie, — renouant avec des pratiques de son enfance : pendant des heures il frappait inlassablement la même note au piano, écoutant ses plus intimes résonances. Dès lors il consacra toutes ses forces à l'exploration de l'intérieur du son, dont il découvrit et exploita — le tout premier — la sphéricité et la dimension de profondeur.

En 1952, il se remit à composer. Il épuisa d'abord toutes les possibilités de la monodie, c'est-à-dire du son isolé. C'est de l'époque que date le grand cycle des *Soli*. Il s'agit de pages essentiellement mélodiques et monodiques, fortement rythmées et articulées, très brillantes et virtuoses en leur agogique agile. Par leur nature souvent modale, voire parfois franchement tonale, elles sont proches des dernières œuvres pour piano des mêmes années (*Cinque Incantesimi*, *Quattro Illustrazioni*, *Suites n° 8 à 11*)*. Elles ne se limitent pas encore à un son unique, bien que leur polarisation autour d'un son principal (à ne pas interpréter forcément comme une tonique) soit très nette.

Les instruments à vent se taillent ici la part du lion, et pour certains d'entre eux, aucun compositeur avant Scelsi n'avait écrit de pièces non accompagnées. **Pwyll**, pour flûte, ouvre la série en 1954 : le titre est un nom de druide, nous dit le compositeur, — qui nous invite à imaginer un prêtre appelant les Anges au crépuscule. Pour clarinette, il y a les **Trois Études** pour petite clarinette en *mi* bémol, brillantes et périlleuses (1954), **Ixor** déjà cité (1956), où l'on trouve les premiers quarts de ton, et, surtout, le vaste poème *Preghiera per un'ombra* (*Prière pour une ombre*, 1954), — l'un des sommets de cette phase de la création scelsienne. Les *Trois Pièces pour saxophone* (soprano ou ténor), les *Quatre Pièces pour trompette* et les *Quatre Pièces pour cor* datent de 1956, les *Trois Pièces pour trombone* de l'année suivante. Toutes, sauf celles pour saxophone, intègrent des micro-intervalles. Les pièces pour cor sont particulièrement novatrices et passionnantes, — exploitant les grandes oppositions de registres, les contrastes entre sons ouverts et bouchés, avec les différences d'intonation qu'ils entraînent, enfin, les divers types de sourdines.

Il faut citer également ici trois *Duos*, — dont le premier en date, la petite **Suite pour flûte et clarinette**, marque le début de toute cette activité dès 1953. Un deuxième *Duo* pour les mêmes instruments, **Ko-Lho**, suivra beaucoup plus tard, en 1966. *Hyxos* et *Rucke di Guck* comptent au nombre des pages les plus séduisantes, voire les plus aimables de Scelsi. **Hyxos** (1955) est écrit pour flûte en *sol* et percussion (deux gongs et deux clochettes). En trois mouvements (*Tranquillo - Con moto - Tranquillo*), c'est une œuvre sereine, lumineuse et détendue, où la souple arabesque de la flûte est soulignée seulement par des touches discrètes de percussion, avec un grand raffinement dans la différenciation des sonorités, notamment dans le choix des baguettes. Les gongs ne participent pas au mouvement central. Quant à **Rucke di Guck**, pour petite flûte et hautbois (1957), en trois mouvements également, c'est un divertissement exquis dont l'allégresse et la vivacité évoquent une volière !

Les instruments à cordes sont plus adaptés que tous les autres à l'exploration la plus poussée de l'intérieur du son, — objectif essentiel de la création de Scelsi. Ils permettent d'atteindre aux nuances les plus fines dans l'ordre des hauteurs (micro-intervalles), des attaques, des articulations, du timbre et de la dynamique. Et Scelsi a sans doute découvert, dans ces domaines, davantage de nouveautés que tout autre compositeur de notre temps. En variant le degré de pression ou l'angle de l'attaque de l'archet, par de nouveaux sons harmoniques, et même par l'invention de nouvelles sourdines (comme celles, articulées, permettant de sourdiner chaque corde séparément), il a fait accomplir un colossal pas en avant aux techniques sonores des instruments à cordes. Aussi la composition d'œuvres pour ces instruments occupe-t-elle dans son travail créateur de maturité une place centrale, tant pour la quantité que pour la qualité. Cette partie du catalogue scelsien comprend de nombreuses œuvres pour cordes solistes (violon, alto, violoncelle, contrebasse), six *Duos* de diverses formations (de deux violons à deux contrebasses), un *Trio* et, centre de gravité de toute sa production, les cinq *Quatuors à cordes*, — dont quatre pages importantes des années soixante pour orchestre à cordes constituent une extension sonore.

De 1954 à 1956, Scelsi a composé cinq **Divertimenti** pour violon seul. Le premier semble perdu, et le dernier demeure manuscrit, — le compositeur n'ayant pas voulu le publier de son vivant. Le titre de *Divertimento*, si inhabituel sous pareille plume, désigne dans ce cas des œuvres plus plaisantes et plus directement accessibles, très virtuoses, et d'un langage presque

* Voir *Guide de la musique de piano* (même éditeur).

constamment tonal, en principe en quatre mouvements. Pour alto solo, nous trouvons *Trois Études* (1956) et, terminé dès l'année précédente, le triptyque **Coelocanth**. Ce mot (dont l'orthographe véritable est *Coelacanth*) désigne un poisson préhistorique que l'on croyait disparu jusqu'à sa découverte aux fonds de l'océan Indien, précisément à cette époque. Conformément au caractère de l'instrument, le langage de l'œuvre est plus âpre. Les « sons-pôles » (*fa* dièse dans le premier mouvement, *mi* dans le deuxième, *ut* dans le troisième) sont moins prédominants, et ne peuvent plus être interprétés comme des toniques, car la mélodie échappe dans une large mesure à la tonalité. Scelsi introduit ici quelques effets sonores nouveaux : à la fin du deuxième mouvement, la corde d'*ut*, et elle seule, se voit prescrire la sourdine, et le finale comporte quelques passages à jouer *col legno*. La succession des mouvements correspond à peu près à l'ordre classique modéré-lent-vif, avec un *Finale* particulièrement virtuose, aboutissant cependant à un large et puissant épilogue, se mourant sur un *sol* longuement tenu.

Quant à **Manto**, que toutes les sources datent erronément de 1957, son style et son écriture, et jusqu'à l'identité de sa dédicataire, indiquent une origine bien plus tardive : nous retrouverons ce chef-d'œuvre aux côtés des grandes pages pour cordes solistes du milieu des années 1960.

L'aboutissement grandiose de cette phase créatrice se trouve dans les deux premiers volets de l'extraordinaire **Trilogie pour violoncelle**, qui représente, en sa durée totale de plus de quarante minutes, ce que l'instrument a suscité de plus important et de plus neuf depuis les six *Suites* de Jean-Sébastien Bach. Les deux parties dont il est question, *Triphon* et *Dithome*, portent les dates 1957-1965, alors que la troisième partie, *Igghur*, est datée de 1965 seulement, — ce que confirme son style. Il semble cependant qu'à cette dernière date, Scelsi, qui travaillait alors en étroite collaboration avec son interprète, la violoncelliste Frances-Marie Uitti (ainsi qu'il faisait si souvent), ait revu et « ravalé » les deux parties déjà écrites. La *Trilogie* s'institule *les Trois Âges de l'Homme*. La première partie, *Triphon*, se divise en trois mouvements : *Jeunesse-Énergie-Drame*, tandis que la deuxième, *Dithome*, aussi développée que la précédente, est écrite d'un seul tenant, malgré ses trois sous-titres *Maturité-Énergie-Pensée*. La troisième, *Igghur*, comprend à nouveau trois mouvements distincts, avec les sous-titres *Vieillesse*, *Souvenirs* et *Catharsis-Libération*.

Le premier mouvement de **Triphon**, qui introduit pour la première fois les micro-intervalles sur une grande échelle, est aussi la première pièce pour un instrument à cordes où Scelsi adopte une notation sur deux portées, chacune regroupant deux cordes. Cette innovation reparaît à plusieurs reprises dans *Dithome*, pour se généraliser dans *Ygghur*, entièrement noté sur trois et même quatre portées. Dès le début de *Triphon* s'affirme une virtuosité aux tensions surhumaines. Le premier et le troisième mouvements imposent aux deux cordes les plus graves la sourdine métallique, — d'où des sonorités rauques et grattantes très riches en transitoires. Déjà, on observe un fantastique travail sur le son unique (trois sortes différentes de *vibrato*), faisant plus qu'annoncer la phase suivante de l'évolution scelsienne. Le deuxième mouvement (sans sourdine) fait contraste par ses rythmes violents et ses notes répétées en staccato, annonçant curieusement le *Concerto* de Lutoslawski.

Dithome se déroule à la manière d'un immense palindrome, juste assez asymétrique (sa deuxième moitié est légèrement plus courte que la première) pour éviter une sensation d'uniformité et de longueur. La pièce fait alterner virtuosité énergique et méditation très intériorisée. Le violoncelle chante, résonne et vibre de toute son âme : jamais on ne l'a fait sonner ainsi !

Quant à **Ygghur**, il appartient à une tout autre phase créatrice, — et il est préférable d'en traiter de pair avec les autres pages pour cordes seules contemporaines du *Quatrième Quatuor*.

Ayant franchi le « mur du treizième son », Scelsi va pouvoir se concentrer sur l'exploration interne du son unique. Exemplaires de ce point de vue, les célèbres *Quattro Pezzi* (*su una sola nota ciascuno*) (« Quatre Pièces sur une seule note chacune ») pour orchestre de chambre, de 1959, ont connu cependant un précurseur extraordinaire, mais ignoré jusqu'ici par la musicologie, avec le **Trio à cordes** en quatre mouvements de 1958, — le seul que Scelsi ait écrit. Ici aussi, chaque morceau varie une seule hauteur au moyen de fluctuations minimes (vibratos divers, trémolos, trilles, quarts de ton, etc.) et de changements dans les timbres (*pizzicato*, *sul tasto*, *sul ponticello*, sons harmoniques, sourdines, etc.). Chaque morceau élabore la hauteur choisie sur trois octaves différentes, en évitant toujours les tessitures aiguës. Les « sons-pôles » des quatre mouvements sont *si* bémol, *fa* dièse, *si* et *ut*. Mais le troisième possède également un important pôle secondaire, *ré* dièse, — ce qui occasionne exceptionnellement d'autres intervalles que les unissons et les octaves (détempérés), à savoir des tierces et des sixtes.

Passant à un ensemble plus important, dernière étape avant l'orchestre de chambre des *Quattro Pezzi*, Scelsi produit, toujours en 1958, une de ses pages les plus puissantes avec **I Presagi** (les Présages), que leur formation (dix musiciens) situe aux limites de la musique de chambre : deux cors, deux trompettes, un saxophone ténor, deux trombones, deux tubas (basse et contrebasse), enfin un percussionniste, qui n'intervient que dans le dernier des trois mouvements, et qui joue seulement des timbales, d'une grosse caisse horizontale et d'une machine à vent. Ainsi que cette nomenclature permet de le prévoir, nous avons ici la page la plus « varésienne » de Scelsi, d'une violence parfois terrifiante. Les cuivres utilisent non moins de six types de sourdines différentes, et pratiquent toutes les sortes d'émission, en particulier le *flatterzunge* et le *frullato*. Dans le troisième mouvement, la machine à vent introduit la dimension des spectres inharmoniques et du bruit blanc, que corroborent les bruits de souffle des vents. La gradation finale est d'une puissance colossale.

Kya (1959) est très différent : c'est un rare point de rencontre entre les monodies de l'époque précédente et le nouveau travail sur le son, puisqu'il s'agit d'une sorte de concerto de chambre en trois mouvements (modéré-lent-vif) pour clarinette solo et sept instruments (cor anglais, cor, clarinette basse, trompette, trombone, alto et violoncelle), — seule œuvre concertante de Scelsi avec *Anahit*, de 1965, pour violon et dix-huit instruments. L'incantation intense, presque litanique, de la clarinette est sertie dans un contexte sonore d'un raffinement et d'une subtilité extrêmes. Les deux premiers mouvements sont polarisés autour du *la*, le dernier autour de la tierce *ré-fa*.

De 1962 datent les deux premiers volets d'un triptyque intitulé **Riti**, ou **Marches rituelles**. *Les Funérailles d'Achille* sont un bref, mais spectaculaire quatuor de percussions. *Les Funérailles d'Alexandre le Grand*, un peu plus développées, sont d'une couleur sonore très originale, puisque faisant appel uniquement à des instruments de tessiture très grave : contrebasson, tuba basse, contrebasse à cordes, orgue électrique et percussion (grosse caisse, cymbale et tam-tam). Presque à la même époque, et à l'insu de Scelsi, Ligeti utilisait une formation assez semblable dans son curieux et très peu connu *Fragment*. La troisième *Marche rituelle, les Funérailles de Charlemagne*, pour violoncelle et percussion, est nettement plus tardive.

Quatuor à cordes n° 2

Les trois *Quatuors à cordes* nés en succession rapide au début des années soixante sont très différents l'un de l'autre en dépit de leur proximité dans le temps, — même les deux en cinq mouvements, le *Deuxième* et le *Troisième*.

Le *Deuxième Quatuor* fut achevé en 1961, la même année que le grandiose *Aion* pour orchestre. En dehors des sourdines normales, l'œuvre exige des sourdines métalliques de deux modèles différents, afin de pouvoir sourdiner chaque corde individuellement. Le « son-pôle » est *sol*. Partant de ce *sol*, le premier mouvement, spécialement varié dans ses sonorités (remarquer les sons « raclés » obtenus avec les sourdines métalliques) s'élève graduellement jusqu'au *si* bémol, atteint à l'endroit exact de la section d'or (par éclairs, on entend même le *do*), pour refluer ensuite vers le *sol* grave.

Le deuxième mouvement est basé sur *si* bémol, qui cependant cède vers la fin à la constante force d'attraction du *la*. Des éclats d'âpre violence alternent avec des zones étales et immobiles. A trois endroits différents, des sons secondaires occasionnent des intervalles harmoniques, quintes, tierces et sixtes.

Tout différent, le troisième mouvement se déroule en grande partie comme un palindrome, — les mesures 1 à 25 étant reprises en rétrogradation de 52 à 77. L'épisode central présente, lui aussi, une symétrie autour de l'épisode mouvementé en pizzicatos qui en constitue le milieu. Les sons graves sont presque absents, et l'on ne s'écarte guère du « son-pôle » *si*, bien que de brèves et violentes impulsions près du début (et symétriquement avant la fin) touchent le *do* dièse, et même le *ré*. Les rapides arpèges en pizzicato font aussi fréquemment entendre la quinte *fa* dièse. Des attaques percutées de *legno battuto* animent, de leur côté, le paysage sonore.

Aussi mouvementé que le troisième, le quatrième mouvement, à nouveau centré sur *sol*, se déroule cependant dans des tessitures plus graves et plus sombres. Ici aussi, les résonances de quinte (surtout au second violon) occupent une place importante.

Mais c'est le dernier mouvement qui apporte la plus grande surprise, en restaurant l'harmonie (et quelle harmonie !), et même une mini-thématique (ou, du moins, motivique). C'est le morceau le plus riche et le plus varié, le point culminant de l'œuvre. Le *sol* dièse initial est aussitôt défini tonalement par la tierce inférieure *mi*, qui plus tard oscille aussi vers *fa*, le *sol* dièse devenant alors *la* bémol. Bientôt les motifs deviennent plus abondants et, à la mesure 27, la musique cadence pour la première fois nettement en *fa* mineur (*la* bémol grave du violoncelle). L'épisode suivant, aux sonorités très riches (sourdines métalliques, *sul ponticello*, *legno tratto*, etc.) oscille entre *fa* mineur et (lorsque *fa* glisse vers *sol* bémol) la dominante de *ré* bémol. Les mesures 49 à 60 constituent à nouveau un palindrome. Après une ultime cadence en *fa* mineur, les dernières mesures affirment le « son-pôle » du *Quatuor* (*sol*), qui survit enfin seul, toujours dans le sillage de la résonance de *fa* mineur, et assurant néanmoins l'unité de l'ouvrage !

Quatuor à cordes n° 3

Écrit en 1963, le *Troisième Quatuor* diffère beaucoup du *Deuxième*, si proche dans le temps et en cinq mouvements lui aussi. Il est beaucoup plus calme et plus statique que son prédécesseur mouvementé et dramatique, et évite totalement le registre grave. C'est la seule œuvre instrumentale de Scelsi qui affiche un véritable « programme », — celui des étapes d'un itinéraire mystique, qui trouvent dans la musique leurs correspondants exacts. C'est pourquoi nous le donnons tout de suite :

Premier mouvement : Avec une grande tendresse (*dolcissimo*) ;

Deuxième mouvement : L'appel de l'esprit : dualisme, ambivalence, conflit (*drammatico*) ;

Troisième mouvement : L'âme se réveille… (*con transparenza*) ;

Quatrième mouvement :… et tombe de nouveau dans le pathos, mais maintenant avec un pressentiment de la libération (*con tristezza*) ;

Cinquième mouvement : Libération, Catharsis.

Au début du premier mouvement, le « son-pôle » *si* bémol s'appuie sur la quinte inférieure *mi* bémol, qui disparaît presque aussitôt. La première moitié du morceau oscille dans l'espace le plus étroit entre *si* bémol et *si* naturel (médium). Mais aux mesures 38 à 42 le son harmonique aigu du premier violon dessine la ligne d'horizon à peine audible de la « dominante » *fa* comme but encore inconnu de l'œuvre entière. Les mesures 49 à 59 ouvrent l'espace sonore jusqu'au triton *mi*, puis le referment. A partir de la mesure 69 l'élargissement s'effectue sur le plan de l'harmonie, qui oscille entre *sol* bémol majeur (*si* bémol-*ré* bémol-*sol* bémol) et *si* bémol majeur (*fa-ré-si* bémol). Six mesures plus tard déjà, *sol* bémol et *fa* disparaissent, puis *ré* bémol et *ré* s'évanouissent à leur tour. Juste avant l'unisson final sur *si* bémol, la quarte *mi* bémol rappelle fugitivement le début du morceau.

Un véritable minidrame se joue dans le deuxième mouvement (sur *mi*). Dans les sons suraigus, tendus vers le haut, de *mi*, *fa* et *fa* dièse, le deuxième violon fait brutalement irruption, à la mesure 20, avec ses rauques *col legno* deux octaves et demie plus bas. Bientôt l'alto intervient encore une octave plus bas, touchant *ut*, sa note-limite : ce sont les sons les plus graves de tout le *Quatuor*. À la mesure 35, le premier violon intervient avec *mi* bémol (un demi-ton au-dessous du « son-pôle »), ouvrant l'épisode central, plus sombre et plus perturbé. Des mesures 39 à 50 se déploie le dramatique récitatif de l'alto, dont les grands sauts arpégés définissent nettement le champ harmonique de *fa* dièse mineur/*sol* bémol mineur. La force d'attraction de *mi* bémol perdure cependant presque jusqu'à la fin du morceau, et seule la tierce mineure *mi* bémol-*sol* bémol, réduite ensuite à la seconde *mi* bémol-*fa*, permet la « résolution » vers le haut, vers *mi*, dans la sérénité retrouvée du début.

Le troisième mouvement, le plus unifié et le moins contrasté, entretient presque constamment l'extrême tension entre le *sol* et le *la* bémol suraigus (beaucoup de sons harmoniques), dans une dynamique véhémente. L'éclat aveuglant de cette terrible révélation mystique est presque douloureux. On notera, juste avant la fin, les harmoniques presque à la limite de l'audible sur deux cordes du premier violon entre le chevalet et le cordier !

La « rechute » annoncée dans le « programme » de l'œuvre a pour conséquence que le quatrième mouvement (à nouveau « sur *mi* bémol ») constitue un palindrome presque exact du premier, à l'exception de quelques mesures ajoutées à deux endroits sur les accords que nous connaissons déjà. Le *Quatuor* se termine par un épilogue sur le « son-pôle » *fa*, immédiatement étayé par la tierce inférieure *ré* bémol. Ici, l'harmonie oscille entre *ré* bémol majeur, *fa* majeur et, lorsque le *fa* s'élève au *sol* bémol, *mi* bémol mineur. Ainsi, le geste cadentiel fondamental de l'œuvre s'affirme encore une fois. Il se rattache à la fonction de sous-dominante avec variantes, et « représente », selon le « programme » déjà cité, la subjectivité à vaincre (que Scelsi appelle « pathos »). A partir de la mesure 35, le *mi* aigu (harmonique) reparaît comme souvenir de la révélation mystique du troisième mouvement. Il s'affirme presque jusqu'à la fin, mais celle-ci gagne encore un demi-ton et s'évade jusqu'au *fa* : ainsi se trouve enfin atteint le but entrevu pour la première fois aux mesures 38 à 42 du premier mouvement.

Quatuor à cordes n° 4

Un an seulement sépare le *Troisième Quatuor* du *Quatrième* ; et pourtant ce dernier, composé en 1964, constitue un énorme pas en avant. À lui seul, l'aspect matériel de la partition le révèle : cet unique mouvement de neuf minutes de durée nécessite quarante-quatre pages imprimées, alors que les cinq mouvements du *Deuxième Quatuor* n'en occupent que vingt-huit. En effet, la différenciation sans cesse plus subtile des sonorités amène le compositeur à traiter (et donc aussi à noter) chaque corde séparément, sur une portée propre. La troisième partie de la grande *Trilogie* pour violoncelle, *Ygghur* (1965), *Xnoybis* pour violon (1964), *Manto* pour alto (1966-1967) ou *Elegia per Ty* pour alto et violoncelle (1966) sont d'autres exemples de cette phase créatrice, — dont le *Quatrième Quatuor* demeure cependant le témoignage le plus extraordinaire : pas du tout un quatuor, en fait, mais une composition « orchestrale » pour seize cordes (notée parfois sur treize ou quatorze portées), où chaque corde est traitée comme un instrument avec sa propre couleur. Aussi n'est-il pas étonnant que Scelsi ait rédigé en 1967 une variante légèrement amplifiée pour onze instruments à cordes, *Natura renovatur*, qui facilite sans doute quelque peu la tâche aux exécutants, mais qui ne surpasse pas vraiment la version pour quatuor quant à l'éclat ou à la richesse sonore. Car, réellement, il nous semble ici entendre tout un orchestre : la grande forme se déroule comme un éventail, les sons s'amplifiant jusqu'au plus grand total vertical possible, avant de se resserrer à nouveau. La section d'or se situe au premier *fortissimo* (mesure 143), soutenu dès lors jusque peu avant la fin. Ici aussi les sons graves sont très rares, et la quatrième corde du violoncelle n'est entendue qu'une seule fois, aux mesures 107 à 109 (*mi* grave). Et, ici aussi, la musique évoque par endroits une espèce de tonalité (*ut* dièse mineur à partir de la mesure 40, *ré* mineur au grand sommet d'intensité de la mesure 140 [section d'or], plutôt *fa* mineur vers la fin). L'œuvre débute « sur do », et décrit ensuite une grande courbe lentement ascendante, qui atteint le *la* à la mesure 139, sans réussir à le maintenir plus d'un instant. À la mesure 158, nous sommes retombés à *fa*. Une deuxième montée atteint à nouveau le *la*, d'abord à l'état instable (219), et, tout à la fin, à l'état stable, s'évanouissant dans le silence. Scelsi était spécialement fier de son *Quatrième Quatuor* ; il s'agit en effet d'un sommet de son œuvre, — ainsi que de toute la littérature pour quatuor.

À la même époque, Scelsi a gratifié chacun des trois principaux instruments à cordes d'une grande œuvre soliste, où l'on retrouve les conquêtes de langage et de graphie du *Quatrième Quatuor*. Pour violon seul, il s'agit de **Xnoybis** (1964), dont les trois mouvements veulent refléter « *la puissance qu'a l'Énergie de monter vers l'Esprit* ». L'œuvre exige une fois de plus la *scordatura* ; mais on n'entend la quatrième corde que pendant les huit dernières mesures du premier mouvement. Les trois autres cordes sonnent constamment, notées chacune sur leur portée ; ainsi, la tessiture et le timbre du violon aidant, l'œuvre est-elle l'une des plus tendues de Scelsi, tendue précisément dans l'élan ascensionnel dont parle son titre. Le premier morceau monte du *mi* au *fa* dièse, le deuxième travaille la tierce *si-ré* dièse et son renversement, le troisième se hisse du *ré* au *fa*.

C'est un chef-d'œuvre d'une importance comparable que Scelsi donne au violoncelle en 1965 en complétant sa *Trilogie* par **Ygghur**. Le premier morceau, montant du *si* bémol au *do* demi-bémol, implique le paramètre harmonique (avec l'accord fondamental de quarte et sixte *ré* bémol-*sol* bémol-*si* bémol), et frappe par la variété fabuleuse de ses sonorités (*col legno*, *sul tasto*, *sul ponticello*, la même hauteur en son harmonique ou naturel, avec sourdine ou non, etc.). Pas d'harmonie dans le deuxième morceau, sur *si* naturel, mais un immense travail sur les attaques, les articulations, les changements rapides de timbre, avec beaucoup de pizzicatos de la main gauche, la plupart du temps en harmoniques. Le troisième morceau part sur la seconde *si-do* dièse, ce dernier s'impose : c'est le point d'arrivée du voyage, si près et si loin à la fois du *si* bémol initial ! Ici, plus rien ne pèse, le registre grave a tout à fait disparu, et la quatrième corde ne produit plus que des sons harmoniques. Dix mesures avant la fin paraît doucement un *la* dièse, qui soutient le *do* dièse comme une tierce mineure. Qui reconnaîtrait en lui le *si* bémol de départ ?

Avec **Manto**, Scelsi a gratifié l'alto d'une œuvre de même valeur et de même envergure. Dans toutes les références, on attribue à cette partition la date de 1957, — ce qui paraît totalement impossible selon les critères de style et de technique, qui font pencher pour une décennie plus tard, 1966 ou 1967. Il se pourrait même que la troisième partie (elles peuvent toutes trois s'exécuter séparément) soit plus tardive encore ; selon le témoignage de la dédicataire, l'altiste française Geneviève Renon, elle n'aurait même vu le jour qu'en 1973. Geneviève Renon est également chanteuse, et Scelsi a mis ce talent à profit dans cette troisième partie, qui comporte une importante partie chantée, et se présente en fait comme un duo pour voix de femme et alto. La longue incantation, très proche des nombreuses pages vocales de Scelsi écrites pour Michiko Hirayama, avec ses phonèmes pseudo-orientaux si particuliers, représente, (selon l'auteur) « un discours de la Sibylle, donc un récitatif à peine chanté ». L'alto se borne presque entièrement à de longues tenues en doubles octaves, bien sûr variées dans le timbre.

De la même époque datent trois importants *Duos*, et tout d'abord le **Duo pour violon et violoncelle** de 1965. Il est en deux mouvements, l'un sur le « son-pôle » *sol*, l'autre sur le *la*, dont les titres (*Intenso, vibrante* et *Calmissimo, non espressivo*) indiquent bien le caractère contrastant. Le premier, riche en péripéties dramatiques et en sforzandos véhéments, se déploie sur une tessiture exceptionnellement ample, grâce aux sons harmoniques : cinq octaves ! Le second est plus uni, plus intériorisé, et se termine étrangement sur un *sol* dièse isolé, longuement tenu, qui, le contexte aidant, fait l'effet d'une sensible non résolue du *la*.

L'**Elegia per Ty** pour alto et violoncelle, en trois mouvements, date de 1958 selon le catalogue des œuvres, mais de 1966 selon la partition imprimée ; d'après le style et l'écriture, cette dernière date est incontestablement la bonne. *Ty* était le surnom familier que Scelsi donnait à son épouse anglaise Dorothy : en 1939, il lui avait dédié sa *Suite N° 6* pour piano, *I Capricci di Ty*. Mais, en 1966, les époux vivaient séparés depuis de longues années, et l'*Elegia* est certainement écrite à la mémoire de Ty (bien que le signataire de ces lignes n'ait pu établir si elle mourut à cette époque ou plus tard, à moins qu'elle ne vive toujours...). Quoi qu'il en soit, il s'agit d'une œuvre âpre, sombre et endeuillée.

Le troisième *Duo* de cette époque retourne aux instruments à vent, abandonnés depuis presque une décennie. **Ko-Lho** (1966), en deux mouvements brefs, est écrit pour flûte et clarinette, et cette très libre « diaulodie » venue d'un Orient très ancien et imaginaire adapte les nouvelles conquêtes de son langage à des instruments aux possibilités malgré tout plus réduites que celles des cordes dans ce domaine.

Durant les années 1967 et 1968, Scelsi manifesta un intérêt particulier pour le son percuté à hauteur non définie, — préoccupation nouvelle pour lui, ouvrant sur le domaine des spectres inharmoniques. Naquit alors un petit groupe d'œuvres particulièrement spectaculaires, telles *TKRDG* pour six voix d'hommes, guitare amplifiée et deux percussions, *CKCKC* pour voix et mandoline (une seule interprète, Geneviève Renon déjà citée) et, dans le domaine qui nous occupe, deux pages vraiment extraordinaire, *Ko-Tha* (1967) et *Okanagon* (1968).

Ko-Tha, intitulé *Trois Danses de Shiva*, est une œuvre pour guitare, mais traitée uniquement en instrument de percussion (c'est généralement un percussionniste qui l'interprète). L'instrument est tenu horizontalement sur les genoux de l'exécutant, — l'une de ses mains pinçant les cordes (uniquement à vide), l'autre effectuant les percussions les plus variées sur la caisse. Aux cordes : divers types de vibrato ; cordes pincées avec l'ongle entre le chevalet et le cordier ; cordes frappées toutes ensemble à pleine main. Sur la caisse : frapper avec un ou plusieurs doigts, ou avec les articulations des doigts, ou avec l'ongle, ou encore en cognant le doigt sur le cordier. On imagine l'incroyable richesse sonore de ces trois pièces, qui sont aussi une fête du rythme le plus dionysiaque. Il n'est pas étonnant qu'elles aient déjà servi de support à plusieurs chorégraphies.

Okanagon est écrit pour la formation la plus étrange qui soit : harpe, contrebasse et tam-tam. Selon, les propres termes de Scelsi, cette pièce d'une puissance énorme, presque terrifiante, en dépit de la modestie des moyens mis en œuvre, « doit être considérée comme un Rite, et, si l'on veut, comme le battement de cœur de la Terre ». Le tam-tam, frappé avec divers types de baguettes, est en outre muni d'un résonateur métallique. Il doit être de très grande taille et très profond. La harpe et la contrebasse doivent être toutes deux amplifiées à l'aide de micros de contact, et, durant un épisode central très étrange, elles produisent des sons uniquement percutés. Scelsi indique en outre : « Il serait aussi dans l'esprit de l'œuvre, eu égard au mystère de cette musique de caractère rituel, de cacher micros, instruments et interprètes derrière un grand écran. »

C'est probablement vers la même époque que Scelsi compléta son cycle de *Marches rituelles* par *les Funérailles de Charlemagne* pour violoncelle et percussion, bien que cette pièce assez développée, très lente et mystérieuse, participe déjà du dépouillement extrême des œuvres de sa dernière période. Au seuil de celle-ci, nous trouvons les trois dernières pièces pour ensemble, — parmi lesquelles *Pranam I* (1972) et *Manto per Quattro* (1974) comportent une partie vocale et échappent donc à notre propos.

Par contre, **Pranam II** (1973) est l'un des plus parfaits chefs-d'œuvre de son auteur en son extrême concision (six minutes seulement), et l'une de ses pages les plus fréquemment jouées. Écrite pour neuf instruments (deux flûtes, clarinette basse, cor, orgue électrique, violon, alto, violoncelle et contrebasse), cette partition d'une plénitude sonore tout orchestrale compose non pas un son unique, mais un accord, — en l'occurrence celui d'*ut* dièse mineur. D'une rare beauté sonore, d'une émotion profonde, à la fois intense et pudique, *Pranam II* (dont le titre se réfère au geste traditionnel de salutation de l'Inde, l'inclinaison, les mains jointes sur la poitrine) est un témoignage concentré de la singulière personnalité de son auteur, un salut digne et humble à la fois.

Au début des années soixante-dix, la musique de Scelsi atteignit à une ultime spiritualisation, avec des pages très concises dans lesquelles tout geste extérieur est devenu presque imperceptible. Tout se joue à présent dans l'espace matériellement le plus restreint, l'ambitus peut se réduire jusqu'à l'intervalle de seconde, mais ce qui s'y déroule témoigne d'une énergie extraordinairement concentrée. Ces œuvres tardives constituent effectivement le but final d'un itinéraire créateur poursuivi sans la moindre concession : ce n'est qu'en état d'immobilité apparente que l'énergie du son s'élève par implosion jusqu'à l'incandescence ! Une pareille « musique de confins », avancée la plus radicale du vieux maître en direction du siècle prochain, exige une écoute toute neuve, pour laquelle une formation approfondie dans le domaine de la « musique contemporaine » ne sera d'aucune utilité, mais qui est entièrement ouverte à l'amateur de bonne volonté, disponible d'âme et d'esprit.

En 1972, Scelsi rencontra l'éminent contrebassiste italien Fernando Grillo, qui stimula son intérêt pour un instrument qu'il avait négligé jusque-là, et dont la richesse sonore exceptionnelle, notamment le merveilleux spectre harmonique, lui permit de poursuivre plus avant encore son exploration du Son. Ainsi naquirent d'abord deux pièces pour contrebasse seule, *C'est bien la Nuit* et *le Réveil profond*, réunies sous le titre de *Nuits* (1972), puis deux *Duos* avec violoncelle, *Et maintenant, c'est à vous de jouer* (1974) et *Dharana* (1975), ainsi qu'un *Duo* pour deux contrebasses, *Kshara* (1975). Quant à **Nuits**, c'est un diptyque bien étrange, dont le premier volet retrouve le style très mélodique et tonal (*fa* majeur) des années cinquante (ne proviendrait-il pas d'une esquisse de cette époque ?), tandis que *le Réveil profond*, dédié à la contrebassiste française Joëlle Léandre, est pleinement typique du Scelsi dernière manière, — avec d'extraordinaires sons additionnels (ou harmoniques *inférieurs*), faisant vibrer le plexus dans l'extrême grave, à la limite de l'audible.

Il y a également un diptyque pour violoncelle, sous le titre de **Voyages** (*Il allait seul - le Fleuve magique*), composé en 1974, dont la première pièce travaille dans la direction du *Réveil profond*, tandis que l'autre innove encore : il faut un archet de violon, dont le bois percute délicatement la corde pendant que le crin l'effleure aussi doucement et lentement que possible. L'index de la main gauche porte un dé à coudre, afin de produire des sons percutés sur les harmoniques les plus élevés.

Les deux *Improvisations pour violoncelle et piano*, transcrites après le passage chez Scelsi d'une jeune violoncelliste venue de l'Inde, et publiées sous le titre de **To the Master**, sont des pages assez faibles et qui n'ajoutent guère à sa gloire. Par contre, on retiendra une brève monodie intitulée **Maknongan**, destinée à tout instrument grave, ou même à une voix de basse, et émaillée de cris aspirés très angoissants. Enfin, il y a les deux petits joyaux formant un bref diptyque pour violon seul, l'**Âme ailée** et l'**Âme ouverte** (1973), témoignages, au même titre qu'un *Duo* pour deux violons de la même année intitulé **Arc-en-Ciel**, d'une expérience mystique se dérobant sans cesse davantage à la matérialisation sonore, et demeurant au seuil du silence et de l'immobilité. L'ouïe de Scelsi est devenue si fine qu'il précise la vitesse des battements provoqués par les sons différentiels. Afin qu'ils se produisent, tout *vibrato* est évidemment à exclure. La dynamique, du quadruple *pianissimo* au *fortissimo*, est extrêmement différenciée elle aussi.

Quatuor à cordes n° 5

Terminé en 1984, le *Cinquième Quatuor à cordes* est la dernière œuvre de Scelsi ; il est dédié à la mémoire du poète Henri Michaux, qui venait de mourir et qui était un ami intime du compositeur. Il est basé sur la même matrice compositionnelle que la pièce *Aïtsi* (1975) pour piano amplifié (ou plutôt distordu et détempéré par l'électronique) : il s'agit de deux réalisations sonores différentes d'un même concept de base. La musique de Scelsi est ici réduite à l'essentiel. La pièce, d'une durée de sept minutes, se compose de quarante-trois objets sonores, qui élaborent un *fa* jusqu'à des agrégats de type « cluster » et proches du bruit. Exactement à la section d'or, le *fa* initial est à nouveau atteint dans sa pureté originelle, à peine troublée par du vibrato et, tout à la fin, on l'entend encore une fois, mais à l'état de repos absolu. C'est une stèle funéraire austère et nue, comme taillée dans le bronze, d'un effet bouleversant, — que l'on peut tout aussi bien considérer comme le propre *Requiem* de Scelsi.

H.H.

FLORENT SCHMITT

Né le 28 septembre 1870, à Blamont (Meurthe-et-Moselle) ; mort le 17 août 1958, à Neuilly-sur-Seine. Ce Lorrain fréquenta en 1887 le Conservatoire de Nancy, puis entra en 1889 au Conservatoire de Paris : ses professeurs furent notamment Albert Lavignac pour l'harmonie, André Gédalge pour la fugue, Massenet et Fauré pour la composition ; c'est ce dernier qui le marqua le plus profondément. Après quatre insuccès, Schmitt obtint le prix de Rome en 1900 : mais son séjour à la Villa Médicis fut écourté par de nombreux voyages à travers l'Europe, dont il rapporta plusieurs pièces pour piano. Si les premières auditions, en 1906, du Psaume XLVII, *et, en 1907, du poème chorégraphique* la Tragédie de Salomé *firent sensation, c'est le* Quintette pour piano et cordes *qui établit définitivement sa réputation deux ans plus tard. En 1936, Schmitt sera élu à l'Institut au fauteuil de Paul Dukas (qui l'admira), — exerçant par ailleurs, avec une remarquable indépendance d'opinions, le métier de critique musical au « Temps » (1929-1939). La mort de ce grand musicien, qui composa jusqu'à l'extrême fin de sa vie, n'est intervenue qu'après une décennie suivant la Seconde Guerre mondiale, — alors qu'on célébrait de nouvelles musiques. Schmitt n'en conserva pas moins son propre style, et sa parfaite sincérité. Ce style, qui n'a guère subi d'influences, se signale par un lyrisme puissant, l'abondance de l'inspiration mélodique, ainsi que par la richesse — jusqu'à la complexité — de l'écriture harmonique. Schmitt sut faire montre également d'une originalité rythmique qui, en son époque, annonça les hardiesses d'un Stravinski. Le catalogue des œuvres comporte environ cent trente numéros d'opus, — parmi lesquels, parallèlement aux grandes fresques orchestrales, la musique de chambre occupe une place de choix : deux « périodes » s'y distinguent nettement, — de 1890* (Sextuor en *si* mineur) *à 1919* (Sonate libre en deux parties enchaînées), *et de 1934* (Suite en rocaille) *à 1955* (Pour presque tous les temps, *pour quatuor instrumental*). *L'esthétique néo-classique — qui ne lui convenait guère — prévalut à partir de 1934 ; mais Schmitt, sur le tard, eut le privilège de retrouver son inspiration la plus généreuse, entièrement accordée à son véritable tempérament. Et l'on pourra constater, ci-après, que celui-ci a produit deux incontestables chefs-d'œuvre de la vieillesse.*

Trois partitions majeures sont ici présentées chronologiquement : le *Quintette avec piano op. 51*, le *Trio à cordes op. 105*, le *Quatuor à cordes op. 112*. Ces œuvres dominent incontestablement une production de chambre abondante, — dont nous signalerons ensuite les pièces le plus dignes d'écoute.

Quintette pour piano et cordes, en *si* mineur (op. 51)

Commencée à Rome en 1905, la composition en fut achevée seulement en 1908 à Argelès-de-Bigorre (publication à Paris, chez Mathot, en 1910). Sa première audition à Paris, à la Société Nationale, le 27 mars 1909 (avec le Quatuor Firmin Touche et Maurice Dumesnil au piano), obtint un franc succès tant auprès du public que de la critique. Néanmoins, Schmitt devait apporter par la suite de multiples remaniements qui nécessitèrent une réimpression en 1919. L'œuvre fut dédiée à Gabriel Fauré, maître et ami admiré. Elle est d'imposantes proportions, puissante, voire exubérante. Qualifiée de « forte » par Debussy, elle suscita ce commentaire de Paul Dukas dans une lettre adressée au musicien : « Je trouve là un lyrisme et une poussée de sève musicale très peu communs... La seule critique un peu sérieuse que je me permettrais de faire de votre belle œuvre, c'est qu'elle me semble plutôt du caractère de la symphonie que de la musique de chambre. Encore ai-je peut-être tort. » Pas tout à fait, — si musique de chambre se veut synonyme d'intimisme ou, du moins, de polyphonie concentrée : le tempérament de Schmitt ne fut pas alors sans le porter vers quelques excès. Il n'empêche que le *Quintette* en *si* mineur — moins par ses dimensions inhabituelles et moins par ses hardiesses d'écriture (dans la descendance franckiste) que par le souffle et la passion qui l'animent sans faiblir — est une des grandes œuvres du répertoire français pour ce type de formation. Il comporte trois mouvements, — dont le dernier, sorte de synthèse des précédents, impressionne en outre par son envergure.

1. Lent et grave (à 4/4), puis **Animé** : un ample préambule expose deux motifs mélodiques, — le premier d'expression sombre et douloureuse, le second (qui reparaîtra dans le finale) plus serein, mais d'une sérénité tendue, affirmant le ton principal de *si* mineur, — bien que s'y perçoive le mode de *la* sur *si* (mode éolien) :

Cependant *si* mineur l'emporte dans la présentation du premier des deux thèmes de la forme sonate qui suit *(Animé)* : ce thème est vigoureux, nerveux même, — à l'alto (on remarquera d'ailleurs le rôle important que tient, dans toute la partition, cette voix médiane au cours des énoncés thématiques). Un énergique motif incident à 3/4 précède l'entrée, avec le violon, du second thème en un *sol* bémol majeur qui fait contraste. C'est une lutte de ces deux thèmes qui nourrira le développement, — permettant d'observer que les parties du quatuor, moins chargées que celle du piano, parfois abusivement prolixe, se présentent fréquemment en doubles cordes (au point de faire songer, en maint endroit, à un octuor !). Après un rappel de l'introduction lente, le premier thème triomphe en de tumultueux éclats. Toutefois la conclusion apportera une sorte de paix réconciliatrice, — sur de doux accords décomposés au clavier et l'imperceptible point d'orgue des cordes.

2. Lent (à 3/4, en *ré* bémol majeur) : indiquons d'emblée que certaines réminiscences du mouvement initial cimentent l'unité de l'ensemble, — que le mouvement final renforcera encore. Si l'on ne peut proprement parler d'un systématisme des procédés « cycliques », du moins faut-il constater — et apprécier — une rigueur de la pensée musicale capable d'endiguer maints débordements expressifs. Ce mouvement central est dans une forme lied assez libre (A B A), — *A* manifestement dérivé du thème principal du mouvement antérieur : sur des arpèges et arabesques fluides du piano, il est — de semblable manière — présenté par l'alto dans une atmosphère de tendresse, un air vibrant de lointaines sonorités de cloches. Un bref écho du second motif d'introduction de l'œuvre précède le chant effusif des cordes seules constituant *B* (en *ut* dièse mineur). Dans tout son développement, beaucoup de notes (surtout au clavier), une mélodie abondante, — mais également l'habile répartition du travail thématique entre les voix instrumentales. La conclusion, dans la nuance *pianissimo*, rappelle celle du premier mouvement.

3. Finale (à 5/4, en *si* mineur) : en guise d'introduction, une transition — sur les martèlements du piano — module de *ré* bémol majeur vers *si* mineur, ramenant ainsi la tonalité principale. Le premier thème, essentiellement rythmique, a toute la sauvagerie, et parfois la violence exacerbée, de la contemporaine *Tragédie de Salomé* : la danse est accusée « par des rythmes aigus aux cordes et par une écriture du piano qui en fait un véritable xylophone »*. Un court rappel des mesures d'introduction prélude au second thème en *si* bémol majeur, sur un 3/2 momentanément apaisé. Apparaît en contrepoint une figure rythmique issue du thème dansant, — qu'accompagne le second motif du préambule initial de l'œuvre (au second violon, puis au clavier, enfin avec les cordes réunies). La réexposition autorise la combinaison de l'introduction du finale et du rythme de danse, — avec une répétition affirmée des sons de cloches du mouvement précédent. Et, pour conclure, l'irrésistible montée de la coda marque la suprématie du ton de *si* mineur, tout en mêlant (en augmentation, en diminution) les idées essentielles de la partition entière dans une sorte d'ivresse dionysiaque.

Durée d'exécution : 55 minutes environ.

Trio à cordes, en *mi* mineur (op. 105)

L'œuvre fut composée en un peu moins d'un an — 1944 — par un musicien plus que septuagénaire (« Je vais me dépêcher de copier mon *Trio* pour avoir la joie de l'entendre avant que je disparaisse de la circulation »). Elle fut créée à Paris, à la Société Nationale, le 6 février 1946 par ses dédicataires, les membres du Trio Pasquier, et publiée la même année chez Durand. C'est une partition difficile (pour les exécutants) : grande est sa mobilité d'écriture, non seulement mélodique et rythmique, mais du point de vue de la technique de l'archet (arpèges, gammes, et jeu des doubles, triples, quadruples cordes). Violon, alto et violoncelle s'y livrent à maintes virtuosités en une polyphonie serrée, et d'une densité quasi orchestrale. Il y a quatre mouvements.

1. Animé sans excès : comme dans le *Quintette avec piano*, le mouvement initial débute par un préambule, — mais cette fois ramassé, annonçant directement les deux thèmes qui seront exposés sans tarder. Le premier, sur une mesure ternaire, est d'une énergie nerveuse, voire « héroïque » ; le second moins affirmé, de démarche incertaine, comme inquiète, et cependant chaleureuse : thème « féminin », selon Yves Hucher*, — qui s'oppose à la virilité du premier sans toutefois s'en démarquer absolument. L'ensemble du mouvement, emporté, fiévreux, modulant par épisodes en *mi* majeur, ne semble accorder aucun répit à la prodigalité, à la faconde instrumentale.

2. Alerte sans exagération (à 5/4, en *ré* majeur) : « Je crois que ce rythme fera bien pour le *Scherzo*... Je l'ai trouvé cette nuit, dans un rêve... ou une insomnie », écrivait le compositeur au début de 1944. De fait, ce rythme obsédant — qui est un thème — constitue une trouvaille assez remarquable : celle d'un esprit plongé dans une sorte d'hypnose, ou victime de fantasmagories. Ponctué de contretemps suggérés par le 5/4 originel, il est exposé en pizzicatos par le violon,

et aussitôt repris, avec l'archet, au violoncelle, puis à l'alto. Son développement est varié sans que disparaissent les contretemps initiaux, d'un rebond quasi diabolique. Une belle phrase chantée est introduite par l'alto, se déploie au violon sur accompagnement du violoncelle. Ce dernier conduira la reprise, — avant un bref écho du chant précédent au violon, et les accords conclusifs bien marqués.

3. Lent (en *sol* mineur) : sorte de nocturne que précède un rappel d'éléments mélodiques ou rythmiques antérieurs. Le violoncelle en évoque d'abord la sombre ambiance méditative. Puis les trois partenaires s'unissent, ou se répliquent, en des énoncés d'un lyrisme poignant. Une seconde section, grandiose, tendue dans son élévation vers l'inaccessible, se voit confiée aux deux instruments de registre aigu sur d'immenses arpèges du violoncelle, — qui, soudainement, s'assombrit à nouveau, tandis que le violon se tait et que l'alto seul semble prolonger, sur une note obstinée, l'aspiration à quelque éternité... Mais, après deux accords de *sol* mineur, le silence est maître.

4. À l'allure d'une danse animée (en *mi* majeur) : une nouvelle introduction amorce le finale, — dont le *mi* majeur s'annonce comme un défi à la tonalité précédente. Un thème-refrain radieux fait tour-

* P.-O. Ferroud, in *Autour de Florent Schmitt* (Durand, Paris, 1927).

* Excellent exégète de l'œuvre de Schmitt (in *Florent Schmitt*, rééd. Éditions d'Aujourd'hui, « Les introuvables », 1983) : nous sommes redevables à cet auteur de maintes indications de biographie et de commentaire des œuvres.

noyer la danse, qu'une bouffée de nostalgie paraît vouloir interrompre, sans y parvenir. Jouant d'incessantes superpositions instrumentales, le mouvement impose sa course rythmique, — cependant qu'aux dernières mesures tout s'évanouira, comme à l'improviste, sur l'accord de *mi* majeur adouci.

Durée d'exécution : 34 minutes environ.

Quatuor à cordes, en *sol* dièse mineur (op. 112)

Datée du 25 août 1947 (Schmitt avait soixante-dix-sept ans), l'œuvre, dédiée au célèbre Quatuor Calvet, fut créée par ce dernier le 10 juin 1948 au festival de Strasbourg (et éditée à Paris, chez Durand, l'année suivante). Dès l'automne, une audition parisienne, à la Société Nationale, en confirmait la haute valeur et le succès public. C'est une partition de vastes proportions (à peu près les mêmes que celles du *Quintette op. 51* ; v. précédemment), — un long et continu frémissement de musique dont l'écriture maîtrisée, d'une souveraine aisance dans la répartition des cordes, a soulevé l'enthousiasme à son apparition ; sans qu'on puisse prétendre, aujourd'hui, qu'une telle œuvre ait encore connu son heure de gloire. On doit s'en étonner : peut-être les quelques éléments d'analyse qui suivent — entièrement empruntés au compositeur lui-même (notice qu'il fit paraître en tête de l'édition)* — inciteront-ils à une écoute enfin méritée (et à exiger des interprètes qu'ils s'y intéressent). Voici comment — mieux que nous ne le ferions — Schmitt a commenté son œuvre :

1. **Rêve** : « Thème laconique d'introduction, dans un mouvement modéré,

dont par deux fois au cours de cette première partie on retrouvera la trace, soit comme liaison entre l'idée rythmique — un 6/8 vaguement ombré de mélancolie — et l'idée mélodique, plus ardente, soit que plus tard il ramène, dans un ordre quelque peu... embelli, eût dit Boileau, et des harmonies doucement violentées, l'exposition initiale. L'épilogue qui, dans ce ton de *sol* dièse, hésitera un moment entre deux modes, se résigne aux ultimes mesures à la tierce mineure. »

2. **Jeu** : « En *mi* majeur-mineur, un thème alerte court le long de son 2/4, partagé entre l'arco du premier violon et le pizzicato du second. Un refrain rythmique de deux mesures, incisif, péremptoire, se chargera, aux instants de discorde, de rassembler les quatre antagonistes en un fortissimo conciliateur. Dans l'ambiance apaisée d'un quatre temps sans pièges s'établit l'idée ''féminine'' — Vincent d'Indy dixit —, laquelle alternera, pour s'y imbriquer peu à peu, avec une phrase satellite de même atmosphère. Au retour du mouvement vif le thème principal, qui a cédé le tour à son corollaire du début, va reparaître en valeurs revues et augmentées, mué de 2/4 en 7/8. Un souvenir effleuré des tendres lointains dans un ternaire alenti précédera la fin tragique, rapide et brusque. »

3. **In memoriam...** « de grands morts : Chopin, Chabrier, Fauré, Borodine, Rimski-Korsakov — le Rimski d'*Antar*, du *Conte féerique*, du *Coq d'or* —, Balakirev de *Thamar*, Albéniz, et, par anticipation, d'autres grands morts encore à naître... Un glas sonne aux quatre instruments. Tôt évanoui, d'ailleurs, il laissera transparaître, au violoncelle d'abord, au premier violon et à l'alto ensuite,

la grave supplication qui, ''du fond de l'abîme'', montera lentement, entremêlée d'épisodes mélodiques et rythmiques plus terrestres, jusqu'à l'adjuration pressante, désespérée, voire jusqu'à la menace, pour s'éteindre enfin dans une planante sérénité. »

4. **Élan...** « Un court préambule trompeusement calme se bute à l'*Animé* à sept temps, notés toutefois à quatre pour la stabilité de l'exécution, dessin persistant qui tantôt soutiendra l'énoncé par l'alto de l'idée principale, tantôt, inversement, s'extériorisera aux dépens de cette même idée, réduite alors au rôle simplement rythmique. Au violoncelle, un thème incidentel fera une rapide transition entre l'idée rythmique et l'idée mélodique, — celle-ci, en l'espèce, un chant s'étalant assez longuement parmi d'actives volutes d'alto issues de l'introduction qui veillent à interdire toute tentative d'alanguissement coupable. Après un divertissement sur le dessin rythmique initial, passé au premier plan et devenu mélodie expressive, les divers thèmes se rapprochent, se serrant de plus en plus, finissent par se confondre en une impétueuse mêlée. Puis la conclusion,

* Reproduite par Yves Hucher, *op. cit.*

affirmation, prolongement paradoxal de thèmes épisodiques promus au premier plan, accélération progressive du mouvement et, en quadruples cordes, les grands accords finals dont le dernier, ainsi que peut-être on l'attendait, bref mais parfait. »

Durée d'exécution : 45 minutes environs.

AUTRES ŒUVRES

L'œuvre de chambre de Schmitt comportant une bonne trentaine d'opus qui ne sont pas tous — il faut l'admettre — d'égale valeur, nous réserverons ici de rapides commentaires aux plus dignes d'intérêt (dans l'ordre chronologique déjà adopté).

Nous ne retenons pas, en effet, certaines pages de jeunesse qui ont précédé le *Quintette avec piano* (v. plus haut) : tel **Chant du soir** (op. 7) pour violon et piano, ou les **Cinq pièces** (op. 19) pour violon ou violoncelle et piano, ou le **Chant élégiaque** (op. 24) pour violoncelle et piano, non plus que **Quatre pièces** encore (op. 25) pour violon et piano, et l'**Andante et Scherzo** (op. 35) écrit pour la harpe chromatique avec quatuor à cordes. À l'époque, c'est le piano seul (souvent à quatre mains) qui recueillit les meilleurs fruits de l'inspiration du musicien.

De 1910 — donc à présent postérieur au *Quintette avec piano* — date un **Lied et Scherzo** (op. 54), dédié à Paul Dukas, conçu pour une formation originale : un double quintette à vents, — dont un cor principal (arrangé aussi pour violoncelle et piano). L'œuvre, de modestes dimensions (sa durée n'excède pas la dizaine de minutes), fait s'enchaîner rythmiquement le *Lied* en *sol* mineur, aussi rêveur que passionné, à un *Scherzo* (*la* majeur) d'esprit fantasque et qu'adoucit sa conclusion. Devaient succéder ensuite un **Scherzo vif** (op. 59) pour violon et piano (ou orchestre), une **Légende** (op. 66) pour alto ou violon (ou pour saxophone et piano ou orchestre), une *Sonate libre en deux parties enchaînées* (op. 68) pour violon et piano — de 1919 — clôturant cette première période.

Cette **Sonate libre en deux parties enchaînées**, créée en mars 1920 à Paris, à la S.M.I., par Hélène Léon (violon) et Lucien Bellanger (piano), s'avère d'une construction intéressante, — puisque constituant un grand diptyque (la durée d'exécution avoisine la demi-heure) avec un second volet plus développé que le premier, mais faisant reparaître des éléments de celui-ci. Le plan de l'œuvre est, grossièrement, le suivant : après une introduction, premier thème lent (*sol* dièse mineur) atteignant un crescendo en son centre, et suivi d'un second motif rythmique (*ré* mineur), « barbare » selon le compositeur, qui montre du registre grave du clavier, — tandis que le violon semble le parodier en pizzicatos. Puis un troisième thème en syncopes apparaît, — suscitant un épisode dans les tons, étroitement conjoints, de *la* et *sol*, avec des effets de polytonalité. Une agitation croissante — comme d'un scherzo — précède une sorte de récapitulation, avant une dernière rupture : la partie initiale de l'œuvre est redite, jusqu'à une coda (*ré* majeur) d'une farouche énergie, — ultime écho du terrible « combat » que semblent s'être livrés les deux instruments. Partition puissante que celle-ci, — remarquable autant par l'habileté qu'elle manifeste dans le traitement, et le renouvellement, de la forme sonate, que par ce qu'elle réussit à exprimer avec force : l'horreur de toutes les désespérances de la guerre (comme toile de fond à son élaboration, et très clairement évoquée ici) ; la joie de la paix conquise, — qui illumine son finale.

Œuvre isolée, de « transition » entre première et seconde périodes (puisque écrite en 1926), un **Final pour violoncelle et piano*** (op. 77), — sorte de mouvement conclusif d'une sonate qui ne vit pas le jour, et bâti sur trois thèmes : les deux premiers (*ut* majeur, puis *la* mineur) usent amplement de l'intervalle de quarte et font valoir les plus belles qualités de lyrisme du violoncelle, — un violoncelle royal, quasi « olympien ». Le troisième thème, de nouveau en majeur, forme récapitulation tout en marquant son indépendance ; il est couronné par une strette qui achève la partition sur un accord explosif. La durée d'exécution ne dépasse pas les dix minutes.

Une interruption d'une quinzaine d'années précédera l'apparition — 1934 — de la **Suite en rocaille** (op. 84), créée en avril 1935 par le Quintette instrumental Pierre Jamet à Paris ; l'œuvre (moins de quinze minutes) est écrite pour flûte, violon, alto, violoncelle et harpe. De ce divertissement au titre quelque peu ironique, Schmitt a donné lui-même le commentaire suivant : « Petite suite de moins de quatre sous... Le premier morceau est bâti sur deux thèmes teintés d'archaïsme. Le second revêt la forme d'un scherzo à deux thèmes également. Le troisième a ceci de particulier qu'il peut être joué dans deux mouvements : *modéré* ou *lent*. Le compositeur a choisi le

---

* ou orchestre (création en 1929, à Paris, aux Concerts Lamoureux).

premier. Cette pièce comporte deux thèmes. Le quatrième mouvement, enfin, est une sorte de rondeau à refrains, en hommage à Haydn. Il est très facile. » Cette partition élégante sans mièvrerie a conservé une certaine réputation.

Parmi les œuvres succédant à la *Suite en rocaille* se distinguent notamment une **Sonatine en trio** (op. 85), écrite primitivement — 1935 — pour flûte, clarinette et clavecin, avant la version pour violon, violoncelle et piano ; un « petit concert » pour piano, violon, alto et violoncelle intitulé *Hasards* (op. 96), de 1939 ; enfin **À tour d'anches** (op. 97) — de la même année —, pièce dédiée à Fernand Oubradous, d'une durée de près de vingt minutes, et faisant appel au hautbois, à la clarinette, au basson et au piano pour ses cinq mouvements : *A courre*, *Sur un thème prévu*, *Nocturne*, *Sarabande* et *Quasimodo*. La partition, très rythmique (sauf en son troisième mouvement), riche de modulations, finement évocatrice en chacune de ses parties, fut créée en avril 1947 seulement à Paris (Conservatoire russe), sous la direction du dédicataire.

Le **Quatuor de saxophones** (op. 102), composé en 1941, fut donné en première audition avec, entre autres, l'illustre Marcel Mule en février 1943 à la salle Gaveau. Avoisinant une durée de quinze minutes, ce *Quatuor* comporte quatre mouvements : *Avec une sage décision*, *Vif*, *Assez lent*, *Animé sans excès*. C'est, à sa manière, un miracle — et un modèle — d'écriture pour un ensemble peu usité, dont chacun peut reconnaître qu'elle met admirablement en valeur la richesse et la souplesse d'expression que porte en lui un instrument qu'on a passablement maltraité. Trois ans plus tard — 1944 —, Schmitt renouvela semblable réussite avec son **Quatuor de flûtes** (op. 106), créé en novembre 1949 à Rio de Janeiro : l'œuvre, plus courte (une douzaine de minutes), est en quatre mouvements — *Pompeux*, *Vif*, *Lent*, *Avec entrain mais sans précipitation* — d'une plaisante diversité. Devait suivre peu après — 1946 — un **Quatuor pour trois trombones et tuba** (op. 109).

Habeyssée (op. 110), suite pour violon et piano écrite la même année — 1947 — que le *Quatuor à cordes* (v. plus haut), est une page demeurée mieux connue dans sa version orchestrée. Elle précéda de quatre années la composition d'une œuvre plus remarquable, les **Chants Alizés** (op. 125) pour quintette d'instruments à vent (flûte, hautbois, clarinette, basson et cor) ; dédiée au Quintette à vents de l'Orchestre National, elle fut créée par cette formation en mars 1952 à Paris. Il y a quatre parties : *D'une gravité quelque peu martiale*, à la vérité quelque peu majestueuse, d'une polyphonie serrée, plus déliée vers la fin (trilles) ; un bref *Scherzo* en répliques volubiles sur d'amusantes ponctuations du basson ; le *Lent* d'une belle cantilène de ton pastoral (hautbois), reprise et variée par les autres instruments, développée en une sorte de choral d'une sérénité plutôt mélancolique ; la *Ronde en losange* enfin, qui, sur un tournoiement des divers instruments, présente un thème joyeux et piquant ; un motif secondaire (hautbois) retrouve l'atmosphère agreste du morceau précédent, — avant la reprise du thème de ronde que conclura, sur de longues tenues de basson, une coda vive et spirituelle. On retrouve dans ces *Chants Alizés* un art d'utiliser au mieux la couleur et les qualités expressives de chaque instrument (durée d'exécution d'environ vingt minutes).

Dernières partitions de chambre à mentionner : un **Sextuor de clarinettes** (op. 128) en quatre mouvements, de 1952 ; deux **Suites**, — l'une (op. 129) confiée à la flûte et au piano, dont le dédicataire fut Jean-Pierre Rampal, l'autre (op. 133) à la trompette et au piano ; enfin, de 1955, **Pour presque tous les temps** (op. 134), page destinée à un quatuor constitué d'une flûte, d'un violon, d'un violoncelle et d'un piano... Trois ans plus tard le compositeur disparaissait.

F.R.T.

ARNOLD SCHOENBERG

Né à Vienne, le 13 septembre 1874; mort à Los Angeles, le 13 juillet 1951. Quasiment autodidacte, Schoenberg n'a reçu pour tout enseignement en composition que celui de Zemlinsky qui deviendra son beau-frère en 1901, alors qu'il s'installe à Berlin. Revenu à Vienne deux ans plus tard, il compte bientôt Berg et Webern parmi ses élèves, qui étudieront avec lui jusqu'en 1908. Parallèlement à son intense activité pédagogique, Schoenberg connaît les premiers scandales avec ses deux premiers Quatuors *et la* Symphonie de chambre op. 9. *C'est en 1908 qu'il produira les premières œuvres émancipées de la tonalité avec les chefs-d'œuvre que sont* Erwartung, *le* Livre des jardins suspensus *ou les* Pièces pour orchestre op. 16, *alors que c'est à Berlin, où il habite à partir de 1911, qu'il produira le fameux* Pierrot lunaire *l'année suivante. Après sa mobilisation en 1915, il consacrera l'essentiel de ses activités à la « Société d'exécutions musicales privées » qu'il crée à Vienne en 1918, et laisse inachevé son oratorio l'*Échelle de Jacob. *En 1923, il met au point sa « méthode de douze sons » — la série dodécaphonique —, qui apparaît pour la première fois dans les* Pièces pour piano op. 23 *et la* Sérénade op. 24. *Enseignant à l'Académie des Arts à Berlin à partir de 1926, Schoenberg se voit contraint, en 1933, de quitter l'Allemagne pour les États-Unis, où il vivra jusqu'à sa mort. Partagé entre l'enseignement, les écrits théoriques et la composition, il donnera des œuvres inégales à côté de chefs-d'œuvre tels que le* Trio à cordes op. 45. *Le compositeur le plus discuté du XXe siècle est encore à découvrir, — en particulier dans le domaine de la musique de chambre qui concerne quelques-unes des partitions les plus fortes de notre temps.*

Directement issu de la tradition germanique, et conscient de l'histoire au sens d'une continuité qu'il ne cessera jamais de revendiquer, Schoenberg est avant tout un compositeur respectueux et reconnaissant. On trouvera donc cités dans ses écrits les maîtres — exclusivement germaniques ! — dont il se réclame, de Bach, Mozart et Beethoven jusqu'à Mahler et Richard Strauss, en passant par Brahms et Wagner, qui resurgiront tous d'une façon ou d'une autre dans son œuvre comme pour mieux expliciter la présence d'un héritage. En effet, le rapport de Schoenberg au passé s'exprime au travers du « démon de la justification historique » qu'il transmettra à ceux qui l'approcheront, jusqu'aux compositeurs des générations suivantes : l'obsession du bilan boulézien n'en est qu'une des retombées. D'où l'abondance — et l'importance — des écrits en marge de la composition* dont la connaissance est indispensable moins pour « comprendre » sa musique que pour en saisir la richesse des contradictions. Oscillant entre le discours théorique et le réflexe d'auto-défense esthétique, Schoenberg y manifeste une forme d'instinct de conservation en hissant la polémique au niveau de la création : le scandale — quasiment à l'état chronique dans sa carrière — fut moins perçu en tant qu'expression du refus d'une société envers l'art moderne, qu'en tant que preuve *a contrario* de la légitimité de son action de compositeur.

L'œuvre de Schoenberg se répartit d'elle-même en quatre périodes distinctes et définies chacune par une nouvelle étape du langage. La première période décrit le cheminement qui conduit de l'assimilation du passé à l'aboutissement du système tonal (1897-1907) : il faudra passer par la reproduction et l'exorcisation des modèles hérités *(Verklärte Nacht, Pelléas et Mélisande)* pour que l'affranchissement en soit plus prometteur *(Symphonie de chambre op. 9, Deuxième Quatuor op. 10)*. La seconde période, qui coïncide avec le point culminant de l'expressionnisme, est aussi neuve et audacieuse que concentrée (1908-1915) : de *Erwartung* au *Pierrot lunaire* la musique de Schoenberg oscillera entre le cri de révolte *(la Main heureuse)* et la distanciation que permet l'ironie. La troisième intervient après un silence de plusieurs années, dû tant à la guerre qu'à une période de tâtonnements qui aboutira à la série dodécaphonique (1923-1933) : il s'agit de consolider les nouveaux moyens d'écriture en favorisant la réconciliation avec l'histoire *(Suite pour*

* Voir en particulier *le Style et l'Idée* (Buchet-Chastel, Paris 1977).

piano op. 25, Sérénade op. 24), quitte à ce que l'incorrigible didactisme schoenbergien se hisse au niveau de l'œuvre *(Variations pour orchestre op. 31)*. La quatrième et dernière période concerne le perfectionnement, et surtout l'assouplissement de la méthode de douze sons (1933-1951) : période irrégulière où le banal côtoie l'essentiel *(Trio op. 45)* qui couronne une production à l'image d'un homme partagé entre le passé et l'avenir.

Comme on le constatera, la musique de chambre est un domaine privilégié dans lequel Schoenberg s'exprimera toute sa vie. Elle apparaît toutefois irrégulièrement, ou plus précisément, elle est répartie dans son œuvre en fonction de sa capacité d'adaptation au contexte : très présente dans la première période avec deux *Quatuors*, elle est pour ainsi dire évacuée de la suivante, — exception faite du *Pierrot lunaire* qui inaugure une forme dérivée de musique de chambre flirtant avec le cabaret. Si l'expressionnisme et la musique de chambre ne présentent que peu d'affinités, c'est plus par refus des formes et des genres établis, provisoirement mis de côté, que par épuisement de l'expression dans ce domaine. Le corollaire de cette attitude consiste en sa réintégration massive et groupée pendant la période marquée par le néo-classicisme aux cadres sécurisants : la musique de chambre chez Schoenberg apparaît d'autant plus comme terrain propice aux nouvelles expériences qu'elle ne laisse pas le droit à l'erreur.

Schoenberg en connaît d'ailleurs les exigences, comme le montre sa fidélité au quatuor à cordes : dans un texte de présentation générale des quatre partitions*, il précise qu'elles ont été précédées par cinq ou six essais — dont le *Quatuor* « 1897 » —, et l'on a retrouvé dans ses papiers les ébauches d'un *Cinquième Quatuor* (1949). Quelque cinquante ans d'une production axée autour d'un genre « obligé » depuis Beethoven, et autour duquel gravitent diverses partitions pour des effectifs inhabituels qui sont les garants d'une émancipation. Le quatuor agit alors comme un prisme qui recueille l'énergie pour la diffracter ensuite : le *Premier Quatuor* mènera à la concentration de la *Symphonie de chambre op. 9*, le *Deuxième* au constat de caducité du système tonal, le *Troisième* à l'académisme triomphal de la série, et le dernier à la coïncidence entre le système et l'expression, seul le *Trio op. 45* surpassant les précédents par sa magistrale synthèse.

Pour Schoenberg, qui reste malgré lui « le compositeur du *Pierrot lunaire* » et l'auteur de la « méthode de douze sons », la forme musicale est conçue comme une « enveloppe », pour reprendre un terme boulézien, quel que soit le langage qu'il utilise : comme le remarque justement Arnold Whittall**, « il est plus facile de décrire sa musique en regard des formes classiques qu'il modifie, que par leurs réinterprétations dans l'univers sériel ». Parmi les constantes de la forme schoenbergienne qui participe toujours d'un sens thématique, c'est le sens de la « forme fermée » qui semble dominer, que ce soit dans le cadre des archétypes traditionnels ou dans la fréquente combinaison de quatre mouvements en un seul tenant, avec l'obligatoire récapitulation qui joue le rôle de résolution des tensions accumulées. Par conséquent, c'est l'*écriture* qui demeure la préoccupation essentielle, avec le sens particulier de l'« élaboration » — *Durchführung* — qui caractérise la variation continue schoenbergienne. C'est donc à partir de l'évolution du langage, et par conséquent du style, que l'on peut retracer la trajectoire de l'œuvre. Pour cette raison, les partitions examinées ci-dessous seront présentées dans leur ordre chronologique : suivre l'histoire schoenbergienne pas à pas reste encore la démarche la plus appropriée !

Quatuor en *ré* majeur

Publié seulement en 1966, ce quatuor de jeunesse sans numéro d'opus, composé en 1897, a été créé la même année à la *Wiener Tonkünstler Verein* (« Société viennoise des Artistes musiciens ») six mois après la mort de Brahms, puis redonné l'année suivante, toujours à Vienne, dans une version retouchée. Il faudra attendre 1952, un an après la mort du compositeur, pour que la partition soit à nouveau jouée à la Librairie du Congrès à Washington. L'intérêt de ce quatuor concerne moins la musique elle-même que le fait que Schoenberg manifeste le désir d'écrire pour une formation vers laquelle il reviendra à quatre reprises. Il constitue par

* Dans les précieux *Documents* publiés par Ursula von Rauchhaupt, destinés à accompagner l'enregistrement intégral des *Quatuors* de l'École de Vienne par le Quatuor La Salle (DGG, 1971), et dont sont tirées ici la plupart des citations concernant ces partitions.

** Dans son excellente étude *La musique de chambre d'Arnold Schoenberg* (Actes Sud, 1986).

ailleurs une précieuse source d'information, d'abord sur le style du jeune compositeur, marqué par les influences de Brahms et de Dvořák — la seconde étant particulièrement sensible dans les premier et quatrième mouvements, *Allegro molto* et *Allegro* —, ensuite à propos de la maîtrise de « l'outil quatuor » que Schoenberg possède parfaitement à cette époque.

Réalisant pour la première fois une œuvre complète en quatre mouvements (il existe un *Presto* isolé pour quatuor antérieur à celui-ci), Schoenberg a su tirer profit des conseils de Zemlinsky, son seul véritable professeur — avec lequel il travaillait depuis deux ans —, et dont le *Premier Quatuor op. 4*, que Schoenberg connaissait, date de 1896. On n'insistera jamais trop, en effet, sur le rôle primordial qu'a pu jouer Zemlinsky dans la formation du jeune Schoenberg en tant que révélateur, tant par le sens de la forme, que dans la façon d'aérer la texture, comme dans l'écriture très brahmsienne des deux mouvements médians (*Intermezzo, Andantino grazioso* et *Andante con moto*). Plus caractéristique de l'évolution future de Schoenberg, l'organisation harmonique des quatre mouvements — *ré* majeur, *fa* dièse mineur, *si* bémol majeur et *ré* majeur —, est déjà caractéristique, comme l'a souligné Arnold Whittall, de l'élargissement de la tonalité à laquelle il parviendra dès 1906 avec la *Symphonie de chambre op. 9*.

Durée d'exécution : environ 21 minutes.

La Nuit transfigurée (op. 4)

Composé pour sextuor à cordes (deux violons, deux altos, deux violoncelles) et terminé en décembre 1899, *Verklärte Nacht* a été créée à Vienne le 18 mars 1902 par le Quatuor Rosé avec le concours de deux instrumentistes de l'Orchestre Philharmonique. Première partition importante de Schoenberg — les *op. 1* à *3* sont des Lieder —, elle est représentative de la première manière d'un jeune compositeur de vingt-cinq ans, nourri de tradition germanique essentiellement issue de Brahms et de Wagner. La principale originalité de l'œuvre est d'appartenir au domaine de la musique de chambre, dans le sillage des deux *Sextuors* de Brahms, tout en s'inspirant d'un texte, conception qui ressortit habituellement au domaine symphonique (les principaux poèmes symphoniques de Richard Strauss étaient écrits en 1898). Comme il l'a précisé lui-même, Schoenberg se mit à composer à cette époque « des poèmes symphoniques d'un seul mouvement en leur donnant les dimensions des œuvres de Mahler et de Strauss que je prenais pour modèle... Cette période atteint son point culminant avec *Verklärte Nacht* et *Pelléas et Mélisande op. 5* ». Ainsi que l'avait déjà tenté dans une certaine mesure un Smetana avec son *Quatuor « Ma vie »* (1876), Schoenberg réalise donc un compromis entre deux extrêmes que le romantisme avait pris soin de bien séparer. Revenant sur son sextuor dans un texte de 1950, le compositeur a noté qu'en procédant de la sorte, l'œuvre avait « gagné en qualités qui peuvent aussi satisfaire un auditeur ne sachant pas ce qu'elle prétend décrire, ou, en d'autres termes, elle offre la possibilité d'être comprise comme de la musique pure ». Si ce dernier point peut être discuté en regard de l'intensité expressive que véhicule la musique, Schoenberg n'en pose pas moins la question du conditionnement de l'écoute musicale, comme l'a encore prouvé récemment l'histoire au sujet de la *Suite lyrique* de Berg.

La partition est écrite d'après un poème de Richard Dehmel — auteur mystique alors à la mode, et souvent mis en musique par Schoenberg et Webern —, relatant le dialogue entre un homme amoureux et une femme qui lui avoue attendre un enfant d'un autre homme : ainsi la musique agira comme un commentaire des sentiments exprimés et non comme illustration d'une quelconque action. Dans la tonalité principale de *ré* mineur — tonalité « fétiche » des trois Viennois —, la forme suit de près celle du poème en cinq parties enchaînées : 1) Situation du couple au traditionnel clair de lune *(très lent)* ; 2) Aveu de la femme *(plus animé)*, avec la présentation du thème principal :

Cette phrase, évidemment la plus chargée d'expression dramatique, donne lieu à un long développement dont le sommet d'intensité correspond à un dialogue tourmenté entre les cordes graves et aiguës ; 3) L'attente de la réaction de l'homme, courte période de transition basée sur le retour du thème d'introduction lourdement martelé, s'achève symboliquement dans la tonalité éloignée de *mi* bémol mineur ; 4) Le passage à la deuxième moitié de l'œuvre se fait par le glissement harmonique sur un *ré* majeur lumineux : c'est dans une texture d'une grande transparence (bruissements des cordes avec sourdine) qu'apparaîtra le second thème principal. Cette quatrième partie, qui correspond à la réponse de l'homme dont l'amour triomphe de l'épreuve, se poursuit en un long duo qui débouchera sur un nouveau sommet passionné avec le retour du premier thème « transfiguré » par le mode majeur. Enfin, une longue coda qui constitue la cinquième partie conclut cet hymne à la nature et à la rédemption par l'amour, — lointain écho d'un thème wagnérien entre tous.

Si la création provoqua selon l'auteur un scandale mémorable, *Verklärte Nacht* est vite devenue célèbre, d'autant plus que Schoenberg en réalisera un arrangement pour orchestre à cordes en 1917 (révisé en 1943)*. Sous cette dernière forme, la partition connaîtra également une adaptation au ballet en 1942, sur une chorégraphie d'Anthony Tudor.

Durée d'exécution : environ 28 minutes.

Quatuor à cordes n° 1, en *ré* mineur (op. 7)

Écrit sur plus d'un an entre l'été 1904 et septembre 1905, le *Premier Quatuor* a été créé à Vienne le 5 février 1907 par le Quatuor Rosé, trois jours avant la création de la *Symphonie de chambre op. 9* (1906). Le *Quatuor*, dont la première audition a donné lieu à un scandale au cours duquel Mahler s'est illustré en prenant publiquement la défense de Schoenberg, établit le lien entre *Pelléas et Mélisande op. 5* (1903) et la *Symphonie de chambre op. 9* par la conception générale de la forme en un seul tenant : mais autant le poème symphonique était encore marqué par Wagner et surtout Richard Strauss, autant le *Quatuor*, en tant que support incontesté de la « musique pure », constitue une prise de distance très nette vis-à-vis de ce dernier, dont Schoenberg se dégagera définitivement après l'*op. 9*. C'est également pendant la composition du *Quatuor* que Schoenberg a commencé un *Quintette à cordes* en *ré* majeur, laissé inachevé au bout de vingt-deux mesures.

Écrit en *ré* mineur, dans la tonalité chère aux Viennois, le *Premier Quatuor* tente un renouvellement de la forme par la continuité — dans le sillage de Beethoven *(Quatuor op. 131)*, de Schubert *(Wanderer-Fantaisie)* et de Liszt *(Sonate)* —, et repose sur la combinaison entre les quatre mouvements traditionnels — un *Allegro*, un *Scherzo*, un *Adagio* et un *Rondo* — qui sont non seulement enchaînés mais, plus encore, imbriqués, en particulier grâce aux fréquents changements de tempo qui ne visent qu'à atténuer les principales articulations. Schoenberg parvient ainsi à soutenir un discours ininterrompu de près de trois quarts d'heure à partir d'un procédé que l'on trouvera chez Mahler (deuxième mouvement de la *Neuvième Symphonie*) et surtout chez Berg *(Lulu)*,— à savoir la prémonition de ce que Dominique Jameux a justement qualifié chez ce dernier de forme *différée* : un discours répondant à des critères formels familiers, qui font donc appel à des réflexes tels que exposition-intensification-résolution dans le cas de la forme sonate, et dont les étapes seront données non plus successivement, mais *distribuées* à l'intérieur d'un tissage formel où les autres mouvements viennent s'entremêler. Ainsi, la première partie (*Nicht zu rasch*, « pas trop vif ») répondant au schéma d'une exposition de sonate, avec les deux groupes thématiques reliés par la transition, la récapitulation sera reportée à la fin des seconde et troisième parties avant que la coda finale ne rappelle une dernière fois l'essentiel de la thématique, de même que les développements sont distribués de part et d'autre du *Scherzo* : parallèlement, et au même titre que le langage, le temps musical est l'une des dimensions capitales des œuvres schoenbergiennes de cette époque.

Autre critère fondamental, l'écriture possède une densité polyphonique qui, comme l'a noté Webern dans un texte rédigé en 1912, est thématique de façon quasiment continue : chaque nouvelle partie, caractérisée par une thématique qui lui est propre, puise en réalité ses ressources dans un élément antérieur qui, par mutations successives, a abouti à une nouvelle figuration. En prenant pour modèle la *Symphonie « Héroïque »*, Schoenberg a précisément cherché à résoudre à grande échelle la question du renouvellement constant à partir d'un matériau réduit et susceptible d'assurer l'unité : « La cohésion formelle ne naît pas tant de l'unification des quatre mouvements, que de l'*expansion diversifiée* des éléments qu'ils contiennent. »*

* Voir *Guide de la musique symphonique* (même éditeur).

* Stéphane Goldet, in *Quatuors du* XXe *siècle* (IRCAM-Papiers, 1986).

Toute la nouveauté, ou du moins le potentiel de nouveauté contenu dans le *Premier Quatuor*, a été mis en évidence par Berg dans son importante étude « Pourquoi la musique de Schoenberg est-elle si difficile à comprendre ? » (1924), démontrant clairement combien la qualité de la polyphonie et le sens de la variation étaient désormais les critères de la modernité du compositeur, tant du point de vue de la forme que de celui du langage harmonique dont la complexité résulte d'une distorsion du vocabulaire tonal.

Durée d'exécution : environ 43 minutes.

Quatuor à cordes n° 2, en *fa* dièse mineur (avec voix) (op. 10)

Composé entre le 9 mars 1907 et le 11 juillet 1908, le *Second Quatuor* a été créé à Vienne le 21 décembre 1908 par le Quatuor Rosé et Marie Gutheil-Shoder (soprano) pour les deux derniers mouvements. Plus encore que la création du *Premier Quatuor*, celle du *Second* eut lieu dans un désordre indescriptible, — le public ayant manifesté ouvertement son hostilité à une musique qu'il ne tolérait pas. Avec le *Premier Quatuor* de Bartók dont il est exactement contemporain, et précédant de peu les *Mouvements op. 5* de Webern et le *Quatuor op. 3* de Berg, le *Quatuor* de Schoenberg s'affirme comme étant l'une des œuvres les plus puissantes et les plus originales de cette époque, en particulier par le recours à la voix dans les deux derniers mouvements.

Sur le plan formel, le *Deuxième Quatuor* abandonne la forme continue du *Premier Quatuor* — et approfondie dans la *Symphonie de chambre* —, sans renoncer pour autant au degré de cohésion qui caractérisait ces deux partitions, Schoenberg optant pour quatre mouvements de dimensions plus réduites mais régis par une conception cyclique qui permet d'unifier l'ensemble ; pour exemple, les quatre éléments du thème du troisième mouvement *Langsam* « (lent) » se révèlent être une combinaison de variantes issues des deux premiers mouvements :

Au-delà de ces particularités, chacun des quatre mouvements répond aux schémas traditionnels, avec le *Mässig* (Modéré) initial de forme sonate incluant une récapitulation condensée, suivi d'un *Scherzo* dont la principale caractéristique est de citer la célèbre chanson viennoise « O du lieber Augustin » (qui provoqua les sarcasmes des premiers auditeurs), et dont les paroles « Hélas ! mon pauvre garçon, tout est perdu » semblent renvoyer à un élément autobiographique, l'épouse de Schoenberg entretenant à cette époque une liaison avec le peintre Richard Gerstl...

Œuvre essentielle qui délimite la fin de la première période de la production de Schoenberg, le *Deuxième Quatuor* — qui est dans l'ensemble moins complexe et moins « touffu » que le *Premier* — marque la frontière, ou plutôt le passage de la tonalité à la non-tonalité. Bien que la partition commence en *fa* dièse mineur et se termine dans le même ton (majorisé) dans les toutes dernières mesures du finale, elle décrit une trajectoire harmonique évoluant du *fa* dièse initial au *ré* mineur du second mouvement, au *mi* bémol mineur du troisième, jusqu'à la suspension tonale dans le dernier mouvement. Ces tonalités principales, déjà éloignées les unes des autres, sont elles-mêmes fortement troublées à l'intérieur de chacun des mouvements par la conduite des lignes et par une utilisation abondante d'accords altérés et de résolutions inhabituelles qui contribuent plus à « élargir » le sentiment tonal qu'à en proposer une antithèse, — comme l'a exprimé Schoenberg lui-même : « Dans les premier et deuxième mouvements, il y a déjà des passages où les parties indépendantes se meuvent sans se soucier de savoir si leur superposition produira ou non des "accords classés". Et pourtant ici, comme dans les troisième et quatrième mouvements, on distingue clairement la tonalité à tous les endroits essentiels d'articulation de la structure formelle*. » La tension véhiculée par l'écriture dans le *Deuxième Quatuor* résulte de la distance entre le vocabulaire emprunté ou dérivé du tonal et la syntaxe qui ne coïncide plus avec lesdites lois tonales.

Cette première caractéristique touchant au langage de Schoenberg en pleine mutation est à associer avec la présence d'une voix dans les troisième et quatrième mouvements, pour chanter deux poèmes, *Litanei* (« Litanie ») et *Entrückung* (« Transport ») extraits

* Schœnberg, « Comment je me juge ; retours en arrière », in *Le Style et l'Idée (op. cit).*

du cycle du *Septième anneau* de Stefan George. C'est précisément ce poète symboliste qui est mis en musique à cette époque, tant par Schoenberg que par Webern *(op. 2 à 4)*, dans les œuvres qui manifestent une volonté de distanciation avec le monde tonal. On notera par ailleurs que Schoenberg a interrompu la composition du *Deuxième Quatuor* de décembre 1907 à février 1908, après le second mouvement, pour écrire les deux *Lieder op. 14* (dont le premier sur un poème de George) et commencer, dès le mois de mars semble-t-il, l'extraordinaire cycle du *Livre des jardins suspendus op. 15*, toujours inspiré du même auteur.

Concernant ces deux derniers mouvements, la principale question à laquelle a été confronté Schoenberg est celle du compromis entre le domaine du lied et celui de la « musique pure », le risque de l'introduction d'une voix étant notamment de faire perdre au quatuor sa propre identité. Le compositeur a pris soin de préciser combien il était conscient des limites de chacun des deux genres, et surtout jusqu'à quel point il pouvait établir des interactions : « *Litanie* est construite comme thème et variations; *Transport* reprend son thème le plus saillant sur un mode rappelant la forme sonate. Dans un alliage parfait de la musique et du poème, la forme suit les grandes lignes du texte. La technique du *leitmotiv* wagnérien nous a appris comment varier de tels motifs et d'autres phrases, pour exprimer chaque changement d'atmosphère et de caractère qui survient dans un poème. L'unité thématique et la rigueur se trouvant ainsi confortées, l'œuvre ne pourra pas ne pas satisfaire les exigences d'un formaliste. En vertu de la répétition d'une même unité structurale, les variations offrent ces avantages. Mais je dois avouer que c'est pour une autre raison que j'ai adopté cette forme : je craignais que l'émotion dramatique du poème ne me conduisît à dépasser les limites de ce qui est admissible dans la musique de chambre, et j'espérais que l'élaboration stricte qu'exige la variation m'empêcherait d'exagérer le ton dramatique de l'œuvre. » Une analyse précise du troisième mouvement *(langsam)* démontre en effet combien Schoenberg a soigneusement évité les coïncidences entre les articulations des variations et celles des phrases vocales, le début du *Lied* intervenant par exemple à la cinquième mesure de la deuxième variation qui s'inscrit dans une carrure traditionnelle de huit mesures. En refusant une illustration du texte, Schoenberg laisse ainsi au quatuor sa totale homogénéité, et de cette superposition de deux schémas, ou des deux genres — lied et quatuor —, résulte une forme particulière de tension qui s'ajoute à celle déjà prégnante du langage. Quant au non moins impressionnant finale *(Sehr langsam*-« très lent »), il est surtout remarquable par sa liberté de langage, annonçant le début du poème, « Je perçois l'air d'une autre planète », en un vers prémonitoire, — les premières mesures exposant plusieures fois les douze sons au cours de la longue introduction instrumentale qui précède l'entrée de la voix.

Signalons enfin que la combinaison quatuor et voix influencera Webern dans une courte pièce destinée à être incluse dans les *Bagatelles op. 9*, et, d'autre part, que le *Deuxième Quatuor* a fait l'objet d'une transcription par l'auteur pour orchestre à cordes en 1919.

Durée d'exécution : environ 29 minutes.

Trois Pièces pour orchestre de chambre
(op. posthume)

Découvertes en 1957 par Josef Rufer, l'un des principaux biographes de Schoenberg, dans les papiers laissés par le compositeur, ces trois miniatures publiées en 1962 sont écrites pour douze instruments dont l'effectif constitue une réduction de l'orchestre symphonique (flûte, hautbois, clarinette, basson, cor, harmonium, célesta et quintette à cordes) dans le sillage de la *Symphonie de chambre op. 9*. Composées le 8 février 1910, et donc précédant de peu l'achèvement l'année suivante de l'orchestration des *Gurre-Lieder*, ces trois pièces — *Vif, Modéré, Allant* —, sont caractéristiques de l'influence qu'a exercée Webern sur son maître à l'époque où il composait les *Pièces pour violon et piano op. 7*, et dont les *Six Petites pièces pour piano op. 19* de 1911 porteront encore témoignage. Elles illustrent également le malaise de Schoenberg à adapter une rhétorique inadéquate à un cadre formel aussi restreint (respectivement douze et sept mesures, la troisième pièce de huit mesures étant inachevée), et sont intéressantes à titre documentaire, — le motif de seconde mineure-tierce mineure sur lequel reposait la première des *Trois Pièces pour piano op. 11* (1909) étant réutilisé dans la pièce initiale.

Durée d'exécution : environ 2 minutes.

Sérénade, pour sept instruments et voix de basse (op. 24)

Écrite pour clarinette, clarinette basse, mandoline, guitare — les deux instruments paradigmatiques du genre, que Webern avaient déjà employés dans ses *Pièces op. 10* (1911-1913) —, violon, alto, violoncelle et voix de basse pour chanter le *Sonnet 217* de Pétrarque dans le mouvement central, la *Sérénade* occupe une position stratégique dans l'œuvre de Schoenberg, puisqu'elle correspond à la phase d'adoption et de cristallisation de la série dodécaphonique, parallèlement à l'importance des schémas formels et stylistiques empruntés au baroque et au classicisme. La chronologie de la composition de la *Sérénade* ne peut être dissociée des partitions écrites pour piano à la même époque (*Pièces op. 23* et *Suite op. 25*), d'autant plus que ce groupe d'œuvres intervient après la longue période de silence des années 1917-1923, seulement marquée par la composition inachevée d'un *Septuor à cordes* (1918) et surtout de *l'Échelle de Jacob* : commencée en août 1920, la *Sérénade* ne sera terminée qu'en avril 1923, et donnée en création le 20 juillet de l'année suivante sous la direction du compositeur lors de la quatrième édition du Festival de Donaueschingen. Son instrumentation originale ne sera pas sans influence sur les *Deux Lieder op. 19* que Webern écrira en 1925-1926 pour chœur mixte, célesta, guitare, violon, clarinette et clarinette basse.

La nécessité pour Schoenberg de trouver un nouveau cadre formel et stylistique à la méthode de composition se traduit par le retour, non seulement à des formes renvoyant directement aux œuvres de la première période, mais à des genres anciens impliquant la réintégration de phrasés rythmiques stylisés, — comme on peut l'entendre au début du premier mouvement :

Les sept mouvements de la *Sérénade* sont agencés autour du *Sonnet* central *(Vif)*, avec la rythmique de la *Marche* initiale réapparaissant dans le *Finale*, l'esprit du *Menuet* (n°' 2) correspondant à celui de la *Scène de danse* (n° 5, *Très animé*), et l'écriture des *Variations* (n° 3, *Andante*) renvoyant à la *Chanson sans paroles* (n° 6, *Adagio*). Quant au traitement de la série qui n'est pas étendu à tous les mouvements (comme dans l'*op. 23* pour piano, où la série n'apparaît que dans la *Valse* finale), il est encore simple, voire rudimentaire, comme on peut le constater dans le *Sonnet* : les instruments alentour se partageant les sons de façon plus irrégulière, la voix dévide douze fois de suite la même série complète — seuls les registres, favorisant les grands écarts, étant variés — , appliquée aux vers hendécasyllabes, ce qui produit un décalage d'un son à chaque début de phrase :

On trouvera d'autres manifestations de cette période de recherche dans le maniement de la série, dans le troisième mouvement dont l'élément servant de base aux variations est constitué par un ensemble de quatorze sons dont onze sont différents, ou encore dans le sixième, *Lied (ohne Worte)*, qui repose sur un thème de dix-huit sons incluant le total chromatique. Par ailleurs, et comme le montre également l'exemple cité plus haut, Schoenberg n'hésite plus à réintégrer diverses consonances contribuant fortement à édulcorer la couleur harmonique générale. Il importe cependant de bien interpréter cet amalgame entre style et langage dans l'esthétique d'un compositeur qui sort d'une crise de plusieurs années : « Le caractère ostensiblement léger de la *Sérénade* demeure une pierre d'achoppement pour apprécier ses mérites. Son poli exagéré peut déplaire : il n'y a cependant pas de contradiction entre son caractère hautement expérimental — sa témérité technique, plus précisément —, et l'efficacité débonnaire avec laquelle elle fait retour au passé. L'expérimentation est calculée pour ressusciter l'ambiance sécurisante d'un classicisme défunt : l'aisance qu'affiche l'œuvre en surface est à la mesure de la réussite*. »

Oscillant stylistiquement entre un charme teinté d'ironie typiquement viennois, et la préciosité du *Pierrot lunaire*, la *Sérénade* joue un rôle de charnière comparable à celui du *Deuxième Quatuor*, les œuvres suivantes, surtout à partir du *Quintette à vent*, étant plus nettement orientées vers la rigueur du travail sériel dodécaphonique, et, par là

* Charles Rosen, in *Schoenberg* (Ed. de Minuit, Paris 1979).

même, aboutissant à l'établissement d'un véritable néo-classicisme plutôt qu'à un sens — virtuose — de la référence.

Durée d'exécution : environ 33 minutes.

Quintette à vents (op. 26)

Composé entre avril 1923 et août 1924, et donné en première audition à Vienne le 13 septembre suivant, jour du cinquantième anniversaire du compositeur. Œuvre d'une haute virtuosité, le *Quintette* pour flûte, hautbois, clarinette, cor et basson, constitue — parallèlement à la *Suite op. 25* — la première partition dans laquelle Schoenberg applique sa « méthode de composition avec douze sons » dans le cadre d'une grande forme. Comme il en parle lui-même dans ses écrits*, le travail à partir de la série dodécaphonique n'était pas sans soulever des problèmes importants : « Lorsque je commençai d'utiliser ma méthode, je n'étais pas encore convaincu que l'usage exclusif d'une seule série ne produirait pas quelque monotonie. Pourrai-je en tirer un nombre suffisant de thèmes, phrases, motifs et autres formes, suffisamment différenciés de façon caractéristique ? » Cette question sera partiellement résolue par le biais des combinaisons contrapuntiques à partir de la série, transposée, rétrogradée et renversée. Cependant, la texture très polyphonique qui domine dans l'ensemble de l'œuvre ne permet pas toujours à la thématique d'être parfaitement identifiable. Mais ce qui est plus essentiel encore, c'est de constater que Schoenberg établit un rapport direct entre le recours à la série et des éléments directement rattachés au système tonal par la conservation d'un phrasé rythmique traditionnel (thèmes, phrases). Continuer à utiliser les formes classiques avec la nouvelle méthode d'écriture participait ainsi d'une logique irréprochable, — Schoenberg, comme le remarque très justement Charles Rosen, « tout imbibé qu'il était par la tonalité, et toujours épris d'elle, se servant de ces formes comme si elles étaient douées de propriétés expressives innées ». Également très préoccupé par ce qu'il appelle « l'unité *absolue et unitaire* de l'espace musical » qui caractérisait le système tonal, Schoenberg parviendra à résoudre cette question en justifiant l'usage de la forme miroir d'une série par rapport à sa forme originale. On notera également que la série utilisée répond à un équilibre quasi symétrique en deux fois six sons, dont les deux parties complémentaires (la deuxième moitié constituant, à un son près, la transposition de la première à la quarte inférieure) évoquent irrésistiblement la construction classique en antécédent-conséquent :

Le *Quintette* apparaît comme l'application la plus directe de ces différents points : quatre mouvements répondant aux archétypes du genre classique, avec une forme sonate (avec la barre de reprise de l'exposition), un *Scherzo* avec son trio central, un mouvement lent de forme ternaire, et un *Rondo* en guise de finale, — chacun de ces mouvements reposant sur une organisation thématique traditionnelle, toutefois masquée par endroit par la densité du contrepoint : en procédant de la sorte, Schoenberg entend clairement démontrer combien la méthode de douze sons peut apparaître comme un substitut à la tonalité sans que le *sens* général de la musique en soit changé. C'est là tout le sens de son affirmation dans sa longue étude consacrée à la méthode de douze sons : « On s'impose de suivre la série fondamentale, mais, ceci dit, on compose à son gré comme on en avait l'habitude. » Dès lors, c'est un débat esthétique qui s'engage entre les tenants de l'adaptation des formes classiques à un nouveau contexte, et surtout de la volonté de prouver qu'expression et écriture dodécaphonique sérielle ne sont pas incompatibles — ce dont le sévère *Quintette* est, avec la *Suite op. 29* et le *Troisième Quatuor op. 30*, l'un des exemples les plus représentatifs— , et les opposants qui insisteront sur la profonde contradiction d'une telle démarche.

Durée d'exécution : environ 40 minutes.

Suite pour sept instruments (op. 29)

Commencée en janvier 1925 et terminée en mai 1926, la *Suite op. 29* pour sept instruments a été créée sous la direction de l'auteur le 15 décembre 1927 à Paris. L'apparente longue gestation de l'œuvre est essentiellement due à l'installation de Schoenberg à Berlin en janvier 1926, — prenant la successsion de Busoni au poste de professeur de composition à l'Académie des arts, ainsi qu'à la composition des pièces

* « La composition avec douze sons », in *Le Style et l'Idée (op. cit.).*

pour chœur à quatre voix *op. 27 et 28* (septembre à décembre 1925). L'effectif est particulièrement intéressant par l'équilibre obtenu tant entre les trois groupes homogènes — bois, cordes, clavier —, qu'à l'intérieur de chacun d'eux qui présente la totalité du registre du grave à l'aigu : trois clarinettes (*mi* bémol, *si* bémol et clarinette basse), violon, alto, violoncelle et piano. On y retrouve en particulier la prédilection de Schoenberg pour la combinaison clarinettes et cordes — déjà utilisée par Webern dans ses *Lieder op. 14* (1919-1921) et jusqu'à ceux de l'*op. 18* —, et reprise dans la *Sérénade*. Comme le *Quintette op. 26*, la *Suite op. 29* est avant tout caractérisée par la même application de la série dodécaphonique à des formes empruntées au passé. Par contre, la *Suite* se distingue nettement du *Quintette* par la qualité de la texture qui relève plus ici de la mélodie accompagnée que de la polyphonie très élaborée de l'*op. 26*. La conséquence concerne surtout la thématique, qui gagne ainsi en individualisation ce qu'elle perd en complexité. D'autre part, le caractère thématique plus évident est confirmé par la coloration plus tonale de l'écriture, — la série de base de l'œuvre privilégiant largement les tierces et les sixtes.

Bien que dépendant du même principe que la *Suite op. 25* pour piano, la *Suite op. 29* s'en démarque par ses proportions plus vastes, ainsi que par l'allusion à la grande forme en quatre mouvements qui a été exploitée entre-temps dans le *Quintette* : une *Ouverture (Allegretto)* évoquant la forme sonate à deux thèmes précédée d'une introduction lente, *Pas de danse (Moderato)* correspondant à un *Scherzo* , un *Thème et quatre variations* en guise de mouvement lent, et une *Gigue* dans laquelle la traditionnelle écriture en fugato tient une large place. Autre influence stylistique qui n'est pas niable dans le contexte de ces années vingt — l'opéra *Jonny spielt auf* de Krenek date précisément de 1926 —, le jazz qui est présent dans le second mouvement et que Schoenberg réutilisera dans sa comédie *Von Heute auf Morgen* (1928-1929). On remarquera également l'inclusion d'une citation dans le mouvement lent —, rappelant le même procédé que Schoenberg avait utilisé dans le *Scherzo* du *Deuxième Quatuor* — dont le thème est emprunté à une chanson de Friedrich Silcher (compositeur du siècle précédent qui s'est consacré à diffuser la musique populaire), « Ännchen von Tharau », citée en *mi* majeur et reconstituée grâce à une répartition des sons de la série entre la clarinette basse et piano, dans un contexte harmonique polytonal :

Tout en s'inspirant du passé musical adapté aux nouvelles exigences de l'écriture, on rappellera combien Schoenberg a pris ouvertement position contre la tendance ambiante au « retour à », qualifié de « Nouveau classicisme » qu'il critique violemment dans la préface à ses *Satires op. 28* : les œuvres composées entre 1923 et 1927 restent marquées par la caricature et l'ironie qui semblent être une constante depuis le *Pierrot lunaire*, même si le compositeur n'en éprouve pas moins un plaisir évident à s'exprimer dans des cadres incontestablement néo-classiques.

Durée d'exécution : environ 32 minutes.

Quatuor à cordes n° 3 (op. 30)

Dernière partition de musique de chambre avant l'exil qui mènera Schoenberg en France puis aux États-Unis (1933), le *Troisième Quatuor* a été composé pendant les trois premiers mois de 1927, et créé à Vienne la même année que la *Suite lyrique* de Berg, le 19 septembre 1927 par le Quatuor Kolisch. Commandé par Elisabeth Sprague-Coolidge, mécène américain également à l'origine du *Quatrième Quatuor*, du *Quatuor op. 28* de Webern et du *Cinquième Quatuor* de Bartók, le *Quatuor op. 30* respecte le découpage traditionnel en quatre mouvements vers lequel le compositeur était clairement revenu depuis le *Quintette à vent op. 26*. Vingt ans après le *Deuxième Quatuor*, Schoenberg éprouve le besoin d'écrire à nouveau pour cette formation au moment où il commence à maîtriser l'écriture dodécaphonique sérielle. De ce point de vue, le *Troisième Quatuor* marque un pas en avant vers la reconstitution d'un degré d'équivalence entre les dimensions horizontale et verticale, — autrement dit comment une ligne mélodique déduite de la série peut être harmonisée par la disposition verticale de celle-ci, ce que Schoenberg réalisera totalement dans les *Variations op. 31* pour orchestre qu'il terminera l'année suivante.

Dans sa présentation des quatre quatuors, Schoenberg précise au sujet de celui-ci que les deux premiers mouvements s'écartent des formes conventionnelles et « ne ressemblent à des formes cataloguées qu'à certains égards ». Concernant le *Moderato* initial, les commentateurs ont en effet souvent souligné qu'il s'agissait d'une forme sonate traitée librement. Si le schéma est indéniablement respecté, il est de fait qu'il se caractérise avant tout par la quasi-permanence d'un motif rythmique à base de notes répétées — dont Schoenberg tirera, tant à l'intérieur du mouvement que dans l'ensemble de la partition, un grand nombre de variantes avec une exceptionnelle habileté —, irriguant l'ensemble de l'écriture jusqu'à la coda. Ce procédé permet surtout à Schoenberg de conserver la même texture sur deux plans — ligne mélodique/accompagnement —, procédé dans lequel Charles Rosen voit une analogie avec le *Treizième Quatuor* en *la* mineur de Schubert :

Le contraste traditionnel entre les deux groupes thématiques, ici présents, s'en verra donc atténué, — ce qui justifie partiellement la remarque de Schoenberg. Cependant, la structure obtenue dans le travail sur la série montre en fait combien l'auteur reste fidèle à l'organisation de la forme sonate et à sa conception tonale, comme l'a souligné à nouveau Charles Rosen : « Dans cette œuvre (comme dans d'autres de la même période), Schoenberg met l'accent sur une transposition particulière de la série, celle à la quinte inférieure. Cette relation de quinte est inférée de la série inventée pour l'occasion, qui contient deux quintes successives et une autre un peu plus loin. Schoenberg se sert de la forme transposée pour caractériser le deuxième thème de sa « forme sonate », et la "modulation" est même "préparée" ; du moins cet effet traditionnel en musique tonale est-il stimulé par le recours au rétrograde des cinq premières notes de la série *transposée* juste après ces mêmes notes dans la version *non transposée* : d'où, dans la partie mélodique principale, un effet de contraste tonique-dominante en miroir. »

De même, le second mouvement *Adagio*, décrit finalement par Schoenberg comme étant un rondo, apparaît comme un double « thème et variation », dont les étapes successives, riches en contrepoint canonique, sont présentées alternativement : les deux musiques ainsi imbriquées sont cependant reliées entre elles par un motif possédant les mêmes caractéristiques de notes répétées que celui du mouvement précédent.

La même préoccupation de renouvellement constant dans la figuration des mêmes éléments se retrouve dans l'*Intermezzo*, épousant la forme d'un *Scherzo* avec un retour réécrit et abrégé, et qui semble faire écho au *Prélude* de la *Suite op. 25*, ainsi que dans le finale intitulé *Rondo*, combiné avec la forme sonate. « Il n'est peut-être pas étonnant, conclut Schoenberg, de trouver dans une composition contemporaine tant de variations des thèmes principaux, tandis que généralement, dans les compositions classiques, la possibilité de reconnaître le thème est un principe. Mais notre oreille moderne n'aime pas entendre tant de répétitions sans changement et, par conséquent, si dans le *Rondo* le même thème doit apparaître si souvent et si le compositeur dispose de si peu de matériau thématique, il doit en revanche compenser cette rigueur par de vastes changements de tout le matériau disponible ». A ce stade de la composition, Schoenberg en est donc arrivé à poser avec une grande acuité la question de la figuration déduite de la série, et est parvenu à en proposer pour la première fois, avec le *Troisième Quatuor*, une interprétation parfaitement aboutie, même si l'aspect encore « didactique » de l'œuvre ne possède pas la souplesse du dernier *Quatuor op. 37*.

Durée d'exécution : environ 30 minutes.

Quatuor à cordes n° 4 (op. 37)

Professeur à l'Université de Californie depuis peu, Schoenberg est installé à Los Angeles en cette année 1936 qui voit l'achèvement du *Concerto pour violon op. 36* et du *Quatrième Quatuor*. Écrit entre le 27 avril et le 26 juillet, il sera créé à Los Angeles le 9 janvier 1937 par le fidèle Quatuor Kolisch. Commandé comme le *Troisième* par Elisabeth Sprague-Coolidge, le *Quatrième Quatuor* intervient après une période creuse de plusieurs années qui, mis à part *Moïse et Aaron* et les *Trois mélodies op. 48*, n'ont été consacrées qu'à des œuvres secondaires, des transcriptions d'après Haendel et Monn ou des pastiches comme la très tonale *Suite* pour orchestre à cordes (1934).

Succédant au précédent à près de dix ans de distance, le *Quatrième Quatuor* en conserve la découpe en quatre mouvements avec les formes habituellement consacrées : un *Allegro molto, Energico* apparenté à la forme sonate, un *Comodo* faisant office de *Scherzo*, un *Largo* de forme binaire (ABAB), et un *Allegro* final basé sur le principe du rondo. L'obédience au schéma classique, cependant pour la dernière fois dans l'œuvre de Schoenberg, représente la plus parfaite illustration de cette volonté de *réactualiser* la tradition, « l'objectif du compositeur n'étant pas tant de développer de nouvelles formes appropriées à une nouvelle technique de composition que de découvrir un terrain d'entente entre ces innovations techniques et les formes anciennes » (Arnold Whittall).

De même que dans le *Troisième Quatuor*, Schoenberg s'efforce de diversifier la figuration de chaque réapparition thématique, en particulier dans le finale, et toujours avec le même souci d'un renouvellement perpétuel de la musique. La différence est surtout d'ordre stylistique, — Schoenberg ayant accentué la personnalisation de ses thèmes déduits de la série, et favorisé la verticalisation de l'écriture comme le début du *Quatuor* en fournit un bon exemple :

L'écriture instrumentale est également plus diversifiée par l'attention portée aux modes de jeux (harmoniques, techniques d'archet, etc.) qui avaient été exclus de l'austère *Troisième Quatuor* et qui seront considérablement mis en avant dans le remarquable *Trio op. 45*.

Le nouveau degré d'accessibilité du *Quatrième Quatuor*, surtout par rapport au précédent, est dû autant au cadre général qu'au type de texture apparenté à la mélodie accompagnée, qui ne s'exerce pas pour autant aux dépens de la polyphonie. Mais cette clarification de l'écriture va de pair avec l'utilisation de la série qui, divisée en deux groupes de six sons permettant certaines réminiscences tonales — le *ré* prédominant dans le finale —, apparaît désormais comme une constante du style de Schoenberg, et qui connaîtra son application la plus réussie dans le *Trio à cordes*. Il est également frappant de ne trouver aucune mention de la technique d'écriture dans les commentaires de Schoenberg au sujet de ce quatuor. Dans une lettre adressée au compositeur américain Arthur Locke (25 mai 1938), Schoenberg, toujours soucieux de se justifier, insiste précisément sur le danger d'axer exclusivement l'analyse sur la répartition et l'emploi des séries : « Pour ma part, je considère cette question comme sans importance et j'ai dit la même chose à mes élèves. Je peux vous montrer un grand nombre d'exemples qui illustrent cette façon de composer, mais au lieu de vous en indiquer une application purement mécanique, je peux vous exposer son avantage compositionnel et esthétique. Par conséquent, vous allez comprendre pourquoi je l'appelle une "méthode" et pourquoi je considère comme impropre le terme de "système". Et j'espère que vous conviendrez que ces œuvres sont pour l'essentiel des œuvres de l'imagination et non, comme le supposent maintes personnes, des constructions mathématiques. » Cette profession de foi, entièrement applicable au *Quatrième Quatuor*, est révélatrice de la pérennité des procédés expressifs du phrasé tonal qui caractérise la partition : c'est avec cette œuvre attachante que Schoenberg atteint le sommet du dodécaphonisme sériel promu au rang de modèle « classique ».

Durée d'exécution : environ 32 minutes.

Ode à Napoléon (op. 41)

Écrite entre mars et juin 1942, pour récitant, quatuor à cordes et piano, l'*Ode à Napoléon* met en œuvre le pamphlet que Byron rédigea en 1814 après l'abdication de Napoléon à Fontainebleau. Existant en deux versions, c'est celle pour orchestre à cordes et piano *op. 41 b* qui a été donnée en premier lieu le 23 novembre 1944 par l'Orchestre Philharmonique de New York dirigé par Arthur Rodzinscki, avec Mack Harrell en récitant et Eduard Steuermann au piano. Véritable cri de révolte contre toute forme de tyrannie, les dix-neuf strophes du poème utilisé par Schoenberg forment un témoignage supplémentaire de l'engagement qu'il a déjà eu l'occasion d'exprimer à plusieurs reprises, de l'expression du judaïsme, — depuis *l'Échelle de Jacob* (1917-1922), *Moïse et Aaron* (1930-1932), tous deux inachevés, au *Kol Nidre* (1938) — entre autres, à la réaction du compositeur au Ghetto dans *Un survivant de Varsovie* (1947). Si, deux ans après que Chaplin ait tourné *le Dictateur*, Schoenberg semble proposer une réactualisation du message byronien, il faut également tenir compte, selon Arnold Whittall, de la dimension ironique de l'intention : « Le narrateur de l'*Ode* n'est pas lui-même le protagoniste : il est simplement fasciné par un dictateur corrompu, susceptible lui-même de corruption. Plus la critique est violente, plus le critique est envieux ». Quant au rôle musical du récitant, il fait appel à la *Sprechstimme* du *Pierrot lunaire* toutefois notée sur une seule ligne au lieu de cinq : cette nouvelle interprétation de la part de l'auteur entend privilégier l'intervalle, et donc l'intonation, plutôt que la hauteur précise (système de notation qu'il reprendra dans *Un survivant de Varsovie*).

L'œuvre est écrite d'après une série — ou plus précisément deux hexacordes complémentaires —, dont le traitement renvoie plutôt, selon George Perle*, à celui du *Pas de danse* de la *Sérénade* qu'aux œuvres immédiatement antérieures. De plus, Schoenberg applique un procédé de libre permutation à l'intérieur de chaque hexacorde que l'on a souvent rapproché de la méthode des « Tropes » de Hauer, compositeur autrichien qui avait revendiqué la paternité de l'invention de la méthode de douze sons. La configuration même de cette série permet diverses dérivations tonales dont l'aspect le plus parlant consiste dans la cadence finale aboutissant à un accord de *mi* bémol majeur, référence volontaire à la tonalité de la *Symphonie « Héroïque »*. C'est précisément sur cette série que Luigi Nono, autre compositeur qui a opté pour un engagement politique, écrira ses *Variazioni Canoniche* pour orchestre en 1950.

Durée d'exécution : environ 16 minutes.

Trio à cordes (op. 45)

Partition majeure, sinon la plus essentielle, de la dernière période de Schoenberg, l'unique *Trio à cordes* a été composé du 20 août au 23 septembre 1946 à la suite d'une commande du Département de musique d'Harvard à l'occasion de son Congrès de Critique musicale au cours duquel il a été donné en première audition le 1er mai 1947, avec notamment le *Sixième Quatuor* de Martinů. Les circonstances qui sont à l'origine de la composition ont été souvent relatées : à la suite d'une attaque cardiaque au début du mois d'août, Schoenberg se trouve dans un état de mort clinique dont la médecine ne l'extraira que grâce à une injection dans le cœur. Au-delà de l'anecdote, cet événement dramatique aura, entre autres répercussions, des conséquences directes sur la composition du *Trio*, œuvre de grande envergure écrite en un mois alors que le compositeur était encore convalescent : rarement la musique de Schoenberg, âgé alors de soixante-douze ans, a été d'une telle intensité renvoyant aux œuvres les plus fortes de la période expressionniste.

Avec cette œuvre en marge des quatuors, et comme il l'avait amorcé avec le *Concerto pour piano op. 42*, Schoenberg revient vers la forme en un mouvement, qui ne cherche pas à reproduire pour autant le schéma des quatre mouvements traditionnels : cinq sections sont enchaînées et agencées en trois *Parties* principales, avec deux *Épisodes* intercalés en guise de lien. Malgré ce schéma en apparence équilibré, le discours est entièrement dépendant de la discontinuité, chaque tentative de régularité étant presque systématiquement interrompue par de brusques changements de tempos contradictoires *(Poco agitato, très calme)*. Privée ainsi du support des formes classiques, la thématique acquiert du même coup une nouvelle dimension en étant moins caractérisée par des idées mélodico-rythmiques que par des « gestes » instrumentaux, la plupart du temps identifiables par les modes de jeu (trémolos, harmoniques), *con legno battuto* et *tratto*, etc.) : la syntaxe tonale, sur laquelle a toujours reposé la musique de Schoenberg depuis la *Sérénade*, est ici, et pour la première fois, impuissante à justifier une *logique* formelle. La *Première Partie* est la plus caractéristique de cette dispersion sonore, les figures organisées se succédant rapidement, opposé au caractère plus continu que propose le *Premier Épisode*. A partir de ces deux sections, la suite du *Trio* oscille entre ces extrêmes, avec des interactions entre *Parties* et *Épisodes* provoquant parfois des changements de nature : la *Deuxième Partie* tente de prolonger, sans y parvenir totalement, le caractère de la section précédente, et le *Deuxième Épisode* sera à son tour marqué par une certaine violence qui dominera sur les brefs passages lyriques. Quant à la *Troisième Partie*, selon l'habitude de Schoenberg, elle fait office de récapitulation, — les principaux éléments de la partition réapparaissant, tout en étant réécrits.

---

* Dans son étude essentielle, *Serial composition and atonality* (University of California Press, 1968).

Le *Trio* constitue également une nouvelle étape dans l'utilisation de la série, comme l'annonçait déjà l'*Ode à Napoléon*. Le matériau est déduit à partir de trois hexacordes dont les premier et troisième sont la permutation des mêmes six sons, et qui, combinés à l'un de leur renversement privilégié, offrent la possibilité de lire une série dodécaphonique en sélectionnant les premiers et derniers sons de chaque hexacorde :

Cette complémentarité à partir de groupes de six sons — qui n'est pas sans rappeler la conception de Berg dans la *Suite lyrique* —, permet, comme dans les œuvres récentes de Schoenberg, des connotations tonales en choisissant les dispositions adéquates : « Schoenberg utilise les accords parfaits comme arrière-plan de ses motifs les plus expressifs, mais il ne recourt jamais à leur potentiel "inné" pour faire passer ce qu'il veut dire, fonction qu'il réserve essentiellement à la texture. Il *exploite* l'accord parfait, mais ne s'appuie pas dessus, comme Berg le fait dans ses dernières œuvres » (Charles Rosen). Ce type de combinaisons par relations établies entre de petits ensembles correspond précisément à l'un des développements que connaîtra la série chez les successeurs de l'École de Vienne.

A mi-chemin entre les œuvres néo-classiques et les audaces de la période expressionniste, le *Trio* reste, avec le *Deuxième Quatuor*, l'une des partitions les plus passionnantes de la musique de chambre de Schoenberg, et probablement de toute son œuvre.

Durée d'exécution : environ 18 minutes.

Fantaisie pour violon et piano (op. 47)

Commandée par le violoniste Adolf Koldofsky auquel elle est dédiée, la *Fantaisie* est la dernière œuvre de musique de chambre composée par Schoenberg. Écrite en mars 1949, elle été créée à Los Angeles par le dédicataire et Léonard Stein le 13 septembre de la même année, à l'occasion du soixante-quinzième anniversaire du compositeur.

Intitulée « Fantaisie pour violon avec accompagnement de piano », elle constitue le cas très particulier d'une partition écrite initialement pour violon seul, — la partie de piano ayant été rajoutée par la suite. Cette dissociation de la composition en deux phases distinctes se retrouve dans l'absence quasi totale de relations thématiques entre les deux instruments, le violon restant l'instrument principal d'un bout à l'autre de l'œuvre. Comme le *Trio*, la *Fantaisie* se présente comme une succession de parties enchaînées, suivant un schéma qui n'est pas sans rappeler celui de la *Symphonie de chambre op. 9*, du moins dans son principe en cinq sections : un *Grave* correspondant à l'exposition du thème principal, un *Più mosso* faisant office de transition vers le second thème *(Poco meno mosso)*, cette section formant l'équivalent d'un premier mouvement de forme sonate limité à son exposition. Après le *Lento* apparaît un développement *(Grazioso)* qui est le seul passage de la partition à établir des liens thématiques entre le violon et le piano, et le *Scherzo* avec son trio central *(Poco tranquillo)*. Enfin le retour au *Tempo primo* correspond autant au finale coiffant l'ensemble des mouvements qu'à une récapitulation abrégée du premier. De proportions modestes, cette *Fantaisie* consacre donc une dernière fois le schéma privilégié que Schoenberg aura exploité pendant quelque quarante ans — ce qui renforce d'autant l'originalité du *Trio op. 45* qui a su s'en écarter —, et montre combien la maîtrise de l'écriture à partir d'une série fractionnée en groupes de six sons constituait l'orientation la plus évidente des dernières compositions de Schoenberg.

Durée d'exécution : environ 9 minutes.

Transcriptions, arrangements, œuvres diverses

Parmi les nombreux arrangements que Schoenberg a écrits, ce sont ceux des valses de Johann Strauss fils qui sont les plus diffusés. En 1921, alors que la « Société d'exécutions musicales privées » *(Verein für muskalische Privataufführungen)*, fondée en 1918, se trouve devant de sérieuses difficultés financières, Schoenberg tente de redresser la situation en donnant un concert de transcriptions réalisées par les compositeurs viennois, à la suite duquel les partitions seraient vendues aux enchères. Les valses arrangées par Schoenberg pour harmonium, piano et quintette à cordes — *Rosen aus dem Süden op. 388 (Roses du sud)* et *Lagunenwalzer op. 411 (Valse de la lagune)* —

ont été données le 27 mars 1921, malheureusement sans le succès escompté. C'est en 1925, et donc indépendamment de la Société alors défunte, que Schoenberg récidivera avec la célèbre *Kaiserwaltzer op. 437 (Valse de l'Empereur)* pour flûte, clarinette, piano et quintette à cordes.

Dans un autre esprit, Schoenberg a écrit en 1921 des arrangements en vue de montrer des exemples d'instrumentation à ses élèves, dont le Lied *Ständchen D 889* de Schubert, pour voix, clarinette, basson, mandoline et trio à cordes ; son principal intérêt est d'être contemporain de la composition de la *Sérénade op. 24*. Ne reculant devant rien, Schoenberg a également arrangé, dans le même but, deux pièces pour clarinette, guitare, mandoline et trio à cordes, dont l'inénarrable *Funiculi Funiculà* de Denza !

Enfin, signalons que Webern a écrit une transcription de la *Symphonie de chambre op. 9* pour flûte, clarinette, violon, violoncelle et piano (ou quatuor à cordes et piano) en 1922-1923, et que l'arrangement de la *Berceuse élégiaque* de Busoni, pour flûte, clarinette, harmonium, piano et quintette à cordes, a été faussement attribué à Schoenberg. En 1905, Schoenberg écrira *Ein Stelldichein (Un rendez-vous)* pour hautbois, clarinette, violon, violoncelle et piano (1905), courte pièce inachevée contemporaine du *Premier Quatuor* et écrite d'après un poème de Dehmel dans l'esprit de *la Nuit transfigurée*, et qui servira semble-t-il de travail préparatoire à la *Symphonie de chambre op. 9*.

Mentionnons encore deux pièces mineures, *Die eiserne Brigade (la Bridage de fer)*, plaisanterie musicale hautement ironique écrite en forme de marche militaire, en 1916, pour quatuor et piano, alors que le compositeur était mobilisé ; et, dans un genre plus respectueux, la *Weihnachtsmusik (Musique de Noël)* pour deux violons, violoncelle, harmonium et piano composée en 1921.

A.P.

FRANZ SCHUBERT

*Né à Vienne, le 31 janvier 1797; mort dans la même ville, le 19 novembre 1828. Avec Mozart, mort aussi jeune que lui, c'est l'un des plus fulgurants génies de l'histoire de la musique. Fils d'un maître d'école violoncelliste amateur (qui eut quatorze enfants, dont cinq seulement vécurent), le jeune Franz eut une enfance modeste mais chaleureusement familiale : dès l'âge de douze ans, il commençait à composer; cette vocation, bien que contrariée par son père qui souhaitait en faire son assistant, fut favorisée par l'apprentissage de l'orgue, du piano, du chant et de l'harmonie près d'un organiste de paroisse qui, rapidement, perçut les dons exceptionnels de son élève. Sa jolie voix le fit admettre dans la Chapelle impériale en 1808, et lui permit d'accomplir des études gratuites au Stadtkonvikt de Vienne. Après ses études générales, il devint enseignant aux côtés de son père, sans la moindre aptitude pour ce métier. Il continua de composer intensivement, et de produire déjà de hauts chefs-d'œuvre (*Marguerite au rouet *est de 1814,* le Roi des Aulnes *de 1815, la* Cinquième Symphonie *de 1816). En 1818, Schubert quitte définitivement l'école de son père : sa vie s'écoulera désormais à Vienne, entièrement consacrée aux activités musicales, avec les faibles moyens de subsistance que lui procureront quelques leçons, la cession de ses œuvres à des éditeurs voraces et, surtout, la générosité de nombreux amis (qui n'eurent de cesse de secourir celui qui leur dispensait les moments de plus pure délectation musicale avec ses fameuses « Schubertiades »). Atteint de syphilis en 1822, dès lors sujet à des accès de mélancolie ou de désespoir, le musicien n'en lutta pas moins, par un énorme travail, jusqu'au terme fatal; il s'éteignit à l'âge de trente et un ans : enseveli à Währing, son corps fut ensuite transféré au Cimetière central de Vienne, à proximité de celui de Beethoven comme il l'avait désiré. Une grande partie de l'œuvre de Schubert ne fut découverte, exécutée et éditée qu'après sa mort (les symphonies en particulier, au moins dans leur forme définitive). Ce n'est pas tout à fait le cas de la musique de chambre, si souvent écrite à l'intention du cercle familial ou d'amis amateurs, — que le compositeur eut donc l'occasion, le plus souvent, d'entendre de* *son vivant. Ce « Wanderer » de l'ère romantique — son génie le plus instinctif, ce qui ne signifie pas, comme une légende l'accrédite, le moins cultivé — a laissé une œuvre considérable dont nous ne saurions énumérer ici les divers opus dans différents genres. Pour nous en tenir à la musique de chambre, les derniers* Quatuors à cordes, *les deux* Trios avec piano, *le* Quintette avec piano (la Truite) *et le* Quintette à cordes, *l'*Octuor *enfin constituent un florilège de l'expression romantique allemande qu'on ne peut se lasser d'explorer. La présentation adoptée ci-dessous est « raisonnée » (par types de formation instrumentale) : les* Sonates pour violon et piano, *les* Trios, *les* Quatuors à cordes, *les* Quintettes, *l'*Octuor, *enfin une série de partitions plus mineures, — dont se détachent néanmoins la* Sonate pour arpeggione, *un* Duo *et une* Fantaisie pour violon et piano.

Schubert et la musique de chambre

Vienne, au début du XIXe siècle, se révèle un lieu de prédilection de la musique de chambre, singulièrement du quatuor à cordes, dont la pratique s'affirme dans tous les milieux : ainsi les milieux aristocratiques que fréquente Beethoven, ou ceux de la bourgeoisie et de la bohème étudiante dans lesquels évolue Schubert (Rappelons que Beethoven n'a pas encore publié son *Onzième Quatuor* lorsqu'en 1812 Franz Schubert, qui a quinze ans, se met à l'œuvre). Le cercle familial, puis celui de la camaraderie dans lequel vécut Schubert pratiquait donc la musique de chambre comme une distraction normale. Depuis l'enfance, Franz tenait le violon ou l'alto dans les séances familiales, et conserva ce rôle au Konvikt, puis, comme compositeur, prit l'habitude d'accompagner ses frères ou ses amis au piano. Il fut, de même, tout naturel que Schubert se consacre aux petites formations instrumentales. Ainsi les six premiers des dix quatuors à cordes complets composés de 1812 à 1815 furent-ils destinés aux agréables soirées où l'on jouait entre amateurs : exemple sans pareil de cette *Hausmusik* (« musique à la maison ») dont la pratique devait malheureusement s'étioler jusqu'à nos jours.

Schubert, dans le domaine de la musique de chambre, entre en pleine possession de lui-même plus tard que dans ses lieder, — par une évolution progressive, sans transformations spectaculaires. Il n'est donc pas étonnant que les premiers quatuors à cordes présentent déjà nombre de signes annonciateurs. Puis, avec le *Quartettsatz* — un seul mouvement — écrit à l'âge de vingt-trois ans, c'est l'affirmation soudaine d'une personnalité s'adressant, non plus à de simples amateurs, mais à des interprètes susceptibles de traduire toutes ses intentions, de même que les beautés profondes de ses partitions (tel le fameux Quatuor fondé, à l'époque, par Ignaz Schuppanzigh). La production de chambre de Schubert se répartit donc, sans grand arbitraire, en deux périodes : la première, de 1812 à 1816, comprend notamment onze quatuors composés entre la quinzième et la dix-neuvième année ; la seconde, de 1819 à 1828 (de vingt-deux ans jusqu'à la mort) offre un éventail beaucoup plus ouvert d'ouvrages requérant des formations instrumentales diverses.

Du strict point de vue de la forme, Schubert n'innove pas, — bien au contraire : il s'éloigne rarement de la forme sonate traditionnelle, et il lui arrive de s'abandonner sans réserve à ses modèles — Haydn, Mozart particulièrement — en les imitant. Il n'est que d'observer comment une œuvre, même aussi tardive que l'*Octuor*, sera calquée sans aucune fausse honte sur le *Septuor* de Beethoven. Il suffira de remarquer aussi combien l'emploi de la variation présente peu d'originalité. Enfin, il est certain que Schubert se soucie peu des équilibres, — expositions trop longues pour des développements trop brefs, ou inversement. Il s'égare volontiers en des chemins de traverse ; qui n'a reproché au musicien ses « divines longueurs » ?

C'est ailleurs qu'il faut chercher les qualités essentielles de la musique de chambre schubertienne, et, bien évidemment, dans un langage que caractérisent doublement richesse de l'invention mélodique et science de l'harmonie. Dès les premiers essais se remarquent, en effet, une souplesse du discours que nourrit un jaillissement constant du lyrisme : il apparaît bien, aussitôt, que l'esprit du lied imprègne chaque mesure, chaque thème : dans les structures, certes, mais plus encore dans les climats. Aura-t-on assez remarqué les « humeurs » dont sont traversés trios, quatuors et quintettes,

— changeantes, inattendues, contrastées, souvent influencées l'une par l'autre ? : guère de joie sans mélancolie, de tendresse et de poésie sans quelque plaisanterie ou quelque trait de malice, et, surtout, l'omniprésente pensée de la Mort sans son contraire, la Vie. Quant à l'écriture harmonique, énumérons-en rapidement les caractères principaux : extrême liberté dans l'exploration des tonalités, avec l'abondance des modulations, l'oscillation continuelle entre modes majeurs et mineurs, le recours à des enchaînements mélodiques subtils, comme improvisés sur-le-champ, l'emploi éminemment expressif du trémolo, des chromatismes soudains, de légères dissonances ou d'appogiatures, créatrices de tensions permanentes, — procurant une impression souvent indéfinissable de pensée musicale étrangère à toute préméditation, et de sensualité presque élémentaire, indissociable de l'être profond du musicien.

Allons un peu au-delà de ces simples notations. Nous avons suggéré, qu'au plan de la forme, Schubert n'était pas un novateur. Il est néanmoins un détail qu'il s'impose de souligner, car il ne peut passer inaperçu à l'examen de la musique de chambre : l'élaboration des thèmes de la plupart des mouvements s'opère à partir d'un nombre exigu de cellules élémentaires, soit rythmiques, soit mélodico-harmoniques, entraînant une structure cyclique des œuvres : en ce premier tiers du XIXe siècle, voilà bien une particularité qu'on pourrait considérer comme l'amorce d'une importante révolution dans l'histoire de la musique. Dans son instrumentation, d'autre part, la musique de chambre de Schubert manifeste peu de goût pour la virtuosité pure, et pas davantage pour l'antagonisme des voix (comme ce peut être le cas dans le concerto, — genre que Schubert n'a jamais abordé). A l'inverse, Schubert souligne la complémentarité des partenaires, avec une répartition équitable des rôles et, cependant, une préférence marquée pour les voix graves. Dans tous les cas, une musique nullement démonstrative et, pour reprendre une formule de Roland Barthes, une « espèce d'amicalité technique ».

C'est à tort, pouvons-nous estimer, qu'on présente parfois Schubert, singulièrement en sa musique de chambre, comme un double « féminin » de Beethoven, — le Beethoven métaphysique des *Quatuors*. Il nous paraît, au contraire, plus intéressant de souligner, dans les œuvres de maturité du moins, la puissance lyrique qu'elles déploient, et le nombre des moyens utilisés pour obtenir une intensité sonore dépassant les possibilités du genre, et s'ouvrant ainsi au monde symphonique.

Pour clore ce préambule, un point de numérologie : la lettre initiale *D* précédant un chiffre, et qui suit la désignation des œuvres, fait référence au catalogue du musicologue Otto Erich Deutsch (première édition, Londres, 1951), — qui réussit à introduire un peu d'ordre dans une chronologie demeurant encore parfois incertaine.

LES TROIS SONATINES POUR VIOLON ET PIANO (op. posthume 137)

Ces trois « Sonates pour le pianoforte avec accompagnement de violon » ne sont que des œuvres mineures dans la production de chambre de Schubert, et l'on peut se demander pourquoi son catalogue est resté si pauvre en cette matière : Schubert, qui pratiqua le violon (de même que l'alto) dès son enfance, n'a jamais accordé à l'instrument la place prééminente à laquelle il pouvait prétendre même dans les quatuors à cordes. Ces trois *Sonates*, dont les circonstances précises de composition nous échappent, furent écrites en mars et avril 1816, et vraisemblablement destinées à une publication groupée (cette publication interviendra en 1836, chez Diabelli). Ce en quoi elles forment un tout, — et non seulement par leur cadre commun, fixé de manière un peu archaïque (au sens où le XVIIIe siècle désignait la « sonatine »).

La **Sonate en *ré* majeur (op. 137 n° 1, D. 384)** est la seule à ne comporter que trois mouvements : un *Allegro molto* à 2/2, pour commencer, où les thèmes s'énoncent à l'unisson en une courte exposition, sans connaître de développement important ; un *Andante* ensuite, en *la* majeur, de coupe ABA, — où les deux instruments paraissent moins affrontés que juxtaposés en un thème quasi mozartien (mais rien des dialogues serrés que proposent certaines œuvres de Mozart ou, mieux encore, de Beethoven) ; pour conclure, un *Allegro vivace* à 6/8, en forme de rondo (cette fois, Mozart semble textuellement cité : premier mouvement de la célèbre *Sonate pour violon en* la *majeur K.526*) dont le thème, tel un petit lied enjoué, s'avère un peu plus personnel.

Durée d'exécution : 13 minutes environ.

La **Sonate en *la* mineur (op. 137 n° 2, D. 385)** comporte quatre mouvements, — dont le premier, *Allegro moderato* à 3/4, présente l'écriture violonistique la plus intéressante (grands intervalles de treizième, puis doubles octaves en crescendos/decrescendos subits). Le deuxième mouvement, *Andante* en *fa* majeur, se construit sur un grand thème-lied, en une double exposition mélodique contrastée. Le *Menuetto* suivant est en *ré* mineur, son trio en *si* bémol : une certaine originalité s'affirme dans le langage harmonique, — alors que l'*Allegro* final à 2/4, également plus élaboré que celui de la Sonate précédente, fait dialoguer les deux instruments de manière plus rigoureuse. Curieusement, presque dramatiquement, l'œuvre prend fin en un *la* mineur ne relâchant pas la tension du premier mouvement.

Durée d'exécution : 20 minutes environ.

Plus construite que les deux précédentes, quittant l'univers mozartien pour aborder, dans certaines limites, celui de Beethoven, la **Sonate en *sol* mineur (op. 137 n° 3, D. 408)** offre, en son *Allegro giosto* initial, un thème fougueux, rythmique, de profil beethovénien en effet. Le deuxième mouvement est un *Andante* en *mi* bémol majeur dans lequel chante un merveilleux thème, d'une remarquable plasticité, entrecoupé de silences, et marqué sans doute par l'impulsion rythmique du mouvement précédent. Le *Menuet*, vigoureux, est en un *si* bémol majeur s'opposant au *mi* bémol du trio dont le thème lyrique est entièrement dévolu au violon. *Sol* mineur du *finale*, de veine populaire, proposant un échange permanent entre les deux instruments, — avec une vaste coda en *sol* majeur conclue par trois grands accords d'une énergie à nouveau beethovénienne.

Durée d'exécution : 17 minutes environ.

LES DEUX TRIOS À CORDES

Deux *Trios à cordes* — violon, alto et violoncelle — furent entrepris par Schubert à une année d'intervalle (le musicien franchissant alors sa vingtième année). Toutefois, le premier, écrit en septembre 1816, demeura inachevé. Ce **Trio n° 1 en *si* bémol majeur** (D. 471) comporte donc un seul mouvement, *Allegro* dans la forme sonate, dont l'inspiration thématique s'avère proche de celle de l'*Ouverture* pour orchestre en *si* bémol (D. 470), exactement contemporaine ; elle se situe encore au stade de la recherche d'un langage personnel dans le domaine de la musique de chambre. Le style s'en révèle alerte, spontanément lyrique, « très gracieux, un peu mozartien, coulant et harmonieux, mais sans plus » (Alfred Einstein) ; on observera néanmoins, dans le développement, une tendance intéressante vers l'expression dramatique. Une ébauche de second mouvement — *Andante sostenuto* en *mi* bémol majeur — comporte près de quarante mesures : c'est une évidente indécision de la forme qui semble avoir dissuadé Schubert de poursuivre.

Sur les circonstances de composition — septembre 1817 — du **Trio n° 2 en *si* bémol majeur** (D. 581), nous ne sommes guère plus renseignés ; au moins savons-nous que l'œuvre ne fut jamais jouée, ni publiée du vivant de Schubert. Ici, toutefois, avons-nous affaire à un essai très prometteur, une « œuvre charmante » (A. Einstein), — dont on peut s'étonner que le musicien ait abandonné le genre (il reviendra plus tard à la formation en trio, mais dans une formulation instrumentale toute différente ; v. plus loin). Remarquons ici la fidélité à la tonalité de *si* bémol majeur, qui domine incontestablement la partition. Celle-ci fut achevée, — en ses quatre mouvements d'enchaînement « classique ».

Le premier est un *Allegro moderato* dans une forme sonate bien affirmée, aux accentuations vigoureuses, presque beethovéniennes. La présentation des deux thèmes est claire et rapide, le développement d'une véhémence presque violente (tout aussi étendu que l'exposition), — avec de nombreuses modulations en mineur. L'*Andante* en *fa* majeur qui succède est dans une forme ABA, avec un thème mélodique au violon, grave, un peu guindé, reflétant par sa structure le thème principal du mouvement précédent. L'épisode médian forme une sorte de rêverie mystérieuse dans laquelle les trois instruments mêlent leurs voix en un pianissimo intense. L'ensemble n'est pas sans évoquer l'univers mozartien. C'est un *Menuetto (Allegretto)*, en *si* bémol, qui constitue le troisième mouvement plus nettement haydnien, mais quelque peu anonyme. Son Trio, en *mi* bémol, se construit sur une sorte de lied populaire plein de séduction, principalement confié à l'alto. De même que le *Menuet*, le Rondo (*Allegretto*) conclusif, en *si* bémol également, s'affirme dans l'esprit de Haydn. Cependant, à l'inverse du *Menuetto*, ce mouvement déborde d'idées, à partir d'un thème extrêmement vivant, en couplets très contrastés et développés. C'est un « jeu » permanent, délectable pour l'auditeur, entre les trois partenaires.

Durée d'exécution : 11 minutes environ.

LES DEUX TRIOS AVEC PIANO

Schubert a composé, sur le tard, deux grands *Trios* pour la formation classique adjoignant un piano aux violon et violoncelle, — deux chefs-d'œuvre de la complète maturité qui ont pris place tout naturellement au panthéon de cette formation de chambre, aux côtés des *Trios* de Beethoven, de Schumann et de Brahms. Il est notable que le piano — comme il en sera dans le *Quintette en* la *majeur « la Truite »* — parcourt avec magnificence l'étendue entière du clavier et introduit ainsi un élément de mobilité, de fluidité, accroissant la luminosité des registres.

Trio n° 1, en *si* bémol majeur
(op. 99, D. 898)

La chronologie de la composition des deux *Trios avec piano*, très proches l'un de l'autre, reste difficile à établir. C'est probablement l'été de 1827 qu'il faut retenir pour celui-ci, composé très précisément à l'intention d'un trio constitué par Carl Maria Bocklet, pianiste virtuose ami de Schubert, Schuppanzigh au violon et Linke au violoncelle (c'est effectivement à partir de 1827 que ces trois musiciens formèrent une association). C'est avec eux qu'eut lieu la première audition privée, le 28 janvier 1828, chez Joseph von Spaun ; l'œuvre ne fut jamais jouée en public du vivant du compositeur, et c'est en 1836 seulement qu'elle fut éditée par Diabelli… « Il n'est que de jeter un coup d'œil sur le *Trio op. 99* de Schubert, et toute la misère de l'existence s'évanouit comme par enchantement, le monde apparaît de nouveau paré de toute sa radieuse fraîcheur. Un autre *Trio* de Schubert, voici une dizaine d'années, n'avait-il pas déjà passé comme un météore au ciel de la musique ? Le *Trio* qui vient de paraître semble l'avoir précédé. Par son style, il ne trahit nullement un âge plus ancien, et il a probablement été écrit peu avant celui en *mi* bémol que nous connaissons. Mais, par leur climat intérieur, ils diffèrent essentiellement. Le premier mouvement, qui traduisait dans l'autre une profonde révolte en même temps qu'une ardente nostalgie, est ici gracieux, confiant, virginal ; l'*Adagio*, où passait un soupir tout proche de la détresse, est maintenant empreint d'une rêverie pleine de béatitude, tout palpitant de sentiments noblement humains. Les *Scherzi* se ressemblent ; cependant, je donne la préférence à celui de l'autre *Trio*, le premier paru. Quant aux derniers mouvements, je ne puis choisir. Bref, le *Trio en* mi *bémol majeur* est plus actif, viril, dramatique, celui qui nous occupe, par contre, plus passif, féminin, lyrique ». C'est ce jugement clairvoyant, cependant un peu rapide, de Robert Schumann, paru lors de la publication posthume du *Trio n° 1*, que nous enrichirons ici de nos propres commentaires. L'œuvre adopte le plan classique de la sonate en quatre mouvements plaçant le mouvement lent en seconde position.

1. Allegro moderato (à 4/4) : il est dans la forme sonate à deux thèmes, et enchante dès les premières mesures sonnant à la façon d'un air de postillon. Merveilleux thème initial en effet, d'une énergie fraîche, d'un élan tempéré de tendresse (accents forts préparés par des triolets de croches), chanté à l'unisson des deux instruments à cordes, tandis que le piano accompagne :

Un auteur tel qu'Alfred Einstein a établi sa parenté avec le thème d'un lied composé dès février 1825, « Des Sängers Habe » (*le Patrimoine du chanteur*), placé sous le même signe d'une sérénité conquise sur l'adversité. C'est après une transition chromatique du piano inversant les rôles entre instruments que paraîtra le second thème en *fa* majeur, — ample chant du violoncelle dans la nuance *pp*, au registre lyrique du ténor. Le violon rejoindra celui-ci dans l'exposé du thème, et c'est ensuite le piano qui en accentuera la chaleur. Une brève coda mêlera les deux thèmes, — avec prédominance des allègres triolets du thème initial, sur lequel s'ouvrira le développement. Il est présenté, cette fois, en *si* bémol mineur, et se voit rapidement concurrencé par le deuxième thème, *dolce* et *piano*, largement exploité, tandis que ne subsistera du premier thème que l'élément initial des triolets. Ce développement est essentiellement modulant et s'aventure jusqu'au pôle opposé du ton principal (*mi* majeur), pour aller jusqu'à *fa* majeur. De même, non sans surprise, la réexposition passe par *sol* bémol et *ré* bémol, avant d'affirmer le thème au ton dominant. La coda, très étendue, connaît, de même que la fin de l'exposition, une cassure du rythme par un point d'orgue suspensif, — avant une affirmation du ton principal en sursauts dont les ultimes manifestations seront deux énergiques accords conclusifs.

2. Andante un poco mosso (en *mi* bémol majeur, à 6/8) : le thème principal, dans sa ferveur intime, est une mélodie rêveuse, presque statique, dans le ton le plus voisin de *mi* bémol ; il est présenté successivement au violoncelle, puis au violon, pour être ensuite amplifié au piano, enfin repris en duo par les deux instruments à cordes :

La courbe générale de ce thème, descendante, détermine le climat fluide et berceur de l'ensemble. L'épisode médian (*ut* mineur) est plus animé, d'une rythmique en syncopes, un peu haletante, accumulant les traits fiévreux de doubles, triples, voire quadruples croches ; par instants, la couleur paraît même légèrement hongroise. Sur transition chromatique du violon, reprise variée, très modulée, du thème : le climat tonal est instable, le thème se faufile d'un instrument à un autre, et le *mi* bémol majeur d'origine n'est que lentement récupéré... « Variation infinie d'un thème sur lui-même, dans une lumière sans cesse changeante, comme s'il fallait tenter de pénétrer toujours plus profond au cœur d'un mystère » (Brigitte Massin)*.

3. Scherzo : Allegro (en *si* bémol majeur, à 3/4) : il est assez court ; une verse jaillissante, un peu fantasque, l'anime sur un thème incisif principalement dévolu au piano d'abord, et aux cordes dans la deuxième partie. La rythmique, dansante, évoque l'esprit de la valse presque avec moquerie, — tandis que le trio central, en *mi* bémol majeur, accentue encore cette impression, — avec son thème détendu, en valeurs longues, où les deux instruments à cordes se livrent à un petit canon, tandis que le piano assure une scansion syncopée.

4. Allegro vivace (à 2/4) : il s'agit, pour terminer d'un Rondo formant le mouvement le plus développé, le plus gai, le plus insouciant de l'ensemble, — avec les mille « senteurs de la forêt viennoise » (Harry Halbreich). La structure du thème-refrain (succession noire-deux croches) accuse une parenté avec un lied schubertien de 1815, « Skolie » (D. 306), une chanson à boire évoquant un matin de mai ; de même, le rapprochement peut-il être fait avec un thème d'entracte du ballet de *Rosamunde*, de 1823. Succède un épisode plus rude, puis les transformations incessantes de motifs dont le thème initial ne fournit plus que l'élément rythmique. Paraît, en fait, un deuxième thème — le plus important du mouvement — se combinant aussitôt avec les éléments rythmiques antérieurs et donnant naissance, lui-même, à un nouveau thème d'une simplicité tendre, légèrement ironique, qui s'imposera à deux reprises, en *la* bémol et en *fa* majeur. Puis un ample épisode, avec passage à 3/2, brasse tous ces éléments thématiques et rythmiques, — avant le retour au thème initial et au 2/4 sur une nouvelle transition chromatique au violon. Fausse rentrée, en place du refrain attendu, et retour du grand épisode à 3/2 en *sol* bémol. Un *Presto* viendra conclure sur la cellule rythmique initiale du Rondo, en une coda endiablée. Ainsi se refermera une partition dont l'inépuisable jaillissement d'idées, la clarté, l'équilibre, semblent, en chaque note, une bataille conquise sur la mort, une dernière revanche de la vie, — sans que le musicien ait jamais accepté de reconnaître en lui l'homme malade.

Durée d'exécution : 32 minutes environ.

Trio n° 2, en *mi* bémol majeur
(op. 100, D. 929)

Vraisemblablement datable de « Novembre 1827 » (indication du manuscrit original détenu, à Vienne, par la famille Wittgenstein), ce *Trio n° 2* connut une première exécution publique le 26 décembre suivant, dans la salle du Musikverein, par les mêmes interprètes que ceux du *Trio n° 1* (le pianiste Bocklet, Schuppanzigh au violon, Linke au violoncelle) ; l'œuvre « plut beaucoup à tout le monde » (selon Schubert). Une seconde séance devait avoir lieu le 26 mars 1828 dans la même salle, en un concert organisé par le compositeur lui-même. Par exception, la partition fut éditée aussitôt par Probst, de Leipzig, qui paya au musicien un peu plus de trente florins, soit à peine le quart de la valeur commerciale espérée ! Schubert mourut trop tôt pour recevoir les épreuves à corriger. Par rapport à l'*op. 99*, cet *op. 100*

---

* B. Massin, *Franz Schubert* (Éd. Fayard, Paris, 1977).

paraît encore plus construit : l'intention d'assurer l'unité de ses quatre mouvements, d'amples proportions, éclate à l'évidence, en des rappels thématiques extrêmement précis.

1. Allegro (à 3/4) : il est dans la forme sonate à trois thèmes principaux. Le premier, sur un rythme résolu (*ben marcato*) énoncé à l'unisson des trois instruments, revêt un accent beethovénien, « ardent » pour Schumann, — en dépit de sa ligne descendante sur une octave :

Thème remarquable par sa puissance lyrique, et par tout ce qu'il contient de développements possibles : de fait, s'offre aussitôt une première variation entrecoupée de silences, puis un bref motif au violoncelle, concentré, dont l'importance se révèlera dans la suite du mouvement. Le deuxième thème, en *si* mineur, un peu hésitant, d'essence plus proprement schubertienne, émerge d'accords serrés et répétés, comme angoissés : le piano, volubile, effacera quelque peu cette impression. C'est un troisième thème qui emplira la fin de l'exposition, — précédé par quelques mesures d'un extraordinaire élan mélodique, et lui-même nourri d'un lyrisme rappelant celui de la *Symphonie « Inachevée »*. C'est également sur lui que va se construire le développement, situé dans un climat de modulations permanentes (une douzaine de tonalités sont abordées), d'oppositions dynamiques (alternance constante du *fortissimo* et du *pianissimo*), — avant une réexposition revenant au *ben marcato* du début, comme une sorte de repos, d'étape de stabilité. La conclusion, curieusement, accordera la place dominante au second thème, — « transition habile, par son piétinement hésitant, vers le rythme de marche que réserve le deuxième mouvement » (Brigitte Massin).

2. Andante con moto (en *ut* mineur, à 2/4) : c'est une mélancolie poignante que dégage le mouvement lent, sur un rythme lourd de marche, proche du premier lied du *Voyage d'hiver*. C'est, en fait, un lied suédois qui aurait inspiré son thème, — « Vois, le soleil décline... », mélodie composée par Isaac Berg, et non point chanson populaire comme on l'a longtemps affirmé. Les deux mesures d'ouverture, sur la scansion monotone du piano, suggèrent déjà quelque chose de funèbre, avant que n'entre le thème, grave, se déployant lentement, avec le violoncelle :

Le piano le reprend, tandis que le violon double le violoncelle dans l'accompagnement. A cet épisode mineur, teinté de fatalisme, succède un épisode en *mi* bémol majeur dans lequel le violon exalte un nouveau motif issu du thème initial, et repris par les trois instruments en une exaltation toujours croissante. On revient à la scansion funèbre initiale avec un assombrissement progressif du climat, en une sorte de grandiose ballade romantique (modulations d'*ut* dièse mineur, de *si* mineur, de *fa* dièse mineur), avant un retour de l'épisode majeur, — cette fois en *ut*. Le contraste permanent entre *piano* et *forte*, entre mineur et majeur s'accentuera encore dans la coda, ralentissant une nouvelle fois le mouvement (*Un poco più lento*), tandis que le thème semblera rester en suspens, tragique.

3. Scherzo : Allegro moderato (en *mi* bémol majeur, à 3/4) : l'écriture canonique à deux voix du début (entre les cordes et le piano en octaves) lance un thème brillant, plein d'élan, qui ne se ralentira qu'au début de la deuxième partie, modulante, du *Scherzo*. Le trio, en *la* bémol majeur, présente quant à lui un thème d'une grande robustesse que viendra cependant contredire l'apparition, au violoncelle seul, d'un motif d'une tendresse toute rêveuse, — sorte de prolongement du thème confié aux deux cordes dans la première partie ; piano et violon en fourniront l'incertaine rythmique, annonçant néanmoins le finale.

4. Allegro moderato (à 6/8) : le finale, aux proportions inhabituelles, s'apparente à une forme sonate libre assimilable, en ses retours thématiques insistants, à une forme rondo ; se distinguent néanmoins deux épisodes fournissant les deux thèmes (épisode initial à 6/8, l'*istesso tempo* à 2/2). Également *mi* bémol majeur pour le premier, *ut* mineur pour le second. C'est le piano à découvert qui énonce le premier thème dans une atmosphère de joie candide, bon enfant, « mozartienne ». Mais quelques assombrissements (échos du *Scherzo*, certains silences) font présager une autre ambiance. Exposé tour à tour, avec légèreté, par le violon, le violoncelle, puis le piano, le second thème (l'*istesso tempo*) connaîtra une nouvelle présentation en canon, avant le développement faisant paraître les tonalités dramatiques de *si* mineur et *ré* mineur, puis la reprise du thème initial s'exténuant peu à peu, réduit finalement à une note unique sinistrement répétée (pédale sur *si*). Revient alors, tel un frisson mortel, le thème de l'*Andante* en *si* mineur, — avant une réapparition, en *ré* mineur du second thème de ce finale. La réexposition reproduit un schéma identique : à nouveau le premier thème, cependant si entraînant, si « étudiantesque » soit-il, ne parviendra pas à s'imposer pleinement, — le thème de l'*Andante*, lui-même, venant se substituer en conclusion : substitution presque tragique en *mi* bémol mineur, la tonalité majeure ne s'imposant qu'aux dernières mesures en une sorte de reconquête de l'allégresse affichée au début du mouvement... « Ici, dans cette dernière mutation de la douleur à l'amour, la victoire de l'amour est irréversible. C'est le triomphe de la tendresse héroïque ! »*

Durée d'exécution : 43 minutes environ.

LES QUATUORS À CORDES

Nous nous contenterons de brefs commentaires en ce qui concerne une série de quatuors « de jeunesse », — s'il est concevable d'utiliser l'expression « de jeunesse » pour un musicien qui ne vécut pas au-delà de sa trente-et-unième année. C'est l'entière production de Schubert qui mériterait ce qualificatif. C'est l'année 1813 qui marque une fracture : à la fin de cette année, Schubert aura écrit la moitié des quatuors que compte le catalogue de son œuvre ; mais on note aussi qu'en aucune année de sa vie, Schubert n'aura autant composé qu'en 1813.

Il est permis de passer complètement sous silence deux quatuors à cordes (en *si* bémol majeur, D. 18, et en *ut* majeur, D. 32), qui ne représentent que des essais assez infructueux succédant à deux autres quatuors dont les partitions se sont perdues.

Le **Quatuor à cordes n° 3 en *si* bémol majeur** fut composé de novembre 1812 à la mi-février 1813 (Schubert avait atteint seize ans). Il s'agit du premier Quatuor qui ait nécessité un si long travail de trois mois ; c'est également celui qui présente déjà quelques particularités intéressantes. Nous ne savons rien des circonstances de sa première audition. La tonalité de *si* bémol est omniprésente à travers les quatre mouvements de l'œuvre. L'*Allegro* initial, qui offre une parenté avec celui du *Quatuor « les Quintes »* (op. 76 n° 2) de Haydn, s'anime en effet d'un contrepoint sur le premier thème qui domine très nettement le second. L'*Andante* à 6/8, dans la même tonalité, évoquerait plutôt Mozart, avec son thème d'une énigmatique douceur, ses hardiesses de modulation, ses trémolos soudains et passionnés ; c'est à coup sûr le mouvement le plus personnel en ses trois parties (la partie centrale amenant le ton d'*ut* bémol). Le mouvement suivant est un Menuet (*Allegro ma non troppo*) en *ré* majeur, assorti d'un trio qui retrouve la tonalité principale ; il est solide, d'allure aisée, « truffé d'effets de surprise » (Alfred Einstein). On retrouve un *Allegretto*, toujours dans le ton de *si* bémol, avec le mouvement conclusif, d'une aisance haydnienne tout comme le Menuet précédent ; on remarquera les vastes crescendos auxquels se soumet un discours plus libre que celui de l'*Allegro* initial, — en dépit d'un thème principal jugé « court sur jambes » (selon A. Einstein).

Durée d'exécution : 31 minutes environ.

Le **Quatuor n° 4 en *ut* majeur** (D. 46) fut écrit, en revanche, en très peu de jours, du 3 au 7 (16) mars 1813, — année, répétons-le, inaugurant une période d'une incroyable fécondité. Le modèle semble ici le *Quatuor « les Dissonances »* (K. 465) de Mozart, de même tonalité et de structure identique. C'est vraisemblablement au collège, ou dans la famille Schubert, qu'en eut lieu la première audition. Il y a quatre mouvements. L'*Allegro con moto* initial est précédé d'une introduction *Adagio*, assombrie de chromatismes de même que dans le *K. 465*. L'*Allegro* ne parviendra à la clarté du mode majeur que difficilement, pour adopter alors une écriture « à l'italienne » faisant un usage abondant du trémolo. Le second mouvement, *Andante con moto* en *sol* majeur, s'avère plein de contrastes, sans présenter tout à fait la même profondeur que l'*Andante* du Quatuor précédent. On note toutefois le rôle dramatique dévolu aux chromatismes que faisait déjà paraître l'introduction du premier mouvement. Le *Menuetto* suivant, en *si* bémol majeur, semble sous influence de la *Première Symphonie* de Beethoven, avec sa puissance contenue, et, dans une deuxième partie très mystérieuse, la répétition inlassable du thème en pianissimo ; le trio en *ut* majeur,

---

* B. Massin, *op. cit.*

plus anodin, reste tout à fait charmant. Le mouvement final est un *Allegro* conservant la tonalité principale. C'est ici une musique sans poix, ni poids, — où Schubert abdique tout sérieux en une danse spontanée, sorte de petite polka vagabondant parmi tous les sentiers harmoniques. Citons ici A. Einstein : « Schubert *crée* la matière brute, il *est* naturellement dans ce paradis auquel d'autres aspirent ardemment ». C'est véritablement dans un tel paradis que semble nous faire pénétrer le dernier mouvement de ce Quatuor.

Durée d'exécution : 25 minutes environ.

Composé du 8 au 16 juin 1813 (premier mouvement), puis daté du 18 août de la même année (quatrième mouvement), le **Quatuor à cordes n° 5 en *si* bémol majeur** (D. 68) est en effet dépourvu de ses deux mouvements centraux, vraisemblablement écrits mais totalement perdus. Là encore, nous ne savons rien des circonstances de sa première exécution. L'*Allegro* premier, d'une vivacité plutôt énergique, se caractérise par la combinaison de rythmes pointés avec des triolets, — combinaison typiquement schubertienne dont la formule passe obstinément d'un instrument à l'autre, et ne trouve à se résorber que dans une conclusion encore un peu plus accélérée. L'*Allegro* second, tout autant en *si* bémol majeur, adopte la forme rondo, — qui est donc bien celle d'un finale… « Ici encore, un thème court sur jambes plein de drôlerie » (A. Einstein), apparemment inspiré du rondo en *sol* majeur de la *Symphonie n° 88* de Haydn, mais, par ses arrêts, le prolongement de ses silences, gagnant en profondeur sur ce dernier.

Durée d'exécution : 20 minutes environ.

Écrit sous l'étroite surveillance, et avec l'approbation, de Salieri, le **Quatuor à cordes n° 6 en *ré* majeur** (D. 74) semble pâtir d'une telle contrainte, et paraît plus « scolaire » que le Quatuor précédent. L'œuvre fut composée en peu de temps, du 22 août au 3 septembre 1813, et donnée en première audition privée, le 4 octobre suivant, chez les Schubert : Franz dédia la partition à son père « pour son anniversaire » (en même temps qu'une petite *Cantate* pour trio vocal et guitare qu'il exécuta en compagnie de ses trois frères). Il y a quatre mouvements. L'*Allegro ma non troppo* initial offre un début surprenant, — le thème principal n'émergeant que progressivement d'un long murmure des basses. Mouvement, au demeurant, qui explore toutes les nuances possibles du ton de *ré* majeur, mais sans grand relief, dans un *cantabile* trop constant ; dans la coda, bref écho de l'Ouverture de *la Flûte enchantée* de Mozart. Le mouvement qui suit — *Andante* en *sol* majeur — nous propose un autre souvenir mozartien, celui de la *Symphonie de Prague* (K. 504). Il est de coupe ternaire, et se signale particulièrement par un usage fréquent des pauses, des silences, des brusques arrêts, — semblant manifester un souci de recherche au niveau du langage. Menuetto et trio (*ré* majeur) prolongent cette tendance, alors que l'*Allegro* final, également dans le ton principal, plein de « fanfares » et de trémolos, affirme un style orchestral tenant sans doute, en partie, à la destination festive de l'œuvre.

Durée d'exécution : 26 minutes environ.

En 1813 Schubert avait écrit quatre quatuors complets ; il n'en achèvera que deux en 1814, — date à partir de laquelle se raréfie nettement la production schubertienne en ce genre (six quatuors pour les treize dernières années de sa vie). On ignore tout des circonstances entourant la composition du **Quatuor n° 7 en *ré* majeur** (D. 94) ; il fut achevé en 1814, mais peut-être esquissé dès les années 1811-12. Ces circonstances obscures tendent à infléchir les jugements portés sur une œuvre généralement considérée comme peu personnelle, « sage et mineure », — tout en supposant qu'il s'agirait là d'un simple exercice réalisé à l'intention de Salieri. On a dénoncé, en effet, la structure peu cohérente de son premier mouvement — un *Allegro* —, et déploré le caractère quasi improvisé de son développement. L'*Andante con moto* (*sol* majeur) se construit autour d'un thème unique, en deux parties ; il appartient à l'univers mélodique de Mozart, sans en posséder le charme singulier. Le *Menuetto* suivant (*Allegro* en *ré* majeur) n'est pas sans présenter une affinité avec le trio du *Scherzo* de la *Deuxième Symphonie* de Beethoven ; il n'en possède pas, toutefois, la souplesse, — alors que le trio (en *si* bémol majeur) est une sorte de Ländler plus léger et souriant, avec son thème chromatique introduit par l'alto. Le *Presto* final réaffirme le ton de *ré* majeur : c'est un rondo à 2/4, d'une vitalité haydnienne, concluant agréablement cette partition sans grande ferveur.

Durée d'exécution : 19 minutes environ.

Il n'est pas inutile d'évoquer l'ambiance qui entoura la composition du **Quatuor n° 8 en *si* bémol majeur** (D. 112, op. 168), qui semble avoir été conçu dans une sorte d'excitation joyeuse, du 5 au 13 septembre 1814. Or ce début de mois correspondit, dans la vie du musicien, à la fin de son stage à l'École normale et à la perspective de voir sa *Messe* en *fa* chantée dans les semaines suivantes. Pour ces raisons sans doute, l'œuvre porte enfin l'empreinte d'une véritable personnalité schubertienne, assimilant complètement des influences — principalement Haydn, Mozart — jusqu'alors trop inhibantes. Publié longtemps après la mort de Schubert, ce *D. 112* porte également le n° d'*op. 168*, sans aucun sens dans la chronologie des œuvres ; il fut probablement exécuté pour la première fois, soit au collège, soit en famille. Le mouvement initial — un *Allegro ma non troppo* — aurait été « achevé en quatre heures et demie » (selon Schubert) le 5 septembre 1814. Une telle facilité de conception n'a pas nui à l'unité de ce mouvement, — que caractérise un premier thème en dessins chromatiques, tandis que le second, sur un motif de triolets, semble apporter une réponse au premier, dans une atmosphère de profondeur et de gravité : « Crescendos, trémolos, utilisation des silences ou du piétinement sourd sur une note répétée, prennent ici tout leur sens dans une écriture en passe de devenir très personnelle » (Brigitte Massin). L'*Andante sostenuto*, qui fait suite, est en *sol* mineur et à 3/4 : même unité d'atmosphère avec le premier mouvement, et affirmant les mêmes prémices de la vraie personnalité schubertienne. De semblables remarques s'appliqueront au *Menuetto* qui succède, en *mi* bémol majeur, ainsi qu'à son trio (même tonalité), très vigoureusement dansant. Le bondissant scherzo-finale, un *Presto* de nouveau en *si* bémol, fait paraître un thème dominant d'une vigueur ne le cédant en rien à celle du Menuet, et contenant en germes le thème du Scherzo de la future, encore lointaine, *Symphonie « la Grande »* (D. 944).

Durée d'exécution : 27 minutes environ.

Le **Quatuor n° 9 en *sol* mineur** (D. 173) fut entrepris par Schubert le 25 mars 1815 (à peine sa *Deuxième Symphonie* achevée, le 24 mars) et terminé dès le 1er avril suivant, — soit en une semaine. Il est probable que la création privée en eut lieu au sein du groupe familial, pour la fête de Pâques. Il est notable que c'est l'unique fois, pour un quatuor à cordes, où Schubert a utilisé la tonalité de *sol* mineur, — si évocatrice de Mozart. L'œuvre comporte quatre mouvements. L'*Allegro con brio* d'ouverture présente une thématique contrastée et vigoureusement formulée (non sans référence au finale du *Deuxième Quatuor, op. 18 n° 2* de Beethoven). Le développement est bref (une trentaine de mesures seulement), par « séquences » sur le second thème, conduit par le premier violon. La réexposition a lieu dans le ton relatif majeur. L'*Andantino* suivant, en un *si* bémol majeur plus intensif, procède en une architecture par plans et couleurs plus individualisées. Le thème, qu'alternent violoncelle et premier violon, est rythmiquement appuyé (dactyle), tandis que l'accompagnement s'affirme de façon immuable (rythme rapide de triolets en doubles croches). Le vigoureux Menuet — *un Allegro vivace* — est en *sol* mineur : sa référence évidente est mozartienne (*Symphonie en* sol *mineur, K. 550*) ; le trio, en *si* bémol majeur, fait contraste : la ligne mélodique se déploie en sinuosités parfois étranges, sur un accompagnement léger. Enfin, l'*Allegro* du rondo final (*sol* mineur à nouveau) retrouve la robustesse rythmique du premier mouvement, avec son joyeux thème paysan agissant comme motif récurrent. Ainsi observe-t-on que le rythme constitue l'élément unificateur de l'œuvre, — même si se constatent, par ailleurs, un affinement de l'écriture et des rapports plus souples entre les différentes voix instrumentales.

Durée d'exécution : 23 minutes environ.

Le **Quatuor n° 10 en *mi* bémol majeur** (D. 93, op. 125 n° 1), longtemps daté de 1824, puis de 1817, est en réalité le dernier de la série des Quatuors écrits en 1813 (au mois de novembre, alors que Schubert venait d'achever sa *Première Symphonie*). La mention de Quatuor n° 10 est également erronée, puisqu'il ne s'agit que du septième ; il fut édité par Josef Czerny, à Vienne, deux ans après la mort du compositeur en 1830, — couplé de façon arbitraire avec le *Quatuor en* mi *majeur D. 353* (v. plus loin), sous le même numéro d'*op. 125*. L'œuvre est donc celle d'un musicien alors âgé de seize ans, qui venait de quitter le Konvikt pour s'inscrire, le mois suivant, à l'École normale d'instituteur. La première audition eut certainement lieu en famille. L'œuvre tout entière baigne dans un climat de sérénité, ou de bonne humeur, — qu'instaure d'emblée son *Allegro moderato* initial. Le premier thème revêt une certaine gravité, que ponctue cependant une ritournelle plus joyeuse; le deuxième thème, d'esprit mozartien, se remarque par son caractère aérien, ainsi que par l'aisance de son lyrisme. C'est un *Scherzo* qui succède dans la même tonalité (et non un menuet). Le thème, non sans quelque agressivité, s'élance en un prestissimo que caractériseront ses sauts et ses brusques interruptions de rythme; le trio, en revanche, offre l'allure paisible d'un Ländler, avec son thème en croches égales sur un basse en quintes de « bourdon ». L'*Adagio*, toujours en *mi* bémol majeur, est presque un andante de forme tripartite, dont les deux solennels accords initiaux présentent un souvenir du Mozart de *la Flûte enchantée*, en même temps qu'ils définissent la couleur du mouvement tout entier. L'ample thème initial, ainsi que les motifs qu'il engendre, présente l'indubitable caractère d'une méditation quasi religieuse. Le mouvement final — *Allegro* également en *mi* bémol — est dans une forme sonate (et non de rondo), aux deux thèmes allègres, animés de grands crescendos, — une sorte de verve d'opéra bouffe; l'ensemble reste dominé par le premier thème, et sa solide gaieté. On observera qu'en cette œuvre l'influence mozartienne demeure perceptible, — alors que l'inspiration se fait entièrement schubertienne à travers l'énoncé des thèmes, leur aisance, leur fougueuse spontanéité.

Durée d'exécution : 24 minutes environ.

Nous retournons à l'année 1816, — sans pouvoir dater précisément la composition du **Quatuor n° 11 en *mi* majeur** (D. 353, op. 125 n° 2); date vraisemblable de composition, car l'œuvre fut longtemps située « vers 1817 ». C'est le dernier des Quatuor à cordes liés à l'adolescence de Schubert; après son achèvement, le musicien renonce au genre et n'y reviendra qu'en 1820, avec un mouvement de quatuor d'ailleurs inachevé (v. plus loin). Nous ignorons tout des circonstances de création de l'œuvre; nous savons seulement qu'elle ne fut publiée qu'en 1830 comme n° 2 de l'*op. 125*, le n° 1 étant un autre quatuor de jeunesse (v. *D. 87* précédent). Il y a quatre mouvements, — dont le premier, assez bref, est un *Allegro con fuoco* d'un départ bondissant (premier violon), témoignant de l'intensité que Schubert souhaitait imprimer à son œuvre; mais le second thème possède moins de personnalité, visiblement emprunté à la *Symphonie en* sol *mineur* (K. 550) de Mozart, — bien qu'heureusement teinté, selon Alfred Einstein*, d'une « insouciance toute italienne ». L'*Andante* en *la* majeur qui lui fait suite semble à nouveau puiser son thème chez Mozart (*Symphonie en* mi *bémol majeur*, K. 543). Il n'en est pas moins aisé, riche et mystérieux tout à la fois, avec une étonnante modulation de *ré* bémol vers *la* majeur lors du dernier retour au thème pour la coda, expressive, « qui prend son essor avec la légèreté d'une alouette » (A. Einstein). Le *Menuetto* suivant enchaîne allègrement les sixtes en une alliance de triolets et de croches, — à laquelle s'oppose un bref trio en *ut* majeur, à deux voix, d'une extrême limpidité. Le finale est un *Allegro vivace* en forme de rondo à double épisode; le thème provient manifestement du finale de la même *Symphonie en* mi *bémol* de Mozart, et paraît du même coup, très peu personnel. Ce qui est fort dommage.

Durée d'exécution : 23 minutes environ.

Mouvement de Quatuor (« Quartettsatz ») n° 12, en *ut* mineur (D. 703)

1820, dans la vie de Schubert, fut une année sombre entre toutes, une année d'angoisse devant le présent, au cours de laquelle aucune œuvre entreprise ne fut menée à terme. Témoin ce *Mouvement de Quatuor*, troisième œuvre inaboutie du mois de décembre. Le musicien composa le premier mouvement — un *Allegro assai* en *ut* mineur —, puis commença un deuxième mouvement — *Andante* en *la* bémol — qu'il interrompit dès la quarantième mesure. Premier et second mouvements furent publiés séparément dans l'édition complète des œuvres; mais on ne parle jamais que du premier mouvement, connu sous cette appellation de *Quartettsatz*. La première audition en eut sans doute lieu en 1821 dans un cercle musical privé, à Vienne. Bien que tronquée, l'œuvre semble marquer une étape dans les recherches d'écriture de Schubert, — tant au plan de la forme qu'à celui de l'expression individuelle.

Le premier thème est en *ut* mineur, le deuxième en *la* bémol majeur, l'exposition s'achève en *sol* majeur; on revient en *la* bémol pour le développement, tandis que le second thème reparaît en *si* bémol majeur : une telle liberté du traitement tonal ne fait

* A. Einstein, *Schubert* (Éd. Gallimard, Paris, 1958).

que présager celle, non moins évidente, de la construction : par exemple, insertion d'idées mélodiques secondaires dans l'exposition des deux thèmes principaux ; réexposition conçue en « miroir » de l'exposition, conclusion du mouvement répétant textuellement les huit mesures de son introduction. Pour une appréciation plus sensible de l'œuvre, n'hésitons pas à reproduire ce commentaire de Brigitte Massin* : « Le tragique est présent partout : dans l'*ut* mineur initial ; dans le murmure angoissé des dernières mesures ; dans la brusque conclusion de ce murmure sur le deuxième degré abaissé (avec la nuance dramatique propre à ce rapport napolitain) ; dans l'usage permanent des demi-tons et des chromatismes tout au long du mouvement ; dans la distorsion sonore voulue entre le registre à l'extrême aigu du premier violon et le contre-chant du violoncelle, alors que les instruments médians se contentent parfois de créer une zone de brouillage au centre, accusant l'impression d'un creux au sein d'un univers surtendu dans sa dimension ; dans l'abondance des nuances piano... augmentant ainsi le mystère ; dans l'extrême finesse des jeux sonores qui réclament une égale finesse d'attention et de perception ; et finalement dans l'angoissant retour à la donnée initiale, avec son même passage d'*ut* mineur en *ré* bémol et sa conclusion abrupte en deux accords. » Ce beau commentaire laisse deviner sans peine la richesse proprement musicale de l'œuvre, ainsi que l'univers tragique que fait sourdre chaque note de cette rare partition.

Durée d'exécution : 10 minutes environ.

Quatuor n° 13, en *la* mineur
(D. 804, op. 29)

Il est d'une dizaine d'années postérieur au *D 87* précédent, puisqu'il peut être daté de février-mars 1824 (Schubert commence alors la composition d'un autre quatuor, en *ré* mineur, qui ne sera achevé que deux ans plus tard (v. plus loin, *Quatuor « la Jeune fille et la Mort »*). Tandis qu'il a terminé son cycle de mélodies *la Belle meunière*, Schubert se libère dans la musique de chambre : « Je veux, de cette façon, me frayer la voie vers la symphonie »... Mais il renoue, de ce fait, avec un genre abandonné depuis quatre ans. De même n'hésite-t-il pas à employer, dans l'*Andante* de ce nouveau quatuor, un thème de sa musique de ballet de *Rosamunde*, tandis que l'*Allegretto* suivant emprunte son thème à un lied écrit en 1819 sur un poème de Schiller, « les Dieux de la Grèce ». Cette réutilisation de thèmes anciens paraît correspondre à un effort du musicien, en ce début de 1824, pour surmonter l'état dépressif des quelques années antérieures et élargir ses moyens d'expression. L'œuvre fut donnée, en première publique, le 14 mars 1824, lors d'une séance du Musikverein de Vienne, avec un ensemble constitué par Ignaz Schuppanzigh, le dédicataire. Le succès fut très grand, et justifia la publication de la partition dès septembre 1824 par Sauer et Leidesdorf à Vienne, sous le numéro d'*op. 29* (le seul Quatuor publié du vivant du compositeur). Le *Quatuor* en *la* mineur est constitué de quatre mouvements : un *Allegro*, un *Andante*, un *Menuetto*, un *Allegro* final.

1. **Allegro ma non troppo** (en *la* majeur, à 4/4) : deux mesures d'introduction, dans un pianissimo fluide, établissent une atmosphère nostalgique pour faire éclore un premier thème, au premier violon, d'une extrême simplicité, d'un sentiment désolé :

Ce thème est largement exposé sur l'ostinato léger de l'alto et du violoncelle, — tandis que paraîtra assez tardivement la deuxième idée au ton relatif d'*ut* majeur, lumineuse, pesque confiante (*dolce*), — le dramatisme de l'exposition naissant de la contradiction interne à chacun de ces thèmes. Le vaste développement, très structuré, est centré sur le premier thème qui module en mineur, puis reprend des motifs isolés se prêtant à des explosions de violence, — le rythme des basses imposant son angoisse. La réexposition, où le majeur le dispute au mineur, remet en valeur le second thème ; mais la coda imposera le retour brusque au *la* mineur, rétablissant l'atmosphère sourdement dramatique des premières mesures.

2. **Andante** (en *ut* majeur, à 4/4) : il repose — comme on l'a indiqué — sur un thème repris du troisième entracte de *Rosamunde*. Mais, ici, l'esprit de la variation domine en une forme complexe, quoique d'apparence ternaire (deux épisodes distincts équilibrant le mouvement, de part et d'autre d'un grand épisode central). Ainsi Schubert établit-il « comme un pont entre deux rives

* B. Massin, *op. cit.*

de la mélancolie» (Dorel Handman)*. D'une tendresse inquiète et obsédante, ce thème tient le rôle principal tout au long du mouvement dans des présentations sans cesse variées ; le voici dans sa formulation première (pianissimo) :

Il paraît, dans l'épisode central, se métamorphoser complètement, perdre sa douceur pour fuser en traits rapides et, martelé fortissimo, ne conserver que sa fonction rythmique (cellule primitive de notes piquées). Le second thème tente en vain de se profiler ; le thème principal, insistant jusque dans le pianissimo, terminera le mouvement.

3. MENUETTO : ALLEGRETTO (*la* mineur) : comme nous l'avons dit, la référence est explicite au lied de 1819 (*les Dieux de la Grèce*), avec son interrogation angoissée « Schöne Welt, wo bist Du ? » (*Bel univers, où es-tu ?*). La réponse, nullement équivoque, est empreinte de tristesse, quoique en une volonté de dédramatisation (ornementations déployées par le violon et l'alto) ; mais la question, insistante, domine et laisse paraître, dans la deuxième partie du menuet, une violence aboutissant, fortissimo, à un véritable cri du premier violon (tenue sur un *sol* dièse surgi par enharmonie du *la* bémol)... Intermède central du mouvement, le trio (*la* majeur) apporte un peu de lumière en son allure dansante et populaire de valse-Ländler ; mais on revient à la question obsédante du *Menuetto*, si mal nommé.

4. ALLEGRO MODERATO (*la* majeur) : le finale suggèrera-t-il une réconciliation avec le monde ? Certains auteurs — telle Brigitte Massin — inclinent à penser que le musicien a conçu ce finale comme un renversement des précédents mouvements, apportant une réponse optimiste au *Quatuor* tout entier. D'autres commentateurs, au contraire, peuvent estimer que ce mouvement conclusif, loin d'apporter un allègement, ne parvient pas à dissiper le dramatisme de ce qui a précédé, et confirmerait l'état de dépression dans lequel venait de vivre Schubert sans parvenir à s'en échapper. A la vivacité du premier thème, rythmique, de veine populaire, répond en effet le sérieux, voire toute l'inquiétude, du second (*ut* dièse mineur), — avec ses silences inattendus brisant le rythme, mais n'entravant en aucune manière le dynamisme de ce finale.

Telle quelle, cette grande partition, inaugure l'ensemble des trois derniers Quatuors à cordes, les plus ambitieux, certainement les plus émouvants aussi, composés de 1824 à 1826. Elle se place à la hauteur du *Quatuor en* ré *mineur* qui lui succèdera immédiatement.

Durée moyenne d'exécution : 34-37 minutes.

* D. Handman, in *Histoire de la musique, II* (Encyclopédie de la Pléiade, Éd. Gallimard, Paris, 1963).

Quatuor n° 14 en *ré* mineur, « la Jeune fille et la Mort » (D. 810)

Écrit simultanément au *Quatuor en* la *mineur* (mars 1824), celui-ci ne fut exécuté pour la première fois que deux ans plus tard, le 1er février 1826, à Vienne, dans la demeure de Josef Barth, chanteur ami de Schubert, par Schuppanzigh. Mais une audition privée s'était déroulée dès le 29 janvier en présence du compositeur, qui, sans participer à l'exécution de son œuvre, lui apporta quelques modifications (suppression, notamment, d'une partie du premier mouvement). L'œuvre fut redonnée peu de temps après chez F. Lachner, devant une assistance plus fournie, mais dans l'incompréhension générale. Schubert tenta ensuite de faire publier sa partition par Schott : en vain. L'œuvre ne fut pas éditée du vivant du musicien, et ne parut qu'en 1832, non chez Schott, mais chez Czerny. Ce très célèbre Quatuor doit son nom à son deuxième mouvement, qui est un thème à variations basé sur un lied — « Der Tod und das Mädchen » (D. 531) — que Schubert avait composé en 1817 sur un poème très bref de Mathias Claudius. Si le Quatuor lui emprunte son titre, c'est également la tonalité funèbre de *ré* mineur qu'il en adopte. Le choix, tout symbolique, d'une telle tonalité a intrigué plus d'un musicologue : « L'appel du *ré* mineur se joint ici à la référence au lied *la Jeune fille et la Mort*. Ou, inversement, le souvenir du lied et son exploitation nouvelle entraîne-t-il le choix du *ré* mineur ? De toute manière, la question reste posée sur la motivation de ce double choix thématique et tonal » (Brigitte Massin). Il n'empêche que, dans l'œuvre présente, l'*Andante*, qui reprend le thème de la Mort dans le lied, n'est pas dans la tonalité de ce dernier, mais a recours au *sol* mineur, sous-dominante qui se trouve être la tonalité d'une autre ballade funèbre, *le Roi des Aulnes* (D. 328). Or, le souvenir de cette ballade passe également à plusieurs reprises dans le Quatuor, — en accentuant la tension et la rigueur intérieure. Les quatre mouvements composant l'œuvre peuvent être ainsi décrits :

1. **Allegro** (à 4/4) : la figure rythmique apparaissant dès les toutes premières mesures, et qui reviendra d'une manière ou d'une autre à travers la partition, forme un « signal » fatidique, très beethovénien (fortissimo à l'unisson du quatuor), engendrant aussitôt un climat de malaise. Le premier thème s'élève plaintivement, dans la nuance pianissimo, mais s'exaspère peu à peu au travers des registres instrumentaux. Le deuxième thème, en *fa* mineur, forme un contraste par son lyrisme plus apaisé, contenant une sorte de triolet en arrière-plan :

Mais la conclusion sur le thème sera violente, — multipliant fortissimos et sforzandos. Alto et violoncelle amorcent le développement, qui débute en *ut* majeur et fait reparaître, à la basse, le « signal » rythmique initial, qu'il mêle au deuxième thème, comme pour le poursuivre de sa brutale obsession. Ainsi parvient-on à un point de tension extrême des quatre cordes. La réexposition a lieu partiellement sur le premier thème, comme traqué par le motif « signal », — alors que le second thème (amenant le *ré* majeur) se déploie dans la fièvre. Sur une longue tenue de tonique au violoncelle, la coda conclura en une sorte d'oppression, pianissimo, sans parvenir à s'affranchir de la sombre menace du motif de Mort.

2. **Andante con moto** (à 2/2, en *sol* mineur) : c'est le centre de gravité musical et émotionnel de l'œuvre, — se nourrissant du thème-choral de la Mort dans le lied. Énoncé lentement, ce thème répète les paroles rassurantes de la Mort à la Jeune fille : « Ne crains rien, donnes-moi ta main, je suis ton ami. » Ce thème n'utilise en réalité que l'introduction pianistique du lied, sa structure en accords et ses notes mélodiques répétées :

Il donne lieu à cinq variations qui conserveront cette structure essentielle, et, pour quatre d'entre elles, sa tonalité ; seule la quatrième variation, d'une extrême pureté, adoptera le *sol* majeur. La première variation, sur pizzicatos du violoncelle, est dramatique, avec ses cris déchirant l'aigu du premier violon, — comme ceux de la Jeune fille terrorisée. Le thème de la Mort, au violoncelle, se veut bienveillant dans la deuxième variation, — mais contredit par une agitation croissante des autres instruments. Dans la troisième variation, c'est la cellule initiale du lied (une croche - deux doubles croches) qui se trouve obstinément répétée, déformée jusqu'au grotesque, avec d'implacables sforzatos sur tous les temps. Par contraste, la quatrième variation est un moment de répit qui enchante par sa simplicité toute méditative : les cordes graves jouent le thème de la Mort, et le premier violon impose une contre-mélodie en triolets presque ornementaux. Mais avec le retour agité au *sol* mineur et le passage soudain, inattendu, de ces triolets au violoncelle, le climat s'altère, le thème s'assombrit, puis s'effondre au registre grave de l'instrument ; avant de s'apaiser en une brève conclusion sereine, *ppp*, sur une ultime évocation du choral dans le ton de *sol* majeur, — telle la paix du sommeil mortel, réconciliateur, si longtemps promis.

3. **Scherzo : Allegro molto** (en *ré* mineur) : maints commentateurs ont remarqué la curieuse ressemblance du thème ouvrant ce troisième mouvement avec celui de Mime dans *l'Or du Rhin* de Wagner. Que la rencontre soit fortuite ou non, un même sardonisme semble inspirer celui-ci qui, en un élan qui ne se ralentira jamais, prend appui sur un rythme doublement issu du motif — « signal » initial et du choral de Mort de l'*Andante* précédent. C'est une sorte de course à l'abîme, ponctuée d'accents sauvages, d'appogiatures grinçantes et de passages en gammes fulgurants. Au centre, un trio lumineux (*ré* majeur), où passe un écho de la conclusion du choral de Mort, rythmiquement élargi.

4. **Presto** (à 6/8, en *ré* mineur) : la « danse macabre » du dernier mouvement enchaîne sans rupture sur le *Scherzo* précédent dont il conserve l'esprit, non moins que son rythme de tarentelle qui en est directement issu. La forme rondo s'y combine à la forme sonate, — avec un thème rythmique, d'une énergie inquiète, fougueuse ainsi qu'une chevauchée s'élançant en unisono :

Après un arrêt sonore impressionnant, surgit un second thème fortissimo, aux quatre instruments, dont la signification se précise lorsque le deuxième violon le reprend en *fa* majeur en une mélopée caressante, murmurante, comme dans *le Roi des Aulnes* (« Du liebes Kind, komm, geh mit mir » ; *Toi, cher enfant, viens, viens avec moi*). Et, de nouveau, le motif de Mort, omniprésent, retentit et se combine au rythme de la danse cauchemardesque... La réexposition suscitera une polyphonie encore plus dense, dans une perspective de plus en plus lugubre. Chromatismes et triolets de croches s'insinuent telles des ombres fantomatiques, et accroissent l'hallucination d'un *Prestissimo* conclusif que ponctueront deux violents accords, définitifs.

Durée moyenne d'exécution : 39-42 minutes.

Quatuor n° 15, en *sol* majeur
(D 887, op. 161)

Voici donc le quinzième et dernier des Quatuors de Schubert (mais non son œuvre ultime de chambre), écrit en dix jours seulement, — du 20 au 30 juin 1826. Seul le premier mouvement sera exécuté du vivant du compositeur, en l'unique concert viennois de ses œuvres organisé par lui-même le 26 mars 1828 avec le Quatuor Schuppenzigh. La première exécution intégrale de l'œuvre n'aura lieu qu'en 1850, par le Quatuor Hellmesberger (publication en novembre de l'année suivante, par les soins de Diabelli). C'est sur l'arrière-fond de l'échec public du précédent *Quatuor en* ré *mineur* que celui-ci fut composé. Croyons-en, pour décrire l'état d'esprit du compositeur à cette époque, l'avis de Brigitte Massin* : « Affirmation vitale au terme d'une période de doute sur lui-même. Libération d'une angoisse intérieure sur la reconnaissance de son état de musicien, sur l'urgence d'une organisation matérielle de son existence, exaspération dans l'attente de sa réussite.. dans l'opéra : tout se mêle sans doute pour créer le sentiment d'inconfort et d'urgence qui permet la naissance du *Quatuor en* sol *majeur*. » Ajoutons que le choix de la tonalité de *sol* majeur peut représenter une revanche sur le *ré* mineur du *Quatuor « la Jeune fille et la Mort »*, une remise en question, une récupération des forces, une nouvelle aventure. Ajoutons aussi que, s'il n'élimine pas son climat douloureux, il en approfondit encore l'expression en une intensité sonore qui semble parfois dépasser les limites du genre pour se tourner vers la symphonie. Sur le plan de la conduite harmonique, une oscillation, un jeu d'échange permanent entre les modes majeur et mineur — très caractéristique du langage schubertien dans sa maturité — détermine sa structure interne et impose à l'auditeur un sentiment d'instabilité. Enfin, il est notable que le musicien accorde ici une importance particulière au violoncelle, — les deux violons et l'alto se limitant à un rôle d'accompagnement, en dépit de la mobilité des « voix ». De même, depuis le *Quartettsatz* de 1820 (v. plus haut), les trémolos des cordes n'auront jamais démontré chez Schubert une telle puissance dramatique. Enfin, à travers la diversité, parfois la violence des idées, la recherche d'unité — déjà manifeste dans le *Quatuor en* ré *mineur* — peut être tenue comme une caractéristique de ce nouveau Quatuor en dépit de la rapidité de sa conception. Les quatre mouvements voient se succéder un *Allegro*, puis un *Andante*, ensuite un *Scherzo*, pour terminer sur un nouvel *Allegro*.

1. Allegro molto moderato (à 3/4) : dès le tout début (treize mesures d'introduction), s'esquisse un combat symbolique entre ombre et lumière, entre mineur et majeur, — alors que le mystère semble s'épaissir avec l'entrée du thème principal au premier violon au-dessus d'un faible trémolo des trois autres instruments. Rapidement le violoncelle, qui prend un relais harmonique et rythmique, prélude à une large exposition de ce thème en imitations et crescendos. Un violent accord fortissimo de *fa* dièse majeur conduit à l'énoncé en *ré* majeur du deuxième thème dans un pianissimo chantant, qui modulera et passera de nouveau du majeur au mineur. Là encore le violoncelle s'imposera rapidement, en *si* bémol majeur, pour accentuer le lyrisme de ce thème sur un pizzicato des cordes élevées. La conclusion de l'exposition sera brève, et c'est le violoncelle qui introduira soit la reprise, soit le développement. Celui-ci est violemment dramatique, — le trémolo s'imposant à plusieurs reprises non comme un moyen d'expression facile, mais comme élément sonore primordial dans l'élaboration du mouvement. La réexposition propose de remarquables variations du matériau de l'exposition : le langage est essentiellement polyphonique, et des lignes mélodiques nouvelles apparaissent, qui semblent enrichies par le dialogue des instruments. La conclusion entremêlera

* B. Massin, *op. cit.*

encore les voix les unes aux autres dans la même complexité d'échange entre majeur et mineur, pour un ultime élargissement rythmique dans une tonalité majeure.

2. Andante un poco moto (en *mi* mineur « officiel ») : ce second mouvement, éminemment contrasté, se déroule selon la formule ABABA. C'est d'abord, en son thème initial, une image de paix que propose le violoncelle chantant avec une simplicité qui s'affirmera en un calme *ut* majeur. Mais le contrepoint des autres partenaires suggère un tragique sous-jacent, qui éclate avec un nouveau motif violemment opposé, en *sol* mineur. Suit un épisode de trente-deux mesures d'une extraordinaire intensité, au climat fantastique faisant surgir un souvenir des trémolos du mouvement antécédent. En un choral à trois voix, le thème initial tente de revenir à sa simplicité, puis réussit à s'épanouir en un lumineux canon entre violons et violoncelle. En une forme rhapsodique, retour de l'agitation et des appels tragiques du début, puis nouvel apaisement, cette fois en *mi* majeur, — tonalité qui sera celle de la coda. Cette dernière reprend la tenue d'accord par laquelle s'ouvrait le mouvement, semble à nouveau sombrer vers le mineur, mais laisse enfin *mi* majeur s'épanouir définitivement.

3. Scherzo : Allegro vivace (en *si* mineur) : par son thème comme par son climat, il prolonge l'esprit des deux premiers mouvements. C'est ici que les trémolos — comme nous l'avons suggéré en introduction — deviennent un élément fondamental d'organisation et de structure du thème. Un univers tourmenté, presque maléfique, s'élabore au travers du tourbillon chuchoté des cordes : notes répétées, accords brisés se répercutent de registre en registre, et créent l'obsession. Le trio central (*Allegreto* en *sol* majeur et à 3/4) est une sorte de répit, de repos consacré à la célébration d'une conceptuelle beauté, — car le *sol* majeur revêt ici sa complète signification, non seulement psychologique mais musicalement abstraite. Une mélodie tendre, en notes longues, étales, s'élève pianissimo, — que chante un violoncelle ému, rejoint bientôt par le premier violon. Dans une seconde partie, cette mélodie est l'objet d'un canon entre les deux violons, mais retourne, pour conclure, à l'instrument grave. Puis c'est la reprise du *Scherzo* proprement dit, toujours obsessionnel.

4. Allegro assai (à 6/8) : ce prodigieux finale est dans une forme rondo, et reprend le thème de la « course à l'abîme » en une sorte d'accomplissement du projet que représentait le finale du *Quatuor « la Jeune fille et la Mort »* (qui, rétrospectivement, n'apparaîtrait plus que comme une esquisse un peu sèche dans son excessive nervosité). Le violoncelle adopte le même rythme de tarentelle, avec les mêmes suggestions hallucinatoires. Il s'ouvre, *forte*, sur un thème rythmique en notes répétées :

L'ensemble du mouvement jouera de l'exploitation de parcelles rythmiques issues de ce thème et de la variation de ses éléments constitutifs (par augmentation, par renversement, etc.). La tonalité de *sol* majeur combattra puissamment celle de *ré* majeur, tandis que celles de *si* mineur, puis d'*ut* dièse mineur tenteront de s'imposer en un motif issu du thème central, chanté par le violoncelle allié au deuxième violon. La fin du mouvement s'affirmera en une progression d'intensité du *ppp* au *fff*, — la coda résumant, en un ultime murmure des cordes, le climat à la fois envoûtant et angoissé de l'œuvre.

Durée moyenne d'exécution : 42-44 minutes.

LES QUINTETTES ET L'OCTUOR

Quintette pour piano et cordes en *la* majeur, « la Truite » (op. 114, D. 667)

Cette partition fut écrite par Schubert lors d'un séjour estival à Steyr en 1819, puis terminée à l'automne suivant à Vienne ; elle honorait une commande de Sylvester Paumgartner, mélomane averti, bon violoncelliste amateur, dans la maison duquel eut probablement lieu une audition privée dès la fin de la même année. L'ouvrage ne fut jamais donné en audition publique du vivant du musicien, et sa publication n'intervint qu'en 1829 (un an après sa mort) par Joseph Czerny, à Vienne, sous le numéro d'*op. 114*. Le titre *la Truite* provient du quatrième mouvement de l'œuvre, — série de variations sur le célèbre lied du même nom, où elles ne revêtent d'ailleurs qu'une signification purement musicale. La formation instrumentale, quant à elle, unit le piano, non pas au quatuor à cordes habituel, mais aux quatre instruments suivants : violon, alto, violoncelle et contrebasse. L'idée de joindre une contrebasse aux cordes fut peut-être dictée par les circonstances de composition, — puisque Schubert souhaitait sans doute accorder au violoncelle sa part entière d'acteur mélodique, afin de satisfaire son commanditaire. La contrebasse, en effet, est utilisée non comme instrument mélodique, mais pour renforcer l'harmonie. On peut encore noter que Hummel — que Schubert connaissait — avait déjà utilisé cette même répartition instrumentale. Mais on peut retenir également que le musicien viennois eut vraisemblablement le dessein de ressusciter l'ancienne formule italienne de la musique « da camera » avec basse continue. La forme, enfin : les cinq mouvements constituant l'œuvre pourraient la faire considérer comme parente du divertimento. En réalité, Schubert ne s'en soucia guère : « C'était de la musique pour amateurs en vacances, et il n'était pas préparé à montrer sa science en pareille occasion » (J.-A. Westrup).

1. Allegro vivace (à 4/4) : remarquons d'emblée que le piano, en dépit d'une partie importante, ne sera pas traité en instrument soliste, virtuose ou concertant, mais considéré essentiellement comme instrument mélodique et se fondant le plus souvent avec le groupe des cordes. C'est cependant lui qui débute par de brillants arpèges sur accord de tonique, en une irruption véhémente, avec gamme descendante en octaves, à l'unisson des autres instruments. Le premier thème, calme et méditatif, est énoncé par le violon associé au violoncelle en valeurs longues, dans la nuance pianissimo :

Ce thème, développé à trois reprises, semble déjà se prêter à variations sur lui-même, et prépare l'entrée du second thème-lied (en *mi* majeur), assez dansant, qui s'élance soutenu par des triolets en accompagnement de la main gauche au piano, et que reprennent les cordes ; il semble annoncer, en esprit et dans un mouvement inverse, le motif de *la Truite* qui n'apparaîtra qu'au quatrième mouvement. Le développement, assez important, se découpe en trois épisodes, — les deux premiers autour des pôles d'*ut* majeur et de *mi* bémol, le troisième plus nettement chromatique. La réexposition, à la sous-dominante (en *ré*), sera abrégée, et fera l'économie d'une coda.

2. Andante (en *fa* majeur) : le mouvement lent s'avère d'un lyrisme plus modéré, très modulant (s'écartant aussitôt de *fa* majeur pour ne le retrouver qu'à sa conclusion). La construction, assez inhabituelle, est en deux parties, — la première aboutissant à *sol* majeur, la seconde débutant en *la* bémol majeur. Le mouvement est cependant construit sur un premier thème dansant qui, sitôt énoncé, se prête à un assombrissement (*fa* dièse mineur) lorsque le piano semble s'engager dans des appels lourds de menace sur une série d'accords ascendants des cordes ; le tout prend alors un caractère légèrement tendu. Le deuxième thème, chanté par le violoncelle et par l'alto en valeurs longues, confirme cette impression, — jusqu'à devenir douloureuse. On remarquera aussi, dans ce mouvement, l'importance des cellules rythmiques en notes pointées, — tout (et non seulement les dessins mélodiques) semblant concourir à préparer les variations du quatrième mouvement.

3. Scherzo (en *la* majeur) : il est bref et fougueux, plein d'énergie, avec ses accords solides du piano et son rythme marqué par les cordes. Le trio est en *ré* majeur : il garde un caractère enjoué, — sur un motif paisible, que s'échangent les cordes partagées en deux groupes et un piano exceptionnellement incisif.

4. Andantino (en *ré* majeur, à 2/4) : il s'agit, bien évidemment, du mouvement « crucial » de la partition, puisqu'il comporte la série des cinq variations sur la mélodie éponyme de l'œuvre. Pour la première fois, Schubert compose des variations instrumentales sur un thème issu de ses propres lieder (nous savons déjà qu'il n'y répugnera pas dans la suite). Au demeurant, variations de facture conventionnelle dès lors qu'on les mesurera à l'aune beethovénienne. Alors que le lied *Die Forelle* (D. 550)* était traité en *ré* bémol, le musicien choisit ici le *ré* majeur, plus lumineux et sans doute plus accessible au petit groupe d'amateurs de Steyr. D'autre part, il accentue la vivacité dansante du thème en pointant son rythme. Le thème, ainsi rénové, est exposé d'abord par les cordes :

Dès la première variation, il passe au piano, les cordes traçant des arabesques rapides en triolets ou sextolets. La deuxième

* qui n'aura pas connu moins de cinq versions de la fin de 1816 à octobre 1821, — les transformations ne jouant que sur des détails d'écriture.

variation, qui n'utilise que la première cellule du thème, évolue en une phrase rapide aux cordes, sur accords du piano. A son tour, ce dernier parcourt tout le clavier en vives octaves (certaines très chromatiques) dans la troisième variation, bâtie sur la même cellule, — les accords passant aux cordes. La quatrième variation introduit pour la première fois un ton mineur (*ré* mineur) : énergiques accords lancés par le piano (il se peut que la véhémence dramatique de cette variation corresponde à l'esprit de la troisième strophe du lied originel). La cinquième et dernière variation, en *si* bémol (majeur et mineur) se révèle d'une extrême douceur, — les cordes exposant la mélodie, dominée néanmoins par la voix du violoncelle, avant que ne paraisse, de façon surprenante, un *Allegretto* en *ré* majeur ressuscitant le lied à son état pur (avec introduction de l'accompagnement pianistique qu'il comportait). Le violon (dans le rôle du chanteur), puis le violoncelle s'emparent du thème successivement, le mouvement s'achevant sur les prestes sextolets qui, à l'origine, servaient de refrain entre les couplets. Tout se termine dans un pianissimo serein.

5. ALLEGRO GIUSTO (en *la* majeur) : le finale, comportant d'indiscutables éléments « hongrois », est à deux thèmes. Le premier est essentiellement rythmique, le second versatile, désinvolte, triomphant en *ré* majeur (sous-dominante), s'éparpillant en notes chromatiques, avec une écriture pianistique pour la première fois virtuose : « La bonne humeur et la gaieté dominent ici, sans ombre, sans irruption du tragique, et le plaisir est celui du coloriste variant à l'infini sa palette » (Brigitte Massin). Ainsi se conclut avec bonheur une partition qui ne vise à rien d'autre qu'à charmer, qu'à séduire dans l'immédiat son auditoire, — sollicitant une approbation qu'elle continue à obtenir de nos jours sans réserves.

Durée moyenne d'exécution : 39-42 minutes.

Quintette à cordes, en *ut* majeur
(op. 163, D. 956)

Œuvre grandiose et profonde en sa forme pleinement maîtrisée, si « orchestrale » qu'elle paraît ne plus appartenir au genre de la musique de chambre, le *Quintette en* ut *majeur* semble une quintessence du premier Romantisme musical. Il fut composé dans la foulée de la *Symphonie « la Grande »*, dans la même tonalité, probablement dans le courant de l'été 1828 (achèvement au mois de septembre : le manuscrit s'en étant perdu, toute datation précise s'avère impossible). Aucune preuve d'exécution, même privée, du vivant du musicien ne peut être apportée ; la première publique aurait eu lieu en 1850 — soit une vingtaine d'années après sa mort — au Musikverein de Vienne. La publication, en parties séparées, intervint en 1853 (ou 1854) chez P.A. Spina à Vienne. La formation instrumentale est la suivante : deux violons, un alto, deux violoncelles. Ce choix, surprenant à l'époque, des deux instruments graves pourrait avoir été inspiré par l'œuvre du français Georges Onslow, lui-même auteur de trente-quatre quintettes pour instruments variés. Mais il est plus probable que Schubert songea à l'assise architecturale de l'œuvre, en même temps qu'à l'utilisation d'un des deux violoncelles en tant que soliste sans priver l'accompagnement de l'appoint d'une autre voix grave. Nous ne saurions mieux faire, ici, que de citer l'excellent avis de Marcel Schneider* : « On voit sans peine pourquoi Schubert a choisi un second violoncelle pour former son Quintette..., il a un rôle complètement indépendant du premier violoncelle ; tantôt il joue à l'unisson avec lui, et Schubert retient une sonorité vibrante, pleine d'une sombre grandeur, tantôt il contrepointe le premier violoncelle et les autres instruments. Enfin, par la couleur et par l'ampleur de sa voix, il accentue l'atmosphère romantique troublante de l'œuvre. Mozart, dans les sept Quintettes qu'il a écrits pour deux altos, a montré à Schubert ce qu'on obtient d'un instrument qui peut doubler, soutenir ou accompagner la mélodie du premier, et quel effet orchestral on arrive à donner à la musique de chambre. » Il importe, avant toute analyse, d'insister également sur le type d'écriture symphonique que Schubert adopte délibérément, — en doublant les deux voix extrêmes (deux violons opposés aux deux violoncelles) dans une volonté d'élargissement orchestral. Quant au privilège accordé au violoncelle, il confirme la prédilection du musicien (voir, auparavant, les deux *Trios D. 899* et *D. 929*) pour la somptuosité sonore de l'instrument, ses possibilités lyriques, la vivacité d'écriture qu'il autorise au registre grave. Il y a quatre mouvements.

1. ALLEGRO MA NON TROPPO (à 4/4) : c'est une longue tenue de l'accord d'*ut* (enflé, puis transformé à la troisième mesure

* M. Schneider, *Schubert* (Éd. du Seuil, Paris, 1960).

sur un accord de septième diminuée, *forte*) qui inaugure le premier mouvement. De la quatrième à la huitième mesures, s'esquisse, presque à la dérobée, un thème au premier violon soutenu par le trio à cordes habituel, sans participation du second violoncelle :

Quelques mesures encore, et nous entendons son renversement : le quatuor est dans une disposition inversée, et le thème au premier violoncelle. Cette exposition grave, mystérieuse, s'achève en crescendo, — le premier thème entrant sur une cadence à la tonique, *ff* :

Ce thème, assez fragmenté et qui ne jouera pas un rôle dominant dans le cours du mouvement, s'exalte peu à peu en motifs rythmiques secondaires. L'apparition du deuxième thème se fait en *mi* bémol, en contrepoint des deux violoncelles qui lui confèrent sa chaleur : thème éminemment lyrique, à la fois tendre et d'un large souffle, sans hâte ni lenteur. Le contrepoint rythmique des violoncelles est répercuté par les deux violons en vue d'un second exposé (bientôt en *sol* majeur). La fin de cette ample exposition voit s'imposer un nouveau motif de marche dont l'importance ne se révèlera que dans le développement. Celui-ci est introduit par une série d'accords (septième de dominante et septième diminuée) débouchant sur un accord de *la* majeur. C'est alors le thème de marche qui structure le discours en superposition de plans étonnante (déroulement d'un tout nouveau motif aux voix supérieures, syncopes au registre intermédiaire sur le thème de marche assuré par le premier violoncelle, ostinato rythmique à la basse avec le deuxième violoncelle). La réexposition (une quinte inférieure à l'exposition) accorde une place prééminente au deuxième thème, complètement renouvelé dans sa présentation (cette fois à l'alto et au premier violoncelle, puis aux deux violons, finalement au premier violon que seconde le premier violoncelle). C'est un rappel des accords inauguraux qui introduit la coda, concentrée, rassemblant les éléments de l'exposition. Le second thème ramène la tranquillité dans les ultimes mesures.

2. Adagio (en *mi* majeur, à 12/8) : nous voici alors au cœur d'un « silence mélodieux », entre ciel et terre, en ce mouvement bouleversant dans sa simplicité. Simplicité du premier thème, élégiaque, chanté en trio (deuxième violon, alto et premier violoncelle) très légèrement accompagné par un petit motif rythmique du premier violon, *pp espressivo* :

Le deuxième violoncelle répond à l'appel du premier violon par un *pizzicato sempre* ample, presque majestueux. La grande trouvaille de cette disposition sonore consiste dans le contrepoint rythmique apporté au large thème, qui s'élargit comme à l'infini. La section centrale de cette structure ABA marque une rupture tonale (*fa* mineur) : sorte d'intermède instable, presque angoissé, fantasmatique, où le 12/8 initial prend toute sa signification ; l'ostinato des basses (triolets de doubles croches) fait surgir des visions orageuses, sinon tragiques ; un chant s'élève, tendu à l'aigu du premier violon, entrecoupé de silences, s'évanouissant en diminuendo sur un accord de septième. Des accords murmurés ramènent au *mi* majeur et au thème élégiaque, libéré dans sa plénitude (au premier violon, jeu *pizz./arco* alterné formant accompagnement). La coda, dans le climat des premières mesures, amène en decrescendo un accord ombreux de *fa* mineur, pour conclure en pianissimo.

3. Scherzo : Presto (en *ut* majeur, à 3/4) : fougueux, ni gai ni triste, en ses dissonances abondantes, en l'exubérance de ses sonorités, le *Scherzo* prend un caractère orchestral (énoncé du thème, conquérant, presque sauvage, par le quintette entièrement rassemblé, fortissimo). Cependant, le parcours tonal (modulations en *la* bémol et *sol* dans la première partie, en *mi* bémol, *si* majeur, *si* bémol dans la seconde) crée une impression indéfinissable d'incertitude qui trouvera son plein sens dans le trio central. Celui-ci, *Andante sostenuto* (en *ré* bémol majeur, à 4/4) fait contraste et constitue à lui seul, un mouvement autonome. Par ses proportions et par sa densité, il échappe à la fonction courante d'intermède tout en amplifiant le dramatisme sous-jacent du *Scherzo*. Le large thème au profil descendant (l'alto et le deuxième violoncelle ensemble) crée un climat étrange, de sévère méditation, dont l'alternance d'unissons en forme de récitatifs, de trilles émouvants, d'accords appogiaturés, rythme le temps.

Les instruments sont employés dans leur registre le plus grave et le plus chantant... « Le *Trio* devient le point focal du Quintette... Mais les ombres s'opposent ici au développement d'un chant élégiaque. Le discours n'a rien d'affirmatif... L'instrumentation est orchestrale, la couleur spectrale, la lenteur détermine un angoissant climat suspensif, l'attirance irrépressible vers les basses suggère un monde de ténèbres. Le retour au *Scherzo* est ressenti comme une expérience salvatrice » (Brigitte Massin).

4. Allegretto (en *ut* majeur et à 2/2) : le mouvement final combine le rondo et la forme sonate à trois thèmes. Il semblerait écrit, presque, par le Schubert des années d'insouciance, — à l'exception d'un bref passage orchestral, lointainement mystérieux. C'est un finale à la « tzigane », — avec son premier thème vigoureusement scandé sur un accompagnement syncopé (début sur le *sol* — dominante — à l'unisson, puis en *ut* mineur, ne parvenant que tardivement à la tonique) :

(1er violon)

Par opposition, le deuxième thème se situe dans un climat paisible où domine la nuance *piano*, d'une admirable souplesse en ses associations sonores. Le troisième thème réunit à nouveau les deux violoncelles comme dans le mouvement initial : c'est ici une brève séquence hésitant entre majeur et mineur, que prolonge un jeu d'échos entre les voix pour aboutir, en crescendo, à une réexposition. Le même jeu d'oppositions dans les couleurs instrumentales, dans les échanges de registres, dans les contrastes de dynamique, se répètera jusqu'au retour du thème premier, *Più allegro* : une trentaine de mesures en un rythme échevelé sur lesquelles viendra se greffer, telle une seconde conclusion encore plus exubérante, un *Più presto* (une trentaine de mesures également) explosant sur un accord *fff* tonique, avant l'appogiature très inattendue du tout dernier accord... Retenons enfin ce commentaire pénétrant de Marcel Schneider* : « Nous nous attendions à une autre fin, mais soit que Schubert veuille affirmer une joie ingénue qu'il ne possède plus depuis 1823, soit qu'il espère se concilier les puissances qu'il ne faut pas nommer en agissant comme un musicien que ne tourmentent pas les soucis, soit enfin que par modestie il décide de terminer de façon ordinaire cette œuvre extraordinaire, il nous offre une conclusion d'allure populaire, sans prétention, qui évoque les réunions amicales des tavernes viennoises, comme si, après avoir plongé dans les ténèbres de son âme et nous en avoir révélé les mystères, Schubert voulait remonter à la surface et nous laisser le souvenir de son apparence habituelle, comme si les angoisses, les nostalgies et les visions célestes du Schubert des heures solitaires cédaient le pas à l'image qu'offrait l'homme extérieur ».

Durée moyenne d'exécution : 51-53 minutes.

Octuor pour cordes et vents, en *fa* majeur (op. posth. 166, D. 803)

L'œuvre fut écrite rapidement, en février 1824 (achevée le 1er mars), pour répondre à une commande du comte Ferdinand Troyer. Citons ici Brigitte Massin*, historiographe du musicien : « Le comte Ferdinand Troyer, intendant de l'archiduc Rodolphe, était un excellent clarinettiste ; il organisait aussi des séances musicales chez lui, auxquelles participaient notamment Schuppanzigh et Linke, pour les cordes. Le comte Troyer s'y joignait comme exécutant. C'est pour le répertoire de ces séances que l'*Octuor* est commandé à Schubert. Mais la commande devait être très précise : réaliser une œuvre dans l'esprit du populaire *Septuor* de Beethoven, favori des séances de musique des maisons viennoises. On ne peut imaginer en effet que Schubert ait aussi délibérément démarqué le *Septuor* sans que cet exercice lui ait été précisément proposé, sans doute dans l'esprit d'un divertissement amical et amusé. »

Il est donc justifié de relever tous les points de concordance entre l'*Octuor* et son modèle beethovénien. Il est écrit, de même, pour deux groupes d'instruments : comme chez Beethoven le groupe des vents comporte une clarinette, un basson et un cor ; les cordes, chez Beethoven, étaient constituées d'un violon, un alto, un violoncelle et une contrebasse ; Schubert a doublé le violon. Le *Septuor* proposait une suite de six mouvements ; c'est le nombre de mouvements également adopté par l'*Octuor*, — avec un ordre de leur succession exactement parallèle ; de même y a-t-il alternance des rythmes binaires et ternaires, — tandis

* M. Schneider, *op. cit.*

* B. Massin, *op. cit.*

que le plan tonal est identique dans les deux œuvres, avec utilisation de tonalités voisines donnant une impression de forte unité. Il est d'ailleurs remarquable que l'*Octuor* est en *fa* majeur, — tonalité assez peu employée par Schubert et qui, en 1824, se démarque nettement des tonalités mineures des œuvres instrumentales contemporaines. Il semble, à cet égard, refléter une volonté de bonne humeur en dépit des contrariétés personnelles. Car le début de 1824 fut une période sombre dans la biographie de Schubert : celui-ci, alors, n'a pas réussi à s'imposer comme compositeur d'opéra, ses soucis financiers restent importants et, pire, le musicien se sait condamné à plus ou moins brève échéance par la maladie. Il écrira, peu après la composition de l'*Octuor* (31 mars 1824) : « Figures-toi un pauvre diable dont la santé ne se rétablira plus..., dont les plus brillantes espérances ont avorté, à qui les joies de l'amour et de l'amitié n'ont causé que souffrance et douleur, dont l'enthousiasme pour le beau menace de s'éteindre... Chaque nuit, quand je m'endors, je souhaite de ne plus me réveiller. » Tant de pensées amères expliquent certainement de nombreux passages mélancoliques, sans devenir tragiques, de l'œuvre. Remarquons enfin que, parmi les vents, c'est à la clarinette qu'est dévolue, le plus souvent, la partie la plus intéressante, presque solistique ; le cor, moins important, intervient plus particulièrement dans le premier mouvement, puis les quatrième et cinquième (l'*Andante* et le *Menuet*), — tandis que le basson demeure un peu plus effacé. Les cinq cordes, quant à elles, forment un ensemble plus homogène ; le premier violon n'est pas sans requérir une certaine virtuosité ; la présence d'une contrebasse suffit à expliquer le peu d'utilisation du violoncelle dans le grave. L'*Octuor* fut exécuté en privé dès le printemps 1824, dans la demeure du comte Troyer, sur le Graben, à Vienne (Schuppanzigh étant au premier violon, Linke au violoncelle et le comte à la clarinette). La création publique n'eut lieu que trois ans plus tard, le 16 avril 1827, à l'un des concerts de Schuppanzigh (voisinant alors avec le cycle de lieder *A la bien-aimée lointaine* de Beethoven). En 1853, la partition sera publiée par Spina, sans les quatrième et cinquième mouvements (pour rendre l'œuvre conforme à un plan de sonate). L'édition complète, avec son numéro d'opus posthume 166, n'interviendra qu'en 1875 chez le successeur de Spina, Friedrich Schreiber, à Vienne. La division en six mouvements, tout comme celle du *Septuor* de Beethoven, demeure — ainsi qu'on l'a suggéré — tout à fait conforme à l'esprit du divertimento, non moins qu'à sa libre structure.

1. Adagio-Allegro (à 4/4) : l'introduction lente de dix-huit mesures, qui s'ouvre par un grand tutti, contient en germes le matériel thématique de l'*Allegro* qui suit. Celui-ci sera tout entier bâti sur un même rythme soutenant tous les thèmes (croche pointée-double croche), — rythme qu'on retrouvera dans le *Menuetto* du cinquième mouvement. Cette cellule rythmique, très prisée par Schubert, imprime d'emblée au premier thème une allure de fanfare rapide :

Le deuxième thème, issu du premier, se présente à la clarinette d'abord, au cor ensuite, — répétant les mêmes notes inlassablement dans un climat que l'ambiguïté majeur-mineur altère quelque peu, presque angoissé. La transition vers le développement est manifestement assombrie, et c'est en *fa* dièse mineur que débute celui-ci, exploitant spécialement les éléments du deuxième thème ; de longues tenues des vents restaurent le climat de l'introduction, — avant une réexposition classique. On retrouvera le second thème, au cor, dans la rêveuse, très poétique coda, conclue par deux accords.

2. Adagio (en *si* bémol majeur, à 6/8) : il débute comme un lied dont le chant, pénétré de tendresse, dans une atmosphère anticipant quelque peu celle des *Romances sans paroles* mendelssohniennes, s'étire longuement à la clarinette, qui entre pianissimo :

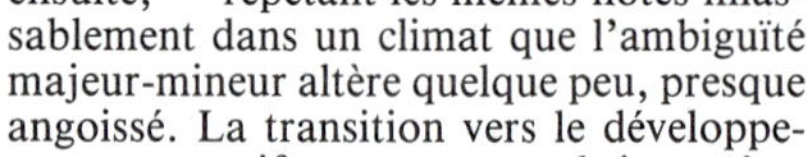

La voix mélodique supérieure de ce thème passe ensuite au premier violon, — dont le rôle sera dès lors d'entretenir fréquemment le dialogue avec les vents. Une deuxième idée, engendrée par la première, plus agitée, apparaît, en *sol* bémol, au violon qui impose une formule d'accompagnement moins souple, plus accentuée. Un troisième motif, partagé entre cordes et vents, surgira à son tour en *fa* mineur. Double reprise utilisant le premier thème, d'abord avec premier violon et cor, ensuite au violoncelle et à la clarinette, — d'un effet dramatique assez remarquable. Vers la fin du mouvement se créera une impression d'étrangeté, et presque de douleur, avec la superposition de la voix de la clarinette aux sombres pizzicatos des cordes.

3. Allegro vivace (en *fa* majeur) : c'est ici un scherzo plein de vie, de ton jovial — sans doute le mouvement le plus détendu, le plus heureux, de la partition —, parcouru d'un rythme obstiné comparable à celui de la *Septième Symphonie* de Beethoven. Le thème se partage en questions des cordes et réponses apportées par le tutti, — tandis que le trio, en *ut* majeur, propose un beau et sombre contrepoint du violoncelle.

4. Andante (en *ut* majeur, à 2/4) : le thème en est emprunté à un motif de duo figurant dans un Singspiel que Schubert avait écrit en 1815, *Die Freunde von Salamanka* (« les Amis de Salamanque », D. 326) ; l'*Andantino* du Singspiel, également à 2/4 et dans la même tonalité, est devenu ici *Andante*. Ce thème est plein de charme, « amoureux », chanté par le premier violon, repris par la clarinette, une nouvelle fois privilégiée. Lui succèdent sept variations d'une riche écriture harmonique et d'une extrême aisance dans l'exploitation des techniques instrumentales (mises en valeur successives de chaque instrument). La première, en effet, sollicite le violon ; la deuxième, clarinette et basson ; la troisième, le cor ; le violoncelle s'impose dans la quatrième. La cinquième variation, modulant vers *ut* mineur, resserre le jeu, de façon véhémente, entre tous les instruments ; à l'inverse, ce jeu se délie, en imitations, dans la sixième variation, en *la* bémol majeur ; et la septième variation, joyeuse, dont l'impression dansante ne fait que s'accentuer, dissipe les « orages » passagers, pour amener une coda *Più lento* dans laquelle des sonneries du cor sont répercutées en écho par les autres instruments.

5. Menuetto-Allegretto (en *fa* majeur) : il est tranquille, « bon enfant », très légèrement mélancolique en son thème souple, et soudain tendu, dans la deuxième partie, par une modulation en *la* bémol. Le trio, en *si* bémol majeur, dont le thème semble naître à l'improviste du *Menuet*, sonne comme un petit orchestre de village : primauté des vents et du premier violon — « violoneux » — que les autres cordes ne font que soutenir. Comme dans l'*Andante* précédent, le cor s'adjuge principalement la coda.

6. Andante molto (en *fa* mineur) et **Allegro** (en *fa* majeur) : très développé, le mouvement conclusif fait pendant au tout premier mouvement. L'introduction lente (*Andante*), qui comprend dix-sept mesures, offre des similitudes thématiques avec l'initial préambule de l'œuvre. Mais le style en est différent, déclamatoire, sur un fond de trémolos des cordes basses dont l'intensité s'accroît. Le climat est lourd, quasi dramatique, assez inattendu ici. L'effet en est-il tout à fait conscient ? Il est, en tout cas, assuré. Mais l'entrée du thème alerte, vigoureux, de l'*Allegro* provoque à son tour la surprise, en même temps qu'elle restitue à l'œuvre son véritable esprit de divertissement. Ce thème, conduit par les cordes, puis avec les vents, se distingue par sa métrique irrégulière (seize mesures, non par groupes de quatre, mais dans la découpe suivante : 3 + 3 + 2 + 4 + 4) : d'où une sorte d'aisance capricieuse, sur un rythme impromptu. Le second thème offre la même gaieté presque sentimentale, très « viennoise ». Le développement central, seul, acquiert une énergie presque brutale. L'introduction *Andante* reparaît avant la fin, dans un climat plus allégé (traits ascendants du premier violon) ; et le premier thème conclut en tourbillon, créant une impression d'accélération continue, affirmant la claire et puissante tonalité de *fa* majeur.

Durée moyenne d'exécution : 56-68 minutes.

ŒUVRES DIVERSES

Nous procéderons ci-après à une présentation chronologique, — largement justifiée par l'hétérogénéité, la valeur très inégale des œuvres qu'il reste à commenter.

Le **Trio pour piano, violon et violoncelle en *si* bémol majeur** (D. 28) est une partition d'extrême jeunesse, écrite en juillet-août 1812, sans doute à l'intention du Konvikt où se recrutaient les amis du musicien. Un seul mouvement — *Allegro* — fut réalisé, et le manuscrit porte le titre de *Sonate* (d'où l'appellation fréquente de *Sonate en un mouvement*). Nous citerons, une fois encore, Brigitte Massin* : « Si le développement au cœur de l'*Allegro* est un peu succinct, l'exposition aussi bien que la réexposition, celle-ci notablement élargie, prouvent la puissance imaginative du jeune compositeur, sa hardiesse dans l'ampleur de leur conception. Tout semble couler de

* B. Massin, *op. cit.*

source, dans une écriture claire et un langage homogène, dans un esprit proche de celui de Haydn. Dans le traitement du piano, dans l'insistance des cordes sur des notes répétées, dans l'abondance des petits motifs secondaires, s'expriment déjà bien des traits spécifiques du style de Schubert. Un *Allegro* largement prophétique ! ».

Le très charmant **Quatuor à cordes avec guitare obligée** (D. 96), intitulé aussi bien « Trio pour un quatuor avec guitare », constitue l'arrangement d'un *Notturno* pour flûte, violon et guitare du compositeur Wenzel Matiegka (1773-1830), dédié, dès 1807, au comte Esterhazy (qui employa plus tard Schubert comme maître de musique pour ses filles). L'arrangement de Schubert, de février 1814, fut probablement écrit à usage domestique. Seul le second trio du *Menuet*, en *sol* majeur, peut être considéré comme de sa main. En dépit d'une paternité partagée, la contribution de Schubert à cette œuvre révèle un talent déjà considérable, au moins dans l'écriture du violoncelle.

C'est pour répondre à l'amicale sollicitation d'amis viennois, plus particulièrement à celle du violoncelliste Heinrich, que Schubert écrivit en octobre 1816 un **Adagio et Rondo concertant en *fa* majeur** (D. 487) pour piano et cordes, — celles-ci comprenant violon, alto et violoncelle. Nous ne sommes pas renseignés sur les circonstances de son exécution, et l'œuvre ne fut pas éditée du vivant du compositeur. Nous tenons ici l'exemple même d'une « Hausmusik » (musique pour la maison), conçue, en un effectif instrumental relativement réduit, pour agrémenter une soirée familiale. Les emprunts stylistiques, à Beethoven comme à Mozart, ne tentent pas de se dissimuler ; mais l'entrain, les frémissements très schubertiens sont bien là. Après quelques accords bien sentis, l'*Adagio*, qui est dans une forme sonate à deux thèmes, laisse s'exprimer un piano un peu solennel, avant que celui-ci ne s'engage en un dialogue avec le violon ; alto et violoncelle, dans ce premier thème du moins, ont une part plus réduite. L'équilibre instrumental se révèle mieux assuré dans l'exposition du deuxième thème : en particulier, le rôle concertant du piano devient plus évident. Ce qui s'affirmera encore dans le *Rondo* constituant le second mouvement. Sur un thème d'un panache tout beethovénien, mais dans une instrumentation qui doit davantage à Mozart, Schubert propose — dans la forme du rondo à couplets — une série de motifs tantôt d'une carrure rythmique bien marquée, de saveur populaire, tantôt plus mélodiques, introvertis, qui font valoir, en un même élan, la virtuosité du piano.

Le **Duo pour violon et piano en *la* majeur** (op. 162, D. 574) est une œuvre plus considérable — adoptant la formule et le plan de la sonate en duo — que Schubert réalisa en août 1817. L'œuvre demeura complètement anonyme, puisqu'elle ne fut publiée pour la première fois qu'en 1851, avec son titre *Duo* donné par Diabelli. Elle est à rapprocher des *Sonatines pour violon et piano* de 1816 (v. plus haut), quoique plus élaborée, plus importante dans ses proportions, plus personnelle dans son langage. Elle ne prétend pas à « descendre dans des régions très profondes » (Alfred Einstein), mais à une élocution saine et à un équilibre, bien qu'un peu instable, des deux instruments.

1. L'ALLEGRO MODERATO initial (à 4/4), de forme sonate régulière, séduit d'emblée par la générosité de ses idées. L'ample exposition énonce et répète deux thèmes mélodiques, — le premier singularisé par la démarche rythmique, en notes pointées, du piano et par la souplesse du violon, le deuxième plus ardent et monnayé en motifs secondaires. Le développement n'est guère qu'une variante harmonique de l'exposition.

2. Le second mouvement est un scherzo indiqué PRESTO, en *mi* majeur, vigoureux, qui n'a plus rien de la grâce de l'ancien menuet, où les deux instruments se fondent plus intimement ; les deux parties s'enchaînent sans solution de continuité, ni de climat. Le trio, en *ut* majeur, riche de chromatismes, propose une démarche glissée du violon, sur un accompagnement égal et lancinant au clavier : c'est une sorte de moment de suspens au chœur du scherzo.

3. L'ANDANTINO, qui fait suite en tant que troisième mouvement, est en *ut* majeur (à 3/8) dans la forme ABA. Il est remarquable à plus d'un titre. Son thème principal, exposé d'abord au violon, pourrait être celui d'un lied assorti de développements essentiellement modulants (d'*ut* vers *ré* bémol, puis *la* bémol, avant le retour à *ut* majeur). L'épisode médian, exprimé *dolce*, dans la tonalité éloignée de *la* bémol majeur, forme un dialogue presque vocal entre les deux instruments : « Passent comme un souvenir les ombres de Mozart et de ses personnages, plus spécialement celles de Pamina et Tamino » (Brigitte Massin). La fin très étonnante de ce mouvement fait reparaître le thème A, enrichi au piano, — alors que tout s'évanouira, hésitant entre majeur et mineur, en un abandon du temps mesuré, comme en une sorte de promesse d'éternité.

4. C'est un ALLEGRO VIVACE à 3/4 qui constitue le dernier mouvement en forme sonate. Il emprunte au *Scherzo* son tempo ainsi que sa cellule rythmique (deux croches - une noire) en notes piquées au piano, — alors que s'élance le premier thème en accords agressifs au violon. Le second thème, plus linéaire, d'une grâce nonchalante, acquiert la même allure conquérante dès qu'il s'amplifie à l'unisson au piano ; mais la grâce reprend le dessus, en un mouvement de valse qui s'évanouit avec légèreté lorsque les « fanfares » du début s'imposent pour terminer.

Durée d'exécution : 23 minutes environ.

C'est en janvier 1824 (ou peut-être au cours du dernier trimestre 1823) que furent composées l'**Introduction et Variations pour piano et flûte sur le lied « Trockne Blumen »** (op. posth. 160, D. 802). Ce lied — « Fleurs séchées » — était le dix-huitième du cycle de *la Belle meunière* (mais non encore publié). L'œuvre fut probablement écrite à la demande du flûtiste Ferdinand Bogner, que Schubert connaissait de longue date ; on peut néanmoins se demander pourquoi le compositeur choisit ce lied, dont l'esprit est celui de la complainte, à la poésie tout intériorisée, pour une telle démonstration de virtuosité instrumentale. L'introduction (*Andante*) en *mi* mineur retient l'impulsion rythmique de la marche funèbre d'origine ; mais le thème (*Andantino* à 2/4) n'apparaît que plus tard dans un climat un peu allégé (ornementations, notes piquées, appogiatures). La structure du lied en deux parties, passant de *mi* mineur à *mi* majeur, sera respectée au travers du déroulement des sept variations (*mi* majeur du début de la troisième comme de la dernière, avec l'exception de la sixième en *ut* dièse mineur). Certains auteurs (tel Alfred Einstein) ont pu considérer que chacune de ces variations surpassait les autres en variété et en invention musicale. Plus sereinement, observons la mise en valeur de la flûte dans ses différentes possibilités : légèreté dans la première variation, souplesse expressive dans la troisième, agilité virtuose dans la cinquième. Maints commentateurs l'ont également souligné : une sorte de contresens éclate dans l'ultime variation lorsqu'une marche triomphale, de la plus incroyable ingénuité, efface le souvenir du thème douloureux des *Trockne Blumen*.

Durée d'exécution : 19 minutes environ.

La **Sonate pour arpeggione et piano** (D. 821) — qui conserve aujourd'hui certaine popularité — est une œuvre de pure circonstance écrite pour promouvoir les qualités d'un instrument dérivé de la viole de gambe, frère du violoncelle (par la forme) et de la guitare (par ses six cordes), mis au point en 1823 par un luthier viennois, Johann Georg Staufer : cet instrument d'existence éphémère porta le nom d'arpeggione, quelquefois de guitare-violoncelle, ou encore de guitare à archet. C'est probablement Staufer qui commanda l'œuvre au musicien (novembre 1824), et le virtuose propagateur de l'instrument, Vincenz Schuster, qui l'exécuta avant la fin de l'année dans sa maison, Schubert étant au piano. La première édition, qui comportait des transcriptions pour violon et violoncelle, n'eut lieu qu'en 1871. Il y eut, d'autre part, des arrangements pour alto ou pour guitare, et même des transcriptions orchestrales de la partie de piano. Aujourd'hui, l'œuvre se donne généralement avec violoncelle et piano (il existe, au moins au disque, une version avec alto). Œuvre de détente, de charme, de caractère improvisé, cette *Sonate* en *la* mineur comporte trois mouvements. Le premier, *Allegro moderato*, offre un thème initial un peu mélancolique, d'abord au piano, dont s'empare rapidement l'arpeggione qui énoncera également le second thème, vif. Le développement est une amplification, principalement du premier thème, — la réexposition accordant classiquement une part équivalente à chacun d'eux. Le mouvement médian est un bref *Adagio* en *mi* majeur qui forme transition, — conçu à la manière d'un lied dont l'expression rêveuse revient entièrement à l'arpeggione, l'accompagnement pianistique étant des plus discrets ; quatre mesures conclusives de cadence, par le soliste, font enchaîner directement le finale. Celui-ci, *Allegretto* à 2/4 et en *la* majeur, est dans une forme rondo dont les épisodes exploitent les registres de l'instrument appelé à démontrer ses possibilités de virtuosité, après celles, d'expressivité, du mouvement précédent. Le thème-refrain est de veine populaire, et les couplets, l'un en *ré* mineur, très rythmé, un autre en *mi* majeur, mélodique et plus développé. Sans affirmer qu'en ce divertissement le compositeur se soit passionné pour l'arpeggione, force est de constater que l'œuvre est la seule du catalogue schubertien que les violoncellistes puissent s'attribuer pour eux seuls.

Durée d'exécution : 25 minutes environ.

C'est deux années plus tard, en octobre 1826, que Schubert revint à une œuvre pour violon et piano, — genre abandonné par lui depuis près de dix ans. Il s'agirait d'une commande (sans qu'on en ait la certitude), peut-être simplement d'un geste d'amitié à l'égard d'un jeune violoniste tchèque, Josef Slavik (« un second Paganini » selon Chopin) : le **Rondeau (Rondo) brillant pour violon et piano en *si* mineur** (op. 70, D. 895) fut créé, en privé, dans les premiers jours de 1827 chez l'éditeur Domenico Artaria, à Vienne, par Karl Maria von Bocklet et Josef Slavik, en présence du musicien; c'est en avril de la même année qu'Artaria le publia (avec le titre de « Rondeau brillant »). Il y a deux parties, un *Andante*, puis un *Allegro*. L'*Andante*, en *si* mineur et à 3/4, est assez ample, — lui-même en trois parties. Il repose sur une insistante figure rythmique donnant son impulsion à une mélodie que chante d'abord le violon, puis, en un assombrissement, le piano. Il est conclu par ce même motif aux rythmes pointés, avec un éclat plus héroïque. Le Rondeau proprement dit, *Allegro* à 4/4, s'impose par la vivacité de son thème-refrain, d'allure hongroise, qui contraste avec le dramatisme antérieur; il y a plusieurs épisodes dans l'esprit de la variation, juxtaposant mineur et majeur, lyrisme et bravoure instrumentale. C'est dans la tonalité épanouie, chaleureuse, de *mi* bémol majeur que prendra fin le mouvement après le retour du refrain, — la coda accélérant le rythme (*Più mosso*) et imposant définitivement le ton de *si* majeur. Le *Rondeau brillant*, conçu pour deux virtuoses, est une des rares œuvres de Schubert faisant paraître une écriture dont un critique de l'époque écrivit avec pertinence que « ... le piano aussi bien que le violon appellent des interprètes exercés, capables de rendre justice à des périodes n'ayant point acquis droit de cité à force d'être rebattues, mais témoignant de nouveauté et d'inspiration dans l'enchaînement des idées ». C'était marquer là toute l'originalité d'un Schubert, sa supériorité sur tout autre compositeur à la mode.

Durée d'exécution : 14 minutes environ.

L'œuvre couramment désignée comme **Notturno pour piano, violon et violoncelle** (op. 148, D. 897) porte en réalité un titre apocryphe. Il s'agit d'un mouvement de trio — *Adagio* en *mi* bémol majeur — dont on situe la date de composition en 1827 (sans certitude aucune; peut-être 1828). C'est un mouvement construit comme une fantaisie, en une écriture qui est presque celle d'un duo, — les deux instruments à cordes opposés au piano. Une introduction, *Adagio appassionato* à 2/2, présente un thème doucement ascendant par les cordes, tandis que le piano arpège en accords. La partie principale, en *mi* majeur et à 3/4, se constitue en un dialogue à trois voix sur un thème dont la rythmique accuse une cassure au deuxième temps. Le piano ornemente abondamment (triolets de doubles croches). Il y a retour au thème initial, transformé, avant une reprise du thème rythmique en *ut* majeur. On reviendra, avant la coda à la tonalité principale et, pour terminer, au thème initial en un manifeste souci d'unité. Il faut admettre l'intérêt musical assez mineur de cette partition.

Durée d'exécution : 10 minutes environ.

Le dernier ouvrage de musique de chambre dont s'impose le commentaire est la **Fantaisie en *ut* majeur pour violon et piano** (op. 159, D. 934). Elle fut écrite, en décembre 1827, à l'intention du pianiste Karl Maria von Bocklet et du jeune violoniste Josef Slavik, — ce même duo d'instrumentistes ayant déjà créé le *Rondeau brillant en* si *mineur* (v. précédemment) au début de cette même année. Elle fut donnée en première audition publique, avec Slavik, le 20 janvier 1828, à Vienne; la critique fut sévère, estimant que le compositeur « s'était ici complètement fourvoyé ». La publication ne devait intervenir qu'en 1850. C'est un long ouvrage en un mouvement, qui admet quatre parties d'un contenu riche et techniquement difficiles d'exécution. La partie introductive est un *Andante molto* à 6/8, en *ut* majeur donc, qui s'ouvre par un vaste tremolo, *pp*, du piano que prolongent des frémissements chromatiques sur lesquels se profile, à partir de la cinquième mesure, le long thème du violon, qui semble s'étirer vers un registre de plus en plus élevé : l'effet en est proprement stupéfiant. Une brève cadence fournit la transition vers un *Allegretto* longuement développé, oscillant vers *la* mineur et *la* majeur. Il est remarquable par son rythme à 2/4, très syncopé, sautillant, et son thème allègre, extrêmement virtuose pour le violon. Cette partie de l'œuvre est considérablement développée (jusqu'à la mesure 379). C'est là seulement, après une transition en *mi* bémol, qu'est atteint le cœur de l'ouvrage, un *Andantino* en *la* bémol majeur, — qui est un mouvement à variations. Le thème, que s'adjuge temporairement le piano, dans un registre lumineux, est emprunté au lied « Sei mir gegrüsst », sur un poème de Rückert, composé en 1822, dont le rappel n'est pas absolument textuel. C'est la formule finale du lied — salut, puis réponse en écho — que Schubert a retenue. Les variations sont conçues pour mettre en valeur, tout particulièrement, la haute virtuosité du violoniste (voir notamment la quatrième variation, en roulades ininterrompues, perpétuellement chromatisées, de triples croches) ; l'agilité du pianiste n'est pas moins mise à contribution, avec de considérables écarts en staccato, de grands arpèges en notes piquées, des gammes entières de tierces. La coda module vers *ut* majeur et fait reparaître, comme à l'improviste, le frémissement chromatique initial. On passe alors à l'*Allegro vivace* final, à 2/2, dans cette même tonalité d'*ut* majeur : un thème robuste anime concurremment les deux instruments, en *presto*. C'est soudain la reprise, en un calme *Allegretto*, du thème à variations en son clair *la* bémol majeur. Avec le retour du thème d'*Allegro vivace* se conclut rapidement la partition, — le violon prenant la relève d'un piano exubérant (parcours d'octaves aux deux mains) et conservant le dernier mot en un vaste arpègement qui atteint l'*ut* aigu, sur un *ff* conquérant.

Durée d'exécution : 25 minutes environ.

F.R.T.

ROBERT SCHUMANN

Né à Zwickau, en Saxe, le 8 juin 1810; mort à Endenich, près de Bonn, le 29 juillet 1856. Fils d'un libraire cultivé, Schumann grandit parmi les livres et s'il apprend le piano, c'est en se familiarisant avec les poètes, — Jean-Paul en premier lieu, mais aussi Hoffmann et Novalis; comme Wagner, il est poète et son œuvre musicale ne sera que la traduction plus précise de son imaginaire. Après de brèves études de droit à Leipzig, puis à Heidelberg, la musique l'emporte; il travaille le piano à Leipzig avec Friedrich Wieck, et suit les maigres cours théoriques de Heinrich Dorn. La paralysie d'un doigt met fin à ses ambitions de virtuose et le pousse vers la composition. La chronologie de l'œuvre schumannienne, nettement découpée selon les étapes de la conquête progressive des différentes techniques musicales, épouse un rythme saisonnier; ainsi la décennie 1829-1839 en forme le printemps. Tout en cultivant le journalisme avec talent (il fonde en 1834 l'organe du romantisme musical allemand, la Neue Zeitschrift für Musik*), Schumann entame une carrière « à la Chopin », consacrée uniquement au piano. Les* Opus 1 *à* 23, 26, 28 *et* 32, *par quoi il passera à la postérité, témoignent de l'adéquation parfaite entre son inspiration et le cadre du piano. Une passion — blason de l'amour romantique — l'unit à Clara Wieck, contrariée par le père de la jeune fille; Schumann s'engage alors dans d'odieuses querelles et de longs procès pour conquérir la femme qu'il aime. L'année 1840 verra la victoire de l'amour, le mariage tant attendu, et l'abandon du piano désormais inutile. C'est, avec l'été, la conquête systématique de tous les grands genres musicaux. On assiste en 1840 à la floraison d'une profusion de lieder, en 1841 aux premiers essais symphoniques, guidés par Mendelssohn qui dirige le 31 mars la* Première Symphonie. *L'année 1842 est entièrement consacrée à la musique de chambre. Enfin, en 1843, une vaste fresque chorale orientalisante,* le Paradis et la Péri, *synthétise les efforts successifs déployés par Schumann pour maîtriser tous les domaines compositionnels et devenir un compositeur à part entière. Mendelssohn consacre sa réputation en l'engageant alors au Conservatoire qu'il vient de fonder à Leipzig. Aussi mauvais pédagogue que piètre chef d'orchestre, il n'y est toutefois guère assidu; dès 1844 il part pour Dresde, qui lui réserve un accueil peu chaleureux. Les troubles psychiques de plus en plus fréquents compromettent gravement son activité créatrice. En 1847, année de la mort si douloureusement ressentie de Mendelssohn, commence l'automne schumannien, avec ses alternances de dépression et de vagues créatrices intenses, fiévreuses; ainsi 1849, année si féconde, — où il se hâte de « créer tant qu'il fera jour ». Engagé en 1850 comme directeur musical de la ville de Düsseldorf, Schumann échoue; son désé-*

quilibre mental le contraint bientôt à se retirer. Au matin du 27 février 1854 il se jette dans le Rhin pour échapper aux hallucinations qui l'assaillent. C'est l'hiver : interné dans un asile à Endenich, il recopie des noms de pays puisés dans un atlas... Avec sa mort, deux ans plus tard, prend fin un drame atroce qui est au cœur même du romantisme allemand.

La composition de musique de chambre s'effectue en cinq étapes décisives : elles mettent en lumière la nature même du génie de Schumann, qui s'exprime par éruptions isolées. Il convient d'isoler l'année 1842, essentielle, année des *unica*, des grands quatuors et quintettes, formations auxquelles Schumann ne reviendra jamais. Elle est suivie d'un silence de cinq années puis d'une résurgence régulière tous les deux ans, mais pour des œuvres qui ne demandent jamais plus de trois instruments : en 1847, 1849, 1851 et 1853.

L'ANNÉE 1842

Le premier cycle de la musique de chambre de Schumann — et le plus important — voit le jour en huit mois (juin 1842 - janvier 1843). Sept œuvres majeures consacrent l'exploration d'un monde sonore nouveau, — expédition à laquelle Schumann se livre tout entier, avec fièvre, en délaissant — c'est là un trait essentiel — tout autre genre musical... En juin-juillet, les trois *Quatuors à cordes* jaillissent dans l'enthousiasme ; avec cet hommage aux classiques viennois, témoignage de l'amitié qui l'unit à Mendelssohn, Schumann livre aussi le tribut révérencieux du romantisme à une grande tradition : celle des derniers *Quatuors* de Beethoven, qu'il mettait au-dessus de toute musique. Il convient de rappeler ici, pour comprendre la sensibilité profonde de Schumann, la double définition de son génie créateur, telle qu'il l'a donnée lui-même : « Ma personnalité vivace, dynamique, joyeuse, c'est Florestan... Eusebius représente mon aspect rêveur, nostalgique. » Dans les *Quatuors*, c'est Eusebius, le doux poète rêveur, qui parle, et cette première vague prend son élan dans un fond tonal centré autour de *la* mineur ; puis à l'automne, par un saut de triton qui nous mène aux antipodes tonales, la seconde vague, « héroïque » (*mi* bémol majeur !) du *Quintette* et du *Quatuor* avec piano libère une énergie nouvelle — Florestan prend la parole — grâce au retour de l'instrument favori. Ces cinq œuvres sont des solutions définitives, parfaites à ses yeux ; Schumann n'y reviendra jamais. Mais le finale du *Quatuor op. 47*, inclassable par son agencement, représente un point de non-retour ; bientôt l'assujettissement aux contraintes de la forme sonate et des formations classiques lui pèse, devient intolérable, et il veut s'en évader : l'effort a été trop long, l'inspiration s'effrite ; son journal révèle qu'il ne vient pas à bout d'un trio entamé qu'il baptisera huit ans plus tard du titre, si révélateur, de *Phantasiestücke* ! Et les étranges *Variations pour deux pianos, deux violoncelles et cor* trahissent bien, par la formation même, l'impérieux besoin de *Phantasie*, d'imaginaire, d'inédit sonore ; il les juge pourtant malaisées d'exécution, et les laisse pour un temps de côté. La première vague créatrice s'est brisée. Après cette date, Schumann n'écrira plus de musique de chambre pour plus de trois instruments...

LES QUATUORS À CORDES

On chercherait en vain chez Schumann l'équivalent de la lente évolution de Beethoven dans ses *Quatuors*. La rencontre de Schumann avec le quatuor a la fulgurance et la puissance de l'étreinte passionnée d'un dieu descendu de l'Olympe pour féconder une mortelle avant de disparaître à jamais. Son approche du genre, graduée par étapes, est très particulière : après des essais de composition spontanée, infructueux par manque de « métier », vient une réflexion littéraire sur la situation incertaine du quatuor à l'époque, puis l'étude des partitions des classiques viennois, Mozart et Haydn — à l'exclusion de Beethoven, trop puissant pour cet usage didactique. En 1838, année où il constate les limites du clavier, Mendelssohn achève ses trois *Quatuors op. 44*, qui influenceront considérablement l'*op. 41* de Schumann. En 1839, après le retour de Vienne et l'achèvement du *Carnaval op. 26*, qui clôt le premier cycle de l'œuvre pianistique, c'est au quatuor qu'il songe : « Je me suis remis hier à un quatuor, mais il me manque le courage, ainsi d'ailleurs que le calme pour un tel travail. Il faut pourtant que j'y arrive. » (juin 1839). A Clara, il écrit aussi : « J'ai commencé deux quatuors, j'ose te le dire, aussi bons que ceux de Haydn ». Ils ne verront pas le jour ; mais au printemps 1842 Clara part pour la première fois en tournée de concerts ; seul et malheureux, Schumann livré à lui-même achète des *Quatuors* de Mozart et de Beethoven. Curieusement, cet isolement douloureux pour sa fierté (il est pour la première fois le mari de la pianiste célèbre !) le pousse vers l'étude de la théorie : il lui faut gravir les degrés du Parnasse pour maîtriser la haute composition et devenir un compositeur à part entière : « Vie misérable, écrit-il le 20 mars. Travaillé tout ce temps le contrepoint et la fugue. » Le sage Eusébius, respectueux des classiques, se forge un matériau solide. Le 26 avril Clara revient, et avec elle la sérénité. Et dès le 2 juin, il peut noter « Essais de quatuor » : c'est alors que prend forme le complexe étrange et si original de ce grand « triple quatuor en douze mouvements », dont le journal des Schumann permet de suivre la naissance. Le 4 juin, il signale déjà l'étrange conception tonale du premier quatuor : « Mouvement en *fa* majeur et *la* mineur. » Le lendemain : « Continué le quatuor avec joie. » Le 6 : « Adagio terminé » et enfin dès le 8 : « Mon quatuor entièrement achevé. » Quatre jours lui ont suffi dans un domaine où il est si peu expérimenté ! Le 10 juin, il commence un second quatuor. Le 13, il en écrit les variations, le 14 le scherzo. Il s'interrompt pour mettre au net le premier quatuor, qu'il termine le 24 juin, « Jour de la Saint-Jean ». Le lendemain il en reprend l'introduction, et ajoute quatre mesures modulantes (vers *fa* !) destinées d'abord au second quatuor, qui sera terminé le 5 juillet. Le troisième, enfin, commencé le 8 juillet, est terminé le 22. « Achevé le troisième quatuor. Joie », note-t-il : c'est l'adieu définitif au quatuor et à la musique de chambre sans piano.

Schumann confie la création des quatuors à Ferdinand David, Konzertmeister du Gewandhaus et *adlatus* de Mendelssohn, (dont il créera le *Concerto pour violon* trois ans plus tard) ; il pourra, plein de fierté, les offrir à Clara pour son anniversaire, le 13 septembre : « Ce fut un jour plein de joie et de plaisir, écrit-elle... Tout ce que je puis dire des *Quatuors* est qu'ils me ravissent jusque dans le détail. Tout y est neuf mais clair, travaillé avec délicatesse, mais toujours dans le vrai style du quatuor. » Schumann a visiblement atteint son but ; il lui reste encore toutefois une personne chère à impressionner : Mendelssohn, pour qui il a écrit ces œuvres, et qui revient de vacances en Suisse le 27 septembre : « Pour septembre je dois encore ajouter que le 29, David joua mes quatuors à Mendelssohn... Plus tard, en prenant congé, Mendelssohn me déclara qu'il ne savait comment me dire à quel point ma musique lui plaît ; cela m'a fait très plaisir, car pour moi, Mendelssohn est le critique le plus élevé ; il a, parmi tous les musiciens vivants, la vision la plus claire des choses. » Quelques jours plus tard Mendelssohn fit part de ses impressions à Moscheles : « On m'a joué trois quatuors de Schumann, dont le premier m'a plu de façon tout à fait extraordinaire. » Seul ce *Premier Quatuor* fut d'ailleurs créé en public lors du concert donné par les Schumann le 8 janvier 1843, au Gewandhaus de Leipzig, concert où fut également créé le *Quintette op. 44*. La partition de l'*op. 41* fut publiée quelques jours plus tard par Breitkopf et Härtel, Schumann pressant l'édition pour pouvoir l'offrir à Mendelssohn à qui elle est dédiée, le 3 février, jour de son anniversaire. Dans les années qui suivirent, ce dernier, qui comblait de présents et d'attentions les Schumann, opposa toujours à leurs remerciements ces mots : « Mais, Schumann, et les Quatuors ! »

Mieux encore que dans les pages symphoniques de l'année précédente, Schumann réussit à conserver ici les traits caractéristiques de sa musique pour piano, tout en maîtrisant les éléments essentiels de la musique de chambre classique, dont la force normative, liée à la tradition, vise davantage la perfection formelle que l'originalité du discours. A cela s'ajoute la profonde unité de l'opus, liée essentiellement au champ tonal restreint : l'œuvre tire sa substance de deux tonalités génériques, *fa* majeur et *la* mineur (la relation de tierce, qui préside à ce choix, est typiquement romantique), et cette bipolarité se maintiendra par la suite dans toute sa musique de chambre comme un véritable réflexe tonal. D'ailleurs les diverses solutions formelles adoptées pour les douze mouvements révèlent clairement une conception supérieure unitaire, en même temps qu'un désir d'originalité ; ainsi les introductions lentes du *Premier* et du *Troisième Quatuors*, opposées, les formes sonates, mono- ou bi thématiques, le type des scherzos et des mouvements lents, très contrastés, offrent une solution particulière toujours renouvelée.

Quatuor n° 1, en *la* mineur (op. 41 n° 1)

1. Introduzione – Andante Espressivo – (*la* mineur, à 2/4); Allegro (*la* majeur, à 6/8) : du complexe tonal qui engendre les trois *Quatuors*, celui-ci tire, par un raccourci exceptionnel dans l'histoire de la musique, son étrange dualité : l'introduction seule est dans le ton principal, l'*Allegro* est en *fa* majeur, ce qui est totalement irrégulier. Le *Scherzo* est en *la*, le mouvement lent en *fa*, et le finale en *la*. Une brève et sage cellule en doubles croches *piano* nous mène au monde du « Märchen » schumannien, un univers assagi où Tieck remplace Hoffmann, et Geneviève de Brabant Kreisler ; et le canon des archets montre bien que Bach et son prophète Mendelssohn se sont penchés sur le berceau de cet *op. 41*. Un contre-sujet plus dramatique, pointé, accompagne le canon. Quatre mesures *stringendo*, à l'origine prévues pour le *Second Quatuor*, nous mènent en *fa* majeur. L'*Allegro*, flottant et délicatement nuancé, est en réalité un *Charakterstück* bien romantique déguisé en forme sonate classique, qui repose sur un thème chantant, élastique, de huit mesures :

La seconde incise montre que l'attachement au ton de *la* demeure ; un motif secondaire jouera par la suite un rôle important. Un bref fugato, dont le thème en deux quartes ascendantes rappelle la *Fugue* de l'*op. 110* de Beethoven, sert de pont. Le second thème, (en *ut* majeur, mais très modulant), né du motif secondaire, est présenté par les deux violons. C'est une petite gigue fuguée, fantasque, en croches détachées avec un contre-sujet en *saltarello*. La codetta, syncopée, repose sur un jeu de chromatismes, avec ces admirables demi-teintes schumaniennes, où l'harmonie semble s'affaisser peu à peu, par demi-tons comme la lumière du jour qui baisse. Par un mouvement de tierce — mineure cette fois — le développement, long de cent mesures, s'oriente tout d'abord vers *la* bémol majeur. Le premier thème prend un ton passionné, ponctué par deux arpèges descendants de septième diminuée au premier violon. La seconde idée est plus longuement travaillée. La réexposition, comme très souvent chez Schumann, est fort classique ; le premier thème, alangui, clôt avec légèreté, *ritardando* et *pp*.

2. Scherzo Presto (*la* mineur, à 6/8) : En rupture avec la tradition établie, le *Scherzo* précède le mouvement lent. De forme lied, il reprend le ton principal et la mesure à 6/8 de l'*Allegro*, mais dans un mouvement vif. Le souvenir de Mendelssohn passe encore ici, mais c'est le Mendelssohn du *Songe d'une nuit d'été*, des scherzos déliés et féeriques (comme celui de l'*Octuor op. 20* que Schumann admirait fort). De petits appels de cor lancent cette chevauchée ; le thème s'élance de la dominante puis retombe, inlassablement. Le *Wilder Reiter* de l'*Album à la Jeunesse* de 1848 en reprendra l'idée et la tonalité. La seconde idée, en *ut* majeur, est dialoguée non sans quelque inquiétude. Comme une halte aux « Pays Étranges » schumanniens, l'*Intermezzo*, également au relatif, mais à 2/2, tient lieu de trio. La première phrase, dépressive, s'appuie sur les chromatismes rampants, en blanches, du second violon et de l'alto, soutenus par une pédale de tonique du violoncelle. Les seize premières mesures, reprises, modulent vers la dominante, les seize suivantes retournent à la tonique, — sans que ce tournoiement obsédant ait faibli un seul instant ; puis le *Scherzo* reprend sa chevauchée.

3. Adagio (*fa* majeur, à 4/4) : par sa faveur passionnée, ce nocturne atteint les sommets de la poésie schumannienne. Une longue phrase chantante, semblant improvisée par le violoncelle, jaillit des profondeurs ; elle sert de portique. Le thème principal (au violon, accompagné par des arpèges de l'alto) se souvient comme dans un rêve de l'*Adagio* de la *Neuvième Symphonie* de Beethoven :

Après une brève tension — trois mesures de cadence violemment accentuées — le violoncelle reprend la mélodie ; les quinze mesures centrales, en *la* bémol majeur ou mineur, développent en un discours ardent le tout premier récit du violoncelle, — tandis que le premier violon lance de déchirants appels, quintes ou octaves. La reprise, amenée imperceptiblement, plus enivrée encore, propose un accompagnement renouvelé dans sa complexité : le second violon et l'alto échangent doubles croches syncopées et accords en triolets ornés de trilles et de ce grupetto si *vocal* qui apparaît dans les lieder de 1840, puis dans *le Paradis et la Péri*. Deux mesures souriantes, au rythme balancé, *un poco*

ritardando, précèdent la cadence rêveuse qui reprend les premières mesures de l'introduction.

4. Presto (*la* mineur, à 2/2) : ce finale amusant, plein d'humour, montre que la lecture des *Quatuors* de Haydn a porté ses fruits ; dans l'esprit d'un divertissement, il présente des mélodies carrées, franches, appels de quartes ou de quintes joviales, toujours suivies d'une queue de tierces brisées en croches. Sous l'apparence de la forme sonate, il penche toutefois vers le monothématisme puisque le premier thème, une danse impétueuse, se diversifie pour donner naissance à plusieurs motifs, couplets et refrains tous apparentés.

Schumann se livre ici à un joyeux travail contrapuntique, sous forme de canons et renversements de toutes sortes ; une transition poétique, *pp*, sur une première variante prolongée par des gammes descendantes en croches, introduit le second thème, en *ut*, en réalité le renversement augmenté de la première idée. Posé sur les quintes vides « bon enfant » du violoncelle, il forme un contrepoint renversable avec les croches en tierces brisées. Une troisième variante anime le développement, extrêmement gracieux et délicat. La modulation en *fa*, obsession de tout ce quatuor, provoque ici — à l'exclusion du premier thème — une réexposition de la seconde idée dans ce ton étrange, suivie tardivement d'un retour au ton principal pour le premier thème. Par une sorte de caprice, la coda en majeur est précédée d'un intermède pour cornemuse (on entend les tenues caractéristiques en bourdons) : salut au dédicataire, si écossais en ses œuvres ? Rappelons que sa *Symphonie Écossaise* avait été créée quelques semaines plus tôt au Gewandhaus de Leipzig, et qu'il était justement en Angleterre en juin 1842. Elle est suivie d'un curieux enchaînement d'accords, *pp*, en valeurs longues, et d'une coda construite sur deux variantes du premier thème.

Durée d'exécution : 27 minutes environ.

Quatuor n° 2, en *fa* majeur (op. 41 n° 2)

1. Allegro vivace (à 3/4) : si l'ombre amicale de *Felix Meritis* planait sur le *Premier Quatuor*, c'est à Clara, la *Chiarina* bien aimée, que semble secrètement dédié celui-ci. De propos plus mince, ce bref *Quatuor* demanda cependant trois semaines de travail à Schumann. Le ton de *fa* majeur, qui luttait sans cesse pour s'imposer dans le quatuor précédent, règne ici sur son propre terrain. L'*Allegro*, une fantaisie rêveuse et délicate, renonce à la dialectique et à l'équilibre viril de la sonate classique pour s'abandonner au plaisir du chant. Le premier thème, mélodie infinie plutôt,

qui déploie ses ailes dans l'espace durant trente-deux mesures, est répété ensuite, en un duo tendre des deux violons, et suivi d'une marche d'harmonie d'un coloris exquis. Une sorte de pont modulant mène simplement, à défaut d'un second thème, vers une paisible cadence en *ut* majeur qui précède la barre de reprise. Ces éléments cadentiels ouvrent le développement où le thème principal est entrecoupé de grands arpèges en croches, partagés entre les deux violons et l'alto. La réexposition, légèrement tronquée, s'achève en *fa* majeur par un enchaînement d'accords semblable à celui qui fermait le *Premier Quatuor* : sorte de repli sur soi, de recueillement assez étrange, qui précède la brève cadence ; Schumann conclut pudiquement, comme après un excès d'aveu.

2. Andante quasi Variazioni (*la* bémol majeur à 12/8) : à lui seul, cet admirable mouvement à variations suffirait à démontrer à quel point l'exemple des derniers *Quatuors* de Beethoven put influencer Schumann. C'est un hommage clair à l'*Adagio* de l'*op. 127*, où Schumann voyait « un monde de musique surnaturel dans lequel on peut croire que l'on a vécu, non pas un quart d'heure, mais une année tout entière ». Cette rêverie — une communion avec l'autre créateur disparu — doucement bercée reprend le mètre à 12/8 et la tonalité de *la* bémol majeur, — celle de la tendresse intime chez Beethoven. La forme, complexe, est celle d'un lied en trois strophes, dont la troisième est variée quatre fois ; elle est suivie d'une reprise des deux premières strophes et d'une coda. Le thème de huit mesures (dont la première idée figure dans un *Larghetto* de 1832, *n° 13* des *Album-Blätter op. 124*) comprend quatre incises séparées par une respiration, où le rythme noire-croche prédomine :

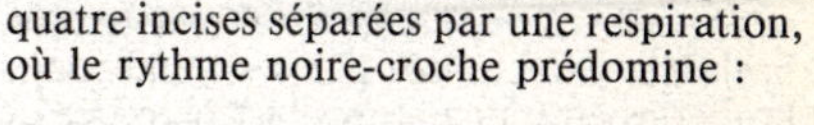

Dans la seconde strophe, en *fa* mineur, le rythme est syncopé. Dans la troisième strophe, qui sera variée, le thème est confié au violoncelle, puis au violon ; deux mesures évoluent en *mi* majeur, — tonalité remarquable déjà présente chez Beethoven. La première variation, contrapuntique, traite le thème en *cantus firmus*, orné, comme un choral figuré, de gammes en imitations. La seconde, très éloignée du thème, n'en garde que le schéma harmonique ; de type ornemental, d'une grande élégance, elle oppose les arabesques dialoguées en doubles croches des violons aux pizzicatos de l'alto et du violoncelle ; le passage en *mi* majeur est éclairé par de fougueux arpèges. La troisième, *Molto più lento*, est un étrange et sombre labyrinthe harmonique ; la tonalité, affirmée par les quintes longuement tenues du violoncelle, est endeuillée par un *fa* bémol emprunté au mode mineur. Les sixtes rampantes du premier violon et les étranges glissements chromatiques créent un climat mélancolique. Dans la quatrième variation, un intermezzo enjoué (*Un poco piu vivace*), le thème, à 4/4, et fragmenté, évoque le début du lied *Allnächtlich im Träume* (*n° 14* des *Amours du Poète*). Les deux premières strophes du lied sont alors réexposées, et suivies d'une coda, *poco più lento*, qui reprend les tourbillons en doubles croches de la deuxième variation, suivis d'arpèges par mouvement contraire entre le violon et l'alto.

3. **Scherzo : Presto** (*ut* mineur, à 6/8) : bref et volubile, ce *Scherzo* repose sur des arpèges aux accents syncopés du premier violon, tour à tour ascendants et descendants, d'une écriture bien pianistique. Le *Trio*, en majeur et à 2/4, est un minuscule intermède évoquant l'opera buffa, — la mélodie confiée au violoncelle contraste avec de petites gammes en doubles croches piquées. Après la reprise du *Scherzo*, la coda poétique tente d'opérer la fusion des arpèges en mineur avec la mélodie en majeur du trio.

4. **Finale : Allegro molto vivace** (*fa* majeur, à 2/4) : cette page spirituelle et légère, qui pourrait servir d'ouverture à une comédie de Shakespeare, reprend le principe du mouvement perpétuel utilisé par Schumann l'année précédente dans le finale de sa *Première Symphonie*. La première idée, brillante, caractérisée par ses nombreuses broderies et appogiatures, est précédée de deux mesures d'introduction, auxquelles elle semble liée. Elle module, en huit mesures, en *la* mineur (on retrouve ici la griffe de cet *op. 41*), puis retourne en *fa* ; le pont regroupe plusieurs dessins en imitations, dont un curieux petit motif chromatique et syncopé ; la seconde idée, en *ut*, *dolce*, alimente presque seule le vaste développement, principalement en *la* bémol et *ré* bémol. Ce travail thématique extrêmement intensif et concentré, dans le sens classique, est entrecoupé d'accords disposés en écho. Ce thème est bien proche d'une mélodie de Beethoven chère à Schumann, « Nimm sie hin denn, diese Lieder », du cycle *À la Bien-Aimée lointaine*, qu'il reprendra encore quatre ans plus tard dans le finale de la *Deuxième Symphonie*. Un étrange solo de violoncelle, en gammes de doubles croches intervient peu avant la réexposition, qui est légèrement tronquée. Ce solo est ensuite repris dans la coda brillante, où les archets exultent en rivalisant de virtuosité.

Durée d'exécution : 23 minutes environ.

Quatuor n° 3, en *la* majeur (op. 41 n° 3)

1. **Andante espressivo** (à 4/4) ; **Allegro molto moderato** (à 3/4) : ce *Quatuor*, le plus ambitieux, le plus audacieux des trois, est celui qui s'éloigne le plus de la norme classique. Le prélude, *Andante espressivo*, contient en germe le premier mouvement ; ici le poète parle, ou plutôt rêve : les brumes d'un accord originel (quinte et sixte ajoutée) engendrent un simple appel, une quinte descendante, ornée du grupetto, — signe de tendresse. Cet appel est répété quatre fois comme un souvenir de la troisième *Sonate* de l'*op. 31* de Beethoven, où il est assorti du même accord de quinte et sixte ajoutée tonalement ambigu. *L'Allegro molto moderato* s'empare de ce bref appel pour en tirer un thème, *sempre teneramente*, thème d'une grâce exquise, paré d'une sorte de fragilité hésitante, féminine, que l'harmonisation (sous-dominante-dominante-tonique) souligne :

Les arpèges en canon du conséquent, plus vigoureux, modulent vers *ut* dièse mineur, quand, brusquement, une saute d'humeur, une cadence soudaine, *forte*, en *ut* majeur, les interrompt ; la fin du pont, en *mi* majeur, laisse la place au second thème, véritable chant d'amour débordant d'émotion, qui sonne comme un aveu éperdu, une acceptation, en réponse à l'interrogation de la première idée. C'est le violoncelle qui prend la parole, dans l'aigu, sous un accompagnement en croches syncopées, avec la tendresse et la fougue d'un amoureux. La quinte descendante, encore présente, confirme le désir d'unité thématique ; le violon s'empare du thème, puis les deux instruments clament ensemble cet hymne qu'accompagnent les croches du second violon et les syncopes de l'alto. Quelques mesures anxieuses, *un poco ritenuto*, en *ut* dièse majeur, forment une apothéose. La codetta s'achève par une petite fanfare heureuse du premier violon, en *mi* majeur. Le développement, très bref (une quarantaine de mesures), s'attache uniquement à la première idée, dont la quinte descendante reçoit plusieurs éclairages différents. Ainsi travaillée, sa réexposition est à peine esquissée, — son rôle inquiet et interrogateur n'ayant plus de raison d'être, et elle laisse aussitôt la place au second thème lyrique dont on comprend alors l'importance. Dans la coda, pleine d'ombres, le premier réapparaît discrètement, — sa quinte caractéristique dominant alors jusque dans la dernière mesure.

2. ASSAI AGITATO (*fa* dièse mineur, à 3/8) : d'un imprévu bien romantique, cet intermezzo suivi de quatre variations tient la place d'un scherzo traditionnel. La première phrase (seize mesures) haletante, syncopée, entrecoupée de soupirs, semble chercher sans cesse sa respiration :

La seconde (trente-deux mesures), où le thème est d'abord confié à l'alto, erre parmi plusieurs tonalités ; les variations s'inspirent du *Quatuor en* ré *mineur* de Schubert pour l'invention rythmique et harmonique. Dans la première, le violoncelle entame une sorte de poursuite, un mouvement continu en croches, auquel répondent les autres archets. La seconde variation, l'*istesso tempo*, mais à 2/4, est un solide fugato, carré, la troisième un canon entre le premier violon et l'alto, plein de grâce, sur un rythme berceur de sicilienne. La quatrième (dont Brahms se souvint dans son *Sextuor op. 18*), *tempo risoluto*, est chevaleresque et fort éloignée du thème. Reprise par le violoncelle en *si* mineur, elle s'exalte en un grand déploiement de sonorités symphoniques. La coda, rêveuse et chatoyante, reposant sur de longues tenues, semble opter d'abord pour le mode majeur, mais est entrecoupée deux fois par quatre mesures qui modulent en *mi* bémol majeur, — sorte d'interpolation prémonitoire des grands arpèges balancés de la *Symphonie Rhénane*. Les dernières mesures, pré-impressionnistes, hésitent longuement entre majeur et mineur.

3. ADAGIO MOLTO (en *ré* majeur, à 4/4) : cet *Adagio*, l'une des plus sublimes pages de Schumann, reprend la tradition des grands hymnes beethovéniens, mais s'abîme peu à peu dans une sorte de contemplation, de rêverie vague, aux harmonies extrêmement chromatiques et aux dissonances dissolvantes. En forme lied, il comprend cinq parties (ABABA). La première idée, de dix-huit mesures, religieuse, d'une grande noblesse, est harmonisée avec une sorte de plénitude chromatique :

Elle s'élève en quatre phrases, les deux premières s'achevant par une cadence (IVe, puis V[e] degré) ; la troisième est une interrogation, crescendo, de l'alto ; la dernière conclut gravement dans le ton principal. A cette grandeur calme succède un second motif (B), plus inquiet, qui module immédiatement vers la région éloignée d'*ut* mineur ; accompagné par un dessin immuable du second violon (croche pointée — double croche), l'alto fait écho aux appels plaintifs du premier violon ; mais la tête du premier thème l'interrompt par deux fois pour apporter une trêve apaisante. L'alto reprend (pédale de *do* dièse brodée) le motif d'accompagnement ; une modulation en *sol* amène le retour du premier thème, orné d'un accompagnement d'une rythmique raffinée. Un second développement reprend le thème B en d'autres tonalités, et la dernière réapparition de la première idée est suivie d'une coda, sur le thème B, qui s'enfonce peu à peu dans l'ombre.

4. FINALE : ALLEGRO MOLTO VIVACE (*la* majeur, à 2/2) : conçu comme une sorte de « carnaval » schumannien, ce rondo reprend le principe des danses stylisées qui alternent dans les grandes œuvres pour piano (il est formellement proche des *Novelettes op. 21*). Le complexe refrain-couplets (ABACAD) est exposé deux fois de suite, selon un plan tonal confus. Par souci d'unité, Schumann reprend au début du refrain le premier accord qui ouvrait ce *Quatuor*, anticipant les ambitions cycliques du *Quintette op. 44*. Le thème a le « caractère d'une danse slave trépidante, galop à brusques freinages sur les talons, l'équivalent d'un zapateado, ou des arrêts bokazo des Hongrois » (Olivier Alain) :

L'obsédant quatrième degré pèse encore ici lourdement sur la démarche tonale : les quatorze mesures du refrain évoluent de *ré* (IV de *la* majeur) au relatif (*fa* dièse mineur) pour finir en *ré* majeur ! Le premier couplet, B, est une invention contrapuntique assez guillerette de vingt mesures ; le refrain est repris et se termine ici en *la* majeur ; une suite de notes répétées en triolets, sur une basse en noires régulières, constitue le second couplet (C), en *fa* dièse mineur. Le refrain revient au ton principal. Le troisième couplet (D), intitulé curieusement *Quasi Trio*, est en réalité une gavotte en *fa* majeur, aux imitations surannées, bientôt développée avec de joyeux effets de sonorités. Ici le refrain, repris en *fa*, ouvre une seconde exposition de tout le rondo : le premier couplet et le refrain sont repris en *ut* majeur, le second couplet en *la* mineur et le troisième en *mi* majeur. Le refrain est enfin largement développé dans une coda épique, peut-être conçue comme le couronnement des trois quatuors.

Durée d'exécution : 32 minutes environ.

Quintette pour piano et cordes, en *mi* bémol majeur (op. 44)

Après l'achèvement des *Quatuors*, en août 1842, Schumann prit quelques vacances en Bohême ; de retour à Leipzig, il esquissa d'enthousiasme le *Quintette*, entre le 23 et le 28 septembre. Le 29 eut lieu la fameuse audition des *Quatuors*. Dès le 3 octobre Mendelssohn repartait pour Berlin, et Schumann, fort de ses encouragements, acheva alors son *Quintette* (le finale, le 16 octobre). Après une brève interruption, il composa son *Quatuor avec piano op. 47*, quelques jours avant le retour de Mendelssohn. D'ailleurs, si Clara déchiffra le *Quintette* (écrit pour elle, et qui lui est dédié) le 29 novembre, c'est Mendelssohn qui le joua pour la première fois chez des amis, les Voigt, le 6 décembre 1842 (il s'agissait là d'une première version). La création publique eut lieu au cours de la matinée du 8 janvier 1843, où fut également créé le premier *Quatuor* de l'*op. 41*. Clara, au piano, était accompagnée par différents musiciens du Gewandhaus. En février 1843 elle partit pour Dresde, où elle se réconcilia avec son père, qui organisa une soirée pour faire entendre à ses amis le *Quintette* : Wagner, qui était présent, fit part de ses impressions à Schumann dans une lettre du 25 février : « Votre *Quintette*, très cher Schumann, m'a beaucoup plu ; j'ai prié votre chère épouse de le jouer deux fois. J'ai encore très présents à l'esprit les deux premiers mouvements. Quant au *Finale*, il m'aurait sans doute plu davantage si j'avais pu l'entendre une fois séparément. Je vois quel chemin vous voulez suivre, et puis vous assurer que c'est aussi le mien, là est l'unique chance de salut : la beauté. » Deux jours plus tard, le 27, Schumann fit jouer son *Quintette* et deux *Quatuors* de l'*op. 41* à Berlioz, alors à Leipzig ; mais celui-ci se montra « froid, indifférent et grincheux », aux dires de Clara qui lui garda une rancune tenace. En 1848 le *Quintette* fut à l'origine d'une triste querelle entre Schumann et Liszt ; le 9 juin, lors d'une soirée organisée en son honneur, Liszt arriva en retard, et se gaussa du *Quintette*, jugeant trop « leipzigeoise » (entendez mendelssohnienne) l'écriture contrapuntique du *Finale*. Puis, bien qu'il sût pourtant que Schumann avait été très affecté par la mort de Mendelssohn, Liszt parla de façon blessante de ce dernier, ce qui occasionna une scène pénible, et s'en fut, riant de l'aventure en compagnie de Wagner par les rues de Dresde. Pourtant le *Quintette* de Schumann, charte du Romantisme musical, est le premier grand chef-d'œuvre conçu pour piano et quatuor à cordes (les œuvres similaires de Schubert, d'Onslow et Hummel requièrent une contrebasse). Après l'effort d'écriture qu'avait exigé la genèse des trois *Quatuors op. 41*, le piano, associé à l'amour pour Clara, reprend ses droits (on trouve à grand peine six mesures dans le *Quintette* où il se taise !), et règnera désormais sur toute la musique de chambre de Schumann. Concertante donc, mais aussi solidement charpentée, l'œuvre reste un modèle de dynamisme et de fraîcheur insurpassé ; elle allie la rigueur du style de quatuor, à la fantaisie imaginative, à la richesse et à la liberté concertante de l'écriture pianistique de Schumann. Enfin ce jalon lumineux dans l'histoire de la musique de chambre est pensé en ses quatre mouvements comme une marche en avant et suit une ligne de force qui mène au finale, considéré comme le but essentiel à atteindre, et où la longue élaboration du microcosme thématique arrive à maturité. Solution formelle si heureuse et si adaptée à l'esthétique romantique qu'elle sera universellement adoptée à la fin du siècle, — par Liszt, Brahms, Dvořák, Tchaïkovski, ou Franck.

1. ALLEGRO BRILLANTE (*mi* bémol majeur, à 2/2) : d'après les esquisses, conservées à Carpentras, ce premier mouvement fut le dernier achevé, et il était suivi dans la première version de deux mouvements lents dont une *scena* en *sol* mineur, écartée ensuite. Le premier thème, célèbre à juste titre, s'élance brillamment en deux incises, quatre accords en blanches conquérantes, suivis d'une retombée en noires ; très modulant, il touche au quatrième degré, au mode mineur, au relatif, à la dominante et au sixième degré, en huit mesures !

Cette idée impérieuse est aussitôt variée, avec tendresse, sous la forme d'une marche modulante qui mène (par *ut* bémol majeur et *mi* bémol mineur) à une demi-cadence ; sans transition, un changement d'éclairage harmonique amène une seconde variante, encore plus tendre, en *sol* bémol majeur, au piano seul, puis au violon, et se dirige vers le ton de la dominante ; le piano annonce seul, alors (accord de neuvième de dominante), rêveusement, et non sans hésitation, le second thème : merveilleuse, cantilène, en forme de marche d'harmonie, présentée par le violoncelle sur des accords syncopés du piano ; l'alto lui répond avec le même thème, mais renversé. Le piano semble préluder encore avec ses accords vagues avant une reprise où le violon soupire un contre-chant. Un accord de *sol* bémol majeur, arpégé *con fuoco*, introduit la coda de l'exposition, sur le premier thème (*si* bémol majeur). Une introduction sombre, en *mi* bémol mineur, basée sur la *Katabasis*, symbole musical de la Mort, précède le développement. Schumann cite ici le début de l'air « Es ist vollbracht » de la *Passion selon Saint-Jean* de Bach, entendue à Leipzig deux ans plus tôt, et déjà présent dans l'*Arioso dolente* de la *Sonate op. 110* de Beethoven. Le vaste développement, de style concertant, s'opère en deux grandes phrases de crescendo symétriques ; le piano développe un dessin *non legato* en croches continues, tiré de la tête du premier thème en diminution et accompagné par de simples accords des cordes, qui annoncent le rythme de marche funèbre du deuxième mouvement. La réexposition, classique, est suivie d'une brève coda pleine d'élan, entièrement basée sur la troisième mesure du premier thème.

2. IN MODO D'UNA MARCIA. UN POCO LARGAMENTE (en *ut* mineur, à 2/2) : cette marche funèbre, double hommage à la *Symphonie Héroïque* de Beethoven et au second mouvement du *Trio en* mi *bémol* de Schubert que Schumann aimait tant (elle emprunte à ces deux œuvres la tonalité, le relatif du ton principal), est unique dans l'histoire de la musique de chambre. Elle est construite dans la forme d'un lied suivi d'un trio et d'une reprise, selon le plan ABACABA. Précédé d'un arpège descendant du piano, le thème principal, inoubliable, s'ébranle pesamment (*Molto piano ma marcato*) :

Ses silences angoissants, ses frottements douloureux de la sensible contre la tonique, l'insistance, dès la première mesure, de la sous-dominante (comme dans le premier mouvement), instaurent un climat tragique. Un bref dialogue des deux violons, en *si* bémol mineur, puis en *fa* mineur, précède la cadence. L'élément central, en majeur, est une prière, pleine de foi et d'espérance (*espressivo ma sempre piano*) chantée en blanches par le premier violon ; les harmonies chatoyantes sont traduites par des dessins flous en croches (aux cordes) et en triolets de noires au piano. Chez Beethoven, le passage correspondant à celui-ci, également en *ut* majeur, confié au hautbois solo, apportait la même note d'espoir. La reprise de la marche s'enchaîne en *fa* mineur au trio, *Agitato*, une ballade typiquement romantique, — non plus funèbre mais épique et pleine de fougue. Le thème confié au piano (une métamorphose du thème de la marche) s'élève avec une énergie farouche sur deux octaves, puis retombe en arpèges de septième diminuée. Il s'enchaîne naturellement à la reprise variée de la marche ; le thème, à l'alto, se fond avec les derniers soubresauts du trio ; le second thème est redit en *fa* majeur (la sous-dominante, majeure ou mineure, s'impose dans ces dernières pages) sur des arpèges plus calmes du piano, — qui s'empare pour la première fois du thème principal dans la coda. La marche s'évanouit peu à peu, comme un cortège qui se disloque dans les lueurs blafardes de l'aube.

3. Scherzo : Molto vivace (en *mi* bémol majeur, à 6/8) : en retrouvant la clarté diurne du ton principal, le *Scherzo*, plein de vie, s'élance en avant avec la rapidité d'une flèche ; le thème, en croches alertes, parcourt joyeusement la gamme de *mi* bémol majeur sur trois octaves puis redescend, ponctué par quelques accords, et conclut sur la dominante. Il s'apparente au *Menuet* de la *Première Symphonie* de Beethoven (gamme ascendante dressée sur un immense ambitus). L'épisode central, un canon modulant entre le piano et les cordes, précède la reprise de la première idée. Ici Schumann reprend le principe des « alternativs » contrastés du mouvement précédent, l'un lyrique et l'autre fougueux. Rappelons que cette idée originale des deux trios figure dans les deux premières symphonies de Schumann (1841 et 1846). Comme les doubles d'un même personnage (Eusebius et Florestan), ils s'évadent vers les zones d'ombre, dans des tonalités bémolisées. Le premier, en *sol* bémol majeur, assez inquiétant, tourne en rond comme l'*Intermezzo* du *Premier Quatuor* ; ses noires pointées régulières progressent par quintes, sur l'accompagnement en triolets du piano. Est-ce un « envoi » secret à Clara ? Schumann cite le thème de la *Romance op. 3*, qu'elle lui avait dédiée en 1833, et dont il avait à son tour tiré les *Impromptus op. 5*, — thème de l'amour vainqueur donc, qu'il traite de surcroît en canon (symbole musical de l'éternité). Le second trio, en *la* bémol mineur remplace une autre page que Mendelssohn n'avait pas goûtée ; avec l'impétuosité d'une danse hongroise, il oscille entre *la* bémol mineur et *mi* majeur. Le premier motif, un mouvement perpétuel en doubles croches du violon et du violoncelle, est accompagné par le piano ; modulant en *mi* majeur, il est repris, toujours à l'octave, par le second violon et l'alto ; l'accompagnement du piano, sur un rythme de polka, développe assez longuement la première idée dans un réseau de modulations fort éloignées. Notons une réapparition du thème principal du premier mouvement aux cordes. Les gammes triomphent dans la reprise du *Scherzo* et dans la coda jubilatoire.

4. Finale : Allegro ma non troppo (en *mi* bémol majeur, à 2/2) : monument de la musique schumannienne, ce finale brille par ses qualités viriles, sa puissance, la splendeur des sonorités qui magnifient l'abondance de mélodies précieuses. Sa conception hautement originale semble défier tous les critères d'analyse. Construit, en apparence, comme un classique rondo sonate, il renonce en réalité aux facilités d'usage : alignement de thèmes neufs et retour du refrain dans le ton principal, avec la légèreté d'esprit traditionnelle. Il vise au contraire le travail thématique sérieux, la combinaison des idées, l'unification complète du matériau, — but atteint finalement dans la coda, qui, allant plus loin, ferme la boucle suprême en reliant, dans une tentative cyclique alors audacieuse, le premier et le dernier mouvement. Instable, il évite le ton principal pour se ressourcer sans cesse vers les tons les plus éloignés, diésés de préférence, offrant un des premiers exemples de tonalité évolutive. Le premier thème, énergiquement martelé par le piano, est tonalement ambigu : annoncé par un accord d'*ut* mineur, il est en réalité en *sol* mineur et évolue sur une octave :

Un second motif, séquentiel (mesure 21), en gammes ascendantes qui rappellent le principe conducteur du scherzo, insiste au contraire pesamment sur *mi* bémol, mais pour moduler aussitôt vers *ré* mineur. Le piano expose alors une nouvelle idée en *sol* majeur, en réalité une diminution en croches volubiles du thème précédent (mesure 44). Une quatrième idée, confiée à l'alto, est soutenue par le piano et aussitôt reprise au second violon. Elle jouera par la suite un rôle essentiel. En octaves au piano, elle est développée en imitations canoniques, et suivie d'une reprise du refrain en *mi* mineur, dont l'élan est brisé de façon très romantique par une sorte de ralentissement méditatif : épilogue qui conclut l'exposition en *si* majeur, sur des appels de cors en triolets de noires venus des cordes graves. Le développement (mesure 96) débute en *mi* majeur, sur un rappel timide du quatrième thème, entrecoupé par le jeu de gammes du piano. Ce même thème se voit alors affublé d'une cinquième idée, un contre-chant très mélodieux du premier violon (mesure 116). Le refrain est repris en *sol* dièse mineur (mesure 137) puis en *si* bémol mineur ; c'est alors seulement que le ton principal réapparaît pour s'imposer graduellement avec le second thème (mesure 180). Le premier thème revient sous sa forme première en *mi* bémol (mesure 214). Avec un épisode nouveau (en noires syncopées, *p, con anima*, mesure 226) le piano apporte une première conclusion, intime et poétique, au mouvement. Intervient alors un immense double fugato, témoin de la passion de Schumann pour le contrepoint, passion dépourvue ici de toute ambition scolastique : l'exposition fuguée du premier thème, accompagné d'un contre-sujet mobile en croches, est fort irrégulière, le thème fugué est peu stable, et une fantaisie très imaginative règne toujours sur l'ensemble ; l'important quatrième thème est alors curieusement réexposé, avec son contre-chant mélodieux au piano ; il est suivi d'une montée quasi orchestrale où éclate en rondes le souvenir du premier thème qui ouvrait le *Quintette*. Une longue demi-cadence, et un point d'orgue précèdent le second double fugato d'une cinquantaine de mesures (assez proche du finale de la *Symphonie « Jupiter »* de Mozart), couronnement magistral de ce finale : le thème du premier mouvement, en augmentation, est flanqué du thème du finale légèrement altéré :

Après une série de strettes, l'élan est brusquement interrompu par le retour de l'épisode *con anima*, qui apporte une note de fantaisie gracieuse à cette architecture sévère ; la coda, joyeuse, conclut, dans une grande envolée de sonneries de cloches sur bourdons sonores du piano, cette page monumentale.

Durée d'exécution : 29 minutes environ.

Quatuor pour piano, violon, alto et violoncelle, en *mi* bémol majeur (op. 47)

Il fut dédié, lors de la parution en février 1845 chez Whistling à Leipzig, au comte Mathieu Wielhorsky, mécène russe et violoncelliste amateur, qui avait accueilli les Schumann lors de leur tournée en Russie en 1844, et à qui Mendelssohn avait dédié sa seconde *Sonate pour violoncelle op. 58*. L'œuvre fut esquissée entre le 25 et le 30 octobre 1842. La première exécution eut lieu le 5 avril 1843, chez les Schumann ; le jour même, Schumann avait donné son premier cours au Conservatoire de Leipzig, ouvert trois jours plus tôt... « Le soir nous avons joué pour la première fois chez nous le *Quatuor en* mi *bémol* de Robert, écrit Clara dans le journal, et encore une fois j'ai été réellement enchantée de cette œuvre, aussi fraîche et aussi juvénile qu'un premier essai. » La création publique eut lieu le 8 décembre 1844, lors du triste concert d'adieu des Schumann qui quittaient Leipzig pour Dresde. Les interprètes étaient, comme pour la création du *Quintette*, Clara, F. David (violon) et C. Wittmann (violoncelle), mais l'alto était confié au compositeur danois Niels Gade, cause involontaire du départ des Schumann. Conçu dans un même élan créateur, le *Quatuor op. 47* a souffert de l'ombre portée par son aîné, dont il ne possède pas l'éclat. L'écriture des archets, souvent écrasée dans le registre grave, en est parfois la cause ; mais c'est une œuvre rayonnante, plus secrète, et qui, dépassant le *Quintette*, ouvre une perspective menant à Brahms et à Fauré.

1. **Sostenuto assai** (à 4/4), **Allegro ma non troppo** (à 2/2) : ici encore, le piano règne en maître incontesté. Comme dans le troisième *Quatuor* de l'*op. 41*, quelques mesures lentes et méditatives aux cordes annoncent avec solennité le matériau thématique du premier mouvement. Le piano expose le thème principal (*sempre con molto sentimento*). Fortement asymétrique, il repose sur l'alternance simple d'accords de tonique et de dominante arpégés, suivis d'un motif descendant en croches *legato*, immédiatement amplifié en une souple et rêveuse cantilène. Reprise en *fa* mineur, la première idée est exposée une seconde fois au violoncelle, puis au violon, sur les accords en croches du piano, dans une version *cantabile* plus soutenue. Le second thème, en *sol* mineur (relatif de la dominante), n'intervient que dans l'exposition et la réexposition, mais n'est pas développé. C'est un canon *marcato* entre le piano et les cordes, gammes ascendantes en croches suivies d'un arpège descendant en noires, qui au bout de huit mesures, se révèle le contrepoint du choral *Wer nur den lieben Gott walten*. Longuement travaillé, il alimente la coda de l'exposition. Le retour de l'introduction lente fournit ici un intermède original et inattendu, qui, par un effet dramatique, module brusquement vers *ré* mineur. Tout le développement, basé uniquement sur la première idée, détournée jusque vers des régions tonales fort éloignées, utilise le procédé du canon. Ce n'est pas le *sostenuto* de l'introduction lente, mais la longue affirmation de l'accord de neuvième de dominante mineure qui amène la réexposition, modifiée (fait rarissime chez Schumann) et élargie par de nouveaux

développements (ainsi le premier thème est-il repris sur des accords puissamment martelés du piano, dans sa seconde version, *cantabile*). Une longue plage de méditation, en valeurs longues, précède la coda, *Più agitato*, où le violoncelle chante un nouveau thème, exalté, fort inattendu, et proche du lied « Er, der Herrlichste von allen », (de l'*Amour et la Vie d'une femme*).

2. SCHERZO : MOLTO VIVACE (*sol* mineur, à 3/4) : proche du monde des elfes mendelssohniens et de leur féerie tourbillonnante, le *Scherzo* reprend le ton du second thème du mouvement précédent. Il est interrompu deux fois, de façon très originale, par un trio constrastant sans qu'il y ait rupture véritable, les éléments du Scherzo subsistant toujours plus ou moins dans les trios. Le thème principal, une ronde des lutins traitée en mouvement perpétuel de croches, est exposée par le piano et le violoncelle, puis reprise par le violon et l'alto. La mélodie du premier trio, en noires marquées d'appogiatures plaintives, sagement traitée en canon, est interrompue par un souvenir léger du *Scherzo* au piano. Le second trio, en *si* bémol repose sur un jeu de longs accords syncopés, aux harmonies chatoyantes, partagés entre le piano et les archets, qu'un développement fugitif du scherzo vient encore interrompre çà et là.

3. ANDANTE CANTABILE (*si* bémol majeur, à 3/4) : cette page, l'une des plus inspirées sans doute que Schumann écrivit jamais, témoigne une fois encore de son admiration fervente pour les derniers *Quatuors* de Beethoven ; elle montre surtout, en soutenant aisément la comparaison avec les grandes œuvres pour piano des années 1830, que le lyrisme de Schumann était intact après 1840, et non desséché sous l'influence d'un fâcheux classicisme, comme on l'a dit trop souvent. Cet *Andante* est suivi de cinq variations, — un intermède contrasté, en *sol* bémol majeur, séparant la deuxième et la troisième variation. Trois mesures affirment dans l'introduction la dominante du ton principal. Puis le violoncelle chante doucement une mélodie splendide, régulièrement marquée de sauts de septième, épousant la forme d'une marche d'harmonie et descendant en trois paliers successifs. L'accompagnement rêveur du piano, en croches, l'enrobe dans de poétiques dissonances. Dans la première variation — un duo d'opéra —, le violon reprend le thème, accompagné par un superbe canon du violoncelle. La seconde lui oppose un dessin sinueux du piano en croches syncopées aux deux mains, repris en écho à l'alto. L'intermède, en *sol* bémol et à quatre temps, est moins lyrique mais plus méditatif ; l'écriture compacte des quatre instruments, les harmonies très pleines et riches, le ton ample et soutenu de la mélodie rappellent Beethoven, — en particulier la *Cavatine* du *Quatuor op. 130*. C'est l'alto qui reprend le thème dans la troisième variation, sous un contre-chant fleuri, en doubles croches du violon, — contre-chant dont le piano s'empare dans la variation suivante, un émouvant canon à la septième du violon et de l'alto. Enfin, dans la cinquième variation, le violoncelle reprend la parole, les harmonies se figeant peu à peu sur une pédale de *si* bémol au piano. Durant toute la coda le violoncelle fait entendre cette pédale de tonique doublée (il doit baisser sa quatrième corde d'un ton). Une nouvelle idée, en longues tenues, apparaît dans ces mesures poétiques, — à vrai dire l'annonce du thème du mouvement suivant. La coda s'évanouit dans une atmosphère irréelle, avec de lumineuses petites gammes en doubles croches, par mouvement contraire, des cordes et du piano.

4. FINALE : VIVACE (*mi* bémol majeur, à 3/4) : Schumann clôt ce second cycle — cycle héroïque — de l'année 1842 par un mouvement d'une originalité rare, sa forme inclassable échappant à tous les critères d'analyse. Le thème principal, apparenté à celui du premier mouvement, lui emprunte l'idée des trois accords détachés suivis d'un motif descendant en doubles croches égales. La double exposition est identique ; ici, lors de sa deuxième apparition à l'alto, la queue de ce thème est suivie d'un fugato avec un contre-sujet en croches, rapidement interrompu par une brillante cadence parfaite.

Le violoncelle expose alors le second thème, en *ut* mineur, au lyrisme généreux, au rythme pointé plus marqué, qui module sans cesse par quintes, vers *sol* puis *ré* mineur. Repris par le violon en *si* bémol, il laisse place au troisième thème (*con anima*) ; il s'agit encore d'un canon (obsession de tout ce *Quatuor* !) du piano et de l'alto tout d'abord, puis du violon et du violoncelle, basé sur l'ornementation chromatique de l'accord de dominante de *si* bémol majeur. A cette très brève exposition succède un vaste développement que Schumann commence par un trait de génie : un rappel de la première présentation du thème principal tel qu'il figurait à la fin du mouvement précédent. Ce thème est soumis à un long et savant travail contrapuntique, modulant par des chemins fort éloignés. Enfin le troisième thème engendre une puissante strette canonique, suivie d'une longue pédale de dominante qui affirme le retour du ton principal, et annonce la réexposition ; mais, comme une dépression vient briser la ligne d'une pensée claire, Schumann escamote cette réexposition naturelle au bout de quatre mesures, et lui substitue un intermède étrange, dans le ton de la sous-dominante. La ligne mélodique, à l'alto, en noires dépressives, affaissée par les chromatismes, se souvient avec mélancolie du premier trio du *Scherzo*. En contrepoint, le piano déroule un mouvement perpétuel en croches égales ; mais, brusquement, la réexposition reprend son cours, avec le second thème, très tronqué, et même un large pan du développement ! La dernière présentation du thème principal, en strette majestueuse, débouche sur un point d'orgue, suivi d'une double fugue sur le premier thème dont la tête (modifiée grâce au rythme du second thème !) et la queue (élargie) sont superposées et fournissent les deux sujets. Dans la coda joyeuse, passe un souvenir du *Quintette*. Après quelques mesures de bariolage des archets empruntées à la *Chaconne* pour violon de Bach (pour laquelle Schumann écrivit un accompagnement de piano quelques années plus tard, c'est le second thème qui conclut cet étrange finale.

Durée d'exécution : 27 minutes environ.

Phantasiestücke pour piano, violon et violoncelle (op. 88)

Après l'heureux achèvement du *Quintette* et du *Quatuor*, Schumann poursuit son exploration de l'univers de la musique de chambre en supprimant encore un instrument : le 3 décembre 1842 il entend le *Trio op. 49* de Mendelssohn, qu'il aime fort, et trois jours plus tard, le 6, il note dans son livre de comptes : « Idées de trio ». Le soir même, Mendelssohn joue son *Quintette* et son *Quatuor*. Le lendemain, le premier mouvement d'un trio voit le jour, ainsi qu'un scherzo qui deviendra l'*Humoresque* de la version définitive. Les esquisses sont datées « 6-12 décembre 1842 », mais l'œuvre ne sera terminée que le 28 décembre, après des difficultés ; ainsi peut-on lire dans le *Journal*, au 16 décembre : « Travaillé au trio — Trop — le soir, malaise ». Sans doute les cinq grandes œuvres de musique de chambre de cette année ont-elles suffi à épuiser, en six mois de temps, les forces nécessaires pour soumettre son inspiration si délicate aux contraintes formelles ; ces *Phantasiestücke* représentent la première évasion de Schumann hors des grandes formes, une tentative de retour à l'inspiration fugitive des courtes pages pour piano des années 1830-1840 ; mais, visiblement, la tentative se solde par un échec, — comme ce sera le cas avec les *Variations* qui vont suivre (v. plus loin). En 1843, Schumann se plaint de n'avoir pas encore entendu cette œuvre « d'une nature fort délicate ». Pourtant, dès décembre 1844, il en négocie l'édition avec Peters, mais il se ravise. Il attendra novembre 1850 pour confier à l'éditeur Friedrich Kistner la partition révisée, et dédiée à son amie Sophie Petersen. La date de la création est inconnue. Les années passant, les titres italiens (que Schumann utilise jusqu'à la *Deuxième Symphonie*) feront place à une terminologie allemande : *Romanze*, *Humoreske*, *Duett*, *Finale*. Il s'agit donc d'une suite de pages contrastées, disparates, de dimensions inégales, où subsiste cependant un lien tonal : assez curieusement, Schumann revient au complexe *la-fa* des trois *Quatuors* écrits six mois plus tôt, après l'excursion en *mi* bémol pour les *op. 44* et *47*.

Une brève *Romance* (« pas vite, avec une expression intime », en *la* mineur et à 6/8), chantée surtout par le piano, ouvre le cahier. L'*Humoresque* en *fa* majeur (à 2/2, *Vif*), est sans doute une épave du trio classique que Schumann projeta d'abord. Ses deux trios enchaînés mais sans retour du scherzo en témoignent. Le *Duo* qui suit (« *Lent et avec expression* », *ré* mineur, à 6/8), gracieux et mélancolique, fait dialoguer le violon et le violoncelle en imitations, sur les arpèges du piano. Le finale repose, comme l'*Humoresque* précédente, sur l'alternance *fa-la*. Une petite marche, assez dépourvue d'originalité, alterne avec deux trios contrastés.

Durée d'exécution : 17 minutes environ.

Variations pour deux pianos, deux violoncelles et cor (WoO 10, 1)

Cette œuvre, commencée le 26 janvier 1843, fut composée entre deux visites de Berlioz chez les Schumann à Leipzig, et terminée le 7 février ; jugeant son logement trop étroit, Schumann organisa une première lecture le 13 mars chez ses éditeurs Breitkopf et Härtel, avec Mendelssohn et Clara aux pianos ; il s'en montra insatisfait, trouvant la sonorité dépourvue de « tendresse ». Puis, au mois de juin, sur les conseils de Mendelssohn, il procéda à une refonte en ne conservant que les deux pianos : la nouvelle version fut créée le 19 août 1843 par Mendelssohn et Clara dans un concert donné par Pauline Viardot au Gewandhaus de Leipzig (concert où le jeune Joseph Joachim fit ses débuts en public), puis publiée comme *op. 46*. A Vienne, en novembre 1868, Clara joua la version originale avec Brahms, — qui la préférait à la version pour deux pianos et qui la fit éditer en 1893 dans le supplément des *Œuvres Complètes* de Schumann. Il est certain que l'arrangement pour deux pianos n'est guère satisfaisant, en raison de ses sonorités trop compactes, des doublures inutiles (les deux pianos jouent parfois la même chose !), et des coupures qui font disparaître de fort belles pages.

La version originale semble préférable, et nous fait entrevoir les chimères sonores que Schumann poursuivit en vain. Ainsi l'introduction *Sostenuto*, qui s'achève sur un accord de neuvième mineure, fut-elle supprimée dans l'*op. 46*. Le thème (*Andante espressivo*, *si* bémol majeur, à 3/4) est pesant et pétri de chromatismes. Les quatre premières variations ne présentent pas de différences importantes avec la version pour deux pianos, — les violoncelles et le cor se bornant à soutenir l'harmonie. Dans la cinquième, *Più lento*, le cor prend la parole ; ses sonneries assez lugubres surplombent le motif dépressif des violoncelles, et les pianos s'effacent. Un interlude de dix-sept mesures, supprimé dans la deuxième version, nous livre peut-être la clé de cette œuvre énigmatique : les violoncelles jouent, en doubles cordes, le thème principal de *l'Amour et la Vie d'une femme*. La sixième variation (encore plus lente ici, mais elle revient au tempo original dans l'*op. 46*) et la septième (*Animato*) ne présentent pas de différences essentielles. Mais, dans le cas de la huitième, en *mi* bémol, les fanfares, reprises en écho, perdent beaucoup quand elles sont jouées aux pianos. La neuvième variation, en triolets alertes, est amputée, dans la version définitive, de huit mesures où le cor change de ton (de *mi* bémol vers *si* bémol grave). Le sommet de l'œuvre (un *Doppio Movimento* magnifique, en *sol* mineur, de cent quarante-quatre mesures, qui s'éloigne entièrement du thème principal) et une longue coda sont également supprimés.

Durée d'exécution : 23 minutes environ.

L'ANNÉE 1847

Lors de l'installation à Dresde en décembre 1844, ville où la vie musicale stagne comparativement à Leipzig, où le public est conservateur et borné, la santé de Schumann commence à se délabrer. Dans cet état d'abattement, il compose le « cycle contrapuntique » de 1845 — véritable refuge loin du monde extérieur, sous la protection de Bach — et la *Symphonie en* ut *majeur* dont la genèse est si douloureuse. En 1846, il se tait presque complètement. Tout d'abord consacrée à la musique chorale avec l'achèvement, au printemps, des *Scènes de Faust*, l'année 1847 voit naître les deux grands *Trios pour piano et cordes* (*op. 63* et *80*), conçus simultanément « dans une période d'humeur sombre » : après quatre années d'interruption, Schumann revient au trio avec piano abandonné depuis « l'échec » de décembre 1843. En juillet 1847, il écrit à Ferdinand Hiller : « Ces temps derniers j'ai fait un *Trio en* ré *mineur* dont plusieurs parties me plaisent beaucoup. Quand tu seras revenu, tu l'entendras, avec un autre plus ancien que j'ai fait il y a quelques années (en *la* mineur) et celui de ma Clara. » (*Trio op. 17*, composé en 1846). La première version de l'*op. 88* subsistait donc encore, et Schumann pensait même publier sous un seul numéro les *op. 63* et *88*. Le désir de réussite dans un domaine, la persévérance pour maîtriser une formation précise après une interruption, sont caractéristiques de la démarche schumannienne. La création gémellaire de ces deux *Trios*, conçus dans deux tonalités relatives, l'un sombre et l'autre clair, est comparable à la genèse « regroupée » par tonalités des œuvres de 1842. Pour la première fois dans sa musique de chambre, Schumann n'utilise plus de titres italiens mais allemands.

Trio avec piano, en *ré* mineur (op. 63)

Esquissé à Dresde entre le 3 et le 16 juin 1847 (« *Triofreude* », écrit encore Schumann à plusieurs reprises dans son journal), il est terminé le 7 septembre, après une interruption consacrée au *Chorus Mysticus* qui conclut les *Scènes de Faust*. Clara le jouera pour la première fois quelques jours plus tard pour son anniversaire, le 13 septembre. La partition sera éditée par Breitkopf et Härtel au mois de juillet 1848, et la création publique aura lieu à Leipzig le 13 novembre de la même année. Le *Trio en* ré *mineur* marque une nouvelle étape dans la musique de chambre de Schumann : c'est un chef-d'œuvre hautement romantique, sombre et passionné ; il s'inspire sans doute du *Trio op. 49* de Mendelssohn que Schumann admirait, mais le dépasse par sa puissance et l'originalité de sa conception unitaire. Un chromatisme pressant, incisif, exalte la mélodie (fortement appogiaturée) et l'harmonie. Loin des œuvres équilibrées et conquérantes de 1842, cette œuvre longue et difficile révèle les zones d'ombre, les profondeurs obscures du génie de Schumann, magnifiées par un nouveau langage né de l'étude intensive de Bach et du contrepoint deux ans plus tôt.

1. MIT ENERGIE UND LEIDENSCHAFT (« Avec énergie et passion », *ré* mineur, à 4/4) : le premier mouvement s'ouvre sur un décor de tempête : un thème plein d'élan, fort long, s'élance avec l'énergie du désespoir, en *ré* mineur : pour les classiques, le ton de l'Au-delà, le terrain où l'homme affronte les divinités, les forces invisibles :

La mélodie, cernée de chromatismes, s'élève par mouvement de quartes, non vers la lumière, mais vers le cri d'une dissonance, puis retombe, par deux fois. Le piano expose alors quelques accords au rythme pointé, pont menant au second thème (*fa* majeur). Ascendant lui aussi, il s'élève douloureusement, en quatre mesures, syncopé et marqué d'appogiatures sur les temps forts. Le premier thème, en *fa* majeur, au violoncelle, conclut cette brève exposition. Dans le développement, diffus au contraire (comme dans la *Deuxième Symphonie* il est trois fois plus important que l'exposition), la seconde idée est dialoguée en canon, — procédé cher à Schumann ; puis un long travail modulant du pont introduit un étrange interlude, en *fa* majeur, sorte de vision mystique (telles scènes de *Faust* ou de *Manfred* viennent naturellement à l'esprit) qui vient apaiser une âme tourmentée. Sur des accords plus calmes, en triolets de croches *ppp* dans l'aigu du piano, le violon et le violoncelle chantent alors sur le chevalet une mélodie irréelle, qui reprend les quartes du premier thème en les alignant jusqu'à l'étrangeté. Mais l'élan tumultueux réapparaît, avec une nouvelle idée née de la queue du premier thème, une quinte descendante répétée deux fois, qui, alternant avec le second thème, alimente tout le développement. La tête du premier thème, jusque-là ignorée dans le développement, réapparaît peu à peu sur une longue pédale de dominante, amorçant progressivement la réexposition. Le premier thème revient alors triomphalement, le second est repris classiquement en *ré* majeur ; mais, dans la coda en mineur, repasse un souvenir de quatre mesures du motif « céleste », repris en *ré* majeur puis *si* bémol majeur, qui amène ainsi aisément, par la sixte napolitaine, la cadence finale.

2. LEBHAFT, DOCH NICHT ZU RASCH (« Animé mais pas trop rapide », *fa* majeur, à 3/4) : ce *Scherzo* au relatif du ton principal oppose les deux archets, à l'octave, qui dialoguent avec le piano. Le thème impétueux, pressant, pointé, n'est autre qu'une variante du « pont » du mouvement précédent. Il alterne avec un motif secondaire, un dessin tournoyant en souples croches aux cordes. D'après les esquisses conservées, le trio central, dans la même tonalité, coûta beaucoup de peine à Schumann, qui s'était fixé comme but un travail contrapuntique ardu — son obsession dès qu'il s'agissait de musique de chambre ! —, auquel il renonça finalement. Il écarta aussi un deuxième trio qui devait annoncer la thèmatique du mouvement lent et alterner avec le premier. Celui-ci repose sur une augmentation en noires apaisées du thème du *Scherzo*, posée sur pédale de tonique au piano et reprise en canon à l'octave par les cordes. La reprise du *Scherzo* précède une coda claire et gracieuse.

3. LANGSAM, MIT INNIGER EMPFINDUNG (« Lent, avec un sentiment intime », *la* mineur, à 4/4) : sommet de la poésie schumannienne, cette Nénie, brève déploration, d'une rare concentration (moins de soixante mesures) est construite en forme lied, au ton de la dominante mineure : elle repose sur un thème purement instrumental (et non vocal) très subtilement syncopé, fragmenté, joué *pp* par le violon, étroitement lié au thème du premier mouvement. Schumann se plaît à opposer les sonorités du violon dans le grave à celles du violoncelle dans l'aigu. L'accompagnement du piano, d'une sensibilité rythmique et harmonique quasi fauréenne (*una corda*), est chargé et obscurci de chromatismes. Le volet central, plus animé et traversé d'une lueur d'espoir, comprend trois courtes variations en *fa* majeur (on retrouve ici le réflexe tonal *la/fa* si solidement implanté dans l'œuvre schumannienne). Une reprise variée de la première partie s'enchaîne sans interruption (*attaca*) au *Finale*, par une demi-cadence; fait unique dans l'œuvre de chambre de Schumann, — qui figure cependant dans la *Quatrième Symphonie*.

4. Mit Feuer (« Avec feu »), *ré* majeur, à 2/2) : comme la fraîcheur de la campagne au matin de Pâques, après la veille de Faust, ce finale exubérant dissipe les brumes et les angoisses de la nuit. Sous l'apparence trompeuse d'un rondo, il dissimule une forme sonate très irrégulière. Le thème principal — un solide contrepoint du premier thème de ce trio — s'élance plein d'allégresse en *ré* majeur, au piano, en jouant d'emblée sur les modulations : dès la vingtième mesure il passe en *fa* dièse mineur, puis en *fa* majeur. Il sera traité dans l'esprit du concerto baroque, selon un jeu de questions et de réponses. Le second thème, en *si* mineur, au violoncelle, reprend le principe conducteur de tout l'opus, la quarte ascendante, ainsi que les noires régulières du trio du *Scherzo*. Un fragment de la première idée vient le contrepointer, tandis qu'il passe par *fa* dièse mineur, *la* majeur et *ut* dièse mineur. A la mesure 113 un nouveau motif, en canon, développe des accords puissamment scandés en *mi* majeur. Le premier thème est développé en *ut* majeur, le second en *mi* mineur. Le premier thème revient à l'improviste (mesure 225) en *sol* majeur, avec la désinvolture d'un refrain de rondo; mais il fait place aussitôt à un nouveau développement séquentiel, basé sur sa troisième mesure dialoguée en canon par les cordes, sur un accompagnement en croches fluides du piano. Lors de la réexposition, le piano et le violon reprennent le thème à l'unisson. Le second thème revient une quinte plus bas. La coda (« de plus en plus vite ») resserre les motifs, — attisant le feu annoncé jusqu'au brasier final.

Durée d'exécution : 31 minutes environ.

Trio avec piano, en *fa* majeur (op. 80)

Schumann en commença la composition à Dresde entre le mois d'août et le 1er novembre 1847. Puis il l'interrompit pour écrire ses deux grandes œuvres dramatiques, l'opéra *Genoveva* et la première partie de la musique de scène pour le *Manfred* de Byron. Ce deuxième *Trio* ne fut terminé qu'au printemps 1849 et créé le 29 avril dans une matinée privée organisée chez les Schumann, en compagnie du cycle *op. 74*, « *Spanisches Liederspiel* ». La partition fut éditée par Schuberth à Leipzig en décembre 1849, et la création publique eut lieu au Gewandhaus de Leipzig le 22 février 1850. Parfois relégué dans l'ombre par son aîné, ce second *Trio* n'en est pas moins riche de beautés, différentes sans doute, mais réelles : ainsi l'équilibre des mouvements, le ton serein, heureux, ouvrent des perspectives fort différentes. « Il exerce une séduction plus immédiate, plus charmeuse », confia Schumann à son élève Karl Reinecke, ajoutant que ses préférences allaient au début de l'*Adagio* et à l'*Allegretto*. Clara Schumann, qui aimait particulièrement cette œuvre, en fit un de ses chevaux de bataille.

1. Sehr lebhaft (« Très animé », à 6/8) : le premier thème, au rythme entraînant, est confié aux cordes sur un accompagnement marqué par la fréquence des accords altérés. Les croches du « pont » sont partagées en écho entre le piano et les cordes. Le second thème (*pp*, en *ut* majeur) est largement chanté en accords paisibles du piano. Le développement, très vaste, introduit un nouvel élément thématique, encore plus tendre et passionné : une citation du lied *op. 39 n° 2* (*Dein Bildnis wunderselig*). Nouvel envoi à Clara ? Ce thème, travaillé ensuite en canon — tout ce développement témoigne d'heureuses dispositions contrapuntiques — et enfin transposé en mineur, fait longuement attendre la réexposition, très modifiée et parfois mesurée à 2/4.

2. Mit innigem Ausdruck (« Avec une expression intime », *ré* bémol majeur, à 4/4) : cette méditation intime nous mène vers la pénombre, le recueillement; mais une écriture très complexe vient la rehausser, comme l'irruption de l'art de Bach dans un poème délicat. Le thème principal, au violon, est une variante du lied cité dans le premier mouvement. L'accompagnement, d'une somptueuse polyphonie, est triple : batteries d'accords en triolets au piano, et un double contre-chant ascendant entre le violoncelle et la main gauche du piano, traité en canon à la quinte, et vigoureusement pointé. Une variation en *la* majeur amène un canon à la neuvième des deux archets, puis un curieux passage en diminution au violon (doubles croches, puis triolets de doubles croches) sur une basse de passacaille. Une modulation abrupte introduit le passage central en *fa* mineur, *Lebhaft* (« Vif »), plus sombre et angoissé, marqué par une chute de septième dans la ligne mélodique et un accompagnement très accentué du piano, encore une fois en imitations. L'épisode fleuri du violon revient en *mi* bémol mineur ; la première idée est ensuite reprise sur les arpèges du piano.

3. In mässiger Bewegung (« Dans un mouvement modéré », *si* bémol mineur, à 3/8) : comme une échappée du *Carnaval op. 9*, cet intermède au rythme folâtre, en mineur, remplace — dans une perspective brahmsienne — le scherzo traditionnel. Le thème, traité en canon entre le piano et le violoncelle, puis entre les deux archets, est décousu, ironique, et repose sur un petit accompagnement syncopé. Un interlude en *ré* bémol majeur, caractérisé par ses septièmes ascendantes aux cordes et l'accompagnement en doubles croches fluides du piano, précède la coda. Le thème initial s'y décompose peu à peu par l'usage du 2/4, puis s'évanouit lentement.

4. Nicht zu rasch (« Pas trop vite », *fa* majeur, à 2/2) : le finale revient au ton principal de *fa* majeur et à l'optimisme du premier mouvement. L'introduction du piano mène en trois mesures au thème principal, en croches *staccato* du violoncelle, repris au piano et suivi d'un élément plus *cantabile*. Le second thème en *ré* mineur, en canon serré, est immédiatement combiné avec le premier. Tous deux seront longuement et savamment développés. Une comparaison avec le finale du *Quatuor en* fa, composé six ans plus tôt, révèle toutefois que l'obsession du contrepoint freine ici quelque peu l'élan et la verve si plaisante qu'on trouve dans les premiers finales de Schumann.

Durée d'exécution : 27 minutes environ.

L'ANNÉE 1849

Le 12 avril 1849, Schumann écrit à son ami Ferdinand Hiller : « J'ai beaucoup travaillé ces derniers temps, c'est mon année la plus féconde. Les tempêtes font rentrer l'homme en lui-même, et j'ai trouvé dans le travail une consolation aux terribles événements extérieurs. » Les mois de tourmente révolutionnaire à Dresde seront en effet incroyablement féconds, les œuvres de tous genres se succédant à une cadence effrénée : en janvier les *Scènes de la Forêt op. 82*, en février les *Fantasiestücke pour clarinette et piano op. 73*, l'*Adagio et Allegro pour cor et piano op. 70*, le *Konzertstück pour quatre cors et orchestre* (op. 86), écrit en deux jours, puis de très nombreuses œuvres chorales, et, en avril, les cinq *Stücke im Volkston pour violoncelle et piano op. 102*. Cette année exceptionnelle s'achève avec le *Requiem pour Mignon op. 98*, l'*Introduction et Allegro pour piano et orchestre op. 92*, enfin les *Romances pour hautbois et piano op. 94*. C'est un nouvel univers que Schumann explore ici : le duo avec piano, où il privilégie les instruments à vent, même s'il autorise expressément d'autres combinaisons instrumentales, faisant appel aux cordes en particulier. Comme le fera plus tard Hindemith, il entend explorer « les instruments dans l'ordre ». Comme dans beaucoup d'œuvres brèves de la musique de chambre de Schumann (elles ne dépassent guère trois ou quatre minutes), la tonalité de *la* mineur/majeur domine (ainsi dans les *op. 73*, *94*, *102*), *fa* majeur formant le corollaire habituel selon le modèle des *Quatuors op. 41*. On peut parfois voir dans ces pages, toutes de caractère chantant et de forme miniaturisée, une résurgence ponctuelle de l'inspiration fugitive et capricieuse des *Charakterstücke* pour piano des années 1830, mais jamais de retour aux vastes ambitions architecturales de 1842.

Phantasiestücke pour clarinette et piano (op. 73)

D'après le *Journal* de Schumann, ces trois courts morceaux furent écrits les 11 et 12 février 1849. Après une exécution privée le 18 (Clara accompagnait un musicien de la Hofkapelle de Dresde), la création publique eut lieu à Leipzig le 14 janvier 1850. La partition fut éditée en juillet 1849 par Luckhardt, à Cassel. Le manuscrit (conservé à Paris, à la Bibliothèque Nationale) porte la trace de nombreuses retouches. On chercherait en vain ici le climat fantastique des *Fantasiestücke pour piano op. 12* de 1837 (le titre original « *Soiréestücke* » convenait presque mieux). Chaque page, construite en forme lied avec coda, intensément lyrique, exploite au mieux les sonorités nostalgiques de la clarinette en *la*, au timbre feutré, élégant (les Romantiques lui préféraient le plus souvent la clarinette en *si* bémol). L'interprétation au violon ou au violoncelle nuit plutôt à cette musique qui relie Weber au Brahms des dernières œuvres pour clarinette. De pièce en pièce, le tempo s'accélère, mais la mesure (à 4/4) et les triolets de l'accompagnement du piano demeurent. On découvre ici les mélodies asymétriques et les doublures fréquentes du piano et de la clarinette qui sont un trait caractéristique du dernier Schumann. Les trois morceaux, reliés par un « *Attaca* », se jouent sans interruption.

1. Zart und mit Ausdruck (« Tendre et avec expression », en *la* mineur) : la première page du cycle impose un climat élégiaque ; la mélodie tendre de la clarinette dialogue avec les triolets du piano. Dans le volet central, les deux instruments échangent des arpèges par mouvement contraire.

2. Lebhaft, leicht (« Vif et léger », en *la* majeur) : ce scherzo léger, en majeur, utilise un jeu dialogué plus animé. L'épisode central (encore une fois en *fa* majeur) repose sur un échange de gammes en triolets.

3. Rasch, mit Feuer (« Vite et avec feu », en *la* majeur) : une sorte de variation conclusive qui reprend les éléments précédents, — le premier morceau dans le trio en mineur, et le second dans la coda. L'écriture est brillamment arpégée, dans la plus pure tradition de la clarinette.

Durée d'exécution : 12 minutes environ.

Adagio et Allegro, pour cor et piano (op. 70)

Deux jours plus tard, c'est le cor qui retint l'inspiration schumannienne, avec la *Romance et Allegro* (c'est le titre du manuscrit) en *la* bémol majeur, écrite d'une traite dans la seule journée du 14 février 1849 et complétée le 17. Cet engouement soudain de Schumann pour le cor s'explique par l'apparition et les performances des cors viennois à trois pistons de Uhlmann qui avaient fait sensation à Berlin en 1835 et qui commençaient à se répandre en Allemagne. Ajoutons que le copiste de Schumann à Dresde, Schlitterlau, était corniste et membre de la Hofkapelle. Dans ce morceau, l'un des premiers conçus pour le piano et le cor moderne en *fa*, Schumann semble avoir pris plaisir à exploiter au maximum les possibilités de l'instrument, — en particulier l'ambitus très large (trois octaves et demie) et l'aisance dans les traits chromatiques. Tout cela lui plut fort sans doute, car dès le lendemain, le 18 février, il commença avec le même plaisir le *Concertstück pour quatre cors et orchestre*. Le 2 mars, Clara et Schlitterlau lui firent entendre l'œuvre nouvelle. La partition fut éditée en août 1849 par Kistner à Leipzig ; Schumann avait prévu la possibilité d'une interprétation *ad libitum* pour hautbois, violon ou violoncelle : ainsi, lors de la création publique, le 26 janvier 1850, à l'Hôtel de Saxe à Dresde, Clara donna cette œuvre — qu'elle jugeait « superbe, fraîche et passionnée » — avec le violoniste Franz Schubert.

Adagio. Langsam, mit innigem Ausdruck (« lent et avec une expression recueillie »), *Rasch und Feurig* (« Rapide et avec feu »), en *la* bémol majeur, à 4/4) : le thème chanté par le cor, largement déployé sur de calmes batteries du piano, rappelle l'*Adagio* de la *Seconde Symphonie* ; c'est un nocturne ému, d'une grande poésie. Il s'enchaîne à un *Rondo* (« vif et avec fougue ») de type concentrique (ABACABA), riche en traits brillants, triolets de notes répétées, arpèges et sonneries pleins de panaches. L'intermède central, étrangement situé en *si* majeur (une relation tonale de tierce bien schumannienne) impose un retour méditatif au climat de l'*Adagio*. Les dernières pages présentent une version romantique des finales truculents des concertos pour cor du XVIIIe siècle (le chef d'orchestre Ernest Ansermet a réalisé une orchestration de l'accompagnement de piano, que la virtuosité très concertante de l'instrument soliste justifie pleinement).

Durée d'exécution : 11 minutes environ.

Fünf Stücke im Volkston (« Cinq pièces dans le ton populaire »), pour violoncelle et piano (op. 102)

Ce cycle fut composé en avril 1849, à la veille des barricades de Dresde où Richard Wagner devait s'illustrer, alors que Schumann, retiré à la campagne, s'absorbait dans son travail ; il acheva les quatre premiers morceaux le 15, et le cinquième le 17 avril. L'année suivante, lors du séjour à Leipzig où eut lieu la création de l'opéra *Genoveva* (25 juin 1850), Clara joua cet *op. 102* pour l'anniversaire de son époux, le 8 juin, avec le dédicataire, le violoncelliste Andreas Grabau. Elle se déclara « enchantée par la fraîcheur et l'originalité » de cette œuvre. La partition fut éditée dès septembre 1851 par Luckhardt à Cassel, mais la création n'eut lieu qu'après la mort de Schumann, le 6 décembre 1859, lors d'un concert donné par Clara au Gewandhaus de Leipzig. Schumann, qui fait ici dialoguer pour la première fois le piano et un instrument à cordes, choisit le ton intime et retenu de la « Hausmusik » d'inspiration populaire ; ce sont surtout des rythmes de danses stylisées qui apportent la touche folklorique souhaitée. Le ton principal est encore une fois *la* mineur, avec des emprunts à *fa* majeur et *ré* majeur pour les pièces paires.

1. « Vanitas Vanitatum ». Mit Humor (« Avec humour »), en *la* mineur, 2/4 : exception parmi toutes les pages brèves des dernières années, cette pochade est pourvue d'un titre ironique ; peut-être les danses de cours de ferme qui défilent ici, avec leurs basses obstinées et pataudes, sont-elles visées. Le trio, en *fa* majeur, propose une vraie débauche de vielle à roue, puis le refrain revient plus goguenard, en *ut* majeur, et le violoncelle clôt cette page avec une virtuosité ostentatoire.

2. Langsam (« lentement ») : une berceuse tendre et naïve, posée sur une pédale de tonique, en *fa* majeur, avec un épisode central contrastant, très bref, en mineur, et une reprise où le piano apporte un contrepoint très poétique.

3. Nicht schnell, mit viel Ton zu spielen (« Pas vite, à jouer avec beaucoup de sonorité »), en *la* mineur, 6/8 : une curieuse ballade, où la première phrase du violoncelle, avec son étrange décalage rythmique, très caractéristique du dernier Schumann, joue le rôle d'une sorte de récit liminaire, suivi d'un « chœur », — agrémenté d'un jeu de sixtes animées au violoncelle, qui passe en majeur à l'occasion.

4. Nicht zu rasch (« Pas trop vite »), en *ré* majeur, à 4/4) : deux mesures joyeuses à l'unisson introduisent cette marche amusante et bon enfant ; dans le trio, en *si* mineur, passe le souvenir de l'*Intermezzo* tendre du *Carnaval de Vienne* écrit dix ans plus tôt.

5. Stark und Markirt (« Fort et marqué »), en *la* mineur, à 2/4 : impétueux et brillant, le finale est traversé par un dessin fougueux du violoncelle, en croches et triolets alternés, — qui ferme ce cahier avec panache.

Durée d'exécution : 13 minutes environ.

Trois Romances pour hautbois et piano
(op. 94)

Malgré le numéro d'opus, c'est la centième œuvre écrite par Schumann ! Ces trois charmantes pages — véritable oasis — ont le mérite de faire appel au charme tout vocal d'un instrument complètement délaissé par les romantiques, et fort éclipsé par la jeune clarinette ; il faudra attendre 1921 et l'*op. 166* de Saint-Saëns pour retrouver une œuvre de valeur destinée au hautbois. Présent de Noël pour Clara, elles sont datées du 7-12 décembre 1849. Schumann les entendit chez lui quinze jours plus tard, et l'année suivante, le 2 novembre 1850, à Düsseldorf. Mais la création publique n'eut lieu vraisemblablement que le 24 janvier 1863, lors d'une soirée de musique de chambre donnée par le hautboïste suédois Lund, accompagné par le compositeur Karl Reinecke, au Gewandhaus de Leipzig.

1. Nicht schnell (« Pas vite »), en *la* mineur, à 3/4) : une calme légende, qui oscille sans cesse entre *la* mineur et *ut* majeur ; ainsi le premier thème, en croches fluides, contraste-t-il avec le second, situé dans le registre aigu du hautbois. Il s'enchaîne insensiblement à un épisode contrastant, *scherzando* (la forme ternaire n'est pas nettement délimitée).

2. Einfach, innig (« Simple, intime »), en *la* majeur, à 4/4 : voici l'une des plus ravissantes trouvailles schumanniennes ; le thème, porté par un grand souffle, déploie ses gracieuses arabesques sur un accompagnement continu en croches.

L'intermède central, en *fa* dièse mineur, plus orageux et animé, s'appuie sur le registre grave de l'instrument.

3. Nicht schnell (« Pas vite »), en *la* mineur, à 4/4 : la troisième *Romance*, quelque peu rhapsodique, revient à la simplicité initiale du ton de *la* mineur et emprunte à la troisième des *Pièces pour violoncelle op. 102* son charme narratif, ces intonations populaires ; l'épisode central se tourne, une fois encore, vers *fa*, et la coda conclut en majeur.

Durée moyenne d'exécution : 10-11 minutes.

L'ANNÉE 1851

Installé à Düsseldorf en septembre 1850, Schumann déploya d'abord dans la cité rhénane une activité intense : il y dirigea la *Passion selon Saint-Jean* de Bach et composa le *Concerto pour violoncelle et orchestre*, puis la *Symphonie Rhénane*, et l'année 1851 s'ouvrit sous d'heureux auspices : les *Märchenbilder* pour alto et piano virent le jour en mars, suivis de trois ouvertures (*Jules César*, *la Fiancée de Messine*, *Hermann et Dorothée*), et d'une quantité de musique chorale. Mais, dès l'automne, les difficultés surgirent, — Schumann s'opposant violemment aux édiles locaux qui ignoraient la lutte qu'il menait courageusement contre la folie. Ce fut alors que le quatrième cycle important de musique de chambre vit le jour, avec la *Sonate op. 105* (12-16 septembre), Le *Trio op. 110* (2-9 octobre) et la *Sonate op. 121* (26 octobre-2 novembre).

Märchenbilder, pour alto et piano (op. 113)

Deux œuvres ultimes de la musique de chambre de Schumann (*op. 113* et *132*) puisent leur inspiration dans l'univers du « Märchen », des vieilles légendes allemandes. Ainsi les quatre pages de l'*op. 113* sont-elles nées du double engouement soudain de Schumann pour les contes de fées et pour l'alto (par l'intermédiaire d'un de ses anciens élèves de Leipzig, J. von Wasielewski). Le 1er mars 1851, il note dans son journal : « *Violageschichten* » (« Histoires pour alto ») et, le lendemain, « *Mährchengeschichten* » (« Histoires de contes de fées »). Deux jours plus tard, le 4 mars, les quatre morceaux sont achevés, Clara les déchiffre le 15 mars avec Wasielewski, qui suggère quelques retouches à apporter à la partie d'alto. La création (par les mêmes interprètes) a lieu à Bonn le 12 novembre 1853 dans un concert donné par Clara à l'Hôtel de l'Étoile d'Or. La partition, éditée en juin 1852 par Luckhardt à Cassel, fut dédiée à Wasielewski. Ce cycle rêveur et poétique s'affirme comme l'une des plus heureuses contributions au répertoire si mince de l'alto ; citons, dans le voisinage immédiat, le *Nocturne op. 42* de Beethoven, les *Sonates* de Mendelssohn et de Glinka, la *Romance oubliée* de Liszt. Plus que les autres cycles brefs des dernières années, cet *op. 113* sera peut-être pour Schumann prétexte à confidences : le timbre grave, un peu « cassé », de l'alto s'y prête bien. Le repli d'une âme blessée, une rêverie profonde, et peut-être, çà et là, quelques intermittences de lucidité, — voilà ce qu'on lit dans ces pages graves.

1. Nicht schnell (« Pas vite »), en *ré* mineur, à 3/4 : en forme lied, un dialogue mélancolique sur un motif descendant, en doubles croches du piano, qui module vers *fa* majeur.

2. Lebhaft (« Vif »), en *fa* majeur, à 2/4 : un rondo plein d'énergie ; le refrain, au rythme pointé, en doubles cordes (tierces) à l'alto, alterne avec deux couplets : le premier, en *ré* mineur, oppose les doubles croches fluides du piano à un motif tourbillonnant de l'alto ; le second, en *si* bémol, est traité en canon.

3. Rasch (« Rapide »), en *ré* mineur, à 2/4 : dans un climat de ballade fantastique, un mouvement perpétuel de triolets de doubles croches *staccato* à l'alto, ponctué par quelques accords violents du piano. Un étrange intermède en *si* majeur apporte un bref répit.

4. Langsam, mit melancholischem Ausdruck (« Lent, avec une expression mélancolique »), en *ré* majeur, à 3/8 : en conclusion, une berceuse émouvante, recueillie, chantée à la sixte par le piano et l'alto, qui annonce les berceuses populaires de Brahms.

Durée d'exécution : 15 minutes.

Sonate n° 1 pour violon et piano, en *la* mineur (op. 105)

Cette *Sonate* fut composée entre le 12 et le 16 septembre 1851 à Düsseldorf — Schumann se disait alors « très en colère contre certaines personnes » —, quelques jours après une scène violente avec le bourgmestre de la ville. Clara et J. von Wasielewski déchiffrèrent la *Sonate* le 16 octobre, mais ce dernier ne parvint pas à saisir le caractère « opiniâtre et bourru » du finale. La partition fut éditée en janvier 1852 par Hofmeister à Leipzig, et la création eut lieu le 21 mars 1852, lors du dernier séjour de Schumann dans cette ville où tant de ses œuvres avaient vu le jour depuis 1833. Le 14, on avait donné en première audition l'*Ouverture de Manfred* et le *Pèlerinage de la Rose*. Le 21, Ferdinand David joua avec Clara la *Sonate* et le *Troisième Trio op. 110*. L'approche très tardive du violon dans l'œuvre schumannienne est problématique : les deux *Sonates* de 1851, la *Fantaisie* et le *Concerto* avec orchestre de 1853, associés généralement à la folie, sont délaissés par les interprètes ; les critiques y voient une baisse de l'inspiration, des maladresses d'écriture, un usage abusif du registre grave du violon. Peut-être Schumann s'était-il trop imprégné du timbre grave et voilé de l'alto, qui correspondait alors tant à son état dépressif, pour faire briller le violon, — qui, en effet, s'appesantit souvent sur la quatrième corde. Au demeurant, il n'était guère satisfait et déclara à Wasielewski : « La première sonate ne me plaisait pas, c'est pourquoi j'en ai fait une seconde, dont j'espère qu'elle sera meilleure. »

1. Mit leidenschaftlichem Ausdruck (« Avec une expression passionnée »), en *la* mineur, à 6/8 : dans cet *Allegro* très bref (on pourrait presque parler de sonatine, plutôt que de sonate) réapparaît le plus ancien réflexe tonal de Schumann en matière de musique de chambre : l'alternance *la* mineur/*fa* majeur. Ce mouvement sombre est entièrement dominé par un motif obsédant, partiellement syncopé ; la double broderie de la quinte (*fa-mi-ré* dièse) en forme l'arête, — engendrant l'appel irrésistible vers le sixième degré mentionné plus haut, transformé en accord de quinte et sixte augmentée. L'asymétrie est frappante : toutes les phrases, de cinq mesures sont partagées en fugato entre les deux instruments. La fin de ce thème s'apparente au premier motif du *Trio op. 110*. Le second thème, au relatif, repose entièrement sur des fragments du premier, dont la tête, « à l'écrevisse » fournit l'élément essentiel qui marquera la fin de l'exposition. Le développement séquentiel et la coda plus animée utilisent quelques formules violonistiques plus vivantes, — Schumann se refusant toutefois à faire appel au fonds commun de bariolage et de virtuosité de l'époque.

2. Allegretto (*fa* majeur, à 2/4) : pourvu exceptionnellement d'un titre italien, ce rondo reprend le caractère discret et la tonalité de l'*Intermezzo* du *Concerto pour piano op. 54*. Le refrain a une tournure populaire et innocente, avec une ritournelle (*fa-sol-la-ré-do*) qui s'achève sur un point d'orgue. Les deux couplets sont contrastés, — l'un contemplatif, l'autre dansant. Dans le premier, *pp* en *fa* mineur, le violon s'épanche dans un gracieux cantabile, presque mozartien. Le second, plus vif, en *ré* mineur, assure la fonction d'un scherzo.

3. Lebhaft (« Animé ») (*la* mineur, à 2/4) : dans le goût d'une toccata baroque, le piano lance un mouvement perpétuel en doubles croches, sans contour mélodique défini, mais pourvu d'une carrure fortement marquée (trois fois huit mesures) ; il est repris en fugato par le violon. Le second thème, qui module encore en *fa*, est bientôt interrompu par un développement qui s'inspire tout d'abord du deuxième couplet du mouvement précédent, mais qui introduit bientôt — c'est un procédé cher à Schumann — un nouveau motif plus mélodique, en *mi* majeur, posé sur des accords en triolets au piano. Cependant, les doubles croches véloces du thème initial réapparaissent furtivement et finissent par reprendre le dessus. Dans la coda, étendue, elles viennent contrepointer le thème douloureux du premier mouvement qui réapparaît au violon.

Durée d'exécution : 17 minutes environ.

Trio n° 3 pour piano, violon et violoncelle (op. 110)

Composé à Düsseldorf entre le 2 et le 9 octobre 1851, déchiffré le 27 chez les Schumann par Clara, Wasielewski et le violoncelliste C. Reimers, le *Troisième Trio* fut créé au Gewandhaus de Leipzig le 21 mars 1852. Les interprètes (Clara, F. David et A. Grabau) avaient déjà joué l'œuvre une fois huit jours plus tôt en présence de Liszt. La partition fut éditée à l'automne 1852 par Breitkopf et Härtel, et dédiée au compositeur danois Niels Gade, ami de Schumann. Jugé souvent de façon négative et rarement joué, le *Troisième Trio* est celui où Schumann a pourtant approché le mieux l'idéal sonore qu'il visait : l'indépendance maximale des trois instruments et l'unité thématique entre les mouvements ; les thèmes principaux dérivent d'un seul modèle (sixte ascendante suivie d'une retombée par mouvements conjoints).

1. Bewegt, doch nicht zu rasch (« Animé, mais pas trop vite »), en *sol* mineur, à 6/8 : le premier thème tempétueux, avec ses arpèges, passionnés ascendants puis descendants, et sa dynamique puissante (*p* puis *sf*), possède l'élan spasmodique des plus grands thèmes schumanniens. Après un dialogue ardent des archets et du piano, il module vers la dominante du relatif, *si* bémol majeur, pour la seconde idée, plus pâle, inféodée à la première qui, du reste, vient la contrepointer au violoncelle. Après la barre de reprise le développement, exceptionnellement bref, module vers *fa* mineur puis *si* bémol mineur, — quand apparaît un nouveau motif, étranger à l'exposition, une étrange petite gigue fuguée en pizzicato, accompagnée de fragments inquiétants, émiettés çà et là : musique fascinante, à la limite de l'informe, qu'on ne peut s'empêcher d'associer d'emblée a la débâcle mentale de Schumann. Associée à la tête du premier thème, elle amène progressivement la réexposition. Le second thème est repris en *sol* majeur, la coda (*Rascher*) en imitations introduit un nouveau thème conclusif, au piano, ponctué par un motif (pédale brodée en doubles croches au violoncelle) emprunté à l'épisode fantomatique du développement. On voit que Schumann ne pouvait s'affranchir davantage des règles formelles du genre.

2. Ziemlich langsam (« Assez lent »), en *mi* bémol majeur, à 12/8 : une page très poétique dont la ferveur masque à peine une pensée parfois obscure, confuse. Le thème principal caractérisé par ses quartes diminuées, l'accompagnement syncopé et fortement appogiaturé du piano traduisent un sentiment d'insécurité. Plus angoissé encore, le volet central, en *fa* mineur, ramassé à 9/8, et de plus en plus animé, reprend les doubles croches rampantes du mouvement précédent sur des accords violemment scandés du piano. L'inspiration s'essouffle un peu dans la réexposition, qui insiste sur les quatre mesures initiales du premier thème.

3. Rasch (« Vif »), *ut* mineur, à 2/4) : exceptionnellement à deux temps (rappelons les précédents de la *Deuxième Symphonie op. 61* ou de la *Symphonie Écossaise* de Mendelssohn), le *Scherzo* s'élance sur un arpège ascendant d'*ut* mineur où la quinte est remplacée par une appogiature non résolue (toujours un *fa* dièse), comme un souvenir affaibli du *Scherzo* du *Deuxième Quatuor* de l'*op. 41*. Le *fa* dièse, ralenti et enfin résolu, introduit un premier trio en majeur, au rythme syncopé, qui évolue sur une basse chromatique. Le second, en *la* bémol majeur, au rythme trochaïque conquérant, rappelle les marches de Schubert.

4. Kräftig, mit Humor (« Vigoureux, avec humour »), en *sol* majeur, à 4/4 : le rondo final, avec sa gaieté forcée, sa nostalgie, trahit la présence d'irrésistibles appels du néant auxquels Schumann tente en vain de résister avec courage : ainsi le premier thème, tant soit peu fanfaron, claironne-t-il quatre sixtes ascendantes, suivies d'une mélodie gracieuse en doubles croches véloces au piano. Le premier couplet (*mi* mineur) fait dialoguer les deux archets sur un rythme dansant ; il reprend au refrain ses mouvements ascendants. Le second, en *ré* majeur, un motif syncopé et ascendant du violoncelle, aspire également à un idéal lumineux ; quant au troisième, une marche très vive et pointée, il retrouve pour un temps l'élan du *Davidsbund* d'autrefois. Le refrain réapparaît en *sol*, suivi d'une coda basée sur le second couplet.

Durée d'exécution : 28 minutes environ.

Sonate n° 2 pour violon et piano
(op. 121)

Composée à Düsseldorf en un temps incroyablement court, entre le 26 octobre et le 2 novembre 1851, elle fut jouée devant un petit cercle d'amis des Schumann, le 15 novembre, par Clara et J. von Wasielevski. Cette œuvre ambitieuse (le titre original est *Deuxième Grande Sonate*) fut ensuite longuement polie et retravaillée. En janvier 1853 Schumann la proposa à Breitkopf et Härtel, mais la publication fut retardée. Clara Schumann et Joseph Joachim furent les interprètes de la création publique, qui eut lieu à Düsseldorf, le 29 octobre 1853. Quand la *Sonate* fut éditée en novembre 1854, Schumann était déjà interné à Endenich ; mais il tint à la dédier à son ami le grand violoniste Ferdinand David, qui avait créé ses *Trois Quatuors op. 41* douze ans plus tôt.

1. Ziemlich langsam (« Assez lent »), en *ré* mineur, à 3/4. **Lebhaft** (« Vif »), en *ré* mineur, à 4/4 : comme la *Sonate à Kreutzer*, cet *op. 121* débute par une introduction lente où le thème principal du premier mouvement se profile déjà en accords secs des deux instruments. Dans l'*Allegro*, ce thème est présenté alternativement par le violon et le piano (comme dans la *Sonate en* la *mineur*), selon un fugato qui suit les degrés principaux du ton. Toute cette exposition présente une analogie frappante avec le *Trio en* ré *mineur op. 63* : mais, ici, l'accompagnement arpégé du piano revêt la forme d'un contrechant syncopé, vigoureusement dessiné, qui s'oppose, au thème sombre, largement déployé dans le grave du violon :

Ce contrepoint se maintient lors de l'apparition du second thème, en deux éléments ; le relatif, *fa* majeur, s'impose alors. Le développement important renouvelle parfois son énergie grâce à deux idées syncopées étrangères à l'exposition : ainsi un thème descendant en croches, basé sur un accord de quinte et sixte augmentée, puis un nouveau fugato en *ut* mineur ; tous deux viennent renforcer l'expansion de la première idée. Le contrepoint farouche du fugato initial ne quitte jamais la place. Après une réexposition enrichie par ces éléments neufs, et dans laquelle le second thème reparaît naturellement à la tonique majeure, Schumann revient au ton principal et reprend les éléments de récitatif de l'introduction qui culmine dans une coda passionnée.

2. Sehr lebhaft (« Très animé »), en *si* mineur, à 6/8 : ce *Scherzo* massif, pré-brahmsien, s'élance sur un thème de ballade joué à l'unisson par les deux instruments, le piano accompagnant en octaves à distance de tierce. Dans les deux trios (*fa* dièse mineur puis *si* mineur), le violon joue à 2/4 contre le 6/8 qui demeure au piano. Une modulation abrupte en *ut* majeur amène le dernier retour du *Scherzo*, où de puissants accords en majeur annoncent, *ff*, le thème du mouvement suivant.

3. Leise, einfach (« Doucement, simplement », en *sol* majeur, à 3/8 : ces variations reposent sur un thème délicat, exposé dans la nuance piano par le violon en pizzicato et le clavier *una corda*. Il s'agit du souvenir d'un choral luthérien, *Gelobet seist Du Jesu Christ*, en rythme ternaire. La première variation, avec son doux contrepoint en doubles croches, traduit une humilité, une simplicité proches de l'univers de Bach, — loin des grandes variations de caractère si présentes dans l'œuvre schumannienne. Puis le tempo s'anime pour la seconde variation, où le violon joue constamment en doubles cordes sur les accords syncopés du piano. Par un de ces retours en arrière dont Schumann est si friand, la troisième variation apporte une diversion avec le souvenir du deuxième mouvement, accommodé à 9/16. Dans la quatrième variation le thème repose sur de paisibles arpèges ascendants du piano, sur un retour au tempo initial ; les triolets du *Scherzo* concluent cette page recueillie.

4. Bewegt (« Mouvementé »), en *ré* mineur, à 4/4 : cet important finale en forme sonate retrouve, avec le ton de *ré* mineur, le climat passionné, « Sturm un Drang », du premier mouvement. Fait remarquable chez le dernier Schumann, l'énergie violente et concentrée ne faiblit pas un seul instant tout au long du morceau. Plus que jamais le piano se taille la part du lion, le violon se cantonne dans les ombres de la corde de *sol*, et ne s'impose que rarement. Le thème principal, partagé entre les deux instruments, est assez proche du finale, d'inspiration voisine, de la *Sonate en* ré *mineur* (*op. 31 n° 2*) de Beethoven. Un second thème, au relatif *fa* majeur, n'apporte guère de répit. Le développement, encore une fois très fugué ou canonique, repose principalement sur une basse modèle, avatar de la troisième mesure du thème principal, qui subit maintes transformations, et dont le retour périodique délimite clairement trois sections du développement. Lors de la réexposition, le second thème réapparaît en *si* bémol majeur, et la coda en *ré* majeur fait une synthèse brillante de tout le matériau.

Durée d'exécution : 26 minutes environ.

LA DERNIÈRE ANNÉE

Durant ses derniers mois de lucidité Schumann compose avec une facilité déconcertante de nombreuses œuvres : les *Fughettas pour piano op. 126*, les *Sonates pour la jeunesse op. 118*, l'ouverture des *Scènes de Faust*, l'*Introduction et Allegro pour piano et orchestre op. 134* (le dernier présent d'anniversaire pour Clara), une *Fantaisie*, et enfin un *Concerto pour violon et orchestre*, de valeur très inégale, destiné au jeune violoniste Joseph Joachim. Le 30 septembre 1853 Schumann, qui vient d'achever ce *Concerto*, reçoit la première visite d'un ami de Joachim, Johannes Brahms : étonnante apparition, aux yeux du pauvre génie bientôt terrassé par la folie, d'un jeune archange qui bientôt relevera le flambeau. Et, le 9 octobre, Schumann commencera un nouveau cycle de *Märchen*, l'*op. 132*, achevé deux jours plus tard, le 11 octobre. Les jours qui suivent sont riches en événements heureux : le 14, Laurens, venu de Montpellier, fait son portrait ; le 15, il a l'idée d'une *Sonate* destinée à Joachim et composée en triumvirat avec Brahms et Albert Dietrich, — pour laquelle il compose un *Intermezzo* et un *Finale* le 22 et le 23. Le 18, il achève sa dernière œuvre pour piano, les *Chants de l'aube*, si étranges et bouleversants. Le 23, il a une « grande joie » : Clara joue pour lui, avec le violoniste Becker et le clarinettiste Kochner, ses *Märchenerzählungen*. Le 27 octobre, il dirige son dernier concert. Le lendemain, Joachim joue encore les *Märchenerzählungen* dans une soirée en présence de Bettina von Arnim. Breitkopf et Härtel éditeront la partition en février 1854, et le 20 (un « bon jour », où ses pénibles hallucinations auditives lui laissent quelque répit) il en offre un exemplaire au dédicataire, Albert Dietrich. Sept jours plus tard, il se jette dans le Rhin.

Märchenerzählungen (« Récits de contes de Fées »), quatre morceaux pour clarinette (violon ad libitum), alto et piano (op. 132)

Le titre original de ce deuxième recueil féerique était, semble-t-il, *Märchenphanta-*

sien. Cette plongée dans l'univers merveilleux des vieilles légendes allemandes s'apparente à un autre *Trio*, l'*op. 88* (composé entre 1842 et 1850), dont il reprend le nombre et le caractère des mouvements : ainsi une page pleine « d'humor » en seconde position, suivie d'un duo lyrique. Schumann adjoint aux sonorités de l'alto et du piano déjà présentes dans l'*op. 113* la clarinette (de son *op. 73*), — retrouvant ainsi la formation si rare et précieuse du *Trio « des Quilles »* de Mozart. Comme les *Märchenbilder*, les *Märchenerzählungen* sont conçus en quatre parties. Contrairement à l'*op. 73*, Schumann fait appel à la clarinette en *si* bémol : c'est le ton principal du cycle.

1. Lebhaft, nicht zu schnell (« Animé, mais pas trop vite »), en *si* bémol majeur, à 2/4 : une rêverie charmante, délicate, dialoguée avec tendresse. L'alto expose un motif agité, repris par la clarinette et le piano ; le second thème (un arpège ascendant de la clarinette) est un emprunt au troisième mouvement de la *Symphonie Rhénane*, composée trois ans plus tôt.

2. Lebhaft und sehr markirt (« Animé et très marqué »), en *sol* mineur, à 2/4 : au relatif du morceau précédent, une manière de scherzo à deux temps, en forme lied, — où de plaisants accords lourdement frappés évoquent irrésistiblement l'histoire de Rumpelstilzchen tapant du pied. Dans l'épisode central, en *mi* bémol, clarinette et alto chantent tendrement à la tierce un thème très schubertien.

3. Ruhiges Tempo, mit zartem Ausdruck (« Tempo calme avec une expression tendre »), en *sol* majeur, à 3/4 : au sommet de ce cahier, une des plus suaves inspirations de Schumann, — un duo où les deux timbres jumeaux se fondent en un contrepoint extasié sur les calmes batteries du piano.

4. Lebhaft, sehr markirt (« Animé, très marqué »), en *si* bémol majeur, à 4/4 : l'épopée conclusive, qui porte le même titre que le second morceau, s'ouvre sur un thème violemment pointé proche du début du *Concerto pour piano op. 54*, dont il possède le panache ; la clarinette et l'alto échangent force arpèges en doubles croches. L'interlude, en *sol* bémol, est plus calme et chantant ; la coda, brillante, optimiste, clôt le cycle.

Durée d'exécution : 14 minutes environ.

La dernière œuvre achevée par Schumann — une œuvre de musique de chambre — ne devait pas passer à la postérité : il s'agit des *Romances pour violoncelle et piano* qu'il jeta sur le papier entre le 2 et le 4 novembre 1853, et que Clara détruisit longtemps plus tard, en 1893, — par crainte de les voir publiées après sa mort.

J.A.M.

JEAN SIBELIUS

Né à Hämeenlinna (Finlande), le 8 décembre 1865 ; mort à Järvenpää, près d'Helsinki, le 20 septembre 1957. Après s'être orienté vers le droit, il étudie à l'Institut musical d'Helsinki dirigé par Martin Wegelius (1885-1889), puis à Berlin (1889-1890), et à Vienne (1890-1891). Comme compositeur, il s'impose dans son pays dès 1892 avec Kullervo, *symphonie pour soprano, baryton, chœurs et orchestre d'après la mythologie finlandaise du Kalevala, suivie en 1893 de la première version du poème symphonique* En Saga, *et en 1896 du cycle de quatre poèmes symphoniques* Suite de Lemminkainen *(dont le deuxième volet n'est autre que le célèbre* Cygne de Tuonela*). Il participe alors aux revendications autonomistes de sa patrie, grand-duché au sein de l'empire russe, notamment avec* Finlandia *(1899). La Finlande ne deviendra indépendante qu'en 1917. Des sept symphonies de Sibelius, la* Première *est de 1899, la* Deuxième *de 1902. En 1904, au terme de sa période « romantico-nationale », le compositeur s'installe à Järvenpää, dans une maison entourée d'arbres, et, dès lors, son art tendra de plus en plus vers l'universalité et le classicisme, l'intériorité et la concentration :* Concerto pour violon *(1905), poèmes symphoniques* la Fille de Pohjola *(1906),* Chevauchée nocturne et Lever de soleil *(1907),* le Barde *(1913),* Luonnotar *(1913, avec soprano),* les Océanides *(1914),* Troisième Symphonie *(1907),* Quatrième *(1911). La* Cinquième Symphonie *connut trois versions successives (1915, 1916 et 1919),* *et fut encore suivie par quatre partitions importantes : la* Sixième Symphonie *(1923), la* Septième *(1924), la musique de scène pour* la Tempête *de Shakespeare (1926), et le poème symphonique* Tapiola *(1926). Les trente dernières années de Sibelius furent silencieuses (une* Huitième Symphonie *sera terminée, mais détruite).*

Sibelius fut essentiellement un maître de l'orchestre, et un des rares très grands compositeurs (sinon le seul) à avoir excellé aussi bien dans le poème symphonique que dans la symphonie. Personnalité complexe, aux affinités plus françaises que germaniques, il fut un perpétuel voyageur (cinq tournées en Angleterre de 1905 à 1921, une aux États-Unis en 1914, nombreux séjours à Berlin, à Paris ou en Italie), et il faut se garder de ne le commenter qu'en termes pittoresques, nationalistes ou mythologiques. Le conservatisme apparent de son vocabulaire tonal (en fait souvent modal) s'inscrit dans un renouveau radical du déroulement syntaxique et de la notion de forme organique. Il s'écarta des formes préétablies, et sut comme peu d'autres, au XXe siècle, synthétiser dynamisme et statisme, — la grande force de sa musique étant que de ses profondeurs statiques, jamais synonymes d'immobilité totale, surgit inexorablement une force motrice considérable.

Avant *Kullervo*, durant ses années d'études, il écrivit à peu près exclusivement de la musique de chambre, mais ensuite, paradoxalement, ne mena à bien, dans ce genre, qu'une seule œuvre importante : le *Quatuor à cordes « Voces Intimae »* de 1909. Les premières œuvres de jeunesse furent destinées à des séances familiales (*Trio pour piano, violon et violoncelle en* la *mineur* de 1881-1882, *Quatuor à cordes en* mi *bémol majeur* de 1885). En 1888 naquirent un *Thème et variations en* ut *dièse mineur pour quatuor à cordes* et un *Trio pour piano, violon et violoncelle en* ut *majeur*, dit *Trio de Lovisa* (du nom de la petite ville où Sibelius passa une partie de l'été cette année-là). En 1889 suivit une *Suite en* la *majeur pour trio à cordes*. L'énumération ci-dessus n'est pas — et de loin — exhaustive, l'œuvre citée la plus importante étant le *Trio de Lovisa*. Toutes n'ont pas survécu intégralement.

Aux termes de ses études à l'Institut musical d'Helsinki (1889), Sibelius composa un **Quatuor à cordes en *la* mineur** qu'il montra immédiatement à son ami Busoni (alors professeur de piano à l'Institut), et qui fut créé le 29 mai par le quatuor de l'établissement (le compositeur en faisait partie comme second violon, mais céda sa place à un autre pour l'occasion). On crut longtemps que n'en avait subsisté que la partie de premier violon, mais l'ouvrage entier fut redécouvert aux alentours de 1980. Il est très intéressant, assez proche de la musique française du temps (le *Quatuor* de Debussy est de quatre ans postérieur), mais aussi de Grieg, et comprend quatre mouvements : *Andante-Allegro* (d'une belle écriture polyphonique), *Adagio ma non troppo* en *mi* majeur, *Vivace* en *fa* majeur (un scherzo avec deux trios), *Allegro*. C'est avec ce quatuor que le jeune Sibelius attira sérieusement l'attention de la critique musicale d'Helsinki.

Durée d'exécution : 28 minutes environ.

A Berlin fut écrit un **Quintette en *sol* mineur pour piano et cordes** (terminé en avril 1890). Il comporte cinq mouvements : *Grave-Allegro*, *Intermezzo*, *Andante*, *Scherzo* et *Moderato-Vivace*. Les premier et troisième mouvements furent créés par Busoni et par le quatuor de l'Institut (avec, comme premier violon, le compositeur norvégien Johan Halvorsen) le 5 mai 1890.

Durant l'été de 1890, en Finlande (entre le séjour à Berlin et celui à Vienne), fut composé le **Quatuor à cordes en *si* bémol majeur op. 4**, créé par le quatuor de l'Institut musical (toujours avec Halvorsen comme premier violon) le 13 octobre suivant. La critique y vit une œuvre tout à fait personnelle. Les quatre mouvements sont : *Allegro*, *Andante sostenuto* (en *fa* dièse mineur modal), *Presto* (scherzo en *ré* majeur au thème de valse), *Allegro*.

Durée d'exécution : 31 minutes environ.

Plus modeste que les trois ouvrages précédents apparaît le *Quatuor en* ut *majeur pour piano, deux violons et violoncelle* écrit à Vienne en 1891. Il ne consiste qu'en une introduction lente conduisant à un thème varié.

Quatuor à cordes en *ré* mineur, « Voces Intimae » (op. 56)

Seul ouvrage de musique de chambre de grande envergure de la maturité de Sibelius, le *Quatuor à cordes « Voces Intimae »* fut commencé dans les dernières semaines de 1908. Sibelius y travailla à Londres au début de 1909, et le termina à Paris en avril. La création eut lieu au Conservatoire d'Helsinki, le 25 avril 1910. Il y a cinq mouvements bien distincts — le deuxième, cependant, s'enchaîne au premier —, mais unis par des liens thématiques très subtils, si subtils qu'ils n'apparaissent pas toujours à l'audition, sauf en ce qui concerne les deux premiers mouvements.

1. Le premier mouvement est un **ALLEGRO MOLTO MODERATO** en *ré* mineur à 4/4, précédé de neuf mesures d'introduction (*Andante*). Ces neuf mesures font dialoguer le premier violon et le violoncelle, et insistent sur la quarte ascendante *la-ré*. Sur quoi (*Allegro molto moderato*) les quatre instruments s'unissent rythmiquement pour un thème en valeurs égales (croches), débouchant à l'aigu sur la quarte descendante *ré-la*. Un ostinato du premier violon conduit à un motif incisif, avec chute de tierce terminale. Un motif transitoire rythmé apparaît en *la* mineur, pour déboucher sur un « second thème » en *la* majeur, chantant et lumineux, mais toujours intégré au déroulement de croches. L'effet de contraste de ce « second thème » est renforcé par son côté franchement tonal, par opposition aux inflexions modales tant de ce qui l'a précédé que de ce qui le suivra. Après un bref développement, la réexposition intervient imperceptiblement. Elle est relativement étendue, et marquée en son centre par un passage plus agité en doubles croches. Une courte coda (*Più moderato*) conclut dans l'ampleur : fin sur les notes *sol* dièse — *la* (dominante de *ré*) énoncées *forte* par les quatre instruments à l'unisson.

2. Un **VIVACE** en *la* majeur, à 2/4, suit sans interruption. Ce « scherzo » ne fait appel qu'à des thèmes du premier mouvement, et les « développe » dans une atmosphère aérienne, féerique. Il débute sur le « second thème » ; puis apparaît au violoncelle le motif transitoire rythmé, devenu maintenant élément primordial du discours. Le *Vivace* est interrompu en son centre par des silences tendus, et, après un sommet d'intensité assez sauvage, un crescendo sur le motif rythmé aboutit à deux accords fortissimo et pizzicato. Suit une brève conclusion, aérienne d'abord, puis détendue. Fin, de nouveau, sur les notes *sol* dièse - *la* (ici tonique). Les rapports unissant les deux premiers mouvements de *Voces Intimae* devaient réapparaître dans la *Cinquième Symphonie* (deux premiers mouvements de la version de 1915, unis pour n'en former qu'un seul dans la version définitive de 1919).

3. Le troisième mouvement, centre de gravité émotionnel de l'ouvrage, est un **ADAGIO DI MOLTO** en *fa* majeur et à 2/4. On a là un des rares mouvements lents de Sibelius de maturité, à caractère subjectif très marqué. Il s'ouvre par une longue mélodie du premier violon avec changements de mesure (2/4, mais aussi 3/4). Après une nouvelle idée en canon (en *fa* mineur avec sensible modale) et un silence, on entend trois accords pianissimo en *mi* mineur, sous lesquels Sibelius écrivit lui-même *Voces Intimae* (« Voix intimes ») : d'où le titre de l'œuvre. C'est ensuite la « nouvelle idée » qui domine le discours, — jusqu'à un bref sommet dramatique. Trois accords d'*ut* dièse mineur (faisant pendant à ceux de *mi* mineur) introduisent la coda, qui oppose aux limites du silence *ut* dièse mineur (violoncelle) à *fa* majeur (autres instruments).

4. Le quatrième mouvement, sorte de scherzo modéré en *ré* mineur (mais sans trio), est un **ALLEGRETTO (MA PESANTE)** à 3/4. Un thème un peu lourd est énoncé au premier violon. Trois éléments lui répondent : une mélodie déjà fugitivement apparue dans l'*Adagio* (et qui est aussi un renversement de la fin du *Vivace*), un motif ascendant dont le rythme inlassable est celui du premier mouvement de la *Septième Symphonie* de Beethoven, et des triolets rapides faisant parfois fond sonore. La musique prend un ton plus léger, quoique toujours avec les mêmes thèmes, lors d'un épisode central en *si* mineur. Le tempo ne se modifie que pour les vingt dernières mesures (*Lento*, *Stretto*, *Allargando*). Un élément non encore évoqué unifie le discours : deux quintes descendantes successives entendues d'abord en *ut* majeur (*sol-do-ré-sol*), puis dans les tonalités les plus diverses dont naturellement *ré* mineur (*la-ré-mi-la*). C'est un hommage conscient ou non au début (ou plutôt au premier mouvement tout entier) du *Quatuor op. 76 n° 2 (« les Quintes »)* de Haydn.

5. Le finale est un énergique **ALLEGRO** en *ré* mineur à 2/4, au ton épique. Il s'ouvre par une irruption brutale de doubles croches, avec, dès la mesure 3, un thème agité au premier violon. Suivent des arpèges en staccato des deux violons sur la note *la*, soutenant un « second thème » bondissant en *fa* dièse mineur (alto, violoncelle, enfin premier violon). Ce thème provient d'une Ouverture en *la* mineur pour orchestre de 1902. La forme rend hommage au rondo, avec, en milieu de parcours, une soudaine accélération (*Più allegro*; voir le mouvement correspondant de l'*op. 76 n° 4* de Haydn). Le nouveau tempo se maintient jusqu'à la fin, en une véritable frénésie rythmique (*Sempre più energico*).

Durée d'exécution : 30 minutes environ.

Les pièces pour violon et piano furent surtout composées dans un but alimentaire, et sont de valeur inégale : *Romance et Épilogue op. 2* (1888, rév. 1912), *Quatre Pièces op. 78* (1915-1919), *Six Pièces op. 79* (1915), *Cinq Pièces op. 81* (1915), *Novelette op. 102* (1923), *Cinq Danses champêtres op. 106* (1925), *Quatre Pièces op. 115* (1929), *Trois Pièces op. 116* (1929). L'*Op. 78* existe aussi dans une version pour violoncelle. Se détache la **Sonatine pour violon et piano en *mi* majeur** (op. 80) de 1915, légère de ton mais fort séduisante, en trois mouvements marqués respectivement *Lento-Allegro*, *Andantino* et *Lento-Allegretto-Vivace*.

Durée d'exécution : 13 minutes environ.

Malinconia pour violoncelle et piano (op. 20) fut composé en mars 1900 pour Georg et Sigrid Schnéevoigt (avec, comme titre original, *Fantasia*). Sibelius venait de perdre la troisième de ses six filles, et cette page s'en ressent peut-être. Écrite « dans le grand style », elle est moins réussie que l'*op. 80*.

Durée d'exécution : 12 minutes environ.

M.V.

BEDŘICH SMETANA

Né à Litomysl, en Bohême, le 2 mars 1824; mort à Prague, le 12 mai 1884. Enfant prodige, il remplace son père comme deuxième violon dans l'exécution d'un quatuor de Haydn dès l'âge de quatre ans, et à six ans transcrit de mémoire les opéras d'Auber. Écolier, puis étudiant peu studieux, il travaille le piano à Prague avec Batka et Beer, et envisage de mener une carrière de soliste tout en continuant à jouer du violon (et parfois de l'alto) dans des formations privées. Marqué par les événements de 1848 et devenu patriote tchèque, il est membre de tous les organismes musicaux bohémiens, en particulier du Théâtre Provisoire rebaptisé Théâtre Bohémien de Prague en 1886. On a longtemps considéré l'œuvre de piano de Smetana comme simple carnet de bord de sa vie, — d'abord d'étudiant, puis de jeune patriote, enfin de conteur avec ses deux cahiers de Danses Tchèques. *De même, on qualifie trop rapidement son œuvre symphonique, dominée par le cycle* Ma Vlast *(« Ma Patrie »), de copie servile des poèmes symphoniques lisztiens, — alors que les six volets de* Ma Vlast *forment un hymne à un peuple qui ne reconstituera une nation qu'en 1918. Les œuvres pour la scène, hormis la célèbre* Fiancée vendue, *ont obtenu peu de succès à l'étranger du fait de leurs sujets patriotiques et de l'usage — révolutionnaire — de la langue tchèque. Smetana n'aborda la musique de chambre qu'en périodes de crise profonde : lors de la mort de sa fille Frédérique, en 1855, pour le* Trio*; lors de ses années de surdité et de lutte, avec les deux* Quatuors, *diptyque constituant une sorte de journal intime (automne 1876, et août 1882-mars 1883). Aujourd'hui l'œuvre de Smetana est enfin considérée comme fondatrice de l'école nationale tchèque; il paraît également hors de doute que les empreintes de Mozart et de Liszt ont été plus importantes que celles, politiquement discutables, d'un Schumann ou d'un Wagner. Les « Vieux Tchèques » ont enfin rendu les armes, et attribué à Smetana la paternité de leur musique nationale, devant Dvořák.*

Trio pour piano, violon et violoncelle, en *sol* mineur (op. 15)

On sait que cette partition possède un arrière-plan biographique. Le compositeur venait de perdre sa petite Bedriska (Frédérique) à l'âge de quatre ans et demi. Smetana cherche alors refuge dans un travail intense. Il note dans son journal : « À l'âge de trois ans, elle chantait déjà des mélodies avec leurs paroles et les entonnait avec justesse... Elle connaissait tous les morceaux que l'on jouait à l'école de musique, ainsi que les noms de leurs auteurs. » Les modèles musicaux du jeune compositeur, de culture allemande comme tous les musiciens tchèques de l'époque, sont alors Mozart et Beethoven pour la musique instrumentale. Parmi les contemporains, Wagner, Schumann, mais, avant tout, Liszt, le marquent profondément. Il déclare à propos de ce dernier : « Il était mon maître, mon idéal, et, pour tous, certainement un modèle inaccessible. » Le *Trio* fut créé le 3 décembre 1855 au Séminaire de Prague, avec Anton Bennewitz au violon, August Goltermann au violoncelle, et le compositeur au clavier; le succès fut mince. Ce n'est que plus tardivement que l'ouvrage reçut de Liszt un hommage émouvant : le maître se leva, embrassa le compositeur et le félicita pour sa profonde compréhension de la musique, « confession de l'âme »...

Des trois mouvements qui composent le *Trio*, le premier — *Moderato assai* — s'en tient à une forme sonate de principe, le deuxième — *Allegro ma non agitato* — nous porte vers le cœur de l'œuvre, *andante maestoso*, proche du rondo, — forme que nous retrouvons dans le finale, *Presto*. Les deux premiers mouvements évoluent dans un climat funèbre, véritable « poème à la mémoire d'un ange », et semblent utiliser un matériel thématique identique.

Demeurant dans le ton « mozartien » de *sol* mineur, le *Moderato assai* ne s'achève pas sur un développement définitif du thème primitif; l'*Allegro* qui s'enchaîne reprend le même phrasé dans un tempo de plus en plus tendu et agité, comme si cette pseudo-répétition n'avait pour but que d'accroître le caractère pathétique du propos. Cet *Allegro* n'est d'ailleurs pas un mouvement de scherzo selon la forme sonate courante; il propose plutôt un *lento* au contenu émotionnel inhahituel. Deux trios, d'inspiration dansante, viennent détendre cette atmosphère : un premier *alternativo (andante)*, suivi d'un second *alternativo (maestoso)*, — en lieu et place des adagio et scherzo traditionnels. De nature concertante, le *Presto* conclusif, à 6/8, évolue de la tonalité mineure vers son relatif majeur. Débutant dans la même ambiance tragique que l'*agitato* qui précède, il reprend (mesures 7 à 22) seize mesures du *Molto vivace* d'une sonate pour piano de jeunesse en *sol* mineur (1846). Ainsi le climat s'éclaircit-il peu à peu, laissant pénétrer le rayonnement, l'optimisme naturel des rondos bohémiens.

Durée moyenne d'exécution : 27-30 minutes.

Quatuor à cordes n° 1, en *mi* mineur (« De ma vie »)

Lorsqu'à l'été de 1874 Smetana se trouve en butte à une cabale de jaloux et de personnalités du clan des « conservateurs » qui veulent lui retirer la direction du Théâtre Provisoire, sa réussite n'est pas encore indiscutée. Révolutionnaire pour les autorités autrichiennes, avant-gardiste pour les milieux musicaux de Prague, il se veut lui-même à la fois organisateur de concerts symphoniques réguliers, et créateur d'ouvrages lyriques spécifiquement tchèques (dont *les Deux Veuves*, opéra-comique plébiscité par ses partisans en souvenir de la célèbre *Fiancée vendue*, le 27 mars précédent), — en fait la figure de proue du parti « Jeune Tchèque ». Ses adversaires déclarent qu'il n'a rien su faire pour l'art tchèque véritable, qu'il n'est qu'un vieil homme dépassé dont il ne faut plus rien attendre. Tentant de trouver le repos chez sa fille Sophie, il est affecté de troubles auditifs de plus en plus fréquents et se fait soigner, — tandis que reprend la pression de ses ennemis. Dans la nuit du 19 au 20 octobre 1874 sa surdité devient totale, définitive. Après une période d'abattement, il se tourne à nouveau vers la composition excluant l'opéra. Ainsi naît le *1er Quatuor à cordes*, dit « De ma vie » *Z mého Zivota)*, commencé au début d'octobre, et terminé le 29 décembre 1876.

Dans une lettre d'avril 1878, Smetana fournit des explications précises sur le caractère autobiographique de sa partition : « Ce que j'ai voulu faire, c'est retracer en musique le déroulement de ma vie. Premier mouvement : goût pour l'art dans ma jeunesse, atmosphère romantique, nostalgie indicible... Parallèlement s'annonce dès ce prologue l'avertissement du malheur futur, cette note de *mi*, du finale : c'est ce funeste sifflement strident qui s'est déclenché dans mes oreilles en 1874, marquant le début de ma surdité. Le deuxième mouvement, *quasi polka*, me transporte à nouveau dans le tourbillon joyeux de la jeunesse alors que je composais une foule de danses tchèques et que j'avais moi-même une réputation de danseur infatigable... Le troisième mouvement, *largo sostenuto*, est une réminiscence de mon premier amour pour une jeune fille qui devint plus tard ma chère épouse. Le quatrième mouvement : prise de conscience de la force réelle d'une musique nationale, joie de constater que le chemin pris conduit au succès, jusqu'au moment de l'interruption brutale provoquée par la catastrophe ; début de la surdité, perspective d'un triste avenir, un très faible espoir d'amélioration, et, pour conclure, un sentiment profondément douloureux. Tel est, résumé, le contenu de cette composition qui a, en quelque sorte, un caractère privé et, pour cette raison, a été intentionnellement écrite pour un nombre limité d'instruments, — le quatuor à cordes ; ils doivent s'entretenir, comme on le ferait dans un cercle d'amis, de faits qui ont une véritable importance. Rien de plus. »

Le *Quatuor « De ma vie »* fut exécuté en première audition le 29 mars 1879 à Konvikt, par Ferdinand Lachner, Jan Pelikan, Josef Krehan et Alois Neruda. Il fut définitivement plébiscité lors de sa reprise à Weimar, devant un Liszt plus qu'enthousiaste. L'édition définitive de l'œuvre a été réalisée en 1946 par Otakar Sourek, d'après le manuscrit. Les partitions traditionnelles (Urbanek 1880, Peters 1892, Philharmonia en édition de poche) diffèrent quelque peu de cette édition critique contemporaine. Les quatre mouvements suivent un schéma tout classique :

1. ALLEGRO VIVO APPASSIONATO (à 4/4) : suivant le « programme » prévu, le mouvement initial évoque l'appel du destin, la vocation pour l'art, la nature romantique de l'artiste tant dans son expression nostalgique que dans ses amours. Le destin semble incarné par l'alto, qui déclame le thème premier avec sa quinte descendante et sa rythmique presque martiale :

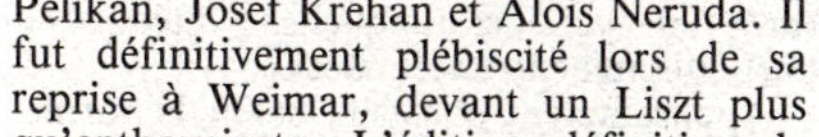

On retrouvera ce thème dans le *Vivace* final, illustrant la cassure brutale de la surdité. À l'opposé de telles perspectives tragiques, le deuxième exposé thématique vient chasser ces pressentiments au profit d'une mélodie rêveuse, *dolcissimo ma espressivo*, dans la tonalité statique et confiante de *sol* majeur :

Le développement central du mouvement, contrasté, intense, tragique par instants (accents de l'alto), se voit coupé court par la réexposition du second thème, — celui, initial, de l'alto, n'étant plus identifiable que dans la coda conclusive, une idée suspendue, inquiétante, qui s'éteint dans une quinte descendante *si-si-mi*, gage de la mémoire du destin.

2. ALLEGRO MODERATO ALLA POLKA : il fait office de scherzo. Il utilise un rythme de polka, — première incursion d'une danse nationale tchèque dans une œuvre de musique pure. La partie *meno vivo* nous conte même les conquêtes sentimentales du jeune compositeur... et danseur. À signaler qu'Anton Bennewitz, violoniste ami de Smetana, a fait noter en marge de la première édition (Urbanek, 1880, à Prague) des alternatives aux accords réputés injouables de cette partie*. Non sans ambiguïté, Smetana prend plaisir à jouer entre musique populaire et danse savante, et se sert de l'alto soit comme chantre de l'amour, soit comme cor de postillon *(quasi tromba)*, — tandis que le second violon se transforme en violoneux de village.

3. LARGO SOSTENUTO (à 6/8) : il est en *la* bémol majeur, et reflète l'amour réciproque vécu avec Katerina, l'épouse de la période heureuse. Le violoncelle introduit le thème principal, puis se développe selon la forme sonate combinée à celle du rondo, en relançant deux nouvelles présentations du thème aux septième et quarante-sixième mesures.

4. VIVACE (à 2/4, en *mi* majeur) : le mouvement final s'élance avec la même intensité exprimant les ambitions du musicien patriote, — à l'exemple de l'impétuosité rythmique de la seconde idée mélodique en *si* majeur (*scherzoso*, à la mesure 37). Mais, alors que cette musique entraînante, virtuose, semble ne pouvoir connaître aucun frein, surgissent tout à coup deux mesures de blanc, et un appel intolérable du premier violon (note *mi 4*). Suit une répétition, résignée, des thèmes endiablés du début de ce finale, tronqués, réduits — pour la

* Mais l'édition de 1946 a définitivement tranché sur ces accords.

seconde idée — à un train de triolets confiés au violoncelle. La coda se fait prudente, retenue, ralentie, comme étouffée, — tel un indicible espoir, mais qui ne touche plus en rien le compositeur...

Durée approximative d'exécution : 27 minutes.

De mon pays natal («Z domoviný»)

L'histoire de ces deux duos pour violons et piano est toute fortuite. En 1880, l'éditeur hambourgeois Hugo Pohle s'adresse à Smetana en vue d'obtenir quelques pièces populaires à succès, — des pièces similaires de Brahms et de Dvořák s'étant révélées fort rentables ! Le musicien adresse, avec quelque retard, les deux duos avec leur titre en tchèque. Mais, refusant que ce titre soit traduit en allemand, il retire son envoi et dédie l'œuvre au prince Alexandre Thun-Axis, qui, en remerciement, lui retourne une tabatière en ivoire. Finalement, les deux pièces seront éditées chez Urbanek, à Prague, avec leur titre original en tchèque.

Ce diptyque est constitué d'un *Moderato* (en *la* majeur) et d'un *Andantino* (en *sol* majeur). Le MODERATO suit le schéma A-B-A : il s'agit d'une page rêveuse et mélancolique, dont le lyrisme discret se trouve soudain propulsé par quatre mesures agitées et intenses à la fin de l'épisode mineur central, — avant une brève reprise qui ramène le climat ensoleillé du début.

L'ANDANTINO est d'une tout autre ampleur, et d'une structure plus élaborée. Après une introduction librement rhapsodique, une romance populaire alterne avec des rythmes dansants, — en particulier la *skocna* («sauteuse») tchèque. L'épisode central est de nature pastorale et intense, et donne sa stature à cette pièce, facilement de genre en ses parties extrêmes.

On a longtemps voulu voir dans ces miniatures une projection des célèbres poèmes symphoniques du cycle *Ma Patrie*. Au plan thématique comme au plan rythmique, la simplicité vraie de ces morceaux d'intimité rend illusoire d'aussi grandioses comparaisons. Smetana les définissait d'ailleurs «comme d'un genre plutôt léger, davantage destinés à être joués en famille qu'au concert, sans que cette possibilité soit exclue; ils sont d'esprit authentiquement national, mais avec des mélodies qui m'appartiennent en propre.»

Durée d'exécution : 13 minutes.

Quatuor à cordes n° 2, en *ré* mineur

L'existence quotidienne du musicien devient de plus en plus difficile, et son état nécessite bientôt l'internement en maison de santé. Smetana écrit dans les années 1882-1883 ses partitions les plus avancées, tant dans la forme que par la densité de la pensée. Au cours de l'été 1882, il vient d'achever son dernier opéra *le Mur du Diable*, et il tient à poursuivre le «journal intime» commencé, à la fin de 1876, avec son *1er Quatuor «De ma vie»* (v. plus haut), Mais, à présent, plus d'évocation de la folle existence d'étudiant, ni du grand amour de sa vie. Le langage est devenu elliptique, tendu et décanté, utilisant sans transition les contrastes dynamiques ou modaux, — qui seront une caractéristique de certaines partitions viennoises des années 1900, qu'on les trouve signées de Hugo Wolf ou de Schoenberg. Si le premier de ces musiciens atteint également les confins de la démence, c'est le second, en effet, qui étudia le *Quatuor en* ré *mineur* avec curiosité, puis avec une admiration étonnée. On y trouve trace, par ailleurs, de l'influence du Beethoven de l'*Op. 135*, — comme des premières structures non cycliques auxquelles s'intéressera particulièrement un Janaček.

Apparemment construit selon la forme classique en quatre mouvements, le *Quatuor en* ré *mineur* débute par un ALLEGRO qui joue sur trois idées thématiques, violemment opposées dans leur climat comme au point de vue de la structure rythmique, — même si le matériau de base apparaît élaboré à partir des mêmes intervalles. Le premier thème instaure une ambiance sourdement tendue, et reparaîtra tout au long du mouvement ainsi qu'une manifestation de fièvre et d'impuissance. Le second thème, *largamente*, s'avère nettement plus chaleureux et semble humaniser l'expression de cette profonde tristesse. La troisième idée thématique, opposée dans son essence aux deux premières, vient se heurter à leur démarche. Puis le violoncelle, suivi de l'alto, reprend le thème initial. Cet *Allegro*, en forme de fantaisie libre, se termine sur la reprise du deuxième thème, puis par une coda trompeusement sereine dans la tonalité beethovénienne de *fa* majeur.

Suit, non pas le scherzo habituel, mais un ALLEGRO MODERATO en *mi* mineur (souvenir du *Quatuor n° 1*) selon les pas quelque peu ralentis d'une irrésistible polka. Puis tous ces doux parfums alternent, par trois fois et en des transitions de plus en plus courtes, avec l'*Andante cantabile*, à 3/8, d'une sorte de dumka en *mi* majeur, pleine de tendresse, — comme vibrant au rythme de cette berceuse hallucinée triomphant de tous les miasmes précédents. Alors qu'on attend le démarrage de l'Adagio traditionnel, survient un choral des quatre instruments, fortissimo, rétablissant le climat inquiet et instable de l'*Allegro* initial. Le cœur de ce mouvement — *Quasi marcia* — se juxtapose sans ménagement avec les différentes phases d'un **ALLEGRO NON PIÙ MODERATO, MA AGITATO E CON FUOCO**. On songe au Beethoven du *9e Quatuor op. 59*, et tout autant à celui du *16e Quatuor* déjà cité. Coupant court aux développements habituels, Smetana conduit par deux fois le discours dans une impasse où les instruments, en fugato, se heurtent et n'expriment plus que les bribes d'un discours haché, entrecoupé de trémolos éperdus, sanglots, errements... Avec une énergie toute beethovénienne, ce chaos, cette angoisse se voient surmontés en un incroyable effort, — menant vers une péroraison *maestoso*, *energico* (en *ut* majeur), qu'une coda apaisée vient définitivement guérir de ses heures de lutte.

Le **PRESTO** final, introduit sans césure, fait partie de ces mouvements perpétuels, presque mécaniques, faussement habités, et parcourus, comme pour authentifier le contenu, de parfums de polka. En son centre, un *Moderato*, partant de ce même rythme de polka, vive en sa première expression, et devenant de plus en plus irréelle, ainsi qu'une chimère, — avec toute sa hardiesse modulante. Ainsi le thème, emprunté à l'air de Rarach dans l'opéra *le Mur du Diable*, en vient-il à se métamorphoser peu à peu, pour essaimer en dix mesures d'un modernisme passionnant. Des intervalles de tritons et de quartes surprennent l'oreille, — avant une reprise du thème principal dans la tonalité curieusement « élargie » de *ré* majeur.

Le *Quatuor n° 2* fut joué pour la première fois le 3 janvier 1884 au Konvikt par l'ensemble formé de musiciens de l'Opéra national — Lachner, Pelikan, Krehan et Neruda —, comme il en avait été pour la création du *Quatuor « De ma vie »* peu d'années auparavant.

Durée d'exécution : 18 minutes environ.

P.E.B.

ANTONIO SOLER

Né à Olot (Catalogne), le 3 décembre 1729; mort à l'Escurial, le 20 décembre 1783. Claveciniste, organiste, polémiste et théoricien, ce compositeur d'origine catalane étudiait déjà la musique en 1736 à l'école de Montserrat. Maître de chapelle de la cathédrale de Lerida en 1750, il est ordonné sous-diacre en 1752. Se destinant dès lors à la vie monastique, Soler rejoint la communauté des moines hiéronymites de l'Escurial, — dont il devient l'organiste, puis le maître de chapelle en 1757. Il occupera ce poste jusqu'à sa mort, le doublant de celui de maître de musique de l'Infant Don Gabriel lors des séjours de la famille royale à l'Escurial. Beaucoup de ses œuvres seront d'ailleurs dédiées à l'illustre élève. Ce claveciniste, inventeur d'instruments, auteur de plus de cent sonates pour clavecin très marquées par l'influence de Domenico Scarlatti, et qui entretint une correspondance suivie avec le célèbre Padre Giovanni Battista Martini, peut être considéré aujourd'hui comme le plus grand compositeur espagnol du XVIIIe siècle.

Les six Quintettes

Le Padre Antonio Soler n'a signé qu'une œuvre de musique de chambre à la fin de sa vie : la série des six *Quintettes pour deux violons, alto, violoncelle, orgue ou clavecin obligé*, publiés en 1776, et dédiés à l'Infant Don Gabriel. Ces pages, très intéressantes mais peu souvent jouées, présentent cependant tout l'attrait de la nouveauté, car la formation retenue par leur auteur est tout à fait originale.

Soler compose là une musique d'un grand raffinement, très imprégnée de l'influence italienne qui se manifeste de plus en plus en Espagne dans cette seconde moitié du XVIIIe siècle. Son écriture est très dense et souvent brillante. Son style, essentiellement concertant, offre une extrême variété, tant dans le choix des motifs mélodiques que dans celui des figures rythmiques. La virtuosité est presque toujours présente, — notamment au clavier pour lequel Soler ne dédaigne pas de composer de véritables petits solos dans la façon de ses remarquables sonates.

Le nombre et l'enchaînement des mouvements varient d'un quintette à l'autre : trois à cinq, avec l'alternance classique d'un épisode vif et d'un épisode lent. Trois quintettes s'ouvrent par un mouvement de sonate rapide bipartite, les trois autres par une pièce lente et expressive ; mais tous sont conclus par une page brillante : rondo, allegro de virtuosité, variations. Entre ces extrêmes, Soler intercale un ou deux menuets, une pastorale, un andantino ou un allegro.

Dans ses menuets (sauf dans les trois menuets du *Quatrième quintette*), Soler remplace le *trio* central classique par un *Quartetto* avec « da capo » au menuet, c'est-à-dire par un second menuet écrit pour quatre instruments : c'est généralement le clavier qui en est exclu, à l'exception du *Cinquième quintette* où c'est le violoncelle.

Cinq mouvements dans le **Quintette I**, en *ut* majeur : un *Allegretto* tourmenté, brillant et plein de virtuosité, notamment dans les broderies de triples croches qui courent le long de la ligne du clavier ; un *Andantino* qui se joue avec les sourdines aux cordes, et dans lequel s'imposent quelques courts solos de clavecin ; une fugue *allegretto* ; un *Minuetto, allegretto* avec son *Quartetto* pour les quatre instruments à cordes ; et un *Allegro* joyeux, qui sert de point final.

Le **Quintette II**, en *fa* majeur, est plus concis : trois mouvements seulement s'y succèdent. Le premier est un *Cantabile, con moto* : chaque instrument y chante à tour de rôle une mélodie sinueuse et expressive. Viennent ensuite un *Minuetto, allegretto* avec son *Quartetto* sans clavier, et un *Allegro* de style concertant à la virtuosité espiègle. Le mouvement est interrompu au centre par un *Divertimento, andantino* construit comme une suite de courtes variations rythmiques autour du thème à 3/8. C'est un bref retour à l'*Allegro* qui conclut.

On remarquera dans le **Quintette III** en *sol* majeur, l'importance dévolue au clavier. Chacun des cinq mouvements qui composent cette œuvre renferme un ou plusieurs solos d'orgue ou de clavecin, avec accentuation du rôle véritablement concertant de l'instrument dans les pièces rapides : *Allegretto* initial, *Allegro pastorile*, et *Allegro subito* conclusif. Le second mouvement, *Largo*, repose sur un thème large et chantant qui s'épanouit en un dialogue permanent entre le premier violon et le clavier, discrètement accompagnés par les trois autres instruments à cordes. Le quatrième mouvement, *Andantino gracioso* en *ré* majeur, est assez bref ; mais y domine une grande variété rythmique, en particulier dans l'enchaînement des notes pointées et des triolets de sa ligne mélodique.

Dans le **Quintette IV**, en *la* mineur, ce sont deux mouvements rapides, *Allegretto* et *Allegro assai*, qui entourent trois menuets sans *Quartetto*. Le *Minuetto I*, en *ut* majeur, est écrit pour les quatre cordes, tandis que le *Minuetto II*, en *fa* majeur, est dédié à l'orgue. Enfin l'œuvre se termine par un *Minuetto con variazioni* à 3/8, qui propose une série de variations rythmiques sur un thème déjà rythmique en lui-même par sa succession de doubles croches pointées. Plusieurs variations sont destinées au clavier seul.

Il y a quatre mouvements dans le **Quintette V**, en *ré* majeur, qui s'ouvre *Cantabile* dans la souplesse mélodique d'un duo pour violon et clavier. Aux grands accords affirmés qui introduisent l'*Allegro presto* à 6/8, répondent de véritables petits morceaux de sonate pour clavier que l'on retrouvera dans le *Rondo allegretto* final. L'avant-dernier épisode est un *Minuetto* expressif suivi de son *Quartetto* pour deux violons, alto et clavier, dans lequel dialoguent le premier violon et le clavier, soutenus par de discrets pizzicati de l'alto et du deuxième violon.

Toute la première partie du **Quintette VI**, en *sol* mineur, est basée sur l'alternance rapide des passages *Andante* et *Allegro* du mouvement introductif. Celui-ci est suivi par un *Minuetto* et un *Quartetto* sans clavier, et l'œuvre se trouve conclue avec un *Rondo* joyeux.

A.d.P.

LOUIS SPOHR

Né à Brunsvick, le 5 avril 1784; mort à Cassel, le 22 octobre 1859. Il entre dès 1799 dans la Chapelle de sa ville natale. Après de premières tournées de concerts comme violoniste, il dirige la chapelle de la cour de Gotha (1805-1812), puis est nommé en 1813 chef d'orchestre au Theater-an-der-Wien à Vienne, où il compose son premier succès dramatique, Faust *(représenté à Prague en 1816). Il est alors considéré comme le premier violoniste allemand. Directeur de l'Opéra de Francfort de 1817 à 1819, il devient en 1822, sur la recommandation de Weber, maître de chapelle à la cour de Cassel, où il finira ses jours. Sous sa direction, la vie musicale y prend un grand essor, en particulier l'opéra. Il crée à Cassel son deuxième succès dramatique,* Jessonda *(1823), et y donne, de Wagner,* le Vaisseau fantôme *en 1843 et* Tannhäuser *en 1853. Pour le vingt-cinquième anniversaire de son arrivée, il est nommé Directeur général de la musique, mais c'est contre son gré qu'il est mis à la retraite en 1857. Compositeur très fécond dans tous les domaines, il a laissé notamment dix symphonies, dix-sept concertos pour violon et quatre pour clarinette, un célèbre concerto pour quatuor à cordes et orchestre, près de cent lieder, des oratorios, des opéras, ainsi que, comme écrits, une* Méthode de violon *(1832) et une intéressante* Autobiographie *posthume (1860-1861). Entre la mort de Beethoven et de Schubert et l'apparition des Mendelssohn, Schumann et Wagner (c'est-à-dire aux alentours de 1830), d'aucuns auraient pu croire qu'il deviendrait le plus grand compositeur allemand. Pour la postérité, il reste — après une longue période d'oubli, sauf en Angleterre — un des principaux représentants du romantisme germanique dans l'esprit de Mendelssohn.*

Ses meilleures œuvres de musique de chambre sont de beaux témoignages non seulement de son grand talent, mais aussi de tout un courant musical, — courant quelque peu provincial, mais synthétisant non sans bonheur les côtés les plus brillants des traditions instrumentales et opératiques; courant que, plus que tout autre, Spohr sut personnifier. On dénombre trente-trois quatuors à cordes, quatre doubles quatuors à cordes, huit quintettes à cordes, deux sextuors à cordes, un *Septuor pour piano, flûte, clarinette, cor, basson, violon et violoncelle* (en *la* mineur op. 147, de 1853), un *Quintette pour piano, flûte, clarinette, cor et basson* (en *ut* mineur op. 52, de 1820), cinq trios avec piano, un octuor et un nonette pour cordes et vents, ainsi que des pièces diverses, dont de nombreuses avec harpe (son épouse était une virtuose renommée de cet instrument).

Dans son autobiographie, Spohr relate que c'est le violoniste Andreas Romberg (1767-1821) qui, le premier, émit l'idée d'un double quatuor à cordes, « la dernière fois que nous avons joué ensemble avant sa mort ». À Romberg, son successeur à Gotha, Spohr dédia ses *Quatuors à cordes op. 29*. Romberg laissa des esquisses pour un double quatuor à cordes inachevé, et Spohr résolut d'en écrire lui-même, comptant réaliser « un genre tout à fait nouveau d'œuvres instrumentales » (il avait d'ailleurs déjà exploré l'antiphonie dans sa *Messe pour deux chœurs op. 54* de 1821, et devait reprendre la démarche dans sa *Septième Symphonie* pour deux orchestres de 1841, précise Maurice Powell). Dans le *Double Quatuor n° 1 en* ré *mineur op. 65* (1823) et dans le *Double Quatuor n° 2 en* mi *bémol majeur op. 77* (1827), cependant, le premier des deux quatuors est nettement le plus brillant, le second se limitant à un rôle d'accompagnement.

Le **Double Quatuor à cordes n° 3 en *mi* mineur** (op. 87) fut entrepris en décembre 1832 et terminé en janvier 1833. C'est une œuvre essentiellement lyrique et chantante. L'*Adagio* introductif, qui se souvient de *la Malinconia* (*op. 18 n° 6*) de Beethoven, débouche sur un *Allegro* fondé sur le même motif et se terminant en *mi* majeur. Le deuxième mouvement est un *Andante* en *ut* majeur en forme de variations. Suivent un *Scherzo* (*Allegro*) avec trio aérien en *mi* majeur, et un finale (*Vivace*) en *mi* majeur d'un « optimisme » que ne parvient pas à dissiper un « second thème » en mineur.

Durée d'exécution : 35 minutes environ.

Le **Double Quatuor à cordes n° 4 en *sol* mineur** (op. 136) (1847), sans doute celui où les deux groupes de quatre instruments sont le mieux équilibrés, est fait d'un *Allegro*, d'un *Larghetto* en *si* bémol majeur, d'un *Scherzo* et d'un *Vivace*.

Durée d'exécution : 26 minutes environ.

À son arrivée à Vienne en 1813, Spohr se vit commander de la musique de chambre par le violoniste Johann Tost, — pour qui Haydn, un quart de siècle auparavant, avait écrit ses douze *Quatuors op. 54/55* et *64*. Après avoir reçu deux quintettes à cordes, Tost suggéra un nonette pour quatre cordes et cinq vents faisant ressortir la personnalité de chaque instrument. Après avoir terminé son *Faust*, Spohr lui livra à la fin de 1813 le **Nonette en *fa* majeur pour violon, alto, violoncelle, contrebasse, flûte, hautbois, clarinette, cor et basson** (op. 31), « œuvre demeurée à ce jour unique en son genre » (Spohr dans son autobiographie) Elle fut aussi des plus connue en son époque, et jusqu'à aujourd'hui. Ce « Grand Nonetto » s'ouvre par un *Allegro* à 4/4 dont les premières mesures masquent la tonalité principale, et que Beethoven aurait trouvées « trop chromatiques ». Le *Scherzo* (*Allegro*) en *ré* mineur comporte deux trios, — l'un en *ré* majeur favorisant le premier violon, l'autre en *sol* mineur (et très modulant) favorisant les vents. Suivent un *Adagio* en *si* bémol majeur et un finale (*Vivace*) à 2/4.

Durée d'exécution : 34 minutes environ.

L'année suivante (1814), Spohr fournit à Tost l'**Octuor en *mi* majeur pour violon, deux altos, violoncelle, contrebasse, clarinette et deux cors** (op. 32). Les parties de clarinette et de premier cor furent destinées à deux virtuoses de l'orchestre du Theater-an-der-Wien nommés respectivement Friedlowsky et Herbst. L'utilisation de deux altos, d'une part, équilibre les cordes par rapport aux vents, et, d'autre part, fait mieux ressortir l'unique violon. L'ouvrage débute par un *Adagio* introductif présentant de manière fragmentée le matériau thématique de l'*Allegro* qui suit. Le deuxième mouvement est un *Menuet* (en réalité un Scherzo) syncopé en *mi* mineur, avec trio en *mi* majeur entonné par le cor. Suit un *Andante* en forme de variations utilisant comme thème le célèbre *Joyeux forgeron* de Haendel, — cela à la demande de Tost, qui s'apprêtait à se rendre en Angleterre. La tonalité est *mi* majeur. La troisième variation, véhémente, est en *ut* majeur, et la cinquième variation débute en *mi* mineur pour ensuite déboucher sur une coda romantique. Le thème et les deuxième et quatrième variations sont entonnés par le cor ; d'un bout à l'autre, tous les instruments sont remarquablement mis en valeur. Le finale (*Allegretto*), page détendue, est à nouveau entonné par le cor.

Durée d'exécution : 26 minutes environ.

M.V.

WILHELM STENHAMMAR

Né à Stockholm, le 7 février 1871 ; mort à Stockholm, le 20 novembre 1927. Il étudia avec Richard Andersson, un élève de Clara Schumann, puis à Berlin en 1892-1893, et, à son retour à Stockholm, entama une carrière de chef d'orchestre, devenant en 1907, après un hiver et un printemps passés à Florence, chef de l'orchestre de Göteborg, — poste qu'il devait occuper durant quinze saisons. En 1923, il retourna à Stockholm comme chef de l'orchestre de l'Opéra, mais il dut bientôt démissionner pour raisons de santé. Sibelius, dont en 1913 il créa la Quatrième Symphonie *en Suède, lui dédia en 1923 sa* Sixième. *Il ne laissa que quarante-cinq ouvrages avec numéro d'opus et quelques-uns sans numéro d'opus, — parmi lesquels deux* Symphonies *(*n° 1 *en* fa *majeur, de 1902-1903, et* n° 2 *en* sol *mineur* op. 34*, de 1911-1915), la* Sérénade pour orchestre *en* fa *majeur* op. 31 *(1911-1913), l'*Ouverture « Excelsior » op. 13 *(1896), deux* Concertos pour piano *(*n° 1 *en* si *bémol mineur* op. 1*, de 1893, et* n° 2 *en* ré *mineur* op. 23*, de 1904-1907), les deux* Romances sentimentales *pour violon et orchestre* op. 28 *(1910), deux* Sonates pour piano *(en* sol *mineur, de 1890, et en* la *bémol majeur* op. 12*, de 1895), des musiques de scène, et la cantate symphonique* le Chant *(1921), — sa dernière grande partition (sur des paroles du compositeur Ture Rangström).*

La musique de chambre de Stenhammar comprend essentiellement six quatuors à cordes, — genre instrumental qu'il pratiqua le plus. Les quatre premiers furent créés par le Quatuor Aulin, alors la plus célèbre formation suédoise, les deux derniers par le Quatuor de Göteborg.

Quatuor à cordes n° 1, en *ut* majeur
(op. 2)

Il fut composé durant l'été de 1894 et créé à Stockholm le 12 janvier 1895. L'*Allegro* initial, de forme sonate, s'ouvre par un thème énergique en rythmes pointés en opposition avec la tradition romantique suédoise. Il est immédiatement travaillé, — un thème secondaire (en triolets et syncopé) n'intervenant qu'à la fin de l'exposition. Apparaît néanmoins un thème conclusif d'atmosphère pastorale, entendu six fois. Le deuxième mouvement est un *Mesto* en *fa* mineur, sorte de chant funèbre devant être joué « très simplement ». L'œuvre se termine par un *Molto tranquillo e commodo* rappelant quelque peu Brahms, et par un *Allegro energico* à 6/8 au ton de ballade.

Durée d'exécution : 32 minutes environ.

Quatuor à cordes n° 2, en *ut* mineur
(op. 14)

Composé durant l'été de 1896, il fut créé à Stockholm le 13 novembre de la même année. Depuis l'*op. 2*, Stenhammar s'était fait connaître, et sa personnalité s'était affirmée. L'*Allegro moderato* initial, inauguré par trois notes de violoncelle, est de caractère impulsif, avec une multitude de thèmes (forme sonate). L'*Andante quasi Adagio* en *la* bémol majeur est de structure tripartite, — deux sections agitées entourant une section centrale à caractère d'hymne. Le *Scherzo* (*Allegro vivace*), en *ut* dièse mineur, possède des relents de menuet, et le finale (*Allegro energico e serioso*), aux accents d'abord pathétiques, s'éteint dans la nuance pianissimo.

Durée d'exécution : 31 minutes environ.

Quatuor à cordes n° 3, en *fa* majeur
(op. 18)

Le premier mouvement du *Quatuor à cordes n° 3* est de l'automne de 1897, les trois derniers de l'été de 1900. La création intervint à Stockholm le 17 avril 1903. Entre l'*op. 14* et cet ouvrage avait été composé (sans doute durant le printemps ou l'automne de 1897), et joué à Stockholm (le 21 février 1898), un quatuor à cordes en *fa* mineur qui, après quelques autres exécutions, fut retiré par l'auteur, et ne devait être retrouvé parmi ses papiers qu'après sa mort. Durant ces années intermédiaires avaient également été entendus *Tirfing*, l'opéra de Stenhammar le plus influencé par Wagner, et la *Sonate pour violon et piano en* la *mineur*. Le *Quatuor op. 18* s'ouvre par un *Quasi andante* à 4/8 de caractère idyllique, et à fonction d'introduction. Suit un *Scherzo* (*Presto molto agitato*) en *fa* mineur et à 3/4, en complet contraste avec le mouvement précédent, d'un seul bloc malgré une section centrale à 4/4 (*Allegro molto energico con fuoco*). À un *fff* et à un silence succède le troisième mouvement, un *Lento sostenuto* en *si* bémol mineur en forme de thème et variations et influencé — note Bo Wallner — par les quatuors de Tchaïkovski et de Dvořák, que Stenhammar venait de découvrir. Bien que simplement marqué *Presto molto agitato*, le finale est une « fantaisie et fugue », — la fantaisie du début rappelant pour commencer le *Scherzo*. Le discours se calme, et la fugue est introduite par le premier violon (*Moderato*). Après un sommet d'intensité et une sorte de polka sur le sujet de fugue, l'œuvre retrouve l'atmosphère de ses premières mesures. C'est cependant la « polka » qui a le dernier mot.

Durée d'exécution : 30 minutes environ.

Quatuor à cordes n° 4, en *la* mineur
(op. 25)

Dédié à Sibelius, le *Quatuor à cordes n° 4* fut composé de 1904 à 1909 et créé en privé à Stockholm le 10 janvier 1910, puis en public à Göteborg le 7 mars suivant. Œuvre de synthèse, l'*op. 25* s'ouvre (*Allegro ma non troppo* à 4/4), non par un thème bien affirmé, comme les trois quatuors précédents, mais en une sorte d'arabesque du premier violon. Le thème secondaire (*tranquillo*) est en *fa* mineur, et la réexposition de cette forme sonate particulièrement subtile est suivie d'un second développement. Fin dans le calme, sur une simple cadence de *la* mineur annonçant le deuxième mouvement, un *Adagio* en *la* majeur et à 3/8, aux longues lignes mélodiques et à atmosphère de nocturne (prédominance du registre grave). Le *Scherzo* (*Allegro*) est de forme A B A' B' A'', les sections A (*Alle-*

gro) étant en *la* mineur et à 2/4, et les sections B (*Presto*) en *la* majeur et à 3/8. Le finale (*Andante semplice*) est un thème et variations (*Aria variata*). Le thème (en *la* mineur, à 2/4) n'est autre que la chanson populaire « Och riddaren han talte till unga Hillevi » (Et le chevalier s'adressa à la jeune Hillevi). Il est suivi de dix variations, — dont la sixième marquée *Adagio*. Dans les dernières, la mesure est à 12/16, et le discours est dominé par de riches figurations et arpèges en triples croches faisant le lien avec les arabesques du début du premier mouvement : l'ouvrage se termine par un rappel de ses premières mesures.

Durée d'exécution : 30 minutes environ.

Quatuor à cordes n° 5, en *ut* majeur
(op. 29)

Composé durant l'été de 1910, le *Quatuor à cordes op. 29* fut créé à Göteborg le 24 janvier 1916. Il est parfois appelé *Sérénade*, et, après avoir pris connaissance de la partition, Tor Aulin déclara : « Quiconque écrit ainsi doit avoir les quatuors de Haydn sur sa table de nuit. » Le premier mouvement est un *Allegro molto con spirito* à 3/4, avec un thème principal en doubles croches débouchant sur un bond ascendant. Le deuxième mouvement (*Allegretto scherzando* en *la* mineur et à 6/8) est un thème et variations (*Ballata*) sur la chanson populaire « Och riddaren Finn Komfusenfej », racontant les péripéties du mariage d'un chevalier avec une princesse de sang royal. La musique suit ces péripéties de près : d'où le terme « Ballata » (ballade). Suit un *Scherzo* (*Allegro vivace*), bref, virtuose et entrecoupé de silences. Le finale (*Allegro molto* à 4/4) débute par un thème en croches rapides, traité ensuite en une polyphonie serrée avec strettes : peut-être Stenhammar se souvint-il du mouvement correspondant de l'*op. 59 n° 3* de Beethoven.

Durée d'exécution : 34 minutes environ.

Quatuor à cordes n° 6, en *ré* mineur
(op. 35)

Composé durant l'été de 1916, il fut créé à Göteborg le 17 avril 1918. Le premier mouvement est un *Tempo moderato* (*sempre un poco rubato*) à 4/4 s'ouvrant par une idée concise au premier violon, — le violoncelle prenant le relais avec une idée apparentée. Le discours gagne en énergie ; mais, au fur et à mesure que le mouvement progresse, l'indication « rubato » prend de plus en plus d'importance, comme en témoigne la transition vers le « second thème », — formule simple entendue trois fois, mais avec modification des valeurs de notes, de l'harmonie et de la dynamique. Le second thème lui-même est apparenté au premier (rythmes pointés). Le développement est très travaillé, et le mouvement se fragmente pour conclure. Suit un *Scherzo* (*Allegro vivace*) assez bref, à fonction d'intermède et faisant alterner 3/4 et 2/4. Le troisième mouvement est un *Poco adagio* en *fa* majeur et à 6/8 d'atmosphère nostalgique, et le finale un *Presto* agité à 2/4, parcouru de triolets et sans vrais moments de repos. Les ultimes mesures sont marquées *forte e patetico*. Fin sur un *ré* à l'unisson.

Durée d'exécution : 25 minutes environ.

Dans une lettre de 1923, Stenhammar évoqua l'éventualité d'un *Quatuor n° 7*, mais l'ouvrage ne fut jamais écrit.

M.V.

KARLHEINZ STOCKHAUSEN

*Né à Mödrath, près de Cologne, le 22 août 1928. Après des études à l'École Supérieure de Musique et à l'Université de Cologne, il suit les cours de Darmstadt en 1951, puis le cours d'analyse d'Olivier Messiaen au Conservatoire de Paris (1951-52). De cette époque, alors qu'il écrit ses premières œuvres marquantes (*Kreuzspiel, Kontra-Punkte*), date sa première* Étude *de musique concrète qu'il réalise au Groupe de Recherche Musicale de Pierre Schaeffer. Parallèlement à ses recherches au Studio de musique électronique de la Radio de Cologne (où il compose les* Études électroniques I et II, *et surtout le* Gesang der Jünglinge*), Stockhausen étudie la phonétique et les techniques de communication à l'Université de Bonn. A partir de 1958, ses activités* *se diversifient considérablement d'un point de vue pédagogique (Darmstadt et universités américaines), à côté d'une production compositionnelle de premier plan (*Klavierstücke, Gruppen*), sans oublier ses importantes contributions théoriques dans la revue* Die Reihe *qu'il dirige de 1954 à 1959. Les années soixante voient l'intensification de cette politique de diffusion, — Stockhausen multipliant les voyages dans le monde entier, notamment au Japon et en Inde dont les traditions musicales et la philosophie marqueront fortement sa propre œuvre* (Stimmung, Au-delà des sept jours). *Avec l'entreprise des grands cycles — à partir de* Tierkreis *(1975-76) — qui culminent avec* Licht *(ensemble « musico-dramatique » de sept opéras commencés en 1977 et en cours de composition), Stockhausen a résolument orienté sa musique vers une dimension symbolique et mystique. Comme pour les contemporains de sa génération, la musique de chambre, du moins sous forme de partitions pour nombre réduit d'instrumentistes, tient une place importante dans une œuvre abondante et variée.*

La trajectoire de l'œuvre de Stockhausen peut paraître singulière. Le compositeur a en effet abordé l'ensemble des formes d'expression qui ont caractérisé la musique contemporaine depuis l'avènement du sérialisme, — débouchant sur la forme ouverte puis sur le théâtre musical, en passant par les « musiques intuitives » des années soixante-huit, pour aboutir au grand cycle d'opéras (*Licht*) commencé en 1977. Pour suivre les méandres de sa pensée, il importe avant tout de considérer la principale caractéristique de l'esthétique de Stockhausen au travers de la conception de l'œuvre dans sa totalité. Il est frappant de voir les esquisses de ses propres œuvres que l'auteur a pris soin de publier avec ses propres analyses* : l'idée globale de la composition en gestation y est tracée avec la plupart des détails formels, et ce dès les premières partitions. Au début des années cinquante, Boulez et Stockhausen, incarnant les deux courants du sérialisme, proposent en fait deux interprétations différentes de l'image webernienne de la « plante originelle » : alors que le premier pense de la racine vers la fleur, le second remonte de la plante vers son origine. Le sérialisme de Stockhausen, à l'inverse de celui de Boulez, ne part donc pas du noyau cellulaire pour proliférer et engendrer la forme, mais conçoit au contraire le matériau comme une « micro-structure » qui contient la forme globale en réduction. Cette attitude justifie déjà le goût, et surtout la possibilité d'envisager de grandes formes, — Stockhausen posant la durée et l'exploitation du temps comme condition *préalable* à l'œuvre. Stockhausen est l'un des rares compositeurs, sinon le seul, à avoir développé une pensée théorique du temps musical qui s'est exprimée au travers de sa production de musique tant électronique qu'instrumentale.

On a souvent mis en avant les divergences stylistiques entre les œuvres récentes et celles antérieures de vingt ou trente ans. Si la pensée de Stockhausen se manifeste aujourd'hui d'une façon *thématique*, elle n'en est pas moins dans le prolongement des idées de la période sérielle, la mutation s'étant opérée par le biais de ce qu'il appelle la « formule » (*Formel*), qui n'est qu'une autre approche de la série comme on le verra au sujet d'*Harlekin* et de *In Freundschaft*. Enfin, et au travers du projet en cours (*Licht*), il faut souligner la dimension fondamentalement « cosmologique » de son œuvre, et qui s'est largement accentuée après 1970 avec l'élaboration de grands cycles (*Musik im Bauch, Sirius*) dont les ramifications sont nombreuses jusque dans le domaine de la musique de chambre. Parti de la conception webernienne de l'ensemble instrumental à l'effectif spécifique et remis en question d'une partition à l'autre (*Kreuzspiel, Kontra-Punkte, Zeitmasse*), Stockhausen en est arrivé à développer considérablement la littérature pour instrument seul, non pas dans l'esprit de l'étude compositionnelle et instrumentale telle que la pratique Berio dans ses *Sequenze*, mais dans le prolongement de ses grandes fresques et en fonction des instrumentistes qui composent son équipe : ainsi le répertoire pour clarinette et cor de basset (Suzanne Stephens), flûte (Kathinka Pasveer) et trompette (Markus Stockhausen) s'est-il largement enrichi.

Les œuvres commentées ci-dessous adoptent une présentation chronologique, avec un regroupement pour les compositions

* *Texte zur Musik* (DuMont Schauberg, 6 volumes, 1963-89). Certains articles fondamentaux ont été traduits dans *Contrechamps* n° 8 (L'Age d'homme, 1988).

récentes, soit en fonction d'un instrument (clarinette), soit par rapport aux grandes fresques scéniques dont sont tirés plusieurs exemples. Les indications de numéros données pour chaque partition renvoient au catalogue dressé par le compositeur lui-même (celles issues d'un ensemble plus vaste seront données sous forme de fractions, et les œuvres précédant le *n° 1* sont indiquées suivant l'ordre chronologique inverse : *Kreuzspiel n° 1/7* est ainsi la septième composition avant le *n° 1, Kontra-Punkte*).

Kreuzspiel, pour six instruments (n° 1/7)

Écrit en 1951 pour hautbois, clarinette basse, piano et percussions (six tom-toms, deux tumbas et quatre cymbales), et créé à Darmstadt le 21 juillet 1952 de l'année suivante sous la direction du compositeur, *Kreuzspiel*, bien que répertoriée antérieurement au numéro 1, est la première œuvre importante du catalogue de Stockhausen, et l'une des partitions-clés de la période de la « sérialisation généralisée ». Avec *Polyphonie X* de Boulez, *Kreuzspiel* (« jeux de croisement ») s'inscrit dans le sillage du *Mode de valeurs et d'intensités* de Messiaen pour l'écriture, ainsi que de la *Sonate* pour deux pianos du belge Karel Goeyvaerts pour la forme.

Dans cette problématique de l'interaction entre les paramètres reliés par la série de base — concernant ici les hauteurs, les durées, les registres, les intensités et la répartition de l'instrumentation —, l'œuvre de Stockhausen réalise cette démarche à partir de l'idée d'un croisement (*Kreuzung*) entre les dimensions temporelles et spatiales en trois phases, comme s'en explique le compositeur : « Dans la première, le piano commence dans les registres extrêmes et introduit progressivement, en utilisant des croisements, six sons du registre aigu et six sons du grave. Les quatre octaves médianes où jouent le hautbois et la clarinette basse se remplissent progressivement de nouveaux sons, et au moment de la distribution égale de tous les sons sur toute l'étendue verticale, toutes les séries des durées et des intensités se trouvent croisées de telle façon que les séries apériodiques du début de la pièce deviennent une série périodique qui augmente régulièrement en intensité (*accelerando* et *crescendo*) : ceci est marqué par le timbre du wood-block. Tout ce développement est inversé ensuite, donné en renversement de façon qu'à la fin de la première phase tous les sons soient de nouveau donnés dans la partie du piano dans les registres extrêmes. Dans la seconde phase, le processus se reproduit de l'intérieur vers l'extérieur : la musique commence dans le registre médium avec le hautbois et la clarinette basse, atteint les registres extrêmes (piano) et retourne en arrière ; dans la troisième phase sont reliés ces deux processus. »

Malgré son aspect quelque peu didactique, cette approche complexe dans sa réalisation reste — au travers de la description du processus — avant tout perceptible : dès ses premières œuvres, Stockhausen s'efforce de fonder la trajectoire formelle sur le rapport entre la structure et son intelligibilité à l'audition.

Durée d'exécution : environ 11 minutes.

Kontra-Punkte, pour dix instruments (n° 1)

En composant *Punkte* - pour grand orchestre en 1952 et qu'il révisera dix ans plus tard —, le propos de Stockhausen était de parvenir à ce que « chaque point soit le centre d'une galaxie de sons, utopie d'une musique sans mélodie reconnaissable, au-delà de l'harmonie, du mètre, du rythme et de la couleur instrumentale »*. Avec la partition suivante, écrite entre 1952 et 1953, Stockhausen prolonge la même idée tout en ressentant la nécessité de l'adapter : le titre-même de *Kontra-Punkte* doit être autant compris comme une référence à l'écriture polyphonique que comme une opposition au style « ponctuel » de l'œuvre précédente.

Destiné à un ensemble de dix instruments regroupés en six groupes de timbre (1. flûte et basson, 2. clarinette et clarinette basse, 3. trompette et trombone, 4. piano, 5. harpe, 6. violon et violoncelle), *Kontra-Punkte* sera créé dans sa version définitive le 26 mai 1953 à la Radio de Cologne sous la direction de Hermann Scherchen. La partition correspond au passage de l'écriture ponctuelle à celle des « groupes » (définis, par exemple, par des champs harmoniques) qui va marquer la plupart des compositions suivantes, à partir des premiers *Klavierstücke*. La volonté d'échapper à l'indifférenciation de la distribution des sons entre les instruments va désormais passer par ces catégories qui permettront de pallier la sévère dispersion sonore. Au travers des relations entre les dimensions horizontales et verticales gérées par la série, Stockhau-

---

* Voir *Guide de la musique symphonique* (même éditeur).

sen part du contrepoint éclaté des premières mesures (une hauteur, une durée, une intensité par instrument) pour favoriser rapidement l'apparition de figures rythmiques constituées, de plus en plus individualisées grâce aux familles instrumentales décrites plus haut. La perception globale correspondra ainsi à un grand *decrescendo* de la densité instrumentale, la polyphonie partant du *tutti* se raréfiant progressivement : la trompette puis le trombone cessent de jouer dès le premier tiers de l'œuvre, suivis par le basson, et bientôt par tous les instruments jusqu'à ce que le piano termine seul par une grande cadence.

Autre point capital dans l'évolution de la pensée de Stockhausen, — le critère de *transformation* à partir des déductions sérielles, devient primordial : comme on le constatera également pour les œuvres les plus récentes, l'attitude du compositeur consiste moins à proposer « des figures semblables sous différents éclairages, que des figures différentes sous une même lumière qui pénètre le Tout ». Ainsi, la série reste le critère fondamentalement unificateur de toute la partition, tout en donnant lieu à un renouvellement constant des figurations grâce au traitement et à la répartition des différents paramètres.

Durée d'exécution : environ 14 minutes.

Zeitmasse, pour cinq bois (n° 5)

Écrite en 1955-56, cette œuvre est exactement contemporaine de la composition des *Klavierstücke V-X*, et surtout de *Gruppen* pour trois orchestres, — le chef-d'œuvre de la production de Stockhausen de ces années cinquante. Signifiant littéralement « Mesure du temps », *Zeitmasse* est écrit pour un quintette à vents rassemblant une flûte, un hautbois, un cor anglais, une clarinette et un basson, et a été donné en création le 15 décembre 1956 au Domaine Musical, à Paris, sous la direction de Pierre Boulez.

A partir de cette époque, Stockhausen envisage la série, non plus comme une structure de hauteurs dont les caractéristiques seront transposées sur les autres paramètres, mais beaucoup plus sous l'angle d'une relation à établir entre hauteur, durée et tempo. Dans *Zeitmasse*, il va déduire d'une série de hauteurs une série de douze tempos (répartis métronomiquement de 60 à 112 à la noire) en les associant chacun à un chromatisme de hauteurs (un *la* correspondant ainsi au premier tempo). Le but du compositeur est ainsi d'examiner, au travers de l'alternance entre stabilité et instabilité, les possibilités de fluctuations dans l'exécution. La forme est en effet définie par la périodicité régulière de sections, dans lesquelles la même échelle de temps régit l'ensemble des instruments, et confrontées à des développements où le temps devient mobile. Dans ce dernier cas, chaque partie sera notée avec des indications relatives, telles que « vite - ralentir / lent - accélérer » ou « ausi vite / aussi lent que possible », cette dernière étant par exemple dépendante de la capacité respiratoire de l'instrumentiste : « Les séquences affectées de cette indication doivent être jouées en un seul souffle, le plus long possible. Cette durée totale dicte le choix de l'unité constante de référence » (préface à la partition). On assiste alors à l'imbrication de deux conceptions de temps entre les cinq sections principales reposant sur un tempo collectif, et les quatre développements basés sur une polyphonie de vitesses.

Quant à l'écriture instrumentale de *Zeitmasse*, on comprend qu'au-delà des difficultés inhérentes au texte lui-même, la virtuosité concerne également la faculté de chaque instrumentiste à s'adapter à cette nouvelle approche de la musique de chambre. Inaugurée dans les *Klavierstücke V-X*, la notion propre à Stockhausen de « champ temporel » — établissant une relation entre l'écriture et l'exécution dépendant des qualités mêmes de l'interprète — trouve ici une application particulièrement réussie. Exploitée à nouveau dans *Gruppen*, dans lequel les trois orchestres sont tantôt synchrones, tantôt indépendants, cette idée débouchera également sur la variabilité du tempo laissée au choix de l'interprète, comme dans le célèbre *Klavierstück XI* écrit la même année*.

Durée d'exécution : environ 14 minutes.

Zyklus, pour un percussionniste (n° 9)

Composé en 1959, *Zyklus* intervient après les trois partitions capitales que sont successivement le *Klavierstück XI*, le fameux *Gesang der Jünglinge* (musique électronique) et *Gruppen*. L'œuvre est destinée à un seul percussionniste ayant à sa disposition un marimba et un vibraphone, plus un ensemble d'instruments diversifiés — des métaux (un gong, un tam-tam, quatre cloches à vaches, un triangle, deux cymbales

* Voir l'œuvre, in *Guide de la musique de piano* (même éditeur).

suspendues, une cymbale Charleston, des grelots) aux peaux (une caisse claire) —, ainsi que deux tambours de bois et un guero. La création de *Zyklus* par Christoph Caskel eut lieu à Darmstadt le 25 août 1959.

Se présentant sous la forme d'une structure circulaire, les différentes pages étant reliées par une spirale — comme le *Trope* de la *Troisième Sonate* de Boulez —, *Zyklus* s'inscrit dans le mouvement de l'« œuvre ouverte », et, dans ce cas précis, dans l'esprit du *Finnegan's Wake* de Joyce. L'exécution peut donc commencer à n'importe quelle page — d'autant plus que la partition est réversible —, et « doit ensuite comprendre toutes les pages sans interruption dans l'ordre établi et se terminer par le premier coup de la page initiale » (Stockhausen). La notation utilisée recourt à une écriture symbolique, tant pour les instruments que pour les figures rythmiques ou les intensités qui sont proportionnelles à la grosseur de la note. De plus, Stockhausen établit un degré de tension supplémentaire en introduisant, entre les passages entièrement déterminés, des groupes placés dans des triangles ou rectangles dans lesquels l'ordre des événements est variable : « Ces groupes peuvent s'insérer à n'importe quel endroit de la portion d'échelle de temps définie par la longueur du rectangle, successivement, et aussi souvent que possible, simultanément. »

Écrit parallèlement à *Kontakte* (1959-60), *Zyklus* (« cycle ») repose sur la répartition de neuf types de structures (chacun associé à un instrument et défini par un nombre d'attaques) au cours de dix-sept périodes regroupées en deux grandes parties : la densité de superposition de ces caractéristiques structurelles est croissant de une à cinq (première à cinquième période), puis décroissante jusqu'à la neuvième, avant de reproduire un schéma analogue dans la deuxième partie. On obtiendra donc une polyphonie de vitesses différentes provoquant, selon les structures utilisées, des *accelerando* et *ritardando* simultanés, — Stockhausen développant le propos des œuvres précédentes mais pour la première fois confié à un seul instrumentiste. La percussion offrait cette possibilité par la grande variété instrumentale, ainsi que par la maîtrise rythmique des exécutants : bien que très virtuose, *Zyklus* fait partie intégrante du répertoire de nombreux percussionnistes.

Durée d'exécution : 10 à 16 minutes.

Kontakte, pour sons électroniques, piano et percussion (n° 12)

Composé en 1959-60, *Kontakte* a d'abord été conçu pour sons électroniques, puis sous forme mixte avec l'ajout du piano et de la percussion, avant de connaître un troisième stade avec *Originale* (1961) qui consiste en une application de l'œuvre au domaine du théâtre musical. Nécessitant deux instrumentistes (le pianiste jouant également des percussions), *Kontakte* a été créé à Cologne le 11 juin 1960 par David Tudor et Christoph Caskel.

La première version est rapidement apparue comme insatisfaisante aux yeux du compositeur, moins pour la qualité de la réalisation sonore que pour la difficulté à l'entendre en concert : *Kontakte*, sous cette forme, a donc été annoncé comme « particulièrement approprié aux retransmissions radiophoniques ou aux versions discographiques » (Stockhausen). La seconde version avec instruments est destinée à compenser le manque d'action visuelle, — à tel point que la partition reposera incontestablement une dimension théâtrale dans l'exécution. Celle-ci est due, non seulement à la visualisation du geste musical que pratique le percussionniste, mais également aux déplacements du pianiste sur la scène pour jouer des percussions.

Le titre explicite d'une part les « contacts » entre les sons électroniques et les sons instrumentaux, et d'autre part la confrontation entre des « moments très caractéristiques ». Le dialogue qui se produit entre les instrumentistes et la bande diffusée consiste moins en une superposition qu'en une recherche de coïncidence entre les événements : selon Stockhausen, « les moments ne sont pas déterminés par un début et une fin, mais sont simplement la conséquence de ce qui précède ou de ce qui suit. » Conçue à partir de six catégories instrumentales partagées entre sons et bruits, et correspondant chacune aux trois familles de percussion (métaux, peaux, bois), la partition confie au piano le rôle de lien entre ces catégories. On notera d'ailleurs que, mis à part le marimba, la nomenclature de la percussion — tant pour l'interprète « spécialisé » que pour le pianiste — est essentiellement constituée d'instruments à sons non déterminés.

Quant au niveau de correspondance entre bande et instruments, il implique la reproduction des effets électroniques par une sorte d'« équivalence » instrumentale : l'ensemble de l'œuvre oscille ainsi entre les périodes de « fusion » et celles de « lutte », parfois d'une grande violence, entre les deux sources. Il faut toutefois moins prendre ces équivalences au sens d'un miroir réfléchissant l'image immédiatement entendue qu'à celui d'effets déterminés selon des caractéristiques générales, — Stockhausen traitant la relation entre les deux matériaux à partir de critères tels que dispersion, continuité ou intensité.

Avec *Kontakte*, on peut également remarquer que Stockhausen franchit un pas important vers les formes qu'il qualifiera de *momentanées*, et qu'il développera à partir de l'œuvre suivante, *Momente*, réalisée entre 1962 et 1964 : « Les formes momentanées sont le résultat d'une volonté de composer des états et processus à l'intérieur desquels chaque moment constitue une entité personnelle, centrée sur elle-même et pouvant se maintenir par elle-même, mais qui se réfère, en tant que particularité, à son contexte et à la totalité de l'œuvre. »

Durée d'exécution : 34 minutes environ.

Adieu, pour quintette à vents (n° 21)

Dédié à la mémoire de Wolfgang Sebastian Meyer, un jeune organiste disparu à la suite d'un accident de la route, *Adieu* a été écrit en 1966 pour quintette à vents (flûte, hautbois, clarinette, basson et cor), et créé le 31 janvier 1967 à Calcutta.

Articulée clairement en quatre sections — régies par le nombre d'or et délimitées par des cadences tonales —, l'œuvre se présente comme une succession de séquences harmoniques à partir desquelles Stockhausen indique des « attitudes de jeu ». S'agissant, pour les instrumentistes, d'interpréter le peu de texte musical qui leur est proposé, les indications concernent autant le type d'intervention au sein de l'ensemble (« individuel » : jouer indépendamment des autres; « en groupe » : associations entre instruments indiquées sur la partition ; ou « synchrone » : toutes les entrées simultanées) que le mode d'entretien du son (glissandos, trilles, syncopes, crescendo, etc.), ou encore le tempo et la régularité des entrées.

Dans le prolongement de *Zyklus* ou de *Plus-Minus* (1963), qui consistait en « sept pages à réaliser », *Adieu* assure la transition vers la période de « création collective » qui culminera avec *Au-delà des sept jours* en 1968, en mettant délibérément l'accent sur le *processus* d'exécution de l'œuvre.

Durée d'exécution : entre 11 et 16 minutes.

LES ŒUVRES POUR CLARINETTE SEULE

Harlekin / Der kleine Harlekin (n° 42)

Harlekin est la première des nombreuses partitions que Stockhausen va consacrer à la clarinette qu'il emploiera abondamment dans *Licht*. Écrite en 1975 pour Suzanne Stephens qui en a assuré la création le 7 mars 1976 à Cologne, la composition s'inspire de la figure traditionnelle du personnage de la commedia dell'arte, apparaissant ici en musicien et appelé à incarner divers rôles. La dimension théâtrale de l'œuvre est d'autant plus explicite que l'instrumentiste — un homme ou une femme — doit porter un costume (largement décrit par le compositeur), qu'il lui est demandé de « posséder un certain talent pour la danse », et que la partition comporte toutes les indications nécessaires aux jeux de scène (jusqu'aux éclairages). Découpé en sept parties, le « scénario » présente successivement Arlequin en « messager de rêve enchanté, constructeur joueur, lyrique amoureux, professeur pédant, espiègle joker, danseur passionné, et esprit exalté de la toupie ». L'œuvre se referme à l'inverse du début, suivant un mouvement de spirale tant au sens propre (mise en scène) qu'imagé, Stockhausen ayant souvent inclus ce mouvement dans sa musique, en particulier dans la diffusion spatiale de ses œuvres électroniques.

Musicalement, *Harlekin* est caractéristique du style récent de Stockhausen, avec la réintégration très nette de la dimension mélodique sous l'aspect d'une « formule » : étant appelée à jouer un rôle autant thématique que structurel, la formule est en quelque sorte une série qui aurait conservé un aspect identifiable lors de chacune de ses réapparitions. Fidèle au principe de la spirale, la formule ne sera dévoilée textuellement qu'à la troisième partie (« le lyrique amoureux »), après avoir été longuement élaborée. A l'inverse, la deuxième moitié de l'œuvre « enroulera » à nouveau la mélodie jusqu'à disparition totale — et donc sortie de l'instrumentiste.

Le principe d'*Harlequin*, reposant intégralement sur une formule qui tient en treize mesures, passe par divers procédés de construction / déconstruction, — les déformations portant sur le rythme, le registre, ou le caratère imposé par chaque scène comme dans « le professeur pédant » où la formule est décomposée scolairement, ou dans « l'espiègle joker » qui constitue un passage burlesque. Instrumentalement, l'œuvre présente des difficultés moins d'ordre strictement technique que d'endurance, l'exécution avoisinant les trois quarts d'heure. On notera, toutefois, la fréquence d'utilisation du registre suraigu de la clarinette et de certains procédés tels que les harmoniques demandés dans « le danseur passionné ».

Issu directement de l'épisode de « la danse » dans lequel l'instrumentiste doit s'accompagner en frappant du pied (« faire quasiment des claquettes »), *Der kleine Harlekin* correspond à un extrait qu'il est possible de jouer en concert.

Durée d'exécution : respectivement 44 et 9 minutes.

In Freundschaft (n° 46)

Écrite en 1977 pour Suzanne Stephens, *En toute amitié* (traduction littérale) constitue l'exemple le plus célèbre et le plus directement abordable de la pensée compositionnelle de Stockhausen depuis *Harlekin*. La partition se déploie en sept cycles avec deux cadences intercalées à partir d'une « formule » en cinq membres caractérisés rythmiquement, intervalliquement, ainsi qu'au point de vue de la densité des sons :

Autour d'un axe central de registre composé par un trille (*la* - *si* bémol pour la clarinette), la musique se scindera en deux « couches » de part et d'autre : alors que la partie supérieure reprendra la formule de base, la partie inférieure proposera une déformation de celle-ci par une rétrogradation en diminution rythmique. Réparties autour de l'axe de symétrie, les deux couches évolueront par transposition chromatique au cours des différents cycles, jusqu'à se rejoindre dans le dernier en tant qu'acte symbolique d'« amitié ». Bien qu'indépendante de *Licht* en particulier, l'œuvre comporte également une dimension théâtrale, — le clarinettiste devant orienter l'instrument à droite ou à gauche selon qu'il joue la partie supérieure ou inférieure, proposant ainsi une forme de « visualisation » de la dimension polyphonique de la pièce.

En toute amitié, écrite initialement pour clarinette, a été transcrite par le compositeur pour flûte, flûte à bec, hautbois, basson, cor de basset ou clarinette basse, violon, violoncelle, saxophone, cor, et trombone. Peut-on assurer avec plus d'efficacité la diffusion d'une œuvre ?

Durée d'exécution : environ 14 minutes.

Dans la même perspective, et reposant sur un principe analogue, doivent être mentionnées, toujours pour clarinette seule, les cinq pièces qui composent *Amour* (*n° 44*, 1976, transcrite également pour flûte), et *Traum-Formel* (« Formule de rêve ») issu de *Samstag aus Licht* (*n° 51*), pour cor de basset, datant de 1983.

LES CYCLES

Musik im Bauch (n°41)

Composée en 1975, *Musik im Bauch* (« Musique dans le ventre »), pour six percussions et boîtes à musique, constitue la première des œuvres de Stockhausen donnant lieu à d'importantes dérivations au travers d'autres partitions. Cette pratique, qui s'est considérablement développée dans les réalisations plus récentes du compositeur, a abouti à **Tierkreis**, ensemble de douze mélodies sur les signes du zodiaque existant en plusieurs versions : partant des boîtes à musique, Stockhausen a prévu l'interprétation de ces mélodies par n'importe quel instrument en solo ou en duo, dans une combinaison instrumentale libre. Mises à part les cinq partitions « pour voix et instrument à accord », le compositeur a publié une version de *Tierkreis* pour orchestre de chambre (clarinette, cor, basson et cordes, 1977), ainsi qu'une seconde pour clarinette et piano élaborée par Suzanne Stephens et Majella Stockhausen en 1981. De même, *Sirius* (*n° 43*, 1975-77), traitant des quatre saisons, a été lui-même développé à partir de *Tierkreis*, et dont est issue à son tour *Aries* (« Bélier ») pour trompette et musique électronique (1977-80).

Avec le grand cycle de sept opéras sur chacun des jours de la semaine **Licht** commencé en 1977, Stockhausen a continué à concevoir des compositions tirées de l'œuvre globale et pouvant être isolées : outre les *Klavierstücke XII à XIV*, on mentionnera, sans toutes les énumérer, les nombreuses partitions jouables séparément pour trompette solo, ou avec un ou deux instruments, issues de *Donnerstag aus Licht* (« Jeudi de lumière »), ou celles pour flûte (*Danse du bout de la langue*) ou cor de basset (*Traum-Formel* déjà citée), tirées respectivement de *Samstag* (« Samedi ») et de *Montag* (« Lundi »).

A.P.

RICHARD STRAUSS

Né le 11 juin 1864, à Munich; mort le 8 septembre 1949, à Garmisch (Alpes bavaroises). On sait quelle fut la carrière glorieuse, dès la fin du XIX*e siècle et pendant notre premier demi-siècle, de ce musicien allemand, d'abord voué à la perpétuation d'un genre assez particulier — le poème symphonique —, puis chantre inlassable de la féminité à travers ses quinze opéras et ses quelque cent cinquante lieder. On n'ignore pas moins quelles furent sa collaboration exceptionnelle avec le grand écrivain viennois Hugo von Hofmannsthal, puis, après l'avènement du nazisme, ses quelques compromissions avec un régime dont il ne soupçonnait pas les finalités. Il faut ajouter que l'auteur du* Chevalier à la rose *fut par ailleurs un chef d'orchestre de tout premier plan, ainsi qu'un actif directeur de théâtres d'opéra et un homme d'affaires extrêmement avisé, — vivant dans une aisance acquise qu'il sut remarquablement gérer. Ce qui est peut-être vrai pour sa musique également, — audacieuse, novatrice jusque vers 1910, puis tempérée, « confortable », à coup sûr étrangère aux évolutions de son temps. Comme ce qu'il écrivit pour le piano, la musique de chambre ne représente qu'une faible partie de sa production : elle est celle d'un jeune « romantique » qui écoute encore ses maîtres — de Beethoven à Mendelssohn et Schumann principalement —, et dont l'avenir demeure indécis. Deux sonates et deux quatuors constituent cette faible partie de l'entière production straussienne, — certes mineure mais non dépourvue de qualités et qu'on peut écouter sans désagrément. On y joindra une pièce pour sextuor à cordes qui appartient à l'opéra* Capriccio, *— court chef-d'œuvre du genre composé par un musicien âgé de soixante-dix-sept ans, maître absolu de son art.*

Sagement conçu dans l'esprit de Haydn (et de Mozart tout à la fois), le **Quatuor à cordes op. 2**, en *la* majeur, fut écrit par un jeune homme de seize ans (1880). La facture en est imparfaite, l'inspiration très peu personnelle, — avec cependant un *Scherzo* plein de joliesse et un *Finale* d'humeur gaie, au contrepoint assez virtuose. L'œuvre ne dépasse guère le niveau de l'exercice scolaire. Elle fut exécutée pour la première fois à Munich, le 14 mars 1881, par un ensemble constitué sous la houlette de Benno Walter, l'oncle du compositeur, — à qui cet *op. 2* fut dédié.

Sonate pour violoncelle et piano, en *fa* majeur (op. 6)

Cette partition date de 1883, — Strauss avait dix-neuf ans ; encore en avait-il entrepris la composition dès 1880. Le mûrissement en fut donc lent, difficile, et, en dernière instance, le finale fut entièrement réécrit. C'est le 8 décembre 1883, enfin, qu'elle fut créée à Nuremberg, non sans succès, par son dédicataire Hanus Wihan, violoncelliste tchèque de grand talent (futur dédicataire, également, du *Concerto pour violoncelle* de Dvořák), — Hildegard von Königsthal étant au piano. Hantée par l'esprit de Beethoven, mais sous influence directe de Brahms, voire simplement de Mendelssohn (que Strauss appréciait), l'œuvre est bien la première en date de son auteur qui ait pu prétendre à faire carrière : on la rencontre épisodiquement à l'affiche de nos jours, non seulement en pays germaniques, et elle fut plusieurs fois enregistrée. Compensant d'inévitables gaucheries, ses qualités sont évidentes : maîtrise des structures, affermissement des lignes mélodiques, certaine richesse polyphonique, générosité lyrique enfin ; en quelques passages s'annonce le Strauss des poèmes symphoniques. Il y a trois mouvements, — deux *Allegros* encadrant le mouvement lent.

1. L'Allegro con brio initial, dans la forme sonate, se bâtit sur un premier thème plein d'élan, de fierté, d'énergie conquérante (*fa* majeur), — qui est déjà une signature straussienne ; d'emblée le violoncelle « chante » héroïquement. Le second thème est plus intime, retient quelques indices d'une sentimentalité quasi schumannienne. Force est de constater que, dans les développements, la belle tension du début ne sera pas toujours maintenue.

2. En *ré* mineur, **l'Andante ma non troppo** central s'empreint du climat mendelssohnien des *Romances sans paroles* : un lyrisme sans apprêt, limpide, — violoncelle et piano s'adonnant à un épisode en style fugué.

3. Le finale (**Allegro vivo**) resserre le dialogue entre les deux instruments, — dialogue effervescent, un peu répétitif, ou fusent demandes et réponses. Le second thème est, à proprement parler, une citation du *Trio avec piano en* ut *mineur* (op. 66) de Mendelssohn*, et certains commentateurs ont cru déceler, dans la suite, l'évocation d'une cadence extraite de l'acte 2 de *Parsifal* (ouvrage que Strauss entendit effectivement à Bayreuth, alors qu'il composait sa *Sonate*). Malgré tous ces modèles successivement invoqués, l'œuvre affirme sa juvénile personnalité ; maints interprètes en sont conscients, et ne la négligent pas.

Durée d'exécution : 27 minutes environ.

Quatuor pour piano et cordes, en *ut* mineur (op. 13)

C'est un Richard Strauss de vingt ans — il venait d'achever sa *Deuxième Symphonie* — qui écrivit ce *Quatuor avec piano* dans la perspective d'un concours organisé par le Tonkünstlerverein de Berlin : le musicien envoya sa partition avant la fin de 1884 ; elle obtint le premier prix l'année suivante. La création publique en eut lieu, Strauss étant au piano, le 6 décembre 1885 à Meinigen. Succès très vif de l'œuvre — dédiée au duc Georg II de Saxe-Meinigen —, qui ne fut pas sans surprendre Strauss lui-même : le compositeur n'y voyait « nullement une partition plaisante et séduisante ». Ce qu'a partiellement ratifié la postérité : on joue rarement ce *Quatuor avec piano*.

Les dimensions sont imposantes, — surtout dans le premier mouvement, fort prolixe. La facture, d'autre part, s'en révèle aussi convenue que celle que la *Symphonie n° 2* (guère plus écoutée aujourd'hui).

1. On reconnaît, dès l'**Allegro** initial, un hommage appuyé à Brahms (à ses propres quatuors avec piano), — qui va parfois jusqu'au plagiat. Manifestement, Strauss paraît contraint par la minceur des moyens que la formation instrumentale utilisée met à la disposition d'intentions plus ambitieuses, qui la dépassent : l'inspiration et les idées bridées, la maîtrise formelle n'est plus assurée. Néanmoins les deux thèmes, contrastés, présentent un intérêt, — le premier, après cinq mesures en *legato piano*, d'un élan passionné sur l'unisson des cordes. Le second, dans le ton relatif de *mi* bémol majeur, est d'un sentiment douloureux.

2. Vivant, spirituel, virtuose, le deuxième mouvement — scherzo mendelssohnien indiqué **Presto** (en *mi* bémol majeur) — fait paraître un motif rythmique obsédant de deux croches — deux noires ; il s'assortit d'un bref trio mélodique essentiellement dévolu aux cordes (*si* majeur).

3. L'**Andante** qui succède (en *fa* mineur) a certainement moins de caractère en raison d'une propension au bavardage, aux épanchements lyriques les plus contestables : là encore, est-ce Spohr, ou Mendelssohn, ou même Tchaïkovski (thème voisin de celui de *Roméo et Juliette*) ?

4. Strauss se retrouve tel qu'en lui-même dans le finale **Vivace**, — mouvement le plus original en sa libre forme de rondo-sonate, en ses dynamismes, en sa facétieuse facilité, sollicitant à nouveau la main droite du piano en arabesques, avec un renouvellement constant des touchers, des couleurs, aux cordes. Mais la réussite de ce seul mouvement suffit-elle à rehausser l'éclat de l'ensemble ?

Durée d'exécution : 40 minutes environ.

Sonate pour violon et piano, en *mi* bémol majeur (op. 18)

Composée de 1887 à 1888, l'œuvre fut créée à Munich (où Strauss était Kappelmeister) le 3 octobre de cette même année par l'auteur au piano, Robert Heckmann tenant le violon ; la dédicace fut adressée par Strauss à son cousin Robert Pschorr. Œuvre de « musique absolue », et ressortissant

* Voir l'œuvre, ici même.

pour la dernière fois au genre de la musique de chambre en son sens classique, cette *Sonate* est également un adieu aux années d'apprentissage : Strauss avait déjà achevé sa première partition symphonique de réelle importance, *Aus Italien*, et travaillait à la première version de son poème symphonique *Macbeth*. On ne peut s'étonner, d'ailleurs, de trouver dans la *Sonate* de nombreuses allusions au langage orchestral de telles partitions.

1. Le premier mouvement — **ALLEGRO MA NON TROPPO** — est large, puissant et généreux : l'invention mélodique est abondante, — l'exposition faisant paraître deux thèmes principaux également héroïques, le second (*si* bémol majeur) en un profil ascendant caractéristique des grands « gestes » straussiens ; il y a également deux thèmes secondaires, plus lyriques. La maîtrise de la polyphonie se manifeste dans le développement.

2. Intitulé « Improvisation », le mouvement intermédiaire est un **ANDANTE CANTABILE** en *la* bémol majeur, très charmeur, d'une grâce élégante à défaut d'une profondeur expressive. Épisode central, agité, presque dramatique (quadruples croches du piano, non sans allusion délibérée à la partie d'accompagnement du *Erlkönig* de Schubert) ; puis retour, en reprise variée, à la mélodie principale par références nocturnes à Chopin, — avant une coda dont le thème semble se lier à celui de l'*Adagio* de la *Sonate Pathétique* de Beethoven.

3. Le finale — **ALLEGRO** — est précédé de neuf mesures étrangement sombres d'*Andante* (par le piano). Quelques longueurs, certes : peut-être, cependant, le mouvement le plus significatif de l'œuvre, — avec son thème initial impérieux, passionné, les idées subsidiaires n'intervenant qu'en fonction de sa mise en valeur. Au cours du développement, orageux, le violon s'affirme victorieusement sur la houle du piano, en un traitement quasi orchestral. La coda, frénétique, est une véritable culmination de joie.

Durée d'exécution : 27 minutes environ.

Sextuor à cordes, extrait de « Capriccio »

Richard Strauss écrivit son opéra *Capriccio* — une « conversation en musique » — de juillet 1940 au début d'août 1941 ; la première représentation eut lieu à l'Opéra de Munich, en pleine guerre, le 28 octobre 1942 sous la direction de Clemens Krauss, librettiste et ami du compositeur. Ce fut la dernière création d'une de ses œuvres scéniques à laquelle il put assister, dans un théâtre tant aimé, avant sa destruction sous les bombes des Alliés.

Le merveilleux *Sextuor*, en sa rédaction originale pour deux violons, deux altos et deux violoncelles, sert d'ouverture, — page de magie et du charme le plus subtil, sorte de résurrection tardive, somptueuse, du romantisme latent de Strauss. Citons Harry Halbreich : « Page admirable et harmonieuse, de pure musique de chambre post-romantique, épousant le schéma très libre d'une forme ternaire (ou pseudo-sonate), un *Andante con moto* modéré, presque indolent, en *fa* majeur et à trois temps, qui peut être considéré comme une déclaration d'amour purement musicale du compositeur Flamand, de même que le sonnet du poète Olivier en sera une autre purement verbale... » Travail polyphonique admirable, d'une transparence infinie, — avec une section centrale agitée de fièvre soudaine, en trémolando ; œuvre de haute maturité, avec ces sinuosités de ligne et ce délié du mouvement donnant si fortement l'impression d'une constante improvisation. Ainsi que l'a fait remarquer également H. Halbreich, « sorte d'étude préliminaire » aux proches *Métamorphoses**, véritable page conclusive, douloureuse, de toute une vie.

F.R.T.

* Voir *Guide de la musique symphonique* (même éditeur).

IGOR STRAVINSKI

Né à Oranienbaum (aujourd'hui Lomonossov dans la banlieue de Leningrad), le 17 juin 1882 ; mort à New York, le 6 avril 1971. Son père était chanteur des Théâtres Impériaux. Tout en poursuivant ses études, Stravinski s'initia à la musique dès neuf ans, au piano avec A.P. Snetkova (une élève d'Anton Rubinstein), et à la composition avec Fiodor Akimenko et Vassili Kalafati. A l'université, il fut le condisciple de Vladimir Rimski-Korsakov, qui le présenta à son père. Ce dernier lui donna des leçons privées, puis lui servit de tuteur musical. Le jeune homme continua à composer au piano (Sonate *en* fa *dièse mineur*) *comme à l'orchestre* (Symphonie *en* mi *bémol*, Feu d'artifice, Scherzo fantastique). *Il prit son indépendance en tant que compositeur des Ballets russes de Serge de Diaghilev, avec la trilogie de* l'Oiseau de feu, Pétrouchka *et* le Sacre du Printemps *(1910-1913). Il s'impose alors comme l'un des maîtres de l'avant-garde, — proposant un nouvel univers sonore où le rythme prend une place jusqu'ici inconnue. La guerre 1914-1918 le confine en Suisse, où il compose ses premières œuvres instrumentales pour effectif réduit :* Trois Pièces pour quatuor, l'Histoire du Soldat, *les* Pièces pour clarinette. *Conscient que la vie musicale ne peut plus se permettre de vivre sur des partitions d'ampleur mahlérienne, il devient un adepte de la petite forme, non par mimétisme de Webern, mais par nécessité commerciale. Cette obligation le rapproche des règles classiques qu'il étudie, — de Bach à Haydn, y compris les écoles vénitienne et napolitaine. On a pris l'habitude d'appeler cette période de création « néo-classique », même si Stravinski a toujours indiqué que ce terme ne signifiait rien. Sa première œuvre de chambre, au strict sens classique, est l'*Octuor *de 1922, qui se souvient du style bateleur de* l'Histoire du Soldat, *comme il inaugure une stylisation classique. On doit à la collaboration de huit années entre le violoniste Samuel Dushkin et le pianiste-compositeur l'essentiel des pièces originales pour violon et piano* (Duo concertant), *comme des innombrables transcriptions* (Pastorale, Danse russe, Berceuse) *qui ont fait la gloire immédiate du maître. Il ne revient à la musique de chambre que pour l'expérimental* Septuor *(1953), ouvrant la période sérielle finale qui s'achèvera par quelques brefs messages d'une perfection toute webernienne :* Épitaphe, Double canon pour quatuor *(1959). Compositeur de musique pour petit ensemble, Stravinski y associait souvent la voix* (Lyrique japonaise, Pribaoutki, Berceuses du Chat, Shakespeare Songs...), *— équilibrant par une ligne vocale à l'authenticité ethnique (généralement russe) le caractère « artisanal » de l'écriture, que cette dernière s'assimile Pergolèse, Tchaïkovski, Bach, Gesualdo ou Webern. Génie éclectique et cosmopolite, volontiers paradoxal dans son antiromantisme de façade, Stravinski a été un compositeur « professionnel », aussi à l'aise dans l'ambiance de foire de* Pétrouchka *ou de* l'Histoire du Soldat *que dans le hiératisme grandiose de la* Symphonie de Psaumes. *Il a su exploiter, à sa manière, les grandes conquêtes du XXe siècle. En musique de chambre, ses quelques partitions essentielles ne possèdent pas les séductions immédiates de sa musique d'orchestre ou vocale, et sont plus des épures d'architecte que des pièces inspirées. Mais ce qualificatif avait-il un sens pour le musicien ?*

Trois Pièces pour quatuor à cordes

Elles datent respectivement d'avril (à Leysin, pour la première) et de juillet 1914 (à Salvan), pour les deux autres, et sont dédiées à Ernest Ansermet qui en négocia, après coup, la commande par le Quatuor vaudois Flonzaley. Ce dernier les créa à Chicago le 8 novembre 1915. Contemporaines des *Pribaoutki* et des *Pièces faciles pour piano à quatre mains*, elles en possèdent la truculence et la verdeur, tout en jouant sur les chromatismes du *Rossignol* contemporain. Les pièces extrêmes sont caractéristiques de la période « russe », tandis que la seconde présente des traces d'atonalité et un total chromatique presque complet :

En 1960, Stravinski se défendit d'avoir subi l'influence de Schœnberg ou de Webern : « En 1914 je ne connaissais aucune musique de Webern, et, de Schœnberg, uniquement le *Pierrot lunaire*. Mais, bien que mes pièces soient peut-être d'une substance plus mince, qu'elles soient plus itératives que la musique de Schœnberg à la même date, elles sont aussi différentes et marquent, je crois, un important changement dans mon art. » Entre 1914 et 1918 (éd. Boosey & Hawkes, 1928), le compositeur orchestre ces pièces, ainsi que son *Étude pour pianola*, en gardant les indications métronomiques des *Trois Pièces* originales mais en leur donnant pour titres : *Danse*, *Eccentric*, *Cantique*. Ainsi la première retrouve bien ses origines « sacrales » avec sa métrique variable et ses accents décalés ; la seconde est la plus étrangement « debussyste », avec ses tempos ondoyants et ses évidentes références à *Pétrouchka*. Stravinski indiquera, en 1959, qu'il avait été inspiré par l'artiste anglais Little Tich : « L'art du grand clown m'a inspiré les convulsions, les montées et descentes, le rythme, jusqu'à l'atmosphère et à l'esprit de la musique... ; d'où son titre ». La troisième et dernière présente l'écriture « verticale » d'un choral, — préparant l'évolution du *Sacre du Printemps*, vers les *Symphonies d'instruments à vent*, premier jalon vers le « statisme » hiératique du Stravinski religieux. L'extension à l'orchestre permet d'identifier ce qui fait le dynamisme intrinsèque des cellules apparemment figées de cette musique, mais qui « vit » par des durées toujours différentes, des accents décalés selon des mètres variables.

Durée approximative d'exécution : 8-9 minutes.

Suites de l'Histoire du Soldat

La suite instrumentale tirée de la musique de scène de *l'Histoire du Soldat* (première à Lausanne, le 28 septembre 1918, sous la direction d'Ernest Ansermet) n'est pas un simple septuor, même si elle n'exige que sept musiciens. L'« orchestre » de cet opéra de chambre utilise les registres les plus agressifs de chaque famille traditionnelle : deux bois (clarinette et basson), deux cuivres (cornet à piston et trombone), cordes aiguës (violon), les plus graves (contrebasse), et un ensemble de percussion proche des batteries de jazz-band et de cirque. En dehors du basson, que n'emploient pas les jazzmen (on peut transcrire sa partie pour saxophone alto), cet « orchestre » est plus proche d'une formation de jazz que de l'ensemble instrumental habituellement utilisé pour un opéra de chambre.

La *Suite* suit exactement la découpe de ce ballet « qui doit être lu, joué et dansé ». On retrouve ainsi la marche introductive, six scènes et deux intermèdes : *Marche du Soldat*, *Musique — scène 1 (Air au bord du ruisseau)*, *— scène 2 (Pastorale)*, *Marche royale*, *Petit Concert*, *Trois danses (Tango*, *Valse* et *Ragtime)*, *Danse du Diable*, *Grand Choral*, *Marche triomphale du Diable*. Le truchement stravinskien de ce fabliau est le violon (âme du Soldat), doublé d'un acteur pour la scène, mais qui est presque aussi « causant » dans la suite. Le climat est celui d'une musique proche de l'esprit du cirque et des musiciens ambulants, — « musique de foire » dit Adorno. Le Soldat ouvre la *Marche*. Puis il entre en scène, accordant son violon, et mène les deux musiques de scène en gardant le style « crin-crin » du violoneux des bateleurs de foire. Figures en tierces, archet tiré et *spiccato* donnent à ce violon de « quat'sous » un ton malingre et vrai sur la scansion très jazz de la contrebasse. La scène « pastorale » fait allonger l'archet, dès que se profile l'ombre du Diable. Survient alors une petite symphonie baroque entre violon, clarinette et basson, jusqu'à ce que le violon s'en aille chez le Roi guérir sa fille malade. La *Marche royale*, proche de la fanfare municipale des jours de fête, voit trombone et cornet à piston frayer un chemin au violon sur un contrepoint rythmique (non pas classiquement « à l'octave ») d'une irréprochable vulgarité ! Le clarinette vient même épicer de son timbre le plus racoleur ce défilé humoristique. Le *Petit Concert* est l'occasion d'une éblouissante démonstration d'écriture polyphonique à trois voix (violon, clarinette et cornet), aux timbres bien différenciés, sur vingt-huit mesures. Puis l'écriture devient brusquement chromatique (huit mesures), tandis que la réexposition (dix-sept mesures) s'avère tronquée. Le cœur du mouvement est une étonnante berceuse

aux deux couplets d'une richesse rythmique exceptionnelle. Suivent les *Trois danses*, que Stravinski réduit à leurs squelettes : le *Tango* est plus sentimental que nature, avec sa ponctuation à la grosse caisse ; la *Valse* est caricaturale, avec un violon plus racoleur que jamais, tandis que le *Ragtime* semble là pour remettre le violoniste en doigts. La *Danse du Diable* est une première « fausse sortie », un « happy end » truqué, tandis que le *Petit Choral* est également un leurre, même si les trémolos des cordes marquent un bonheur éphémère, gommé par cette caricature du choral protestant. Le *Grand Choral* de vingt-neuf mesures annonce que le Soldat va dépasser les limites et retomber au pouvoir du Diable. La *Marche triomphale* voit alors le Diable contraindre peu à peu le violon à continuer son chemin contre son gré, perdre de la voix, ne plus articuler que des bribes musicales, — tandis que la percussion s'enfle « diaboliquement » et qu'un dernier appel de la bien-aimée se perd dans l'inexorable marche au néant.

Durée d'exécution : 20 minutes environ.

À la demande de Werner Reinhart, mécène et clarinettiste à ses heures, qui finança la période « suisse » du musicien, celui-ci réalisa une *Suite* pour trois instruments (violon, clarinette et piano), qui fut donnée à Lausanne, à Zürich et à Genève en novembre et décembre 1919 par José Porta, Edmond Allegra et José Iturbi. Cette *Suite* ne comporte que cinq numéros : *Marche du Soldat*, *Air au bord du ruisseau*, *Petit Concert*, *Tango-Valse-Ragtime*, et *Danse du Diable*.

Durée moyenne d'exécution : 12-13 minutes.

Trois Pièces pour clarinette seule

Pour remercier Werner Reinhart de sa générosité et de son accueil (v. précédemment), Stravinski écrit et lui dédie ces *Trois Pièces* pour clarinette seule en 1919. La première, indiquée *Sempre piano e molto tranquillo*, se cantonne à l'octave grave de la clarinette, en *la*, la plus sombre de timbre; son chromatisme rappelle le délicat impressionnisme des *Lyriques japonaises* de 1912. La seconde pièce semble une épure pour la respiration de la clarinette du *Ragtime* à venir. La dernière pièce, écrite pour la clarinette en *si* bémol plus claire et volubile, propose un jeu proche de *l'Histoire du Soldat* avec ses accents décalés, sa métrique variable sur de brefs agglomérats de deux ou trois sons. Cette fois, l'instrument se confine dans le registre aigu, celui de la clarinette de jazz (Benny Goodman jouera ces *Pièces*), avec son timbre direct et strident.

Durée moyenne d'exécution : 4-5 minutes.

Concertino pour quatuor à cordes

Alfred Pochon, le premier violon du Quatuor vaudois Flonzaley, commande directement une courte pièce pour quatuor. Stravinski l'écrit à Carentac (en Bretagne) et à Garches pendant l'été 1920. Elle est créée, sans grand succès, le 3 novembre de la même année à New York par les dédicataires. Le compositeur expliquait ainsi le titre et la forme : c'est... « un morceau en un seul mouvement traité librement en forme d'allegro de sonate, avec une partie nettement concertante au premier violon, ce qui, en raison de sa dimension limitée, me fit donner le titre diminutif de concertino (piccolo concerto) ». La coupe ternaire de ce court morceau appelle le modèle baroque de la *sonate a quattro* où le violon se taille le rôle essentiel, — ici une magnifique cadence au cœur de la section médiane, *Andante*. La permanente motricité de ce *Concertino* apparaît comme son premier aspect moderne, alors qu'à l'analyse, ce motorisme ne prend le dessus que dans le *Poco agitato* final.

En 1952, Stravinski reprit cette partition de jeunesse où le violon omnipotent se souvenait du « violoneux » de *l'Histoire du Soldat*, pour l'étendre à un *Concertino pour 12 instruments* (violon, violoncelle, flûte, hautbois, clarinette, cor anglais, deux bassons, deux trompettes, trombone ténor, trombone basse). Avec cette extension, on peut apprécier toute la verve « baroque » de l'auteur du *Sacre du Printemps* qui fait, cette fois, dialoguer le violon avec le violoncelle *(obligato)*. Les retouches harmoniques ont ennobli le trait, et l'orchestration, par ses raffinements, équilibre le propos plus populaire du violon.

Durée moyenne d'exécution : 6-7 minutes.

Octuor pour instruments à vent

Il fut écrit entre décembre 1922 (à Biarritz) et le 23 mai 1923 (rue Rochechouart, à Paris). Sa curieuse composition instrumentale (flûte, clarinette, deux bassons, deux trompettes, deux trombones, — dont une basse) explique sa sonorité acidulée, facilement agressive, de même que la gageure « d'exclure toutes les nuances entre *forte* et *piano* » a conduit à cette impression d'œuvre « en noir et blanc », difficilement admise par le public qui en était resté aux opulences de *l'Oiseau de Feu*. La partition est en trois mouvements : *I. Sinfonia : Lento-allegro moderato* ; *II. Tema con variazoni : andantino*, enchaîné avec le *Finale : tempo giusto*. À son sujet, Stravinski se contredit à vingt-sept ans de distance : en 1936 *(Chroniques)*, il écrivait : « Au début, j'écrivis la musique de cette œuvre sans savoir quel en serait le matériel sonore, autrement dit, quelle forme instrumentale elle revêtirait. Cette question, je lui donnais réponse après avoir terminé la *Sinfonia*, quand je vis clairement quel ensemble réclamaient le traitement contrapuntique, le caractère et la structure du mouvement composé ». En 1963 *(Dialogues)*, il affirme avoir vu en rêve la formation instrumentale qu'il allait utiliser le lendemain matin pour écrire son *Octuor*. Plus sérieusement, dans un article paru après la création de l'*Octuor* (Opéra de Paris, aux Concerts Koussevitzky, sous la direction du compositeur qui débutait ainsi sa carrière publique de chef, le 18 octobre 1923), il consigna quelques-unes des bases esthétiques de sa philosophie musicale : « Mon *Octuor* est un pur objet sonore. Cet objet a une forme et cette forme est influencée par la matière musicale, mais une composition musicale qui est basée sur des éléments objectifs est autosuffisante... La forme, dans ma musique, provient directement du contrepoint. Je considère l'idée de contrepoint comme l'objet essentiel de l'attention du compositeur au plan purement musical. Cette sorte de musique n'a pas d'autre but que d'être suffisante par elle-même. Globalement, je considère cette technique comme la seule capable de résoudre les problèmes musicaux, et rien d'autre... »

La *Sinfonia* est introduite par une brève ouverture lente (que Stravinski compare à celle des *Symphonies londoniennes* de Haydn), suivie par un *Allegro* sec, brillant, ascétique, en *mi* bémol, avec son thème qui semble un curieux hommage aux *Inventions* de Bach, — n'était une septième ascendante venant gauchir cette impeccable démonstration.

Le second mouvement est le plus important dans le temps, comme par sa technique de composition. Le thème est imposé en huit mesures par le duo concertant de la flûte et de la clarinette en *si* bémol, sur un contrepoint en trompe-l'œil des six autres vents *staccato*. La première variation (A) est très virtuose et exige des prodiges des deux trompettes, en *ut* et, surtout, en *la*. Les deux bassons doivent proposer la même fluidité véloce que le duo concertant tandis que le trombone entonne un pseudo-chant grégorien partant du thème du *Dies irae*. La deuxième variation (B), donne la partie soliste à la trompette en *la* sur un rythme de marche parodique, puis au *cantabile* de la flûte sur contre-chant de la clarinette. Elle se clôt sur un solo inédit des deux trombones aux registres complémentaires. La troisième variation (C) redonne la parole à la flûte sur un rythme de valse,

puis à la clarinette, avant qu'elles ne reprennent leurs variations propres en duo. La quatrième variation (D) met les bassons à l'épreuve en une virtuosité endiablée, à la fois haydnienne par son humour second et néo-classique... par son absence de contrepoint. La cinquième et dernière variation (E) est un *fugato* goguenard engagé par les bassons,

et que, le dernier entrant, le trombone basse, ne marquera que de huit notes. Suit un *Moderato legatissimo* à la flûte enchaînant cinq changements de rythme successifs (4/4, 3/8, 3/2, 3/4, 4/4), pour laisser les bassons introduire solennellement le finale, — un rondo mené avec brio par les mêmes bassons, repris par les trompettes. Un solo *espressivo* de la flûte finit sur une échappée virtuose. Les bassons ramènent le jeu jusqu'à une péroraison ironique de divertimento classique cherchant sa tonalité, et concluant sur un accord gentiment dissonant qui superpose deux *si* bémol (clarinette et trompette en *la*) sur un impeccable accord en *ut*.

Une révision en 1952 a corrigé les quelques erreurs d'impression de l'édition de 1924, et modifié les passages jugés inutilement criards à la clarinette ou trop difficiles au trombone basse (Boosey & Hawkes 17231).

Durée d'exécution : 16 minutes environ.

Duo concertant, pour violon et piano

On peut affirmer que cette partition est la contrepartie *da camera* du *Concerto pour violon* dédié et créé par Samuel Dushkin. Ce même violoniste collabore à cette très classique *Sonate pour violon* que Stravinski élabore entre novembre 1931 et le 15 juillet 1932. La création aura lieu à la Radio de Berlin le 23 octobre 1932, par Dushkin et le compositeur au piano. « Loin d'épuiser mon intérêt pour le violon, (le concerto) m'incita au contraire à écrire encore une autre pièce importante pour cet instrument. Autrefois, je goûtais fort peu l'alliance sonore du piano et des archets, mais une connaissance plus profonde du violon, ainsi que ma collaboration étroite avec un technicien comme Dushkin, m'avaient ouvert des possibilités que j'eus envie de réaliser »... « C'est cela qui me donna l'idée de composer une sorte de sonate pour violon et piano que j'intitulai *Duo concertant* ». Autre coïncidence, — la lecture d'un livre consacré à Pétrarque qui a, pour le moins, influencé le choix des titres des cinq mouvements : *Cantilène*, *Eglogue I et II*, *Gigue*, *Dithyrambe*. « C'est mon engouement pour les poètes bucoliques de l'Antiquité et pour l'art savant de leur technique qui détermina l'esprit et la forme de mon *Duo concertant*,... formant un parallèle musical à l'antique poésie pastorale. »

L'ensemble de la partition donne une impression de style volontairement archaïsant, surtout sensible dans les mouvements pairs, — tandis que les trois autres laissent affleurer un lyrisme, peut-être artificiel mais peu fréquent chez Stravinski. À l'égal du dernier accord d'*Apollon musagète*, ces instants de plénitude sont construits avec une austérité rigoureuse, sans le moindre rubato sentimental ni expression romantique. La *Cantilène* introductive laisse les instruments à distance, chacun dans sa spécificité sonore, — au violon la continuité, au piano l'harmonie instantanée. Une équivoque tonalité/polytonalité entretient la modernité, et semble montrer que les deux instruments obéissent à des « tempéraments » différents, — celui du clavier étant figé, celui du violon flexible et naturel. Le seul mode immédiat de correspondance est alors la métrique et le rythme, l'harmonie fréquemment polytonale se trouvant toujours résolue de manière traditionnelle. L'*Eglogue I* est une pastorale allègre où le rythme est l'élément, justement, de cette liberté, sur un flux continu de doubles croches. L'*Eglogue II* semble une extension du mouvement du *Concerto pour violon* et rappelle Bach, — n'était le lyrisme « blanc » de ce curieux andante. La *Gigue* n'emprunte à Bach que son titre et le caractère répétitif d'un motif unique sur des degrés différents ; c'est une danse vigoureuse et saccadée, plus brillante que techniquement difficile, bien que l'humour doive implicitement sourdre de cette réthorique académique. *Dithyrambe* nous ramène à l'atmosphère du *Concerto pour violon* comme au style de la *Cantilène*, méditative et noblement nostalgique comme il sied à une bucolique archaïsante. Le motif de cinq notes — signature en forme d'ornement au violon — vient du *Concerto* ; il apparaît d'abord autour de *mi* bémol, puis descend, par trois fois, d'un degré. La réexposition du thème s'achève dans un murmure, dernier affleurement de la versification antique de cette musique artificiellement animée.

Durée d'exécution : 15 minutes environ.

Élégie, pour alto solo

Cette œuvre funèbre, de 1944, fut « composée à l'intention de Germain Prévost pour être jouée à la mémoire d'Alphonse Onnou, fondateur du Quatuor Pro Arte ». Elle est écrite pour alto et piano, même si l'auteur a prévu explicitement son exécution au violon en transposant la partie soliste une quinte plus haut. Elle ne devait être jouée dans sa forme originale qu'en 1956. La forme suivie est celle du prélude et fugue à deux voix, avec récapitulation du prélude en péroraison. Jouée *con sordino*, l'*Élégie* est une pièce prenante, dont la ligne mélodique, méditative, laisse percer une lancinante douleur, un glas implicite qui lui donne des relents de cantique orthodoxe russe, tout en se pliant à l'esprit de la suite instrumentale selon Bach.

Durée d'exécution : 5 minutes environ.

Septuor

Il fut composé entre juillet 1952 et février 1953 à Dumbarton Oaks (Washington DC) sur commande de la Dumbarton Oaks Research Library. Il y fut créé le 23 janvier 1954 par le Columbia Chamber Ensemble sous la direction du compositeur. Sa composition instrumentale est classique : clarinette, cor, basson, piano, violon, alto et violoncelle. Ce *Septuor* est l'antidote d'un autre septuor, celui de la suite de *l'Histoire du Soldat*. Trente ans plus tard règne désormais une rigoureuse transparence, alors que le violon du « Soldat » était accompagné par un véritable orchestre. Ce *Septuor* correspond à la stricte notion classique de musique de chambre. Succédant aux mélismes de la *Cantate* sur des textes élisabéthains, il inaugure une première tentative sérielle passant par une écriture contrapuntique où Stravinski propose un équilibre entre son « art de la fugue » d'époque et celui de la passacaille apparemment issue de l'école sérielle. La partition est en trois mouvements.

1. Le premier, sans titre, est seulement indiqué 88 à la noire, — ce qui correspond à un *Allegro molto*. Il se souvient du *Concerto en* mi *bémol*, écrit en 1938 à Dumbarton Oaks, par son mimétisme « bachien ». Il débute sur un thème diatonique à la clarinette en *la*, développé en imitation à l'octave sur sept mesures, puis sur vingt-sept en une nouvelle figure rythmique dans une dominante mineure, — le cor proposant le renversement de ce thème initial. Un épisode *tranquillo* nous mène à un climat plus proche du divertimento baroque, atténuant l'allure un peu « carrée » des trois vents. Il sert de prélude à un *fugato* qui, comme dans le *Concerto en* mi *bémol*, est l'épisode central du mouvement. Un motif de deux notes d'appui introduit la fugue tout en en formant une partie constitutive. Le procédé est repris de la *Symphonie en trois mouvements* où les mêmes deux notes, *fa* et *sol*, servaient à la fois d'appui et de relance rythmique. La fugue elle-même utilise les mêmes six premières notes que le thème initial, mais présentées dans l'ordre rétrograde et transposées à l'octave. La coda voit le piano, par ses quartes et sixtes (en *ré* et *do* majeur), faire plus penser à Hindemith qu'à Schönberg ; en effet ces « contradictions harmoniques » ne font qu'épicer une écriture strictement tonale.

2. La **Passacaille** centrale joue sur les intervalles et les silences. Les cinq premières notes de son thème sont la transposition des mêmes cinq premières notes du thème initial de *l'Allegro*. Ceci apparaît à l'évidence à l'écoute des neuf variations. Le thème complet propose seize notes, — dont huit seulement sont différentes. Son exposé en est donné par alto et basson en un traitement du matériau sonore qui procède de la *Klangfarbenmelodie**. Chacune des neuf variations utilise effectivement des cellules à la composition des timbres toujours renouvelée. Ainsi la seconde variation propose une présentation canonique à l'octave (violon), à la quinte (alto), à la septième mineure (clarinette) ; mais, ces trois instruments réalisant leurs schémas sur des valeurs courtes, ils terminent avant l'épuisement du thème. Ils repartent dans une nouvelle présentation canonique à la septième mineure (basson), à l'octave (clarinette), et par inversion (cor) pour clore la variation. La troisième variation part sur un canon à deux voix proposé par le piano. La quatrième regroupe une présentation canonique à l'octave (violon), à la seconde mineure renversée (alto). Lors de la cinquième variation, les quatre présentations déjà réalisées des deux fois huit notes se retrouvent à l'accompagnement. La sixième variation voit le trio à cordes en canon à l'octave, — tandis que la huitième réalise une écriture à sept parties réelles différentes. Cette arithmétique musicale a conduit la critique à considérer le *Septuor* comme « alambiqué », alors que Stravinski le jugeait simplement difficile à saisir harmoniquement ».

* Litt. : *mélodie des couleurs (timbre) du son.*

3. La **Gigue** finale est également strictement contrapuntique. Les quatre parties de ce finale sont formées de quatre fugues. La première est énoncée par le trio à cordes, la seconde par le quatuor piano-vents. Le clavier élabore par lui-même une fugue à trois voix, qui est une transposition de celle venant d'être construite par les trois instruments à cordes. Les troisième et quatrième fugues reviennent d'abord aux cordes, puis au quatuor piano-vents. Ainsi s'établit le dialogue fugué, et celui entre les timbres des instruments simultanément utilisés. Il n'y a mélange des cordes et vents qu'à la cadence conclusive de chaque fugue. Ce savant travail contrapuntique se culmine dans une *strette* triple du thème inversé et présenté de façon rétrograde par le piano et les cordes, celles-ci ne se mélangeant au plan du timbre que lors de la cadence qui met en défaut les trois toniques imposées simultanément*... » Depuis 1953, les exégètes stravinskiens s'opposent pour savoir si cette partition est « sérielle » ou non. Son caractère expérimental et sa « transparence » sonore la laissent à l'écart des programmes traditionnels, — l'ère post-webernienne étant close.

Durée d'exécution : 12 minutes environ.

Épitaphe, pour flûte, clarinette et harpe

Avec cette partition de durée webernienne, on aborde les quelques hommages d'anniversaire ou in memoriam auxquels Stravinski s'est plié par profonde amitié ou

* A. Boucourechliev, *Igor Stravinsky* (Fayard, Paris, 1962).

par obligation. L'*Épitaphe* de sept strophes « à la mémoire du prince Max Egon de Fürstenberg » fut écrite un jour d'avril 1959, peu après la disparition du fondateur des Journées Musicales de Donaueschingen, formant « une suite de répons funèbres entre instruments de basse et de registre aigu ». Elle est écrite pour flûte, clarinette et harpe. Stravinski a expliqué sa genèse (*Souvenirs et Commentaires*) : « Je n'ai pas commencé d'évidence (ce que je ne ferai jamais) par une phrase purement sérielle. De fait, en commençant, je ne savais ni ne m'intéressais de savoir si j'utiliserais la série de douze notes.

Arrivé à moitié de la première strophe, je constatais son allure sérielle et ne fis rien pour ne pas travailler dans ce sens... » Les sept strophes partent de la même série en n'utilisant que quatre configurations de base de cette série. La harpe la suit pour son chant en contrepoint, les vents en duo pendant les quatre dernières strophes.

L'œuvre fut donnée lors d'un concert en hommage au prince Max Egon le 17 octobre 1959 à Donaueschingen.

Durée d'exécution : 1 minute 15 secondes environ.

Double canon, pour quatuor à cordes

Composée à Venise en septembre 1959, cette œuvre spirituelle n'est en rien un hommage à Raoul Dufy, Stravinski ne connaissant pas l'illustre peintre, mais une commande privée *Raoul Dufy in memoriam*. Les *canons* entre les violons d'abord, puis entre les cordes graves, sont stricts et se déduisent des diverses formes de la série suivante :

André Boucourechliev* écrit : « Ce que cette œuvre minuscule a de remarquable... c'est son caractère absolument *intemporel*, comme les *Shakespeare Songs*. Cela est dû non seulement au traitement mais au choix même du matériau — une série très symétrique et "consonante" de tierces imbriquées 1-3, 2-4, 7-8, 9-10, l'intervalle central étant une quinte... Hors date, mais aussi hors temps,... en ce sens que la pièce pourrait se répéter sans fin (on la joue obligatoirement deux fois, sans césure). »

Durée d'exécution : 1 minute 30 secondes environ.

* A. Boucourechliev, *op. cit.*

Fanfare pour un nouveau Théâtre

Cette *Fanfare* fut composée en 1964 pour deux trompettes à l'occasion de l'inauguration du Lincoln Center de New York par un ballet de Balanchine, à la demande de Lincoln Kirstein. Ce morceau de trente-trois secondes propose quatre présentations d'une série :

TRANSCRIPTIONS ET ARRANGEMENTS

Dès 1920, Stravinski fut contraint d'adapter des œuvres antérieures pour les faire jouer plus facilement. De même, à la demande, et souvent avec le concours, d'interprètes connus, il transcrit (ou supervise la transcription de nombre de ses mélodies « russes » pour des formations classiques comme le duo violon et piano (P. Kochansky, S. Dushkin, P. Gautier), violoncelle et piano (G. Piatigorsky, D. Markevitch), mais également pour des groupements insolites : violon, clarinette et piano, violon et quatuor à vents...

Pastorale

La version originale remonte à 1907, et était écrite pour voix vocalisée et piano. Il en existe trois arrangements pour des formations fort différentes : en 1923 paraît une transcription pour soprano et quatuor d'instruments à vent (hautbois, cor anglais, clarinette et basson). En 1933, Samuel Dushkin et Stravinski réalisent une version pour violon et piano, à la fois facile à jouer et accomplie sur le plan du style (Schott, 1934). Le compositeur reprend alors sa précédente transcription, et l'édite pour violon (ou soprano) avec le même quatuor d'instruments à vent. Ce *Moderato*, d'ambiance orientale, possède les parfums enivrants de la *Shéhérazade* de son maître de l'époque, Rimski-Korsakov, et l'attrait de la romance sans paroles qui annonce la *Berceuse* de *l'Oiseau de feu*.

Durée d'exécution : à peine 3 minutes.

Prélude et Ronde des Princesses et **Berceuse** proviennent de la musique de ballet de *l'Oiseau de feu* (1910). Stravinski en réalise une première transcription pour violon et piano en 1929 (Schott). Il les revit toutes deux avec Samuel Dushkin en 1933, — la première devenant un *Scherzo*, tandis que la *Berceuse* formait une pièce instrumentalement plus facile, tant pour le violoniste que le pianiste qui, à l'époque, était compositeur lui-même (Schott, 1933). La **Danse russe**, extraite de *Pétrouchka* (1911), est une courte pièce également transcrite en 1933 avec le concours de Dushkin. **Chant du Rossignol** et **Marche chinoise** sont deux pièces provenant directement de l'opéra *le Rossignol* (1908-1914), et furent transcrites pour violon et piano en 1932 par Stravinski, toujours avec la collaboration de Dushkin, — tous deux en étant les premiers interprètes (Boosey & Hawkes 1933).

Suite italienne

Sous ce titre cohabitent trois partitions présentant de nombreuses différences. Paraît en 1925 une *Suite pour violon et piano, d'après des thèmes, fragments et pièces de Giambattista Pergolesi*, — comportant une transcription pour violon et piano de cinq des onze mouvements de la suite d'orchestre tirée de *Pulcinella* en 1922. Ce travail avait été réalisé à la demande du violoniste polonais Paul Kochanski, directeur, à l'époque, de la Juilliard School de New York. Il reste aujourd'hui oublié au profit de la transcription qu'en fit Dushkin, en 1934, alors qu'instrumentalement parlant, la version « revue » par Kochanski s'avère plus brillante et virtuose.

Durée moyenne d'exécution : 14-15 minutes.

En 1932, Gregor Piatigorsky demande une transcription pour violoncelle et piano, sur laquelle il travaille avec Stravinski (Boosey & Hawkes, 1934). Les mouvements transcrits ne sont pas les mêmes qu'en 1925, et sont désormais au nombre de six : *Introduzione*, *Serenata*, *Aria*, *Tarentella*, *Minuetto*, *Finale*. L'*Introduzione* est une ouverture classique, pittoresque et dynamique. La *Serenata* propose un thème mélancolique et élégant, propre à la cantilène napolitaine avec air et variations (reprise de l'air de ténor). L'*Aria* est la transposition de l'*aria buffa* grotesque pour basse, mêlant souvenirs rossiniens et classiques. La *Tarentella* est la pièce la plus difficile instrumentalement avec son staccato virtuose. Un *Minuetto* stylisé et inhabituellement morose (ce qui sied à la couleur du violoncelle) précède la fête brillante du *Finale*, où le violoncelle a fort à faire pour relancer la dynamique de cette ronde endiablée.

Durée d'exécution : 18 minutes environ.

En 1933, toujours en collaboration avec Samuel Dushkin, Stravinski réalise une *Suite* pour violon et piano comportant cette fois six mouvements, dans un ordre différent de l'original et en ajoutant un mouvement (*Scherzino*, qui n'est pas celui de la suite). La partition se décompose en neuf moments : *Introduzione* (*Allegro molto*) ; *Serenata* (*Larghetto*) ; *Tarantella* (*Vivace*) ; *Gavotta con due variazoni* : *Variation I* (*Allegretto*), *Variation II* (*Allegretto più tosto moderato*) ; *Scherzino* (*Presto alla breve*) ; *Minuetto* ; *Finale*. Cette dernière version demeure la plus jouée du fait de la variété de ses divers moments ; la pureté de la ligne mélodique (originellement dévolue au violon et au hautbois solo) rend également cette transcription plus immédiate (et facile) au plan du rendu des timbres et du rythme.

Durée d'exécution : 18 minutes environ.

Divertimento

Nouvelle transcription pour violon et piano effectuée par Stravinski en collaboration avec Samuel Dushkin au printemps de 1932. Elle suit fidèlement les divers mouvements de la musique originale du ballet *le Baiser de la Fée* (créé à l'Opéra de Paris le 27 novembre 1928). Le modèle original étant le ballet selon Tchaïkovski, (Stravinski retranscrit encore pour voix (ou violon) et piano (ou piano seul) au second degré, — le matériau thématique provenant de l'*Humoresque op. 10*, du *Nocturne op. 19 n° 4*, de danses russes, valses, etc. de Tchaïkovski. La musique de ballet avait déjà fondu toutes ces cellules mélodiques en un même creuset ; la transcription trouve spontanément une fluidité qui repose non sur les originaux, mais sur le « Classicisme » de la ligne mélodique et la recréation rythmique au clavier d'une dynamique de scène plus proche de Lully que de Petipa. Quatre mouvements : *Sinfonia* (*introduction*), reprenant l'essentiel de la première scène du ballet ; *Danses suisses*, provenant de la scène 2 ; *Scherzo*, partie (utile) de la scène 3 ; *Pas de deux* (*adagio-variation-coda*), reprenant l'intégralité du *pas de deux*, à l'exclusion de l'*ouverture* (éminemment symphonique). Cette réduction servit deux ans plus tard de fil conducteur à la suite symphonique tirée du ballet (1934), qui suit exactement cette découpe.

Durée approximative d'exécution : 20-21 minutes.

En 1947, à la demande de J. Gautier, Stravinski transcrit un nouveau passage du *Baiser de la Fée*, emprunté au début de la scène 2, qu'il nomme *Ballade* (Boosey & Hawkes 1951).

Chanson russe (1937) constitue l'ultime résultat de la collaboration, en concert comme en transcription, de Stravinski avec Samuel Dushkin (1931-1937) : il s'agit d'une transcription de la chanson de Paracha, extraite de l'opéra-bouffe *Mavra* (Opéra de Paris, 3 juin 1922).

Enfin **Berceuse**, extraite de l'opéra *The Rake's Progress* (1951), est la berceuse simple et sereine d'Anne (acte III, scène 3), bâtie autour des intervalles de quartes et de tierces, et transcrite pour flûte(s) à bec en 1959 (Boosey & Hawkes, 1960). Elle forme l'un des rares moments de lyrisme vrai de l'opéra.

P.E.B

JOSEF SUK

Né le 4 janvier 1874, à Krecovice; mort le 29 mai 1935, à Benesov (près de Prague). Fils d'instituteur, formé dans la tradition des « kantors » ruraux, il suit les cours du Conservatoire de Prague de 1885 à 1892, dans la classe de violon d'Antonin Bennewitz (son père lui avait appris les premiers rudiments dès l'âge de quatre ans), dans la classe d'harmonie de Josef Foerster, dans celles de composition de Karel Stecker, puis d'Antonin Dvořák. Il est admis dans l'intimité de ce dernier à Vysoka, et se lie avec sa fille Otilia qu'il épouse. Il est membre fondateur du Quatuor Bohémien (1891-1933), dont il est le second violon, avec Karel Hoffmann (premier violon), Oskar Nedbal (alto), et Otto Berger (violoncelle). Une seule date marque sa vie, — celle du 5 juillet 1905 où il perd Otilia (tuberculose), son beau-père étant décédé le 1er mai 1904. Alors que pendant quinze ans il avait écrit dans un style post-dvorakien, plus fréquemment chantre de la poésie, de la nature et de l'amour que romantique nostalgique, son op. 27, *l'immense* Symphonie Asraël, *aux résonances mahlériennes, exprime son évolution vers un style plus tourmenté, une grande complexité polyphonique et rythmique. Ses dernières œuvres,* Épilogue *(1920-1933), pour solistes, double chœur et orchestre, comme la* Sousedska *pour cinq violons, contrebasse, cymbales, triangle et percussion (1935) atteignent les frontières de l'atonalisme. Ses deux périodes de création, de climats donc très différents, font de lui un symphoniste dont les chefs-d'œuvre sont les poèmes symphoniques* Prague *et* Maturation, *et un musicien de chambre proposant tout un ensemble de ballades, trios, quatuors et quintettes, — du plus avenant mélodisme bohême (*Quatre Pièces pour violon, op. 17*) aux hymnes solennels et ascétiques, dont la* Méditation *sur le vieux choral tchèque à Saint-Venceslas* op. 35a *(1914) est tout à fait représentative.*

Parmi les œuvres de jeunesse du compositeur peuvent se retenir des partitions datées de l'année 1888 (Suk venait d'entrer dans la classe de musique de chambre de Hanus Wihan au Conservatoire de Prague). Il écrivit un *Quatuor en* ré *mineur* alors qu'il travaillait dans la classe de composition de Strecker ; celui-ci n'autorisera que l'audition du deuxième mouvement, une *Barcarolle*, que Suk dédie au compositeur et altiste Oscar Nedbal, — le soliste de cette pièce chantante (*Andante*) étant l'alto. La seconde pièce achevée et éditée fut une *Fantaisie* en *ré* mineur pour quatuor à cordes et piano (ad libitum), qui devait connaître un succès définitif dans son extension pour orchestre à cordes, publiée à titre posthume en 1938. Sous sa forme originelle, l'œuvre donne au violon un rôle essentiel de meneur de jeu.

Quatuor pour piano et cordes, en *la* mineur (op. 1)

Il fut entrepris lors des fêtes de Pâques de 1891 dans la maison paternelle de Krecovice. La partition est en trois mouvements : *Allegro appassionato*, *Adagio*, *Allegro con fuoco*. L'*Allegro* initial se souvient de Mendelssohn et de Schumann, et fait la part belle au piano. L'*Adagio* s'avère beaucoup plus personnel avec sa cantilène confiée au violoncelle, qui rappelle en ses cinquième et sixième mesures, l'*Ave Maria* de Gounod. Le finale, écrit en mai, aussi énergique que l'introduction, joue sur les rythmes pointés lancés par le piano et repris par les cordes.

Dvořák lut le manuscrit, et le transmit à Wihan pour qu'en soit donnée une création par les élèves. Ainsi l'*op. 1* de Suk connut-il les honneurs d'une création publique au Rudolfinum, le 13 mai 1891, avec la pianiste Marie Pilatyova et des intrumentistes qui allaient devenir des amis et des partenaires de quatuor, le violoniste Karel Hoffmann, le violoncelliste Otto Berger, l'alto étant tenu par Ferdinand Schlecher.

Durée d'exécution : 20 minutes environ.

Trio pour piano, violon et violoncelle, en *ut* mineur (op. 2)

Il fut terminé, sous sa forme première, le 27 février 1889, et comportait alors les quatre mouvements habituels. Stecker, après lecture, écrivit de sa main sur le manuscrit : « Forme? étrange! travaillé à la hâte ». L'œuvre fut alors jouée par le Dr Hersch, excellent musicien amateur qui pratiquait l'alto et le violoncelle, et par sa fille pianiste. Dans le court *Scherzo*, une partie d'alto prenait même la place du violoncelle. Deux révisions successives devaient faire évoluer cette partition de jeunesse. Les remarques de Stecker conduisirent d'abord à la suppression du *Scherzo*. Puis Dvořák, enseignant à la rentrée de 1890, lut le manuscrit et estima que le développement de l'*Allegro* initial manquait d'ampleur, — tandis que les deux mouvements suivants nécessitaient une plus franche conduite rythmique et une harmonie plus évoluée. Dans sa forme définitive, le *Trio* parut en 1906, puis fut regravé, avec quelques corrections, chez Supraphon en 1974.

Aujourd'hui, la partition comporte les trois mouvements suivants : *Allegro*, *Andante*, *Vivace*. Le premier mouvement reste le plus conventionnel, malgré le charme vif de la partie de piano. L'*Andante* se révèle une réussite, avec ses ombres schumanniennes et un dialogue plein de douceur entre cordes et clavier. Le *Vivace* final, nettement influencé par les sérénades de Dvořák comme par les trios (ainsi que par l'étude des trios de Beethoven que Suk déchiffrait avec Nedbal), est le plus naturellement inventif sur le plan mélodique et rythmique.

Durée d'exécution : 17 minutes environ.

À un concert interne du Conservatoire furent exécutées en création trois **Ballades,** toutes en *ré* mineur. La première, pour violon et piano, semble une prémonition des *Pièces op. 17* de 1900, — même si le soliste ne joue pas encore sur les registres graves de l'instrument. La seconde, toujours donnée le 15 janvier 1891, est écrite pour violoncelle et piano : c'est cette partition qui obtint le plus de succès immédiat. La dernière est écrite pour quatuor à cordes, mais laisse la conduite du discours au seul premier violon. Ces partitions furent éditées respectivement en 1929, en 1900 (sous le numéro d'*op. 3 n° 1*), et en 1927.

Devant le succès de la *Ballade pour violoncelle et piano*, Suk écrivit une **Sérénade pour violoncelle et piano** en *la* majeur, dédiée à Otto Berger, le violoncelliste du Quatuor Bohémien. Cette pièce, fort réussie, est comme un résumé de l'art « dvorakien » de Suk, avec une partie pianistique très dansante, d'humeur schumannienne (*Fantaisie*), — tandis que le violoncelle se fait le chantre et le maître à danser de ces pas sur lesquels le menuet rejoint la barcarolle. L'œuvre fut créée le 14 novembre 1898.

Durée d'exécution : 5 minutes environ.

Quintette pour piano et cordes, en *sol* mineur (op. 8)

Cette immense partition vaut par ses mouvements centraux, dans lesquels Suk rend hommage tant à son maître qu'à Brahms et à Mendelssohn. Le caractère presque pathétique de l'*Allegro energico* initial rappelle les recherches de Dvořák jeune, n'arrivant que difficilement à soumettre sa verve mélodique naturelle aux impératifs de la forme. L'*Adagio religioso* donne un peu la parole aux cordes, — à l'alto en particulier. Cordes et piano construisent une véritable sérénade, avec solos, contre-chants, — le piano tenant un rôle d'accentuation, de relance et d'accompagnement, jusqu'aux accords grandioses de la coda. Avec le *Scherzo-presto*, le piano reprend la conduite du discours, brillant, virtuose, tandis que l'alto puis les autres cordes s'emparent de divers éléments du thème. Piano et pizzicatos du violoncelle se répondent, — avant que violons et alto n'échangent également les bribes thématiques dans un tempo de sérénade. Le finale, *Allegro con fuoco*, poursuit ce dialogue inégal où le piano assume l'essentiel de l'expression mélodique et rythmique,

— les cordes ne faisant, par leurs accords, que colorer et reprendre un discours de belle ampleur.

Avec cette partition de 1893, Suk clôt sa période de formation qui lui a permis d'être immédiatement remarqué parmi les jeunes compositeurs d'avenir, aux côtés de Nedbal et de Vitezslav Novák.

Durée d'exécution : 31 minutes environ.

Quatuor à cordes, en *si* bémol majeur (op. 11)

Ce quatuor de première maturité (1896), forme une des œuvres les plus heureuses et les plus équilibrées de Suk. Inspiré par l'amour pour Otilia, la fille de Dvořák, qui vient de rentrer des États-Unis avec son père et semble accepter ses avances (le mariage aura lieu en 1898), cet *op. 11* fut écrit au gré des tournées du Quatuor Bohémien : le manuscrit fut commencé en Russie, poursuivi en Finlande, puis à Vienne, pour être terminé à Prague.

L'œuvre suit la construction classique en quatre mouvements. L'ALLEGRO MODERATO initial se souvient encore des modèles allemands sur le plan de la forme, — alors que les deux thèmes successivement utilisés semblent jaillir du cœur et que leur mise en œuvre rythmique donne une véritable impression de liberté. Le second mouvement, INTERMEZZO (*Tempo di marcia*), ne manque ni d'amour ni de rythme, et fait penser à un hommage à Haydn, — clin d'œil aussi avisé que complice. L'ADAGIO MA NON TROPPO est un véritable hymne à l'amour, un hommage tant à Otilia qu'à sa famille. Un sentiment lyrique profond, vivace, tendre, est exprimé par le violon, puis repris par l'alto et le violoncelle. Cette sérénade en miniature est le cœur spirituel de la partition. Le finale, ALLEGRO GIOCOSO, peut paraître banal en sa nature de simple danse paysanne. Suk n'en était pas satisfait, et écrivit un nouveau finale en 1915.

La partition originale fut créée par le Quatuor Bohémien, son dédicataire, le 25 novembre 1896 à Prague.

Durée d'exécution : 26 minutes environ
(nouveau finale : 7 minutes.)

Quatre Pièces pour violon et piano (op. 17)

Seul le précédent des *Quatre Pièces romantiques op. 77* de Dvořák fait que cet *op. 17* a gardé le titre modeste de « pièces », alors qu'il forme une magnifique sonate classico-romantique. Le cœur de la partition est l'*Un poco triste*, Andante venant en troisième position et autour duquel s'articule la forme comme l'esprit du propos. Dès la QUASI UNA BALLATA, en *mi* mineur, on retrouve la vivacité inventive du modèle, mais avec cette finesse de trait qui n'appartient qu'à Suk. Sur le plan pianistique, l'élève dépasse le maître et prend directement exemple sur le meilleur Liszt, celui des *Légendes*, — jouant même sur des harmonies et des effets sonores qui appellent l'orchestre. Ce premier mouvement est construit de manière strictement symétrique (ABA), avec un récitatif instrumental central. Mélancolique et pastoral en ses épisodes extrêmes, il donne la parole au violon dans le récitatif. La deuxième pièce, APPASSIONATO VIVACE, est très rythmée avec son mètre changeant passant de 3/2 à 4/2 dans le *tranquillo*. Elle débute en *sol* mineur dans le style de la toccata, et laisse s'exprimer une mélodie en forme de choral qui prend le dessus par deux fois, — lors des passages lents d'une construction plus complexe ABABA. Le mouvement lent, UN POCO TRISTE dont le premier titre fut *Mélancolie*, est basé sur une mélodie russe d'une inguérissable tristesse. Le violon s'exprime dans le mode de *fa* dièse mineur, d'origine byzantine, — donnant ainsi de curieuses résonances glagolitiques à cette pièce païenne. Cette danse slave lente voit les accents se déplacer d'un temps entre le violon et le piano. La BURLESQUE finale, sous-titrée *Humoresque* dans une première rédaction, est un *Allegro vivace* de forme tripartite ABA en *ré* majeur, — hormis l'épisode central mineur, *Pochettino meno mosso*, d'un caractère plus concertant avec ses doubles cordes très expressives.

Ces *Quatre Pièces*, de 1900, forment un recueil original pour violon et piano. Il fut dédié à son créateur, Karel Hoffmann, qui le joua pour la première fois le 19 janvier 1901 à Prague.

Durée d'exécution : 17 minutes environ.

Élégie pour piano et cordes (op. 23)

Pour un éloge funèbre à la mémoire de Julius Zeyer (avec lequel Suk avait travaillé à la musique de scène de la légende dramatique *Sous le pommier*, *op. 20*) qui devait avoir lieu, en 1902, au Belvédère de la reine Anne au Château de Prague, le musicien écrit une *Élégie* pour violon, violoncelle, harmonium, — quatuor à cordes et harpe. Sa porte spirituelle et musicale dépasse tellement l'objet de ce simple hommage que Suk remaniera l'ouvrage pour en faire une Pièce pour trio avec piano portant le soustitre *Sous l'impression de Vysehrad, poème de Zyer.*

La partition est une nénie en trois épisodes : le premier, crépusculaire, laisse la parole aux cordes ; le second, grandiose et solennel, permet au piano d'apporter toute son ampleur à cet hommage, — tandis que l'épilogue voit le violoncelle exprimer les montées successives du thème élégiaque et se répandre sur le contre-chant du violon, soutenu par le clavier. L'œuvre, sous sa forme originelle, fut donnée le 30 juin 1902 au lieu prévu. La transcription fut jouée à Prague dès novembre 1902, avec Hoffmann et Wihan.

Durée d'exécution : 7 minutes environ.

Quatuor à cordes n° 2 (op. 31)

Cette œuvre dense, en un seul mouvement, réclama près de dix ans de travail à Suk, qui l'acheva en 1911. Elle est très représentative de la deuxième manière du compositeur, — avec ses recherches contrapuntiques et sa structure polyphonique qui semble au point de jonction entre Beethoven et Reger. Sur le plan spirituel, l'ombre de Mahler continue de masquer le caractère très élaboré de l'écriture. « Mon deuxième Quatuor est une partition de musique « pure » qui tente d'user d'une écriture serrée dans une forme stricte, proposant en alternance une expression un peu ironique, et, dans l'*Adagio*, un chant d'amour et de dévotion presque religieux. C'était une tâche difficile que je me suis imposée là, et le public, à Prague comme ailleurs, a été aveuglé par la violence de ce langage. En Allemagne, on m'a traité d'anarchiste, un anarchiste aussi terrible que Schoenberg... En 1912, lors de la première à Berlin, la salle fut presque un champ de bataille. D'un côté des manifestations d'acquiescement, de l'autre des cris de honte et des sifflets. Schoenberg lui-même, qui adorait les échecs, m'envia celui-là... »

La partition de cet *op. 31* s'aborde comme une œuvre pour orchestre, de par son architecture très complexe et la grande diversité des méthodes de développement. A chacune des données spirituelles correspond un type de croissance thématique différent. On peut, grossièrement, en identifier quatre successives correspondant aux épisodes : *Adagio* presque *religioso* rempli de ferveur, *Scherzo* teinté d'humour successivement macabre et dérisoire, *Allegretto ma non troppo* presque provocateur, — tandis que le finale forme une apothéose, une ascèse menant à l'équilibre et à la paix. Semblable programme conduit à des techniques d'écriture portant un monothématisme intransigeant, notes liées, progression caractéristique en tierces et sixtes, tissu harmonique aux décalages fugués sans reprises, mise en valeur d'un contrepoint, non pas à l'octave, mais sur des intervalles variables allant de la sixte à la neuvième. Pour les trop rares interprètes de ce bloc musical d'une demi-heure, l'exemple du dernier Beethoven demeure un préalable. Contrairement à Dvořák, Suk, ici, poursuit sa quête d'un langage universel détaché du folklore slave, pour atteindre une maturation qui a été poursuivie, après lui, dans deux directions complètement différentes, par Milos Kabelac (1908-1979) et par Viktor Kalabis (né en 1923). La partition fut créée le 16 février 1912 par le Quatuor Bohémien, à qui elle est dédiée.

Durée d'exécution : 31 minutes environ.

Méditation pour quatuor à cordes sur l'ancien choral tchèque en l'honneur de saint Venceslas (op. 35)

Le Quatuor Bohémien se trouvant bloqué à Prague par la guerre, Suk écrivit, en 1914, cette *Méditation* partant d'un thème, l'un des plus anciens chants religieux tchèques, et de la technique qu'il ne pratiquait guère d'ordinaire, la variation. Il opta pour la version phrygienne du choral, — qui s'appuie sur une notation établie dans la biographie de saint Adalbert, *Rosa Bohemica*, de 1668. Le musicien en réalisa une traduction polyphonique à quatre voix, — procédant à leur élaboration indépendamment. Conçue en quatre épisodes, la *Médiation* correspond en son troisième volet aux paroles suivantes du choral original : « *Ne nous laissez pas périr, ni nous, ni notre prospérité.* » L'écriture est plus simple, le langage harmonique plus direct que dans l'*op. 31*. Les quatre épisodes mènent de l'introduction naïve et directe à 4/4 des éléments thématiques du choral, à une expression d'angoisse et d'incertitude à 3/2. Le troisième volet voit renaître l'espoir et une volonté collective de chasser la peur. La conclusion *sempre più largamente*, fait la preuve d'une inébranlable foi en la pérennité de la nation comme en la confiance en saint Venceslas, — traduite par un *la* majeur final, pur, quasi mystique.

L'œuvre fut donnée dans sa forme de quatuor à cordes le 4 septembre 1914 par le Quatuor Bohémien et éditée aussitôt. Transcrite pour orchestre à cordes, la *Méditation* fut exécutée le 22 novembre 1914, et publiée en même temps que l'original.

Durée d'exécution : 7 minutes environ.

Les dernières œuvres sont des pièces de circonstance : un **Menuet** pour violon et piano (1919), et une **Bagatelle** pour flûte (ou violon) et piano basée sur le chant populaire « Avec un bouquet de fleurs dans la main » (1917).

La partition ultime est une **Sousedska** pour cinq violons, contrebasse, cymbales, triangle, tambour et grosse caisse. Le titre se réfère à une variante tchèque du Ländler, — proche de la valse lente, toujours à trois temps (d'après le mot tchèque *soused* = « voisin »). L'ampleur que lui donne Suk ne fait que renforcer son caractère de danse populaire avec sa rythmique lente et valsante, — les violons chantant la ritournelle, tandis que contrebasse et percussion marquent le rythme. L'œuvre constitue, avec la *Sérénade villageoise*, le *Menuet* de la *Suite op. 21*, l'*Ellen polka*, un des rares exemples de musique de détente chez ce créateur qui avait perdu le sourire en juillet 1905.

P.E.B.

KAROL SZYMANOWSKI

Né à Timoszowka (Ukraine), le 6 octobre 1882 ; mort à Lausanne, le 29 mars 1937. Il est issu d'une famille de nobles polonais, chez qui les arts et la littérature (française en particulier) forment la base de l'éducation : le père pratique le chant et le piano, la mère est une poétesse connue, et sa sœur, Anna, est peintre. Il reçoit ses premières leçons de piano de son père, puis de son oncle Gustav Neuhaus. En 1895, il découvre la musique de Wagner lors d'un concert à Vienne. Enthousiaste, il compose deux Sonates pour piano *ainsi qu'une* Sonate pour violon *(toutes perdues). Son père l'envoie à Varsovie, où il prend des leçons avec Marek Zavirski (harmonie) et Zygmunt Noskowski (contrepoint et harmonie). De cette période « romantique » (1901-1909) date sa* Sonate pour violon et piano op. 9. *En 1905, il fonde le groupe « Jeune Pologne » destiné à encourager éditions et exécutions de musique polonaise, en dehors de toute communauté d'idées esthétiques. Trois interprètes et amis le soutiennent, pour la vie, — le chef d'orchestre et compositeur Grzegorz Fitelberg, le pianiste Arthur Rubinstein et le violoniste Paul Kochanski. On décompose sa vie créatrice en trois périodes : romantique, impressionniste (1910-1919), et polonaise (1920-1934). Il entreprend de grands voyages autour de la Méditerranée qui lui inspirent des chefs-d'œuvre comme les* Mythes op. 30*; puis, dans le but de faire connaître la musique polonaise, Szymanowski séjourne à Paris, Londres, et New York. La Grande Guerre l'avait retenu en Ukraine, jusqu'à la confiscation de ses terres par la Révolution d'Octobre, à Timoszowka. Pendant ces trois ans, coupé de la vie musicale, il avait approfondi ses recherches esthétiques et écrit, en même temps que les* Mythes, *des cycles de piano,* Métopes *et* Masques *et sa symphonie majeure, la* 3e, Chant de la Nuit. *Avec l'indépendance retrouvée de la Pologne, il se met en quête des racines musicales nationales, — bien après le hongrois Kodály ou le morave Janaček. Ses compositions sont désormais essentiellement vocales (opéra* le Roi Roger, *cycles de mélodies,* Stabat Mater, *etc.) Alors que le* 1er Quatuor op. 37 *constituait le couronnement de ses recherches harmoniques, le* 2e, op. 56 *apparaît comme un regard en arrière et un hommage à la musique française. Obligé de quitter la direction du Conservatoire de Varsovie après* *six dures années de lutte (1927-1933), Szymanowski repart en tournée, — obtenant son dernier succès avec le ballet* Harnasie, *monté à Prague, puis à l'Opéra de Paris. Il meurt de tuberculose l'année suivante laissant quelques partitions d'avant-garde raffinées, à la sensualité étonnante, qui ont favorisé l'éclosion d'une école polonaise moderne dont Witold Lutoslawski est aujourd'hui le doyen. L'œuvre de Szymanowski émerge après un demi-siècle de purgatoire, — en particulier les partitions de la période impressionniste dont l'orientalisme et un certain mysticisme sous-jacent (Scriabine) apparaissent aussi personnels que leur écriture.*

Sonate pour violon et piano, en *ré* mineur (op. 9)

Cette partition date du premier séjour à Varsovie, alors que le jeune Szymanowski prenait des cours privés de composition avec Zygmunt Noskowski (1904). Ce dernier lui enseigne l'art de la sonate instrumentale selon les strictes « règles » germaniques, tout en lui ouvrant les yeux sur les réussites du romantisme allemand et français : la *Sonate « Regenlied »* de Brahms, ou la *Sonate* de Franck. Après avoir entendu cette dernière, Szymanowski reste sous le charme du mouvement lent du chef-d'œuvre franckiste qui a le mérite de conjuguer une forme rigoureuse et une « émotion qui jaillit du fond de l'âme ».

La *Sonate op. 9* ne comprend que trois mouvements : *Allegro moderato-Patetico* ; *Andantino e tranquillo dolce* (*quasi cadenza*) ; *Finale* : *Allegro molto quasi presto*. L'ample mouvement initial, modéré, utilise deux phrases mélodiques particulièrement émouvantes : l'une semble empruntée à Schumann, tandis que l'autre paraît incontestablement démarquée de Franck. Szymanowski semble même devoir résoudre d'identiques problèmes d'équilibre entre les deux instruments, — l'écriture concertante obligeant le violon à soutenir un véritable dialogue à intensité comparable, — alors que, par nature, son archet est plus fait pour les valeurs longues *cantabile* que pour s'imposer par des séries d'accords appuyés, mettant en valeur la richesse de l'harmonie. L'écriture plus mélodique et fluide de l'*Andantino*, tout en allégeant le dialogue et en nous ramenant à Chopin, est plus facile à équilibrer. Le finale, enfin, s'avère le mouvement le plus conventionnel, — alors que la fraîcheur mélodique des deux premiers mouvements, hormis les références un peu trop transparentes à des modèles, est guidée et entretenue par une évidente volonté d'intégration cyclique, même si la seule répétition thématique est un bref rappel du thème franckiste d'entrée lors de la coda conclusive de l'*Allegro molto quasi presto*. L'œuvre dut attendre le 19 avril 1909 pour voir sa création publique avec Paul Kochanski et Arthur Rubinstein à Varsovie.

Durée d'exécution : 22 minutes environ.

Romance pour violon et piano, en *ré* majeur (op. 23)

Elle a été écrite à Varsovie en 1910 à l'intention de Paul Kochanski, qui en donna la première audition avec Arthur Rubinstein le 8 avril 1913 dans la même ville. Si la partie de piano est sans conteste inspirée par le post-romantisme allemand (issu de Brahms, de Reger et du jeune Richard Strauss), la cantilène hautement expressive du violon s'abstrait de cet univers automnal et chargé, pour devenir un chant ailé et intemporel. Cette page, éminemment romantique, doit également quelques-unes de ses teintes dorées aux *Bunte Lieder op. 22* contemporains, où l'hommage à Schumann est délicatement assorti d'un chromatisme regerien.

Durée approximative d'exécution : 7-8 minutes.

Mythes, pour violon et piano (op. 30)

Ce triptyque « grec » fut composé de mars à juin 1915 à Zarudzie (près de Kiev). Il met en œuvre une technique d'écriture pour le violon vraiment nouvelle, apprise auprès de l'ami Paul Kochanski et par goût pour un travail harmonique complexe. En cette partition de pleine maturité, le violon évolue constamment dans le registre aigu, souvent en pleine intensité, utilise de fréquentes harmoniques (souvent composées), avec des *portamentos* (obligés et clairement notés) et des effets *strisciando*. L'instrument permet ainsi d'user d'une virtuosité lumineuse, d'effets harmoniques aussi complexes et doux que la beauté de timbre de l'instrument le permet, enfin de ressources poétiques nouvelles qui, sans rien perdre du néo-romantisme de l'*opus 9*, lui ajoute des possibilités dramatiques et lyriques inédites. Il y a trois parties : *la Fontaine d'Aréthuse*, *Narcisse*, et *Dryades et Pan*.

Même si Szymanowski aimait approfondir les légendes de la Grèce antique, les titres de ce triptyque relèvent plus d'une impression poétique que d'un programme étranger à l'esprit du compositeur (comme chez Debussy).

1. La fontaine d'Aréthuse. La légende raconte — pour ce qui concerne la première partie — les métamorphoses de l'hespéride Aréthuse qui, poursuivie par le chasseur Alphéius, se réfugie sur l'île d'Ortygia en se changeant en source, tandis qu'Alphéius devient une rivière dévalant l'Olympe. Cette dernière se jette dans la mer sans s'y mêler, et rejoint l'île pour se fondre dans la source. Au plan musical, Szymanowski, sans s'inspirer techniquement des *Jeux d'eau* ravéliens, suit un chemin parallèle avec l'entrée du piano :

La révélation est l'étonnante fluidité des relations harmoniques entre les deux mains du piano, dont la progression semble utiliser une gamme pentatonique sur *mi* bémol tout en jouant (main droite) sur la tonalité de *la* mineur. Les intervalles, secondes majeures et tritons, prolongent l'illusion d'absence d'altérations. Le violon peut alors faire son entrée dans un climat modal centré sur *la*, — les pôles de *mi* et *mi* bémol étant soigneusement évités. Le propos se poursuit, réalisant un équilibre inédit entre la richesse de timbres par l'écriture harmonique, et un jeu de miroir modal où ces timbres viennent souligner, au passage, telle ou telle tonalité transitoire. Ainsi, aucune dissonance non résolue au sens strict ne vient altérer la fluidité du propos. Toute la structure harmonique, fort complexe, est traitée pour donner l'impression de cascade et d'écoulement . L'intervalle essentiel est la tierce mineure, tandis que les deux instruments se renvoient trilles, trémolos et enchaînements d'arpèges. La sensation de surnaturelle continuité du flux, de sa lumière, de ses rebonds comme de sa transparence, demeure l'une des originalités de cette pièce réalisant la fusion des résonances du clavier et des vibrations du violon.

2. Narcisse. Ce fils de Céphise et de l'océanide Liriope, puni par les dieux pour avoir refusé Echo, fut séduit par sa propre image reflétée par l'eau d'une fontaine, et mourut de ne pouvoir saisir cet autre lui-même dont il était devenu amoureux. A la droite de sa sépulture poussa une fleur, qui porte depuis son nom. Ce propos est introduit par une mélodie à l'accompagnement imbriqué. La main gauche enchaîne triton et quarte juste, — tandis qu'un accord de trois notes à la dominante résonne sous l'appui de la pédale :

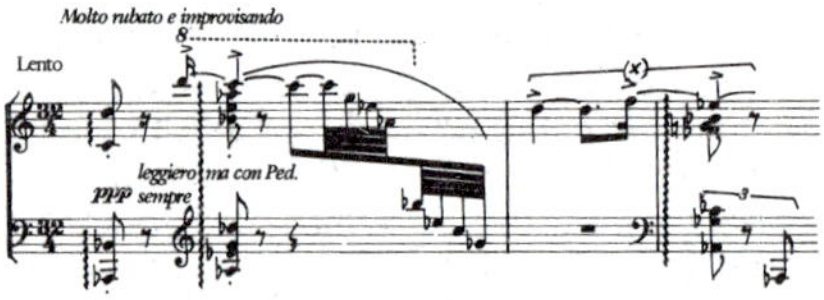

Ainsi se trouvent superposés une harmonie fréquente chez Schönberg et un accord classique avec des *sforzandos* décalés entre les deux mains. Les tensions tonales entre ces motifs d'essences différentes donnent l'impression de bi-tonalité évolutive, selon les résonances que la pédale choisit de maintenir. En poursuivant une structure non-tonale de ce type on arrive à une interdépendance nouvelle entre la ligne mélodique (violon, plus contrepoint en miroir à la main gauche) et l'accompagnement, — les motifs de ce dernier fournissant à la mélodie ses agrégats constitutifs. On pense au Scriabine des *Poèmes op. 72* et des *Préludes op. 74*. Mais, contrairement à ces morceaux testamentaires, Szymanowski fait évoluer en permanence la structure harmonique pour que la mélodie modale s'appuie sur un pôle tonal, — ici *si* majeur. L'image de Narcisse peut ainsi se refléter avec une netteté inattendue sur une dernière nappe d'accords en *si*.

3. Dryades et pan. Le dernier des *Mythes* s'inspire d'un épisode extrait de l'*Odyssée*. Les Dryades parcourent les forêts, dont les murmures sont évoqués par les trilles et altérations en quarts de ton, tandis que Pan s'épanche grâce à son inséparable flûte, — ici par le violon. Ce climat s'avère très proche de celui installé dans le cycle *Métopes* pour piano, strictement contemporain. Un pôle tonal de *ré* sous-tend la construction modale de ce dernier « poème ». Il est peu à peu imposé, d'abord par un *ré* séparé puis par l'accord parfait de *ré* majeur. Quelques ambiguïtés majeur-mineur permettent la structure « parallèle » déjà utilisée dans les deux premiers « poèmes», — le piano prenant un chemin jalonné de dissonances faisant avancer le discours, tandis que le violon se singularise par des intervalles de septièmes majeures que nous retrouverons, magnifiés par l'orchestre, dans le *1er Concerto pour violon op. 35* qui va suivre ce triptyque.

On ne connaît pas la date de création de ce cycle dédié à la femme du compositeur, Sophie. L'œuvre a été jouée non seulement par Kochansky qui participa à son élaboration, mais également par Heifetz, Menuhin, Thibaud, Szering, et Szigeti qui la créa le 21 novembre 1921 à Budapest, avec Bartók au piano.

Durée d'exécution : 21 minutes environ.

Nocturne et Tarentelle, pour violon et piano (op. 28)

La légende veut que la *Tarentelle* ait été écrite, en 1915, à l'issue d'une soirée bien arrosée après un concert donné avec l'ami Paul Kochanski. Le *Nocturne* n'innove pas au plan de l'écriture, conventionnelle surtout avec l'utilisation d'accords en quintes, mais propose au violon de nouvelles sonorités dans son *Ancona meno mosso* : trilles, utilisation de la chanterelle en tessiture permanente (7e et 8e positions), etc. Le duo piano-violon semble alors une transposition de chants orientalisants, dont l'ornementation se révèle d'une richesse et d'une séduction rares. La ligne mélodique, fréquemment chromatique, présente une flexibilité d'improvisation tout en restant dans des nuances piano. La *Tarentelle* est plus virtuose et animée, — jouant sur les accords de quartes et quintes. On se prend à évoquer la *Salomé* de Florent Schmitt, ainsi que certaines espagnolades signées de Lalo, Sarasate ou Saint-Saëns. L'œuvre a été dédiée à Ivar Ivanski.

Durée approximative d'exécution : 11-12 minutes.

Quatuor à cordes n° 1 (op. 37)

Composée à l'automne 1917 à Élisavetgrad, l'œuvre est restée sans finale, — pourtant longtemps projeté. Elle fut dédiée à Henry Prunières, et créée à Varsovie le 10 octobre 1924, peu après son édition chez Universal à Vienne. La partition apparaît de coupe pré-classique, avec sa construction simple et claire : allegro initial de forme sonate, andantino second en forme de variations, se concluant sur un scherzo polytonal. Son climat se veut moins immédiatement émotionnel par son lyrisme serein et lumineux. Les trois mouvements sont intitulés : *Lento assai-Allegro moderato*; *Andantino semplice, in modo d'una cadenza*; *Vivace, Scherzando alla burlesca, Vivace ma non troppo*.

1. Le LENTO est construit sur la tonalité d'*ut* majeur, et joue sur les permutations multiples entre intervalles de secondes et tierces mineures; la confrontation majeur-mineur constitue la base du traitement harmonique de cette introduction. L'*Allegro* qui suit est d'une rare perfection de forme, individualisant nettement les quatre parties, comme si l'auteur tenait à se familiariser avec l'écriture polyphonique du quatuor selon Haydn. Le premier thème installe une claire tonalité d'*ut*, — tandis que le second, dépendant du premier sur le plan des cellules mélodiques et rythmiques, semble évoluer vers *mi* majeur, anticipant ainsi sur la tonalité du mouvement lent. Reprenant un procédé de l'écriture classique, Szymanowski réexpose le premier thème à la dominante, tandis que le second reste en *mi*. Le développement fait figure de mini-scherzo, et joue sur des motifs empruntés au *Lento*; la coda précise le pôle d'*ut*, qui sera la tonalité finale de la cadence conclusive.

2. L'ANDANTINO est vraiment *semplice* : il débute en *mi*, marquant la simplification de sa structure harmonique par rapport aux partitions qui précèdent (*1er Concerto pour violon* et *3e Sonate pour piano*), — dont il semble une synthèse épurée. La phrase mélodique de la *Canzona* est l'une des plus inspirées du musicien, et magnifie quelques motifs constitutifs du *Lento* initial. Les épisodes suivants semblent jouer sur les tonalités tournantes, comme la *3e Sonate pour piano*, suggérant *ré* mineur, puis *sol* bémol majeur, pour s'arrêter sur *ré* majeur dans la transition préparant la fugue finale, *Scherzando alla burlesca*.

3. Ce VIVACE est l'occasion d'une des plus savantes explorations de la polytonalité par Szymanowski. Les quatre instruments possèdent chacun une note-signature apparaissant sur les intervalles de tierces mineures *do* - *mi* bémol - *fa* dièse - *la* bécarre. Leur insertion dans les gammes majeures permet d'obtenir un total chromatique beaucoup plus polymodal qu'atonal. Cette nuance fera éliminer Szymanowski des compositeurs d'avant-garde au lendemain de la Seconde Guerre mondiale, — la mode étant à l'atonalisme sériel strict. Dans ce *Quatuor n° 1*, cette nette différenciation permet la réalisation d'un contrepoint efficace n'absorbant pas la ligne mélodique (comme dans le *Septuor* de Stravinski), mais permettant quelques clins d'œil virtuoses lors de dissonances au grotesque volontaire. Le scherzo conserve une clarté structurelle permanente, qui donne au développement toute sa capacité de contraste. La préparation de la réexposition, puis la coda elle-même s'appuient sur une suite d'accords jouant les pôles complémentaires successifs de *ré* - *fa* - *la* bémol - *si* bécarre, puis de *do* - *mi* - *la* bémol - *sol*, avant la reprise du schéma initial de la fugue sur l'accord parfait de *do* majeur.

Durée d'exécution : 22 minutes environ.

Trois Caprices de Paganini, pour violon et piano (op. 40)

À Élisavetgrad, à la suite du *1er Quatuor à cordes*, Szymanowski transcrit trois *Caprices* — les *n os 20*, *21* et *24* (thème varié) de *l'Opus 1* — de Paganini, à la demande et en collaboration avec le violoniste Viktor Golberg qui les créera le 25 avril 1918. Paul Kochanski les donne à Varsovie au printemps de 1920, en même temps que les *Mythes* : concert décevant — public et critique faisant grise mine à cette musique brillante et personnelle. En mai, Szymanowski part avec Rubinstein et Kochanski en tournée aux États-Unis, via Londres.

Durée d'exécution : 14 minutes environ.

Kolysanka («la Berceuse d'Aïtacho Enia»), pour violon et piano (op. 52)

Elle est écrite en juillet 1925, lors d'un séjour à Saint-Jean de Luz, en hommage à Madame Dorothy Jordan Robinson dont la ville se nomme « Aïtacho Enia ». C'est une courte pièce en trois épisodes, qui se souvient de la « *Kolysanka lalek* » des *Couplets pour enfants op. 49* terminés en 1923. Elle utilise la même mesure naturellement berçante à 6/8, avec un leitmotiv de quatre noires pointées qui la rapproche plus de l'archaïque mazurka que de la dumka ukrainienne. Sa tonalité principale est *ré* majeur, — même si ses épisodes, l'initial comme le final, jouent sur les intervalles de secondes mineures et de sixtes majeures, et altèrent cette franchise tonale. L'épisode central retrouve la douceur chromatique modale du *1er Quatuor à cordes*, mais sans effets « *alla burlesca* ».

Durée d'exécution : 7 minutes environ.

Quatuor à cordes n° 2 (op.56)

Cette œuvre de chambre ultime fait spécifiquement partie de la période nationale « polonaise » du musicien, — non qu'elle ait été écrite en Pologne (le manuscrit est daté de Paris, en 1927), mais parce qu'elle utilise des motifs folkloriques polonais, provenant des montagnes des Tatras, que Szymanowski avait étudiés lorsqu'il séjourna à Zakopane. Il venait de les utiliser, enfin avec grand succès, dans son *Stabat Mater*, qui allait être créé à Varsovie en 1929. Comme le *1er Quatuor*, ce *Quatuor n° 2* est construit en trois épisodes, — mais cette fois selon le schéma pré-classique lent-vif-lent : *Moderato dolce e tranquillo*; *Vivace, scherzando*; *Lento, Moderato*. Ainsi le *Moderato* se souvient-il du *Stabat Mater*, tandis que les deux derniers mouvements reprennent des cellules rythmiques et mélodiques du ballet-pantomime que Szymanowski venait de terminer, — son chef-d'œuvre *Harnasie op. 55*, (dont l'action se déroule d'ailleurs dans les Tatras).

Le *Moderato* introductif, effectivement doux et serein, semble un hommage direct à Ravel, tandis que l'archaïsme modal du matériau emprunté au *Stabat Mater* nous maintient dans le climat impressionniste du *1er Quatuor* par l'usage d'intervalles de septièmes majeures et l'importance mélodique de l'alto, (voir *Quatuor* de Debussy). Un certain pointillisme, une discontinuité même à la Janaček, apparaissent dans la trame harmonique, — procédé qui sera repris par Penderecki dans son *1er Quatuor*, Szymanowski jonglant avec une succession de périodes aux couleurs harmoniques et microrythmes habiles et complexes qui donnent l'illusion de la logique sonore.

Beaucoup moins élaborés sont les deux derniers mouvements qui utilisent directement les équilibres harmonie-rythme du folklore polonais des Tatras. Le recours à l'*ostinato* et à des enchaînements canoniques dans le *Scherzando* n'est pas sans rappeler la logique magistrale des mouvements similaires chez Bartók. Le *Lento* final est une ugue lente, partant du thème de l'*Étude en vocalise* pour soprano, strictement contemporaine, basée sur quatre notes. Ce leitmotiv s'impose de plus en plus par son intensité comme par son urgence dramatique, amenant une conclusion grandiose et tragique, qui s'est révélée testamentaire.

La partition fut créée le 14 mai 1929, à Varsovie, par le Quatuor de Varsovie. Éditée dès 1931 chez Universal à Vienne, elle a pris place au répertoire d'ensembles tels que les Quatuors Amar-Hindemith, Krettly, Pro Arte, Wiener Streichquartett... jusqu'à la Seconde Guerre. Mais il a fallu attendre 1978 pour que les quatuors de Szymanowski reprennent leur place dans des programmes.

Durée d'exécution : 21 minutes environ.

P.E.B.

SERGUEI IVANOVITCH TANEIEV

Né à Vladimir (République de Russie), le 13 novembre 1856; mort à Dioudkovo (près de Moscou), le 6 juin 1915. Il fut l'élève de Nicolas Rubinstein (piano) et de Tchaïkovski (composition) au Conservatoire de Moscou (1866-1875). Il séjourna à Paris en 1876-1877, et rencontra Gounod, Saint-Saëns, d'Indy, Fauré et Duparc. À son retour, il fut nommé professeur (harmonie et orchestration) au Conservatoire de Moscou, ajouta piano et composition à son enseignement, dirigea le Conservatoire (1885-1889), puis démissionna en 1905. Il enseigna, dès lors, gratuitement au Conservatoire Populaire de Moscou. Humaniste cultivé, Taneiev connaissait sciences (mathématiques), histoire, langues et philosophies. Il mena de front une carrière de pianiste de concert, de pédagogue, de théoricien et de compositeur. Comme théoricien, il laisse deux ouvrages de base, le Contrepoint mobile de style rigoueux *(Leipzig, 1909) et* la Technique de l'écriture canonique *(inachevé, publié par Belaïev à Moscou, 1929). L'œuvre de Taneiev se distingue par sa perfection de forme comme d'écriture. Comme Glazounov, il a donné à la jeune musique russe des références techniques incontestées. Sa connaissance du contrepoint, d'origine vocale, provient de ses études sur les psalmistes et madrigalistes franco-flamands du Moyen Age et de la Renaissance italienne. En musique de chambre — sa discipline la plus achevée —, sa technique est empruntée à Haydn, tandis que la forme sonate est d'essence beethovénienne. Sur le plan spirituel, philosophie et éthique se conjuguent dans ses grandes œuvres dramatiques :* l'Orestie *(trilogie d'après Eschyle, 1887-94),* Saint Jean de Damas *(cantate, 1884),* Après la lecture d'un Psaume (1912-1915). *En musique de chambre, les six* Quatuors *édités de son vivant (nos 1 à 6, les cinq derniers chez Belaiev à Leipzig de 1895 à 1906), parmi les douze entrepris, exigent la même simplicité et la même élégance de style d'interprétation que le modèle haydnien, avec une connaissance de l'art de la fugue et de la variation acquise par la pratique de Beethoven. Pendant ses années de conservatoire, Taneiev s'essaie déjà à l'art du quatuor à cordes sur les conseils de Tchaïkovski. D'un* Quatuor en ré *majeur, n'existent que deux mouvements (1874-1877). Sur le modèle rimskien, il écrit une partition de circonstance, une* Marche *pour deux pianos, harmonium, trois trombones, violoncelle, hautbois, Glockenspiel et caisse claire (1877).*

Trio à cordes en *ré* majeur (op. 21)

Taneiev écrivit quatre trios à cordes. Le modèle beethovénien, celui de la *Sérénade op. 8*, a influencé le premier, en *ré* majeur, terminé en 1880. Le plus justement célèbre est le *Trio pour deux violons et alto en* ré *majeur (op. 21)*, terminé en mars 1907 et publié chez Jurgenson à Moscou en 1908. Cette fois, le musicien tente de retrouver la pureté du style qui avait fait la gloire de Mozart tant dans les *Duos K 423/4* pour violon et alto ou la *Fugue K 443*, que dans l'inaccessible *Divertissement K 563*.

Écrit en quatre mouvements, il forme un divertissement qui emprunte son esthétique au XVIIIe siècle. L'*Allegro giocoso e semplice* initial est ample et virtuose, — sa difficulté provenant de sa simplicité apparente de style qu'il faut préserver par un cantabile limpide et expressif au premier violon. Le *Menuetto (Allegro ma non troppo)* est plus facile à mener par sa variété rythmique, également naturelle et enlevée. L'*Andante*, avec ses modulations en *sol*, est le plus proche de l'esprit mozartien par sa mélancolie et sa spontanéité. La couleur de l'alto donne une teinte dramatique à cet épisode d'une réelle intensité poétique. Avec le *Vivace* final réapparaît l'équilibre pré-classique du divertissement, — même si le tempo et la complexité de la trame créent une tension que ne possédait pas l'*Allegro* initial.

Durée d'exécution : 23 minutes environ.

LES QUATUORS À CORDES

Jusqu'en 1952, seuls étaient édités les quatuors écrits entre 1890 *(n° 1, op. 4)* et 1905 *(n° 6, op. 19)*. Ils ont conservé leur numérotation d'édition, — tandis qu'apparaissaient trois partitions de jeunesse sous les numéros *7* à *9*, fallacieux au regard de la chronologie. Un *Quatuor en* ut *mineur*, inachevé, possède deux mouvements datés de 1911.

Quatuor « n° 7 », en *mi* bémol majeur

Il fut composé lors du voyage en France en 1880, et joué, en privé, à Moscou en 1881 avec I. Hrimaly (violon) et V. Fitzenhagen (violoncelle). Taneiev n'en était pas très fier, mais l'envoya néanmoins à Tchaïkovski, avec cette phrase : « Pour le réussir, j'ai noirci quelque deux cent quarante pages. En l'écrivant, je prêtais attention à ce que tout fût également beau, clair et bien sonnant. J'ai réécrit les deux thèmes de nombreuses fois avant qu'ils n'aient commencé à me plaire ».

Le premier mouvement est un *Allegro* en *mi* majeur, d'une clarté et d'un équilibre classiques, proches de l'apparente simplicité mendelssohnienne. Le mouvement lent, placé en second, est un *Adagio cantabile* basé sur une chaîne mélodique à l'émotion intense, développée en une écriture polyphonique magistrale. Le *Scherzo*, encadré d'une introduction et d'une péroraison lente et pathétique, crée un contraste bienvenu par son caractère de tarentelle enjouée et virtuose. Le finale est un rondo classique, de forme sonate, vif et animé, conforme au modèle haydnien.

Durée d'exécution : 23 minutes environ.

Quatuor « n° 8 », en *ut* majeur

Entrepris en 1882 et achevé en 1883, il a été joué, toujours à titre privé, à Moscou à l'automne, par les mêmes interprètes que le *Quatuor en* mi *bémol*. Taneiev se rapproche à la fois du modèle mozartien, et de l'exemple donné par Tchaïkovski qui cultivait la sérénade mozartienne à sa manière (*3e Suite d'orchestre « Mozartiana »*, achevée en 1887).

Le premier mouvement est un *Allegro con brio*, lumineux et virtuose, opposant violons et cordes graves selon un schéma classique. Avec l'*Adagio ma non troppo*, l'influence de Tchaïkovski devient dominante, — plus par les échos élégiaques confiés à l'alto et au violoncelle que par une quelconque similitude d'écriture. Le *Tempo di minuetto* ramène au XVIIIe siècle par son équilibre, son élégance, et par la primauté du premier violon, véritable maître à danser. Le *Rondo* final (*Allegro molto*) est le mouvement le moins original, dans la forme comme par la relative pauvreté mélodique.

Durée d'exécution : 39 minutes environ.

Quatuor « n° 9 », en *la* majeur

Les modèles du XVIIIe siècle sont moins présents dans ce quatuor, d'ambiance plus spécifiquement russe. Achevé à l'automne de 1883, il ne fut joué qu'en privé.

Les deux premiers mouvements, *Allegro moderato* et *Andante*, possèdent le charme intimiste des pièces similaires de Tchaïkovski. N'était le rôle toujours écrasant du premier violon, Taneiev semblerait avoir acquis une véritable science du quatuor, — partant de Haydn pour jouer sur les techniques de développement de la polyphonie chorale. L'*Andante* est construit comme un poème tragique, amplifiant son discours par la tension progressive, sur un tempo particulièrement retenu, d'une scène à deux personnages, — l'un féminin (premier violon), l'autre masculin (alto). A l'époque Taneiev recueillit et arrangea nombre de mélodies russes et ukrainiennes. Il s'en souvient dans les deux thèmes, d'essence populaire, qui donnent une authenticité indéniable à son immense Scherzo, *Allegro con fuoco*, aussi lyrique que paradoxalement peu bavard. Le dernier mouvement, *Allegro giocoso*, forme un contraste convenu avec le Scherzo par son statisme choral. Une phrase mélodique brillante et virtuose se voit rapidement « statufiée » en un traitement polyphonique aussi expert qu'efficace, où chacun des instruments peut s'exprimer dans son meilleur registre. Des quatuors de jeunesse, ce *« 9e » Quatuor* s'avère le plus uniformément inspiré, et le premier qui marque le caractère « russe » de son auteur.

Durée d'exécution : 34 minutes environ.

Quatuor n° 1, en *si* bémol majeur (op. 4)

Daté de 1890, il est dédié à Tchaïkovski, — qui fit pression pour que la partition soit éditée. Il est constitué de cinq mouvements alternant, comme le divertissement romantique, épisodes rapides (*1*, *3*, *5*) et lents (*2* et *4*).

Le premier mouvement lui-même est formé de deux épisodes, — un *Allegro* central entouré d'un *Andante espressivo* de caractère intense et pathétique. Son caractère cyclique ne fait qu'accentuer, par la répétition du thème initial, sa puissance quasi symphonique, — hommage au modèle beethovénien. Les trois épisodes centraux desserrent progressivement l'étreinte pathétique de l'immense mouvement initial. Le *Largo* est plus recueilli que réellement tendu, — violon et alto proposant deux longues phrases mélodiques. Le *Presto* central apporte une vraie détente par son caractère vif et léger de scherzo dansant, — tandis que l' Intermezzo (*Andantino*) s'avère d'une richesse mélodique et d'une qualité d'ornementation propres à la musique russe académique. Le finale, *Vivace e giocoso*, est de rythme plus accusé que précédemment, mais reste l'épisode le plus conventionnel de cette vaste partition.

Durée d'exécution : 36 minutes environ.

Quatuor n° 2, en *ut* majeur (op. 5)

La partition fut terminée à l'été de 1895, pendant le séjour à Iasnaja Poljana dans la datcha de Léon Tolstoï, ami et partenaire d'échecs de Taneiev. La création eut lieu à Moscou, en public cette fois, le 16 novembre 1895, avec I. Hrimaly (violon), D. Krein, N. Sokolowski et A. von Glein, et fit l'objet d'une analyse critique enthousiaste de N.D. Kachkine dans le périodique *Ruskie Vedomosti*.

1. L'**Allegro** initial est basé sur une chanson populaire pleine de vie et d'entrain, que le compositeur met en musique avec de grands intervalles (octaves, sixièmes) qui donnent une impression de stabilité et de grandeur. L'accompagnement, de caractère dansant, utilise des accords de sixtes et ne joue pas sur les variations de couleur des instruments, mais sur leurs possibilités de contrastes dynamiques.

2. Le second mouvement — un **Scherzo** en *ut* mineur — est proche du nocturne tchaïkovskien. Le récitatif, volontairement nostalgique, se développe telle une chanson populaire russe. La réexposition, *appassionata*, joue sur les sauts d'octave et l'intervalle de septième diminuée. Le violoncelle, *meno mosso*, reprend alors cette douce mélopée à laquelle le violon oppose un contre-chant volontairement grotesque.

3. Le mouvement lent, **Adagio espressivo**, s'impose par son lyrisme pathétique traversé de passages agités et fantasques. Ici Taneiev n'imite plus personne, et parle son propre langage.

4. L'**Allegro** final n'en paraît que plus académique en son dynamisme convenu ; la coda propose une magistrale double fugue qui résume le matériau mélodique de la partition. Taneiev, alors, ne pensait plus à Beethoven, mais à Raff et à Arenski.

Durée d'exécution : 40 minutes environ.

Quatuor n° 3, en *ré* mineur (op. 7)

La première version, de 1886, fut dédiée à Tchaïkovski (qui assista à sa création publique à Moscou en 1891, avec les mêmes interprètes que ceux du *2ᵉ Quatuor*). Sous la persuasive pression de Belaïev et de ses amis des Vendredis musicaux, Taneiev reprit sa partition pour élaguer l'*Allegro* initial et atteindre la densité de pensée qu'il désirait, après avoir entendu les deux premiers quatuors de Rachmaninov, à qui l'œuvre fut dédiée sous cette forme ; Belaiev s'empressa de le publier à Leipzig en 1898, avant la première audition moscovite par le Quatuor Russe (21 novembre).

1. L'**Allegro** initial est pensif et tourmenté, basé sur un thème ample, admirablement présenté au premier violon, auquel se joint l'alto en une présentation canonique que poursuit le second violon sur le *ré* tonal du violoncelle :

Le développement se fait dans le meilleur esprit de la science haydno-beethovénienne, en une écriture usant de grands intervalles et une rythmique à 2/4 aussi savantes que discrètes sur le plan expressif.

2. Le deuxième et dernier mouvement,

THÈME ET VARIATIONS, est à la fois des plus inspirés et des plus achevés sur le plan technique. Le thème initial se présente sur un balancement gracieux de sicilienne, — évoquant l'académisme apparent du modèle du divertimento baroque. Les différentes variations sont d'une stylisation étourdissante : la première est une mazurka jouée *sul tasto*, la suivante un *Adagio da chiesa* confié au premier violon. Cette fois, Taneiev prend exemple sur l'art beethovénien de la variation, tout en conservant l'esprit du scherzo à ce jeu savant. Le thème initial, un *Andantino* à la simplicité schubertienne, réapparaît dans l'ultime viariation.

Durée d'exécution : 23 minutes environ.

Quatuor n° 4, en *la* mineur (op. 11)

Avec l'*op. 11*, Taneiev revient à la forme classique du quatuor en quatre mouvements et à une partition d'une dimension beethovénienne. Ce quatuor, daté de 1899, fut créé par les dédicataires, le Quatuor Bohémien (Karel Hoffmann, Josef Suk, Oscar Nedbal, Hanus Wihan) en 1900 à Prague, — après sa publication chez Belaiev à Leipzig.

1. L'immense premier mouvement est un triptyque formé d'une INTRODUZIONE en *la* mineur, — lever de rideau utilisant fréquemment les intervalles de quinte (comme le *Quintette avec piano op. 14*, de 1901), et qui plante un décor grandiose. L'ADAGIO introduit le premier thème indiqué « avec douleur », dans la meilleure tradition tchaïkovskienne. Le thème secondaire apporte une véritable sérénité, un équilibre entre les trois voix d'un dialogue où la forme canonique et fuguée joue avec la densité du tissu sonore. L'ALLEGRO conclusif reprend l'essentiel de l'introduction, — assurant ainsi la forme cyclique désormais chère à Taneiev.

2. Le second mouvement, DIVERTIMENTO, *Allegretto vivace e scherzando*, est une métamorphose du matériau mélodique du premier mouvement. Propulsé par la dynamique des deux violons, il étonne par sa légèreté mendelssohnienne.

3. Le troisième mouvement, ADAGIO, utilise ce même matériau mélodique, au milieu d'un flot lyrique qu'il faut maîtriser avec fermeté pour en conserver le phrasé original.

4. Le FINALE, formé d'une *Introduzione*, d'un *Adagio* central et d'un *Presto* en guise de coda, poursuit ce monothématisme majestueux en reprenant l'essentiel de l'introduction initiale, puis joue sur quelques accélérations, citations mélodiques brillantes que violon et violoncelle se doivent de nettement démarquer de la trame générale. Le *Presto* revient sur les rassurants intervalles de quintes initiaux.

Durée d'exécution : 38 minutes environ.

Quatuor n° 5, en *la* majeur (op. 13)

Sa lumineuse tonalité est à l'image de ses très classiques quatre mouvements. L'*Allegro con spirito* initial présente le caractère ludique que prêtait malicieusement Haydn aux mouvements d'introduction de son *op. 33*. Des contrastes dynamiques, des inversions d'écriture, des renvois de thèmes et de refrains, « amusent » les quatre instrumentistes. La difficulté d'interprétation est aussi vétilleuse que celle du *18ᵉ Quatuor K 464* (également en *la* majeur) de Mozart ; il ne manque que la tension seconde qui marquait le *Menuet* et trio en *mi*. Taneiev poursuit par un *Adagio espressivo* d'une désarmante sérénité. Il faut attendre l'*Allegro molto* pour que le jeu polyphonique se complique et permette aux voix graves de varier le climat uniformément paisible de cette partition, — parfaite pour un concours de composition. Le finale, *Presto*, propose une « course à l'abîme » qui rappelle encore le Haydn facétieux de l'*op. 33*.

Assafiev, le biographe de Taneiev, juge le caractère général de cet *op. 13*, daté de 1903, « clair, subtilement raffiné et lumieux ».

Durée d'exécution : 19 minutes environ.

Quatuor n° 6, en *si* bémol majeur (op. 19)

Écrit en 1905, créé à Saint-Pétersbourg en avril 1907 (après son édition chez Belaiev en 1906 à Leipzig), ce dernier quatuor achevé est, à nouveau, une magistrale démonstration de l'art de Taneiev en tant que maître du contrepoint et de la forme cyclique partant d'un thème unique.

1. L'ALLEGRO GIUSTO introductif présente immédiatement l'essentiel du matériel mélodique sous une forme à la fermeté beethovienne. L'ensemble du mouvement prolonge cette impression de tension et de conflit dramatique, — jouant sur les accumulations et les répétitions d'accords selon le procédé brahmsien.

2. L'ADAGIO SERIOSO propose une trame fuguée, élégiaque et profondément lyrique, débutant à l'alto avec un unique passage au violoncelle qui permet d'identifier le caractère populaire d'une partie du matériel thématique original.

3. Le scherzo traditionnel est remplacé par une **GIGUE** (*Molto vivace*), qui adapte à la forme polyphonique cette danse que Bach avait ressuscitée dans sa forme instrumentale.

4. Après ce bref intermède vif, dans le style archaïque, le finale, **ALLEGRO MODERATO**, forme une démonstration de la virtuosité d'écriture contrapuntique, — partant toujours du même thème en *si* bémol qui se métamorphose au gré de l'invention d'un développement jouant sur les renversements, les symétries, les décalages par intervalles de quinte et d'octave , acidulés par une modulation tonale en *ré*.

Assafiev voyant en cet ultime quatuor « une encyclopédie résumée de l'art de Taneiev ».

Durée d'exécution : 36 minutes environ.

AUTRES ŒUVRES

Quintette à cordes en *sol* majeur (op. 14)

Des deux partitions pour quintette à deux violoncelles, celle en *sol* majeur *op. 14*, achevée en 1901, révisée en 1903, demeure la plus célèbre, — celle en *ut* majeur *op. 16*, terminée en 1904, s'avérant de même facture, avec un hommage plus appuyé au Brahms de l'*op. 111*.

La *Quintette op. 14* est formé de trois parties. L'**ALLEGRO** initial énonce d'entrée de jeu un thème puissant et serein qui est développé selon les procédés de répétition et d'accumulation chers à Taneiev. Le second mouvement, **VIVACE CON FUOCO**, ne cherche pas à être plus savant que le modèle brahmsien sur le plan de l'écriture. D'emblée violon, puis violoncelle se lancent dans l'affirmation d'un thème virtuose à 2/4 dont l'alto maintient le rythme par ses doubles croches ascendantes. Une transition, tout aussi énergique, permet d'atteindre un fortissimo qui annonce le premier développement. Le thème secondaire relance la vivacité du discours. Un nouvel épisode conjoint joue sur les changements de tempo. Un changement de tonalité annonce la réexposition du thème initial et amène à la péroraison, enlevée et symphonique.

Le troisième et dernier mouvement, d'une ampleur « régerienne » (**TEMA CON VARIAZONI**), propose une mélodie obsédante qui se déroule comme un résumé « pianistique » de la thématique de la *Symphonie en* ut *mineur op. 12* contemporaine en son inoubliable *Adagio*. Cette mélodie, au charme schubertien, est exploitée dans tous ses registres par les différents instruments du quintette. Le jeu des variations de timbres et de rythmes lui donne une dimension chorégraphique, avec sa perfection plastique et sa netteté de trait. Une réexposition plus vigoureuse est suivie d'un passage pizzicato qui conduit à une reprise plus franchement lyrique, inaugurant toute une batterie de présentations contrapuntiques. Cet immense mouvement s'achève par une série de variations lancées par le premier violon, développées par le premier violoncelle (avec le second en canon). La réexposition du thème initial est l'occasion d'une dramatisation construite par les trois groupes d'instruments. L'œuvre s'achève par la reprise de la mélodie-thème dans sa simplicité originelle.

Durée d'exécution : 37 minutes.

Trio pour piano et cordes, en *ré* majeur (op. 22)

Le modèle choisi par Taneiev est à l'évidence le *Trio op. 50* de Tchaïkovski*. La partie de piano fut écrite pour le compositeur lui-même et l'œuvre, achevée en 1907, fut donnée en première audition avec Hoffmann et Berger, ses amis du Quatuor Bohémien.

1. L'**ALLEGRO** initial débute par une introduction un peu banale. L'essentiel du matériau thématique est échangé entre clavier et cordes par activation d'une trame musicale qui s'enrichit sans s'alourdir. Ce flot musical, à la sombre couleur, est parcouru de quelques passages passionnés *espressivo*.

2. L'**ALLEGRO MOLTO** second, en *ré* mineur, est un scherzo construit avec des bribes du thème initial de l'*Allegro* précédent sur un rythme sans concessions. Un thème secondaire, apparemment inédit, joue sur les modifications métriques qui annihilent, lors de ses retours à 2/4, les quelques velléités dansantes des passages ternaires. Une première réexposition du thème initial est brutalement interrompue par une musique obsédante « de kiosque », en *si* bémol, — développée en une série de onze variations, hommage cursif et virtuose au *Trio* de

---

* Voir cette œuvre à *Tchaïkovski*.

Tchaïkovski. La seule concession expressive est la cadence confiée au violoncelle dans la huitième variation. Le second mouvement se clôt sur une réexposition du thème initial, toujours aussi strict et chaotique en sa nudité.

3. Le dernier mouvement, **Allegro con brio**, est introduit par un *Andante espressivo*, — épisode lyrique et chromatique confié au premier violon (en *fa* majeur), auquel s'associe le violoncelle en un contrechant qui atteint la continuité d'un *arioso* exploitant la thématique de la courte cadence du mouvement précédent. Taneiev propose ensuite une cadence de violon néoclassique, en *ré* majeur ; elle se poursuit avec un thème apparemment nouveau, qui n'est autre que le matériau de l'*arioso* dans une présentation volontairement a-romantique. Cette démonstration d'écriture brillante se déploie en un jeu de nouvelles idées mélodiques apparaissant au clavier, aux violons, sur un contrepoint aussi varié qu'agité. L'analyse thématique prouve l'unicité du matériau employé, — dont les métamorphoses ne sont plus une mise en scène dramatique comme chez Beethoven, mais un exercice virtuose qui maintient l'auditeur dans une continuité quasi-symphonique. La coda, faite d'une longue cadence confiée au piano s'appuyant sur trois changements successifs de tempo, achève la démonstration voulue par Taneiev. En cet *op. 22*, la perfection de traitement des voix fait que la performance s'efface néanmoins devant la fraîcheur spirituelle d'une musique achevée sur un *Presto* (suivi d'un *ancora più presto*).

Durée d'exécution : 45 minutes environ.

Quatuor pour piano et cordes en *mi* majeur (op. 20)

Il fut écrit en 1906 et créé à Moscou par le compositeur au piano, avec les membres du Quatuor Bohémien. Le modèle brahmsien, de l'*op. 60* plus que de l'*op. 25*, semble marquer ses trois mouvements.

La partition s'ouvre sur un *Allegro brillante* mené par le clavier, selon la forme sonate de rigueur traitant deux thèmes successifs et un développement plus allégé que dans le *Quintette* contemporain (v. plus haut), où le violon mène la danse, en une variété métrique qui dépasse l'exercice de contrepoint. Le mouvement le plus original est le second, formé d'un *Adagio più tosto largo*, à la mélodie attachante et profonde, que suit un *Allegro agitato* à la complexité vocale peu ordinaire. Le finale, également en deux épisodes, débute par un immense *Allegro molto* reprenant, en l'enrichissant, le matériau mélodique de l'*Allegro* initial, — suivi d'un *Moderato serafico* qui amène la sérénité attendue, après une longue phrase au clavier, pleine de spiritualité et de retenue.

Durée d'exécution : 38 minutes environ.

Pour jouer avec l'ami Karel Hoffmann en tournée, Taneiev écrivit une **Sonate pour violon et piano** en *la* mineur sur le modèle brahmsien de la *Sonate « Regenlied » op. 78*. Quatre mouvements : *1. Allegro; 2. Andante cantabile; 3. Menuet; 4. Allegro ma non troppo*. L'épisode le plus original est encore le mouvement lent, à la qualité mélodique et à la spiritualité toujours aussi attachantes. Sur le plan de l'écriture les allegros extrêmes étonnent toujours par leur richesse syntaxique, — surtout l'*Allegro* initial d'une sobriété et d'une concision inaccoutumées.

Durée d'exécution : 24 minutes environ.

Par ailleurs, il faut signaler une **Sonatine pour violon et piano** en *la* majeur dont Taneiev écrivit le premier mouvement en avril 1895, — Morozov, Koreschenko et Conyus les mouvements suivants, pour le cinquantième anniversaire du violoniste I. Hrimaly. En 1897, Taneiev composa des **Variations sur un thème favori** pour mandoline, violon et piano. Enfin, il rédigea un **Trio à cordes** en *mi* bémol pour violon, alto et l'alto-ténor de Ritter, — aujourd'hui joué au violoncelle.

P.E.B.

GIUSEPPE TARTINI

Né à Pisaro (Istrie), le 8 avril 1692; mort à Padoue, le 26 février 1770. Comme saint Augustin, auquel on l'a comparé, il eut une jeunesse agitée, puis un âge mûr et une vieillesse consacrée à l'étude, au mysticisme et à la spéculation. Destiné par son père à l'état ecclésiastique, il fut envoyé à l'Université de Padoue, où il opta pour le droit tout en se passionnant pour le violon, et surtout pour l'escrime (il ouvrit une école enseignant ces deux disciplines). En 1710, il épousa secrètement une de ses élèves, — ce qui le força trois ans plus tard à s'enfuir déguisé en moine, trouvant refuge au couvent des Franciscains d'Assise où il émerveilla ses auditeurs en jouant du violon caché derrière un rideau de peur d'être reconnu. C'est à cette époque (1713) que, plus tard, il situa la genèse de sa fameuse sonate le Trille du Diable. *Ayant obtenu son pardon en 1715, il alla étudier pendant quatre ans avec Veracini à Ancône, où il rédigea son* Arte dell'Arco *et fit sa fameuse découverte du son résultant (qu'il appela « terzo suono »). C'est alors qu'il devint un éminent virtuose. En 1721, il regagna Padoue, et fut nommé premier violon et chef d'orchestre à la basilique Saint-Antoine, fonctions qu'il devait conserver jusqu'à sa mort. De 1723 à 1726, il séjourna néanmoins à Prague, partant juste à temps pour éviter un procès en paternité, et en 1740 à Rome. La seconde partie de sa vie fut vouée à l'étude, à la composition et à l'enseignement. En 1728, il ouvrit une école de violon qu'il baptisa « Scuola delle Nazioni », — ce qui lui valut de ses contemporains le beau titre de « Maestro delle Nazioni ». Il forma d'innombrables élèves, dont le plus célèbre fut Pietro Nardini (1722-1793). Ses vingt dernières années virent les travaux théoriques prendre le pas sur la composition, et, au témoignage de Burney, « il n'était pas seulement considéré comme l'ornement le plus éminent de la ville de Padoue, mais comme un philosophe, un saint et un sage ».*

Célèbre successeur immédiat de Corelli, Tartini reste sans conteste le plus grand exemple de l'art du violon italien au XVIIIe siècle. Compositeur fécond, il a laissé une œuvre instrumentale très riche : sonates pour violon avec ou sans basse, sonates en trio, quelques sonates à quatre, et près de cent quarante concertos de soliste(s). Cette œuvre est encore en partie manuscrite, mais un catalogue critique en a été dressé par Minos Dounias. Les pièces de musique de chambre publiées du vivant de Tartini sont classées selon une numérotation d'opus bien vague. Ce sont : *Sei sonate a violono e violone o cembalo... opera prima*, publiées à Amsterdam en 1732, des *Sonate a violino e violoncello o cimballo... opera prima*, dédiées à Son Excellence Girolamo Ascario et publiées à Amsterdam en 1734, *Sei sonate a violino e violoncello o cimbalo... opera seconda*, composées en 1738 et éditées à Amsterdam en 1743, douze *Sonate a violino e basso... opera seconda*, dédicacées à Guglielmo Fegeri et parues à Rome en 1745, six *Sonates à violon seul avec la basse continue... œuvre IV*, dédiées à Monsieur Pagin et publiées à Paris en 1747, six *Sonates* à *violon seul... œuvre V*, également éditées à Paris en 1747, *Sei sonate a violino e violoncello o cembalo... opera VI* et six *Sonate à violino solo col basso... opera VII*, publiées à Paris en 1748, *Sei sonate a tre... op. VIII*, parues à Paris en 1749, des *Sonates for two violins and a bass lately compos'd*, publiées à Londres en 1750 avec ce nota-bene *The most part of these sonatas are proper for two german flutes*. C'est à Amsterdam, vers 1755, que parurent encore *Sei sonate a due violini e basso continuo*, à Londres, en 1756, que parurent *Twelwe sonatas in three parts... op. III*, et à Paris, en 1762, *Sei Sonate a violino e violoncello o cimbalo... op. IX*.

Tartini fut aussi un remarquable théoricien, — avec, notamment, un *Trattato di Musica seconda la vera scienza dell'armonia*, paru à Padoue en 1754 et réédité en 1767, *l'Arte dell'Arco*, ou « L'art de l'archet » contenant trente-huit variations sur la gavotte de la *Sonate op. 5 n° 10* de Corelli lors de sa publication à Paris en 1758, et augmentée plus tard de douze variations, et un *Traité des agréments de la musique... traduit par le sigr. P. Denis*, et édité à Paris en 1771.

L'Arte dell'Arco peut être considéré comme un résumé de tous les styles du jeu d'archet employés par Tartini. Sa valeur ne dépend pas seulement des problèmes techniques abordés, mais aussi des ingénieuses transformations rythmiques que le compositeur fait subir au thème de Corelli, ainsi que de la grande richesse des combinaisons violonistiques qu'il utilise. Tout le mécanisme de la technique de Tartini y trouve de multiples applications : mordants et trilles combinés, octaves, appoggiatures, sauts d'archet, arpèges en staccatos ou piqués, doubles et triples cordes, etc.

Le **Traité des agréments de la musique**, traduit en français par P. Denis, envisage les origines de l'agrément, la manière de le placer, toutes les différentes espèces de cadences et la manière de les employer, le tremblement et le mordant et l'usage qu'on peut en faire, les modes ou agréments naturels, les modes artificiels qui vont à l'infini, la manière de former un point d'orgue. La page de titre de l'édition parisienne de 1771 porte cette mention : *Ouvrage original très utile non seulement aux maîtres de goût du chant, mais encore à tous les joueurs d'instruments, et que tout bon musicien même compositeur, lira avec beaucoup de plaisir.*

La valeur des **Sonates** de Tartini se situe non seulement sur le plan de la technique violonistique, mais aussi sur celui de l'évolution de la musique instrumentale du XVIIIe siècle.

S'il compose des sonates d'église en quatre mouvements de type corellien, Tartini écrit des sonates en trois mouvements à l'intérieur desquelles chaque mouvement ne suit pas un ordre constant. Il y retient un schéma bien personnel : deux mouvements vifs succédant à un mouvement lent et respectant l'unité tonale comme dans la suite classique. Les mouvements lents déploient une noble mélodie à l'expression paisible ou mélancolique, ou des phrases aux caractères pathétique et émouvant dont il aurait puisé l'inspiration dans les œuvres de Métastase et dans les sonnets de Pétrarque. Les allegros bipartites sont plus contrastés. Il y règne souvent une extraordinaire force inventive et une virtuosité exceptionnelle. Le premier *Allegro* est d'ailleurs le centre de gravité de chacune des sonates en trois mouvements. Comme chez Corelli, il peut avoir une texture polyphonique (certains allegros sont fugués) et faire appel à une écriture en imitation héritée du canon.

Les œuvres maîtresses de Tartini touchent par une certaine sensibilité qui annonce le romantisme. Le musicien y emploie des rythmes élégants et une ornementation souvent copieuse. Chez lui, la musique équivaut au chant comme manifestation d'une vie intérieure.

Sonate en *sol* mineur, « le Trille du Diable »

Comme la sonate en *sol* mineur dite *Didone abbandonata*, la sonate *le Trille du Diable* pour violon et continuo, conçue en 1713, figure parmi les œuvres manuscrites de Tartini conservées à Padoue. Elle fut cependant publiée pour la première fois à Paris en 1798 dans *l'Art du violon* du violoniste français Jean-Baptiste Cartier. Cet ouvrage qui réunit une sélection de sonates et de mouvements divers d'auteurs italiens, français et allemands des XVIIe et XVIIIe siècles contient également la première publication complète de *l'Arte dell'Arco* de Tartini avec ses cinquante variations.

D'après la légende rapportée par Cartier et entretenue par l'imagination populaire, le *Trille du Diable* aurait été inspiré à Tartini durant une nuit au cours de laquelle il aurait eu la vision du diable jouant au pied de son lit les fameux trilles. Cartier ajoute : « cette pièce est très rare, je la dois à Baillot. Son amour pour les belles productions de Tartini l'a décidé à m'en faire le sacrifice. »

Cette *Sonate*, l'une des meilleures de son auteur par la robustesse de l'architecture et la nouveauté des idées, est en quatre mouvements : un *Larghetto affetuoso* à 12/8 introductif, au chant expressif et rayonnant, un *Tempo giusto* bipartite d'une grande concision mais non exempt de virtuosité, un *Andante*, et un *Allegro* où se mêlent la grâce du mouvement et l'effet irrésistible des trilles, — l'une des trouvailles géniales de Tartini :

Ce dessin consiste à faire mouvoir un chant au-dessous d'un trille prolongé et soutenu, exigeant un travail des doigts très délicat.

A.d.P.

PIOTR ILYITCH TCHAÏKOVSKI

Né à Votkinsk, le 7 mai 1840; mort à Saint-Pétersbourg, le 18 novembre 1893. Élève de l'École de Droit de Saint-Pétersbourg et destiné à une carrière juridique, il se consacre à la musique à l'âge de vingt-deux ans. Au Conservatoire de Saint-Pétersbourg il est élève de Zaremba, puis d'Anton Rubinstein. Le frère de ce dernier, Nicolas, l'appelle au Conservatoire de Moscou, nouvellement fondé; il y enseignera jusqu'en 1878. Il quitte l'enseignement pour composer librement et voyager dans toute l'Europe grâce au mécénat d'une admiratrice, Nadedja von Meck, avec qui — sans la rencontrer jamais — il échange une volumineuse correspondance (1877-1890). Pensionné par le Tsar, célèbre dans le monde entier, il est fêté aux États-Unis (1891), puis reçu Docteur Honoris Causa d'Oxford (1892); mais un scandale de sa vie privée le contraint au suicide... Le plus romantique des compositeurs russes est un paradoxe vivant : opposé au nationalisme musical farouche des Cinq (dont le chef, Balakirev, influença pourtant nombre de ses œuvres avec autorité), il pratiqua l'éclectisme (sa musique recèle des influences allemandes, italiennes, et surtout françaises), tout en étant profondément russe. Auteur de mélodies inspirées — liées à sa sensibilité exacerbée — et excellent orchestrateur, il triompha dans trois domaines : l'opéra (Eugène Onéguine, *1877;* la Dame de Pique, *1890), la musique symphonique* (Premier Concerto pour piano, *1875;* Symphonie « Pathétique », *1893), et le grand ballet symphonique dont il fut le créateur* (la Belle au Bois dormant, *1889;* Casse-Noisette, *1892). Marginales dans sa production, les six œuvres de musique de chambre qu'il a laissées ont pourtant joué un rôle essentiel dans la naissance de la musique de chambre en Russie.*

LES QUATUORS A CORDES

Écrits durant les années de Moscou (1871-1876) qui précédèrent le mariage désastreux de Tchaïkovski et sa rencontre avec Mme von Meck, les trois *Quatuors* sont contemporains des trois premières *Symphonies*, du *Premier Concerto pour piano*, et du *Lac des Cygnes*. Quand il compose son premier *Quatuor* en 1871, Tchaïkovski n'a encore publié que des pièces pour piano et un opéra, le *Voïévode*. En l'espace de cinq ans, il va enrichir de trois chefs-d'œuvre indiscutables un domaine fort négligé de la musique russe en cette fin du XIXe siècle (citons toutefois les œuvres, très salonnardes, de Glinka). Depuis 1868 Tchaïkovski vit une passion intense pour le folklore russe, — qui trouve à s'épancher dans le *Voïévode* et dans les *Cinquante Chants populaires* pour piano à quatre mains. Peut être complexé par l'intransigeance des Cinq (Balakirev, notamment, tenait la musique de chambre pour un genre périmé et se récria quand Borodine se lança dans ses *Quatuors*), il craint d'être contaminé par les techniques de la musique occidentale : or les modèles de la musique de chambre, dus pour l'essentiel aux classiques allemands, étaient en ce sens particulièrement dangereux. Le quatuor, genre élevé s'il en fût, symbole de la musique absolue, risquait d'entraîner dans l'ornière des schémas desséchés un jeune compositeur doué pour le pathos orchestral et les grands contrastes dramatiques. La réussite exemplaire des trois *Quatuors* tient à la présence d'un cachet authentiquement russe, d'un charme mélodique prenant, d'une saveur « barbare » et d'audaces harmoniques qui n'entravent en rien les qualités de facture traditionnelles du genre : concision, perfection architecturale, exigences contrapuntiques et noblesse du ton. À la sonorité homogène des archets, il apporte des nuances de timbres et des trouvailles originales; loin de l'orchestre, certes plus apte à traduire une musique au pathos généreux, Tchaïkovski a su mettre ses dons de coloriste au service d'une pensée musicale plus abstraite.

Quatuor n° 1, en *ré* majeur (op. 11)

Cette œuvre — à vrai dire le premier grand quatuor écrit par un compositeur russe — témoigne d'une maîtrise surprenante; il ne fut précédé que par quelques essais de musique de chambre (1863-1864) et par un mouvement de quatuor en *si* bémol, composé en l'été 1865, et joué en novembre de la même année par des élèves du Conservatoire de Saint-Pétersbourg. Tchaïkovski y développait déjà des thèmes populaires notés durant l'été dans la propriété de sa sœur, à Kamenka, en Ukraine. En janvier 1871, le compositeur enseigne depuis cinq ans au Conservatoire de Moscou, fondé par son ami Nicolas Rubinstein, qui lui conseille de se faire connaître en donnant un concert de ses propres œuvres. Interrompant la composition de son opéra *Opritchnik*, il met aussitôt en chantier un quatuor pour ce concert qui aura lieu le 28 mars 1871. Séduits par l'ingénuité, la fraîcheur des mélodies et le sérieux du « métier », public et critique accueillent d'emblée cette partition avec enthousiasme. Elle est dédiée à un ami, botaniste et librettiste amateur, Serge Rachinsky.

1. **Moderato e semplice — Allegro giusto**, (en *ré* majeur, à 9/8) : ce premier mouvement est un solide allegro de sonate, où l'inspiration visiblement schubertienne n'entrave pas l'effusion caractéristique de mélodies russes. La première idée, *dolce*, dite deux fois, est posée sur les quintes vides du violoncelle ; les syncopes irrégulières, dans un mètre à 9/8, confèrent un charme « boiteux » à cette simple suite d'accords :

Le pont introduit un dessin ascendant, furtif, de cinq doubles croches, qui fécondera toute la fin du mouvement ; l'alto lance alors la seconde idée (*largamente*, en *la* majeur), plus chantante, qui mêle subtilement 12/8 et 9/8. Cette idée est reprise au violoncelle sous un contrepoint fluide du premier violon. Le motif en doubles croches domine dans la *codetta* (*poco più mosso*) et, après la reprise, accompagne le premier thème lors du développement, imaginatif et plaisant, où passe un net souvenir du quatuor *la Jeune fille et la Mort*. La seconde idée, amplifiée par le premier violon, précède deux fugatos (*fa* dièse mineur, puis *fa* mineur). Le développement prend un tour passionné ; les deux violons dialoguent avec véhémence sur le rythme syncopé initial (on notera ici le rôle assigné au sixième degré abaissé, *si* bémol majeur, — relation typiquement schubertienne !). Lors de la réexposition, le premier violon poursuit son discours en doubles croches brillantes, — le second violon, puis l'alto, s'emparant du thème. Le *poco più mosso* de l'exposition s'élargit en une coda puissante (*Allegro giusto*).

2. **Andante cantabile** (en *si* bémol majeur, à 2/4) : ce mouvement, joué avec sourdines, possède un grand pouvoir émotionnel ; en décembre 1876 Tolstoï pleura en l'entendant, et d'innombrables transcriptions lui valurent une grande notoriété du vivant de l'auteur. Deux mélodies y alternent. Tchaïkovski releva la première, *Chant du jardinier*, en Ukraine (« Vania était assis sur le divan et fumait sa pipe ») : elle possède un charme étrange, primitif, auquel l'alternance du 3/4 et du 2/4 n'est pas étrangère,

charme que le compositeur a su préserver, comme l'aurait fait Moussorgski, en évitant de « développer » à l'occidentale, mais en le soulignant d'un contrepoint d'une élégance discrète ; seuls quelques effets modaux lui donnent une saveur rustique, — procédé qu'un Dvořák retiendra. Un *fa* tenu au second violon introduit la seconde idée (*molto espressivo*, en *ré* bémol majeur), plus mondaine, qui évoque quelque orchestre de salon de thé au bord de la Mer Noire ; les chromatismes descendants du violoncelle en *pizzicato* accentuent son charme cosmopolite. Mais lors de la reprise, le premier thème, joué à l'unisson par les deux violons et l'alto sous le contrepoint du violoncelle, prend une tournure quasi-religieuse. La seconde idée, reprise elle aussi plus élégamment sur la corde de *sol* au premier violon, s'achève par une cadence plagale.

3. **Scherzo : Allegro non tanto** (en *ré* mineur, à 3/8) : cette robuste danse russe emprunte au premier mouvement ses rythmes syncopés et les quintes « paysannes » du violoncelle. Dans le trio, au charme étrange, les figures syncopées des deux violons reposent sur un double *ostinato* : un dessin-pédale bourdonnant (*si* bémol/*la*) du violoncelle, et un sombre chromatisme descendant de l'alto. La seconde idée (*dolce*) est plus fugitive, frêle, et sous-tendue de chromatismes plaintifs. Lors de la reprise, le scherzo s'évanouit peu à peu.

4. **Finale : Allegro giusto** (en *ré* majeur, à 2/4) : cette page, amusante comme une fête de village russe, est un vaste allegro de sonate de quatre cent vingt-huit mesures. L'exposition repose, une fois encore, sur le contraste *ré* majeur/*si* bémol majeur. Le premier thème, dansant, utilise plaisamment l'harmonisation des troisième et sixième degrés. Une seconde section, en

la majeur, fait dialoguer les archets autour de deux motifs morcelés. Le premier thème est répété bruyamment en canon. Avec une audace tranquille, l'auteur reprend ingénieusement, sans modulation, le ton du deuxième mouvement pour le troisième thème, — une cellule désinvolte de croches détachées, répétée six fois sur un decrescendo : l'effet est surprenant. Le développement savant, de près de cent mesures, suscite de puissantes envolées de caractère orchestral ; le premier thème est réexposé en « tutti » dans sa version canonique ; la coda, tripartite, reprend tout d'abord le second thème, puis, dans un *Andante*, le troisième thème qui s'éteint progressivement. Enfin le premier thème triomphe dans un *Allegro vivace* étincelant.

Durée d'exécution : 28 minutes environ.

Quatuor n° 2, en *fa* majeur (op. 22)

Le succès de l'Ouverture de *la Tempête*, créée le 19 décembre 1873, et l'accueil enthousiaste des Cinq avaient renouvelé l'énergie créatrice de Tchaïkovski. À propos de son *Deuxième Quatuor*, composé trois ans après le premier, il déclara avoir travaillé avec délices : « C'est ce que j'ai fait de meilleur. Rien de ce que j'ai composé ne m'est venu avec autant d'aise et de facilité. Je l'ai achevé pour ainsi dire en une séance » (30 janvier 1874). La création à Moscou (22 mars 1874) fut un grand succès et valut à l'auteur une critique élogieuse de César Cui, porte-parole des Cinq. L'œuvre fut dédiée à un membre de la famille impériale, le grand-duc Constantin, admirateur du compositeur. Œuvre disparate, inégale, ce *Deuxième Quatuor* reflète la crise que Tchaïkovski traversait dans ces années 1873-1874. Ainsi l'*Introduction* hardie et son chromatisme sont d'un novateur, l'*Adagio* semble une confession alors que les mouvements extérieurs témoignent plus objectivement d'un souci formel. Au total l'unité fait défaut, l'œuvre trahit un clivage profond entre les pages « d'aveu » — le meilleur Tchaïkovski — et l'idéal abstrait qu'il visait et qui se dérobait face à sa volonté d'expression.

1. Adagio (à 6/8) - **Moderato assai** (à 4/4 en *fa* majeur) : l'*Introduction*, placée sous le signe d'un sombre chromatisme, chaotique à dessein, précède le premier mouvement comme les ténèbres la lumière, — processus qui n'est pas sans évoquer le début du *Quatuor* « *Les Dissonances* » de Mozart. Un frottement (*si* bémol/*la* bémol) lance ces dix-huit mesures d'*Adagio* « tristanesque », remarquable dans le contexte de la musique de chambre des années 1870. Trois idées dominent : une cellule syncopée instaure une tension chromatique extrême qui se résout par mouvement contraire, — selon le principe des trois premières mesures de *Tristan* ; puis un motif chromatique descendant, brièvement fugué ; enfin un fragment de cadence concertante, joué par le premier violon. Tout ceci dans une complète incertitude tonale qui n'exclut pas la rigueur contrapuntique : l'un des passages les plus étonnants de toute l'œuvre de Tchaïkovski.

Le *Moderato assai*, issu de sources populaires, mais pétri de chromatisme, exploite une thématique riche en métamorphoses potentielles. Il est puissamment bâti, mais miné par quelque trouble secret : le discours musical est haché, les thèmes syncopés jusqu'au déséquilibre, le ton principal sans cesse évité ; il faut attendre quarante-deux mesures pour rencontrer un accord de *fa* majeur. La première idée, pessimiste, sinueuse, dépressive, se meut autour de la dominante, sous-tendue de chromatismes gémissants de l'alto :

Dès la quatrième mesure, le thème passe aux cordes graves sous la forme d'un double *ostinato* ; il sera repris à l'octave par les deux violons. Le pont oppose les syncopes du second violon, les doubles croches *staccato* de l'alto et un motif chancelant du premier violon. Après un jeu de cadences syncopées plaisamment répétées vient la seconde idée, plus chantante, plus rustique, qui, par souci d'intégration thématique, naît de la troisième mesure du premier thème. Un mouvement perpétuel en doubles croches la soutient. Reprise par les deux violons à l'octave, elle s'enchaîne à une séquence conclusive de bariolage jubilatoire.

Le développement, fort beau et complexe (mesures 83 à 127), mêle des traits élégiaques, aériens, fantomatiques, à une recherche d'écriture raffinée ; ainsi l'étonnant canon à la septième entre le violon et le violoncelle sur la tête du second thème, traversé des rafales virtuoses en triples croches de l'alto. Lors de la réexposition, la tête et la queue du premier thème sont inversées. La coda importante (trente mesures) reprend une partie du développement : une dernière mélodie apparaît (mesure 203) en un *fa* majeur éclairci, — comme la guérison d'une blessure inavouée. La fin du mouvement baigne dans une lumière apaisée ; à défaut de cadence parfaite, les dix mesures finales font sonner longuement l'accord de *fa* majeur tant attendu.

2. **Scherzo : Allegro giusto** (à 6/8-9/8, en *ré* bémol majeur) : comme dans le *Premier Quatuor*, Tchaïkovski choisit pour le deuxième mouvement le ton du sixième degré abaissé (*ré* bémol majeur), et reprend l'idée rythmique des mètres binaire/ternaire alternés. Mais c'est ici un scherzo dont la mesure de base, qui regroupe deux mesures à 6/8 et une mesure à 9/8, est en réalité à sept temps :

Ce thème sera développé en canon avec une âpreté que son innocence première ne laissait guère prévoir. Le trio (*l'istesso tempo*) est une valse, — spécialité de l'auteur ! : la tonalité descend encore d'une tierce majeure (*la* majeur). Le thème, chanté par le violon sur la corde de *sol*, est basé sur l'inversion de la cadence conclusive du scherzo. Sous son faux air innocent, cette page recèle des tourments chromatiques secrets. La coda (mesure 255) oppose, par un raccourci harmonique saisissant, les deux pôles tonaux : *ré* bémol et *la* majeur.

3. **Andante ma non tanto** (en *fa* mineur, à 3/4) : ce troisième mouvement emprunte (comme le *Scherzo* du *Premier Quatuor*) le mode mineur. Joyau et centre de gravité de ce quatuor, ce vaste *Andante* est un des plus beaux mouvements lents signés par Tchaïkovski. Ses trois volets utilisent constamment le principe de la variation. Le premier violon lance un appel déchirant *forte*, — sept mesures pathétiques reprises au violoncelle. Il semble éviter longuement le ton de *fa* mineur annoncé, par le biais du sixième degré ; ce prélude s'achève sur une demi-cadence. Puis sur une pédale syncopée de l'alto s'élève peu à peu, en crescendo, un motif pointé, douloureux, de quatre mesures, qui retombe bientôt, épuisé :

Il est repris en canon par les deux violons et module au ton relatif (*la* bémol majeur, *pp*). Sur les quintes du violoncelle (*la* bémol/*mi* bémol), la tête du même motif, ornée d'échos soupirés par l'alto, s'avance vers la clarté d'*ut* majeur, qui sonne comme une délivrance. Le violoncelle reprend le thème sous un contrepoint en noires régulières du premier violon. Le motif pointé initial, modulant vers le ton remarquable de *mi* majeur, conclut la première partie.

Les fulgurantes variations centrales (*pochissimo più mosso*, en *mi* majeur) sont conçues dans le style de la *Kamarinskaïa* de Glinka ; elles contrastent, par leurs errances, avec la relative stabilité tonale de la première partie. La mélodie, hésitante, qui s'élève en fragiles syncopes sur les pédales du violoncelle, renonce une fois encore à la carrure classique (phrases de cinq mesures en *mi*, puis cinq mesures en *ut* dièse mineur). La *première variation* (mesure 81) superpose les calmes entrelacs en doubles croches du violon au thème chanté par le violoncelle. La *deuxième variation* (*la* majeur, mesure 86) présente le thème à l'alto avec un contrepoint de doubles croches volubiles au second violon. Dans la *troisième variation* (*forte fa* majeur), le triple accompagnement provoque un déchaînement de forces : triples croches au second violon, doubles croches à l'alto, triolets de doubles croches au violoncelle. *Quatrième variation* (*fortissimo* mesure 96) : un mouvement perpétuel en triples croches (premier violon) et une pédale de *si* bémol au violoncelle encadrent le thème à l'alto ; puis tout s'apaise peu à peu. Le *si* bémol, brodé longuement, ramène le *fa* mineur initial (mesure 110). Lors de cette reprise, les pédales de l'alto sont remplacées par un motif chromatique *ostinato*, inquiétant, en doubles croches, — qui devient ensuite un grondement sourd du violoncelle. Le second thème est repris encore en canon (*con anima*). Dernier climax (accord de quarte et sixte, *ff*, en *fa* mineur, mesure 151). La coda, très ample, propose une dernière variation des deux premières parties : tout d'abord le premier thème, chanté avec lassitude par le premier violon (corde de *sol*) sur une pédale obsédante du violoncelle qui martèle durant quinze mesures la tonique *fa*, comme un glas inexorable ; puis, avec un pessimisme clair, le second thème, passé de *mi* majeur à *fa* mineur, affaibli, assombri, sans plus rien de son charme frêle, semble retomber dans le néant, — anticipant sur la lente agonie du finale de la *Symphonie Pathétique*.

1. **Finale : Allegro con moto** (en *fa* majeur, à 3/4) : ce vaste et ambitieux mor-

ceau, qui adopte la forme du rondo-sonate, contraste — par sa sécheresse académique et par son allégresse un peu factice — avec les épanchements du mouvement lent. L'élément pastoral, naturel au ton de *fa* majeur, est mis en valeur par la rudesse campagnarde des bourdons « rustiques ». Le plan tonal procède encore par tierces majeures autour de *fa* (*ré* bémol et *la* majeur). Les archets préludent avec quatre mesures claironnantes — la « devise » du morceau —, un double fragment de la gamme ascendante de *fa* majeur. La première mesure fournira le refrain du rondo (*grazioso*), repris en écho à l'alto. La queue du thème (accords de quinte augmentée sur rythme de boléro d'un goût facile) va sous-tendre le premier couplet qui fait office de second thème. Cette mélodie bien tchaïkovskienne (*espressivo*, en *ré* bémol majeur) est jouée par le premier violon sur la corde de *sol*.

Après une transition assez creuse au violoncelle, le refrain réapparaît. Le second couplet, fort modulant (*tranquillo*), déverse un flot continu de doubles croches. Après une reprise du premier couplet en *la* majeur, de nouveau le refrain, fugué assez scolairement. La strette, audacieuse, s'évade des barrières tonales, mais s'appuie sur une longue pédale de dominante au violoncelle. Le second thème (*largamentissimo*) vient couronner majestueusement les derniers soubresauts de cette fugue stérile, — comme un ersatz de tutti d'orchestre tchaïkovskien dans lequel le second violon remplace la scansion des cuivres. La coda (*più mosso*), pur jeu de sonorités gratuites au pluriel, conclut cette page qui anticipe un certain néo-classicisme des années 1930.

Durée d'exécution : 35 minutes environ.

Quatuor n° 3, en *mi* bémol mineur
(op. 30)

Ce fut à Paris que Tchaïkovski composa, en janvier 1876, son troisième et dernier quatuor, chef-d'œuvre de sa musique de chambre, — dédié à la mémoire du violoniste F. Laub (1832-1875), créateur des deux premiers quatuors. Interrompant la composition du *Lac des Cygnes*, le musicien passa les fêtes de Noël 1875 dans cette ville qu'il aimait : il y assista à une représentation de *Carmen* qui le marqua profondément. Achevée en Russie, l'œuvre fut créée le 14 mars 1876 chez Nicolas Rubinstein et remporta un triomphe. Étrangement, le compositeur, qui voyait dans le *Second Quatuor* une de ses meilleures partitions exprima des doutes quant à celui-ci : « Je commence à me répéter, je ne trouve plus rien de neuf. Ai-je réellement chanté mon chant du cygne, n'ai-je plus rien à dire ? C'est terriblement triste... » Après une sérieuse révision, l'œuvre fut donnée par le quatuor Hrimaly au Conservatoire de Moscou le 28 mars, en présence du Grand-duc Constantin. Le succès fut énorme, la critique élogieuse, — hormis celle de César Cui qui jugea, injustement, la thématique insipide. L'*Andante funebre e doloroso* avait réduit l'assistance aux larmes. Dix sept années plus tard, cette même page salua la mémoire de l'auteur dans plusieurs villes de Russie.

1. Andante sostenuto (à 6/8). **Allegro moderato**, à 3/4, **Sostenuto**, en *mi* bémol mineur : ce vaste mouvement (plus de six cents mesures !), achevé à Paris, est tripartite. Un prélude et un postlude symétriques encadrent l'*Allegro*. Plus subtile que celle du *Premier Quatuor*, plus spontanée et plus personnelle que celle du *Deuxième*, sa thématique, qui renonce à la veine populaire russe et aux rythmes de danse, porte une empreinte douloureuse. Les premiers accords de l'introduction, qui affirment la dominante du ton principal, contiennent en germe l'*Allegro*. Mais là où Tchaïkovski se contentait de dix-huit mesures dans le *Deuxième Quatuor*, il bâtit ici un long préambule de soixante-dix-huit mesures. Telle l'âme du violoniste montant aux cieux tandis que ses restes mortels descendent au tombeau, le violon (motif ascendant) s'écarte du violoncelle (motif descendant) :

Le thème *cantabile e molto espressivo* qui suit, chanté par le violon sur fond de pizzicatos, affirme une sensibilité nordique et glacée, d'une tristesse infinie, proche de l'*Adagio* de la *Première Symphonie* et, surtout, de l'*Adagio* du *Concerto pour piano* achevé quelques mois plus tôt. Au contraire, le duo suivant (violon-violoncelle, *sol* mineur) appartient à l'univers du ballet.

Conçu comme une immense « valse triste », dans la tonalité lugubre de *mi* bémol mineur, l'*Allegro moderato* est d'une mélancolie poignante. L'écriture est fort complexe, le contrepoint raffiné, l'intérêt rythmique soutenu par le jeu des syncopes qui contrarient sans cesse le 3/4 initial. Les quatre mesures du premier thème — variante de l'introduction — affirment énergiquement le ton principal. La fin du thème (*piano espressivo*) est plus dansante. Ce thème va féconder tout le mouvement, mais sous des aspects inattendus, secrets ; et, s'il lui confère une unité interne frappante, c'est en réalité le second thème (*dolce*, en *si* bémol majeur, mesure 135) qui va régner sur tout le mouvement. Plus clair, apaisé, il repose durant seize mesures sur une pédale de *si* bémol ; l'alto soupire un écho expressif, avant de s'emparer de ce thème. Par souci d'intégration, l'auteur introduit ici en contrepoint une variante de la première idée. Un triolet preste, commun aux deux thèmes, règne sur la coda de l'exposition confiée au violoncelle, qui s'oppose vainement à la cadence conclusive en *si* bémol.

Le développement (mesures 223 à 341), centré autour de *sol* mineur, fait preuve d'une énergie, d'une invention rares. Le contrepoint sévère, douloureux, s'attaque surtout au second thème. Plus que le pathos habituel de Tchaïkovski, on lit dans ces pages angoissées, rudes, une sorte de lutte ardente et brutale, coupée d'appels chromatiques. Comme dans les deux quatuors précédents, les syncopes transforment sans cesse le 3/4 en 2/4. Dans une formidable montée d'essence plutôt symphonique, les deux thèmes s'affrontent. Lors de la réexposition, les doubles cordes étoffent le premier thème ; mais le violoncelle expose un nouveau thème, à 2/4, fort inattendu à cet endroit, en *la* majeur de surcroît, donc aux antipodes tonales du ton principal. Il est développé en *si* bémol majeur et amène lentement, *pianissimo*, la réexposition du second thème en *mi* bémol majeur, suivie d'un nouveau développement, conclusif, qui s'échappe vers la clarté de tonalités plus diésées. Après la coda, un épilogue, qui revient au 6/8 de l'*Andante sostenuto*, se refuse à toute modulation, — fermant ainsi la boucle dans un climat ému. Sans nul doute, Tchaïkovski a signé ici l'un des sommets de la musique de chambre des années 1870.

2. Allegro vivo e scherzando (à 2/4 en *si* bémol majeur) : ce bref intermède, léger, aérien, est dans la forme lied. Musique détachée, qui sourit du bout des lèvres : peut-être la nostalgie d'une jeunesse heureuse ? Ainsi la première idée, une sorte de mouvement perpétuel en doubles croches, emprunte-t-elle, dès la première mesure, un *sol* bémol au mode mineur. Le conséquent, en *sol* mineur, repose sur les quintes vides du violoncelle, — procédé cher à Tchaïkovski. Dans le bref trio central, l'alto chante une sorte de berceuse lancinante dans un *ré* mineur équivoque, entouré d'un triple *ostinato* (*ré-do* dièse au premier violon, *sol* au second violon, et *si* bémol-*la* au violoncelle). Une coda narquoise, sarcastique, conclut la reprise du scherzo.

3. Andante funebre e doloroso ma con moto (en *mi* bémol mineur, à 4/4) : cet extraordinaire Requiem instrumental, pierre angulaire de l'édifice, inaugure la série des hommages funèbres dans la musique de chambre russe ; ainsi Rachmaninov écrira-t-il un *Trio élégiaque* dédié à la mémoire de Tchaïkovski. Le compositeur peint une icône naïve : l'âme du violoniste défunt, symbolisée par son instrument, y est représentée entre les larmes humaines et la consolation de la religion orthodoxe. La forme est celle d'un rondo, — le premier thème tenant lieu de refrain. Ces premiers accords offrent une vision terrible de la mort. Cette crise de désespoir, entrecoupée de quelques soupirs du violon, a le rythme heurté des sanglots :

L'emploi continu de la sourdine, mais avec la nuance *forte*, donne un éclairage lugubre. Au *si* bémol insistant du premier violon se heurte cruellement le *la* bécarre du second. Cette idée est reprise avec une intensité accrue en *la* bémol mineur — et la cadence plagale évoque le thème principal du *Lac des Cygnes*, alors en chantier —, puis au ton principal avec une figuration continue en croches *pizzicato*. Témoin de la piété de Tchaïkovski, qui était grande, le souvenir de liturgie orthodoxe qui lui succède, — murmuré sur trois octaves, avec ses quintes vides fantomatiques, avec son absence « primitive » de modulations, avec son fragment de récitation chorale de psaumes (*recto tono*) confié au second violon, semblent monter d'une crypte. L'effet sera repris dans la *Symphonie Pathétique* et, surtout, de façon prodigieuse, dans la vision d'Hermann de *la Dame de Pique*.

La troisième idée, touchante (« en pleurant et très expressive »), est en *sol* bémol majeur, — souvenir d'un chant éteint à jamais s'apparentant aux thèmes d'*Eugène Onéguine* composé l'année suivante. Partagé entre le violon et le violoncelle, elle repose sur un petit motif d'accompagnement en doubles croches à l'alto qui donnera lieu, ensuite, à une variation du refrain. La troisième idée, ornée d'un contrepoint splendide, revient *con dolore* en *si* majeur (enharmonique du sixième degré *ut* bémol). Le refrain l'interrompt, amplifié comme un cri d'agonie, avec une longue cadence, — un *mi* bémol martelé par le violoncelle. Comme une ultime bénédiction, le chant religieux s'évanouit en une conclusion immatérielle, paisible, dans le registre suraigu des archets : vision céleste à n'en point douter, vision de paix.

4. Finale : Allegro non troppo e resoluto (à 2/4, en *mi* bémol majeur) : loin des affres précédentes, ce rondo bref et impétueux, qui rappelle le finale du *Concerto pour piano* de l'année précédente par son atmosphère de liesse russe, montre que la vie reprend ses droits. La charpente est robuste, le discours laconique. Le refrain lance de clairs appels de trompette, — quintes ascendantes vigoureusement rythmées. Le premier couplet, au rythme pointé, en *ut* mineur, est dit deux fois, et la seconde fois, avec un contrepoint dansant de l'alto. Après le retour du refrain, vient un épisode central, plaisant comme un scherzo mendelssohnien. Rien ne semble pouvoir arrêter cette course joyeuse, quand, peu avant la coda, quelques brèves mesures (*Andante*), citant l'introduction du premier mouvement, nous rappellent que ce quatuor est aussi un « tombeau ».

Durée d'exécution : 36 minutes environ.

LES AUTRES ŒUVRES

Souvenir d'un lieu cher, pour violon et piano (op. 42)

Il s'agit de trois pièces dédiées par Tchaïkovski, en 1878, à Mme von Meck. Après l'échec de son mariage et la grave dépression qui s'ensuivit, Tchaïkovski s'enfuit en Suisse, à Clarens, où il composa son *Concerto pour violon*. De retour en Russie il acheva sa convalescence à Brailovo, somptueuse propriété que Mme von Meck avait mise à sa disposition : Brailovo, le « lieu cher » où il laissa à son hôtesse, en guise de remerciement, ces trois souvenirs aimables qui n'occupent qu'une place très secondaire dans son œuvre de musique de chambre.

1. Méditation (*ré* mineur, à 3/4) : c'est la première version du mouvement lent du *Concerto pour violon* (écartée et remplacée par la *Canzonetta*, très supérieure, — avec laquelle elle présente quelque analogie).

2. Scherzo : Presto giocoso (*ut* mineur, à 6/8) : une tarentelle intrépide, avec un scherzo mélodieux en *la* bémol majeur.

3. Mélodie : Moderato con moto (*mi* bémol majeur, à 3/4) : page pleine de charme, élégante, mais sans profondeur : une agréable musique de salon.

Durée d'exécution : 16 minutes environ.

Trio pour piano et cordes, en *la* mineur « À la mémoire d'un grand artiste » (op. 50)

Durant les années qui séparent le *Concerto pour violon* (1878) et *Manfred* (1885) — années qui suivirent l'échec lamentable de ses projets matrimoniaux —, Tchaïkowski éleva une sorte de barrière protectrice entre lui-même et sa musique. Virent alors le jour des œuvres, certaines réussies, d'autres dépourvues de vie où l'habileté de facture impersonnelle masquait la névrose de l'auteur : *la Pucelle d'Orléans*, le deuxième *Concerto pour piano*, *l'Ouverture 1812*, le *Capriccio italien*, la *Sérénade pour cordes*. Seule exception, le gigantesque *Trio en* la *mineur* occupe une place à part. À Nice, en mars 1881, Tchaïkovski apprit la mort de son ami Nicolas Rubinstein, musicien de valeur (éclipsé par son frère Anton, qui fit une carrière européenne) et fondateur du conservatoire de Moscou (1866). À Paris, dans l'église orthodoxe de la rue Daru, Tchaïkovski se recueillit devant la dépouille de son ami ; cette vision engendra chez lui une terreur physique de la mort, qui ne devait plus le quitter, et dont on retrouve l'expression dans *la Dame de Pique* et dans la *Symphonie Pathétique*. Ce fut à Rome, à la fin de l'année (14 décembre 1881 - 9 février 1882) qu'il entreprit la seconde stèle funéraire de sa musique de chambre. Il envoya à Moscou la partition qui porte ce titre mi-français, mi-italien : « À la mémoire d'un grand artiste — Roma, Gennaio 1882 », — en chargeant ses interprètes idéaux de mettre au point les révisions : son élève le pianiste Serge Taniev, le violoniste Hrimaly, le violoncelliste Fitzenhagen (dédicataire des *Variations Rococo*). Le *Trio* fut créé au Conservatoire de Moscou le 2 mars 1882 pour l'anniversaire de la mort de Rubinstein, et édité en septembre par Jürgenson.

Tout dans cette œuvre, à commencer par le choix instrumental, semble paradoxal. Dans une lettre à Mme von Meck du 15 novembre 1880, l'auteur ne déclarait-il pas haïr le trio avec piano : « Mes organes auditifs sont faits de telle sorte qu'ils n'admettent absolument aucune combinaison (du piano) avec un violon ou un violoncelle. Pour moi les timbres différents de ces instruments se combattent, et ce m'est, je vous l'assure, une véritable torture, que d'écouter un trio ou une sonate avec violon ou violoncelle. » Mais il lui fallait célébrer la mémoire d'un grand pianiste, et Mme von Meck exigeait de la musique pour le trio qu'elle entretenait à demeure, et dont le pianiste n'était autre que le jeune Debussy. Renonçant au pathos déclaré et aux hardiesses d'écriture des pages funèbres du *Troisième Quatuor*, le *Trio* fait preuve d'une retenue, d'une discrétion rares. Plus élégiaque que funèbre, sans tragédie, il surprend plus encore par ses dimensions insolites (il est presque aussi long que la *Symphonie Pathétique*) et par sa forme : deux vastes volets qui ne s'apparentent guère à l'ordonnance traditionnelle. Enfin la partie de piano, très chargée, impose d'emblée un style concertant assez brahmsien, — où les deux archets, qui doivent affronter mainte difficulté technique, tiennent le rôle de l'orchestre : tout cela fort en marge des courants de la musique de chambre de l'époque.

1. Pezzo Elegiaco - Moderato Assai-Allegro giusto (à 4/4) : cette page puissante est surtout remarquable par la liberté de ses innovations techniques; en particulier, les événements thématiques semblent s'opposer à un plan tonal non orthodoxe qui modifie complètement leur fonction au sein de l'allegro de sonate habituel. Le premier, en *la* mineur, assez discret, qui est présenté par le violoncelle, puis (en *ré*) par le violon, possède un charme mélancolique assez oppressant. Il reviendra à la fin du trio, lui donnant ainsi son unité :

Il se poursuit par un jeu d'imitations passionnées; puis le piano le reprend en de grands accords massifs, soutenus par un motif continu en doubles croches *staccato* du violoncelle. Le pont (*ben sostenuto il tempo*) introduit un petit motif descendant en doubles croches guillerettes. L'écriture du clavier devient très concertante, heurtée. La seconde idée, rayonnante, en accords syncopés au piano (*Allegro giusto*, *ff pesante*) éclate avec un élan viril. Ainsi le premier thème, lyrique, plus « féminin », et le second, plus « conquérant », semblent avoir inversé leurs fonctions émotionnelles. De grands accords massifs, rudimentaux, mènent à une troisième idée, exposée par le piano seul dans un style chantant, mendelssohnien, d'une élégance un peu convenue dans ce contexte. Repris par les cordes, ce thème donne lieu à un dialogue symphonique où le piano déploie quantité de traits brillants, gammes, octaves, accords alternés. Le développement, traité pour l'essentiel en canon, annonce curieusement, en maint endroit, le finale de la *Sonate* de César Franck. La virtuosité de la partie de piano n'est jamais remise en question. Fait inhabituel : les dernières mesures exploitent une nouvelle idée, en *si* majeur, qui offre une curieuse ressemblance avec une phrase célèbre de la *Salomé* de Richard Strauss (« Lass mich deinen Mund küssen, Jochanaan... »). La réexposition est abrégée : le premier thème réapparaît, endeuillé (*Adagio con duolo*), durant vingt-deux mesures; puis, très affaibli, en augmentation au piano, il alimente la coda.

2. Tema con variazioni : A. Andante con moto. B. Variazione Finale e coda : Allegro risoluto e con fuoco. Andante con moto.

Selon la tradition, ce vaste et complexe mouvement serait un portrait musical de Nicolas Rubinstein, chaque variation — mais cela reste obscur — retraçant un épisode de sa vie. Il ne s'agit pas en effet de variations traditionnelles, obéissant classiquement à une progression logique, mais plutôt d'une suite de « morceaux de genre » individuels, un jeu d'ombres et de lumières basé sur les métamorphoses d'un thème (*mi* majeur, à 4/4 : il s'agirait d'un souvenir commun à Tchaïkovski et à Rubinstein, — peut-être une fête musicale organisée en 1873). De saveur russe, il possède aussi la périodicité d'un choral; il est exposé par le piano seul :

Var. 1 : une berceuse amplement chantée par le violon, sur un accompagnement de doubles croches fluides au piano.

Var. 2 : le thème est joliment mesuré à 3/4 au violoncelle, sur des accords arpégés au piano et un contrepoint en staccato du violon.

Var. 3 : un scherzo animé et brahmsien de surcroît ; le piano et les accords pizzicato des archets dialoguent avec humour.

Var. 4 : (*ut* dièse mineur) : invention à deux voix, en imitations, sur un balancement d'accords au piano.

Var. 5 : cette variation, une plaisante page pour boîte à musique du XVIIIe siècle (en *ut* dièse majeur), est confiée au piano dans l'aigu du clavier *martellato*, sur un bourdon de vielle des archets. Tchaïkovski connaissait-il la vingt-deuxième des *Variations Haendel* de Brahms composées vingt ans plus tôt ?

Var. 6 : une valse développée — une spécialité de l'auteur — qui n'est pas éloignée de la célèbre *Valse des Fleurs* de *Casse-Noisette*. Il apparaît après cinquante mesures que la mélodie est un contrepoint du thème principal des variations.

Var. 7 : cette marche triomphale, à 3/2, revient au ton initial : les lourds accords du piano évoquent les cuivres de l'orchestre.

Var. 8 : une fugue à trois voix — peut-être une allusion à la carrière pédagogique de Rubinstein — traversée par une chevauchée continue d'octaves au piano. La jugeant peu réussie (c'est du Saint-Saëns, sans l'alacrité), l'auteur a suggéré une coupure.

Var. 9 : ce lamento désolé, joué par les cordes avec sourdines, est accompagné par des arpèges ondulants, reposant curieusement — en *ut* dièse mineur — sur une pédale de *mi*. Après un début prometteur le manque d'invention engendre la monotonie ; les doublures du thème à l'octave frôlent une sentimentalité pleurnicharde de cabaret.

Var. 10 : une mazurka (*Con brio*, *la* bémol majeur), qui peut évoquer Rubinstein jouant du Chopin. Le thème mondain, mais dynamique, est entrecoupé de cadences. Cette variation s'enchaîne (par l'enharmonie *sol* dièse / *la* bémol) avec la suivante.

Var. 11 : le thème apaisé revient en *mi* majeur, chanté (à 4/4) aux cordes, sur les batteries *pp* du piano (à 12/8).

De très grandes dimensions, la *Variazione finale e coda* constitue en fait le troisième mouvement du *Trio*. Il s'agit d'un allegro de sonate en *la* majeur, où le thème des variations apparaît naturellement dans sa tonalité originale, — faisant office de second thème. Mais, avouant sa prolixité, Tchaïkovski autorise dès la première page une coupure considérable grâce à laquelle on peut commencer directement par la réexposition de ladite sonate (c'est fréquemment le cas au disque). Ces pages — d'inspiration inégale — en appellent une fois encore au tutti d'orchestre. La coda, qui reprend les toutes premières mesures du *Trio* (le thème est aux cordes, accompagné par un déferlement de virtuosité du piano qui ne manque pas de panache), s'évanouit « en pleurant » dans une sorte de marche funèbre.

Durée moyenne d'exécution :
43 (avec coupures) - 48 (sans coupures) minutes.

« Souvenir de Florence », sextuor pour deux violons, deux altos et deux violoncelles (op. 70)

L'année 1890 s'ouvrit sous d'heureux auspices pour Tchaïkovski, avec la création triomphale, le 15 janvier, de *la Belle au Bois dormant* à Saint-Pétersbourg. Il partit, aussitôt après, pour Florence où il composa d'enthousiasme, en six semaines, son opéra *la Dame de Pique*. Dès le mois de juin, de retour dans sa maison de Klin, il s'attaqua à une œuvre « reposante », un sextuor dont la clarté, la fraîcheur contrastent avec la « noirceur » de l'opéra. Un premier projet remonterait peut-être à 1887, — suite à une promesse faite à la Société de Musique de Chambre Russe, à qui l'œuvre est d'ailleurs dédiée. Mais le musicien la destinait surtout à Nadedja von Meck, — celle à qui il écrivait : « Vous êtes le seul être au monde qui puisse me rendre complètement, profondément heureux... » Comme pour le *Trio* (v. précédemment), Tchaïkovski se trouve confronté à des problèmes de facture qu'il ne devait résoudre qu'une fois ; il avoua, dans une lettre à son frère Modeste, être « embarrassé, non par un quelconque manque d'idées, mais par la nouveauté de la forme... Six voix indépendantes mais semblables, qui ne peuvent être interprétées qu'en sextuor. C'est incroyablement difficile. » Mais, dès le mois d'août, il put annoncer sa satisfaction : « Quel sextuor ! Et quelle fugue à la fin ! C'est un plaisir. C'est effrayant à quel point je suis content de moi ! » Puis, à Mme von Meck : « Sachant que vous aimez la musique de chambre, je me réjouis à l'idée que vous entendrez mon sextuor... J'espère vraiment que cette musique vous plaira : je l'ai écrite avec un enthousiasme et un plaisir extrêmes, sans le moindre effort. » Quelques jours plus tard l'amie bien-aimée, ajoutant foi à des racontars, rompra définitivement, blessant cruellement le compositeur.

L'œuvre ne connut d'abord qu'une exécution privée, en décembre 1890, et fut créée, après révision, le 6 décembre 1892 à Saint-Pétersbourg, — quelques jours avant la première de *Casse-Noisette*, et moins d'un an avant la mort de Tchaïkovski. Le « *Souvenir de Florence* » figure en bonne place dans l'histoire de ce genre typiquement post-romantique inauguré par Brahms en 1860*, et que vient conclure le splendide prélude de *Capriccio*** en 1942.

1. **Allegro con spirito** (*ré* mineur, à 3/4) : contrairement au bruyant *Capriccio Italien*, la résurgence de souvenirs florentins reste ici bien discrète ; bien loin aussi de la « confession » personnelle des *Quatuors* ou de l'élégie du *Trio*, ce *Sextuor* est une œuvre aimable, de bon ton, — ultime reflet d'un néo-classicisme distingué où les préoccupations d'écriture sont essentielles : l'œuvre « sonne » étonnamment bien. L'*Allegro* énergique, en forme sonate, est comme porté de bout en bout par une frénésie chorégraphique. Le premier groupe de trois thèmes (en *ré* mineur) s'élance, plein d'une rage concentrée, sur un accord de neuvième mineure accompagné d'un mouvement continu en croches. Deux notes (*si* bémol et *do* dièse) marquent le premier thème, soit mélodiquement (seconde augmentée), soit harmoniquement (accord de septième diminuée) :

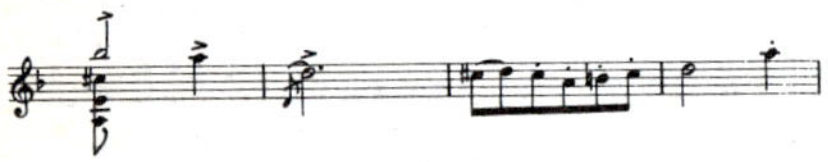

Quant à la basse ascendante, elle tisse un lien entre les quatre mouvements du *Sextuor*.

Après une contre-exposition de la première idée (*ff*), le pont (tranquillo) module à partir d'*ut* majeur en noires apaisées. Le second thème (*dolce*, *espressivo e cantabile*, en *la* majeur) est un chant soutenu, en partie rythmé à 2/4, dont l'accompagnement berceur peut évoquer l'Italie. Le second motif de cette section, qui oppose quartes ascendantes et quintes descendantes, est chanté par le second alto. Le développement central, principalement en imitations, constitue sans doute, par sa richesse d'écriture, le sommet du morceau. La réexposition classique, freinée, contenue par un *piano* soudain suivi d'un long crescendo, éclate fortissimo en doubles cordes, — laissant libre cours à la rage concentrée qui couvait jusqu'alors. La coda emprunte à *la Dame de Pique* une phrase d'Hermann et un petit motif obstiné, en croches (pédale de *la* brodée), qui ouvre le quatrième tableau (mort de la Comtesse) de cette œuvre. Souvenir de Florence, ou souvenir de la naissance heureuse d'un opéra dans un « lieu cher » ?...

2. **Adagio cantabile e con moto** (*ré* majeur, à 3/4) : le mouvement lent justifierait seul, si besoin était, le titre du *Sextuor* ; de forme ABA, il emprunte au premier mouvement l'enchaînement d'accords des dix premières mesures, à partir d'un accord dissonant, et la ligne ascendante du second violoncelle. Le premier thème (*dolce cantabile*, violon 1), est une élégante sérénade bramée par quelque ténor sous un balcon au clair de lune. Il regroupe trois phrases paisibles de huit mesures, accompagnées « à la guitare » par les triolets en pizzicato des altos. Vient ensuite un duo langoureux (violon et violoncelle), puis un développement modulant ponctué de larges accords (*fff*) ; le premier alto conclut en *la* majeur cette partie. Le *Moderato* central, sorte d'intermède fantasque, est dans l'esprit d'un scherzo. Supprimant mélodie, contrepoint, rythme, Tchaïkovski élabore ici trente mesures de musique quintessenciée ; les six archets jouent *a punta d'arco* des blocs d'accords en triolets de doubles croches immuables, mais dont la dynamique est soumise à l'ostinato de ces triolets. Chaque phrase provoque un bref crescendo (du *ppp* au *fff*), qui se termine sur l'affirmation de la dominante du ton, *la*. L'effet sonore est sans doute unique dans l'histoire de la musique de chambre.

3. **Allegro moderato** (*la* mineur, à 2/4) : moins scherzo qu'intermezzo nostalgique, cette page très originale — et qui n'a rien de florentin — associe deux qualités de la musique symphonique de Tchaïkovski : d'abord une nostalgie profonde, très russe ; d'autre part, la rythmique vive et les effets orchestraux pimpants de ses ballets. Un thème mélancolique, chanté doucement par le premier alto, descend lentement vers l'*ut* grave (corde à vide). Il est repris par le second violon sur un accompagnement charmant imitant ces trilles de flûte, ces effets

* Voir, ici même, à *Brahms* : *Sextuor à cordes n° 1, op. 18.*

** Voir à *Richard Strauss* : *Sextuor, extrait de l'opéra « Capriccio ».*

de harpe ou de timbale qui feront la gloire des danses orientales de *Casse-Noisette*. Vient ensuite un double canon énergique (*si* mineur, puis *mi* mineur), qui passe des deux violons aux deux altos, puis aux deux violoncelles. Ceux-ci s'emparent alors du premier thème, qui semble écrasé par des accords rageurs. On entend ici la basse ascendante qui ouvrait les deux premiers mouvements. Le trio central, en *la* majeur, est une petite polka à la rythmique nerveuse, dont le *saltando* est proche, une fois encore, du monde « miniature » des ballets tchaïkovskiens. Par un effet de « tuilage » réussi, la basse chromatique (violoncelle) se poursuit lors de la reprise variée du scherzo.

4. Allegro vivace (2/4, en *ré* mineur) : page ultime de la musique de chambre de Tchaïkovski, ce finale éclectique, haut en couleurs, en résume les qualités, tout en rappelant les tentations « occidentales » — autrement dit académiques — auxquelles ce genre l'exposait. Il s'agit d'un allegro de sonate aménagé de façon spéciale, qui traduit la joie du retour au pays natal et le repos bien gagné. Comme l'écho d'une rengaine de violon venue d'un village voisin, le premier thème, pentatonique, est posé — à défaut d'accompagnement — sur les quintes *ré-la* du second violon et des altos, immuables durant douze mesures :

Le pont, contrapuntique, très dense, évolue en d'autres contrées : il prend la forme d'un canon très modulant, traversé d'un contre-sujet haletant en doubles croches. Le second thème, très lyrique (*ff*, en *ut* majeur) est chanté à l'octave par le violon et le violoncelle, comme un souvenir d'Italie faisant irruption dans la campagne d'Ukraine. Repris dans un déchaînement de triples et quadruples croches, qui ne masquent pas sa banalité, il est suivi d'un développement en demi-teintes, fugitif et feutré. Lors de la réexposition, Tchaïkovski se plaît à varier sur le mode rustique, avec humour, le petit thème pentatonique ; mais le pont est ici remplacé par une curieuse fugue (*Tempo giusto*), sur la tête du même thème (premier violon) flanquée d'un contre-sujet syncopé (second violon). Les deux altos se chargent de la réponse. Mais Tchaïkovski fait intervenir ici, habilement, le premier canon entendu lors du pont de l'exposition comme second sujet de sa fugue ; toute l'écriture de cette interpolation manifeste une grande ingéniosité. La strette brillante mène à la réexposition « retardée » du second thème, en *ré* majeur. La coda, traversée de fanfares, conclut avec une puissance quasi-orchestrale.

Durée d'exécution : 33 minutes environ.

J.A.M.

GEORG PHILIPP TELEMANN

Né à Magdebourg, le 14 mars 1681 ; mort à Hambourg, le 25 juin 1767. Plus admiré en son temps que Bach, son ami et parfois son rival, ce fils de pasteur, qui n'eut pas de véritable maître sur le plan musical, cumula les activités les plus variées avec une prodigieuse vitalité. Sa jeunesse et son âge mûr nous sont connus par les trois autobiographies qu'il rédigea en 1718, 1729 et 1739. Étudiant en droit et en lettres à Leipzig en 1701, il s'orienta dès 1702 vers la musique et fonda dans cette ville un orchestre d'étudiants, le Collegium Musicum. Sa nomination au poste de directeur de l'Opéra de Leipzig provoqua quelques frictions entre lui et Kuhnau, le prédécesseur de Bach au cantorat de Saint-Thomas. De 1705 à 1708, il fut maître de chapelle du comte von Promnitz à Sorau (Lusace, actuellement en Pologne), — ce qui lui permit de bien connaître la musique française que le comte appréciait fort. En 1708, il s'installa à Eisenach où il rencontra Bach et, en 1712, il devint directeur de la musique à Francfort-sur-le-Main. Il était alors célèbre dans toute l'Allemagne, où l'on se disputait ses œuvres. Après avoir refusé un poste à Gotha en 1717, il fut nommé en 1721, à Hambourg, Cantor au Johanneum et directeur de la musique des cinq principales églises de la ville. Il resta à Hambourg jusqu'à sa mort, non sans avoir brigué en 1722 contre Bach la succession de Kuhnau à Leipzig, ni effectué de nombreux voyages, dont un à Paris en 1737-1738. Après 1755, il se consacra surtout à la musique religieuse, et son ultime partition achevée, la cantate Ino *(1765), offre de curieuses ressemblances avec Gluck. Il eut comme successeur à Hambourg son filleul Carl Philipp Emanuel Bach.*

La musique de chambre

Musicien d'église et musicien de théâtre, théoricien, fondateur du premier journal musical et du premier concert public allemands, Telemann composa avec une extraordinaire fécondité et toucha à tous les genres. Son œuvre est inépuisable, et lui-même se disait incapable d'en dresser le catalogue ! Sa longue existence permet sans doute d'expliquer l'abondance de cette production : une centaine d'oratorios, quelque cinquante passions, des cantates profanes, des opéras, environ cent vingt suites pour orchestre, des pièces pour clavecin, quelques pages pour luth, une centaine de concertos, et un nombre considérable d'œuvres de musique de chambre adaptées à diverses formations instrumentales. C'est Telemann qui s'occupa lui-même pendant longtemps de l'édition de sa musique.

Le nombre imposant des pièces de musique de chambre de Telemann ne permet pas d'en dresser ici une liste détaillée. On citera cependant notamment *Six trios dont le premier est à violon, hautbois et basse chiffrée* et les autres pour divers instruments, édités à Francfort-sur-le-Main en 1718, *Six sonates sans basse pour deux flûtes traversières* (ou deux violons, ou deux flûtes à bec), dédiées à Messieurs George Behrmann et Pierre Diteric Toennies, et publiées à Hambourg en 1727, une *Sonate en* ré *majeur pour viole de gambe*, parue à Hambourg dans les années 1728-1729. De la même époque datent aussi une *Suite en* ré *majeur pour deux violons*, une *Sonate en* si *bémol majeur pour deux flûtes* (ou en *sol* majeur pour deux flûtes traversières, ou en *la* majeur pour deux violes de gambe), un *Carillon pour deux chalumeaux, ou flûte traversière et chalumeau*, et un *Menuet pour deux cors*. En 1728, paraissaient à Paris des *Duos choisis de brunettes, de menuets et d'autres airs propres pour la flûte et le hautbois*. Les *Quadrii... riparti in 2 concerti, 2 balletti, 2 sonate* (pour flûte traversière, violon, viole de gambe ou violoncelle et continuo) ont été édités à Londres en 1730. Ils furent suivis, entre autres, en 1731, par *III trieti methodici e III scherzi* pour deux flûtes (ou deux violons) et continuo, édités à Paris. En 1733, Telemann faisait paraître à Amsterdam douze *Fantaisies pour flûte traversière sans basse* et en 1735, à Hambourg, douze *Fantaisies pour violon sans basse*. *Six quatuors ou trios* (pour deux flûtes ou deux violons, et deux violoncelles ou deux bassons et continuo) avaient été publiés à Hambourg en 1730. Toujours à Hambourg, parurent en 1734 *XII solos à violon ou traversière avec la basse chiffrée*, six *Scherzi melodichi per divertimento di colore* (pour violon, alto et continuo), et six *Sonates corellisantes* (pour deux violons et continuo). En 1738, lors de son voyage à Paris, Telemann fit éditer dans la capitale six *Canons mélodieux ou VI sonates en duo à flûte traverses* [sic] *ou violons ou basses de violon*, et des *Nouveaux quatuors en six suites à une flûte traversière, un violon, une basse de viole ou violoncelle et basse continue*. Enfin, on citera un *Second livre de duos pour deux flûtes ou hautbois* (soit six sonates en trois mouvements), publié à Paris en 1752. À tout ceci qui n'est qu'un aperçu de la musique de chambre de Telemann, il faut ajouter un nombre important de sonates pour divers instruments et continuo.

Compositeur allemand, mais grand connaisseur de la manière française et de l'art italien, Telemann sut favoriser l'union de ces trois « styles », et, en 1770, le musicographe allemand Christoph Daniel Ebeling pouvait dire de lui que, tout influencé qu'il fût par la France, il « sut apporter aux Allemands de l'allégresse et du naturel dans ses mélodies. » Il fut le champion de l'art français en Allemagne, tout en y mêlant les qualités alertes de la musique polonaise et de la musique italienne. Cette influence de l'élégance française se retrouve notamment dans les **Nouveaux quatuors en six suites**... parus à Paris en 1738 par les soins de leur auteur. Telemann habitait dans la capitale vis-à-vis la porte de l'Hôtel du Temple. Tous les mouvements de ces quatuors pour flûte traversière, violon, basse de viole (violoncelle) et continuo portent des indications de rythme ou de nuance en français ; malgré cela, l'influence italienne est également très présente. Le **Quatuor n° 1 en ré majeur** comprend six mouvements : un *Prélude vivement* qui débute par une longue cadence de la flûte réapparaissant au centre du mouvement, — alors que tout s'organise autour dans un style concertant ; un *Tendrement* en *ré* mineur, à 3/4, où la flûte développe une phrase très expressive, tandis que la viole de gambe s'anime en traits de basse très italiens ; un *Vite* en *ré* mineur, à 2/4, où les instruments dialoguent joyeusement ; un *Gaiement* en *ré* mineur, à 3/8, dont la discontinuité du discours entraîne une grande variété rythmique et mélodique ; un *Modérément* en *ré* majeur, à 3/4, avec de nombreux unissons ; et un *Vite* en *ré* majeur, à 12/8.

Le recueil des **Quadrii... ripartiti in 2 concerti, 2 balletti, 2 sonate** publiés à Londres en 1730, parut ultérieurement à Paris, accompagné d'un commentaire précisant que ces quatuors avaient été universellement appréciés. Les deux *Balletti* sont des suites de danses non rigoureuses dans lesquelles Telemann favorise de nouveau l'union des styles français, italien et allemand. Elles débutent par un prélude suivi de danses ou de mouvements aux titres résolument français. La **Suite n° 1 en *mi* mineur** s'ouvre « vivement » par un *Prélude* à 3/4 écrit dans le plus pur style concertant. Il s'enchaîne, par un court *Adagio* de quatre mesures, à un *Rigaudon* joyeux. Puis viennent deux épisodes à la française : un *Air* où les notes des phrases des trois instruments sont jouées de deux en deux, et une *Réplique* à 2/4 où la flûte et le violon dialoguent le plus souvent en écho sur une basse amusante de doubles croches de la viole de gambe. La dernière partie de ce mouvement est dévolue à la flûte, au violon et à la viole de gambe seuls. Le continuo se tait. Deux *Menuets* et une *Gigue* concluent cette suite de danses tronquées. La **Suite n° 2 en si mineur** comprend cinq mouvements : un *Prélude* « gaiement » avec de réels éléments de concerto ; un *Air* « modérément » à 6/8, dans lequel Telemann exploite encore le principe de l'écho entre les trois instruments avec un balancement très mélodieux ; une *Réjouissance* à 2/4 pleine d'entrain ; une curieuse *Courante* à 6/4, où la flûte et le violon donnent l'impulsion de la danse sur un mouvement presque continu de croches de la viole de gambe ; et un *Passepied* à 3/8.

Les deux *Sonates* de cette série sont en quatre mouvements, dans le style de la sonate d'église : lent-vif-lent-vif. C'est un mouvement *Soave* à 3/4 qui ouvre la **Sonate n° 1 en la majeur**, sur des ondulations souples du violon dialoguant avec la flûte qui mènent, au centre du mouvement, à un intéressant *fugato*. Suit un *Allegro* à quatre temps fugué où s'affirme l'influence italienne, notamment dans les grands sauts et les notes rapides répétées des instruments à archets. L'*Andante* en *la* mineur, à quatre temps, est en trois parties : une longue phrase s'étire aux trois instruments, puis tout s'anime, et l'on notera d'intéressants solos des instruments qui accentuent le caractère concertant du morceau ; Telemann conclut par un retour au début. La *Sonate* prend fin sur un *Vivace* fugué à 6/8, très italien et d'une virtuosité toute gaie. La **Sonate n° 2 en sol mineur** s'ouvre par un *Andante* à 6/8 où le violon semble d'abord répondre à la phrase expressive de la flûte, avant que tout ne s'anime en éléments concertants avec beaucoup d'imitations. L'*Allegro* à 3/4 qui suit est un mouvement de concerto fugué à l'italienne. Une figure de triples croches paraît engendrer le *Largo* en *si* bémol majeur, d'une grande expressivité. C'est un nouveau mouvement fugué concertant, *Allegro*, qui conclut.

A.d.P.

MICHAEL TIPPETT

Né à Londres, le 2 janvier 1905. Élève du Royal College of Music, directeur du Morley College (où il enseigna l'art choral du XVI*e siècle) jusqu'en 1951, il se fit connaître relativement tard avec le* Concerto pour double orchestre à cordes *(1939), et l'oratorio pacifiste et antinazi* A Child of our Time *(1941). Pendant la guerre, il fit trois mois de prison ferme pour objection de conscience. De sa première période créatrice, fortement tonale, relèvent encore sa* Sonate pour piano n° 1 *(1937), sa* Symphonie n° 1 *(1945) et trois remarquables* Quatuors à cordes *(1935, rév. 1943, 1942* *et 1946). En 1952, il acheva son premier opéra,* The Midsummer Marriage, *apogée de son style « linéaire et lyrique », et dans l'orbite duquel gravite le* Concerto pour piano *(1955). Il développa ensuite un style toujours d'une grande complexité rythmique, mais plus vertical et plus dynamique que jadis, plus mosaïque aussi, et faisant disparaître les références tonales : d'abord avec la* Symphonie n° 2 *(1956-1957), puis surtout avec l'opéra* King Priam *(1962), la* Sonate pour piano n° 2 *(1962), le* Concerto pour orchestre *(1963) et la remarquable cantate* The Vision of Saint Augustine *(1965). Son troisième opéra,* The Knot Garden *(1966-1970), marqua une « américanisation » de sa musique. Lui succédèrent* Songs for Dov *(1970), qui en est directement issu, une* Symphonie n° 3 *(1972) et une* Sonate pour piano n° 3 *(1973). Son quatrième opéra,* The Ice Break, *date de 1973-1976. La* Symphonie n° 4 (1976-1977), le Quatuor à cordes n° 4 *(1977-1978) et le* Triple concerto *(1978-1979) le virent évoluer vers une conception plus abstraite que son art, mais l'oratorio* The Mask of Time *(1980-1983, créé en 1984) apparaît comme une synthèse de sa production et de sa pensée (plus influencée par Jung que par Freud). La* Sonate pour piano n° 4 *(1983-1984) est la dernière œuvre importante de Sir Michael Tippett.*

Les quatre *Quatuors à cordes* (à l'heure où paraît cet ouvrage, un *Cinquième* entre sur le chantier !) sont l'un des ensembles importants du XXe siècle dans ce domaine. Les trois premiers se sont succédés assez rapidement durant la première époque créatrice du compositeur, — alors que le *Quatrième* a suivi près de trente ans plus tard. S'il marque évidemment une évolution considérable quant au langage, il conserve une même référence fondamentale, sans doute plus sensible dans les *Quatuors* que dans toute autre musique de Tippett : Beethoven. Le maître anglais est en effet l'un des rares héritiers spirituels de Beethoven en un siècle qui s'est tourné plus volontiers vers d'autres références du passé, qu'il s'agisse de Bach, de Wagner, de Debussy, ou de la musique renaissante, voire médiévale. À ce propos, on trouvera, dans les deux premiers *Quatuors* surtout, et dans le *Deuxième* en particulier, un autre point d'ancrage important : le Madrigal élizabéthain, voire même Purcell. Si Beethoven lui a donné le culte de la grande forme à la fois solide et concise, celui d'une expression émouvante et forte sans l'ombre de sentimentalité, les Madrigalistes ont aidé Tippett à se libérer du carcan de la barre de mesure et de la symétrie périodique. De pair avec le jazz et le Negro spiritual, c'est la source vive où puise une imagination rythmique étonnamment riche et variée, qui prête à la musique de Tippett cette énergie vitale, ce bondissement, cette élastique souplesse dans la démarche qui font de lui l'un des grands « professeurs d'énergie » de ce temps. Ancré, dans les trois premiers *Quatuors*, dans une tonalité élargie et mouvante, largement abandonnée dans leur successeur plus récent, le langage harmonique de Tippett, beethovénien en cela encore, est volontiers austère et dépouillé, et résulte essentiellement des rencontres d'une polyphonie d'une admirable souplesse mélodique, contrepoint chantant véritablement « madrigalesque ».

Il y a déjà beaucoup de ces vertus dans le **Premier Quatuor**, qui est aussi l'officiel « opus 1 » de Tippett, encore que nous ne le connaissions plus aujourd'hui dans sa forme originelle. Cette première version, terminée dès 1935, comportait alors quatre mouvements. Insatisfait des deux premiers (un lent et un vif), Tippett les supprima pour les remplacer en 1943 (un an après l'achèvement du *Deuxième Quatuor*) par un seul mouvement, rapide, de sorte que la version définitive n'en comprend plus que trois, assez brefs d'ailleurs.

Le premier ALLEGRO, à 3/4, nerveux et animé, est une forme sonate coupée à deux reprises (après la fin de l'exposition et en conclusion) par un récitatif de violoncelle rescapé (sous une forme un peu modifiée) du deuxième mouvement primitif, — dont subsistent également d'autres éléments, très transformés. L'harmonie, assez dissonante, est particulièrement riche en fausses relations d'octave, — procédé proche du jazz et de ses *blue notes*, mais aussi de la polyphonie élizabéthaine, et que Tippett affectionnera toujours.

Le bref LENTO CANTABILE, qui se présente, selon l'auteur lui-même, comme une sorte de *Pavane* en trois grandes phrases autonomes,

est une effusion d'un sublime lyrisme, d'une plénitude splendide en son contrepoint chantant lié et soutenu (les quatre instruments jouent pratiquement sans pause), d'une noblesse expressive évoquant, la tonalité de *ré* bémol majeur aidant, le dernier Beethoven.

Quant à l'ALLEGRO ASSAI conclusif, dans la tonalité principale de *la* qui était celle du premier mouvement disparu, c'est une synthèse de fugue et de rondo (dont les divertissements de la fugue seraient les couplets) ; mais c'est surtout la première manifestation, déjà géniale, des structures métriques de type additif, qui cassent la barre de mesure et qui, à l'aide de changements de mesure constants, donnent au discours musical cette merveilleuse souplesse bondissante dont il a déjà été question. Si Tippett en a peut-être trouvé l'idée chez Stravinski, notamment dans la *Danse sacrale*, ces structures conservent chez lui une signification essentiellement mélodique.

Durée d'exécution : 19 minutes environ.

Composé en 1941-1942, le **Deuxième Quatuor en *fa* dièse majeur** est plus parfait que le précédent, en ses quatre mouvements brefs admirablement équilibrés et complémentaires. Dans l'ALLEGRO GRAZIOSO, les tensions usuelles de la forme sonate, dont la structure générale demeure cependant reconnaissable, sont abandonnées au profit du libre essor des lignes mélodiques, chaque voix conservant ses phrasés et ses accents propres, — ce qui confère au discours une liberté et une élasticité porteuses d'une joie raffinée : jamais Tippett n'a été plus proche de Morley, de Wilbye ou de Weelkes.

Le souvenir de Beethoven revient dans l'ANDANTE, sombre fugue aux chromatismes tortueux sur un sujet noté des années auparavant sous le choc du pacte de Munich (un an après l'achèvement de ce *Quatuor*, le compositeur fera six mois de prison comme objecteur de conscience).

Suit un bref SCHERZO (PRESTO), aux mètres irréguliers de type « additif » d'une grande complexité, mais d'un parfait naturel, et qui, tout en conservant la coupe tripartite traditionnelle, se contente de présenter trois visages variés du même matériau.

La force dramatique de la forme sonate, à laquelle Tippett avait délibérément renoncé dans son premier mouvement, se retrouve en revanche dans l'ALLEGRO APPASSIONATO final, avec un premier thème inquiet, aux syncopes et aux rythmes pointés heurtés, contrastant avec le lyrisme éperdu d'une deuxième idée en pur contrepoint mélodique, — hommage admirable au Purcell des *Fantaisies pour violes*. Et le morceau ralentit doucement à la fin, pour s'éteindre pianissimo en *fa* dièse majeur, en une coda *Adagio* exprimant la réconciliation et la paix.

Durée d'exécution : 21 minutes environ.

Le **Troisième Quatuor** (1946) est le plus développé et le plus imposant de la série, — ses cinq mouvements dépassant de peu la demi-heure. Point de forme sonate ici, mais non moins de trois fugues. Tippett lui-même explique que, depuis l'achèvement du *Quatuor* précédent, il avait eu la révélation de l'ensemble des quatuors de Bartók ; mais on n'en trouvera aucune trace directe. Une introduction lente (*Grave e sostenuto*), aux progressions harmoniques d'une beauté, ainsi que d'une ambiguïté, admirables (on peut parler ici d'une approche *oblique* de la tonalité),

anime bientôt son agogique en triples croches agiles, en une progression rythmique annonçant de près le quatrième mouvement de l'œuvre, pour déboucher sur la première fugue, ALLEGRO MODERATO

qui édifie ses trois grandes expositions, séparées par des divertissements relativement brefs, sur un sujet athlétique, d'une longueur peu commune (huit grandes mesures), au point qu'au début on se demande même s'il s'agira bien d'une fugue ! Le rythme triomphe ici, puissant sans lourdeur, et les combinaisons contrapuntiques les plus complexes conservent grâce et élégance.

Vient ensuite un ANDANTE essentiellement lyrique, dont l'introduction installe la plénitude de ses grands accords en pizzicatos du violoncelle (*arpeggiando come guitarra*, indique le compositeur), qui parcourront tout le morceau, avant de faire entendre une ample mélodie, exposée successivement par les quatre instruments (dans l'ordre descendant), sur un contrepoint chantant aux accents décalés des autres instruments (une mesure à 3/2 de la mélodie principale correspondant à deux mesures à 3/4).

Le troisième mouvement, rapide et bref, centre de l'œuvre, occupe la place traditionnelle d'un Scherzo, mais il s'agit d'une deuxième fugue, et même d'une double fugue (**Allegro molto e con brio**), à la polyrythmie particulièrement complexe et musclée, se riant des barres de mesure.

Le quatrième mouvement (**Lento**), sommet expressif du *Quatuor*, en est aussi le moment le plus original. Il reprend le principe de l'introduction du premier morceau à une échelle plus vaste, en proposant trois grandes vagues en crescendo agogique et dynamique, — de la sérénité immobile et lumineuse à l'animation radieuse et exubérante d'une véritable volière musicale. C'est là l'un de ces rares moments de « vision » où se manifeste l'inspiration à l'état pur, et qui nous rendent Tippett si précieux.

La dernière vague s'enchaîne sans interruption (conformément à une minime modification apportée récemment par l'auteur) au **Finale, Allegro comodo** paisible et détendu à 3/4 et 9/8, et qui est la troisième fugue, lyrique et comportant un deuxième sujet dans le caractère d'un choral. Cette véritable catharsis n'a rien d'un anti-climax cependant, et un grand crescendo aboutit à une majestueuse pédale de tonique d'*ut* majeur, longuement soutenue, qui termine l'ouvrage en un ample fortissimo.

Durée d'exécution : 31 minutes environ.

Le **Quatrième Quatuor** se fit attendre jusqu'en 1978. Ses quatre parties s'enchaînent, cette fois, sans interruption, et sont numérotées selon le modèle de l'*op. 131* de Beethoven, dont l'impact demeure considérable. Comme les grandes pages orchestrales d'un seul tenant qui l'environnent (la *Quatrième Symphonie* et le *Triple Concerto*), ce *Quatuor*, partant du pianissimo pour y revenir à la fin, décrit une sorte de cycle biologique, — de la naissance à la mort. Le langage s'est fait beaucoup plus âpre et plus dissonant que dans les *Quatuor* précédents, et l'œuvre pose des exigences si dures aux interprètes qu'avec l'assentiment du compositeur, son assistant et biographe Meirion Bowen en a réalisé une version pour orchestre à cordes sous le titre de *Water out of Sunlight*. Beaucoup plus court que les mouvements suivants, le **Molto legato** possède la fonction d'une introduction lente présentant le matériau de l'œuvre à l'état embryonnaire, — les trémolos serrés du début s'épanouissant progressivement en figurations exubérantes. S'y enchaîne un morceau rapide (**Fast**), au contrepoint polyrythmique tendu, exposant trois idées contrastantes, séparées par des transitions et suivies d'une codetta, — ensemble repris deux fois encore avec des variantes importantes quant à l'ordre et quant aux registres. Le sommet spirituel et expressif de l'ouvrage se trouve dans la troisième partie, à nouveau lente (**Moderately slow**), non plus contrapuntique, mais librement dialoguée, avec des duos et des solos où l'on retrouve la souplesse de discours si admirable chez Tippett. C'est alors qu'explose avec fougue le rapide **Finale (Very fast)**, où l'hommage à Beethoven se fait explicite, avec un thème aux rythmes énergiquement pointés aux intervalles dissonants énormes, — tout proche de celui de la *Grande fugue op. 133* :

Tippett, cependant, ne le soumet pas à l'écriture fuguée, mais, à l'issue d'un élément de liaison en doubles croches agiles, l'oppose à un thème d'accords entièrement en sons harmoniques. Cette lutte acharnée se dénoue enfin en une coda lente d'une dizaine de mesures seulement (**Very tranquil**), — se terminant dans l'apaisement précaire d'un accord complexe non résolu, superposant les septièmes de dominante de *ré* et de *sol*, cette dernière avec tonique à la place de la sensible : fin « ouverte », signifiant qu'au-delà du cycle biologique évoqué au début de notre analyse, l'univers, lui, continue : c'est déjà le message qu'exprimera l'épilogue de l'oratorio *The Mask of Time* (« *Le Chant n'aura jamais de fin* »).

Durée d'exécution : 22 minutes environ.

En dehors des *Quatuors*, la musique de chambre de Tippett — abstraction faite de quatre brèves *Fanfares pour cuivres*, écrites à des époques différentes, et qui n'entrent pas vraiment dans le cadre de cet ouvrage — ne comprend guère qu'une très brillante et virtuose **Sonate pour quatre cors** (1955), qui met en valeur un instrument qui tient dans la musique symphonique et les opéras du compositeur une place privilégiée. Il y a quatre mouvements brefs, qui s'enchaînent : *Allegro molto moderato* ; *Allegro giocoso* ; *Lento cantabile tranquillo in stilo notturno* ; *Allegro molto e vigoroso*, — ce dernier de style fugué.

Mais en attendant le *Cinquième Quatuor* qu'il prépare, Michael Tippett a donné en

1983 une grande œuvre pour guitare qui enrichit le répertoire contemporain de l'instrument (lequel apparaissait déjà dans le cycle de mélodies *Songs for Achilles* de 1961, pour voix et guitare, « satellite » de l'opéra *King Priam*) d'un apport essentiel. Cette *Sonate* en trois mouvements s'intitule **The Blue Guitar** (« la Guitare bleue »), et s'inspire d'un poème de Wallace Stevens, — lui-même ayant été fort impressionné par un célèbre tableau de Picasso représentant un vieil homme à la guitare : « Ils disaient : tu as une guitare bleue. Tu ne joues pas les choses telles qu'elles sont. L'homme répondit : les choses telles qu'elles sont sont changées sur la guitare bleue. » Les trois mouvements, dans la succession traditionnelle vif-lent-vif, s'intitulent : *Transforming-Dreaming-Juggling* (« En transformant »-« En rêvant »-« En jonglant »). Plus tonal et plus consonant que la plupart des œuvres récentes de Tippett, *The Blue Guitar*, dédié à Julian Bream, est un magnifique hommage à l'instrument, qui a rarement été traité avec autant de bonheur, — jusqu'aux spectaculaires percussions sur la caisse qui envahissent progressivement l'électrisante danse finale.

H. H.

JOAQUIN TURINA

Né à Séville, le 9 décembre 1882; mort à Madrid, le 14 janvier 1949. Après des études de piano à Madrid, il devint à Paris l'élève de Vincent d'Indy pour la composition. Grâce à son long séjour en France (1903-1914), et par l'entremise d'Albeniz — dont l'influence fut décisive sur sa carrière —, il put connaître Debussy et Ravel; ce seraient là d'heureux modèles (coloris de l'orchestre, dédain du « pittoresque »), comme le fut la discipline d'indyste (la forme cyclique régirait presque toutes ses œuvres). De retour à Madrid, Turina y passa pratiquement le reste de sa vie parmi de multiples activités : chef d'orchestre au théâtre Real, professeur et directeur du Conservatoire, pianiste, critique musical, commissaire général de la musique de 1939 à sa mort. Outre des pièces remarquables pour le piano (parfois pour guitare), des œuvres vocales et de chambre, Turina a composé pour le théâtre (comédies lyriques et musiques de scène), ainsi que pour l'orchestre : il s'agit de fresques symphoniques, dont la Procesión del Rocio, Danzas fantasticas *et* Sinfonia sevillana. *Il existe d'autre part une* Rapsodia sinfónica *pour piano et orchestre. Mais c'est la production de chambre — méconnue — qui retiendra ici notre attention.*

Des quatre grands compositeurs marquant la renaissance de la musique espagnole au début de ce siècle (Albeniz, Granados, Falla, Turina), le dernier, le cadet, fut le plus fécond, sinon le plus original, et le seul qui nous laisse une substantielle production de musique de chambre. Sa valeur intrinsèque, sur le plan international, n'est sans doute pas hors du commun, et le langage musical de Turina demeure bien timide et traditionnel face à celui de ses contemporains d'âge (qui s'appellent Stravinski, Bartók, Szymanowski, Enesco, ou Bloch) ; mais il possède le grand mérite d'avoir réintroduit son pays sur la carte européenne de la musique de chambre, et ses œuvres, presque toujours plaisantes et très bien écrites pour les instruments, méritent certainement d'être mieux connues. Comme Albeniz et comme Manuel de Falla, Turina séjourna à Paris dans sa jeunesse, et l'enseignement qu'il reçut à la Schola Cantorum laissa des traces surtout sur ses premières œuvres, fort développées et fidèles aux grandes formes cycliques chères à d'Indy (*Sonata Española, Quintette, Quatuor à cordes*). Plus tard, son inspiration se fit plus concise et plus primesautière, plus intimement imprégnée de couleur locale. Turina fut par excellence le chantre de Séville et de ses environs, de son petit peuple, et surtout de ses femmes. Nous examinerons rapidement ses œuvres de musique de chambre par genre, — du duo au sextuor.

Des trois *Sonates pour violon et piano*, la plus ancienne, la **Sonata Española** (1907-08), bien qu'immédiatement postérieure au *Quintette op. 1*, ne fut pas retenue par l'auteur, qui la jugeait à juste titre trop longue et trop impersonnelle, et ne fut jouée et publiée que tout récemment. Albeniz, qui avait encouragé la publication du *Quintette*, qualifié de « franckiste » (et il l'est en effet), avait conseillé à son jeune compatriote de s'inspirer davantage de sa Séville natale. Cette généreuse *Sonate* en trois mouvements amplement développés, bien que prisonnière encore des principes formels cycliques de la Schola, constitue un premier pas dans cette direction.

Les deux autres *Sonates*, beaucoup plus concises, sont des pages de maturité. L'officielle **Première Sonate en *ré* majeur** (op. 51) date de 1929. A la fois virtuose et pleine de couleur locale, elle comprend un *Allegro molto* en forme sonate sans développement (précédé d'une introduction *Lento*), une *Aria* (*Lento*), présentant un épisode central dramatique et de caractère populaire, enfin un *Rondeau* (*Allegretto*) dans le rythme d'une *farruca* andalouse.

Turina préférait la **Deuxième Sonate** op. 82 (1934), la seule que l'on joue hors d'Espagne, et à laquelle il redonna le titre de *Sonata Española*, puisqu'il n'avait pas publié son œuvre de jeunesse. C'est en effet la meilleure des trois. Elle commence par un *Lento con Variaciones*, précédé et suivi de quelques mesures lentes. Le thème, à la tonalité curieusement indéterminée, sollicite toutes les ressources du violon, et fait l'objet de variations « de caractère » (successivement, une *Petenera* andalouse, une explosion passionnée, et un *zortzico* basque à cinq temps), avant de reparaître pour conclure sous sa forme originelle. Suit un bref *Scherzo* (*Vivo*), sur un rythme de *zambra* gitane, avec un trio *Andante* ; et l'œuvre se termine par un *Finale* de forme sonate, précédé d'une introduction lente, adoptant ensuite l'allure d'un *fandango*, et comportant également un rappel cyclique de l'introduction du début (*Adagio - Allegro moderato*).

L'œuvre pour violon et piano la plus attrayante et la plus originale de Turina est sans doute la fantaisie intitulée **Poema de una Sanluquena** (op. 28, 1923), qu'il dédia « aux jeunes filles de Sanlucar » (Sanlucar de Barrameda, à l'embouchure du Guadalquivir, est un port aux riches traditions populaires très fréquenté par les Sévillans). Turina décrit cette page comme « un poème d'amour, un peu amer, inspiré par la phrase dolente d'une jeune fille ». Il y a quatre parties : *Devant le miroir, la Chanson du grain de beauté, Hallucinations*, et *le Rosaire de l'église*, — quatre pages tour à tour lyriques et virtuoses unifiées par le retour d'une mélodie intitulée *Hymne à la Beauté*, et se terminant dans le calme d'*ut* majeur.

Les **Variations classiques** de 1932 (*op. 72*) et l'**Hommage à la Navarre** de 1945 (*op. 102*) sont de moindre importance. Pour en terminer avec les duos instrumentaux, on citera encore les curieuses **Variations pour harpe et piano** (*op. 100*), de 1945 également.

Turina a enrichi de manière intéressante le répertoire de la guitare, — en commençant par une brève **Sevillana** *op. 29* (1923), d'une attachante couleur locale, et en poursuivant par un **Fandanguillo op. 36** (1925), brillant et virtuose. Vint ensuite une pièce intitulée **Ráfaga** (« Rafale », ou « Éclair »), *op. 53* (1930), en trois sections : un *Andante* introductif sur la gamme andalouse (mode de *mi*), une vive *Sevillana* à 3/8, et un entraînant *Allegro molto* à 6/8.

La **Sonate** op. 61 (1931) est de loin la plus importante de ces œuvres, — heureuse synthèse de forme classique et de saveur du terroir. Elle comporte trois mouvements, dont le premier, après une brève introduction lente reprise pour finir, est un brillant *Allegro* avec un second thème mélodique (*Allegretto tranquillo*). L'*Andante* est une page particulièrement inspirée, d'une profonde saveur andalouse, dans laquelle Turina semble avoir réussi à opérer la fusion du *Cantaor flamenco* et de son guitariste. Le finale propose un *Allegro vivo* à 3/8, plein d'arrachés typiques (*rasgueados*), qu'interrompt une *copla* plus mélodique à 2/4 ; et l'œuvre se termine après un bref rappel du thème secondaire du premier mouvement.

L'œuvre pour guitare de Turina, entièrement écrite à l'intention de son dédicataire Andres Segovia, comporte encore un bref diptyque d'une inspiration particulièrement proche du flamenco, **Hommage à Tarrega op. 69** (1932), — enchaînant un *Garrotín* vif et coloré et des *Soleares* d'une expression plus sombre et plus profonde.

La formation du trio pour violon, alto et violoncelle a fait l'objet de trois œuvres importantes. Le **Premier Trio** op. 35 (1926), assez amplement développé, se souvient encore des préceptes de la Schola Cantorum quant à sa forme et à son écriture toutes classiques, sans renoncer pour autant à un parfum espagnol très affirmé. Son premier mouvement est un *Prélude et Fugue*, cette dernière commençant curieusement par la strette ! Suit un *Thème et Variations*, qui propose un véritable petit tour d'Espagne, — chacune des cinq variations recréant un air populaire différent (successivement une *Muñeira*, un *Schottis*, un *Zortzico* (pour piano seul), une *Jota*, enfin des *Soleares*). Le *Finale*, à 3/4 et 6/8, est une forme sonate d'une riche substance, comportant sur la fin des rappels cycliques de la *Fugue*, puis du *Prélude*.

Le **Deuxième Trio en *si* mineur, op. 76** (1933), nettement plus court que le précédent, est aussi plus libre de forme. Le premier de ses trois mouvements est une forme sonate sans aucune rigueur, d'une grande variété de tempos : à trois mesures de *Lento* succède un premier thème d'allure curieusement brahmsienne (*Allegro moderato*) ; puis viennent une deuxième idée d'une grande beauté (*Allegretto*), et une troisième (*Lento*), d'un cachet typiquement espagnol, qui chante au violoncelle. Le matériau précédent est ensuite très librement réexposé. Le deuxième mouvement est un bref *Scherzo molto vivace*, au rythme de *zortzico* à 5/8, interrompu par un *Lento dolcissimo*. Et le *Trio* se termine par un *Finale* plus libre, progressivement accéléré (il n'y a pas moins de sept tempos différents), et comportant un rappel, dans l'ordre inverse, des deux premiers thèmes du premier mouvement.

Circulo..., op. 91 (1936) est une libre succession de trois mouvements brefs évoquant les heures du jour (*Lever du Jour - Midi - Crépuscule*), dont le caractère quasi improvisé, tout en justifiant le sous-titre de *Fantaisie*, n'empêche cependant pas le traditionnel rappel cyclique du thème de violoncelle du *Lever du Jour* à la fin du *Crépuscule*.

Le **Quatuor à cordes op. 4** (1911) concilie les enseignements de la Schola Cantorum et une couleur nationale déjà bien affirmée. Si le thème principal de son *Prélude* réapparaît dans les trois autres mouvements (*Allegro*, *Zortzico* et *Andante-Finale*), il s'inspire nettement de la sonorité de la guitare. Quant au *Zortzico*, il annexe le rythme à cinq temps caractéristique de cette danse d'origine basque au terroir andalou.

Oración del torero (« Prière du torero »), op. 34 (1925) est l'une des pages les plus fameuses de Turina, tant dans sa version pour quatuor à cordes que dans celle pour orchestre à cordes*. La rédaction d'origine, presque jamais entendue hélas, s'adressait pourtant à un quatuor de luths, — car une pareille formation connut alors en Espagne une carrière éphémère. Ce Quatuor Aguilar présenta également trois pièces composées en 1929 et réunies sous le numéro d'*op. 48* (*Carmen*, *Habanera* et *Estudiantina*). Elles ne valent pas, tant s'en faut, la *Prière du Torero*, petit joyau (huit minutes) parfaitement réalisé, où jamais Turina n'outre passe ses limites d'authentique miniaturiste. La pièce se compose d'une brève introduction dramatique, d'un *Pasodoble* (qui ne saurait manquer dans cette évocation tauromachique), d'un *Andante* lyrique très émotif, interrompu par une péripétie violente (drame de l'arène ?), d'un *Lento* qui est le sommet expressif de l'ouvrage (la *Prière*, à n'en pas douter), enfin d'une reprise assourdie du *Pasodoble* se fondant pour finir dans le *Lento*. Turina lui-même raconte les circonstances qui lui inspirèrent cette page : la vision d'un torero en prière dans la chapelle jouxtant l'arène, tandis que la foule excitée s'impatientait déjà sur les gradins.

La **Sérénade pour quatuor à cordes op. 87** (1935) est peut-être la meilleure composition de musique de chambre de notre auteur, — en tous cas la plus originale et la plus « moderne » de langage. D'un folklorisme beaucoup moins direct et littéral que d'habitude, on y trouve des recherches insolites d'harmonie, de rythmes et de sonorités évoquant parfois même Bartók, dans une forme très libre en treize sections brèves (l'œuvre se joue d'une seule traite), sur sept éléments différents, — dont le premier, le plus important (*Allegro vivace*), possède la valeur d'un refrain, mais dont les retours ne sont ni symétriques, ni réguliers. C'est une œuvre qui mériterait d'être beaucoup plus connue !

Le **Quatuor en *la* mineur pour cordes et piano op. 67** (1932) nous ramène à un style plus traditionnel. Mais il s'agit d'une page de valeur, dont le premier mouvement (*Lento-Andante mosso*) est un lied à cinq compartiments sur un thème principal ascendant au profil typiquement andalou, précédé d'une introduction lente. On le retrouve en guise de trio dans le *Vivo* central en forme de *Scherzo*. L'œuvre, qui se termine par une très libre forme sonate

---

* Voir *Guide de la musique symphonique* (même éditeur).

(*Andante-Allegretto*) fait la part belle au piano, traité presque en soliste de concerto.

Le **Quintette pour cordes et piano en *sol* mineur, op. 1** (1907), celui-là même qu'Albeniz qualifiait de « franckiste » tout en recommandant la publication, est la première œuvre que le jeune compositeur ait jugée digne d'être retenue. En pleine période d'orthodoxie scholiste, il a donné ici une œuvre d'une facture impeccable, en quatre mouvements amplement développés, mais où ne se doit pas chercher encore de la couleur locale. Ce *Quintette* débute par une *Fugue lente*, dont le sujet, exposé par l'alto, et fondé sur une mélodie grégorienne déjà utilisée par Jean-Sébastien Bach, servira d'élément générateur à l'œuvre entière. Les divertissements de cette *Fugue* alimenteront également les morceaux suivants. Le deuxième mouvement est un *Animé* en forme sonate, où le sujet de *Fugue* sert de second thème. Vient ensuite un morceau qui est une fusion d'*Andante* et de *Scherzo*, — lesquels sont réexposés (après un retour du sujet de *Fugue* et de son contre-sujet) en superposition, l'*Andante* étant confié aux archets et le *Scherzo* au clavier. Le *Finale* s'ouvre par deux cadences (violon, puis alto), dérivées du sujet de *Fugue*; puis se déroule un *Rondo*, au refrain tout de grâce et de fraîcheur, dont le deuxième des trois couplets récapitule tous les éléments principaux de l'ouvrage, tandis que les deux autres renversent le sujet de *Fugue*, qui domine encore la brillante coda en une apothéose de science contrapuntique.

On mentionnera pour finir un très curieux cycle de 1942, l'*op. 93* de Turina, intitulé **Musas de Andalucia**, — dont chacun des neuf mouvements est dédié à l'une des neuf Muses, mais avec un sous-titre le situant à chaque fois dans un contexte national très précis. Le cycle, d'une durée totale de trente-cinq minutes environ, fait appel à un soprano, à un quatuor à cordes et à un piano, et certaines des neuf pièces, soit avec voix, soit pour piano seul, échappent à cette rubrique. Nous en donnons cependant la nomenclature intégrale : 1. **Clio** (*Aux portes de la Rabida*), pour piano ; 2. **Euterpe** (*En pleine fête*), pour violon et piano ; 3. **Thalie** (*Orangers et oliviers*), pour quatuor à cordes ; 4. **Polymnie** (*Nocturne*), pour violoncelle et piano ; 5. **Melpomène** (*Reflets*), pour chant et piano ; 6. **Erato** (*Trovos et Saetas*, — ce sont des formes de chant traditionnel sévillan), pour chant et quatuor à cordes ; 7. **Uranie** (*Farruca fuguée*), pour piano ; 8. **Terpsichore** (*Menuet*), pour piano ; 9. **Calliope** (*Hymne*), pour quatuor à cordes et piano. C'est là une œuvre originale, d'un intérêt sans cesse maintenu et renouvelé.

H.H.

PIERRE VACHON

Né à Arles, en juin 1731; mort à Berlin, le 7 octobre 1803. Il étudia à Paris et, en 1756, apparut au Concert Spirituel dans un concerto pour violon de sa propre composition. En 1761, il devint premier violon dans l'orchestre du prince de Conti, à qui il dédia la même année ses six Symphonies op. 2. *Il se rendit à Londres en 1772, puis de nouveau vers 1774-1775, pour y rester environ dix ans. Il s'installa ensuite en Allemagne, et, en 1786, était devenu premier violon de l'Orchestre royal de Berlin, — poste qu'il conserva jusqu'à sa retraite en 1798.*

Les premiers quatuors à cordes français connus sont d'Antoine Laurent Baudron, violoniste à la Comédie-Française (une série de six publiée en 1768). Gossec en fit paraître en 1770 et 1772, et l'*op. 6* (dans l'édition Hummel) de Jean-Baptiste Davaux parut à Paris en 1779 comme *op. 9*. Le plus talentueux des premiers compositeurs français de quatuors à cordes fut cependant Pierre Vachon. Il en écrivit au moins cinq séries de six, de 1770 à 1786 environ.

La seule édition connue des six *Quatuors op. 5* — en *la* majeur, *sol* mineur, *fa* mineur, *si* bémol majeur, *la* majeur et *mi* bémol majeur — est celle de William Napier à Londres. On en trouve des exemplaires dans de nombreuses bibliothèques en Europe, ce qui — note Philippe Oboussier — montre qu'ils étaient fort connus et joués. Dans la mesure où ils précédèrent l'*op. 7*, ils furent composés avant 1772.

Les six *Quatuors op. 7* — en *fa* majeur, *ré* majeur, *mi* bémol majeur, *si* bémol majeur, *ré* mineur et *ut* mineur — furent dédiés dans l'édition de Napier au comte de Guines, ambassadeur de France à Londres de 1770 à 1776. Ils furent composés au plus tard en 1772 (un exemplaire porte cette date). Dans les éditions londoniennes des *op. 5* et *7*, la partie de violoncelle, relativement simple par rapport aux trois autres (et à celles de Baudron et Davaux), est chiffrée.

Les six **Quatuors op. 11** — en *la* majeur, *mi* majeur, *sol* majeur, *si* bémol majeur, *fa* mineur et *ut* mineur — sont les plus tardifs de Vachon. Comme les précédents, ils relèvent du type « concertant », le *n° 1* en *la* et le *n° 4* en *si* bémol étant en deux mouvements (*Moderato-Allegretto*), et les quatre autres en trois mouvements : *Moderato-Minuetto-Presto* (*n° 2* en *mi*), *Moderato-Andante-Allegretto* (*n° 3* en *sol*), *Moderato-Adagio-Allegro* (*n° 5* en *fa* mineur), et *Moderato-Andante-Allegretto* (*n° 6* en *ut* mineur). Le finale du *n° 4* en *si* bémol est une « chasse » à 6/8, et dans le *Moderato* initial du *n° 5* en *fa* mineur, le thème — note Frédéric Robert — est présenté au premier violon seul comme un sujet de fugue (mais il ne s'agit pas d'une fugue), pour être plus tard, lors de sa réexposition harmonisée, traité en récitatif instrumental.

Parmi les compositeurs français de la génération suivante, il faut citer, comme auteur de quatuors à cordes, Hyacinthe Jadin (né à Versailles en 1776, mort à Paris en 1800), dont les quatre séries de trois quatuors parurent entre 1795 et 1800,. l'*op. 1* — en *si* bémol majeur, *la* majeur et *fa* mineur — avec une dédicace à Haydn (œuvres en quatre mouvements), et l'*op. 3* avec une dédicace au violoniste Pierre Baillot.

M.V.

EDGAR VARÈSE

Né à Paris, le 22 décembre 1883 ; mort à New York, le 6 novembre 1965. Ses années d'études lui permettent d'acquérir une solide formation auprès de Vincent d'Indy et d'Albert Roussel à la Schola Cantorum, et de Widor avec lequel il travaille la composition au Conservatoire. Mais les rencontres avec Debussy (pour lequel il gardera une immense admiration toute sa vie), puis avec Busoni à Berlin, en 1907, lui ouvrent de nouvelles perspectives. Il découvre rapidement la musique de Richard Strauss, de Schoenberg dont il écoutera le Pierrot lunaire *en 1912, et de Stravinski dont* le Sacre du Printemps *lui laissera une profonde impression. C'est pendant la Première Guerre mondiale — il est démobilisé en 1915 — qu'il effectue son premier voyage aux États-Unis, où il se signale par ses activités tant de chef d'orchestre (le* Requiem *de Berlioz à New York, en 1917), d'organisateur (en fondant l'« International Composer's Guild » en 1921, avec Carlos Salzedo), que de compositeur avec* Amériques *et* Offrandes. *Les œuvres les plus neuves de Varèse se succèdent alors rapidement de 1922 à 1927, avec* Hyperprism, Octandre, Intégrales *et* Arcana. *Les cinq années qu'il passe en France de 1929 à 1933 correspondent à la composition de* lonisation *pour ensemble de percussions, ainsi qu'à ses recherches de nouvelles possibilités sonores dont il transmet les préoccupations à son élève André Jolivet. De retour aux États-Unis (il est naturalisé américain depuis 1927), il se consacre aux nouveaux moyens offerts par la technologie dont il exploitera les possibilités dans* Déserts *et dans le* Poème électronique *pour l'Exposition internationale de Bruxelles en 1958. Entre 1934 et 1965, Varèse ne composera que six partitions (dont* Density 21,5*) : l'œuvre de Varèse a en commun avec celle de Webern, dont il est l'exact contemporain, la pureté et la perfection, ainsi que la même intransigeance envers lui-même.*

Entre *Amériques* (1920-21) pour grand orchestre et *Nocturnal* (1961) pour soprano, chœur et orchestre, Varèse n'a légué que quatorze partitions. Témoin d'une exigence sans failles, ce catalogue est à l'image d'un compositeur qui a traversé le siècle en le marquant de façon indélébile. Le fait que Varèse ait détruit ses premières compositions est tout aussi caractéristique de sa relation à l'histoire : cas rarissime d'un compositeur qui, non seulement a fait « table rase », mais y est effectivement parvenu, Varèse entendait bâtir sa musique sur des fondements directement en rapport avec son temps. Dans les précieux entretiens qu'il accorda à Georges Charbonnier*, le compositeur a livré son esthétique concernant l'instrumentation : en manifestant sa prédilection pour les instruments à vent et pour les percussions — qui favorisent la disparition de l'anecdote en musique (« la percussion ne saurait raconter une histoire ») — aux dépens des cordes (« le violon n'exprime pas notre époque »), Varèse a posé les fondements d'un nouvel espace instrumental dont les retombées sont encore d'actualité.

Varèse fut le premier à ne pas opérer de distinction entre « son » et « bruit », cherchant à exploiter un nouvel univers sonore dans lequel il parviendrait à « organiser les sons », impliquant une nouvelle façon de penser et d'écrire la musique. Celle de Varèse annonce incontestablement ce que la technologie électronique apportera par la suite, comme les fameux « sons à l'envers » des trombones dans *Intégrales***. La catégorie même de musique de chambre est donc largement remise en question, — l'écriture de Varèse ne présentant pas de différence de nature entre celle d'*Octandre* et celle de « ce diamant noir qu'est *Hyperprism* » (Fernand Ouelette) destiné à un petit orchestre avec percussion — n'était la différence d'effectif. Mais, quel que soit le domaine dans lequel on range ces œuvres fondamentalement « marginales » (pour reprendre un mot célèbre de Boulez), elles demeurent porteuses de la même exigence et, au-delà, révélatrices d'une évidence trop rare : cette sensation unique d'approcher l'essence de la musique *pure*.

* G. Charbonnier, *Entretiens avec Edgar Varèse* (Belfond, Paris 1970).

** Voir l'œuvre, in *Guide de la musique symphonique* (même éditeur).

Octandre, pour ensemble à vents

Intervenant entre les deux chefs-d'œuvre que sont *Hyperprism* (1922-23) et *Intégrales* (1923-25), *Octandre* a été composé à New York en 1923, et créé dans cette même ville sous la direction de Robert Schmitz — le dédicataire —, le 13 janvier 1924 au cours d'un programme qui comprenait des œuvres de Ruggles, Webern et Berg. Écrite pour huit instrumentistes — « huit hommes » dit le titre —, la partition requiert une flûte (aussi petite flûte), une clarinette *si* bémol (aussi petite clarinette en *mi* bémol), un hautbois, un basson, un cor, une trompette, un trombone ténor, et une contrebasse à cordes. Mise à part cette dernière, l'octuor ainsi constitué mêle les cuivres dans une répartition favorite chez Varèse en privilégiant les registres extrêmes, et la seule des œuvres instrumentales, à l'exception de *Density 21,5*, (v. ci-après), à ne pas utiliser de percussion. Autre particularité remarquable, *Octandre* est divisé en trois mouvements dont les deux derniers sont enchaînés. Comme l'a développé Odile Vivier*, l'instrumentation d'*Octandre* répond à l'étude que Varèse a faite des théories du physicien Hemholtz au sujet des harmoniques, et qui contribuent ici « à réaliser la coloration des masses sonores, à transformer un son principal par le renforcement d'autres sons qui fusionnent avec le premier, soit pour créer un timbre nouveau, soit pour le faire vibrer dans une atmosphère physique d'une densité particulière. »

Le premier mouvement (*Assez lent*) est encadré par un solo de hautbois, dont le caractère incantatoire dû aux variations rythmiques constitue une lointaine réminiscence du basson du *Sacre du Printemps*, tout comme la flûte en *sol* qui introduisait *Amériques* trois ans plus tôt :

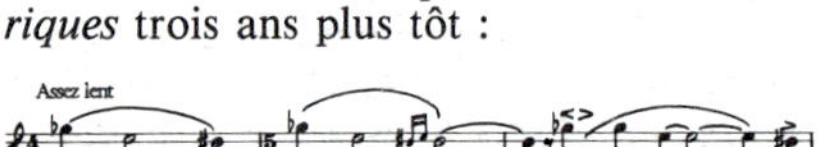

Le parcours du total chromatique pressenti par la courbe ne sera achevé que par le *sol* aigu et strident donnant le véritable départ aux masses instrumentales qui s'agglutinent rapidement en entretenant la tension grâce aux groupes rythmiques répétés chers au compositeur. C'est la petite flûte qui ouvrira le second mouvement (*Très vif et nerveux*)

* Dans son remarquable *Varèse* (Éd. du Seuil, Paris, 1973).

suivant une démarche analogue, puis la contrebasse, pour la première fois à découvert, qui introduira le troisième mouvement (*Grave*). Une courte exposition de fugue (*Animé et jubilatoire*) évoluera rapidement vers une texture typiquement varésienne avec la trompette solo ponctuée par une violente homorythmie du tutti, avant la conclusion en forme d'appel (*ffff*).

Si l'abondance des annotations est, comme l'a noté Odile Vivier, exceptionnelle, on peut y voir autant un hommage à Debussy que Varèse admirait, qu'une forme de distance prise avec le passé d'une certaine musique française, et qui s'exprime à plusieurs reprises sous des allures qui ne cachent pas leur ironie mordante, — comme dans le sujet de fugue du troisième mouvement.

Durée d'exécution : environ 7 minutes.

Density 21,5, pour flûte

Écrite en janvier 1936 à la demande du flûtiste Georges Barrère pour l'inauguration de sa flûte en platine (dont la densité était de 21,5 — d'où le titre), l'œuvre a été créée le 16 février 1936 au Carnegie Hall de New York par le commanditaire.

Précédant de quelques mois les *Incantations* pour flûte de Jolivet, et chronologiquement la neuvième partition au catalogue de Varèse, *Density 21,5* s'affirme d'abord par l'aspect non conventionnel du traitement de la flûte, et, en cela, se situe à l'opposé de l'œuvre de Jolivet. Voir en effet un compositeur tel que Varèse, amateur des sons âpres et violents des cuivres et des percussions, s'intéresser à un instrument tel que la flûte, au registre limité et aux possibilités dynamiques très réduites, peut relever de la gageure. Rompant avec une certaine image de la flûte, *Density 21,5* est une œuvre écrite presque « contre la flûte » — comme l'a souligné Pierre-Yves Artaud — annonçant par « des petits moments visionnaires ce que deviendra la flûte au XXe siècle (grande diversité des modes d'attaque, variété des couleurs) : ainsi le matériau y est traité de façon systématique, selon tous les registres, au point qu'à certains moments adviennent des timbres qui sont à la limite de la multiphonie. On trouve aussi, au milieu de l'œuvre, toute une énergie qui se concentre dans les silences, dans des *pizzicati* à la Bartók qui symbolisent les futures percussions de clefs »*.

D'une extrême concentration, la pièce décrit l'évolution et le changement de nature d'une ligne qui s'exprimera au travers de deux idées successives, « la première de rythme binaire modal, qui annonce et termine la composition, et la deuxième de rythme ternaire atonal, prêtant son élasticité aux courts développements qui se placent entre les réitérations de la première idée »**. Commençant dans le registre grave, le plus défavorisé de l'instrument, la première partie présente une longue ascension à tendance chromatique à partir de la cellule rythmique initiale, — elle-même constituant un chromatisme retourné :

Ce court motif incisif et tendu servira de point de départ à chaque nouvel exposé correspondant à un palier. Parallèlement au caractère de plus en plus disjoint de la mélodie favorisé par le triton, cette expansion aboutira bientôt (comme dans le solo de hautbois d'*Octandre*) au total chromatique avec le douzième son largement attendu (*si*), dont Varèse accentue le dramatisme par un *piano subito*. La seconde partie est introduite par le fameux passage quasi polyphonique entre deux flûtes, dont l'une serait devenue instrument à percussion. Le *si*, dernier son libéré, semble maintenant s'épanouir, — explorant les registres supérieurs (*fff*). Le retour au *Tempo primo* ouvre la troisième et dernière partie qui juxtapose la cellule initiale et le *si* désormais autonome dans l'extrême aigu, dans un balancement avec le *contre-ré*. La fin de l'œuvre, tendue vers l'aigu, résume le chemin parcouru dans toute la pièce par une longue phrase de neuf sons à partir du *do* grave (joué *ff* !) jusqu'au dernier intervalle de triton, *mi* dièse-*si*, qui relie ainsi le premier et le dernier son.

Semblable à l'autonomie que parvient à prendre le *si* au cours de l'œuvre, *Density 21,5* se libère elle-même d'un long répertoire, à partir de « ce cri dans le désert d'une flûte qui veut sortir de ses limites », selon la belle expression imagée de Pierre-Yves Artaud.

Durée d'exécution : environ 4 minutes.

A. P.

* In *Entretemps* n° 3 (1987).

** Varèse, in *Écrits* (Bourgois, Paris, 1983).

RALPH VAUGHAN WILLIAMS

Né à Down Ampney (Gloucestershire), le 12 octobre 1872; mort à Londres, le 26 août 1958. Artisan principal du renouveau de la musique anglaise au XX*e siècle, il étudia avec Parry et Stanford à Londres (1890-1896), puis avec Max Bruch à Berlin. Sa personnalité se révéla au contact des chansons populaires de son pays et de la musique élisabéthaine et jacobéenne des* XVI*e et* XVII*e siècles. Souvent en collaboration avec son ami Cecil Sharp, un des membres les plus importants de la Folk Song Society fondée en 1898, il réunit plus de huit cents chansons populaires, dont la première en 1903, et en harmonisa un grand nombre. Il parvint à maturité relativement tard, et de décembre 1907 à février 1908, étudia à Paris avec Ravel (surtout l'orchestration). Pendant près de soixante ans, il participa étroitement à la vie musicale anglaise, témoignant d'un sens de la communauté rare au* XX*e siècle. Il aborda à peu près tous les genres, avec notamment, en dehors de sa musique d'orchestre, six opéras dont* Riders to the Sea *(1931) et* The Pilgrim's Progress *(1951), une* Messe en *sol* mineur *(1922), l'oratorio* Sancta Civitas *(1925) et la cantate* Five Tudor Portraits *(1936), le cycle de mélodies* On Wenlock Edge *(1908-1909). Les œuvres de musique de chambre de Vaughan Williams sont restreintes en nombre, mais de haute qualité : deux quatuors à cordes, une sonate pour piano et violon, et un quintette à cordes, — ce à quoi viennent s'ajouter quelques pièces diverses.*

Quatuor à cordes n° 1, en *sol* mineur

Il fut composé en 1908, juste après les études avec Ravel. Le compositeur écrivit à ce propos : « Au bout de trois mois, je rentrai chez moi avec une mauvaise attaque de fièvre française, et composai un quatuor qui fit dire à un ami que je devais avoir pris le thé avec Debussy. » L'ouvrage fut créé à Londres en novembre 1909, puis révisé en 1921, avant plusieurs exécutions en Europe par un quatuor dont le premier violon était André Mangeot. L'*Allegro moderato* initial s'ouvre par un thème d'alto dont la « seconde idée » en *mi* majeur modal, n'est qu'une variante. La coda annonce la *Fantaisie sur un thème de Thomas Tallis*, et se termine sur un *ré* aigu du premier violon. Le *Tempo di Minuetto* qui suit respire un parfum populaire, avec un trio « évoquant Haydn dans son humeur la plus rustique » (Michael Kennedy). Le thème principal de la *Romance* (*Andante sostenuto*) est à 5/4 (section centrale à 3/4), — ce troisième mouvement faisant un large usage du pizzicato. Le finale (*Rondo capriccioso - Allegro molto*) est d'une brillance rare chez l'auteur, avec notamment une vigoureuse section en fugato.

Durée d'exécution : 27 minutes environ.

Phantasy Quintet (quintette à cordes avec deux altos)

Écrit à la demande de Walter Willson Cobbett (1847-1937), homme d'affaires, célèbre amateur de musique de chambre, et éditeur de la « Cyclopedic Survey of Chamber Music » (1930). En 1905, Cobbett fonda un prix de composition dans la catégorie musique de chambre, et, à partir de cette date, commanda des œuvres à plusieurs compositeurs (parmi lesquels Ireland, Bax, Bridge, Britten), — spécifiant qu'elles devaient s'inspirer de la fantaisie élisabéthaine et, donc, ne comporter qu'un seul mouvement (ou, à la rigueur, quatre s'enchaînant sans interruption). Il privilégiait en outre l'orthographe « Phantasy ». L'ouvrage de Vaughan Williams, terminé en 1912, fut créé à Londres le 23 mars 1914. Il comprend quatre mouvements enchaînés. Le *Prélude* (*Lento ma non troppo*) s'ouvre par un thème pentatonique de dix mesures énoncé au premier alto solo, et utilisé comme leitmotiv tout au long de l'ouvrage. Les deux violons entrent à la mesure 11 (accord de *fa* majeur), et, à la mesure 17, le thème est renversé au premier violon. Il est réentendu pour conclure à l'alto. Suit un *Scherzo* (*Prestissimo*) à 7/4, mouvement le plus long des quatre. Dans le *Lento* (*Alla Sabanda*), le violoncelle se tait, et les quatre autres instruments sont avec sourdine. Le finale (*Burlesca*) fait alterner plusieurs tempos (*Allegro moderato*, *Andante*, *Presto*), avec notamment une brève citation du *Prélude*. L'ultime section est marquée *Andante*.

Durée d'exécution : 15 minutes environ.

Quatuor à cordes n° 2, en *la* mineur

Il porte comme sous-titre « For Jean on her Birthday ». Jean Stewart (Mrs. George Hadley), amie du compositeur, était en 1942 l'altiste du Quatuor Menges. Vaughan Williams lui envoya les deux premiers mouvements en février 1943, pour son vingt-neuvième anniversaire. Les deux derniers ne furent écrits qu'en 1943-1944, et l'ouvrage fut créé à Londres par le Quatuor Menges le 12 octobre 1944 à l'occasion du soixante-douzième anniversaire de l'auteur. Il se situe entre les *Cinquième* et *Sixième Symphonies*. L'alto solo ouvre les quatre mouvements, et termine les deux du centre. Les trois premiers mouvements — *Prélude* (*Allegro appassionato*), *Romance* (*Largo*) et *Scherzo* (*Allegro*) — possèdent le côté dramatique et heurté de la future *Sixième Symphonie*, et font, comme elle, entrer en conflit *mi* mineur et *fa* mineur (la tonalité officielle de *la* mineur n'est établie qu'à la fin du premier mouvement, et ne le sera plus jamais par la suite). La *Romance* (terme synonyme, chez Vaughan Williams, de méditation et d'introspection) est en *sol* mineur, et le thème initial en triolets incisifs du *Scherzo* est tiré de la musique composée par Vaughan Williams pour le film *49e Parallèle* (1940). Le finale (un bref *Epilogue*) est sous-titré « Greetings from Joan to Jean » : son idée principale est en effet tirée d'une musique pour un film (jamais réalisé) sur Jeanne d'Arc. Cette page de caractère hymnique (*Andante sostenuto*) se conclut en un lumineux *ré* majeur (voir la fin de la *Cinquième Symphonie*).

Durée d'exécution : 21 minutes environ.

Sonate en *la* mineur, pour violon et piano

Composée en 1954, elle fut créée à la BBC le 12 octobre de la même année (quatre-vingt deuxième anniversaire de l'auteur) par le violoniste Frederick Grinke, son destinataire, et le pianiste Michael Mullinar. Il y a trois mouvements. Le premier, marqué *Fantasia* (*Allegro giusto*), est en conséquence de facture contrapuntique. Le piano énonce seul le thème principal à 9/8, — le violon suivant à la mesure 4 avec une version à 3/4. Fin du mouvement sur une coda lente. Suit un énergique *Scherzo* (*Prestissimo*) en *ré* mineur, fondé sur trois thèmes. Le finale (*Tema con variazioni*) s'oppose à lui seul aux deux mouvements précédents. Le thème, en *ut* majeur et énoncé d'abord par le piano, est tiré d'un quintette avec piano en *ut* mineur composé en 1903 et resté inédit. Il est suivi de six variations, — l'ensemble faisant fonction de mouvement lent. La *Variation I* renverse le thème, la *Variation II* est en canon. La *Variation III* est dramatique. La *Variation IV* méditative. La *Variation V* fait à nouveau usage du renversement et du canon. Pour la *Variation VI*, le tempo devient *Allegro* , avec au sommet d'intensité une évocation du début du premier mouvement. Puis le tempo redevient lent (coda); fin dans la nuance *pianissimo*.

Durée d'exécution : 27 minutes environ.

Parmi les quelques œuvres diverses se détachent les **Six Studies in English Folk Song** de 1926, pour violoncelle (ou violon, ou alto, ou clarinette) et piano. La destinataire fut la violoncelliste May Mukle. Il ne s'agit pas de simples transcriptions, et les six chansons populaires sont *Lovely on the Water*, *Spurn Point*, *Van Diemen's Land*, *She borrowed some of her mother's gold*, *The Lady and the Dragoon*, et *As I walked over London Bridge*.

Durée d'exécution : 9 minutes 1/2 environ.

M. V.

GIUSEPPE VERDI

Né le 10 octobre 1813, aux Roncoles, près de Busseto; mort le 27 janvier 1901, à Milan. D'humble naissance, Verdi se voit refuser l'accès du Conservatoire de Milan en 1832. Grâce au mécénat d'A. Barezzi, dont il épousera la fille, il travaille avec Vincenzo Lavigna, claveciniste de la Scala. En 1836, il dirige la musique municipale de Busseto. Il débute en 1839 à la Scala par un succès, Oberto conte di San Bonifacio, *mais il échoue l'année suivante avec un premier ouvrage bouffe,* Un Giorno di

Regno. *En 1842,* Nabucco *lui vaut une réputation nationale : ce « compositeur casqué » (dixit Rossini) s'intègre alors au Risorgimento, et ses* Lombardi, *créés à la Scala en 1843, encourent les foudres de la censure autrichienne. Durant les « Anni di galera », une longue série d'ouvrages (*Ernani, *1844,* Macbeth, *1847,* Luisa Miller, *1849) établit sa gloire en Italie. La trilogie populaire de 1851-1853 (*le Trouvère, la Traviata, Rigoletto*) consacre sa réputation internationale. Il triomphe à Paris (*les Vêpres siciliennes, *1855,* Don Carlos, *1867), à Saint-Pétersbourg (*la Force du Destin, *1862), au Caire (*Aïda, *1871)... Les chefs-d'œuvre, plus espacés, seront désormais longuement mûris :* Otello *(1887) et* Falstaff *(1893) témoignent d'un bouleversement étonnant. En 1897, les magnifiques* Quatro Pezzi Sacri *consacrent cinquante-cinq années de création.*

Quatuor à cordes, en *mi* mineur

L'année 1873 voit la naissance de deux chefs-d'œuvre de Verdi conçus hors d'un théâtre : le *Quatuor à cordes* et le *Requiem*, qui témoignent d'un bouleversement profond de son style : « Il me semble que je suis devenu une personne sérieuse », dit-il. En novembre 1872, Verdi et Giuseppina Strepponi se rendent à Naples pour assister à une représentation de *Don Carlo* et surveiller les répétitions d'*Aïda*, créée au Caire le 24 décembre 1871. Une indisposition de la cantatrice Teresa Stolz retarde les représentations, et le séjour de Verdi se prolonge jusqu'au printemps. De retour dans sa propriété de Sant'Agata, en avril 1873, Verdi confie à son ami Arrivabene : « En vérité, dans mes moments d'oisiveté à Naples, j'ai écrit un quatuor. Je l'ai fait jouer un soir chez moi sans y attacher la moindre importance et sans avoir envoyé d'invitations. Il n'y avait là que sept ou huit personnes, des habitués de la maison. Que le quatuor soit beau ou laid, je ne sais pas... Tout ce que je sais, c'est que c'est un quatuor ! » La partition sera immédiatement éditée par Ricordi, et la création publique aura lieu à Milan en 1876.

Le *Quatuor en* mi *mineur* — unique exception instrumentale dans l'œuvre de Verdi — reflète les préoccupations expérimentales du musicien, nées, on le sait, d'un désir de tenir tête aux influences germaniques et d'égaler la réforme wagnérienne. En novembre 1871 une représentation de *Lohengrin* à Bologne, la première en Italie, l'émeut vivement. Dans ce *Quatuor* — une « étude » —, il consigne ses réflexions et dresse une sorte de bilan : à n'en point douter le *Quatuor* est un prolongement d'*Aïda*, opéra longuement mûri, où se manifeste une volonté de renouveau du langage ; l'harmonie, en particulier, y est plus raffinée qu'auparavant, les accords et leurs enchaînements témoignant d'une tension accrue, d'exigences sonores inédites, plus subtiles qu'auparavant, — que Verdi cultivera sans cesse par la suite. Le *Quatuor* annonce certaines recherches poursuivies dans *Otello*, écrit seize ans plus tard, et témoigne de cette urgence contrapuntique qui va engendrer les fugues du *Requiem* et de *Falstaff* ; cette évolution trouvera enfin son ultime signification dans la « scala enigmatica » mise en œuvre dans l'*Ave Maria* des *Pezzi Sacri* de 1898.

1. Allegro (*mi* mineur, à 4/4) : ce mouvement, construit selon la forme sonate, est remarquable par son élégance, sa sensibilité. Le premier thème, fragmenté, est joué *sotto voce* sur la corde de *sol* par le second violon.

Son contour un peu hautain, le registre grave, la couleur sombre, l'accompagnement syncopé de l'alto évoquent irrésistiblement le personnage d'Amnéris. On notera la parenté entre ce thème et le « thème de la jalousie » d'Amnéris au tout début de l'opéra (« *Io !... Quale inquiesta* »). La tonalité, l'anacrouse (cinq croches), la double broderie de la dominante (*do-la* dièse) sont identiques. Lors de la reprise (mesure 9) par le premier violon, à l'octave, le violoncelle jette une ombre inquiète avec un petit motif d'accompagnement chromatique, acéré. La cadence violente (*ff incalzando*) en appelle aux timbres de l'orchestre ; deux éléments secondaires complètent ce groupe thématique : un bref motif *staccato* (*f*, mesure 26) du violoncelle, repris à l'octave par l'alto, puis à la quinte par les deux violons, alterne avec une idée plus chantante, en *ut* majeur (*ppp*, mesure 33). Une gamme chromatique descendante introduit le second thème, au relatif, *sol* majeur, (*dolce*, mesure 57), belle trouvaille harmonisée avec ce soin apporté aux parties intermédiaires déjà présent dans *Aïda*; une comparaison s'impose avec le beau thème d'Amonasro au second acte (« *Ma tu Re, tu Signore possente* »), accompagné aux cordes de façon identique. Et la cadence soudainement extasiée (*pp dolciss*, mesure 66) en *fa* dièse majeur ne vient-elle pas tout droit des bords du Nil ?... Une seconde idée en croches détachées (*pp*, *sol* majeur, mesure 87) conclut ce groupe, — suivie d'une conclusion véhémente qui clôt l'exposition. Le développement est fort long et travaillé. Le premier thème, associé aux éléments secondaires, est soumis à un travail fugué très vigoureux et varié, mais, curieusement, il n'est pas repris. Sans hésiter à marquer ses distances par rapport aux règles classiques, Verdi escamote sa réexposition au profit du second thème qui reparaît, comme il se doit, en *mi* majeur (mesure 159). La coda reprend le motif staccato de l'exposition, et conclut avec emportement.

2. Andantino (en *ut* majeur, à 3/4) : Verdi paraît ici affronter le problème du mouvement lent sans grande conviction, et l'absence de motivation, la gratuité de son *Quatuor* affleurent ici : insoucieux de bâtir un grand mouvement lent, profond et pensé, porté par une nécessité intérieure, il se contente de mettre en œuvre avec beaucoup d'élégance et de subtilités d'écriture un matériau presque insignifiant : le thème principal (*dolcissimo, con eleganza*) est d'une élégance chorégraphique un peu fade, que rachète cependant la section centrale, un mouvement continu en doubles croches, (*fa* dièse mineur) plus contrasté.

3. Prestissimo (en *mi* mineur, à 3/4) : Verdi, dans ses deux derniers mouvements, se plaît à mêler les genres ; ainsi celui-ci est-il simplement défini par une indication de tempo, le terme « scherzo » étant réservé au finale. Il s'élance avec éclat, entrain, chaque temps fort du thème étant marqué par un trille brillant. La deuxième section, (*la* bémol majeur, *ppp legg, molto staccato*) en notes répétées, annonce le babillage des joyeuses commères de *Falstaff*. Une cadence, rythmée en boléro, amène une reprise *ff* de la première idée, agrémentée d'un accompagnement en arpèges volubiles du violoncelle et de l'alto. Dans le trio en *la* majeur, le maître du bel canto jette le masque et montre sa vraie nature ; le ténor — le violoncelle dans l'aigu — détaille une sérénade accompagnée comme il se doit « à la guitare ».

4. Scherzo fuga (Allegro assai mosso) (en *mi* mineur, à 4/4) : pour Verdi, qui dit fugue dit plaisir de l'écriture et non astreinte à des règles sévères ; ses rares fugues réelles, dépourvues de l'austérité du genre, témoignent d'une joie de vivre toute latine ; il les glisse, avec la satisfaction tardive d'un autodidacte sans ambition scolaire, dans un cadre bien humain : l'église, dans quelques mois, pour le *Sanctus* du *Requiem* et sa fugue allègre, puis le théâtre, vingt ans plus tard, pour le merveilleux finale de *Falstaff* dont Verdi semble ici tracer l'esquisse. Cette fugue est prétexte à un scherzo pétillant, bien peu conventionnel en dépit de l'utilisation habile des recettes du genre. Le sujet, modulant, s'élance de la sensible, franchit une septième diminuée, et déroule ses croches, égales et piquées, en cinq mesures sinueuses énoncées, *pp leggiero*, par le second violon, avec la réponse au premier violon :

Puis le violoncelle s'en empare à son tour (avec la réponse à l'alto). Les divertissements sont interrompus par des effets dramatiques assez curieux, — ainsi la longue pédale du tonique du premier violon (mesure 82) surplombant un crescendo en unisson *ff* de type orchestral, suivi d'un étrange ralentissement (mesure 90) et d'une strette réglementaire (mesure 100) ; ou encore les chaînes de trilles de la section en majeur, débouchant sur une coda (*Poco più presto*) qui conclut brillamment.

J.A.M.

LOUIS VIERNE

Né à Poitiers, le 8 octobre 1870; mort à Paris, le 2 juin 1937. Presque aveugle de naissance, il commença ses études à l'Institution des jeunes aveugles de Paris : il y apprit notamment le piano, l'orgue, le chant choral, et même le violon. Il fut ensuite élève de César Franck qui, en 1889, le fit entrer comme auditeur dans sa classe d'orgue au Conservatoire; mais pour peu de temps : à la mort de Franck, l'année suivante, le jeune Vierne fut accueilli par Charles-Marie Widor, — dont il deviendra l'assistant, puis le suppléant, en 1894, aux orgues de Saint-Sulpice. En 1900, Vierne fut choisi à l'unanimité au concours pour le poste d'organiste à Notre-Dame de Paris : poste qu'il occupa presque sans interruption jusqu'à sa mort. Ses talents remarquables d'improvisateur lui valurent la célébrité, — attirant d'innombrables auditeurs à Notre-Dame (il mourut, lors d'un récital, au moment d'improviser). Il fut également un professeur émérite, et compta parmi ses élèves des Marcel Dupré, Maurice Duruflé, Bernard Gavoty... Si le cœur de sa production se situe dans la musique d'orgue, son catalogue — fort de soixante-deux numéros — embrasse tous les genres vocaux et instrumentaux, à la seule exception du théâtre.

Avec Lekeu et Tournemire, Louis Vierne appartient à la plus jeune génération des disciples directs de César Franck. Il compléta sa formation auprès de Widor, et assura dans une certaine mesure l'héritage de ses deux maîtres, du moins à l'orgue : il fit passer dans le cadre monumental de la Symphonie widorienne toute la haute spiritualité, la flamme et la noblesse de l'auteur des *Béatitudes*. Il en hérita également l'exacerbation chromatique, l'instabilité tonale, l'audace très grande des modulations, moyens expressifs indispensables à son âme ardente et blessée. Certes, rien n'est plus éloigné de l'introspection rêveuse, de la grisaille raffinée d'un Chausson que l'âpreté douloureuse, l'éloquence enflammée, la mâle révolte de Louis Vierne. Sa biographie est une pathétique succession d'horribles tortures physiques, de deuils, de déceptions professionnelles, de trahisons privées et publiques, qui eussent suffi mille fois à abattre une âme moins solidement trempée que la sienne. Par son hypersensibilité, son sens tout romantique du drame et sa propension à magnifier tous ses sentiments, de joie (trop rare) comme de douleur (presque permanente), cet homme que la vie épargna si peu était tragiquement « doué » pour la souffrance. Il est admirable qu'il ait pu ainsi la transfigurer en musique. Si nous reconnaissons en Chausson un chaînon reliant Franck à Debussy, c'est une position intermédiaire entre Franck et Fauré que révèlent les meilleures œuvres de Vierne. Peu nombreuses, mais significatives, sa musique de chambre, outre un *Quatuor à cordes* de jeunesse (*op. 12*, 1894) et quelques pages d'importance secondaire (*Deux Pièces pour violoncelle et piano op. 5*; *Rhapsodie pour harpe op. 25*; *Soirs étrangers pour violoncelle et piano op. 56*) comprend essentiellement trois grands chefs-d'œuvre, présentés ci-après.

C'est tout d'abord la **Sonate en *sol* mineur pour violon et piano op. 23** (1905-1906), écrite, comme presque toujours chez Vierne, dans des circonstances dramatiques (un grave accident, une typhoïde violente qui faillit l'emporter, une crise conjugale irrémédiable...) L'œuvre fut créée par Eugène Ysaÿe et Raoul Pugno, et compte au nombre des plus belles de la musique française. C'est d'abord un *Allegro* de forme sonate, présentant la traditionnelle antithèse thématique, et aboutissant à une brève et éclatante coda. L'*Andante*, d'une grâce fauréenne, débute par un thème ingénu de romance, dont les phrases sont exposées alternativement par le piano et le violon, et fait l'objet par la suite de développements plus mouvementés. Un bref et spirituel *Intermezzo*, vif et dansant, précède le *Finale*, aux dimensions d'une générosité peut-être un rien excessive. Il s'ouvre sur une introduction dramatique et grave, puis fait alterner deux thèmes bien profilés en un jeu brillant et virtuose, aboutissant à une spectaculaire coda.

Mais les deux œuvres suivantes sont supérieures encore; et tout d'abord la splendide **Sonate en *si* mineur pour violoncelle et piano op. 27**, dédiée à Pablo Casals. Elle date d'une des époques les plus douloureuses de cette vie comblée d'épreuves : Vierne, victime d'intrigues assez sordides, venait de voir lui échapper la classe d'orgue du

Conservatoire, à laquelle il avait consacré quinze ans d'activité bénévole en tant que suppléant du titulaire Guilmant. Comme toujours, il réagit avec violence par une de ces œuvres-cri qui expriment une invincible volonté de vivre et de vaincre quand même. Ce fut cette *Sonate*, composée à Paris en 1910 et 1911, et précédant de peu la plus célèbre de ses *Symphonies pour orgue*, la *Troisième* (en *fa* dièse mineur, *op. 28*), qui participe de cette même véhémence brûlante, et qui en égale la perfection formelle et la concentration de pensée.

1. Une brève introduction *Poco lento* fait dialoguer les deux instruments sur le mode interrogatif : le violoncelle esquisse le futur second thème, le piano le futur premier de l'**ALLEGRO MODERATO**, atteint à l'issue d'un bref accelerando. Son premier thème chante à présent au violoncelle avec une expression sombrement résolue, à quoi s'oppose le caractère plus détendu, plus mélodique, du chaleureux *Meno vivo* de la seconde idée au relatif majeur, aux enchaînements de neuvièmes de dominante très fauréens. Ces thèmes font ensuite l'objet d'un développement tout classique, suivi d'une réexposition non moins orthodoxe, et le morceau se termine par une brève coda en crescendo rapide sur le thème initial, aboutissant à une exclamation enthousiaste du violoncelle dans l'aigu, fortissimo, dans la lumière de *si* majeur.

2. Quelles que soient les beautés de ce premier temps, réservons notre admiration pour le **MOLTO LARGAMENTE** qui suit, et qui est, tout simplement, l'une des cimes de toute la musique française. D'une expression intensément pathétique, d'une grande profondeur de sentiment, d'une splendide générosité mélodique, avec ses quatre thèmes successifs, ce grand mouvement lent en *fa* dièse mineur égale en beauté les *Adagio* des deux *Sonates* de Fauré, postérieures d'une dizaine d'années, en particulier l'*Andante* funéraire de la *Seconde*. Mais l'art de Vierne conserve quelque chose de plus charnel, de moins décanté que celui, d'un sublime dépouillement, du vieux maître de *Pénélope*. A Vierne, ce romantique total et impétinent, on ne saurait demander semblable renoncement. Le souvenir — ou plutôt la prémonition ! — de Fauré s'impose avec une force particulière aux admirables inflexions vers le mode majeur des mesures 19 et 20 (chiffre 3 de la partition), avec le mouvement mélodique ascendant si caractéristique des basses du piano, passage que l'on retrouvera peu avant la fin, conformément au plan librement ternaire d'un morceau que sa puissante coulée unitaire interdit de fractionner pour les besoins de l'analyse, en dépit de la multiplicité des motifs. Et son ample courbe sans faille, au galbe splendide, aboutit enfin à une conclusion sereine et apaisée en *fa* dièse majeur, qui s'évanouit doucement dans le triple pianissimo.

3. Avec un sens admirable des proportions qui évite tout sentiment de longueur (trop fréquent, hélas ! dans les œuvres de l'école franckiste), Vierne fait suivre ces deux mouvements amplement développés d'un **FINALE** beaucoup plus bref, à la substance plus légère et au rythme très enlevé. Un bref appel du piano (*Risoluto*) donne l'élan au thème rapide et haletant du violoncelle (*Allegro molto*), auquel succède bientôt une seconde idée plus mélodique (*dolce*). À nouveau, nous avons un développement classique de forme sonate ; mais, à l'issue de celui-ci, le tempo ralentit soudain (*Doppio più lento*), et les thèmes initiaux des deux premiers mouvements réapparaissent en combinaison contrapuntique au piano.

Le violoncelle participe à ces réminiscences cycliques, d'expression nostalgique ; mais la rêverie ne s'attarde pas au-delà d'une quinzaine de mesures, déjà l'action reprend le dessus, sous les espèces du violoncelle amorçant sans rupture aucune la réexposition. Un ultime rappel cyclique des thèmes précédants, dans la claire lumière de *si* majeur, et de sept mesures lentes seulement cette fois-ci, précède la radieuse envolée finale en strette enthousiaste, aboutissant, comme dans le premier mouvement, à un cri de triomphe fortissimo du violoncelle dans l'aigu.

Durée d'exécution : 24 minutes environ.

La musique de chambre de Vierne culmine dans son grandiose **Quintette en *ut* mineur pour cordes et piano, op. 42**, sans doute son chef-d'œuvre absolu. Les années 1916 à 1918, passées à Lausanne, furent les plus terribles de toute la vie de Vierne. Ses yeux lui causaient des douleurs atroces, son fils et son frère moururent à la guerre, et il atteignit le bord du suicide. Il ne se rétablit quelque peu qu'à partir de 1919. Le *Quintette* demeure le bouleversant témoignage de cette crise. Lorsque la nouvelle de la mort de son fils Jacques, en 1917, à l'âge de dix-sept ans, l'atteignit, il décida de lui élever un *Ex-Voto* musical. Ainsi naquit ce *Quintette*, achevé en mai 1918.

1. Le premier mouvement (**POCO LENTO-MODERATO**) débute par une brève introduction hésitante et sombrement méditative, dont l'intense chromatisme (les premières mesures sont d'allure presque sérielle !) ne permet guère de reconnaître une tonalité. Celle-ci (*ut* mineur) s'affirme plus tard, cependant que le deuxième thème, une triste cantilène du violoncelle, apparaît d'abord en *la* bémol, pour se retrouver au milieu du développement en *fa* dièse mineur. La réexposition fortement resserrée débouche sur un paisible épilogue en *ut* majeur, et c'est ici surtout que Vierne apparaît comme le lien exact entre Franck et Fauré.

2. Le deuxième mouvement, précisément, un **Larghetto sostenuto** en *mi* mineur, évoque par son neuf-huit berceur et par ses expressives cantilènes d'alto le souvenir du mouvement lent du *Deuxième quatuor avec piano* de Fauré. Mais, chez Vierne, l'expression s'élève à nouveau à la plus véhémente douleur au cours du dramatique volet central.

3. Une introduction brève et hachée (*Maestoso*) ouvre le dernier mouvement, faisant alterner la gestation progressive de son thème principal et le sombre et rampant souvenir du thème du premier mouvement. L'**Allegro molto risoluto** s'élance alors en un vigoureux six-huit à la manière de quelque assaut d'un sombre héroïsme : le thème viril semble appeler au combat. Au cours du développement, l'expression se fait âpre et mordante ; mais la réexposition est précédée d'un *Grave* ténébreux, ultime rappel du premier mouvement. Puis la réexposition condensée s'élève jusqu'à une coda rapide (*Più animato*), qui termine l'ouvrage sur de puissants accords confirmant l'impitoyable *ut* mineur.

Durée d'exécution : 31 minutes environ.

H. H.

HEITOR VILLA-LOBOS

Né le 5 mars 1889, à Rio de Janeiro ; mort dans la même ville, le 17 novembre 1959. En grande partie autodidacte, le jeune Villa-Lobos a reçu les premières bases musicales par son père, qui lui a permis d'étudier le violoncelle qui restera son instrument de prédilection et qu'il travaillera ensuite à l'Institut National de Musique. À la mort de son père en 1899, Villa-Lobos a appris directement des chanteurs populaires l'art de l'improvisation qu'il pratiquera à la guitare, et l'essence de la musique folklorique qu'il restituera dans sa propre musique. Entre 1905 et 1912, Villa-Lobos parcourt le Brésil à l'écoute des musiques populaires tout en lisant les partitions des compositeurs européens : ses premières œuvres portent le témoignage de cette synthèse dès la Suite populaire brésilienne *pour guitare (1908-1912) et les* Danças caracteristicas africanas *(1915) pour piano. Découvert par Arthur Rubinstein en 1919, sa renommée s'étend au-delà de l'Amérique du Sud lorsque le gouvernement brésilien l'envoie en Europe. Il séjournera principalement à Paris de 1923 à 1930, — où il rencontrera de nombreux compositeurs — dont Varèse qui lui offrira son amitié — et où il écrira en particulier la majeure partie de ses* Chôros. *De retour au Brésil, il se consacrera d'une part à l'éducation musicale (il fondera en 1945 l'Académie de musique brésilienne) et exprimera, d'autre part, sa fascination pour Bach et la dimension populaire dans ses célèbres* Bachianas brasilieras. *Sa production considérable, avec un catalogue qui dépasse le millier d'opus, gardera jusqu'à son terme le goût des architectures classiques et d'une écriture simple mais efficace, sans dédaigner pour autant la bitonalité qu'il utilisera fréquemment.*

Il arrive parfois qu'une œuvre prenne une valeur emblématique : Stravinski est l'auteur du *Sacre du Printemps*, Schoenberg le compositeur du *Pierrot lunaire*, et Villa-Lobos celui de la *Bachiana brasileira* n° 5 pour voix et huit violoncelles. Mais, contrairement aux deux précédents exemples, cette pièce célèbre et ressassée n'est que faiblement révélatrice de la musique de son auteur : l'extraordinaire prolixité de Villa-Lobos a pour corollaire inévitable une œuvre souvent inégale. Orchestrateur remarquable (qui n'est pas sans avoir marqué, en particulier, un Messiaen), Villa-Lobos se montre tout aussi sensible à l'équilibre et à la couleur dans la musique de chambre, — comme en témoigne sa prédilection pour les instruments à vent ou pour les combinaisons rares. À côté des genres hérités tels que les *Sonates* pour violon ou violoncelle et piano, ou les *Trios* pour piano, violon et violoncelle, le talent de Villa-Lobos s'est porté sur des œuvres d'une tout autre originalité, tant par leur nomenclature que par leur valeur musicale dérivée d'un folklore sud-américain dont il est le plus illustre représentant.

On peut distinguer trois groupes d'œuvres se rapportant à la musique de chambre, ou plus précisément trois « collections » — il est difficile de parler de « cycles » — représentés par les dix-sept *Quatuors à cordes*, les *Chôros* et, très partiellement, les *Bachianas brasileiras*. Autant l'imposante production de quatuors ponctue presque régulièrement le catalogue de Villa-Lobos (mise à part une interruption), autant les deux autres genres sont plus nettement délimités en deux séries qui s'enchaînent parfaitement, de 1920 à 1929 pour les quatorze *Chôros* — qui s'inscrivent exactement entre les *Quatrième* et *Cinquième Quatuors* (1917 et 1931) —, et de 1930 à 1945 pour les *Bachianas brasileiras*.

Les œuvres commentées ci-dessous correspondront à ces regroupements, auxquels on ajoutera les compositions pour guitare, ainsi que quelques partitions isolées telles que le *Sextuor mystique*, le *Quatuor* pour célesta, harpe, flûte et saxophone alto avec voix féminines, et le *Quintette en forme de Chôros*.

Les Quatuors à cordes

Constituant une partie considérable de la production de Villa-Lobos, les dix-sept *Quatuors* — un *Dix-huitième Quatuor* avait été ébauché peu avant sa mort — ne seront dépassés en nombre que par ceux de Milhaud qui franchira le fatal chiffre beethovénien. En tant que genre privilégié de la musique de chambre européenne, les *Quatuors*, chez Villa-Lobos, restent fidèles au cadre général en quatre mouvements directement hérité de Haydn : deux mouvements *Allegro* encadrant un mouvement lent et un *Scherzo*, — ces deux mouvements médians pouvant être permutés. De proportions égales à celles de son illustre modèle, les formes utilisées respectent généralement les archétypes, avec parfois une certaine liberté dans le traitement du détail. C'est donc l'expression et l'écriture instrumentale qui caractérisent le style de Villa-Lobos dans ce domaine : au-delà de la prédilection manifeste et avouée de l'auteur pour le quatuor, il est évident que son extraordinaire facilité d'écriture ne parvient pas à renouveler le genre (ce qui du reste ne fut jamais son propos), ni à soutenir une qualité égale au long des dix-sept partitions.

Répartis en deux groupes distants de quatorze ans — les quatre premiers jusqu'en 1917, et les treize suivants après 1931 —, les *Quatuors* permettent de retracer l'évolution stylistique de Villa-Lobos, même s'ils ne constituent pas nécessairement le domaine le plus caractéristique de sa musique de chambre. Écrits au Brésil entre 1915 et 1917, les *Quatuors n° 1* à *n° 4* révèlent une qualité de texture quasi symphonique, attestant la parfaite maîtrise de l'écriture pour les quatre instruments. On y remarque aussi la volonté unitaire qui se manifeste au travers d'une cellule cyclique qui parcourt toute l'œuvre : un motif de cinq notes dans le *Deuxième Quatuor* qui réapparaîtra dans la première des *Bachianas brasileiras*, ou de trois notes (*mi - ré - la*) dans le *Troisième* qui privilégie parallèlement les harmonies à base d'accords de septième. La recherche de couleur harmonique gagnera de l'importance dans le *Quatrième Quatuor*, confirmant l'attention particulière portée au rythme et aux ostinatos qui marquaient déjà le précédent. Quant à l'écriture instrumentale, on retiendra l'efficacité dans la répartition des plans dans l'*Andantino* du *Quatrième*, ou la grande originalité de l'utilisation du pizzicato dans le *Molto vivo* du Troisième Quatuor :

Bien qu'isolé du répertoire européen récent, Villa-Lobos déploie une grande imagination dans ces partitions qui gardent une fraîcheur que ne posséderont pas toujours les suivantes.

À partir du *Cinquième Quatuor*, composé en 1931 à l'époque où Villa-Lobos, de retour au Brésil, exprime sa fascination pour l'art de Bach, la clarté et la simplification de l'écriture (qui ne feront que se vérifier jusqu'au dépouillement du *Dix-septième*) vont s'affirmer de façon croissante. Autre caractéristique importante, le nationalisme musical dont il est désormais le représentant officiel, se traduit par une importance accrue de l'inclusion d'éléments folkloriques : les emprunts mélodiques à des chansons enfantines dans le *Cinquième* où à des polyrythmies recueillies dans le nord-est du Brésil dans le *Sixième*, n'en constituent que deux des nombreuses traces qui persisteront jusqu'au *Douzième*. Cette nouvelle esthétique d'un « nationalisme conscient » et largement affiché s'exerce parfois aux dépens de l'originalité qui avait particularisé les *Quatuors* de 1915-1917, et s'exprime dans les cinq derniers au travers d'une sérénité d'autant plus classique qu'elle est volontairement coupée de l'Europe.

Les Chôros

Écrits entre 1920 et 1929, les quinze *Chôros* relèvent de genres aussi différents que la musique vocale, la musique d'orchestre, ou la musique de chambre : la distribution varie, en effet, d'un instrument (*n° 1* pour guitare, et *n° 5* pour piano) au monumental *Quatorzième Chôros* pour chœur et orchestre. Le « *Chôro* » — Villa-Lobos l'emploie toujours au pluriel, *Chôros* — est donc moins déterminé par une nomenclature que par un *esprit* typiquement brésilien, transplanté dans le domaine de la musique « savante » par Villa-Lobos, comme Bartók a su réutiliser le « Verbunkos » hongrois. On n'oubliera pas, qu'avant de découvrir sa vocation de compositeur « folkloriste », Villa-Lobos avait rejoint, en tant que guitariste, et dès l'âge de treize ans, les *Chôroes*, ces musiciens de rue pour qui le plaisir et la musique ne sont qu'un.

Dans la préface au *Huitième Chôros*, Villa-Lobos tentera de définir les termes de cette translation : « Le *Chôros* représente une nouvelle forme de composition musicale dans laquelle sont synthétisées les différentes modalités de la musique brésilienne, indienne et populaire, ayant pour principaux éléments le Rythme et n'importe quelle Mélodie typique de caractère populaire, qui apparaît de temps à autre accidentellement, toujours transformée selon la personnalité de l'auteur. Les procédés harmoniques sont eux aussi presque une stylisation complète de l'original. Le mot Sérénade peut donner une idée approximative de la signification du *Chôros* ». Comme pour la collection des *Bachianas brasileiras*, les *Chôros* concernent une période très précise de la production de Villa-Lobos ; ils furent écrits entre 1920 et 1929, c'est-à-dire une période coiffant son séjour européen. Il s'agit donc, non seulement d'emprunter au répertoire populaire filtré au travers d'un cadre savant, mais plus encore de diffuser cette conjonction au-delà de l'Amérique latine.

Les *Chôros* qui participent de la musique de chambre sont au nombre de cinq (auxquels on ajoutera les deux « bis » pour violon et violoncelle de 1928), et sont destinés à des ensembles souvent originaux ou inusités, de la guitare seule (voir plus loin) à la combinaison entre voix et instruments. Les *n° 2*, *3* et *7* semblent être les plus proches de l'esprit du *Chôro* traditionnel au travers de la combinaison presque fortuite d'instruments à vent diversifiés.

Comme il le fera dans la *Bachiana brasileira n° 6* pour flûte et basson — ainsi que dans le tardif *Duo* pour hautbois et basson (1957) —, Villa-Lobos limite la distribution du **Chôros n° 2** (1924) à une flûte et une clarinette. La texture formée par la superposition des deux instruments relève de la mélodie accompagnée, à partir d'un ostinato de la clarinette utilisée presque exclusivement dans le grave, et sur lequel se dégage la ligne très souple de la flûte dans l'esprit d'une improvisation.

Durée d'exécution : environ 3 minutes.

Écrit en 1925 pour clarinette, saxophone alto, basson, trois cors, trombone et chœur d'hommes à quatre voix, le **Chôros n° 3** peut-être aussi joué, comme le spécifie le compositeur, soit comme un septuor à vents sans les voix, soit comme un chœur a cappella (l'écriture instrumentale consistant en la doublure du chœur). Inspiré du chant indien « Nozani-nà », le morceau est intitulé « Picapau », faisant référence au pic-vert qui est imité par les onomatopées du chœur dans la partie centrale :

Durée d'exécution : environ 4 minutes.

Le **Chôros n° 4** ne garde du précédent que les trois cors et le trombone. Écrit en 1926, il apparaît plus comme une étude instrumentale et compositionnelle, exploitant tous les types de texture, de l'instrument soliste accompagné par les autres au choral de cuivres à quatre voix, parallèlement aux techniques propres à chacun (glissando, pavillon bouché, etc.).

Durée d'exécution : environ 6 minutes.

Intitulé « Settimino », le **Chôros n° 7**, composé immédiatement après le deuxième (1924), requiert une flûte, un hautbois, une clarinette, un saxophone alto, un basson, un violon et un violoncelle, avec l'intervention d'un tam-tam à la fin du morceau. Plus encore que les autres, ce *Chôros* est caractéristique des influences qui ont pu marquer Villa-Lobos pendant les années parisiennes, — en particulier celle des *Petites Symphonies* de Milhaud* pour l'écriture instrumentale, et celle du *Sacre du Printemps* de Stravinski par l'aspect répétitif et incantatoire du rythme et la tendance à la juxtaposition. Quant à la spécificité brésilienne de cette musique — comme l'a démontré Lisa Peppercorn**, la thématique est largement issue des chants indiens dont Villa-Lobos s'est inspiré, avec, entre autres caractéristiques, l'omniprésence des tierces :

Durée d'exécution : environ 10 minutes.

C'est en 1928 que Villa-Lobos rajoutera les deux **Chôros Bis** pour violon et violoncelle, dans une formation originale et peu fréquente (la *Sonate* de Ravel a été terminée en 1922) vers laquelle il reviendra avec le *Duo* en 1946. La première pièce (*Modéré*) renvoie au *Deuxième Chôros* avec la liberté de la ligne du violon opposée à l'accompagnement du violoncelle, — qui se verra également confier des effets très « guitaristiques ». La seconde (*Lent*), de très loin la plus intéressante, rappelle au passage que Villa-Lobos était violoncelliste, — inaugurant ici un effet particulier consistant à « croiser la troisième corde au-dessus de la deuxième à l'endroit de la quinte *do dièse/sol dièse* : on obtient ainsi un effet simultané de tambour et pizzicato ». Tant par les sonorités que par l'originalité du langage, ce second *Chôros* est incontestablement l'un des plus réussis de toute la série.
Durée d'exécution : environ 9 minutes.

À cette série de pièces dans l'ensemble courtes, vient se rattacher le **Quintette en forme de *Chôros*** écrit la même année que les deux « Bis » (1928), pour flûte, hautbois, clarinette, cor anglais (ou cor) et basson, regroupant ainsi quelques-uns des principaux instruments requis dans les *Chôros* de chambre. Se présentant sous la forme d'une succession d'instants enchaînés, tantôt exubérants et tantôt mystérieux, le *Quintette* sollicite tour à tour chaque instrument, avec des oppositions de caractères très marqués, — le tout dans une harmonie largement polytonale.
Durée d'exécution : environ 10 minutes.

Les œuvres pour guitare

Hormis le *Concerto pour guitare et orchestre* (1951), Villa-Lobos a peu cherché à intégrer l'instrument à d'autres, — y compris dans le cadre de la musique de chambre : la guitare n'apparaît en effet que dans le *Sextuor mystique* (1917), associée à la harpe et au célesta et face à des instruments à vent (ainsi que dans « la distribution de fleurs », pièce pour guitare, flûte et chœur féminin sans grand intérêt).

La production pour guitare seule de Villa-Lobos compte évidemment quelques œuvres essentielles, à côté de pièces, qui bien qu'ayant acquis une grande notoriété, restent plus secondaires, — comme la **Suite populaire brésilienne** ou le célèbre **Chôros n° 1**. La *Suite*, écrite entre 1908 et 1912, c'est-à-dire à l'époque où Villa-Lobos n'est encore qu'un jeune compositeur au talent prometteur, apparaît comme une suite de transcriptions de musique populaire qui aspire à devenir savante (*Mazurka-Chôro*, *Schottisch-Chôro*, *Valsa-Chôro*, *Gavotte-Chôro* et *Chôrinho*) ; de même le *Chôro* n° 1, le seul de la série à avoir été écrit au Brésil (1920), reproduit fidèlement les rythmes caractéristiques du folklore brésilien.

D'une tout autre importance sont les **Douze Études** (1929), dédiées à Andrés Segovia. Souvent comparées à celles de Chopin pour le piano, les *Études* de Villa-Lobos examinent les différents aspects techniques de l'instrument, la plupart à un haut niveau de difficulté tout en gardant un potentiel de musicalité. De même, les **Cinq Préludes** écrits en 1940 renouent plus profondément avec le folklore, — avec cinq tableaux s'inspirant du répertoire populaire tant des *Chôros*, des *Serestas* et *Modinhas*, que des *Saudades* : le folklore des *Préludes* est parfaitement *synthétisé* et non plus simplement adapté.

Œuvres diverses

Les années qui précèdent le premier voyage en Europe de Villa-Lobos sont marquées par quelques tentatives originales, en particulier sur le plan de l'instrumentation. Le **Sextuor mystique** d'abord, écrit en 1917,

* Voir, ici même.
** In *Heitor Villa-Lobos* (Atlantis Verlag, Zürich, 1972).

combine pour la première fois une flûte, un hautbois et un saxophone alto d'une part, une guitare, un célesta et une harpe d'autre part, dans un ensemble qui reste dans l'esprit des *Chôros*. Si la partition est encore assez simple — les vents étant nettement prédominants et simplement soutenus par les trois autres instruments —, et ne mérite que d'être mentionnée, son instrumentation particulière trouvera des prolongements dans le **Quatuor pour harpe, célesta, flûte et saxophone alto avec voix féminines** (1921). Plus équilibrée que le *Sextuor*, cette partition est révélatrice des préoccupations de timbre propres à Villa-Lobos, avec l'ajout, dans les second et troisième mouvements (*Andantino*, *Allegro deciso*), des voix chantant à bouche fermée. Également dénommée *Quartetto simbolico*, l'œuvre, qui adopte le principe cyclique, est à mettre en relation avec la musique française, en particulier avec *Sirènes*, le troisième des *Nocturnes* de Debussy, tant pour le traitement des voix que pour le sens de la couleur qui caractérise la *Sonate* pour flûte, alto et harpe.

Durée d'exécution : environ 20 minutes.

Bien qu'il déborde quelque peu le domaine de la musique de chambre, le **Nonetto** composé en 1923, peu avant le départ du compositeur pour l'Europe, est plus caractéristique encore de l'influence de la musique française associée à une couleur typiquement sud-américaine. Écrit pour flûte, hautbois, clarinette, saxophone alto (et baryton), basson, harpe, piano et célesta, plus un ensemble impressionnant de percussions (trente-trois instruments, dont près d'un tiers typiquement brésiliens) auquel vient s'adjoindre un chœur mixte, le *Nonetto*, à la frontière de la musique d'orchestre, entend proposer en un mouvement unique une « impression rapide de tout le Brésil ». Si l'on s'en tient au traitement instrumental, la partition annonce sans aucun doute l'écriture des *Chôros*, qui puiseront dans cette œuvre volontairement hybride quelques-unes de leurs idées les plus originales.

Durée d'exécution : environ 18 minutes.

A. P.

GIOVANNI BATTISTA VIOTTI

Né à Fontanetto di Po (Piémont), le 12 mai 1755 ; mort à Londres, le 3 mars 1824. Violoniste le plus influent de la fin du XVIIIe siècle, il étudia à Turin avec Pugnani, et effectua avec lui une tournée de deux ans en Europe (1780-1782). Il se fixa ensuite pour dix ans (1782-1792) à Paris, faisant des débuts remarqués au Concert Spirituel le 17 mars 1782. Il entra au service de Marie-Antoinette en 1784, fit partie des abonnés du Concert de la Loge Olympique, dirigea quelque temps l'orchestre du prince de Rohan-Guéménée, et prit en 1788, grâce au patronage du Comte de Provence, futur Louis XVIII, la direction d'un nouveau théâtre d'opéra, le Théâtre de Monsieur, devenu en 1791 le Théâtre Feydeau. En juillet 1792, il se réfugia à Londres, faisant ses débuts à un concert de Johann Peter Salomon le 7 février 1793. Durant les saisons 1794 et 1795, il participa aux mêmes concerts que Haydn. Accusé de menées jacobines, il dut quitter l'Angleterre pour Hambourg en 1798 ; mais, en 1801 au plus tard, il était de nouveau à Londres, où, jusqu'en 1818, il se livra au commerce du vin. Son entreprise ayant fait faillite, il dirigea pendant deux ans (1818-1820) l'Opéra de Paris avant de retourner finir ses jours à Londres. Il ne composa pratiquement pas de musique vocale (seulement quelques airs de peu d'importance), et réserva l'essentiel de sa production au violon : vingt-neuf concertos, dix-huit quatuors à cordes, vingt et un trios pour deux violons et violoncelle, quarante-trois duos. Un catalogue thématique de ses œuvres, destiné à remplacer celui de Remo Giazotto, a été dressé par Chapell White.

En raison de l'action décisive qu'il a eu sur elle et par le fait qu'il a formé à Paris ses meilleurs élèves et ses meilleurs disciples, Viotti, bien que piémontais d'origine, a été rattaché à l'école française de violon. Aldaye, Cartier et Rode furent ses élèves. Kreutzer et Baillot comptent parmi ses disciples. Différents de formation mais unifiés par l'influence de leur maître, Kreutzer, Rode et Baillot, tous trois professeurs au Conservatoire, ont formé une pléiade de violonistes, et on peut affirmer que tous les violonistes du XIXe siècle, qu'ils aient été ou non les disciples de Viotti, ont dérivé de lui.

L'intérêt du compositeur s'est principalement concentré sur son instrument. Dans sa musique de chambre, il a préféré les combinaisons traditionnelles où la domination du violon est toujours assurée : quatuors, trios et duos. Les premiers **Quatuors** de Viotti ont été publiés à Paris entre 1783 et 1785 : il s'agit de *Six quatuors concertants pour deux violons, alto et basse... œuvre I*, dédiés à la princesse de Prusse. Tous sont dans une tonalité majeure, — deux d'entre eux (*n° 3* et *n° 5*) sont en trois mouvements, les autres comprennent deux mouvements. Un deuxième livre de quatuors, soit les *Six quatuors concertants pour violon, alto et basse... œuvre III*, parut à Paris à la même époque et chez le même éditeur, Sieber. Les *Trois quatuors concertants pour deux violons, alto et basse*, que Viotti dédia à son frère A. Viotti, chef de bataillon d'État-major et rapporteur au Deuxième conseil de guerre de Paris, ont été édités à Paris chez Janet de Cotelle en 1817. Tous sont en quatre mouvements. Enfin, à Londres, chez Clementi and co, entre 1801 et 1806, étaient parus *Three quartets for flûte, violon, tenor and violoncello... op. 22*, dédicacés à Philipp Cipriani. Il existe aussi un *Quatuor en* sol *mineur pour deux violons, alto et basse*, publié à Paris chez Janet et Cotelle vers 1816, qui est un arrangement du *Concerto pour violon n° 19* avec l'adjonction d'une introduction lente, et un *Quatuor en* mi *mineur pour deux violons, alto et basse*, qui est un arrangement du *18e Concerto pour violon*, auquel Viotti a ajouté un nouveau mouvement lent et une introduction lente. Les *Trois quatuors pour deux violons, alto et basse, 2e livre*, parus à Leipzig en 1809, chez Breitkopf et Härtel, sont également des arrangements du 2e livre de duos pour deux violons, *op. 5*. Il en est de même pour les *Six sérénades pour flûte, violon, alto et violoncelle... op. 25*, transcriptions des *Six sérénades pour deux violons... op. 23*, parues à Londres chez Clementi and co entre 1801 et 1810. L'éditeur parisien Imbault publia en 1796 *Six quatuors d'airs connus italiens dialogués et variés pour deux violons, alto et violoncelle... op. 23*, attribués à Viotti mais d'authenticité douteuse.

Très influencé par la musique française et par le style français qu'il mania à Paris, Viotti suit dans ses *Quatuors* la tradition du quatuor brillant parisien. Certains, sauf peut-être les derniers, sont inspirés par Haydn. Parmi les **Trios**, les *Six trios concertants pour deux violons et basse... œuvre 2*, dédiés à Pugnani, ont été édités à Paris chez Sieber entre 1783 et 1786. Sauf le premier trio en *la* majeur en deux mouvements vifs, tous comprennent trois mouvements. *Trois trios pour deux violons concertants et violoncelle*, dédicacés à J.C. Hankey, parurent à Londres chez Cori, Dussek et cie en 1796. Ils furent suivis vers 1801-1803 de *Trois trios pour deux violons et violoncelle... œuvre 16*, parus chez Mlle Erard à Paris, de *Trois trios pour deux violons et basse... œuvre 17*, parus en 1803 à Paris au magasin de musique de Cherubini, Méhul, Kreutzer, Rode, N. Isouard et Boieldieu, de *Trois trios pour deux violons et basse... œuvre 18*, et de *Trois trios pour deux violons et basse... œuvre 19*, parus chez les mêmes éditeurs respectivement en 1804 et vers 1808.

Les quarante-trois **Duos** de Viotti qui, comme les *Quatuors* et les *Trios*, apparaissent peu au répertoire des violonistes, sont des œuvres particulièrement élégantes. Deux livres contenant chacun *Six duos concertants pour deux violons*, en deux ou trois mouvements, ont été publiés à Paris, — l'un chez Boyer en 1789, le second, dédié à la reine de Prusse, chez Imbault en 1793. Vers 1796, l'éditeur parisien Porro faisait paraître un troisième livre contenant *Six duos faciles pour deux violons*. Les *Six duos concertants pour violons... œuvre 5*, dédiés à M. et Mme Chinnery, ont été édités à Hambourg chez Böhme en 1799, accompagnés de ces quelques mots : « Cet ouvrage est le fruit du loisir, que le malheur me procure. Quelques morceaux ont été dictés par la peine, d'autres par l'espoir. »

Quatre séries de duos devaient suivre : *Trois duos pour deux violons... op. 18*, dédiés à Joseph Chaplin Hankey esq., parus à Paris chez Mlle Erard en 1803, *Trois duos pour violons*, dits *Hommage à l'amitié*, dédiés à M. Cary. Ent. Sta. Hall. [sic], *Six sérénades pour deux violons... op. 23*, dédiées au duc de Cambridge, et *Six duos pour deux violoncelles... op. 6*, dédiés à

John Crosdill en hommage de Viotti au talent du dédicataire. Ces trois dernières séries ont été éditées à Londres chez Clementi entre 1801 et 1810. Les autres duos, c'est-à-dire ceux des *op. 4*, *op. 6*, *op. 7*, *op. 19*, *op. 20*, *op. 21* et *op. 22*, sont des arrangements effectués par le compositeur lui-même de certains de ses quatuors et de ses trios.

Autres œuvres

De Viotti, on connaît encore *Six sonates pour violon et basse... œuvre 4*, parues chez Sieber, à Paris, vers 1788, *Six sonates à violon seul et basse, IIe livre de sonates de violon*, publiées chez Imbault, à Paris, vers 1789, *Trois divertissements pour le violoncelle seul avec accompagnement de pianoforte*, dédiés par Viotti à son ami le violoncelliste Jean-Louis Duport, et édités à Paris chez Janet et Cotelle vers 1818. Un *Recueil d'airs connus et variés pour le violon avec accompagnement de basse*, publié à Paris chez Sieber vers 1788, contient trois séries de variations sur l'air des « Trois fermiers » de Dezède, sur la romance « Au bord d'une fontaine », et sur l'air de « Marlborough » varié en rondeau.

Viotti signa également quelques œuvres pour piano qui, sauf les sonates des *op. 7* et *15*, sont des arrangements. Les *Sonates pour piano-forte avec accompagnement de violon et violoncelle... op. 7* sont parues à Londres, chez Clementi, vers 1802. Les *Sonates... op. 15*, dédiées à Mlle Marshall, furent éditées chez Mlle Erard, à Paris, vers 1801-1802.

A.d.P.

ROBERT DE VISÉE

Né vers 1660; mort après 1720 (lieux non identifiés). Guitariste et théorbiste, il aurait d'abord travaillé auprès du grand guitariste italien Francesco Corbetta, connu aussi en France sous le nom de Francisque Corbett, et dont il écrivit le « tombeau ». Musicien de la Chambre du roi et du Dauphin dans les années 1680, Robert de Visée entra comme chanteur à la Chapelle royale en 1709. Maître de guitare du Dauphin, puis du jeune roi Louis XV en 1719, il abandonna sa charge à son fils François qui lui succéda en 1720. Guitariste privilégié de Louis XIV (qui ne dédaignait pas de toucher la guitare), il a laissé trois livres de pièces de guitare parus en 1682, 1686 et 1689, des Pièces de théorbe et de luth mises en partition dessus et basse *publiées en 1716, et de nombreuses pièces manuscrites — surtout des danses — pour la guitare.*

Les Suites pour guitare

Robert de Visée a dédié à Louis XIV son **Premier Livre de guittarre**, gravé par Bonneuil et édité à Paris en 1682. On pouvait se le procurer chez Bonneuil et « chez l'auteur dans le Luxembourg ». La dédicace au roi qui ouvre ce recueil prouve que Robert de Visée était déjà connu et estimé à la cour à cette époque, et que la plupart de ses pièces, composées depuis plusieurs années, étaient appréciées par Louis XIV.

La dédicace est suivie d'un long *Avis* qui éclaire l'interprète sur les intentions du compositeur, — lequel déclare d'emblée : « Je me suis attaché au chant le plus que j'ai pu pour [rendre mes pièces] au moins naturelles et dignes de celles de Lully » — discret hommage, en passant, au tout-puissant surintendant de la Musique de Louis XIV.

À la fin de son recueil, Robert de Visée transpose ses pièces de tablature en partition et confie qu'on peut les jouer aussi bien sur le clavecin, sur le violon ou sur tout autre instrument.

Huit suites composent ce premier *Livre de guittarre*, la plupart organisées en une succession de nombreux mouvements de danses (jusqu'à treize dans la troisième *Suite en* ré *mineur*). Deux d'entre elles cependant ne renferment que trois mouvements : la deuxième *Suite en* la *majeur*, qui s'ouvre par une longue *Allemande* à laquelle succèdent une *Courante* d'esprit très français et une sobre *Sarabande* harmonique; la cinquième *Suite en* sol *majeur*, qui ne contient que deux *Sarabandes*, l'une mélodique, l'autre harmonique, et une *Gigue*.

Les suites les plus longues sont généralement introduites par un *Prélude* de style luthé. Puis Robert de Visée respecte l'ordre traditionnel de l'enchaînement des mouvements de danses : une allemande, une ou deux courantes, une ou deux sarabandes (la *Sarabande* de la sixième *Suite en* ut *mineur* est traitée comme un rondeau), une gigue (et même une *Gigue à la manière anglaise* vigoureuse et rapide comme une « jig » anglaise, avec son rythme pointé, dans la septième *Suite en* ut *majeur*). Les suites se terminent par des morceaux de genres différents : gavottes, bourrées, chaconnes ou passacailles.

Dans l'*Allemande* de la sixième *Suite en* ut *mineur*, qui porte le titre de **Tombeau de M. Francisque**, Robert de Visée rend un hommage funèbre à son maître Francesco Corbetta, mort à Paris un an avant la publication du premier *Livre de guittarre* de son élève, en 1681. Ce « tombeau » est une pièce difficile techniquement.

Il y a peu de pièces sous-titrées : seules la longue *Allemande* de la troisième *Suite en* ré *mineur* a reçu le titre de *La Conversation*, et la *Bourrée* de la huitième *Suite en* sol *majeur* celui de *La Villageoise*.

Les autres recueils de Robert de Visée sont conçus dans le même esprit. Le second *Livre de pièces pour la guittarre* (1686) comprend cependant quatre suites de cinq pièces séparées. Enfin, parmi les pièces manuscrites, on relèvera notamment quelques transcriptions pour la guitare d'œuvres de compositeurs français comme Antoine Forqueray, François Couperin, ou Lully avec certaine *Entrée d'Apollon* extraite du *Triomphe de l'Amour*, par exemple.

La musique de Robert de Visée est gracieuse, parfois naïve. Le compositeur recherche une mélodie simple et une harmonie pleine, voire audacieuse pour son instrument. Les agréments sont nombreux, et Visée lui-même explique l'interprétation de sa tablature : les « cheutes » qui se jouent de bas en haut, les « tirades » qui se jouent de haut en bas, les « tremblements », les « martellements » qui ressemblent surtout à des trilles, et les « miolements » qui sont plutôt des sortes de trémolo.

Comme ses contemporains, Robert de Visée utilise une guitare à cinq chœurs, et toutes les pièces de son premier recueil sont écrites dans la tablature de l'accord ordinaire du XVIIe siècle : *la-ré-sol-si-mi*. Dans les dix pièces de la huitième *Suite en* sol *majeur* du premier livre, il imagine un accord nouveau qui n'apporte pas de réelles ressources à la guitare (*si-ré-sol-ré-sol*), et il ouvre sa suite en préludant autour de ce nouvel accord. Car Visée connaît les limites de son instrument dépourvu de basses ; il parvient néanmoins à le faire sonner avec une ampleur étonnante.

A.d.P.

ANTONIO VIVALDI

Né à Venise, le 4 mars 1678 ; mort à Vienne, le 28 juillet 1741. Orienté vers la musique par son père violoniste dans l'orchestre de Saint-Marc, il reçut la tonsure en 1693 et fut ordonné prêtre le 23 mars 1703. La même année, il devint maître de violon à l'Ospedale della Pietà, une des institutions d'éducation pour jeunes filles pauvres, orphelines ou abandonnées, qui existaient à Venise. Il fut employé à des titres divers à la Pietà jusqu'en 1709, puis de 1711 à début 1716, de fin 1716 à 1717, et enfin de 1735 à 1740 (non sans s'être engagé en 1723 à composer, à faire répéter et à diriger pour l'institution deux nouveaux concertos par mois). Protégé notamment par Louis XV, par l'empereur Charles VI, par des membres de la haute noblesse et par des dignitaires ecclésiastiques, il voyagea beaucoup, le reste du temps, en Italie et en Europe : Mantoue en 1718, Rome en 1723 et probablement en 1724, Allemagne et Bohême en 1729-1730, Amsterdam en 1738. Il composa une très grande quantité de musiques instrumentale (concertos, sonates) et vocale (cantates, opéras, partitions religieuses), et fut un pionnier du concerto pour soliste, — genre dont il fixa le cadre et qu'il fut le premier à pratiquer pour un très grand nombre d'instruments différents. Peut-être appelé par l'empereur Charles VI dans la perspective de la mort du maître de chapelle impérial Johann Josef Fux, il quitta Venise pour Vienne à l'automne de 1740.

Toujours est-il que l'empereur disparut en octobre de cette même année, et que c'est dans la plus extrême misère que le « prêtre roux » — ainsi avait-on surnommé Vivaldi — mourut dans la capitale autrichienne neuf mois plus tard. Parmi les petits chanteurs qui prirent part à son service funèbre à la cathédrale Saint-Étienne se trouvait, en toute probabilité, un garçon de neuf ans nommé Joseph Haydn.

Le renouveau de la musique de Vivaldi date du début du XXe siècle, et c'est l'exhumation systématique des œuvres de Bach qui fut à l'origine de la « redécouverte » de cette œuvre lumineuse. Bach ne transcrivit-il pas, en effet, pour le clavecin seul et pour l'orgue plusieurs concertos pour violon de Vivaldi qu'il avait découverts à la cour de Weimar où l'on faisait une grande consommation de musique italienne ?

Curieusement c'est en Italie que Vivaldi fut le plus vite oublié. Sa mort, en 1741, y passa quasiment inaperçue. Au début du XVIIIe siècle, cependant, le nom de Vivaldi avait été célèbre non seulement dans toute l'Italie, mais aussi en Allemagne, en France, en Angleterre et aux Pays-Bas où son œuvre fut régulièrement imprimée de son vivant. L'intérêt et la curiosité avec lesquels Bach se pencha sur cette œuvre prouvent d'ailleurs combien grande était, à cette époque, la considération dont jouissait le « prêtre roux ».

L'influence de Vivaldi sur sa génération et sur celle qui suivit immédiatement est indéniable. S'il doit à Torelli, à Corelli et à l'école de Bologne en général, son influence fut immense sur des contemporains comme Albinoni ou les frères Alessandro et Benedetto Marcello, et plus tard sur Locatelli, Galuppi, Tartini en Italie, Jean-Marie Leclair, François Francœur en France, Telemann et Pisendel, son ami, en Allemagne.

En comparaison de ses concertos, les *Sonates* de Vivaldi sont plus traditionnelles dans leur forme, dans leurs style comme dans la technique utilisée par le compositeur. Les premières sonates (de l'*op. 1* et de l'*op. 2* notamment) se réclament sans équivoque de Corelli. Si elles contiennent de réelles beautés, la personnalité de Vivaldi ne s'y dégage pas encore tout à fait, alors que les sonates de la maturité sont typiquement vivaldiennes.

Quoi qu'il en soit, on découvre dans chacune de ces œuvres les qualités qui feront tout l'art de Vivaldi. Les architectures sont pures sans jamais être lourdes, les rythmes alertes se renouvellent constamment, l'harmonie foncièrement tonale module presque toujours simplement, la thématique est pleine d'invention et de variété.

Treize recueils de musique instrumentale (*op. 1* à *13*) parurent du vivant de Vivaldi, auxquels il faut ajouter un recueil sans numéro d'opus (ultérieurement numéroté *op. 14*) contenant six sonates pour violoncelle et basse. L'*op. 13*, *Il pastor fido*, comprenant six sonates pour divers instruments et basse continue, est un pastiche apocryphe. Dans la production de Vivaldi, on dénombre quelque quatre-vingt-dix sonates dont trente-huit (quarante-deux si l'on compte les six sonates de l'*op. 13*) ont été publiées du vivant de leur auteur.

Opus 1

Parues en 1705 à Venise chez l'éditeur Giuseppe Sala, sous le titre de *Suonate da camera a tre, due violini, e violone o cembalo...*, les douze sonates de l'*op. 1* portent une dédicace au comte Annibale Gambara, noble vénitien. Sala avait déjà découvert Albinoni, et édité plusieurs auteurs italiens comme Marcello et Torelli. Ces sonates furent rééditées vers 1712-1713 à Amsterdam chez Étienne Roger, puis à Paris vers 1739 chez Le Clerc et Boivin.

Assez conventionnelles, ces œuvres s'inspirent de Corelli et, à l'instar du maître bolonais qui a conclu son *op. V* par une série de variations sur le thème de *La Follia*, Vivaldi referme son recueil par une douzième sonate qui porte le titre de *La Follia* et qui n'est autre qu'une suite de vingt variations sur ce même thème.

Sauf la sonate précitée, toutes les sonates de l'*op. 1* débutent par un mouvement lent : *Prélude* grave (*Sonate 1 en* sol *mineur*, *Sonates 5* à *11*), *Grave* (*Sonate 2 en* mi *mineur*) où les trois parties sont traitées à égalité, *Adagio* (*Sonate 3 en* ut *majeur*), *Largo* (*Sonate 4 en* mi *majeur*) dans lequel Vivaldi mêle en une écriture très dense l'ancien style polyphonique et le nouveau style monodique. Les morceaux qui suivent sont des mouvements divers, dont beaucoup de danses (allemandes, courantes, gavottes, gigues, sarabandes). Les gigues rapides évoluent sur un rythme à 12/8 avec des traits canoniques (*Sonate 2*) ou une partie mélodique exclusivement réservée au premier violon (*Sonate 7*). Les allemandes peuvent être contrapuntiques (*Sonate 4*) ou mêler le rythme solennel des croches pointées à des traits concertants (*Sonate 7*). La *Corrente* à 3/4 de la *Sonate 2* est également toute en rythmes pointés. Le *Capriccio* de la *Sonate 1* est entièrement construit sur des figures d'arpèges descendants.

La *Sonate 12 en* ré *mineur*, dite *La Follia*, exploite en ses variations toutes les ressources de la sonate à trois. Le thème est énoncé d'entrée, *Adagio*, par les trois parties ensemble ; puis se succèdent une grande variété de figures mélodiques et rythmiques : rythmes pointés (*var. II, Andante*), contretemps (*var. III, Allegro*), mouvements contraires (*var. IV*), figures canoniques (*var. V*), virtuosité de la basse (*var. VI*), traits de concerto (*var. VII*), oppositions rythmiques entre les deux parties de violon (*var. VIII*), développement du thème en croches au premier violon seulement (*var. X*), figures en écho (*var. XI*), unissons de tierces (*var. XIII*), développement du thème à la basse (*var. XIV*), mouvement perpétuel du premier violon (*var. XVIII*), notes répétées (*var. XIX*), apothéose finale de virtuosité (*var. XX*).

Opus 2

Ce recueil de douze sonates pour violon et basse (non chiffrées), dédié au roi Frédéric IV de Danemark et Norvège, est d'abord paru en 1709 à Venise, chez Antonio Bortoli, sans numéro d'opus, puis réédité avant 1712 chez Étienne Roger, à Amsterdam, avec la mention *opera seconda*.

Chacune des douze sonates est introduite par un prélude. Chacun des préludes a un style différent. Le prélude *A capriccio presto* de la *Sonate 2 en* la *majeur* est de genre concertant, le prélude *Andante* de la *Sonate 4 en* fa *majeur* impose la grande sobriété de ses valeurs longues à 3/2, le prélude *Largo* de la *Sonate 8 en* sol *majeur* brille de traits de concerto légers, les préludes *Largo* des *Sonates 10 en* fa *mineur* et *12 en* la *mineur* ont la majesté de leurs rythmes pointés, le prélude *Andante* de la *Sonate 11 en* ré *majeur* déploie une intéressante écriture canonique entre le violon et la basse.

Vivaldi organise la suite de ses sonates en mouvements divers dans lesquels se trouvent, comme dans l'*op. 1*, beaucoup de mouvements de danses. Les gigues sont à 6/8 ou à 12/8, mais la *Fantasia presto* de la *Sonate 11* repose sur un rythme de gigue à 9/8 et expose des dessins de croches semblables à ceux de la *Giga presto* à 12/8 de la *Sonate 8*. La *Corrente* de cette sonate est caractéristique par ses sauts dépassant parfois deux octaves. Dans l'*Allemanda* de la *Sonate 10*, les rythmes pointés omniprésents du violon contrastent avec la basse continue de notes répétées à l'italienne. Les *Capriccio* des *Sonates 9* et *12* prennent l'aspect de mouvements perpétuels de grande virtuosité. Une curieuse *Gavotta* en syncopes conclut la *Sonate 11*.

Opus 5

Les *VI sonate quatro a violino solo e basso e due a due violini e basso continuo... opera quinta o vero parte seconda del opera seconda* ont été éditées à Amsterdam en 1716 chez Jeanne Roger, et rééditées dans la même ville en 1723 chez Le Cène. Comme leur titre l'indique, ces sonates étaient dans l'esprit de Vivaldi la continuation des douze sonates de l'*op. 2*. Elles sont d'ailleurs numérotées dans l'édition originale de 13 à 18.

Toutes débutent par un prélude lent, solennel (*Sonate 2 en* la *majeur*), mélodique (*Sonate 3 en* si *bémol majeur*), canonique (*Sonate 5 en* si *bémol majeur* pour deux violons). Il y a opposition rythmique entre les valeurs pointées et les triolets du prélude de la *Sonate 4 en* si *mineur*. On notera également la richesse de la ligne mélodique du premier violon accompagné par le second violon et la basse dans la *Sonate 6 en* sol *mineur*.

Les mouvements qui succèdent aux préludes sont des danses : allemandes, courantes, gavottes et un *Air-menuet* qui clôt la *Sonate 6*. Vivaldi opte donc ici pour la forme de la sonate *da camera*. Certains de ces mouvements de danse seraient dignes de figurer dans un concerto, tel l'*Allemanda* de la *Sonate 5* où les deux violons se poursuivent en dialogue. L'*Allemanda* de la *Sonate 6* est construite comme un véritable début de fugue.

Il pastor fido (op. 13)

Ce recueil de six sonates parut en 1737 à Paris chez la veuve Boivin sous le titre d'*Il pastor fido, sonates pour la musette, vielle, flûte, hautbois, violon avec la basse continue, del signor Antonio Vivaldi, opera XIII*.

Mais après examen du privilège accordé à l'éditeur pour la publication de cette œuvre, il apparaît que celui-ci était J.-N. Marchand, et non Madame Boivin qui devait sans doute être chargée de la vente du recueil.

L'authenticité en tant qu'œuvre de Vivaldi est aujourd'hui très douteuse*, quoique la preuve définitive et indiscutable d'une attribution trompeuse n'ait pas été fournie. Plusieurs raisons ont ici été avancées. Vivaldi écrivit-il à l'époque pour la musette et la vielle, instruments très prisés en France, et se peut-il qu'il ait fait appel pour la publication de telles œuvres à un éditeur peu réputé ? On a également objecté que les thèmes initiaux de certains mouvements de ces sonates se retrouvent directement dans des concertos de Vivaldi ou de contemporains : le début de l'*Allegro assai* de la *Sonate 2 en* ut *majeur* apparaît avec quelques variantes comme thème initial des finales des concertos pour violon *op. 4 n° 7*, pour hautbois *op. 7 n° 2*, et dans la sinfonia d'*Ottone in Villa* de Vivaldi ; l'introduction de l'*Allegro ma non presto* de la *Sonate 3 en* sol *majeur* est identique au thème du premier *Allegro* du concerto pour violon en *mi* bémol majeur *op. 6 n° 2* de Vivaldi ; le joyeux motif principal de l'*Allegro ma non presto* de la *Sonate 4 en* la *majeur* est, semble-t-il, dérivé du thème initial d'un concerto en *la* majeur pour violon de J. Meck ; le thème du second *Allegro* de la même sonate se retrouve dans un *Allegro* d'un concerto pour violon en *la* majeur de G. M. Alberti ; le début de l'*Allegro ma non presto* de la *Sonate 5 en* ut *majeur* est semblable au thème initial du concerto pour violon en *la* majeur de J. Meck ; enfin l'*Allegro* de la *Sonate 6 en* sol *mineur* reprend exactement le thème du premier *Allegro* du concerto pour violon *op. 4 n° 6*, également en *sol* mineur, et que Bach transcrivit pour clavecin seul (*BWV 975*).

On est arrivé à la conclusion que l'éditeur Marchand, auteur présumé de ces sonates, aurait puisé dans l'œuvre de Vivaldi, fort connue et jouée à cette époque en France.

Qu'elle soit ou non de Vivaldi, cette musique n'en demeure pas moins pleine de charme. Les mouvements réunis à l'intérieur de chaque sonate sont très variés, — avec quelques danses. On notera la parenté thématique existant entre le thème de la gavotte en *ut* mineur et celui de l'*Allegro* en *ut* majeur de la *Sonate 1*. Les *Allegros* sont en général de style concertant et de carrure très italienne. Les mouvements lents font appel à des mélodies aussi gracieuses qu'expressives. Le dessus et la basse y dialoguent souvent, et c'est la basse qui lance le thème majestueux du prélude *Largo* de la *Sonate 4*. Le second mouvement de la *Sonate 6* est une *Fuga da capelle* en forme d'*alla breve* qui expose deux sujets : l'un en valeurs longues, l'autre très italien de conception. La *Pastorale ad libitum* de la *Sonate 4* contient enfin une partie de violoncelle obligé.

* Peter Ryom, *Répertoire des œuvres d'Antonio Vivaldi* (Copenhague, 1986).

Sonates pour violoncelle et basse (op. 14)

Marc Pincherle affirme que, sauf erreur, l'*op. 14* de Vivaldi serait identique au recueil de sonates pour violoncelle publié en 1740 à Paris par Le Clerc et Madame Boivin. Cette supposition a depuis été acceptée, mais la page de titre du recueil ne porte aucun numéro d'opus : *VI sonates violoncelle solo* [sic] *col basso da d'Antonio Vivaldi, Musico di violino e Maestro de concerti del Pio Ospidale della Pietà di Venezia*. Une réimpression de ces œuvres parut chez les mêmes éditeurs en 1748.

Les six sonates pour violoncelle sont en quatre mouvements organisés comme suit : *Largo*, *Allegro*, *Largo*, *Allegro*. Les *Largo* initiaux correspondent à des épisodes distincts : celui de la *Sonate en* fa *majeur*, par exemple, est un prélude pompeux en doubles croches pointées, celui de la *Sonate en* la *mineur* introduit l'ensemble sur un rythme de marche, alors que celui de la *Sonate en* mi *mineur* évoque un mouvement de concerto. Les trois sonates en *si* bémol majeur s'ouvrent différemment, mais chacun de leurs *Largo* est basé sur des oppositions : opposition de broderies de triolets et de doubles croches pointées, opposition d'un rythme de sicilienne avec traits virtuoses de gammes et de triolets, opposition d'une longue mélodie étirée par le violon sur l'obstination des notes répétées d'une basse continue à l'italienne. Les premiers *Allegro* répondent au style du concerto, tandis que les *Largo* centraux font appel à de belles mélodies. Dans le *Largo* de la *Sonate en* fa *majeur*, la basse répond constamment au violoncelle. Ailleurs (*Sonate en* si *bémol majeur*), Vivaldi développe une ligne mélodique très ornementée, réintroduit un thème déjà utilisé par lui dans une sonate pour violon en *ut* mineur non éditée de son vivant (*Sonate en* la *mineur*), ou se sert de beaux effets chromatiques (*Sonate en* si *bémol majeur*). Les finales, de style concertant, sont généralement pleins d'entrain et débordent de virtuosité.

Il faut enfin mentionner qu'une grande partie des sonates que Vivaldi dédia à différents instruments resta manuscrite de son vivant et ne fit l'objet que de publications récentes : il s'agit d'un grand nombre de sonates pour violon et basse continue, ainsi que de sonates pour flûte traversière et base continue, pour flûte à bec et basse continue, pour hautbois et basse continue, pour deux flûtes traversières et basse continue, pour deux hautbois et basse continue et de sonates en trios pour deux instruments différents et basse continue.

A.d.P.

CARL MARIA VON WEBER

Né le 18 (ou 19) novembre 1786 à Eutin, dans le Holstein; mort le 5 juin 1826, à Londres. Il était fils d'un violoniste devenu directeur d'une compagnie théâtrale itinérante : son éducation se fit donc au hasard de tournées à travers l'Allemagne, et sans doute y acquit-il les connaissances du théâtre qui lui seraient plus tard si utiles. S'intéressant autant à la lithographie qu'à la musique, il n'opta définitivement pour cette dernière que vers l'âge de dix-sept ans, lorsqu'en 1803 il vint à travailler à Vienne avec le célèbre abbé Vogler. C'est sur recommandation de ce dernier qu'il obtint, l'année suivante, son premier poste officiel, celui de Kapellmeister du Théâtre de Breslau. Poste où s'aguerrit sa pratique théâtrale, mais qu'il quitta deux ans plus tard pour devenir intendant du duc de Wurtemberg, à Carlsruhe, avant d'être le secrétaire privé du duc Ludwig, frère du précédent, à Stuttgart. Accusé — à tort — d'escroquerie, Weber se fait expulser et entreprend, de 1811 à 1813, une longue tournée européenne qui le mènera au Théâtre de Prague, où il sera engagé comme directeur de la musique : il y restera trois années, qui seront parmi les plus actives de sa carrière. En 1816, il sera nommé directeur de l'Opéra allemand de Dresde, — poste qu'il occupera jusqu'à sa mort. Toute la vie de Weber aura donc été orientée vers le théâtre, et il aura connu de prodigieux succès durant ses dix dernières années, — avec notamment le triomphe du Freischütz *(créé à Berlin en 1821). En 1823,* Euryanthe *fut également un succès, quoique plus mitigé; mais* Obéron, *opéra féerique conçu en anglais pour le Covent Garden de Londres, triompha à son tour en avril 1826 : le musicien profita mal de cette consécration, — emporté peu après par une tuberculose pulmonaire. Lorsque son corps, inhumé d'abord à Londres, fut rapatrié en Allemagne en 1844, c'est Wagner qui prononça un remarquable éloge de celui qu'il considérait comme l'initiateur d'un véritable opéra national. Sans doute est-il justifié d'accorder aux trois opéras principaux la place exceptionnelle qui leur revient dans l'histoire du théâtre lyrique. Mais l'œuvre de Weber est vaste : cantates, airs de concert, chœurs, lieder allemands, musique religieuse, musique symphonique, piano, enfin musique de chambre, — celle-ci passablement oubliée de nos jours et qui mérite — non en son intégralité, il est vrai — une écoute attentive. Musique possédant un charme immense, et parfois une véritable originalité. Non par la technique musicale, mais par son « tempérament » : on discerne, chez Weber, un legs de l'épopée napoléonienne, un goût du panache, de l'héroïque et du clinquant, mêlés à des suggestions nocturnes, mystérieuses, de forêt et de puissances maléfiques, — qui demeurent uniques, même lorsqu'elles n'affleurent et ne s'épanouissent qu'imparfaitement. Ces qualités, qui peuvent être parfois négatives, on les rencontre dans quatre partitions examinées plus particulièrement ci-après, — les autres ne méritant que la mention « œuvres diverses ». Pour toutes, c'est une présentation chronologique qui est adoptée; signalons toutefois que nous avons conservé, dans les titrages, les numéros d'opus traditionnellement employés avec mention de la numérotation — elle-même chronologique — proposée par le catalogue de J.W. Jähns (lettre initiale J).*

Quatuor pour piano et cordes, en *si* bémol majeur (J.76)

L'œuvre — à laquelle l'attribution courante de numéro d'*op. 8* apparaît erronée — fut achevée le 25 septembre 1809 à Stuttgart, alors que son second mouvement, *Adagio*, avait été composé dès le 15 octobre 1806 à Carlsruhe (il n'est pas impossible que l'*Allegro* initial ait été écrit en même temps). Nous ne sommes pas renseignés sur la date précise de la première publique ; nous savons seulement que Weber vendit sa partition, ainsi que quelques autres, à la maison d'édition récemment fondée par Nikolaus Simrock à Francfort, en 1810. Il y a quatre mouvements, bien équilibrés, dans lesquels le piano s'adjuge un rôle concertant des plus brillants, sinon toujours véritablement inspiré.

L'**Allegro** d'ouverture est un mouvement de sonate simple, dans lequel le premier thème s'énonce vigoureusement au clavier pour obtenir sa réponse par les cordes ; une transition agitée amène le second thème, d'une certaine ampleur mélodique, dévolu cette fois aux cordes que le piano « ornemente » avec souplesse. Développement de ces deux thèmes fort bien conduit, non sans imagination, faisant succéder, sans apporter l'extension qu'elle mériterait, une très belle idée lyrique à l'alto. L'**Adagio** qui suit se révèle de construction plus libre et contrastée : d'entrée, l'atmosphère est sereine, presque idyllique ; mais de violents élans dramatiques, au violoncelle principalment, viennent en troubler la surface *(più moto e con fuoco)* ; le calme se rétablit, à nouveau déchiré d'éclairs d'orage qui sillonneront toute la coda. C'est un **Menuet** qui vient ensuite, plaisant, moins intéressant que son trio central aux accents d'un air de danse paysanne qu'entonne d'abord le violoncelle. D'une invention plus vive et plus riche, le **Presto** final s'ouvre par un fugato au sujet plein d'énergie (qui sera repris, pour conclure, avec une remarquable efficacité). Un thème léger, d'une superficialité capricieuse, grâce auquel se distrait le piano, amène son complément un peu antinomique, une idée mélodique pleine de grâce, — l'ensemble adoptant une allure et un ton de « pot-pourri » qui vient opportunément épicer la conclusion fuguée... En bref, une partition s'écoutant avec agrément, sans qu'il soit nécessaire d'y chercher une quelconque profondeur.

Durée d'exécution : 25 minutes environ.

Quintette pour clarinette et cordes, en *si* bémol majeur (op. 34, J.182)

De tous les ouvrages de chambre de Weber, c'est le seul qui — à plus ou moins juste titre — se soit fermement maintenu au répertoire courant. C'est lors d'un séjour à Munich en 1811, tandis qu'il parcourait l'Europe comme pianiste et comme chef d'orchestre, que Weber avait rencontré Heinrich Bärmann, clarinettiste solo de l'orchestre de la Cour et virtuose de son instrument. C'est à son intention que fut écrit le *Quintette*, achevé seulement quatre ans plus tard, le 25 août 1815, et créé dès le lendemain 26 août. La publication en intervint à l'automne de l'année suivante, par Schlesinger. Ajoutons que c'est pour Bärmann également que Weber composa, pendant la seule année 1811, deux *Concertos* — dont le *Premier*, en *fa* mineur, conserve une réputation méritée —, ainsi qu'un aimable *Concertino*. Mentionnons ici l'opinion, fort injuste, du biographe britannique de Weber, John Warrack* estimant que le fait d'avoir écrit l'œuvre par intermittence en différents lieux lui a beaucoup nui : « Ce manque de concentration soutenue apparaît clairement dans le résultat final : à la fois virtuose et superficielle, cette œuvre ne semble destinée qu'à faire valoir le talent de Bärmann... Ce *Quintette* tient moins de l'œuvre de musique de chambre — les cordes y sont presques réduites à un rôle d'accompagnement — que du concertino composé pour le seul plaisir des effets ». Ce qui semble bien hâtivement jugé. Il y a quatre mouvements, — dont chacun peut retenir plus favorablement l'attention.

1. Le mouvement initial — **Allegro** est ouvert par une lente introduction des cordes préparant l'essor impérieux et agile de la clarinette sur un motif qui n'est que le premier d'un ensemble fort enjoué, parfois quelque peu « militaire », constituant le thème principal. Le second thème rapide — indiqué *scherzando* — n'est pas moins propice aux ébats de l'instrument soliste. Le développement se construit sur les différents motifs du premier sujet, y comprises les mesures d'introduction, — qui font office de transition vers une réexposition considérablement modifiée. La coda semble présenter, aux cordes, un nouveau thème plein de force : il s'agit en réalité, de la transformation d'un des motifs initiaux, qui conclut dans l'éclat.

---

* J. Warrack, *Carl Maria von Weber* (Ed. Fayard, Paris, 1987).

2. Le bref **Adagio ma non troppo** qui succède, intitulé *Fantasia*, peut apparaître comme l'un des plus belles pièces jamais écrites pour la clarinette, — sorte d'air de concert faisant valoir, en une très longue phrase mélodique, tant la splendeur des sonorités que l'expressivité des différents registres et la ductilité du phrasé. Faisant valoir, en outre, une aisance très weberienne dans la conduite de gammes chromatiques ascendantes qui agissent comme des cadences intercalaires, non sans contrastes marqués de dynamique (du *ff possibile* au *ppp*) : épreuve de haute technicité imposée, sans ménagements, à l'instrument, — dont on sait néanmoins qu'il peut exceller en ce domaine.

3. *Capriccio presto*, le **Menuet** — en troisième position — propose de brillants effets (départ de la clarinette sur un véloce accord brisé), en même temps qu'il manifeste une invention rythmique permanente : la gaieté s'y pimente d'une pointe d'humour, — tandis que le trio, en legato plus lent, d'esprit serein, apporte un contraste.

4. Pour terminer, un **Finale** dans la forme rondo ABACA : l'élégant thème-refrain (A) se façonne lui-même à partir de gammes ascendantes d'une agilité presque diabolique. Le thème B, avec ses rythmes accentués, d'un effet presque dramatique, possède sans doute plus de poids, — tandis que C retrouve l'exubérante légèreté du début. C'est en un déploiement virtuose des ressources de jeu de la clarinette que consiste l'éclatante coda.

Durée d'exécution : 24 minutes environ.

Grand Duo concertant pour clarinette et piano, en *mi* bémol majeur (op. 48, J.204)

Encore une partition dédiée à la clarinette, achevée à Berlin en novembre 1816 (les deuxième et troisième mouvements terminés dès juillet 1815), — que d'aucuns ont pu tenir pour l'œuvre de chambre la plus intéressante du compositeur. S'y révèle, en effet, une assurance toute nouvelle dans le traitement des thèmes, l'équilibre formel des mouvements, et, en l'occurrence, dans les relations établies entre les instruments partenaires. « Ce n'est pas une sonate pour clarinette avec accompagnement de piano — a justement noté John Warrack* —, mais une œuvre concertante de grande envergure pour deux virtuoses, et toute la musique se déploie dans ce sens ». Le même auteur fait remarquer : « Chose tout à fait caractéristique, ce fut en donnant à leurs relations un aspect théâtral plutôt qu'en les mariant en un concept abstrait que Weber a trouvé l'inspiration la plus puissante ».

1. Le mouvement introductif — dans une forme sonate parfaite — combine habilement un thème principal d'allure virile, « chevaleresque », à un thème secondaire mélodique, d'une grâce sinueuse, féminine, — bien répartis entre les deux instruments. « Comme dans toute l'œuvre, on relève un grand nombre de gammes brillantes à l'unisson, à la tierce ou à la sixte, et c'est fréquemment le piano qui joue le rôle moteur de ce mouvement d'une extrême inventivité » (J. Warrack).

2. **Andante con moto**, à 3/4 et en *ut* mineur, le mouvement lent est de coupe ternaire : sorte de « cavatine » d'une réelle inspiration mélodique encadrant l'épisode central plus vif, voire plus assombri et inquiet. Pour un commentaire autorisé, citons de nouveau John Warrack : « Après l'entrée sereine de la clarinette au-dessus d'accords palpitants, le piano s'engage dans un épisode orné, élaboré au-dessus d'une riche figuration en doubles croches, qui continue de colorer la musique au retour de la clarinette. On se dirige ainsi progressivement vers le début d'une réexposition de l'épisode de piano, dont la clarinette ne fait qu'épaissir le coloris. Mais le thème chanté reprend la prééminence, et le mouvement s'achève ainsi. »

3. Le rondo final — un **Allegro** à 6/8 — se signale, pour sa part, par la plaisante facilité de ses thèmes, dont une exquise mélodie chantée au plus pur registre de la clarinette, et qui ne peut manquer d'impressionner. Dernier commentaire de John Warrack : « Dans le *rondo*, la clarinette semble dominer, mais la collaboration est en fait ingénieusement maintenue sur un pied d'égalité par une vive répartition des matériaux : ceux-ci comprennent un épisode d'un sinistre burlesque en *ré* bémol, où la clarinette évoque la veine du *Freischütz* par une déclamation au-dessus des trémolos grondants du piano; leur caractère menaçant est dissipé par l'apparition de la figure capricieuse de rondo à la basse, qui conduit progressivement à une réexposition du thème principal. Toute l'écriture relève du style "brillant" et le plus divertissant de Weber. »

Durée d'exécution : 18 minutes environ.

* J. Warrack, *op. cit.*

Trio pour piano, flûte et violoncelle, en *sol* mineur (op. 63, J.259)

Le mouvement lent en fut écrit dès 1813, tandis que le reste de l'ouvrage ne fut entrepris qu'en 1818 pour être achevé le 25 juillet 1819 au cours d'un séjour estival à Klein-Hostewitz, près de Pillnitz (publication en 1820, par Peters). La dédicace fut adressée au Dr Jungh, dont Weber avait fréquenté la demeure antérieurement à Prague, bon amateur de musique, excellent violoncelliste. L'œuvre comporte quatre mouvements.

1. Le premier est un **ALLEGRO MODERATO** et, par son caractère romantique au sein d'une forme classique, s'avère peut-être le plus réussi des allegros de sonate écrits par Weber. Il débute sobrement, avec une certaine gravité mélancolique, — en un thème schubertien confié d'abord au piano et au violoncelle, la flûte n'intervenant qu'ensuite. Le thème secondaire, sous forme de questions/réponses, ne fera qu'accentuer cette impression, — prêtant quelques accents douloureux au violoncelle, et pathétiques à la flûte. Fin apaisée sur une tenue de celle-ci.

2. Le scherzo qui fait suite — un **ALLEGRO VIVACE** en *sol* mineur/majeur — dissipe les ombres et fait place à la légèreté, avec une flûte virtuose; la première section avoue une parenté avec le *Menuet* du *Quatuor avec piano* (v. plus haut), — tandis que la seconde (tonalité majeure), possède ce caractère vivifiant, de « plein air », d'une danse villageoise directement issue du *Freischütz* (vigoureuse scansion d'accords au piano). Ce mouvement a toute la brièveté d'un intermède.

3. Non moins concis, le troisième mouvement — **ANDANTE ESPRESSIVO** — est titré « La plainte du berger » *(Shäfers Klage)*, — page composée, comme on l'a dit, quelques années plus tôt à Prague. Une flûte agreste *(semplice)* exhale, en un thème-lamento, la tristesse d'une âme « romantique »; mélodie qu'on pourrait tenir pour un peu anodine, mais qui imprime son caractère au reste de l'œuvre :

Commentaire approprié d'un John Warrack : « En l'espace de cinquante-neuf mesures, cette petite mélodie doit porter le poids d'une mélancolie beaucoup plus intense que ne peut le suggérer son rythme spirituel. Son premier énoncé trouve une réponse dans un solo de piano aux harmonies plus riches; un brusque passage en *ré* majeur donne naissance à une partie pleine de fougue de la flûte sur le thème de la main gauche du piano, qui s'apaise en une palpitation touchante, au-dessous d'une autre version du même thème, — avant d'émettre un appel à l'ordre menant le mouvement vers une conclusion tranquille bien qu'encore un peu agitée. »

4. Plus long, plus répétitif en ses formules à « ritournelle », l'**ALLEGRO** final s'ouvre par un motif qui semble emprunté à la Chanson à boire de Caspar dans *le Freischütz*; il adopte le style brillant, très « allemand », du premier mouvement. Le développement de cette forme sonate-rondo donne lieu à d'intéressants échanges entre flûte et violoncelle, avec un piano plus décoratif. Il n'est d'ailleurs pas douteux que, contemporaine de l'œuvre pré-citée, la partition constitue une sorte de contrepartie instrumentale des premiers opéras germaniques, — à l'encontre de la tradition italienne encore toute-puissante. En dépit de ses quelques faiblesses — présence trop facile d'éléments sentimentaux ou de pur divertissement —, ce *Trio* révèle toute l'originalité de son écriture dès qu'on le situe dans cette perspective d'une évolution, encore balbutiante, du théâtre lyrique allemand.

Durée d'exécution : 22 minutes environ.

AUTRES ŒUVRES

Les Variations

Weber — non moins que ses devanciers (Mozart) ou que ses contemporains (Beethoven) — a sacrifié au genre de la variation : bien plus, d'ailleurs, selon les formules mozartiennes que dans l'esprit des amplifications beethovéniennes. La brillance, l'ingéniosité, l'hétéroclite parfois, permettent rarement un approfondissement de toutes les virtualités recélées par le genre, et que développeront les grands romantiques. Weber, sur ce plan, n'est point de ceux-là. Nous ne mentionnerons que pour mémoire les six **Variations pour alto** (J.49), écrites en 1806 à Carlsruhe, chez le duc de Wurtemberg, à l'intention d'un altiste de la Cour : elles s'inspirent d'un air autrichien passablement insipide, « A Schüsserl und a Reind'rl ist ». Les neuf **Variations sur un air**

norvégien pour violon et piano (op. 22, J.61), composées à Stuttgart en 1808 sur commande du banquier Kleinwächter (leur dédicataire), présentent également un intérêt fort limité, — le musicien, toutefois, n'ayant pas répugné à la jouer fréquemment avec des amis (et un soir, quelques années plus tard, avec l'extravagant violoniste français Alexandre Boucher). Les **Variations pour violoncelle** (J.94), achevées fin mai 1810 à Mannheim, composées pour le violoncelliste ami de Weber, Alexander von Dusch, données en première audition le 30 mai suivant à Heidelberg, présentent un intérêt tout autre : elles forment un assemblage-mosaïque assez extraordinaire de pièces diverses, parmi lesquelles seules l'introduction, la Variation IV, enfin la Coda sont originales. Il n'est pas indispensable, ici, d'en fournir le détail : l'essentiel reste d'en signaler la virtuosité à l'intention d'un instrument dont le musicien n'ignora aucune des ressources d'agilité, ni celles du doigté harmonique. Les sept **Variations sur un thème de « Silvana »** pour clarinette et piano (op. 33, J.128), composées à Prague en 1811 (première audition chez le comte Firmian, le 14 décembre de cette même année), s'imposent-elles davantage à l'écoute ? A peine. Il est notable qu'elles furent écrites sous le coup de l'admiration ressentie par Weber pour l'exceptionnel virtuose de la clarinette qu'était Heinrich Bärmann, — tout en faisant office, comme l'a plaisamment formulé John Warrack*, de « bande-annonce » pour l'opéra *Silvana*. Le thème, en effet, provient d'un air touchant — « warum muss'ich dich je erblikken » — tiré de cet « Opéra romantique » au succès sans lendemain.

Les **Six Sonates progressives** « pour piano avec violon obligé » et « dédiées aux amateurs » (op. 10, J.99-104) furent composées entre le 20 septembre et le 17 octobre 1810 à Darmstadt, à l'intention de l'éditeur Joham Anton André, leur commanditaire (mais refusées par ce dernier, et publiées par Simrock, à Bonn, en 1811). Ce sont moins des sonates que des sonatines destinées à une pratique domestique et délibérément pédagogique. A noter qu'elles furent ensuite arrangées pour piano à quatre mains par Czerny — autre pédagogue —, et éditées en Angleterre dans une révision effectuée par Moscheles. Nous reproduisons ci-après, en l'abrégeant, un commentaire suffisamment explicite de John Warrack. Celui-ci fait d'abord remarquer que le piano s'adjuge « la partie essentielle et la plus exigeante techniquement », alors que revient au violon « un rôle qui met en valeur une honnête technique d'amateur ». Puis il souligne ainsi la diversité stylistique de ces *Sonates* : « Weber introduit dans cinq des mouvements le parfum exotique que les romantiques trouvaient si stimulant. Le *n° 5* s'achève par un plaisant *Siciliano* ; le premier mouvement du *n° 2* porte l'indication *Carattere espagnuolo*, qui transforme le gracieux thème d'ouverture en boléro. Comme ailleurs, le style « espagnol » de Weber repose presque intégralement sur des rythmes sémillants et conventionnels... Le *finale* est l'un des deux mouvements « polonais » de la série, qui se sert cette fois d'un prétendu *Air polonais* ; le *finale* du *n° 6* offre un nouvel exemple des nombreuses polkas de Weber... L'*Air polonais*, comme l'*Air russe* au phrasé irrégulier du *n° 3*, suggèrent tous deux à Weber de séduisants écarts harmoniques... Le *n° 5*, l'un des trois à ne compter que deux mouvements, commence par une série de variations quelque peu grandioses sur le *n° 10* de *Silvana* « Warum muss'ich dich je erblikken ». Et nous retrouvons ce thème « porte-drapeau » que Weber utilisera peu après dans ses *Variations sur un thème* de « *Silvana* » (v. précédemment), — si cher à son auteur.

L'**Adagio et Rondo pour harmonicorde** (J.115) fut écrit en 1811 par un musicien qui s'enthousiasma pour cet instrument inventé trois ans auparavant ; il représentait une des multiples tentatives pour obtenir un « sostenente piano-forte » (un mécanisme susceptible de remédier à l'inconvénient des piano-forte ordinaires, qui perdaient de leur puissance dès qu'une note avait été jouée). Devant les problèmes techniques d'écriture que posait ce nouveau modèle, la ferveur de Weber retomba quelque peu, et c'est seulement la veille du concert, le 13 juin 1811, avec Friedrich Kaufmann, zélateur de l'instrument, que la partition fut hâtivement achevée. Kaufmann devait s'en servir assez longtemps comme œuvre de démonstration, Il nous est difficile, aujourd'hui, de juger de l'effet véritablement produit en la circonstance.

L'**Andante e Rondo Ungarese pour basson** (op. 35, J.158) est postérieur de deux années ; il fut achevé au début de 1813 à Prague, — en tant que transcription d'un *Andante e Rondo Ungarese* pour alto avec orchestre (J.79), daté de 1809. Un vieil ami munichois du compositeur, Brandt, joua cette nouvelle partition avec grand succès le

* J. Warrack, *op. cit.*

19 février de la même année. Il semble que Weber ait hésité dans sa révision et n'ait pas particulièrement songé aux facultés expressives de l'instrument à vent : l'écriture est plaisante, avec des touches d'humour épisodiques, sans que la partie soliste dégage une vraie personnalité. Quant au « Ungarese » de l'affaire, il est purement rythmique et, somme toute, assez symbolique.

Enfin sera citée — par pur souci d'exhaustivité — une **Marcia Vivace** (J.288) composée pour les Hussards noirs prussiens au mois de juillet 1822 : elle est écrite pour dix trompettes. Certaines parties en furent plus tard intégrées dans l'opéra *Euryanthe* — comme pièce brillante d'apparat (finale du premier acte).

F.R.T.

ANTON WEBERN

Né à Vienne, le 3 décembre 1883 ; mort à Mittersill, le 15 septembre 1945. Ayant reçu dès l'âge de cinq ans les premières leçons de piano par sa mère, il travaille ensuite le violoncelle à Klagenfurt, parallèlement à ses études secondaires. Son goût pour la composition se manifestant dès l'âge de seize ans, il entreprend des études musicales et musicologiques à l'université de Vienne avec Guido Adler, qui lui permet de découvrir l'École franco-flamande. Il deviendra l'élève de Schoenberg en 1904 — bientôt rejoint par Berg —, et reconnaîtra la Passacaille *comme son opus 1 en 1908, — œuvre qui marque la fin de son apprentissage. Une vie difficile en tant que chef d'orchestre le mène d'un théâtre à l'autre jusqu'à Prague en 1917. Installé à Mödling, près de Vienne, après la guerre, il collabore à nouveau avec Schoenberg dans la « Société d'exécutions musicales privées », puis se consacre à la direction des « Concerts symphoniques des Travailleurs Viennois » et à diverses chorales. Un contrat avec Universal Edition lui apporte enfin une petite aisance matérielle, — alors que la ville de Vienne lui accorde par deux fois, en 1924 et en 1932, le Grand Prix de la Musique, et qu'il occupe des fonctions à la Radio autrichienne. À partir de 1933, date de l'arrivée au pouvoir du parti nazi, la vie de Webern sera de plus en plus difficile jusqu'à la Seconde guerre (où il est mobilisé pour la seconde fois). Travaillant dans l'isolement presque complet après le départ de Schoenberg pour les États-Unis et la mort de Berg (1935), Webern n'aura pour amis que la poétesse Hildegard Jone et son mari, et sera abattu « par erreur » par une sentinelle américaine peu avant la libération : onze jours plus tard disparut à son tour Bartók, emporté par une leucémie.*

Webern a indéniablement été à la base de toute réflexion de la part des compositeurs des années cinquante, — qu'il ait été rejeté ou érigé en modèle : sa gloire posthume aura donc été de ne jamais susciter l'indifférence quels qu'aient été les choix esthétiques au tournant de ce demi-siècle. Plus que tout autre, Webern apparaît en fait comme un « otage » de l'histoire, ayant été annexé, voir « falsifié » (Nono) à Darmstadt : « Ce qu'on désigna alors, de manière du reste restrictive et inadéquate, du nom de « musique ponctuelle » n'était pas autre chose que la musique de Webern promue au rang de modèle technologique » (Adorno). Il fallait, paradoxalement, avoir le recul d'un Stravinski pour rendre un véritable hommage historique à ce créateur singulier et solitaire qui, « dans un monde sourd d'ignorance et d'indifférence, continua inexorablement à tailler ses étincelants diamants » (1955, dans *Die Reihe*).

Le sens de l'histoire est précisément l'une des conditions de l'œuvre webernienne, comme il s'en est lui-même expliqué au cours de ses conférences intitulées *Chemin vers la nouvelle musique**. Ces textes essentiels révèlent tout autant le musicien passionné et généreux que l'homme pudique

* *Chemin vers la nouvelle musique* (Lattès, Paris, 1980).

et réservé, tout comme son œuvre est exempte de geste héroïque et de théâtralité : autant ses projets d'opéras d'après Maeterlinck (1908-1910) sont inaboutis, autant il évitera l'extériorisation vocale du *Sprechgesang* schoenbergien qu'il n'effleurera qu'une fois (dans les *Bagatelles op. 9*).

La pensée de Webern puise ses sources dans une histoire plus large que celle qui constitue les références de Schoenberg ou de Berg. Ayant consacré sa thèse à Heinrich Isaac, compositeur de l'École franco-flamande, Webern a été frappé par la qualité de l'organisation polyphonique fondée sur une superposition de « voix réelles » et la nature de l'écriture contrapuntique susceptible de structurer le temps musical et la continuité de la forme. La permanence de l'écriture en imitation, souvent canonique, dans sa propre musique, le conduira progressivement vers la rigoureuse perfection des *op. 20* à *24* que Boulez a placés en regard de l'*Offrande musicale* ou de l'*Art de la fugue*, « en ce sens qu'elles sont non moins didactiques, au sens le plus élevé du terme, que proprement musicales »*. Seules se détachent de ce souci de contrepoint imitatif les chefs-d'œuvre de la période de radicalisation aphoristique (*op. 9* à *11*), correspondant à la *nécessité* de l'épuration du geste encore « tristanien » des œuvres précédentes : il fallait exorciser cette longue progression par paliers succesifs aboutissant au point culminant d'intensité, — comme le montrent encore la *Passacaille op.1* ou les *Pièces pour orchestre op. 6*. Le parallèle avec le langage est évident : la tension accrue des dernières œuvres tonales de Webern — comme pour celles de Mahler ou de Berg — provient de la distance qui sépare le *modèle* et sa *distorsion*, que ce soit dans le rapport entre la forme héritée et le contenu qui n'est plus adapté, ou entre la référence tonale et la prolifération des ambiguïtés harmoniques qui creusent d'autant plus l'écart qu'elles en accentuent le caractère obsolète.

Le catalogue complet de l'œuvre dressé par Hans Moldenhauer** recense tous les travaux compositionnels de Webern, des projets et essais inachevés jusqu'aux partitions essentielles. Les quelque trois cent quarante-sept numéros démontrent combien l'œuvre webernienne, loin d'être réduite à trente et un opus, est le résultat d'une longue gestation, et permet surtout de mesurer le chemin parcouru entre les ébauches et états premiers et l'œuvre enfin jugée digne d'être livrée. L'importance de l'inachèvement — ou de la partition écrite « en marge » d'une autre plus définitive, comme nous en citerons quelques exemples — dénote ainsi une remise en question perpétuelle, largement induite, il est vrai, par l'enseignement de Schoenberg quant à l'exigence du créateur envers sa musique. Pour toutes ces raisons, la conception de la musique de chambre chez Webern dépasse de beaucoup le cadre d'un effectif instrumental réduit : dès les *Pièces pour orchestre op. 10*, on assiste à une révision totale de la notion d'« orchestre » qui évolue au profit de celle d'« ensemble instrumental » (laquelle va marquer de son empreinte tout le XXe siècle). De même, les *Lieder op. 13* à *19*, bien qu'encore dans la résonance du *Pierrot lunaire*, inaugureront une nouvelle approche.

Comme l'a démontré Boulez, l'œuvre de Webern est répartie entre la musique vocale qui introduit chaque nouvelle phase de son évolution, et la production instrumentale qui développe dans ses plus ultimes conséquences les nouvelles conditions entrevues. Déjà dans le catalogue antérieur à l'*op. 1*, c'est dans le domaine de la musique de chambre que Webern affinera son style, avec non moins de vingt et une partitions destinées aux cordes ou au piano entre 1905 et 1907. On suivra ensuite à la trace ce phénomène de concentration instrumentale qui délimite clairement les étapes : les *Mouvements op. 5* pour quatuor à cordes et les *Pièces op. 6* pour orchestre en ce qui concerne la phase d'épuration dont on a parlé plus haut, les *Bagatelles op. 9* et les *Pièces op. 10* et *11* pour la phase d'ascèse — la musique « au bord du silence » —, le *Trio op. 20* et la *Symphonie op. 21* pour la phase de maîtrise de la série dodécaphonique, jusqu'au *Quatuor op. 28* encadré par les *Variations op. 27* et *30*, respectivement pour piano et pour orchestre, pour celle de la réintégration du phrasé.

« Vivre, c'est défendre une forme ». Empruntant cette citation à Hölderlin, Webern écrit à Willy Reich en 1944, c'est-à-dire presque à la fin de sa vie, ce qui pourrait être mis en exergue à toute son œuvre. Une œuvre passionnante et touchante, révélatrice avant tout de ce que Luigi Rognoni

* P. Boulez, dans son article « Anton Webern » pour l'*Encyclopédie de la Musique* (Fasquelle, Paris, 1961), repris dans *Relevés d'apprenti* (Seuil, Paris, 1966).

** *A Chronicle of his Life and Work* (Gollancz, London, 1978).

a appelé de façon si caractéristique « l'humanisme de Webern »*.

Afin de conserver l'évidence de la trajectoire webernienne, les œuvres commentées ci-dessous suivront l'ordre chronologique.

LES ANNÉES D'APPRENTISSAGE (1904-08)

Au cours des quatre années pendant lesquelles il a été l'élève de Schoenberg, Webern a écrit diverses partitions qui sont pour la plupart d'un intérêt essentiellement documentaire. Quatre d'entre elles méritent cependant d'être commentées, — tant pour mesurer le cheminement du jeune compositeur que pour mettre en évidence leur originalité : les œuvres de jeunesse de Webern relèvent autant du « journal » par les références historiques plus rapportées que véritablement assimilées, que du « carnet d'esquisses » préparatoires aux œuvres encore en gestation.

Langsamer Satz, pour quatuor à cordes (M. 78)

Publiés seulement en 1965, le *Langsamer Satz* et le *Quatuor « 1905 »* ont été créés à Seattle les 26 et 27 mai 1962 par le Quatuor de l'Université de Washington, lors du premier Festival International Webern. Le *Langsamer Satz*, écrit en juin 1905, correspond à la fin de la première année d'études avec Schoenberg. Encore très marqué par Brahms, que Schoenberg donnait souvent en exemple, ce mouvement de forme ternaire se signale d'abord par son parcours harmonique partant d'*ut* mineur pour terminer en *mi* bémol majeur. On remarquera surtout le sens très développé de l'écriture polyphonique avec la superposition de « trois pour deux », qui sera plus tard l'une des signatures rythmiques de Webern, ainsi que la conclusion sur un *ppp* déjà caractéristique. Enfin, on peut noter les parentés stylistiques entre le thème initial et le second thème des variations de la *Quatrième Symphonie* de Mahler — découverte avec enthousiasme en 1902 —, ainsi que la réminiscence issue du solo de cor anglais de *Tristan* et le second thème en *ut* majeur (*sehr ruhig*).

Durée d'exécution : environ 10 minutes.

* Dans son ouvrage essentiel, *La scuola musicale di Vienna* (Einaudi, Turin, 1966).

Quatuor à cordes « 1905 » (M.79)

Composé moins de trois mois plus tard, et terminé le 12 septembre, ce *Quatuor* se situe plus nettement dans le sillage de *Verklärte Nacht* qui avait beaucoup impressionné le jeune Webern l'année précédente. Inspiré du *Triptyque* (inachevé) *des Alpes : la Vie, la Nature, la Mort* du peintre italien Giovanni Segantini, le *Quatuor* révèle parallèlement l'attirance de Webern pour un mysticisme religieux — qui se confirmera plus tard — en citant le philosophe du XVIIe siècle Jacobus Böhme dans la préface de la partition : « Le triomphe de mon esprit, je ne puis le décrire ni l'exprimer. On ne saurait non plus le comparer avec rien, si ce n'est avec l'avènement de la vie surgissant de la mort, pareil à la résurrection des morts. Dans cette lumière, mon esprit a tout perçu à jour ; il a reconnu Dieu dans toutes les créatures, même dans les plantes, il a compris qui est Dieu et comment il est et quelle est sa volonté »*. On reconnaîtra, dans ce rapprochement inattendu entre peinture et philosophie, autant l'identification entre religion et nature souvent mise en avant par Webern, que l'idée goethéenne de la « plante originelle ». Du point de vue compositionnel, le *Quatuor* repose sur un motif de trois sons (*do* dièse - *do* - *mi*) qui renvoie directement au « Muss es sein ? » du *Quatuor op. 135* et à l'« Ouverture » de la *Grande Fugue*** par sa distribution entre les instruments et sa façon d'irriguer la polyphonie. Plus encore, il faut remarquer pour la première fois cette capacité à organiser et à occuper un espace à partir d'une cellule intervallique, comme Webern le réalisera dans le *Concerto op. 24* près de trente ans plus tard. Il en résulte une forte instabilité harmonique, induisant un chromatisme — allant jusqu'à pressentir les mouvements contraires de la fin d'*Erwartung* ou de la noyade de Wozzeck —, qui sera brutalement confronté à l'évidence tonale d'un *mi* majeur triomphal.

Tiraillé entre ces extrêmes, le *Quatuor* reste plus caractéristique de ces confluences stylistiques — dont celle de Richard Strauss « filtrée » au travers des premières œuvres

* Cité dans les précieux *Documents* publiés par Ursula von Rauchhaupt, accompagnant l'enregistrement intégral des *Quatuors* de l'École de Vienne par le Quatuor LaSalle (DGG, 1971), et auxquels nous empruntons la plupart des références concernant ceux de Webern.

** Voir ces œuvres, à *Beethoven*.

de Schoenberg — que d'une véritable homogénéité.

Durée d'exécution : environ 17 minutes.

Rondo, pour quatuor à cordes (M. 115)

Composé en 1906, et publié en 1970, ce mouvement de quatuor a été donné en première audition le 1er août 1968 à Hanovre par le Quatuor de Philadelphie. Ce *Rondo* isolé, qui intervient après deux pièces pour piano (*M. 112* et *114*) tout aussi révélatrices du style d'une époque plus que d'un auteur, présente l'alternance entre un refrain en forme de valse au charme typiquement viennois, et des couplets plus dramatiques. La première remarque concerne le souci de variété, — tant pour chacun des refrains dont le thème est donné successivement par un instrument différent, que pour les couplets dans lesquels Webern porte son attention sur la qualité de la polyphonie associée au timbre (sourdines). Ensuite, et bien qu'écrit en *ré* mineur — tonalité du *Premier Quatuor* de Schoenberg (1905) et pôle de référence privilégié chez les trois Viennois —, le langage est largement infiltré par le chromatisme ou la gamme par tons, envisagés en tant qu'éléments de distorsion par rapport au système tonal : une conception mise en œuvre à la même époque par Schoenberg qui écrit sa *Symphonie de chambre op. 9*. Enfin, on notera l'abondance des lignes amples, avec une prédilection pour les grands intervalles, comme dans le motif ascendant initial du refrain (*do* dièse - *ré* - *si* bémol) que l'on retrouvera dans la *Passacaille* (1908). Mais plus qu'un brouillon préparatoire à l'*op. 1*, ce *Rondo*, délicieusement raffiné et infiniment plus homogène que le *Quatuor « 1905 »*, montre à quel point l'écriture de Webern a gagné en souplesse et en maîtrise pendant les quelques mois qui le séparent des œuvres précédentes.

Durée d'exécution : environ 7 minutes.

Quintette pour piano et cordes (M. 118)

De peu postérieur au *Rondo*, le *Quintette* constitue la première composition de Webern donnée publiquement au cours d'un concert d'œuvres d'élèves de Schoenberg, le 7 novembre 1907. C'est au cours de ce concert que la critique a reconnu — tout en remarquant « l'influence pernicieuse des œuvres de Schoenberg » — le talent de deux de ses élèves, Berg (avec en particulier trois des *Sieben frühe Lieder*) et Webern. Bien qu'étant annoncé en tant que « premier mouvement », le *Quintette*, qui n'a jamais été poursuivi, n'en forme pas moins un tout parfaitement probant, dans une forme sonate maîtrisée et équilibrée. Le style de Webern est encore celui de la distorsion à partir des modèles appris, — comme en témoigne la phrase initiale de l'alto, à la fois très dépendante de Brahms et présentant un *ut* majeur immédiatement contredit par des harmonies très éloignées. Il s'en faudra de peu que le degré de distorsion harmonique ne prenne le pas, comme dans les dernières œuvres de Mahler, et ainsi que l'a formulé Webern dans ses conférences : « Les accords altérés devinrent si prégnants que l'on n'éprouva plus le besoin de retourner dans la tonalité principale ».

Encore à la recherche d'un vocabulaire personnel, le *Quintette* s'impose surtout pour la qualité du développement central qui s'ouvre et se referme par des trémolos (*sul ponticello*, avec sourdines et *sforzato ppp* !), — le timbre jouant ici un rôle de signal des principales articulations du mouvement. Par cette avancée subite dans le style, comme si ce passage — annonciateur des préoccupations des *Mouvements op. 5* — appartenait déjà à une autre époque de composition, le *Quintette* est révélateur de la rapidité d'évolution de la pensée de Webern qui débouchera bientôt sur les premières œuvres abouties.

Durée d'exécution : environ 13 minutes.

Cinq Mouvements pour quatuor à cordes (op. 5)

Écrit au cours du printemps 1909, le « premier quatuor », ainsi que l'appellera parfois Webern, sera créé à Vienne le 8 février 1910 par un ensemble formé, semble-t-il, pour la circonstance. Suivant de peu le *Deuxième Quatuor* de Schoenberg, les *Mouvements* sont exactement contemporains des Lieder du *Livre des jardins suspendus op. 15* et, surtout, des *Trois Pièces op. 11* pour piano dont l'influence sera sensible dans le quatuor.

Avec les *Mouvements op. 5*, Webern réalise sa première œuvre instrumentale depuis la libération de son langage avec le système tonal opérée dans les *Lieder op. 3* et *4*. Comme il l'a exprimé dans ses conférences, la principale conséquence de cet état de fait est celle de la durée de l'œuvre : « En renonçant à la tonalité, on perdait du même coup le moyen le plus important utilisé jusqu'alors pour construire des œuvres de longue haleine». En annonçant l'achèvement de la composition à Schoenberg (le 16 juin 1909), Webern insistera sur la succession de pièces vives et lentes, et surtout sur la *brièveté* des cinq mouvements : il s'agit de la première manifestation webernienne de la «petite forme», moins d'une forme courte que «d'une forme concentrée à un si haut degré qu'elle ne peut supporter un long développement dans le temps par suite de la richesse des moyens exploités et de la poétique qui les gouverne» (Pierre Boulez). Comme dans les *Pièces op. 6* pour orchestre, et jusqu'à celles *op. 11* pour violoncelle et piano, cette tendance s'accentuera au point de renverser l'influence entre le maître et l'élève, — Schoenberg écrivant ses *Trois Pièces pour orchestre de Chambre* en 1910 et les *Six Petites pièces op. 19* l'année suivante. La «petite forme» dans les *Mouvements* est d'autant plus remarquable qu'elle s'exprime au travers d'un geste encore romantique — conjonction qui concerne également les *Pièces op. 6* —, à laquelle ces deux partitions doivent leur potentiel extraordinaire de séduction.

Parmi les caractéristiques propres à l'*op. 5*, on peut observer le glissement progressif des formes hiérarchisées — tel que l'esprit de forme sonate qui marque encore le premier mouvement, *violemment animé* (avec un second thème très «viennois»), vers des cadres formels limités au schéma ternaire dans les quatre suivants, et dont la simplicité contraste avec la densité du contenu. Autre point important, la notion de thème, encore à la base du premier mouvement, cède tout aussi progressivement la place à celle de *ligne*, plus définie par rapport à des intervalles privilégiés que par des contours reconnaissables. Ainsi chaque mouvement, reposant sur un matériau de même nature, est essentiellement guidé par l'*unicité* de la démarche compositionnelle. C'est ici le cadre général du quatuor en tant que genre qui est remis en question, — les *Mouvements*, au titre volontairement général, constituant un ensemble de morceaux en nombre non déterminé *a priori* : avec l'École de Vienne, la forme courte héritée du piano romantique — le «Klavierstück» — trouve à la fois une nouvelle application et une mutation fondamentale de sa signification.

Le langage des *Mouvements* est encore tributaire du passé tout en s'en écartant avec la combinaison entre les tierces et les secondes dont le chromatisme empêche toute interprétation tonale*. Le thème principal du premier mouvement, concentré en huit notes, est d'autant plus explicite qu'il présente une marche mélodique avec ces deux intervalles, parfois masqués par les octaviations :

Autre caractéristique très importante, l'écriture instrumentale met fortement l'accent sur les modes de jeu qui accèdent à la dimension d'une «thématique de timbres» : parallèlement à la concentration extrême, l'«exposition» du premier thème, limitée en tout et pour tout à six mesures, présente successivement une introduction (*pizz, con legno*), le thème en ostinato (*arco*), suivi de son élimination (sur le chevalet), et d'un groupe cadentiel (*pizz, arco, con legno,* harmoniques). Enfin, et mis à part le troisième mouvement (*Très animé*), qui correspond à l'ancien Scherzo par son caractère, les mouvements lents privilégient une texture apparentée à la mélodie accompagnée, dans laquelle Webern établit des rapports de complémentarité chromatique entre les dimensions horizontale et verticale :

Par leur étonnante modernité et leur extrême raffinement spécifiquement webernien, les *Mouvements* s'imposent comme le premier chef-d'œuvre instrumental du compositeur, et prennent place, avec les *Bagatelles*, parmi les quatuors les plus essentiels du XXe siècle. La partition sera l'une des premières à être donnée à Paris, par le Quatuor Pro Arte dès le 14 décembre 1922, avec le *Pierrot lunaire* au même programme, dans le cadre des Concerts Wiener. Rappelons également que Webern a réalisé une transcription de ce quatuor pour orchestre

* Nous renvoyons à l'indispensable ouvrage de George Perle, *Serial composition and atonality* (University of California Press, 1968).

à cordes incluant les contrebasses en 1928-1929, en ayant pris soin de conserver la grande lisibilité de l'original en pratiquant abondamment la division à l'intérieur de chaque pupitre.

Durée d'exécution : environ 11 minutes.

Quatre Pièces pour violon et piano (op. 7)

Terminée le 23 juin 1910, l'œuvre a été donnée en création à Vienne le 24 avril 1911 par Fritz Brunner et Atta Jonas-Werndorff. Entre les *Mouvements op. 5* et ces *Pièces*, l'activité compositionnelle de Webern a été consacrée — outre les tout aussi séduisantes *Pièces pour orchestre op. 6* de 1909 —, à deux essais inachevés pour piano et à des transcriptions de fragments des *Gurre-Lieder* de Schoenberg.

Cette partition inaugure le groupe des *op. 7* à *11* caractérisé par les pièces les plus courtes qu'ait pu écrire Webern, et dans lesquelles il éprouve la nécessité de travailler la petite forme dans un contexte instrumental réduit, ici, à deux instruments. Les quatre mouvements, alternativement lents et vifs, sont également opposés par le contraste entre le statisme des pièces lentes, confinées dans les pianissimo les plus extrêmes (« à peine audible » va-t-il jusqu'à écrire à la fin de la troisième), et l'énergie soudaine des pièces vives. La raréfaction de la texture le conduit à exploiter les multiples possibilités du timbre au violon dans ce que Moldenhauer qualifie de « kaléidoscope d'effets instrumentaux, tant en expressivité qu'en virtuosité ». Portant sur des motifs très courts, voire sur une seule note, ce véritable répertoire de modes de jeu passés en revue vise à créer, au travers de la démultiplication des possibilités instrumentales, une impression de *Klangfarbenmelodie* comme dans la combinaison entre trémolo et pizzicato au début de la seconde pièce (*Rasch*) :

Quant à la délicatesse du phrasé, elle est due à l'extraordinaire souplesse et à la malléabilité du tempo (pas moins de douze indications en vingt-quatre mesures) combiné à la richesse du travail rythmique qui accentue, par les superpositions irrationnelles, l'opposition entre les deux instruments. Les pièces lentes sont surtout caractéristiques du recours à l'ostinato — dans le sillage de la deuxième des *Pièces op. 11* de Schoenberg —, et que l'on trouvera en diverses applications : ostinato sur deux notes balisant le temps pour mieux souligner le degré d'apesanteur de la partie de piano dans le *Très lent* initial ; ou ostinato sur une figure ascendante — à partir de la combinaison de la quarte et de la seconde mineure, deux intervalles qui se neutralisent l'un l'autre —, pour créer une forme de tension qui s'exerce aux dépens du tempo comme dans la troisième. On citera également, dans cette exploitation de la répétition, le rôle cadentiel de la chute de doubles croches — « comme un soupir » note Webern — qui ferme la dernière pièce par sa réitération, comme un lointain écho de la trompette à la fin de l'*op. 6 n° 1*.

Ainsi, le principe de concentration dans les quatre pièces — respectivement de neuf, vingt-quatre, quatorze et quinze mesures —, résulte de la juxtaposition de *fragments*, réduits à des *gestes* le plus souvent furtifs et inaboutis, et qui ne trouvent leur résolution que dans le silence qui envahira plus encore les opus suivants : la pureté de l'éclat dont parle Stravinski est d'emblée atteinte au travers de la nouvelle poétique de l'essentiel que s'impose Webern à partir de cette époque.

Ce sont précisément ces *Pièces* que Ravel écoutera à Vienne en octobre 1920, au cours d'un concert de la « Société d'exécutions musicales privées » dont il était l'invité d'honneur.

Durée d'exécution : environ 5 minutes.

Six Bagatelles, pour quatuor à cordes (op. 9)

La composition des *Bagatelles* et celle des *Pièces pour orchestre op. 10* sont intimement liées : terminées le 22 août 1910, les *Bagatelles n° 2* à *5* suivent de peu les *Pièces n° 1* et *4*. Après le silence compositionnel de 1912, Webern écrit encore trois *Bagatelles* (dont la seconde avec voix) l'année suivante, avant d'achever les trois autres mouvements de l'*op. 10*. Révélateur d'une crise importante, le bilan des années 1911-1913 se limite à onze pièces retenues pour figurer au catalogue, dont la plus longue n'excède pas trente-deux mesures ! Une crise touchant à la « petite forme » qui concerne également Schoenberg (*Pièces pour piano op. 19*) et Berg (*Pièces pour clarinette et piano op. 5*), et dont on reparlera également au sujet de l'*op. 11* de Webern.

Le titre des *Bagatelles* a été suggéré à Webern par Emil Hertzka (directeur des Éditions Universal), probablement en référence à celles de Beethoven en tant que chefs-d'œuvre de concision. Sous leur forme actuelle, les six pièces ont été créées à Donaueschingen le 19 juillet 1924 par le Quatuor Amar, dont l'altiste n'était autre qu'Hindemith, et publiées la même année avec la préface suivante de Schoenberg : « Il est autant nécessaire de plaider en faveur de la brièveté de ces pièces, que d'autre part cette brièveté même plaide en leur faveur. Imaginez quelle sobriété il faut pour être bref. D'un regard on peut faire un poème, d'un soupir un roman. Mais exprimer un roman par un seul geste, un bonheur par une seule respiration, une telle concentration n'est possible que si l'on exclut, dans une mesure adéquate, la sentimentalité... » Comme l'exprime également la dédicace que l'auteur adressa à Berg — curieusement supprimée dans les éditions suivantes —, « non multa, sed multum » (« peu en quantité, mais beaucoup en intensité »), les *Bagatelles* constituent le cas extrême de la miniature webernienne : la crise évoquée plus haut est celle de l'incompatibilité tragique entre le langage de Webern auquel il est parvenu à cette époque et la possibilité d'écrire des œuvres étendues. Au travers de cette musique « au bord de l'asphyxie », l'*op. 9* n'en est pas moins l'une des partitions les plus fascinantes de son auteur par le raffinement d'une pudeur exceptionnelle qui ne s'est plus jamais manifestée avec une telle évidence : alors que Stravinski donne le *Sacre du Printemps*, et qu'à l'opposé Debussy rejoint Webern avec *Jeux*, les *Bagatelles* sont plus que jamais l'expression de l'aboutissement d'une tradition que d'une rupture.

Entre 1911 et 1913, le langage de Webern est parvenu à une telle épuration, tant stylistique qu'harmonique, qu'il est d'une exigence rare : le thème a disparu pour céder la place à des figures parfois limitées à une note ; le timbre a pris une importance considérable au point de se voir assigner un rôle correspondant à la thématique ; le silence s'impose plus que jamais comme l'équivalent indissociable du son ; enfin, l'harmonie est désormais dépendante d'une pensée dodécaphonique qui correspond pour Webern à la seule voie envisageable. La trajectoire de chaque pièce est donc déterminée par rapport à l'exposition du total chromatique : « Et j'ai eu le sentiment qu'une fois que les douze sons étaient apparus, le morceau était fini. C'est beaucoup plus tard que j'ai compris que c'était un moment d'une évolution nécessaire. » Cette évolution dont parle Webern dans ses conférences est donc celle qui mènera à la série dodécaphonique, dix ans plus tard ! En attendant, Webern élabore son écriture à partir d'un maximum d'individualisation, comme par exemple dans la *Quatrième* où chaque instrument est défini par un mode de jeu (*archet*, *sur le chevalet*, *pizz.*, *sur la touche*), par une figure rythmique et un type d'intervalle, — les quatre parties étant en rapport constant de complémentarité chromatique jusqu'à l'apparition du douzième son :

Aussitôt cet « exposé » terminé, une partie équivalente à la précédente reprend ces caractéristiques en les redistribuant, et la forme est bouclée en huit mesures...

En renonçant à l'ostinato, la *Sixième Bagatelle*, de deux ans postérieure, ira jusqu'à limiter les figures à un ou deux sons — dont le trille est l'une des manifestations — dans une polyphonie entièrement dépendante du timbre, véritable gageure dans le contexte *a priori* homogène du quatuor à cordes.

Cette même année 1913, Webern écrit, dans le sillage direct du *Quatuor op. 10* de Schoenberg, une courte pièce de treize mesures pour mezzo-soprano et quatuor — pièce centrale des *Drei Stücke* avec les *Bagatelles 1* et *6* —, « Schmerz immer Blick nach oben » sur un texte du compositeur, avec la seule trace, furtive, de *Sprechgesang* dans l'œuvre de Webern (le *Pierrot lunaire* date de l'année précédente) : le texte fait allusion à sa mère dont la disparition en 1906 a marqué, selon son propre aveu, toutes ses compositions depuis l'*op. 1*, « à l'exception des *Pièces pour violon* et de quelques *Pièces pour orchestre* » (à Berg, le 12 juillet 1912).

Durée d'exécution : environ 4 minutes.

Sonate pour violoncelle et piano (M. 202)
Trois petites Pièces pour violoncelle et piano (op. 11)

La genèse des trois minatures de l'*op. 11* est indissociable de celle de la *Sonate*, non retenue dans son catalogue, — les deux œuvres ayant été non seulement composées à la même époque, mais plus précisément *déduites* l'une de l'autre. Écrivant à Schoenberg le 26 mai 1914, Webern annonce la prochaine composition d'une « importante pièce » pour violoncelle et piano à l'intention de son père (Webern était lui-même violoncelliste), « ce qui sera l'occasion de tenter enfin d'écrire de longs mouvements », — ce à quoi Schoenberg l'incitait depuis longtemps. Deux mois plus tard, il lui adresse la partition des trois *« petites » Pièces op. 11* tout en demandant son indulgence « car il s'agit encore de quelque chose de court », et entreprend de se justifier : « Alors que j'étais très largement avancé dans le premier mouvement de la *Sonate*, il est devenu de plus en plus clair pour moi que je devais écrire autre chose. Voilà l'origine de ces trois pièces, et j'ai rarement été aussi persuadé que quelque chose d'important venait de se produire » (16 juillet).

Quant à la *Sonate*, pour laquelle Webern avait envisagé deux mouvements, elle restera à l'état du *Très animé* qui nous est parvenu, et qui apparaît moins comme une esquisse que comme un état *antérieur* à l'*op. 11* : alors que la *Sonate* est encore proche des *Mouvements* de l'*op. 5*, avec des fragments mélodiques constitués que l'on peut encore qualifier de phrases, et portés par un geste romantique, les *Pièces op. 11* correspondent à la fois à l'*épuration* et à la *réduction* de ce geste, — limité, dans le cas le plus extrême, à un seul son. Plus encore que dans les *Pièces op. 7*, celles-ci proposent une exploration quasiment *à l'intérieur* du son, Webern écrivant un mouvement dynamique (*crescendo-diminuendo*) sur une seule note jouée avec sourdine et *ppp*.

Ce sont ces trois miniatures — *Modéré*, *Très animé*, *Extrêmement calme*, respectivement de neuf, treize et dix mesures — que Boulez a comparées au Haï-Kaï japonais en insistant sur la grande difficulté d'écoute qu'elles imposent : « Peut-être notre tradition occidentale ne nous y prédispose-t-elle pas autant qu'il serait nécessaire ; l'Occident a toujours eu besoin d'un geste largement explicite pour comprendre ce qu'on veut lui signifier. Si on compare, au théâtre, le style de nos danseurs à celui des danseurs de l'Inde, on verra immédiatement ce dont il s'agit. Webern est novateur, on le voit, dans l'esthétique de ses œuvres, mais aussi dans la physique et dans le geste du concert ». Du reste, Webern lui-même était parfaitement conscient de cette condition essentielle lorsqu'il demanda expressément à Willi Reich, lors de la planification d'un concert de ses œuvres en 1939, d'inscrire plutôt les *Pièces op. 7* pour violon et piano que celles de l'*op. 11* : « Celles-ci, je préfère qu'on ne les joue *pas du tout !* Non pas parce que je ne les trouve pas bonnes, mais elles ne pourraient être qu'incomprises : il est très difficile pour les exécutants comme pour les auditeurs de « faire » quelque chose de ces pièces »*.

Créées seulement le 2 décembre 1924 à Mayence par Maurits Frank (le violoncelliste du Quatuor Amar) et Eduard Zuckmayer, les *Trois Pièces op. 11* constituent la dernière manifestation de la forme aphoristique dont Webern ne sortira qu'avec la production de lieder des années 1915 à 1926. Quant au mouvement de *Sonate*, c'est Gregor Piatigorsky et Victor Babin qui en ont donné la première audition à Cleveland le 3 juin 1970.

Durée d'exécution : chacune environ 2 minutes.

Mouvement pour trio à cordes (M. 278)
Trio à cordes (op. 20)

Les premières manifestations de l'adoption de la série dodécaphonique chez Webern, telle que la pratique Schoenberg à partir de 1923, datent de l'année suivante avec un *Kinderstück* (*M. 267*) pour piano, — alors qu'il n'a pas encore terminé les remarquables *Canons op. 16*. D'autres essais vont se succéder, dont un *Klavierstück* (*M. 277*) et surtout un *Mouvement pour trio à cordes* qui intervient pendant la composition des *Lieder op. 17*, première œuvre répondant à cette technique qui soit numérotée au catalogue.

Écrit en un jour, le 9 août 1925, le *Mouvement* pour trio consacre le retour de Webern à la musique instrumentale, et pré-

* In *Chemin vers la nouvelle musique (op. cit.)*.

sente en vingt-quatre mesures une première approche du dodécaphonisme sériel de Webern au moment où Schoenberg écrit son *Quintette à vent op. 26*, et où Berg travaille déjà à la *Suite lyrique*. Bien que l'utilisation de la série soit traitée de façon encore très sommaire — uniquement sous sa forme originale et non transposée —, cette courte pièce envisage essentiellement la répartition des douze sons sous l'angle d'une étude sur le rythme et les registres. Si, par rapport aux œuvres antérieures, le procédé de complémentarité chromatique des *Bagatelles* est conservé, on peut observer une tendance au fractionnement de la série en plusieurs motifs de même nature que Webern développera considérablement dans les œuvres suivantes.

Composé entre 1926 et 1927, le *Trio op. 20* constitue véritablement un nouveau point de départ dans le style de Webern. Créée à Vienne par des membres du Quatuor Kolisch le 16 janvier 1928, l'œuvre est déjà caractéristique de la combinaison entre un travail polyphonique complexe et le recours à des formes classiques : dans l'esprit du *Quintette* de Schoenberg, les deux mouvements peuvent en effet être rapprochés, plus qu'identifiés, successivement à un rondo et à une forme sonate (avec la barre de reprise de l'exposition). Toutefois, comme le précise justement Erwin Stein dans sa préface à la partition, « la manière dont sont conduits les thèmes et développés les motifs s'écarte considérablement du classicisme. Thèmes et motifs sont immédiatement variés de diverses façons. Les parties concertantes s'assemblent comme en une mosaïque dont les éléments sont des fractions d'une des séries ».

Par ailleurs, tout en restant fidèle au principe schoenbergien de la variation continue, Webern perfectionne le maniement de la série en sélectionnant désormais les transpositions à partir de leurs affinités avec la série originale, et manifeste sa prédilection pour l'écriture en miroir, ainsi que pour les figures rythmiques incluant les répétitions de notes.

Première des œuvres « didactiques » de Webern (Boulez), le *Trio à cordes* contient en germe l'ensemble des caractéristiques de la magistrale *Symphonie op. 21* qui, tout en étant aussi rigoureuse sinon plus, sera toutefois d'une séduction incomparable.

Durées d'exécution : environ 2 et 10 minutes.

Quatuor (op. 22)

Dédié à l'architecte et ami du compositeur Adolf Loos à l'occasion de son soixantième anniversaire, le *Quatuor* rassemble, en une combinaison rare qui n'est peut-être pas étrangère à l'importation récente du jazz en Europe, un violon, une clarinette, un saxophone ténor et un piano. Comme le *Trio op. 20* et la *Symphonie op. 21*, le *Quatuor* a été conçu initialement en trois mouvements dont le dernier est resté à l'état de brouillon. Terminé sous cette forme en août 1930, il a été donné en première audition à Vienne, le 13 avril 1931, avec en particulier Rudolf Kolisch au violon et Eduard Steuermann au piano.

Prolongeant la *Symphonie* par les préoccupations structurelles, mais sans en avoir le charme intense, le *Quatuor* est intégralement basé sur la fragmentation motivique à partir de la série (deux et trois sons) donnant lieu à des imitations canoniques quasi-ininterrompues sur ces brèves figures. Les deux mouvements ne diffèrent que par les formes requises, et qui sont directement dérivées de la *Symphonie*, avec le *Sehr mässig* (« très modéré ») apparenté à la forme sonate, et le très long *Sehr schwungvoll* (« avec élan ») traité en variations. Caractéristique de l'ascétisme webernien dans ce qu'il a de plus caricatural, l'*op. 22* est dominé par le souci de la syntaxe, et annonce le *Concerto op. 24* ou les *Variations op. 27* pour piano, qui résisteront cependant incomparablement plus à l'épreuve du temps.

C'est en s'inspirant directement du matériau de cette œuvre que Henri Pousseur écrira son *Quintette à la mémoire de Webern* pour clarinette, clarinette basse, violon, violoncelle et piano en 1955.

Durée d'exécution : environ 7 minutes.

Concerto pour neuf instruments (op. 24)

Composé pendant l'été de 1934, le *Concerto* est écrit pour flûte, hautbois, clarinette, cor, trompette, trombone, violon, alto et piano. Dédié à Schoenberg pour son soixantième anniversaire, il a été créé à Prague le 4 septembre 1935 sous la direction de Heinrich Jalowetz. Fait remarquable, le *Concerto* est la première œuvre de Webern à adopter le schéma en trois mouvements traditionnels (*Assez vif, Très lent, Très rapide*), comme le reproduiront les *Variations op. 27* et le *Quatuor op. 28*. Plus encore, il semble que, cinq ans après le *Concerto de chambre* de Berg (également dédié à Schoenberg), Webern ait souhaité renouveler le symbolisme du chiffre trois, appliqué également aux familles instrumentales mises en œuvre (trois bois, trois cuivres, et le « trio » cordes-piano), jusqu'au matériau de l'œuvre reposant sur une cellule de trois sons.

Le *Concerto op. 24* est l'un des exemples les plus célèbres de série constituée à partir de figures « isomorphes », c'est-à-dire de groupes identiques quant aux intervalles qui les composent : une seconde mineure et une tierce majeure formant une cellule de trois sons (*si* - *si* bémol - *ré*), présente quatre fois à l'intérieur de la série de douze sons. La particularité essentielle de ces quatre « microséries » est d'abord de proposer l'esprit de la variation *à l'intérieur même* de la série ; ensuite, de reproduire à petite échelle les quatre transpositions privilégiées de la série originale, — les quatre formes du motif reconstituant l'original et son renversement accompagnés de leurs rétrogradations respectives :

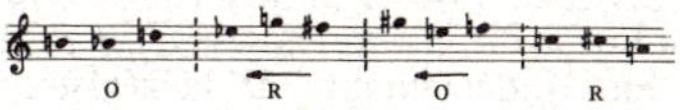

Cette relation entre l'infiniment petit — un court motif — et l'ensemble envisagé dans sa totalité — les quarante-huit transpositions de la série — constitue l'une des références esthétiques de Webern, qui était fasciné par l'idée goethéenne de la « plante originelle » telle qu'il l'a exprimée dans ses conférences : « La tige est déjà contenue dans la racine, la feuille dans la tige, et la fleur, à son tour, dans la feuille : variation sur une même idée. » C'est, par là même, la mise en évidence de l'un des concepts fondamentaux de la pensée webernienne, et largement repris par les générations suivantes, à savoir la *cohérence* que permet la série de base, — l'idée génératrice demeurant identique à elle-même d'un bout à l'autre de l'œuvre.

Dès 1931, dans une lettre à son égérie la poétesse Hildegard Jone, Webern annonce la découverte des propriétés de cette série qu'il rapproche du fameux proverbe latin, probablement d'origine chrétienne*, et dont l'appellation de « carré magique » a largement frappé les esprits en mal d'ésotérisme :

S A T O R
A R E P O
T E N E T
O P E R A
R O T A S

* Webern, *Journal à une amie* (Lattès, Paris, 1975). On se reportera aux judicieux commentaires de Claude Rostand au sujet du « carré magique », in *Webern* (Seghers, Paris, 1969).

La relation entre le célèbre palindrome et les formes-miroirs de la série étant ainsi mise en évidence, il s'agit maintenant d'en voir succinctement l'application dans l'œuvre. Si la diversification poussée au maximum dans les *Bagatelles* (v. plus haut) visait à individualiser chacune des parties, elle s'exerce ici à l'échelle du *motif de base* qui sera caractérisé par le timbre, le rythme et les attaques, — comme on peut le voir au début de la partition :

Les quatre groupes initiaux sont immédiatement redistribués dans la partie de piano, non seulement au travers des permutations que permet l'une des transpositions, mais également dans la nouvelle répartition des autres paramètres. Comme l'a souligné Boulez, « il est certain que l'exposition du premier mouvement a pratiquement engendré la pensée sérielle, par le fait que toutes les relations sont contrôlées, même si, maintenant, ces relations nous apparaissent comme simplifiées à l'excès ; elles portent en germe une pensée spécifique que l'on pourra élargir, diffuser, qui reste néanmoins fondamentale ».

Au sommet de la période « didactique », et au-delà de son importance historique, le *Concerto* est exemplaire du rapprochement opéré par Boulez entre Webern et Mondrian, dont l'évolution à partir des *Compositions* de 1919 témoigne du même souci d'abstraction basé sur la concentration des plans formels.

Durée d'exécution : environ 7 minutes.

Quatuor à cordes op. 28

C'est sur la suggestion de Rudolf Kolisch que Elisabeth Sprague-Coolidge — célèbre mécène américain qui fut également à l'origine des *Troisième* et *Quatrième Quatuors* de Schoenberg et du *Cinquième* de Bartók —, a commandé une œuvre à Webern qui travaillait alors à ce *Quatuor*. Composée entre novembre 1936 et mars 1938, l'œuvre sera créée par le Quatuor Kolisch à Pittsfield (Massachussets) le 22 septembre de la même année.

Seule des trois partitions de Webern pour

cette formation à porter le titre de « Quatuor », elle est également caractéristique des retombées du néo-classicisme, auxquelles Webern n'échappe pas complètement, avec sa construction en trois mouvements (*Modéré*, *A l'aise*, *Très souple*) ainsi que les références formelles telles que les a décrites Webern pour chacun d'entre eux : un thème et six variations incluses dans une « forme *Adagio* avec thème principal, transition, thème secondaire, reprise et coda », un « *Scherzo* en miniature avec Scherzo — trio et da capo », et un second « *Scherzo* plus important dont le trio est une double fugue. » De plus, après la superbe orchestration en *Klangfarbenmelodie* que Webern a réalisée de la « Fuga ricercata » de l'*Offrande musicale* l'année précédant le début de la composition, l'attitude du « retour à Bach » se manifeste chez lui par l'allégeance à un contrepoint rigoureux avec la quasi permanence de l'écriture canonique. Enfin, toute l'œuvre est fondée sur le motif B.A.C.H., suprême hommage de Webern au moment où il atteint à une forme de classicisme dans le maniement de la série, et dont le *Quatuor* est l'illustration la plus aboutie.

Comme on l'a vu, la série est — du point de vue compositionnel — envisagée « thématiquement », non seulement par le recours aux précédés fugués qui imposent un « sujet », mais surtout par le motif emblématique qui, irriguant l'ensemble de la partition, est omniprésent : cependant, et bien qu'identifiable, le rôle du motif est essentiellement structurel, et peu perceptible en tant que tel. Il ne s'agit en rien d'une citation, et, comme le souligne Charles Rosen, « si Webern est parvenu à créer un style néo-classique sans équivalent de mélodie « tonale », c'est au prix d'une concentration quasi exclusive sur les versions segmentées de la série. Ces segments, en fait, sont assimilables aux « motifs » du style du XIXe siècle. Telle était l'attention portée aux motifs par Webern qu'on serait tenté de dire qu'ils ne sont pas réellement dérivée de la série : ce sont plutôt eux qui l'engendrent »*. En effet, la série de l'*op. 28* est encore caractéristique de l'isomorphie appliquée dans le *Concerto* op. 24 (v. plus haut), avec une division en trois fois quatre sons à partir du B.A.C.H. :

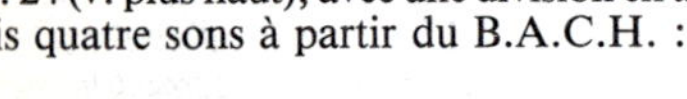

* In *Schoenberg* (Ed. de Minuit, Paris, 1979).

La densité de l'écriture et l'éclatement des registres contribueraient à une musique distanciée et dépouillée si Webern ne prenait soin de surcharger la partition d'un grand nombre d'indications (*poco ritardando... A tempo*) qui soulignent les articulations et, surtout, révèlent un *phrasé* : si la musique de Webern a pu parfois paraître « sèche » ou « mécanique », c'est avant tout parce qu'elle était mal jouée.

Durée d'exécution : environ 9 minutes.

Transcriptions et arrangements

Parmi les transcriptions que Webern a réalisées de ses propres œuvres pour la « Société d'exécutions musicales privées » (1918-1921), mentionnons la réduction des *Cinq Pièces op. 10* pour violon, alto, violoncelle, harmonium et piano, ainsi que celle des *Six Pièces op. 6* pour un orchestre de chambre de dix instruments, réalisée en 1920 (et donc indépendante de la révision de 1928).

Quant aux œuvres d'autres compositeurs, et en particulier de Schoenberg, on citera surtout les arrangements (malheureusement perdus, semble-t-il) de *la Main heureuse* pour onze instruments, ainsi que des *Lieder op. 22*, pour voix, piano, harmonium et trio à cordes, tous deux écrits en 1922, probablement pour la quatrième saison de la Société qui sera dissoute entre-temps. On connaît bien, par contre, le transcription de la *Symphonie de chambre op. 9* pour flûte (ou deuxième violon), clarinette (ou alto), violon, violoncelle et piano, que Webern à écrite en 1923.

Par ailleurs, et dans l'espoir de pallier les graves difficultés financières de la Société, les organisateurs donnèrent le 27 mai 1921 un concert à partir d'œuvres de Johann Strauss-fils transcrites par les compositeurs viennois, et dont les partitions devaient être vendues aux enchères à l'issue de la séance. La « Schatzwalz » *op. 418* (*Valse du Trésor*) tirée du *Baron Tzigane*, transcrite par Webern pour piano (tenu par Eduard Steuermann), harmonium (Berg) et quatuor à cordes (avec notamment Schoenberg au violon et Webern au violoncelle), n'a cependant pas trouvé d'acquéreur...

A.P.

HUGO WOLF

Né à Windischgräz (actuellement Slovenj-Gradec, en Yougoslavie), le 13 mars 1860; mort à Vienne, le 22 février 1903. Ayant commencé très tôt le piano et le violon, Wolf a poursuivi ses études au Conservatoire de la « Gesellschaft der Musikfreude » à Vienne, d'où il fut exclu en 1877 pour indiscipline. Sujet à la dépression chronique, il ne conservera jamais une activité professionnelle suivie et vivra de quelques cours donnés à Vienne, ainsi que d'aides diverses. Passionné de Wagner depuis les représentations de Tannhäuser *et de* Lohengrin *auxquelles il a assisté en 1875, et prenant ouvertement parti contre Brahms, il s'attire les foudres de Hanslick et du milieu viennois en exprimant de façon virulente son engagement dans le « Wiener Salonblatt » auquel il participe en tant que critique de 1884 à 1887. Écrivant peu d'œuvres achevées jusqu'en 1888, la production de Wolf se résume à quelques partitions de musique de chambre dont le* Quatuor à cordes *et le très intéressant poème symphonique* Penthesilea *d'après Kleist (1883-1885). C'est entre 1888 et 1897 que Wolf signe les quelques deux cent trente lieder qui ont assuré sa gloire, — seul son opéra* le Corregidor *(1895) s'incluant dans cette production. À partir de 1897, son état mental nécessite une hospitalisation, et il est interné l'année suivante dans un asile où il vivra isolé jusqu'à sa mort. Ce n'est qu'au début du siècle que son œuvre sera véritablement reconnue à sa juste valeur.*

On a souvent tendance à oublier que des compositeurs qui se sont illustrés dans un domaine précis et dominant ont pu se consacrer à des genres différents. Comme Schubert et Schumann, Wolf a, lui aussi, subi la tentation de l'opéra avec *le Corregidor* (1895). Est-ce un hasard si ces trois noms se rejoignent dans l'échec ? Il semble, décidément, que le goût pour la poésie et le sens du théâtre ne fassent pas bon ménage. La production orchestrale de Wolf, mis à part le poème symphonique *Penthesilea* (1883-1885), ne trouvera pas non plus son public.

La musique de chambre a aussi beaucoup préoccupé le compositeur : dès 1876, Wolf qui n'avait que seize ans, s'est essayé à un quatuor à cordes et à un quintette pour piano et cordes restés à l'état de fragment. L'année suivante, c'est une sonate pour violon et piano qui est ébauchée. C'est seulement dans la période des années 1878 à 1887 qu'il parviendra à achever trois partitions dont un *Quatuor* complet en quatre mouvements, un *Intermezzo*, et la *Sérénade*. En 1889, il tentera de donner un second mouvement à cette dernière partition, nouveau projet inabouti dont seul le fragment d'un mouvement lent nous est parvenu. La production de chambre qui nous intéresse ici précède donc de peu les grandes années de *Lieder* (avec les nombreux chefs-d'œuvre qui se succèdent entre 1888 et 1890) — des recueils inspirées de Mörike, Eichendorff, Gœthe, au *Spanisches-Liederbuch* et au premier volume de l'*Italienisches-Liederbuch*. L'œuvre vocale de Wolf est autant caractéristique d'une inquiétude que d'une concentration extrême dans le temps. La place des trois œuvres pour quatuor dans ce catalogue déséquilibré et partagé nettement en deux parties — avant et après 1887 — permet donc de mesurer l'évolution, et de retracer ainsi les étapes qui mèneront à l'œuvre aboutie.

Quatuor à cordes, en *ré* mineur

Composé entre 1878 et 1884, le seul quatuor en quatre mouvements que Wolf ait réussi à mener à bien est d'une genèse complexe. Écrit en premier, le *Scherzo*, qui sera placé en seconde position, est terminé le 16 janvier 1879 ; commencé dès le 20 janvier, le premier mouvement, abandonné puis repris, ne sera achevé que le 8 juillet. Quant à l'*Adagio*, qui deviendra le troisième mouvement, il est daté du 9 juillet 1880. Par ailleurs, il semble que le *Quatuor* ait été joué dès le mois de janvier 1881, alors que la correspondance du musicien fait mention de l'achèvement de la partition. Si l'on suppose que celle-ci était en quatre mouvements, le *Finale* que nous connaissons aujourd'hui (qui n'est probablement pas antérieur à 1884) aurait, en fait, remplacé un quatrième mouvement dont on ne sait rien. Quoi qu'il en soit, le laps de temps qui sépare les trois premiers mouvements du dernier permet de constater une évolution importante dans la formation du langage musical de Wolf.

L'aspect laborieux de cette gestation est à l'image de l'œuvre. D'une écriture inhabituellement dense pour ce type d'œuvre, de proportions considérables pour l'époque, et d'une grande difficulté instrumentale, l'œuvre a dérouté les contemporains, à tel point que le musicien, dans un accès de découragement, la laissa de côté. Il fallut attendre le 3 février 1903, peu avant la mort de Wolf, pour qu'elle soit jouée dans son intégralité. L'étonnant *Quatuor en* ré *mineur* est surtout révélateur des sources stylistiques d'un jeune compositeur âgé de vingt ans qui puise ses références tant dans les derniers *Quatuors* de Beethoven et dans les *Quatorzième* et *Quinzième* de Schubert, que dans l'opéra wagnérien ou les Symphonies de Bruckner.

La partition du premier mouvement porte une citation extraite du *Faust* de Gœthe, *Entbehren sollst du, sollst entebehren* (« Renonce, il le faut ! Renonce ») que Wagner avait déjà employée à propos du premier mouvement de la *Neuvième Symphonie* de Beethoven. Soulignant ainsi un trait marquant du caractère de Wolf, cette référence est directement explicitée dans l'introduction dont la tension est due à l'importance de l'accentuation déplacée et martelée ainsi qu'aux ruptures constantes du discours :

La tension qui en résulte sera constamment entretenue dans la suite du mouvement (« Passionnément animé ») et renvoie aux modèles beethovéniens par la véhémence de l'écriture polyphonique qui ne se relâche qu'en de rares instants : la densité de la *Grande Fugue* et la puissance expressive des derniers *Quatuors* de Schubert trouvent leur aboutissement, avec cependant un langage plus chargé en harmonie éloignées et caractéristiques de la surenchère romantique.

Si le *Scherzo* (« Résolu »), semble découler directement de celui du *Onzième Quatuor op. 95* de Beethoven, le long et magnifique *Adagio* commence par un écho du Prélude de *Lohengrin* — que Wolf avait entendu à Bayreuth en 1875 — pour se tourner plus loin vers Bruckner, auquel Wolf voue alors une grande admiration. Paul-Gilbert Langevin* a rappelé, à juste titre, que Wolf partageait à cette époque une chambre avec les jeunes Gustav Mahler et Rudolf Kryzanowsky qui travaillaient alors à la réduction de la *Troisième Symphonie* (intitulée « Wagner-Symphonie ») du maître de Saint-Florian. Ce mouvement lent, plus encore que les autres, prend ainsi la dimension d'un « journal » retraçant presque pas à pas les phases d'assimilation du jeune compositeur.

D'apparence plus conventionnelle, le *Finale* (« très vif ») semble prendre d'autant plus de distance avec les autres mouvements qu'il est plus tardif. Plus directement proche des finales beethovéniens, en particulier de celui du *Huitième Quatuor op.59 n° 2*, il démontre pourtant une maîtrise plus affirmée de la grande forme qui est parfaitement menée de bout en bout.

Durée d'exécution : environ 41 minutes.

Intermezzo, en *mi* bémol majeur

Commencé à Vienne dès 1882, repris et terminé en octobre 1886 à Murau en Styrie, ce mouvement isolé, auquel Wolf donnera le titre d'« Intermezzo humoristique » dans une lettre de 1890, se situe totalement aux antipodes du caractère passionné et romantique du *Quatuor*. Ce détachement ne s'exerce en rien aux dépens de la qualité musicale, riche harmoniquement et polyphoniquement, ni de l'écriture instrumentale. À la fois moins personnel et plus abordable que le *Quatuor*, l'*Intermezzo* affirme un caractère viennois au travers de son thème gracieux, qui réapparaîtra encore à deux reprises et dans une écriture toujours renouvelée.

Durée d'exécution : environ 10 minutes.

Sérénade, en *sol* majeur

Seule œuvre de Wolf qui ait rencontré le succès, la *Sérénade* a été écrite à Vienne en trois jours, du 2 au 4 mai 1887, et publiée seulement en 1903 par Max Reger. C'est en 1892 que Wolf en réalisera une transcription orchestrale, qui prendra alors le titre de *Sérénade italienne***. Le charme qui se dégageait de l'*Intermezzo* trouve ici un prolon-

* « Le vrai visage de Hugo Wolf », in *Le siècle de Bruckner* (La Revue Musicale n° 298-299, Paris, 1975).

** Voir, en particulier, *Guide de la musique symphonique* (même éditeur).

gement encore plus abouti, et dont la fraîcheur contraste avec l'image tragique souvent répandue et trop rapidement accolée à la musique de Wolf. Deux ans avant d'aborder les livres des *Spanische Lieder* et *Italianische Lieder*, ce délicieux rondo montre à quel point l'auteur est à l'aise dans le cadre de la Sérénade post-romantique.

Wolf tentera à nouveau d'écrire un mouvement de Sérénade (*Langsam*) en 1889, mais la partition restera à l'état de fragment : il est vrai que trois de ses recueils les plus importants de lieder étaient déjà composés, et que Wolf consacrait désormais toute son énergie créatrice à la musique vocale.

Durée d'exécution : environ 6 minutes.

A.P.

IANNIS XENAKIS

Né à Braïla (Roumanie), le 29 mai 1922. Fils de parents grecs revenus dans leur pays en 1932, Xenakis entreprend tôt des études musicales, puis se consacre à des études d'ingénieur à l'École Polytechnique d'Athènes. Participant à la résistance, Xenakis est amené à s'expatrier — il ne retournera en Grèce qu'en 1974 — et s'installe en France en 1947. Collaborant avec Le Corbusier pendant douze ans, il bénéficie parallèlement des conseils de Messiaen à partir de 1950. Fondamentalement opposé au sérialisme auquel il consacre un article critique (« La crise de la musique sérielle »), Xenakis propose dès 1954 Metastasis, *puis* Pithoprakta *en 1955 pour grand orchestre, — qui introduisent la notion de transformation du continu (glissando) au discontinu (pizzicatos). N'abandonnant pas pour autant sa formation d'architecte, il participe à l'élaboration du Pavillon Philips à l'Exposition internationale de Bruxelles (1958). Poursuivant l'application du calcul des probabilités, Xenakis exploitera les possibilités de l'ordinateur dès le début des années soixante jusqu'en 1977, — date à laquelle le CEMAMU aboutira à la mise au point de la première génération de l'UPIC, système informatique permettant d'aborder la composition par le dessin. Parallèlement à ses activités compositionnelles, Xenakis s'est largement consacré à l'enseignement dans les universités américaines et a détaillé ses principales théories dans ses nombreux écrits (*Musiques formelles, Musique-Architecture, Arts/Sciences Alliages*). Le catalogue de Xenakis est l'un des plus abondants que nous aient fournis les compositeurs de cette génération, et comporte de nombreuses partitions tant d'orchestre que de musique de chambre.*

Le monde musical de Xenakis peut paraître ambigu : les commentaires concernant son œuvre et sa pensée oscillent souvent entre le discours théorique, qui reste seulement accessible à des initiés, et l'hagiographie qui se limite à une approche affective destinée à compenser la haute technicité du premier. Mathématique et musique ne sont pas inconciliable, mais cette conjonction est toujours suspecte dans l'esprit d'un public par le fait que l'idée reçue de l'« inspiration » est encore bien ancrée dans les consciences. S'il est effectivement difficile d'aborder cette musique sans poser un certain nombre de préalables, que les écrits du compositeur* ont largement diffusé, il est cependant essentiel que ces derniers ne soient pas affichés en tant que critères de justification.

Proposant, dès 1955 avec *Metastasis*, une option opposée au sérialisme ambiant, Xenakis met en avant la nécessité de recourir à des masses qui seront contrôlées par le calcul des probabilités, et par conséquent de la prise en compte du hasard dans la distribution des événements : c'est l'acte de naissance de la musique « stochastique » régie désormais par des lois empruntées à Poisson, Gauss ou Maxwell. L'ordinateur est devenu, donc, l'indispensable complément du compositeur, — traitant les informations à partir desquelles Xenakis pratiquera une transcription en notation musicale traditionnelle, et dans laquelle intervient l'interprétation des calculs parfois au prix d'accommodations. La seconde

* En particulier dans *Musique Architecture* (Casterman, Paris, 1976).

orientation correspond à la musique « symbolique » dont les principes sont dérivés, en particulier à partir de *Herma* pour piano, des opérations logiques. L'évolution de l'œuvre de Xenakis confirmera ensuite cette translation constante entre les mathématiques et la musique, avec les « groupes » (*Nomos Alpha*), les « cribles » (*Persephassa*), les « parcours aléatoires » (*Mikka* pour violon) ou les « arborescences » (*Evryali* pour piano), pour ne citer que quelques exemples*. Musicalement, il faut en retenir une sensation de continuité du son — le glissando est le geste le plus caractéristique du compositeur —, et surtout l'impression de densité, exprimée souvent par ce que Xenakis appelle des « nuages de sons ». On pourra s'étonner, dans ces conditions, que le domaine de la musique de chambre soit si important dans le catalogue, lui-même très abondant, de Xenakis, et ce, de façon croissante depuis les années soixante-dix : si les masses chères au compositeur trouvent une application directe dans les œuvres orchestrales qui restent certainement les plus probantes, elles n'en sont pas moins prégnantes dans un cadre restreint.

La musique de chambre de Xenakis se signale avant tout par une instrumentation originale, — avec une prédilection pour les rencontres rares telles que piano et cinq cuivres (*Eonta*), clarinette et violoncelle (*Charisme*), ou encore hautbois et percussion (*Dmaathen*). La percussion joue en effet un rôle privilégié dans l'instrumentarium de Xenakis, se situant en cela dans le prolongement d'un Varèse : outre le célèbre *Persephassa*, on la retrouve en solo dans *Psappha* ou mêlée dans des distributions inattendues. Autre critère important, la durée : les œuvres de Xenakis forment un contraste avec les partitions d'autres compositeurs à la même époque (à l'exception de celles de Stockhausen), et impliquent de ce fait, et plus encore dans le cas de partitions pour instrument seul, une virtuosité peu commune.

Parti des grands ensembles orchestraux dans lesquels il s'exerçait au déplacement des masses — qualité conservée dans l'ensemble de son œuvre orchestrale, de *Metastasis* à *Jonchaies* —, Xenakis s'est de plus en plus intéressé à l'instrument individuel, d'abord à partir du piano, puis au violoncelle (*Nomos Alpha, Kottos*) ou au violon (*Mikka* et *Mikka S*), et plus récemment aux autres instruments à cordes moins sollicités (*Embellie* pour alto, *Theraps* pour contrebasse). Autant le catalogue antérieur à 1970 privilégie des formations inhabituelles, autant on peut remarquer une attention particulière, depuis cette date, pour des combinaisons traditionnelles, qui n'impliquent pas pour autant un traitement conventionnel : c'est le cas pour *Dikhtas* pour violon et piano, *Ikhoor* (1978) et *Tetras* (1983), respectivement pour trio et quatuor à cordes, ou encore *Akea* (1986) pour piano et quatuor à cordes.

Les œuvres sélectionnées ci-dessous répondent à des regroupements tantôt en fonction de préoccupations compositionnelles, tantôt par catégories spécifiques telles que la production pour violoncelle seul, à côté de quelques œuvres marquantes qui seront traitées isolément.

LES ŒUVRES « STOCHASTIQUES »

Entre 1956 et 1962, Xenakis franchit une nouvelle étape dans la pensée stochastique, dont la concrétisation donnera lieu à un ensemble de partitions pour des effectifs différents. Après les deux premières œuvres d'orchestre, *Metastasis* et *Pithoprakta*, Xenakis a mis au point une matrice basée sur la répartition aléatoire d'événements en déterminant les familles instrumentales, les formes d'attaques, ainsi que la hauteur et la durée des sons. Le résultat correspondra à *Achorripsis* (1956-1957) pour vingt et un instruments. C'est en s'inspirant de ce schéma que Xenakis va tenter une « automatisation de la pensée » d'*Achorripsis*, aboutissant à la mise au point d'un organigramme dont les calculs seront assurés par un ordinateur IBM. Il s'agit donc, pour Xenakis, d'examiner la possibilité de produire plusieurs œuvres à partir d'une matrice générale, et, pour reprendre le vocabulaire propre au compositeur, de réaliser le passage d'une architecture « hors-temps » — un schéma abstrait — à une mise « en-temps » — la partition qui est la transcription des résultats en notation musicale. C'est aussi pour cette raison que non moins de six partitions, dont quatre pour un effectif réduit, sont répertoriées avec la même date 1956-1962 dans le catalogue du compositeur. Les œuvres sont successivement *ST/4* pour quatuor à cordes, *ST/10* pour dix instruments, et *ST/48* pour orchestre.

* Voir Nouritza Matossian, *Xenakis* (Fayard, Paris, 1981).

Partitions aux titres sévères — *ST* signifiant « Stochastique », et le chiffre indiquant le nombre d'instrumentistes requis —, l'une d'entre elles donnera lieu à son tour à d'autres exploitations : ainsi *ST/10* est-elle à l'origine de *Atrées* et *Amorsima-Morsima*, toutes deux également pour dix instruments (la seconde n'a finalement pas été retenue), et *Morsima-Amorsima* pour piano, violon, violoncelle et contrebasse.

ST/4 pour quatuor à cordes constitue le seul exemple d'adoption d'un ensemble constitué dans l'œuvre de Xenakis à cette époque, et vers lequel il ne reviendra qu'en 1983 avec *Tetras*. Créée à Paris en 1962 par le Quatuor Bernède, la partition repose sur un ensemble de modes de jeu tels que glissandos ou coups frappés sur la caisse de l'instrument, que Xenakis avait utilisés dans *Pithoprakta*.

ST/10, écrit pour la formation de la *Symphonie* op. 21 de Webern (clarinette, clarinette basse, deux cors, harpe et quatuor à cordes) plus des percussions, a été donné en première audition à Paris sous la direction de Konstantin Simonovitch.

Durée d'exécution : chacune environ 11 minutes.

Morsima-Amorsima, dont le titre signifie « ce qui vient/ne vient pas/par le destin », se présente comme une alternance entre de longues plages statiques avec des sons entretenus (cordes) ou non (piano) et des périodes plus denses, et a été créé à Athènes sous la direction de Lukas Foss.

Durée d'exécution : environ 11 minutes.

Atrées, ou « les inflexibles lois de la nécessité », a été commandée par la RTF pour la célébration du tricentenaire de la mort de Blaise Pascal, l'un des fondateurs du calcul des probabilités, avec la condition que l'œuvre se réfère obligatoirement à une lecture du triangle de Pascal. L'œuvre prend un certain nombre de libertés par rapport aux calculs donnés par l'ordinateur, — Xenakis étant intervenu dans la composition pour près d'un quart de la partition. Écrite pour flûte, clarinette, clarinette basse, cor, trompette, trombone, violon, violoncelle et percussions, *Atrées* est aussi l'une des rares œuvres de Xenakis à laisser au chef d'orchestre le choix dans l'ordre des cinq parties qui peuvent être librement permutées. La création a eu lieu à Paris sous la direction de Konstantin Simonovitch.

Durée d'exécution : environ 15 minutes.

Eonta, pour piano et cinq cuivres

Composé en 1963-1964, *Eonta* est destiné à deux trompettes, trois trombones et piano, et a été créé à Paris en décembre 1964 par Yuji Takahashi et les instrumentistes du Domaine Musical dirigé par Pierre Boulez. Correspondant à l'une des œuvres les plus importantes de Xenakis, *Eonta* se situe exactement à mi-chemin, tant chronologiquement que compositionnellement, entre *Herma* pour piano (1960-1961, déjà dédié à Yuji Takahashi) et *Nomos Alpha* pour violoncelle (1966). Instrumentalement, la partition atteint pratiquement les limites du possible tant au piano, dont la partie est quasiment continue d'un bout à l'autre de l'œuvre, que pour les cuivres dont l'écriture réclame une endurance exceptionnelle (la création s'est d'ailleurs déroulée avec un effectif doublé).

Dans le prolongement de *Duel* pour deux orchestres que Xenakis avait écrit en 1959 dans le même esprit, *Eonta*, qui signifie « êtres », repose essentiellement sur la confrontation spatiale entre le piano et les cuivres, envisagés comme deux adversaires. Cette relation hétéronomique se traduit par la mobilité des sources sonores, les cuivres se déplaçant, ainsi qu'il est spécifié sur la partition, du fond de la scène jusque vers le piano, voire jusqu'à jouer *dans* le piano en activant les harmoniques supérieures des touches enfoncées. Autant la partie de piano, dont le début a été calculé par ordinateur, est discontinue, autant les cuivres opposent de longues tenues qui finiront par dominer à la toute fin de l'œuvre.

Les techniques compositionnelles sont donc directement issues de la densité et de l'éparpillement des registres de *Herma* — qui procédait à partir de la théorie des ensembles —, avec, en plus, l'introduction et la répartition de la continuité du son : jouant un rôle de charnière, *Eonta* prépare l'idée des « groupes » qui sera largement appliquée dans *Nomos Alpha*.

Durée d'exécution : environ 18 minutes.

Anaktoria, pour octuor

Formant l'une des plus belles et des plus homogènes partitions de musique de chambre de Xenakis, *Anaktoria* a été écrit en 1969 pour clarinette, basson, cor, deux violons, alto, violoncelle et contrebasse. Destinée à l'Octuor de Paris, qui en a assuré la création au Festival d'Avignon en août de la même année, *Anaktoria* est, comme *Nuits pour douze voix* (1967) dont elle est très proche, l'une des œuvres composées sans dépendre d'aucune théorie et sans le secours de la machine. Le titre renvoie au nom d'une femme de Lesbos, aimée de Sapho, et qui signifie littéralement « belle comme un palais ».

Ayant travaillé avec chacun des interprètes afin d'examiner les possibilités (ou les « non-possibilités ») instrumentales, Xenakis a essentiellement axé ses préoccupations sur les recherches de complémentarités entre les différents timbres de cet ensemble hétérogène. Incluant les quarts et tiers de tons, l'écriture repose sur des zones de saturation entre plusieurs pupitres, comme les battements à partir d'un unisson entre le cor et le basson au début de l'œuvre. Les effets propres aux cordes, qui jouent la plupart du temps en ensemble plutôt qu'individuellement, sont en grande partie issus de l'écriture de *Nomos Alpha*, et exploitent en particulier le « bridge », jeu consistant à « faire lourdement grincer avec le plat du crin à la fois sur la corde et le chevalet ». Quant aux intruments à vent, outre les registres sollicités (dont le très aigu pour le cor), ou les effets de « pizz. » demandés au basson et au cor, c'est incontestablement la clarinette qui connaît les innovations les plus importantes avec les sons fendus, avec l'oscillation autour de la note faite avec l'embouchure, ou encore le jeu fréquent dans le sur-aigu :

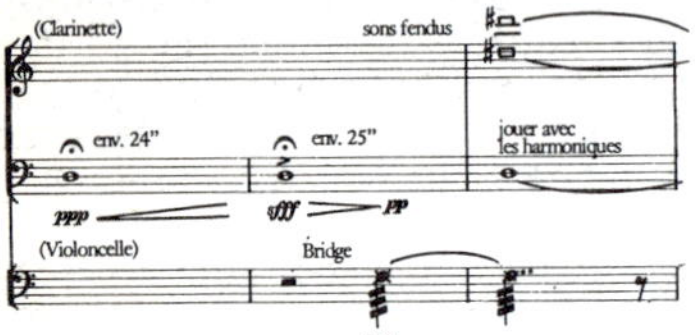

Au-delà de la virtuosité, on comprendra que l'œuvre est extraordinairement éprouvante pour les instrumentistes, véhiculant une tension unique qui rend passionnante l'audition de cet octuor. Signalons enfin que la disposition des instruments demandée par Xenakis prévoit de placer la clarinette au centre et cor et basson aux deux extrêmes.

Durée d'exécution : environ 11 minutes.

LES ŒUVRES POUR INSTRUMENT SEUL

Nomos Alpha, pour violoncelle

Deuxième œuvre au catalogue de Xenakis a être consacré à un instrument seul après *Herma, Nomos Alpha* a été écrit en 1966 à la demande de Hans Otte, de la Radio de Brême, pour Siegfried Palm qui en assura la création la même année. Le titre signifiant « règles, lois, mais aussi, en musique, ''mélodie spéciale, particulière'', et parfois ''mode'' », la partition fut dédiée à la mémoire d'Aristoxène de Tarente, et des mathématiciens Evariste Galois et Felix Klein, auxquels est empruntée la « théorie des groupes ».

Nomos Alpha est célèbre pour le renouvellement de l'écriture instrumentale que propose Xenakis : jouée exclusivement sans vibrato, et avec une quatrième corde en boyau, elle requiert les quarts de tons, et inaugure une nouvelle façon de pratiquer les glissandos très courts sous formes d'« apostrophes ». On notera également l'indication concernant les doubles cordes, l'un des deux sons devant monter ou descendre légèrement dans le but de provoquer des battements entre eux (le nombre de battements étant indiqué sur la partition). Enfin, on trouve dans la conclusion une double ligne en mouvement contraire produisant un écartèlement impressionnant, qu'Alain Meunier a très bien commenté : « Il y a dans cette fin une espèce d'artifice dû à l'état dans lequel se trouve réduite la corde détendue où l'on joue la dernière note trémolo, avec un grand *crescendo* puis un *descrescendo*. Comme la corde n'est plus tendue, le son a tendance à monter un peu dans le *crescendo*, comme dans une vaine sollicitation, très symbolique de l'impossible dont est chargée cette fin »* :

Il en résulte une œuvre d'une violence et d'une force extrême — très longue et éprouvante pour l'exécutant —, et qui a changé fondamentalement l'image d'un instrument en dépassant les limites comme on ne l'avait jamais réalisé jusque-là.

Durée d'exécution : environ 17 minutes.

Kottos, pour violoncelle

Écrite pour le concours international de violoncelle de La Rochelle 1977, *Kottos*,

* In *Regards sur Iannis Xenakis* (Stock, Paris, 1981).

dont le titre fait référence à l'un des trois géants aux cent bras que Zeus a combattu et vaincu, est une pièce d'une étonnante virtuosité, nécessitant une violence peu commune dans l'interprétation.

Notée presque continûment sur deux portées, la partition développe l'idée d'une multitude de parties, accentuée tant par les superpositions rythmiques que par l'usage des quarts de tons :

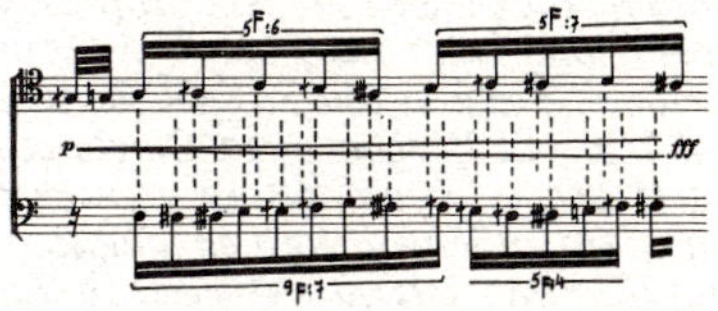

Mise en parallèle avec *Nomos Alpha* — dont elle reprend l'ensemble des caractéristiques instrumentales, plus le « bridge » déjà vu dans *Anaktoria* —, par le violoncelliste soviétique Monighetti, cette partition utilise « un matériau sonore extraordinairement archaïque (d'origine folklorique sans doute, ou rituelle) dans sa forme pour ainsi dire originelle, vierge. Et la deuxième indication — « s'abstenir de belles sonorités » — confirme l'idée que le violoncelle est considéré ici plutôt comme un instrument populaire ou rituel que professionnel, dans l'acception moderne du mot »*.

Durée d'exécution : environ 8 minutes.

Dans le sillage de ces deux importantes partitions, on citera les deux courtes pièces que sont **Mikka et Mikka-S** pour violon (respectivement 1971 et 1976), avec une attention particulière pour le glissando quasiment constant de la main gauche, et associé aux quarts de tons, ainsi que **Theraps** pour contrebasse (1975-1976) et **Embellie** pour alto (1981), qui enrichissent un répertoire encore trop peu abordé par les compositeurs.

Quant aux pièces combinant deux instruments, on citera surtout **Charisma** pour clarinette et violoncelle (1971), dédié à la mémoire du compositeur Jean-Pierre Guézec, prématurément disparu à l'âge de trente sept ans, et exploitant les mêmes techniques instrumentales que *Anaktoria* toutefois infiltrées par le silence ; ainsi que **Dmaathen** (1976), proposant la confrontation entre le hautbois et la percussion diversifiée — qui regroupe des bongos, congas, grosse caisse pour les peaux, xylorimba et vibraphone pour les claviers —, annonçant *Komboï* pour clavecin amplifié et percussion (1981)

Durées d'exécution : respectivement environ 4 et 10 minutes.

Psappha, pour percussion

L'importance que le compositeur a toujours accordée à cette famille instrumentale, en particulier dans son écriture orchestrale, ne pouvait que déboucher sur une œuvre qui lui soit directement consacrée. Entre *Persephassa* (1969) et *Pléiades* (1978), toutes deux pour six percussionnistes, Xenakis a écrit cette partition en 1975 pour percussion solo, et dédiée à Sylvio Gualda qui en a assuré la première audition à Londres le 4 mai 1976.

Ancien nom de Sapho, *Psappha* est, selon le compositeur, un hommage à la poétesse grecque pour son invention dans le domaine rythmique du vers hendécasyllabe. De fait, Xenakis a cherché à écrire une œuvre dont le propos serait « le rythme pur, le timbre lui étant surbordonné » : se privant, dans une certaine mesure, du pouvoir de séduction propre aux instruments de percussion, Xenakis a opté pour la solution la plus détachée et la plus essentielle.

La genèse de la composition de *Psappha* est caractéristique, une fois de plus, de la collaboration entre le compositeur et l'interprète, et d'autant plus dans ce cas précis que les percussions font appel à des instruments très diversifiés et non forcément répertoriés. Ainsi Xenakis a souhaité disposer de certaines sonorités réduites en nombre, limitant la nomenclature aux peaux et aux métaux avec respectivement neuf et six instruments. La virtuosité, quasi systématique dans la musique instrumentale de Xenakis, est telle que *Psappha* a été qualifiée par Sylvio Gualda d'« œuvre tragique » par l'importance du silence qui confère un relief particulier à la musique.

Xenakis sollicitera à nouveau son interprète en 1980 et 1981 pour l'associer avec un baryton en tant que solistes face à un orchestre dans *Aïs*, ainsi qu'avec le clavecin dans *Komboï*.

Durée d'exécution : environ 14 minutes.

A.P.

* *Idem.*

EUGÈNE YSAYE

*Né à Liège, le 16 juillet 1858 ; mort à Bruxelles, le 12 mai 1931. Dès l'âge de quatre ans, il étudia le violon avec son père, violoniste au Théâtre Royal de Liège, et entra en 1865 au Conservatoire de la ville où il obtint un second prix deux ans plus tard : il débutait en public à onze ans. C'est ensuite le Conservatoire de Bruxelles qui l'accueillit pour étudier avec Wieniawski, puis Paris pendant trois ans avec Vieuxtemps. Il entreprit alors de nombreuses tournées européennes, avant d'être pendant douze ans professeur de violon au Conservatoire de Bruxelles, — où il fonda les Concerts Ysaye destinés à promouvoir un répertoire contemporain. Il créa en 1894 son propre quatuor, et effectua la première de ses huit tournées triomphales aux États-Unis. Après la Première Guerre, son agilité ayant un peu diminué, Ysaye se tourna également vers la direction d'orchestre (il fut, de 1918 à 1922, à la tête de l'orchestre de Cincinnati) ; puis il regagna Bruxelles, y rétablit les Concerts Ysaye, y composa et y enseigna, — avant d'y mourir peu après la première d'un opéra qu'il avait écrit en langue wallonne. Eugène Ysaye, prodigieux artiste s'il en fût, a transmis au XX*e *siècle la tradition de Vieuxtemps et de Wieniawski — leur intense vibrato notamment —, mais en rompant avec tous les excès du romantisme et en développant une sonorité unique dont Kreisler devait se faire l'illustrateur. Il a donc figure de pionnier de l'école « moderne » de violon. Le compositeur est moins connu, mais les six* Sonates pour violon seul op. 27 *demeurent, à juste titre, au répertoire des plus grands récitalistes. Ajoutons, enfin, que Ysaye possédait un Guarnerius del Gesù (appartenant maintenant à Isaac Stern) et un Stradivarius de 1732, l'« Hercule » (qui lui fut volé à Saint-Pétersbourg lors d'une tournée en 1908, et qu'on n'a jamais retrouvé).*

LES SIX SONATES POUR VIOLON SEUL

Un « monument », sans doute, de la technique moderne du violon, — et constituant à lui seul la synthèse du jeu violonistique de l'interprète d'exception que fut Ysaye. C'est également — il faut l'admettre — son unique ouvrage bénéficiant encore de l'attention des violonistes actuels (et, par conséquent, de celle du public). À tort probablement : d'autres pièces, pour le violon solo ou concertant (du *Trio de concert op. 19* pour deux violons et alto au *Divertimento* pour violon principal et orchestre, et au *Poème Nocturne op. 29* pour violon, violoncelle et orchestre) mériteraient bien quelques auditions. Les esquisses des six *Sonates pour violon seul* furent réalisées en vingt-quatre heures, sans gestation préparatoire, dans la villa d'été du Zoute, sur la côte belge, en 1923. Les révisions et les mises au net eurent lieu dans les jours suivants, et les partitions furent rapidement prêtes pour la publication. Celle-ci intervint en 1924 par les soins d'A. Ysaye, frère du compositeur, sous le numéro d'*op. 27*. C'est à ce dernier que nous devons la confirmation que tout le travail de composition fut placé sous le signe de Bach, — dont le musicien fut véritablement obsédé (il donna le titre « Obsession » à la *Sonate n° 2*). Ysaye aurait déclaré, avant même de s'atteler à la tâche : « Le génie de Bach effraie celui qui serait tenté de suivre une voie identique. Il sait qu'il y là un sommet difficile à atteindre. Comment se dégager d'une influence dominatrice qui fera, fatalement, que si l'on veut écrire pour instrument seul, on écrira *à la manière de...* »

Néanmoins, ne dissimulons pas la réelle personnalité de l'œuvre, sa grande valeur musicale, encore moins sa portée technique, dont A. Ysaye — à qui nous donnons ici la parole — a pu affirmer qu'elle « puise sa base dans la polyphonie. C'est, si l'on veut, la technique de l'accord, de l'arpège, de la double, triple, quadruple corde, rendant deux, trois, quatre, cinq et parfois six sons simultanés ou quasi-simultanés. Tout cela mis au service d'une pensée musicale libre, fantaisiste et, disons le mot, rhapsodique ». Chaque sonate a été dédiée par le compositeur à un ami violoniste.

Ainsi la **Première Sonate** en *sol* mineur fut-elle destinée à Joseph Szigeti, son inspirateur (pour lequel Ysaye professait une sincère admiration : « J'ai trouvé en Szigeti cette qualité rare, de nos jours, d'être à la fois virtuose et musicien »). C'est une œuvre difficile d'exécution, — on la croirait parfois écrite *contre* l'instrument. Les quatre mouvements sont un *Grave*, un *Fugato*, un *Allegretto poco scherzoso*, un *Finale con brio*. Jusqu'à la fin du premier mouvement, le compositeur indique *tremolando ponticello*, — ce qui a pour effet remarquable de produire les plus étranges harmonies. Particulièrement séduisant l'*Allegretto poco scherzoso* central, dont un archet expérimenté saura mettre en valeur le lyrisme, — tandis que le finale exige une dextérité considérable.

Durée d'exécution : 15 minutes environ.

La **Deuxième Sonate**, en *la* mineur, fut dédiée au français Jacques Thibaud, très fidèle ami d'Ysaye, partageant avec lui son « obsession » de Bach (d'où le sous-titre de la partition). Cette obsession fut telle qu'Ysaye faillit tout abandonner. Les mouvements se succèdent avec ces titres suggestifs : *Obsession* (*Prélude*), *Malinconia*, *Danse des ombres* (*Sarabande*), *les Furies*. L'œuvre débute par le Prélude de la *Partita en* mi *majeur* du Cantor : ce thème est d'abord présenté en petites notes, du bout de l'archet, puis utilisé en brillantes variations, — qui s'en dégagent quelque peu pour achever un premier mouvement haletant. Le second se construit sur un motif désolé, douloureux, — tandis qu'intervient, de loin, un *Dies irae* qui s'impose, plus présent, comme un cantus firmus... C'est « une lente sarabande nocturne » (A. Ysaye). Le finale, contrastant par son climat, par ses vives arêtes et par sa virtuosité « furieuse », apporte une conclusion dissipant les visions de mort.

Durée d'exécution : 12 minutes environ.

Dédiée à Georges Enesco, la **Troisième Sonate**, en *ré* mineur, est la plus courte des six et celle qui se joue encore le plus isolément. Elle est également très virtuose, mais exige de hautes qualités de lyrisme... « J'ai laissé mon imagination aller à sa guise », avouait Ysaye. Il y a une seule partie intitulée *Ballade*, caractérisée par un thème principal adoptant un rythme de marche, avec de vastes accords arpégés.

Durée d'exécution : 7 minutes environ.

Dédiée à l'illustre Fritz Kreisler, la **Quatrième Sonate**, en *mi* mineur, se divise à nouveau en trois mouvements. Ysaye a déclaré qu'il y fut guidé par le souvenir de la sonorité chaleureuse et sensuelle, le jeu robuste également, du virtuose viennois. Se succèdent — comme en une Suite — une *Allemande*, une *Sarabande* et le *Finale*. La *Sarabande*, en particulier, s'édifie, de façon encore obsédante, sur un ostinato de quatre notes maintenu dans la même tonalité tout au long de la pièce, tandis que se déploie un somptueux tapis harmonique en arpèges, gammes et accords, aux plus subtiles variations de couleur et d'intensité ; mais le thème « obstiné » ne renonce jamais à son pouvoir de plain-chant. Quant au *Finale*, on le tiendra pour une sorte de « Caprice viennois » d'une libre fantaisie en hommage au dédicataire, dans le goût — ou presque — des pastiches que celui-ci, grand mystificateur, affectionnait. La *Quatrième Sonate* fut imposée lors du premier Concours international de violon Eugène-Ysaye en 1937.

Durée d'exécution : 11 minutes environ.

C'est à Mathieu Crickboom, élève estimé de Ysaye et second violon dans le quatuor qu'il fonda, qu'est dédié la moins ambitieuse **Cinquième Sonate**, en *sol* majeur, intitulée *Pastorale* par son auteur. C'est sans doute qu'il songea, en l'écrivant, au dédicataire, d'une extrême pondération de caractère et dont la gravité, la profondeur de sentiments, lorsqu'il tenait l'archet, impressionnèrent son maître ; mais également sa sûreté technique : car, pour dictée par une pensée poétique qu'elle puisse paraître, la *Cinquième Sonate* n'est pas avare d'innovations ou d'effets, — tels le pizzicato exigé à la main gauche ou certains passages en « percussion » annonciateurs de Bartók. Les deux parties y sont respectivement titrées *l'Aurore* et *Danse rustique*.

Durée d'exécution : 9 minutes environ.

Enfin, c'est au violoniste espagnol Manuel Quiroga que fut destinée la **Sixième Sonate**, en *mi* majeur. La carrière de ce violoniste fut tragiquement interrompue à la suite d'un grave accident, à l'âge de quarante-six ans, et l'œuvre ne connut pas la diffusion qu'elle méritait. Comme ailleurs, Ysaye a cherché à adapter son écriture au jeu — et à la personnalité — du dédicataire : c'est donc ici une sorte de « Caprice espagnol » des plus brillants, d'un seul tenant, mais de contenu et de ton plus extérieurs que ceux de la *Sonate* précédente.

Durée d'exécution : 7 minutes environ.

F. R. T.

JAN DISMAS ZELENKA

Né à Lounovice, en Bohême, le 16 octobre 1679; mort à Dresde, le 23 décembre 1745. Fils d'un musicien, il étudia sans doute dans un collège de jésuites à Prague et, en 1709, était dans cette ville au service du baron (plus tard comte) Ludwig Joseph von Hartig. En 1710, il devint contrebassiste dans l'orchestre (électoral, saxon et royal polonais) de Dresde. Envoyé en Italie avec d'autres musiciens (1715), il s'arrêta à Vienne pour y étudier avec Johann Joseph Fux, et, à Venise, travailla avec Lotti. Sur le chemin du retour, il s'arrêta de nouveau à Vienne (1717-1719), puis regagna Dresde, où il devait rester jusqu'à la fin de ses jours, et où, en 1729, il succéda à Johann David Heinichen au poste de directeur de la musique d'église. Comme nouveau maître de chapelle, il se vit néanmoins préférer Johann Adolf Hasse, de vingt ans son cadet, et il passa ses dernières années dans un relatif isolement.

Grand harmoniste et grand contrapuntiste, admiré par Bach, il laissa essentiellement le souvenir d'un compositeur de musique religieuse ; mais, depuis un quart de siècle environ, on reconnaît également la valeur de sa production instrumentale, — qu'elle soit orchestrale (neuf partitions) ou de chambre. En ce dernier domaine, on ne possède de lui que six **Sonates en trio**, conservées en manuscrits (partiellement autographes) à Dresde, et publiées pour la première fois par Camillo Schoenbaum dans les années 1950 et 1960. Elles datent vraisemblablement des années 1715-1716, mais on ignore si elles furent écrites avant ou après les études avec Fux, auteur lui-même d'importantes sonates en trio. Le titre original est « Sonate a due Hautbois et Basson con due bassi obligati ». Les deux hautbois (voix supérieures), ou l'un d'entre eux, peuvent être remplacés par flûte(s) ou violon(s). Le basson (remplaçable, par exemple, par un violoncelle), voix de même importance que les deux précédentes, est l'une des deux parties de basse, — l'autre (par exemple contrebasse) en étant pour l'essentiel une version simplifiée mais distincte. L'enregistrement intégral de ces *Sonates* (1973) utilise deux hautbois pour les voix supérieures (violon et hautbois dans la *n° 3* en *si* bémol majeur), un basson pour la basse « concertante », et une contrebasse et un clavecin pour le continuo. Dans de vastes épisodes du finale de la *n° 5* en *fa* majeur, le basson est mis en jeu seul. Certains commentateurs ont donc parlé de sonates non pas « en trio », mais « en quatuor ».

Les *Sonates n° 1* en *fa* majeur, *n° 2* en *sol* mineur, *n° 3* en *si* bémol majeur, *n° 4* en *sol* mineur et *n° 6* en *ut* mineur adoptent la structure en quatre mouvements issue de la « sonata da chiesa » (sonate d'église) mise au point par Corelli : mouvement lent à 4/4 de rythme pointé, mouvement rapide et fugué à 4/4 également, mouvement lent expressif à 3/4, mouvement vif homophone à allure de danse. La *Sonate n° 5*, en *fa* majeur, fait exception : elle est en trois mouvements (vif-lent-vif), « à la Vivaldi ».

M.V.

ALEXANDER VON ZEMLINSKY

Né à Vienne, le 14 octobre 1871 ; mort à Larchmont (État de New York), le 15 mars 1942. Il effectue ses études au Conservatoire de Vienne, avec Anton Door (piano) et Johann Nepomuk Fuchs (composition). En 1893, il fait partie de la Wiener Tonküstlerverein où il se signale par ses premières œuvres de chambre, et rencontre Brahms. En 1895, il côtoie un violoncelliste amateur, Arnold Schoenberg, dont il devient un intime : il lui enseigne le contrepoint, et sa sœur, Mathilde, l'épouse. En 1900, Zemlinsky est chef d'orchestre au Carltheater de Vienne, puis au Volksoper en 1904, dont il est directeur musical de 1906 à 1911, — avec un intermède d'un an pendant lequel il est chef à l'Opéra Impérial grâce à l'appui de Mahler. Ce dernier l'encourage également comme compositeur, créant son second opéra Es war einmal *(1900). Avec Schoenberg, il fonde la Vereinigung Schaffender Tonkünstler destinée à faire connaître la musique nouvelle, en particulier leurs propres œuvres. De 1911 à 1927, il est le directeur musical de l'Opéra Allemand de Prague où il crée* Erwartung *de Schoenberg et interprète Mozart, Beethoven, Mahler, et des contemporains. Il y crée sa propre* Tragédie florentine *et sa* Symphonie lyrique *(1923). Il travaille à Berlin avec Klemperer, tout en enseignant à la Musikhochschule. Devant la montée du nazisme, il revient à Vienne où il reprend la composition, — dont le* 4e Quatuor *(1936). Mais il doit quitter Vienne pour Prague, et, finalement, s'expatrier à New York où il terminera sa vie dans l'oubli et la misère. Depuis 1975, son œuvre réapparaît hors de l'ombre envahissante de Mahler, dont il assimila très vite l'écriture expressionniste, comme de Schoenberg avec lequel on le confond. Contrairement à son beau-frère, il a su éviter, dans son œuvre de chambre en particulier, les écueils de la démonstration grammaticale pour considérer comme des acquis les enseignements qu'il tira tant de Mendelssohn et Schubert que de Brahms et Mahler. Ses* Quatuors *forment un ensemble où perce sa vraie personnalité, — difficile équilibre entre un romantisme transparent et un expressionnisme épuré. Admirablement écrites pour les instruments, ces partitions de chambre sont appelées à entrer définitivement au répertoire des ensembles rompus aussi bien à Mozart et Mendelssohn qu'à Berg et Bartók.*

Zemlinsky ne laisse que vingt-sept opus cités, — alors que le nombre des partitions (ou d'esquisses) aujourd'hui recensées dépasse la centaine. Entre mars 1888 et mars 1896, il s'essaya à toutes les formes classiques de musique de chambre sous la houlette des frères Fuchs, en particulier Johann Nepomuk, — dont les œuvres offrent une écriture évoluée et habile, mais dénuée de toute profondeur. L'élève fit preuve de dons mélodiques peu ordinaires et d'une rigueur scrupuleuse dans son apprentissage des formes ; il fut également témoin de la lutte sourde que se livraient partisans de Wagner et de Brahms dont il se sentait, par éducation, plus proche. Il fit d'ailleurs la connaissance de ce dernier lors d'un concert à Vienne le 19 mars 1896, et devint un de ses protégés. Mais, avant cette date même, Zemlinsky avait écrit un *Trio pour piano, violon et violoncelle en* la *mineur* (un seul mouvement, mars 1888), une *Romance pour violon et piano* en *si* bémol mineur (créée en juillet 1889), une *Sérénade* (ou *Suite*) *pour violon* en *la* majeur (commencée en mars 1892, créée en public en janvier 1896, et demeurée incomplète), un *Quatuor avec piano* en *ré* majeur (créé par le compositeur au piano en novembre 1893 à Vienne), un *Quatuor à cordes* en *mi* mineur (probablement de 1893, manuscrit à la Bibliothèque du Congrès à Washington), une *Sonate pour violoncelle et piano* (donnée en avril 1894 à Vienne), un *Quintette à cordes* en *ré* mineur, dont seul le premier mouvement est complet et qui fut créé à Vienne le 5 mars 1896, enfin un *Quintette à cordes* en *ré* majeur dont ne subsiste que le finale...

Trio pour clarinette, violoncelle et piano en *ré* mineur (op. 3)

Le rapprochement avec le *Trio op. 114* que Brahms écrivit en 1891 pour la même formation est immédiat et justifié. On croit savoir que cet *Opus 3* fut commencé le 9 juillet 1896, après la rencontre décisive avec l'illustre compositeur. L'hommage est, au moins, stylistique : la même affectivité romantique, synthèse de Mendelssohn et Schumann, la même opulence harmonique, la même vitalité irriguent la partition. Alors que Brahms, en sa vieillesse dorée, tend à épurer son langage volontiers trop riche, Zemlinsky propose un équilibre entre une ardeur plus proche de la pulsation rythmique que de la passion, et un sens peu commun de la perfection formelle chez un si jeune créateur. L'œuvre fut créée à Vienne le 11 décembre 1896, et publiée chez Simrock (1897) sur la recommandation expresse de Brahms. Elle obtint le troisième prix d'un concours organisé par la Tonkünstlerverein de la ville*.

Elle est en trois mouvements : *Allegro ma non troppo* de forme sonate ; *Andante* de coupe ternaire traditionnelle A-B-A ; *Allegro*, un rondo en sept parties suivi d'une coda.

1. L'**Allegro ma non troppo** apparaît d'une solide construction classique avec ses soixante-et-onze mesures d'exposition, soixante-dix de développement, une récapitulation de soixante-et-une mesures et une coda de vingt-neuf. En revanche, la traditionnelle mesure à 4/4 est en perpétuelle ambiguïté binaire/ternaire avec les fréquents triolets du piano donnant l'impression d'évoluer vers le rythme beaucoup plus dansant de 12/8. On retrouve là un procédé comparable dans les *Trios op. 87* et *114* de Brahms. Le thème principal, exprimé par la clarinette,

révèle plus une certaine hésitation, une mélancolie assez inattendue chez un jeune compositeur, que l'ampleur héroïque rencontrée dans les œuvres d'avant 1896. Ici, Zemlinsky n'est plus l'épigone de Fuchs ou de Brahms. Deux allusions à l'*Adagio pour clarinette* de Wagner ne sont pas fortuites, et débouchent sur une technique d'appogiature très personnelle permettant de suggérer une richesse harmonique inespérée sans modifier l'ordonnancement tonal.

2. L'**Andante** ternaire comporte une section A, lyrique et sentimentale dans un tempo d'andante, une section B plus contrastée et dramatique *Poco mosso con fantasia*, puis une reprise de A. L'épisode central n'est pas sans rappeler l'*Al'ongarese* du *Quintette avec clarinette op. 115* de Brahms, — tandis que les sections extrêmes restent animées d'une lutte sourde entre un chant héroïque et intense et une résignation aux teintes automnales que la clarinette rend avec délicatesse ainsi qu'une réelle grandeur. La « sentimentalité » de Zemlinsky est bien différente de celle d'un Brahms, même si les moyens utilisés sont comparables provisoirement.

3. L'**Allegro** final, en rondo, n'offre pas les mêmes prolongements émotionnels. Les accords parfaits en *ré* comme en *ut*, parfois en *fa* dièse, se font fréquents. L'enchaînement des divers épisodes est dans la forme A B A C A B A, — l'épisode B étant le plus lyrique, tandis que A reste essentiellement rythmique et relance le discours par deux fois avant de conclure. Le motif rythmique est basé sur des noires pointées, et rappelle l'enjouement des mouvements vifs mendelssohniens.

Durée d'exécution : 29 minutes environ.

Quatuor à cordes n° 1, en *la* majeur (op. 4)

Commencé le 9 juillet 1896, il fut créé la même année, le 2 décembre, lors d'un concert de la Tonkünstlerverein. Sa forme adopte la coupe traditionnelle en quatre mouvements : *Allegro con fuoco*, de stricte forme sonate ; *Allegretto*, de coupe ternaire ABA, suivi d'une coda ; *Breit und kräftig* et *Vivace e con fuoco*, — tous deux dans la forme sonate.

1. L'**Allegro** initial se présente en trois épisodes d'équivalente longueur. L'exposition propose trois phrases différentes dont les tonalités sont respectivement celles de la tonique *la* majeur, et de *mi* majeur. Chacune de ces phrases est elle-même formée de trois motifs. Le développement est uniquement basé sur le premier thème. La nouveauté de cet ample mouvement réside dans le traitement harmonique directement issu de l'étude de Wagner. Ainsi le deuxième thème n'atteint-il sa stabilité harmonique qu'au terme de huit mesures jouant sur l'accord de *la*, tandis que le thème principal jouait sur la quarte à la sous-dominante *la-ré*. Lors de la réexposition, ce second thème module en *mi* par montée chromatique sur une seule des mesures d'exposition. Par sa longueur et par son aspect essentiel-

* Association privée regroupant artistes, mécènes et compositeurs pour l'organisation de concerts, et plus généralement d'aide à l'action musicale en pays de langue allemande.

lement mélodique, ce mouvement fait penser parfois au *Quatuor en* la *mineur* de Schubert. Sa relance rythmique part d'un procédé comparable (anacrouse sur le thème principal au premier violon), — tandis que la technique de développement juxtapose les tensions harmoniques, mais ne cherche pas à les superposer dans la coda conclusive aux dépens de la classique reprise du seul thème principal.

2. Le second mouvement, **ALLEGRETTO**, qui fait office de scherzo, est beaucoup plus personnel, proche de l'onirisme d'un Hugo Wolf, — avec son premier épisode contrasté, et son second, plus rapide, indiqué *furioso*. Une transition abrupte amène une réexposition du thème initial. Cette forme ternaire est basée sur un épisode A, dont la mélodie semble empruntée à une chanson populaire allemande,

où deux intervalles de seconde encadrent une tierce, et un épisode B, *Presto*, qui rappelle le *furiant* bohème :

3. Le troisième mouvement fait office d'épisode lent. Sa solennité réside, à la fois, dans un lointain rappel de l'ambiance des *Maîtres Chanteurs* et dans l'usage de nuances « symphoniques » mahlériennes, *Breit und kräftig* (« large et intense »). Ici se reconnaît la « patte » beethovénienne, violente et dérangeante, venant bousculer la belle ordonnance de la forme sonate. En effet l'une des nouveautés de ce mouvement réside, outre la puissance de ses contrastes, dans un traitement qui dépasse l'ample rythmique empruntée à la *2ᵉ Symphonie* de Brahms (*Scherzo*) dans l'*Allegretto* précédent. Le violoncelle use de croches doublement et triplement pointées,

alors que les violons jouent en triolets. Cette liberté dans l'expression fait abolir le caractère jusqu'ici parfois trop respectueux de la forme. Elle s'affirme également dans la réexposition finale, qui s'éloigne de la simple répétition à la quinte pour une vraie transposition chromatique redonnant force et concision au thème original.

4. Le **VIVACE** final ramène au modèle brahmsien. Son animation peut paraître un peu académique avec son premier thème à la tonique, son second à la dominante. Il faut attendre la fin du développement pour qu'une ample modulation en *fa* évoque davantage Bruckner que les modèles classiques de l'École de Mannheim. Dernière innovation : l'énoncé retardé du thème principal que le violoncelle n'exprime sans ornementation chromatique qu'à la dix-neuvième mesure. Coda et *trio* requièrent de vibrantes sonorités des voix graves, tandis que leur matériau thématique provient essentiellement du thème initial. Aucune recherche n'est prévue afin de prouver une volonté cyclique dans l'écriture de ce *1ᵉʳ Quatuor*, partition étonnante, techniquement achevée, dont seule une soumission parfois scolaire à la forme limite l'individualité.

Durée d'exécution : 26 minutes environ.

Quatuor à cordes n° 2, en *ré* mineur (op. 15)

Dix-sept ans séparent cet *Opus 15* de la précédente partition de chambre. Alors qu'en 1896 Zemlinsky, chef et compositeur de renom, donnait des leçons de contrepoint à Schoenberg et retravaillait avec lui le *Quatuor en* ré *majeur* de ce dernier, en 1914 la situation est renversée. Son beau-frère (Schoenberg a épousé Mathilde von Zemlinsky, sœur du compositeur) est un compositeur d'avant-garde qui vient de s'imposer avec la création du *Pierrot lunaire*, et Zemlinsky se trouve malgré lui assimilé à cette nouvelle École de Vienne sur le plan esthétique, car en tant qu'interprète, il en encourage la promotion. De cette confusion, qu'un Mahler sut éviter par son esthétique, sont nées l'ombre et l'incompréhension qui ont obscurci la carrière de Zemlinsky en tant que compositeur. Le *Quatuor op. 15* ne fait qu'entretenir ce malentendu, compte tenu des relations structurelles et harmoniques existant entre lui et le *1ᵉʳ Quatuor en* ré *mineur op. 7* de Schoenberg, terminé dix ans plus tôt. Pourtant Zemlinsky résout dans cette partition les quelques contradictions subsistant entre l'écriture de Schoenberg et celle de Mahler. À la tendance du monobloc schoenbergien de l'*op. 7* ou de la *1ʳᵉ Symphonie de chambre op. 9*, Zemlinsky propose une solution beaucoup plus équilibrée et aérée, mise en œuvre par Mahler, en particulier dans la plus élaborée de ses symphonies, la *6ᵉ*, que Zemlinsky eut le privilège de réduire pour piano à quatre mains. Alors que dans son *Opus 7* Schoenberg s'en tient à la forme sonate en quatre mouvements dont les thèmes successifs se déduisent les uns des autres en une unité cyclique grandiose mais contraignante, Zemlinsky propose une forme proche de la « suite » (Berg s'en souviendra dans sa *Suite lyrique*) dont le thème central alterne avec divers épisodes totalement opposés au plan rythmique et lyrique, mais dont les cellules thématiques sont toutes issues d'une même phrase, — ici les dix-huit mesures d'exposition. Les divers couplets de la suite sont des « souvenirs » au sens mahlérien, — tandis que les couplets (ou intermèdes) forment des épisodes totalement autonomes, même si leur fonctionnalité leur impose un ordre précis d'entrée. Ainsi cet *Opus 15* possède-t-il la double structure du quatuor en quatre mouvements et de la suite (thème et variations) : *Sehr mässig - heftig und leidenschaftlich* (*Andante*), exposition et développement de deux cent soixante-quatre mesures ; un Adagio comprenant *Moderato - Andante mosso - Allegretto - Adagio* formé d'un thème suivi de variations (quatre-vingt-quatre mesures) ; *Schnell* (scherzo), curieux intermède *non espressivo* ; *Andante - Mit energischer Entschlossenheit-Allegro molto-Langsam-Andante*, cinquante et une mesures d'exposition, développement et réexposition du thème final, suivies d'une imposante coda de cent dix mesures.

Le premier mouvement semble s'ouvrir dans la tonalité de *fa* dièse mineur, même si le chromatisme ambiant le hisse en *sol* mineur. Les dix-huit mesures thématiques contiennent l'essentiel du matériau mélodique de l'immense construction du *Quatuor*. Même si ce premier exposé n'est pas capable de poser toutes les bases de l'édifice, il entre en un immense jeu de variations qui explicite peu à peu, par itération chromatique, les motifs des mouvements à venir. Ainsi, au lieu de résoudre superbement (comme Schoenberg) le problème de la genèse du thème unique, Zemlinsky procède par variation continue, — créant certes des conflits qui justifient les qualificatifs *Heftig u. leidenschaftlich* (« avec violence et passion »), mais permettant au discours d'alterner périodes de tension et de détente, sans allure de rhétorique. Ainsi le développement peut-il progresser indépendamment du thème initial, culminer *mit grossem Ton* (« plein son ») pour mieux préparer la réexposition du thème. Après cette dernière, ce même thème évolue harmoniquement vers le caractère de lied du mouvement lent.

Ce dernier utilise deux cellules thématiques du thème initial. Puis le thème central

prend une étrange liberté, citant explicitement deux mesures extraites de *la Nuit transfigurée* de Schoenberg, — tandis que, lors de la réexposition, réminiscences beethovéniennes et schoenbergiennes se combinent pour la plus grande densité de ce lied. Suit une palette de trois variations, — l'une en forme de choral archaïsant qui sert de référence aux métamorphoses successives du thème. L'*Adagio* conclusif est une ultime phase de développement d'esprit mahlérien, dans un climat morbide, où la dense polyphonie des cordes, d'abord passionnée puis désespérée, s'abîme peu à peu en arabesques vertigineuses qui s'étiolent et s'effacent.

Le scherzo (*Schnell*, « vite ») est une prémonition de la mélodie volontairement inexpressive et dérisoire de l'après-guerre allemande. Tel un Satie germanique, Zemlinsky pressent le néo-réalisme de Kurt Weill et d'Hindemith qui va s'opposer à sa propre expressivité, comme à celle d'un Franz Schreker. Si le premier épisode du scherzo tient du *non espressivo*, le second tourne à l'exhibitionnisme mahlérien en son expresion volontairement triviale (*mit ordinärem trivialen Ausdruck*), avant de laisser réapparaître, solennel, le thème initial, qui prépare la quatrième partie.

On réentend ainsi les quatre-vingt-dix mesures de l'*Andante* initial dans une présentation rétrograde soulignée par une progression parallèle du niveau sonore. Cette irrésistible montée débouche sur le thème de l'*Allegro molto* enchaîné, qui donne l'impression d'un nouvel espoir. Mais le développement voit s'ajouter de nombreuses cellules, provenant de l'*Adagio*, qui assombrissent le discours. Une réexposition partielle, une coda très contrastée semblent balayer tout espoir et mener hors du temps, hors du *Chant de la Terre* fugitivement entrevu. Avec cet *Opus 15*, Zemlinsky affirma sa propre émancipation, — désormais plus proche d'un Mahler que de l'atonalisme schoenbergien.

Durée approximative d'exécution : 39-42 minutes.

Quatuor à cordes n° 3
(op. 19)

L'œuvre fut écrite pendant les vacances du chef d'orchestre, de juillet au 13 septembre 1924, date indiquée sur le manuscrit. Elle est dédiée à *meinem Freunde Professor Friedrich Buxbaum*, le leader du Buxbaum Streichquartett qui en donna la première audition à Leipzig en octobre 1924. La partition éditée fut disponible dès le 30 juillet 1925. Dix ans séparent cette partition concise et superbement équilibrée du *2ᵉ Quatuor*, monument expressionniste au rayonnement symphonique. La guerre a totalement bouleversé la vie musicale, en particulier à Vienne. La mode est au néo-classicisme, réaliste ou sublimé. Zemlinsky, chef d'orchestre, interprète de Mahler comme de l'*Erwartung* de Schoenberg, se tourne vers l'école française, plus vers Dukas ou Schmitt que vers les « impressionnistes ». L'*Opus 19* se décompose en quatre mouvements traditionnels : un *Allegretto* de forme sonate, suivi d'un mouvement comprenant *Thema mit Variationen* (*Geheimnisvoll bewegt*, « mystérieusement agité ») — Variationen 1 à 7 ; une *Romanze* (*Sehr mässige Achtel*), poursuivie sans césure par une *Burleske* (*Sehr lebhaft*, « très animé »).

1. L'**Allegro** initial s'ouvre sur un court motif au premier violon, suivi d'un second (mesures 12) qui semble accélérer le propos et mène à la mesure 24. Apparaît alors l'importance de la structure rythmique qui répartit sur les quatre instruments un court développement en *durchbrochene Arbeit* (procédé consistant à faire jouer les motifs successifs par les divers instruments en canon, comme si la ligne mélodique pouvait disposer d'une bande sonore allant du *do* grave du violoncelle à la 8ᵉ position de la chanterelle des violons). Le thème secondaire débute à la mesure 55, concentrant son originalité mélodique, dynamique et rythmique, avec un contrepoint très original au deuxième violon. Le développement commence à la mesure 93, et utilise deux idées : la première est confiée au violoncelle, sur contrepoint rythmique de l'alto. La seconde (mesure 138) utilise les huit notes principales du second thème avant de reprendre le thème initial au violoncelle. En ces deux épisodes, Zemlinsky a résumé les deux « climats » opposés de son inspiration : la première idée développée possédait à la fois ce lyrisme distant, ces notes pointées fortement rythmées qui, répondant aux exigences de la forme, installent une animation très personnelle. La seconde se veut plus sereine, d'essence mélodique, même si le travail contrapuntique s'avère d'une rare densité rythmique. Ainsi l'écriture nerveuse et ramassée se juxtapose à des moments de lyrisme apparemment statique, — telle l'ample et élégiaque conclusion de cet *Allegro*.

2. En quelque cinq minutes, Zemlinsky démontre sa faculté de concentration et sa virtuosité d'écriture en un scherzo à variations d'une densité toute webernienne et à l'expressionnisme bergien. Le thème semble crépusculaire, avec des saillies rythmiques imprévisibles, — tandis que les variations amènent un jeu de contrastes violents (var. 1) ; elles utilisent *staccato* et *spiccato* (var. 4), résument brutalement le matériau thématique en le magnifiant (var. 4), se réordonnent en un rythme de valse lente (var. 6), et viennent ainsi se clore sur un andante bergien (var. 7).

3. La **Romance** est en trois volets, et semble se générer statiquement. L'alto amorce la mélodie, interrompue puis poursuivie par le premier violon. Il faut attendre le fortissimo (unisson) pour que s'ébauche vraiment ce thème essentiel au violoncelle qui débute, puis construit le continuo en contrepoint sur l'alto qui a repris la mélodie (mesures 77-86). Ce chant propage sa dynamique au travers de tous les registres, — éclairant les accompagnements immuables dans les registres extrêmes (violons et violoncelle). Puis cette chape réapparaît, utilisant des intervalles plus dissonants que les quintes du début. Le vibrato de l'alto, puis du violoncelle se fait plus « blanc ». Zemlinsky indique *ohne Ausdruck* (« sans expression »), laissant s'étouffer *verlöschend* (« en mourant ») la puissance lyrique de cette étonnante *Romance*.

4. Le **Burlesque** final doit beaucoup aux souvenirs mahlériens, en particulier au *Rondo-burleske* de la *9ᵉ Symphonie*. Il débute par un magnifique solo de violoncelle, mais à contre-emploi, tant nervosité et ironie viennent bousculer la nature lyrique de l'instrument. Un ton de légèreté forcée souligne le dialogue entre croches détachées à l'alto et pizzicatos au violoncelle. Le thème principal, emprunté au *Scherzo* du *2ᵉ Quatuor*, accentue l'aspect provocateur de mouvement virtuose et pressé. Les deux couplets du rondo sont des « à la manière de » : le premier d'une chanson populaire, paysanne ; l'autre d'un menuet, savant. La coda, avec ses contorsions tonales, est un résumé magistral et sarcastique du thème du même *Scherzo* du *2ᵉ Quatuor*.

Durée approximative d'exécution : 23-25 minutes.

Quatuor à cordes n° 4 (op. 25)

Écrit à Vienne, l'*Opus 25* est appelé « Suite », hommage direct à la *Suite lyrique* d'Alban Berg, l'ami disparu le 24 décembre 1935. Zemlinsky travailla tout l'été de 1936, mais ne trouva pas d'interprètes pour le créer à Vienne. Il emportera le manuscrit dans son exil américain ; premières audition et édition seront posthumes, — la partition étant finalement créée à Vienne le 21 avril 1967.

Tout comme la *Suite lyrique* de Berg, l'*Opus 25* est une suite pour quatuor à cordes en six parties, dont les éléments thématiques sont communs et les différents « actes » des diptyques opposant toujours une scène lyrique lente à un mouvement vif : 1. *Präludium. Poco Adagio*, *Burleske. Vivace* ; 2. *Adagietto. Adagio*, *Intermezzo. Allegretto* ; 3. *Thema mit Variationen (Barcarole). Poco Adagio*, *Finale-Doppelfugue. Allegro molto. Energico.*

Le *Prélude* se souvient de sa nature *da chiesa* selon Bach, et débute sur une série d'accords statiques, — recréant l'atmosphère de la *Romance* du *3e Quatuor*, puis reprend le thème du scherzo du *2e Quatuor*, leitmotiv représentant la signature de Zemlinsky. Cette première scène illustre la lutte des personnalités profondes qu'étaient Berg et Zemlinsky dans un environnement devenu étranger, — si ce n'est franchement hostile. Ainsi les différents motifs lyrico-rythmiques empruntés, témoins de la continuité de la pensée, n'arrivent que rarement à s'imposer par rapport aux lignes parallèles exprimées sourdement par le contrepoint étouffant des autres instruments.

La deuxième scène de ce premier acte retrouve le *Burlesque* dérisoire du finale du *3e Quatuor* : le thème essentiel de ce rondo est formé de bribes qui se dynamisent sous la vivacité du tempo, — caractéristiques de cette agitation presque biologique et qui s'effacent peu à peu en perdant leur acuité de contrastes par leur affaiblissement d'intensité et par leur montée dans l'aigu. En contrepoint à cette fièvre entretenue émergent des motifs secondaires plus franchement lyriques. Leur juxtaposition finit par suggérer l'essentiel du matériau mélodique du nœud tant lyrique que conceptuel de la partition, l'*Adagietto* — première scène du second acte —, qui se souvient à la fois de celui de la *5e Symphonie* de Mahler et du thème de l'*Adagio* du *2e Quatuor*, — dont il est le résumé, saisissant, retenu, inéluctable et sans aucune emphase. En moins de trois minutes, Zemlinsky a su ne retenir que l'essentiel, comme Webern dans sa *3e Bagatelle pour quatuor op. 9*. La coda suggère en dix mesures le thème de l'*Intermezzo* — deuxième scène du second acte —, qui nous replonge dans la dynamique shakespearienne de ce vrai scherzo, dont l'apparente insouciance n'a d'égale que la science contrapuntique et rythmique. Ici, Zemlinsky surpasse l'art des musiciens qu'il admire, — Mahler (qu'il vénère) comme Schoenberg (qu'il respecte). La phrase mélodique possède une fluidité schubertienne (Zemlinsky donne l'indication *fliessend*, « coulant ») ; mais une invention irrépressible, soutenue par un contrepoint d'une science consommé, vient densifier, dans la deuxième partie, la trame de l'*Intermezzo*, proche du nocturne. Les rythmes en triolets empruntés au *Burlesque* ponctuent le discours, et submergent peu à peu les tentatives de continuité mélodique qui s'évanouissent « en mourant » (*verloschend*).

Le troisième et dernier acte persévère dans le rêve shakespearien du *Marchand de Venise* avec le rythme berceur du thème unique, sous-titré « Barcarolle », exposé en soliste par le violoncelle. Malgré le renouvellement permanent de l'environnement sonore, le thème reste invariant sous ces métamorphoses successives. L'ultime scène met à nouveau en opposition le thème dévastateur, parcouru de doutes comme de violences rentrées, avec la clarté polyphonique de l'*Intermezzo*. Cette confrontation illustre très précisément les deux facettes de la personnalité de Zemlinsky, — introvertie quant à l'emphase désormais « réduite » de ses œuvres de maturité, extravertie quant à la fluidité schubertienne et virtuose de son lyrisme naturel. Reste la perfection d'écriture de ce compositeur au style policé, dont le manque d'agressivité immédiate a masqué la véritable personnalité.

Durée approximative d'exécution : 23-24 minutes.

Après ce *Tombeau à Alban Berg* resté manuscrit, Zemlinsky commence un *Quatuor* en *ré* majeur pour clarinette, violon, alto et violoncelle (le manuscrit indique la date du 8 août 1938) avant son exil américain. Aux États-Unis, il n'écrit que deux partitions didactiques, commandes alimentaires, une *Humoresque* (rondo) pour flûte, hautbois, clarinette, cor et basson (1941, UE 15048), et un *Jagdstück* (litt. pièce de chasse) pour deux cors en *fa* et piano (1939, UE 16962).

P.E.B.

BERND ALOIS ZIMMERMANN

Né le 20 mars 1918, à Bliescheim, près de Cologne; mort le 10 août 1970, à Grosskönigsdorf, près de Cologne. Après des études de philologie, philosophie, et psychologie aux universités de Bonn, Cologne et Berlin, Zimmermann entre en 1938 à la Musikhochschule de Cologne. Mobilisé de 1939 à 1942, il travaille la composition avec Philipp Jarnach, puis avec Fortner et Leibowitz à Darmstadt entre 1948 et 1950. Nommé à l'Université de Cologne en 1950, puis professeur de composition et d'analyse à la Musikhochschule en 1958, Zimmermann se situe dans le mouvement du sérialisme qu'il adapte à ses propres préoccupations. Zimmermann reste connu surtout pour son opéra les Soldats *composé entre 1958 et 1960, et qui constitue probablement l'ouvrage scénique le plus important depuis le* Wozzeck *de Berg. L'ensemble de la production de Zimmermann est également d'un très haut niveau, retraçant la trajectoire d'un compositeur qui est parti des retombées du néo-classicisme pour parvenir au* Requiem pour un jeune poète *(1967-1969). Si l'évolution stylistique de Zimmermann est très importante par l'ampleur du chemin parcouru, sa pensée se manifeste par des constantes illustrées en particulier par les deux aspects de sa personnalité, qu'il définissait lui-même comme « un mélange typiquement rhénan de moine et de Dionysos ». Torturé entre la cruelle vérité du monde moderne et sa foi profonde, Zimmermann a préféré se donner la mort peu après l'achèvement de son « action ecclésiastique » pour voix et orchestre.*

L'œuvre de Zimmermann est victime d'un double décalage : décalage historique, d'abord, d'un compositeur qui n'appartient pas tout à fait à « la génération de Darmstadt », alors que ses préoccupations s'en sont fondamentalement éloignées ; décalage stylistique, ensuite, par sa volonté d'inclure et de rassembler des musiques d'origines différentes, et où le subtil peut côtoyer le trivial. La marginalité involontaire, voire forcée, qui en est résulté n'a fait qu'accentuer et propager le malentendu.

L'originalité — ou le drame — de Zimmermann aura été de comprendre et d'interpréter les conséquences musicales du passé d'une façon très personnelle. Alors que les cours de Darmstadt érigent la structure au rang du critère de validité d'une œuvre, Zimmermann explore les retombées de la distance stylistique proposée par Stravinski (*Concerto pour violon*). Examinant à son tour l'héritage webernien, il en vient à introduire le *cluster* dans les réseaux pontillistes tout en conservant la dimension, hautement suspecte à l'époque, d'« expressivité » (*Perspektiven* pour deux pianos). Réfléchissant enfin à la question du temps dans notre perception de la musique, il l'applique à la mémoire de notre histoire. En définitive, Zimmermann a essentiellement incarné une forme de « contre-pouvoir ». D'où un conflit déclaré dont l'illustration la plus nette concerne sa relation avec Stockhausen, — les deux musiciens, que tout oppose, habitant et travaillant à Cologne.

La contribution la plus importante de Zimmermann à la théorie musicale touche donc au temps. Alors que Stockhausen publie en 1957 son article capital « Comment passe le temps... », Zimmermann écrit « intervalle et temps ». Se plaçant dans une perspective plus philosophique que scientifique, l'auteur oppose le temps *effectif*, défini par la durée quantifiable, et le temps *intérieur*, dépendant de notre perception : partant du caractère à la fois successif et simultané de l'intervalle musical — perceptible, donc, tant harmoniquement que mélodiquement —, Zimmermann en vient à appliquer la même projection au temps. L'axe permettant de passer à l'une ou l'autre des deux dimensions abolit du même coup les notions de passé, présent et futur. Il est donc désormais possible d'envisager le temps historique sur le plan, non plus seulement en terme de succession, mais également de simultanéité. Notre passé musical est donc susceptible de resurgir à tout moment, démultipliant le degré de signification de l'œuvre : la citation, dans la musique de Zimmermann, procède de la volonté de former un tout dont la résultante stylistique, par définition hétérogène, sera compensée par le désir expressif. La pratique de la citation au premier degré a le don de séduire ou d'irriter : des *Soldats* au *Requiem pour un jeune poète*, l'intention de

Zimmermann est de prendre l'histoire à témoin en la rendant présente par la simultanéité.

L'ensemble de l'œuvre a été réparti par Harry Halbreich en trois périodes : la période « expressionniste » concernant le passage de l'héritage d'un Stravinski ou d'un Hindemith au sérialisme dans la *Symphonie en un mouvement* et *Perspektiven*, — avec l'inclusion possible du jazz comme dans le *Concerto pour trompette* (*Nobody knows the trouble I see*) ; la période « pluraliste », à partir des *Soldats* (1958-1960) jusqu'à la volontairement iconoclaste *Musique pour les soupers du roi Ubu* (1966), dans laquelle l'usage de la citation parvient à son point culminant ; enfin, la période « statique », caractéristique d'un écartèlement tragique du temps qui conduira au silence, avec le *Requiem* et l'ultime « Action ecclésiastique ».

Dans cette importante production, la musique de chambre occupe une place de choix avec les partitions destinées à un instrument seul qui interviennent souvent, pendant ou immédiatement après la composition de grandes œuvres, « et surtout lorsqu'il s'agissait de conclure ou d'ouvrir de nouvelles phases compositionnelles »*. Les *Sonates* pour violon, alto, et surtout la plus exceptionnelle, pour violoncelle, jalonnent ainsi de façon essentielle la trajectoire du compositeur. Il faut également insister sur la prédilection de Zimmermann pour le violoncelle, auquel il a consacré quelques-unes de ses partitions les plus fondamentales : du *Canto di speranza* (1952-1957) aux *Quatre courtes études* (1970), pas moins de cinq œuvres de premier plan dont trois ressortissent à la musique de chambre avec la *Sonate* et les *Études* déjà citées, et *Intercomunicazione*.

Le choix instrumental est toujours révélateur chez Zimmermann, — ainsi qu'il l'a exprimé quant à son attirance pour le genre du concerto caractérisé par l'interpénétration compositionnelle de deux parties : « Il ne s'agissait pas d'illustrer à l'aide d'un concerto les possibilités instrumentales que l'un ou l'autre possédait, mais bien de démontrer comment cet instrument, conformément à une idée musicale centrale précisément formulée, pouvait réaliser la pensée musicale correspondante ». Seules les premières œuvres de musique de chambre cherchent encore le genre d'expression qui leur conviendra, Zimmermann ayant transcrit son *Trio à cordes* (1944) sous la forme du *Concerto pour orchestre à cordes* (1948), ainsi que la *Sonate pour violon et piano* qui donnera le *Concerto pour violon* en 1950. C'est l'ordre chronologique qui a été adopté pour les œuvres examinées ci-dessous.

Sonate pour violon et piano

Composée en 1949-1950, cette *Sonate* doit être considérée parallèlement au *Concerto pour violon* qui constitue à la fois une orchestration et une réécriture, — cette dernière concernant en particulier le mouvement central. Créée à Cologne le 15 février 1950 par Rolf Müller Wolgang Gehring, la *Sonate* adopte un schéma traditionnel en trois mouvements intitulés *Sonata*, *Fantasia* et *Rondo*, qui témoignent d'une référence aux XVIIIe et XIXe siècles dans l'esprit des œuvres de Hindemith et, surtout, de Stravinski (*Concerto pour violon*).

Si la référence aux modèles classiques est encore nettement décelable, la *Sonate* est tout aussi caractéristique de la tendance du compositeur à traiter la forme et le style avec une certaine distance : alors que le premier mouvement correspond à la forme sonate classique avec son exposition bithématique, la suite de la forme relève déjà de la juxtaposition et du « montage » d'éléments essentiellement signalés par de nombreux changements de tempo. De même, le dernier mouvement, qui répond à l'alternance propre à la forme rondo entre deux parties, inclut une allusion aux danses sud-américaines avec le « tempo di Rumba » : bien que déjà attiré par la combinaison entre des styles différents, Zimmermann est ici plus proche des *Saudades* de Milhaud qui avaient marqué la partition précédente, le ballet *Alagoana*, que de la recherche de confrontation stylistique qui caractérisera bientôt sa musique. Quant au mouvement central, il sera largement remanié et augmenté dans le *Concerto*, notamment en citant à trois reprises le *Dies Irae*, — première manifestation de la fascination de l'auteur pour la mort.

Instrumentalement très brillante, et tout en restant une œuvre typique de la première manière de Zimmermann, la *Sonate* est révélatrice d'une grande personnalité, même si

* Zimmermann, « De la signification nouvelle du violoncelle dans la nouvelle musique », in *Contrechamps* n° 5 (L'Âge d'Homme, 1985), remarquable recueil auquel nous ferons souvent allusion, et qui contient l'article « Intervalle et temps ».

la version orchestrale est infiniment plus probante.

Durée d'exécution : environ 15 minutes.

Sonate pour violon solo

Suivant immédiatement le *Concerto pour violon*, cette *Sonate* est la première des œuvres destinées à un instrument seul. Écrite en 1951, elle a été donnée en première audition à Darmstadt le 8 juillet de la même année par Helmut Zernick. Comme les *Sonates* analogues de ses contemporains, celle de Zimmermann renvoie inévitablement aux illustres modèles de Bach, tant par le genre, que par la conception de l'écriture instrumentale, — l'hommage allant jusqu'à l'inclusion d'un motif proche du B.A.C.H. qui apparaît à plusieurs reprises.

Avec ses trois mouvements *Prélude*, *Rhapsodie* et *Toccata*, la *Sonate* apparaît comme une combinaison entre les éléments de style baroque et la série dodécaphonique qui relève encore d'un maniement simple : bien qu'utilisée avec beaucoup de souplesse, elle est quasiment présente sous sa forme originale tout au long de l'œuvre. Quant à la forme de chacun des mouvements, elle est tout aussi limpide avec les trois sections du *Prélude* (*Andante sostenuto*) variant à chaque fois la présentation du matériau, les deux parties clairement articulées de la *Rhapsodie* (*Allegro moderato, risoluto*), chacune étant délimitée par le groupe *pizz - arco - trille*, ou également les trois parties de la *Toccata* (*Allegro moderato*) qui reste par définition la pièce la plus virtuose. C'est le même groupe condensé de la *Rhapsodie* qui ouvre ce troisième mouvement exploitant la plupart des modes de jeu traditionnels, des bariolages de la deuxième partie aux doubles croches martelées — avec permanence d'une corde à vide et en vitesse constamment accélérée — de la dernière, qui semble renvoyer au *Prélude* de la *Troisième Partita* :

Si le recours aux formes anciennes, et en particulier à la *Toccata*, relèvent encore d'une intention purement stylistique renvoyant à une référence historique, ou, autrement dit, s'il n'y a pas conflit entre la forme et le fond, cette *Sonate* n'en constitue pas moins une étape dans l'évolution de Zimmermann qui aboutira au « pluralisme » des *Soldats**.

Durée d'exécution : environ 13 minutes.

Sonate pour alto solo

Commandée par la Südwestfunk de Baden-Baden, la *Sonate* pour alto a été écrite en 1955, et créée à Donaueschingen le 15 octobre suivant par Albert Dietrich. Nettement plus avancée stylistiquement que la *Sonate pour violon*, cette œuvre intervient entre les *Perspectiven* pour deux pianos, qui seront d'ailleurs citées dans cette *Sonate*, et les *Konfigurationen* pour piano. Zimmermann est alors dans la phase « webernienne » de son langage, — ce qui se traduit par l'importance accordée au silence, ainsi que par la prédilection pour la symétrie dans les présentations du matériau.

Ayant abandonné définitivement la forme en plusieurs parties depuis *Kontraste* et la *Symphonie en un mouvement* pour orchestre (1952), Zimmermann a opté ici pour une forme ininterrompue, à la fois plus personnelle et plus aboutie. Qualifiée par l'auteur lui-même de « Prélude de choral », la *Sonate* est construite en douze sections reposant sur le choral *Gelobet seist du, Jesu Christ* (« Sois loué, Jésus-Christ ») reconstitué d'après la série choisie. S'inspirant donc de la technique, mais non de l'esthétique, de Berg dans son *Concerto pour violon « À la mémoire d'un ange »*, Zimmermann met ici en avant une dimension spirituelle qui marquera de plus en plus sa musique jusqu'à sa dernière partition, sous-titrée « Action ecclésiastique »** et qui s'achèvera sur la citation du choral, déjà cité par Berg, *Es ist genug* (« C'en est assez »).

L'écriture de la *Sonate*, d'une extrême difficulté pour l'instrument, fait largement appel aux procédés canoniques dans le traitement du choral inspiré directement, comme l'a précisé Wulf Konold*** de Pachelbel.

Rappelons que l'instrument sera à nouveau sollicité par Zimmermann quelques années plus tard, avec *Antiphonen* pour alto et vingt-cinq instruments (1961), qui propo-

---

* Voir Laurence Helleu, « L'utilisation des formes anciennes dans *Les Soldats* », in *Contrechamps* n° 5 (*op. cit.*).

** *Ich wandte mich und sah an alles Unrecht, das geschah unter der Sonne* (« Je me retournai et regardai toute l'injustice qui est sous le soleil », 1970).

*** *In Bernd Alois Zimmermann* (Dumont Buchverlag, Cologne, 1986).

sera également une référence religieuse avec des passages de la Bible combinés avec d'autres extraits de textes (Joyce, Camus, Dante, Dostoïevski et Novalis).

Durée d'exécution : environ 8 minutes.

Sonate pour violoncelle solo

C'est au cours de la composition des *Soldats* que Zimmermann écrit cette *Sonate* qu'il terminera en 1960. Deuxième œuvre consacrée au violoncelle après le *Canto di speranza* (« Cantate » pour violoncelle et petit orchestre, 1952-1957), elle sera également créée par Siegfried Palm le 24 avril 1960 à Stuttgart. Empruntant son sous-titre — « ...et suis spatiis transeunt universa sub caelo » — au même passage de l'Ecclésiaste que pour sa cantate *Omnia Tempus habent* (« Il y a un temps pour tout ») écrite trois ans plus tôt (Eccl. III, 1), Zimmermann place d'emblée sa *Sonate* dans une dimension spirituelle.

La *Sonate* est surtout célèbre pour le véritable répertoire de modes de jeu qu'elle propose, — incluant les quarts de tons ou des pizzicatos d'un nouveau type, et qui fait office de référence dans l'écriture contemporaine pour violoncelle. Toutefois, et au-delà du « catalogue » que pourrait représenter cette partition — que le compositeur a écrite sans le secours d'un interprète —, Zimmermann a replacé les procédés d'écriture instrumentale par rapport à la dimension compositionnelle : « L'innovation décisive tient en ce que la technique de jeu, dont la place est essentielle dans la composition d'une œuvre pour instrument seul, se présente comme le résultat d'un processus strictement musical et non comme un élément de virtuosité, sous quelque forme que ce soit, venant s'appliquer par la suite. La partie technique du jeu se traduit donc autrement comme le résultat de différents processus, qui découlent de l'élément musical seul, tel qu'il peut se manifester dans les moyens et les possibilités d'un instrument soliste, et qui, à partir de là, *déterminent l'instrument soliste* »*.

Divisée en cinq parties intitulées successivement *Rappresentazione*, *Fase*, *Tropi*, *Spazi* et *Versetto*, la partition est faite d'instants furtifs, — chacun caractérisé par une approche particulière. En accord avec la conception du « temps sphérique » de Zimmermann, la *Sonate* est à mettre en relation directe avec *les Soldats* (la troisième partie renvoie même au *Tropi* de l'acte III), tant par la succession de moments personnalisés que par la conception d'ensemble : la « dramaturgie » de la *Sonate* repose sur la même « polyphonie d'actions » mise en évidence par les modes de jeu, comme ces inclusions de *sul ponticello* et de l'archet au talon dans un continuum de pizzicato :

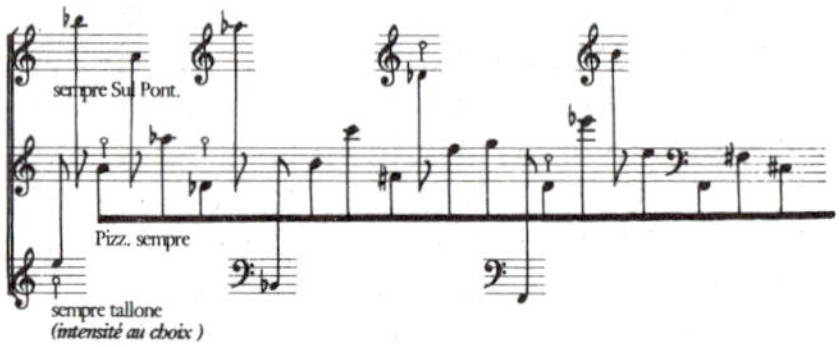

Wulf Konold (*op. cit.*) rappelle également que le *Versetto* final fait directement référence à l'une des fonctions de la liturgie qui se traduit ici par l'intensité — la ferveur — de l'expression. Un prolongement sera tenté dans *Tempus loquendi* (1963), « pièces elliptiques » pour flûte solo, d'abord conçues sous l'angle de la « forme sonate » avec l'initiative du trajet laissée à l'interprète, puis réécrites peu après en trois versions (grande flûte, flûte en *sol* et flûte basse). Bien que très controversée dès les premières exécutions, la *Sonate* s'est progressivement imposée malgré son extrême difficulté, et apparaît comme l'une des œuvres les plus fascinantes de son auteur.

Durée d'exécution : environ 14 minutes.

Présence, pour violon, violoncelle et piano

Intitulé « Ballet blanc en cinq scènes », *Présence* a été écrit en 1961 et créé à Darmstadt le 8 septembre 1961 par le Trio Priegnitz (Hans Priegnitz, Bernhard Haman, Siegfried Palm). Se situant à la frontière entre le théâtre et la musique de chambre, *Présence* met en scène trois personnages empruntés à la littérature, — chacun étant associé à un instrument : Don Quichotte de Cervantès, « danseur noble avec un casque en or, une visière et un panache » (violon), Molly Bloom de l'*Ulysse* de Joyce, « première ballerine avec tutu » (violoncelle), et le roi Ubu d'Alfred Jarry, « danseur noble avec une tête de tapir » (piano), l'œuvre requiert aussi un récitant — « une personne

* Zimmermann, « De la signification nouvelle du violoncelle dans la nouvelle musique », in *Contrechamps* n° 5 (*op. cit.*). C'est nous qui soulignons les derniers mots.

habillée correctement » — qui introduit chacune des cinq scènes sur des « mots-emblèmes » dus à Paul Pörtner.

Qualifiée de « concerto scénique », la partition, qui renoue avec le ballet, emprunte l'essentiel de son matériau à *Dialogue* — concerto pour deux pianos et orchestre (1960) — et inclut un certain nombre de citations combinées telles que le *Don Quichotte* de Richard Strauss (cordes) superposé au mouvement lent de la *Septième Sonate* de Prokofiev (piano) dans la deuxième scène, ou encore le *Zeitmasse* de Stockhausen associé à Prokofiev de nouveau, dans un cadre stylistique reproduisant un blues ! Si Stockhausen est cité de cette façon (la partie de piano, donc Ubu, comporte même, à la fin de cette citation, le fameux « merdre »), c'est bien évidemment une manifestation d'ironie mordante de la part de Zimmermann ; et l'on rapprochera ce « Ballet blanc » de la *Musique pour les soupers du roi Ubu* (1966) pour orchestre (et sous-titrée « Ballet noir »), à la fin de laquelle Stockhausen est à nouveau cité au travers de l'accord répété du *Klavierstück n° 9* superposé, entre autres, à la Chevauchée des Walkyries...

Enfin, autre distance supplémentaire avec la musique de chambre, l'écriture des trois parties repose sur une indépendance telle que l'écriture rythmique est désormais envisagée globalement, en particulier dans le piano, — seuls quelques points de rencontre entre les instruments étant prévus. C'est cette écriture qui sera développée dans *Intercomunicazione.*

Durée d'exécution : enriron 30 minutes.

Intercomunicazione, pour violoncelle et piano

Composée en 1967 et dédiée au chorégraphe John Cranko, cette avant-dernière partition de musique de chambre de Zimmermann a été jouée en création à Cologne le 26 avril 1967 par Siegfried Palm et Aloys Kontarsky. Œuvre au projet paradoxal, *Intercomunicazione* se propose d'examiner les possibilités de communication entre deux instruments « aussi incompatibles que le violoncelle et le piano » (Zimmermann).

Caractéristique de la troisième et dernière période de l'œuvre de Zimmermann, que l'on peut faire commencer avec *Tratto* (1966), le seul exemple de musique électronique, *Intercomunicazione* envisage la question du temps, non plus sous l'angle du pluralisme, mais sous celui du statisme ou de la « dilatation du temps ». Dans le prolongement de *Présence*, les deux parties sont totalement indépendantes l'une de l'autre jusque dans la notation rythmique qui est limitée ici à une répartition générale des sons (avec inclusion de quarts de tons), longuement tenus avec seulement les indications dynamiques (entre *pp* et *ppp*) et de changements de jeu qui peuvent être très progressifs :

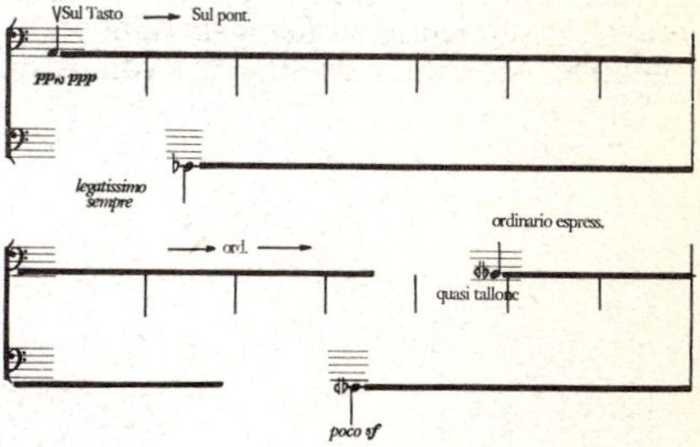

Parallèlement à cette véritable « étude » de timbre, plus encore que ne pouvait l'être la *Sonate* pour violoncelle seul, la durée est donc fonction de l'interprète, — d'autant plus que le piano n'intervient pas pendant le premier quart de l'œuvre. La confrontation des deux instruments, qui occupe la très longue partie centrale, sera donc basée sur l'opposition, le piano se voyant confier des séquences courtes mais très répétitives à l'intérieur d'elles-mêmes, pendant que la partie de violoncelle poursuit imperturbablement la même musique étale. Il se produira alors une inversion entre les deux instruments, jusqu'à ce que le violoncelle termine seul la partition sur la quatrième corde détendue jusqu'au *sol* grave.

Durée moyenne d'exécution : 12-14 minutes.

Quatre Études brèves pour violoncelle

C'est Siegfried Palm qui est à l'origine de la dernière œuvre de Zimmermann destinée au violoncelle : désirant publier une collection d'études concernant le répertoire contemporain de l'instrument, il a obtenu du compositeur ces quatre remarquables miniatures, — chacune consacrée à un problème technique particulier. Examinant successivement le travail sur la sonorité à partir du coup d'archet (« de lent jusqu'au plus rapide possible »), les différents types de pizzicatos y compris sur les harmoniques, les changements rapides de doigtés, et la qualité du phrasé, ces études constituent rétrospectivement une préparation aux différentes œuvres que Zimmermann a écrites pour violoncelle. C'est évidemment Siegfried Palm, auquel ces pièces sont dédiées une fois de plus, qui en a assuré la création le 1er mars 1971, moins d'un an après la disparition du compositeur.

Au-delà de l'aspect purement didactique, les *Quatre Études* sont tout aussi caractéristiques de la dilatation du temps, et s'inscrivent totalement dans la perspective des œuvres postérieures au *Requiem* dont parle Philippe Albéra : « Le sujet ne condense plus des matériaux hétérogènes et des temps divergents dans un processus intérieur, mais il inscrit des gestes isolés, épurés, dans un espace temporel dilaté, où les frontières semblent dissoutes »*. La dernière partition instrumentale achevée de Zimmermann sera aussi celle du renoncement.

Durée d'exécution : environ 3 minutes.

A. P.

* In *Contrechamps* n° 5 (*op. cit.*).

GLOSSAIRE

Les définitions données ci-après sont aussi condensées que possible ; elles s'attachent en particulier à des termes de technique instrumentale fréquemment relevés dans les textes de ce volume.

Accent : renforcement de notes ou d'accords essentiels dans une phrase musicale, le procédé le plus courant consistant à augmenter la dynamique (v. *sforzando*). Ce fut aussi un ornement dans la musique des XVIIe et XVIIIe siècles : petite note située après la note principale et occupant une partie de sa valeur rythmique.

Agogique : néologisme (de l'all. « Agogik », d'après le grec). Désigne l'accentuation naturelle d'une phrase musicale par opposition à sa pulsation métrique régulière, et, par extension, toute modification rythmique à des fins expressives comportant une accentuation (v. *accent*).

Alla breve : locutation italienne indiquant que l'unité de temps est la blanche (« battre à la blanche »), de sorte qu'une mesure à 4/4 se présente comme une mesure à 2/2.

Ambitus : synonyme d'étendue lorsqu'on l'applique à une mélodie, à une partie instrumentale ou à l'instrument lui-même, — de la note la plus grave à la note la plus aiguë. A distinguer de la tessiture (v. ce mot).

Anacrouse : note(s) initiale(s) d'un morceau extérieure(s) au premier temps fort de la mesure. S'applique également à toute note qui, au cours du morceau, forme, avec une valeur accentuée lui faisant suite, un motif rythmique continu.

Antécédent : synonyme de « sujet » dans une figure ou un canon ; ou, dans une phrase mélodique, première période à caractère suspensif, à laquelle répond une seconde période dite « conséquent ». On parle aussi de « question » et de « réponse ».

A piacere : locution italienne (« à plaisir », « à volonté »). Indique, pour l'exécutant, toute liberté de choix quant au tempo ou à l'expression d'un passage ou d'un morceau entier ; peut se substituer à *ad libitum*.

Appog(g)iature : de l'it. « appoggiare ». Son dissonant étranger à l'accord avec lequel il résonne (un demi-ton au-dessus ou au-dessous), qui précède et prend momentanément la place de la note réelle de cet accord. C'est un accent expressif se jouant de façon plus « appuyée » que cette note réelle. V. également *accent*.

A punta d'arco : locution italienne indiquant « à la pointe de l'archet » dans le jeu des instruments à cordes.

Arco : mot italien (« archet »). Dans le jeu des instruments à cordes, précise à l'exécutant qu'il doit à nouveau utiliser l'archet après un passage joué pizzicato ou col legno (v. ces mots). On utilise aussi l'expression *coll'arco.*

Armature (ou **armure**) **:** ensemble des accidents placés en tête de la portée, après la clé. Ils désignent ainsi toutes les notes altérées constitutives de la tonalité choisie.

Arpège (ou **arpègement**) **:** terme issu du jeu de la harpe. Exécution successive, mais rapprochée, des notes d'un accord du grave à l'aigu (ou inversement) ; l'arpège est « brisé » lorsque les notes ne sont pas prises dans l'ordre normal. *Arpeggio*, en italien, est le terme d'exécution musicale correspondant.

Articulation : « dans le jeu des instruments, on appelle articulation la manière de lier ou de séparer les sons au moyen du souffle et des lèvres pour les instruments à vent, des différents coups d'archet pour les instruments à cordes frottées, de la position et de l'attaque des doigts pour les instruments à cordes pincées ou à clavier. Issues de l'évolution de la musique instrumentale, les différentes possibilités d'articulation vont du legato au staccato » (v. ces mots). Définition donnée dans : *Science de la Musique* (Bordas, Paris, 1976).

Attac(c)a : locution italienne (du verbe « attaccare ») indiquant de continuer sans interruption, notamment dans les enchaînements entre mouvements. On rencontre aussi *Attaca subito*, « enchaîner immédiatement ».

Augmentation : dans son sens strict, prolongation de la durée d'une note par l'adjonction de la moitié de sa valeur. Dans les pièces de style contrapuntique (v. ce mot), il s'agit de la répétition en valeurs plus longues d'un thème ou d'un motif : cas fréquent de la fugue, dont le sujet est repris en augmentation.

A vide : v. *corde à vide.*

Bariolage : terme appliqué au jeu des instruments à cordes frottées. C'est un effet de « couleurs » obtenu en jouant alternativement la même note sur deux cordes différentes, dont une à vide (v. *corde à vide*) ; s'applique également à un passage répété, joué sur des cordes différentes.

Basse : partie servant de base à l'enchaînement des accords, c'est-à-dire à l'harmonie d'une œuvre musicale ; s'applique également à tout registre grave.

Basse continue : système de notation (dite « basse chiffrée ») employé aux XVIIe et XVIIIe siècles, et permettant de réaliser sur une note de basse donnée la suite d'accords destinés à soutenir harmoniquement une composition.

Basse obstinée : formule de basse employée dans certains types de composition (chaconne, passacaille), et consistant dans la répétition continuelle d'une série de notes.

Batterie : formule d'accompagnement soit en accords arpégés, soit en accords brisés.

Cadence (ou **cadenza**) **:** phrase conclusive, ou formule mélodique, voire harmonique, terminant une phrase musicale. Par extension, improvisation, généralement virtuose, placée en principe avant la fin du mouvement.

Cadence plagale : relève d'une classification de l'harmonie traditionnelle selon laquelle la cadence plagale — qui est courante — correspond à un enchaînement de la sous-dominante à la tonique (v. ce mot). On distingue aussi les cadences parfaites (de la dominante à la tonique), imparfaites, rompues, etc. La cadence parfaite est nettement conclusive ; la cadence plagale l'est de façon moins affirmative.

Canonique : se rapporte au canon, type d'écriture contrapuntique (v. ce mot) dans lequel les « voix » énoncent le même motif, mélodique et souvent rythmique, mais décalées les unes par rapport aux autres, à des distances variables et à des hauteurs différentes.

Cantabile : mot italien. Par analogie avec la musique vocale, qualifie une pièce ou un passage dont le caractère mélodique est mis en relief. *Cantando* (« en chantant ») a la même signification.

Cantus firmus : au sens large, donnée mélodique principale d'une polyphonie lui servant de point de départ et de développement. Dans un sens plus strict, mélodie indépendante en valeurs longues, souvent égales, dominant toute la composition polyphonique (v. ce mot).

Chanterelle : nom de la corde la plus aiguë d'un instrument à cordes frottées ou pincées et à manche.

Coda : mot italien (« queue »). Employé, très généralement, comme synonyme de conclusion, de péroraison.

Coll'arco : locution italienne signifiant « avec l'archet » ; v. également *arco*.

Colla punta d'arco : locution italienne signifiant « avec la pointe de l'archet » ; v. également *a punta d'arco*.

Col legno : locution italienne signifiant « avec le bois », c'est-à-dire en utilisant la baguette de l'archet au lieu de la mèche, — soit en frappant légèrement les cordes, soit en les frottant (la fin du passage ainsi exécuté est indiquée *arco*).

Conséquent : v. *antécédent*.

Con sordino : v. *sourdine*.

Continuo : abréviation pour basse continue (v. ce mot).

Contrapuntique : respectant les règles du contrepoint, — discipline essentielle de la composition dans la musique occidentale. Tandis que l'harmonie, autre discipline fondamentale, s'intéresse à l'enchaînement des accords, le contrepoint envisage la conduite de deux ou plusieurs lignes mélodiques indépendantes et simultanées à partir d'un motif donné (v. également *harmonique*).

Contre-chant : ligne mélodique secondaire, parfois second thème, opposée ou associée à la ligne mélodique principale (ou thème), dans un morceau contrapuntique.

Corde à vide : dans le jeu des instruments à cordes et à manche, corde vibrant dans toute sa longueur sans que l'on appuie de doigt sur la touche (elle est marquée par le chiffre 0 placé au-dessus de la note). Son emploi, dans la technique du violon notamment, vise à un effet particulier.

Coup d'archet : dans le jeu des instruments à cordes, désigne la tenue de l'archet et son maniement. En découle la qualité du son, de l'articulation (v. ce mot) et du phrasé. Indique également la manière d'utiliser l'archet selon le caractère d'une phrase musicale : ainsi trouve-t-on, le plus couramment, les coups d'archet marqués *legato*, *martellato*, *staccato*, *spiccato (v. ces termes)*.

Da capo : locution italienne (« du commencement »). Indication de reprise d'un morceau à son début (jusqu'à l'endroit marqué « Fine »). La forme Da capo peut être schématisée par ABA : après la partie centrale B, reprise de la partie A formant conclusion.

Diminution : dans une pièce de style contrapuntique (v. ce mot), procédé de présentation du thème en valeurs moindres que celles de son exposition. Le contraire est l'augmentation (v. ce mot). Plus généralement, synonyme d'ornementation dans laquelle un motif mélodique est passagèrement décomposé en notes brèves. V. également *ornements*.

Dixtuor : composition conçue à l'intention de dix instruments, combinant le plus souvent cordes et vents. Formation retenue, dans ce Guide, comme maximale ; parmi les *Petites Symphonies* de Darius Milhaud, la *Quatrième* est un dixtuor à cordes et la *Cinquième* un dixtuor à vents (v. ce compositeur).

Dodécaphonique : en rapport avec le système de composition créé et codifié par Arnold Schœnberg. Il repose sur le postulat de l'égalité absolue des douze sons (demi-tons) de l'échelle chromatique tempérée, — donc sur la négation de la hiérarchie entre les notes jusqu'alors admise. Les douze demi-tons se succèdent dans un ordre librement fixé à l'avance par le compositeur, et forment une « série » comme principe générateur de l'œuvre.

Dominante : cinquième degré d'un ton donné, donc à la quinte de la tonique (v. ce mot) : par exemple, *sol* pour le ton d'*ut* majeur. Dans l'harmonie tonale classique, on a là un élément d'équilibre essentiel, — la dominante créant une instabilité, une tension que la tonique stable et statique peut seule résorber.

Double barre : double trait vertical traversant la ou les portées, et marquant la fin d'une œuvre ou d'une de ses parties. V. également *da capo*.

Double corde : technique de jeu propre aux instruments à cordes et à archet consistant à exécuter deux ou plusieurs notes simultanément. On la prescrivit dès le XVIe siècle pour la viole de gambe, et elle donna lieu, à partir du Romantisme, à de brillants effets de virtuosité (Paganini, par exemple).

Duo : composition pour deux parties mélodiques simultanées ou deux instruments différents ; emprunte, le plus souvent, la forme sonate.

Duolet : division binaire d'une unité de temps en principe ternaire ; v. également *triolet*.

Enharmonique (Par enharmonie) : procédé usité de modulation (v. ce mot) par lequel est momentanément établie l'équivalence, quant à la hauteur, de deux notes de noms différents mais de son identique (par exemple, *fa* dièse et *sol* bémol). Il est employé surtout pour atteindre rapidement des tons éloignés.

Entrée : désigne soit l'apparition d'un thème ou sujet (et parfois de ses imitations), soit l'intervention d'un instrument soliste. Dans la Suite classique, pièce tenant lieu d'introduction ou d'ouverture.

Flatterzunge : mot allemand. Sur les instruments à vent, articulation particulière de notes successives attaquées par la consonne *d* ou *t*, et poursuivie sur des *r* répétés (« trémolo dental », selon l'expression de Maurice Ravel). Effets divers, suivant l'instrument et les intentions du compositeur.

Flautato (ou **flautando**) **:** mot italien (« flûté »). Dans le jeu des instruments à cordes, précise que l'archet doit frotter les cordes sur la touche ; il en résulte une sonorité proche de celle de la flûte.

Fugato : mot italien. Passage en style fugué, mais non astreint aux règles constitutives de la fugue ; en général, une exposition de fugue, ou quelques entrées en imitation (v. ce mot).

Fugue : grande forme polyphonique faisant appel aux ressources du contrepoint dans le traitement des différentes « voix ». Schématiquement, les règles sont : un nombre constant de voix réelles et équivalentes ; le monothématisme (un thème fugué — le sujet — fournit les éléments du développement complet) ; des entrées successives des voix selon les principes d'imitation (v. ce mot). Schématiquement aussi, la construction fait se succéder : la présentation du sujet, puis réponse dans une seconde voix doublée contrapuntiquement d'un contre-sujet (ensuite sujet à la troisième voix, et réponse à la quatrième) ; un développement avec les différentes voix en imitations et des épisodes contrapuntiques plus libres ; enfin une conclusion — ou strette (v. ce mot) — par entrées de plus en plus serrées du sujet et du contre-sujet dans les différentes voix. Voir particulièrement, dans ce volume, l'*Art de la fugue* de J.-S. Bach, ainsi que la *Grande Fugue op. 133* pour quatuor à cordes de Beethoven.

Giusto : abréviation de *Tempo giusto* (de l'italien, « juste »). Précise un mouvement modéré et régulier.

Glissando : mot italien (« en glissant »). Technique d'exécution consistant à réaliser un intervalle en glissant rapidement sur tous les degrés intermédiaires sans aucune accentuation. Au violon, rapide succession de très petits déplacements de la main gauche.

Gruppetto : mot italien. Petit groupe ornemental de trois ou quatre notes précédant ou suivant rapidement la note principale. V. également *ornements*.

Harmonique : relatif et conforme à l'ensemble des règles régissant la formation et l'enchaînement des accords, — règles qui constituent une discipline fondamentale de la musique occidentale. L'harmonie, qu'on peut qualifier de « verticale », s'oppose à la mélodie dans son déroulement « horizontal ».

Hémiole : terme propre à la notation mensuraliste ancienne, mais qui s'est maintenu pour désigner l'insertion d'un rythme ternaire dans un binaire (ou vice versa). Il concerne donc le rapport 3/2 : deux mesures à trois temps sont jouées comme si elles étaient notées sous forme de trois mesures à deux temps.

Homophone : s'applique aux compositions dans lesquelles mélodie principale et autres parties, simplement accompagnatrices, sont exécutées à l'unisson (ou à l'octave, ou à la double octave). Par extension, lorsque toutes les « voix » obéissent au même rythme (homorythmie).

Imitation : procédé courant de la composition polyphonique consistant dans la reproduction par une « voix » nouvelle d'une mélodie (ou d'un fragment mélodique) exposée par une « voix » antérieure. Il s'agit d'un des fondements du style contrapuntique (v. ce mot).

Intermédiaire : qualificatif appliqué aux parties situées entre la basse et la partie la plus aiguë. Elles sont dotées ou non d'une individualité mélodique, selon qu'elles appartiennent réellement à la polyphonie d'un morceau ou qu'elles ne constituent qu'un élément de son soutien harmonique.

Inversion : v. *renversement*.

Istesso tempo (l') : locution italienne (« le même tempo, le même mouvement »). Lorsqu'il y a changement de la valeur nominale du temps, indique que sa valeur absolue ne change pas ; autrement dit, la durée doit rester la même.

Legato : mot italien (« lié »). Précise le caractère d'une exécution sans interruption ni diminution du son entre les notes. Le legato s'oppose principalement au staccato (v. ce mot).

Legno : v. *col legno.*

Lied (forme) : forme basée sur la succession de deux thèmes, en trois parties ABA (A comme exposition du premier thème, B comme partie médiane avec un second thème, et A comme réexposition du premier thème). L'expression « forme lied » s'applique parfois au mouvement lent d'une sonate, — constitué d'un thème principal très développé, avec insertion brève de la partie médiane. Cette forme peut admettre en outre des subdivisions internes, ou engendrer des variations.

Marche harmonique : répétition sur différents degrés de la gamme d'un même mouvement mélodique et de l'harmonie qui le soutient.

Martellato : mot italien (« martelé »). Désigne, dans le jeu du violon, un coup d'archet consistant à détacher chaque son par une attaque forte et un arrêt brusque de l'archet ; c'est une réalisation renforcée du staccato (v. ce mot).

Médium : du latin (« milieu »). Partie moyenne, ou registre intermédiaire entre le grave et l'aigu.

Mezza voce : locution italienne (« à demi-voix »). Propre à la technique vocale, s'applique également aux instruments et signifie qu'il faut retenir le volume sonore sans aller toutefois jusqu'à la nuance piano. On utilise aussi *sotto voce.*

Modulation : passage d'une tonalité à une autre. On module par accord-pivot, par juxtaposition d'accords, par changement de mode, par enharmonie (v. ce mot).

Monodique : à une « voix », par opposition à polyphonique (v. ce mot).

Mouvement contraire : dans l'écriture polyphonique, « deux parties mélodiques simultanées procèdent par mouvement contraire lorsqu'à un intervalle ascendant de l'une correspond un intervalle descendant de l'autre, et vice versa » (in : *Science de la Musique*, Bordas, Paris, 1976).

Nonette : composition écrite pour neuf instruments, généralement en combinaison de cordes et de vents. Le mot *nonet* a également cours.

Nuance : spécifiquement, toute modification de l'intensité des sons ou des phrases dans le cours d'une exécution musicale (par exemple, crescendo ou decrescendo). Plus généralement, modification du phrasé, du mouvement, du toucher, — à des fins expressives.

Octuor : composition écrite pour huit instruments, ou la formation des instrumentistes elle-même. On emploie plus rarement *Octette.* Voir, dans ce volume, le cas intéressant des *14e et 15e Quatuors à cordes* de Darius Milhaud susceptibles de se jouer en octuor.

Ornements (et **ornementation**) **:** dits également « agréments » et consistant, par l'ornement de brèves figures accessoires, à embellir ou varier une ligne mélodique. L'*ornementation* est l'art de disposer ces ornements : parmi ceux-ci, l'appogiature, l'arpègement, le gruppetto, le trille, etc. (v. ces mots).

Ostinato : mot italien. Équivalent de basse obstinée (v. ce mot), — forme de répétition continuelle, à la basse, d'une série de notes. Peut cependant s'appliquer à d'autres registres instrumentaux.

Passage : outre le sens courant, développement d'un motif de caractère virtuose et ornemental, — par exemple en arpèges.

Pédale : note tenue immuablement soit à la basse, soit à la partie supérieure, soit dans une partie intermédiaire, pendant que les autres parties enchaînent des accords plus ou moins libres par rapport à elle. Le rôle harmonique de la pédale est d'exercer une attraction tonale par rapport aux harmonies étrangères qui l'entourent ; elle affirme donc, en principe, la tonalité d'un morceau.

Pentatonique : s'applique à une échelle de cinq sons à l'octave. Dans un tel système musical, la forme la plus typique est celle de la gamme par tons entiers sans demi-tons intermédiaires, — dont maints compositeurs du XXe siècle (influences des folklores européens, des musiques orientales) ont fait usage.

Perpétuel (mouvement) : ou *perpetuum mobile.* Mouvement rapide et virtuose fondé, de façon ininterrompue et régulière, sur des notes de valeur brève et égale.

Pizzicato : locution italienne (« pincé »). Sur les instruments à archet, technique de jeu consistant à pincer les cordes avec les doigts ; les sons émis doivent être brefs, nets, en principe de faible intensité.

Pointe : extrémité de l'archet, opposée au talon. Elle est employée dans l'exécution de sons légers et délicats, permettant un jeu net (v. également *a punta d'arco*).

Polyphonique : s'applique à une forme d'écriture dans laquelle se combinent plusieurs « voix » simultanées, et dotées chacune d'une plus ou moins grande indépendance mélodique et rythmique. Elles doivent néanmoins constituer un ensemble homogène.

Poussé : dans le jeu des instruments à archet, désigne le mouvement ascendant de l'archet de la pointe vers le talon ; se prête particulièrement à la réalisation du staccato (v. ce mot).

Progression : synonyme de *marche harmonique* (v. ce mot).

Quatuor : composition écrite pour quatre instruments, ou le groupe des instrumentistes lui-même. Le quatuor à cordes (deux violons, alto et violoncelle) relègue loin derrière lui toutes les autres dispositions, — dont notamment la combinaison piano et trio à cordes (violon, alto et violoncelle). Il y a également des mélanges divers d'instruments à vent — bois ou cuivres — et des dispositions pour vents et piano.

Quintette : composition écrite pour cinq instruments, ou le groupe formé par les instrumentistes. Il peut être une amplification du quatuor à cordes par l'adjonction d'un second alto (cas le plus fréquent) ou d'un second violoncelle. Le quintette avec piano (piano et quatuor à cordes) représente une combinaison usuelle dès l'époque romantique (v. le *Quintette « la Truite »* de Schubert, avec contrebasse mais sans second violon). Autres combinaisons : les vents seuls, vents et piano, clarinette et quatuor à cordes, etc.

Récitatif : employé par analogie avec un style de chant où courbe mélodique et rythme sont plus ou moins restreints à la prosodie du langage parlé ; le récitatif est monodique (v. ce mot).

Récurrence : dans l'écriture contrapuntique (ou dans le système dodécaphonique), désigne la reprise en ordre inversé des notes d'un thème (ou d'une série). On parle aussi d'un procédé d'écriture « à l'écrevisse ».

Registre : partie de l'étendue totale (ou ambitus) présentant les mêmes caractéristiques de sonorité, — ainsi registres « grave », « moyen » (v. *médium*), « aigu » ou « suraigu ».

Relatif (ton) : s'applique pour désigner le rapport entre deux tons ayant la même armure (v. ce mot), mais dont l'un est majeur et l'autre mineur ; par exemple, *ré* mineur relatif de *fa* majeur, avec tous deux un bémol à la clé.

Remplissage : ajout de notes intermédiaires (ou de parties intermédiaires) pour compléter les accords ; seule la basse et le dessus sont écrits.

Renversement : interversion des rapports des sons dans un intervalle, un accord. Dans le renversement d'un motif, tous les intervalles ascendants de ce motif deviennent symétriquement descendants, et vice versa.

Rétrogradation : synonyme de récurrence (v. ce mot).

Rondo (forme) : mot italien. Forme musicale fondée sur l'alternance d'un refrain (motif principal) et de couplets (motifs secondaires). Au mouvement final de sonates, le couplet peut prendre de l'importance et faire office de second thème, — un tel rondo s'apparentant dès lors à la forme sonate elle-même (v. ce mot). Dans un tel cas, on emploie parfois l'expression « rondo-sonate ».

Rythme lombard : désigne un rythme dont la valeur brève tombe sur le temps et précède la valeur pointée, — donc à accent décalé ; se rencontre fréquemment dans les musiques traditionnelles européennes dont ont pu s'inspirer maints compositeurs.

Saut : intervalle très disjoint (parfois supérieur à l'octave) dans la conduite d'une ligne mélodique.

Sautillé : « Coup d'archet exécuté rapidement sur une portion très réduite du milieu de l'archet. Par l'effet de sa propre élasticité et de la vitesse, l'archet rebondit légèrement sur la corde » (in : *Science de la Musique*, Bordas, Paris, 1976).

Scordatura : mot italien. Modification de l'accord courant d'une ou de plusieurs cordes d'un instrument ; le nouvel accord est indiqué en début de morceau. Pratiquée depuis le XVIe siècle dans la musique de luth, puis étendue à la famille des violons à partir du XVIIe siècle.

Senza sordino : v. *sourdine*.

Septuor : composition écrite pour sept instruments, — soit combinant vents et cordes (disposition la plus fréquente), soit pour vents seuls. Le septuor à cordes seules est inexistant.

Séquence (et **séquentiel**) : dans son acception moderne, consiste dans la répétition d'un court membre de phrase mélodique sur divers degrés de l'échelle ; dans l'ordre harmonique, ce type de répétition intéresse toutes les « voix » d'un passage polyphonique. V. également *marche harmonique*.

Série : v. *dodécaphonique*.

Sforzando (ou **rinforzando**) : locution italienne (« en forçant, ou renforçant »). Indique un brusque renforcement d'intensité sur une ou plusieurs notes (ou accords). Signe *sfz*.

Sixte napolitaine : terme d'harmonie (faussement attribué à l'École napolitaine du XVIIIe siècle). Il indique un abaissement du deuxième degré d'une tonalité, qui devient ainsi une espèce de sensible descendant vers la tonique et formant une sixte mineure avec le quatrième degré à la basse. Jusqu'au XVIIIe siècle, l'accord de sixte napolitaine ne fut généralement employé qu'en mineur avec résolution sur la dominante (v. ce mot), à des fins expressives d'assombrissement. Plus tard, son emploi s'enrichit considérablement : dès le XIXe siècle il devint aussi courant en majeur qu'en mineur, la résolution perdant également de son automatisme.

Sonate (forme) : forme extrêmement élaborée de la musique occidentale. Elle s'est pleinement épanouie au XIXe siècle sous l'aspect d'un mouvement comportant habituellement une exposition (deux thèmes souvent antagonistes), un développement (combinaisons de ces deux thèmes), une reprise ou réexposition, parfois enfin une coda (v. ce mot). En principe, l'Allegro initial est la forme sonate proprement dite, — on parle également d'« allegro de sonate » ; mais, avec l'ensemble des mouvements qui lui succèdent, se trouve réalisée quelquefois une vaste forme sonate. Ce moule formel, ici très schématisé, évoluera notamment avec le principe de composition « cyclique ».

Sotto voce : v. *mezza voce*.

Sourdine : dispositif permettant de modifier acoustiquement la sonorité d'un instrument en l'étouffant, ainsi que son timbre devenu voilé, mystérieux, comme distant. L'indication *con sordino* (« avec la sourdine ») signifie qu'il faut mettre la sourdine ; elle est annulée par *Senza sordino* (« sans sourdine »).

Spiccato : mot italien (« détaché »). Dans le jeu du violon, coup d'archet consistant à enlever et à poser l'archet sur la corde entre chaque note. Exécuté rapidement, c'est le sautillé (v. ce mot) ; reste opposé au legato (v. ce mot).

Staccato : mot italien (« séparé »). Exécution séparant nettement les notes les unes des autres, par un bref arrêt entre chacune. Mais, contrairement au spiccato (v. précédemment), l'archet ne quitte pas la corde. Joué lentement, le staccato tend à devenir un martellato (v. ce mot).

Strette : du lat. strictum (« serré »). Partie finale d'une fugue, dans laquelle les entrées successives du sujet se font très rapprochées. Plus généralement, conclusion accélérée d'un mouvement.

Sul ponticello : locution italienne (« au chevalet »). Précise un coup d'archet dans lequel celui-ci doit toucher la corde le plus près possible du chevalet ; ainsi est appauvri, en vue d'un effet particulier, le son fondamental de l'instrument.

Syncopé : son articulé sur un temps faible ou la partie faible d'un temps, et se prolongeant sur un temps fort ou la partie forte d'un temps. Il en résulte un déplacement des valeurs rythmiques produisant un effet de rupture.

Tempo : mot italien. Désigne le degré de rapidité et la durée absolue des valeurs de notes dans l'exécution d'un morceau ; se précise au moyen d'indications de mouvement (« Allegro », « Andante », « Largo », etc.), ou d'indications métronomiques.

Tessiture : de l'it. tessitura (« trame »). Sorte d'étendue moyenne dont les limites de hauteur sonore sont celles entre lesquelles l'instrument évolue le plus aisément ; se distingue de l'ambitus (v. ce mot).

Tierce picarde : tierce apparaissant à la fin d'un morceau en mode mineur, et qu'on hausse en majeur. Cependant la tierce mineure terminale n'est pas en soi une « faute », et se trouve souvent utilisée à des fins d'expression.

Tiré : dans le jeu des instruments à archet, désigne le mouvement descendant de ce dernier du talon vers la pointe, — opposé au poussé (v. ce mot). Il est utilisé, en raison de sa vigueur, pour les temps forts, les accentuations, les accords.

Tonique : note qui donne son nom à la tonalité choisie. Elle en représente le pôle essentiel de stabilité, — en cela opposée à la dominante (v. ce mot).

Trait : formule de virtuosité, — gammes, arpèges, etc.

Trémolo : répétition rapide d'une même note, produisant un effet de tremblement. A distinguer du vibrato (v. ce mot).

Trille : agrément musical courant. Il consiste dans l'alternance plus ou moins véloce d'une note donnée avec sa note conjointe supérieure; c'est un élément de coloration de la sonorité instrumentale, en même temps parfois qu'un effet de virtuosité. V. également *ornements*.

Trio : composition écrite pour trois instruments ou trois parties simultanées, et le groupe d'instrumentistes correspondant. La Sonate en trio de l'âge baroque est son ancêtre, — avec deux dessus et une basse (deux violons et continuo) : c'est alors la forme la plus répandue de la musique de chambre. Mais d'autres dispositions apparaîtront, souvent interchangeables, — le groupement usuel classique devenant le trio avec piano (piano, violon et violoncelle). Trio à cordes (violon, alto et violoncelle) et trio d'anches (hautbois, clarinette et basson) seront les autres formations fréquentes, — la seconde illustrée surtout par les compositeurs contemporains.

Triolet : groupe de trois notes égales, ou division ternaire d'une figure de note. Dans une mesure binaire (à 2/4 par exemple), sa valeur équivaut celle de deux ou quatre notes.

Triton : intervalle de trois tons entiers (par exemple *fa - si*) ; c'est donc une quarte augmentée. La sonorité est tendue, conférant au triton une position exceptionnelle parmi tous les intervalles : au Moyen Age le triton fut interdit, car désigné comme « diabolus in musica ».

Tutti : mot italien (« tous »). Indique tout passage exécuté par tous les instruments, — en opposition aux passages solistiques ou concertants ; désigne aussi la totalité de l'effectif instrumental jouant ensemble.

Unisono : mot italien (« à l'unisson »). Émission simultanée du même son par deux « voix » ou plus, soit à hauteur exactement identique, soit à distance d'une ou plusieurs octaves. V. également *homophone*.

Vibrato : mot italien (« en vibrant »). Désigne une légère ondulation de la hauteur d'un son, en vue d'une intensification. L'indication *senza vibrato* spécifie l'émission d'un son plat. Est à distinguer du trémolo (v. ce mot), avec lequel on le confond trop volontiers.

INDEX

L'ordre de présentation des compositeurs, et des œuvres sous chaque nom de compositeur, est alphabétique.

Pour les œuvres, seules ont été retenues celles faisant l'objet d'analyses ou de commentaires suffisamment détaillés, — à l'exclusion de celles simplement mentionnées, soit dans les introductions biographiques, soit dans le cours des textes.

Aubin Imprimeur
LIGUGÉ, POITIERS

35-56-8175-01
ISBN 2-213-02403-0

Achevé d'imprimer en novembre 1989
N° d'édition 5844 / N° d'impression L 31403
Dépôt légal, novembre 1989
Imprimé en France

35-8175-8